dtv

Lexikon des Mittelalters IX

Werla bis Zypresse
Anhang; Register

Register erarbeitet von
Charlotte Bretscher-Gisiger,
Bettina Marquis
und Thomas Meier

Deutscher Taschenbuch Verlag

Band 1: Aachen – Bettelordenskirchen
Band 2: Bettlerwesen – Codex von Valencia
Band 3: Codex Wintoniensis – Erziehungs- und Bildungswesen
Band 4: Erzkanzler – Hiddensee
Band 5: Hiera-Mittel – Lukanien
Band 6: Lukasbilder – Plantagenêt
Band 7: Planudes – Stadt (Rus')
Band 8: Stadt (Byzantinisches Reich) – Werl
Band 9: Werla – Zypresse
Anhang: Stammtafeln, integriertes Großregister

Oktober 2002
Deutscher Taschenbuch Verlag GmbH & Co. KG,
München
www.dtv.de
© Coron Verlag Monika Schoeller & Co., Lachen am Zürichsee
1999
Das Werk ist urheberrechtlich geschützt.
Sämtliche, auch auszugsweise Verwertungen bleiben vorbehalten.
Umschlagkonzept: Balk & Brumshagen
Umschlaggestaltung unter Verwendung eines Ausschnittes aus dem Teppich von Bayeux
(© AKG, Berlin)
Druck und Bindung: Druckerei C. H. Beck, Nördlingen
Gedruckt auf säurefreiem, chlorfrei gebleichtem Papier
Printed in Germany · ISBN 3-423-59057-2

INHALTSVERZEICHNIS

	Seite
Herausgeber und Berater mit ihren Fachbereichen	VII
Redaktion	VIII

	Spalte
Stichwörter von Werla bis Zypresse	1–746
Stammtafeln, Herrscher- und Papstlisten in alphabetischer Reihenfolge	749
Register	1005
Errata	1017
Mitarbeiter des neunten Bandes	1025
Übersetzer des neunten Bandes	1033
Nachwort	1037
Gesamtverzeichnis der Herausgeber und Berater	1041
Register der Studienausgabe Band 1–9	1045
Vorwort	1049
1. Fachregister	1053
Arabisch-islamischer und osmanischer Bereich: Geschichte und Kultur	1057
Jüdischer Bereich: Geschichte und Kultur	1071
Byzantinischer Bereich: Geschichte, Kultur und Kirche	1077
Russischer Bereich: Geschichte, Kultur und Kirche	1103
Irischer Bereich: Geschichte und Kultur	1111
Skandinavischer und nordeuropäischer Bereich: Geschichte und Kultur	1119
Romanische Sprachen und Literaturen	1133
I. Französische und provenzalische Sprache und Literatur	1133
II. Italienische Sprache und Literatur	1145
III. Sprachen und Literaturen der Iberischen Halbinsel	1151
Deutsche Sprache und Literatur	1159
Englische Sprache und Literatur (einschließlich Schottland)	1171
Baugeschichte, Baukunst	1179
Medizin und Pharmazie; Heilkunde und Heilmittel	1187
Münzkunde	1201
Waffenkunde	1205
Städte	1211
Klöster und Stifte (West- und Ostkirche)	1237
2. Hauptverweise	1253
3. Die Mitarbeiterinnen und Mitarbeiter mit ihren Artikeln	1337

DIE HERAUSGEBER UND BERATER MIT IHREN FACHBEREICHEN IM LEXIKON DES MITTELALTERS

Alphabetische Reihenfolge. Stand: August 1998

ANGERMANN, NORBERT, Hamburg: *Geschichte Rußlands, Litauens und der baltischen Ostseeländer*

BAUTIER, ROBERT-HENRI, Paris: *Französische Geschichte im Spätmittelalter*
BERGHAUS, PETER, Münster (Westf.): *Numismatik*
BERNHARD, MICHAEL, München: *Geschichte der Musik*
BINDING, GÜNTHER, Köln: *Die mittelalterliche Baukunst in Europa in formaler, typologischer und stilistischer Hinsicht*
BRIESEMEISTER, DIETRICH, Berlin: *Romanische Literaturen und Sprachen* (Teilbereich)
BRÜCKNER, WOLFGANG, Würzburg: *Volkskunde*
BRUNHÖLZL, FRANZ, München: *Mittellateinische Sprache und Literatur*
BRUNNER, KARL, Krems a. d. Donau: *Realienkunde des Mittelalters*
BULLOUGH, DONALD A., St. Andrews: *Englische Geschichte im Hochmittelalter*

VAN CAENEGEM, RAOUL, Gent: *Englische Rechtsgeschichte*
CAVANNA, ADRIANO, Milano: *Italienische Rechtsgeschichte*
CONTAMINE, PHILIPPE, Paris: *Französische Geschichte im Spätmittelalter; Kriegswesen*
CORSTEN, SEVERIN, Bonn: *Schrift-, Buch- und Bibliothekswesen*

DILG, PETER, Marburg a.d. Lahn: *Geschichte der Botanik; Geschichte der Pharmazie*

ELBERN, VICTOR H., Berlin: *Kleinkunst*
ENGELS, ODILO, Köln: *Geschichte der Iberischen Halbinsel*
ENGEMANN, JOSEF, München; Golling: *Archäologie der Spätantike und des Frühchristentums*
VAN ESS, JOSEF, Tübingen: *Arabische Welt*

FAHLBUSCH, FRIEDRICH BERNWARD, Warendorf: *Städtewesen*
FAROQHI, SURAIYA, München: *Geschichte der Osmanen*
FERLUGA, JADRAN, Münster (Westf.); Motovun: *Byzantinische Geschichte und Kultur*
FLECKENSTEIN, JOSEF, Göttingen: *Frühmittelalter*
FRANK, KARL SUSO, OFM, Freiburg i. Br.: *Patristik*
FRENZ, THOMAS, Passau: *Heraldik*

GABRIEL, ERICH, Wien: *Belagerungsgeräte, Feuerwaffen*
GAMBER, ORTWIN, Wien: *Waffenkunde, Rüstungswesen*
GERRITSEN, WILLEM P., Utrecht: *Mittelniederländische Literatur*
GRUBER, JOACHIM, München: *Spätantike, Westgoten*

HÄGERMANN, DIETER, Bremen: *Technik und Materielle Kultur*
HANNICK, CHRISTIAN, Würzburg: *Geschichte der Ostkirche*
HARRIS, JENNIFER, Manchester: *Kostümkunde*
HÄUSSLING, ANGELUS A., OSB, Maria Laach; Benediktbeuern: *Liturgie*
HEINZELMANN, MARTIN, Paris: *Hagiographie*
HERDE, PETER, Würzburg: *Historische Grundwissenschaften*
HINZ, HERMANN, Bad Krozingen: *Archäologie des Mittelalters*
HÖDL, LUDWIG, Bochum: *Philosophie und Theologie des Mittelalters*
HÜNEMÖRDER, CHRISTIAN, Hamburg: *Geschichte der Zoologie*

JUNG, MARC-RENÉ, Zürich: *Romanische Literaturen und Sprachen* (Teilbereich)
JÜTTNER, GUIDO, Berlin: *Geschichte der Mineralogie und Alchemie*

KLEMM, CHRISTIAN, Zürich: *Tafelmalerei*
KÖLZER, THEO, Bonn: *Langobarden; Italien im Hochmittelalter*
KROESCHELL, KARL, Freiburg i.Br.: *Rechts- und Verfassungsgeschichte*

LÜBKE, CHRISTIAN, Greifswald: *Geschichte Ostmitteleuropas im Hoch- und Spätmittelalter*
LUDWIG, KARL-HEINZ, Bremen: *Technik und Materielle Kultur*

MAKSIMOVIĆ, LJUBOMIR, Beograd: *Geschichte Südosteuropas*
MEINHARDT, HELMUT, Gießen: *Philosophie und Theologie des Mittelalters*
MERTENS, VOLKER, Berlin: *Deutsche Literatur*
MORAW, PETER, Gießen: *Deutsche Geschichte im Spätmittelalter*
MORDEK, HUBERT, Freiburg i.Br.: *Kanonisches Recht; Kirchengeschichte und Kirchenverfassung*
VON MUTIUS, HANS-GEORG, München: *Geschichte des Judentums*

NEUENSCHWANDER, ERWIN, Zürich: *Geschichte der Mechanik, Mathematik und Astronomie*
NEWTON, STELLA M., London: *Kostümkunde*

ONASCH, KONRAD, Halle (Saale): *Russische Kunst*
OURLIAC, PAUL, Toulouse: *Romanisches Recht* (unter Mitarbeit von DANIELLE ANEX-CABANIS, Toulouse)

PÁSZTOR, EDITH, Roma: *Häresien*
PATSCHOVSKY, ALEXANDER, Konstanz: *Häresien*
PLOTZEK, JOACHIM M., Köln: *Buch-, Wand- und Glasmalerei; Mosaikkunst*
PRINZING, GÜNTER, Mainz: *Byzantinische Geschichte und Kultur*

REINLE, ADOLF, Zürich: *Skulptur*
RESTLE, MARCELL ST., München: *Byzantinische Kunst*
RICHTER, MICHAEL, Konstanz: *Keltologie*
RILEY-SMITH, JONATHAN, London: *Geschichte der Kreuzzüge*
ROBERG, BURKHARD, Bonn: *Kirchengeschichte und Kirchenverfassung*
RÖSENER, WERNER, Gießen: *Agrar- und Siedlungsgeschichte*

Rossi, Luciano, Zürich: *Romanische Literaturen und Sprachen* (Teilbereich)

Rüegg, Walter, Veytaux: *Humanismus; Universitäten, Schulwesen*

Sauer, Hans, München: *Altenglische Literatur; Mittelenglische Literatur*

Schipperges, Heinrich, Heidelberg: *Geschichte der Medizin*

Schreiner, Peter, Köln: *Historische Grundwissenschaften in Byzanz, Südost- und Osteuropa*

Schulze, Ursula, Berlin: *Deutsche Literatur*

Schwenk, Sigrid, Göttingen: *Jagdwesen*

von See, Klaus, Frankfurt a. Main: *Skandinavische Literatur; Politische und Rechtsgeschichte Skandinaviens* (unter Mitarbeit von Harald Ehrhardt, Oberursel)

Semmler, Josef, Düsseldorf: *Mönchtum*

Sprandel, Rolf, Würzburg: *Handel, Gewerbe, Verkehr, Bergbau, Bankwesen*

Storey, Robin L., Carlisle: *Englische Geschichte im Spätmittelalter*

Svejkovský, František, Chicago: *Slavische Literaturen*

Tabacco, Giovanni, Torino: *Geschichte Italiens im Spätmittelalter*

Tietze, Andreas, Wien: *Geschichte der Osmanen*

Verhulst, Adriaan, Gent: *Agrar- und Siedlungsgeschichte; Geschichte der Niederlande*

Vismara, Giulio, Milano: *Italienische Rechtsgeschichte*

Vones, Ludwig, Köln: *Geschichte der Iberischen Halbinsel*

Weimar, Peter, Zürich: *Römisches und gemeines Recht*

Werner, Karl Ferdinand, Paris; Rottach-Egern: *Geschichte Deutschlands und Frankreichs im Hochmittelalter*

Zapp, Hartmut, Freiburg i. Br.: *Kanonisches Recht*

Zernack, Klaus, Berlin: *Geschichte Ostmitteleuropas im Spätmittelalter*

REDAKTION LEXIKON DES MITTELALTERS

Redaktion München

Dr. Mag. phil. Gloria Avella-Widhalm
Dr. Liselotte Lutz
Roswitha Mattejiet, M. A.
Ulrich Mattejiet, M. A.

Arbeitsstelle Lexikon des Mittelalters
am Historischen Seminar der Universität Zürich

Dr. Charlotte Bretscher-Gisiger
Dr. Thomas Meier

W

FORTSETZUNG

Werla, Pfalz im n. Harzvorland, ca. 16 km nö. von →Goslar in Niedersachsen auf dem w. Steilufer über der Okerniederung gelegen. Unmittelbar n. erreichte von W die Fortsetzung des westfäl. →Hellwegs die Oker und überschritt sie flußabwärts in Richtung auf →Magdeburg. Der strateg. günstig gelegene, seit der Jungsteinzeit kontinuierl. besiedelte Platz trug seit dem 8./9. Jh. eine von einem Wall umgebene Rundburg, vielleicht mit einem Hof. Anfang des 10. Jh. entstand an ihrer Stelle eine außergewöhnl. weiträumige befestigte Pfalz, die archäolog. gut untersucht ist, deren Befunde aber unterschiedl. gedeutet werden. Den Kern bildete eine runde Hauptburg von ca. 140 m Durchmesser, befestigt durch eine Ringmauer mit Türmen, zwei Toren und Gräben. Ihr waren im NW zwei ebenfalls befestigte, sehr ausgedehnte Vorburgen vorgelagert. Im Innern der Hauptburg lag herausgehoben am s. Rande ein mindestens 30 m langer Gebäudetrakt. Es handelte sich (nach GAUERT) um das repräsentative Hauptgebäude der Pfalz, den steinernen, mit Heißluft beheizten Palast mit der kgl. Wohnung (caminata) im Erdgeschoß und einen mindestens ca. 25 × 9 m großen Saal (aula) im Obergeschoß; nach O war als Rundbau die vermutl. doppelgeschossige Pfalzkapelle angefügt. Weitere Stein- und Holzbauten kamen hinzu. Wahrscheinl. jünger ist ein zweiter, frei stehender kreuzförmiger Kirchenbau mit Apsis. Im 12. Jh. wurde die Hauptburg durch teilweisen Abbruch der Ringmauer zunächst vergrößert, dann wieder in der alten Größe neu befestigt. Damals entstand ein Steinhaus von ca. 34 × 15 m, das als stauf. Palatium angesehen wird. Im SpätMA läßt sich weitere Bautätigkeit nachweisen.

W. kann als Musterbeispiel einer otton. Kg.spfalz (→Pfalz, Palast) gelten, die Mittelpunkt eines ausgedehnten Reichsgutsbezirkes war und deren einzelne Funktionen sich auf mehrere Plätze verteilten: Im Zentrum vereint waren die Befestigung (civitas, urbs), das Palatium mit Saal (aula) und Wohnräumen des Kg.s sowie die Pfalzkapelle; zugeordnet war in der ersten Vorburg eine Siedlung, das später bezeugte Dorf (villa) W., u.a. mit Metallhandwerk; der Wirtschaftshof (curtis) wird meist ca. 3 km sw. in Schladen vermutet; Markt und vermutl. Zoll und Münze befanden sich nw. in (W.-)Burgdorf; die Forstverwaltung wird in der Sudburg (bei Goslar) vermutet; die Pfarrkirche lag w. in Gielde.

Erstmals erwähnt wird W. 926, als nach dem Bericht →Widukinds in Corvey (I, 32) über den Ungarneinfall Kg. Heinrich I. sein Heer in die sichere Burg W. zurückzog; den hier geschlossenen neunjährigen Waffenstillstand nutzte der Kg. zur Neuordnung der Verteidigung durch seine sog. →Burgenbauordnung. Seitdem gehörte W. bis Anfang des 11. Jh zu den wichtigen Pfalzen der otton. Kg.e und Ks. in Sachsen. Insgesamt besuchten sie W. dreizehnmal, zwar nicht an höheren Festtagen, doch wiederholt an Hoftagen. Außerdem fanden hier im 10. und frühen 11. Jh., auch unabhängig von den Kg.sbesuchen, die sächs. Stammeslandtage statt – vielleicht ein Grund für die ungewöhnl. ausgedehnte Anlage. So einigten sich 1002 in W. die sächs. Großen auf Hzg. Heinrich IV. v. Bayern als neuen Kg. (Heinrich II.), ebenso berieten sie hier 1024 über die Nachfolge im Kgtm.

Nachdem innerhalb des W.er Fiskalbezirkes am Rammelsberg bei Goslar der Silberbergbau eingesetzt hatte, begann Ks. Heinrich II. vor 1017, Goslar zur Pfalz auszubauen, und übertrug die Pfalzfunktion von W. dorthin. Er löste als Stammesfremder die kgl. Pfalz vom sächs. Stammesvorort und verlegte sie an den wirtschaftl. aufstrebenden Platz. Ks. Heinrich IV. übertrug 1086 den Wirtschaftshof (→curtis) W. mit ca. 200 Hufen dem Bf. v. Hildesheim; die Pfalz aber blieb weiter in kgl. Hand. In der Mitte des 12. Jh. erscheint W. im →Tafelgüterverzeichnis des röm. Kg.s unter den sächs. Kurien. Die Pfalz wurde anscheinend in frühstauf. Zeit erneut ausgebaut und 1180 letztmalig von einem Kg. aufgesucht; zu Beginn der Heerfahrt gegen den gestürzten →Heinrich d. Löwen setzte Ks. Friedrich I. auf einem großen Reichstag in W. dessen Anhängern drei Termine, bis zu denen sie den geächteten ehem. Hzg. verlassen sollten. Auch weiterhin blieb W. in unmittelbarem kgl. Besitz, bis Ks. Karl IV. 1357 die Herren v. Burgdorf mit W. belehnte.
K. Heinemeyer

Lit.: W. BERGES, Zur Gesch. des W.-Goslarer Reichsbezirks vom neunten bis zum elften Jh. (Dt. Kg.spfalzen, 1 [= Veröff. des Max-Planck-Inst. für Gesch. 11/1], 1963), 113–157 – H. SCHROLLER, Die Ausgrabung der Pfalz W. und ihre Probleme (Dt. Kg.spfalzen, 2 [= Veröff. des Max-Planck-Inst. für Gesch. 11/2], 1965), 140–149 – H. A. SCHULTZ, Wo lagen curtis und castrum Scladheim? (ebd.), 150–166 – W. FLECHSIG, Der Wortstamm »wer« in ostfäl. Orts-, Flur- und Gewässernamen (ebd.), 167–173 – H. J. RIECKENBERG, Zur Gesch. der Pfalz W. nach der schriftl. Überlieferung (ebd.), 174–209 – S. KRÜGER, Einige Bemerkungen zur W.-Forsch. (ebd.), 210–264 – C.-H. SEEBACH, Die Kg.spfalz W. Mit einem Beitr. v. H. J. RIECKENBERG (Göttinger Schrr. zur Vor- und Frühgesch. 8, 1967) – A. WILKE, Das Goslarer Reichsgebiet und seine Beziehungen zu den territorialen Nachbargewalten (Veröff. des Max-Planck-Inst. für Gesch. 32, 1970) – A. GAUERT, Das palatium der Pfalz W. (Dt. Kg.spfalzen 3 [= Veröff. des Max-Planck-Inst. für Gesch. 11/3], 1979), 263–277 – G. STREICH, Burg und Kirche während des it. MA (VuF Sonderbd. 29, 1, 1984), bes. 153–156, 291, 398f., 566 – TH. ZOTZ, Die Goslarer Pfalz im Umfeld der kgl. Herrschaftssitze in Sachsen (Dt. Kg.spfalzen 4 [= Veröff. des Max-Planck-Inst. für Gesch. 11/4], 1996), 244–250, 259f. – W. RÖSENER, Sächs. Kg.shöfe im Spiegel des Tafelgüterverzeichnisses (ebd.), 288–307, bes. 296.

Wermut (Artemisia absinthium L./Compositae). Wie die nah verwandten Arten →Beifuß und →Eberraute genoß der in fast allen Trockengebieten Eurasiens verbreitete Halbstrauch bereits in der Antike hohes Ansehen. Dem entsprechend schätzte man auch im MA die geradezu universalen Arzneikräfte des – lat. (mit zahlreichen Schreibvarianten) meist als *absint(h)ium* (MlatWb 1, 48f.) bezeichneten – W., dessen volksetymolog. häufig umgedeuteter dt. Name (westgerm. Herkunft) letztlich ungeklärt ist. Während etwa Ps.-Apuleius (Herbarius, ed. HOWALD-SIGERIST, 182f.), Walahfrid Strabo (Hortulus, ed. STOFFLER, 181–196), Hildegard v. Bingen (Phys. I, 109) oder Albertus Magnus (De veget. VI, 274) nur wenige bzw. teilweise abweichende Indikationen anführen, übernahmen die Autoren ansonsten nahezu vollständig die von Dioskurides (Mat. med. III, 23) und Plinius (Nat. hist. XXXVII, 45–52) gen. Anwendungsgebiete: So sollte

die Pflanze (oft kombiniert mit anderen bzw. in Form bestimmter innerl. oder äußerl. zu gebrauchender Zubereitungen) den Appetit und die Verdauung anregen, den Magen stärken, Harnfluß und Menstruation fördern, bei Gelbsucht, Leber- und Milzleiden, Augen- und Ohrenbeschwerden, aber auch bei Pilzvergiftung helfen; ferner der berauschenden Wirkung des Weines sowie der Seekrankheit vorbeugen, Schlaf herbeiführen, Kopfschmerzen lindern, Eingeweidewürmer, Motten und Mücken vertreiben und schließlich – der Tinte zugesetzt – Schriftstücke vor Mäusefraß bewahren (Macer, ed. CHOULANT, 52–114; Circa instans, ed. WÖLFEL, 12f.; Konrad v. Megenberg V, 1; Gart, Kap. 3). Das auch in vielen anonymen Rezepten verzeichnete, bekanntlich sehr bitter schmeckende Kraut (daher metaphor. 'Wermutstropfen') wurde außerdem als →Räuchermittel verwendet und diente nicht zuletzt zur Bereitung des schon von Dioskurides (Mat. med. V, 39) erwähnten W.weines. Im übrigen schrieb der Volksglaube, wie bei stark riechenden Gewächsen üblich, auch dieser populären Heilpflanze apotropäische und v. a. antidämon. Eigenschaften zu. P. Dilg

Lit.: MARZELL I, 420–425 – DERS., Heilpflanzen, 278–283 – HWDA IX, 497–503 – R. MÜLLER, Beitr. zur Gesch. der offizinellen Drogen Bulbus Scillae, Herba Absinthii und Flos Cinae [Diss. Basel 1931] – J. SWADZBA, Zur Gesch. des W.s [Diss. Marburg 1965].

Werner (s. a. Wernher)

1. W. II. v. Bolanden, * vor 1134, † vermutl. um 1190 (nach der älteren Forsch. zw. 1194 und 1198), wurde bereits vom Zeitgenossen →Giselbert v. Mons als »ministerialis imperii, homo sapientissimus et castris 17 propriis et villis multis ditatus et hominiis 1100 militum honoratus« (Chron. Hanoniense, ed. L. VANDERKINDERE, 162) charakterisiert. Er gilt als Musterbeispiel für die Aufstiegs- und Einflußmöglichkeiten eines stauf. Reichsministerialen (→Ministerialität). Seinen umfangreichen, von 45 Lehnsherren herrührenden und an eigene Vasallen ausgegebenen Besitz ließ W. in dem Bolander Lehensbuch, einem der frühesten bekannten weltl. Amtsbücher, erfassen. W. wird erstmals um 1158 als Beteiligter am Aufstand von Mainzer Ministerialität und Adligen des Umlandes gegen Ebf. →Arnold v. Selenhofen erwähnt; seit 1163 ist er regelmäßig im Gefolge Kg. Friedrichs I. nachzuweisen, dem er in zahlreichen Aufgaben in Dtl. und Italien diente, u. a. 1183 als einer der Unterhändler beim Friedensvertrag mit der →Lombard. Liga. Seine bes. Stellung wird deutl. in den Anweisungen, die Friedrich I. vom Kreuzzug aus seinem Sohn Kg. Heinrich VI. zur Einziehung von Geldern gab und ihn dabei auch auf das consilium W.s verwies. W.s Frau Guda v. Weisenau stammte aus einer Ministerialenfamilie, doch vermählte er seinen Sohn Philipp bereits mit einer Frau aus der hochadligen Familie der →Eppsteiner und legte damit den Grundstein für den weiteren Aufstieg des Hauses. R. Schäfer

Lit.: →Bolanden, Herren v. – V. RÖDEL, Der Besitz W.s II. v. B. (1194/98) (Pfalzatlas. Textbd. II, hg. W. ALTER, 1971), 1197–1203.

2. W. III. v. Bolanden, Enkel →Werners II., † 1221 (?); Eltern: Philipp II. v. Bolanden und Hildegard (?) v. Eppstein. W. und sein Bruder sind 1199 im stauf. Gefolge nachzuweisen. 1200 unterstützten sie aber ihren Onkel →Siegfried v. Eppstein (6. S.) als Kandidaten Kg. Ottos IV. gegen Lupold v. Worms im Kampf um das Mainzer Erzstift. Nachdem sich die welf. Partei zunächst nicht halten konnte, wechselte W. auf die Seite der Staufer, 1208 nach dem Tod Philipps v. Schwaben und der Rückkehr Ebf. Siegfrieds erneut zu den Welfen, um 1212 mit seinem Onkel zu Kg. Friedrich II. überzutreten. W. gewann schnell das Vertrauen des Kg.s, dessen Rat er wurde. Nach der Eroberung Hagenaus im Okt. 1212 wird W. erstmals als Reichstruchseß bezeichnet, ein Hofamt, das erbl. bei der Familie verblieb. Zudem ist er mehrfach als Reichsseneschall bezeugt. W. weilte von 1214 bis Ende 1220 beständig im Gefolge Kg. Friedrichs II. und nahm auch an dessen Ks.krönung teil. In dem Bericht Konrads v. Mainz über das daran anschließende Kreuzzugsgelübde der Großen des Reiches wird W. unmittelbar nach dem Hzg. v. Bayern genannt, was sein hohes soziales Prestige belegt. W. verstarb vermutl. 1221; ob es sich bei dem im Mai 1221 gemeinsam mit den Ebf.en v. Trier und Köln urkundenden Bolander noch um W. oder bereits um dessen Sohn handelt, ist unsicher. Nachdem W.s jüngerer Bruder Philipp II. eine eigene Linie Hohenfels begründet hatte, teilten W.s Söhne das Haus weiter in die Linien Bolanden und Falkenstein. R. Schäfer

Lit.: →Bolanden, Herren v.

3. W. v. Kyburg, später nach seiner Burg Kyburg 'Gf. v. Kyburg' gen., ✕ 17. Aug. 1030, zusammen mit Hzg. →Ernst II. v. Schwaben gegen die Leute Bf. Warmanns v. Konstanz auf der Baar. Er gilt als der entschiedene Unterstützer Hzg. Ernsts II. bei dessen Aufständen gegen seinen Stiefvater Ks. Konrad II. zw. 1025 und 1030. Er wird auch mit dem gleichnamigen Gf.en W. identifiziert, der 1024 bei der Kg.swahl Konrads II. durch bes. geschickte Verhandlungen hervortrat. Aus welchen Gründen er bei dieser Identifizierung 1025 Hzg. Ernst II. Waffenhilfe gegen Konrad II. lieferte, ist nicht mehr nachzuweisen. Als sich Hzg. Ernst II. 1027 seinem Stiefvater unterwarf, verharrte er jedoch weiter in seinem Widerstand. Er konnte nach der Eroberung seiner drei Monate lang belagerten Burg Kyburg bei Winterthur entkommen. Hzg. Ernst II. war nach seiner Wiedereinsetzung ins Hzg.samt nicht bereit, den geächteten W. zu verfolgen. Da er selbst in der Folgezeit durch seinen neuerl. Abfall von Konrad II. geächtet und gebannt wurde, suchte er zusammen mit dem Gf.en W. und dessen Bruder Adalbert auf der Burg Falkenstein bei Schramberg Zuflucht, wo sie die Leute des Bf.s aufspürten, gegen die sie dann im Kampfe fielen. Gf. W., dessen Treue zu Hzg. Ernst II. bes. hervorgehoben wird, wird als Angehöriger der unter den Saliern aufgestiegenen und mit Gf.enrechten in Mittel- und Niederhessen ausgestatteten schwäb. Gf.enfamilie angesehen, die nach ihrem Leitnamen 'Werner' als die »Gf.en Werner« bezeichnet werden. Die Familie erlosch 1121. Eine Verbindung des Gf.en W. wird auch zu den späteren Gf.en v. Kyburg (→Kiburg) hergestellt. I. Eberl

Lit.: Verf.-Lex.² III, 1170ff. – E. KRÜGER, Der Ursprung des Hauses Württemberg, Württ. Vierteljahresh.e für Landesgesch. 8, 1899, 71ff., 237ff. – K. M. MAY, Reichsbannerrecht und Vorstreitrecht in hess. Sicht (Fschr. E. E. STENGEL, 1952), 301ff., 590ff. – W. STÖRMER, 'Spielmannsdichtung' und Gesch., ZBLG 43, 1980, 556ff.

4. W. v. Urslingen (it. Guarnieri d'U., »duca Guarnieri«), aus Schwaben stammender Söldnerführer, † 1353. Zusammen mit Rinaldo Giver, gen. il Malerba, und Konrad Wirtinger v. Landau (»Conte Lando«) gründete W. unter dem Oberkommando des Lodrisio Visconti die Compagnia di S. Giorgio, die aus Söldnern von Ländern nördl. der Alpen bestand, die von Mastino →della Scala entlassen worden waren, eine furchteinflößende Elitetruppe, die nur 1339 von Azzone und Luchino Visconti besiegt wurde (Schlacht von Parabiago). 1342 gründete W. die »Grande Compagnia«, deren Kerntruppe aus 3.000 jener dt. »barbute« (Lanzenreiter) bestand, die im Dienste Pisas gegen Florenz um den Besitz von Lucca gekämpft

hatten. Zum Unterschied von anderen Söldnerkompanien agierte die »Grande Compagnia« unabhängig und planmäßig. Durch den Zustrom neuer Söldner vergrößert, verwüstete und plünderte sie Siena, Perugia und Bologna und verheerte die Romagna und die Emilia (1342–1343), bis sich die Mgf.en →Este und →Gonzaga, Mastino →della Scala, die →Pepoli und die →Visconti gegen sie verbündeten. Die Grande Compagnia schloß daraufhin mit der Koalition der Signoren Frieden, löste sich auf, und ihre Mitglieder erhielten freien Abzug nach Dtl. W. wurde von Obizzo d'Este als Gast aufgenommen und überschritt als letzter die Friaul. Alpen. Auf seinem Brustpanzer prangten in silbernen Lettern die drohenden Worte: »Herzog Guarnieri, Herr der Gran Compagnia, Feind Gottes, des Erbarmens und des Mitleids«. 1347 erschien W. wieder in Italien an der Spitze von 1.500 »barbute«, an der Seite Ludwigs v. Ungarn, der gegen das von Kgn. Johanna II. regierte Kgr. Neapel zog. Drei Jahre lang verwüstete W. systematisch den Süden. Nachdem er vom Ungarnkg. entlassen worden war, verheerte er mit seinen Truppen den Ager Romanus und Kampanien, wurde dann von Kgn. Johanna in Dienst genommen und ging schließl. wieder in den Dienst Kg. Ludwigs über. Statt Waffenhilfe zu leisten, sah es W. als vorteilhafter für sich und seine Leute an, die Signoren, die ihn angeworben hatten, zu erpressen und die Städte des Regnum zu plündern. 1350 begründete er mit Konrad Wirtinger v. Landau und Fra'→Moriale die Grande Compagnia neu und führte sie gegen Norditalien. Er stellte sich in den Dienst der Signoren der Romagna gegen Clemens VI., wechselte aber rasch die Seite und kämpfte für den Papst gegen seine früheren Herren. Bevor er mit einem großen Vermögen endgültig in seine Heimat zurückging, führte er noch in Venetien militär. Operationen durch (1351). Er starb 1353 in Schwaben.
F. M. Vaglienti

Lit.: EncMilitare III, 168–169 – EncIt XXIX, 765 [G. Falco] – EncIt X, 999 [G. B. Picotti] – E. Ricotti, Sulla milizia dei comuni italiani nel Medio Evo. Cenni storici, 1840, 174 – Ders., Storia delle compagnie di ventura in Italia, 1893, 33–38, 47–58.

5. W. (Wernher) **v. Orseln,** *Hochmeister des →Dt. Ordens,* * um 1290 Urseln im Taunus (?), † 18. Nov. 1330 Marienburg (Mordanschlag eines Ordensbruders); Sohn von Wernher v. Urseln und Kunigunde v. Ulfa, 1312 Komtur v. Ragnit, Ende 1314 Großkomtur, wurde am 6. Juli 1324 in Marienburg zum Hochmeister gewählt, der erste aus den Reihen der preuß. Gebietiger. Er ging systemat. an die Erschließung der Wildnis, von der Teile den Komtureien Königsberg, Brandenburg und Balga zugewiesen wurden; Ausbaupunkte waren Gerdauen, Rastenburg, Barten und Leunenburg. Im Streit um Ebm. und Stadt →Riga geriet W. in eine Kontroverse mit Papst Johannes XXII. (1329 Belagerung der Stadt durch den von W. eingesetzten Landmeister Eberhard v. Munheim). Die vorgebl. Bekehrungsbereitschaft Gfs. →Gedimins v. Litauen störte W.s polit. Pläne, zumal jener sich mit Kg. Władisław I. v. Polen verbündete. 1326 schloß W. einen Waffenstillstand und verbündete sich seinerseits mit den masow. und den schles. Hzg.en, mit Fs. Georg v. Halič sowie vermutl. mit dem böhm. Kg. →Johann v. Luxemburg (urkdl. nicht belegt). 1327 beteiligten sich der Dt. Orden und die masow. Hzg.e durch Verheerung Kujaviens an einem Einfall Johanns v. Luxemburg nach Polen, 1328 unternahm W. Kriegszüge nach Litauen, z. T. unter böhm. Beteiligung. Johann v. Luxemburg erzwang die Lehnshoheit über den Hzg. v. Masowien-Płock, der Dt. Orden konnte das Land Dobrin erwerben. W. ließ sich von Kg. Johann Rechte an →Pomerellen bestätigen und konnte 1330 einen poln.-litauischen Einfall in das Ordensland abwehren. Er fügte dem Ordensland Preußen die Stadt →Memel als nordöstl. Außenposten zu. Für ein besseres Einvernehmen mit der Kurie unterstützte er die Erhebung des →Peterspfennigs. →Peter v. Dusburg widmete W. seine »Cronica terrae Prussiae«. Die Tatsache, daß W. die Gesetze des Ordens ergänzte, wurde im 15. Jh. vom Deutschmeister Eberhard v. Saunsheim durch die gefälschten sog. Orselnschen Statuten zum Zweck der Absetzung des Hochmeisters →Paul v. Rusdorf verfremdet.
C. A. Lückerath

Lit.: J. Voigt, Gesch. des Dt. Ordens, IV, 1862 [Neudr. 1969] – C. A. Lückerath, Eberhard v. Saunsheim als Widersacher des Hochmeistertums, ZOF 18, 1969, 270–287 – Altpreuß. Biographie, II, 1969, 483 – U. Niess, Hochmeister Karl v. Trier, 1992 – Die Hochmeister des Dt. Ordens, hg. U. Arnold [im Dr.].

6. W. v. Eppstein, *Ebf. v. →Mainz* 1259–84, * nach 1225 (?), † 2. April 1284 Aschaffenburg, ▭ Mainz, Dom; Eltern: Gerhard II. v. Eppstein und Elisabeth v. Nassau, Bruder: Gerhard III. v. Eppstein, Onkel: Gottfried III. v. Eppstein (→Eppstein), Neffe: →Gerhard II., Ebf. v. Mainz (1289–1305). Erzogen in der Mainzer Domschule, durchlief W. rasch die geistl. Karriere. Er ist nachweisbar als Domkantor und Propst des Mariengredenstifts 1248, als Propst von St. Peter 1249 (behielt die Pfründe als Ebf. bei), Propst von St. Peter und Alexander in Aschaffenburg 1257. Anfang Okt. 1259 in Mainz gewählt, erhielt er im Herbst 1260 in Rom Weihe und Pallium durch Papst Alexander IV. Reichspolit. begünstigte er erfolglos 1262 ein Wahlprojekt zugunsten →Konradins v. Staufen, ist dann im Gefolge Kg. →Richards v. Cornwall, der ihn 1269 zum Landfriedensexekutor bestimmte; in den Folgejahren erfolgte die Brechung von Burgen an Mittel- und Oberrhein. Vorausgegangen waren regionale Landfrieden mit Pfgf. →Ludwig II. 1264 und mit Adel und Städten der Wetterau 1265. In der Thronvakanz 1272/73 verfocht W. zunächst ein Projekt zugunsten des Pfgf.en, einigte dann aber die Kfs.en auf die Erhebung →Rudolfs v. Habsburg am 1. Okt. 1273, wobei wohl stauf. Traditionselemente nachwirkten. Den Kg. begleitete er auf dessen erstem Zug gegen Kg. →Otakar II. v. Böhmen 1276, hielt sich aber in der Folge vom Streit fern. In Kg. Rudolfs Landfriedenspolitik vermittelte er 1281/82, ebenso in der Beschaffung der Willebriefe für dessen Erwerb Österreichs und der anderen Ostalpenterritorien. Die Territorialpolitik für das Erzstift war erfolgreich im Kampf mit den Rheingrafen und den Verbündeten im Naheraum (Schlacht b. Sprendlingen 1269). Das Lorscher Abteiland konnte gegen den Pfgf.en behauptet werden. Die Gf.en v. →Rieneck wurden im Spessart zurückgedrängt, den Bachgau erwarb er von den Herren v. Hanau. Zw. Main und dem Jagst-Kocher-Gebiet kaufte er Teile der Herrschaft Dürn und erwarb Besitz in Streulage. Der Kampf um →Hessen hingegen blieb im Langsdorfer Vertrag 1263 unentschieden, weil Kg. Rudolf diese Konstellation bestätigte. In →Thüringen hielt sich W. bedeckt, sein Verhältnis zur Stadt Mainz blieb labil.
A. Gerlich

Q.: RIV, 1, 1881 [Neudr. 1971], 988–1052, Nr. 5286–5615, passim; VI, 1, 1898 [Neudr. 1969], passim – Reg. zur Gesch. der Mainzer Ebf.e, II, bearb. J. F. Böhmer–C. Will, 1886 [Neudr. 1966], LXVII–LXXV und 349–422, Nr. 1–609 – *Lit.:* G. W. Sante, W. v. Eppstein, Ebf. v. Mainz, Nassauische Lebensbilder 4, hg. K. Wolf, 1950, 1–23 – A. Gerlich, Stud. zur Landfriedenspolitik Kg. Rudolfs v. Habsburg, 1963, 13ff. und 56ff. – Ders., Rhein. Kfs.en und dt. Kgtm. im Interregnum (Geschichtl. LK 3,2 [Fschr. J. Bärmann, II, 1967], 44–126 [Lit.] – L. Falck, Mainz in seiner Blütezeit als Freie Stadt (1244–1328) (Gesch. der Stadt Mainz, III, hg. A. Ph. Brück–L. Falck, 1973), 111–120 u. ö.

7. W., Bf. v. →Straßburg 1001–28; * um 970, † 28. Okt. 1028 in Konstantinopel, ▭ ebd.; wohl aus dem Hause der Hzg. e v. Oberlothringen stammend, wahrscheinl. an der Domschule v. →Hildesheim ausgebildet. 1001 von Ks. Otto III. zum Bf. erhoben, wurde er erst nach dessen Tod am 4. Mai 1002 ordiniert. Von Jugend an Kg. Heinrich II. verbunden, gehörte er zu dessen verläßlichsten Helfern. 1020 führte er schwäb. Truppen bei einem erfolgreichen Kriegszug gegen Burgund. Auch Konrad II. sah in W. einen erprobten Verfechter der Reichspolitik und beauftragte ihn 1027 mit der Leitung einer Gesandtschaft an den byz. Hof. Die dabei auftretenden Schwierigkeiten bewältigte der Bf. mit der ihm eigenen Ausdauer, doch starb er noch vor Abschluß der Verhandlungen. W. darf zu den markanten Vertretern des dt. Episkopats im 1. Viertel des 11. Jh. gerechnet werden, der auch bei seinen Amtsbrüdern hohes Ansehen genoß (»Gandersheimer Streit«). Lange Zeit für einen der frühen →Habsburger gehalten, scheint er mit diesen nur verschwägert gewesen zu sein, war aber in deren Hausmachtpolitik stark involviert (Gründung von Kl. →Muri, Erbauung der Habsburg im Aargau). G. Scheibelreiter

Lit.: S. HIRSCH, JDG Heinrich II., 1–3 – H. BRESSLAU, JDG Konrad II., 1–2 – O. REDLICH, Rudolf v. Habsburg, 1903, 3ff. – E. HLAWITSCHKA, Der Aufstieg des Hauses Habsburg, 1969, 114 – H. WOLFRAM, Die Gesandtschaft Konrads II. nach Konstantinopel (1027/29), MIÖG 100, 1992, 174ff.

8. W. v. Falkenstein, Ebf. v. →Trier seit 1388, * zw. 1353 und 1361, † 4. Okt. 1418, ▭ Koblenz, St. Kastor; Sohn von Philipp VI. v. Falkenstein (Linie Kunos II.) und Agnes v. Falkenstein (Linie Kunos I.), Propst (1384, 1387/88), Domkanoniker (1385), Koadjutor (1388). W. gelangte durch seinen Großonkel →Kuno II. auf den Trierer Erzstuhl unter Übergehung des Domkapitels. Seine Amtsführung war insgesamt besonnen (Friedensbündnisse, Münzverträge, Rechtssatzungen). Das 1388 konsolidierte Erzstift wurde alsbald von innen und außen bedroht. W.s Friedenspolitik ersparte ihm nicht aufwendige Fehden. 1398 betrieb das Domkapitel erfolglos seine Absetzung. Sein Itinerar erweist die territoriale Schwerpunktverlagerung auf das Niederstift. Die Judenpolitik ist durch enorme Schatzungen gekennzeichnet. In der Reichspolitik war er zurückhaltend, wirkte jedoch an der Absetzung Wenzels und der Kg.swahl Ruprechts wie Siegmunds mit. A. Heit

Q. und Lit.: Q. n zur Rechts- und Wirtschaftsgesch. der rhein. Städte, Kurtrier. Städte, I, 1915 – ADB LV, 47f. – Die Kunstdenkmäler der Rheinprov., Bd. 20, I, 1, 1937, 136, 138f. – D. JANK, Das Ebm. Trier während des Gr. Abendländ. Schismas (1378–1417/18), 1983 [Bibliogr.] – D. KERBER, Die Itinerare der Trierer Ebf.e, RhVjbll 56, 1992, 112–147 – 2000 Jahre Trier, II, 1996.

9. W. v. Regensburg, Franziskanertheologe, † nach 1290. Vermutl. bereits 1266 Oberer der OFM-Custodie Bavaria und später als geschätzter Vermittler bezeugt. Als Lehrer (»lector«) der Brüder in Regensburg verfaßt W. eine geistl. Schrift, bekannt als »Liber soliloquiorum«, in Form eines Dank- und Lobgebetes. Den Prolog übernimmt er wörtl. vom Eingangsgebet des »Proslogion« Anselms v. Canterbury, dem er auch sonst verpflichtet ist, v. a. in seinem Marienlob. Im Epilog greift W. auf die »Confessiones« (X, 24–28) des Augustinus zurück mit wörtl. Anklängen an dessen Anschauung des »Gott-findens« in der »memoria«. In sieben Abschnitten schaut er die unerschöpfl. Güte Gottes in seiner Dreifaltigkeit sowie in Schöpfung, Erlösung und Vollendung. Durch Maria erreicht Gottes Heilswirken in Menschwerdung und Erlösungswerk Jesu Christi seinen Höhepunkt. Bei aller hymn. Sprache gerade in diesem Teil geht es immer um klare Darlegung kirchl. Lehre, bes. im Abschnitt über die Eucharistie, wo W. die Leugnung der »Wesensverwandlung« bekämpft. Insgesamt verwahrt sich W. gegen philos. Vernunft, die dem Glaubensgeheimnis nicht gerecht wird, und betont: »das meine erhabenere Philosophie, Jesus zu wissen und Ihn als Gekreuzigten« (ed. PEZ 73). Wie Helwichs v. Magdeburg »Denarius«, nur weniger persönl. und mehr lehrhaft, ist W.s Schrift betende Theologie und ein sprachl. schönes Beispiel der ma. Laudes-Lit. In hsl. Überlieferung blieb deren Wirkung auf den bayer. Kulturraum beschränkt. J. Schlageter

Ed.: B. PEZ, Bibl. ascetica antiquo-nova, IV, 1724 [Nachdr. 1967], 41–78 [mit eigener Kap. einteilung, Überschriften] – *Lit.*: DSAM XVI, 1369–1371 – LThK² X, 1057 – O. BONMANN, W. v. R. und sein Liber Soliloquiorum, Zs. für Askese und Mystik 12, 1937, 294–305 – R. BAUERREISS, Kirchengesch. Bayerns, IV, 1953, 66.

10. W. Rolevinck OCart, Gelehrter und Historiograph, * 1425 Laer b. Horstmar (Westfalen), † 26. Aug. 1502; stammte aus wohlhabender Bauernfamilie des Münsterlandes, bezog nach Schulbesuch an unbekanntem Ort (Coesfeld? Münster? Deventer?) zum Wintersemester 1443/44 die Univ. →Köln zum Studium der Rechte und trat 1447 in die Kartause St. Barbara zu Köln ein. W. R., über dessen Biographie wenig bekannt ist, hat ein umfangreiches lit. Œuvre hinterlassen, das bislang weder seinem Umfang nach ganz bekannt noch kritisch durchdrungen ist (Schriftexegese, bes. die Briefe des NT, Hagiographie, Predigten, katechet. Schriften, populäre Jurisprudenz und Geschichtsschreibung). Dabei hat er seit 1470 offenbar gezielt in Zusammenarbeit mit dem Kölner Drucker Arnold Therhoernen den Buchdruck zur Verbreitung seiner Schriften genutzt. Hervorzuheben sind »De regimine rusticorum« (1472), eine Anleitung für Geistliche und Grundherren zur Erhaltung des ständ. Friedens, der »Fasciculus temporum« (F. T.), ein synoptischer, durch graph. Elemente und Illustrationen gegliederter Abriß der Weltgesch. (1474), der mit 33 Inkunabelausg. bis ins 16. Jh. ein wichtiges Nachschlagewerk blieb, und »De laude antiquae Saxoniae nunc Westphaliae dictae« (um 1474), eine historisch begründete Landesbeschreibung, wie sie am Ausgang des MA häufiger werden (Enea Silvio de' Piccolomini [→Pius II.], Flavio→Biondo, Albrecht v. →Bonstetten). P. Johanek

Ed. und Lit.: DSAM XIII, 894–897 – Verf.-Lex.² VIII, 153–158 [Lit.] – H. WOLFFGRAM, Neue Forsch. zu W. R.s Leben und Werken, ZVGA 48, 1890, 85–136; 50, 1892, 127–161 – E. STEFFENHAGEN, Ein ma. Traktat über den Rentenkauf und das Kostnitzer Rechtsgutachten v. 1416 (Beitr. A. WILHANNS, 1903), 355–370 – M. B. STILLWELL, The F. T. A Genealogical Survey of Editions before 1480 (Essays W. EAMES, 1924), 409–440 – H. BÜCKER, W. R. 1425–1502. Leben und Persönlichkeit im Spiegel des Westfalenbuches, 1953 – W. R., De laude antiquae Saxoniae..., hg. H. BÜCKER, 1953 [mit dt. Übers.] – E. HOLZAPFEL, W. R.s Bauernspiegel. Unters. und Neuherausg. von De regimine rusticorum«, 1959 – DERS., W. R., Die seelsorger. Führung der Bauern [dt. Übers. E. HOLZAPFEL], 1959 – S. CORSTEN, Die Blütezeit des Kölner Buchdrucks, RhVjbll 40, 1976, 130–149 – V. HENN, »...quod inter dominos et subiectos esse debet mutua dilectio«. Zu den Ständetraktaten des Kölner Kartäusers W. R. (Die Kölner Kartause um 1500, hg. W. SCHÄFKE, 1991), 199–211 – L. C. WARD, Two Carthusian Histories, their Authors and Audiences (Die Ausbreitung kartäus. Lebens und Geistes im MA, 2, hg. J. HOGG [AnalCart 63, 1991]), 132–138 – H. J. WARNECKE, Das Hofrecht von Schulze Rolevinck in Laer. Ein Beitr. zur Lebensgesch. W. R.s und zum Erscheinungsjahr seines Westfalenbuches, WZ 141, 1991, 132–138 – E. WIDDER, Westfalen und die Welt. Anm. zu W. R., ebd., 92–122 – C. MARTENS JR., The »F.T.« of 1474: on Form and Content of the Incunabula, Quaerendo 22, 1992, 197–204 – E. OVERGAAUW, Observations on Mss. of W. R.'s »F. T.«. The Dating of The F. T. Ms. in Arnhem Publ. Libr., Quaerendo 22, 1992, 292–300.

11. **W. v. Tegernsee.** Unter dem Namen W. wurden in der Forsch. seit dem 19. Jh. zwei Tegernseer Mönche W. der 2. Hälfte des 12. Jh. vereint, die mit ZIMMERMANN zu trennen sind: 1. *Werinherus scholasticus* (presb., † 15. Juni), Tegernseer Schullehrer. Korrespondenz von ihm findet sich in der jüngeren →Tegernseer Briefslg. (Clm 19411, die Hs. stammt als solche nicht v. W.). Eine dort erwähnte →Rhythmomachie W.s identifiziert BORST mit einem Text der Hs. London, Brit. Libr. add. 22790 (ed. FOLKERTS); ältere Zuweisungen (KUGLER, LINDNER) zahlreicher anderer Werke an W. sind falsch oder ohne Grundlage. 2. *Werinherus diaconus* († 22. April 1198), bedeutender Schreiber in Tegernsee, wird genannt in: Clm 18523b, 18527a, 18646, 18769, 19164. J. Staub

Lit.: F. KUGLER, De Werinhero Tegernseensi [Diss. Berlin 1831] – P. LINDNER, Familia S. Quirini in Tegernsee, Oberbayer. Archiv 50, 1897, 50–53 – A. CHROUST, Denkmäler der Schreibkunst des MA, II/2, 1909, Nr. 10 – M. ZIMMERMANN, Die Familia s. Quirini im MA, SMGB 60, 1946, 203f., 214 – H. PLECHL, Studien zur Tegernseer Briefslg. des 12. Jh., IV/1, DA 13, 1957, 94 – DERS., Die Tegernseer Hs. Clm 19411, ebd. 18, 1962, 425–428 u. ö. – A. BORST, Das ma. Zahlenkampfspiel, 1986, 216–220 u. ö. – M. FOLKERTS, Die Rithmachia des Werinher v. T. (Vestigia Mathematica [Fschr. H. L. L. BUSARD, 1993]), 107–142.

Werner, Johannes, bedeutender Mathematiker und Astronom, * 14. Febr. 1468 in Nürnberg, † 1522 (wahrscheinl. Mai) ebd. W. war Geistlicher an verschiedenen Kirchen in Nürnberg. Er hat mehrere Nürnberger Humanisten und Künstler (u. a. Albrecht →Dürer) mathematisch beraten. Auf ihn gehen wichtige Fortschritte in Astronomie, Trigonometrie, Geographie und Meteorologie zurück. W. schlug vor, die Beobachtung der Distanz des Mondes von einem Fixstern für die Bestimmung der geogr. Länge auf See zu benutzen. Eine Schrift von ihm über die Bewegung der achten Sphäre wurde von →Kopernikus und Tycho Brahe kritisiert. Zu Lebzeiten von W. erschienen zwei Sammelbände (1514 und 1522) mit diversen Abhandlungen. Einige der nur handschriftlich überlieferten Schriften wurden von J. Schöner (1546), A. BJÖRNBO (1907) und J. WÜRSCHMIDT (1913) herausgegeben. F. Schmeidler

Lit.: DSB XIV, 272–277 [M. FOLKERTS; Angabe von Ed., Lit.] – K. PILZ, 600 Jahre Astronomie in Nürnberg, 1977, 132–144 [Lit.] – A. RAUMER, J. W., Abh. »Über die Bewegung der achten Sphäre«, Wolfenbütteler Renaissance Mitt. 12, 1988, 49–61 – V. THORCN, Prosthaphaeresis Revisited, HM 15, 1988, 15, 32–39.

Wernher (s. a. Werner)
1. **W., Bruder,** mhd. Sangspruchdichter (2. Viertel des 13. Jh., bayer.-österr. Raum). W. ist urkundl., wie sehr viele mhd. Autoren, nicht bezeugt. In den Lyrikhss. A/C (= Kleine bzw. Große ['Manessische'] Heidelberger →Liederhs.) und J (= Jenaer Liederhs.) sind unter seinem Namen 76 Strr. in 8 Tönen überliefert (6 in Hs. J mit Melodie); 3 Strr. davon fanden sich überdies in einem heute verschollenen Fragment in Tetschen (Böhmen). Zw. den Textfassungen C und J bestehen oft starke Unterschiede, die möglicherweise auf Aufführungsvarianten des Autors zurückgehen; nicht in der älteren Ed. von SCHÖNBACH, aber in dem von SPECHTLER besorgten Faksimile und v. a. in der dazugehörigen (Parallel-)Transkription wird dies deutlich. Der Inhalt einiger Strophen verweist auf das 2. Viertel des 13. Jh. sowie auf ein Dasein als fahrender Berufssänger vorwiegend im bayer.-österr. Raum; der Name deutet auf geistl. Ausbildung oder eventuell sogar Tätigkeit. Die zumeist in sich abgeschlossenen Texte tendieren zur Einzelstrophigkeit; inhaltl. umfassen sie das Repertoire der damaligen Sangspruch-Lyrik: Fragen der richtigen und falschen Lebensführung (Ethik und Moral), Sängerexistenz, Politik. U. Müller

Ed.: A. E. SCHÖNBACH, 1904–05 – F. V. SPECHTLER, 1982 und 1984 [Faks. und Transkr.] – *Lit.:* U. GERDES, B. W., 1973 – U. MÜLLER, Unters. en zur polit. Lyrik des MA, 1974 – F. V. SPECHTLER, Strr. und Varianten (Spectrum medii aevi, hg. W. McDONALD, 1983) – H. BRUNNER, Die Töne B. W.s (Liedstud., hg. M. JUST-R. WIESEND, 1989) – P. KERN, B. W. 'Bispel'-Spruch von dem Affen und der Schildkröte, ZDPh 109, 1990.

2. **W. der Gärtner,** mhd. Dichter des 13. Jh. aus dem bayer.-österr. Raum, für den nahezu alle biogr. Spuren fehlen. Bekannt ist W. als Verf. der Versnovelle »Helmbrecht« (1934 V.), da er sich in der letzten Zeile als deren Autor nennt. Der Beiname sowie die Stilisierung der Erzählerrolle lassen für W. auf einen Status als →Fahrender schließen, alles weitere bleibt Spekulation. »Helmbrecht«, ein Kunstwerk spätma. Kleinepik und ein für seine Zeit singulärer Text, ist wohl zw. 1250 und 1280 entstanden und in zwei Hss. überliefert (Hs. A: Ambraser Heldenbuch, 1504–16; Hs. B: Staatsbibl. Berlin, Ms. germ. fol. 470, um 1400), die neben anderen Abweichungen auch in bezug auf den Ort der Handlung, evtl. aus Gründen der Aktualisierung, divergieren (Innviertel bzw. Traungau). Die Erzählung berichtet von dem Bauernsohn Helmbrecht, der die Weisungen seines positiv gezeichneten Vaters mißachtet, den elterl. Pachthof verläßt und →Raubritter (→Räuber, -banden) wird. Eine kurze Rückkehr zum Vater endet in Prahlerei und Hohn gegen die Eltern. Als die Raubritter durch den Richter gestellt werden, entgeht allein Helmbrecht dem Galgen, doch ihm werden die Augen ausgestochen und Gliedmaße verstümmelt. Der Vater weist den nun um Aufnahme bittenden Sohn ab; Helmbrecht wird schließlich von Bauern erhängt. W. prangert mit dem erbarmungslosen Schicksal Helmbrechts den Verstoß gegen die von Gott gesetzte familiäre, gesellschaftl. und rechtl. Ordnung an, z. T. mit Hilfe von Bibelreminiszenzen (Viertes Gebot, Verlorener Sohn, Absalom). Eine bes. Bedeutung kommt dabei der vom Erzähler gleich eingangs beschriebenen Seidenhaube Helmbrechts zu: Sie durchzieht leitmotivisch das gesamte Geschehen, ist Ausdruck der 'superbia', und ihre Zerstörung symbolisiert die Konsequenzen menschl. Fehlverhaltens. Indem die Haube mit ikonograph. Motiven bestickt ist, fungiert sie zudem als Signal für Intertextualität; denn das Haubenmotiv ist bei dem explizit erwähnten →Neidhart vorgebildet, Epik von →Hartmann, →Wolfram u. a. klingt an, und für den Aufbau seiner Erzählung orientiert W. sich an der Artusromanstruktur. Partiell ist der »Helmbrecht« damit auch Literatur über Literatur. Obwohl das Rittertum mit Raubrittertum identifiziert wird, das höf. Ideal nur noch in der Erinnerung des Vaters existiert und die Dichtung somit Adelskritik enthält, kommt für W.s Parabel nur ein höf., literarisch vorgebildetes Publikum in Betracht, das den Großteil der Anspielungen verstehen konnte. R. Bauschke

Ed.: W. d. G., Helmbrecht, hg. F. PANZER, K. RUH, H. J. ZIEGLER, 1993[10] [Lit.] – W. d. G., Helmbrecht, mhd./nhd., hg. F. TSCHIRCH, 1979 – *Bibliogr.:* U. SEELBACH, Bibliogr. zu W. d. G., 1981 – *Lit.:* H. BAUSINGER, Helmbrecht. Eine Interpretationsskizze (Fschr. H. MOSER, 1974), 200–215 – H. BRACKERT, Helmbrechts Haube, ZDA 103, 1974, 166–184 – P. GÖHLER, Konflikt und Figurengestaltung im »Helmbrecht« von W. d. G., Weimarer Beitr. 20, 1974, H. 8, 93–116 – F. P. KNAPP, »Helmbrecht« in gegenwärtiger Sicht, Adalbert-Stifter-Inst., Vjs 28, 1979, 103–121 – A. SCHWOB, Das mhd. Märe vom »Helmbrecht« vor dem Hintergrund der ma. ordo-Lehre (Geistl. und weltl. Epik des MA in Österreich, hg. D. McLINTOCK u. a., 1987), 1–17 – F. P. KNAPP, W. d. G. (Dt. Dichter, I: MA, 1989), 321–328.

3. **W., der Priester,** mhd. geistl. Dichter, verfaßte 1172 das erste größere Marienleben (→Maria, hl., C, V, 2) in dt. Sprache (ca. 6000 V.). Er nennt sich selbst und seinen

Auftraggeber, den Priester Manegolt, der ihn bei der Arbeit unterstützte (5799–5821; 1296) und den man früher mit Manegold v. Sibinache, dem langjährigen Propst und späteren Abt (1179–84) von St. Ulrich und Afra in Augsburg, identifizierte. Auf eine Lokalisierung in →Augsburg weisen die Herkunft der ältesten Textzeugen und liturgiegesch. Zusammenhänge; die Priester W. und Manegolt dürften dagegen eher unter den Augsburger Weltklerikern als den Klosterangehörigen zu suchen sein. W. empfiehlt sein Werk ausdrücklich einem laikalen Frauenpublikum zur Lektüre und Verbreitung.

Hauptq. war das apokryphe Ps.-Matthäus-Evangelium (→Apokryphen, A. II, 1), dessen Stoff W. frei umgestaltet, aus den kanon. Evangelien ergänzt und einen heilsgesch. Zusammenhang bringt. Die Komposition des durch Prologe in drei 'liet' oder 'buochel' gegliederten Werkes stellt die Ereignisse aus dem Marienleben, die den gesch. Hintergrund der drei großen Feste Mariae Geburt, Mariae Verkündigung und Christi Geburt bilden, in den Mittelpunkt. W.s Reimtechnik ist noch frühmhd., die metr. Form und der sprachl. Ausdruck dagegen sind gewandt und sicher und machen ihn zu einem Vorläufer der klass. mhd. Epiker. Von der für ein Werk seiner Zeit beachtl. Wirkung zeugen sechs Fragmente mit autornahen Fassungen und zwei vollständige Hss. mit Bearbeitungen, von denen die stilistisch und inhaltlich eigenständige Bearbeitung D in einer um 1220 entstandenen ehemals Berliner (Ms. germ. oct. 109), heute in Krakau aufbewahrten Hs. erhalten ist; ihre künstlerisch hochstehenden zahlreichen Illustrationen gehören in den Stilzusammenhang der Regensburg-Prüfeninger Malschule (→Buchmalerei, A. XI) und gelten als der mit Abstand früheste Illustrationszyklus des Marienlebens in der dt. Kunst. K. Gärtner

Ed.: C. Wesle, 1927 [große Ausg.] und ATB 26, 1927 [kleine Ausg.], 1969², hg. H. Fromm – K. Gärtner, Neues zur Priester W.-Kritik mit einem Abdr. der kleineren Bruchstücke von Priester W.s 'Maria' (Stud. zur frühmhd. Lit., hg. L. P. Johnson u.a., 1974), 103–135 – G. Pichler–H. Reichert, Neue Frgm.e zu Priester W.s 'Maria', ZDA 125, 1996, 202–210 – *Illustrationen, Übers.en:* Des Priesters W. drei Lieder von der Magd..., übers. und hg. H. Degering [1925] – *Lit.:* Verf.-Lex.¹ IV, 901–910 [U. Pretzel] – Lit. Lex, hg. W. Killy, XII, 263f. [H. Fromm] – Marienlex., hg. R. Bäumer–L. Scheffczyk, VI, 1994, 716f. [W. Hoffmann; Lit.] – U. Pretzel, Stud. zum Marienleben des Priesters W., ZDA 75, 1938, 65–82 – H. Fromm, Unters. zum Marienleben des Priester W., 1955 – A. Masser, Bibel, Apokryphen und Legenden. Geburt und Kindheit Jesu in der religiösen Epik des dt. MA, 1969, 87–98 und passim – Ders., Bibel- und Legendenepik des dt. MA, 1976, 91–95 – W. Messerer, Illustrationen zu W.s 'Drei Liedern von der Magd' (Fschr. Hugo Kuhn, 1979), 447–472 – G. Lenger, Virgo-Mater-Mediatrix. Unters. zu Priester W.s 'Driu liet von der maget' (Europ. Hochschulschr. 1, 35, 1980) – N. Hörberg, Libri Sanctae Afrae. St. Ulrich und Afra in Augsburg im 11. und 12. Jh. nach Zeugnissen der Kl. bibl. (Veröff. des Max-Planck-Inst. für Gesch. 74, Stud. z. GS 15), 1983, 245–247 – K. Stackmann, Magd und Königin. Dt. Mariendichtung des MA, 1988, 10f., 26–28 – F. G. Gentry, Bibliogr. zur frühmhd. Dichtung, 1992, 98–105 – N. Henkel, Relig. Erzählen um 1200 im Kontext höf. Lit. Priester W., Konrad v. Fußesbrunnen, Konrad v. Heimesfurt (Die Vermittlung geistl. Inhalte im dt. MA, hg. T. R. Jackson u.a., 1996), 1–21, hier 4–8.

Wernigerode, Stadt in Sachsen-Anhalt. Eine den →Harz überquerende Verbindung von Erfurt nach Braunschweig kreuzte sich in W. mit einer am n. Fuß des Gebirges sich hinziehenden Straße. Neben einem Dorf mit Georgs-, später Silvestrikirche legte ein aus S-Dtl. stammendes Gf.engeschlecht um 1121 einen Herrenhof an und nannte sich seitdem nach dem neuen Besitz. Die 1213 erstmals gen. Burg lag wahrschl. immer an der heutigen Stelle hoch über der Stadt. Im 12. Jh. entstand an der Breiten Straße im Zuge der Fernstraße von Halberstadt nach Goslar eine Kaufmannssiedlung mit Nikolaikirche und an der Harzquerstraße eine Marktsiedlung mit der Liebfrauenkirche. 1229 erhielt W. Goslarer Stadtrecht. Bei St. Silvestri wurde 1265 ein Chorherrenstift errichtet. Außerhalb dieser ummauerten Altstadt entstand um 1270 eine Neustadt mit Johanniskirche und vorwiegend ländl. Zuschnitt, eigener Befestigung, stadtherrl. bestimmter Verfassung und eigenem Marktrecht seit 1410. Die Gerichtsbarkeit über beide Städte blieb in den Händen der Gf.en. Die Wirtschaft wurde vom Fernhandel und der Tuchmacherei beherrscht, 1310 war eine Kupferhütte in Betrieb. Die Gft. W. gelangte 1429 an die Gf.en v. →Stolberg, seit 1449 stand sie unter brandenburg. Lehnshoheit. K. Blaschke

Lit.: H. Drees, Gesch. der Gft. W., 1916 – H. Wäscher, Die Baugesch. der Burg W., 1957 – P. Grimm, Die vor- und frühgeschichtl. Burgwälle der Bezirke Halle und Magdeburg, 1958, 417f. – E. Pörner, W., die bunte Stadt am Harz, 1959 – H. Drees, Feudalburgen in den Bezirken Halle und Magdeburg, 1962, 137ff.

Wertheim, Stadt in Baden-Württ. an der Mündung der Tauber in den Main; Gf.en v. Im Marktprivileg Kg. Heinrichs II. v. 1009 wird der Ortsname *Werdheim* erstmals gen., ist aber auf das gegenüber, auf der rechten Mainseite gelegene Kreuzwertheim zu beziehen. Nach W. nannten sich die seit 1132 urkundl. bezeugten Gf.en, deren Herkunft nicht eindeutig geklärt ist. Sie errichteten Anfang des 12. Jh. eine Höhenburg, die im Laufe des MA zu einer der größten Burganlagen ausgebaut wurde (seit 1634 Ruine). In ihrem Schutz entwickelte sich eine um 1200 oppidum, 1214 urbs und 1244 civitas gen. Siedlung, der Kg. Albrecht I. 1306 das Frankfurter Stadtrecht verlieh. Ihre Verkehrslage begünstigte die Entwicklung der Wirtschaft, die im 14. und 15. Jh. ihre größte Bedeutung gewann (bes. Transithandel zu Wasser, Weinanbau, Tuchherstellung). Die Gf.en, welche den Mainzoll vom Reich zu Lehen trugen und etwa zw. Miltenberg und W. Geleitrechte (→Geleit) ausübten, bauten beiderseits des mittleren Mains und an der unteren Tauber seit ca. 1300 ein Territorium auf, das sie gegen die mächtigen benachbarten Hochstifte Mainz und Würzburg behaupten konnten; Stadt und Burg nahmen sie 1362 von Karl IV. als Kg. von Böhmen zu Lehen. In der ca. 1200 erbauten und 1383–1419 erweiterten Pfarrkirche gründeten die Gf.en Johann II., Michael I. und Georg I. 1419 ein Säkularkanonikerstift. 1556 starb das Gf.engeschlecht aus. A. Wendehorst

Q. und Lit.: DtStb IV, 2, Teilbde Baden 171–174 – GJ II, 2, 878f.; III, 2, 1586–1589 – Hist. Ver. Alt-W., Jb., seit 1905; seit 1956 W.er Jb. – J. Aschbach, Gesch. der Gf.en v. W., 2 T.e, 1843 [Neudr. 1994] – P. Schöffel, Der Markt W. v. 1009, ZGO NF 54, 1941, 468–482 – A. Friese, Der Lehenhof der Gf.en v. W. im späten MA, Mainfrk. H.e 23, 1955 – W. Engel, Urkundenreg. zur Gesch. der kirchl. Verwaltung der Gft. W. 1276–1499, 1959 – H. Ehmer, Gesch. der Gft. W., 1989.

Werve, Claus de, ndl.-burg. Bildhauer, wohl aus Haarlem, † 1439 in Dijon, Neffe →Sluters, erscheint ab 1396 als Mitarbeiter in dessen Werkstatt, wird bei seinem Tod 1406 Nachfolger als Vorsteher der hzgl. Bildhauerhütte und hält dieses Amt bis zum eigenen Ableben. Mitwirkung an den figürl. Teilen des sog. Mosesbrunnens und am Grabmal Hzg. →Philipps d. Kühnen, das er 1410 vollendet. Hzg. →Jean 'sans peur' beauftragt ihn daraufhin mit dem Entwurf und Modell seines eigenen Grabmals, das aus Kostengründen jedoch bis 1443 nicht in Angriff genommen wird. W. weitet in den letzten Jahrzehnten seine Tätigkeit v. a. auf die Freigft. Burgund aus, wo er großgigige Mäzene findet, in Poligny den dortigen Finanzmann Jean Chousat und in Baume-les-Messieurs den Abt Amé de Chalon. An beiden Orten zeugen Werke von W.s

souveräner Bildhauerei, die Sluters Kunst weiterentwickelte. Einzig der 1430 datierte Passionsaltar in Bessey-les-Cîteaux nach Art dt.-ndl. Retabeln fällt, wohl durch den Auftraggeber bestimmt, aus dem Rahmen. A. Reinle

Lit.: P. QUARRÉ, La Collégiale de St-Hippolyte de Poligny et ses statues (Congr. archéol. Franche Comté 1960), 209–224 – DERS., Claus de W. Imagier des Ducs de Bourgogne. Mus. des Beaux Arts Dijon, 1976 – K. MORAND, Claus Sluter, 1991, 133–159.

Werwolf (»Mann-Wolf«), ein Mensch, der als →Wolf oder zumindest in Wolfsgestalt lebt: sei es, daß er gegen oder ohne seinen Willen in das Tier verwandelt (wodurch seine menschl. Existenz aufgehoben wird) oder als menschl. Subjekt in die tier. Gestalt gebannt wird; sei es, daß er selbst aus eigenem Willen diese Wolfsgestalt annimmt, um »wölf.« Taten zu begehen (dazu COPPER, HERTZ, LEUBUSCHER, MÜLLER, OTTEN, SUMMERS, VÖLKER). Das passive Verwandeltwerden war bereits dem MA – unter Einarbeitung antiker Schriftsteller (z. B. Lukian, Apuleius) – ein beliebtes literar. Thema (z. B. »Bisclavret« der →Marie de France; →Völsunga Saga), wobei meist entsprechend der Trennung von Seele/Geist und Körper der Betroffene unter dieser Tiergestalt leidet, obwohl es ihm gelingen kann, die tier. Natur zumindest zeitweilig zu veredeln und zu vergeistigen (entsprechend: »Die Schöne und das Biest«; dazu BAMBECK). Theoret. interessanter war die aktive Verwandlung entweder seiner selbst oder eines anderen in einen Wolf oder ein Tier überhaupt. Das FrühMA lehnte in Nachfolge des →Augustinus die Möglichkeit einer solchen Tierverwandlung ab und sah darin Aberglauben an bloßen Schein, der letztl. auf einen »Kommunikationsvertrag« des Betreffenden mit den Dämonen (→Teufel) zurückzuführen sei. Noch der »Hexenhammer« (1487; →Hexen) übernahm diese ablehnende Haltung des in das kanon. Recht eingegangenen »Canon Episcopi« (um 906); doch wurde die Vortäuschung einer solchen Verwandlung dem bösen und daher zu bestrafenden Willen des Betreffenden aufgrund des Teufelspaktes zugerechnet. Manche Theoretiker (wie z. B. der berühmte Staatstheoretiker Jean Bodin [† 1596]) sprachen dem Teufel die reale Macht zu, (nur) den Körper – nicht aber Geist/Seele – zu verändern, wofür er seinem Vertragspartner bestimmte Mittel (Gürtel, Hemd) zur Verfügung stelle. In den Hexenprozessen der frühen NZ wurde diese Tierverwandlung (auch in Katzen oder Eulen) angesprochen; der diesbezügliche Vorwurf trat aber gegenüber Schadenszauber und Teufelsbuhlschaft (am Sabbat) zurück. Ausdrückl. W.-Prozesse gegen Männer wurden im 16. und 17. Jh. durchgeführt, im Regelfall mit Verbrennung der Täter, denen vorgeworfen wurde, in Wolfsgestalt Kinder getötet und verzehrt zu haben (dazu OATES, RUMPF). Dagegen deuten die Formel »wargus ('Würger')« sit« in der Lex Salica (zw. 507–511) oder der ags. Hinweis auf das Tragen eines *wolvesheed* (»caput lupinum«; ab 1000) nicht auf Wolfsverwandlung, sondern auf Verbannung des sich der gerichtl. Bußverhandlungen entziehenden Grabfrevlers bzw. Friedbrechers hin, der wie der Wolf von jedermann bußlos erschlagen werden durfte (JACOBY, NEHLSEN). Es ist auch anzunehmen, daß die Germanen in gefährl. Missetätern wölf.-dämon. Wesen gesehen haben (so aber ERLER, HASENFRATZ, KOSCHORRECK, v. UNRUH). Selbst wenn sie diese als sozial Tote und deshalb Un-Menschen behandelten und aus der Gemeinschaft ausschlossen (dazu HASENFRATZ), bedeutete dies nicht die inhaltl. Behandlung als W. oder Wolfsdämon. W. Schild

Lit.: HRG V, s.v. – R. LEUBUSCHER, W.e und Tierverwandlungen im MA, 1850 – W. HERTZ, Der W., 1862 – M. SUMMERS, The Werewolf, 1933 – K. MÜLLER, Die W.sage [Diss. Marburg 1937] – A. ERLER, Friedlosigkeit und W.glaube, Paideuma 1, 1938/39, 303–317 – W. KOSCHORRECK, Der Wolf [Diss. Jena 1952] – M. RUMPF, Ursprung und Entstehen von Warn- und Schreckmärchen, 1955 – G. CH. v. UNRUH, wargus, ZRGGermAbt 74, 1957, 1–40 – Von W.en und anderen Tiermenschen, hg. K. VÖLKER, 1972 – Th. BÜHLER, Wargus – friedlos – Wolf (Fschr. R. WILFHABER, 1972), 43–48 – M. BAMBECK, Das W.motiv im »Bisclavret«, ZRPh 89, 1973, 123–147 – M. JACOBY, wargus, vargr, 'Verbrecher', 'Wolf', 1974 – B. COPPER, The Werewolf in Legend, Fact and Art, 1977 – H. NEHLSEN, Der Grabfrevel in den germ. Rechtsaufzeichnungen (Zum Grabfrevel in vor- und frühgeschichtl. Zeit, hg. H. JANKUHN u. a., 1978) – H.-P. HASENFRATZ, Die toten Lebenden, 1982 – A Lycanthropy Reader, hg. CH. F. OTTEN, 1986 – C. OATES, Metamorphosis and Lycanthropy in France-Comté 1521–1643 (Frgm.s for a Hist. of the Human Body, hg. M. FEHER u. a., I, 1989) – M. RHEINHEIMER, Wolf und W.glaube, Hist. Anthropologie 2, 1994, 399–422 – W. SCHILD, Missetäter und Wolf, 1997.

Wesel. Der zum Reichsgut gehörende Salhof Wisele wird im 8. Jh. als zum Kl. →Echternach gehörig erwähnt, um 1100 ist eine Kaufleutesiedlung nachweisbar. Schon vor der Stadterhebung 1241 durch den Klever Junggf. en Dietrich Luf besaß W. eine eigene Verwaltung mit dem Bürgermeister an der Spitze des Schöffenkollegiums. Ein Rat, von zwei Bürgermeistern angeführt, trat Ende des 13. Jh. neben die Schöffen (beide Gremien zwölfköpfig). 1514 wurde in W. als letzter klev. Stadt das Erbschöffentum abgeschafft. – Dank zahlreicher Privilegien wurde W. ein bevorzugter Standort für Kaufleute. Dafür sprechen auch die frühe Anwesenheit von Juden (ab 1266) und Lombarden (ab 1301) sowie die W.er Münze. Mit der Befestigung der 22 ha großen Altstadt wurde um 1278 begonnen, mit der Ummauerung der wichtigsten und mit 19 ha größten Vorstadt Mathena 1434. Um 1400 hatte W. etwa 4500 Einwohner, 1464 bereits ca. 6000. Die Bautätigkeit der expandierenden Stadt (Vergrößerung von St. Willibrordi, Mathenakirche, Fleisch- und Rathaus, Richthaus, Schule, zahlreiche Kl.) zog bekannte Künstler an, die W. um 1500 zum kulturellen Zentrum des Niederrheins machten. W., 1407 der →Hanse beigetreten, entwickelte sich im 15. Jh. nicht nur zur größten, volkreichsten und prosperierendsten Stadt des Hzm.s →Kleve, sondern auch zur dominierenden niederrhein. Handelsstadt. J. Prieur

Lit.: Stud. und Q. zur Gesch. von W., 1983–97 – Gesch. der Stadt W., hg. J. PRIEUR, 2 Bde, 1991 – 'zu Allen theilen id mittel gelegen'. W. und die Hanse an Rhein, Ijssel und Lippe, hg. W. ARAND – J. PRIEUR, 1991 – K. FLINK, Emmerich, Kleve, W. Formen der städt. und territorialen Entwicklung am Niederrhein, II, 1995.

Wesel, Adriaen van, * spätestens um 1417, † 1489 in Utrecht. Nordniederländ. Bildhauer. Zw. 1447 und 1489 urkundl. als in Utrecht tätig nachweisbar. Erste Nachricht über sein Schaffen 1475 anläßl. des Auftrags zur Herstellung eines Schnitzaltars für die Bruderschaft unserer Lieben Frau in s'Hertogenbosch. Das Werk im Bildersturm zerstört, jedoch zwei kleine Altarflügel (von der Predella?) im Besitz der Bruderschaft überliefert. Ihre Darstellungen des Ks.s Augustus, der Tiburtin. Sibylle und des hl. Johannes in Patmos dienten der Forsch. als Basis zur stilkrit. Ermittlung weiterer versprengter Teile (Rijksmus., Amsterdam; Utrecht, Catharijnenconvent; Brügge, Grunthuseum.) des Retabels, das 1477 an Ort und Stelle montiert, 1508/09 farbig gefaßt worden war. Außer dem Bruchstück einer Anbetung durch die Hl. Drei Könige, einer hl. Barbara und einer kleinfigurigen Muttergottes mit Kind aus einer Wurzel Jesse (alle unbekannter Herkunft) sowie einigen zugeschriebenen Bildwerken im Rijksmuseum in Amsterdam, im Bodemuseum zu Berlin und im Utrechter Catharijnenconvent, sind alle übrigen Werke van Wesels verloren und ledigl. urkundl. überliefert: 1484 das Hochaltarretabel für die Nieuwe Kerk in Delft, das, lt.

Werkvertrag, demjenigen in der Marienkirche zu Utrecht gleichen sollte, das ebenfalls von der Hand des Meisters stammt; 1487 drei Figurengruppen für den Hochaltar der Buurkerk in Utrecht sowie das im selben Jahr begonnene Schnitzretabel für den St. Agnientenberg-Convent und die 1489 gelieferten sieben Schnitzarbeiten für die Predella des Hochaltars der Kathedrale v. Utrecht. M. Tripps

Lit.: P. T. A. SWILLENS, De Utrechtsche beeldhouwer A. v. W., +/− 1420− nal 1489, Oud-Holland, LXIII, 1948, 149−163 − TH. MÜLLER, Sculpture in the Netherlands, Germany, France and Spain, 1400−1500, Pelican Hist. A., 1966, 89−90 − W. HALSEMA-KUBES, Twee onbekende retabelfragmenten van A. v. W., Bull. Rijksmuseum, XXVIII Jg., 1980, 155−166 − W. HALSEMA-KUBES, G. LEMMENS, G. DE WERD, A. v. W. [Ausst. kat. Amsterdam, Rijksmus., 1980/81 (Lit.)] − W. HALSEMA-KUBES, A. v. W., Een Utrechts Beeldhouwer, 1983.

Wesen. Die ma. Diskussion des W.sbegriffes steht zum einen unter der Bedingung der Übersetzung: Während das griech. Wort ousía (οὐσία) ein Wort der Alltagssprache ist, muß das lat. sprachige Denken sich ein Kunstwort prägen: essentia. Dies steht dann aber in Zusammenhang mit einer ganzen Reihe von Termini, deren jeweilige Unterscheidung in der Scholastik zu ausgedehnten Bemühungen führt: substantia (1. und 2. Substanz), essentia, forma, etc. Zum anderen muß unter dem Vorzeichen des christl. Verständnisses der Welt als Schöpfung neu gefragt werden, was für die Dinge wesentl. ist. Die abstraktere Bedeutung von essentia läßt Augustinus diese auch in der Rede von Gott für tauglich erachten (was er von substantia verneint: De trin. V 9, 10). Das Wesentliche ist als das Unveränderliche, das aus diesem Grund kein Nichtsein in sich enthält, zugleich das eigentlich Wirkliche. Erst Thomas v. Aquin rückt W. so dem Sein (esse) gegenüber, daß das W. nicht von sich her bereits irgendwie als wirklich angesehen werden kann (De pot. 3, 5 ad 2). Unter Aufnahme eines Gedankens Avicennas sagt er, daß das W. − also das, was in der Definition bestimmt wird − von sich her weder eines noch vieles, weder außerhalb noch innerhalb der Seele ist; denn dies ermöglicht dann, wenn es je eines davon wird, nicht in Widerspruch zu seinem Status zu geraten. Um den eigentümlichen Charakter natürlicher W. fassen zu können, folgert Thomas, daß diese im Unterschied zu math. W. neben der Form auch die Materie umfassen (De ente et essentia, 2). Da das Kontingente dadurch bestimmt ist, daß es nicht zu seinem W. gehört, zu existieren, macht es dadurch den Gedanken eines notwendigen W.s unausweichl. Seine Notwendigkeit faßt Thomas als die Identität von Sein und W. auf. Der Streit um den Thomismus ist u. a. (etwa Pluralität der Formen) ein Streit um die Verhältnisbestimmung von Sein und W. Die Thomas-Gegner finden dieses Konzept unverständlich: Die in diesen Kontroversen offenkundig werdenden terminolog. Verschiebungen markieren auch eine gedankl. Verschiebung: etwa wenn Heinrich v. Gent auch dem W. selbst noch eine bestimmte Weise von Sein zuspricht, und zwar diejenige, die in dessen Relation zu den göttl. Ideen besteht und dadurch das Verhältnis von »Absolutem« (eben dem W.) zum Relationalem umkehrt. Joh. Duns Scotus wendet dagegen ein, daß alles Nicht-Göttliche durch Gott geschaffen worden ist (Ordinatio I, d. 35f.). Den Averroisten gilt das Verhältnis von esse und essentia nur als ein grammatikalischer, also nicht metaphysikträchtiger Unterschied. Hingegen hat Eckart es als die Aufgabe des vollkommen werdenden Menschen angesehen, alles bloß Zufällige abzutun zugunsten der einen allgemeinen W.snatur des Menschen; da Christus diese Natur angenommen habe, läge in diesem Wesentlichen das Ziel der Christusförmigkeit. Der Nominalismus vergleichgültigt diese Fragen, da es in der Wirklichkeit nichts für sich bestehendes Allgemeines, also kein W. geben kann: Die zweite Substanz ist entgegen den Vorstellungen einer platonisierenden theolog. Tradition keine Substanz (Wilhelm v. Ockham). Ein Prinzip der Individuation wird damit überflüssig. R. Schönberger

Lit.: E. GILSON, L'être et l'essence, 1948, 1981[3] − DERS., Hist. of Christian Philosophy in the MA, 1955, 420ff. − R. IMBACH, Gravis iactura verae doctrinae. Prolegomena zu einer Interpretation der Schrift De ente et essentia Dietrichs v. Freiberg O. P., FZPhTh 26, 1979, 369−425 − R. SCHÖNBERGER, Die Transformation des klass. Seinsverständnisses. Stud. zur Vorgesch. des nz. Seinsbegriffs im MA, 1986, 241ff.

Wesenberg (estn. Rakvere), Burg und Stadt in →Estland, ca. 100 km ö. von →Reval, 22 km s. des Finn. Meerbusens. An der Stelle der Estenburg Tarwanpe wurde nach der endgültigen Inbesitznahme Nordestlands durch den dän. Kg. →Waldemar II. (1238) eine kleine Steinfestung errichtet (bezeugt seit 1252). Bei dieser entstand ein →Suburbium, dem 1302 vom dän. Kg. →Erich Menved das Lübische Stadtrecht v. Reval (→Lübisches Recht) verliehen wurde. Der Revaler Rat wurde damit für W. zur Appellationsinstanz. Nachdem Nordestland 1346 durch Kauf in den Besitz des →Dt. Ordens übergegangen war, residierte in der erhebl. vergrößerten Burg ein Ordensvogt. Obwohl die Stadt am Wege von Reval nach →Narva lag, profitierte sie relativ wenig vom hansisch-livländ. Handel mit Rußland. Jedoch kam ihr die seit ca. 1500 zunehmende Getreideausfuhr in den Westen (u. a. über den nahen Ostseehafen Kunda) zugute, zumal diese die Kaufkraft der Gutsherren und Bauern der Umgebung stärkte, wodurch der Handel und das Handwerk von W. gefördert wurden. Die positive Entwicklung der städt. Lebens endete mit dem Ausbruch des Livländ. Krieges (1558−82), während dessen W. von den Russen besetzt war. N. Angermann

Lit.: Balt. hist. Ortslex. I, 1985, 667f. − C. METTIG, Balt. Städte, 1905[2], 226−229 − A. TUULSE, Die Burgen in Estland und Lettland, 1942, 163−167 − Z. LIGERS, Gesch. der balt. Städte, 1948, 321−326.

Wesenberg, Schlacht bei (18. Febr. 1268). Die dt.-dän. Eroberung →Livlands seit dem frühen 13. Jh. führte zu Konflikten mit den benachbarten russ. Fsm.ern. Am bekanntesten ist die Schlacht auf Eis des →Peipussees v. 1242, die angebl. der dt. Expansionspolitik gegenüber der Rus' ein Ende setzte und den Verlauf der livländ.-russ. Grenze endgültig bestimmte. In Wirklichkeit gab es auch nach 1242 wiederholt livländ.-russ. Konflikte, erst der größeren Schlacht bei W. kam die Bedeutung einer eigtl. Zäsur zu. Vorangegangen war ihr ein Feldzug →Novgorods v. 1267, bei dem die dt.-dän. Burg W. erfolglos belagert wurde. Die Novgoroder mobilisierten daraufhin gewaltige russ. Kräfte, um ihren offenbar letztl. auf →Reval zielenden Angriff zu wiederholen, aber auch die Dänen bemühten sich um Unterstützung. So stießen am 18. Febr. 1268 bei W. Truppen aus Novgorod, →Pskov und →Vladimir-Suzdal' auf Kräfte des dän. Kg.s, des →Dt. Ordens und des Bm.s →Dorpat. Die Russen behaupteten das Feld, aber unter so großen Verlusten, daß sie sich bald aus →Estland zurückzogen. Flankiert von einer hans. Handelsblockade gegen Novgorod, folgte 1268 oder 1269 noch ein letztl. erfolgloser livländ. Feldzug gegen Pskov. Das Ereignis lehrte, daß weder die russ. noch die livländ. Seite zu einer Entscheidungsschlacht gegen den Widerpart imstande war; in der Folge gab es an jener Grenze in der Tat jahrzehntelang kaum Konflikte. N. Angermann

Q. und Lit.: Livländ. Reimchronik, hg. L. MEYER, 1876 − NPL − B. DIRCKS, Russ.-livländ. Beziehungen in der zweiten Hälfte des 13. Jh.,

Jb. des balt. Deutschtums 33, 1986, 25-34 – N. ANGERMANN, Schlacht bei W., Ostdt. Gedenktage 1993, 207-213.

Weser, Fluß (lat. Visurgis, mlat. meist Wisera). Die W. entsteht durch Zusammenfluß von Werra und Fulda bei Hann. Münden. Ca. 440 km lang, fließt sie durch im MA sächs. (→Sachsen), im Mündungsbereich fries. (→Friesen) Stammesgebiet zur →Nordsee. Nebenflüsse sind u. a. Diemel, Werre, Hunte von W, Aller (mit Oker und Leine), Wümme, Geeste von O. Am Oberlauf engen Mittelgebirge (Weserbergland) das W.tal ein. Der ma. S-N-Fernverkehr bevorzugte das offenere Leinetal. Flußschiffahrt ist seit dem FrühMA erkennbar, wurde aber v. a. südl. Hameln von Fahrwasserproblemen behindert. →Bremen wurde von Seeschiffahrt erreicht: Hauptgrund seiner wirtschaftl. Bedeutung. Städt. Entwicklungen hatten sonst ihre besten Voraussetzungen, wo ma. W-O-Fernverkehr die W. überquerte (Münden, →Höxter, →Hameln, →Minden, auch Bremen). Im FrühMA erstreckte sich im Einzugsgebiet der W. bis nördl. Bremen die sächs. 'Heerschaft' Engern. Ihr Zusammenhang löste sich im 9. Jh. auf; ein polit.-kulturell einheitl. »Weserraum« hat sich fortan nicht ausgebildet. Die Ausstrahlung des Kl. →Corvey, aus dem im 9. und frühen 10. Jh. vier Bremer Ebf.e (→Hamburg-Bremen, Ebm.) in Folge kamen, blieb vorübergehend. Die Bf.ssitze Minden und Bremen entwickelten sich zu kirchl. und polit. Machtzentren an mittlerer und unterer W. Seit dem HochMA begrenzten obere und mittlere W. den »Raum« →Westfalen nach O. Der Sturz →Heinrichs d. Löwen 1180 erleichterte beiderseits des Flusses eigenständige, unterschiedl. dauerhafte Herrschaftsbildungen adliger, meist gfl. Dynastien (u. a. Gft.en →Dassel, →Everstein, →Schwalenberg, →Schaumburg, →Hoya, Bruchhausen). Östl. der W. gelang im SpätMA den Hzg.en v. →Braunschweig-Lüneburg zw. Münden und Hameln, u. a. in Machtkonkurrenz mit den Lgf.en v. Hessen (→Landgft. Hessen), ein fast geschlossener Herrschaftsausbau. An der unteren W. gewann die Stadt Bremen im 14./15. Jh. eine dominierende, z. T. mit Territorialbildung verbundene Machtstellung zum Schutz ihres Seehandels. Im Mündungsbereich behaupteten sich bis Anfang 16. Jh. fries. Landesgemeinden. H. Schmidt

Lit.: Ostwestfäl.-weserländ. Forsch.en zur gesch. Landeskunde, hg. H. STOOB, 1970 – D. ELLMERS, Frühe Schiffahrt auf Ober- und Mittelw. (Schiffahrten-Handel-Häfen. Beitr. zur Gesch. der Schiffahrt auf W. und Mittellandkanal, hg. J. BACHMANN u. a., 1987) – B. BEI DER WIEDEN, Hist. Beziehungen im W.raum, NdsJb 70, 1998.

Wesīr (arab. *wazīr* von *wazara* 'eine schwere Last tragen' [iran. Ableitung nicht allg. akzeptiert]; bereits koran. 'Freund und Helfer'), Titel in der Verwaltung islam. Staaten (→Beamtenwesen, C). In der Frühzeit des Islams entsprach der *kātib* ('Schreiber') diesem Titel. Zunächst recht vage Benennung aller Arten von Helfern des Monarchen, entwickelte sich 'W.' allmähl. zur Bezeichnung eines in monarch. Auftrag handelnden Chefs der Verwaltung bzw. bestimmter Abteilungen derselben. V. a. unter den →Abbasiden und →Selǧuqen war er sehr geläufig, man denke nur an Familien wie die →Barmakiden (8./9. Jh.) unter den ersteren oder eine Persönlichkeit wie Niẓām al-Mulk ('regierte' 1072-92). Bei den omayyad. Kalifen v. Córdoba z. B. ist für das Jahr 942 die hohe Zahl von 16 Persönlichkeiten bekannt, die diesen Titel trugen – einer von ihnen sogar *ḏū l-wizāratain* ('Inhaber zweier Wesirate') als höchster; der jeweils bedeutendste wurde *ḥāǧib* ('Kämmerer') gen. Später, als sich prakt. alle Höflinge als W. bezeichneten oder in irgendeiner Hinsicht für würdig angesehene Personen so gen. wurden, wurde der eben gen. Titel wirkl. 'Ministern' gegeben. Seine volle Ausprägung fand er unter den →Osmanen, bei denen sich das Amt des Großw.s herausbildete, in etwa 'Ministerpräsident', freilich immer im Auftrag des Herrschers handelnd und theoret. von ihm überwacht. H.-R. Singer

Lit.: EI¹ VIII [Reprint 1993], 1135f. – Lex. der islam. Welt, III, 1974, 177f. – D. SOURDEL, Le Vizirat ᶜabbaside, 2 Bde, 1959-60.

Wespen. Diese sozialen Insekten aus der Ordnung der Hautflügler waren dem MA (im Gegensatz zur Antike bei Aristoteles) mit Ausnahme des Albertus Magnus (vgl. animal. 26, 35) wesentl. weniger bekannt als die honigsammelnden →Bienen. Thomas v. Cantimpré 9, 51 übernimmt von Plinius 11, 71f., daß sie in der Höhe ihre Nester aus Lehm bauten und in ihnen das Wachs herstellten, welches Thomas als unbrauchbar, weil nicht aus Blüten bestehend, bezeichnet. Daß dieses angebl. Wachs aus Rinde (in Wirklichkeit aus Pappmaché) bestehe und spinnwebenartig sei, verschweigt er. Sie lebten von Fleisch, insbes. größeren Fliegen. Bei Vollmond sollten sie v. a. wachsen. Auch daß sie manchmal aus faulendem Pferdefleisch (Eselsfleisch bei Isid. etym. 12, 9, 2, nach Servius zu Verg., Georg. 4, 286) entstünden, ist eine falsche Schlußfolgerung aus ihrer offenbar beobachteten Vorliebe für Aas, die Thomas von Aristoteles, h. a. 8 (9), 42, 628 b 32-629 a 2 (in der lat. Version des Michael Scotus ist im Gegensatz zu Vinzenz v. Beauvais, Spec. nat. 20, 175 »stercus« zu »stonz« verlesen), übernommen hat: »Vita earum circa stercus est.« Die von ihm für die ungeschlechtl. Entstehung (→Urzeugung) angeführte Q. war »Clemens Papa«, d. h. der apokryphe Petrusroman des 4. Jh. der Pseudoklementinen (Recognitiones 8, 25, 6, nach Plin. 11, 70). Die verwandten größeren Hornissen (crabrones bei Thomas 9, 16) haben ähnl. Eigenschaften. Neun Stiche sollten nach Albertus, animal. 26, 13 ein Füllen oder einen Knaben töten. Bei Plinius 11, 73 erledigen aber dreimal neun einen Mann (vgl. auch Vinzenz 20, 157). Ch. Hünemörder

Q.: →Albertus Magnus, →Isidor v. Sevilla, →Servius, →Thomas v. Cantimpré, →Vinzenz v. Beauvais.

Wessel Gansfort, Johannes, Theologe, Humanist, * um 1419 in Groningen, † 4. Okt. 1489 ebd. Als Schüler, später selbst Lehrer der Schule in →Zwolle, einem Zentrum der →Devotio moderna, lebte er in der Burse der →Brüder vom gemeinsamen Leben und wurde hier und durch den Umgang mit ihren Vertretern – z. B. Besuche bei →Thomas a Kempis im Kl. Agnetenberg – von ihrer geistigen Welt geprägt. Seit 1449 Studium und Lehre an den Universitäten Köln (1452 Magister artium, 1455/56 Lehrer in der Laurentianerburse), Heidelberg (1456/57), Paris (1458-70, 1473); er widmete sich dem Studium klass. Autoren und der Kirchenväter, lernte neben Griech. auch Hebr. Zunächst Vertreter des Realismus, wurde er in Paris Anhänger der nominalist. Schule. Nach zweimaligem Aufenthalt in Rom 1470 und 1473 – wahrscheinl. für die Pariser Univ. – und Reisen durch Italien (Aufenthalte in Florenz und Venedig) kehrte W. in die Niederlande zurück und lebte ca. 1478-82 in Zwolle, dann bis zu seinem Tode in →Groningen. – Seine Schriften – zahlreiche Traktate, kein größeres Werk, zumeist ca. 1475 bis 1489 entstanden – haben theol. Probleme zum Gegenstand (vgl. die Titel bei R. R. POST, S. 481f.) oder behandeln die Praxis der Meditation (z. B. »Scala meditatoria« und »Exemplum scalae meditatoriae«); diese aszet. Schriften standen bei den Devoten selbst in größtem Ansehen und haben bis zu Johannes →Mauburnus Einfluß ausgeübt. Luthers Lob

der »puritas Theologiae« W.s (WA 10/II, 329) hat zu seiner Einordnung als »Reformator vor der Reformation« geführt; die jüngere Forsch. sieht in ihm eher einen Vertreter der Reformtheologie. M. Ditsche

Ed.: Farrago Rerum Theologicarum uberrima, doctissimo viro W.o Groningensi Autore, o.O. o.J. [Basel 1522] – W.i Gansforti Groningensis Opera, Groningen 1614 – Facs. der Ed. v. 1614 (Monumenta Humanistica Belgica I, 1966) – Reformtheologen des 15. Jh., hg. G. A. BENRATH, 1968 – Lit.: LThK² V, 1034f. – TRE XII, 25–28 – H. A. OBERMAN, Forerunners of the Reformation, 1966 – R. R. POST, The Modern Devotion, 1968 – M. H. OGILVIE, W. Gansfort's Theology of Church-Government, Nederlands archief voor kerkgeschiedenis NS 55, 1974/75, 125–150 – E. MEUTHEN, Kölner Univ.gesch., I: Die alte Univ., 1988 – G.-R. TEWES, Die Bursen der Kölner Artisten-Fakultät bis zur Mitte des 16. Jh., 1993.

Wessex, ags. Kgr. (→England, A); im allg. Name für das Gebiet des zentralen s. England, s. der Themse, das die hist. Gft.en v. Hampshire (einschließl. der Isle of Wight), Berkshire, Wiltshire, Somerset, Dorset und Devon umfaßt. Dieses Gebiet wurde im letzten Abschnitt des 7. Jh. zu einer polit. Einheit zusammengeschlossen, als der Name »West Saxon« wohl zuerst regelmäßig gebraucht wurde. Vor diesem Zeitpunkt hatten die einzelnen Gebietsteile eine unabhängige Geschichte. Die Dynastie, welche die Kg.e der Westsachsen (West Saxons) stellte, wurde ursprgl. aus den Herrschern des sächs. Volkes der →Gewisse gebildet, das aus dem oberen Themsetal stammte. →Dorchester-on-Thames wurde infolge des Übertritts von Kg. Cynegisl 635 zum Christentum als Bf.ssitz gegründet. Die merc. Expansion im Themsetal (→Mercien) ließ dieses Gebiet für die Kg.e der Gewisse weniger interessant erscheinen, und in den 60er Jahren des 7. Jh. wurde ihr Bf.ssitz nach →Winchester verlegt. Zu diesem Zeitpunkt wurden auch intensive Anstrengungen unternommen, um das s. Hampshire und die Isle of Wight zu erobern, die beide von den Jüten (→Jütland) besiedelt worden waren und ihre eigenen Kg.sdynastien besaßen. Der endgültige Sieg über die Jüten wurde erreicht durch Kg. →Cædwallas Einnahme der Isle of Wight 685. In derselben Zeit drang die Dynastie der Gewisse auch in die Gebiete weiter w. vor, die unter brit. Kontrolle geblieben waren, und am Ende des 7. Jh. befanden sich die früheren Gebiete der Durotrige, die zu Dorset und Somerset wurden, und der größte Teil von Devon, das ein Teil des Kgr.es v. →Dumnonia gewesen war, in ihrem Besitz. Ein eigener Bf.ssitz wurde 705 in →Sherborne für diese ehem. brit. Provinzen gegründet. Eine Konsolidierung dieser Gebietsgewinne erfolgte während der Regierung Kg. →Ines (688–726), der auch →Sussex und Surrey kontrollierte. Vor der Regierung von Ine war die Organisation des westsächs. Reiches komplex und kann nicht vollständig rekonstruiert werden. Es scheint eine Reihe von Kg.en gegeben zu haben, die zu irgendeiner Zeit regierten und die – wenigstens nach den Genealogien, die die Ags. →Chronik überliefert – zu verschiedenen Zweigen des kgl. Hauses gehörten, das beansprucht, von →Cerdic abzustammen, dessen Ankunft mit seinem Sohn Cynric in der Chronik für das Jahr 495 angeführt wird. Kein weiteres Unterkgtm. ist nach der Regierung von Ine belegt, und die Unterkgr.e scheinen durch →shires unter der Kontrolle von ealdormen ersetzt worden zu sein. Ine war weniger erfolgreich bei der Unterdrückung der Ansprüche der rivalisierenden Zweige des kgl. Hauses auf den westsächs. Thron, und der Konkurrenzkampf blieb während des 8. Jh. heftig. Auf Ine gehen auch das erste geschriebene westsächs. Gesetzbuch, wahrscheinl. die Errichtung eines Handelsplatzes in Hamwic (Southampton) und der Erlaß der →sceatta-Münzprägung zurück. Nach dem Tod von Ine verloren die Westsachsen Gebiete an die mächtigen merc. Kg.e →Æthelbald und →Offa, die für eine gewisse Zeit Teile des n. W. kontrollierten, einschließl. des ganzen Berkshire. Es gab eine Erneuerung der westsächs. Macht unter der Regierung Kg. →Egberts (802–839), die sich nicht nur auf das frühere westsächs. Territorium erstreckte, sondern nach dem Sieg über den merc. Kg. in der Schlacht v. Ellendun (bei Wroughton, Wiltshire) 825 wurden auch Kent, Sussex, Surrey und →Essex annektiert. Egbert erweiterte auch die westsächs. Macht in Cornwall, und unter der Regierung seines Sohnes Æthelwulf (839–855) wurde Berkshire zurückerlangt. Zunächst wurden die neuen Gebiete im SO wie ein separates Unterkgr. verwaltet, aber 860 folgte Æthelwulfs Sohn Æthelbert, der über dieses Gebiet geherrscht hatte, auch auf den Thron des Hauptkgr.es, so daß ein größeres W. entstand, das nun das gesamte England s. der Themse (einschließl. Essex) umfaßte. W. gelangte in dieser Zeit unter zunehmenden Druck der Wikingerangriffe, aber dank des tatkräftigen, von Æthelberts Bruder →Alfred d. Gr. (871–899) organisierten Widerstandes war die westsächs. Dynastie die einzige der ags. Kg.shäuser, die bis zum Ende des 9. Jh. an der Macht blieb. Das verschaffte Alfreds Nachfolgern im 10. Jh. die Möglichkeit, die Gebiete der anderen ags. Kgr.e zu erwerben und so sich selbst zu Kg.en v. England zu machen. W. blieb eine unabhängige Einheit innerhalb des vergrößerten Kgr.es, mit z.B. westsächs. Recht, das sich von dem der Mercier und der dän. Siedler (→Danelaw) unterschied. Die engl. Kg.e verbrachten auch weiterhin die meiste Zeit in W., bes. in Hampshire, Wiltshire, Dorset und Somerset.

B. A. E. Yorke

Lit.: STENTON³ – The Earliest English Kings, hg. D. P. KIRBY, 1991 – W. and England from Alfred to Edgar, hg. D. N. DUMVILLE, 1992 – W. in the Early MA, hg. B. A. E. YORKE, 1995.

Wessobrunn, OSB Kl. in Oberbayern (Lkrs. Weilheim), ⚔ St. Peter und Paul. Die Gründung erfolgte um die Mitte des 8. Jh., jedoch sind ihre Begleitumstände umstritten. Nach relativ späten Nachrichten soll Hzg. →Tassilo III. an der Gründung von W. sowie von Polling, Thierhaupten und →Moosburg beteiligt gewesen sein. Wenn dies zuträfe, dürfte dies in seiner Frühzeit geschehen sein, als er noch unter der Vormundschaft Kg. Pippins (748–757) stand. Dafür spräche, daß der erste Abt Ilsung aus der Agilolfingergründung →Niederaltaich kam. Andererseits sind frühe Verbindungen W.s zu →Benediktbeuern nachweisbar, der Hauptgründung der mächtigen Adelssippe der →Huosi. Im zuverlässigen Rotulus des 11. Jh. ist bezeugt, daß Abt Lanfrid v. Benediktbeuern, ein Huosier, in W. Visitationsrechte hatte, was eine Gründungsinitiative dieses Kl. annehmen läßt, die eine Beteiligung des noch unmündigen Tassilo aber nicht ausschließt. W. ist die kolonisator. Erschließung des Gebiets zw. Amper und Lech zu verdanken, nach Tassilos Sturz wurde es karol. Reichskl. der 3. Kategorie, d. h. es war zu Gebet für Ks. und Reich verpflichtet. Die Ungarneinfälle 955 unterbrachen diese gedeihl. Entwicklung, Abt Thuento und mehrere Mönche fielen den Eindringlingen zum Opfer. In der Folgezeit wurde W. Augsburger Eigenkl., sein Besitz wurde durch die »Säkularisation« Hzg. →Arnulfs (907–937) stark dezimiert. 1065 gab Bf. Embrico v. Augsburg W. wieder den Benediktinern zurück. Es reformiert sich nach der Gorze-Trierer Kl.reform (→Gorze, →Trier), dann nach dem Vorbild von →Fruttuaria. Unter Abt Waltho (1129–57) erlebte W. eine erste lit. Blüte; es kam zum Ausbau der Bibliothek, für die damals die

Reklusin Diemut mehr als 40 liturg. und theol. Texte schrieb. Im →Investiturstreit stand W. auf päpstl. Seite und in enger Verbindung mit schwäb. Reformkl.; 1161 kam Luitold aus Hirsau als Abt nach W. Er richtete dort u. a. eine Erzgießerei ein, die bedeutende Kunstwerke schuf. Der dem Kl. angeschlossene Frauenkonvent wurde 1220 aufgelöst. Nach dem Kl. brand desselben Jahres erfolgte der Wiederaufbau mit dem neuen dreischiffigen Münster, seit 1237 waren die Wittelsbacher Kl. vögte. Seit dem Ende des 13. Jh. geriet W. in schwere Krisen, so daß es 1323 kurzfristig der Zisterze Stams in Tirol inkorporiert wurde. Das 14. Jh. war eine Epoche des Niedergangs, die erst unter Abt Ulrich Hohenkirchner (1383–1414) und bes. unter dem Baseler Konzilshistoriker und Abt Ulrich →Stöcklin (1438–43) aus Tegernsee, der in W. die →Melker Kl. reform durchführte, endete. Stöcklin selbst war ein religiöser Hymnen-Dichter. Auch die Kunst erlebte im 15. Jh. eine neue Blüte. Unter Abt Heinrich Zäch (1499–1509) wurde W. auf Anordnung Hzg. Albrechts IV. von Kl. →Scheyern aus neu besiedelt. F. Prinz

Lit.: LThK² X, 1066f. – G. DIEPOLDER, Die Orts- und »in pago«- Nennungen im bayer. Stammeshzm., ZBLG 20, 1957, 364–436, hier 383 – B. BISCHOFF, Die südostdt. Schreibschulen und Bibl. en der Karolingerzeit, I, 1960² – F. PRINZ, Frühes Mönchtum in Frankreich, 1965, 1988², 428–430, 655f. – J. HEMMERLE, Die Benediktinerkl. in Bayern, 1970 – L. HOLZFURTNER, Gründung und Gründungsüberl., 1984 – R. HÖPPL, Die Traditionen des Kl. W., 1984, bes. 99ff. – F. BRUNHÖLZL, Die lat. Lit. (SPINDLER, II, 1988²), 970f.

Wessobrunner Gebet, ahd. Schöpfungshymnus, überliefert in einer 814 fertiggestellten, überwiegend lat. Sammelhs. aus Kl. →Wessobrunn (München, Bayer. Staatsbibl., Clm 22053). Der in Verbindung mit lat. Arteslit. tradierte Text ist zweigliedrig: Er beginnt mit neun stabreimenden, z. T. wohl fragmentar. Langzeilen, in denen anhand von Negativformeln das Chaos vor dem göttl. Schöpfungsakt und die transzendentale Ewigkeit Gottes illustriert werden. Zwar gehen die formulierten Vorstellungen auf bibl. Q. zurück (Gen 1, 2; Ps 89, 2; Prov 8, 22–29), und die Redeintention ist eindeutig christlich, doch verweisen formelhafter Stil und Wortschatz mit Anklängen an ae. und altsächs. Epik sowie die Art der Urzeitschilderung (ähnl. der altnord. Poesie) auf heroische Tradition; es liegt offenbar eine gewollte archaische Stilisierung vor. Auf den Chaosbericht, dessen überwiegend bair. Schreibdialekt durchsetzt ist mit Eigenarten des ags. Schriftgebrauchs, folgt das eigtl. Gebet in rein bair. Dialekt, für das in der Forsch. sowohl die Prosaform als auch eine rhythm. Lesart diskutiert werden. Es formuliert im Sprachstil traditioneller lat. Gebetsrhetorik eine Lobpreisung des Schöpfergottes. Alliterationen gewährleisten die Zusammengehörigkeit beider Teile. Von der Gewichtung der Abschnitte hängt die Gesamtbeurteilung des W. g. s ab: Die epischen Anfangszeilen könnten aus einem heute verlorenen Bibelepos stammen, das vollständig nur mündl. verbreitet wurde, wobei das nachfolgende Gebet epilogaft den Zitatschluß markieren sollte. Die vorangestellte Formel »De poeta« wäre damit partitiv aufzufassen, im Vordergrund stünde der 'memoria'-Gedanke (KARTSCHOKE). Mit dem W. G. könnte aber auch ein erweiterter Gebetstyp vorliegen, bei dem die 'oratio' von einer 'Kulterzählung' eingeleitet wird; eine solche Zweigliederung korrespondierte mit dem Aufbau von Zauber- und Segenssprüchen (HAUBRICHS). In beiden Fällen wäre wohl ein missioniertes oder noch zu bekehrendes Publikum angesprochen. R. Bauschke

Ed.: Denkmäler dt. Poesie und Prosa, 1964⁴, I, 1f. (Nr. I); II, 1–8 – W. BRAUNE, Ahd. Lesebuch, 1979⁴, 85f., 170 (Nr. XXIX) – *Lit.*: D. KARTSCHOKE, Altdt. Bibeldichtung, 1975, 21–24 – N. VOORWINDEN, Das W. G. Bemerkungen zu Entstehung und Form, Neophilologus 59, 1975, 390–404 – C. L. GOTTZMANN, Das W. G. Ein Zeugnis des Kulturumbruchs vom heidn. Germanentum zum Christentum (Ahd., hg. R. BERGMANN u. a., 2 Bde, 1987), 637–654 – W. HAUBRICHS, Gesch. der dt. Lit., I, 1: Die Anfänge, 1988, 296–299 – D. KARTSCHOKE, Gesch. der dt. Lit. im frühen MA, 1990, 132–134.

Westbau, Bezeichnung für den quergelagerten Westteil eines Kirchengebäudes: →Einturmfassade, →Doppelturmfassade, →Dreiturmgruppe, Westchor (→Doppelchoranlagen), Querriegel, →Westwerk. Formale Vorstufen sind unbekannt, Ausbildung in der karol. Architektur als dreitürmiger W. an der Aachener Pfalzkapelle (780er Jahre) und als Westwerk (Lorsch, Corvey), Dreiturmgruppen im 10. Jh. an sächs. Damenstiftskirchen, sächs. Westriegel aus querrechteckigem ungegliedertem Block, der mit Türmen überhöht ist, seit Anfang 11. Jh. (Liebfrauenkirche in Halberstadt 1005 begonnen, Dom zu Havelberg Mitte 12. Jh.), Doppelturmfassaden beginnen im 11. Jh. (Saint-Étienne in Caen um 1065–81), Eintürme um 1100 (Stiftskirche in Hochelten am Niederrhein). Im Niederrhein-Maas-Gebiet entwickelt sich im 12. Jh. die Westchorhalle, zumeist von zwei Türmen überhöht (St. Viktor in Xanten um 1200), auch zweigeschossig (St. Servatius in Maastricht um 1180). G. Binding

Lit.: Lex. der Kunst VII, 1994, 775f. – A. VERBEEK, Roman. Westchorhallen an Maas und Rhein, Wallraf-Richartz-Jb. 9, 1936, 59–87 – H. J. DICKE, W. ten in östl. England [Diss. masch. Köln 1956] – E. v. KNORRE, Die Westanlage von St. Thomas in Straßburg und St. Georg in Schlettstadt und der Typus des eintürmigen Westquerbaus, Jb. d. Staatl. Kunstslg. en in Baden-Württemberg 2, 1965, 7–48.

Westbury, ehem. Kl. OSB (☉ St. Mary), n. von Bristol in England, gegr. von Bf. →Oswald v. Worcester um 963/964 in W.-on-Trym, wahrscheinl. an der Stelle einer näher bekannten Gemeinschaft von Geistlichen, die hier für einige Jahrzehnte des 9. Jh. lebte. Nicht viel mehr ist über das neue Ordenshaus bekannt, das Bf. Oswald in W. errichtete. Als dieser beschloß, eine neue und noch prächtigere Abtei im Fenland Ostangliens in →Ramsey um 971 zu gründen, wurde sie mit zwölf Mönchen aus W. besiedelt, das allmähl. in Vergessenheit geriet. Etwa ein Jahrhundert später (1093) wurde W. von Bf. →Wulfstan II. v. Worcester als ein Priorat seiner Kathedrale wieder begründet. Doch wurde 1112 diese Gemeinschaft aufgelöst. W. war in der Folgezeit niemals wieder ein Kl., und Bf. Walter Cantilupe v. Worcester (1237–66) wandelte es im folgenden Jahrhundert in ein sehr bedeutendes weltl. Kollegiatstift innerhalb seiner Diöz um. Nachdem Bf. John Carpenter W. wieder als Kanonikerkolleg (1447 der Hl. Dreieinigkeit geweiht) aufgebaut und erweitert hatte, bestand es nun üblicherweise aus einem Dekan, fünf Pfründnern, einem Lehrer, acht Fellows und zwölf Chorknaben. Die eindrucksvolle Kirche und das Torhaus des Kollegbezirks aus dem 15. Jh. sind bis heute erhalten. R. B. Dobson

Lit.: J. A. ROBINSON, St. Oswald and the Church of Worcester, 1919 – A. H. THOMPSON, The English Clergy and their Organization in the MA, 1947 – D. KNOWLES, The Monastic Order in England, 1963².

Westfalen. Als territorialübergreifender Raumbegriff bis 1803 verwendet, bezeichnet 'W.' am Ausgang des MA das Gebiet zw. IJssel/Rhein (mit einem ostwärts vorgelagerten Streifen) und der Weser sowie zw. dem Höhenkamm des Sauerlandes und der Nordsee (ausschließl. Frieslands). Daneben wird seit dem SpätMA die Bezeichnung 'Hzm. W.' für die Territorialherrschaft des Ebf. s v. →Köln innerhalb W. s s. der Lippe gebräuchl. Der Name W. leitet sich her von einer Untergliederung ('Heerschaft') des Sachsenstammes. Dieser Personenverband nahm vom frühen 5.

Jh. bis etwa 700 den w. Teil des beschriebenen Raumes, z. T. unter Verdrängung dort siedelnder Franken, in Besitz und ist erstmals für 775 als 'Westfalai' in den frk. Reichsannalen bezeugt. Daneben siedeln beiderseits der Weser die Engern ('Angrarii'), doch verschwindet deren Name seit dem 12. Jh. als Raumbezeichnung, und das Gebiet bis zur Weser wird nun ebenfalls zu W. gerechnet. Seit dem Ausgang des 7. Jh. im Blickpunkt des ags. Missionszentrums →Utrecht, wird W. im Zuge der Sachsenkriege →Karls d. Gr. (772–803) in das Frankenreich integriert und für die Christianisierung durch die neuerrichteten Bm.er →Münster, →Osnabrück, →Minden (Kirchenprov. Köln) und →Paderborn (Kirchenprov. Mainz) erschlossen, während das Gebiet s. der Lippe der Erzdiöz. Köln zufällt.

Während des hohen MA war W. in die entstehende sächs. Hzg.sgewalt nur schwach eingebunden. Auch in W. selbst bildete sich eine dominierende Kraft, abgesehen von der kurzzeitig weitausgreifenden Machtstellung der Gf.en v. →Werl im 11. Jh., nicht heraus, während der Kölner Ebf. seit Beginn des 12. Jh. immer stärkeren Einfluß zu gewinnen vermochte. Ihm fiel nach dem Sturz Heinrichs d. Löwen 1180 der »ducatus Westfaliae et Angariae« zu, auf dessen Grundlage er jedoch nur in Teilen seines Diözesangebiets zu einer verflächten Territorialherrschaft gelangen konnte. Ledigl. bei der Gestaltung der Landfriedensbündnisse verblieb ihm für ganz W. eine Führungsrolle.

In der sich seit dem ausgehenden 12. Jh. vollziehenden Territorialbildung erwiesen sich insgesamt die geistl. Landesherren (Köln, Münster, Osnabrück, Paderborn) als Gewinner, neben denen sich im w. Teil W.s nur wenige weltl. Herrschaftskräfte behaupten konnten. Neben kleineren Gebilden wie Tecklenburg, Limburg, Steinfurt und Gemen war dies v. a. die Gft. Mark, die sich 1391 durch Erbgang mit der Gft. →Kleve vereinigte. Kleve war bereits im 13. Jh. im rhein. Territoriensystem zum Konkurrenten Kölns aufgestiegen und hatte sich durch den Ausgang der Schlacht v. →Worringen 1288 in eine Führungsposition gebracht. Damit übte es auch auf W. Einfluß aus, der sich im 15. Jh. durch den Sieg in der →Soester Fehde (1444/49) noch verstärkte. Stärkere Zersplitterung der Herrschaftskräfte zeigt sich im Osten W.s, wo eine größere Zahl weltl. Territorien entstand, von denen Hoya, Schaumburg, Ravensberg, Lippe, Pyrmont, Waldeck und Rietberg Bestand hatten, während andere (Everstein, Schwalenberg, Sternberg, Spiegelberg) von den Nachbarn, insbes. den im 15. Jh. expandierenden welf. Hzm.ern, aufgesogen wurden, die auch das Hochstift Minden in seiner Ausdehnung beschnitten.

Im wirtschaftl. Gefüge des dt. Nordwestens befand sich W. bis in das 12. Jh. in einer Abseitslage. Durch den sich entwickelnden Ostseehandel (Gründung→Lübecks 1159) wurde es zu einem wichtigen Transitgebiet zw. Rhein und Ostseestädten, wobei auch die sauerländ. Eisenvorkommen und ihre Verwertung durch das Exportgewerbe der Städte →Soest und →Dortmund eine Rolle spielten. Auf dieser Basis entstand zw. 1180 und 1350 ein Netz von etwa 110 Städten und Minderstädten, zu denen bis 1520 weitere 40 hinzutraten. Sie waren zum großen Teil in den hans. Handel integriert, wobei W. auch bei der Entstehung der Ostseeküstenstädte, insbes. bei der Besiedlung Livlands, eine große Rolle spielte. Auch wenn am Ende des MA der Kölner Kapitaleinfluß im sauerländ. Metallgewerbe wie in großen Teilen der westfäl. Textilherstellung (Leinen) dominierend war und die Kräfte der Hanse nachließen, besaß das wirtschaftl. Beziehungsgeflecht der westfäl. Städte eine große Integrationskraft, die für den Raum zw. Rhein und Weser die Selbstidentifikation als W. festigte, worauf die Benennung der Reichskreise 1500 zurückgreifen konnte. S. a. →Feme. P. Johanek

Lit.: J. Hansen, W. und Rheinland im 15. Jh., I: Die Soester Fehde; II: Die Münstersche Stiftsfehde, 1888/90 – Der Raum W., I-VI, hg. H. Aubin u. a., 1931–96 – H. Rothert, Westfäl. Gesch., I, 1951⁴ – A. K. Hömberg, W. und das sächs. Hzm., 1963 – G. Theuerkauf, Der niedere Adel in W. (Dt. Adel 1430–1555, hg. H. Rössler, 1963), 153–176 – U. Vahrenhold-Huland, Grundlagen und Entstehung des Territoriums der Gft. Mark, 1968 – Ostwestfäl.-weserländ. Forsch.en zur geschichtl. LK, hg. H. Stoob, 1970 – D. Kastner, Die Territorialpolitik der Gf.en v. Kleve, 1972 – N. Reimann, Die Gf.en v. der Mark und die geistl. Territorien der Kölner Kirchenprov. (1313–63), 1973 – P. Berghaus, Westfäl. Münzgesch. im MA, 1974 – Westfäl. Städteatlas, hg. H. Stoob, 1975ff. – Köln-W. 1180–1980, 1-2, hg. P. Berghaus-S. Kessemeier, 1980 – G. Droege, Das köln. Hzm. W., 1980 – Westfäl. Gesch., I, hg. W. Kohl, 1983 – C. Haase, Die Entstehung der westfäl. Städte, 1984⁴ – W. Bockhorst, Die Niederstifts Münster bis 1400, 1985 – W. Ehbrecht, Mittel- und Kleinstädte in der Territorialkonzeption dt. Fs.en. Lippstadt als Beispiel, Jb. für Regionalgesch. 14, 1987, 104–141 – R. Görner, Raubritter. Unters.en zur Gesch. des spätma. Niederadels, bes. im s. W., 1987 – F. B. Fahlbusch, F.-W. Hemann, B.-U. Hergemöller, Beitr. zur westfäl. Hansegesch., 1988 – W. Rösener, Grundherrschaft und Bauerntum im hochma. W., WZ 139, 1989, 9–41 – H.-W. Goetz, Das Ruhrgebiet im frühen MA. Zur Erschließung einer Randlandschaft, BDLG 226, 1990, 123–160 – J. K. Berns, Propter communem utilitatem. Stud. zur Bündnispolitik der westfäl. Städte im SpätMA, 1991 – H.-W. Goetz, Die bfl. Politik in W. und ihre historiograph. Legitimierung während des Investiturstreits, WZ 141, 1991, 307–328 – E. Widder, W. und die Welt. Anmerkungen zu Werner Rolevinck, ebd., 93–122 – Westfäl. Kl.buch, I–II, hg. K. Hengst, 1992–94 – P. Johanek, Eisenproduktion, Eisengewerbe und Städtebildung im s. W. während des MA (Stadt und Eisen, hg. F. Opll, 1992), 15–36 – Gesch. der Stadt Münster, I, hg. F.-J. Jakobi, 1993 – J. Engelbrecht, Landesgesch. Nordrhein-W., 1994 – F. B. Fahlbusch, Regionale Identität. Eine Beschreibungskategorie für den hans. Teilraum W. um 1470, HGBll 112, 1994, 139–159 – P. Leidinger, Die Zeit der Gf.en v. Werl (ca. 950–1124) (Werl. Gesch. einer westfäl. Stadt, I, hg. A. Rohrer-H.-J. Zacher, 1994), 61–94 – H. D. Heimann, Die Soester Fehde (Soest. Gesch. der Stadt, II, hg. Ders., 1996), 173–260.

Westfränkisches Reich. Das W. R. entstand in den Konflikten zw. Ks. →Ludwig d. Fr. und seinen Söhnen (→Karolinger, III) um die angemessene Teilung des →Frankenreichs. Den W des Großreichs hatte Ludwig seinem jüngsten Sohn →Karl II. dem Kahlen zuzuweisen versucht, der seinen Anteil erst nach dem Tod des Vaters (840) in Auseinandersetzungen mit seinen Brüdern, zunächst gegen →Lothar I. (840–843), im Vertrag v. →Verdun 843 erlangte und später gegen →Ludwig »den Deutschen« behauptete. Dieses 'regnum Karoli', das zudem noch gegen Ansprüche von Karls Neffen →Pippin II. auf Aquitanien gesichert werden mußte, reichte von der 'Span. Mark' und der Atlantikküste bis an eine ungefähr von den Flüssen →Schelde, →Maas, Saône und →Rhône gebildete Ostgrenze und umfaßte neben den frk. Kerngebieten an Aisne, Marne, Oise und →Seine mit alten kgl. Pfalzen (die spätere →Francia im engeren Sinn) die 'regna' →Burgund, →Aquitanien, Wasconien und Gothien (→Regnum).

Seine Herrschaft sicherte Karl d. Kahle 843 mit dem Adel im Vertrag v. →Coulaines. Nach dieser ersten geogr. und polit. Fundierung wurden die Existenz des W. R.es sowie die Herrschaft Karls und seiner Nachkommen in den nächsten Jahrzehnten durch Bindungen westfrk. Adelsfamilien an die obstfrk. Karolinger, durch den Aufbau partikularer Adelsgewalten wie durch verheerende Invasionen von →Normannen, →Sarazenen und →Ungarn wiederholt bedroht. Als stabilisierend erwies sich freilich die lange Herrschaftszeit Karls († 877), der konse-

quent seine karol. Legitimation betonte und damit wesentl. Elemente der frk. Kg.sidee an seine westfrk.-frz. Amtsnachfolger tradierte (Vorstellung vom 'rex christianus' [seit dem HochMA: →rex christianissimus], →Salbung, anhaltende frk. Identität im 'Francus'-Namen). Hinzu traten die bis 884 gesicherte Sohnesfolge, mehr aber noch eine aus dem Miteinander von Kgtm. und Adel (→Adel, A) erwachsene stabile Reichsordnung. Sie garantierte selbst in Konflikten die Einheit des W. R.es und die formale Akzeptanz einer monarch. Suprematie, so daß die fakt. Beschränkung der Kg.e auf ihre bescheidene →Krondomäne in Nordfrankreich wie der Aufbau der frz. →Fürstentümer heute nicht mehr als feudale Anarchie, sondern in ihrer ordnungsverbürgenden Kraft beurteilt werden.

Der Untergang →Lotharingiens bekräftigte die Grenzen des W. R.es (Reichsteilungen von →Meerssen 870 und →Ribémont 880), auch wenn sich die westfrk. Kg.e bis ins 11. Jh. wiederholt um die Eroberung des einstigen Mittelreichs als Kernlandschaft der Karolinger bemühten (erfolgreich nur 911–925). Die Verknüpfung Lotharingiens und →Italiens (spätkarol. Zeit und ab 951) mit dem →Ostfrk. Reich ließ jenes Mit- und Gegeneinander zw. Westfranken und Ostfranken, später zw. →Frankreich und →Deutschland, entstehen, in dem sich der endgültige Zerfall frk. Gemeinsamkeiten wie die ma. Nationenbildung (→Natio) vollzogen. Beide Nachfolgereiche des karol. Großreichs blieben von frk. Traditionen geprägt, doch verbanden sich diese im W mit roman., im O stärker mit germ. Elementen.

Selbst die ztw. Vereinigung des Großreichs unter Ks. →Karl III.»dem Dicken« 885–887 offenbarte die Prägekraft der seit 843 entstandenen Strukturen, vollends dann der endgültige Zerfall der Einheit 887/888, als im W. R. mit dem Robertiner →Odo erstmals ein Nichtkarolinger zum Kg. gewählt wurde. Damit hatte sich die Adelswahl endgültig durchgesetzt und sicherte den sich allmählich formierenden Fs.enfamilien ihren Rang in der Gestaltung des Reichs. Für ein Jahrhundert blieb das herrscherl. Amt zw. →Robertinern (Odo 888–898; →Robert I. 922–923, dessen Schwiegersohn →Rudolf v. Burgund 923–936) und →Karolingern (→Karl [III.] »der Einfältige« 893/898–922/923; →Ludwig IV. 936–954; →Lothar 954–986; →Ludwig V. 986–987) umstritten, bis 987 die Kg.swahl des Robertiners →Hugo Capet, von den Zeitgenossen gewiß nicht so verstanden oder intendiert, seinen Nachfahren für viele Jahrhunderte die Kg.skrone sicherte (→Kapetinger). Mit den Auseinandersetzungen um das Kgtm. verknüpft waren die Konflikte der Ebf.e v. →Reims und →Sens um das Krönungsrecht (→Sacre) wie die Kämpfe zw. nordfrz. Adelsfamilien (→Rorgoniden und →Welfen im 9. Jh., Gf.en v. →Vermandois, →Blois-Champagne und →Flandern im 10./11. Jh.) um ihren Einfluß auf das Kgtm. Hinzu traten mehrfache Schwerpunktverlagerungen der kgl. Herrschaftsbasis, die sich bis ins HochMA kaum noch von der bedeutender Vasallen abhob und den Unterschied zw. dem tatsächl. Sanktionsbereich der Krondomäne und dem viel weiteren Legitimationsbereich der Monarchie im ganzen W. R. bloßlegte. Nach der Begrenzung herrscherl. Spielräume blieben die spätkarol. Kg.e auf bescheidene Güter in der nö. Francia um →Laon, Reims (St-Remi: Grablege Ludwigs IV und Lothars) und →Compiègne (St-Corneille: Grablege Ludwigs V.) beschränkt, während sich die Robertiner/Kapetinger auf →Neustrien, v. a. auf Gebiete zw. →St-Denis (Grablege), →Paris und →Orléans, stützen konnten.

Trotz bescheidener geogr. Breite der monarch. Raumerfassung, die im deutl. Gegensatz zum viel weiteren Handlungsraum otton. Herrscher (→Ottonen) stand, sicherten frk.-karol. Traditionen Reich und Kgtm. (→Königtum, D) einen bes. Rang: Die Herrscher begriffen sich in der ungebrochenen Nachfolge ihrer merow. und karol. Amtsvorgänger und brachten das seit Karl III. 911 im offiziellen Herrschertitel 'rex Francorum' zum Ausdruck. In Zentren wie Reims, St-Denis, →Tours oder St-Benoît (→Fleury) pflegten geistl. Helfer der Kg.e vielfältige polit. und kulturelle Kontinuitäten und überlieferten damit frk. Prägungen und Voraussetzungen dem frz. MA. Ermöglicht wurde das nicht zuletzt durch die Konstanz polit.-geogr. Begriffe. Volks-, Landes- und Reichsnamen wie 'Francus', 'Francia' und 'regnum Francorum' blieben scheinbar gleich, besaßen aber andere Bedeutungsinhalte als im FrühMA. In sprachl. Kontinuität gilt es daher, den tatsächl. polit. und vorstellungsgesch. Bedeutungswandel vom Fränkischen zum Westfränkischen und schließlich zum Französischen zu entdecken. Westfrk. Identität erwuchs aus terminolog. und hist. Traditionen, fußte auf herrschaftl. Prägungen des 9. Jh. und entfaltete sich im 10. Jh., als der Griff der otton. Herrscher nach dem Ksm. 962 (→Kaiser, -tum, I) wie deren hegemoniale Stellung die Bewußtwerdung westfrk. Eigenständigkeit evozierte. Diese Identitätsbildung erfuhr im letzten Drittel des 10. Jh. einen ersten Höhepunkt, als im W. R. unter Kg. Lothar und Kg. Hugo Capet polit. Autonomie energisch eingefordert und ideengeschichtlich die Vorstellung einer Ranggleichheit von Ks. und Kg. entwickelt wurde.

Gleichwohl ist der Wandel vom W. R. zu Frankreich zeitlich schwerer zu präzisieren als die Entstehung des W. R.es aus dem frk. Großreich in der 1. Hälfte des 9. Jh. Wegen hist. und polit. Kontinuitäten sind unsere unterscheidenden Bezeichnungen Frankenreich, Westfrankenreich oder Frankreich allenfalls Verabredungsbegriffe zur Erklärung eines Wandels, der in den zeitgenöss. terminolog. Befunden nicht klar zutage trat. Frk. Gemeinsamkeiten werden bis ins frühe 12. Jh. (BRÜHL, 1995), westfrk.-frz. Besonderheiten schon seit 843 (CLASSEN) oder an der Wende vom 9. zum 10. Jh. (EHLERS, 1985) beobachtet. Konstanz und Wandel sind also nicht durch ein eindeutiges Epochenjahr abzugrenzen: Die frk. Gesch. dauerte länger, als vielfach angenommen (11./12. Jh.), die frz. Gesch. begann früher, als neuerdings vermutet (9. Jh.). Man wird angesichts begriffsgesch. Kontinuitäten bei faktischem polit. und Bewußtseinswandel nicht fehlgehen, wenn man seit dem späten 10. Jh. von Frankreich, davor vom W. R. spricht. B. Schneidmüller

Lit.: J. FLACH, Les origines de l'ancienne France, 4 Bde, 1886–1917 – F. LOT, Les derniers Carolingiens, 1891 – K. F. WERNER, Unters. zur Frühzeit des frk. Fsm.s, WaG 18, 1958, 256–289; 19, 1959, 146–193; 20, 1960, 87–119 – P. E. SCHRAMM, Der Kg. v. Frankreich, 2 Bde, 1960² – P. CLASSEN, Die Verträge v. Verdun und Coulaines als polit. Grundlage des W. R.es, HZ 196, 1963, 1–35 – C. BRÜHL, Fodrum, Gistum, Servitium regis, 2 Bde, 1968 – W. KIENAST, Dtl. und Frankreich in der Ks.zeit, 3 Bde, 1974–75² – E. MAGNOU-NORTIER, Foi et fidélité, 1976 – B. SCHNEIDMÜLLER, Karol. Tradition und frühes frz. Kgtm., 1979 – A. W. LEWIS, Royal Succession in Capetian France, 1981 – K. F. WERNER, Les origines (Hist. de France, 1, 1984, 397ff.) [dt. 1989] – DERS., Vom Frankenreich zur Entfaltung Dtl.s und Frankreichs, 1984 – J. EHLERS, Die Anfänge der frz. Gesch., HZ 240, 1985, 1–44 – J. L. NELSON, Politics and Ritual in Early Medieval Europe, 1986 – J. EHLERS, Gesch. Frankreichs im MA, 1987 – B. SCHNEIDMÜLLER, Nomen patriae. Die Entstehung Frankreichs in der polit.-geogr. Terminologie (10.–13. Jh.), 1987 – La Neustrie. Les pays au nord de la Loire de 650 à 850, hg. H. ATSMA, 2 Bde, 1989 – J. BARBIER, Le système palatial Franc: Genèse et fonctionnement dans le nord-ouest du »regnum«, BEC 148, 1990, 245–299 – W. KIENAST, Die frk. Vasallität, 1990, 319–555 – Le roi de France et son royaume autour de l'an Mil, hg. M. PARISSE-X. BARRAL I ALTET, 1992 – J. L. NELSON, Charles the Bald, 1992 – R. SCHIEFFER, Die

Karolinger, 1992, 139ff. – B. SCHNEIDMÜLLER, Frankenreich-Westfrankenreich-Frankreich. Konstanz und Wandel in der ma. Nationsbildung, GWU 44, 1993, 755–772 – N. STAUBACH, Rex christianus, 2, 1993 – Atlas de la France de l'an Mil, ed. M. PARISSE, 1994 – C. BRÜHL, Dtl.-Frankreich. Die Geburt zweier Völker, 1995² – The New Cambridge Medieval History, 2, ed. R. MCKITTERICK, 1995 – J. EHLERS, Ausgew. Aufs., 1996 – Die frz. Kg.e des MA, hg. J. EHLERS, H. MÜLLER, B. SCHNEIDMÜLLER, 1996 – Beitr. zur ma. Reichs- und Nationsbildung in Dtl. und Frankreich, hg. C. BRÜHL-B. SCHNEIDMÜLLER, 1997.

Westgötalagh → Västgötalagh

Westgoten
I. Geschichte – II. Archäologie.

I. GESCHICHTE: [1] *Ethnogenese und frühe Geschichte (ausgehendes 3. bis frühes 5. Jh.):* Das nach der im 3. Jh. erfolgten Spaltung der →Goten entstandene Volk der *Terwingen* ('Waldleute'; erster Beleg Paneg. 11,17,1 vom Jahr 291), die sich selbst wohl *Vesier* (die 'Guten, Edlen') nannten, war die namengebende und beherrschende Gruppe der auch Taifalen, →Sarmaten, dako-karp. Provinzialen, kleinasiat. Gruppen und Iranier umfassenden »terwing.-vesischen Völkergemeinschaft« (WOLFRAM), die nach Aufgabe der Prov. →Dakien (wohl 275) bis zum Hunnensturm (→Hunnen) des Jahres 376 für etwa hundert Jahre nördl. der Donau und westl. des oberen Dnestr und unteren Pruth beheimatet war. Kleinkg.e (*reiks*), die gestützt auf ihre Gefolgschaften die Teilstämme (*kunja*) führten, bildeten ein oligarch. Element in der Verfassung dieses Stämmeverbandes, der in dem für Kult, Recht, Kriegführung und Auswärtiges zuständigen 'Richter' auch eine Art monarch. Spitze besaß. Das Zusammenleben mit der verbliebenen provinzialröm. Bevölkerung und das 332 geschlossene foedus (→Föderaten), das den Handel mit den angrenzenden Provinzen begünstigte, die Zahlung röm. Jahrgelder umfaßte und zum gelegentl. Einsatz terwing. Truppen in röm. Diensten führte, förderten den Kontakt mit der röm. Zivilisation und führten auch zur Begegnung mit dem Christentum (→Ulfila/Wulfila), wobei der Prozeß der schließl. Bekehrung zum homöischen Bekenntnis (→Arius) erst nach dem Übertritt auf röm. Gebiet zum Abschluß gelangte. Als der 'Richter' →Athanarich, der sich zwar im Krieg gegen die Römer (367–369) behauptete, durch eine Christenverfolgung (369–372) aber einen die Stämmekonföderation entscheidend schwächenden Kampf der konservativen römerfeindl. Kräfte gegen die christl. Minderheit verursachte (372–375/376), die Hunnen 376 nicht zurückzuschlagen vermochte, bat die Mehrheit der Terwingen (unter →Fritigern) um Aufnahme in das Imperium.

In den folgenden vier Jahrzehnten der Wanderungen (→Völkerwanderung) im röm. Reich wurden aus den donaugot. Flüchtlingen und ihren Nachkommen, die lediglich den »Kristallisationskern einer 'Völkerlawine'« (CLAUDE) bildeten – darunter namentl. eine starke 376 vor den Hunnen über die Donau geflohene Gruppe Greuthungen (→Ostgoten) und (nach dem Sturz Stilichos 408) die ebenfalls im wesentl. aus Goten bestehenden Reste der Radagaisus-Gruppe, die nach ihrer Niederlage zunächst in das röm. Heer eingegliedert bzw. versklavt worden war – im Prozeß einer erneuten Ethnogenese die Visi bzw. Visigothen/Vesegothen, deren Name bereits im 6. Jh. von →Cassiodor als die 'westl. Goten' gedeutet wurde.

Der Versuch des Imperiums, das durch den Donauübergang der Goten entstandene Problem militär. zu lösen, scheiterte mit der röm. Niederlage in der Schlacht v. →Adrianopel (9. Aug. 378). Auch dem Vorhaben der Ansiedlung der W. in den weitgehend verwüsteten und entvölkerten, südl. der Donau gelegenen Prov.en Moesia II (→Moesia) und Dacia Ripensis auf der Grundlage des foedus v. 382, das ihnen gestattete, auf röm. Boden nach eigenen Gesetzen zu leben, und sie zur Truppenstellung verpflichtete, war keine Dauer beschieden. Unter Führung des zum Kg. aufgestiegenen →Alarich I. (aus dem Geschlecht der *Balthen*) durchzogen die W., veranlaßt v. a. vom Streben nach einer gesicherten Ernährungsbasis, seit den 390er Jahren zunächst das Ostreich, bis sie ab 401 auch das bislang verschonte Westreich heimsuchten und schließlich Rom eroberten (24. Aug. 410). Alarichs wiederholte Versuche, mit der Reichsgewalt zu einem dauerhaften Vertragsabschluß zu kommen, scheiterten an den damaligen Kräfteverhältnissen und Interessengegensätzen der rivalisierenden Parteien. Auch der Plan seines Nachfolgers →Athaulf, der die W. 412 nach Gallien geführt und →Galla Placidia, die Stiefschwester des Ks.s →Honorius, geheiratet hatte (414), mittels einer engen got.-röm. Union die Gegensätze und damit zugleich die Schwäche des westl. Imperiums zu überwinden, blieb Episode.

[2] *Das tolosanische Reich (5. bis frühes 6. Jh.):* Eine neue Epoche der westgot. Gesch. trat erst mit dem foedus v. 418 ein. Die auf Befehl der Reichsregierung und mit Zustimmung der senator. und curialen Führungsschichten Südgalliens wohl v. a. zum Schutz der sozialen Verhältnisse in der Prov. Aquitanica II (→Aquitanien) und einigen civitates der angrenzenden Prov.en Novempopulana und Narbonensis I erfolgte Ansiedlung der W. stellt den Beginn der durch den fortschreitenden Zerfall des weström. Reiches begünstigten Entstehung des Reiches v. →Toulouse dar. Die während der Herrschaft →Theoderichs I./Theoderids und →Theoderichs II. zw. der Erfüllung der Föderatenpflichten und dem Eigeninteresse die allmähl. Konturen gewinnenden germ.-roman. Staatsgebildes schwankende westgot. Politik ging endgültig seit der Ermordung des mit Hilfe Theoderichs II. zum Ks. erhobenen →Avitus (456) und v. a. während der Regierung des Kg.s →Eurich unter Mißachtung des foedus und Ausnutzung der zunehmenden Schwäche des Westreiches zu offener Expansion über. Seit 475 erstreckte sich die westgot. Herrschaft über die Pyrenäenhalbinsel mit Ausnahme des Reiches der →Sueben und der bask. und kantabr. Gebiete, in →Gallien über alles Land zw. Atlantik, Loire und Rhône, seit 476 auch über die →Provence.

Folge der Seßhaftwerdung war eine weitere Assimilation der W. an die überlegene röm. Zivilisation, deren Einfluß sich bereits während der Wanderungszeit verstärkt hatte. Wenngleich die W. noch die eigene Sprache bewahrten und sich v. a. bezügl. Religion und Rechtsgewohnheiten von der roman. Bevölkerung des 'regnum Tolosanum' unterschieden, so macht aber bereits der sog. Codex Euricianus das Ausmaß des röm. Einflusses deutlich. Auch die staatl. Organisation des Reiches knüpfte an vorhandene röm. Strukturen an, insbes. an die →civitas als zentrale regionale Verwaltungseinheit unter dem comes civitatis (→comes, II. 3); seit Eurich begegnen auch größere Einheiten unter duces (→dux, II. 1). Auch der kgl. Hof übernahm z. T. Einrichtungen und Aufgaben der übergeordneten röm. Verwaltungseinrichtungen. Im wesentlichen erhalten blieben auch die wirtschaftl. und sozialen Strukturen. Romanen waren auch im hohen weltl. Amtsträgern vertreten. Trotz des Bestrebens →Alarichs II., das Reich durch eine Neuredaktion des röm. Rechts (→Lex Romana Visigothorum) und die Eingliederung der kath. Kirche auf dem Konzil v. Agde (506) weiter zu konsolidieren, unterlag er 507 dem Angriff der mit den

Burgundern verbündeten Franken unter Chlodwig in der Schlacht v. →Vouillé.

[3] *Das toledanische Reich (6. bis frühes 8. Jh.): a) Von Toulouse nach Toledo:* Der bis gegen Ende des 6. Jh. andauernde Übergang vom tolosan. zum toledan. W. reich (→Toledo, A) resultierte aus dem Verlust der gall. Gebiete bis auf →Septimanien. Erst seit 507 erfolgte – nach einer ersten Siedlungswelle in den 490er Jahren – die eigtl., um 531 abgeschlossene Ansiedlung der W. auf der Iber. Halbinsel (→Hispania). Zunächst aber schien sich infolge der Niederlage, des Schlachtentodes Alarichs II., der Minderjährigkeit seines Sohnes Amalarich und der Ausschaltung von dessen älterem Stiefbruder Gesalech eine Verschmelzung des Ost-und W. reiches unter dem seit 511 auch zum Kg. der W. erhobenen →Theoderich d. Gr. anzubahnen. Der vorzeitige Tod seines als Nachfolger vorgesehenen Schwiegersohnes, des aus dem W. reich stammenden →Amalers →Eutharich, durchkreuzte jedoch die großangelegten Pläne, und so gelangte nach Theoderichs Tod (526) dessen Enkel →Amalarich (ermordet 531) als letzter der Balthen auf den westgot. Thron. Seine Politik einer Annäherung an die Franken über eine Heirat mit einer Tochter →Chlodwigs, Chlothichild, blieb allerdings erfolglos. Während unter Theudis (531–548) im Innern eine gewisse Beruhigung eintrat und wegen der durch das Ende des Vandalenreiches entstandenen byz. Bedrohung eine Schwerpunktverlagerung auf den S in die Prov. →Baetica erfolgte, geriet das Reich in eine höchst bedrohl. Lage, als der Prätendent →Athanagild im Kampf gegen →Agila I. die Byzantiner (→Byz. Reich, B.I, 3b) zu Hilfe rief, die nun im SO Teile Spaniens besetzten.

b) Die institutionellen, kirchenpolit. und sozialen Wandlungen des späten 6. und des 7. Jh.: Die Erneuerung des W. reiches war das Werk der Kg. e →Leovigild (568–586) und →Reccared (586–601). In Kämpfen gegen die Byzantiner im S, die Kantabrer und →Basken im N sowie diverse andere Herrschaftsbildungen trug Leovigild entscheidend zur Einigung des span. W. reiches bei, die nach der Niederwerfung des Aufstandes seines Sohnes Hermenegild (579–584) mit der Unterwerfung des Suebenreiches (585/586) nahezu vollendet war (Eingliederung der letzten byz. Exklave um 625). Seine an oström. Vorbildern orientierte Neuordnung des Hofes und Hofzeremoniells (→Zeremoniell) förderte die Konsolidierung im Innern ebenso wie die Beschränkung des Adels und eine auf den Ausgleich zw. Goten und Romanen zielende Neuredaktion des Rechtes (v. a. Aufhebung des Connubiumverbotes).

Die Überwindung des Glaubensgegensatzes mittels einer Bekehrung der kath. Mehrheit zu einem modifizierten Arianismus gelang hingegen nicht. Die auf dem III. Konzil v. Toledo (589) feierl. vollzogene konfessionelle Einigung des Reiches im kath. Glauben, die das von Leovigild begonnene Reformwerk krönte, war die hist. Leistung Reccareds. Damit gelang die Integration der kath. Kirche, die künftig neben dem Adel und dem Kgtm. die Entwicklung des W. reiches entscheidend mitgestaltete und an der Wende zum MA eine letzte Blüte der spätantiken Kultur hervorbrachte (→Leander, →Isidor v. Sevilla; →Braulio v. Zaragoza; →Eugenius II., →Julianus, →Ildefons v. Toledo).

Die von außenpolit. Einflüssen im wesentl. unbelastete Gesch. des W. reiches im 7. Jh. war gekennzeichnet durch ein Fortschreiten der Verschmelzung des roman. und got. Bevölkerungsteiles und eine weitgehende Romanisierung der got. Minderheit (höchstens 5% der Gesamtbevölkerung). Spätestens mit dem von Kg. →Reccesvinth 654 erlassenen →Liber Iudiciorum (→Leges Visigothorum), der für alle Bewohner des Reiches galt, hatte sich das Territorialitätsprinzip gegenüber dem gentilen Denken durchgesetzt und Hispanoromanen und W. zum ersten Staatsvolk einer im Werden begriffenen Nation (→Natio) gemacht. Prägend war ferner eine zunehmende Feudalisierung, die die landesbesitzenden Schichten (neben der Kirche die aus den großen roman. und germ. Familien bestehende weltl. Oberschicht, deren Angehörige zudem als Bf. e, Mitglieder der →Aula Regia, duces der Provinzen und comites der regionalen Amtssprengel die entscheidenden kirchl. und weltl. Ämter besetzten) auf Kosten des Kgtm.s begünstigte, während sie zu einer Nivellierung der Masse der ländl. Unterschichten führte. Wesentlich für die Entwicklung war ferner der Widerstreit zw. dem überkommenen Wahlrecht des Adels und dem Streben nach dynast. Erbfolge seitens der Kg. e, der auch durch den Königswahlkanon (c. 75) des IV. Toletanum (633), der den Bf. en die Teilnahme an der Kg. swahl gestattete, nicht überwunden wurde. Dennoch kam es unter dem Einfluß der Kirche, deren Charakter als Landeskirche durch den Aufstieg des Bf. s der Kg. sstadt Toledo zum Primas der westgot. Kirche (→Julianus v. Toledo) sichtbaren Ausdruck gewann, zu einer Verchristlichung des Kgtm.s (Beginn der Kg. ssalbung; →Salbung, II). Die gegenseitige Durchdringung der geistl. und weltl. Sphäre wurde bes. deutl. auf den vom Kg. einberufenen Reichssynoden v. Toledo (→Toledo, C. Konzilien), die neben kirchl. (unter Beteiligung der Mitglieder des officium palatinum) v. a. auch polit. Angelegenheiten behandelten; ferner in der Einsetzung der Bf. e durch den Kg. einerseits und der Wahrnehmung administrativer, jurisdiktioneller und exekutiver Aufgaben durch die Kirche andererseits.

Aus diesem Verhältnis resultierte auch die Verstrickung der Kirche in die polit. Machtkämpfe. Ihm verdankt letztl. auch die Judenfrage ihre Entstehung, die eine Folge der von Kg. →Sisebut 615 verfügten, von der Kirche hingegen verworfenen Zwangsbekehrung war und diese mit dem Problem der Scheinchristen belastete, das die Ursache der für die Zeit ungewöhnl. umfangreichen und rigorosen, die gesellschaftl. und polit. Verhältnisse belastenden antijüd. Gesetzgebung bildete.

c) Innere Krise und arabische Eroberung: Seit der 2. Hälfte des 7. Jh. wurde die innenpolit. Lage belastet durch die bei den Thronwechseln erfolgten blutigen Säuberungen bzw. Kämpfe unter den Mitgliedern der verschiedenen Parteigruppierungen in Klerus und Adel (→Chindasvinth, →Reccesvinth, →Wamba, →Ervig, →Egica, →Witiza, →Roderich). Diese dauerten auch angesichts der bereits vor der Jahrtausendwende erkennbaren, seit 709/710 aber unübersehbaren Bedrohung durch die bis an die Säulen des Herkules vorgetragene arab. Expansion an. Welche Bedeutung ihnen für die wohl nur multikausal erklärbare Niederlage der W. am →Guadalete (23. Juli 711) gegen die relativ kleine Streitmacht unter →Ṭāriq zukam, in der Kg. Roderich sein Leben verlor, ist umstritten.

Die Eroberung des W. reiches durch die Araber (→al-Andalus) endete erst 725. Die Erinnerung an das unter den W. geeinigte Spanien aber wurde im gallaecischen NW der Pyrenäenhalbinsel, wohin sich Teile der geschlagenen westgot. Aristokratie geflüchtet hatten und der von den Arabern nie erobert wurde, bewahrt und zum Bestandteil des Selbstverständnisses der dort entstehenden Staaten der →Reconquista (zum Bild der W./Goten in Historiographie und Geschichtsdenken →Goticismus, →Neogoticismus).

G. Kampers

Lit.: K. F. STROHEKER, Germanentum und Spätantike, 1965, 54–87, 101–191, 207–245 – K. SCHÄFERDIEK, Die Kirche in den Reichen der W.

und Suewen bis zur Errichtung der westgot. kath. Staatskirche, 1967 – E. A. THOMPSON, The Goths in Spain, 1969 – D. CLAUDE, Gesch. der W., 1970 – DERS., Adel, Kirche und Kgtm. im W.reich, 1971 – P. D. KING, Law and Society in the Visigothic Kingdom, 1972 – X. BARRAL I ALTET, La circulation des monnaies suèves et visigotiques, 1976 – R. GARCÍA VILLOSLADA, Hist. de la Iglesia en España, I, 1979 – Visigothic Spain. New Approaches, hg. E. JAMES, 1980 – J. ORLANDIS – D. RAMOS LISSÓN, Die Synoden auf der Iber. Halbinsel bis zum Einbruch des Islam, 1981 – R. COLLINS, Early Medieval Spain, 1983 – J. ORLANDIS, Hist. de España, 4: Epoca visigoda, 1987 – D. CLAUDE, Unters. en zum Untergang des W.reiches (711–725), HJb 108, 1988, 329–358 – A. FERREIRO, The Visigoths in Gaul and Spain. A Bibliogr., 1988 – L. A. GARCÍA MORENO, Hist. de España Visigoda, 1989 – H. WOLFRAM, Die Goten, 1990³ – P. J. HEATHER, Goths and Romans 332–489, 1991 – Hist. de España [R. MENÉNDEZ PIDAL], III, 1/2: España visigoda, 1991 – J. ORLANDIS, La vida en España en tiempo de los godos, 1991.

II. ARCHÄOLOGIE: Ab der Mitte des 3. Jh. ist in der Ukraine, in Volhynien und in der Republik Moldau die *Černjachov-Kultur* (abgek.: C.-K.) verbreitet. Als Fortsetzung der älterkaiserzeitl. Wielbark-Kultur und in Verbindung mit den Schriftq. des 3./4. Jh. darf diese ostgerm. Kulturgruppe ethnisch als gotisch interpretiert werden (→Ostgoten, II). Im letzten Viertel des 3. Jh. oder in der Zeit gegen 300 (späte Stufe C2) erfolgte eine beträchtl. Erweiterung der Siedelgebiete der C.-K. nach Westen in bestimmte Teile Rumäniens: im W in Oltenien bzw. in der Kl. Valachei, im S an der Donau entlang und weiter in Muntenien bzw. in der Gr. Walachei, im O und NO in der Moldau und Bukovina sowie in Siebenbürgen. In allen wesentl. Determinanten ihres Kulturmodells (Grabsitte, Beigabensitte, Tracht) entspricht sie auch hier der C.-K.: große birituelle Gräberfelder (mit Körper- und Brandgräbern), waffenlose und beigabenarme Männergräber, Amulettbrauchtum, Frauentracht mit Fibelpaaren an den Schultern zum Verschluß eines peplosartigen Kleides und umfangreiche Geschirrsätze aus Ton- und Glasgefäßen für die Speise- und Trankbeigabe; aus forschungsgesch. Gründen wird die Kulturgruppe aber anders benannt, als *Sîntana de Mureş-Kultur* (abgek.: S.-M.-K.) nach dem 1903 erforschten Gräberfeld v. Sîntana de Mureş (ung. Maroszzentanna). Die Kulturgruppe erscheint in ihrem Verbreitungsraum neu und fremdartig und läßt sich von den Kulturen der bereits ansässigen 'Geto-Daker' bzw. →Daker und →Karpen sowie den →Sarmaten gut unterscheiden. Dies, ferner die Herkunft der Träger der S.-M.-K. aus den Gebieten östl. des Pruth und der Vergleich des klaren archäolog. Befundes mit den Schriftquellen lassen keinen Zweifel, daß die S.-M.-K. mit W. verbunden werden darf, auch wenn die rumän. Forsch. auf dem Hintergrund von unverkennbaren Autochthonie- und Kontinuitätstendenzen an ihr in hohem Maße auch die 'Geto-Daker' bzw. Daker (und Sarmaten) partizipieren läßt. Bemerkenswert und vielleicht nicht zufällig ist, daß die Landnahme der Träger der C.-K. in den Gebieten westliches des Pruth zeitlich zusammenfällt mit der seit 291 belegten Spaltung des Volkes der Goten in die westl. *Terwingi-Vesi* und die östl. *Greutungi-Ostrogothi*; ferner fällt auf, daß die Fundorte der S.-M.-K. - mit Ausnahme derjenigen in Siebenbürgen und weniger westl. des Olt - alle außerhalb der höchstwahrscheinlich 275 aufgegebenen röm. Provinz Dacia Traiana liegen, obgleich in der got. Überlieferung die *Dacia* mit *Gothia* in Verbindung gebracht wird, und die Provinz mit allen ihren Vorteilen einer noch – zumindest in Resten – weiterbestehenden Infrastruktur Landnahmevorgängen offen gestanden hätte.

Am Ende der jüngeren Kaiserzeit (Ausgang der Stufe C3-jung, etwa 370/380) endet die S.-M.-K., nur wenige Fundstellen kontinuieren noch in die frühvölkerwanderungszeitl. Stufe D1 (etwa 370/380–400/410). Das Erlöschen der Kultur als ganzheitl. Komplex entspricht zeitlich dem Zusammenbruch des W.reiches unter Athanarich, wesentlich bedingt durch die hunn. Westexpansion bzw. den Abzug der Mehrheit der W. über die Donau und deren Aufnahme im röm. Reich (376).

Für die 42jährige 'Wanderzeit' (376–418) fehlt jede gesicherte positive archäolog. Evidenz; dieser Negativbefund ist nicht verwunderlich, da es nirgendwo zu einer länger andauernden 'Siedeltätigkeit' kam. Höchst erstaunlich ist aber, daß Gleiches auch für die lang andauernde Existenz des tolosan. Reiches (418–507) gilt, sind doch nun alle Voraussetzungen für einen archäolog. Nachweis gegeben, sei es – wie zuvor – durch große Nekropolen, sei es – einen möglichen Wechsel in der Grabsitte unterstellt – durch Einzelgräber und kleine Grabgruppen; eine befriedigende Erklärung ist bislang nicht möglich. Dieser höchst merkwürdige Befund gerät erst recht zum archäolog. miraculum angesichts der Tatsache, daß die in Spanien landnehmende W.generation wiederum in großen Gräberfeldern bestattet wurde: die Frauen mit Fibelpaaren an den Schultern und großen Gürtelschnallen und die Männer waffenlos, also in derselben Tracht und nach derselben Beigabensitte wie zuvor in der röm. Kaiserzeit; die sog. echten Beigaben für die Ausstattung im Jenseits wie die Geschirrsätze für Speise und Trank und z. B. Kämme sind entfallen.

Der älteste Horizont des westgot. Fundstoffes auf der Iber. Halbinsel (und in Septimanien), der der Landnahmegeneration entspricht, gehört in das letzte Jahrzehnt des 5. Jh. und in das frühe 6. Jh.; dies korrespondiert gut mit den Schriftquellen, wonach erste planmäßige Landnahmen schon vor dem Ende des tolosan. Reiches (507) einsetzten. Die archäolog. Hinterlassenschaft der W. in Spanien und in Septimanien ist gut beurteilbar, jedoch nur durch die Nekropolen, nicht aber durch das Siedlungswesen (Ausnahme: Reccopolis). Sie läßt sich chronologisch gut gliedern in 5 Stufen: I–V; in Stufe I (Landnahmegeneration) und in den Stufen II–III (ca. 520–560/580) wurden die Gotinnen noch in ihrer kennzeichnenden, zu Lebzeiten getragenen gentilen Tracht und mit Schmuck beerdigt, waren also für ihre roman. Umwelt leicht als Fremde, eben als Gotinnen erkennbar. Ab Stufe IV und in Stufe V (560/580–7. Jh.) ändert sich das Bild in den Nekropolen grundlegend: Die Gotin wurde allenfalls mit Schmuck und einer Gürtelschnalle mediterranen Typs, meist aber beigabenlos beigesetzt, dies nach dem Vorbild der regelhaft beigabenlos bestattenden chr.-roman. Bevölkerungsmehrheit. Dieser Akkulturations- bzw. Romanisierungsprozeß fällt zeitlich nicht zufällig zusammen mit der unter Leovigild noch vor 580 verfügten Aufhebung des Eheverbotes zw. W. und Romanen und mit dem 589 erfolgten Übertritt der arian. W. zum kath. Bekenntnis.

Die Verbreitung der westgot. Gräberfelder zeigt – außer in Septimanien – eine auffällige Bindung an Alt- und Neukastilien im Inneren der Halbinsel, also keine mehr oder minder diese flächendeckende; da über die Art und Weise der westgot. Siedlung aus den Schriftq. und der Toponomastik so gut wie nichts zu erfahren ist, bereitet die Interpretation dieses territorial so begrenzten Verbreitungsbildes große Schwierigkeiten. Auffallend ist jedenfalls, daß die meisten Gräberfelder (mit dazugehörigen Siedlungen) in den Randzonen der Meseta an den Nordhängen der Sierra Guadarrama liegen, die bei günstigen klimat. Bedingungen und vergleichsweise guten Böden Regelfeldbau ermöglichen; da hier auch die meisten ausgedehnten spätantiken Latifundien lagen und die ab dem

Ende des 6. Jh. gut lokalisierbaren Münzprägestätten diesen Raum weitestgehend aussparen, verstärkt sich der Eindruck, daß die kast. Kernräume mit westgot. Siedlung agrarisch und naturalwirtschaftlich geprägt waren. Obgleich auch die soziolog. Struktur der Gräberfelder gut zu diesem Bild paßt, befriedigt diese Interpretation nicht, da auch andere Räume im span. W. reich ähnliche naturräuml. Verhältnisse bieten; die Klärung der westgot. Besiedlungsgeschichte bleibt weiterhin ein hochrangiges interdisziplinäres Forschungsdesiderat unter vorrangiger Beteiligung der Naturwissenschaften (Klimatologie, Bodenkunde, Vegetationsgesch. etc.). Von sehr wenigen Ausnahmen abgesehen, sind Oberschichtgräber nicht vorhanden; der Adel lebte nach Ausweis der Schriftq. meist getrennt von der Masse der Bevölkerung über das Land verteilt, vorwiegend in den Städten. Er war früh romanisiert, wohl schon im tolosan. Reich; vereinzelt ist er durch beigabenlose Gräber mit Grabsteinen und Inschriften der Verstorbenen nachweisbar. V. Bierbrauer

Lit.: V. BIERBRAUER, Archäologie und Gesch. der Goten vom 1.–7. Jh. Versuch einer Bilanz, FMASt 28, 1994, 51–171 [Lit.].

Westgotische Schrift. Nach BISCHOFF vermutl. am Anfang des 7. Jh. in N-Afrika aufgrund der vor der arab. Eroberung bestehenden lat. Tradition entstandene, in zwei Hss. aus dem Sinaikl. belegte, mit der Emigration nach Spanien übertragene Minuskel, die dort seit dem frühen 8. Jh. erscheint und, außer in Katalonien, bis ins 12./13. Jh. verwendet wurde. Merkmale: häufige Linksneigung (wahrscheinl. unter arab. Einfluß); u-förmiges a; gerades und unziales d; unziales G mit langem, nach links abgebogenen Bart; I-longa am Wortanfang (außer vor Buchstaben mit Oberlänge) und als Halbvokal; t mit bogenförmigem Ansatz des Balkens; -it-Ligatur mit hohem T und links nach unten gebogenem Balken; auffällige Abkürzungen: -b^s, b^i, q^s, q^i für -bus und -que; p mit bogenförmig und gerade durchgestrichener Haste für per; Strich mit darübergesetztem Punkt für m und n; Vorliebe für konsonant. Kontraktionen. Neben der nichtkursiven Form entstanden im 7. und 8. Jh. Minuskelkursiven mit typischem ꝗ-förmigem a. Im Zusammenhang mit der Gregorian. Reform wurde der Gebrauch der w. Sch. für liturg. Hss. auf dem Konzil v. León 1090 verboten.

P. Ladner

Lit.: B. BISCHOFF, Paläographie des röm. Altertums und des abendländ. MA, 1986², 130–136, 317f.

Westkapelle, Schlacht v., 4. Juli 1253, bei W. (Insel Walcheren, Scheldemündung, →Seeland), bietet militärgeschichtlich das klass. Beispiel einer verhinderten Landung, markiert politisch sowohl eine wichtige Etappe im Erbfolgestreit der verfeindeten Häuser →Avesnes und →Dampierre als auch im Kampf um den Territorialbesitz Seelands westl. der Schelde ('Zeeland bewester Schelde'), das die Gf.en v. →Holland von den Gf.en v. Flandern zu Lehen hielten. – Im Konflikt mit seiner Mutter →Margarete v. Konstantinopel, Gfn. v. Flandern und →Hennegau, und seinen Halbbrüdern fand Johann v. Avesnes die Unterstützung seines Schwagers →Wilhelm v. Holland, der als röm. Kg. auf dem Hoftag v. →Frankfurt (1252) der Gfn. Margarete ihre Reichslehen absprach; mit diesen wollte er Johann v. Avesnes, der 1246 durch Richtspruch (Arrêt) →Ludwigs IX. v. Frankreich zugunsten Wilhelms v. Dampierre von der Erbfolge in Flandern ausgeschlossen worden war, belehnen. Der Tod Wilhelms v. Dampierre (5. Mai 1251) und der von Johann v. Avesnes eingeleitete Widerspruch gegen den kgl. Arrêt stachelten Guido und Johann v. Dampierre zu einer großen militär. Expedition gegen Holland an, unter lebhafter Beteiligung frz. Ritter und fläm. Stadtmilizen. Die Armee stach vom fläm. Hafen Biervliet aus in See. Der Regent v. Holland, Floris, und Gf. Dietrich v. →Kleve, die rechtzeitig Kunde von der bevorstehenden Landung der Flamen auf Walcheren erhalten hatten, organisierten umsichtig die Verteidigung. Als die fläm. Ritter in voller Rüstung mit ihren Pferden zu landen versuchten, wurden sie von den (zahlenmäßig sicher geringeren, dafür aber günstig postierten) holl. Rittern und Fußtruppen im Hafen- und Dünengelände in Einzelkämpfe, zumeist zu Fuß, verwickelt und erhielten gar nicht erst Gelegenheit, ihre Schlachtreihen aufzustellen. Auch die städt. Milizen erlagen dem überraschenden Angriff der Holländer, die schließlich auch die Schiffe enterten und einen vollständigen Sieg errangen. Mehrere hohe Adlige (Guido und Johann v. Dampierre, Tedbald und Rainald v. →Bar, Arnold v. →Guînes, Robert v. →Wavrin, Seneschall v. Flandern) wurden gefangengenommen, andere, die eine Ergebung verweigerten (Rasse v. Gavere, Arnold v. Schorisse u. a.), wurden im Kampf erschlagen. Die Sieger ließen die ärmeren Milizkämpfer großenteils abziehen, hielten aber die wohlhabenden Bürger bis zur Lösegeldzahlung in Gefangenschaft. Guido und Johann v. Dampierre wurden erst 1256, gegen hohes Lösegeld von seiten ihrer Mutter, freigelassen. Der Tod Johanns v. Avesnes (24. Dez. 1257) setzte dem Erbfolgekrieg ein vorläufiges Ende; Margarete konnte die Oberhoheit über Seeland westl. der Schelde bewahren.

Th. de Hemptinne

Lit.: CH. DUVIVIER, La querelle des d'Avesnes et des Dampierre, 1894 – J. F. VERBRUGGEN, Het leger en de vloot van de graven van Vlaanderen vanaf het ontstaan tot in 1305, 1960 – Alg. Gesch. der Nederlanden, 2, 1982, 293–299 [H. P. H. JANSEN]; 399–401 [M. VANDERMAESEN] – Wi Florens ... De Hollandse graaf Floris V..., hg. D. E. H. DE BOER u.a., 1996 – K. VAN EICKELS, Die Gf.en v. Holland und das Reich im 12. und 13. Jh., RhVjbll 60, 1996, 65–87.

Westminster, ehem. OSB Abtei in England (Gft. Middlesex), Krönungsort aller engl. Herrscher seit →Harald II. Godwinson 1066, wichtigste kgl. Grablege im engl. Kgr. Als Hüter der bedeutendsten kgl. Schreine im Land genossen die Benediktinermönche ein hohes Ansehen bis zur Auflösung der Abtei 1540. Die frühe und sehr dunkle Gesch. des einzigartigen Kl. wurde Gegenstand mehrerer Gründungssagen. Gemäß einer unglaubwürdigen Legende wurde 184 n. Chr. eine Kirche errichtet, die während der Christenverfolgung unter Diokletian in einen Apollotempel umgewandelt wurde. Nach einer anderen, in der spätma. Abtei geläufigen Sage sollen W.s Ursprünge auf eine Kirche zurückgehen, die bald nach der 597 begonnenen Christianisierung der Engländer auf der Isle of Thorney von Kg. Sebert v. Essex errichtet worden war. Neuere archäolog. Forsch.en haben ergeben, daß es wahrscheinlicher ist, daß der Abtei eine →Minster-Kirche vorausging, die von →Offa, dem Kg. der Ostsachsen, in den frühen Jahren des 8. Jh. gegr. wurde. Eine solche Minster-Kirche könnte jedenfalls die Wikingereinfälle der nächsten beiden Jahrhunderte überstanden haben. Alle verfügbaren Beweise belegen, daß eine Kl.abtei in W. das Ergebnis der berühmten engl. Kl.reformbewegung des 10. Jh. gewesen ist. Der Chronist →Wilhelm v. Malmesbury berichtet später, daß der hl. →Dunstan, bald nachdem er 957 Bf. v. London geworden war, den Londoner hl. Wulfsige als ersten Abt eines neuen Kl. von zwölf Mönchen ernannte, das auf einem großen, von Kg. Edgar übertragenen Landbesitz in W. errichtet werden sollte. Wulfsige, der sein Amt 958 übernommen zu haben scheint, blieb für fast vierzig Jahre Abt v. W. Von seinen drei ags. Nachfolgern war der

letzte Eadwine, der um 1049 Abt wurde und folgl. der Abtei vorstand, als sie unter Kg. →Eduard d. Bekenner eine der bedeutendsten Benediktinerabteien der Christenheit wurde. Eduard wollte die Abtei in einem bes. großen Umfang wieder begründen und eine kgl. Pfalz in unmittelbarer Nachbarschaft errichten, ein Beweis dafür, daß in W. die künftige polit. und in gewissem Sinn auch religiöse Hauptstadt des ma. England errichtet werden sollte. Nach der anonymen Vita Eduards d. Bekenners (»Vita Aedwardi«) hatte der neue Kg., der selbst in W. 1043 gekrönt wurde, drei Hauptmotive für die Umwandlung der Benediktinerabtei in das bedeutendste kgl. Kl. Englands: Seine Verehrung galt dem Apostel Petrus, dem die Abtei ausschließl. geweiht war. Er hoffte, die Vorteile einer günstigen Lage für ein Kl. und eine Pfalz am n. Ufer der Themse und nur 2 km w. von London ausnutzen zu können. Außerdem hatte er sich W. als Grablege auserwählt. Bezeichnend war, daß Kg. Eduard d. Bekenner, der viele seiner frühen Jahre in Frankreich verbracht hatte, beweisen wollte, daß er eine Abteikirche finanzieren und errichten konnte, die prächtiger war als vergleichbare Kirchen in der Normandie. Obwohl keine sichtbaren Spuren der Kirche Eduards d. Bekenners in der Abtei oberhalb der Grundmauern erhalten sind, war sie zweifellos das erste große roman. Gebäude in der Gesch. der engl. Architektur. Einen Tag nach seinem Tod am 5. Jan. 1066 wurde Eduard in der geweihten Kirche in einem Steinsarkophag unter dem Fußboden vor dem Hochaltar begraben. Am selben Tag erfolgte die Krönung Haralds in der Abteikirche, und weniger als ein Jahr später, am Weihnachtstag 1066, zeichnete Wilhelm d. Eroberer W. vor allen engl. Kl. aus, indem er hier ebenfalls gekrönt wurde.

Es ist nicht verwunderl., daß die Abtei rasch eine der größten Benediktinerkl. in England wurde. Unter der Herrschaft des ersten großen norm. Abtes →Gilbert Crispin (um 1085–1117) gab es nicht weniger als 80 Mönche. Nach dem →Domesday Book erfreute sich die Abtei eines hohen Einkommens von wenigstens £ 600 i. J. 1086 und stand bereits an siebenter Stelle unter den reichsten Kl. im Kgr. Wenig ist über das interne Leben im Kl. vor 1200 bekannt, doch genoß die Abtei bald ein bes. Ansehen im Bildungswesen. Bedeutender für ihr künftiges Wohlstand der Mönche selbst waren ihre Bestrebungen, die Heiligsprechung Eduards d. Bekenners zu betreiben. 1102 wurden seine Überreste unversehrt angetroffen, und 1138 schrieb →Osbert v. Clare, einer der bedeutendsten Autoren unter den ma. Mönchen in W., eine neue Vita Eduards mit der Absicht, die päpstl. Kanonisation Eduards zu erreichen. Jedoch war es die kgl. Intervention Heinrichs II. bei Papst Alexander III. 1161, die schließlich die Heiligsprechung Eduards bewirkte. Zwei Jahre später, am 13. Okt. 1163, erfolgte die feierl. Translation der Reliquien des neuen Hl.n.

Weniger als ein Jahrhundert später erwies sich ein anderer engl. Kg., Heinrich III., als ein zweiter Gründer der Abtei. Heinrich legte den Grundstein für den Bau einer völlig neuen got. Kirche am 6. Juli 1245. Heinrich III. wollte die architekton. Höhepunkte der zeitgenöss. frz. Kathedralen noch übertreffen und beauftragte als Baumeister 1243 Henry of Reyns oder Reims. Es sollte ein sakrales Zentrum für die engl. Monarchie am Grab Eduards d. Bekenners entstehen, das eindrucksvoller war als die →Sainte-Chapelle in Paris oder der Schrein des hl. Thomas Becket in Canterbury. Am 13. Okt. 1269, als die letzte Translation der Reliquien Eduards d. Bekenners erfolgte, war dieses Ziel erreicht. Als die Grabmäler der spätma. Kg.e und Kgn.nen begannen, sich um den Schrein des hl. Eduard zu gruppieren, und eine große Schar von Pilgern angezogen wurde, entwickelte sich die Obhut des Schreins als die bedeutendste Aufgabe der Mönche von W.

Abt und Kapitel eines der größten Benediktinerkl. in England hatten allerdings noch viele andere Aufgaben, v. a. die Erhaltung der Größe ihres Konvents. In den Jahren um 1300 gab es normalerweise ca. 50 Mönche in W. Trotz der Verluste durch die Pestepidemie v. 1349, bei der 27 Mönche starben, hatte W. 1399 über 59 Mönche, 1500 über 46 Mönche, 1528 noch über 44 und 1534 noch über 43 Mönche. Die Aufrechterhaltung eines großen Konvents während des ganzen MA verdankte W. den ausgedehnten Grundbesitzstiftungen, nicht nur in den Vororten von London, sondern auch im SO und im Themsetal. Obwohl die Mönche v. W. in der Zeit zw. 1200 und 1500 den Umfang ihrer Besitzungen weitgehend bewahrten, ist doch die Ausbreitung ihres Landbesitzes gut dokumentiert in den größten Slg.en von Gutsbesitzq., die aus dem spätma. England erhalten sind. Noch eindrucksvoller ist die große Zahl erhaltener interner Q. und bes. der Rechnungsrollen, die seit dem späten 13. Jh. in W. zahlreicher vorhanden sind. Aufgrund dieser ausgezeichneten Q.lage kann das Leben im Konvent gut nachvollzogen werden. Die Mönche erfreuten sich jedenfalls eines angenehmen Lebensstandards im SpätMA.

Das religiöse Leben in der Abtei während der letzten zwei Jahrhunderte wurde durch die Nähe zu →London bestimmt und zu der kleinen, aber geschäftigen Stadt W. selbst (mit einer Bevölkerung von ca. 2000 Einw. i. J. 1400) sowie zu dem immer größer werdenden kgl. Palast. Die Mönche konnten sich kaum den polit. Ereignissen des Kgtm.s entziehen. Nachdem das Kapitelhaus der Abtei in den frühen 50er Jahren des 13. Jh. fertiggestellt worden war, wurde es einer der bedeutendsten Treffpunkte der Ritter und Bürger, die ins Parlament geladen worden waren. Es überrascht nicht, daß das Leben im Kl.bereich kaum ruhig verlief und gelegentl. Kritik an der unheilvollen Rolle der Äbte laut wurde. Jedoch gab es im SpätMA einige bes. herausragende Äbte, so Simon →Langham (1349–62), der später Ebf. v. Canterbury und Kard. in Avignon wurde. Langham ist es zu verdanken, daß eine kleine Zahl von Mönchen aus W. regelmäßig das Gloucester College in Oxford für Universitätsstudien besuchen konnte. Doch entwickelte sich in der Abtei keine bes. geistige oder kulturelle Tradition. Dieser Mangel wurde von dem letzten ma. kgl. Patron der Abtei, Heinrich VII., erkannt, der den Bau der großen Votivkapelle am Ostende der Abteikirche 1503 begann und bestimmte, daß dort nur Mönche aus W., die auch einen Universitätsabschluß hatten, den Dienst ausüben sollten. Doch bald nachdem die Kapelle Heinrichs VII., die sein Grabmal und das seiner Gemahlin enthält, 1519 fertiggestellt worden war, wurde das Schicksal der Mönche immer unsicherer. Am 16. Jan. 1540 wurde die Abtei an Heinrich VIII. übergeben und durch eine Kollegiatkirche mit einem Dekan und zwölf Präbendeninhabern ersetzt. Obwohl sich die Gebäude vergleichsweise gut erhalten hatten, war die Abtei seit 1559 nicht mehr ein Kl., sondern blieb eine Kollegiatkirche, die nun der Herrschaft der engl. Monarchen als Oberhäupter der protestant. Kirche in England symbolisierte.

R. B. Dobson

Q.: W. Dugdale, Monasticon Anglicanum, ed. 1817, I, 265–330 – J. Armitage Robinson–M. R. James, The Manuscripts of W. Abbey, 1909 – John Flete's Hist. of W. Abbey, ed. J. Armitage Robinson, 1909 – L. C. Hector–B. F. Harvey, The W. Chronicle, 1381–94, 1982 – W. Abbey Charters, 1066–ca. 1214, ed. E. Mason, 1988 – *Lit.*: E. H. Pearce, Monks of W., 1916 – E. F. Carpenter, A House of Kings: The Hist. of W. Abbey, 1966 – B. F. Harvey, The Monks of W. and the

Univ. of Oxford in The Reign of Richard II, ed. F. R. H. Du Boulay–C. M. Barron, 1971 – B. F. Harvey, The Estates of W. Abbey in the MA, 1977 – G. Rosser, Medieval W., 1989 – B. Harvey, Living and Dying in England, 1100–1540: The Monastic Experience, 1993 – J. Field, Kingdom, Power and Glory: A Historical Guide to W. Abbey, 1996.

Westminster, Provisions of (1259). Vorausgegangen waren die Provisions of →Oxford im Juni 1258, Zugeständnisse, die der engl. Kg. →Heinrich III. der baronialen Opposition machen mußte und die die Einsetzung eines Rates von 15 Baronen zur Folge hatten, der kgl. Beamte überwachen und kgl. öffentl. Erlasse erzwingen sollte. Die Unzufriedenheit mit den hinhaltenden Reformen dieses Rates führte zu einem Treffen der Barone, Ritter und des Lord Edward in Westminster im Okt. 1259. Das Ergebnis des Treffens bildeten die P. of W., die den Beschwerden in der Oxford Petition v. 1258 abhelfen sollten. Diese Provisions beschäftigten sich v. a. mit den Klagen der Ritter über eine große Belastung von seiten des Kg.s und der Barone mit zu vielen Rechtspflichten in den lokalen Gerichtshöfen. Die P. of W. definierten genauer als diejenigen von Oxford die Aufgaben von Schatzmeister und Kanzler und erneuerten das Amt des →Justitiars. Der →Exchequer war das Ziel der ausgedehnten Reform, die eine genaue Überwachung seiner Ausgaben beinhaltete. Die Provisions of Oxford und W. wurden von Ludwig IX. v. Frankreich in der Mise of →Amiens (1264) für null und nichtig erklärt (→Barone, Krieg der). B. Lyon

Lit.: F. M. Powicke, Some Observations on the Baronial Council (1258-60) and the P. of W. (Essays in Medieval Hist. Pres. to Th. F. Tout, 1925), 119–134 – R. F. Treharne, The Baronial Plan of Reform, 1258-63, 1932.

Westmorland, Gft. im nw. England, zuerst 966 belegt als *Westmoringaland* ('Land eines Volkes, das w. des Pennine Hochmoors wohnte'). Bis zum 12. Jh. umfaßte W. das obere Flußtal des Eden, das ca. 650–700 von Angeln besiedelt, um 900 von dem brit. Kgr. Cumbria oder →Strathclyde zurückerobert und 926 der Oberherrschaft des westsächs. Kgr.es unterstellt wurde. Während der Zeit von 800–950 erfolgte eine bedeutende skand. Besiedlung, eine norw.-ir. im SW, eine dän. von Yorkshire ausgehend im NO von W. Kg. Malcolm III. annektierte W. wahrscheinl. vor 1066, aber die engl. Oberherrschaft wurde 1092 von Wilhelm II. Rufus wieder hergestellt. Unter seiner Regierung und der von Heinrich I. (1100–35) erfolgte die Schaffung von Lehnsherrschaften für Appleby (dem ursprgl. W.), Kentdale und Lonsdale, die im späten 12. Jh. zusammengeschlossen wurden und die ma. Gft. bildeten. 1135–57 wurde W. vom Kg. v. Schottland regiert, als der Oberlehnsherr Hugh de Morville war, der Vater einer der Mörder von →Thomas Becket. Seit 1157 blieb W. für 20 Jahre verwaltungsmäßig ein Teil von Yorkshire, aber 1177–78 wurde ein Sheriff für W. ernannt, das in der Folgezeit die bis heute bestehende Gestalt und Gebietsgröße annahm. 1226–27 führten die Ritter und freien Landbesitzer von W. beim Kg. Klage über bestimmte große Barone der Gft., die die Forstvorschriften der →Magna Carta (1215) und der Forest Charter (1217) nicht befolgen wollten. Die sich daraus ergebenden Vorladungen der Gft.svertreter zu einer Sitzung des Great →Council stellen das früheste Beispiel einer kommunalen »parlamentar.« Vertretung in England dar. Adelsfamilien verbanden sich mit W., so die Morville (12. Jh.), die Vieuxpont (13. Jh.) und die Clifford (14.–16. Jh.). Andrew de →Harcla, Earl of Carlisle († 1323), wurde in W. geboren. 1397 wurde ein Earldom of W. für Ralph de Neville v. Raby geschaffen, aber seine Familie erhielt in W. keinen Landbesitz. G. W. S. Barrow

Lit.: J. Nicholson–R. Burn, Hist. and Antiquities of W. and Cumberland, 2 Bde, London 1777 – J. F. Curwen (Cumberland and W. Antiquarian and Archaeological Soc. Transactions, 1932) – F. M. Stenton (Royal Comm. on Historical Monuments, W., 1936).

Westrozebeke, Schlacht v., Feldschlacht, 27. Nov. 1382 bei W. (Rozebeke, Roosebeke) in Westflandern (nördl. v. Kortrijk), Sieg des kgl. frz. Heeres, das unter dem (nominellen) Oberbefehl Kg. →Karls VI. stand (faktisch aber unter Führung Hzg. →Philipps d. Kühnen v. →Burgund) und in dem auch →Ludwig v. Male, Gf. v. →Flandern, als Lehnsmann des frz. Kg.s, ferner zahlreiche Adlige aus Hennegau, Seeland und Brabant sowie die schlagkräftigen bret. Söldnerkompanien unter dem Connétable Olivier de →Clisson kämpften. Die Verbände des aufständ. →Gent und seiner Verbündeten, geführt von Philipp van →Artevelde, der sich mit Bewilligung →Richards II. v. England zum →*ruwaard* v. Flandern proklamiert hatte, unterlagen der frz. Heeresmacht. – W. bildete einen Höhepunkt des sog. 'Genter Krieges' (*Gentse oorlog*, 1379–85), der sich längst vom innerfläm. Konflikt zu einem Teil des →Hundertjährigen Krieges ausgeweitet hatte. Nachdem die Aufständischen die gfl. Partei auf dem Beverhoutsveld bei Brügge (3. Mai 1382) besiegt hatten und Gent zw. Mai und Nov. 1382 die gesamte Gft. Flandern kontrolliert hatte (wie in den Tagen Jacobs van Artevelde), wendete sich mit W. das Blatt. Doch markiert W. noch nicht die definitive Niederlage der Genter, zumal die frz. Armeeführung nach der Unterwerfung v. →Brügge (29. Nov.) von einem unmittelbaren Angriff auf Gent, das unter Führung von Frans Ackerman seine Verteidigung neu organisierte, absah. Der Aufstand wurde erst durch den Frieden v. Tournai (18. Dez. 1385) beendet. W. fand dessenungeachtet breites Echo: Die frz. Propaganda feierte den Sieg als Revanche für die in der 'Goldsporenschlacht' v. →Kortrijk erlittene Schmach (unmittelbar nach der Schlacht v. W. wurde demonstrativ die Stadt Kortrijk geplündert!). Bes. das Werk des Dichters Eustache →Deschamps bietet Hinweise auf den in der Schlacht v. W. gipfelnden frz. Feldzug gegen Flandern. Die Bedeutung der Schlacht lag nicht zuletzt in ihrer abschreckenden Signalwirkung gegenüber den sich in dieser Zeit auffallend häufenden städt. →Revolten. Nach W. setzte eine Flut von Repressalien gegen die vom Gf. en kontrollierten Städte und Kastellaneien Flanderns ein; die Übergriffe der Sieger, bes. der bret. Söldner, erregten bei der Bevölkerung heftigen Unmut. England, das im →Abendländ. Schisma dem röm. Papst ('Urbanisten') folgte, reagierte auf W. mit einem Kreuzzug, für den das engl. Parlament votierte, da (nach Darstellung der engl. Propaganda) Flandern nun gänzlich vom 'clementist.' Frankreich beherrscht werde; im Verlauf dieses (erfolglosen) Zuges belagerten die Engländer unter Henry →Despenser, Bf. v. Norwich, die Stadt →Ypern (1383). M. Boone

Lit.: F. Quicke, Les Pays-Bas à la veille de la période Bourguignonne 1356–84, 1947, 337–340 – J. Van Herwaarden, The War in the Low Countries (J. J. N. Palmer, Froissart: historian, 1981), 109–113.

Westsachsen → England, A. V, →Wessex

Westsächsische Evangelien → Bibelübersetzungen, XII

Westslaven

I. Wanderungsbewegung, sprachliche Differenzierung – II. Siedlungsräume, Stämme, Nachbarn – III. Wirtschaft und Gesellschaft – IV. Begräbnisformen und Kult.

I. Wanderungsbewegung, sprachliche Differenzierung: Im Prozeß der Ethnogenese der →Slaven formierten sich die westslav. Stämme während des 6.–7. Jh. in den

Urstromtälern der →Oder und →Weichsel. Von dort aus wanderten sie in aufeinanderfolgenden Wellen über →Mähren und →Böhmen entlang der →Elbe bis zur →Saale sowie über die Oder zu Spree und Havel und entlang der Ostseeküste (→Ostsee) bis in den Niederelberaum (→Elb- und Ostseeslaven). Die Stammesnamen der →Sorben, →Abodriten, →Wilzen deuten darauf hin, daß es meist größere Siedlergruppen waren, deren Wanderung z. T. durch Angriffe der →Avaren im 6. Jh. verursacht wurde. Im 8. Jh. stabilisierte sich die Westgrenze der W. in ihrem N-S-Verlauf von der Kieler Förde entlang von Elbe, Saale und Böhmerwald bis zur →Donau. Einzelne slav. Siedlergruppen drangen noch weiter nach W vor (→Dravänopolaben, →Regnitzslaven, →Wenden). Im S besiedelten W. das Marchgebiet sowie das s. Karpatenvorland. Nach dem Zeugnis von Ks. →Konstantin VII. Porphyrogennetos kamen in der Zeit des Ks.s →Herakleios (610–641) auch die →Kroaten und →Serben vom ö. Mitteleuropa her auf die w. Balkanhalbinsel. Die avar. und v. a. seit dem 10. Jh. die ung. Herrschaft im Donaubecken trugen dann aber zur Trennung der W. von den →Südslaven bei. Bis zum 10. und 11. Jh. trat eine Grenze zw. den W. und den →Ostslaven kaum hervor; gewöhnl. lokalisiert man sie an der Wasserscheide Bug/San – Pripjet/Dnestr, die auch geogr. die Einzugsbereiche von Ostsee und →Schwarzem Meer trennt.

Im Zuge der sprachl. Differenzierung der slav. Sprachen verfestigten sich im Westslav. seit dem 8. Jh. sprachl. Besonderheiten wie die Liquidametathese (z. B. *gród*, *grad* < **gord* 'Burg'; *mleko* < **melko* 'Milch'), und seit dem 10. Jh. verstärkten die nur teilweise durchgeführte Entnasalierung (*ruka* < *rǫka* 'Hand') und Entpalatalisierung bzw. Palatalisierung (poln. *dziesięć*, tschech. *deset* < **desęt'* 'zehn') die Gliederung in Einzelsprachen, die man bis in die Mitte des 12. Jh. noch als »slav. Sprache« zusammenfaßte (so bei →Gallus Anonymus, →Cosmas von Prag).

II. Siedlungsräume, Stämme, Nachbarn: Die naturräuml. Gliederung des ö. Mitteleuropa in fruchtbare Lößgebiete im S (im Vorfeld der alten Gebirgsmassive) und in zumeist mit Mischwald bedecktes Tiefland im N wirkte sich schon früh auf die Ausprägung der Kultur der W. aus (archäol. Unterscheidung nach Prager [→Prager Typ] und Sukow-Szeligi-Gruppen; →Keramik, I, 3). Die Differenzierung der W. spiegelt sich offenbar auch anthropolog. wider: Es dominierte das paläoeurop., nord. und laponoide Element, während im S der Anteil des mediterranen stärker war. In den von den W. neubesiedelten Gebieten war ein hoher Anteil des nord. Elements vermutl. das Ergebnis des Kontaktes mit der germ. Restbevölkerung. Die W. siedelten entlang der Wasserläufe, vorwiegend in den Zonen, welche für den Ackerbau günstige Bodenbedingungen boten. Die Siedlungskammern waren durch Wald- und Sumpfgebiete sowie Höhenrücken voneinander getrennt. Während des FrühMA war eine ansehnl. Siedlungsdynamik bemerkbar, die ihren Höhepunkt je nach regionalen Bedingungen im 9. oder 10. Jh. erreichte.

Die Stammesgeographie der W. ist für die Zeit ab dem 9. Jh. besser bekannt (u. a. durch den →Geographus Bavarus und die →Alfred d. Gr. zugeschriebene Überarbeitung des →Orosius), und historiograph. Werke des 10.–12. Jh. (v. a. →Thietmar v. Merseburg, →Adam v. Bremen, →Cosmas v. Prag) sowie die Urkk. für die in westslav. Raum gegründeten Bm.er (→Brandenburg, →Havelberg, →Prag) überliefern Näheres zu einigen westslav. Stammesgebieten. Die Ostseeküste war bewohnt von →Abodriten, Wilzen (seit dem 10. Jh. →Lutizen) und →Pomoranen, die jeweils in mehrere Kleinstämme gegliedert waren. Zu den Wilzen zählte man auch die Stodoranen (→Heveller) und ihre Nachbarn im Havelraum. Das poln. Tiefland besiedelten Polanen, Kujavier (Goplanen?) und Masowier. Zw. Saale und Mittelelbe wohnten die in zahlreiche Kleinstämme unterteilten →Sorben sowie die →Daleminzen, an der oberen Spree Lusitzer (→Lausitz) und →Milsener, deren kult. Merkmale mit denen der Dadošanen und anderer Stammesgruppen an der mittleren Oder bis zur Obra übereinstimmten. Die Lößgebiete entlang der Oder waren von Slenzanen, →Opolanen, Golensizi (→Schlesien), im oberen Weichselraum von →Wislanen und Lendzanen besiedelt. Den Böhm. Kessel besetzten u. a. Lučanen, Kroaten, →Doudleben, eine zentrale Position nahmen die Tschechen ein. Im n. Mitteldonaugebiet siedelten die Mähren. Der Stammesname der Bewohner des s. Karpatenvorfeldes (→Slovaken) ist unbekannt; vielleicht wurden sie als Slovenen bezeichnet.

Die komplizierte Koexistenz von W. und Avaren an der mittleren Donau kulminierte um 624 in einem erfolgreichen Aufstand, in dem der frk. Kaufmann →Samo eine entscheidende Rolle spielte. Samo war ebenso imstande, dem frk. Kg.→Dagobert Widerstand zu leisten. Nach dem Zerfall des Avarenreiches um 800 besiedelten W. →Pannonien. Um 900 wurden sie im ganzen Donaubecken in den Staat der →Ungarn eingegliedert, meist ohne ihre ethn. Identität zu verlieren. Im W wurden die W. von Karl d. Gr. und seinen Nachfolgern teils als Gegner (v. a. Wilzen), teils als Verbündete (v. a. Abodriten) betrachtet. In den Jahren 855–873 gelang es den großmähr. Fs.en im Konflikt mit dem ostfrk. Kg. →Ludwig d. Dt., ihre Selbständigkeit zu festigen. Im 10. Jh. besiegten Heinrich I. und →Otto I. die elbslav. Stämme und gliederten sie den Marken (→Mark, II) ein, ohne aber Abodriten und Lutizen dauerhaft zu unterwerfen (→Slavenaufstand v. 983). 950 wurde auch Böhmen tributpflichtig. Im Verlauf von →Ostsiedlung und →Landesausbau (V) wurde das Land zw. Elbe und Oder allmähl. germanisiert. Seit dem späten 8. Jh. waren die W. an der Ostseeküste auch mit Skandinaviern in Berührung gekommen, so daß hier eine spezif. Kontaktzone entstand, wo die Dänen im 12. Jh. nach langwierigen Kämpfen eine vorübergehende Oberherrschaft über die slav. Fsm.er (z. B. →Rügen) errichteten. Bis zum 13. Jh. blieb auch die Grenze zu den balt. →Prußen und →Jadwingern bestehen (→Preußen). Während der 10.–12. Jh. entwickelte sich zw. Weichsel und Bug/San eine poln.-altruss. Kontaktzone, die sich als dauerhafte Scheide zw. dem lat. und byz./orth. Einflußbereich erweisen sollte.

III. Wirtschaft und Gesellschaft: Die Wirtschaftsgrundlage der W. bildeten Ackerbau und Viehzucht, durch Fischfang, Jagd, Zeidel- und Sammeltätigkeit ergänzt. Es wurde v. a. Roggen, Hirse und Weizen angebaut. Nach dem Zeugnis von →Ibrāhīm ibn Ya'qūb (10. Jh.), der von zweimaliger Aussaat im Jahr spricht, ist →Zweifelderwirtschaft zu vermuten. Beim Ackern wurde gewöhnl. der Hakenpflug (→Ackergeräte) verwendet. Viehzucht deckte mehr als 90% des Fleischbedarfs, nur in Ausnahmen belegen archäol. Funde ein Überwiegen von Wildtieren (ca. 75% im Spree-Havel-Gebiet). Es wurden vorwiegend Rinder gezüchtet, seit dem 9.–10. Jh. überwogen jedoch in vielen Gegenden Schweine; an dritter Stelle folgten Schafe und Ziegen.

Seit Beginn des MA entwickelten sich handwerkl. Eisen- und Buntmetallverarbeitung sowie Töpferei, späte-

stens im 9.-10. Jh. wurden Geweih-, Leder- und Holzverarbeitung (Zimmermannsarbeit, Schiffbau, Stellmacherei) und andere spezialisierte Gewerbe (stellenweise Glasherstellung, an der Ostsee Bernsteinverarbeitung) aufgenommen. Weitgehende Folgen hatte seit dem 8. Jh. die Entwicklung des →Fernhandels, der u. a. den Zustrom fremder →Münzen förderte, zuerst von arab., seit der 2. Hälfte des 10. Jh. von europ. Prägungen. Zu den Exportgütern zählten u. a. →Sklaven, →Getreide, →Pferde und →Pelze. Während des 9. Jh. entstanden an der Ostseeküste und im mittleren Donauraum erste Frühstädte (→Stadt, I.I,1), später auch in anderen Gebieten. Während des 11.-12. Jh. entwickelte sich der Nahmarkt.

Die soziale Struktur der W. hatte zu Beginn des MA Merkmale einer Stammesgesellschaft. Die grundlegende gesellschaftl. Einheit bildete die Kleinfamilie, was u. a. im Hausbau erkennbar ist (Wohnhäuser meist von 16-20 m² Fläche). Im Laufe des 8.-9. Jh. entstanden lokale Gemeinschaften mit den →Burgen als zentralen Orten (→Civitas, III. 1). Sie vereinigten sich zu den Kleinstämmen, die auch über einen befestigten Vorort verfügten. Informationen über die polit. Organisation der Stämme liegen v. a. zu den Elbslaven vor. Demnach wurden sie von Fs.en regiert (z. B. →Derwan bei den Sorben um 630; →Dragowit bei den Wilzen 789; Dražko bei den Abodriten um 800), doch entschieden Volksversammlungen über wichtige öffentl. Fragen. Im 9. und 10. Jh. entstanden jedoch staatl. Gebilde: an der mittleren Donau das Großmähr. Reich (→Mähren, I, 1), an der Oberelbe das Herrschaftsgebiet der →Přemysliden sowie an Oder und Weichsel der Staat der →Piasten. Dagegen bildeten sich staatl. Strukturen bei den Elb- und Ostseeslaven erst während des 11.-12. Jh. heraus (Abodriten, Stodoranen, Pomoranen). Die Macht der Fs.en stützte sich auf →Gefolgschaft (→Druzina, II) und Stammesadel; die Grundlage ihrer Verwaltung bildeten die Burgbezirksverfassung (→Kastellanei, II) und ein System von →Abgaben und Diensten.

IV. BEGRÄBNISFORMEN UND KULT: Die vorherrschende Form des Grabritus' war anfangs Brandbestattung. Die Bestattungen des 6.-7. Jh. waren flache Urnengräber, die jedoch n. der Karpaten und Sudeten kaum bekannt waren. Später wurden auch oft Erdhügel errichtet; diese Bestattungen sind arm an Inventar. Infolge der christl. Einflüsse gingen die W. allmähl. zur Erdbestattung (Inhumation) mit reicher Ausstattung über. Diese Sitte breitete sich zuerst im 9. Jh. im großmähr. Kulturbereich, dann im 10. Jh. in Böhmen und Polen sowie bei der slav. Bevölkerung der ö. Marken und in Ungarn aus. Bei den Ostseeslaven gehen die Anfänge der Inhumation im 9. Jh. auf Kontakte mit Skandinaviern zurück, aber erst die Christianisierung im 12. Jh. entschied über ihren Erfolg.

Über die heidn. Glaubensvorstellungen (→Polytheist. Religionen, III, 4) zu Beginn des MA ist wenig bekannt, erst im 11. und 12. Jh. berichten Geschichtsschreiber (→Thietmar v. Merseburg, →Adam v. Bremen u. a.) über offene Kultstätten (Haine, Quellen, Berge) und Tempel, in denen künstl. angefertigte hölzerne Götzenbilder verehrt wurden, z. B. von Svarožic in →Rethra, Svantevit in →Arkona, Triglav in →Stettin. Die Bildsäule in Arkona war nach →Saxo Grammaticus durch Vierköpfigkeit, diejenige in Stettin nach dem Biographen →Ottos v. Bamberg durch Dreiköpfigkeit gekennzeichnet. Die Deutung der damit verbundenen Vorstellungen ist unsicher; vielleicht repräsentierte Svarožic die ursprgl. von allen Slaven verehrte höchste Gottheit; doch traten im 11.-12. Jh. bei den Ostseeslaven lokale Kulte hervor.

Die Christianisierung (→Mission, B. II), die in Mähren im 9. Jh. begann und im Gefolge des →Wendenkreuzzuges im Verlauf des 12. Jh. im Ostseeraum ihren Abschluß fand, bewirkte die allmähl. Aneigung der lat. Kultur (Schriftwesen, Ausbildung, Alltagsleben, Begräbnissitten, Architektur, Monumente usw.) durch die W. Das Christentum und die mit ihm verbundene Einführung landeskirchl. Organisationen waren zugleich wichtige Faktoren für die Entstehung der Staaten und die Herrschaft der Přemysliden und Piasten in Böhmen und Polen, wo sich schon im MA westslav. Nationen ausbildeten.

L. Leciejewicz

Lit.: SłowStarSłow I-VIII, 1961-91 – G. LABUDA, Fragmenty dziejów Słowiańszczyzny Zachodniej 1-3, 1960-75 – H. ŁOWMIAŃSKI, Początki Polski I-VI, 1963-85 – J. NALEPA, Słowiańszczyzna Północno-Zachodnia, 1968 – F. GRAUS, Die Nationenbildung der W. im MA, 1980 – J. HERRMANN, Zw. Hradschin und Vineta, 1981³ – W. H. FRITZE, Frühzeit zw. Ostsee und Donau, 1982 – Gli Slavi occidentali e meridionali nell'Alto Medioevo (Sett. cent. it., 1983) – HERRMANN, Slaven, 1985² – L. LECIEJEWICZ, Słowianie Zachodni, 1989 – →Böhmen, →Elb- und Ostseeslaven, →Polen, →Slaven.

Westwerk, architekton. und liturg. selbständiger, turmartiger Westabschluß an einigen bedeutenden Bf.s- und Kl.kirchen im karol.-otton. Herrschaftsgebiet. Der seit W. EFFMANN anhand des liturg. Gebrauchs des schriftl. und durch Abbildungen überlieferten W.s von St-Riquier/Centula (790-799) und den Formen des erhaltenen W.s von Corvey (873-885) eindeutig definierte Begriff darf nicht auf allgemeinere Formen übertragen werden. Das W. besteht aus einem quadrat. Mittelraum in Breite des östl. anschließenden Mittelschiffs, über vier Pfeilern oder Säulen kreuzgratgewölbt (sog. Krypta), von seitl. schmaleren tonnengewölbten Räumen auf drei Seiten umgeben, in den westl. Ecken quadrat. Treppentürme, dazwischen eine Eingangshalle. Im Obergeschoß umgeben den kubischen, flachgedeckten Mittelraum auf drei Seiten in drei Arkaden geöffnete Anräume mit Emporen darüber, im O geöffnet zum Mittelschiff oder in Corvey mit Dreierarkaden vergittert. Auf der Westseite befindet sich in der risalitartig vortretenden Westnische eine Emporenöffnung, in Corvey mit podestartigem hölzernem Einbau, als Ort eines Kg.sthrones ohne Beleg interpretiert.

Das Erdgeschoß dient als Eingangsraum, für Bestattungen, hier sammeln sich Prozessionen, auch wird hier das Sendgericht abgehalten. Das Obergeschoß wird als Gemeindekirche, Nonnenempore oder für Taufen genutzt; auf der Westempore kann ein weltl. Herr, bes. der Ks., Platz nehmen, um am Gottesdienst teilzunehmen; in den Emporen können Knabenchöre aufgestellt sein; die Nebenaltäre sind häufig den Engeln geweiht. Diese verschiedenen Funktionen wurden in späterer Zeit für einzelne W.e nachgewiesen; warum ein W. an Bf.s- und Kl.kirchen angefügt wurde, bleibt unklar.

Das älteste, durch Ausgrabungen nachgewiesene W. befindet sich im Reichskl. Lorsch (767-774). Durch Schrift- und Bildquellen ist das W. von St-Riquier/Centula überliefert, das →Angilbert, Schwiegersohn Karls d. Gr., 790-799 erbaut hat. Schriftquellen bezeugen für die Kathedrale v. Reims (816-862) und Le Mans (833-835) ein W.; für den Dom zu Halberstadt (859 geweiht), den Dom zu Hildesheim (852-872) und die Kl.kirche St. Pantaleon in Köln (Bau I, 965-980) sind Fundamente von W. nachgewiesen; Corvey (873-885) ist erhalten einschließl. reicher Innenraumgestaltung durch Malerei und figürl. Stuckreliefs. Im 10. Jh. treten auch W.e ohne Untergeschoß auf: Dom in Minden (947-952), Werden (um 920-943), Gernrode (ab 960) und als spätestes St. Pantaleon in Köln (Bau I,

984 oder 991 – um 1000), St. Patrokli in Soest (um 1000), Münstereifel (1. Hälfte 11. Jh.). Im 11. Jh. lebt das W. in reduzierter Form als Dreiturmgruppe fort. G. Binding

Lit.: W. Effmann, Centula St. Riquier, 1912 – A. Fuchs, Die karol. W.e und andere Fragen der karol. Baukunst, 1929 – W. Rave, Sint Servaas zu Maastricht und die Westwerkfrage, Westfalen 22, 1937, 49–75 – A. Fuchs, Entstehung und Zweckbestimmung der W.e, WZ 100, 1950, 227–278 – D. Grossmann, Zum Stand der W.forschung, Wallraf-Richartz-Jb. 19, 1957, 253–264 – E. Lehmann, Zur Deutung des karol. W.s, Forschungen und Fortschritte 37, 1963, 144–147 – F. Möbius, W.studien, 1968 [Lit.] – D. Parsons, The Pre-Romanesque Church of St-Riquier, J. of the Brit. Archaeolog. Association 130, 1977, 21–51 – F. Möbius, Buticum in Centula, AAL 71, 1, 1985 – G. Binding, Architekton. Formenlehre, 1987[2], 49 – Lex. der Kunst, VII, 1994, 799f. [W. Jacobsen; Lit.] – H. Claussen, Vorzeichnungen und Fragmente karol. Stuckfiguren. Stuck des frühen und hohen MA, hg. M. Exner, 1996, 61–71.

Wette (ahd. *wet[t]i*, mhd. *wet[t]e*, got. *wadi*, aisl. *ved*, ae. *wed*; lat. *vas, wadium*; frz. *wage, gage*) kommt in den ma. Q.n in verschiedenen Bedeutungen vor, etwa im Sinne von →Pfand, Einsatz, Strafgeld, Wettvertrag. Als (mögl.?) strukturelle Gemeinsamkeit läßt sich in allen Anwendungsfällen der Einsatz eines 'Wettschatzes' feststellen für den Fall, daß sich eine Erklärung des Schuldners als unrichtig erweist. Das eingesetzte Gut (meist Sachwerte, u. U. auch Leben, Freiheit, körperl. Integrität) unterliegt dann ohne weiteres (Rechtsverfahren) dem Zugriff des Erklärungsempfängers. Es bedarf im Streitfalle also keiner 'Rechtsfindung' mehr, sondern lediglich. der Anwendung und Vollziehung der im vorhinein vereinbarten (= 'gewillkürten') Norm: Die selbstgesetzte Sanktion tritt an die Stelle der vom Recht vorgesehenen Haftung (etwa →Fehde). – Im einzelnen gilt folgendes (vieles strittig und unklar):

[1] Bes. in nord- und westgerm. Rechten bezeichnet W. das Faustpfand, das der Schuldner dem Gläubiger in die leibl. →Gewere übergibt, versetzt, 'verwettet'. Das Geschäft erschien ursprgl. weniger als Schuldsicherung denn als (vorläufige Ersatz-)Befriedigung des Gläubigers, der eine Art treuhänder., nur durch das (meist befristete) Einlösungsrecht des Schuldners beschränktes →Eigentum an dem 'Wettschatz' erhielt. Versäumte der Schuldner die Auslösung des Pfandes, so fiel dieses in das freie Eigentum des Gläubigers. Andererseits konnte dieser sich nur an das Pfand halten; ging es (durch Zufall) unter, so hatte er das Nachsehen: Eine Klage oder Vollstreckung in das sonstige Vermögen des Schuldners stand ihm nicht zu (Sachhaftung). Spätestens seit dem HochMA erfuhr dieses Pfandgeschäft eine Veränderung in Richtung einer zwar primären, aber nicht mehr ausschließl. Schuldsicherung bei subsidiär sich entwickelnder Vermögenshaftung. Hand in Hand damit wurde die Bezeichnung W. durch Ausdrücke wie →*satzung* oder *pfand* verdrängt.

[2] Als W. (= *wadia, wadium*) wird im FrühMA auch ein gemarktes Stäbchen (*festuca notata*) bezeichnet, durch dessen Übergabe oder Zuwurf der Schuldner dem Gläubiger symbol. die unmittelbare Zugriffsmacht auf Person und/oder Vermögen für den Fall der Nichterfüllung seines Versprechens einräumt. In der Übergabe des *wadium* lag eine bedingte Selbstunterwerfung des Schuldners/Wadianten (oder des Bürgen) und/oder seines Gutes unter eine selbstgesetzte Sanktion, hier: den Pfändungszugriff des Gläubigers im Falle des Schuldnerverzugs. Seit dem 12. Jh. scheint die Wadiation in anderen Formen vertragl. Schuldbegründung, v. a. im Treuevertrag und/oder Arrhalvertrag (→Arra), aufgegangen zu sein.

[3] Möglicherweise wurden die dem →Richter geschuldeten (Geld-)Bußen ursprgl. durch Wadiation versprochen. Daher könnte die im ostfäl.-thür. Q.nkreis verbreitete Bezeichnung W., *Gewette*, für Strafgeld herrühren.

[4] Schließlich bezeichnet W. einen Schuldvertrag, in dem sich mindestens eine Partei, häufiger jedoch alle beteiligten Parteien zur Bekräftigung von gegensätzl. Behauptungen für den Fall, daß sich ihre Behauptung als unrichtig erweist, einem Vermögensnachteil unterwerfen. Bei diesem Vertrag dürfte es sich ursprgl. um ein Bargeschäft gehandelt haben, bei dem die jeweiligen Wetteinsätze körperl. hingegeben bzw. bei einem Mittelsmann hinterlegt wurden. Es gab aber schon früh auch W.n, die ohne Bareinsatz durch Formalakt (Handschlag, Weinkauf, Beurkundung, Schriftlichkeit) zustande kamen; seit der NZ traten mehr und mehr auch formlose Wettverträge in Gebrauch. Allerdings unterlag die W. (wie das ihr verwandte Spiel) häufig moral. Mißbilligung. Sie wurde daher für ungültig erklärt oder wenigstens hinsichtl. der Überwette ihrer Verbindlichkeit beraubt. In den meisten modernen Rechtsordnungen entspringt der W. (auch der erlaubten) keine klagbare Verbindlichkeit, doch können bezahlte Wettschulden nicht zurückverlangt werden (sog. Naturalobligation). Im Sprachgebrauch schimmert bis heute bei 'W.' noch die Vorstellung des 'Einsetzens' hinter jener des 'Versprechens' durch. W. Ogris

Lit.: Grimm, DWB XIV, 665ff. – Grimm, RA I, 281f.; II, 141f., 169, 173f., 225 – HRG I, 1111–1114, 1674f.; V, 1329–1333 [Lit.] – Lexer III, 808ff. – O. Stobbe, Hb. des Dt. Privatrechts, III, 1898, 419ff. – O. v. Gierke, Schuld und Haftung im älteren dt. Recht, 1910, 259ff. – R. Hübner, Grundzüge des dt. Privatrechts, 1930[5], bes. 528ff., 595f. – H.-R. Hagemann, W. (Fschr. H. Liermann, hg. K. Obermayer–H.-R. Hagemann, 1964), 60–76 – U. Flossmann, Österr. Privatrechtsgesch., 1996[3], 293ff.

Wetterau (Wedereiba), fruchtbare, altbesiedelte Beckenlandschaft in Hessen nördl. Frankfurt, Fortsetzung der oberrhein. Tiefebene, im Westen begrenzt durch den Taunus, im Osten durch den Vogelsberg. Kernraum ist das Gebiet des namengebenden Flüßchens Wetter. Der Landschaftsname wird wegen seines altertüml. Grundworts als vorfrk. angesehen. Parallel zur Siedlungsausweitung dehnte sich die W. im 9. Jh. v. a. nach Osten bis zur Fulda und Kinzig aus. Die Gaubelege (in pago W.) seit der 2. Hälfte des 8. Jh. und die erst zum Ende des 9. Jh. überlieferte Gft. W. (in pago W. in comitatu N. comitis) charakterisieren die W. jetzt auch als polit. Organisationsraum.

Schon die Römer bezogen die W. in ihr Herrschaftsgebiet ein, auf sie folgten die Alamannen, die Ende des 5. Jh. von den Franken verdrängt wurden. Als Straßen- und Durchgangsland wurde die W. zum nördl. Vorland des frk. Kernraums im Rhein-Main-Gebiet. Die starke Position des karol. Kgtm.s gründete auf umfangreichem Kg.gut, daneben gab es in der W. reichen Grundbesitz der vom Mittelrhein nach Norden ausgreifenden Adelsfamilien und der Kirchen, v. a. der neugegr. Kl. →Fulda und →Lorsch. Das führende Adelsgeschlecht in der W. waren die im Mittelrheingebiet beheimateten Rupertiner (→Robertiner). Ihre Nachfolge in der W. traten nach 840 die im unteren Lahngebiet mächtigen →Konradiner an. Sie behaupteten vom ausgehenden 9. Jh. an bis 1036 als mächtigster Familienverband neben anderen Gft.en auch die in der W. Nach 1036 wurden die konradin. Besitzungen von den sal. Herrschern eingezogen. Nur einen Teil dieses Komplexes verlieh Heinrich III. 1043 als Gft. Malstatt an das Kl. Fulda. Es war dies die spätere Gft. Nürings bzw. W. Einen anderen Teil des Konradinergutes verwendeten Heinrich

III. und Heinrich IV. zur Ausstattung der Ministerialenfamilie v. Arnsburg-Münzenberg in der zentralen W., weitere Stücke verblieben in direkter Verfügung des Kgtm.s.

Der direkte polit. Einfluß des Kgtm.s in der W. ging unter den beiden letzten Saliern und Lothar v. Süpplingenburg zurück. In dieser Zeit kristallisierten sich am Rande der W. mehrere Adelsherrschaften heraus: im Osten die der Gf.en v. Nidda, der Herren v. →Büdingen und der v. Buchen-Hanau, im Westen die der Gf.en v. →Solms, v. Nürings, v. →Diez, ferner v. →Nassau und v. →Katzenelnbogen und später der Herren v. →Eppstein. Sie waren fortan ein fester Bestandteil des polit. Raumbildes W. und aktiv in das dortige Geschehen eingebunden. Von größerem Gewicht aber war die seit der Karolingerzeit auf mehreren Besitzkomplexen beruhende Position des Erzstifts →Mainz, insbes. seit den territorialen Erwerbungen und der konsequenten Kl.politik Ebf. →Adalberts I. (1109–37).

In der Stauferzeit erfuhr die W. eine grundlegende Umgestaltung und polit. Aufwertung durch die Territorialpolitik des Kgtm.s. Auf der Grundlage des nach wie vor vorhandenen Reichsguts, durch die Aktivierung alter Reichsrechte, die Nutzung von Reichskirchengut und Vogteirechten und der Möglichkeiten, die sich durch das Aussterben der Gf.enfamilien v. Nürings und v. Selbold-Gelnhausen boten, schufen die Staufer mit der terra imperii W. ein ihrer Herrschaft unmittelbar unterworfenes Territorium. Es sollte – ebenso wie andere Kg.slandschaften – ein Gegengewicht zu den sich konsolidierenden Landesherrschaften des hohen Adels bilden. Zu Integrationsfaktoren der Kg.slandschaft wurden die von Friedrich Barbarossa gegr. bzw. geförderten Städte →Frankfurt, →Gelnhausen (mit seiner Kg.spfalz), →Wetzlar und →Friedberg. Zugleich wurde der neue Organisationsraum W. um die Kg.städte Frankfurt und Wetzlar erweitert. Der schnelle wirtschaftl. Aufschwung der Städte (1240 wurde die Frankfurter Messe privilegiert) und ihr finanzieller Nutzen für das Kgtm. (der auch im SpätMA anhielt) werden dokumentiert durch das sog. →Reichssteuerverzeichnis v. 1241, in dem die Städte und die Juden der W. mit hohen Steueraufkommen an der Spitze stehen. Als kgl. Itinerarorte waren Frankfurt und Gelnhausen, im SpätMA nur noch Frankfurt, von hoher Bedeutung.

In der zentralen W. entstand – offenbar mit Unterstützung des Ks.s – die prächtige Burg der Reichsministerialen v. Münzenberg als Mittelpunkt ihres weitreichenden Herrschaftsbereichs. Mit →Münzenberg korrespondierte die mächtige Reichsburg Friedberg. Sie beherbergte eine starke Burgmannschaft als persönl. unfreien kgl. Dienstmannen. Eine weitere Gruppe der Reichsministerialität war auf die Stadt Frankfurt orientiert. Die Münzenberger und die übrigen Reichsministerialen fügten sich mit ihren Machtbereichen in das stauf. Machtgefüge in der W. ein. Dienst- und Lehngüter vom Kgtm. bildeten vornehml. die ökonom. Grundlage der ritterl. Lebensweise und des Kg.sdienstes der Reichsministerialen, von denen viele mit Bürgerfamilien der kgl. Städte verwandt und verschwägert waren.

Das Ende der Stauferherrschaft, das Aussterben der Münzenberger (1255) und das sog. →Interregnum veränderten die von den Staufern geschaffenen Verfassungs- und Sozialstrukturen, die dennoch für das ganze SpätMA wirksam blieben. Die Gf.en und Herren, der v.a. aus der Ministerialität entstandene ritterl. Niederadel, in der Friedberger Burgmannschaft und mehreren →Ganerbschaften zusammengeschlossen, sowie die polit. und wirtschaftl. erstarkten Bürgerschaften der kgl. Städte waren die Kräfte, welche die nach wie vor kg.snahe Landschaft W. bestimmten. Sie alle erblickten in der Orientierung auf das Kgtm. die Gewähr für ihre →Reichsunmittelbarkeit.

Im SpätMA konnte das Kgtm. seine Aufgaben der Friedens- und Rechtswahrung nur noch unvollkommen erfüllen. Die territorialen Kräfte waren daher zu stärkerer Mitwirkung und Mitverantwortung aufgerufen. Das gilt für die von Rudolf v. Habsburg wiedererweckte Landvogtei W., die unter Ludwig d. Bayern und Karl IV. mit Landvögten aus den Familien Eppstein und →Hanau ihre höchste Effizienz erreichte, dann aber an Bedeutung verlor und 1419 erlosch. Es gilt auch für den von 1285 bis 1364 mehrfach erneuerten W.er →Städtebund, ein Instrument städt. Selbstbehauptung und allg. Friedenswahrung. Territoriale Landfriedenseinungen für das Mittelrheingebiet und die W. wurden seit 1265 für jeweils begrenzte Dauer geschlossen. Mit kgl. Legitimation wurden sie getragen durch das Zusammenwirken von Territorialherren und kgl. Städten, teilweise unter Mitwirkung des Ebf.s v. Mainz. Auffällig sind dabei das finanzielle und polit. Engagement der Städte und damit auch ihr großer Einfluß auf Friedenswahrung und -gericht. Nach dem Ende Karls IV. zog sich das Kgtm. weitgehend aus der W. zurück. Daraus folgte eine Vertiefung der Gegensätze zw. Städten, Ritterschaft und Fs.en und ein Bedeutungsverlust der polit. Landschaft W. Ihre Glieder wurden ztw. in größere stånd. Zusammenschlüsse eingefügt. Im 15. Jh. schlossen die gegenüber den Fs.en zurückgebliebenen kleineren polit. Kräfte mit dem Schwerpunkt in der W. (Gf.en, Herren und Ritter) sog. »Einungen mindermächtiger Stände« (1422, 1437, 1466, 1474, 1493/96) zu interner Streitschlichtung, Friedenswahrung und Behauptung ihrer Reichsunmittelbarkeit. Sie leiteten über zu den frühnz. Zusammenschlüssen des W.er Gf.envereins und der W.er Reichsritterschaft, die einen festen Platz im Rahmen der Reichsverfassung fanden.   F. Schwind

Lit.: HRG V, 1333–1337 [B. Schneidmüller] – G. Landau, Beschreibung des Gaues Wettereiba, 1855 – W.-A. Kropat, Reich, Adel und Kirche in der W. von der Karolinger- bis zur Stauferzeit, 1965 – A. Kulenkampff, Einungen mindermächtiger Stände zur Handhabung Friedens und Rechtens 1422–1566, 1967 – F. Schwind, Die Landvogtei in der W., 1972 – P. Moraw, Hessen und das dt. Kgtm. im späten MA, HJL 26, 1976, 43–95 – Th. Schilp, Die Reichsburg Friedberg im MA, 1982 – G. Schmidt, Der W.er Gf.enverein, 1989 – J. F. Battenberg, Einungen mindermächtiger Stände in der hess. W., ZHF Beih. 14, 1992, 103–125.

Wetterbeobachtung. Bereits in der Antike hatte sich die W. in systemat. und theoret. Schriften niedergeschlagen, die während des MA tradiert, konsultiert und erweitert bzw. verbessert wurden. Dies geschah sowohl in den Erfahrungsbereichen von →Landwirtschaft, Bienenhaltung (→Bienen) und →Seefahrt (→Navigation) als auch im naturkundl.-wiss. Rahmen der →Physik bzw. physischen→Geographie. Die Begriffe →'Klima' und 'Meteorologia' waren noch nicht oder nur z.T. auf das Wettergeschehen bezogen. Klimata sind – meist sieben – Streifen gleicher geogr. Breite nördl. des Äquators, die durch die Anzahl der Stunden des längsten Tages definiert sind. Sie waren seit dem Hellenismus eine Art Sammelbecken für Orte und andere geogr. Gegebenheiten, ehe man deren Koordinaten genauer bestimmen konnte. Seit der Spätantike und verstärkt im muslim. Bereich wurden den Zonen auch typ. Wettermerkmale zugeordnet. →Macrobius hatte die Erde nach ihrer Bewohnbarkeit in fünf Zonen geteilt: die beiden Polarzonen, die heiße Äquatorzone, die man sich als »terra perusta« und daher ebenfalls unbewohnbar vorstellte, und dazwischen zwei bewohnbare,

gemäßigte Zonen. Beide Zoneneinteilungen wurden auch in kleinformatigen schemat. Zeichnungen dargestellt. →Albertus Magnus (»de natura loci«) verfeinerte das System, indem er eine Abhängigkeit nicht nur von der geogr. Breite, sondern auch von der Länge, der Höhenlage und anderen Einflußfaktoren, z. B. der Vegetation, betonte. Seiner Meinung nach waren die so determinierten Orte den Menschen unterschiedl. zuträglich.

In der Schrift »Meteorologia« (ins Lat. übersetzt von →Gerhard v. Cremona) werden von →Aristoteles neben astronom. und rein terrestrischen Phänomenen auch →Winde, Niederschläge, →Blitz, Donner und Regenbogen, also das meteorolog. Geschehen im modernen Wortsinn, behandelt. Der Regenbogen wurde schon bald als Problem der Optik (→Optik, V) erkannt. Albertus Magnus folgt in seiner wohl programmat. gleichlautenden Schrift der sachl. Einteilung von Aristoteles, setzt sich aber inhaltl. mit diesem und anderen antiken Autoren auseinander, um z. T. zu abweichenden Ergebnissen auf Grund eigener Beobachtungen zu kommen.

→Plinius hat das Wetter nicht selbständig abgehandelt, sondern innerhalb seiner »Hist. naturalis« im Buch II, wo es, wie bei Aristoteles, in der 'sphaera aeris' seinen Platz hat. Auch bei ihm werden zunächst die einzelnen Phänomene und ihr Entstehen erklärt, allerdings steht Plinius erkennbar in einer anderen wiss. Tradition. Das wird bes. deutl., als er anschließend auf den Zyklus der Jahreszeiten mit regelmäßig wiederkehrendem Wettergeschehen eingeht, von dem sich die nicht vorhersehbaren Ereignisse abheben.

Plinius war direkt und indirekt – durch →Isidor v. Sevilla – das Vorbild für wetterbezogene Kapitel in naturkundl. Abhandlungen des gesamten MA. Der vom Mittelmeergebiet abweichende Erfahrungshorizont in Mittel- und Nordeuropa scheint in diesen Schriften kaum auf. Bei der Wetterprognose wurden v. a. Beobachtungen der Farben von Gestirnen (→Sterne) und der Winde zugrundegelegt. Die Seefahrt ruhte in den Wintermonaten meist völlig, wenn nicht sogar ausdrückl. Segelverbote erlassen wurden. Für das Mittelmeer und Schwarze Meer enthielten Segelanweisungen, die auf antiker Tradition fußten, die nötigen Hinweise zur Wetterbeurteilung. Für Nord- und Westeuropa muß länger mit rein mündl. Weitergabe der Erfahrungen gerechnet werden; erste Andeutungen findet man bei →Beda Venerabilis und →Adam v. Bremen, ehe im 13. Jh. auch skand. Überlieferung einsetzt.

Wetterregeln für die Landwirtschaft konnte man im MA den verbreiteten antiken Schriften (→Columella, →Cato, →Vergil, →Plinius, Aratos mit seinen Übersetzern →Cicero und Germanicus) unmittelbar entnehmen, aber sie wurden auch von ma. Autoren rezipiert. In Form von Sprüchen, die sich auf sog. Lostage, d. h. eine längere Periode bestimmende Tage, bezogen, machten sich diese Regeln bald selbständig. Im 15. Jh. wurden sie in →Kalender (s. a. →Almanach) integriert, die zu den ersten Druckerzeugnissen gehörten (Prognostica, Practica; →Prognose, →Tagewählerei). Wettervorhersage wurde auch mit astrolog. Praktiken verbunden (s. a. →Bauernpraktik, →Donnerbücher). Beschreibungen von erlebtem Wetter sind eher selten. In Chroniken wurden ungewöhnl. Ereignisse und Wetterkatastrophen (oft in bezug auf Mißernten) verzeichnet, selten durch eingehende Beobachtung begleitet. – Zu religiösen Bräuchen bei Unwetter→Wetterkreuz, -läuten. U. Lindgren

Lit.: RE, Suppl. IX [R. BÖKER] – O. GILBERT, Die meteorolog. Theorien des gr. Altertums, 1907 [Neudr. 1967] – E. HONIGMANN, Die sieben Klimata und die Poleis episemoi. Eine Unters. zur Gesch. der Geographie und Astrologie im Altertum und MA, 1929 – K. SCHNEIDER-CARIUS, Wetterkunde–Wetterforsch. Gesch. ihrer Probleme und Erkenntnisse in Dokumenten aus drei Jt., 1955 – P. DUHEM, Le Système du monde, VII, 1956, 158–302 – H. DAIBER, Ein Kompendium der aristotel. Meteorologie in der Fassung des Hunain ibn Ishaq, 1975 – U. SCHNALL, Navigation der Wikinger: naut. Probleme der Wikingerzeit im Spiegel der schriftl. Q. (Schriftenr. des Dt. Schiffahrtsmus. 6), 1975 – P. HOSSFELD, Der Gebrauch der aristotel. Übers. in den »Meteora« des Albertus Magnus, MSt 42, 1980, 395–406 – DERS., Senecas »Naturales quaestiones« als Q. der »Meteora« des Albertus Magnus, APraed 50, 1980, 63–84 – E. LE ROY LADURIE, Hist. du climat depuis l'an mil, 2 Bde, 1983² – H.-G. KÖRBER, Vom Wetteraberglauben zur Wetterforsch., 1987 – R. SIMEK, An. Kosmographie. Stud. und Q. zu Weltbild und Weltbeschreibung in Norwegen und Island vom 12. bis zum 14. Jh., 1990 – U. LINDGREN, Albertus Magnus und die Geographie als scientia naturalis, AIHS 44, 1994, 3–21.

Wetterkreuz, -läuten, -kerzen, -segen, -prozessionen, -heilige, -hahn. Die Ohnmacht gegenüber Unwettern hat Menschen aller Zeiten zu übernatürl. Hilfsmitteln greifen lassen. Im christl. MA suchte man sich durch Segnungen und Sakramentalien zu schützen. Das Aufstellen von W.en in der Flur ist bereits bei Caesarius v. Arles (6. Jh.) bezeugt. Erst in nachma. Zeit handelt es sich dabei um Kopien von Partikelkreuzen, so z. B. dem Caravaca-Kreuz, oft mit abgekürzten Antonius- (→A. der Eremit), →Benediktus- oder Zachariassegen, die in einer Reihe ma. und nz. Wettersegen enthalten sind. Der Antoniussegen (»Ecce Crucem Domini Fugite Partes Adversae. Vincit Leo De Tribu Juda Radix David Alleluja«) taucht erstmals in einer Tegernseer Hs. des 11. Jh. als Hagelsegen auf. An Kreuzauffindung (3. Mai) ließ man spätestens seit dem 12. Jh. große Kreuze, auch Hagelkreuze genannt, zum Schutz vor Wetterschaden weihen bzw. steckte Kreuze aus geweihten Palmzweigen oder aus den am Karsamstag geweihten Holzscheiten in die Erde. Das Verbreitungsgebiet des Brauches, das auch heute protestant. Gebiete einschließt (von der Weichsel bis an die obere Donau, von Belgien bis nach Südtirol), deutet darauf hin, daß er schon vor der Reformation ausgeübt worden ist. Dagegen dürfte der bayer. Brauch, Scheyrerkreuzlein bei Unwetter in die Luft zu werfen oder sie im Acker zu vergraben, erst mit der gegenreformator. Kreuzverehrung aufgekommen sein.

Spätma. Inschriften auf getauften →Glocken belegen den bis ins 18. Jh. geübten Brauch des *Wetterläutens*, bes. häufig: »fulgura frango, tonitura repello«; auf der großen Glocke des Schaffhauser Münsters von 1486: »Vivos voco, mortuos plango, fulgura frango«; auf der Marienglocke zu Frelenberg von 1512: »+ Maria heischen ich, dzo deme Dienst Gottes luden ich; den Doner verdriuve ich…«. Im Schriftbild von sieben, um 1500 gegossenen Glocken Anhalts findet sich ein Gesicht mit großen Augen und herausgestreckter Zunge, die verbildlichte Wirkungsabsicht des Läutens, das christl. Ursprungs ist, wenn es auch religionsphänomenologisch mit Dämonenabwehr durch Lärm parallelisiert werden kann.

Für den Hausgebrauch waren Handglocken zu Abwehrzwecken im MA üblich. Die hl. Salaberga v. Laon († 655) soll von einer Hirschkuh eine solche Glocke für ihre an Gewitterangst leidende Tochter erhalten haben. *Wetterkerzen*, in der NZ an Wallfahrtsorten geweiht, tauchen in den Rechnungen der Ingolstädter Liebfrauenkirche von 1497/98 auf. 1512 wird dreimal ein Krämer genannt mit Wachs »zu den schauerkirtzen«.

Wettersegen (teils auch eucharist. *Wetterprozessionen*) beim Nahen und während des Gewitters sind seit dem SpätMA bezeugt. In der kath. Kirche wurde er bis zum Vaticanum II. von Kreuzauffindung (3. Mai) bis Kreuzerhöhung (14. Sept.) anstelle des Schlußsegens nach der

Messe gespendet. Im 15. Jh. kamen geschriebene und gedruckte Wettersegen in Amulettform für Haus und Stall auf mit Anrufungen, Gebetsteilen aus der Liturgie und Andachtskultur, wie die letzten Worte Christi am Kreuz oder der Anfang des Johannesevangeliums.

Zu den *Wetterheiligen* (auf Glocken und Kreuzen genannt) zählen der Erzengel →Michael, →Stephanus, →Barbara, →Afra und Ulrich (im 15. Jh. für 41 Augsburger Pfarreien als Wetterpatron nachweisbar). Die hl. →Drei Könige hat der brem. Glockengießer Gerd Klinge öfter als »Wetterherren« angebracht (1439 Glocke von St. Ansgarii; 1442 Glocke von Burg bei Bremen). Auch →Scholastica wurde als Wetterhl. e angerufen, weil auf ihr Gebet hin ein Unwetter ihren Bruder →Benedikt zwang, kurz vor ihrem Tod über Nacht bei ihr zu bleiben.

Der *Wetterhahn* sitzt als Symbol der Wachsamkeit seit dem MA auf vielen Kirchtürmen, dreht sich dem Wind entgegen und zeigt daraus abzuleitende Wetterlagen an. Im chr. Bereich ist der W.hahn erst seit dem frühen 9. Jh. bezeugt: Bf. Rambert v. Brescia ließ einen Hahn aus Bronze gießen und auf seinem Turm anbringen; Guillelmus →Duranti d. Ä. (Rationale divinorum officiorum I 1) nennt als erster einen Turmhahn als Symbol für den Prediger. Nach anderen Q. steht der Hahn für den Pfarrer, der über seine Gemeinde wacht. Bezüge zur Auferstehungs- und Christussymbolik tauchen seit dem 12. Jh. auf, als durch Kreuzzüge und Pilgerberichte aus dem Hl. Land frühchristl. Apokryphen und Wunderberichte vermehrt ins Abendland gelangten.   H. Alzheimer-Haller

Q. und Lit.: LThK², X – A. Franz, Die kirchl. Benediktionen im MA, II, 1909, 37–123 – P. Sartori, Das Buch von dt. Glocken, 1932, 78–87 – A. Mitterwieser, Wetterläuten, Wetterschießen und Wetterkerzen im südl. Bayern, Volk und Volkstum, 2, 1937, 85–92 – S. Caesarii opera omnia, hg. G. Morin, I–II, 1937/42 – L. Kretzenbacher, Der Hahn auf dem Kirchturm. Sinnzeichen, Bibelexegese und Legende, Rhein. Jb. f. Volkskunde 9, 1958, 194–206 – L. Kriss-Rettenbeck, Bilder und Zeichen religiösen Volksglaubens, 1963 – H. Dannheimer-L. Kriss-Rettenbeck, Die Eininger Eisenkreuze, ihre Deutung und Datierung, Bayer. Vorgeschichtsbll. 29, 1964, 192–219 – R. Haller, Wetterglaube und Wetterbrauch im mittleren Bayer. Wald, Der Bayerwald 66, 1974, 153–159 – L. Hansmann–L. Kriss-Rettenbeck, Amulett und Talisman, 1977 – D. Harmening, Superstitio, 1979, 246–249 – H. O. Münsterer, Amulettkreuze und Kreuzamulette. Studien zur religiösen Volkskunde 1983 – H. Gansohr–A. Döring, Kirchturmhähne, Führer und Schrr. des Rhein. Freilichtmus. Kommern 27, 1984 – H. D. Kittsteiner, Das Gewissen im Gewitter, JbV 10, 1987, 7–26 – Ders., Die Entstehung des modernen Gewissens, 1991.

Wetti, Hagiograph und Schulmeister, Mönch im Kl. →Reichenau, † 4. Nov. 824. W., ein naher Verwandter des aus vornehmem Geschlecht stammenden Abtes Waldo (786–806), von →Heito unterrichtet, übernahm die Leitung der Kl.schule, beeinflußte als Lehrer →Walahfrid. 816/824 verfaßte er die älteste vollständig erhaltene Vita des hl. →Gallus mit einem sehr unbeholfenen Widmungsgedicht (34 Hexameter) an Abt Gozbert v. St. Gallen. Seine Bekanntheit bei der Nachwelt verdankt W. einer Vision, die er kurz vor seinem Tod erlebte. Auf der Grundlage von Aufzeichnungen, die Mitbrüder nach W.s Diktat angefertigt hatten, schrieb Heito eine »Visio Wettini«, die Walahfrid später in Verse setzte. Der zunächst von Dämonen bedrängte Visionär wird von einem Engel ins Jenseits geführt. In der Hölle sind insbes. viele Kleriker zu sehen. Im Fegfeuer befinden sich Mönche, Abt Waldo sowie - zu W.s Erstaunen - Karl d. Gr. Unter den Seligen wird Gf. →Gerold I., der das Kl. Reichenau großzügig beschenkt hatte, hervorgehoben. Die Glaubwürdigkeit der Vision war anscheinend umstritten: Walahfrid erwähnt feindselige Skeptiker, und laut Heitos Bericht büßt ein Bf. im Jenseits für seine Mißachtung einer Traumvision.   J. Prelog

Ed.: MGH SRM 4, 1902, 256–280 [B. Krusch] – *Lit.*: Wattenbach-Levison–Löwe VI, 747, 778f. [Lit.] – Brunhölzl I, 348f. – H. Knittel, Walahfrid Strabo: Visio W.ni, 1986 – F. Neiske, Vision und Totengedenken, FMASt 20, 1986, 137–185 – W. Berschin, Biographie und Epochenstil im lat. MA, III, 1991, 273f., 286–303 – C. Carozzi, Le voyage de l'âme dans l'Au-delà d'après la litt. lat. (V^e–XIIIe s.), 1994, 324–346.

Wettiner, nach der Burg Wettin bei Halle (Saale) benanntes Geschlecht (→Meißen, Mgft.; →Sachsen, IV). Seine eindeutig überlieferte Gesch. beginnt mit Gf. Dietrich (Dedi), der als ein 'egregiae libertatis vir' 982 in Heer Ks. →Ottos II. in Kalabrien den Tod fand. Von ihm führt eine in log. Beweisführung erschlossene Abstammung bis zu einem 822 gen. Gf.en Rikbert, dessen Sohn Rikdag im Ostfalengau und im Liesgau n. von Göttingen begütert war (Eckhardt, 1963). Ein anderer Erklärungsversuch bindet die W. an den Sohn des Hzg.s →Burchard I. v. →Schwaben an, →Burchard II., der 926 nach Sachsen gebracht worden sei, wo er in eine im Liesgau ansässige Familie eingeheiratet habe und somit zum Vater des 982 gefallenen Dietrich-Dedi geworden sei (Wenskus, 1976). Diese Vermutung hat die Feststellung des →Sachsenspiegels für sich, die W. seien Schwaben gewesen. Gänzl. abzulehnen ist die im späteren 19. Jh. aufgestellte Ahnenlinie, die einen 807 und 814 gen. 'comes stabuli' Burkhard und dessen vier gleichnamige Nachfolger als Vorfahren des 982 gefallenen Dietrich behauptet, wobei sie den frei erfundenen Geschlechtsnamen der angebl. Bucconen als Bindeglied einbaut. Nach alledem kann die Herkunft der W. aus dem Liesgau und Harzgau als sicher gelten, von wo aus sie im Zuge der dt. Ostbewegung (→Ostsiedlung) die →Saale überschritten. Bis zur Jahrtausendwende verschob sich ihr Herrschaftsraum vom Harzgau zum Hosgau am Westufer der Saale unterhalb von →Halle, wo die Burg Wettin zum neuen Stammsitz ausgebaut wurde. Gleichzeitig wurde nach O ausgreifend Eilenburg an der Mulde als Allodialbesitz erworben, um 1030 kam die Belehnung mit der Ostmark, der späteren Niederlausitz (→Lausitz), hinzu. Um die Mitte des 11. Jh. wurde die Herrschaft saaleaufwärts erweitert, wo Camburg gewonnen wurde.

Noch vor 1100 begannen sich die W. nach ihrem Stammsitz zu nennen. Sie hatten damals im s. slav. Markengebiet an der Ostgrenze des Reiches eine vorherrschende Stellung erlangt, woraus sich die Belehnung des wettin. Gf.en →Heinrich I. v. Eilenburg (58. H.) mit der Mgft. →Meißen 1089 durch Ks. Heinrich IV. ergab. Der Vetter →Konrad (15. K.) festigte seit 1123 die Macht seines Hauses u.a. dadurch, daß er das Erbe des Hauses →Groitzsch an sich brachte. Er gilt als der eigtl. Begründer der wettin. Mgft. Meißen. Die von ihm veranlaßte Länderteilung unter seine fünf Söhne führte zwar zur dauerhaften Entfremdung alten wettin. Besitzes, doch gelangten zwei Erbteile durch Heimfall wieder an die Hauptlinie, die unter Mgf. →Otto (1156–90) mit der bäuerl. Kolonisation, der Entstehung des Städtewesens und dem bedeutenden Freiberger Bergbau (→Freiberg) eine Blütezeit erlebte.

Als sein Sohn →Albrecht (15. A.) 1195 ohne Lehnserben starb, zog Ks. Heinrich VI. die Mark Meißen an das Reich, ohne die Rechte des Bruders →Dietrich d. Bedrängten (6. D.) zu beachten. Der rasche Tod des Ks.s machte aber den Weg frei zum erneuten Aufstieg der W. unter Dietrich, der den Ausbau der Macht mit straffer Hand vorantrieb. Sein Sohn →Heinrich d. Erlauchte (60. H.) scheiterte zwar mit der Absicht, aus der Niederlausitz heraus ö. an →Berlin

vorbei in den noch herrschaftsfreien Raum vorzustoßen, war aber mit dem Bemühen erfolgreich, sich nach rückwärts in das alte westsaal. Reichsgebiet zu wenden, wo er 1247/64 die Lgft. →Thüringen erbte und 1254 das Reichsterritorium→Pleißenland pfandweise an sein Haus brachte. Nach seinem Tode 1288 verspielte sein mißratener Sohn →Albrecht d. Entartete (20. A.) fast die gesamte Aufbauleistung seiner Vorfahren, zumal die Reichsgewalt unter den Kg.en Rudolf und Adolf die wettin. Macht mit dem erneuten Versuch bedrängte, in Mitteldt. ein Reichsterritorium aufzubauen.

Erst seit der für die W. siegreichen Schlacht v. →Lucka 1307 konnte Mgf. →Friedrich I. d. Freidige (15. F.) zielstrebig und letztl. erfolgreich die wettin. Stellung in Meißen und Thüringen festigen und ausbauen. Er und seine drei gleichnamigen Nachfolger haben bis zum Beginn des 15. Jh. jede sich bietende Gelegenheit genutzt, um durch Heiratspolitik, Kauf oder Waffengewalt ihren Territorialbesitz zu vergrößern, sie haben sich dabei aber stets auf den mitteldt. Raum beschränkt. Eine geschickte Politik gegenüber der Reichsgewalt sicherte ihnen unter Ks. Ludwig d. Bayern die endgültige Erwerbung des Pleißenlandes und schirmte die Mgft. Meißen gegen die gefährl. Nachbarschaft Ks. Karls IV. in →Böhmen ab. Zweimal stand ein W. an der Schwelle zum Kgtm.: 1269 wurde dem jungen Friedrich d. Freidigen die it. Krone angetragen, 1348 seinem Sohn →Friedrich II. (16. F.) die Nachfolge seines Schwiegervaters Ludwigs d. Bayern angeboten. In der thür. Gf.enfehde wurde die wettin. Botmäßigkeit über die kleineren reichsunmittelbaren Herrschaftsinhaber durchgesetzt, im meißn. Raum wurden reichsministerial. Herrschaften und Reichsburggft.en einverleibt. Die Verdichtung territorialfsl. Herrschaft lief in dieser Zeit in mustergültiger Weise ab, wobei mit der quantitativen Erweiterung die qualitative Steigerung von Herrschaft in Richtung auf künftige Staatlichkeit einherging. Der Ausbau der Zentralverwaltung erreichte schon in der 2. Hälfte des 14. Jh. einen hohen Stand, die →Vogteien wurden als Organe der Lokalverwaltung zu Amtsbezirken weiterentwickelt, die Geldwirtschaft erlangte mit Bede und Steuer im 14. Jh. immer größere Bedeutung, in Spannung und Partnerschaft mit den Landständen (→Stände) wuchs das wettin. Territorium bis zum Beginn des 15. Jh. zur mächtigsten polit. Kraft im mitteldt. Raum heran. Die →Chemnitzer Teilung v. 1382 wirkte sich infolge des Aussterbens der zwei Nebenlinien nicht dauerhaft aus.

Als 1422 die sachsen-wittenberg. Linie der →Askanier ausstarb, übertrug Ks. Siegmund 1423 dem meißn. Mgf.en Friedrich IV. mit dem heimgefallenen Hzm. →Sachsen–Wittenberg die Kurwürde (→Kurfürsten), womit das Haus Wettin den seiner tatsächl. Macht angemessenen Rang in der Reichsverfassung erhielt. Seitdem bürgerte sich die Bezeichnung als »Kfsm. Sachsen« für den gesamten wettin. Besitz in Mitteldt. ein. Auch als Kfs.en setzten die W. ihre erfolgreiche Territorialpolitik fort, erwarben böhm. Gebiete, das →Vogtland und die Vogtei über →Quedlinburg und regelten im Vertrag v. Eger 1459 grundlegend das Verhältnis zu Böhmen. Im Wettbewerb mit den →Hohenzollern konnte 1476 ein W. auf den Magdeburger Erzstuhl (→Magdeburg, Ebm.) gebracht werden, doch folgte ihm 1513 der Hohenzoller Albrecht. Bei stets guten Beziehungen zur Kurie brachten die Kfs.en eine frühe Form von landesherrl. Kirchenregiment zustande, indem sie sich im 15. Jh. weitgehende Besetzungsrechte im Bm. Meißen verbriefen ließen und die Reform von Kl. in ihre Hände nahmen. Nach der Mitte des 15. Jh. können die W. als das nächst den →Habsburgern bedeutendste dt. Fs.enhaus bezeichnet werden, wobei Hzg. →Albrecht (18. A.) im Dienst von Ks. und Reich gegen →Ungarn und →Burgund kämpfte und dabei die reichen Mittel seines sächs. Landes einsetzte. Gerade damals aber kam es zur folgenschwersten Fehlleistung in der Gesch. des Hauses Wettin, als Kfs. →Ernst (6. E.) 1485 das zu einem weitgehend geschlossenen Flächenstaat herangewachsene Kfsm. mit seinem Bruder Albrecht gegen dessen Willen teilte (→Leipziger Teilung). Da weder die Ernestiner noch die Albertiner ausstarben, verursachte die Totteilung von 1485 eine empfindl. Schwächung der wettin. Stellung im Reich. Damit war die gesch. Aufgabe des Hauses Wettin verspielt, dem mitteldt. Raum eine einheitl. polit. Ordnung zu geben.   K. Blaschke

Lit.: K. A. ECKHARDT, Genealog. Funde zur allg. Gesch. Germanenrechte NF, Deutschrechtl. Archiv H. 9, 1963² [darin: Die Herkunft der W., 64–90] – PATZE-SCHLESINGER–R. WENSKUS, Sächs. Stammesadel und frk. Reichsadel, AAG, Phil.-Hist. Kl., 3. F., Nr. 93, 1976, 331–334 – K. BLASCHKE, Gesch. Sachsens im MA, 1990 – DERS., Der Fs.enzug zu Dresden, 1991 – O. POSSE, Die W. Genealogie des Gesamthauses Wettin, erg. v. M. KOBUCH, 1994 – S. PÄTZOLD, Die frühen W. Die Anfänge der Adelsfamilie im sächs. Markengebiet bis zum Jahr 1221 [Diss. Göttingen 1996].

Wettingen, ehem. Abtei OCist (Schweiz, Kt. Aargau). Gegen 1227 von Heinrich II. v. →Rapperswil gestiftet und vom Kl. →Salem aus besiedelt; 1227 Schutzurk. Kg. Heinrichs VII., 1231 Privileg Papst Gregors IX. mit Besitz- und Exemtionsbestätigung, 1256 Kirch- und Kl.weihe durch den Bf. v. Konstanz (erneute Weihe 1293). Seit dem 14. Jh. stand W. unter der Schirmherrschaft der →Habsburger, die 1415, mit der Eroberung des Argaus, an die acht Alten Orte der →Eidgenossenschaft überging. Zur Dotation gehörten Grundbesitz in W., der Kirchensatz von W. und Güter in →Uri; im Laufe des 13. Jh. (Güterverzeichnisse 1248, 1264) Erwerb zahlreicher Güter im Limmattal zw. Baden und Zürich in den Gerichtsherrschaften des Kl. Eigenwirtschaft ist in W. und in der Grangie Neuenhof belegt; Zentren der Güterverwaltung waren neben dem Kl. W. die Kl.höfe in →Basel und →Zürich, wo W. das Bürgerrecht besaß. Im 13. Jh. sind Skriptorium und Bibliothek nachgewiesen. W. besaß das Patronatsrecht der Pfarreien W., Baden, Dietikon, Würenlos, Thalwil, Höngg, Riehen, Maulberg; es betreute die Frauenkl. Selnau, Magdenau, Gnadenthal und Wurmsbach. Seit dem 15. Jh. geriet W. zunehmend in finanzielle und disziplinar. Schwierigkeiten.
   E. Gilomen-Schenkel

Q.: P. LEHMANN, Ma. Bibl.skataloge Dtl.s und der Schweiz, I, 1918, 413–418 – Lit.: Helvetia Sacra III/3, 1982, 425–501 [Lit.] – A. KOTTMANN–M. HÄMMERLE, Die Zisterzienserabtei W. Gesch. des Kl. W. und der Abtei W.-Mererau, 1996 [Lit.].

Wetzlar (Hessen), erst kgl., dann Reichsstadt, entstand im Schnittpunkt des Fernweges Köln–Frankfurt mit der Lahntalstraße. Fußend auf einem nicht nachgewiesenen, aber sehr begründet zu vermutenden frk. Kg.shof, erfolgte das 1142 namentl. erstbelegte w. in den Herrschaftsbereich der →Konradiner, auf die um 914/915 die Gründung des Marien-Stifts zurückzuführen ist. Dörfl. Siedlung und Stiftsbereich umfaßten ca. 4, 5 ha, als W. im Zuge der stauf. Reichslandpolitik Friedrichs I. in die terra imperii →Wetterau gefügt wurde. Vor 1180 wurde der Kalsmunt zur Reichsburg ausgebaut, 1180 wurden die »burgenses« v. W. privilegiert, von 1225 datiert der erste civitas-Beleg, in diese Zeit fiel die erste Ummauerung. Stiftischer Schultheiß und stauf. Vogt amteten 1214 zusammen mit zwölf scabini, deren Gremium sich, ab 1260 vermehrt um zwölf jährl. zu wählende consules, zum Rat formierte. Nach

Lockerung des stauf. Zugriffs erlebte W. weiteren Ausbau, der sich im Bau der zweiten, 19 ha umfassenden und vor 1350 max. 4000 Einw. bergenden Mauer niederschlug. Zugleich erfolgten der Bau der steinernen Lahnbrücke, die Aufsiedlung dreier Vorstädte (15, 5 ha), umfängl. kgl. Privilegierungen und eine Beteiligung an den wetterauischen Städtebünden. Ein Flächenbrand 1334, die Verpfändung der stadtherrl. Rechte, v. a. an die Nassauer, die seit ca. 1330 auch die Vogteirechte ausübten, endlose Fehden, v. a. mit den Gf.en v. →Solms, und weitere ungünstige Rahmenbedingungen führten zu wirtschaftl. und finanziellem, von Bürgerkämpfen und Stadtbankrott (1370) begleiteten Niedergang und zu erhebl. Bevölkerungsrückgang. Das 15. Jh. kennzeichnen enge Anlehnung an den Vogteiinhaber, wirtschaftl. Stagnation und Kg.sferne. F. B. Fahlbusch

Q. und Lit.: UB der Stadt W., I–III, 1911–69 – A. SCHÖNWERK, Gesch. von Stadt und Krs. W., bearb. H. FLENDER, 1975² – F. B. FAHLBUSCH, W. (Dt. Städteatlas, III. Lfg., Bl. 10, 1984) – E. M. FELSCHOW, W. in der Krise des SpätMA [Diss. Gießen 1985].

Wexford, Stadt im sö. →Irland, die sich aus einer Siedlung der →Wikinger (ausgehendes 9. Jh.) zu einem bescheidenen Zentrum des Handels und der Fischerei entwickelte. Nach der Einnahme durch die engl. Eroberer (Mai 1169) gehörte W. zu den von →Strongbow in Besitz genommenen Gebieten und ging an seine Nachkommen, die Lords of Leinster, über. 1247, nach dem Aussterben der Familie →Marshal, der Earls of Pembroke, im Mannesstamm, kam W. an die Tochter von William Marshal d. J., Joan, die sich mit William de→Valence († 1296) vermählte. Bis zum Ende des MA gehörte W. zu den Besitzungen des Hauses →Pembroke. Der Handel der kleinen Stadt, v. a. mit Wales und Südengland, hatte ein nur geringes Volumen; die geistl. Häuser in W. waren wenig bedeutend (Spital, spätes 12. Jh.; Franziskaner, Mitte des 13. Jh.).
G. MacNiocaill

Lit.: G. MACNIOCAILL, Na Buirgéisí XII–XV Aois, 1964 – A. GWYNN–R. N. HADCOCK, Medieval Religious Houses: Ireland, 1970 – W.: Hist. and Society, hg. K. WHELAN, 1987.

Weyden, Rogier van der → Rogier van der Weyden

Wezilo, Ebf. v. →Mainz 1084–88, † 8. Aug. 1088, ▭ Mainz, Dom (?). Ks. Heinrich IV. erhob nach seiner Krönung durch Gegenpapst→Clemens III. den Aachener Propst und vormaligen Halberstadter Domherrn W. zum Ebf. v. Mainz. W. stammte wahrscheinl. aus Sachsen und war seit 1075 durch diplomat. Aufträge mit den Verhältnissen an der Kurie und in Italien vertraut. Von den Zeitgenossen als Gelehrter und Prediger hoch gerühmt, führte er die Reformen des Vorgängers→Siegfried I. in der Zuordnung von Kl. zur Mainzer Kirche, allerdings in gegen die Hirsauer Oboedienz gerichteter Weise, weiter. Andererseits bewirkte er in deutl. Wendung gegen das schwankende Verhalten Siegfrieds als Gefolgsmann Heinrichs IV. eine erneute Stärkung der Kg.smacht am Mittelrhein. In der Versammlung zu→Gerstungen-Berka (20. Febr. 1085) bestritt W. die Rechtmäßigkeit der Bannung des Ks.s mit seiner überraschenden Vereinfachung einer Stelle der →Pseudoisidor. Dekretalen. Übertritte von Bf.en auf die ksl. Seite und blutige Auseinandersetzungen bzw. den sächs. Großen waren die Folge. Im Mai 1085 fand in der Mainzer Abtei St. Alban eine reich besuchte Synode statt unter Anwesenheit des Ks.s und maßgebl. Leitung durch W. Die Wormser Absetzungserklärung gegen Papst Gregor VII. wurde erneuert, alle seine Anhänger exkommuniziert (u. a. Gegenkg.→Hermann v. Salm), woraufhin einer Versammlung der Gregorianer in Quedlinburg die Anhänger des Ks.s gebannt wurden. Verkündet wurde 1085 ein →Gottesfriede, der jedoch wirkungslos geblieben ist. Heinrich IV. war zunächst erfolgreich in Sachsen, wurde aber durch den Verrat Mgf. →Ekberts II. v. Meißen zum Rückzug gezwungen. Daß der Ks. sich auf Ebf. W. weiter verlassen konnte, war wichtig in Anbetracht der Ausweitung der Aufstände auf Bayern, Schwaben und Franken 1086/87. W.s Eingreifen in Böhmen und Sachsen hatte keinen nachhaltigen Erfolg. Für den merkwürdigerweise durch Ebf. →Egilbert v. Trier am 15. Juni 1086 in Prag zum Kg. v. Böhmen gekrönten →Vratislav II. setzte sich W. vergebl. bei Clemens III. ein. W. begann in Mainz, gefördert durch Heinrich IV., den Wiederaufbau des 1081 abgebrannten Domes in dessen heute noch bestehendem Ostteil. A. Gerlich

Q. und Lit.: M. STIMMING, Mainzer UB, I, 1932, Nrr. 366–373, 376, 381, 437, 554 – Reg. zur Gesch. der Mainzer Ebf.e, I, bearb. F. BÖHMER–C. WILL, 1877 [Neudr. 1966], Nrr. 1–23 – H. BÜTTNER, Das Erzstift Mainz und die Kl. reform im 11. Jh., Archiv für mittelrhein. Kirchengesch. 1, 1949, bes. 52ff., 56, 61ff. – W. WEGENER, Böhmen/Mähren und das Reich im HochMA, 1959, 100ff., 226ff. – H. BÜTTNER, Abt Wilhelm v. Hirsau und die Entwicklung der Rechtsstellung der Reformkl. im 11. Jh., Zs. für württ. Landesgesch. 25, 1966, 321–338 – R. MEIER, Die Domkapitel zu Goslar und Halberstadt in ihrer persönl. Zusammensetzung im MA, 1967, 352, Nr. 329 – E. MEUTHEN, Die Aachener Pröpste bis zum Ende der Stauferzeit, Zs. des Aachener Gesch.svereins 78, 1967, bes. 21f. – H. BÜTTNER, Die Bf.sstädte von Basel bis Mainz in der Zeit des Investiturstreites (Investiturstreit und Reichsverfassung, hg. J. FLECKENSTEIN, 1973), 351–361, bes. 357ff. – J. FLECKENSTEIN, Hofkapelle und Reichsepiskopat unter Heinrich IV. (ebd.), 117–140, bes. 134ff. – E. WADLE, Heinrich IV. und die dt. Friedensbewegung (ebd.), bes. 147f. – L. FENSKE, Adelsopposition und kirchl. Reformbewegung in Sachsen, 1977, 109ff., 206f., 248 – J. VOGEL, Zur Kirchenpolitik Heinrichs IV. nach seiner Ks.krönung ..., FMASt 16, 1982, 161–192 – R. SCHIEFFER, Die Zeit der späten Salier (F. PETRI–G. DROEGE, Rhein. Gesch., I/3, 1983), 121–296, bes. 131, 136, 152, 172, 177, 181.

Wharram Percy, bedeutende Dorfwüstung in England (Gft. N. Yorkshire), die in den Sommermonaten der Jahre 1950–90 vermessen und freigelegt wurde und deren Kirchenruine als erstes ländl. Beispiel vollständig ausgegraben werden konnte. Bei der typ. Hochlandlage in den Yorkshire Wolds breiteten sich die Bauernhäuser sowohl auf der Hochebene als auch im Tal aus. Wegen der Kreidevorkommen waren die Grundmauern der Häuser aus Kreidebruchsteinen, und die Flechtwerkwände und Strohdächer wurden von der Cruck-Konstruktion gestützt. Der *solar block* (große Halle im Obergeschoß) eines zweistöckigen *manor house* des späten 12. Jh. war aus Kreidebruchsteinen und behauenem Sandstein errichtet. Dieses Haus wurde aufgelassen, als die beiden bestehenden *manors* 1254 vereinigt wurden. Der Bevölkerungsrückgang nach der Pestepidemie erfolgte langsam. 1368 gab es noch etwa 30 Haushalte, 1458 16 und ca. 1500 nur noch einen Bauernhof. Der Hauptgrund für diesen Niedergang war die Politik der Grundbesitzer des Dorfes im 15. Jh., die das Ackerland in Schafweiden umwandelten. →England, I. I. H. B. Clarke

Lit.: R. D. BELL u. a., W. P.: the Church of St Martin (Society for Medieval Archaeology Monogr. Ser. 11, 1987) – M. BERESFORD–J. HURST, W. P. Deserted Medieval Village, 1990.

Whitby, ehem. Abtei OSB in England (Gft. Yorkshire), erscheint bei →Beda Venerabilis als 'Streoneschalh', um 657 von Kg. →Oswiu auf einem Felsen oberhalb eines der wenigen schiffbaren Häfen an der Küste von North Yorkshire gegr. Unter der ersten Äbt., der hl. Hilda, wurde das Doppelkl. für Männer und Frauen berühmt für sein Bildungswesen, für seine engen Beziehungen zu den kgl.

Familien in Northumbrien, für die Ausbildung von mindestens fünf Bf.en und als Austragungsort der Synode v. →Whitby. Die weitere Gesch. der Abtei nach dem Tod der hl. Hilda 680 liegt im dunkeln, sicherl. ist sie bei einem Däneneinfall um 867 zerstört worden. Zwei Jahrhunderte später wurde ein neues benediktin. Kl. - spätestens wohl 1077 - an dem ursprgl. Platz von Reinfrid errichtet, der zu dem Invasionsheer unter Wilhelm d. Eroberer gehört hatte. Die frühe Gesch. dieses Kl., das angebl. unter der Verfolgung der →Percy-Familie und unter Piratenüberfällen zu leiden hatte, war äußerst turbulent: mehrere Mönche verließen W. bald, um das monast. Leben in Lastingham und dann in der großen Abtei St. Mary in →York einzuführen. Trotz der geogr. Isolation war die neue Abtei (ŏ St. Peter und St. Hilda) gut mit Landbesitzungen ausgestattet. Sie war während des 12. und 13. Jh. relativ wohlhabend. Nur wenige der internen Q. der Abtei haben überdauert, aber die bemerkenswerten Überreste des frühen got. Chorraums und des n. Querschiffs zeugen noch immer von dem einstigen Prachtbau der Abteikirche. Der Konvent zählte 40 Mönche im späten 12. Jh., diese Zahl sank 1381 und 1393 auf 20. Es gab nur noch 22 Mönche, als die Abtei im Dez. 1539 an die Krone übergeben wurde. R. B. Dobson

Q.: Cartularium abbathiae de W., ordinis S. Benedicti, ed. J. C. ATKINSON (Surtees Society 69, 72, 1879–81) – *Lit.*: L. CHARLTON, Hist. of W. and of W. Abbey, 1779 – A. HAMILTON THOMPSON, The Monastic Settlement at Hackness and its Relation to the Abbey of W., Yorkshire Archaeological Society 27, 1924 – →Whitby, Synode v.

Whitby, Synode v. 664. Im kg. snahen Kl. Strenaeshalc (→Whitby) fand im Jahre 664 unter Vorsitz des northumbr. Kg.s →Oswiu und vielleicht auf Betreiben seines Sohnes Alchfrid eine Versammlung statt, die angesichts divergierender kirchl. Bräuche im Land feststellen sollte, welche als richtig anzusehen und daher in Zukunft allg. zu befolgen sein sollten. Hintergrund war die Missionierung des ags. Britannien, die zum einen von Rom, zum anderen vom ir. geprägten Kl. →Lindisfarne aus erfolgt war. V. a. im N Englands wirkten ir. Wanderbf.e von ihren klösterl. Stützpunkten aus. Die ir. Christen, in den Wirren der Völkerwanderung ohne Kontakt mit der röm.-frk. Entwicklung, befolgten ohne direkte Leugnung der päpstl. Autorität in einigen Fragen der kirchl. disciplina andere Bräuche als die romverbundenen Landeskirchen des Kontinents. Die die Laien unmittelbar betreffenden Unterschiede in der →Osterfestberechnung hatten bes. Bedeutung; sie waren nach dem Zeugnis →Bedas, dessen Kirchengesch. den ausführlichsten Bericht enthält (Hist. Eccl. III, 25), der Anlaß für die Synode. Ihre eher zufällige Zusammensetzung mit dem aus Gallien stammenden Bf. →Agilbert v. Wessex und dem von ihm gerade zum Priester geweihten Mönch Wilfrid als Wortführern der röm. und dem Mönchsbf. Colman als dem der ir. Seite zeigt, daß es keine Synode der ags. Kirche im kirchenrechtl. Sinne war. Für den vorsitzenden Kg. Oswiu reduzierte sich das komplexe Problem auf eine Konkurrenz geistl. Gefolgschaften; er erklärte, lieber dem Apostel Petrus folgen zu wollen als dem hl. mäßigen →Columba, auf den Colman sich als Autorität berufen hatte. Andere schlossen sich dem Kg. an. Diejenigen, die wie Colman ihrer Tradition treu blieben, verließen das Land. Ohne daß anzunehmen ist, daß Oswiu in seiner Funktion als *overlord* (→*bretwalda*) die Entscheidung fällte, hatte das Ergebnis doch für das ganze ags. England Auswirkungen, da der anschließend von Rom entsandte Ebf. →Theodoros v. Canterbury die röm. Observanz ohne größere Widerstände in allen ags. Kgr.en verankern konnte. H. Vollrath

Lit.: H. VOLLRATH, Die Synoden Englands bis 1066, 1985 – P. H. BLAIR, W. as a Centre of Learning in the Seventh Century (Learning and Lit. in Anglo-Saxon England, ed. M. LAPIDGE–H. GNEUSS, 1985), 3–32 – H. MAYR-HARTING, The Coming of Christianity to Anglo-Saxon England, 1991³.

Withhorn (Candida Casa bei →Beda Venerabilis), ehem. Kl. in Schottland, benannt nach der ersten, im späten 4. oder frühen 5. Jh. vom hl. Ninian errichteten Kirche, die auch dem *burgh* in Galloway seinen Namen gab. Bei Ausgrabungen 1895 und 1948–63 wurden wahrscheinl. die Überreste dieser Kirche freigelegt. W. entwickelte sich später zu einem bedeutenden Kl. und zu einem Missions- und Pilgerzentrum, das u. a. von Robert I. Bruce, Jakob III., IV. und V. aufgesucht wurde. Das Bm. W. (→Galloway), zuerst kelt. und dann im 8. und 9. Jh. northumbr., wurde um 1125 wieder eingeführt. Ausgrabungen während der 1980er Jahre konnten die Reste von zwei Häusern freilegen, die zu einer norw.-wiking. Siedlung aus dem 12. Jh. auf dem unmittelbar angrenzenden Gebiet gehörten und einen Nachweis für das Umfeld der Kirche in dieser Zeit darstellen. Um 1160 wurde für den Dienst am Reliquienschrein des hl. Ninian ein Priorat OPraem gegr., von dem nur das Kirchenschiff (im N zwei Grabmäler von ca. 1300) aus dem 13. Jh. erhalten blieb. In den ebenfalls erhaltenen Krypten aus dem 12. Jh. unter den zerstörten ö. Kapellen befinden sich über frühchr. Gräbern spätma. Grabmäler. Der Latinus Stone (ca. 450) und der St. Peter Stone (7. Jh.) sowie mehrere frühchr. Kreuze sind heute im Museum. Auf der nahen Isle of W. ist die Höhle des hl. Ninian, die diesem als Oratorium gedient haben soll und die mindestens bis ins 11. Jh. Pilgerziel war. M. Hagger

Lit.: W. Lectures, 1992.

Whittington, Richard, Londoner Kaufmann, * vor 1358, † 1423; stammte aus dem Ritterstand und war der 3. Sohn von Sir William Whittington aus Pauntley, Gloucestershire; ∞ Alice († nach 1410, aber vor 1414), Tochter von Sir Ivo Fitzwaryn († 1414), einem Ritter aus Dorset. Als jüngerer Sohn mußte W. seinen eigenen Weg suchen. 1379 war er in London ansässig und lieferte als erfolgreicher Textilhändler Tuche an adlige Haushalte und an den Hof. Als sein Vermögen anstieg, wurde er in zunehmendem Maße in die kgl. Finanzen verwickelt. Im Juni 1397 ernannte ihn Kg. Richard II. zum →*mayor of London*, nachdem sein Vorgänger im Amt gestorben war. Trotz dieses beispiellosen Vorgehens des Kg.s wurde W. für ein weiteres Jahr im Nov. 1397 zum mayor gewählt. Als Bürgermeister war er verantwortl. für die Aufrechterhaltung der Ordnung in der Stadt während des Parliament im Sept. 1397, als Richards Opponenten wegen Verrats angeklagt wurden (→England, D. III). Während des letzten Regierungsjahres Richards lieh W. über £ 2000 an den Kg., und fast die gesamte Summe wurde in Bargeld zurückgezahlt. W. hatte jedoch kein bes. enges Verhältnis zum Kg. Tatsächl. mußte er 1398 eine »blank charter« im Namen von London besiegeln. Nach dem Umsturz durch die Lancaster 1399 wurde W. auch eine wichtige Kreditquelle für Heinrich IV. und Heinrich V.: zw. 1400 und 1422 verlieh er über £ 25000 an die Krone, obwohl seine Darlehen nun häufig nicht in Bargeld, sondern in Übertragungen von Zöllen oder anderen Einkunftsmöglichkeiten zurückgezahlt wurden. Wohl auch aus diesem Grund kam es zu einer Verbindung mit dem Wollhandel, und 1406–07 war er sowohl mayor of London als auch mayor des Calais Staple. W. wurde zum Vertreter Londons in das Parliament vom Okt. 1416 und ein drittes und letztes Mal zum mayor of London 1419 gewählt. Seine Darlehen an die aufeinanderfolgenden Kg.e verschafften ihm wahr-

scheinl. mehr polit. Einfluß als größeren Wohlstand. Im Nov. 1399 berief Heinrich IV. W. in seinen Rat, und als Mitglied von zahlreichen Ausschüssen übernahm er Regierungsaufgaben in London. Anders als viele Kaufleute im spätma. London investierte er wenig von seinem Vermögen in Ländereien, obwohl er über einen erhebl. Besitz in London verfügte. Seine Heirat hätte ihm Landbesitz verschaffen können, doch starb seine Frau vor ihrem Vater, und aus der Ehe gingen keine Erben hervor. W. heiratete nicht wieder. Sein Interesse galt v. a. den Finanzen und der Politik von London. W.s Testament sah Zuwendungen für verschiedene wohltätige Zwecke vor. – W. wurde Gegenstand von Legenden und Kindererzählungen. Er wird als junger Mann von bescheidener Herkunft mit einer →Katze als Glücksbringer dargestellt, doch weicht die Erreichung seines Wohlstands etwas von der Wahrheit ab. A. Tuck

Lit.: C. M. BARRON, Richard W.: the Man behind the Myth (Studies in London Hist., 1969) – Hist. of Parliament, The Commons 1386–1421, ed. J. S. ROSKELL u. a., IV, 1992.

Whittlesey, William, Ebf. v. →Canterbury seit 1369, † 5. oder 6. Juni 1375, ▭ Canterbury, Kathedrale. W.s Laufbahn wurde durch seinen Onkel Simon →Islip gefördert, zunächst mit Benefizien an der Kathedrale v. Lincoln (seit 1337). Er studierte Recht in Cambridge und war später als Doktor in Oxford eingetragen. Nach der Ernennung Islips 1349 zum Ebf. v. Canterbury wurde W. Mitglied seines Hofhalts und diente als Kanzler, Generalvikar und Offizial des ebfl. Hofes v. Canterbury. W. blieb in der Nähe als Bf. v. Rochester 1362–64; sogar als er nach Worcester versetzt wurde, war er weiterhin bis 1365 als Suffragan tätig und weihte Kleriker v. Canterbury in Kent. 1368 wurde er von Papst Urban V. wieder versetzt, diesmal nach Canterbury. Kg. Eduard III. gab im Jan. 1369 seine Zustimmung. W. war wohl 1371 ernsthaft erkrankt, als er seine Abwesenheit von einem antiklerikalen Parliament entschuldigte. Er brach zweifellos bei einer turbulenten →Convocation des Klerus v. Canterbury im April–Mai 1375 zusammen und starb einen Monat später. Wohl infolge seiner angegriffenen Gesundheit blieb seine Tätigkeit als Primas ohne Glanz. R. L. Storey

Lit.: BRUO III, 2040f. – DNB XXI, 158–160.

Wibald v. Stablo OSB, * 1098, † 15. Juli 1158 in →Bitolj (Makedonien), ▭ 26. Juli 1159 in Stablo (dank der Bemühungen seines Bruders Erlebald).

[1] *Leben und politische Tätigkeit:* Als Abt v. →Stablo und →Malmedy (1130), Abt v. →Montecassino (1137) und →Corvey (1146), als ksl. Kanzler und Diplomat (Gesandtschaften ins Byz. Reich) zählte W. zu den bedeutendsten Prälaten des 12. Jh. W. ging hervor aus der monast. →'familia' v. Stablo, wurde geformt an der dortigen Kl.schule, dann unter →Rupert v. Deutz in St. Laurentius zu Lüttich. Durch seine Studien an den großen Lütticher Schulen trat er mit einer Reihe einflußreicher Persönlichkeiten in Verbindung. 1117–18 Mönch in →Waulsort, kehrte er darauf nach Stablo zurück, stieg 1122 zum Reichskanzler auf und wurde zum einflußreichen Ratgeber Ks. Lothars III. Er nahm teil an den Italienzügen und kam in Kontakt mit dem röm. Recht. 1137 wurde er zum Abt v. Montecassino erhoben, residierte hier aber nur vom 19. Sept. bis 2. Nov. 1137.

Sein Einfluß vergrößerte sich unter Kg. Konrad III. noch. Als Gesandter förderte er geschickt die Beziehungen des Ksm.s zum Hl. Stuhl und das Bündnis mit dem Byz. Reich gegen die →Normannen in Sizilien (→Byz. Reich, F. II, 4).

In den seiner Jurisdiktion unterstehenden Abteien bemühte er sich um Wiederherstellung der Domäne (»dispersa congregare et congregata conservare«, HALKIN-ROLAND, 156, 244) und erwies sich als tatkräftiger Prälat, der – oft gegen den Widerstand der feudalen Grundherren, Ministerialen und Vögte – die Zentralisierung und Territorialisierung vorantrieb. In Stablo-Malmedy schuf er die Grundlagen eines geistl. Fsm.s.

Unter Friedrich Barbarossa zunehmend aus der Macht verdrängt, beschränkte sich W. in seinen letzten Jahren auf die diplomat. Tätigkeit im Verkehr mit Byzanz (Missionen v. 1155 und 1158). Auf seiner letzten Gesandtschaftsreise verstarb er.

[2] *Briefsammlung:* In seiner überreichen Korrespondenz (→Brief, A. IV, 2), die aus ca. 450 zw. 1146 und 1157 verfaßten Briefen besteht (heute: Lüttich, Archives de l'État, Stablo-Malmedy I, 341), erweist sich W. als wißbegieriger und gebildeter Geist, Liebhaber kunstvoller Hss. (persönl. Sakramentar, Brüssel, Kgl. Bibl. 2034–2035) und Humanist avant la lettre. Als traditionsbewußter Benediktiner, in gewissem Umfang auch als Reformer und Vermittler zw. West und Ost, vertrat er auf theol. und kulturellem Gebiet eine universalist. Konzeption. Der »religionis amator et disciplinae regularis doctor« (JAFFÉ, 54) war auch ein aktiver und kenntnisreicher →Mäzen, dem wir einige Meisterwerke der →Maaskunst verdanken (Retabel, Triptychon in der Pierpont-Morgan-Libr., Tragaltar v. Stablo, Kopfreliquiar des Papstes Alexander in den Kgl. Museen für Kunst und Gesch., Brüssel). W.s architekton. Werk lebt v. a. in Corvey fort; in Stablo ließ er die St.-Veitskapelle, die sich an die Abteikirche →Poppos anlehnt, errichten, in Logne eine mächtige Burg, strateg. Hauptstützpunkt des geistl. Fsm.s. Ph. George

Q.: Monumenta Corbeiensia, ed. PH. JAFFÉ, 1864 (Bibl. Rerum Germanicarum, I) – Recueil des chartes de l'abbaye de Stavelot-Malmedy, ed. J. HALKIN–C.-G. ROLAND, I, 1909; II, 1930 – Chronica Monasterii Casinensis, ed. H. HOFFMANN (MGH SS XXXIV, 1980) – Der Liber Vitae der Abtei Corvey. Stud. zur Corveyer Gedenküberlieferung und zur Erschließung des Liber Vitae, hg. K. SCHMID–J. WOLLASCH, 1989 – Lit.: BNB XXX, Suppl. 2, 814–828 [G. DESPY] – Kunst und Kultur im Weserraum (800–1600), Ausst.kat., 2 Bde, 1966 – F.-J. JAKOBI, W. v. St. und C. Benediktin. Abt in der frühen Stauferzeit, 1979 – J.-L. KUPPER, Liège et l'Église Impériale (XIe–XIIe s.), 1981 – M.-R. LAPIERÉ, La lettre ornée dans les mss. mosans d'origine bénédictine (XIe–XIIe s), 1981 – CH. RENARDY, Les maîtres universitaires du dioc. de Liège, Rép. biographique 1140–1350, 1981, n° 87, 161–163 – W., abbé de Stavelot-Malmedy et de Corvey (1130–58), Ausst.kat., hg. J. STIENNON–J. DECKERS, 1982 – Monast. Westfalen. Kl. und Stifte (800–1800), Ausst.kat., 1982 – T. REUTER, Rechtl. Argumentation in den Briefen W.s v. St. (Fschr. H. FUHRMANN, 1991), 251–264 – PH. GEORGE, Les confraternités de l'abbaye de Stavelot-Malmedy, Bull. de la Comm. Royale d'Hist., 1995, 105–169 – PH. GEORGE, »Le plus subtil ouvrier du monde«. Godefroid de Huy, orfèvre mosan, CCMéd 39, 1996, 321–338 – B. SCHIMMELPFENNIG, Kg. und Fs.en, Ks. und Papst nach dem Wormser Konkordat, 1996.

Wibert (s. a. Guibert)
1. **W.**, Ebf. v. Ravenna →Clemens III.
2. **W. v. Gembloux** (Guibert-Martin) OSB, Mönch und Abt v. →Gembloux, mlat. Autor, * 1124/25, † wahrscheinl. 22. Febr. 1213, wurde erzogen in der Kl.schule v. Gembloux mit ihrer überreichen Bibliothek. W. war Mönch in Gembloux, trat 1175 in Korrespondenz mit →Hildegard v. Bingen († 1179) und fungierte als ihr Sekretär und als geistl. Vater ihrer Gemeinschaft auf dem →Rupertsberg (noch bis 1180). Danach unternahm W. als Verehrer des hl. →Martin eine Pilgerfahrt (→peregrinatio) nach →Tours, schloß einen längeren Aufenthalt in →Marmoutier an und kehrte – nach mancherlei abenteuerl. Erlebnissen – 1187 nach Gembloux zurück. 1188 wurde er

zum Abt v. →Florennes gewählt, danach zum Abt v. Gembloux, dessen Geschicke er 1194-1204 lenkte. 1204 legte er sein Amt nieder und zog sich als einfacher Mönch nach Florennes zurück. - Sein lit. Werk umfaßt hagiograph. Texte (»Vita s. Martini«, »Vita s. Sulpicii«, »Vita s. Hildegardis«), bes. aber eine reiche Korrespondenz, die uns wertvolle Nachrichten über W.s Beziehungen zu anderen bedeutenden Persönlichkeiten der Zeit überliefert, bes. zu →Philipp v. Heinsberg, Ebf. v. Köln († 1191). W. schrieb ein brillantes Latein und pflegte einen gesuchten, mit reichem rhetor. Zierat und einer Fülle von Zitaten geschmückten Stil. J.-L. Kupper

Ed. und Lit.: DSAM VI, 1132-1135 [M. Schrader; Lit.] - H. Delehaye, Guibert, abbé de Florennes et de Gembloux, Rev. des questions hist. 46, 1889, 5-90 - Ind. SS Operumque Latino-Belgicorum Medii Aevi, hg. L. Genicot-P. Tombeur, III, 1, 1977, 41, 85-88, 109-124, 143; III, 2, 1979, 74f., 89-95, 140f., 198 - Guiberti Gemblacensis epp., hg. A. Derolez, 2 Bde, 1988-89 (CChrCM, 66-66A).

Wiblingen, ehem. Kl. OSB südl. von Ulm, 1093 von den Gf.en Hartmann und Otto v. Kirchberg gegr. und mit Mönchen aus dem Kl. →St. Blasien unter Abt Werner v. Ellerbach besiedelt. 1173 wird neben dem Mönchskonvent in W. auch ein Nonnenkonvent erwähnt, der aber infolge des Kl.brandes 1271 oder der Pest 1348/49 abgegangen ist. Der Brand v. 1271 zwang W., ztw. Mönche an den Konvent v. →St. Gallen abzugeben und die Kl.leitung mit dem Kl. Ochsenhausen zu vereinigen. Erst im 14. Jh. konnten die Nachwirkungen der Katastrophe überwunden werden. Das in vielen Kl. zu beobachtende Nachlassen der Ordenszucht im 14. Jh. ließ W. weitgehend unberührt. So stand z. B. der Mönch Walther de Bibra damals in enger Verbindung zu Heinrich →Seuse und der Gedankenwelt der Mystik. Unter Abt Ulrich Hablüzel (1432-73) schloß sich das Kl. der →Melker Reform an und reformierte als eines der bedeutendsten südd. Reformzentren die Kl. Alpirsbach, Blaubeuren, Elchingen und →Lorch. Die Versuche W.s, im 15. Jh. die Vogteirechte zurückzuerlangen, schlugen fehl. Der die ma. Kl.anlage ersetzende Neubau wurde 1714 begonnen und 1783 mit der Weihe der Kl.kirche beendet. Das Kl. wurde 1803 säkularisiert. I. Eberl

Lit.: I. Eberl, W., Germania Benedictina: Baden-Württemberg, 1975, 652ff. - Ders., W. (Der Stadtkreis Ulm, 1977), 392ff.

Wiching, Bf. v. →Nitra 880-893, Bf. v. →Passau 899, † 12. Sept. nach 912, alem. Herkunft; als Repräsentant der bayer. Kirche und damit als Konkurrent des pannon.-mähr. Ebf.s Method (→Konstantin und Method) weilte W. nach dem Frieden v. Forchheim (874) in der Umgebung des Mährerfs.en →Svatopluk, mit dem zusammen er in das Verbrüderungsbuch des Kl. →Reichenau eingetragen ist. 880 sandte Svatopluk W. nach Rom, wo ihn Papst Johannes VIII. zum Bf. v. Nitra weihte. Obwohl der Papst in diesem Jahr Method im Gebrauch der slav. Liturgie bestärkte, verschärften sich von da an die Auseinandersetzungen zw. W. und Method. Nach dessen Tod († 6. April 885) verhinderte W., daß der designierte Nachfolger Gorazd das Ebm. übernahm. Papst Stephan V. schränkte zudem die slav. Liturgie ein und billigte die Vertreibung von Methods Schülern aus Mähren, wo W. die Leitung des Ebm.s übertragen wurde. W. mußte Nitra verlassen, als 892 zw. Svatopluk und Kg. →Arnulf Krieg ausbrach. W. fand Zuflucht am Hof Arnulfs, wo er als Kanzler fungierte (erste urkundl. Erwähnung 2. Sept. 893). 896 erhielt W. die Abtei →Mondsee, ohne sein bisheriges Amt aufzugeben. Als Arnulf nach dem Tod Bf. Engimars v. Passau W. zu dessen Nachfolger erhob, widersprach der bayer. Episkopat - offenbar, um den Anspruch W.s und der bayer. Kirche auf den mähr. Raum zu unterstreichen. Diesem Ziel diente auch ein (von Bf. →Pilgrim v. Passau gefälschter?) Beschwerdebrief Ebf. Thietmars v. Salzburg und seiner Suffragane an Papst Johannes IX., der einen Ebf. (Johannes) und zwei Bf.e zu den Mährern geschickt habe, obwohl deren Bekehrung der bayer. Kirche zu verdanken sei. Darin wird erwähnt, daß W. durch Svatopluk »in quandam neophitam gentem« geschickt worden sei, was eher auf Pannonien als auf das Gebiet an der oberen Weichsel zu beziehen ist. Nach dem Tod Arnulfs und dem Untergang des Großmähr. Reiches (→Mähren) zog sich W. aus dem öffentl. Leben zurück. Ch. Lübke

Lit. und Q.: MGH N I, 279 - MMFH I, 126f., 271, 278, 372; II, 218f., 254; III, 84-86, 197-208, 210-212, 215-225, 232-244, 259f.; IV, 407f. - MGH LM I, 63, 171 - Slaw.-germ. Beziehungen im südostdt. Raum, hg. E. Herrmann, 1965 [Ind.] - J. Oswald, Der Mährerbf. W. und das Bm. Passau (Annales Inst. Slavici I, 3, 1967, 11-14 - StowStarSłow VI, 416-418 - G. Althoff, Zur Bedeutung der Bündnisse Svatopluks v. Mähren mit Franken (Symposium Methodianum, hg. K. Trost u. a., 1988), 13-21 - L. Havlík, Svatopluk Veliký, král Moravanů a Slovanů, 1994, 104-110.

Wichmann

1. W. I., II., sächs. Gf.en. W. I. († 944) und W. II. († 22. Sept. 967) gehörten zur Verwandtengruppe der →Billunger, jedoch zu einem von Otto d. Gr. benachteiligten Zweig. W. I. war mit einer Schwester der Kgn. →Mathilde (wohl Bia) verheiratet, und dennoch bestellte Otto 936 W.s jüngeren Bruder →Hermann Billung zum princeps militiae in →Sachsen. W. I. schloß sich daraufhin den Gegnern des Kg.s an. Nach seinem Tode fühlten sich seine am Kg.shof Ottos I. erzogenen Söhne W. II. und →Ekbert von ihrem Onkel Hermann um ihr Erbe gebracht und wurden in ihrem Kampf gegen den Onkel und den Kg. sozusagen zu den klass. 'Rebellen' der Ottonenzeit. Namentl. W. II. wich in diesen Kämpfen mehrfach zu den →Elbslaven aus, die ihn mit militär. Kommandogewalt betrauten. So mit krieger. Gefolge versehen, schlug er sogar →Mieszko I. v. Polen. Obgleich hochrangige Vermittler (Ebf. →Brun I. v. Köln, Mgf. →Gero I.) versuchten, ihn und seinen Bruder Ekbert mit dem Kg. auszusöhnen, fiel W. II. 967 in diesen Kämpfen. Seinem Schicksal widmete →Widukind v. Corvey große und anteilnehmende Aufmerksamkeit (Widukind III, 50ff.). G. Althoff

Lit.: →Billunger [H.-J. Freytag, R. Bork] - W. Giese, Der Stamm der Sachsen und das Reich in otton. und sal. Zeit, 1979 - W. Goetz, Gestalten des HochMA, 1983, 41-53 - G. Althoff, Adels- und Kg.sfamilien im Spiegel ihrer Memorialüberlieferung, 1984 - E. Hlawitschka, Kontroverses aus dem Umfeld von Kg. Heinrichs I. Gemahlin Mathilde (Ders., Stirps regia, 1988), 355-376 - M. Becher, Rex, Dux und Gens, 1996.

2. W., Ebf. v. →Magdeburg 1152/54-1192, * vor 1116, † 25. Aug. 1192 Könnern b. Köthen, ▭ Magdeburg, Dom; Sohn Gf. Geros v. Seeburg (Seitenlinie der Herren v. →Querfurt) und Mathildes v. Wettin (Schwester Mgf. →Konrads v. Meißen; daher vielleicht Verwandtschaft W.s mit seinem Amtsvorgänger Ebf. Friedrich); Ausbildung in Halberstadt, 1145 Propst v. St. Pauli, 1146 Dompropst v. Halberstadt, 1149 Bf. v. →Naumburg als Nachfolger Bf. Udos II., mit dem W. verwandt war. In Naumburg lernte er Organisationsformen der →Ostsiedlung kennen. Vor dem 1. Juli 1152 verlieh Kg. Friedrich I. ohne Konsultation des Papstes und nur auf das Votum einer Minderheit der Wahlkörperschaft gestützt W. die Regalien für das Ebm. Magdeburg, dessen Domkapitel nach dem Tod Ebf. Friedrichs (14./15. Jan. 1152) zwiespältig gewählt und damit keinen eindeutigen Vorschlag erbracht hatte. Päpstl. Zweifel an der Rechtmäßigkeit des Erhebungsverfahrens und Kritik am bfl. Rang des Kandidaten,

der seine Diöz. zugunsten des neuen Amtes würde aufgeben müssen, hinderten W. zunächst daran, die Magdeburger cathedra zu übernehmen; seine früheste erhaltene Urk. als Ebf. stammt vom 1. Aug. 1154 (UB Ebm. Magdeburg 277), denn erst Ende April/Anfang Mai 1154 konnte er nach schwierigen Verhandlungen des Kg.s mit der Kurie das Pallium erlangen. Beweggründe Friedrichs I., W. trotz vorhersehbarer Schwierigkeiten als Ebf. v. Magdeburg durchzusetzen, können nur vermutet werden (persönl. Qualifikation u. a. zur Befriedung Sachsens durch Vermittlung zw. →Heinrich d. Löwen und →Albrecht d. Bären, Förderung der offenbar als Teil kgl. Kompetenz angesehenen Ostkolonisation durch Ausbau der schon von Kg. Konrad III. begründeten Reichslandschaft im Pleißegebiet, Repräsentanz des Kg.s an der Ostgrenze des Reiches). 1157 nahm W. am Feldzug Friedrichs I. gegen Polen zur Wiederherstellung der Lehnshoheit des dt. Kg.s teil und eroberte im Juni gemeinsam mit Albrecht d. Bären Brandenburg; vielleicht im Zusammenhang damit (sicher vor 1161) erwarb er Jüterbog, 1166 durch Tausch das Reichskl. Nienburg an der Saale und vor 1185 das Land Dahme sö. des Fläming, so daß die Besitzausdehnung Magdeburgs ö. der Elbe und die Erschließung durch Siedlung möglich wurden. Seit 1158 setzten →Lokatoren W.s ndl. und brabant. Siedler nach besonderem Recht (u. a. Schultheißenwahl, Freiheit vom Gf. engericht, Burgwerk und Zoll) auf erbl. zugewiesenen Hofstellen an, ins folgende Jahr gehört seine erste erhaltene Siedlungsurk. (UB Ebm. Magdeburg 299). Wichtigster Handelsund Gewerbeort (Tuchweberei) wurde Burg, Marktsiedlungen nach →Magdeburger Recht in Groß-Wusterwitz und Jüterbog sollten Vororte ihres Umlandes sein, an dessen aufwendiger Erschließung W. die Kl. und Stifte seiner Erzdiöz. sowie Ministeriale beteiligte. Die Förderung der Städte Magdeburg, Halle und Leipzig korrespondierte mit der administrativen Durchdringung der Diöz. (Ausbau der Pfarrorganisation, häufige Synoden, Stärkung der ebfl. Kl. und Stifte Liebfrauen/Magdeburg, Nienburg, Neuwerk und St. Moritz/Halle, St. Georg/Glaucha, Gottesgnaden b. Calbe) sowie mit Neugründungen von Kl. (Zinna, SOCist, 1171) und Stiften (Umwandlung der Seeburg so. Eisleben in ein Kanonikerstift mit 12 Präbenden 1174/76).

Zugunsten dieser Aktivitäten scheint Friedrich I. W. vom Reichsdienst in Italien weitgehend freigestellt zu haben; auf der Synode v. Pavia (27. Jan. 1160) erklärte W. sich für den ksl. Papst Viktor IV., hielt aber in den folgenden Jahren Wege zum Ausgleich mit Alexander III. offen. 1166 war W. führend an der Koalition der Gegner Heinrichs d. Löwen (→Rainald v. Dassel, Albrecht d. Bär, Lgf. →Ludwig II. v. Thüringen, Otto und Dedo v. Wettin) beteiligt und erreichte die Entfestigung der Burg Haldensleben; die Spannungen zw. W. und dem Hzg. wurden auf dem Erfurter Hoftag Friedrichs I. (24. Juni 1170) so nachhaltig beseitigt, daß Heinrich d. Löwe bei seiner Abreise nach Konstantinopel und Jerusalem 1172 W. die Regentschaft in Sachsen übertrug. Im gleichen Jahr zog W. im Gefolge des Ks.s gegen Fs. →Bolesław IV. v. Polen; 1176 kämpfte er in der Schlacht bei →Legnano und leitete anschließend Verhandlungen, die über den Vertrag v. →Anagni zum Frieden v. →Venedig (24. Juli 1177) führten. In den folgenden Auseinandersetzungen der sächs. Großen mit Heinrich d. Löwen suchte W. (vielleicht auf Anregung des Ks.s) zu vermitteln und griff erst nach der Zerstörung Halberstadts (23. Sept. 1179) auf seiten der Gegner des Hzg.s militär. ein, der daraufhin →Elbslaven und →Pommern zum Kampf gegen W. veranlaßte (Vernichtung Zinnas und Jüterbogs im Spätherbst 1179). Im Mai 1181 eroberte W. nach dreimonatiger Belagerung Haldensleben und ließ es zerstören (Wiederbesiedlung erst 1223); im Nov. 1181 geleitete er Heinrich d. Löwen zum Hoftag nach Erfurt, wo die Verbannung des Hzg.s beschlossen wurde. Anfang 1192 berief W. im Auftrag Heinrichs VI. die sächs. Großen zu Beratungen über Maßnahmen gegen die Welfen nach Goslar.

W. hat das ehem. Missionsebm. Magdeburg endgültig den hochma. Bedingungen angepaßt und zur Landesherrschaft ausgebaut, deren Siedlungspolitik an die Stelle einer vom Kgtm. selbst getragenen Expansion trat und wirtschaftl., rechtl., administrativ modernisierend wirkte. Wenn der Ebf. trotz einer Pilgerfahrt ins Hl. Land (1164) spirituell wenig profiliert erscheint, so entsprach er damit dem Typus des hochma. dt. Reichsbf.s; seine Förderung der Magdeburger Domschule ging über den Rahmen des Üblichen nicht hinaus. Magdeburg war z. Zt. W.s ein Zentrum der Bronzegießerei. Ein vielleicht an seinem Hof entstandenes Gedicht auf den Frieden v. Venedig rühmt W. als »omnis pacis artifex« (Carmina Burana, ed. HILKA-SCHUMANN, Nr. 53).   J. Ehlers

Q.: G. A. v. MÜLVERSTEDT, Regesta archiepiscopatus Magdeburgensis, I, 1876, 507–751 – UB Erzstift Magdeburg, I, 1937 – G. WENZ–B. SCHWINEKÖPER, Ebm. Magdeburg, I. 1–2 (GS, 1972) – *Lit.*: W. HOPPE, Die Mark Brandenburg, Wettin und Magdeburg, 1965, 1–152 – H. PATZE, Ks. Friedrich Barbarossa und der Osten (VuF 12, 1968), 337–408 – D. CLAUDE, Gesch. des Ebm.s Magdeburg, II, 1975, 71–175 – R. LIEBERWIRTH, Das Privileg des Ebf.s W. und das Magdeburger Recht, AAL 130, 3, 1990 – Ebf. W. und Magdeburg in hohem MA, hg. M. PUHLE, 1992 – J. EHLERS, Heinrich d. Löwe und der sächs. Episkopat (VuF 40, 1992), 435–466 – K. BRUNNER, Ebf. W. v. M., »Nachbar« in Sachsen und Österreich (Ks. Friedrich Barbarossa, hg. E. ENGEL–B. TÖPFER, 1994), 51–62 – O. RADER, Das Urkk. wesen der Ebf.e v. Magdeburg bis zum Tode Ebf. W.s, SaAn 18, 1994, 417–514.

3. W. v. Arnstein/Ruppin, OPraem, OP, Mystiker, * nach 1180, † 1270; aus der Familie der Gf.en v. Arnstein (→Lindow-Ruppin). Spätestens seit 1199 als Akolyth im Magdeburger Prämonstratenserstift Unsere Liebe Frau, war W. von 1210–28/29 dessen Propst. 1221 erfolglose Doppelwahl zum Bf. v. Brandenburg. 1224 reiste er auf Veranlassung Ebf. Albrechts II. nach Paris, um die Dominikaner nach Magdeburg zu holen, die sich im Sept. desselben Jahres dort niederließen. 1230 trat W. zu den Dominikanern über. 1246 gründete er im Zusammenwirken mit seinem Bruder Gebhard den Dominikanerkonvent in Neuruppin, den ältesten in der Mark, wo er bis zu seinem Tod Prior war.

Neben einer legendenhaften Vita sind von W. 6 Briefe überliefert (4 davon doppelt), sämtl. aus der Zeit nach 1246. Die (mit einer Ausnahme) an Frauen gerichteten Briefe myst. Inhalts lehnen sich v. a. an bernhard. Vorbild an, zeigen aber auch eigene Gedanken. Empfängerinnen waren die Zisterzienserinnen in Kl. Zimmern (Bm. Augsburg). Die Magdeburger Begine →Mechthild hat wohl unter seinem Einfluß gestanden, indirekt auch die Zisterzienserinnen in →Helfta. Mit seinen Briefen steht W. am Anfang der myst. Dominikanerlit. in Deutschland.

E. Lecheler

Ed. und Lit.: DSAM XVI, 419–422 – K. RUH, Gesch. der abendländ. Mystik, II, 1993, 285–295 – E. LECHELER, W. v. A., Wichmann-Jb. des Diöz. Gesch. V. Berlin 36/37, 1996/97.

Wicke (Vicia-Arten/Leguminosae). Das ahd. Lehnwort *wicka* oder *wiccha* bezeichnet wie das lat. *vicia* verschiedene W. narten (→Hülsenfrüchte): als alte Kulturpflanzen des Mittelmeerraumes (Plinius, Nat. hist. XVIII, 137–139) v. a. die Saat-W. (V. sativa L.), die als Pferdefutter und Gründüngungsmittel erwähnt wird (Albertus Magnus,

De veget. VI, 472; Konrad v. Megenberg V, 84), und die Erve oder Linsen-W. (V. ervilia [L.] Willd.). Neben diesen fand auch die Vogel-W. (V. cracca L.) in der ma. Heilkunde gelegentl. Verwendung (Hildegard v. Bingen, Phys. I, 192; Gart, Kap. 287). U. Stoll

Lit.: MARZELL IV, 1114–1122, 1133–1135.

Wicterp (Wikterp, Wichbert, Wikpert, Wiggo), Bf. v. →Augsburg, † (vor) 772. W., der in der Reihe der ältesten Augsburger Bf.e vor →Simpert als einziger historisch sicher belegt ist, erscheint als Bf. v. Augsburg um 738 unter dem Namen 'Wiggo' in einem Schreiben Papst Gregors III. an die Bf.e Alemanniens und Bayerns. Die bei HAUCK I (4), 540 und RIEZLER I 1 (2), 195 vertretene, auf den Humanisten Lazius († 1565) zurückgehende Nachricht, W. sei nach Eroberung →Bayerns durch Pippin III. 743/744 für das Bm. Neuburg geweiht, aber wegen seiner antikaroling. Haltung von Bonifatius wieder abgesetzt worden, begegnet großen Bedenken. Sicher ist hingegen die Mitteilung in der Vita S. Magni, daß W. zur Bekehrung der letzten Heiden im Allgäu durch den Priester Tozzo (sein Nachfolger) aus →St. Gallen Missionare erbat und den von dort über Epfach zu ihm entsandten Mönchen Theodor und →Magnus ihren Wirkungsort anwies, ferner die von Magnus in Waltenhofen erbaute Kirche weihte und mit Besitz ausstattete (741/742). Kurz darauf weihte er auf Bitten der Missionare eine Kirche zu →Kempten. Nach dem Chronicon Benedictoburanum war W. bereits bei der Gründung und Weihe des Kl. →Benediktbeuern (um 740) beteiligt. 751/754 übertrug Kg. Pippin auf Intervention W.s und auf Bitten seines im Kl. lebenden Bruders Karlmann der von Magnus zu →Füssen gegr. Zelle Güter, ebenso auch an die Bf.skirche zu Augsburg. Bf. W. starb (vor) 772 in Epfach (⊐ebd., St. Laurentius-Kirche; spätere Übertragung der Gebeine nach St. Ulrich und Afra in Augsburg). P. Fried

Lit.: LThK² X, 1121f. – K. BOSL, Bayer. Biogr., 1983, 846 – W. VOLKERT–F. ZOEPFL, Die Reg. der Bf.e u. des Domkapitels v. Augsburg, I/1, 1955, Nr. 1–9 – F. ZOEPFL, Gesch. des Bm.s Augsburg, I, 1955, 35ff.

Widder (Ikonographie). Häufigste Bildkontexte des W.s bleiben im MA der →Tierkreis, dessen 12 →Sternbilder er anführt, und das Opfer →Abrahams, bei dem ein W. an die Stelle Isaaks tritt (Gen 22, 13). Wie es in der frühchr. und ma. Tierallegorik die Regel ist (→Tiersymbolik, →Bestiarium), wurde auch der W. positiv und negativ gedeutet. Christusallegorien als W. können auf die Vorrangstellung (im Tierkreis?) zurückgehen (nach Isidor v. Sevilla, Etym. 7, 2, 42, MPL 82, 267: Aries, propter principatum; auch im MA zitiert: MICHEL, 59), auf das siebenhörnige Lamm in Offb 5, 6, und auf mangelnde Unterscheidung von Christuslamm (→Agnus Dei; →Christussymbole) und W.: Auch Schafträger (→Guter Hirt) können W. tragen, und im Großmünsterkreuzgang in Zürich ist dem W. bild 'ovis' beigeschrieben. Beispiele für negative Allegorik (BRAUNFELS, 528) als Attribut der Synagoge (→Ecclesia und Synagoge) und der Luxuria (→Tugenden und Laster) könnten auf Ineinssetzen des W.s mit dem (Ziegen-) →Bock zurückgehen. J. Engemann

Lit.: →Tiersymbole – LCI IV, 526–528 [S. BRAUNFELS] – P. MICHEL, Tiere als Symbol und Ornament, 1979.

Widder, auch Sturmbock oder →Tummler gen., gehörte zu den ma. Belagerungsmaschinen (→Antwerk) und wurde bereits im Altertum als wirkungsvoller Palisaden- und Mauerbrecher verwendet. Je nach Größe des W.s waren acht, zehn oder zwölf Männer am Rammen beteiligt. →Stoßzeug. E. Gabriel

Lit.: B. RATHGEN, Das Geschütz im MA, 1928.

Widerlegung (nhd. auch Widerlage, mnd. *wedderlegginge*, lat. contrapositio), ein Terminus, der, wie es der Wortsinn »etwas wider etwas anderes legen« entspricht, in einer Reihe höchst unterschiedl. ma. Geschäfte, z. B. beim →Tausch, die Gegenleistung bezeichnet. Im Ehegüterrecht kann die Gegenleistung des Mannes für das von der Frau eingebrachte Heiratsgut so heißen (vgl. § 1320 ABGB). Im nordeurop. Raum sind die Bedeutungen als Schadenersatz (schwed. *vederlag*) und im Gesellschaftsrecht hervorzuheben. Die wedderlegginge ist im Hanseraum und darüber hinaus der Prototyp einer →Handelsgesellschaft zw. genau zwei Partnern, die sich beide finanziell engagieren, aber die Handelstätigkeit allein einem von ihnen überlassen. Im Unterschied zur in manchen Punkten ähnl. strukturierten societas maris des Mittelmeerraums wird nur im N der Gewinn nach Köpfen geteilt. Es handelt sich also nicht um denselben Vertragstyp. →*sendeve*. A. Cordes

Lit.: HRG V, 1346–1349 – A. CORDES, Gewinnteilungsprinzipien im hans. und oberit. Gesellschaftshandel des SpätMA (Fschr. K. KROESCHELL, 1997) – DERS., Spätma. Gesellschaftshandel im Hanseraum [erscheint 1998].

Widerstand → Dynamik

Widerstandsrecht. [1] *Rechts- und Verfassungsgeschichte*: Schon in den germ. Staatsgebilden der Völkerwanderungszeit wie auch in den nord. Kgtm.ern findet sich die auf die Vorstellung von →Volk erkorenen Obrigkeit (Designationstheorie) und den Gefolgschaftsgedanken (→Gefolgschaft) zurückgehende Überzeugung, daß den Untertanen gegen den Herrscher ein W. zusteht. Verletzte dieser die aus dem auf gegenseitiger →Treue beruhenden Gefolgschaftsverhältnis erwachsenen Schutz- und Treuepflichten, gab er damit prakt. selbst seinen Gefolgschaftsanspruch auf. Diese vom ganzen Volk getragene Überzeugung bildete die Q. eines bis in das hohe MA greifbaren landrechtl. W.s, für das noch der →Sachsenspiegel (Landrecht III 78 § 2) ein beredtes Zeugnis ablegt.

Weitere Entwicklungsimpulse entstammten dem sich aus dem Gefolgschaftsverhältnis entwickelnden Lehnrecht (→Lehen, -swesen), das mit seiner Begrifflichkeit von Treuepflicht und Treuebruch dem W. auf der Basis des Vertragsgedankens eine ausgesprochene Rechtsform zu geben vermochte. Zweifelsohne waren es aber gerade die unbestimmte Zufälligkeit des älteren landrechtl. W.s und die Willkürlichkeit seiner Ausübungsmechanismen, die den seit dem 13. Jh. aufkommenden ständ. Verfassungskodifikationen einen Angriffspunkt boten. Diese suchten dem W. den willkürl. Charakter durch eine z. T. dem Lehn- und Fehderecht entliehene verfahrensmäßige Regelung zu nehmen und machten es dadurch zu einem formalen Mittel des Rechtsschutzes. Unter Rückgriff auf antike Vorbilder entstand so im Rahmen der Ausbildung des ma. Ständestaates ein ständ. W., das den →Ständen für den Fall eines Eingriffs in die ihnen verbürgten Rechte und Freiheiten ermöglichte, den Herrscher zu suspendieren und so seine Korrektion zu erzwingen.

Während die Kreuzfahrerstaaten in ihrer Verfassung das W. noch ganz auf lehnrechtl. Grundlage ausgestalteten, wird in § 61 der engl. →Magna Carta (1215) mit dem Gedanken der gemeinsamen fehderechtl. Repressalie der Stände gegen den Herrn der Schutz der öffentl. Freiheit gegenüber Landesherren in umfassender Weise verankert. Auch Aragón und Ungarn (→Goldene Bulle Kg. Andreas' II. 1222) kennen das W. als positives Recht der Landstände, das im Reich in die territorialen und lokalen →Handfesten

und Freiheitsbriefe des 14.–16. Jh. (bayer. Handfeste, 1311; →Joyeuse Entrée, 1356) übernommen wurde. Infolge dieser Kodifikationen wandelte sich das W. von einem repressiven Instrument zur präventiven Verfassungsgarantie und trug so zur Herausbildung der konstitutionellen Staatsform bei.

[2] *Theorien*: Die Theorien zum W. beschäftigten sich im wesentl. mit den Fragen, wer zur Ausübung des W.s berufen sei, wer über deren Rechtmäßigkeit zu entscheiden habe und wie weit der Widerstand gehen dürfe. Letzterer Aspekt kulminierte schließlich vor dem Hintergrund der durch kirchl. Überlieferung aus der Antike überkommenen Tyrannislehre in der Frage nach der Erlaubtheit des →Tyrannenmordes. Im →Dictatus papae Gregors VII. mit seiner These von der Absetzbarkeit des Ks.s durch den Papst verdichtete sich zum ersten Mal die theoret. Diskussion um das W. →Gebhard v. Salzburg und →Manegold v. Lautenbach verbanden zur Unterstützung des Papsttums in einer frühen Formulierung der Lehre von der Volkssouveränität (→Souveränität) das auf einem Herrschaftsvertrag beruhende weltl. W. mit dem kirchl. Rechtsanspruch auf Absetzbarkeit der weltl. Obrigkeit. Aus dem hierdurch gewonnenen sittl. Postulat der Idoneität (Eignung) des Herrschers leiteten sie sodann ein auf der Übertragung der Herrschaftsgewalt durch das Volk auf den Herrscher beruhendes, aktives W. ab. Als Gegenreaktion auf die Maßlosigkeit des kirchl. Absetzungsanspruchs kam unter Berufung auf die Lex Regia, mit der das röm. Volk seine Gewalt unwiderrufl. auf den Herrscher übertragen habe, die Lehre vom →Gottesgnadentum des Herrschers auf.

Erste Ansätze einer Lehre vom W. gegen die Kirche finden sich bei →Johannes v. Paris (153. J.), der Papst Bonifatius VIII. zum Feind Frankreichs und der Kirche erklärte, gegen den Gewaltmaßnahmen geboten seien. →Wilhelm v. Ockham schließlich wandte die zeitübl. kirchl. Widerstandslehre konsequent gegen die in seinen Augen häret. Kurie an. Ausgehend von der naturrechtl. Vorstellung, daß Gott als Urheber der Natur auch Ursprung der dem Naturrecht entstammenden Staatsgewalt und deshalb die Q. sowohl der weltl. als auch der kirchl. Macht sei, lehrte er, daß unerlaubte und ungerechte Befehle der ihre Macht mißbrauchenden Kirche nicht befolgt werden dürften. Ockham war es denn auch, der wie →Marsilius v. Padua im Zusammenhang mit den Auseinandersetzungen zw. Ludwig d. Bayern und Papst Johannes XXII. die Lehre von der Volkssouveränität im Dienste der weltl. Gewalten formulierte. Beide folgerten aus der vom Volk hergeleiteten Autorität des Herrschers ein Recht des Volkes auf Rücknahme der nur widerrufl. übertragenen Amtsgewalt. Während dies bei Manegold noch zur Begründung kurialer Rechte diente, betonten Marsilius und Ockham zur Abwehr päpstl. Vormachtsansprüche jedoch die Oberhoheit des Volkes als alleiniger Gesetzgeber und gelangten so zu einem alleinigen W. des Volkes.

Einen gänzl. anderen Ansatzpunkt, nämlich das röm. Recht, wählte die von den →Glossatoren und →Kommentatoren im 13. und 14. Jh. entwickelte legist. W.slehre. Zwar kennt das von ihnen rezipierte Recht nur privaten Widerstand gegen untere Exekutivbeamte; gleichwohl entwickelten sie als Sonderform rechtmäßiger →Notwehr ein W. gegen Richter, dessen Instrumentalisierung gegen Herrscher jedoch der Reformationszeit vorbehalten blieb.

Th. Brückner

Lit. [Ausw.]: DThC XV/2, 1948ff. – HRG V, 38. Lfg., 1995, 1351ff. – RGG³ VI, 1682ff. – F. KERN, Gottesgnadentum und W. im früheren MA, 1954² – F. W. KYS, Die Lehre über das W. in den polit. Werken des Meisters Wilhelm v. Ockham, 1967 – L. DELFOS, Alte Rechtsformen des Widerstandes gegen Willkürherrschaft (W., hg. A. KAUFMANN, 1972), 59–86 – J. SPÖRL, Gedanken um W. und Tyrannenmord im MA (ebd.), 87–113 – H.-P. SCHNEIDER, Das ius resistendi als rechtstheol. Problem, ZRGKanAbt 90, 1973, 383–416 – D. BÖTTCHER, Ungehorsam oder Widerstand?..., 1991 – Representation, Resistance and Sense of Community, hg. P. BLICKLE, 1997.

Widin → Vidin

Wîdmann, Johannes (Salicetus < 'wîde-man'), Arzt, med. Schriftsteller, stammte nach seinem Beinamen »Möchinger«/»Mechinger«/»Meuchinger« aus Maichingen b. Sindelfingen (Krs. Böblingen); * um 1440/44, † 1524 in Pforzheim, immatrikulierte sich 1459 in Heidelberg (Bakkalargrad und Magister 1463), ging 1466 an die Med. Fakultät in Pavia, 1468 nach Padua und wurde 1469 in Ferrara zum Dr. med. promoviert. Nach Niederlassungen in Ulm (1469) sowie Baden-Baden (1476) und Ehren-Immatrikulation in Ingolstadt (1474) wurde er Stadtarzt südwestdt. Reichsstädte (Basel 1477/78; Straßburg 1483/84; [Stuttgart 1498]; Ulm 1506) und betreute südwestdt. Landesherren als Leibarzt (Christoph I., Mgf. v. Baden 1476, 1478–84; Eberhard V. im Bart, Gf. v. Württemberg 1491, 1493–96; Ulrich [VI.], Hzg. v. Württemberg 1498–1513). Als Univ.sprofessor wirkte er 1477 in Basel und 1484/85–98 (?) in Tübingen (1497 Dekan der Med. Fakultät). 1493 wurde er zum württ. Gutachter in Sondersachen berufen. W. führte mehr als anderthalbtausend Apothekenvisitationen durch, organisierte das Hebammenwesen in Straßburg (1483) sowie Stuttgart auf Bezirksebene und regelte es durch Hebammenordnungen. 1499 bereiste er als amtl. Visitator die württ. Bäder. W. ist (Mit-)Verf. zweier Hebammenordnungen und hat sich als Briefeschreiber, als Rezeptautor sowie Urheber zahlreicher →Konsilien einen Namen gemacht (gegen Pest, Blasensteine/-geschwüre, Syphilis/Frambösie [für Lgf. Wilhelm III. v. Hessen]). Obwohl scholast. angelegt und auf antike wie arabist. Autoritäten bezogen, haben drei seiner Schriften überregionale Bedeutung erlangt: »Tractatus de pestilentia«, »Tractatus de pustulis et morbo qui vulgato nomine mal de franzos appellatur«, »Tractatus de balneis thermarum ferinarum – vulgo Uuildbaden – perutilis balneari volentibus ibidem« (Ain nützlichs büchlin von dem Wildpad).

G. Keil

Ed.: E. WILD, Ein Consilium Dr. J. W. aus Möchingen (1440–1524) über Blasengeschwüre und Steinleiden [Diss. Leipzig 1912] – K. SUDHOFF, Pestschriften aus den ersten 150 Jahren nach der Epidemie des »Schwarzen Todes« 1348, SudArch 16, 1923, 5–10 – K. SUDHOFF, Zehn Syphilis-Drucke, 1924, XXVIII–XXX, XXXIX–XLIII, 233–249, 347–352 [Faks.] – Il 'De pustulis et morbo qui vulgato nomine mal de franzos appellatur' del medico tedesco Giovanni W. (1496), übers. U. CECCARELLI, 1964 (Scientia veterum 69) – *Lit.:* Verf.-Lex. IV, 942–944 – F. FÜRBETH, Die Bibl. des Tübinger Arztes J. W. und eine aus ihrem Umkreis stammende frühe Beschreibung des Liebenzeller Bades, Würzburger med.hist. Mitt. 15, 1997.

Widmann v. Eger, Johannes, dt. Rechenmeister (→Mathematik, IV; →Rechenkunst, IV), * um 1460 in Eger, † nach 1500; 1480 in →Leipzig immatrikuliert, 1482 zum Bakkalar, 1485 zum Mag. art. promoviert, las seit 1486 über Arithmetik und hielt die erste Algebra-Vorlesung an einer dt. Hochschule. Nach 1489 verließ er die Leipziger Univ.; um 1500 läßt er sich in Annaberg nachweisen (möglicherweise auf Betreiben Rüleins v. Kalbe [→Rülein v. Calw] als Lehrer an der Lateinschule), danach ist er nicht mehr bezeugt.

Als Werke sind zunächst W.s (a) Notizen zur 'Dt. Algebra v. 1481' und zur 'Lat. Algebra' zu nennen (Dresden, LB, Hs. C 80, 368ʳ–378ʳ bzw. 350ʳ–365ᵛ), auf denen W.

seine (b) 'Algebra-Vorlesung' v. 1486 aufbaute: sie ist in vier Hss. überliefert und wurde 1489 durch Rülein v. Kalbe, den Meisterschüler W.s, weitergeführt. – (c) Dt. angeboten hat W. sein 'Rechenbuch', das 1489 unter dem Titel »Behend vnd hüpsch Rechnung vff allen Kauffmannschafften« in Leipzig herauskam und bis 1526 mindestens viermal nachgedruckt wurde: es ist durch den 'Algorismus v. Trient' (1475), den 'Algorismus Ratisbonensis' sowie durch die 'Bamberger Rechenbücher' v. 1483 bzw. 1482 (Ulrich Wagner) beeinflußt, aus denen es das Gros der Kaufmanns-Rechenaufgaben übernahm. Ansonsten führt der Egerländer in die Grundrechenarten ein, bietet den Falschen Ansatz ('regula falsi') zur Lösung von Gleichungen und befaßt sich mit der Proportionenlehre. Seiner Zeit voraus, bringt er detailliert das schriftl. Rechnen, benutzt (erstmals im Druck) Plus- und Minuszeichen und stellt das obsolete Rechnen auf der Linien nicht mehr dar. Das Werk erlebte mehrere Auflagen, hat über Rülein das 'Rechenbüchlein' ('Algorismus linealis') von Balthasar Lîcht beeinflußt und wurde erst im 16. Jh. durch die konkurrierenden Werke von Adam Riese und J. Köbel verdrängt. – (d-i) Dank der Forsch.en WAPPLERS kennen wir fünf weitere, anonym erschienene lat. Abh.en zur Arithmetik, Algebra bzw. Proportionenlehre (im Dr. bei Martin Landsberg, Leipzig, zw. 1490 und 1495); am bedeutendsten sind der 'Algorithmus linealis' (zweimal nachgedruckt) und der 'Algorithmus integrorum', der immerhin eine Zweitauflage erlebte (GW 1269–71, 1272–73); die übrigen drei Texte (GW 1274f. u. a.) wurden anscheinend nur einmal und in kleiner Stückzahl aufgelegt. G. Keil

Ed.: [a] W.s Notizen in Dresden C 80], ed. H. E. WAPPLER, Zur Gesch. der dt. Algebra im 15. Jh., Progr. Zwickau, 1887, 5–7, 9f. – DERS., Beitr. zur Gesch. der dt. Algebra, Abh.en zur Gesch. der Mathematik 5, 1890, 147–168, hier 149–151, 155–161, 163–168 – DERS., Zur Gesch. der dt. Algebra, Abh.en zur Gesch. der Mathematik 9, 1899, 537–554 – DERS., Zur Gesch. der Mathematik im 15. Jh., Zs. für Mathematik und Physik, hist.-lit. Abt. 45, 1900, 47–56, 55f. – [c] Das Geometrie-Segment aus dem 'Rechenbuch'], ed. W. KAUNZNER, Über die Hs. clm 26639 der Bayer. StB München, eine mögliche Q. zu W.s dt. Rechenbuch von 1489, 1978, 90–123 – *Lit.:* DSB XIV, 325–326 [K. VOGEL] – M. CANTOR, Vorlesungen über Gesch. der Mathematik, II, 1900², 228–237, 248–251 – W. KAUNZNER, J. W. (Rechenmeister und Cossisten der frühen NZ, Freiberger Forsch.shefte, D 20, 1996), 37–51 – G. KEIL, »ein kleiner Leonardo«: Ulrich Rülein v. Kalbe ... (Fschr. M. HOLLER, Würzburger med.hist. Forsch.en 38, 1995 [1996]), 228–247, hier 229–231.

Widmungsbild → Dedikationsbild

Wido

1. W. comes, *Präfekt der Bret. Mark* 799–803/813 (→Bretagne, A. I), ein Angehöriger des Adelsgeschlechts der →Widonen, war offenbar im Dienst Kg. Pippins zunächst mit Abt →Fulrad v. St-Denis im Elsaß und in der Ortenau tätig. 799 von Karl d. Gr. als Präfekt der Bret. Mark eingesetzt, unterwarf er die Bretagne dem Frankenreich. Er stand mit →Alkuin, der ihn bei Karl d. Gr. als »vir perfectus et iudex incorruptus« pries und ihm seinen »Liber de virtutibus et vitiis« widmete, in enger Verbindung. In der Bret. Mark ist sein Sohn Lambert bereits seit 806 als Gf., ab 818 als Präfekt nachweisbar.

E. Hlawitschka

Lit.: J. FLECKENSTEIN, Fulrad v. St-Denis und der frk. Ausgriff in den südöstl. Raum (Forsch. zur Oberrhein. Landesgesch. 4, 1957), 9–39 – J.-P. BRUNTERC'H, Le Duché du Maine et la Marche de Bretagne, La Neustrie (Beih. der Francia 16, 1, 1989), 46ff.

2. W. I., *Hzg. v. Spoleto* 842–ca. 859. Wohl 834 mit seinem Vater Gf. Lambert I. v. →Nantes (→Widonen) als Anhänger Ks. Lothars I. nach Italien gekommen, folgte er nach Ludwigs d. Fr. Tod (840) Lothar in die nordalpine Francia, wo er das Kl. →Mettlach als alten Familienbesitz zurückerhielt. 842, schon als Hzg. v. Spoleto, mußte er darauf verzichten. Er wandte sich fortan dem Ausbau einer festen Stellung in Mittelitalien zu und heiratete Ita, die Tochter des Hzg.s Siko I. v. Benevent. Um 843 griff er in die zw. seinem Schwager Hzg. Sikonulf und dem Prätendenten Radelgis aufgebrochenen beneventan. Wirren ein, in denen er – bis zur Teilung des Landes in die Fsm.er →Benevent und →Salerno 849 – mehrmals gegen hohes finanzielles Entgelt vermittelte. Er nahm bald eine Stellvertretung des Ks.s in Rom wahr und war auch 846 an der Vertreibung von Sarazenen aus Rom und Latium beteiligt. Um 858 unterstützte er den Fs.en Ademar v. Salerno bei inneren salernitan.-capuan. Auseinandersetzungen, wobei er seinem auf die Gebiete westl. des Apennin konzentrierten Spoletiner Dukat im S mehrere Orte im oberen Liri-Tal hinzugewann. 860 ist bereits sein Sohn Lambert in Spoleto tätig. E. Hlawitschka

Lit.: →Widonen [A. HOFMEISTER, 349–356; E. HLAWITSCHKA, Die Widonen..., 27–44; DERS., Die polit. Intentionen..., 126–129].

3. W. II., *Hzg. v. Spoleto, Kg. v. Italien*, Ks., † 894, ☐ Parma, Kathedrale, Sohn Hzg. Widos I. In die stark auf die Festigung einer widon. Familienposition in Mittelitalien ausgerichtete Politik seines älteren Bruders Hzg. Lambert v. Spoleto (ca. 859–871, 876–879) und in dessen Zusammenstöße mit Ks. Ludwig II., bei denen Lambert 871 sein Amt verlor, war W. nicht involviert. W., der 875/876 Ageltrude, Tochter des Fs.en Adelchis v. Benevent, heiratete und – im Zusammenhang der Wiedereinsetzung Lamberts durch Ks. Karl d. Kahlen 876 im spoletin. Westteil des Dukats – im östl. Dukatsteil, →Camerino, als dux auftrat, konzentrierte seine Aufmerksamkeit zunächst auf die Beziehungen zu Benevent und auf die Sarazenenabwehr. Auch an den erneuten, von Reichsverantwortung wie Eigeninteresse getragenen spektakulären Aktionen Lamberts gegen Papst Johann VIII., der den Kirchenstaat über Spoleto ausdehnen wollte, und ebenso an ähnl. Maßnahmen des Lambertsohnes →Wido III. hatte er keinen erkennbaren Anteil. 881 griff er in die 878 mit der Ermordung des Fs.en →Adelchis ausgebrochenen beneventan. Wirren ein und verhalf dem Bruder seiner Gemahlin, Radelchis II., zur Macht. Etwa 882 kam der gestürzte Fs. Gaideris v. Benevent sogar unter seine Aufsicht, aus der er diesen aber – nach Verhandlungen mit Byzanz und Geldannahme von dort – nach Ostrom entkommen ließ. Anfang 883 konnte W. nach dem Tod seines Neffen Wido III. den spoletin. Gesamtdukat erneuern. Mit den Sarazenen schloß er damals Frieden. Nach dem Bekanntwerden der Byzanzkontakte wurde er indessen von Ks. Karl III. im Juni 883 wegen Schädigung der Reichsinteressen vor Gericht gestellt und zu Ämter- und Lehensverlust verurteilt. Aus der Haft entflohen, wehrte er 883 und 884 Angriffe Mgf. →Berengars I. v. Friaul vom Reichstruppen ab; 885 wurde er schließlich nach Unschuldsversicherungen in seiner Position bestätigt. Danach findet man ihn erneut in Kämpfen mit Sarazenen am Garigliano. Er nahm auch ztw. Capua und Benevent in eigene Verwaltung. Mit Papst Stephan V. kam er damals in engen Kontakt; dieser nahm W. sogar symbolträchtig an Sohnesstatt an. Die päpstl. »Adoptio in filium« kam indessen keiner Zusicherung der Nachfolge im Ksm. gleich, bedeutete offenbar nur den Eintritt des Papstes in eine »defensio specialis« W.s. In Süditalien einem großen Erfolg nahe, erhielt W. die Nachricht vom nahenden Ende Karls III. Er zog – bestärkt in seinen Plänen auch von seinem propinquus Ebf. →Fulco

v. Reims – über die Alpen und ließ sich Anfang März 888, als die Auflösung des frk. Gesamtreichs mit den Thronerhebungen Arnulfs v. Kärnten, Rudolfs I. v. Hochburgund, Berengars I. und Odos v. Westfranken schon im wesentl. vollendet war, in Langres zum Kg. wählen und krönen, kehrte aber, als er von Odos Kg.swahl erfuhr, nach Italien zurück und rüstete gegen Berengar. Nach unentschiedenem Kampf im Okt. 888 bei Brescia besiegte er diesen im Jan. 889 in blutiger Schlacht an der Trebbia. Während sich Berengar fortan nur noch im östl. Oberitalien behaupten konnte, wurde W. Mitte Febr. 889 in Pavia zum neuen »rex Italiae« erhoben; er fand im größten Teil Italiens Anerkennung. Eine Lehnshuldigung gegenüber Arnulf v. Kärnten lehnte W., anders als die weiteren neuen Kg.e, ab. Den spoletin. Dukat überließ er nun seinem Großneffen →Wido IV. Als sich W.s Beziehungen zum Papsttum verschlechterten, lud Papst Stephan V. im März 890 Arnulf v. Kärnten ein, Italien von den »schlechten Christen und den Heiden« zu befreien. Da Arnulf ablehnen mußte, blieb Stephan nur, W. am 21. Febr. 891 in Rom (als ersten Nichtkarolinger) zum Ks. zu krönen. Dies sollte offenbar W. legitimieren, die Herrschaft im ehem. frk. Gesamtreich zu erstreben. W.s Bleisiegel zeigen immerhin die programmat. Inschrift »Renovatio regni Francorum«; im Mai 891 nahm er, um freier agieren zu können, seinen Sohn →Lambert zum Mitkg. an; und im Herbst 891 erwartete man in Westfranken W.s Ankunft. Zu Ostern 892 ließ er Lambert durch den neuen Papst Formosus in Ravenna zum Mitks. erheben. Doch von Formosus ausgehende Schwierigkeiten vereitelten W.s Pläne. Im Herbst 893 kamen päpstl. Boten zu Arnulf nach Regensburg und baten um Befreiung »a Widone tyranno«. Zumal ein sofort von Arnulfs Sohn →Zwentibold geführter und von Berengar unterstützter Voraustrupp dem in Pavia verschanzten W. nichts anhaben konnte, zog Arnulf selbst nach Jahresbeginn 894 nach Italien, erstürmte Bergamo und besetzte Pavia, aus dem W. in seine Stammlande ausgewichen war. Nach Arnulfs Abzug über Burgund starb der nach Norditalien zurückgekehrte W. im Spätherbst 894 am Fluß Taro an einem Blutsturz.

E. Hlawitschka

Lit.: Dümmler², Bd. 3 – →Widonen [A. Hofmeister, 353–369, 411f.]; E. Hlawitschka, Die Widonen..., 44–90] – G. Fasoli, I re d'Italia, 1949, 1–30 – E. Hlawitschka, Ks. W. und das Westfrankenreich, Person und Gemeinschaft im MA (Fschr. K. Schmid, 1988), 187–198.

4. W. III., *Hzg. v. Spoleto* 879/880–882, Sohn Hzg. Lamberts (→Widonen), führte die Politik seines Vaters gegen das von Ks. Karl d. Kahlen 875/876 zugesagte Einbeziehen →Spoletos in den Kirchenstaat fort, wurde dabei aber von Kg. Karl III., dem es mehr um die rasche Gewinnung der Ks.krone (12. Febr. 881) ging, nicht voll unterstützt, indessen auch nicht ganz fallengelassen. Noch 882 beklagte sich Papst Johann VIII. beim Ks. »de Widone Rabia, invasore et rapaci«. Bei seinem frühen Tod (eher Ende 882 als erst 883) hinterließ W. zwei noch unmündige Kinder, den zukünftigen Hzg. →Wido IV. und Ita, die spätere Gemahlin des Fs.en →Waimar v. Salerno.

E. Hlawitschka

Lit.: →Widonen [A. Hofmeister, 365f.]; E. Hlawitschka, Die Widonen..., 76–83; Ders., Die polit. Intentionen..., 139–141].

5. W. IV. (Guido), *Hzg. v. →Spoleto*, † vermutl. Frühjahr 897, Sohn Widos III. († 882/883), Bruder der Ita, Gattin Fs. Waimars v. Salerno. Er trat nicht sofort die Nachfolge seines Vaters als Hzg. (oder Mgf.) v. Spoleto an, da sein Onkel Wido II., der →Camerino regierte, die Herrschaft über beide Teile des Dukats in seiner Hand vereinigte und bis März 888, als er Kg. des Westfrankenreichs wurde, oder bis zur Ernennung zum Kg. v. Italien (12. Febr. 889) beibehielt. W. wurde daher zw. Anfang 888 und Anfang 889 Hzg. Er vertrieb die Byzantiner aus →Benevent (895), exilierte für kurze Zeit auch den dortigen Bf. und herrschte mindestens 1 Jahr und 8 Monate über das Fsm. Benevent. Als Waimar, der sich zu W. begeben wollte, von dem Gastalden v. Avellino, Adelferius, gefangengenommen und getötet wurde, belagerte der Hzg. Avellino und erzwang die Herausgabe der Leiche seines Schwagers. Danach zog W. nach Rom, um dort mit Ks. Lambert (dem Vetter seines Vaters) und dessen Mutter Ageltrude zusammenzutreffen. Unterwegs wurde er jedoch auf einer Tiberbrücke von seinem späteren Nachfolger →Alberich (2. A.) getötet. S. Gasparri

Lit.: E. Hlawitschka, Die Widonen im Dukat v. Spoleto, QFIAB 63, 1983, 80f., 90f.

6. W., *Bf. v. →Ferrara* seit ca. 1082/83, † nach 1099; wahrscheinl. aus Arezzo, bezeugt selbst seine Teilnahme an der röm. Fastensynode →Gregors VII. (März 1080), tritt danach nur noch als treuer Anhänger des Gegenpapstes →Clemens III. (Ebf. Wibert v. Ravenna) auf. Urkundl. als Bf. erstmals am 1. Dez. 1086 belegt, zuletzt am 18. Okt. 1099 Datar einer Papsturkk. Wiberts. In dessen Auftrag verfaßte W. zw. dem 15. März und 24. Mai 1086 die Streitschrift »De scismate Hildebrandi. Pro illo et contra illum« als Antwort auf den »Liber contra Wibertum et sequaces eius« Bf. →Anselms II. v. Lucca (→Publizistik, A. I.3). Die Themen (Rechtmäßigkeit der Wahl Gregors VII., dessen Amtsführung, Rechtmäßigkeit der Exkommunikation Heinrichs IV., Unterstützung des Gegenkg.s Rudolf v. Rheinfelden durch den Papst und das dadurch verursachte Blutvergießen, Lösung der Untertanen vom Treueid, Gültigkeit der von Schismatikern gespendeten Sakramente sowie die →Investitur) werden in zwei Büchern gleichen Umfangs diskutiert. Buch I bietet fortlaufend die Argumente Gregors VII. (Berschin: biograph. Form), während Buch II die Verfehlungen Gregors in Dialogform darstellt. Für das Investiturproblem hat W. mit der Trennung von →Spiritualia und Secularia, d. h. den geistl. und weltl. Rechten des Bf.samtes (MGH L. d. L. I, 564), die Richtung vorgegeben, die später zur Lösung des Problems führte (→Ivo v. Chartres), ohne allerdings Konsequenzen für den Einsetzungsvorgang aufzuzeigen. →Placidus v. Nonantola hat einige Sentenzen W.s in seine umfangreiche Slg. aufgenommen. Die Überlieferung des Werks besteht wie die vieler Streitschriften, die nach dem Tod Gregors VII. entstanden sind, nur aus einer Hs. (München, Clm 6535). C. Zey

Ed.: MGH L. d. L. I, 1891, 529–567; III, 1897, 731–733 – Lit.: A. Fliche, La réforme grégorienne, III, 1937, 256–301 – Wattenbach-Schmale III, 886f. – J. Fried, Der Regalienbegriff im 11. und 12. Jh., DA 29, 1973, 483–486 – I. S. Robinson, Authority and Resistance in the Investiture Contest, 1978 – I. Heidrich, Ravenna unter Ebf. Wibert (VuF Sonderbd. 32, 1984), 154–156 – W. Berschin, Die publizist. Reaktion auf den Tod Gregors VII., StGreg 14, 1991, 121–135.

7. W., *Bf. v. →Le Puy*, Vorkämpfer des →Gottesfriedens, † 9. Febr. 996, entstammte der Dynastie der Gf.en v. Anjou (→Angers), war Bruder des mächtigen Gf.en Gauzfred (Geoffroy Grisegonelle), wurde Abt des Kl. →Cormery, das er reformierte, 976 dann mit Unterstützung Kg. →Lothars zum Bf. v. Le Puy erhoben. Diese Ernennung W.s zeigt ebenso wie die Ehen seiner Schwester Adelheid/Azalaïs (nacheinander ∞ mit: Stephan v. →Brioude, Gf.en v. →Toulouse; Kg. →Ludwig V.; →Wilhelm v. Arles, Mgf. v. Provence) das Bestreben der Angevinen, im südl. Frankreich ein weiträumiges Fsm. aufzubauen.

Bf. W. unternahm große Anstrengungen, um in seinem Diözesanbereich den durch Usurpationen und Gewalttaten der 'milites' gestörten Frieden wiederherzustellen. 976/980 berief er eine Diözesanversammlung ('placitum') nach St-Germain-Laprade: Die Ritter mußten sich durch Ablegen des →Eides verpflichten, weder die Kirche noch die 'pauperes' zu unterdrücken und die usurpierten (Kirchen-)Güter zurückzuerstatten; diejenigen Herren, die sich diesen Maßnahmen hartnäckig widersetzten, wurden vom Bf. mit Gewalt zur Botmäßigkeit gebracht. Nachdem W. die hohen Ämter in Diözesanverwaltung und Abteien an Kanoniker v. Le Puy übertragen hatte, versammelte er 993–994 zahlreiche südfrz. Bf.e in St-Paulien (sog. Friedenskonzil v. Le Puy), um das Friedensgebot auf alle Gebiete, in denen die Angevinen Fuß zu fassen trachteten, auszudehnen; Maßnahmen wurden zum Schutz der Kirche, der Bauern und der Kaufleute ergriffen, ebenso zur Verringerung der Zahl der Burgen. Diese Initiativen W.s standen am Beginn der Gottesfriedensbewegung.

Kurz vor seinem Tode (996) designierte W. seinen Neffen Stephan v. Brioude (auch: Stephan v. →Gévaudan), den aus der 1. Ehe der Adelheid hervorgegangenen Sohn, zu seinem Nachfolger. Doch verurteilte der Papst 998 diese irreguläre Entscheidung. G. Fournier

Lit.: C. LAURANSON-ROSAZ, L'Auvergne et ses marges du VIIIe au XIe s., 1987 – La Paix de Dieu (Colloque Le Puy, 1987), 1988.

8. W. (Guido) **v. Velate,** Ebf. v. Mailand (1045–1068/71), * vor 1015 als Sproß einer am Lago di Varese begüterten Capitanenfamilie, † 23. Aug. 1071 in Bergoglio (Prov. Alessandria), ▭ ebd. Am 18. Juli 1045 von Kg. Heinrich III. unter Ablehnung der vier Kandidaten der Mailänder Ortsgemeinde in Aachen zum Ebf. nominiert und vom städt. Meliorat nur widerwillig gewählt, repräsentierte W. für →Arnulf v. Mailand, →Bonizo v. Sutri, →Landulf den Älteren und Andreas v. Strumi den Typus eines mit Intriganz, Beredsamkeit und Weltklugheit begabten Landadligen, dem es an theol. Bildung und persönl. Integrität fehle. Seine wohl nicht vor dem 5. Sept. 1045 erfolgte Weihe wurde deshalb schon auf der Lateransynode v. 1050 in Frage gestellt, doch gelang es W., die Klage zurückzuweisen und in einem Sessionskampf den Platz zur Rechten →Leos IX. zu behaupten. Seine zahlreichen Reisen an den dt. Hof (1046, 1054, 1055, 1056, 1057, 1066) bezeugen ihn als einflußreichen Ratgeber der Salier, was unter Heinrich IV. zur Erhebung seines Neffen Arnulf zum Bf. v. Cremona führte. In Mailand wuchs freilich der Widerstand. So kam es ab 1056/57 zu schweren Konflikten mit der →Pataria, die den städt. Klerus im Sinne asket. Ideale zu reformieren trachtete. W. versuchte, dies durch Exkommunikation ihrer Anführer →Ariald und →Landulfus 'Patarinus' auf der Synode v. Fontaneto (1057) zu verhindern, mußte aber kurz darauf ein iuramentum commune dulden, das alle Laien auf den Kampf gegen →Simonie und →Nikolaitismus verpflichtete. Erst als →Petrus Damiani auf seiner Mailänder Legation v. 1059 den röm. Primat hervorkehrte, und →Alexander II. den Ebf. 1066 exkommunizierte, trat eine Wende ein: Die Kommune sah den honor beati Ambrosii mißachtet und unterstützte W. bis zur Ermordung Arialds am 28. Juni 1066. Die anschließenden Gewaltaktionen der Pataria unter Führung →Erlembalds und seine Vertreibung aus Mailand scheinen W. zur Resignation bewogen zu haben. In den Jahren 1068–71 trat er sein Amt (angebl. gegen eine Geldzahlung von 1000 Pfund) an den Mailänder Subdiakon Gottfried ab, der zwar von Heinrich IV. investiert wurde, jedoch in der Stadt keine Aufnahme fand. Beim Versuch, seinen Schritt rückgängig zu machen, wurde W. von Erlembald in Klosterhaft genommen, kam aber beim Mailänder Stadtbrand im März 1071 wieder frei und starb verbittert im Exil. Sein Scheitern ist wohl v. a. auf innerstädt. Faktoren und den Beginn der →Gregorian. Reform zurückzuführen.
J. Laudage

Lit.: LThK³ IV, 1096 – JDG H. IV. und H. V., Bd. 1–2, 1890/94 – C. VIOLANTE, La pataria milanese e la riforma ecclesiastica, 1955 – A. H. ALLEN, The Family of Archbishop Guido da V. of Milan (1045–71), (Raccolta di studi in mem. di G. SORANZO, 1968), 1–9 – H. KELLER, Pataria und Stadtverfassung, Stadtgemeinde und Reform: Mailand im »Investiturstreit«, VuF 17, 1973, 321–350 – DERS., Adelsherrschaft und städt. Gesellschaft in Oberitalien, 1979 – P. GOLINELLI, La Pataria, 1984 – A. AMBROSIONI, Gli arcivescovi di Milano e la nuova coscienza cittadina (L'evoluzione delle città it. nell'XI secolo, hg. R. BORDONE u. a., 1988), 193–222 – A. LUCIONI, L'età della Pataria (Diocesi di Milano, hg. A. CAPRIOLI u. a., 1990), 167–254 – J. ENGLBERGER, Gregor VII. und die Investiturfrage, 1996, 52–92 [Lit.].

9. W. (Guido) OSB, hl., Abt v. →Pomposa, * zw. 965 und 970 bei Ravenna, † 31. März 1046 in Borgo San Donnino (Fidenza) (Fest: 31. März und 4. Mai in Speyer, 31. März in Pomposa). Nach Studien in Ravenna, denen er beachtl. Kenntnisse im Rechtswesen, der Architektur und Musik verdankte, weigerte er sich, eine Ehe einzugehen, und trat eine Pilgerfahrt nach Jerusalem an, hielt jedoch in Rom inne, wo er einige Monate (zur Zeit Papst Johannes' XV.) verweilte. Nach Ravenna zurückgekehrt, folgte er der geistl. Unterweisung des Eremiten Martinus, des ehemaligen Abtes v. Pomposa (986–988). W. wurde Prior des ravennat. Kl. S. Severo und 1008 Abt v. Pomposa, wo er die neuen eremit. Lebensformen des hl. →Romuald und des hl. →Petrus Damiani einer monast. Disziplin sui generis anpaßte, dem »Ordo Pomposianus«, in dem das eremit. Leben zwar als die höchste Stufe des Mönchslebens betrachtet wurde, aber nicht das gemeinschaftl. Leben überwog. W. setzte die Loslösung seines Kl. aus der Abhängigkeit von anderen kirchl. Einrichtungen durch (S. Salvatore in Pavia; Ebf. v. Ravenna; Ebf. v. Mailand) und erwirkte päpstl. und ksl. Privilegien und Schenkungen. Die tiefe Spiritualität des Kl. und W.s starke Persönlichkeit, der auf Perioden des Eremitenlebens intensive prakt. Aktivitäten folgen ließ (Neubau der Kirche), zogen die Bewunderung und Aufmerksamkeit von Ks.n, Bf.en und lokalen Grundherren auf sich, wie des Mgf.en Bonifaz v. →Canossa, der W. zu seinem Ratgeber erwählte. Petrus Damiani verbrachte verschiedene Phasen seines Lebens bei W. und bezeichnete ihn als »vir sanctus« (Op. XIII).

W.s sterbl. Überreste wurden von Ks. Heinrich III. zuerst nach Verona (S. Zeno), schließlich nach Speyer übertragen (4. Mai 1047, St. Johann und Guido), gingen beim Brand der Stiftskirche 1689 jedoch zum Großteil zugrunde. Ein Teil der Reliquien gelangte 1755 zu den Pomposianermönchen von S. Benedetto in Ferrara. Der sofort nach W.s Tod einsetzende Kult beschränkt sich auf Speyer, Pomposa und die Erzdiöz. Ravenna. W. wird in den benediktin. Brevieren in ganz Europa kommemoriert. P. Golinelli

Lit.: LThK³ IV, 1097 – Atti del primo Conv. Internaz. di Studi Stor. Pomposiani, hg. A. SAMARITANI, 1964 – P. LAGHI, S. Guido abbate di Pomposa, Analecta Pomposiana III, 1967.

10. W., Ebf. v. Vienne → Calixtus II.

Widonen (Lambertiner), herausragendes, seit dem Ausgang des 7. Jh. nachweisbares salfrk. Adelsgeschlecht, das im Bereich der mittleren Mosel, Saar und Nahe beheimatet war, auch bei Verdun über Besitz verfügte und im Reichsdienst in viele andere Teile des Frankenreiches ausgriff. In der Frühzeit sind ihm zuzuzählen der zuerst als

dux, dann als Bf. v. Trier (ca. 705-722/723) tätige Gründer des Kl. →Mettlach, Liutwin, mit seinen erst spät bezeugten Eltern Gerwin und Gunza (ihr Bruder war der 705 verstorbene Bf. Basin v. Trier) und seinen Söhnen Gf. Wido und Bf. →Milo v. Trier und Reims (722/723-761/762), letzterer bes. bekannt als Opponent des Hl. →Bonifatius. Sie wirkten als Helfer Pippins d. M. und Karl Martells. Ob der 739 wegen Hochverrats hingerichtete Laienabt Wido v. St. Wandrille, ein propinquus Karl Martells, mit Milos Bruder zu identifizieren ist, bleibt ungewiß. Unsicher ist auch, ob den Brüdern Milo und Wido noch die beiden Gf. enbrüder Warnharius, Gründer des Kl. →Hornbach (vor 742), und Adalhard – beide stellten sich 771 nach Kg. Karlmanns Tod entschlossen auf die Seite Karls d. Gr. und verhinderten so drohende Auseinandersetzungen – als Geschwister oder Schwäger oder einem von ihnen als Söhne zuzuordnen sind. Nach Warnharius und seinen drei Söhnen Nanther, Herloin und Rothar verlieren sich sichere Nachkommenslinien, die indessen – vermutl. über einen Herard, einen Herloin und/oder einen dux Nanthar (um 864 Gründer des Kl. Münsterdreisen) und einen oder zwei Gf. en Werinhar – zu Hzg. Konrad d. Roten und den →Saliern weiterliefen; Ks. Heinrich IV. betonte jedenfalls 1105, daß Hornbach von seinen Vorfahren gegr. wurde. Andererseits steht fest, daß sich die genealog. Linie von Bf. Milo oder seinem Bruder Wido über einen Gf. en Lambert zu den in der Zeit Karls d. Gr. nachweisbaren drei Gf. enbrüdern Wido (er bezeichnete 796 Hornbach als von seinen progenitores gegründet), Hrodold und Warnar weiterverfolgen läßt. Während Warnar 814 bei der »Säuberung der Pfalz Aachen« als amicus Ludwigs d. Fr. ums Leben kam, Hrodold zu Beginn des 9. Jh. Gf. v. Vannes war und diese Gft. einem Wido (813-830/831), wohl seinem Sohn, hinterließ, der 834 als Gf. v. Maine gegen Ludwigs d. Fr. Gegner fiel und einen gleichnamigen Sohn hatte, war →Wido Präfekt der breton. Mark und durch seinen Sohn Gf. Lambert I. v. Nantes, einen (ab 830) überzeugten Anhänger Ks. Lothars I. (fautorum Lotharii maximus) und der Reichseinheitspartei, welcher 834 mit Lothar nach Italien abzog und dort 837 verstarb, der Stammvater der Widonen v. Spoleto. Denn Lamberts I. v. Nantes Sohn →Wido erhielt 842 das Hzm. →Spoleto, das dann Widos Nachkommen Hzg. Lambert v. Spoleto (†879) und sein Bruder →Wido II., der spätere Kg. und Ks., und dessen Sohn Ks. →Lambert, zu einem für Papst und Ks. beunruhigenden mittelit. Machtzentrum ausbauten. Eine Tochter Widos I. v. Spoleto, Rothilde, war mit Mgf. →Adalbert I. v. Tuszien vermählt, was das jahrelange polit. Agieren der W. gegen Papst →Johann VIII. begünstigte. Offenbar von einem zweiten mit nach Italien gekommenen Sohn Lamberts I. v. Nantes, Heimo, der als fidelis consiliarius Lothars I. bezeugt ist, stammen zwei widon. Seitenlinien in Camerino und in Lecco ab; letztere ist bis zum Ausgang des 10. Jh. nachweisbar. Zwei weitere Söhne des 837 verstorbenen Lambert waren die in Nantes zurückgebliebenen Gf. en Lambert II. v. Nantes und Warnar, die beide 852 im Aufstand gegen Kg. Karl d. Kahlen den Tod fanden. Nachkommen des mit einer Tochter Ks. Lothars I. verheirateten Lambert II. lebten – über den Sohn Gf. Witbert – im lotharing. Mittelreich weiter. Ob über Lamberts II. Bruder Warnar oder bereits über den genannten Gf. en Wido v. Vannes jene Blutsverwandtschaft lief, die zu Ausgang des 9. Jh. den Ebf. →Fulco v. Reims, den Hauptprotagonisten Kg. Karls d. Einfältigen, und seinen Bruder Gf. Rampo mit den Ks. n Wido und Lambert verband, ist ungeklärt. Gleiches gilt für eine Verwandtschaft mit den Miloniden und

Anskariden im burg. Raum um Langres, bei denen Wido II. v. Spoleto 888 Unterstützung beim Ringen um sein Kgtm. fand und von denen ihm einige nach Italien folgten, wie ebenso für die Verwandtschaft zu den Fulconen von →Angers/Anjou.
E. Hlawitschka

Lit.: Th. Wüstenfeld, Über die Hzg. e v. Spoleto aus dem Haus der Guidonen, Forsch. zur dt. Gesch., 3, 1863, 383-433 – A. Hofmeister, Mgf. en und Mgft. en im Ital. Kgr., MIÖG-Ergbd. 7, 1906, 348-369, 411-415 – H. Baldes, Die Salier und ihre Untergf. en in den Gauen des Mittelrheins [Diss. Marburg 1913] – H. Schreibmüller, Die Ahnen Ks. Konrads II. und Bf. Brunos v. Würzburg, Herbipolis jubilans, 1952, 173-233 – A. Doll, Das Pirminskl. Hornbach, Archiv für mittelrhein. Kirchengesch. 5, 1953, 108-142 – G. Tellenbach, W. und Salier, Protokoll Nr. 78 der Arbeitssitzungen des Konstanzer Arbeitskreises (21. V. 1960) – M. Mitterauer, Karol. Mgf. en im SO, 1963, 64-72 – W. Metz, Miszellen zur Gesch. der W. und Salier, HJb 85, 1965, 1-27 – E. Hlawitschka, Waren die Ks. Wido und Lambert Nachkommen Karls d. Gr.?, QFIAB 49, 1969, 366-386 – G. Schneider, Ebf. Fulco v. Reims und das Frankenreich, 1973, 1-21 – Th. Raach, Kl. Mettlach/Saar und sein Grundbesitz, 1974, 23-36 – E. Hlawitschka, Die W. im Dukat v. Spoleto, QFIAB 63, 1983, 20-92 – Ders., Die polit. Intentionen der W. im Dukat v. Spoleto, Atti del 9° Congr. internaz. di studi sull'Alto Medioevo 1, Spoleto 1983, 123-147 – J. P. Brunterc'h, Le Duché du Maine et la Marche de Bretagne, La Neustrie (Francia Beih. 16, 1), 1989, 46ff. – W. Haubrichs, Der Prestarievertrag des Bf.s Theotelach v. Worms mit dem Gf. en Erinfried vom Jahre 891, Jb. westdt. Landesgesch. 16, 1990, 48ff. [betr. Münsterdreisen].

Widsith, ae. Dichtung von 143 alliterierenden Versen, die im →Exeter-Buch überliefert ist. Wie bei den meisten ae. Dichtungen ist die genaue Entstehungszeit unbekannt, aber möglicherweise entstand W. relativ früh (spätes 7. Jh.?). W. gibt sich als der autobiograph. Bericht eines idealen germ. Sängers aus dem Stamm der Myrginge (→Berufsdichter, V; →Skop) mit dem sprechenden Namen *Widsith* ('der Weitgereiste'), der katalogartig in drei mnemotechn., durch erzählende Passagen verbundenen Gruppen (Thulas gen.), die insgesamt ca. 140 Fs.en, Völker und Stämme aufzählt und z. T. beschreibt, bei denen er angebl. gewesen ist und gesungen hat (1: 18-49 Herrscher; 2: 57-87 Völker; 3: 112-134 Herrscher), hauptsächl. aus dem germ. Bereich, aber auch Israeliten, Ägypter und Perser (82-84). Da dies aber sowohl von der geogr. Ausdehnung als auch von der chronolog. Spannbreite her für einen einzelnen gar nicht möglich war (der mehrmals erwähnte Ostgotenkg. Eormanric = →Ermanarich starb 375/376, der Langobardenkg. Aelfwine = →Alboin starb 572/573), ist der Bericht sicher fiktiv. Er ist jedoch wichtig wegen der Fülle der Namen aus der Völkerwanderungszeit, die er überliefert, und wegen des damit verbundenen Sagenhintergrunds, der im Gedicht zwar kaum angedeutet wird, im ags. England aber offenbar noch präsent war. Manche der gen. Gestalten kommen auch in anderen ae. Dichtungen vor, z. B. Hrothgar, Hroth(w)ulf, Ingeld (45-49) sowie Offa (→Offasage) im →»Beowulf«, Eormanric in →»Deor«. Unklar ist, ob Scilling (103), mit dem W. zusammen auftritt, ein zweiter Sänger ist oder W.s Harfe.
H. Sauer

Bibliogr.: NCBEL I, 308-310 – S. B. Greenfiled – F. C. Robinson, A Bibliogr. of Publ. on OE Lit., 1980, 280-285 – B. J. Muir, The Exeter Book, A Bibliogr., 1992 – *Ed.*: ASPR III, xliii-xlv, 149-153, 300-302 – R. W. Chambers, W., 1912 – K. Malone, W., 1962 – B. J. Muir, The Exeter Anthology of OE Poetry, 2 vols., 1994, 241-246, 520-526 – *Lit.*: N. Howe, The OE Catalogue Poems, 1985, 166ff.

Widukind. 1. W., westfäl. Adliger, 777-785 Führer des sächs. Widerstands gegen die frk. Expansion unter →Karl d. Gr. (→Franken,-reich, B. II. 3). Die spärl. zeitgenöss. Nachrichten über W., aus der Perspektive der frk. Sieger im Urteil durchweg negativ (»rebellis«, »perfidus«), ste-

hen in auffallendem Gegensatz zur breiten späteren ma. Traditions- und Mythenbildung (dynast. Anknüpfung, Heroisierung, Ansätze einer Kulttradition an der [vermeintl.?] Grablege →Enger) wie zur nz. Stilisierung W.s als Prototyp des sächs.-germ. Helden.

Erstmals wird W. 777 erwähnt (»unus ex primoribus Westfalaorum«), als er, angebl. als einziger führender Sachse, nicht auf dem Hoftag Karls in →Paderborn erschien und zum Dänenkg. Siegfried flüchtete; in W.s Umgebung ragt sein 'gener' →Abbi(o) hervor. Im Gegensatz zu den sächs. Adligen, welche die Frankisierung durch Annahme der Taufe und Aufstieg im Kg.sdienst mittrugen (→Sachsen, I), führte␣W. die sächs.-heidn. Opposition und errang 778, dem Jahr des verlustreichen span. Feldzugs Karls, militär. Erfolge gegen frk. Verbände, um dann für drei Jahre aus den Q.n zu verschwinden. 782 blieb W. erneut einer Versammlung an den Lippequellen fern und organisierte im Gefolge frk. Maßnahmen zur stärkeren Einbindung Sachsens (→»Capitulatio de partibus Saxoniae«, Ernennung von Gf.en) den Widerstand, der in der Schlacht am →Süntel einen bedeutenden Erfolg über die Franken erzielte und auch durch Karls Strafgericht in →Verden nicht gebrochen wurde. W.s konkrete Rolle bei den militär. Auseinandersetzungen bleibt freilich dunkel (783 Schlachten bei Detmold und an der Haase). 784 ging er ein Bündnis mit den →Friesen ein, doch konnte sich Karl 784/785 in Winterfeldzügen durchsetzen und␣W. und Abbi ins Gebiet␣n. der Elbe verdrängen. Im Bardengau wurde 785 ihre Unterwerfung unter Karl mit Zusicherung der Unverletzlichkeit/Straffreiheit (Annales regni Francorum: »in laesi«; Annales␣q. d. Einhardi: »inpunitatis sponsio«) und frk. Geiselstellung förmlich verabredet, besiegelt in der Annahme der christl. Taufe durch␣W. und seine Gefährten in der karol. →Festpfalz →Attigny. Obwohl die Sachsenkriege Karls in Schüben noch bis 804 andauerten, verdeutlichen die Reichsannalen mit ihrer Notiz, damals sei ganz Sachsen unterworfen worden, die führende Rolle␣W.s in der sächs. Opposition. Indem Karl in Attigny als Taufpate fungierte und den Täufling durch wunderbare Geschenke ehrte, übernahm er Verpflichtungen zur christl. Unterweisung und trat in eine geistl. Verwandtschaft mit␣W. ein (ANGENENDT), die dem Ausgleich von 785 den Charakter eines polit. Bündnisses verlieh und entscheidende Unterschiede zur Behandlung anderer Gegner wie Kg. →Desiderius (1.␣D.) oder Hzg. →Tassilo III. (2.␣T.) deutlich machte.

Ob W.s sofortiges Verschwinden aus den Q.n die Tragfähigkeit der Abmachungen wie evtl. die Übernahme einer Amtsträgerfunktion in Sachsen unterstreicht oder nur durch den (zwangsweisen?) Eintritt ins Kl. Reichenau erreicht wurde, kann nicht sicher entschieden werden, weil die ansprechende Identifizierung eines Reichenauer Mönchs␣W. mit dem Sachsenführer (ALTHOFF) bestritten wird (FREISE, BALZER). Die (spätere, fehlerhafte) Tradition lokalisierte das Grab␣W.s in Enger, wo man um 1100 seine Grabplatte mit Umschrift fertigte und einen␣W.-Kult propagierte. In die dortigen Bemühungen fügte sich ein Besuch Ks. Karls␣IV. 1377 ein, der freilich eher der Verehrung Karls␣d.␣Gr. als der Memoria␣W.s galt.

W. war in der schriftl. Überlieferung (seit dem 9. Jh. bemüht um die Bewältigung des Traumas von frk. Eroberung und Zwangschristianisierung) längst zur sagenhaften Figur, zum Gf.en, Hzg., gar␣Kg. der Sachsen, geworden, schließlich zum Stammvater europ. Herrscherhäuser. Das Bewußtsein der Herkunft von␣W., erstmals Mitte des 9. Jh. für den Sohn Wikbert und den Enkel Waltbert im Zusammenhang mit der Fundation →Wildeshausens formuliert, in der Sachsengesch. seines vermutl. Nachfahren →Widukind v. Corvey auf Kgn. →Mathilde und damit auf das otton. Kg.shaus bezogen, blieb freilich bei den Nachkommen (SCHMID) unterschiedlich präsent und bedarf noch genauerer Analyse. Der Name␣W. war im früheren MA weder Leitname seines Geschlechts noch sonderlich beliebt, was den differenzierten Umgang mit dem (heidn.) Sachsenführer kennzeichnet. Erst mit zunehmendem zeitl. Abstand wurde das Bekenntnis zu␣W. immer populärer, dann aber in Zusammenhängen, die eher die Instrumentalisierung von Gesch. als die frühma. Befunde kennzeichnen. B. Schneidmüller

Q.: Annales regni Francorum, ed. F. KURZE, MGH SRG (in us. schol. 6), 1895, 48–71 – Lit.: ADB 42, 364–369 – S. ABEL–B. v. SIMSON, JDG K. d. Gr., I, 1888², 270–509 – RI I, 211a–268i – E. RUNDNAGEL, Der Mythos vom Hzg. W., HZ 155, 1937, 233–277, 475–505 – H. HARTWIG, W. in Gesch. und Sage, I, 1951 – K. SCHMID, Die Nachfahren W.s, DA 20, 1964, 1–47 – Die Eingliederung der Sachsen in das Frankenreich, hg. W. LAMMERS, 1970 – M. LAST, Der Besuch Karls IV. am Grabmal W.s in Enger, BDLG 114, 1978, 307–341 – Die Ausgrabungen in der Stiftskirche zu Enger, I, 1979 – H.-D. KAHL, Karl d. Gr. und die Sachsen (Politik, Gesellschaft, Geschichtsschreibung, hg. H. LUDAT–R. C. SCHWINGES, 1982), 49–130 – Westfäl. Gesch., I, hg. W. KOHL, 1983, 298ff. [E. FREISE] – G. ALTHOFF, Der Sachsenhzg. W. als Mönch auf der Reichenau, FMASt 17, 1983, 251–279 – A. ANGENENDT, Ks.herrschaft und Kg.staufe, 1984, 207–212 – E. FREISE, W. in Attigny (1200 Jahre W.s Taufe, hg. G. KALDEWEI, 1985), 12–45 – K. SCHMID, Zum Q.nwert der Verbrüderungsbücher v. St. Gallen und Reichenau, DA 41, 1985, 356ff. – K. HAUCK, Karl als neuer Konstantin 777 [Exkurs v. G. MÜLLER, Der Name W.], FMASt 29, 1986, 513–540 – R. KÖHN, Kirchenfeindl. und antichristl. MA-Rezeption im völk.-nationalsoz. Gesch.bild: die Beispiele␣W. und Stedinger (MA-Rezeption, hg. P. WAPNEWSKI, 1986), 581–609 – M. BALZER, W. Sachsenhzg. – und Mönch auf der Reichenau), Westfäl. Heimatbund. Rundschreiben 11–12, 1987, 1–6 – H. BEUMANN, Die Hagiographie »bewältigt«. Unterwerfung und Christianisierung der Sachsen durch Karl d. Gr. (DERS., Ausgew. Aufsätze, 1987), 289–323.

2. W. v. Corvey, Mönch, Hagiograph, Gesch.sschreiber, † nach 973. Der, wie sein Name andeutet, wahrscheinl. aus sächs. Hochadel stammende und zu den Nachfahren des gleichnamigen Sachsenhzg.s gehörende␣W. trat um 941/942 in nicht bekanntem Alter ins Kl. →Corvey ein. Nach hagiograph. Werken, die verloren sind, verfaßte er um 967/968 die »Rerum Gestarum Saxonicarum libri III«, die er kurz nach dem Tode Ottos␣d.␣Gr. († 973) bis zu diesem Ereignis fortsetzte. Kaum ein anderes Gesch.swerk des MA hat in der modernen Forsch. mehr Aufmerksamkeit gefunden und ist kontroverser beurteilt worden als diese Sachsengesch. (Überblick über die Forschungsgesch. zuletzt bei KELLER 1995). Sie bietet im 1. Buch eine Darstellung der Frühgesch. des sächs. Volkes (Stammes) und der Zeit Heinrichs␣I., im 2. und 3. Buch eine Darstellung der Taten und Leistungen Ottos␣I. unter ausführl. Berücksichtigung auch der Schwierigkeiten Ottos mit seinen Gegnern aus der Kg.sfamilie und dem Hochadel. Neben stilist. Anleihen bei antiken Autoren, namentl. bei →Sallust (BEUMANN, 1950), ist die Darstellung vom atl. Vorbild, hier insbes. der Makkabäer-Bücher (KELLER, 1994), geprägt. Auffällig ist ferner die Nutzung dramat.-anekdot. Elemente, der Einsatz von Reden und Rededuellen, was ihm bereits in der älteren Forsch. die Charakterisierung als »Spielmann in der Kutte« oder »Epiker« eingetragen hat. An seinem Beispiel wird bes. evident, daß Gesch.sschreibung nie »unmittelbarer Niederschlag hist. Geschehens«, sondern immer »perspektivisch, wenn nicht tendenziös« ist (BEUMANN, 1950). Zur Frage steht bis heute, ob in der Sachsengesch. Vergangenheit phantasievoll mit Inhalten gefüllt worden ist, die wenig oder gar nichts mit der Realität zu tun haben, oder

ob eine »wohlbedachte Gesamtkonzeption« (KELLER) vorliegt, die vergangene Ereignisse durch Deutung oder Umdeutung in einen Argumentationszusammenhang einbringt, in dem panegyr. und mahnende Aspekte enthalten sind, und der von einer oder mehreren Darstellungsabsichten gesteuert wird. Ein zentraler Aspekt der Darstellungsabsicht W.s ist gewiß zu zeigen, daß Gott mit den Seinen ist, daß auch die Herzen der Kg.e in Gottes Hand sind. So beweist er zugleich das →Gottesgnadentum der →Ottonen und erfüllt damit herrschaftslegitimator. Funktionen wie er Herrscherermahnung betreibt, indem er die Herrscher als Werkzeuge des göttl. Willens darstellt. Die Entscheidung der oben gen. Alternative betrifft wesentl. Ereignisse und Prozesse der 1. Hälfte des 10. Jh., so die Hintergründe des Übergangs der Kg.sherrschaft von den Franken auf die Sachsen (919), die W. Kg. Konrad I. in einer dramat. Rede auf dem Sterbebett seinem Bruder Eberhard erläutern läßt. Gleiches gilt für die Probleme um die Thronfolge Ottos d. Gr. (936), die W. zugunsten einer Darstellung vom harmon. Übergang der Herrschaft mit der universalis electio in Aachen verschweigt, die Einschätzung der 'Aufstände' gegen diesen Herrscher (937–941, 952–954) und nicht zuletzt für die Frage des röm. Ksm.s Ottos und denkbarer anderer Herleitungen (962). Trotz aller Zweifel an der von W. in diesen zentralen Fragen gelieferten Sicht bringt es seine Stellung als Kronzeuge mit sich, daß keine moderne Darstellung der 1. Hälfte des 10. Jh. W.s Informationen ausklammern kann. Nicht unwichtig für ein adäquates Verständnis ist die Klärung der causa scribendi, zumal das Werk als Vorreden zu jedem Buch Widmungsadressen an die Tochter Ottos d. Gr., →Mathilde (2. M.), enthält, die 966 als rund Elfjährige Äbt. v. Quedlinburg wurde. Die Sachsengesch. wurde also nicht für ein unbestimmtes Publikum, sondern für eine bestimmte Person und ihr Umfeld geschrieben. Ein Zusammenhang der Arbeit W.s mit Interessen →Wilhelms v. Mainz und der Kgn. →Mathilde (1. M.) liegt ebenso nahe wie die Möglichkeit, daß die Dedikation des Werkes an die Ks.tochter durch den Tod der beiden Genannten (März 968) ausgelöst wurde (ALTHOFF). Die Informationsfunktion, die das Werk für die junge Ks.-tochter übernahm, hätte aus dieser Perspektive dazu geführt, secreta regis in ungewöhnl. Weise zu thematisieren, wie es W. selbst mehrfach anklingen läßt.   G. Althoff

Ed.: P. HIRSCH–H. E. LOHMANN, MGH SRG, 1935⁵ – A. BAUER–R. RAU, AusgQ 8, 1971 [lat.-dt.] – *Lit.*: Verf.-Lex. IV, 946–958 [K. HAUCK] – E. E. STENGEL, Die Entstehungszeit der »Res gestae Saxonicae« und der Ks.gedanke W.s I. v. Korvei (Corona Quernea [Festg. K. STRECKER, 1941]), 136–158 [veränderter Nachdr.: DERS., Abh. und Unters.en zur ma. Gesch., 1960, 328–341] – M. LINZEL, Die Entstehungszeit von W.s Sachsengesch., Sachsen und Anhalt 17, 1941–43, 1–13 [auch: DERS., Ausgew. Schrr., II, 1961, 302–311] – H. BEUMANN, Die sakrale Legitimierung des Herrschers im Denken der otton. Zeit, ZRGGermAbt 66, 1948, 1–45 [auch: E. HLAWITSCHKA, Kg.swahl und Thronfolge in otton.-sal. Zeit, 1971] – DERS., W. v. Korvey. Unters.en zur Gesch.sschreibung und Ideengesch. des 10. Jh., 1950 – H. KELLER, Das Ksm. Ottos d. Gr. im Verständnis seiner Zeit, DA 20, 1964, 325–388 [auch: Otto d. Gr., hg. H. ZIMMERMANN (WdF 450), 1976, 218–295] – L. BORNSCHEUER, Miseriae regum, 1968 – H. BEUMANN, Historiograph. Konzeption und polit. Ziele W.s v. C., Sett. cent. it. 17, 1970, 875–894 [auch: DERS., Wiss. vom MA. Ausgew. Aufsätze, 1972, 71–108] – E. KARPF, Herrscherlegitimation und Reichsbegriff in der otton. Gesch.sschreibung des 10. Jh., 1985 – C. BRÜHL, Dtl.–Frankreich. Die Geburt zweier Völker, 1990 – H. BEUMANN, Entschädigungen von Halberstadt und Mainz bei der Gründung des Ebm.s Magdeburg (Ex ipsis rerum documentis [Fschr. H. ZIMMERMANN, hg. K. HERBERS, H. KORTÜM, C. SERVATIUS, 1991]), 383–398 – G. ALTHOFF, W. v. C. Kronzeuge und Herausforderung, FMSt 27, 1993, 253–272 – J. FRIED, Der Weg in die Gesch. Die Ursprünge Dtl.s bis 1024 (Propyläen Gesch. Dtl.s, 1, 1994) – H. KELLER, Machabaeorum pugnae (Iconologia Sacra [Fschr. K. HAUCK, hg. H. KELLER–N. STAUBACH, 1994]), 417–437 – DERS., W.s Bericht über die Aachener Wahl und die Krönung Ottos I., FMSt 29, 1995, 390–453 – J. FRIED, Die Kg.serhebung Heinrichs I. (MAforsch. nach der Wende 1989, hg. M. BORGOLTE, 1995 [Beih. zur HZ 20]), 267–318.

Widuwilt, auch »Vun kenig Artis hof«, jiddische Bearbeitung des »Wigalois« →Wirnts v. Grafenberg durch jüd. Spielleute (2 fragm. Hss., 16. Jh.; 6 Drucke, 16.–18. Jh.). Der der Vorlage sonst eng folgende Text bringt einen von der mhd. Fassung abweichenden Schluß (Doppelhochzeit, u. a. Siegfried, Sigelon und Marke als Gäste), anonymisiert oder verändert die Wirntschen Eigennamen (Wigalois zu Widuwilt, Larie zu Lorel) und zeigt Reminiszenzen an andere im Jiddischen rezipierte Werke (z. B. →»Sigenot«), jedoch keine eindeutige Tendenz zur Judaisierung chr. Stellen.   N. H. Ott

Ed.: L. LANDAU, Hebrew-German Romances and Tales, I: Arthurian Legends, 1912 – *Lit.*: NDB X, 610–612 [N. H. OTT] – M. ERIK, Die geschikte fun der jidischer Lit., 1928, 107 [jidd.] – H. DINSE, Die Entwicklung des jidd. Schrifttums im dt. Sprachgebiet, 1984, 100, 135.

Wied, Gft. Die 1129 erstmals gen. Burg (Alt-)W. (Krs. Neuwied) wurde durch Gf. Meffried erbaut, dessen Vorfahren wohl bereits die Gft. im Engersgau innehatten. Die Bedeutung der Familie, die nördl. der Lahn, aber auch linksrhein. begütert war, zeigt v. a. die Rolle seines Sohnes →Arnold (10. A.) als Kanzler Konrads III. und Ebf. v. Köln. Außer zum stauf. Kgtm. (1161 Beteiligung Gf. Siegfrieds am Italienzug) und zum Ebm. Köln (Verleihung der Vogtei in Andernach, vor 1173; Auftragung Olbrücks 1190) besaßen die Gf.en im 12. Jh. engere Kontakte zu den damals noch in diesem Raum präsenten Pfgf.en als Lehnsherren sowie zum Ebm. →Trier, wo sich der 1183 gewählte Rudolf v. W. zwar nicht durchsetzen konnte, 1212 aber →Dietrich (22. D.) Ebf. wurde. Mit dem kinderlosen Tod Gf. Lothars 1244 verlor die im Grenzraum der Erzstifte gelegene Gft. an Bedeutung, und die Güter wurden unter die Herren v. →Isenburg-Braunsberg und Eppstein geteilt; der Anteil letzterer gelangte 1306 an die Gf.en v. →Virneburg, dann an die Gf.en v. →Jülich. Erst Wilhelm v. Braunsberg (1324–83) vereinigte 1338 erneut den gesamten W.er Besitz und gründete das zweite Gf.enhaus, dem jedoch keine größere Territorienbildung mehr gelang. 1462 fiel W. an eine Linie der Herren v. Runkel.   R. Holbach

Lit.: Hist. Stätten Dtl., V, 10f. – W. KNAPP, W.-Runkel und seine Dynasten, Nassovia 12, 1911 – L. WIRTZ, Die Gf.en v. W., NassA 48, 1927, 65–107 – H. GENSICKE, Landesgesch. des Westerwaldes, 1987², 144–146, 250–262 – G. KÖBLER, Hist. Lex. der dt. Länder, 1992, 690.

Wiedehopf, bunter, lat. upupa (vom Ruf abgeleitet), gr. ἔποψ gen. Rakenvogel mit charakterist. in Längsrichtung aufrichtbarer Federholle (Plinius, n. h. 10, 86: crista visenda plicabili contrahens eam subrigensque per longitudinem capitis, bei Isidor, etym. 12, 7, 66 verkürzt zu cristis extantibus galeata) ist u. a. bei Thomas v. Cantimpré 5, 119 ein nach Lev 11, 19 und Deut 14, 18 durch die Speisegesetze des Moses vom Verzehr ausgeschlossener Vogel. Der Grund dafür war für ihn (in Unkenntnis der tatsächl. begehrten Insekten darin) das Aufsuchen des menschl. Kots, den der W. angebl. fraß. Thomas läßt ihn freilich aufgrund eines Mißverständnisses im Kot nisten (volucris immunda, quae in stercoribus nidum struit et in fetidis libentius commoratur), erwähnt aber als einziger unter Hinweis auf die crista seine Schönheit (zitiert bei Vinzenz v. Beauvais, Spec. nat. 16, 148). Ferner behauptet nur er, daß der W. im Winter verborgen und stumm sei,

verkennt also seine Zugvogeleigenschaft. Dafür rufe er wie der Kuckuck aber häufig im Frühling. Hugo de Folieto 1, 51 (MPL 177, 50f.) entnimmt er (vgl. Physiologus versio Y, c. 10), daß die Jungen ihre mausernden Eltern im Nest füttern und, was aus anderer Quelle stammen muß, mit einem bestimmten Kraut ihre Sehschwäche beheben würden, wie der Sohn des Tobias die Starbehandlung seines Vaters (mit Fischgalle!) durchgeführt habe (vgl. Tob 11, 13ff.). Nach Jakob v. Vitry, hist. orient. c. 92 (aber auch Isidor) behauptet Thomas, daß ein sich mit dem Blut des W.s bestreichender Mensch im Traum ihn erstickende Dämonen sehen würde. In Übereinstimmung mit dem »Experimentator« (Stuttgart, WLB, cod. phys. 2° 30, f. 84v: Cor eius malefactoribus [cal–MS] valet) erwähnt er abschließend, daß dieser das Vogelherz Übeltätern und Zauberern ohne Begründung empfehle.

Ch. Hünemörder

Q.: →Hugo de Folieto, →Isidor v. Sevilla, →Jakob v. Vitry, →Thomas v. Cantimpré, →Vinzenz v. Beauvais.

Wiedergänger, nach volkstüml. Glaubensvorstellungen des MA und der Frühen Neuzeit umgehende →Tote. W. sind zu unterscheiden von Gespenstern, d. h. körperlosen Erscheinungen (*phantasmata*), sowie von unheiml. Leichnamen, d. h. noch unbestatteten Verstorbenen, die sprechen und sich bewegen (vgl. das altertüml. Rechtsinstitut der→Bahrprobe), oder sich vor Grabräubern verteidigenden Toten. Die echten W. sind körperl. Wesen von Fleisch und Blut, die handeln, sprechen und Gefühle hegen wie die Lebenden. Das MA kennt zwei Arten von W.n: die sog. volkstüml. und die verchristlichten, die sich manchmal durch den Verlust der Sprache und des Appetits auszeichnen. Nach wie vor setzt sich die Schar der W. aus *aori, immaturi* (Selbstmördern [→Selbsttötung], gewaltsam Dahingeschiedenen), *insepulti,* →Hexen und -meistern, Rach- und Streitsüchtigen, Bösartigen und Häßlichen zusammen, d. h. aus denen, die zu Lebzeiten in irgendeiner Weise von der Gemeinschaft marginalisiert wurden, u. a. weil sie allen Angst einflößten. Oft ist das Auftreten von W.n mit der Pest oder einer Seuche verbunden; sie wirken auch als Nachzehrer. In den 'exempla' (→Exemplum) sind die W. Verdammte oder Arme Seelen, die der Erlösung harren, Fürbitten, Almosen oder Wiedergutmachung einer Untat verlangen. Die anderen W. bannt die Kirche in den Traum, schreibt ihr Spuken dem Teufel zu, der den Leichnam besetzt und belebt; der W. dient hier als Schreckbild für die Lebenden. Das Wilde Heer (→Totenheer, *Mesnie Hellequin*) entstammt diesem Vorstellungskreis. In den klerikalen Schriften ist der W. seit dem 12. Jh. ein →Dämon oder ein körperloses Schattenbild. Die W. zeigen sich sowohl tagsüber als auch nachts, v. a. im Winter, in den Zwölf Nächten (→Rauhnächte), und sind mit dem früheren Ahnenkult verbunden, der auch als Abwehrmaßnahme fungiert. Sie betätigen sich dort, wo sie gelebt haben, überwachen ihre Güter, beraten ihre Angehörigen, sorgen für die Erhaltung der Familienmoral und -ehre. Als Schutzmittel drückt man verdächtigen Toten die Augen zu, verstopft deren Mund und Nasenlöcher, zieht sie hinaus durch die aufgebrochene Wand, setzt sie unter großen Steinhaufen bei oder versenkt sie in einem Gewässer. Dies bleibt aber manchmal wirkungslos: Dann verstümmelt, köpft oder bindet man den Leichnam (archäologisch bezeugt), verbrennt ihn zu Asche, pflanzt ein Kreuz vor dem Grab u. a. m.

Der Glaube an die Rückkehr jener Toten erklärt sich durch eine uralte »Seelen«vorstellung, die die Sprachen des ma. Abendlandes zur Genüge dokumentieren. Der Mensch besitzt mehrere »Seelen«, darunter ein alter ego (*external soul,* Freiseele), das im Körper weiterlebt, bis zur totalen Vernichtung desselben. Was umgeht, ist dieses alter ego, das in der Erde spurlos versinken kann und dessen Wunden sich später am ausgegrabenen Leichnam feststellen lassen. Insofern ist der W. kein lebender Leichnam.

Die W. belegen die Koexistenz zweier Jenseitsauffassungen: des Grabes als Wohnung, wo sie leben, essen usw., und der anderen Welt, sei sie →Walhalla, →Fegfeuer oder →Hölle. Für die Kirche kommen alle W. aus beiden letzteren. Es gelang ihr nie, die früheren Glaubensvorstellungen auszutilgen, und selbst die 'exempla' stellen uns W. vor, denen Weihwasser und Kreuzzeichen nichts anhaben können. Manche W. sind mythisiert worden und in elbische Wesen (Elben, →Zwerge, Ortsgeister) übergegangen und sie walten über Fruchtbarkeit des Bodens und Gesundheit des Viehs. Die Hauptfunktion der W. deckt sich mit derjenigen der normalen Verstorbenen: Sie bürgen für die gesellschaftl. Ordnung, indem sie die Lebenden zur Beachtung der geschriebenen und ungeschriebenen Gesetze, Bräuche und Sitten zwingen. Manchmal dienen sie zur Herrscher- und Sittenkritik.

C. Lecouteux

Lit.: E. Mogk, Altgerm. Spukgeschichten, Illbergs neue Jbb. für das klass. Altertum 22, 1919, 103–117 – C. N. Gould, They who await the Second Death, Scandinavian Studies and Notes 9, 1926/27, 167–201 [über das Verhältnis der W. zu den Zwergen] – G. Wiegelmann, Der lebende Leichnam im Volksbrauch, ZVK 62, 1966, 161–183 – I. Müller–L. Röhrich, Der Tod und die Toten, DtJbV 13, 1967, 346–397 [Katalogisierung] – H. R. E. Davidson–W. M. S. Russell, The Folklore of Ghosts, 1981 – R. C. Finucane, Appearances of the Dead. A Cultural Hist. of Ghosts, 1982 – C. Lecouteux, Gesch. der Gespenster und W. im MA, 1987 – Le retour des morts, hg. D. Fabre (Ethnologie rurale 105–106, 1987) – C. Lecouteux–Ph. Marcq, Les esprits et les morts, 1990 [Texte] – R. Grambo, Gjester fra graven, 1991 – C. Lecouteux, Fées, sorcières et loups-garous: hist. du Double au MA, 1992 – K. T. Nilssen, Draugr. De norrøne fore-stillingene [Diss. Oslo 1993] – R. Boyer, La mort chez les anciens Scandinaves, 1994 – J.-C. Schmitt, Les revenants: les vivants et les morts dans la société médiévale, 1994 [beschränkt sich auf die verchristlichten W.] – Himmel, Hölle, Fegefeuer: Das Jenseits im MA, hg. P. Jezler, 1994 [reiche Ikonographie] – C. Lecouteux, Au-delà du merveilleux, 1995, 181–242 – Le mythe de la Chasse sauvage en Europe, hg. Ph. Walter, 1997 – C. Lecouteux, Les cohortes de la nuit et la Chasse infernale, 1998.

Wiegendruck → Inkunabel

Wiek, dt. Bezeichnung der auf vorgesch. Wurzeln zurückgehenden estn. Landschaft *Läänemaa* an der Westküste des Festlandes nördl. des Pernauflusses, die Anfang des 13. Jh. sieben in lockerem Verbund stehende Gaue umfaßte (1900 Haken Ackerland). Der Chronist →Heinrich v. Lettland nennt die ganze Landschaft (wahrscheinl. nach der Vulgata) 'Maritima', den nördl. Teil der Landschaft nach dem dortigen stärksten Gau 'Rotalia' oder 'Rotelewic' (estn. *Ridala*), den südl. Teil nach dem dortigen führenden Gau aber 'Sontagana' (estn. *Soontagana*). Nach der Unterwerfung und Christianisierung der Esten bildete das Gebiet im 13.–16. Jh. einen Teil des Bm.s →Ösel-Wiek. Der estn. Name *Läänemaa* wird in den schriftl. Q.n erstmals 1574 erwähnt. →Esten, Estland.

J. Selirand

Q.: →Heinrich v. Lettland – *Lit.:* E. Tarvel, Läänemaa seitse kihelkonda, Keel ja Kirjandus, 1971, Nr. 5, 292–298.

Wieland (Weland, an. Vǫlundr, Velent; W. der Schmied), im MA weit bekannte Sagengestalt, die sich in an. (Vǫlundarkviða, Þiðreks saga), ae. (Deor) und auch frz. Q.n (Véland le forgeron) erhalten hat, während sich im mhd. Schrifttum nur im →»Friedrich v. Schwaben« vereinzelte Anspielungen finden. Das hohe Alter der ae. Überliefe-

rung (→Kästchen v. Auzon [Franks casket], um 700; bei Kg. Alfred, 9. Jh.; →Deor, 10. Jh.) weist auf eine Vermittlung des Stoffes von England über Niederdtl. nach Skandinavien, wo allerdings die Þiðreks saga zwei Schichten des W.stoffes anspricht: der Velent der norw. Saga (aus Norddtl.?) gegenüber dem Vǫlundr der isländ. (gelehrten?) Tradition. In der Edda hat die Vǫlundarkviða den W.-Stoff wie im »Friedrich v. Schwaben« mit der Sage von den Schwanenmädchen verbunden, während die Þiðreks saga die Gesch. mit dem Stoff von →Dietrich v. Bern verknüpft. Die gelehrte isländ. Tradition dagegen setzt Vǫlund (bes. wegen der Geschicklichkeit als →Schmied, aber auch wegen Gefangenschaft und Flucht) mit Daedalus gleich, so etwa auch in der Bezeichnung der (Hss.-) →Labyrinthe, wo der lat. Bezeichnung 'domus Dædali' (Lambert v. St-Omer, Liber floridus) das an. 'Vǫlundarhús' entgegengesetzt wird.

Daneben finden sich auch bildl. Zeugnisse zur W.sage: Das elfenbeinerne Runenkästchen v. Auzon zeigt auf Deckel und linker Vorderseite in mehreren Szenen Elemente der W.sage, wobei W.s Rache im Vordergrund steht. Auch auf dem 50–100 Jahre jüngeren →Gotländ. Bildstein Ardre VIII findet sich – neben Thors Fischzug und Lokis Fesselung – W.s Rache dargestellt, wobei durch ein mit Werkzeugen ausgestattetes Gebäude als Schmiede, die enthaupteten Körper der beiden Prinzen, eine Person in Vogelgewand und eine die Schmiede verlassende Frauengestalt das Minimalinventar der Ikonographie der W.sage vorgegeben ist. Eine weitere Reduktion dieser Szenen, wie sie auf dem Bildstein Klinte Hunninge I, den Kreuzschäften v. Leeds und dem Bildteppich v. Överhogdal (12. Jh.) auftreten, macht dann die Deutung als W.ikonographie sehr fraglich. R. Simek

Lit.: A. Wolf, Franks Casket in literarhist. Sicht, FMSt 3, 1969, 227–243 – R. Nedoma, Die schriftl. und bildl. Denkmäler der W.sage, 1988 – H. Beck, Die Vǫlundarkviða in neuerer Forsch. (Über Brücken [Fschr. U. Groenke, 1989]), 81–97 – M. Ishikawa, Das Schwanenjungfraumotiv in der W.sage – ein notwendiges Glied der Schmiedesage? (Akten des VIII. Internat. Germanistenkongr. Tokyo 1990, II, 1991), 376–384 – J. McKinnell, The Kontext of Vǫlundarkviða, Saga Book 23, 1990, 1–27 – R. Nedoma, The Legend of Wayland in Deor, Zschr. für Anglistik und Amerikanistik 38, 1990, 129–145 – R. Simek, Vǫlundar hús – Domus Dædali. Labyrinths in Old Norse mss. (Twenty-Eight Papers presented to H. Bekker-Nielsen [= Nowele 21/22, 1993]), 323–368 – E. Marold, Egill und Qlrún, Skandinavistik 26, 1996, 1–19.

Wien, Stadt in →Österreich, an der Donau gelegen; Bm. I. Stadt – II. Bistum, Klöster und Stifte – III. Universität.

I. Stadt: [1] *Geschichte, Archäologie und Topographie:* In der Geographie des Claudius →Ptolemaeus (um 130 n. Chr.) wird W. erstmals unter dem kelt. Namen Vindobona erwähnt. Nach jüngsten archäolog. Zeugnissen entstand im 1. Jh. n. Chr. ein Militärlager an der Limesstraße (Freyung/Herrengasse), das um die erste Jahrhundertwende durch ein aus Stein errichtetes Legionslager v. Limesstraße und Donausteilrand ersetzt wurde. Die Umrisse sind im Stadtgrundriß noch gut erkennbar. Weiter gegen O nahe der Limesstraße (Rennweg) entstand eine Zivilsiedlung, die im 3. Jh. als Municipium belegt ist. Daß diese auf der Verlegung eines kelt. Oppidums vom Leopoldsberg basiert, ist wenig wahrscheinl. Über den Untergang des röm. W., das spätantike Vindomina oder Vindomana gen. wird, berichten keine Q.n. →Jordanes erwähnt es zuletzt in seiner Gotengesch. Erst zum Jahr 881 ist wieder von W. (*Wenia*) im Zusammenhang mit einem Kampf gegen die Ungarn die Rede. Hier begegnet erstmals der ahd. Name, der mit dem röm. nicht zusammenhängt und vom W.fluß abgeleitet ist. Innerhalb der röm. Lagermauern hatten sich zwei Siedlungskerne um die Kirchen St. Ruprecht und St. Peter gebildet. Beide Patrozinien deuten auf Salzburger Gründungen in karol. Zeit. Avarenfriedhöfe (Zwölfaxing, Liesing, Mödling) und slav. Ortsnamen (Döbling, Währing, Lainz, Liesing) in der näheren Umgebung geben indirekt Auskunft über das FrühMA. Ob mehrere Siedlungen mit echten »ing«-Namen, die Ortsnamen im Chiemgau entsprechen, der Karolingerzeit oder erst der Binnenkolonisation des 12. Jh. angehören, ist nicht zu entscheiden. In der Nähe von St. Ruprecht bestanden eine Befestigung (Berghof) und ein Platz (Kienmarkt). Im 10. Jh. stand W. ztw. unter ung. Oberhoheit. In sal. Zeit wird W. im Zuge der Ungarnkriege Konrads II. und Heinrichs III. erwähnt. 1137 begegnet der Babenberger Mgf. →Leopold IV. (4. L.) im Besitz der W.er Pfarre, die er im Tausch an den Bf. v. Passau gab. Dieser errichtete eine neue Pfarrkirche außerhalb der röm. Mauern, St. Stephan (1147 geweiht). Hzg. →Heinrich II. 'Jasomirgott' (64. H.) begann nach seinem Verzicht auf Bayern, W. nach dem Vorbild →Regensburgs zu einer Residenz auszubauen. Er errichtete eine Pfalz nach stauf. Beispiel und gründete auch das erste Kl. (Schottenkl.) mit Regensburger Mönchen. Die Stadt wuchs sehr rasch, und gegen Ende des Jahrhunderts wurde unter den Hzg.en →Leopold V. (5. L.) und →Leopold VI. (6. L.) eine große Ringmauer errichtet, die offenes Gelände und bereits bestehende Siedlungskerne mit einschloß. Für rund 650 Jahre wurde dadurch das Areal der Stadt festgelegt. Das freie Gebiet konnte im Wege von Schenkungen oder Lehen einer Besiedlung zugängl. gemacht werden. Die persönl. Präsenz des Stadtherrn verhinderte die Entstehung einer Stadtministerialität wie in anderen österr. Orten. In den 70er Jahren des 12. Jh. begegnet erstmals eine selbständig handelnde Bürgergemeinde, seit den 90er Jahren ist eine jüd. Gemeinde nachgewiesen. Um 1200 gilt W. nach →Köln als größte Stadt des Reiches. 1221 erfährt das Stadtrecht eine erste Kodifizierung in einem Privileg Hzg. Leopolds VI. Anlaß war möglicherweise die Verleihung des Stapelrechts. Wenig später ist auch ein Stadtsiegel erstmals belegt (einköpfiger Adler). 1237 hielt Ks. Friedrich II. während des Streits mit Hzg. →Friedrich II. d. Streitbaren (28. F.) in W. auf, Konrad IV. wurde hier zum Kg. gewählt. W. wurde vorübergehend ksl. Stadt und erhielt ein Privileg. 1238 war die Stadt wieder in der Hand des Hzg.s. Nach dessen Tod 1246 versuchte der Ks. vergebl., Österreich für das stauf. Haus zu gewinnen. In den folgenden Jahren war W. Sitz eines ksl. Statthalters, später von Mgf. Hermann v. Baden, dem Gatten der Babenbergerin Gertrud. Nach dessen Tod fiel Österreich mit W. an Mgf. →Otakar II. Přemysl, den späteren Kg. v. Böhmen.

Im Streit zw. Otakar und Kg. Rudolf I. stand W. auf der Seite des Böhmen, der in führenden Familien Parteigänger gefunden hatte. Auf ihn geht der Bau der Hofburg zurück. W. fiel 1276 zunächst wieder an das Reich, Albrecht I. wirkte als Reichsverweser. Die babenberg. und stauf. Privilegien wurden 1278 erneuert und erweitert. 1283 wurde Albrecht mit Österreich und →Steiermark belehnt. W. wurde in der Folge als Sitz des Hoftaidings immer mehr zum Mittelpunkt des Landes. 1282 wird erstmals ein Bürgermeister erwähnt. Ein Aufstand 1287/88 gegen Albrecht scheiterte, die W.er gingen vorübergehend ihrer Privilegien verlustig. Ein Aufstand nach Albrechts Tod 1308 fand nur noch geringe Resonanz in W., allein die alten Familien verloren ihre Bedeutung. Es entwickelte sich eine Gruppe von 88 Ratsbürgerfamilien, die das Geschehen im 14. Jh. bestimmte. Unter Friedrich I., Albrecht II.

und insbes. Rudolf IV. nahm W. trotz wirtschaftl. Probleme eine positive Entwicklung. Rudolf IV. bemühte sich um Fördermaßnahmen in seinem Wetteifern mit Karl IV. So kam es zur Gründung eines Kollegiatkapitels und der Univ. Die habsbg. Erbteilungen (→Habsburger) nach Rudolfs Tod verwickelten auch W. wiederholt in dynast. Auseinandersetzungen, die 1408 zur Hinrichtung prominenter Bürger führten. Zunftkämpfe konnten hingegen weitgehend vermieden werden, da sich der Rat parität. aus Erbbürgern, Kaufleuten und Handwerkern zusammensetzen sollte (Ratswahlprivileg 1396), was jedoch nur z. T. der Fall war.

Unter Albrecht V. kam es im Zusammenhang mit den Hussitenkriegen zu einem Judenpogrom 1420/21, der mit einer Vernichtung der Gemeinde endete. Diese hatte insbes. im 14. Jh. eine Blütezeit erlebt und bedeutende Persönlichkeiten hervorgebracht. Nach dem Tod Albrechts wurde W. in die Zwistigkeiten um die Vormundschaft über →Ladislaus V. Postumus (4. L.) und später in den Streit zw. Ks. Friedrich III., dem W. eine Wappenbesserung verdankte (1461), und Albrecht VI. verwickelt. Dabei wurde 1462 der Ks. in der Burg von den W.ern belagert. 1465 kam es zur Aussöhnung. Friedrich gelang es in der Folge, 1469 die Erhebung W.s zu einem Bm. zu erreichen, das von →Passau abgetrennt wurde. Ungeachtet der Jahre des Bürgerkriegs prosperierte W. Erst der Ausbruch des Krieges mit Kg. Matthias I. Corvinus setzte dem ein Ende. Nach langer Belagerung mußte sich W. 1485 dem ung. Kg. ergeben, der hier bis zu seinem Tod 1490 Hof hielt. Maximilian I. nahm W. 1490 wieder in Besitz, er stand allerdings W. stets distanziert gegenüber, das zu einem ledigl. lokalen Mittelpunkt herabsank. Nach seinem Tod schloß sich W. der ständ. Bewegung an, die das von Maximilian eingesetzte Regiment nicht anerkennen wollte. Dies führte 1522 zu einem Strafgericht des neuen Landesfs.en, Ehzg. Ferdinands I., dem auch führende W.er Bürger zum Opfer fielen. 1526 erließ Ferdinand eine neue Stadtordnung, die eine Aktualisierung des Stadtrechts mit sich brachte und mehr als 250 Jahre in Geltung blieb.

[2] *Wirtschafts- und Sozialgeschichte:* Ritterl. Leute, die sich nach W. nennen, sind seit dem 12. Jh. nachzuweisen. Ein bürgerl. Gerichtsstand erscheint unter Hzg. Heinrich II. 'Jasomirgott'. Der Reichtum der bis ins frühe 15. Jh. dominierenden Erbbürgerfamilien beruhte überwiegend auf Grundbesitz. Dagegen waren die Handwerker, die seit dem 12. Jh. begegnen, aus dem polit. Geschehen weitgehend ausgeschlossen. Es ist auch wiederholt zu Verboten von →Einungen gekommen. Großkaufleute sind seit dem 13. Jh. zu belegen, ihren größten Einfluß hatten sie im 15. Jh. Wirtschaftl. Bedeutung erlangte W. durch seine Lage an der →Donau. Eine Donaubrücke wurde 1439 angelegt. Als Einnahmeq.n waren für W. das Stapelrecht und der Weinbau am wichtigsten; dagegen traten auch die Jahrmärkte, die erstmals von Otakar II. verliehen worden waren, in den Hintergrund. Mit der abnehmenden Bedeutung des Stapels im ausgehenden 15. Jh. verfiel die W.er Wirtschaft in eine lang anhaltende Krise. Außerhalb der Stadt lagen die Spitäler und Siechenhäuser, das Heiliggeistspital und das Bürgerspital seit dem 13., das Martinsspital seit dem 14. Jh. Dem 13. Jh. gehören auch die Siechenhäuser St. Johannes, St. Lazarus (später St. Marx) und St. Job beim Klagbaum an. In der Stadt lag das 1415 gegründete Pilgramhaus zu St. Anna. Die Bürgerschule zu St. Stephan wird erstmals 1237 im Privileg Ks. Friedrichs II. erwähnt. Sie stand später in enger Verbindung zur Universität.

II. BISTUM, KLÖSTER UND STIFTE: W. gehörte zur Diöz. Passau, dessen Bf. in W. durch einen Offizial vertreten war. Bemühungen zur Errichtung eines W.er Bm.s seit dem späten 12. Jh. scheiterten am Einspruch der Passauer Bf.e. 1365 errichtete Rudolf IV. ein Kollegiatkapitel, das bei St. Stephan angesiedelt wurde. Erst 1469 genehmigte Papst Paul II. die Errichtung eines Bm.s, die 1480 vollzogen wurde (1722 Ebm.). Dieses Bm. reichte über den Pfarrsprengel kaum hinaus. Die ältesten Kirchen sind St. Ruprecht und St. Peter, welches 1137 die Pfarrechte hatte, ehe sie an St. Stephan kamen. Das Schottenkl. erlangte bald die Pfarrechte über seine Untertanen. Die dritte Stadtpfarre war St. Michael, das in der 1. Hälfte des 13. Jh. entstand. Maria am Gestade wurde 1409 dem Bm. Passau übergeben.

Hzg. Heinrich II. gründete 1155 das Schottenkl. (seit 1418 dt. Benediktiner). Die Minoriten waren seit 1224, die Dominikaner seit 1226 ansässig, der Dt. Orden und die Johanniter kamen ebenfalls im frühen 13. Jh. nach W. Es folgten die Augustiner-Eremiten (um 1260), die zunächst vor der Stadt angesiedelt waren, später die Karmeliten (1360) und die Franziskaner (1451). Auch gab es mehrere Frauenkl., die sich z. T. aus Beginengemeinschaften entwickelt hatten. Die geistl. Institutionen und Kirchen vor den Mauern wurden 1529 im Zuge der Türkenbelagerung zerstört, manche wieder aufgebaut, andere in die Stadt verlegt (Bürgerspital) oder aufgegeben.

III. UNIVERSITÄT: Die Univ. wurde 1365 von Hzg. →Rudolf IV. (10. R.) nach Pariser Vorbild gegr. und von Papst Urban V. privilegiert, zunächst jedoch ohne theol. Fakultät. Durch den frühen Tod des Hzg.s und wegen der geringen Dotierung war der Betrieb zunächst nur bescheiden. Enge Verbindungen bestanden zur Bürgerschule. Ab 1377 wurden akadem. Wahlen abgehalten und die Matrikel geführt. 1383 konnte Hzg. →Albrecht III. (17. A.) Professoren aus Paris und Prag gewinnen, darunter →Heinrich v. Langenstein (120. H.) und →Heinrich Totting v. Oyta (146. H.). 1384 bewilligte Papst Urban VI. eine theol. Fakultät. 1385 erarbeitete die Univ. ihre Statuten. Albrecht III. begündete das Collegium ducale, eine Korporation von 12 Artistenmagistern und zwei Doktoren der Theologie, die an der Spitze des Kollegs standen, und das Collegium Juristarum. Auf ihn geht auch das St.-Nikolaus-Kolleg zurück, das der Zisterzienserorden für Ordensangehörige führte. Das Bürger-Collegium war eine private Stiftung. Die Univ. wurde in vier Nationen geteilt (österr., ung., rhein., sächs.). Das 15. Jh. war eine bes. Blütezeit, die Univ. etw. die größte im Reich, so gab es zw. 1385 und 1505 40 683 Studierende. Es lehrten →Nikolaus v. Dinkelsbühl (19. N.), Johannes →Nider, →Johannes v. Gmunden (115. J.), Georg v. →Peuerbach und Johannes →Regiomontanus in W., ebenso der Arzt →Galeazzo (di) Santa Sofia, der 1404 hier die erste anatom. Demonstration n. der Alpen hielt. Humanist. Ideen konnten sich hingegen nur allmähl. gegenüber der dominierenden Scholastik – unter ihren Vertretern war der Historiker Thomas →Ebendorfer – durchsetzen. In der 1. Hälfte des 15. Jh. erlangte die Univ. auch religionspolit. Bedeutung durch ihre Teilnahme an den Konzilen in →Pisa, →Konstanz und →Basel sowie an Reichstagen. Die schwierige Lage in den 70er und 80er Jahren hatte hingegen negative Auswirkungen. Unter Maximilian I., der Humanisten wie Conradus →Celtis nach W. holte, kam es zu einem neuen Aufschwung, allerdings mußte die Univ. dem Ks. huldigen. Mit der Reformation und der Türkengefahr erfuhr die W.er Univ. im 16. Jh. einen gewaltigen Niedergang. 1554 führte schließl. Ferdinand I. eine grundlegende

Reform durch. Das Verhältnis der Univ. zur Stadt W. war wiederholt getrübt. Das ursprgl. geplante Univ.sviertel nahe dem Schottenkl. kam nicht zur Ausführung. Das Collegium ducale, die Bursen und Kodrien entstanden im Stubenviertel, nahe dem Dominikanerkl. Wiederholt kam es zu gewalttätigen Auseinandersetzungen zw. Studenten, Bürgern und insbes. Handwerkern. P. Csendes

Q.: *zu [I und II]:* J. A. Tomaschek, Die Rechte und Freiheiten der Stadt W., 2 Bde, 1877-79 – Q.n zur Gesch. der Stadt W., hg. Alterthums-Verein zu W., 18 Bde, 1895-1927 – P. Csendes, Die Rechtsq.n der Stadt W. (FontrerAustr. III, 9, 1986) – Ders., Das W.er Stadtrechtsprivileg v. 1221, 1987 – *zu [III]:* Q.n zur Gesch. der Univ. W., 1. Abt. Die Matrikel der Univ. W., 1377-1714/15, 6 Bde, 1954-93; 2. Abt. Acta facultatis Artium Univ. Vindobonensis 1385-1416, 1968 – P. Uiblein, 600 Jahre Univ. W., 1965 – *Lit.: zu [I und II]:* Gesch. der Stadt W., hg. Alterthums-Verein zu W., 6 Bde, 1897-1918 – F. Schalk, Aus der Zeit des österr. Faustrechts 1440-1463, 1919 – O. Brunner, Die Finanzen der Stadt W., 1929 – L. Sailer, Die W.er Ratsbürger des 14. Jh., 1931 – R. Perger, Grundherren im ma. W., I-III, Jb. des Vereins für Gesch. der Stadt W. 19/20, 1963/64, 11-58; 21/22, 1965/66, 120-183; 23/25, 1967/69, 7-102 – V. Flieder, Stephansdom und W.er Bm.sgründung, 1968 – H. Ladenbauer-Orel, Der Berghof (W.er Gesch.sbücher 15, 1974) – W. im MA (Ausst.kat.), 1975 – R. Perger, Beitr. zur W.er Verfassungs- und Sozialgesch., Jb. des Vereins für Gesch. der Stadt W. 32/33, 1976/77, 11-41 – Ders.-W. Brauneis, Die ma. Kirchen und Kl. W.s (W.er Gesch.sbücher 19/20, 1977) – P. Csendes, Kg. Ottokar II. Přemysl und die Stadt W., Jb. für LK v. Niederösterreich 44/45, 1978/79, 142-158 – K. Lohrmann-F. Opll, Regg. zur Frühgesch. von W. (Forsch. und Beitr. zur W.er Stadtgesch. 10, 1981) – P. Csendes, Des riches houptstat zu Osterrich, Jb. für LK v. Niederösterreich 53, 1987, 47-58 – R. Perger, Die W.er Ratsbürger 1396-1526 (Forsch. und Beitr. zur W.er Stadtgesch. 18, 1988) – P. Csendes, Die W.er Gesch. W.s, 1990² – K. Lohrmann, Judenrecht und Judenpolitik im ma. Österreich, Hb. zur Gesch. der Juden in Österreich, B. 1, 1990, passim – R. Perger, Straßen, Türme und Basteien. Das Straßennetz der W.er City in seiner Entwicklung und seinen Namen (Forsch. und Beitr. zur W.er Stadtgesch. 22, 1991) – F. Opll, Zur spätma. Sozialstruktur von W., Jb. des Vereins für Gesch. der Stadt W. 49, 1993, 7-87 – Ders., Nachrichten aus dem ma. W. Zeitgenossen berichten, 1995 – Ders., Jahrmarkt oder Messen? Überlegungen zur spätma. Handelsgesch. W.s (Städteforsch., A. 39, 1996), 189-204 – *zu [III]:* J. v. Aschbach, Gesch. der W.er Univ., 3 Bde, 1865-77 [Nachtr. von W. Hartl und K. Schrauf, I/1, 1898] – K. Schrauf, Die W.er Univ. im MA (Gesch. der Stadt W., 2, 1904), 960-1017 – F. Gall, Alma Mater Rudolphina 1365-1965, 1965 – Ders., Die Insignien der Univ. W., Stud. zur Gesch. der Univ. W., 4, 1965 – H. Demelius, Beitr. zur Haushaltsgesch. der Univ. W., ebd. 1, 1965, 92-217 – F. Gall, Die Alte Univ. (W.er Gesch.sbücher 1, 1970) – P. Uiblein, Die W.er Univ. im 14. und 15. Jh. (Schrr.reihe des Univ.sarchivs 2, 1985), 17-36 – Ders., Ma. Studium an der Univ. Artistenfakultät (ebd. 4, 1987) – K. Mühlberger, W.er Studentenbursen und Kodreien im Wandel vom 15. zum 16. Jh. (ebd. 7, 1993), 129-190.

Wien, Friede v. (26. Nov. 1276). Der W.er F. sollte die krieger. Auseinandersetzung zw. Kg. →Otakar II. Přemysl v. Böhmen und Kg. →Rudolf v. Habsburg um die von dem Přemysliden ohne ausreichenden Rechtstitel erworbenen Reichslehen beenden. Am 21. Nov. im Heerlager des Habsburgers vor Wien durch eine von beiden Kontrahenten parität. besetzte Kommission, der von Seiten Otakars Bf. →Bruno v. Olmütz (5. B.) und Mgf. Otto V. v. Brandenburg, von Rudolfs Seite Bf. Berthold v. Würzburg sowie der rhein. Pfgf. →Ludwig II. d. Strenge (26. L.) angehörten, auf der Basis des militär. Status quo ausgehandelt, sah er den Verzicht Otakars auf die Reichslehen Österreich, Steiermark, Kärnten mit Krain, die Wind. Mark, Pordenone und Eger vor. Im Gegenzug wurde der Böhmenkg. aus der Acht entlassen und am 25. Nov. mit Böhmen und Mähren, seinem angestammten Besitz, belehnt. Ausdrückl. einbezogen in das Friedensabkommen wurden Otakars österr. Getreuen sowie Rudolfs Verbündeter, Kg. →Ladislaus IV. v. Ungarn. Um dem Ausgleich Dauer zu verleihen, wurde eine Doppelhochzeit zw. Rudolfs ältestem Sohn Hartmann und Otakars Tochter Kunigunde sowie zw. dem böhm. Thronfolger →Wenzel (II.) und einer noch zu benennenden Tochter des Habsburgers in Aussicht genommen. Allerdings erfüllte die Vereinbarung ihren Zweck nicht. Vielmehr kam es bald zu neuen militär. Auseinandersetzungen, bei denen Otakar am 26. Aug. 1278 in der Schlacht bei →Dürnkrut den Tod fand. Die nun durchgeführte Friedensordnung setzte schließlich den Kerngedanken des F.ns v. W. in die Tat um; v. a. kam es zu der habsbg.-přemyslid. Eheverbindung: →Rudolf (9. R.), des Habsburgers jüngster Sohn, heiratete Agnes, Wenzel II. dessen Schwester Guta. F.-R. Erkens

Q.: MGH Const. III, 103-108 (Nr. 112-114) – *Lit.:* O. Redlich, Rudolf v. Habsburg, 1903, 283f., 331f. – J. K. Hoensch, Přemysl Otakar II. v. Böhmen, 1989, 226f.

Wiener Fragmente. Mondseer Hs. bzw. Mondsee-Wiener-Liederhandschrift heißt der mittlere Teil (Bl. 166-284) der Hs. 2856 der Österr. Nationalbibl. Wien. Der erste (1-165) enthält dt. Rechtstexte, der dritte (185-414) das Buch der Natur von →Konrad v. Megenberg. Der Liedteil ist die Haupths. D zum →Mönch v. Salzburg und wurde ca. 1450/70 (drei Hände) mit Melodien geschrieben. Laut den Eintragungen 252v und 282v war sie 1472 im Besitz des Salzburger Goldschmieds Peter Spörl, der hier 1465 das Bürgerrecht erworben hatte. Sie stammt vermutl. aus Salzburg. Unter den hundert Liedern finden sich 31 geistl. und 55 weltl. des Mönchs v. Salzburg. Ihnen folgen einige sog. Meisterlieder von →Heinrich v. Mügeln, →Regenbogen, Albrecht Lesch und Klingsor. Die Hs. ist eine der wichtigsten →Liederhss. des 15. Jh. und für die Musikwiss. von bes. Bedeutung, weil sie die erste Mehrstimmigkeit der deutschsprachigen Lieddichtung enthält. F. V. Spechtler

Lit.: Faks., ed. H. Heger, 1968 – Verf.-Lex.² VI, 672-674 [B. Wachinger] – F. V. Spechtler, Die geistl. Lieder des Mönchs v. Salzburg, 1972, 46-49 – B. Wachinger, Der Mönch v. Salzburg, 1989 – F. V. Spechtler, Höf. Musik im hohen und späten MA (Musikgesch. Österreichs, I, 1995²), 101-138, bes. 121-126.

Wiener Genesis, ÖNB, Cod. theol. gr. 31 (im 15. Jh. vermutl. in Venedig; seit dem 17. Jh. in der Wiener Hofbibl.), Fragment einer frühbyz. »Bilderbibel«, die ursprgl. das Buch Gen umfaßte, 24 Einzelbll. (durchschnittlich 320×250 mm) in gr. Unziale (sog. Bibelmajuskel) mit Silbertinte auf purpurgefärbtem Pergament von zwei Schreibern geschrieben und auf jeder Seite unter dem Text mit etwa halbseitigen Bildern in Vollmalerei von mehreren Malern illustriert, Syrien/Antiochia? (oder Konstantinopel?), wohl 2. Viertel des 6. Jh. Der ursprgl. Umfang kann auf fast 100 Bll. (mit knapp 200 Bildern) rekonstruiert werden. Der Text bietet eine gekürzte und redigierte Fassung der Septuaginta, die sich an den offenbar im ersten Arbeitsgang hergestellten Bildern orientiert. Diese enthalten bis zu 5 Szenen in einem oder zwei Registern, z. T. mit stark wechselnden Figurenformaten. Vor dem Purpurgrund agieren die leuchtend farbig und mit expressiver Gestik gegebenen Protagonisten, deren gleichbleibende Kleidungsfarbe sie in den Szenenfolgen wiedererkennbar macht. Der Charakter dieser Luxushs., bei der die phantasievoll erzählenden Bilder wichtiger sind als der Text, schließt eine liturg. oder wiss. Verwendung aus und spricht für hochgestellte, möglicherweise ksl. Laien als Benutzer. – Die erhaltenen Darstellungen beginnen mit dem Sündenfall und der Vertreibung Adams und Evas aus dem Paradies (fol. 1ʳ·ᵛ); es folgen die Geschichten des Noe (2ʳ-3ᵛ), des Abraham und Lot (4ʳ-6ᵛ), der Rebek-

ka (7ʳ,ᵛ), des Isaak und Jakob (8ʳ–14ʳ), des Joseph und seiner Brüder bis zum Begräbnis Jakobs (14ᵛ–24ᵛ). Etliche Bilder enthalten über den Text hinausgehende, z. T. aus der jüdischen rabbin. Lit. und Komm.-Tradition und Legende stammende, aber gelegentl. auch antikisch genrehafte Elemente. Die Forsch. hat daraus z. T. gewagte Schlüsse in bezug auf eine angeblich ehemals existente antik-jüd. Illustration des Septuaginta-Textes gezogen, aus der die chr. Bibelillustration sich entwickelt habe. Doch fehlt bisher die Evidenz für eine altjüd. Buchmalerei, während die rabbin. und legendären Elemente durchaus auch in frühen chr. Texten bekannt sind, also jüd.-chr. Gemeingut waren und von daher in chr. Bildschöpfungen eindringen konnten. U. Nilgen

Lit.: RAC XVII, 983–985 [B. ZIMMERMANN] – H. FILLITZ, Die W. G., Resumé der Diskussion, Beitr. zur Kunstgesch. und Archäologie des FrühMA, Akten zum 7. internat. Kongr. für FrühMA-Forsch. 1958, 1962, 44–52 – W. G., Faks.-Ausg. des Cod. theol. gr. 31 der Österr. Nat. Bibl. in Wien, Komm. O. MAZAL, 1980 – K. CLAUSBERG, Die W. G., 1984 – B. ZIMMERMANN, Die W. G. im Rahmen der antiken Buchmalerei (im Dr. bei Österr. Akad. der Wiss., Mitt. zur chr. Archäologie, Ergbd. 2).

Wiener Genesis und Exodus. In zwei Sammelhss. des 12. Jh. (Wien, cod. 2721 und Klagenfurt, Hs. 6/19 des Geschichtsvereins für Kärnten aus dem Kl. Millstatt) wird mit der »Wiener (Altdt.) Genesis« (→Genesisdichtung) aus dem 11. Jh. auch eine jüngere Versdichtung (um 1220/30?) über Teile des zweiten Buchs Mosis, die sog. »Altdt. Exodus«, überliefert. Während die »Wiener Genesis« die Schöpfungs- und Patriarchengesch. (bis zum Tod Abrahams) mit vielen, überwiegend moral. Deutungen versieht, ist die »Altdt. Exodus« ganz Erzählung im Stile einer noch nicht höf. überformten Ritterdichtung. Der Verf. setzt in einem längeren Prolog (vv. 1–34) mit der obligaten Bitte um göttl. Beistand ein. Dann folgt er weitgehend dem atl. Bericht, ohne sich streng an dessen Wortlaut zu binden. Er erzählt von der Knechtschaft der Israeliten in Ägypten, von der Geburt Mosis, von der Weigerung des Pharao, die Israeliten ziehen zu lassen und den darauf von Gott gesandten Plagen, vom Auszug, Verfolgung und wunderbarer Rettung. Den Abschluß bilden der Lobgesang der Israeliten (Ex 15, 1) und ein kurzer Epilog (vv. 3306–3316). Naheliegende Ausdeutung wie bes. die Typologie Durchzug durchs Rote Meer – Taufe fehlen. Selbst der an den Lobgesang Mosis anschließende Gebetsaufruf (vv. 3297–3302) verzichtet auf einen entsprechenden Hinweis. Der Verwendungszusammenhang bleibt wie bei den meisten geistl. Gedichten des 12. Jh. unklar. Als Termin für die klösterl. Tischlesung käme das Osterfest in Frage, zumindest bezieht sich der Verf. im Epilog auf einen bes. Tag des Vortrags (v. 3312 »an disem tage hiute«). Die Apostrophe »mîne hêrren« (v. 2904) könnte allerdings auch (muß aber nicht) für ein weltl. Publikum sprechen.

»Wiener Genesis« und »Altdt. Exodus« sind zwei hervorragende Beispiele für die im 11. und 12. Jh. neu einsetzende Tradition volkssprachl. →Bibeldichtung, die auf unterschiedl. Weise weitergewirkt haben. Während das ältere Genesisgedicht in Gestalt der »Millstätter Genesis« eine durchgreifende Bearbeitung erfuhr und in Teilen in die →»Vorauer Bücher Mosis« (Josephsgeschichte) auch noch in die →»Vorauer Bücher Mosis« einging, erscheint die »Altdt. Exodus« in der jüngeren Millstätter Hs. (Klagenfurt, Hs. 6/19, 102ʳ–135ʳ) im wesentl. unverändert. Da der Text in der Wiener Hs. Lücken aufweist (es fehlten vv. 1401–1454 und vv. 1481 bis Schluß), in der Klagenfurter Hs. jedoch vollständig ist, liegt der Schluß nahe, daß beide Hss. eine gemeinsame Vorlage hatten. D. Kartschoke

Ed.: →Genesisdichtung – E. PAPP, Die Altdt. Exodus. Unters.en und krit. Text, 1968 – Die Altdt. Exodus, hg. E. PAPP, 1969 – Lit.: →Genesisdichtung – Verf.- Lex.³ I, 276–279 [U. HENNIG] – E. SCHRÖDER, Zur »Exodus«: Termin und Publicum, ZDA 72, 1935, 239f. – D. H. GREEN, The Millstätter Exodus, A Crusading epic, 1966 – W. SCHRÖDER, The 'Altdt. Exodus': A Crusading epic?, MLN 64, 1969, 334–339 – H. BLINN, Die »Altdt. Exodus«, 1974 – A. MASSER, Bibel- und Legendenepik des dt. MA, 1976, 50–57 – G. VOLLMANN-PROFE, Von den Anfängen zum hohen MA, Teil 2: Wiederbeginn volkssprachl. Schriftlichkeit im hohen MA (1050/60–1160/70), 1986, 88–92 – D. KARTSCHOKE, Gesch. der dt. Lit. im frühen MA, 1990, 284–291 – D. KARTSCHOKE, »...sô stânt si unde lachent«. Ismaeliter, Kaltschmiede, Kaufleute in der »Altdt. Genesis« (Dt. Lit. und Sprache von 1050–1200, hg. A. FIEBIG–H. J. SCHIEWER, 1995), 127–135.

Wiener Konkordat (1448), Vertrag zw. dem röm.-dt. Kg. →Friedrich III. und Papst →Nikolaus V. Im Streit nach Spaltung des Konzils v. →Basel (1437) erklärten die dt. Kfs.en zunächst ihre auf Ausgleich bedachte 'Neutralität' (Frankfurt 1438), übernahmen aber in der »Mainzer Akzeptation« (1439) – mit Kg. Albrecht II. und anderen Metropoliten des Reiches – modifiziert die meisten Basler Reformdekrete. Im Unterschied zu Frankreich (→Pragmatique Sanction, 1438) blieb die Stellung der dt. Reichsstände zum Restkonzil in Basel, zu seinem Gegenpapst →Felix V. und Papst →Eugen IV. schwankend, was die päpstl. Diplomaten Juan de →Carvajal, Tommaso Parentucelli (→Nikolaus V.), →Nikolaus v. Kues und Enea Silvio Piccolomini (→Pius II.) erfolgreich zur Anerkennung Eugens IV. und Nikolaus' V. nutzten. Im Sept. 1445 gelang die Verständigung zw. Kg. Friedrich III. (Kaspar →Schlick) und Eugen IV. (mit erhebl. kirchenhoheitl. Zugeständnissen in Friedrichs Erblanden; Aussicht auf Ks.krönung). In den »Fürstenkonkordaten« (5. und 7. Febr. 1447) kam es auch zur päpstl. Einigung mit den führenden dt. Ständen; doch Eugen IV. stellte in einem geheimen Salvatorium kurz vor dem Tod seine Zugeständnisse wieder in Frage. Nach Vorverhandlungen auf dem Aschaffenburger Fs.entag (Juli 1447) schloß Friedrich III. als Reichsoberhaupt (pro natione Alamanica) am 17. Febr. 1448 in Wien mit dem Kard.legaten Carvajal das W. K., das Nikolaus V. am 19. März 1448 als päpstl. Privileg verkündete.

Das W. K. wiederholt im wesentl. das in Konstanz 1418 mit der dt. Nation abgeschlossene, auf 5 Jahre befristete Konkordat, jetzt auf Dauer. Dem Papst wird die Besetzung aller geistl. Stellen aufgrund der →Reservationen Johannes' XXII. und Benedikts XII. (Tod des Inhabers »in curia« oder Erledigung »apud Sedem Apostolicam«) eingeräumt. Bei Metropolitan- und Kathedralkirchen (Ebm.er, Bm.er) sowie bei den dem Papst unmittelbar untergebenen Kl. (v. a. Reichsstifte) erfolgt freie kanon. Wahl, die im Regelfall der päpstl. Bestätigung unterliegt. Ferner steht dem Papst die Besetzung der Kanonikate und Benefizien an den Kathedral- und Kollegiatkirchen bei Erledigung in den ungeraden ('päpstl.') Monaten (Jan., März usw.) zu. Von allen zur Erledigung kommenden Bf.sstühlen sollen aufgrund neuer, gerechter Taxierung die servitia communia an die Apostol. Kammer (→Kammer, IV) gezahlt werden, doch bei mehrfacher Erledigung nur einmal binnen Jahresfrist. Von allen anderen vom Papst vergebenen Kirchenstellen sollen, soweit ihr Jahressertrag 24 Kammergulden übersteigt, die üblichen →Annaten entrichtet werden.

Obwohl nicht Reichsgesetz, weil nur vom Papst, und nicht reichsrechtl. publiziert, blieb das W. K. bis zum Ende

des Reiches 1803/06 in Geltung. Der Kg. hatte zwar im Namen des Reiches mit Zustimmung der meisten geistl. und weltl. Reichsstände das W. K. geschlossen, aber die Kurie mußte den Territorialherren in Sondervereinbarungen zahlreiche weitergehende Zugeständnisse machen, z. B. bei Stellenbesetzungen und →Visitationen. Dies wurde bedeutsam für den Ausbau der Landeskirchen im späten 15. und im 16. Jh. Als letzter Reichsstand nahm Straßburg 1476 das W. K. an. Neben den landeskirchl. Vorrechten gewann Friedrich III. die Zusage der Ks.krönung (mit finanzieller päpstl. Unterstützung). Die Fs.enkonkordate und das W. K. besiegelten endgültig die Hinwendung des Reiches vom Basler Konzil (seit Juli 1448 in Lausanne) zum röm. Papst. Durch das W. K. wurden die Fs.enkonkordate v. 1447 mit weit größeren päpstl. Zugeständnissen prakt. obsolet. Im Unterschied zur Mainzer Akzeptation fehlen im W. K. Bestimmungen zur Kirchenreform. Daher wuchs die Mißstimmung gegen Papst und Kurie in weiten Kreisen; sie schuf sich bald in den →Gravamina nationis germanicae neuen Ausdruck.

G. Schwaiger

Q.: K. ZEUMER, Q.slg. zur Gesch. der Dt. Reichsverfassung, 1913², Nr. 168 – A. MERCATI, Raccolta di concordati, I, 1954², 177–185 – C. MIRBT–K. ALAND, Q. zur Gesch. des Papsttums und des röm. Katholizismus, I, 1967⁶, Nr. 777 – Lit.: A. MEYER, Das W. K. v. 1448, QFIAB 66, 1986, 108–152 – J. HELMRATH, Das Basler Konzil 1431–49, 1987 – H. KOLLER, Zur Beurteilung der Reformatio Friderici [1442] (Fschr. H. ZIMMERMANN, hg. K. HERBERS u. a., 1991), 591–606 – A. MEYER, Bf.swahl und päpstl. Provision nach dem W. K., RQ 87, 1992, 124–135 – Ks. Friedrich III. (1440–93) in seiner Zeit, hg. P.-J. HEINIG, 1993 – K. F. KRIEGER, Die Habsburger im MA, 1994, 169–237 [Friedrich III., Lit.].

Wiener Krönungsevangeliar → Krönungsevangeliar, Wiener

Wiener Neustadt, Stadt im sö. Niederösterreich, ehem. Bm.

I. Stadt – II. Bistum, Stifte und Klöster.

I. STADT: Die Gründung von W. N. geht auf Hzg. →Leopold V. (5. L.) zurück. Sie steht mit der Belehnung der →Babenberger mit dem Hzm. →Steiermark 1192, dem das Gebiet um W. N. bis ins 15. Jh. zugerechnet wurde, unmittelbar im Zusammenhang. Die Anlage erfolgte planmäßig nach einem festgelegten Achsenkreuz, das einen Konnex zur Orientierung des Doms aufweist. Die eigtl. Anlage der Stadt wurde von Hzg. →Leopold VI. (6. L.) durchgeführt. Unter ihm wurde W. N. Pfarre, die erste Pfarrkirche St. Ulrich lag außerhalb der Mauern. Für 1204 ist bereits eine urbane Infrastruktur belegt, in den 1230er Jahren eine Münzstätte nachgewiesen. Die Neustadt (Nova Civitas) – das Beiwort Wienerische oder W. N. begegnet erstmals 1358, regelmäßig seit dem 17. Jh. – beherrschte die Fernstraßen über den Hartberg nach Triest und über den Semmering nach Venedig. Für Hzg. →Friedrich II. (28. F.) war W. N. ein Stützpunkt während des Streits mit Ks. Friedrich II. Er förderte die Stadt 1239 und 1244 durch Privilegien. Unter Kg. Otakar II. Přemysl v. Böhmen wurde die Burg errichtet. Das älteste Siegel stammt von 1263, 1285 wird erstmals ein Bürgermeister genannt. Seit der Mitte des 13. Jh. ist eine bedeutende Judengemeinde nachweisbar. Von Rudolf I. erhielt W. N. 1277 ein Stadtrechtsprivileg. 1279 wurde die neue Pfarrkirche (Dom) geweiht, bei der sich auch die Stadtschule befand. Vorstädte bestanden schon im frühen 14. Jh. Aus dieser Zeit datiert auch die erste Erwähnung eines Spitals vor den Mauern (St. Elisabeth). Aus W. N. stammte der in Wien tätige Arzt und Dichter →Heinrich v. N. (134. H.), der 1312 urkundl. belegt ist. Einen erhebl. wirtschaftl. Aufstieg nahm W. N. im 15. Jh. Hzg. →Ernst d. Eiserne (5. E.) und insbes. seine Gattin Zimburgis v. Masovien, für die W. N. zum Witwensitz wurde, hielten sich bevorzugt hier auf. Bes. Förderung erfuhr die Stadt jedoch durch Ks. Friedrich III. Er baute die Burg aus (St.-Georgs-Kirche, Wappenwand, Tiergarten), gründete ein Zisterzienserkl., verlieh W. N. das Niederlagsrecht und erneuerte die Münzstätte. Sein Sohn Maximilian I. wurde in W. N. geboren und fand dort wie dessen Mutter →Eleonore v. Portugal die letzte Ruhestätte. 1487 eroberte der ung. Kg. Matthias Corvinus W. N., 1490 fiel die Stadt zurück an das Reich. 1496 kam es zu einer Vertreibung der Juden, 1502–10 tagte ein Hofgericht (→Kammergericht) Maximilians I. in der Stadt. Nach Maximilians Tod zog sich das von ihm eingesetzte Regiment nach W. N. zurück. Dies war unter dem Druck der ständ. Bewegung erfolgt, über die Ehzg. Ferdinand I. 1522 in der Stadt Gericht hielt (»W. N.er Blutgericht«).

II. BISTUM, STIFTE UND KLÖSTER: Unter Leopold VI. ließen sich Dominikaner (Neukl., später St. Peter an der Sperr), Minoriten und Dominikanerinnen in W. N. nieder, unter Friedrich II. folgte der Dt. Orden. 1443/44 kamen Zisterzienser nach W. N. (Neukl.). Friedrich III. gründete 1444 ein Stift weltl. Chorherren, die zunächst in der Burg, ab 1459 an der Pfarrkirche ihren Sitz hatten. 1478/79 kam auch der vom Ks. begründete →Sankt-Georgs-Ritterorden nach W. N. 1469 erreichte Friedrich die Gründung eines Bm.s in W. N. 1480 entstand ein Paulinerkl. Das Bm. W. N. wurde 1785 nach St. Pölten verlegt.

P. Csendes

Lit.: J. MAYER, Gesch. von W. N., 4 Bde, 1924–28 – Friedrich III. – Ks.residenz W. N. (Ausst.kat.), 1966 – G. GERHARTL, W. N. Gesch., Kunst, Kultur, Wirtschaft, 1978 – DIES., Der Dom zu W. N. 1279–1979, 1979 – G. BUTTLAR-GERHARTL, W. N. – Bf.ssitz v. 1469 bis 1785, Jb. für LK von Niederösterreich 52, 1986, 1–54 – P. CSENDES, Die W. N.er Stadtrechtsfälschungen (MGH Schr. 33, III, 1988), 637–652 – M. KEIL, Der Liber Judeorum v. W. N. (1453–1500), Stud. zur Gesch. der Juden in Österreich (Hb. zur Gesch. der Juden in Österreich, 2, 1994), 41–99 – E. REIDINGER, W. N. Planung oder Zufall, 1995.

Wiener Pfennig, Bezeichnung für die seit 1193/94 in Wien, später auch in Wiener Neustadt und Enns geprägten →Pfennige, die zw. 1200 und dem Ende des 14. Jh. auch außerhalb von Österreich (Steiermark, Kärnten, Burgenland, Ungarn, Südböhmen, Südmähren, Salzburg, Ostbayern) umliefen, in Ungarn sogar nachgeahmt wurden (Ung. W.). Es wurden 240 Pfennige auf das Rechenpfund (Talentum, libra) zu 8 →Schillingen gerechnet. Der W. P. wurde in verschiedenen Münzstätten (Neunkirchen, Fischau) nachgeahmt. Das Feingewicht (→Feingehalt) der W. P.e sank in der Zeit von um 1200 bis 1370 von 0,72 g auf 0,40 g ab. 1203 werden erstmals denarii Wiennensis monetae in den Reiserechnungen Bf. →Wolfgers v. Passau erwähnt. Als Münzbild erscheinen ab der 2. Hälfte des 13. Jh. die Wappen der Landschreiber, Münzpächter und Münzbeamten. 1457 wurden die W. P.e durch die →Schinderlinge abgelöst.

P. Berghaus

Lit.: F. v. SCHROETTER, Wb. der Münzkunde, 1930, 342, 602f., 746f. – B. KOCH, Corpus Nummorum Austriacorum, I, 1994, 38–109.

Wienhausen (Lkrs. Celle), ehem. Zisterzienserinnenkl., gegr. nach 1221 von Agnes, geb. Mgfn. v. Meißen und zweite Gemahlin des welf. Pfgf.en →Heinrich bei Rhein (67. H.), nach glaubwürdiger Überlieferung des 17. Jh. zuerst in Nienhagen (südl. Celle). Vor 1229, vielleicht nach dem Tod Pfgf. Heinrichs († 1227), wurde es in das geeignetere W. (Huginhusen qui vulgari dicitur Winhusen) verlegt, wo der Bf. v. →Hildesheim seit 1051–54 durch Schenkungen Ks. Heinrichs III. die Gft., das zuvor

dem Kl. Fulda gehörende Gut Huginhusun und Marktrecht mit Zoll, Münze, Gericht und Fährgerechtigkeit (a. d. Aller) besaß. 1233 übergab Bf. Konrad II. dem Kl. die Mutterkirche zu W. mit ihrem Besitz; der Kl. propst wurde zugleich Archidiakon. Auf Antrag der Gründerin und Hzg. Ottos I. v. Braunschweig-Lüneburg um Aufnahme in den Zisterzienserorden unterstellte das Generalkapitel 1244 W. dem Kl. Riddagshausen als Tochterkl., doch wurde es anscheinend nicht inkorporiert und eximiert. Die Stifterin lebte als Witwe in W. und wurde dort bestattet († 1248/53). Trotz gewährter Vogtfreiheit blieben die →Welfen W. eng verbunden und sahen sich stets als Schutzherren. Die Stifterfamilie und bes. die Bf.e v. Hildesheim förderten W. weiterhin. In der ersten Blütezeit (um 1290–1350) entstanden neben bedeutenden Kl. bauten u. a. mehrere Großplastiken, die drei ältesten der acht berühmten gestickten W.er Wandteppiche sowie die für die Zeit einzigartige völlige Ausmalung des Nonnenchores. Unter Äbt. Katharina v. Hoya († 1474) kamen weitere bedeutende Bauten und Kunstwerke hinzu sowie das »W.er Liederbuch«, eine der ältesten und mit 59 Liedern, davon 15 mit Melodien, umfangreichsten Liederslg.en in nd. Sprache.

Hzg. Otto II. ließ das Kl. 1469 durch Johannes →Busch, Propst des Sültekl. bei Hildesheim, wegen Abweichens von der 'vita communis' reformieren. Erhebl. Widerstand leistete W. der von Hzg. Ernst seit 1525 betriebenen Einführung der Reformation; dieser ließ 1531 ein Viertel der Kl. gebäude niederlegen. Seit 1562 besteht W. als Evangel. Damenstift. K. Heinemeyer

Lit.: LThK² X, 1118 – G. STREICH, Kl., Stifte und Kommenden in Niedersachsen vor der Reformation (Stud. und Vorarb. zum Hist. Atlas Niedersachsens 30, 1986), 129 – Germania Benedictina 12, 1994, 756–796 [H. LEERHOFF, Lit.].

Wierland → Harrien-Wierland

Wiese. Neben dem Ackerbau (→Landwirtschaft) spielte die →Viehzucht, die auf W.n und Weiden angewiesen war, in der bäuerl. Wirtschaft des MA eine wichtige Rolle. Mit dem Ausbau der Dorfgemarkungen und der Erhöhung der Zahl der Bauernbetriebe wurden seit dem HochMA die Weideflächen der →Allmenden vielerorts verkleinert, so daß der Rinderauftrieb angesichts dieser Verknappung häufig beschränkt werden mußte. Eine gewisse Entlastung für die schmale Futterbasis der Rindviehhaltung brachte aber die W.nkultur, die seit dem HochMA stärker gepflegt wurde. Die Q.n des Moselgebietes berichten, daß Weiden (pascua) in W.n (prata) verwandelt wurden; seit dem 12. Jh. häuften sich auch die Käufe und Pachtungen von W.n. Trotzdem blieb der Anteil der W.n in den Dorfgemarkungen das ganze MA hindurch verhältnismäßig gering. K. LAMPRECHT berechnete aus Urkk. des Mosellandes in einem Falle die Relation von Ackerland zu W.n mit 11 zu 1, in einem anderen Falle sogar mit 60 zu 1. Der Grund für diese auffällig geringe Ausbreitung des W.nbaus liegt vermutl. in dem großen Arbeitsaufwand, den die W.n verursachten. Durch Ent- und Bewässerungsmaßnahmen entwickelte sich insbes. in den Mittelgebirgen und im Alpenraum eine gezielte Pflege von W.n. Häufig wurden die W.n und Matten dabei nicht durch das Vieh abgeweidet, sondern die Bauern mähten das darauf wachsende Gras ab und sammelten das Heu als Futtervorrat für den Winter. Anders als die Äcker waren die W.n nur für eine begrenzte Zeit umzäunt, auch wechselten Getreideanbau und Graswuchs auf vielen W.n in period. Abständen. Trockene und magere W.n suchte man durch →Düngung und durch →Bewässerung mittels vorbeifließender Bäche im Ertrag zu steigern. Viele durchschnittl. W.n lieferten aber nur einmal jährl. Heu und wurden nach der Heuernte als Viehweide genutzt. W. Rösener

Lit.: K. LAMPRECHT, Dt. Wirtschaftsleben im MA, I, 1, 1885/86, 531 – W. ABEL, Gesch. der dt. Landwirtschaft, 1978³, 43 – W. RÖSENER, Bauern im MA, 1985, 145f.

Wiesel. Der lat. Name mustela, gr. γαλῆ, wird bei Thomas v. Cantimpré 4, 77 (zit. Vinzenz v. Beauvais, Spec. nat. 19, 133) nach dem bisher unidentifizierten »Liber rerum«, aber auch Isidor, etym. 12, 3, 3, als »lange Maus« (mus longus) gedeutet. Albertus Magnus, animal. 22, 122, mißversteht dies als eine angebl. Verwandtschaft mit Mäusen, welche er durch den Hinweis auf gestaltmäßige Verwandtschaft mit dem Marder (martarus), die Kürze der Vorderzähne und die Feindschaft mit Mäusen widerlegt. Zwei Arten (genera) davon gebe es, so Thomas, eine größere, wilde, in Wäldern lebende, vermutl. das Große W. (Mustela erminea L.), hier gr. ἰκτίς, und eine in der Nachbarschaft des Menschen, das Maus-W. (Mustela nivalis L.). Diese Angabe stammt von Plinius, n.h. 29, 60. Die Beschreibung des Thomas (weißer Bauch, roter Rükken) zielt nicht auf den Iltis (Mustela putorius L.), sondern auf das Große W., das seine Jungen zum Schutze vor Entdeckung nach dem »Experimentator« von einem Ort zum anderen trage. Dies geht in der Form »cottidie transfert mutatoque sedem« nach Plinius, n.h. 29, 60 sogar auf Cicero zurück. Der »Experimentator« drückt den Kontext aber etwas anders aus (Stuttgart, WLB, cod. phys. 2° 30, f. 128v; Epitome Wolfenbüttel, HAB, cod. Aug. 8.8, 4°, f. 45ra): »Hec ingenio subdola in domibus, ubi nutrit catulos suos, transfert (-tur S) mutatque sedem (nidum W)« (vgl. Jakob v. Vitry, hist. orient. c. 92). Es schlafe sehr lange und tief und bewohne Felsen und Höhlen. Vor dem Kampf mit der Schlange wappne es sich mit der Raute (ruta) gegen deren Gift und könne auch seine toten Jungen mit einem gewissen Kraut wiederbeleben. Sonst sei es ein Feind der Mäuse und Schlangen. Die Insel Poroselene sei nach Plinius, n.h. 8, 226, ebenso wie das lebadin. Böotien frei von ihnen. Nach Solinus 27, 53 (= Plinius, n.h. 8, 79) töte das W. sogar den →Basilisken, sterbe aber auch selber nach dem Kampf. Nach den lat. →Kyraniden (Buch 2, DELATTE, 102ff.) helfe ein in Olivenöl verkochtes und durchgeseihtes W. gegen Arthritis und andere Krankheiten, sein linker an den Hals eines Huhnes gebundener Hoden erzeuge ein Ei, und sein Blut heile Epilepsie. Im Gegensatz dazu empfiehlt angebl. Plinius bei Thomas, ohne daß man das Rezept findet, nur seine Galle gegen Schlangen, alles übrige sei giftig (vgl. Plinius, n.h. 29, 103), was aber durch zahlreiche Belege bei Plinius widerlegt wird. Thomas zitiert ferner die Behauptung des »Clemens papa«, es empfange durch das Maul und gebäre durch das Ohr, sowie deren Zurückweisung durch Isidor. Es handelt sich dabei um die Recognitiones des Ps. Clemens 8, 25, 5 (ed. REHM, 231). Ch. Hünemörder

Q.: »Albertus Magnus – Ps. Clemens, Recognitiones, ed. B. REHM, 1965 – A. DELATTE, Textes latins et vieux français relatifs aux Cyranides, 1942 – →Isidor v. Sevilla, →Jakob v. Vitry, →Solinus, →Thomas v. Cantimpré, →Vinzenz v. Beauvais.

Wieselburg, möglicherweise von 'Mieselburg' (→Miesenburg) falsch abgeleiteter Name einer ma. ung. Grenzfeste an der w. Grenze des ung. Kgr.es, ung. Moson(vár). Nach der Schlacht an der Theiß 1060 zw. Kg. →Andreas I., dessen Sohn →Salomon der Schwager Heinrichs IV. war, und Hzg. Béla fiel Andreas bei Moson von seinem Pferd und starb. In der Überlieferung wird diese Schlacht gelegentl. 'Schlacht v. W.' genannt. Nachdem Salomon gegen seine Neffen mehrfach sein Land verloren hatte, zog er sich

nach W. zurück, das schließlich erst 1079 von Kg. →Ladislaus I. erobert wurde. J. M. Bak
Lit.: →Miesenburg.

Wife of Bath, The → Chaucer, Geoffrey, II

Wife's Lament, The → Elegie, V

Wifred

1. W. I. (Guifred) 'el Pilós' (der Behaarte), Gf. v. →Cerdaña-→Urgel (seit 872), Gf. v. →Barcelona und →Gerona (seit 878), Stammvater des Gf.enhauses v. Barcelona; ✕ 11. Aug. 897, ◻ Kl. →Ripoll. Schon sein Vater→Sunifred I., jüngerer Bruder der Gf.en Gisclafred und Oliba v. →Carcassonne, hatte 834–848 die Gft. Urgel-Cerdaña sowie 844–848 die Gft. en Barcelona, Gerona und Narbonne innegehabt. Mgf. war W. nur, insofern sein Amtsbezirk an maur. Herrschaftsgebiet angrenzte, eine rechtl. Überordnung über benachbarte Gf.en bestand nicht. Dennoch kam ihm infolge der Kumulation von Gft.en ein fakt. Übergewicht in der Region zu, das ihm seit 878 eine planmäßige Wiederbesiedlung der Zone v. Ausona (→Vic) und Bagès erlaubte. W. war in →Katalonien der letzte vom westfrk. Kg. 878 ernannte Gf.; die fakt. Erbfolge im Amt zeichnete sich jedoch vorher schon im Sinne einer Beteiligung der Gesamtfamilie am Amt durch 'Einweisung' von W.s Brüdern→Miro d. Ä. in→Conflent und Radulfs in →Besalú ab. Der Minderung der kgl. Autorität entsprach die auch schon vor der ersten Privilegierung vorausgesetzte Immunität der von W. gegr. Kl. →San Joan de las Abadesas (887) und Ripoll (888), die nicht etwa durch die aprisio per iussionem regis im Zuge der Wiederbesiedlung gegeben war. W. fiel bei einem Angriff der mit dem Emir v. Córdoba verbündeten Banū Qāsi.
O. Engels

Lit.: R. D'ABADAL I DE VINYALS, Els primers comtes catalans, 1958 – O. ENGELS, Schutzgedanke und Landesherrschaft im östl. Pyrenäenraum (9.–13. Jh.), 1970 – A. DE FLUVIÀ, Els primitius comtats i vescomtats de Catalunya, Cronología de comtes i vescomtes, 1989.

2. W. II. 'Borrell' (Guifred, Gauzfredus; Beiname zeitgenöss., abgeleitet von Bello v. Carcassonne?), Gf. v. →Barcelona, →Gerona und Ausona (→Vic) 897–911; † 26. April 911, ◻ Kl.kirche San Pau del Camp vor den Mauern Barcelonas; ∞ Garsenda (unbekannter Herkunft); Töchter: Richild (∞ Vizegf. v. Narbonne), Garsenda (∞ Gf. Raimund Pons v. Toulouse). W., ältester Sohn des Gf.en →Wifred I., erbte vom Vater die drei Gft.en, die fortan in einer Hand blieben und den Kern des frk. →Kataloniens bildeten. Von seinen Brüder erhielt →Miro d. J. →Cerdaña und nach dem Tod des Onkels Radulf 913 →Besalú, Sunifred die Gft. →Urgel, während der jüngste, →Suñer, die drei Kerngft. übernahm, als W. ohne männl. Erben starb. Den Erbgang legitimierte der westfrk. Kg., wahrscheinl. erst im Mai/Juni 899. Die damals erstmalige Erwähnung eines »regnum Gotiae vel Septimaniae« und die Tatsache, daß der Ebf. v. →Narbonne erst um diese Zeit als auch für den südl. Pyrenäenraum zuständiger Metropolit in Erscheinung trat, zeugen von einer sich anbahnenden Sonderstellung der Region, die jedoch keinesfalls mit einer Absage an das westfrk. Kgtm. gleichgesetzt werden kann. O. Engels

Lit.: R. D'ABADAL I DE VINYALS, Dels Visigots als Catalans, I, 1969, 323–362 – J. M. SALRACH, El procés de formació nacional de Catalunya, 1978 – A. DE FLUVIÀ, Els primitius comtats i vescomtats de Catalunya. Cronología de comtes i vescomtes, 1989 – U. VONES-LIEBENSTEIN, Katalonien zw. Maurenherrschaft und Frankenreich, Q. und Abh. zur mittelrhein Kirchengesch. 80, 1997, 491–501.

Wigamur, Artusroman von ca. 6100 Versen, dessen Titelheld im IV. Leich des →Tannhäusers (Mitte 13. Jh) in →Albrechts »Jüngerem Titurel« (um 1270) und im →»Friedrich v. Schwaben« (nach 1314) erwähnt wird. Der anonyme Autor beruft sich zwar auf eine schriftl. Q. für sein nur in einer lückenhaften Hs. vom Ende des 15. und zwei Fragmenten des 14. Jh. überliefertes Werk, hat es aber eher aus tradierten Erzählmotiven (→Hartmanns v. Aue »Iwein«, →Ulrichs v. Zatzikhoven »Lanzelet«, →Wolframs »Parzival« und →Wirnts v. Grafenberg »Wigalois«) kompiliert.

Zentralthema ist die richtige, d.h. dynast. begründete Herrschaft: Geläufige Motive wie Namensuche und durch Kampf errungene Herrschaft werden von der Suche nach der Familie und der sich im Geblütsadel legitimierenden Herrschaftsübernahme abgelöst, der Artushof als Zentrum des Idoneitätsprinzips verliert an Bedeutung. W., als Kind von einem Meerweib entführt, zieht als Knabe in Fischhosen durch die Welt, wird bei der Erstürmung einer Burg erstmals mit der Ritterwelt konfrontiert und erhält nach weiteren Abenteuern durch den Ritter Yttra eine höf. Erziehung, nachdem sich seine Tugend in einem Wunderbad bewiesen hat. Einem Adler, der aus Dankbarkeit für den Beistand gegen einen Geier sein ständiger Begleiter wird, verdankt W. seinen Beinamen. Am Artushof siegt W. im Gerichtskampf für eine Jungfrau, deren Hand er jedoch ausschlägt, erringt im Turnier ein Lehen, verzichtet aber auf die Krone, und heiratet auch nicht die Kgn., die er vor einem Heiden errettet hat. Im Krieg zw. Atroclas und Paltriot steht er als Zweikämpfer für Atroclas seinem Vater Paltriot gegenüber, der in ihm seinen verlorenen Sohn erkennt. Nach der Versöhnung der Gegner bekommt W. Dulciflor, Tochter des Atroclas, zur Frau, die er jedoch erst einem Ritter, der sie entführt hat, entreißen muß. Sie gebiert ihm einen Sohn namens Dulciweygar: Mit der dynast. ist auch die soziale Identität wiedergewonnen. N. H. Ott

Ed.: W., ed. D. BUSCHINGER, 1987 – *Lit.:* A. EBENBAUER, W. und die Familie (Artusrittertum im späten MA, hg. F. WOLFZETTEL, 1984), 28–46 – A. KARNEIN, Minne, Aventiure und Artus-Idealität in den Romanen des späten MA (ebd.), 114–125 – E. G. MARTIN, The Concept of 'reht' in W., Colloquia Germanica 20, 1987, 1–14.

Wigand v. Marburg, Gesch.sschreiber des →Dt. Ordens, * vor 1365 Marburg, † nach 1409. Der aus Hessen gebürtige W. ist zunächst (so 1409) als Wappenherold des Hochmeisters des Dt. Ordens nachweisbar. Vom Hochmeister →Konrad v. Wallenrode wurde er beauftragt, die Gesch. des Dt. Ordens zu verfassen. Seine die Jahre 1311–93 (von W. für d. J. 1394 ergänzt) umfassende Reimchronik (etwa 1700 dt. Verse) ist bis auf wenige Bruchstücke verloren. Der größte Teil des Werkes ist originär, daneben stützte sich W. auf die historiograph. Überlieferung des Ordenslandes (Chronik v. Oliva, Canonicus Sambiensis), ferner auf die livländ. Tradition des →Hermann v. Wartberge. W.s Werk ist eine der wichtigsten Q.n über die ritterl.-höf. ausgerichteten sog. Litauer-Reisen des Ordens, darüber hinaus aber auch für den Ordensstaat Preußen während seiner Blütezeit insgesamt. Das Nachleben der Chronik beruht v.a. auf der um 1464 von Conrad Gesselen, Kaplan der Thorner Johanniskirche, erstellten lat. Übers. für den Chronisten Jan →Długosz. Im 16. Jh. bezogen sich Caspar Schütz († 1594), Stanislaus Bornbach († 1597) und die ältere Danziger Chronistik auf W. C. A. Lückerath

Ed.: SSrerPruss II, 1863 [Neudr. 1965], 429–662 – *Lit.:* Verf.-Lex. IV, 964–968 – U. ARNOLD, Stud. zur preuß. Historiographie des 16. Jh., 1966.

Wigbert → Wikbert

Wigbodus, exeget. Kompilator, Priester, ist wahrscheinl. mit dem Abt W. identisch, der 786 auf Anweisung Karls d. Gr. nach England reiste. Er schrieb vor dem Ende des 8. Jh. einen Oktateuchkomm., dem er zwei Gedichte an Karl in Hexametern voranstellte; die Verse sind zu vier Fünfteln fremder Herkunft. Der teilweise als Lehrdialog gestaltete Komm. ist eine Kompilation von patrist. Exzerpten (vorwiegend →Isidor v. Sevilla, für Gen insbes. Augustin und Hieronymus; z. T. indirekte Benutzung).

J. Prelog

Ed.: MPL 93, 233–430; 96, 1101–1168 – *Gedichte*: L. Munzi, Compilazione e riuso in età carolingia, Romanobarbarica 12, 1992–93, 189–210 – *Lit.*: M. M. Gorman, The Encyclopedic Commentary on Genesis Prepared for Charlemagne by Wigbod, Recherches Augustiniennes 17, 1982, 173–201.

Wigger, OPraem, Bf. v. →Brandenburg 1138–61, erscheint 1131 als Priester bei →Norbert v. Xanten, Ebf. v. Magdeburg, 1135 dort als Propst von Unser Lieben Frauen und damit als Haupt der sächs. OPraem-Zirkarie; 1138 Bf. der durch den →Slavenaufstand v. 983 auf schmale Randgebiete reduzierten, mehr oder weniger slav.-heidn. Diöz. Anscheinend ohne Rückhalt an weltl. Großen, leitete W. im Rahmen des Möglichen die Reorganisation des vernachlässigten Sprengels ein unter Anpassung an mittlerweile ausgebildete Normen kanon. Rechts (1138/40 Gründung des ersten ostelb. OPraem-Stifts Leitzkau als provisor. Domkapitel und ersten, zunächst einzigen Archidiakonatssitz; Zehntstreit mit dem eigenen Metropoliten; Fühlungnahme mit dem bereits christl. Wendenfs.en →Pribislav-Heinrich). W. nahm 1139 am II. Laterankonzil, 1147 am →Wendenkreuzzug teil, der sein Bm.sgebiet auffällig verschonte; vielleicht damals gelang die Gründung eines zweiten OPraem-Konvents in Parduin (die spätere Altstadt →Brandenburg), aus dem nach W.s Tod das ordentl. Domkapitel hervorging. H.-D. Kahl

Lit.: H.-D. Kahl, Slawen und Deutsche in der brandenburg. Gesch., 1964.

Wigoleis, lt. Vorrede des anonymen Bearbeiters 1472 durch »etlich edel [...] personen« veranlaßte, die Vorlage entschieden kürzende Prosaauflösung des «Wigalois» →Wirnts v. Grafenberg, erstmals 1493 bei Johann →Schönsperger in Augsburg gedruckt. Seit der Aufnahme in Siegmund Feyerabends »Buch der Liebe« 1587 weitverbreitet, wurde die für den lit. Geschmack des SpätMA symptomat. Bearbeitung bis ins 19. Jh. in Sammlungen tradiert. N. H. Ott

Ed.: W., ed. H. Melzer, 1973 – A. Brandstetter, Prosaauflösung. Stud. zur Rezeption der höf. Epik im frühnhd. Prosaroman, 1971 (190–235; Abdruck des Erstdrucks) – *Lit.*: A. Brandstetter–J.-D. Müller, Volksbuch/Prosaroman im 15./16. Jh., IASL Sonderh. 1, 1985, 1–128.

Wigonen (Guigoniden), große Adelsfamilie des Kgr.es →Burgund, mit Leitnamen Wigo (Guigo, frz. Guigues). Das Geschlecht wird häufig, ohne schlüssige Begründung, nach einer seiner Besitzungen, Vion (dép. Ardèche), benannt; es ist wahrscheinl., daß die Burg →Albon (dép. Drôme) schon sehr frühzeitig sein Hauptsitz war. Um 889 ist der erste bezeugte Wigo, Sohn eines Rostagns, bereits im Gebiet um Vienne begütert, zugleich aber auch im Gebiet um Annonay (dép. Ardèche) auf dem rechten Ufer der →Rhône; Heiratsverbindungen mit den →Bosoniden sicherten den Nachkommen weitere Positionen, doch wurde die Machtstellung des Hauses v. a. durch die Besetzung der Bf.ssitze →Grenoble und →Vienne mit mehreren seiner Mitglieder ausgebaut. Kg. →Rudolf III. verlieh den Söhnen Wigos V. die Hälfte der Burg Moras und das Valloire-Tal (1009); Wigo VI. († 1075 als Mönch v. →Cluny), der wohl als Vogt der Kirche v. Grenoble fungierte, erhielt 1030 vom Ebf. v. Vienne die südl. Hälfte der Gft. Viennois übertragen und schuf somit die Grundlagen der Gft. Albon, aus der das Fsm. →Dauphiné hervorging. J. Richard

Lit.: G. de Manteyer, Les origines du Dauphiné de Viennois, 1925 – Hist. du Dauphiné, hg. B. Bligny, 1973.

Wihtred, Kg. v. →Kent 690/691–725, Sohn des Kg.s Ecgbehrt († 673). Er wurde von →Beda Venerabilis als der rechtmäßige Kg. und Nachfolger mehrerer Usurpatoren und fremder Kg.e beschrieben. Tatsächl. begann W. seine Regierung mit der Teilung seiner Macht mit einem dieser Kg.e, Swaefheard, Sohn von Saebbi, Kg. der Ostsachsen. 694 besaß W. die alleinige Kontrolle und im folgenden Jahr erließ er einen Gesetzestext, der v. a. die Förderung des Christentums betraf. Er verbot bestimmte heidn. Bräuche, ordnete die Sonntagsruhe an und befreite die Kirche von der Besteuerung. Vier Jahre später gewährte W. die Befreiung von kgl. Lasten für seine Kirchen. →England, A. II, 3. B. A. E. Yorke

Lit.: D. P. Kirby, The Earliest English Kings, 1991, 122–124.

Wik, -orte. Es wird unterschieden zw. 1. dem zeitweilig von dt. Stadthistorikern für frühma. Fernhändlersiedlungen (→Fernhandel) benutzten Kunstwort '(der) W.' und 2. dem Q.nwort '(die) *wîk*', das als Grundwort in mehr als 1000 Ortsnamen, als Bestimmungswort in Sachbezeichnungen und als Name oder Bezeichnung unzusammengesetzt in den meisten germ. Sprachen vorkommt.

[1] Das *Kunstwort* geht in seinem 1943 von Planitz begründeten und zugespitzten Gebrauch nach Vorläufern aus dem Bereich der Weichbildforsch. (→Weichbild, -recht) v. a. auf Vogel zurück, der angesichts der im Verhältnis zur Gesamtzahl der wîk-Orte sehr wenigen Handelsplätze (→London/Lundenwic, York/Eoforwic, Southampton/Hamwic, Quentowic, Bardowick, Braunschweig, Schleswig, Dorestad/Wijk bij Duurstede, Minden mit *wikgreve*, u. a.) die Handelsgesch. des 7.–11. Jh. als »W.-Zeitalter« bezeichnen will. An ihm orientieren sich Frings und Planitz, die zusätzl. einen kräftigen Einfluß von lat. →*vicus* bis hin zur Entlehnung annehmen. »W.« ist nach Planitz und der von ihm beeinflußten dt. Frühstädteforsch. (Schlesinger u. a.) das von germ. Fernhändlern getragene Wort für ein System von genet. nicht auf Römersiedlungen basierenden, z. T. nur temporär besuchten Handels- oder Stapelplätzen bei Burgen oder Kl., oft mit besonderer Topographie (Einstraßenanlagen) und Verfassung (→coniuratio/→Gilde von kgl. Kaufleuten), die sich als solche durch Namen, Lage, phys. und funktionale Ausstattung oder durch die Bezeichnungen vicus, →portus, →emporium u. a. zeitweilig dt. Historikern als 'W.e' zu erkennen gaben. Der Begriff 'W.', der schon 1953 von Ennen zwar gebraucht, aber nicht mehr als Entsprechung des Q.n- oder Namengrundwortes '-wîk' angesehen wurde, ist weit ins Binnenland getragen worden, wo das Wort wîk als Name für Orte oder Bezeichnung in Orten, in denen Handel getrieben worden ist, kaum vorkommt. Hier wurden Belege für die Anwesenheit fries. Händler als 'W.'-Anzeiger genommen. Das Netz dieser (etwa 100) auf den »weitgespannten Handel mit Luxusgütern« im FrühMA (Irsigler) ausgerichteten 'W.e' umfaßt aufgrund dieser Anzeigen England, N-Frankreich, das Maas- und Rheingebiet, NW-Dtl. bis über den Main hinaus, Skandinavien mit (z. B.) →Birka bei Stockholm und →Kaupang bei Oslo. – Der von der ausländ. Forsch. kaum übernommene und auch in Dtl. mehrfach Revisio-

nen (KROESCHELL, IRSIGLER) unterworfene Begriff 'W.' leidet einmal an seiner Spezialisierung und Idealisierung durch Überfrachtung mit einem sehr komplexen, anhand unterschiedlichster Beobachtungen aus fünf Jahrhunderten kompilierten Katalog von Merkmalen, dem kaum einer der bedeutenden Fernhandelsplätze des FrühMA gerecht wird, zum anderen an seiner Konkurrenz bzw. Vermischung mit dem Q.nwort 'wîk', ident. mit dem genuin germ. Namengrundwort '-wîk', das Siedlungen bezeichnet, denen fast durchweg alle 'W.'-Merkmale fehlen.

[2] Das *Quellenwort* kommt in drei Gestalten vor. In NW-Dtl. und den Niederlanden sind etwa 600, in England und Skandinavien jeweils mehrere 100 Namen mit dem Grundwort '-wîk' festzustellen. Sie haften auf dem Festland stets an sehr kleinen Siedlungen, nur ausnahmsweise an Kirchorten (Winterswijk, Holtwick), in Skandinavien (in Konkurrenz zu dortigem *vík* 'Bucht') meist an unbedeutenden Weilern, in England häufig an Orten mit Namen, die domaniale Landwirtschaft mit Vieh (Oxwich) und Getreide (Berwick) anzeigen (EKWALL), darunter (z. B.) in Essex bei 59 '-wîk'-Namen nur vier Kirchorte. Dank der hier früh, im 7. Jh. (mit *sceap wican* 'Schaf-Hürden' u. ä.) einsetzenden volkssprachigen Überlieferung kann man die sachl. und damit die den späteren, scheinbar disparaten Bedeutungen gemeinsame semant. Basis von wîk sehr tief legen. Mit 'Hürde', 'Zaun' stellt sich wîk als Parallele neben das in seiner Bedeutungsentwicklung eindeutig dokumentierte Wort (engl.) *tûn* 'Zaun', dann (8./9. Jh.) '(als Sonderrechtsbezirk umzäunter) Herrenhof', schließlich (12./13. Jh.) *town* '(auf einem Hof entstandene) Stadt' (entsprechend 'villa' frz. *ville*). Die in England, auch auf dem Kontinent stellenweise recht schemat. '-wîk'-Namenwelt, die lange ihren appellativen Charakter behält, zeigt, daß das Ortsnamengrundwort weniger von ungelenkt siedelnden Bauern als von systemat. vorgehenden oder nachträgl. organisierenden Landnahme- bzw. Grundherren getragen worden ist. So entwickelt sich wîk, wie z. B. auch die Bezeichnung *wîcnera* für den Hofesverwalter zeigt, in England bald zu einer Bezeichnung für wirtschaftl. spezialisierte (nichtbäuerl.), rechtl. exemte Vorwerke von Herrenhöfen. Es kann nach diesem Befund, der sich auf dem Kontinent erst in den Weichbildorten seit dem 13. Jh. spiegelt, nur ein herrschaftl. Aspekt von wîk, nicht die Handelsplatzfunktion gewesen sein, der das Wort zeitweilig seit dem 7. Jh. in den Namen einiger bedeutender Orte auftauchen läßt, so in London (Lundenwic, auch -tun, -ceaster, -burg). Ein genuiner 'Handels'-Aspekt läßt sich jedenfalls weder aus wîk noch aus vicus 'Gruppensiedlung' (zw. civitas und villa, auf deren Gebiet ein vicus liegen konnte) ablesen. Abgesehen von *wicbilithi/wikbelde/wig-/wibbold/*Weichbild, (Bedeutung etwa:) 'Recht des (vom Landgericht) immunen Zentralhofs (bestimmter Villikationen)', hat keiner der mit wîk als Bestimmungswort zusammengesetzten Begriffe eine weitere Verbreitung gefunden. Die Getreidemaße *wikmold* und *wikschepel* in der Umgebung von Minden sind Hofesmaße der W.gf.envillikation (s. u.). W.stapel (in Löningen) und *wikpal* (in Vreden) können als Wortkörper Klammerformen, z. B. aus w.(belde)stapel, sein und geben den Gerichtsplatz und die Grenzen einer auf einer herrschaftl. curtis entstandenen wik- oder wikbelde-Siedlung an. Sie und andere sind von der 'W.'-Forsch. als degenerierte Spätformen angesehen worden. Eine Ausnahme macht der *wikgreve* (Minden, 1181) und der *wicgerefa* (London, 7. Jh.). Die gleiche Wortbildung und Semantik weist *wikvogt* (Stade, 1209) auf. Auch der comes vici (Schleswig, 9. Jh.) muß hierhin gehören. Den W.gf.en setzt PLANITZ mit dem um 1070 in Köln, Valenciennes, Paris belegten praepositus negotiatorum gleich, bei dem es sich eigtl. um den Vorstand der Kaufleutegilde handelt. Der Sachbefund zeigt in Minden den wikgreven als Verwalter der örtl. bfl. Villikation und als bfl. Stadtrichter. Er wird zuerst (1167) als →comes civitatis bezeichnet und steht auf einer Ebene mit den meist ministerial. advocati oder rectores in vielen nw.dt. Reichsstiftsstädten, die oft auch die örtl. →Villikation unter sich haben. Auch in Stade ist der wikvogt welf. Stadtrichter, und trotz des zeitl. Abstandes von 400 Jahren wird man angesichts der engl. und festländ. Befunde den wicgerefa in London als kgl. Richter im Sonderrechtsbezirk Lunden-wic/-tun ansehen müssen, der hier auch den Markt kontrollierte. Er steht dem häufig belegten *tûngerêfa* 'Hofes-' oder 'Villikationsverwalter' näher als einem Gildevorsteher. – 'W.' erscheint auch in den Namen bestimmter Stadtteile an der dt. Ostseeküste, anstelle des in Ostelbien verbreiteten Wortes→Kietz.

L. Schütte

Lit.: W. VOGEL, W.-Orte und die Wikinger, HGBll 60, 1935, 5–48 – T. FRINGS, Wîk, PBB (Halle) 65, 1942, 221–225 – H. PLANITZ, Frühgesch. der dt. Stadt, ZRGGermAbt 63, 1943, 1–91 – W. SCHLESINGER, Städt. Frühformen zw. Rhein und Elbe (VuF 4, 1958), 297–362 – E. ENNEN, Die Frühgesch. der europ. Stadt, 1960² – K. KROESCHELL, Weichbild. Unters. zur Struktur und Entstehung der ma. Stadtgemeinde in Westfalen (Forsch. zur dt. Rechtsgesch. 3, 1960) – E. EKWALL, OE *wîc* in Place-Names (Nomina Germ. Arkiv för germansk namnforskning 13, 1964) – L. SCHÜTTE, W. Eine Siedlungsbezeichnung in hist. und sprachl. Bezügen (Städteforsch. A 2, 1976) – D. WARNKE, Wieken an der s. Ostseeküste (Schr. zur Ur- und Frühgesch. 31, 1977) – F. IRSIGLER, Grundherrschaft, Handel und Märkte zw. Maas und Rhein (Grundherrschaft und Stadtentstehung am Niederrhein [Klever Archiv 9], 1989), 52–78.

Wikbert (Wigbert), hl. (Fest: 13. März), ags. Missionar, * vor 670, † vermutl. 732/738 in→Fritzlar. Zu Beginn der 720er Jahre reiste W. ins Frankenreich zu→Bonifatius (10. B.), von dem er als magister des Kl. Fritzlar eingesetzt wurde. In Fritzlar dürfte W. Lehrer des →Sturmi gewesen sein. Ab 730 übernahm W. den Ausbau der Mönchsniederlassung in →Ohrdruf zu einem Kl., kehrte jedoch später wieder nach Fritzlar zurück. Seine Identität mit gleichnamigen Personen im Umfeld des Bonifatius, v. a. mit einem 'presbiter', der die Betreuung eines nicht näher lokalisierbaren Kl. innehatte, kann weder nachgewiesen noch zurückgewiesen werden; vermutl. ist es bereits kurz nach seinem Tod hier zu Vermischungen gekommen. Zunächst in Fritzlar begraben, wurde der größte Teil seiner Gebeine am 13. Aug. 780 ins Kl. →Hersfeld übertragen.

S. Schipperges

Q.: Die Briefe des hl. Bonifatius und Lul, ed. M. TANGL, MGH Epp. sel. I, 1916 – Vita Wigberti abbatis Fritzlariensis auct. Lupo, MGH SS 15, 1, 1887, 36–43 – Lit.: F. SCHAUERTE, Der hl. W., 1895 – H. WUNDER, Die Wigberttradition, 1969 – S. SCHIPPERGES, Bonifatius ac socius eius, 1996 [Lit.].

Wikgraf → Wik

Wikinger
I. Archäologie – II. Geschichte.

I. ARCHÄOLOGIE: Die Archäologie hat in bezug auf die W.zeit (WZ) in den letzten Jahrzehnten in Skandinavien und in den übrigen von W.n berührten Gebieten intensive Aktivitäten entfaltet. Es besteht eine lang und starke Tradition, auf internat. und fächerübergreifender Ebene zusammenzuarbeiten. Dabei finden auch techn. und naturwiss. Methoden Anwendung (u. a. Dendrochronologie, Maschineneinsatz bei Ausgrabungen großer Flächen und Metalldetektoren zur Lokalisierung von Kleinfunden) sowie die Entwicklungen auf dem Gebiet der Unter-

wasserarchäologie und der experimentellen Archäologie, u. a. die Rekonstruktion techn. Arbeitsprozesse, von Gebäuden und Schiffen in voller Größe (→Wikingerschiffe). Die Voraussetzungen für zahlreiche wikingerzeitl. Strukturen wurden im 8. Jh. geschaffen.

[1] *Skandinavien:* Trotz einer weitgehend gemeinsamen Kultur ergeben sich doch viele regionale Unterschiede, bedingt durch die geogr. Ausdehnung mit stark wechselnden natürl. Gegebenheiten und durch die naturbedingten Kontaktmöglichkeiten nach außen. Eine große Anzahl unterschiedl. Siedlungen sind ergraben worden. Viele haben eine feste Struktur, scheinen systemat. angelegt worden zu sein. Sie waren allerdings nicht stabil. Einige wurden umstrukturiert, und die meisten wurden noch während oder kurz nach der WZ an einen neuen Platz verlegt. Ausgrabungen von Dörfern (→Dorf, C) erfolgten vornehml. in Dänemark und Schonen. Das Dorf →Vorbasse in Jütland wurde vollständig freigelegt und scheint typ. für seine Region gewesen zu sein. Eingehegte Höfe, jeder mit einem großen, freistehenden Haupthaus sowie mit verschiedenen Wirtschaftsgebäuden und →Grubenhäusern versehen, wurden im 8. Jh. planmäßig um eine gemeinsame Straße plaziert. In Norwegen und Schweden wurden Einzelhöfe ausgegraben, u. a. der Häuptlingssitz Borg auf den Lofoten.

Frühstädt. Anlagen wurden überall in Skandinavien untersucht und ausgedehnte und gut erhaltene Funde zutage gefördert. Die ältesten und wichtigsten dieser Anlagen waren →Ribe und →Haithabu (Hedeby) b. Schleswig sowie →Birka in O-Schweden. Alle waren internat. Handelsplätze mit vielfältigem handwerkl. Gewerbe. Ribe stand in erster Linie mit dem S bis zum Rheingebiet in Verbindung, Hedeby mit dem Ostseeraum, mit Westeuropa und Norwegen, Birka mit dem Ostbaltikum und Osteuropa. Vermutl. wurden sie aufgrund kgl. Initiative angelegt. Ribe wurde um 700 als internat. Saisonhandelsplatz gegr., mit Handwerksgewerbe auf planmäßig angelegten Parzellen. In Hedeby wurde ein älterer Siedlungskern um etwa 800 verlegt und durch Wege, Grundstücke und feste Bebauung neu organisiert. Birka wurde vermutl. um 800 angelegt. Im Falle von Hedeby und Birka sind Hafenanlagen mit Landungsbrücken sowie große Begräbnisplätze bekannt. Im 10. und 11. Jh. entstanden zahlreiche andere Städte, u. a. →Aarhus, →Viborg, →Odense, →Roskilde in Dänemark; →Lund, →Skara, →Sigtuna, →Visby in Schweden; →Oslo, Skien und Trondheim (→Drontheim) in Norwegen. →Kaupang in der südnorw. Landschaft Vestfold war im 8.–9. Jh. ein internat. Handelsplatz, entwickelte sich aber niemals zu einer Stadt. Im Laufe der WZ entstanden und verschwanden noch viele weitere Handelsplätze, wie etwa Paviken auf Gotland und Skuldevig auf Seeland.

Das Baumaterial der Häuser (insbes. Eiche, Kiefer, Grassoden, Stein, Lehm; →Haus, -formen, B. I) hing von den natürl. Verhältnissen, dem verfügbaren Material und den wirtschaftl. Gegebenheiten ab. Die ersten gemauerten Steinbauten sind die Kirchen des 11. Jh. In den Boden eingelassene Holzpfosten waren die übliche Bauweise während der gesamten WZ, aber Pfosten und Wandplanken auf Stein oder Schwellbalken kommen auch vor. Die wichtigsten Gebäudetypen waren Häuser mit gewölbten Langwänden, belegt bei Bauernhäusern, Häuptlingshöfen und Kg.shallen (z. B. in Vorbasse, Borg auf den Lofoten, →Trelleborg, Lejre); weiterhin rektanguläre Häuser (z. B. Hedeby, Trondheim, →Fyrkat) und Grubenhäuser. Zu den größten Hausbauten gehören der Häuptlingshof von Borg (Lofoten) sowie die Kg.shalle in Lejre (Däne-

mark). Die Wohngebäude hatten normalerweise breite, erhöhte Sitz- und Schlafgelegenheiten entlang der Wände und eine in den Estrich eingelassene Feuerstelle. Räucheröfen waren bekannt. Viele Grubenhäuser verfügten über einen kleinen Eckofen. Zur Innenausstattung gehörten v. a. Textilien, von denen fast nichts erhalten ist. Möbel waren selten. Üblich waren Truhen und Kästchen, oft abschließbar, sowie Schemel. Einzelne Stühle und Betten stammen u. a. aus den Adelsgräbern von →Oseberg und →Gokstad. Hausgeräte kommen in großen Variationen vor. Bekleidungsfragmente waren zunächst nur aus den Gräbern in Birka bekannt, aber Funde aus dem Hafenbereich Hedebys und anderer Siedlungen haben die Kenntnisse über Textilien erweitert. Das Material bestand nahezu ausschließl. aus Wolle, aber auch Flachs kommt vor, Pelzwerk war in Gebrauch, gefärbte Textilien sind nachgewiesen. Die traditionelle skand. Frauentracht mit zwei ovalen Schulterspangen verschwindet in der 2. Hälfte des 10. Jh. Schuhe hatten gewöhnl. Oberleder aus Ziegenleder und gesonderte Sohlen. Kleiderspangen oder -nadeln (→Fibeln) waren die häufigsten Schmuckstücke sowie Arm- und Halsringe, Halsketten und Hängeschmuck. Edelmetallschmuck diente zugleich als Vermögensreserve. Die Ornamentik des in großer Zahl bewahrten Metallschmucks gewährt wichtige chronolog. Anhaltspunkte.

Auch in der WZ gab es einen intensiven und stetig wachsenden Handel, respektive Austausch mit Luxuswaren und Waren des tägl. Bedarfs, als Lokalhandel und Fernhandel. Zu den Luxuswaren gehörten u. a. Textilien, Pelze, Wein, Schwerter, Tafelgeschirr aus Glas und Keramik, Edelmetalle, Walroßzähne. Tägl. Gebrauchsgegenstände waren u. a. Kämme, gegossener Bronzeschmuck, Glasperlen und Schuhe, aber auch schwergewichtige und voluminöse Güter wie Specksteingefäße, Wetzsteine und landwirtschaftl. Produkte. Ein Fernhandel mit Gebrauchswaren läßt sich seit dem 8. Jh. verfolgen (Mühlsteine aus dem Rheinland). Ohne Zweifel war Tauschhandel das gewöhnlichste Verfahren, Käufe im eigtl. Sinn konnten mit gewogenem Silber bezahlt werden. Skand. Schatzfunde enthalten vollständige oder fragmentar. Silberschmuckstücke (Zahlungssilber) zusammen mit Münzen und Barren. Ab etwa 800 wurden in Hedeby Münzen geschlagen, im 8. Jh. vielleicht bereits in Ribe, aber erst seit dem Beginn des 11. Jh. dominierten Münzen endgültig als Zahlungsmittel gegenüber gewogenem Silber, jedoch nur in S-Skandinavien. Die ältesten norw. und schwed. Münzen stammen von ca. 997. Ein Teil der in Skandinavien gefundenen Gegenstände fremder Herkunft kann als Beutegut angesehen werden. Diese Stücke können selten identifiziert werden, umfassen aber wohl viele der in Norwegen gefundenen brit. liturg. Geräte und Beschläge. Auch die überaus zahlreichen arab., westeurop., v. a. engl. Silbermünzen, die insbes. auf Gotland, in O-Schweden und S-Skandinavien zutage gefördert wurden, gelangten wohl infolge wiking. Unternehmungen (→Danegeld) ins Land.

Das W.schiff stellte die wichtigste Voraussetzung dar für die ausgreifenden Kriegs- und Handelsfahrten dieser Epoche. Es bildete wohl auch das wichtigste lokale Verkehrsmittel, aber der Landtransport war ebenfalls von Bedeutung. Ein vollständiger Wagen blieb im Osebergrab erhalten, und viele andere Wagenfragmente sind bekannt. Pferde verwendete man als Zug- und Reittiere. Der Zugang zu Furten war häufig mit Steinen oder mit Holz befestigt. In den Städten gab es Wege, die mit Holzpflaster belegt waren. Brücken sind seit dem Ende des 10. Jh. nachweisbar. Die älteste und größte ist die 800 m lange Brücke von Ravning Enge (Dänemark) von

ca. 980. Im Winter benutzte man Schlitten, Skier (→Skilauf) und Schlittschuhe.

Fluchtburgen sind vornehml. aus Schweden bekannt, u. a. die Torsburg auf Gotland und →Eketorp auf Öland. Beide sind in der WZ reaktivierte ältere Anlagen, ähnl. wie wahrscheinl. viele undatierte Burganlagen (→Befestigung, A. III. 13). Bedeutende Städte und Handelsorte wie Ribe, Hedeby, Aarhus, Birka und Paviken wurden im 10. Jh. mit einem zur Landseite hin angelegten Halbkreiswall geschützt. Birka und vermutl. auch Hedeby verfügten bereits über eine Fluchtburg. Der Hafen Hedebys erhielt zusätzl. eine ins Wasser hinausgebaute halbkreisförmige Befestigung. Die meisten unter Wasser angelegten Schiffssperren aus Holz stammen wohl eher aus dem 11. und 12. Jh. Kg.sburgen sind nur aus Dänemark bekannt: die vier kreisrunden, ca. 980 erbauten sog. 'Trelleburgen' (→Trelleborg), die indessen nur wenige Jahre in Gebrauch waren. Das größte wikingerzeitl. Befestigungswerk ist die als →Danewerk (dän. Danevirke) bekannte Langwallanlage an der Südgrenze Dänemarks. Die erste Phase dieser Grenzbefestigung wird heute ins 7. Jh. datiert, erfuhr aber 737 einen starken Ausbau sowie weitere Ergänzungen während der WZ, u. a. ca. 968. Die Bewaffnung der WZ ist bes. aus den heidn. Adelsgräbern bekannt: zweischneidiges Schwert, Axt, Lanze und Schild in verschiedenen Kombinationen. Ein einziges Grab (Gjermundbu in Norwegen) enthielt auch einen Helm und ein Kettenhemd. Außerdem gab es Wurfspeere sowie Pfeil und Bogen.

Aus heidn. Zeit (die Bekehrungszeit variiert in den jeweiligen skand. Ländern) sind Brandbestattungen und Erdbestattungen bekannt. Anlage und Ausstattung weisen große Unterschiede auf: von einfachen Erdbestattungen zu Schiffsgräbern oder Kammergräbern mit reichen Beigaben, markiert durch einen hohen Grabhügel, so etwa in Oseberg, Gokstad, Borre (Norwegen) und →Jelling (Dänemark). Norw. Bestattungen enthalten häufig handwerkl. Gerätschaften. Schiffsförmige Steinsetzungen (Schiffssetzungen) sind heidn. Monumente und nur in seltenen Fällen auch Grabanlagen. →Runensteine und (Toten-)Gedenkmonumente, die in heidn. und christl. Zeit, viele von ihnen in der Übergangsperiode vom Heidentum zum Christentum, errichtet wurden. Die Kg.smonumente in Jelling stammen aus der Zeit des Glaubenswechsels in Dänemark und wurden in ihren Hauptteilen von Kg. →Harald Blauzahn im 3. Viertel des 10. Jh. ausgeführt. Die meisten Kirchen waren Holzbauten wie z. B. in Jelling, Lisbjerg, Hørning (Dänemark), Lund (Schweden) und Urnes (Norwegen; →Stabkirchen). Nach schriftl. Q.n wurde etwa um 1030 in Roskilde eine Steinkirche gebaut.

[2] *Island, Färöer, Grönland:* Zw. der 2. Hälfte des 9. Jh. und dem Ende des 10. Jh. wurden →Island, die →Färöer und SW→Grönland von Skandinaviern besiedelt. Für die Archäologie bestand die Hauptaufgabe darin, Untersuchungen über den frühesten Zeitpunkt der Besiedlung anzustellen sowie weiterhin über die Lebensgrundlagen, die Verbindungen nach außen und über die Verhältnisse in der Zeit des Glaubenswechsels um das Jahr 1000. Es wurden u. a. heidn. Begräbnisstätten (insbes. auf Island), Kirchen (u. a. Stöng/Färöer und Brattahlid/Grönland) sowie Siedlungen (u. a. Toftanes und Kvívík/Färöer, Reykjavík/Island, Narsaq/Grönland) ausgegraben. Bei l'Anse-aux-Meadows auf Neufundland/Kanada entdeckte man Überreste nord. Häuser aus der Zeit um ca. 1000, vermutl. ein Überwinterungsplatz. Dies ist die einzige bekannte nord. Siedlung auf dem amerikan. Kontinent.

[3] *Baltikum, Ost- und Westeuropa:* Die W. haben in vielen Teilen Europas Spuren hinterlassen. Vieles stammt von Handelsfahrten und Besiedlungsaktivitäten, nur weniges kann konkret mit wiking. Kriegszügen in Verbindung gebracht werden (doch z. B. →Repton in England). In Nord- und Osteuropa treten Funde vornehml. entlang der Süd- und Ostküste der Ostsee auf, im sw. Finnland, im Umkreis des Ladoga- und Ilmensees in Rußland, am Oberlauf der Wolga und entlang der zum Schwarzen Meer hinführenden Flüsse (u. a. Oldenburg und →Ralswiek/ Dtl.; →Wol[l]in/Polen; →Grobin/Lettland; Hitis/Finnland; →Alt-[Staraja]Ladoga, Gorodische, →Novgorod, →Gnezdovo und Bolšo e Timerevo/Rußland; →Kiev und Berezan/Ukraine). Auf dem westeurop. Festland sind nur wenige Funde bekannt: zwei Gräber (→Pîtres/Normandie; Île de Groix/Bretagne) sowie einzelne Waffen, Schmuckgegenstände und sonstige Kleinfunde. Auf den Brit. Inseln ist das äußerst reiche und vielfältige Material zusammenfassend bearbeitet worden. Es umfaßt auch großangelegte Ausgrabungen in den skand. dominierten Städten wie →York, →Lincoln, →Dublin und →Waterford, weiterhin einheim., unter skand. Einfluß gefertigtes Kunsthandwerk (u. a. Steinskulpturen in England und auf der Isle of →Man), Münzprägungen, Schatzfunde und zahlreiche Runeninschriften. E. ROESDAHL

Lit.: Archäol. und naturwiss. Unters.en an ländl. und frühstädt. Siedlungen, Bd. 2 (Handelsplätze des frühen und hohen MA, hg. H. JANKUHN, K. SCHIETZEL u.a., 1984) – S. JENSEN, Ribe zur WZ, 1992 [dän., engl., frz. 1992] – E. ROESDAHL, The Vikings, 1992 [dän. 1996[5]] – From Viking to Crusader, hg. E. ROESDAHL, 1992 [dän., dt., frz. 1992] – Cultural Atlas of the Viking World, hg. J. GRAHAM-CAMPBELL, 1994 – E. ROESDAHL, Dendrochronology and Viking Studies in Denmark, The Twelfth Viking Congress (Birka Studies 3), 1994, 106–116 – H. SCHMIDT, Building Customs in Viking Age Denmark, 1994 – B. HÅRDH, Silver in the Viking Age. A Regional Economic Study, 1996 – D. M. WILSON, Fifty Years of Viking-Age Archaeology. A Personal View, Beretning fra femtende tværfaglige vikingesymposium, 1996, 7–25.

II. GESCHICHTE: [1] *Begriff:* »Das Zeitalter der W. begann, als Skandinavier zum ersten Mal Westeuropa angriffen, und es endete, als diese Angriffe aufhörten« (P. H. SAWYER, Kings and Vikings, 6). Das Wort viking ist vermutl. skand. Ursprungs, findet sich aber auch in ae. Texten. Die Etymologie ist umstritten: Das Wort könnte abgeleitet sein von *wic*, →vicus und würde so Personen bezeichnen, die Handelsplätze angreifen; von *vik* (nd. *Wiek*; →Wik) in der Bedeutung 'Personen, die in Buchten fremden Schiffen auflauern'; von der südnorw. Landschaft Viken (im Bereich des Oslofjords), die dann als eigtl. Herkunftsland der W. betrachtet werden müßte; vom an. Verb *vigja* (dän. *veje*) 'schlagen', 'zerschlagen' in der Bedeutung 'Krieger', als Verbalsubstantiv bedeutet das Wort 'Kriegszug (zur See)'. In der modernen Lit. bezeichnet das Wort teils die Skandinavier, die Westeuropa zw. 700 und 1100 angriffen, teils umfassend die skand. Gesch. und Kultur in dieser Periode. →Normannen.

[2] *Skandinavien:* Skand. Plünderungszüge bei Nachbarn sind aus allen Zeiten bekannt. So berichtet etwa →Gregor v. Tours von einem dän. Angriff auf das Frankenreich zu Beginn des 6. Jh. Neu war indessen, daß die Skandinavier gegen 800 infolge techn. (→Wikingerschiffe) und polit. Entwicklungen imstande waren, diese Aktivitäten bis auf den Kontinent und die Brit. Inseln in einem solchen Umfang auszudehnen, daß sie einer Periode der europ. Gesch. ihren Namen geben konnten.

Bereits die Auseinandersetzung zw. Karl d. Gr. und dem Dänenkg. →Gudfred von 804 hatte einen deutl. polit. Einschlag, wobei es Gudfred darum ging, den Einfluß in

Friesland, in Sachsen und bei den Wenden zu verteidigen, den die Dänen während der frk. Schwächeperiode unter den späten Merowingern gewonnen hatten. Auch die darauffolgende Phase, etwa 815–850, war in hohem Maße von polit. Bestrebungen geprägt. Ludwig d. Fromme versuchte, Einfluß in Dänemark zu erringen, indem er →Harald Klak, den einen Konkurrenten um den dän. Thron, unterstützte, während die Dänen den Konflikt zw. Ludwig und seinen Söhnen ausnutzten. Die belegten Überfälle auf →Dorestad in den 830er Jahren wurden somit auf Veranlassung Lothars vom landflüchtigen Harald Klak zum Schaden Ludwigs ausgeführt, während der Dänenkg. Horik I. i. J. 838 Ludwig seine Unterstützung anbot und als Gegenleistung Friesland und das Land der →Abodriten verlangte. Er versuchte somit, auf dem Verhandlungsweg zu erreichen, was Gudfred mit Gewalt versucht hatte. Ohne jeden Zweifel stand Horik hinter dem Überfall auf Hamburg, der möglicherweise zur Verlegung des ebfl. Sitzes nach Bremen führte (→Hamburg-Bremen). Es ist auch mögl., daß er die treibende Kraft hinter dem Überfall auf Paris im selben Jahre war, der von einem Häuptling mit Namen Regnar ausgeführt wurde.

Ab der Mitte des 9. Jh. waren zahlreiche →W.heere auf dem Kontinent, in England und Irland zur gleichen Zeit aktiv. Einige drangen bis zum Mittelmeergebiet vor und erreichten Italien. Es ist umstritten, ob diese ausgreifende Dynamik in einer Schwäche der dän. Kg.smacht zu suchen ist, die danach nicht mehr in der Lage gewesen wäre, die Häuptlinge des Landes unter Kontrolle zu halten, oder im Gegenteil gerade in einer starken Kg.smacht, die andere Häuptlinge aus ihren lokalen Machtzentren gedrängt hätte. Für letztere Möglichkeit lassen sich einige Beispiele anführen. Insgesamt aber ist anzunehmen, daß sich die dän. Kg.smacht zu dieser Zeit in einer Schwächeperiode befand. So war sie nicht in der Lage, den dän. Einfluß in Norwegen aufrecht zu erhalten, so daß sich ein lokaler Kleinkg., →Harald Schönhaar, weitreichende Entfaltungsmöglichkeiten erlauben konnte. Dem skand. Kgtm. ist deshalb kaum zuzutrauen, daß es eine Kontrolle über die Aktivitäten der W. in Westeuropa ausüben konnte. →Dänemark, C. I.

[3] *Mittel- und Westeuropa:* Bei den Franken verhinderten häufig innere Streitigkeiten einen effektiven Widerstand gegen wiking. Eindringlinge. Immerhin aber verzeichnete Karl d. Kahle einige Erfolge mit der Befestigung von Flußbrücken. Die Franken verlegten sich auch darauf, W. in die eigenen Dienste zu nehmen. Harald Klak und seine Familie behielten ihr Lehen in Friesland, und man erwartete, daß er anderen W.n den Zugang zu den dortigen Flüssen verwehrte. Häuptling Weland begab sich mit seinen Leuten gegen Sold in Karls Dienste und bekämpfte andere W.gruppen, andere ließen sich von Bretonen und sonstigen Konfliktparteien anwerben. Auch in England und bes. in Irland gingen die W. Bündnisse mit lokalen Herrschern ein. Während die W.züge auf dem Kontinent nie zum Fall eines Reiches führten, wurden drei oder vier ags. Kgr.e von einem W.heer erobert, das sich 865 in Kent versammelt hatte und sich erst 879 wieder auflöste. Das Heer eroberte zunächst →Northumbrien, danach →Ostanglien und →Mercien. Erst Kg. →Alfred d. Gr. gelang es in →Wessex, dem Ansturm aufzuhalten. Ab 876 gingen Teile des Heeres dazu über, sich in England niederzulassen, der Rest zog 879 hinüber auf den Kontinent und belagerte zw. 885 und 887 u. a. Paris. Als das Heer von dort i. J. 892 nach England zurückkehrte, hatte Alfred so wirksame Verteidigungsvorkehrungen getroffen, daß dieser Kriegszug vollständig fehlschlug.

[4] *Eroberung Englands:* Im 10. Jh. hört man nur wenig über W.züge gegen Westeuropa, aber gegen Ende dieses Jahrhunderts lebten die Angriffe gegen England wieder auf, jetzt auch mit regierenden Kg.en als Anführer. Der Dänenkg. →Sven Gabelbart unternahm 991 einen Zug mit dem späteren Norwegerkg. →Olaf Tryggvason im Gefolge. Beide traten erneut 994 gemeinsam in England auf. →Ethelred II. war es allerdings gelungen, sie zu trennen, indem er einen Separatfrieden mit Olaf einging, der sich von Sven abwandte und sich in engl. Dienste begab. Im darauffolgenden Jahr ging Olaf nach Norwegen zurück und begann dort, auf Kosten der →Jarle v. Lade die Macht zu übernehmen, die daraufhin Sven als Oberherren anerkannten. Diese von Ethelred verfolgte Politik, die Gegner gegeneinander auszuspielen, wurde später noch häufiger praktiziert. Er hatte damit insoweit Erfolg, daß Sven England nicht mehr angriff, bevor er mit Olaf in der Schlacht v. Svolder 999/1000 abgerechnet hatte.

Außer Sven nahmen auch andere Häuptlinge an Angriffen gegen England teil. Der bekannteste von ihnen war →Thorkill, dessen Kriegszug v. 1009 mit der Einnahme von →Canterbury endete. Bereits seit 991 hatten die Engländer immer größere Beiträge an die Dänen entrichtet, um sie zur Rückkehr nach Hause zu bewegen. Nach der Zahlung von 48000 Pfund an Thorkill löste sich schließlich sein Heer auf, Thorkill selbst begab sich mit 45 Schiffen in Ethelreds Dienste. Wie auch immer das Verhältnis zw. Sven und Thorkill vorher gewesen sein mochte, so war es doch wohl dafür verantwortl., daß Sven im folgenden Jahr erneut mit einer Kriegsflotte in England erschien, Ethelred in die Normandie verjagte und die Macht in England an sich riß. Sven starb jedoch einige Wochen nach seiner Erhebung zum Kg. v. England. Die Engländer riefen Ethelred zurück, das dän. Heer wählte →Knud zum Kg., der jedoch England verlassen mußte. Ethelred versuchte, die bei Thorkill und Sven erfolgreich angewandte Politik zu wiederholen, indem er in Norwegen ein von Dänemark unabhängiges Kgtm. unterstützte. Olaf Haraldsson, der seit 1009 mit Thorkill zusammen war, begab sich mit engl. Unterstützung nach Norwegen und nahm den Kampf mit den Ladejarlen auf. Die dän. Oberherrschaft über Norwegen, die →Harald Blauzahn nach Harald Schönhaars Tod wiedererrichtet hatte, ging nunmehr erneut verloren. Knud mußte England von neuem erobern. Er kehrte 1015 auf die Insel zurück und trug ein Jahr später, nach dem Tod Ethelreds und seines Sohnes →Edmund Ironside, den Sieg davon. Die Engländer wählten ihn zum Kg. Die Zeit der eigtl. W.züge war vorüber, obgleich es eine der ersten und wichtigsten Aufgaben Knuds als Kg. v. England war, neue W.angriffe zu verhindern. Nachdem er 1018 auch die Macht in Dänemark errungen hatte, mußte er daran interessiert sein, die dän. Kontrolle über Norwegen und Schweden wiederzuerlangen. Als 'Herbst' der WZ betrachtet man gerne den Versuch des Norwegerkg.s →Harald Sigurdsson, i. J. 1066 England zu erobern. Dies allerdings war ein W.zug, der vergleichbar war mit dem erfolgreichen Unternehmen →Wilhelms d. Eroberers oder mit den dän. Kriegszügen 1069 und 1075, die zur Unterstützung der engl. Gegner Wilhelms durchgeführt wurden.

I. J. 876 ließ sich ein Teil des Heeres, das 867 Northumbrien erobert hatte, dort dauerhaft nieder. Andere Teile des Heeres siedelten 877 im ö. Mercien und 880 in Anglia. Dän. Kg.e begannen, an verschiedenen Orten eigene Münzen zu prägen, aber die polit. Selbständigkeit dieser W.reiche war kurzlebig: Ab 910 gingen der Sohn Alfreds d. Gr., →Eduard d. Ä., und seine Schwester →Æthelfled

daran, die dän. befestigten Plätze zu erobern, und nach einigen Jahrzehnten war England unter der westsächs. Dynastie vereinigt. Das skand. Siedlungsgebiet wurde später Danelag (→Danelaw) gen. Die Besiedlung hat deutl. Spuren in den Orts- und Flurnamen der Region hinterlassen. →England, A. IV, V.

Auch in der →Normandie, die man 911 dem dän. Häuptling →Rollo als Lehen überlassen hatte, finden sich sprachl. Spuren der skand. Besiedlung. Sie sind jedoch bei weitem nicht so deutl. wie in England, und sie legen nahe, daß einige der Siedler aus den skand. Siedlungsgebieten in England stammten. In den Teilen Frieslands (→Friesen), die längere Zeit dän. Herrschern unterstanden, finden sich keine skand. Spuren. Eine im eigtl. Sinne bäuerl. Besiedlung ist auf →Island, →Grönland, auf den →Färöer, →Orkney Inseln und den →Shetland Inseln nachzuweisen, auch im n. →Schottland gibt es archäolog. Spuren der skand. Besiedlung.

[5] *Rußland und Byzanz:* Der in arab. und byz. Q.n häufig erwähnte Handel mit Skandinaviern, die →'Rus' bzw. →'Waräger' gen. wurden und die über die russ. Flüsse Konstantinopel und die Gebiete um das Kasp. Meer erreicht hatten, sowie die in Skandinavien zutage geförderten ungeheuren Mengen arab. Silbermünzen haben zur Ansicht geführt, daß die W. im Osten – im Gegensatz zu den krieger. W.n im Westen – in erster Linie Händler gewesen seien. Die Güter für den Handel mit den Arabern verschafften sich die W. indessen durch Tribute, die sie botmäßigen slav. oder anderen Stämmen auferlegten. Mit deren Augen gesehen, entsprachen die Skandinavier im Osten durchaus den W.n im Westen. Skand. Häuptlinge errangen zunächst in →Novgorod eine beherrschende Stellung, später in →Kiev. I. J. 860 griffen die Skandinavier Konstantinopel an, aber in der Folgezeit wurde das Verhältnis zu Byzanz durch eine Reihe von Verträgen geregelt, die auf einen staatl. regulierten Handel und polit. Bündnisse hinweisen. Viele Skandinavier fanden in Kiev und Konstantinopel Aufnahme als Söldner in der sog. Warägergarde, die ihren Höhepunkt in der 1. Hälfte des 11. Jh. hatte.

[6] *Wikinger und Christentum:* In den zeitgenöss. Q.n werden die W. oft als erbitterte Feinde des Christentums dargestellt, begann doch die WZ mit Angriffen auf eine Reihe von Kl., →Lindisfarne (793), →Iona (795ff.) etc. Kirchen und Kl. waren während der gesamten WZ Angriffen ausgesetzt. Der Grund dafür war, daß sich dort beträchtl. Reichtümer konzentrierten und man Lösegelder nicht nur für Bf.e und Äbte, sondern auch für Reliquien und andere Kostbarkeiten verlangen konnte. Wenn christl. Missionsversuche bei den W.n auf feindl. Ablehnung stießen, dann allein aus polit., nicht aus religiösen Gründen, wie überhaupt zahlreiche W. bereitwillig das Christentum als Vorbedingung für ein polit. Bündnis mit christl. Machthabern annahmen. Harald Klak ließ sich 826 in der Hoffnung taufen, die Unterstützung Ludwigs d. Frommen bei seinem Kampf um die Macht in Dänemark zu gewinnen. Die offizielle Einführung des Christentums in Dänemark erfolgte mit der Taufe Harald Blauzahns i. J. 965. Skandinavien unterstand seit 832 dem Ebm. Hamburg–Bremen und war damit ein Teil der dt. Reichskirche. Die Mission wurde deshalb als Bedrohung der Eigenständigkeit Dänemarks empfunden. Die Nachfolger Harald Blauzahns, Sven Gabelbart und Knud d. Gr., suchten die Anbindung an die engl. Kirche und das Problem wurde erst mit der Errichtung eines selbständigen dän. Ebm.s i. J. 1103 gelöst (→Lund). Auch nach Norwegen gelangte das Christentum über Kg.e mit engl. Hintergrund: →Hákon Aðalsteinsfóstri, Olaf Tryggvason, →Olaf Haraldsson (d. Hl.). In Schweden wirkte →Ansgar schon früh (ab 830/831), aber ohne bleibende Ergebnisse, später übernahmen dän. Missionare die Verbreitung des Christentums. N. Lund

Lit.: P. H. SAWYER, The Age of the Vikings, 1962, 1971[2] – H. ZETTLER, Das Bild der Normannen und der Normanneneinfälle in westfrk., ostfrk. und ags. Q.n des 8. bis 11. Jh., 1977 – P. H. SAWYER, Kings and Vikings, 1982 – E. ROESDAHL, The Vikings, 1992 – The New Cambridge Medieval Hist., 2, 1995 – The Oxford Illustrated Hist. of the Vikings, ed. P. H. SAWYER, 1997.

Wikingerburgen → Wikinger, I

Wikingerheer. Größe und Organisation der W.e sind häufig Gegenstand wiss. Auseinandersetzungen gewesen. Es liegt auf der Hand, daß in zeitgenöss. Q.n Angaben über die Größe wiking. Mannschaften bei bestimmten Ereignissen übertrieben sind, so etwa die Behauptung →Abbos v. St-Germain, Paris sei von 40000 Wikingern belagert worden. Nach einer Reaktion (SAWYER, 1962) auf das Vertrauen der älteren Forsch. in zeitgenöss. Zahlenangaben scheint jetzt darüber Einigkeit zu herrschen, daß die einzelnen W.e recht klein gewesen sein dürften, sie umfaßten höchstens wenige hundert Mann. Auf der anderen Seite allerdings konnten sich, zumindest für einen kürzeren Zeitraum, durchaus große Heere sammeln, wenn mehrere Häuptlinge ihre Mannschaften vereinigten. Die Zusammensetzung eines großen W.es aus vielen kleineren Kontingenten zeigte sich auch in England, wo die Ags. →Chronik zw. Heeren verschiedener Kg.e und Heeren von →Jarlen unterscheidet; zusammen bildeten sie ein großes Heer. Nach Auskunft der Q.n bewegten sich solche Heere in Flotten aus mehreren hundert Schiffen. Wenn es stimmt, daß etwa die eigene Flotte →Thorkills aus 45 Schiffen bestand, dann dürften Berichte von Hunderten von Schiffen – bei einer Vereinigung mehrerer Heere – nicht unglaubwürdig sein. Im Zusammenhang mit der Eroberung Englands durch →Wilhelm d. Eroberer läßt sich nachweisen, daß seine Vasallen über 700 Schiffe stellten, in Kontingenten von 15 bis zu 120. Im Zusammenhang mit der Eroberung Englands durch Sven Gabelbart und Knud d. Gr. wurde behauptet, deren Heere seien bes. groß gewesen, weil sie auf das dän. Schiffsgestellungssystem (→Leidang) hätten zurückgreifen können. Doch wurden diese Heere genauso rekrutiert wie andere W.e in Skandinavien. N. Lund

Lit.: →Wikinger, II.

Wikingerkunst

I. Allgemeine Fragen – II. Ornamentkunst der frühen Wikingerzeit – III. Borre-Stil – IV. Jellinge-Stil – V. Mammen-Stil – VI. Ringerike-Stil – VII. Urnes-Stil – VIII. Bildkunst.

I. ALLGEMEINE FRAGEN: Es gibt im wesentl. zwei große Stränge der W.: Ornamentik und Bildkunst. Dieser letztere Bereich wurde von der Forsch. gegenüber der Ornamentik lange vernachlässigt, da die Analyse der Ornamente in der Zeit vor der Entwicklung der Dendrochronologie zur Herstellung einer tragfähigen Chronologie benötigt wurde. Das Ungleichgewicht wird aber allmähl. überwunden, und die Erforschung der Ikonographie gewinnt stärkeres Profil, aber der Bildkunst fehlt immer noch eine hinreichende stilist. Grundlage. Der Forschungszweig der Ornamentik besitzt heute, trotz mancher Auffassungsunterschiede hinsichtl. der Terminologie ein einzelnen, ein hinreichendes Gerüst.

In Hinblick auf die W. muß jeweils in Rechnung gestellt werden, wieweit diejenigen Zeugnisse, die (zufällig) erhalten geblieben sind, repräsentativen Charakter beanspruchen können, auch läßt sich nicht eindeutig ermitteln,

welche Bedeutung sie hatten. Holzskulpturen sind nur wenige erhalten, aber bei ihrem Erscheinen verändern sie oft unsere Vorstellungen und Sehweisen. Umfang und Art der für die Forsch. verfügbaren Objekte werden in starkem Maße beeinflußt durch den Übergang der skand. Gesellschaften vom Paganismus (→Polytheist. Religionen, I. 2) zum Christentum (→Mission, B. II), was im Zuge der Übernahme christl. Begräbnissitten (→Grab, A. I) zum Wegfall der Grabbeigaben und zur Aufgabe bestimmter Ornamentformen führte. Die Ausbildung von Städten (→Stadt, G, H) bot spezialisierten Handwerkern eine ökonom. Basis; damit gewann gewerbl. Serienproduktion an Bedeutung. Diese und andere Überlegungen zeigen, daß bei allzu unreflektierter Interpretation von Objekten der W. Irrtümer und Fehleinschätzungen möglich sind.

II. ORNAMENTKUNST DER FRÜHEN WIKINGERZEIT: Die Ornamente der Wikingerzeit (WZ) entwickelten sich aus der germ. (in der spätkaiserzeitl. provinzialröm. Ornamentkunst verwurzelten)→Tierornamentik. Die chronolog. Abfolge (Tierstil I–III) wurde von B. SALIN (1904) definiert; Tierstil III bezeichnet das Ende der Vendelzeit und den Beginn der WZ. Der Stil der WZ entstand unmittelbar aus der germ. Tierornamentik, mit allenfalls geringer Beeinflussung durch die Kunst des übrigen Europa oder des Orients. Versuche, bestimmte Stilelemente aus byz. oder ir. Vorbildern herzuleiten, sind fehlgeschlagen. Ein Element des Tierstils III wurde von ARWIDSSON als Stil E und damit als früheste Stufe der W. definiert. Stil E ist am besten faßbar in der schwed. Metallkunst (bes. in den Funden aus dem Grab v. Broa, Kirchspiel Halla auf Gotland, um 800) und in Holzschnitzereien aus dem Schiffsgrab v. →Oseberg (in Norwegen manchmal als 'Oseberg-Stil' bezeichnet). Er umfaßt eine Anzahl von Tier- und Vogelmotiven, bes. ein sich schlängelndes, doppelseitiges Wesen mit einem großen runden Auge, einer stark betonten Taille und Öffnungen an den Hüften, dessen Darstellung sich in stark ornamentalen, eleganten Kurven entfaltet. Das andere Hauptmotiv dieser frühen W., das Greiftier, besteht aus einer Anzahl von ineinander verschlungenen Tierwesen, die mit Schnäbeln und Klauen einander angreifen; sie haben oft maskenartig gestaltete Gesichter und Zöpfe. Dieses langlebige Motiv erscheint, nun als Einzeltier, im nachfolgenden Borre-Stil. Das Greiftier hat möglicherweise seinen Ursprung in der verschlungenen Weinranke (vine-scroll) aus dem England des 8. Jh., doch wird diese Herleitung nicht von allen Forschern anerkannt. Das Oseberg-Schiffsgrab bietet genügend Material, um einige der Bildhauer zu identifizieren, am klarsten zeigt sich der Meister des Bugs, der als 'der Akademiker' bezeichnet wird. Aufgrund der dendrochronolog. Datierung des Oseberg-Schiffes (Bauzeit 820, Schiffsbegräbnis 834) und nach den Grundsätzen der relativen Chronologie kann Stil E auf die Zeit vom letzten Viertel des 8. Jh. bis zum 3. Viertel des 9. Jh. angesetzt werden.

III. BORRE-STIL: Stil E wurde abgelöst vom Borre-Stil (benannt nach dem Schiffsgrab v. Borre, Vestfold, Norwegen). Dieser Stil kennt drei Hauptmotive: Das für die Bestimmung wichtigste Element ist hierbei die Ringkette, ein zweisträhniges symmetr. verflochtenes Band, bei dem jeder Schnittpunkt mit verschlungenen Kreisen, Dreiecken oder Rauten überlagert oder gebunden ist. Die Ringkette endet manchmal in einer Tiermaske. Das zweite Motiv des Borre-Stils ist das einzelne Greiftier, dessen Kopf als Maske gestaltet oder rückwärts gebogen und mit einem Zipfel versehen ist; die Hüften dieses Tierwesens laufen aus in Spiralen, während die Füße sich oft in die Kante des Feldes, auf dem das Tier steht, verkrallen, wobei der Körper häufig den Hals kreuzt. Das dritte Motiv besteht in einem halbrealist. gestalteten rückwärtsblickenden Tierwesen, das ebenfalls mit spiraligen Hüften versehen ist. Der Borre-Stil ist für alle Teile Skandinaviens gut belegt, bes. in der Metallkunst, in deren Bereich er sich zweifellos primär ausprägte. Er fand Verbreitung auch in den skand. beherrschten und beeinflußten Teilen der Brit. Inseln, bes. auf der Isle of →Man, wo ein Bildhauer namens 'Gautr' die Ringkette auf die Steinmetzkunst übertrug; andere Beispiele finden sich in England und sogar im nw. Wales. Stärkere fremde Einflüsse läßt der Borre-Stil, der im wesentl. bereits die vorher in Skandinavien bekannten Stilelemente verwendet und weiterentwickelt, nicht erkennen. Ledigl. die Blattornamentik, die der Borre-Stil gelegentl. aufweist, könnte aus der engl. (ags.) oder karol./otton. Tradition übernommen worden sein.

Der Stil wird üblicherweise auf die Zeit zw. 850 und 975 datiert, mit chronolog. Überlappung gegenüber der vorangegangenen bzw. folgenden Stilstufe. Als letzter Stil, der sich in einem vollständig (oder doch weitgehend) durch Paganismus geprägten Skandinavien entwickelte, ist der Borre-Stil folgerichtig vorwiegend durch aus Gräbern geborgenes Material belegt; die Allgegenwärtigkeit dieses Stils hat wohl manchmal dazu geführt, ihm allzu große Bedeutung zuzuschreiben.

IV. JELLINGE-STIL: Dieser Stil ist benannt nach dem Ornament auf einem kleinen Silberbecher (Jellingbecher) aus dem Kg.sgrab auf dem Nordhügel in →Jelling (Dänemark, Jütland). Der Hügel wurde vermutl. für die Bestattung Kg. →Gorms errichtet und 958/959 vollendet. Der gewundene Charakter der Tierwesen des Borre-Stils ist abgelöst durch stärker schlangenartig gestaltete Wesen. Auch characterist. ist ihre doppelte Kontur und ihr wie eine Borte wirkender Körper; der Kopf verfügt über eine mit einem Zipfel versehene Lippe und einen Zopf, der häufig als mit dem Körper verschlungene Borte dargestellt ist. Der Jellinge-Stil wird überall in Skandinavien und gelegentl. auf den Brit. Inseln angetroffen. Er hat seinen Ursprung in Skandinavien und geht stärker auf Stil E (Oseberg) zurück als auf andere Vorbilder. Der Stil entwickelte sich wahrscheinl. am Ende des 9. Jh. (eine eng mit dem Jellinge-Stil zu verbindende Riemenzunge, datiert auf 900/905, wurde auf dem Hügel v. Gokstad gefunden); er ging Ende des 10. Jh. im nachfolgenden Mammen-Stil auf (dieser chronolog. Ansatz beruht auf den datierbaren Münzen, die innerhalb von Hortfunden festgestellt wurden).

V. MAMMEN-STIL: Der nach dem Ornament einer silbertauschierten Prunkaxt aus Bjeringhøj (Mammen, Dänemark, Jütland) benannte Mammen-Stil ist eine üppigere Variante des Jellinge-Stils. Die Körper der Tierwesen sind stärker gerundet; die einzelne Linie von Kügelchen, wie sie der Jellinge-Stil häufig aufweist, füllt nun einen stärker gegliederten Körper aus. Die Zipfel und Zöpfe zeigen blattartige Charakterzüge, und die hakenartige Spirale an der Hüfte entwickelt sich zu einer großen, nach Art eines Schneckenhauses gestalteten Spirale. Die Axt v. Mammen selbst ist auf der einen Seite geschmückt mit einer vogelartigen Gestalt, tauschiert auf der eisernen Oberfläche mit farbigem Draht. Die Zeichnung ist asymmetr.; der Vogel hat einen zum Rücken hin gewandten Kopf, eine mit Zipfel versehene Lippe mit verschiedenartigen blattähnl. Abzweigungen, die auch vom Kopf und der großen spiralförmigen Hüfte ausgehen. Der Körper ist mit einem regelmäßigen Muster eingelegter kleiner Punk-

te ausgefüllt. Die andere Seite ist mit einem fleischig wirkenden Blattornament dekoriert.

Der Mammen-Stil erscheint auf zahlreichen Prestigeobjekten aus Silber, Knochen, Elfenbein, Horn und Stein. Das berühmteste Beispiel liefert der Große Runenstein v. Jelling, den →Harald Blauzahn, Kg. v. →Dänemark, um 965 setzen ließ. Er ist ein Werk von innovativer Bedeutung. Wahrscheinl. der älteste dekorierte Inschriftenstein (→Runen) im s. Skandinavien, hat der Jellingstein Pyramidenform und zeigt auf zwei seiner Seiten einen in verschlungener Blattornamentik gestalteten Löwen und eine Kreuzigungsszene. Der Prototyp könnte ein illuminiertes Evangeliar (eine wichtige Q. für ornamentale Gestaltungsweisen) gewesen sein, denn der Jellingstein ist ein christl. Monument. Außerhalb Skandinaviens erscheint der Mammen-Stil auf Ringfibeln (→Fibeln) des Skaill-Hortes von den Orkney-Inseln (datiert auf 950/970) und auf einer kleinen Anzahl von Gedenkkreuzen von der Isle of Man. Es wurde mit guten Argumenten dargelegt, daß sich der Mammen-Stil zuerst in den nw. Teilen der Brit. Inseln ausbildete. Einige Elemente dieses Stils sind unmittelbar vom Kontinent oder aus dem ags. England entlehnt (bes. die Blattwerkornamentik), manche Züge wohl aus der Mittelmeerwelt.

Der Mammen-Stil tritt zuerst auf an Objekten aus dem Nordhügel v. Jelling, errichtet 958/959. Auf dieser Grundlage sowie durch Münzhorte ist der Stil chronolog. für die Zeit von ca. 940 bis 1000 anzusetzen.

VI. RINGERIKE-STIL: Er trägt seinen Namen nach einer Landschaft in Norwegen und wird repräsentiert durch ca. 150 Gegenstände aus Stein, Knochen und Metall, die in Skandinavien und auf den Brit. Inseln gefunden wurden. Der Stil fand seine Anwendung in so prestigeträchtigen Objekten wie den schwed. Wetterfahnen. Charakteristischer prägte er sich jedoch auf schwed. und norw. Runensteinen aus. Das Hauptmotiv dieser Stilstufe ist eine verschlankte Version des fleischigen Blattwerkornaments auf der Rückseite der Axt v. Mammen, manchmal in Verbindung mit ebenfalls stark verschlankten Varianten der Tierwesen des Mammen-Stils. Wichtigstes Kennzeichen der Blattwerkornamentik des Ringerike-Stils ist die gegenüber dem Mammen-Stil stärkere Achsenbezogenheit. Insgesamt ist eine straffere und disziplinierterte Gestaltung als bei dem Vorgängerstil festzustellen; ein gewisser Einfluß der engl. und otton. Blattwerkornamentik ist unverkennbar, eine Datierung in die 1. Hälfte des 11. Jh. anzunehmen, die weitgehend auf ein Vorkommen des Stils in Münzhorten beruht.

VII. URNES-STIL: Dieser letzte Stil der W., der nach der Ornamentik der Wände und Pfeiler der →Stabkirche in Urnes (Sogn, Norwegen) benannt ist, wird in Schweden manchmal auch als Runensteinstil klassifiziert. Er ist (v. a. in der Metallkunst) ebenfalls in Dänemark, England und (in verschwender. Reichtum) Irland vertreten. Der Urnes-Stil ist eine Weiterentwicklung des Ringerike-Stils, doch ohne fremde Einflüsse. Seine Tierwesen, Schlangen und verschlungenen Ornamente formen große asymmetr. oder auf einer Achse ausgerichtete Schleifen, die ein ungefähres Achteck oder eine spiralige Form bilden. Pflanzl. Ornamentik ist auf ein Minimum zurückgedrängt. Die Tierwesen bewahren Darstellungsformen (z. B. Spiralhüften, Lippenzipfel) der älteren Stilstufen. Die Kunst des Urnes-Stils ist eine weitgehend christl., wenn auch christl. ikonograph. Momente innerhalb dieser rein ornamentalen Gestaltungsweise nur selten erscheinen. Der Stil kann auf ca. 1040–1110 datiert werden. Eine dendrochronolog. Datierung ergibt sich durch ein in einer Kirche in Hørning (Dänemark) festgestelltes Holzfragment von 1060/70. Es finden sich Hinweise, daß der Stil noch bis ins 12. Jh. hinein (bes. in Irland) gepflegt wurde und dann in der Kunst der Romanik aufging.

VIII. BILDKUNST: Figürl. Darstellungen treten in der W. nur sporad. auf, in der Regel in zweidimensionaler Form als Skulpturen oder auf textilen Wandbehängen, gelegentl. aber auch auf Gegenständen, die stärker Gebrauchscharakter tragen. Die Szenen werden manchmal mit ornamentalen Motiven dekoriert, auch tragen viele der dargestellten Figuren Merkmale der ornamentalen Stile. Die porträtierten Figuren sind abstrakt behandelt; realist. Züge werden selten angestrebt oder erreicht. Es überwiegen stereotype Darstellungsweisen und Attribute: Frauen werden zumeist im Profil abgebildet, mit nachschleppendem Kleid und langem Haar, das in einer einzigen Schleife geknotet ist; Männer sind oft mit Rundschild und Speer bewaffnet.

Die älteste erzählende Kunst beschränkt sich auf die →Gotländ. Bildsteine und das Schiffsgrab v. Oseberg (sowohl Holzschnitzereien als auch Textilien). Die dort abgebildeten Szenen werden üblicherweise als sakrale Darstellungen interpretiert und in Bezug zu den in der an. Dichtung (→Edda) behandelten Mythen gesetzt. Sie zeigen reitende und jagende Personen, Schiffe sowie Szenen, die z. B. mit dem Sigurd-Mythos (→Siegfried) in Verbindung gebracht werden können. Auf Gotland repräsentieren die Bildsteine einen Totenkult; viele Szenen können mit den Totenmythen von →Walhall im Zusammenhang stehen. Diese Kunsttradition geht zurück auf die Zeit der →Völkerwanderung und setzt sich bis ins 11. Jh. fort, bes. in Zentralschweden. Bei alledem ist eine sichere Deutung vieler Szenen unmögl.; bei ihrer Interpretation ist Vorsicht angebracht. Mit der Christianisierung entstehen häufige Kreuzigungsdarstellungen, daneben sind andere chr. Szenen und Motive (z. B. Geburt Christi) festzustellen. Diese frühe Phase der Christianisierung Skandinaviens zeichnet sich durch einen gewissen Synkretismus aus; so wird der pagane Weltendmythos (→Ragnarök) zum christl. Jüngsten Gericht in Parallele gesetzt, wie es z. B. die Kreuztafeln bei Andreas auf der Isle of Man belegen.   D. M. Wilson

Lit.: D. M. WILSON–O. KLINDT-JENSEN, Viking Art, 1966 – S. FUGLESANG, Vikingetidens Kunst (Norges kunsthistorie, I, hg. K. BERG u. a., 1981) – DERS., Ikonographie der skand. Runensteine der WZ (Zum Problem der Deutung frühma. Bildinhalte, hg. H. ROTH, 1986) – Wikinger–Waräger–Normannen (Ausst. Kat. Paris, Berlin, Kopenhagen 1992–93), bes. 186–221 – D. M. WILSON, Vikingatidens konst, 1995.

Wikingerschiffe. Schiffe (→Schiff, -bau, I. 3) waren in mehrfacher Hinsicht eine wichtige Voraussetzung für die Unternehmungen skand. Gruppen der Wikingerzeit (WZ, ca. 800–1050): Raubzüge und Ansiedlung in Gebieten außerhalb Skandinaviens, Fischfang, Handel und →Seefahrt in␣der allg. Die archäolog. Zeugnisse des Schiff- und Bootsbaus der WZ wurden in Gräbern (Schiffsbestattungen; →Grab, A. I), Hafengeländen (→Hafen, B) und am Meeresboden (Wracks) gefunden. Diese Funde werden ergänzt durch Abb. von Schiffen auf →Gotländ. Bildsteinen, →Runensteinen und Münzen (→Münze, B. III. 5). Ferner liefern norw. Runeninschriften, skald. Verse (→Skald) sowie die Annalen und Chroniken aus England, Irland und dem Frankenreich Hinweise auf W. Auch die Darstellungen von Schiffen und Schiffbau auf dem Teppich v. →Bayeux (nach 1066) entsprechen in eindrucksvoller Weise dem archäolog. Fundmaterial der späten WZ.

Nach den Schiffsdarstellungen auf Gotländ. Bildsteinen zu urteilen, waren skand. Schiffe erst seit dem 6./7. Jh. mit Mast und Segel ausgestattet. Das war die letzte Stufe in der Entwicklung von den mit Paddel oder Ruder angetriebenen Schiffen der Eisenzeit zu den Einmastern des MA; diese Entwicklung vollzog sich in Nordeuropa wesentl. später als im Mittelmeerraum oder Westeuropa. Die großen Wandlungen, die sich in Bauweise und Konstruktion der Schiffe zw. dem 9. und 11. Jh. vollzogen, werden dokumentiert einerseits durch die norw. Schiffsgräber des 9. Jh. (→Oseberg, →Gokstad, →Tune), andererseits durch die Schiffsfunde des 10. und 11. Jh. (→Haithabu in Schleswig, Skuldelev in Dänemark). Einige dieser Neuerungen beruhen auf einer Veränderung der Gestalt der Schiffsrümpfe im Zuge einer Spezialisierung der Schiffstypen zu unterschiedl. Zwecken, etwa als Mannschaftsboote oder aber Frachtschiffe, wobei Art und Tiefe der Gewässer, für welche die Schiffe gebaut wurden, ebenfalls eine Rolle spielen.

Die Mannschaftsboote, die für Riemen und Segel ausgelegt waren und die der hintereinander, vom Vor- zum Achterschiff, sitzenden Rudermannschaft Platz boten, sind durch mehrere Funde bekannt. Diese Schiffe belegen eine unmittelbare Kontinuität zu den Schiffbautraditionen der Zeit vor 800, allerdings mit Veränderungen, die durch die Anpassung an Mast und Segel bedingt waren. Die am besten bekannten Beispiele sind das auf eine Bemannung von 30 Ruderern ausgelegte Osebergschiff mit 21,5 m Länge (gebaut um 820) sowie das auf 32 Ruderer ausgelegte Gokstadschiff mit 23,2 m Länge (gebaut um 895). Diese Schiffe sind vergleichsweise breit gebaut (5,1 m), wohl infolge der schwierigen Schiffahrtsbedingungen der weit ins Meer vorspringenden norw. Küste. Sie sind aus Eiche in Klinkerbauweise gefertigt, d.h. mit überlappenden Planken, die sowohl mit Kiel und Steven als auch untereinander mit Eisennieten verbunden waren. In diesen Schiffen sind die Bodenwrangen mit auf den Innenseiten der Planken ausgesparten Klampen verzurrt. Diese Bauweise verlieh dem Rumpf Geschmeidigkeit, doch war sie arbeits- und materialintensiver als die bei Schiffen der späten WZ angewandte Technik der mit Holzdübeln befestigten Spanten. Die drei genannten Schiffe wurden gedeutet als persönl. Schiffe von Häuptlingen oder Kg.en, wohl vom *karfi*-Typ, doch mag zumindest das Osebergschiff auch eine wichtige kult. Rolle gespielt haben.

Die im Dänemark der WZ gefundenen Kriegsschiffe unterscheiden sich von den genannten Schiffen aus Norwegen hinsichtl. der Proportionen; sie sind im Verhältnis zu ihrer Länge weniger breit und tief; es handelt sich bei ihnen um echte Langschiffe. Aus dem Hafen von Haithabu wurden die Überreste eines um 985 gebauten, extrem langen Schiffes geborgen: Es hatte 30,9 m Länge zu 2,7 m Breite und eine Bemannung von ca. 60 Ruderern. Das am Ort gebaute Haithabu-Schiff dokumentiert einen hervorragenden Standard des verwendeten Materials und der handwerkl. Qualität und wird als eines der kgl. Kriegsschiffe vom *skeið*-Typ angesprochen.

Unter den Schiffen aus Skuldelev am Roskilde-Fjord in Dänemark sind zwei Kriegsschiffe aus der Mitte des 11. Jh.: das ca. 30 m lange Skuldelev-Schiff 2, das an der Ir. See nach wiking. Traditionen gebaut wurde, und das 17,5 m lange Skuldelev-Schiff 5 für 26 Ruderer, das wohl am Ort gebaut wurde. Der Rumpf dieses Schiffs zeigt starke Wiederverwendung von Planken und extreme Ausbesserungen; dies läßt Skuldelev 5 als Kriegsschiff von niederem Standard, vielleicht als *snekke* für das Aufgebot der *leiðang*-Flotte (→Leidang), erscheinen. – Somit repräsentieren die archäolog. festgestellten Kriegsschiffe/Mannschaftsboote eine reiche Vielfalt von Größen und Proportionen ebenso wie Unterschiede hinsichtl. der geogr. Herkunft und des Status, ganz im Unterschied zum einheitl. Charakter der W., wie er sich anhand der schriftl. Überlieferung (Annalen, Skaldendichtung) scheinbar ergibt.

Speziell für den Frachtverkehr gebaute Schiffe sind für die Zeit ab dem 10. Jh. bekannt (10. Jh.: Funde aus Äskekärr und Klåstad, 11. Jh.: Funde aus Haithabu und Skuldelev). Diese Schiffe folgen grundsätzl. denselben Konstruktionsprinzipien wie die Kriegsschiffe, verfügen aber über einen Laderaum, der sich mittschiffs beiderseits des Mastes befand. Die Frachtkapazität schwankte zw. 4 und 60 t; offenbar gab es im 11. Jh. eine Differenzierung zw. kleineren Schiffen für den örtl. Frachtverkehr (Skuldelev-Schiff 3) und größeren Typen für den Fernverkehr über die offene See (Skuldelev-Schiff 1, Haithabu-Schiff 3).

Schiffe und Boote für den Fischfang müssen in großer Zahl verwendet worden sein, doch gehören unter den gut erhaltenen Funden nur wenige diesen kleinen Schiffstypen an; dafür enthalten die Schiffsbestattungen zahlreiche Boote. Zum Gokstadschiff gehören drei fragmentar. erhaltene Boote, von denen zwei als Boote für vier bis sechs Ruderer rekonstruiert werden konnten. Das Schiff Skuldelev 6 (Länge: 11,6 m) könnte als Schiff zum Fischfang mit großen Netzen gedeutet werden. Zum lokalen Gebrauch wurden auch große →Einbäume hergestellt. Zwei solcher Boote sind aus Haithabu bekannt (das eine mit ca. 3,8 m Länge aus Buche, das andere mit 5,0 m Länge aus Eiche). O. Crumlin-Pedersen

Lit.: A. W. Brøgger–H. Shetelig, Vikingskibene, 1950 [engl. 1951] – O. Olsen–O. Crumlin-Pedersen, The Skuldelev Ships (II), Acta Archaeologica 38, 1967, 73–174 – M. Müller-Wille, Bestattung im Boot, Offa 25/26, 1968/69 [Lit.] – A. E. Christensen–G. Leiro, Klåstadskipet, 1976 – O. Olsen–O. Crumlin-Pedersen, Fünf W. aus dem Roskilde Fjord, 1978 – R. Malmros, Leding og skjaldekvad, 1985, 89–139 – O. Crumlin-Pedersen, Aspects of Viking-Age Shipbuilding, Journal of Danish Archaeology 5, 1986, 209–228 – Ders., Gensyn med Skuldelev 5 – et ledingsskib? (Fschr. O. Olsen, 1988), 137–156 – O. Crumlin-Pedersen, M. Schou Jørgensen, T. Edgren, Schiffe und Verkehr (Wikinger–Waräger–Normannen. Ausst.Kat. Paris, Berlin, Kopenhagen 1992–93), 42–51, 398f. [Lit.] – O. Crumlin-Pedersen, Large and Small Warships of the North..., PNM Stud. 2, 1997, 184–196 – Ders., Viking-Age Ships and Shipbuilding in Hedeby/Haithabu and Schleswig, 1997 [Lit.] –→Wikinger, →Wikingerkunst.

Wilbirg v. St. Florian, sel., † 11. Dez. 1289, Einsiedlerin bei dem gen. oberösterr. Augustinerchorherrnstift. Nach einer Wallfahrt nach Compostela ließ sich W. 1248 als Rekluse einschließen und wurde eine auch vom Adel gesuchte geistl. Ratgeberin, die die Niederlage Otakars v. Böhmen gegen Rudolf I. voraussagte. Die Vita ihres langjährigen Beichtvaters →Einwik betont W.s strenge Askese, ihre intensive Betrachtung, sieht aber in jedem Ereignis übersinnl. Vorgänge. P. Dinzelbacher

Ed.: B. Pez, Triumphus Castitatis seu Acta, et Mirabilis Vita Ven. Wilburgis..., 1715 – SSrer Austr II, 1725, 216–275 – Lit.: Bibl.SS 12, 1089f. – LCI VIII, 602f. – J. Stülz, Die Klausnerin W., Linzer theol.-prakt. Quartalschrift 2, 1849, 70–114 – W. Tschulik, W. and Agnes Blannbekin [Diss. masch. Wien 1925].

Wilbrand (Willebrand) **v. Oldenburg**, hl. (Fest: 27. Juli), Bf. v. →Paderborn und →Utrecht, † 27. Juli 1233 in Utrecht; Palästinapilger, Verf. eines »Itinerariums«; W. trat als Sohn des Gf.en Heinrich II. v. Oldenburg und der Beatrix, Gfn. v. Hallermund, in den Klerus ein und war Kanoniker in →Hildesheim. Auf seiner 1211–12 durchgeführten Pilgerfahrt erfüllte er auch vertraul. diplomat. Missionen Ks. →Ottos IV. und Hzg. →Leopolds IV. v.

Österreich. So verhandelte er in Kilikien im Auftrag Ottos IV. mit dem Kg. v. →Jerusalem über die Frage eines neuen →Kreuzzugs zur Rückeroberung des Hl. Landes. Im »Itinerarium« unterstreicht W. seine Kundschafterrolle durch Beschreibungen des fortifikator. Zustandes von Befestigungen der →Mamlūken. 1212 nach Dtl. zurückgekehrt und 1218 zum Kathedralprior v. Hildesheim gewählt, wirkte W. 1222-24 in Italien als Helfer des bedeutenden Ebf.s →Albrecht II. v. Magdeburg, des →Reichslegaten Ks. →Friedrichs II. in der Lombardei, Romagna und Mark Treviso. 1225 zum Bf. v. Paderborn erhoben, trat der Prälat als kraftvoller Verteidiger der bfl. Rechte hervor (Beendigung des Konflikts der Bf.e mit den Gf.en v. →Schwalenberg, 14. April 1227). Als Bf. v. Utrecht (ab 1228) bekämpfte W. die von Rudolf v. Roevorden geführten Aufstände gegen die bfl. Herrschaft. W. starb am 27. Juli 1233 (die Annahme seines Todes für 1234 durch J. C. M. Laurent ist irrig, da W.s Nachfolger bereits am 5. Mai 1234 als Bf. bezeugt ist). – W.s »Itinerarium« zählt zu den besten Q.n über das Palästina des frühen 13. Jh. Neben den traditionellen Beschreibungen der Hl. Stätten und ihrer Überlieferungen schildert W. auch Bevölkerung, Städte und Landschaften und macht Angaben zu ihrer Geschichte.   S. Schein

Q.: W.s Reise nach Palästina und Kleinasien, ed. J. C. M. Laurent, 1859 – Peregrinatores medii aevi quatuor, ed. Ders., 1864 – Lit.: ADB 42, s.v. – D. Baron, Notes sur les mss. de voyage de Willebrand d'Oldenburg, M-A 81, 1975, 499-506 – H. J. Brandt-K. Hengst, Die Bf.e und Ebf.e v. Paderborn, 1984, 120-123 [Q., Lit.].

Wilchard (Wikard, Guichard) v. Lyon, dort ab ca. 1080 bis 1112 Kanoniker. Wohl ident. mit dem Weltgeistl. W. aus Besançon, der seit 1078 für den päpstl. Legaten (a latere) →Hugo v. Die und die antisimonist. Reformpolitik Papst Gregors VII. in Frankreich tätig war, in deren Folge der mächtige Adelsbf. →Manasses I. v. Reims in Lyon abgesetzt wurde. Der Weltgeistl. W. versuchte, auch Mißstände unter den Ordensgeistlichen ins Visier der gefürchteten Reformatoren zu rücken. In diesem Zusammenhang verfaßte er um 1080 eine hochartifizielle, aber eingängige Verssatire gegen monast. →Simonie in mehrfach rein gereimten spondeenfreien Hexametern (tripertiti), deren starke Rezeption aus über 30 erhaltenen Hss. und Textbearbeitungen erkennbar ist. Sie gilt als eine der bedeutendsten dichter. Leistungen des →Investiturstreits und wurde formales Vorbild für die Großsatire »De contemptu mundi« des →Bernhard v. Morlas. Die bisherigen Zuweisungen der Satire an Serlo Brito oder Nicholaus sind abzulehnen.   U. Kindermann

Ed.: M. Flacius Illyricus, Varia doctorum piorumque virorum De corrupto ecclesiae statu poemata..., Basel 1557, 489-491 [anonym] – H. Böhmer, MGH, LdL III, 1897, 700f. [unter dem Namen eines Nicholaus] – Lit.: U. Kindermann, Der Satiriker W. v. L., MJb 23, 1988 (1991), 37-45.

Wildbann, wichtiger Begriff in der ma. Jagd mit zweifacher Bedeutung: 1. auf der kgl. Banngewalt beruhendes Recht, sich in einem bestimmten Gebiet die alleinige Nutzung des gesamten Wildes oder bestimmter Wildarten vorzubehalten, d. h. die Jagd selbst oder durch Beauftragte durchzuführen, wobei das Jagen Dritter ohne Erlaubnis des Berechtigten mit teils harten Strafen bewehrt war. Dies bedeutet, daß durch den W. ein Gebiet der einem jeden Freien zustehenden Jagdnutzung entzogen wurde und die Jagdnutzung allein dem Kg. oder dem von ihm mit dem W. Begabten zustand. Durch den W. wurde also ein ausschließendes Jagdrecht konstituiert. 2. Gebiet, in dem durch Verleihung des W.s die jagdl. Nutzung für Dritte ganz verboten oder teilweise eingeschränkt war. Der W. konnte – wie etwa Urkk. Kg. Heinrichs II. beweisen – nicht nur auf eigenem Grundeigentum, sondern auch auf fremdem Grund und Boden verliehen werden (Heinrich II. 1003 für einen Gf. en Adalbero: »regalis potentiae bannum super agrestes feras ... tam super propriam ipsius qui praefatus est Adalberonis terram quam super domorum pontificalium vel monasteriorum in abbaciis, quae ibi nobis pertinent, terras sive omnium illorum hominum terras, qui in praesenti vel in futuro huiusmodi rem cum eo collaudabunt«; MGH DD H. II., Nr. 54). Meist bezog sich der W. auf Rot- und Schwarzwild, es konnten aber auch andere Wildarten einbezogen sein (so etwa 1004 bei der Schenkung des Hardtwaldes im Elsaß an das Bm. Basel durch Heinrich II.: »De genere cervorum sive capreolorum aut aprorum aut ursorum aut fibrorum agitare, nostro banno interdicente, marem seu feminam, vel saltem aviculam inquietare quae dicitur parix sive capere presumat.«; MGH DD H. II., Nr. 80). Bisweilen führte die Einrichtung eines W.s zu Streitigkeiten mit den principes, so etwa bei der Verleihung des W.s im Kylwald an den Ebf. v. Trier durch Ks. Otto II. 973, ein Streit, der durch einen Vergleich unter Heinrich II. 1023 beendet wurde. Bemerkenswert ist in diesem Zusammenhang, daß Otto II. 973 der Kölner Kirche einen W. »unter Zustimmung des Volkes« bestätigte.   S. Schwenk

Wilddiebstahl, im engeren Sinn die unrechtmäßige Aneignung eines Stückes Wild, an dem ein anderer bereits Eigentumsrecht erworben hat. Dies geschah im germ. Recht – anders als im röm. Recht, bei dem Wild bis zur vollendeten Okkupation, etwa durch Ergreifen, res nullius war – schon durch eine begonnene Okkupation, etwa bereits ab dem Beginn der Verfolgung eines Stückes Wild mit Hunden. Wer also zum Beispiel ein von den Hunden eines anderen gehetztes, in eines anderen Falle gefangenes oder ein durch den Pfeil eines anderen verletztes Wild an sich nahm, beging W., der zu büßen war: »Si quis vero de diversis venationibus furtum fecerit et celaverit praeter capitale et dilaturam MDCCC dinarios qui faciunt solidos XLV culpabilis iudicetur« (Pactus Legis Salicae, Cap. 33,1). W. im weiteren Sinn bezieht dazu auch die Entwendung aufbewahrter Jagdbeute vom Gerüst oder aus der Wohnung mit ein: »Si quis pedicam cum feramen aut sagitatum detoxitum invenerit et eum calcare voluerit quem canes minaverunt atque venationem in bargo involaverit aut de mansionem furaverit MCC dinarios qui faciunt solidos XXX culpabilis iudicetur« (Lex Sal. Nov. II, 3,3). In noch weiterer Bedeutung wird unter »venationibus furatis« der Diebstahl von zahmem, bei der Rotwildjagd verwendetem Rotwild verstanden (etwa im Pactus Legis Salicae, Cap. 33,2-3). Auch die Entwendung von bei der Jagd eingesetzten Hunden oder Beizvögeln sowie die Aushorstung von jungen Falken, die durch Bindung im Horst oder durch Kennzeichnung des Horstbaumes bereits in Eigentum übergehen, fallen unter den Tatbestand des »Jagddiebstahls«. Nachdem im Zuge der Inforestation Gebiete mit dem →Wildbann belegt worden waren, fällt die unberechtigte Jagdausübung in einem Wildbann ebenfalls unter den Tatbestand des W.s, des Wildfrevels oder der Wilderei und wurde häufig mit harten Strafen geahndet.   S. Schwenk

Wilde Männer und Frauen → Wildleute

Wildes Heer → Totenheer

Wildeshausen (Krs. Oldenburg, Diöz. Osnabrück), Kanonikerstift, gegr. von Waltbert, dem Enkel →Widukinds. Die Reliquien des hl. Alexander, die der Stifter 850/

851 aus Rom überführte, machten W. zu einer bedeutenden Pilgerstätte. Auf Bitten Waltberts beschrieben der Fuldaer Mönch Rudolf († 865) und sein Schüler Meginhart die Translation (ed. B. KRUSCH, NGG 1933, Phil.-hist. Kl., 423–436). 855 erlangte das Stift durch Kg. Ludwig d. Dt. Immunität und Kg.sschutz. Bf. Liudolf v. Osnabrück († 978), ein Nachfahre des Stifters, übertrug W. an Ks. Otto II., der es 980 dem Kl. →Memleben schenkte. Ebf. →Adalbert v. Hamburg-Bremen († 1072) hatte W. als Suffraganbm. in seinem geplanten Patriarchat vorgesehen. Im 13. Jh. gelangte W. aus welf. Besitz an das Ebm. →Hamburg-Bremen; noch bis 1270 hatten die Gf.en v. →Oldenburg-W. die Vogtei inne. Von Bedeutung sind die Wandmalereien im ehem. Kapitelsaal (2. Hälfte 13. und 15. Jh.). R. Schindler

Lit.: D. HÄGERMANN, Bremen und W. im FrühMA, Oldenburger Jb. 85, 1985, 15–33 – G. STREICH, Kl., Stifte und Kommenden in Niedersachsen vor der Reformation, 1986, 130 [Lit.].

Wildfangrecht heißt das Recht einzelner Grund-, Gerichts- oder Landesherren, zuziehende herrenlose Fremde (*inkomen* oder *darkomen lute*, im südwestl. Dtl. bildhaft *wiltfang* oder *wiltflügel* gen.) nach »Jahr und Tag als Eigenleute (→Leibeigenschaft) in Anspruch zu nehmen. Seit dem SpätMA übte v.a. die Kurpfalz (→Pfalzgrafschaft bei Rhein) das W. in aggressiver Weise auch außerhalb ihres Territoriums aus. Im 16. und 17. Jh. führte dies zu erhebl. Auseinandersetzungen mit den benachbarten Landesherren. →Aubaine, droit d'. K. Kroeschell

Lit.: HRG V, 1421ff. [W. DOTZAUER].

Wildfolge, allg. das gegenüber Dritten geltende Recht des Jägers, aufgrund eines Eigentumsanspruchs am Wild nach begonnener, aber noch nicht vollendeter Inbesitznahme verletztes oder angejagtes Wild weiterverfolgen und in Besitz nehmen zu dürfen, wobei zeitl. oder örtl. Einschränkungen gegeben sein können. W. finden wir sowohl beim freien Tierfang als auch bei der an Grundbesitz gebundenen Jagd bzw. nach der Begründung von besonderen, Dritte von der Jagd ausschließenden Jagdgebieten. Beim freien Tierfang setzt W. voraus, daß bereits durch begonnene Okkupation ein Eigentumsrecht des Jägers am Wild erwächst. Aus diesem Grund kannte das röm. Recht keine W., da in ihm das Wild bis zur vollendeten Inbesitznahme res nullius blieb und Eigentumsrechte erst durch die tatsächl. erfolgte Okkupation begründet wurden. Im langob. Recht war die W. auf 24 Stunden beschränkt, in der Lex Salica wurde ununterbrochene Verfolgung, ohne zeitl. Beschränkung, gefordert, im Östgötalagh endete das durch die begonnene Okkupation entstandene, eingeschränkte Eigentumsrecht nach drei Nächten. Bei Bindung des Jagdrechts an das Eigentum bzw. nach Errichtung besonderer, Dritte ausschließender Jagdgebiete bezeichnet W. das Recht, im eigenen Jagdgebiet angejagtes Wild, an dem aufgrund des →Wildbanns Eigentumsrechte bestanden, über die Grenze des eigenen Jagdgebiets weiter verfolgen zu dürfen. S. Schwenk

Wildgehege und Tiergarten. [1] *Allgemein und Frühmittelalter:* Das in allen westeurop. Sprachen vorkommende Wort 'Park' (frz. *parc,* engl. *park,*; vgl. dt. 'Pferch') bezeichnet ein von einer →Einfriedung (Mauer, Zaun, Graben) umhegtes Areal. Sein Kompositum 'Tierpark' weist hin auf ein zur Haltung von Tieren (gefangenen Wildtieren oder zahmen Tieren) geschaffenes Gehege, das den Tieren in gewissem Umfang ein Leben in ihrer natürl. Umwelt ermöglicht, sie einerseits vor Raubtieren oder Wilderern schützt, sie andererseits aber für die Nutzung durch den Menschen (Jagd, Viehhaltung, -zucht, -handel) verfügbar macht (Wildgehege, Wildpark, Jagdpark). Der Wortgebrauch von 'Tiergarten' impliziert in der Regel, daß in diesem Typ des Geheges neben den üblichen (einheim.) Tierarten auch seltene, ggf. exot. Tiere präsentiert werden; noch präziser weist der (neuzeitl.) Begriff der 'Menagerie' auf die Anwesenheit »seltener« (manchmal gefährl.) Tiere hin; diese wurden in (teilweise transportablen) Zwingern und Käfigen, Gräben, Gruben (vgl. die in der ma. Ikonographie verbreitete bibl. Erzählung vom Propheten →Daniel in der Löwengrube) oder geschlossenen Häusern gefangengehalten. In der NZ ließ die Verbindung von naturkundl.-didakt. Intention und Schaulust den Typ des 'Zoolog. Gartens' sowie den teilweise auf artist. (Raub)tierdressuren abgestellten 'Zirkus' entstehen.

Die röm. Kultur (aber bereits die hellenist. Epoche, ebenso die frühe chines. Kultur) kannte verschiedene Formen von W.n und Tiergärten (T.), stark konzentriert auf die Haltung von Wild: das 'vivarium', in dem u. a. große Gattungen (Hirsche, Wildschweine) gehalten wurden; das 'leporarium' für Kleinwild (Rehböcke, Hasen, Vögel, selbst Kaninchen); das 'roborarium', das durch bewegl. Zäune bzw. Staketen aus Steineichen eingefriedet war.

In der Karolingerzeit existierten neben den →Forsten die unter der Bezeichnung →'Brühl' bekannten kgl. bzw. grundherrl. W. Ein Brühl bot die Möglichkeit, größeres (Wildschwein, Hirsch, Rehbock, selbst Bär, Wisent und Ur), aber auch kleineres Wild (z. B. Hasen) vor Wilderern zu bergen, und garantierte dem Kg.en und ihren Gefolgschaften eine regelmäßige Versorgung mit frischem Wildfleisch. Die frk. Kg.e, die von Dagobert bis zu Karl d. Gr. ihr Selbstverständnis als Krieger und Jäger pflegten, stellten durch ihren persönl. Einsatz bei gefahrvollen Jagden auf starke Tiere ihren Mut und ihr »Königsheil« demonstrativ unter Beweis. Das →Capitulare de villis Karls d. Gr. schreibt die Einrichtung eines Brühls in jeder →villa vor; Brühle sind für eine Reihe von →Pfalzen belegt (→Attigny, 808, 822; →Ingelheim; →Frankfurt, 864; →Compiègne, 883; →Regensburg, 888; Ranshofen, 899; in Aquitanien: 'Fériac' unter Pippin II.). Den bekanntesten und wohl ausgedehntesten T. hatte die Pfalz in →Aachen; er diente →Karl d. Gr. als Stätte seiner großen Hofjagden (vgl. →Angilbert), bei denen Großwild, sogar Wisent und Ur (»ad venatum bissontium vel urororum«), bejagt wurden. Dieser Tiergarten nahm auch exot. Tiere auf, die – glaubt man →Notker Balbulus – dem Ks. als Geschenk verehrt worden waren (s. a. →Elephas, Elefant).

[2] *Arabischer Bereich:* Die oriental. Herrscher verfügten ebenfalls über ausgedehnte T., die stärker Zoolog. Gärten ähnelten als W.n zur Haltung jagdbarer Tiere. Der →Abbaside al-Muʿtaṣim ließ um 834/835 seine Residenz in Sāmarrāʿ weit außerhalb v. →Bagdad errichten, in einem Gebiet, das bereits dem →Sāsāniden →Chosroes I. Anūširwān (531–578) als Sitz eines Palasts mit ummauertem T. gedient hatte (Nahr al Raṣāsī). Am Ende des 9. Jh. beschrieb al-Jaʿqubī den T. des Palasts v. Sāmarrāʿ mit seinen »wilden Tieren, Gazellen, Onagern, Hirschen, Hasen, Straußen, die in einer weiten Ebene eingehegt waren«. Es wurde vermutet, daß dieser Text sich auf einen Palast-T., der ein Areal von ca. 5000ha umfaßte und dessen über 30 km lange Mauer noch in Überresten erhalten ist, beziehe; vielleicht handelte es sich hierbei aber eher um die Spuren zweier mit Jagdparks ausgestatteter Paläste des Kalifen al-Mutawakkil (847–861). Im frühen 8. Jh. besaßen die in Damaskus residierenden →Omayyaden drei kostbare T.: Ḥirbat al Mafdjar, Qaṣr al Ḥayr al-Ġarbī (ein 45ha großes Gehege, das einen Palast umschloß,

dessen Fresken einen Kalifen bei der Jagd zeigen) und Qaṣr al Ḥayr aš-Šarqī (ein Areal von 850 ha, umgürtet von einer Bruch- und Backsteinmauer).

Im muslim. Spanien (→al-Andalus) entstanden nach der Aufgabe →Córdobas als eigtl. Herrscherresidenz beim neuen Palast →Madīnat az-Zahrāʾ (ab 936) große Gartenanlagen, die unter ʿAbdarraḥmān III. (912–961) vollendet wurden: Der Kalif ließ »einen echten T. mit Menagerien und Volieren« errichten.

[3] *Hoch- und Spätmittelalter:* Im Westen kam im 9.–10. Jh. infolge des Machtverfalls des spätkarol. Kgtm.s die Verfügung über die T. zunehmend in die Hand der Aristokratie. Mit dem Aufstieg der →Seigneurien und →Fürstentümer und dem Rückgang der bewaldeten Zonen und des Wildbestandes infolge der Binnenkolonisation (→Landesausbau) nahm seit dem 11. Jh. die Zahl der Wildparks, der *garennes*, im gesamten westeurop. Raum stark zu, wohingegen W. im dt. und mitteleurop. Bereich vor dem 16. Jh. eine wesentlich geringere Bedeutung hatten. Die stärkste Welle der Errichtung von W.n ist für das England des 13. Jh. bezeugt; ein Spezifikum war hier die Verbreitung einer bestimmten Hirschart, des *Damwildes*, das systemat. Aufzucht erfuhr *(deer farming)*. Andererseits wurden seit dem späten 12. Jh. gerade in England krit. Stimmen gegen die Verbreitung der W. laut (am bekanntesten →Johannes v. Salisbury im »Policraticus«), da sie die freie Jagd d. Bevölkerung beinträchtigten (→Wildbann). Um 1350 sollen in den Gft.en Englands um 3000 W. bestanden haben. Zur gleichen Zeit kam es auch in Frankreich zur Einrichtung neuer W.n, was aber oft Konflikte mit benachbarten Herren und ländl. Gemeinden provozierte. Infolge des Verschwindens einer gewissen Zahl von großen seigneurialen W.n im ausgehenden 13. Jh. nahm der Begriff 'garenne' im Laufe des 14. Jh. eine eingeschränkte Bedeutung an: Er bezeichnete nunmehr kleinere Bezirke, in denen sich Vorrichtungen *(mottes a conils, terriers)* zur Haltung von Kaninchen und anderen kleinen Tierarten befanden.

Die T. waren umgeben von einem Graben und einem Erdwall, der mit einer Palisade oder einem Zaun bzw. Hagen gesichert war; im ausgehenden MA wurden oft Mauern aus behauenen Bruchstein errichtet. Bereits der 'Brühl' bei der Aachener Pfalz dürfte, zumindest nach den Angaben des →Ermoldus Nigellus, eine Mauer besessen haben. Eine der ältesten sicher belegten Mauern v. T. ist die gemauerte Einfassung des Parks der Pfalz →Vincennes bei Paris, errichtet 1183 unter Kg. Philipp II. Augustus. Die Ausdehnung des umhegten Areals variierte stark: von 40 bis zu 400 ha (England).

In Frankreich besaßen die Herren v. Sablé (Maine) einen T. von 80 ha; die Gf.en v. →Évreux unterhielten in Gravenchon (Maine) einen T. von 95 ha; der T. der Hzg.e v. →Normandie in Ste-Vaubourg bei Rouen übertraf mit seinen ca. 300 ha diese Gehege bei weitem. Gewaltige Dimensionen erreichten am Ende des MA einige W. der Hzg.e v. →Bretagne (Rhuys-Suscinio 2600 ha, Chateaulin fast 6000 ha).

Diese Parks umfaßten baumbestandene Zonen, aber auch Ödlandkomplexe und Heidegebiete (→Weide), Flußläufe, Weiher (→Teichwirtschaft) und Fischbassins, Wohnstätten wie die Residenz der Hzg.e v. Normandie zu Rouen, bisweilen Wein- und Obstgärten wie der große T. in Hesdin, begründet von dem Gf.en v. →Artois und ausgebaut von den Hzg.en v. →Burgund. In einige engl. Parks waren sogar Dörfer und Felder einbezogen (→*enclosure*). Die Anlage derartiger Parks war in bestimmten Fällen von der gezielten Anpflanzung von Bäumen (Buchen, Eichen) begleitet, so bereits in der 2. Hälfte des 11. Jh. im Park des Bf.s v. →Coutances (Normandie) zu St-Ebremond de Bonfossé (→Wald).

Der Unterhalt der Anlagen und ihres Tierbestandes war kostspielig. Die Umfassungsmauern (Höhe bis zu 2–3 m, Breite bis zu 10 m) waren in der Regel solide Konstruktionen, die das Eindringen von Waldtieren und Wilderern wie die Flucht der gefangenen Tiere zu verhindern hatten. Die Wartungsmaßnahmen umfaßten u. a. Reinigung und Säuberung des Geländes von Dornen und Baumwurzeln (dies ist etwa für den T. der Hzg.e v. Burgund in Aisey-sur-Seine bezeugt), Wasserversorgung und Fütterung der Tiere (bes. der Jungtiere, v. a. in strengen Wintern) sowie Instandhaltung der zur Unterbringung der Tiere bestimmten Gebäude.

Die in der Regel unweit von Schlössern gelegenen T. dienten nicht nur der Abhaltung repräsentativer Hofjagden und der (das Ansehen des betreffenden Fs.en steigernden) Bereicherung der Tafel durch edle Wildgerichte, sondern auch der Unterbringung lebender Tiere, die ein Fs. im Zuge lehnsrechtl. und diplomat. Beziehungen als Geschenk erhalten hatte: So sandte Heinrich II. v. England in seiner Eigenschaft als frz. Kronvasall für Aquitanien und Normandie seinem Lehnsherrn Philipp II. Augustus v. Frankreich auf dem Wasserweg (über den Kanal und die Seine) wertvolle Tiere (Ziegen, Hirsche, Damwild), die in Vincennes gehalten wurden. Die T. dienten auch der Zucht von Tieren, die dem Herrn oder benachbarten Gemeinden gehörten (Rindvieh, Pferde, gelegentl. selbst Schweine); auch wurden in ihnen auf gerichtl. Grundlage (z. B. als Buße für Straftaten) konfiszierte Tiere untergebracht. Da die Haltung großer Stückzahlen von Tieren nicht mit dichtem Gestrüpp vereinbar war, umfaßte der Baumbestand der W. vermutlich lichten Hochwald: Nicht selten wurden Bäume aus W.n als Bauholz für große Monumente verwendet. Die T. besaßen nicht nur Anlagen zur Kaninchenzucht, sondern beherbergten vielfach auch eine (fest installierte oder transportable) Menagerie für fremdartige Tiere: Ks. Otto d. Gr. besaß Löwen, Kamele, Affen und Strauße; Kg. Heinrich I. v. England hielt in →Woodstock Löwen, Leoparden, Luchse, Kamele und sogar ein Stachelschwein und setzte möglicherweise im bewaldeten Teil des T.s Bären aus. Friedrich Barbarossa ließ die Pfalzen und T. v. →Nijmegen (Nimwegen) und Ingelheim wiederherstellen und hielt in Genua Papageien, einen Strauß und einen Löwen. Der Kg. v. →Navarra unterhielt in →Olite einen Baumgarten mit exot. Würzpflanzen (Orangen-, Zitronenbäumen), flankiert von einem kostbaren T. mit Löwe, Löwin, Strauß und Kamel, Hundezwingern und Volièren. Gleiches gilt für andere fsl. T.: Gf.en/Hzg.e v. →Savoyen (in →Chambéry: Bären, Löwen); Kg. →René v. Anjou (in Berre: Kamele, Elefant, Löwen, Tiger, Bären), Hzg.e v. Burgund (in Conflans, Hesdin: Kamele, Leopard). Die Präsenz einer Menagerie innerhalb eines T.s unterstrich Reichtum, Prestige und Macht eines Fs.en. Die Haltung von gezähmten Wildtieren gemeinsam mit »normalen« Haustieren lieferte für Kleriker (so schon →Walahfrid Strabo) einen assoziativen Hinweis auf das irdische →Paradies, in dem alle Tierarten friedlich unter der Lenkung Gottes zusammenlebten.

Die T. am Ende des MA bezeugen ein neues Verhältnis des Menschen zur Natur. Diese repräsentativen Einrichtungen sind Räume und gleichsam Medien, die mit hohen Kosten geschaffen und aufrechterhalten werden, um dem Menschen einen Zugang zu einer idealen, profanen Natur zu verschaffen. Bereits der über die Kreuzzüge, aber auch über Sizilien vermittelte arab.-oriental. Einfluß hatte den

Blick auf derartige »Vergnügungsparks« gelenkt: →Roger II. ließ in Favara bei Palermo einen künstl. See (*mare dolce*) zur Fischhaltung anlegen; Altofonte barg Damwild, Rehe und Wildschweine. →Friedrich II. errichtete 1223 in →Foggia neben einem Weiher, der Wasservögel anlockte, einen T. für Damwild. Derjenige spätma. T., der am deutlichsten die Landschaftsgärten und die »Erlebnisparks« der NZ antizipiert, ist sicher der Park in Hesdin, der von →Robert v. Artois am Ende des 13. Jh. begründet wurde und durch die Hzg.e v. Burgund, insbes. →Philipp d. Guten, kontinuierl. Erweiterung erfuhr. Bes. Interesse besaß hier der mit »ouvraiges ingenieux de joyeuseté et de plaisance«, kunstvollen →Automaten und Wasserspielen, ausgestattete Pavillon, der (nach zeitgenöss. Schilderung v. →Chastellain) das Entzücken d. Besucher bildete. →Tierhaltung, →Spiele.   C. Beck/R. Delort

Lit.: K. Hauck, T. im Pfalzbereich (Dt. Kg.spfalzen, 1, 1963), 30–74 – W. Scherzer, Würzburg: Forst, T., Burgberg und Markung von 779 (Archive und Gesch.Forsch., hg. H. Heldmann. Festg. F. Solleder, 1966), 12–22 – E. Zadora-Rio, Parcs à gibier et garennes à lapins: contribution à une étude archéol. des territoires de chasse dans le paysage médiéval (Du pollen au cadastre, Actes du Coll. du Groupe d'Hist. des Forêts Françaises, Rev. du Nord 2-3, 1986), 133–139 – J. Birell, La chasse et la forêt en Angleterre médiévale (Le château, la chasse et la forêt. Les Cahiers de Commarque, 1988), 69–80 – Dies., Deer and Deer Farming in Medieval England, AHR 40, 1992, 112–126 – C. Beck, La nature aménagée. Le parc du château d'Aisey-sur-Seine (Bourgogne). XIVe–XVIe s. (L'Homme et la nature au MA. Actes du Ve Congr. internat. d'archéologie médiévale, 1996), 22–29 – Jagd und höf. Kultur im MA, hg. W. Rösener, 1997 – *zum arab. T.*: EI², s.v. Hair, Samarra – H. Seyrig, Kasr al H. (Syria 8, 1927), 302–327.

Wildgrafen (lat. *comes silvestris*, mhd. *wildegrave*, wohl Anspielung auf den Herrschaftsbereich im Waldgebiet Hunsrück 'Waldgraf'), Nachkommen der seit 960 als Gf.en im Nahegau nachweisbaren Emichonen (→Leiningen, →Veldenz). In der Mitte des 12. Jh. zweigten sich durch eine Bruderteilung die →Raugrafen ab, während die W. selbst sich im 13. Jh. in die Linien Kyrburg und Dhaun aufspalteten. Da der benachbarte Rheingf. Johann I. die Erbtochter der Dhauner Linie heiratete und beider Sohn Johann II. 1350 die Erbtochter der Linie Kyrburg ehelichte, nannten sich die Nachkommen W.- und Rheingrafen und ließen die Gft. bis 1499 ungeteilt. Weitere Erbtochterheiraten führten im Verlauf des 15. Jh. zum Gewinn von Herrschaften im elsäss.-lothring. Grenzraum (→Salm, Vinstingen). Die W. stellten zwei Mainzer Ebf.e (Gerhard 1251–59; →Konrad III. 1419–34) und versahen das Amt eines Erbmarschalls in der →Pfgft. bei Rhein.
    K.-H. Spieß

Lit.: HRG IV, 1015–1017 [Rheingf.en] – W. Fabricius, Die Herrschaften des unteren Nahegebiets, 1914 – W. Dotzauer, Zur Gesch. der W.- und Rheingf.en, Mittbl. zur rheinhess. LK 15, 1966, 305–312 – E. Klapki, Die kurpfälz. Erbhofämter, 1966 – I. Toussaint, Die Gf.en v. Leiningen, 1982 – K.-H. Spiess, Kg.shof und Fs.enhof (Deus qui mutat tempora [Fschr. A. Becker, 1987]), 203–234 – H.-W. Herrmann, Autobiograph. Aufzeichnungen des W.- und Rheingf.en Johann V. (ebd.), 335–353.

Wildhühner. In Mitteleuropa kommen außer den Rauhfußhühnern Auer-H., Birk-H. und Hasel-H. und den eingeführten Arten →Fasan und →Pfau nur noch das Rot- und Reb-H. vor. Die Kenntnisse über die menschenscheuen Rauhfußhühner waren im MA ebenso wie in der Antike verschwindend gering. Die antiken Nachrichten über die perdix beziehen sich alle auf das Stein-H., wurden aber später wie selbstverständlich auf das ähnl. Reb-H. übertragen, so auch bei Thomas v. Cantimpré 5, 101 (zit. bei Vinzenz v. Beauvais, Spec. nat. 16, 128ff.). Der Name des hinterlistigen Vogels sei nach Isidor, etym. 12, 7, 63 von der Stimme abgeleitet. Es stehle die Eier eines Artgenossen, aber die Jungen kehrten instinktiv beim Hören der Stimme ihrer wahren Mutter zu ihr zurück. Dies geht auf Ambrosius, exam. 6, 3, 13, als Erklärung zu Jerem 17, 11 zurück, doch wurde von Isidor, Thomas u.a.m. die Motivation von »naturali quodam munere et amore« in »naturali quodam instinctu« verändert. Die humoraltheoret. Erklärung des Thomas für den Diebstahl, durch welchen die von dem Vogel aufgrund seines trockenen Gehirnes angebl. vergessenen Eier (was Albertus Magnus, animal. 23, 134 als falsch zurückweist) überhaupt nur ausgebrütet würden, läßt sich auf keine Quelle zurückführen. Das Nest selber sei, nach Plinius, n.h. 10, 100, gut geschützt zw. Dornen auf dem Boden (Solinus 7, 29) angelegt. Wenn sich jemand dem Nest nähere, käme die Mutter hervor und »verleite« unter Vorspiegelung einer Verletzung der Flügel oder Beine den Feind, bevor sie zum Brüten zurückkehre. Hierfür folgt Thomas Solinus 7, 31 (nach Plinius, n.h. 10, 103). Auch die folgende Angabe, die Küken würden sich unter Erdschollen (glebulae) verstecken, entstammt ebenso dieser Quelle (Solinus 7, 32 nach Plinius, auch bei Jakob v. Vitry, hist. orient. c. 92) sowie, daß die Weibchen zum Schutze vor den ungestümen Männchen die Gelege oft versetzten (Solinus 7, 30). Auf Plinius, n.h. 10, 100 geht die wegen der äußerl. Gleichheit der Geschlechter in der Antike nicht widerlegbare Behauptung ihrer Homosexualität zurück, welche in anderer Formulierung Isidor ebenso wie der von Thomas hier benutzte Experimentator (Nam mas in masculum consurgit et obliviscitur sexum libido praeceps.) übernommen hat. Aus gleicher Quelle, letztl. aber vom lat. Aristoteles (de animal. 8 (9), 613 b 17–21) stammt die erneute Schilderung des Verleitens. Der Netzfang eines Rebhuhnvolkes wird von Thomas unter Benutzung von Plinius, n.h. 10, 101 geschildert und allegorisiert. Die wichtigsten weiteren Motive sind die Behauptung der Empfängnis durch den vom Männchen heranwehenden Wind (zuerst Aristoteles, de animal. 6, 560 b 11–16 und Plinius, n.h. 10, 102) und das häufige Vorkommen von sterilen »Windeiern« (nach Plinius, n.h. 10, 166) sowie die Empfehlung der Vogelgalle mit Honig zu gleichen Teilen gegen trübe Augen (Plinius, n.h. 29, 125).
    Ch. Hünemörder

Q.: →Albertus Magnus, Aristoteles, →Isidor v. Sevilla, →Jakob v. Vitry, →Solinus, →Thomas v. Cantimpré, Vinzenz v. Beauvais.

Wildleute (Wilde Männer und Frauen). Im Bild der im Wald lebenden und mit Keulen bewaffneten W. (mlat. silvani) verschränkt sich offensichtl. die Vorstellung germ. Walddämonen (→Wald, B) mit der antiker Satyrn. Volkstüml. Traditionen aufnehmend, prägte sich das Motiv vorwiegend in der höf. Oberschicht aus und wurde in der Lit., v.a. aber in der bildenden Kunst des SpätMA und der frühen NZ äußerst beliebt. Der Gebrauchszusammenhang der lit. und bildkünstler. Zeugnisse bestimmt Deutung und Appellcharakter der W. Im kirchl. Kontext (z.B. Predigten →Geilers v. Kayersberg; Chorgestühl, 14. Jh., Köln, Schnütgen-Mus.; Bernt →Notkes St. Georgs-Reliquiar der Elbinger Georgsbruderschaft, um 1480, Hamburg, Mus. für Kunst und Gewerbe; span. Ciborium, um 1490, London, Victoria & Albert Mus.; frz. Reliquienkasten, Offenbach, Ledermus., um 1500) symbolisieren sie das von der Tugend besiegte Laster, im profanen fungieren sie als Gegenbild der höf. Welt (z.B. als Wächter des Zauberbrunnens im »Yvain« →Chrétiens de Troyes bzw. »Iwein« →Hartmanns v. Aue, oder auf zahlr. sog. Minnekästchen [→Holzschnittkunst] des 14. Jh.). Bis weit in die

frühe NZ werden wilde Männer und Frauen in der Textilkunst, der Glasmalerei und der Druckgraphik dargestellt, häufig als Wappenhalter.
Das SpätMA zeichnet sich durch einen spieler. Umgang mit dem W.-Motiv aus, so als 1392 Kg. Karl VI. v. Frankreich auf dem (in einer Brandkatastrophe endenden) 'Bal des ardents' als W. verkleidete Schauspieler Fackeltänze aufführen läßt oder als am Dreikönigstag 1435 24 mit werggefüllten Leinwandkeulen bewaffnete W. vor den Gästen des Basler Konzils pantomim. gegeneinander kämpfen. Mit dem christolog. Bildtyp der Einhornjagd spielen ein frk. Teppich aus der Mitte des 15. Jh. (München, Bayer. Nationalmus.) mit einem Wildmann als Jäger und ein Straßburger Kissen, um 1500 (Basel, Hist. Mus.) mit einem Wildmädchen in der Rolle der Jungfrau. Als Travestien höf. Lebens sind unter dem Stichwort der verkehrten →Welt zahlreiche elsäss., schweizer. und mittelrhein. Wirkteppiche des 15. Jh. zu deuten, auf denen W. sich unterschiedl., auch lit. tradierten höf. Beschäftigungen (Tanz, Spiel, Jagd, Minnebegegnungen in Liebesgärten, Jungbrunnen, Minneturniere, Erstürmung der Minneburg) hingeben. Auf einem um 1475 wohl zur Hochzeit des Berner Schultheißen Petermann v. Wabern mit Kunigunde v. Spiegelberg entstandenen Teppich mit der höf. Erzählung vom 'Grafen von Savoyen' (Besançon, Musée des Beaux-Arts) treten gar alle Protagonisten im W.-Kostüm auf. N. H. Ott

Lit.: B. KURTH, Die dt. Bildteppiche des MA, 3 Bde, 1926 – H. KOHLHAUSSEN, Minnekästchen des MA, 1928 – R. BERNHEIMER, Wild Men in the MA, 1952 – P. SALMON, The Wild Man in 'Iwein' and Medieval Descriptive Technique, MLR 56, 1961, 520–528 – Die wilden Leute des MA, Ausst.-Kat. Hamburg, 1963 – L. L. MÖLLER, Die Wilden Leute in der dt. Graphik des ausgehenden MA, Philobiblon 8, 1968, 260–264 – F. TINLAN, L'homme sauvage, 1975 – A. D. WELLS, The Wild Man from the Epic of Gilgamesh to Hartmann v. Aue's Iwein. Reflections on the Development of a Theme in World Lit., 1975 – T. HUSBAND, The Wild Man, Ausst.-Kat. New York, 1980 – P. VANDENBROECK, Over Wilden en Narren, Boeren en Bedelaars. Beeld van de Andere, Ausst.-Kat. Antwerpen, 1987 – A. RAPP BURI – M. STUCKY-SCHÜRER, zahm und wild. Basler und Straßburger Bildteppiche des 15. Jh., 1990 – L. v. WILCKENS, Das MA und die 'Wilden Leute', MüJb 3. F. 45, 1994, 65–82.

Wildschwein. [1] *Jagdwesen:* Das W., auch Schwarzwild (das männl. Tier als Keiler, seltener als Eber, das weibl. als Bache bezeichnet), ist neben dem →Rotwild aufgrund seiner Stärke, seiner Schnelligkeit, seines Mutes und seiner Angriffslust bevorzugtes Jagdobjekt. Bei günstigen klimat. und räuml. Gegebenheiten sowie guten Nahrungsgrundlagen (etwa Eichenwäldern) konnte die Anzahl der W.e so groß werden, daß sie als Plage empfunden wurden (vgl. etwa die um 520 entstandene Lebensbeschreibung des hl. →Caesarius). Infolge der hohen jagdl. Wertschätzung gehörte das W. bevorzugt – zusammen mit dem Rotwild – zu den unter den →Wildbann fallenden Wildarten, wobei auch genauere Bestimmungen zur Dauer der Jagdzeit vorgegeben sein konnten, etwa in einem Diplom Ks. Ottos II. für den Ebf. v. Salzburg: »venationemque in Dulcibus vallibus quam populus cum sacramentis in potestatem regiam affirmavit, id est ebdomadas tres ante aequinoctium autumnale ac postea usque in natale sancti Martini ad venandos ursos et apros« (MGH DD O. II., Nr. 275). Das W. spielte – wie etwa von →Angilbert oder →Ermoldus Nigellus berichtet – bei der Jagd in der Karolingerzeit eine hervorragende Rolle, obwohl – oder vielleicht gerade weil – die Verfolgung des W.s besonderen Mut erforderte und große Gefahren, nicht selten auch den Tod des Jägers, in sich barg (so starben etwa 756 der Langobardenkg. Aistulf, 884 Karlmann, ein Sohn Lud-

wigs d. Stammlers, bei der Jagd auf W. e). Den besonderen jagdl. Stellenwert des W.s bezeugen auch frz. Jagdlehrbücher des 14. Jh. von Henry de Ferrières und →Gaston Fébus (Jagdtraktate). S. Schwenk

Ed. und Lit.: Gaston Phoebus, »Le Livre de La Chasse«, vollst. Faks.-ausg., 1976 – Le Livre du roy Modus, vollst. Faks.ausg., 1989 – →Jagdtraktate.

[2] *Mittelalterliche Enzyklopädiker:* Thomas v. Cantimpré beginnt 4, 3 (zit. Vinzenz v. Beauvais, Spec. nat. 18, 5) seine ausführl. Beschreibung mit einem längeren Zitat aus dem bisher unidentifizierten »Liber rerum«. Danach besitzt das schwarze, tapfere und wilde Tier große halbfußlange Eckzähne (die »Hauer«). Es wird von Thomas mit ungebildeten und brutalen Menschen dieser Welt verglichen. Von der sicherl. aus Erfahrung geschilderten Jagd wird dann behauptet, daß der Eber vor der Urinabgabe leicht überwunden werden könne, während er sich sonst zum Kampf stelle (vgl. Albertus Magnus, animal. 22, 20). Vielleicht beruht dies auf Plinius, n. h. 8, 212. Er greife aber erst nach einer Verwundung an, weshalb man ihm schnell eine tödl. Wunde zw. dem Schulterblatt und den Rippen zufügen müsse. Andernfalls helfe oft nur eine eilige Flucht auf einen Baum oder in eine Erdsenke. Vor den Hunden fliehe er ins Dorngebüsch. Entsprechend dem Merkvers bei Thomas 4, 1 übertreffe er die übrigen Tiere durch sein Gehör. Nach Plinius, n. h. 28, 212 sei der Eber wie alle wilden Tiere in der Paarungszeit am gefährlichsten, die Bache aber bei der Geburt der Jungen. Vom »Experimentator« hat er übernommen, daß frischer warmer Eberkot ein gutes Mittel gegen Blutspucken sei (vgl. Stuttgart, WLB, cod. phys. 2° 30, f. 115r), was von Dioscorides langobardus (Buch 2, p. 205) stammt. Thomas deutet dies aber fälschl. als Nasenbluten. Der Eber habe auf der rechten Seite einen schildförmigen Knochen, den er den Spießen entgegensetze. Selbst nach einer Durchbohrung mit einer Lanze dringe er gegen den Jäger vor. Das Schweinefleisch wird überwiegend negativ beurteilt: es sei kalt und feucht, v. a. vom Hausschwein, das von der Sau verwandle sich in verschiedene faule Flüssigkeiten, wenn man einen schwachen Magen habe. Nach dem Verzehr vieler Eicheln verwerfe eine trächtige Sau. Ob die geschilderte Eigentümlichkeit, die Erde umzuwühlen und darin wie im Morast Nahrung zu suchen, eine eigene Beobachtung an Hausschweinen, denen der Rest des Kapitels gewidmet ist, darstellt, muß zweifelhaft bleiben. Ch. Hünemörder

Q.: →Albertus Magnus – Dioscorides langobardus, ed. H. STADLER, RF 10, 1899 – →Thomas v. Cantimpré, →Vinzenz v. Beauvais.

Wildschweinjagd, auch Schwarzwildjagd, Verfolgung und Erlegung von Schwarzwild, meist unter Einsatz von leichten und schwereren Hunden (vgl. dazu →Jagdhunde, →Vertragus), wobei sich die Jagdmethoden im Grundsatz über Jahrtausende kaum verändert haben. Bes. häufig ist die Hetzjagd (vgl. Lex Sal. 35,5: »aprum lassum, quem alieni cani moverunt«), bei der das →Wildschwein aufgesucht und von – in der Regel schweren – Hunden gehetzt wird. Die verfolgenden Jäger – zu Fuß oder zu Pferd – erlegen das gestellte Wildschwein mit Hilfe des Schwertes, der Lanze, des Sauspießes oder der Schußwaffe (des Bogens, der Armbrust) oder lassen es auf die Saufeder auflaufen. Ebenso kann Schwarzwild in der Suhle aufgesucht und erlegt oder in Fallen oder in Netzen gefangen werden, zu denen es durch Futter angekirrt oder in die es hineingetrieben wird. Eine große Zahl verschiedener Jagd- und Fangmethoden, die teils erhebl. Aufwand erforderten (wie der »déduit royal« gen. Fang des Keilers in

einer Hecke aus abgehauenen Sträuchern) oder mit geringen Mitteln (wie das Anlocken zu einer Fallgrube) durchzuführen waren, findet sich bei Henry de Ferrières (→Jagdtraktate).
S. Schwenk
Ed. und Lit.: Le Livre du roy Modus, vollst. Faks.ausg., 1989 – →Jagdtraktate.

Wilelmus. 1. W. de Cabriano (Sigle stets »W«), Bologneser Zivilrechtslehrer in der 2. Hälfte des 12. Jh., aus adliger Familie in Brescia, Schüler des →Bulgarus, dessen Vorlesung über den Codex Iustinianus er reportierte und unter dem Titel »Casus Codicis« (vor 1158, ungedr.) veröffentlichte. Daß W. später in den Dienst der Kirche getreten und Ebf. geworden wäre, ist nicht erweislich.
P. Weimar
Lit.: DHGE XXII, 872 [G. Fransen] – H. Kantorowicz, Stud. in the Glossators of the Roman Law 1938 [Neudr. 1969, mit Addenda et corrigenda von P. Weimar], 206–212 – G. Dolezalek, Die Casus Codicis des W. (Stud. zur europ. Rechtsgesch., hg. W. Wilhelm, 1972), 25–52.

2. W. (Guglielmo) de Pastrengo, Jurist und Literat aus Verona, * vielleicht 1290, † 30. Aug. 1362, studierte bei dem Rechtslehrer →Oldradus de Ponte, wahrscheinl. in Bologna, war bereits 1307 Richter (Cenci, 22), bekleidete bedeutende öffentl. Ämter in Verona und war in schwierigen Missionen im Interesse der Stadt und der Scaliger (→Della Scala) tätig. Während einer Gesandtschaftsreise nach Avignon (Anfang 1335; bei einer zweiten Mission 1339 erwirkte er für Verona das Privileg, ein Studium generale einzurichten) lernte er Petrarca kennen und schloß mit ihm eine enge Freundschaft, wie aus den Briefen Petrarcas und drei Briefen des W. (Avena, 240, 287–289) an den großen Humanisten hervorgeht. Von W. sind außerdem »De viris illustribus« und »De originibus« erhalten (zwei Teile einer zusammengehörigen Schrift). Verloren ist hingegen »De edificatione urbis Carthaginis«, auf das W. selbst hinweist. Der erste Teil seines erhaltenen Werkes besteht aus einem – literarhist. interessanten – alphabet. angeordneten Überblick über antike und chr. Schriftsteller bis hin zu W.' Zeitgenossen; der zweite Teil hat die Form einer in sechs Untergruppen gegliederten Enzyklopädie der Erfinder »rerum vel artium« und der Gründer von Städten und Provinzen. Es handelt sich dabei um eine handl. und ausführl. »Summa« der antiken Kultur, die W. mit Hilfe der antiken Texte in der Biblioteca Capitolare von Verona zusammenstellte, die zu seiner Zeit nach und nach entdeckt wurden.
M. Cortesi
Ed.: Guglielmo da P., De viris illustribus et de originibus, hg. G. Bottari, 1991 – *Lit.:* A. Avena, Guglielmo da P. e gli inizi dell'Umanesimo in Verona, Atti e mem. dell'Accad. d'agricoltura, scienze, lettere, arti e commercio di Verona, s. IV, 6, 1905–06, 229–290 – A. Cenci, Verona minore ai tempi di Dante, Le Venezie francescane 33, 1966, 3–44 – R. Sabbadini, Le scoperte dei codici latini e greci ne' sec. XIV e XV, 1967, 4–22 und Nuove ricerche passim – L. Castellazzi, Guglielmo da P. e la sua famiglia (Pastrengo. Misc. di scritti, hg. P. Brugnoli, 1969), 129–140 – R. Avesani, Il preumanesimo veronese (Storia della cultura veneta, II, 1976), 126–129.

Wilfred → Wifred

Wilfrid, Bf. v. →York, hl. (Fest: 12. Okt.), * ca. 634, † 709 in Oundle, ▭ Ripon.

[1] *Quellen:* W.s Lebensweg wird von zwei Q.n belegt: →Bedas »Historia Ecclesiastica«, beendet 731 (bes. V, 19), und der »Vita Sancti Wilfrithi Deo digni episcopi«, die wahrscheinl. bereits 715 in →Ripon verfaßt wurde, eine zweite Ed. folgte in den 30er Jahren des 8. Jh. Als Verfasser wird in einem Ms. aus dem späten 11. Jh. oder frühen 12. Jh. der Priester Stephan angesehen, der häufig (aber wohl ungenügend gerechtfertigt) mit →Aeddi Stephanus identifiziert wird. Die Beziehung zw. beiden Werken ist nicht völlig geklärt. Vielleicht hatte Beda Zugang zu der frühesten Ed. der »Vita« Stephans, doch verfügte er auch über andere Informationsq.n.

[2] *Vita:* W., der aus einer vornehmen Familie stammte, die dem northumbr. Kg. nahe stand, wurde 648 Mönch in →Lindisfarne. Bald ging er für ein Jahr nach Kent und begleitete dann, wahrscheinl. 653, →Benedict Biscop nach Lyon. Nachdem er das Angebot Ebf.s Annemundus v. Lyon, ihn zu adoptieren, abgelehnt hatte, reiste er nach Rom weiter. 654 oder 655 kehrte er nach Lyon zurück, wo er drei Jahre bei Annemundus bis zu dessen Ermordung blieb. Nach seiner Rückkehr nach England wurde W. von Alhfrith, →Oswius Sohn und Unterkg. v. Northumbrien, eingeladen. Alhfrith übertrug ihm vielleicht 661 ein Kl. in Ripon, wobei Eata und Cuthbert, die das Kl. zuvor gegründet hatten, vertrieben wurden. Von Bf. →Agilbert v. Paris zum Priester geweiht, spielte W. eine wichtige Rolle auf der Synode v. →Whitby (664), wo er sich für die röm. Methode der →Osterfestberechnung und die →Tonsur einsetzte. Er wurde zum Bf. gewählt, anscheinend v. York, und ging nach Gallien, wo er in Compiègne geweiht wurde. Als er wahrscheinl. 666 nach Northumbrien zurückkehrte, war inzwischen →Ceadda an seiner Stelle zum Bf. ernannt worden, und er konnte erst 669 von seinem Bf.samt Besitz nehmen. Doch vertrieb man ihn 678, und seine Diöz. wurde geteilt. Er reiste nach Rom, um den Papst anzurufen, und missionierte unterwegs in Friesland. Bei seiner Rückkehr nach England 680–681 wurde W. von Kg. Ecgfrith eingekerkert. Nach seiner Freilassung ging er nach Mercien, Wessex und dann nach Sussex, wo er dieses Kgr. und auch die Isle of White zum Christentum bekehrte. Um 686 war er bei Kg. →Cædwalla v. Wessex, aber 686 oder 687 wurde er zu seinen Kirchen in York, Hexham und Ripon zurückberufen, und 687–688 leitete er die Kirche v. Lindisfarne. 691 oder 692 wieder vertrieben, hielt W. sich einige Zeit in Mittelanglien auf. Während eines Konzils 702 oder 703 wurde er verurteilt und exkommuniziert, und man ließ ihm nur die Kirche v. Ripon. Nachdem er 704–705 an Rom appelliert hatte, erhielt er 705 Hexham und Ripon.

[3] *Wirkungsgeschichte:* W. beanspruchte, die →Regula Benedicti in Northumbrien eingeführt zu haben, und seine Bedeutung als Kl.gründer war wirkl. erhebl. Er war verantwortl. für die Weihe von →Ceolfrid, der als Mönch in Ripon lebte, bevor er Abt v. →Jarrow wurde. Selbst →Beda Venerabilis hielt ihn für sehr bedeutend. W. war auch für viele andere Kl. zuständig, die in den Q.n nicht erwähnt werden. Seine Reisen nach Rom und auf den Kontinent sowie seine dortigen Verbindungen machten ihn zu einem wichtigen Vermittler, durch den äußere Einflüsse die northumbr. Kirche erreichten. Von seinen Kirchen in Hexham und Ripon sind nur die beiden sehr ähnl. Krypten erhalten geblieben. Die Gründe für die Streitigkeiten, die seine Laufbahn störten, sind nicht völlig geklärt. Die Kg.e v. Northumbrien könnten auf seine Macht und seinen Besitz neid. gewesen sein. W. hatte wohl auch Auseinandersetzungen mit anderen Kirchenmännern, so mit Ebf. →Theodoros v. Canterbury um die Unterteilung der Diöz. v. York. Obwohl sein einjähriger Aufenthalt in Lindisfarne dort wohl unpopulär war, gibt es keinen wirkl. Beweis dafür, daß Beda ihn abgelehnt hat.
D. W. Rollason
Ed.: B. Colgrave, The Life of Bishop W. by Eddius Stephanus, 1927 – Ders.–R. A. B. Mynors, Bede's Ecclesiastical Hist. of the English

People, 1969 – *Lit.*: G. ISENBERG, Die Würdigung W.s v. York in der Historia... Bedas und der Vita Wilfridi des Eddius, 1978 – D. P. KIRBY, Bede, Eddius Stephanus and the Life of W., EHR 98, 1983, 101–114 – R. N. BAILEY, St W., Ripon and Hexham (Studies in Insular Art and Archaeology, hg. C. KARKOV–R. FARRELL, 1991), 1–25 – W. T. FOLEY, Images of Sanctity in Eddius Stephanus' Life of Bishop W. An Early English Saint's Life, 1992.

Wilgefortis, hist. nicht nachweisbare Hl. (Fest: 20. Juli); unter diesem Namen in Martyrologien (1583/86 auch ins Martyrologium Romanum) aufgenommen. Andere – im volkstüml. Kult vorherrschende – Namen (*Kümmernis, Ontcommer* u. a.) beziehen sich auf ihre Wirksamkeit als Helferin und Fürbitterin. Nach der erstmals im 15. Jh. in den Niederlanden bezeugten Legende war sie die Tochter eines heidn. Kg.s v. Portugal, die, um der Vermählung mit einem heidn. Prinzen zu entgehen, selbst Christin geworden, Gott bat, ihr Aussehen zu entstellen. Als ihr daraufhin ein Bart wuchs, ließ der erzürnte Vater die Widerspenstige ans Kreuz schlagen. Die Legende beruht auf einer Mißdeutung bekleideter Kruzifixbilder vom Typus des →Volto Santo zu Lucca. Mytholog. Deutung sieht in ihr das Fortleben einer vorchr. Sagen- oder Mythengestalt. Mit der Legende und dem Bild von der gekreuzigten Jungfrau verband sich das schon für das Kreuz von Lucca überlieferte Mirakel vom Spielmann (Geiger), der einen goldenen (silbernen) Schuh empfängt. Der volkstüml. Kult breitete sich, von den Niederlanden ausgehend, seit dem 15. Jh. v. a. im deutschsprachigen Raum (bes. in Bayern und Tirol) aus, erreichte in der Barockzeit seine Blüte und gilt heute als erloschen.   E. Wimmer

Q. und Lit.: AASS Jul. V, 50–70 – Bibl. SS XII, 1094–1099 – EM VIII, 604–607 – LCI VII, 353–355 – LThK² VI, 678 – G. SCHNÜRER–J. M. RITZ, St. Kümmernis und Volto Santo, 1934 – L. KRETZENBACHER, St. Kümmernis in Innerösterreich, Zs. des hist. Vereins für Steiermark 44, 1953, 128–159.

Wilhelm (s. a. Guillaume, Guillem, Guillermo, Wilelmus, Wilhelmus, Willem, William)

1. W. II., Gf. v. →Holland, dt. (Gegen-)Kg. 1247–56, * 1228, † 28. Jan. 1256 bei Alkmaar, ☐ Abtei Middelburg auf Walcheren; ältester Sohn des Gf.en Floris IV. v. Holland-Seeland und der Gfn. Mathilde v. Brabant, ∞ 1252 Elisabeth, Tochter Hzg. →Ottos v. Braunschweig (14. O.), Sohn: →Floris V. Nach dem Tode seines Vaters seit dem 19. Juli 1234 Gf. v. Holland, stand W. unter der Vormundschaft seiner Onkel Wilhelm und Otto, Elekt v. Utrecht, bis er 1239 die Leitung der Gft. übernahm, wobei sein Augenmerk insbes. den aufblühenden Städten galt; so erhielten 1245/46 u. a. Haarlem und Delft, 1254 Alkmaar sog. →Keuren. Nach dem Tode des ersten antistauf. Kg.s, des Thüringer Lgf.en →Heinrich Raspe (72. H.), wurde W. nach längerer Suche nach einem geeigneten Kandidaten auf Vorschlag seines Onkels, Hzg. →Heinrichs II. v. Brabant (43. H.), am 3. Okt. 1247 in Worringen bei Köln von der päpstl. Partei mit den Ebf.en v. Köln, Mainz, Trier und Bremen und mit dem Brabanter Hzg. als einzigem Laien an der Spitze zum Kg. gewählt, eine Wahl, die sich als bedeutsamer Schritt auf dem Wege zur Konstituierung des nachmaligen Kfs.enkollegs (→Kurfürsten) erwies, hatten sich doch nach Auskunft Papst Innozenz' IV. diejenigen Fs.en, »denen die Wahl des Caesars zukommt«, auf diesen Kandidaten verständigt. Zu diesen »Vorwählern« zählten unzweifelhaft die Ebf.e v. Köln, Mainz und Trier. Die Anfänge W.s als »Pfaffenkg.« waren mühsam, Köln wurde erst nach Zugeständnissen gewonnen, Aachen öffnete sich erst nach halbjähriger Belagerung, an der Friesen als Kreuzfahrer beteiligt waren – so geschah die Krönung W.s am rechten Ort durch den rechten Mann, aber nicht mit den rechten Insignien. Nur langsam konnte W. seine Position am Niederrhein festigen; Zollprivilegien für Zisterzen und die Verpfändung von Reichsbesitz, so der Burg →Nijmegen an den Gf.en v. →Geldern, verstärkten den Zuzug, der freilich rheinaufwärts über Frankfurt als Mauer zum stauferfreundl. Süden (Bayern, Pfgft. und Bf.sstädte) nicht hinauskam. Dies änderte sich nach dem Tode Friedrichs II. 1250 und dem Abzug Konrads IV. nach Italien 1251. Gestützt auf päpstl. Zuspruch und geldl. Zuwendungen bei einem Besuch in Lyon Ostern 1251 griff W. nach NW- und Mitteldtl. aus und gewann eine bedeutende Anhängerschaft durch seine Heirat mit der Tochter Hzg. Ottos v. Braunschweig, der in der sog. Braunschweiger Nachwahl wie auch die Brandenburger Mgf. en W.s Erhebung zum Kg. zustimmte. Städte wie Goslar, Lübeck, auch Bremen schlossen sich diesem Schritt an und empfingen oder erhielten erneut wichtige Zollprivilegien für den holländ. Wirtschaftsraum. Mit W. erreichte das Kgtm. letztmals in Person die n. Territorien des Reiches. Überlagert wurden diese polit. Fortschritte durch die lehnrechtl. Auseinandersetzungen W.s mit der Gfn. →Margarete v. Flandern (17. M.) um versäumte bzw. erforderl. Mutung des →Hennegaus (Reichsflandern) vom Kg. bzw. West-Seelands als flandr. Lehen durch den Kg. (als Gf.en v. Holland). Militär. Verwicklungen, in die auch der Bruder des frz. Kg.s, →Karl v. Anjou, an der Seite der Gfn. eingriff, führten 1254 zu einem Waffenstillstand. Nach dem Tode W.s folgte ein Friedensabkommen.

Hatten sich bereits 1252 Frankfurt und manche Städte und Burgen in der Wetterau dem Kg. geöffnet, so war diesem ein bemerkenswerter Erfolg beschieden, als er sich im Febr. 1255 als Reichsoberhaupt an die Spitze des sog. →Rhein. Bundes stellte, dem bald mehr als 70 Städte zw. Basel und Köln angehörten, aber auch geistl. und weltl. Fs.en und Magnaten. Der Kg. beanspruchte für sich und für den von ihm ernannten Hofrichter die Rolle des obersten Schiedsrichters und Rechtsbewahrers. Diese Allianz, eine Verbindung von Kgtm. und kommunaler Bewegung, hätte möglicherweise dauerhaft ein Gegengewicht gegen die althergebrachten feudalen Gewalten entwickeln und die Reichsverfassung auf ein neues, breiteres Fundament stellen können. Diese Wendung in seiner Politik hatte einen Bruch mit der geistl. Partei, v. a. dem Ebf. v. Köln, zum Ergebnis, die sich mit Absetzungsplänen getragen haben soll. Insofern wird man das Kgtm. W.s v. Holland durchaus positiver gewichten müssen als in Zeiten blinder Stauferverehrung geschehen. Auch die Ausfertigung von nicht weniger als rund 400 Urkk. läßt seine polit. Wirksamkeit erkennen, zumal in den unter seinem Vorsitz ergangenen Rechtssprüchen vielfältige Entwicklungen von Lehn- und Reichsrecht dokumentiert sind. Sein unerwartetes Ende fand der junge Kg. als Landesherr auf einem Winterfeldzug gegen die Westfriesen.

D. Hägermann

Q. und Lit.: ADB XLII, 622ff. – O. HINTZE, Das Kgtm. W.s v. H., 1885 – Nieuw Nederlandsch Biografisch Woordenboek 10, 1937, 1211 – W. REESE, Die Niederlande und das Reich, 1, 1941, 268ff. – K. E. DEMANDT, Der Endkampf des stauf. Ks.hauses im Rhein-Main-Gebiet, HJL 7, 1957 – J. G. KRUISHEER, De oorkonden en de kanselarij van de graven van Holland, 2 Bde, 1971 – D. HÄGERMANN, Studien zum Urkk.wesen W.s v. H., 1977 – Algemene Geschiedenis der Nederlanden, I–III, 1981–82 – J. KRUISHEER, Het ontstaan van de stadrechtsoorkonden van Haarlem, Delft en Alkmaar, 1985 – Der Rhein. Städtebund v. 1254, 56: Kat. zur Landesausst. in Worms, hg. J. MÖTSCH, 1986 – Urkk.reg. zur Tätigkeit des dt. Kg.s- und Hofgerichts bis 1451, bearb. J. F. BATTENBERG–B. DISTELKAMP u. a., 1987ff. – MGH DD XVIII, 1 (–1252), 1989.

2. W. I. 'd. Eroberer', *Kg. v. →England* 1066–87, als Hzg. der →Normandie W. II., * 1027/28 in Falaise, † 9. Sept. 1087 in Rouen, ⌑ Caen, St-Étienne; illegitimer Sohn Hzg. →Roberts I. und der Herleve, eines Mädchens aus niederem Stande; ∞ um 1052 Mathilde v. Flandern, Söhne: →Robert (II.), →Wilhelm (II.), →Heinrich (I.). – Nach dem frühen Tod seines Vaters 1035 wurde der »Bastard« ('le Batârd') als Erbe anerkannt und übernahm nominell die Herrschaft in der Normandie. W. verkörpert den norm. Herrschertypus seiner Zeit wohl am vollkommensten. Der junge Hzg. lernte, in einer Adelswelt, die sich gleichsam dem Chaos verschrieben hatte, zu überleben und seinen Willen zur Geltung zu bringen. Nach außen hin fügte sich W. weder seinem Lehnsherrn, dem Kg. v. Frankreich, noch dem Papst. Er setzte sich bei seiner Heirat mit Mathilde v. Flandern über einen 1049 erfolgten Einspruch Leos IX. gegen diese Verbindung (wegen zu naher Verwandtschaft) hinweg, gründete allerdings später zur Sühne die Abteien St-Étienne und St-Trinité in →Caen.

Von 1042 an war W. aktiv an der Politik beteiligt. In den Jahren 1046 bis 1054 sah er sich mit Rebellionen der Barone konfrontiert und wuchs im Ringen mit ihnen in die Rolle eines Zwingherrn hinein. 1047 wurde er von Kg. Heinrich I. v. Frankreich militär. unterstützt und vielleicht nur dadurch gerettet. Fortan suchte W. die Grenzen der Normandie zu sichern und auszuweiten. Bis 1052 führte er mehrere Feldzüge gegen Gf. Gottfried Martel v. Anjou (→Angers) durch. 1054 zersprengte er in der Schlacht v. Mortemer eine gegen ihn gerichtete Koalition, zu der sich norm. Barone, frz. Große und Heinrich I. zusammengefunden hatten. 1063 eroberte er die Gft. →Maine.

Die Nachwirkung W.s beruht v. a. auf dem kühl erwogenen und hart durchgeführten Entschluß, England seiner Herrschaft zu unterwerfen. Ende 1051 suchte er den kinderlosen ags. Kg. →Eduard d. Bekenner auf, der seine Jugend in der Normandie verbracht hatte. W. wurde von diesem, wie norm. Q.n berichten, als Nachfolger designiert. Nach dem Tode Eduards setzte der Hzg. im Sept. 1066 mit einem Heer nach Britannien über, besiegte bei →Hastings den inzwischen zum engl. Kg. aufgestiegenen →Harald II. (v. Wessex) und ließ sich am Weihnachtstag in Westminster nach ags. Ritus zum rex Normannorum et Anglorum krönen.

Der Eroberer gründete seine Herrschaft auf weitläufige Verwandtschaft mit Eduard d. Bekenner, auf den Umstand, daß Papst Alexander II. den Feldzug durch Übersendung eines Petersbanners legitimiert hatte, auf das Recht des Siegers und die Huldigung der Großen. Er verstand sich als Gottesstreiter, dem es zukam, die vom rechten Weg abgewichenen Angelsachsen zu züchtigen. Die »staatsrechtl.« Kontinuität sollte gewahrt werden. W. versprach, »nach bester Art seiner Vorgänger« zu regieren. Er behauptete, der rechtmäßige Thronerbe zu sein, und griff doch bedenkenlos in das soziale Gefüge Englands ein. Der Besitz jener Angelsachsen, die gegen ihn gekämpft hatten, verfiel der Konfiskation. Nach 1070 wurde auch die Restaristokratie weithin enteignet, wobei der Zorn des Kg.s über Aufstände 1067/68 im SW und 1069/70 im N, die unter Einsatz großer Gewalt niedergeworfen wurden, eine Rolle gespielt haben mag. Normannen traten an die Stelle der verdrängten Angelsachsen. W. errichtete zusammen mit seinem Halbbruder →Odo, dem Bf. v. Bayeux, und einer Kerngruppe norm. Vasallen den engl. »Staat« des HochMA. Er setzte auf das ältere, volksrechtl. Fundament einen lehnsrechtl. Überbau, der doch wohl – wenngleich dies bis heute oft bestritten wurde – dem Modell der Normandie verpflichtet war. Das gesamte Regnum galt als Eigentum des Kg.s, der weite Gebiete unmittelbar in seiner Hand behielt. Alle zu Lehen ausgegebenen Besitzungen hingen direkt oder indirekt von der Krone ab. Neben den als Großgrundbesitzer etablierten Baronen – den Kronvasallen – und den ihnen nachgeordneten Rittern wurden auch die Bf.e und zahlreiche Äbte in das Feudalsystem einbezogen und hatten dem Kg. Rat und Hilfe zu leisten. Alle Vasallen waren grundsätzl. der Kontrolle durch kgl. Beamte unterworfen. So entstand ein zentripetal ausgerichteter Lehnsstaat als das Werk eines Herrschers, der die zur Erreichung seiner Ziele geeigneten Mittel meisterhaft zu koordinieren wußte.

Als Papst Gregor VII. die Forderung erhob, England sei als Lehen des Hl. Stuhles zu betrachten, stieß er auf energ. Ablehnung. W. gestattete die Einreise päpstl. Legaten nur, wenn er sich ihrer für seine Zwecke bedienen wollte. Er verbot den engl. Bf.en die Romreise ohne seine Erlaubnis und ließ nicht zu, daß päpstl. Schreiben ohne seine Genehmigung verbreitet wurden. So legte er nach außen hin einen Ring um sein Regnum. Im Inneren hielt er zäh an den herkömml. Prinzipien des →Eigenkirchenwesens und an dem Kg.srecht der →Investitur von Bf.en und Äbten fest. Doch lag es ihm fern, einer Reform der in vieler Hinsicht altmod., erstarrten engl. Kirche im Wege zu stehen. Unter Leitung des aus der Normandie auf den Erzstuhl v. Canterbury berufenen →Lanfranc öffneten sich die Kathedralkirchen und Kl. den von Lothringen, Burgund und Rom ausgehenden modernen Strömungen. Die Bf.sstühle wurden mit Oberhirten norm. und lothring. Herkunft besetzt. Eine Reihe von Reformsynoden schärfte von 1072 an die lange vernachlässigten kanon. Vorschriften ein und sorgte für deren Anwendung, so daß z. B. ländl. Bf.ssitze in Städte verlegt wurden (→Lincoln, →Norwich, →Salisbury).

W. unternahm Züge gegen die Waliser (1067) und gegen die Schotten (1072, 1080), die eine gewisse Abhängigkeit anerkennen mußten. An Weihnachten 1085 kam er mit seinen Ratgebern zu »wichtigen Überlegungen und ausführl. Gesprächen« zusammen »über dieses Land, wie es bevölkert war, und mit was für Menschen« (Ags. →Chronik). Den Anlaß hierfür soll ein drohender dän. Angriff geboten haben, zu dem es jedoch nicht kam. Auf Wunsch W.s wurde im Anschluß an die Beratungen eine umfassende descriptio Englands erarbeitet, das →Domesday Book, welches – obwohl der Kg. sicherl. nicht zu den Gelehrten seiner Zeit zählte – ein Zeugnis der den Normannen eigenen Beobachtungsgabe, ihres Organisationstalents und der Freude an einer perfekten Administration ist.

W. blieben Rückschläge und schwere Enttäuschungen nicht erspart. Er mußte erleben, daß Vasallen, die er vor anderen bevorzugt hatte, gegen ihn rebellierten, und sogar seine nächsten Verwandten, so Odo v. Bayeux, sich gegen ihn wandten. Er ließ seinen Halbbruder festsetzen. 1086 nahm W. von den »bedeutenderen Grundbesitzern« in Salisbury einen speziellen Treueid entgegen. Damit sollte offensichtl. eine unmittelbare Bindung auch der Untervasallen an den Kg. erreicht werden, die angesichts der Spannungen im Regnum wünschenswert schien. Die Stellung des Kg.s im Lehnssystem wurde zusätzl. gefestigt.

Gegen Ende seiner Regierung wandte W. sich wieder mehr seinem durch Kg. Philipp I. v. Frankreich bedrohten Stammland zu. Er ging nur noch nach England, wenn eine Notwendigkeit hierfür bestand. 1077 fiel die Gft. →Mantes im →Vexin, das zw. Normandie und Frankreich umstritten war, in die Hände Philipps. 1081 schloß W. mit Gf.

→Fulco v. Anjou einen Kompromiß, wonach Maine an seinen Sohn Robert II. gehen, aber ein Lehen von Anjou sein sollte. 1087 verlangte W. von Philipp I. die Herausgabe von Mantes und anderen Städten. Als im Aug. frz. Truppen in die Normandie einfielen, beantwortete W. dies mit einem Angriff gegen Mantes. Die Stadt ging in Flammen auf. Dabei wurde der Kg., als er durch die Straßen ritt, von seinem Pferd abgeworfen. Vielleicht kam es hierzu, weil W. schwergewichtig war. Er erlitt innere Verletzungen, denen er fünf Wochen später erlag. Auf dem Totenbett beschränkte W. seinen ältesten Sohn Robert, der mit dem frz. Hof konspiriert hatte, auf den Besitz der Normandie; der zweitgeborene Wilhelm (II.) erhielt die Herrschaft über England. – Wenige Herrscher des MA haben ihren Willen so kompromißlos durchgesetzt wie der Eroberer, jedenfalls im Hinblick auf England. Mißtrauen, Strenge und Grausamkeit sind Charakteristika der Einstellung W.s zu den Menschen – sogar zu verdienten Mitstreitern – gewesen. Er zeichnete sich nicht – wie sein ihm nahestehender Biograph →Wilhelm v. Poitiers glauben machen will – durch Großmut und Milde aus. W. führte England an das roman. Europa heran. Die Verbindung des Kgr.es mit der Normandie ist, abgesehen vom Zeitraum 1087–1106, eineinhalb Jahrhunderte lang bestehen geblieben. Das engl. Regnum besaß in administrativer Hinsicht einen Vorsprung gegenüber den Rivalen auf dem Kontinent. Aber unzweifelhaft rief der in diesem Reich verkörperte Absolutismus auch Gegenkräfte hervor. Wenn gerade in England frühzeitig das Postulat erhoben wurde, die Kg.sgewalt solle beschränkt und die polit. Freiheit des Bürgers gesichert werden, so liegt hierin sicherl. eine zwar ungewollte, aber nicht die geringste unter den Fernwirkungen des Eroberers. K. Schnith

Q.: Regesta Regum Anglo-Normannorum, I, ed. H. W. C. Davis, 1913 – Wilhelm v. Poitiers, Gesta Guillelmi ducis Normannorum et regis Anglorum, ed. R. Foreville, 1952 – Wilhelm v. Jumièges, Gesta Normannorum ducum, ed. J. Marx, 1914 – Anglo-Saxon Chronicle, a Revised Translation, ed. D. Whitelock u. a., 1961 – *Lit.*: D. C. Douglas, William the Conqueror, 1964 – F. Barlow, William I and the Norman Conquest, 1965 – K. Schnith, W. der Eroberer (Exempla historica 13, 1984) – E. van Houts, The Norman Conquest through European Eyes, EHR 110, 1995, 832–853 [Lit.].

3. W. II. Rufus ('der Rote', nach seiner Gesichtsfarbe), Kg. v. →*England* seit 1087, * 1056/60, † 2. Aug. 1100 bei Lyndhurst (Hampshire), ⌑ Winchester, Old Minster. W. erhielt als Lieblingssohn →Wilhelms I. d. Eroberers (Mutter: Mathilde v. Flandern) 1087 die engl. Krone. Das Regnum wurde von der →Normandie getrennt, die an W.s älteren Bruder, Hzg. →Robert II. (29. R.), ging. 1088 schlug W. eine Rebellion anglonorm. Barone, die Robert zu ihrem Kg. machen wollten, mit Hilfe eines ags. Aufgebots nieder. Er versprach daraufhin gute Gesetze und Steuererleichterungen, hielt sich aber nicht an die Zusagen. Ein zweiter Aufstand wurde 1095 niedergeschlagen. Von 1091 an dehnte W. seinen Einfluß auf die Normandie aus. Im N schob er die engl. Grenze bis zur Tweed-Cheviot-Linie vor und zwang die Schotten, seine Oberherrschaft anzuerkennen (→Malcolm III.). Als der schwache Hzg. Robert 1096 zum Kreuzzug ins Hl. Land aufbrach, verpfändete er die Normandie an W., der nun dort weitere Anhänger gewann. Maine und Wales wurden Ziele seiner Expansion. – In England stellte W. die Verwaltung in den Dienst willkürl. Innen- und Kirchenpolitik. So ließ er sich in mißbräuchl. Anwendung des Regalienrechts Bm.er und Abteien unbesetzt (Canterbury 1089–93), um ihre Einkünfte an sich zu ziehen. 1093 schwer erkrankt, stimmte er der Wahl →Anselms (v. Bec [6. A.]) zum Ebf. v. Canterbury zu und versprach ein besseres Regiment. Nach der Genesung setzte er jedoch die Bedrückung der Kirche fort und geriet dadurch wiederholt in Konflikt mit Anselm. Zunächst ging der Streit um Besitzrechte von Canterbury, dann um die norm. »Gewohnheiten«, aufgrund derer W. in die Kirche eingriff. Als Anselm auf einem Hoftag zu Rockingham die Frage aufwarf, ob der Gehorsam gegenüber dem Papst vereinbar sei mit der (Lehns-)Treue zum Kg., ergriffen die anderen Bf.e Partei für W., während die Barone teilweise den Ebf. unterstützten. Die Antwort wurde verschoben. W. versuchte aber von da an in Rom – vergebl. –, die Absetzung Anselms zu erreichen. Als dieser bei Nacht und Nebel ins Exil auf den Kontinent ging, beschlagnahmte der Kg. die Temporalien von Canterbury. Der Kirchenstreit, bei dem die Laieninvestitur anfangs nicht im Vordergrund stand, fand unter W. keinen Abschluß. Er starb bei einer Jagd im New Forest, als ihn der Pfeil eines seiner Barone traf. Ob es sich um einen Unfall handelte oder um einen Anschlag, ist letztl. nicht zu klären. Die zeitgenöss. Chronisten warfen W. Zynismus, Irreligiosität und Lasterhaftigkeit vor. Dieses Urteil färbte noch die viktorian. Geschichtsschreibung. Neuerdings werden seine Verdienste um die künftige Wiedervereinigung Englands mit der Normandie stärker betont. Er schuf hierfür Grundlagen, wenngleich das Hzm. nach der Rückkehr Roberts II. 1100 an diesen herausgegeben werden mußte. K. Schnith

Q.: Regesta Regum Anglo-Normannorum, I, ed. H. W. C. Davis, 1913 – → Eadmer [Vita Anselmi; Historia Novorum] – Ordericus Vitalis – *Lit.*: E. Mason, W. Rufus: Myth and Reality, Journal of Medieval Hist. 3, 1977 – T. Callahan, The Making of a Monster: The Historical Image of W. Rufus, ebd. 7, 1981 – F. Barlow, W. Rufus, 1983.

4. W. fitz Empress, * 22. Juli 1136 in Argentan, † 1164, dritter Sohn Gf. Gottfrieds v. Anjou und der Ksn. →Mathilde. Er soll ihr Lieblingssohn gewesen sein. 1155 verfolgte sein Bruder, Kg. →Heinrich II. v. England, den Plan, Irland zu erobern und als Herrschaftsgebiet an W. zu übertragen. Mathilde wandte sich jedoch gegen das für dieses riskante Vorhaben. W. wurde statt dessen in den folgenden Jahren reich mit Gütern in England (Kent, Essex, Ostanglien) ausgestattet. Er hielt treu zu Heinrich. Als die reiche Erbin Isabella v. Warenne heiraten wollte, untersagte ihm dies 1163 Ebf. →Thomas Becket wegen zu naher Verwandtschaft. Die Enttäuschung hierüber soll zum frühen Tod W.s beigetragen haben. K. Schnith

Lit.: M. Chibnall, The Empress Matilda, 1991 – E. Amt, The Accession of Henry II in England, 1993.

5. W. Longsword (Longespée), illegitimer Sohn Kg. →Heinrichs II. v. England, † 7. März 1226 in Salisbury. Er wurde von Richard I. zum Earl of Salisbury erhoben und reich ausgestattet. Für Johann Ohneland baute er 1209–13 ein gegen Frankreich gerichtetes Bündnissystem auf dem Kontinent auf. Bei →Bouvines (1214) kommandierte er mit Bravour ein engl. Corps im Heer Ottos IV. Er geriet in Gefangenschaft, wurde ausgetauscht und kämpfte 1215 in England gegen aufbegehrende Barone. Für kurze Zeit wandte er sich dem frz. Thronfolger →Ludwig (VIII.) zu. Später vertrat er die engl. Interessen in der Gascogne. Er förderte den Neubau der Kathedrale v. Salisbury. S. a. →Wilhelm fitz Empress. K. Schnith

Lit.: EBrit X, 355f. – W. L. Warren, King John, 1961 – D. A. Carpenter, The Minority of Henry III, 1990.

6. W. I. 'd. Löwe' (Beiname aus dem 14. Jh.), Kg. v. →*Schottland* seit 1165, * ca. 1143, † Dez. 1214; 2. Sohn von Heinrich, Earl of Northumberland († 1152), dem Sohn Kg. →Davids I. Das Earldom of →Northumberland erhielt W. 1152 von seinem Großvater beim Tod seines

Vaters. Doch wurde ihm das Earldom 1157 von Kg. Heinrich II. v. England aberkannt. Er behielt nur die »Liberty of Tynedale«, die bis 1296 im Besitz der schott. Kg.e blieb. Bis zu seinem Tod versuchte W. vergebl., Northumberland wiederzuerlangen. Im Dez. 1165 folgte er seinem kinderlosen Bruder →Malcolm IV. auf den Thron. W.s Verdienst war die Konsolidierung des Vermächtnisses seines Großvaters und seines Bruders bei der Festlegung der Grenzen des schott. Kgr.es und bei der Einrichtung des militär. Feudalismus als Norm für den Status der herrschenden Elite und für deren Beziehung zur Krone. Außerdem verdanken wir das wesentl. Merkmal der »Ecclesia Scoticana« W.s Regierungszeit. Mit der Bulle »Cum universi« (1192) Papst Coelestins III. wurden neun Diözesen direkt dem röm. Stuhl als eine gemeinsame »filia specialis« unterstellt. W. folgte auch dem Vorbild seiner Vorgänger bei der Gründung neuer Kl. (Abtei Arbroath 1178). Außerdem gründete er neue Handelsstädte (*burghs*), bestätigte den Status der alten Städte und die Privilegien ihrer Einwohner (z.B. für →Perth, →Inverness, Inverkeithing). W.s Verhältnis zu den engl. Kg.en war unterschiedl. Aufgrund einer Zusage von Northumberland schloß sich W. der Rebellion unter →Heinrich d. J. gegen seinen Vater Heinrich II. an. Erfolglos intervenierte er 1173 und Anfang 1174 im n. England. Bei seiner dritten Invasion im Sommer 1174 wurde W. in der Burg →Alnwick gefangengenommen und in Falaise eingekerkert. Der Preis für W.s Entlassung war die Anerkennung der engl. Oberherrschaft über Schottland, die erst mit dem Tod Heinrichs II. endete. 1189 kaufte sich W. bei Kg. Richard I. Löwenherz für 10000 Mark von der Unterwerfung los. Obwohl Richard sich gegenüber Schottland gewogen zeigte, lehnte er die Übertragung Northumberlands an W. ab. Kg. Johann Ohneland versuchte 1209 und 1212 vergebl., die engl. Oberherrschaft zu erneuern. W. behielt seine Unabhängigkeit. Seine beiden ältesten Töchter sollten in das engl. Kg.shaus einheiraten, doch erhielten sie nur baroniale Ehemänner. Sein Sohn →Alexander II. (* 1198) wurde von Kg. Johann zum Ritter geschlagen und mit Johanna, der Tochter des Kg.s, verheiratet. – W. hatte größeren Erfolg mit der Ausbreitung der kgl. Autorität innerhalb Schottlands. Nach einer langen Zeit des Aufruhrs wurde →Galloway um 1185 befriedet. Rebellionen im N, die von Donald MacWilliam angeführt wurden, der den schott. Thron beanspruchte, wurden in den Feldzügen von 1179 und 1187 niedergeschlagen. Der Anspruch des Earl of →Orkney in →Caithness wurde zw. 1196 und 1202 abgewiesen. Um 1192 entstand eine neue Diöz. für Argyll, weitere Revolten im N wurden 1212 unterdrückt. W., der zehn Jahre bis zu seinem Tod Prior war, stand im Ruf persönl. Heiligkeit. G. W. S. Barrow

Q. *und* Lit.: G. W. S. BARROW, The Reign of William the Lion (Historical Studies, ed. J. C. BECKETT, IV, 1969) – Regesta Regum Scottorum, ed. G. W. S. BARROW, II, 1971 – A. A. M. DUNCAN, Scotland: the Making of the Kingdom, 1975.

7. W. I., *Kg. v. Sizilien*, gen. »Il Malo« 'der Böse', Geburtsdatum unbekannt, † 27. März 1166 in Palermo, ⌑ ursprgl. in der Cappella Palatina, Palermo, jetzt in Monreale. Sohn →Rogers II. und Elviras v. Kastilien; ⚭ Margarete v. Navarra (Zeitpunkt unbekannt). Am 8. April 1151 (Ostern) wurde er nach dem Tode seiner Brüder von seinem Vater zum Mitkg. erhoben, wodurch Roger II. die Barone vor vollendete Tatsachen stellen und eventuelle Nachfolgekämpfe unterbinden wollte.

W. I., ein gutaussehender Mann mit dichtem schwarzem Bart, von großer Körperkraft, wurde am 4. April 1154 in Anwesenheit einer zahlreichen Vasallenschar in der Kathedrale v. Palermo gekrönt. In den ersten Jahren seiner Regierung verfolgte er die polit. Linie seines Vaters und wurde dabei von den gleichen Gruppierungen unterstützt wie Roger II. Bald zeigten sich jedoch Unterschiede in seiner Politik und seinem Führungsstil, die auf den Widerstand der Barone stießen. V.a. erregte die Ernennung des →Maio v. Bari zum Großadmiral (→admiratus) ihren Unmut. Dank Maio, zweifellos einer der fähigsten Köpfe im Regnum, erzielte W. verschiedene Erfolge. V.a. konnte er 1156 mittels des Vertrags v. →Benevent den Papst aus der antinorm. Koalition herauslösen und der Gefahr, die das Reich unter Friedrich Barbarossa für das norm. Kgr. bedeutete, begegnen. W.s Politik zielte daher auf eine Stärkung der Monarchie und die Vermeidung einer gefährl. Isolation. In diesem Sinne sind seine Entscheidungen zu interpretieren, die afrikan. Besitzungen aufzugeben und mit Venedig (1155), mit Genua (1156) und v.a. mit der Römischen Kirche Verträge zu schließen. Durch diese Bündnisse wurden jedoch viele Hoffnungen und Interessen der Barone und der Städte des Regnum zunichte gemacht bzw. schwer beeinträchtigt. In den in sozialer und ethn. Hinsicht sehr unterschiedl. Schichten der Bevölkerung und in den Reihen des Adels entzündeten sich daher mehrfach Revolten, die W. mit erbarmungsloser Härte niederschlug. Viele Barone wurden getötet, verstümmelt oder gefangengesetzt. Bari wurde »in einen Schutthaufen verwandelt«, wie Hugo Falcandus sagt und viele Urkk. bezeugen (1156). In den Jahren 1159–61 kam es jedoch in Sizilien, in erster Linie als Reaktion auf Steuererhöhungen, zu schweren Unruhen. Am 10. Nov. 1160 wurde Maio in Palermo erstochen. Einige Kreise des Adels wollten daraufhin die Revolte bis zur Absetzung des Kg.s und sogar zu seiner Ermordung treiben. Am 9. März 1161 wurden W. I., die Kgn. und seine Kinder von einer Gruppe von Verschwörern gefangengenommen. Die kgl. Residenz wurde geplündert, die Archive, in denen sich die Katasterregister befanden, verbrannt und auch die silberne Planisphäre, auf der al-→Idrīsī seine Weltkarte gezeichnet hatte, fiel der Zerstörungswut zum Opfer. Der hohe Klerus war jedoch nicht gewillt, die Umsturzpläne der Verschwörer mitzutragen und den Kg. abzusetzen. Nachdem sich die Wogen der Erregung geglättet hatten, gelangte man schließlich zu einem Übereinkommen. W. I. wurde freigelassen und konnte dank der geschickten Gewinnung von Verbündeten und den ihm zur Verfügung stehenden Truppen überall der Revolte verhältnismäßig rasch Herr werden. Die im Kgr. wieder eingekehrte Ruhe wurde jedoch durch gewaltsame Unterdrückungsmaßnahmen aufrechterhalten und war begleitet von einem Klima der Angst und des Mißtrauens.

In seinen letzten Regierungsjahren verfiel W. I., wie Hugo Falcandus behauptet, von neuem in ein Leben ausschweifenden Müßigganges und ergab sich dem Luxus und Vergnügungen. U.a. widmete er sich dem Bau von La Zisa, dem prunkvollen Palast bei Palermo, dessen Stil nicht nur von der islam. Atmosphäre inspiriert ist, mit der Kg. sich mit Vorliebe umgab, sondern auch ein Indiz für die zunehmende Distanzierung des Hofes von der übrigen Bevölkerung bietet. S. Tramontana

Lit.: F. CHALANDON, Hist. de la domination normande en Italie et en Sicile, 1907 – M. CARAVALE, Il regno normanno di Sicilia, 1966 – Potere, società e popolo nell' età dei due Guglielmi (Atti del Centro di studi normanno-svevi, 4, 1981) – S. TRAMONTANA, La monarchia normanna e sveva, 1994[2] – B. PIO, Guglielmo I d'Altavilla. Gestione del potere e lotta politica nell' Italia normanna, 1996.

8. W. II., »der Gute«, *Kg. v. Sizilien,* * wahrscheinl. 1153, Sohn →Wilhelms I. (7. W.) und →Margaretes v.

Navarra, † 18. Nov. 1189 in Palermo. Beim Tode seines Vaters noch nicht 13 Jahre alt, wurde er als ältester überlebender Sohn zur Nachfolge designiert und der Regentschaft seiner Mutter und eines Regentschaftsrates anvertraut. Dieser kam einstimmig überein, die Bekanntgabe des Todes des Kg.s bis zum Abschluß der Vorbereitungen für die Krönung mit Rücksicht auf die instabile Situation im Kgr. und die Unbeliebtheit der Monarchie hinauszuzögern. Am 17. Mai 1166 wurde der junge W. im Dom v. Palermo zum Kg. gekrönt. Die allg. Lage blieb jedoch schwierig, obgleich die Kgn. mutter eine Politik der Milde gegenüber Personengruppen einschlug, die unter Wilhelm I. Repressalien erlitten hatten. Über die Einzelheiten dieser durch den Kanzler →Stephan v. Perche geprägten Phase in der Gesch. des Kgr.es Sizilien sind wir leider nicht unterrichtet. Die letzte Urk. der Kgn. stammt vom Nov. 1171. Einen Monat später erreichte W. II. die Volljährigkeit und begann allein zu regieren. Sein Lehrer →Petrus v. Blois bezeichnete ihn als »sehr unbesonnenen Jüngling«, →Petrus v. Eboli nannte ihn »formosus«, →Richard v. San Germano »elegans«, und Hugo Falcandus schildert seinen Ritt durch Palermo am Tage seiner Krönung und preist seine unvergleichl. Schönheit. Diese Beschreibung läßt erkennen, daß es v. a. das gute Aussehen des jungen Kg.s war – sein Bild ist in den Mosaiken des Doms v. Monreale überliefert –, das seine Untertanen für ihn einnahm und ihm Sympathien eintrug.

Die Q.n bieten also ein Bild, das dem Ideal des gerechten, frommen und guten Kg.s entspricht, und wollen in W.s phys. Habitus eine Bestätigung der Rolle, die viele Zeitgenossen und die Überlieferung ihm zugeschrieben haben, sehen. W. ist jedenfalls der Normannenherrscher, dessen Bild in der Gesch. die größte Ambiguität aufweist, nicht zuletzt wegen seines muslimisch geprägten Lebensstils und seiner gleichzeitigen starken Anlehnung an die Kirche. Die neueste Forsch. hat zum Teil die Tradition, W. II. habe nur dem Namen nach regiert, modifiziert. Q.n lassen erkennen, daß er sich selbst polit. Entscheidungen als sein Vorrecht vorbehielt. Der Umstand, daß eine einheitl. Leitung der Kanzlei und der kgl. Verwaltung wie zur Zeit Wilhelms I. und Margarethes fehlt, könnte ein Indiz dafür sein, daß der Kg. sich nicht von Kräften beeinflussen lassen wollte, die für die innere Stabilität gefährlich werden konnten.

1174 gründete W. II. das Kl. OSB S. Maria Nuova in →Monreale. Die kurze Bauzeit, die großzügige Dotierung und (1183) die Erhebung zum Ebm. vor den Toren →Palermos entsprachen innenpolit. Erwägungen. Abgesehen von einigen Entscheidungen, die den heutigen Betrachter verwundern könnten, vermittelt W.s II. Politik den Eindruck, daß es ihm im wesentl. gelang, ein Kräftegleichgewicht herzustellen und dem Kgr. eine Periode der Ruhe und des Friedens zu sichern, die im Vergleich zu den vorhergehenden chaot. Jahren als bes. wohltuend erschien. Noch in stauf. Zeit trauerte Richard v. San Germano der Zeit W.s II. nach, »als es noch Recht und Gerechtigkeit gab«. Daß diese nostalg. Verklärung der »guten alten Zeit« nicht immer der Realität entsprach, zeigen andere Q.n, die gerade für jenen Zeitraum soziale Spannungen und Bauernaufstände verzeichnen.

W.s II. Außenpolitik ist einerseits durch ein aufwendiges Expansionsprogramm im Mittelmeerraum und in der Levante gekennzeichnet, andererseits durch das Verhältnis zu Friedrich I. Barbarossa. Im Winter 1183–84 geführte Verhandlungen brachten ein Ergebnis, das über ein Bündnis weit hinausging. Die Wende, die W. II. damit herbeiführte, bestand nämlich nicht nur in einer Allianz zw. dem Ks.reich und dem norm. Kgr., sondern auch in der Möglichkeit, daß die Krone von Sizilien an den künftigen Ks. übergehen könne. Diese Möglichkeit verwirklichte sich auf dramat. Weise durch den frühen Tod W.s II. mit 36 Jahren. Der Kg. v. Sizilien, dessen Ehe mit Johanna v. England kinderlos geblieben war, hatte der Heirat der mehr als dreißigjährigen postumen Tochter Rogers II. und Erbin der Krone, →Konstanze, mit dem neunzehnjährigen Sohn Friedrich Barbarossas, Heinrich VI., zugestimmt.
S. Tramontana

Lit.: F. CHALANDON, Hist. de la domination normande en Italie et en Sicile, 1907 – M. CARAVALE, Il regno normanno di Sicilia, 1966 – Potere, società e popolo nell'età dei due Guglielmi (Atti delle quarte Giornate normanno-sveve), 1981 – S. TRAMONTANA, La monarchia normanna e sveva, 1994².

9. W. III., *Kg. v. Sizilien*, † 1198, Sohn von Kg. →Tankred und →Sibylle, der Schwester des Gf.en Richard v. Acerra. Nach Tankreds Tod (1194) wurde der minderjährige W. III. als Kg. der Sizilianer akklamiert, unter der Regentschaft seiner Mutter, die alle Anstrengungen unternahm, die wenigen Barone, der Tankreds Dynastie treu geblieben waren, um ihren Sohn zu scharen. Sibylle brachte den jungen Kg. und seine Schwestern vor dem heranrückenden →Heinrich VI. in das Kastell Caltabellotta in Sicherheit. Nach dem Fall Palermos flüchtete auch sie sich dorthin, ohne den Kronschatz retten zu können. Heinrich VI. bot Sibylle großzügige Kapitulationsbedingungen und dem jungen W. die Gft. →Lecce und das Fsm. →Capua an, wenn er auf seine Rechte auf das Kgtm. verzichte. Nach Unterzeichnung des Vertrages nahmen Sibylle und ihr Sohn an Heinrichs Krönungszeremonie in der Kathedrale v. Palermo teil. Aber einige Tage später wurden die kgl. Familie und zahlreiche Barone unter der Anschuldigung, ein Komplott organisiert zu haben, gefangengesetzt und nach Dtl. deportiert. Keine Q. berichtet über das Schicksal W.s III. Aus einigen Briefen Papst →Coelestins III. geht jedoch hervor, daß er 1198 den Tod fand.
S. Tramontana

Lit.: F. CHALANDON, Hist. de la domination normande en Italie et en Sicile, 1907 – F. GIUNTA, Sul 'furor Theutonicus' in Sicilia al tempo di Enrico VI (Uomini e cose del Medioevo mediterraneo, 1964), 35–63 – S. TRAMONTANA, La monarchia normanna e sveva, 1994².

10. W. Eisenarm, *Gf. v. Apulien*, † 1046, Sohn Tankreds v. →Hauteville und seiner ersten Gemahlin Muriella. W. zog mit seinen Brüdern →Humfred und →Drogo nach Italien und stellte sich 1036 in den Dienst →Waimars IV. v. Salerno. Dank der Unterstützung der Hauteville-Brüder und der Gunst Konrads II. konnte Waimar die Territorien des Fsm.s →Capua seiner Herrschaft eingliedern und begründete damit eine der ausgedehntesten Machtkonzentrationen Süditaliens. Nachdem er seine Herrschaft konsolidiert hatte, stellte Waimar Ks. Michael IV. ein von W. angeführtes norm. Kontingent zur Verfügung, das unter dem Oberkommando des byz. Feldherrn Georgios →Maniakes von 1038 bis 1040 die sarazen. Stellungen in Sizilien, die denen aus die Raubzüge und Pirateneinfälle in Süditalien erfolgten, angriff. Als Maniakes nach Konstantinopel zurückbeordert wurde, rebellierte W. mit den norm. Söldnern gegen den neuen Feldherrn Dokeanos, zog 1040 nach Kalabrien und Apulien, wo er den von →Argyros gegen Byzanz angezettelten Aufstand unterstützte. Die Normannen, die →Melfi in ihre Gewalt gebracht hatten, kontrollierten nunmehr den Westteil Apuliens vom Ofantotal bis Matera. Um ihre Macht zu besiegeln, erwirkte W. von Waimar v. Salerno die offizielle Anerkennung ihrer Eroberungen und des Hzm.s Melfi. Nach dem Frontwechsel des Argyros, der im Aug. 1042

auf die Seite des Ks.s Konstantin IX. Monomachos übertrat, verstärkten die Hauteville ihre Bestrebungen, das Territorium zu unterwerfen und v. a. die Basis der Macht in ihrer Familie zu verankern. W.s Kampfgefährten wählten ihn mit dem Titel Gf. der Normannen zu ihrem Anführer. Waimars Ansprüche, seine Macht auf die Gft. →Aversa auszudehnen und nach dem Tode Rainulfs I. (1044) die Nachfolge in →Gaeta zu kontrollieren, sowie die Rückkehr des alten→Pandulf IV. nach→Capua veränderten die früheren Bündnisse und bewirkten das Eingreifen Heinrichs III., der 1047 die Gft.en Aversa und Apulien zu Reichslehen ernannte und Drogo v. Hauteville, der 1046 die Nachfolge seines Bruders W. angetreten hatte, als Herrn v. Apulien anerkannte. P. De Leo

Lit.: P. Delogu, I Normanni in Italia, 1984 – S. Tramontana, La monarchia normanna, 1986 – W. Jahn, Unters.en zur norm. Herrschaft in Süditalien, 1989.

11. W., *Hzg. v. Apulien* (1111-27), Sohn des →Roger Borsa und der Adela (Ailana) v. Flandern, trat 1111 als Minderjähriger unter der Regentschaft seiner Mutter die Nachfolge seines Vaters im Hzm. Apulien an, zu einer Zeit, als Rom und Papst →Paschalis II. von →Heinrich V. bedroht wurden. W. leistete dem Papst einen Treueid, wurde jedoch 1114 mit den Machtansprüchen verschiedener Adelsgruppierungen um Gf. Robert v. Loretello, Gf. Jordanus v. Ariano, Gf. Alexander v. Matera und Fs. Tankred v. Tarent konfrontiert, wobei er als unfähig erwies, sie unter seine Botmäßigkeit zu bringen. Ebensowenig vermochte er dem dt. Heer Einhalt zu gebieten, das nach dem Tod Paschalis' II. (1118) bis Süditalien vorstieß. In realist. Einschätzung der Schwäche des Hzm.s und der zunehmenden Autonomiebestrebungen der Städte und Barone in Apulien ersetzten →Gelasius II. (1118-19) und →Calixtus II. (1119-24) fakt. das Konkordat v. Melfi (1059) durch direkte Lehnsbeziehungen mit den Baronen. 1121 mußte W. →Roger II. als Dank für Waffenhilfe gegen Gf. Jordanus v. Ariano beträchtl. Rechte in den kalabres. Territorien des Hzm.s abtreten. Aber nicht einmal die Unterstützung des Gf.en v. Sizilien verhalf W. zur Durchsetzung seiner Autorität. Die Chroniken betonen übereinstimmend die Schwäche und polit. Naivität dieses unglückl. Nachkommen→Robert Guiscards. Als W. am 25. Juli 1127 mit 30 Jahren kinderlos starb und sein Leichnam, bedeckt mit dem abgeschnittenen Haar seiner langob. Gemahlin Gaitelgrima, in der Kathedrale v. Salerno beigesetzt wurde, beanspruchte Roger II., Gf. v. Sizilien, die Nachfolge im Hzm. P. De Leo

Ed. und Lit.: P. Delogu, I Normanni in Italia, 1974 – S. Tramontana, La monarchia normanna e sveva, 1986 – Alexandri Telesini abbatis Ystoria Rogerii regis Sicilie Calabrie atque Apulie, hg. L. De Navo, BISI 112, 1991, 5f. und passim.

12. W. I. der Fromme, *Hzg. v. →Aquitanien*, † 6. Juli 918; Nachkomme des hl. →Wilhelm v. Gellone und Bernhards v. Septimanien, Mgf. v. Gothien. W. folgte 886 seinem Vater →Bernhard Plantapilosa (∞ Ermengarde v. Auvergne) nach, der seine Herrschaft auf ein weiträumiges Territorialensemble ausgedehnt hatte. 888-893 schaltete W. Eudo aus, der mit Waffengewalt im Süden des westfrk. →Regnums Aquitanien die kgl. Herrschaftsgewalt wiederherzustellen versucht hatte. W., der den Titel eines 'dux Aquitanorum' annahm, war Herr über ein →Fürstentum, das die Autorität des →Westfrk. Reiches nur mehr nominell anerkannte und das (neben dem engeren aquitan. Bereich in Südwestfrankreich) die Zentralregion der →Auvergne mit ihren Randzonen, →Berry, Limousin (→Limoges), Gothien (→Septimanien), Lyonnais (→Lyon) und Mâconnais (→Mâcon) umfaßte, aber gegenüber Angriffen der benachbarten Fsm.er (Westfrk. Reich, Raimundiner v. →Toulouse, Hzg.e und Kg.e v. →Burgund) verwundbar blieb. Der Hzg. mußte mit der machtbewußten örtl. Aristokratie häufig Kompromisse schließen. Der bedeutendste Vertreter des Regionaladels, →Geraldus v. Aurillac, lehnte trotz enger Bindung an W. eine →Kommendation an den Hzg. ab. Das spirituelle Machtzentrum W.s war die auvergnat. Abtei St-Julien de →Brioude, die der Hzg. als →Laienabt lenkte und die er sich zur Grabstätte wählte; die berühmteste Handlung W.s war jedoch die Gründung v. →Cluny (11. Sept. 909). Indem er sein 'dominium' über die neue Abtei dem Hl. Stuhl übertrug, folgte er der papstfreundl. Tradition seines von den →Karolingern abstammenden Geschlechts. W. war vermählt mit Engelberga, einer Tochter des Kg.s →Boso v. der Provence. Nach dem Tode W.s nahmen seine beiden Neffen Wilhelm d. J. (918-926) und Alfredus (926-927) den Hzg.stitel an, der danach seinem Geschlecht verlorenging. B. Cursente

Lit.: A. Richard, Hist. des comtes de Poitou, I, 1903 – L. Auzias, L'Aquitaine carolingienne, 1937 – J. Dhondt, Études sur la naissance des principautés territoriales en Gaule (IXᵉ-Xᵉ s.), 1948 – W. Kienast, Der Herzogstitel in Frankreich und Dtl., 1968 – Ch. Lauranson-Rosaz, L'Auvergne et ses marges du VIIIᵉ au XIᵉ s., 1987.

13. W. III. Werghaupt ('caput stupe', Tête d'Étoupe), *Hzg. v. →Aquitanien* 943-963, † 963 in der Abtei St-Cyprien de Poitiers. W. folgte als ältester Sohn von→Ebalus Manzer, Gf.en v. →Poitiers, diesem 934 nach. 935 heiratete W. die Schwester des Hzg.s der →Normandie, →Wilhelm Langschwert. 936-938 gelang es →Hugo d. Gr., dem Hzg. der →Francia und Beschützer des jungen westfrk. Kg.s →Ludwig IV. Transmarinus, sich der Gft. Poitiers zu bemächtigen. Der Zwist Ludwigs mit seinem Tutor ermöglichte es W. jedoch, seine Gft. zurückzuerlangen. 942 erhob ihn der Kg. zum Abt (→Laienabt) v. St-Hilaire de Poitiers (eine fortan mit dem Hzg.stitel fest verbundene Würde); dann erhielt sein Bruder Ebulus das Bm. →Limoges. Nach dem Tode des Gf.en v. →Toulouse, Raimund Pons (940), durchlebte Aquitanien eine Periode des geteilten Einflusses zw. den Häusern Toulouse und Poitiers, zumal die hohe Aristokratie zögerte, außer dem fernen westfrk. Kg. einen Herrn über sich anzuerkennen. Die →Vicecomites (Limoges) und →Vögte (Charroux) strebten nach Emanzipation von der hzgl. Gewalt. Der Titel des Hzg.s v. Aquitanien, den die Chronisten W. zuerkennen, ist für ihn nicht durch Urkunden belegt. Die 'seigneurs d'Auvergne' bezeugten W. auf dem Tag (→Placitum) v. Ennezat (954) ihre Huld, was vor dem Hintergrund der nach dem Tode Kg. Ludwigs IV. ausgebrochenen Anarchie zu sehen ist. Der Antritt der Kg.sherrschaft des unter Vormundschaft Hugos d. Gr. stehenden →Lothar markiert das Wiederaufleben der Feindseligkeiten zw. W. und dem von Hugo d. Gr. gesteuerten westfrk. Kgtm. Das kgl. Heer belagerte Poitiers und schlug die Entsatztruppen Gf. W.s in die Flucht (955), doch führte der Tod Hugos (956) zum Abebben des Konflikts. 957 intitulierte sich W. als 'Hzg. der Aquitanier', 959 als 'Gf. des gesamten Hzm.s Aquitanien'. Nachdem sich W. mit Lothar versöhnt hatte, zog er sich in die Abtei St-Cyprien de Poitiers zurück, wo er starb. Er hinterließ zwei Kinder: Wilhelm, seinen Nachfolger, und Adelaïde (Adelchis), die spätere Gemahlin von →Hugo Capet. B. Cursente

Lit.: →Wilhelm I. d. Fromme.

14. W. IV. Fierabras, *Hzg. v. →Aquitanien* 963-995, † 995 im Kl. →St-Maixent. In den ersten Monaten, die dem Tode des Gf.en Wilhelm Werghaupt (963) folgten, stand sein Sohn W., mit dem Beinamen 'Fera Brachia'

(Eisenarm), offenbar unter der Vormundschaft seines Onkels Ebulus, des Bf.s v. Limoges, der bis zu seinem Tod (977) eine wichtige polit. Rolle spielen sollte. W. intitulierte sich in allen seinen Urkk. als 'dux Aquitanorum'. Diese Intitulatio deckte einen in zweierlei Hinsicht gewandelten Inhalt des Hzm.s ab: Zum einen waren →Périgord und Gft. →Angoulême dem Dukat einverleibt worden, zum anderen war die wachsende Unabhängigkeit der lokalen Aristokratie unübersehbar geworden. Die (schlecht belegten) ersten Regierungsjahre W.s waren geprägt von einer Annäherung an den Hzg. der →Francia, →Hugo Capet, womit die bislang vorherrschenden Spannungen zum westfrk. Bereich durch insgesamt gute Beziehungen abgelöst wurden. 968 heiratete W. Emma, die Tochter des mächtigsten seiner Vasallen, des Gf. en v. →Chartres, →Blois und →Tours, →Tedbald Tricator; nach 977 entspann sich jedoch ein heftiger Ehestreit, der Emma zum Rückzug in die Touraine veranlaßte. Um 970 verehelichte sich W.s Schwester Adelheid mit Hugo Capet. Demgegenüber verschlechterten sich die Beziehungen zu den westfrk. Karolingern, v. a. als Kg. →Lothar 975 eine Wiedererrichtung des »Regnums v. Aquitanien zugunsten seines jungen Sohnes Ludwig betrieb; dieser wurde mit Adelchis (Adélaïde), der Schwester des mit dem Hause Blois heftig konkurrierenden Gf.en v. Anjou (→Angers), Geoffroi Grisegonelle, und Witwe des Gf.en v. →Gévaudan, vermählt. 982 brach dieser Vorstoß unvermittelt ab; W. ging gestärkt aus dem Machtkampf hervor und konnte sich als »Hzg. der gesamten 'monarchia' der Aquitanier« intitulieren, d.h. sich als Inhaber des Regnums, wenn auch ohne Königstitel, betrachten. Infolge des Verzichts oder der Ausschaltung aller anderen Konkurrenten war das Regnum W.s schließlich im wesentl. mit einer Herrschaft der Gf.en v. Poitou über das Hzm. Aquitanien identisch. Angesichts des Aufstiegs lokaler Gewalten (→Vicecomes, II.2) wurde die Hzg.sgewalt jedoch in zunehmendem Maße zu einem Ehrenrang. Nachdem sich W. nach langem Zerwürfnis mit seiner Gemahlin Emma versöhnt hatte (er stiftete gemeinsam mit ihr die Abtei Maillezais), beteiligte er 993 seinen Sohn Wilhelm (V.) an der Regierung und zog sich ins Kl. St-Maixent zurück, wo er 995 verstarb. B. Cursente

Lit.: →Wilhelm I., →Wilhelm III.

15. W. V. d. Gr., Hzg. v. →Aquitanien 995–1030, † 31. Jan. 1030 in der Abtei →St-Maixent; ∞ 1. Almodis, Tochter der Gfn. Adelheid v. →Provence und Witwe des Gf.en v. →Périgord (997); 2. Brisca, Tochter des Hzg.s v. →Gascogne, Wilhelm Sancho (1006); 3. Agnes, Tochter des Gf.en v. →Burgund, Ott-Wilhelm (1019). – Der Hzg. wurde ab 993 von seinem Vater Wilhelm IV. an der Regierung beteiligt und folgte ihm 995 nach. Er stand im Zentrum eines Netzes von Heirats-, Verwandtschafts- und Freundschaftsbündnissen ('amicitiae'), die für die europ. Politik seiner Zeit bedeutsam waren. Der gebildete und fromme Fs. pilgerte alljährlich nach Rom oder Santiago de Compostela, unterhielt freundschaftl. Beziehungen mit Ks. →Heinrich II. und tauschte regelmäßig Geschenke mit den Kg.en v. Aragón, Navarra, Dänemark und England. Leibl. Vetter von Kg. →Robert dem Frommen, war W. ebenso verschwägert mit großen Fürstlichkeiten des Kgr.es Frankreich, so mit →Richard II. v. →Normandie und →Odo II. v. →Blois. Außerhalb seines Hzm.s standen mächtige Fs.en in seiner Vasallität, u. a. der Gf. v. →Angers, →Fulco Nerra. W.s führende Stellung wird dokumentiert durch das Angebot der aufständ. Großen Italiens, ihm (bzw. seinem Sohn) nach dem Tode Heinrichs II.

(1024) die Ks.krone zu übertragen. Die Ablehnung, die der Hzg. am Ende seines Italienzuges von 1025 aussprach, bekundet ebenso deutlich seinen Scharfblick.

Das hohe Ansehen W.s wird unterstrichen von der treffenden Charakterisierung des zeitgenössischen Geschichtsschreibers →Ademar v. Chabannes, der W. »mehr als Kg. denn als Hzg.« sah. In der Tradition der Karolinger stehend, bemühte sich W. um wirksame Kontrolle der Bf.e, sorgte für die Wiederherstellung von Abteien und nahm an allen Debatten über Kirchenfragen regen Anteil. Das Auftreten chiliastisch geprägter Häresien, die der Hzg. verurteilte, war Ausdruck einer sozialen Krise, auf welche die von W. geförderte →Gottesfriedensbewegung (Konzilien: Poitiers I, Charroux II) zu reagieren suchte. Angesichts der Zersplitterung der Herrschaftsgewalten stieß W.s Autorität aber rasch an ihre Grenzen: Das weiträumige Hzm. Aquitanien umfaßte →Poitou, westl. →Berry, →Auvergne nebst Randzonen, doch verfügte der Hzg. nur im Poitou über eine eigene Domäne. Seine Machtposition wurde gleichsam »mediatisiert« durch die Zwischengewalten der →Grafen und →Vicecomites, deren Position wiederum von den »Usurpationen« der →Kastellane (châtelains) untergraben wurde.

W., für den die Frage der vasallit. Bindung (→Lehnswesen, III) und der 'fidelitas' daher ein Problem erster Ordnung bildete, holte bei seinem gelehrten Freund →Fulbert v. Chartres das berühmte Gutachten über das Lehnsrecht ein (1020). In der polit. Realität stützte sich W. zwar auf die beispielhafte Loyalität Wilhelms IV., des Gf.en v. →Angoulême, der für ihn der ideale Vasall schlechthin war; demgegenüber hatte er aber immer wieder Konflikte mit rebell. Adligen, bes. mit Hugo v. →Lusignan, auszutragen. Nachdem W. den ältesten Sohn (ab 1025) an der hzgl. Regierung beteiligt hatte, zog sich der Hzg. in seinen letzten Lebensjahren nach St-Maixent zurück. B. Cursente

Lit.: →Wilhelm I., →Wilhelm III. – A. DEBORD, La société laïque dans les pays de Charente XIᵉ–XIIᵉ s., 1984.

16. W. VI. der Dicke ('le Gros'), Hzg. v. →Aquitanien 1025–38, † 15. Dez. 1038; Sohn von Wilhelm V. und seiner 1. Gemahlin Almodis v. Gévaudan, war seit ca. 1025 an der Machtausübung beteiligt. Bald nach dem Tode des Vaters (1030) vermählte sich W. mit Eustachia, deren Herkunft wenig erhellt ist. Er setzte die kirchenpolit. Aktivität seines Vaters fort und präsidierte bei drei Konzilien (1030, 1031, 1038), welche die Kontroverse um die Apostolizität des hl. →Martialis v. Limoges beendeten (1031) und der →Gottesfriedensbewegung Rückhalt gaben. Der junge Hzg., der offenbar eine Vorliebe für →St-Jean d'Angély, seine bevorzugte Residenz, hatte, wurde bald zum Opfer der Intrigen seiner Stiefmutter Agnes, der 3. Gemahlin Wilhelms V., die bestrebt war, die Nachkommen aus den ersten beiden Ehen ihres verstorbenen Mannes zugunsten der eigenen Kinder zu verdrängen. Um 1032 ehelichte Agnes den Gf.en Geoffroi Martel v. →Angers, Sohn von →Fulco Nerra, bedeutendsten Vasallen des Hzg.s v. Aquitanien. Dies führte zum bewaffneten Konflikt; Hzg. W. geriet in der Schlacht v. Mont-Couër (1033) durch Verrat in angevin. Gefangenschaft. Während Geoffroi Martel die Hzg.swürde usurpierte, führte Bf. Isambert die Regentschaft in der Gft. Poitiers und preßte den Abteien hohe Abgaben ab, um das Lösegeld aufzubringen. Nach dreijähriger Gefangenschaft wurde W. freigelassen (1036). Er näherte sich nun offenbar stärker dem Hzm. →Gascogne an, wo sein Bruder Odo nach

der Erbfolgekrise v. 1032 die Interessen des Hauses Poitiers verteidigte. W. verstarb ohne Nachkommen.

B. Cursente

Lit.: →Wilhelm I., →Wilhelm III. – O. Guillot, Le comte d'Anjou et son entourage au XIe s., 1972 – A. Debord, La société laïque dans les pays de Charente, X^e–XIIIe s., 1984.

17. W. VII. Algret (ursprgl. Taufname Peter), *Hzg. v.* →*Aquitanien* 1039–58, Gf. v. →Poitou (W. V.), * um 1023, † 1058, ⌑ St-Nicolas de Poitiers; Sohn Hzg. Wilhelms V. und seiner 3. Gattin Agnes v. Burgund, ⚭ um 1044 Ermensendis. Seine Mutter (⚭ 1032 in 2. Ehe Gf. Gottfried Martell v. Anjou [→Angers], 1040–60) führte für ihn und seinen jüngeren Bruder Guy-Geoffroy (→Wilhelm VIII.) die Regentschaft und vermittelte auch die Heirat seiner Schwester →Agnes mit Ks. →Heinrich III. (1043). Nach Erreichen der Volljährigkeit wurde W. auf einem Hoftag in Poitiers 1044 die Gft. Poitou und das Hzm. Aquitanien als väterl. Erbe zugesprochen, während sein Bruder die →Gascogne erhielt. Agnes übte auch weiterhin bestimmenden Einfluß aus, der sich u. a. bei der Förderung (→Charroux, →St-Jean d'Angély) und Gründung von Kl. und Stiften (N.-D. de →Saintes, St-Nicolas de Poitiers, St-Hilaire de →Poitiers) zeigte. Auch der ihr treu ergebene Adel (die Vgfn. v. →Thouars, die Herren v. →Parthenay, →Lusignan und Rançon) behielt seine entscheidende Stellung am Hofe bei. W. starb, ohne Nachkommen zu hinterlassen, in einem Krieg gegen Gottfried v. Anjou, da dieser Agnes nach der Scheidung die Herausgabe ihrer Morgengabe verweigerte.

U. Vones-Liebenstein

Lit.: DBF XVII, 144 – A. Richard, Hist. des comtes de Poitou, I, 1903, 237–265 – W. Kienast, Der Hzg.stitel in Frankreich und Dtl., 1968, 213–217 – A. Debord, La Société laïque dans les pays de Charente, X^e–XIIe s., 1984.

18. W. VIII. (Guy-Geoffroy), *Hzg. v.* →*Aquitanien* 1058–86, Gf. v. →Poitou (W. VI.), * um 1024/25, † 25. Sept. 1086 auf Burg Chizé, ⌑ Montierneuf in Poitiers, Sohn Hzg. Wilhelms V. und seiner 3. Gemahlin Agnes v. Burgund, ⚭ 1. 1044 Aïna, Witwe Aldeberts II., Gf. v. →Périgord, die er im Nov. 1058 verstieß; 2. Ende 1058 Mathilde, von der er sich 1068 trennte; 3. 1069 Hildegard (Audeardis) v. Burgund (* um 1049, †nach 1104). Er hatte zwei Söhne: →Wilhelm IX. und Hugo (* nach 1075), sowie zwei Töchter namens Agnes, deren erstere (* 1060, † 1078) Kg. →Alfons VI. v. Kastilien, die zweite (* 1072, †1097) Kg. →Peter I. v. Aragón († 1104) heiratete. Ursprgl. auf den Namen Guy (Wido) getauft, wurde der bis zur Scheidung seiner Mutter (um 1052) als präsumptiver Erbe am Hofe seines Stiefvaters Gottfried Martell v. Anjou (→Angers) erzogene W. in Gottfried umbenannt, bevor er nach dem überraschenden Tod seines Bruders Wilhelm VII. (1058) das Hzm. Aquitanien übernahm.

Zwei Konflikte bestimmten seine Regierungszeit: der Streit um den Besitz der →Gascogne, die ihm 1044 als Anteil am väterl. Erbe zugesprochen worden war, und der Kampf mit den Erben Gottfrieds v. Anjou († 1060) um den Besitz der →Saintogne. Die Ansprüche Gf. Bernhards II. Tumapaler v. →Armagnac fand er nach krieger. Auseinandersetzungen 1063 durch Zahlung von 15 000 Solidi ab, konnte die Gascogne jedoch erst nach dessen Niederlage in der Schlacht v. St-Jean de la Castelle (5. Mai 1070) endgültig seinem Herrschaftsbereich eingliedern. Den Versuch Gf. Wilhelms IV. v. →Toulouse (1060–93/94), durch einen Zug gegen →Bordeaux (1060) dort ebenfalls Rechte geltend zu machen, konterte W. mit der Brandschatzung von Toulouse. Die 1062 nach wechselvollen Kämpfen gelungene Eroberung der Saintonge sollte zu einer tiefgreifenden Verstimmung zw. →Fulco 'le Réchin' v. Anjou und W. führen (27. Juni 1068 Brandschatzung von →Saumur), der im Streit der Brüder um den Besitz der Gft. Anjou die Partei von Gottfried 'le Barbu' ergriff. 1064 zeichnete sich W. bei der Belagerung und Eroberung von →Barbastro aus, das ztw. dem Reich des Kg.s →Sancho Ramírez v. Aragón eingegliedert wurde, der Jahre später um die Hand der Hzg.stochter Agnes für seinen Thronfolger Peter I. werben sollte.

Nach dem Tode seiner zurückgezogen in N.-D. de Saintes lebenden Mutter Agnes (1068) heiratete W. 1069 Hildegard v. Burgund. Dank seiner engen Beziehungen zu den von ihm in jeder Weise geförderten →Cluniazensern (1060 in Maillezais, 1062 in St-Martial de →Limoges, 1070 in →St-Maixent, 1073 in →St-Jean-d'Angély, 1081 in St-Eutrope in →Saintes) konnte er die auf der Synode v. Poitiers (24./25. Juni 1075) aufgekommenen Zweifel an der Gültigkeit seiner 3. Ehe Ende 1076 bei einer Zusammenkunft mit →Gregor VII. in Rom in seinem Sinne klären. Hildegard erschien bis zum Tode W.s nicht mehr in der Öffentlichkeit. W. übertrug die eben gegr. Abtei Montierneuf bei Poitiers Abt →Hugo v. Cluny, der ihn auf seiner Romreise begleitet hatte und 1082 Abt Guido mit 18 Mönchen dorthin entsandte. W. war bei der Krönung Kg. →Philipps I. v. Frankreich anwesend und leistete ihm Waffenhilfe gegen den Hzg. der →Normandie (Okt. 1076). Er reorganisierte die Verwaltung seines Hzm.s durch Einsetzung von ihm persönl. verantwortl. →Prévôts und die jährl. Einberufung von Gerichtstagen für Aquitanien und die Gascogne.

U. Vones-Liebenstein

Lit.: DBF XVII, 144f. – A. Richard, Hist. des comtes de Poitou, 1903, I, 266–382 – P. Boissonnade, Les relations des ducs d'Aquitaine ... avec les États chrétiens d'Aragon et de Navarre (1014–1137), Bull. Soc. Antiqu. de l'Ouest, 1934 [ersch. 1936], 264–316 – W. Kienast, Der Hzg.stitel in Frankreich und Dtl., 1968, 217–229 – O. Guillot, Le Comte d'Anjou et son entourage au XIe s., 1972 – R. Mussot-Goulard, Les princes de Gascogne, 1982 – A. Kohnle, Abt Hugo v. Cluny, 1049–1109, 1993.

19. W. IX. 'der Junge' oder 'der Troubadour', *Hzg. v.* →*Aquitanien*, bedeutender Dichter.

I. Leben und Politik – II. Literatur.

I. Leben und Politik: W. IX. war Hzg. v. →Aquitanien 1086–1126, Gf. v. →Poitou (W. VII.), Gf. der →Gascogne, * 22. Okt. 1071, † 10. Febr. 1126, ⌑ Montierneuf in Poitiers; Sohn Hzg. →Wilhelms VIII. und der Hildegard v. Burgund, ⚭ (vor 1094) Philippa, Erbtochter Gf. Wilhelms IV. v. →Toulouse und der Emma v. →Mortain, von der er zwei Söhne, →Wilhelm X. und →Raimund, Fs. v. →Antiochia († 1149), sowie fünf Töchter hatte, unter denen Agnes in 2. Ehe 1135 Kg. →Ramiro II. v. Aragón heiratete. Seine Regierung war bestimmt von Auseinandersetzungen mit dem Hause St-Gilles um die Erbschaft seiner Gattin Philippa. Es gelang ihm zweimal, Stadt und Gft. Toulouse zu erobern (1098, 1113), wo Philippa als Gfn. in eigenem Recht Hof hielt. Zur Ausrichtung eines →Kreuzzuges ins Hl. Land trat W. 1099 seine Rechte an der Gft. gegen Zahlung einer hohen Summe an den Neffen seiner Gattin, Gf. Bertrand b. St-Gilles, ab, nur um nach dessen Tod (21. April 1112 im Hl. Land) erneut von Toulouse Besitz zu ergreifen. Mit Unterstützung des Adels (Vgf. Bernhard Atton IV. v. Béziers [→Trencavel], Gf. Centulle v. →Bigorre, Pons v. Montpézat) und der Bürger der Stadt konnte er sich bis 1123 (Eroberung der Stadtburg Château-Narbonnais durch die Bürger) in Toulouse halten, wo Philippa auch ihren Sohn Raimund (* 1114/1117), dessen Namen ihn als Erben der Gft. auswies, zur Welt brachte.

Die im März 1101 gemeinsam mit →Welf IV. angetretene Kreuzfahrt führte W. über Konstantinopel nach Heraklea, wo sein Heer im Sept. 1101 von Türken vernichtend geschlagen wurde, während er selbst mit wenigen Begleitern Antiochia und Jerusalem erreichte. Nach seiner Rückkehr im Herbst 1102 griff er zunächst auf seiten des Gf. en →Fulco 'le Réchin' v. Anjou (→ Angers) in dessen Streitigkeiten mit seinem Sohn Gottfried Martell ein (1103), verlor aber nach einer Einigung beider einige Burgen in der →Saintogne, deren Rückgabe er 1107 durch die Gefangensetzung von dessen jüngerem Sohn Fulco V. v. Anjou erzwang. Dafür unterstützte dieser dann die Herren v. →Lusignan und →Parthenay in ihrer mehr als achtjährigen Fehde mit dem Hzg. (ab 1100), die erst durch die Einnahme der Burg Parthenay beendet wurde. Nachdem Philippa ihren Gatten auf dem Konzil v. →Reims (1119) des Ehebruchs mit der Vgfn. v. Châtellerault angeklagt hatte, begab sich W. offensichtl. zur Sühne dafür nach Spanien, unterstützte →Alfons I. 'el Batallador' v. Aragón bei der Eroberung von →Calatayud und errang am 18. Juni 1120 gemeinsam mit diesem bei Cutanda, nördl. v. Daroca, einen glänzenden Sieg über die Mauren. Da er jedoch in Südfrankreich die Hilfe Gf. →Raimund Berengars III. v. Barcelona gegen Alphonse Jourdain v. Toulouse brauchte, wechselte er zwei Jahre später die Fronten und zwang Alfons I. durch eine Herausforderung zum Zweikampf zum Abbruch der Belagerung →Léridas. Zur Finanzierung seiner Kriegszüge schreckte W. weder vor einer Verschlechterung der Münze noch vor Übergriffen auf Kirchengut zurück. 1126 sollte der Fs., der in allen höfischen und ritterlichen Künsten wohlerfahren war, bei der Belagerung der Burg →Blaye sterben.

U. Vones-Liebenstein

Lit.: DBF XVII, 145 – Dict. of the MA XII, 1989, 630–633 [F. Randall Lippl] – A. Richard, Hist. des comtes de Poitou, I, 1903, 383–506 – P. Boissonnade, Les relations des ducs d'Aquitaine, comtes de Poitiers, avec les États chrétiens d'Aragon et de Navarre (1014–1137), Bull. Soc. Antiquaires de l'Ouest, 1934 [ersch. 1936], 264–316 – W. Kienast, Der Hzg. stitel in Frankreich und Dtl., 1968, 229–238 – F. Villard, Guillaume IX d'Aquitaine et le concile de Reims de 1119, CCMéd 16, 1973, 295–307 – G. T. Beech, Contemporary Views of W. (N. Bulst, Medieval Lives and the Historian, 1986), 73–89 – Ders., L'attribution des poèmes du comte de Poitiers à Guillaume IX d'Aquitaine, CCMéd 31, 1988, 3–16 – J. Martindale, »Cavalaria et Orgueil«. Duke William IX of Aquitaine and the Historian (The Ideals and Practice of Medieval Knighthood II, hg. Ch. Harper-Bill–R. E. Harvey, 1988), 87–116 – R. E. Harvey, The Wives of the 'First Troubadour', Duke William IX of Aquitaine, Journal of Med. Hist. 19, 1993, 307–325.

II. Literatur: Von W., dem »ältesten« Trobador (→Troubadours), den seine Vida »coms de Peitieus« (Gf. v. Poitou) nennt und dessen dichter. Können sie ebenso hervorhebt wie sein unhöf. Liebesleben, sind elf schwer datierbare, metrisch noch offene, nur teilweise auf die spätere Kanzonenform weisende, dichterisch bereits auf einem hohen Stand befindliche, in ihrer themat. Diversität erstaunl. Lieder erhalten, von denen die »chansoneta nueva« allerdings von mehr als unsicherer Attribution ist. Eine eindeutige Gattungsdifferenzierung dieser »vers« nach den Kriterien des späteren Gattungssystems der Trobadors ist bei diesem widersprüchl. »trovatore bifronte« (P. Rajna), der hin- und herschwankt zw. der sinnl. Liebe (derb-erot. Register) und der sich langsam herausbildenden trobador. Liebeskonzeption (höf. Register), keineswegs möglich. Bei vier Liedern (P.-C. 183, 1, 6, 8, 11) liegt der Akzent auf der fin d'amor, die mit viel Feudalsprachl. Metaphorik formuliert wird – das maskuline Senhal (z. B. Bon Vezi) und die Bezeichnung midons für die Dame liegen bereits vor –, deren spiritualist. Komponente jedoch immer wieder durch offene und (etwa in Eigennamen) versteckte Hinweise auf die un- bzw. vortrobadoresken Präferenzen des hochadligen Trobadors in Frage gestellt werden. Viel deutlicher werden diese in den drei Companho-Liedern (P.-C. 183, 3, 4, 5) zum Ausdruck gebracht, in denen der Dichter sich an seine gleichgesinnten Gefährten wendet. Diese mit metaphor. Verrätselungen häufig erot.-sexueller Art (z. B. zwei Pferde = zwei Frauen = zwei Liebeskonzeptionen) arbeitenden Lieder weisen ebenso auf W.s zögerliches, selbstiron. Sicheinlassen auf die neuespiritualist. – Liebe wie das berühmte Rätselgedicht (P.-C. 183, 7), in dem mit der nie gesehenen amiga auf die Fernliebe von Jaufre Rudel vorausgedeutet wird und dessen zahlreiche Interpretationen die ganze Bandbreite von Nonsens, Komik und Parodie bis zur existentiellen Ungewißheit, dem Nicht-Wissen, dem philosoph. Nichts, abtasten. Eine Art Fabliau in stroph. Form ist die sog. Romanze (P.-C. 183, 12), die ein fiktives skabröses Abenteuer (vgl. auch Boccaccio, Decamerone III, 1) des Dichters als Exemplum für die größere sexuelle Potenz des Ritters gegenüber dem Kleriker verwendet und dabei noch eine persönl. Satire zu transportieren vermag. Lied P.-C. 183, 2 gehört in die Tradition des gab – hier des Prahlens sowohl in erot. als auch in dichter. Hinsicht. Aus dem Rahmen dieses feudal-aristokrat.-superioren Dichtens fällt das Lied P.-C. 183, 10, je nach biogr. Situierung ein Bußlied (vor einer Pilgerfahrt?), ein Abschiedslied (nach einer schweren Verletzung? auf dem Sterbebett?) oder eine Parodie: W. nimmt, voller Reue und Sorge um das weitere Schicksal seines Landes und seines Sohnes, Abschied vom höf.-ritterl. Leben und seinen Freunden. Die Dichtung W.s bezeichnet jenes Stadium in der Gesch. der Trobadorlyrik, wo mit der allmähl. Akzeptierung dieser Poesie und ihrer Ideologie durch den Hochadel jener kulturelle Kompromiß möglich wurde, der die Grundlage für die trobadoreske Hochblüte der zweiten Hälfte des 12. Jh. darstellt.

D. Rieger

Ed.: A. Jeanroy, 1913 – N. Pasero, 1973 [Bibliogr.] – Lit.: GRLMA II/1, 7, 109–115, 286–290, 502–505, 522 [Bibliogr.] – P. Rajna, Guglielmo, conte di Poitiers, trovatore bifronte (Fschr. A. Jeanroy, 1928), 349–360 – D. Rieger, Der 'vers de dreyt nien' W.s IX. v. Aquitanien, 1975 – J.-Ch. Payen, Le Prince d'Aquitaine, 1980 – D. Rieger, Guillaume IX d'Aquitaine et l'idéologie troubadouresque, Romania 101, 1980, 433–449 – Bull. of the Société Guilhem IX, 1985ff. – Ch. Lee, La vida di Guglielmo IX, MR 12, 1987, 79–87 – N. Pasero, Donne e cavalli: una 'facetia' di Guglielmo IX (Fschr. A. Roncaglia, 1989), III, 985–992 – Romanist. Zs. für Lit. gesch. 17, 1993, 1–39.

20. W. X., Hzg. v. →Aquitanien 1127–37, Gf. v. →Poitou (W. VIII.), * 1099 in Toulouse, † 9. April 1137 in Santiago de Compostela, ⌂ Kathedrale von Santiago de Compostela, Sohn →Wilhelms IX. und der Philippa v. Toulouse, ∞ 1121 Aenor v. Châtellerault, von der er einen frühverstorbenen Sohn, Wilhelm Aigret, und zwei Töchter hatte: →Eleonore von Aquitanien, die ihm in der Herrschaft nachfolgte, und Aelith (gen. Petronilla), die Gf. Radulf von →Vermandois heiratete. Eine beabsichtigte Heirat mit Emma, der Erbtochter des Vizgrafen Adémar v. Limoges, vereitelten deren Entführung durch Graf Wilhelm Taillefer von →Angoulême wie auch der Tod W.s.

Nachdem W. zunächst die Ansprüche des Kg.s v. Frankreich auf eine Lehnsoberhoheit über die Auvergne erfolgreich abgewehrt hatte, gelang es ihm auch im Innern Aquitaniens, seine Rechte gegen Übergriffe mächtiger Adelsfamilien wie der Herren v. →Lusignan, →Blaye, Rançon (1127) und Châtellaillon (1130) sowie der Vgf. en v. Limoges zu behaupten. Bedeutsam war seine Entschei-

dung für →Anaklet II. im Schisma von 1130 auf Rat des päpstl. Legaten Gerald v. Angoulême. Die darauffolgenden Wirren führten zu Doppelbesetzungen der Bm.er →Poitiers und →Limoges, bis es 1136 →Bernhard v. Clairvaux gelang, W. zur Anerkennung →Innozenz' II. zu bewegen. Die Szene, die zu einer späteren Legendenbildung und im 17. Jh. sogar zu seiner Heiligsprechung führte, veranlaßte W. zur Gründung der Zisterze Grâce-Dieu. Trotz anfängl. Unstimmigkeiten mit Gf. Gottfried v. Anjou, die 1130 zum Verlust der Burg →Mirebeau geführt hatten, unterstützte W. den Gf.en, als er nach dem Tod →Heinrichs I. v. England zur Sicherung des Erbes seiner Gattin →Mathilde in die →Normandie einfiel (Sept. 1136). Als W. im Frühjahr 1137 auf einer Pilgerfahrt nach Santiago de Compostela den Tod nahen fühlte, bestimmte er den Kg. v. Frankreich zum Vormund seiner Töchter, da sein einziger Bruder Raimund im Hl. Land weilte. Die von ihm geförderten Troubadoure →Cercamon und →Marcabru schrieben Elegien (planh; →Planctus, II) auf seinen Tod.
U. Vones-Liebenstein

Lit.: Bibl. SS VII, 1966, 479f. [H. Platelle] – DBF XVII, 146 – DHGE XXII, 841f. – A. Richard, Hist. des comtes de Poitou, 1903, II, 1–53 – P. Boissonnade, Les relations des ducs d'Aquitaine, comtes de Poitiers, avec les États chrétiens d'Aragon et de Navarre (1014–1137), Bull. Soc. Antiquaires de l'Ouest 1934 [ersch. 1936], 264–316 – W. Kienast, Der Hzg.stitel in Frankreich und Dtl., 1968, 238–241 – A. Debord, La Société laïque dans les pays de Charente, X^e–XIIe s., 1984.

21. W., Gf. v. Arques, Sohn Hzg. →Richards II. v. der →Normandie und der Papie, † nach 1054, wurde um 1035–38 mit der Gft. Talou (Arques, Haute-Normandie, dép. Seine-Maritime) im östl. Markenbereich des Hzm.s Normandie betraut. Gemeinsam mit seinem Bruder, Ebf. Mauger, war W. einer der einflußreichsten Männer am norm. Hof in den frühen Regierungsjahren Hzg. →Wilhelms (des späteren Eroberers). W.s Interventionen im kirchl. Bereich (für →Fécamp, →Jumièges, →Fontenelle-St-Wandrille) und sein herausgehobener Rang in Urkk. ('Gf. durch den Willen des Himmelskönigs', 'princeps') zeigen, wie sehr sein Auftreten in der polit. Kontinuität der Hzg.e Richard I. und II. stand. Sein Ehrgeiz trieb ihn 1053 zur Empörung: Er verschanzte sich in der von ihm errichteten mächtigen Burg Arques und gewann die Unterstützung seines Schwagers Enguerrand v. →Ponthieu sowie Kg. →Heinrichs I. v. Frankreich. 1054 wurde Gf. W. von den hzgl. Truppen zur Übergabe gezwungen. Der Hzg. verteilte die von ihm konfiszierten Besitzungen des Rebellen an seine Anhänger in der Haute-Normandie. W. suchte Exil beim Gf.en Eustache v. →Boulogne.
A. Renoux

Lit.: D. Bates, William the Conqueror, 1989 – A. Searle, Predatory Kingship and the Creation of Norman Power, 1998.

22. W. III., Hzg. v. Bayern(-München), (→Bayern, C. III, →Wittelsbacher), * 1375 in München, † 12. Sept. 1435 ebd., □ebd., Dom; ⚭ 11. Mai 1433 Margarethe, Tochter Hzg. Adolfs I. v. Kleve und Mark. Er regierte gemeinsam mit seinem Bruder →Ernst (3. E.) und erhielt mit ihm zusammen im Preßburger Schied 1429 die Hälfte des Straubinger Erbes zugesprochen. Kg. Siegmund bestellte ihn 1432 zum Statthalter und Protektor des Konzils v. →Basel. Als solcher sicherte er den Landfrieden und stärkte die Autorität des Konzils. Insbes. konnte er zw. diesem und den Hussiten erfolgreiche Verhandlungen einleiten, deren Ergebnis, die →Basler (Prager) Kompakten v. 1433, das Ende der Hussitenkriege herbeiführte. Der geschickte Diplomat und Politiker W. galt als aussichtsreicher Kandidat für die Würde des Röm. Kg.s.
G. Schwertl

Lit.: S. v. Riezler, Gesch. Baierns, III [Neudr. 1964], 147f., 183–323 – Spindler II², 204, 241–249, 265–281 – K. Frhr. v. Andrian-Werburg, Urkk.wesen, Kanzlei, Rat und Regierungssystem der Hzg.e Johann II., Ernst und W. III. v. Bayern-München (1392–1438), 1971.

23. W. (der Fette), Hzg. v. →Braunschweig-Lüneburg, * Juli/Aug. 1184 in Winchester, † 12. Dez. 1212 (1213?); jüngster Sohn Hzg. →Heinrichs d. Löwen und der →Mathilde (6. M.), Tochter Kg. Heinrichs II. v. England; ⚭ Helena, Tochter →Waldemars II. v. Dänemark, Sohn: →Otto 'd. Kind' (14. O.). W. wurde während des engl. Exils seines Vaters geboren, wodurch die für die →Welfen untyp. Namensgebung als Bezug auf die mütterl.-engl. Linie und die Geburtsstadt zu erklären ist. In England erzogen, eventuell in die Heiratspolitik Kg. Richards Löwenherz eingeplant, wurde W. 1193 als Geisel für Richard an Ks. Heinrich VI. ausgeliefert, kam daraufhin in Gewahrsam nach Ungarn und ist erst 1195/96 wieder in Dtl. nachweisbar. Im Testament seines Vaters mit Stadt und Land Lüneburg sowie Lauenburg und Besitzungen im Ostharz bedacht, nahm er 1197 und 1198 die Stellvertretung seines Bruders, des rhein. Pfgf.en →Heinrich (67. H.), in Braunschweig wahr, bis sein Herrschaftsgebiet in der Teilung des welf. Erbgutes 1202 endgültig fixiert wurde. Nach seiner Heirat mit der Tochter Waldemars II. v. Dänemark begann W. als Hzg. den Aufbau eines Territoriums um Lüneburg, das insbes. durch den Salzhandel wirtschaftl. bedeutend wurde (Gründung von Bledecke unter dem Namen »Löwenstadt«). Im Thronstreit, anschließend im Streit zw. seinen Brüdern war W. aktiver Anhänger Ottos IV., für den er bis 1205/06 den Kontakt nach England aufrechterhielt (im Interesse des welf. Anteils an der Hinterlassenschaft Kg. Richards) und an dessen Seite er leitend an militär. Unternehmungen teilnahm (Weißenburg 1201, Thüringer Feldzug 1202, Belagerung Lichtenbergs 1206). Im welf.-dän. Konflikt blieb W. im Interesse seines Territoriums neutral. Otto IV. übte nach dem Tode W.s die Herrschaftsrechte in Lüneburg aus, bis Hzg. Otto »das Kind« v. Braunschweig-Lüneburg die Herrschaft übernahm. – W. stand in Kontakt mit Literaten seiner Zeit wie →Hartmann v. Aue und →Arnold v. Lübeck (22. A.), vielleicht auch mit →Eilhart v. Oberg und →Gervasius v. Tilbury.
G. Lubich

Lit.: A. L. Poole, Die Welfen in der Verbannung, DA 2, 1929, 129–148 – E. Boshof, Die Entstehung des Hzm.s Braunschweig-Lüneburg (Heinrich d. Löwe, hg. W.-D. Mohrmann, 1980), 249–274 – J. Ahlers, Die Welfen und England, 1987 – G. Pischke, Die Landesteilungen der Welfen im MA, 1987 – B. Hucker, Ks. Otto IV., 1990.

24. W., Hzg. v. →Braunschweig, * ca. 1270, † 30. Sept. 1292, □ Braunschweig, St. Blasius, 3. Sohn Hzg. →Albrechts I. (9. A.) v. Braunschweig und Lüneburg aus dessen 2. Ehe mit Alessina v. Montferrat. W. war seit 1279 an der Herrschaft im Fsm. Braunschweig beteiligt, zunächst unter der Vormundschaft der Mutter und des Bf.s v. Verden, dann seiner Brüder Heinrich und Albrecht. W. stand in Fehden wie 1287 mit dem Bf. v. Hildesheim und 1291 um die Burg Harlingeberg zusammen mit Albrecht auf seiten der Gegner ihres Bruders Heinrich. In einer Vorabsonderung im Fsm. Braunschweig 1288 hielten W. und Albrecht gemeinsam einen Anteil, Heinrich den anderen. In Verhandlungen mit dem Erzstift Mainz 1290 erreichte W. auch im Namen Albrechts die Beilegung von Zwistigkeiten im Bereich der oberen Weser noch aus der Zeit Hzg. Albrechts I. Aus der zu Beginn des Jahres 1291 erfolgten Teilung des Fsm.s Braunschweig erhielt W. das neue Fsm. Braunschweig.
G. Pischke

Lit.: S. Zillmann, Die welf. Territorialpolitik im 13. Jh. (1218–67), 1975 – G. Pischke, Die Landesteilungen der Welfen im MA, 1987.

25. W. d. Gr. (Beiname: Tête-hardie), Gf. v. Burgund (→Burgund, Gft./Freigft.) 1057-87, † 12. Nov. 1087, Enkel v. →Ott-Wilhelm, Sohn von Rainald I. und Judith v. der Normandie, ⚭ Étiennette, die ihm offenbar den Titel des Gf.en v. →Vienne in die Ehe einbrachte. Der Eintritt seines Großneffen Guido, Gf. v. →Mâcon, in die Abtei →Cluny (1078) ermöglichte es ihm, seiner Gft. ('Bourgogne d'Outre-Saône') die Gft. Mâcon hinzuzufügen. 1074 bat ihn Gregor VII. um Beteiligung an der von ihm geplanten Heerfahrt in den Orient; W.s Sohn →Raimund v. Burgund zog nach Spanien und wurde durch Heirat mit →Urraca v. Kastilien-León (1090/91) Gf. v. →Galicien. W. ergriff jedoch die Partei →Heinrichs IV. und empfing den Kg. Weihnachten 1076 auf dem Weg nach Italien (→Canossa) in Besançon und ermöglichte ihm den Durchzug über die Jurapässe nach →Genf, so daß Heinrich das Herrschaftsgebiet des Hauses →Savoyen erreichen konnte. Doch scheint sich W. im übrigen nicht aktiv am Kampf zw. Gregor VII. und Heinrich IV. beteiligt zu haben. Er hinterließ mehrere Söhne (Stephan und Rainald, Gf.en v. Burgund und Mâcon; Hugo, Ebf. v. Besançon; Guido, Ebf. v. Vienne und späterer Papst →Calixtus II.) sowie Töchter. J. Richard

Lit.: E. CLERC, Essai sur l'hist. de la Franche-Comté, 1870², 1-128.

26. W. Clito, Gf. v. →Flandern, * 25. Okt. 1102, ✕ 27./28. Aug. 1128, ⚰ St. Bertin, Abteikirche (→St-Omer); Sohn von →Robert Courteheuse († 1134), des 1106 von seinem Bruder →Heinrich I. abgesetzten und gefangengehaltenen Hzg.s v. →Normandie; ⚭ Jan. 1123 Sibylle v. Anjou (Ehe aufgelöst 1124); 2. Jan. 1127 Johanna v. Montferrat. – Als Neffe von Kg. Heinrich I. war W. lebenslang in den Streit der Erben →Wilhelms des Eroberers um den Besitz des Hzm.s Normandie verstrickt. 1117-19 mühte sich eine Koalition aus Franzosen, Angevinen, Flamen sowie von Heinrich I. abgefallenen Normannen vergeblich, das Hzm. für W. zu gewinnen. Nach dem Tode des einzigen ehel. Sohnes von Heinrich I., Wilhelms des Æthelings (Nov. 1120), galt W. bei vielen (selbst in England) als der am besten geeignete Thronfolger. Ein erneuter Aufstand in der Normandie (1123-24) zugunsten W.s scheiterte jedoch. Der vornehmste Verbündete W.s, Gf. Fulco V. v. Anjou, gab ihm seine Tochter Sibylle (mit der Gft. →Maine als Mitgift) zur Gemahlin; im Gegenzug setzte Heinrich I. allerdings die kirchl. Annullierung dieser für ihn gefährl. Ehe durch. Beistand fand W. dann bei Kg. →Ludwig VI. v. Frankreich, der ihm die Halbschwester seiner Gemahlin anverlobte und ihm die an die Normandie angrenzende Gft. →Vexin als Brautgabe übertrug, v. a. ihn aber im Kampf um das Erbe des ermordeten Gf.en v. Flandern, →Karls des Guten, auf unschätzbare Weise unterstützte: Als Lehnsherr der Gft. Flandern ließ Ludwig VI. am 23. März 1127 W., den Enkel Wilhelms des Eroberers und der Mathilde v. Flandern, durch die Landesbewohner zum Gf.en wählen und belehnte ihn mit der Gft. Der Kg. begleitete seinen Schützling durch Flandern bis zur Huldigung W.s in Brügge. Am 14. April 1127 verlieh W. der Stadt St-Omer eine Küre. Da W. die Erwerbung Flanderns als Sprungbrett für seine Ansprüche auf Normandie und England nutzen wollte, unterstützte Heinrich I. finanziell die Gegner und trug damit zur Entfesselung eines Aufstands bei; die fläm. Städte konnten sich mit einem englandfeindl. Gf.en schon aus wirtschaftl. Gründen nicht abfinden. Unter dem Vorwurf des Vertragsbruches gegenüber seinen Untertanen erhoben sich im Febr. 1128 zunächst St-Omer und →Gent gegen W. Als Gegenkandidat trat →Dietrich v. Elsaß auf. Ludwig VI. waren durch einen Angriff Heinrichs I. die Hände gebunden. Nach militär. Anfangserfolgen (Akspoele, 21. Juni 1128) erlag W. einer Verwundung, die er vor Aalst, dem Bollwerk der Anhänger Dietrichs v. Elsaß, erlitten hatte. Er starb kinderlos. Th. de Hemptinne

Lit.: →Galbert v. Brügge, ed. R. C. VAN CAENEGEM, 1978 [vgl. dort die hist. Einleitung] – S. BURTON HICKS, The Impact of William C. upon the Continental Policies of Henry I of England, Viator 10, 1979, 1-21 – C. WARREN HOLLISTER, Monarchy, Magnates and Institutions in the Anglo-Norman World, 1986.

27. W. v. Ypern, Herr v. Lo, Bewerber um die Würde des Gf.en v. →Flandern, Söldnerkapitän am Hofe →Stephans v. Blois in England, * vor 1104, † 24. Jan. 1164 Abtei St. Peter (Lo), ⚰ ebd. W. war ein außerehel. (legitimierter) Sohn von Philipp, Herrn v. Lo, des Bruders von →Robert II., Gf. v. Flandern; ⚭ eine Base der Gfn. →Clementia, Gemahlin Roberts II. Seit 1116 ist W. regelmäßig am Hofe seines Vetters, des Gf.en Balduin VII., belegt. Nach Balduins Tod erhob W. als letzter (wenn auch illegitimer) Nachkomme →Roberts d. Friesen im Mannesstamm Anspruch auf die Gft. Flandern, wobei ihn Gfn. Clementia unterstützte. Doch setzte sich der am fläm. Hof erzogene Karl v. Dänemark (→Karl d. Gute) als designierter Nachfolger Balduins durch; eine von Clementia gesteuerte Erhebung zugunsten W.s scheiterte. Ende 1121 versöhnte sich W. mit Karl und besuchte wieder den Hof. Nach der Ermordung Karls d. Guten (Brügge, 2. März 1127) trat W., obgleich der Mittäterschaft beschuldigt, erneut als Bewerber um die Gf.enwürde auf. Durch erbarmungsloses Vorgehen gegen die Mörder gewann W. zwar im südl. Flandern zahlreiche Anhänger, doch unterlag er dem von Kg. →Ludwig VI. mit der Gf.enwürde belehnten →Wilhelm Clito (23. März 1127), wurde (ein Jahr lang) gefangengehalten, seine Güter verfielen der Beschlagnahme. Bereits einige Wochen nach dem Tode Wilhelm Clitos († 27./28. Aug. 1128) wurde W. am Hofe des neuen Gf.en, →Dietrich v. Elsaß, ehrenvoll aufgenommen, 1133 jedoch von Dietrich verbannt, sein Besitz konfisziert. Er ging an den Hof Kg. →Stephans v. Blois nach England und fungierte als Söldnerführer im Kampf gegen 'Ksn.' →Mathilde und als Ratgeber. 1141 rettete er Stephan aus schwerer Bedrängnis und erhielt große Besitzungen und Einkünfte in Kent, konnte auch einen Teil seiner fläm. Güter zurückgewinnen. Trotz Erblindung blieb W. bis zum Tode Stephans ein einflußreicher Ratgeber, wurde aber nach der Krönung →Heinrichs II. Plantagenêt zum Verlassen Englands genötigt (1155). Er verbrachte seine letzten Lebensjahre in Flandern und bedachte zahlreiche geistl. Einrichtungen mit Schenkungen. Th. de Hemptinne

Q. und Lit.: National Biografisch Woordenboek II, 1966, 362-368 [E. WARLOP] – H. A. CRONNE–R. H. C. DAVIS, Regg. Regum Anglo-Normanorum, III, 1135-54, 1968 – R. H. C. DAVIS, King Stephen 1135-54, 1990².

28. W. v. Dampierre, Gf. v. Flandern →Dampierre, Wilhelm III. v. (2. D.)

29. W. I., Hzg. v. →Geldern, * 31. März 1363, † 16. Febr. 1402, ⚰ Kartause Monnikhuisen b. Arnheim; ältester Sohn Hzg. Wilhelms II. v. →Jülich, ⚭ 1379 Katharina v. Bayern-Holland († 1400), die Ehe blieb kinderlos. 1371 nach dem Tode der beiden letzten Hzg.e aus dem alten geldr. Herrscherhause erbte W. über deren Halbschwester Maria, seine Mutter, das Hzm. Geldern, mit dem er 1372 von Ks. Karl IV. belehnt und dabei der Regentschaft seines Vaters unterstellt wurde. Er hatte den Herrschaftsanspruch gegen seine Tante Mechthild, Witwe des Gf.en Johann v. Kleve († 1368), zu verteidigen. Der Erbfolgekrieg, verquickt mit den Rivalitäten der Adelsparteien der

Heekeren und Bronkhorsten, neigte sich erst seit dem persönl. Regierungsantritt W.s 1377 (erneute ksl. Belehnung) zu seinen Gunsten; 1379 wurde er überall als dominus et princeps terrarum Gelrie anerkannt. Seine reichl. vorhandenen abenteuerl.-krieger. Energien lebte er nicht nur in drei Preußenzügen (1383, 1388/89, 1393) und einem Unternehmen gegen nordafrikan. Seeräuber, sondern seit 1386 v. a. in militär. Aktionen gegen →Brabant aus, wobei es um den Besitz von Grave, Millen, Waldfeucht und Gangelt ging. Das führte 1388 zu einem großangelegten, allerdings klägl. gescheiterten frz.-burg. Feldzug gegen Jülich, dessen Hzg. man fälschl. als Urheber der antibrabant. Politik seines Sohnes verdächtigte. Nach dem Tode Hzg. Wilhelms II. v. Jülich (13. Dez. 1393) trat W. zum Unwillen seines Bruders Rainald auch hier die Nachfolge an, durch diese konsequente Anwendung des Primogeniturprinzips die erste jener monarch. Territorienunionen begründend, die der niederrhein. Gesch. des SpätMA und der frühen NZ den Stempel aufdrücken sollten. Durch Friedensschlüsse und Freundschaftsverträge mit den Nachbarn (1395 Kleve, 1397 Kurköln, 1399 Aachen, 1399 Brabant) brachte er nach und nach die zwischenterritorialen Konflikte zum Ausgleich, was ihm gestattete, nach 1400 in der Reichspolitik als unverdrossener Anhänger des ihm persönl. bekannten Kg.s Wenzel eine eigene Rolle zu spielen. Diese war dadurch mitbestimmt, daß er zur Klientel der orléanist. Partei am frz. Kg.shof gehörte, welche Parteinahme die log. Konsequenz aus dem burg. Zugriff auf Brabant (1396) war. W. Janssen

Lit.: R. Ernsing, W. III. v. Jülich als Hzg. v. Geldern, 1885 – W. J. Alberts, Van heerlijkheid tot landsheerlijkheid, 1978, 88–97 – Th. Kraus, Die Haltung der Reichsstadt Aachen und der Hzg.e v. Jülich-Geldern zur Wahl Kg. Ruprechts (1400–07), Zs. des Aachener Gesch.svereins 94/95, 1987/88, 5–29.

30. W. I. der Gute, *Gf. v.* →*Hennegau,* →*Holland und* →*Seeland* (in Seeland als W. III. gezählt), * um 1287, † 7. Juni 1337, Sohn von →Johann v. →Avesnes und Philippa v. →Luxemburg. Bereits in jungen Jahren beteiligte sich W. aktiv am siegreichen Kampf seines Vaters gegen den Gf.en v. →Flandern um den Besitz der Gft. Seeland. Als Nachfolger seines Vaters (Sept. 1304) setzte er zunächst das Bündnis mit dem Kg. v. Frankreich, Philipp dem Schönen, loyal fort, erwies sich in der Folgezeit aber als geschickter Diplomat: Durch einen Vertrag (1323) mit →Ludwig v. Nevers, Gf. v. Flandern, beendete er den langen dynast. Konflikt mit dem Haus →Dampierre und betrieb als polit. Gallionsfigur in den Niederlanden fortan eine aktive Neutralitätspolitik. Er war mit Johanna (Jeanne) v. →Valois, Schwester des künftigen frz. Kg.s Philipp VI., verheiratet und vermählte die ältere seiner beiden Töchter, Margarete, mit Ks. →Ludwig dem Bayern, die jüngere, →Philippa, mit Kg. →Eduard III. v. England, dem er in den Bürgerkriegswirren (Sturz Eduards II.) mit zum Throne verhalf. Auf W. folgte sein Sohn Wilhelm II. (IV.) J.-M. Cauchies

Lit.: DBF IV, 867f. [J. Balteau] – NBW X, 1212f. [R. R. Post] – Alg. Geschiedenis der Nederlanden III, 1951 [J. F. Niermeyer]; Neued.: II, 1982 [M. Vandermaesen].

31. W. I., *Gf. v.* →*Holland* 1203–22, † 4. Febr. 1222; ∞ 1. 1198 Adelheid v. →Geldern († 1218), 2. 1220 Maria v. →Brabant († 1260); Eltern: Floris (Florenz) III., Gf. v. Holland (1157–90); ∞ Adelheid v. Schottland, † nach 1204; Söhne: Floris (Florenz) IV., Gf. v. Holland (1222–34); Otto, Bf. v. →Utrecht (1233–49); Wilhelm, Vormund →Wilhelms v. Holland (1234–38). Nach dem söhnelosen Tod seines Bruders Dietrich VII. (1190–1203) konnte sich W. im sog. Loozer Erbfolgekrieg zunächst nicht gegen Gf. Ludwig II. v. →Looz, der wenige Tage nach dem Tod Dietrichs VII. dessen einzige Tochter Ada geheiratet hatte, durchsetzen. Im stauf.-welf. Thronstreit zumeist auf seiten Ottos IV. stehend, gelang W. im Bündnis mit Brabant erst 1208 von →Friesland aus die endgültige Rückeroberung der Gft.en Holland und →Seeland. Nach der Schlacht v. →Bouvines (1214) wechselte er ins stauf.-kapet. Lager und beteiligte sich 1216 am Versuch des frz. Thronfolgers →Ludwig (VIII.), England zu erobern. Von der daraus folgenden Exkommunikation befreite er sich durch Teilnahme am 5. Kreuzzug; seine herausragende Rolle bei der Belagerung v. →Damiette begründete seinen Ruhm bei den Zeitgenossen und in der ndl. Historiographie. Trotz zahlreicher polit. Rückschläge gelang W. die Konsolidierung und der Ausbau der gfl. Herrschaft nach innen und außen: Im Zusammenwirken mit dem holl. Adel betrieb er den Landesausbau durch erste Stadtrechtsverleihungen (→Dordrecht, →Middelburg, Geertruidenberg, wahrscheinl. auch →Leiden) und Förderung der Deichbau- und Entwässerungsgenossenschaften (→Deich- und Dammbau, II. 2). Gegenüber den im Loozer Erbfolgekrieg zeitweise erfolgreichen brabant. Ambitionen, den lothr. Dukat zu erneuern, bewahrte er im Verhältnis zu Otto IV. wie zu Friedrich II. die Stellung seiner Gft. als unmittelbares Reichslehen; die durch seine Mutter vermittelte, auch in seinem Namen deutlich werdende Verwandtschaft mit dem schott. Kg.shaus sicherte ihm darüber hinaus einen bedeutenden Rang in der Adelsgesellschaft Westeuropas. K. van Eickels

Lit.: Alg. Geschiedenis der Nederlanden, II, 1950, 237–241, 279–281; Neued.: II, 1982, 290–293 – S. J. Fockema Andreae, Willem I en de Hollandse hoog-heemraadschappen, 1954 – A. W. E. Dek, Genealogie der graven van Holland, 1959, 15 – K. van Eickels, Die Gf.en v. Holland und das Reich, RhVjbll 60, 1996, 65–87.

32. W. II., *Gf. v. Holland* →Wilhelm v. Holland, dt. (Gegen-)Kg. (1. W.)

33. W. IV., *Gf. v.* →*Jülich,* † 16. März 1278 in Aachen, trat mit seiner Mündigkeit 1225 die Nachfolge seines gleichnamigen Vaters († 1219) als Gf. v. Jülich an. In den 20er und beginnenden 30er Jahren konsolidierte er seine Herrschaft und baute sie aus (pfgfl. Lehen, Heimbacher Erbe, Ausbau Jülichs zur Stadt etc.). Beim Ausbau seiner 'terra' stieß W. um 1240 an der Ostflanke mit den Ebf.en v. →Köln zusammen. Unter Ebf. →Konrad v. Hochstaden (25. K.; † 1261) brachen die W.s weitere Regierungszeit bestimmenden Streitigkeiten offen aus. Die Hochstadener Erbschaft, aus der W. nur Teile um Münstereifel zufielen, ließ die Kontrahenten räuml. noch näher zusammenrücken. Unter Ebf. →Engelbert II. (2. E.; † 1274), den er 1267–71 in seiner Burg Nideggen gefangenhielt, erreichte W. den Gipfel seiner Macht, die allerdings unter Ebf. →Siegfried v. Westerburg (4. S.) wiederum bedroht wurde. W.s unerwarteter Tod in Aachen, als er zusammen mit seinen Söhnen Roland und Wilhelm aus Gründen, die in der Forsch. kontrovers diskutiert werden, von Bürgern erschlagen wurde, verhinderte den drohenden Krieg. W. Herborn

Lit.: T. R. Kraus, Jülich, Aachen und das Reich. Stud. zur Entstehung der Landesherrschaft der Gf.en v. Jülich, 1987.

34. W. V. (I.), *Gf., Mgf. und Hzg. v.* →*Jülich,* † 1361, trat 1328 die Nachfolge seines Vaters Gerhard als Gf. v. Jülich an. Im engeren niederrhein. Raum trat er zunächst die landesherrl. und territorialen Probleme (Bündnisse mit Geldern, Kurköln, Kurtrier) einer friedl. Lösung zugeführt, um sie gegen die 'große Politik' abzuschirmen. Diesem Ziel diente auch eine geschickte Heiratspolitik,

v. a. die 1336 geschlossene Ehe seines ältesten Sohnes Gerhard, die zum Anfall von →Ravensberg (1346) und →Berg (1348) führte. 1335 gab er seinen bisherigen 'außenpolit.' Kurs mit Bindung an die frz. Krone und guten Beziehungen zur Kurie auf, um die Besetzung des Kölner Erzstuhls mit seinem Bruder →Walram durchzusetzen, und wurde zum Architekten des dt.-engl. Bündnisses gegen Frankreich. Ludwig d. Bayer erhob ihn 1336 zum Mgf.en. Das Bündnis zw. dem Reich und England brach zu Beginn der 40er Jahre zusammen. Bei Ludwigs Tod wechselte W. auf die Seite Karls IV. Dem Aufstand eines Teils der Jülicher Ritterschaft, die sich der drohenden Eingliederung in den werdenden Territorialstaat widersetzte, schlossen sich auch seine Söhne an. 1349 geriet W. in die Gefangenschaft seiner Söhne, aus der er 1351 wohl auf Druck außerterritorialer Mächte entlassen wurde. Seine Erhebung zum Hzg. 1356 war das Zeichen für die Überwindung der Krise. Im Inneren war W. bemüht, die Gebiete verdünnter Landesherrschaft auszumerzen. Seit den 40er Jahren gibt es Zeugnisse für eine Ämterordnung, lokale und zentrale Beamte und Ansätze einer landständ. Verfassung; nach außen versuchte er, mit Pfand- und Tauschgeschäften sein Territorium zu arrondieren.
W. Herborn

Lit.: G. MEYER, Gf. W. V. v. Jülich (Mgf. und Hzg.) 1328–1361 [Diss. Bonn 1968] – W. JANSSEN, W. v. Jülich (um 1299–1361), (Rhein. Lebensbilder 6, 1975), 29–54.

35. W. III., *Hzg. v. Jülich* →Wilhelm I., *Hzg. v. Geldern* (29. W.)

36. W. I. (der Einäugige), *Mgf. v.* →*Meißen*, * 19. Dez. 1343, † 10. Febr. 1407, Sohn des Mgf.en →Friedrich II. d. Ernsthaften; ∞ 1. Elisabeth, Nichte Ks. Karls IV., 2. Anna v. Braunschweig. Beide Ehen blieben kinderlos. W. war seit 1356 mit seinem Bruder →Friedrich III. und →Balthasar an der gemeinsamen Regierung des wettin. Besitzes beteiligt. Nach dem Beschluß von Neustadt/Orla v. 1379 zur »Örterung« der wettin. Länder erhielt er bei der →Chemnitzer Teilung 1382 den meißn. Teil, für dessen territorialen Ausbau er sich tatkräftig, zielstrebig und erfolgreich einsetzte. Während er den Pfandbesitz der Mgft. Brandenburg nach wenigen Jahren 1398 wieder abgeben mußte, konnte er die böhm. Herrschaft Riesenburg mit Osseg und Dux für mehr als ein halbes Jahrhundert an sein Haus bringen. In der Dohnaschen Fehde 1402 vertrieb er die Bgf.en v. Dohna, 1406 nahm er zur Zeit böhm. Schwäche die Herrschaft Königstein ein. An der Mulde erwarb er 1402 Eilenburg, 1404 Colditz. In den Ausbauten bedeutender Landesburgen und in der Fortführung des Meißner Dombaus schlägt sich seine Leistung nieder. Die angestrebte Einrichtung eines Kollegiatstifts an der Dresdener Kreuzkirche gelang ihm trotz bereits erlangter päpstl. Zustimmung nicht, 1404 stiftete er das Augustinerkl. in Altendresden. Seine erste Ehe führte die guten Beziehungen der →Wettiner zu den →Luxemburgern fort.
K. Blaschke

Lit.: C. WENCK, Die Wettiner im XIV. Jh., insbes. Mgf. W. und Kg. Wenzel, 1877 – K. BLASCHKE, Der Fs.enzug zu Dresden (Denkmal und Gesch. des Hauses Wettin, 1991), 101f.

37. W. II. (der Reiche), *Mgf. v.* →*Meißen*, * 23. April 1371, † 30. März 1425. Der Sohn des Mgf.en →Friedrich III. d. Strengen v. Meißen war an der Regierung des aus →Chemnitzer Teilung 1382 an seinen älteren Bruder Mgf. Friedrich IV. und ihn gefallenen osterländ. Teils der wettin. Länder beteiligt, wobei die Brüder meistens gemeinsam handelten. Das zeigt sich namentl. bei der Gründung der Univ. →Leipzig 1409. Im Jahr darauf wurde W. ein eigenes Herrschaftsgebiet zugewiesen. Sein Hoflager schlug er in Altenburg auf, wo er 1411 ein Kollegiatstift errichtete. Er blieb unverheiratet.
K. Blaschke

Lit.: I. v. BRÖSIGKE, Friedrich d. Streitbare [Diss. Berlin 1938] – K. BLASCHKE, Der Fs.enzug zu Dresden (Denkmal und Gesch. des Hauses Wettin, 1991), 105f.

38. W. I.–IX., *Herren v. Montpellier* → Wilhelme

39. W. Langschwert (Guillaume Longue-Epée), *Hzg. der* →*Normandie* seit ca. 927, † 17. Dez. 942 durch Mord. Sein Leben wird kontrovers beurteilt; zeitgenöss. Q.n (→Flodoard) sind rar. Der »Planctus de morte Guillelmi«, die am Tag nach der Ermordung des Hzg.s abgefaßte Totenklage (→Planctus), gibt wertvolle Aufschlüsse, stilisiert W. aber zum Märtyrer, eine Tendenz, die von →Dudo v. St-Quentin am Ende des 10. Jh. noch gesteigert wird. W., der Sohn des Wikingeranführers →Rollo und einer chr. Fränkin, war Gf. v. →Rouen und Fs. der Normannen ('comes Rotomagensis' und 'princeps Normannorum'). Rollo beteiligte ihn bereits zu seinen Lebzeiten an der Regierung. 927 leistete der Fs. dem westfrk. Kg. →Karl 'dem Einfältigen' das Homagium; unter W. wurde das frk.-chr. Element zu einem tragenden Bestandteil des Hzm.s Normandie, das sich nunmehr deutlich der Francia occidentalis annäherte. Als überzeugter Christ berief W. um 940 Mönche aus Poitiers, durch die er die Abtei →Jumièges, in die der Fs. als Mönch einzutreten beabsichtigte, restaurieren ließ. Um 936/937 heiratete er die Tochter des Gf.en v. →Vermandois, Lietgard (Liégeard), und übertrug ihr ein Wittum an einem strateg. wichtigen Grenzort im O des Hzm.s, Zeichen seines Entgegenkommens gegenüber Westfranken. W. schaltete sich in die Machtkämpfe des westfrk. Großen ein, hierbei zw. die Karolinger (Homagium an →Ludwig IV. Transmarinus, 940), zw. ihre Gegner, die →Robertiner, und führte im Zuge dieser Konflikte mehrfach Kriegszüge in die Francia durch. Sein Homagium an Kg. →Rudolf trug ihm (nach Flodoard) 933 die Übertragung des →Cotentin und Avranchin (→Avranches) im W seines Fsm.s ein ('terra Brittonum in ora maritima'). Dudo behauptet eine Herrschaft W.s über die →Bretagne, was aber umstritten bleibt. Wurden die Grenzen des Hzm.s Normandie bereits in ihren großen Linien fixiert, so beherrschte W. in der Realität aber nur das untere Seinetal und dessen Umkreis; die Basse-Normandie verblieb in der Hand anderer skand. Verbände. Von hier ging 933 ein skand. Aufstand unter Riulf aus, den W. mit Waffengewalt brach. Im N (Gft. →Ponthieu) stießen W.s Ausdehnungsbestrebungen auf die Konkurrenz des Gf.en v. →Flandern, →Arnulfs d. Gr., der den Hzg. zur Beilegung des Streites um →Montreuil-sur-Mer zu einer Begegnung nach Picquigny (dép. Somme) einlud, ihn hier aber am 17. Dez. 942 ermorden ließ. Zwar hatte W. noch zu Lebzeiten seinen Sohn, →Richard (I.), den ihm seine bret. Konkubine Sprota geboren hatte, zum Nachfolger designiert, dennoch entbrannte ein Erbfolgestreit.
A. Renoux

Q.: Dudo, De moribus..., ed. J. LAIR, 1865 – P. A. BECKER, Der Planctus auf den Normannenhzg. W. L., ZFSL 63, 1939 – Lit.: E. SEARLE, Predatory Kingship and the Creation of Norman Power (840–1066), 1988.

40. W., *Gf. v. Orange* → Wilhelmsepen

41. W. IX., *Gf. v. Poitiers (Poitou)* → Wilhelm IX., *Hzg. v. Aquitanien* (19. W.)

42. W. (Guillem) **II. v. Arles**, *Gf. v. der* →*Provence* 965–993, † 993, Sohn von →Boso v. d. Provence und Konstanze, übte die Gf.engewalt gemeinsam mit seinem Bruder Rotbald (Roubaud) aus. Bald nach der Gefangen-

nahme des Abtes →Maiolus v. Cluny durch →Sarazenen in den Alpen (972) befehligte W. gemeinsam mit Rotbald und dem Gf.en Arduin v. Turin die Heerfahrt, die zur Zerstörung der Sarazenenbefestigung →Fraxinetum und zur Beendigung der muslim. →Razzien in der Provence führte. Nach Annahme des Titels eines Mgf.en nahm W. nach dem Sieg über die Sarazenen eine Neuverteilung der freigewordenen Gebiete im O der Gft. unter den großen Adligen vor. W. unterstützte die Politik →Clunys im prov. Bereich; kurz vor seinem Tode übertrug er der Abtei die Villa v. Sarrians, deren Kirche er zu seiner Grabstätte bestimmte. Die cluniazens. Geschichtsschreibung verband W. seit der Maiolus-Vita des Syrus eng mit der Gestalt des großen Abtes Maiolus und verfolgte zunehmend die Tendenz, W.s Rolle bei der Vertreibung der Sarazenen zu übersteigern; nach der Maiolus-Vita des Abtes →Odilo habe W. im Sterben aus den Händen des hl. Maiolus gar den Ordenshabit empfangen. Die Historiographie des 20. Jh. hat W. den Ehrentitel 'le Libérateur' verliehen.　　　　　　　　　　　　　　　　N. Coulet

Lit.: G. de Manteyer, La Provence du premier au XIIe s., 1908–26 – J.-P. Poly, La Provence et la société féodale 879–1166, 1976 – D. Iognaprat, S. Maieul de Cluny le Provençal, entre hist. et légende (S. Maieul, Cluny et la Provence. Les Alpes de Lumières 115, 1994).

43. W. III. (der Tapfere), Hzg. zu →Sachsen, * 30. April 1425, † 17. Sept. 1482. Als jüngstes von acht Kindern des Kfs.en →Friedrichs I. d. Streitbaren und der Katharina v. Braunschweig wurde W. mit 14 Jahren mit der Tochter Anna des dt. Kg.s Albrecht II. verlobt. Ansprüche seines Schwiegervaters an das Hzm. Luxemburg ließen sich gegen Hzg. →Philipp v. Burgund nicht durchsetzen, so daß der anspruchsvolle, draufgänger. und verschwender. lebende junge Hzg. mit seiner Absicht scheiterte, sich im W des Reiches ein eigenes Fsm. zu erwerben. In seiner ungestümen Art forderte er von seinem Bruder, Kfs. →Friedrich II., einen angemessenen Anteil an der Regierung, was zur Altenburger Teilung v. 1445 und anschließend zum →Sächs. Bruderkrieg 1446–51 führte. In unbeherrschter Eigensucht verstieß W. 1457 seine Gemahlin, die er bis zu ihrem Tode 1462 in harter Gefangenschaft hielt, um sich einer Frau v. Brandenstein aus thür. Niederadel zuzuwenden. 1457 bewarb er sich unter Berufung auf die Rechte seiner von ihm mißhandelten Frau, die eine Schwester des verstorbenen Kg.s v. Böhmen, →Ladislaus V. Postumus, war, um die böhm. Krone. 1461 unternahm er mit großem Gefolge eine als aufwendige Schaustellung veranstaltete Pilgerfahrt ins Hl. Land. Da auch seine 1463 eingegangene Ehe mit Katharina v. Brandenstein kinderlos blieb, fiel sein Landesteil 1482 an die Hauptlinie der →Wettiner zurück.　　　　　　　　　　　K. Blaschke

Lit.: H. Koch, Der sächs. Bruderkrieg (1446–1451), 1909 – K. Blaschke, Der Fs.enzug zu Dresden (Denkmal und Gesch. des Hauses Wettin, 1991), 109f.

44. W. v. Warenne, Earl of Surrey →Warenne

45. W. I. d. Hl. (W. v. Gellone, W. v. Aquitanien), Gf. v. →Toulouse, † 28. Mai 812. Aus hochadliger Familie der »Reichsaristokratie«, Sohn des Gf.en Theuderich v. →Autun und der Aldana; das bestehende Verwandtschaftsverhältnis zu den Karolingern ist unklar (Hlawitschka, Werner); ∞ 1. Kunigunde, 2. Witburgis. Als Nachfolger des abgesetzten Gf.en Chorso 790 von Karl d. Gr. zum Gf.en v. Toulouse ernannt, unterband er 791 Aufstände der →Basken, unterlag 793 einem sarazen. Beutezug am Zusammenfluß von Aude und Orbieu (Orbiel?). W. nahm teil an der Belagerung v. →Barcelona (801) und übte kurzzeitig Herrschaftsrechte in →Katalo-

nien aus. Sein dux-Titel ist aus seiner Stellung als Heerführer abzuleiten. Offenbar war W. einflußreich am Hofe, jedoch nicht im selben Ausmaß wie sein Sohn (aus 2. Ehe), Gf. →Bernhard v. Barcelona. W. gründete das Kl. Gellone (seit dem 12. Jh. →St-Guilhem-du-Désert), das er von →Aniane aus besiedeln ließ und unter Einfluß Ludwigs d. Fr. dotierte. W. trat am 29. Juni 806 in Gellone ein, gehörte dem Konvent bis zu seinem Tode an, lebte jedoch auch als Einsiedler. Bald nach seinem Tode vom Volk als Hl. verehrt, wurde W. 1066 kanonisiert. Sein Leben diente als Vorbild der Figur des Guillaume d'Orange/de courbe nez in den →Chansons de geste des Wilhelmszyklus (Verbindung mit dem Rolandslied; →Wilhelmsepen). G. Lubich

Q.: AASS 28. Mai (V) – Dhuoda, Manuel pour mon fils, ed. P. Riché, 1975 – Lit.: DHGE XXII, 910f. – L. Auzias, L'Aquitaine carolingienne (777–987), 1937 – J. Wollasch, Eine adlige Familie des frühen MA, AK 39, 1957, 150–188 – E. Hlawitschka, Die Vorfahren Karls d. Gr. (Braunfels, KdG I), 76f. A. 29, 82 A. 61 – Ph. Wolff, L'Aquitaine et ses marges (Braunfels, KdG, I) – M. Werner, Adel im Umkreis der frühen Karolinger, VuF Sonderbd. 28, 1982 – E. Boshof, Ludwig d. Fr., 1996.

46. W., Abt v. Æbelholt (Guillaume), hl., aus Frankreich stammender dän. Prälat (→Dänemark, C. II), * spätestens 1122/23, † 6. April 1203 (nach seiner Heiligenvita angeblich 98jährig) in der seeländ. Abtei Æbelholt, □ ebd. – Sohn adliger Eltern (Vater Rudolf/Raoul, Mutter Emeline), wurde von seinem Onkel, Abt Hugo v. St-Germain-des-Prés (→Paris, C. I. 2), wohl für die geistl. Laufbahn erzogen, trat in das Regularkanonikerstift Ste-Geneviève-de-Paris (→Paris, C. I. 1) ein und erhielt die Weihe des Diakons noch vor der dortigen Einführung der Augustinerregel (1147/48), muß damals also mindestens 25 Jahre alt gewesen sein. Bekannt als reformeifriger Geistlicher, beschrieb W. in seinem »Tractatus de reuelatione capitis et corporis beate Genouefe« die feierl. Öffnung des Grabes der hl. →Genovefa (1161 aus aktuellem Anlaß: Gerüchte um Verschwinden der hochverehrten Kopfreliquie).

Der führende dän. Prälat →Absalon, seit 1158 Bf. v. →Roskilde, bat den ihm wohl vom Studium in Frankreich her bekannten W., sich in Dänemark niederzulassen. W., der sich spätere Rückkehr auf sein Kanonikat in Ste-Geneviève zusichern ließ, verließ Frankreich 1165, erhielt am 25. Aug. 1165 (nicht: 1164, so die Vita) die Abtswürde des Kl. Eskilsø im Roskilder Fjord und suchte hier die ihm vertraute Augustinerregel mit den Gebräuchen der →Viktoriner einzuführen, doch wurde das Kl. aufgegeben und nach Æbelholt im nördl. Seeland verlegt (um 1175). 1180–81 bestätigte der Papst dem Kl. die Augustinerregel mit viktorin. Gebräuchen.

Als Abt verteidigte W. eifrig die Rechte seines Kl., schlichtete gemeinsam mit dem Bf. v. →Ribe in päpstl. Auftrag den Streit der beiden Schleswiger Kl. St. Michael und Guldholm (1195–96) und beriet anscheinend den Gf.en v. →Ratzeburg bei einer Kl. gründung. Mit kirchenrechtl. (v. a. eherechtl.) Fragen beschäftigte er sich im Zuge einer Bearbeitung der Sentenzen des →Petrus Lombardus. W. setzte sich beim Papst für den norw. Ebf. Erik ein, der Anfang der 90er Jahre als polit. Flüchtling in Dänemark lebte, und nahm teil an der Gestaltung der dän. Außenpolitik. In diplomat. Mission (→Gesandte, B. IX) reiste er im Auftrag →Waldemars I. zweimal zum Papst (1177 nach Venedig, dann nach Tusculum). Vielleicht steht W.s Gesandtentätigkeit im Zusammenhang mit der Resignation →Eskils v. Lund und der Übernahme des Ebm.s durch Absalon (1177/78).

W. verteidigte gegenüber dem Papst die Gefangennahme des aufständ. Bf.s →Waldemar v. Schleswig (um den

1. Febr. 1193). V.a. aber trat der Abt als eifrigster Befürworter der Heirat der Prinzessin →Ingeborg mit Kg. →Philipp II. Augustus v. Frankreich auf dän. Seite hervor, während auf frz. Seite der kgl. Ratgeber Bernard de Vincennes nachdrückl. auf diese Verbindung hinwirkte. Aus W.s Sicht ging es darum, ein Gegengewicht zum dt. Nachbarn aufzubauen. Nach der raschen Verstoßung Ingeborgs durch Philipp Augustus stand W. an der Spitze der Bestrebungen, den Kg. durch päpstl. Intervention zur Anerkennung Ingeborgs als Kgn. zu zwingen (1194–95 Gesandtschaft gemeinsam mit dem Kanzler an die Kurie).

Das Scheitern der von W. befürworteten, von Kg. →Knud VI. anfangs aber mit Skepsis betrachteten Annäherung an Frankreich wurde von W. als persönl. Niederlage aufgefaßt. Wahrscheinl. deshalb und infolge wirtschaftl. Schwierigkeiten seiner Abtei bat W. (wohl 1197) Ebf. Absalon um Erlaubnis zur Rückkehr nach Frankreich, blieb aber bis zu seinem Tode in Dänemark. 1224 wurde er vom Papst heiliggesprochen. Th. Riis

Q.: Vitae Sanctorum Danorum, hg. M. CL. GERTZ, 1908–12, 285–386 [378–382: De reuelatione ... beatae Genouefe] – Diplomatarium Danicum I. R. 3–4 [Briefslg. W.s in I. R. 3] – I. BOSERUP, HTD 82, 1982–83, 113–120; 84, 1984, 86f. – C. A. CHRISTENSEN, ebd. 83, 1983, 207–210 – Lit.: DBL³ XV, 1984, 533f. [Lit.] – LThK² X, 1124f. – TH. RIIS, Autour du mariage de 1193 (La France de Philippe Auguste, hg. R.-H. BAUTIER, 1982), 341-361.

47. W. v. Corbeil, Ebf. v. →Canterbury seit 1122, † 1136; begann seine Laufbahn im Dienst von →Ranulf Flambard in Durham. Er wurde ein Mitglied des neuen Ordens der →Augustiner-Chorherren. 1122 wurde er überraschenderweise nach längerem Streit um die Nachfolge auf dem Ebf.sstuhl als Kompromißkandidat zum Ebf. v. Canterbury gewählt. Sein Episkopat wurde beherrscht von Auseinandersetzungen um den Vorrang des Ebf.s Thurstan v. York († 1140). Diese Streitigkeiten bewirkten, daß beide zweimal nach Rom reisen mußten, um päpstl. Unterstützung zu erlangen. In Canterbury selbst beschäftigte sich W. hauptsächl. mit dem Problem des verheirateten Klerus und der Vollendung der neuen Kathedrale, die →Lanfranc begonnen hatte. Viele verdammten ihn, weil er sich für die Nachfolge →Stephans v. Blois einsetzte, nachdem er bereits geschworen hatte, →Mathilde zu unterstützen. →Heinrich v. Huntingdon (116. H.) sah es als ein Gottesurteil an, daß W. dieses Jahr nicht überlebte. Bei seinem Tod 1136 erhielt er auch von seinen Befürwortern nur ein schwaches Lob für eine durchschnittl. Laufbahn.

J. S. Critchley

Q. und Lit.: →Heinrich v. Huntingdon, →Gervasius v. Canterbury [W. STUBBS, RS].

48. W. v. St-Calais, Bf. v. →Durham seit 1081, † 1096, erhielt seine Ausbildung unter →Odo v. Bayeux im dortigen Kapitel, wurde Prior dieses Kl. und dann Prior superior in →St-Calais, um 1078 Abt des Kl. St-Vincent-des-Prés, außerhalb der Mauern von Le Mans. Hier half er →Wilhelm d. Eroberer bei »sehr schwierigen Angelegenheiten«. Dieser Hilfe verdankte er wohl auch seine Nominierung als Bf. v. Durham im Nov. 1080. Seine Bedeutung am Hof des Eroberers zeigt sein häufiges Auftreten als Zeuge in Kg.surkk. Nach CHAPLAIS war er außerdem die führende Hand bei der Domesday Erhebung von 1086–87 (→Domesday Book). W. stand an der Spitze der kgl. Verwaltung im ersten Regierungsjahr →Wilhelms II. Rufus und war nach BARLOW der engste Berater des Kg.s. Seine Arbeit am Hof ließ ihm wenig Zeit für sein Bm. Sogar die Ersetzung des Weltklerus durch Benediktiner in Durham 1083 geht wahrscheinl. weitgehend auf →Lanfranc und die Tätigkeit der Prioren Aldwin und →Turgot zurück. 1088 war W. in den Versuch Odos v. Bayeux verwickelt, →Robert II. Curthose auf den Thron zu verhelfen. Nach dem Zusammenbruch der Rebellion erhielt W. im Nov. eine Vorladung vor den Hof in Old Sarum. Während des Prozesses berief er sich bei der Verteidigung v. a. auf seinen Klerikerstatus. Doch verlor er und ging bis Sept. 1091 ins Exil. Während des Feldzugs Wilhelms II. Rufus in der Normandie in diesem Jahr sorgte W. für die Aufhebung einer Belagerung und die Freilassung von Anhängern des Kg.s. Er war wohl auch für den Vertrag v. Rouen verantwortl. Diese Taten bewirkten seine Wiederaufnahme in die kgl. Gunst, und ihm wurden seine Ländereien als Almosen und nicht zu Lehen übertragen. Aus seinem Exil kehrte W. mit Geschenken zu seinem Bf.ssitz zurück, zu denen auch eine Reihe von Büchern gehörte. Eines enthält ein konventionelles Porträt von ihm innerhalb einer Initiale (Durham Cathedral Library MS B. II. 13, fol. 102). W. verfügte auch über genügend Vermögen, um den Bau der neuen Kathedrale in Durham 1093 zu beginnen. 1095 fungierte er als Hauptankläger von →Anselm v. Canterbury, doch bewirkte sein schroffes und brutales Verhalten nur, daß sich die Magnaten von Wilhelm II. Rufus abwandten. M. Hagger

Lit.: F. AIRD, An Absent Friend (Anglo-Norman Durham, ed. D. W. ROLLASON, M. HARVEY, M. C. PRESTWICH, 1994).

49. W. v. Reichenau, Bf. v. →Eichstätt, † 19. Nov. 1496 in Obermässing, ▭ Eichstätt, Dom. Der jurist. und humanist. gebildete W. (Studium in Wien, Dr. decret. in Padua) entstammte einem frk. ritterschaftl. Geschlecht (benannt nach Reichenau b. Feuchtwangen), war Generalvikar und Dompropst, als er am 23. Jan. 1464 zum Bf. gewählt wurde. Er war Begleiter bzw. Gesandter Ks. Friedrichs III. u. a. in Burgund und Ungarn, trat hervor als Auftraggeber kirchl. und fortifikator. Bauten, als Reformer durch die Visitation v. 1480, die Diözesansynode v. 1484 und die Drucklegung vorwiegend liturg. Werke; 1472 wurde er 1. Kanzler der Univ.→Ingolstadt.

A. Wendehorst

Lit.: LThK² X, 1147f. – F. HEIDINGSFELDER, Die Zustände im Hochstift Eichstätt am Ausgang des MA, 1911 – GELDNER I, 261–263 – Das 'Pontifikale Gundekarianum', Komm.bd., hg. A. BAUCH–E. REITER, 1987, 77–80, 129–133.

50. W. Longchamp, Bf. v. →Ely, Kanzler, † 1197; stammte aus Longchamp in der Normandie. Seine Feinde sagten ihm nach, daß der Enkel eines entlaufenen Leibeigenen war. Seine Laufbahn begann unter →Geoffrey Plantagenêt, dem Sohn Heinrichs II., aber er wechselte in den Dienst von →Richard Löwenherz über und wurde dessen Kanzler in Aquitanien. Nach Richards Thronbesteigung in England 1189 wurde W. Bf. v. Ely und Kanzler des Kgr.es. Er wurde auch päpstl. Legat. Als Richard England verließ, zuerst um nach Frankreich zu gehen und dann um am 3. Kreuzzug teilzunehmen, blieb W. im Amt. Doch erwies er sich als unfähig zur Zusammenarbeit mit anderen mächtigen Männern im Kgr., und die Opposition gegen ihn sammelte sich um Richards Bruder Johann Ohneland. Richard, der in Messina war, sandte Walter de →Coutances nach England, der vermitteln und notfalls W. entlassen sollte (vgl. →Nonant, Hugh de). Im Herbst 1191 bekämpften sich beide Parteien. W., der den Tower of London nicht verlassen konnte, ergab sich und ging nach Frankreich ins Exil. Nachdem Kg. Richard in Österreich in Gefangenschaft geraten war, entsandte er 1193 W. als einen seiner Vermittler nach England zur Eintreibung des Lösegeldes. Erneut rief W. Widerstand hervor. Doch brach die baroniale Rebellion zusammen, als Richard in England erschien. W. wurde vom Kg. im letzten Jahr

seines Lebens für diplomat. Verhandlungen mit Philipp II. v. Frankreich eingesetzt. J. S. Critchley

Q. und Lit.: Chronica Rogeri de Houedene, RS, Bd. 3, 1868–71 – Chronicle of Richard of Devizes, 1963 – J. GILLINGHAM, Richard the Lionheart, 1978.

51. W. v. Warelwast, Bf. v. →Exeter seit 1107, † 1138; stammte aus Ver à Val in der Normandie und wird zuerst als Mitglied der Kanzlei Kg. Wilhelms II. Rufus faßbar. Er war der Hauptvermittler sowohl für Wilhelm II. als auch für Kg. Heinrich I. bei ihren Verhandlungen mit dem Papsttum während des Kirchenkampfs →Anselms v. Canterbury, und er verbrachte aus diesem Grund die meiste Zeit des ersten Jahrzehnts des 12. Jh. in Rom. Nach seiner Ernennung zum Archidiakon wurde er 1107 Bf. v. Exeter. Seine Verhandlungserfahrung in Rom wurde 1109 erneut beansprucht bei den Auseinandersetzungen um Thurstan v. York († 1140) und 1120, als er bereits erblindet war, bei dem Streit zw. →Canterbury und →York. Seine Zeitgenossen lobten ihn wegen seines diplomat. Geschicks, seiner Redegabe und seiner Schlauheit. Er hatte offensichtl. die seltene Fähigkeit, sowohl mit zwei Kg.en, Wilhelm II. und Heinrich I., als auch mit verschiedenen Päpsten und mit Anselm gut auszukommen. Als Bf. v. Exeter soll er ein geschickter Reformer gewesen sein, doch verhielt er sich gegenüber seinen Verwandten großzügig. J. S. Critchley

Q. und Lit.: D. W. BLAKE, Bishop William Warelwast (Transaction of the Devonshire Association 104, 1972), 15–33 – English Episcopal Acta XI, Exeter 1046–1184, ed. F. BARLOW, 1996, 9–27.

52. W. v. Hirsau, Abt v. →Hirsau 1069–91, † 1091. Aus Bayern stammend, wurde W. als Knabe nach St. Emmeram in →Regensburg gegeben und dort wesentlich von →Otloh, dem Leiter der Kl.schule, ausgebildet. Wohl noch in St. Emmeram verfaßte er zwei quadriviale Schriften in Dialogform, zunächst eine zur Astronomie, dann eine zur Musik. In ihnen tritt ein 'Otochus' bzw. 'Othlo(c)hus' als Gesprächspartner auf, u. U. der obengen. Otloh. Vielleicht noch vor dem endgültigen Abschluß des Musiktraktats wurde W. 1069 zum Abt v. Hirsau berufen (1071 geweiht), nunmehr von organisator. (Kl.reform) und kirchenpolit. Tätigkeiten okkupiert. Im →Investiturstreit vertrat W. mit Entschiedenheit die Position Gregors VII., den er 1075 in Rom aufsuchte, und unterstützte die Gegenkg.e →Rudolf v. Rheinfelden und →Hermann v. Salm. Er reformierte in Hirsau das Kl.leben, anfangs noch unter St. Emmeramer Prägung (s. a. →Gorze), von 1076 an nach dem Vorbild von →Cluny; es entstanden, vermittelt durch →Ulrich v. Zell, die an cluniazens. Gewohnheiten angelehnten Hirsauer Consuetudines. – Von W.s Astronomie scheint nur der Prolog und ein kurzes Stück des Traktatbeginns erhalten; die »Musica« wiederum verweist an ihrem Beginn auf die Darlegung der Astronomie zurück. Inhaltl. berührt der Musiktraktat die gängigen Teile einer theoret. gefaßten Chorallehre: Aufbau des →Tonsystems (→Tetrachorde), Monochordteilung, →Intervalle, Lehre von den →Kirchentönen. In teilweise krit. Form setzt sich W. dabei auch mit Ansichten, die von anderen Autoren stammen, auseinander: →Boethius, →Bern, →Guido v. Arezzo. Insgesamt ist W.s »Musica« ein vorrangig rezeptives Werk, jedoch von nicht marginalem Umfang. – Als wiss. Lehrer war W. auf seinen Hirsauer Schüler →Dietger (Theoger) von Einfluß, der ebenfalls einen Musiktraktat schrieb. Ch. Berktold

Ed. und Lit.: MPL 150 – Musica Theogeri Metensis episcopi (GERBERT II, 182–196) – H. MÜLLER, Die Musik W.s v. Hirschau, 1883 [mit Übers.] – D. HARBINSON, Willehelmi Hirsaugensis Musica, CSM 23, 1975 – Hirsau. St. Peter und Paul 1091–1991, II, hg. K. SCHREINER, 1991

[bes. N. REIMANN, Die Konstitutionen des Abtes W. v. H., 101–108; J. WIESENBACH, W. v. H. Astrolab und Astronomie im 11. Jh. in Hirsau, 109–156] – F. LOCHNER, Dietger (Theoger) of Metz and his »Musica« [Diss. Notre Dame 1995] – s.a. Lit. zu →Hirsau.

53. W. v. Gennep, Ebf. v. →Köln 1349–62, * um 1310/15, † 15. Sept. 1362 in Köln, ▱ ebd., Domchor; edelfreier Herkunft, 1325 Domkanoniker in Köln, daneben Kanonikate in Lüttich, Utrecht und Mainz, Inhaber der Propstei in Soest (1338) und der Kölner Domthesaurie (1346). Gegen den Willen Kg. Karls IV. vom Papst in Avignon zum Nachfolger Ebf. →Walrams providiert, als dessen familiaris et conciliarius er maßgebl. an der Verwaltung des Erzstifts mitgewirkt hatte. W. bemühte sich erfolgreich (Besteuerung, Zollforderungen) um die Besserung der Lage seines hochverschuldeten und von Kriegen heimgesuchten Erzstifts. Während seine Beziehungen zum Papsttum sich auf finanzielle Angelegenheiten beschränkten, pflegte er seit 1353/54 engere Kontakte zu Karl IV., der W.s aktive Landfriedenspolitik (→Arnsberg, →Sayn) durch wichtige Privilegien unterstützte. Bis 1361 (Taufpate Kg. Wenzels) gestaltete W., von Kg. und Kfs.en gleichermaßen wegen seines bes. Verhandlungsgeschicks geschätzt, die Reichspolitik als kgl. Berater und häufiger Hoftagsteilnehmer entscheidend mit. Wie kein anderer Kfs. wirkte er auf Entstehung und Inhalt der →Goldenen Bulle (v. a. cap. XIII, XV) ein; ksl. Pläne zur Verminderung der von den Städten angeprangerten Zölle und Geleitgelder wußte er im Bunde mit anderen Fs.en zu verhindern. So sehr W.s Politik gegenüber seinen Landstädten vorrangig von der Wahrung der ebfl. Interessen bestimmt war, so pragmat. zeigte er sich in seinem Verhältnis gegenüber der Stadt Köln, wenn er ihre polit. Unabhängigkeit fakt. anerkannte und sie als Bündnispartner zu gewinnen trachtete (amicitia v. 1350). H. Seibert

Q.: Die Reg. der Ebf.e v. Köln im MA, VI, bearb. W. JANSSEN, 1977 – Urkk.reg. zur Tätigkeit des dt. Kg.s- und Hofgerichts, VI-VIII, bearb. F. BATTENBERG, 1990–96 – Lit.: W. JANSSEN, 'Under dem volk verhast'. Zum Episkopat des Kölner Ebf.s W., AHVN 177, 1975, 41–61 – B.-U. HERGEMÖLLER, Fs.en, Herren und Städte zu Nürnberg 1355/56. Die Entstehung der 'Goldenen Bulle' Karls IV., 1983 – W. JANSSEN, Der Bf., Reichsfs. und Landesherr (Der Bf. in seiner Zeit, hg. P. BERGLAR–O. ENGELS, 1986), 185–244 – L. TEWES, Die Amts- und Pfandpolitik der Ebf.e v. Köln im SpätMA, 1987, 80–99 – W. JANSSEN, Das Ebm. Köln im späten MA 1191–1515, I, 1995.

54. W., Ebf. v. →Mainz 17. Dez. 954–2. März 968, * 929, † 2. März 968 Reinholderode, ▱ Mainz, St. Alban; Eltern: Ks. Otto I. und Wendin unbekannten Namens; Halbgeschwister: Hzg. →Liudolf v. Schwaben, Ks. Otto II., →Liutgard; Onkel: Ebf. →Brun v. Köln. Der hochgebildete W. wurde unter Zustimmung des Mainzer Klerus in →Arnstadt zum Nachfolger des Ebf.s →Friedrich (47. F.) ernannt. Gegen die Absicht des Vaters auf Errichtung des Ebm.s →Magdeburg intervenierte W. 955 bei den Päpsten Agapet II. und Johannes XII., konnte allerdings die Übereinkunft des Ks.s mit Papst Johannes XIII. 967 nicht verhindern. Mit der Verwirklichung des Projektes wartete man jedoch bis nach W.s Tod. Seine Stellungen als Erzkanzler sowie als Vikar des Papstes in Germanien und Gallien wahrte er entschieden als Mainzer Prärogativen gegenüber den Ebf.en v. Köln und Trier. Das Vikariat wurde vielleicht durch Zuerkennung des Primats mit Krönungsrecht 962 überhöht. Im Herbst 957 sorgte er für die Bestattung des Halbbruders Liudolf in St. Alban, Mainz. Höhepunkte seines Wirkens fallen in das Jahr 961 mit Wahl und Krönung Ottos II. in Worms und Aachen, dem Auftrag zur Erziehung des Halbbruders, der Vorbereitungshilfe für den Romzug Ottos d. Gr., der Bereitstellung des Krönungsordo (→Ordo, III) in St. Alban, auch

mit einem Versuch zur Gestaltung der Russenmission. Im Auftrag des Vaters nahm er von 962 bis zu dessen Rückkehr 965 Aufgaben in Dtl. wahr. Otto II. begleitete er 967 bis zur Grenze Italiens und wirkte anschließend als Reichsverweser in Dtl. Im Febr. 968 besuchte er in Quedlinburg die todkranke Ksn. →Mathilde. Auf der Rückreise starb er plötzl. in Reinholderode bei Heiligenstadt.   A. Gerlich

Q. und Lit.: JDG O. I., 1876 [Neudr. 1962], passim – Reg. zur Gesch. der Mainzer Ebf.e im MA, bearb. J. F. Böhmer–C. Will, 1877 [Neudr. 1966], Nr. 1–58 – Mainzer UB, I, ed. M. Stimming, 1932 [Neudr. 1972], Nr. 199–208, Nr. 220, Nr. 233 – H. Beumann, Die Bedeutung Lotharingiens für die otton. Missionspolitik im O, RhVjbll 33, 1969, 14–46, bes. 24ff., 36–42 – P. E. Schramm, Die Kg.skrönungen der dt. Herrscher von 961 bis um 1050 (Ders., Ks., Kg.e und Päpste, III, 1969), 108–134, bes. 110ff. – H. Büttner, Die Mainzer Ebf.e Friedrich und W. und das Papsttum des 10. Jh. (Ders., Zur frühma. Reichsgesch. an Rhein, Main und Neckar, hg. A. Gerlich, 1975), 275–300 – Ders., Der Weg Ottos d. Gr. zum Ksm. (H. Beumann–H. Büttner, Das Ksm. Ottos d. Gr., 1975²), 55–80 – E. Boshof, Köln, Mainz, Trier, JbKGV 49, 1978, 19–48.

55. W. v. Modena (W. v. Sabina), *Bf. v.* →Modena, päpstl. →Legat, Kardinalbf. v. →Sabina, * nicht vor 1180, † 31. März 1251 in Lyon, ▭ ebd., Dominikanerkirche. Nach 1204 Eintritt in den Kartäuserorden, Studium der Rechte in Bologna. Zw. dem 13. Dez. 1219 und dem 24. Febr. 1220 wurde W. von Honorius III. zum Vizekanzler der röm. Kirche berufen, wo er seine administrative Begabung erprobten konnte. Mai 1222 wurde er Bf. v. Modena, was er zehn Jahre lang blieb; gleichzeitig übernahm er päpstl. Missionen (Mai–Sept. 1224 päpstl. Inquisitor in der Lombardei gemeinsam mit dem Bf. v. Brescia).

Bes. Bedeutung erlangte seine Bestellung zum Legaten im balt. Raum (Livonia). Seine Aufgabe (→Mission, B. II) bezog sich wesentl. auf die Organisation der Kirche in →Estland und →Litauen, aber auch auf die Kontrolle der Kreuzzüge (→Kreuzzüge, C. II) gegen die noch heidn. Völker des Baltikums. Ostern 1226 berief W. das erste Provinzialkonzil nach Riga ein. Er schlichtete im Streit zw. den Dänen und den (dt.) →Schwertbrüdern, die unter dem Vorzeichen des Heidenkampfes den größten Teil →Livlands besetzten. Während W. im Winter 1226/27 zur Berichterstattung in Rom weilte, fungierte für ihn Meister Johann als Vizelegat. Spätestens 1229 übertrug ihm Papst Gregor IX. neue Aufgaben als Legat, die ihn nach Dänemark und Schweden sowie nach →Preußen und schließlich in die balt. Gebiete führten. Dabei begegneten ihm erneut die Rivalitäten der Ritterorden und Regularorden in der ambivalenten Behandlung der autochthonen Bevölkerung. 1229 vermittelte er angesichts der Ansprüche der Ritterorden im Sinne der Rechte des Domkapitels v. →Riga an der Bf.swahl und der geistl. Lehen. 1230 weilte W. in Rom und wieder einmal in seiner Diözese.

Ende 1233 verzichtete er auf seinen Bf.sstuhl, um zu einer dritten Reise, nunmehr als 'legatus a latere', möglicherweise in ständiger Mission an die Ostsee aufzubrechen. Die von ihm betriebene kirchl. Neuorganisation der Jahre 1236 bis 1243 führte zur Errichtung der Bm.er →Ermland, →Kulm, →Pomesanien und →Samland. Im Auftrag des Papstes förderte W. die Koordination der Mission, an der die in neuer Konkurrenz zu den Zisterziensern wirkenden Bettelorden (Dominikaner, Franziskaner) und die Ritterorden beteiligt waren. Der →Dt. Orden paßte sich in dieses polit. Programm aber nicht im erwarteten Umfang ein. Im Sommer 1243 unternahm der Legat eine Mission für den neuen Papst Innozenz IV. zu Friedrich II. Am 28. Mai 1244 erhielt W. die Würde des Kard. bf.s v. Sabina.

Am 15. Juli 1244 unternahm er als Legat seine vierte Reise ins Baltikum. Er nahm im Juni und Juli 1245 am I. Konzil v. →Lyon teil. Am 3. November 1246 ernannte ihn Innozenz IV. zum Kardinallegaten für den skand. Raum. Über England, wo er sich wahrscheinl. mit dem berühmten Gelehrten und Bf. v. Lincoln, →Robert Grosseteste, traf, reiste er in den Norden. Die Hauptaufgabe seiner Skandinavienreise bestand in der Krönung Kg. →Hákon Hákonarsons v. Norwegen (Frühjahr 1247) als Akt der Versöhnung der Kirche mit dem norw. Kgtm. Auf der Rückreise konzelebrierte W. in Aachen am 1. Nov. 1248 die Kg.skrönung des 'Gegenkg.s' →Wilhelm v. Holland. Anfang 1249 traf W. in Lyon ein. Im Mai 1250 gab er Robert Grosseteste dessen kritisches Memorandum über die unzuträgl. finanziellen Praktiken der Kurie in England zurück. Wilhelm galt als einer der erfahrensten Diplomaten im Dienste päpstl. Herrschaft, insbes. für den gesamten Ostseeraum.   C. A. Lückerath

Q. und Lit.: C. Eubel, Hier. Cath. I, 1898, 7, 353 – DHGE XXII, 961–963 – LThK² X, 1139 – E. Strehlke, Regg. W.s v. M. (1220–50) (Scriptores rerum Prussicarum, II, 1863), 116–134, 178, 802 – Nordisk Familjebok, XII, 1934, 499 – F. Krosta, W. v. M. als Legat von Preussen, 1867 – G. A. Donner, Kard. W. v. S., 1929 – A. M. Amman, Kirchenpolit. Wandlungen im Ostbaltikum (OrChrAn 105), 1936 – F. Benninghoven, Der Orden der Schwertbrüder, 1965 – E. Pitz, Papstreskript und Kaiserreskript im MA, 1971, 130–132 – H. Beumann, Heidenmission und Kreuzzugsgedanke in der dt. Ostpolitik des MA, 1973 – W. Urban, The Baltic Crusade, 1975 – H. Ollendieck, Die päpstl. Legaten im dt. Reichsgebiet von 1261 bis zum Ende des Interregnum, 1976, 41–43.

56. W., *Bf. (Elekt) v.* →Paderborn seit 5. Nov. 1400, Resignation 12. Okt. 1414; seit 1402 auch Gf. v. →Ravensberg; * 1382, † 22. Nov. 1428 in Bielefeld. Seine Provision durch Bonifatius IX. verdankte W., nachgeborener Sohn Hzg. Wilhelms II. v. Berg, seinem Onkel, Kg. Ruprecht. Engster Berater des jungen Elekten war →Gobelin Person, mit dessen Hilfe W. das Stift Böddeken reformierte und mit Augustinern der →Windesheimer Kongregation besetzte. Mit dem Versuch, das der Pisaner Obödienz anhängende und von Paderborner Bürgern gestützte Kl. Abdinghof zu reformieren, scheiterte W., der sich wie Kg. Ruprecht an röm. Papst orientierte. Als W. sich trotz territorialpolit. Erfolge seit 1413 einer geschlossenen Opposition gegenübersah, verzichtete er auf Paderborn, heiratete nach erfolgloser Kandidatur für den ebfl. Stuhl v. Köln 1416 Adelheid v. →Tecklenburg, eine Nichte Ebf. Dietrichs v. Köln, und wurde zum Stammvater der neuen Linie der Hzg.e v. →Berg und Gf.en v. Ravensberg.   H. Schoppmeyer

Q.: Cosmodromius Gobelini Person, hg. M. Jansen, 1900 – Lit.: H. J. Brandt–K. Hengst, Die Bf.e und Ebf.e v. Paderborn, 1984, 175–178 [Lit.].

57. W. Weißhand (Guillaume aux Blanches Mains), Bf. v. →Chartres (seit 1165), Ebf. v. →Sens (seit 1168), *Ebf. v.* →Reims (seit 1176), † 1202; entstammte als 4. Sohn Tedbalds II. (IV.), Gf. v. →Champagne, dem mächtigen Hause v. →Blois, war Bruder →Heinrichs I. v. Champagne, Tedbalds V. v. Blois und Stephans v. →Sancerre sowie der →Adela v. Champagne, der 3. Gemahlin von Kg. →Ludwig VII. und Mutter von →Philipp II. Augustus. W. wurde schon in früher Jugend mit reichen Pfründen ausgestattet und zum Ebf. v. Lyon erwählt (1163), doch nahm er das Ebm. nicht in Besitz. 1165 Bf. v. Chartres, wurde er von einem Ebf. v. Sens zum Diakon bestellt und nach dessen Tod zum Ebf. gewählt (1168). Nun empfing er die Bf.sweihe. W.s Bemühungen, im päpstl. Auftrag eine Versöhnung zw. →Thomas Becket, Ebf. v. →Canterbury, der in →Ste-Colombe de Sens Zuflucht gefunden

hatte, und Kg. →Heinrich II. herbeizuführen, schlugen fehl. Nach dem Scheitern der Vermittlungsversuche wurde W. von Papst →Alexander III. mit der Verhängung des →Interdikts über das Kgr. England beauftragt. W. war Becket stets zugetan und reiste 1178 an das Grab des Märtyrers, um ihm seine Verehrung zu bezeugen. Als Ebf. v. Reims (seit 1176) vollzog W. 1179 die Weihe (→Sacre) an Philipp Augustus, der zum Mitregenten seines schwerkranken Vaters erhoben worden war. Nach dem Tode Ludwigs VII. (1180) beteiligte sich der Ebf. an den Versuchen der Kgn.mutter Adela und seiner Brüder, dem jungen Kg. eine Vormundschaftsregierung aufzunötigen. Seit ca. 1182 näherte er sich jedoch Philipp Augustus an und unterstützte ihn fortan, auch hinsichtl. der (vom Papsttum abgelehnten) Ehescheidung von Kgn. →Ingeborg. W. wurde in dieser Sache vor die Kurie geladen, um sich zu rechtfertigen, und verstarb auf der Rückreise von Rom (1202). In Reims reorganisierte W. das Offizialat (→Offizial), ging gegen Häretiker vor und brachte das Amt des Scholasters (→Scholasticus) wieder zur Geltung. W. schaltete sich in die Angelegenheiten der Suffraganbm.er ein und stärkte die Position der Bf.e; er gewährte →Albert v. Löwen, Bf. v. →Lüttich, im Konflikt mit Ks. →Heinrich VI. Asyl in Reims. Als geistl. Fs. erlaubte er den Bürgern v. Reims die Schöffenwahl und errichtete Vorstädte (*bourgs*) außerhalb der Stadtmauer v. Reims. Andererseits mediatisierte er infolge seines Familienbandes mehrere große ebfl. Lehen zugunsten seines Bruders Heinrich I. v. Champagne. G. Devailly

Lit.: R. FOREVILLE, L'Église et la royauté en Angleterre sous Henri II Plantagenêt, 1943 – M. BUR, La formation du comté de Champagne, 1977 – P. DESPORTES, Reims et les Rémois, 1979.

58. W. v. Volpiano OSB (W. v. Dijon), Abt v. St-Bénigne 990–1031, * Juni/Juli 962 in →S. Giulio d'Orta, † 1. Jan. 1031 in Fécamp, ⌐ebd., La Trinité; Taufpate: Ks. Otto I.; Vater: (Gf.) Robert aus alem. Adelsgeschlecht im Dienst Kg. →Berengars II. v. Italien; Mutter: Perinza, verwandt mit Kg. Berengar und Gf. →Ott-Wilhelm v. Burgund; drei ältere Brüder: Robert, Gotfried, Nithard. W. kam siebenjährig als Oblate ins Kl. Lucedio (Diöz. Vercelli). Die Verweigerung der Oboedienzeides gegenüber seinem Eigenkirchenherrn ist interpretierbar als Ausdruck eines kompromißlosen Eintretens für Reformen und Zurückweisung von zur Gewohnheit gewordenen Mißständen. Aus Lucedio wurde er von Abt →Maiolus nach→Cluny (987) geholt und mit der Leitung des Cluniazenserpriorats St-Saturnin zur Vorbereitung seiner eigtl. Aufgabe, der Leitung der Abtei St-Bénigne vor Dijon (→Dijon, II. 2; →Benignus, hl.) beauftragt. Dort zog er zusammen mit zwölf Mitbrüdern aus Cluny am Benignustag (24. Nov. 989) ein und blieb von seiner Priester- und Abtsweihe (990) bis zu seinem Tode Abt.

Durch W. wurde St-Bénigne zu einem im ganzen Abendland bekannten Zentrum monast. Lebens. Die Erneuerung des klösterl. Lebens durch aus Cluny mitgebrachte und von W. redigierte Consuetudines ging einher mit der Sicherung und Erweiterung des Besitzstandes der Abtei und dem Neubau der Abteikirche. Zur Absicherung des Rechtsstatus von St-Bénigne unterstellte W. die Abtei dem Schutz des Papstes. Geistliche und Weltliche aus allen Ständen – v.a. aus Italien – traten als Mönche in St-Bénigne ein (79 Mönche um 1020). Viele von ihnen wurden als Prioren, Pröpste oder Äbte mit Reformaufgaben in den W. übertragenen Kl. betraut. Die Großen in Kirche und Welt suchten seine Gegenwart und seinen Rat. Sie übertrugen ihm ihre Eigenkl. zur Reform, weil entweder das monast. Leben zum Erliegen gekommen war oder sie die Ausprägung des durch W. modifizierten Cluniazensertums der bestehenden Formung vorzogen. Da W. im Gegensatz zu Cluny unter Abt →Odilo keine Verbandsbildung anstrebte, geschah dies v.a. in Regionen, wo die bisherigen Herrschaftsverhältnisse trotz der erstrebten Reformen unangetastet bleiben sollten.

W.s erstes Wirkungsgebiet war Burgund, wo ihm der Bf. v. →Langres bald nach 990 noch die Eigenkl. St-Pierre de →Bèze, →Moûtiers-St-Jean (Réome), St-Michel de →Tonnerre und St-Pierre de Molosme sowie der Hzg. v. →Burgund St-Vivant de →Vergy unterstellten. In →Lothringen, das zuvor schon von der Gorzer Reform (→Gorze, →Lotharing. Reform) erfaßt worden war, wurden ihm durch die Bf.e v. →Metz und →Toul die lothr. Kl. St-Arnoul de Metz und Gorze in der Diöz. →Metz, St-Evre de Toul, St-Mansui de Toul und →Moyenmoutier in der Diöz. Toul (zw. 996/997 und 1026) übertragen und zumeist nach kurzer eigener Leitung mit Schülern als Äbten versehen. Ähnlich verfuhr W. in der Normandie, wo ihm von Hzg. →Richard II. v. →Normandie La Trinité de →Fécamp (1001), St-Ouen de →Rouen (1006?), →Jumièges (1015), →Mont-St-Michel (1023) und das neugegr. →Bernay (1025) übertragen wurden. St-Faron de →Meaux (1019/23) und das Kg.skl. St-Germain-des-Prés (→Paris, C. I, 2), das Kg. →Robert d. Fr. ihm anvertraute (1026), waren weitere Stationen im Königreich. Bes. Aufmerksamkeit widmete W. zweifellos seiner eigenen Gründung, dem Kl. →Fruttuaria, das auf dem Familienbesitz, den ihm seine Brüder zur Verfügung stellten, entstand (1000/01).

Ohne Cluniazenser zu sein, war er ein enger Freund Abt Odilos und wurde mit ihm gemeinsam zur Reform v. →Farfa gerufen. (Die Bezeichnung W.s als »Übercluniazenser«, womit HALLINGER W.s Beinamen 'supra regulam' wiedergibt, geht in die Irre.) W. errichtete keinen Klosterverband, so daß der durch sein Abbatiat geschaffene innere Zusammenhang seiner Kl. nach seinem Tode zerfiel und lediglich in Form spezieller →Gebetsverbrüderungen einzelner Gemeinschaften weiterlebte. Schriften sind von W. nicht überliefert (die bisherigen Zuschreibungen sind unhaltbar). Seine Vita verfaßte kurz nach seinem Tod sein Schüler, →Rodulfus Glaber, in Cluny. N. Bulst

Q.: →Rodulfus Glaber [J. FRANCE, N. BULST, P. REYNOLDS, 1989] – Lit.: DSAM VI, 1265f. – LThK² X, 1149f. – Repfont V, 333 – N. BULST, Unters.en zu den Kl.reformen W.s v. Dijon (962–1031), 1973 – B. SCHAMPER, Unters.en zum Necrolog der Handschrift Bibl. mun. Dijon, ms. 634, 1989 – N. BULST, La filiation de St-Bénigne de Dijon au temps de l'abbé Guillaume (Naissance et fonctionnement des réseaux monastiques et canoniaux, 1991), 33–41.

59. W., *Kard.bf. v. Sabina* → Wilhelm, Bf. v. Modena (55. W.)

60 W. I., *Ebf. v. Tyrus* → Wilhelm v. Tyrus (112. W.)

61. W. (Fitzherbert), hl., *Ebf. v.* → *York* seit 1142; † 1154; mit zieml. Gewißheit Sohn von Herbert of Winchester, Schatzmeister Kg. Heinrichs I., und Emma, Schwester Kg. Stephans v. Blois. 1142 wurde er nach einem langen Streit um die Nachfolge Ebf. Thurstans († 1140) zum Ebf. v. York gewählt. Seine Ernennung wurde nachdrückl. von Kg. Stephan v. Blois und dessen Bruder →Heinrich v. Blois, Bf. v. Winchester (80. H.), unterstützt, aber sowohl von den polit. Gegnern seiner Gönner als auch von lokalen Zisterziensern angegriffen, deren Kandidat Heinrich Murdac, Abt der Fountains Abbey, war. Diese Zisterzienser beschuldigten W. der →Simonie und appellierten an das Papsttum, wo ihr Anliegen die tatkräftige Unterstützung →Bernhards v. Clairvaux fand. W. mußte sich nach

Rom begeben, um seine Ernennung durchzusetzen. Doch konnte er sich seines Sieges nur bis 1146 erfreuen, als mit Eugen III. ein Zisterzienser zum Papst gewählt wurde, der W.s Gegner ermächtigte, die Streitfrage wieder aufzugreifen. 1147 wurde Heinrich Murdac anstelle von W. geweiht. Doch der Tod seines Rivalen, aber auch Eugens III. und Bernhards v. Clairvaux i. J. 1153 führte zur Wiedereinsetzung W.s in sein Amt, und kehrte 1154 im Triumph nach York zurück. Als er 1154 starb, wurde ein Giftmord vermutet. W. galt als Märtyrer, und es gab viele Berichte über Wunder an seinem Grab. 1227 wurde er kanonisiert. J. S. Critchley

Q. und Lit.: English Episcopal Acta V, York 1070–1154, ed. J. E. BURTON, 1988, 67–83.

62. W. v. Alnwick (Almorc, Armoyt u. a.), engl. Franziskanertheologe, * um 1270 in Alnwick (Northumberland), † März 1333 in Avignon, Studium in Paris und Oxford, Schüler und Mitarbeiter des J. →Duns Scotus, 42. Lektor in Oxford, um 1316/17 dort Mag. regens, vielleicht auch wenig später (1317/18) in Paris, dozierte um 1319 in Montpellier, nahm 1322 am Ordenskapitel in Perugia teil und lehrte 1321/23 in Bologna. Am 1. Dez. 1323 forderte ihn Papst Johannes XXII. auf, wegen seiner Stellungnahme zum →Armutsstreit (Dokument über die evangel. Armut vom 4. Juni 1332) nach Avignon zu kommen. W. floh ins Kgr. →Neapel, lernte Kg. Robert II. persönl. kennen und wurde 1329 zum Bf. v. Giovinazzo ernannt. W. kommentierte die Sentenzen und hinterließ neben einer Bf.spredigt, die er am 7. März 1333 in Avignon hielt (ed. M. DYKMANS, 1970, 269–279), zahlreiche Quaestionen und Determinationen, die ihn als subtilen Logiker und eigenständigen Denker erweisen. Ob der Komm. zu »De anima« des Aristoteles von W. stammt, ist fraglich (Opera omnia II, 1674, ed. anastat. 1963, 65–228).
M. Gerwing

Q. und Lit.: M. SCHMAUS, Guilelmi de Alnwick O.F.M. doctrina de medio, quo Deus cognoscit futura contingentia, Bogoslovni Vestnik 12, 1932, 201–225 – L. AMORÓS, Aegidii Romani impugnatio doctrinae Petri Joannis Olivi anno 1311–12, nunc primum in lucem edita, AFH 27, 1934, 399–451 – O. WANKE, Die Kritik W.s v. A. an der Ideenlehre des Johannes Duns Scotus. [Diss. Bonn 1965] – »Illi qui student in Scoto«. Guglielmo de A. e la haecceitas scotista, hg. P. STELLA, Salesianum 30, 1968, 331–387, 614–641 – Records of Visitations Held by William Alnwick, hg. A. H. THOMPSON, o. J. – M. DYKMANS, Le dernier sermon de G. A., AFH 63, 1970, 269–279 – J. D'SOUZA, William of A. and the Problem of Faith and Reason, 1973 – L. M. DE RIJK, Some Fourteenth Cent. Tracts on the Probationes Terminorum, 1982 – È necessario amare Dio? Una questione inedita di Guglielmo di A. sulla fruizione beatifica, hg. G. ALLINEY (Parva Mediaevalia [Fschr. E. REINA, 1993]), 97–128 – La settima questione del Prologo del »Commento alle Sentenze« di Guglielmo di A., hg. M. E. BASSI (ebd.), 129–156 – B. Ioannis Duns Scoti opera omnia XIX, hg. H. SCHALÜCK, 1993, *14–*39* – CH. TROTTMANN, Vision béatifique et inhérence d'un objet absent des sources franciscaines du nominalisme aux défenseurs scotistes de l'opinion de Jean XXII sur la vision différée, StM 34, 1993, 653–715 – A. B. WOLTER, A. on Scotus and Divine Concurrence (Greek and Medieval Studies [Fschr. L. SWEENEY S. I., hg. W. J. CARROLL, 1994]), 255–283.

63. W. v. Apulien, Verfasser der »Gesta Roberti Wiscardi«, eines Epos in fünf Büchern, lebte zw. der zweiten Hälfte des 11. und der ersten Hälfte des 12. Jh. in Apulien. W. begann sein Werk zw. 1088 und 1098 und schloß es vor 1111 ab. Daten zur Biographie W.s sind nicht bekannt. Die Forschungsdiskussion, ob er aus einer norm. oder aus einer einheim. Familie stammte und ob er dem Kleriker- oder dem Laienstand angehört habe, ist noch nicht abgeschlossen. Für Apulien als Geburtsland sprechen die direkte Kenntnis der Städte und ländl. Gebiete dieser Region. Die Thesen, daß Giovinazzo W.s Geburtsort und er mit einem der Unterzeichner der Provinzialsynode v. Bordeaux (1096) zu identifizieren sei, stützen sich jedoch auf keine stichhaltigen Beweise. Wie →Amatus v. Montecassino wurde auch W. von Urban II. angeregt, eine Gesch. der Normannen in Süditalien zu schreiben. Sein Epos ist dem Papst und Hzg. →Roger Borsa gewidmet, weist jedoch eine andere Grundhaltung auf als das Werk des Mönches v. Montecassino. Es wird eine »apulische« Tradition der Niederlassung der Normannen in Süditalien hervorgehoben, die eine Parallele zur Historiographie des byz. Geschichtsschreibers Johannes →Skylitzes darstellt. W. bekräftigt, daß norm. Pilger 1016 im Michaelsheiligtum am Monte →Gargano mit →Meles v. Bari zusammengetroffen seien, der als hilfsbedürftiges Opfer der Byzantiner geschildert wird. Als Q.n verwendet W. neben Amatus v. Montecassino auch die Annales Barenses, den Anonymus Barensis und Lupus Protospatharius sowie mündl. Überlieferungen. In den ersten beiden Büchern der »Gesta« schildert W. den Zug der Normannen nach Italien, in den anderen drei Büchern erzählt er im einzelnen die Eroberungen Robert Guiscards in Italien und Dalmatien bis zu dessen Tod 1085, wobei er den Bericht des Amatus um einige Jahre fortsetzt. Die Verherrlichung der →Hauteville steht im Vordergrund, daneben wird aber häufig die Fähigkeit einheim. Feldherren hervorgehoben (Amicus, Gf. v. Giovinazzo und sein Sohn Gualterius) sowie der Gf.en v. Aversa, die sich in der Anfangszeit der Eroberungsphase bes. auszeichneten. Der beständige Bezug auf die Eheverbindung Robert Guiscards und der Langobardin →Sikelgaita dient zur Legitimierung der Landnahme und zur Verherrlichung der Tugenden des Feldherrn, mit denen sein Sohn Roger Borsa später wetteiferte. Die »Gesta« werden entsprechend der epischen Thematik in eleganten antikisierenden Hexametern vorgetragen, nähern sich in der Geisteshaltung und im Stil jedoch im wesentl. weniger den »Chansons de geste« an als die Prosa des →Gaufredus Malaterra, obgleich sie zahlreiche legendenhafte Elemente, kuriose Anekdoten und Kriegslisten aufweisen. Als überzeugter Anhänger der →Gregorian. Reform scheint W. streckenweise in Übereinstimmung mit der versöhnl. Haltung Urbans II. gegenüber der Ostkirche und Byzanz seine Abneigung gegen die Byzantiner zu unterdrücken. Deshalb erkennt W. als Ks. nur →Alexios Komnenos an, der persönl. nicht für den norm.-byz. Krieg verantwortl. sei, während Heinrich IV. für ihn nur »rex Alemannicus« (IV, 567) und Clemens III. ein unwürdiger Gegenpapst ist. Das Werk ist in zahlreichen Hss. überliefert. P. De Leo

Ed. und Lit.: ed. M. MATHIEU, 1961 – Repfont V, 1984, 291f. – DHGE XXII, 992f. – M. FUIANO, Studi di storiografia medioevale ed umanistica, 1975, 1–103 – O. CAPITANI, The Normans in Sicily and Southern Italy, Lincei Lectures 1974, 1977, 1–46 – V. D'ALESSANDRO, Storiografia e politica nell'Italia normanna, 1978 – P. F. PALUMBO, Medio Evo Meridionale, 1978, 63–65 – P. SCHREINER, Byzanz und der Westen: Die gegenseitige Betrachtungsweise in der Lit. des 12. Jh. (Friedrich Barbarossa, VuF 40, 1992), 551–580 – K. B. WOLF, Making History, 1995.

64. W. v. Auvergne (Guilelmus Alvernensis bzw. de Alvernia oder Parisiensis), * um 1180 Aurillac, † 1249 Paris. Nach 1215 Mag. art., 1225 Mag. reg. der Theologie an der Univ. Paris; 1228 Bf. v. Paris, 1229–31 verwickelt in den Pariser Univ.sstreik; Freund und Ratgeber Blancas v. Kastilien und Ludwigs IX.

W. ist der erste Denker am Beginn des 13. Jh., der sich hellsichtig und entschlossen den Herausforderungen durch eine nichtchristl. Weltdeutung stellt, wie sie die umfassende Rezeption der gr.-arab. Philos. und Wiss. v. a. seit der 2. Hälfte des 12. Jh. vermittelt. Dies zeigt sich

vornehml. in seiner ebenso krit. wie produktiven Auseinandersetzung mit Avicenna und Aristoteles, wobei die traditionelle augustin. Weltsicht nicht einfach wiederholt, sondern durch die Kontraposition allererst als sie selbst identifiziert und zugleich im Medium der aristotel. Begrifflichkeit darstellbar wird.

W.s Hauptwerk »Magisterium Divinale et Sapientale«, nicht für Schulzwecke verfaßt, in einem lit., eher untechn. Stil, enthält u. a. die Traktate De trinitate, De universo und De anima. Hier kritisiert er die aristotel. Psychologie zum einen wegen ihres Naturalismus, der der Substanzialität der menschl. Geistseele nicht gerecht werde, zum anderen wegen ihrer Defizite bezüglich einer Theorie des Willens. Er setzt ihr den Entwurf einer »scientia de anima humana« entgegen, die er methodisch gleichwohl im Sinne der aristotel. Wiss.stheorie konzipiert. Ihre Rezeption und die Universalisierung ihres Instrumentariums verstärkt den Impetus der scholast. Philosophie zu einer universellen Rationalität, der alle tradierten Lehrinhalte in die Form der Wiss. zu transponieren sucht.

Insofern steht W. ganz in der Entwicklung, die zu Albert und Thomas hinführt, v. a. im Hinblick auf die Bejahung des Eigenwertes von Philos. und Wiss. im Verhältnis zur Theologie. Zugleich vereinigen sich in seinem Denken Strömungen, die im späteren 13. Jh. wieder auseinanderstreben. Das gilt v. a. für den von W. in der philos. Psychologie gegen Aristoteles affirmierten Augustinismus, aber auch im Hinblick auf die Metamorphosen des Aristotelismus. G. Jüssen

Ed. [Ausw.]: Opera omnia, 2 Bde, Paris-Orleans 1674-75, unver. Nachdr. 1963 – De bono et malo, ed. I. R. O'DONNELL, Med. Stud. 8, 1946; 16, 1954 – De Trinitate, ed. B. SWITALSKI, 1976 – Lit.: I. KRAMP, Des W. v. A. »Magisterium Divinale«, Gregorianum 1, 2, 1920 – A. MASNOVO, Da Guglielmo d'Auvergne a S. Tommaso d. A., 3 Bde, 1946² – N. VALOIS, Guillaume d'Auvergne, 1980 – ST. P. MARRONE, W. v. A. and Robert Grosseteste: New Ideas of Truth in the Early 13th Cent., 1983 – G. JÜSSEN, W. v. A. und die Transformation der scholast. Philos. im 13. Jh. (Philos. im MA, hg. J. P. BECKMANN u.a., 1987) – DERS., W. v. A. (Contemporary Philos., 6, Philos. and Science in the MA, hg. G. FLØISTAD, 1990 [Forschungsber.]).

65. W. v. Auxerre (Guillelmus Alt-/Ant-/Autissiodorensis): Mag. theol. in Paris im ersten Drittel des 13. Jh.; Archidiakon v. Beauvais; † in Rom, vermutl. 1231 (3. Nov.?), spätestens 1237. Zwei oder mehr Romreisen als Unterhändler mit diplomat.-administrativen Aufgaben. Im Streit um die Universitas Parisiensis (1229–31) vertrat W. bei Gregor IX. die Position von Königshaus, Bf. (→Wilhelm v. Auvergne) und Kanzler (→Philipp der Kanzler), die der Mehrheit der Magistri gegenüberstanden. W. selbst war dann Prokurator der Bulle »Parens scientiarum« vom 13. April 1231, in der Gregor den Magistri weitreichende Rechte einräumte. Am 23. April wurde W. vom Papst in eine Kommission berufen, die die von den Pariser →Aristotelesverboten der Jahre 1210 und 1215 betroffenen naturphilos. Schriften für den Vorlesungsbetrieb reinigen sollte. Diese Revision blieb allerdings unausgeführt. W.s Hauptwerk ist seine in über 120 Hss. erhaltene Summa aurea in 4 Büchern (verfaßt nach 1215; Buch 1 und 2 in zwei Redaktionen), eine an der Schwelle der Hochscholastik stehende, im Aufbau an den Sentenzen des →Petrus Lombardus orientierte, aber eigenständige Gesamtdarstellung der Theologie mit neuen Akzenten u. a. in Fragen der Moral und Psychologie, der Trinitäts-, Inkarnations- und Sakramentenlehre und →Eschatologie. Folgenreich war v. a. W.s Verständnis der Theologie als Wiss. im Sinn der Analytica posteriora des Aristoteles. Die Axiome der Theologie sieht W. in den →Glaubensartikeln, die – wenn auch nur für den bereits Glaubenden – durch sich selbst evident sind. Der Glaubensvollzug bleibt verdienstvoll, insofern er sich zuletzt nicht auf die Vernunft, sondern allein auf Gott stützt (fides innititur primae veritati propter se). W. läßt sich keiner theol. Schule eindeutig zuordnen. Unmittelbar beeinflußt von →Praepositinus v. Cremona (v. a. in der Sprachlogik), setzt er sich – z. T. kritisch – ebenso mit porretan. Gedankengut auseinander. In seinem Werk finden sich Indizien der fortschreitenden Aristoteles-Rezeption (z. B. Elemente der Ethica nova). Die Summa aurea wirkte stark auf die Pariser Dominikaner-Schule (v. a. →Roland v. Cremona und →Hugo v. St-Cher) und auf die Franziskaner (→Alexander v. Hales u. a.). Über Jahrzehnte als Lehrbuch gebraucht, erfuhr sie mehrere Abbreviationen. Noch Albertus Magnus, Thomas v. Aquin und Bonaventura zitieren W. namentlich. W.s kleine, ungedr. Summa de officiis ecclesiasticis (wichtige Q. des Rationale von Guillelmus →Durantis) ist eine minutiöse Beschreibung gottesdienstl. Vollzüge (v. a. Stundengebet und hl. Messe) mit allegor. Kommentar. Sie spiegelt Neuerungen (Elevation der Hostie unmittelbar nach den Einsetzungsworten) und Besonderheiten der Pariser Liturgie. W. zugeschrieben werden Glossen zum Anticlaudianus des →Alanus v. Lille (mit Zitaten aus Averroes). Sehr fraglich ist W.s Verfasserschaft für Glossen zur Isagoge des Porphyrius, Quästionen in Ms Douai 434, Dicta super Psalterium, eine Postilla in Apocalypsin und Sermones Altissiodorensis. J. Arnold

Ed.: Summa aurea, Spicil. Bonavent. 16-20, 1980-87 [V: Introd. générale] – Lit.: DHGE XXII, 849f. – DSAM VI, 1192-1199 – LThK² X, 1128f. – LANDGRAF, Dogmengeschichte – W. BREUNING, Die hypostat. Union in der Theologie W.s v. A., 1962 – W. H. PRINCIPE, W. of A.'s Theology of the Hypostatic Union, 1963 – A. M. LANDGRAF, Introduction à l'hist. de la litt. théol. de la Scolastique naissante, hg. A.-M. LANDRY, 1973 – A. VANNESTE, Ephemerides theologicae Lovanienses 53, 1977, 83-106 – I. BIFFI, Teologia 7, 1982, 19-36 – W. KNOCH, Die Einsetzung der Sakramente durch Christus, BGPhMA NF 24, 1983 – O. LANGHOLM, Economics in the Medieval Schools, 1992 – J. ARNOLD, Die Trinitätstheol. W.s v. A., BGPhMA NF 42, 1995 [Lit.] – S. ERNST, Eth. Vernunft und christl. Glaube, BGPhMA NF 46, 1996.

66. W. v. Blois, Nachfolger und Nachahmer des →Vitalis v. Blois, Bruder des →Petrus v. Blois, Verfasser der →Elegienkomödie »Alda«, deren Stoff er im Prolog auf Menander zurückführt. Aus einem vor 1170 zu datierenden Brief seines Bruders Petrus gewinnen wir Aufschluß über W.s Tätigkeit und seine kirchl. Laufbahn (ep. 93, MPL 207, 292). Von seinen Werken sind außer der »Alda« (SUCHOMSKI, BERTINI, 1998) nur die »Versus de pulice et musca« (BOUTEMY, SCOLARI) sowie ein kurzer Brief (MEERSSEMAN) erhalten. Thema der Komödie ist die Verführung der naiven Alda durch den jungen Pyrrhus, der der Ruf ihrer Schönheit in Liebesleidenschaft versetzt hat. Eine alte Amme nutzt des Pyrrhus unglaubl. Ähnlichkeit mit seiner Schwester, einer guten Freundin Aldas, und läßt ihn Frauenkleider anlegen. Alda, die außer ihrem Vater noch nie einen Mann gesehen hat, läßt sich durch diese List täuschen, teilt mit der vermeintl. Freundin das Lager und wird schwanger. Ihr Vater Ulfus wirft daraufhin der Schwester des Pyrrhus Hermaphroditismus vor. Um die Ehre der beiden Mädchen zu retten, erklärt sich Pyrrhus bereit, Alda zu heiraten. Die Komödie ist in acht Hss. überliefert (BERTINI, 1994). Die Q.nfrage wurde in der Forsch. stark diskutiert (NEUMANN, GAISER, BERTINI, 1987, BRAUN, BATE, BERTINI, 1998). Größte Wahrscheinlichkeit besitzt die These, daß eine menandrische ὑπόθεσις W. durch einen kommentierten Terenztext bekannt geworden war. Kenntnis und Verwendung des Terenz durch W. sind nunmehr bekannt (RIZZO, BERTINI, 1992).

Das Thema der »Alda« wird im 13. Jh. von Jean →Bodel im Fabliau »Li sohaiz desvez«, von Robert v. Blois im Roman »Floris et Lyriopé« (FARAL, FOX) und vielleicht von Douin de Lavesne im Fabliau »Trubert« (FARAL, BONAFIN, DONÀ) behandelt. Mit Sicherheit greift →Boccaccio (Decameron, III 10; BERTINI, 1977–78) darauf zurück. Einen Gesamtüberblick zur Thematik gibt BISANTI. F. Bertini

Ed.: Versus: A. BOUTEMY, Latomus 6, 1947, 133–146 – A. SCOLARI, StM 26, 1985, 373–404 – Brief: G. G. MEERSSEMAN, Anecdota des 11. und 12. Jh. (Fschr. B. BISCHOFF, 1971), 290–294 – Alda: M. WINTZWEILER (G. COHEN, La 'comédie' lat. en France au XIIe s., I, 1931), 107–151 [mit frz. Übers.] – J. SUCHOMSKI–M. WILLUMAT, Lat. Comoediae des 12. Jh., 1979, 137–165, 259–261 [mit dt. Übers. und Komm.] – F. BERTINI, Commedie lat. del XII e XIII sec., VI, 1998 [mit Komm. und it. Übers.] – Lit.: E. FARAL, Le fabliau lat. au MA, Romania 50, 1924, 321–385 – J. H. FOX, Robert de Blois. Son œuvre didactique et narrative, 1950 – G. NEUMANN, Menanders Ἀνδρόγυνος, Hermes 81, 1953, 494–496 – K. GAISER, Menanders 'Hydria', 1977, 410–433 – F. BERTINI, Una novella del Boccaccio e l'Alda di Guglielmo di B., Maia 29–30, 1977–78, 135–141 – S. RIZZO, Due note sulla commedia elegiaca mediev., Gironale It. di Filologia 31, 1979, 97–100 – F. BERTINI, Da Menandro e Plauto alla commedia lat. del XII sec. (Studi F. DELLA CORTE, 1987), V, 319–333 – A. BISANTI, L'Alda di Guglielmo di B.: storia degli studi e proposte interpretative, 1990 – M. BONAFIN, Parodia e modelli di cultura, 1990, 87–126 – L. BRAUN, Wie kam Menander in den Prolog der 'Alda'?, CM 41, 1990, 241–255 – A. K. BATE, Ancient Greek Theatre, Sicily and Medieval Comedy, Reading Mediev. Stud. 18, 1992, 9–16 – F. BERTINI, Terenzio nel Geta e nell'Alda, Maia 44, 1992, 273–276 – F. BERTINI, A che punto è oggi l'edizione critica delle commedie elegiache (La critica del testo mediolat., hg. C. LEONARDI, 1994), 225–238 – C. DONÀ, Trubert, o la carriera di un furfante, 1994.

67. W. v. Brescia (Guglielmo de' Corvi), einer der bedeutendsten Medizintheoretiker um 1300, † nach 1326; stammte aus Canneto sull'Oglio (Brescia), unterrichtete gegen 1274 zu Padua in städt. Auftrag Logik und Medizin, wechselte als 30jähriger um 1280 nach Bologna an den von Taddeo →Alderotti eingerichtete Med. Fakultät, an der er spätestens ab 1286 als Magister in die Aristotelischen 'Physika' einführte und wo er sich am Gestalten einer neuen fachlit. Gattung, der med. →Konsilien, beteiligte. Seit 1298 päpstl. Leibarzt unter Bonifatius VIII., Benedikt XI., Clemens V. und Johannes XXII. Unter Clemens zum Hauskaplan bestellt, speiste er wie →Guy de Chauliac an der päpstl. Tafel. 1307 Richter am päpstl. Apellationsgericht. Mit Kanonikaten in Bologna, Brescia, Lincoln und Paris, zahlreichen Pfründen sowie Einkünften des Heiligen Stuhls ausgestattet, war er 1326 in der Lage, zu Bologna eine ewige Studienstiftung (»collegium«) für sechs arme Studenten auszubringen (darunter mindestens zwei Mediziner). Nach dem Paris-Aufenthalt von 1326 verliert sich seine Spur.

Er stand mit →Arnald v. Villanova, →Lanfranc v. Mailand und T. →Borgognoni in Verbindung. 1317 regte er →Arnold v. Bamberg zu dessen →Theriak-Traktat an, wie er sich selbst mit seinen 'Quaestiones de theriaca' in die quantifizierende Pharmazie Montpelliers eingeschaltet hatte. →Heinrich v. Mondeville veranlaßte er zum Abfassen einer philos. geprägten 'Chirurgia'. Neben seinen 'Konsilien' und den 'Quaestionen' verfaßte er u. a. ein 'Regimen confortationis et conservationis visus', eine 'Practica in chirurgia' und ein 'Opus de aegritudinibus renum et vesicae' und versuchte sich als Kommentator zu Avicennas 'Kanon' und zu den hippokrat. 'Aphorismen'. An der päpstl. Studienordnung von 1309 für Montpellier war er maßgebl. beteiligt. Größten Erfolg hatte er mit seinen 'Consilia' und mit seinen zwei 'Quaestiones', letztere über Arnold v. Bamberg auch dt. rezipiert. Von dt. Medizintheorie ist W. mittelbar über →Nikolaus v. Polen (Niklas v. Mumpelier) beeinflußt; zu seinen dt. Schülern zählt →Engelbert v. Admont. – Wie angesehen er noch im 16. Jh. war, bezeugt ein Kompendium pseudoepigrapher Schriften (Arzneibuch, Pesttraktate), das 1508 in einem Venediger Druck aus Gründen der Referenzwerbung unter den Namen des »excellentissimus medicus« gestellt wurde. Th. Holste/G. Keil

Ed.: E. W. G. SCHMIDT, Die Bedeutung W.s v. B. als Verf. von Konsilien [Diss. Leipzig 1922] – W. G. ZIEGER, Ein Traktat W.s v. B. über Nieren- und Blasensteine [Diss. Leipzig 1922] – M. McVAUGH, Theriac at Montpellier 1285–1325 with an ed. of the 'Questiones de tyriaca' of William of B., SudArch 56, 1972, 113–144 – TH. HOLSTE, Der Theriakkrämer (Würzburger med.hist. Forsch 5, 1976), 26f., 31, 55–57, 88–101, 172–177 [dt. (Dr.-)Überlieferung] – Lit.: WICKERSHEIMER, Dict. I, 230f., Suppl., 101 – N. G. SIRAISI, Taddeo Alderotti and his Pupils: Two Generations of It. Medical Learning, 1981, 49–54 – G. KEIL, Randnotizen zu D. Jacquarts Wickersheimer-Suppl., Sud Arch 66, 1982, 172–186, hier 174 – G. KEIL, »virtus occulta«. Der Begriff des 'empiricum' bei Nikolaus v. Polen. Die okkulten Wiss. en in der Renaissance, hg. A. BUCK (Wolfenbütteler Abh. zur Renaissanceforsch. 12), 1992, 159–196, hier 190ff.

68. W. der Bretone (Guillaume le Breton), bedeutender mlat. Chronist in Frankreich (→Chronik, E. II), * um 1159/69, † nach 1226, stammte aus der bret. Landschaft →Léon, in die er nach Pariser Studien zurückkehrte, wurde Kanoniker v. →St-Pol-de-Léon, dann Kanoniker v. →Senlis. Er gewann die Gunst des Kg.s, wurde Kapellan und Familiar von →Philipp II. Augustus, dem W. als Gesandter in vertraulicher Mission (bei der Kurie: Betreiben der Auflösung der Ehe mit →Ingeborg v. Dänemark) und als Erzieher des kgl. Bastards →Pierre Charlot diente. Der mit W. befreundete →Aegidius v. Paris bezeichnet W. im »Carolinus« (v. 278) als einflußreichen, vom Kg. reich belohnten Hofmann in Paris. W. trat v. a. als Historiograph und Panegyriker Kg. Philipps und der →Kapetinger hervor: Er verfaßte das seinem Zögling Pierre Charlot gewidmete (verlorene) Gedicht »Karlotis«, das wohl Karl d. Gr. feierte (unter Hinweis auf die Ansippung des Kapetingers Philipp Augustus [Beiname 'Karolides'] an die Karolinger). Weiter verfaßte W. eine Chronik in Prosa, deren erster Kern ein Büchlein über die Feldzüge von 1213 und 1214 darstellt; W. hatte an der Schlacht v. →Bouvines (1214) teilgenommen. Er schloß seine Chronik an das mit 1207 endende Geschichtswerk →Rigords an; danach verfaßte W. eine Fortsetzung und schrieb eine bis 1219 reichende Biographie des Kg.s, die »Gesta Philippi regis«. Nach W.s Tod wurde der Text unter Zuhilfenahme seiner Aufzeichnungen nochmals überarbeitet; die Mönche v. →St-Denis reihten die Chronik in ihr Corpus ein und stellten sie dem Text von Rigord (1209–20) nach, unter dem sie das Geschichtswerk bis zum Tode des Kg.s (1223) fortsetzten. W.s Chronik enthält die einzige große zeitgenöss. Darstellung des 3. →Kreuzzugs frz. Ursprungs. Neben seiner Chronik verfaßte W., wohl nach dem Vorbild der »Alexandreis« des von ihm bewunderten →Walter v. Châtillon, ein großes hist. Epos in zwölf Gesängen, die »Philippis/Philippide« (1224 veröffentlicht), das Kg. Philipp Augustus verherrlicht und wertvolle Nachrichten über Sitten und Gebräuche, Ideenwelt und Kriegskunst der Epoche liefert; 1226 unterzog W. das Werk einer Überarbeitung. Im Zentrum steht die Schlacht v. Bouvines, die bereits den Angelpunkt der Prosachronik gebildet hatte und deren epochale Bedeutung W. in breitem Umfang hervorhebt. Auch wenn er diejenigen Züge, die das Bild des großen Kg.s bei der Nachwelt verdunkeln könnten, geflissentlich übergeht, präsentiert sich W. als glänzender und wohlunterrichteter Geschichtsschreiber, der oft nach Autopsie berichtet, aber auch das Archiv v. St-

Denis herangezogen hat. Seine Prosavita, die dem Werk Rigords angefügt worden war, lief nicht unter W.s Namen; sie wurde von →Primat adaptiert und ins Frz. übersetzt und ging schließlich in die »Grandes →Chroniques de France« ein, was ihr weite Verbreitung sicherte. Schon früher (um 1227) hatte Jean de Prunay eine Übersetzung in Versen, von der Fragmente erhalten sind, angefertigt. Auch die »Philippide« fand in frz. Version Eingang in eine der Primatschen Kompilation vergleichbare Sammlung der frz.-nationalen Geschichtsschreibung. P. Bourgain

Ed.: Recueil des historiens des Gaules et de la France, XVII, 1818 – Œuvres de Rigord et Guillaume le Breton, ed. H.-F. DELABORDE, 1882–85 – *Lit.*: MOLINIER, 2212f. – Repfont V, 294 – DLFMA, 1992², 626f. – H. F. DELABORDE, Étude sur la chronique en prose de Guillaume le Breton, 1881 – G. SPIEGEL, The Chronicle Tradition of St-Denis, 1977, 63–68 – E. CARPENTIER, Recherches sur le vocabulaire des biographies royales françaises, CCMéd 25, 1982, 325–346 – DERS., Annales 41, 1986, 325–346.

69. W. Burgensis (de Congen[i]is, de Congeinna, de Cougières, van Congenie, van Congenine), »een wide vermaert meester ... in surgie«, stammte vermutl. aus Congéniès (Gard) und lehrte als burg. Wundarzt die Chirurgie am Rande der Universität Montpellier. Er soll »verheiratet, gebildet, reich an Liegenschaften und fahrender Habe« gewesen sein und in Montpellier gewohnt haben; als sein Dienstherr wird der 1218 im Kampf gegen die Albigenser gefallene Simon von Montfort genannt. Um 1220/30 unterrichtete W. B. den →Chirurgen von der Weser, der eine Mitschrift des Vorgetragenen nach dem Tode des Meisters wohl noch in Frankreich ausarbeitete – in Deutschland hat er dann vor 1266 diese Kollegmitschrift kommentiert. Durch die beiden Texte des niederdeutschen Meisterschülers wissen wir, daß W. seinen Ausführungen die »Chirurgie« →Roger Frugardis (Rüdiger Frutgarts) im Urtext zugrunde legte und v. a. in der Lid-Plastik darüber hinausging. Außerdem war er an der Materia medica interessiert, was mehrere in Streuüberlieferung erhaltene Rezeptformeln bezeugen: Diese chirurgischpharmazeutischen Kleinschriften wurden niederdeutsch rezipiert (von Jan →Yperman beispielsweise), und die Rogerglosse des nd. Schülers ist darüber hinaus in hebräischer sowie mittelenglischer Übersetzung erhalten.

G. Keil

Ed.: K. SUDHOFF, Beiträge zur Gesch. der Chirurgie im MA (Stud. zur Gesch. der Med. 10–12), 1914–18, II, 297–384 – W. LÖCHEL, Die Zahnmedizin Rogers und die Rogerglossen (Würzburger med.hist. Forsch. 4, 1976), 31f., 59f., 200–225 [Teilausg. mit Übers.] – *Lit.*: Verf.-Lex.² I, 1196f.; VIII, 145f. – WICKERSHEIMER, Dict., I, 235, Suppl., 1979, 105 – L. DULIEU, La chirurgie a Montpellier de ses origines au début du XIXᵉ siècle, 1975, 43 – G. KEIL, Randnotizen zu D. Jacquarts Wickersheimer-Supplement, SudArch 66, 1982, 172–186, hier 177.

70. W. v. Champeaux (Guillelmus de Campellis, Campellensis), Philosoph und Theologe, * um 1070 in Champeaux (nahe Melun), † 25. (18.?) Jan. 1122 in Châlons-sur-Marne; Schüler →Anselms v. Laon; um 1095 Magister der Kathedralschule v. Paris, wo →Abaelard, später W.s Konkurrent und Gegner, dessen »Historia calamitatum« die – wenn auch polem. gefärbte – wichtigste Q. zu W.s Biographie darstellt, bei W. Logik studierte. W. war Archidiakon in Paris; 1108 oder 1109 trat er in den Orden der regulierten Chorherren ein und zog sich in die alte Einsiedelei St-Victor (→Paris, C. II, 5) vor den Pariser Stadtmauern zurück. 1113 Bf. v. Châlons-sur-Marne.

An der Pariser Kathedralschule galt W. als anerkannter Lehrer der →Dialektik (Logik), später auch der Rhetorik. In der Frage der Allgemeinbegriffe (→Universalien) bezog er eine realist. Position, die er unter dem Eindruck der Argumente Abaelards abschwächte. Die ursprgl. Theorie, als 'Identitätstheorie', gelegentl. auch 'Material Essence Realism' bezeichnet, besagt, daß in allen Individuen ein und derselben Art dieselbe ganze durch den Artbegriff bezeichnete Sache wesensmäßig präsent sei. Die modifizierte Theorie (sog. 'Indifferenztheorie') besagt, die im Artbegriff bezeichnete Natur inhäriere »indifferent« – nicht wesensidentisch, sondern ähnlich – in den Individuen der Art. Das Wesen ist nicht numerisch und real dieselbe Sache in den Individuen, sondern distinkt, aber inhaltl. indifferent. Die Diskussionen über die Frage, was das ist, was als Universale in vielen Individuen präsent ist, sind verbunden mit anderen sprachphilos. Fragen bezügl. des Prädikats in der Aussage 'Socrates est albus'. Das Prädikat bezeichnet das Subjekt als 'etwas Weißes' und die Form 'Weiße'. Die trinitatstheol. Aussage des Prädikats 'Gott' von Vater, Sohn und Hl. Geist hat einen anderen Sinn als die Aussage des Prädikats 'Mensch' von Peter und Paul.

Bei den W. zugeschriebenen z. T. ohne Namensnennung überlieferten »Sentenzen« handelt es sich um sorgfältig argumentierende Stellungnahmen zu diversen theol. Fragen, Autoritäten werden selten genannt. Trotz der Betonung, daß »wahrer Glaube das glaubt, was nicht verstanden werden kann« (ed. LOTTIN, n. 236, p. 191, l. 69), arbeitet der Verfasser an der Aufklärung der »Übertragungen«, die notwendig sind, um über das Geglaubte nachzudenken und um über es zu sprechen. Fragen, die er unbeantwortbar findet, markiert er: »Gott wird das dann offenbaren, wann er will« (n. 265, p. 215, ll. 20–21; cf. n. 236, p. 194, ll. 206–210).

Obgleich von den Schriften W.s nur wenig erhalten ist, genügt das Überlieferte doch, verständl. zu machen, daß der Autor bei seinen Zeitgenossen in höchstem Ansehen gestanden hat.

K. Jacobi

Ed. und Lit.: Enc. phil., ed. P. EDWARDS, VIII, 1967, 1972², 303–304 [D. LUSCOMBE] – LThK² X, 1130f. [CH. H. LOHR] – Opera, MPL 163, 1037–1072 (Fragm. »De sacramento altaris«, »Charta Guillelmi de Campellis« (anno 1120) aus den »Annales du diocèse de Châlons« (1039–42); »De origine animae« (zweifelhafte Zuschreibung [1043–44]; als das zweifelhaft abgedr. »Dialogus inter Christianum et Judaeu [sic!] de fide catholica« wird heute als eine Nachahmung der »Disputatio Iudaei et Christiani« des →Gilbert Crispin angesehen) – Sententiae, ed. O. LOTTIN, Psychologie et morale au XIIᵉ et XIIIᵉ s., Bd. 5, 1959, 189–227 (cf. 441–447) – G. LEFEVRE, Les variations de Guillaume de Ch. et la question des universaux (Travaux et mémoires de l'Univ. de Lille, Bd. 6, Mém. 20, 1898, 1–17, Appendix: Sententiae vel quaestiones XLVII) – N. J. GREEN-PEDERSEN, William of Ch. on Boethius' Topics according to Orléans Bibl. Mun. 266 (Cahiers Inst. MA grec et lat. 13, 1974), 13–20 – K. M. FREDBORG, The commentaries on Cicero's »De inventione« and »Rhetorica ad Herennium« by William of Ch., ebd. 17, 1976, 1–39 – J. CHATILLON (RMA 8, 1952), 139–162, 245–272 – E. BERTOLA, Rivista filos. neo-scolastica 52, 1960, 495–522 – L. M. DE RIJK, Logica Modernorum, II-1, 1967, 91–93, 130–146, 182–186 – B. MAIOLI, Gli universali, 1974, 180–198 – P. O. KING, Peter Abailard and the Problems of Universals, 2 Bde, Univ. Microfilms Internat., Princeton Univ., 1982, I, 98–102, 137–186 – M. TWEEDALE, Logic(i): from the Late Eleventh Cent. to the Time of Abelard (A History of Twelfth-Cent. Western Philosophy, hg. P. DRONKE, 1988, 1992²), 213–216 – J. JOLIVET, Données sur Guillaume de Ch. (L'Abbaye Parisienne de Saint-Victor au MA, hg. J. LONGÈRE, 1991), 235–251.

71. W. v. Conches, * um 1080 in Conches, † um 1154, bedeutender Vertreter der sog. Schule v. →Chartres; seit 1120 Lehrtätigkeit an der Kathedralschule in Chartres; zw. 1144 und 1149 hielt er sich in der Umgebung des Hzg.s der Normandie auf. W. galt als überragender Kenner des antiken Bildungsgutes und verfaßte Glossen zu Priscianus, zu »De Consolatione Philosophiae« des Boethius, zu Macrobius, Iuvenal und zum »Timaios« Platons in der

Übers. des Chalcidius. Johannes v. Salisbury (Metal. I, 5) nannte ihn den nach →Bernhard v. Chartres »grammaticus opulentissimus«. V. a. aber beschäftigte er sich als »physicus« mit Naturwissenschaften bzw. Naturphilosophie. W. bemüht sich um eine »naturwiss.« Kosmologie, die er nicht nur in den Glossen zum Timaios, sondern systemat. in der um 1124 entstandenen »Philosophia mundi« sowie in dem »Dragmaticon Philosophiae« (auch: Dialogus de substantiis physicis) entfaltet, einer »entschärften« Überarbeitung der »Philosophia«. W. beschäftigt sich hier außer mit der Weltentstehung auch mit Astronomie, Meteorologie und Anthropologie. Seine Kenntnisse in Anatomie und Physiologie bezieht er dabei aus den zu seiner Zeit durch die Übersetzung des →Constantinus Africanus bekannt werdenden Q.n arab. Medizin. In seiner »Philosophia« geht es ihm um wahres Begreifen durch Einsicht in die Gründe (»in omnibus rationem esse quaerendam« [Philos. I, 13]), womit er auch letzte, nicht mehr beobachtbare Gründe meint. Die Welt wird dabei so weit wie möglich als eigenständiger, nach immanenten Kausalitätsgesetzen ablaufender und daher mit der Vernunft erforschbarer Zusammenhang verstanden. W. reduziert das Einwirken Gottes beim Schöpfungsvorgang ledigl. auf den ersten Ursprung: Während →Thierry v. Chartres die von Gott gesetzte Urmaterie als Chaos vorstellt, für deren Ordnung Gott noch einmal eingreifen muß, ist W. der Auffassung, daß Gott von vornherein mit der Setzung der Elemente einen geordneten Kosmos geschaffen habe, der sich nun durch die auch von Gott gegründete »natura operans« im Sinne einer Evolution nach eigenen inneren Gesetzen entfaltet. Die Darstellung dieses Prozesses ist dabei – anders als bei Thierry v. Chartres – nicht an der Abfolge des Schöpfungsberichts orientiert. Für die Erklärung der inneren Entfaltungsdynamik des Kosmos greift W. in der Timaios-Glosse (nicht mehr jedoch in der Philosophia und im Dragmaticon) auf den platon. Gedanken der Weltseele, v. a. aber auf die Lehre von den Elementen als einfachsten und einheitl. Bestandteilen aller Dinge in der Darstellung des Constantinus Africanus zurück. Die Entstehung der einzelnen Schöpfungswerke wird durchgängig mechanist. (W. spricht von der »mundi machina« [Dragm. II, 6]) als Herausbildung der Dinge aus den Eigenschaften der Elemente und der Wirkkräfte (Verdichtung, Erwärmung) sowie durch die Theorie vom »spissus fumus« erklärt. Sie ist »opus naturae«, die immer nur Gleiches durch Gleiches hervorbringt. Im Zuge dieses Evolutionsprozesses geht für W. auch der Mensch aus dem Wirken der »natura operans« hervor (Philos. I, 13). Die Seele ist jedoch nicht aus der Materie ableitbar, sondern von Gott eingegeben. Über Thierry v. Chartres hinausgehend erklärt W. die Zweigeschlechtlichkeit der ersten Menschen naturphilos. durch eine unterschiedl. Zusammensetzung des Stoffes (limus), während er die bibl. Erzählung von der Erschaffung der Frau aus der Rippe Adams in den Bereich der nicht wörtl. zu verstehenden Allegorie verweist. Diese These stieß auf die Kritik →Wilhelms v. St-Thierry (De erroribus Guillelmi de Conchis ad Bernardum; ed. J. LECLERCQ, RBen 79, 1969, 375–391), unter dessen Druck sie W. widerrufen mußte. Ebenso mußte er die Trinitätslehre seiner »Philosophia« widerrufen, in der Wilhelm v. St-Thierry aufgrund der angebl. Gleichsetzung von Weltseele und Hl. Geist einen →Sabellianismus bzw. Modalismus entdeckte. **St. Ernst**

Ed.: Glossae super Boethium [Auszüge], ed. J. M. PARENT, 1938, 122–136 – Glosa in Timaeum, ed. J. M. PARENT, ebd., 137–177 – Glosae super Platonem, ed. É. JEAUNEAU, 1965 – Glosae in Iuvenalem [Auszüge], ed. B. WILSON, 1980 – Philosophia, ed. G. MAURACH, 1980 – Dragmaticon Philosophiae, ed. G. GRATOROLUS, 1567 [Nachdr. 1967] – I. RONCA, CCCM 167, 1997 [vgl. R. SCHÖNBERGER-B. KIBLE, Rep. nn. 13296–13316] – *Lit.:* T. GREGORY, Anima Mundi. La filosofia di Guglielmo di C., 1955 – É. JEAUNEAU, »Lectio Philosophorum«, 1973 – D. EIFORD, William of C. ... A Hist. of Twelfth-Cent..., 1988, 308–327 – T. BOIADJIEV, Die Naturwiss. als Metaphysik der Natur bei W., Misc. Med. 22/1, 1994, 369–380 – A. SPEER, Die entdeckte Natur, 1995, 130–221 [Lit.].

72. W. v. Cremona (Guillelmus de Villana), OESA, Theologe und Prälat, † 29. Jan. 1356 in Novara. Vielleicht der stadtadligen Familie der Amidani in Cremona entstammend, war er offenbar früh den →Augustiner-Eremiten beigetreten; Studium und Promotion zum Mag. theol. wahrscheinl. in Paris, Beichtvater des Galeazzo I. Visconti, später an der Kurie Johannes' XXII. tätig, wo er sich mit seiner »Reprobatio errorum« an der Polemik gegen →Marsilius v. Padua vor dessen Verurteilung (1327) beteiligte, freilich nicht aufgrund eigener Lektüre des »Defensor pacis«, jedoch unter ausgiebiger Nutzung älterer Ordensschriften (»De ecclesiastica potestate« des →Aegidius Romanus [11. Ae.] und »De regimine Christiano« von dessen Schüler →Jacobus v. Viterbo [29. J.], beide ca. 1302). W.s Position ist hochkurialist., indem sie geistl. Leitung und weltl. Herrschaft identifiziert, wobei freilich kgl. Herrschaft, streng unter dem Papst, sich auch auf die electio des populus – und damit auf Konsens – angewiesen sieht (1.6.3). 1326–42, viermal hintereinander, zum Generalprior gewählt, verschaffte er seinem Orden wichtige Privilegien (so am Grab des hl. Augustinus in S. Pietro in Ciel d'Oro zu Pavia) und entfaltete eine rege Bautätigkeit. Von Papst Clemens VI. (17. Juli 1342) zum Bf. v. Novara providiert, hat er tatkräftig den Diözesanklerus und die Verwaltung reformiert und ist durch Baueifer hervorgetreten. Sieben Manuskripte aus seinem Besitz haben sich bis heute in Cremona erhalten.

J. Miethke

Ed.: Tractatus cuius titulus »Reprobatio errorum«, ed. D. MAC FHIONNBHAIRR (Corpus scriptorum Augustinianorum 4, 1977); [unediert:] Quodlibeta (Ms. Neapel, Bibl. Naz., VV.C.6); Sermones (Ms. Cremona, Bibl. St., 96); (nicht identifiziert:) u.a. Sentenzenkomm. und Expos. super quattuor evangelia – *Lit.:* DBI II, 790–797 – LThK² X, 1135 – NCE XIV, 924 – D. A. PERINI, Bibliogr. Augustiniana, II, 1931, 28–32 – U. MARIANI, Chiesa e stato nei teologi agostiniani del sec. XIV, 1957, 103–111 – W. KÖLMEL, Regimen Christianum, 1970 – A. VALLONE, Antidantismo politico nel XIV s., 1973 – G. DOTTI, I codici Agostiniani della Biblioteca Statale di Cremona, Augustiniana 30–33, 1980–83 [Mss. 81, 82, 84, 95, 96, 102, 108] – K. WALSH, Wie ein Betteloren zu (s)einem Gründer kam (Fälschungen im MA, V, 1988), 585–610 – G. PIAIA, Marsilio da Padova, Guglielmo Amidani e l'idea di sovranità popolare, Veritas 38 (nr. 150), 1993, 297–304.

73. W. v. Dijon → Wilhelm v. Volpiano (58. W.)

74. W. v. Drogheda, Kanonist, * ca. 1200, † 1245 (ermordet) in Oxford, studierte in Oxford beide Rechte und ist dort seit 1230 als »magister« und Advokat bezeugt. Sein umfangreiches (nicht vollendetes), auf die Praxis bezogenes prozeßrechtl. Werk (nach 1239, unter der Bezeichnung »Summa aurea« bekannt), das sich an der literar. Form der Quaestionenslg. (»Summa quaestionum decretalium«) orientiert, aber auch auf die Summen des →Azo und die »Libelli iuris civilis« des →Roffredus de Epiphanio stützt, beeinflußte die Entwicklung des engl. Prozeßrechts.

H. Zapp

Ed.: WAHRMUND, II. 2, IX–XXXVI, 1–432 – *Lit.:* DHGE XXII, 891 – NCE XIV, 924 – F. DE ZULUETA, W. of D. (Mél. G. CORNIL, II, 1926), 639–657 – H. G. RICHARDSON, Azo, D., and Bracton, EHR 59, 1944, 22–47 – S. KUTTNER–E. RATHBONE, Anglo-Norman Canonists, Traditio 7, 1949/51, 291, 316 [vgl. Gratian and the Schools of Law, Variorum

Repr. 1983, VIII] - J. E. SAYERS, William of D. and the English Canonists, MIC C 8, 1988, 205-222 [Lit.].

75. W. v. England, Astronom der 1. Hälfte des 13. Jh., dessen Werke zw. 1220 und 1231 entstanden sind. Über sein Leben wissen wir fast nichts außer seinen eigenen Informationen, er sei Engländer, Bürger v. Marseille, von Beruf Arzt und »ex scientie merito« Astronom. Von den vielen Werken, die ihm zugeschrieben werden, sind vier höchstwahrscheinl. echt. In »De urina non visa«, einem Traktat über →Astrolog. Medizin, behauptet W., ein Astrologe könne ebenso gute med. Vorhersagen treffen wie ein Arzt. Seine »Astrologia« behandelt hauptsächl. Sonnen-, Mond- und Planetentheorie auf der Basis der Toledan. Tafeln (Astronom. →Tafeln). Sie beginnt mit einer Beschreibung des →Astrolabs; am Ende des Traktats werden die Theorie der →Präzession (accessio et recessio) nach →Ibrāhīm b. Yaḥyā az-Zarqālī und →al-Bitrūǧīs Theorie der konzentr. Sphären erwähnt. Die »Summa super quarto libro metheorum« besteht aus drei Büchern: über Erscheinungen innerhalb der Erde und auf deren Oberfläche; über Dinge in der Luft und meteorolog. Phänomene wie Tau, Schnee, Erdbeben und Regenbogen; über die Region des Äthers mit Meteoren, Donner, Blitz und Kometen. W.s wichtigstes Werk ist eine Abhandlung über das Universal-Astrolab. Sie beschreibt az-Zarqālīs Instrument, aber es ist unklar, inwieweit sie von einer Schrift von al-Zarqālī abhängt. Die Abhandlung trug dazu bei, daß das Instrument im Westen bekannt wurde.   R. Lorch

Ed. und Lit.: DSB XIV, 399-402 [E. POULLE] - L. A. SÉDILLOT, Mém. sur les instruments astronomiques des Arabes (Mém. Acad. Royale des Inscriptions et Belles-Lettres de l'Institut de France, I. sér., t. 1, 1844), 185-188 [Nachdr. in: R. T. GUNTHER, The Astrolabes of the World, 2, 1932, 259-262] - P. DUHEM, Le système du monde, III, 1915, 287-281 - P. TANNERY, Appendice sur le traité de l'astrolabe universel ou Saphea d'Arzachel, par Guillaume l'Anglais, Mém. scientifiques 5, 1922, 190-197 [Nachdr. der Ausg. 1897] - THORNDIKE II, 485-487.

76. W. Firmatus → Firmatus

77. W. v. Gellone → Wilhelm I. d. Hl., Gf. v. Toulouse (45. W.)

78. W. Heytesbury → Heytesbury, William

79. W. v. Jumièges, lat. Geschichtsschreiber, einer der bedeutendsten Repräsentanten der Historiographie (→Chronik, E. I) des Hzm.s →Normandie, * um 1000, † 1070 oder wenig später. Er trat in sehr jungen Jahren in die Abtei →Jumièges ein, nach der er benannt ist, doch führte er (nach Ordericus Vitalis) auch den Beinamen 'Calculus' ('Kiesel'). In den »Gesta Normannorum ducum« schildert er eindrucksvoll die Einfälle der Skandinavier im Neustrien des 9. Jh. (Taten des sagenhaften 'Hastings'), erzählt ausführlich die Gesch. des frühen Hzm.s Normandie, von Rollo bis zur Eroberung Englands unter Wilhelm dem Eroberer (1066). Das Werk ist gegliedert in sieben Bücher, von denen jedes im wesentl. (aber nicht ausschließlich) auf die Taten eines Haupthelden (in der Regel eines der Hzg.e der Normandie) hin orientiert ist. Die Redaktion begann um 1050 und war 1060 weitgehend abgeschlossen. Die Bücher I-IV (Hastings, →Rollo, →Wilhelm Langschwert und →Richard I.) stützen sich stark auf das Werk →Dudos v. St-Quentin (»De moribus...«), ergänzt um Nachrichten, die W. wohl im wesentl. aus Überlieferungen seiner Abtei Jumièges, dem Entstehungsort seines Werks, schöpfte. Die Bücher V (über →Richard II.), VI (über Richard III. und →Robert) und VII (über →Wilhelm den Eroberer) tragen eigenständigere Züge und verwerten vielfältige Zeugnisse, schriftl.

wie mündl., teils lokalen Ursprungs (Urkk. aus Jumièges, Erzählungen von Augenzeugen), teils allgemein frz.-westfrk. Provienz (»Hist. Francorum Senonensis«). Einer der Gewährsleute W.s könnte Johann, Bf. v. Avranches, später Ebf. v. Rouen, ein Sohn Raouls v. Ivry, gewesen sein. 1067 nahm W. erneut die Arbeit auf und fügte seinem Werk eine bis 1070 reichende Erzählung der Eroberung Englands an; Herkunft und Q.nwert der (wohl hauptsächl. mündl.) Zeugnisse, die W. heranzog, sind schwer zu beurteilen. Am Schluß des Werks stehen ein Epilog und eine Widmung an Wilhelm den Eroberer; dessenungeachtet kann W. keinesfalls als am Hofe tätiger Chronist gelten. Sein Werk wurde frühzeitig gelesen und benutzt, bes. von →Wilhelm v. Poitiers, und im 12. Jh. von →Ordericus Vitalis und →Robert v. Torigny interpoliert. W.s Stil ist klar und verzichtet auf Weitschweifigkeiten. Der Q.nwert des Werks ist für das 10. Jh. begrenzt (da er vorwiegend Dudos »Gesta« resümiert), doch liefert er auch hier manche eigenständige Nachrichten. Für das 11. Jh. (bis 1066) bilden W.s »Gesta« dagegen - trotz bestimmter chronolog. Irrtümer und einer Tendenz zur Vereinfachung - eine Q. von grundlegender Bedeutung. Sein Bericht über die Eroberung Englands fällt in seinem summar. Charakter dagegen wieder ab.   A. Renoux

Ed., Lit. und engl. Übers.: E. M. C. VAN HOUTS, The Gesta Normannorum Ducum of William of J., Orderic Vitalis and Robert of Torigni, 2 Bde, 1992-95.

80. W. Langschwert, illegit. Sohn Kg. Heinrichs II. v. England →Wilhelm Longsword (5. W.)

81. W. v. Lestkov, † 1369, 1366-69 Dekan des Kollegiatkapitels v. Vyšehrad (→Prag, I. 2). Wohl aus einem westböhm. Marktflecken stammend, gehörte W. zum höheren böhm. Klerus und war zugleich Vertrauter des ersten Ebf.s v. Prag, →Ernst v. Pardubitz, dessen Vita er verfaßte, sowie Karls IV. schon während dessen Zeit als röm.-dt. Kg. Wiederholt wurde er an die päpstl. Kurie entsandt, um über die Ks.krönung Karls IV. zu verhandeln. W. besaß eine große Bibliothek (mindestens 114 Bände), die Karl IV. 1370 aufkaufte und dem Karlskolleg der Prager Univ. schenkte. Der Katalog des Karlskollegs v. 1370 mit über 206 Bänden verzeichnet mehrere Hss. aus W.s Besitz.   I. Hlaváček

Q. und Lit.: Vita Arnesti, hg. J. EMLER, FontrerBohem I, 1873, 387-400 - Z knižní kultury doby Karla IV. a Václava IV. v. českých zemích, hg. I. HLAVÁČEK, Hist. Univ. Prag. 18/1, 1978, 38ff. [Bibl. kat. des Karlskollegs der Univ. Prag].

82. W. v. Macclesfield (Macclesfeld), engl. Dominikanertheologe, * Macclesfield bei Chester, Bm. Coventry; † 1303 Canterbury, studierte in Oxford und Paris, avancierte in Paris zum theol. Bakkalaureus, 1292/94 zum Univ.sprediger, um 1298 zum theol. Mag. und 1299-1301 zum Mag. reg. in Oxford. Im Febr. 1302 trat er als Schlichter in einem Streit zw. den Dominikanern und dem Domkapitel in Exeter auf. 1303 ist W. Definitor der engl. Ordensprov. am Generalkapitel in Besançon (26. Mai 1303). Bevor die Nachricht von seinem Tod Rom erreicht hatte, wurde er von Benedikt XI. am 18. Dez. 1303 zum Kard. auf den Titel Santa Sabina ernannt. Er soll der Autor mehrerer Schriften sein, die das Denken des Thomas v. Aquin gegen Angriffe u. a. von →Heinrich v. Gent verteidigten. Das ihm von P. GLORIEUX zugeschriebene Correctorium Sciendum (ed. 1956) stammt von Robert v. Orford. Ob das Correctorium Quaestione (ed. J.-P. MULLER, Studia Anselmiana 35, 1954) von W. stammt, ist wahrscheinlich, aber nicht sicher (LThK² X, 1136 [D. A. CALLUS]). Mit einiger Sicherheit stammen Sentenzenkom-

mentar und die Quaestiones Ordinariae (Ms. Bibl. Cath. Worcester Q. 99) von W.   M. Gerwing

Lit.: A. G. LITTLE–F. PELSTER, Oxford Theology and Theologians c. A. D. 1282–1302, 1934 – W. A. HINNEBUSCH, The Early English Friars Preachers, 1951, 410–412 – F. PELSTER, Theol. und philos. bedeutsame Quaestionen des W. v. M., H. v. Harcley und anonymer Autoren der engl. Hochscholastik in Cod. 501 Troyes, Scholastik 28, 1953, 222–228 – V. DOUCET, Commentaires sur les Sentences: suppl. au Rép. de M. F. STEGMÜLLER, 1954, n. 203 – F. J. ROENSCH, Early Thomistic School, 1964 – L. HÖDL, Geistesgesch. und literarkrit. Erhebungen zum Korrektorienstreit (1277–1287), RTh 33, 1966, 81–114 – J. B. SCHNEYER, Rep. der lat. Sermones des MA, 2, 1970, 481f. – TH. KAEPPELI, Scriptores OP Medii Aevi, 2, 1975, 116–118; 6, 1993, 101 – TH. SCHNEIDER, Die Einheit des Menschen, BGPhMA 8, 1988².

83. W. v. Malavalle → Wilhelmiten

84. W. v. Malmesbury, lat. Gesch.sschreiber (etwa 1090–1143), stammte von Eltern engl. (= ags.) und norm. Herkunft. In noch jungem Alter trat er in das Kl. →Malmesbury ein und diente dort als Bibliothekar. Die wenigen Einzelheiten zu seinem Leben finden sich in den Prologen seiner Werke, die sich in drei Gruppen einteilen lassen: a) sog. 'deflorationes' und 'abbreviationes', Slg.en von Exzerpten aus anderen Werken, so z. B. aus den »Miracula S. Mariae«, aus den Reden →Ciceros, den Werken Gregors d. Gr., aus grammat. und geschichtl. Werken (hier speziell »Polyhistor«), oder stark gekürzte Fassungen von z. B. »De officiis« des →Amalar(i)us v. Metz oder vom Komm. zu den Klageliedern des Jeremias des →Paschasius Radbertus (2. P.); b) hagiograph. Werke, d. h. Viten der Hl.n Patrick, Indrakt, Benignus, Dunstan und Wulfstan; c) historiograph. Werke: »Gesta Pontificum Anglorum«, »De Antiquitate Glastonie Ecclesie«, »Gesta Regum Anglorum« und »Historia Novella«. Die Hl.nleben und die 'deflorationes' sind z. T. verloren gegangen, z. T. noch unediert. In seinen historiograph. Werken, die ihm den Ruf eines zweiten Beda einbrachten, wird jedoch W.s Talent als Schriftsteller ersichtlich.

Die »Gesta Pontificum« behandeln in vier Büchern die Bf.e und Ebf.e Englands von der Bekehrung der Angelsachsen bis 1125 (mit einer Überarbeitung des Werkes ca. 1140); die Bücher sind nicht chronolog., sondern nach Diözesen geordnet. Das 5. Buch ist ganz dem →Aldhelm gewidmet, dem als ehemaligen Ebf. v. Malmesbury W.s bes. Verehrung gilt. In »De Antiquitate« befaßt sich W. auf Einladung der Mönche v. →Glastonbury in 83 Kapiteln mit der Gesch. der Abtei und endet mit Heinrich v. Blois, der 1126 dort Abt wurde. Die »Gesta Regum« behandeln alle Kg.e Englands seit der Ankunft der Angelsachsen 449: Buch 1 und 2 sind den ags. Kg.en, die Bücher 3–5 sind den norm. Kg.en bis einschließl. Heinrich I. gewidmet. Ursprgl. endete das Werk mit dem Jahr 1125, aber W. überarbeitete es später noch einmal. Die »Historia Novella«, eine Forts. der »Gesta Regum«, befaßt sich in 3 Büchern mit den Jahren 1126–42, d. h. mit dem Konflikt zw. Kg. Stephan v. Blois und der Ksn. Mathilde. Am Ende des 3. Buches verspricht W. ein weiteres Buch; da dieses aber nicht mehr geschrieben wurde, wird angenommen, daß er kurz nach 1142 gestorben ist. W. ist ein gründl. Forscher, der in seine Werke ältere Historiographie, Briefe und Gedichte aus hist. Zeit sowie Urkk. miteinbezieht. Er schöpft auch aus der mündl. Überlieferung, wie eingefügte Anekdoten zeigen. Für einige Nachrichten aus ags. Zeit, so z. B. Aldhelms ae. Gedichte, ist er der erste Gewährsmann (Gesta Pont. V, § 190). Trotz der Fülle des Q.materials ist sein Stil einfach, lebhaft u. gut leserlich. G. Wieland

Bibliogr.: NCBEL I, 758f. – An Ind. of Brit. and Irish Lat. Writers 400–1520, ed. J. H. BAXTER et al., 1932 [Nachdr. 1971], 29 – Ed.: De Gestis Pontificum Anglorum, ed. N. E. S. A. HAMILTON, 1870 – Vita Dunstani, Memorials of St. Dunstan, ed. W. STUBBS, 1874, 250–324 – De Gestis Regum Anglorum, ed. W. STUBBS, 1887–89 – Vita Wulfstani, ed. R. R. DARLINGTON, 1928 – The Historia Novella by W. of M., transl. K. R. POTTER, 1955 – El libro 'De laudibus et miraculis sanctae Mariae' de Guillermo de M., ed. J. M. CANAL, 1968 – The Early Hist. of Glastonbury, ed. and transl. J. SCOTT, 1981 – W. of M.: Polyhistor, ed. H. T. OUELETTE, 1982 – Lit.: MANITIUS III, 466–473 – R. THOMSON, William of M., 1987 – A. G. RIGG, A Hist. of Anglo-Lat. Lit. 1066–1422, 1992, 34f.

85. W. v. Mandagout (Guilelmus de Mandagoto), Kanonist, † 11. Nov. 1321, studierte in Bologna (doctor decretorum 1275), war spätestens 1285 Archidiakon v. Nimes und Uzès, 1295 Ebf. v. Embrun, 1311 Ebf. v. Aix-en-Provence, 1312 Kard. und nach dem Tod Clemens' V. Papstkandidat. In päpstl. Auftrag führte er zahlreiche diplomat. Missionen durch. Neben Berengar →Frédol v. Béziers und Richardus (Petronius) v. Siena wurde er von Bonifatius VIII. in die Dreierkommission zur Vorbereitung des →Liber Sextus berufen. Zu seinem berühmten und sehr verbreiteten, wohl schon vor 1285 entstandenen Werk über das Wahlrecht verfaßte er gleichzeitig einen (in Hss. den Text als Glosse umgebenden) Kommentar (»Libellus de electionibus cum apparatu«). Zuschreibungen weiterer Werke sind nicht gesichert.   H. Zapp

Ed.: Libellus de electione, Paris 1506 u. ö. – Lit.: DDC V, 1077f. – DHGE XXII, 951 – HLF XXXIV, 1–61 – SCHULTE II, 183–185.

86. W. de la Mare OFM (Giullelmus de Mar(r)a, G. Anglicus, Lamarensis), * vermutl. um 1230, Herkunft: England; las um 1270, jedenfalls nach 1267 in Paris die Sentenzen des Petrus Lombardus und folgte wahrscheinl. Johannes →Peckham auf dem Franziskanerlehrstuhl (1271–72); gilt als Verfasser eines für seine Zeit hervorragenden Bibelkorrektoriums. Er besaß außergewöhnl. Kenntnis des Griech. und Hebr.

W.s Sentenzenkommentar umfaßt die beiden ersten Bücher sowie Quaestionen zum 3. und 4. Buch. Er schließt sich ganz eng an den Kommentar Bonaventuras an. Auffällig ist jedoch die starke Benutzung des Kommentars von Thomas v. Aquin. Als weitere wesentl. Q. dient der Kommentar Peckhams (im 1. Buch, die übrigen Bücher Peckhams sind verschollen). W. benutzt im Rahmen der Theologie →Roger Bacon (Opus Maius, Communia naturalium), dessen Werk dadurch über die Tradition der Optik hinaus auch in der Theologie Einfluß gewinnt. Er verfaßte ferner eine Serie von Quaestiones disputatae und vermutlich ein Quodlibet. Zu den serm. vgl. J. B. SCHNEYER, Rep. II, 493.

Größte Bekanntheit erlangte das »Correctorium fratris Thomae«, das durch die provozierten Erwiderungen den sog. →Korrektorienstreit auslöste. Dabei ist zu beachten, daß W. im Sentenzenkommentar Thomas v. Aquin mit vorzügl. Respekt behandelt und ihm über weite Strecken zustimmt. Die charakterist. Kontroversen zw. der thomas. und der franziskan. Gefolgschaft sind aber schon dort angelegt. Das Correctorium stellt eine Sammlung krit. Anmerkungen zu problemat. Thesen des Thomas dar, die franziskanerintern bei der Verwendung des Werkes von Thomas berücksichtigt werden sollten. Hauptthesen seines Denkens: Glaubenssätze haben präskriptiven Charakter, der Glaube ist Gesetz, die Theologie Gesetzesauslegung, daher prakt. Wissenschaft. Universaler Hylemorphismus für alle Geschöpfe, d. h. auch geistige Substanzen haben Materie. Pluralität der Formen, Endlichkeit der Welt sind philos. beweisbar. Voluntarismus im Anschluß an Ibn Gabirol, Roger Bacon und Johannes Peckham.

    H. Kraml

Ed.: Scriptum in primum librum sententiarum, ed. H. KRAML, 1989 – Scriptum in secundum librum sententiarum, ed. H. KRAML, 1995 – Correctorium fratris Thomae (P. GLORIEUX, Le correctorium corruptorii »Quare«, 1927) – *Lit.:* G. FUSSENEGGER, Definitiones Capituli Generalis Argentine celebrati anno 1282, AFrH 26, 1933, 127–140 – P. GLORIEUX, La lit. quodlibétique, II, 1935, 117f. – E. LONGPRÉ, Maîtres franciscains de Paris: Guillaume de la M. O.F.M., FF 4, 1921, 288–302; 5, 1922, 289–306 – F. PELSTER, Les »Declarationes« et les Questions de Guillaume de la M., RTh 3, 1931, 397–412 – B. SMALLEY, The Study of the Bible in the MA, 1952.

87. W. v. Melitona, engl. Franziskaner, * in Middletown, † 1257, studierte als Schüler des →Alexander v. Hales in Paris, 1245 Bakkalar, 1248 Mag. Theol. als Nachfolger des Odo Rigaldi OFM; 1248 unterzeichnete er die Verurteilung des Talmud (durch den päpstl. Legaten Odo v. Chateauroux). 1253 ging er für kurze Zeit als Lehrer nach Cambridge. Mit Bulle vom 7. Okt. 1255 »De fontibus paradisi« beauftragte ihn Papst Alexander IV., die Summa des Alexander zu vollenden. Dessen 4. Buch hat W. nicht nur seine redaktionelle Arbeit, sondern auch seine theol. Quästionen zur Verfügung gestellt. Diese »Quaestiones de sacramentis«, I: Tract. I–III, ed. C. PIANA OFM, Tract. IV–VI, ed. G. GÀL OFM (Bibl. franc. schol. 22–23, 1961) handeln über die Sakramente im allg. und speziell über Taufe, Firmung, Eucharistie und v. a. über die Buße (unvollendet). Sie entstanden zw. 1245–49 und bezeugen den Einfluß der Sentenzenglossen und der Quästionen seines Lehrers Alexander, des →Richard Fishacre OP und des →Wilhelm v. Auxerre († 1231). Eine vollständige Liste seiner theol. Quästionen kann nur durch die Unters. der zeitgenöss. Quästionensammlungen (z. B. Guerricus de S. Quentino OP) gesichert werden. Zum Opusculum super Missam vgl. DSAM VI, 1221–1224; zu den Predigten vgl. J. B. SCHNEYER, Rep. II, 493f.; zur Auslegung der Hl. Schriften vgl. RBMA II, 1950, Nr. 2927–2966; die sog. Summa de virtutibus des Alexander v. Hales OFM (erstmals gedr. 1509) kann ihm nicht mit Sicherheit zuerkannt werden. – Die Sakramente sind gnadenwirksame Zeichen. Der durch die Sünde ruinierte Mensch kann sich nur durch die Gnade zur Gottesliebe erheben. Die sakramentale Gnade ist ihres Zeichens heilende helfende Gnade aus der Kraft des Kreuzes Christi   L. Hödl

Lit.: DSAM VI, 1221–1224 – DThC X/1, 538–540 – LThK² X, 1138f. – R. SCHÖNBERGER-B. KIBLE, Rep., Nr. 13343–13349 – B. BERGAMO, AFH 29, 1936, 46–54, 308–364 – O. LOTTIN, Psychologie et morale aux XIIᵉ et XIIIᵉ s., II, 1948, 563–568, partim; III, 1949, partim – V. DOUCET, Alexandri de Hales Summa theol. IV. Prolegomena, 1949, 240–243 – F. LNYCH, FrS 17, 1957, 239–272 – V. NATALINI OFM, StFr 58, 1961 62–92 – A. SAMARITANI, La Quaestio de sanctificatione B. Virginis, Marianum 30, 1968, 161–180.

88. W. v. Moerbeke, Übersetzer, * ca. 1215, OP, seit 1278 Ebf. v. Korinth, † 1286.

Aus Moerbeke in Brabant gebürtig, trat W. zu einem nicht bekannten Zeitpunkt, möglicherweise in Leuven, dem Dominikanerorden bei und wurde nach der ordensüblichen Ausbildung Missionar im griech. sprechenden Orient. Sichere biogr. Nachrichten lassen sich nur aus gelegentl. Bemerkungen zum Abschluß seiner Übers. en und wenigen Urkk. gewinnen. Danach vollendete er am 24. April 1260 in Nikaia die Übers. des von Alexander v. Aphrodisias verfaßten Kommentars zur Metereologie des Aristoteles sowie am 23. Dez. 1260 in Thebes eine Übers. der Schrift »De partibus animalium« des Aristoteles. Acht Jahre später schloß W. in Viterbo am 18. Mai 1268 die Übers. der »Elementatio Theologica« des Proklos ab. Aufgrund stilist. Kriterien kann auch die auf den 22. Nov. 1267 datierte, dem Kolophon zufolge in Viterbo abgeschlossene Übers. von Themistius' Kommentar zu Aristoteles' »De anima« W. zugeschrieben werden. Seit 1267 war er an der päpstl. Kurie und spätestens seit 1272 daselbst Poenitentiar (vgl. Witelo, Prolog zur Perspectiva, ed. RISNER, 2); als solcher nahm er am II. Konzil v. Lyon (1274) teil und blieb mindestens bis Nov. 1276 in diesem Amt. Im Okt. 1277 vollendete er, noch in Viterbo, die Übers. des galen'schen Traktats »De alimentis«; am 5. April 1278 wurde er zum Ebf. v. Korinth ernannt. Als solcher unterzeichnete er im Febr. 1280 die Übers. dreier Opuscula des Proklos. 1284 wirkte W., vermutl. nach Rom zurückgekehrt, als päpstl. Legat in Perugia. Sein Todesdatum ergibt sich aus der Ernennung eines Nachfolgers in Korinth am 26. Okt. 1286.

Aufgrund sprachl. Kriterien können W. außer den genannten zahlreiche andere nicht namentl. unterzeichnete Übers. en bzw. Bearbeitungen vorhandener Übers. en zugewiesen werden. Sie umfassen, wie es sich, Roger Bacon zufolge, W. ausdrückl. als Ziel gesetzt habe, fast das gesamte Corpus Aristotelicum sowie verschiedene Aristoteleskommentare (Alexander v. Aphrodisias, Themistius, Ammonius, Philoponus, Simplicius), die »Elementatio Theologica« des Proklos (1268) und dessen Kommentare zu den platon. Dialogen »Parmenides« (kurz vor 1286) und »Timaios« sowie einen im Autograph erhaltenen und auf das Jahr 1269 datierten Codex (Vat. Ottob. lat. 1850) mit mathemat.-astronom. Schriften (sieben Werke des Archimedes mit zwei Kommentaren, »Catoptrica« des Heron v. Alexandria, »De analemmate« des Ptolemaios). Diese Übers. en hängen möglicherweise zusammen mit der Anwesenheit des Mathematikers Campanus v. Novara in Viterbo, wie ähnlich die Galenübers. auf dem Hintergrund der Bekanntschaft mit dem Mediziner Rosellus v. Arezzo, dem sie gewidmet ist, entstanden ist. Umgekehrt hat W. dem jeweiligen Prolog zufolge Witelo zw. 1271 und 1277 zur Abfassung der »Perspectiva« und Heinrich Bate 1274 zur »Magistralis compositio astrolabii« angeregt. Daß Thomas von Aquin die Aristotelesübers. en W.s veranlaßt habe, wie es zuerst eine Stamser Kat. notiz behauptet, trifft nicht zu; daß er als W.s Mitarbeiter auf diese Übers. en Einfluß genommen habe, wie es sein Biograph Wilhelm v. Tocco nahelegt, ist durch Q. nicht bezeugt, im Sinne eines wiss. Gesprächs zw. Ordensbrüdern aber denkbar. Sicher aber war Thomas einer der ersten, die von den Übers. en W.s profitierten.

M.-A. Aris

Lit.: DSB IX, 434–440 [L. MINIO-PALUELLO] – Guillaume de M. Recueil d'Études à l'occasion du 700ᵉ anniversaire de sa mort (1286), hg. J. BRAMS-W. VANHAMEL, 1989 [301–383 komm. Bibliogr.] – A. PATTIN, Pour la biographie de G. de M., Angelicum 66, 1989, 390–402 – J. BRAMS, Guillaume de M. et Aristote (Traductions et traducteurs de l'antiquité tardive au XIVᵉ s., 1990), 317–336 – DERS., Mensch und Natur in der Übersetzungsarbeit W.s v. M. (Mensch und Natur im MA, hg. A. ZIMMERMANN-A. SPEER, 1992), 537–561.

89. W. v. Monte Lauduno (Guillaume de Montlauzun), Kanonist, * SW-Frankreich, † 2. Jan. 1343, Cluniazenser, studierte in Paris kanon. Recht und Theologie, lehrte als »doctor decretorum« an der Univ. Toulouse und wurde 1321 Abt v. Montierneuf (Poitiers). Er verfaßte eine Lectura (1306/16) zum →Liber Sextus, einen Apparat (1319) zu den →Clementinae und zu den teils den Clementinae beigefügten, daher mitunter als »clementin. Anhang« bezeichneten, teils als eigenständige Slg. überlieferten drei →Extravagantes von Johannes XXII. (Suscepti regiminis, Sedes apostolica, Execrabilis), von Chappuis der 2. Ausg. des →Corpus iuris canonici 1503 beigefügt; schließlich wird ihm ein vorwiegend theol. Traktat über die Sakramente (»Sacramentale«) zugeschrieben.   H. Zapp

Ed.: Lectura super Sextum, Toulouse 1524 – App. super Clementinas, Paris 1517 u.ö. – Glossae (App.) in tres Extrav. Joh. XXII cum quibusdam additionibus J. Francisci de Pavinis, Rom 1475 u.ö. – *Lit.:* DHGE XXII, 969f. – HLF XXXV, 467–503 – NCE XIV, 930 – SCHULTE II, 197–199.

90. W. de Montibus (de Monte, du Mont), * um 1140 in Lincoln, † 1213 in Lincoln, Theologe, studierte in Paris, lehrte an den Schulen auf dem Mont-Ste-Geneviève, kehrte ca. 1186 nach Lincoln zurück und wurde dort von Bf. →Hugo v. Lincoln zum Kanonikus der Kathedrale ernannt. 1191 zum Kanzler erhoben, errichtete W. in Lincoln eine bedeutende theol. Schule. W. widmete sich in seinen Werken v.a. der Priesterausbildung: Das »Numerale« bietet eine mit Ziffern versehene kurze theol. Summe, in den »Tropi« werden bestimmte Schriftstellen ausgelegt und stellen ebenso wie die Schriften »Similitudinarius« und »Proverbia« eine prakt. Hilfe bei der Predigtvorbereitung dar. »Versarius« bietet theol. Merkverse (von Hexametern) und eine vollständige Glosse. Umstritten ist, ob das darin enthaltene und in Europa stark verbreitete »scriptum de poenitentia« von W. stammt. M. Gerwing
Lit.: B. SMALLEY – G. LACOMBE, The Lombard's Commentary on Isaias and other Fragments (The New Scholasticism 5, 1931), 141–151 – M. LANDGRAF, Introducción a la historia de la literatura teològica de la escolàstica incipiente, 1956 – H. MACKINNON, The Life and Works of William de M. [Diss. masch. Oxford 1959] – J. B. SCHNEYER, Repertorium der lat. Sermones des MA, 2, 1970, 509–524 [= BGPhMA, Texte und Unters. 43, 2] – J. GOERING, William de M. (c. 1140–1213); the Schools and the Literature of Pastoral Care, Pontifical Inst. of Mediaeval Stud., Studies and Texts, 108, 1992.

91. W. v. Nangis →Nangis, Wilhelm v.

92. W. v. Newburgh (in Yorkshire), CanA, 1125/36–98, auch W. Parvus gen.; engl. Chronist und Theologe. In den (1196 oder kurz vorher begonnenen) fünf Büchern seiner »Historia Rerum Anglicarum« behandelt W., zunächst auf die →Simeon of Durham zugeschriebene Kg.sgesch. und die »Historia Anglicana« →Heinrichs v. Huntingdon (116. H.) gestützt, den Zeitraum von 1066 bis 1198. W. orientiert sich an den Zielsetzungen des →Beda Venerabilis. Die »Historia« zeichnet sich durch rationales Urteil, abgewogene Personencharakteristik und genaue topograph. Beschreibungen aus. Weil die brit. Fabelgeschichten →Geoffreys v. Monmouth argumentativ zurückgewiesen werden, ist W. später als »Vater der historischen Kritik« gerühmt worden. Sein Geschichtswerk stellt eine Hauptq. für die Regierungszeiten Heinrichs II. und Richards I. dar. K. Schnith
Ed.: Historia, ed. R. HOWLETT (RS), 2 Bde, 1884–85 – *Theol. Schr.:* Sermones, ed. TH. HEARNE, Oxford 1719 – Explanatio Sacri Epithalamii in Matrem Sponsi, ed. J. C. GORMAN (Spicilegium Friburgense 6, 1960) – *Lit.:* R. JAHNCKE, Guilelmus Neubrigensis, 1912 – A. GRANSDEN, Historical Writing in England, I, 1974, bes. 263–268 – N. F. PARTNER, Serious Entertainments – The Writing of Hist. in Twelfth-Century England, 1977.

93. W. v. Nogaret →Nogaret, Guillaume de

94. W. v. Nottingham, Franziskanertheologe, * um 1280, † 5. Okt. 1336 in Leicester (nicht zu verwechseln mit dem gleichnamigen 4. engl. Provinzial, † 1251, dessen Werke ihm fälschl. zugeschrieben wurden); seit 1312 Mag. theol. in Oxford; 17. Provinzial der engl. OFM-Provinz; 1322 Unterzeichnung der Armutserklärung auf dem Generalkapitel v. Perugia. Sein Sentenzenkommentar diskutiert mit marginaler Namensignatur (Johannes Duns Scotus, Thomas v. Aquin, Aegidius Romanus, Wilhelm v. Ware, Richard v. Mediavilla u.a.) die in Oxford im 13./14. Jh. vertretenen Lehrmeinungen. Lehre von der Distinctio formalis in engem Anschluß an Johannes Duns Scotus; auch in der Argumentation für die Immaculata conceptio sowie für die zweifache Sohnschaft Christi ist das scotische Vorbild deutlich; die von Scotus in der Trinitätslehre alternativ vertretene Lehre von einem absoluten Personkonstitutiv wird von W. zugunsten des relationalen Konstitutivs scharf kritisiert; er nimmt gegen die Lehre von der ewigen Weltschöpfung Stellung.
M. Burger
Q.: In IV lib. Sent., Ms. 300 Caius and Gonville College, Cambridge – *Ed. und Lit.:* RBMA, STEGMÜLLER, I, 133f. n. 293 – LThK² X, 1142 – A. G. LITTLE, The Grey Friars in Oxford, 1892, 165ff. – E. LONGPRÉ, AFrH 22, 1929, 232f. – C. BALIĆ, RTh 2, 1930, 160–188 – L. MEIER (Philosophia Perennis, I, 1930, 247–266 [Ed. I Sent. d. 22]) – M. SCHMAUS, FSt 19, 1932, 195–223 (Ed. I Sent. d. 38–41, 45–48) – DERS., Antonianum 7, 1932, 139–166 (Ed. II Sent. d. 1 q. 3) – E. LONGPRÉ, Antonianum 7, 1932, 289–313 (Ed. III Sent. d. 8) – A. EMMEN, Marianum 5, 1943, 245–260 (Ed. III Sent. d. 3) – C. BALIĆ, Ioannes Duns Scotus, Opera omnia, 1950ff., Adnotationes ad Ed. Vat. VI, 10*, 13*, 14*–20*, 24* – W. DETTLOFF, Die Entwicklung der Akzeptations- und Verdienstlehre, 1963, 10–14, 92f.

95. W. v. Ockham, OFM, bedeutender Theologe der Spätscholastik, wichtiger polit. Theoretiker, Berater Ks. →Ludwigs d. Bayern.

[1] *Leben:* * 1285/90 wahrscheinl. im Dorf Ockham (ca. 35 km sw. Londons), † 9. April 1348 (?) in München. Wohl aus nichtadliger Familie stammend, ist W. früh in den Franziskanerorden eingetreten, dem er seine gelehrte Karriere und seinen Lebensweg verdankt. Am 26. Febr. 1306 erhielt er durch Ebf. Robert →Winchelsey v. Canterbury in Southwark die Diakonsweihe, 1310–24 Studium und Univ.sunterricht wohl doch ausschließl. in Oxford (vielleicht auch teilweise in London), am 19. Juni 1318 Beichtlizenz durch John Dalderby, Bf. v. Lincoln. Die Jahrzehnte seines Studiums waren literar. ungemein fruchtbar, seine akadem. Schriften (deren absolute und relative Chronologie im einzelnen nur erschlossen werden kann) sollten an den Univ.en Europas noch bis zum 17. Jh. unmittelbare Nachwirkungen haben. 1323 geriet W. in Konflikt mit dem Oxforder Kanzler →Johannes (134. J.) Lutterell, der zur Kurie nach Avignon zog, wo er ein Häresieverfahren gegen W. in Gang brachte. Die theol. Magister der franziskan. Ordensprovinz Anglia strengten im Herbst 1323 eine Untersuchung gegen W. an. Im Sommer 1324 von Oxford nach Avignon beordert, wurde W. dort im Franziskanerkl. »arrestiert«, d.h. er durfte Avignon ohne päpstl. Genehmigung nicht verlassen. Akten des Verfahrens sind erhalten, ein Obergutachten des Zisterzienserkard.s Jacques Fournier (später Papst →Benedikt XII.) nur fragmentar., zu einer definitiven Verurteilung ist es (aus unbekannten Gründen) nicht gekommen.

Seit der Ankunft seines Ordensgenerals →Michael v. Cesena (22. M.) bei der Kurie (1. Dez. 1327) sah sich W. in den sog. »Theoret. Armutstreit« der Franziskaner mit Papst Johannes XXII. verwickelt. Die Erkenntnis, daß der Papst selbst zum Ketzer geworden war, bestimmte sein künftiges Leben: fortan teilte er alle gemeinsamen Aktivitäten der Gruppe um Michael, teilte ihre Flucht aus Avignon (26. Mai 1328), teilte später auch den Schutz, den Ks. Ludwig d. Bayer ihr (26. Sept. 1328) gewährte, an dessen Hof sie, zunächst in Italien, dann in München eine prekäre Sicherheit fand. Außer der Mitarbeit an den gemeinsamen Schriftsätzen begann W. seine reiche Produktion von Streitschriften und Traktaten, die auch weithin wirksame polit. Theorie über Eigentumsrecht und polit. Organisation sowie über die gegenseitigen Grenzen kirchl. und weltl. Macht entwickeln. In krit. Dialog u. a. mit →Marsilius v. Padua zeigte W. eine selbständige Ausprägung eines

integralen Aristotelismus (→Aristoteles), den er mit theol. Traditionen ekklesiolog. zu amalgamieren wußte. Auch kanonist. Anregungen von →Bonagratia v. Bergamo und von →Lupold III. v. Bebenburg nahm er auf. Auf den →Konziliarismus der Zeit des →Abendländ. Schismas hat er (wohl v. a. über das Collège de Navarre der Univ. →Paris) eine tiefgehende und breite Wirkung geübt.

[2] *Akademische Schriften:* Angelpunkt der theol. Spekulation W.s bleibt die Erfahrung von Gottes Allmacht, die den willentl. bestimmten Gottesbegriff der franziskan. Scholastik (zuletzt etwa von →Johannes Duns Scotus [99. J.]) radikalisiert. Gott gegenüber ist alles Ird. nur kontingent. Die Frage, ob Gott in seiner Allmacht auch anders hätte entscheiden können, als er es tat, öffnet Fragehorizonte »de potentia dei absoluta« gegenüber der gegebenen Schöpfung »de potentia dei ordinata«. Nach W. (Quodlibeta, 6. 1) meint diese Unterscheidung keinesfalls zwei real unterschiedene Vermögen Gottes, da dieser nichts »inordinate« tut, allein unser Sprachgebrauch benötigt diese Distinktion, die Wandlungen der Heilsgesch. zu beschreiben vermag und zugleich Gottes Unwandelbarkeit festzuhalten erlaubt. Gottes Freiheit, seine Alternativen zur gesetzten Ordnung begrenzen das menschl. Nachdenken und führen zugleich zur Frage nach ontolog. Letztbegründung in philosoph. Analyse. Erkenntnistheoret. wird »de potentia absoluta« eine »cognitio intuitiva de rebus non existentibus« (von Gott gewirkte unmittelbare Anschauung eines von ihm vernichteten Gegenstandes) gegen den Normalverlauf menschl. Erkenntnis als möglich festgehalten, woraus sich aber (noch) keine »Skepsis« hinsichtl. der grundsätzl. unmittelbaren Erkennbarkeit der Welt ergibt. Die Welt ist (auch hier hilft die Dialektik von potentia absoluta/ordinata) ontolog. radikal kontingent und besteht aus Gegenständen prinzipieller Selbständigkeit jeweils radikaler Singularität, die möglicherweise allein von Gott erhalten werden könnten. Von hier aus erklärt sich auch W.s method. Prinzip metaphys. Untersuchung, sein später sog. »razor« (Rasiermesser), das er freilich nicht als einziger Theologe seiner Zeit benutzt hat: »Frustra fit per plura, quod potest fieri per pauciora – pluralitas non est ponenda sine necessitate«; es erlaubt, wirkl. Gegebenes von Fiktionen krit. zu unterscheiden. W.s Wissenschaftslehre und Logik, die ihrer Stringenz und Klarheit wegen eine bes. nachhaltige Wirkung übten, arbeiteten die Regeln und Verfahren aus, nach denen durch krit. (sprachl.) Analyse die richtige Erkenntnis des Gegebenen abgeleitet und überprüft werden kann. In der prakt. Philosophie liefert W. eine Ethik der Freiheit, die keineswegs als positivist. oder formalist. mißverstanden werden sollte. Sittl. Akte sind Akte freien Gehorsams gegenüber Gottes Ordnung (de potestate ordinata), erst die freie Entscheidung des gehorsamen Willens macht einen Akt sittl. qualifizierbar. Die Ethik wird nur marginal als Tugendlehre, zentral als Analyse der formalen Struktur sittl. Akte entwickelt, so wie später die formale Analyse polit. Handlungsspielräume W.s polit. Theorie bestimmen wird. W.s Ethik findet ihre Entsprechung in seiner Gnaden- und Akzeptationslehre, die nicht kasuist. einzelne verdienstl. Handlungen aufzählt, sondern die konstitutiven Bedingungen von Verdienstlichkeit zu erhellen versucht. Gottes überlegene Freiheit kann durch keinen geschöpfl. oder geschaffenen Akt zu irgendeiner Handlung oder Unterlassung genötigt werden, durch Selbstbindung aber will Gott kontingent auch, was der Verständnis Unwürdigkeit als verdienstl. akzeptieren, was das Verständnis Luthers von der Erlösung als Gottes Tat vorbereitet, wobei freilich W. die Möglichkeit eines freien Gehorsams des Menschen unterstreicht. »Nominalist.« Erkenntnistheorie, »terminist.« Logik und Sprachphilosophie arbeiten diese Grundpositionen in einer für Zeitgenossen und Nachwelt attraktiven Weise aus, freilich traf W. auch auf Kritik und erbitterten Kampf – die heftigen Streitigkeiten zw. den verschiedenen »viae« an den europ. →Universitäten des 15. Jh. spiegelten später diese Erfahrung. Schriften: u. a. 1317–19: Sentenzenkomm., davon I Sent. als (spätere) »Ordinatio«, II–IV Sent. als »Reportatio« (d. h. Hörermitschrift); 1321–23: Vorlesung über die »Physica« des Aristoteles; 1323ff. (?): »Summa logicae«; 1323ff. (?): »Quodlibeta«; 1322/28: »De corpore Christi«; »Summulae in libros Physicorum«; 1340/45–1347/48 (bereits in München!): »Tractatus minor logicae« und »Elementarium logicae«.

[3] *Politische Schriften:* Häresieverfahren und Armutstreit hatten W.s Lebensplan umgeworfen. Am ksl. Hofe beteiligte er sich zuerst an gemeinsamen Appellationen, Memoranden, Werbeschreiben seiner Gruppe (die auch verbreitet wurden: in Paris wurden derartige Texte vom Bf. öffentl. verbrannt). Zunehmend aber hat W. Schrr. in eigener Verantwortung veröffentlicht, oft fragmentar., nicht immer weit verbreitet, aber in den Haupttexten (»Octo questiones« [OQ], »Dialogus«) von kaum zu überschätzender Wirkung. Zw. polem. Pamphleten, die eindeutig Stellung beziehen, und großen Traktaten von »wissenschaftl.« Charakter (bes. »Opus Nonaginta Dierum« [OND], Dial., OQ), die scheinbar unparteiisch die verschiedensten Argumentationen nebeneinander stellen und ohne sofort erkennbare Wertung wägen, ist dabei zu unterscheiden. Was seine Argumente so wirkungsvoll machte auch dort, wo er eher mit seinen Fragen als mit seinen Antworten Anregungen gab (z. B. bei seiner konziliaren Theorie), war method. die Integration patrist.-theol. Überlieferungen mit rechtstheoret. Positionen der Kanonisten (die er bes. aus dem →Decretum Gratiani und den →Dekretalen sowie deren jeweiliger »Glossa ordinaria« bezog und mit erstaunlicher Gewandtheit zu nutzen wußte) sowie mit einer von Aristoteles bezogenen philosoph. Sozialtheorie (die er als Maßstab wie selbstverständl. auch an kirchl. Strukturen anlegte). Schon das OND geht über die bloße Zerpflückung päpstl. Argumente (Bulle »Quia vir reprobus«) hinaus, indem es eine Naturrechtsvorstellung entwickelt, die später noch vielfach angereichert, nuanciert, auch modifiziert wird, deren Boden W. jedoch niemals mehr verlassen hat. Mit dem Sündenfall hat der Mensch seine gottgewollte freie (vernünftige) Herrschaft über die Güter verloren, dafür aber eine »potestas utendi« erhalten, die er sich nun freilich in Konkurrenz mit anderen Geschöpfen erkämpfen muß, auch gegen Bosheit und Gewalt der Artgenossen. Daher gab Gott ihm die Lizenz, Eigentum auszusondern in Rechtsformen, die nicht gottgegeben, sondern menschl. vereinbart, die hist. entstanden und daher veränderbar sind: der Mensch kann auf dieses Recht verzichten, er kann aber die gottgegebene »potestas utendi«, die sein Leben sichert, niemals aufgeben: Eigentum ist Hilfe zur Lebensfristung im Normalfall, nicht Teil der anthropolog. Grundausstattung des Menschen, die im Notfall lebensfristend wieder auflebt, so sehr sie auch überdeckt und verdrängt sein mag durch positive Rechtssatzung. Analog zu diesen – in einem komplex hierarch. System von Geltungsansprüchen entfalteten – Strukturen wird W. später Herrschaftsbildung und Normativität verstehen: der eine »potestas instituendi rectores« wird dem Menschen nach dem Sündenfall als anthropolog. Grundausstattung eingeräumt, das läßt Herrschaft (wie Eigentum) als

menschl. Setzung und formbar erscheinen. In seinem »Dial.« prüft W. unermüdl. – fast kasuist. – an hist. und an erdachten Extremfällen Situationen daraufhin, welchen Handlungsspielraum sie im Rahmen des jeweils gültigen Rechts dem einzelnen öffnen, wozu sie ihn ermächtigen, wozu sie ihn verpflichten. Pflicht zum Widerstand trifft in der Kirche auch noch den letzten »bubulcus ('Rinderknecht') catholicus«, denn die Sache Gottes ist nicht ausschließlich Sache der Kleriker, sondern gerade auch der Laien, die nicht nur im Notfall für den Glauben einzutreten haben, die vielmehr auch legitime, ja notwendige Teilnehmer an einem (ausdrückl. als repräsentativ verstandenen) Generalkonzil sind, an dem auch die Frauen Anteil nehmen. Auch für weltl. Herrschaft gilt, daß alles Herrschaftsrecht seine Schranke findet an ihrer Funktionserfüllung, sonst wird Widerstand möglich, ja notwendig. Die Verantwortlichkeit dafür devolviert – in genauestens verfolgten Stufen – von oben nach unten. Letztl. kann die Pflicht zum Handeln jeden treffen. Prophet. beruft W. sich auf atl. und kirchengeschichtl. Gestalten (Elias, Athanasius), die als einzelne ohne institutionelle Stützung für das Ganze handeln mußten. Sein Konzept des Notrechts sollte dem Konziliarismus des 15. Jh. einen Weg bahnen, auch wenn man später W.s Skepsis hinsichtl. der Irrtumslosigkeit der Konzilien nicht mehr teilen mochte. Ständ. Teilhabeansprüchen und Kritik am Absolutismus der »plenitudo potestatis« hat er wegweisend vorgearbeitet. In seinen Schrr. seit 1337 hat W. wegen seines Ausgehens von ekklesiolog. Problemen auch zunehmend intensiv das Verhältnis des Papstes zu weltl. Herrschern, insbes. zum Ks., durchdacht. Auch kgl. (und ksl.) Herrschaft entsteht durch positive Einsetzung, bleibt daher im Notfall revozierbar. Das röm. Ksm. ist legitim (was aus seiner Anerkennung durch Christus folgt) und ist – wie das Kgtm. in Frankreich und England – von jegl. Legitimierung durch den Papst unabhängig. Doch im Notfall darf die Kirche in den Staat und der Staat in die Kirche eingreifen. Auch hier aber waren es weniger diese Thesen als die erörterten Argumente, die breite Wirkungen übten und eine säkulare Theorie des Polit. heraufzuführen halfen, die sie selber noch nicht entwickelt haben. Schriften: 1332: »Opus Nonaginta Dierum«; 1332/34: »Dialogus I«; 1333/34: »De dogmatibus Johannis XXII« (gedr. als »Dialogus II«); 1334: »Epistola ad fratres minores«; 1335: »Contra Johannem«; 1337/38: »Contra Benedictum«; 1337/40: »An princeps Angliae«; 1340/41: »Octo questiones«; 1340/42: »Breviloquium«; 1341: »Consultatio de causa matrimoniali«; 1341/48: »Dialogus III«; 1346/47: »De imperatorum et pontificum potestate«; 1347/48: »De electione Caroli IV«. J. Miethke

Bibliogr.: J. P. Beckmann, O.-Bibliogr. 1900–1990, 1992 – Werke, Ausgaben: zu [2]: G. d. O., Opera philos. et theol., cura Instituti Franciscani [17 Bde], 1974–88 [vgl. Rep. edierter Texte des MA, hg. R. Schönberger u. a., 1994, nr. 13372–13580] – Übers.: O., Philos. Writings, ed./tr. P. Boehner, 1957 u. ö. – W. v. O. Kurze Zusammenfassung zu Aristoteles' Büchern über Naturphilos., übers. H.-U. Wöhler, 1983 – W. v. O., Texte zur Theorie der Erkenntnis und der Wiss., ed. R. Imbach, 1984 – W. v. O., Summe der Logik (aus T. 1), ed./tr. P. Kunze, 1984 – W. of O., Predestination, God's Foreknowledge, and Future Contingents, tr. M. McCord Adams–N. Kretzman, 1991 – Ausgaben und Drucke: zu [3]: G. d. O., Opera politica, ed. H. S. Offler, Bd. I², II, III, IV (1974, 1963, 1956, 1997) – Dialogus, bei Joh. Trechsel (Lyon 1494), danach bei M. Goldast, Monarchia s. Romani Imperii, Tom. II, 1614, 394–957 [Ed. durch J. Kilcullen in Vorber.] – Übers.: [dt.]: W. v. O., Dial., Auszüge, übers. J. Miethke, 1994² – W. v. O., Texte zur polit. Theorie, Exzerpte aus dem Dial., lat./dt., ed./tr. J. Miethke, 1995 – [engl.]: W. of O., A Short Discourse on Tyrannical Government, tr. A. S. McGrade–J. Kilcullen, 1992 – A Letter to the Friars Minor and Other Writings, tr. A. S. McGrade–J. Kilcullen, 1995 – Lit.: zu [1–2]: L. Baudry, G. d'O. Sa vie, 1949 – Ph. Boehner, Collected Articles on O., 1958 – J. Miethke, O.s Weg zur Sozialphilos., 1969 – M. M. Adams, W. O., 1–2, 1987 – K. H. Tachau, Vision and Certitude in the Age of O., 1988 – Die Gegenwart O.s, edd. W. Vossenkuhl u. a., 1990 – W. J. Courtenay, Capacity and Volition, 1990 – G. J. Etzkorn, O. at a Provincial Chapter, 1323, AFrH 83, 1990, 557–567 – A. de Muralt, L'enjeu de la philosophie médiévale, 1991 – M. Kaufmann, Begriffe, Sätze, Dinge. Referenz und Wahrheit bei W. v. O., 1994 – J. P. Beckmann, W. v. O., 1995 – V. Leppin, Geglaubte Wahrheit, Das Theologieverständnis W.s v. O., 1995 – zu [3]: W. Kölmel, W. O. und seine kirchenpolit. Schrr., 1962 – G. de Lagarde, La naissance de l'esprit laïque au déclin du MA, nouv. éd., t. IV–V, 1962/63 – G. Knysh, Political Ockhamism (= PhD-Thesis London 1968), 1997 – A. S. McGrade, The Political Thought of W. of O., 1974 – J. Sieben, Die Konzilsidee des lat. MA, 1984 – B. Wilms, Kontingenz und Konkretion, W. v. O. (Die Rolle der Juristen bei der Entstehung des modernen Staates, ed. R. Schnur, 1986), 13–49 – J. Blythe, Ideal Government and the Mixed Constitution in the MA, 1992 – R. Lambertini, W. v. O. als Leser der »Politik« (Das Publikum polit. Theorie, ed. J. Miethke, 1992), 207–224 – J. Coleman, Sovereignty and Power Relations in the Thought of Marsilius of Padua and W. of O., Revista da Faculdade de Ciências Sociais e Humanas 7, 1994, 229–253 – J. Miethke, Die Anfänge des säkularisierten Staates in der polit. Theorie des späteren MA (Entstehung und Wandel verfassungsrechtl. Denkens, 1997), 7–43.

96. W. v. Paris OP, † vor dem 28. Nov. 1314, 1299 Beichtvater der frz. Kg.skinder, unterzeichnete am 26. Juni 1303 die Appellation der Pariser Dominikaner gegen den Papst an ein Konzil. W. verfaßte nach 1300 ein katechet. Handbuch »Dialogus de septem sacramentis«, das weite Verbreitung fand. Ab 1303 Generalinquisitor v. Frankreich, als solcher führend am Prozeß gegen den →Templerorden beteiligt; seine »Acta inquisitionis in causa Templariorum« sind erhalten. Die »Tabula super Decretales et Decreta« wird auch einem Wilhelm v. Parma zugeschrieben. Nach dem 13. Okt. 1307 war W. Beichtvater Kg. Philipps IV. des Schönen. W. ist zu unterscheiden von Wilhelm v. Auvergne, Bf. v. Paris († 1249), und dem zw. 1437 und 1485 faßbaren, ebenfalls Wilhelm v. Paris genannten Dominikaner, dessen Predigtwerk »Postilla super epistolas et evangelia Dominicalia et de sanctis« in zahlreichen Frühdruckausgaben verbreitet ist (Hain, Nr. 8224–8299). W. Senner

Ed. und Lit.: DHGE XXII, 980 – A. Teetaert, Un Compendium de théologie pastorale du XIIIᵉ–XIVᵉ s., RHE 26, 1930, 66–102 – Th. Kaeppeli, Scriptores OP medii aevi, II, 1975, 130–132 – I. Gobry, Le procès des templiers, 1995.

97. W. Peraldus (Guillaume Peyraut), * um 1200 in Ardèche, † 1271 in Lyon, Dominikanertheologe (Eintritt in den Orden, vielleicht in Lyon, um 1231), von 1261 bis 1266 Prior in Lyon, Autor zahlreicher theol. Werke, die, häufig als Predigtvorlagen benutzt, im MA weit verbreitet waren. W.s Hauptwerk, die »Summa de vitiis« (um 1236) »et de virtutibus« (vor 1249), stellt eine Art moraltheol. Handbuch dar, das, erhalten in über hundert Hss., im 14./15. Jh. ins It., Frz., Dt. und Ndl. übersetzt und im 15./16. Jh. mehrfach gedruckt wurde, auf die Bibel und die Kirchenväter rekurriert und noch für →Geiler v. Kaisersberg eine Fundgrube für Predigt und Askese war. W. verfaßte 1240–45 zahlreiche Predigten zu den Episteln, vor 1259 zu den Evangelien und von 1254–59 zu den kirchl. Feiertagen. Verbreitet waren »De professione monachorum« (1259/60), »De eruditione religiosorum libri VI« (1260/65), eine Schrift, die ins Kastilische übersetzt wurde (Pamplona 1499; Salamanca 1546), sowie »De eruditione principum« (c. 1265), das (Rom 1570) zusammen mit den Werken des →Thomas v. Aquin ediert und ins Altfrz., It. und Dt. übersetzt wurde (Die Pflichten des Adels, hg. W. E. v. Ketteler, 1868). M. Gerwing

Lit.: DSAM VI, 1229-1234 [Ph. Delhaye] – Grabmann, Theologie – A. Deneffe, W. P. über die Mittlerschaft Mariä, Scholastik 11, 1936, 548-559 – W. Dondaine, Guillaume Peyraut, AFP 18, 1948, 162-236 – J. B. Schneyer, Rep. der lat. Sermones des MA, 2, 1970, 533-576 – C. Gutowski, Le traité »De avaritia« extrait de la »Summa de vitiis« de G. P., Positions des thèses de l'Éc. des Chartes, 1975, 103-112 – Th. Kaeppeli, Scriptores OP Medii Aevi, 2, 1975, 133-152; 6, 1993, 105f. – M. Evans, An illustrated fragment of Peraldus's Summa of vice, Harleian MS 3244, JWarburg 45, 1982, 14-68 – J. Longère, La prédication médiév., 1983 – H. M. Werhahn, Ed. der Summa de vitiis des G. P., MJb 20, 1985, 33-34 – R. Newhauser, The Treatises on Vices and Virtues in Latin and the Vernacular, 1993 – P. J. Payer, The Bridling of Desire: Views of Sex in the Later MA, 1993 – J. Leclercq, L'elogio del matrimonio nella predicazione del medioevo (La figura della donna nel medioevo, hg. Ders., 1994), 29-37.

98. W. Petrus v. Godino OP (Guillelmus Petri de Godino Baionensis; Petrus de Godino; Guillaume Peyre de Godin); † 4. Juni 1336 in Avignon, kommentierte, nachdem er von 1281-91 in verschiedenen Ordensschulen tätig war, 1299-1301 in Paris die Sentenzen, avancierte 1303 zum Prior der Ordensprov. Toulouse, 1304 zum Professor der Theologie in Paris, 1306 zum Lector curiae in Avignon und am 23. Dez. 1312 zum Kardinal. Neben mehreren diplomat. Missionen in Frankreich und Kastilien wurde ihm zuletzt die Leitung des Prozesses gegen die →Spiritualen angetragen. In seinen theol. Werken, einer »Quaestio de individuatione« (ed. Cl. Stroick, 1974, 581-608), einem Traktat »De causa immediata ecclesiasticae potestatis« (ed. W. D. McCready, 1982) und dem Sentenzenkommentar »Lectura Thomasina«, zeigt er sich als hervorragender Kenner des →Thomas v. Aquin. Am 2. Dez. 1335 schrieb (cod. am 26. Apr. 1336) W. sein Testament (ed. Laurent, AFP 2, 1932, 114-154). M. Gerwing
Lit.: M. Grabmann, Kard. Guilelmus Petri de Godino († 1336) und seine Lectura Thomasina, DT 4, 1926, 385-403 – R. Darrican, Le Cardinal bayonnais G. de P. Godin des frères Prêcheurs (1260-1336), Bull. de la Société des Sc., Lettres et Arts de Bayonne, 1973, 124-141 – Grabmann, Theologie, 1974 – Cl. Stroick, Eine Pariser Disputation vom Jahre 1306 (Thomas v. Aquino: Interpretation und Rezeption, hg. W. P. Eckert (Walberberger Studien, Phil. Reihe 5), 1974, 559-608 – W. D. McCready, The Theory of Papal Monarchy in the 14th Cent. Guillaume de Pierre Godin »Tractatus de causa immediata ecclesiastice potestatis« (Pontifical Inst. of Mediaev. Studies, Studies and Texts, 56), 1982 – Th. Kaeppeli, Scriptores OP Medii Aevi, 2, 1975, 152-155; 6, 1993, 107.

99. W. v. Poitiers, lat. Geschichtsschreiber (→Chronik, E. I) der →Normandie, über dessen Leben wir durch →Ordericus Vitalis unterrichtet sind; * um 1020 in Préaux (dép. Eure), † zw. 1087 und 1101. W. entstammte wohl einem Adelsgeschlecht und war vielleicht mit den mächtigen Baronen v. →Beaumont-le-Roger verwandt. Seinen Beinamen verdankt er einem Studienaufenthalt (zw. 1045 und 1050) an den Schulen v. →Poitiers, wo er Kenntnisse der antiken Autoren erwarb. In jungen Jahren nahm er aber auch teil an den Kämpfen während der Minderjährigkeit Wilhelms des Bastards, wurde dann jedoch Kleriker und begleitete Hzg. Wilhelm als Hofkapellan bei Feldzügen in den Grenzgebieten der Normandie. In der 2. Hälfte des 11. Jh. wurde W. zum Archidiakon v. →Lisieux ernannt. – Er verfaßte Predigten und (verlorene) Gedichte; sein Hauptwerk ist eine offizielle Biographie →Wilhelms des Eroberers, die »Gesta Guillelmi ducis Normannorum et regis Anglorum« (abgefaßt 1073/74), von denen nur die Kapitel über die Jahre 1035-67, nicht aber Anfang und Ende erhalten sind; zwar führte W. (aus unbekannten Gründen) das Werk nicht bis zum Tode des Herrschers (1087) durch, doch ist bekannt, daß es bis 1071 reichte. Der erste Teil erzählt von den Unruhen während der Minderjährigkeit des Hzg.s und über dessen Heerfahrten innerund außerhalb der Normandie. Der zweite Teil berichtet über die Vorbereitungen des Englandzuges (1066) und die anschließenden Maßnahmen. W. macht Anleihen bei seinen Vorgängern, namentl. →Wilhelm v. Jumièges, und nimmt sich Autoren der Antike (Caesar) zum Vorbild. Im wesentl. stützt er sich aber auf mündl. Überlieferungen aus dem Bereich des Hofes und auf Autopsie. W.s prakt. Kenntnisse der Kriegskunst, des Rechtswesens und des öffentl. Lebens, seine Genauigkeit und sein schriftsteller. Talent machen die »Gesta Guillelmi« zu einem unschätzbaren Zeugnis der Gesch. und Kultur des 11. Jh. Sein Bericht ist ein Panegyricus, der die Eroberung Englands ideologisch untermauern soll. Der Hzg. wurde von Gott ausersehen, die engl. Krone zu erwerben. Wilhelm ist ein außergewöhnl. Fs., ausgestattet mit allen Herrschertugenden; seine Ansprüche auf die Krone Englands sind unter den Gesichtspunkten des Rechts, der Moral und der Religion vollauf gerechtfertigt. A. Renoux
Ed.: Hist. de Guillaume le Conquérant, ed. und übers. R. Foreville, 1952 – *Lit.:* R. H. C. Davies, William of Poitiers and his Hist. of William the Conqueror (Mél. W. Southern, 1981) – P. Bouet, La 'felicitas' de Guillaume le Conquérant dans les »Gesta Guillelmi« de Guillaume de Poitiers, Anglo-Norman Stud. 4, 1982.

100. W. v. Poitiers, Troubadour → Wilhelm IX., Hzg. v. Aquitanien (19. W.)

101. W. v. Rubruk (Willelmus de Rubruquis) OFM, * im ersten Viertel des 13. Jh. (um 1215 Kappler). Sein in der Vergangenheit mit Ruysbroeck in Brabant verwechselter Herkunftsort R. (im frz. Flandern bei Cassel) läßt fläm. Ursprung und Muttersprache vermuten. Anspielungen in seinem Werk lassen erschließen, daß er vor seiner Reise zeitweise in Frankreich gelebt hat, wo er in eine enge Verbindung zu Kg. Ludwig IX. trat. Im Dez. 1248 war er auf Zypern, als Ludwig IX. dort eine Gesandtschaft von den →Mongolen empfing. Am Hof des frz. Kg.s in Palästina begegnete W. sehr wahrscheinlich dem 1251 von seiner Missionsreise zu den Mongolen zurückgekehrten Andreas v. →Longjumeau OP. Im Auftrag des Kg.s unternahm W. 1253 eine Reise in die Mongolei. Nach der Abreise von Soldaia am Schwarzen Meer, mit vier Gefährten – unter ihnen dem Ordensbruder Bartholomäus v. Cremona –, erreichte er 1254 den Hof des Großkhans Möngke (Mangu, 1251-59) bei Qara-Qorum (→Karakorum), nachdem er sich im Feldlager des vermutlich christl. Sartaq und in dem des Vaters →Batu (Dschingis Chans Neffen) an der Mündung der Wolga aufgehalten hatte. Nach seiner Rückkehr (1255) zum Lector im Kl. St. Johannes bei →Akkon berufen, berichtete er von dort dem Kg. in der Form eines langen Briefes über seine Reise. Durch →Roger Bacon ist bekannt, daß W. später nach Paris zog, wo sich die beiden kennenlernten (um 1257). Der Rest seines Lebens bleibt völlig unbekannt.

1248 hatte die mongol. Gesandtschaft des Eljîgidei an Kg. Ludwig IX. falsche Hoffnungen im Westen geweckt, in den angebl. größtenteils den Christen geneigten und zum Teil sogar bekehrten Mongolen Verbündete gegen die Muslime zu finden. Die Reise W.s, der nicht als offizieller Gesandter fungierte, war v. a. von missionar. Motiven veranlaßt. Es bleibt unklar, ob sie nicht auch für diplomat. Kontakte und polit. Beobachtungen dienen sollte. Selbst der Inhalt der Briefe des Kg.s an Sartaq, die W. mitnahm, ist unbekannt.

Werk: Der aus 38 Kapiteln und einem Epilog bestehende Reisebericht W.s wird in den erhaltenen Hss. Itinerarium, mit je verschiedenen Ergänzungen, genannt. Seine Überlieferung ist fast ausschließlich Bacon zu verdanken, der

einige Abschnitte in sein Opus Maius einfügte: 4 der insgesamt 5 Hss. stammen aus Großbritannien. Der als Reisetagebuch aus der Ich-Perspektive erzählte Bericht wird oft unterbrochen von persönl. Betrachtungen und Beschreibungen von Situationen und Begegnungen, die manchmal zu längeren Exkursen werden. W. erweist sich als genauer Beobachter der mongol. Sitten, Kulte und Riten, darunter der des Schamanismus, und schildert sorgfältig – oft der enzyklopäd. auctoritas Isidors v. Sevilla widersprechend – die geogr. Merkmale der bereisten Gegenden. Er erkennt die Verwandtschaft der slav. Sprachen, beschreibt die chines. Schrift (erstmals im MA, PELLIOT), den lamaist. Reinkarnationsglauben und die chines. Medizin und bewundert die Kraft und Ausdauer der Mongolen.

Im Gegensatz zum schlichten, mehr an militär-polit. Zusammenhängen und Details interessierten Bericht Johannes' de Plano Carpini erweist sich das Itinerarium als eine unschätzbare Q. hist., ethnolog., geogr. und religionsgesch. Informationen. C. Bottiglieri

Ed.: Sinica Franciscana, I: Itinera et relationes Fratrum Min. saec. XIII et XIV, hg. A. VAN DEN WYNGAERT, 1929 – *Übers.: dt.:* F. RISCH, Veröff. des Forsch.sinst. für vergleichende Religionsgesch. a. d. Univ. Leipzig, II. R., 13, 1934 – *frz.:* C. und R. KAPPLER, 1985 – *engl.:* P. JACKSON, D. MORGAN, 1990 [Lit.]. – *Lit.:* H. MATROD, Le voyage de Frère Guillaume de Rubrouck (1253–55), EF 19, 1908 – C. SCHOLLMEYER, Die Missionsfahrt Bruder W.s v. R. zu den Mongolen 1253–55, Zs. f. Missionskunde und Religionswiss., 1956 – P. PELLIOT, Notes on Marco Polo, 3 Bde, 1959–73 – A.-D. VON DEN BRINCKEN, Eine christl. Weltchronik von Qara Qorum. W. v. R. OFM und der Nestorianismus, AK 53, 1971 – P. PELLIOT, Recherches sur des Chrétiens d'Asie centrale et d'extrême Orient, 1973 – J. RICHARD, Croisés, missionaires et voyageurs, 1983 – Giovanni Di Pian Di Carpine, Storia dei Mongoli, hg. P. DAFFINÀ, C. LEONARDI, M. C. LUNGAROTTI, E. MENESTO, L. PETECH, 1989.

102. W. v. St-Amour, * Anfang 13. Jh. zu Saint-Amour (Franche-Comté), † 13. Sept. 1272 ebd. Vielseitig begabt, erreichte W. als Kanoniker an der Univ. v. Paris das philos. (um 1228), jurist. (um 1238) und theol. Magisteramt (1250). Im Bettelordensstreit um deren Position an der Univ. wurde W. 1254 Sprecher bes. der weltgeistl. Magister. Ging es zunächst um Lehrstühle und Unterordnung unter Univ.-Statuten, so bekämpfte W. bald den seinem hierarch. Denken unfaßbaren Erfolg der neuen Orden. Da er den endzeitl. Anspruch des in →Joachim v. Fiore fundierten »Liber introductorius in Evangelium aeternum« des →Gerhard v. Borgo San Donnino OFM gegen die →Bettelorden kehrte, verstand W. ihre Bettelarmut, ihre die herkömml. kirchl. Ordnung störenden pastoralen Aktivitäten und Privilegien als antichristl. Bedrohung. Trotz Verurteilung des »Liber introductorius« 1255 erschien der Angriff W.s so maßlos, daß sein »Tractatus brevis de periculis novissimorum temporum« (1255) geahndet wurde (»Romanus Pontifex«, 5. Okt. 1256). Nach Verbot von Lehre und Aufenthalt in Paris sowie Rückzug in die Heimat fand W. Unterstützung durch seine Schüler →Gerhard v. Abbeville, →Nikolaus v. Lisieux sowie in Gedichten des →Rutebeuf, sammelte weiter Argumente gegen die Bettelorden (»Collectiones catholicae et canonicae scripturae«, 1266). Die Impulse der neuen Orden für Kirche und Gesellschaft, verteidigt durch Bonaventura, Thomas v. York, Thomas v. Aquin, verstand W. nicht. Aber Bedenken gegen deren Aufstieg und Konkurrenz waren nicht unbegründet. J. Schlageter

Ed.: Opera omnia, Konstanz 1632 [unkrit.] – *Liber de Antichristo*: E. MARTÈNE–U. DURAND, Veterum Collectio IX, 1273–1446 – *Tractatus de periculis*: M. BIERBAUM, Bettelorden und Weltgeistlichkeit an Univ. Paris, FSt Beih. 2, 1920 – *Responsiones*: E. FARAL, AHDL 25/26, 1950/ 51, 337–394 – *Lit.*: DIP IV, 1484–1489 – DSAM VI, 1237–1241 – RBMA 2, 433f. – GLORIEUX, Rép., I, 343–346 – Repfont V, 324–326 – M. M. DUFEIL, Guillaume de S. A. et la polémique univ. parisienne, 1972 [Lit.] – Die Auseinandersetzungen an Pariser Univ. im 13. Jh., Miscell. Mediev. 10, 1976 – R. LAMBERTINI, Apologia e crescita dell'identità francescana, 1990.

103. W. v. St-Bénigne → Wilhelm v. Volpiano (58. W.)

104. W. v. St-Cloud, Pariser Astronom des ausgehenden 13. Jh., Familiar der frz. Kgn.en →Maria v. Brabant (Witwe →Philipps III.) und →Johanna v. Navarra (Gemahlin →Philipps IV.), in deren Auftrag er volkssprachl. Fassungen seiner Werke, parallel zu den lat. Versionen, abfaßte.

W.s »Calendrier de la reine« fügt sich ein in die früheste Phase der Kalenderreform, die seit dem 13. Jh. nach Verbesserungen des Julian. Kalenders strebte (→Chronologie, C). W. schlug hier insbes. vor, anstelle der traditionellen Jahreszählung im 19jährigen Mondzyklus (→Epakten, →Osterfestberechnung) unter Einbeziehung der Goldenen Zahl eine Abfolge der Jahre nach den Buchstaben *a* bis *t* einzuführen; diese 'littere primationum' sollten bis zum Ende des MA als ein Mittel der Annäherung der Kalenderberechnung an die Gesetze der Astronomie einen gewissen Einfluß haben.

Der →Almanach, der nach seiner ma. Definition eine ausschließlich astron. Funktion hatte (erst im 16. Jh. trat eine astrol. Dimension hinzu), ist ein Verzeichnis der errechneten Planetenstellungen in Intervallen von zehn Tagen (Dekaden), fünf Tagen oder einzelnen Tagen, nach dem jeweiligen Planeten. W. berechnete seinen Almanach, der für eine zwanzigjährige Periode (ab 1292) galt, aufgrund der astron. →Tafeln v. Toulouse, die eine Adaptation der im 13. Jh. erstellten, auf dem arab. Kalender beruhenden Toledanischen Tafeln an die chr. Zeitrechnung bildeten.

Nach der Meinung von DUHEM ist W. die Verbreitung der sog. Alfonsin. Tafeln zu verdanken, da er sie unmittelbar nach Fertigstellung seines Almanachs (1292) bekanntgemacht habe; diese Auffassung ist als irrig abzulehnen, da die Alfonsin. Tafeln nicht vor 1320 bekannt waren – W. hatte weder an ihrer Erstellung noch Verbreitung Anteil. Dagegen übte der Gelehrte auf die Astronomie seiner Zeit starken Einfluß aus, indem er (in der Einleitung zu seinem Almanach) die Bewegung der Trepidation, die →Thābit ibn Qurra der Achten Sphäre zuschrieb, in Zweifel zog und statt dessen eine einfache Präzession annahm, wie dies bereits →Ptolemaeus getan hatte, doch beruhte W.s Meinung auf neuen Prämissen. Der Erfolg der Alfonsin. Tafeln (die eine zweifache Bewegung, Präzession und Trepidation, annahmen) verhinderte jedoch die Rezeption dieser Wiedererwägung. E. Poulle

Lit.: alle Werke W.s sind unediert – DSB XIV, 389–391 [Hss.verz.] – DLFMA, 1992², 643 – HLF XXV, 1869, 63–74 [E. LITTRÉ] – P. DUHEM, Le système du monde, IV, 1916, 10–24 – J. L. MANCHA, Astron. Use of Saint-Cloud's Almanach Planetarum« (1292), AHExSc 43, 1992, 275–298 – E. POULLE, Un témoin de l'astronomie lat. du XIIIᵉ s., les tables de Toulouse (Comprendre et maîtriser la nature au MA. Mél. G. BEAUJOUAN, 1994), 55–81.

105. W. v. St-Thierry, sel., * Lüttich 1085/90, † Signy am 8. Sept. 1148/49. Der aus dem Rittertum stammende W. studierte in Reims und Lyon, 1113 wurde er Benediktiner in St. Nicaise/Reims und 1119 (oder 1121) Abt in St-Thierry. Er unterstützte die Reformen in seinem Orden, trat aber 1135 zu den strengeren Zisterziensern über, und zwar als einfacher Mönch in Signy. W. war ein Bewunderer und enger Freund →Bernhards v. Clairvaux, den er in

die Auseinandersetzung mit →Abaelard trieb. Er verfaßte insgeheim das 1. Buch von Bernhards Vita (MPL 185, 225ff.), die trotz ihrer unumgängl. hagiograph. Stilisierung eine der authentischsten Biographien der Epoche darstellt.

W.s Werke umfassen neben Briefen u. a. eine Widerlegung der Thesen Abaelards, einen Glaubensspiegel (SC 301), einen Eucharistietraktat, Exegese der Paulus-Briefe (CCCM 86) und, am einflußreichsten, mehrere Schriften zur Mystik wie »Über die Betrachtung Gottes« (SC 61) und die »Meditativen Gebete« (SC 324). Das Hohe Lied interpretiert W. als Verlauf einer Liebesbeziehung, beginnend mit der »Annäherung« und endend mit dem »Beilager« (SC 82). Vernunft und Liebe durchdringen einander im excessus mentis jäh und unerwartet, ratio geht im transitus über in amor, Gottesliebe und Gotteserkenntnis fallen zusammen: amor ipse intellectus est. Bes. weit rezipiert, da oft Bernhard zugeschrieben, war W.s »[Goldener] Brief an die Brüder vom Gottesberg« (SC 223), ein mystagog. Traktat für die Kartäuser von Mont-Dieu, dessen zentrales Thema die ird. Gotteserfahrung, »nicht Gott zu sein, aber doch zu sein, was Gott ist«, bildet (258).

Die Gottesliebe ('amor', 'caritas', 'dilectio') steht im Zentrum von W.s Lehre. Sie allein ist fähig, die Seele zu reinigen und zu heiligen, damit sie der Vereinigung mit dem Herrn würdig wird und zu ihrem Ausgangspunkt zurückkehrt (neuplaton. Tradition). In »Über Natur und Würde der Liebe« (ed. R. THOMAS, 1965) vollzieht W. eine Verschmelzung der negativen und der positiven myst. Theologie. Zur Meditation wird bes. die Betrachtung des Erdenlebens Jesu empfohlen (→Passionsmystik); wenn man sich ihr »in der inneren Zelle« des Herzens widmet, kommt dies geradezu dem Empfang der Eucharistie gleich (Ep. ad fratres 119).   P. Dinzelbacher

Ed.: MPL 180, 184f. – *Übers.:* Texte der Zisterzienserväter, hg. von der Abtei Eschenbach/Schweiz, 1983ff. – *Lit.:* Bibl.SS VII, 484–486 – DSAM VI, 1241-1263 – LThK² X, 1150–1152 – A. ADAM, Guillaume de St-Th., 1923 – L. OTT, Unters.en zur theol. Brieflit. der Frühscholastik (BGPhTHMA 34, 1937) – J.-M. DÉCHANET, Guillaume de St-Th., 1942 [engl. 1972] – M.-M. DAVY, Théologie et mystique de Guillaume de St-Th., 1954 – V. HONEMANN, Die 'Epistula ad fratres de Monte Dei' des W. v. St-Th., 1978 – D. N. BELL, The Image and Likeness. The Augustinian Spirituality of William of St. Th., 1984 – A. M. PIAZZONI, Guglielmo di St-Th., 1988 – P. VERDEYEN, La théologie mystique de Guillaume de St-Th., 1990 – TH. DAVIS, A Further Study of the Brevis Commentatio, Cîteaux 42, 1991, 187–202 – A.-M. PIAZZONI, Le premier biographe de s. Bernard (Vies et légendes de St. Bernard de Clairvaux, hg. P. ARABEYRE u. a., 1993), 3–18 – B. McGINN, The Growth of Mysticism, 1994.

106. W. v. Saliceto (Guglielmo da Piacenza), lombard. Wundarzt aus der Parmäner bzw. Bologneser Schule, * nach 1210 in Cadeo-Saliceto, † wahrscheinl. um 1285, erfuhr seine chirurg. Ausbildung bei den →Borgognoni in Bologna, wo er sich bes. eng →Bruno v. Longoburgo anschloß und spätestens 1269 auf eigene Rechnung praktizierte. Profitierend von der durch Taddeo →Alderotti eingerichteten Med. Fakultät, bereicherte er mit seinen wundärztl. Vorlesungen ab 1271 das Bologneser Unterrichtsangebot. 1275 holte ihn Buono del Garbo (Alderottis Schwiegersohn und Vater [Aldobran] Dinos del Garbo) als Stadtarzt nach Verona; ihm hat er die noch in Bologna abgeschlossene 'Chirurgia' zugeeignet; das Widmungsexemplar für seinen Meisterschüler →Lanfranc v. Mailand wurde am 8. Juni 1275 »in ciuitate Verone« dediziert. »Salarium recipiens a communi«, paßte sich W. den internist. Anforderungen der Etschstadt rasch an, was sich in seiner internmed. 'Summa conservationis et curationis' niederschlug, die ihrerseits zu einer nach 1279 abgeschlossenen, diätet. wie kasuist. ergänzten Neubearbeitung seiner 'Chirurgia' führte: Die ineinander verschränkte Textgenese der beiden umfangreichen Werke – 'Summa' und 'Neubearbeitung' – legt die Annahme nahe, daß W. v. S. bis 1285, wenn nicht länger, gelebt hat.

W.s wichtigste Fachschrift, die 'Chirurgie', die im 2. Buch sich an Bruno anlehnt, verrät den morpholog. Scharfblick des Operateurs (Thorax-Organe) und begründet im 4. Buch die lit. Gattung der Topograph. Anatomie. Aber auch die 'Summa' mit ihrer ausgefeilten Diätetik hat internmed. Meilensteine gesetzt und obendrein mit ihrer Arzneimittellehre die Gattung des Chirurg. Antidotars begründet, das sich ab 1295 (Lanfranc, 'Chirurgia parva') durchsetzt und zum obligaten Schlußabschnitt wundärztl. Lehrbücher wird (→Guy de Chauliac, Jan →Yperman, Thomas →Schelling, Jan Bertrand), soweit es sich nicht (wie bei Dino →del Garbo, →Peter v. Ulm oder der 'Kopenhagener Wundarznei') als unabhängiges Werk verselbständigt.

W.s 'Summa' und 'Chirurgie'-Bearbeitung sind häufig gemeinsam abgeschrieben und gedruckt worden (1475/76 bis 1596), liegen aber auch in Streu- sowie Teilüberlieferung vor (Dermatologie mit Kosmetik, Harn- und Stuhlschau, Fieberlehre, Arzneimittellehre), was die Abgrenzung gegenüber andern, dem Piacentiner zugeschriebenen bzw. von ihm verfaßten Kleinschriften erschwert: Unter seinem Namen laufen eine 'Phlebotomie', eine Fiebertherapie ('Informatio facta debitariis scholaribus'), ein 'Consilium super impraegnatione <sive> ad conceptum', die gelegentl. versatzstückmäßig mit der 'Summa conservationis' korrespondieren.

Von der Wirkungsmächtigkeit der 'Chirurgie' zeugt, daß W.s wundärztl. Lehrbuch ab dem frühen 14. Jh. wiederholt in führende europ. Landessprachen übertragen wurde und bis 1500 in dt., engl., frz., it. und ndl. Bearbeitung vorlag. – Auch die 'Summa conservationis' wurde landessprachig rezipiert: Bartholomäus Scherrenmüllers 'Regimen der gesundhait' fußt auf dem ersten Teil der internmed. Lehrschrift.   G. Keil

Übers.: P. PIFTEAU, La Chirurgie de Guillaume de Salicet, 1898 – W. SCHMITT, Bartholomäus Scherrenmüllers Gesundheitsregimen für Gf. Eberhard im Bart (1493) [Diss. Heidelberg 1970] – *Lit.:* E. GURLT, Gesch. der Chirurgie und ihrer Ausübung, 1898, I, 754–765 – K. SUDHOFF, Beitr. zur Gesch. der Chirurgie im MA (Studien zur Gesch. der Medizin 10–11/12), 1914–18, II, 399–416, 463–467 – SARTON, Introduction, II, 2, 1931, 1078f. – M. L. ALTIERI BIAGI, Guglielmo volgare. Studio sul lessico della medicina medioevale (Studi e materiali, 3, 1970) – G. KEIL–R. MÜLLER, Dt. Lanfrank-Übers.en des 14. und 15. Jh.: Zur Wertung der Lanfrank-Zitate in Brunschwigs 'Chirurgia' (Medizingesch. in unserer Zeit [Fschr. E. HEISCHKEL–W. ARTELT], hg. H.-H. EULNER u. a., 1971), 90–110, bes. 93, 103–106 – H. BROSZINSKI, Manuscripta medica (Die Hss. der Murhardschen Bibl. der Stadt Kassel und Landesbibl. III, 1, 1976), 3–5 – R. JANSEN-SIEBEN, Repertorium van Mnl. artesliteratuur, 1989, 356f., K 80.

107. W. v. Sens, Baumeister des Chores der Kathedrale v. Canterbury. Über W. berichtet →Gervasius in seinem 1185 verfaßten »Tractatus de combustione et reparatione Cantuariensis ecclesiae«. Nach dem Brand der Kathedrale v. Canterbury am 5. Sept. 1174 ließen sich die Mönche von Baumeistern (artifices) aus Frankreich und England über die Wiederherstellung beraten. »Es kam unter den anderen artifices einer aus Sens, Wilhelm mit Namen, ein ausgesprochen tüchtiger Mann, in Holz und Stein ein ganz besonders Kunstfertiger (in ligno et lapide artifex subtilissimus).« Er untersuchte die Ruine und ließ sie einreißen, beschaffte neues Baumaterial und begann im Herbst 1175 mit dem Neubau, den er außerordentl. zügig ausführte, bis im Sept. 1178 das Gerüst zum Vierungsgewölbe zu-

sammenbrach und W. aus der Höhe der Kapitelle zu Boden stürzte und schwer verletzt wurde. Er versuchte vom Bett aus die Anweisungen zur Fortsetzung der Bauarbeiten zu geben; als sich herausstellte, daß er nicht geheilt werden konnte, kündigte er das Werk auf (operi renuntiavit) und kehrte nach Frankreich zu seiner Familie zurück. »Ihm folgte in der Bauleitung (in curam operis) ein anderer mit Namen Wilhelm, ein Engländer von Geburt.« W. kam vermutl. von der Baustelle der Kathedrale v. Sens (1140–64), kannte die Kathedrale Notre-Dame in Paris (begonnen 1163), Saint-Remis in Reims und die Kathedrale v. Soissons (1165/70–1200). Er hat in England die Gotik eingeführt. G. Binding

Q. und Lit.: Gervasius v. Canterbury, Opera Historica, ed. W. STUBBS, RS 73/1, 73/2, 1879f. – L. F. SALZMAN, Building in England down to 1540, 1952 – N. PEVSNER, H. HONOUR, J. FLEMING, Lex. der Weltarchitektur, 1987², 685f. – G. BINDING, Baubetrieb im MA, 1993 [Lit.] – J. SCHRÖDER, Die Descriptiones ecclesiarum... des Gervasius v. Canterbury [Mag.-Arbeit Köln 1992; demnächst als Diss.].

108. W. v. Sherwood (Shyreswood), neben seinen Zeitgenossen Petrus Hispanus und Lambert v. Auxerre der bedeutendste Logiker des 13. Jh.; * zw. 1200 und 1210 in Nottinghamshire/England, † zw. 1266 und 1272. Studium und Lehrtätigkeit in Oxford und (vermutl.) in Paris (dort 1252 als magister registriert). 1257 Schatzmeister der Kathedrale v. Lincoln. Hauptwerk: Introductiones in logicam (Einführung in die Logik, ca. 1230/40), ein Kompendium, in welchem Elemente der traditionellen, über Boethius auf Aristoteles zurückgehenden Logik (Lehre vom Satz, Prädikabilien, Syllogistik, Fehlschlüsse) mit Innovationen der ma. →Logik (Lehre von den Eigenschaften der Termini im Satz, wie Signifikation, Supposition etc., sog. logica modernorum) verbunden werden. Weitere log. Schrift: Syncategoremata (ca. 1240, Untersuchung von Wörtern mit unselbständiger Bedeutung wie »und«, »außer«, »weil« etc.). Einflußreich sind W.s Beiträge zur Sprachlogik und Semantik im allgemeinen und zur Theorie der Modalausdrücke (notwendig, möglich, kontingent) inklusive ihrer Verneinungen, welche eine wichtige Rolle bei der Unterscheidung der Wahrheit und Falschheit von Aussagen spielen, im besonderen. J. P. Beckmann

Ed.: Introductiones in logicam (lat. mit dt. Übers.), hg. H. BRANDS–CHR. KANN, 1995 – M. GRABMANN, Die Introductiones in logicam des W. v. Shyreswood, Literaturhist. Einl. und Textausg., 1937 – Syncategoremata, hg. v. J. R. O'DONNEL, MSt 3, 1941, 46–93 – *Lit.:* DSB, 391f. [L. M. DE RIJK] – K. JACOBI, Die Modalbegriffe in den log. Schriften des W. v. Shyreswood und in anderen Kompendien des 12. und 13. Jh., 1980 – H. BRANDS, Topik und Syllogistik bei William of S. (Argumentationstheorie, hg. K. JACOBI, 1993), 41–58.

109. W. v. Tocco OP, * um 1240, † um 1323. Seine Abstammung ist nicht bekannt, die vermutete adlige Abkunft entbehrt anscheinend der Grundlage. Zu einem unbekannten Zeitpunkt trat er in den Dominikanerorden ein (Profeß in Benevent). Zum Theologiestudium nach Neapel entsandt, war er in den Jahren 1272–74 Schüler von →Thomas v. Aquin. 1289 Prior im Dominikanerkonvent in Neapel. Im letzten Jahrzehnt des 13. Jh. und bis 1301 fungierte er mehrmals als inquisitor hereticae pravitatis. Von 1297 bis 1319 stand er als Prior dem Dominikanerkonvent in Benevent vor. Von 1318 bis 1321 setzte er sich mit Enthusiasmus und Hingabe dafür ein, daß Thomas v. Aquin offiziell als Hl. anerkannt wurde und hielt sich zu diesem Zweck mehrmals längere Zeit in Avignon auf. In dieser Zeit vollendete er seine Thomas-Vita, die er, zumindest was die Materialsammlung betrifft, vielleicht schon einige Jahre vorher begonnen hatte. Wegen ihrer subtilen Charakterisierung des Protagonisten, der voll menschl. Wärme und Sympathie als großer Denker und Lehrer geschildert wird, verdient W.s Thomasbiographie höchstes Interesse. Im Text wird auch ein Verzeichnis der Werke des großen Theologen angeführt und dessen Gedankentiefe und klare Darstellungsgabe gerühmt. W.s Schrift bildet die Grundlage für alle späteren Biographien des Aquinaten und diente noch zu Beginn des 15. Jh. als Quelle eines anonymen Thomas-Panegyrikers auf dem Konzil v. Basel. G. Barone

Ed.: Thomas-Vita: (BHL 8152–8153): AASS, Mart. I, 657–685; ed. D. PRÜMMER (Fontes vitae S. Thomae), 1924; ed. A. FERRUA, S. Thomae Aquin. vitae fontes praecipuae, 1968 – *Lit.:* DHGE XXII, 1026–1028 – LThK² X, 1153 – Repfont V, 1984, 328 – TH. KAEPPELI, Scriptores OP Medii Aevi, II, 1975, 165–167 – A. WALZ, Abt Joachim und der neue Geist der Freiheit im Thomasleben c. XX, Angelicum 45, 1968, 303–315 – J. P. TORRELL, Initiation à S. Thomas d'Aquin, 1993 – TH. PRÜGL, Die Predigten am Fest des hl. Thomas v. Aquin auf dem Basler Konzil, APraed 14, 1994, 154–157.

110. W. v. Tournai OP, † nach 1275. Nach Eintritt in den Dominikanerorden (Profeß in Lille) erlangte er das Doktorat in Theologie in Paris, wo er zw. 1272 und 1274 lehrte. Er verfaßte Predigten und (verlorene) Kommentare zu den Sentenzen des →Petrus Lombardus, zum Matthaeusevangelium und zu den Paulusbriefen. Sein berühmtestes Werk ist eine Abhandlung über Kindererziehung (entstanden zu einem unbekannten Zeitpunkt zw. 1249 und 1264), die vom Generalkapitel seines Ordens 1264 approbiert wurde. Die schmale Schrift, die anscheinend keine große Verbreitung gefunden hat (nicht mehr als drei Hss., von denen nur eine einzige nahezu vollständig erhalten ist), legt dar, daß Erziehung notwendig ist und schon bei Kindern im zartesten Alter durch die Eltern, Paten und Lehrer einsetzen muß. Letztere müssen über eine fundierte Bildung, Anstand und gute Sitten verfügen und v. a. nicht geldgierig sein, sondern ehrlich bestrebt, ihre Schüler zu fördern und zu besseren Menschen zu erziehen. Die Erziehung und Bildung soll sowohl im Hinblick auf moralische Werte (zu Keuschheit, Gerechtigkeit, Nächstenliebe sollen die Kinder bereits von den Paten mit Nachdruck hingeführt werden) als auch im eigentl. Sinn der Wissensvermittlung erfolgen.

Der Unterricht soll Söhnen und Töchtern erteilt werden; als Unterweisung in guten Sitten und in wahrem Glauben dürfe er auch den Dienern und den Armen nicht vorenthalten werden. Die Abhandlung schließt mit einigen Beispielen von Predigten, die sich an Kinder richten.

Das letzte Zeugnis über W. ist seine Unterschrift auf der Petition der Dominikaner an den Papst, um die Kanonisierung →Ludwigs d. Hl. zu erwirken (1275). G. Barone

Ed.: J. A. CORBETT, The De instructione puerorum of W. of T., 1955 – *Lit.:* DHGE XXII, 1031f. – LThK² X, 1153 – Rep. Font. V, 1984, 329 – TH. KAEPPELI, Scriptores OP Medii aevi, II, 1975, 167–169 – GLORIEUX, Rép. I, 130–131 – J. B. SCHNEYER, Rep. der lat. Sermones des MA, II, 1970, 596–598.

111. W. v. Tripolis, Dominikaner im Konvent v. →Akkon, Verf. des »Tractatus de statu Saracenorum«, * wohl vor 1220 in Tripolis, Todesjahr unbekannt. W. kann identifiziert werden mit 'Guillaume Champenès', einem Kleriker aus Tripolis, der (als Vertrauter des muslim. Emirs v. Ḥamāh) 1239 den Kreuzfahrern unter →Tedbald IV. v. Champagne die (irrige) Nachricht überbrachte, daß der Fs. zum Christentum überzutreten gedenke. W. lebte einige Zeit in Ägypten und könnte auch den Irak besucht haben. 1263 begleitete er den päpstl. Legaten, einen dominikan. Ordensbruder, der Bf. v. →Bethlehem war, zur päpstl. Kurie, wo dieser die Sache des Hl. Landes vortrug; acht Jahre später war W. einer der

beiden gelehrten Dominikaner, die Papst →Gregor X. zu Reisebegleitern (mit Legatengewalt) der Brüder →Polo bestellte; sie machten aber in →Ayas kehrt, da sie von einer muslim. Invasion erfahren hatten. W. hatte damals auf jeden Fall mit der Abfassung seines Traktats begonnen, denn er widmete ihn Tedaldo Visconti, dem späteren Gregor X., noch vor dessen Papstwahl, doch arbeitete er am Werk auch nach dem 12. Juli 1273, wobei denkbar ist, daß er damit dem Aufruf des Papstes vom 11. März 1273 nachkam, für das geplante II. Konzil v. →Lyon Berichte über die Ungläubigen zu liefern. – Der »Tractatus de statu Saracenorum« ist eine sachkundige, im wesentl. von Sympathie getragene Darstellung der Geschichte und Lehre des →Islams, verfaßt von einem Autor, der Kenntnisse des →Arabischen hatte. W. war überzeugt, daß ausreichende Konvergenz zw. Christentum und Islam bestand, um eine friedl. Bekehrung der Muslime zu erreichen. Er vertrat die Auffassung, daß die Wiedergewinnung des Hl. Landes durch Missionare, nicht durch Soldaten erfolgen könne.
J. Riley-Smith

Ed.: Tractatus de statu Saracenorum, ed. H. Prutz (Kulturgesch. der Kreuzzüge, 1883), 575–598 – *Lit.*: P. A. Throop, Criticism of the Crusade, 1940, 115–146 – M. Voerzio, Fr. Guglielmo da Tripoli, 1955 – N. Daniel, Islam and the West, 1960, passim – s. a. Lit. zu →Gregor X.

112. W. v. Tyrus (Ebf. W. II. v. Tyrus), Geschichtsschreiber, * um 1130 in Jerusalem, † 29. Sept. 1186, bürgerl. Herkunft, studierte von 1146 an Artes und Theologie in Paris und Orléans sowie beide Rechte in Bologna. 1165 Rückkehr nach Palästina und Kanoniker in →Akkon, 1167 Archidiakon in Tyrus (1174 auch in →Nazareth), 1168 Gesandter Kg. →Amalrichs I. in Byzanz, 1170 Erzieher des späteren Kg.s →Balduin IV., 1174 durch den Regenten →Raimund III. v. Tripolis Kanzler des Kgr.es →Jerusalem, 1175 Ebf. v. →Tyrus, 1179 Teilnehmer am III. →Laterankonzil, anschließend mehrmonatiger Aufenthalt in Byzanz, 1180 bei der Patriarchenwahl in Jerusalem gegen Heraklius, den Ebf. v. →Caesarea, unterlegen. W. war Anhänger Raimunds III. und Gegner →Guidos v. Lusignan bzw. der sog. Hofpartei. Sein Ende ist dunkel. Spätestens im Frühjahr 1185 verlor er das Kanzleramt.

Im für europ. und islam. Verhältnisse eher armen Geistesleben der Kreuzfahrerstaaten war W. eine Ausnahmeerscheinung. Sein im Auftrag der Konzilsväter geschriebener Bericht über das III. Laterankonzil ist ebenso verlorengegangen wie sein als »Gesta orientalium principum« oder ähnlich bezeichnetes Buch, das als selbständige lat. Darstellung der islam. Gesch. nur in der »Historia Arabum« des →Rodrigo Jiménez de Rada seinesgleichen fand. Ob W. dabei außer chr. auch islam. Q.n benutzte, ist unklar. Wie sich aus W.s falschen Angaben zur Bauinschrift des Kalifen ᶜAbdalmalik im Felsendon bzw. Templum Domini ergibt, war er wegen ungenügender Sprachkenntnisse beim Studium arab. Schriften auf Übersetzungen angewiesen. Seine Hauptquelle bildeten die bis 938 reichenden arab. Annalen des →Eutychios, der aber über Mohammed und die islam. Religion fast völlig schweigt. Seine Informationen über die →Fāṭimiden stammten wohl weitgehend aus dem daran anschließenden Werk des →Yaḥyā ibn Saᶜīd v. Antiochia. Ob →Jakob v. Vitry und →Wilhelm v. Tripolis W.s Buch benutzten, ist fraglich.

W.s außerhalb des lat. Ostens wohl nur in England und Frankreich verbreitetes Hauptwerk, eine sehr umfangreiche Gesch. der Kg.e v. Jerusalem mit unbekanntem Titel, ist eine der wichtigsten Q.n zur Gesch. der →Kreuzzüge (→Chronik, L. II) und gehört trotz chronolog. Fehler und bewußt irreführender Tendenzen zu den großen Leistungen ma. Geschichtsschreibung. Von W. aus Liebe zum Vaterland geschrieben und den »venerabiles in Christo fratres« gewidmet, beginnt es mit einer ausführl. Schilderung des Ersten Kreuzzuges, durch den die Abendländer W.s Ansicht nach die Rolle der Byzantiner als Beschützer der Christen im Orient übernahmen, und bricht unvermittelt am Anfang von Buch XXIII mit Ereignissen des Jan. 1184 ab, wobei W. angesichts der Probleme des Kgr.es Jerusalem alle Hoffnung auf Raimund III. setzt. Wegen des fehlenden religiösen Eifers und der Sünden der Christen in den Kreuzfahrerstaaten, aber auch wegen mangelnder militär. Übung und des Zusammenschlusses mehrerer islam. Reiche unter einer Führung sieht W. die Macht der Muslime bedrohlich wachsen. →Saladin trägt bei W. die Züge des Tyrannen, doch unterscheidet sich W.s Bild der Muslime positiv von demjenigen seiner europ. Zeitgenossen. Schwinges schließt daraus auf außergewöhnl. Toleranz gegenüber Islam und Muslimen, während mehrere seiner Kritiker in der Aufwertung der Muslime einen Ausdruck polit. Pragmatik zur Rechtfertigung v. Waffenstillständen und Bündnissen mit islam. Mächten sehen. Zumindest sein Kernsatz, W. habe →Nūraddīn als einen Bürger des augustin. Gottesstaates betrachtet und deshalb sei dieser nach W.s Ansicht auch den Muslimen offen gewesen, ist nicht haltbar, wie Schwinges gegenüber Möhring einräumt. W.s Beurteilung der Byzantiner war schwankend, letzten Endes aber negativ, nachdem sich seine Hoffnung auf eine militär. Kooperation mit ihnen nicht erfüllt hatte. In der Frage des Verhältnisses zw. geistl. und weltl. Gewalt nahm W. eine gemäßigte Haltung ein. Mehrere Geistliche der Generation vor ihm kritisierte er wegen fehlender Bildung und allzu weltl. Einstellung. Die exemten Ritterordem waren ihm ein Dorn im Auge. Den →Johannitern stand er wenig freundlich, den →Templern offen feindselig gegenüber.
H. Möhring

Ed.: Chronique, hg. R. B. C. Huygens, 1986 (CChrCM 63, 63A) – Übers. [engl.]: E. A. Babcock – A. C. Krey, A Hist. of Deeds Done beyond the Sea by William Archbishop of Tyre, 2 Bde, 1943 – *Lit.*: H. E. Mayer, Zum Tode W.s v. T., ADipl 5–6, 1959–60, 182–201 – R. B. C. Huygens, Guillaume de Tyr étudiant. Un chapitre (XIX, 12) de son »Histoire« retrouvé, Latomus 21, 1962, 811–829 – D. W. T. C. Vessey, William of Tyre and the Art of Historiography, MSt 35, 1973, 433–455 – Ders., William of Tyre: Apology and Apocalypse (Hommage A. Boutemy, hg. G. Cambier, 1976), 390–403 – R. C. Schwinges, Kreuzzugsideologie und Toleranz, 1977 – W. Giese, Stadt- und Herrscherbeschreibungen bei W. v. T., DA 34, 1978, 381–409 – R. Hiestand, Zum Leben und zur Laufbahn W.s v. T., ebd., 345–380 – H. E. Mayer, ebd. 255–257 – S. Raeder, Zs. des dt. Palästina-Vereins 95, 1979, 114–118 – R. J. Lilie, Byzanz und die Kreuzfahrerstaaten, 1981, 284–301 – H. Möhring, Hl. Krieg und polit. Pragmatik, DA 39, 1983, 439–466 – Ders., Zu der Gesch. der oriental. Herrscher des W. v. T., MJb 19, 1984, 170–183 – P. W. Edbury – J. G. Rowe, William of Tyre, 1988 – T. Rödig, Zur polit. Ideenwelt W.s v. T., 1990 – R. C. Schwinges, W. v. T.: Vom Umgang mit Feindbildern im 12. Jh. (Spannungen und Widersprüche, hg. S. Burghartz u.a., 1992), 155–169.

113. W. v. Vaurouillon (Vorillon, Valle Rouillonis, Rul[l]onis, Reullon u. ä.), Franziskanertheologe, * 1390/94 in Vauruellan b. St-Brieuc, Côtes du Nord; † 22. Jan. 1463, Rom, hervorragender Vertreter der Scotusschule im 15. Jh., kommentierte von 1429–31 in Paris die Sentenzen (Buch IV 1447), erhielt am 25. Jan. 1448 das Lizentiat und avancierte zum Magister regens in Paris und Poitiers, zw. 1449 und 1461 zum Provinzialmeister von Tours. 1462 nach Rom gerufen, um seine Auslegung der Christusworte »ecce filius tuus« (Joh 19, 26) zu rechtfertigen, nahm er gegen Ende 1462 in Gegenwart des Papstes an der

Disputation über die Frage nach der rechten Verehrung des Blutes Christi teil und starb wenig später in Aracoeli. Überliefert sind außer dem Sentenzenkommentar das »Vademecum« (oder »Repertorium«, Paris 1483, Padua 1484), eine fundierte Kommentierung des »Opus Oxoniense« des →Johannes Duns Scotus und ein dreiteiliger »Liber de anima«. M. Gerwing

Lit.: F. PELSTER, W. v. Vorillon, ein Skotist des 15. Jh., FSt 8, 1921, 48–66 – I. BRADY, The »liber de anima« of William of Waurouillon, MSt 10, 1948, 225–297; 11, 1949, 247–307 – Ders. (Misc. M. DE POBLADURA, I, 1964), 291–315 – T. TOBARSKI, Guillaume de V. et son Commentaire sur les »Sentences« de Pierre Lombard, MPH 29, 1988, 49–119 [mit vollständiger Bio- und Bibliogr.].

114. W. v. Vercelli, hl., * Ende des 11. Jh. in Vercelli, † 24. Juni 1142 im Frauenkl. Goleto, ▭ seit 1807 in → Montevergine. Er folgte nicht in jungen Jahren der Benediktinerregel, wie die Vergianischen Ordenshistoriker annahmen, sondern widmete sich der Buße und Pilgerfahrt. Aus Santiago de Compostela zurückgekehrt, beschloß W., nach Jerusalem zu pilgern, wandte sich aber in Süditalien, nicht zuletzt durch den Einfluß des →Johannes v. Matera, dem Eremitenleben zu. Vor 1125–26 errichtete er in Montevergine bei Avellino ein Hospiz, an dem sich eine Gemeinschaft von Eremiten und Büßern bildete, die sich aus Männern und Frauen, Laien und Priestern zusammensetzte, vergleichbar der Kommunität, die →Norbert v. Xanten in →Prémontré ins Leben rief. W. verpflichtete sie zum Erwerb des Lebensunterhalts durch eigener Hände Arbeit, zu Mildtätigkeit gegenüber den Armen und Einhaltung der Tagzeitengebete. Seine Regel betonte Buße und Demut, eliminierte aber die Unterschiede von »status« und »officium«. Sehr bald setzten die an der ersten Kommunität beteiligten Priester die Errichtung einer Kirche auf dem Berg und die Anschaffung von Büchern und liturg. Paramenten durch, da ihre Aufgabe der Gottesdienst, nicht die manuelle Arbeit sei. Nachdem sie 1126 vom Bf. v. Avellino die Exemtion von der Hoheitsgewalt des Ortsoberhirten verlangt hatten, gerieten sie von neuem mit dem Gründer wegen der Geldschenkungen, die die Gemeinschaft erhielt, in Konflikt, die W., gestützt auf die Psalmen und pauperist. Maximen, zur Gänze an die Armen verteilte, während die Priester sie unter Berufung auf das Kanon. Recht als kirchl. Eigentum ansahen. Die Gemeinschaft brach auseinander, und W. mußte mit einigen Mitbrüdern Montevergine verlassen, das in der Folge die benediktin. Lebensform annahm. W. begab sich in andere Einsiedeleien in Süditalien (Monte Laceno, Serra Cognata), wo er weiterhin als Eremit und Büßer lebte, bis er im Kl. Goleto starb. G. Andenna

Q. und Lit.: G. MONGELLI, Legenda de vita et obitu sancti Guilielmi confessoris et heremite, Samnium 33, 1960, 144–176; 34, 1961, 70–119, 144–172; 35, 1962, 48–73 – Codice diplomatico verginiano, hg. P. M. TROPEANO, 1–3, 1975–79 – C. CARLONE, Il problema dei falsi ed alcune presunte dipendenze verginiane, Samnium 52, 1979, 78–102 – O. LIMONE, Vita eremitica e monachesimo riformato nel XII sec.: la »Legenda de vita et obitu sancti Guilielmi confessoris et heremite« (Note di civiltà medievale [Fschr. O. PARLANGELI, 1979]), 57–97 – G. ANDENNA, Guglielmo da V. e Montevergine: note per l'interpretazione di una esperienza religiosa del XII sec. nell'Italia meridionale (L'esperienza monastica benedettina e la Puglia, I, 1983), 87–118 – G. VITOLO, Eremitismo, cenobitismo e religiosità laicale nel Mezzogiorno medievale, Benedictina 30, 1983, 531–540 – Ders., Il monachesimo latino nell'Italia Meridionale (sec. XI–XII), ebd. 35, 1988, 543–553 – G. ANDENNA, San Guglielmo da V. (Storia illustrata di Avellino e dell'Irpinia, II: Il Medioevo, hg. E. CUOZZO, 1996), 417–432.

115. W. v. Ware (Varro, Guarro), * in Hertfordhire (bei London), engl. Franziskanertheologe, dessen Lebensdaten weithin unbekannt sind, erklärte um 1296–99 in Oxford die Sentenzenbücher des Petrus Lombardus. Dieser im Ganzen uned. Kommentar – zu den Teiled. vgl. R. SCHÖNBERGER–B. KIBLE, Repertorium. nn. 13606–13618 – ist in mehr als 50 Hss. überliefert (vgl. F. STEGMÜLLER, Repertorium, I, 142f.; V. DOUCET, 41). Dessen mehrfache »Reportationes« (Schülernachschriften), als dreifache »Redaktion« verstanden, haben die ältere Forsch. (von C. BALIĆ bis F. STEGMÜLLER) veranlaßt, eine dreifache Sentenzenerklärung des W. in Oxford und Paris (c. 1305) anzunehmen. Die ursprgl. Form einer oder mehrerer Schülernachschriften des Kommentars wurden in der Schule und durch sie korrigiert und als »Ordinatio« redigiert. Die einzelnen Bücher umfassen (nach GÁL) 101, 53, 37 und 39 Quästionentitel. Die zahlreichen Ergänzungen und Nachträge in den einzelnen Textzeugen und ein alphabet. geordneter Sachindex (Leipzig, UB 527, f. 1–5) beweisen, daß der Kommentar in der Schule ausgiebig benutzt wurde. Er trug W. den Ehrentitel »doctor fundatus« (»profundus«, »praeclarus«) ein. Die doxograph. Notizen in der Florenzer Ware-Hs. (Bibl. Laurenz. Plut 33 dextr. 1) nennen neben bekannten Namen (z. B. Petrus v. Sutton) eine Reihe von Oxforder Dozenten, die in der scholast. Literaturgesch. kaum bekannt sind: Philipp v. Bridlington, Johannes v. Ber(e)wick, Petrus v. Baldeswell, Thomas Rundel, die zw. 1295–1305 in Oxford lehrten. W. war bestens mit den Pariser Theologen vertraut: Bonaventura, Thomas v. Aquin, Richard v. Mediavilla, Gottfried v. Fontaines, Aegidius v. Rom, Heinrich v. Gent, dessen Quodlibeta und Summa er ständig zur Hand hatte (GÁL). Hatte er diese Kenntnisse als Student oder Dozent in Paris erworben, wie die alte Forsch. annahm (TANNER, EMMEN: LThK² X, 1155)? In der Auseinandersetzung mit den gen. Pariser Theologen diskutierte er die Unterscheidungslehren der Franziskaner-Schule: Kraft und Grenze menschl. Erkenntnis (Bedeutung der »species intelligibilis«, des »verbum mentis«), Gültigkeit der formal unterschiedl., vielfachen Gottesprädikate (mit dem Begriff der formalen Differenz), die Theorie von der dualen Form der Geistseele-Leib-Wirklichkeit des Menschen und des formalen Unterschiedes zw. der Substanz der Seele und ihrer Potenzen. Er vertrat den Primat des Willens, die absolute Prädestination Jesu Christi und die sündelose Empfängnis Marias. Er analysierte den Begriff des Schöpferischen und begründete die These von der dispositiven Kausalität der Sakramente, wie sie später auch von den Thomisten gelehrt wurde, die aber Duns Scotus ablehnte. Zu den Quellentexten vgl. G. GÁL. Die alte Überlieferung des Thomas de Rossy (1373) und Bartholomaeus v. Pisa (c. 1388), nach der W. Lehrer des Duns Scotus war und welche auch die Zustimmung von C. BALIĆ fand (vgl. DERS., Les Commentaires des Jean Duns Scot…, BRHE I, 1927, 49–51), bleibt auch dann gültig, wenn Scotus die Fragestellung von W. empfing, wie die Worcester Hs. F. 39 notiert (vgl. ebd.), oder wenn er die method. und sachl. Ansätze der Theologie z. B. der Lehre von der »Unbefleckten Empfängnis« Marias von W. übernahm, ein Theologumenon, das noch Ende des 14. Jh. gegen W. gerichtete Kritik erfuhr (vgl. Heinrich v. Langenstein [† 1397], Epistola contra Guarronem [ed. Straßburg 1516, Löwen 1664]). – Angebliche Quästionen des W. zur aristotel. Metaphysik beruhen auf einem Mißverständnis einer Textstelle des Sent.-Kommentars (vgl. CH. LOHR, Traditio 24, 1968, 210f.). Zu einer Predigt des W. vgl. J. B. SCHNEYER, Repertorium. Bd. 3, 793. L. Hödl

Lit.: TH. TANNER, Bibl. Britannica-Hibernica (ed. 1748, 755) – DHGE XXII, 1045f. – LThK² X, 1154–1156 – J. LECHNER, FSt 19, 1932, 99–127; 31, 1949, 14–31 – G. GÁL, Gulielmi de Ware OFM doctrina

philosophica..., FSt 14, 1954, 153–180, 265–292 – A. EMMEN, Einf. in die Mariologie der Oxforder Franziskanerschule, ebd. 39, 1957, 136–152, 159–187 – BSIEPH 26, 1984, 66 [Ankündigung der Ed. des Komm. zum 4. Sentenzenbuch] – L. HÖDL, RTh 57, 1990, 96–141 (ed. Lib. II d. 1 q. 7).

116. W. v. Weyarn (Guilelmus de Wiaria/Vivaria), Augustinerchorherr im 1133 gegr. Weyarn, wohl der 1159 und 1177 erwähnte gleichnamige Propst des Stiftes, Verf. eines metr. lat. Hoheliedkomm.s »Carmen ad gratiam dilectae dilecti«. Sein vielleicht durch →Williram v. Ebersberg angeregtes Werk gibt in enger Anlehnung an →Rupert v. Deutz eine marian. Deutung des Hld in sieben Büchern und 2200 leonin. Distichen. Es ist nur in drei Hss. noch aus dem letzten Drittel des 12. Jh. überliefert: Clm 6432 (Freising) und 17177 (Schäftlarn), sowie Salzburg, St. Peter a VII 14. Die beiden Münchner Hss., die – wohl in Weyarn entstanden – noch in zahlreichen Rasuren und Korrekturen (nicht eigenhändig eingetragene) Überarbeitungen W.s widerzuspiegeln scheinen, stellen den Text Ruperts in kleinerer Schrift inhaltl. korrespondierend in künstler. Schriftfiguren als zweite Spalte neben W.s metr. Bearbeitung. J. Staub

Ed.: B. PEZ, Thesaurus anecdotorum, VI/2, 1729, 59f. [Auszug] – *Lit.:* Verf.-Lex. IV, 984f. [B. BISCHOFF] – F. OHLY, Hohelied-Stud., 1958, 233 – B. BISCHOFF, Kalligraphie in Bayern, 1981, 38, 98–101 [mit Abb.].

Wilhelme (Guilhems), nach ihrem Leitnamen 'Guilhem' benannte große südfrz. Adelsfamilie, Inhaber der →*Seigneurie* v. →Montpellier. Genealog. Beziehungen und polit. Rolle der ersten vier bekannten W. lagen lange im dunkeln. Die ältere Geschichtsschreibung sah in ihnen 'homines novi', die erst am Ende des 10. Jh. (im Zuge der Stadtwerdung Montpelliers) unvermittelt auftreten. Neuere Forsch. (C. DUHAMEL-AMADO) bringt die W. dagegen mit der regionalen Aristokratie, die ihre Wurzeln in der frk. Epoche (→Septimanien) hatte, in Verbindung. Wurde früher angenommen, daß die W. ihre Herrschaft von Montpellier aus auf das Umland der Stadt ausdehnten, so gilt heute vielmehr als gesichert, daß die Familie zunächst eine gefestigte territoriale Position aufbaute (Kontrolle über den gesamten Mittellauf des Hérault), um sich danach als Stadtherrenfamilie in Montpellier zu etablieren. Das Geschlecht der W. hat maßgeblich zum Aufstieg der Stadt beigetragen.

Guilhem I., Sohn des Gui (Wido) und der Engelrade, tritt gleichzeitig mit der ersten Erwähnung von Montpellier in der berühmten Urk. von 985 auf, in der er vom Gf. en v. →Melgueil eine Hufe 'Montepestelario' erhielt. Guilhem I. ist letztmals 1025 genannt. *Guilhem II. Bernard*, Sohn von Trudgarde, erwähnt in den Q.n der Jahre 1019–43, könnte der Neffe von Guilhem I. gewesen sein; er ließ nach Q.nzeugnissen die ersten bekannten Backöfen in Montpellier errichten. Zwei der Söhne, die er mit seiner Gemahlin Beliarde hatte, folgten ihm nach, zunächst *Guilhem III.* (belegt 1022–68), der sich als erster der W. nach Montpellier intitulierte. Er war es vielleicht, der Montpellier zum Zentrum der Herrschaft des Geschlechts machte, denn er empfing 1059 für das Pouget, das mit dem 'castrum' Aumelas bis dahin den Kernbesitz der W. gebildet hatte, den Treueid eines Vasallen. Nach Guilhem III. stand sein Bruder *Bernard Guilhem IV.* (belegt ca. 1068–76) an der Spitze der Seigneurie. Er ist bekannt durch seine Streitigkeiten mit dem Gf. en v. Melgueil, der unter den Übergriffen seines Kontrahenten sehr zu leiden hatte.

Besser bezeugt sind Leben und Regierung des Sohnes von Bernard Guilhem IV., *Guilhem V.* (* 1073, † 1121), Herr v. Montpellier seit ca. 1076. Zunächst war er wegen Minderjährigkeit einem Vormundschaftsrat unterstellt, was einem für die W. äußerst günstigen Vertrag mit dem Gf. en v. Melgueil (1080) aber nicht im Wege stand. Nachdem Guilhem V. eine Zeitlang versucht hatte, die Rechte des Bf.s zurückzudrängen, sah er sich 1090 zur Unterwerfung genötigt und erkannte die bfl. Lehenshoheit durch Treueid an. Guilhem V. zog mehrfach gegen die Sarazenen zu Felde, sowohl im Hl. Land (Teilnahme am 1. →Kreuzzug, 1096–1103, nochmals 1105–07) als auch in Spanien (ab 1114). 1104 belehnte er die beiden Söhne von Guilhem Aimoin (seines einstigen Tutors, wohl aus einem jüngeren Zweig der W.) mit der *viguerie* v. Montpellier; die auf der Burg St-Nicolas residierenden Viguiers minderten in der Folgezeit die Machtposition der Seigneurs.

Guilhem VI. Major (Sohn von Guilhem und Sybille, Herr v. Montpellier 1121–49, † 1163/71 in der Abtei →Grandselve) trug fast ständige Konflikte mit dem Bf. v. →Maguelone aus, dem er einen Treueid (ohne Homagium und Lehensdienste) leistete; durch den städt. Aufstand von 1141–43 wurde er zur Flucht aus Montpellier gezwungen. Dank der Unterstützung des Papsttums und der katal., genues. und pisan. Heere ging W. jedoch gestärkt aus dieser Krise hervor. Der seit 1149 zurückgezogen in Grandselve lebende Fs. wird vom Zisterzienserorden als Seliger verehrt.

Sein Sohn *Guilhem VII.* (1149–72), ∞ Mathilde v. Burgund, unterhielt bessere Beziehungen zu den bfl. Gewalten. Er bot während des Schismas 1161 dem vertriebenen Papst Alexander III. Asyl. Seine durch insgesamt friedl. Verhältnisse geprägte Regierung begünstigte den wirtschaftl. Aufstieg von Montpellier. Mit *Guilhem VIII.* (1172–1202) stand die Familie im Zenit ihrer Macht; Montpellier war zu einer der großen Städte Westeuropas geworden. Die zu Beginn des 12. Jh. abgetretenen Rechte und Besitzungen waren durch Rückkauf rekuperiert worden, die grundherrschaftl. Einkünfte der Seigneurie hatten sich vergrößert. Guilhem VIII. beteiligte zunehmend städt. Repräsentanten als *prud'hommes* (→probi homines) an der Regierung und Verwaltung. Trotz der guten Beziehungen zum Papsttum erreichte Guilhem VIII., der seine erste Gemahlin Eudoxia Komnena verstoßen hatte, für die mit Agnes v. Kastilien gezeugten Kinder nicht die Legitimation von seiten Innozenz' III., setzte aber gleichwohl den ältesten Sohn der Agnes, *Guilhem IX.* (1202–03), zum Erben ein. Dies sollte den rapiden Sturz des Geschlechts beschleunigen: Nachdem Guilhem IX., dessen Herrschaft außer dem Papst allg. Anerkennung fand, bereits zugunsten seiner Halbschwester →*Maria v. Montpellier* abgedankt hatte, heiratete diese am 15. Juni 1204 in 3. Ehe Kg. →Peter II. v. Aragón, dem sie das gesamte Erbe der W. übertrug, der aber ab 1206 beim Papst die Auflösung der Ehe betrieb. Das Ende der Familie der W. war besiegelt.

J. C. Hélas

Q.: Liber Instrumentorum, Cart. des Guilhems de Montpellier, ed. A. GERMAIN, 1884–86 – Cart. de St-Sauveur de Gellone et Cart. de St-Sauveur d'Aniane, ed. L. CASSAN–E. MEYNIAL, 1900–05 – *Lit.:* Hist. de Montpellier, hg. G. CHOLVY, 1985 – C. DUHAMEL-AMADO, Aux origines des Guilhems de Montpellier (X^e–XIe s.). Questions généalogiques et retour à l'historiographie, Études sur l'Hérault, nouv. sér., 7–8, 1991–92, 89–109 – GH. FABRE–TH. LOCHARD, Montpellier: la ville médiévale, l'Inventaire, 1992.

Wilhelmina (Guglielma, Vilemína) **v. Böhmen**, † Mailand 1279, Gründerin der wohl einzigen radikal-feminist. (aber aus Frauen und Männern) bestehenden Sekte des MA. Die aus Böhmen nach Italien gekommene Adlige, anscheinend aus kgl. Geblüt, genoß die Unterstützung der Mailänder Zisterzienser, die ihre Verehrung als Hl.e pro-

pagierten. Inwieweit die joachimitisch gefärbte Lehre der Guglielmiten schon von W. selbst vertreten wurde, ist unklar. Sie besagt, daß W. die Inkarnation des Hl. Geistes sei und christusförmig, da ihr Leben dieselben Stadien wie das des Erlösers aufweise und sie die Stigmen trug (→Imitatio Christi, →Passionsmystik, →Stigmatisation). Weiters erwarteten die Guglielmiten, daß die bestehende Hierarchie durch eine weibliche ersetzt werde: diese neue Geistkirche sollte von einer Schwester Mayfreda als Päpstin und weibl. Kard.en geleitet werden. Mayfreda pflegte bereits Messen nach dem Rituale Romanum auf dem Grab W.s zu zelebrieren und dort Predigten zu halten. Erst 1300 wurde die Sekte von der Inquisition liquidiert, W.s in der Zisterzienserkirche bestattete Gebeine ausgegraben und zusammen mit einer ihrer noch lebenden Adeptinnen verbrannt. – Mag diese Sekte, deren aktueller Hintergrund in der prekären Situation der Mailänder Kirche jener Zeit zu suchen ist, auch nur etwa eine Generation existiert und über den näheren lokalen Umkreis keine Anhänger gehabt haben, so wird an ihr doch klar, daß hier eine Frau jahrelang von Ordensangehörigen und Laien liturgisch als Hl.e verehrt werden konnte, deren Lehren aus kath. Sicht eindeutig häretisch waren. P. Dinzelbacher

Lit.: DTHC 6/2, 1982–1988 [F. VERNET, Guillelmites] – ST. WESSELY, The Thirteenth-Century Guglielmites: Salvation through women (Medieval Women = Studies in Church History/Subsidia 1, 1978), 289–303 – DERS., James of Milan and the Guglielmites, CF 54, 1984, 5–20 – P. COSTA, Guglielma la Boema, 1985 – H. CH. LEA, Gesch. der Inquisition, III [Repr. 1987], 102–115 – L. MURARO, Vílemina und Mayfreda, 1987 – A. VALERIO, Cristianesimo al femminile, 1990, 111–125 – B. LUNDT, Eine vergessene Přemyslidenprinzessin, Bohemia 31, 1990, 260–269 – M. BENEDETTI, Filii Spiritus Sancti, Quaderni di storia religiosa 2, 1995, 207–224.

Wilhelmiten, Orden, der aus einer in der Mitte des 12. Jh. in der Diöz. Grosseto entstandenen Eremitengemeinschaft hervorging. Als ihr Gründer gilt ein seit dem Ende des 13. Jh. fälschlicherweise mit Hzg. →Wilhelm IX. v. Aquitanien gleichgesetzter frz. Adliger namens Wilhelm (AASS, Febr. II, 1658, 452–472), der nach mehreren ins Hl. Land und nach Santiago de Compostela unternommenen Bußwallfahrten bis zu seinem Tode am 10. Febr. 1157 in einem oberhalb von Castiglione della Pescaia gelegenen Bergtal (Malavalle) ein so strenges Asketenleben führte, daß Bf. Martin v. Grosseto bereits in den 70er Jahren des 12. Jh. Alexander III. bat, seine Verehrung als Hl. zu gestatten (IP III, 261, Nr. 11). Nachdem Gregor IX. den W. die Befolgung der Benediktinerregel und eigener am Vorbild der →Zisterzienser orientierter Konstitutionen vorgeschrieben hatte, inkorporierten sie zahlreiche reformbedürftige mittelit. Benediktinerkl., unter ihnen die toskan. Reichsabtei S. Antimo. Innozenz IV. stellte die W. in den Dienst der Seelsorge und der antiksl. Propaganda, was dazu führte, daß sie seit der Mitte des 13. Jh. zahlreiche Kl. in Frankreich, NW-Europa, Böhmen, Ungarn und Dtl. gründeten. Dem 1256 von Kard. Riccardo →Annibaldi im Auftrag Alexanders IV. unternommenen Versuch, sie mit anderen tr. Eremitengemeinschaften in einen neuen Bettelorden, d. h. denjenigen der →Augustiner-Eremiten, zusammenzufassen, widersetzten sie sich jedoch so lange, bis sie Clemens IV. 1266 mit Ausnahme mehrerer bereits in den OESA aufgenommener dt., böhm. und ung. Konvente aus der Union entließ. Während die Entwicklung des Ordens in Italien schon bald stagnierte und der Niedergang dazu führte, daß das Mutterhaus 1564 von Pius IV. dem OESA übertragen werden mußte, konnten sich die W. trotz erhebl. Verluste infolge von Reformation und Säkularisation bis 1879, dem Todesjahr des letzten ndl. Ordensangehörigen, diesseits der Alpen behaupten. Sie führten in den ländl. gelegenen Kl. ein monast.-eremit. ausgerichtetes Leben zisterziens. Prägung, paßten sich hingegen in ihren städt. Konventen den Mendikanten an, ohne jedoch wie diese einen bes. starken Akzent auf Seelsorge und Studium zu legen. Sie konnten sich wegen der angebl. hohen Abstammung ihres Gründers der besonderen Förderung durch den Adel erfreuen und genossen im 15. und 16. Jh. u. a. am Oberrhein (Freiburg, Straßburg) und in den s. Niederlanden (Aalst) die Sympathie der Humanisten. K. Elm

Lit.: K. ELM, Beitr. zur Gesch. des W.ordens, 1962 – DERS., Zisterzienser und W., 1964, 97–124, 177–202, 273–311 – DERS., Die Bulle »Ea quae iudicio« Clemens' IV. 30. VIII. 1266, Augustiniana 14, 1964, 500–522; 15, 1965, 54–67, 493–520; 16, 1966, 95–145 – DERS., Un eremita di Grosseto di fama europea: Guglielmo di Malavalle (La Cattedrale di Grosseto, 1996), 57–72.

Wilhelmsepen

I. Französische Literatur – II. Deutsche Literatur.

I. FRANZÖSISCHE LITERATUR: Im Prolog seiner →Chanson de geste »Girart de Vienne« unterscheidet →Bertrand de Bar-sur-Aube (um 1200) in der Epik seiner Zeit drei große 'gestes' (Motiv- und Stoffkreise), die in der modernen Forsch. als 'cycles' bezeichnet werden: Als vornehmste gilt ihm die »Geste des rois de France«, dann folgt die »Geste de →Doon de Mayence« (auf das Geschlecht des Ganelon und das Thema der Revolte bzw. →Felonie konzentriert) sowie die »Geste de Garin de Montglane« (nach dem Urgroßvater Wilhelms v. Orange), die heute üblicherweise als »Cycle de Guillaume d'Orange« (Wilhelms-, Willehalmszyklus) bezeichnet wird und ein komplexes Geflecht von 23 Einzelchansons darstellt. Von diesen bilden zehn den »Cycle de Guillaume« im engeren Sinne. Im folgenden wird sowohl der weitere als auch der engere Wilhelmszyklus behandelt.

Die in diesem Zyklus versammelten Chansons wurden zw. dem beginnenden 12. und dem 14. Jh. verfaßt; die ersten zyklisch angelegten Hss. entstanden seit dem 13. Jh. Wichtigste hist. Vorbildfigur des 'Guillaume' der Epen ist →Wilhelm d. Hl. († 812), Gf. v. Toulouse, der als Verwandter der Karolinger Barcelona aus muslim. Hand eroberte, sich dann aber als Mönch v. →Aniane und Gründer v. Gellone (→St-Guilhem-du-Désert) aus der Welt zurückzog.

Die zykl. Hss. werden im wesentl. in zwei Gruppen unterteilt: die des »Cycle de Guillaume« im engeren Sinn, mit den folgenden zehn Einzelwerken: »Enfances Guillaume«, »Couronnement de Louis«, »Charroi de Nîmes«, »Prise d'Orange«, »Enfances Vivien«, »Chevalerie Vivien«, »Aliscans«, »Bataille Loquifer«, »Moniage Rainouart«, »Moniage Guillaume«. Die drei Hss. des sog. »Grand Cycle« fügen diesen zehn Epen dreizehn weitere Chansons an, welche die Siege des Vaters (Aymeri), der Vorfahren und der Brüder von Guillaume behandeln. Keine Hs. umfaßt aber für sich die Gesamtheit des »Grand Cycle«; auch das umfangreichste Ms. (Royal 20 D XI des British Museum, bekannt als B 1) enthält nur 18 Chansons. Diesen Texten zugerechnet werden muß die »Chanson de Guillaume«, die in keiner der Hss. des Cycle enthalten ist (obwohl sie die älteste Chanson des Stoffkreises darstellt), sondern in nur einer einzigen Hs. überliefert ist. Nach dem Brauch der Forsch. werden innerhalb des »Cycle de Guillaume« noch »Petits Cycles« als homogene Untereinheiten unterschieden (»Petit Cycles des Narbonnais, de Vivien, de Rainouart«).

Der Zyklus bildet kein völlig homogenes und unveränderbares Ensemble; einige Chansons sind gleichsam Dou-

bletten (so »Narbonnais« und »Enfances Guillaume«, die jeweils unterschiedl. Erzählungen über die Jugend des Helden bieten, wobei die eine dem »Grand Cycle«, die andere dem »Cycle de Guillaume« in engerem Sinne angehört). Dies führte für die Redaktoren der Hss. des »Grand Cycle« zu Problemen bei der Handlungsführung des Stoffes und der Abfolge der geschilderten Ereignisse: Um eine scheinbar widerspruchsfreie Chronologie zu gewährleisten, zögerten sie nicht, in den Handlungsablauf einer Chanson ein anderes Epos (ganz oder teilweise) einzuschieben, die sog. 'incidences'. So fügt die Hs. B 2 (Paris, Bibl. Nat. 24369–24370) den »Enfances Vivien« (Schilderung des Jugendlebens von Guillaumes Neffen) die Chansons »Siège de Barbastre« und »Guibert d'Andrenas« ein (eine Chanson, die dem »Grand Cycle« angehört und die Heldentaten der beiden Brüder Guillaumes besingt), wohingegen die Hs. B 1 die »Enfances Guillaume« den »Narbonnais« als 'incidence' interpoliert. Die Redaktoren der zykl. Hss. haben somit offenbar darauf verzichtet, die einzelnen Chansons in ihrer Eigenständigkeit zu respektieren, und sie (unter Abkehr von der älteren, aus der Oralität hervorgegangenen Überlieferung) nur mehr als Kapitel eines Buches behandelt. So werden nicht nur Einschübe vorgenommen, sondern auch Episoden oder ganze Chansons weggelassen: Das Epos »Siège d'Orange«, das in der ältesten Überlieferung die Stelle der späteren »Prise d'Orange« eingenommen hatte, verschwindet aus den Hss., weil es mit Handlungsablauf und Chronologie von »Aliscans« unvereinbar ist. Diese dem ausgehenden 12. Jh. entstammende Chanson, die als literarisch am stärksten ausgefeiltes Einzelwerk gelten kann, ist eine teilweise Neufassung der »Chanson de Guillaume«, deren Platz es in den zykl. Hss. einnimmt. Neben diesen eingreifenden Veränderungen und Varianten sind auch zahlreiche Detailüberarbeitungen im Sinne von Harmonisierungen feststellbar.

Schon vor dem Aufkommen der zykl. Hss. hatte sich bei der Darbietung des Stoffes eine starke Verästelung ausgebildet: Zu den Aventiuren des im Mannesalter stehenden Helden Guillaume (»Couronnement de Louis«, »Charroi de Nîmes«, »Prise d'Orange«) gesellten sich Begebenheiten aus seinem Greisenalter (»Moniage Guillaume«, in zwei Versionen: I und II) wie seiner Jugend (»Enfances Guillaume«) hinzu; dann dehnte sich die Darstellung auf Verwandte aus (Neffen Vivien, Schwager Rainouart), wobei sich derselbe Prozeß der »Auffüllung« mit Jugend- und Altersbegebenheiten (»Enfances Vivien«, »Moniage Rainouart«) wiederholte; wuchernde Seitentriebe erweiterten die Darstellung auf Brüder (»Les Narbonnais«, »Guibert d'Andrenas«, »Siège de Barbastre«) und Vorfahren (Vater: »Aymeri de Narbonne«, »Mort Aymeri«, Großvater: »Ernaut de Beaulande«; die Großonkel: »Girart de Vienne«, »Renier de Gennes«; Urgroßvater: »Garin de Monglane«, »Enfances Garin de Monglane«). Die »Geste de Guillaume« ist somit in erster Linie das Epos einer (Adels-)Familie.

Die Ausbildung des Zyklus erfolgte durch Anfügung weiterer Erzählkerne: Den ursprgl. Kern bildeten wahrscheinl. »Le Couronnement de Louis«, »Le Charroi de Nîmes« und eine archaische Version der »Prise d'Orange«, Epen, die um die Eroberung eines Lehens und einer Gemahlin (der Sarazenin Orable, die nach ihrer Taufe den Namen Guibourc erhielt) kreisten. Ein weiterer Kern, sich um die Chanson der »Narbonnais« gruppierte, war den Heldentaten der vorangegangenen Generationen gewidmet. Kulminationspunkt der Handlungsstruktur war jedoch die Schlacht v. Archamp (Larchant, Aliscans: zahlreiche Namensvarianten), erstmals in der »Chanson de Guillaume«; damals war das Schlachtfeld noch bei Barcelona angesiedelt, wurde aber in »Chevalerie Vivien« und »Aliscans« in die Nähe von Orange verlegt, vielleicht infolge einer Verwechslung mit der berühmten suburbanen Nekropole Les Alyscamps bei → Arles und der Kontamination mit Sagen des Rhônegebiets, die vielleicht die Taten eines anderen Guillaume zum Gegenstand hatten (nach der Hypothese von J. WATHELET–WILLEM).

Bertrand de Bar-sur-Aube faßt die ideolog. Leitlinie des im Zyklus geschilderten Verhaltens zusammen: Die Mitglieder des Geschlechts des Garin de Monglane zeichnen sich aus durch absolute Loyalität zu ihrem Lehnsherrn, dem Kg. v. Frankreich (Waffenhilfe zur Mehrung seines Ruhmes und tatkräftiger Einsatz im chr. Heidenkampf). Dem ernsten, kämpfer. Grundzug ist bisweilen freilich das Lachen nicht fremd (die derbe Gestalt des guten Riesen Rainouart, Bruders der Guibourc, bewaffnet mit einem Baumstamm, dem 'tinel'). Die aus der kelt. Erzähltradition entlehnten Elemente des Wunderbaren treten in Epen wie »Enfances Guillaume« und »Bataille Loquifer« stärker hervor. Der Zyklus ist somit markiert durch eine große Variationsbreite in Stil und Ton, von der Heldenepik (Tod des Vivian) über die höf. Liebe (Zärtlichkeit der Guibourc) bis zu Elementen der Komik.

Die traditionalist. literarhist. Forsch. vertrat die Auffassung, daß nicht weniger als sechzehn hist. Persönlichkeiten namens Guillaume/Wilhelm die Gestaltung des Zyklus geprägt haben. J. BÉDIER sah in der »Vita sancti Willelmi« der Abtei Gellone, die das Heldenleben Wilhelms d. Frommen feiert, den eigtl. Ausgangspunkt der epischen Gestaltung. J.-H. GRISWARD bemühte sich mit Nachdruck zu zeigen, daß Guillaume mit seinem Vater, seinen Brüdern und seiner Schwester eine in der indoeurop. Mythologie gut belegte Struktur verkörpern und dem Typ des »Kriegers des Thor« entsprechen. Er führt insbes. die drei spezif. Charakterzüge Guillaumes ins Feld: kurze (oder krumme) Nase, vierkantige Faust, Lachen. Die karol. Erscheinungsform diente nach dieser Auffassung lediglich zur Ausfüllung einer Struktur, die neue Aktualität gewonnen hatte. D. Boutet

Ed. und Lit.: J. BÉDIER, Les légendes épiques, I, 1914 – J. FRAPPIER, Les chansons de geste du cycle de Guillaume d'Orange, 3 Bde, 1955–82 – M. TYSSENS, La Geste de Guillaume d'Orange dans les mss. cycliques, 1967 – J.-H. GRISWARD, Archéologie de l'épopée médiévale, 1981 – M. HEINTZE, Kg., Held und Sippe, 1991 – Le Cycle de Guillaume d'Orange, ed. D. BOUTET, 1997 – P. HAUGEARD, L'avenir des fils dans la Chanson des Narbonnais. Héritage indo-européen, histoire féodale et crise des relations familiales, Romania 115, 1997, 406–433.

II. DEUTSCHE LITERATUR: Die dt. sprachigen von Wilhelm handelnden Texte sind wie im Bereich der Karlsdichtung (→Karl d. Gr.) Übertragungen frz. Dichtungen. Von dem in Frankreich weitausgestalteten Zyklus der Wilhelmsgeste wird aber nur die Keimzelle, »Chanson de Guilleaume« und »Aliscans«, adaptiert. Am Anfang steht der »Willehalm« von →Wolfram v. Eschenbach. Die Vorlage dazu, eine nicht erhaltene Fassung von »Aliscans«, wurde Wolfram durch den Lgf.en →Hermann I. v. Thüringen vermittelt. In der um 1217 entstandenen Dichtung wird Willehalm im Prolog als Ritterheiliger herausgestellt und angerufen. Bei nur wenigen inhaltl. Änderungen gegenüber der Vorlage ist durch die künstler. Durchformung (Angleichung an die Ansprüche des höf. Epos, größere Geschlossenheit der Handlung und Sinngebung (Propagierung einer christl. Toleranzidee) ein völlig neues Werk entstanden. Neben Willehalm erlangt auch Gyburg durch neu geschaffene Minneszenen und Religionsgesprä-

che ein bes. Gewicht. Entgegen der Auffassung des Werkes als Teil der stauf. Reichspropaganda (J. BUMKE) ist eher daran festzuhalten, daß es Intentionen der Rechtfertigung und Begründung fsl. Stellung und fsl. Selbstbewußtseins waren, die Hermann I. veranlaßten, dieses Werk der Wilhelmsgeste ins Dt. übertragen zu lassen. Der reich überlieferte (70 Textzeugen) und in 9 Bücher (besser: Erzählabschnitte) mit Dreißigerabschnitten gegliederte Text ist Fragment geblieben und bricht nach der zweiten Schlacht von Aliscans und dem Verschwinden von Rennewart ab.

Der Willehalm wurde zweimal fortgesetzt und durch zusätzl. Handlungskomplexe ausgeweitet. Im um 1250 entstandenen »Rennewart« des →Ulrich v. Türheim, der zum Kreis der Dichter um →Heinrich VII. und →Konrad IV. gehörte, werden das Ende der 2. Schlacht v. Aliscans, die Integration Rennewarts in das Christenheer (Heirat mit der Kg. stochter Alise), die Gesch. ihres Sohnes Malifer (neuerlicher Krieg gegen Terramer) sowie das Mönchsleben von Willehalm und Rennewart erzählt. Vorlagen dafür sind »Aliscans«, »La Bataille Loquifer«, »Moniage Guilleaume«, »Moniage Rainouart«. Sie werden aber im Detail und in der Handlungsführung stark verändert. Die Darstellung ist gekennzeichnet durch die Tendenz zur Entkonkretisierung und Unanschaulichkeit sowie durch ihre narrative Entproblematisierung. Eine Prosaauflösung dieses Werkes findet sich im »Zürcher Buch des hl. Karl« (15. Jh.).

In der →Otakar II. gewidmeten »Arabel« des →Ulrich v. dem Türlin wird Wolframs Willehalm um die Vorgesch. (d. h. die Minnegesch. von Willehalm und Arabel/Gyburg) erweitert. Das in drei Rezensionen überlieferte und teils strophisch, teils in Reimpaaren abgefaßte und zw. 1261 und 1269 entstandene Werk beruht allein auf den Andeutungen in Wolframs Willehalm. Die zweite Rezension wurde gekürzt in die »Weltchronik« des →Heinrich v. München aufgenommen, eine Prosaauflösung der ersten Rezension ebenfalls in das »Zürcher Buch des hl. Karl«.

Eine wohl Ende 13./Anfang 14. Jh. entstandene dt. Bearbeitung der »Bataille d'Aliscans«, »Alischanz«, ist nur fragmentar. (ca. 700 Verse) überliefert und stellt ein vereinzeltes weiteres Zeugnis der Rezeption der Wilhelmsgeste in Dtl. dar. K.-E. Geith

Bibliogr.: Ed. und Lit. zu den angeführten Texten: Verf.-Lex.² – J. BUMKE, Wolframs Willehalm, 1959 – CH. WESTPHAL-SCHMIDT, Stud. zum »Rennewart« Ulrichs v. Türheim, 1979 – W. SCHRÖDER, »Arabel«-Studien, I–VI, 1982–93.

Wilhelmus

1. W. Brito OFM, mlat. Autor aus Frankreich, tätig um die Mitte des 13. Jh., bekannt durch sein umfangreiches →Glossar, die »Expositiones vocabulorum bibliae«, in dem er ca. 2500 Wörter der Bibel glossiert, unter Anführung der →Glossa ordinaria, antiker Schriftsteller (→Horaz, →Lukan, →Juvenal, →Ovid, →Vergil), grammatikal.-lexikal. Autoren zumeist des MA (→Isidor, →Priscian, →Papias, →Huguccio, →Alexander de Villa Dei, →Eberhard v. Béthune, →Alexander Neckam) sowie zahlreicher anonymer Verse. Diese »Summa Britonis«, die auch frz. Glossen bietet, ist in nicht weniger als 130 Hss., die verschiedene Textstufen (verkürzte oder erweiterte) repräsentieren, erhalten.

Als wichtiges Kettenglied lexikalischer Tradition wurde das Werk von anderen Kompilatoren benutzt: im 14. Jh. von einem pikard. Anonymus (Montpellier, Faculté de Méd. H 236), der in die gekürzte »Summa« zahlreiche Auszüge aus dem »Graecismus« einfügte, sowie von Johannes de Mera, dem brabant. Autor des »Puericus« und des »Brachylogus«. Im 15. Jh. inspirierte das Werk im dt. Bereich den »Vocabularius Ex quo«, im frz. Bereich den »Dictionarius« des Firmin le Ver.

W. ist auch Autor einer »Expositio in prologos biblie«, des »Brito metricus«, eines versifizierten Traktats über hebr. Namen, vielleicht auch der »Versus ad sciendum nomina et ordinem librorum biblie« sowie verlorener Predigten. A. Grondeux

Ed. und Lit.: LThK² X, 1130 – L. W. DALY–B. A. DALY (Thesaurus Mundi. Bibliotheca Scriptorum Latinorum Mediae et Recentioris Aetatis, 15–16, 1975) – G. POWITZ, Johannes de Mera..., MJb 13, 1978, 204–216 – B. MERRILEES–W. EDWARDS, Firmini Verris Dictionarius, 1994 (CChr. Lexica latina) – A. GRONDEUX, Le glossaire anonyme du ms. H 236 de la Faculté de Méd. de Montpellier, 1998 (CChr. Lexica latina)

2. W. Durandus →Durantis, Guillelmus

3. W. Vascus (Guascus, Wilhelm v. Gascogne), Dekretist, studierte wohl in Bologna röm. und kanon. Recht und lehrte dort zu Beginn des 13. Jh., spätestens 1226 dann in Padua. Er verfaßte 1203/09 einen Glossenapparat (Sigle W) zum →Decretum Gratiani, in der ohne Dekrettext überlieferten, vollständigeren Version als »Summa Posnaniensis« (MS Gnesen 28) bezeichnet. Die in verschiedenen Textvarianten und auch separat überlieferte Vorrede »Missurus in mundum ingenitum suum« wurde von GILLMANN, wenn auch »praktisch an unzugängl. Stellen«, veröffentlicht. Weiter sind in größerer Zahl von W. verfaßte Glossen zur Compilatio antiqua I bekannt. H. Zapp

Ed. [Vorrede]: F. GILLMANN, Einteilung und System des Gratian. Dekrets..., 1926 – DERS., Zur Inventarisierung..., 1938: Gesammelte Schr. von F. GILLMANN, I, hg. R. WEIGAND, 1988, 3, 102 A.3; 16, 64 A.2 – P. V. AIMONE BRAIDA, Il proemio 'Missurus in mundum', BMCL 13, 1983, 27–38 (33–38) – *Lit.:* DDC V, 1075f. – DHGE XXII, 1037f. – KUTTNER, 166f., 526 – S. KUTTNER, Bernardus Compostellanus Antiquus, Traditio 1, 1941, 333–340 [vgl. Gratian..., Variorum Repr. 1983, VII] – S. KUTTNER–E. RATHBONE, Anglo-Norman Canonists, Traditio 7, 1949/51, 309 A.41; 328 A.10 [vgl. Gratian..., Variorum Repr. 1983, VIII] – K. W. NÖRR, Summa Posnaniensis, Traditio 17, 1961, 543f. – A. M. STICKLER, Der Dekretist Will. Vasco und seine Anschauungen über das Verhältnis der beiden Gewalten (Études G. LE BRAS, I, 1965), 705–728 – S. KUTTNER, Another Copy of Will. Vasco's App. on Gratian, Traditio 22, 1966, 476–478 – R. WEIGAND, Naturrechtslehre..., 1967, 230–238 – A. M. STICKLER, Zum Apparat des Will. Vasco, BMCL 1, 1971, 76–78.

Wiligelmus, it. Bildhauer, inschriftl. gen. an der Fassade des Domes v. Modena, Anfang 12. Jh. W. war einer der führenden Bildhauer der it. Romanik. Mit ihm setzte eine folgenreiche, die ältere rudimentäre und vorwiegend ornamentale Bauplastik ablösende Renaissance der figürl. Skulptur in Oberitalien ein. W.' Herkunft ist unbekannt. Wesentl. künstler. Impulse verdankte er offensichtl. der frühen roman. Skulptur in S-W Frankreich (Toulouse, St-Sernin; Moissac, St-Pierre, Kreuzgang). Die starken antikisierenden Elemente in seinem Werk verraten darüber hinaus ein eingehendes Studium der antiken Denkmäler. W. war neben dem Architekten (→Baumeister) Lanfrancus an dem 1099 gegründeten Neubau des Domes v. Modena tätig. Unter seiner Leitung entstand um 1100/10 der plast. Dekor des Erdgeschosses der Domfassade, darunter das Hauptportal mit Prophetenreliefs und reichem Rankendekor und die vier großen Genesisreliefs, in denen sich ein monumentaler Figurenstil und ein feierl. Pathos mit einer dramat. Erzählweise verbinden. Ein neuartiges künstler. Selbstbewußtsein spricht zudem aus der in der Gründungsinschrift an der Domfassade enthaltenen Signatur des Künstlers, der ersten von zahlreichen ähnlichen ma. Künstlerinschriften. Der Werkstatt bzw. Nachfolge

des W. zuzuschreiben sind u. a. die frühe Bauskulptur des Domes v. Cremona, insbes. die Prophetenreliefs am Hauptportal (nach 1107), die Porta dei Principi und die Porta della Pescheria am Dom v. Modena (um 1110-20 bzw. 1120-30) sowie das Hauptportal der ehem. Abteikirche v. →Nonantola (um 1120-30). J. Poeschke

Lit.: G. DE FRANCOVICH, W. de Modena e gli inizi della scultura romanica in Francia e in Spagna, Rivista del R. Ist. di Archeologia e Storia dell'Arte 7, 1940, 225-294 – R. SALVINI, W. e le origini della scultura romanica, 1956 – M. GOSEBRUCH, Die Kunst des Nikolaus, Ndt. Beitr. zur Kunstgesch. 19, 1980, 63-124 – Lanfranco e Wiligelmo: Il Duomo di Modena, 1985 – A. C. QUINTAVALLE, W. e Matilde: L'officina romanica, 1991.

Willa, Gemahlin Kg. →Berengars II., Tochter des Mgf.en Boso v. Tuszien und der Willa. Diese Ehe (931) wurde durch ihre Tante väterlicherseits, Ermengarda, die zweite Gemahlin Mgf. Adalberts v. Ivrea und Schwester Kg. →Hugos v. Arles und Vienne (v. Provence) vermittelt. Im Februar 941 mußte Berengar II. vor Hugo aus Italien fliehen und begab sich an den Hof Hzg. →Hermanns v. Schwaben. Seine schwangere Gemahlin folgte ihm dorthin nach. Die Q.n berichten nicht, welches der Kinder des Paares (Adalbert, Wido, Konrad, Gisela, Gerberga, Rozola/Susanna) zu diesem Zeitpunkt geboren wurde. W.s Rolle nach der Rückkehr Berengars (945) bis zu seiner Kg.serhebung (950) ist nicht klar: Liutprand (Antapodosis V, 32) zeichnet ihr Bild – wie bei allen Frauen karol. Abkunft – in schwarzen Farben, schreibt ihr Verhältnis mit einem Priester Dominicus, Intrigen und Giftmischerei zu. W. wird in einer einzigen Urk. ihres Gemahls (960) erwähnt, in der ihr der Hof Olbiano geschenkt wird. Die Q.n machen W. einhellig dafür verantwortlich, ihren Gemahl nicht zur Abdankung zugunsten seines Sohnes Adalbert ermuntert, wie es der ital. Adel wollte, und den polit. Niedergang Berengars provoziert zu haben. Als Otto I. 961 nach Italien zog, flüchtete Berengar in die Burg San Leo und W. auf die Insel S. Giulio d'Orta. Nach der Ks.krönung Ottos wurde W. belagert, aber freigelassen und gelangte zu ihrem Gemahl. 964 wurde dessen Burg erstürmt, das Kg.spaar gefangengenommen und nach Bamberg gebracht. Dort starb Berengar 966. W. kam in ein Kl., wo sie bis zu ihrem Tod verblieb. S. Gasparri

Q.: Liutprandi Antapodosis, ed. G. C. BECKER, MGH SS rer. Germ., 1915 – Lit.: DBI IX, 26-36 [P. DELOGU] – G. FASOLI, I re d'Italia, 1949, 237-240 – P. BUC, Italian Hussies and German Matrons. Liutprand of Cremona on Dynastic Legitimacy, FMSt 29, 1995, 207-225.

Wille. In den antiken philos. Schulen hat der W. nie die gleiche Aufmerksamkeit gefunden wie in der bibl. und patrist. Theologie (ThWNT I, 628-636; III, 43-63). Die gr. und lat. Väter haben Glanz und Elend des freien W.s (in seiner urständl., sündeverfallenen und gnadenhaften Befindlichkeit) in der Heilsgesch. erörtert. In seinem Brief an Demetriades (um 414) erläuterte →Pelagius, daß die menschl. Natur nach seiner Auffassung fähig ist zu verwirklichen, wonach sie strebt. Gott wollte, daß der Mensch aus freien Stücken sich der Gerechtigkeit ergebe. Indem die Menschen tun, was ihrem W.n entspringt, erfüllen sie auch Gottes W. Um die Gerechtigkeit zu erfüllen, muß der Mensch im Lichte der Gnade die Hl. Schriften studieren. Vor 395 hatte der hl. Augustinus im Kampf gegen die Manichäer die Fähigkeit des Menschen verteidigt, sich auf bestimmte Ziele hin selbst zu bestimmen. »Nichts ist diesbezüglich im Vermögen des W.ns als der W. selbst« (De libero arbitrio, I, 12, 26). Später, in der pelagian. Krise verschärfte sich aber bei Augustin die Überzeugung, daß der Mensch infolge der →Erbsünde den freien W.n, die Fähigkeit das Gute zu tun, verloren habe. »Mit dem Sieg der Sünde hat der Mensch seine freie Wahl verloren« (Enchiridion 30). In der obsiegenden Gnade krönt nun Gott in unserem →Verdienst das Werk seiner Gnade. Im Verständnis der göttl. Prädestination machte Augustin am Ende (Retractationes II, 1) erhebl. Einschränkungen des freien menschl. W.ns.

Die schwierige Frage des Verhältnisses von göttl. und menschl. W.n in der Prädestination haben alle Theologen von Johannes Eriugena bis Thomas und Johannes Scotus diskutiert, bes. auch Anselm v. Canterbury († 1109) in mehreren Traktaten, z. B. in der Schrift »Über die Vereinbarkeit des Vorherwissens, der Vorherbestimmung und der Gnade Gottes mit dem freien W.n«. Er analysierte mit der reinen Vernunft den freien W.n als »Vermögen, die Rechtheit des W.ns um der Richtigkeit seiner selbst willen zu wahren« (De libertate arbitrii, c. 3). Das Vermögen zu sündigen, gehört nicht zur Bestimmung des freien W.ns. Die philos. Definition der W.nsfreiheit als »liberum de voluntate arbitrium«, die von Boethius (In Aristot. De interpretatione III) her dem ganzen MA bekannt war (Petrus Lombardus, Sent. II d. 25 c. 1), mußte in der philos.-theol. Spannung von urteilsfreiem W.n und w.nsfreiem Urteil ausgelegt werden.

Diese latenten Spannungen drängten im späten 13. Jh. zu den leidenschaftl. Diskussionen über Grund und Kraft des freien W.ns in der Abwehr einer betont intellektualist. Bestimmung des W.ns und in der Bekämpfung eines psycholog. oder kosmolog. (astrolog.) Determinismus, ursprgl. ausgelöst durch eine innertheol. Kontroverse über das philos. W.nsverständnis des Thomas v. Aquin (→Korrektorienstreit), stürmisch weitergeführt im Streit der beiden Fakultäten (→Averroes, II) und schließl. zugespitzt in der Verurteilung von 219 Thesen (»Errores«) durch den Bf. v. Paris, Étienne→Tempier (7. März 1277). Unter diesen als häretisch verurteilten Lehrsätzen befinden sich mehrere den W.n betreffende (vgl. R. HISSETTE, Enquête sur les 219 articles condamnés à Paris le 7 mars 1277, 1977), darunter die These: »Der W. des Menschen ist notwendig bedingt durch seinen Intellekt.« Signifikativ für die Pariser bfl. Verurteilung ist Art. 166: »Si scientia est recta, voluntas est recta«. Das heißt, wenn allein das Wissen zur Bestimmung des W.ns ausreicht, dann ist die Gnade nicht mehr heilsnotwendig. Dies bedeutet einen Rückfall in die Irrlehre des Pelagius. Ein neues Heidentum in der Theologie wurde befürchtet, wenn der »Prophetie des Aristoteles« in der W.nslehre gefolgt wird (Heinrich v. Gent, Quodl. X q, 10 – dagegen Johannes de Polliaco, Quodl. II q. 11). Es war v. a. Siger v. Brabant, der wegen seiner strikt intellektualist. W.nslehre scharf bekämpft wurde. Er lehrte, daß der W. notwendig der Determination durch den Intellekt folge und daß gerade darin die Freiheit des W.ns begründet sei (»Existente apprehensione ... necesse est hominem appetere«, Quaest. in Metaphys. V, 8).

Mit Augustinus insistierte Bernhard v. Clairvaux († 1153) auf der Glaubenswahrheit, daß der Mensch durch seinen W.n der Sünde verfallen ist und sich nicht mehr durch ihn erheben kann. Der W. ist eine rationale Bewegkraft über die Sinne und das Verlangen, in der Zustimmung des freien W.ns ist der Mensch der Seligkeit und des Verderbens fähig (De gratia et libero arbitrio, I, 5). »Der freie W. ist darum auf seine Weise ebenso im Geschöpf wie im Schöpfer, in diesem aber mächtiger« (ebd. IV, 9). Die Mehrheit der franziskan. Theologen von Bonaventura († 1274) bis zu Johannes Duns Scotus († 1308) folgten dieser Tradition. Petrus Johannis Olivi († 1298) war ein ent-

schlossener Verteidiger des Primats und der aktiven Rolle des W.ns. »Es gibt einen Punkt, in dem die Rechtgläubigen zu vielen Philosophen in Gegensatz stehen: alle Rechtgläubigen sagen und müssen gemäß dem wahren Glauben sagen, daß der W., insoweit er frei ist, ein aktives Vermögen ist« (Sent. II q. 58).

Walter v. Brügge OM († 1307) erkannte deutlich, daß die betonte Aufwertung des Intellekts in der W.nslehre eine Wiederanknüpfung an die heidn. Philosophie ist. Wenn die Philosophen die »Herrschaft« dem Intellekt zuschreiben, dann nur weil sie von der Vollkommenheit des Intellekts überzeugt sind. Die Väter (»sancti«) hingegen widmeten sich vorrangig der Vollkommenheit des W.ns, durch die das Ewige Leben erlangt werde (Quaest. disp. 6 ad 2).

Nach Thomas v. Aquin bewegt das erkannte Gute den freien W.n, und zwar so, daß dieser notwendig das Ziel der Seligkeit erstrebt, während sich die freie Wahl auf die Mittel hierzu erstreckt (S. th. I, 82, 1). Wenngleich der Intellekt in der Erkenntnis des Wesens der Dinge edler ist als der W., kommt diesem in der Gottesliebe die höhere Würde zu. In dieser wechselseitigen Vorrangstellung von Vernunft und W. wahrt Thomas die bibl. Lehre vom Primat der →caritas. Meister Eckhart konnte im Vorrang der gotterkennenden ewigen Schau umso weniger eine Hintansetzung der Liebe erkennen als im Gotterkennen die Liebe präsent ist (Quaest. Paris.). In den »Correctoria Corruptorii« mußte des Thomas W.nslehre gegen den Vorwurf des Irrtums verteidigt werden. Gegen Thomas und die Philosophen zeigte Heinrich v. Gent (zw. 1276-93), daß der W. als geistige Potenz sich selbst bewegt (»voluntas a seipsa movetur«) und daß er unter den Gütern, die ihm der Intellekt vorstellt, frei und gegebenenfalls auch gegensätzlich wählen kann. »Im ganzen inneren Bereich der Seele ist der W. die höchste Kraft«; er leitet die Vernunft, so wie ein Herr seinen Diener, und diese erleuchtet den Akt des W.ns wie der Diener, der seinem Herrn die Laterne voranträgt.

Die Verurteilung des philos. W.ns durch Bf. Tempier war außerordentlich folgenschwer, wie die Studentenunruhen bei der feierl. Magisterpromotion des Säkularklerikers Johannes de Polliaco 1307 zeigen. Nur mit Mühe konnte er (wie auch Gottfried v. Fontaines vor ihm) die These des Primats des Intellekts verteidigen: »Mir wurde klar, daß es in Paris so gut wie niemand gab, der es wagte, diese Auffassung, die ich für wahr erachte, zu vertreten; Gott aber kennt den Grund, und ich kenne ihn« (Quodl. II q. 13); er meinte die Verurteilung von 1277. Der Vorwurf des »Error Pelagii« taucht in den Diskussionen des 14. Jh. immer wieder auf, bes. bei Adam Wodeham († 1358) bei der Vorbereitung des Prozesses gegen Wilhelm v. Ockham, dann wieder in starkem Maße bei Thomas Bradwardine. Wilhelm v. Ockham († 1349/50) äußerte sich zur ausgleichenden Theorie des Thomas v. Aquin recht ironisch: so sehr er den Primat des W.ns anhänge, »tamquam a veritate coactus«, so sehr verteidige er den Primat des Intellekts, »sequens errores proprii capitis« (Sent. I d. 1 q. 2). Die nominalist. Debatten über W.n und W.nsfreiheit im ausgehenden MA gewannen einen hochgradig techn. Charakter, wie etwa die Quaest. des Robert v. Halifax um 1335 bezeugen: »Utrum inter frui et uti sit aliquis actus voluntatis medius qui nec sit fruicio nec usus«. F.-X. Putallaz

Lit.: J. Auer, Die Entwicklung der Gnadenlehre in der Hochscholastik, 2. T.: Das Wirken der Gnade, 1951 – O. Lottin, Psychologie et morale aux XIIe et XIIIe s., 1957-60 – E. Stadter, Psychologie und Metaphysik der Willensfreiheit. Die ideengesch. Entwicklung zw. Bonaventura und Duns Scotus, 1971 – J. Fried, Die abendländ. Freiheit vom 10. zum 14. Jh. Der Wirkungszusammenhang von Idee und Wirklichkeit im europ. Vergleich, 1991 – F.-X. Putallaz, Insolente liberté. Controverses et condamnations au XIIIe s., 1995.

Wille/Wollen Gottes. Daß zum Wesen des bibl. personalen Gottes sein W. gehört, belegen mannigfache Stellen des AT und NT, etwa die Vaterunserbitte »Dein W. geschehe« Mt 6, 10 (ähnliches gilt im übrigen auch für den Koran). Dieser W. G., der seit der Patristik mit der göttl. →Allmacht in Verbindung gebracht wird (Augustinus, Ench. c. 24, ed. Evans), kommt als wesenhaft *einer* allen drei Personen der Trinität zu (hieraus erwächst die Streitfrage des →Monotheletismus). Die Theol. des lat. MA setzt diesen Hintergrund voraus. Obwohl sie im allg. mehr am Problem der *menschl.* →Willensfreiheit interessiert ist (Anselm, De lib. arb.; De concordia), kann sie die dort gewonnenen Einsichten in analoger Sprechweise auch auf den W.n G. übertragen. Thomas v. Aquin unterscheidet daher die voluntas beneplaciti als W. G. im eigtl. Sinn (proprie) von den Äußerungen des Zu-Rate-Gehens, Gebietens, Zulassens, Verhinderns und Tätigwerdens, die 'Zeichen' des menschl. Wollens sind, von Gott aber nur uneigtl., metaphor. ausgesagt werden (S. th. I q. 19 a. 11-12). Erst Johannes Duns Scotus entwickelt im Rahmen seiner Neufassung der Lehre von den →Transzendentalien einen univoken W.nsbegriff, der sich als transkategoriale Bestimmung des Seienden gleichermaßen von Gott und dem Menschen aussagen läßt. In diesem transzendentalen Sinn muß 'W.', ähnlich wie 'Weisheit' oder 'Intellekt', als reine Vollkommenheit aufgefaßt werden, die als solche dem Menschen nur eingeschränkt, Gott dagegen uneingeschränkt zukommt, so daß sie von seinem Wesen zwar formal unterschieden werden kann, real aber mit ihm ident. ist (Ord. I d. 2 pars 2; d. 8; vgl. Thomas, S. th. I q. 25 a. 5 ad 1; Scg I c. 72-73). Wegen der sich gegenseitig bedingenden Kooperation von W. und Intellekt trifft der Vorwurf des Voluntarismus auf Scotus nicht zu. Erst bei Theologen des 14. Jh. (Johannes de Bassolis, →Wilhelm v. Ockham) treten beide Vermögen soweit auseinander, daß der von jegl. Rückbindung an Güte und Weisheit seines Wesens befreite W. G. von Willkür nicht mehr zu unterscheiden ist. J. Söder

Lit.: DThC XV, 3322-3374 – W. Hoeres, Der W. als reine Vollkommenheit, 1962 – B. Bonansea, Man and His Approach to God, 1983 – D. Langston, God's Willing Knowledge, 1986 – G. Pizzo, W. und memoria [im Dr.] – Zu den scholast. Unterscheidungen: voluntas absoluta – ordinata, v. antecedens – subsequens, v. beneplaciti – signi (s.o.) vgl. J. Auer-J. Ratzinger, Kleine Kath. Dogmatik, II, 1978, 513-521.

Willebad, burg. →Patricius, ⚔ Sept. 642. Es handelt sich bei W. möglicherweise um den Nachkommen eines Willibad, der als 'rex et martyr' an einem 10./11. Mai im Lyonnais starb und nach M. Chaume dem Kg.sgeschlecht der →Burgunder entstamme. W. tritt 629/630 als Patricius in den Civitates v. →Lyon, →Vienne und →Valence auf und führte 636/637 ein Heer gegen die Basken. Er soll der Klientel des →Flaochad angehört haben; als dieser aber durch Kgn. →Nanthild und →Erchinoald zum →Hausmeier in Burgund (→Burgund, frk. Teilreich) erhoben wurde, stellte sich ihm W. an der Spitze eines Heeres entgegen. Sein Widerstand, der offenbar von den Bf.en des Landes unterstützt wurde, ist als Opposition der frankoburg. Aristokratie gegen die neustr. Hegemonie gesehen worden. In der Entscheidungsschlacht der beiden Heere nahe Autun fand W. den Tod. Die Patricii, die im 8. Jh. für Viennois und Provence bezeugt sind, waren vielleicht seine Nachfolger. J. Richard

Lit.: M. CHAUME, Origines du duché de Bourgogne, 1927 – E. EWIG, Die frk. Teilreiche im 7. Jh., TZ 22, 1953 (abgedr. in: DERS., Spätantikes und frk. Gallien, I, 1976) – H. EBLING, Prosopographie der Amtsträger des Merowingerreiches, 1974.

Willebrief. W.e entstanden mit der Ausformung des Kfs.engremiums. Zu einem 'consensus' der →Kurfürsten wandelte und verengte sich, was noch in stauf. Zeit als 'consilium' der Großen des Reiches, speziell der Reichsfs.en, zur Verfügung des Kg.s gebräuchl. gewesen war. Diese präzisierte bereits K. LAMPRECHT zutreffend dahin, daß die Rückgewinnung von Reichsgut unter Rudolf v. Habsburg in einen kfsl. Konsens eingebettet werden sollte. In der Folgezeit wurde der kfsl. Konsens immer weiter auf fast alle Arten kgl. Privilegien ausgedehnt, verlor damit aber seine unter Rudolf v. Habsburg noch erkennbare Verbindlichkeit. Die W.e, von den Begünstigten als Mittel der Besitzsicherung verstanden, waren keineswegs zwingend für die Gültigkeit eines kgl. Privilegs. Deswegen wurde es auch nicht als Widerspruch verstanden, wenn z. B. 1310 bei der Verleihung der Fs.enrechte an die Gf.en v. Henneberg die kgl. Urk. sich auf die »plenitudo potestatis« des Herrschers berief, der einflußreiche Gf. v. Henneberg aber dazu noch die kfsl. Zustimmung einholte. Karl IV. hat zu Urkk., die er als Oberhaupt des Reiches erließ, vielfach noch selbst seinen W. als Kg. v. Böhmen gegeben. Das aber hängt mit seiner Politik zusammen, die Selbständigkeit seiner beiden Kgr.e zu betonen, und bedeutet keineswegs, daß eine kgl. Urk. erst durch die kfsl. W.e ihre volle Gültigkeit erlangte. Zu einem Bestandteil der werdenden Reichsverfassung sind die W.e nicht geworden, und sie haben auch nichts zu der Entwicklung ksl. →Wahlkapitulationen beigetragen. E. Schubert

Lit.: HRG 38. Lfg., 1427–1431 – K. LAMPRECHT, Die Entstehung der W.e und die Revindication des Reichsguts unter Rudolf v. Habsburg. Forsch. zur dt. Gesch. 21, 1881, 1–19 – J. FICKER, Fsl. W.e und Mitbesiegelungen, MIÖG 3, 1882, 1–39 – K. LAMPRECHT, Zur Vorgesch. des Consensrechts der Kfs.en, Forsch. zur dt. Gesch. 23, 1883, 63–116 – E. SCHUBERT, Die Stellung der Kfs.en in der spätma. Reichsverfassung, Jb. für westdt. Landesgesch. 1, 1975, 97–128.

Willehad, hl., ags. Missionar, 1. Bf. v. →Bremen, * um 740 in Northumbrien, † 789 in Blexen (Niederweser). W., der vielleicht bereits in →York in Kontakt mit →Alkuin, dem damaligen Leiter der dortigen Domschule, gestanden hatte, nahm die Missionstätigkeit auf im fries. Dokkum, wo →Bonifatius den Märtyrertod gefunden hatte (→Friesen, I.1). 780 erhielt W. den Auftrag →Karls d. Gr. zur Mission an der Niederweser im Gau Wigmodien, die nach Anfangserfolgen 782 durch den Sachsenaufstand (→Sachsen, I. 2) unter →Widukind unterbrochen wurde. W. konnte sich durch Flucht retten. Nach seiner Romreise hielt er sich etwa zwei Jahre im Kl. →Echternach auf. 785 nahm er die Mission in Wigmodien wieder auf und empfing 787 in Worms die Bf.sweihe. Bremen wurde Bf.ssitz und erstes Bm. auf sächs. Boden. W. erkrankte und starb bald nach der Weihe des ersten Bremer Doms (789) und wurde in Bremen beigesetzt. 860 erfolgte die Erhebung (→Elevation, 2) seiner Gebeine durch →Ansgar; es wurde eine Beschreibung der Wunder (→Miracula) an seinem Grab verfaßt. Im Zuge der nun beginnenden Verehrung mit Zentrum in Bremen wurden dem hl. W. 18 Kirchen und Kapellen von Nordjütland bis ins südl. Niedersachsen geweiht. In Bremen galten Karl d. Gr. und W. als legendäre Gründer von Stadt und Bm., wie es das Bild des ältesten Stadtsiegels manifestiert. →Hamburg-Bremen, Ebm.

A. Röpcke

Q.: AASS Nov. III, 1910, 378ff. [A. PONCELET] – *Lit.*: A. RÖPCKE, W., 1982 – DERS., Leben und Nachleben W.s, 1987 – D. HÄGERMANN, Mission, Bm.gründung und frk. Staatsaufbau zw. Weser und Elbe (Bremen 1200 Jahre Mission, Schrr. der Wittheit zu Bremen NF 12, 1989), 99ff. – A. RÖPCKE, Materialien zur Ikonographie W.s, Hospitium Ecclesiae 17, 1989, 9ff. – Gesch. des Landes zw. Elbe und Weser, hg. H.-E. DANNENBERG – H.-J. SCHULZE, II, 1995, 23ff.

Willehalm v. Orange → Wilhelmsepen, →Wolfram v. Eschenbach

Willem. 1. W., Gf.en v. Holland →Wilhelm

2. W. van Saeftingen, Laienbruder (→Konverse) der Zisterzienserabtei Ter Doest bei Brügge (Westflandern), * wohl um 1270, † bald nach 1310. W., der über große Körperkraft verfügte, kämpfte in den Reihen der fläm. Milizen in der 'Goldsporenschlacht' v. →Kortrijk (11. Juli 1302) gegen das frz. Ritterheer und führte den 'Goedendag', die aus einem eisenbeschlagenen Stab bestehende gefürchtete Schlagwaffe; nach einer zeitgenöss. Q. (Lodewijk van Veltem) soll er persönlich den frz. Heerführer, Gf. →Robert II. v. Artois, erschlagen haben. Im Nov. 1308 stand W. an der Spitze eines Aufstandes gegen den Abt v. Ter Doest, Willem V. van Cordewaghen; diese Revolte war ausgebrochen wegen des Plans der Zisterzienser, sich allmähl. ihrer Laienbrüder zu entledigen. W., der beim Aufstand den Abt schwer verwundete und den Bruder Kellermeister tötete, wurde anschließend im Kirchturm v. Lissewege von Gefolgsleuten des Abtes belagert, doch befreite ihn eine aus →Brügge entsandte Heeresabteilung unter persönl. Führung von Jan →Breidel sowie des Sohnes von Pieter de →Coninc aus seiner bedrängten Lage. Trotz der Unterstützung, die W. in der Gft. Flandern genoß, wurden er und seine Anhänger vom →Offizial des Bf.s v. →Tournai exkommuniziert. Doch erreichte W., der nach Avignon reiste, die päpstl. Vergebung seiner Taten. Das Interdikt sollte aufgehoben werden, unter der Bedingung, daß W. als Johanniter ins Hl. Land ziehen werde. Er kehrte jedoch nach Flandern zurück und wurde abermals exkommuniziert, da er sich trotz Armutsgelübdes mit Handelsgeschäften abgegeben hatte. Wegen seiner Rolle während der Goldsporenschlacht wurde W. in der romantisch geprägten Geschichtsschreibung des 19. Jh. als fläm. Freiheitsheld idealisiert.

M. Boone

Q. und Lit.: Annales Gandenses, 1896, 94f. – F. FUNCK-BRENTANO, Philippe le Bel en Flandre, 1897, 530f. – J. F. VERBRUGGEN, De slag der Gulden Sporen, 1952, 148, 297 – R. DE GANCK – N. HUYGHEBAERT, Abbaye de Ter Doest à Lissewege (Monasticon Belge III, 2, 1966), 338f.

Willensfreiheit. Der Begriff der W. (liberum arbitrium) als das dem Willen entspringende überlegte Entscheidungsvermögen bringt in einer dem antiken Denken unbekannten Weise die menschl. Würde und Verantwortlichkeit zum Ausdruck. Das MA bewegt sich bei der Erörterung dieses Begriffs in den v. a. von Augustinus vorgezeichneten Bahnen, sofern es die in der freien Entscheidung liegende Selbstursächlichkeit des Menschen durchgehend unter dem Gesichtspunkt der göttl. Primats interpretiert. Die augustin. Position zeichnet sich bes. dadurch aus, daß sie die W. als heilsgeschichtl. Größe faßt, die erst im Kontext der Gnaden- und Prädestinationslehre ihren angemessenen Ort erhält, während man eine psycholog. Klärung des Begriffs im Hinblick auf das Verhältnis von Willen und Vernunft zueinander bei Augustinus vergebl. sucht. Das gilt auch noch für →Johannes (Scotus) Eriugena, der die W. ebenfalls im Zusammenhang mit der Prädestinationslehre behandelt: im Unterschied zum freien Willen (libera voluntas), der zur Grundausstattung gehört und die Ausrichtung des Menschen auf die Glückseligkeit begründet, begreift Eriugena die W. nach dem

Sündenfall als göttl. Gnadengeschenk, durch das das naturhafte Glücksstreben sich überhaupt erst zu realisieren vermag. Demgegenüber bleibt die W. bei Augustinus auch im Zustand der Sünde erhalten, wenngleich auch nur als die Freiheit zu sündigen.

Im weiteren Verlauf der ma. Diskussion gewinnt die psycholog. Fragestellung zunehmend an Gewicht, auch wenn→Anselm v. Canterbury, mit dem diese Diskussion erneut einsetzt, durch die Bestimmung der W. als Fähigkeit, servare rectitudinem voluntatis propter ipsam rectitudinem, den Gedanken des Ziels in den Vordergrund stellt und damit die metaphys. Dimension der W. betont, eine Problematik, die erst →Thomas von Aquin wieder aufgreift und vertieft. Im Zusammenhang mit der Definition, wonach man dann von W. spreche, wenn der Mensch die Entscheidung der Vernunft freiwillig und ohne Zwang zu erfüllen vermag, fragt →Abaelard nach dem Verhältnis jener zwei Begriffe, die weiterhin den Diskussionsrahmen abstecken und die Fragestellung im ganzen bestimmen: Vernunft und Wille. Die Sentenzen des →Petrus Lombardus mit der Bestimmung der W. als facultas rationis et voluntatis sind darüber hinaus Anlaß, die Frage aufzuwerfen, ob es sich bei der W. um ein Vermögen oder einen Habitus handele.

Im 12. Jh. stellen die Position→Bernhards v. Clairvaux, der die W. als einen aus der Freiheit des Willens und dem Urteil der Vernunft resultierenden Akt der Zustimmung charakterisiert und dabei die Vernunft lediglich als Dienerin des Willens bezeichnet, der zwar niemals ohne, aber dennoch häufig genug gegen sie handelt, und diejenige des →Praepositinus v. Cremona, dem »das liberum arbitrium Vernunft zu sein scheint, auch wenn es unseren Magistern anders geschienen hat«, die Extreme dar, zw. denen sich die Diskussion der Zeit tatsächlich bewegt. Die Autorität Augustins repräsentiert dabei den voluntarist., diejenige des Boethius den intellektualist. Deutungstyp. Es ist allerdings bemerkenswert, daß von Abaelard über→Robert v. Melun, →Simon v. Tournai, Praepositinus v. Cremona bis hin zu →Wilhelm v. Auxerre und den ersten Dominikanermagistern die intellektualist. Interpretation deutlich überwiegt, eine Deutungslinie, die erst durch den Einspruch des →Wilhelm v. Auvergne unterbrochen und bei →Philipp dem Kanzler und den Franziskanermagistern durch eine voluntarist. Interpretation abgelöst wird. Dieser Umschwung fällt zwar zeitl. mit der Rezeption der aristotel. Lehre von der Wahl (electio) und der Überlegung (consilium) zusammen und läßt sich auch als Reaktion darauf deuten; aber weder diese Doktrin des Aristoteles noch des Johannes Damaskenos' Psychologie des menschl. Aktes, welche zur gleichen Zeit rezipiert wird, ziehen unmittelbar eine grundlegende Änderung der traditionellen Auffassung von der W. nach sich.

→Thomas v. Aquin benutzt das neu gewonnene Material zur Explikation seiner eigenen, durchaus an der Tradition orientierten Lehre, die die Diskussion über die W. zu einem gewissen Abschluß bringt. Danach ist Ausgang und Grundlage der freien Tätigkeit das naturhaft gewollte, unbeschränkte Gut, das als letztes Ziel nicht selbst wiederum Gegenstand der Überlegung und Entscheidung sein kann, sondern wegen seiner Unendlichkeit die Freiheit der Indifferenz gegenüber allen endlichen Gegenständen überhaupt erst ermöglicht. Die Orientierung im Bereich der partikulären Güter obliegt der Vernunft, deren Beitrag zur Konstitution der W. Thomas allerdings (zumindest nach 1270) auf die Formalursächlichkeit, also auf die Präsentation des Gegenstandes einschränkt. Träger und Wirkursache der Wahlfreiheit ist der Wille, der den Prozeß der Überlegung in Gang bringt und die Entscheidung innerhalb der von der Vernunft vorgestellten Handlungsmöglichkeiten trifft. Die Selbstbewegung des Willens läßt sich also nicht durch die Spezifikation des Gegenstandes erklären, sondern entspringt der naturhaft urprgl. Aktuierung durch das letzte Ziel. Mit dieser Grundlage der Willensbewegung relativiert Thomas zugleich die Wahlfreiheit, die angesichts der aktuellen Vereinigung mit dem letzten Ziel nur einen defizienten Modus der sich in dieser Vereinigung realisierenden Wesensfreiheit darstellt.

Die Erörterung über die Konstitution der W. wird in der Folgezeit zwar fortgesetzt: mit→Heinrich v. Gent, der der Vernunft jede Kausalität auch bei der Spezifikation des freien Aktes abspricht und also die umfassende Maßgeblichkeit des Willens hervorhebt, und →Gottfried v. Fontaines, der demgegenüber der Vernunft auch die Wirkursächlichkeit beim Zustandekommen des freien Aktes zuspricht und folglich den Willen zu einer passiven Potenz degradiert, sind die entscheidenden Gegenpositionen des späten 13. Jh. genannt. Doch →Johannes Duns Scotus verlagert die Freiheitsdiskussion wieder von der psycholog. auf die metaphys. Ebene und gibt ihr eine ganz neue Richtung; denn er versteht den Willen als reine Vollkommenheit, dem Spontaneität und Rationalität unmittelbar zukommen, so daß der Wille nunmehr als Totalursache des Wollens gelten kann. Damit aber wird die Frage nach der W. im philos.-theol. Kontext zu einem Problem zweiter Ordnung. Das Interesse an der Frage bleibt jedoch erhalten. V. a. Vertreter der studia humanitatis, wie Lorenzo →Valla, widmen dem Thema ihre Aufmerksamkeit. →Erasmus v. Rotterdam, der im liberum arbitrium die Fähigkeit des Menschen sieht, das Verhältnis zu Gott aus eigener Kraft herzustellen scheint in dieser Tradition zu stehen, während Martin Luther in seiner gegen Erasmus gerichteten Behauptung vom servum arbitrium auf augustin. Elemente zurückgreift. G. Wieland

Lit.: O. LOTTIN, Libre arbitre et liberté depuis S. Anselm jusqu'à la fin du XIII s. (Psychologie et Morale, I, 1942), 11–389 – W. HOERES, Der Wille als reine Vollkommenheit nach Duns Scotus, 1962 – K. RIESENHUBER, Die Transzendenz der Freiheit zum Guten, 1971 – J. FRIED, Die abendländ. Freiheit vom 10. zum 14. Jh. Der Wirkungszusammenhang von Idee und Wirklichkeit im europ. Vergleich, 1991. S. a. →Wille.

William (s. a. Wilhelm)

1. W. the Marshall →Guillaume le Maréchal

2. W. of Ramsey, † 1349, Mitglied einer Baumeisterfamilie, die seit etwa 1300 in Norwich und London tätig war. W. wird erstmalig 1325 als Steinmetz am Bau der St. Stephen's Chapel am Palace of Westminster genannt. Bald nach 1330 übernahm er von John of Ramsey (vermutl. sein Vater), der schon 1304 Baumeister der Kathedrale v. Norwich war, den Bau des Kreuzganges. 1332 wurde W. Baumeister der St. Paul's Kathedrale und baute dort Kreuzgang und Kapitelhaus. 1336 ernannte ihn der engl. Kg. zum Baumeister der kgl. Schlösser und Burgen südl. des Flusses Trent, zuständig u. a. für den Palace of Westminster und die St. Stephen's Chapel. 1337 wurde sein Rat für die Kathedrale v. Lichfield erbeten. Er gehörte zu den Begründern des Perpendicular Style (→Baukunst, IV. 3) in Großbritannien. G. Binding

Lit.: J. HARVEY, English Medieval Architects: A Biographical Dictionary down to 1550, 1954 – N. PEVSNER, H. HONOUR, J. FLEMING, Lex. d. Weltarchitektur, 1987², 685.

3. W. Rede (Reade, Reed, Red, Redaeus), engl. Astronom der sog. →Mertonschule, belegt seit 1337, † 18. Aug. 1385 (etwa siebzigjährig), ⌑ Kirche v. Selsey (Diöz. Chichester) vor dem Hochaltar. W. entstammte der Diöz.

Exeter; die Kosten seiner Ausbildung wurden von Nicholas v. Sandwich getragen. Nach einer Notiz von W.s Sekretär Robert Walter studierte W. mindestens ab 1337 in Oxford. Am Merton College war er 1344 *fellow* (als solcher noch 1357 bezeugt), zweiter Bursar (1352–53) und *subwarden* (1353–54). Vor 1362 zum Dr. theol. promoviert. Die Meinung, W. sei Mitglied des Exeter College in Oxford gewesen, findet in den Rektoratsmatrikeln (*rector's rolls*) keine Stütze. Die kirchl. Laufbahn begann er in →Rochester (Kent), war hier Subdiakon, Diakon, Priester (ab 1356) und Archidiakon (1359). Ab 1363 war er Propst v. Wingham (Kent), legte diese Würde aber nach seiner Wahl zum Bf. v. →Chichester (1368/69 bis zum Lebensende) nieder.

W., der trotz seiner kirchl. Aktivität primär als bedeutender Gelehrter hervortrat, besaß mit einer →Bibliothek von ca. 370 Büchern eine der reichsten privaten Bücherslg.en Englands (größer als die Bibliothek jedes Oxforder Kollegs). Sie umfaßte v. a. Werke zur Theologie, Naturphilosophie, Astronomie und Astrologie. Testamentar. vermachte er 250 Bücher verschiedenen Oxforder Kollegien, allein 100 dem Merton College (mindestens 58 erhalten). Sie zeigen W.s starkes naturwiss., aber auch theol. Interesse (Determinismus, Freier →Wille). Er hinterließ dem Merton College (neben Geld und Preziosen) auch kostbare astron. →Instrumente (darunter das im Merton College erhaltene →Äquatorium).

W. erarbeitete um 1340 eine Version der Astron. (sog. Alfonsin.) →Tafeln, die leichter zu handhaben war als die Pariser Vorbilder, und nicht zuletzt dank der Zentralität Oxfords weite Verbreitung auch als Grundlage für astrolog. Vorhersagen gewann. W.s astrolog. Interessen werden belegt durch gewisse Berechnungen, die der Gelehrte für 1345 und 1357 anstellte, im ersteren Falle in Zusammenarbeit mit einem anderen Mertonian, →John of Eshenden. Die wichtigste Q. für W.s astron. Werk, der Codex Bodleian Libr. MS Digby 176, enthält auch die früheste datierbare Abh. von W., den »Almanach solis supra meridiem Oxonie« (→Almanach), der eine Reihe von Tafeln der Sonnenpositionen für 1341–44 umfaßt, gelegentlich aber auch →Simon Bredon zugeschrieben wurde.
J. D. North

Lit.: R. HARPER, The Astron. Tables of W., Isis 66, 1975, 369–378 – J. D. NORTH, The Alfonsine Tables in England (Prismata [Fschr. W. HARTNER, 1977]), 269–301.

4. W. of Wynford, † um 1405/10. W. wurde 1365 zum Baumeister der Kathedrale v. Wells ernannt. 1372 stand er in kgl. Diensten und erhielt eine Leibrente. Vermutl. aus der Zeit seiner Tätigkeit am Schloß v. Windsor, wo der spätere Bf. Wilhelm (William) of Wykeham die kgl. Bauverwaltung leitete, stammt die enge Verbindung zu diesem, für den er das Winchester College und ab 1394 wohl Mittelschiff und Westfassade der Kathedrale v. Winchester errichtete. Dort durfte er an der Tafel des Bf.s speisen. Mehrfach tritt er zusammen mit dem Baumeister Gevele bei Begutachtungen auf.
G. Binding

Lit.: Thieme–Becker XXXVI, 21 – J. HARVEY, Engl. Medieval Architects: A Biographical Dictionary down to 1550, 1954 – N. PEVSNER, H. HONOUR, J. FLEMING, Lex. der Weltarchitektur, 1987², 686.

Willibald v. Eichstätt, hl., * um 700, † 7. Juli 787, ags. Herkunft, Bruder von →Wunibald und →Walburga, vom 5. Lebensjahr an im Kl. Waldham erzogen, folgte 720 dem Ideal des asket. Heimatlosigkeit und pilgerte mit Bruder und Vater nach Rom, wo er bis 723 in klösterl. Zucht lebte. 723–727 unternahm W. eine Pilgerreise nach Palästina, die ihn u. a. viermal nach Jerusalem führte. Trotz erkennbarem Interesse an fremden Welten ist seine Route ganz auf den Besuch bibl. Stätten konzentriert (→Itinerar, 2). 727–729 lebte W. in einer Zelle an der Apostelkirche zu Konstantinopel, 729–739 als Mönch in verschiedenen Ämtern in →Montecassino. Eine Audienz bei Papst Gregor III. markiert den Beginn eines neuen Abschnitts, über dessen Details z. T. Unklarheit besteht. Mit päpstl. Zustimmung berief →Bonifatius 738 die Brüder W. und Wunibald in die Missionsarbeit in Germanien. 740 wurde W. in →Eichstätt zum Priester, am 21. Okt. 741 in Sülzenbrücken zum Bf. v. →Erfurt geweiht. Nach der baldigen Integration des thür. Bf.ssitzes in die Mainzer Diöz. könnte ab 744 durch die Provinzbildung des frk. Sualafeld-Nordgaus die förml. Voraussetzung für die Zuteilung eines neuen Bm.s an W. geschaffen worden sein. Mag W. zunächst nach ags.-ir. Vorbild als →Klosterbf. gewirkt haben, so ist die Entstehung eines vollgültigen Bm.s Eichstätt doch für den Zeitraum von etwa 745 bis vor 754 anzunehmen (eher unwahrscheinl. sind die Modelle, W. sei bereits 741 Bf. v. Eichstätt geworden bzw. das Bm. sei erst nach seinem Tode entstanden). Jedenfalls hat W. als Bf. am →Concilium Germanicum 742/743 und der Synode v. →Attigny 762 teilgenommen. In benediktin. Orientierung lebend, sorgte W. fortan für die Stabilisierung des Christentums in der Region. Ein Zentrum dafür war das mit seiner Zustimmung 752 von Wunibald gegr. Kl. →Heidenheim. Vom 23. Juni 778 an diktierte W. seiner Verwandten →Hugeburc seine Autobiographie. Die im Anschluß daran verfaßte Doppelvita der Brüder W. und Wunibald, ihre Bearbeitungen sowie die Translationen von W.s Reliquien im Eichstätter Dom (989, 1256, 1269 und 1745) haben die regionale Ausbreitung des W.-Kultes gefördert.
L. E. v. Padberg

Q. und Lit.: O. HOLDER-EGGER, MGH SS XV, 1, 1887, 80–117 – BHL 8931 – F. HEIDINGSFELDER, Die Reg. der Bf.e v. Eichstätt, 1915 – LCI VIII, 615f. – LThK² X, 1165 – A. BIGELMAIR, Das Jahr der Gründung des Bm.s Eichstätt (Fschr. K. SCHORNBAUM, 1950), 19–35 – K.-U. JÄSCHKE, Die Gründungszeit der mitteldt. Bm.er und das Jahr des Concilium Germanicum (Fschr. W. SCHLESINGER, 1974), 71–136 – G. PFEIFFER, Erfurt oder Eichstätt?, ebd., II, 137–161 – R. SCHIEFFER, Über Bf.ssitz und Fiskalgut im 8. Jh., HJb 95, 1975, 18–32 – A. BAUCH, Biographien der Gründungszeit, 1984², 13–246 – S. WEINFURTER, Das Bm. W.s im Dienste des Kg.s, ZBLG 50, 1987, 3–40 – H. W. 787–1987, 1987 – Der hl. W. – Klosterbf. oder Bm.gründer?, 1990 – W. BERSCHIN, Biogr. und Epochenstil im MA, III, 1991, 18–26 – L. E. v. PADBERG, Unus populus ex diversibus gentibus (Der Umgang mit dem Fremden in der Vormoderne, 1997), 155–193 – DERS., Hl. und Familie, 1997², 47ff.

Willibert, Ebf. v. →Köln 870–889, † 11. Sept. 889, ⊐ Köln, Dom. In dem nach dem Tode Kg. →Lothars II. entbrannten Kampf um Lotharingien sicherte →Ludwig d. Dt. sich gegen →Karl d. Kahlen die Kontrolle über die seit sieben Jahren verwaiste ebfl. Kirche v. Köln. Auf Drängen seines Gesandten, Ebf. →Liutberts v. Mainz, wählten Klerus und Volk von Köln anstelle von Karls Kandidaten den Kölner Domkanoniker (865/866) W. zum Ebf. (7. Jan. 870), dem Liutbert sogleich zusammen mit W.s Suffraganen die Bf.sweihe erteilte. Papst Hadrians II. Anfechtung der Wahl verzögerte die Verleihung des Palliums bis 874/875. W.s gesamte Amtszeit ist durch eine konsequente polit. Ausrichtung seiner Kirche auf das Ostfrankenreich geprägt, wovon bereits die im Sept. 870 in Köln (Domweihe!) tagende Synode unter Vorsitz W.s und seiner Amtskollegen aus Mainz und Trier zeugte (Vertrag v. →Meerssen). Zeitlebens erwies W. sich als treuer Gefolgsmann der ostfrk. Kg.e: im Juli 876 forderte er von Karl d. Kahlen den Anteil am Erbe Ks. Ludwigs II. für Ludwig d. Dt. ein; am Vorabend der Schlacht v. →Andernach (Okt. 876) versuchte er, Karl von einem

Einfall in das ostfrk. Reich abzuhalten, und enthüllte Ludwig d. J. Karls Hinterhaltspläne; im Auftrag Ks. Karls III. führte er im Juni 885 eine Gesandtschaft zum norm. Hzg. →Gottfried (5. G.) an. Im April 887 saß W. der ersten förml. Kölner Provinzialsynode vor. H. Seibert

Q.: F. W. OEDIGER, Reg. der Ebf. e v. Köln im MA, I, 1954-61, 227-249 - S. WEINFURTER, Colonia (GAMS Ser. V/1, 1982), 17 - GP VII/1, 1986, 30-36 - *Lit.:* F. W. OEDIGER, Gesch. des Ebm. s Köln, I, 1972², 94-96 - R. SCHIEFFER, Der Bf. zw. Civitas und Kg.shof (Der Bf. in seiner Zeit, hg. P. BERGLAR-O. ENGELS, 1986), 32f. - W. GEORGI, Legatio virum sapientem requirat (Fschr. O. ENGELS, 1993), 98f. - M. STORM, Die Metropolitangewalt der Kölner Ebf. e im MA bis zu Dietrich v. Moers, 1995 [Ind.].

Willibrord, hl. (Fest: 7. Nov.), Missionar und Ebf. der →Friesen, * um 657/658 in →Northumbria, † 6./7. Nov. 739, ⌂ vermutl. →Echternach. Zunächst als 'puerus oblatus' im Kl. →Ripon von →Wilfrid v. York erzogen, schloß sich W. um 678 dem irischen Kl. Rathmelsigi (Melfont) unter Abt Egbert an. Um 690 reiste W. nach Friesland, wo er nach der Beauftragung durch Pippin II. unter frk. Schutz mit der Mission im südwestl. Friesland begann. 692 zog W. nach Rom und wurde von Papst Sergius I. mit der Friesenmission beauftragt. Die Verbindung von staatl. Schutz mit päpstl. Vollmacht wurde richtungweisend für die gesamte spätere →Ags. Mission und bes. für →Bonifatius (10. B.). Im Auftrag Pippins reiste W. 695 ein zweites Mal nach Rom, wo ihn am 21. Nov. 695 Papst Sergius I. zum Ebf. der Friesen weihte und ihm den kirchl. Namen Clemens verlieh. Nach seiner Rückkehr erhielt W. von Pippin II. in →Utrecht eine Kathedralkirche, von wo aus er seine Mission organisierte; ein diözesaner Neuansatz kam allerdings nicht zur Entfaltung. Die Missionsarbeit konnte W. dagegen mit Hilfe des 697/698 durch →Irmina v. Oeren erhaltenen Kl. →Echternach konsolidieren. Während der Friesenaufstände unter Hzg. →Radbod mußte sich W. 715/716 aus Utrecht zurückziehen, konnte aber sein Missionswerk ab 719 mit Unterstützung Karl Martells wieder aufbauen und ausweiten, wobei zw. 719 und 722 Bonifatius als 'cooperator' bei ihm weilte. Kurz vor seinem Tod bestellte W. einen (unbekannten) Chorbf. für das Bm. Utrecht. S. Schipperges

Q.: Beda, Hist. eccl. V 10 - The Calendar of St. W., ed. H. A. WILSON, 1918 - Vita s. W. i archiepiscopi Traiectensis auct. Alcuini, MGH SRM 7, 1919-20, 81-141 - C. WAMPACH, Gesch. der Grundherrschaft Echternach im FrühMA, I, 2, 1930 - *Lit.:* W. LEVISON, Die Q. zur Gesch. des hl. W. (Aus rhein. und frk. Frühzeit, 1948), 304-313 [Lit.] - W. LAMPEN-B. VERMASEREN, Lit. verzeichnis zum Leben und zur Verehrung des Hl. W., Hémecht 6, 1953, 106-130 - C. WAMPACH, Sankt W., 1953 - G. KIESEL, Der hl. W. im Zeugnis der bild. Kunst, 1969 - H.-J. REISCHMANN, W., 1989 - A. G. WEILER, W. missie, 1989 - W., Apostel der Niederlande, hg. KIESEL-J. SCHROEDER, 1989 - P. BANGE-A. G. WEILER, W., 1990 (Middeleeuwse studies, 6).

Willibrord-Evangeliar (Paris, Bibl. Nat., lat. 9389), eine hauptsächlich in ags. Minuskel geschriebene Hs. (223 Blatt, 335×255 mm), die im Besitz des hl. →Willibrord (658-739) gewesen sein soll, als er 690 zur Missionierung der Friesen aufbrach. Das Evangeliar enthält zwölf Kanontafeln, auf denen die Zahlenkolumnen mit einfachen rechteckigen Rahmenleisten umgeben sind (ähnlich wie im →Book of Durrow) und große Initialen an den Anfängen der Evangelien, außerdem eine XPI-Initiale zu Beginn von Mt 28, 1. Von herausragender Qualität sind die vier Schmuckseiten (fol. 18v, 75v, 115v, 176v), auf denen Elemente einer Teppichseite mit der Darstellung des Evangelistensymbols kombiniert sind. Wie im Book of Durrow sind die Symbole ganzfigurig, ohne Flügel und Nimben wiedergegeben, anders als dort sind sie beschriftet. Die Hs. entstand etwa gleichzeitig mit dem →Book of Lindisfarne (Ende 7. Jh./Anfang 8. Jh.). Bezüglich der Lokalisierung wurden unterschiedl. Meinungen vertreten: entweder ein irisches Zentrum (Iona?) oder Northumbrien (Lindisfarne?). Die Hs. gehörte dem von Willibrord 698 gegründeten Kl. Echternach, sie kam 1802 im Zuge der Säkularisation nach Paris. K. Bierbrauer

Lit.: C. NORDENFALK, Insulare Buchmalerei, 1977, 48-55 - J. J. G. ALEXANDER, Insular Mss., 6th to the 9th Century, 1978, 42-43 [Lit.] - N. NETZER, Cultural Interplay in the Eighth Century, 1994, passim.

Willigis, Ebf. v. →Mainz Jan. 975-23. Febr. 1011, * 940 (?), † 23. Febr. 1011, ⌂ Mainz, St. Stephan. Die Abstammung aus einem wohl edelfreien Geschlecht Sachsens ist wahrscheinl.; alle späteren Angaben über niedere Herkunft sind nicht stichhaltig. Früh am Hofe Ks. Ottos d. Gr. wurde er gemeinsam mit dessen Sohn Otto II. von Volcold (969 Bf. v. Meißen) erzogen. Seit 971 Kanzler und Domherr in →Hildesheim, wurde er kurz nach dem Tod des Ebf. s Rupert († 13. Jan. 975), sicher auch unter dem Einfluß der Ksn. →Theophanu, zum Ebf. v. Mainz ernannt und sofort geweiht. Der Ks. stattete ihn am 25. Jan. 975 mit einer umfängl. Bestätigung des Besitzes der Mainzer Kirche, ihrer stift. und monast. Institutionen, der Münz- und Zollrechte, ihrer Dörfer und Hintersassen aus; für alles wurde die Immunität verliehen. Im März 975 übersandte Papst Benedikt VII. das Pallium. Der Verleihung fügte der Papst kirchen- wie reichspolit. höchst bedeutsame Rechte an: W. sollte in ganz Germanien und Gallien bei allen kirchl. Amtshandlungen den Vorrang besitzen, nur ihm stand die Weihe des Kg.s zu, auf Synoden gebührte ihm der Vorsitz vor allen Ebf. en und Bf. en. In den Verhandlungen mit dem Papst glich sich W. denen seiner Vorgänger →Friedrich (47. F.) und →Wilhelm an; die Vorrechte erhielten jetzt aber eine noch festere Prägnanz der Definition.

In den ersten acht Jahren des reichspolit. Wirkens steht die Verbindung zu Ksn. Theophanu voran. Der Einfluß der Ksn. mutter →Adelheid wurde zurückgedrängt, Oppositionsregungen des Hzg.s →Heinrich II. 'd. Zänkers' v. Bayern (31. H.) wurden bewältigt. Die Kanzlei erhielt durch Otto II. mit →Hildibold, seit 979 Bf. v. Worms, den bis 998 im Verbund mit dem Erzkanzler wirkenden Leiter. Inwieweit W. auf das krieger. Geschehen in Bayern und Böhmen Einfluß nahm, bleibt unklar. Die Kooperation zw. Ks. und Ebf. lag zweifelsfrei vor bei der Besetzung von Bm. ern in Prag, Konstanz und Verden 976, abermals in Konstanz 980, in den beiden Folgejahren in Paderborn und Augsburg. Am Italienzug Ottos II. nahm W. nicht teil. Er kam zum Hoftag nach Verona Mitte Juni 983. Ihm und dem Ravennater Ebf. vertraute man den dreijährigen Ks.sohn Otto III. an, um diesen zur Krönung nach Aachen zu geleiten. Noch in Verona konsekrierte W. als neuen Prager Bf. →Adalbert (15. A.). Der Tod Ottos II. am 7. Dez. 983 löste nach den Aachener Krönungsfeierlichkeiten eine Reichskrise aus. Gegen den an Ostern in Quedlinburg zum Kg. ausgerufenen Hzg. Heinrich v. Bayern wandte sich W. zusammen mit Hzg. →Bernhard I. v. Sachsen (10. B.). Das Reich war gefährdet durch den →Slavenaufstand im Osten, den Krieg mit Dänemark und die Interventionen des Kg.s v. Frankreich in Lothringen. W. gelang es, durch einen Ausgleich mit dem Bayernhzg. die Lage zu meistern. Weiterhin handelte er mit Ksn. Theophanu bis zu deren frühen Tod († 15. Juni 991) in enger Kooperation. Belastend war allerdings bis 1007 der Streit um →Gandersheim mit dem Bf. v. Hildesheim. W. nahm am Italienzug Ottos III. teil, der zur Ks.krönung am 21. Mai 991 führte. Diese vollzog Papst Gregor V., den W. zuvor nach Rom geleitet hatte. Schwierigkeiten bereitete

das Verhalten Adalberts v. Prag. V. a. aber brachten jene Monate die Distanzierung im Verhältnis zum jungen Ks. →Bernward v. Hildesheim, der bald nach Köln promovierte Kanzler→Heribert und dessen Bruder, Bf. →Heinrich I. v. Würzburg (94. H.), traten in den Vordergrund. Als sich der Gandersheimer Streit erneut verschärfte, leistete W. auf den Synoden v. Pöhlde und →Frankfurt 1001 sogar offenen Widerstand gegen den Papst und damit indirekt gegen den Ks. Ob er i. J. 1000 die Errichtung des Ebm.s→Gnesen, den Streit→Giselhers um →Magdeburg und die Öffnung des Grabes Karls d. Gr. in Aachen guthieß, muß bezweifelt werden. Sinnvollstes Ereignis war die von W. betriebene Erhebung→Burchards (13. B.) auf den Wormser Bf.sstuhl Anfang 1000.

Infolge der Kinderlosigkeit Ottos III. trat eine neue Krise des Reiches ein. Wie sich W. zu den einzelnen Kandidaturen auf die Kg.swahl verhielt, bleibt im einzelnen unklar. Entscheidend für ihn war, neben erbrechtl. Erwägungen, daß die jeweiligen Kräftekonstellationen zu keiner Einheit führten. Hzg. Heinrich v. Bayern, des Zänkers Sohn, entschied Ende Mai oder Anfang Juni 1002 die militär. Lage am Mittelrhein für sich. Nach Verhandlungen in Worms fand am 7. Juni 1002 die Krönung Heinrichs II. in Mainz statt. Hier stützte sich W. auf das Privileg v. 975. Aber auch die mit dem neuen Kg. gemeinsame Gegnerschaft gegen Heribert v. Köln mag mitgespielt haben. W. begleitete streckenweise den Kg. auf dem Reichsumritt (→Umritt), dessen Höhepunkt die Krönung der Kgn. →Kunigunde in Paderborn am 10. Aug. 1002 war. Gleichzeitig erhielt die Äbt. Sophie v. Gandersheim ihre Weihe. Eine der vielleicht schon zuvor abgesprochenen Folgen des Regierungswechsels war die Betrauung des Mainzer Ebf.s auch mit der it. Erzkanzlei.

Die ersten Regierungsjahre Heinrichs II. brachten wichtige Entscheidungen. In die Frage der Wiederherstellung des Bm.s →Merseburg griff W. vermittelnd ein. Vom von ihm geweihten Ebf. →Tagino v. Magdeburg sowie vom Bf. v. →Halberstadt erhielt er die nötigen Zugeständnisse 1004. Im Folgejahr half er bei der Reform der Abtei →Hersfeld. Übertroffen aber wurden alle jene Ereignisse an Bedeutung durch die Gründung des Bm.s →Bamberg am 1. Nov. 1007 während der Frankfurter Synode, an deren Spitze W. zugleich als Metropolit und als Legat des Papstes stand. Die von Bf. Heinrich geforderte Errichtung eines Ebm.s in Würzburg verhinderte W. Nicht zuletzt sind mit diesen Vorgängen eine umfassende Privilegierung der Mainzer Kirche durch den Kg. am 27. Mai 1007 sowie die umfängl. Besitzzuweisungen an das Stift St. Stephan in Mainz 1008 zu sehen. Am 13. März 1009 vollzog W. die Weihe des Bf.s →Meinwerk v. Paderborn in Goslar.

Der Besitz der Mainzer Kirche wurde vergrößert, die Organisation des Ebm.s verfeinert, teilweise neu gestaltet. Durch Schenkungen des Kg.s kamen Krongutkomplexe in Hessen, im Untermaingebiet, an der Mosel und in Thüringen an das Ebm. Noch bedeutender war die Verleihung von Bann- und Geleitsrechten in Bingen und im Rheingau anläßl. des Veroneser Hoftages am 14. Juni 983. Eine Forstschenkung im vorderen Hunsrück am 6. Nov. 996 brachte die wertvolle Ergänzung. Aus der konradin. Besitzmasse am Main bei Bürgel kam die Abrundung des Aschaffenburger Gebietes. Besitzbestätigungen in Niederlahnstein und Nierstein ergaben die Ergänzung von Positionen am Rhein. Im Rheingau, Taunus, Naheland und in Hessen-Thüringen sind Festigung und Verdichtung des Pfarreinetzes zu verzeichnen. An die Stelle der Chorbf.e setzte W. Archidiakone als Leiter straff organisierter Bezirke auf der mittleren Ebene der Neustrukturierung des geistl. Sprengels, der vom Mittelrhein über Hessen hinweg Thüringen umfaßte. Zielbewußt wurden ältere Stifte (Frankfurt, Bingen, Aschaffenburg, Heiligenstadt, Erfurt) gefördert, neue in Mainz neben bereits bestehenden als ebfl. Eigenkirchen gegründet, ebenso solche in Jechaburg und Dorla geschaffen, auf dem →Disibodenberg eine ältere Einrichtung umgewandelt. An allen diesen Punkten ist mit Stiftsschulen als Einrichtung für die Priesterausbildung zu rechnen. Durch Domkanonikate wurden die Prälaten eng an die ebfl. Zentrale als Fachleute gebunden. Dem monast. Leben stand der von seinem Herkommen her weltgeistl. Ebf. wohlwollend gegenüber. Die Abtei Bleidenstadt wurde gefördert, Beziehungen bestanden zu den Kl. der Stadt Mainz und zur Reichsabtei →Lorsch. Den Wissenschaften war er zugetan. Hier ist an die ansonsten nur sporad. bekannte Domschule zu denken. In der Aschaffenburger Stiftsschule griff er 976 mit klarer Ordnung für den Unterricht ein. Sich selbst setzte W. mit dem Neubau des Mainzer Domes ein Denkmal, der jedoch am Einweihungstag 1009 abbrannte. Für die Marienkirche ließ er Bronzetüren gießen. A. Gerlich

Q. und Lit.: S. Hirsch–M. Bresslau, JDG H. II. 1, 1862 [Neudr. 1975] – Reg. zur Gesch. der Mainzer Ebf.e im MA, I, bearb. J. F. Böhmer–C. Will, 1877 [Neudr. 1977], XXXVII–XLIII, Nr. 1–173 – H. Böhmer, W. v. M., 1895 [grundlegend] – K. und M. Uhlirz, JDG O. I. und III., 1902 [Neudr. 1967] – Mainzer UB, I, ed. M. Stimming, 1932 [Neudr. 1972], Nr. 216–250 – A. Gerlich, Hist. Strukturelemente und Strukturwandlungen im frühen und hohen MA, 1953, 44–64 – J. Fleckenstein, Die Hofkapelle im dt. Kg.e, II, 1966, 33–39, 41, 64–84, 109ff., 121f., 157ff. – L. Falck, Mainz im frühen und hohen MA (Gesch. der Stadt Mainz, 2, 1972), 64–71, 78f., 88–97, 100ff., 119, 145, 152, 163–166 – G. May, Die Organisation der Erzdiöz. Mainz unter Ebf. W. (Fschr. zur Jt.feier des M.er Domes 975–1975, hg. A. Ph. Brück 1973), 31–92 – H. Büttner, Ebf. W. v. M. (975–1011) (Ders., Zur frühma. Reichsgesch. an Rhein, Main und Neckar, hg. A. Gerlich, 1975), 301–313 – A. Gerlich, W. und seine Zeit (1000 Jahre Mainzer Dom, hg. W. Jung, 1975), 23–43 – K. Hallinger, W. v. M. und die Kl. (W. und sein Dom, hg. A. Ph. Brück, 1975), 93–134 – Ders., Das Bm. Worms und der Neckarraum während des Früh- und HochMA (ebd.), 207–236 – W. Heinemeyer, Ebf. W. v. M., BDLG 112, 1976, 41–57 – W. Seibrich, Die Entwicklung der Pfarrorganisation im linksrhein. Ebm. Mainz, 1977 – A. Gerlich, Der Aufbau der Mainzer Herrschaft im Rheingau, NassA 96, 1985, 9–28 – W. Goez, Leben und Werk des hl. W. (1000 Jahre St. Stephan in Mainz, hg. H. Hinkel, 1990), 15–32 – F. Staab, Reich und Mittelrhein um 1000 (ebd.), 113–162 – A. Egler, W. und die Stifte in Stadt und Ebm. Mainz (ebd.), 283–308.

Williram v. Ebersberg, † 1085, Verfasser einer berühmten »Expositio in Cantica Canticorum«; aus mittelrhein. Adel, zunächst Mönch in Fulda, seit ca. 1040 Lehrer im Bamberger Kl. Michelsberg, 1048 Abt v. →Ebersberg. Mögliche Hoffnungen auf eine geistl. Karriere wurden nach W.s Aussage durch den frühen Tod Heinrichs III. zunichte, zu dessen Hofkreis W. gehörte. Ebersberg, das er durch Mehrung des Kl.besitzes, Anlage von Wirtschaftsbüchern, Intensivierung des Skriptoriums und Bauten bedeutend förderte, empfand W. als Exil. Ca. 1060–65 schrieb W. die Expositio, die dem lat. Bibeltext einerseits eine kommentierende Paraphrase in leonin. Hexametern und andererseits eine dt. Übers. mit Auslegung in dt.-lat. (termini technici) Mischprosa zur Seite stellt (Heinrich IV. gewidmet). Das Werk, das inhaltl. auf dem Hld.komm. →Haimos v. Auxerre beruht und den Bibeltext als Dialog zw. Christus und der Kirche (sowie der Synagoge) darstellt, fand große Verbreitung (über 42 ma. Hss., zumindest eine davon noch unter W.s Aufsicht entstanden, eine 1100 niederfrk. Bearb.). Im Prolog äußert sich W. mit selbstbewußtem Stolz über sein Werk, das nach dem Vorbild →Lanfrancs (1059–65 Lehrer in Bec), der sich von

der weltl. Dialektik zur christl. Wissenschaft gewandt habe, das Studium der Hl. Schrift fördern solle. Es verdankt seinen Erfolg nicht dem traditionellen Inhalt, sondern der Beigabe von W.s Paraphrase in dt. Prosa. Neben der Expositio gibt es von W. kleinere Gedichte (darunter W.s eigener Epitaph in 7 Distichen) und eine auf Wunsch →Wilhelms v. Hirsau 1071 verfaßte Bearbeitung der Vita des Bf.s Aurelius, des Mitpatrons v. Hirsau. J. Staub

Ed.: J. SEEMÜLLER, W.s Paraphrase des Hld.s, 1878 – E. H. BARTELMEZ, The Expositio in Cantica Canticorum of W., 1967 – M. DITTRICH, Sechzehn lat. Gedichte W.s. v. E., ZDA 76, 1939, 45–63 – AASS Nov. IV, 137–141 (Aureliusvita BHL 820) – Lit.: J. SEEMÜLLER, Die Hss. und Q.n v. W.s dt. Paraphrase des Hld.s, 1877 – M.-L. DITTRICH, W.s v. E. Bearb. der Cantica canticorum, ZDA 82, 1948/50, 47–64 – DIES., Die lit. Form v. W.s Expositio in Cantica Canticorum, ZDA 84, 1952/53, 179–197 – W. SANDERS, Der Leidener W., 1974 – V. SCHUPP, Stud. zu W. v. E., 1978 – H. U. SCHMID, Nachtr. zur Überlieferung von W.s Paraphrase des Hld.s, ZDA 113, 1984, 229–234 – K. GÄRTNER, Zu den Hss. mit dem W. komm.teil des Hld.komm.s W.s v. E. (Dt. Hss. 1100–1400, 1988), 1–34 – Lat. und Volkssprache im dt. MA 1100–1500, hg. N. HENKEL, 1992 – E. H. BARTELMEZ, Abt W.s Expositio in Cantica Canticorum (Ed.sbericht zur ma. dt. Lit., hg. A. SCHWOB, 1994), 167–173 – C. BERTELSMEIER-KIERST, Tiroler Findlinge, ZDA 123, 1994, 334–340 – K. SIEWERT, Unbeachtete W.-Glossen (Philol. Forsch. [Fschr. P. MARCQ, 1994], 235–252 – M. BOGAERS, Anastroph. Wiedergabe v. W.-Stellen im St. Trudperter Hld. (Sô wold ich in fröiden singen [Fschr. A. H. TOUBER, 1995]), 99–130 – C. ZERFASS, Die Allegorese zw. Latinität und Volkssprache W.s v. E. Expositio in Cantica Canticorum, 1995 [Lit. bis 1993].

Willkür. Sprachl. zusammengesetzt aus Wille und Kür (im Anschluß an *kiesen* [Belieben, Ermessen und darauf beruhender Entscheidung]), nicht vor dem 12. Jh. belegt, im rechtl. Sinn mit der Bedeutung 'freie Wahl', 'freie Zustimmung', 'Vertrag'; auch 'Satzung', 'Stadtrecht' (von daher gelegentl. ausgedehnt auf Privileg); Parallelbegriffe sind Einung, Übereinkunft, Beliebung, autonomes Statutarrecht, lat. Entsprechungen sind statutum, constitutum, voluntas. Der Terminus W. oder *kore* dominiert im nord-, mittel- und ostdt. Sprachraum.

Die W. gilt als eines der Grundelemente des Rechts, neben dem als Urteil gefundenen →Weistum und dem obrigkeitl. befohlenen Gebot, nämlich als Vereinbarung zu einem bestimmten Verhalten mit der Verpflichtung, für den Fall der Verletzung sich festgesetzten Rechtsregeln zu unterwerfen (sie 'verwillküren'); hierbei kommt das Eideselement der bedingten Selbstverfluchung zum Tragen. Nach neuer Ansicht betont der W.-Gedanke den dinggenossenschaftl. Aspekt des Rechts.

Der Begriff W. ist den nachmalig dt. germ. Sprachen vorbehalten, doch als Systemelement in der Rechtstradition wohl allg. verbreitet. Welchem Stadium die auf den Thingversammlungen der nordgerm. Staaten beschlossenen (bestätigten) Gesetze, welchem die spärl. Gildestatuten des MA etwa in Norwegen und Schweden zuzurechnen sind, ist nicht hinreichend erforscht. Möglicherweise erscheint in der Sache die W. bereits im FrühMA im Zusammenhang mit fides-facta und wadiatio. Für das hohe Alter spricht die nicht auf das Deutsche beschränkte Erscheinung der fries. Küren (*kesten*, →Keuren), die heute in das 11. Jh. datiert werden und sich selbst als Privileg Karls d. Gr. bezeichnen (→Friesisches Recht). Im →Sachsenspiegel erscheint der Begriff einmal in der Bedeutung 'freie Wahl' (Landrecht I 56) und als 'Zustimmung' (Landrecht II 55), wobei sich eine für die Folgezeit wichtige Verbindung mit dem Mehrheitsprinzip findet.

Das →Stadtrecht ist die eigtl. Domäne der W. im Sinne einer Lehre vom objektiven Recht. Schon früh billigen die Stadtherren den Städten das Recht zu, sich W.en zu geben. Im →Magdeburger Stadtrecht ist bemerkenswert die häufige Formel »eines Mannes W. ist sein eigenes Recht«. Sie weist auf eine privat-autonome Dimension des dt. Rechts hin, deren Stellenwert gegenüber den zu sehr betonten Zwängen von Rechtsetzung oder altem gefundenen Recht noch nicht hinreichend erforscht ist. Dazu gehören auch Rechtssprichwörter wie »W. bricht Stadtrecht«; »W. bricht Landrecht« u. ä. Die →Oberhöfe, namentl. Magdeburg und Lübeck, sprechen nicht über die W.en der rechtsuchenden Städte, sondern gestützt auf ihr eigenes Recht; das ändert sich erst gegen Ende des 15. Jh. Besonderes gilt für das Gebiet des →Dt. Ordens. Neben der Bedeutung W. für (v. a. städt.) Satzungen tritt das Wort auf als Gleichung mit consuetudines (z. B. Preuss. Holland, Allenstein) oder für Erlasse der Ordensregierung für das ganze Land, wobei es Indiz für eine Mitwirkung der →Stände sein kann. Seit dem 14. Jh. umfaßt der Begriff jedenfalls jede städt. Rechtsetzung.

In manchem wird heute allg. die Rügegerichtsbarkeit (→Rüge) als Konsequenz des W.-Wesens der ländl. wie städt. Gesetzgebung gesehen.

Die Entfaltung des Mehrheitsgrundsatzes stellt den Übergang von der Folgepflicht der willkürenden Rechtsgenossen zur pars-sanior-Lehre des kanon. Rechts dar und ist Indiz für das Untergehen der eigtl. W.elemente statutar. Rechts. Ursprgl. kann die W. nur den Willkürenden selbst binden. Sachsenspiegel, Landrecht III 79 § 1 spricht von »Recht kesen« und läßt dabei die Grenze zw. Recht und W. verschwimmen, eine Entwicklung, die v. a. im Stadtrecht im Laufe des 15. und 16. Jh. allg. wird. Ab ca. 1500 gleicht sich die W. an das Recht an; in der NZ sind die Grundelemente kaum noch erkennbar. W., Weistum und Gebot erscheinen als Formen des positiven Rechts.

Neben dem Bereich des der Lehre vom objektiven Recht zuzurechnenden Komplexes des Begriffs W. ist sein Auftreten im Vertragsbereich Privater untereinander zu nennen, die eigtl. Verwillkürung. Hauptfall seiner Anwendung ist die Vereinbarung einer Vertragsstrafe, doch nicht darauf beschränkt, so erscheint die Unterwerfung unter die außergerichtl. Pfändung. Paarformeln sind oft »pact, geding oder W«; als lat. Entsprechung für 'verwillkürt' dient häufig arbitrarius.

Vielleicht hat die Übersetzung von poena arbitraria mit 'willkürl. Strafe' die heutige pejorative Bedeutung des Wortes W. erzeugt. F. Ebel

Lit.: DtRechtswb VIII, 125ff. [Kür] – GRIMM, DWB, s.v. W. – HRG V, 1438ff. [R. SCHMIDT-WIEGAND] – P. SIMSON, Gesch. der Danziger W. (Q.n und Darst. zur Gesch. W-Preußens 3, 1904) – W. EBEL, Die W. Eine Studie zu den Denkformen des älteren dt. Rechts (Göttinger rechtswiss. Studien 6, 1953) – P. SPIESS, Rüge und Einung, dargestellt anhand südt. Stadtrechtsq.n (Veröff. der Pfälz. Ges. zur Förderung der Wiss. 82, 1982) – J. WEITZEL, Dinggenossenschaft und Recht (Q.n und Forsch.en zur höchsten Gerichtsbarkeit im alten Reich, 15, 1985) – W. EBEL, Gesch. der Gesetzgebung in Dtl. (Göttinger rechtswiss. Studien 24, 1988) [erw. Nachdr. der 2. Aufl.].

Wilna (litauisch Vilnius), Hauptstadt v. →Litauen (als solche erstmals in den Briefen Gfs. →Gedimins 1323 erwähnt), an den Flüssen Neris und Vilnia gelegen, besiedelt seit dem 1. Jt. v. Chr.

[1] *Burgen:* Am Zusammenfluß der Neris und der Vilnia wurden im 13.–14. Jh. auf der Fläche von 4 ha drei Burgen errichtet. Die Obere und die Untere Burg waren seit der Zeit Gedimins Residenz der Gfs.en 1345 und 1381/92 umkämpft bei inneren Auseinandersetzungen um das Gfsm., waren die Burgen 1365–1402 auch Objekt von sieben Angriffen des Dt. Ordens. 1390 wurde die hölzerne Schiefe Burg niedergebrannt; die Obere und die Untere Burg erlagen erst 1655 einem feindl. Ansturm. Nach

einem Brand i. J. 1520 wurde in der Unteren Burg der Palast der Gfs.en im Renaissancestil errichtet (Anfang 19. Jh. niedergerissen). 1413 Sitz des Wojewoden v. W.

[2] *Stadt:* An der Verzweigung der Straße von den Burgen nach Königsberg, Krakau, Novgorod und Moskau entstand eine städt. Siedlung, der 1387 →Magdeburger Recht verliehen wurde. Die Anfang des 16. Jh. errichtete Stadtmauer umschloß 100 ha, eine ähnlich große Fläche nahmen die Vorstädte ein; die Zahl der Einwohner betrug zu dieser Zeit über 20000 (Litauer, Einwanderer aus der Rus' und aus den dt. Ostseestädten, einige Tataren, beginnende Einwanderung von Polen und Juden). Das Patriziat regierte die Stadt, der Magistrat bestand aus kath. und russ.-orth. Mitgliedern, die jeweils auf Lebenszeit kooptiert wurden. Der Handel mit aus West- und Osteuropa stammenden Gütern bildete die Voraussetzung für den Reichtum der Stadt. Gfs. →Olgerd befreite die Kaufleute von der Zahlung des Zolls, seit der 2. Hälfte des 15. Jh. bestand wegen der Konkurrenz mit Hansekaufleuten das →Stapelkaufrecht. Jahrmarkt und der Bau eines Gästehauses für osteurop. Kaufleute (1505) dienten der Förderung des Handels, zu Beginn des 16. Jh. kamen Kaufleute aus Antwerpen, Riga, Novgorod, Kostantinopel und Nürnberg nach W. Die Stadt war seit Ende des 14. Jh. Münzprägestätte der Gfs.en v. Litauen. Mit der Taufe von Fs. →Mindowe 1253 verband sich vermutl. die Gründung der ersten kath. Kirche. Z. Kiaupa

Lit.: P. Dubiński, Zbiór praw i przywilejów miastu stołecznemu WXL Wilnowi nadanych, 1788 – M. Baliński, Historya miasta W., 2 Bde, 1837 – J. I. Kraszewski, Wilno od początków jego do r. 1750, 4 Bde, 1840/41 – A. Šapoka, Senasis Vilnius, 1963 – J. Jurginis, V. Merkys, A. Tautavičius, Vilniaus miesto istorija, 1968 – N. Kitkauskas, Vilniaus pilys, 1989.

Wilsnack, ehem. Wallfahrtsort in der →Prignitz (Brandenburg). Die von dem Pfarrer in der 1383 während einer Fehde zerstörten Dorfkirche von W. gefundenen drei blutenden Hostien ließen den Ort mit Hilfe der Bf.e v. →Havelberg, die 1387 auch die Inkorporation der Kirche und weltl. Herrschaftsrechte erwarben, zum Ziel von Wallfahrten werden, für die bereits 1384 ein Ablaß bei Papst Urban VI. erwirkt wurde. Zugleich war mit dem Neubau der Kirche begonnen worden, der nie abgeschlossen wurde. Gegen den u. a. von Nord- und Mitteldtl., dem Ostseeraum, Böhmen und Ungarn aus aufgesuchten Gnadenort regten sich theol. Bedenken, die zu einem von Johannes →Hus veranlaßten Verbot der Wallfahrt für das Ebm. Prag 1405 führten. Die Bemühungen des Magdeburgers Heinrich →Toke (1444) und von →Nikolaus v. Kues (1451) gegen das Wunderblut blieben erfolglos, da der brandenburg. Kfs. den auf Einnahmen aus W. angewiesenen Havelberger Bf. gegen Magdeburg bei Papst Nikolaus V. unterstützte. W., für das 1424 eine Ratsverfassung belegt ist und das 1471 Wittstocker Recht erhielt, war Ziel des »W.laufens« der Unterschicht (1475, 1484) wie auch Treffpunkt zu polit. Verhandlungen (z. B. Kfs. v. Brandenburg mit Kg.en v. Dänemark und Hzg.en v. Mecklenburg und Pommern, 1443, 1472, 1479). 1552 verbrannte der erste protestant. Pfarrer die Bluthostien und wurde dafür vom Havelberger Domkapitel gefangengenommen. In der Folgezeit erlosch die Wallfahrt. →Blutwunder. F. Escher

Lit.: E. Breest, Das Wunderblut v. W. (1383–1552). Q.nmäßige Darstellung seiner Gesch., MärkF 16, 1881, 131–302 – F. Escher, Brandenburg. Wallfahrten und Wallfahrtsorte im MA, JGMODtl 27, 1978, 116–137 – H. Boockmann, Der Streit um das W.er Blut, ZHF 9, 1982, 385–408 – J. Peters, 600 Jahre W., 1983 – C. Lichte, Die Inszenierung einer Wallfahrt. Der Lettner im Havelberger Dom und das W.er Wunderblut, 1990.

Wilton, OSB-Kl. in England (Gft. Wiltshire). Das größte engl. Benediktinerinnenkl. wurde nach einer späteren und unzuverlässigen Überlieferung bereits 830 in W. gegr. In diesem Jahr soll Alburga, die Witwe des lokalen *ealdorman*, ihren Bruder, Kg. Egbert v. Wessex, veranlaßt haben, hier ein Kl. für 13 Nonnen anzusiedeln. Ein neues Nonnenkl. (ô Maria und Bartholomaeus) wurde an derselben Stelle von Kg. Alfred d. Gr. 890 gegr. und erhielt während des folgenden Jh. weitere Landbesitzstiftungen von den Kg.en Æthelstan und Eadwig. Doch machten schließlich die Wundertaten der hl. Edith, einer illegitimen Tochter Kg. Edgars, die als Nonne in der Abtei bis zu ihrem Tod 984 lebte, W. zum Ziel vieler Pilger und begründeten einen berühmten Heiligenkult. Das Nonnenkl. stand folgl. während der späten ags. Periode sehr in kgl. Gunst und ist eines der besten Beispiele für den religiösen Idealismus von Frauen in diesem Zeitraum. →Edith, die Frau Eduards d. Bekenners, ließ die Abteikirche als Steinbau 1065 neu errichten. Zur Zeit des →Domesday Book waren W. und die benachbarte Abtei Shaftesbury die beiden reichsten Nonnenkl. im ma. England. Obwohl man wenig über das Leben der Nonnen in W. im 12. Jh. weiß, darf man annehmen, daß der Konvent vermutl. mindestens 80 Nonnen zählte. Viele der späteren Nonnen waren adliger oder wohlhabender Herkunft. Bes. bemerkenswert war Eve of W., die mit sieben Jahren dem Kl. als Oblatin übergeben wurde. Doch verließ sie das Kl. um 1080, um als Einsiedlerin in Frankreich zu leben. Die adlige Zusammensetzung des Kl.konvents hielt auch im späten MA an, und im späten 14. Jh. widmeten sich die Nonnen, die nun meistens eher Frz. als Lat. schrieben und sprachen, der Lehrtätigkeit. Nach der Pestepidemie 1348–49 nahm die Zahl der Nonnen in W. allmähl. ab, von 44 (1441), 40 (1464) auf 30 (1485); aber das Vermögen des Konvents veranlaßte Kg. und Magnaten immer wieder zur Intervention, so als die Ernennung der Äbt. 1528 einen Konflikt zw. Heinrich VIII. und Kard. Thomas →Wolsey hervorrief. Elf Jahre später mußten die Äbt. und 32 andere Nonnen ihr Kl. der Krone übergeben. Von der Abtei blieb nur ein »the almonry« gen. Gebäude erhalten.

R. B. Dobson

Ed.: A. Wilmart, La Legende de Ste-Edith en prose et vers par le moine Goscelin, AnalBoll 56, 1938 – *Lit.:* E. Power, Medieval English Nunneries, c. 1275–1535, 1922 – D. Knowles, The Matter of W. in 1528, BIHR 31, 1958 – S. P. Thompson, Women Religious: The Foundation of English Nunneries after the Norman Conquest, 1991.

Wiltshire, Earls of. Kg. Stephan v. Blois ernannte seinen Schwiegersohn Hervey Brito († 1168) 1140 zum Earl of W., aber Hervey verlor sein Earldom im folgenden Jahr. Ksn. Mathilde berief als Nachfolger (ca. 1142–47) Patrick of Salisbury, der auch als Earl of Salisbury bekannt ist. Als er 1168 starb, trugen seine Erben den Titel des Earl of Salisbury. Im Sept. 1397 übertrug Richard II. den Titel des Earl of W. an William Le Scrope (* um 1350), den ältesten Sohn von Richard Le →Scrope of Bolton (Yorkshire). Le Scrope war 1392 zum Chamberlain des kgl. Hofhalts ernannt worden, und er wurde einer der vertrautesten Ratgeber Richards in seinen letzten Regierungsjahren. Im Parliament v. Sept. 1397 war er einer der Lords, die den Duke of Gloucester und die Earls of Arundel und Warwick des Verrats bezichtigten, und sein Earldom war sein Lohn für seine Loyalität und seinen Dienst. Ihm wurden einige der von Warwick eingezogenen Ländereien übertragen, und er wurde zum →Treasurer im Sept. 1398 ernannt. Nach dem Tod von John of Gaunt im Febr. 1399 erhielt er die Befehlsgewalt über zwei Burgen der Lancastrians in Yorkshire. Er wurde für habgierig gehalten und seine

Hinrichtung in Bristol am 29. Juli 1399 auf Heinrich Bolingbrokes Befehl allg. begrüßt. Le Scrope hatte keinen Erben. 1449 verlieh Heinrich VI. den Titel an einen seiner Günstlinge, James Butler (* 1420), den ältesten Sohn des 5. Earl of →Ormond († 1452). Butler war auch Treasurer (März–Mai 1455 und 1458–60) und ein treuer Anhänger der Lancastrians. Er wurde gefangengenommen und nach der Schlacht v. →Towton im März 1461 hingerichtet. Im Jan. 1470 gab Eduard IV. das Earldom einem seiner Anhänger: John Stafford, einem jüngeren Sohn des Duke of Buckingham. Bei seinem Tod im Mai 1473 erbte sein Sohn den Titel, der aber kinderlos im März 1499 starb. Im Jan. 1510 wurde der Titel für seinen Cousin Henry wieder belebt, der ebenfalls im März 1523 kinderlos starb. Thomas Boleyn, Viscount v. Rochefort, besaß den Titel 1529–39, und William Paulet, Treasurer 1550–72, hatte ihn seit Jan. 1550 inne, obwohl er im Okt. 1551 Marquis of Winchester wurde, er starb 1572. A. Tuck

Lit.: R. H. C. Davis, King Stephen, 1967 – A. Tuck, Richard II and the English Nobility, 1973.

Wilzen (Wiltzi, Wilci, Weletabi u. ä., wahrscheinl. zur slav. Wasserbezeichnung *vel-+t-*), Bund von Stämmen der →Elb- und Ostseeslaven im ö. Mecklenburg/Vorpommern, der in seiner Zusammensetzung dem späteren Bund der →Lutizen (→Kessiner, →Tollenser, →Zirzipanen, →Redarier [Adam v. Bremen:»Hos quatuor populos ... Wilzos appellant vel Leuticios«], evtl. zeitweise auch →Heveller) entsprach. Das Raster der polit. Organisation der W. wird prägnant in der Völkertafel des →Geographus Bavarus beschrieben: »Vuilzi, in qua civitates XCV et regiones IIII«, wobei die civitates als Siedelgefilde um eine zentrale Burg und die regiones als Stammesgemeinschaften anzusehen sind. Diese Elemente wurden durch ein höchstes Fs.enamt (Annales regni Francorum 823: totius regni summa; in der Forsch. »Oberkgtm.«, »Gfs.entum« oder »Samtherrschaft«) geeint, das i. J. 789 →Dragowit, der rex der W., innehatte, der andere reguli durch vornehme Herkunft, Autorität und Alter übertraf. Seine Herrschaft verdankte er der Einsetzung »ab invicto principe Carolo«, wahrscheinl. Karl Martell. Im Spannungsfeld der Kämpfe an der frk. NO-Grenze, an denen Sachsen, Dänen, →Abodriten und W. beteiligt waren, nahmen dann auch die späteren Karolinger (Karl d. Gr., Ludwig d. Fromme) Einfluß auf die Besetzung des Fs.enthrones bei den W. (und bei den benachbarten Abodriten). Maßgebend für Wahl und Kontrolle des Samtherrschers blieb aber der populus der W., in dem die primores, die burggesessenen Vorsteher der Siedelgemeinschaften, vertreten waren. Ihrem Widerstand war es wohl zu verdanken, daß sich bei den W. eine zentrale erbl. Fs.enmacht nicht ausbildete. Die Feindschaft gegenüber den Fs.en war dann eines der prägenden Merkmale der Lutizen, deren regionale Kontinuität zu den W. den Zeitgenossen bewußt war, obwohl die W. als polit. Faktor nach 838/839 aus dem Gesichtskreis der frk. Q. verschwunden waren. Ch. Lübke

Lit.: →Elb- und Ostseeslaven – →Lutizen – SłowStarSłow VI, 430–436 – L. Dralle, Slaven an Havel und Spree, 1981 – Słowiańszczyzna połabska między Niemcami a Polską, hg. J. Strzelczyk, 1981 [bes. 133-166 (K. Myśliński, Z. Sułowski)] – Hermann, Slawen, Neubearb. 1985 [Ind.] – Ch. Lübke, Forms of Political Organisation of the Polabian Slavs (until 10th Cent. A. D.), (Origins of Central Europe, hg. St. Urbańczyk, 1997), 115–124.

Wimpel (afrz. *guimpel*, engl. *wimple*), in der Kostümlit. unterschiedl. definierte weibl. →Kopfbedeckung: entweder mit Rise oder mit →Schleier gleichgesetzt. Die Analogie zur afrz. Wortbildung guimpel läßt erstere Identifizierung wahrscheinlicher erscheinen. Es dürfte sich demnach um ein Hals, Nacken und Kinn einhüllendes Tuch handeln, das in Ohrenhöhe an der Frisur befestigt wird (vgl. die Bezeichnung 'W.' für ein den Hals bedeckendes Tuch in der nz. Terminologie der Nonnentracht). E. Vavra

Lit.: L. C. Eisenbart, Kleiderordnungen der dt. Städte zw. 1350 und 1700 (Göttinger Bausteine zur Gesch.swiss. 32, 1962) – H.-F. Foltin, Die Kopfbedeckungen und ihre Bezeichnungen im Dt. (Beitr. zur dt. Philol. 26, 1963) – I. Loschek, Reclams Mode- und Kostümlex., 1987.

Wimperg, giebelförmiger Bauteil als Bekrönung von got. Portalen, Fenstern oder als Reihung über Traufgesimsen (Kathedrale von Paris um 1260/70). 1407 in Wien als »wintperg« erstmalig erwähnt, ebenso in Matthäus Roriczer, »Das Büchlein von der Fialen Gerechtigkeit«, Regensburg 1486, und Hans Schmuttermayer, »Fialenbüchlein«, Nürnberg um 1485, jeweils mit Abbildung. Der W. ist meist von zwei Fialen (*Viole*) gefaßt, auf den profilierten Giebelschrägen (*Schenkeln*) mit Krabben (*Possel, Ancleydung*) besetzt und mit einer Kreuzblume (*Plume, Plon*) bekrönt, deren Kern mit einem gespitzten Wirtel (*Villet*) beginnt und von einem Knopf (*Knopflen, Puglen, Puczlen*) abgeschlossen ist. Die Giebelfläche ist meist mit Maßwerk durchbrochen oder zeigt Blendmaßwerk, vereinzelt auch mit figürl. Schmuck (Hauptportal der Kathedrale von Reims mit Marienkrönung 2. Hälfte 13. Jh., Hauptportal der Kathedrale von Straßburg 1276–1298), in Spätgotik auch mit Astwerk (Marienkirche in Zwickau Anfang 16. Jh.). G. Binding

Lit.: E. Lefèvre-Portalis, Les origines des gâbles, BullMon 1907 – J. Michler, Zum Typus der Giebel am Altstädter Rathaus zu Hannover, Hann. Gesch.-Blb. NF 21, 1967, 1–36 – Ch. Gerlach, Der sog. Reliquien-Hochaltar im Paderborner Dom, Westfalen 64, 1986, 24–44 – U. Coenen, Die spätgot. Werkmeisterbücher im Dtl., 1989.

Wimpfeling, Jakob, Humanist, Pädagoge, * 15. Juli 1450 in Schlettstadt, † 17. Nov. 1528 ebd., Sohn eines Sattlers. Besuch der Schlettstädter Lateinschule unter Ludwig Dringenberg, Studium der Artes (via moderna) in Freiburg (1464–68), Erfurt (1469) und Heidelberg (seit 1469, 1471 mag. art.), dort auch Studium der Theologie: 1479 bacc. theol., 1479/80 Dekan der Artisten-Fakultät, 1481/82 Rektor, 1496 lic. theol.; 1484–98 Domvikar (anfangs auch Domprediger) in Speyer; 1498–1501 (wohl auf der Humanistenlektur) in Heidelberg, danach ohne festes Amt meist in Straßburg, unterbrochen von Aufenthalten in Basel bei Bf. Christoph v. Utenheim und in Freiburg u. a. als Mentor des Jakob Sturm; 1514 Begegnung mit →Erasmus v. Rotterdam; seit 1515 in Schlettstadt lebend. W.s Wirkung beruht auf seinen (z. T. vielfach) gedruckten Schriften, auf impulsgebenden Editionen und auf der pädagog. Tätigkeit als Univ.slehrer in Heidelberg (1480 Aufführung des »Stylpho«, Beginn des humanist. Schuldramas in Dtl.), Mentor, humanist. Sodale und Freund (u. a. S. →Brants). – Die frühen Arbeiten gelten der Reform des Schul- und Univ.sunterrichts zum Erwerb sprachl. und moral. Bildung im Medium der lat. Sprache: »De arte metrificandi« (1484), »Elegantiarum medulla« (1493) und »Elegantiae maiores« (1499), »Isidoneus Germanicus« (1497), »Adolescentia« (pädagog. Hauptwerk, 1500). W.s Leitbild ist der integre, humanist. gebildete Weltpriester; er propagiert es als Editor der Werke des →Johannes Carlerius Gerson (79. J.) (1502), Biograph des →Geiler v. Kaysersberg (1510) und in polem. Abgrenzung zu den →Bettelorden (lit. Fehden mit Thomas Murner OFM; dem OESA), aber auch zu den Poeten (Fehde mit Jakob Locher), deren genuin humanist. Dichtungsauffassung er einen zunehmend engeren, moral. und religiös instrumentalisierten Dichtungsbegriff (»De integritate«

1505, 1506), seine religiösen Dichtungen (»De nuntio angelico« 1494) und Editionen (→Hrabanus Maurus, →Baptista Mantuanus 1503) entgegensetzt. Er entwirft das Projekt eines Gymnasiums in Straßburg und entfacht dabei eine Fehde über die ältere (dt.) Gesch. des Elsaß (»Germania« 1501, dt. 1648; »Catalogus episcoporum Argentinensium« 1508). Wegen der neuen Gesamtkonzeption einer dt. nationalen Geschichte macht die schmale »Epithoma rerum Germanicarum« (1505) historiographisch Epoche. Seine polit. Publizistik verteidigt Reich und Kg. (Editionen Lupolds v. Bebenburg 1497, 1508) und polemisiert gegen den frz. Kg., die Türken und die Eidgenossen. Im Auftrag Maximilians I. gutachtet er über die Gravamina gegen die röm. Kurie. Seine anfänglich positive Einstellung zu Luther weicht 1523/24 antireformator. Polemik. 　　　　　　　　　　　　　　D. Mertens

Ed.: E. v. Borries, W. und Murner im Kampf um die ältere Gesch. des Elsasses, 1926 (Germania, lt./dt.) – J. W. Opera selecta, I: Adolescentia, ed. O. Herding, 1965; II, 1: J. W./Beatus Rhenanus, Das Leben des Johannes Geiler v. Kaysersberg, ed. O. Herding, 1970; III, 1–2: Briefwechsel, ed. O. Herding–D. Mertens, 1990 – Stylpho, lt./dt., ed. H. C. Schnur, 1971 – B. Singer, Die Fürstenspiegel in Dtl. im Zeitalter des Humanismus und der Reformation, 1981 (Agatharchia) – *Lit.*: Ch. Schmidt, Hist. litt. de l'Alsace, 2 Bde, 1879 [Neudr. 1966] – J. Knepper, J. W. (1450–1528), 1902 [Neudr. 1965] – O. Herding, J. W.s Begegnung mit Erasmus (Renatae litterae [Fschr. A. Buck, hg. K. Heitmann–E. Schroeder], 1973]), 131–155 – F. Rapp, Réformes et Réformation à Strasbourg, 1974 – R. Bornert, J. W.s Bemühungen um die Verbesserung der liturg. Texte, 1976 – U. Muhlack, Geschichtswiss. im Humanismus und in der Aufklärung, 1991 – D. Mertens, J. W. (Humanismus im dt. SW. Biograph. Profile, hg. P. G. Schmidt, 1993), 35–57.

Wimpfen, Pfalz und Stadt in Baden-Württemberg (Krs. Heilbronn), am Schnittpunkt bedeutender Straßen (Paris–Passau) gelegen. Die Römer nutzten den am Limeskastell (85/90 n. Chr.) und Römerbrücke (bis 1300 intakt) im 2. Jh. entstehenden vicus W. bis zur alem. Zerstörung (259/260) als ummauerten Hauptort der civitas Alisinensium. Im 7. Jh. erwarb Bf. Crutold v. Worms den in den röm. Ruinen von W. zu lokalisierenden frk. Kg.shof und errichtete dort um 670 ein kleines Missionszentrum, das als Vorläufer des erst 1068 gen., älteren Petersstifts (Sitz eines Archidiakonats) und Keimzelle von Markt und Talstadt W. zu gelten hat. Die Bf.e v. →Worms bauten ihren wichtigsten ö. Vorposten mit kgl. Hilfe im 10. und 11. Jh. weiter aus (965: Immunität, 988: Verleihung des W.er Wildbanns). Nach 1175/80 begann wahrscheinl. schon Ks. Friedrich I. mit Zustimmung des Bf.s v. Worms auf dessen Kirchengut in W. oberhalb der alten Siedlung im Tal die Anlage einer – vor 1200 fertiggestellten – noch heute gut erhaltenen, großräumigen (1,5 ha Fläche!) kgl. →Pfalz, die mit der w. anschließenden, zw. 1200 und 1212 errichteten Bergstadt W. eine topograph.-fortifikator. Einheit bildete. Diese auch im herrscherl. Itinerar ablesbare, massive Ausweitung der kgl. Position zielte fakt. auf eine völlige Verdrängung der Wormser Kirche aus dem Raum W., an der auch Friedrichs II. zeitweiliger Verzicht (1212–20) auf die Wormser Kirchenlehen in W. nichts änderte. Mit der lehnsrechtl. Übertragung der Bergstadt W. an Kg. →Heinrich (VII.) 1227 durch Bf. und Domkapitel v. Worms gegen die hohe Pfandsumme von 1300 Mark blieb Worms hinfort auf den Besitz von W. im Tal – unter Herrschaft des Petersstifts – beschränkt. Die von einem Reichsschultheiß (1222 erwähnt) verwaltete Bergstadt stieg dank der Förderung Heinrichs (VII.) zur Reichsstadt (1224: Nennung von cives) und zu einem Mittelpunkt der stauf. Reichslandverwaltung im Neckarraum auf. 1274 stellte Rudolf v. Habsburg die Bürger von W. den anderen kgl. Städten gleich, die Stadt erhob er im Rahmen seiner Revindikationspolitik zum Sitz der Landvogtei W. (1274/78). Bei aller Treue gegenüber Kg. und Reich verfolgte W. – wie der Beitritt zu zahlreichen Landfrieden und Bündnissen der schwäb. Reichsstädte im 13. (1254!) und 14. Jh. zeigt – eine durchaus eigenständige, reichsstädt. Politik. W.s städt. Verfassung im SpätMA bestimmten Rat (1296 erwähnt), Bürgermeister (seit 1340 polit. Führung) und Stadtgericht, das mit seinem 1404/16 aufgezeichneten Stadtrecht auch als →Oberhof für die benachbarten Orte diente, während hier Zünfte und ein spezif. Patriziat fehlten. Erst 1552 wurden Berg- und Talstadt W. vereinigt. 　　　　　　　　　　　　　　H. Seibert

Lit.: F. Arens, Die Kg.spfalz W., 1967 – K.-P. Schroeder, W. Verfassungsgesch. einer Stadt und ihres Verhältnisses zum Reich von den Anfängen bis zum Ende des 15. Jh., 1973 – H.-G. Hofacker, Die schwäb. Reichslandvogteien im späten MA, 1980, 60–66, 123–129 – D. Planck, Die röm. Städte Ladenburg, W. und Rottenburg, ZGO 135, 1987, 14–18 – M. Schaab–B. Heukemes, Ladenburg und W. im Tal aus der Sicht der frühma. Landesgesch., ebd., 38–56 – A. Hafer, W. Stadt-Raum-Beziehungen im späten MA, 1993 – H. Seibert, Reichsbf. und Herrscher. Zu den Beziehungen zw. Kgtm. und W.er Bf.en ... (1107–1217), ZGO 143, 1995, 139–141.

Winchcombe, Stadt in der mittelengl. Gft. Gloucestershire, kgl. →*borough* ohne städt. Freibrief im Bereich des ags. Kgr.es →Mercien. Zw. 1007 und 1017 galt W. als Hauptort der gleichnamigen →*shire*, die jedoch nie Gft.s-status erlangte, sondern zu Beginn des 11. Jh. in Gloucestershire aufging. Der zeitgenöss. »Liber Wigorniensis« benennt die →*hundreds* Salesmanesberie, Teoboldestan, Ciltenham, Warescymbe und Gretestane als administrative Einheiten von W.shire. Obgleich W. nicht in der →Burghal Hidage verzeichnet ist, dürfte der *burh*-Status des den n. Zugang zu den Cotswolds kontrollierenden Ortes unbestritten sein. 787 begründete Kg. →Offa in W. ein Nonnenkl., 811 Kg. Cenwulf dort eine Abtei mit Einkünften aus den →*manors* Snowshill, Stanton, Twyning, Cow Honeybourne und Charlton Abbots in der heutigen Diöz. →Worchester. Das →Domesday Book verzeichnet 1086 in W. 29 *burgesses*; eine zw. 1097 und 1101 zu datierende Zählung führte 151 *burgesses* auf. In der Lay Subsidy v. 1334 wurde W. als Kg.sgut mit dem städt. Zehnten und £ 10 13s veranschlagt. 　　　　　　　　　　B. Brodt

Q. und Lit.: Hemingi Chartularium Ecclesiae Wigorniensis, hg. Th. Hearne, 2 Bde, 1865² – E. Adlard, W. Calvalcade or Sidelight on W. Hist., 1939 – J. Whybra, A Lost English County. W.shire in the 10th and 11th Centuries, 1990 – The W. Sacramentary, hg. A. Davril, 1995.

Winchelsea, Seeschlacht v. (29. Aug. 1350), auch »Les Espagnols sur Mer« gen., fand vor W. statt zw. einer Flotte unter Kg. Eduard III. v. England und vielen seiner führenden Befehlshabern sowie einer kast. Flotte unter Carlos de la Cerda. Der Kg. war auf der Rückreise von →Sluis, nachdem bei der Hinreise die Kastilier – gemäß der Allianz mit Frankreich v. 1347 – die engl. Schiffe, die von der Gascogne zum Kanal unterwegs waren, bedrängt hatten. Zeitgenöss. Berichte über die Schlacht (so der von Jean →Froissart) unterscheiden sich bei der Schilderung von Einzelheiten hinsichtl. der Anzahl der beteiligten Seeleute und Schiffe. Aber alle stimmen darin überein, daß die Kastilier, obwohl sie größere und stärker bewaffnete Schiffe besaßen, von den kleineren engl. Pinassen und Barkassen schwer zugerichtet wurden in einer Schlacht, auf die sich beide Seiten sorgfältig vorbereitet hatten. Bes. die engl. Flotte setzte ihre Langbogenschützen und ihre Rammtaktik ein, bevor sie die gegner. Schiffe entern und in Besitz nehmen konnte. Während des wilden Kampfes verlor die kast. Flotte mehr als 40 Schiffe. Erst bei Ein-

bruch der Nacht gelang den Überlebenden die Flucht. Diese Phase der anglo-kast. Seefeindschaft endete mit einem zwanzigjährigen Waffenstillstand am 1. Aug. 1351.
M. Jones

Lit.: K. FOWLER, The King's Lieutenant. Henry of Grosmont, First Duke of Lancaster 1310–61, 1969.

Winchelsey, Robert, Ebf. v. →Canterbury, * Anfang der 40er Jahre des 13. Jh. wahrscheinl. in Old Winchselsea (Sussex), † 11. Mai 1313; seine Familienabstammung liegt im dunkeln. Er war weltl. Magister zunächst an der Univ. Paris und später in Oxford, wo er Kanzler wurde. Nach seiner Wahl zum Ebf. v. Canterbury am 13. Febr. 1293 wurde er im Sept. 1294 geweiht und erhielt die Temporalien seines Bf.ssitzes Anfang 1295. Er erwies sich rasch als Verteidiger der kirchl. Rechte in Opposition zu Kg. →Eduard I., dessen Politik den Schutz der kgl. Kleriker und die Ausdehnung der kgl. Besteuerung der engl. Kirche vorsah. Zu einer Krise kam es 1297, als W. sich auf die berühmte Dekretale von Papst Bonifatius VIII., →»Clericis laicos« (1296), berief und seine Temporalien einbüßte. Doch gelang es W., ein größeres Zugeständnis vom Kg. zu erlangen, die sog. »Confirmatio Cartarum«. Die Spannungen setzten sich aber fort und führten zu W.s Suspendierung vom Amt und zu seinem Exil in Frankreich zw. 1306 und 1308. Während der ersten Regierungsjahre Kg. Eduards II. war W. wieder als Ebf. in England. Obwohl er bereits sehr krank war, setzte er sich weiterhin für die Interessen der engl. Kirche ein. Vergebl. wurde seine Kanonisation 1319 und 1327 betrieben.
J. H. Denton

Lit.: Registrum Roberti W., ed. R. GRAHAM (Canterbury and York Society, 2 Bde, 1952–56) – J. H. DENTON, R. W. and the Crown 1294–1313, 1980.

Winchester, Stadt im s. England (Gft. Hampshire), am Itchen gelegen; Bm. [1] *Stadt:* Das röm. Venta Belgarum umschloß im 3. Jh. n. Chr. mit seiner Steinmauer ein Gebiet von 58, 2 ha. Zw. ca. 450 und dem späten 7. Jh. gibt es keine erkennbaren Spuren städt. Lebens in W. Während der 60er Jahre des 7. Jh. wurde es Bf.ssitz des Kgr.es →Wessex. Seit dieser Zeit wuchs die Besiedlung innerhalb der röm. Mauern langsam wieder an und blieb bis zur Mitte des 9. Jh. spärl., als die zunehmenden Wikingerüberfälle auf Hamwih (Southampton) W. zu einem gefragten Zufluchtsort machten, obwohl es ebenfalls angegriffen wurde. Seit den 90er Jahren des 9. Jh. wurde die Stadt völlig umgestaltet, offensichtl. infolge einer gezielten Politik →Alfreds d. Gr. und dann seines Sohnes →Eduard d. Ä. Ein neuer Straßenplan, der sich vom röm. unterschied, wurde innerhalb der Mauern um 904 angelegt. W. gehörte zu den Befestigungen, die in der →Burghal Hidage aufgeführt wurden, und es diente wohl auch als Modell für dieses Verzeichnis. Alfred beabsichtigte, zwei größere kgl. Kirchen als Konkurrenzgründungen zur Kathedrale einzurichten, eine Gründung für Männer (New Minster) und eine für Frauen (Nunnaminster). Doch wurde dieses Vorhaben erst unter Eduard d. Ä. verwirklicht. Seit der Regierung Alfreds d. Gr. bis zum späten 11. Jh. war W. tatsächl. die Hauptstadt v. Wessex und seit der Mitte des 10. Jh. von England: Obwohl es sich um ein Reisekgtm. handelte, blieb W. der für die kgl. Repräsentation am meisten bevorzugte Ort. Der früheste Hinweis auf einen kgl. Palast begegnet im späten 10. Jh., aber wahrscheinl. existierte er bereits früher. Obwohl →Eduard d. Bekenner einen anderen kgl. Baukomplex in →Westminster errichtete und damit das Ansehen der Stadt London erhöhte, der auf jeden Fall größer als W. war, blieb die symbol. Bedeutung W.s so erhebl., daß Wilhelm d. Eroberer 1066 rasch diesen Ort unter seine Kontrolle brachte. Er errichtete dort eine Burg, die bis zum späten 12. Jh. der Sitz der kgl. Schatzkammer und der früheste bekannte Aufbewahrungsort des →Domesday Book war, in dem merkwürdigerweise W. selbst ausgelassen blieb, vielleicht weil es bereits unter Eduard d. Bekenner erfaßt worden war. Seit dem frühen 12. Jh. nahm das kgl. Interesse an der Stadt allmähl. ab. Als der kgl. Palast 1141 niederbrannte, wurde er nicht wieder aufgebaut. Trotzdem wuchs der Wohlstand von W. im 12. Jh., wie es zwei Erhebungen (1102–15 und 1148) beweisen, die eine Bevölkerung von 8000 Einw. oder mehr nahelegen. Seit den 90er Jahren des 11. Jh. wurde ein größerer Jahrmarkt (St. Giles' Fair) direkt außerhalb der Stadt abgehalten. Die meisten der 57 Pfarrkirchen in W. wurden vor 1150 gegründet. Außerdem gab es mehrere Gildehäuser, die in den Erhebungen aufgeführt werden. Handwerkergilden für Weber und Walker traten zuerst in den 60er Jahren des 12. Jh. in Erscheinung, wurden aber von der Kaufmannsgilde daran gehindert, Einfluß auszuüben. Diese bestand seit den 50er Jahren des 12. Jh. und ermöglichte den wohlhabenderen Einw. polit. Aktivitäten. Die Stadt erhielt Freiheitsurkk. (→Charters of Liberties) von Heinrich II. und einigen späteren Kg.en, und 1208 übertrug Johann Ohneland die Stadt an die Bürger zur Pacht. Seit dem 13. Jh. lag die Stadtregierung in den Händen einer Gruppe von 24 führenden Bürgern, die weitgehend mit der Kaufmannsgilde übereinstimmten. Diese Bürger wählten den Bürgermeister (→*mayor*), der zuerst 1200 erscheint, und setzten die Bestimmungen für Handwerk und Handel fest. 1283 entsandte W. zwei *borough*-Vertreter und seit 1295 regelmäßig Vertreter ins Parlament. Die Bevölkerung nahm im 14. Jh. infolge der Pest ab, aber vielleicht etwas weniger als in vergleichbaren Städten. Nach einer Erhebung v. 1417 scheint die Stadt ca. 6000 Einw. gezählt zu haben. Am Beginn des 16. Jh. war W. noch immer ein wichtiges regionales Zentrum.

[2] *Bistum:* Nach →Beda Venerabilis (Hist. Eccl. III, 7) war Kg. →Cenwalh v. Wessex der unzureichenden ae. Sprachkenntnisse des frk. Bf.s →Agilbert v. Dorchester überdrüssig und unterteilte dessen Bf.ssitz in zwei Diözesen, indem er um 661 ein neues Bm. in W. schuf. Aber diese Gründung ist doch wohl eher auf den polit. Druck zurückzuführen, der sowohl von der merc. Intervention im Themse-Tal zw. 650–660 als auch von der Expansion von Wessex südwärts in das jüt. Gebiet ausging. →Dorchester konnte als Diöz. nicht bestehen, und W. blieb der einzige Bf.ssitz, der für Wessex bis ca. 705 zuständig war, als das Bm. →Sherborne gegr. wurde, um die westl. Hälfte des Kgr.es abzudecken. Eine weitere Teilung wurde 909/910 vollzogen, als der Bf.ssitz v. W. die Hälfte seines Gebiets an die neue Gründung v. →Ramsbury verlor und nur Hampshire und Surrey behielt. Etwa in dieser Zeit erhöhten die Bf.e v. W. ihre Einnahmen durch die Übernahme einiger kleiner Landkl. Vom 9. bis zum frühen 10. Jh. wurden die Beziehungen zw. den Bf.en v. W. und den Kg.en v. Wessex angespannt. Auch die Unterstützung Bf. →Swithuns für Kg. Æthelwulfs Rückkehr zur Macht 856 auf Kosten seines Sohnes Æthelbald konnte an diesem Zustand nichts ändern, ebensowenig Alfreds d. Gr. Entscheidung, W. in eine kgl. Stadt umzuwandeln. Das New Minster, die neue kgl. Gründung, wurde fast neben dem Old Minster (der Kathedrale) errichtet. In der Mitte des 10. Jh. hatte sich die polit. Situation gewandelt, bes. als Edgar schließlich 963 einen seiner loyalsten Unterstützer, →Æthelwold, zum Bf. ernannte. Innerhalb eines Jahres setzte Æthelwold Mönche sowohl im Old Minster als auch im New Minster ein. Er versuchte verstärkt, teilwei-

se durch die Fälschung von Urkk., Ländereien des Bm.s wiederzugewinnen, die an Laien übertragen worden waren. 1066 war W. einer der beiden reichsten engl. Bf.ssitze. In der späten ags. Zeit waren die Bf.e üblicherweise Mönche, aber von Eduard d. Bekenner wurde diese Gewohnheit unterbrochen, als er 1043 →Stigand ernannte und dann ihm seit 1052 erlaubte, sowohl W. als auch Canterbury zu behalten. Diese Ämterhäufung überschattete das Ansehen der Diöz. z. Zt. der norm. Eroberung. Schließlich wurde Stigand 1070 auf dem Konzil v. W. durch Walkelin, der vorher Kanoniker an der Kathedrale v. Rouen war, ersetzt. Seit diesem Zeitpunkt war der Bf.ssitz v. W., einer der lukrativsten Posten der kgl. Patronage, fast ausnahmslos im Besitz der am meisten favorisierten Beamten der Kg.s oder gelegentl. der kgl. Verwandten wie →Heinrich v. Blois (1129–71) und Kard. Heinrich →Beaufort (1404–47). Viele dieser Bf.e waren sehr fähige Amtsinhaber, bes. Heinrich v. Blois, ein bedeutender Kunstmäzen, der den Wolvesey Palast für die Bf.e v. W. umbauen ließ und das Hospital of St. Cross (1136) gründete. Zwei der späteren ma. Bf.e, William of Wykeham (1367–1404) und William →Waynflete (1447–86), rühmten sich selbst als Gründer von Schulen und Kollegien. Der erstere gründete 1387 das W. College, um armen Geistlichen die Ausbildung zu ermöglichen, die anschließend weiterführende Studien an der dazugehörigen Gründung des New College in →Oxford fortsetzen konnten. Den umfangreichen Bau des W. College wollte Heinrich Beaufort mit dem Umbau des Hospital of St. Cross um 1445 noch übertreffen.

[3] *Kathedrale:* Die Kathedrale (Old Minster), zu unterschiedl. Zeitpunkten ihres Bestehens St. Petrus und Paulus, der Trinität und St. Swithun geweiht oder in anderen Zusammensetzungen diesen Hl.n, war ursprgl. im späten 7. Jh. errichtet worden. Seit der frühesten Zeit diente sie der Kathedrale der Weltklerus, der jedoch 964 von Bf. Æthelwold gewaltsam vertrieben und durch Mönche ersetzt wurde. Æthelwold begann, das Old Minster zu vergrößern, dessen Ausdehnung in den 60er Jahren des 10. Jh. durch das angrenzende New Minster behindert wurde. Er dehnte das Old Minster westwärts aus unter Einbeziehung des Grabes von Swithun. Ihm ist auch die Translation der Reliquien Swithuns 971 zu verdanken, die die Kathedrale mit einem Hl.nkult ausstattete und seine Schüler anspornte, Viten und liturg. Werke zu seiner Verbreitung zu verfassen. 980 wurde ein Westwerk angefügt, vielleicht um dem Kg. einen erhöhten Thron innerhalb der Kirche zu verschaffen. Weitere Anbauten am Ostteil wurden in dem Æthelwolds Tod folgenden Jahrzehnt (984–994) gemacht und standen mit dessen eigener Verehrung in Zusammenhang. Zur Förderung dieses Kultes verfaßte Wulfstan d. Cantor (→Wulfstan v. W.) seine Æthelwold-Vita. Æthelwold machte W. zum bedeutendsten Zentrum der Lateinstudien, ae. Übersetzungen, Hss.produktion und der Buchmalerei in England (vgl. Abschnitt 4), und er förderte bes. die Verbreitung monast. Texte. Bei seiner Weihe 1070 behielt Walkelin die monast. Gemeinschaft in W. bei, aber er entschloß sich, das äußere Bild der Kathedrale zu verändern. Das Ergebnis seiner Bautätigkeit war eine der längsten Kirchen im Europa des 12. Jh. 1093 war der neue Ostteil vollendet, die Reliquien Swithuns wurden in die neue Kathedrale überführt. Die alte Kathedrale riß man ab. Noch mehr Platz wurde mit dem Abriß des New Minster um 1110 geschaffen, die Mönche wurden außerhalb der Stadt in Hyde angesiedelt. Das roman. Erscheinungsbild der Kathedrale Walkelins zeigt sich noch in der Krypta und im Querschiff, aber die übrige Kirche wurde im Perpendicular-Stil von William of Wykeham in zwei Bauvorhaben um 1371 und 1394 umgebaut. Am Ostende der Kirche wurde Walkelins Apsis im frühen 13. Jh. ostwärts mit einem Retrochor und einer Lady Chapel erweitert.   J. Barrow

Q. *und Lit.:* VCH Hampshire, V – Chartulary of W. Cathedral, ed. A. GOODMAN, 1927 – M. BIDDLE, W.: the Development of an Early Capital (Vor- und Frühformen der europ. Stadt im MA, hg. H. JANKUHN, W. SCHLESINGER, H. STEUER, 1973), 229–261 – W. in the Early MA, ed. F. BARLOW, M. BIDDLE u.a., 1976 – W. College Sixth Centenary Essays, ed. R. CUSTANCE, 1982 – Survey of Medieval W., ed. D. KEENE, 1985 – W. HOFSTETTER, W. und der spätae. Sprachgebrauch, 1987 – Wulfstan of W., Life of St. Aethelwold, ed. M. LAPIDGE–M. WINTERBOTTOM, 1991 – W. Cathedral: Nine Hundred Years 1093–1993, ed. J. CROOK, 1993 – English Episcopal Acta VIII, W. 1070–1204, ed. M. FRANKLIN; IX, W. 1205–28, ed. N. VINCENT, 1993–94.

[4] *Skriptorium/Buchmalerei:* Die nach den Zerstörungen der Dänen-Einfälle des 9. Jh. in S-England unter Kg. →Æthelstan (925–939) einsetzende ags. →Buchmalerei scheint zunächst in W. konzentriert gewesen zu sein: Auf die stilist. noch isolierten Illustrationen des Æthelstan-Psalters folgen als schulbildende Hauptwerke das Chartular von New Minster (nach 966) und das Æthelwold-Benedictionale (963–984), Hss. mit prachtvollen Illustrationen in Vollmalerei, die den »W.-Stil« voll entwickelt zeigen: Von Hss. der Hofschule Karls d. Gr. beeinflußte Figuren mit überreichem, stark bewegtem Rüschenfaltenwerk, sowie aus dem Akanthusblatt der karol. Metzer Schule entwickeltes, typisches »W.ornament« mit ausladenden, lappig um die Rahmenleisten greifenden und Rosetten bildenden Blättern. Die von Bf. →Æthelwold betriebene Kl.reform und seine Förderung der Buchkunst trugen entscheidend zur Verbreitung dieses »W.-Stils« in weiteren Skriptorien S-Englands bei, wo er vornehml. in Federzeichnung umgesetzt vorkommt. Seit dem späten 10. Jh. artikulieren sich zunehmend weitere Zentren der ags. Buchmalerei, v.a. →Canterbury, das den »W.-Stil« unter dem Einfluß der damals dorthin verbrachten karol. →Utrecht-Psalters umwandelt und der Buchmalerei eine neue Ausrichtung gibt. Die häufig praktizierte Verwendung des Begriffs »W.-Stil« für die gesamte ags. Buchmalerei auch des 11. Jh. ist daher problematisch und irreführend. Selbst bedeutende, in W. entstandene Hss. dieser Zeit, die nun oft mit kolorierten Federzeichnungen illustriert sind, entziehen sich nicht diesen neuen Tendenzen mit zunächst duftig-illusionist. Bildern, wie z. B. im Psalter in London, BL Harley 2904 (spätes 10. Jh.) und im Liber Vitae von New Minster (1031), später mit im Umriß verhärteten, aber immer noch höchst lebendigen Kompositionen mit stark gelängten Figuren, wie im sog. Tiberius-Psalter (um 1050). Der mit der norm. Eroberung 1066 vollzogene abrupte Abbruch der Tradtion ist im Psalter London, BL Arundel 60, evident. Erst um die Mitte des 12. Jh. setzt unter Bf. Heinrich v. Blois eine neue Blüte der Buchmalerei in W. ein, die nun vermutl. von professionellen Malern geschaffene Spitzenwerke wie den W.-Psalter (London, BL Cotton Nero C. IV) und die beiden W.-Bibeln (Oxford, BL Auct E. inf. 1–2 und W., Kathedralbibl.) hervorbringt. Das »W.-Ornament« ags. Herkunft hingegen hält sich durchgehend, im Prinzip kaum verändert, nur zunehmend ausgedünnt und verhärtet, in der gesamten engl. Buchmalerei und Skulptur bis tief ins 12. Jh.   U. Nilgen

Lit.: F. WORMALD, The W. Psalter, 1973 – C. M. KAUFFMANN, Romanesque Mss. 1066–1190, 1975 – E. TEMPLE, Anglo-Saxon Mss. 900–1066, 1976 – W. OAKESHOTT, The Two W. Bibles, 1981 – F. WORMALD, 'The W. School' before St. Ethelwold; The Benedictional

of St. Ethelwold (DERS., Collected Writings, I, 1984), 76-100 - The Golden Age of Anglo-Saxon Art, Kat. London 1984 - English Romanesque Art 1066-1200, Kat. London 1984 - K. E. HANEY, The W. Psalter, 1986 - C. DONOVAN, The W. Bible, 1993 - R. DESHMAN, The Benedictional of Æthelwold, 1995.

Winchester, Earldom of, anscheinend gleichbedeutend mit dem Earldom der Gft. →Southampton (= Gft. Hampshire), 1207 für Saher de Quincy nach der Teilung der Landbesitzungen von Robert Fitz Pernel, Earl of Leicester, geschaffen, dessen Erben seine mit Saher bzw. Simon IV. de→Montfort verheirateten Schwestern waren. Saher gehörte zum Hof Kg. Johann Ohnelands, doch verband er sich mit der baronialen Opposition. Er war einer der 25 Vollstrecker der →Magna Carta, folgte dann Ludwig (VIII.) v. Frankreich und wurde in der Schlacht v. →Lincoln 1217 gefangengenommen. Saher schloß bald Frieden mit Kg. Heinrich III. und starb 1219 auf dem 5. Kreuzzug in →Damietta. Sein zweiter Sohn Roger erhielt den Earl-Titel nach dem Tod seiner Mutter 1235. Robert, Sahers Vater, hatte seine frühe Karriere im Dienst Kg. Wilhelms v. Schottland gemacht, wo er eine Erbin heiratete. Roger verstärkte seine Interessen in Schottland durch die Heirat mit einer Erbin von Alan, Lord of Galloway († 1234). Der schott. Kg. Alexander II. unterstützte Roger gegen die Revolten in →Galloway und ernannte ihn zum Constable of Scotland. In der engl. Politik wurde seine Position von Heinrich III. unterstützt. Er starb ohne Söhne 1264. Der Gf. entitel v. W. wurde kurz, 1322-26, für Hugh le →Despenser III. erneuert und dann wieder 1472. Eduard IV. übertrug ihn Lodewijk v. Brügge, Herr van→Gruuthuse, für seine Gastfreundschaft und seine Unterstützung während des Exils des Kg.s 1470-71. Lodewijk, ein fläm. Adliger, war dann Statthalter in →Holland, →Seeland und Friesland für Eduards Schwager, Hzg. Karl d. Kühnen v. Burgund. Bei Lodewijks Tod 1492 wurde sein Sohn Johann Nachfolger im Earldom, das er 1500 an Heinrich VII. zurückgab. R. L. Storey
Lit.: DNB XVI, 556-559 - Peerage XII, pt. II, 745-757.

Winchester, Statute of (1285). Nachdem Kg. →Eduard I. v. England im Osterparliament v. 1285 eine Visite seiner Territorien in der Gascogne angekündigt hatte, wurde im Herbst dieses Jahres das Statut v. W., ein Katalog mit Maßnahmen zur Bekämpfung der Kriminalität, verkündet. Der Text wird mit einer Klage über die zunehmende Häufigkeit von Verbrechen eingeleitet, die wegen der fehlenden Mitarbeit der Bevölkerung bei der Strafverfolgung oft ungesühnt blieben. In Zukunft sollte die Bevölkerung stärker in die Friedenssicherung einbezogen werden. Deshalb wurde angeordnet, daß nach einem Schwerverbrechen (hier wurde v. a. an Raubüberfälle [→Raub, A. II] gedacht) die Bewohner der Stadt oder des →*hundred*, in dem sich der Tatort befand, dem Opfer Schadenersatz leisten mußten, wenn die Tat nicht innerhalb von vierzig Tagen aufgeklärt werden konnte. Für größere Städte galt eine nächtl. Sperrstunde, die durch Wächter zu kontrollieren war. Die Tore waren in dieser Zeit geschlossen zu halten, Spätankömmlinge festzunehmen, bis ihre Identität festgestellt war. Verdächtige Personen waren durch das →*Gerüfte* (*hue and cry*), dem allg. Folge geleistet werden mußte, zu stellen. Entlang der wichtigen Verbindungsstraßen zw. Marktstädten war das Unterholz auf beiden Seiten bis auf etwa 50 m Tiefe zu entfernen, um Straßenräubern die Gelegenheit für einen Hinterhalt zu nehmen. Mit seinen Bestimmungen zum Waffenbesitz schloß das Statut v. W. an die Assize of Arms v. 1252 und frühere Gesetze an, durch die Männer im waffenfähigen Alter zum Erwerb einer Grundausstattung (gestaffelt nach der Höhe des jährl. Einkommens) verpflichtet waren. Die Ausführung dieser Bestimmungen war in jedem *hundred* durch zwei Beamte (*constables*) zu überwachen, die Verstöße an kgl. Reiserichter (→*Eyre*) weiterzumelden hatten. Das Statut v. W. war ein wichtiger Bestandteil der Gesetzgebung Eduards I., seine Umsetzung in die Praxis läßt sich in den Jahren nach 1285 nachweisen. J. Röhrkasten
Q. und Lit.: Statutes of the Realm, I, 96-98 - T. F. T. PLUCKNETT, Edward I and Criminal Law, 1960 - M. PRESTWICH, Edward I, 1988, 280f. - H. SUMMERSON, The Enforcement of the Statute of W., 1285-1327, Journal of Legal Hist. 13, 1992, 232-250.

Winchester, Synode v., zw. 970 und 973 in der engl. Stadt →Winchester abgehaltene Kirchenversammlung, die wegen der Billigung der »Regularis Concordia« berühmt ist, der einflußreichsten Satzung für die monast. Observanz, die jemals im ma. England geschaffen wurde. Die »Regularis Concordia« kann als Höhepunkt der sog. monast. Reformbewegung des 10. Jh. angesehen werden, v. a. weil sie versuchte, allg. anerkannte Observanzen und Gebräuche (→Benediktiner, B. VI) in den etwa 30 neuen, in England gegründeten Mönchs- und Nonnenkl. einzuführen. Alle drei bedeutenden Führer der Reformbewegung (→Dunstan, →Oswald und →Æthelwold) unterstützten die Verfahrensweise der Synode, aber nach →Ælfric war es der hl. Æthelwold, der tatsächl. die Kompilation der »Regularis Concordia« beaufsichtigte. Æthelwold, der seit 963 Bf. v. Winchester war, ersetzte den dortigen Weltklerus durch Benediktinermönche aus →Abingdon und schuf so das erste »»Kathedralkl.« in England. Verfahrensweise und Gegenstand der Synode lehnten sich eng an die der Aachener Synoden v. 816/819 an. Die »Regularis Concordia« wurde wesentl. von den monast. Gewohnheiten der Abteien v. →Fleury und →Gent beeinflußt. Sie beinhaltete aber keine großen Neuerungen und paßte die engl. monast. Gewohnheiten weitgehend den in Westeuropa üblichen an. Doch enthielt sie einige für die engl. Verhältnisse besondere Bestimmungen, die u. a. die religiösen Prozessionen in den Straßen und die Erlaubnis, Kl. räume während des Winters zu beheizen, betrafen. Bes. bemerkenswert ist die wichtige Stellung, die die »Regularis Concordia« der monast. Fürbitte für die engl. Kg.e und Kgn.nen einräumte. Die Synode v. W. war zweifellos bestrebt, die religiöse Praxis in den Kl. des späten ags. England zu vereinheitlichen. Man darf davon ausgehen, daß seit den 70er Jahren des 10. Jh. diese Kl. eine religiöse und kulturelle Basis für die polit. Autorität der engl. Monarchie schaffen sollten.
R. B. Dobson
Q.: Regularis Concordia Anglicae Nationis, edd. T. SYMONS, S. SPATH, M. WEGENER, K. HALLINGER, CCM VII-3, 1984, 61-147 - *Lit.*: D. KNOWLES, The Monastic Order in England, 1963² - E. JOHN, Orbis Britanniae, 1966 - Tenth-Century Studies, ed. D. PARSONS, 1975 - H. VOLLRATH, Die Synoden Englands bis 1066, 1985 - A. GRANSDEN, Traditionalism and Continuity during the last Century of Anglo-Norman Monasticism, JEH 40, 1989, 159-207 - J. SEMMLER, Das Erbe der karol. Kl. reform im 10. Jh. (VuF 38, 1989), 44-50, 59 - DERS., Le souverain occidental et les communautés religieuses du IXe au début du XIe s., Byzantion 61, 1991, 63-70.

Windau (lett. Ventspils), Burg und Stadt in Kurland (→Kuren, Kurland), gelegen an der Mündung des gleichnamigen Flusses. Nachdem das dortige Gebiet 1252 dem →Dt. Orden zugeteilt worden war, erbaute dieser zum Schutze des Seehafens eine Burg, deren Komtur 1290 demjenigen von →Goldingen unterstellt wurde. Bei der Burg entstand ein Suburbium, das um die Mitte des 14. Jh. das rigische Stadtrecht (→Riga, B) erhielt. Die Stadtherrschaft übte der Komtur v. W. im Namen des Dt. Ordens

aus. Die Schiffbarkeit des Flusses sowie die Landwege, die ins Innere Kurlands und an dessen Küste entlang führten, begünstigten den Handel der Stadt, deren Hafen fast das ganze Jahr hindurch eisfrei ist. Die Flußverbindung reichte bis Goldingen, als dessen Ausfuhrhafen W. diente. Im 15. Jh. war die Stadt Mitglied der Hanse. N. Angermann

Lit.: C. METTIG, Balt. Städte, 1905², 345–350 – A. TUULSE, Die Burgen in Estland und Lettland, 1942, 128–131 – Z. LIGERS, Gesch. der balt. Städte, 1948, 205–208.

Windberg, Kl. OPraem bei Straubing, vierte Gründung des Prämonstratenserordens im Hzm. Bayern, erfolgte durch die Umwandlung einer nach 1125 entstandenen Klerikergemeinschaft unter Beteiligung mehrerer Reformgeistlicher (Bf. →Otto I. v. Bamberg, Bf. Kuno I. v. Regensburg, →Gerho[c]h v. Reichersberg). Die Dotierung besorgte v.a. Albert I. v. →Bogen, Gf. im östl. Donaugau, der seine Hauptburg in den Raum des künftig namengebenden Ortes Bogen verlegte und den bisherigen Stammsitz zur Einrichtung eines Hauskl. zur Verfügung stellte. Die 1142 eingeleitete Gründungsphase kam nach der Erteilung der päpstl. Bestätigung (1146) i. J. 1147 zum Abschluß. Die bedeutende hochroman. Kirche wurde 1167 eingeweiht. Mit dem Männerkl. war ein von Gfn. Hedwig v. W. etwas später gestiftetes Frauenkl. verbunden, das bis ins 16. Jh. bestand. Das Kl. erlangte eine gewisse lit. Bedeutung (z.B. Annales Windbergenses, Fundatio, Hss.). Der Abt erhielt 1414 die Pontifikalien. Im 15. Jh. öffnete sich der Konvent den Erneuerungsbestrebungen, mußte aber dennoch in der Reformationszeit einen existenzbedrohenden Einbruch hinnehmen.

A. Schmid

Lit.: LThK² X, 1177 – N. BACKMUND, Die Chorherren und ihre Stifte in Bayern, 1966, 202–214 [Lit.] – DERS., Kl. W. Stud. zu seiner Gesch., 1977 – 850 Jahre Prämonstratenserabtei W., hg. P. MAI, 1993.

Winde. Im MA wurden die antiken W.namen (Aquilo, Auster, Favonius, Subsolanus etc.) übernommen, welche die Griechen für typ. regelmäßige W. im östl. Mittelmeer geprägt hatten, und denen die Römer bei gleichbleibender Charakterisierung nur andere Namen gegeben hatten. Sie wurden im MA von ihrer antiken Bedeutung weitgehend unabhängig und standen a) für Himmelsrichtungen, b) für Wetterphänomene (→Wetterbeobachtung).

a) Obwohl die Antike windunabhängige Bezeichnungen für die vier Kardinalrichtungen kannte, wurden bis in die Frühe NZ hinein die acht, zwölf oder mehr Striche der Windrose (Wr.) normalerweise mit antiken W.n beschriftet. Eine Wr. war neben der Magnetnadel Bestandteil der Bussole, d.h. des ma. Magnetnadelkompasses (→Kompaß). Desgleichen war sie häufig auch Bestandteil von →Portulanen, wo mit 'N' allerdings nicht der Polarstern, sondern die magnet. Nordrichtung angezeigt wurde. Bei →Lambert v. St-Omer findet man eine Wr. unter der Bezeichnung 'venti christi' mit Himmelsrichtungen in dt. Sprache. Die Loslösung der Richtungsbezeichnungen von den antiken W.namen wurde durch das Interesse an antiken Schriften im SpätMA verzögert.

b) Von den beiden antiken Autoritäten, die Einfluß auf ma. Erörterungen über W. hatten, genoß →Plinius gegenüber den physikal. Argumenten von →Aristoteles durch seinen Ausgangspunkt, daß W. der wichtigste Faktor im Wettergeschehen sind, durch die kausale Koppelung mit den Jahreszeiten und durch die grundsätzl. Einteilung in überregionale, regelmäßige und unvorhersehbare W. den Vorzug der größeren Offenheit und des allgemeineren Rahmens. Dies war für die Systematisierung der W.beobachtung in Mittel- und Nordeuropa mit den vom Mittelmeerraum verschiedenen Voraussetzungen hilfreich, wenn auch die von den antiken Autoritäten abweichenden heim. Gegebenheiten nur langsam in das Schrifttum eindrangen oder doch jedenfalls nicht auf eine neue theoret. Ebene gehoben wurden. Eine Reihe von W.beobachtungen, die für das Segeln auf Nordsee und nördl. Atlantik wichtig sind, findet man erstmals in →Bedas stichwortartig knappen Sätzen in »de natura rerum« (Kap. 26–27). Im Anschluß an die Aufzählung der antiken W. verweist er auf den Wechsel von Land- und Seew.n, wenn es nicht gerade stürmt, eine typ. Erfahrung der Nordseeanrainer. Während die antiken Schriftsteller den N-W.n die größere Stärke zuschrieben, betont Beda, daß es die S-W. seien, die auf dem Meer die größeren W.stärken erreichen. Außerdem weiß er von Abweichungen von den antiken W.n im Orient, in Indien, in Athen und Südfrankreich und reiht diese Aussagen in sein grundlegendes Windkapitel ein, während sie in der Antike allenfalls zu den landeskundl. Besonderheiten gezählt hatten. Die für die Schiffahrt (→Seefahrt, →Navigation) zw. den Inseln des östl. Mittelmeeres so wichtigen W., die ihre Richtung ändern oder gar im Kreis wehen, läßt Beda dagegen einfach weg, während sie bei anderen ma. Autoren als Wr.n umgedeutet werden. Auch →Hrabanus Maurus weicht in zahlreichen Punkten von der antiken W.lehre ab. Für den modernen Leser ist dabei nur verwirrend, daß Hrabanus Bibelstellen als Autorität für seine nichtklass. Beobachtungen heranzieht.

Während ein gewisser Kanon an antiken Informationen über die W. und die mit ihnen einhergehenden Witterungserscheinungen in den meisten naturkundl. Schriften getreulich weitertradiert wird, werden auch Akzente gesetzt, die individuelle Züge tragen. Für →Vinzenz v. Beauvais (Spec. nat. IV, 26–41) ist die Vorhersage von Stürmen wichtig; →Adelard v. Bath (Quaestiones naturales 59–62) sieht in der Dichte der Luft eine Ursache für die W., während sonst häufig die Sonne verantwortlich gemacht wird; →Alexander Neckam (de natura rerum I, 18) berichtet, daß die Geistlichen die Richtung der W. von einem Wetterhahn angezeigt bekommen, der auf den Kirchen befestigt sein muß. →Albertus Magnus setzt sich im 3. Buch seiner »Libri V Meteororum«, welche in Aufbau und Inhalt der Meteorologie von Aristoteles folgen, sowohl mit Aristoteles und jüngeren antiken Schriftstellern als auch mit ma. Autoren auseinander, aber die W. haben für ihn erkennbar weniger Aktualität als etwa für Beda. Weitverbreitet ist die schon von Aristoteles vertretene Ansicht, daß es außer den oberird. auch unterird. W. gebe, welche hörbares Grollen sowie →Erdbeben verursachen. Albertus zieht bei der Erörterung von deren Entstehung auch die Rolle des Feuers in Erwägung (→Vulkan, -ismus). In Analogie dazu wird seit der Antike in Zoologie und Medizin die Bewegung der beim Verdauungsvorgang entstehenden Gase als 'W.' (flatus, ventus, vapor, 'Blähung') bezeichnet. – Im med. Lehrgebäude der →Humoralpathologie (s.a. →Miasma) wurden W. (bzw. verschiedene Arten des Lufthauchs) als Faktoren bei der Verbreitung von Krankheiten gesehen. – Zur ikonograph. Darstellung von W. →Personifikation. U. Lindgren

Lit.: RE VIII A, 2211–2387, s.v. W.; Suppl. IX, 1697–1705, s.v. Windfristen [R. BÖKER] – G. HELLMANN, Denkmäler ma. Meteorologie, 1904 [Neudr. von Schrr. und Karten über Meteorologie und Erdmagnetismus Bd. 15] – K. SCHNEIDER-CARIUS, Wetterkunde – Wetterforsch. Gesch. ihrer Probleme und Erkenntnisse in Dokumenten aus drei Jahrtausenden, 1955 – H. H. FRISINGER, The Hist. of Meteorology: to 1800, 1977 – U. LINDGREN, Battista Agnese. Portulan-Atlas, 1993.

Windecke, Eberhard, Chronist, * um 1380, Mainz, † 1440, ebd.; Eltern: Kolman (Konrad) W. zum Spiegel

(† 1400) und Gertrud Wolfhold aus Frankfurt a. M.; ∞ 1. 1411 Elisabeth NN († um 1430); 2. 1431 Anna Herxheimer; Sohn: Eberhard (* vor 1440). Seine als Gehilfe von Nürnberger Handelshäusern in ganz Europa gesammelten Reise- und Geschäftserfahrungen stellte W. seit 1410/12 Kg. Siegmund zur Verfügung und begleitete diesen u. a. nach Frankreich und England (1415/16). 1426 wurde er endgültig in Mainz ansässig, wo der Kg. seine Dienste 1424 durch die Verpfändung einer Wochenrente am Rheinzoll belohnt hatte. Nicht zuletzt daraus erwachsene Auseinandersetzungen mit der Ratsfamilie zum Jungen wurden nach 1428 um so erbitterter geführt, als W. sich führend auf Seiten der Mainzer Zünfte gegen das herrschende Geschlechterregiment engagierte. Sofort nach Ks. Siegmunds Tod (1437) diktierte W. die Urfassung und wenig später eine bis 1439 reichende Forts. seiner Beschreibung der ksl. Taten. Spätere Ereignisse wurden in einer zweiten, nach W.s Tod vorgenommenen Redaktion (1443) hinzugefügt, die etliche Passagen des Urtextes veränderte und v. a. reich illustriert war. Von ihr stammen die zahlreichen weiteren Abschriften ab. Die lit. Qualität und der Q.wert der durch die Beigabe von Urkk. und Briefen amorphen, nur ungenügend ed. Herrschervita im Spiegel von W.s eigenem Leben werden ebenso kontrovers beurteilt wie die polit. Rolle des Autors beim Kg. und in Mainz. Zutreffend ist, darin »keine mit Plan und Absicht geschriebene Chronik, sondern ein großartiges Sammelwerk und Bilderbuch« (LORENZ, 298) zu erkennen, das als zeittyp. »Hausbuch« zu den wertvollsten historiograph. Q. des 15. Jh. zählt. P.-J. Heinig

Ed.: E. W.s Denkwürdigkeiten zur Gesch. des Zeitalters Ks. Sigmunds, hg. W. ALTMANN, 1893 – E. W. Das Leben Kg. Sigmunds, übers. TH. v. HAGEN, mit Nachträgen von O. HOLDER-EGGER, 1899[2] [GdV, 15. Jh., 1] – Lit.: Verf.-Lex. IV, 1001–1006 – O. LORENZ, Dt1.s Gesch.sq.n im MA, II, 1886/87[3], 294–302 – J. B. MENKE, Gesch.sschreibung und Politik in dt. Städten des SpätMA, JbKGV 33, 1958, 1–84; 34/35, 1960, 85–194 – R. MARX, E. W. v. Mainz und die Junckher in Eger (Genealogie, Familie und Volk, 1962), 131–186.

Windesheim, Windesheimer Kongregation. [1] *Entstehung und Ausbreitung:* Die W.er Reformkongregation gilt als der monast. Zweig der seit dem Ende des 14. Jh. von den Niederlanden her ausstrahlenden Bewegung der →Devotio moderna, deren Reformanspruch sich gegen einen innerkirchl. religiösen Verfall richtet und die geistige Erneuerung klösterl. Lebens zum Ziel hat. Der Gedanke der Gründung eines Kl. in W. bei →Zwolle (Oberjssel, Bm. Utrecht) geht wohl auf Gerhard →Gro(o)te zurück und wurde von seinem Schüler Florens →Radewijns in die Tat umgesetzt. Am 17. Okt. 1387 erfolgten die Weihe von Kirche und Kl. sowie die Annahme der →Augustinusregel durch die ersten sechs W. Am 16. Mai 1395 bestätigte Papst Bonifatius IX. den korporationsrechtl. Zusammenschluß (colligatio) W.s mit seinen zwei Tochterstiftungen Marienborn bei Arnheim und Nieuwlicht bei Hoorn und dem Kl. Eemstein.

Die W.er Kongregation expandierte anfängl. nach Utrecht, Geldern, Holland und Flandern. 1412 wurde das Kapitel v. Groenendaal mit sieben vereinigten Brabanter Kl. und bis 1430 die Neußer Reformkongregation aufgenommen. Seit 1454 traten mit vier Ausnahmen nur noch dt. Kl. der Kongregation bei. Ein Verzeichnis v. 1530 listet 83 Männer- und 13 Frauenkl. auf, die der Kongregation angehören. Rund 30 der der Kongregation inkorporierten Kl. hatten ihren Ursprung dem Geist der Devotio moderna zu verdanken. Bes. ragt die weitgespannte Reformtätigkeit des Johannes →Busch (1399–1479/80) hervor. Das Nachlassen der Frömmigkeitsbewegung im Sinne der Devotio moderna sowie der Übertritt von Territorien zur Reformation führte zum Verlust vieler Kl. und machte Mitte des 16. Jh. Verfassungsänderungen notwendig. In den 80er Jahren des 16. Jh. wurde das Kl. W. zerstört, und das Zentrum der Kongregation verlagerte sich nach Köln. 1803 aufgehoben, wurde die W.er Kongregation mit der päpstl. Bestätigung vom 25. Jan. 1961 wiederbelebt. Sitz des Generalpropstes ist Paring, s. von Regensburg.

[2] *Organisation:* Wichtigstes Verfassungsdokument sind die 1402 vom Generalkapitel konfirmierten und 1420 von Papst Martin V. approbierten Statuten und ihre überarbeiteten, in den Jahren 1508, 1553 und 1639 im Dr. erschienenen Fassungen. Dabei ist der Prior superior sowohl Leiter des Kl. v. W. als auch Vorsteher der Kongregation. Das jährl., im Mutterhaus stattfindende Generalkapitel besteht aus den Prioren der einzelnen Kl. Auf ihm bestimmt der Prior superior jene Prioren, die die Definitoren wählen. Das Definitorium besteht nach Belegen v. 1395 aus dem W.er Konvent, zuzügl. vier Prioren, seit 1553 zuzügl. zwölf Prioren. Gemeinsam mit den Definitoren entscheidet der Prior superior auf dem Generalkapitel über die Belange der Kl. der Kongregation und wählt die Visitatoren. In dringenden Angelegenheiten entscheidet der Prior superior gemeinsam mit dem capitulum privatum, bestehend aus drei von ihm gewählten Prioren. Für eine vom Mutterhaus ausgehende zentralist. Organisationsstruktur spricht der Hinweis im »Chronicon« v. J. Busch, wonach im ersten Viertel des 15. Jh. etwa die Hälfte der W.er Chorherren das Priorat anderer zum Orden gehörender Kl. innehatten, sowie die Exemtion der Kongregation von der bfl. Gewalt. Im Rahmen der Neuordnungen des 16. Jh. erfolgte 1561 die Einführung von sieben Prov.en. Seit 1573 darf der Vorsteher der W.er Kongregation, jetzt prior generalis gen., nicht mehr mit dem Leiter des Kl. W. identisch sein.

[3] *Mitglieder:* Die Herkunft der W.er Kongregation aus der Bewegung der Devotio moderna erklärt den hohen Anteil von Laien im 15. Jh., doch sorgten ordensinterne Maßnahmen und päpstl. Bestätigungen im 16. Jh. für eine zunehmende Klerikalisierung. Folgende Gruppen lassen sich unterscheiden: 1. Chorbrüder (fratres chorales) sind Priester oder Kleriker mit niederen Weihegraden; 2. Redditen (redditi) sind den Chorbrüdern gleichgestellt, ohne dem geistl. Stand anzugehören; 3. Kleriker (clerici); 4. Konversen (conversi) haben die Profeß abgelegt und sorgen für die Existenzgrundlage (Viehzucht, Ackerbau); 5. Donaten (donati) sind Priester, Kleriker oder Laien, die anstelle des Gelübdes ein Gehorsamsversprechen leisten und sich mit ihrem Besitz dem Kl. übergeben haben; 6. Kl.bewohner (commensales oder prebendarii; Tagelöhner [mercenarii]); 7. Auf Ersuchen des W.er Generalkapitels untersagte Papst Eugen IV. in der Urk. v. 8. Nov. 1436 die Aufnahme weiterer Frauenkl. Die Schwestern der W.er Kongregation hatten eigene Statuten und unterstanden – im Unterschied zu den von der Kongregation betreuten Häusern weibl. Religiosen (cura monialium) – dem Prior eines W.er Kongregation.

[4] *Spirituelle Leitideen; Weiterwirken:* Schriftsteller der W.er Kongregation (→Thomas a Kempis [39. Th.], Henri Pomerius, Jean Mombaer u. a.) stehen deutl. in der Tradition der Devotio moderna. Der in den Statuten enthaltene Tagesablauf ist dem »Liber Ordinis« der →Viktoriner (Paris) entnommen. Den →Augustiner-Chorherren wurde die scala meritorum entlehnt; sie spielte wie die vielerorts eingeführte Klausur und der religiöse Methodismus im Laufe des 16. Jh. mehr und mehr zur Entfernung vom ursprgl. Geist der Devotio moderna. Die Betonung ein-

heitl. Gewohnheiten in den Kl. sowie manuelle Arbeit als asket. Übung führten zu einer reichen Hss.produktion.

Verdienst der W.er Kongregation war es, erhebl. zur Belebung und Vertiefung des geistl. Lebens v. a. in den Niederlanden und Westfalen beigetragen zu haben, doch fehlen bisher tiefergreifende Unters.en zu den von ihr ausgehenden Reformanstößen auf andere Orden wie z. B. Zisterzienser, Franziskaner. S.a. →Brüder und Schwestern vom gemeinsamen Leben.   G. Drossbach

Q. und Lit.: Vetus disciplina canonicorum regularium et saecularium, hg. E. Amort, I, Venedig 1747 – J. G. R. Acquoy, Het klooster te W. en zijn invloed, 3 Bde, 1875–80 – J. Busch, Chronicon Windeshemense; Liber de reformatione monasteriorum, hg. K. Grube, 1886 – Acta Capituli Windeshemensis, hg. S. van der Woude, 1953 – DIP II, 112–117 – DSAM XVI, 1457–1478 [Lit.] – LThK² X, 1177f. – R. R. Post, The Modern Devotion, 1968 – Monasticon Windeshemense, 4 Bde, hg. W. Kohl, E. Persoons, A. G. Weiler, 1976–84 – W. Kohl, Konversen und verwandte Gruppen in den Kl. der W.er Kongregation (Beitr. zur Gesch. der Konversen im MA, hg. K. Elm, 1980), 67–91 – R. Th. M. van Dijk, De constituties de Windesheimse vrouwenkloosters vóór 1559, 2 Bde, 1986 – W. Kohl, Die W.er Kongregation (Reformbemühungen und Observanzbestrebungen im spätma. Ordenswesen, hg. K. Elm, 1989), 83–106 – N. Staubach, Pragmat. Schriftlichkeit im Bereich der Devotio Moderna, FMASt 25, 1991, 418–461 – H. Rüthing, Frömmigkeit, Arbeit, Gehorsam. Zum religiösen Leben von Laienbrüdern in der W.er Kongregation (Laienfrömmigkeit im späten MA, hg. K. Schreiner, 1992), 203–226.

Windhund, zur Hetzjagd gebrauchter, schlanker, in der Regel kurzhaariger, seltener auch langbehaarter Hund mit schmalem Kopf, breitem Brustkorb, eingezogenen Flanken und hohen Läufen, der auf Sicht hetzt und das Wild dank seiner Schnelligkeit zur Strecke bringt. Vom frühen MA bis in die NZ hinein lassen sich zwei verschiedene W.schläge unterscheiden: ein leichterer für die Hetzjagd auf Hasen (veltrus leporarius) und ein schwererer, der für die Hetze auf Schwarzwild und wahrscheinl. auch auf →Rotwild eingesetzt wurde (veltrus porcarius); vgl. dazu: →Jagdhunde, →Vertragus.   S. Schwenk

Windmühle → Mühle, I. 3

Windsheim, Stadt in Franken. Die in Franken gelegene, 791 ersterwähnte Mitte des Ur-Rangaus, mutmaßl. Sitz eines Zentgerichts (→Zent) weist einen älteren dörfl. Siedlungsvorgänger neben der späteren Stadt auf. Eine kgl. Eigenkirche St. Martin wurde dem Würzburger Hochstift übertragen, auf das wohl der planmäßige städt. Ausbau auf 10,6 ha um 1200 im Zusammenhang mit den Thronkämpfen (→Deutschland, D. IV) zurückgeht. 1235–37 erfolgte der Übergang an das Reich. Die Entwicklung der Ratsverfassung (1284 Siegel, 1295 consules) zu einem zweischichtigen 24er-Rat erfolgte nach Bürgerkämpfen 1284 vor 1393. Vor ca. 1400 sind die Rechte des stadtherrl. Schultheißen auf den Rat übergegangen. Eine neue, 1424–28 noch verstärkte Ummauerung schloß im ausgehenden 14. Jh. zwischenzeitl. entstandene →Vorstädte auf 29 ha mit gut 2000 Einw. um 1400 ein (1397: 488 Steuerzahler). Mehrfache Verpfändungen führten zu enger Orientierung der wirtschaftl. wenig bedeutenden Stadt auf →Nürnberg, in dessen Sog W. in die Städte- und Landfriedensbündnisse des frk. Raumes eingebunden war.   F. B. Fahlbusch

Q.: UB der Reichsstadt W. von 741–1400, bearb. W. Schultheiss, 1963 – Lit.: W. Schultheiss, Die Entwicklung W.s vom Markt des Hochstifts Würzburg zur Reichsstadt im 13. Jh., Jb. des Hist. Vereins Mittelfranken 73, 1953, 17–47 – F. Schnelbögl, Die frk. Reichsstädte, ZBLG 31, 1968, 421–474 – Reichsstädte in Franken, I–III, hg. R. A. Müller, Ausst.kat., 1987.

Windsor, Burg (W. Castle) und Stadt (seit 1277) in England (Gft. Berkshire), an der Themse gelegen. Der ags. Kg. Eduard d. Bekenner hielt gelegentl. in seiner *hall* in Old W. Hof. Nach der norm. Eroberung entstand ca. 3 km entfernt eine neue kgl. Residenz. Bereits unter der Regierung Wilhelms II. existierte hier in bedeutender strateg. Lage an der Themse zw. London und Wallingford ein mit Palisaden umgebener Erdwall von ungewöhnl. großen Ausmaßen (Hope) mit hall, Küche, Kapelle und Wohnbau. Hier feierten Wilhelm II. und später Heinrich I. Weihnachten und Ostern. Von Anfang an begrenzten eine untere und eine obere Vorburg (*bailey*), die von →Motte und Gräben geteilt wurden, und die Lage dieser rechteckigen Anlage auf einem Kalksteinfelsen ca. 30 m über der Themse künftige Ausbaumöglichkeiten, als W. ständig im Besitz der kgl. Familie (bis zur Gegenwart) war und seine Geschichte wegen der Nachbarschaft zu London weitgehend mit dem Geschick des Kgr.es verbunden wurde. Heinrich II. ersetzte die frühere Holz-Erde-Befestigung durch Steinmauern und errichtete einen *keep* ('Great Tower') auf der Motte, doch blieb das einfache Erscheinungsbild erhalten.

Drei andere Kg.e sind bes. mit der ma. Burg verbunden: Heinrich III., Eduard III. und Eduard IV. Die Entwicklungsgeschichte der Burg ist überaus kompliziert. Obwohl die Q.nüberlieferung reichhaltig ist, können immer wieder archäolog. Entdeckungen gemacht werden, so nach dem Brand von 1992, der den größten Teil der jetzigen Wohnräume zerstörte, als unerwartet Mauerwerk aus dem 12. Jh. freigelegt wurde. →Ludwig [VIII.] v. Frankreich und Opponenten, die gegen Kg. Johann Ohneland revoltierten, belagerten 1216 die Burg. W. wurde die bevorzugte Residenz von Heinrich III. und seiner Frau Eleonore v. Provence, aber auch von ihren Kindern. Mehr als £ 10000 wurden zw. 1236–56 für W. aufgewendet, hauptsächl. für die Ausführung neuer, prächtig dekorierter kgl. Wohnräume in der oberen Vorburg, einer doppelstöckigen Kapelle für die Kgn., einer neuen großen hall und einer Küche in der unteren Vorburg sowie eines neuen Barbakans außerhalb des großen Tores. Während W. unter Eduard I. und Eduard II. etwas vernachlässigt wurde, wandelte Eduard III. es in einen befestigten Palast um, für dessen Ausbau er die umfangreichen Einkünfte aus dem Krieg gegen Frankreich verwendete. Der geplante Bau eines Arthurian Round Table House (1344) wurde verworfen zugunsten des ehrgeizigen Umbaus der St. George's Chapel und ihrer angeschlossenen Kollegiatgebäude in der unteren Vorburg bei der Gründung des →Hosenbandordens (1348), außerdem erfolgten Arbeiten am 'High Tower', der seine heutige Gestalt erhielt, und die Ausgestaltung eines weiteren neuen kgl. Wohntrakts, der noch prächtiger wurde als derjenige Heinrichs III., der man weitgehend zerstörte.

Während die nachfolgenden Kg.e sich v. a. darauf beschränkten, den Zustand der Burg zu erhalten, erfolgte eine wichtige Entwicklungsphase, als Eduard IV. den Umbau der St. George's Chapel im Perpendicular-Stil seit 1473 begann; die in der Nähe gelegene Great Hall und die Wohnungen der Vikare wurden zerstört. Heinrich VII. beendete schließlich dieses Bauvorhaben. Das neue Kapitelhaus Eduards für die Kanoniker wurde 1859 zerstört, doch blieb der Wohnteil für die Chorvikare erhalten.

M. Jones

Lit.: W. H. St. J. Hope, W. Castle. An Architectural Hist., 2 Bde, 1913 – VCH Berkshire, III, 1923 – H. M. Colvin, R. A. Brown, A. J. Taylor, The Hist. of the King's Works. The MA, 2 Bde, 1963.

Windsor, Verträge v. 1. W., Vertrag v. (am 6. Okt. 1175 in W. aufgezeichnet). Nachdem der ir. Hochkg. →Rory O'Connor sich nach dem Irlandfeldzug →Hein-

richs II. geweigert hatte, die Oberhoheit des engl. Kg.s 1172 anzuerkennen, stimmte er schließlich unter dem Einfluß von besorgten Kirchenführern zu, als *liege man* (Lehnsmann) den persönl. Lehnseid Heinrich II. zu leisten und Tribut zu zahlen. Mit diesen Vereinbarungen hoffte O'Connor, weitere anglonorm. Einfälle verhindern zu können. Der Text des Vertrages, in dem O'Connor sich Heinrich II. unterwarf, ist in mehreren zeitgenöss. Chroniken überliefert. Heinrich erhielt die unmittelbare Gerichtsbarkeit über Meath und Leinster sowie über die Gebiete zw. Dublin, Wicklow, Wexford und Waterford, die seine Vasallen zu Lehen hatten, während O'Connor als Lehnsmann sein Land so vollständig und friedvoll bekam, wie es vor der engl. Invasion gewesen war. Aber während der folgenden 18 Monate scheiterte der Vertrag, weil keiner der Vertragspartner die Bestimmungen bei den eigenen Untertanen durchsetzen konnte. Im Mai 1177 ernannte Heinrich seinen Sohn →Johann (Ohneland) zum 'Lord of Ireland' (→Irland, B. II. 1). M. Jones

Q. *und Lit.:* Rymer's Foedera (RC), I, 1819, 31f. – W. L. WARREN, Henry II, 1973 – A New Hist. of Ireland, II: Medieval Ireland 1169–1534, ed. A. COSGROVE, 1987.

2. W., Vertrag v. (9. Mai 1386), Bündnisvertrag zw. →Johann I. v. Portugal, der seine Kg.sherrschaft zwar eben bei →Aljubarrota gegen →Johann I. v. León-Kastilien erfolgreich verteidigt, aber noch nicht endgültig abgesichert hatte, und →Richard II. v. England, der mit Frankreich Krieg führte, das mit Kastilien verbündet war (→Hundertjähriger Krieg). Die Kg.e v. Portugal und England versprachen, einander auf feindselige Aktivitäten ihrer jeweiligen Gegner aufmerksam zu machen und diesen keinerlei Unterstützung (v. a. keine Schiffe) zukommen zu lassen (→Flotte, B. III, VII). Kg. Richard II. erkannte das neue ptg. Kg.shaus →Avís an und gelobte ihm Beistand gegen kast. Angriffe, und Kg. Johann verpflichtete sich, mit ptg. Waffen den Anspruch von Richards Onkel →John of Gaunt, Duke of Lancaster, auf das Kgr. León-Kastilien zu unterstützen. John of Gaunt versprach (im Vorgriff auf die Eroberung v. León-Kastilien), die Gebiete westl. der Linie Ledesma-Plasencia-Cáceres-Mérida an Portugal abtreten zu wollen (Nov. 1386). Nachdem er dann noch seine Tochter Philippa mit Johann I. verheiratet hatte (Febr. 1387), fielen sie gemeinsam in León-Kastilien ein. Aber es kam zu keiner Entscheidungsschlacht. Mit dem im Juli 1387 zw. dem Lancaster-Hzg. und Johann I. v. León-Kastilien geschlossenen Frieden v. Trancoso endete die letzte ma. engl. Intervention auf der Iber. Halbinsel. P. Feige

Lit.: →Johann I. v. Kastilien, →Johann I. v. Portugal, →John of Gaunt.

Winfrid → Bonifatius (10. B.)

Winigis (Winichis), Franke, † 822, wurde im Mai/Juni 789 von Karl d. Gr. anstelle des Langobarden Ildericus zum Hzg. v. Spoleto ernannt. Davor war W. als missus mit militär. Aufgaben tätig: Er führte das frk. Heer 788 in Kalabrien gegen die Byzantiner, 791 gegen das langob. Hzm. →Benevent. W. wird in den frk. Annalen sowohl als dux als auch als comes bezeichnet, ein Beweis dafür, daß die frk. Institutionen zunehmend in Italien Fuß faßten und die langob. zurückgedrängt wurden. Im Bestreben, die frk. Herrschaft in seinem Hzm. durchzusetzen, sah sich W. mit dem Kl. →Farfa konfrontiert, das von den früheren langob. Hzg.en reich mit Ländereien und Rechten ausgestattet worden war. Auf direkte Anordnung Karls d. Gr. konfiszierte W. alle Güter derjenigen, die vor dem Beginn seines Dukats öffentl. Schenkungen erhalten hatten. In seinen letzten Jahren führte der Hzg. vielleicht eine eigenständigere Politik, die von der Zentralgewalt Abstand zu gewinnen versuchte: Damit ließe sich einerseits erklären, daß seit 811 Hzg.e v. Camerino auftreten, die eine Teilung des Hzm.s bezeugen, andererseits ein Motiv dafür finden, daß es W. bei seinem Tod 822 nicht gelang, das Hzm. seinem gleichnamigen Sohn zu hinterlassen, obgleich dieser ksl. Vassus war. S. Gasparri

Lit.: A. HOFMEISTER, Mgf. en und Mgft. en im ital. Kgr. in der Zeit von Karl d. Gr. bis auf Otto d. Gr. (774–962), MIÖG Ergbd. VII, 1907, 302–304 – S. GASPARRI, Il ducato longobardo di Spoleto (Il ducato di Spoleto, Atti IX. Congr. Internaz. di Studi sull'Alto Medioevo, CISAM, 1983), I, 114–120.

Winkeldruckerei. Der für 1564 zuerst belegte, aber sicher ältere Ausdruck bezeichnete die verborgene (im 'Winkel', im geheimen Raum, Versteck arbeitende) Druckerei, in der v. a. zur Reformationszeit von der Obrigkeit verbotene Flugschriften u. ä. hergestellt wurden. Dabei handelte es sich vorwiegend um Pamphlete gegen die sozialen und religiösen Zustände der Zeit. Es waren nicht zuletzt wiedertäufer. und schwärmer. Stellungnahmen, die auf W.en angewiesen waren. S. Corsten

Lit.: Lex. des gesamten Buchwesens, III, 1937, 587 – F. FUNKE, Buchkunde, 1992⁵, 135–137.

Winkelried (Halbsuters Sempacherlied Ende 15. Jh. [→Hist. Lied]: *ein Winkelriet*; Abschrift des 16. Jh. aus einem nicht mehr erhaltenen Nidwaldner Schlachtenjahrzeit: *Arnolt Winckelriedt*; Aegidius Tschudi um 1570: *her Arnolt von Winckelriet ritter*), galt seit dem 15. Jh. als eidgenöss. Held in der Schlacht bei →Sempach. Von einer schlachtentscheidenden Opfertat berichtet erstmals eine 1476 redigierte Chronik, gemäß deren Bericht ein nicht namentl. gen. *getrüwer man under den eidgenozen hin für trang* und seinen Mitkämpfern durch die feindl. Lanzenphalanx – so später die stehende Wendung – *ein gassen* bahnte. Die Identifikation dieses Helden als eines Angehörigen des Nidwaldner Landleutegeschlechts W. ist erst nachträgl. und schrittweise erfolgt. Mit Arnold W., der *eins löuwen müt* hatte, wurde das eidgenöss. Gegenbild zu Hzg. →Leopold III. gestaltet, der bei Sempach wie ein Löwe gekämpft haben soll und dabei den Tod erlitt. Laut Sempacherlied hat Arnold W. vor dem Heldentod seine *arme kind und frowen* der Obhut der Überlebenden anempfohlen. Zur Bereitschaft, das Leben für die Eidgenossen zu opfern, kam seine Sorge um die Hinterbliebenen. Damit wurde Arnold W. zu einer polyvalenten Gestalt. So dürftig die Entstehungsgesch., so reich ist demgegenüber ihre Wirkungsgesch.: Bis zum Ende der Alten Eidgenossenschaft fand Arnold W. eine patriot., quasi-religiöse Verehrung. Für den jungen Bundesstaat des 19. Jh. wurde er zu einer nationalen Integrationsfigur und schließlich zu einem Vorkämpfer des Wohlfahrtsstaates (1886 »Eidgenöss. W.-Stiftung« als Vorläuferin der Militärversicherung v. 1901), in der bedrohten Schweiz des 20. Jh. war er ein Leitbild der »geistigen Landesverteidigung«. B. Stettler

Lit.: B. SUTER, Arnold W. der Heros v. Sempach (Beih. zum Gesch.sfreund, 17, 1977).

Winner and Waster, wohl bald nach 1350 im nördl. Mittelland entstandenes, nur in Hs. BL Add. 31042 (ca. 1450) ohne den Schlußteil überliefertes me. Stabreimgedicht (503 Langzeilen), das mit →»Parliament of the Three Ages« zu den frühesten Werken des *Alliterative Revival* (→Alliteration, C. IV) zählt. Im konventionellen Rahmen einer Traumvision bietet das satir. Zeitgedicht die krit. Auseinandersetzung mit den ökonom. Verhältnissen unter Kg. Eduard III. in Form eines allegor. Streitgespräches über die beste Wirtschaftsform. Der Dichter, der im Pro-

log die schlimmen Zeitläufte und das erlahmende Interesse an Dichtkunst hergebrachter Art beklagt, sieht im Traum die beiden kampfbereiten Heere der Ansammler und der Verschwender, deren Führer vor dem Kg. als Richter über den volkswirtschaftl. Nutzen ihres Tuns debattieren und einander anklagen, das Unglück des Reiches verschuldet zu haben. Der Kg. fordert die Parteien auf, Frieden zu halten; sie sollen dorthin gehen, wo sie am beliebtesten seien, die Winner zum Papst, die Waster nach London. Die einem stilisierten Bühnenspiel vergleichbare Darstellung mit kunstvoller Beschreibung der Heere stellt die Grundprinzipien der feudalist. Wirtschaftsordnung in Frage und nimmt mit dem Gedanken des 'Gemeinen Nutzens' ein späteres wirtschaftspolit. Konzept vorweg. K. Dietz

Bibliogr.: ManualME 5. XIII, 1975, 1500f., 1702f. – Ed.: W. a. W., ed. S. Trigg, EETS 297, 1990 – W. a. W. and The Parliament of the Three Ages, ed. W. Ginsberg, 1992 – Lit.: T. H. Bestul, Satire and Allegory in W. a. W., 1974 – L. Roney, W. a. W.'s »Wyse Wordes«, Speculum 69, 1994, 1070–1100.

Winrich v. Kniprode, Hochmeister des →Dt. Ordens, * um 1310 Kniprath (Rheinland), † Juni 1382 Marienburg, wurde 1351 nach der Resignation von Heinrich Dusemer zum Hochmeister gewählt. Der mit Polen durch den Frieden v. Kalisch (1343) gefundene Ausgleich konnte unter W. gewahrt werden. Zu Ks. Karl IV. und seinem böhm. Stammland entstanden enge Beziehungen, die auch nach dessen Tod fortdauerten. Die Heerfahrten gegen Litauen (→Preußenreise) ließ W. militär. besser organisieren und durchführen (1362 Eroberung von →Kaunas). Nördl. der Memel ließ W. Burgen als strateg. Basen anlegen. 1370 gelang den Litauerfs.en →Olgerd und →Kynstute ein Einfall in das Samland, der allerdings mit einer Niederlage endete. Trotz der Kriegserfolge des Dt. Ordens konnte sich Litauen als bedeutende polit. Macht etablieren, was auch die diplomat. Einwirkung W.s auf die litauische Nachfolgeregelung nach 1377 nicht zu verhindern vermochte. Unter W. nahm die wirtschaftl. Entwicklung, insbes. der Handel, mächtigen Aufschwung, und zwar in gewisser Konkurrenz zur entstehenden →Hanse der dt. Kaufleute, der auch den preuß. Städte Kulm, Thorn, Elbing, Braunsberg, Königsberg und Danzig angehörten. Der Eigenhandel des Dt. Ordens wurde v. a. über Königsberg (Großschäfferei, Lieger ab 1360) und Marienburg abgewickelt. Daß es sich noch nicht um eine ausgeprägte Rivalität der Handelsinteressen handelte, geht daraus hervor, daß W. die Hanse bei der Verteidigung der Kontorrechte in Brügge sowie 1379 gegen den Gf.en v. Flandern unterstützte; ebenso hat W. 1375 in England interveniert und 1380 die Wahrung der Privilegien der dt. Kaufleute durchgesetzt. Im seit 1360 währenden Handelskrieg gegen Kg. Waldemar IV. v. Dänemark machte W. aufgrund der Niederlage der Hanse 1362 einen ersten Anlauf zu einem Bündnis zw. den wend. Städten und dem Ordensstaat gegen Dänemark und Norwegen. 1367 kam die sog. Kölner Konföderation aller Hansestädte zustande, wobei die Hauptaktivität bei den preuß. Handelsstädten, denen der Pfundzoll zur Kriegsfinanzierung zur Verfügung stand, lag. Im Frieden v. →Stralsund konnte W. 1370 nach der Niederlage Dänemarks den Erfolg des Seekrieges für das Ordensland besiegeln lassen. Im skand. Raum gewannen die preuß. Städte Einfluß auf das Kontor zu →Bergen und konnten u. a. Positionen in →Schonen beziehen. In Preußen trieb W. den inneren Landesausbau voran. Auch in kultureller Hinsicht befand sich der Dt. Orden unter W. auf einem Höhepunkt (→Wigand v. Marburg). C. A. Lückerath

Lit.: ADB XVI, 1295–1297 – Altpreuß. Biogr. I, 1941 [Neudr. 1974], 343f. – E. Maschke, Der dt. Ordensstaat, 1935, 76–87 – W. Hubatsch, W. v. K., Hochmeister des Dt. Ordens 1335–82, BDLG 119, 1983, 15–32 – W. Paravicini, Die Preußenreisen des europ. Adels, I, 1989 – Die Hochmeister des Dt. Ordens 1190 bis 1990, hg. U. Arnold [im Dr.].

Winsbecke, Winsbeckin. Unter der Überschrift »Der Winsbeke« steht in der Gr. Heidelberger Liederhs. (→Liederbücher, 1) ein Lehrgedicht von 75 Strophen, das mit unterschiedl. Strophenzahl auch in 13 weiteren Hss. unter anderen Namen (Frauenlob) oder namenlos überliefert ist. Ob W. den Verfasser des Textes bezeichnet und auf Windsbach b. Ansbach oder einen Angehörigen der Adelsfamilie von Windsbach verweist, bleibt unsicher. Aufgrund von Bezügen zu anderen lit. Texten (v. a. zum »Parzival« →Wolframs v. Eschenbach und zum →Minnesang) ergibt sich eine mögliche Datierung zw. 1210 und 1220 oder später. Aus dem 15. Jh. stammt eine Melodieüberlieferung für die zehnzeilige Strophe aus vierhebigen Versen. Die Lehre ist als väterl. Unterweisung eines Sohnes nach dem Modell der →»Disticha Catonis« in Gesprächsform gestaltet. Nach allg. Belehrungsaspekten, die ein ständisch neutraler 'wîser man' gibt (die Vergänglichkeit der Welt und die Liebe zu Gott betreffend), geht es um die höfisch-ritterl. Erziehung eines jungen Adligen. Innere Qualitäten (Tugendadel) sollen in allen Aktionsbereichen mit der äußeren Bewährung korrespondieren. Minnelehre, Unterweisung in rechter Ritterschaft und Hofzucht bilden themat. Komplexe und werden anschließend mit der Warnung vor den Hauptlastern kontrastiert. Die drei Ratschläge (Str. 56), Gott zu lieben, wahrhaftig und wohlerzogen zu sein, fassen abschließend die Lehre noch einmal zusammen. Ob die auf Str. 56 folgende Ermahnung zur Buße von seiten des Sohnes an den Vater, dessen konkrete Umsetzung in Werke der Barmherzigkeit und eine Sündenklage von demselben Verfasser stammen wie der erste Teil des Gedichts, erscheint unsicher, aber nicht unmöglich. Aus dem 14. Jh. ist eine W.-Parodie bruchstückhaft überliefert, die die Lehre als Aufruf zu lasterhaftem Verhalten ins Komische transponiert.

Die »Winsbekin« bildet in der Gr. Heidelberger Liederhs. (39 Strr.) und in sieben weiteren Textzeugnissen das weibl. Pendant zu der Erziehung des jungen Mannes. Eine Mutter belehrt ihre Tochter (wobei die Redenden anders als bei Vater und Sohn von Strophe zu Strophe wechseln) allerdings weniger umfassend über verschiedene Lebensbereiche, sondern ab Str. 13 auf die Minnethematik und die Frau-Mann-Beziehung konzentriert. Das deutl. erkennbare Vorbild, das Gespräch zw. Lavinia und der Kgn. im »Eneasroman« →Heinrichs v. Veldeke, ist substantiell verändert. Es geht um gezügeltes Verhalten gegenüber männl. sexuellen Begehren und Verführung, auch um die freie Entscheidung der Frau über ihre Zuneigung. Obwohl einerseits die unberechenbare Macht der Minne mit Rekurs auf ein lit. Exempel (Kg. Salomo) zur Sprache kommt, erscheint sie andererseits durch erlernbares sittl. Verhalten zu bewältigen. Wichtige Aspekte der höf. Minnekonzeption, wie Existenzsteigerung und eth. Vervollkommnung, werden nicht thematisiert. U. Schulze

Ed.: Winsbeckische Gedichte nebst Tirol und Fridebrant, hg. A. Leitzmann, 3. Aufl.: I. Reiffenstein (ATB 9, 1962) – Lit.: Verf.-Lex. IV, 1011–1016 [H. Kuhn] – W. Harms, Des Windsbeckes Genius. Zur Einschätzung didakt. Poesie des dt. MA im 17. und 18. Jh. (MA-Rezeption, hg. P. Wapnewski, 1986), 46–59 – W. Hofmeister, Lit. Provokation im MA am Beispiel der W.-Parodie, Sprachkunst 22, 1991, 1–24 – U. Müller, Aufführungsversuche zur mhd. Sangvers-Epik. »Titurel«, »Wartburgkrieg«, »Winsbecke« und »Parzival«

(Fschr. M. Lemmer, 1993), 87-103 – J. F. Frischeisen, Winsbeke. Der Windsbacher Beitrag zum Minnesang des HochMA, 1994.

Winters v. Homberg, Konrad, Drucker, stammte aus Homberg in der Gft. Moers am Niederrhein, erhielt am 25. Juni 1438 das Bürgerrecht der Stadt Köln. Als »Librarius« der Univ. betrieb er im Haus der Artistenfakultät an der Stolkgasse ca. 1471–82 eine Druckerei, deren Anfänge durch die Produktion des anonymen »Druckers der Albanus-Legende« erkennbar sind. Nach einer Unterbrechung, die durch den Umbau des Hauses 1472–74 erzwungen wurde, nahm W. seine Tätigkeit wieder auf. Er verwendete eine Goticoantiqua, die der Type 1 des Ulrich →Zell sehr nahesteht, und eine Missalschrift. Aus W.' Offizin gingen die drei ersten Kölner lat. Bibeldrucke und zwei Meßbücher für das Bm. Köln hervor. In seiner Anfangsperiode hatte der Drucker eine auffallende Vorliebe für Autoren der klass. Antike. S. Corsten

Lit.: Geldner I, 94 – E. Voulliéme, Der Buchdruck Kölns bis zum Ende des 15. Jh., 1978², XVIII-XX, XXXVII-XXXIX, CV, CXII-CXIII – S. Corsten, Stud. zum Kölner Frühdruck, 1985, 138–168.

Winterthur, Stadt in der nordöstl. Schweiz (Kt. Zürich). Der galloröm. vicus Vitudurum (heute Oberw.) lag an der Straßenverbindung durch das schweiz. Mittelland zum Bodensee; er wurde 294 unter Diokletian mit einem Kastell befestigt. W. selbst ist seit dem 6. Jh. kontinuierl. besiedelt, es erhielt im 7./8. Jh. eine Holz- und im 9./10. Jh. eine Steinkirche. Der Ausbau zur Stadt erfolgte unter den Gf.en v. →Kiburg, die sich 1180 die Kontrolle über die Kirche sicherten. Ihr Erbe, Gf. →Rudolf v. Habsburg, gewährte W. 1264 ein Stadtrecht, das in zahlreichen habsbg. Landstädten übernommen wurde. Im SpätMA zählte W. 300–400 Haushalte. Parallel zur schrittweisen Entmachtung der habsbg.-österr. Herrschaft im 15. Jh. baute während und nach der kurzen reichsunmittelbaren Periode (1415/17–42) der städt. Rat seine Macht aus. Die Selbstverwaltung blieb erhalten, als die Stadt →Zürich W. 1467 als Pfand erwarb. Die regierende Oberschicht pflegte die engen Beziehungen zum Haus Habsburg-Österreich bis in die frühe NZ. G. und R. Gamper

Lit.: W. Ganz, W. Einf. in seine Gesch. von den Anfängen bis 1798, 1960 – C. Jäggi u.a., Die Stadtkirche St. Laurentius in W., 1993 – Gesch. des Kt.s Zürich I, 1995, 78–100 – P. Niederhäuser, Zweien gnädigen Herren untertan. Zürcher Taschenbuch 1996, 135–175.

Winwaed, Schlacht v., fand wohl sicherl. 655 zw. den Heeren von Kg. →Oswiu v. Northumbrien und Kg. →Penda v. Mercien statt. →Beda läßt in seiner »Historia Ecclesiastica«, eine der zwei Hauptq.n für die Schlacht, einige Einzelheiten in seinem Bericht unberücksichtigt, zugunsten der ihn mehr interessierenden Kl., die Oswiu aus Dankbarkeit für seinen Sieg gründete. Der anonyme Verfasser der »Historia Brittonum« gibt einen verstümmelten Bericht des Gefechts und hebt bes. die Anwesenheit der brit. Kg.e in Pendas Heer hervor. Der Verlauf der Schlacht läßt sich folgendermaßen rekonstruieren: Penda drang in Northumbrien an der Spitze eines großen Heeres ein, umzingelte die ostangl. und brit. Kg.e und trieb Oswiu weit in den N seines Kgr.es (Stirling?) zurück, bevor er mit einem umfangreichen Schatz bestochen wurde. Als Penda sich zurückzog, wurde er von einigen seiner brit. Verbündeten verlassen, und Oswiu holte ihn an einem Fluß in der Gegend von Leeds (w. Yorkshire) ein. Pendas Heer, das überrascht und seiner vollen Schlagkraft beraubt war, wurde in die Fluten des Flusses getrieben und vernichtend geschlagen, zu den Opfern gehörte auch Penda. – Oswiu verlor bald die Kontrolle über →Mercien, und 679 waren die Mercier die Herren in Mittelengland vom Humber bis zur Themse. P. Wormald

Q. und Lit.: Stenton³, 83f. – Historia Brittonum (MGH AA 1892), c. 65 – Bede's Ecclesiastical Hist. of the English People, ed. B. Colgrave-R. A. B. Mynors, 1969, III, 24, 288–293 – J. M. Wallace-Hadrill, Bede's Ecclesiastical Hist. of the English People. A Hist. Commentary, 1988, 120–123.

Winwaloeus (Guénolé, Walloy), hl., 6. Jh., verehrt als Gründer v. →Landévennec (westl. →Bretagne, Cornouaille, dép. Finistère). Nach im 9. Jh. verschriftlichten Überlieferungen stammte W. aus der bret. Landschaft Dumnonia (Domnonée) und war 3. Sohn einer erst kurz zuvor aus →Wales zugewanderten Familie. Trotz anfängl. Widerstandes des Vaters wurde er dem 'magister' →Budoc auf der Île de Bréhat zwecks Erziehung zum Kleriker anvertraut. Aufgrund einer Vision des hl. →Patrick wurde W. vom Aufbruch nach →Irland (→Peregrinatio) abgehalten. Dann wurden ihm elf Schüler zur Gründung eines neuen Kl. anvertraut; es war zunächst auf der Île de Tibidy (in der Rade de Brest), dann in Landévennec etabliert. W. starb in hohem Alter, an einem 3. März.

Seine Reliquien wurden um 800 in eine größere Kirche übertragen (Fest: translatio, 28. April; dedicatio, 13. Mai). Zu Beginn des 10. Jh. (vor 913/914) wurden die Reliquien infolge der Normanneneinfälle nach →Montreuil-sur-Mer (dép. Pas-de-Calais) geflüchtet; die Mönche kehrten mit den Reliquien erst in der 2. Hälfte des 10. Jh. nach Landévennec zurück. Der Kult des hl. W. fand starke Verbreitung vornehmlich in der sw. Bretagne und im nö. Frankreich, aber auch in England (seit 10. Jh.).

Das älteste dem hl. W. gewidmete Schriftzeugnis ist ein alphabet. Hymnus des Mönches Clemens aus Landévennec (um 860). Hauptförderer seines Nachruhms war aber der Mönch (und Abt) →Wurdestin (Gurdestinus) v. Landévennec, der vor 884 ein 'opus geminum' (BHL 8957–58) in einem gesuchten, an lit. Zitaten und Anspielungen reichen Stil verfaßte, weiterhin ein Hl.noffizium (BHL 8959) und Hymnen; er sandte auch um 880 eine stärker konzentrierte Version der Vita an Bf. Johannes v. Arezzo (BHL 8960). Die Vita des hl. W. war auch in England in einer Kurzfassung mit nachträgl. Einschüben verbreitet (BHL 8956d).

Frühestens im 10. Jh. vermischte sich die Erinnerung an den hl. W. mit derjenigen des hl. Ethbinus/Idunetus (BHL 2621). Ein Mysterienspiel des hl. W. (vor 1580) ist in mittelbret. Sprache erhalten. J.-C. Poulin

Lit.: Bibl. SS XII, 1202–1204 – DHGE II, 661–663 – J.-C. Poulin, Francia 23/1, 1996, 167–205 [Bibliogr.] – L'ancien mystère de St-Gwénolé, éd. E. Ernault, 1942 – →Landévennec.

Winzenburg, Gf.en v., gehörten einer Familie an, die die Gft. im Leinegau innehatte und in →Reinhausen und auf den Gleichen saß, sich aber nicht nach diesen Orten bezeichnete. Gf. Hermann I. v. W. († 1122), Sohn des Gf.en Elli v. Reinhausen, hatte vor 1079 mit vier Geschwistern dort ein als Familiengrablege gedachtes Stift gegr., das er nach 1107 in ein Kl. OSB umwandelte. Er nannte sich zuerst 1109 nach der Burg W. sö. Alfelds, die er von seinem Bruder, Bf. Udo v. Hildesheim, zu Lehen trug. Hermann I., der zu den Ratgebern Heinrichs V. zählte, kam unter den sächs. Dynasten vorn. Machtstellung zu. Diese konnte sein Sohn, Gf. Hermann II., ausbauen, doch erlangte er – obwohl auch als lantgravius betitelt – allenfalls kurzzeitig die Stellung eines Lgf.en v. →Thüringen. Als Hermann II. wegen eines Streits um einen Burgenbau 1130 Burchard v. Loccum, einen Vertrauten Lothars III., ermorden ließ, ächtete Lothar die W. ein. Hermann II. wurde gefangen und verlor alle seine Lehen. Doch gewann die W.er seit 1138 als Gegengewicht gegen die →Welfen die Gunst Konrads III., übernahmen 1144 das Erbe der

→Bomeneburger und erhielten 1150 auf Druck auch die W. zurück. Ihr Herrschaftsbereich erstreckte sich nun von der mittleren Leine bis nach Nordhessen und ins Eichsfeld. 1152 wurde Hermann II. ermordet; sein Erbe fiel an Heinrich d. Löwen. H. Schoppmeyer

Lit.: H. Patze, Die Entstehung der Landesherrschaft in Thüringen, 1962, 582–601 – K. Jordan, Das polit. Kräftespiel an Oberweser und Leine um die Mitte des 12. Jh. (Fschr. H. Heimpel, 1972 [= Veröff. des Max-Planck-Inst. 36/2]), 1042–1062 – E. Schubert, Gesch. Niedersachsens, II/1: Politik, Verfassung, Wirtschaft vom 9. bis zum ausgehenden 15. Jh., 1997 [Lit.].

Wipo, Dichter und Geschichtsschreiber, * im alem. Teil Burgunds, † nach 1046. Vielleicht schon unter Heinrich II. nach Dtl. gekommen, wurde W. von Ks. →Konrad II. in die Hofkapelle aufgenommen und diente nach dessen Tod auch seinem Sohn und Nachfolger →Heinrich III. Er begleitete den Ks. auf dessen Kriegszügen nach Burgund (1032/33) und gegen die →Lutizen (1035), die er in – heute nicht mehr erhaltenen – Versen (erwähnt Gesta c. 6, 30 und 33) besungen hat. Für den jungen Thronfolger verfaßte er 1028 in den »Proverbia« eine Slg. von Sinnsprüchen mit Art eines →Fürstenspiegels. Angesichts des vertrauten Verhältnisses zu Heinrich III. ist vermutet worden, er sei dessen Erzieher gewesen. In dem Heinrich III. Weihnachten 1041 überreichten »Tetralogus«, einem 326 zumeist gereimte Hexameter umfassenden Gedicht, in welchem der Dichter, die Musen sowie die personifizierten Gestalten des Gesetzes und der Gnade auftreten, verband sich Herrscherlob mit der an den Kg. gerichteten Mahnung zu sittl. vorbildlichem Handeln. Die zw. 1040 und 1046 entstandenen, Heinrich III. gewidmeten »Gesta Chuonradi II. imperatoris« vermitteln ein auf intimer Kenntnis beruhendes Bild von Persönlichkeit und Regierung des 1039 verstorbenen Ks.s. Ein wohl bald nach dem Tode Konrads II. verfaßtes Klagegedicht (»Versus pro obitu Chuonradi imperatoris«) wurde nachträgl. in den »Gesta« (c. 40) angefügt. Den im Prolog der »Gesta« angekündigten Plan, das Leben Heinrichs III. in einer separaten Schrift darzustellen, hat W. nicht mehr verwirklichen können. Zu den unter seinem Namen überlieferten Dichtungen gehört auch eine Ostersequenz (»Victimae paschali«).

W. zeigte sich nicht nur in der klass. Lit. bewandert; er war auch ein gewandter Stilist. Seiner Neigung zu lehrhafter Unterweisung entsprachen die häufig von einem anekdotenhaften Kern ausgehende Art der Darstellung, die Einstreuung sprichwortartiger Sentenzen sowie die Verwendung von Reimprosa in den eingeschobenen Reden. Als chronolog. Gerüst für seine »Gesta« diente ihm die bis ca. 1039/40 reichende, sich eng mit dem Chronik →Hermanns v. Reichenau berührende Reichenauer Ks.chronik (sog. »Schwäbische Weltchronik«). Aufgrund seiner schwächl. Konstitution vermochte W. dem Hof nicht immer zu folgen, weshalb er vieles nur vom Hörensagen berichten konnte. Daher rühren wohl die in seiner Darstellung gelegentl. auftretenden sachl. Unrichtigkeiten. Schwerpunktmäßig fanden in den »Gesta« der Regierungsantritt Konrads II., dessen Italienzüge, die Auseinandersetzung mit Hzg. →Ernst II. v. Schwaben sowie der Erwerb Burgunds Erwähnung, wobei sich W. mehr am äußeren Verlauf der Ereignisse als an den Motiven der handelnden Personen orientierte. Trotz seiner Verbundenheit mit dem sal. Herrscherhaus scheute W. vor Kritik nicht zurück. Dies betraf bes. die kirchenpolit. Maßnahmen Konrads II. wie etwa die unter simonist. Begleitumständen erfolgte Besetzung des Bm.s Basel (c. 8), die Übertragung der Abtei Kempten an einen Laien (c. 11) oder das Einschreiten des Ks.s gegen Ebf. →Aribert II. v. Mailand und andere lombard. Bf.e (c. 35). Demgegenüber fühlte sich W. mehr in Einklang mit der streng kirchl. Gesinnung Heinrichs III.

Seiner geistigen Haltung nach war W. jedoch noch ein Vertreter der vorgregorian. Epoche. Im Rahmen eines theokrat. Herrschaftsverständnisses galt ihm der Herrscher als Stellvertreter Gottes auf Erden, erschien ihm irdisch. Herrschaft als Nachahmung des göttl. Waltens im Kosmos. Unter den ird. Herrschern aber kam dem Ks. die Führungsrolle eines 'Hauptes' zu (c. 40). Möglicherweise war W. der Verfasser jener erstmals auf einer ksl. Bulle v. 1033 (DK II. 195) begegnenden Devise »Roma caput mundi regit orbis frena rotundi«, in welcher der universelle Anspruch des Ksm.s Ausdruck fand. Unbestritten war daher auch die Stellung des Ks.s als Herr der Reichskirche. Im Rückgriff auf die antike Arzt- und Schiffsmetapher kündigte sich eine von der Person des Herrschers losgelöste, transpersonale Staatsvorstellung an. Von größter Bedeutung für das ma. Rechtsverständnis war die hieraus abgeleitete Folgerung, daß der Staat auch über den Tod des Herrschers hinaus Bestand habe (Gesta c. 7). T. Struve

Ed.: Opera, ed. H. Bresslau (MGH SRG [61], 1915) – zweisprachige Ausg. der Gesta: W. Trillmich, AusgQ 11, 1961, 506–613 – Lit.: LThK² X, 1184f. – Manitius II, 318–328 – Wattenbach–Holtzmann–Schmale I, 76–80; III, 32*f. – H. Beumann, Das Imperium und die Regna bei W. (Aus Gesch. und LK [Fschr. F. Steinbach, 1960]), 11–36 [wieder in: Ders., Wiss. vom MA, 1972, 175–200] – J. Spörl, Pie rex caesarque future! (Unterscheidung und Bewahrung [Fschr. H. Kunisch, 1961]), 331–353 – K. Schnith, Recht und Friede. Zum Kg.sgedanken im Umkreis Heinrichs III., HJb 81, 1962, 22–57 – H. Beumann, Zur Entwicklung transpersonaler Staatsvorstellungen (Das Kgtm. [VuF 3, 1963]), 185–224 – T. Struve, Ksm. und Romgedanke in sal. Zeit, DA 44, 1988, 425–454, bes. 425ff. – H. Hoffmann, Mönchskg. und *rex idiota* (MGH Studien und Texte 8, 1993), 127ff. – H. Keller, Das Bildnis Ks. Heinrichs III. im Regensburger Evangeliar aus Montecassino, FMASt 30, 1996, 173–214, bes. 194ff.

Wippe zählte zu den ma. →Wurfgeschützen und war in ihrer Konstruktion der →Blide sehr ähnl. Bei der W. wurde das Ausschwingen des langen Hebelarmes nicht durch ein an der →Rute angebrachtes Gegengewicht, sondern durch Manneskraft bewirkt. Je nach Länge der Rute zog eine bestimmte Anzahl von Männern ruckartig an den am kurzen Hebelarm angebrachten Seilen und schleuderte so das am Ende des langen Armes befindl. Geschoß gegen das Ziel. E. Gabriel

Lit.: A. Dolleczek, Gesch. der österr. Artillerie, 1887.

Wiprecht II. v. Groitzsch, Mgf. v. →Meißen und in der →Lausitz seit 1123, * ca. 1050, † 1124, ∞ 1. 1084 Judith, Tochter →Vratislavs II. v. Böhmen, 2. um 1110 Kunigunde v. Beichlingen. W.s Vorfahren waren slav. Ursprungs und hatten Besitzungen in der →Altmark erworben, sein gleichnamiger Vater war mit der Gfn. Sigena v. Leinungen (bei Mansfeld) verheiratet. Nach dem Tod des Vaters stand W. unter der Obhut des Mgf.en (der sächs. Nordmark) Udo II. v. →Stade, der seit 1068 auch die Mark →Zeitz verwaltete. Im Tausch gegen seinen Besitz in der Altmark erwarb W. von Udo die Burg →Groitzsch, die er gegen den Widerstand des niederen Adels zum Mittelpunkt seiner Herrschaft ausbaute. Dafür verbündete er sich während des →Sachsenaufstandes mit Vratislav II. v. Böhmen, an dessen Hof er zeitweise weilte, und mit Kg. Heinrich IV., den er nach Italien begleitete, was ihm weitere Besitzungen (u. a. Land Orla, Dornburg, Leisnig) eintrug. Der Heirat mit der Tochter Vratislavs, den Heinrich IV. die sächs. Ostmark und die Lausitz übertragen hatte, verdankte W. die Länder Nisan (a. d. Elbe um Dresden) und →Bautzen. Nach Vratislavs Tod (1092), als Böhmen in eine tiefe dynast. Krise stürzte, war W. in die

böhm. Auseinandersetzungen verwickelt. Im Anschluß an eine Wallfahrt nach →Santiago de Compostella gründete W. in →Pegau das erste Kl. im ostsaal. Raum (geweiht 1096) und betrieb seit 1104 mit Hilfe von Siedlern aus Franken sowie ortsansässigen Slaven umfassende Maßnahmen im →Landesausbau und zur Förderung frühstädt. Entwicklung (beschrieben in den Pegauer Annalen). Zunächst an der Seite Ks. Heinrichs V. wechselte W. 1112 zur sächs. Opposition, wurde gefangengenommen und zum Tode verurteilt, aber nach der Niederlage des ksl. Heeres am →Welfesholz (1115) freigelassen. Später erlangte er die Gunst des Ks.s zurück, der ihn 1123 mit der Mark Meißen und der (Nieder-)Lausitz belehnte, allerdings im Konflikt mit Hzg. →Lothar v. Süpplingenburg, der seinerseits die Marken an→Konrad (15. K.) v. Wettin und →Albrecht (7. A.) d. Bären verlieh, so daß sich W. nicht als Mgf. durchsetzen konnte. Wegen einer Verwundung zog sich W. als Mönch ins Kl. Pegau zurück. Nach dem Aussterben des Geschlechts (1135) ging W.s Herrschaftsbereich an die →Wettiner über. Ch. Lübke

Q.: Annales Pegavienses et Bosovienses, hg. G. H. PERTZ (MGH SS XVI, 1859), 232–270 – Cosmae Pragensis Chronica Boemorum (MGH SS NS 2, hg. B. BRETHOLZ, 1923) [Ind.] – *Lit.:* SłowStarSłow VI, 478–480 – H. PATZE, Die Pegauer Annalen, die Kg.serhebung Wratislaws v. Böhmen und die Anfänge der Stadt Pegau, JGMO 12, 1963, 1–62 – J. STRZELCZYK, Legenda o słowiańskim pochodzeniu rodu W.a z Grójca, Słowianie w dziejach Europy, 1974, 63–74 – H. BRACHMANN, Groitzsch – Zentrum einer frühen Landesherrschaft im sorb. Siedlungsgebiet ö. der Saale, Lokalne ośrodki władzy państwowej w XI–XII wieku w Europie Środkowo-Wschodniej, 1993, 187–201 – W. v. G.: Sein Leben nach den Jbb. des Kl. Pegau, 1994.

Wirken, Wirkarbeiten, -teppiche. Die Wirkerei ist mit die älteste musternde textile Technik. Gemusterte →Textilien sind in Bildwirkerei geschaffen worden, bevor die Weberei (→Weben) sie herzustellen gelernt hatte. Während diese ihre Muster als Rapport wiederholt, bestimmt die meisten Wirkereien ein Bild, eine Bildfolge, eine Komposition. Im MA wurden Bildwirkereien entweder auf dem Hochwebstuhl (Hautelisse-Arbeit) oder auf dem Flachwebstuhl (Basselisse-Arbeit) angefertigt. Der Schußfaden wird nicht wie beim Weben mit dem Weberschiffchen von Webkante zu Webkante eingetragen, sondern mit Nadel oder entsprechendem Gerät jeweils nur so weit durch das geöffnete Kettfach geführt, wie es die zu erzielende Komposition fordert. Der Schußfaden kann aus →Leinen, →Wolle, →Seide oder Metall (Lahn oder Häutchengold bzw. -silber um eine Seele aus Leinen oder Seide) sein, während die Kette, die die Schußfäden schußripsartig überdecken, aus Wolle, Leinen oder Seide sein kann. Sie ist im deutschsprachigen Bereich bei ma. Wirkteppichen stets aus Leinen, in den Niederlanden, Frankreich und Italien aus Wolle. Modellierungen, Nuancierungen erreichte man durch unterschiedl. Stärken der Schußfäden, durch melierte Fäden, in späterer Zeit zudem durch Schraffuren (Verschränkungen verschiedenfarbiger Schußfäden). Bei den Bildteppichen des europ. MA verläuft die Kette fast immer im rechten Winkel zur Bildrichtung.

Der trockene ägypt. Boden hat eine Vielzahl von sog. kopt. Wirkereien bewahrt, die, seit den achtziger Jahren des vorigen Jahrhunderts gefunden, heute vielen Museen und Slg.en gehören. Sie stammen meist aus Gräbern: als Verzierungen von Kleidern, als Kissenplatten, Decken. In einen Leinen-, später zunehmend in einen Wollgrund sind sie mit Leinen- (diese vielfach mit 'fliegender Nadel' als Binnenzeichnung) und mit blaupurpurfarbenen oder buntfarbigen (selten seidenen) Wollschüssen eingetragen.

Sie zeigen in Streifen, Rechteckfeldern und Medaillons neben ornamentalen Mustern menschl. Gestalten, Reiter, Kämpfer, Tiere, auch Szenen (z. B. Josephsgeschichte, Himmelfahrt Christi), dazu Blüten, Früchte, Bäume; auch chr. (Kreuz) und heidn. (Nilschlüssel) Symbole kommen vor. Im Lauf der Zeit werden die Muster stärker abstrahiert, z. T. ganz verballhornt. Während man lange meinte, daß die kopt. Wirkereien mit der arab. Eroberung Ägyptens im 2. Viertel des 7. Jh. ein Ende gefunden hätten, weiß man heute, u. a. dank eingearbeiteter Kufi-Inschriften, daß sie wenigstens bis zum 10./11. Jh. angefertigt worden sind, parallel zu zwar stilist. und motiv. völlig andersartigen, meist mit Seidenschüssen und Leinenkette ausgeführten islamischen der abbasid. und fatimid. Periode, sog. →tiraz-Arbeiten mit Inschriften und ornamentalem Dekor. – Aus dem kopt. Ägypten sind darüber hinaus auch große gewirkte Behänge bzw. deren Fragmente erhalten, deren Ursprung heute nicht nur dort, sondern auch aus dem weiteren (byz.) östl. Mittelmeerbereich angenommen wird: spätes 4. Jh., Behang mit Dionysos und anderen myth. Gestalten unter Rundbogenarkaden (Riggisberg, Abegg-Stiftung); 6. Jh., Thronende Muttergottes zw. zwei Erzengeln (Cleveland Mus. of Art); Hestia Poliolbos (Washington, Dumbarton Oaks Coll.); 7. Jh., Pferde und Löwenprotome (ebd.); 8. Jh., Medaillons mit Flügelpferden (Riggisberg, Abegg-Stiftung).

Seit dem 10. Jh. werden in den Inventaren von Kirchenschätzen zahlreiche tapetia (Wand- und Bodenteppiche), dorsalia (Rücklaken), bancalia (Banklaken), scamnalia (Stuhldecken) aufgeführt. Allerdings kann nicht entschieden werden, ob diese gewirkt, geknüpft oder etwa auch gewebt und gestickt gewesen sind. In den Anweisungen des 12./13. Jh. für die Ausschmückung der Metzer Kathedrale bei Festen ist ausdrückl. von aufzuhängenden tapetia die Rede; sie zeigten den hl. Michael, in der Mitte von drei weiteren tapetia des hl. Arnulf war ein Bild der Sapientia zu sehen. Abgesehen von dem in Fragmenten (Köln, London, Lyon, Nürnberg) erhaltenen sog. Gereonsteppich (3. Viertel des 11. Jh.), der allerdings nach dem Vorbild von Seidengeweben ein Medaillon mit einem Tierkampf wiederholt, ist von europ. Bildwirkereien bis zur Mitte des 12. Jh. nichts erhalten. Einzigartig ist das monumentale byz. Seidenwirkerei des Guntertuches (Bamberg, Domschatz) mit einem reitenden Ks. zw. den ihm huldigenden Personifikationen der Städte Rom und Konstantinopel (Anfang 11. Jh.).

Der älteste im Original erhaltene dt. Bildteppich zeigt Bilder der Abrahamsgeschichte und den hl. Michael (Domschatz v. Halberstadt; Mitte 12. Jh.). Über zehn Meter lang, hat ihm wahrscheinl. ein zweiter mit der Jakobsgeschichte und mit dem Erzengel Gabriel als Pendant entsprochen, von dem nur noch einige gemalte Kopien des 18. Jh. Kunde geben. Jedenfalls sind beide ebenso wie um 1170–75 der Halberstädter Apostelteppich einheim. niedersächs. Arbeiten. Gegen 1230 entstand dort gleichfalls der hochformatige Karlsteppich (nur zu zwei Dritteln erhalten), mit dem in einem Rautenfeld thronenden Karl d. Gr., umgeben von vier antiken Weisen.

Erst etwa 150 Jahre später folgen um 1375–82 die Teppiche der Apokalypse v. Angers (Angers, Mus. des Tapisseries); jeder der urprgl. sechs großen Behänge zeigt neben der beherrschenden Gestalt des Apostels Johannes 14 in zwei Reihen angeordnete Einzelbilder. Den Auftrag Hzg. Ludwigs I. v. Anjou hatte der Pariser Teppichgroßhändler Nicolas de Bataille übernommen und ausführen lassen. In Arras entstand 1386 der Behang mit dem Besuch des

Fromont bei Gérart, nach der Chanson de Geste des Jourdain de Blaye, mit erklärenden Versen in frz. Sprache unter Wolkenbändern am oberen Rand (Padua, Mus. Civico); um 1380 in Nürnberg das Rücklaken mit sechs Paaren von Weisen Männern, die von Spruchbändern umfaßt werden (Nürnberg, Germ. Nationalmus., Leihgabe Lorenzkirche); um 1385 wohl im Elsaß der Behang mit ritterl. Spielen vor der thronenden Minnekgn. in einer von Stadt, Burg und Kl. beherrschten 'Landschaft' (ebda.).

Neuerdings hat A. CAVALLO für den Herstellungsort von Bildteppichen in den südl. Niederlanden während des 15. Jh. keine Entscheidung gefällt zw. Arras, Tournai, Brüssel und möglichen weiteren kleineren Plätzen, abgesehen von wenigen Teppichen, deren Herkunft durch Inschrift oder Archivalien überliefert ist. Angesichts der zahlreich in Aufträgen, Rechnungen, Zahlungen, Inventaren, bes. der frz. Kg.e und der burg. Hzg.e, gen. Teppiche ist jedoch nur ein Bruchteil der einstigen Fülle auf uns gekommen. Zu solchen mit Bildern aus dem AT und NT, den Hl.nlegenden, mit Allegorien und Symbolen des chr. Glaubens (Ratschluß der Erlösung, Credo) kommen in gleichem Maße solche mit Szenen und Figuren der Sagen des klass. Altertums, der zeitgenöss. Heldendichtung, mit Liebespaaren, Schäfern, Szenen aus dem Landleben, Jagden, mit Allegorien der Sieben Freien Künste, der fünf Sinne, mit Illustrationen der *Trionfi* des Petrarca, oder mit oft phantast. Tieren, mit Wappen, Devisen, Emblemen, diese meist eingestellt in einen mit Blüten besteckten Grund. Nach den schriftl. Q.n waren nicht wenige Teppiche zusätzl. zu den bunten wollenen mit seidenen sowie mit kostbaren goldenen und silbernen Schüssen gearbeitet worden. Die Fs.en nahmen die Teppiche auf Reisen und Kriegszüge mit, um damit ihre Zelte zu schmücken. Teppiche hingen auch in den Ratssälen und anderen öffentl. Gebäuden der Städte, zudem in Häusern reicher Bürger, schließlich, wie seit altersher, zumeist nur bei festl. Anlaß, in den Kathedralen und Kirchen. Sie waren nicht nur Schmuck und Zeichen der Repräsentation, ihre Bilder dienten der Ermahnung, der Andacht, Belehrung und dem Vergnügen: 1402, Arras, Legendenszenen der hll. Piatus und Eleutherius (Tournai, Kathedrale); um 1430-40, vier Teppiche aus Hardwick Hall mit Jagden auf Bären und Wildschweine, Otter, Schwäne, Rehe, Falken und Reiher sowie mit Fischfang (London, Victoria and Albert Mus.); um 1420-25, Passionsszenen und Kreuzigung (Zaragoza, Mus. de la Seo); um 1450-60, Anbetung der Hl.n Drei Könige (Bern, Hist. Mus.); um 1460, Die Gerechtigkeit des Trajan und des Herkinbald (ebda.); um 1460-65, Die Taten des Cäsar (ebda.); 1466, Brüssel, Jehan de Haze, Tausendblumenteppich mit Wappen und Emblemen Philipps d. Guten v. Burgund (ebda.); um 1460, Heldentaten Alexanders (Rom, Pal. Doria-Pamphili); um 1460-70, Bilder aus der Gesch. Kg. Chlodwigs (Reims, Pal. du Tau); 1476-88, Herkulessage (u.a. Brüssel, Mus. Royaux d'Art et d'Hist.); um 1494, Turnier, die Bordüre mit sächs. Adelswappen (Valenciennes, Mus. des Beaux-Arts); um 1490, Brüssel, Christi Triumph: Tapisserie Mazarine (Washington, Nat. Gall.); Ende 15. Jh., Brüssel, Gregorsmesse (Madrid, Patrimonio Nac.; Nürnberg, Germ. Nationalmus.: Grabteppich der Holzschuher, 1495); 1495-1505, Folge mit der Jagd auf das Einhorn (New York, Metropolitan Mus. of Art). Die Hypothese einer in der Loiregegend tätigen Werkstatt um 1500 ist zugunsten von nach Pariser Entwürfen wahrscheinl. in Brüssel gewirkten Bildteppichen erledigt worden; dazu gehören die sechs Teppiche »Die Dame mit dem Einhorn«, von denen fünf zugleich die fünf Sinne allegorisieren (Paris, Mus. Nat. du MA, Thermes de Cluny); Narcissus am Brunnen (Boston, Mus. of Fine Arts).

Nach archival. Q.n waren ndl. Wirker im 15. Jh. in Ober- und Mittelitalien tätig. Erhalten ist von ihrer Tätigkeit nur die aus zehn Bildern bestehende Passionsfolge in Venedig, S. Marco (letztes Viertel des 15. Jh.).

Im Bereich des dt. Sprachraumes lassen sich mehrere Standorte mit jeweils charakterist. Wirkteppichen unterscheiden. Offenbar nur kurzfristig wurden um 1400 in Regensburg große Teppiche für das Rathaus gearbeitet: Kampf der Tugenden und Laster, Die thronende Minne inmitten ihr zugeordneter Liebespaare (Mus. der Stadt). Aus Nürnberg sind v. a. Teppiche mit chr. Themen bekannt: lange, niedrige Behänge (um 1425, Szenen der Sebalduslegende [Germ. Nationalmus., Leihgabe St. Sebald]; um 1465, Gleichnis vom Verlorenen Sohn [ebda.]; um 1465-70, Szenen des Marienlebens sowie des atl. Joseph [Harburg, Slg.en Oettingen-Wallerstein]); Antependien (um 1430, Sechs Märtyrerinnen [Köln, Mus. für Angewandte Kunst]; um 1456-61, Thronende Muttergottes mit vielen Hl.n [Nürnberg, Germ. Nationalmus.]; um 1480, Marientod [Glasgow, Burrell Coll.]); hohe Grabteppiche (um 1450-55, Jüngstes Gericht [Nürnberg, Germ. Nationalmus.]; um 1464, Kreuzigung [Würzburg, Martin v. Wagner-Mus.]). Während in Nürnberg am Ende des 15. Jh. die Teppichherstellung einschlief, weil man eingeführten ndl. Teppichen den Vorzug gab, blühte sie am Oberrhein, in Basel und Straßburg, noch lange in das 16. Jh. hinein. Dort nannte man die Wirkerei »heidnischwerk«. A. RAPP BURI und M. STUCKY-SCHÜRER haben hier als schon frühzeitige Vorlagen gleichgroße, auf Leinenstoff aufgetragene »Bildner« festgestellt, bei denen für Wiederholungen u.U. kleine Varianten, z.B. von mod. Details, eingesetzt wurden. Sowohl in Basel als auch in Straßburg standen weltl. Themen gleichberechtigt, wenn nicht bevorzugt, neben den christlichen. Wie in Nürnberg handelt es sich auch hier fast ausschließl. um recht niedrige Formate. Basel: um 1420, Fragment mit Marientod (Köln, Mus. für Angewandte Kunst); um 1460, Wilde Leute bei der Feldarbeit (Wien, Mus. für angewandte Kunst); um 1468, Als Wilde Leute verkleidete Jugendliche auf der Jagd (Basel, Hist. Mus.); um 1470, Die Neun Helden (ebda.); um 1470-80, Wildleutespiel »Der Gf. v. Savoy« (Besançon, Mus. des Beaux-Arts). – Straßburg: Anfang 15. Jh., Kampf von Wilden Leuten und Mohren (Boston, Mus. of Fine Arts); um 1430, Jungbrunnen (Colmar, Mus. Unterlinden); um 1440, Feldarbeit, teilweise in der Kleidung Wilder Leute (Glasgow, Burrell Coll.); letztes Viertel 15. Jh., Szenen aus der Sage vom »Busant«, wenigstens einmal leicht variiert wiederholt (u.a. Nürnberg, Germ. Nationalmus.). – Nach Freiburg i. Br. gehört um 1410-20 ein Antependium mit Bildern aus der Marienlegende (Augustinermus.); 1501 das Hochaltarantependium des Münsters mit der Anbetung der Hirten und Stadtbildern von Bethlehem und Jerusalem. – Am Mittelrhein (Mainz?) sind beheimatet: um 1415, Folge mit dem »Gf.en v. Orlens« (Frankfurt am Main, Mus. für Kunsthandwerk); um 1430, Szenen mit Wilden Leuten (Brüssel, Mus. Royaux d'Art et d'Hist.); um 1460, zwei Stücke mit Bildern aus der Sage Heinrichs d. Löwen (Basel, Hist. Mus.). In Marburg steht für sich um 1430 in der Struktur zwar recht grobe, doch außerordentl. anschaul. schildernde große Teppich mit Bildern vom Verlorenen Sohn und den Stationen der Lebensalter in der Bordüre (Universitätsmus.). – Seit der zweiten Hälfte des 15. Jh. sind auch in Köln Wirkteppiche geschaf-

fen worden, u. a. mit der dort ebenso in Stickerei ausgeführten Wurzel Jesse; hinzu kommen bes. feine, auch mit Seiden-, Gold- und Silberfäden gearbeitete Fürleger (Manchester, Whitworth Art Gall.). In Köln und in Norddtl. hat man bereits seit dem 13. Jh. kleine Wirkarbeiten, oft mit seidenen Schußfäden, als Bezüge für Deckel und Seiten von Kästchen sowie als Schmuck von anderem kleinen Gerät gearbeitet. L. v. Wilckens †

Lit.: H. GÖBEL, Wandteppiche, 6 Bde, 1923–33 – B. KURTH, Die dt. Bildteppiche des MA, 3 Bde, 1926 – D. HEINZ, Europ. Wandteppiche, I: Von den Anfängen bis zum Ende des 16. Jh., 1963 – F. JOUBERT, La tapisserie médiévale au Mus. de Cluny, 1987 – A. RAPP BURY–M. STUCKY-SCHÜRER, zahm und wild. Basler und Straßburger Bildteppiche des 15. Jh., 1990 – L. v. WILCKENS, Die textilen Künste von der Spätantike bis um 1500, 1991 – A. S. CAVALLO, Medieval Tapestries in the Metropolitan Mus. of Art, 1993.

Wirklichkeit. Die meisten Scholastiker unterscheiden das was ist, d. h. das Seiende (ens) von dem Realen (res, reale) und von dem hier und jetzt Wirksamen (actus, actuale), wobei das erstere jedesmal das letztere umfaßt. Der klassischen aristotel. Einteilung nach zerfällt das Seiende (ens) in ein Seiendes innerhalb der Seele oder im Geist (ens in anima, ens rationale), das wahr oder falsch sein kann (verum/falsum), und ein reales Seiendes außerhalb der Seele (res, ens reale, ens extra animam), das weiter in ein potentielles, (noch) nicht aktuell wirksames (ens in potentia) und in ein aktuell wirksames Seiendes (ens in actu) eingeteilt wird. Sein, Realität und Wirklichkeit decken sich also nicht, und nur das wirkliche Seiende (ens in actu, actualitas) wird wiederum weiter in zehn Kategorien (praedicamenta), nämlich in die Substanz und die neun Akzidentien, eingeteilt. Obwohl der Terminus 'W.' im alltägl. Sprachgebrauch ganz allg. die Welt der Gegenstände, Zustände und Ereignisse, auch der durch die Menschen hergestellten Dinge und in Gang gesetzte Entwicklungen bezeichnet, hat er bei den Scholastikern einen ganz besonderen metaphys. Sinn: 'W.' ist der Inbegriff dessen was wirkt, wirksam geworden und also ins Dasein getreten ist; also der Inbegriff dessen, was als ein Wirksames oder Gewirktes das wahrhaft Seiende oder das Wesentliche ist – im Gegensatz zum Erscheinenden, Unwesentlichen, Empirischen, Zufälligen, Notwendigen, Nicht- oder Noch-nicht-Wirklichen. 'W.' ist die dt. Übersetzung (erst bei Meister Eckhart, nach ihm geläufig in der dt. Mystik und erst viel später im allg. Sprachgebrauch mit 'Realität' gleichgesetzt) für actualitas, das lat. Äquivalent für den von Aristoteles neu geprägten Terminus 'energeia' (idg. *werg-, daher griech. *(w)ergon* und dt. Werk, wirken). Nach dem hierin vom ganzen Zeitalter der Scholastik gefolgten Aristoteles sind die Natur (physis) und alle natürlichen Seienden dynam. Evolution (phyein) in die Richtung eines Zieles (telos), das nichts anderes als die vollkommene Verwirklichung des eigenen Wesens oder der eigenen Wesensform ist. Natur, oder 'W.', ist dann das Ins-Werk-Setzen, das In-Wirkung-Setzen (en-erg-eia) einer Bewegung zu vollständiger (entelès) Selbstverwirklichung; diese Bewegung ist die Wirklichkeit: energeia. In der Erreichung dieses Zieles kommt diese Bewegung zur Ruhe; dieses sich-im-Ziel-Aufhalten (en-tel-echeia) ist die Vollkommenheit, das Glück (eudaimonia) des betreffenden Seienden. Die aristotel. Metaphysik, anfänglich eine Lehre des Seienden (Ontologie), die es nach seinem Sein befragt (to on hè on), entwickelt sich daher zu einer Lehre der Substanz (Ousiologie; denn das 'wahre Sein' findet sie im Sein außer der Seele, das vor allem wirksam oder aktiv ist in der ersten der zehn Seinsweisen, d. h. im selbständigen, ansichseienden und auf sich selbst stehenden Seienden, das die ousia [etym.: Seiendheit] oder Substanz ist), um schließlich in eine Lehre der Gottheit (Theologie) auszumünden (denn Substantialität mit ihren Eigenschaften von Subsistenz, Intelligibilität und Finalität findet man in der Form, nicht in der Materie des Seienden, und daher findet man Sein, d. h. Substanz, eher in den geistigen als in den geistig-körperl. oder in den bloß körperl. Seienden, auf ganz besondere Weise also in Gott). Für Aristoteles und seine ma. Nachfolger (u. a. Thomas v. Aquin, für den Gott als Ipsum Esse Subsistens der jedem Seienden seinen actus essendi verleihende Actus actuum ist) ist dieses substanzielle ens actuale also das primäre Objekt der Metaphysik. Nach der großen Verurteilung d. J. 1277 gewinnt aber – als Reaktion gegen den Aristotelismus – eine neue Einteilung (und eine neue Art Metaphysik) Raum. Für Heinrich v. Gent z. B. geht die res dem ens zuvor, indem er die res oder das aliquid dem bloßen Nichts (purum nihil) gegenüberstellt, und diese res weiter in eine res a reor, reris (entia imaginaria: ein goldener Berg) und in eine res a ratitudine (entia metaphysica: die objektiven vom göttl. Intellekt als ontolog. Möglichkeiten gedachten Wesenheiten) unterteilt. Diesen Möglichkeiten (possibilia) spricht Heinrich Realität zu, ohne ihnen jedoch Aktualität oder Wirksamkeit zuzusprechen: sie sind real, obwohl nicht wirklich. Sie sind als ontolog. Strukturen und Modelle (exemplaria) der aktuellen phys. Dinge nicht nichts, und doch auch nicht aktuell: ihnen kommt nur ein reales Sein der Essenz zu (esse essentiae), ein Sein, das ihnen von ihrer Beziehung (respectus) zum göttl. Intellekt als nachahmenswert verliehen worden ist. Ein weiterer Bezug zum göttl. Willen verleiht der ontolog. Möglichkeit das Sein der Existenz (esse existentiae), also aktuelle Wirklichkeit. Avicenna nachfolgend, bestimmen Heinrich v. Gent, Joh. Duns Scotus und seine Schüler also das real Mögliche, nicht das aktuelle Wirkliche, als das eigentl. Objekt der Metaphysik. Diese Ebene der noch nicht aktuell existierenden, aber ontologisch möglichen realen Wesenheiten heißt 'intentional' (bei Heinrich) oder 'formal' (bei Scotus und seinen Schülern). Diese intentionalen oder formalen Möglichkeitsstrukturen sind klar und deutlich von den Vermögen und Potenzen des aktuell wirksamen Seienden zu unterscheiden: diese gehören zur aktuellen Realität, jene aber nicht. Es gibt daher drei Arten von Realität: realitas formalis (die außerseelischen, nicht-physischen Objekte der Metaphysik), realitas subiectiva (die physische, aktuelle Wirklichkeit) und realitas obiectiva (die innerseel. Vorstellungen des menschl. Geistes, die selbstverständlich auch nicht nichts sind). J. Decorte

Q.: Thom. de Aq., S. th., Ia, q. 14, art. 4; q. 18, art. 2; q. 77; Summa c. Gent., I, c. 45; IV, c. 11; Henr. de Gand., Quodl. V, q. 2; VII, qq. 1–2; Quaest. ordin., art. 28 q. 5; art. 32, q. 2; art. 32, q. 5; Ioh. Duns Scoti, Lect. ord., II, dist. 3, pars 1, qq. 1–6; Sent. II, dist. 3, q. 6. – *Lit.*: N. HARTMANN, Möglichkeit und W., 1938 – I. DÜRING, Aristoteles. Darstellung und Interpretation seines Denkens, 1966 – J. KLEINSTÜCK, W. und Realität. Kritik eines modernen Sprachgebrauchs, 1971 – M. A. ARBIB–M. B. HESSE, The Construction of Reality, 1986 – L. ELDERS, The Metaphysics of Being of St. Thomas Aquinas in a Historical Perspective, 1993 – S. MENN (Ancient Philosophy 14, 1994), 73–114 – Z. BECHLER, Aristotle's Theory of Actuality, 1995 – R. TE VELDE, Participation and Substantiality in Thomas Aquinas, 1995 – J. AERTSEN (Henry of Ghent [Proceedings Colloquium, Anc. and Med. Philos., I, vol. 15], 1996), 1–18 – DERS., Medieval Philosophy and the Transcendentals. The Case of Thomas Aquinas, 1996.

Wirkteppich → Wirken

Wirnt v. Grafenberg, mhd. Epiker, nennt sich selbst als Autor seines Artusromans »Wigalois« (»rîter mit dem rade«, V. 3103; V. 141, 10576). →Rudolf v. Ems erwähnt ihn im Literaturkatalog des »Willehalm v. Orlens« (V.

2201ff.) und des »Alexander« (V. 3192ff.). Bei →Konrad v. Würzburg wird er in »Der Welt Lohn« zur lit. Figur. Bei 'Grafenberg' dürfte es sich um den bfl. bamberg. Ort Gräfenberg in Oberfranken handeln. Die Totenklage auf den »vürsten von Mêran« ist wohl auf →Berthold V. († 1204) zu beziehen. Die Andechs-Meranier dürften auch die Auftraggeber gewesen sein. Das Lob →Wolframs v. Eschenbach (»leien munt nie baz gesprach«, V. 6346) und die frühe Überlieferung vor 1225 (1 Hs., 2 Frgm.e) lassen an eine Entstehung spätestens im 2. Jahrzehnt des 13. Jh. denken. Trotz der Parallelen zum »Bel Inconnu« des →Renaut de Beaujeu fehlt bisher die Kenntnis einer konsistenten (afrz.) Vorlage, deren mündl. Tradierung der Text selbst behauptet (V. 11689f.). Mit 42 Hss. (21 aus dem 13. Jh.) ist der »W.« nach Wolframs »Parzival« der beliebteste Artusroman. – An die Stelle des Doppelweges bei →Hartmann v. Aue und Wolfram tritt eine lineare Aufstiegsstruktur, die mit einer Enfance beginnt (vgl. →Ulrich v. Zatzikhoven). Wigalois ist Kind des Musterritters →Gawein und der feengleichen Florie von Syrie. Die Vatersuche führt ihn an den Artushof (Tugendsteinprobe). Bestimmt als Waffenhelfer, begibt er sich mit der Botin Nereja auf den Weg nach Roimunt und bestätigt seinen idealen Status in fünf Bewährungsaventiuren (u. a. im Kampf gegen Hojir v. Mansfeld). Die Zentralaventiure ist als Jenseitsfahrt gestaltet, die nach dem Sieg über den Teufelsbündler Roaz zur Befreiung des Landes Korntin führt. Gattungsgerecht erhält Wigalois Hand und Land der Erbin Larie und bestätigt den neuen Status in einem Feldzug gegen den Friedensbrecher Lion von Namur. Vor dem Beginn der Friedensherrschaft wird das abschließende Fest am Artushof beiläufig inseriert. – Gattungsmischung (Artusroman, Jenseitsfahrt, Chanson de geste), Gottvertrauen statt ritterl. Tat und die Zunahme übernatürl. Requisiten (Zauberamulett, -brot, -blüte, -lanze) und Gegner setzen neue und z. T. fortwirkende Akzente in der lit. Reihe. S. a. →Widuwilt. H.-J. Schiewer

Ed.: J. M. N. Kapteyn, 1926 – Lit.: Ch. Cormeau, »Wigalois« und »Diu Crône«, 1977 – K. Grubmüller, Artusroman und Heilsbringerethos, PBB 107, 1985, 218–239 – V. Mertens, gewisse lêre (Artusroman und Intertextualität, hg. F. Wolfzettel, 1990), 85–106 – H.-J. Schiewer, Prädestination und Fiktionalität (Fiktionalität im Artusroman, hg. V. Mertens u. a., 1993), 146–159 – V. Honemann, Wigalois' Kampf mit dem roten Ritter (German Narrative Lit. of the Twelfth and Thirteenth Centuries, hg. Ders. u.a., 1994), 347–362 – C. Brinker, »Hie ist diu aventiure geholt!« (Contemplata aliis tradere, hg. Dies. u.a., 1995), 87–110 – S. Fuchs, Hybride Helden, 1997 [Lit.].

Wirsberger. Die W. gelten als »der späteste Versuch einer Sektenbildung auf joachimitischer Grundlage in Deutschland« (H. Haupt). Ihre namengebenden Wortführer sind ein Brüderpaar reichsritterl. Herkunft namens Livin und Janko, deren Familie im Territorium der Reichsstadt Eger ein Gut namens Höflas vom böhm. Kg. zu Lehen hielt. Sie verkündeten eschatolog. gestimmte kirchen- und reichsreformer. Lehren, deren sozialkrit. Bezugspunkt die Forderung nach einer »Rückkehr des Adels in die Städte« und einer ständ. Egalisierung des Adels waren und deren scharfe Kirchenkritik zum Ketzervorwurf führte. Die treibende geistige Kraft scheint Janko v. W. gewesen zu sein, der seine von Untergangsstimmungen geprägten Reformideen in Manifestform im Reiche kreisen ließ, in denen er das Kommen eines Unctus Salvatoris, »Gesalbten des Erlösers« – einer Analogiebildung zum Christus beim Endgericht –, verkündete, dem ein »blindgeborener Johannes aus dem Osten« vorausginge. Mit den Äußerungen Jankos setzten sich der Provinzialminister der sächs. Ordensprov. der Franziskaner, Nikolaus Lackmann, sowie der in Erfurt lehrende Augustiner-Eremit →Johannes v. Dorsten (96. J.) auseinander. Der gegen das Brüderpaar vor dem für Eger zuständigen Regensburger Diözesan angestrengte Ketzerprozeß traf konkret nur Livin v. W., der 1468 als bußfälliger Ketzer zu ewigem Kerker verurteilt wurde, in dem er um die Jahreswende 1468/69 starb. Der Prozeß, den der päpstl. Legat →Rudolf v. Rüdesheim, Bf. v. Lavant, der von Breslau aus eine Allianz gegen den »Ketzerkg.« →Georg v. Podiebrad aufzubauen suchte, 1466 ins Rollen brachte, hat polit. Hintergründe, zu denen auch der Gegensatz zwischen observanten und konventualen Kräften im Franziskanerorden gehörte. Mit →Joachim v. Fiore hat die Bewegung nur soviel zu tun, als die in dessen Nachfolge insbes. in franziskan. Spiritualenkreisen verbreitete Endzeitstimmung in dem W.er Brüderpaar dankbare Propagatoren fand. A. Patschovsky

Lit.: H. Gradl, Die Irrlehre der W., MVGDB 19, 1880, 270–279 – H. Haupt, Zur Gesch. des Joachimismus, ZKG 7, 1885, 372–425 – O. Schiff, Die W., HVj 26, 1931, 776–786 – R. Kestenberg-Gladstein, The »Third Reich«, JWarburg 18, 1955, 245–295 – A. Patschovsky, Die W.: Zeugen der Geisteswelt Joachims v. Fiore in Dtl. während des 15. Jh. (Il profetismo gioachimita tra Quattrocento e Cinquecento, hg. G. L. Potestà, 1991), 225–257.

Wirtschaft. W. hat heute zwei Bedeutungen, von denen eine mit Ökonomie, die andere mit →Gasthaus synonym ist. Das MA kannte nur einen mit der zweiten Bedeutung zusammenhängenden Wortgebrauch: die Tätigkeit eines Wirtes (auch die eines Hausherrn) gegenüber dem Gast, insbesondere die Bewirtung, das Gastmahl. Ökonomik – so ein Buchtitel →Konrads v. Megenberg – heißt im MA demgegenüber in gr. Tradition die Lehre vom Haus, die neben wirtschaftl. soziale und v. a. moral. Fragen erörtert. Das, was heute unter W. im Sinne von Ökonomie verstanden wird, hatte im MA keinen zusammenfassenden Begriff. Dieser entstand in der NZ zusammen mit Strukturveränderungen des wirtschaftl. und sozialen Lebens, die sich aber im MA ankündigten: zunächst in städt. W.spolitik und dann auch in den ersten wirtschaftspolit. Maßnahmen des werdenden modernen Staates. Die größte Annäherung an eine moderne Theorie der W. fand wohl in den W.slehren der Scholastiker statt, die noch zwei oberste W.sprinzipien streitig diskutierten: das Nahrungsprinzip und das Prinzip des freien Marktes. Trotzdem hatten diese Lehren einen »vorwiegend negativen und prohibitiven Charakter«. Sie betrachteten die wirtschaftl. »Gegebenheiten ... von den Grenzen ihrer Erlaubtheit her« (O. G. Oexle). Im übrigen fehlt der zusammenfassende Begriff von W. im MA, weil die W. enger mit anderen sozialen und polit. Bereichen verwoben war als in der NZ. Diese Verwobenheit hatte zwei unterschiedl., geradezu entgegengesetzte Ausprägungen. In der Welt der Fs.en (vor den eben gen. modernstaatl. Ansätzen) wurde die W. polit. Zielen, wie Erbfragen, Ländergewinn, als Objekt der Ertrags-Abschöpfung streng untergeordnet, ohne daß die Bedürfnisse und eigenen Gesetze des W.ens berücksichtigt oder auch nur verstanden wären. Dem steht die Welt der Städte, insbesondere der unabhängigen dt. und it. Städte gegenüber, wo vielfach der Handel oberstes polit. Ziel war und alle Bestrebungen seinem Fortschritt zu dienen hatten. Auch eine solche Verknüpfung konnte in der NZ keine Fortdauer haben, weil die Welt der Stadt nach und nach in größere Staaten mit komplexerer Zielsetzung einbezogen wurde.

Die im 19. Jh. einsetzende wissenschaftl. Beschäftigung mit der ma. W. hatte einen stark deduktiven Charakter, prägte Idealtypen von W.sformen oder W.sstilen, die durch eine Art stufenweiser Entwicklung verbunden wa-

ren. Stufenbegriffe waren Naturalw., Naturalaustauschw., Geldw., Kreditw. oder Hausw., Dorfw., Stadtw. Auch die marxist. Gegenüberstellung von ma. Feudalw. und nz. Kapitalismus gehört dazu, die sich auch noch in MAX WEBERS Lehre vom Geist des Kapitalismus, der aus der protestant. Ethik erwachsen sei, wenn auch in kontrapunkt. Weise, auswirkt. Heute hat man die Stufenbegriffe, die für das hist. Denken im 19. Jh. kennzeichnend sind, die ma. W.sentwicklung aber verzeichnen, aufgegeben.

Danach wurde der Versuch gemacht, die w.swissenschaftl. dargestellten Konjunkturzyklen auf das MA zu übertragen. Die Konjunkturlehre wurde v. a. von W. ABEL vertreten, der mit ihr in der dt. Forsch. einen bis heute anhaltenden Widerhall fand. Diese Lehre entspricht einer Autonomie des W.sgeschehens, die auch in dem nz., zusammenfassenden Begriff 'W.' ihren Ausdruck findet. Tatsächl. ist eine solche Autonomie durch Systemdifferenzierung in der NZ eher mögl. als im MA. Auf die Relativierung der Konjunkturzyklen in der neuesten w.swissenschaftl. Diskussion ist hier nicht einzugehen. Ihre Rückübertragung auf das MA scheitert nicht nur an der oben erwähnten geringen Ausdifferenzierung der W., sondern auch an mehreren weiteren eigentüml. Bedingungen jener Zeit: an den trotz Fernhandels im Vergleich zu heute dünnen wirtschaftl. Verbindungen zw. den Regionen, an der unterschiedl., teilweise sehr begrenzten Marktabhängigkeit von Konsumenten und Produzenten (etwa Bauern), an der Traditionsgebundenheit von Preisen und Löhnen, an der strengen Reglementierung der letzteren durch Obrigkeiten und Korporationen und nicht zuletzt an dem Charakter des Geldes, dessen Vorrat vom Edelmetallzufluß abhängig war.

Manche Forscher halten die Zeit von der Gründung der antiken Hochkulturen bis zur industriellen Revolution w.sgeschichtl. für eine einheitl. Epoche mit weitgehend gleichbleibenden Strukturen, die von der Stadt- und Geldw. bestimmt wurden, und in die das außeröm. Europa mehr und mehr einbezogen wurde. Überwiegend werden jedoch die eigenen wirtschaftl. Charakterzüge des MA anerkannt, deren gemeinsamer Nenner wohl in der großen Bedeutung des Christentums für das Menschenbild zu suchen ist: die weitgehende Abschaffung der Sklaverei, der polit. Pluralismus mit seiner Bedeutung für die wirtschaftl. Konkurrenz, der auch zu einer Sonderstellung der Städte und einer wirtschaftl. Gegenüberstellung von Stadt und Land führte, der von einem christl. Arbeitsbegriff angestoßene wirtschaftl. Dynamismus, der leidenschaftl. Ausschaltungskampf mit dem Judentum im Innern und dem Islam außen, der wirtschaftl. zur Nachahmung und Ausdehnung führte. Der Dynamismus wurde eingeschränkt durch theol. →Zinsverbote und andere religiöse Beargwöhnungen des W.serfolges, die zu Umgebungsstrategien führten, als deren wichtigste der →Wechsel zu nennen ist.

Sicherl. gab es auch Kontinuitäten zur antiken W. Die Geldw. erlernten die Germanen schon in der Völkerwanderungszeit, wenn auch ihr Umfang beschränkt blieb. Die →Grundherrschaft in ihrer typ. ma. Ausprägung mit Hintersassen und einem eigenen Gericht dürfte in den antiken Latifundien einen ähnl. Vorgänger gehabt haben. Umstrittener sind Kontinuitäten in der Verfassung von Handel und Handwerk. Haben spätantike Korporationen auf die Bildung der ma. eingewirkt? Während der antike Bergbau wohl zugrunde gegangen ist, haben sich andere Produktionstechniken wie das Mühlwesen erhalten.

Die Veränderungen der W. vom 16. Jh. ab sind eine Fortentwicklung und ein Umschlag der Bewegung des ma. W.slebens. Dieses ließe sich bes. gut an den vom 14. Jh. ab bezeugten Atlantik-Fahrten der Südeuropäer zeigen, bei denen sich missionar. und kommerzielle Motive mischen. Sie führen hinüber zu der Gründung der Kolonien, die vom 16. Jh. ab die europ. W. tief veränderten. Aus den scholast. W.stheorien wurden unter humanist. Einfluß weltl., insbesondere die des →Merkantilismus mit prakt. Bedeutung für die W.spolitik der nz. Staaten. Der ma. W.sdynamismus wurde auch durch eine natürl. Ressourcenknappheit, insbesondere Energieknappheit, eingeschränkt und führte frühzeitig zu Versuchen, durch techn. Neuerungen die Grenzen zu erweitern. Diese Versuche beginnen schon im FrühMA und steigern sich in den folgenden Epochen, bis Erfindungen des 14. und 15. Jh., wie des Schießpulvers (→Pulver), der Druckkunst (→Buchdruck), der →Seigerhütten, neuer Navigationshilfsmittel und -techniken (→Navigation), wiederum auch in wirtschaftl. Hinsicht ein neues Zeitalter begründeten. Die Neuerungen wurden im wesentl. von experimentierfreudigen Handwerkern getragen, wenn auch antike Techniktraktate in Bibliotheken, z. B. kirchl. Grundherrn, mitgespielt haben dürften. Die Einwirkungen des Humanismus führten dazu, daß dieser Faktor im ausgehenden MA bedeutender wurde, so daß in der NZ der techn. Fortschritt mehr und mehr eine wissenschaftl. Grundlage bekam. Große Veränderungen geschahen im Handelssystem und in der Arbeitsverfassung. Aktiengesellschaft und Manufaktur z. B. sind herausragende Stichworte. Auch für diese Veränderungen ließe sich eine ma. Vorgeschichte darstellen. →Post und Zeitung waren dem MA unbekannt. Sie kennzeichnen neben anderem das Kommunikationswesen der frühen NZ. Die Städte hatten Anpassungsschwierigkeiten, an denen z. B. die →Hanse zerbrochen ist. Im Innern der Städte blieben vielfach die Korporationen mächtig, insbesondere für weite Bereiche des →Handwerks bestimmend. Auch in der Agrarverfassung überwiegt die Kontinuität. Lediglich die Marktanbindung der Agrarproduktion und der Agrarkapitalismus treten stärker hervor.

R. Sprandel

Lit.: [*Handbücher*]: Cambridge Economic Hist. I, 1966²; II, 1952; III, 1963 – AUBIN-ZORN, I, 1971 – The Fontana Economic Hist. of Europe, hg. C. M. CIPOLLA, I, 1978 [dt. K. BORCHARDT] – Hb. der europ. W.s- und Sozialgesch., hg. H. KELLENBENZ, II, 1980; III, 1986 – F. W. HENNING, Hb. der W.s- und Sozialgesch. Dtl.s, I, 1991 – [*Einführungen*]: W. ZORN, Einf. in die W.s- und Sozialgesch., 1972 – H. KELLENBENZ, Grundlagen des Studiums der W.sgesch., 1973 – [*Begriffliches*]: H. TYRELL, Worum geht es in der »Protestant. Ethik«. Ein Versuch zum besseren Verständnis Max Webers, Saeculum 41, 1990, 130–177 – J. BURKHARDT, O. G. OEXLE, P. SPAHN, W. (Geschichtl. Grundbegriffe 7, 1992), 511–594 – [*Forschungsrückblicke*]: Historia socialis et oeconomica (= VSWG Beih. 84, 1987) – Metodi risultati e prospettive della storia economica secc. XIII–XVIII (Istituto internazionale di storia economica »F. Datini« 20, 1989).

Wirtschaftshöfe. Der Begriff umschreibt Einrichtungen nichtbürgerl., landsässiger Personen und Institutionen, über die diese am städt. Markt und Handel teilnahmen. W. unterscheiden sich von den Häusern der Bürger durch baul. Gestalt, Funktion, Lage und rechtl. Status.

Im Unterschied zum →Bürgerhaus, das die Funktionen von Wohnen und Arbeiten unter einem Dach vereinigte, handelt es sich bei den W.n meist um mehrzellige, von den benachbarten Häusern deutl. abgegrenzte Anlagen mit Wohnhaus, Stallungen, Speichern und Scheunen. Im Aussehen der W. spiegelt sich ihre vorrangige Funktion als Basis für die Bewirtschaftung von vor der Stadt liegenden Ländereien, als Speicher der dort oder anderswo vom Besitzer erzielten landwirtschaftl. Überschüsse, die in der

Stadt abgesetzt werden sollten, und als Zwischenlager für die auf dem städt. Markt erworbenen Erzeugnisse. W. lagen meist verkehrsgünstig am Stadtrand in der Nähe eines Tores. Die W. und ihre Bewohner besaßen sehr oft einen Sonderstatus, da die Parzellen, auf denen die W. lagen, häufig frei von bürgerl. Lasten waren und die Bewohner nicht zur Bürgerschaft gehörten.

W. lassen sich nach den Trägern differenzieren. Es gab landesherrl. Höfe und Amtssitze, Adels- und Burgmannshöfe und Kl. höfe. Auf den landesherrl. Höfen und Amtssitzen, die nicht selten Ausgangspunkt der Stadtentwicklung waren, saßen Beamte, die die Rechte des Landesherrn wahrnahmen, dessen umliegenden Besitz verwalteten und von diesem Einkünfte einzogen. Wenn der Landesherr in seine Stadt kam, nahm er hier Quartier. Die Amtssitze waren zwar Verwaltungsmittelpunkte, müssen aber auch für die städt. Versorgung mit landwirtschaftl. Produkten von Bedeutung gewesen sein. Bei den Adels- und Burgmannshöfen handelte es sich zunächst um Wohnhöfe, von denen aber auch zugehörige Ländereien vor der Stadt bewirtschaftet wurden. Burgmannshöfe lagen entweder in einer Art Quartierlage in der unmittelbaren Nähe einer Burg oder direkt an der Stadtmauer zur Verstärkung der Wehrkraft. Die Bedeutung der Adelshöfe als W. ist bisher nur unzureichend untersucht, dürfte aber nicht bes. hoch gewesen sein. Sie läßt sich nur indirekt durch ihr Aussehen und die Tatsache, daß viele Adelshöfe an Kl. gingen, erschließen. Am ausgeprägtesten war bei den Kl. höfen die Ausrichtung auf den städt. Handel und Markt. Viele →Klöster verfügten je nach der Lage ihres Grundbesitzes und ihrer Handelsinteressen in mehreren Städten über Höfe, die von erfahrenen Kl. angehörigen geleitet wurden, die von hier aus den Grundbesitz und die Einkünfte im Bereich der Stadt verwalteten, die landwirtschaftl. Überschußprodukte (→Getreide, →Wein, →Wolle) absetzten und vom Kl. benötigte Waren (→Fisch, →Salz, gewerbl. Produkte) einkauften. Nebenher dienten diese Höfe als Absteigen bei Visitationen und als Zufluchtsort für die Kl. insassen in Kriegszeiten. Die meisten Kl. höfe verfügten über eigene Kapellen. Hinsichtl. der Ordenszugehörigkeit ist auffallend, daß Zisterzienserkl. stets über W. in mehreren Städten verfügten, während andere Orden häufig nur in der nächst gelegenen Stadt vertreten waren.

Während landesherrl. Höfe und Burgmannshöfe für Gründungsstädte (→Gründerkonsortium) typ. sind und letztere diesen Städten bei ihrer Entstehung vom Landesherrn eingepflanzt wurden, diese Höfe im SpätMA aber häufig in fremde Hände gingen, haben Kl. ihre W. vom 12. bis 14. Jh., in der Aufschwungsphase der →Städte, angelegt und meist bis zur Säkularisation beibehalten. Solche Niederlassungen entstanden zunächst auf kleineren Parzellen, die durch den Erwerb von Nachbargrundstücken ausgebaut wurden. Seit dem 13. Jh. erwarb man Adels- und Burgmannshöfe wegen ihrer Größe und der damit verbundenen Rechte.

Die wirtschaftl. und als Steinbauten auch strateg. Bedeutung, die die W. anfängl. für die Städte besaßen, ging seit dem 14. Jh. zurück. W. wurden nun als Fremdkörper und Konkurrenten empfunden, ihre Träger nach Möglichkeit aus der Stadt gedrängt, die Grundstücke parzelliert.

W. Bockhorst

Lit.: G. STEINWASCHER, Die Zisterzienserstadthöfe in Köln, 1981 – W. HAAS-J. CRAMER, Kl. höfe in norddt. Städten (Stadt im Wandel. Ausst. kat. Braunschweig, 3, 1985), 399–440 – W. BOCKHORST, Höfe in der Stadt, Adelshöfe in Westfalen, 1989, 21–31 – A. MINDERMANN, Adel in der Stadt des SpätMA, 1996.

Wisby → Visby

Wisent, zu den Wildrindern (→Auerochse, 2) zählende, durch seine Größe und Stärke stets als gefährl. eingestufte Wildart, die so häufig gewesen sein muß, daß sie in frühma. Zeit planmäßig verfolgt wurde. Dabei verwendete man v. a. in der Brunftzeit gezähmte W. e – männl. wie weibl. – als Locktiere, die angelockten Tiere wurden meist mit Pfeil und Bogen oder mit Speeren erlegt. Bes. erfolgversprechend war der Einsatz von Fallgruben, wogegen die Angriffsjagd mit der Lanze erhebl. Mut erforderte.

S. Schwenk

Wishart, Robert, Bf. v. →Glasgow seit 1273, * ca. 1240, † 26. Nov. 1316; stammte aus einer kontinentalen Familie, wahrscheinl. norm. Herkunft, die in Angus (→Óengus) und Mearns ansässig war. William Wishart, möglicherweise W.s Onkel, war nacheinander Archidiakon v. St. Andrews, Kanzler v. Schottland und Bf. v. St. Andrews. W. wurde 1267 Archidiakon v. Lothian und 1273 zum Bf. v. Glasgow geweiht. Er nahm 1274 am II. Konzil v. →Lyon teil und half bei der Sammlung des Kreuzzugszehnten, der vom Konzil bewilligt worden war. W. veranlaßte den teilweisen Umbau der Kathedrale in Glasgow (um 1277) und verhandelte 1279 mit den Gesandten Eduards I. bei der Huldigung des schott. Kg.s an den engl. Kg. Seit dem Tod Kg. Alexanders III. 1286 nahm W. in der internen Politik eine führende Rolle ein, und war einer der sechs *guardians*, die Schottland im Namen von Margarete, dem 'Maid of Norway', regierten. W. dürfte einer der Hauptautoren des Vertrags v. →Birgham (1290) mit Eduard I. gewesen sein. 1291–92 unterstützte er den Anspruch von Robert Bruce »the Competitor« auf den schott. Thron. 1295–96 gehörte er zu den schott. Führern, die den Vertrag mit Kg. Philipp IV. v. Frankreich schlossen (→'Auld Alliance'). Als der engl. Kg. Eduard I. 1296 Schottland eroberte, unterwarf sich W. den Engländern und schwor Lehnstreue. Doch bekämpfte er 1297 zusammen mit dem Träger des erbl. →Steward-Amtes und →Robert (I.) Bruce, dem Earl of Carrick und künftigen Kg., die Besetzung der Engländer und unterstützte den Widerstandsfeldzug unter William →Wallace. Nach seiner Gefangenschaft 1297–1300 wandte sich W. erneut aktiv gegen die Engländer. 1304 kapitulierte er jedoch mit vielen anderen schott. Magnaten vor der engl. Krone. Obwohl W. nun mit der engl. Regierung bei dem Entwurf einer neuen Verwaltungsorganisation zusammenarbeitete, unterstützte er sofort die Bemühung von Robert Bruce um den schott. Thron im März 1306 und ließ Krönungsinsignien für den neuen Kg. anfertigen, die er zunächst verborgen hielt. W. wurde von den Engländern gefangengenommen, die ihn wegen seines Verrats hinrichten wollten. Er wurde begnadigt, blieb aber – zeitweise angekettet – ihr Gefangener bis 1309, als er sich erfolgreich an der päpstl. Kurie gegen die Absicht der Engländer verteidigen konnte, ihn seines Bf. ssitzes zu entheben. Erst 1314, mit 74 Jahren und erblindet, kehrte W. nach Schottland zurück, im Austausch gegen engl. Gefangene aus der Schlacht bei →Bannockburn. Er nahm bis zu seinem Tod an mehreren, für Schottland bedeutenden Versammlungen teil.

G. W. S. Barrow

Lit.: D. E. R. WATT, A Biographical Dict. of Scottish Graduates to A. D. 1410, 1977 – G. W. S. BARROW, Robert Bruce and the Community of the Realm of Scotland, 1988.

Wisigarda, frk. Kgn., † nach 537, Tochter des Kg.s der →Langobarden, Wacho. Mit ihr verlobte um 530 Kg. →Theuderich I. seinen Sohn →Theudebert I., um sich damit für den Krieg gegen die →Thüringer die Neutralität

Wachos zu sichern. Der Prinz aber verliebte sich in die schöne Gallorömerin Deoteria, die er 532/533 »seinem Lager beigesellte« und als Kg. 533/534 zur Frau nahm. Das Verlöbnis mit W. bestand aber fort; von den Franken hart bedrängt, verließ er um 537 Deoteria, die ihm bereits einen Sohn →Theudowald geschenkt hatte, und vermählte sich mit W. – nicht zuletzt zwecks Erneuerung des Bündnisses mit den Langobarden während seiner ehrgeizigen ital. Pläne. Nach W.s baldigem Tod gab er ihre Schwester Waldrada seinem Sohn Theudowald zur Frau. U. Nonn

Q.: Gregor v. Tours, Hist. Fr. III, 20, 27, 33 (MGH SRM I²) – Origo gentis Langob. 4; Paulus Diaconus, Hist. Langob. I, 21 (MGH SRL) – *Lit.*: E. Ewig, Stud. zur merow. Dynastie, FMASt 8, 1974, 39–41 – Ders., Die Merowinger und das Frankenreich, 1993², 34.

Wislanen (Uislane), slav. Stamm, der in der »Descriptio civitatum« des →Geographus Bavarus (Mitte des 9. Jh.) zw. den Ungare und Sleenzane ohne Angabe der Burgenzahl genannt wird. Das von ihm besiedelte Gebiet wird in der ae. Übers. der Historien des →Orosius (spätes 9. Jh.) als »eastan Maroara lande is Wislelond« bezeichnet. Danach erstreckte sich das Land der W. ö. von Mähren und Schlesien über die unteren Weichselgebiete bis in die Nähe des oberen Flusses San. Von dort dehnten sich nach O hin die Sitze der Lędzianie (Lendi i. Lendzanenoi) aus. Zu den Hauptburgen der W. zählten →Krakau, →Wiślica und →Sandomir a. d. Weichsel, das Gebiet des späteren Krakauer Fsm.s. Unrichtig ist die Lokalisierung des Stammes der Weißkroaten (→Konstantin Porphyrogennetos) an der oberen Weichsel; diese wohnten in N-Böhmen. Die einzige hist. Nachricht über die W. bezieht sich auf einen anonymen Fs.en der W., der nach dem Bericht der »Vita Methodii« seinen christl. Nachbarn großen Schaden zufügte. Ebf. Method (→Konstantin und Method) sandte ihm Boten, die ihn zur freiwilligen Taufe in seinem Land aufforderten. Sollte er ablehnen, werde er in Gefangenschaft geraten und in der Fremde zur Taufe gezwungen, was auch geschah. Auf diesen wenigen Angaben basieren Hypothesen, daß ein großer Staat der W. existiert habe, den der großmähr. Gfs. →Svatopluk unterjocht habe, daß S-Polen in die mähr. Kirchenorganisation einbezogen worden sei (u. a. angebl. Diöz. Krakau nach slav. Ritus), usw. Allen diesen Hypothesen fehlt die glaubwürdige Q.nbasis. Um die Mitte des 10. Jh. geriet der Stammesverband der W. von Schlesien bis an die russ. Grenze unter die Botmäßigkeit der böhm. →Přemysliden. 981 eroberten der Kiever Fs. →Vladimir die Gebiete der Lędzianen (russ. Lęch, Ljach) und der poln. Fs. →Mieszko I. das W.land (um 988/989) und Schlesien (990). Das W.land ging in dem poln. Piastenstaat auf. G. Labuda

Q.: King Alfreds Orosius, ed. H. Sweet, 1883, 15f. – R. H. J. Jenkins, Constantin Porphyrogenitos, De administrando imperio, 1949, Kap. 9, 37 – B. Horak–D. Travníček, Descriptio civitatum ad septentrionalem plagam Danubii, 1956 – T. Lehr-Spławiński, Żywoty Konstantyna i Metodego, 1959, Kap. XI, 114f. – G. Labuda, Źródła skandynawskie i anglosaskie do dziejów Słowiańszczyzny, 1961, 83 – E. Herrmann, Slaw.-Germ. Beziehungen im so.-dt. Raum, 1965, 212ff. – *Lit.*: SłowStarSłow VI, 489–491 [Lit.] – J. Widajewicz, Państwo Wiślan, 1947–G. Rhode, Die Ostgrenze Polens, 1955, 54ff. – L. Havlik, Velka Morava a středoevropšti Slované, 1964 – H. Łowmiański, Początki Polski, III, 1967, 117–137; IV, 1970, 445–532 – G. Labuda, Studia nad początkami państwa polskiego, II, 1987, 83–211.

Wiślica, Kastellaneiburg, Stadt und Hzm. in →Kleinpolen am Nidaübergang des Verkehrswegs von →Sandomir nach →Krakau. Bei der wahrscheinl. aus dem 11./12. Jh. stammenden Burg entwickelte sich früh eine Marktsiedlung. W. wird in den Q.n zum ersten Mal 1135 faßbar, als es bei einem russ. Einfall zerstört wurde. Um 1166 entstand durch die Teilung des ehem. Fsm.s Sandomir vorübergehend ein kleines Teilfsm. W. für →Kasimir II. d. Gerechten. Während seiner Regierungszeit erfolgte wohl der Bau eines roman. Steinpalastes mit Kapelle; ähnl. Bauten sind aus anderen Burgen (→Pfalz, H) Polens bekannt. Um die Mitte des 12. Jh. wurde in der Marktsiedlung ein Kollegiatstift mit roman. Marienkirche gegr., an deren Stelle die heutige got. Kollegiatkirche aus dem 14. Jh. steht. Von der roman. Kirche ist eine Krypta mit Gipsfußboden (um 1170) erhalten. Vor 1326 (gewiß nach dem Mongoleneinfall 1241) erhielt W. dt. Recht. 1304 wurde W. während der poln.-böhm. Kämpfe zerstört. →Kasimir III. d. Gr. erweiterte die Stadtprivilegien und verkündete 1346/47 die sog. Statuten v. →W. Die Annahme, daß W. im 9. Jh. Sitz der Fs.en der →Wislanen und ein Zentrum der Mission von →Konstantin und Method gewesen sei, stieß auf Ablehnung. A. Wędzki

Lit.: SłowStarSłow VI, 491–499 – Sztuka polska przedromańska i romańska do schyłku XIII w., 1971 – K. Żurowska, Studia nad architekturą wczesnopiastowską, 1983 – F. Kiryk, Urbanizacja Małopolski. Województwo sandomierskie XIII–XVI w., 1994 – Z. Pianowski, »Sedes regni principales«. Wawel i inne rezydencje piastowskie do połowy XIII w. na tle europejskim, 1994 – Architektura gotycka w Polsce, 1995 – E. Kubica, Stan badań archeol. nad zabytkami wczesnośredniowiecznej architektury monumentalnej Małopolski, Rusi Halickiej i Wołynia, Materiały Archeologiczne 19, 1996, 63–109.

Wiślica, Statuten v., von Kg. →Kasimir III. d. Gr. v. Polen erlassene Kodifikation des Zivil-, Straf- und Prozeßrechtes. Die Statuten wurden für Großpolen (Statut v. Piotrków [Petrikau]) 1347 (1357–62?) und Kleinpolen (Statut v. W., nach 1357?) getrennt ausgefertigt. Die großpoln. Statuten (34 Artikel) waren v. a. eine Slg. des Gewohnheitsrechts (ius terrestre), die kleinpoln. (24 Artikel) hatten dagegen Reformcharakter. Nach 1370 wurden allmähl. beide Fassungen durch die später erlassenen Gesetze (sog. extravagantes), die Forderungen des Adels (sog. petita) und durch die Rechtsfälle (sog. praeiudicates) ergänzt. Schließlich hat man die großpoln. Statuten auf 50 und die kleinpoln. auf 105 Artikel erweitert. Am Anfang des 15. Jh. sind beide Fassungen (ca. 130 Artikel) zusammengeschlossen worden. Bis zum Ende des 18. Jh. bildeten die Statuten die Grundlage der staatl. Gerichtsbarkeit in →Polen. A. Gąsiorowski

Lit.: Archiwum Komisji Prawniczej Polskiej Akademii Umiejętności, Bd. 2, 4, 1921 [Ausg.] – S. Roman, Geneza statutów Kazimierza Wielkiego, 1961 – J. Bardach, Historia państwa i prawa Polski, I, 1964, 369ff.

Wismar, Stadt in →Mecklenburg. [1] *Entstehung und Topographie:* Die städt. Anfänge sind Ende des 12. Jh. auf flandr.-westfäl.-niedersächs. Siedler unter führender lüb. Beteiligung und starker Förderung durch die Mecklenburger Fs.en zurückzuführen. Die Lage der wohl slav., ö. von W. vermuteten Siedlung Alt-W., ihr Alter und ihre Beziehung zur werdenden Rechtsstadt W. sind noch ungeklärt.

W., zw. →Lübeck und →Rostock an der Ostseeküstenmagistrale gelegen, entsteht w. und n. der aqua Wissemara (1167), die hier, von S kommend, w. zur W.er Bucht abknickt (»Grube«) und als Kahnschiffahrtsweg eine Verbindung zur fünf Kilometer südl. gelegenen, slav. →Mecklenburg und weiter zum Schweriner See darstellte. Entscheidender Siedlungsgrund ist der am Südende der Bucht gelegene, durch die vorgelagerte Insel Poel geschützte, an Fahrwassertiefe nur von →Stralsund übertroffene, zu 1211 belegte Hafen. In wenigen Jahrzehnten erwuchsen, wohl von N nach S, die Stadtteile um Nikolai und Marien sowie die Neustadt um St. Georg/St. Martin, die sich jeweils mit ihrem Hauptstraßenzug auf den Hafen

orientierten. Die n. gelegene, knapp 10 ha große, wohl kaufmänn. ausgerichtete Nikolai-Stadt ist bereits vor 1210 funktional als Stadt anzusprechen, vor 1230 sind die Marien-Stadt, vor 1250 die sw. gelegene Neustadt (»nova civitas« 1269) aufgesiedelt. Ab 1260/76 wird eine jetzt 58 ha umfassende Gesamtbefestigung, die eine vorhergehende, die Neustadt noch nicht einschließende Plankenbefestigung ersetzt, errichtet (vgl. die parallele Entwicklung in Rostock). Kurz vor 1257 wurde die Mecklenburg aufgegeben, und Fs. Johann urkundet 1257 »in castro Wysmarie«. Eine sichere Lokalisierung dieser 1276 als außerhalb der Mauer gelegen bezeichneten Burg ist noch nicht gelungen. Infolge eines Kompromisses wurde diese Burg 1300 geschliffen, dem Fs.en aber das bis 1358 genutzte Recht auf einen in der Neustadt gelegenen Sitz zugestanden. Um 1250 entsteht auf der Grenze zw. Marienstadt und Neustadt das Hl.-Geist-Spital, 1251 gründen die Franziskaner, 1293/94 die Dominikaner Niederlassungen.

[2] *Verfassung, Gesellschaft:* Ein »burgenses«-Beleg v. 1229 läßt es in Verbindung mit der topograph. Situation sicher erscheinen, daß der Stadtwerdungsprozeß auch in rechtl. Sicht um 1226 abgeschlossen und die Bürgergemeinde nach lüb. Stadtrechten (Bestätigung 1266 durch Heinrich I. v. Mecklenburg) organisiert ist. Lübeck ist in der Folgezeit auch die Appellationsinstanz. Bereits 1241 ist ein alle drei Stadtteile vertretender Rat, 1256 ein Stadtsiegel bezeugt. 1308 kann der Rat, erst pfandweise, 1373 den endgültig die stadtherrl. Vogtei nebst Gerichtsrechten und landesherrl. Zoll in seine Verfügung bringen. 1379 folgt der Erwerb der Münzrechte, parallel dem Erwerb stadtherrl. Rechte läuft eine Erwerbspolitik im Umland. Das um 1470 ca. 8000 Einw. zählende W. erlebt bes. in der 1. Hälfte des 15. Jh. von handwerkl. Gruppen ausgehende, für die Rädelsführer letztl. wenig erfolgreiche →Bürgerkämpfe im Ringen um die innerstädt. Machtverteilung (1409–16, 1427–39). 1379 organisiert sich die städt. Oberschicht in der Papagoyen-Gesellschaft (→Zirkelgesellschaft), die Unterschicht steigt im 15. Jh. bis auf 65% der Bevölkerung an. Die zum Bm. →Ratzeburg gehörende, lüb. Tochterstadt zählt zur wend. Gruppe der Hansestädte (→Hanse) und nimmt an den wesentl. Aktionen der Nachbarstädte Lübeck und Rostock, des Wend. Städtebundes wie des hans. Verbandes teil, abgesehen von durch Eigeninteresse bestimmtem Sonderverhalten in bes. Situationen (→Vitalienbrüder). Nach ersten luther. Predigten 1524 wurde 1532 die Reformation in W. durchgeführt.

[3] *Wirtschaft:* Gestützt auf den günstigen Hafen dominierten Bierherstellung und -export (eigener Hopfenanbau im Umland, Böttcherei und Wollweberei die städt., eng in das hans. Wirtschaftssystem eingebundene und v. a. durch seinen bruderschaftl. organisierten Fernhandel (Schonen- bzw. Bergenfahrerkompagnie) auf die skand. Länder zielende Wirtschaft (Vitte in Schonen, Stockholmhandel Ende 14. Jh.). Die Böttchereiprodukte waren, ähnl. denen Rostocks, normsetzend im Ostseebereich. W. erfüllte Aufgaben im hans. Zwischenfernhandel und zentralörtl. Funktionen für sein ländl. ausgerichtetes Umland. Wirtschaft und Handel des 16. Jh. sind von Stagnation und folgendem Abschwung gekennzeichnet.

F. B. Fahlbusch

Bibliogr.: Bibliogr. zur dt. hist. Städteforsch. (Städteforsch. B 1, 1986), 494ff. – *Lit.:* F. Techen, Gesch. der Seestadt W., 1929 – H. Stoob, Über Wachstumsvorgänge und Hafenausbau bei hans. See- und Flußhäfen im MA (See- und Flußhäfen... [Städeforsch. A 24, 1986]), 21–25 – W.er Stud. zur Archäologie und Gesch. (Stadtgeschichtl. Mus. W.), 1ff., 1990ff.

Wissant, ma. Hafenort in Nordfrankreich (dép. Pas-de-Calais), gelegen am Eingang zur →Nordsee, zw. den Kaps Gris-Nez und Blanc-Nez, an der schmalsten Stelle des Kanals. Vielleicht schon bei →Flodoard erwähnt (938), sicher bezeugt 1013, fungierte W. im 10.–12. Jh. (auf Kosten von Boulogne) als wichtigster →Hafen für den Verkehr zw. Nordfrankreich und England. Der Gf. v. →Boulogne unterhielt hier eine Zollstelle und einen →Bailli. Auch war W. Standort der Heringsfischerei (→Fischfang). Das Zentrum mit der Pfarrkirche lag 1,5 km landeinwärts in *Sombre* (in einer engl. Q. zu 990 bezeugt); in W. selbst befanden sich ein Friedhof für verstorbene engl. Reisende mit Kapelle St-Michel und zwei Hospitäler; ein großes Hospiz lag in *St-Inglevert* an der Straße nach →Guines und in die Gft. →Flandern. Nach 1200 führte die wachsende Konkurrenz der 15 km östl. gelegenen, 1163/73 gegr. Stadt →Calais zum allmähl. Verfall von W.
B. Delmaire

Lit.: Dict. topogr. de la France. Arr. de Boulogne-sur-Mer, 1881, s.v. [D. Haigneré] – Dict. hist. et archéol. du dép. du Pas-de-Calais. Arr. de Boulogne III, 1882, 272–301 [D. Haigneré].

Wisse, Claus → Colin, Philipp; →Parzival, I

Wissen, Wissenschaft. »Alle Menschen streben von Natur aus nach W.«, denn – so Thomas v. Aquin in seiner Auslegung dieses berühmten Anfangssatzes der Metaphysik des Aristoteles – das W.sverlangen gehört zur Natur des Menschen. Jedes Seiende nämlich besitze das natürl. Verlangen, die ihm eigentüml. Tätigkeit auszuüben, und erstrebe von Natur aus seine Vollendung; diese aber bestehe in der Vereinigung mit seinem Prinzip (In I Met. I, 1–4). Mithin »besteht das höchste Glück des Menschen in seiner besten Tätigkeit, welche diejenige der vorzüglichsten Tätigkeit, nämlich des Intellekts, hinsichtlich des besten Erkennbaren ist« (In lib. de causis, prol.). Alle W.schaften (scientiae) und Künste (artes) sind folglich auf die Vollkommenheit des Menschen, d. h. auf seine Glückseligkeit (beatitudo), hingeordnet (In Met., prol.). Mit dieser grundlegenden Rechtfertigung des menschl. Strebens nach W. (scientia) gegen den von Augustin artikulierten Vorwurf illegitimer »curiositas« – sofern das menschl. W.sverlangen nicht mehr in der rechten Hinordnung auf das Erkennen Gottes geschieht (Conf. X; De trin. XIV, 1, 3) – verleiht Thomas zugleich exemplarisch einem neuen W.sbegriff Ausdruck, der W. nicht mehr allein aus der Hinordnung auf einen durch den Glauben bestimmten Zielhorizont versteht.

»Scientia« tritt nunmehr als begriffl. Äquivalent für den aristotel. Begriff der »epistéme« auf und gewinnt unter dem Einfluß der Zweiten Analytiken zunehmend auch die Bedeutung von W.schaft. Damit tritt »scientia« an die Stelle von »ars«. Diese begriffsgeschichtl. Verschiebung signalisiert einen grundlegenden Wandel im ma. Bildungsverständnis, das bis in das 12. Jh. hinein durch das spätantike Bildungsprogramm der septem artes liberales (→artes liberales) bestimmt war, die, auf die Theologie bezogen, zusammen mit dieser die »doctrina christiana« bildeten. Gegenüber diesem traditionellen Begriff der Lehre wird der Begriff der W.schaft nun enger gefaßt, werden Sprache und Methodik neu geregelt und die Formen der Wirklichkeitsbetrachtung zunehmend differenziert und spezialisiert. Wichtige Ansätze dieser Diskussion finden sich im 12. Jh. im Anschluß an Euklid (Elementa) und v. a. Boethius (De hebdomadibus) in den axiomatisch-deduktiven Theologiekonzeptionen der Chartreser und Porretaner Schulen. Das mit der »Verwissenschaftlichung« verbundene Interesse an der Eigengesetzlichkeit

und prinzipientheoret. Grundlegung der jeweiligen W.s-bereiche zeigt sich insbes. in den Begründungsversuchen einer »scientia naturalis« (→Physik/Naturphilosophie). Aus einer vormals einheitl. Erkenntnisart »W.« entwickelt sich in der Folge eine Vielzahl verschiedener W.schaften, die jeweils ihren bes. Gegenstandsbereich haben. Seinen theoret. Ausdruck findet das neue W.schaftsverständnis im apodeikt. W.schaftsmodell der Zweiten Analytiken, das eine method. aufgebaute und an Regeln gebundene Weise von Erkenntnis fordert. Danach gilt diejenige Kenntnis eines Sachverhaltes als w.schaftlich, die aus ersten Prinzipien abgeleitet ist, mithin durch die Einsicht in einen Beweis nach Art eines Syllogismus erzeugt ist. W. im Sinne der W.schaft ist demnach die Einsicht in die Wahrheit eines Satzes, der Schlußsatz eines Syllogismus ist, unter der Voraussetzung, daß der Syllogismus selbst auf wahren und einsichtigen Vordersätzen beruht. Der w.schaftl. Beweis ist Zeichen einer allg. Gesetzmäßigkeit menschl. Erkennens; er bewirkt dadurch W., daß er auf bereits Bekanntes zurückführt, im letzten auf die Prinzipien, deren Betrachtung die vollkommenste Verwirklichung des »habitus scientiae« der Vernunft bildet und wie bei Aristoteles →Weisheit genannt wird.

Im Mittelpunkt der w.schaftstheoret. Diskussionen des 13. und 14. Jh. stehen die Fragen nach dem Gegenstand und der Einheit der W.schaften sowie nach ihrer Einteilung und ihrem Verhältnis zueinander. Gemeinhin – so etwa in den Analytica posteriora-Kommentaren des Robert Grosseteste und des Thomas v. Aquin – wird die Einheit einer W.schaft durch ihr »subiectum« bestimmt, d. h. durch denjenigen Gegenstand, der eine W.schaft zu dieser bestimmten und von den anderen unterschiedenen macht, dessen unzweideutiger Aufweis mithin über Berechtigung und Charakter der W.schaft entscheidet. Für Wilhelm v. Ockham fällt die Einheit der W.schaft dagegen mit der Einheit der Aussage oder des Beweises zusammen; W.schaft muß als ein satztheoret. Zusammenhang gesehen werden. Ihr eigentl. Gegenstand sind nicht extramentale Dinge, sondern Sätze bzw. deren Termini (In I Phys., prol.). Diese Propositionalisierung der W.schaft stellt nicht nur die Einheit der einzelnen Disziplinen in Frage, sondern auch die Rückführung (resolutio) der Gesamtheit des W.s auf erste Prinzipien.

Auf der Möglichkeit einer solchen »resolutio« beruht jedoch die Einteilung der W.schaften, wenn sie mehr als einen enzyklopäd. Charakter haben soll. Dies zeigt sich in den w.schaftstheoret. Diskussionen des 12. Jh., in denen die überkommenen W.schaftseinteilungen – insbes. die von Augustin auf Platon zurückgeführte akademisch-stoische divisio philosophiae in Logik, Physik und Ethik sowie die auf Aristoteles zurückgehende und von Boethius, Cassiodor und Isidor v. Sevilla überlieferte Einteilung der theoret. W.schaften in Physik, Mathematik und Theologie – auf ihre prinzipientheoret. Zusammenhänge hin durchdacht werden. Im axiomatisch-deduktiven W.-schaftsmodell wird das Verhältnis der theoret. W.schaften als ein Ableitungsverhältnis bestimmt. Im Anschluß an die Zweiten Analytiken wird dieses Verhältnis hingegen nach Art der Subalternation ausgelegt, dergemäß das Subjekt der subalternierten W.schaft (scientia subalternata) das Subjekt derjenigen W.schaft, der jene erste subalterniert ist, enthält, so daß im Schlußverfahren das Subjekt der subalternierenden W.schaft (scientia subalternans) die Bedingung für das Subjekt der subalternierten W.schaft abgibt (Grosseteste, In post. anal. I, 8 und 10). Die so begründete Hierarchie der W.schaften nach Art zunehmender Formalisierung des W.s wahrt zugleich den sachbezogenen Geltungsbereich einer jeden W.schaft und schafft damit die Voraussetzung für die Integration von erfahrungsbezogenem und experimentell gewonnenem W.

W.schaftl. Forschung besteht nach Nikolaus v. Kues »im Setzen von Beziehungen und Vergleichen«. Denn »jede proportionale Beziehung bedeutet Übereinstimmung in einem Punkt und zugleich Verschiedenheit« (De docta ign. I, 1). Damit aber bleibt w.schaftl. Erkenntnis ein indefiniter Approximationsprozeß, unsere Erkenntnis konjektural. Während somit schon bei körperl. Dingen volle Genauigkeit der Verbindung und eine Angleichung des Bekannten an Unbekanntes die Fähigkeit der menschl. Vernunft in solchem Maße überschreite, »daß Sokrates zur Einsicht kam, er wisse nur, daß er nicht wisse, während der weise Salomon versichert, 'alle Dinge seien schwierig' und entzögen sich dem sprachl. Ausdruck« (De docta ign. I, 1), so ist erst recht die Disproportionalität des Unendlichen gegenüber dem Endlichen evident. »Die Wesenheit der Gegenstände, welche die Wahrheit der seienden Dinge ist, ist also in ihrer Reinheit unerreichbar« (De docta ign. I, 3). Gleichwohl formuliert Cusanus mit dem Begriff des »belehrten Nichtwissens« nicht primär eine Erkenntniskritik oder W.schaftstheorie, sondern verweist in der Tradition negativer Theologie auf die Erkenntnisweise, in der die absolute göttl. Wahrheit am ehesten aufscheint, wie sie ist: als die eine unbegreifl. Wahrheit vor allem. Denn »die Vernunft sehnt sich nach W., und doch ist ihr dieses natürl. Verlangen nicht zur Erkenntnis des Wesens ihres Gottes angeboren, sondern um zu wissen, daß Gott so groß ist, daß seine Größe keine Grenze kennt, also über alles Begreifen und W. groß« (De ven. sap. 12). Je mehr einer um dieses sein Nichtwissen weiß, um so gelehrter wird er sein (De docta ign. I, 1).

A. Speer

Lit.: J. WEISHEIPL, Classification of the Sciences, MSt 27, 1965, 54–90 – A. ZIMMERMANN, Ontologie oder Metaphysik?, Stud. Texte Geistesgesch. MA 8, 1965 – TH.-W. KÖHLER, W.schaft und Evidenz, StAns 63, 1974, 369–414 – The Cultural Context of Medieval Learning, hg. J. E. MURDOCH–E. SYLLA, 1975 – Nikolaus v. Kues, hg. K. JACOBI, 1979 – J. A. AERTSEN, Natur and Creature, Stud. Texte Geistesgesch. MA 21, 1988 – J. H. J. SCHNEIDER, Scientia sermocinalis/realis, Archiv f. Begriffsgesch. 35, 1992, 54–92 – F. CHENEVAL–R. IMBACH, Thomas v. Aquin: Prologe zu den Aristoteleskommentaren, 1993 – Scientia und ars, hg. I. CRAEMER-RUEGENBERT–A. SPEER, Misc. Mediaev. 22, 1994 – A. SPEER, Die entdeckte Natur, Stud. Texte Geistesgesch. MA 45, 1995 – M. DREYER, More mathematicorum, BGPhMA, NF 47, 1996.

Wissensdichtung (an.). Die hochma. skand. W. im engeren Sinn manifestiert sich v. a. in den mytholog. und heroischen Wissensgedichten der Liederedda (→Edda), die fast durchwegs im Versmaß →Ljóðaháttr gehalten sind. Die wichtigsten und ältesten Lieder sind die möglicherweise noch in heidn. Zeit (also vor 1000) verfaßte →Völuspá, welche in Form einer Vision einer Seherin die ganze heidn.-germ. Kosmogonie von der Urzeit bis zum Weltuntergang und den Beginn einer neuen Welt umspannt. Trotz ihrer stark visuellen Qualität zählen viele der Strophen (z. B. Aufzählung der Zwergennamen Str. 10–16) zur reinen W. Ebenfalls mit mytholog. Themen beschäftigen sich die →Grímnismál (Datierung umstritten), deren Hauptteil gnom. Strophen und →Thulur-Reihen enthält, die sich mit heidn. Göttern sowie mythologischen Namenslisten von Pferden und Flüssen befassen. Hierin zeigt sich auch der wahrscheinlichste Hauptzweck dieser Dichtungsgattung, nämlich nicht heidn.-religiöse Wissensvermittlung, sondern Synonymvorrat für die →Skaldendichtung der chr. Zeit. Ähnliches gilt von den →Vafþrúðnismál und den Alvíssmál. Dieser Tradition,

die am ehesten in den Systematisierungstendenzen der heidn. Spätzeit Ende des 10. Jh. oder in der gelehrten isländ. Renaissance des 12./13. Jh. anzusiedeln ist, folgen dann die jüngeren Wissensgedichte Svipdagsmál und Hyndluljóð (beide nicht vor dem 13. Jh. entstanden). Die Hyndlujóð weist neben mytholog. Wissen auch noch ein deutl. Interesse an hist. und pseudohist. norw. Genealogien auf, das auf Entstehung in Norwegen und Anknüpfung an eine lokale Familientradition weisen könnte. Eher zur Ständedidaktik gehört dagegen die →Rígsþula, in der ein Gott Rígr drei kinderlose Ehepaare besucht und dabei drei Söhne zeugt, welche die Ahnväter der Stände der Knechte, Bauern und Fs.en werden. Diese knappen Fakten werden genealog.-aitolog. mit Namen der Frauen und Nachfahren der Ahnherren ausgeschmückt. Die umfangreichste eddische W. sind die →Hávamál, die in den Strophen 1–80 (»Altes Sittengedicht«) Lebensweisheiten in gnom. Form bringen, während Strophen 81–95 Liebeslehren und 112–137 eine Reihe von Ratschlägen für einen jungen Mann namens Loddfáfnir bieten. Hier steht nicht mytholog. Wissen (das die Hávamál aber auch enthält) im Vordergrund, sondern sprichwortartige Lebenslehren wie in lat. oder irischen Slg.en.

Ausschließl. poetolog. Zwecke verfolgte die W. im nur fragmentar. erhaltenen →Háttalykill in forni, der neben den verschiedenen Strophenformen auch Informationen über die alten Sagenhelden und die norw. Kg.e enthält. Dies tat auch der Zweck des im Stil eines Centimetrums nur die Strophenformen exemplifizierenden →Háttatal des →Snorri Sturluson. R. Simek

Lit.: R. Simek–H. Pálsson, Lex. der an. Lit., 1994² – J. de Vries, Om Eddaens Visdomsdigtning, ANF 50, 1934, 1–59 – K. v. See, Disticha Catonis und Hávamál, PBB West 94, 1972, 1–18 – Ders., Probleme der an. Spruchdichtung, ZDA 104, 1975, 91–118.

Wissewalde, Fs. v. →Gerzike an der Düna, † vor 1239. Die dt. und russ. Forsch. hielt bis vor kurzem den Fs.en für einen Russen namens Vsevolod. Neuerdings haben aber Laur und Nazarova die Authentizität des bei →Heinrich v. Lettland überlieferten balt. Namens und die lettgall. Herkunft des Fs.en wahrscheinl. gemacht. Dieser trat seit 1203 als Widersacher der Deutschen, die das Dünagebiet schrittweise ihrer Herrschaft unterwarfen, hervor. Dabei war er kontinuierl. mit den Litauern verbunden, die er auch bei Raubzügen auf russ. Gebiet unterstützte. Die traditionelle Annahme, daß er als Teilfs. v. →Polock von dessen Herrscher abhängig war, erscheint unbegründet. 1209 eroberten Kriegsleute Bf. →Alberts I. v. Riga das Suburbium und die Burg Gerzike. Sie machten dabei zahlreiche Gefangene (u. a. die litauische Gemahlin W.s). Um die Freilassung der Gefangenen zu erwirken, begab sich W. nach Riga, wo er zum Verzicht auf das von den Deutschen missionierte Teilgebiet seines Fsm.s genötigt wurde, das übrige Gebiet aber Bf. Albert auftrug und als Fahnenlehen zurückerhielt. Die Beziehungen zw. W. und den Deutschen waren auch danach keineswegs konfliktfrei, doch anders als →Vjačko, der in die Rus' ziehende Fs. des Gerzike benachbarten Kukenois (→Kokenhusen), blieb W. in Livland. N. Angermann

Q.: →Heinrich v. Lettland – Lit.: W. Laur, Überlegungen zur Herkunft des W. (Vsevolod) v. Gerzike, ZOF 35, 1986, 503–515 – E. L. Nazarova, Russko-latgal'skie kontakty v XII–XIII vv., Drevnejšie gosudarstva Vostočnoj Evropy 1992–93, 1995, 182–196.

Wistan (Wystan, Wigstan), hl., engl. Prinz und Märtyrer, † 849, wurde in einem Schrein in →Repton verehrt, wo in der St. Wystan's Church während der ags. Zeit zwei Gänge zu der Krypta durchgebrochen wurden, wahrscheinl. um einen Zugang zum Schrein W.s zu schaffen.

Nach Thomas v. Marlborough († 1236) überführte Kg. Knud d. Gr. W.s Überreste nach →Evesham, doch kehrte ein Teil der Reliquie später zu dem neu gegründeten Haus der Augustinerchorherren nach Repton zurück. Derselbe Autor behauptet, daß W. der Sohn von Wigmund, Kg. v. Mercien im frühen 9. Jh., und seiner Kgn. Ælfflæd war. Bei Wigmunds Tod lehnte es W. ab, Kg. zu werden, und zog eine religiöse Lebensführung vor. Als sein Verwandter Beorhtfrith ihn um die Erlaubnis bat, die verwitwete Kgn. zu heiraten, verweigerte W. seine Zustimmung und wurde deshalb von Beorhtfrith ermordet. John of Worcester (frühes 12. Jh.) gibt als Todesdatum den 1. Juni 849 an. Eine etwas abweichende Version von W.s Leben und Tod, die in zwei Hss. aus dem 14. Jh. erhalten ist, dürfte aus einer Passio des 9. Jh. stammen. W. wurde wahrscheinl. das Opfer eines dynast. Konflikts zw. der Familie Kg. Wiglafs, dessen Sohn Wigmund, und der Familie Kg. Beorhtwulfs, dessen Sohn Beorhtfrith war. Seine spätere Hl.nverehrung gehört zu einer Reihe von Verehrungen von wohl aus polit. Motiven getöteten Kg.en und Hl.en.
D. W. Rollason

Lit.: D. W. Rollason, The Search for St. Wigstan, Prince-Martyr of the Kingdom of Mercia, 1981 – Ders., The Cults of Murdered Royal Saints in Anglo-Saxon England, Anglo-Saxon England 11, 1983, 1–22 – M. Biddle, Archaeology, Architecture, and the Cult of Saints in Anglo-Saxon England (The Anglo-Saxon Church: Papers on Hist., Architecture and Archaeology i. h. of H. M. Taylor, ed. L. A. S. Butler–R. Morris, CBA Research Report, 1986), 1–31.

Witan, Berater der ags. Kg.e. Aus ihnen setzte sich der Kronrat (→witenagemot) zusammen. In lat. Q.n wurde ags. *wita* ('der Weise') als sapiens oder consiliarius wiedergegeben. Zu den W.s zählten neben Bf.en, Äbten und Kg.spriestern vornehme Laien sowie der Dienstadel, v. a. die vom Kg. ernannten →ealdormen, die den lokalen Gerichtstagen vorstanden und auch durch ihre wichtigen militär. Funktionen enge Verbindungen zu den ihnen unterstehenden Regionen hatten. Hinzugezogen wurden auch die dem Rang nach unter den ealdormen stehenden →thegns, bes. wenn es sich bei ihnen um Angehörige des kgl. Hofes oder anderweitig direkt dem Kg. verpflichtete Adlige handelte. Als Rechtskundige waren die W.s an der Gesetzgebung wie auch an der Rechtsprechung beteiligt, daneben berieten sie über polit. und kirchl. Angelegenheiten, nahmen an Kg.serhebungen und zuweilen auch -absetzungen teil und bekräftigten durch ihre Zustimmung kgl. Entscheidungen. Der Kg. berief die W.s zur Versammlung im witenagemot ein. J. Röhrkasten

Lit.: F. Liebermann, The National Assembly in the Anglo-Saxon Period, 1913 – Stenton³, 550–554.

Witebsk → Vitebsk

Witelo (weniger korrekt: Vitellio), Naturphilosoph, Verf. der »Perspectiva« (→Optik, IV), * wahrscheinl. um 1230/35, † nach 1275. Über sein Leben ist wenig bekannt. Aufgrund eigener Angaben W.s (er nennt sich Sohn von Thüringern und Polen, erwähnt u. a. Breslau und Liegnitz) wird angenommen, daß er in Schlesien geboren wurde und väterlicherseits von Thüringern abstammte, die Schlesien besiedelten, während seine Mutter Polin war. W. studierte zunächst in Paris (um 1253) und später Kanon. Recht in Padua (um 1262/65). 1268 oder 1269 lernte er in Viterbo →Wilhelm v. Moerbeke kennen, dem er später seine »Perspectiva« widmete.

W. verfaßte zahlreiche, heute verlorene Schriften zur Naturphilosophie. Erhalten sind nur ein Doppelbrief über die Buße und die Dämonen (»De primaria causa penitentie et de natura demonum«) und sein Hauptwerk, die »Perspectiva« in 10 Büchern. Sie kann nicht vor 1270 entstan-

den sein, da sie Moerbekes Übersetzung von →Herons »Katoptrik« benutzt. W.s Hauptq. war →Ibn al-Haiṭams »Optik« in ihrer lat. Übersetzung (»De aspectibus«): Themen, Reihenfolge und Behandlung bei W. entsprechen Ibn al-Haiṭam. Außerdem benutzte W. die »Optik« des →Ptolemaeus und die auf Ibn al-Haiṭam zurückgehende Abhandlung über Brennspiegel (»De speculis comburentibus«). Er kannte andere opt. Schriften von (Ps.-)→Euklid (»De visu«, »De speculis«) und →al-Kindī (»De aspectibus«), physiolog. Schriften von →Galen, →Avicenna und →Averroes sowie zeitgenöss. Abh.en (→Robert Grosseteste, »De lineis, angulis et figuris«; →Roger Bacon, »De multiplicatione specierum« und »Opus Maius«; vielleicht auch John →Peckham, »Perspectiva communis«). W.s »Perspectiva«, ein gewaltiges Werk (etwa 500 Folioseiten im Druck), behandelt in Buch 1 die math. Grundlagen der Optik, in Buch 2 das Wesen der Strahlen, die geradlinige und gebrochene Ausbreitung von Licht und Farben, Bildung von Schatten und Herstellung von Bildern mit der 'camera obscura'. In Buch 3 wird die Physiologie, Psychologie und Geometrie des Sehens erklärt. Buch 4 behandelt das Erfassen von 20 sichtbaren Eigenschaften (z. B. Größe, Gestalt, Entfernung) und damit verbundene Irrtümer. Mit Buch 5 beginnt die Katoptrik: Wesen und geometr. Gesetze der Reflexion; Erzeugung von Bildern bei ebenen (Buch 5), konvexen (Buch 6–7) und konkaven Spiegeln (Buch 8–9). Das abschließende Buch 10 handelt die Strahlenbrechung bei ebenen oder sphär. Körpern ab und geht auf den Regenbogen und andere meteorolog. Phänomene ein.

Für W. ist (ähnlich wie für Grosseteste und Bacon) das →Licht das beste Beispiel für das Prinzip der Vervielfältigung der Formen und somit die Optik die grundlegende Naturwissenschaft. Da diese 'multiplicatio specierum' geradlinig erfolgt, bis sie auf eine reflektierende oder brechende Fläche trifft, sind für sie die Gesetze der →Geometrie anwendbar. W.s »Perspectiva« war zusammen mit John Peckhams »Perspectiva communis« bis zum Ende des 16. Jh. das wichtigste Lehrbuch der Optik. Auch Keplers grundlegendes Werk »Astronomiae pars optica« (1604) ist durch Ideen Ibn al-Haiṭams und W.s beeinflußt, die ihm durch Risners Ausg. (1572) zugänglich waren.
M. Folkerts

Ed.: W., Perspectiva, ed. S. Unguru–M. Smith, mit engl. Übers.; bisher ersch. B. I, 1977; B. II, III, 1991; B. V, 1983 (Studia Copernicana 15, 28, 23) – *Lit.*: DSB XIV, 457–462 [D. C. Lindberg] – C. Baeumker, W., ein Philosoph und Naturforscher des XIII. Jh., 1908 (BGPhMA III, T. 2) [Nachdr. 1991] – D. C. Lindberg, Lines of Influence in Thirteenth-Century Optics: Bacon, W. and Pecham, Speculum 46, 1971, 66–83 [abgedruckt in: Ders., Stud. in the Hist. of Medieval Optics, 1983, Nr. X] – A. Birkenmajer, Études sur W. (Études d'hist. des sciences en Pologne. Studia Copernicana 4, 1972), 95–434 – D. C. Lindberg, Theories of Vision from al-Kindī to Kepler, 1976.

Witen (litauisch Vytenis), Fs. und Gfs. v. →Litauen 1296–1316, gest. 1316, Sohn des Pukuwer (Pukuveras) und älterer Bruder des →Gedimin (Gediminas), des Nachfolgers, der seinen Namen der Dynastie ('Gediminiden'; →Jagiellonen) gegeben hat. W. war konfrontiert mit einem intensiven Angriff des →Dt. Ordens und organisierte Gegenfeldzüge. Er beteiligte sich an den inneren Kämpfen in →Livland und verbündete sich mit →Riga, das er 1298 und 1305–10 militär. unterstützte. Dies führte zur Förderung des Handels und stärkte die Position Litauens an der →Düna: 1300 wurde das Fsm. →Polock endgültig an Litauen angeschlossen. W. überwand im 1. Jahrzehnt des 14. Jh. die »separatist.« Tendenzen unter den Adligen in →Schemaiten, die durch die Kämpfe mit dem Dt. Orden erschöpft waren, und konsolidierte das Staatswesen. Die häufigen litauischen Feldzüge gegen →Polen hörten 1306 auf; ein Bündnis W.s mit Kg. →Władisław Łokietek gegen den Dt. Orden wird erwähnt. W. überstand die sich im 2. Jahrzehnt des 14. Jh. verstärkenden Angriffe des Dt. Ordens ('Litauerreisen'; →Preußenreise) ohne territoriale Verluste. Der Fs. versprach, das Christentum anzunehmen, rief Kolonisten ins Land, gründete eine kath. Kirche, sorgte aber auch für die Errichtung einer orth. Metropole in den von Litauen beherrschten russ. Ländern. Gleichwohl nahm W. nicht die Taufe, und auch Litauen wurde nicht christlich.
Z. Kiaupa

Lit.: J. Jakštas, Vokiečių ordinas ir Lietuva Vytenio ir Gedimino metu, Senovė, 1–2, 1935–36 – HGeschRußlands I, 1989, 744 [M. Hellmann] – S. C. Rowell, Lithuania ascending. A Pagan Empire within East-Central Europe 1295–1345, 1994 – A. Nikžentaitis, Nuo Daumanto iki Gedimino. Ikikrikščioniškos Lietuvos visuomenės bruožai, 1996.

Witenagemot, Versammlung der durch die ags. Kg.e einberufenen →*witans*. Anwesend waren neben dem Kg. oft auch die Kgn. sowie weitere Angehörige der kgl. Familie. Weiterhin setzte sich das W. aus Bf.en, Äbten, Äbt.nen und anderen Klerikern sowie →*ealdormen* und →*thegns* zusammen. Schon diese Zusammensetzung machte eine klare Trennung des W. von kirchl. Synoden unmögl., außerdem wurden hier sowohl kirchl. als auch weltl. Angelegenheiten beraten. Das W. umfaßte bis zu 106 Personen, bei der Bestätigung der Gründung des Kl. →Eynsham i. J. 1005 waren mehr als 80 Personen anwesend. Eine klar definierte Funktion läßt sich dem W. nicht zuschreiben. So ist unklar, ob neben der Beratung kgl. Entscheidungen die Zustimmung des W. in allen Fällen notwendig war. Die wirkl. Macht des W. hing von der Stärke des Kg.s ab; eigenständige Monarchen wie Alfred d. Gr. (871–899) oder Æthelstan (925–939) kontrollierten das W., dessen Rolle bei Gesetzgebung und Steuererhebung allerdings nie in Frage stand. In Zeiten polit. Krisen garantierte das W. Kontinuität, war an Kg.serhebungen und zuweilen auch -absetzungen beteiligt (Sigeberht v. Wessex, 757, Ethelred I. v. Northumbria 778/779). Der Einfluß auf polit. Entscheidungen konnte dem W. den Charakter eines Exekutivorgans geben. Daneben fiel ihm auch die Rolle eines Gerichtshofes zu, wobei durchaus auch Entscheidungen gegen kgl. Interessen gefällt werden konnten (W. v. →Tamworth, 840). Im W. waren die Bf.e tonangebend, erst im 11. Jh. waren sie in der Minderzahl. Unter Wilhelm d. Eroberer wandelte sich das W. zur norm. →Curia regis.
J. Röhrkasten

Lit.: F. Liebermann, The National Assembly in the Anglo-Saxon Period, 1913 – Liebermann, Gesetze, II, 737–739 – J. E. A. Jolliffe, The Constitutional Hist. of Medieval England, 1961, 25–32.

Witigis → Vitigis

Witigonen, altböhm. Adelsgeschlecht, benannt nach *Witiko I. v. Prčice* († 1194), Truchseß (1169–76), Diplomat und bedeutender Gefolgsmann der →Přemysliden, Kastellan v. Glatz (seit 1177). Er erwarb große Güter in Süd- und Mittelböhmen sowie im Mühlviertel, verteilte diese unter seine vier Söhne, die zu Ahnherren von wichtigen böhm. Herrenfamilien wurden. *Heinrich* (Jindřich) gründete die Herrschaft um Neuhaus (Jindřichův Hradec) und gab diesem Zweig der W. den Namen »von Neuhaus« (ausgestorben 1604). Mit *Witiko II.* († 1236) entstand die Krummauer Linie. Nach ihrem Aussterben 1302 übernahmen die Nachfahren von *Witiko III.* († um 1236), die Herren v. →Rosenberg, ihre Herrschaft um Böhm.-Krummau. *Witiko IV.* († 1234) gründete die Linie der Herren v. Landstein, die sich bis 1381 nach der gleichnami-

gen Burg nannte und die ö. von Böhm.-Budweis liegende Güter (u. a. Třeboň, Nové Hrady) innehatte. Die letzte von mehreren Nebenlinien dieser Adelsfamilie, die Herren v. Sezimovo Ústí, starb um 1630 aus. Die einzelnen Linien der W. verband ein ähnl. Wappen: die verschieden gefärbte Rosenblüte. Diese Herrenfamilien, die im MA eine wichtige polit., wirtschaftl. und kulturelle Rolle spielten, unterhielten vielfältige Beziehungen zu Österreich. M. Polívka

Lit.: M. PANGERL, Die W., ihre Herkunft, ihre ersten Sitze und ihre älteste Genealogie, AÖG 51, 1873, 501–576 – L. DOMEČKA, O původu Vítkovců, SbornHist 4, 1886, 206–215, 284–293, 342–352 – V. VANÍČEK, Vzestup rodu Vítkovců 1169–1269, Folia Historica Bohemica 1, 1979, 93–109 – DERS., Vítkovci a český stát v letech 1169–1278, ČČH 29, 1981, 89–110.

Witiza, Kg. der →Westgoten 702–710, † 710. W. wurde von seinem Vater →Egica als Mitregent auf den Thron erhoben, doch bleibt der Zeitpunkt des Beginns seiner Mitregierung unsicher (687, 694, 695, 698, 700?). In W.s eigtl. Regierungszeit, über die im wesentl. nur tendenziöse Q.nnachrichten vorliegen, triumphierte der Adel über das Kgtm.; W. ließ anscheinend Milde walten gegen diejenigen Gruppen und Personen, die von seinem Vater verurteilt worden waren. J. M. Alonso-Núñez

Lit.: F. GÖRRES, Charakter und Religionspolitik des vorletzten span. Kg.s W. Ein Rätsel geschichtl. und psycholog. Kritik, Zs. für wiss. Theologie 48, 1905, 96–111 – DERS., Die byz. Abstammung der westgot. Kg.e Erwich und W. ..., BZ 19, 1910, 430–439 – E. A. THOMPSON, The Goths in Spain, 1969 – D. CLAUDE, Gesch. der Westgoten, 1970 – L. A. GARCÍA MORENO, Las invasiones y la época visigoda. Reinos y condados cristianos (Hist. de España, hg. M. TUÑÓN DE LARA, 2, 1982), 243–505 – J. ORLANDIS, Hist. de España. Epoca visigoda (409–711), 1987 – DERS., Hist. del reino visigoda español, 1988 – L. A. GARCÍA MORENO, Hist. de España Visigoda, 1989 – Hist. de España MENÉNDEZ PIDAL, III, 1–2: España Visigoda, 1991.

Witla, nicht eindeutig lokalisierter frühma. Handelsplatz in den Niederlanden. Eine Siedlung 'W.' wird in den Annales Fuldenses zu 836 als ein 'emporium' an der Mündung der →Maas genannt; es wurde in diesem Jahr zugleich mit der 'civitas' →Antwerpen von Normannen niedergebrannt. Der Name 'W.' erscheint aber schon vorher als »in pago Fresinse ... locello cujus vocabulum est Witle« in einer vom Ende des 7. Jh. stammenden Traditionsnotiz v. St. Peter in →Gent, überliefert im »Liber Traditionum« der Abtei aus der Mitte des 10. Jh. Obwohl diese Schenkung einen Bauernhof mit Wiese betrifft, scheint die Identifikation mit W. gerechtfertigt durch die Lokalisation »in pago Fresinse«. Anderenseits ist 'Widele' der frühma. Name eines später 'Bernisse' genannten Wasserlaufs zw. den damaligen Inseln Voorne und Putten. Die Widele mündete in die Maas im Gebiet westl. des heutigen Ortes Spijkenisse (südw. von Rotterdam). Bei dieser Mündung wird heute das verschwundene W. gesucht.

A. Verhulst

Lit.: C. HOEK, De heren van Voorne en hun heerlijkheid (Van Westvoorne tot St Adolfsland, 1979), 115–146 – S. LEBECQ, Marchands et navigateurs frisons du haut m. â., I, 1983, 145f.; II, 318, 374 – P. A. HENDERIKX, De beneden-delta van Rijn en Maas: Landschap en bewoning van de Romeinse tijd tot ca. 1000, 1987 – Vroegmiddeleeuwse ringwalburgen in Zeeland, hg. R. VAN HEERINGEN – P. A. HENDERIKX, 1995, 74.

Witowt (litauisch Vytautas, poln. Witold), Gfs. v. →Litauen 1392–1430, * ca. 1350, † 27. Okt. 1430, aus der Dynastie der Gediminiden (→Jagiellonen), Sohn v. →Kynstute (Kęstutis) und Birutė, Neffe v. →Olgerd, Vetter von Jagiełło (→Władysław II. Jagiełło). 1381–82 unterstützte W. seinen Vater im Kampf gegen Jagiełło und floh nach der Niederlage zum →Dt. Orden. 1383 ließ sich W. auf den Namen 'Wiegand' taufen, sammelte Anhänger und zog mit dem Dt. Orden gegen Jagiełło. 1384 kehrte W. nach Litauen zurück, billigte eine Annäherung Jagiełłos an →Polen, ließ sich 1386 abermals taufen (auf den Namen 'Alexander') und sicherte sich einen hohen Rang im Staatswesen. 1389/90 versuchte er gemeinsam mit poln. Adligen, die unzufrieden mit Jagiełło waren, →Wilna zu besetzen, und zog nach dem Scheitern des Unternehmens mit den Anhängern des Dt. Ordens ab.

Obwohl die Feldzüge W.s und des Dt. Ordens nach Litauen 1390/91 erfolglos blieben, vergrößerte sich W.s Anhängerschaft; Jagiełło war zum Nachgeben gezwungen. 1392 kehrte W. nach Litauen zurück und wurde dort Statthalter Jagiełłos, erhielt den Titel eines Gfs.en (→Großfürst, II) und setzte sich als Herrscher durch. W. stützte sich auf die Adligen Litauens, gab den Katholiken ständ. Privilegien, verlieh Land und Rechte und beseitigte 1392–96 die Gediminidenfs.en in den russ. Ländern, wo er ergebene Adlige als Statthalter einsetzte. 1392–94 wehrte W. die Angriffe des Dt. Ordens ab, 1392 schloß er →Smolensk an Litauen an. In Feldzügen gegen die →Tataren (1396–99) dehnte er seine Macht bis zum →Schwarzen Meer aus, unterlag aber 1399 in der Schlacht an der →Worskla. 1398 hatte er Suzeränitätsansprüche der poln. Herren zurückgewiesen und war von litauischen Adligen zum Kg. v. Litauen proklamiert worden, doch mußte er nach der Niederlage an der Worskla die Suzeränität Jagiełłos erneut anerkennen. 1398 überließ W. →Schemaiten dem Dt. Orden (bestätigt 1404); nach dem Krieg von 1406–08 traf er eine Vereinbarung mit dem Gfs.en v. →Moskau über die Einflußzonen in der Nordöstl. Rus'.

1409 wiegelte W. Schemaiten gegen den Dt. Orden auf; im Krieg Polens und Litauens gegen den Dt. Orden 1409–10 hatte er gemeinsam mit Jagiełło 1410 den Oberbefehl bei →Tannenberg inne. Durch den →Thorner Frieden (1411) gewann W. Schemaiten, das er bis zu seinem Tode im Besitz hielt. Als im Vertrag v. →Horodło (1413) normale Beziehungen zu Jagiełło und Polen hergestellt wurden, wahrte W. den Rang eines Gfs.en unter Fortbestand litauischer Eigenstaatlichkeit. Das 1413–21 von W. gemeinsam mit Jagiełło christianisierte Schemaiten wurde 1420 von Ks. →Siegmund 1420 dem Dt. Orden zugesprochen. 1421 nahm W. daraufhin die ihm von den →Hussiten angebotene Krone v. →Böhmen an. Nach dem Krieg Polens und Litauens gegen den Dt. Orden fiel Schemaiten 1422 endgültig an W.; Siegmund widerrief 1423 seinen Beschluß, W. verzichtete im Gegenzug auf die böhm. Krone, was die Beziehungen zum Reich entspannte. Im 3. Jahrzehnt des 15. Jh. hatte W. entscheidenden Einfluß auf die →Goldene Horde. Mit den Feldzügen 1426–27 stärkte er seine Hegemonie in →Pskov und →Novgorod. W. wurde zum einflußreichsten Herrscher in Osteuropa.

Im Innern unterstützte W. die kath. Kirche und bemühte sich 1415 vergeblich um eine →Union zw. kath. und orth. Kirche. W. baute eine Kanzlei für das Gfsm. Litauen auf (→Kanzlei, C. II); im Leben Litauens begann sich die Schriftlichkeit durchzusetzen. W.s Memoriale über den Dt. Orden von 1390 wurde zur Grundlage der Chroniken (→Chronik, M. V) Litauens, das sich nun rasch der Kultur des kath. Europa erschloß. Gestützt auf diese Errungenschaften konnte W. 1429 den großen europ. Fürstenkongreß v. →Luck veranstalten. Ks. Siegmund regte die Krönung W.s zum Kg. v. Litauen an. Jagiełło stimmte zu, doch ließen die poln. Herren den Boten mit der Krone nicht passieren. W., der in Erwar-

tung der Krone in Wilna verstarb, hinterließ keine Söhne; sein Nachfolger wurde →Švitrigaila. Z. Kiaupa

Q.: Codex epistolaris Vitoldi, magni ducis Lithuaniae 1376-1430, ed. A. Prochaska, 1882-Vitoldiana. Codex privilegiorum Vitoldi magni ducis Lithuaniae 1386-1430, ed. J. Ochmański, 1986 – *Lit.*: J. Pfitzner, Gfs. Witold v. Litauen als Staatsmann, 1930 – Vitautas Didysis, hg. P. Sležas, 1930, 1988 – Z. Ivinskis, Lietuvos istorija iki Vytauto Didžiojo mirties, 1978, 1991 – HGeschRußlands I, 753-764 [M. Hellmann].

Witte Kaproenen ('Weiße Kappen', zu frz. *chaperon*), Elitekorps der Stadtmiliz (→Miliz) v. →Gent. In den Aufständen und Konflikten, die Gent im 14. und 15. Jh. v. a. mit der Zentralgewalt der Gf.en v. →Flandern (seit 1384 der Hzg.e v. →Burgund) austrug, traten die W. K. hervor, um in der Gft. den Genter Standpunkt 'manu militari' durchzusetzen. Ihre Rolle wird deutlicher faßbar seit ca. Mitte des 14. Jh., in der von Jacob und Filips van →Artevelde geprägten Periode. Bes. in der ersten Phase des 'Gentse oorlog' (1379-85) war das Eingreifen der W. K. entscheidend; ihnen gehörten mehrere der bekanntesten militär. Anführer des Aufstandes an (Jan Yoens, Pieter vanden Bossche). Die Befehlshaber der W. K. wurden offiziell von der Stadt besoldet; der Truppenverband führte auch weniger spektakuläre Polizeiaktionen durch, vorzugsweise außerhalb der Stadtmauern. Gleichwohl liegen eine tatsächl. Bedeutung und Zusammensetzung im dunkeln. Die W. K. wurden zum Symbol städt. Wehrhaftigkeit, auch über die Gft. Flandern hinaus. Die aufständ. Bürger v. →Paris sollen 1413, unter ausdrückl. Verweis auf die Genter, das Zeichen der W. K. als Emblem erwählt haben. Auf dem dramat. Höhepunkt des Pariser Bürgerkriegs sollen der geistesverwirrte Kg. Karl VI. und mehrere Große (Hzg.e v. Guyenne, Berry und Burgund) von den 'Cabochiens' (→Caboche) mehrfach zum Tragen des Zeichens der W. K. verpflichtet worden sein. Auch sollen die Pariser versucht haben, es anderen frz. Städten aufzunötigen. – Nach jeder Niederlage des städt. Partikularismus der Genter befahlen die Fs.en, das Korps der W. K. aufzulösen; dies gelang in wirksamer Weise aber erst Ks. Karl V. (1540). M. Boone

Lit.: A. Coville, Les Cabochiens et l'ordonnance de 1413, 1888, 193 – M. Boone, Openbare diensten en initiatieven te Gent tijdens de late middeleeuwen (L'initiative publique des communes en Belgique. Actes du XIe coll. internat., Spa 1982, 1984), 82 – F. Autrand, Charles VI. La folie du roi, 1986, 483-485 – D. Nicholas, The Van Arteveldes of Ghent, 1988, 113, 128, 138-144 – M. Boone, Gent en de Bourgondische hertogen ca. 1384-ca. 1453, 1990, 185 – P. Arnade, Realms of Rituals. Burgundian Ceremony and Civic Life in Late Medieval Ghent, 1996, 107, 120.

Wittelsbach-Straubing → Straubing

Wittelsbacher
I. Grafen v. Scheyern-Wittelsbach und Pfalzgrafen v. Bayern – II. Herzöge v. Bayern und Pfalzgrafen bei Rhein.

I. Grafen v. Scheyern-Wittelsbach und Pfalzgrafen v. Bayern: Die W. waren ein wahrscheinl. aus der gfl. Edelfreienschicht der Hzm.s Baiern (→Bayern) hervorgegangenes Geschlecht, als dessen Ahnherr ein »Otto comes de Skyrun« (Scheyern, Lkrs. Pfaffenhofen a.d. Ilm) erstmals 1073 (bzw. schon 1039/47) als Hauptvogt der Freisinger Kirche in deren Traditionen nachgewiesen ist. Nur chronikal. überliefert, doch durch die Autorität Bf. →Ottos v. Freising verbürgt ist die Abstammung der Gf.en v. Scheyern von den →Luitpoldingern. Weitere, schon in der älteren Lit. behauptete genealog. Zusammenhänge zw. diesen und den →Aribonen, den →Welfen und eventuell den urbaier. »genealogiae« der →Huosi und der →Fagana sind nicht beweisbar, haben aber durch die neuere Forsch. an Wahrscheinlichkeit gewonnen. Fast allg. akzeptiert ist heute auch die Hypothese von der genealog. Verbindung der Gf.en v. Scheyern mit den Gf.en v. →Ebersberg. Trotz verschiedener, aufgrund der lückenhaften Q.nüberlieferung divergierender Theorien und Vermutungen ist, im Zusammenhang mit ihren Funktionen, die Genealogie der W. vor 1180 in den Grundzügen gesichert. Die Hauptstammreihe beginnt mit dem erwähnten Gf.en Otto E. (I.) v. Scheyern († wahrscheinl. 1078), der in diesem Bereich offenbar Rechtsnachfolger der erloschenen Gf.en v. Hörzhausen (Lkrs. Neuburg-Schrobenhausen), Vogt des Bf.s Nitker und (seit ca. 1060) auch des Domkapitels v. Freising war. Sein Sohn Ekkehard I. († 1091) ist als Freisinger Domvogt und (ca. 1080/82) als Vogt des Kl. →Weihenstephan bezeugt. Auch Otto V. (IV.), Ekkehards Sohn, übte diese Vogteien aus, zusammen mit denen des Hauskl. →Scheyern, seiner Gründungen Indersdorf und Ensdorf und der Kl. Geisenfeld, Kühbach und St. Ulrich und Afra zu →Augsburg. Er benannte sich erstmals 1115 nach seiner Burg »Witilinesbac« (Oberwittelsbach, Lkrs. Aichach-Friedberg), wird 1111 bzw. 1120 als Pfgf. in Bayern erwähnt (der mit diesem Amt verbundene Besitz, wohl Reichsgut, ist noch nicht erforscht) und ist der Gründer der pfgfl. Hauptlinie der W. († 1156). Sein ältester Sohn Otto VIII. (V.), d. Ä. (→Otto I., Hzg. v. Bayern [7. O.]), der zw. 1166 und 1172 auch als »palatinus maior comes de Wartperch« (Wartenberg, Lkrs. Erding) erscheint, wurde 1180 mit dem Hzm. Bayern belehnt († 1183). Dessen Bruder →Konrad († 1200; 26. K.) war Ebf. v. Mainz (1161-65 und 1183-1200) und Salzburg (1177-83), seit 1165 auch Kard. Ein dritter Bruder, Otto IX. (VI.), führte das Pfgf.enamt weiter († 1189) und vererbte es an seinen Sohn Otto XII. (VIII., † 1209), den Mörder Kg. →Philipps v. Schwaben, der es als letzter W. innehatte. Von Arnold v. Scheyern, einem Sohn Ottos II. (I.), der sich nach seiner Burg Dachau (Obb.) benannte († 1123), stammen die Nebenlinien der Gf.en v. →Dachau und v. Valley (Lkrs. Miesbach, Obb.) ab, die 1180 bzw. 1238 erloschen. Den Umfang und den Inhalt der Gft.srechte der ersten Gf.en v. Scheyern wie auch dann der W. konnten selbst die neueren Unters.en nicht eindeutig klären. Der ursprgl. Grundbesitz des Geschlechts, noch von der älteren Forsch. überschätzt, lag im Raum zw. Paar und Ilm (im nw. Oberbayern) und war nicht umfangreich. Erst die Pfgf.en Otto V. (IV.) und Otto VIII. (V.), der spätere Hzg., konnten unter Ausnutzung ihrer Vogteiherrschaft über die Freisinger Kirche und zahlreiche Kl. (Scheyern, Ensdorf, Indersdorf, Ilmmünster, Neustift und Weihenstephan bei Freising, Hohenwart, Kühbach, Geisenfeld, Mallersdorf, Schäftlarn, Ebersberg, Ober- und Niedermünster in Regensburg sowie die Teilvogtei über Güter des Kl. St. Ulrich und Afra in Augsburg) und durch die Gewinnung von Ministerialen und Vasallen ihre Machtgrundlagen erhebl. erweitern. So gelang es z. B. Pfgf. Otto VIII. (V.), wohl mit Einwilligung Ks. →Friedrichs I., in einem (wohl als Diktatfrieden zu interpretierenden) Vertrag v. 1169/70 von Bf. Adalbert v. Freising die Belehnung mit 100 (nicht lokalisierten) Höfen zu erzwingen und damit die Zahl seiner Ministerialen wesentl. zu vermehren. Im Zusammenhang damit steht wohl auch der noch vor 1180 erfolgte Übertritt weiterer Freisinger Ministerialen in wittelsb. Dienste. Die Machtgrundlagen der W. wurden durch diese Politik bis 1180 nicht nur im Bereich des Stammbesitzes verdichtet und bis zum Lechrain ausgedehnt, sondern erfaßten auch die Herrschaft Wartenberg (Lkrs. Erding), den Raum Ebersberg und Gebiete n. von Regensburg um das Kl. Ensdorf und die Burg (Burg-)Lengenfeld.

Von den Amtsinhabern im Dienste der W. sind als erste die »praepositi« (Hauptleute) erwähnt, deren Organisation bereits um 1140 abgeschlossen ist. Wittelsb. Ministeriale sind als Hauptleute auf den wichtigsten wittelsb. Burgen Wittelsbach, Wartenberg, Kelheim und (Burg-)Lengenfeld und in einigen Kl. (Geisenfeld, Kühbach, wahrschein. auch Scheyern und Ilmmünster), später auch erstmals als Inhaber pfgfl. Hofämter nachweisbar (Marschall und Truchseß um 1160/70, Schenk ca. 1184/89 und Kämmerer Ende 12. Jh.). Wichtigstes Hauskl. und erste Grablege der W. war Scheyern, das aus einer Zelle beim heut. Bayrischzell (Lkrs. Miesbach) entstand, die Gfn. Haziga, 2. Gattin Gf. Ottos II. (I.), mit ihren Söhnen Bernhard I., Ekkehard I. und Otto III. (II.) 1077 dem Kl. →Hirsau übergab. 1087 wurde die Neugründung nach Fischbachau (Lkrs. Miesbach), um 1100 auf die Burg Glaneck bei Eisenhofen (Lkrs. Dachau) und 1119/23 auf die Burg Scheyern verlegt. Seit 1107 war Gf. bzw. Pfgf. Otto V. (IV.) alleiniger Vogt des Kl., der auch die Kl. Ensdorf (1121) und Indersdorf (1120/24) gründete und bevogtete. Diese fungierten neben Scheyern als Hauskl. und Grablegen der W. und führten später auch deren ursprgl. Wappenfigur, den Zickzackbalken (die Tingierung ist nicht eindeutig überliefert), in ihren Kl. wappen.

II. HERZÖGE V. BAYERN UND PFALZGRAFEN BEI RHEIN: Durch die Belehnung des Pfgf.en Otto VIII. (V.) mit dem Hzm. Bayern durch Ks. Friedrich I. 1180 und die Anerkennung des Erbhzm.s durch Kg. →Otto IV. 1208 wurde eine neue Dynastie begründet, die mit der Erwerbung der →Pfgft. bei Rhein (1214) eine weitere Machtbasis und einen bedeutenden Einfluß auf die Reichspolitik gewann. An der Vorstellung von der Einheit des Gesamthauses in allen seinen Linien (1410 waren es acht, 1505 noch fünf) wurde trotz der (in allodialrechtl. Auffassungen wurzelnden) Landesteilungen und sogar über Familienfehden hinweg in den Hausverträgen (1310, 1329, 1392/93, 1410 und 1472) festgehalten. Diese Vorstellung kam auch im Titel »Pfgf. bei Rhein, Hzg. in (Ober- und Nieder-)Bayern« zum Ausdruck, den sämtl. W. führten, ebenso in den herald. Symbolen der beiden Stammterritorien, dem rotgekrönten goldenen Löwen in Schwarz (erstmals nachgewiesen 1229, erste farbige Darstellung gegen Mitte 13. Jh.) und den silbern-blauen Rauten bzw. Wecken (erstmals 1247, farbig in der 2. Hälfte des 13. Jh. belegt). Seit der Mitte des 14. Jh. wurden diese Figuren in gevierter Form vereinigt als gemeinsames Hauswappen geführt. Hauskl. und Grablege der W. war bis 1253 noch Scheyern; dann entstanden in den hzgl. Gründungen Seligenthal bei Landshut (1232), →Fürstenfeld (1258/63) und Fürstenzell (1274) neue Hauskl., von denen Seligenthal und Fürstenfeld auch als Grablegen dienten. Hauskl. und Grablege der pfälz. W. wurde im 14. Jh. →Schönau bei Heidelberg, dann auch die dortige Heiliggeistkirche. →Straubing, 2.

G. Schwertl

Lit.: SPINDLER I², 408–426; II², 11f. – CHR. HAEUTLE, Genealogie des erlauchten Stammhauses W. von dessen Wiedereinsetzung in das Hzm. Bayern (11. Sept. 1180) bis herab auf unsere Tage, 1870 – K. TROTTER, Die Gf.en v. Scheyern, Dachau, Valley, W., Pfgf.en und Hzg.e v. Bayern (Genealog. Hb. zur bair.-österr. Gesch., hg. O. v. DUNGERN, Bd. 1, Lfg. 1931), 29ff. – F. TYROLLER, Die Ahnen der W. (Beilage zum Jb. des W.-Gymnasiums München, 1950/51) – DERS., Die Ahnen der W. zum anderen Male (JbfFl 15, 1955), 129–156 – P. FRIED, Die Herkunft der W. (Die Zeit der frühen Hzg.e. Von Otto I. zu Ludwig d. Bayern [Beitrr. zur Bayer. Gesch. und Kunst 1180–1350], hg. H. GLASER, 1980), 29–41 – G. FLOHRSCHÜTZ, Machtgrundlagen und Herrschaftspolitik der ersten Pfgf.en aus dem Haus W. (ebd.), 42–110 – F. GENZINGER, Gft. und Vogtei der W. vor 1180 (ebd.), 111–125 – W. STÖRMER, Die Hauskl. der W. (ebd.), 139–150 – W. VOLKERT, Die Bilder in den Wappen der W. (ebd.), 13–28 – H. RALL, W. Hausverträge des späten MA (Schrr.reihe zur Bayer. Landesgesch. 71, 1987).

Witten (lat. albus, mnd. *engelsche*, dän. *hvid*). Der W., 1365 von der Stadt Lübeck als Münze zu 4 Pfennig lübisch eingeführt, wurde bald darauf auch von anderen norddt. Hansestädten (Hamburg, Rostock, Stralsund) übernommen. Diese ältesten W. (Gewicht 1,33 g, →Feingehalt 1,12 g) zeigen auf der Vorderseite das Stadtwappen, auf der Rückseite ein Kreuz. Sie wurden zur Leitmünze des 1379 gegr. →Wend. Münzvereins, an dem die Städte Lübeck, Hamburg und Wismar beteiligt waren. 1381 kamen Lüneburg, Rostock und Stralsund hinzu. Im Gewicht gleichen die W. dem engl. →Sterling und wurden deshalb auch engelsche genannt. In verschiedenen Hanserezessen (→Hanse) wurden Bild und Gewicht der W. gemeinsam festgelegt. 1411 war das Gewicht der wend. W. der Städte Lübeck, Hamburg, Lüneburg und Wismar auf 1,17 g (Feingehalt 0,88 g) abgesunken. Die W.-Prägung breitete sich bald auch in Holstein (Flensburg, Kiel, Rendsburg, Oldesloe) aus. Die in Mecklenburg und Pommern (Stralsund, Anklam, Greifswald und anderen Städte) geschlagenen (sund.) W. waren gegenüber den W. der wend. Städte (Lübeck, Hamburg, Wismar, Lüneburg) im Wert geringer und galten nur 3 (statt 4) lübische →Pfennige. Dieser Unterschied zeigt sich auch in der Gegenstempelung (→Gegenstempel) in westfäl. Städten (Bielefeld, Herford, Lemgo, Lippstadt, Osnabrück, Paderborn, Soest, Werl), in denen man zur Unterscheidung nur die leichteren sund. W. stempelte. In Münster wurden dagegen sowohl die leichteren sund. als auch die schwereren wend. W. gegengestempelt. W. wurden in W-Dtl. nachgeahmt: Bremen, Hannover, Bielefeld, Höxter, Limburg, Sayn, Heinsberg, Randerath, Mülheim, Batenburg, Anholt. Auch von Hoya, Oldenburg und Ostfriesland sind W.-Nachahmungen ausgegangen. In Dänemark und Norwegen fand der W. Eingang als hvid. Der Versuch, 1501/02 nochmals W. zu prägen, scheiterte bald. Auch diese späten W. sind vielfach nachgeahmt worden (Verden, Stade, Diepholz, Hoya, Rietberg u. a.).

P. Berghaus

Lit.: KL VII, 176–182 – F. V. SCHROETTER, Wb. der Münzkunde, 1930, 748f. – W. JESSE, Der Wend. Münzverein, 1928, 1967², 78–82 – N. L. RASMUSSON, »Inte en vitten!«, Ur ett mynthans historia, Fornvännen 42, 1947, 65–72 – P. BERGHAUS, Phänomene der dt. Münzgesch. des 14./15. Jh. im Ostseegebiet, Acta Visbyensia 4, 1973, 81–115 – B. KLUGE, Die W.prägung in Mecklenburg/Pommern und ihr Anteil im Geldverkehr des Ostseeraumes im 14. und 15. Jh., Nordisk Numismatisk Årsskrift, 1981, 90–114 – M. KUNZEL, Die werlesch-mecklenburg. W.prägung im 14. und 15. Jh., Berliner Numismat. Forsch.en 2, 1988, 29–50 – P. BERGHAUS, Hans. Geld in Westfalen (Geldumlauf und Zahlungsverkehr in NW-Europa 1300–1800, hg. M. NORTH, 1989), 7–18 – G. STEFKE, Der »wend. Münzverein« und seine Nachbarn, Geldgeschichtl. Nachrichten, 1995, 125–133.

Witten, Hans, tätig zw. 1501 und 1520, dt. Bildhauer und Bildschnitzer, identisch mit dem Meister »H. W.« (identifiziert durch HENTSCHEL). Ausgebildet in der niedersächs. Kunstlandschaft um Braunschweig und Goslar scheint er Anfang der 1490er Jahre nach Süddeutschland gewandert und dort am Oberrhein, insbes. in Straßburg, tätig gewesen zu sein. Seine weitere Ausbildung zum Steinbildhauer erhielt er in der Werkstatt von Adam →Kraft in Nürnberg. 1501, spätestens 1504 wechselte er nach Chemnitz über; 1508–1510 ist er in Annaberg (Sachsen) nachweisbar. Tätig war er ferner in Leipzig, Halle, Borna und Freiberg, wobei seine Tätigkeit in Sachsen mit der Hochblüte des dortigen und des böhm. Silberbergbaus und dem daraus resultierenden Wohlstand der Silberminenstädte zusammenfällt –

gepaart mit den kulturellen Bestrebungen eines selbstbewußten, aufstrebenden, religiös verankerten städt. Bürgertums. Dabei entwickelte er sich durch die von ihm geschaffenen Steinbildwerke und Schnitzaltäre zu einem der Hauptmeister der spätgot. Skulptur um 1500 in Sachsen. Strittig ist dagegen seine Tätigkeit als Maler. – Hauptwerke seines bildhauer. Œuvres in Holz und Stein sind die Reliefs an der Kanzel der Ägidienkirche in Braunschweig (1501), seine hl. Helena am Rathaus zu Halle a. d. Saale (um 1504/05), die Marienklage in der Jacobikirche zu Goslar, der zw. 1501 und 1503 entstandene, heute zerstörte Hochaltar in der Jakobskirche zu Chemnitz (Reste im dortigen Museum); die sog. Tulpenkanzel (um 1507) im Dom zu Freiberg, mit als Blätterkelch gestalteter Bühne, getragen von vier Stengeln, zwischen deren Verschlingungen sich kleine Engel tummeln. Des weiteren die »Schöne Tür« an der Annakirche in Annaberg (1512 datiert und signiert H. W.), usprgl. geschaffen für die Annaberger Franziskanerkirche, 4 m hoch, Porphyr in originaler farbiger Fassung. – Weitere Werke sind die Steinfiguren der Muttergottes und dreier Hl. r am Portal der Schloßkirche in Chemnitz; der Tragaltar in der Stadtkirche von Ehrenfriedersdorf; der Altar in der Stadtkirche zu Borna (1511) mit Heimsuchungsgruppe und 14 Reliefs mit Szenen aus dem Marienleben; sowie die um 1513 entstandenen Altarfiguren und der Pulthalter in der Ebersdorfer Stiftskirche. M. Tripps

Lit.: W. HENTSCHEL, H. W.: Der Meister H. W., 1938 – G. VON DER OSTEN, Das Frühwerk des H. W., Jb. der Preuss. Kunstslg. LXIII/3, 1942, 90–104 – T. TAPPEN, H.-G. UHL, H. W. von Cöln? (Fschr. K. FRÖHLICH, Beitr. zur Gesch. der Stadt Goslar, XIII. Jg. 1952), 104–116 – E.-H. LEMPER, Spätgot. Plastik in Sachsen, Sächs. Heimatbll. VIII. Jf. 4, 1962, 301f. – W. GRUNDMANN, Der Meister H. W. Das Schaffen H. W.s, 1976 – M. STUHR, Die Bildwerke des Meisters H. W., 1985 – A. KIESEWETTER, Die Tulpenkanzel im Dom zu Freiberg, 1995 [mit Beitr. von M. BREIBACH].

Wittenberg, Stadt in Sachsen-Anhalt, von →Albrecht d. Bären als Stützpunkt der dt. Kolonisation (→Landesausbau) angelegt, erstmals 1180 urkundl. erwähnt. Seit 1261 war W. Residenzstadt des Hzm.s →Sachsen-W. Hzg. Albrecht II. bestätigte und verbesserte 1293 den Bürgern (cives) das Stadtrecht. Um 1300 erhielt W. Münzrecht. Bürgermeister und Rat sind seit 1317 erwähnt. 1332 trat ein Ratsherr an die Stelle des vom Stadtherrn eingesetzten Vogtes im Gericht. 1441 erwarb der Rat die hohe Gerichtsbarkeit auf Wiederkauf; seit 1464 hatte er sie erblich inne. Um 1350 verlieh der Rat den Bäckern, Fleischern, Tuch- und Schuhmachern Zunftordnungen. Die Zünfte waren keine Verfassungsinstitutionen; ihre Vorsteher nahmen an der Rechnungslegung des Rates teil. Laut der Ratsordnung v. 1449 bestand der dreischichtige Rat aus 21 Personen: jeweils ein Bürgermeister und sechs Ratsherren. Zur Grablege der askan. Kfs.en (→Askanier) wurde das um die Mitte des 13. Jh. errichtete Franziskanerkl.; nachweisl. seit 1258 bestand ein Augustinerkl. Nach dem Aussterben der askan. Hzg.e und (seit 1356) Kfs.en v. Sachsen-W. gelangte W. 1423 an den Wettiner Mgf.en →Friedrich IV. (32. F.). Nach der wettin. Hauptteilung v. 1485 war W. (bis 1547) Residenz der ernestin. Linie. Der seit 1486 regierende Kfs. →Friedrich d. Weise (34. F.) ließ das Schloß neu bauen (1489–1509) und gründete 1502 eine Univ. (Leucorea). 1508 lebten ca. 1800 steuerpflichtige Bürger in W., außerdem 100 bis 150 Kleriker und Mönche sowie etwa 400 Studenten. J. Rogge

Lit.: R. ERFURTH, Gesch. der Stadt W., 1. T., 1910 – K. BLASCHKE, W. die Lutherstadt, 1983[4], 6–16 – Siebenhundert Jahre W.: Stadt–Univ.–Reformation, hg. S. OEHMIG, 1995.

Wittenwiler, Heinrich, Verf. eines der bedeutendsten lit. Werke des dt. SpätMA, des komisch-didakt. Epos' »Der Ring«; weitere Werke W.s sind nicht bekannt. W. wird identifiziert mit einem in vier urkundl. Belegen (1387 bis 1395) nachgewiesenen adligen Konstanzer Advokaten und Hofmeister am Bf.shof, als der er in einem wohl späteren, undatierten Beleg erscheint. »Der Ring« wird meist in das 1. Jahrzehnt des 15. Jh. datiert; er ist einzig in einer Pergamenths. des Staatsarchivs Meiningen (Anfang 15. Jh.) überliefert, im MA scheint er unbekannt geblieben zu sein (Ersted. 1851 durch LUDWIG BECHSTEIN).

Der 9699 Reimpaarverse umfassende »Ring« (eingeschoben sind einige Prosapartien) wird eingeleitet von einem Prolog, in dem der Titel und die Gliederung erklärt und Leseanweisungen gegeben werden; der Text ist in drei Teile gegliedert: 1. Werbung des Mannes um eine Frau mit allem, was dazu gehört; 2. Belehrung, wie man sich in der Welt verhalten soll; 3. das Verhalten in Kriegszeiten. Da, wie der Autor im Prolog ausführt, die bloße Didaxe meist als langweilig empfunden wird, band er die Lehren in eine komisch-satir. Bauernhandlung ein – der »Ring« gehört auch in die bauernfeindl. Lit. des SpätMA (→Vilain). Im Ersten Teil wirbt der Held, der Bauernbursche Bertschi Triefnas, mit viel Aufwand um die unsäglich häßl. Mätzli Rüerenzumph; im Zweiten Teil wird nach vielen Belehrungen Hochzeit gefeiert, wobei das höchst unappetitlich geschilderte Hochzeitsmahl in ein wildes Tanzvergnügen übergeht; im Dritten Teil artet der Tanz zunächst in eine Prügelei, diese schließlich in eine Art Weltkrieg aus, in dem die feindl. Dörfer Nissingen und Lappenhausen, Bertschis Heimatort, von Zwergen, Riesen, Hexen, Rittern, Schweizern und Heiden unterstützt werden. Am Ende steht der durch Verrat herbeigeführte Untergang Lappenhausens und eine für die Sieger, die Nissinger, blamable und verlustreiche Belagerung Bertschis auf einem Heuschober. Schließlich zieht Bertschi sich als Einsiedler in den Schwarzwald zurück – eine Reaktion, deren Vorbildlichkeit vom Autor anscheinend angezweifelt wird.

Über das ganze Werk sind zahlreiche Lehren verteilt. Man erfährt etwa, wie man ein Turnier ausrichtet, liest Muster rhetorisch gestalteter Liebesbriefe, es finden sich eine Ehelehre, ein Schülerspiegel, ein Laiendoktrinal, eine Gesundheits-, eine Tugend- und eine Haushaltslehre, eine (negative) →Tischzucht, eine umfangreiche Kriegslehre usw. Unterschieden hat der Autor die lehrhaften und die unterhaltenden Partien durch eine rote bzw. grüne Farblinie am Rand des Textes.

Das Erzählgerüst entlehnte W. dem im 14. Jh. entstandenen sog. Bauernhochzeitsschwank. Er verwendete jedoch zahlreiche weitere dt. und lat. Quellen: Neidhartschwänke (→Neidhart), Heldendichtung, auch Lieddichtung, für den Schülerspiegel das »Didascalicon« →Hugos v. St. Victor, für die Kriegslehren den Traktat »De bello« des Giovanni da Legnano (→Lignano) usw. Die Zeitstruktur lehnt sich an das Modell des Ablaufs der →Fastnacht an, lokalisiert ist das Geschehen im mittleren Toggenburg. W. stellt den gesamten Weltlauf vor den Leser hin. Seine Weltsicht erscheint trotz der anziehenden Buntheit und der überschäumenden Vitalität der Protagonisten und trotz aller weisen Lehren als vorwiegend negativ. Auch die Notwendigkeit der meisten positiven Lehren ergibt sich aus einem Weltzustand, der als negativ zu charakterisieren ist. Inwieweit diese Weltsicht auf der allegor. Tradition der lat. Lit. des MA aufbaut und den »Ring« als allegor. Exempel für blinde Diesseitsverhaftetheit zu lesen ist (E. C. LUTZ), ist derzeit in der Forsch. umstritten.

H. Brunner

Ed.: H. W., Der Ring. Frühnhd./Nhd., hg. H. BRUNNER, 1991 – *Lit.*: E. C. LUTZ, Spiritualis fornicatio, 1990 – O. RIHA, Die Forsch. zu H. W.s »Ring« 1851–1988, 1990 – H. W. in Konstanz und »Der Ring«, hg. H. BRUNNER (Jb. der Oswald v. Wolkenstein-Ges. 8, 1994/95).

Wittewierum (Bloemhof, Hortus floridus), ehem. OPraem-Abtei zw. →Groningen und Delfzijl, gehörte bis 1559 zum Bm. Münster, dann zum Bm. Groningen, 1561 aufgehoben. Bauten sind nicht erhalten. Die Gesch. des Kl. im 13. Jh. ist dank der von Emo (1. Abt), Menko (3. Abt) und einem Fortsetzer verfaßten Chronik besser belegt als die spätere Gesch. Emo van Romerswerf stiftete 1204 Nyenkloster oder Rozenkamp als Doppelkl. und erlangte zusammen mit seinem Neffen Emo van Huizinge (ca. 1170–1237) 1209 die Aufnahme in den Prämonstratenserorden. Nach dem Erhalt der Pfarrkirche zu Wierum zog Emo van Huizinge nach (Witte-)Wierum und stiftete dort 1213 das Kl. W. Die Abtei hatte einen ausgedehnten Grundbesitz und spielte eine bedeutende Rolle bei der Wasserbauverwaltung: der Abt war »opperste schepper van het zijlvest van de Drie Delfzijlen«. Neben der Pfarrkirche Wierum gab es noch einige Eigenkirchen und Vorwerke. F. J. Bakker

Q.: Kroniek van het klooster Bloemhof te W., hg. H. P. H. JANSEN–A. JANSE, 1991 [Ed., ndl. Übers.] – *Lit.*: N. BACKMUND, Monasticon Praem., II, 1952/55, 230–234 – P. GERBENZON, Emo van Huizinge, een vroege decretalist, 1965 – W. EHBRECHT, Landesherrschaft und Kl. wesen im ostfries. Fivelgo (970–1290), 1974 – Groninger kloosters, hg. C. TROMP (Groninger Hist. Reeks 5), 1989.

Wittum (ahd. *widamo*, burg. *wittimon*, fries. *wetma*, ags. *weotuma*, alem. *wideme*, mhd. *widem*) oder auch Muntschatz bezeichnet in der Lit. v. a. die in den Leges und in den nord. Rechtsq.n weithin bezeugte →Gabe des Bräutigams bei der Eheschließung. Als lat. Bezeichnungen des W.s begegnen »pretium nuptiale«, »pretium emptionis« u. ä. sowie die frk. »dos« im Sinne der »donatio ante nuptias in dotem redacta« des röm. Vulgarrechts, wobei »dos« auch in der Bedeutung von →Morgengabe bezeugt ist. Ursprgl. war das W. an die Familie der Braut, sodann an den Muntwalt der Braut und schließlich an die Braut selbst zu leisten, wie es etwa das ribuarische, alem., bayer. und westgot. Recht vorsehen. Die Übergangsstufen von der Vermögensleistung an die Familie zur Gabe an die Braut sind im burg., langob. und ags. Recht deutl. sichtbar. Das W. bestand in älterer Zeit aus beweigl. Gut (Geld, Vieh, Unfreien); soweit es dotalen Charakter erlangt hatte und der Versorgung der Frau nach dem Tode des Mannes diente, aber auch aus Liegenschaften (vgl. die »dos conscripta« des frk. Rechts etwa seit dem 7. Jh.). Verschiedene Leges enthalten Bestimmungen über die Höhe des W.s, von 40 solidi im alem. bis zu 300 solidi im sächs. Recht. Die Leistung des W.s als Dotierung der →Ehe stellte nach frühma. kirchl. Auffassung ein wesentl. Erfordernis für eine rechtsgültige Eheschließung dar, verlor diese Bedeutung jedoch im 12. Jh. – Das W. ist von der Morgengabe zu unterscheiden, die der Ehemann seiner Frau am Morgen nach der Brautnacht überreichte, wenngleich im Laufe der Zeit die beiden Institute, insoweit sie gleichermaßen der Witwenversorgung dienten – das W. wird im SpätMA fälschl. mit »Witwe« in Verbindung gebracht –, häufig miteinander verschmolzen. Im langob. Recht (→Liutprand) läßt sich verfolgen, wie sich W. (langob. mundium, meta) und Morgengabe einander annähern – beispielsweise werden beide Schenkungen gemeinsam beurkundet – und schließlich die Quarta an die Stelle von Meta und Morgengabe tritt. Ähnlich verhält es sich mit der sal. Tertia, dem Douaire der →Coutumes. Dagegen unterscheidet noch das spätma. sächs. Recht (→Sachsenspiegel)

klar zw. der – vermutl. aus dem W. herrührenden – Leibzucht, einem lebenslängl. Nutzungsrecht an Grundstücken, das der Ehemann für seine Frau bestellte, und der Morgengabe. K. Nehlsen-von Stryk

Lit.: HRG 38. Lfg., 1469ff. – R. SCHRÖDER, Gesch. des ehel. Güterrechts in Dtl., I, 1863 – R. HÜBNER, Grundzüge des dt. Privatrechts, 1930[5] [2. Nachdr. 1982], 661ff. – R. SCHRÖDER–E. FRHR. V. KÜNSSBERG, Lehrbuch der dt. Rechtsgesch., 1932[7], 330ff., 803ff. – H. G. MÜLLER-LINDENLAUF, Germ. und spätröm.-christl. Eheauffassung in frk. Volksrechten und Kapitularien, 1969 – P. MIKAT, Dotierte Ehe – rechte Ehe. Zur Entwicklung des Eheschließungsrechts in frk. Zeit, 1978 – J. GOODY, Die Entwicklung von Ehe und Familie in Europa, 1986 – M. RUMMEL, Die rechtl. Stellung der Frau im Sachsenspiegel-Landrecht, 1987.

Witwe
A. Rechtsgeschichte – B. Sozial- und Kirchengeschichte
A. Rechtsgeschichte
I. Kanonisches Recht – II. Germanisches und Deutsches Recht – III. Italienisches Recht – IV. Englisches Recht.

I. KANONISCHES RECHT: W. (vidua) wird die →Frau nach dem Tode ihres Mannes genannt. Das gilt nicht unbedingt für die Frühzeit (METHUEN). In einem weiteren Sinn ist mit W. (Viduat) auch ein Gemeindeamt für Frauen gemeint. Im →Decretum Gratiani findet sich der Begriff propositum viduitatis (Versprechen oder Gelübde der W.nschaft). C. 20 q. 1 c. 15, 16; C. 27 q. 1 c. 2). Prägend für den W.ndienst in der Kirche ist eine der ersten Gemeindeordnungen (1 Tim 5, 3–16) geworden. W.n sind nicht nur Gegenstand des Schutzes durch die Gemeinde, sie übernehmen Funktionen in der Gemeinde. Es gibt eine regelrechte Ordnung, wohl keine Ordination, für W.n in den Gemeinden, sie haben Anspruch auf materielle Unterstützung, sollten über 60 Jahre alt sein, geschlechtl. enthaltsam leben und sich dem Gebet und guten Werk widmen (»wirkliche« W.n). Der W.nstand war hoch geschätzt. Die W.n legten kein öffentl. Gelübde ab (Didaskalia, Origenes und Tertullian bezeugen nur ein privates Gelübde). Im Orient wurde der Viduat als Amt gewertet, das seinen Platz in der kirchl. Ämterhierarchie hat (Didaskalie 3, 11, 5). Origines spricht vom ecclesiasticus honor, der Viduat ist aber nicht klerikal (anders bei den Montanisten; →Montanismus). Schon früh läßt man die Jungfrau an den materiellen Vorteilen des Viduats partizipieren. Seit dem 3. Jh. gehört der Viduat auch in die Gesch. der Aszese. Mit der Ausbildung des niederen Klerus kommt es auch zur Neuordnung des Frauendienstes. Es entsteht das Amt der Diakonisse. Kanonist. kommt die W. auch unter dem Aspekt der Wiederheirat in den Blick. Totenfolge und Selbstmord der W. sind kanonist. nicht belegt, wohl aber der Rückzug in das Kl. Wiederheirat wird grundsätzl. nicht ausgeschlossen. Die Meinung der Kanonisten ist unterschiedl. (BRUNDAGE). Die Zweitehe kann nicht eingesegnet werden (X. 4. 21. 1,3). Mit der Betonung des Ehekonsenses als Beginn der Ehe treten die hergebrachten Beschränkungen der Wiederheirat zurück. Die Heiratserlaubnis ist bloß Förmlichkeit, die Mißachtung der Trauerfrist führt nicht zur im röm. Recht angeordneten Infamie (Dp C. 2 q. 3 c. 7). Die W. hat Anspruch auf Heirat und Dotierung durch den Schwängerer. Gratian diskutiert die Frage, ob Personen, die ein Gelübde abgelegt haben, die sog. voventes, verheiratet sein können (C. 27). Die liturg. Vorschriften (Pontificale Romanum) kennen die →Benediktion der W. Heirat mit einer W. macht den Kleriker irregulär. Die W. steht unter dem bes. Schutz des Rechtes. R. Puza

Lit.: HRG 38. Lfg., 1472–1479 – RAC III, 917–928 – TRE XI, 436–441 – J. LEIBOLDT, Die Frau in der antiken Welt und im Urchristentum, 1954, 201–211 – K. RITZER, Formen, Riten und religiöses Brauchtum

der Eheschließung, 1981² – J. A. BRUNDAGE, Law, Sex, and Christian Society in Medieval Europe, 1987, passim – B. KÖTTING, Die Bewertung der Wiederverheiratung (der zweiten Ehe) in der Antike und in der frühen Kirche, 1988 – S. HEINE, Frauen der frühen Christenheit, 1990³, 149f. – CH. METHUEN, The »virgin vidow«: A Problematic Social Role for the Early Church?, Harvard Theol. Review 90, 1997, 285–298.

II. GERMANISCHES UND DEUTSCHES RECHT: [1] *Frühmittelalter*: Die Stellung der W. in germ. Zeit ist umstritten. Während einerseits von einer verbreiteten Sitte der Totenfolge durch Selbsttötung der W. (nach Procop bei den Herulern) und, gestützt auf Tacitus (Germania cap. 19), von einem Verbot der W.nehe ausgegangen wird, heben andere Autoren die Üblichkeit der →Ehe der W. mit den nächsten Verwandten des verstorbenen Mannes hervor.

Die frühma. Leges – mit Ausnahme des burg. und des westgot. Rechts – gehen von der Geschlechtsvormundschaft auch für die W. aus. Die W. gelangte meist unter die →Vormundschaft des nächsten männl. Verwandten ihres verstorbenen Mannes. Nach einigen Rechten kann sie unter bestimmten Voraussetzungen in die →Munt ihrer Sippe zurückkehren. Nach älterem ags. Recht und den nordgerm. Rechten fällt sie dagegen nach dem Tode des Mannes unmittelbar unter die Munt der eigenen Sippe zurück. Die Leges wie die nord. Q.n gehen stets von der Möglichkeit der Wiederverheiratung aus. Zwar hat die unter Geschlechtsvormundschaft stehende W. zunächst kein Selbstverheiratungsrecht. Nach langob. und sächs. Recht erwirbt sie dieses aber, wenn der Vormund als Verlober der W. eine Eheschließung mißbräuchl. zu verhindern sucht. Auf diese Weise sollte die W. gegen den Eigennutz der Mannesverwandten geschützt werden, die sich ihre Arbeitskraft und ihr Vermögen erhalten wollten. Auch die Kirche hat – bei aller Mißbilligung der W.nehe – die Wiederverheiratung nicht verboten. Das salfrk. und das burg. Recht gestatten die Selbstverheiratung, erlegen der W. aber Vermögensleistungen aus ihrem →Wittum an die Manneserben auf. Die W.nversorgung wurde auf ehegüterrechtl. Ebene in erster Linie durch Vertragsvereinbarung geregelt, ist aber auch bereits Gegenstand zahl- und variantenreicher Normen der Leges. Nach dem Tode des Mannes fielen die →Gerade und sonstiges ihrerseits eingebrachtes oder während der Ehe ererbtes Gut sowie Wittum und →Morgengabe an die W. Soweit es sich hierbei um Liegenschaften von der Mannesseite handelte, stand der W. häufig unveräußerl. Eigentum bzw. ein lebenslängl. Nutzungsrecht zu, so daß die Liegenschaften bei kinderlosem Tod an die Manneserben zurückfielen, bei bekindeter Ehe den Kindern verfangen (→Verfangenschaft) waren. Bei bekindeter Ehe kam der W. für die Dauer ihres W.enstandes oft das Recht des Beisitzes zu, d. h. sie blieb mit den Kindern in ungeteilter Gemeinschaft auf dem Hausgut, übte die Hausherrschaft und Erziehungsrechte, meist aber nicht die Vormundschaft über die Kinder aus. Den Kindern stand unter bestimmten Voraussetzungen ein Recht auf Abschichtung zu. Die Schutzbedürftigkeit der W. spiegelt sich auch in dem ihr zugebilligten Kg.sschutz wider. So zählt Karl d. Gr. Frevel gegen W.n unter die Fälle des Kg.sbanns. Ludwig d. Fromme weist die Gf.en an, die Rechtssachen der W.n bevorzugt zu verhandeln. Desgleichen steht die W., den »personae miserabiles« zugehörig, unter dem Schutz der Kirche.

[2] *Hoch- und Spätmittelalter*: Ist bereits für das FrühMA eine zusammenfassende Darstellung der W.nversorgung notgedrungen mit erhebl. Ungenauigkeit verbunden, so wird sie für Hoch- und SpätMA angesichts der Vielfalt und Zersplitterung des Eheguterrechts geradezu unmögl. Dem alten Recht nahe steht dem mit dem Sachsenspiegel das ostfäl. Recht, in welchem sich auch die Geschlechtsvormundschaft über die W. erhält. In S- und W-Dtl. wird der W. über das ihr ausgesetzte oder von ihr eingebrachte Gut hinaus oft zusätzl. ein Erbrecht zu einem Drittel oder auch zur Hälfte an der ehel. Errungenschaft bzw. an dem Gesamtgut gewährt, wobei die Liegenschaften meist dem Verfangenschaftsrecht der Kinder unterliegen. In der spätma. Stadt endet nicht selten mit dem Tod des Mannes die Munt über die W., die nun voll handlungsfähig wird, vor Gericht aber häufig weiterhin eines Vormunds bedarf. An der Geschlechtsvormundschaft über die W. hielten indessen so bedeutende Städte wie Lübeck und Magdeburg fest. Weite Verbreitung fand in den Zunftordnungen der spätma. Stadt das sog. W.nrecht, das der Meisterw. die eigenständige Fortführung des Handwerksbetriebs gestattete.

K. Nehlsen-von Stryk

Lit.: HRG 38. Lfg., 1472ff. – R. SCHRÖDER, Gesch. des ehel. Güterrechts in Dtl., I, 1863 – M. WOLFF, Zur Gesch. der W.nehe im altdt. Recht, MIÖG 17, 1896, 369–388 – R. HÜBNER, Grundzüge des dt. Privatrechts, 1930⁵ [2. Neudr. 1982] – R. SCHRÖDER-E. FRH. V. KÜNSSBERG, Lehrbuch der dt. Rechtsgesch., 1932⁷, 330, 333, 353ff. – F.-L. GANSHOF, Le statut de la femme dans la monarchie franque (RecJean Bodin XII/2, 1962), 5–58 – H. G. MÜLLER-LINDENLAUF, Germ. und spätröm.-christl. Eheauffassung in frk. Volksrechten und Kapitularien, 1969, 224ff. – P.-P. KREBS, Die Stellung der Handwerkersw. in der Zunft vom SpätMA bis zum 18. Jh., 1974 – H. H. KAMINSKY, Die Frau in Recht und Ges. des MA (Frauen in der Gesch., hg. A. KUHN-G. SCHNEIDER, 1979), 295–313 – G. KÖBLER, Das Familienrecht in der spätma. Stadt (Haus und Familie in der spätma. Stadt, hg. A. HAVERKAMP, 1984), 136–160 – E. ISENMANN, Die dt. Stadt im SpätMA, 1988, 294f., 314f.

III. ITALIENISCHES RECHT: In der Spätantike garantierte nach dem Tod des Hausvaters seine W. an der Spitze der Familie die Einheit der Familiengruppe, die für deren Weiterbestand notwendig war. Es entsprach der röm.-chr. Tradition, der W. die Fortführung der Leitung der Familie mit Ausübung der patria potestas anzuvertrauen. Bei den Langobarden hatte die W. kein Recht auf die Hinterlassenschaft ihres Mannes, ihr standen nur die »meta« (→Wittum) und die→Morgengabe zu. Liutprand (c. 7) sah eine großzügigere Behandlung der W. vor; i. J. 755 erkannte Aistulf (c. 14) an, daß es erlaubt sei, testamentar. Verfügungen zugunsten der W. zu treffen, in denen ihr nach röm. Tradition ein Nutzrecht zugestanden werde, unter der »condicio iuris«, daß sie ihren W.nstand beibehalte. Auf diese Weise wurde ein bereits in großem Umfang praktizierter Brauch kodifiziert und in vereinheitlichter Form festgeschrieben. Das Gebot der keuschen W.nschaft (»ancilla Dei«) enthüllt die Funktion des durch testamentar. Vermächtnis festgelegten Nießbrauchrechts (→Usufructus): die Einsetzung der W. als 'domina et usufructuaria' will die Einheit der Familie auch nach dem Tode des Hausvaters garantieren und deren Leitung der W. zusichern. Die Frau gewinnt in der Familie zu dem Zeitpunkt eine hervorgehobene Stellung, als sie als W. zur »Nießbraucherin« (usufructuaria) eingesetzt wird. In allen Regionen Italiens überträgt bis zum 12. Jh. der Hausvater weiterhin der W. seine Potestas, wenn auch ihre Möglichkeiten, über Vermögenswerte zu verfügen, Beschränkungen unterliegen. In den Kreisen des Adels wird die W. in Eheverträgen finanziell abgesichert. Seit dem 12. Jh. läßt sich in der it. Familie eine gewisse Tendenz feststellen, vom Zusammenleben der Kinder mit ihrer verwitweten Mutter abzugehen. Odofredus stellt fest, daß ein derartiges Zusammenleben in der Stadt sich kaum noch finden läßt. Auch Testamente, in denen ein Leben der W. im gemeinsamen Haushalt mit den Kindern vorgesehen ist, werden selten. Der W. wird ein reines Nießbrauchrecht

zuerkannt. Die Rückkehr zum Röm. Recht begünstigt die Verwendung von Dotalverträgen. G. Vismara

Lit.: M. ROBERTI, Svolgimento storico del diritto privato in Italia, 3,4: La famiglia, 1935, 184ff. – E. BESTA, La famiglia nella storia del diritto it., 1962, 43 – G. VISMARA, L'unità della famiglia nella storia del diritto in Italia (Scritti di storia giuridica 5, 1988).

IV. ENGLISCHES RECHT: W.n standen zu ags. Zeit unter der →Vormundschaft ihrer Familien. Es wurde erwartet, daß sie nach dem Tod des Ehemannes zwölf Monate lang unverheiratet blieben, andernfalls sollten sie gemäß II Cnut 73 die →Morgengabe und allen anderen durch den ersten Ehemann erhaltenen Besitz verlieren. Nach der norm. Eroberung konnte der Kg. über die Wiederverheiratung der W.n von Kronvasallen verfügen, dieses Recht wurde jedoch sowohl in der Krönungsurk. Heinrichs I. (1100) als auch in der →Magna Carta (1215), c. 8, so eingeschränkt, daß die →Frau zur Wiederverheiratung nicht gezwungen werden konnte. Nach dem Tod des Ehemannes hatte die W. das Recht, 40 Tage in ihrer Wohnung zu verbleiben. In dieser Zeit wurde ihre Dos (*dower*) angewiesen, die aus Liegenschaften oder →Fahrhabe bestehen konnte. Die Dos wurde bereits am Tage der Hochzeit vom Bräutigam festgesetzt, der bestimmte Liegenschaften benennen (dos nominata) oder auf die Festlegung verzichten konnte (dos rationabilis). Der Anspruch bezog sich zunächst auf ein Drittel des zum Zeitpunkt der Heirat im Besitz des Ehemannes befindl. Landes. Im Laufe des 13. Jh. fiel die Beschränkung auf den am Hochzeitstag bestehenden Besitz weg, die Forderung konnte sich dann auf ein Drittel aller während der Ehe erworbenen Liegenschaften erstrecken. Dem Ehemann stand es nun auch frei, einen größeren Anteil festzusetzen, das Drittel bildete das Minimum des Anspruches der W. Die W.n von Leibeigenen erhielten nach Zahlung der Todesabgabe (*heriot*) oft den ganzen Besitz. Die W. hielt die Dos immer nur auf Lebzeiten, konnte sie also auch nur unter diesen Bedingungen veräußern. Testamentar. verfügen konnten W.n nur über ererbten oder nach dem Tode des Ehemannes erworbenen Besitz. Die W. mußte ihre Ansprüche dem Erben oder dessen Vormund gegenüber geltend machen. Dazu stand ihr als Rechtsmittel das »Writ of Right of Dower« zur Verfügung. War keine Dos zugeteilt worden, konnte sie sich auch direkt an ein kgl. Gericht wenden. Stadtrechte oder örtl. Gewohnheitsrechte konnten den Anspruch der W. auf die Dos bei Wiederverheiratung beenden.

J. Röhrkasten

Lit.: W. S. HOLDSWORTH, Hist. of English Law, II, 1923[3], 90 – F. POLLOCK–F. W. MAITLAND, Hist. of English Law..., II, 1898[2] [Neudr. 1968], 348, 418-428.

B. Sozial- und Kirchengeschichte
I. Ständische Konzeptualisierung – II. Soziale Praxis.

I. STÄNDISCHE KONZEPTUALISIERUNG: [1] *Witwenstand:* In der röm. Antike begriff man mit dem Wort vidua jede allein lebende Frau, ob unverheiratet, geschieden oder verwitwet. Jenseits der Trauerfrist strukturierten weder mos noch ius das Verhältnis einer Hinterbliebenen zu ihrem toten Mann. Erst die Wortführer der Christen haben im Rahmen der Diskussionen um den Wert der Enthaltsamkeit seit etwa 200 begonnen, die hinterbliebene Ehefrau als eigenes genus hominum zu begreifen. Nach den Auseinandersetzungen mit Jovinianus in den 380er Jahren war die christl. Sicht der hinterbliebenen Ehefrau standardisiert. Die Herausbildung der W. als eines originär christl. genus hominum ist eng verbunden mit der Institutionalisierung der Neuschöpfungen clerus und monachus sowie der Verchristlichung der nicht kulturspezif. Kategorie virgo. Die Profile und Ordnungsleistungen dieser Kategorien waren aber sehr verschieden: 1. Der W.nstand war nicht an einen Rechtsakt (Profeß, Weihe) gebunden, sondern an die ständ. Deutung eines biolog. Schicksals und damit eines fundamentalen sozialen Vollzugs: Trauer wurde umgedeutet von einem in Fristen ritualisierten transitor. Zustand zu einer Lebensform. 2. Anders als bei Klerus und Mönchtum hing die ständ. Ehre der W. nicht an einem Ritus mit unentrinnbaren Rechtsfolgen, sondern allein am Verhalten. Versuche im 5.–7. Jh., Initiationsriten zu schaffen, die in ein religiöses Institut der W.nschaft münden (vestem mutare, votum, W.nweihe), blieben Episode. 3. Während die Überlebens- oder Verwandtschaftsstrategien meist eine neue Heirat erforderten, hatten die christl. Entwürfe der sozialen Rollen kein Konzept für die vorübergehend trauernde und erneut heiratende Hinterbliebene (in frühma. Synodalakten als relicta abgesetzt von der ständ. begriffenen vidua). 4. Die transitor. W.nschaft war störend in einer Gemeinschaft aus Lebenden und Toten, in der die unaufhörl. trauernde W. den zentralen Platz der Totensorge einnahm, den in der röm. Antike die agnat. Verwandten hatten. 5. Das ständ. Konzept W. sagte zunächst nichts über den Platz der W.n in der Kirchenorganisation. In Spätantike und FrühMA war das Eindringen religiös motivierter W.n in den Klerus ein Problem der Synoden (vgl. Diakoninnen). Als seit dem 7. Jh. der Schritt ins Kl. für W.n überall eine Option war, verschob sich der Definitionsbedarf vom Verhältnis W.n/Klerus zu dem von W.n und Kl. Während das Kl. zur Form institutionalisierten weibl. Religiosentums wurde, blieb die W. ständ. profiliert als eine zurückgezogen in nicht institutionalisierter Frömmigkeit lebende Laiin.

[2] *Moralische Klassifikation der Gesellschaft:* In den Diskussionen über die Bedeutung menschl. Verdienste, bes. der Enthaltsamkeit, für das Seelenheil war die ständ. Definition der W. eine außerordentl. wirksame Erfindung zur Durchsetzung und Aufrechterhaltung des Verdienstgedankens gegenüber einer stärkeren Gewichtung der göttl. Gnade. Auch wenn die ma. Autoren in den Sermones die Bedeutung der Gnade nicht unterschlagen haben, so haben sie doch nur das Konzept der Verdienste in eine Denkform des Sozialen übersetzt. Seit dem 5. Jh. teilte man im Schema »Jungfrauen–W.–Verheiratete« die Christen in drei Klassen ein nach Leistungen, denen im Jenseits unterschiedl. Vergeltung entsprach (100-, 60-, 30fache). Für gut 800 Jahre blieb dieses ständ.-moral. Schema die beherrschende Artikulationsform der religiösen Koordinaten: Enthaltsamkeit – Verdienst – Lohn/Vergeltung – Gott als Richter. Zur moral. Klassifikation aller Christen setzte sich also ein feminines Schema durch, während die organisator. Ordnung der Gesellschaft in einem maskulinen Schema begriffen wurde (clerici, monachi, laici). Im Zusammenhang zw. der maskulinen organisator. und der femininen moral. Klassifikation der Ecclesia blieb unscharf. Im späten MA führte eine Reihe von Faktoren (etwa die zunehmende Betonung der gratia und des liebenden Gottes oder funktionale Gesellschaftsmodelle bes. im städt. Zusammenleben, vgl. offene Ständelisten) zum Bedeutungsverlust dieser ständ.-moral. Konzeption.

[3] *Figuration der Ecclesia auf Erden:* Die Attribute, mit denen der W.nstand (und seine natürl. Präfiguration, die Turteltaube) definiert worden ist, gehörten zum zentralen Bestand dessen, was die Theologen für das Wesen der Kirche auf Erden hielten: Die Ecclesia auf Erden ist W., sie büßt und klagt bis zur Wiederkehr ihres Christus. So wurde die W. (oft in exemplar. W.ngestalten des AT oder als Turteltaube) als Figuration der ird. Kirche ausgedeutet (etwa in →Bestiarien).

II. SOZIALE PRAXIS: Je nach Zeit, Region, sozialen Feldern und Rechtskulturen waren die Situationen von W.n so verschieden, daß sich einer an ökonom. Bedingungen interessierten Sozialgesch. unter dem Stichwort 'W.' kaum ein einheitl. Gegenstand bietet. Das Thema W.nschaft ist subsumiert unter Fragen nach Verwandtschaftssystemen, Erb- und Vormundschaftsregeln, Heiratspraktiken usw. Auffallend viele Forsch.en schließen sich der Einschätzung der ma. Theologen an, daß die W.nschaft das »goldene Lebensalter« einer Frau gewesen sei. Die ständ. Konzeption hat der W. nicht nur Schutz geboten gegen Vereinnahmung durch verwandtschaftl. Strategien, sondern sie bot auch eine positive Identität für W.n, die etwa aus Altersgründen aus dem Heiratsmarkt ausschieden. Schwierig zu erkennen ist, wann und wie sich das ständ. Konzept »W.« in lokalen Gruppenbildungen niedergeschlagen hat – in Prozessionsordnungen, in der Kirche oder in jenen Feldern weibl. Soziabilität, die das soziale Profil der W. mit dem der Alten verbunden haben dürfte. →Ehe, →Frau, →Verwandtschaft.   B. Jussen

Lit.: I. BLOM, The Hist. of Widowhood: A Bibliogr. Overview, Journal of Family Hist. 16, 1991, 191–210 – Veuves et veuvage dans le haut MA, hg. M. PARISSE, 1993 – Wife and Widow in Medieval England, hg. S. S. WALKER, 1993 – J. U. KRAUSE, W.n und Waisen im frühen Christentum, 4 Bde, 1994f. – G. MUSCHIOL, Famula Dei, 1994 – B. JUSSEN, Jungfrauen – W.n – Verheiratete (Kulturelle Reformation, hg. DERS.–C. KOSLOFSKY) [im Dr.] – DERS., Challenging Memorial Culture (Imagination, Ritual, Memory, Historiography, hg. G. ALTHOFF, J. FRIED, P. GEARY) [im Dr.].

Witwenweihe. Von der alten Kirche übernimmt die Kirche des MA die Obsorge für die →Witwen: sie nimmt deren Gelübde der Ehelosigkeit entgegen, weist ihnen Aufgaben in der Gemeinde zu und ist um ihre standesgemäße Stellung in der Gesellschaft und um ihre Lebensnotdurft besorgt. Ausdruck dafür ist eine formelle Segnung (»Weihe«) der Witwe, die Elemente der Diakonissen- und Jungfrauenweihe aufnimmt und modifiziert. Im MA ist die W. allerdings zunehmend Witwen vorbehalten, die in eine Gemeinschaft von Nonnen oder Kanonissen eintreten; als liturg. Ritual wird die W. mit der Jungfrauenweihe fast austauschbar. In den ma. Liturgiebüchern noch enthalten, scheint sie die ursprgl. Funktion doch schon vor dem Ende des MA verloren zu haben.   A. A. Häußling

Lit.: RAC III, 917–928, bes. ab 924 [A. KALSBACH] – G. RAMIS, La benedición de las viduas en las Liturgias Occidentales, EL 104, 1990, 159–175.

Witz, Konrad, oberrhein. Maler, * um 1400/10 in Rottweil, † um 1445 Basel. 1434 als Meister in Basel in die Zunft, 1435 als Bürger aufgenommen. 1441/42 werden ihm Wandmalereien im Kornhaus bezahlt, 1443 erwirbt er ein Haus. Bereits 1446 wird seine Frau, eine Nichte des Malers Nikolaus Ruesch aus Tübingen, Witwe genannt; sein Vater Hans übernimmt die Vogtschaft über die fünf Kinder. – Von den zwanzig erhaltenen Tafeln seiner Hand zeigt der hl. Christophorus (Basel) noch Reste der schönlinigen Falten des internationalen Stils, aber bereits eine weiträumige Landschaft mit erstaunl. scharf erfaßten realist. Einzelheiten, die das hervorstechende Merkmal seines Stils bleiben werden. Bald nach 1435 dürfte der Heilspiegelaltar für das Augustinerchorherrenstift St. Leonhard entstanden sein; dort weilten im Gefolge von Konzilsteilnehmern ndl. Buchmaler, die ihm die neue plastischräuml. Auffassung Robert →Campins vermittelten; das Verhältnis der monumentalen Einzelfiguren zu ihren engen Kastenräumen auf der Außenseite der Altarflügel macht dieses Abhängigkeitsverhältnis evident (Ecclesia, Verkündigungsengel, Synagoge, unten St. Bartholomäus [alle Basel] und St. Augustin [Dijon], Maria und zwei Hl.e [verloren]). Die acht goldgrundigen Tafeln der Innenseite zeigen je zwei Figuren, die als Prototypen auf die Geschichte Jesu vorausweisen gemäß dem →»Speculum humanae salvationis« (Antipater vor Caesar, Esther vor Ahasver, Salomon und die Kgn. v. Saba [Berlin], Abraham vor Melchisedek, unten nach einer verlorenen Tafel Augustus und die Sibylle [Dijon] und Abisai, Sabothai und Benaja vor David [diese beiden und die übrigen Tafeln in Basel]). Auf dem Rahmen signiert und 1444 datiert sind die beiden Flügel des Hochaltars aus der Kathedrale St. Peter in Genf (Fischzug und Befreiung Petri, innen Anbetung der Kg.e und der Bf. v. Genf als Stifter von Petrus der Madonna empfohlen) mit der berühmten ältesten topograph. exakten Ansicht der nord. Tafelmalerei, eine Besonderheit, die möglicherweise im Zusammenhang mit dem vom Konzil zum Papst Felix V. gewählten Gf.en Amadeus VIII. v. Savoyen steht, dessen Herrschaftsbereich hier zu sehen ist. – Wohl W.s letzte Werke sind die Tafeln mit der »Verkündigung« und der »Begegnung an der Goldenen Pforte« (innen; Nürnberg resp. Basel) und mit »Katharina und Magdalena« (Straßburg). Seine unmittelbare Wirkung läßt sich am Oberrhein (u. a. in Wandmalereien: Totentanz von Basel [um 1440, Fragmente im Hist. Mus.]; im Chor von St. Leonhard) und in Savoyen (»Kreuzigung« [Berlin]) verfolgen, wird aber bald von der weiten Wirkung →Rogier van der Weydens überlagert. W. gehört mit seinen blockhaft monumentalen Figuren, dem stark plast., eckig gebrochenen Faltenwerk, den extrem exakten Beobachtungen von stoffl. Qualitäten, von Reflexen und Schatten zu den großen realist. Neuerern seiner Generation. Ohne direkte Kenntnis der führenden Meister, ihrer Werke und ihrer Technik eignet seiner Kunst eine erstaunl., provinzielle Sperrigkeit und Expressivität.   Ch. Klemm

Lit.: D. BURCKHARDT, Das Werk des K. W. (Fschr. der Stadt Basel zum 400. Jahrestage des ewigen Bundes zw. Basel und den Eidgenossen, 1901) – H. WENDLAND, K. W., Gemäldestudien, 1924 – A. STANGE, Dt. Malerei der Gotik, 4, 1951, 127–155 – U. FELDGES-HENNING, Werkstatt und Nachfolge des K. W., 1968 – M. BARRUCAND, Le Retable du miroir du salut dans l'œuvre de K. W., 1972 – F. DEUCHLER, K. W., la Savoie et l'Italie: Nouvelles hypothèses à propos du retable de Genève, Revue de l'Art 71, 1986, 7–16 – H. J. VAN MIGROET, De invloed van de vroege Nederlandse schilderkunst in de eerste helft van de 15de eeuw of K. W., Verhandelingen Van de Koninklijke Academie voor Wetenschappen ... van Belgie. Kl. der Schone Kunsten, Jg. 48, Nr. 42, 1986 – CH. STERLING, L'Influence de K. W. en Savoie, Revue de l'Art 71, 1986, 17–32 – A. CHÂTELET, Le retable du miroir du salut; quelques remarques sur sa composition, Zs. für Schweiz. Archäologie und Kunstgesch. 44, 1987, 105–116 – M. SCHAUDER, K. W. und die Utrechter Buchmalerei (Masters and Miniatures. Proceedings of the Congr. on Medieval Ms. Illumination in the Northern Netherlands, 1991), 137–145 – DERS., Der Basler Heilsspiegelaltar des K. W. – Überlegungen zu seiner ursprgl. Gestalt (Flügelaltäre des späten MA, 1992), 103–122.

Wizlaw

1. W. I., Fs. v. →Rügen (Insel und gegenüberliegendes Festland), * um 1180, † 1255/56, folgte 1221 seinem Vater →Jaromar I. Als dän. Vasall nahm er am Livlandzug Kg. Waldemars II. teil und hielt zu ihm nach dessen Gefangennahme 1223 und der Niederlage v. →Bornhöved 1227. 1235 erhielt er die Hälfte des Landes →Wolgast als dän. Lehen. 1233 und 1240 verlieh er der Stadt →Stralsund Lüb. Recht. 1231 gründete er das OCist-Kl. Neuenkamp. Ebenso bewidmete er die Kl. Bergen (1232), Eldena (1241) und das Domstift Riga (1237). 1246 resignierte er zugunsten seines Sohnes →Jaromar II. († 1260).

R. Schmidt

2. W. II., *Fs. v.* →*Rügen*, Enkel von 1., * um 1240, † 29. Dez. 1302, ⌂ Oslo, Marienkirche. Er förderte die Stadt Stralsund und andere Städte des Landes sowie zahlreiche Kl. Durch seine Mutter Eufemia gelangte er in den Besitz des ostpommerschen Landes Schlawe und gründete hier (vor 1271) die Stadt Rügenwalde. 1277 verkaufte er sie mit dem Land Schlawe an die Mgf.en v. →Brandenburg. Kg. Rudolf I. belehnte ihn mit dem festländ. Teil des Fsm.s Rügen. 1283 beteiligte er sich an dem Landfriedensbündnis norddt. Fs.en und Städte gegen Brandenburg. Nach dem Aussterben des pommerell. Hzg.shauses 1294 wurde er in die Auseinandersetzungen um das Erbe verstrickt. Er starb in Oslo, als er seine Tochter Eufemia (∞ Kg. →Hákon V. v. Norwegen) besuchte. R. Schmidt

3. W. III., *Fs. v.* →*Rügen*, Sohn von 2., * um 1265, † 8. Nov. 1325. In jungen Jahren wurde er als Dichter von Minneliedern und Sprüchen bekannt (→Wizlaw v. Rügen). Unter ihm fand die niederdt. Sprache Eingang in die Kanzlei (zuerst 1304). 1304 vom Dänenkg. →Erich VI. Menved mit Rügen belehnt, beteiligte er sich an dessen Kampf gegen die Städte in Norddtl. (bes. gegen Stralsund) und versprach, falls er ohne Erben bleiben sollte, den Anfall Rügens an Dänemark. Durch diese Politik geriet er in Gegensatz zum Adel und zum städt. Bürgertum. Beide gewannen zunehmend an Einfluß. Nach dem Tod Erich Menveds (1319) sicherte W. durch Vertrag vom 5. Mai 1321 den Pommernhzg.en die Nachfolge zu. Nach seinem Tod huldigten die rüg. Städte und Vasallen Hzg. Wartislaw IV. v. Pommern-Wolgast. Ansprüche auf Rügen erhoben aber auch die Fs.en v. Mecklenburg. Der Rüg. Erbfolgekrieg 1326–28 endete zugunsten →Pommerns. R. Schmidt

Q. und Lit.: Pomm. UB I–VII, 1881–1958 – ADB XXIII, s.v. – O. Behm, Beitr. zum Urkk.wesen der einheim. Fs.en v. Rügen, PJ 14, 1912 – M. Wehrmann, Gesch. v. Pommern, I, 1919² [Neuausg. 1982] – C. Hamann, Die Beziehungen Rügens zu Dänemark von 1162 bis ... 1325, 1933 – U. Scheil, Zur Genealogie der einheim. Fs.en v. Rügen, 1962 – K. Wriedt, Die kanon. Prozesse um die Ansprüche Mecklenburgs und Pommerns auf das rüg. Erbe, 1963.

4. W. v. Rügen. Die Jenaer →Liederhs. überliefert ohne Namen dreizehn und einen unvollständigen Sangspruch (→Spruchdichtung) sowie zwölf und ein unvollständiges Minnelied (→Minnesang), die nach der Schlußzeile von Minnelied 9 »wizlau diz scrip« meistens →Wizlaw III. v. Rügen († 1325) zugeschrieben werden. Die Texte sind von einer anderen Hand als der übrige Codex auf einer freien Spalte (72vb) und einer eingeschobenen Lage geschrieben, durch Blattverlust sind drei Lücken entstanden. Das Corpus unterscheidet sich von den übrigen der Jenaer Hs. durch die Minnelieder (sonst nur von Meister Alexander). Die Sangsprüche umfassen die gängigen Themen von Gottes- und Marienlob, geistl. und weltl. Lehre (Exempel Curtius Rufus), Tugendpreis und Lasterschelte, Rätsel ('muot') sowie Herrenlob (auf Heinrich I. v. →Holstein, seinen Neffen Erich oder Gerhard II.?). Unter den Minneliedern überwiegen die Sommerlieder (sechs), dann Frauenpreis z. T. mit Minneklage (drei), ein Winterlied, ein →Tagelied, ein »Tagelied des Einsamen« und ein unvollständiges Herbstlied (→Steinmar). Die Melodien (fünf Sangspruchtöne, dreizehn Minnelieder) sind teils im eher einfachen, teils im elaboriert melismat. Stil gehalten, wobei eine Gattungsdifferenzierung kaum möglich ist (Gotteslob Ton 1, aber auch Lehre Ton 3 und 5 sowie Tagelied als traditionelle Gattung elaboriert, die Jahreszeitenlieder eher einfach). In der Melodiebildung hat man einen »slav.« Tonfall erkennen wollen. Minnelied 2 verwendet (wenn man den Text richtig deutet) einen Ton des Ungelehrten (bezeugt in Stralsund 1300). Die Sprache der Texte ist ein mitteldt. überformtes Niederdt., was nicht selten zu Unklarheiten führt. Ob die Lieder vom Fs.en Wizlaw III. stammen, ist nicht sicher, es könnte sich auch um einen Fahrenden gleichen Namens handeln. Dafür sprechen das Lob auf den Herren v. Holstein und, neben dem Sangspruchrepertoire, die Selbstnennung. Andernfalls wäre der von Frauenlob (→Heinrich v. Meißen) und vom Goldener gepriesene Wizlaw III., der Bruder der Kgn. Eufemia v. Norwegen (die höf. Romane übersetzen ließ: →»Eufemiavisor«), der letzte der dichtenden Fs.en aus Mittel- und Norddtl., die die »königliche« Kunst des Minnesangs (Gr. Heidelberger Liederhandschrift) pflegten, wobei W. auch den ständisch inferioren Sangspruch einbezog. V. Mertens

Ed.: W. Thomas–B. G. Seagrave, The Song of the Minnesinger, Prince W. of. R., 1967 – S. Werg, Die Sprüche und Lieder W.s v. R. [Diss. Hamburg 1969] – *Lit.*: A. Wallner, Drei Spielmannsnamen, PBB 33, 1908, 540–546 – A. Dölling, Die Lieder W.s III. v. R., klanglich und musikalisch untersucht [Diss. Leipzig 1926] – E. Pickerodt-Uthleb, Die Jenaer Liederhs., 1975 – W. Seibicke, »wizlau diz scrip« oder: Wer ist der Autor von J, fol. 72^r–80^v?, Ndt. Jb. 101, 1978, 68–85 – J. Bumke, Mäzene im MA, 1979 [Register] – O. Sayce, The Medieval German Lyric 1150–1300, 1982 [Register] – T. Tomasek, Das dt. Rätsel im MA, 1994 [Register].

Wizo → Candidus (s. C.)

Wladyken → Włodyken

Władysław (s. a. Vladislav)

1. W. I. Herman, *Fs. v.* →*Polen* 1080–1102, * 1042–44, † 4. Juni 1102 in Płock; Eltern: →Kasimir I. Restaurator, Fs. v. Polen, und Maria Dobroniega, Schwester →Jaroslavs v. Kiev; ∞ 1. unbekannte Polin, 2. um 1080 Judith († 25. Dez. 1086), Schwester →Vratislavs II. v. Böhmen, 3. 1088 Judith Maria († nach 1105), Schwester Ks. Heinrichs IV., Witwe Kg. →Salomons v. Ungarn. W. verwaltete als zweitältester Sohn →Masowien und bestieg den poln. Thron nach der Vertreibung Kg. →Bolesławs II. Śmiały. Doch erhob er keine Ansprüche auf die Kg.swürde. Im →Investiturstreit trat W. auf die Seite des Ks.s über und zahlte wieder Tribut aus →Schlesien an Böhmen. 1091 unterwarf er vorübergehend Pommerellen. W., von schwacher Statur, herrschte mit Hilfe des Palatins →Sieciech, der mit Unterstützung von W.s dritter Gemahlin Judith Maria alles versuchte, um die zentrale Autorität gegen die Adelsopposition zu stärken. 1093 riefen rebellierende Große der Provinz Schlesien unter Führung des Breslauer Gf.en Magnus →Zbigniew, den erstgeborenen Sohn W.s, der aus einem Nonnenkl. in Sachsen fliehen konnte, nach Schlesien. W. wurde gezwungen, ihm Schlesien zu übertragen. Um 1096 (?) wurde Zbigniew nach einem Bürgerkrieg von Sieciech eingekerkert. Zbigniew, den man 1097 aus der Haft entließ, trat bald mit seinem Stiefbruder →Bolesław (III. Krzywousty) in Opposition zu Sieciech. W. überließ seinem älteren Sohn Großpolen, dem jüngeren Schlesien, behielt aber die Oberhoheit. Vor 1100 erzwangen beide Brüder Sieciechs Verbannung. S. Gawlas

Lit.: SłowStarSłow V, 155f.; VI, 518–520; VII, 108–110 – K. Maleczyński, Bolesław III. Krzywousty, 1975 – S. Trawkowski, Poczet królów i książąt polskich, 1978 – Gesch. Schlesiens, I, 1988⁵ – K. Jasiński, Rodowód pierwszych Piastów, 1992 – R. Michałowski, Princeps fudator. Studium z dziejów kultury politycznej w Polsce X–XIII w., 1993², 97ff. – G. Labuda, W. i Zbigniew. U genezy podziałów dzielnicowych w Polsce w drugiej poł. XI w. (Społeczeństwo Polski średniowiecznej, hg. S. K. Kuczyński, VI, 1994).

2. W. II. Wygnaniec, (d. Vertriebene), *Fs. v.* →*Polen* 1138–46, * 1105, † 30. Mai 1159; Eltern: →Bolesław III.

Krzywousty, Fs. v. Polen, und Zbysláva, Tochter des Gfs. en Svjatopolk II. v. Kiev; ∞ 1123/24 Agnes († 24./25. Jan. 1160/63), Tochter →Leopolds III. v. Österreich, Halbschwester Kg. Konrads III. Gemäß der Nachfolgeordnung des Vaters wurde W. als ältester Sohn 1138 Gfs. v. Polen (Senior); er erhielt →Schlesien und das Senioratsgebiet mit Krakau und Gnesen sowie die Oberaufsicht über die Mark Danzig (→Pommerellen), während die jüngeren Halbbrüder →Mieszko III. Stary mit dem w. Großpolen und →Bolesław IV. Kędzierzawy mit Masowien ausgestattet wurden; das Land →Łęczyca war das Wittum der Salome v. Berg († 1144), der 2. Gemahlin Bolesławs III. W. strebte aber nach der Alleinherrschaft über Polen, und 1142–43 und erneut 1145 (nach dem Tod der Stiefmutter Salome) kam es zum Bürgerkrieg. W. verfügte dabei über Hilfstruppen des Gfs. en Vsevolod v. Kiev. Ende 1145 ließ W. →Peter Włast, Palatin v. Polen, blenden. 1146 belagerte er seine Halbbrüder in Posen, wurde aber von Ebf. Jakub v. Gnesen exkommuniziert, von den Halbbrüdern besiegt und aus Polen vertrieben. W. bat Kg. Konrad III., zu dem er schon vor 1138 ein Lehnsverhältnis eingegangen war, um Hilfe, doch blieb der von ihm unternommene Feldzug ohne Erfolg. W., der 1147–49 am 2. →Kreuzzug teilnahm, bekam als Ausstattung die Pfalz Altenburg. 1157 intervenierte Ks. Friedrich Barbarossa zugunsten W.s in Polen und besiegte Gfs. Bolesław IV., der die Oberhoheit des Ks.s anerkannte, ihm im Feldlager v. Krzyszków bei Posen Treue (aber keinen Lehnseid) schwor und sich zur Zahlung eines hohen Tributes verpflichtete. Erst nach dem Tod W.s übergab Bolesław 1163 auf Druck des Ks.s den drei Söhnen W.s Schlesien.

S. Gawlas

Lit.: SłowStarSłow VI, 520f. – K. Jasiński, Rodowód Piastów Śląskich, I, 1973 – B. Snoch, Protoplasta książąt śląskich, 1985 – J. Hauziński, Polska a Królestwo Niemieckie (Niemcy – Polska w średniowieczu, hg. J. Strzelczyk, 1986), 140ff. – J. Powierski, B. Śliwiński, K. Bruski, Studia z dziejów Pomorza w XII w., 1993, 65ff. – W. Irgang, W. Bein, H. Neubach, Schlesien. Gesch., Kultur, Wirtschaft, 1995, 32ff. – J. Bieniak, Polska elita polityczna XII w. (Społeczeństwo Polski średniowiecznej, hg. S. K. Kuczyński, VII, 1996).

3. W. I. Łokietek (d. Ellenlange), *Kg. v. →Polen* 1320–1333, * 1259/60, † 2. März 1333 in Krakau; Eltern: Kasimir I. († 14. Dez. 1267), Fs. v. Kujawien, und Eufrozyna († 4. Nov. 1292/93), Tochter Kasimirs I. v. Oppeln; ∞ Jan. 1293 Hedwig († 10. Dez. 1339), Tochter Bolesławs d. Frommen, Fs. v. Großpolen. Seit 1267 stand der minderjährige W. unter der Vormundschaft seiner Mutter, dann der älteren Brüder Leszek und Siemomysł. Bei seiner Volljährigkeit 1275 erhielt W. Südkujawien mit Brześć als Teilfsm. 1288 erbte W. das Land v. →Sieradz nach dem Tod des Halbbruders Leszek d. Schwarzen [seit 1279 Fs. v. →Krakau] und nahm an dem Krieg um Kleinpolen gegen →Heinrich IV., Hzg. v. Schlesien-Breslau (70. H.), auf der Seite Bolesławs, des Fs. en v. Masowien-Płock, teil. 1289 besetzte W. vorübergehend Krakau, behielt aber das Land v. →Sandomir. Nach dem Tod Heinrichs IV. 1290 begann der Kampf um Krakau erneut. →Wenzel II., Kg. v. Böhmen, besetzte 1291 Kleinpolen, verdrängte 1292 W. aus Sandomir und zwang ihn zur Huldigung für Sieradz und Kujawien. Als 1294 Kasimir II., Fs. v. Łęczyca, starb, erbte W. sein Fsm. Die Ermordung →Przemysłs II. v. Großpolen und Pommerellen Anfang 1296 verursachte Kämpfe um die Nachfolge. W. wurde zwar zum Fs. en gewählt, verlor aber den n. Teil Großpolens an Brandenburg und mußte die s. Gebiete an Heinrich III., Fs. v. Glogau, abtreten (Abkommen v. Krzywin). 1297 verzichtete W. auf seine Ansprüche auf Krakau und huldigte 1299 in Klęka noch einmal Kg. Wenzel II., der ihn 1300 ganz aus Polen vertrieb. 1304 kehrte W. mit ung. Hilfe zurück. Der Tod Wenzels II. 1305 und die Ermordung →Wenzels III. 1306 erleichterten nun die Durchsetzung von W.s Herrschaft in Kleinpolen, Sieradz, Łęczyca, Kujawien und Pommerellen, während man in Großpolen Heinrich III. v. Glogau († 1309) herbeirief. W. konnte 1308 Pommerellen nicht vor einem brandenburg. Angriff schützen und bat den →Dt. Orden um Hilfe, der Danzig und 1309 das ganze Land besetzte. Dies verursachte langwierige Auseinandersetzungen zw. Polen und dem Orden. Im Winter 1311/12 führten Interessenunterschiede zw. Krakau sowie einigen anderen kleinpoln. Städten und dem Adel zum sog. Aufstand des Vogtes Albert. Seine Niederlage verhinderte langfristig die Realisierung der polit. Ansprüche des städt. Bürgertums. 1314 rebellierte der großpoln. Adel gegen die Herrschaft der Fs. en v. →Glogau und rief W. zur Hilfe. In der nun eingeleiteten Wiedervereinigung Polens errang der Adel eine dominierende Stellung. Obwohl →Johann v. Luxemburg, Kg. v. Böhmen, Ansprüche auf den poln. Thron erhob, erlangte W. die Zustimmung Papst Johannes' XXIII. zu seiner Krönung am 20. Jan. 1320 in Krakau. 1320/21 verurteilte ein Kurialgericht in Inowrocław und Brześć den Dt. Orden zur Herausgabe Pommerellens und zur Zahlung einer Entschädigung; der Urteilsspruch blieb jedoch wirkungslos. Die poln.-ung. Allianz wurde 1320 durch die Heirat →Elisabeths (11. E.), der Tochter W.s, mit →Karl Robert v. Anjou bekräftigt. 1323 setzten poln.-ung. Hilfstruppen Bolesław (Jurij II.) v. Masowien-Czersk auf den Thron von →Halič-Volhynien. 1325 führte der Bündnisvertrag mit →Gedimin, Gfs. v. Litauen, zur Heirat von dessen Tochter Aldona-Anna mit dem poln. Thronfolger →Kasimir (III. d. Gr.). 1326 verwüstete W. die Neumark. Im Winter 1327 zog Kg. Johann v. Böhmen gegen Krakau. Zwar kehrte er unter ung. Druck zurück, doch huldigten ihm viele Fs. en v. Schlesien, und 1329 erkannten fast alle Fs. en Schlesiens seine Lehnshoheit an. Im Sommer 1327 brachen offene Kämpfe W.s mit dem Dt. Orden aus, der mit Kg. Johann verbündet war. Die gegner. Truppen besetzten das Land v. Dobrzyń, und Wenzel (Wańko), Fs. v. Masowien-Płock, huldigte dem böhm. Herrscher. Bei neuen Kämpfen 1330 und 1331 verwüsteten Truppen des Dt. Ordens Großpolen und besetzten trotz einer unentschiedenen Schlacht bei Płowce am 27. Sept. 1331 im folgenden Jahr ganz Kujawien. Während des Waffenstillstands, der im Sommer 1332 auf Vermittlung des päpstl. Legaten Peter v. Alvernia für ein Jahr zustande kam, starb W.

S. Gawlas

Lit.: S. Zajączkowski, Polska a Zakon Krzyżacki w ostatnich latach Władysława Łokietka, 1929 – E. Długopolski, W. Ł. na tle swoich czasów, 1951 – J. Bieniak, Wielkopolska, Kujawy, ziemie łęczycka i sieradzka wobec problemu zjednoczenia państwowego w latach 1300–1306, 1969 – P. W. Knoll, The Rise of the Polish Monarchy, 1972, 15ff. – J. Pakulski, Siły polityczno-społeczne w Wielkopolsce w pierwszej połowie XIV w., 1979 – H. Łowmiański, Początki Polski, VI, 1985 – B. Nowacki, Czeskie roszczenia do korony w Polsce w latach 1290–1335, 1987 – H. Samsonowicz, Łokietkowe czasy, 1989 – J. K. Hoensch, Gesch. Polens, 1990[2] – T. Nowakowski, Małopolska elita władzy wobec rywalizacji o tron krakowski w latach 1288–1306, 1992 – K. Jasiński, Polityka małżeńska Władysława Łokietka (Genealogia, hg. A. Radzimiński-J. Wroniszewski, 1996) – S. Gawlas, O kształt zjednoczonego Królestwa. Niemieckie władztwo terytorialne a geneza społecznoustrojowej odrębności Polski, 1996.

4. W. II. Jagiełło, Gfs. v. →Litauen 1377–1434 (→Jagiełło, Jagiellonen), *Kg. v. →Polen* 1386–1436, * um 1351/52, † 1. Jun. 1434 in Gródek in Rotreußen; Eltern: →Olgerd († 1377), Gfs. v. Litauen, und Juliana († 1391/92), Tochter von Aleksandr, Fs. v. Tver'; ∞ 1. 18. Febr. 1386

→Hedwig († 17. Juli 1399), Tochter Kg. →Ludwigs v. Ungarn und Polen, 2. 29. Jan. 1402 Anna († 20./21. März 1416), Tochter Wilhelms, Gf. v. →Cilli, 3. 2. Mai 1417 Elisabeth († 12. Mai 1420), Tochter Ottos v. Pilcza, 4. 7. Febr. 1422 Sofia († 21. Sept. 1461), Tochter Alexanders v. Holszany. Seit 1377 Gfs. v. Litauen, rang W. während des Bürgerkrieges und der Einfälle des Dt. Ordens um die Herrschaft. 1385 schloß er mit poln. Großen den Vertrag v. →Krewo. Im Winter 1386 ging W. nach Krakau, vermählte sich nach seiner Taufe, bei der er den Namen W. annahm, mit Hedwig und wurde zum Kg. v. Polen gekrönt. 1387 empfing W. die Huldigung →Peters I., Fs. der Moldau (19. P.). Das Fsm. Moldau blieb bis zum Ende des 15. Jh. von Polen lehnsabhängig. 1387 schuf W. die Grundlagen für die Christianisierung Litauens. Ein erneuter Bürgerkrieg zwang W. 1392, seinen rebellierenden Vetter Witold (→Witowt) mit der Statthalterschaft im gesamten Gfsm. zu beauftragen. Die Beziehungen zw. Polen und Litauen wurden in den Unionen v. →Radom und Wilna 1401, v. →Horodło 1413 und v. Grodno 1432 geregelt. Immer wieder auftretende Konflikte mit dem Dt. Orden, v. a. um →Schemaiten, löste W. zunächst mit dem 1404 vom Papst vermittelten Frieden v. Raciąż. Während des Krieges 1409-11 schlug W. den Dt. Orden bei →Tannenberg vernichtend, doch erhielten er und Witold im 1. →Thorner Frieden Schemaiten nur auf Lebensdauer. 1414 nahm W. den Krieg mit dem Dt. Orden wieder auf, bevor der Streit beim Konzil v. →Konstanz behandelt und 1419/ 20 an ein Schiedsgericht Kg. Siegmunds überstellt wurde. Nach einem weiteren poln. Feldzug 1422 schloß W. Frieden am →Melnosee, die Grenze wurde festgelegt, und Litauen behielt endgültig Schemaiten. 1420 boten böhm. Stände W. die Krone an, die er jedoch nicht annahm: bis 1423 unterstützte er dennoch die Hussiten gegen Kg. Siegmund. Im letzten Jahrzehnt seiner Herrschaft bemühte sich W., dem seine vierte Gemahlin zwei Söhne gebar, um die Sicherung der Thronrechte von →Władysław (III.) und →Kasimir (IV.). In den Privilegien v. Jedlno 1430 und Krakau 1433 sah sich W. gezwungen, die bisherigen Freiheiten der Adligen zu bestätigen und ihre Rechtssicherheit zu garantieren (»Neminem captivabimus nisi iure victum«). Nach dem Tod Witolds konnte W. nicht verhindern, daß sich poln. Würdenträger militär. in die inneren Verhältnisse Litauens einschalteten und 1432 nicht Świdrygiełło (→Švitrigaila), sondern →Sigismund Kestutovič als Gfs. einsetzten. Der Bürgerkrieg nutzte dem Dt. Orden, der ein Bündnis mit Świdrygiełło schloß und in Kujawien einfiel. Der poln. Feldzug 1433 unter Beteiligung hussit. Söldner zwang 1435 den Orden zum »ewigen Frieden« in Brześć Kujawski, für den die preuß. Stände hafteten. S. Gawlas

Lit.: A. Gąsiorawski, Itinerarium króla Władysława Jagiełły, 1972 – HGeschRußlands I, 749ff. – A. Nadolski, Grunwald, 1990 – J. Krzyżaniakowa–J. Ochmański, W. II. J., 1990 – J. K. Hoensch, Kg./ Ks. Sigismund, der Dt. Orden und Polen-Litauen, ZOF 46, 1997.

5. W. III. Warneńczyk (d. Varnaer), *Kg. v.* →*Polen* 1434–44, *Kg. v.* →*Ungarn* 1440–44, * 31. Okt. 1424 in Krakau, ✕ 10. Nov. 1444 in der Schlacht bei →Varna; Eltern: →Władysław II. Jagiełło, Kg. v. Polen, und Sofia v. Holszany. Kaum zehn Jahre alt, bestieg W. den Thron. Die Regentschaft übernahmen die höchsten Würdenträger, v. a. kleinpoln. Große, an deren Spitze Zbigniew →Oleśnicki, Bf. v. Krakau, stand. 1435 schlossen sie Frieden mit dem Dt. Orden in Brześć. Nach dem Tod Siegmunds, Ks. und Kg. v. Böhmen und Ungarn, schalteten sie sich in die Auseinandersetzung um das Erbe ein. 1438 boten böhm. →Utraquisten W. die böhm. Krone an, doch bestimmte eine Adelsversammlung in Nowy Korczyn gegen das Votum Oleśnickis und anderer Bf.e den jüngeren →Kasimir (IV. Jagiellończyk) zum Kandidaten. Der für ihn unternommene poln. Feldzug wurde aber von dem Habsburger →Albrecht II. abgewehrt. Der Ende 1438 volljährig gewordene W. stärkte die Position Oleśnickis, der 1439 bei Grotniki die oppositionelle Adelskonföderation unter Spytek v. Melsztyn schlug. Nach dem plötzl. Tod Albrechts II. 1439 rief die antihabsbg. Partei in Ungarn W. auf den ung. Thron. Vor dem Verlassen Polens ernannte W. Jan v. Czyżów für Klein- und Jan Malski für Großpolen zu Statthaltern. Nach Litauen, wo Gfs. →Sigismund ermordet worden war, entsandte W. seinen Bruder Kasimir, den der litauische gfsl. Rat zum Gfs. en erhob, wodurch die Personalunion mit Polen unterbrochen wurde. In Ungarn brach ein Bürgerkrieg mit →Elisabeth (3. E.), der Witwe Albrechts, aus, doch festigten die militär. Erfolge von Johannes →Hunyadi W.s Herrschaft, der sich dem 1443 von Papst Eugen IV. verkündeten Kreuzzugsunternehmen gegen die Türken (→Türkenkriege) anschloß. W. und sein Heerführer Hunyadi errangen mehrere Siege und schlossen am 1. Aug. 1444 einen günstigen Frieden, den W. auf Intervention des päpstl. Legaten Giuliano →Cesarini und im Vertrauen auf parallele christliche Flottenunternehmen bald aufkündigte. W.s auf sich alleine gestelltes Heer erlitt in der Schlacht bei Varna am 10. Nov. 1444 eine vernichtende Niederlage, in der neben W. auch der päpstl. Legat und viele ung. und poln. Kreuzfahrer den Tod fanden. S. Gawlas

Lit.: J. Dąbrowski, W. I. Jagiellończyk na Węgrzech, 1922 – R. Heck, Tabor a kandydatura jagiellońska w Czechach, 1964 – A. Sochacka, Jan z Czyżowa, namiestnik Władysława Warneńczyka, 1993, 111ff. – M. Duczmal, Jagiellonowie. Leksykon biograficzny, 1996.

Włocławek (Leslau), Kastellaneiburg, Stadt und Bf.ssitz in →Kujavien (Polen), am linken Weichselufer gelegen. Nach →Gallus Anonymus gehörte W. zu den bedeutendsten frühpiast. Burgen Polens und wurde wahrscheinl. im 10./11. Jh. erbaut. Das Bm. W. wurde um 1123 errichtet und um 1150 mit dem aufgelösten Bm. v. →Kruschwitz vereinigt. Die Bf.e residierten in der ehem. Kastellaneiburg; der Sitz der Kastellane wurde nach Brześć Kujawski verlegt. Ö. der Burg entwickelte sich eine gewerbl. Marktsiedlung mit Johanniskirche. Dort entstand auch die erste, nicht lokalisierbare roman. Domkirche. Der fsl. Teil dieser Siedlung erhielt vor 1230 dt. Recht. Die Verleihung der »civitas Theutonica« in W. 1255 an Bf. Wolimir durch Hzg. Kasimir v. Kujavien ermöglichte die Entstehung einer vereinigten Bf.sstadt unter dt. Recht. Nach der Zerstörung W.s und der Domkirche durch die Deutschordensherren (1329) stellte Bf. Matthias v. Gołańcza 1339 für W. ein neues Lokationsprivileg nach Kulmer Recht aus. 1340 wurde der Bau des jetzigen got. Domes an anderer Stelle begonnen. W. blieb bis 1793 Bf.sstadt. A. Wędzki

Lit.: SlowStarSlow VI, 525-527 – A. Ginsbert, W. Studium monograficzne, 1968 – Z. Guldon, Lokacje miast kujawskich i dobrzyńskich w XIII-XVI w., Ziemia Kujawska 2, 1968, 19-46 – M. Kuhn, Die dt. rechtl. Städte in Schlesien und Polen in der 1. Hälfte des 13. Jh., 1968, 120f. – Sztuka polska przedromańska i romańska do schyłku XIII w., 1971 – A. Wędzki, Początki reformy miejskiej w środkowej Europie do połowy XIII w., 1974, 142f. – Kat. zabytków sztuki w Polsce, XI, H. 18, 1988 – Architektura gotycka w Polsce, 1995.

Włodyken (Wladyken), seit dem 14. Jh. Bezeichnung in Böhmen (*vládyka*) und Polen (*włodyka*) für Angehörige des niederen Adels (→Adel, F). Das Wort 'vládyka' erscheint in altkirchenslav. Q.n seit dem 9. Jh. im Sinne von 'Herr, Herrscher'; 'vládyka' war außerdem der Titel der orthodoxen Bf.e. Vor dem 14. Jh. wurden zu den W. auch

die Mächtigen gezählt. In Böhmen unterschied man seit der Mitte des 14. Jh. den höheren Adel, die Herren (*páni, šlechta,* barones, domini, magnifice nobiles), immer deutlicher von den W. (*zemané, rytieřstvo,* minus nobiles). Unbekannt ist, ob diese Scheidung die Folge einer früheren Differenzierung war oder erst im 14. Jh. eingeführt wurde. Die endgültige rechtl. Abschließung des Herrenstandes sowie des W.- oder Ritterstandes erfolgte im 15. Jh. Die durch Ritterschlag erhobenen W. trugen den Titel *statečný rytieř* (strenuus miles); der Titel der W. niederer Stufe war *panoše* (Junker, cliens, famulus). In der Zeit der Hussitenkriege (1419–34) gewannen die W. an Bedeutung. Seit dem 15. Jh. bestand der Landtag Böhmens aus drei Kurien: aus den Herren, den W. und den Städten; neben den Herren waren auch die W. Schöffen des Landgerichts und bekleideten hohe Ämter.

In manchen Teilen Polens (in Kleinpolen und Masowien) wird in den Q.n seit der 2. Hälfte des 14. Jh. der höhere Adel (→*szlachta,* nobiles, milites famosi) von den W. (medii nobiles, milites communes, scartabelli) unterschieden. Die poln. W. waren meistens ärmer als die böhm. Schließlich bildete sich in Polen nur ein Adelsstand (szlachta) aus, dem neben dem höheren Adel auch einige W. angehörten; die übrigen W. wurden Bauern oder Bürger der Städte. →Stand, V. 1. A. Bogucki

Lit.: K. Buczek, The Knight Law and the Emergence of the Nobility Estate in Poland (The Polish Nobility in the MA, 1984) – A. Bogucki, Czeskie nazwy rycerstwa w XIV i XV w., CzasPwHist 40, 1988 – Ders., Rycerz i panosza (Społeczeństwo Polski średniowiecznej, Bd. 7, 1996).

Woche (hebdomas; wecha, wuche; septimana, semaine, semena, settimana), ein Zeitraum von einer bestimmten, immer gleichbleibenden Zahl von sieben Wochentagen (dies solis, dies lunae), der bes. benannt und unabhängig von jeder anderen Zeitzählung gezählt wird. Er ist keine Einteilung des →Monats oder →Jahres und greift desswegen von einem Monat (bzw. Jahr) in den anderen über. Die Juden wie die Römer haben die siebentägige W. aus dem Orient übernommen. Die Christen bedienten sich ebenfalls der W., nahmen aber den →Sabbat, der bei den Heiden und den Juden der erste Tag der W. war, als den letzten und verlegten ihren Feiertag an den Auferstehungstag, den →Sonntag, als den ersten Tag der W. (Gal 4,10–11). Bürgerl. Geltung erhielten die W. und der Sonntag erst 321 durch Ks. Konstantin, und sie wurden beim Volk schnell populär. Die planetar. W. hat sich im Laufe der Zeit allg. durchgesetzt, auch bei den Juden und Christen. W.ntagsbezeichnungen, die aus den astrolog. Tagesregenten hergeleitet sind, haben die Römer von den Ägyptern übernommen. Bis in die NZ werden in fast allen roman. Ländern fünf W.ntage mit Planeten bezeichnet. Die Germanen ersetzten die von den Römern übernommenen Tagesnamen teilweise durch die ihrer Götter. Die Kirche versuchte, die verhaßten heidn. Planetennamen durch andere zu verdrängen. Dies gelang ihr zuerst beim Sonntag, den man als Tag des Herrn dominica nannte; dies ist roman. Völker haben sich dem angeschlossen: frz. *dimanche,* prov. *dimenge,* it. *domenica,* span. *domingo,* rumän. *dominica.* Nur im germ. Bereich hielt man am alten Namen fest. Des weiteren gelang es der Kirche, den Namen des jüd. Sabbat erfolgreich einzuführen: frz. *samedi* (aus afrz. *sambedi,* gekreuzt mit afrz. *seme* < lat. septimus), it. *sabato,* span. *sabado,* ahd. *sambastac,* mhd. *samstac, sabda* (Tirol), *samda* (Rheintal), nhd. *Samstag.* Daneben erscheint auch Sonnabend, hervorgehend von der vorsonntägl. →Vigil am Samstag Abend. Für die anderen W.ntage soll nach →Beda Venerabilis Papst Silvester I. (314–336) anstelle der Planetennamen die jüd. Zählung eingeführt haben; der sog. ritus ecclesiasticus (→Isidor v. Sevilla) kann vereinzelt bereits im 2. Jh. nachgewiesen werden. Bei dieser Tagesbenennung wird im Gegensatz zum lat. feria der Werktag bezeichnet: Montag als feria secunda, Dienstag als feria tertia etc.; diese Tagesbenennung setzte sich im MA nur im kirchl. Bereich und in Portugal durch. Nur vereinzelt wird der Sonntag feria prima, der Samstag feria septima, feria sabbati benannt. Außer den gängigen W.ntagsnamen gab es im Abendland noch eine Menge anderer Namen für die einzelnen Tage, deren Gebrauch zeitl. und örtl. begrenzt ist, wie: *frôntag* für Sonntag, *aftertag* für Montag, *zistag, zinstag* (alem.) und *aftermontag* (sw.bayr.) für Dienstag, *gudenstag, gutemtag* (westfäl., schwäb.) für Mittwoch, *phinstag* (bayr., österr.) und *jovis* (Graubünden) für Donnerstag, *satertag* (westfäl.) für Samstag. Die Slaven haben vermutl. die W. erst durch das Christentum kennengelernt. Die slav. W. kennt keine Götternamen für die Tagesbezeichnung, sondern zählt mit dem Montag beginnend die Tage durch. Der slav. Name für Sonntag *nedelja* bezeichnet den Ruhetag. Als pars pro toto steht er in einigen slav. Sprachen auch für die W., im Westslav. erscheint dagegen ein Kompositum *tyden* (im Sinn 'Wiederkehr des Tages'). P.-J. Schuler

Lit.: F. Rühle, Chronologie des MA und der NZ, 1897, 49ff. – Ginzel III, 1914, 97ff. – Grotefend.

Wochenbett, puerperium nach der Geburt, wurde üblicherweise auf den Zeitraum von einer Woche, d.h. die Tage des roten und braunen Wochenflusses (Lochien) begrenzt, während dessen die 'Wöchnerin' als 'Kindbetterin' im *kind(el)bette* (mhd.) blieb und gepflegt wurde. Die Anweisungen, die Ps.→Ortolf in seinem 'Frauenbüchlein' gibt, die Ps.→Rößlin im 'Rosengarten' ergänzt und die Jakob Rueff in seinem 'Trostbuchle' ausbreitet, machen deutlich, daß die Maßnahmen zunächst auf vollständige Plazentalösung zielten, auf etwaige Verletzungen achteten und im Anschluß an die Nachgeburt den ungehinderten Abgang der Lochien zu sichern suchten; darüber hinaus wurde Hilfe bei Beginn des Stillens (gegebenenfalls beim Abstillen) gewährt. Diätet. Anleitungen berücksichtigten jede der sechs →Res non naturales, akzentuierten die Beleuchtung, die abdominale Tieflagerung in Rückenlage und die Bewegungstherapie, bei der die Wöchnerin auf kurzen Strecken 'ein wenig vmbgefiert' werden sollte. In den ersten drei Tagen bekam sie nur 'flussges essen' gereicht, ab dem vierten Brei und zerkleinertes Geflügel. Die Getränke-Diät berücksichtigt bereits Puerperalpsychosen, deren 'traurikeyt' verstärkte Zuwendung erforderte und deren Ängste durch Sitzwachen gelindert wurden. – Gegen Kindbettfieber hielt die ma. Medizin zahlreiche Maßnahmen bereit, die von oralen Arzneimitteln (Aristolochia spec.) über abdominale Kataplasmen bis zu Pessaren und Scheidenräucherungen auffächerten und ab dem 14. Jh. sich auch komplizierter Apparate bedienten (Scheiden-Bedampfer ['bewimpelt pipe'] der mnl. →'Trotula', 6ᵛ mit Abb.). – In der Volkskunde begegnen vielfältige W.-Bräuche wie das Feiern eines glückl. verlaufenen Puerperiums ('kintbette-hof') und das Erfreuen der Wöchnerin durch Präsente ('kintbette-schenke', →Desco da parto). – Ikonograph. ist das W. durch Zeichnungen gynäkolog. Apparate ebenso bezeugt wie durch die Bildtradition der Geburt Mariens und der Geburt Christi (Hl. Anna im W., Maria im W.). – Die ma. Magie kennt einen vielschichtigen W.-Zauber mit apotropäischen Amuletten, Talismanen (Hl.nfiguren), Fetischen (Eichenmistel; →Wunderdrogen) und bannenden Zauberhandlungen, die Mutter und

Neugeborenes gleichermaßen einbeziehen und deren Tradition bis in die Gegenwart lebendig blieb (Trutenbann).

G. Keil

Lit.: P. Diepgen, Frau und Frauenheilkunde in der Kultur des MA, 1963, 111f., 216 u. ö. – A. B. C. M. Delva, Vrouwengeneeskunde in Vlaanderen tijdens de late middeleeuwen ... (Vlaamse hist. studies 2, 1983) – O. Riha, Ortolfus pseudepigraphus (»ein teutsch puech machen«, hg. G. Keil [Wissenslit. im MA 11], 1993), 70–112 – B.-J. Kruse[-Mohn], Verborgene Heilkünste (Q.n und Forsch. zur Sprach- und Kulturgesch. germ. Völker 239, 1996), 208–214.

Wochenmarkt → Markt

Wodan, altfrk./ahd. Name des germ. Gottes, bei den Skandinaviern Óðinn (→Odin), bei Sachsen und Angelsachsen Woden, bei den Langobarden als Wotan/Godan bezeichnet. In den ersten nachchr. Jahrhunderten wurde er mit dem röm. Gott Merkur identifiziert, wie die Übersetzungen des lat. Wochentagsnamens dies Mercurii durch ags. *wōdnesdaeg* (vgl. engl. Wednesday) und an. *Óðinsdagr* (vgl. dän./norw./schwed. *onsdag*) zeigen; nur im Ahd. wurde die entsprechende Übersetzung *Woutenestac* durch das kirchenlat. media hebdomas (dt. Mittwoch) verdrängt. Belege für die südgerm. Form W. sind zwar seltener als für Óðinn, belegen aber die weite Kenntnis seiner Gestalt noch in chr. Zeit. →Adam v. Bremen (Gesta Hammaburg. eccl. pont. IV, 26 und Scholion 138f.) nennt W. als einen der drei Hauptgötter im Tempel v. Uppsala neben Thor und Fricco. W. findet sich darüber hinaus in weiteren Göttertriaden auf der Nordendorfer Runenspange (7. Jh.), im zweiten →Merseburger Zauberspruch (10. Jh., neben Phol und Balder) und im Sächs. Taufgelöbnis (9. Jh., neben Thunaer und Saxnot). Als Heiler eines Pferdes im zweiten Merseburger Zauberspruch hat man W. mit dem Gott der C-Brakteaten identifiziert, da auch hier die Heilung eines Pferdes im Vordergrund zu stehen scheint; der ags. Woden im ae. Neunkräutersegen ist ebenfalls Heiler, daneben ist die ags. Form (wie die an.) in einer ganzen Reihe von Ortsnamen erhalten. R. Simek

Lit.: E. Hackenberg, Die Stammtafeln der ags. Kg.reiche, 1918 – A. Mahr, W. in der dt. Volksüberlieferung, Mitt. der anthropolog. Ges. in Wien 58, 1928, 143–167 – A. L. Meaney, Woden in England, Folklore 77, 1966, 105–115 – K. Hauck, Zur Ikonologie der Goldbrakteaten XV: Die Arztfunktion des seegerm. Götterkg.s (Fschr. H. Beumann, 1977), 98–116.

Wogastisburg. Zum neunten Regierungsjahr des merow. Kg.s →Dagobert I. (631/632) berichtet die →Fredegar-Chronik (IV/68) von einem großen Krieg gegen die Slaven unter →Samo. Das austras. Haupttheer belagerte drei Tage lang vergebl. das castrum Wogastisburc und floh dann nach schweren Verlusten unter Zurücklassung des gesamten Lagers. Die Lokalisierung des sonst nicht gen. Ortes ist ungelöst. Ein Anhaltspunkt ist die Nachricht, daß nach der Schlacht häufig Slaven in Thüringen einfielen und sich die →Sorben Samo anschlossen. Meist suchte man W. daher in Böhmen, u. a. bei Kaaden (Labuda), aber auch in Oberfranken (Burk b. Forchheim; Kunstmann). Der Name dürfte hybrid aus einem slav. Personennamen und ahd. *-burc* gebildet sein. Dagoberts Niederlage führte zu einem längerfristigen Rückgang der frk. Machtstellung in den östl. Randgebieten Austrasiens und stabilisierte auf Lebenszeit Samos das erste überregionale slav. Reich Mitteleuropas. W. Pohl

Lit.: G. Labuda, Wogastis-Burg, SlAnt 2, 1949/50, 241–252 – H. Kunstmann, Was besagt der Name Samo, und wo liegt W.?, WSl 24, 1979, 1–21 – W. Pohl, Die Awaren, 1988, 260 – H. Brachmann, Als aber die Austrasier W. belagerten ... (Fredegar IV 68), Onomastica Slavogerm. 19, 1990, 17–33.

Wohldenberg, Burg, Gft. sö. Hildesheim (Niedersachsen). Die vornehml. im nw. Harzvorland begüterten Gf.en v. (Wöltingerode-)W. sind 1109 als Vögte v. St. Simon und Judas in →Goslar, 1142 als Vögte v. St. Georgenberg vor Goslar sowie seit 1129 als Inhaber einer ihnen wohl von Lothar III. verliehenen Gft. an der oberen Oker und Innerste bezeugt. Nach 1152 Vize- und ab 1180 Hochvögte v. →Gandersheim sowie Gf.en auch im Ambergau (w. Harzvorland), errichteten sie nach Mitte des 12. Jh. die Höhenburg W. und planten 1174 an der Grablege ihrer Vorfahren in Wöltingerode (nö. Goslar) die Gründung eines hirsauisch geformten Kl. OSB unter ihrer Senioratsvogtei; 1188 bestand hier jedoch das erste Zisterzienserinnenkl. Sachsens. Die von dort überlieferten qualitätvollen Hss. (13. Jh.) sind nicht im Kl. entstanden. Die W.er waren 1180–1269 Bgf.en auf der von Ks. Friedrich I. wiedererrichteten Harzburg und 1170, um 1200 und 1290 Goslarer Reichsvögte. 1275 wurden Gft. und Burg W. an das hier ein Amt einrichtende Bm. Hildesheim verkauft, die Gf.enrechte zw. oberer Oker und Nette an Hzg. →Albrecht I. v. Braunschweig (9. A.). Das Geschlecht, das mit Burchard (1232–35) einen Magdeburger Ebf., mit Heinrich (1310–18) und Otto (1319–31) zwei Hildesheimer Bf.e und mit Mechthild (1196–1223) eine bedeutende Gandersheimer Äbt. stellte, erlosch 1383. W. Petke

Lit.: H.-W. Klewitz, Stud. zur territorialen Entwicklung des Bm.s Hildesheim (Stud. und Vorarbeiten zum Hist. Atlas Niedersachsens 13, 1932), 63–67 – W. Petke, Die Gf.en v. Wöltingerode-W., 1971 – R. Kroos, Der Lgf.enpsalter – kunsthist. betrachtet (Der Lgf.enpsalter. Kommentarbd., hg. F. Heinzer, 1992), 70 – Germania Benedictina 12. Norddtl., bearb. U. Faust, 1994, 797–831 – H. Rüthing, Die ma. Bibl. des Zisterzienserinnenkl. Wöltingerode, SMGB Ergbd. 34, 1994, 189–216.

Wohnen, Wohnkultur, Wohnformen
A. Allgemein. Westen – B. Byzanz – C. Judentum

A. Allgemein. Westen

I. Wohnforschung – II. Wohnung, Wohnbegriff, Wohnverhalten – III. Wohnformen – IV. Haushalts- und Wohnungsgröße, Wohnverhältnisse und »Normen« – V. Wohn- und Raumfunktionen.

I. Wohnforschung: Die Befriedigung des alltägl. Wohnbedürfnisses ist eine anthropolog. Grundkonstante. Der Schlüsselbegriff W. ist allerdings schwer zu definieren, zumal es sowohl an einer generellen Theorie als auch an einer umfassenden Gesch. des W.s mangelt. Letzteres liegt auch daran, daß gerade zentrale Sachbereiche der Wohnforsch. (Musterbeispiele →Haus, →Möbel) in sich hochgradig diversifiziert sind, so daß dem Wunsch nach allgemeingültigen Aussagen immer wieder die verwirrende Vielfalt von Sonder- und Gegenbeispielen gegenübersteht. Traditionelle Festlegungen im Sinne und im Gefolge der alten Kulturgesch. betreffen v.a. die Wohnung (Whg.) als »gebaute Umwelt« oder die Whg.seinrichtung, also die materielle Seite des W.s. Inzwischen kann relevante Wohnforsch. nicht mehr länger von verdienstvollen Einzelwiss.en her betrieben werden (Bauforsch., Architektur- bzw. Kunstgesch., Archäologie), sondern repräsentiert ein fächerübergreifendes, von Soziologie, Volkskunde/Ethnologie und Sozialgesch. entwickeltes und mit der Rechtsgesch. eng verknüpftes Diskussions- und Arbeitsfeld: Zwar ist Wohnkultur (Wk.) ohne Wohnraum und ohne Wohninventar nicht mögl., aber erst der Lebensvollzug kann Wk. aufweisen. Wk. in Zeichenhaftigkeit für soziale Handlungsmuster und W. als Ausdruck subjektiver Befindlichkeit sind allerdings für das MA bisher kaum erfragt und erforscht worden, und die für alle Forschungsrichtungen gleiche Q.nbasis (Texte, Bilder, Objekte) wird in sehr unterschiedl. Dichte und mit jeweils

anderen Fragestellungen in Anspruch genommen (R.-E. MOHRMANN, 1985). Die Notwendigkeit quellenübergreifender Forschungsarbeit, die infolge der Komplexität des Themas W. nachdrückl. geboten erschiene, scheitert in der Regel an der Unausgewogenheit der Q.nlage: Archäol. Untersuchungen erbringen in zunehmender Zahl Hausgrundrisse sowie Details zu →Umwelt, →Heizung oder Hausrat, erlauben aber zum W. nur partielle Aussagen. Originale ma. Wohnensembles fehlen überhaupt. Ma. Bilder mit Wohnmotiven geben keine Alltags-, sondern religionsdidakt. geprägte Ausnahmesituationen wieder. Und die relativ »realitätsnächsten« schriftl. Q.n (Inventare, Verlassenschaftsakten, Testamente und Rechnungen) vermitteln eben bloß begriffl. Nachweise. Immerhin kann die Abfolge und/oder Benennung ehedem inventarisierter Räume die Binnengliederung des betreffenden Wohngebäudes nachzeichnen: Die spezif. Raumeinrichtung ist in der Regel der wichtigste Schlüssel für die Konkretisierung von hist. Raumfunktionen. Das Vorwiegen von oberschichtl. Fallbeispielen kann allerdings die wiss. Sicht unbewußt vorprägen und ungerechtfertigte Verzerrungen bewirken.

II. WOHNUNG, WOHNBEGRIFF, WOHNVERHALTEN: Die Whg. ist der engste Bereich der menschl. Umwelt, und Mittler zw. dieser und dem Menschen ist das Haus: Die Förderung der direkten Kommunikation zw. Innen- und Außenwelt ist geradezu als Funktion des ma. Hauses angesprochen worden (H. G. LIPPERT). Damit ist im Thema W. rückblickend auch die Frage nach der Grenze zw. Öffentlichkeit und Privatheit impliziert. Aus rechtl. Sicht dient das Haus im MA weniger der Abgrenzung des einzelnen Individuums vor der Öffentlichkeit, sondern eher als Schutzraum der darin wohnenden Lebensgemeinschaft. Rechtssymbol für Haus bzw. Whg. ist der Herd. Er kann »bodeneben« (in der Art eines offenen Kamins) oder erhöht (als »Tischherd«) ausgebildet sein und bis weit ins 19. Jh. in allen Gesellschaftsschichten eine offene Feuerstätte. Da alle Feuerstellen um vorhandene Rauchabzüge konzentriert sind, bleibt ein Teil der häusl. Räume unbeheizt. Innerhalb dieser Vorgabe erfolgt allerdings eine relativ ausgeklügelte Abwärmenutzung und Rauchwirtschaft. Aufgrund der hohen Errichtungskosten hatte eine feuersichere (gemauerte) Esse im Küchenbereich eine Prestige- und Ausnahmestellung. In der ursprünglichsten Form des häusl. W.s bedeuten Haus und Whg. dasselbe: einen einzigen, wenige Quadratmeter großen, überdachten Raum. Jene »Einraumwhg.« dient trotz ihrer Kleinheit allen elementaren Wohnzwecken auf einmal (insofern verkörpert sie die genuine Komplexität des Wohnbegriffs). In der Regel bleibt im MA das Hausinnere räuml. wenig differenziert und ist wirtschaftl. Belangen, Fragen der Existenzsicherung des Haushaltes und seiner Versorgung mit Lebensmitteln und anderen Gütern untergeordnet (F. KASPAR). Erst durch Zerlegung in dementsprechende Teilfunktionen wird der Wohnbegriff konkretisierbar: erstens jener engste häusl. Bereich, mit dem man Muße, Privatleben, Intimität assoziiert; zweitens die bes. dingl. konkreter faßbaren, wesentl. Funktionen wie Kochen und Heizen, Essen und Trinken (→Ernährung, →Becher, →Gefäße, →Besteck, →Gabel, →Löffel, →Messer, →Teller, →Tischsitten), Ruhen und Schlafen (→Bett), →Hygiene (→Abtritt, →Aquamanile, →Bad); und drittens auch Aufgaben wie Verwahren und Vorratshaltung (→Keller), Hauswirtschaft und →Arbeit. Es ist offensichtl., daß der Untersuchungsgegenstand W. in einem allzu breiten Verständnis ausufert. Die Wohnsoziologie komprimiert ihn auf drei Grundanforderungen: Das W.

muß dem körperl.-psych., dem sozialen und dem räuml. Bedarf des Individuums gerecht werden. Sozialgeschichtl. kann W. als ökonom. Bedürfnis wie auch als soziales Interaktionsfeld begriffen werden, mit dem die materielle Wohnumwelt in Beziehung steht. Die gebaute Whg.sumwelt und das Whg.sinventar bedingen entsprechende Handlungsvollzüge – und umgekehrt. W. ist ein sozialer Lebensprozeß im Haus, es ist Ausdruck und Bestandteil der sozialen Struktur eines Hauses. Als soziales Handlungsfeld definiert, inkludiert W. das tatsächl. Wohnverhalten, die tagtägl. Nutzung von Wohnraum, die diesbezügl. Handlungsmuster und deren Beeinflussung durch interne wie externe Faktoren. W. ist keine ausschließl. individuelle Daseinsform, sondern steher stärker, als dies bewußt wird, in gesellschaftl. Wechselbezügen. Die zentrale Frage lautet, warum die Menschen so wohnen, wie sie wohnen. Damit wird der Begriff W. zu einem Bedeutungsträger: Er bezeichnet je nach zeitl., kulturellem und sozialem Kontext Verschiedenes, so daß sich heutige Kriterien für das Verständnis der ma. Wk. kaum eignen. Offenkundig wird dies insbes., wenn der im Rückblick involvierte Kulturbegriff ästhet. orientiert oder elitebezogen oder fortschrittsverhaftet ist: Z. B. erschwert die aktuelle Energieverschwendung das Verständnis der Genügsamkeit und Andersartigkeit von ma. →Beleuchtung oder Heizung. Und während ein ma. Wandbehang (→Wirkteppiche) oder ein ma. Möbel heute eher von der authent. Wohnfunktion abgekoppelte Renommierobjekte sind oder ein Schrank unter Umständen gar nicht einmal aus dem Wohnbereich stammen muß (→Armarium), haben Repräsentationsgegenstände im hist. Kontext immer auch irgendeine instrumentelle, nüchtern-prakt. Funktion: Die häufigsten »Hochzeitsmöbel« etwa (Bett, Truhe, Schrank; →Hochzeit) gehören gleichzeitig zum Grundbestand an Gebrauchsmöbeln. Auch Begriffe wie Möbel und Einrichtung unterliegen übrigens einem Wandel: Nicht jedes »Mobiliar« im hist. Sinn kommt aus einem Holzhandwerk, und nicht jeder hölzerne Einrichtungsgegenstand ist »mobil«, und nicht jeder »mobile« Einrichtungsgegenstand entspricht dem modernen Verständnis von Möbeln, ja »mobil« (transportabel) kann ggf. sogar ein Haus sein.

III. WOHNFORMEN: Die gleiche Überlegung verbietet es, den sozialen Gruppierungen des MA (→Kloster, →Burg, →Bürgerhaus, →Bauernhaus, →Hausformen) etwa in sich konstante Wohnformen, Wohnmilieus, Wohnbedürfnisse und Wohntätigkeiten zu unterstellen: Dies erscheint im Hinblick auf die für Früh-, Hoch- und SpätMA unausgewogene Q.nlage bes. wichtig. Zudem ist das ma. W. stark bestimmt von geistigen Strukturen, die sich gar nicht in materiellen Unterscheidungsmerkmalen niederschlagen, sondern in einer allen Hausgenossen bewußten Hierarchie von Symbol-, Funktions-, Interessens- und Aktionsbereichen zum Ausdruck kommen: Ein generelles diesbezügl. Merkmal ist das Sozialprestige des W.s, das ggf. mit dem Gebäude ansteigend von unten (Wirtschaftsbereich) nach oben (Wohnbereich) verläuft, ein spezielleres Beispiel wäre die Sitzordnung. Ebenso ist die Partizipation an Heizungswärme nach der sozialen Hierarchie im Hause abgestuft, und noch vor dem Ofen wird Wärme zum Statussymbol (N. ELIAS, U. DIRLMEIER): Anfang des 16. Jh. entsprechen die Brennstoffkosten Anton →Tuchers für zwei Stuben beinahe dem Jahreseinkommen von Handwerksgesellen beim Nürnberger Stadtbaumt. Hauptcharakteristikum für die bäuerl. Wohnformen ist wohl das gemeinsame Zusammenleben von Menschen und Haustieren unter einem Dach (→Tierhaltung). Das

Dielenhaus ist hierfür das komplexeste und langlebigste Zeugnis. In der Stadt faßt das Handwerkerhaus die primären Bedürfnisse des W.s und Produzierens zusammen, während Kaufmannshäuser eher festungsähnl. und Herrschaftsbauten eher gehöftartig angelegt sein können. Die Wohnformen des Adels (bes. Raumanordnung und Raumeinteilung) sind ursprgl. von den Erfordernissen der Fortifikation mitbestimmt, doch gewinnen Adelssitze mit zunehmender Nähe zur NZ an Repräsentationsfunktion und Wohnlichkeit, etwa durch die großflächigen →Fenster des Saales. Das W. des Adels hat die stärkste Leitbildfunktion, insbes. in jenen Räumen, die Kommunikation mit der Öffentlichkeit ermöglichen (→Fest, →Gast). Diesbezügl. Indikator-Objekte sind z. B. kostbare Wohntextilien (Wandbehänge, Sitzkissen, »Bettgewand«, oriental. →Teppiche), bemalte Wände, Hausrat aus Edelmetall, die Verglasung einzelner Fenster (→Butzenscheibe), importierte Glasgefäße, Schnitzdekorationen, Kachelöfen sowie generell alle neuartigen Kulturgüter. Hier ist v. a. die →Stube zu nennen, die spätestens seit dem 12. Jh. vom adligen W. ausgeht und bereits im SpätMA in allen Bevölkerungsschichten verbreitet ist. Für die europ. Wohnkultur ist dieser »Wärmekasten« eine der bedeutendsten und folgenreichsten Erfindungen des MA, auf der die heutigen Wohnformen beruhen (K. BEDAL). In Oberdtl. fungiert die Stube als Prunkraum mit öffentl.-repräsentativer Bedeutung, in Niederdtl. die Küche. In allen Räumen und Schichten ist die Ausstattung mit Möbeln relativ gering. Um so mehr können Möbel Repräsentationsobjekte sein: Darauf verweist gegen bzw. nach 1500 die Tendenz der →Tischler zu immer raffinierteren und immer teureren (teils sogar unerschwingl.) Meisterstücken. Generell haften die Statussymbole des ma. W.s weniger an den Gebäuden, sondern finden sich innerhalb der →Fahrhabe. Auf der anderen Seite sind gerade manche Unauffälligkeiten des W.s schichtenübergreifend, etwa das Kochen und die Beleuchtung mit offenem Feuer oder die Deckenkonstruktion mittels hölzerner Balken oder horizontal montierte Stangen als Aufhängevorrichtungen.

IV. HAUSHALTS- UND WOHNUNGSGRÖSSE, WOHNVERHÄLTNISSE UND »NORMEN«: Obwohl man den Begriff →Familie nicht einheitl. definieren kann, ist er in Recht und Gesellschaft des MA ähnl. grundlegend wie der Begriff Haus. Die Wohngemeinschaft, die gegenüber der Groß- und der Drei-Generationen-Familie im MA als deutl. vorherrschend gilt, ist die Kernfamilie von durchschnittl. 4–5 Personen (Eltern zuzügl. Kinder, vgl. H.-W. GOETZ s. v.). Die Differenzierung der Hausgemeinschaft erfolgt vor dem 17. Jh. weniger zw. Herrschaft und allfälligem Gesinde, sondern läuft auf den Zwei-Generationen-Haushalt hinaus. Jene sechs mal acht Meter häusl. Grundfläche inkl. Stall, auf die eine Holzzuteilung durch ein →Weistum aus der Oberpfalz hindeutet (Vilseck, 1410, →Grundherrschaft), ließ das bäuerl. W. normativ beeinträchtigt und bes. beengt erscheinen. Andererseits ist der ma. Lebensvollzug weniger als heute an Wohnräume gebunden, und kleine Hausgrundrisse sind nicht nur wärmetechn. vorteilhaft, sondern erleichtern auch die Mitnahme der Häuser, wenn ländl. Siedlungsplätze verlegt werden (→Siedlung, ländl.; →Wüstung). Eine wichtige Rolle spielen normative Regelungen (allerdings mit jeweils andersgelagerten Intentionen) im städt. und klösterl. Bereich. In der Stadt (→Bauordnung) sollen neben Feuersicherheit bzw. Brandschutz v. a. die Versorgung mit Trinkwasser gewährleistet (→Brunnen, →Wasserversorgung) sowie Beeinträchtigungen des öffentl. Raumes (z. B. durch vorgebaute Kellerhälse, Kraggeschosse oder →Erker) oder der →Nachbarschaft vermieden werden (z. B. durch den Öffnungsradius der Fenster und Türen oder durch die Ablagerung von Unrat). Nach spärl. Stichproben sind für wenig bemittelte Stadtbewohner Häuser mit 20–30 qm Grundfläche anzunehmen. Für kleinbürgerl. Verhältnisse scheinen 45 qm Wohnfläche attraktiv gewesen zu sein (eine Küche mit Herd, eine Stube mit Ofen, eine unheizbare Kammer). Die Größe von Stuben in bürgerl. Häusern Oberösterreichs wird mit 20–45 qm angegeben (U. DIRLMEIER bzw. G. DIMT). Vermutl. korreliert die stadttopograph. Lage der Häuser mit dem sozialen Prestige ihrer Bewohner, und die soziale Mobilität scheint zu reger Fluktuation von Hausbewohnern wie Hausbesitzern geführt zu haben (städt. Wohnhäuser konnten rund alle zehn Jahre ihre Besitzer wechseln). Im →Kloster (→Calefactorium, →Dormitorium, →Refektorium, →Zelle) steht das W. aller religiösen →Orden bis etwa 1200 vorrangig im Zeichen der →Askese, danach wird zunehmend das W. des Adels und des Bürgertums zum Maßstab. Die klösterl. Normen bevorzugen die Gemeinschaftlichkeit der »häusl.« Abläufe und Tätigkeiten, und je stärker diese von der Öffentlichkeit abgeschieden sind, desto einheitlicher und einfacher sind sie in der materiellen Ausformung.

V. WOHN- UND RAUMFUNKTIONEN: Die für das MA langehin charakterist. Wohnform steht für den einzelnen nur wenig Rückzugsraum vor. Sogar das Schlafen von zwei oder mehr Personen in einem Bett ist kein Ausnahmefall. Erst mit der zunehmenden sozialen Differenzierung der Hausgemeinschaft kommt es zur räuml. Separierung der Wohnfunktionen, d. h. zur Unterteilung des Hauses, und der Begriff Zimmer könnte auf eine Schlüsselstellung des Holzhandwerks in diesem Prozeß verweisen. Die erste Separationsmaßnahme ist die Abtrennung der Schlafstätte, die im oberschichtl. W. infolge der Abkapselungsmöglichkeiten mittels Betthimmel und Bettvorhängen ohnehin eine Sonderstellung als »Binnenraum« hatte. In Verbindung damit oder allenfalls mit einem tatsächl. separierten Schlafraum (→Kammer) steht ein oberschichtl. Rückzugsraum, der Intimität und Privatheit geradezu im Namen führt, das »heimliche Gemach«, das *privet* etc. (der Abtritt). Das neu aufkommende Raum- und Funktionsrepertoire geht von den oberen Schichten aus und ist spätestens vom 13. Jh. an nachzuweisen. Es bleibt Jahrhunderte hindurch dem Prinzip nach unverändert, findet aber unterschiedl. Verbreitung. Konform damit geht in den Städten seit dem 14. Jh. ein Höhenwachstum der Häuser, und seit dem 15. Jh. folgen Erweiterungsbauten im Bereich der Hinterhöfe (→Hof). Begriffl. Differenzierungen wie »alte« bzw. »neue« oder »obere« bzw. »untere Stube« etc. können damit einhergehen. Ein allfälliger Flur fungiert auch als Wärmeschleuse und als zusätzl. Wirtschaftsraum und ist im MA kein trennendes, sondern ein verbindendes Bauelement im Sinne des hausinternen Verkehrs- und Erschließungsraumes (→Treppe). H. Hundsbichler

Lit.: HRG I, 2022ff. [K. KROESCHELL, s. v. Hausfrieden] – M. HEYNE, Das dt. Whg.swesen von den ältesten gesch. Zeiten bis zum 16. Jh., 1899 – O. ZINGERLE, Die Einrichtung der Wohnräume tirol. Herrenhäuser im 15. Jh., Zs. des Ferdinandeums 49, 1905, 265–300 – H. R. D'ALLEMAGNE, Les accessoires du costume et du mobilier depuis le XIIIe jusqu'au milieu du XIXe s., 3 Bde, 1928 [Neudr. 1979] – W. – Realität und museale Präsentation, hg. G. SPIES, 1971 [Lit.] – M. TRÄNKLE, Wohnkultur und Wohnweisen, 1972 – J. SCHEPERS, Ofen und Herd (Vier Jahrzehnte Hausforsch., hg. ST. BAUMEIER–A. HÜSER, 1973) – O. MOSER, Die Räume eines Villacher Bürgerhauses um 1300, Carinthia I, 165, 1975, 269–282 – M. TRÄNKLE, Whg. und W. Abriß über wohnso-

ziolog. Fragestellungen, Rhein. Jb. für Volkskunde 22, 1977, 9–28 – M. HASSE, Neues Hausgerät, neue Häuser, neue Kleider – eine Betrachtung der städt. Kultur im 13. und 14. Jh. sowie ein Kat. der metallenen Hausgeräte, ZAMA 7, 1979, 7–83 – Haus und Familie in der spätma. Stadt, hg. A. HAVERKAMP, 1984 – Stadt im Wandel, hg. C. MECKSEPER, Ausst. Kat. 1985, I, 170–397 [Haus und Familie]; 3, 443–708 [W. und Leben in der Stadt] – H. HUNDSBICHLER, W. (Alltag im SpätMA, hg. H. KÜHNEL, 1986³), 254–269 [Lit.: 358f., 373f.] – DERS., Zur Wohnkultur des Adels (1500–1700) (Adel im Wandel, Ausst. Kat. 1990), 227–237 [Lit.] – G. H. NÖRTEMANN, Zur Mobilität des ländl. Holzbaues in MA und früher NZ, ZAA 39, 1991, 145–169 – H. G. LIPPERT, Das Haus in der Stadt und das Haus im Hause, 1992 – U. ALBRECHT, Der Adelssitz im MA. Studien zum Verhältnis von Architektur und Lebensform in N- und W-Europa, 1995 [Lit.] – H. OTTENJANN, Das Sondervermögen »Gerade« sowie Kiste und Lade im Oldenburger Sachsenspiegel und im bäuerl. Erbrecht des Ammerlandes (der sassen speyghel. Sachsenspiegel – Recht – Alltag, 2, hg. M. FANSA, Archäol. Mitt. aus NWDtl., Beih. 10, 1995), 379–397 – F. KASPAR, Das ma. Haus als öffentl. und privater Raum (Neue Wege zur Analyse ma. Sachkultur, SAW. PH, 1998) [im Dr.].

B. Byzanz
I. Methodik und Quellenlage – II. Größe der Häuser und Wohnräume – III. Architektonische Gestaltung – IV. Innenausstattung – V. Belegung der Wohnungen und soziales Gesamtbild.

I. METHODIK UND QUELLENLAGE: Die Kenntnisse über das W. basieren auf schriftl. und dingl. Q.n, die zeitlich und regional (und damit klimabezogen) höchst unterschiedlich ausfallen. Schriftl. Q.n blieben lange (als scheinbar nicht verwertbar) weitgehend unbeachtet und beinhalten in der Tat zahlreiche terminolog. Probleme. Zu den weitverstreuten Grabungsberichten fehlt noch jegliche Zusammenfassung, allein für →Korinth (12. Jh.) und bes. →Pergamon (13./14. Jh.) als Provinz-Kleinstädte liegen verwertbare Ergebnisse vor. Notwendigerweise spiegeln sich in Haus (→Haus, D) und Wohnverhältnissen auch soziale Unterschiede, für die wir aber (außer allg. Anhaltspunkten) noch weniger konkrete Zuweisungen in den Q.n finden. Dieser Beitrag beschränkt sich daher auf mittlere Schichten (Beamte, Händler, Grundbesitzer) zwischen dem 10./11. und dem 15. Jh. in Städten und größeren dörfl. Siedlungen.

II. GRÖSSE DER HÄUSER UND WOHNRÄUME: Auch in den Städten ist (im Gegensatz zur Antike und Spätantike) der erd- oder eingeschossige Haustyp vorherrschend. Andersgeartete lit. Hinweise (aus →Konstantinopel) entsprechen einem Wunschdenken oder der 'imitatio' der Antike. Schriftl. Q.n sprechen (fast) nie von der Unterteilung von Wohnräumen durch Wände, was durch Ausgrabungsergebnisse bestätigt zu sein scheint, so daß die Erdgeschoßbauten »Haus« und »Wohnraum, Zimmer« identisch sind. Ihre Größe ist (nach Grabungen in Pergamon) sehr schwankend, zw. 8 und 40 qm, und liegt wohl bei einem Mittel von 15–20 qm.

III. ARCHITEKTONISCHE GESTALTUNG: Abgesehen von dorfartigen Siedlungen (→Dorf, G I), wo (nach dem Ausweis schriftl Q.n) solche »Wohnungen« (auch) einzeln stehen, finden wir sie in Städten als Komplex, um einen Hof geschart, in dem sich meist ein Brunnen (→Brunnen, C; →Wasser, C) befindet. In den Wohnungen selbst fehlen Küchen (Feuerstellen), die im Wohnkomplex als eigene abgetrennte Gebäude oder Einheiten begegnen, wohl aus Gründen des Feuerschutzes (obwohl explizite gesetzl. Hinweise nicht existieren; →Feuerwehr, 2). In schriftl. Q.n ist auch verschiedenes Küchengerät genannt. Gleichermaßen getrennt wie die Küche liegt auch (oft für mehrere Komplexe gemeinsam) der Backofen. Bei eingeschossigen Häusern wird vielfach auch zw. Wohn-/Eßraum (oft τρικλίνιον, τρικλινάριον genannt nach den an drei Seiten umlaufenden Bänken) und Schlafraum unterschieden, erreichbar durch eine Treppe. Keller sind nur sehr selten genannt, vielmehr ist oft auch das Erdgeschoß Vorrats- und Lagerräumen vorbehalten (Keramikfunde). Der »Erweiterung« der Wohnräume dienen Balkone, Veranden und Terrassen, oft mit demselben Terminus benannt und daher schwer unterscheidbar. Das Erdgeschoß bestand in den Städten weitgehend aus Steinmauerwerk mit Mörtel (in den Dörfern auch aus Stein und Lehm), das Obergeschoß oft auch aus Holz (weswegen Q.n oft von »Holzhäusern« sprechen). Viele Häuser (auch in den Städten) verfügten nicht über fest verschließbare Türen (immerhin war der Wohnkomplex umzäunt und ummauert), sondern wohl nur über (dicke) Vorhänge; Fenster (→Fenster, III) waren klein und offen oder nur vergittert (aber nicht »verglast«) und erhielten im Winter eine Bretterabdeckung. Nicht ausgeschlossen ist, daß es auch dunkle Wohnräume gab. Die Häuser (Wohnungen) waren in den Städten meist mit Ziegeln gedeckt, auf dem Lande auch mit pflanzl. Material.

IV. INNENAUSSTATTUNG: Die Böden bestanden überwiegend aus gestampfter Erde, bei sozial höheren Schichten waren sie mit Holzbrettern überdeckt. Stein- oder gar Marmorboden (→Fußboden, III) begegnet äußerst selten. Heizungsmöglichkeiten sind schriftlich nie erwähnt und archäolog. (im genannten Zeitraum) nicht nachgewiesen, da das antike Bodenheizungssystem längst außer Gebrauch war. Es waren wohl (tragbare) Holzkohleöfen vorhanden, wie sie im Mittelmeerraum bis jetzt noch (in Klöstern) begegnen. →Testamente der Angehörigen der oberen Schichten lassen auch auf die Einrichtung schließen: Es sind Teppiche erwähnt, Truhen und hl. Bilder (→Ikone), Matratzen, Decken, Bettbezüge und Kissen. Betten selbst sind höchst selten aufgeführt, da in den meisten Fällen eine erhöhte Stelle im Raum (auch archäolog. nachweisbar) dafür diente. Auch Geräte zum Baden und Waschen sind bekannt, wiewohl richtiggehende →Bäder sicher nur einer sehr kleinen Oberschicht vorbehalten waren. Recht selten finden sich Tische, Stühle und Bänke, ausgenommen das τρικλίνιον (→Möbel, II).

V. BELEGUNG DER WOHNUNGEN UND SOZIALES GESAMTBILD: Wenn man davon ausgeht, daß im genannten Zeitraum eine Großstadt wie Konstantinopel überwiegend aus erd- und obergeschossigen Häusern bestand, trotzdem aber in ihrer Blütezeit etwa 300000 Einw. beherbergte, war der Wohndichte der einzelnen Räume sicher recht hoch. Byz. Autoren (z. B. Johannes →Tzetzes), die zur gehobenen Mittelschicht gehören, beklagen sich über den Lärm wegen der Vielzahl der dort lebenden Personen und oft recht einfacher (schalleitender) Bauweise. Die Wohnungen, wenig beleuchtet, in der schlechten Jahreszeit kalt, vielfach von zu vielen Personen bewohnt, hatten überwiegend nur den funktionalen Zweck von Eß- und Schlafräumen.   P. Schreiner

Lit.: PH. KUKULES, Βυζαντινῶν βίος καὶ πολιτισμός, 4, 1951, 249–317 – W. RADT, Die byz. Wohnstadt in Pergamon (Wohnungsbau im Altertum, 1978), 199–223 – CH. BOURAS, Houses in Byzantium (Δελτίον τ. Χριστιανικῆς Ἀρχ. Ἑταιρείας, ser. IV, Bd 11, 1982/83), 1–26 – N. OIKONOMIDÈS, The Contents of the Byz. House from the Eleventh to the Fifteenth C., DOP 44, 1990, 205–214 – K. RHEIDT, Byz. Wohnhäuser in Pergamon, DOP 44, 1990, 195–204 – DERS., Altertümer v. Pergamon, XV, 2: Die Stadtgrabung; T. 2: Die Wohnstadt, 1991 – P. SCHREINER, Das Haus in Byzanz nach den schriftl. Q.n, AAG, Phil.-hist. Kl. III, 218, 1997, 277–320.

C. Judentum
Orte mit mehrheitl. jüd. Bevölkerung in nichtjüd. Umgebung, Judengassen und Judenviertel, verdanken ihr Entstehen zunächst einer freiwilligen und bewußten Ansied-

lung jüd. Gemeinden und sind von dem später entstehenden Ghetto zu unterscheiden. Für die Ansiedlung in geschlossenen Gebieten waren innere und äußere Gründe entscheidend: zum einen die Sorge um eine von außen möglichst unbeeinflußte religiöse und kulturelle Tradition sowie um ungestörte Ausübung religionsgesetzl. Vorschriften und Bräuche, zum anderen wirtschaftl. Aspekte. War in einer Stadt eine →Synagoge errichtet, versuchten Juden in deren Nähe zu wohnen sowie zumindest ein Lehrhaus, eine Mikwe (→Baukunst, C. III) und ein Schlachthaus (wegen der →Speisegesetze; s. a. →Fleisch, VI) einzurichten. Seit dem Altertum lebten Juden in Judenvierteln. So bestanden z. B. in Alexandria eigene Wohnbezirke (vgl. Josephus, BJ II 438; II, 18, 8; Josephus, Contra Apionem II, 4; Philo. contra Flaccum 8). Gleichfalls hatten u. a. die Juden in Rom (Trastevere, Piazza Giudea bis zur Piazza dei Savelli; s. a. →Italien, D) und Konstantinopel (zur Situation im 12. Jh. vgl. →Benjamin v. Tudela; s. a. →Juden, C) eigene Viertel; auch in den Städten der Iber. Halbinsel (→Sefarden) mit ihren bedeutenden jüd. Gemeinden (Aljamas), so in →Toledo, →Sevilla, →Zaragoza, →Tudela u. a., bestanden jüd. Wohnviertel (Juderías), desgleichen in Südfrankreich (→Frankreich, D). Trotz der Existenz jüd. Viertel konnten Juden auch außerhalb von ihnen wohnen wie andererseits Christen innerhalb der jüd. Bezirke.

Das Recht, in eigenen, häufig sogar befestigten Vierteln zu leben, galt auch in Aschkenas (→Deutschland, I; →Juden, A), z. B. in →Speyer, wo die Juden 1084 vom Bf. die Erlaubnis erhielten, auf eigenen Wunsch in einem ummauerten Viertel zu wohnen. Im Hoch- und SpätMA, als der rechtl. und religiöse Status der Juden sich änderte, kam ein neuer, fremdbestimmter und auferlegter Grund hinzu: das Bestreben der Kirche, Christen ein Wohnen unter Juden zu untersagen (vgl. Konzilien / Synoden v. Narbonne 1050, Pont-Audemar 1279, Mainz 1310) bzw. Juden in bes. Stadtviertel zu verweisen (Konzilien / Synoden v. Breslau 1267, Valencia 1338) und sie möglichst fern von Kirchen und Christen wohnen zu lassen (Konzil v. Basel 1434). Jedoch können auch diese aufgrund kirchl. beeinflußter Gesetzgebung entstandenen Judenviertel nicht mit dem Begriff Ghetto bezeichnet werden. Zudem galt in vielen Gemeinden ein bes. Niederlassungsrecht, das von auswärts kommenden Juden nur unter bestimmten Voraussetzungen das Recht zum W. gewährte. Ein eigenes Recht auf Beibehaltung des Wohnsitzes galt für die bereits Niedergelassenen.

Hatten in oriental. Ländern bereits vor Entstehen des Islams unterschiedl. ethn. und religiöse Gruppen in ihren eigenen Straßen zusammengelebt, so kam es auch unter muslim. Herrschaft nicht zu einer erzwungenen Trennung der jüd. von der übrigen Bevölkerung. Dies galt für das gesamte Osman. Reich mit Ausnahme des Jemen. Aber auch hier war es wie in allen muslim. Ländern für Juden möglich, außerhalb jüd. Bezirke unter der Bedingung zu leben, ihre Häuser nicht höher als die jeweilige →Moschee bzw. Häuser der 'Gläubigen' zu bauen. Von Bedeutung war der Wohnsitz bezügl. der religionsgesetzl. Vorschriften, v. a. hinsichtl. des →Sabbats (Bestimmung der Sabbatweggrenze), sowie für die Anwendung der am Wohnsitz geltenden Gewohnheitsrechte und Bräuche (Minhagim). Beeinflußt ist der Wohnsitz auch vom Eherecht (→Ehe, E), das die Ehefrau verpflichtet, dem Mann an seinen Wohnsitz zu folgen, es sei denn, er wohnt im Hl. Land und will es verlassen. Dann kann sie von ihrem Ehemann verlangen, sich im Hl. Land (→Palästina) bzw. in →Jerusalem niederzulassen (bKet 110bff.). Die Bezeichnung Ghetto (it. *ghetto*) taucht erst im 16. Jh. auf und beinhaltet im engeren Sinne ein von allen Seiten ummauertes Judenviertel, dessen für den Verkehr mit der Außenwelt vorhandene Tore nachts bzw. während bestimmter Tage geschlossen werden. Es wurde durch den Zwang erhalten, aber in der Regel nicht erst durch Zwang geschaffen. Hierdurch verloren die Juden innerhalb einer Siedlung die Freizügigkeit. Erst in der NZ wurden die rechtl. Wohnbeschränkungen, die sich auf bestimmte Stadtteile und Straßen erstreckten, unter dem Einfluß von Aufklärung und Frz. Revolution aufgehoben. Allerdings blieben Wohnrechtsbeschränkungen, die den prinzipiellen Aufenthalt von Juden sowie bestimmte Landesteile betrafen, z. T. bis ins 19. und 20. Jh. bestehen (z. B. frühnzl. Familiantengesetzgebung in Böhmen und in anderen östl. Territorien des alten Reiches, Ansiedlungsrayon in Rußland). R. Schmitz

Lit.: G. CARO, Sozial- und Wirtschaftsgesch. der J. im MA und in der NZ, 1908–20 – I. ABRAHAMS, Jewish Life in the MA, 1932 – S. BARON, The Jewish Community, 1942 – S. D. GOITEIN, Jews and Arabs, 1964.

Wohunge of Ure Lauerd ('Das Werben um unseren Herrn') ist einer von mehreren religiösen Texten aus dem frühen 13. Jh. (im Dialekt der w. Midlands), die in der Forsch. gewöhnl. als »Wooing Group« zusammengefaßt werden (»Ureison of Ure Louerd« ['Gebet an unseren Herrn'], »Lofsong of Ure Louerd«, »Lofsong of Ure Leuedi« ['Preislied unseres Herrn/unserer lieben Frau']; →Alliteration, C. III). Diese Werke lyr. Prosa sind themat., stilist. und überlieferungsgeschichtl. mit der →»Ancrene Riwle« und Texten der sog. →»Katherine«-Gruppe (Legenden und homilet. Werke) verbunden. Es handelt sich bei all diesen Texten um Vertreter der frühme. religiösen und erbaul. Lit., die für (und z. T. wohl auch von) Frauen verfaßt wurden; der Envoi des »W. of U. L.« ist an eine »liebe Schwester« gerichtet. Die Texte der »Wooing Group« sind in einer rhythm. Prosa von lyr. Inspiration abgefaßt, die z. T. an die ae. Prosatradition (→Wulfstan, →Ælfric) anknüpft. »The W. of U. L.« ist inbrünstiger Preis Jesu als Inbegriff der Vollkommenheit und myst. gefärbte Schau seiner Passion. Es wird durch ein refrainartiges Gebet (»Jesus, laß meine Liebe zu Dir mein ganzes Begehren sein«) in unregelmäßig lange Abschnitte gegliedert. In ihrer religiösen Inbrunst und myst. Inspiration nehmen die Werke der »Wooing Group« die Dichtung der engl. Mystiker des 14. Jh. (Richard→Rolle) vorweg.
K. Reichl

Bibliogr.: B. MILLETT, Ancrene Wisse, the Katherine Group, and the Wooing Group, 1996 – *Ed.*: W. M. THOMPSON, þe W. of U. L., EETS 241, 1958 – *Lit.*: R. M. WILSON, Early ME Lit., 1968³, 106–127.

Wojwode, slav. *vojevoda*, urslav., in allen slav. Sprachen vertretenes Wort (auch *vojvoda*); Kompositum aus **vojo*, 'Krieger, Heer', und *voditi* 'führen'; semantisch in Entsprechung zu gr. →'Strategós' und dt. →'Herzog'; eine Lehnbildung aus dem germ. *herizogo* ist umstritten. Das Wort wurde von Ungarn, Rumänen und Albanern, später auch von den Türken übernommen. Die Grundbedeutung 'Heerführer' hat sich verschieden weiterentwickelt; die häufigste lat. Entsprechung im südslav. Bereich und bei den Ungarn ist 'dux', in Böhmen und Polen regelmäßig 'comes palatinus' (→Palatin, II). – Das Wort ist erstmals bei →Konstantin VII. Porphyrogennetos (De adm. imp., 38) mit Bezug auf die Ungarn erwähnt; die aruss. Chronik ('Povest' vremennych let) kennt einen 'voevoda Svenald' unter dem Jahr 945. In Böhmen und Polen sind W.n in der 2. Hälfte des 11. Jh. erwähnt; ihre ursprgl. große Machtfülle in Polen (→Sieciech) wurde im 13. Jh. allmähl. eingeschränkt. Die ung. Statthalter in →Sieben-

bürgen trugen den Titel eines W.n. Seit dem 14. Jh. hießen die Fs.en der →Moldau und der →Valachei W.n. – In →Bosnien vertraten die W.n die einzelnen Gebiete des Landes. Der Titel blieb erblich in den Familien; die Zahl der W.n wuchs bis zur Mitte des 15. Jh. bis auf neun an. Der bosn. Magnat Hrvoje Vukčić Hrvatinić erhielt 1380 von Kg. →Tvrtko I. den Titel eines *veliki vojevoda* ('Groß-Wojwoden'). In der Familie der →Kosače wurde dieser Titel erblich. – In →Serbien sind W.n, als Bannerträger auch *stegonoša* (lat. vexillifer), genannt, seit dem Ende des 12. Jh. belegt; das Amt war nicht erblich und fallweise zeitlich beschränkt. Der *veliki vojevoda* vertrat den Herrscher im Feld. Dem Gesetzbuch (→Zakonik) des →Stefan Dušan zufolge (Art. 129) hatten die W.n so viel Macht über das Heer wie der →Zar. In Grenzgebieten gab es einen *krajiški vojevoda* ('Grenz-W.n'), der zugleich militär. und zivile Aufgaben wahrnahm. An der Spitze der *vlasti*, 'Burgbezirke' (wörtl. 'Gewalten'), die nach 1410 zur Verteidigung gegen die Türken gebildet wurden, standen W.n; zusätzlich saß in großen Burgen ein *kulski vojevoda* ('Turm-W.'). – Das Recht auf Wahl eines eigenen W. gehörte seit Mitte des 15. Jh. zu den grundlegenden Freiheiten der →Vlachen diesseits und jenseits der Grenze des Osman. Reiches. – Der W. in der →Poljica, laut Ergänzungsstatut von 1475 vom *harač* an die Türken befreit, war dort nach dem *knez* der zweithöchste Amtsträger.

M. Blagojević/L. Steindorff

Lit.: Słow StarSłow VI, 551f. [Lit.] – EncJug VIII, 531 – M. BLAGOJEVIĆ, Krajišta srednovekovne Srbije..., IstGlas 1–2, 1987, 29–42 – A. VESELINOVIĆ, Država srpskih despota, 1995 – M. BLAGOJEVIĆ, Državna uprava u srpskim srednjovekovnim zemljama, 1997.

Wölbung → Gewölbe

Woldemar d. Falsche, Mgf. v. →Brandenburg, † 1356. 29 Jahre nach dem frühen und unerwarteten Tode Mgf. Woldemars in Bärwalde (14. Aug. 1319) und 28 Jahre nach dem Aussterben der brandenburg. →Askanier (1320) erschien im Sommer 1348 ein älterer Pilger bei Ebf. →Otto v. Magdeburg, um seine Herrschaftsansprüche auf die Mark geltend zu machen. Die Inszenierung seines Todes und seiner Bestattung im Kl. →Chorin begründete er mit dem Hinweis auf seine unkanon. Ehe und dem Gelübde einer längeren Pilgerfahrt als Zeichen aufrichtiger Buße. Das Auftauchen des Pseudo-W. (wahre Identität bis heute ungeklärt) erfolgte in einem Moment äußerster polit. Spannungen und verursachte eine mehrjährige, tiefgreifende Legitimationskrise der wittelsb. Herrschaft in der Mark Brandenburg. Die Reklamierung älterer und weiterhin gültiger Rechte mobilisierte rasch deren Gegner – insbes. die Hzg. e v. →Sachsen-Wittenberg und die askan. Fs.en v. →Anhalt, denen sich Adel und Städte der Alt-, Mittel- und Uckermark sowie der Prignitz mehrteitl. anschlossen. Die in kürzester Zeit mobilisierte beträchtl. Anhängerschaft des falschen W., der in gewohnter Weise Hof hielt, großzügig Privilegien erteilte und seinen Herrschaftsbereich bereiste, ist zugleich ein Gradmesser für den massiven Unmut über die →Wittelsbacher und ihre bayer. Gefolgsleute.

Diese ohnehin gefährl. Konstellation drohte für Mgf. →Ludwig V. v. Brandenburg (27. L.) verhängnisvoll zu werden, als Karl IV. W. offiziell anerkannte, ihn am 2. Okt. 1348 mit der Mark belehnte und die Erbschaftsfrage eindeutig im Interesse der verbündeten Askanier entschied. Das rasche Scheitern →Günthers v. Schwarzburg als Thronprätendent der Wittelsbacher brachte Ludwig weiter in die Defensive. Dieser immer prekärer werdenden Situation konnte er nur durch das Abschließen der Verträ-

ge v. →Eltville (26. Mai 1349) entkommen, in denen Karl IV. u. a. auf eine Unterstützung des falschen W. verzichtete. Erst nachdem die Wittelsbacher ihre Autorität im Kfsm. restauriert hatten, ließ Karl IV. den falschen W. im April 1350 als Betrüger absetzen. Dieser konnte partiell noch bis 1355 Positionen behaupten, bevor er 1356 eines natürl. Todes starb.

Es wird stets ungeklärt bleiben, inwieweit Pseudo-W. spontan und eigenständig agierte oder bewußt gelenkt und von Karl IV. nach polit. Kalkül fallengelassen wurde. Sein Auftritt zeigt die grundsätzl. Problematik von Dynastiewechseln, die Verklärung der guten alten Zeiten und damit verbunden die latente Sehnsucht nach der Wiederkehr eines messian. (quasi unsterbl.) Herrschers. Durch die bekannten Kommunikationsprobleme, die Leichtgläubigkeit einer kaum alphabetisierten Gesellschaft und die geringe Schwierigkeit, den zeitübl. Herrschaftsstil nachzuahmen, war es möglich, eine latente polit. Opposition zu personalisieren und zu mobilisieren, so daß die Imitierung uralter Legitimationsmuster weitreichende Irritationen auslöste.

Th. M. Martin

Lit.: J. SCHULTZE, Die Mark Brandenburg, 2 Bde, 1961 – R. CH. SCHWINGES, Verfassung und kollektives Verhalten. Zur Mentalität des Erfolges falscher Herrscher im Reich des 13. und 14. Jh. (Mentalitäten im MA, 1987 [VuF 35]), 177–202 [wichtigste Q.nbelege, 201f.].

Wolf. [1] *Mittelalterliche Enzyklopädiker:* Der W. (lupus, λύκος) war in der Antike weit verbreitetes und von den Menschen sehr gefürchtetes Raubtier aus der Familie der Hunde (Canidae). Viele Einzelmotive über sein Verhalten finden sich bei Thomas v. Cantimpré 4, 60. Eingangs weist er auf die Deutung der sehr räuberischen und hinterlistigen Tiere durch einige Männer als ähnl. aussehende und heulende, aber angebl. nicht bellende (was Albertus Magnus, animal. 22, 114 als falsch zurückweist!) Wildhunde hin. Nach Jakob v. Vitry, hist. orient. c. 92, würden sie ein geraubtes Schaf bei Verfolgung durch den Hirten nicht mit den Zähnen verletzen, sondern sanft auf ihrem Rücken befördern, um eine Behinderung durch Bewegungen des Opfers zu vermeiden. Die Behauptung des Ambrosius, exam. 6, 4, 26, ein zuerst von einem W. erblickter Mensch verliere vor Schreck die Gewalt über seine Stimme, geht auf Plinius, n.h. 8, 80 und Solin. 2, 35 zurück. Vom »Experimentator« (Stuttgart, WLB, cod. phys. 2° 24, f. 118 r-v) übernimmt Thomas die merkwürdige Erklärung dieses Phänomens mit Hilfe der durch die Sehstrahlen des W.s bewirkten Vertrocknung zuerst der Sehstrahlen (spiritus visibilis) des Menschen und danach der anderen Sinne bis hin zu den Arterien, wodurch er heiser (raucus) werde. Auch das Zitat aus Aristoteles, h. a. (lat. Version des Michael Scotus) 8, 5, 620 b 6ff., über die ursprgl. für den Maiotis-Sumpf, das Asowsche Meer (Plinius, n.h. 10, 23) behauptete Bewahrung der trocknenden Netze vor Zerstörung durch die W.e mit Hilfe einer regelmäßigen Fischspende entstammt wie das folgende über die Tarnung mit Weidenblättern gegenüber Ziegen und die Verhinderung von Blätterraschen durch Belecken der Füße dieser Quelle. Für die umgekehrte »Bannung« des W. s durch den Blick des Menschen bezieht Thomas sich wieder angebl. auf Plinius, in Wirklichkeit aber auf Ambrosius und Isidor, etym. 12, 2, 24. Weitere z. T. sagenhafte Angaben sind: das Anfallen von Menschen nach zufälligem Genuß von Leichen, der Verzehr von Erde und Kräutern gegen Krankheiten, aber auch die Aufnahme von Erde nach Plinius, n.h. 8, 83 (= Solin. 2, 37) bei Hunger sowie nach dem »Liber rerum«, um genügend schwer für die Niederkämpfung von Rindern und Pferden zu sein. Ferner besitzt er nach Thomas eine 12tägige

Paarungszeit (Plinius n. h. 8, 83 = Solin. 2, 36) und trägt den für manche Menschen schädl. Stein Sirtites (Thomas, syrites Plinius n.h. 11, 208) in seiner Blase. Manches wurde aber durch Übersetzungsfehler der lat. Version des Aristoteles vom Bären (z. B. das Tragen der Jungen, die Flucht vor dem Jäger auf Bäume und das Schärfen der Zähne durch das Kraut draguntea nach h. a. 8, 4, 611 b 32ff.) bzw. vom Löwen (etwa der Spieltrieb zahmer Tiere sowie die Furcht vor dem Feuer nach h. a. 8, 8, 629 b 8ff.) auf den W. übertragen. Das Anwachsen und Schwinden des Gehirns entsprechend den Mondphasen übernimmt Albertus Magnus, animal. 22, 116. Organotherapeut. sollte bei Thomas nach unbekannter Q. das veraschte Herz des W.s in einem Trunk gegen Epilepsie helfen. Weiteres dieser Art bei Albertus Magnus, animal. 22, 116f. stammt aus dem »Liber sexaginta animalium« des Ps.-Rasis (c. 18, 576f.). Vinzenz v. Beauvais, Spec. nat. 19, 82–88, beschreibt umfassend nach zahlreichen Q.n Leben und Eigenschaften des W.s.   Ch. Hünemörder

Q.: →Albertus Magnus, →Jakob v. Vitry, →Thomas v. Cantimpré, →Vinzenz v. Beauvais – Rasis, De facultatibus partium animalium (Abubetri Rhasae ... opera exquisitoria, Basiliae 1544), 567–590.

[2] *Jagdwesen:* Der W. scheint in germ. Zeit so häufig gewesen zu sein, daß er eine ernsthafte Gefahr für die Bevölkerung darstellte und deswegen mit allen Mitteln verfolgt wurde. Neben verschiedenen Fallen – etwa Fallgruben, Schwippgalgen- und Schwerkraftschlingen (→Schlinge), Stockfallen, Bogenfallen, →W.sangeln – wurden mit gutem Erfolg starke, unerschrockene und scharfe Hunde zur Abwehr von W. eingesetzt, die unter entsprechendem Schutz standen: »Si quis canem pastoralem qui lupum mordet et pecum ex ore eius tollit et ad clamorem ad aliam vel ad terciam villam currit, aliquis occiderit, cum III solidis conponat« (Lex Alam. 83, 4; vgl. auch Lex Baiuv. 20, 8 und Lex Fris. 4–6). Im →Capitulare de villis finden wir die Anordnung, sich ständig um die Erlegung von W.en zu kümmern. Für das Jahr 846 wird aus Aquitanien von Rudeln mit über 300 W.en und von erhebl. Verlusten an Mensch und Vieh berichtet. Winterl. Reisen waren – v. a. in Skandinavien – oft nur unter höchster Gefahr und mit guter Bewaffnung gegen W.e möglich. Dementsprechend gibt es nicht nur weithin das Recht, den als »friedlos« geltenden W. überall, selbst auf fremdem Gebiet, zu erlegen, sondern vielfach auch die Pflicht, an der W.sabwehr teilzunehmen, etwa im Jüngeren →Västgötalagh oder im →Södermannalagh (Bauen von W.szäunen, Aufstellen von W.snetzen, angeordnete gemeinsame Treibjagden). Wer sich dieser Pflicht entzog, wurde mit einer Geldbuße belegt. Erfolgreichen W.sjägern war nach dem Södermannalagh eine Abgabe zu zahlen.   S. Schwenk

Wolfart de Borselle → Wolfert van Borselen

Wolfdietrich, mhd. Heldendichtung im Hildebrandston, vielleicht um 1230 vom selben Dichter verfaßt wie der →»Ortnit«, in stark divergierenden Fassungen regelmäßig zusammen mit diesem überliefert (insgesamt 16 Hss. ca. 1300–Anfang 16. Jh. und 6 Drucke 1479–1590). In der mutmaßlich ältesten Fassung A ist W. der jüngste Sohn des Kg.s Hugdietrich v. Konstantinopel. In Abwesenheit des Vaters geboren, wird er von dessen ungetreuem Ratgeber Sabene als Teufelsproß verleumdet, aber von dem treuen Vasallen Berchtung, der ihn töten soll, gerettet (Berchtung setzt das Kind im Wald aus, wo es wunderbarerweise von einem Rudel Wölfe unverschont bleibt: daher der Name des Helden). W. wird rehabilitiert, nach dem Tod des Vaters aber neuerdings von Sabene verleumdet und von seinen Brüdern vertrieben. Er findet Zuflucht bei Berchtung und dessen Söhnen. Nach vierjähriger Belagerung in Berchtungs Burg macht er sich auf, um bei Ortnit in Lamparten Hilfe zu holen, trifft aber erst nach Ortnits Tod ein, erlegt die Drachen, heiratet Ortnits Witwe und kehrt als siegreicher Rächer in sein Land zurück. Die anderen Fassungen bieten bei gleicher Kernfabel Varianten v. a. der ätiolog. Kindheitsgeschichte und der Fahrt nach Lamparten. Die mit über 2000 Strophen umfangreichste und zugleich die am weitesten verbreitete Fassung ist D, der sog. »Große W.« aus dem 14. Jh., der zu den bedeutenden lit. Erfolgen des späten MA zählt (erhalten in 10 Hss. des 15. Jh. und den 6 Drucken). Hier ist W.s Fahrt nach Lamparten zu einer bizarren Folge von Abenteuern ausgebaut, hinter denen die heroische Kernfabel völlig zurücktritt. Die Wurzeln des W.-Stoffes dürften in der merow. Geschichte liegen (die gelegentlich vertretene These, hinter W. stehe wie hinter →Dietrich v. Bern der Gotenkg. →Theoderich d. Gr., ist abwegig).   J. Heinzle

Ed.: A. AMELUNG–O. JÄNICKE, Dt. Heldenbuch, III. IV, 1871/73 [Neudr. 1968] – J. HEINZLE, Heldenbuch, 2 Bde, 1981/87 [Faks. des ältesten Drucks] – *Lit.:* Verf.-Lex.² X [W. DINKELACKER, im Dr.].

Wölfelin (Wolfhelm), Schultheiß v. →Hagenau, bedeutender Amtsträger der →Staufer im →Elsaß, † nach 1237. Erstmals 1214 als Kellermeister (cellerarius; →Keller) am kgl. Hof in Hagenau belegt, begegnet er etwa ein Jahr später als →Schultheiß (scultetus) und damit als Verwalter des ausgedehnten Reichsgutkomplexes (→Reichsgut) um Hagenau. Schließlich wurde W. zum wichtigsten Protagonisten der in Konkurrenz zu den benachbarten Territorialgewalten (Bf. e v. →Straßburg, Hzg. e v. →Lothringen) energisch betriebenen stauf. Territorialpolitik im Elsaß und machte sich im kgl. Auftrag um die städt. Entwicklung und das Befestigungswesen des Elsaß verdient. Er betrieb die Erhebung einiger Ortschaften zu Städten oder ließ sie zumindest ummauern (so →Schlettstadt, →Colmar, →Mülhausen, →Kaysersberg, Hagenau-Königsau). Zur Absicherung der stauf. Besitzes ließ er eine Reihe von Burgen (→Burg, C. I, 2) anlegen (etwa Kinzheim, Plixburg, Kronenburg, Landshut). Nachdem →Friedrich II. Deutschland verlassen hatte (1220), wurde W. offenbar auf Betreiben antistauf. Kräfte seines Amtes enthoben, um erst 1227 unter der selbständigen Regierung →Heinrichs (VII.) wieder in seiner alten Stellung Verwendung zu finden. 1237 letztmals in einer Urkunde genannt, scheint ihn Friedrich II. um diese Zeit wegen Amtsmißbrauchs und persönl. Bereicherung abgesetzt und vorübergehend eingekerkert zu haben. Wieder auf freiem Fuß, soll W. von seiner Frau aus Habgier ermordet worden sein. Von nichtadliger Herkunft, verkörpert W. den Typus des spätstauf. Amtsträgers, den, Intelligenz, Sachverstand und Ergebenheit auszeichneten und der v. a. von Friedrich II. und Heinrich (VII.) zur Verwaltung des Reichs- und Hausguts herangezogen wurde.   P. Thorau

Lit.: BOSL, Reichsministerialität, 194 – W. STÜRNER, Friedrich II., Bd. 1, 1992, 206ff. – P. THORAU, Kg. Heinrich (VII.), Bd. 1, 1998, 157f., 332f., 351 [jeweils mit Q.n und Lit.].

Wolfelmus v. Brauweiler → Wolfhelm v. Brauweiler

Wolfenbüttel, Stadt an der Oker in Niedersachsen. W. (= 'Siedlung des Wulfheri') wurde 1118 erstmals erwähnt und ist die südlichste der 222 Siedlungen mit dem Ortsnamengrundwort '-büttel', deren Entstehungszeit bis in das 7./8. Jh. hinabreicht. An einer Okerfurt gelegen, löste W. im hohen MA den bis dahin bedeutenderen Okerübergang bei Ohrum ab. Die zum Schutz der Furt angelegte Niederungsburg W. befand sich 1255 bei ihrer Zerstörung und endgültigen Inbesitznahme durch Hzg. Albrecht I. v.

Braunschweig in der Hand der brunon.-welf., später reichsministerial. Familie von W., die sich seit dem 13. Jh. nach der von ihrem bedeutendsten Vertreter, dem Reichstruchseß Gunzelin, etwa 8 km sö. errichteten Asseburg benannte. 1283 erbaute Hzg. Albrecht d. Wunderliche wahrscheinl. an der Stelle der zerstörten Burg W. eine Wasserburg, die im 14. Jh. häufiger Aufenthaltsort der Hzg.e war. In der 1. Hälfte des 15. Jh. wurde die Burg dauerhafter Sitz der Hzg.e des mittleren Hauses Braunschweig und der Verwaltung sowie des Archivs des Fsm.s Braunschweig-W. Obwohl die Burg im 15. Jh. zunehmend an Bedeutung gewann, blieben die direkt bei ihr gelegene Dammsiedlung und die sö. gelegene Siedlung um die Marienkapelle bis in die frühe NZ wirtschaftl. und polit. unwichtig und von der Burg abhängig. Sowohl die in der Nähe der Burg befindl. Longinuskapelle als auch die Marienkapelle, an der seit 1395 ein →Kaland nachweisbar ist, waren im gesamten MA der zum Bm. →Halberstadt gehörigen Kirche in der Wüstung Lechede (n. W.) unterstellt; seit dem Wüstfallen Lechedes um 1460 lag allerdings die Wahrnehmung der Pfarreirechte fakt. bei der Longinuskapelle. Erst im 16. Jh. wurde W. durch die welf. Hzg.e planmäßig und in gezielter Konkurrenz zu →Braunschweig zur Festung und Residenzstadt ausgebaut, in der nun auch erste Ansätze städt. Selbstverwaltung sowie eine selbstständige Pfarreiorganisation nachzuweisen sind.

U. Ohainski

Q.: Asseburger UB I, hg. J. v. Bocholtz-Asseburg, 1876 – Lit.: P. J. Meier, Unters.en zur Gesch. der Stadt W., Jb. des Gesch.svereins für das Hzm. Braunschweig 1, 1902, 1–15 – G. Spies, Gesch. der Hauptkirche B.M.V. in W., 1914 – P. J. Meier, Niedersächs. Städteatlas, I. Abt. Braunschweig. Städte, 1926², 49f. – H. Kleinau, Geschichtl. Ortsverzeichnis des Landes Braunschweig, 1967/68, 366, 721–725 – S. Busch, Hannover, W. und Celle, 1969 – Beitr. zur Gesch. der Stadt W., hg. J. König, 1970 – K.-W. Ohnesorge, W., Geographie einer ehem. Residenzstadt, 1974 – Zur Stadtgesch.W.s, hg. H.-G. Reuter, 1988 – K. Casemir, Die Ortsnamen auf -büttel, 1997.

Wolfert. 1. W. I. van Borselen, seeländ. Adliger, * um 1250, † 1. Aug. 1299, Sohn von Hendrik v. B. (Mutter unbekannt), ∞ 1. vor 1282 Sibilie, 2. nach 1287 Catharina v. Durney. W. v. B., Herr v. Veere und Zandenburg, einer der mächtigsten Adligen in den Gft.en →Seeland und →Holland, war verwickelt in den Kampf zw. den Gf.en v. Holland und →Flandern um den Besitz des westl. der →Schelde gelegenen Teils v. Seeland ('Zeeland Bewesterschelde'). Zunächst zählte W. noch zu den Ratgebern des Gf.en →Floris V. v. Holland. 1290 aber führte er eine Erhebung seeländ. Adliger gegen den Gf.en an; der Konflikt war ausgebrochen, weil der Gf. nicht willens war, der Zersplitterung von Herrschaften (*ambachtsheerlijkheden*) durch Erbteilungen ein Ende zu machen. Nach kurzzeitiger Versöhnung (Okt. 1290) flammten die Kämpfe wieder auf. W. verlor alle Lehen in Holland und trat ein in die Vasallität des Gf. en v. Flandern, →Gui III. aus dem Hause →Dampierre. Am 1. Mai 1296 versöhnten sich W. und seine Brüder *Rase* und *Jan* erneut mit Floris V.

Nach der Ermordung Floris' V. (27. Juni 1296) wurde W. zum bedeutendsten Ratgeber des minderjährigen Gf.ensohnes Johann I. (→Avesnes), sah sich hier aber zunächst mit der Opposition eines anderen großen seeländ. Adligen, Jan van Renesse, konfrontiert. Doch leistete Johann I. am 30. April 1297 das Versprechen, bis zum Erreichen des 25. Lebensjahres in allen Regierungsangelegenheiten willig dem Rat W.s zu folgen. W. schloß ein Bündnis mit dem Kg. v. →Frankreich und fand mit Flandern eine Regelung für das umstrittene Zeeland Bewesterschelde. Er ließ sich (und seine Anhänger) vom jungen Gf.en mit Gnadenerweisen überhäufen (u. a. Herrschaften Oudewater, Beverwijk und Woerden) und konfiszierte Besitzungen von an der Ermordung Floris' V. mitschuldigen Adligen. Durch sein Günstlingswesen machte sich W. aber bei Adel und Städten verhaßt. 1299 wurde er gefangengesetzt, als er versuchte, Johann I. mit sich nach Seeland zu führen. Bald darauf fand er bei einem Aufstand in Delft den Tod.

M.J. van Gent

Lit.: L. P. C. van den Bergh, Oorkondenboek van Holland en Zeeland, II, 1873 – Bijdragen voor Vaderlandsche Geschiedenis en Oudheidkunde, 1899, 1–60; 1913, 241–252; 1915, 27–32 – Nieuw Nederlandsch Biografisch Woordenboek, X, 1937 – A. W. E. Dek, Genealogie der heren van Borselen, 1979, 12–14.

2. W. VI. van Borselen, seeländ.-burg. Adliger, * um 1430, † um 4. Mai 1486, ∞ 1. Maria Stuart (→Stewart), † 1465; 2. 1469 Charlotte v. →Bourbon, † 18. März 1478; Eltern: Hendrik II. van Borselen und Johanna van Halewijn. Als einziger legitimer Sohn Hendriks II. und Erbe der immensen väterl. Güter konnte W., der Herr v. Veere und Zandenburg, als reichster Adliger in →Seeland gelten. Infolge der engen Kontakte des Vaters, des Ritters des Goldenen Vlieses, zu den Kg.en v. Frankreich, England und →Schottland konnte W. die Tochter Kg. →Jakobs II. v. Schottland heiraten (mit der schott. Gft. Buchan als Mitgift). W., der 1452 von Hzg. →Philipp dem Guten v. →Burgund anläßl. des Zuges gegen →Gent zum Ritter gekürt wurde, nahm teil an großen Ereignissen der burg. Politik (→Voeu du Faisan, 1454; Anwesenheit bei Krönung/→Sacre →Ludwigs XI. v. Frankreich, 1461; burg. Feldzüge gegen →Dinant, 1466–67, und →Lüttich, 1468; Belagerung v. →Neuss, 1474–75, bei der W. die seeländ. Heeresabteilung führte) und diente Hzg. →Karl dem Kühnen als Rat (→Conseil ducal), →Chambellan und Admiral v. Artois, Boulonnais, Holland und Seeland.

Am 3. März 1477 setzte ihn →Maria v. Burgund zum Statthalter v. Holland und Seeland ein in Nachfolge seines Schwagers Lodewijk van →Gruuthuse. W. wurde Chambellan Ehzg. →Maximilians und im Mai 1478 Ritter des →Goldenen Vlieses. Da W. die 1477–79 wiederaufflammenden Kämpfe der →'Hoeken' und 'Kabeljauwen' nicht zu beenden vermochte, verlor er im Frühjahr 1480 sein Statthalteramt, stand aber am Hofe noch in Gnade (Teilnahme an Friedensverhandlungen mit Ludwig XI.). W.s polit. Wirken im Rat v. Flandern (Regentschaftsrat für Ehzg. →Philipp den Schönen) brachte ihn jedoch in scharfen Gegensatz zu Maximilian, der W.s Güter in Seeland konfiszieren ließ. Nach Friedensschluß (1485) wurde W. gezwungen, die Heirat seiner Erbtochter Anna mit Philipp v. Burgund, einem Neffen des verstorbenen Hzgn. Maria, zu akzeptieren. 1486 wurde er vor dem Orden des Goldenen Vlieses wegen Widerstandes gegen Maximilian angeklagt, doch starb W. noch vor der Einleitung konkreter Schritte gegen ihn.

M.J. van Gent

Lit.: M. J. van Gent, »Pertijelike saken«. Hoeken en Kabeljauwen in het Bourgondisch-Oostenrijkse tijdperk, 1994 – R. de Smedt, Les chevaliers de l'Ordre de la Toison d'Or au XVᵉ s., Nr. 79, 1994 – s.a. Lit. zu 1 (A. W. E. Dek, 24).

Wolfgang, Bf. v. →Regensburg, hl. (Fest: 31. Okt.), * um 920 in Schwaben (Pfullingen?), als Bf. v. Regensburg investiert am 25. Dez. 972, † 31. Okt. 994, Grablege: St. Emmeram, Regensburg; 1052 feierl. Erhebung der Gebeine durch Leo IX.

Die wichtigsten Q.n für das Leben W.s sind die beiden Emmeramsbücher (»De miraculis beati Emmerami liber unus et De memoria beati Emmerami et eius cultorum alter liber« [BHL 2541]; →Emmeram, hl.) des Propstes →Arnold v. St. Emmeram († vor 1050) sowie die »Vita

Wolfkangi« des →Otloh v. St. Emmeram (entstanden vor 1062, BHL 8990); eine weitere, von Otloh noch herangezogene Quelle, ein »libellus ... ex Francis« (Prolog, MGH SS IV, 525, Z. 35f.) ist heute verloren.

W. wurde als Sohn freier, aber nichtadliger Eltern in Schwaben geboren, mit sieben Jahren einem Kleriker zur Ausbildung übergeben und kam dann an die →Klosterschule der →Reichenau. Dort lernte er Heinrich, den jüngeren Bruder des Bf.s Poppo v. Würzburg kennen, der ihn einlud, seine Studien an der →Domschule v. →Würzburg fortzusetzen, wo damals Stephan v. Novara lehrte. Als →Heinrich 956 von →Otto I. zum Ebf. v. Trier berufen wurde, begleitete W. seinen Freund und Mitschüler, wurde einer seiner bfl. Kapellane, Domscholaster, dann 'decanus clericorum' und war von Heinrich offensichtlich auch als Nachfolger im Bf.samt vorgesehen. W. trat jedoch nach dem Tod seines Freundes als Mönch in →Einsiedeln ein, wirkte auch dort als Scholaster und wurde schließlich von Bf. →Udalrich v. Augsburg zum Priester geweiht. Er blieb aber nicht im Kl., sondern widmete sich daraufhin mit Erlaubnis des Abtes der Ungarnmission (→Mission, B. II). Als der Bf.sstuhl v. Regensburg frei wurde, setzte sich Bf. →Pilgrim v. Passau bei Otto I. erfolgreich für W. ein.

Als Bf. war W. eifriger Verfechter eines regelstrengen Lebens bei Mönchen und Kanonikern, ganz im Sinne der Aachener Reformsynode ab 816. Dagegen suchte er die Kanonissen der beiden Stifte Ober- und Niedermünster mit Unterstützung →Heinrichs des Zänkers vergebens für die Befolgung der Benediktregel zu gewinnen. Er gründete selbst das Benediktinerinnenkl. St. Paul (Mittelmünster) und gab dem bfl. Eigenkl. St. Emmeram in →Ramwold v. St. Maximin (→Trier) einen gorzisch geprägten Reformabt (→Gorze). W. hat damit nicht nur die alte Personalunion zw. Bistums- und Klosterleitung aufgehoben, sondern auch eine Trennung der Besitzungen von Domkirche und Kl. angestrebt, die freilich nicht so vollständig war, wie Otloh später glauben machen möchte. W. stimmte – nach dem Bericht der Vita gegen den Widerstand des Domklerus – auch der Abtrennung Böhmens vom Bm. Regensburg zu und ermöglichte die Errichtung des selbständigen Bm.s →Prag (973). Während des Aufstandes Heinrichs des Zänkers (976) stand W. auf seiten →Ottos II., hielt sich aber in dieser Zeit nicht in Regensburg auf, sondern auf den Besitzungen seiner Bf.skirche im Salzkammergut, u.a. im Kl. →Mondsee. 978 beteiligte sich W. am Rachefeldzug Ottos II. gegen den westfrk. Kg. →Lothar, dann auch am Italienzug (980–983). Heinrich der Zänker, nach einem erneuten Aufstand niedergeworfen und als Hzg. v. Bayern wiedereingesetzt, vertraute W. die Erziehung seiner Kinder an, u.a. des späteren →Heinrich II. Auf einer Reise zu den Regensburger Besitzungen in der Ostmark starb W. am 31. Okt. 994 in der Kapelle des hl. Otmar in Pupping (Oberösterr.) und wurde in St. Emmeram beigesetzt.

W. wird als Bf., bisweilen auch als Benediktinermönch dargestellt, meist mit Kirchenmodell und Beil (älteste Darstellung im Evangeliar Heinrichs IV. 1100; bedeutendste am Hochaltar von Michael →Pacher, St. Wolfgang, 1481). Seine Verehrung ist im süddt. Raum am weitesten verbreitet; der wichtigste Wallfahrtsort ist →St. Wolfgang am Abersee (Wolfgangsee).

St. Haarländer

Q. und Lit.: MGH SS IV, 525–542 [Otloh], 543–574 [Arnold], bes. ab 556 – LCI VIII, 626–629 – LThK² X, 1214f. – St. W. 1000 Jahre Bf. v. Regensburg (Kat. Regensburg), 1972 – R. Zinnhobler–P. und W. Pfarl, Der hl. W., 1975 – G. Schwaiger, Der hl. W. (Lebensbilder aus der Gesch. des Bm.s Regensburg. Beitr. zur Gesch. des Bm.s Regensburg 23/24, 1989), 93–107 – Lit. zum Wallfahrtsort →St. Wolfgang.

Wolfger. 1. **W. v. Erla**, Bf. v. →Passau 1191–1204, Patriarch v. →Aquileia 1204–18; * um 1140, † 23. Jan. 1218, betrat erst nach dem Tod seiner Gemahlin die geistl. Laufbahn, 1183 Propst v. Münster (Pfaffmünster/Niederbayern?), 1184 Propst v. Zell a. See, Domkanoniker in Passau. Sein Passauer Episkopat war geprägt von einem guten Einvernehmen mit dem Papsttum, dem stauf. Kgtm. und den österr. Hzg.en sowie einer umfassenden bfl. Rechtsprechung auf Diözesan- (1199 bestellte Papst Innozenz III. W. zum alleinigen Oberrichter) und Reichsebene. W. war 1195 in die Konfliktlösung nach der Geiselnahme Kg. Richards I. Löwenherz eingeschaltet, nahm 1197/98 am Kreuzzug teil, holte im Anschluß an die Gründung des →Dt. Ordens die päpstl. Zustimmung ein und bemühte sich um die Errichtung eines weiteren Bm.s auf Passauer Diözesangebiet. In seinem 1203/04 geführten Rechnungsbuch findet sich das einzige außerlit. Lebenszeugnis von →Walther v. d. Vogelweide. W. betrieb energ. seine Erhebung auf den Patriarchenstuhl v. Aquileia, wo er die landesherrl. Gewalt konsolidierte und 1209 Istrien und Krain zurückgewann. Er war Reichslegat in Italien unter Philipp v. Schwaben und Otto IV., zog sich jedoch nach der Teilnahme am IV. Laterankonzil 1215 aus der Reichspolitik zurück.

A. Zurstraßen

Q. und Lit.: ADB XLIV, 124 – H. Schmidinger, Patriarch und Landesherr, 1954 – W. Goez, Gestalten des HochMA, 1983, 293, 402 – Die Reg. der Bf.e v. Passau, I: 739–1206, bearb. E. Boshof, 1992, Nr. 964–1201 – W. v. E.: Bf. v. Passau (1191–1204) und Patriarch v. Aquileja (1204–18) als Kirchenfs. und Lit.mäzen, hg. E. Boshof–P. Knapp, 1994.

2. **W. v. Prüfening**, * um 1100, verbrachte seine Schulzeit in Bamberg; trat hier wohl dem Kl. auf dem Michelsberg bei, wechselte aber bald in das Bamberger Gründung P. (heute Regensburg). Angesichts der günstigen P.er Quellenlage fällt auf, daß W. weder als Schreiber noch als Autor durch entsprechende Einträge nachweisbar ist. Das allein für ihn bezeugte Amt des Bibliothekars genügte der älteren Forsch., die ihm ohne Zögern noch die verwandten Pflichten des Archivars und des Schatzmeisters übertragen hat, als Aufhänger für die Zuschreibung einer Reihe von einschlägigen Arbeiten aus diesen Tätigkeitsbereichen: Fortsetzung der Regensburger Annalen von 1130 bis 1146; Kompilation des P.er Traditionscodex' um 1140; Anlage von zwei Bücher- und einem Schatzverzeichnis des Kl. kurz vor 1150 bzw. 1165; ferner die Lebensbeschreibungen der Bf.e Dietger v. Metz und Otto v. Bamberg, letztere in dieser Form nur im »Magnum Legendarium Austriacum« überliefert (seine Entstehung wird nicht zu Unrecht in P. vermutet), und bes. ein Schriftstellerkatalog, auch unter dem Notnamen →Anonymus Mellicensis bekannt (erste Ausg. nach einer Melker Hs.). In diesem Zusammenhang ist die Abfassung von zwei weiteren Kapiteln zu sehen, das eine als eine Art Nachruf auf einen Mitbruder →Boto, nur in einer humanist. Kopie des Hauptwerkes erhalten, das andere über →Honorius Augustodunensis als Abschluß von dessen »De luminaribus ecclesiae«, eine Darstellung desselben Gegenstandes, nachdem W. diese Biographie im Index seiner eigenen Literaturgeschichte angekündigt, aber nicht ausgeführt hat. W.s Autorschaft wurde für die meisten Texte mit Hilfe paläograph. und stilist. Kriterien begründet (Fichtenau). Durch die Verknüpfung W.s mit Honorius, die sich außerdem in der Bücherschenkung des Bruders Heinrich manifestiert, eröffnete sich eine neue Perspektive (Menhardt). Vielleicht ist es kein Zufall, daß sowohl ein

unlängst entdeckter siebter Zeuge von W.s lit. Abriß als auch die Donatio in zwei Bänden der Stiftsbibl. Göttweig zu finden sind, deren übriger Inhalt bei Cod. 14 (33) eindeutig, bei Cod. 25 (38) wenigstens teilweise auf P.er Tradition verweist. G. Glauche

Ed.: MGH SS 17, 579–588 [Annalen] – A. Schwarz, Die Traditionen des Kl. P., 1991 – Ma. Bibliothekskat. Dtl. und der Schweiz, 4, 1977, 417–427 – Ma. Schatzverz. 1, 1967, 78f. – Ma. Bibliothekskat. Österr., 1, 1915, 11f. [Donatio Gotwicensis] – MGH SS 12, 451–479 [Vita Theogeri, BHL 8109] und ebd., 883–903 [Vita Ottonis, BHL 6394] – F. R. Swietek, W. of P.s »De scriptoribus ecclesiasticis« [Diss. Univ. of Illinois 1978] – P. Lehmann, Neue Textzeugen des P.er Liber de viris illustribus (Anonymus Mellicensis), NA 38, 1913, 555 [Boto] – MPL 172, 232–234 [Honorius] – *Lit.:* H. v. Fichtenau, W. v. P., MIÖG 51, 1937, 313–357 – Verf.-Lex. IV, 1051–1056 [B. Bischoff] – H. Menhardt, Der Nachlaß des Honorius Augustodunensis, ZDA 89, 1958/59, 51–60 – H.-G. Schmitz, Kl. P. im 12. Jh., 1975, 234–240 – F. Fuchs, Zum Anonymus Mellicensis, DA 42, 1986, 213–226 – M.-O. Garrigues, W. de P. et le »De luminaribus ecclesiae«, Stud. monast. 28, 1986, 297–310.

Wolfhard v. Herrieden, hagiograph. Schriftsteller, Mönch des Kl. →Herrieden († ca. 902), verfaßte im Auftrag von Bf. →Erchanbald v. Eichstätt zwei Werke: Im »Liber passionalis«, dessen Hauptq.n das →Martyrologium Hieronymianum und das Martyrolog des →Ado v. Vienne bilden, berichtet W. zu jedem Kalendertag kurz über Leben und Sterben des Tagesheil.n – ein sehr frühes Beispiel eines Legendars (→Hagiographie, B. I). Von diesem Werk, dessen älteste Hs. (11. Jh.) aus dem Kl. →Tegernsee in die Bayer. Staatsbibl. gelangte (Clm 18000), sind nur die Vorreden zu den einzelnen Monaten gedruckt. In einem inhaltl. nicht sehr ergiebigen Traktat beschreibt W. in einer kurzen Büchern die Wunder, welche nach der Übertragung von Reliquien der hl. →Walburga v. Eichstätt nach Monheim (bei Donauwörth) 893 dort einsetzten (BHL 8765); seine Darstellung reicht bis ca. 899. A. Wendehorst

Ed.: B. Pez, Thesaurus anecdotorum novissimus, VI/1, 1729, 90–92 [Vorreden] – *Miracula s. Waldburgis Monheimen.:* AASS Febr. III, 523–542; gekürzt: MGH SS 15, 535–555 – A. Bauch, Ein bayer. Mirakelbuch aus der Karolingerzeit, 1979 [mit dt. Übers.] – *Lit.:* Verf.-Lex. IV, 1057f. [B. Bischoff] – De martyrologio W.i Haserensis, AnalBoll 17, 1898, 5–23 – Brunhölzl II, 75–77, 567 – Spindler² III, 1, 1997, 336f. [J. Petersohn].

Wolfhelm. 1. W. →Wölfelin

2. W. v. Brauweiler, dritter Abt v. →Brauweiler (1065–1091), † 22. April 1091, stammte aus vornehmem Geschlecht. Er wurde an der Kölner Domschule unterrichtet und wirkte dann dort als Lehrer. 1036/38 trat er in das Reformkl. St. Maximin zu Trier ein. In den fünfziger Jahren wurde er Propst des Kl. →Gladbach, das seinem Onkel, Abt Heinrich v. St. Pantaleon zu Köln, unterstellt war. Ebf. →Anno II. v. Köln wollte ihn mit dem Aufbau des neugegründeten Kl. →Siegburg betrauen; da sich W. aber nicht dafür eignete, übertrug ihm Anno statt dessen die Abtei Brauweiler. So geriet W. in den langwierigen Streit zw. diesem Kl. und dem Kölner Ebm. um das große Gut Klotten an der Mosel, in dem er sich schließlich 1090 durchzusetzen vermochte. Im Konflikt Heinrichs IV. mit dem Papst stand er auf seiten des Kg.s, im →Abendmahlsstreit nahm er gegen →Berengar v. Tours Stellung. Die Polemik →Manegolds v. Lautenbach gegen W. (»Liber contra Wolfelmum«) fand bei den Zeitgenossen kaum Beachtung. 1110/20 verfaßte der Mönch Konrad v. Brauweiler eine »Vita W.i«, um den Abt als Hl.n zu erweisen. J. Prelog

Q.: Konrad v. Brauweiler, Vita W.i, hg. H. E. Stiene, 1991 – Manegold v. Lautenbach, Liber contra Wolfelmum, ed. W. Hartmann, MGH QG 8, 1972 – *Lit.:* Verf.-Lex.² V, 146f. – Pulheimer Beitr. zur Gesch. und Heimatkunde 15, 1991, 10–74 [H. E. Stiene, H. Wolter, P. Schreiner] – E. Wisplinghoff, Die Benediktinerabtei Brauweiler (GS NF 29, 1992), 39f., 185–187.

Wolfram v. Eschenbach, mhd. Dichter
I. Leben und Bildung – II. Werke – III. Wirkungsgeschichte im Mittelalter.

I. Leben und Bildung: Wie die meisten Dichter seiner Zeit wird W. in keiner Urk. genannt. Was wir über sein Leben zu wissen meinen, ist aus Hinweisen in seinen Dichtungen und aus Äußerungen zeitgenöss. Autoren erschlossen. Seine Schaffenszeit läßt sich grob auf das Ende des 12. und die ersten zwei Jahrzehnte des 13. Jh. eingrenzen. Persönl. und geogr. Anspielungen legen nahe, daß mit Eschenbach das heut. Wolframs-Eschenbach in Mittelfranken gemeint ist. Welchem Stand W. von Geburt angehörte, ist unbekannt. Einiges spricht dafür, daß er über Erfahrungen als Soldat (Ritter) verfügte. Sicher ist, daß er seine Werke als →Berufsdichter im Auftrag mächtiger Gönner verfaßte. Es scheint, daß er u.a. in Beziehungen zu den Gf.en v. →Wertheim und den Herren v. Durne gestanden hat, auf deren Burg Wildenberg im Odenwald vielleicht Teile des »Parzival«-Romans entstanden sind. Noch während der Arbeit am »Parzival« ist er offenbar in den Dienst des Lgf.en →Hermann I. v. Thüringen (1190–1217) getreten, des bedeutendsten Förderers der dt. Lit. seiner Zeit. Von ihm erhielt W. die Quelle und wohl den Auftrag für den »Willehalm«-Roman. Im »Titurel«-Roman hat er ihm einen rühmenden Nachruf gewidmet.

Umstritten ist, über welche Bildung W. verfügte. Er gibt sich programmatisch als Verächter des gelehrten Buchwissens. Man hat aus seinen Äußerungen herausgelesen, daß er Analphabet war. Wahrscheinlicher ist, daß die betreffenden Aussagen der Konstruktion einer spezif. Autor-Rolle dienen: der Rolle des Laien-Dichters, deren Wertschätzung man als Ausdruck des wachsenden Selbstbewußtseins der höf. Laiengesellschaft verstehen kann, für die W. tätig war. Unbestreitbar ist jedenfalls, daß W. über umfassende, z.T. sehr detaillierte Kenntnisse aus der lat. Bildungstradition verfügte. Sein Werk ist durchsetzt mit sachkundig behandeltem Wissensstoff aus allen Bereichen (Naturkunde, Geographie, Medizin, Astronomie) und mit theol. Reflexionen. Ausgedehnt sind offenbar auch seine Kenntnisse der frz. Lit. gewesen. Es ist anzunehmen, daß er außer den Q.n für den »Parzival« und den »Willehalm« – dem »Perceval« →Chrétiens de Troyes und der Chanson de geste »Aliscans« – mindestens noch Chrétiens »Erec et Enide«, »Cligés« und »Lancelot« sowie →Waces »Roman de Brut« gekannt hat.

II. Werke: W.s Werk umfaßt Epik (»Parzival«, »Willehalm«, »Titurel«) und Lyrik (Minnesang). Es ist geprägt von einem eigentüml. Stilwillen, der in Ausdrucksweise und Metaphorik das Ungewöhnliche sucht, altertümlich wirkende volkstümlich-mündl. Elemente in Wortschatz und Syntax mit einer Fülle von frz. Modewörtern und kühnen Neologismen verbindet, dem mehr an der Klangwirkung als am Regelmaß der Verse und Reime gelegen ist.

[1] *Parzival* (24810 V.): Der »Parzival«, entstanden im 1. Jahrzehnt des 13. Jh., in mehr als 80 Hss. des 13.–15. Jh. und einem Druck von 1477 überliefert, ist ein Artusroman (→Artus, →Parzival), unterscheidet sich jedoch von den anderen Vertretern der Gattung dadurch, daß sich über dem weltlich-höf. Artusrittertum eine christl.-sakrale Welt erhebt: die Gemeinschaft vom →Gra(a)l.

W.s Quelle für den Kernteil des Werkes (Bücher III–XIII) war Chrétiens »Perceval«, von dem er z.T. jedoch beträchtlich abweicht. Ob diese Abweichungen auf Ne-

benquellen zurückgehen und ob W. für die nicht vom »Perceval« gedeckten Eingangs- und Schlußpartien (Bücher I, II und XIV–XVI) bes. Vorlagen hatte, ist umstritten. W. selbst hat der Suche nach einer zusammenhängenden Q. neben dem »Perceval«, die v. a. die Besonderheiten seiner Gralkonzeption erklären könnte, Nahrung gegeben: er tadelt Chrétien für dessen unsachgemäße Behandlung der Geschichte und nennt als Gewährsmann für seine eigene Version einen gewissen 'Kyot'. Man ist heute allg. der Ansicht, daß es sich dabei um eine Quellenfiktion handelt.

Der »Parzival« kombiniert kunstvoll mehrere Handlungsstränge. Die Haupthandlung um den Gralsucher Parzival wird in Gleichlauf und Kontrast begleitet von der Handlung um den idealen Artusritter →Gawan. Dem Ganzen ist – ohne Gegenstück bei Chrétien – die Geschichte von Parzivals Eltern vorangestellt, die mit dem Auftreten von Parzivals Halbbruder Feirefiz am Ende des Werkes wieder aufgenommen wird. Das zentrale Motiv ist die Unterlassung einer Frage: Parzival gelangt durch Zufall auf die Gralburg Munsalvaesche, deren Herr, der Gralkönig Anfortas, sichtlich leidend ist. Parzival weiß nicht, daß Anfortas sein Mutterbruder ist und daß er nur nach dem Leiden fragen müßte, um Anfortas zu erlösen und selbst Gralkönig zu werden. Aus höf. Zurückhaltung fragt er nicht, und dieses Versäumnis führt zur Katastrophe: Im Augenblick seiner glanzvollen Aufnahme in den Kreis der Artusritter erscheint die Gralsbotin Cundrie, brandmarkt sein Verhalten auf Munsalvaesche als Sünde und verflucht ihn. Er kann die Berechtigung des Vorwurfs nicht einsehen, sagt sich trotzig von Gott los und verläßt die Gesellschaft der Artusritter. Seine Bewährung nach diesem (für den Helden des Artusromans typischen) Sturz aus der soeben erworbenen Vorbildlichkeit vollzieht sich nicht (wie sonst im Artusroman) in ritterl. Kämpfen, sondern in Form einer religiösen Läuterung. Die entscheidende Szene, durch eine Fülle von Querverbindungen mit fast allen Teilen des Werkes verbunden, ist die Begegnung mit einem weiteren Mutterbruder, dem frommen Einsiedler Trevrizent (IX. Buch): Parzival sieht sein Fehlverhalten ein und wird reif für die Übernahme des Gralskgtm.s.

[2] *Willehalm* (13988 V.): Der »Willehalm«, entstanden im 2. Jahrzehnt des 13. Jh., in knapp 80 Hss. des 13.–15. Jh. überliefert, beruht auf der Chanson de geste »Aliscans« aus dem Kreis um Guillaume d'Orange (→Wilhelmsepen). »Aliscans« ist in den meisten Hss. als Teil eines Zyklus von Wilhelmsepen überliefert. Es ist wahrscheinlich, daß auch W. ein solcher Zyklus vorgelegen hat, aus dem er die »Aliscans«-Branche herauslöste. Im 13. Jh. ist sein »Willehalm« dann seinerseits zum Mittelteil eines Zyklus gemacht worden: →Ulrich v. dem Türlin dichtete eine (frei erfundene) Vorgeschichte, →Ulrich v. Türheim eine (nach dem frz. Zyklus gearbeitete) Fortsetzung.

Der »Willehalm« handelt vom großen Krieg zw. Christen und Heiden auf dem Feld Aliscans bei Arles. Mit einem riesigen Heer rückt der Heidenkönig Terramer gegen Willehalm, den Mgf.en v. Orange, an, um die Entführung seiner Tochter Arabel zu rächen, die sich hatte taufen lassen und unter dem Namen Giburg Willehalms Gemahlin geworden war. In einer ersten Schlacht werden die Christen vernichtend geschlagen. Es gelingt Willehalm jedoch, mit Hilfe des röm. Kg.s Ludwig (d. i. Ludwig d. Fr., der Sohn Karls d. Großen) und seiner Verwandten ein neues Heer aufzustellen, das die Heiden aus der Provence vertreibt. Umstritten ist, ob das Werk in der überlieferten Form als abgeschlossen zu gelten hat, oder ob – was wahrscheinlicher ist – Wolfram die Arbeit vor dem geplanten Ende abbrechen mußte.

Wie das →»Rolandslied«, das im intertextuellen Bezug als hist. Hintergrund präsent gehalten wird (Terramer ist ein Neffe Baligans, des Gegners Karls d. Großen im »Rolandslied«), ist der »Willehalm« eine Kreuzzugsdichtung (→Kreuzzugsdichtung, III. 2), aber er teilt nicht die herrschende Kreuzzugsideologie, derzufolge die Heiden als Vertreter des Teufelsreichs ausgerottet werden müssen. In einer großen Rede im Kriegsrat vor der zweiten Schlacht entwickelt Giburg die (undogmat.) Vorstellung, daß die Heiden ebenso wie die Christen Kinder Gottes sind und als solche Anspruch auf menschl. Behandlung haben. Im Sinne dieses theol. gefaßten Toleranz-Gedankens (→Toleranz) stellt W. schonungslos das Leid heraus, das sich Christen und Heiden gegenseitig antun, läßt letztlich aber doch keinen Zweifel daran, daß der Kampf gegen die Heiden auch in seiner Sicht verdienstvoll ist. Aufgehoben ist das Leid in einer tiefen christl. Heilsgewißheit. Das Heil ist verbürgt durch Gottes wunderbares Wirken in der Natur, das der Prolog beschwört und das leitmotivartig immer wieder in Erinnerung gerufen wird, und v.a. dadurch, daß Willehalm und Giburg als Heilige vorgestellt sind.

[3] *Titurel* (insges. 175 Strr. in den verschiedenen Hss.): Der in (sangbaren) Langzeilenstrophen verfaßte »Titurel«, der unvollendet blieb und nur in 3 Hss. überliefert ist, entstand wohl neben der Arbeit am »Willehalm«. Um 1270 wurde das Werk von einem gewissen Albrecht zu einer gewaltigen Dichtung von über 6000 Strophen ausgebaut (»Jüngerer →Titurel«).

Der »Titurel«, für den keine Q. bekannt ist, erzählt die Geschichte von Parzivals Cousine Sigune und ihrem Geliebten Schionatulander (seinen Titel trägt das Werk nach der ersten namentlich genannten Figur, dem alten Gralkönig). Schionatulander findet den Tod, als er, um Sigunes Liebe zu erlangen, in ihrem Auftrag versucht, die kostbare Leine eines Jagdhundes zu erwerben, auf der die Geschichte eines Liebespaares geschrieben steht. Schionatulander hatte den Hund im Wald gefangen und ihn Sigune gebracht, aber er war wieder entsprungen, ehe Sigune die Geschichte zu Ende lesen konnte. Ein erstes Fragment erzählt in ausgedehnten Dialogen, Monologen und Reflexionen, hinter denen die Handlung weitgehend zurücktritt, von der Abstammung der Helden und dem Beginn ihrer Liebe; ein zweites Fragment erzählt vom Fang des Hundes. Der Text endet mit Schionatulanders Versprechen, die Leine zurückzugewinnen. Der unglückl. Ausgang ist aus Andeutungen im »Parzival« zu erschließen, in dem Sigune eine wichtige Rolle spielt.

[4] *Lyrik*: Unter W.s Namen überliefern die Liederhss. A, B, C (→Liederbücher, Liederhss.) insgesamt 3 →Tage- und 4 Werbungslieder; dazu kommen 2 Tagelieder in der »Parzival«-Hs. G aus der 1. Hälfte des 13. Jh. Die Anfänge von W.s Lyrik könnten ins 12. Jh. zurückreichen: Eine Bemerkung im »Parzival« (114, 12f.) deutet darauf hin, daß W. schon einen Namen als Lyriker hatte, als er an dem Roman arbeitete.

Die Bedeutung des schmalen Œuvres beruht auf den fünf Tageliedern, mit denen W. die Gattung in Dtl. geprägt hat: So gut wie alle mhd. Tagelieder, die seit dem 13. Jh. entstanden sind, stehen mehr oder weniger deutlich unter seinem Einfluß. Charakteristisch ist die Ausgestaltung der Grundsituation (Trennung der Liebenden nach einer heiml. Liebesnacht) in der Abfolge von Weckruf, Trennungsklage und Hinauszögern der Trennung

durch eine letzte Liebesvereinigung im Angesicht der tödl. Gefahr, entdeckt zu werden. Charakteristisch ist auch die Gestalt des Wächters, der den Anbruch des Tages verkündet und die Liebenden, die sich ihm anvertraut haben, zur Trennung mahnt. Eine Sonderstellung nimmt das Lied WAPNEWSKI Nr. 5 (»Der helnden minne ir klage«) ein, in dem der Sänger die Vorzüge der ehel. Liebe preist, die der Geheimhaltung und des Wächters nicht bedarf. Die ältere Forsch. hat darin eine »Absage ans Tagelied« gesehen. Heute neigt man dazu, das Lied als Parodie der Gattung aufzufassen.

III. WIRKUNGSGESCHICHTE IM MITTELALTER: W. ist der mit Abstand wirkungsmächtigste mhd. Dichter. Schon die Zeitgenossen haben seinen außerordentl. Rang anerkannt: »leien munt nie baz gesprach« ('nie hat ein Laie besser gedichtet'), rühmt ihn →Wirnt v. Grafenberg im »Wigalois« (V. 6346). Die Zahl der »Parzival«- und der »Willehalm«-Hss. übertrifft die Zahl der Hss. vergleichbarer Werke bei weitem. Auch die umfangreiche Überlieferung des »Jüngeren Titurel« (knapp 60 Hss. und im Druck) ist einschlägig, denn das Werk lief im MA unter W.s Namen (Albrecht spricht über weite Strecken in der Maske W.s). Im Gedicht vom →»Wartburgkrieg« erscheint W. als Teilnehmer am Sängerkrieg auf der Wartburg. Im sog. »Rätselspiel« des »Wartburgkrieg«-Komplexes (noch vor der Mitte des 13. Jh. entstanden?) tritt er als gelehrter Laie im Rätsellösen erfolgreich gegen den »Meisterpfaffen« Klingsor an, eine Gestalt aus seinem eigenen »Parzival«. Der Dichter des »Lohengrin« (→Lohengrin, II) hat das »Rätselspiel« als Einleitung verwendet und W. zum Erzähler gemacht. In den Rätseln geht es um gelehrte theol.-moral. Tatbestände. Daß W. sich behauptet, ist programmatisch dargestellt als Behauptung des Laien gegenüber dem Kleriker auf der für dessen ureigenstem Feld. Von der Autorität des gelehrten Laiendichters zehrt auch der »Jüngere Titurel«, der als lehrhaftes Werk konzipiert und verstanden wurde. Wie die anderen Sänger des »Wartburgkriegs« ist W. von den →Meistersingern zu den Begründern ihrer Kunst gerechnet worden. Seit der Mitte des 14. Jh. erscheint er regelmäßig in den Katalogen der »Zwölf alten Meister«. J. Heinzle

Ed.: W. v. E., Parzival, ed. und komm. E. NELLMANN [rev. Abdr. der Ausg. v. K. LACHMANN, Übers. D. KÜHN], 2 Bde, 1994 – W. v. E., Willehalm, ed., übers. und komm. J. HEINZLE, 1991, Studienausg. 1994 – W. v. E., Titurel: J. HEINZLE, Stellenkomm. zu W.s Titurel, 1972 [mit Abdr. der ges. Überlieferung] – W. v. E., Lyrik: Des Minnesangs Frühling, hg. H. MOSER–H. TERVOOREN, 1988³⁸, XXIV – P. WAPNEWSKI, Die Lieder W.s v. E., 1972 [mit Übers. und Komm.] – außer den genannten, der derzeitigen Wolfram-Forsch. adäquaten Ed. s. weitere Ausg. bei J. BUMKE, W. v. E., 1997⁷ – Bibliogr.: laufende Bibliogr. von R. DECKE-CORNILL, Wolfram-Stud. 10ff., 1988ff. – Lit.: E. NELLMANN, Zu W.s Bildung und zum Literaturkonzept des Parzival, Poetica 28, 1996 – J. BUMKE, W. v. E., 1997⁷ [mit Bibliogr.].

Wolfsangel, ein meist doppelter, mit einem Fleischköder verblendeter starker Angelhaken, der an einer festen Kette so in einem Baum verankert wurde, daß der →Wolf hochspringen mußte, um an den Köder zu kommen, und beim Verschlingen des Köders zugleich auch den Angelhaken aufnahm. Der so am Angelhaken über dem Boden hängende Wolf mußte qualvoll verenden. Die wahrscheinl. sehr alte und auch beim Fuchs (bei der Fuchsangel) angewandte Fangtechnik dürfte ihren Ursprung in vom Fischfang geprägten Kulturen haben, bei denen Angelhaken zum Fanginstrumentarium gehörten. Je nach den Ausformungen der Angelhaken (einfach, doppelt oder mehrfach) und des Ankers (halbmondförmig, doppelsichelartig) können bei ma. W.n verschiedene Typen unterschieden werden. Im →Capitulare de villis wird die W. ausdrückl. erwähnt (MGH Cap. II, Cap. de villis, c. 69: »cum... hamis«). S. Schwenk

Lit.: K. LINDNER, Gesch. und Systematik der Wolfs- und Fuchsangeln, 1975.

Wolfsmilch (Euphorbia-Arten/Euphorbiaceae). Namen wie *esula* oder *wolvesmil(i)ch* u. ä. (STEINMEYER–SIEVERS III, 528 und 541) bezeichnen neben vielen anderen (→Catapotia) im MA mehrere einander ähnliche, nicht näher unterschiedene Pflanzen aus der allein in Mitteleuropa ca. 30 Arten umfassenden Gattung Euphorbia (Albertus Magnus, De veget. VI, 336: »esula est non herbae species, sed genus«). Diese enthalten alle einen stark hautreizenden Milchsaft, auf dessen Schädlichkeit denn auch der dt. Name verweist. Obwohl die Ärzte vor der Giftwirkung warnten, wurden die W. arten – in Kombination mit mildernden Arzneibestandteilen – med. als Abführmittel bzw. gegen Gicht und zur Brustreinigung (Hildegard v. Bingen, Phys. I, 51 und 54) sowie bei verschiedenen Gelenkleiden und Wassersucht (Circa instans, ed. WÖLFEL, 51f.; Gart, Kap. 158) verwendet. I. Müller

Lit.: MARZELL II, 362–389.

Wolga (aruss.: *vьlgъ* 'feucht, naß'?, mordvin. Rav, Rava; čuvaš. Atäl, Adyl; chazar. Atil/Itil; kazantatar. Idil 'Strom'), mit 3700 km Länge und einem Einzugsgebiet von 1,38 Mill. km² der größte Strom Europas, entspringt in den Valdaihöhen und ergießt sich mit 80 Mündungsarmen, die ein 13 000 km² großes Delta bilden, ins Kasp. Meer. Die W., die von März/April bis Nov. eisfrei ist, bildet einen der wichtigsten Verkehrswege Osteuropas, der schon als Fluß 'Oaros' von Herodot erwähnt wird. Doch verwechselt Herodot den Unterlauf der W. mit dem des Don. Noch byz. und arab. Autoren des MA folgen diesem Irrtum, obwohl bereits →Ptolemaeus (Geographia) ihn korrigiert hatte. Byz. (→Theophylaktos Simokates, →Theophanes Byzantios u. a.) und muslim. Q.n übernehmen für die W. den chazar. Namen Atil, Itil; arab. Autoren bezeichnen sie auch als 'Slaven'- (Nahr aṣ-Ṣaqāliba), 'Rus'- (Nahr ar-Rūs) oder 'Chazaren'-Fluß (Nahr al-Chazar).

In der W. region siedelte bereits in der Antike eine ethnisch gemischte Bevölkerung. An der unteren W. saßen iran. Verbände (→Skythen, →Sarmaten, →Alanen), am Mittel- und Oberlauf finno-ugr. Ethnien. Seit dem 6. Jh. drangen von O turksprachige Nomadenvölker ein, v. a. →Chazaren, später →Wolgabulgaren, →Pečenegen und →Kumanen. Im 9./10. Jh. ließen sich →Ostslaven, die vom Ilmensee-Becken und längs der Oka vorstießen, an der oberen und mittleren W. nieder. Seit Ende des 8. Jh. traten skand. →Waräger (→Rus') als Träger des Fern- und Transithandels zw. Ostseeraum und Orient im W. flußsystem auf. Deren Verbindungen zu den Wolgabulgaren, Chazaren und zur islam. Welt sind durch zahlreiche archäolog. Funde (Silberhortfunde und Družina-Gräber [→Družina], z. B. Timerëvo bei →Jaroslavl' an der W.) und Schriftq.n (Ibn Ḫurdāḏbeh, →al-Masʿūdī, →Ibn Faḍlān u. a.) bezeugt.

Den W. handel, an dem neben Warägern v. a. Wolgabulgaren, Chazaren, Choresmier und Araber beteiligt waren, begünstigten sowohl Wirtschaftsblüte und Rohstoffversorgung des Abbasidenkalifats als auch die Existenz des chazar. »Handelsimperiums« zw. →Krim und W., das die Sicherheit durchziehender Kaufleute gegen die Entrichtung des Zehnten als Zoll gewährleistete. Als bedeutendste Handelszentren galten →Bolgar und →Itil, wo westöstl. Landverbindungen, von Kiev und vom →Schwarzen Meer über →Sarkel nach Choresm, die W. kreuzten. Seit

dem 13. Jh. kamen →Nižnij Novgorod und →Sarāi hinzu, seit dem 15. Jh. →Kazan' und →Astrachan'.

Ausgeführt wurden v. a. Sklaven, Pelze, Wachs und Honig, Leder, Elfenbein (von Walroß und Mammut), Fische (die W. war v. a. in ihrem Unterlauf sehr fischreich), Fischleim, →Ambra, Jagdfalken und →Bibergeil. Die Salzversorgung der nordostruss. Städte war durch den Export des bei Astrachan' geförderten Salzes gesichert. Als Transitwaren kamen Bernstein, frk. Schwerter und fries. Tuche in Frage. Importiert wurden aus dem islam. Orient und aus Byzanz Edelmetalle, v. a. große Mengen von gemünztem Silber (kufische →Dirhams), deren Funde im N bis nach Skandinavien reichen, und Luxusartikel wie Seide, Fayencen, Gewürze und Waffen.

Die Zerschlagung des Chazarenreiches durch den Kiever Gfs.en →Svjatoslav (964–969) ließ den Zustrom des Silbers allmählich versiegen und verlagerte den Schwerpunkt des Handels nach Bolgar. Auch wiederholte Vorstöße der aruss. Fs.en v. →Vladimir-Suzdal' (1164, 1184, 1220) an die W., die zur Gründung von Nižnij Novgorod 1221 führten, vermochten die Präponderanz der Wolgabulgaren nicht zu brechen. Doch brachte die mongol. Eroberung des wolgabulgar. Reiches den W.handel unter die Kontrolle der →Goldenen Horde und zu erneuter Blüte. Erst die Eroberung der Nachfolgekhanate Kazan' (1552) und Astrachan' (1556) durch Ivan IV. unterwarf den gesamten W.lauf als Tor zum Orient dem Gfsm. →Moskau.
H. Göckenjan

Lit.: W., SłowStarSłow VI, 568–571 [T. SKULINA–W. SWOBODA] – T. LEWICKI, Handel Samanidów ze wschodnia i środkowa Europa, SlAnt 19, 1972, 1–18 – V. – B. VILINBACHOV, Rannesrednevekovyj put' iz Baltiki v Kaspij, ebd. 21, 1974, 83–110 – T. S. NOONAN, Why Dirhams First Reached Russia, Archivum Eurasiae Medii Aevi 4, 1984, 151–282 – H. W. HAUSSIG, Die Praxis des Warenaustausches im Warägerhandel mit den chasar. Märkten Sarkel und Itil (Unters.en zu Handel und Verkehr der vor- und frühgesch. Zeit in Mittel- und Nordeuropa, T. IV: Der Handel der Karolinger- und Wikingerzeit, hg. K. DÜWEL u. a., 1987), 528–544 – K. HELLER, Russ. Wirtschafts- und Sozialgesch., 1987, 49–67 – L. RICHTER-BERNBURG, Der frühma. Handel Nord- und Osteuropas nach islam. Q.n (ebd.), 667–685 – I. V. DUBOV, Velikij Volzskij put', 1989 – C. GOEHRKE, Frühzeit des Ostslawentums, 1992, 121–134.

Wolgabulgaren, Turkvolk (→Türken), dessen Sprache mit dem Čuvašischen in Verbindung gebracht wurde. Vom Beginn des 10. Jh. bis zur Unterwerfung der W. durch die →Mongolen behauptete sich ihr Reich an der mittleren →Wolga und Kama. 922 nahmen sie offiziell den →Islam an und waren bis zum Mongolensturm die einzige muslim. Macht in Osteuropa, die ihr Fortbestehen u. a. ihrer Mittlerrolle im Handel zw. dem östl. Teil der islam. Welt und Europa verdankte.

Die an der Reichsgründung vermutl. beteiligten türk. Stämme (Bulġār, Äskäl, Barşūlā~Bersil, Suwār~Sabir, Baranġar~Balanġar) waren aus dem Steppengürtel nach N in die Waldzone gewandert und hatten sich im Wolga-Kama-Gebiet mit der örtl. finno-ugr. Bevölkerung vermischt. Die zeitl. Bestimmung der Einwanderung ist umstritten, da keine unmittelbaren Angaben vorliegen. Nach einer Auffassung wanderten die W. um 680 nach N, nachdem die →Chazaren das sog. »Großbulg. Reich« →Kubrats im N des Schwarzen Meeres zerschlagen hatten. Doch teilen die Q.n nur mit, daß der älteste der Söhne Kubrats unter chazar. Herrschaft am Ort blieb, die übrigen aber nach W zogen, wo der bekannteste von ihnen, →Asparuch, das Donaubulg. Reich gründete (→Bulgarien, I). Zutreffender ist die Annahme, daß die bulg. Stämme als Folge der in der ersten Hälfte des 8. Jh. im nördl. Vorland des Kaukasus stattfindenden arab.-chazar. Kriege in die Wolga-Kama-Region gelangten. Die polit. Bedeutung dieser Stämme nahm noch zu, als seit dem Beginn des 9. Jh. der Handel zw. dem Kalifat und dem Chazarenreich einsetzte und die Chazaren von den weiter nördl. wohnenden Waldvölkern Handelswaren (Pelze, Sklaven, Wachs, Honig) kauften. Gegen Ende des 9. Jh. kann man mit einer erneut einsetzenden erhebl. Zuwanderung rechnen, die auch durch archäolog., numismat. und sprachhist. Belege bestätigt wird. Im Hintergrund dieser Ereignisse könnte die Westwanderung der →Pečenegen (um 895) stehen, die die Vormachtstellung der Chazaren im östl. Europa erschütterte.

Die muslim. Q.n erwähnen die W. seit Beginn des 10. Jh., als der Handel zw. der islam. Welt und Osteuropa umgeleitet wurde und nunmehr der Haupthandelsweg von Transoxanien durch die Kazachensteppe unmittelbar in die Wolga-Kama-Region führte. Die Schwächung des Chazarenreiches und die neuen Handelsmöglichkeiten veranlaßten den zweiten, auch namentl. bekannten wolgabulg. Herrscher, Almïš, den Islam anzunehmen. Der Kalif richtete 922 eine Gesandtschaft an ihn, von der uns ein Mitglied, →Ibn Faḍlān, auch eine Reisebeschreibung gab. Der Übertritt zum Islam war offenbar eine Gegenmaßnahme gegen den jüd. Chazarenkhagan, da es gleichzeitig zu einer erhebl. Befestigung der Städte Bulġār (→Bolgar) und Suwār und zum Beginn wolgabulg. Münzprägung kam.

965 richtete der Fs. v. →Kiev, →Svjatoslav, einen Angriff gegen die W. und Chazaren, der zum Zusammenbruch des Chazarenreiches führte, die W. jedoch nicht so schwer traf. Vielmehr begann seitdem ihr Reich zum Zentrum des Handels zw. Osteuropa und dem Kalifat zu werden. Obwohl gegen Ende des 10. Jh. die Münzprägung für etwa zwei Jahrhunderte eingestellt wurde, blieb der Handel bestehen, wie in Übereinstimmung mit archäol. Funden der arab. Reisende Abū Ḥāmid al-Ġarnāṭī bezeugt, der die W. im 12. Jh. aufsuchte.

Die Kiever Rus' und die W. unterhielten – abgesehen von kleineren Zusammenstößen – friedl. Handelsbeziehungen. Doch entstand mit dem Erstarken des Fsm.s →Vladimir-Suzdal' eine neue Macht, die den Handel an der Wolga zu ihrem Monopol zu machen suchte. In der Folge nahmen daher die wechselseitigen Kriegszüge zu. Erfolgreicher waren die Vorstöße der Russen: 1164 nahmen sie eine Stadt Brjahimov (Ibrāhīm) ein, die man allgemein mit Bulġār (dem heutigen Bolgary) am Zusammenfluß von Wolga und Kama gleichsetzt. Auch wird vermutet, daß sich als Folge dieses Angriffs das Reichszentrum nach Bilär (dem heutigen Biljarsk am linken Ufer des Flusses Malyj-Čeremšan) verlagerte. 1184 belagerten sie gemeinsam mit den →Kumanen Velikij Gorod ('Große Stadt', d. h. Biljarsk). Schließlich nahmen sie 1220 die auf dem rechten Wolgaufer liegende Stadt Ošel ein. Die zw. dem Fs.en v. Vladimir-Suzdal' und den W. lebenden Mordwinen gelangten allmähl. unter russ. Oberhoheit. 1221 zeigte die Gründung von →Nižnij Novgorod an, daß sich die Kräfteverhältnisse zugunsten der Russen verändert hatten.

Die Mongolen griffen erstmals 1223 nach der Schlacht an der →Kalka die W. an, die jene aber in einen Hinterhalt lockten und besiegten. 1229 und 1232 besetzten die Mongolen die südl. und östl. Grenzgebiete der W., die unterdessen vom Fs.en v. Vladimir-Suzdal' von W her bedrängt wurden. 1235 besuchte der Ungar Julianus das Wolgabulg. Reich. Er brachte als erster die Nachricht vom bevorstehenden Westfeldzug der Mongolen nach Europa. Die Mongolen begannen 1236 ihren konzentrischen An-

griff gegen Europa, dessen erstes Opfer das Wolgabulg. Reich wurde. I. Zimonyi

Lit.: S. M. ŠPILEVSKIJ, Drevnie goroda i drugie bolgarsko-tatarskie pamjatniki v Kazanskoj gubernii, 1877 – A. P. SMIRNOV, Volžskie bulgary, 1951 – R. G. FACHRUTDINOV, Očerki po istorii Volžskoj Bulgarii, 1984 – I. ZIMONYI, Origins of the Volga Bulghars (Stud. Uralo-Altaica 32), 1990 – P. B. GOLDEN, An Introduction to the Hist. of the Turkic Peoples, 1992, 253–258.

Wolgast, Hzm. 1295 kam es in →Pommern zur Teilung der Herrschaft, nachdem Hzg. Otto I. (* 1279, † 1344), der Stiefbruder des regierenden Hzg.s →Bogislaw IV. (1278–1309), mündig geworden war. Die Teilung erfolgte unter maßgebl. Mitwirkung der Vasallen und der Städte, die als Repräsentanten des Landes und als Garanten der Landeseinheit beiden Hzg.en den Lehnseid leisteten. Die Teilungslinie verlief von W nach O. Otto I. erhielt den s. Teil, begrenzt von Peene, Haff und Ihna (mit Städten nach Lüb. Recht), Bogislaw IV. die n. Gebiete mit den Inseln Usedom und Wollin sowie das Land Belgard (mit Städten nach →Magdeburger Recht). Im 14. Jh. kam die Bezeichnung Hzm. Stettin und Hzm. W. auf. Das W.er Hzm. erhielt eine erhebl. territoriale Erweiterung, indem es 1317 in den Besitz der Länder Schlawe und Stolp gelangte und 1325 das Fsm. →Rügen gewann. Nachdem die Stettiner Hzg.e 1338 die Reichsunmittelbarkeit erlangt hatten, belehnte Ks. Karl IV. die Pommernhzg.e 1348 zu gesamter Hand; damit waren auch die W.er Hzg.e als Reichsfs.en anerkannt. 1372 spalteten sich diese in eine vorpommersche und eine hinterpommersche Linie (Stolp), diesseits und jenseits der Swine. In Vorpommern entstanden die Teilherrschaften W. und Barth. 1459 fiel das hinterpommersche Hzm. Stolp durch Heirat an die vorpommersche Linie. Nach dem Aussterben der Stettiner Hzg.e 1464 gelang es den W.er Hzg.en im Kampf mit Brandenburg, das Hzm. Stettin 1473 mit W. zu vereinigen. Damit war die Teilung v. 1295 überwunden, die Einheit Pommerns wiederhergestellt. R. Schmidt

Lit.: NDB VII, s.v. Greifen – R. SCHMIDT, W. – Residenz und Begräbnisstätte der pomm. Greifen, Pommern 34, H. 3, 1996, 32–38 – D. LUCHT, Pommern (Hist. LK. Dt. Gesch. im O, Bd. 3, 1996) – H. BRANIG, Gesch. Pommerns 1300–1648, bearb. W. BUCHHOLZ (Veröff. der Hist. Komm. für Pommern V, 22, 1997).

Wolgemut, Michael, * 1434/37, Nürnberg, † 1519 ebd., Nürnberger Maler und Entwerfer. Die Ausbildung erhielt er wohl bei seinem Vater Valentin; die Wanderschaft führte ihn u. a. nach München, wo er 1471 vergebl. die Tochter des Malers Gabriel Mälesskircher zu ehelichen suchte. Ende 1472 heiratete er in Nürnberg die Witwe des Hans →Pleydenwurff, dessen Sohn Wilhelm später in der Werkstatt mitwirkte. Diese baute er als Unternehmer zu einem größeren Betrieb mit selbständigen Gesellen aus, die bis ins Sächsische Altäre und Epitaphbilder lieferte, Glasgemälde entwarf und Skulpturen farbig faßte. Das erste gesicherte Werk ist der Marienaltar von 1479 in Zwickau; von W. selbst stammen die Marienszenen der ersten Wandlung. Bei dem von Levinus Memminger um 1485/86 gestifteten Altar in St. Lorenz malte er die Innenseite, bei demjenigen für Sebald Peringsdörfer die »Kreuztragung« und die »Auferstehung« (1486, Friedenskirche Nürnberg). Als Höhepunkt seiner künstler. Entfaltung werden die Altarflügel aus der Kirche der Augustinereremiten betrachtet (vor 1495, jetzt in der Jakobikirche Straubing). Bei anderen Erzeugnissen seiner Werkstatt ist sein Anteil gering. In seinem handwerkl. gediegenen, schwerblütigen Stil verbindet er lokale Traditionen mit v. a. von Pleydenwurff vermittelten Elementen →Rogier van der Weydens und zunehmend Anregungen aus Stichen Martin →Schongauers; den Pflanzen und den Stadtansichten im Hintergrund widmet er bes. Aufmerksamkeit. Um 1490 erhielt er gemeinsam mit Wilhelm Pleydenwurff († 1494) zwei umfangreiche Aufträge für Entwürfe zu den Holzschnitten in Stephan Fridolins »Schatzbehalter oder schrein der waren reichtuemer des hails vnnd ewyger seligkeit« (1491) und in Hartmann →Schedels »Weltchronik« (1493). 1486 trat Albrecht →Dürer in seine Werkstatt als Lehrling ein; bes. mögen ihn die relativ frühen, nüchternen Bildnisse beeindruckt haben (Ursula Tucher, 1478, Kassel; Levinus Memminger, um 1485, Madrid, Thyssen; Hans Perckmeister, 1496, Nürnberg, u. a. m.); 1516 wird er selbst ein Porträt seines greisen Lehrers malen (Nürnberg). Ch. Klemm

Lit.: G. BETZ, Der Nürnberger Maler M. W. und seine Werkstatt [Diss. Freiburg i. Brsg. 1955] – A. STANGE, Dt. Malerei der Gotik, 9, 1958, 51–64 – 1471 Albrecht Dürer 1971, Ausst.kat. Nürnberg 1971, passim – P. STRIEDER, Tafelmalerei in Nürnberg 1350–1550, 1993, 65–85, Kat. Nr. 47–66.

Wolin (auch Wollin) auf der Insel Usedom-Wollin war eines der bedeutendsten Handelszentren vom 9.–11. Jh. an der s. Ostseeküste. Am Ausgang des Oderhaffs zum ö. Mündungsarm der Oder, der Dievenow (Dziwna), gelegen, konnte über W. auf dem Wasserweg die Verbindung zw. der Ostsee und dem poln. bzw. slav. Binnenland hergestellt werden. Über das Oderhaff erreichte man die Peene und damit den Landweg, die via regia, die nach →Adam v. Bremen (II/22) von der Unterelbe bzw. von Oldenburg über Mecklenburg und Demmin führte. Diese siedlungsgeogr. Voraussetzungen veranlaßten spätestens zu Beginn des 8. Jh. die Gründung einer slav. Siedlung auf einer von der Dievenow im O und einer Sumpfniederung im W eingegrenzten Landzunge; an dieser Stelle war die Dievenow durch eine im Fluß gelegene Insel eingeengt und frühzeitig durch eine Brücke zu überqueren. Zur urspgl. Siedlungsstelle dehnte sich aus und wurde zur Hauptsiedlung eines Siedlungsagglomerats. Auf dem höchsten Punkt der Landzunge errichtete man über einer älteren Kultstätte einen Tempel, der dendrolog. Daten zufolge 966 erneuert und erweitert wurde. An der Südgrenze der Hauptsiedlung ist wahrscheinl. bereits in der 1. Hälfte des 9. Jh. eine Burg angelegt worden. Am Ufer der Dievenow entstand in verschiedenen Ausbaustufen ein Hafen. Die Hauptsiedlung mit Hafen schuf sich durch eine halbkreisförmig angelegte Palisade, die um 900 erhebl. verstärkt und in der Mitte des 10. Jh. durch einen 14 m breiten Wall ersetzt wurde, militär. Schutz. Im Zusammenhang damit ist die Siedlung durch die Anlage rechtwinklig aufeinandertreffender Bohlenwege gegliedert worden. N. der Hauptsiedlung entstand um den »Silberberg« eine Marktsiedlung mit eigener Hafenanlage, die sich gleichfalls befestigte. S. der Hauptsiedlung bildete sich eine Fischersiedlung, die sog. s. Vorstadt, gleichfalls mit eigenem Hafen und spätestens zu Beginn des 10. Jh. von einer Befestigung umgeben. Weitere Siedlungen entstanden w. des Sumpfgürtels, der die Hauptsiedlung abgrenzte. In allen Siedlungsteilen entfaltete sich seit dem 9. Jh., im Umfang und in der Spezialisierung unterschiedl., handwerkl.-gewerbl. Produktion. V. a. wurde Eisen verarbeitet; die Kammherstellung aus Geweih, die Bearbeitung von Bernstein und von Gegenständen aus Bronze sowie die Glasverarbeitung für den Handel erlangten Bedeutung. Handelsbeziehungen nach Skandinavien, ins Baltikum, in das w. Ostseegebiet sowie in das Binnenland sind durch zahlreiche Funde belegt. Zur Erleichterung der Einfahrt in den Hafen von W. vom Haff aus errichtete man am Eingang zur Dievenow ein Leuchtfeu-

er, von Adam v. Bremen (II/22) als »Vulkanstopf« bezeichnet. An den Stellen, an denen Angreifer sich W. nähern konnten, wurden Wachtburgen mit entsprechenden Signalanlagen angelegt. Mehrere z.T. ausgedehnte Gräberfelder mit Brand- und Körperbestattung, unter Hügeln bzw. in Flachgräbern, liegen sw., w. und n. von W., u.a. auf dem Galgenberg und dem Mühlenberg.

An der Wende des 9. zum 10. Jh. hatte W. die Grundlagen für seine Vorherrschaft im Odermündungsgebiet gelegt. W. schuf sich auf der Stammesgrundlage der Woliniani/Weltaba ein dicht besiedeltes Hinterland von etwa 1300 km² Ausdehnung. Es war eine slav. Gründung; die günstigen Handels- und Verkehrsbedingungen und der wachsende Reichtum der Frühstadt veranlaßten Kaufleute und Handwerker fremder Herkunft, sich in W. niederzulassen. Die archäolog. Forsch. hat z. B. neben der slav. Tradition im Hausbau bereits für frühe Entwicklungsstufen Traditionen skand. und sächs. oder fries. Herkunft nachgewiesen. Adam v. Bremen hielt W. für die »größte von allen Städten« Europas und wußte von der Anwesenheit von »Slaven und anderen Stämmen, Griechen und Barbaren« sowie Sachsen. Demograph. Schätzungen führten zum Ergebnis, daß W. seit der 2. Hälfte des 10. Jh. 8000–10000 Einw. hatte. W. wehrte sich zur Zeit der Herausbildung des poln. Staates unter →Mieszko I. in den 60er Jahren des 10. Jh. mit wechselndem Erfolg gegen dessen Machtansprüche und bewahrte seine Eigenheit als eine oligarch. regierte Gesellschaft. Durch den Aufstieg von →Stettin wurde W. jedoch eine wesentl. Grundlage seiner ökonom. Vormachtstellung entzogen. In skand. Überlieferung wurde W. als Jumne bzw. →Jomsburg bezeichnet. In der Jomsburg, d.h. in W., fanden Gegner dän. Kg.smacht Zuflucht. W. galt daher als wiking.-slav. Piratennest, das bekämpft und nach der Saga-Überlieferung um 1100 durch dän. Angriffe ausgehoben wurde.

Mit Erstarken des pommerschen Hzm.s mit dem Zentrum in →Kammin und der Taufe der pommerschen Notabeln Pfingsten 1128 in Usedom durch Bf. →Otto v. Bamberg konnte dessen Stellung gegenüber W. gefestigt werden. 1140 wurde W. Sitz des Bf.s v. Pommern und war damit in das pommersche Fsm. (→Pommern) integriert. Der Verfall von W. setzte sich jedoch fort. Es war Zerstörungen durch Kriege zw. Dänen und Pommern ausgeliefert und verlor noch im 12. Jh. seine Bedeutung. Bereits um 1170 war die ehem. Rolle von W. vergessen. Seit der damals verfaßten Chronik des →Helmold v. Bosau, der W. nicht mehr zu identifizieren wußte, entstand die Legende von der untergegangenen civitas Vinneta (Vineta). W. war zwar im 12. Jh. in Bedeutungslosigkeit abgesunken, aber nicht abgestorben. Unter dem Pommernhzg. Wartislaw III. erhielt es möglicherweise lüb. Stadtrecht. W. blieb dennoch ein Ort von geringer Bedeutung im pomoran.-dt. Kolonisationsbereich. J. Herrmann

Lit.: SłowStarSłow VI, 561–564 – A. Hofmeister, Die Vineta-Frage, Monatsbll. der Ges. für pommersche Gesch. und Altertumskunde 46, 1932, 81–89 – K. A. Wilde, Die Bedeutung der Grabung W., 1953 – W. Brüske, Unters. en zur Gesch. des Lutizenbundes, 1955 – H. Bollnow, Studien zur Gesch. der pommerschen Burgen und Städte im 12. und 13. Jh., 1964 – J. Herrmann, Wikinger und Slawen, 1982 – Oldenburg, W.-Staraja Ladoga-Novgorod-Kiev, Ber. der Röm.-Germ. Komm. 69, 1988 – W. Filipowiak-H. Gundlach, W.-Vineta, 1992 – W. Filipowiak, W. – Die Entwicklung des Seehandelszentrums im 8.–12. Jh., Slavia antiqua 36, 1995, 93–104.

Wolkenburg, Burg und Komturei des Dt. Ordens (→Deutschordensburg; →Burg, C. XIII) in →Livland auf dem 248 m hohen Wolkenberg (lett. Mākoņkalns, Padebeškalns), 2 km südl. des Rasno-Sees. Das Burgplateau (ca. 3000 m²) trägt eine Burg des freien Kastelltyps, die ein streng geschlossenes Quadrat bildet und mit Wall, Graben und (auf einer Seite) mit einer 3 m starken Wehrmauer (Feldstein mit Ziegelschichten, hölzerne Aufbauten) geschützt war. Die Vorburg (von dreifacher Ausdehnung der inneren Burg) war mit Palisade und Erdwall bewehrt. W. war als Ordenskomturei Vorgängerin von →Dünaburg. Die Erwähnung eines W.er →Komturs Dietrich (»Theodericus commendator de Wolbenborch«) in einer Zeugenliste (um 1263) bildet das erste schriftl. Zeugnis für Burg und Komturei; 1271 Siegel: S(IGILLUM) COMENDATORI WOLKĒB. Ē. Mugurēvičs

Q.: Liv-, Esth- und Curländ. UB, I, 1852, Nr. 378 – P. Götze, Albert Suerbeer, 1854, Taf. III: 12 – Lit.: W. Neumann, Die Ordensburgen in sog. poln. Livland, MittLiv 14, 1889, 300–303 – K. v. Löwis of Menar, Die W., ebd. 23, 1924–26, 575–577 – A. Tuulse, Die Burgen in Estland und Lettland, 1942, 238–240 – M. Hellmann, Das Lettenland im MA, 1954, 191–194, 204.

Wolkenstein, Tiroler Adelsgeschlecht, vermutl. Ministerialen des Hochstifts →Brixen, erstmals 1237 mit dem Namen W. (heute Ruine im hinteren Grödnertal) bezeugt, genauer faßbar seit 1370 als Seitenlinie der Herren v. Vilanders, verfügte über zahlreiche Einkünfte, Burgen und Herrschaften v. a. im Südtiroler Eisack- und Pustertal (u. a. Trostburg, Kastelruth, Hauenstein, Rodeneck). In der 1. Hälfte des 15. Jh. waren die W.er mit dem berühmten Minnesänger →Oswald zusammen mit den Herren v. Rottenburg und Starkenberg Anführer der erfolglosen Adelsopposition gegen das Tiroler Landesfsm. Die nächsten Generationen (seit 1476 Freiherren) profilierten sich als Verwaltungsbeamte, Diplomaten und Heerführer im Dienste der Habsburger; auch in der NZ erfreute sich die weitverzweigte, bis heute blühende Familie großer Bedeutung. J. Riedmann

Lit.: O. Trapp, Tiroler Burgenbuch, 4, 1977, bes. 223–346 – M. Bitschnau, Burg und Adel in Tirol, SAW. PH 403, 1983, 505f. – A. Classen, Die Familie W. im 15. und 16. Jh., MIÖG 96, 1988, 79–94.

Wolle. Als tier. Haar, das sich wegen seiner Länge, Feinheit und Kräuselung zum Spinnen und Weben eignet, wurde im MA v. a. geschorene W. von ausgewachsenen, lebenden →Schafen verwendet, während Lammw. zumindest nicht für teure und die von toten Tieren abgeschabte Rauf w. nur für mindere Gewebe benutzt wurde. Für die Filzherstellung spielte neben dem beim Haarwechsel der Schafe abgestoßenen Auswurf und anderem Abfall u. a. Ziegen- und Rinderhaar, für feinen Hutfilz außer Lammw. weiteres Tier- (Kaninchen-) und Menschenhaar eine Rolle. Die Schafschur, durch Schäfer, spezialisierte Scherer oder von Frauen vorgenommen, erfolgte einmal oder zweimal im Jahr. Die im Freien gewachsene Sommer- oder Herbstw. wurde höher geschätzt als die Winterw., die z.T. (Braunschweig 15. Jh.) für Qualitätstuch nicht zulässig war.

Eine intensivere Wollerzeugung und -verarbeitung ist schon für das frühe MA belegt, bes. für die großen Grundherrschaften, die über größere Schafbestände und z.T. auch →Gynäceen zur Weberei verfügten, an die laut dem →Capitulare de villis u.a. Wollkämme, Karden, Seife, Fett und Gefäße zu liefern waren. Karl d. Gr. verbot 789 das sonntägl. Wollzupfen und Schafscheren von Frauen. Im →Prümer Urbar sind neben Abgaben an Schafen und W. ebenfalls Schafschur und Wollwäsche als weibl. Aufgaben erwähnt.

Mit der wachsenden Nachfrage nach Tuch und der gewerbl. Verdichtung und Spezialisierung seit dem hohen MA erlangten die Gewinnung von und der Handel mit W. enorme Bedeutung. Im späten MA wurde die Schafhal-

tung in einzelnen Regionen, bes. in England (→Enclosure), zu Lasten anderer Bereiche so sehr ausgedehnt, daß soziale Probleme entstanden. Dennoch kam es durch die Vermehrung der Weberei, den starken Bedarf an bestimmten Wollsorten und Praktiken des →Für- und Aufkaufs vielfach zu Versorgungsproblemen und Veränderungen im Preisgefüge. Der Gefahr einer Verknappung wurde in England 1464 durch eine Beschränkung des Kaufs vor der Schur auf die Tuchproduzenten zu begegnen gesucht; Verfügungen zur Rohstoffsicherung für einheim. Handwerker begegnen auch andernorts (Exportverbot 1277 in Frankreich). Mit der Differenzierung und Standardisierung der Textilprodukte nahm zugleich das Bewußtsein für die unterschiedl. Wollqualitäten zu und führte zu Regulierungen und Kontrollen; so wurde im 13. Jh. in Ypern die Verarbeitung irischer und lothring. W. untersagt oder in Speyer die Beimischung von Abfällen aller Art, Esels-, Rinder- oder Hasenhaar verboten. Die W. wurde auch oft durch eigene Wollschauer geprüft (in Nürnberg seit 1396 zwei) und in Kategorien eingeteilt.

Die engl. W., v.a. aus Herefordshire, Shropshire, den Cotswolds und aus Lincolnshire, war die höchstwertige. Sie wurde seit dem 11. Jh. für die Spitzenprodukte von Flandern und Artois benutzt und fand für bessere Tuche dann ebenso in anderen Regionen wie Brabant, den n. Niederlanden und bes. Italien Eingang. Mit dem Sinken der engl. Wollexporte in der 2. Hälfte des 14. Jh. gewann auf dem Kontinent jedoch andere W. an Bedeutung. In Italien wie NW-Europa griff man bes. auf die ebenfalls hervorragende W. aus Spanien zurück, wo durch die Einführung des Merinoschafs und eine Institutionalisierung (→Mesta) die Produktion seit dem 13. Jh. erhebl. gefördert wurde; stärker setzte sich die span. W. freilich erst an der Wende zur NZ durch. Daneben wurde in Europa eine Reihe mittlerer und geringerer Sorten verwebt. Außer der weiter benutzten einheim. W. wird in Flandern etwa rhein. oder oostersche W. aus dem Hanseraum, schott. und fries. W. erwähnt. In Leiden und Haarlem verarbeitete man im 15. Jh. u.a. fläm., in Utrecht und Zuiderzeestädten seeländ. W. In Köln wurde im späten MA statt engl. z.T. auch mehr als die Hälfte des billigere schott., außerdem westfäl., frk., oberrhein. und hess. W. bezogen. Die in Oberdtl. im 14. und 15. Jh. erwähnte fläm. W. hingegen wird als für Qualitätstuch geeigneter Rohstoff von engl. Schafen gedeutet. Aus Oberdtl. selbst kam ebenfalls W. für den Export, die v.a. über Kaufleute aus Rothenburg vertrieben wurde, so in die Lombardei. In Italien fand neben N. einheimischer, engl., dt. oder frz. Herkunft u.a. W. aus Sardinien, den Balearen, Nordafrika sowie – über Ragusa vermittelt – vom Balkan Verwendung.

Als Inhaber von Schafherden, als Wollproduzenten und -verkäufer traten im hohen und späten MA Kl., adlige Herrschaftsträger wie der Hzg. v. Hennegau, aber auch Bürger und Bauern in Erscheinung. Große Schafherden hielten bes. Abteien in NW-Europa wie Longvillers oder →Clairmarais und speziell in England, wo Zisterzienser und andere die Wollmärkte belieferten bzw. Verträge mit Händlern abschlossen. Ob der Patrizier Ewerwacker v. Gent, der um 1120 riesige Schafherden im N der Stadt besaß, Drapier oder Wollhändler war, ist unbekannt; verschiedene Tuchunternehmer betrieben jedenfalls zumindest eine partielle Selbstversorgung. Kaufleute und Weber aus Huy, Köln oder fläm. Städten schlossen sogar regelrechte Weideverträge zur Sicherung des Wollbezugs mit Bauern oder Adligen ab. Die W., welche die in der Umgebung von Tuchzentren ansässigen Inhaber kleinerer Schafbestände gewannen, wurde z. T. zu lokalen Wollmärkten gebracht oder von Kaufleuten und Handwerkern vor Ort erworben; jedoch schalteten sich zw. Produzenten und Händlern im späten MA auch Vermittler ein, in England die aus einheim. Familien oder Londoner Kaufleutekreisen stammenden sog. *brokers*. V. a. aber wurde der Export von engl. W., der im 14. Jh. mit über 40000 Säcken einen Höhepunkt erreichte, fiskal. genutzt und monopolisiert. Für die Ausfuhr, an der auch fremde Exporteure – bes. Italiener – beteiligt waren, wurden schon im 13. Jh. Lizenzen vergeben. Im 14. Jh. erfolgten weitere Regulierungen, und 1363 wurde der Wollstapel von →Calais eingerichtet. Dessen Nutznießer waren vom engl. Kgtm. geförderte und in die kgl. Finanzen und Politik einbezogene Staplers, die sich zwar kein völliges →Monopol auf den Umschlag in NW-Europa, aber doch eine Vorrangstellung sicherten; der lukrative Handel wurde im Laufe der Zeit mehr und mehr von in London ansässigen Firmen wie den Cely (→Cely Papers) kontrolliert. Von Calais aus wurde die W. an andere Orte (bes. →Brügge, →Antwerpen, →Bergen op Zoom) geführt und weiter verhandelt. Insgesamt bildete sich in Europa ein Netz von überregionalen und regionalen Einkaufsplätzen für W. verschiedener Provenienz, gerade an Messeplätzen; im dt. Reich sind außer Köln und →Aachen etwa →Frankfurt, →Leipzig oder →Naumburg zu nennen. schweiz. Tuchhersteller kauften in →Genf ein. Schon früh wurden im Wollhandel auch Formen des Kredits üblich. Kl. in England erhielten bereits im 12. Jh. von Abnehmern Vorauszahlungen; bei Verträgen mit fläm. Kaufleuten war im 13. Jh. die Entrichtung von Teilsummen üblich. Teilweise wurden sogar längerfristige Vereinbarungen getroffen, so 1288 auf etliche Jahre zw. der Abtei Pipewell und Kaufleuten aus dem →Cahors. Auch im Handel mit kleineren Erzeugern gab es in England Kreditformen, in die Vermittler einbezogen waren.

Für die Weberei (→Weben) mußte die W. nach dem Scheren, bei dem sie nach Illustrationen in Körbe gefüllt wurde, in verschiedenen Arbeitsschritten aufbereitet werden, für die sich in großen Zentren einige (Hilfs-)Gewerbe bildeten. Falls die Weiterbehandlung bei einer ländl. Kleinproduktion nicht vor Ort vorgenommen wurde, transportierte man die Rohw. in die Stadt, wo sie erfaßt und gewogen, beschaut und eventuell vorsortiert wurde. Nach der groben Säuberung (»brocken«) erfolgte die Reinigung durch Waschen in einer Lauge, Spülen in kaltem Wasser und nach dem Trocknen das Klopfen der Wollschläger auf Tischen bzw. Bänken mit dem sog. Wollbogen, mit Zweigen oder Steinen sowie mit der Hand und mit kleinen Scheren die Befreiung von Knoten, Fleischteilchen u. a. Um sie geschmeidiger zu machen, fettete man die W. eventuell schwach ein. Falls sie nicht gefärbt wurde, folgte – z. T. durch Frauen – das Kämmen unter Gegenbewegung zweier großer Kämme, durch die man lange Strähnen (Kammw.) und kurze Flocken (Flockw., Streichw.) erhielt. Diese wurden mit Wollkratzen weiter zerzaust und aufgekrempelt. Anschließend wurde die W. zum Spinnen gegeben, und es setzte der weitere Prozeß bis zum fertigen Tuch ein. →Textilien; →Wollgewebe.
R. Holbach

Lit.: La lana come materia prima, hg. M. Spallanzani (Atti delle Settimane di studio 1, 1974) – Produzione, commercio e consumo dei panni di lana, hg. M. Spallanzani (ebd. 2, 1976) – T. H. Lloyd, The English Wool Trade in the MA, 1977 – M. L. Ryder, Sheep and Man, 1983 – J. H. Munro, Textiles, Towns and Trade, Collected Studies Ser. 442, 1994 – M. L. Ryder, Fleece Grading and Wool Sorting: The Historical Perspective, Textile Hist. 26, 1995, 3–22.

Wollgewebe, Mischgewebe. W. gab es in Köperbindung seit der späten Bronzezeit; seit der Mitte des 1. Jt. v. Chr. war sie allg. üblich: neben geradlinigem (Diagonal-)Köper ebenso Spitz-(Zickzack-), Fischgrät- und auch bereits Rauten-(Diamant-)Köper. In Ägypten sind gemusterte wollene Gewebe in Leinenkompositbindung vom 3. Jh. n. Chr. an gefunden worden, die ältesten dürften aus Persien stammen. Aus Wolle und Seide, sowohl für Kette als auch Schuß, sind mehrere aus Ägypten stammende Kettsamite des früheren 5. Jh. In Beromünster hat eine fragmentierte Reliquienhülle, ö. Mittelmeergebiet, 6. Jh., Samitbindung mit seidenen Kettfäden, Grundschuß aus schwarzer Wolle und rotem seidenem Musterschuß. Dann kommt erst aus dem 14. Jh. ein rotgrundiger Samit mit Wappenbildern der Kölner Familie Gyr, dessen Kettfäden aus Leinen, die Schüsse aus Wolle sind. Abgesehen von wenigen Wolldamasten sind die meisten gemusterten W. des späten MA Mischgewebe. Im 15. Jh. folgen ihre Muster vereinfachend vielfach solchen von it. Seiden. Weil einige davon Seidenmischgeweben (Seide und Leinen) vom Muster her nahe stehen, dürften sie, wenn nicht in der gleichen Werkstatt, so doch am gleichen Ort gewebt worden sein. Da in Köln schon seit dem 12./13. Jh. Seidenmischgewebe bekannt sind, ist auch in den folgenden Jahrhunderten für diese und für W. Köln als Herstellungsort wahrscheinlich. Aus letzteren sind u. a. Kaseln und Dalmatiken in Halberstadt und Danzig, Antependien in schwed. Kirchen. Dt. und ndl. Gemälde des späten 15. Jh. zeigen auf dem Boden, als Behänge und Bettdecken teilweise in bunten Streifen gemusterte Gewebe, die sich als W. (wahrscheinl. mit Kettfäden aus Leinen oder Hanf) identifizieren lassen. Sie dürften allgemein in Gebrauch gewesen sein; für ihre Herstellung ist an Flandern, an Köln und an Nürnberg zu denken; Inventare erwähnen zudem Frankfurter Decken. L. von Wilckens†

Lit.: L. v. WILCKENS: Die textilen Künste von der Spätantike bis 1500, 1991, 10, 19, 22–23, 143–151, 342, 344, 360–361.

Wollin → Wolin

Wollust. Seit dem Spätahd. belegt, begegnet W. in Texten unterschiedl. Gattungen, wobei das Wort im 11. und 12. Jh. nicht allzu oft, im 13. Jh. dagegen häufiger verwendet wird. Schwierig ist es, W. in engerer Bedeutung und eth. Wertung eindeutig zu bestimmen. Die verschiedenen Sinnvarianten von W. reichen von den neutralen Interpretationen 'Freude', 'Lust', 'Genuß' in mehr sachl. Sinn über die psycholog. Bedeutung 'Lustgefühl', hier durchaus auch ohne negative Belegung, bis hin zum sinnl. Begehren und der Einschränkung auf die sexuell-erot. Sphäre. Bereits im 11. Jh. sind diese unterschiedl. Bedeutungsvarianten in Konkurrenz zueinander festzustellen. Neben der vormals auch neutralen Bedeutungsmöglichkeit ist unter kirchl. Einfluß ('debitum carnale') seit dem Frühnhd. zunehmend eine Verengung der Wortbedeutung zum Pejorativum hin zu konstatieren. Entsprechend begegnet W. häufiger im 13. und 14. Jh. in Legendendichtung, Predigtliteratur und in Texten der Mystik sowohl in der Bedeutung 'Freude' als auch im Sinne eines verwerflichen 'Lustgefühls'. Vereinzelt Verwendung findet W. im Minnesang in der Bedeutung von 'angenehmer sinnlicher Empfindung'; in der höf. Lit. sind Belege von W. kaum zu finden. Was die Fachlit. betrifft, so ist hier 'Das Buch der Natur' →Konrads v. Megenberg hervorzuheben, der W. in seiner Enzyklopädie häufiger verwendet, meist mit erkennbar negativer Belegung.

Die mnl. →'Trotula', die das Synonym *lost van luxurien* benutzt, kennt beiderlei Bedeutung und verordnet w.- dämpfende Antaphrodisiaka, wenn 'man of wijf ... te luxurioes sijn' (c. 15), wie auch das 'Speyrer Frauenbüchlein' diagnost. Verfahren kennt, den Intensitätsgrad der W. der Frau festzustellen (§ 174), dann aber medikamentöse Behandlungen empfiehlt, 'do ein wip vberflüszig ist mit dem samen [Scheidensekret] vnd mit dem geluste' (§ 178) bzw. 'do ein fraüwe gelüst hat nach eyme manne' mit quälendem Anschwellen der Klitoris und Blutabgang (§ 188). W. steigernde Aphrodisiaka bietet das 'Wolfegger Hausbuch' (31v–32r); Hans →Hartlieb führt in seinen 'Secreta mulierum' (c. 17) das Phänomen der Überschwängerung auf zu starke weibl. W. zurück (c. 16) und befaßt sich mit der Frage, weshalb Frauen stärkere W. als Männer verspürten und warum in der Schwangerschaft sich ihr Liebesdrang noch mehre. In seiner mechanist. Argumentation weicht er vom therm. Deutungsmodell ab, das (der →Humoralpathologie verpflichtet) stärkeren Lustgewinn dem warmen Manne zuwies (→Bernhard v. Gordon, 'Lilium' II, 20) und den 'Amor hereos' als Liebeskrankheit vorrangig für Männer in Anspruch nahm, während es der kälteren Frau entsprechende Gefühlsintensität verweigerte. – Astrolog. W.konzeptionen gingen von Venus-Konstellationen und der Silberfarbe des Mondes aus, gestanden der Frau beim Herrschen des Planeten stärkere W. als den männl. Partnern zu und warnten heiratswillige Männer vor weißhäutigen, übergewichtigen Frauen, denn deren W. sei grenzenlos und 'sulche ⟨alczu weyßen frawen⟩ mogen nymmer gesetget werden yn der besloffunge'. – Wegen der purgativen Wirkung von W. hat Alexander Seitz († nach 1534) die gesetzl. Freigabe des Geschlechtsverkehrs ('solutus cum soluta') und die Aufhebung aller sittl.-religiösen Einschränkungen gefordert. M. Reininger/G. Keil

Q. und Lit.: GRIMM, DWB, 1960 [Neudr. 1984], XIV/II 1383ff. – KLUGE, 1963, 870 – Konrad v. Megenberg, Buch der Natur, hg. F. PFEIFFER, 1861 [Neudr. 1962] – F. H. VON DER HAGEN, Minnesinger, 1838, III, 1, 468 – P. DIEPGEN, Frau und Frauenheilkunde in der Kultur des MA, 1963 – P. UKENA, Solutus cum soluta (Fachprosa-Studien, hg. G. KEIL, 1982), 278–290 – A. B. C. M. DELVA, Vrouwengeneeskunde in Vlaanderen tijdens de late middeleeuwen, met uitg. van het Brugse Liber Trotula, 1983 – B. KUSCHE, Frauenaufklärung im SpätMA (Acta universitatis Umensis: Umeå Stud. in the Humanities 94, 1990) – D. JACQUART, Medical Explanations of Sexual Behavior in the MA (Homo carnalis, hg. H. RODNITE LEMAY [State Univ. of NY at Birmingham: Acta 14, 1990]), 1–21 – G. KEIL–TH. RICHTER, »Ain bischoff vnd ... sin bös gelüst«, Würzburger Diözesan-Gesch.bll. 56, 1994, 59–65 – B. D. HAAGE, Liebe als Krankheit in der med. Fachlit. der Antike und des MA, Würzburger medizinhist. Mitt. 5, 1987, 173–208 – R. SIEGMUND, Das 'Speyrer Frauenbüchlein' [Diss. Würzburg 1990] – B.-J. KRUSE [-MOHN], Verborgene Heilkünste. Gesch. der Frauenmed. im SpätMA (Q. und Forsch. zur Sprach- und Kulturgesch. germ. Völker 239, 1996).

Wolmar (lett. Valmiera), Burg und Stadt in →Livland, ca. 100 km nordöstl. von →Riga, an der Livländ. Aa gelegen. W. erhielt seinen Namen vermutl. nach dem russ. Vogt Vladimir bzw. Woldemar. Der Anfang des 13. Jh. im Auftrag von Bf. →Albert I. (7. A.) in der Gegend um W. wirkte. 1224 wurde das von den einheim. Lettgallern besiedelte Gebiet vom →Schwertbrüderorden in Besitz genommen, der auf dem ehem. lettgall. Festungsberg Beverin eine hölzerne Festung baute. In deren Umfeld entstand bald darauf eine Siedlung. Spätestens 1283/87 wurde die Steinburg W. errichtet (im 14. und 15. Jh. erweitert und verstärkt). Der Flecken bzw. das →Hakelwerk W. entwickelte sich zur Stadt, die 1323 erstmals urkdl. Erwähnung fand und spätestens seit 1328 Rigasches Stadtrecht besaß. W. war ein häufiger Tagungsort der livländ. Land- und Städtetage. Als Mitglied der →Hanse

und durch seine Lage am Handelsweg Riga–→Wenden–→Dorpat–→Pskov profitierte W. vom Fernhandel mit Rußland.
S. Dumschat

Lit.: Balt. hist. Ortslex., II, 1990, 713f. – C. METTIG, Balt. Städte, 1905², 142–168 – Z. LIGERS, Gesch. der balt. Städte, 1948, 211–220 – Balt. Länder, hg. G. PISTOHLKORS, 1994.

Wölpe, Gf. en v. Eilbert tritt z. Zt. Bf. Sigwards v. Minden (1120–40) als erster Vertreter eines Gf.engeschlechts auf, das sich nach dem gleichnamigen Allerzufluß nannte. Die Gf.en besaßen eine bfl. Burg, die nw. von Nienburg lag, sowie das Gericht Nöpke als welf. Lehen. Die Weser markierte seit der 2. Hälfte des 13. Jh. die westl. Grenze der Gft., die sich im Mündungsdreieck von Leine und Aller ausdehnte. Weiterer Streubesitz reichte bis Bremen und Stade. Bernhard II. – ein Gefolgsmann Heinrichs d. Löwen – nutzte wohl die welf. Landesteilung (1202) und verlegte das in Vorenhagen gegründete Kl. 1215 nach Mariensee (OCist) sowie seine Residenz an den Leineübergang in Neustadt am Rübenberg, das um diese Zeit städt. Qualität erhielt. Auf Besitzungen in dem seit 1215 hoyaschen Nienburg (→Hoya) wurden erfolglos Ansprüche gemacht, welche die Bf. e v. →Minden als gemeinsame Gegner Gf. Heinrichs II. v. Hoya unterstützten. Nachgeborene Söhne waren in den Domstiften Bremen, Minden, Hildesheim und Magdeburg vertreten, doch nur Iso bestieg den Bf.sstuhl in Verden. Erst in der 2. Hälfte des 13. Jh. gelang eine Territorialbildung auf Kosten des östl. Bereichs des Mindener Hochstifts, wobei der Mindener Dompropst Otto v. W. seinen Bruder Burchard unterstützte. Nach dessen kinderlosem Tod trat Dompropst Otto 1289 in den weltl. Stand. 1302 verkaufte sein Großneffe, Gf. Otto VII. v. Oldenburg-Alt-Bruchhausen, die Gft. an Hzg. Otto v. Braunschweig.
F.-W. Hemann

Lit.: B. CHR. V. SPILCKER, Beitr. zur älteren dt. Gesch., I, 1827 – D. SCRIVERIUS, Die weltl. Regierung des Mindener Stifts von 1140 bis 1397, 2 Bde, 1966/74.

Wolsey, Thomas, Bf. v. →Lincoln seit März 1514, Ebf. v. →York seit Sept. 1514, Kard. 1515, Kanzler v. England 1515–29, * um 1475 in Ipswich (Suffolk), † 1530 in Leicester; um 1490 Bacc. art., Mag. art. am Magdalen College, Oxford (Fellow seit 1497), Leiter der Magdalen-Schule 1497–98, Kaplan Heinrichs VIII. um 1507 und Almosenier seit 1509. Später hatte er zahlreiche Benefizien. Als Kanzler v. England erweiterte er die Jurisdiktion des kgl. Rates erhebl. Er war Organisator der Feldzüge von 1512–13 und für die engl. Außenpolitik seit 1514 verantwortl., aber seit seiner Ernennung zum Legatus a latere (→Legat, päpstl.) 1518 versuchte er ständig, die engl. und päpstl. Interessen in der europ. Diplomatie miteinander zu vereinen, was sich in den 20er Jahren des 16. Jh. zu Verschiebungen in den engl. Allianzen führte. W.s Außenpolitik stieß 1529 auf Kritik, als England sich durch Allianzen isolierte. Er wurde unpopulär durch eine drastische Steuererhebung, die infolge des Krieges auf dem Kontinent notwendig war. Seine Feinde griffen ihn wegen seines luxuriösen Lebensstils und seiner Ämterhäufung an. Doch nutzte er die Machtkonzentration in seinen Händen auch für eine aufrichtige Reform kirchl. Institutionen. Das führte aber zu Spannungen mit →Canterbury. W. gründete das Oxford College sowie die Schule in Ipswich und errichtete Hampton Court. Er unterstützte die Scheidung Heinrichs VIII. von Katharina v. Aragón, doch wurde er für die päpstl. Ablehnung verantwortl. gemacht. Bald nachdem seine polit. Feinde seine Anklage wegen Hochverrats im Nov. 1530 erreicht hatten, starb er auf dem Rückweg von York.
Ch. Harper-Bill

Lit.: Letters and Papers, Foreign and Domestic of Henry VIII, I–IV, 1870–1920 – A. F. POLLARD, W., 1929 – Two Early Tudor Lives, ed. R. S. SYLVESTER–D. P. HARDING, 1962 – J. J. SCARISBRICK, Henry VIII, 1968 – P. GWYNN, The King's Cardinal, 1990.

Wolter v. Plettenberg, Meister des livländ. Zweigs des →Dt. Ordens 1494–1535; * um 1450 auf Burg Meyerich bei Soest, † 28. Febr. 1535 in →Wenden, Sohn des westfäl. Adligen Bertold v. P. und der Gosteke Lappe. Um 1464 kam W. nach →Livland, wo er in den Orden eintrat. Nach seiner Lehrzeit war er Schenk auf der Burg Ascheraden, gehörte danach einige Zeit dem Konvent der livländ. Marienburg an und diente 1481 als →Schäffer des Ordens im Schloß v. →Riga. 1482–88 gehörte W. als Vogt v. Rositten zu den Gebietigern des Ordens. Im Mai 1489 erfolgte seine Berufung zum Landmarschall. Rangmäßig damit allein dem Ordensmeister unterstellt, gehörte er dem Inneren Rat an und führte den Oberbefehl über die Streitkräfte des Ordens. Unter seinem Kommando besiegte das Ordensheer im März 1491 die Truppen v. Riga, wodurch der 10jährige Krieg gegen die Stadt beendet wurde. Am 7. Juli 1494 wurde W. zum Ordensmeister gewählt. Während seiner Regierungszeit erlebte Livland eine Phase inneren und äußeren Friedens sowie wirtschaftl. und kultureller Prosperität. Nach zwei spektakulären militär. Präventivschlägen gegen die zahlenmäßig weit überlegenen Truppen des Gfm.s →Moskau, 1501 am Fluß Serica und 1502 am Smolina-See, handelte W. einen Beifrieden aus, der nach mehrmaligen Verlängerungen bis zum Ausbruch des Livländ. Krieges 1558 Gültigkeit behielt. Auf die innenpolit. Differenzen in der livländ. Konföderation vermochte W. ausgleichend einzuwirken. Selbst ein überzeugter Anhänger des kath. Glaubens, tolerierte W. die Ausbreitung der Reformation in Livland, ohne jedoch – anders als in →Preußen – den Ordensstaat zu säkularisieren.
S. Dumschat

Lit.: C. SCHIRREN, Walter v. P. (Aus balt. Geistesarbeit, I, 1908), 185–208 – L. ARBUSOW, W. v. P., 1919 – N. ANGERMANN, W. v. P., 1985 – W. v. P., hg. N. ANGERMANN, 1985 – W. v. P., Ausst.skat., 1985 – Balt. Länder, hg. G. v. PISTOHLKORS, 1994, 130–153.

Wöltingerode → Wohldenberg

Woodford, William, OFM, Theologe, wegen seiner Kritik an John →Wyclif auch »doctor fortissimus« gen., * ca. 1330/35, † um 1398, ▢ London, Kirche der Grey Friars. W. war bereits Mitglied des Franziskanerordens, als er am 17. Dez. 1351 die Weihe zum Subdiakon empfing; Priesterweihe: 4. März 1357. Er studierte in London und Oxford, wo er 1369 Bakkalaureus der Theologie und spätestens 1373 Doktor wurde. Während der gleichzeitig mit Wyclif abgehaltenen Sentenzenlesung kam es mit diesem zu einer freundschaftl. Auseinandersetzung um die metaphys. Grundlagen von Wyclifs späterer Eucharistielehre. Als pastoralbewußter Bibelwissenschaftler trat W. ca. 1372/73 mit der umfangreichen, aber unvollendet gebliebenen »Postilla super Mattheum« hervor. In den folgenden Jahren kritisierte W. in seinen Vorlesungen Wyclifs Lehrmeinungen, so 1377 (»Determinatio de civili dominio«) dessen Haltung zu Herrschaft und Gnade sowie zu den Kirchenstiftungen. Weitere Schriften gegen Wyclif folgten: drei »Tractatus de dominio civili contra Wiclevum« sowie die ca. 1383 als Vorlesungen in London entstandenen 72 »Questiones de Sacramento altaris« und eine Rede gegen das Sola-scriptura-Prinzip. W. akzeptierte Wyclifs Kritik, wonach →Transsubstantiation mit Logik nicht zu erklären sei, meinte aber, die göttl. 'potentia absoluta' böte die Problemlösung. Er hielt 1389/90 in Oxford vier »determinaciones« gegen Wyclifs Kritik am

Regularklerus. Eine weitere Verteidigung der Bettelorden verfaßte W. 1395/96. Nach 1374 war er vorwiegend im Londoner Franziskanerkonvent, wo seine Lehrveranstaltungen Universitätsniveau besaßen. W. wirkte dort auch als Lektor an der St. Paul's Cathedral. 1390 wurde er Vikar des engl. Franziskanerprovinzials. Zw. 1389 und 1396 rechtfertigte er seinen Orden gegen den Vorwurf der →Lollarden, daß dieser seine Bibliothek nicht allg. zugängl. mache, mit Eigenbedarf für die Häresiebekämpfung. Während der Fastenzeit 1396 wurde W. vom Ebf. v. York, Thomas→Arundel, aufgefordert, in einem Traktat Wyclifs »Trialogus« zu widerlegen, und am 28. Febr. 1398 predigte er in St. Paul's gegen häret. Passagen in diesem Werk. W. verfaßte 1395/96 »De erroribus Armachani« gegen die Dominiumlehre des Ebf.s Richard→FitzRalph, die er für Wyclifs Q. hielt. K. Walsh

Ed. und Lit.: Fasciculus Rerum Expetendarum, ed. E. BROWN, 1690, I, 190–265 – BRUO III, 1959, 2081f. – E. DOYLE, W. W.'s »Determinacio de dominio civili« against John Wyclif, AFrH 66, 1973, 49–109 – DERS., A Bibliogr. List by W. W., OFM, ebd. 35, 1975, 93–106 – DERS., W. on Scripture and Tradition (Studia historia-ecclesiastica: Festg. L. G. SPÄTLING, ed. I. VAZQUEZ, 1977), 481–502 – DERS., W. W., OFM and John Wyclif's »De religione«, Speculum 52, 1977, 329–336 – DERS., W. W. OFM: Life and Works, FSt 43, 1983, 17–187 – R. H. and M. A. ROUSE, The Franciscans and Books: Lollard Accusations and the Franciscan Response. From Ockham to Wyclif (Stud. in Church Hist. Eccl. Hist. Soc., Subsidia 5, 1987), 369–384.

Woodstock (Wodestoch, Wodestok', Wodestok), Pfalz und kgl. →*borough* in der mittelengl. Gft. Oxfordshire, ca. 13 km nw. von →Oxford am Glyme gelegen, seit ags. Zeit kgl. Residenz. Im →Domesday Book wird W. zusammen mit Shotover, Stowford, Cornbury und Wychwood als dominice foreste regis beschrieben. Der Ort entwickelte sich auf Betreiben Kg. Heinrichs II. entlang der Grenzen des kgl. Parks mit einem regelmäßigen Straßenraster. Die →Pipe Rolls des Jahres 1230 bezeichnen W. bereits als borough mit einer jährl. Rente von 36 s. Für 1279 sind rund 140 Hausstätten belegt; 1377 entrichteten 164 Personen die →Poll Tax. Die wirtschaftl. Entwicklung W.s blieb eng mit dem kgl. →*manor* verbunden (Marktrecht seit Heinrich II., Jahrmarkt 1250, 1453 zwei weitere Jahrmärkte, jedoch kein Nachweis von Handwerker- oder Gewerbeeinungen). Die Lay Subsidy des Jahres 1334 besteuerte W. mit dem städt. Zehnten und einem Wert von £ 38. Obgleich der Ort 1302 und 1305 Abgeordnete ins Parlament entsandte und sich bereits 1398 ein *mayor* in W. nachweisen läßt, erfolgte die offizielle Inkorporation W.s erst unter Heinrich VI. i. J. 1453 (Bestätigungen 1463 und 1487). Der Freibrief bezeichnet W. als freien borough und gewährt den Bürgern die Rechte und Freiheiten von →Windsor (*Merchant Gild*, städt. Gericht, Steuerfreiheit im gesamten Land, jährl. Wahl des mayor). Die Kirche St. Maria Magdalena datiert aus norm. Zeit; Erwähnung eines Leprosenhauses für Frauen 1182; Leprosenhaus Holy Cross 1220; Hospital St. Mary the Virgin und St. Mary Magdalene 1339. Trotz eines *murage grant* i. J. 1322 blieb W. – von den Parkmauern abgesehen – unbefestigt. B. Brodt

Q. und Lit.: VCH Oxfordshire XII, 1990 – E. MARSHALL, Early Hist. of W. Manor, 1873 – A. BALLARD, Chronicles of the Royal Borough of W., 1896.

Woodstock, Thomas v. →Thomas, Duke of Gloucester (4. Th.)

Woodville → Wydeville

Worcester, -shire, Stadt am Severn und Gft. in Mittelengland. [1] *Grafschaft und Bistum*: Seit dem 6. Jh. lebten die →Hwicce im späteren W.shire; um 679 wurde das Kgr. der Hwicce auf Betreiben des Ebf.s v Canterbury, →Theodoros, zu einer eigenständigen Diöz. mit dem Bf.ssitz in W. (formale Bestätigung aufgrund der Intervention des Bf.s v. Lichfield erst 780). In wohl keiner der engl. Gft.en hat die religiöse Komponente eine größere Rolle für die Entwicklung gespielt als in W.shire (administrative Einheit seit der Rückgewinnung von →Mercien von den Dänen). Im 8. Jh. bestanden bereits geistl. Zentren in W., →Evesham, Pershore und Fladbury, im 11. Jh. in Great Malvern und zu Ausgang des 12. Jh. in Little Malvern, Westwood, Bordesley, Whistone, Cookhill, Dudley, Halesowen und Astley. 1086 befand sich mehr als die Hälfte der Gft. in geistl. Besitz. Sämtl. Einkünfte der örtl. Gerichte flossen gleichfalls an den Bf. Die beiden →*hundreds*, die im Besitz von →Westminster waren, und das im Besitz von Pershore befindliche gleichen Namens wurden im 13. Jh. zusammengefügt, das hundred Evesham befand sich im Besitz der dortigen Abtei. Die größtenteils unregelmäßigen Grenzverläufe der hundreds mit ihren zahlreichen Sprengeln lassen sich auf den frühen geistl. Besitz zurückführen. Die übrigen hundreds Domesday, Came, Clent, Cresselaw und Esch, wurden im 13. Jh. administrativ zum hundred Halfshire zusammengefaßt; die Einheit des verbliebenen hundred Doddington blieb jedoch bestehen. Der *shire-court* der Gft. tagte in W. Die umfangreichen Liegenschaften der Kirche verhinderten die Ausbildung eines polit. starken Landadels; das von William Fitz-Ansculf errichtete Dudley Castle fiel an die Paynel und die Someri; die →Beauchamp-Familie hielt im 12. Jh. die Burgen von Elmley u. Hanley, bevor Heinrich III. Gilbert de →Clare († 1295) mit Hanley belehnte. Nach seiner Rebellion fielen die Besitzungen William →FitzOsberns († 1071) an die Krone zurück und wurden der →Mortimer-Familie übertragen. Das →Domesday Book verzeichnet die starke wirtschaftl. Bedeutung der Salzgewinnung in Droitwich für die Gft. Im 13. u. 14. Jh. exportierten das Kl. Bordesley und die Abteien Evesham und Pershore Wolle zu den florentin. u. fläm. Märkten, und zu Ausgang des MA war die Tuchproduktion der wesentlichste Wirtschaftszweig der Gft. Seit 1295 entsandte die Gft. zwei Abgeordnete in das Parlament; Bromsgrove, Dudley, Evesham, Kidderminster u. Pershore waren ledigl. 1295 mit jeweils zwei Vertretern im Parlament repräsentiert. Droitwich entsandte 1295–1311 Parlamentarier.

[2] *Stadt*: Das seit röm. Zeit nachweisbare und günstig am Severn gelegene (Furt) W. war ein Knotenpunkt zahlreicher Straßen von den Midlands nach Wales. Ein Freibrief aus der Regierungszeit →Alfreds d. Gr. verweist auf die Anlage eines →*burh* in W. durch →Æthelred und →Æthelflæd v. Mercien auf Betreiben des Bf.s, der von ihnen auch das Marktrecht und die Hälfte der Liegenschaftsrenten erhielt. W. entwickelte sich auf dem erhöhten ö. Ufer des Severn zw. der am s. Ende gelegenen Kathedrale und der im 14. Jh. in Stein erweiterten Brücke, die zur Vorstadt St. John führte. Die Kathedrale und die unmittelbar neben dieser nach der norm. Eroberung angelegte Burg bildeten Enklaven; der Burghof wurde von Kg. Johann Ohneland der Kathedrale überschrieben, so daß die Burg jegl. militär. Bedeutung verlor. NW der Burg befand sich der Bf.spalast, der von den Bf.en jedoch wenig genutzt wurde, da diese in der Regel im ländl. Hartlebury residierten. Seit 1226 waren Franziskaner im Ostteil W.s ansässig. Das Straßenraster ist unregelmäßig und dem Flußverlauf angepaßt. An der Kreuzung von High und Broad Street befand sich mit dem Grass Cross der Hauptmarktplatz der Stadt; der im O W.s gelegene Corn Market war wenig mehr als eine Straßenverbreiterung. W. war in 10 Pfarreien aufgeteilt. Das Domesday Book verzeichnet

ledigl. einen Markt, eine Münze und eine nicht genauer spezifizierte Zahl von *burgesses* in W. Insgesamt sind rund 160 Häuser erwähnt, was auf eine Gesamtbevölkerung von maximal 1000 Personen hindeutet. 1139 wurde W. von den Truppen der Ksn. →Mathilde erobert, 1149 von →Stephan v. Blois größtenteils niedergebrannt. Im Jahre 1189 überschrieb Richard I. W. gegen eine feste Jahresrente von £ 24 an die Bürger der Stadt. Heinrich III. erhöhte die Jahresrente in seinem Freibrief v. 1227 auf £ 30. Gleichzeitig entband das Privileg die Stadt aus der Jurisdiktion der kgl. Sheriffs, gewährte den Bürgern die Zollfreiheit im gesamten Kgr. und enthielt die Bestimmung, daß Zuzüglern das städt. Bürgerrecht nach einer Residenzzeit von einem Jahr und einem Tag verliehen werden konnte. Das wohl wesentlichste Moment dieses Freibriefs war die Gewährung der *Merchant Gild*, aus deren Mitgliedern sich wohl die Vertreter der innerstädt. Selbstverwaltung rekrutierten. Verbindl. Angaben sind allerdings kaum zu machen, da erst die formale Inkorporationsurk. W.s aus dem Jahre 1554 die Verwaltungsstruktur offenlegt. Es ist davon auszugehen, daß seit dem frühen 13. Jh. zwei →*bailiffs* der innerstädt. Administration vorstanden. Einer Q. des Jahres 1392 zufolge standen ihnen zwei *aldermen* zur Seite. Dieses Dokument verzeichnet weitere 31 Namen, was die Existenz eines städt. Rats nahelegt. Vorausgesetzt, daß die Verwaltungsstruktur W.s der anderer engl. Städte gleich, dürfte dieser Rat in zwei Kammern mit jeweils 12 bzw. 24 Mitgliedern gegliedert gewesen sein. 1448 hatte sich die Mitgliederzahl dieser Gremien auf 24 (»Great Clothing«) und 48 (»Commoners«) verdoppelt. Zugleich sind seit 1434 zwei *chamberlains* belegt, die alljährl. von den Mitgliedern der beiden Räte gewählt wurden. 1496 entschied der Rat der Stadt, daß in Zukunft nur Angehörige der »Great Clothing« zu *bailiffs* gewählt werden konnten; eine Mitgliedschaft im Gremium der »Great Clothing« hatte durch Kooptation aus den Reihen der »Commoners« zu erfolgen. Beide Räte traten im Quartalsrhythmus zusammen (März, Juni, Sept., Dez.). Seit dem 14. Jh. wurde in W. zw. dem »high« bailiff und dem »low« bailiff unterschieden. Beide Ämter wurden jährl. vergeben, wobei der »low« bailiff im folgenden Jahr in der Mehrzahl der Fälle als »high« bailiff bestätigt wurde. Die bailiffs waren primär mit der Rechtsprechung in der Stadt betraut; zusammen mit den aldermen überwachten sie den Marktbetrieb und die Wahrung der Bier- und Brotakzise. Die Einkünfte aus den Gerichtsangelegenheiten, den Zöllen und Strafzahlungen dienten den bailiffs zur Finanzierung ihres Amtsjahres, nach dessen Ablauf sie in der Regel als aldermen weiterhin in der innerstädt. Administration verblieben. W. ist für engl. Mittelstädte insoweit untyp., als hier das Amt der aldermen nicht auf Lebenszeit vergeben wurde. Ebenfalls untyp. ist die mit zwei bailiffs sehr geringe Zahl dieser Offiziellen, bes. in Hinblick auf die seit dem 13. Jh. bestehende Aufteilung W.s in sieben administrative Einheiten, die →*wards*. Seit ags. Zeit war W. befestigt, doch läßt sich nicht mit Gewißheit sagen, inwieweit diese Befestigungen in ihrem Verlauf denen des späteren MA entsprachen. Zum Zeitpunkt der Eroberung W.s durch Mathilde waren die Befestigungen nicht mehr vollständig, im Jahre 1216 hingegen war der Neubau mit vier Haupttoranlagen abgeschlossen. 1224–39 wurden weitere *murage grants* zur Instandhaltung der Mauern erteilt. Der Krieg der →Barone, in dem W. erobert wurde, und die Niederbrennung der Brücke bei der kgl. Rückeroberung 1265 hatten weitere acht grants bis 1310 zur Folge. Im späten 13. und frühen 14. Jh. war W. Ausgangspunkt für kgl. Feldzüge nach Wales. Die Lay Subsidy des Jahres 1334 besteuerte W. mit dem städt. Zehnten und einer Summe von £ 20. Die →Poll Tax des Jahres 1377 verzeichnet 1557 steuerpflichtige Einw. in der Stadt, deren Wirtschaftskraft neben der Tuchproduktion primär auf den drei Wochenmärkten und insgesamt vier Jahrmärkten beruhte.
B. Brodt

Lit.: VCH W.shire, IV – Original Charters Relating to the City of W., hg. J. H. Bloom, 1909 – A. Dyer, The City of W. in the Sixteenth Century, 1973 – Medieval W., hg. M. O. H. Carver, 1980.

Worcester-Fragmente sind auf Einzelblättern aus dem späten 12. Jh. überliefert (Hs. Worcester Cath. Lib. F. 174; Ind. *47), niedergeschrieben von einem anonymen Schreiber, der in der Forsch. als »Tremulous Worcester Hand« bekannt ist. Es handelt sich um sechs Frgm.e einer Dichtung im Stil eines Streitgesprächs zw. →Seele und Leichnam (es spricht allerdings nur die Seele), die in einem unregelmäßigen, z. T. alliterierenden, z. T. reimenden Metrum abgefaßt ist (→Streitgedicht, V). Die Frgm.e beginnen mit einer Beschreibung des Sterbenden (Signa mortis) und beinhalten in der Folge Vorwürfe der Seele an den Leichnam, in denen die Vergänglichkeit alles Irdischen (Ubi sunt), die Leiden des Sünders im Höllenfeuer und die Schrecken des Grabes und des verwesenden Leichnams ausgemalt werden. Von ähnl. Thematik ist das »The Grave« betitelte Gedicht (Hs. Oxford, Bodley 343; Ind. 3497), das gewöhnl. zu den W.-Frgm.en gestellt wird. Trotz ihrer Bezüge zur me., afrz. und mlat. Dichtung stehen diese frühme. Dichtungen in Thematik und Diktion noch eindeutig in der ae. Tradition (ae. →»Soul and Body« u. ä.).
K. Reichl

Bibliogr.: ManualME 3. VII, 1972, 691ff., 845ff. – C. Brown–R. H. Robbins, The Ind. of ME Verse, 1943 [Suppl.: R. H. Robbins–J. L. Cutler, 1965] – *Ed.:* R. Buchholz, Die Frgm.e der Reden der Seele an den Leichnam, 1890–D. Moffat, The Soul's Address to the Body: The W. Frgm.s, 1987 – *Lit.:* E. K. Henningham, OE Precursors of The W. Frgm.s, PMLA 55, 1940, 291–307 – M.-A. Bossy, Medieval Debates of Body and Soul, Comparative Lit. 28, 1976, 144–163.

Worms, Stadt am linken Ufer des Rheins (Rheinland-Pfalz) und Bm.

A. Stadt – B. Bistum und Hochstift

A. Stadt

I. Antike – II. Mittelalter.

I. Antike: Der Name W. geht auf die kelt. Siedlung *Borbetomagus* (Borbitomagus) zurück, die in Q.n der röm. Ks.zeit mehrfach erwähnt ist. Seit dem 2. Jh. n. Chr. erscheint daneben die offizielle Bezeichnung der Stadt, *Civitas Vangionum* bzw. *Vangiones*. Die Vangionen waren ein germ., stark keltisiertes Volk, das von Caesar besiegt und auf dem linken Rheinufer im Gebiet der Treverer und deren Hauptstadt Borbetomagus angesiedelt worden war. W. besaß im 4. Jh. den Rechtscharakter eines →Municipiums. Die insgesamt friedl. Entwicklung der hohen Ks.zeit endete, als W. nach dem Fall des →Limes und der Besetzung der rechtsrhein. Gebiete durch die →Alamannen (2. Hälfte 3. Jh.) wieder zum Grenzort wurde. Zur Abwehr der alam. Angriffe wurde eine Mauer errichtet; W. erhielt eine Abteilung der Legio II Flavia als Besatzung. Nach dem Zusammenbruch der Rheingrenze zu Beginn des 5. Jh. bestand seit 413 ein kurzlebiges Burgunderreich (→Burgunder) am Mittelrhein. Sein Sitz wird von der Heldensage und dem auf ihr beruhenden lit. Zeugnissen (→Nibelungenlied, III) so eindeutig nach W. verlegt, daß dies wohl auf guter Überlieferung beruht, auch wenn keine zeitgenöss. Q. die Hauptstadt der Burgunder nennt. Das Reich wurde 435/436 von →Aëtius mit Hilfe der →Hunnen vernichtet, die Überlebenden 443 in die 'Sapaudia' (→Savoyen, I.1) umgesiedelt. Im Raum von W.

herrschten zunächst die Alamannen, die aber 496 den →Franken erlagen und sich an den Oberrhein zurückzogen. Eine gewisse Siedlungskontinuität der galloröm. Bevölkerung wird deutlich im Weiterleben des Namens Borbetomagus (über ma. 'Wormatia' u. ä. zu 'Worms'), im Unterschied zum Untergang der amtl. röm. Bezeichnung. M. Schottky

Q. und Lit.: CIL XIII, 6212ff., 6244; XVII, 2, 675 – RE III, 719f.; Suppl. XV, 654–662 – E. Kranzbühler, W. und die Heldensage, 1930 – G. Illert, W. (Führer zu vor- und frühgesch. Denkmälern 13, 1972) – L. Boehm, Gesch. Burgunds, 1979² – H. v. Petrikovits, Die Rheinlande in röm. Zeit, 1980 – M. Grünewald, Die Römer in W., 1987 – J. Lafaurie, 'Argentei' francs attribuables à W., Bull. de la Soc. Française de Numismatique 43, 1988, 419–421 – J. v. Elbe, Die Römer in Dtl. [Neudr. 1989], 334–338 – H. Wolfram, Das Reich und die Germanen, 1990 – R. Häussler, The Romanization of the Civitas Vangionum, BIAL 30, 1993, 41–104.

II. Mittelalter: [1] *Früh- und Hochmittelalter:* W. ist wohl seit der Mitte des 4. Jh. Sitz eines Bm.s. Während es über die merow. Zeit kaum gesicherte Erkenntnisse gibt, ist ein Aufstieg in der Karolingerzeit (Zentrum der frk. Politik, Reichsversammlungen) erkennbar. Im 10. Jh. gelang durch kgl. Förderung der Ausbau der sich seit dem 9. Jh. festigenden bfl. Herrschaft, 979 gingen die letzten gfl. Hoheitsrechte auf die Bf.e über. Überragende Bedeutung besaß Bf. →Burchard (1000–25; 13. B.): aufwendige Baumaßnahmen (u. a. Domneubau, Weihe 1018), Förderung bzw. Errichtung geistl. Institutionen, Stadtbefestigung, Ordnung der rechtl. Verhältnisse für die bfl. →familia und die entstehende →Ministerialität (W.er Hofrecht) sowie Erweiterung der bfl. Stadtherrschaft durch Umwandlung der Burg der seit dem 9./10. Jh. im W.gau begüterten →Salier (Inhaber der Hzg.swürde mit Familiengrablege im Dom) zum Stift St. Paulus (1002/16). Seit 1074 trat die Bürgerschaft als eigenständiger polit. Faktor auf. Eine Schwächephase erlebte die bfl. Herrschaft (→Investiturstreit, →Wormser Konkordat 1122) zw. 1070 und 1125. Zu Neuansätzen kam es unter Bf. Buggo/Burchard II. (1115/20–49): Verwaltungs- und Besitzreformen, Beginn des roman. Domneubaus (1125/30, Gesamtweihe 1181; angrenzend Bf.shof/Pfalz). Seit ca. 1150 intensivierten sich die Beziehungen zum Kgtm. sehr stark, Stadt und Bm. erreichten den Höhepunkt ihrer Bedeutung. Salier und Staufer förderten den Prozeß der wirtschaftl. und rechtl. Besserstellung der Bürgerschaft und damit die v. a. von der bfl. Ministerialität getragene Gemeindebildung (1074 Zollfreiheit, weitere wichtige Privilegien 1112, 1114 und 1184), so daß es in der Zeit Friedrichs I. fakt. zu einer zw. Bf. und Kg. geteilten Stadtherrschaft kam. Das 1180 erstmals genannte städt. Friedensgericht entwickelte sich bis um 1200 zum Rat. 1198 ist ein Stadtsiegel (Stadt- und Dompatron Petrus) erwähnt. Der städt. Versammlungsplatz befand sich seit dem 12./13. Jh. vor dem Dom-Nordportal. Ab 1231 kam es zu Konflikten des erstarkenden Stadtrates mit Bf. und Geistlichkeit (u. a. wegen des Rathausbaus), die 1233 unter kgl. Vermittlung (1. Rachtung: Übereinkunft über die Stadtverfassung) zugunsten der Bf.e beigelegt wurden. Ihr Handlungsspielraum blieb aber – auch angesichts der kontinuierl. Bedeutung führender Ratsgeschlechter – begrenzt.

[2] *Topographie, geistliche Ausstattung, Wirtschaft:* Spätantik-frühma. Ausdehnung und topograph. Entwicklung sind in vielem unklar. Die Bf.skirche (spätröm. Vorgängerbau, im 9. Jh. Erweiterung einer merow. Kirche) befand sich an der Stelle des spätantiken Forums, s. benachbart die Tauf- bzw. Pfarrkirche St. Johannis; seit dem 11. Jh. folgten weitere Kapellenstiftungen im Dombereich. Frühchristl. Gräberfelder und Kirchen bestanden im N, S und W der Stadt, in Neuhausen (nw. von W.) das in die Merowingerzeit zurückreichende bfl. Stift St. Cyriakus/Dionysius. Die Mauerbauordnung (um 900) setzte eine intakte Stadtbefestigung voraus (ca. 45 ha). Entscheidende Impulse für Stadtentwicklung und geistl. Ausstattung gab Bf. Burchard, u. a. durch Förderung der Domkirche und der Stifte: Die älteren Kirchen St. Martin und St. Andreas (Verlegung) wurden neben dem neu gegr. St. Paulus als Stifte eingerichtet, die im 9. Jh. (?) gegr., erstmals 1016 erwähnte Frauenabtei Maria- bzw. Nonnenmünster s. vor der Stadt wurde reformiert. Den Stiften wurden jeweils (vermutl. karolingerzeitl.) Kirchen zugeordnet (Andreas – St. Magnus; Martin – St. Lambert; Paulus – St. Rupert). Es entwickelte sich ein um 1140 faßbares Netz von vier territorial definierten, im spätma. Verfassungsleben wichtigen innerstädt. Pfarreien. Ausdruck des starken Wachstums der Stadt ist die kurz vor 1200 durchgeführte Stadterweiterung nach O im Zuge einer Gesamtummauerung; im Vorstadtbereich bestand ein dichtes und altes Pfarreinetz (um 1500 insgesamt neun Pfarreien). Seit Anfang des 13. Jh. erfolgten zahlreiche Kl.gründungen: 1221 Franziskaner, 1226 Dominikaner, 1226/36 Kirschgarten (Zisterzienserinnen, ab 1443 Augustiner-Chorherren), vor 1234/43 Reuerinnenkl. St. Andreasberg, 1236 Umwandlung von Nonnenmünster in ein Zisterzienserinnenkl. (städt. Vogteirechte), 1264 Augustinereremiten, 1264 Sackbrüder (bis 1283 erwähnt), 1248/88 Richardi-/Reichkonvent (Beginen/Franziskanerinnen, 1469 Augustinerorden), 1298 Liebfrauenstift, 1299 Karmeliterkl., vor 1299 Wilhelmitenkl. St. Remigius, vor 1313/18 Johanniterkommende, vor 1324 Dt. Orden, Dominikanerinnenkl. Hochheim und Liebenau (1278, vor 1292). Seit dem 13./14. Jh. erfolgte der Ausbau einer äußeren Stadtumwallung und eine nie ausgefüllte Erweiterung des Mauerrings (ca. 170 ha). Die Bevölkerungszahl betrug im 16. Jh. höchstens 7000 Einwohner.

Die Wirtschaftsverhältnisse wurden bestimmt durch die Fruchtbarkeit der Region (u. a. bedeutender Weinbau) und die Lage am Rhein; 829 sind eine Friesenansiedlung, 858 der Rheinhafen erwähnt. 898 gelangten Münze und Zoll in bfl. Hand; die seit dem 7./8. Jh. belegte Münzprägung nahm seit der Mitte des 10. Jh. stark zu, bis um 1240 bestand ein eigenes Währungsgebiet im Umland. Seit 1074 besaßen die Kaufleute Zollfreiheit an kgl. Zollstellen; bis ins späte MA verfügten die 1165 ksl. privilegierten Münzerhausgenossen über eine starke, jedoch abnehmende Bedeutung; 1243, 1330 und 1487 wurden bfl. Messeprivilegien erteilt. Die Zünfte (schon 1106/07 Erbfischerzunft) gewannen im 13./14. Jh. polit. Gewicht und wurden neben den Pfarreien zur Grundlage der spätma. Verwaltungs-, Steuer- und Wehrordnung.

[3] *Jüdische Gemeinde:* Wesentl. Anteil an der wirtschaftl. und geistigen Blüte v. a. des HochMA hatten die wohl seit der 2. Hälfte des 10. Jh. ansässigen Juden. Spätestens seit Anfang des 11. Jh. bestand eine zahlenmäßig starke, wohlhabende (Handelstätigkeit) und vielfältig geistig-religiös ausstrahlende Gemeinde (1034 erste Synagoge, vor 1076/77 Friedhof, Talmud-Hochschule, →Raschi; ksl. Privilegierung 1090, bestätigt 1157). Auf den Rückschlag durch den Pogrom v. 1096 folgte ein erneuter Aufschwung im 12. Jh. (roman. Synagoge 1174/75 mit Frauenraum 1212/13, Judenbad 1185/86). Das Verhältnis zu den Bf.en wurde 1312 geregelt: Die Leitung der Gemeinde unterstand einem zwölfköpfigen Judenrat, geführt von einem bfl. bestätigten Judenbf. 1348 übertrug Kg. Karl IV. der Stadt alle kgl. Rechte an den Juden, im

SpätMA wurden sie dem städt. Gericht unterstellt. Auf die Verfolgung von 1349 folgte die Wiederansiedlung (1353) unter sich verschlechternden rechtl. (Verlust des Bürgerstatus) und wirtschaftl. Rahmenbedingungen und bei allmähl. räuml. Abgrenzung des Judenviertels. Um 1500 waren ca. 250 Juden in W. ansässig.

[4] *Spätes Mittelalter*: Die Stadt nahm eine führende Rolle im →Rhein. Bund ein und war im späten MA an zahlreichen regionalen Städtebünden beteiligt. Beachtl. ist die frühe städt. Chronistik (W.er Annalen, 1226–78). Der vom Bf. eingesetzte Rat erhielt im Gefolge von Konflikten um die Ungelderhebung seit 1300 (2. Rachtung) ein aus den erstarkenden Zünften zusammengesetztes bürgerschaftl. Pendant (Sechzehner-Ausschuß). Die Zünfte konnten im Laufe des 14. Jh. im Gefolge innerstädt. Unruhen (v. a. zw. 1340 und 1360) ihren Anspruch auf polit. Mitwirkung gegen die sich geburtsständ. abschließenden Geschlechter durchsetzen (endgültig in der 4. Rachtung 1366), während die Hausgenossen ihren privilegierten Gerichtsstand und Steuervorteile bis zum Ende des 15. Jh. bewahrt haben. Das SpätMA war gekennzeichnet durch period. verschärfte Konflikte zw. dem mächtigen Stiftsklerus und der Bürgerschaft. Zu Auseinandersetzungen um die letztl. nicht angetastete Besteuerung des Klerus und die geistl. Sonderrechte (→Privilegien, II) kam es v. a. nach 1364/66, ab 1385/86, ab 1405 (Abschluß 1407 durch 'Große Pfaffenrachtung') und ab 1482/94. Die Stadt war zwar langfristig erfolgreich um die Ausweitung ihrer Gerichtsbarkeit bemüht und baute nach dem Erwerb der »Münze« ab 1491 das bürgerl. Zentrum repräsentativ aus, eine obrigkeitl. Stellung konnte der Rat jedoch nicht erlangen, auch gelang keine städt. Territorialbildung. Mit der letzten Rachtung wurde 1519/26 der bis zum Ende des Alten Reiches gültige Verfassungsstand festgeschrieben.

Herrschaftsansprüche gegenüber der Stadt bestanden seitens des Kgtm.s, der Bf.e (Ratseinsetzung, Huldigungsseid) und der Pfgf.en, die im späten MA zu den dominierenden Territorialherren der Region mit vielfältigen Einwirkungsmöglichkeiten auf die Stadt wurden (Abschluß von Schirm- und Vogteiverträgen), weswegen der Rat stets auf Ausgleich mit dem mächtigen Nachbarn bedacht sein mußte. Um 1500 konnte W. in enger Bindung an das Kgtm. (→W., Reichstage und Synoden) seinen Status als Reichsstadt (→Freie Städte) definitiv gegen die bfl. Ansprüche Johanns v. Dalberg (1482–1503) und die Mediatisierungsversuche der →Pfalzgrafschaft durchsetzen. Nach 1495 wurde W. zeitweilig Sitz des kgl. →Kammergerichts und Vorort des oberrhein. Reichskreises; 1498/99 erfolgte die Kodifizierung des Stadtrechts unter starkem Einfluß des röm. Rechts.

B. Bistum und Hochstift

Die Frühgesch. der W.er Kirche ist sehr problemat., ältere Bf.slisten fehlen; der Bf.ssitz war wohl seit 614 kontinuierl. besetzt (hl. Bf.e: Amandus und →Rupert). Die Verfestigung der Kirchenorganisation bzw. der Grenzen des kleinen Bm.s erfolgte – u. a. in Konkurrenz zu →Speyer und →Würzburg – im 7. und 8. Jh. V. a. seit dem Ende des 10. Jh. (Steigerung der kgl. Präsenz und enge Verbindung zum Hof unter den Ottonen) gelang der Erwerb von Besitz und Rechten (Stützpunkte waren u. a. Ladenburg und →Wimpfen), auch außerhalb des Bm.s. Hinsichtl. der territorialen Durchdringung im Bm. kam es zu einer Konkurrenz zur OSB-Abtei →Lorsch, deren Übernahme durch die Bf.e nicht gelang. Nach Rückschlägen im Investiturstreit folgte ein religiöser Neuaufbruch unter Bf. Buggo: 1119 reguliertes Kanonikerstift Frankenthal, 1142 OCist-Abtei →Schönau/Neckar (Hof in W.); kein OSB-Kl. im Bm. Im HochMA standen die Bf.e, die sich zw. dem 2. Drittel des 13. und dem Anfang des 14. Jh. aus dem regionalen Ministerialenadel rekrutierten, in enger Anlehnung an die Reichspolitik (um 1120 Übergang der Hochstiftsvogtei an die Staufer), wobei Ansätze zu einer Hochstiftsbildung seit dem 13. Jh. zunehmend an weltl. Territorien verloren gingen. Seit der Mitte des 13. Jh. ist die territoriale Umklammerung und polit.-herrschaftl. Dominanz der Pfgft. zu beobachten; um die Mitte des 14. Jh. waren die Finanzen des Bm.s und des schmalen Hochstifts völlig zerrüttet. Es kam nicht selten zu Spannungen zw. den päpstl. providierten, eng an die Kurpfalz angelehnten Bf.en der 2. Hälfte des 14. Jh. und dem Stiftsklerus. Die Bf.e residierten (verstärkt seit Ende des 14. Jh.) in Ladenburg. Das Bm. umfaßte vier, seit der Mitte des 12. Jh. nachweisbare und bis ins 14. Jh. wichtige, an Stiftspröpste gebundene Archidiakonate (Dom, St. Paulus, Neuhausen, St. Peter/Wimpfen) und besaß nach dem Synodale v. 1496 zehn Dekanate (Dekane seit Anfang 13. Jh. bezeugt) und 255 Pfarreien.   G. Bönnen

Bibliogr.: Bibliogr. zur dt. hist. Städteforsch., Bd. 1, T. 2, 1996, 915–921 [= Städteforsch. B1; Q., Lit. bis 1985] – Q.: H. Boos, Q.n zur Gesch. der Stadt W., 3 Bde, 1886–93 – R. Fuchs, Die Inschriften der Stadt W., 1991 [Lit.] – *Lit.*: HRG VI, 1519–1528 – B. Keilmann, Der Kampf um die Stadtherrschaft in W. während des 13. Jh., 1985 – F. Reuter, Warmaisa. 1000 Jahre Juden in W., 1987² – K. Schulz, Von der Familia zur Stadtgemeinde (Die abendländ. Freiheit vom 10. zum 14. Jh., hg. J. Fried, 1991), 461–484 – F. Battenberg, Gerichtsbarkeit und Recht im spätma. und frühnz. W. (Residenzen des Rechts, hg. B. Kirchgässner-H.-P. Becht, 1993), 37–76 – A. U. Friedmann, Die Beziehungen der Bm.er W. und Speyer zu den otton. und sal. Kg.en, 1994 – H. Seibert, Reichsbf. und Herrscher. Zu den Beziehungen zw. Kgtm. und W.er Bf.en in spätsal.-frühstauf. Zeit (1107–1217), ZGO 143, 1995, 97–144 – Das Bm. W. Von der Römerzeit bis zur Auflösung 1801, hg. F. Jürgensmeier, 1997 [Lit.] – H.-J. Breuer, Die polit. Orientierung von Ministerialität und Niederadel im W.er Raum, 1997.

Worms, Reichstage und Synoden. [1] *Hof- und Reichstage*: Seit 764 bis in die NZ war W. Schauplatz zahlreicher bedeutender Versammlungen der frk.-dt. Kg.e mit den Großen des Reiches zur Beratung innerer Angelegenheiten (781, 786, 836), zum Beschluß von Kriegen gegen Reichsfeinde (764, 776, 784, 858, 884) oder zum Empfang auswärtiger Gesandtschaften (790, 829, 882, 888). W.' hohen Rang als polit. Zentralort im 9. Jh. dokumentieren die Hoftage im Aug. 829 (Teilreich für Karl d. Kahlen), Mai 839 (Aussöhnung zw. Ludwig d. Fr. und Lothar, Plan der Teilung des Reiches zw. Lothar und Karl, außer Bayern), Mai und Nov. 882, Mai 884, Aug. 888 (Kg. Arnulf erkannte den ihm huldigenden Odo als westfrk. Kg. an), Mai 894 (Arnulf belehnte Karl d. Einfältigen mit dem westfrk. Reich), Mai 895 (Odo als westfrk. Kg. bestätigt, Zwentibold zum Kg. in Burgund und Lotharingien erhoben), Mai 897 (Große leisteten Ludwig d. Kind den Treueid). Den wenigen kgl. Besuchen und Hoftagen unter den Ottonen – im Nov. 926 (Rudolf II. v. Hochburgund erkannte Heinrich I. Hegemonie an), Febr. 950, Mai 961 (Vorbereitung der Romfahrt, Wahl Ottos II. zum Kg.), Aug. 966, Juni 967, Juni 973 – stehen zahlreiche kgl. Aufenthalte und reichspolit. wichtige Hoftage in sal. Zeit gegenüber: im Dez. 1048 (Heinrich III. designierte Bruno v. Toul zum Papst), Juli 1056, März 1065 (Schwertleite und Mündigkeitserklärung Heinrichs IV.), Juni 1069 (Scheidungsplan Heinrichs IV.), Jan. 1076 (Kg. und Bf.e sprachen unter Gehorsamsaufkündigung die Absetzung Gregors VII. aus), Mai 1076, Jan. 1098 (Ende des Konfliktes um das Hzm. →Schwaben), Sept. 1122 (→W.er Konkordat). Unter den Staufern etablierte W. sich als einer der

meist frequentierten Orte kgl. Hoftage: im Febr. 1140, Mai 1145, Dez. 1150, Juni 1153 (päpstl. Legaten setzten die Bf.e v. Mainz, Eichstätt, Hildesheim und Minden ab), Dez. 1155, März 1157 (Beschluß der Heerfahrt gegen Mailand), Sept. 1165, März 1172 (Beschluß eines neuen Italienzuges für 1174), Nov. 1173, Jan. 1179 (Beginn des landrechtl. Verfahrens gegen Heinrich d. Löwen), Dez. 1183, Aug. 1187 (Ebf. →Philipp I. v. Köln und andere Bf.e der Verschwörung gegen Ks. und Reich angeklagt), Jan. und Mai 1192, Dez. 1195 (Kg.swahl Friedrichs II. von Fs.en verweigert), Aug. 1207 (Lösung →Philipps v. Schwaben von der Exkommunikation), Sept. 1225, Jan. 1231 (Rechtsspruch gegen bürgerl. Einungen und städt. Bündnisse), April/Mai 1231 (Rechtsspruch Heinrichs VII. zum Münzwesen; →»Statutum in favorem principum«), Febr. 1255 (Kg. Wilhelm v. Holland erkannte den →Rhein. Bund an; Neuordnung des Reiches geplant). Nach dem Hoftag im April 1269 (Erneuerung des Landfriedens und Beseitigung unrechtmäßiger Zölle; letzter Aufenthalt Kg. Richards v. Cornwall im Reich) diente W. für lange Zeit nur mehr als Versammlungsort kg.sloser Tage der Fs.en und rhein. Städte (Okt. 1422, März, Sept. und Okt. 1429, Jan. 1432, Mai 1441, Sept. und Okt. 1444). Ausgangs des MA gewann W. seine reichspolit. Bedeutung als Schauplatz der Reichstage v. 1495, 1497, 1499 zurück. Auf dem als »große Stunde der europ. Politik« (ANGERMEIER) gerühmten, verfassungs- und reichsgeschichtl. höchst bedeutsamen W.er Reichstag (18. März–13. Aug. 1495) bestimmten jenseits aller Alltagsgeschäfte zentrale Themen (→Reichsreform, Italienkrieg, Türkenzug, Beziehungen zu auswärtigen Mächten) die Verhandlungen von Kg. und Reichsständen. Gegen die Zusage militär. Hilfe willfahrte Kg. Maximilian nach zähem Ringen den Forderungen der Reichsstände nach Wiederherstellung von Frieden, Recht und Gericht durch Erlaß von vier »Reformgesetzen«. Der für das gesamte Reich erlassene ewige →Reichslandfriede verfügte ein allgemeines Fehdeverbot mit Verpflichtung zur Verfolgung jedes Friedensbrechers. Zur Sicherung des Reichslandfriedens richtete der Kg. das →Reichskammergericht ein und erließ dessen Ordnung. Die Durchführung des Landfriedens und der Urteile des Kammergerichts regelte die »Handhabung Friedens und Rechts« und wurde einer nun als →Reichstag bezeichneten, jährl. Reichsversammlung mit Beschlußkraft übertragen. Gegen den Widerstand der Stände setzte Kg. Maximilian I. eine Kopf- und Vermögenssteuer (→Gemeiner Pfennig) durch. Der ohne Kg. vom 9. April–23. Aug. 1497 tagende W.er Reichstag beriet über die Verlegung des Kammergerichts nach W. und die ausstehenden Zahlungen des Gemeinen Pfennigs.

[2] *Synoden:* Unter den vier frühma. W.er Synoden (786, 829, 859, 868) ragt kirchenpolit. und -rechtl. (kanonist. Rezeption!) die Synode v. Mai 868 hervor, die die Vorwürfe der Griechen gegen die abendländ. Kirche (→Filioque, Sabbatfasten) widerlegte, Kanones über Sakramente, straffällige Kleriker und Kl.flucht erließ sowie lange Zeit gültige Bußanweisungen für Laien beschloß. Die spätma. W.er Diözesansynoden (1316, 1331, 1482) behandelten Fragen der kirchl. Disziplin und der Weiterbildung des Klerus. H. Seibert

Q.: RTA, Mittlere Reihe V: Reichstag v. W. 1495, hg. H. ANGERMEIER, I–II, 1981; VI: Reichstag v. W. 1497, hg. H. GOLLWITZER, 1979, 355–488 – RI Abt. XIV, Bd. I, II/2, 1990, 1993 – *Lit.: zu* [1]: LThK² X, 1227f. – P. MORAW, Dt. Verwaltungsgesch., I, 1983, 62–65 – BRÜHL, Palatium, II, 1990, 113–132 – H. SEIBERT, Reichstag, Hoftag und Herrscher. Zu den Beziehungen zw. Kgtm. und W.er Bf.en in spätsal.-frühstauf. Zeit (1107–1217), ZGO 143, 1995, 97–144 – 1495 – Ks., Reich, Reformen.

Der Reichstag zu W., 1995 [ält. Lit.] – H. ANGERMEIER, Der W.er Reichstag 1495 – ein europ. Ereignis, HZ 261, 1995, 739–768 – C. GÖBEL, Der Reichstag v. 1495. Zw. Wandel und Beharrung, 1996 – G. SCHMIDT, Der W.er Reichstag v. 1495 und die Staatlichkeit im 'hess.' Raum, HJL 46, 1996, 115–136 – *zu* [2]: W. HARTMANN, Das Konzil v. W. 868, 1977 – DERS., Die Synoden der Karolingerzeit im Frankenreich und in Italien, 1989, 102, 301–309 – Das Bm. W. von der Römerzeit bis zur Auflösung 1801, 1997.

Wormser Konkordat (1122). Auf Betreiben der dt. Fs.en, die hier neben dem Ks. als Repräsentanten des Reiches auftraten, kam es nach längeren Verhandlungen mit den päpstl. Legaten Lambert v. Ostia, Gregor v. S. Angelo und Sasso v. S. Stefano Rotondo am 23. Sept. 1122 auf den Lobwiesen vor Worms zu einer vertragl. Vereinbarung, durch welche die seit den Tagen Gregors VII. strittige Investiturfrage (→Investiturstreit) gelöst werden konnte. Das seit G. W. LEIBNIZ so bezeichnete W. K. besteht aus zwei gesonderten Urkk., der im Original erhaltenen ksl. (»Heinricianum«) und der lediglich abschriftl. überlieferten päpstl. (»Calixtinum«). Hierin verzichtete →Heinrich V. auf die Investitur der Bf.e mit den geistl. Symbolen Ring und Stab und sicherte die freie kanon. Wahl und unbehinderte Weihe zu. Darüber hinaus verpflichtete er sich zur Rückgabe der im Verlaufe des Streits der röm. Kirche entfremdeten Besitzungen und Rechte. Im Gegenzug gestand Papst →Calixtus II. Heinrich V. für das als »Regnum Teutonicum bezeichnete dt. Reichsgebiet die Wahl der Reichsbf.e und -äbte in Gegenwart des Ks.s zu; bei zwiespältiger Wahl sollte derselbe nach dem Rat des Metropoliten zugunsten der 'verständigeren Partei' (sanior pars) entscheiden. Anstelle der Investitur im herkömml. Sinn sollte der Erwählte die freilich nicht näher definierten →Regalien durch das Zepter verliehen bekommen: und zwar in Dtl. vor der Weihe, in Italien und Burgund innerhalb von sechs Monaten nach der Weihe. Damit blieb der Einfluß des Ks.s auf die Besetzung von Reichsbm.ern und -abteien innerhalb Dtl.s grundsätzl. gewahrt. Ausdrückl. wurde betont, daß die Geistlichen die aus der Regalienleihe resultierenden Gegenleistungen, Lehenshuldigung und Treueid nebst den sich hieraus ergebenden Verpflichtungen, nach Reichsrecht zu erfüllen hatten.

Durch das W. K., das auf der Lateransynode vom März 1123 bestätigt wurde, fand der Streit zw. dem sal. Ksm. und dem Papsttum einen formellen Abschluß. Nicht in die großen kirchenrechtl. Slg.en aufgenommen, trägt das W. K. deutl. die Zeichen eines Kompromisses. Auf der Grundlage der in der zeitgenöss. →Publizistik (A. I, 3) vorbereiteten theoret. Scheidung von →Spiritualien und →Temporalien und der eindeutigen Zuweisung letzterer in die Sphäre weltl. Rechts war es gelungen, die für die überlieferte Herrschaftspraxis des dt. Reiches unverzichtbare Regalieninvestitur durch den Kg. bzw. Ks. sicherzustellen. Damit wurde seitens der Kirche anerkannt, daß die derselben übertragenen Besitzungen und Rechte nicht deren freies Eigen waren, sondern stets von neuem der Verleihung durch den Herrscher bedurften. Konsequent wurde bei der Bf.seinsetzung zw. geistl. und weltl. Sphäre und den ihnen jeweils zugehörigen Rechten und Formalakten unterschieden. Aufgrund der lehensrechtl. Ausgestaltung des Verhältnisses zw. Reichsoberhaupt und Reichsbf.en und -äbten wurden diese zu Vasallen des Kg.s. Damit waren sie reichsrechtl. den weltl. Fs.en gleichgestellt. Wie diese waren sie hinfort darauf bedacht, sich ein fsl. Territorium zu schaffen. Durch das W. K. wurden die ursprgl. ungeschiedenen Rechte des Kg.s auf die Temporalien beschränkt. Dies war das Ergebnis jener

die Auseinandersetzungen des Investiturstreites begleitenden Bestrebungen nach Entsakralisierung der herrscherl. Stellung. Andererseits wurde damit jedoch eine Entwicklung eingeleitet, die zu einem säkularen Staat hinführen sollte. T. Struve

Q.: MGH Const. 1, 159-161 Nr. 107f.; verbesserte Ed. der päpstl. Urk.: A. HOFMEISTER [s. unten], 147f. - mit dt. Übers.: AusgQ 32, 1977, 182-185, Nr. 49 – *Lit.*: HAUCK III, 921-923 – HKG III/1, 458f. – HRG V, 1528-1530 [Lit.] – JDG unter Heinrich IV. und Heinrich V., Bd. 7, 1909, 205-214 – A. HOFMEISTER, Das W. K. Zum Streit um seine Bedeutung (Fschr. D. SCHÄFER, 1915), 64-148, Sonderausg. 1962 – R. L. BENSON, The Bishop-Elect. A Study in Medieval Ecclesiastical Office, 1968, 228-234 – P. CLASSEN, Das W. K. in der dt. Verfassungsgesch. (Investiturstreit und Reichsverfassung [VuF 17], 1973), 411-460 – E. WERNER, Zw. Canossa und Worms, 1973, 178-180 – M. MINNINGER, Von Clermont zum W. K. (Forsch. zur Ks.- und Papstgesch. des MA. Beih. zu F. J. BÖHMER, RI 2, 1978), 189-209 – F. TRAUTZ, Zur Geltungsdauer des W. K.s in der Geschichtsschreibung seit dem 16. Jh. (Fschr. H. LÖWE, 1978), 600-625 – G. TELLENBACH, Die westl. Kirche vom 10. bis zum frühen 12. Jh., 1988, 224f.

Worringen, Schlacht v. (5. Juni 1288). Sie beendete den Limburger Erbfolgestreit (→Limburg, 2) zugunsten des Hzg.s →Johann I. v. Brabant (19. J.), der im Verein mit den Gf.en v. Berg, Jülich und Mark sowie mit der Stadt →Köln den Kölner Ebf. →Siegfried v. Westerburg (4. S.) und seine Verbündeten, die Gf.en v. Geldern und Luxemburg, niederrang. Der Ebf. geriet in berg. Gefangenschaft und mußte sich größtenteils den Friedensbedingungen der Siegermächte beugen, deren Auswirkungen er nach seiner Freilassung nicht mehr revidieren konnte. Der Sieg sicherte →Brabant das kleine Territorium Limburg; aber für die künftige Gestaltung der niederrhein. Territoriallandschaft war weitaus entscheidender die endgültige Zerschlagung der ebfl. Vormachtstellung, die sich auf Hzg.sgewalt und Lehnsherrlichkeit stützte. Diese beiden Säulen hatten sich aber schon seit der Mitte des 13. Jh. für ein auf der räuml. Basis des ebfl. Dukats (Niederrhein und s. Westfalen) konzipiertes Großterritorium als untaugl. erwiesen. Die in W. siegreichen Dynastenhäuser Jülich, Berg und Mark, aber auch die neutral gebliebene Hauptlinie in Kleve und der unterlegene Gf. v. Geldern hatten als Edelvasallen dem alten erzstift. Lehnshof angehört, sich schon im 13. Jh. im wesentl. auf der Grundlage der Gerichtsherrschaft eigene, in ihrer Existenz nicht mehr ernsthaft gefährdete Territorien aufgebaut. Sie traten nach W. immer mehr als gleichrangige Partner neben die Kölner Ebf.e. Die künftige Territorialstruktur in diesem Raum war durch die Ausformung einer Reihe überschaubarer, mittelgroßer, selbständiger, gleichberechtigter und gleich starker Territorien bestimmt. Das Ergebnis dieses bereits lange vor W. sich anbahnenden territorialpolit. Umstrukturierungsprozesses im NW unterstreicht eindrucksvoll der Ausgang der Schlacht. Nach der Niederlage in W. gab Geldern seine Expansion nach S endgültig auf, und Luxemburg, dessen Gf.en in W. gefallen waren, wandte sich vom Rhein ab und suchte Anschluß im Westen. Die Stadt Köln schließlich, die erst kurz vor der Schlacht auf die brabant. Seite getreten war, schüttelte durch den Sieg in W. die ebfl. Stadtherrschaft ab und erkämpfte sich de facto die Reichsfreiheit, die aber erst 1475 auch de iure anerkannt wurde. W. Herborn

Lit.: F.-R. ERKENS, Siegfried v. Westerburg (1274-1297). Die Reichs- und Territorialpolitik eines Kölner Ebf.s im ausgehenden 13. Jh. (Rhein. Archiv 114, 1982) – Der Tag bei W. 5. Juni 1288, hg. W. JANSSEN-H. STEHKÄMPER (Veröff. Staatl. Archive NRW, C 27, 1988) – Der Name der Freiheit 1288-1988. Aspekte Kölner Gesch. v. W. bis heute, hg. W. SCHÄFKE, 1988 [Ausst.kat., Ergbd.] – W. JANSSEN, W. 1288. Geschichtl. Markstein oder Wendepunkt, RhVjbll 53, 1989, 1-20 [ältere Lit.].

Worskla (Vorskla), linker Nebenfluß des →Dnepr, am 12. Aug. 1399 Schauplatz einer Schlacht zw. dem Gfs.en →Witowt v. →Litauen und der →Goldenen Horde unter ihrem Khan Temür Qutlug und dem (faktisch die Macht ausübenden) 'Hausmeier' Edigü. Witowt unterstützte den vertriebenen Khan →Toḫtamyš in der Hoffnung, mit dessen Hilfe seinen Einfluß in der nordöstl. Rus' zu verstärken. 1399 wurde der →Kreuzzug gegen die →Tataren proklamiert; Witowt führte das Heer der Litauer, die Truppen des Toḫtamyš sowie Hilfskontingente →Polens, des →Dt. Ordens und der →Moldau. Nach dem Zusammentreffen mit Temür Qutlug am Fluß W. fanden zunächst Verhandlungen statt, doch nach dem Eintreffen der Truppen des Edigü wurde Witowts Heer eingeschlossen und geschlagen. Die Schlacht änderte die polit. Situation in der Steppenregion an Dnepr, Don und Wolga nicht, doch hatte Witowts verlustreiche Niederlage eine Schwächung seiner Position in der Nordöstl. Rus' und gegenüber Polen zur Folge. Z. Kiaupa

Lit.: M. ŻDAN, Stosunki litewski-tatarskie za czasów Witolda, Ateneum Wileńskie 7, 1930 – B. SPULER, Die Goldene Horde, 1965² – HGeschRußlands I, 1989, 757 [M. HELLMANN].

Wortgottesdienst. Der nz. Sammelbegriff bezeichnet eine Gottesdienstform, in deren Zentrum – im Unterschied zu Tagzeitengebet und Sakramentenliturgie – das verkündete Wort steht, primär das bibl. Wort, sekundär dessen homilet. und hagiograph. Weiterführungen. Es lassen sich unterscheiden: a) der 'missale' W. meint den 1. Teil der →Messe, wie er seit Justin (2. Jh.) in Zuordnung zur Eucharistie bezeugt ist. Unter Einfluß der Synagoge entwickelt sich eine regional in Anzahl und Anordnung unterschiedl. Abfolge von Lesungen, die im Westen im 4. Jh. in den nicht-röm. Riten die Reihung 'AT–Psalm–Apostel–Evangelium' aufweist. Die seit dem 7./8. Jh. belegte Ordnung des →röm. Ritus, die für die lat. Kirche bestimmend wird, kennt an Sonntagen keine AT-Lesung; im Rheinischen Meßordo (um 1000) sind die Elemente des W.es: →Epistel, →Graduale, →Halleluja (bzw. →Tractus; ggf. →Sequenz), →Evangelium, ggf. →Predigt, →Credo; hinzu treten verschiedene Begleitriten (Inzensierung, Ev.-Prozession u. a.). – Ein von der Eucharistie unabhängiger W. hat sich an →Karfreitag bewahrt. b) Der 'vigilare' W. hat seine Urform in der Ostervigil, die in der Regel 12 atl. Lesungen nach dem Strukturschema lectio-oratio reiht: auf jede Lesung (ggf. mit Canticum als textl. Fortführung) folgt eine Stille zum persönl. Beten und das abschließende Gebet. Das Mönchtum kennt die (all)nächtl. Vigil/Matutin des →Stundengebetes, in der, in mehrere Nokturnen aufgeteilt, auf die Psalmodie bibl., homilet. und hagiograph. Lesungen mit Responsorien folgen. Eine Mischform aus beiden Traditionen sind die Samstagsgottesdienste der →Quatember. c) Der katechet. W.: Eine genuine Entwicklung des MA ist der Ausbau von Predigtgottesdiensten (Pronaus, von frz. *prône*, nach lat. praeconium). In ihren Wurzeln bis ins 9. Jh. zurückreichend, trennen sie sich ab dem 13. Jh. unter Einfluß der predigenden, weil nicht immer pfarrlich tätigen Bettelorden von der Messe und werden zu selbständigen Gottesdiensten (Beispiele für nach Ort und Anlaß verschiedene Formen bei WEISMANN, 23f.; JENNY, 80; festes Element ist neben volkssprachl. Lesung und Predigt die sog. 'Offene Schuld' [allg. Sündenbekenntnis mit allg. Absolution]); auf ihrer Grundlage entwickelte die südd. Reformation eine Form der Abendmahlsfeier. A. Franz

Lit.: →Messe, →Stundengebet – E. WEISMANN, Der Predigtgottesdienst, Leiturgia, III, 1956 – M. JENNY, Die Einheit des Abendmahlsgottesdienstes, 1968.

Wortillustration, Bezeichnung für eine Art und Weise der Illustration nichtnarrativer, poet. Texte wie v. a. der Psalmen, bei der einzelne, durch die poet. Bildsprache beschriebene Personen, Gegenstände und Sachverhalte unmittelbar und wörtlich ins Bild umgesetzt werden. Wichtigste frühe Vertreter dieser Illustrationsweise, die allerdings nie ausschließlich, sondern immer mit anderen, hist. oder typolog.-symbol. Illustrationen vermischt vorkommt, sind zwei karol. Psalterien aus dem früheren 9. Jh., der →Utrecht-Psalter mit großen, aus den einzelnen Wortbildern komponierten Überschau-Bildern, und der Stuttgarter Bilderpsalter mit Einzelillustrationen bei dem entsprechenden Text, sowie die postikonoklast. byz. Psalterien mit Marginal-Illustrationen. Eigenarten, Beziehungen und Unterschiede dieser Hss.-Gruppen lassen Rückschlüsse auf mehrere spätantike Prototypen für diese Weise der Psalterillustration zu, die speziell im Westen seit dem 5. Jh. anzunehmen sind. Die W. bleibt im ganzen MA beliebt, nicht nur in der Gruppe der engl. Kopien des Utrecht-Psalters des 11. und 12. Jh., sondern auch in Psaltern mit figürl. Initialschmuck, der jeweils nur einen Vers des betreffenden Psalms wortwörtlich umsetzt, wie bes. in dem in St. Albans um 1123–35 geschaffenen Psalter der →Christina v. Markyate. So bleiben auch im späteren MA z. B. der Gott zugewandte, auf sein Auge weisende Psalmist zu Ps 26,1 (»Dominus illuminatio mea«), der Narr von Ps 52,1 und der von Wassern bedrohte Psalmist zu Ps 68,2 die üblichen Illustrationsmotive.   U. Nilgen

Lit.: A. GOLDSCHMIDT, Der Albanipsalter in Hildesheim, 1895, bes. 9–19, 47ff. – O. PÄCHT, C. R. DODWELL, F. WORMALD, The St. Albans Psalter, 1960 – F. MÜTHERICH (Der Stuttgarter Bilderpsalter, II: Untersuchungen, 1968), 151–222 – J. J. TIKKANEN, Die Psalterillustration im MA [Nachdr. 1975], 28–33, 177, 299ff. – Utrecht-Psalter [Faks.], Komm. v. K. VAN DER HORST–J. H. A. ENGELBREGT, 1984.

Worttrennung. Wie in röm. Inschriften wurden während des 1. und 2. Jh. n. Chr. auch in literar. Hss. die einzelne Worte durch einen nachgestellten Punkt abgetrennt. Dann aber verzichtete man in den in Unziale und Halbunziale (→Röm. Buchschriften) geschriebenen Texten ebenso wie bei Verwendung der →Röm. Kursive auf jede Kennzeichnung (»scriptio continua«). Erst nach der Übernahme der röm. Schriften durch Völker nördl. der Alpen entstand wieder ein Bedürfnis nach Markierung der W., zunächst bei den Iren und Angelsachsen. Auch die →Karol. Minuskel übernahm bald die W. durch Zwischenräume, zog allerdings oft Präpositionen und kurze Wörter noch zum folgenden Wort. Seit dem 12. Jh. hat sich diese Art der W. allg. durchgesetzt. Sie wurde unterstrichen durch im HochMA aufkommende Buchstaben (rundes s) und bestimmte Abkürzungen (wie z. B. die für -orum und -ibus), die nur am Wortende üblich waren.

S. Corsten

Lit.: Lex. des gesamten Buchwesens, III, 1937, 598f. – B. BISCHOFF, Paläographie des röm. Altertums und des abendländ. MA, 1986², 224, Anm. 40 und 229.

Wortzins. Die feste Jahresabgabe von Hausgrundstücken an den Eigentümer wird meist mit dem Fachterminus 'Arealzins' (census areae) bezeichnet. Die Q.n kennen auch Haus- oder Hofstättenzins (→Zähringer). Der Begriff erscheint im Nd. als *wordtins* u. ä., auch als *wordpenninge/-geld* belegt. Die Sache 'Arealzins' ist als eine von vielen auf Grundstücke bezogenen Abgaben überall in Dtl. für städt. und andere Hausstätten bekannt. Das ältere *wurth* findet sich in frühen fries. Ortsnamen, der Plural *wörden* in *Adalmandinga uurthien* (Corveyer Traditionen, 9. Jh.). Verbreitungsgebiet ist auch England (*worth*). Die Grundbedeutung ist 'Einhegung'.   L. Schütte

Lit.: J. H. GEBAUER, Worthzins und Fronzins in der Stadt Hildesheim, ZRGGermAbt 61, 1941, 150–207 – A. THOMSEN, »wort«- und »wert«-Namen in den Küstenländern der Nordsee, 1962.

Wotan → Wodan

Writ (→Breve, Plural: Brevia), die wichtigste engl. Kg. surk. des MA (→Urkunde, A. IX), eine kurze geschäftsmäßige Urk. in Brieffform. Die Ursprünge des W. liegen im dunkeln. Man nimmt an, daß der W. bis in die Regierung Alfreds d. Gr. (871–899) zurückreicht, aber es gibt dafür keinen eindeutigen Beweis. Die frühesten bekannten Texte kgl. W.s datieren aus der Regierungszeit Ethelreds II. (978–1016). Es gibt aber Zweifel an der Echtheit dieser und der aus der Zeit Knuds d. Gr. (1016–35) stammenden Texte. Originale von W.s sind erst aus der Regierungszeit Eduards d. Bekenners (1042–66) erhalten. Der W. unterschied sich in seiner Form völlig von dem feierlicheren, ausführl. und wortreichen ags. Diplom. Er war eine Mitteilung, sehr häufig einer kgl. Übertragung von Land oder Rechten. Der W. enthielt eine Adresse und eine Grußformel und war auf Ae. verfaßt. Die meisten W.s dienten zweifellos der Verlesung in einer Versammlung, hauptsächl. im Gft.sgericht (shire court). Die W.s Eduards d. Bekenners wurden mit einem großen doppelseitigen Hängesiegel gesiegelt. Man nimmt an, daß dieser Siegeltyp von Knud d. Gr. eingeführt worden ist, doch ist kein Siegel Knuds erhalten.

Nach der norm. Eroberung blieb der ags. W. in Gebrauch. Aber erst nach der Eroberung erschienen W.s, die eher →Mandate als Mitteilungen waren. Es ist nicht feststellbar, ob bereits vor der Eroberung Kg.e solche Mandate ausgestellt haben. Die W.s Wilhelms d. Eroberers wurden seit 1070 fast ausnahmslos auf Lat. geschrieben; zwei weitere neue Elemente in den W.s dieses Kg.s waren die Zeugenlisten und die gelegentl. Erwähnung des Ausstellungsortes. Die kgl. *Charters,* die *Letters patent* (→Litterae) und *Writs patent* sowie die *Letters close* und *Writs close,* wie sie während des MA ausgestellt wurden, leiteten sich alle von dem anglo-norm. W. ab. Seit ca. 1120 wurden W.s, die Mitteilungen waren, eher *Charters* (→Chartae) genannt. Die gebräuchlichste Methode der Besiegelung von W.s patent während des MA war die Befestigung des Siegels an einem Pergamentstreifen. Viele W.s Heinrichs II. (1154–89) wurden verschlossen abgesandt. Zum Öffnen und Lesen mußte das Siegel gebrochen oder der Streifen durchgeschnitten werden. Die W.s close wurden ihren Adressaten zugestellt, deren Namen auf dem Streifen standen, während man die W.s patent normalerweise direkt ihren Empfängern aushändigte. Die W.s close hatten eine bestimmte Adresse und wurden u. a. als administrative Mandate verwendet; die W.s patent hatten eher einen allg. Empfänger und fanden Anwendung bei temporären Übertragungen oder wenn die Urk. mit ihrem Siegel erhalten bleiben sollte.

Der W. ist eng mit der Rechtsreform →Heinrichs II. verbunden. Dieser Kg. stellte neue Typen des W. formelhaft aus, die in großer Zahl →Gerichtsverfahren einleiteten (z. B. →*Novel Disseisin* und →*Mort d'ancestor*). Bestimmte Arten der W.s mußten zurückgegeben werden, d. h., daß dem Adressaten befohlen wurde, den W. bei einer späteren Gelegenheit vorzulegen, normalerweise einem kgl. Richter. Die gerichtl. Bedeutung der W.s Heinrichs II. spiegelt sich in dem üblicherweise Ranulf de →Glanvill zugeschriebenen Rechtstraktat »Tractatus de legibus et consuetudinibus regni Angliae« (um 1187–89) wider, der das Verfahren beschreibt, das der Ausstellung von verschiedenen W.s folgt. Seit dem 13. Jh. stellte man

Formelslg.en von W.s, die »Registers of W.s«, zusammen, die in den folgenden Jahrhunderten immer umfangreicher wurden.

Unter Richard I. (1189-99) datierte man die W.s allg. mit Tag und Monat, weniger häufig mit dem Regierungsjahr. Aber während der Regierung Heinrichs III. (1216-72) wurde die Datierung mit dem Regierungsjahr üblich. Seit ca. 1240 bezeugte der Kg. alle W.s close und W.s patent selbst, die ausgestellt wurden, während er sich in England aufhielt (Teste me ipso). Die Registrierung oder das *Enrolment* der W.s begann während der Regierung Johann Ohnelands (1199-1216), wobei getrennte Serien von *Patent* und *Close Rolls* (→Rolls) geführt wurden.

Die Besiegelung der W.s erfolgte mit dem Großen Siegel oder mit einem der kleinen Siegel. Das *Great Seal* war eine direkte Weiterführung des Siegels Eduards d. Bekenners. Das →*Privy Seal* (Geheimsiegel), der erste sichere Beweis für das früheste kleine Siegel, stammt aus der Regierungszeit Richards I. Seit dem späten 13. Jh. wurden die mit dem Privy Seal gesiegelten W.s häufig auf Frz. verfaßt. Die meisten der W.s, die Anordnungen von einer Abteilung der kgl. Verwaltung zu einer anderen übermittelten, siegelte man mit einem der kleinen Siegel. Sie wurden in großer Zahl im späten MA ausgestellt. Unter ihnen waren mit dem Privy Seal gesiegelte W.s (oder *Warrants*), mit denen der Kg. die Kanzlei (→Kanzlei, Kanzler, A. VIII) autorisierte, bestimmte Urkk. auszufertigen.

Sowohl vor als auch nach der norm. Eroberung konnte der Begriff 'breve' →nichtkgl. Urkk. bezeichnen. Es gibt einige wenig beweiskräftige Hinweise aus der ags. Zeit auf die Existenz von gesiegelten W.s, die nichtkgl. Aussteller hatten. Ma. Q.n weisen auf Brevia von Bf.en, Äbten und weltl. Herren hin. Einige baroniale W.s wurden offensichtl. nach dem Vorbild der kgl. W.s ausgestellt. Es ist zu bezweifeln, ob die Zeitgenossen einen besonderen Urkk.typ meinten, wenn sie von 'Brevia' sprachen, aber häufig besaßen diese Urkk. gerichtl. Bedeutung. Dieser Begriff (manchmal im Plural breves) wurde außerdem gebraucht, um Schriftq.n zu beschreiben, die keine Urkk. waren, so z. B. verschiedene Typen der Rolls im späten 11. und 12. Jh.   P. Zutshi

Lit.: F. W. MAITLAND, The Hist. of the Register of Original W.s (Collected Papers 2, 1911), 110-173 – H. C. MAXWELL LYTE, Historical Notes on the Use of the Great Seal of England, 1926 – F. E. HARMER, Anglo-Saxon W.s, 1952 – G. BARRACLOUGH, The Anglo-Saxon W., History 39, 1954, 193-215 – Facsimiles of English Royal W.s to A. D. 1100, ed. T. A. M. BISHOP-P. CHAPLAIS, 1957 – R. C. VAN CAENEGEM, Royal W.s in England from the Conquest to Glanvill (Selden Society, 1959) – P. CHAPLAIS, The Anglo-Saxon Chancery: From the Diploma to the W., Journal of the Society of Archivists 3, 1966, 160-176 – M. T. CLANCHY, The Franchise of Return of W.s (Trans. of the Royal Hist. Soc. 5th ser. 17, 1967), 59-79 – P. CHAPLAIS, English Royal Documents ... 1191-1461, 1971 – M. T. CLANCHY, From Memory to Written Record: England 1066-1307, 1993^2 – J. C. HOLT, The W.s of Henry II (The Hist. of English Law: Centenary Essays on 'POLLOCK and MAITLAND', ed. J. HUDSON, 1996), 47-64.

Wucher. Die ma. W.lehre beruht auf der bibl. Ablehnung der Kreditverzinsung als Ausbeutung von Bedürftigen (Ex 22, 25; Lev 25, 35-37; 23, 19-20; Ps 14, 4-5 und 54, 11-12; Ez 22, 10-12) und auf der antik-naturrechtl. Ablehnung der Geldkapitalverzinsung als Vortäuschung, das zur Vermittlung des Tauschs dienende Geld trage widernatürl. selbst Früchte. Das von den Kirchenvätern gefolgerte Zinsverbot (→Zins) beim →Darlehen (mutuum, foenus) faßt alles, was über die ausgeliehene Summe hinaus zurückbezahlt wird, als W. auf (insbes. Ambrosius, »De Tobia«). 'Usura' meint zunächst nur den verbotenen Darlehenszins. Andere Zinsbegriffe, v. a. census und reditus, bezeichnen den erlaubten Pacht-, Leihe- und Mietzins für fruchttragende Güter. Da W.regelungen oft neben Bestimmungen gegen Betrug im Handel standen, konnte sich die Abgrenzung, die bes. klar im Kapitular v. Nymwegen 806 formuliert ist, verwischen: 'usura' konnte auch betrüger. erzielten schändl. Gewinn (turpe lucrum) benennen, so im Edikt v. →Pîtres v. 864. Auch Höchstpreise stehen oft neben Zinsw.verboten, was die Nähe zum Regelungsbereich des gerechten Preises (pretium iustum) anzeigt, zum Preisw.

Erste kirchl. W.verbote richteten sich an Kleriker, so Kan. 17 des Konzils v. →Nikaia 325. Die Ausdehnung auf Laien konnte sich nach frühen Ansätzen – mit Exkommunikation bedrohte um 306 das Konzil v. →Elvira rückfällige Laien, das Konzil v. Karthago 345/346 setzte ein W.verbot für alle Christen voraus, Papst Leo forderte 443 Maßnahmen gegen zinsnehmende Laien – zuerst in den →Bußbüchern seit dem 7. Jh. durchsetzen, ehe das Verbot in dieser allg. Form durch Karl d. Gr. ins weltl. Recht übergeführt wurde (→Admonitio generalis 789). In den Rechtsslg.en wurden die eine Verzinsung voraussetzenden antiken Ks.gesetze zu Höchstzinssätzen aber fortgeschrieben.

Die Bekämpfung des Preisw.s gründet auf einem durch die Kirchenväter aus der Antike vermittelten Mißtrauen gegen den Handel und jeden Gewinn, der nicht in der Produktions-, sondern in der Distributionssphäre erzielt wird. Da eine Ware nur einen gerechten →Preis (pretium iustum) haben könne, müsse der Kaufmann entweder betrüger. zu billig einkaufen oder zu teuer verkaufen (»Opus imperfectum in Matthaeum«, 6. Jh.). Höchstpreise, wie sie bei Ostgoten 527, zur Zeit Justinians und erneut im Karolingerreich v. a. bei Teuerungen festgelegt wurden, konnten an röm. Ks.gesetze anknüpfen.

Trotz weiter Verbreitung der Verbote und in karol. Zeit zunehmender Versuche zur Durchsetzung wurden w.ische Geschäfte betrieben: Verwendung falscher und unterschiedl. Maße und Gewichte, Rückzahlung in anderer Form (z. B. Getreide statt Geld), Kreditverkauf und Lieferungskauf (emtio rei speratae) von Naturalien zu überhöhtem Preis, Kauf der Ernte auf dem Halm, spekulativer Aufkauf. In den »Formulae« sind Darlehen gegen Zinsen (33$^1/_3$%) oder Dienstleistungen, daneben auch Satzung von Nutzungspfändern belegt, die aber wohl damals nicht als w.isch eingestuft wurde. Kleriker haben sich als Schuldner und Gläubiger an Zinsgeschäften beteiligt. Juden sind als Geldverleiher schon in merow. Zeit belegt. Geldgeschäfte ergaben sich aus ihrem Fernhandel, später auch aus ihrer Vertautheit mit der stärker entwikkelten Geldwirtschaft in islam. Gebieten. Eine Wirtschaft des Gabentauschs wie eine agrar. Subsistenzwirtschaft boten verzinsl. Kredit keine ökonom. positive Funktion zur Investition. Darlehen dienten nur der Bewältigung von Notsituationen, d. h. direkter Konsumtion. Die karol. Gesetzgebung verweist explizit auf Fehlernten, Versorgungskrisen und die Ausbeutung kleiner Leute.

In nachkarol. Zeit tritt das W.thema zurück. Die Rechtstexte werden jedoch durch die Summen (insbes. →Burchards v. Worms und →Ivos v. Chartres) ins →Decretum Gratiani vermittelt, das auch die wichtigsten Väterstellen, aber keinen Text aus der Zeit nach Karl d. Gr. aufnimmt. Bibelexegese und Sentenzenkommentare behandeln das Thema. Seit dem 12. Jh. beschäftigen sich die →Glossatoren mit dem Zinsrecht des Codex Justinianus

(→Corpus iuris civilis), aber erst die Kommentare des 13. Jh. gehen auf das Problem der Widersprüche zum kanon. Recht näher ein.

Im Zusammenhang mit Kirchenreform und ökonom. Entwicklung hatten seit Mitte des 11. Jh. kirchl. W.verbote wieder eingesetzt. Das II. und III. →Laterankonzil bedrohten dann 1139 und 1179 wuchernde Laien mit Infamie, Ausschluß aus der kirchl. Gemeinschaft und Verweigerung des christl. Begräbnisses. Mit →Huguccio begann 1188 auch die eingehende Beschäftigung der Kanonisten mit dem Thema, die bis über das MA hinaus nicht mehr abreißt. Die Zeit von Alexander III. bis Gregor IX. (1159–1241) brachte die intensivste W.gesetzgebung der Päpste. Jetzt wurden einzelne Geschäftsformen als w.isch definiert. Alexander III. verbot 1163 die Satzung mit Nutzungspfand (mortuum vadium), die v. a. durch die Kl. mit Erträgen von 10–25% praktiziert wurde. Er erklärte 1173 den Kreditkauf mit erhöhtem Preis für sündhaft; 1185/87 stellte Urban III. ihn dem W. gleich. 1227/34 verbot Gregor IX. das Seedarlehen (foenus nauticum) trotz des damit verbundenen Risikos. W.verbote fanden auch Eingang in Ordensregeln, da Kl. als Kreditoren bedeutend waren. Mit der Sorge um Überschuldung der Kirchen wurde das Verbot des I. Konzils v. →Lyon 1245 an Prälaten motiviert, verzinsl. Gelder aufzunehmen.

Der – wie schon Petrus →Abaelard meinte – auch wegen Verdrängung aus anderen Erwerbsmöglichkeiten zunehmende jüd. Zinskredit ist im Zusammenhang mit den Kreuzzügen, die christl. Konkurrenz im Fernhandel Auftrieb gaben, unter Druck geraten. Papst Eugen III. erließ 1145 den Kreuzfahrern die Darlehenszinsen. Das Thema des wirtschaftl. Parasitentums der Juden findet in einem Brief des →Petrus Venerabilis (74. P.), Abt des bei Juden verschuldeten Kl. Cluny, 1146 Ausdruck. Gleichzeitig schuf →Bernhard v. Clairvaux (28. B.) das neue Wort *judaizare* für den W.n christl. Geldverleiher. Die antijüd. Konstitutionen des IV. →Laterankonzils v. 1215 enthalten das Gebot, den Verkehr mit Juden abzubrechen, die unmäßigen W. erpressen. Auch weltl. Herrscher wandten sich jetzt gegen jüd. W. Kg. Philipp II. Augustus vertrieb 1182 die Juden aus den frz. Kronländern und konfiszierte die ihnen geschuldeten Beträge. Durch solche Tilgungen wurden period. die geschuldeten Beträge z. T. erlassen, z. T. zugunsten des Fiskus eingetrieben. Wiederholte Judenschuldentilgungen unter Kg. Wenzel am Ende des 14. Jh. haben wohl den Ruin der Judenheit im dt. Reich herbeigeführt und so ihre Vertreibung aus den Städten als wirtschaftl. unnütze kleine Pfandleiher mit verursacht. Der engl. Kg. Eduard I. erließ 1284 ein generelles Verbot des jüd. W.s für England; schon 1290 wurden hier die Juden vertrieben. An ihre Stelle traten it. Geldgeber. Vertreibungen aus anderen Gebieten folgten. Umgekehrt brachte in Italien das 15. und beginnende 16. Jh. den Höhepunkt der jüd. Kredittätigkeit. Maßnahmen gegen den jüd. Kredit wechselten ab mit seiner Privilegierung. Im 13. Jh. wurde die Verbindung eines grundsätzl. Verbotes mit einzeln erteilten Bewilligungen, Zinsen bis zu bestimmten Höchstsätzen zu verlangen, gängige Praxis. Ähnl. wie Juden wurden christl. W.er aus Cahors (→Kawertschen) und Italien (→Lombarden) privilegiert, aber auch gelegentl. enteignet und vertrieben. Gegen Italiener und Cahorsiner war die Weisung des II. Konzils v. →Lyon 1274 gerichtet, fremde W.er nicht zu dulden. Das Konzil v. →Vienne 1311/12 beklagte, gewisse Städte duldeten W. und zwängen die Schuldner zur Zahlung; es verlangte die Verfolgung jener als Häretiker, welche behaupteten, W. sei keine Sünde. Früh ist die Sorge über Verschuldung von Bauern und Handwerkern faßbar. Philipp Augustus verbot 1218 den Juden, Leuten Kredite zu gewähren, die ihren Lebensunterhalt durch Arbeit fristeten. Pflugscharen, Zugtiere oder ungedroschenes Getreide als Pfand zu nehmen, wurde untersagt. Jüd. Kredite an kleinere Leute wurden in der Regel gegen Pfänder gegeben, die bei Zahlungsverzug verwertet werden konnten. Als »Judaeorum mos« wird die Pfandleihe schon in den 20er Jahren des 12. Jh. von dem jüd. Konvertiten Hermannus bezeichnet. Die durch die Obrigkeiten festgelegten Höchstzinssätze für solche Pfandkredite lassen diese für Investitionen kaum geeignet erscheinen (z. B. in Österreich 173⅓% 1244, 65% 1338, im Frankreich 43⅓% im 13. Jh.; im Reich gemäß dem Rhein. Städtebund 1255 43⅓% für kurze Fristen, 33⅓% für ein Jahr und länger; in Aragón und Italien 20% im 15. Jh.). Vereinzelt gab es bis ins SpätMA auch bedeutende jüd. Finanziers, welche große Anleihen an Fs.en und Städte zu günstigeren Bedingungen gewährten.

In der W.lehre hatte die Aristoteles-Rezeption der 2. Hälfte des 13. Jh. die These von der Unfruchtbarkeit des Geldes bestätigt. Thomas v. Aquin entwickelte das W.verbot völlig vom verzinsl. Gelddarlehen her. Auch in Beichtsummen (→Bußsummen) und der →Quodlibet-Lit. nahm das W.thema breiten Raum ein. Überragend blieb die Bedeutung der Kanonistik. Als W. wird jede Gegenleistung und jeder Vorteil über die Rückgabe des Geliehenen hinaus definiert. Der W.er verkauft die Nutzung einer Sache, die zuvor schon in den Besitz des Käufers übergegangen ist, nochmals. Naturalien werden durch Gebrauch verzehrt; sie können nicht von ihrem Gebrauch geschieden werden. Wer den Wein und seinen Gebrauch verkauft, verkauft dasselbe zweimal. Der W.er verkauft zudem das, was allein Gott gehört: die Zeit bis zur Rückgabe des Geliehenen. Geld dient nur zur Erleichterung des Gütertauschs; es trägt keine Früchte wie ein Acker, an denen der Verleiher teilhaben könnte. Nur Arbeit rechtfertigt Gewinn. W. ist Todsünde. Er ist Raub und Diebstahl, woraus die Pflicht zur Restitution folgt. Almosen und Stiftungen aus W.gewinnen dürfen nicht angenommen werden, aber kann Geschädigte nicht mehr erreichbar sind, soll die Restitution zugunsten der Armen erfolgen. Systemat. werden Ausnahmen erarbeitet, in denen eine Verzinsung zulässig ist. Neben dem Risiko (periculum sortis) und der Ungewißheit (ratio incertitudinis) ist dies ein erlittener (damnum emergens) oder ein zukünftig möglicher Schaden bzw. entgangener Gewinn (lucrum cessans). Unter dem titulus morae konnte Entschädigung für Zahlungsverzug beansprucht werden (poena conventualis, interesse). War mit der Ausleihung eine Mühewaltung verbunden, war ein Lohn dafür zulässig (stipendium laboris). Die Verwendung des Geldes zur Prachtentfaltung (ad pompam) erlaubte Verzinsung. Die Frage, ob verzinsl. städt. Anleihen gegen das W.verbot verstießen, wurde insbes. in Florenz kontrovers abgehandelt. Die von Franziskanern seit 1462 errichteten →Montes pietatis für zinsfreie Pfandkredite verlangten später 10%, was von den Gegnern als W. angeprangert wurde. Auch die Frage, wem es erlaubt sei, bei W.ern Geld aufzunehmen und diese damit zur Sünde zu verleiten, wurde erörtert. Erlaubt erschien es bei absoluter Notwendigkeit. So konnten auch Geldaufnahmen der Kirchen, selbst der Päpste, gerechtfertigt werden.

Das W.verbot führte zu vielen Umgehungsgeschäften. Hauptform war das kurzfristig zinslose Darlehen, auf dem nach dem Verfall erlaubte Verzugszinsen (damnum et interesse) liefen. Für geschäftl. Kapitalbeteiligung bot das

Risiko einen gültigen Forderungstitel. Kaum rechtl. belangbar war die Annahme von Geschenken (donationes remuneratoriae) durch den Gläubiger. Als solche freiwillige Leistungen haben sie. Banken die Depositenverzinsung gefaßt. Zeitweise umstritten war der →Wechsel. Nur der sog. trockene Wechsel (cambium siccum), bei dem weder ein Währungsumtausch noch eine Verschiebung des Guthabens an einen anderen Ort erfolgt, blieb unzulässig. Bei Lieferung auf Kredit und bei Vorauszahlung durften die Kreditkosten nicht in den Preis eingerechnet werden. Der contractus mohatrae bestand im Verkauf von Gütern auf Termin und dem unmittelbaren Rückkauf zu geringerem Preis. Handel und Gewerbe verfügten also über Kreditformen, die w. rechtl. zulässig oder als Verstöße kaum faßbar waren. Am bedeutendsten waren Immobiliarkredite. Durch verschiedene erlaubte oder kontroverse Geschäftsformen konnten Erträge von Immobilien verpfändet bzw. verkauft werden, was die verzinsl. Geldkapitalanlage ermöglichte. Wichtigste Form war der Rentenkauf, dessen w.rechtl. Unbedenklichkeit 1425 Papst Martin V. erklärte, nachdem darüber seit der 2. Hälfte des 13. Jh. diskutiert worden war. Im ländl. Bereich war der verbotene Vorkauf (→Fürkauf) verbreitet. Anstelle der verbotenen Satzung mit Nutzungspfand trat der Verkauf fruchttragender Güter mit Rückkaufrecht zum selben Preis. Die in einigen Gegenden (Burgund, Toulousain) als Kreditform wichtige Viehverstellung, bei der das einem meist städt. Besitzer gehörende Vieh bei einem Bauern eingestellt und die Erträge bei gemeinsamem Risiko geteilt wurden, wurde durch Ausschluß des Risikos des Verstellers w.isch betrieben (eisernes Vieh).

Unerlaubtes zu erkennen war aufgrund der Geschäftsformen kaum möglich. Die Gewinnabsicht war im Einzelfall entscheidend. Der Kampf gegen den W. wurde so vom formalen Recht, das den W.er mit Infamie und Testierunfähigkeit bedrohte, auf die Ebene des Gewissensappells verschoben und mit Sanktionen im Jenseits untermauert. Die W.lehre hat die sich im SpätMA stark entwickelnde Kreditwirtschaft nicht verhindert, aber ihre Formen erhebl. mitbestimmt. H.-J. Gilomen

Lit.: H.-J. Gilomen, W. und Wirtschaft im MA, HZ 250, 1990, 265–301 – O. Langholm, Economics in the Medieval Schools: Wealth, Exchange, Value, Money and Usury According to the Paris Theol. Tradition, 1200–1350 (Stud. und Texte zur Geistesgesch. des MA 29, 1992) [Lit.] – H. Siems, Handel und W. im Spiegel frühma. Rechtsq.n (MGH Schr. 35, 1992) [Lit.] – M. Luzzati, Banchi e insediamenti ebraici nell'Italia centro-settentrionale fra tardo Medioevo e inizi dell'Età moderna (Storia d'Italia, Annali 11: Gli ebrei in Italia, I: Dall'alto Medioevo all'età dei ghetti, 1996), 173–235.

Wulf and Eadwacer, 19zeiliges ae. Gedicht, wegen seines geheimnisvollen und schwer verständl. Inhalts früher den im →Exeter-Buch darauf folgenden →Rätseln (V.), heute meist den →Elegien (V.) zugeordnet. Es ist, wie das in der Hs. vorausgehende »→Deor«, durch einen →Refrain (IV.) stroph. gegliedert und gilt neben »The Wife's Lament« als einziges ae. Beispiel für ein sog. Frauenlied. Der von Verlustgefühlen, innerer Zerrissenheit und quälender Sehnsucht geprägte Monolog läßt den modernen Leser über den situativen Hintergrund, über Zahl und Identität der beteiligten Personen sowie deren Beziehungs- und Handlungsgefüge größtenteils im unklaren. Einer häufiger vertretenen Deutung zufolge lebt die Sprecherin, von ihrem geächteten und verfolgten Geliebten Wulf gewaltsam getrennt, in einem Zwangsverhältnis mit dem ihr verhaßten Eadwacer. An ihn, den vermutl. Ehemann, ist ihre leidenschaftl., oft metaphor. ausgelegte Botschaft gerichtet, daß Wulf (der Wolf?) »unseren Welpen« (ihr Kind?) in die Wälder fortträgt. Manche Interpreten sehen die beiden Männer in umgekehrten Rollen oder halten die zwei Namen für charakterisierende Bezeichnungen ein und derselben Person. Auch hat man den Text u. a. als Totenklage einer Mutter, als Klage eines Dichters über den Umgang mit seinem Werk, Liebesgedicht einer Hündin oder Zauberspruch aufgefaßt und Verbindungen zu verschiedenen germ. Sagenstoffen (z. B. →Völsunga saga, →Wolfdietrich, Fassung B) sowie zu einer hypothet. ae. »Odoaker-Dichtung« hergestellt. Den zahlreichen umstrittenen Versuchen einer kohärenten Interpretation steht die Ansicht gegenüber, daß gerade die als problemat. empfundene sprachl. und inhaltl. Mehrdeutigkeit als wichtiges lit. Gestaltungsprinzip einen wesentl. Teil der suggestiven Wirkkraft dieses Gedichts ausmacht. L. Kornexl

Bibliogr.: NCBEL I, 311f. – S. B. Greenfield–F. C. Robinson, A Bibliogr. of Publ. on OE Lit., 1980, 287f. – B. J. Muir, The Exeter Book. A Bibliogr., 1992, passim – Ed.: ASPR III, 179f. – A. L. Klinck, The OE Elegies, 1992, 47–49, 92, 168–177, 372–376 [Lit.] – B. J. Muir, The Exeter Anthology of OE Poetry, 1994, I, 286; II, 571–573, 817 [Lit.] – Lit.: H. Aertsen, W. and E.: A Woman's Cri de Cœur – For Whom? For What? (Companion to OE Poetry, hg. H. Aertsen–R. H. Bremmer Jr., 1994), 119–144.

Wulfhere, Kg. v. →Mercien, † 675. Er wurde nach dem Tod seines Vaters →Penda verborgen gehalten und 658 zum Kg. ausgerufen, als ein merc. Aufstand die polit. Kontrolle →Oswius v. Northumbria über Mercien beendete. Z.Zt. des Todes von Oswiu 670 übte W. die Herrschaft über das ganze s. England aus. Anders als sein Vater war W. Christ, und er benutzte Religion und Heirat, um seine Macht in Mercien und über die s. Kgr.e zu errichten. Er vermählte sich mit einer Frau aus Kent und verheiratete Æthelwealh, den Kg. der Südsachsen, der an seinem Hof getauft worden war, mit einer merc. Prinzessin. Dessen Unterstützung belohnte W. mit der Isle of Wight und dem benachbarten jüt. Gebiet. Während der 60er Jahre des 7. Jh. intervenierte W., als →Essex wieder heidn. wurde, und gewann rund London einen Zugang zum Meer. Er bestätigte in den frühen 70er Jahren des 7. Jh. eine Landübertragung in Surrey. W.s Macht brach um 674 zusammen, als er eine Koalition der s. Engländer nach →Northumbria führte und von Oswius Sohn →Ecgfrith besiegt wurde.

A. J. Kettle

Lit.: H. R. P. Finberg, The Formation of England, 550–1042, 1974 – The Origins of Anglo-Saxon Kingdoms, ed. S. Bassett, 1989 – N. J. Higham, An English Empire: Bede and the Early Anglo-Saxon Kings, 1995.

Wulfila → Ulfila

Wulfoald, frk. Hausmeier, † ca. 680, aus austras. Adelsfamilie (wohl verwandt mit der Gründerfamilie v. →St-Mihiel). Als 662, nach dem Tod des Pippiniden →Childebert (III.), der jüngste Sohn →Chlodwigs II., →Childerich II., mit sieben Jahren das austras. Teilreich übernahm, hatte W. die Fäden in der Hand – als dux, noch ohne Hausmeiertitel; auch für den mündig gewordenen Kg. blieb er der wichtigste Berater. Nach dem Tod seines Bruders →Chlothar III. 673 vermochte sich Childerich auch in Neustroburgund durchzusetzen, und W. konnte als →Hausmeier des Gesamtreichs amtieren. Bald wurde er in die blutigen Auseinandersetzungen des Kg.s mit Bf. →Leodegar v. Autun und dem Patricius Hector v. d. Provence hineingezogen. Als 675 Childerich einem Mordanschlag zum Opfer fiel, zog sich W. fluchtartig nach Austrasien zurück. Seine dortigen Anhänger proklamierten den aus dem ir. Exil zurückgeholten Sohn →Sigiberts III., →Dagobert II., zum Kg. im austras. Teilreich. Aber schon Ende 679 wurde auch er ermordet; W. hat ihn nicht

lange überlebt. Wie auch andere Hausmeier (→Grimoald, →Ebroin) scheiterte W. mit dem Versuch, »den Verfall der Zentralgewalt in den Teilreichen aufzuhalten« (Ewig).

Q.: Liber hist. Fr., 45f.; Fredeg. contin., 2f. (MGH SRM II) – *Lit.*: H. Ebling, Prosopographie der Amtsträger des Merowingerreiches, 1974, 241–243 – E. Ewig, Die Merowinger und das Frankenreich, 1993², 162–172, 181.

Wulframnus (Wulfram), hl., Ebf. v. →Sens, † 711 in →Fontenelle. W. war Sohn eines Kriegsmanns →Chlodwigs II. und lebte am Hof der merow. Kg.e v. →Neustrien und →Burgund. Noch als Laie übertrug er den Eigenbesitz an seinem Geburtsort Maurilly an die Abtei Fontenelle. 693 wurde er zum Ebf. v. Sens erhoben und folgte hier dem Lambertus nach, der von Kg. →Theuderich III. anstelle des abgesetzten Ametus ernannt worden war (Ametus war 693 noch am Leben). W. fühlte seit 700 die Berufung zur Friesenmission, verließ Sens und verlegte seinen Sitz nach Fontenelle. Er fuhr in Begleitung einiger von ihm als Missionare rekrutierten Mönche zur See nach →Friesland und taufte zahlreiche Heiden, darunter einen Sohn des Hzg.s →Radbod, der sich selbst aber dem Christentum verweigerte. W. soll in Friesland die heidn. Sitte des Kinderopfers erfolgreich bekämpft haben. Als alter Mann kehrte W. nach Fontenelle zurück, wo er verstarb. Zwei Viten von stark hagiograph. Prägung berichten von seinem Wirken; die eine stammt von einem Mönch aus Fontenelle namens Jonas. Der Leichnam des hl. W. wurde 1027 in die Kollegiatskirche St-Vulfran d'→Abbeville übertragen, nachdem er vielleicht zuvor in St-Omer und Gent geruht hatte. G. Devailly

Q. und Lit.: AASS Mart. III, 143–165 – MGH SRM V, 657–659 – LThK² X, 1247f. – A. Legrix, Les vies interprétées des saints de Fontenelle, AnalBoll 19, 1900, 234–259.

Wulfred, Ebf. v. →Canterbury, 805–832, bedeutender Reformer. Er wandte sich auf der Synode v. →Chelsea (816), die sich u. a. mit der Amts- und Lebensführung des Klerus beschäftigte, gegen die Macht der Laien über die Kl. 825 erreichte W. die Aufsicht über den Landbesitz der Abteien in Kent und auch die Beeinflussung ihrer Abtswahlen. Doch blieben W.s Durchsetzungsmöglichkeiten gering, da die westsächs. Kg.e 825/827 →Kent eroberten und bald darauf die Wikingereinfälle begannen.

Lit.: →Canterbury.

Wulfstan

1. W. v. Worcester und York, ags. Bf. und Autor († 1023). [1] *Leben:* Über W.s Herkunft und seine frühen Jahre ist nichts Sicheres bekannt. 996–1002 war er Bf. v. →London, 1002–23 Bf. v. →Worcester (das er 1016 einem Suffragan überließ) und gleichzeitig Ebf. v. →York. In einer von häufigen Däneneinfällen überschatteten und demoralisierten Zeit bemühte er sich um eine Reform des kirchl. Lebens auf allen Ebenen. Als hoher kirchl. Würdenträger war er zugleich auch einflußreicher Berater zweier Kg.e, des schwachen →Ethelred II. und des chr. Dänen →Knut d. Gr., der 1017–35 auch England mitregierte.

[2] *Werke:* W. ist neben →Ælfric der bekannteste spätae. (spätwestsächs.) Prosaautor. Seine Schriften sind stark rhetor. durchformt und haben einen charakterist. rhythm. Stil. Einige seiner Homilien (→Predigt, B. V) sind lat., die meisten aber, wie auch alle seine anderen Werke, ae. abgefaßt. [1] In seinen ca. 21, z. T. in mehreren Versionen überlieferten Homilien beschäftigt sich W. u. a. mit den Grundtatsachen des chr. Glaubens (Taufe, Credo usw.), den Aufgaben des Ebf.s, dem Auftreten des →Antichrist (B. II) sowie dem moral. Verfall seiner Zeit. Zum letzteren Themenbereich gehört seine bekannteste Homilie, der (ae.) »Sermo Lupi ad Anglos«, eine leidenschaftl. Abrechnung mit den Sünden und Verfehlungen seiner Zeitgenossen. [2] Die sog. »Canons of Edgar« bieten Anweisungen für die Pfarrpriester, [3] die sog. »Institutes of Polity« sind eine Art Ständespiegel (→Stand, I. 2) und beschreiben die Aufgaben der einzelnen Stände, angefangen vom Kg. bis hin zu den einfachen Laien. [4] W. entwarf die späteren Gesetze Ethelreds (V–X Ethelred) wie auch diejenigen Knuts (I–II Cnut) sowie einige weitere Gesetzestexte (→Ags. Recht). Ferner übersetzte er [5] die Prosapartien des sog. ae. Benediktineroffiziums und überarbeitete [6] mehrere ihm vorliegende ae. Texte, darunter einige von Ælfric verfaßte, mit dem er in enger Verbindung stand. [7] Als Hilfsmittel für seine Seelsorge- und Verwaltungsaufgaben und auch als Q. für seine eigenen Werke stellte er eine Slg. (meist lat.) kirchenrechtl., liturg. und homilet. Schriften zusammen, die, noch in mehreren Hss. erhalten, als »W.s Commonplace Book« (W.s Handbuch) bezeichnet wird. H. Sauer

Bibliogr.: NCBEL I, 321 – Cameron, OE Texts, Nr. B. 2. 1–6 – ASE 25, 1996, 333 – S. B. Greenfield–F. C. Robinson, A Bibliogr. of Publ. on OE Lit., 1980, 381–383 – *Ed.*: [1] A. Napier, W.: Slg. der ihm zugeschriebenen Homilien, 1883 [Nachdr. mit Anhang K. Ostheeren, 1967] – D. Bethurum, The Homilies of W., 1957 – D. Whitelock, Sermo Lupi ad Anglos, 1963³ – [2] R. Fowler, W.s Canons of Edgar, EETS OS 266, 1972 – [3] K. Jost, Die Institutes of Polity..., 1959 – [4] Liebermann, Gesetze [Nachdr. 1960] – A. G. Kennedy, Cnut's Law Code of 1018, ASE 11, 1983, 57–81 – [5] J. M. Ure, The Benedictine Office, 1957 – [6] B. Fehr, Die Hirtenbriefe Ælfrics, BAP 9, 1914 [Repr. mit Suppl. P. Clemoes, 1966] – *Lit.*: K. Jost, W.studien, 1950 – D. Bethurum, (Continuations and Beginnings, ed. E. G. Stanley, 1966), 210–246 – M. McC. Gatch, Preaching and Theology in AS England, 1977 – H. Sauer, Zur Überlieferung und Anlage von Ebf. W.s 'Handbuch', DA 36, 1980, 341–384 – S. B. Greenfield–D. G. Calder, A New Critical Hist. of OE Lit., 1986, 88–95, 109–111 – W. Hofstetter, Winchester und der spätae. Sprachgebrauch, 1987, 157–164 – A. Orchard, Crying Wolf, ASE 21, 1992, 239–264.

2. W. II., Bf. v. →Worcester seit 1062, hl. (Fest: 19. Jan.), * 1008 (?), † 1095; erhielt seine Ausbildung zunächst in der Evesham Abbey und dann in der Peterborough Abbey. Vielleicht 1034 zum Priester geweiht, wurde er wahrscheinl. 1037 Mönch im Kathedralpriorat v. Worcester und dort wohl 1055 zum Prior ernannt. Ostern 1062 zum Bf. v. Worcester gewählt, wurde er am 8. Sept. geweiht. Nach der Schlacht v. →Hastings (1066) unterwarf er sich dem Normannen Wilhelm I. und blieb – obwohl er ein Engländer war – bis zu seinem Tod Bf. v. Worcester. W. war militär. aktiv und beteiligte sich an der Verteidigung des Severn Valley bei der Revolte v. 1075, auch verteidigte er Worcester 1088 gegen die Rebellen. Er kümmerte sich um seine Kirche: 1077 Einrichtung einer Bruderschaftsvereinigung, Neubau der norm. Kathedrale in Worcester, eifrige Seelsorgetätigkeit, Bemühungen um die Wiedererlangung von verlorengegangenen Besitzungen der Kirche; auch veranlaßte er die Kompilation der Urkk.slg. v. Worcester, die als »Hemming's Cartulary« bekannt ist, und hielt 1092 eine Diözesansynode ab. Nach W.s Tod sollen sich an seinem Grab Wunder ereignet haben. Seine von W.s ehemaligem Kaplan und Kanzler Coleman um 1100 in Engl. verfaßte Vita ist verlorengegangen. Sie wurde von →Wilhelm v. Malmesbury ins Lat. übersetzt. Die Berichte über Wunder an W.s Grab fanden Verbreitung, seine Kanonisation erfolgte 1203. Kg. Johann Ohneland, der ihn bes. verehrte, wurde neben ihm begraben.

D. W. Rollason

Ed.: The Vita Wulfstani of William of Malmesbury, ed. R. R. Darlington, 1928 – *Lit.:* E. Mason, St. W. of W. c. 1008–1095, 1990.

3. W. v. Winchester (W. d. Cantor), Mönch und Kantor im Old Minster in →Winchester, * ca. 960, † an einem 22. Juli zu Beginn des 11. Jh., Schüler →Æthelwolds, verfaßte zwei der wichtigsten Werke der anglo-lat. →Hagiographie (B. VI), eine Vita des hl. Æthelwold in Prosa und eine hexametr. Darstellung der Wunder des hl. →Swithun, das längste und metr. ausgefeilteste Werk der anglo-lat. Versdichtung. Für einige Hymnen sowie Sequenzen und Tropen im Winchester Troper zu Ehren der Winchester-Hl.n Æthelwold, Swithun und →Birinus wird die Verfasserschaft W.s mit guten Gründen angenommen. Die Æthelwold-Vita sowie weitere Liturgica entstanden vermutl. in Zusammenhang mit der wohl von W. selbst initiierten Heiligsprechung Æthelwolds (996). Seine durch →Wilhelm v. Malmesbury bezeugte Schrift »De tonorum harmonia« (ursprgl. Titel »Breviloquium super musicam«), noch im 15. Jh. zitiert, ist heute verschollen. Sie wäre die einzige Zeugnis einer musiktheoret. Abhandlung aus ags. Zeit. Allein jedoch die W. sicher zuschreibbaren Werke, zu denen nach neueren Erkenntnissen auch die Versversion einer Predigt zum →Allerheiligen-Fest zählt, weisen W. als einen der bedeutendsten Autoren des späten 10. Jh. aus, der es verstand, metr. Vielfalt und Raffinesse mit stilist. Klarheit zu verbinden.

U. Lenker

Ed.: Frithegodi monachi Breviloquium vitae beati Wilfredi et W.i cantoris Narratio metrica de sancto Swithuno, ed. A. Campbell, 1950 – F. Dolbeau, Le 'Breuiloquium de omnibus sanctis': un poème inconnu de W., chantre de Winchester, AnalBoll 106, 1988, 35–98 – W. of W. The Life of St. Æthelwold, ed. M. Lapidge–M. Winterbottom, 1991 – *Lit.:* R. Sharpe, A Handlist of the Lat. Writers of Great Britain and Ireland before 1540, 1997.

4. W., ags. Händler, der im 9. Jh. von →Haithabu durch die Ostsee nach →Truso am Frischen Haff segelte. Seine Reisebeschreibung ist gemeinsam mit der Nordmeerfahrt des Norwegers Othere in der kosmograph. Einleitung zur ae. Übers. von →Orosius' »Historia adversum paganos« (L. I, 1) aus dem Umkreis Kg. →Alfreds (848–899) erhalten. W. beschreibt in diesem ältesten ags. Reisebericht, wie er sieben Tage und Nächte ununterbrochen unterwegs war, was einer Durchschnittsgeschwindigkeit von 2,5 Knoten entsprechen würde, allerdings Flauten und Gegenwind nicht berücksichtigt. W. bringt u. a. die älteste Erwähnung der Insel →Gotland, die er als politisch lose mit →Schweden verbunden schildert, und eine recht genaue Beschreibung der →Ostsee. Er erzählt, daß er während der ganzen Reise bis zur Mündung der Wisla (→Weichsel) Vendland steuerbord gehabt habe, backbord jedoch zuerst die zu →Dänemark gehörenden Inseln Langeland, Lolland, Falster sowie →Schonen, dann die zu Schweden gehörigen Gebiete Blekinge, Öland und Gotland. Gemeinsam mit Otheres Beschreibung bildet W.s Text den ersten erhaltenen ausführlicheren Augenzeugenbericht zur skand. Geographie und gibt uns einen Einblick in Handelsrouten und Territorialverhältnisse im 9. Jh.

R. Simek

Lit.: K. Malone, King Alfred's North: A Study in Mediaeval Geography, Speculum 5, 1930, 139–167 – R. Ekblom, Den forntida nordiska orienteringen och W.s resa till Truso, Fornvännen 33, 1938, 49–68 – Ders., Alfred the Great as Geographer, StN 14, 1941/42, 115–144 – Ders., King Alfred, Othere and W., StN 32, 1960, 3–13 – N. Lund, Ottar og W., to rejsebeskrivelser fra vikingetiden, 1983 [Beitrr. von O. Crumlin-Pedersen, P. Sawyer, Ch. E. Fell].

Wullenwever, Jürgen, Bürgermeister v. →Lübeck 1533–35, * 1492/93 Hamburg, † 29. Sept. 1537 (hingerichtet) Wolfenbüttel. W., Sohn eines Hamburger Kaufmanns, seit etwa 1524 in Lübeck wohnhaft und Anhänger der evangel. Lehre, wurde Anfang 1530 Mitglied des Bürgerausschusses (64er), der die Erweiterung der bürgerl. Mitbestimmung gegenüber der alten Ratsverfassung sowie die Festigung der neuen Lehre anstrebte. Als Vertreter der evangel. Kaufmannschaft (v. a. der Novgorod- und Rigafahrer) verfolgte W., in Kontinuität alter lüb. Ratspolitik, die Absicht, Lübecks ehemalige Vormachtstellung im N und im gesamten Ostseegebiet wiederherzustellen. Durch Parteinahme in den nord. Thronwirren versuchte er, den Ausschluß der Holländer vom Ostseehandel zu erzwingen und die Stellung der →Hanse zu festigen. Seit 1530 einflußreicher Wortführer der Bürgervertretung, wurde W. im Febr. 1533 Ratsmitglied und erhielt im März das von Bürgermeister N. Brömse verlassene Amt. Als leitender Bürgermeister konnte W. die Politik Lübecks im Sinne seiner aggressiven Haltung gegen die Holländer bestimmen und sagte Amsterdam im März 1533 die Fehde an, obwohl Lübeck nach dem kurz zuvor abgehaltenen wend. Hansetag isoliert war. Den militär. Niederlagen und dem außenpolit. Scheitern in der dän. Gf.enfehde folgte W.s innenpolit. Fall. Die Lübeck 1535 drohende Reichsacht veranlaßte W. zu resignieren, Brömse kehrte zurück. Auf einer Gesandtschaftsreise wurde W. im Nov. 1535 im Gebiet des Ebf.s Christoph v. Bremen gefangengenommen und dessen altgläubigem Bruder, Hzg. Heinrich d. J. v. Braunschweig-Wolfenbüttel, übergeben, der W. in einem Schauprozeß (1536/37) verurteilen (24. Sept.) und enthaupten ließ. Eine eingehende objektive Unters. des in der Forsch. umstrittenen W. ist immer noch ein Desiderat.

A. Cosanne

Q. und Lit.: G. Waitz, Lübeck unter J. W. und die europ. Politik, 3 Bde, 1855/56 – G. Korell, J. W., Abh. zur Handels- und Sozialgesch. 19, 1980 – H. Stoob, Die Hanse, 1995, 327–336.

Wundarzt → Chirurg

Wunden Christi. Die W. Ch. waren zur Zeit der Kirchenväter Gegenstand der Auseinandersetzung mit Aussagen des neuplaton. Philosophen →Porphyrios. Sie unterschieden zw. den blutenden W. des Gekreuzigten (vulnera, plagae) und den verherrlichten Wundmalen (cicatrices) des Auferstandenen und legten damit den Grund für die weitere Lehrentwicklung. Ambrosius verteidigte die bleibenden Wundmale als Preis unserer Freiheit, die unsere Andacht wecken (In Lucam, L. X n. 170: MPL 15, 1846). Augustinus fordert die Gläubigen zur Betrachtung der Schönheit des Gekreuzigten auf, den die Stolzen verlachen. Zweck einer solchen Betrachtung sei die Abbildung des Gekreuzigten im Herzen des gläubigen Betrachters (De sancta virginitate 54–55: MPL 40, 428; Sermo 116, 1: MPL 38, 657f.). Bei der Auslegung von Hld 2, 14 bezieht Bf. Justus v. Urgel († nach 546) die Felsspalten auf die W. Ch. und bezeichnet sie als Zufluchtsort für die Gläubigen. Für →Beda Venerabilis sind die W. an den Händen und Füßen und die Seitenwunde Heilmittel gegen die Wunden des Zweifels und Unglaubens; sie stärken den Glauben und die Hoffnung. Der zum Gericht wiederkommende Christus trägt als Zeichen seiner Passion das Kreuz und die fünf Wundmale, durch welche die Gottlosigkeit und der Unglaube der Stolzen verurteilt werden. Die W. sind aber auch dem Vater gegenüber Fürbitte für die Menschen, da sie diesem zeigen, welche Leiden Christus zur Rettung der Menschheit auf sich genommen hat (In Lucam, L. VI: MPL 92, 630). →Rupert v. Deutz hat die Lehre von den fünf W. systematisiert. Von seinen Aussagen sei als neuer Gesichtspunkt hervorgehoben, daß er den Getauften als

jemanden sieht, der mit den fünf W. Ch. dem Kreuz auf der Stirn gekennzeichnet ist und auf das Wiederkommen Christi zum Gericht wartet (In Johannem, L. XIV: MPL 169, 1486). In der von der Lanze geöffneten Seitenwunde, aus der Blut und Wasser floß, erblickt er das Tor, durch das der Getaufte in die Kirche aufgenommen wird und in den Himmel gelangen kann (In Ezechielem, L. II: MPL 167, 1484).

Durch die Beschäftigung mit dem hist. Jesus und seinem Leidensweg ist es bei →Franziskus v. Assisi zur Einprägung der fünf W. (Stigmatisation) gekommen. Angeregt durch das Beispiel des hl. Franziskus entwickelte sich eine Leidensmystik und es kamen Frömmigkeitsübungen asket. und devotionaler Art auf, bei denen die W. Ch. eine Rolle spielten.

In der ma. Volksfrömmigkeit werden die W. Ch. um Bewahrung vor einem unverhofften Tod und um Heilung von erlittenen Wunden angerufen. Sie kommen auch in Schwurformeln vor.

Auf dem Konzil v. Vienne (1311–12) wurde zur Seitenwunde Ch. festgestellt, daß sich die Öffnung der Seite in der vom Johannesevangelium geschilderten Abfolge zugetragen habe (DH 901). Das Konzil nimmt gegen eine von Petrus Johannis →Olivi OFM vertretene Lehre Stellung, in der er wohl den Verdienstcharakter der Seitenwunde behauptete, der ihr aber meistens abgesprochen wird, da die Öffnung der Seite am bereits toten Erlöser erfolgte. W. Eckermann

Lit.: DSAM XIV, 1212–1293 – LThK² X, 1249f. – I. BONETTI, Le stimmate della passione: Dottrina e storia della devozione alle cinque piaghe, 1952 – W. BAIER, Unters.en zu den Passionsbetrachtungen in der »Vita Christi« des Ludolf v. Sachsen. Ein quellenkrit. Beitrag zu Leben und Werk Ludolfs v. Sachsen und zur Gesch. der Passionstheol., Anal Cart 44/1–3, 1977 – I. BONETTI, Die Q.n des Heils, 1988.

Wunder

A. Allgemein. Christlicher Westen – B. Byzanz – C. Ikonographie – D. Judentum

A. Allgemein. Christlicher Westen

I. Allgemein. – II. Christlicher Westen.

I. ALLGEMEIN: In den Früh- und Einfachformen von Religion gilt als W. alles Außergewöhnliche, Unvorhergesehene, Übergebührliche, Staunenswerte, das Gute wie das Schreckliche – alles, was Scheu oder Staunen hervorruft. Sofern die Kosmoskräfte als göttlich angesehen werden, fallen Naturgeschehen und W. geradezu in eins; sofern personale Gottheiten dominieren, ist das W. deren aktives Handeln, das den Naturvorgang überformt bzw. über ihn hinausgeht. Zu etwas Besonderem wird das W., wo zum einen das Gottesbild ethisch und zum anderen Naturwissenschaft entdeckt wird. Angesichts eines eth. Gottes werden die W. zu Lohn- und Strafw.n und bei entdeckter Naturgesetzlichkeit zum »Übernatürlichen«, d. h. zu einem nicht aus Naturkausalität hervorgegangenen bzw. erklärbaren Faktum, wie es zuerst die griech. (Natur-)Philosophie definierte.

II. CHRISTLICHER WESTEN: Für die bibl. Religionswelt ist Gott allmächtig. Seiner Macht sind keine Grenzen gesetzt; er hat alles geschaffen, erhält es weiter im Dasein und verfügt darüber; überall ist seine Hand am Werk und offenbart seine Größe; insofern ist das W. »normal«. Speziell für das NT gilt die Christusoffenbarung als das große W., das sich in »Erstaunlichem« in »Zeichen« und »Krafttaten« erweist, also in »Bezeugungen« ( ). Im einzelnen treten für die W. allg. typ. Züge auf, zumal Jesus schon in der frühen Überlieferung als w.wirkender Gottesmann dargestellt ist. Bezeichnenderweise aber fehlen Schau-, Belohnungs-, Profit- und sogar auch Strafw. Hauptsächl. sind es »religiöse« W. (vgl. Mt 9, 22 u. ö. »dein Glaube hat dir geholfen«); sie haben reinigenden – so bei Exorzismen – oder sozialen Charakter – so bei Heilungen, und sind als solche »symbolische Handlungen«.

Die christl. Gesch. ist insgesamt gekennzeichnet vom Ringen zweier Verhältnisbestimmungen: Im Blick auf Gott von dessen Handeln gegenüber den Naturgesetzen, im Blick auf den göttl. Menschen von dessen W. wirken oder Vorbildhaftigkeit. Das FrühMA sah Gottes wie auch des Teufels Wirken direkt und überall: in Gesundheit und Krankheit, in Ernte und Not, in Sonne und Sturm, in Leben und Tod. Sogar provozieren konnte man Gottes Eingreifen, wie bei den →Gottesurteilen, daß nämlich Gott den Guten aus der ihm auferlegten Gefahrensituation (z. B. Wasser- und Feuerprobe) rette und den Bösen untergehen lasse. Im HochMA, als die Scholastik die antike (Natur-)Philosophie rezipierte, trat stärker wieder die Eigengesetzlichkeit der Natur hervor. Den Lauf der Dinge sah man von drei Ursachen bestimmt, von »wunderbaren«, »natürlichen« und »willentlichen« (d. h. vom Menschen gesteuerten). Dabei wurde die Durchbrechung der Naturgesetze zum zentralen Problem. Die zeichenhafte Transparenz trat zurück; Natur und Gnade wurden geschieden. Wohl war und blieb Gott die Erstursache, aber daneben gab es natürl. Zweitursachen. Das W. ging aus außernatürl. Wirkursächlichkeit hervor, aus Gottes Allmacht, wurde zum Sonderfall, der sich außerhalb der Naturgesetze vollzog. »Von dem, was durch Gott in der Schöpfung geschieht, kommt einiges nach dem natürl. Lauf der Dinge zustande, einiges aber wirkt er durch W., vorbei an der den Geschöpfen eingeschaffenen Naturordnung« (Thomas v. Aquin, S. th. I 104, 4).

Die Stilisierung Jesu wie auch der Hl.n als Gottesmenschen (die auch Frauen sein konnten), führte zur Rivalität, ob die in den Hl.n wirksame Kraft (virtus) ein bei Gott zu verdienende (W.-)Gabe sei oder aber sittl. antrainiert werden müsse und dann vorbildl. Tugendhaftigkeit bedeute. Das NT kennt sowohl eth. wie w.wirkende Heiligkeit, betont aber erstere: »Wer W. vollbringt, ist dadurch nicht gerechtfertigt« (Mt 7, 22f.). Immer gab es Hl.e, wie z. B. Augustinus, die keine W. gewirkt hatten. Bei der seit dem HochMA üblichen päpstl. Kanonisation stand »heldenhafte Tugendhaftigkeit« obenan und erst nachgeordnet das W. wirken. Theoret. überwog mindestens seit dem HochMA die Tugendheiligkeit, fakt. immer die W.heiligkeit, wobei die Gräber, →Reliquien und Gedenktage der Hl.n deren W.kraft verfüglich machten. Eine Untersuchung von 5000 W.berichten des 11. und 12. Jh. ergab, daß in 1102 Fällen, wo der Ort des Geschehens miterwähnt ist, sich gut 40 Prozent am Grab oder bei Berührung der Reliquien, und fast ebenso viele in baldigem Anschluß daran ereigneten; bei 216 W.n, für die der Tag bezeugt ist, ereigneten sich ein Drittel am Gedenktag des Hl.n und ein weiteres Drittel an den kirchl. Hochfesten. Für die W. waren darum v. a. das Grab aufzusuchen und der Gedenktag einzuhalten. Dabei erscheint eine sozial orientierte Verteilung: die Heilungsw. bevorzugt für die einfachen Leute und speziell für Frauen und Kinder, die Strafw. für die Mächtigen und die Visionen für die Kleriker.

W. sind in allen Literargenera bezeugt, weswegen eine Scheidung in Sakral- und Profangesch., in Historiographie und Hagiographie nur bedingt möglich ist. Die W. der Hl.n finden sich zu einem Viertel in Viten, zu drei Vierteln in postum verfaßten Mirakelslg.en, die, weil lange als »abscheulicher Schund« und »kirchliche Schwindelliteratur« (B. KRUSCH) angesehen, in den krit. Ausgaben oft gestrichen sind. Tatsächl. beruhen sie nicht selten

auf direkter Protokollierung, durften doch, wie schon Augustinus forderte, die W. nicht vergessen werden. So sind die Mirakelslg.en wichtige Q.n für Religions-, Mentalitäts- und Frömmigkeitsgeschichte, auch für vielerlei »historische« Mitteilungen. Wo indes nur mündl. Traditionsgeschichte vorliegt, kann zuletzt das Groteske überwiegen.

Aufgrund ethnolog. und religionsgesch. Vergleichsmaterials erscheint heute das ma. W., bei aller modernnaturwiss. Problematik, nicht mehr so unhistorisch wie in der aufklärer. Denunziation. A. Angenendt

Lit.: G. Mensching, Das W. im Glauben und Aberglauben der Völker, 1957 – F. Graus, Volk, Herrscher und Hl. im Reich der Merowinger. Studien zur Hagiographie der Merowingerzeit, 1965 – D. Harmening, Frk. Mirakelbücher, Würzburger Diözesangesch.bll. 28, 1966, 25–240 – J. Speigl, Die Rolle der W. im vorkonstantin. Christentum, ZKTh 92, 1970, 287–312 – B. Bron, Das W. Das theol. W.verständnis im Horizont des nz. Natur- und Geschichtsbegriffs, Göttinger Theol. Arbeiten 2, 1975 – R. C. Finucane, The Use and Abuse of Medieval Miracles, History 60, 1975, 1–10 – Ders., Miracles and Pilgrims, Popular Beliefs in Medieval England, 1977 – M. Heinzelmann, Translationsberichte und andere Q.n des Reliquienkultes (TS 33), 1979 – B. Ward, Miracles and Medieval Mind. Theory, Record and Event 1000–1215, 1982 – P.-A. Sigal, L'homme et le miracle dans la France médiévale (XIe–XIIe s.), 1985 – Ders., Le travail des hagiographes aux XIe et XIIe s., Francia 15, 1987, 149–182 – A. Vauchez, La sainteté en Occident aux derniers siècles du MA. D'après les procès de canonisation et les documents hagiographiques, 1988[2] – M. van Uytfanghe, Die Vita im Spannungsfeld von Legende, Biographie und Gesch. (Historiographie im frühen MA, hg. A. Scharer–G. Scheibelreiter [VIÖG 32], 1994), 194–221 – B. Kollmann, Jesus und die Christen als W.täter. Studien zu Magie, Medizin und Schamanismus in Antike und Christentum, Forsch. zur Religion und Lit. des Alten und NT, 1996 – G. Signori, The Miracle Kitchen and its Ingredients. A Methodical and Critical Approach to Marian Schrine Wonders (10th to 13th c.), Hagiographica 3, 1996, 277–303 – A. Angenendt, Grab und Schrift (Schriftlichkeit und Lebenspraxis. Akten des Internat. Kolloquiums 8.–10 Juni 1995, hg. H. Keller, Chr. Meier, Th. Scharf, MMS 76 [im Dr.]) – W. D. Mc Cready, Signs of Sanctity. Pontifical Inst. of Medieval Studies, Studies and Texts 91, 1998.

B. Byzanz

Das NT hatte den Begriff 'Wunder' im engeren Sinne (bis auf Mt 21, 15) gemieden und das entsprechende Tun Jesu Christi als Zeichen (σημεῖα), Kraft- und Schreckenstaten (δυνάμεις, τέρατα) bezeichnet. Doch setzte sich, u.a. im Rahmen einer christl. Apologetik, in der Folgezeit die Bezeichnung W. (θαῦμα u.ä.) für ein die Grenzen des Natürlichen überschreitendes gottgewirktes Geschehen im Sinne des Mirakels mehr und mehr durch. Als Beispiel sei →Eusebios v. Kaisareia (Hist. eccl. 1, 2, 23) genannt, der nicht nur die Taten Christi, sondern auch Ereignisse wie seine Geburt und Himmelfahrt als von den Propheten vorausgesagte W. bezeichnet. In der byz. Lit. (z. B. in den Hymnen des Kirchendichters →Romanos Melodos, 6. Jh.) und Kunst wurden die W. Christi (s. Wunder Christi und der Hl.n) vielfältig thematisiert (ODB, Miracles of Christ). Nachdem sie seit der Katakombenzeit zunächst einzeln dargestellt worden waren, faßte man sie vom 6. Jh. an erstmals in Gaza und Ravenna, im 10. Jh. in mehreren kappadok. Höhlenkirchen (ODB, Göreme) zu Zyklen zusammen. Nach einem Rückgang der W.-Thematik in der Kunst (ca. 1000–1150) häufen sich die Beispiele wieder vom späteren 12. Jh. bis in die Palaiologenzeit. – Die v.a. in der Hagiographie (→Hagiographie, C), aber auch in den volksnahen Chroniken (→Chronik, N) beschriebenen W. der byz. Zeit (ODB, Miracles) gehen grundsätzl. auf Gottes Handeln zurück. Er wirkt sie entweder durch (entsprechend gedeutete) Naturereignisse oder durch Engel, Heilige, hl. Gegenstände und Orte. Naturphänomene (ODB, Natural Phenomena) wie →Erdbeben (ODB, Earthquakes), →Kometen (ODB, Comets) und →Finsternisse (ODB, Eclipses), aber auch Abnormitäten wie Mißgeburten werden als göttl. Strafen oder auch als warnende, zur Bekehrung aufrufende Zeichen verstanden. In diesem Sinne wird z. B. das Wort 'Gotteszorn' (θεομηνία) zum Synonym für 'Erdbeben'. – Als W. wird auch die überraschende (Wieder-)Auffindung von Reliquien (→Reliquien, II), v.a. des hl. Kreuzes (→Kreuz, C, F) durch Ksn. →Helena (ODB, True Cross), der als →Mandilion bezeichneten Berührungsreliquie des hl. Tuches, zugleich →Ikone mit dem Antlitz Christi, um 544 in Edessa (ODB, Mandylion), und anderer »nicht mit Händen gemalter« Bilder (ODB, Acheiropoieta) gedeutet. – Die durch hl. Personen, Gegenstände oder Orte gewirkten W. dienen ausschließl. dem Wohl der Menschen. Sie bewirken einerseits bei Individuen die Heilung körperl. (und auch seel.) Krankheiten (ODB, Healing). Hier spielen häufig hl. Gegenstände eine vermittelnde Rolle, v. a. Ikonen und Reliquien, aber auch Quellwasser (so beim Michaelskult in Kleinasien; ODB, Michael, Archangel), Öl (ODB, Oil), hl. Erde (v. a. vom Aufenthaltsort oder Grab des Heiligen), aus der man auch Pilgermarken preßte (ODB, Pilgrim Tokens), aber auch der Aufenthalt an hl. Stätten (→Pilger, B. I; ODB, Incubation, Locus Sanctus). Andererseits bringen wunderbare Vorgänge ganzen Orten und Regionen Schutz vor allem Negativen, Bedrohlichen wie Naturkatastrophen (z. B. einer Überschwemmung; ODB, Chonai, Miracle at), Mangelsituationen (Hungersnöten), Epidemien und krieger. Überfällen; letztere werden häufig durch plötzlich einsetzenden Sturm abgewehrt. Sowohl private als auch regionale W. solcher Art wirkte z. B. gemäß den im 7. Jh. einsetzenden Berichten (→»Miracula s. Demetrii«) postum der hl. →Demetrios v. Thessalonike (ODB, Demetrios of Th.). – Eine Untersuchung zur Entwicklung des W.glaubens in Byzanz steht noch aus. F. Tinnefeld

Lit.: LCI IV, 542–549 – LThK[2] X, 1251–1265 – Oxford Dictionary of Byzantium, 1991 [einschlägige Stichwörter mit Kürzel ODB im Text zitiert] – G. Dagron, Vie et miracles de s. Thècle, 1978 – P. Lemerle, Les plus anciens recueils des Miracles de s. Démétrius, I–II, 1979–81.

C. Ikonographie

I. Frühchristentum – II. Abendländisches Mittelalter – III. Byzanz.

I. Frühchristentum: [1] Wunder Christi: In der frühchr. theol. Lit. wurde nicht streng zw. wunderbaren Ereignissen im →Leben Christi und den von Jesus aktiv gewirkten W.n getrennt. Nur diese werden heute als W. Christi (W. Chr.) bezeichnet, im NT waren sie »Zeichen«; vgl. die 'Begriffserklärung' in Joh 2,11: »So tat Jesus sein erstes Zeichen, in Kana in Galiläa, und offenbarte seine Herrlichkeit, und seine Jünger glaubten an ihn.« Das NT weist den Krankenheilungen und Totenerweckungen Jesu (MT 11,5; Lk 7,22) und seiner Jünger (Mt 10,8; vgl. Abschn.D. I. 2) hohen Rang zu, in Übereinstimmung mit zeitgenöss. Vorstellungen anderer religiöser Richtungen: Chr. Autoren bemühten sich bis ins 4. Jh., den Unterschied zw. 'echten' W.n Chr. und den angebl. durch heidn. Magie gewirkten Dämonenw.n (etwa des Apollonius v. Tyana, 1. Jh. n.Chr.) darzulegen (Fögen, 189–202). Neben den direkt auf Menschen bezogenen Totenerweckungen, Krankenheilungen (einschließl. der 'Dämonenaustreibungen') und Rettungen aus Seenot gehören zu den W.n Chr. auch indirekt auf Menschen wirkende, wie die Nahrungsw. bei der Hochzeit zu Kana, den Speisungen der Tausende und den wunderbaren Fischzügen (Angabe der ntl. Stellen zu allen W.n Chr.: Braunfels, 543). Der Drang, die durch W. bezeugte rettende Heilskraft Christi

bildl. zu veranschaulichen, führte in der überwiegend im Grabbereich bezeugten (→Katakomben, →Sarkophag) Frühzeit chr. Kunst zu einer entsprechenden Themenauswahl: Neben atl. Rettungsbildern (→Jonas, →Jünglinge im Feuerofen, →Noah, →Susanna) wurden v. a. W. Chr. dargestellt, bes. die Auferweckung des →Lazarus, die Heilungen des Blinden, des Gichtbrüchigen und der Blutflüssigen, außerdem das Weinwunder zu Kana und die Vermehrung der Brote und Fische. Diese Betonung der W.kraft Christi muß als Ausdruck von Erlösungshoffnung gelten. Bereits in den ntl. Texten werden W. Chr. nicht nur verbal gewirkt, sondern auch mehrfach durch Handkontakt, bei der Blindenheilung in Joh 8,22–26 unter Verwendung von Erde und Speichel als mag. Kontaktmaterie; in der frühen Bildkunst wird Jesus (in der Regel viel größer als der Empfänger des W.s) häufig ein Zauberstab in die Hand gegeben. Mit zunehmender Verlagerung des künstler. Interesses auf Darstellungen der Herrlichkeit Christi (z. B. →Gesetzesübergabe, →Verklärung Christi) verloren Bilder der W. Chr. an Bedeutung, behielten ihren Platz allerdings bis ins MA in Leben-Jesu-Zyklen (z. B. S. Apollinare nuovo in Ravenna, 6. Jh.; →Bildprogramm, →Buchmalerei). J. Engemann

Lit.: LCI IV, 542–549 [W. Braunfels] – A. Nestori, Repertorio topografico delle pitture delle catacombe Romane, 1975 – C. Nauerth, Vom Tod zum Leben. Die chr. Totenerweckungen in der spätantiken Kunst, 1980 – M. T. Fögen, Die Enteignung der Wahrsager, 1993 – U. Lange, Ikonograph. Register für das Repertorium der chr.-antiken Sarkophage, 1, 1996.

[2] *Wundertaten der Heiligen:* In allen antiken Kulturen vollbrachten nicht nur Götter 'übernatürliche' Handlungen, sondern auch die Macht außergewöhnl. Menschen manifestierte sich in W.n, v.a. Krankenheilungen und Totenerweckungen. Daher wirkt in den Evangelien Jesus selbst W. (vgl. Abschn. C. I. 1) und gibt den zwölf Aposteln den Auftrag: »Heilt Kranke, weckt Tote auf, macht Aussätzige rein, treibt Dämonen aus!« (Mt 10,8). Die Apostelgeschichte berichtet wiederholt von W.n, die z. T. auch namentl. den Aposteln →Petrus und →Paulus und dem Diakon →Philippus (Apg 8, 5–8) zugeschrieben werden. Seit im 4. Jh., nach dem Ende der Verfolgungszeit, neben Märtyrern (→Martyrium) auch andere als vorbildl. angesehene Christen wie →Heilige verehrt wurden (Lit.: Baumeister), wurden deren Biographien zunehmend mit Beschreibungen und Listen von W.n der Hl.n angereichert (→Hagiographie; vgl. Lit. bei →Martin v. Tours, →Symeon Stylites, →Styliten; Van Uytfanghe). Gleichzeitig setzten in allen Gebieten des spätantiken Imperiums zwei Entwicklungen ein, durch die das allgemeine Bild von Hl.n als Wundertäter verstärkt wurde: 1. die Verehrung der →Reliquien und Berührungsreliquien (→Brandea), in denen man die volle W.kraft des Hl.n enthalten glaubte, 2. das Aufkommen von →Wallfahrten (→Pilger) zu den Wirkungs-, Grab- und Gedenkstätten von Hl.n. Aus Pilgerberichten und W.listen (z. B. des ägypt. Wallfahrtsortes des hl. Menas) geht hervor, welchen Anteil Heilungswünsche an der Motivation der Pilger hatten. Zusätzl. trug man die W.macht der Hl.n in den →Pilgerandenken nach Hause, die selbst Berührungsreliquien waren oder solche (als Wasser, Öl, Sand) enthielten. – Bildl. Darstellungen von W.n der Hl.n sind für die vorikonoklast. Zeit nur wenige zu belegen. Zwar gibt es seit dem 4. Jh. Bilder, in denen Hl.e auch im Kontext bibl. Szenen oder als Begleiter Christi erscheinen, sondern autonom wiedergegeben sind, aber über attributive Hinweise auf Martyrien geht der Kontext gewöhnl. nicht hinaus. Das legendäre Wasserw. des →Petrus auf röm. Sarkophagen des 4. Jh. bildet eine frühe Ausnahme, die wohl dadurch zu erklären ist, daß das Bildschema des Wasserw.s des →Moses bereits vorlag. Für den Zyklus der Apg auf den Langhauswänden von S. Paolo f. l. m. in Rom, der allg. in das 5. Jh. datiert wird, sind durch Kopien des 17. Jh. mehrere Krankenheilungen, Totenerweckungen u. a. W. des Paulus gesichert (Waetzold Nr. 639. 647. 655f. 668). Solche monumentalen Vorbilder haben auch Parallelen in Einzelszenen der Kleinkunst: Viper-W. des Paulus auf Malta (Apg 28, 1–10) auf dem 'Carrand'-Diptychon (Florenz, Bargello; Lit.: Shelton); sie fanden Fortsetzung in Pauluszyklen der karol. →Bibelillustration (→Paulus). J. Engemann

Lit.: RAC XIV, 66–96 [Ch. Belting-Ihm]; 96–150 [Th. Baumeister]; 150–183 [M. Van Uytfanghe] – St. Waetzold, Die Kopien des 17. Jh. nach Mosaiken und Wandmalereien in Rom, 1964 – K. J. Shelton, JbAC 29, 1986, 166–180 – Les fonctions des Saints dans le monde occidental (IIIe–XIIIe s.), Actes Rome 1988 (1991) – M. Hörsch, Bibliogr. (Hagiographie und Kunst, hg. G. Kerscher, 1993), 41–49 – A. Angenendt, Hl.e und Reliquien, 1994.

II. Abendländisches MA: [1] *Wunder Christi:* In karol. Zeit greifen die auf Elfenbein und in der Buchmalerei der »Hofschule Karls d. Gr.« überlieferten W.darstellungen auf die frühchristl. Programmatik und ihren Darstellungsmodus zurück. So herrscht die frühe, einfache Bildformel für die »Erweckung des Lazarus« bis in karol. Zeit vor. Die bis ins 12. Jh. am häufigsten dargestellten W. sind die »Erweckung des Lazarus« und die »Heilung des Blindgeborenen«. Im einzigen aus karol. Zeit stammenden, teilweise noch erhaltenen monumentalen Freskenzyklus im graubündnerischen St. Johann in →Müstair (um 800) wirken sich röm. und syr. Bildprogramme sowie Bildkompositionen des 5. und 6. Jh. aus. Der Zyklus enthält selten dargestellte Szenen wie die »Heilung des Taubstummen«. Bei der »Heilung des blutflüssigen Weibes« finden sich aus der frühchristl. Kunst bekannte Merkmale wie die Verbindung mit der »Erweckung der Tochter des Jairus«-Szene wieder. Die Ingelheimer Palastkapelle Ludwigs d. Hl. wies in ihrer Ausstattung mit Bildern aus dem AT und NT auch die W. Christi (W. Chr.) auf. Die Vorbilder dafür sind in Italien zu suchen z. B. in Rom, im Oratorium Johannes' VII. in Alt-St. Peter [705-707] mit einem 21 W.szenen enthaltenden Leben-Jesu-Zyklus).

Wie die Malerei weist auch die Kleinkunst antik-frühchristl. Vorbilder auf: Die Rezeption spätantik-ksl. Diptychen und Elfenbeintafeln des beginnenden 5. Jh. ist am Oxforder Elfenbeinbuchdeckel (Bodl. Libr. MS Douce 176, um 800) erkennbar. Christus wird von elf Szenen gerahmt, wovon sechs W.n gewidmet sind. Für bestimmte Szenen entwickeln sich neue ikonograph. Typen. So werden bei der »Hochzeit zu Kana« vermehrt die Hochzeitsgesellschaft und das Mahl betont. Die Darstellung gleicht sich zudem an die Ikonographie des »Letzten Abendmahls« an. Der Oxforder Buchdeckel bildet den Beginn einer Reihe von bedeutenden Leben-Jesu-Zyklen. Die Metzer Buchdeckelelfenbeintafeln in Würzburg (UB M. p. theol., um 800) zeugen davon, daß in spätkarol. Zeit die Szenen erzählfreudiger werden. So ist die »Blindenheilung« dichter mit Menschen besetzt als üblich. Beispiele: Bucheinband des »Codex Aureus« aus St. Emmeram (um 870) und Metzer Drogosakramentar, um 830, Paris B.N. MS. Lat. 9428 und Drogo-Evangeliar, Par. lat. 9388.

Auch bei den Ottonen bleibt die frühchristl. Programmatik mit Einflüssen byz. Vorbilder zentral. Auffällig ist aber die zunehmende Bevorzugung der W.taten in der otton. Kunst. Es entstehen in der Wandmalerei Bildzyklen mit den »W.n Ch.« als Kern. Das letzte erhaltene Zeugnis

dieser Monumentalmalerei ist auf der Insel Reichenau, Oberzell/St. Georg zu finden (um 1000): Es vereinigt ausschließl. W.szenen, wobei sich neun W. auf acht querformatigen Feldern verteilen. Die »Heilung der Schwiegermutter Petri« und die »Heilung des Aussätzigen« haben in Gesamtkomposition und Haltung des Leprosen Parallelen zu Abbildungen in byz. Hss.

Auch die otton. Hss. aus der Reichenau und Echternach lassen – wie die Wandmalerei – in Bezug auf die Auswahl der W. sowie stilist. und formale Verwandtschaften einen Zusammenhang mit der byz. Buchmalerei erkennen. Vermehrt werden Bildfolgen mit Illustrationen des NT abgebildet. Beispiele: Reichenauer Evangeliare Ottos III. in Aachen (Domschatz, um 990) und in München (Bayr. Staatsbibl. Clm lat. 4453, um 1000). Bei der »Erweckung des Lazarus« in der Münchner Hs. ist die Fortführung der frühchristl. Bildformel, erweitert durch eine Aedikula, deutlich. In der »Vermehrung der Brote und Fische« und der »Heilung des Aussätzigen« werden byz. Typen aufgenommen. Der Aachener Codex weist eine geschlossene Leben-Christi-Folge in hochformatigen, ganzseitigen Vorbildern auf, was ein Novum in der Buchmalerei ist. Bedeutend ist der Egbert-Codex aus der Reichenau, um 980 (Trier, Stadtbibl. Cod. 24), mit zehn W.taten. Er führt die erste geschlossene Bilderfolge zum Leben Christi in die nördl. Malerei ein. Stilist. Einflüsse sind an röm., byz. und karol. Vorbildern festzumachen.

In den aus der Echternacher Malschule hervorgegangenen Werken erläutern knappe »tituli« die nun formal reduzierten Szenen. Der Codex Aureus aus Echternach (Nürnberg, Germ. Nat. Mus.), um 1020–40, geht in seinen zwölf Darstellungen in vielem auf byz. Vorbilder mit antikisierenden Kompositionen zurück (»Heilung des Lahmen am Teich Bethesda« und »Heilung des Besessenen von Gerasa«). Der Codex Aureus wird für die nachfolgenden Echternacher Werke Vorbild. Das Evangeliar Heinrichs III. aus Echternach im Escorial (1043–46) mit 20 W.darstellungen, die jeweils den Berichten zugeordnet sind, bildet zugleich das Ende der zykl. Darstellungen im Abendland.

Auch Skulptur und Kunsthandwerk zeigen Zyklen mit W.n Ch. Die bronzene Bernwardsäule im Hildesheimer Dom, 1015–22, weist in ihren 28 Szenen des öffentl. Wirkens Jesu neun W.taten auf. Weitere Beispiele: Holztüre von S. Maria im Kapitol, Köln, um 1065; zwei Wunderszenen und Antependium in Salerno, 11. Jh. Ab dem 12. Jh. verdrängen Geburt, Tod und Auferstehung Christi sowie Marien- und Heiligenw. die W.szenen Christi. Die narrativen Zyklen treten zurück. Ort der Anbringung werden nun auch die dienenden Glieder der Architektur (z.B. Kapitellzyklen von Vézelay und Autun), Kultgegenstände (Reliquiare und Altäre) und Textilien. Die graubündner. Kirche in Zillis weist die einzige erhaltene Holzdeckenmalerei auf (Anfang 12. Jh.). Von den 153 Feldern bilden 13 Tafeln W. ab. Die »Heilung des Gelähmten am Teich Bethesda« wird auf mehreren Bildfeldern in einzelnen szen. Abläufen erzählt. An der Westfassade des Straßburger Münsters (spätes 13. Jh.) findet sich das öffentl. Wirken Christi in den Archivolten. In derselben Zeit entstand in Straßburg ein Glasfenster für das südl. Seitenschiff mit drei W. Die Ziboriumssäule in S. Marco, Venedig (um 1250) besitzt einen der umfangreichsten Leben-Jesu-Zyklen mit 16 W.szenen. Mit dem Aufblühen der Bibelproduktion im 12. Jh. geht eine rege Bibelillustration einher. So zeigt Herrads v. Landsberg »Hortus deliciarum« (Straßburg, um 1270/90) zahlreiche W.darstellungen. Die im 13. Jh. erscheinende »biblia pauperum« hingegen thematisiert als einziges W. Ch. die »Erweckung des Lazarus«.

In Italien ist der Zusammenhang mit der byz. Buchmalerei v.a. bei den südit. Fresken- und Mosaikzyklen erkennbar (z.B. Mosaiken im Dom zu Monreale, letztes Viertel des 12. Jh.). Eine Einführung neuer stilist. und formaler Elemente bedeuten Giottos Fresken in der Arenakapelle in Padua mit dem Leben-Jesu-Zyklus auf 38 Feldern (1305–07). Giotto bringt aus der byz. Tradition stammende Formen in die beiden W.szenen (»Hochzeit zu Kana« mit winkelförmigem Tisch und am Tischende sitzendem Christus / »Erweckung des Lazarus«). Ein weiteres Beispiel ist Duccios Maestà-Altartafel in Siena, 1308–11.

Ab dem 14. Jh. werden für die »W. Ch.« um einiges ältere Buchmalerei-Zyklen als Vorlagen verwendet. So dienen für die W.szenen des Chorgestühls im Bremer Dom (1360–70) Miniaturen aus dem Echternacher Evangelistar in Brüssel (um 1035; Bibl. Royale MS 9428) als Vorlagen.

Auffällig ist, daß im allg. nur auf wenigen Reliquiaren Darstellungen aus dem öffentl. Leben des Herrn vorkommen (z.B. Kölner Dreikönigsschrein, Ende 12. Jh. mit einem »Kanawunder« auf dem Pultdach oder Limusiner Reliquienschrein in Paris, Mus. Cluny, 14. Jh., mit »Petri Wandeln auf dem Wasser«).

Im 15. Jh. werden die W.szenen Gegenstand von Einzeldarstellungen, die außerhalb von typolog. Zusammenstellungen und Zyklen stehen. Bezeichnend für die spätma. Malerei ist, daß die Bildformeln durch den Einfluß der Mysterienspiele bereichert werden (z.B. St. Wolfgang-Altar von Michael Pacher von 1481 und Konrad Witz' Petrus-Altar von 1444 im Genfer Mus. d'Art et d'Hist., der eine der ab dem 13. Jh. seltenen »Petri Fischzug«-Darstellungen zeigt. Ch. Ochsner

Lit.: LCI I, 303–307; IV, 542–549 – RDK II (s.v. Blindenheilung/Blutflüssige) – O. ROSENTHAL, W.heilungen und ärztl. Schutzpatrone in der bildenden Kunst, 1925 – K. KÜNSTLE, Hochzeit zu Kana, Totenerweckungen, übrige W. Jesu (Ikonographie der christl. Kunst, I, 1928), 382–392 – W. KUHN, Die Ikonographie der Hochzeit zu Kana von den Anfängen bis zum XIV. Jh. [Diss. Freiburg i. Br. 1955] – L. RÉAU, Iconographie de l'art chrétien, II, 1957, Kap. 3 – W. JÄGER, Die Heilung des Blinden in der Kunst, 1960 – A. BOECKLER, Ikonograph. Stud. zu den W.szenen in der otton. Malerei der Reichenau, 1961 – Het Wonder, Miracula Christi, Kat. Utrecht 1962 – G. SCHILLER, Ikonographie der christl. Kunst, I, 1966, 162–164, 170–194 – P. HARBISON, Earlier Carolingian Narrative Iconography. Ivories, Mss., Frescoes and Irish High Crosses, Jb. des röm.-germ. Zentralmus. Mainz 31, 1984, 455–471 – R. SCHUMACHER-WOLFGARTEN, Wein- und Speisew. Jesu aus Oberitalien in Spätantike und MA. Giotto und das Silberkästchen von St. Nazaro (Vivarium [Fschr. TH. KLAUSER zum 85. Geburtstag, JbAC Ergbd. 11, 1984]), 295–309 – W. TRONZO, The Prestige of St. Peter: Observations on the Function of Monumental Narrative Cycles in Italy (Pictorial Narrative in Antiquity and the MA, ed. H. KESSLER, Studies in the Hist. of Art, 16, 1985) – R. HAUSSHERR, Überlegungen zu spätgot. Bildzyklen mit Szenen aus der öffentl. Wirksamkeit Christi, ZAK 43, 1986, 124–134.

[2] *Wunder der Heiligen:* Ab karol. Zeit wird die Vita der Hl.n immer häufiger dargestellt. Dennoch sind bis ins 12. Jh. szen. Hl.ndarstellungen weit weniger verbreitet als Christusszenen (z.B. Goldaltar von S. Ambrogio in Mailand und Stephanus-Vita in St-Germain, Auxerre).

Aus dem 11. Jh. sind einige narrative hagiograph. Zyklen erhalten (Elfenbein, Metall, Wand- und Buchmalerei), wovon die W. die größte Kategorie der hagiograph. Illustrationen bilden. Die Radegonde-Vita in Poitiers (Bibl. Municipale MS 250, Ende 11. Jh.) ist ein frühes Beispiel dafür. Die Vorbilder für die Darstellungen sind Illustrationen der Bibel und früherer Hl.nviten. So adaptie-

ren die meisten Totenerweckungen die »Erweckung der Tochter des Jairus durch Christus«. Lokale Hl.e werden durch die Verwendung bildner. Schemata aus dem NT und berühmter Modelle hagiograph. Illustrationen in Bezug zu diesen gesetzt und aufgewertet. Befaßt man sich mit den einzelnen W.typen, so sind folgende Merkmale festzuhalten: Die Exorzismen übernehmen zumeist ein Arrangement, das im Egbert-Codex (Reichenau, um 980) wiedergegeben ist. Der Heribert-Schrein in Köln (1160/70) zeigt den Exorzismus als liturg. Zeremonie, die durch einen Bf. ausgeführt wird. Postume Mirakel und Strafen werden oft in Zusammenhang mit einer »Humiliatio« oder einem »Clamor« dargestellt. Die Zunahme der Abbildungen von Strafw.n im 11. und 12. Jh. hängt mit den in dieser Zeit verstärkten Übergriffen auf monast. Eigentum und Privilegien zusammen. Der Hl.e wird als ausführender Strafender wiedergegeben (z.B. Maurus-Vita, Troyes, Bibl. Municipale MS 2273). Die narrativen Bilder sind oft an Kultbilder oder Reliquien angegliedert, um die Heilkraft zu dokumentieren und einzulösen. Auffallend ist, daß die Illustrationen die Texte nicht wortgetreu umsetzen, sondern sie interpretieren (z.B. »libellus« des St. Albinus aus St. Aubin in Angers, Ende 11. Jh.: Paris B. N. Ms n. a. l. 1390). Die Mirakelbilder nehmen die spirituelle Errettung der Gläubigen durch den Hl.n vorweg und dienen zugleich der »commemoratio« der Hl.n.

Ab dem 12. Jh. treten Hl.ndarstellungen aufgrund der zunehmenden Hl.nverehrung häufiger auf, wobei nun auch die Kirchenfenster, Altarschreine und Reliquiare als Bildträger für szen. Hl.ndarstellungen dienen (v.a. Schrein- und Truhenreliquiare). Am Hadelinusschrein in Visé, St. Martin werden auf den Reliefs aus dem 2. Viertel des 12. Jh. an den Längswänden die W. der Vita betont. Die Kompositionen sind der Ikonographie der W. Christi verpflichtet, was als Hinweis auf den Hl.n als »instrumentum Christi« zu sehen ist (z.B. »Heilung des Stummen«). Beim Heribert-Schrein in Köln-Deutz (um 1160/70) befindet sich die Vita auf den Dachschrägen auf Emailmedaillons. Im Zentrum steht hier nicht mehr der Hl.e, sondern die Szenen werden in die christl. Heilsgesch. eingebunden. Eine wichtige Q. für die Ausformung und Verbreitung der Legenden war die um 1263-67 erstellte →»Legenda Aurea«. In Auxerre wird im Nikolaus-Fenster (2. Viertel 13. Jh.) die Legende des Juden, den das Nikolaus-Bild für einen Diebstahl bestraft, auf acht Scheiben erzählt. Die Kombination mit Szenen aus dem NT weist oft heilsgesch. Bezüge auf, wie in der Unterkirche in Assisi auf den Fresken im Langhaus (um 1300): 28 Fresken zeigen Szenen aus der Franziskus-Legende, dem AT und NT. Die »Auferweckung des Lazarus« (heute zerstört) liegt über der »Heilung des tödlich verwundeten Mannes von Lerida«. Das »Quellwunder des Franziskus« wurde unter der Pfingst-Darstellung angeordnet.

Einzelne, nichtzyklische narrative W.bilder waren im 11. und 12. Jh. in Wand- und Buchmalerei selten. Als Beispiel sei die Unterkirche in S. Clemente, Rom, genannt, deren Fresken eine Darstellung von einem Wunder, das während der Messe des hl. Clemens in eben dieser Kirche geschehen ist, zeigen.

Auch in die Monumentalplastik dringen Hl.nzyklen ein, wie die Vincentiustafel im Basler Münster (gegen 1100) oder der Geminianuszyklus am südl. Seitenportal des Modeneser Doms, der Porta dei Principi (vor 1106), zeigen. In Modena wird mit dem Portal das Thema der narrativen Hl.nvita in die roman. Baukunst Italiens eingeführt. Der umfangreichste dieser frühen Zyklen mit der Adalbert-Vita befindet sich mit elf Reliefs am bronzenen Südportal des Gnesener Doms (um 1180). In Frankreich erscheinen Kapitele mit Hl.ndarstellungen z.B. in St-Nectaire (hl. Nectarius wird von Petrus zum Leben erweckt/Der Hl. wird durch einen Engel zu einem Heiligtum über einen Fluß geleitet) oder in Moissac (hl. Martin erweckt einen Toten zum Leben).

Durch die Reformation gehen die Hl.n-Zyklen in der ersten Hälfte des 16. Jh. zurück. Im Gegenzug rückt die Kunst der Gegenreformation die Hl.nw. sehr stark ins Zentrum. Ch. Ochsner

Lit.: J. BRAUN, Die Reliquiare der christl. Kunst und ihre Entwicklung, 1940, 671–675 – G. RUF, Die Freskenfolge in der Basilika San Francesco in Assisi (800 Jahre Franz v. Assisi, Ausst.kat. Krems-Stein 1982), 412–430 – E. VAVRA, Imago und Historia. Zur Entwicklung der Ikonographie der Hl. Franziskus auf Tafelbildern des Duecento, ebd., 529–537 – K. J. DORSCH, Georgszyklen des MA. Ikonograph. Studie zu mehrszenigen Darstellungen der Vita des hl. Georg in der abendländ. Kunst unter Einbeziehung von Einzelszenen des Martyriums (Europ. Hochschulschriften 28, 1983) – H. L. KESSLER, Pictorial Narrative and Church Mission in Sixth Cent. Gaul (Pictorial Narrative in Antiquity and the MA [Studies in the Hist. of Art Vol. 16, 1985]), 75–91 – P.-A. SIGAL, L'homme et le miracle dans la France ma. (XI–XII s.), 1985 – R. HARTMANN, Kunst und Askese. Bild und Bedeutung in der roman. Plastik in Frankreich, 1987, 226ff. – M. CARRASCO, Sanctity and Experience in Pictorial Hagiography: Two Illustrated Lives of Saints from Romanesque France (Images of Sainthood in Ma. Europe, 1991) – W. TELESKO, Imitatio Christi – zum Wandel des Hl.nideals in den Programmen der Reliquienschreine des HochMA, Das Münster 45/1, 1992, 40–46 – Hagiographie und Kunst. Der Hl.nkult in Schrift, Bild und Architektur, hg. G. KERSCHER, 1993.

III. BYZANZ: [1] *Wunder Christi:* Die W. Christi (W. Chr.) werden in der byz. Kunst häufig dargestellt, in der Monumentalkunst aber vornehml. seit dem 12. Jh. und in der Palaiologenzeit. Eine Ausnahme stellt die Auferweckung des Lazarus als liturg. Fest (Samstag vor Palmsonntag) dar, die seit dem 10. Jh. zunehmend auf Elfenbeinen, Ikonen, in der Monumentalkunst und liturg. Hss. vertreten ist. Im 9. und 10. Jh. finden sich zahlreiche W. in Hss.: z.B. Homilien Gregors v. Nazianz, 9. Jh., Paris, B. N., cod. gr. 510 und Tetraevangelion, 10. Jh., Paris, B. N., cod. gr. 115. In Tetraevangelia des 11. und 12. Jh. (Paris, B. N., cod. gr. 74 und Florenz, Bibl. Laur. VI. 23) finden sich entsprechend der ausführl. narrativ, aber auch liturg. orientierten Illustrationen eine Fülle von W.n, die vermutl. vorbildhaft für die monumentalen Illustrationen gewirkt haben. W.-Zyklen sind relativ selten, zumeist sind sie integriert in Wirken Christi-Zyklen (vgl. auch Ikone, 11. Jh. Sinai, Katharinenkl.). Für das 10. Jh. sind W. in der Monumentalkunst nur in Kappadokien überliefert: Theodorkirche, Susum Bayri bei Ürgüp, Alte Tokalı, Göreme. Im 12. Jh. wird der Befund dichter: Venedig, San Marco, Monreale, Mirožkloster, Pskov. Die Auswahl und Anordnung der W. folgt unterschiedl. Prinzipien: liturg. Kalender, didakt. Prinzipien – z.B. Konfrontation von Heilungen von Männern und Frauen, Analogiebildungen –, eucharist. Bezug (Hochzeit zu Kana, Speise-W.), geogr. Auslegung nach dem Ort der W. u.a. m. Das chronolog. Prinzip ist letztlich, bedingt durch die unterschiedl. Anordnung innerhalb der 4 Evangelien, immer konstruiert. Im 13. und 14. Jh. wird eine Fülle von W.n innerhalb der Zyklen mit dem Wirken Christi nachweisbar: Neue Tokalı, Göreme, 13. Jh.; eigene Bildzonen innerhalb des Naos betonen die Signifikanz der W. (Prizren, Bogorodica Ljeviška, 1307/09; Sveti Nikita bei Čučer, ca. 1312, Staro Nagoričino, Georgskirche, 1314/17, Gračanica, v. 1321 u.a.). W. Ch. werden aber auch in den Kirchen Mistras im 14. Jh. in komplexe Bildprogramme integriert (Mistra, Metropolis, Brontochion). Die Gewichtung der W. im

Eso- und Exonarthex ist bes. eindrücklich in der Chorakirche, Konstantinopel, 1315/21. Prominente Beispiele von Hss.illustrationen des 13. Jh.: Tetraevangelion, Berlin, Staatsbibl., MS. qu. 66, ca. 1210, Tetraevangelion, Athos, Iviron, cod. 5, 2. H. 13. Jh., wobei die Illustrationen unterschiedl. Prinzipien folgen. B. Schellewald

Lit.: Oxford Dict. of Byz., 1991, 1379 – G. MILLET, Recherches sur l'iconographie de l'évangile aux XIVe, XVe et XVIe s., 1916 – C. PASCHOU, Les peintures dans un tétraévangile de la Bibl. Nat. de Paris: Le grec. 115 (Xe s.), C. A. 22, 1972, 61–86 – P. A. UNDERWOOD, Some Problems in Programs and Iconography of Ministry Cycles (P. A. UNDERWOOD, The Kariye Djami, Vol. 4: Studies in the Art of the Kariye Djami and its Intellectual Background, 1975), 243–302.

[2] *Wunder der Heiligen:* In der byz. Kunst wird den W.n der Hl.n bildlich nur insofern Aufmerksamkeit geschenkt, als sie herausragender Bestandteil der jeweiligen Vita sind. Die Darstellungen orientieren sich dabei an einfachen Bildformularen, wie sie für die W. Christi ausgebildet worden sind (Heilungen, Exorzismen, Auferweckungen u. ä.). In Menologien (seltener Synaxarien) finden sich einzelne W.-Darstellungen, sehr selten jedoch W.-Zyklen. Auf Ikonen – Vita-Ikonen – wie auch in der Monumentalmalerei sind sie zumeist innnerhalb der Vitenzyklen zu finden. Ausnahmen wie der Basilius-Zyklus in der Neuen Tokalı (Göreme, Kappadokien, 13. Jh.), die die W. herausstellen, basieren auf dementsprechenden Textvorlagen. In dem überlieferten Denkmälerbestand bilden sie ab mittelbyz. Zeit jedoch eine Ausnahme, wie der Templonbalken aus dem Katharinenkl. auf dem Sinai mit den postumen W.n des hl. Eustratios (Ende 11./Anfang 12. Jh.).

Hl.nzyklen sind meist in den den jeweiligen Hl.n gewidmeten Kapellen und in den Narthices bis in das 13. Jh. zu finden. Erst in der Palaiologenzeit werden diese auch integraler Bestandteil der Naosausmalung. Ob W. zur Darstellung kommen, hängt von der jeweiligen Gesamtprogrammatik ab, da die Hl.nzyklen oft in Analogie zur Biographie Christi konzipiert sind. B. Schellewald

Lit.: RByzK VI, 124–218 [H. BELIYANNI-DORIS] – G. BABIĆ, Les chapelles annexes des églises byz. Fonction liturgique et programmes iconographiques, 1969 – N. P. ŠEVČENKO, The Life of St. Nicholas in Byz. Art, 1983 – T. MARK-WEINER, Narrative Cycles of the Life of St. George in Byz. Art, 2 Bde, 1978.

D. Judentum

Im Volksglauben waren W. zu allen Zeiten von Bedeutung, so daß sie in der Bibel, in der theol. weniger relevanten talmudischen, ma. und nzl. Lit. ihren Niederschlag fanden. In der rabbinischen Lit. wird zwar die Möglichkeit von W.n nicht ausgeschlossen, jedoch wird die Welt prinzipiell als (normale) Manifestation göttl. Providenz gesehen, so daß ein bes. Ereignis nur mit großer Skepsis betrachtet wird. W. haben keine Beweiskraft, auf keinen Fall, wenn sie im Widerspruch zur →Tora stehen (vgl. Dt 13. 2–4). Der Glaube an W. war ambivalent. Einerseits konnte er den Glauben an die Allmacht Gottes ausdrükken, andererseits gerade gegenläufige Bedeutung haben, wenn er sich mit mag. Vorstellungen verband. So berichtet der →Talmud von einem Armen, dessen Frau starb und ihm einen Säugling hinterließ. Aufgrund eines W.s wuchsen die Brüste des Mannes, so daß er das Kind nähren konnte. In der Diskussion dieser Stelle bemerkt ein Gelehrter: Wie wertvoll muß dieser Mann gewesen sein, daß solch ein W. an ihm geschah, während sein Kollege entgegnet: Im Gegenteil. Wie wertlos muß der Mann gewesen sein, daß die Ordnung der Schöpfung seinetwegen geändert wurde (bSab 53b). Die ma. Religionsphilosophen haben W. zwar eingeräumt: So wird die mündl. und schriftl. Offenbarung (Tradition) durch hist. bezeugte W. ausgewiesen (→Saadja Gaon, Sef. ha-'ämunot we had-de'ot, Einl.) und v. a. durch die Anwesenheit des Volkes als Augen- und Ohrenzeuge die Richtigkeit der am Sinai erfolgten Offenbarung und W. bestätigt (→Jehuda ha-Levi, Sef. hak-Kuzari), jedoch gleichzeitig waren viele von ihnen bemüht, die Übereinstimmung zw. (richtiger) Vernunfterkenntnis und (recht verstandenem) Offenbarungsinhalt nachzuweisen und somit W. auch natürl. zu erklären. In der Adaptation aristotel. Philosophie wurde die Möglichkeit von W.n im Rahmen der allgemeinen Vorsehung Gottes eingebunden, während in den neuplaton. gefärbten Vorstellungen bes. Eigenschaften des betroffenen Menschen W. ermöglichten. Im ma. Volksglauben und v. a. in der späteren Frömmigkeit, die eng mit der Vorstellungswelt der aschkenas. Ḥasidim sowie dem kabbalist. Weltbild verbunden waren, nahm u. a. neben Dämonenglauben, Magie, Traumdeutung und Anwendung von Amuletten die W.sucht breiten Raum ein. Sie steigerte sich v. a. in den Phasen extremer messian. Hoffnung, wobei der stetige Verlust an Realitätssinn mit einem wachsenden W.glauben und Hang zur Spekulation einherging. Dennoch büßte der Glaube an W. seine Ambivalenz nie völlig ein, wie ein ḥasidischer Spruch zeigt: Ein Ḥasid, der alle seinem Meister zugeschriebenen W. als wirkl. geschehen glaubt, ist töricht; glaubt er jedoch, sie können nicht geschehen, ist er ungläubig R. Schmitz

Lit.: A. GUTTMANN, The Significance of Miracles for Talmudic Judaism, HUCA 10, 1947, 363–406 – L. JACOBS, We have Reason to Believe, 1965, 106–112 – T. SCHERIRE, Hebrew Amulets, 1966 – A. H. WOLFSON, Judah Hallevi on Causality and Miracles (M. WAXMAN Jubilee Vol., 1967), 137–153 – N. SAMUELSON, Hallevi and Rosenzweig on Miracles (R. D. BLUMENTHAL, Approaches to Judaism in Medieval Times, 1984), 157–174.

Wunder Christi → Wunder, C

Wunder des Ostens

I. Englische Literatur – II. Romanische Literaturen – II. Mittelhochdeutsche Literatur.

I. ENGLISCHE LITERATUR: Die Hs. London, BL Cotton Tib. B. v, vol. 1, 78v–87v (1. Hälfte 11. Jh.), enthält eine lat. und eine ae., die →Beowulf-Hs., London, BL Cotton Vitell. A. xv, 98v–106v (10./11. Jh.), eine ae. Fassung des Textes. Die beiden, in den Hss. illustrierten, ae. Texte unterscheiden sich geringfügig voneinander und von der lat. Fassung; sie basieren letztl. auf einem Brief, den angebl. der iber. Kg. Pharasmanes (oder ähnl.) an Ks. Hadrian (oder ähnl.) schrieb, und stehen in Bezug zur lat. Fassung der Hs. Cotton Tib. sowie zur Alexanderlegende (→Alexanders Brief an Aristoteles) und zu dem »Liber monstrorum de diversis generibus«. M. W. Twomey

Ed.: S. I. RYPINS, Three OE Prose Texts in MS. Cotton Vitellius A xv, EETS OS 161, 1924, 51–67 – Pride and Prodigies: Stud. in the Monsters of the Beowulf-Ms., ed. A. ORCHARD, 1995, 175–181 [lat.], 183–202 [ae.] – *Facs.:* P. M. McGURK et al., An Eleventh-Cent. Anglo-Saxon Illustrated Miscellany, EEMF 21, 1983 – *Lit.:* OE Prose of Secular Learning. Annotated Bibliographies of Old and ME Lit., 4, hg. S. HOLLIS–M. WRIGHT, 1992, 117–146 – ORCHARD, a.o.O., 1995, 18–27, 119f., 131f.

II. ROMANISCHE LITERATUREN: Anders als in der Altengl. Lit. sind die Schilderungen von Wundern des Ostens (W.) in den Romanischen Lit.en, der Mhd. Lit. (Abschn. III) sowie weiteren ma. Lit.en nicht einer festumrissenen Textgruppe zuzuweisen, sondern als Reflex eines größeren Vorstellungs- und Motivkomplexes zu sehen. Während des gesamten MA spielte die aus der Antike überkommene Tradition des Wunderbaren, sowohl auf der Ebene der gelehrten Überlieferung als auch in der Sphäre

der Sage und Legende, eine wichtige Rolle und fand ihren Niederschlag in den →Florilegien und Enzyklopädien des Schulbetriebes wie in der sich herausbildenden »Unterhaltungslit.«, die aber gleichwohl didakt. Intentionen verfolgte. Als bevorzugter Schauplatz wunderbarer Ereignisse galten die 'terrae incognitae' Asiens, denen seit altersher legendärer Reichtum zugeschrieben wurde und deren exot. Völker (→Völkerbeschreibungen) in ihren Lebens- und Rechtsnormen von der chr.-europ. Welt stark abwichen. Das Beispiel der Brahmanen und Gymnosophisten (→Indien) wies zugleich auf Lebensformen hin, die sich auf ein im chr. Europa unbekanntes Tugend- und Wahrheitsideal gründeten (→Utopie).

Mühelos verband sich paganes Wissen mit Wundererzählungen der bibl. Tradition (→Wunder); so erfuhr der bibl. Schöpfungsbericht in der geistl. Dichtung (→Bibeldichtung; →Genesisdichtung, -illustration) reiche Ausschmückung (z.B. Schilderung der vier Paradiesflüsse [→Paradies], die Gold und kostbare Edelsteine bergen). Im »Brief des Priesters →Johannes«, der den Anspruch voller Authentizität erhebt, präsentiert sich der durchaus christl. gesehene Priesterkg. der Inder als Gebieter eines Riesenreiches, in dem auf wunderbare Weise chr. und heidn. Elemente miteinander verwoben sind. Hier finden wir bereits eine der wichtigsten Funktionen der Artikulation von Wissen über das Wunderbare in der ma. Kultur: Wunderberichte ('Mirabilia') sollen den Authentizitätsanspruch von fingierten Aussagen untermauern (z.B. Melusinenlegende als Ursprung des Hauses →Lusignan; s.a. →Melusine, →Thüring v. Ringoltingen). Eine andere wesentl. Funktion der oriental. Wundererzählungen ist es, unterdrückten sexuellen Wünschen (→Sexualität) ein Ventil zu öffnen. Bereits die europ. Folklore kennt Feen, die sich über die chr. Moralvorstellungen lustig machen, doch nimmt dieses Moment in den zahlreichen Versionen des Alexanderromans (→Alexander d. Gr., B) einen noch weitaus größeren Platz ein. Etwa in der Episode des Blumenmädchens ('filles-fleurs') des »Roman d'Alexandre« (um 1184) werden die makedon. Krieger mit unerhörten sexuellen Freiheiten konfrontiert. Tatsachen dieser Art werden im übrigen nicht mit moralisierender Tendenz erzählt; in der Wunderwelt des Orients findet Unmoral milde Richter.

Die Überlegenheit des Menschen über das Tier, wie sie grundlegend im Schöpfungsbericht reklamiert wird, findet auch in den W.n ihre Bestätigung: Das Wunderbare hat sich zu unterwerfen; Alexander geht aus allen noch so gefährl. Kämpfen mit wunderlichen Völkern und Monstren als Sieger hervor. Indem er alle Abenteuer erfolgreich besteht, wird an ihm die Überlegenheit des Europäers demonstriert. Die letzte Konsequenz vollziehen die 'mappae mundi' (→Karte) und 'descriptiones terrae', welche die W. fest in die globale Vision der göttl. Allmacht und des hierarchisch geordneten →Weltbildes einbinden (Weltkarten: →Hereford-Karte, →Ebstorfer Weltkarte, katal. Weltatlas des Abraham →Cresques; Enzyklopädien eines →Vinzenz v. Beauvais, →Bartholomaeus Anglicus und Brunetto →Latini).

Bis ins 13. Jh. blieb der Einfluß der W. insgesamt eine feste Größe; danach begann der europ. Reisende, die Phänomene des Orients mit etwas kritischeren Augen zu betrachten. Konfrontiert mit einer allzu bedrohl. mongol. Realität (→Mongolei), verließ er allmähl. das schützende Gehäuse der 'auctoritas' und gab der empir. Information den Vorzug vor ungeprüftem Wunderglauben (was aber keineswegs zum vollständigen Verschwinden des Wunderbaren führte). →Wilhelm v. Rubruk notiert mit einer gewissen Ungezwungenheit, daß die Gerüchte über den Priester Johannes stark übertrieben seien. Diese freiere Haltung, die sich aber nur langsam durchsetzt (noch im 15. Jh. gibt selbst ein Fra →Mauro der Autorität des hl. Augustin Vorrang vor dem empir. Wissen seiner Zeit), führte zur Neuorientierung bei der Wahrnehmung der W. Mögen Elemente des Wunderbaren bei Marco →Polo vielleicht durch ein Bedürfnis nach Glaubwürdigkeit erklärbar sein, so integriert sie Jean de →Mandeville vollends in seine Erzählung, die zugleich didakt. wie unterhaltsam sein will. Die Annäherung ist eine ganz andere: Mandeville gibt exot. Alphabete an und stellt sogar über die von seinen Q.n gelieferte Information räsonnierende Überlegungen an (z.B. »Brief des Priesters Johannes«). Über die Ernte des Pfeffers berichtet er z.B., daß es nicht angehe, den Wald der »Pfefferbäume« abzubrennen, um die Giftschlangen aus ihm zu vertreiben, da mit dem giftigen Gewürm auch der Pfeffer verschwinde. Mandevilles Bericht präsentiert sich als »attestatio rei visae«, eine rhetor.-intellektuelle List, die angewandt wurde, um unbekannten Fakten Authentizität zu verleihen. Indem er der Erwartungshaltung seiner Adressaten in vollem Umfang entsprach, integrierte Mandeville das Wunderbare in den Bereich der schöpfer. Imagination.

Obwohl diese Art, das Wunderbare zu behandeln, den Exotismus neutralisierte, entzog es ihm keineswegs den autoritativen wissenschaftl. Charakter. Der Traktat »Imago mundi« des Pierre d'→Ailly (1410) ist inhaltl. noch geprägt vom Konflikt zw. einem überkommenen heidn. Wissen und einem wissenschaftl. Streben nach neuer sicherer Erkenntnis. Die Art und Weise, wie →Kolumbus die ihm von Marco Polo und Pierre d'Ailly vermittelten Phänomene des Wunderbaren verwertet, ist durchaus repräsentativ. Mit der Entdeckung konkreter Realitäten verlor das Wunderbare jedoch unwiderruflich seine wissenschaftl. Geltung. Es sollte nur mehr den Kartographen des ausgehenden MA und noch der Renaissance Motive der Illustration für ihre Kartenwerke liefern und der Lit. einen Rahmen bereitstellen, der geeignet war, selbst die phantastischsten Geschichten aufzunehmen, doch waren dies nur ferne Reminiszenzen, die keine verbindl. Glaubwürdigkeit beanspruchten. M. Gosman

Lit.: B. Roy, En marge du monde connu: les races de monstres (Aspects de la marginalité du MA, hg. G. H. Allard u.a., 1975), 71–80 – C. Lecouteux, Les monstres dans la litt. allemande du MA: contribution à l'étude du merveilleux médiéval, 1982 – Le merveilleux dans la litt. française du MA, hg. D. Poirion, 1982 – M. Camille, Image on the Edge. The Margins of Medieval Art, 1992 – M. Ciccuto, Le meraviglie d'Oriente nelle enciclopedie illustrate (L'enciclopedismo medievale, hg. M. Picone, 1994), 79–116 – M. Gosman, La légende d'Alexandre le Grand dans la litt. française du 12ᵉ s., 1997 – M. Hoogvliet, De ignotis quarumdam bestiarum naturis. Texts and Images from the Bestiary on Medieval Maps of the World (Animals and the Symbolic in Mediaeval Art and Lit., hg. L. A. J. R. Houwen, 1997), 189–208 – s.a. Lit. zu →Weltbild, II [A. D. v. D. Brincken, R. Simek].

III. MITTELHOCHDEUTSCHE LITERATUR: Die Existenz von Wunderdingen und wundersamen Menschen an den Rändern der bewohnten Welt (→Karte, Kartographie) ist für das MA durch die Nachricht bei Flavius →Josephus gesichert, Alexander d. Gr. habe auf seinem Indienzug die wilden Völker→Gog und Magog durch eine Mauer eingeschlossen (bell. Iud. 7, 7, 4), und erst der →Antichrist werde sie aus ihrer Gefangenschaft befreien, weil er sie als Hilfstruppen der →Apokalypse benötige (Offb 20, 8). Die über →Augustinus und den →Lucidarius vermittelte, ebenfalls antike Nachricht, der Ursprung mißgestalteter Menschen sei im Ungehorsam der Töchter Adams gegenüber ihrem Vater begründet, findet sich noch bei →Wolf-

ram v. Eschenbach (Parz. 518, 1–519, 1). Abgesehen von vereinzelten Erwähnungen oder des exot. Reizes wegen gebrauchten narrativen Accessoires (→Reinfried v. Braunschweig), spielen die W. des Orients in der mhd. Epik v. a. in der Alexanderdichtung (→Alexander d. Gr., B. VI) und im →Herzog Ernst eine wichtige Rolle. In beiden Fällen muß der Protagonist bestimmte Grenzen überschreiten, um zu ihnen zu gelangen: Alexander mit seinem Zug durch die Weiten Indiens, Hzg. Ernst mit der Floßfahrt auf dem unterird. Fluß. Dennoch wird die dahinterliegende Welt trotz ihrer postulierten Andersartigkeit stets als vergleichbar beschrieben. So sind die Herrschaftsstrukturen im Arimaspenland dieselben wie im Reich, und Ernst kann sich, anders als im Konflikt mit Ks. Otto, als Krieger und Gefolgsherr bewähren. Bei Alexander ist der Zug zu den sagenhaften Völkern des Ostens Ausdruck seines totalen und damit hybriden Anspruchs auf die Weltherrschaft. In den seltensten Fällen sind die als W. des Orients vorgestellten Menschen und Dinge frei erfunden; in der Regel basieren sie auf langer lit. Erzähltradition. H.-J. Behr

Lit.: G. CARY, The Medieval Alexander, 1956 – J. BRUMMACK, Die Darstellung des Orients in den dt. Alexandergeschichten des MA, 1966 – C. LECOUTEUX, Les monstres dans la litt. allemande du m. â. Contribution à l'étude du merveilleux médiéval, 3 Bde, 1982.

Wunderberichte →Hagiographie; →Miracula; →Pilger; →Reisen, Reisebeschreibungen

Wunderdrogentraktate, Gattung med. Kurztraktate, die den Aufbau eines →Kräuterbuch-Kapitels imitieren und entsprechend die Zweigliederung einer Drogenmonographie aufweisen: der erste Teil bietet die pharmakograph. Daten einschließl. Fanganweisungen, Sammelanleitung, Herstellungs- und Aufbewahrungsvorschriften, während im zweiten Teil katalogartig die Indikationen aufgezählt werden, und neben den Heilanzeigen auch die Applikationsformen zur Darstellung kommen. – Die Grundform der Gattung läßt eine Untergliederung in drei Themenbereiche zu, denen unterschiedslos eines gemein ist: der jeweils angepriesene Arzneistoff erscheint mit einem möglichst weiten Indikationsspektrum, das therapeut. Ausschließlichkeit signalisiert bis hin zum Panazeen-Charakter und nicht selten mit mirakulösen Elementen durchwirkt ist. Dem magischen Einschlag entspricht das Arkanmotiv des Texteingangs, das bis zu rudimentären Auffindungslegenden ausgreift; bes. beliebt war das Motiv oriental.-heidn. Herkunft oder göttlicher und durch Engel übermittelter Offenbarung. – Die Gattung der W. ist seit der Spätantike belegt und thematisch zunächst überwiegend mit Heiltieren besetzt (»Dachstraktat«, »Geierbrief«, »Geiertraktat«, »Schlangentraktat«, »Natternhemdtraktat«). Der zweite Themenbereich mit seinen Heilpflanzen setzt sich seit dem HochMA durch (»Batungen-«, »Eisenkraut-«, »Eichen-«, »Eichenmistel-«, »Kardobenedikten-«, »Kranewittbeer-«, »[Klostermann-]Melissen-«, »Rosmarin-«, »Angelica-Traktat«) und wird seit dem SpätMA von den Konfektionen begleitet, die sich aus Erdöl, Alkohol sowie deren Derivaten rekrutieren und das führende Antidot einbegreifen (»Petroltraktate«, »Momordica-Traktat«, »Branntweintraktate«, »Salbeitraktat«, »Theriaktraktat«, »Theriak-Arzneimittelbegleitschein«, »Straßburger Skabiosenwasser-Traktat«).

Textgeschichtlich zeigen die W. einen ausgeprägten Gestaltwandel, der durch hohe Gebrauchsdichte bedingt ist und durch häufige Textmutationen hervorgerufen wird. Mehrere der gedrungenen Traktate gehören – wie auch andere Vertreter med. Kleinlit. – zu den meistgelesenen Texten des MA überhaupt, und nicht selten geht die Anzahl erhaltener Abschriften in die Hunderte. Autoritative Texte fehlen, was die geringe Textkonsistenz aber nur teilweise erklärt; hohe Überlieferungsdichte mit zahlreichen Sprachdurchgängen (d. h. einem Oszillieren zw. Latein und Landessprache) taten ein übriges, die Textzersetzung zu beschleunigen. Endpunkt der Textentwicklung konnte ein Rezept sein (»Geier«, »Kranewitt«), doch sind neben den Schwund- auch Schwellformen überliefert, die einen Gattungsvertreter als Kristallisationspunkt drogenkundl. Kompendien ausweisen (Branntwein, Eichenmistel). Innovatives Wissen, wie es die kleinen Texte vermitteln, führte dazu, daß Kompilatoren auf W. aufmerksam wurden und den einen oder anderen von ihnen als unselbständiges Kapitel ihren Verbundformen einfügten (→Bartholomaeus Anglicus, Alexander Hispanus, Michael →Puff von Schrick); auf diese Weise sind Gattungsvertreter in →Enzyklopädien, Kräuterbücher und Wässertraktate gelangt.

Autoren der W. lassen sich nur selten nachweisen (Taddeo →Alderotti, →Nikolaus von Polen); die meisten der als Urheber Genannten erweisen sich als fiktiv oder im Sinne der Referenzwerbung als zur autoritativen Absicherung geeignete Berühmtheiten (allen voran →Hippokrates und →Galen).

Als Träger neuen Wissens haben die W. nicht unwesentl. zur Erweiterung ma. Organo- und Phytotherapie beigetragen. Bei der Branntweindestillation wirkten sie berufsbegründend; auf die Pest-Epidemie des »Schwarzen Todes« haben sie reagiert (→Theriak, Skabiose). Nicht wenige von ihnen überwanden die Epochengrenze und blieben bis in die NZ gültig. Als Grundlage von besteingeführten Konfektionen hat man sie sogar in Arzneitaxen berücksichtigt. G. Keil

Ed.: Würzburger medizinhist. Forsch., 5, 1976 [Theriak]; 15 1978 [Geiertraktat]; 19, 1981 [Eichenmistel]; 20, 1983 [Kranewitt]; 24, 1982 [Geier, Salbei, Theriak, Rosmarin]; 38, 1995 [Angelika, Rosmarin]; 45, 1990 [Geierbrief]; 49, 1990 [Salbei]; 52, 1991 [Salbei]; 60, 1998 [Melisse].– Lit.: Verf.-Lex.[2] I, 455-458 ['Epistula de virtute quercus'], 461f. [Theriak]; II, 392-394 [Eichenmistel, Eiche], 1137-1140 [Geiertraktat]; V, 338-340 [Kranewitt]; VI, 372f. [Melisse], 645 [Momordica], 1123 und 1130f. [Schlangentraktat]; VII, 382-386 [Natternhemd], 490-494 [Erdöl], VIII, 236-239 [Rosmarin], 504-506 [Salbei]; IX, 377 [Eiche], 383-385 [Skabiose, Theriak], 571-574 [Branntwein], 663 [Dachs]; X, 242f. [Eisenkraut], 322-324 [Batunge], 554 [Geierbrief]; XII, 2001 [Kardobenedikte] – G. KEIL–H. REINECKE, Der »kranewittber«-Traktat des Doktor Hubertus, SudArch 57, 1973, 361-415 – G. KEIL, Der »Kodex Hohlhauer«, SudArch 64, 1980, 130-150 [Kranewitt, Eichenmistel, Branntwein] – DERS., Phytotherapie im MA, SH 20, 1997, 4-38.

Wunderer, anonyme mhd. Heldendichtung aus dem Kreis der aventiurehaften Dietrichepik (→Dietrich v. Bern), ohne Gewähr ins 13. Jh. datiert, überliefert in zwei Fassungen einer stroph. Version (hsl. Fassung im sog. Dresdner Heldenbuch von 1472, Druckfassung in zwei Drucken von 1503 und 1518) und zwei nur fragmentarisch erhaltenen Reimpaarfassungen (in einer Hs. vom Anfang des 16. Jh. und einem Druck von ca. 1490). Zu den erzählenden Texten kommt ein →Fastnachtspiel des 15. Jh., das vielleicht von Hans →Folz stammt. In der stroph. Version (215 Strophen in der sog. Heunenweise) wird erzählt: Ein schönes Mädchen erscheint am Hof des Hunnenkg.s →Etzel und bittet um Hilfe gegen den wilden W., der es verfolgt und fressen will; der junge Dietrich v. Bern, der Etzel zur Erziehung überlassen ist, besiegt den Unhold, von dem man erfährt, daß ihm das Mädchen zur Ehe versprochen war, ihn aber verschmäht hatte; das Mädchen, das vor dem Kampf einen Segen über Dietrich

spricht, aufgrund dessen ihn Gott in allen Kämpfen beschützen wird, stellt sich als Frau Sælde vor. Die Geschichte folgt dem international verbreiteten Typus der Frauenjagdsage: Der verschmähte Liebhaber jagt die spröde Geliebte, um sie zu töten. Versuche, sie mit einschlägigen Volksüberlieferungen zu verknüpfen, haben nicht zu überzeugenden Ergebnissen geführt. Im Gattungsgefüge der Dietrichepik bietet der »W.« ein Gegenstück zur Erzählung von Dietrichs Jugend in der →»Virginal«. Auch dort bewährt sich der junge Held in seinem ersten Kampf gegen den anthropophagen Verfolger einer Jungfrau, doch bleibt seine Hilfsbereitschaft zögerlich, während sie im »W.« sein prägender Zug ist. Dies läßt den Text als »Anti-Virginal« erscheinen, doch muß offenbleiben, ob er bewußt so konzipiert wurde.   J. Heinzle

Ed. (stroph. Version): F. H. v. D. Hagen–A. Primisser, Der Helden Buch in der Ursprache, II, 1825 [Fassung des Dresdner Heldenbuchs] – G. Zink, Le W., 1949 [Faks. des Druckes von 1503] – *Lit.:* Verf.-Lex.² X [J. Heinzle; im Dr.].

Wunderheilung der Kg.e v. Frankreich (Thaumaturgie). Das berühmte Privileg der Kg.e v. Frankreich, die →Skrofeln zu heilen, ist eingebettet in einen größeren Kontext: die Fähigkeit (und zugleich Verpflichtung) eines Kg.s, sich armer Kranker, die hilfesuchend an seinen Hof gekommen waren, anzunehmen und sie (wenn möglich) zu heilen. Die spezielle thaumaturg. Kraft der frz. Kg.e war eng verknüpft mit dem Sanktuarium v. →Corbény, das seit den Normanneneinfällen die Reliquien des hl. →Marculf barg. Nach Empfang der im Rahmen der Kg.sweihe (→Sacre) vollzogenen →Salbung begab sich der Kg. als Wallfahrer von →Reims aus ins nahegelegene Corbény (Priorat v. St-Remi de Reims), um hier vom hl. Marculf mit der Kraft der Skrofelheilung ausgestattet zu werden. →Guibert v. Nogent (»De pignoribus sanctorum«, ur 1124) liefert als erster Autor Hinweise auf die kgl. Thaumaturgie: Er bekräftigt, daß er gesehen habe, wie Ludwig VI. (1108–37) die Skrofulösen geheilt habe, indem er sie (am Hals) berührte und über sie das Kreuz schlug; er fügt hinzu, daß Ludwigs Vater Philipp I. (1060–1108) diese ihm einst eigene Kraft wegen seines sündhaften Lebenswandels verloren habe. Seit Ludwig IX. d. Hl.n (1226–70) nehmen die Q.nzeugnisse über die durch den Kg. vom 'mal de roy' (morbus regius, morbus regis) geheilten Untertanen an Dichte und Präzision zu. In Rechnungen Kg. Philipps IV. des Schönen sind kleine Münzen erwähnt, die der Kg. an Dutzende von Skrofulösen, die zu den hohen Kirchenfesten an den Hof kamen, zu verschenken pflegte. Durch zahlreiche Q.ntexte, aber auch durch ikonograph. Zeugnisse ist die Lebendigkeit dieses frommen Brauches am Ende des 15. Jh. belegt; Karl VIII. etwa praktizierte ihn auf seinem Neapelzug (1494–95). Die kgl. Skrofelheilung wurde bis 1789 ausgeübt; Karl X. versuchte noch 1825 anläßl. seines Sacre eine Wiederbelebung.
                                        Ph. Contamine

Lit.: M. Bloch, Les rois thaumaturges, 1924 – F. Barlow, The King's Evil, EHR 95, 1980, 3–27 – J.-P. Poly, La gloire des rois et la parole cachée ou l'avenir d'une illusion (Religion et culture autour de l'an Mil. Royaume capétien et Lotharingie, Actes du coll. Hugues Capet, 987–1987, hg. D. Iogna-Prat–J.-C. Picard, 1990), 167–185.

Wundsegen. Wurzelnd in vorantiken Traditionen, ist die gesprochene Form des Wundbanns in der ma. Zaubermedizin seit vorsalernitan. Zeit belegt und früh in den Landessprachen bezeugt. Erscheinungsformen und Motivik gleichen denen des →Blutsegens. Indikation ist die frische, noch nicht geschwürig veränderte Wunde; als Zielsetzung lassen sich Heilung sowie Abwehr des »darzuo-slahens« gefürchteter Komplikationen (»geswëllen«, »geswërn«: gemeint sind Infektionen wie Erysipel, Phlegmone) nachweisen. Bekannteste Vertreter sind der schon altägypt. belegte 'Drei-Brüder-Segen', der mit Abkömmlingen des →Longinus- (und Jordan-)Segens kontaminiert wurde; dann »diu vil guote stunde«, die als Kairos die Wundheilung bewirkt. Das Kombinieren von Zauberspruch und -handlung (Wasserweihe) empfiehlt der 'Botensegen' des hochma. →'Bartholomäus', der in einigen seiner Handlungselemente an das Analogieverfahren der Waffensalben erinnert. →Guy de Chauliac (Chir. magna, cap. sing.) bezeugt die Beliebtheit von W. insbes. für dt. Heere und läßt sie von den »Weibern des Trosses« sprechen; ob W., im Wechsel mit Gebeten, aber auch von Wundärzten (→Chirurg) vorgetragen wurden, belegt die 'Würzburger Wundarznei' (I, 61), wo der 'Drei-Brüder-Segen' in eine Rezeptformel chirurg. Materia medica eingebettet ist und erkennen läßt, daß entsprechende Inkantationen auch während des Herstellens von Arzneimitteln zur Anwendung kamen. – Einen Operateur im gemeinsamen Gebet mit seinen Wundarztgesellen und dem Patienten hat Caspar Stromayr in der 'Practica copiosa' von 1559 aquarellieren lassen (80vf., mit der »vil guoten stunde«).   G. Keil

Ed.: O. Ebermann, Blut- und W. in ihrer Entwickelung dargest., Palaestra 24, 1903 – F. Ohrt, De danske Besværgelser mod Vrid og Blod, 1922 – C. L. Miller, The Old High German and Old Saxon Charms [Diss. Washington Univ. St. Louis 1963] – *Lit.:* G. Keil, Der Botensegen. Eine Anweisung zur Wasserweihe bei der Wundbehandlung, Med. Monatsschr. 11, 1957, 541–543.

Wunibald (Wynnebald), hl., * um 701, † 18. Dez. 761, ags. Herkunft, Bruder von →Willibald und →Walburga, folgte 720 auf Veranlassung Willibalds dem Ideal der asket. Heimatlosigkeit und pilgerte mit diesem und seinem Vater nach Rom, wo er die Tonsur erhielt und bis 727 in klerikaler Ordnung lebte. Danach warb W. während eines Heimataufenthaltes bei Verwandten und Freunden für die →Peregrinatio. Wohl 730 kehrte er in Begleitung eines jüngeren Bruders nach Rom zurück. Dort berief 737/738 →Bonifatius W. und Willibald in die Missionsarbeit in Germanien, nicht ohne dabei auf die zw. ihnen bestehende natürl. Verwandtschaft zu verweisen. Ab 739 betreute der zum Priester geweihte W. als Seelsorger sieben Kirchen um das thür. Sülzenbrücken, 744–747 wirkte er an der nördl. Vils und dann bis 751 in Mainz. 752 gründete er mit Willibald auf Eigenbesitz das Kl. →Heidenheim. Wegen Krankheit erfüllte sich W.s Wunsch, sein Leben in Montecassino zu beschließen, nicht. Ab 778 schrieb seine Verwandte →Hugeburc eine Doppelvita der Brüder, veranlaßt wohl durch Willibalds Bemühungen um die ortsgebundene Kanonisation W.s (Translation 777; Weihe der neuen Heidenheimer Kirche 778). Die zu Lebzeiten zentrale Bedeutung der Verwandtschaft ist auch im bis nach England ausstrahlenden Kult deutl., wird W. doch meist mit seinen Geschwistern sowie Richard und Wuna als legendären Eltern als hl. Familie dargestellt.
                                        L. E. v. Padberg

Q. und Lit.: O. Holder-Egger, MGH SS XV, 1, 1887, 80–117 – BHL 8996 – LCI VIII, 632 – LThK² X, 1266 – F. X. Buchner, St. W., 1951 – A. Bauch, Der hl. W. (Bavaria Sancta, 1, 1970), 136–147 – L. E. v. Padberg, Hl. und Familie, 1981, 36ff. [1997², 47ff.] – A. Bauch, Biographien der Gründungszeit, 1984², 13–246 – W. Berschin, Biogr. und Epochenstil im MA, III, 1991, 18–26.

Wünschelrute, Wortbildung zu 'wünschen', wonach der entsprechende Gegenstand in der Lage sein soll, Außerordentliches zu bewirken. Bezogen seit dem 13. Jh. auf den Stab Moses, auch auf die Person Mariae – der »genade eine w.« bei →Gottfried v. Straßburg. Im Volksglauben war die W. gelegentl. nicht nur als Schatzfinderin, sondern

auch zum Aufsuchen verlorener Sachen, von Dieben und Mördern anerkannt. Fachwissenschaftl. wurde sie im Übergang zur NZ angezweifelt: →Paracelsus hält die W. für ein nichtssagendes, trüger. Zaubermittel; Georgius →Agricola verweist im 2. Buch von »De re metallica« (1556) auf Meinungsverschiedenheiten unter den Bergleuten, gibt aber zu, daß die W. (virgula divina, v. furcata und v. metallica) infolge der Kraft der Erzgänge ausschlägt. Bildl. erscheint ein bergmänn. Rutengänger zuerst auf einem Holzschnitt im 1. Buch der »Cosmographia« (1544) von Sebastian Münster. K.-H. Ludwig

Wunstorf, Kanonissenstift und Stadt in Niedersachsen (Bm. →Minden; Krs. Neustadt am Rübenberge, westl. Hannover). Um 865 gründete Bf. →Theodoricus v. Minden in W. ein Kanonissenstift, das er aus seinem Erbgut und mit Zehntrechten seiner Kirche ausstattete (MGH D LD 140). 1010 durch Blitzschlag zerstört (MGH SS III, 80; VI, 661), wurden Kirche und Stift von Erpo, einem Bruder Bf. Dietrichs II. v. Minden, mit neuem Patrozinium (Cosmas und Damian, vorher Petrus) wiedererrichtet (Calenberger UB 9, Nr. 33 u. S. 134). Das Stift galt nicht als wohlhabend, doch läßt sich zumindest für eine Kanonisse (um 1135) edelfreie Herkunft nachweisen. Der Aufbau eines eigenen Territoriums gelang nicht, da die Äbt. stets vom Bf. abhängig blieb und die Hochgerichtsbarkeit im Bereich der W.er Grundherrschaft den Gf.en v. Roden zukam.

Die im 12. Jh. (oder früher) bei dem Stift entstandene Marktsiedlung erhielt zu Beginn des 13. Jh. eine eigene Pfarrkirche und wurde 1261 als Kondominium der Bf.e v. Minden und der Gf.en v. Roden (bzw. seit der Mitte des 15. Jh. der Hzg.e v. →Braunschweig-Lüneburg) zur Stadt mit Mindener Recht erhoben (Erstbeleg des Rates 1290).
K. van Eickels

Q.: Calenberger UB 9 [1858] – UB der Stadt W., I, bearb. A. BONK, 1990 – Lit.: R. DRÖGEREIT, Zur Gesch. von Stift und Stadt W., NdsJb 30, 1958, 210–236 – DERS., Zur Frühgesch. des Stiftes W., Jb. der Gesellschaft für Nds. Kirchengesch. 63, 1965, 24–34 – H. SIMON, W. Rechts- und Wirtschaftsverhältnisse von den Anfängen bis ins 18. Jh., 1969 – J. HOMEYER, Jb. der Gesellschaft für Nds. Kirchengesch. 71, 1973, 103–110 – DERS., Bokeloh, ebd. 82, 1984, 145–170.

Würde (dignitas, honor, status)
I. Ethik; Kanonistik; Theologie – II. Institutions- und Sozialgeschichte.

I. ETHIK; KANONISTIK; THEOLOGIE: [1] *Ethik:* Die antikpagane Tradition der philos. Ethik (Cic., De off., vgl. Thomas v. Aquin, S. th. II–II, 145) bezeichnet mit W. das komplexe Phänomen der Wertschätzung einer Person, die v. a. zurückzuführen ist auf deren Abstammung, auf deren Amt, das sie zum Wohle des Gemeinwesens bekleidet oder bekleidet hat, sowie bes. auf deren individuelle polit. Leistung und moral. Integrität der Lebensführung, aus der ein selbsterworbener Anspruch auf Gehorsam und Gefolgschaft erwachsen (honestas; →Ehre). Eine Umformung dieses W.-Verständnisses erzwang die chr. Ethik durch ihren →Personenbegriff, ihren bibl. begründeten moraltheol. Primat der Demut (humilitas) sowie durch die chr.-dogmat. Lehre von der ungeschuldeten Gnade Gottes, nach der jeder sittl. freie und ehrenhafte Akt erst durch den Beistand übernatürl. Gnade als →Verdienst qualifiziert wird.

[2] *Kanonistik:* Die Ämterterminologie der Kanonistik bezeichnete mit 'dignitas' – bisweilen vom dann rangniedrigeren 'personatus' unterschieden – die mit bes. Prärogativen versehene, gegenüber 'officia' und niederen 'beneficia' am höchsten gestellte Amtsstufe innerhalb eines →Kapitels (PLÖCHL II, 156f.). Auf dem Gebiet des Personenrechts entwickelten die Dekretisten des 12. Jh. durch aktivische Umdeutung des naturrechtl.-objektivist. Ius-Begriffs, wie er noch im »Decretum« Gratians vorliegt, eine Theorie der subjektiven Rechte des Individuums, die dessen Befähigung, seine Rechte aktiv wahrzunehmen (facultas, potestas), zu einer unverlierbaren Qualität der Person erhob und somit den neuzeitl. Menschenrechtstheorien präludierte. Seit Mitte des 13. Jh. lehrte man innerhalb der scholast. Theologie in bewußtem Anschluß an diese dekretist. Naturrechtsinterpretation ein gegenüber allen Formen der menschl. Gerichtsbarkeit unverlierbares Individualrecht des Menschen auf Unversehrtheit an Leib und Leben. Ins Ontologische wendete diese Naturrechtsdeutung schon →Alexander v. Hales, der sie in eine Lehre vom moral. Sein (esse morale), das den Menschen hinsichtl. seines Person-Seins auszeichnet, integrierte.

[3] *Theologie:* Die chr. Theologie trug eine prononcierte Lehre von der W. des Menschen (→Menschenwürde) vor. Nach der am weitesten verbreiteten Version korreliert die dem Menschen von Gott verliehene W. mit dessen Gottebenbildlichkeit (→Ebenbild Gottes), die in der Denk- und Erkenntnisfähigkeit sowie in der Freiheitsmächtigkeit der Person am vollkommensten ausgemacht wird (Joh. Damaskenos, De fide orth. II, 12). Daneben begründete man die W. des Menschen auch mit dessen 'Ort' als Mittelstelle und Grenze (horizon), an der Geist und Materie, Natürliches und Übernatürliches als Nachbarn aneinandertreffen (Thomas v. Aquin, S. c. G. IV, 55; Heinrich v. Gent, Qdl. III, 16 ed. 1518, 78rE–F; vgl. HWPh III, 1192–1194), aber auch mit der Unsterblichkeit der menschl. Seele (G. →Manetti) oder mit seiner Eigenheit als Mikrokosmos (→Nikolaus v. Kues, Giov. →Pico della Mirandola). – Komplementär zu einem bereits patrist. vorgebildeten Traditionsstrang optimist. Anthropologie, der die schöpfungsbegründete W. des Menschen emphat. heraushob, formierte sich eine aus der →Contemptus mundi-Tradition erwachsene Traktatlit. über das Elend des menschl. Daseins (De miseria humanae conditionis o. ä.), in der man angesichts der in statu viae durch Sünde und Tod verdunkelten W. der Menschenwelt zu demütiger Lebenshaltung aufrief und anthropol. Skepsis anmahnte (vgl. Lotario de Segni [→Innozenz III.], De mis. hum. cond., ed. M. MACCARONE, 1955, →Poggio Bracciolini, De mis. hum. cond., Op. omn., ed. R. FUBINI, 1964–69, I, 88–131). M. Laarmann

Lit.: Geschichtl. Grundbegriffe VII, 637–677 – R. BRUCH, Die W. des Menschen in der patrist. und scholast. Tradition (Wissen, Glaube, Politik, hg. W. GRUBER u. a., 1981), 139–154 – L. HÖDL, Die W. des Menschen in der scholast. Theol. des späten MA (De dignitate hominis [Fschr. C.-J. PINTO DE OLIVEIRA, hg. A. HOLDEREGGER u. a., 1987]), 197–213 – V. PÖSCHL, Der Begriff der W. im antiken Rom und später, SAH.PH 1989/3, 1989 – B. TIERNEY, Hist. of Political Thought, 10, 1989, 615–646 [Dekretisten des 12. Jh.] – Speculum 67, 1992, 58–68 [Individualrecht auf Unversehrtheit an Leib und Leben; Lit.] – TH. KOBUSCH, Die Entdeckung der Person, 1997², 23–54 [Lit.], →Ehre, →Menschenwürde, →Person.

II. INSTITUTIONS- UND SOZIALGESCHICHTE: W. (dignitas, honor, status) soll hier weniger aufgefaßt werden als die dem Menschen aufgrund bestimmer ethischer Werte zukommende Bedeutung; vielmehr ist der aus Herkunft, Amt, Alter oder besonderer Eignung resultierende Rang eines Menschen gemeint. Diese Art von W. war in einer ranggeordneten Gesellschaft, wie sie das MA darstellt, fundamental. Sie weist eine große Nähe zu dem auf, was in der Mediävistik unter Ehre ('honor') einer Person oder Institution zusammengefaßt wird. Derartige W. wurde

teils ererbt, teils mußte sie durch Eigenleistung verdient und behauptet werden. Adelstugenden wie Tapferkeit oder Freigiebigkeit waren ebenso wichtig wie Gewandtheit im Rat oder Prestige aufgrund herausragender Gelehrsamkeit oder Frömmigkeit. Der Aufstieg des Bürgertums brachte neue Tugenden wie Fleiß oder Geschäftssinn ins Spiel, auf denen W. gründete. Verändert wurde diese Art von W. aber v. a. durch die Inhaber der Spitzenpositionen einer Rangordnung (Kg.e, Päpste, Lehnsherren usw.), die durch Übergabe von Ämtern und Funktionen, durch Gewährung oder Entzug von Huld einen Kreis von W.nträgern um sich bildeten, deren Einfluß und Gestaltungsmöglichkeiten größer waren als die anderer Personen. Es ist folgerichtig ein wichtiger Indikator für die Beurteilung ma. Herrschaft, inwieweit die Herren die Möglichkeit hatten, nach ihrem Gutdünken Ämter und W.n zu vergeben und so die Rangordnung nach ihrem Willen zu gestalten. Häufig setzte sich ein Anspruch auf solche W.n durch, wie er etwa in der Erblichkeit von Lehen und Ämtern faßbar wird. Die Rangordnung wurde so mehr oder weniger der Veränderung seitens des Herrn entzogen. Die Abschließung oder Erweiterung des Kreises der hzg.sfähigen Adelsfamilien oder die Entstehung des Reichsfs.enstandes sind Prozesse, in denen es um die Reservierung bestimmter W.n für bestimmte Gruppen ging. Derartige W. mußte namentl. in der Öffentlichkeit gezeigt und behauptet werden; sie wurde von Konkurrenten demonstrativ in Frage gestellt und angegriffen. Zahlreiche »Sesselstreitigkeiten« des MA, bei denen um die der W. entsprechende Plazierung gestritten wurde, geben hiervon ebenso Zeugnis wie öffentl. Auftritte, bei denen die W. durch zahlreiche und glänzend ausgerüstete Vasallen, durch prunkvolle Geschenke oder auch durch anmaßendes Auftreten zum Ausdruck gebracht wurde. Vielfältige Ehrungen, die gegenseitig erwiesen wurden, resultierten aus der Verpflichtung, die jeweilige W. zu achten. Verhalten, das diesem Codex nicht entsprach, wurde als 'offensio' aufgefaßt und forderte Genugtuung, die notfalls mit Waffengewalt eingefordert wurde (→Fehde).

Auch in der hierarch. durchorganisierten Kirche bedeutete die W. von Institutionen wie Personen ein ständiges Problem. Persönl. zur Demut und Bescheidenheit verpflichtet, pochten gerade die höheren Prälaten um so unnachgiebiger auf die W. und den Rang ihrer Institution. So geben z.B. die Rangstreitigkeiten der rhein. Ebf.e hiervon ebenso Zeugnis wie die Animositäten zw. Mailand und Rom. Zahllose →Fälschungen, mit denen ein höheres Alter, ein bedeutenderer Gründer – und somit höhere W.n – fingiert wurden, verdanken diesem Streben ihre Entstehung. Da von Rang und W. in allen ma. Ordnungen Einfluß und Wirkungsmöglichkeiten abhingen, überrascht die Energie kaum, mit der sie behauptet wie angegriffen wurden. Damit korrespondiert die Ausgrenzung von →Randgruppen, denen jede W. bestritten wurde und die als »unehrliche Leute« stigmatisiert waren.

G. Althoff

Lit.: Gesch. Grundbegriffe, hg. O. Brunner, W. Conze, R. Koselleck, II, 1975, 1-63 [Ehre, Reputation; F. Zunkel] – E. Boshof, Köln, Mainz, Trier. Die Auseinandersetzungen um die Spitzenstellung im dt. Episkopat in otton.-sal. Zeit, JbKGV 49, 1978, 19-48 – H. Fichtenau, Lebensordnungen im 10. Jh., 1984 – H.-W. Goetz, Der 'rechte' Sitz. Die Symbolik von Rang und Herrschaft im hohen MA im Spiegel der Sitzordnung (Symbole des Alltags – Alltag der Symbole, hg. G. Blaschnitz [Fschr. H. Kühnel, 1992]) – Honor and Shame, hg. J. G. Peristiany, 1995 – E. Schubert, Fahrendes Volk im MA, 1995 – K. Schreiner-G. Schwerhoff, Verletzte Ehre. Ehrkonflikte in Gesellschaften des MA und der frühen NZ, 1995 – G. Althoff, Spielregeln der Politik im MA. Kommunikation in Friede und Fehde, 1997.

Wurdestin (Wrdisten) **v. Landévennec,** Abt des bret. Kl. →Landévennec, arbeitete um 870 (sicher vor 884) eine ältere Vita des Kl.gründers Winwaloeus (6. Jh.) in rhetor. geprägtem Stil um. Durch umfangreiche Verspartien (Hymnen der Akteure, eine Episode von 162 Hexametern) baute er sie zum ersten voll entwickelten prosimetr. Text der Hagiographie aus, später ergänzte er sie durch eine metr. Kurzfassung zum Opus geminum. Trotz moralisierender und legendar. Züge ist das Werk, das breite Kenntnis der antiken und patrist. Lit. verrät, für die Gesch. des Kl. und der Bretagne nicht ohne Wert. W.s Schüler Wurmonoc v. Landévennec nahm sich dessen Arbeit in der Vita s. Pauli Aureliani von 884 auch in der Einbeziehung prosimetr. Elemente zum Vorbild. B. Pabst

Ed.: C. de Smedt, AnalBoll 7, 1888, 167-261 – Lit.: F. Kerlouégan, ECelt 18, 1981, 181-195; 19, 1982, 215-257 – N. Wright, ECelt 20, 1983, 161-175; 23, 1986, 163-185 – B. Pabst, Prosimetrum, 1994 – J.-C. Poulin, Francia 23, 1996, 167-205 [Lit.] – Ed. und Lit. zu Wurmonoc: R. P. Plaine, AnalBoll 1, 1882, 208-258 – C. Cuissard, RevCelt 5, 1881-83, 413-459.

Wurf → Dynamik; →Kinematik

Würfelspiele → Spiele

Wurfgeschütz. Vor Erfindung des Schießpulvers (→Pulverwaffe) Bezeichnung für Wurf- und Schleudermaschinen (→Blide, →Wippe). E. Gabriel

Lit.: B. Rathgen, Das Geschütz im MA, 1928.

Wurflanze, -speer, -spieß, vornehml. auf größeres Wild – Rot- und Schwarzwild sowie Wildrinder – gebrauchte, aus einer Eisenspitze bzw. einem eisernen Vorderteil und einem Holzschaft bestehende Waffe, mit der das Wild aus sicherer Entfernung erlegt werden konnte. W.n bzw. W.e waren etwa bei den Vandalen, Burgundern, Goten, Kimbern, Teutonen, Cheruskern, Sueben, Alamannen, Thüringern und Franken beliebt und wurden auch bei der Rotwild-Lockjagd mit Hilfe gezähmter Hirsche verwendet. Meist ist der hölzerne Schaft bei W.n kürzer als der bei den entsprechenden, zum Stoßen oder Auflaufenlassen verwendeten →Lanzen, →Speeren und →Spießen; der eiserne Vorderteil kann dabei auch ein 70 bis 100 cm langer, dünner und biegsamer Eisenschaft mit einer kurzen, oft mit zwei Widerhaken ausgestatteten Spitze sein, wie etwa bei dem zw. dem 5. Jh. und der Jt.wende nachzuweisenden Ango. S. Schwenk

Würmer. Den W.n (vermes) ist von Isidor, etym. B. 12, das 5. Kapitel gewidmet, doch umfaßt dieses neben überwiegend parasit. lebenden Vertretern auch echte Insekten wie Floh, Laus, Seidenspinnerraupe und Wanze sowie Spinne, Tausendfüßler und den Landmollusk Schnecke. An Stelle einer Definition nimmt er als fast allgemeines Kriterium für die Zugehörigkeit die ungeschlechtl. Entstehung aus Fleisch, Holz und anderem Material (12, 5, 1) an. Hinzu kommt (12, 5, 19) die kriechende Fortbewegung durch Zusammenziehung und Streckung von Körperteilen (wie bei Raupen). Thomas v. Cantimpré widmet ihnen sogar sein ganzes 9. B. mit 53 Kapiteln und bezeichnet die Insekten als Nachkommen der W. (9, 1: Insecta ... dicitur omnis vermium propagatio). Tatsächl. handelt es sich bei seinen W.n um eine völlig heterogene Tiergruppe. Diese besteht aus Vertretern verschiedener Ordnungen der →Insekten (in heutiger systemat. Reihenfolge): der Schabe (9, 8: blatta), der →Heuschrecke (9, 4; 9, 10 und 9, 25), der →Laus (9, 34: pediculus), der →Wanze, näml. der Bett- (9, 17: cimex) und Wasserwanze (9, 45: tappula), dem Gleichflügler →Zikade (9, 18: cycada), dem Netzflügler →Ameisenlöwe (9, 22: formicoleon), den Käfern Glühwürmchen (9, 11: cicendula), dem Holzwurm,

wahrscheinl. einem Buchdrucker (9, 48: teredo), den →Cantharides (9, 15), der Buprestis (9, 42: stupestris), den Larven des Speckkäfers (9, 49: tarmus = Dermestes lardarius L.) und dem unbestimmbaren bibl. »Ophiomachus« (9, 30: opimachus) den Hautflüglern →Ameise, →Biene, Hornisse (9, 16: crabro) und →Wespe, dem →Schmetterling, dem →Seidenspinner (9, 9: bombax und 9, 26: lanificus) und der Motte (9, 47: tinea), den Zweiflüglern Bremse (9, 12: cynomia), Fliege (9, 28: musca) und Mücke (9, 14: culex, 9, 13: ciniphes) sowie dem Floh (9, 33: pulex). Andere niedere Tiere sind: der Tausendfüßler (9, 27: multipes), die →Spinne und →Zecke (9, 20: engulas = theca) und von den →Weichtieren die →Schnecke (9, 24: limax und 9, 46: testudo). Von den heutigen Wirbeltieren vertreten Frosch (9, 35: rana), →Kröte (9, 5: bufo), Laubfrosch (9, 36f.: rana parva bzw. corriens) und →Salamander (9, 39: vermis stelle figura = 8, 30: salamandra) die amphib. →Lurche. Als echte W. können nur der Fadenwurm (9, 41: seta = Gordius aquaticus), der →Blutegel (9, 43: sanguisuga), der Regenwurm (9, 52: vermis proprie), der sagenhafte Salomonswurm (9, 44: thamur), die Larve des Schweinebandwurms (9, 50: uria) und schließl. die unbestimmbaren »vermes Celidonie« in heißem Wasser (9, 53) angesehen werden. Hinzu kommt der Lintwurm (tyliacus vermis) unter den Schlangen (8, 44). Wirkliche biolog. Kenntnisse sind sehr selten. Albertus Magnus, animal. schickt seinem auf Thomas beruhenden 26. B. ein eigenständiges Kapitel (§ 1–3) über die Natur der W. voraus. Für ihn haben sie eine Ersatzflüssigkeit an Stelle des (roten) Bluts, einen ringförmig gegliederten Körper mit harter Außenhaut, verbergen sich im Winter wegen der Kälte oder überwintern als Ei (moriuntur ad ovalem conversa naturam). Die fußlosen (also echten) W. unter ihnen könnten sich wegen ihrer Kälte nur schwer bewegen. Vinzenz v. Beauvais behandelt zunächst die W. im allg. (Spec. nat. 20, 67–69), danach vielfach nach Thomas die einzelnen Arten. Ch. Hünemörder

Q.: →Albertus Magnus, →Isidor v. Sevilla, →Thomas v. Cantimpré, →Vinzenz v. Beauvais.

Wurmonoc v. Landévennec → Wurdestin v. Landévennec

Wurmsegen → Zaubersprüche, I

Wurst → Fleisch, IV

Wursten, Land, im nw. Niedersachsen rechts der Wesermündung (→Weser), nördl. des heut. Bremerhaven gelegene Landschaft. Seit dem 7./8. Jh. wurde das Marschengebiet des Landes W. von fries. Neusiedlung (→Friesen) erfaßt; das Weserfriesische blieb bis ins SpätMA beherrschende Sprache. Der Name W. (lat. Wortsacia; erste Erwähnung 1202) orientiert sich an Bewohnern künstl. aufgeworfener, gegen die Flut schützender →'Wurten' (Wurtsassen). Im HochMA erfolgte Landesausbau in Wechselbeziehung zum →Deichbau, im Zusammenhang damit Ausbildung einer autonomen, anfangs die Autorität des Hzg.s v. →Sachsen akzeptierenden Landesgemeinde (1238 erstmals: 'terra Wortsacia'). An ihrer Spitze sind seit dem 13. Jh. (nominell) 16 Richter bzw. 'Ratgeben' zu erkennen. Sie kamen aus bäuerl. Honoratiorenfamilien, hatten ihre Basis in den acht bzw. neun Kirchspielen W.s und richteten hier wie in der Landesversammlung nach →friesischem (rüstringischem) Recht. Auch vertraten sie das Land nach außen, mehrfach z.B. in Verträgen mit den Städten →Hamburg und →Bremen. W. konnte seine Verfassungskontinuität und seine – im mittleren 13. Jh. und dann seit 1484 stärker bedrohte – polit. Autonomie bis zur Eroberung des Landes durch Ebf. Christoph v. Bremen 1525 behaupten. H. Schmidt

Lit.: E. v. Lehe, Gesch. des Landes W., 1973 – Gesch. des Landes zw. Elbe und Weser, hg. H. E. Dannenberg–H. J. Schulze, I, II, 1995.

Wurt (Warft, ndl. *terp, wierde, woerd, vliedberg*), im hochwasserbedrohten Marschengebiet in der Regel künstlich aufgeworfener Wohnhügel, zumeist durch archäolog. und hist.-geogr. Forschung nachgewiesen. Die hauptsächl. Verbreitung der W.en findet sich an der Nordseeküste (→Nordsee), v.a. in den Niederlanden (Provinzen →Friesland und Groningen) sowie den angrenzenden norddt. Küstenregionen (→Ostfriesland, westl. Schleswig-Holstein); in diesen Gebieten wurden mehrere tausend W.en festgestellt. Für die ndl. Provinz →Seeland und Küstenflandern (→Flandern) wurde ebenfalls die Existenz von W.en postuliert, sie muß aber noch schlüssig bewiesen werden. Die *Zeeuwsche bergjes* in Seeland sowie einige wenige fläm. Gehöfte in erhöhter Lage mögen (variierende) Typen von W.en darstellen; hierzu zählen auch einige frühe burgartige Anlagen, bei denen aber die erhöhte Lage wohl primär ein Merkmal des sozialen Status bildet, wenn auch der Schutz vor Überflutung bei ihrer Errichtung eine gewisse Rolle gespielt haben mag. Die Entstehung von W.en war üblicherweise ein längerfristiger Vorgang in mehreren Etappen, resultierend aus der Anhäufung von Abraum, verbunden mit freier Verfügung über Erd- und Torfmassen; es konnten Höhen von 4–5 m erreicht werden. Manchmal unterbrachen Sturmfluten die Besiedlung, und W.en fielen wüst. Manche W.en wurden aber nur temporär aufgegeben, andere blieben bis heute in mehr oder weniger großer Kontinuität besiedelt.

Es gibt mehrere Haupttypen der W., entsprechend der Art und Größe der auf einer W. gelegenen Siedlung. Die wichtigsten Gruppen sind: die *Dorfw.*, die eine dörfl. Siedlung (→Dorf, Weiler) trägt; die *Gehöftw.*, auf der ein Einzelhof liegt; die *Langw.*, die eine langgezogene Siedlung entlang einer Straße beherbergt. Hinzu treten (in regionaler Differenzierung) andere (oft spätere) Typen der W., so burgartige Plätze (*stinswieren*). Die Siedlungen auf vielen *Dorfw.*en verfügen über einen mehr oder weniger kreisförmigen Grundriß, sind oft umgeben von einem →Graben, mit radialer Anlage der einzelnen Gehöfte sowie der auf die W. hinführenden bzw. von ihr ausgehenden Straßen (so bei der gründlich erforschten frühen W.ensiedlung *Feddersen Wierde*). W.en besaßen oft einen zentralen Frischwasserteich/→Zisterne (fries. *feeting, dobbe*), da das umliegende Land nur Brackwasser lieferte. Später, wenn die W. an Größe und Höhe gewachsen war, kamen noch individuelle Brunnen dazu. Eine Anzahl kleiner Felder und Gartenparzellen auf der W. sollte auch in Zeiten der Überflutung die Versorgung sicherstellen. Ursprgl. wurde Vieh oft in größter Nähe zur W. gehalten, wohingegen Wiesen zur Heumahd sich in weiterer Entfernung befanden. W.en lagen oft auf leicht erhöhten Flußbänken. Von hier aus wurde das umliegende Gelände in Etappen urbar gemacht, manchmal durch *Gehöftw.en*, doch z.T. auch durch *Flachsiedlungen*, die später erhöht und so in *Gehöftw.en* umgewandelt wurden.

W.en entwickelten sich seit der röm. Eisenzeit (*Ezinge, Feddersen Wierde*) und gingen oft aus *Flachsiedlungen* hervor. In einigen Fällen kann ein langsam fortschreitender Prozeß der sozialen Differenzierung mit einem Aufstieg von bestimmten Familien oder Haushaltsverbänden zu höherem sozialen Status beobachtet werden. Der Druck von seiten ungünstiger Umweltbedingungen und bes. die Überflutungen führten zu zeitweiligem oder definitivem

Wüstwerden; darauf folgten aber oft Prozesse der Wiederbesiedlung, durch welche neue W.en entstanden oder die alten Standorte neu besetzt wurden. Während des gesamten Zeitraums des MA wurden neue W.en errichtet, sowohl *Dorfw.en* als auch *Gehöftw.en*; viele von ihnen entstammen dem 8.–12. Jh. In einigen Fällen spiegeln W.en ein sehr frühes Stadium der ma. Binnenkolonisation wider, beruhend auf wohlhabenden und sozial angesehenen Gruppen (z. B. in *Wijnalaum*). Bei vielen derartigen W.en sind regelmäßige Reorganisationen der Siedlungsstrukturen erkennbar (z. B. *Elisenhof* in Eiderstedt). Die Errichtung von Deichen (→Deich- und Dammbau, →Wasser, B. II. 2) seit dem späten 10. und 11. Jh. reduzierte den Bedarf an erhöht gelegenen Siedlungen, doch wurden noch im 13. Jh. und später neue Hofstätten auf W.en errichtet. Charakterist. Siedlungstypen wie die *Marschhufendörfer* u. a. dokumentieren eine frühe räuml. Ausdehnung der Siedlung infolge des →Landesausbaus.

Die Wirtschaft der W.en beruhte maßgebl. auf Weidewirtschaft (→Weide, II), mit starkem Akzent auf der Aufzucht von →Vieh; dies wird häufig durch die Raumaufteilung der auf W.en gelegenen →Bauernhäuser (→Haus, B), die sowohl Wohnräume als auch Stallungen (*Wohnstallhäuser*) umfaßten, belegt. Doch übten Bewohner von W.en auch Handwerkstätigkeiten aus (Textilien, Beinschnitzerei) und betrieben Handel, zumindest Saisonhandel. Einige der Langw.en (z. B. *Langwarden*) fungierten im Früh- und HochMA als Standorte des Handwerks und Handels mit zentralörtl. Funktion für einen regionalen oder doch subregionalen Bereich. In einigen wenigen Fällen (z. B. →*Emden* und→*Leeuwarden*) erfuhren W.ensiedlungen städt. Entwicklung (*Stadtw.*).

Später, bes. im 19. Jh., war der mit Phosphaten angereicherte Untergrund vieler W.en als Dünger begehrt, was zur Zerstörung oder zum Verfall vieler W.en führte. Nur wenige W.en überdauerten (so die Warften auf den unbedeichten *Halligen* im nordfries. Wattenmeer); bes. in den Niederlanden wird eine Reihe von W.en als archäolog. Denkmäler geschützt.   F. Verhaeghe (F. W. O. Flandern)

Lit.: Hoops² V, s.v. Damm und Deich, § 8, 223–225 [Lit.]; VIII, s.v. Feddersen Wierde, 248–266 [ausführl. Lit.] – H. Halbertsma, Terpen tussen Vlie en Eems. Een geografisch-hist. benadering, 1963 – A. Bantelmann, Die frühgesch. Marschensiedlung beim Elisenhof in Eiderstedt. Landschaftsgesch. und Baubefunde, 1975 – W. Haarnagel, Die Grabung Feddersen Wierde (1955–63), 1979 – Archäolog. und naturwiss. Unters.en an ländl. und frühstädt. Siedlungen im Küstengebiet vom 5. Jh. v. Chr. bis zum 11. Jh. n. Chr., hg. G. Kossack, K.-E. Behre, P. Schmid, I: Ländl. Siedlungen, 1984 – K.-E. Behre, Ackerbau, Vegetation und Umwelt im Bereich früh- und hochma. Siedlungen im Flußmarschgebiet der unteren Ems (Probleme der Küstenforsch. im südl. Nordseegebiet 16, 1986), 99–125 – Terpen en wieren in het Fries-Groningse kustgebied, hg. E. Kramer–G. J. de Langen, 1988 – J. C. Besteman, J. M. Bos, H. A. Heidinga, Graven naar Friese koningen. De opgravingen in Wijnaldum, 1992 – G. J. de Langen, Middeleeuws Friesland. De econom. ontwikkeling van het gewest Oostergo in de vroege en volle middeleeuwen, 1992 – E. Knol, De Noordnederlandse kustlanden in de Vroege Middeleeuwen, 1993 – Leefbaar laagland. Geschiedenis van de waterbeheersing en landaanwinning in Nederland, hg. G. P. van de Ven, 1993 – Terpen en wierden in het Fries-Groningse kustgebied, hg. M. Bierma–A. T. Clason–E. Kramer–G. J. de Langen, 1988 – J. M. Bos, Archeologie van Friesland, 1995 – Ostfriesland. Gesch. und Gestalt einer Kulturlandschaft, hg. K.-E. Behre–H. van Lengen, 1995.

Württemberg, Gft. und Hzm. Der Name wird mit Konrad v. Wirtinisberk 1092 erstmals urkundl. erwähnt, ist aber auch mit der für 1083 durch Inschrift überlieferten Weihe der Burgkapelle der gleichnamigen Höhenburg über Untertürkheim in Verbindung zu bringen. Alle Versuche der Herleitung des Namens und der Familie haben bisher zu keinem abschließenden Ergebnis geführt. Nach der jüngsten These gehörten Konrad v. Wirtinisberk und seine Geschwister Bruno, Abt v. Hirsau, und Liutgart zur Nachkommenschaft des sal. Hzg.s Konrad v. Kärnten († 1011) und der Mathilde (†1031/32). In der zweiten Generation des Hauses erscheinen die Brüder Ludwig und Emicho, davon ersterer als Gf. (ab 1139) und vermutl. Inhaber der Gft. an der unteren Rems und dem mittleren Neckar. Doch war dieses Amt anscheinend noch nicht auf Dauer mit dem Hause verbunden. Um die Mitte des 12. Jh. werden die Angehörigen der Familie nämlich wieder ohne Gf.entitel erwähnt. Die Wurzeln der Gft. des 13. Jh. werden daher in der Neuordnung des mittleren Neckarraumes durch Friedrich I. Barbarossa um 1180 gesehen. Ludwig v. W. konnte dabei sein Allod mit Lehen von Reichsgut und Kirchenvogteien vereinigen und eine Ausgangsbasis für den künftigen Aufstieg des Hauses schaffen. In dieser Zeit und im frühen 13. Jh. lassen sich Verwandtschaften des Hauses zu den Gf.en v. Kirchberg, Veringen, Ulten und den Mgf.en v. Ronsberg erschließen, doch können die bekannten Angehörigen des Hauses bis zur Mitte des 13. Jh. nicht genealog. eindeutig zugeordnet werden. Es hat den Anschein, als hätte sich die Familie durch die stauf. Territorialpolitik zur Mitte des 13. Jh. hin langsam aus der im 12. und im frühen 13. Jh. festzustellenden Verbindung zu den Staufern gelöst. Der Übergang →Ulrichs I. († 1265) 1246 in der Schlacht v. Frankfurt von der stauf. Partei zur päpstl. führte zur Niederlage Kg. Konrads IV. und zum Aufstieg Ulrichs. Mit ihm wird die Gesch. des Hauses deutlicher. Er hat im →Interregnum stauf. Allod und Reichsgut im mittleren Neckarraum an sich genommen, die Städte Leonberg, Schorndorf und →Waiblingen gegründet, durch Heirat →Stuttgart erworben und ebenso Cannstatt und die Herrschaft →Urach mit Münsingen, Nürtingen und Pfullingen auf Dauer mit seiner Herrschaft verbunden. Diese wurde zu seiner Zeit schon flächenhaft verstanden. Somit wird ihm zu Recht die Grundsteinlegung für das spätere Hzm. zugeschrieben. Ulrichs Söhne Ulrich II. († 1279) und →Eberhard I. († 1325) wurden erst in den 70er Jahren mündig. Letzterer hat die Gft. gegen die Revindikationspolitik →Rudolfs v. Habsburg und die Angriffe →Heinrichs VII. verteidigt, wobei er durch die ihm übertragene schwäb. Landvogtei (ab 1298) und den habsbg.-wittelsb. Gegensatz ab 1314 sich nicht nur polit. halten, sondern seine Herrschaft sogar mit Backnang, Neuffen, der Glemsgaugft. mit dem Hohenasperg, mit Göppingen und dem Hohenstaufen, Rosenfeld, Dornstetten und Neuenbürg erhebl. vergrößern konnte. Die Gft. war 1325 bereits der bedeutendste Machtfaktor im mittleren Neckarraum.

Eberhards Sohn →Ulrich III. († 1344) hat auf seiten →Ludwigs d. Bayern 1330 die frk. Landvogtei →Wimpfen erhalten und war auch finanziell in der Lage, seine Gft. zu erweitern. So erwarb er die halbe Herrschaft→Teck mit Kirchheim, Winnenden, die Gft. Aichelberg, Grötzingen, Vaihingen/Enz, Stadt und Herrschaft →Tübingen, die Stadt Markgröningen mit dem Lehen der Reichssturmfahne und die Schirmvogtei über die Kl. Herrenalb, Denkendorf und Bebenhausen. Dazu hat er sein polit. Interesse auch auf das Elsaß gerichtet und dort neben der Herrschaft Horburg die Stadt Reichenweiher und weiteren Besitz an sein Haus gebracht. Ulrichs Sohn →Eberhard II. († 1392) konnte die von seinem Bruder →Ulrich IV. († 1366) gewünschte Teilung der Gft. verhindern, die seit 1361 als Gft. W. oder Gft. zu oder v. W. urkundl. erwähnt wurde. Ihm gelang zwar die Ausdehnung seiner Gft., doch wurde diese durch die abnehmende Bevölkerungszahl und die

sinkenden Steuern und Zinsen geschädigt. Wenn er sich auch 1367 gegen ein Adelsbündnis und ebenso im Kampf mit den Reichsstädten 1372 (Sieg über die Ulmer bei Altheim) und 1388 (Sieg bei Döffingen) durchsetzen konnte, so war er letztendl. doch zu einem Kompromiß mit den Reichsstädten gezwungen. Sein ihm folgender Enkel → Eberhard III. († 1417) setzte im Gegensatz zu ihm polit. auf Einungen und Bündnisse. Er erzwang 1395 die Auflösung der Rittergesellschaft der Schlegler und war 1405 maßgebl. Mitglied des → Marbacher Bundes gegen Kg. Ruprecht. Er erweiterte seine Gft. durch die Herrschaft Schalksburg mit Balingen und Onstmettingen sowie mit dem Rest von Bietigheim. → Eberhard IV. († 1419) hat durch Heirat seit 1409 → Montbéliard (Mömpelgard) an W. gebracht. In der Regentschaft für Eberhards Söhne → Ludwig I. († 1450) und → Ulrich V. († 1480) trat bald der Einfluß der Kurpfalz mehr und mehr in den Vordergrund. Die Brüder teilten 1442 die Gft. in einen Stuttgarter (Ulrich) und einen Uracher (Ludwig) Teil. Während Ludwig eine ausgleichende Politik betrieb, schädigte Ulrich seinen Landesteil nicht nur durch Auseinandersetzungen mit den Städten, sondern auch mit den Kfs.en v. der Pfalz. Durch die 1457 erstmals überlieferte Tagung der Landschaften beider Teile konnte sich Ulrich V. zwar in der Vormundschaft über seinen Neffen → Eberhard V. († 1496) durchsetzen, doch als dieser 1459 mündig wurde, verlor Ulrich seinen polit. Einfluß im Uracher Landesteil erneut. Nach Ulrichs Niederlage im Pfälzer Krieg 1462 war die Politik seines Neffen Eberhard auf eine Wiedervereinigung beider Landesteile ausgerichtet, was im Münsinger Vertrag v. 1482 Wirklichkeit wurde. Die künftige Unteilbarkeit der Gft. wurde in weiteren Verträgen (1485, 1489, 1492) festgeschrieben. Auf dieser Grundlage erreichte Eberhard V. die Erhebung seiner Gft. 1495 zum Hzm., das er als Eberhard I. bis 1496 regierte. Die Erbansprüche von Ulrichs V. Söhnen Eberhard VI. (II.; † 1504) und Heinrich († 1519) waren auf die Erbfolge Eberhards I. festgeschrieben worden. Während Heinrich sich längere Zeit in Montbéliard aufhielt, folgte Eberhard II. 1496 seinem Vetter und wurde 1498 wegen seiner Mißregierung von der Landschaft abgesetzt. Der ihm folgende Sohn Heinrichs, Ulrich († 1550), stand bis 1503 unter Vormundschaft, wobei das Hzm. sich polit. nach Habsburg richtete. Der Tübinger Vertrag v. 1514 gewährte den Ständen ein weitreichendes Mitspracherecht. Die Erhebung W.s zum Hzm., der Tübinger Vertrag, die Vertreibung Hzg. Ulrichs 1519-34 und die nach seiner Rückkehr rasch durchgeführte Reformation des Landes stellen dessen Übergang vom MA zur NZ dar. Eine bes. Rolle im Zusammenwachsen des Landes spielte auch die 1477 von Eberhard V. gegr. Univ. Tübingen. I. Eberl

Lit.: Chr. Fr. v. Stälin, Wirtemberg. Gesch. (bis 1593), Bd. 1-4, 1841-70 - K. und A. Weller, Gesch. im sw.dt. Raum, 1972 - 900 Jahre Haus W. Leben und Leistung für Land und Volk, hg. R. Uhland, 1985³ - D. Mertens, W. (Hb. der baden-württ. Gesch., II, 1995), 1ff.

Würzburg, Stadt am Main in Franken (Bayern), Bm.
I. Stadt - II. Bistum und Hochstift.

I. Stadt: [1] *Name, Topographie, Archäologie:* Ursprgl. Namensform: »Uburzis« (um 700 beim → Geographus Ravennas; die Identifikationsprobleme entfallen, wenn 'Ub-' als 'W-' gelesen wird), »Virteburh« (704), »Wirziburg« o.ä. (8./9. Jh.). Für das Bestimmungswort ist germ. *wirtiz*, ahd. *wirz* ('Kraut', 'Würzkraut') zu erschließen, wie es auch die seit der Jahrtausendwende nachgewiesene lat.-gr. Übersetzung »Herbipolis« nahelegt.

Auf dem linksmain. Marienberg, wo in merow. Zeit das Hzg.sgeschlecht der → Hedene residierte, und in dem ihn hufeisenförmig umgebenden Gelände zw. Leistengrund und Schottenanger wurden die ältesten Siedlungsspuren, die in der Urnenfelder- und Hallstattzeit einsetzen, im Bereich der heutigen Stadt ermittelt. Der ursprgl. dem Berg anhaftende spätere Stadtname wurde auf die rechtsmain. Talsiedlung übertragen, wo Siedlungsfunde in das 5. Jh. v. Chr. zurückreichen und in der Merowingerzeit dichter werden. Hier wurde um das Jahr 689 der hl. → Kilian ermordet und bestattet. Der Kult des Märtyrergrabes und die Gründung des Bm.s (742), dessen Sitz im späten 8. Jh. in die rechtsmain. Siedlung verlegt wurde, förderten das Zusammenwachsen und die Entwicklung der benachbarten, doch nebeneinander bestehenden präurbanen Siedlungen zur Stadt, die wohl Bf. → Heinrich I. (94. H.) einheitl. ummauern ließ. Die außerhalb des (ca. 42 ha umfassenden) ummauerten Fünfecks bleibenden Siedlungen bildeten die Kerne der späteren → Vorstädte. Die Einwohnerzahl der Stadt wird für das ausgehende MA auf ca. 6000 geschätzt.

[2] *Verfassung, Handel und Gewerbe:* Seit 1069 sind urbani cives bezeugt, bereits 1195 ein Stadtsiegel, erst für 1256 ein Stadtrat, in den Ende des 13. Jh. Vertreter der seit 1128 bezeugten Zünfte einrückten. 1316 erwarben die Bürger den »Grafeneckard« als Rathaus. Doch stand der bfl. nie anerkannte Stadtrat in Konkurrenz zum bfl. Oberrat, der in den etwa eineinhalb Jh. währenden Kämpfen zw. Stadt und Bf. fast alle Kontrollbefugnisse an sich ziehen konnte. Kurz vor dem Erreichen der angestrebten Reichsunmittelbarkeit erlitt die Stadt in der Schlacht bei Bergtheim (1400) eine ihre Zukunft bestimmende Niederlage. Die Zünfte waren seit 1400 keine polit. Korporationen mehr, sondern nur noch Handwerkervereinigungen mit Kartellfunktionen.

Der von der Verkehrslage begünstigte, schon im 8. Jh. bezeugte Fernhandel wurde durch die Verleihung eines Jahrmarktes 1030 durch Ks. Konrad II. institutionalisiert. Zur wirtschaftl. Bedeutung der Stadt trug auch der Bau der steinernen Brücke (heute Alte Mainbrücke) bei, die unter Bf. → Embricho um 1130 durch den Dombaumeister Enzelin errichtet wurde. Kg. Heinrich (VII.) stiftete 1227 als zweiten Jahrmarkt den Allerheiligen. Mitte des 13. Jh. besuchten W.er Kaufleute die → Champagnemessen. Doch schrumpfte der Handelsplatz W. schon im 14. Jh. zu einem regionalen Verteilermarkt. Weiterhin von Bedeutung auch für den Export blieben in der Stadt und ihrer klimat. bevorzugten Umgebung der Weinbau und alle Arten von Getreideanbau. Von den im Jahre 1373 auf 37 angewachsenen Zünften, unter denen auch die Kaufleute erscheinen, sind elf der Weinwirtschaft zuzuordnen. Abwanderungen nach dem Jahr 1400 beschleunigten den wirtschaftl. Niedergang der Stadt, die als Umschlagplatz jedoch der Konkurrenz → Nürnbergs schon lange nicht mehr gewachsen gewesen war. Bf. → Rudolf II. v. Scherenberg (20. R.) siedelte 1479 die erste Druckerei in W. an, die hauptsächl. liturg. Texte druckte und wirtschaftl. keine große Rolle spielte.

Die seit 1147 bezeugte, bedeutende Judengemeinde siedelte mitten im Stadtgebiet. 1298 wurden 800 namentl. genannte Mitglieder der Gemeinde Opfer der → Rintfleisch-Verfolgung. Das Judenregal war seit Mitte des 13. Jh. prakt. auf den Bf. übergegangen. Nach dem Pogrom v. 1349 wurde anstelle der Synagoge am Markt die Marienkapelle errichtet. Seit 1377 sind wieder Juden in W. nachweisbar; sie waren vornehml. im Darlehensgeschäft tätig.

Ihre geogr. Lage machte die Stadt für die in Schwaben beheimateten Herrscher aus dem stauf. Hause zu einem

Schlüssel für Nord- und Mitteldtl. Hier fanden mehrere Reichsversammlungen statt, hier heiratete Friedrich Barbarossa 1156→Beatrix v. Burgund, hier ließ Heinrich VI. 1190/91 seinen Bruder →Philipp, den späteren Kg., zum Bf. v. W. wählen.

Im 13. und 14. Jh. war die Stadt ein Brennpunkt geistigen Lebens (→Walther v. d. Vogelweide, der Neumünsterer Kanoniker Heinrich der Poet, →Albertus Magnus, →Michael de Leone [26. M.], →Lupold III. v. Bebenburg, →Hermann v. Schildesche [29. H.]).

II. BISTUM UND HOCHSTIFT: [1] *Geschichte:* Nach der Ermordung des hl. Kilian (um 689) setzte, gefördert von den Hzg.en, die ags. Mission ein. →Bonifatius (10. B.) errichtete 742 im Zusammenwirken mit der Staatsgewalt und dem Papst für die drei Stämme des ehem. Thüringerreiches drei Bf.ssitze, von denen sich nur W. als lebensfähig erwies. Karlmann dotierte das Bm. u. a. mit 25 kgl. Eigenkirchen; es wurde in die Mainzer Kirchenprov. eingegliedert. Erster Bf. wurde der Angelsachse →Burchard (14. B.); bereits sein Nachfolger Megingoz war Franke. Karl d. Gr. übertrug Bf. Berowelf (768/769–800) die Leitung des Missionssprengels →Paderborn und die Ausbildung von Missionaren für Sachsen; die beiden späteren Bf.e v. Paderborn, →Hathumar (806/807–815) und Badurad (815–862), wurden an der Domschule ausgebildet. Im frühen 9. Jh. verfügte das Domstift über eine bedeutende Bibliothek mit vielen Hss. ags. Provenienz und eine leistungsfähige Schreibschule.

Aus den Machtkämpfen der spät- und nachkarol. Zeit um die Vorherrschaft in Ostfranken leidl. unbeschädigt hervorgegangen, fand W. unter den Ottonen seinen festen Platz in der Reichskirche (→Franken, Landschaft). Bf. Heinrich I., der 1007 den O des Bm.s an →Bamberg abtreten mußte, legte durch die Abtretungsentschädigungen, eine geschickte Erwerbspolitik, die Nutzung vom Kg. abgetretener Hoheitsrechte und durch die feste Eingliederung der alten Kl. in den Bm.sverband die Grundlagen für das W.er Territorium, das unter den frühen Herrschern aus dem Salierhaus, dem auch Bf. →Bruno (8. B.) entstammte, verdichtet werden konnte. Nach Rückschlägen unter dem papsttreuen Bf. →Adalbero (8. A.) während des →Investiturstreits bestätigte Ks. Friedrich Barbarossa dem Bf. Herold 1168 die alleinige oberste Gerichtsbarkeit im Bm. und Hzm. W. (»gülden freyheit«). Dadurch wurde das Ende der henneberg. Hochstiftsvogtei (→Henneberg) besiegelt und eine Entwicklung abgeschlossen, die durch die Ausschaltung autogener Gewalten vorbereitet worden war. Die Konzentration der Gerichtsbarkeit, Städtegründungen, Burgenbau und der Aufbau einer Ministerialität, deren Angehörige mit Aufgaben der Verwaltung und Verteidigung betraut wurden, führten zur Stärkung der bfl. Landeshoheit, zu welcher auch Bf. →Konrad v. Querfurt (24. K.), der den Bf.ssitz aus der Stadt auf den sichereren Marienberg verlegte, beitrug. Bf. Hermann I. v. Lobdeburg (1225–54) vollendete den Ausbau des W.er Territoriums; er zog auch das Bgf.enamt ein. In dieses seit Ende des 11. Jh. bezeugte Amt, dem die Wahrnehmung der Rechte des Kgtm.s oblag, waren die Gf.en v. Henneberg eingesetzt worden; doch war seine ohnehin nie sehr große Bedeutung in der letzten Zeit seines Bestehens nahezu erloschen. Seit Ende der Regierungszeit Hermanns I. führten Kämpfe zw. Bf. und Stadt und mehrere Schismen, auch Mißwirtschaft und ein Absinken der Steuerleistungen, zu einer drückenden Verschuldung des Hochstifts. Deren Belastung ließ das Domkapitel 1441 die Abtretung des Hochstifts an den →Dt. Orden erwägen. Bes. die Probleme der Schuldentilgung und Ausgabenkontrolle begünstigten im 15. Jh. die Entwicklung der Landstände. Die vom Gründer der ersten, kurzlebigen W.er Univ., Bf. Johann I. v. Egloffstein (1400-11), in Angriff genommenen kirchl. Reformen erlitten unter seinen Nachfolgern Rückschläge. Eine weitgehende Konsolidierung der Hochstiftsfinanzen gelang Gottfried IV. Schenk v. Limpurg (1443–55) und Rudolf II. v. Scherenberg, der das Hochstift auch gegen Hegemonialansprüche des Mgf.en →Albrecht Achilles (8. A.) zu verteidigen hatte.

Das räuml. nicht überall zusammenhängende, mit dem viel größeren Diözesangebiet nicht kongruente reichsunmittelbare Territorium des Bf.s (Hochstift) war durch Schenkungen, Tausch und Kauf zustandegekommen, erlitt aber auch, vorwiegend durch nicht mehr ausgelöste Verpfändungen, Verluste. Die Kerngebiete erstreckten sich zw. Eltmann und Gemünden (unterbrochen durch das bamberg. Zeil, die Reichsstadt →Schweinfurt und die Gft. Limpurg-Speckfeld) beiderseits und bis Marktheidenfeld rechts und links des Mains, umfaßten das Grabfeld, weite Teile der Rhön und ihres Vorlandes, Teile des (heute badischen) Baulandes, auch exklavierte Gebiete wie Markt Bibart und (bis 1542) die Stadt Meiningen. Der geistl. Jurisdiktionsbez. des Bf.s (Diöz.) reichte dagegen von Schmalkalden und Petersberg bei Hersfeld im N bis über Crailsheim und Lauffen a. Neckar hinaus im S, folgte im W dem Neckar bis Eberbach, wurde dann durch das Ebm. Mainz, das mit der Pfarrei Kist bis fast vor die Tore W.s vorgestoßen war (»Mainzer Keil«), unterbrochen. Im O war er seit 1007 durch das Bm. Bamberg begrenzt.

[2] *Bischöfe:* Sie entstammten bis Mitte des 13. Jh. fast alle edelfreien Geschlechtern, z. T. den führenden Familien des Reiches (Rudolf aus dem Hause der Konradiner 892-908, Heinrich I., Bruno). Einige von ihnen hatten sich in →Hofkapelle und Kanzlei auf ihre Aufgaben vorbereiten können, waren auch zu Kanzlern aufgestiegen. Als Bf.e waren die meisten an den Angelegenheiten des Reiches als Gesandte, Berater auf Reichsversammlungen und auch als Heerführer beteiligt. Seit der 2. Hälfte des 13. Jh. gehörten die Bf.e vorwiegend der hauptsächl. aus der Stiftsministerialität hervorgegangenen frk. Ritterschaft an. Hatte bis in die Stauferzeit hinein meist der Einfluß des Kg.s auch bei formellen Wahlen den Ausschlag bei den Bf.serhebungen gegeben, so setzte sich seit dem Beginn des 13. Jh. das Wahlrecht des sich mehr und mehr aus der Ritterschaft rekrutierenden Domkapitels durch, das meist einen aus seinen eigenen Reihen wählte, dem es in →Wahlkapitulationen, erstmals 1225, die Leitlinien seines Handelns vorschrieb. Päpstl. Provisionen führten zwar zu Konflikten, kamen bei Widerstand des Domkapitels aber kaum einmal zum Zuge.

[3] *Pfarreiorganisation:* Anläßl. der Dotation des Bm.s (742) gelangten 25 kgl. Kirchen (von denen einige außerhalb der Diözesangrenzen lagen) in die Hand des Bf.s. Daneben werden noch andere grundherrschaftl. Taufkirchen bestanden haben. Vorwiegend durch adlige, auch klösterl. Grundherren, weniger durch bfl. Stiftungen entwickelte sich ein den besiedelten Raum deckendes Pfarreinetz. Vor der Reformation bestanden etwa 900 Pfarrkirchen; die Zahl der Filialkirchen mit regelmäßigem Gottesdienst und der Vikarien lag etwas niedriger. Die Mehrzahl der Pfarrkirchenpatronate hatten Stifte und Kl., die Ritterschaft, die zollernschen Mgf.en u. a. Landesherren inne. Nur ca. 20% der Pfarrkirchen konnte der Bf. frei besetzen. Die innere Einteilung der Diöz. in zehn Archidiakonate, die ein oder mehrere Landkapitel bildeten, geht auf Bf. Embricho zurück.

[4] *Klöster und Stifte:* Bereits im 8. Jh. entstanden Kl. für Religiosen beiderlei Geschlechts; sie waren z. T. kurzlebig, andere, so →Amorbach und Neustadt a. Main, übernahmen in Sachsen Missionsaufgaben. Im frühen 9. Jh. stand W. mit ca. 30 Kl. und Zellen an der Spitze der dt. Bm.er. Drei Kräfte v. a. haben die Kl. ins Leben gerufen: das Kgtm., die selbst wieder reichseigene Abtei →Fulda und der Adel, denen gegenüber der Bf. zurücktrat. Bf. Heinrich I. nahm die Reform der Kl. in Angriff, nachdem kurz zuvor in einer Fälschungsaktion (993) die alten Reichskl. zu bfl. Eigenkl. gemacht worden waren. Damit konnte das Herrschaftsgefüge der Bf.e gestärkt werden. Die drei Säkularkanonikerstifte in der Stadt W., das um 1000 gegr. Haug, das 1057 gegr. Neumünster, welches in der dt. und lat. Literaturgesch. des MA einen bedeutenden Platz einnahm, das 1464 aus einer Benediktinerabtei in ein adliges Stift umgewandelte St. Burkard, waren bfl. Stifte; die außerhalb der Stadt W. gelegenen waren mit Ausnahme der fuldischen Stifte Hünfeld und Rasdorf Gründungen dynast. Herrschaften (Ansbach, →Komburg, Möckmühl, Mosbach, Öhringen, Römhild, →Schmalkalden, →Wertheim) und blieben landesherrl. dominiert. Während sich die Augustinerchorherren (Heidenfeld, Triefenstein, Langenzenn, Birklingen), Zisterzienser (→Ebrach, →Schöntal, Bronnbach, Bildhausen), Prämonstratenser (Oberzell, Veßra, Tückelhausen), Ritterorden, Kartäuser (W., Grünau, Tückelhausen, Astheim, Ilmbach) und die Frauengemeinschaften verschiedener Observanz im ganzen Bm. ausbreiteten, blieb das Wirkungsfeld der »vier Bettelorden« im wesentl. auf W., wo sie sehr früh einzogen, und einige Städte beschränkt. Bis zur Reformation blieb W. eines der Bm.er des Reiches mit der größten Kl. dichte. A. Wendehorst

Bibliogr.: Frk. Bibliogr., hg. G. Pfeiffer [bis 1945], 3/II, 1974, Nr. 47716–52403; 4, 1978, Nr. 55115–55226 – M. Günther u. a., Unterfrk. Bibliogr., 1962/63ff., Mainfrk. Jb. 15ff., 1963ff. [laufend, auch separat] – Bibliogr. zur dt. hist. Städteforsch., Bd. 1, T. 2, 1996, 1218–1227 [= Städteforsch. B 1] – *Q. und Lit.:* [*allg.*]: MonBoica 37–46; 60 – GP III/3, 1935, 168–240 – Archiv des Hist. Vereins u. Unterfranken und Aschaffenburg 1ff., 1833ff. [Forts.: Mainfrk. Jb. für Gesch. und Kunst 1ff., 1949ff.] – Kunstdenkmäler v. Bayern III: Unterfranken und Aschaffenburg, 24 Bde, 1911/27 [Neudr. 1981/83] – Q. und Forsch. zur Gesch. des Bm.s und Hochstifts W. 1ff., 1948ff. – Mainfrk. H.e 1ff., 1948ff. – Mainfrk. Stud. 1ff. [1971ff.] – GS Bm. W. (NF 1, 4, 13, 26, 36), bis jetzt 5 Bde, 1962ff. – Unterfrk. Gesch. 1, 2, hg. P. Kolb – E.-G. Krenig, 1989, 1992 – L. Fries, Chronik der Bf.e v. W., bis jetzt 3 Bde, 1993 – *zu [I,1]:* Ch. Pescheck, Vor- und Frühzeit Unterfrankens, Mainfrk. H.e 38, 1961 – K. Lindner, Unters. zur Frühgesch. des Bm.s W. und des W.er Raumes, 1972 – N. Wagner, Wirziburg 'W.', BN NF 19, 1984, 155–167 – W.-A. v. Reitzenstein, Lex. bayer. Ortsnamen, 1986, 413–415 – 1200 Jahre Bm. W., hg. J. Lenssen – L. Wamser, 1992 – *zu [I, 2]:* DtStB V, 1, 585–629 – GJ I, 475–496; II, 928–936; III, 1698–1711 – Th. Memminger, W.s Straßen und Bauten, 1923³ – W. Pinder, Ma. Plastik W.s, 1924² – W. Engel, W.er Zunftsiegel aus fünf Jh., Mainfrk. H.e 7, 1950 – F. Seberich, Die Einwohnerzahl W.s in alter und neuer Zeit, Mainfrk. Jb. 12, 1960, 49–68 – Ders., Die Stadtbefestigung W.s 1, Mainfrk. H.e 39, 1962 – F. Oswald, W.er Kirchenbauten des 11. und 12. Jh., ebd. 45, 1966 – F. Seberich, Das Stadtmodell 'W. um 1525', ebd. 50, 1968 – Geldner I, 230f. – W. Schich, W. im MA, 1977 – K. Trüdinger, Stadt und Kirche im spätma. W., 1978 – W.-Gesch. in Bilddokumenten, hg. A. Wendehorst, 1981 – *zu [II]:* HAB T. Franken, 1951ff. – G. Zimmermann, Vergebl. Ansätze zu Stammes- und Territorienbildung in Franken, JbffL 33, 1963, 23–50 – J. Reimann, Die Ministerialen des Hochstifts W., Mainfrk. Jb. 15, 1963, 1–117; 16, 1964, 1–277 – A. Wendehorst, Das Bm. W., ein Überblick, Freiburger Diöz.-Arch. 86, 1966, 9–93 – E. Schubert, Die Landstände des Hochstifts W., 1967 – P. Johanek, Die Frühzeit der Siegelurk. im Hmg. – 1969 – H. Parigger, Das W.er Bgf.enamt, Mainfrk. Jb. 31, 1979, 9–31 – A. Wendehorst, Strukturelemente des Bm.s W. im frühen und hohen MA, Freiburger Diöz.-Arch. 111, 1991, 5–29 – G. Lubich, Auf dem Weg zur »Güldenen Freiheit«, 1996 – *zu [II,*

2]: J. F. Abert, Die Wahlkapitulationen der W.er Bf.e, Arch. des Hist. Vereins v. Unterfranken 46, 1904, 27–186 – *zu [II, 3]:* Die W.er Diözesanmatrikel aus der Mitte des 15. Jh., bearb. F. J. Bendel, W.er Diöz. Gesch.sbll. 2/II, 1934 – P. Schöffel, Pfarreiorganisation und Siedlungsgesch. im ma. Mainfranken (Aus Unterfrankens Vergangenheit, 1950), 7–39 – *zu [II, 4]:* UB der Benediktiner-Abtei St. Stephan in W., bearb. F. J. Bendel u. a., 2 Bde und Ergh., 1912–38 – Urkk. und Reg. zur Gesch. der Augustinerkl. W. und Münnerstadt, 1, bearb. A. Zumkeller, 1966 – A. Wendehorst, Das benediktin. Mönchtum im ma. Franken (Unters. zu Kl. und Stift, 1980), 38–60 – M. Sehi, Die Bettelorden in der Seelsorgsgesch. der Stadt und des Bm.s W., 1981.

Wurzel Jesse. Die Weissagung Jes 11,1–3 von der »radix Jesse« (= Wurzel, Stamm des Isai, des Vaters Davids), aus der die »virga« (= Reis) entsproßt, auf deren »flos« (= Blüte) der siebenfache Geist Gottes ruhen wird, seit frühchristl. Zeit auf die menschl. Abstammung Jesu (flos) von der Jungfrau (virgo – virga) Maria und vom Stamme Davids bezogen, wird seit dem 12. Jh. in Form eines aus Lenden oder Haupt des (meist liegenden) Jesse = Isai aufwachsenden Rankenbaums dargestellt, auf dessen Stamm ausgewählte Ahnen Jesu (→Genealogie Christi), bes. David, Salomon, Maria übereinander stehen und in dessen Wipfel Christus, umgeben von den sieben Tauben der Geistesgaben, erscheint. – Die W. J. tritt zunächst in der Buchmalerei auf, in Bibel-Hss. v. a. in direktem Textbezug vor Jes bzw. Mt, dessen Text mit dem »Liber generationis«, der Genealogie Christi, beginnt (Bibel von St. Bénigne, Dijon Ms. 2, fol. 148, 406; Bibel v. Lambeth Palace 3, fol. 198; Kapuziner-Bibel, Paris Bibl. Nat. lat. 16746, fol. 7v), in Komm.-Hss. zu Jes (Dijon 129, fol. 4v), aber auch im Sinn einer übergreifenden theol. Aussage in AT/NT-Bildzyklen vor Ps-Hss. (Shaftesbury-Psalter, London, Brit. Libr. Lansdowne 383, fol. 15; Winchester-Psalter, London, Brit. Libr. Cotton Nero C IV, fol. 9; Ingeborg-Psalter, Chantilly, Mus. Condé 1695, fol. 14v) und vor liturg. u. a. Texten zur Geburt Christi bzw. zu Maria (Stammheimer Missale, fol. 146; Evangelistar v. St. Martin/Köln, Brüssel 9222, fol. 25; Vitae sanctorum v. Cîteaux, Dijon 641, fol. 40v). Die frühesten, im Umkreis von Cîteaux entstandenen Beispiele betonen den mariolog. Aspekt, z. T. unter Hinweis auf Maria als die Jes 7,14 prophezeite Jungfrau-Mutter, und zeigen Christus nicht über Maria, sondern im Arm der Mutter und die Geisttaube über ihr. Die bald nach 1140 einsetzenden Hss. des →Speculum virginum erweitern den Stammbaum um zwei Generationen rückwärts (Obed und Booz, Rut 4,21) und um didakt. Elemente. Seit dem mittleren 12. Jh. erscheint die W. J. in der Glasmalerei (St-Denis, Chartres) und schmückt dann bes. das Achsfenster von Chören oder Scheitelkapellen der Kathedralen. In den Archivolten frühgot. Portale (z. B. Senlis) werden lange Ahnenreihen Christi in eine, W. J. assoziierende Ranke eingesetzt. Das Thema ist nun häufig erweitert durch Propheten, Patriarchen, Ecclesia und Synagoge oder auch das Maria zugeordnete Leben. Moment der Verkündigung (Bibel v. Lambeth Palace 3; Eadwine-Psalter, Einzelblatt New York Pierpont Morgan Libr. 724; Malerei der Decke v. St. Michael/Hildesheim. Im 14. und 15. Jh. dringt die W. J. bes. in die stark mariologisch akzentuierten Programme der Portale und Altarretabel ein. U. Nilgen

Lit.: LCI IV, 549–558 [Lit.] – A. Watson, The Early Iconography of the Tree of J., 1934 – G. Schiller, Ikonographie der chr. Kunst, I, 1966/81, 26–32 – C. M. Kauffmann, Romanesque Mss. 1066–1190, 1975 – W. Cahn, Die Bibel in der Romanik, 1982 – Y. Załłuska, L'enluminure et le Scriptorium de Cîteaux au XIIe s., 1989.

Wüste (ἐρημία, ἔρημος; deserta/-um, solitudo, in chr. Latinität: eremus), geogr., siedlungspolit., auch wirt-

schaftl. Begriff; allg. der Gegensatz zum bewohnten und kultivierten Land, unabhängig von der genauen topograph. Beschaffenheit. Die Stille, Weite, Leere und Gefährlichkeit der Landstriche gibt dem Begriff auch eine emotionale Färbung. Positiv der Wert des ungestörten Freiseins (Cicero, De off. III 1, 2: otium/solitudo); negativ das verlassene und trostlose Alleinsein (Seneca, Ep. 9, 17; Cicero, De re publica VI 19 (20): vastae solitudines). – Die Ambivalenz der Begriffe findet sich auch im AT/NT, einmal als Ort der Gottesbegegnung, Erfahrung der Nähe und Treue Gottes, dann auch als Raum der Versuchung und der Auseinandersetzung mit dem Satan. Im NT sind einige Texte wirkungsgesch. bedeutsam: Mt 3, 1–12 par: Johannes d. Täufer in der W.; Mt 4, 1–11 par: Die 40 Tage Jesu in der W., Hebr 11, 38: Die W. als Aufenthaltsort verfolgter Propheten.

In der monast. Lit. erhalten die W. und ihre Terminologie bes. Stellenwert. W. ist der dem monast. Leben und Ziel angemessene Aufenthaltsort. Geogr. sind das die Landstriche jenseits der bewohnten Gegenden, also unbewohntes, unbebautes Land, das aber noch bewohnbar und in bescheidenem Maße auch kultivierbar ist. Dann ist sie der Ort der Gottsuche und des Gottfindens (vacare Deo) und des angestrengten Kampfes gegen den Teufel (Benediktinerregel 1, 3–5). Insofern kann sie in einer monast. Poesie als schöner Ort (locus amoenus) gefeiert (z. B. Basilius, Ep. 14; Hieronymus, Ep. 14, 10), aber auch als schreckl., furchterregende Erfahrung geschildert werden: vasta, horribilis solitudo (Hieronymus, Ep. 22, 7; Vita Hilarionis 20, 13; Joh. Cassian, Conl. Patrum 24, 23), was in Dtn 32, 10 auch bibl. vorgeprägt ist. Über die reale Beschaffenheit der W. sagen diese Texte wenig aus; sie ist mit der jeweiligen ländl. Topographie gegeben. Das gilt ebenso für das lat. Mönchtum, auch wenn hier die geogr. Gegebenheiten anders sind. Die abendländ. W. ist der →Wald (tief, unzugängl.; eher für Tiere als für Menschen geeignet), die unwirtl. Berglandschaft (Ennodius, Vita Antonii 25, 32: montana solitudo), der gepflegte Landaufenthalt (Hieronymus, Ep. 44, 3: secreta ruris), auch die Stadtnähe (»Suburbanus«, schon vor Joh. Cassian, Conl. Patrum 18, 5 für die Anfänge des Mönchtums beansprucht).

Die Forderung der Abgeschiedenheit, Trennung von Stadt und bewohnter Welt bleibt im MA programmat. erhalten. Die Lit. betont deshalb die Kl.gründung »in eremo/in desertis«. Die monast. Reformbewegungen setzen mit dem Aufbruch in die W. ein (z. B. 1098 Cîteaux = W. [heremus]), ob der Dichte des Waldes und der Dorngestrüppes für Menschen unzugängl.). Die neuen Orden des MA, die auf die Stadt bezogen sind, bleiben unter der Anziehung der W. (z. B. Franziskus v. Assisi, Regel für die Brüder in den Einsiedeleien); im späten MA entstehen wieder einige Eremitenorden; die →Kartäuser finden mit ihrer solitudo vita im 14. Jh. ihre größte Ausbreitungswelle. 1366 veröffentlicht →Petrarca seine Erbauungsschrift »De vita solitaria«. In der gleichen Zeit wird die ägypt. W. im sog. Thebaisbild beliebtes Sujet der Malerei.

K. S. Frank

Lit.: J. LECLERQ, 'Eremus' et 'eremita'. Pour l'hist. du vocabulaire de la vie solitaire, COCR 65, 1963, 8–30 – P. ENGELBERT, Die Vita Sturmi des Eigil v. Fulda, 1968 – J. B. AUBERGER, L'unanimité cistercienne primitive: mythe ou réalité, 1986 – F. PRINZ, Frühes Mönchtum im Frankenreich, 1988² – M.-E. BRUNERT, Das Ideal der W.naskese und seine Rezeption in Gallien bis zum Ende des 6. Jh., 1994 [Lit.] – G. JENAL, Italia ascetica atque monastica, 1995.

Wusterwitz, Engelbert, Chronist, * um 1385, Brandenburg, † 5. Dez. 1433, ebd., ▭ ebd., St. Katharina; 1404 angebl. in Rom, zugleich immatrikuliert in Erfurt, 1406 in Prag (jurist. Fakultät), dort 1407 Baccalarius (wahrscheinl. in decretis). Seit 1410 als Schiedsrichter belegt, vermutl. im Dienst des Bf.s v. Brandenburg (Clericus, Notar des Offizials?), wurde er um 1416/17 Stadtschreiber (Selbstbezeichnung als Syndicus 1418 und Magister 1418/20) in Magdeburg; wirkte mit an der Fortsetzung der →Magdeburger Schöppenchronik (Berichtszeitraum 1411–21). Seit 1424/25 Stadtschreiber in der Neustadt Brandenburg, 1427 Offizial des Bf.s v. Halberstadt (erwähnt mit Magister-Titel), kehrte er 1428 nach Brandenburg zurück und schrieb ein Memoriale, das zu den Anfängen märk. Chronistik zählt.

M. Kintzinger

Ed.: W. RIBBE, Die Aufzeichnungen des E. W., 1973 – Chr. dt. Städte VII, 331–358 – Codex diplomaticus Brandenburgensis, ed. A. F. RIEDEL, 1848–49, IV, 1, 23–45, 192–200 – Lit.: ADB XXIV, 371 – DBI I, 1399, 241 – Verf.-Lex. IV, 1104–1106 [Verf.-Lex.² X, in Vorber.].

Wüstung

I. Archäologie – II. Historische Geographie.

I. ARCHÄOLOGIE: [1] *Begriff und allgemein:* In der archäolog. Forsch. gibt es weder in sachl. noch in zeitl. Hinsicht einen allg. anerkannten W.sbegriff (vgl. Abschnitt II, 1). Während die einen nur schriftl. überlieferte aufgegebene Orte des MA berücksichtigen, werden von anderen alle verlassenen Siedlungen von der Römerzeit bis in die Gegenwart zu den W.en gezählt. Die Beschränkung auf schriftl. überlieferte Orte ist unhaltbar, da eine hist. Erscheinung nicht nach der mehr oder weniger zufälligen Bezeugung durch schriftl. Q.n definiert werden kann. Schwieriger ist die zeitl. Abgrenzung. Hier sollte man erst von dem Zeitpunkt an von einer W. sprechen, wenn die Siedlung insgesamt ortsfest geworden ist, was in Europa, zeitl. gestaffelt, durchweg seit dem frühen MA der Fall war. Lediglich in Teilen des ehem. Röm. Reiches sind auch im ländl. Bereich in geringem Umfang durchlaufende Siedlungen zu konstatieren.

Archäolog. W.suntersuchungen, die unter Einbeziehung von Luftbildern, Bodenanalysen, geophysikal. Messungen und anderen naturwiss. Methoden durchgeführt werden, geben wichtige Aufschlüsse zu Größe und Aussehen sowie zur wirtschaftl. und sozialen Struktur und zum Alltagsleben des ma. →Dorfes. Sie können aber nur wenig zum eigtl. Gegenstand der W.sforsch. beisteuern. Ihr wichtigster Beitrag besteht daher in der Feststellung schriftl. nicht überlieferter W.en, des Zeitpunktes ihrer Entstehung, ihrer inneren Entwicklung und ihrer Aufgabe und damit der Aufstellung von W.sperioden, was v. a. für ältere Zeiten mit anderen Mitteln nicht möglich ist (vgl. II, 1). In Einzelfällen sind auch direkte Aussagen zu den W.sursachen oder zumindest zum Anlaß für das Verlassen von Dörfern zu treffen wie in →Königshagen im Harzvorland, wo die W. von einer Brandschicht bedeckt ist, oder in Lampernisse im heut. Belgien, wo ausgedehnte Überschwemmungshorizonte ergraben wurden.

[2] *Mitteleuropa:* a) *Dorfwüstungen:* Wichtigstes Ergebnis der archäolog. W.sforsch. in Mitteleuropa ist neben der vollständigen Ausgrabung von Dörfern (z. B. Pfaffenschlag, Mstěnice, Hohenrode, Gommerstedt, Königshagen) die Herausarbeitung von W.sperioden vor der Zeit des späten MA. Dabei ergibt sich, daß das ganze MA hindurch Neugründungen und W.svorgänge parallel liefen und sich gegenseitig durchdrangen. Schwerpunkte der W.sbildung lagen im karol.-frk. Reichsgebiet zw. dem Ende des 8. und dem Beginn des 10. Jh., in ganz Mitteleuropa zw. dem Ende des 11. und dem Anfang des 13. Jh. sowie im 14./15. Jh. Darüber hinaus weisen viele Regionen Verschiebungen und »individuelle« W.sphasen auf

(vgl. II, 2). Bes. Bedeutung kommt der Archäologie infolge der spät einsetzenden schriftl. Überlieferung im Gebiet der dt. →Ostsiedlung zu, wo sie viele anderweitig nicht bekannte W.en erfaßt. Hier werden im Altsiedelland im Zusammenhang mit dem Zuzug von Neusiedlern und der Gründung neuer Dörfer (→Landesausbau und Kolonisation) viele slav. Siedlungen aufgegeben. In NO-Dtl. ist der W.squotient, d. h. das Verhältnis aufgegebener Siedlungen zur ursprgl. Gesamtzahl, teilweise doppelt so hoch wie aus den Schriftq.n erschließbar ist. Nachzuweisen ist auch die Beteiligung der aus den betreffenden Orten stammenden slav. Bevölkerung an der Errichtung neuer Dörfer und Städte.

Bei der Unters. ganzer Siedlungskammern zeigt sich häufig, daß die Aufgabe von Siedlungen nicht Ergebnis eines echten W.sprozesses ist, der mit einer Abnahme der →Bevölkerung verbunden sein müßte, sondern aus Ballungsprozessen oder Siedlungsverlagerungen resultiert. Insbes. in der Umgebung von Städten ist vielfach ein hoher W.santeil zu verzeichnen, dessen Zusammenhang mit der Stadtentstehung archäol. nachweisbar ist. So sind im westfäl. Raum des →Hellwegs die Städte in ihrem unmittelbaren Umfeld von einem Kranz im 13. Jh. vollständig aufgegebener Orte umgeben, während außerhalb der Stadtfeldmarken die Entsiedlung ihren deutl. Schwerpunkt im 14. Jh. hat.

Auch partielle W.serscheinungen, d. h. die Verkleinerung von Siedlungen, sind vielfach nur archäol. faßbar, ebenso wie eine stärkere zeitl. Differenzierung des gesamten Vorganges. Nach Kartierungen der Keramik setzte im s. Weserbergland die Entsiedlung Mitte des 12. Jh. mit der Aufgabe einzelner Hofstellen ein. Nach 1200 verstärkte sie sich. In der 2. Hälfte des 13. Jh. wurden erstmals ganze Orte verlassen. Den Höhepunkt erreichte dieser Prozeß um die Mitte des 14. Jh., um gegen 1400 auszuklingen.

Eine Besonderheit bilden aus einfachen Hütten bestehende W.en in den Alpen, die seit dem 11. Jh. Mittelpunkte saisonaler Almsiedlungen (→Alm) waren und bis in Höhen von 1900 m NN nachgewiesen wurden. Ihre Aufgabe im 14./15. Jh. war offenbar durch einen Wechsel von der auf Selbstversorgung ausgerichteten Milchwirtschaft zu einer für den Export bestimmten Produktion von Fleisch und Käse bedingt, bei der jedoch die Nutzung der Weideflächen erhalten blieb.

b) *Stadtwüstungen:* Einen wichtigen Beitrag leistet die Archäologie zur Erforschung wüstgewordener städt. Siedlungen. Dabei handelt es sich sowohl um Stadtverlegungen (z. B. Kolová und Tisová in Böhmen als Vorläufer von Kynšperk nad Ohří und Staré Mýto, Freyenstein/Prignitz) als auch um aus den Schriftq.n bekannte Städte (z. B. Stoppelburg/Niedersachsen, Landsberg b. Wolfhagen/Hessen, Rockesberg-Altstadt b. Unteriflingen/Württemberg, Hradišt'ko u Davlc/Böhmen). Bes. Bedeutung erlangte der Nachweis schriftl. z. T. nicht überlieferter →Bergstädte, z. B. im Erzgebirge, wo v. a. die Anlage auf dem Treppenhauer bei Sachsenburg wichtige Einblicke in die Struktur einer solchen Stadt bietet (vgl. II, 2).

c) *Wüstungsfluren:* Die Aufnahme wüster →Fluren im Gelände und auf Altkarten ist vornehml. Sache der Geographie, jedoch leistet die Archäologie wichtige Beiträge zu ihrer Datierung, indem sie die Aufgabe der zugehörigen Dörfer und damit den Zeitpunkt festlegt, aus dem das zugehörige Flurbild stammt. So konnte wahrscheinl. gemacht werden, daß die vielfach anzutreffenden Hoch- oder Wölbackerfluren nicht auf die Zeit vor dem hohen MA zurückzuführen sind (vgl. II, 1).

[3] *West- und Nordeuropa:* In *Frankreich* spielt in den letzten Jahrzehnten die archäolog. Erforschung des ma. Dorfes eine große Rolle, wobei die Siedlungsgrabungen des frühen MA (z. B. Brebières) die des späten MA um ein Mehrfaches übertreffen. Allerdings wird die Frage nach den W.sprozessen und ihren Ursachen kaum gestellt. Als wichtigstes Ergebnis kann herausgestellt werden, daß die frühen W.en, insbes. der Merowingerzeit, in eine Periode allg. Siedlungsausweitung fallen und ihren Grund wohl nicht in echten, mit einem Bevölkerungsrückgang verbundenen W.svorgängen haben, sondern in einer noch wenig gefestigten Siedlungsweise mit relativ geringer Wohnplatzkonstanz. Die jüngeren W.en hingegen fügen sich in den ganz Europa umfassenden Prozeß des späten MA ein, erreichten jedoch nicht den Umfang wie in den Nachbarländern.

In *England,* wo bereits 1952 eine »Deserted Medieval Village Research Group« gegr. wurde und die vollständig ausgegrabene W. →Wharram Percy zu den am besten untersuchten Objekten in Europa gehört, ist die Erforschung der W.en in den bäuerl. Gesellschaften als Ganzes eingebettet, indem neben den Wohnplätzen selbst insbes. die Gemarkungen, die Ressourcen und die Agrarnutzung in die Betrachtung einbezogen werden, wobei die weitverbreitete Umwandlung von Acker- in Grünland die Erhaltung von Flurrelikten erhebl. begünstigt hat. In den ländl. Siedlungen besteht eine grundsätzl. Unterscheidung zw. *nucleated* und *dispersed settlements*, also größerer, zentraler und kleiner, verstreut liegender Siedlungen. In der Verbreitung zeigen sich starke regionale Unterschiede, aber auch eine starke Durchdringung und vielfache Wandlungen. Der mit dem Auflassen vieler Kleinsiedlungen verbundene Konzentrationsprozeß zu den »nucleated settlements« hat in der Regel im 9.–12. Jh. stattgefunden, ohne daß damit alle »dispersed settlements« verschwunden wären. Ein deutl. Zusammenhang zeichnet sich zw. der Bevölkerungsentwicklung und der Art der Siedlung ab: bei Bevölkerungszunahme geht die Tendenz zu einer Konzentration, bei Abnahme zur Vereinzelung.

In *Skandinavien* wurde 1969–82 ein interdisziplinäres nord. Historikerprojekt »W.en und Kolonisation in den nord. Ländern 1300–1600« durchgeführt mit dem Ziel, auf einer einheitl. method. Basis vergleichbare Grundzüge herauszuarbeiten, jedoch erwies sich die Entwicklung in den einzelnen Landschaften als sehr differenziert. So ist in Dänemark bis ins MA durchweg mit einer regelmäßigen Verlegung der Wohnplätze zu rechnen. Es handelte sich also nicht um echte W.en, sondern um Siedlungsverlegungen, während Ortskonstanz erst zw. 1200 und 1400 erreicht wurde. In Norwegen zeichnen sich zwei deutl. W.sperioden im 6. Jh. und im späten MA ab, denen jeweils etwa die Hälfte der Höfe zum Opfer fielen. Auch die Wikingerzeit zeigt eine stärkere W.shäufigkeit. Es wird vermutet, daß die W.sgebiete eine landwirtschaftl. Ressource darstellten, die nur aufgesucht wurde, wenn die Bewohner durch einen Bevölkerungsdruck dazu gezwungen waren. In Skandinavien wurden auch die Fluren in die archäolog. Untersuchungen einbezogen. Hervorzuheben ist die W. Borup auf Seeland, wo auf einer Fläche von rund 50 ha die ma. Flurstruktur detailliert nachgewiesen werden konnte. Die Anordnung der Felder begrenzenden Steinreihen weist auf eine planmäßige Aufteilung der Flur in einer Form hin, die mit Hilfe hist. Karten nicht hätte erschlossen werden können. Nach dem Wüstwerden von Borup wurde die Fläche vom Nachbardorf aus in Wölbackerbau bewirtschaftet.

E. Gringmuth-Dallmer

Lit.: W. Janssen, Studien zur W.sfrage im frk. Altsiedelland zw. Rhein, Mosel und Eifelnordrand, 2 Bde, 1975 – Ders., Dorf und Dorfformen des 7. bis 12. Jh. im Lichte neuer Ausgrabungen in Mittel- und N-Europa (Das Dorf der Eisenzeit und des frühen MA, hg. H. Jankuhn u. a., 1977), 285-356 – H.-G. Stephan, Archäol. Studien zur W.sforsch. im s. Weserbergland, 2 Bde, 1978/79 – Archéologie du village déserté, 2 Bde, 1980 – S. Gissel, E. Jutikkala, E. Osterberg u.a., Desertion and Land Colonisation in the Nordic Countries c. 1300-1600, 1981 – M. Richter, Hradišt'kou Davle, městečko ostrovského kláštera, 1982 – A. Steensberg, Borup A. D. 700-1400. A Deserted Settlement and its Fields in South Zealand, Denmark, 1983 – M. Beresford, The Lost Villages of England, 1987³ – B. K. Roberts, The Making of the English Village, 1987 – H. Steuer, Standortverschiebungen früher Siedlungen – von der vorröm. Eisenzeit bis zum frühen MA (Person und Gemeinschaft im MA [Fschr. K. Schmid, hg. G. Althoff u. a., 1988], 25-59 – R. Bergmann, Die W.en des Geseker Hellwegraumes, 1989 – M. Beresford-J. Hurst, Wharram Percy. Deserted Medieval Village, 1990 – W. Meyer, Siedlungsprozesse in den Schweizer Alpen vom HochMA bis in die frühe NZ (Siedlungsforsch. Archäologie-Gesch.-Geographie 8, 1990), 157-164 – Ch. Plate, Stadtw.en in den Bezirken Potsdam und Frankfurt (Oder). Archäol. Stadtkernforsch.en in Sachsen, 1990, 197-215 – E. Gringmuth-Dallmer, Landesausbau und W.sgeschehen (Mensch und Umwelt, hg. H. Brachmann-H.-J. Vogt, 1992), 209-217 – W. Schwabenicky, Hochma. Bergstädte im sächs. Erzgebirge und Erzgebirgsvorland (Siedlungsforsch. Archäologie-Gesch.-Geographie 10, 1992), 195-210 – T. Velímský, Zur Problematik der Stadtgründung des 13. Jh. in Kynšperk nad Ohří (Königsberg), Památky Archeologikké 83, 1992, 105-148 – R. Bergmann, Zw. Pflug und Fessel. Ma. Landleben im Spiegel der W.sforsch., 1993 – Ders., Q.n, Arbeitsverfahren und Fragestellungen der W.sforsch. (Siedlungsforsch. Archäologie-Gesch.-Geographie 12, 1994), 35-68 – L'habitat rural du haut MA (France, Pays-Bas, Danemark et Grande-Bretagne), éd. C. St. Lorren-P. Perin, 1995 – J.-M. Pesez, Sur l'archéologie rurale en France septentrionale – quelques questions en guise de bilan, Ruralia I, 1996, 171-175.

II. Historische Geographie: [1] *Begriffe, Forschungsansätze:* W. ist eine Siedlung (Ortsw.), agrar. Wirtschaftsfläche (Flurw.) oder Industrieanlage (Industriew.), die teilweise oder ganz aufgegeben wurde. Unterschieden werden in der wiss. Terminologie: Temporäre W./permanente W.: 1. partielle totale Ortsw.; 2. partielle totale Flurw. (= W.sflur). Totale Ortsw. + totale Flurw. = totale W.

W.en hat es, soweit der Mensch feste Ansiedlungen besitzt, zu allen Zeiten gegeben, doch war die Entstehung der meisten an bestimmte Länder, Landschaften und Zeiten gebunden (vgl. Abschnitt I, 2, a), insbes. an das späte und ausgehende europ. MA. Bei der Forsch. sind Mehrdeutigkeit und unvollkommene Präzision des W.sortschatzes der Q.n und sein Unterschied zur ausgefeilten Terminologie heutiger Arbeiten zu beachten. In ma. Urkk. werden W.en u. a. gekennzeichnet durch: desolatio, desertum, desolatum, villa desolata/deserta/omnino inculta; ligna, que surrexerunt in agris (= Flurw.), wôst(en)unge, wôsteni(e), predium sterile et incultum; in Zinsregistern und Urbaren auch: vacat, nichil vult dare, quondam fuerunt x predia. Ohne zusätzl. Indizien bleiben Qualität und Quantität der W.en unbestimmt. Von Krisenw.en sind Ortsverlagerungen bei Erhaltung des Namens und der Siedlungssubstanz (vgl. I, 2, a) und reine Namensveränderungen mit Konstanz der Ortsstätte zu unterscheiden. Ein »wüester hof«, im Dorf oder isoliert gelegen, war oft ohne Bewohner, d. h. mehr oder weniger intakt, aber unbesetzt, wobei sich die zughörigen Nutzflächen außer Kultur oder in Kultur befanden und verkäufl. sein konnten. Zu adligen →Lehen gehörten oft W.en oder ihre Teile mit Wiesen, Äckern, Wald, Gericht und sonstigen Rechten. Selten sind genauere Beschreibungen des Zustands. Indirekte Indizien dafür sind u. a. Jahreszinsen, Verkaufs- und Pachtpreise.

Flurwüstungen (vgl. I, 2, c) haben im Gelände häufig Relikte hinterlassen, die allein oder zusammen vorkommen: Lesesteinhaufen und -reihen, Stufenraine (= Hochraine), Wölbäcker (= Hochäcker). Die Kartierung einer W.sflur unter Wald oder Heide liefert eine Parzellenkarte, deren besitzrechtl. Interpretation oft problemreich ist. Wichtige Hinweise auf die Land- und Tiernutzung geben die Pollen- und die zooarchäolog. Knochenanalyse. Seltener sind Relikte auf *Ortswüstungen*, etwa von Kirchen oder Kapellen, Hauspodeste, Hüttenlehm, Keramik. Da es auch prä- und postma. W.en gibt, ist eine Datierung allein nach oberflächl. Relikten oft unmöglich. Wichtige Hinweise liefern Überreste im Boden, namentl. Keramik, seltener andere Gebrauchsgegenstände, Münzen und Friedhöfe mit Knochen.

Im MA sind in allen Jahrhunderten W.en entstanden, die ersten massenhaft in der Völkerwanderungszeit im ehemals röm. besetzten Mitteleuropa (vgl. I, 2, a). Nur regional übertrifft die Zahl der hochma. W.en die des SpätMA, bleibt aber erhebl. unter damaligen Siedlungsgründungen zurück. Seit 1300 ist insgesamt in Mitteleuropa die Masse der ma. W.en entstanden, regional verbunden mit einer erhebl. Ausdehnung des Waldes und von Ödland über agrar. Nutzflächen und mit dem Fehlen von Neusiedlungen. In einzelnen Territorien Mitteleuropas begann bereits um 1450 eine mit Neusiedlung und -rodung verbundene Ausbauphase. In ihr sind viele Wald, Heide und →Rodung anzeigende Flurnamen entstanden, die fälschl. der hochma. Rodeperiode zugeordnet werden. Ein längerer Zeitraum mit gehäuftem Auftreten von W.en wird *Wüstungsperiode* genannt. Der W.squotient bezeichnet den prozentualen Ortschaftenverlust und errechnet sich aus der Wohnplatzzahl am Beginn einer W.speriode und der verminderten an ihrem Ende. Der von Abel für den Gebietsstand Dtl.s 1933 ermittelte spätma. W.squotient von etwa 26, bei ca. 46000 W.en, bezeichnet nur die ungefähre Größenordnung und faßt W.en ganz unterschiedl. Kausalität, Qualität und regionaler Menge zusammen. Der W.squotient wird in der Regel allein auf die Zahl der überdauernden Siedlungen und der W.en bezogen. Wo jedoch zahlreiche, regional die meisten W.en Kleinsiedlungen gewesen sind und die überdauernden Siedlungen größer waren, erscheint ohne eine Differenzierung das Ausmaß des Verlustes überdimensioniert. Regional sind während der spätma. W.speriode auch in überdauernden Dörfern Bauernbetriebe eingegangen. Weitgehend war der W.svorgang, bezogen auf den Jahresdurchschnitt des Siedlungsverlustes, nur ein tropfenweiser Prozeß, so daß sich auch daraus die Theorie einer spätma. →Agrarkrise (vgl. →Deutschland, G. III, 3) relativiert. In vielen europ. Ländern ist es im späten MA ebenfalls zur Entstehung zahlreicher W.en gekommen, wenn auch bislang den dt. vergleichbare landesweite Ermittlungen kaum vorgelegt worden sind.

[2] Für die *Ursachenforschung* gilt, daß ebenfalls die Siedlungs- und Nutzflächenentwicklung in ihrer Einbettung in die wirtschaftl., polit. und gesellschaftl. Rahmenbedingungen vor und nach einer W.speriode zu beachten ist. Die seit 1854 zahlreichen regionalen W.sverzeichnisse liefern, da in der Regel Lokalisation und hist. Daten der W.en im Vordergrund stehen, für sich allein kaum eine Ursachenerklärung, zumal zeitgenöss. Begründungen selten sind. Bemerkenswert sind

von Land zu Land erhebl. Unterschiede in der Chronologie und den Ursachen der W. en, so daß es keine europaweite Einheitlichkeit in Zeitstellung, Verlauf und Ursächlichkeit ma. W.sprozesse gibt. Sogar innerhalb der europ. Territorien und Länder bestehen erhebl. Diskrepanzen. Eine europaweit gültige Universalerklärung für die ma. W.en müßte so stark vom Regionalen abstrahieren, daß sie wenig aussagt. In der Regel interferieren bei der W. sentstehung mehrere Faktoren, oft unterschiedl. Gewichts. Das betrifft auch die seit den 1940er Jahren zunächst von ABEL vertretene, lange dominierend gewesene Agrarkrisentheorie. Ihre Mängel sind jedoch: W.sperioden unterschiedl. Zeitstellung (z. B. Nordhessen 1300–1450, S-Ostpreußen 1450–1525) und Kausalität werden ohne hinreichende Differenzierung zusammengefaßt, insbes. regionale Besonderheiten mit ihren spezif. Steuerungsfaktoren zu gering berücksichtigt; der Unterschied zw. Markt- und Interventionspreisen wurde nicht hinreichend beachtet; bei den Löhnen ist zu wenig nach der Qualität der bearbeiteten Gegenstände unterschieden worden (vgl. DOLLE, Lit.). Daher ist die Agrarkrisentheorie in ihrer stringenten und universellen Form als Erklärung erhebl. zu relativieren, behält jedoch für die vordringl. Regionalstudien ihren heurist. Wert. Bei Erklärungen mit den Faktoren Boden und Klima ist deren Variabilität in der Zeit (→Deutschland, F; →Umwelt) und die Interferenz mit demograph., wirtschaftl., rechtl. und polit. Umständen beachtenswert. Verbreitete Ursachen, die aber erst zusammen mit regional-spezif. Vorgängen zu einem hohen W.santeil führten, waren die in der Agrarkrisentheorie enthaltenen Seuchen (→Epidemien, →Pest, →Malaria) in Verbindung mit der Verminderung der →Bevölkerung und sinkenden Getreidepreisen. Regional wesentl., schon im älteren Schrifttum gen., und in neueren Arbeiten als mitwirkende Faktoren erneut betont, waren Fehden, Klein- und Großkriege und die Wirtschaftspolitik, auch der Niedergang, öfter das Erlöschen von →Grundherrschaften (→Kloster) und ihre Integration in die sich konsolidierenden Territorialstaaten. Erhebl. Siedlungskonzentrationen (Synoikismen) im Siedlungsgefüge sind durch Gründungen von Städten herbeigeführt worden, namentl., wenn sie in der Mark eines älteren Dorfes (Orts- oder Flurname »altes Dorf«) erbaut wurden und deren Bewohner in die Stadt zogen (vgl. I). Noch stärker wirkten entwickelte und befestigte Städte auf die W.sbildung ihres Umlandes (→Zentralität). Die Zusammenlegung von Dörfern (Ballungen) konnte sich auch aus der Einführung neuer Bodennutzungssysteme ergeben. Sondergemeinden, die sich in Städten nach benachbarten nannten (W.sgemeinde, -genossenschaft), sind teils durch Übersiedlungen von deren Bewohnern entstanden, teils erst als spätere, die ehemalige W.sflur nutzende Genossenschaften. Zahlreiche Höhenburgen waren mit zugehörigen Gutshöfen oder Dörfern genet., funktional und besitzrechtl. eng verbunden und sind zusammen im ausgehenden MA wüst geworden. Im mediterranen Raum führten das Streben nach Sicherheit und die anthropogen bedingte Ausbreitung der Malaria im Tiefland zur Aufgabe von Siedlungen und zur Vergrößerung oder Neuanlage von Höhensiedlungen. In Skandinavien und höheren Gebirgen, wie den Alpen, waren die spätma. Verschlechterung des →Klimas und das damit verbundene Absinken der Siedlungs- und Kulturlandgrenze neben wirtschaftl. Faktoren wesentl. für die W.sentstehung.

Der Begriff 'Fehlsiedlungen' wird in der Regel ohne genauere Definition und oft ohne hinreichende Belege gebraucht. Dabei wird nicht beachtet, daß eine Fehlsiedlung dann nicht vorliegt, wenn sich das zur Ortsgründung aufgewandte Kapital amortisiert hatte. Das ist zumeist der Fall, wenn die Siedlung mehreren Generationen Unterhalt gewährte. Die Fehlsiedlungstheorie, die vornehml. zur Erklärung gehäufter W.en in Sandgebieten und Gebirgen vertreten wird, versagt in der Regel ohne Verknüpfung mit anderen Erklärungen, wie u. a. Düngerkrise, Klimawandel, Bevölkerungsbewegung, Aufwands-Ertragsrelation.

Unter den ma. *Stadtwüstungen* stehen in Mitteleuropa an erster Stelle →Bergstädte (z. B. im Schwarzwald und in Sachsen) des 13. Jh. (vgl. I, 2, b). Sie wurden überwiegend mit dem Verfall des Edelmetallbergbaus nach der Mitte des 14. Jh. verlassen. Einen bes. W.styp bilden in Frankreich die im 13./14. Jh. entstandenen, großenteils »Minderstädte« gewesenen →*villes neuves* et →*bastides*.

[3] Die landschaftl., wirtschaftl. und gesellschaftl. *Folgen des Wüstungsvorganges* sind vielfältig und regional nach Qualität und Quantität ungleich verteilt. Bes. Beachtung verdienen die permanenten W.en. Manche nw.-dt. Landschaften mit wenigen W.en sind kaum verändert worden. Am stärksten betroffen vom W.sprozeß waren viele Regionen im mittleren und w. Dtl., wo es Ortschaftenverluste von ca. 40–80% gibt, aber die Wiederbesiedlungen des 16. und 17. Jh. maximal nur etwa 10–12% der ma. W.en erreichten. Damit blieb die Siedlungszahl erhebl. vermindert und große Teile der verwaldeten Fluren wurden nicht wieder gerodet. Sie haben zur Ausdehnung großer territorialer Forsten beigetragen. Das kräftige Wachsen überdauernder Dörfer mit W.en in ihren Gemarkungen beginnt erst im 16. Jh. mit Fortdauern der bäuerl. Gesellschaft. In vielen Teilen des ö. Dtl.s ist, von slav. Siedlungsw.en abgesehen, eine Vielzahl der abgegangenen Orte wieder entstanden, nur z. T. in alter Form. Häufig waren: neue Grundrisse, eine geänderte Feldgliederung, andere agrarrechtl. und -soziale Verhältnisse, insbes. Kleinbetriebe anstelle ma. Bauern. Viele W.en sind wiedererstanden als →Vorwerke von Städten oder Gutsherren mit überwiegendem Ackerbau. Die W.en haben dort zur Ausbildung des ostdt. →Großgrundbesitzes beigetragen. In England, wo der W.svorgang seine Hauptphase um ca. 1450–1550 erreichte, war er jedoch mit einer Gewichtsverlagerung zur Weidewirtschaft verbunden, oft mit Ausdehnung größerer und großer Besitzungen (→England, H. III, 5). In Mitteleuropa diente im 15./16. Jh. die Schafweide als extensives Betriebssystem dazu, W.sfluren offen zu halten und (bis zu erneutem Ackerbau) zu nutzen (→Weide).   H. Jäger

Lit.: Villages Désertés et hist. économique XIe–XVIIIe s. (Les hommes et la terre 11, 1965) – W. JANSSEN, Burg und Siedlung als Probleme der Rhein. W.sforsch., Château-Gaillard 3, 1969, 77–89 – D. DENECKE, W.s- und Wegeforsch. in Südniedersachsen (Führer zu vor- und frühgeschichtl. Denkmälern 17, 1970), 17–33 – Deserted Medieval Villages, hg. M. BERESFORD–J. G. HURST, 1971 – W. ABEL, Die W.en des ausgehenden MA, 1976³ – M. BALZER, Unters. zur Gesch. des Grundbesitzes in der Paderborner Feldmark, MMS 29, 1977 – J. SANDNES–H. SALVESEN, Ødegårds tid i Norge, 1978 – H. JÄGER, W.sforsch. in geogr. und hist. Sicht (VuF 22, 1979), 193–240 – S. GISSEL, The Late Medieval Agrarian Crisis in Denmark (Danish Medieval Hist., New Currents 1, hg. N. SKYUM-NIELSEN–N. LUND, 1981), 238–250 – K. FEHN, Die hist.-geogr. W.sforsch. in Mitteleuropa (Studien und Forsch. aus dem Niederösterr. Inst. für LK, 6, 1983), 1–19 – W. SCHERZER, Symptome der spätma. W.svorgänge, Würzburger Geogr. Arbeiten 60, 1983, 107–121 – P. RÜCKERT, Landesausbau und W.en des hohen und späten MA im frk. Gäuland, Mainfrk. Stud. 47, 1990 – L. ENDERS, Die Uckermark vom 12. zum 18. Jh., 1992 – W. SCHWABENICKY, Die frühen Bergstädte des 13. Jh. (Alter Bergbau in Dtl., hg. H. STEUER–U. ZIMMERMANN, 1993), 92–106 – P. ČEDE, W.sperioden und W.sräume in Österreich, Siedlungsforsch. 12, 1994, 185–199 – E. ČERNÝ, Die hist.-

geogr. Erforschung der wüsten ma. Dörfer im Drahaner Hochland, ebd., 125–141 – D. DENECKE, W.sforsch. als kulturlandschafts- und siedlungsgenet. Strukturforsch., ebd., 9–34 – J. DOLLE, Zu der Theorie einer »spätma. Agrarkrise«, Göttinger Jb. 42, 1994, 55–94 – K. FEHN, W.sprozesse–W.sperioden–W.sräume, Siedlungsforsch. 12, 1994, 341–345 – H. JÄGER, Ma. W.en im frk.-thür. Kontaktraum, Würzburger Geogr. Arbeiten 89, 1994, 149–166 – E. KÜHLHORN, W.en in Südniedersachsen, 4 Bde, 1994ff. – G. MANGELSDORF, Die Ortsw.en des Havellandes, Veröff. der Hist. Komm. Berlin 86, 1994 – V. NEKUDA, Ursachen und Folgen der ma. W.en, dargestellt am Beispiel Mährens, Siedlungsforsch. 12, 1994, 103–111 – J. RENES, W.sprozesse in den Niederlanden zw. 1000 und 1800, ebd., 201–233 – R. SCHUH, Namen und W.sforsch., Namenforsch., 2, 1996, 1713–1719.

Wyclif (Wiclif, Wycliffe), **John**, engl. Gelehrter, Philosoph, Theologe, Kirchenreformer, * ca. 1330, † 31. Dez. 1384, ◻ Lutterworth (Lincolnshire). [1] *Leben:* W., wahrscheinl. Mitglied der in Richmondshire ansässigen Familie der Wycliffe sowie ident. mit einem der beiden Johannes ... de Wykliff, die gemeinsam zw. 12. März und 24. Sept. 1351 in der Erzdiöz. York die drei höheren Weihen empfangen hatten, studierte an der Univ. Oxford, wo er 1356 als Bakkalaureus art. und Steward des Merton College nachweisbar ist. Spätestens im Mai 1360 stand er als Mag. art. dem Balliol College vor, legte dieses Amt aber 1361/62 nieder. Bereits Kirchenrektor von Fillingham (Lincolnshire) und Präbendar in Westbury-on-Trym (bei Bristol), erhielt W. am 29. Aug. 1363 die Erlaubnis, Theologie zu studieren. 1365 wurde er Vorsteher des Canterbury College, 1367 aber von den dortigen Mönchen seines Amtes enthoben. Vergebl. appellierte er an die päpstl. Kurie, und 1370 wurde seine Entlassung definitiv. Diese Entscheidung förderte wahrscheinl. seine spätere Abneigung gegen Papsttum, Hierarchie und Mönchtum. Während seiner weiteren Oxforder Jahre wohnte W. vorwiegend im Queen's College. 1369 war er Bakkalaureus, 1372/73 Doctor theol.

Zu diesem Zeitpunkt waren alle seine Hauptwerke im Bereich von Logik und Philosophie, deren präzise Reihenfolge und Datierung noch ungeklärt ist, abgeschlossen. Danach widmete er sich immer stärker theol. wie ekklesiolog. Themen. Sein 1371–76 entstandener Komm. über die ganze Bibel (»Postilla super totam Bibliam«) war der einzige dieser Art zw. →Nikolaus v. Lyra (30. N.) und der Reformation (→Bibel, B.I, 2.e). Die Wiederentdeckung um 1950 stellte W.s Bedeutung als Exeget unter Beweis. Während der gleichzeitig mit William →Woodford abgehaltenen Sentenzenlesung (ca. 1370/71) kam es zu einer freundschaftl. Auseinandersetzung um die metaphys. Grundlagen der doppelten Substanz in W.s späterer Eucharistielehre. Ebenso kam es zu Kontroversen mit Johannes Kenningham (OCarm) wegen W.s Vorlesung »De Benedicta Incarnatione« sowie mit Johannes Uthred v. Boldon (OSB) u. a. wegen W.s Lehre von Herrschaft und Gnade, die er weitgehend von Richard →FitzRalph übernommen hatte.

W. erhielt mehrere Pfründen, darunter ein umstrittenes Kanonikat am Dom v. Lincoln, sowie am 7. April 1374 die Pfarre Lutterworth (Lincolnshire), die er bis zu seinem Tod innehatte. Er soll darüber enttäuscht gewesen sein, daß ihm 1373 nicht das vakant gewordene Bm. Worcester übertragen wurde. Bereits 1371 war W. im Parliament anwesend und wurde als peculiaris regis clericus, wahrscheinl. durch Vermittlung →Eduards d. Schwarzen Prinzen bzw. von →John of Gaunt, Hzg. v. Lancaster, in den kgl. Dienst aufgenommen. Im Sommer 1374 wirkte W. als engl. Gesandter bei den Verhandlungen mit dem päpstl. Nuntius in Brügge. 1376 wurde er im Namen des Kg.s aufgefordert, in London gegen die Allianz zw. dem Bf. v. Winchester, William →Wykeham, und dem »Good Parliament« zu predigen. Der Versuch des Episkopats, ihn dafür gerichtl. zu belangen, schlug fehl. Nach Befragung durch den kgl. Rat sprach sich W. für das Recht der engl. Krone auf Selbstverteidigung aus, um einen auf päpstl. Anordnung erfolgenden Abfluß von Vermögen ins Ausland zu verhindern. In London fand W. zahlreiche Anhänger, weil er die Interessen der Laienmacht, v. a. in bezug auf die Besteuerung des Klerus, unterstützte. Auf Intervention der Benediktiner verurteilte Papst Gregor XI. am 22. Mai 1377 18 Thesen W.s und ordnete seine Gefangennahme und Untersuchung an. Doch kam es v. a. wegen der Unterstützung durch die Univ. Oxford sowie die Kgn.mutter lediglich. zu einer Aufforderung an W., weder im Hörsaal noch auf der Kanzel Meinungen zu äußern, welche Anlaß zum Skandal geben könnten.

1379 verfaßte W. »De officio Regis«, »De Potestate« und »De Ordine Christiano«, wobei seine radikale Position im Hinblick auf weltl. wie päpstl. Macht immer deutlicher wurde. Das 1379 gefertigte Werk »De Eucharistia« sorgte für eine tiefe Kluft zw. W. und den ihn bis dahin unterstützenden Bettelorden sowie weiten Kreisen der Weltgeistlichkeit in Oxford. Der Kanzler der Univ. bestellte daher 1380 eine theol. Expertenkommission, die mit schwacher Mehrheit W.s Eucharistielehre für häret. erklärte, woraufhin dieser mit einer am 10. Mai 1381 veröffentlichten Confessio erwiderte und sich nach Lutterworth zurückzog. Dort verfaßte er »De Blasphemia«. In Oxford hinterließ W. zahlreiche Anhänger, die auch nach seinem Tod für ein Weiterleben seiner Lehre sorgten. Der neue Ebf. v. Canterbury, William →Courtenay, setzte eine weitere Kommission ein, die am 17. Mai 1382 im Londoner Dominikanerkonvent tagte (»Erdbebensynode«), um W.s Lehrmeinungen – ohne ihn persönl. anzuhören – erneut zu verurteilen. W. legte dem Parliament dagegen ein eigenes Memorandum vor. Im Nov. 1382 erlitt er in Lutterworth einen Schlaganfall, konnte aber weiter schreiben und stellte seinen »Trialogus« fertig. Am 31. Dez. 1384 starb er nach einem zweiten Schlaganfall. W.s Begräbnisstätte in Lutterworth ist nicht mehr vorhanden. Nach mehreren Aufforderungen, den Leichnam des 1415 vom Konzil v. →Konstanz als Ketzer postum Verurteilten zu exhumieren, ließ endl. 1428 der Bf. v. Lincoln, Richard Fleming, W.s Gebeine verbrennen, die Asche aber im Fluß Swift verstreuen.

[2] *Lehre und Wirkung:* Als Philosoph war W. Anhänger der Via antiqua (→Antiqui-moderni) und galt somit im metaphys. Universalienstreit als extremer Realist. Im Hinblick auf Prädestination und das Kontingenz-Prinzip (contingentia futura) sowie auf die aristotel. Kategorien von Quantität, Qualität und Substanz sorgte er für Kontroversen. Aus letzterer ergaben sich Probleme mit der Abendmahlslehre (→Abendmahl, III): W.s Hauptschwierigkeit bestand in der Unvereinbarkeit der Lehre von der →Transsubstantiation, die eine völlige Umwandlung der Substanzen Brot und Wein annahm, mit seinem Realismus. Er plädierte für die figurative Präsenz Christi in der Eucharistie und entwarf dabei eine Remanenztheorie. – W. verstand sich als Prophet, der dem Volk Gottes v. a. mit Hilfe des AT eine Heilsbotschaft zu vermitteln hatte. Seine Kritik am Papsttum ließ er mit der →Konstantinischen Schenkung einsetzen und mit Innozenz III. (1198–1216) als Förderer der →Bettelorden und Gregor IX. (1227–41) als →Dekretalisten einen Höhepunkt erreichen; durch sie das bis dahin bestehende Gleichgewicht zw. Krone und Episkopat zerstört worden. Die von Richard FitzRalph teilweise und nicht unkrit. übernommene Lehre von

Herrschaft und Gnade interpretierte W. allmähl. so, daß die Kirche seiner Zeit samt Papst, Kard.en, Bf.en und Ordensleuten wegen ihrer Sündhaftigkeit dieser Gnade nicht würdig sei. Somit stellte er die Gesamtstruktur der Hierarchie in Frage und forderte eine Kirche ohne weltl. Besitz und Grundherrschaft nach apostol. Vorbild. Diese sollte unter dem Schutz der weltl. Gewalt stehen. Durch die Betonung der Hl. Schrift als autoritativer Grundlage des Glaubens entwickelte W. eine Lehre der 'Sola scriptura': Seine Schriftauslegung beschränkte sich nicht auf den einfachen Literalsinn, sondern war durch philos. Realismus geprägt. Obwohl daran nicht persönl. beteiligt, lieferte W. die Impulse für eine Übers. der Bibel ins Engl. (sog. W.-Bibel; →Bibelübersetzung, XII). Die Hl. Schrift in der Volkssprache sowie das Idealbild einer armen, enteigneten Kirche der kleinen Leute sorgten für W.s Verehrung durch die →Lollarden. Anfang des 15. Jh. wurde seine Lehre auch auf dem Kontinent bekannt. Daraus wurden 45 Conclusiones 1403 in Prag verurteilt und seine Bücher dort sowie in Oxford verbrannt. →Hieronymus v. Prag erwies sich als eifriger Anhänger von W.s Positionen, Johannes →Hus übernahm einige seiner Lehrmeinungen (v. a. im ekklesiolog. Bereich). Seine Schriften sind vorwiegend in Hss. in Böhmen, Mähren und Österreich überliefert. K. Walsh

Ed. und Lit.: W.s Latin Works, ed. The W. Society, 35 Bde, 1882–1922 – H. WORKMAN, J. W. A Study of the English Medieval Church, 2 Bde, 1926 – S. HARRISON THOMSON, The Philos. Basis of W.s Theology, The Journal of Religion 11, 1931, 86–116 – BRUO III, 1959, 2103–2106 – M. HURLEY, Scriptura sola: W. and his critics, Traditio 16, 1960, 275–352 – G. A. BENRATH, W.s Bibelkomm., 1966 – G. LEFF, J. W., the Path to Dissent, JTS NS 18, 1967, 71–82 – W. R. COOKE, J. W. and Hussite Theology 1415–1436, Church History 42, 1973, 335–349 – W. R. THOMSON, The Latin Writings of J. W., 1983 – A. HUDSON, Lollards and their Books, 1985 – A. KENNY, W., 1985 – J. W., Tractatus de universalibus, hg. J. MUELLER, 1985 – J. I. CATTO, J. W. and the Cult of the Eucharist (Stud. in Church Hist. Eccl. Hist. Soc., Subsidia 4, 1985), 269–286 – W. in his Times, hg. A. KENNY, 1986 – From Ockham to W., hg. A. HUDSON – M. WILKS (Stud. in Church Hist. Eccl. Hist. Soc., Subsidia 5, 1987) – A. HUDSON, The Premature Reformation, 1988 – M. WILKS, W. and the Great Persecution (Prophecy and Eschatology [= Stud. in Church Hist. Eccl. Hist. Soc., Subsidia 10], 1994), 39–63 – A. PATSCHOVSKY, 'Antichrist' bei W. (Eschatologie und Hussitismus, hg. DERS.– F. ŠMAHEL, 1996), 83–98 – M. WILKS, W. and the Wheel of Time (Stud. in Church Hist. Eccl. Hist. Soc. 30, 1997), 177–193.

Wyclifiten → Lollarden

Wydeville (Wodeville, Woodville), engl. Familie von kleineren Grundbesitzern, die sich längere Zeit in Grafton Regis (Northamptonshire) ansiedelte und im 15. Jh. in den engl. Hochadel durch zwei adlige Heiraten und den Dienst bei den Lancaster- und York-Kg.en eintrat. *Richard* (* um 1310, † um 1378) vertrat Northamptonshire im Parliament und war Gft.sbeamter. Sein Sohn *John* (* um 1340, † 1400) erwarb durch seine Heirat Ländereien in Buckinghamshire und Bedfordshire und wurde kgl. und parlamentar. Aufgaben auf diese Gft.en aus. *Thomas* (* um 1364, † 1435), der älteste der drei Söhne Johns, schloß sich Richards II. Irlandfeldzug 1399 an. Obwohl er in eine Familie aus Somerset einheiratete, widmete er sich v. a. Northamptonshire. Seinem Halbbruder *Richard* († 1441) verdankte die Familie größeres Ansehen durch seinen hervorragenden Dienst als Soldat in Frankreich unter Heinrich V. und →Johann, Duke of Bedford (18. J.). Er hatte in den 90er Jahren des 14. Jh. dem Earl of Derby (dem späteren Heinrich IV.) gedient und war 1411 im Gefolge von →Thomas, Duke of Clarence (2. Th.), in →Guînes. Seit 1419 begründete er in der Normandie eine erfolgreiche Laufbahn: durch seinen Aufstieg zum Seneschall der Normandie 1421, zum Kämmerer und Generalschatzmeister der Normandie 1423 sowie zum Befehlshaber v. Calais in den 20er Jahren des 15. Jh. und erneut nach Bedfords Tod 1435. Er lebte in Kent und war 1437–39 Kommandant der Burg →Rochester, doch nach dem Tod seines Halbbruders Thomas wurde er Sheriff v. Northamptonshire.

Richard stieg niemals über die Würde eines Esquire des Kg.s auf. Sein gleichnamiger Sohn und Erbe *Richard* (* um 1410, † 1469) wurde 1426 zum Ritter geschlagen. Er erwies sich als bemerkenswerter Turnierkämpfer und diente seit 1433 in Frankreich. Durch seine Verbindung zu Bedford hatte er auch Kontakt zu dessen Witwe Jacquetta v. Luxemburg († 1472), der Tochter des Gf.en v. St-Pol, die er 1436 heiratete. Dieser Verbindung verdankte Sir Richard seinen Status und die Möglichkeit des Aufstiegs. Als →Margarete v. Anjou (6. M.) 1445 nach England kam, um Heinrich VI. zu heiraten, wurde sie von Richard und seiner Frau begleitet, die mit der neuen Kgn. verwandt war. Richard wurde 1448 von Lord Ryvers, 1450 zum Ritter des →Hosenbandordens und zum kgl. Ratsmitglied ernannt. Dank seiner Stellung und seiner Erfahrung wurde er im Okt. 1450 Seneschall v. Aquitanien und war seit 1451 stellvertretender Befehlshaber v. Calais unter dem Duke of Somerset. Richard als treuer Gefolgsmann Heinrichs VI., seine Frau und sein ältester Sohn wurden von Richard →Neville, Earl of Warwick, im Jan. 1460 gefangengenommen, aber später befreit. Obwohl Richard den neuen Kg. bekämpfte, verzieh ihm Eduard IV., und er wurde ein yorkist. Ratsmitglied. Nachdem Eduard Richards Tochter →Elisabeth (6. E.) 1464 geheiratet hatte, häuften sich die kgl. Zuwendungen. Der Kg. erhob ihn 1466 zum Earl Ryvers und Schatzmeister sowie 1467 zum Constable of England, auch konnten die anderen Töchter Richards Adlige heiraten. Doch machte er sich auf diese Weise unpopulär. 1469 klagte ihn Warwick öffentl. wegen seines schädl. Einflusses auf den Kg. an. Richard und sein Sohn John wurden nach der Schlacht v. Edgecote gefangengenommen und von Warwick am 12. Aug. 1469 hingerichtet, Jacquetta 1470 der Hexerei angeklagt.

Richards Sohn *Anthony* (* um 1440, † 1483) war fromm, gebildet und ritterl. Wie sein Vater kämpfte er 1461 für die Lancastrians bei →Towton, wo er gefangengenommen wurde, doch verzieh ihm Eduard IV. bald. 1460 hatte er Elisabeth († 1473), die Tochter und Erbin von Thomas, Lord Scales, geheiratet, und nach dem Tod seines Schwiegervaters trug er dessen Titel. Nachdem seine Schwester Elisabeth Kgn. geworden war, wurde Anthony 1466 Statthalter der Isle of Wight und 1467 Lord of Jersey. Auch half er 1466–67 bei der Vermittlung der Heirat der Schwester des Kg.s, →Margarete v. York (16. M.), mit Karl, dem Sohn des Hzg.s v. Burgund. Während der Krise von 1470–71 verhielt er sich loyal gegenüber Eduard IV., den er im April 1471 ins Exil begleitete. Als Ritter des Hosenbandordens (um 1466) fasziniert ihn die Pilgerbewegung, und er reiste 1475–76 nach Rom. Auch plante Anthony die Teilnahme am Kreuzzug gegen die Sarazenen in Portugal. Er übersetzte mehrere erbaul. und moralist. Werke aus dem Frz., und seine »Dictes and Sayings of the Philosophers« waren das erste Buch, das 1477 in England gedruckt wurde. Anthony wurde 1473 zum Statthalter für Prinz →Eduard (V.), den Erben des Kg.s, ernannt. Das Erbgut des Prinzen, das Wales, Chester und Cornwall umfaßte, wurde Anthonys Machtbasis in den letzten zehn Jahren von Eduards IV. Regierung. Als der Kg. im April 1483 starb, war Anthony mit dem Prinzen in Ludlow. Er wurde auf dem Weg nach London von →Ri-

chard, Duke of Gloucester, gefangengenommen, der bald ohne Gerichtsverfahren Anthonys Hinrichtung anordnete (25. Juni).

Das Earldom erbte sein Bruder *Richard* († 1491), der bei der Krönung seiner Schwester 1465 zum Ritter geschlagen worden war. Auch als ihm Heinrich VI. 1470 verzieh, blieb er weiterhin ein Gefolgsmann Eduards IV. Er hielt sich in den 70er Jahren des 15. Jh. hauptsächl. in Northamptonshire und Bedfordshire auf, obwohl Eduard 1480 – jedoch erfolglos – versuchte, seine Wahl zum Prior der →Johanniter in England zu sichern. Richard wurde 1483 im Parlament Richards III. verurteilt, doch begnadigt ihn der Kg. im März 1485. Er spielte eine geringere Rolle unter Heinrich VII., 1489 war er in Heinrichs Heer, das die Bretagne retten sollte. Richard war nicht verheiratet, so daß bei seinem Tod das Earldom erlosch. Ein jüngerer Bruder *Lionel* (* um 1446, † 1484) beschritt nach seinem Studium an der Univ. Oxford die geistl. Laufbahn. Er erhielt seit 1466 zahlreiche Benefizien und Ämter, u. a. 1479 die Kanzlerwürde der Univ. Oxford und 1482 den Bf.sstuhl v. Salisbury. Lionel floh 1483 mit seiner Schwester, der Kgn., in den Asylbezirk v. Westminster und unterstützte die Rebellion Heinrichs, Duke of →Buckingham, gegen Richard III. im Okt. Als sie fehlschlug, floh Lionel zu Heinrich Tudor in die Bretagne, wo er wahrscheinl. 1484 starb. Der jüngste Bruder *Eduard* († 1488) war ein enger Freund Eduards IV. Er stach mit einem Teil des kgl. Schatzes in See, als Richard of Gloucester im Mai 1483 die Macht ergriff, und begab sich zu Heinrich Tudor in die Bretagne. Später kämpfte er in Spanien und in der Bretagne, wo er 1488 getötet wurde, ohne einen männl. Erben zu hinterlassen.   R. A. Griffiths

Lit.: DNB LXII, 410–417 – Peerage XI, 15–25 – A. B. EMDEN, A Biographical Register of the Univ. of Oxford to A. D. 1500, III, 1959, 2083f. – C. D. ROSS, Edward IV, 1974 – DERS., Richard III., 1981 – M. A. HICKS, Richard III and his Rivals, 1991, ch. 11 – Hist. of Parliament: The Commons, 1386–1421, hg. J. S. ROSKELL u. a., IV, 1992, 913–917.

Wyditz → Weiditz

Wykeham, William of, engl. Staatsminister und Förderer des Bildungswesens, Bf. v. →Winchester, * 1324 in Wickham (Hampshire), † 27. Sept. 1404 in Bishop's Waltham (Hampshire), ⌑ Winchester, Kathedrale. Frühe Berichte über sein Leben (gedr.: MOBERLY) vermerken seine niedere Herkunft, Schulbildung und Beschäftigung durch den Sheriff of Hampshire im Winchester Castle. Seit 1349 erfreute er sich der geistl. Patronage des Kg.s, die ihn schließl. zum größten Pluralisten Englands machte. W. erwies sich als tüchtiger Verwalter bei der Überwachung von Bauarbeiten im Windsor Castle und in anderen kgl. Residenzen. Er wurde ein Vertrauter Eduards III. und hatte wohl großen Einfluß: 1361 Kammereinnehmer, 1361–63 Sekretär des Kg.s und 1363–67 → Keeper of the Privy Seal. Eduard erreichte W.s Wahl zum Bf. v. Winchester im Okt. 1366, doch erfolgte erst im Juli 1367 die päpstl. Bestätigung. Bald darauf wurde W. zum Kanzler v. England ernannt, aber 1371 aus diesem Amt entlassen, als ein Parliament die Minister des Kg.s für die militär. Niederlagen in Frankreich (→Hundertjähriger Krieg) verantwortl. machte. Er genoß weiterhin öffentl. Ansehen, zog sich aber 1376 die Feindschaft von →John of Gaunt zu. W. wurde eine schlechte Verwaltung während seiner Kanzlerschaft vorgeworfen, und man zog seine bfl. Temporalien ein. Bald nach der Thronbesteigung Richards II. erlangte er Verzeihung und wurde wieder in seinen geistl. Besitz eingesetzt, 1389–91 war W. erneut Kanzler.

W. ist das St. Mary College of Winchester (bekannt als New College) in → Oxford zu verdanken, das 1379 die Gründungsurk. erhielt. Das Gebäude wurde 1386 vollendet. W. errichtete auch das Winchester College, eine Schule für 70 Knaben in Winchester, die er 1382 formal gründete. Er vergrößerte die Ausstattungen und verbesserte die Statuten seiner Gründungen. Die Größe des New College war bemerkenswert. Von seinen 70 Mitgliedern, die alle aus dem Winchester College kamen, konnten 20 Recht studieren, die restl. mußten das Theologiestudium wählen, da W.s Hauptziel die Verstärkung des Pfarrklerus war.

R. L. Storey

Q.: W.'s Register, hg. T. F. KIRBY, Hampshire Record Society, 2 Bde, 1896–99 – *Lit.:* DNB XXI, 1140–1144 – G. H. MOBERLY, Life of W. of W., 1887 – J. BUXTON–P. WILLIAMS, New College, Oxford, 1379–1979, 1979.

Wynfrith → Bonifatius (10. B.)

X

Xaintrailles, Poton, Seigneur de, frz. Heerführer, →Maréchal de France, * um 1395, † 7. Okt. 1461 in Bordeaux, ⌑ Nérac, Minoritenkirche (gemäß seinem Testament vom 11. Aug. 1461); ∞ Catherine Brachet, Dame de Solignac (Limousin), ohne Nachkommen. – X. entstammte einer südwestfrz. Adelsfamilie mittleren Ranges (X., dép. Lot-et-Garonne, arr. Nérac, cant. Lavardac) aus der Entourage der Gf.en v. →Armagnac, begann seine militär. Laufbahn im Dienst →Karls (VII.) und nahm an den Kriegen des Dauphins gegen Burgunder und Engländer (1418) teil. Dieser unermüdl. Kriegsmann war, oft an der Seite →La Hires, auf zahlreichen Feldzügen bis 1455 (Kampagne gegen →Jean V., Gf. v. Armagnac) präsent. Von ungestümem Temperament, wurde er viermal gefangengenommen (1421 bei →Mons-en-Vimeu; 1423 bei Cravant; 1424 nahe Guise; 1431 in der sog. 'bataille du Berger' bei Beauvais, anschließend eine Zeitlang als Gefangener in England). X. nahm nicht nur an der Verteidigung v. →Orléans teil, sondern wurde auch im März-April 1429 von der Stadt Orléans zu Hzg. →Philipp dem Guten v. Burgund, zwecks Aushandlung einer ehrenvollen Kapitulation, entsandt. Das Eingreifen von →Jeanne d'Arc machte diese Verhandlungen, die im übrigen die Feindseligkeit des engl. Regenten →Johann v. Bedford hervorgerufen hatten, überflüssig. X. zählte zu den Gegnern einer Versöhnung zw. Frankreich und Burgund (→Arras, 1435). Er kommandierte ztw. die wegen ihrer grausamen Kriegführung (Champagne und Lothringen,

1437–39) berüchtigten Verbände der *Écorcheurs* (→Armagnaken), trat aber ebenso als angesehener Turnierkämpfer (*jouteur*, 'Tjostierer') hervor. X. stand Kg. Karl VII. nahe, war eine Zeitlang *premier →écuyer* des kgl. Korps und fungierte als oberster Stallmeister (*maître de l'→Écurie*). Als →Seneschall des Limousin (1433–37, 1452–54) und →Bailli des Berry (1437–52) bekleidete er wichtige Ämter innerhalb des von Karl VII. beherrschten Landesteils. Von 1445 bis zu seinem Tode kommandierte er als →*capitaine* eine →*Compagnie d'Ordonnance*. Die Ernennung zum *Maréchal de France* (1454), der ein feierl. Wahlakt vorausging, hierin vergleichbar der Erhebung Bertrands →du Guesclin zum →*Connétable de France*, krönte seine ruhmvolle Karriere. Aufgrund seiner Teilnahme an den beiden Guyenne-Feldzügen (1451 und 1453) wurde X. zum →*lieutenant* des Gouverneurs →Jean II., Hzg. v. Bourbon, und zum →Gouverneur v. Bordeaux (1458–61) ernannt.

Ph. Contamine

Lit.: A. Tausserat, P. de Saintrailles, Maréchal de France (Positions des thèses de l'École Nat. des Chartes, 1886), 147–154.

Xanten (Ad Sanctos, Ze Santen), Stadt am linken Ufer des unteren Niederrheins (Nordhein-Westfalen, Krs. Wesel), ehem. Stift CanR St. Victor.

I. Antike – II. Mittelalter.

I. Antike: Im Gebiet nördl. des ma. X. war in der Zeit des Augustus auf röm. Initiative hin eine Siedlung der Cugerner, eines Teilstamms der Sugambrer, entstanden. Sie wurde um 100 n. Chr. von Ks. Traian unter dem Namen *Colonia Ulpia Traiana* (CVT) zur Stadt erhoben. Die im 3. Jh. einsetzenden Germanenstürme beendeten die bis dahin weitgehend friedl. Entwicklung: Die Stadt dürfte um Mitte des 3. Jh. von →Franken geplündert worden sein, wie sich insbes. aus einem Schatzfund im Umgang eines galloröm. Tempels (Hauptstraße) ergibt. Relikte aus der 1. Hälfte des 4. Jh. zeigen aber, daß die CVT weiterhin besiedelt war (mit Weiterbenutzung der Thermen). Wohl als Reaktion auf die Wirren des 3. Jh. wurde der Umfang der Stadt durch eine neue Wehranlage stark verkleinert. Diese späte Umwallung ging jedoch durch einen Frankeneinfall im Winter 351/352 unter. Aus den folgenden Jahren besitzen wir die Nachricht, daß Ks. Iulian 359 Tricesima (Tricensimae) wiederherstellte (Amm. 18, 2, 4) und dort 360 den Rhein überschritt (Amm. 20, 10, 1). Unklar ist, ob sich diese Q. naussage auf die CVT selbst oder das Lager Vetera (II) bei Birten, Standort der XXX. Legion, bezieht. Das Ende der antiken Siedlung, deren Gelände im MA zu Ackerland wurde, muß spätestens Anfang des 5. Jh. mit der endgültigen Machtübernahme der Franken eingetreten sein.

M. Schottky

Bibliogr.: C. Bridger, Bibliogr. (1800–1989) zur Archäologie, Alten und Frühen Gesch. X.s bis ca. 1000 n. Chr. (Spurenlese. Beitr. zur Gesch. des X.er Raumes, hg. G. Precht-H.-J. Schalles, 1989), 307–329 – *Lit.*: Encyclopedia of Early Christian Art and Archaeology, 1998 [C. Bridger, im Dr.] – RE IV, 511; VIII A, 1801–1834 – E. Gerritz, Troia sive Xantum, 1964 – K. Waldmann, Die Knochenfunde aus der CVT, 1966 – H. Hinz, X. zur Römerzeit, 1973⁵ – Kölner Römer-Illustrierte 2, 1975, 135, 148f., 154ff., 250ff. (Beitr. H. Hinz, G. Precht, H. Borger) – C. B. Rüger, Die spätröm. Großfestung in der CVT, BJ 179, 1979, 499–524 [Beitrr. v. G. Binias, M. Gechter, V. Zedelius] – H. v. Petrikovits, Die Rheinlande in röm. Zeit, 1980 – L. Reekmans, Siedlungsbildung bei spätantiken Wallfahrtsstätten (Fschr. B. Kötting, 1980), 325–355 – T. Bechert, Röm. Germanien zw. Rhein und Maas, 1982 – H. Tiefenbach, Der Baltimodus-Stein unter der Stiftskirche St. Viktor in X., BN 21/I, 1986 – Spurenlese. Beitr. zur Gesch. des X.er Raumes, hg. G. Precht-H.-J. Schalles, 1989 (Beitrr. C. Bridger, H. H. Henrix u. a.) – J. v. Elbe, Die Römer in Dtl. [Nachdr. 1989], 64–66, 341–346 – Archäologie in Nordrhein-Westfalen, 1990 – C. Bridger, Die Frühgesch. X.s, Archäologie in Dtl., 1, 1990, 8–11 – J. Kremer, Stud. zum frühen Christentum in Niedergermanien [Diss. Bonn 1993], bes. 134–139.

II. Mittelalter: [1] *Topographie:* Der ma. Kern X.s lag auf der hochwasserfreien Niederterrasse an einem bis in das SpätMA schiffbaren Altrheinarm. Landeinwärts eingerahmt durch eiszeitl. Moränenhöhen befand sich X. zw. den Überresten der CVT im N und dem s. gelegenen Fürstenberg, Standort der antiken Legionslager Vetera I und II. Unweit der diese Orte verbindenden röm. Limesstraße erstreckte sich auf dem Gebiet der späteren X.er Stiftsimmunität ein Brandgräberfeld des 1. bis 2. Jh. n. Chr., das durch u. a. chr. Körpergräber des 4. Jh. zerstört wurde, deren Pflege bis in das 5. Jh. nachgewiesen werden kann. Im Rahmen dieser Neubelegung ersetzte nach 383/388 eine hölzerne Totenmemoria über dem Grab von zwei nach 348 gewaltsam getöteten Männern eine antike Gedenkstätte (Bader). Ende des 6. Jh. wurde an gleicher Stelle die steinerne cella memoriae (IIIa) erbaut. Dieser Vorgängerbau des heutigen X.er Domes könnte auf den Kölner Ebf. Eberigisil zurückzuführen sein, der nach →Gregor v. Tours (In gloria martyrum 62) ca. 590 n. Chr. »apud Bertunensim oppidum« eine Basilika errichten ließ (Bridger/Siegmund).

[2] *Frühmittelalter:* Im Zusammenhang mit der myth. →Trojanerabstammung der Franken wurden die Ruinen der CVT im 6./7. Jh. als Troia Francorum bezeichnet. Seit der Mitte des 10. Jh. findet sich diese Tradition – mit Gleichsetzungen wie Troia sive Xantum auf die s. gelegene ma. Siedlung übertragen – in Dichtungen, Urkk. und auf Münzprägungen (Gerritz). Vermutl. spielte sie auch bei der Interpolation X.s als Heimatort →Siegfrieds in das →»Nibelungenlied« (20–21, 1) eine Rolle. – Um oder nach 752/768 wurde die Totenmemoria (IIIa) durch eine karol. Kirche (IV) ersetzt. Sie schloß bereits die Anlage eines Stiftes mit ein, dessen erste Wohngebäude um 800 im W der Kirche errichtet wurden. Es diente dem Kult um die Märtyrer der →Thebaischen Legion, der mit St. Victor in X., St. Cassius und Florentius in →Bonn und St. Gereon in →Köln weitere, seit 1236 verbrüderte rhein. Traditionsstätten besaß. Neben den lokalen Wallfahrten sind seit 1315 in X. große Bußprozessionen, die sog. Victortrachten, belegt. In dem seit ca. 838 (Ad) Sanctos gen. Ort werden 863 erstmals Victorreliquien erwähnt. Für dieses Jahr berichten die X.er Annalen von der norm. Verwüstung des Kirchenbaus und der Rettung der Gebeine des Hl. durch den X.er Propst. Es handelt sich zugleich um die früheste Nennung einer Klerikergemeinschaft in X., die zu dieser Zeit noch die Aachener Regel v. 816 (→Institutiones Aquisgranenses) befolgt haben dürfte. Im 12. Jh. lockerten die Kanoniker, zu denen auch →Norbert v. X. zählte, die vita communis und lebten bis zur Auflösung 1802 in der freien Form der Köln. Stifte. Die X.er Kanoniker waren oftmals von vornehmer Herkunft, besaßen spezielle Fachkenntnisse und soziale, polit. oder regionale Verbindungen. St. Victor hatte 48 Kanonikerpräbenden und zwei Amtspräbenden von Dekan und Scholaster für 43–46 Stiftsherren.

[3] *Hoch- und Spätmittelalter:* Nach der Güterumschreibung des Kölner Ebf.s Gunthar 866 wirtschaftl. selbständig, erwarb das X.er Victorstift, u. a. durch Begünstigungen aufgrund des Sieges Ottos I. in der Schlacht bei →Birten (939), vom 10.–12. Jh. den größten Teil seines ausgedehnten Grundbesitzes. Der Kölner Ebf. →Brun ließ zudem umfangreiche Arbeiten an der Stiftskirche und der danebenliegenden ebfl. Befestigungsanlage durchführen. Die exakten Ausmaße der Bauarbeiten und Schen-

kungen lassen sich nicht rekonstruieren, da i. J. 1109 ein Brand die Bestände des Stiftsarchivs stark dezimierte. Die seit 1122 belegte Funktion des X.er Propstes als Archidiakon über die fünf niederrhein. Dekanate X., Duisburg, Nijmegen, Straelen und Süchteln weist jedoch auf die gestiegene Bedeutung des Victorstiftes hin.

Für das Jahr 1142 (Zollfreiheitsprivileg des Kölner Ebf.s →Arnold I. [9. A.]) sind neben der vom 11.-15. Jh. belegten Münzstätte auch Zoll und Markt (mit Nahmarktfunktion) in X. nachgewiesen, das zu dieser Zeit als villa (1142) oder oppidum (1143) bezeichnet wurde (FLINK). Zusammen mit der Existenz von Juden und einem jüd. Friedhof im 11./12. Jh. gibt es somit deutl. Anzeichen für einen Stadtwerdungsprozeß in X. Dieser wurde 1228 im Rahmen der kurköln. Städtegründungen als Mittel der Territorialpolitik gegen die Gft. →Kleve sanktioniert. Der Kölner Ebf. Heinrich I. verlieh seinen burgenses de Xanctis das Recht zur Befestigung und die Freiheiten der Bürger von →Neuss. Doch bis zum Ende des 14. Jh. war allein der Immunitätsbezirk mit der 1096 erstmals erwähnten Bf.sburg gleichsam als Stadt in der Stadt stärker befestigt. Erst 1389 ließ Ebf. Friedrich III. nach den Zerstörungen der Jahre 1362 und 1372 die Palisaden- und Grabenanlagen X.s verstärken, die zunächst nur im N und an den Stadttoren, im Laufe des 15. Jh. schließlich ganz durch Backsteinbauten ersetzt wurden. Durch die Planierung aller Gebäude zw. Alderborg (CVT) und X. (ausgenommen Swynbier- oder Stiftsherrenhof und Bf.shof im NW), in Verbindung mit einer großzügigen Umwehrung freier Flächen im S, schuf es das – gegenüber 1228 kleinere – gedehnt-rechteckige Stadtbild (KASTNER).

Inzwischen hatten die Klever Gf.en nach der großen (1122) auch die kleine Vogtei (1299) in X. erworben und teilten sich seit dem X.er Burgfrieden v. 1392 die Herrschaft über Stadt und Amt X. mit den Kölner Ebf.en, die den Ort bereits 1321-31 an Kleve verpfändet hatten. Gleich zu Beginn der →Soester Fehde beendeten die Klever Hzg.e 1444 de facto das erst 1496 offiziell aufgegebene ebfl. Regiment in X. Sie reformierten unmittelbar nach Inbesitznahme und 1453 die städt. Verfassung zugunsten der Bürgerschaft. Schon zuvor hatten die städt. Gewerbe (v. a. Tuch-, Vieh- und Getreidehandel) begonnen, sich in Gilden zu organisieren (z. B. Krämergilde seit 1371, und Leinenwebergilde seit 1414 bezeugt). – Zu Beginn des 16. Jh. ist eine Stagnation der demograph. und topograph. Entwicklung X.s zu beobachten. Als Stifts- und Pfarrkirche stand der 1128 geweihte St. Viktordom nun in einer Stadt, die 22 ha ummauerte Grundfläche mit fünf Stadttoren umschloß und vor 1500 bis zu ca. 2500 Einwohner hatte. I. Runde

Bibliogr.: Bibliogr. zur dt. hist. Städteforsch., Bd. 1, T. 2, 1996, 357-361 [= Städteforsch. B1; Q., Lit. bis 1985] – Q.: P. WEILER, UB des Stiftes X. 1, 1935 – C. WILKES, Q. zur Rechts- und Wirtschaftsgesch. X.s, 1, 1937 – DERS., Inventar der Urkk. des Stiftsarchivs X. (1119-1449), 1952 – *Lit.*: H. BORGER, X., 1960 – Sechzehnhundert Jahre X.er Dom, hg. W. BADER, 1963 – E. GERRITZ, Troia sive Xantum, 1963 – H. BORGER-F. W. OEDIGER, Beitr. zur Frühgesch. des X.er Viktorstiftes, 1969 – W. BADER, Der Dom zu X., 1, 1978 – Stud. zur Gesch. der Stadt X., hg. Stadt X., 1978 – 750 Jahre Stadt X., hg. D. KASTNER, 1978 – K. FLINK, Zur Stadtentwicklung v. X., AHVN 182, 1979, 62-88 – W. BADER, Sanctos 1.1 (Text), 1985 – C. BRIDGER-F. SIEGMUND, Die X.er Stiftsimmunität (Rhein. Ausgrabungen 27, 1987), 63-133 – D. SCHELER, Das X.er Kapitel des 15. Jh. (Ecclesia et regnum, hg. D. BERG-H.-W. GOEZ, 1989), 323-337 – Spurenlese, hg. G. PRECHT-H.-J. SCHALLES, 1989 [Lit.] – X.er Ber., 1992ff. – Dt. Städteatlas V, 5, 1993 [M. SCHMITT].

Xantheia (Ξάνθεια; heute Xanthe), Stadt am S-Fuß der →Rhodopen an der Via Egnatia, jener wichtigen W-O-Verbindungsstraße, die die s. Adria über Thessalonike mit Konstantinopel verband. In X. gibt es keine antiken Reste, so daß die Lage der antiken Siedlung nicht gesichert ist. Die Reste der ma. Festung befinden sich am N-Rand der Stadt. X. ist seit dem Konzil v. 879 als Bm. belegt (Kirchenprov. Rhodope unter der Metropole Traianupolis); unter Ks. Andronikos II. wurde es Ebm., 1344 ist es nachweisl. Metropolis; um 1210 war X. lat. Bm. 1198 reichte das von Ivanko besetzte Gebiet im W bis X. Bald nach 1224 fiel X. an →Theodoros v. Epirus (6. Th.). 1307 floh der Katalane Ferran Ximénez vor Bernat de →Rocafort in die dem byz. Ks. gehörende Stadt. Eine Eroberung v. X. durch den mit →Johannes VI. Kantakuzenos verbündeten Umur Pascha i. J. 1343 ist nicht gesichert. 1344 wurde X. zum Zentrum der Herrschaft des →Momčilo, nach dessen Niederlage und Tod (Juli 1345) die Bewohner v. X. die Stadt Johannes VI. Kantakuzenos übergaben. 1347 oder 1348 lag X. im Gebiet, das Johannes Kantakuzenos seinem Sohn Matthaios übertrug. Von 1369 (vielleicht schon ab 1361) bis 1371 gehört X. zur Herrschaft des Serben →Jovan Uglješa. Die türk. Eroberung ist wohl 1373 anzunehmen. Auch in der Zeit der Türkenherrschaft blieb X. eine weitgehend chr. Stadt. P. Soustal

Lit.: P. Pantos, Thrak. Chron. 32, 1975/76, 1-12 – P. SOUSTAL, TIB 6, 1991, 501f. – G. VOGIATZIS, Balkan Stud. 34, 1993, 17-28.

Xanthopulos, Nikephoros Kallistos, byz. Schriftsteller, Kleriker an der Hagia Sophia in Konstantinopel, Ende 13./Anfang 14. Jh. Briefe mehrerer Autoren an ihn und ein gewidmetes Gedicht des Theodoros →Metochites weisen ihn als Teil der intellektuellen Elite der Zeit aus. Vier Progymnasmata lassen eine Tätigkeit als Lehrer der Rhetorik vermuten. Auch die zahlreichen Memorierverse zu religiösen und kirchengesch. Themen (Genealogie Christi, Liste der Apostel, der Kirchenväter, der Meloden) deuten auf Unterricht hin. Sein umfangreichstes Werk ist die Kirchengesch., die, um 1320 verfaßt und Ks. Andronikos II. gewidmet, in 18 Büchern die Zeit bis 610 umfaßt; weitere fünf Bücher bis 911 waren anscheinend geplant. Weitere Schwerpunkte seines Schaffens liegen auf den Gebieten von Liturgie und Hagiographie. Er verfaßte eine Akoluthie der Theotokos von der lebenspendenden Quelle sowie eine Gesch. des betreffenden Heiligtums in Konstantinopel und der dort gewirkten Wunder, mehrere Hl.nviten, ein metr. Synaxar, Gedichte über die hist. Bücher des AT und die jüd. Gesch. nach den Makkabäern, Gebete in Versen und Prosa, Abhandlungen zu liturg.-hynmograph. Fragen sowie Kommentare zu Reden Gregors v. Nazianz und zu Johannes Klimakos.

W. Hörandner

Lit.: PLP VIII, Nr. 20826 [kompletteste Bibliogr.] – Oxford Dict. of Byzantium, 1991, 2207 – Tusculum-Lex., 1982³, 852f. [Ed.] – BECK, Kirche, 706f. – G. GENTZ-F. WINKELMANN, Die Kirchengesch. des Nicephorus Callistus X. und ihre Q.n, 1966 – R. BROWNING, A Young Man in a Hurry. Two Unpublished Letters of N. K. X., Byzantina 13/1, 1985, 141-153 – F. WINKELMANN, Zur Bedeutung der Kirchengesch. des N. K. X., JÖB 44, 1994, 439-447 – I. VASSIS, Ein alter Zeuge von zwei Briefen des N. K. X., ebd. 46, 1996, 265-274 – W. HÖRANDNER, Zu einigen religiösen Epigrammen (Synodia. Studi in onore di A. Garzya, 1997) 431-442.

Xeniteia, freiwilliges Verlassen der Heimat, um als Unbekannter in der Fremde zu leben, entspricht dem ursprgl. Sinn des lat. Begriffs →Peregrinatio, ohne gleich dieser im MA die Wallfahrt zu bestimmten hl. Stätten als Ziel in den Vordergrund zu rücken. Vielmehr bleibt die X. im Osten als asket. Ideal Ausdruck der Vorläufigkeit alles Irdischen und der Heimatlosigkeit (παροιχία) des gläubigen Christen in dieser Welt (1 Petr 1,1.17), der seine wahre Heimat

einzig im Himmel weiß (2 Kor 5,1–10). Die X., als Nachahmung Christi verstanden (Mt 8,20), erschöpft sich demgemäß nicht im geogr. Ortswechsel, sondern erfüllt sich v. a. in der Loslösung von menschl. Bindungen (Mt 8,21f; Lk 9,59–62) und dem Verbergen der eigenen Identität (Mk 9,2–9 parr). Als Urgestalt der X. gilt Abraham, der auf Anweisung Gottes mit den Seinen in ein unbekanntes Land aufbricht (Gen 12,1), was sie zu »Fremden (ξένοι) und Pilgern« (Hebr 11,13) macht. Das Wesen der X. verdeutlichen Beispiele aus der griech. und oriental. Hagiographie, wie das des Ioannes Kalybites (5. Jh.), der paradoxerweise am Ort seiner Herkunft zur Vollendung kommt, da er nach einigen Jahren klösterl. Lebens in sein Elternhaus zu Konstantinopel zurückkehrt und für den Rest seines Lebens unerkannt vor diesem als Bettler in einer armseligen Hütte haust (BHG 868–869h). Eusebia v. Milasa, welche die X. übt, nimmt in der Fremde programmatisch den Namen Xenia an (BHG 633–634m). Andere verbergen ihren kirchl. Stand (Ioannes Hesychastes, vormals Bf. v. Kolonia, † 559; BHG 897–898), führen ihr asketisch-frommes Leben hinter der Maske verachteter Mimen und Gaukler oder gebärden sich in der Öffentlichkeit als Narren (σαλοί). →Salos.   P. Plank

Lit.: E. LANNE, La »x.« d'Abraham dans l'œuvre d'Irenée, Irénikon 47, 1974, 163–187 – A. GUILLAUMONT, Aux origines du monachisme, 1979, 90–116 – P. PLANK (Mimesis Christu, hg. P. HAUPTMANN [Fschr. F. v. LILIENFELD, 1982]), 167–182 – R. FELDMEIER, Die Christen in der Fremde, 1992 – E. MALAMUT, Sur la route des Saints byz., 1993.

Xenodochium. Das gr. Wort X. (ξενοδοχεῖον), erstmals im 2. Jh. n. Chr. belegt, bezeichnet seit seinem Wiedererscheinen im 4. Jh. die von Christen eingerichteten Häuser für die unentgeltl. Beherbergung von Glaubensgenossen. Der neue Name und die neue Sache, die im Gegensatz zu den schlecht beleumdeten und kommerziell betriebenen Wirtshäusern (πανδοχεῖα) standen, verbreiteten sich mit dem neuen Glauben auch nach Westen, wo sie seit dem Ende des 4. Jh. in Italien (erstes X. vom Senator Pammachius in Ostia gegr.), seit dem 5. Jh. in Gallien und seit dem 6. Jh. in Spanien nachweisbar sind. Die X.ia dienten zunächst der Aufnahme von Pilgern und später vermehrt auch derjenigen von Armen. Der gr. Terminus war im Westen von Anfang an erläuterungsbedürftig (Johannes →Cassianus: »x. id est domus hospitalis«; →Isidor v. Sevilla: »x. peregrinorum susceptio nuncupatur«; →Hrabanus Maurus: »x. est habitaculum factum ad suscipiendum peregrinos; →Ivo v. Chartres: »x. id est locus venerabilis in quo peregrini suscipiuntur«) und wurde durch das neugebildete lat. Substantiv 'hospitale', →Hospital (erstmals Vitruv 5.6.3, vgl. ThLL, s. v.), das seit dem 6. Jh. vermehrt in Gebrauch kam und bedeutungsgleich verwandt wurde, allmähl. verdrängt. In Rom etwa, wo man noch im 8. Jh. verschiedene Hospize als X. bezeichnete, wurde seit dem 9. Jh. der Terminus 'hospitale' üblich. Im 11. Jh. scheint die Bezeichnung 'X.' endgültig ihrem lat. Äquivalent den Platz geräumt zu haben und findet sich im Schrifttum von da an nur noch als gelehrte Reminiszenz.   Th. Szabó

Lit.: RE IX A, 1487–1503 [O. HILTBRUNNER] – W. SCHÖNFELD, Die X.ien in Italien und Frankreich im frühen MA, ZRGKanAbt 12, 1922, 1–54 – E. BOSHOF, Armenfürsorge im FrühMA: X.ium, matricula, hospitale pauperum, VSWG 71, 1984, 153–174 – E. KISLINGER, Ks. Julian und die (christl.) X.ia (Byzantios, Fschr. H. HUNGER, 1984), 171–184 – TH. STERNBERG, Orientalium more secutus. Räume und Institutionen der Caritas des 5. bis 7. Jh. in Gallien, JbAC Ergbd. 16, 1991.

Xenophon im Mittelalter und Humanismus. In der Ks. zeit erfreute sich X. einer gewissen Beliebtheit. Daher wird er von Grammatikern und Rhetoren als Stilmuster eines reinen Attizismus zitiert und in Anthologien aufgenommen (→Stobaios). Zu den X.-Lesern gehören Ks. →Julian und →Synesios. Die ma. Textgesch. stellt sich für einzelne Werkgruppen, in die das antike Textcorpus nach der Transkription aufgeteilt wurde, unterschiedl. dar. In Byzanz ist X.-Lektüre von der Mitte des 9. Jh. an nachweisbar. Exzerpte und Zitate finden sich außer bei →Photios in der Slg. des →Konstantinos Porphyrogennetos; die Kyrupädie zitieren Johannes →Zonaras und Johannes →Tzetzes. Michael →Psellos kritisiert dagegen den Stil X.s und zieht Herodot vor. Im lat. W ist in der Spätantike kaum noch mit einer X.-Lektüre zu rechnen. Lediglich →Hieronymus hat v. a. die Kyrupädie noch griech. gelesen, den Oikonomikos dagegen in der Übers. Ciceros; die X.-Zitate des →Priscianus stammen aus zweiter Hand, →Isidor erwähnt ihn nicht. So bleibt X. auch dem lat. MA unbekannt; das Zitat aus dem Oikonomikos bei →Hugo v. Folieto stammt aus Hieronymus (MANITIUS III, 227). In Italien wird der X.-Text eine der Grundlagen für das Studium des klass. Griechisch. →Bruni übersetzt zuerst den Hieron, einen für die Politik der Zeit aktuellen Dialog über den Tyrannen (1403, Ed. pr. Venedig ca. 1471, blieb bis zur Übers. des →Erasmus v. Rotterdam von 1539 führend) und die Apologie; die Commentaria rerum graecarum (1439) sind eine Bearbeitung der Hellenika. →Poggio Bracciolini unterzieht (um 1446) die Kyrupädie einer von 8 auf 6 Bücher verkürzenden Bearbeitung, gewidmet →Alfons v. Neapel (17. A.), und übersetzt die Anabasis. Um 1442 entsteht die Übers. der Memorabilien durch →Bessarion, gedr. Rom 1521. 1467 erscheint in Mailand eine Slg. mit der ersten lat. Übers. des Kynegetikos durch Omnibonus Leonicenus (Ognibene da Lonigo), der Apologie und des Hieron in der Version Brunis, der Kyrupädie, der Agesilaos und der Lacedaemoniorum respublica (als polit.-kulturelles Programm, das die Überlegenheit Mailands über das selbsternannte »Neu-Athen« Florenz bekräftigen sollte [MARSH]) in der Übers. durch Francesco →Filelfo, dessen Schüler →Lapo da Castiglionchio ebenfalls als X.-Übers. hervortrat (Hipparchikos). Den Agesilaos übers. auch Battista Guarini, der Sohn des →Guarino Veronese, 1457. In 18 Drucken erscheint zw. 1506 und 1603 die Übers. des Oikonomikos durch Raffaele Maffei. 1516 werden die Werke X.s (ohne Agesilaos, Apologie und Poroi) in Florenz von Filippo Giunta herausgegeben. Die Anabasis-Übers. des Romulus Amaseus erschien 1533 in Bologna. Um 1500 wurden auch die ersten gr. Textausgaben gedruckt, so 1495 oder 1496 durch Janos →Laskaris der Hieron bei LAURENTIUS DE ALOPA in Florenz, 1503 die Hellenika bei Aldus →Manutius; →Reuchlin besorgte 1520 die Ed. pr. des Agesilaos und der Apologie (dazu den Hieron) in Hagenau. Die erste vollständige gr. Textausgabe druckte Peter Brubach (Schwäbisch Hall 1540) mit einem Widmungsbrief Melanchthons, der selbst seine Übersetzung der Rede des Kritias aus den Hellenika (2, 3, 24–34) 1525 in Hagenau erscheinen ließ. Vorher hatte übersetzt Willibald →Pirckheimer die Hellenika (in zwei Fassungen 1507/8 und 1516/7, gedr. 1534) ins Lat. Ins It. wurde die lat. Version der Kyrupädie zuerst übersetzt durch Matteo Maria →Boiardo (um 1470) und Jacopo di Poggio Bracciolini (um 1476). Lat. Übers.en waren auch Vorlagen für die frz. Versionen des Hieron (nach Bruni) durch Charles Soillot (um 1460) und der Kyrupädie (nach Poggio) durch Vasco de →Lucena (1470), die als Lektüre für den jungen →Karl den Kühnen dienten. Ins Frz. übersetzten die Anabasis nach einer lat. Version des Janos Laskaris Claude de →Seyssel (1529) u. den Oikonomikos zuerst Geoffroy Tory (1531). Die erste dt. Übers.

des Hieron (nach Bruni) schuf Adam Werner von Themar 1502, die des Oikonomikos Hieronymus Emser 1505, gedr. 1525 bei Wolfgang Stöckel in Dresden. Eine erste dt. Übers. der Kyrupädie, Anabasis und Hellenika durch Hieronymus Boner erschien 1540 bei Heinrich Steiner in Augsburg. Auch die ersten span. und engl. Übers.en (Oikonomikos, Kyrupädie) gehören alle dem 16. Jh. an.
J. Gruber

Lit.: K. MÜNSCHER, X. in der gr.-röm. Lit., 1930 – P. COURCELLE, Les lettres grecques en occident, 1948 – H. ERBSE (Die Textüberlieferung der antiken Lit und der Bibel, 1961 [Neudr. 1975]), 268–272 – D. GALLET-GUERNE, Vasque de Lucène et la Cyropédie à la cour de Bourgogne (1470), 1974 – F. J. WORSTBROCK, Dt. Antikenrezeption 1450–1550, T. I, 1976 – L. PLACENTE, Due traduzioni latine di Battista Guarini, Quaderni dell'Istituto di Lingua e Lett. Latina 2/3, 1980/81 – D. MARSH (Catalogus translationum et commentariorum 7, 1992), 75–196.

Xenophon-Kl. (*Xenophontos*, gr. Μονὴ τοῦ Ξενοφῶντος). Das gr. Kl. des hl. Georg, genannt nach seinem Gründer (der Name Xenóphu ist postbyzantinisch und selten), im SW der Athos-Halbinsel nur zehn Meter hoch über dem Meer, nördlich von Daphni und zw. den Kl. Docheiariou und Panteleémonos gelegen, wurde vor dem Ende des 10. Jh. (erste Erwähnung in einer Urk. des Jahres 998) von Xenophón, seinem ersten Abt und Zeitgenossen des Athanasios aus der Großen Laura, gegründet.

Rasch gewann das Kl. an Bedeutung – einer der Nachfolger des Xenophón im Abtsamt, Gerasimos Kuropalates (zw. 1051–56), wurde nach dem Protos (vor April 1056) – und besaß Ländereien inner- und außerhalb des Athos. Dennoch geriet das Kl. im letzten Viertel des 11. Jh. in eine Krise, aus der es der – als zweiter Begründer angesehene – Megas Drungarios Stephanos herausführte, der unter dem Namen Symeon (wenn auch Eunuch und gegen die heftigsten Reaktionen der Bewohner des Heiligen Berges) als Mönch dort eintrat und vielleicht zweimal Abt wurde. Das 13. Jh. endet mit der Zerstörung des Kl. durch »italienische Piraten«, von der es sich im kommenden Jh. zu erholen sucht. Im Typikon Manuels II. Palaiologos (1406) hat das Kl. den achten Platz in der Hierarchie inne.

Die Jahrhunderte der osman. Herrschaft waren generell nicht günstig für den Athos. Das Kl. konnte sich nur durch Schenkungen und die finanzielle Unterstützung der Donaufürstentümer erhalten und verfiel der Idiorrhythmie. 1784 wurde es wieder zum Koinobion, dem ersten in neuerer Zeit. Dem Kl. ist auch die Skete τοῦ Εὐαγγελισμοῦ (gegründet 1766), die aus 22 Häusern bestand, untergeordnet.

Das alte Katholikon, mit Bodenmosaiken und einigen späteren Wandmalereien (14.–16. Jh.), das um 1000 datiert wird, ist erhalten geblieben. In künstler. Hinsicht bes. bedeutend ist das aus Holz geschnitzte Templon (17. Jh.), das das ursprgl. marmorne Templon verdeckt. Die Wandmalereien des Refektoriums (1496/97) gehen etwa auf die Erbauungszeit zurück. Das neue Katholikon, eines der größten des Athos, fällt in den Beginn des 19. Jh.

Zu den Schätzen des Kl. gehören auch zwei große Mosaik-Ikonen (Mosaik auf Holz, 2. Hälfte des 12. Jh.) der Heiligen Georg und Demetrius (aufrecht, Ganzkörper-Darstellung, in Gebetshaltung), desweiteren eine Ikone mit der Darstellung der →Verklärung Christi (Metamorphosis) (Tempera auf Holz, Ende des 12. Jh.), eine kleinere Ikone aus Steatit, ebenfalls mit der Darstellung der Metamorphosis (Ende des 13. Jh.) u.a. Die Bibliothek und das Archiv enthalten über 600 Hss. (204 sind im gedr. Kat. aufgeführt), 3 liturg. Rollen, ungefähr 700 alte und neue Drukke, 33 byz. Urkk. (1089 bis 1452 und aus späterer Zeit). Heute steht das Kl. an 16. Stelle in der Hierarchie der Athos-Kl. mit ungefähr 25 Mönchen.
E. K. Litsas

Q. und Bibliogr.: The Oxford Dictionary of Byzantium, 1991, 2209 – Archives de l'Athos XV. Actes de Xénophon, ed. D. PAPACHRYSSANTHOU, 1986 [Bibliogr.] – J. P. MAMALAKES, Τὸ Ἅγιον Ὄρος (Ἄθως) διὰ μέσου τῶν αἰώνων, 1971 – Dorotheos monachos, Τὸ ἅγιο ὄρος, 2 Bde, Katerine (o. J.) – TH. PAZARAS, Ὁ γλυπτός διάκοσμος του παλαιού καθολικού τῆς μονῆς τοῦ Ξενοφώντος στο Ἅγιον Ὄρος, Δελτίον τῆς Χριστιανικῆς Ἀρχαιολογικῆς Ἑταιρείας, ser. IV, Bd. 14, 1987–88, 33–48 [Bibliogr.] – Ein zusammenfassender Bd. zu den Ikonen und der Gesch. des Kl. im allg. wird 1998 erscheinen.

Xeres de la Frontera, Stadt in Spanien (westl. Andalusien): →Jérez. Die Entscheidungsschlacht zw. dem Heeresaufgebot der →Westgoten unter Kg. →Roderich und den arab.-berber. Invasionstruppen unter →Ṭāriq ibn Ziyād (23. Juli 711) wird oft als Schlacht v. X. bezeichnet, doch ist die Lokalisierung umstritten. →Guadalete, Schlacht am.
U. Mattejiet

Xèrica (kast. Jérica), valencian. Adelsgeschlecht, das auf Jaume (I.) v. X. († 1284), Sohn Jakobs I. v. Aragón und der Teresa Gil de Vidaure, zurückging und über umfangreiche Besitzungen sowohl im aragones.-valencian. Grenzgebiet um X., Altura und Xelva als auch im S des Kgr. es →Valencia (Cocentaina) verfügte. Vom Ende des 13. bis zur Mitte des 14. Jh. versahen die Mitglieder der Familie nicht nur militär. Aufgaben (gegen das Kgr. Kastilien und islam. Herrschaften), sondern auch bedeutende administrative Funktionen als *procuradors* bzw. *governadors reials* v. Valencia. Ihre engen Bindungen an die Krone hinderten Jaume III. de X. († 1321), Pere de X. († 1362) und Joan Alfons de X. nicht daran, befristet in den Dienst der kast. Monarchen zu treten, was ebenso zu Spannungen mit den katal.-aragones. Herrschern führte wie zuvor der Einsatz Jaumes I. und II. de X. für die aragones. Adelseinung der *Unión*. Peter IV. v. Aragón zog nach dem Tode des Joan Alfons de X. (1369) dessen Patrimonium zugunsten der Kg.sfamilie ein, in deren Besitz es als *comtat de X.* und *comtat de Cocentaina* trotz mehrerer jurist. Prozesse verblieb.
N. Jaspert

Lit.: Gran Enc. Cat. XXIV, 1989², 370–371 – Dicc. d'Hist. de Catalunya, 1992, 1139f. – R. I. BURNS, The Crusader Kingdom of Valencia, 2 Bde, 1967 – R. GÓMES CASAÑ, La »Hist. de Xérica« de Francisco de Vayo, 1986 – M. COSTA PARETAS, La Casa de X., 1998.

Xerophagia (Ξηροφαγία, wörtlich 'Trockenernährung'), strenge Form der östl.-orth. Fastenordnung (→Fasten, B), die nur Brot, Salz, Gemüse, Früchte und Wasser erlaubt und sich ursprgl. meist mit dem erst- und einmaligen tägl. Essen gegen Abend (μονοφαγία, μονοσιτία; vgl. den muslim. Ramadan) verbindet. Sie schließt Fleisch, Eier, Milchprodukte, Fisch, Öl und Wein generell aus und erstreckt sich auf alle gewöhnl. Mittwoche und Freitage des Jahres, die 40tägige vorösterl. Fastenzeit samt anschließender Karwoche, den zweiten Teil des Christgeburtsfastens (13. bis 24. Dez.), das Gottesmutterfasten vom 1.–14. Aug. (seit dem 11. Jh.) sowie die eintägigen Fasten am 14. Sept. (Kreuzerhöhung), 5. Jan. (Vortag von Theophanie) und 29. Aug. (Enthauptung Johannes d. Täufers).
P. Plank

Lit.: LThK³ III, 1192f. [P. PLANK] – J. HERBUT, De ieiunio et abstinentia in ecclesia byz., Apollinaris 39, 1966, 158–200, 303–332, 382–432 – V. PHIDAS, Le jeûne, Ἐπιστημονικὴ Ἐπετηρὶς τῆς Θεολογικῆς Σχολῆς, Athen 27, 1986, 763–809.

Xeropotamou. Das griech. Kl. X. wurde an der südwestl. Küste des Hl. Berges in einer Meereshöhe von 200 m, oberhalb des von Daphni nach Karyés führenden Weges, gegründet.

Das Kl. des Hl. Nikephoros am »Trockenbach« (Xeropotamos) oder einfach »Xeropotamou« wurde kurz vor 956 errichtet, unter der gemeinsamen Ks.herrschaft von Konstantinos VII. und Romanos II. (945–959). In

byz. und nachbyz. Zeit ist es auch unter anderen Namen bekannt: tou Motzichiakou (nur in einer Urkunde), tou Cheimarou, tou Chloropotamou. Von der Mitte des 13. Jh. bis heute ist es den hl. Vierzig Märtyrern geweiht. Als Gründer wird von einigen Forschern (GUNARIDES, 1989) Paulos Xeropotamites betrachtet, eine auf dem Athos von der Mitte des 10. bis Anfang 11. Jh. bekannte und verehrte Persönlichkeit, während andere (PAPACHRYSANTHOU, 1992) diese Meinung nicht teilen.

Durch Schenkungen und Vermächtnisse von Ks.n und anderen herausragenden Persönlichkeiten erwarb das Kl. rasch innerhalb und außerhalb des Hl. Berges Besitz. Der Besitz allein innerhalb des Hl. Berges umfaßt fast die ganze südwestl. Küste bis zum heutigen Kl. des Hl. Paulos. In der 1. Hälfte des 13. Jh. macht es v. a. wegen Piratenangriffen eine Krise durch, kommt aber wieder schnell in die Höhe, v. a. dank des Interesses des Despoten Johannes Palaiologos, Bruder Ks. →Michaels VIII. In einem Schreiben des Protos Isaak vom Jahr 1331 wird es wegen der »Vielzahl seiner Bewohner und seiner Frömmigkeit« gerühmt. Am Beginn des 15. Jh. erfährt es die Gunst der mönchsfreundl. Politik des Ks.s →Johannes VII., und zum Ende des Jh. (1489) ist eine Zahl von 90 Mönchen genannt.

In den folgenden Jahrhunderten erlitt es große Katastrophen, v. a. wegen der Brände 1507 und 1609, und in deren Folge auch Besitzverluste. In einer Steuerliste v. 1569 begegnen nur mehr 23 Mönche. Dabei ist aber zu beachten, daß es die Verluste wieder wettmachen konnte und bis 1661 die koinobitische Form beibehielt, während die übrigen Kl. idiorrhythmisch wurden. V. a. geschah dies dank der finanziellen Unterstützungen und der Errichtung von Bauten und Metochia in den Donaufsm.ern und auf den Ägäischen Inseln. Die hauptsächl. Bauten des heutigen, seit 1981 wieder koinobit. Kl., zu dem sieben Kapellen innerhalb und sieben außerhalb des Athos gehören, stammen aus dem 18. Jh.

Zu den Schätzen gehören u. a. ein großer Teil des Hl. Kreuzes (gemäß der Überlieferung) und ein künstlerisch bes. wertvolles Panhagiarion (runde Schale mit geringer Tiefe) aus dem 14. Jh. aus Steatit mit der Gestalt der Maria in der Haltung der →Deesis in der Mitte und der Hetoimasia (→Thronbild) rundherum. In der Bibl. befinden sich 550 Hss. vom 10. bis zum 20. Jh. sowie etwa 4000 alte Drucke. Im Archiv werden u. a. etwa 35 byz. und 200 postbyz. (gezählt bis 1800) griech. Urkk. und Codices mit Urkk. aufbewahrt. Heute nimmt das Kl. den 8. Rang in der Kl.hierarchie des Hl. Berges ein (5. Rang vor dem 16. Jh.), und es wird von mehr als 30 Mönchen bewohnt.

E. K. Litsas

Q. und Lit.: Actes de Xéropotamou, ed. J. BOMPAIRE, Archives de l'Athos, III, 1964 – EVDOKIMOS XEROPOTAMINOS, Ἡ ἐν Ἁγίῳ Ὄρει ... Μονὴ τοῦ Ξηροποτάμου 424, 1925, 1926 [Nachdr. 1971] – P. GUNARIDES, Ὁ Ἅγιος Παῦλος καὶ ἡ μονὴ Ξηροποτάμου, Symmeikta 8, 1989, 135–42 – D. PAPACHRYSANTHOU, Ὁ ἀθωνικὸς μοναχισμός. Ἀρχὲς καὶ ὀργάνωση, 1992 – P. GUNDARIDES, Ἀρχεῖο τῆς Ἱ. Μ. Ξηροποτάμου, ἐπιτομὲς μεταβυζαντινῶν ἐγγράφων, Ἀθωνικὰ Σύμμεικτα 3, 1995 – E. KOLOBOS, Νέα στοιχεῖα γιὰ τὴν ἱστορία τοῦ Καθολικοῦ τῆς μονῆς Ξηροποτάμου, Kleronomia 29, 1997 [im Dr.] – FL. MARINESCU, Ρουμανικὰ ἔγγραφα τοῦ Ἁγίου Ὄρους. Ἀρχεῖο Ἱερᾶς Μονῆς Ξηροποτάμου, 1, 1997 – Ein Sammelbd. zu Gesch., Architektur, Kunst, Archiv und Bibl. des Kl. soll 1998 erscheinen (Ausg. des Kl. Xeropotamou).

Ximénez de Rada, Rodrigo → Rodrigo Jiménez de Rada (4. R.)

Xiphilinos, aus →Trapezunt stammende Familie, erlebte ihre Blütezeit im 11. und 12. Jh.; etliche ihrer Vertreter waren als Richter tätig.

Lit.: Oxford Dict. of Byzantium, 1991, 2210f. [A. KAZHDAN].

[1] *Johannes X. d. J.*, Mönch, † nach 1081, Neffe des Patriarchen →Johannes VIII. Xiphilinos (49. J.), ist Verf. dreier bedeutender Werke: 1. Auszüge (Epitome) aus der röm. Gesch. des Cassius Dio Cocceianus, die die Bücher 36 bis 80 umfaßten; diese »Eklogai« ersetzen z. T. die sonst verlorenen Bücher 61 bis 80 des antiken Historikers und ergänzen bzw. berichtigen auch die übrigen in vielen Fällen. 2. die »Hermeneutikai didaskaliai«, ein in vielen Hss. überliefertes Homiliar, das insgesamt 53 Predigten auf Sonntagsevangelien umfaßt (es wurde lange Zeit und in etlichen Hss. seinem Onkel und anderen Autoren wie Johannes IX. Agapetos zugewiesen). 3. Bearb. eines →Menologions, das als Ergänzung zum Werk des →Symeon Metaphrastes (für Febr. bis Aug.) gedacht war; davon sind nur das Widmungsschreiben an Ks. Alexios I. und das Martyrium der Hl.n Kosmas und Damian – beide in georg. Übers. – erhalten.

Lit.: BECK, Kirche, 629f. – F. HALKIN, RevByz 24, 1966, 182–188 – M. VAN ESBROECK, OrChrP 48, 1982, 29–64.

[2] Etwa zur selben Zeit lebte *Konstantinos X.* →Drungarios tes Bigles und Pronoetes v. Lakedaimonia.

[3] *Georgios II. X.*, Patriarch v. →Konstantinopel 1191–98, versuchte vergebl., die Macht der Kl. zugunsten der Bf.e einzuschränken; an ihn gerichtet ist je eine Rede des Konstantin Stilbes und des Georgios Tornikes.

Lit.: DHGE XX, 669–671 – R. BROWNING, Byzantion 33, 1963, 26–32 – HUNGER, Profane Lit., I, 127, 155.

[4] Von den späteren Trägern dieses Namens erscheint *Theodoros X.* erwähnenswert, ein Freund des Patriarchen →Johannes' XI. Bekkos und Gefolgsmann Ks. Michaels VIII., der 1264–76/77 →Chartophylax der Hagia Sophia war.

P. Soustal

Lit.: PLP VIII, 1986, Nr. 20944.

Xylurgu, monast. Niederlassung im nö. Teil des →Athos, zw. →Vatopedi und Pantokratoros. Das der Muttergottes gewidmete Kl. 'des Zimmermanns' ist erstmals in einer Verkaufsurk. des Panteleimon-Kl. v. 1030 erwähnt. Einem Inventar der bewegl. Güter des Kl. X. vom 4. Dez. 1142 kann entnommen werden, daß das Kl. damals von russ. Mönchen besiedelt war und daß in der Bibl. rund 50 slav. liturg. und patrist. Hss. aufbewahrt wurden. Ausgehend von der ethn. Charakterisierung des Kl. i. J. 1142 ist wahrscheinl., daß die Erwähnung eines Gerasimos, Priester und Hegumenos des Kl. τοῦ Ῥῶς, vom Febr. 1016 sich ebenfalls auf X. bezieht. Im Aug. 1169 bat der Kathegumenos des Kl. X. 'oder der Russen' den Protos Ioannes in Karyes um Zuweisung eines größeren Gebäudekomplexes. Die russ. Mönche des prosperierenden Kl. X., die häufig untereinander eng verwandt waren, erhielten und übernahmen das verfallene Panteleimon-Kl. 'des Thessalonikers' an der Westküste unter Bewahrung der Kl.rechte in X. unter ein und demselben Hegumenos Laurentios. Der seltene kanon. Vorfall wurde noch mehrmals bis 1194 von den athonit. Protoi bestätigt. Nach der Krise v. 1204 kann aus dem Mangel von Erwähnungen davon ausgegangen werden, daß X. ledigl. als Nebenbesitz des Panteleimon-Kl. und nicht mehr als volles Kl. galt. Von den i. J. 1142 erwähnten 14 Urkk. des Kl. sind zwei erhalten.

Ch. Hannick

Lit.: I. P. MAMALAKES, Τὸ Ἅγιον Ὄρος (Ἄθως) διὰ μέσου τῶν αἰώνων, 1971, 156f. – P. LEMERLE, G. DAGRON, S. ĆIRKOVIĆ, Actes de St-Pantéléèmôn, Archives de l'Athos 12, 1982, 4–10, 76–86 – A. PAPAZOTOS, Recherches topographiques au Mont Athos (Géograph. hist. du monde méditerranéen, 1988), 155 – V. KRAVARI, Actes du Pantocrator, Archives de l'Athos 17, 1991, 5, 27f., 65–67.

Xystus, Xistus → Sixtus

Y

Yaʿqūb ibn Ṭāriq, Astronom, tätig in Bagdad, 2. Hälfte des 8. Jh. Y. war neben Ibrāhīm ibn Ḥabīb al-Fazārī beteiligt an der Übertragung ind. astronom. Texte ins Arabische. Die Texte selbst sind nicht erhalten, aber mehrere arab. Astronomen, v. a. →al-Ḫwārizmī, haben sie in ihren Werken verarbeitet. Y.s eigene astronom. Schriften sind im ganzen ebenfalls nicht erhalten und nur als Zitate und Exzerpte bei anderen Autoren (u. a. al-Hāšimī und v. a. →al Bīrūnī) greifbar. Aus seinen Werken wurde im MA nichts ins Lat. übersetzt. Y.s astronom. Schriften beruhten auf ind. Material aus dem *Sindhind* und anderen ind. Q.n. Die erhaltenen Fragmente betreffen die Gnomonik (→Gnomon), die Tageslänge, Zeitbestimmung aus der Sonnenhöhe, astronom. Daten, aus denen der Wert von π ableitbar ist, Sichtbarkeit des Mondes, Größen und Entfernungen der Planeten, geogr. Koordinaten, Chronologie nach ind. Vorstellungen. R. Lorch

Lit.: DSB XIV, 546 – Sezgin, VI, 124–127; VII, 101f. – D. Pingree, The Fragments of the Works of Y., Journal of Near Eastern Stud. 27, 1968, 97–123 – E. S. Kennedy, The Lunar Visibility Theory of Y., ebd., 126–132 [Nachdr. 1983].

al-Yaʿqūbī → Geographie, I

Yaḥyā 1. Y. b. Abī Manṣūr, Astronom und Astrologe; gest. 830/832 in Tarsus, stammte aus einer bekannten pers. Gelehrtenfamilie. In Bagdad trat er zunächst in den Dienst des Wesirs al-Faḍl b. Sahl, für den er astrolog. Berechnungen anstellte. Nach dessen Ermordung (818) war Y. als Astronom des Abbasidenkalifen al-Maʾmūn tätig; der Herrscher beauftragte ihn mit der Verbesserung der astronom. →Tafeln des →Ptolemaeus und ließ hierzu in Bagdad und Damaskus je ein →Observatorium errichten. Die Gelehrtengruppe um Y. umfaßte zahlreiche bekannte islam. Astronomen und Mathematiker, wie z. B. →al-Ḫwārizmī, →al-Asṭurlābī, Sind (Sanad) b. ʿAlī, al-Ǧauharī, al-Marwarrūḍī, die →Banū Mūsā sowie →Ḥabaš al-Ḥāsib. Resultat ihrer Bemühungen war der einflußreiche »Zīǧ al-mumtaḥan« (lat. Tabulae probatae), der auf mehrere arab. Gelehrte wie →Ṯābit ibn Qurra, →Ibn Yūnus, →Kūšyār b. Labbān, →Ibrāhīm b. Yaḥyā az-Zarqālī großen Einfluß hatte, aber heute nur in einer einzigen erst später zusammengestellten Hs. im Escorial (Cod. Arabe 927) auszugsweise erhalten ist. Dieselbe Gelehrtengruppe befaßte sich im Auftrag des Kalifen auch mit der Bestimmung des Erdumfanges (→Geometrie, II), wozu sie zwei verschiedene Methoden anwandte und dabei einen Meridianbogen von einem Grad ausmaß.
E. Neuenschwander

Lit.: DSB XIV, 537f. – Sezgin V, 227; VI, 136–137, 292; VII, 116; et passim – E. S. Kennedy, A Survey of Islamic Astronomical Tables, 1956 – J. Vernet, Las Tabulae probatae (Fschr. J. M. Millás-Vallicrosa, II, 1956), 501–522 – A. Sayili, The Observatory in Islam, 1960 – E. S. Kennedy, The Solar Equation in the Zīǧ of Y. (Prismata [Fschr. W. Hartner, 1977]), 183–186 – Y. T. Langermann, The Book of Bodies and Distances of Ḥabaš al-Ḥāsib, Centaurus 28, 1985, 108–128 – M. Viladrich, The Planetary Latitude Tables in the Mumtaḥan Zīǧ, JHA 19, 1988, 257–268.

2. Y. ibn Saʿīd al-Anṭākī, chr.-arab., melkit. Autor (→Melkiten), * um 981, † 1034. Y. lebte zuerst in →Alexandria und übersiedelte um 1014 nach →Antiochia. Dort verfaßte er eine Fortsetzung des arab. Geschichtswerks des →Eutychios v. Alexandria (Saʿīd ibn Baṭrīq). Anhand persönl. Anmerkungen Y.s sind die Umstände seiner dreifachen Redaktion feststellbar. Seine Gesch. umfaßt die Jahre 937/938 bis 1033/34. Bes. die genaue Behandlung der Rusʾ fand in Rußland Beachtung. Y.s Werk wurde zunächst mit einer anderen, bis zum Jahre 1066 reichenden Chronik in Verbindung gebracht. G. Graf erwähnt noch mehrere theol. Traktate des Autors. M. van Esbroeck

Ed.: L. Cheikho, C. Carra de Vaux, H. Zayat, Corpus Scriptorum Christianorum Orientalium, Scriptores arabici. Textus. Ser. III, t. VII, 1909, 89–273 [vollst.] – A. Vasiliev, Hist. de Y. d'Antioche continuateur de Said ibn Bitriq, POr 18, 1924, 699–834; 23, 1932, 345–520 [bis zum Jahr 1013] – *Lit.*: G. Graf, Gesch. der chr. arab. Lit., II, 1947, 49–51 – J. Nasrallah, Hist. du mouvement Litt. dans l'Église Melchite du Ve au XXe s., vol. III, t. 1, 1983, 167–172.

Yantar (lat. *prandium*), Gastungspflicht, die in Kastilien und León ursprgl. zu den Rechten des Grundherrn gehörte (→Grundherrschaft, C. V) und als Teil des *hospedaje* seine Versorgung sowie die seiner Begleiter während des Aufenthalts im Haus des Grundholden sicherstellte, eine Pflicht, die sowohl auf der →Behetría als auch dem Kg. und seinem Gefolge (*conducho*) im →Realengo, schließlich als Fiskalabgabe allg. geleistet werden mußte. Daraus entstand im SpätMA eine regelmäßige, jährl. dem Kg. zu entrichtende Geldabgabe mit öffentl. Steuercharakter (*pecho aforado*), von deren Zahlung aus bes. Gründen befreit werden konnte und die in der Krone Kastilien Y., in der Krone Aragón *Cena* genannt wurde. L. Vones

Lit.: M. Gual Camarena, El hospedaje hispano medieval, AHDE 32, 1962, 527–541 – N. Guglielmi, Posada y Y., Hispania 26, 1966, 5–40, 165–219 – B. Schwenk, Gastungsrecht und Gastungspflicht in den Ländern der aragones. Krone während des späten MA, SFGG. GAKGS 28, 1975, 229–334 – M. A. Ladero Quesada, Fiscalidad y poder real en Castilla (1252–1369), 1993, 37ff. – M. Miquel i Vives, La 'cena de presència' a la Corona d'Aragó a mitjan segle XIV (Estudios sobre renta, fiscalidad y finanzas en la Cataluña bajomedieval, hg. M. Sánchez Martínez, 1993), 277–334.

Yarlïq → Jarlik

Yarmūq, heut. Grenzfluß zw. Jordanien und Syrien, südl. des Sees v. Tiberias in den Jordan mündend. In der Schlacht am Y. endete am 20. Aug. 636 die byz. Defensive gegen die Araber mit der ersten großen Niederlage, die Palästina in die Hände der →Araber gab (→Byz. Reich, H. III). Trotz offensichtl. zahlenmäßiger Überlegenheit des byz. Heeres gaben Rivalitäten unter den Feldherren Trithurios (der den Tod fand), Niketas und dem Perser Vahan, bes. aber die takt. Überlegenheit der arab. Reiterei (die die byz. Infanterie von der Kavallerie zu trennen vermochte) neben einer für die Entfaltung einer Flächenstrategie schwierigen topograph. Lage im wadiartigen Tal den Ausschlag für den Sieg. P. Schreiner

Lit.: Oxford Dict. of Byzantium, 1991, 2214 – W. E. Kaegi, Byzantium and the Early Islamic Conquests, 1992, 112–146 – D. Nicole, Yarmuk 636 AD. The Muslim Conquest of Syria, 1994 (= Osprey Military Compaign Ser., 31).

Yasa (amongol. *jasaġ*; türk. *yasa[q]* 'Gesetz', '(Ver)ordnung'), auf Befehl von Činggis Khan (→Dschingis Chān) verfaßtes und von seinen Nachfolgern ergänztes mongol. Gesetzeswerk, aufgezeichnet in uigur. Schrift, verwahrt in geheimen Archiven. Umstritten ist, inwiefern es Bestimmungen des älteren Gewohnheitsrechts enthält. Die Y. bildete zusammen mit tradierten Lehrsätzen (*bilik*) Činggis Khans die Grundlage für die mongol. Rechtsprechung und Reichsverwaltung. Ihr Ziel war, »das Leben

der →Nomaden den Bedürfnissen des Weltreiches anzupassen« (P. Ratchnevsky) und die Herrschaft der Činggisiden-Familie zu sichern. Sie suchte, gestützt auf rigide Strafbestimmungen, die Disziplin im Heer durchzusetzen, die innere Ordnung des Reiches zu wahren, den Handel zu schützen und die Beziehungen zu anderen Völkern zu regeln. Eine vollständige Fassung der Y. blieb nicht erhalten, läßt sich aber aus Zitaten oriental. und westl. Autoren (Ǧuwainī, Maqrīzī, Umarī, →Barhebraeus, →Johannes de Plano Carpini, →Wilhelm v. Rubruk u. a.) rekonstruieren. H. Göckenjan

Lit.: C. Alinge, Mongol. Gesetze, 1934 – G. V. Vernadskij, The Scope and Contents of Chingis Khan's Y., Harvard Journal of Asiatic Stud. 1938, 337–360 – P. Ratchnevsky, Die Y. (Jasaq) Činggis-khans und ihre Problematik (Sprache, Gesch. und Kultur der altaischen Völker, 1974), 471–487 – G. Doerfer, Elemente IV, 1975, 71–82 – P. Ratchnevsky, Činggis-Khan, 1983, 164–172.

Yder (Ider), afrz. Artusroman (→Artus). Der »Romanz du reis Y.« (6769 vv., nur eine Hs.) erzählt die Abenteuer des jungen Ritters Y., der in Liebe zur Kgn. Guenloïe entbrannt ist. Y. rettet das Leben Kg. Arthurs, doch dieser versäumt es, den Ritter zu belohnen. Aus Unwillen bietet Y. einem Gegner des Kg.s seine Dienste an. Heimtückisch verwundet von Keu, wird Y. von Guenloïe liebevoll gepflegt. Arthur räumt ihm wegen seiner Tapferkeit einen Platz an der Tafelrunde ein. Er kämpft mit einem unbekannten Ritter, der sich als sein Vater erweist: Nuc, Hzg. v. Deutschland. Auch rettet Y. das Leben der Kgn. Guenièvre, indem er einen Bären tötet. Aus Eifersucht zwingt ihn Kg. Arthur, mit zwei Riesen zu kämpfen. Y. bleibt siegreich, wird aber von Keu vergiftet. Wieder zum Leben erweckt, begibt er sich erneut an den Hof, um Guenloïe zu heiraten und selbst Kg. zu werden.

Der negative Charakter Arthurs, wie er im »Y.« gezeichnet wird, dürfte seinen Ursprung im Einfluß der Abtei →Glastonbury und der Gegnerschaft der anglonorm. Barone und Kleriker gegen Kg. →Johann 'Ohneland' (1199–1216) haben.

Y. ist einer der ältesten Helden des Artuskreises: Er erscheint schon auf der Archivolte der 'Porta della Pescheria' (1120–30) der Kathedrale v. →Modena als 'Isdernus' unter den Artusrittern, welche die gefangene 'Winlogee' befreien. →Wilhelm v. Malmesbury (»De Antiquitate Glastoniensis Ecclesiae«, 1129–35) berichtet von Y.s Kampf mit den Riesen und seinem Scheintod. →Geoffrey v. Monmouth erwähnt ihn in der »Hist. regum Britanniae« (1138) als Truppenanführer Kg. Arthurs. Auch in →Chrétiens »Erec et Enide« ist er genannt. Die Berner »Folie Tristan« präsentiert ihn als Liebhaber der Kgn. Guenièvre. In der Sehweise Dumézils gehen die Wurzeln der Gestalt Y.s zurück auf die indoeurop. Kriegermythologie (*mythologie guerrière*). M. Stanesco

Ed.: Der afrz. Y.roman, ed. H. Gelzer (Ges. für roman. Lit. 31, 1913) – The Romance of Y., hg. A. Adams, 1983 [mit engl. Übers.]. – *Lit.:* DLFMA², 1992, 1504f. – E. C. Southward, The Knight Y. and the Beowulf Legend in Arthurian Romance, MAe 15, 1949, 1–47 – J. H. Grisward, Ider et le Tricéphale: d'une 'aventure' arthurienne à un mythe indien, Annales 33, 1978, 279–293 – B. Schmolke-Hasselmann, King Arthur as Villain in the Thirteenth-Century Romance Y., Reading Medieval Studies 6, 1980, 31–44 – A. Adams, The Roman d'Y.: the Individual and Society (N. Lacy u. a., The Legacy of Chrétien de Troyes, 1987–88, t. II), 71–77 – L. Morin, De la souveraineté dans le Roman d'Y.: la déloyauté d'Arthur et l'excellence d'Y., PRISMA 11, 1995, 185–198 – *zur ikonograph. Darst. in Modena:* S. Stocchi, Roman. Emilia-Romagna, 1986, 299, T. 103 – weitere Lit. →Artus, Abschn. VI [Ikonographie].

Ydumäa, östl. Grenzland der von der Seeseite nach→Livland eingewanderten Liven (liv. Idamaa 'Ostland'), an Aa und Brasle (früher Raupa) westl. von →Wenden im heut. nördl. Lettland gelegen, mit abhängiger lett. Vorbevölkerung. Auch die nördlich benachbarten →Letten an der Ymera waren den Liven verpflichtet (»a Livonibus semper oppressi«), obwohl sie ursprgl. einen Gau des lett. →Tolowa gebildet hatten. Durch die Deutschen verloren die Liven ihre herrschende Stellung und verschmolzen, den Letten gleichgestellt, mit diesen. – 1206 wurden die Ydumäer vom Priester Alebrand getauft; 1208 taufte er die Ymera-Letten. Kirchen wurden an der Raupa (Pfarrer Daniel, dann Alebrand) und an der Ymera (Papendorf, Pfarrer →Heinrich v. Lettland) errichtet. 1210 errrangen die →Esten einen Sieg über die Christen an der Ymera; 1211 zerstörten sie Kirche und Dörfer in Y. Danach wurden beide Kirchspiele als Vogtei dem Theoderich, Bruder Bf. →Alberts v. Riga, übertragen. 1212 folgte ihm sein Schwiegervater Vladimir, Fs. v. →Pskov. Ihm warf Alebrand unrechtmäßige Bereicherung vor. Vladimir ging wieder zu den Russen über und rächte sich 1218 an Alebrand durch Plünderung der Kirche und Dörfer v. Y. Theoderich wurde vom Bf. als Vogt wiedereingesetzt und mit Y. belehnt. Sein Lehnsname ('de Raupa [Raupena]') erhielt sich als heut. Familienname 'von der Ropp'. Ende des 13. Jh. ist Roop im Lehnsbesitz des Stiftvogts Otto v. Rosen. H. von zur Mühlen

Q. und Lit.: →Heinrich v. Lettland – Liv-, Est- und Kurländ. UB, 1852ff. – BL I, 1939 [H. Laakmann] – A. v. Transehe-Roseneck, Livlandfahrer, 1960.

Year Books, Slg. en der seit Mitte des 13. Jh. überlieferten Protokolle (*Law Reports*) von Prozessen, die vor den kgl. →Gerichten Englands geführt wurden. Das älteste vollständig erhaltene Protokoll stammt aus dem Jahr 1268. Der Name der Y. B. entstand, weil die Texte zunächst nach den Sitzungsperioden der Gerichte (*Terms*) und schließlich nach den Regierungsjahren der Monarchen geordnet wurden. Die Berichte der Y. B. unterscheiden sich wesentl. von den offiziellen Akten (*Plea Rolls*) der Gerichte, in denen Fakten und Entscheidungen (Namen der Parteien, Daten, Urteil, Details über Schadensersatz) festgehalten wurden. Derartige Angaben fehlen in den Y. B. oft. Statt dessen wurden die von den Vertretern der Parteien (→*serjeants*, *narrators*) vor Gericht vorgebrachten Argumente, die von den Richtern angelegten Maßstäbe sowie Verweise auf frühere vergleichbare Fälle aufgezeichnet. Die hauptsächl. in der auch vor Gericht verwendeten frz. Sprache verfaßten Y. B. enthalten Hinweise auf die Entstehung von Rechtsgrundsätzen und konzentrieren sich auf die Argumentation, die einer rechtl. Entscheidung zugrunde lag, nicht auf das Urteil an sich. Da sie außerdem oft die Vertreter der Parteien sowie den oder die mit der Verhandlung betrauten Richter benennen – Informationen, die in den Akten fehlen –, ergänzen sie die Plea Rolls. Die Verfasser der Y. B. sind anonym; die Texte basieren oft auf während der Verhandlungen angefertigten Notizen, die anschließend zu einem knappen Dialog, manchmal mit ergänzenden Kommentaren, erweitert wurden. Da die Ausbildung der Juristen des Common Law nicht an den Universitäten, sondern hauptsächl. in der Rechtspraxis stattfand, geht man davon aus, daß es sich um Übungstexte für angehende Juristen handelte, die – vielleicht sogar in Rollenspielen – Rechtsprinzipien und -grundlagen erlernen wollten, nachdem sie die ersten Grundlagen gemeistert hatten. Seit dem Ende des 13. bis zum Anfang des 16. Jh. liegen fast für jedes Jahr Y. B. mit Protokollen der als bemerkenswert und exemplar. angesehenen Verfahren vor, die im Gericht der Common Pleas, manchmal dazu in der →*King's Bench* und anderen

Gerichten, anfangs auch vor den Reiserichtern des →*Eyre* stattgefunden hatten. Für das Studium des engl. Rechts im SpätMA sind die Y. B. eine Q. ersten Ranges, mit deren Hilfe sich auch ein Zugang zu der kaum zu bewältigenden Masse der Akten bietet. Seit der Mitte des 15. Jh. wurden zur Erschließung des zunehmend unübersichtl. werdenden Materials der Y. B. Kompendien (*Abridgments*) zusammengestellt, in denen die Materie nach Stichwörtern gegliedert war. Die ersten Y. B. wurden ca. 1481/82 von John Lettou und William Machlinia in London gedruckt (33–37 Heinrich VI.). Mit der techn. Neuerung begann ein allmähl. Umbruch. Die seit 1447 unterbrochene Serie der Hss. endet 1500; und wenn es auch bis 1535 noch neun gedruckte Bände gibt, kam die Tradition der Y. B. doch Anfang des 16. Jh. zum Erliegen, um den Reports bedeutender Juristen zu weichen. Die meisten Y. B. wurden in der Mitte des 16. Jh. von Richard Pynson und Richard Tottell gedruckt, andere folgten zusammen mit einer Neuaufl. in den Jahren 1678–80. J. Röhrkasten

Lit.: L. W. ABBOT, Law Reporting in England, 1485–1585, 1973 – P. BRAND, The Origins of English Legal Profession, 1992, 111f. – The Earliest English Law Reports, I, Common Bench Reports to 1284, hg. P. A. BRAND (Selden Soc. 111, 1996).

Yeavering, zunächst ein Versammlungsort eines brit.-kelt. Stammes mit religiöser Funktion im n. England (Gft. Northumberland), der ein Verwaltungszentrum im angl. Kgr. →Bernicia wurde. Gegen Ende der Römerzeit und später diente Y. wahrscheinl. als Bestimmungsort für Naturalabgaben und als Markt. In oder nach dem Jahr 547 gelangte Y. wohl unter die Kontrolle des angl. Kg.s →Ida und seiner Nachfolger. Das Ortsgebiet umfaßte eine große Holzeinfriedung, ein fächerförmig geöffnetes Theater, einen heidn. Tempel und eine Kg.shalle. Nach Beda Venerabilis verbrachte der Missionar →Paulinus 36 Tage damit, zum Christentum Bekehrte in dem nahen Fluß Glen zu taufen, bei der 'Gefrin' gen. villa regia, die Wissenschaftler als den sog. Palast in Y. identifiziert haben.
H. B. Clarke

Lit.: B. HOPE-TAYLOR, Y.: an Anglo-British Centre of Early Northumbria, 1977.

Yeoman, ursprgl. ein militär. Gefolgsmann. In England setzte im späten MA innerhalb des Bauernstands eine zunehmende Differenzierung des Besitzes ein, und drei Hauptgruppen lassen sich unterscheiden: Y. (Freisasse), *husbandman* (Bauer) und *labourer* (Landarbeiter), wobei die Y. die »Bauernaristokratie« darstellten. Diese verfügten über ausgedehnten Landbesitz, häufig →*freeholds*, doch gab es auch andere Besitzarten. Der Gruppe der Y. wurden die Landgüter der großen Grundbesitzer in der Zeit nach dem Schwarzen Tod v. 1349 verpachtet, wobei die Pachtbesitzungen in der Regel eine Größe von 242 820 m² bis 323 760 m² erreichten, aber es entstanden noch größere Besitzungen (→Grundherrschaft, C. IV). Viele Y. konnten mit Hilfe ihres Viehbestands Kapital anhäufen, und ein Besitz von 200 Schafen und 20 Rindern war üblich. Da dieser Land- und Viehbesitz ein erhebl. höheres Einkommen ermöglichte, als für den Lebensunterhalt einer Familie benötigt wurde, produzierten die Y. für den Verkauf auf dem Markt. Nach Sir John →Fortescue galt ein Einkommen von £ 5 pro Jahr aus dem Landbesitz als ansehnl. Lebensunterhalt eines Y. Er und seine Familie erfreuten sich eines komfortablen Lebensstandards, auch im Wohnbereich. – Der Begriff 'Y.' war ebenfalls im adligen Hofhalt in Gebrauch, wo er ranghöhere Diener unterhalb der Mitglieder des freien Hofhalts bezeichnete. In der Westminster Abbey bildeten die Y. innerhalb der Mönche (oboedientiaries) die Leiter der wichtigsten Bereiche. Sie waren mit Lehen ausgestattet und kontrollierten ihren eigenen Mitarbeiterstab. E. King

Lit.: C. DYER, Standards of Living in the Later MA: Social Change in England c. 1200–1520, 1989 – I. M. W. HARVEY, Jack Cade's Rebellion of 1450, 1991 – B. HARVEY, Living and Dying in England 1100–1540: The Monastic Experience, 1993.

Yerres, Notre-Dame de', Frauenabtei OSB in Nordfrankreich, Île-de-France (dép. Essonne, arr. Evry, cant. Brunoy), wurde 1134 von Eustachie de Corbeil, der Gemahlin von Jean d'Étampes, gegr. Im 13. und 14. Jh. empfingen die Nonnen v. Y. den Brotzehnten des →Hôtel du roi, wenn der Hof in Paris weilte, aufgrund einer Urkunde Ludwigs VII. von 1143. Die ersten Äbt.nen hatten lange Amtszeiten: Hildegarde de Senlis (1132–55), Clémence Loup (1155–80), Eve (1180–1210), Eustachie Dulers (1210–26), Aveline (1226–44), Ermengarde (1245–54). Die Abtei genoß die Förderung der →Kapetinger, des Bf.s v. →Paris und der großen Familien →Garlande und →Courtenay, die Y. zur →Grablege wählten. Eine Marguerite de Courtenay fungierte 1312–17 als Äbt. Y. zählte bis zu 80 Nonnen. Kartular und Nekrolog entstammen dem ausgehenden 13. Jh., wahrscheinlich der Zeit der Äbt. Agnès de Brétigny (1280–99). Um 1270/80 wurden die Bauten der Abtei neuerrichtet; die Abtei erwarb in Paris ein Grundstück, auf dem sie ein Stadthaus erbaute (nahe der heutigen Rue Nonnains d'Hyères). 1790 wurde die Frauenabtei Y. (damals rund 20 Nonnen) aufgehoben, die Gebäude wurden 1793 verkauft. E. Lalou

Q.: Cart. du XIIIe s., Centre hist. des Arch. nat., LL 1599 – Nécrologe du XIIIe s., Bibl. Nat., ms lat. 5258 – *Lit.*: J. ALLIOT, Hist. de l'abbaye et des religieuses bénédictines de N. D. d'Y., 1899.

Yggdrasill, Weltenbaum der germ. Mythologie, zumindest nach Auskunft der Eddalieder →Völuspá 19, 47 und →Grímnismál 35, 44, sowie → Snorri Sturlusons Edda, die sich auch darin einig sind, daß der Baum eine Esche ist, wobei die Völuspá ihn allerdings auch als immergrün bezeichnet, was in der Forsch. dann häufig – und mit Hinweis auf die angebl. Heiligkeit dieses Baumes – als Eibe interpretiert wurde. Größere Probleme bereitet die Etymologie, da Y. eine kenningartige Wortbildung in der Bedeutung »Yggs – Odins Pferd« ist, was meist auf die Funktion eines Baums als Galgen in Odins Selbstopfer bezogen wird. Die Angaben der Grímnismál repräsentieren ein synthet. spätheidn. mytholog. Konzept, in welchem die drei Wurzeln des Baumes Y. die ganze Welt umspannen, wobei unter einer die Menschen, unter der anderen die Riesen und unter der dritten, in →Hel, die Toten wohnen. Die Völuspá nennt dazu noch die Schicksalsquelle (*Urðar brunnr*) am Fuße der Weltesche. Die Rolle als Zentrum des mytholog. Weltbildes wird auch damit erhellt, daß sich die Götter in Krisenzeiten bei Y. versammeln und daß das Zittern des Stammes das nahe Weltende der →Ragnarök ankündigt. Bei Snorri wird das Bild mit zahlreichen Details ausgeschmückt, die seinen Systematisierungstendenzen entsprechen, womit bei ihm – vielleicht aber auch schon in der Völuspá – Y. zum Kristallisationskern für zahlreiche freie Mytheme wird. Ob in Y. das mytholog. Pendant zu Bäumen in einem germ. Baumkult vorliegt, oder ob er den Opferbaum repräsentiert, in/an dem die Körper geopferter Tiere aufgehängt wurden, oder ob er die Achse und Stütze der Welt darstellt, muß offenbleiben, aber Elemente all dieser Vorstellungen sind wohl in das Konzept von Y. miteingeflossen. R. Simek

Lit.: KL XX, 357–359 – L. F. LÄFFLER, Det evigt grönskande trädet (Fschr. H. F. FEILBERG, 1911), 617–696 – A. OLRIK, Y., Danske Studier, 1917, 49–62 – U. HOLMBERG, Der Baum des Lebens, 1922 – R.

NORDENSTRENG, Namnet Y. (Fschr. A. KOCK, 1929) – S. EINARSSON, 'Askr Yggdrasils', 'Gullnar töflar' (Fschr. M. SCHLAUCH, 1966), 111–115 – G. STEINSLAND, Treet i Vǫluspá, ANF 94, 1979, 120–150 – R. SIMEK, Lex. der germ. Mythologie, 1995².

Ynglinga saga ('Erzählung von den Ynglingen'), der um 1230 entstandene erste Teil des an. Geschichtswerks »Heimskringla« von →Snorri Sturluson (1179–1241), in dem die myth. Vorzeit Skandinaviens vom Kampf der →Asen unter →Odin gegen die →Wanen bis zu den norw. und schwed. Kg.en der frühen Wikingerzeit um etwa 860 dargestellt wird. In euhemerist. Sicht (→Euhemerismus) leitet dabei der Verf. das schwed. Kg.sgeschlecht der Ynglinge von einem Sohn des Gottes Nǫrðr namens →Freyr, der auch Yngvi heißt, ab. Formales Vorbild dieser eher den Vorzeitsagas als den Kg.ssagas zuzurechnenden Erzählung ist wohl die nur in einem Bruchstück erhaltene »Skǫldunga saga« (um 1200), als hist. Q. dienten das »Háleygjatal« des Eyvindr skáldaspillir, »Af Upplendinga konungum« der →Hauksbók und bes. das →»Ynglingatal« des Þjóðólfr ór Hvini (um 900).   R. Volz

Ed.: Heimskringla, I, ed. F. JÓNSSON, 1893 – Heimskringla, I, ed. BJ. AÐALBJÁRSON, 1941 – *Übers.*: Snorris Kg.sbuch (Heimskringla), I, übers. F. NIEDNER, 1922 (1965²), 25–77 – *Lit.*: KL XX, 360–362 [H. MAGERØY] – R. SIMEK – H. PÁLSSON, Lex. der an. Lit., 1987, 399 – →Snorri Sturluson.

Ynglingatal ('Gedicht über die Ynglinge'), genealog. Merkgedicht des norw. Skalden Þjóðólfr ór Hvini aus der 2. Hälfte des 9. Jh. in 38 Strophen, die im Versmaß des Kviðuháttr (Wechsel von drei- und viersilbigen stabreimenden Versen) verfaßt sind und in der →Ynglinga saga des isländ. Geschichtsschreibers →Snorri Sturluson überliefert wurden. Das Werk ist als Preislied für den norw. Kleinkg. Rǫgnvaldr heiðumhæri, einen Verwandten des Reichseinigers →Harald Schönhaar, angelegt und sollte möglicherweise eine genealog. Verbindung zu dem schwed. Herrschergeschlecht der Ynglinge, der Nachkommen des Gottes Yngvi, schaffen, deren Namen, Art des Todes und Ort der Bestattung das Hauptthema dieser →Skaldendichtung darstellt. Viele Fragen zu Mythos, Volkssage und hist. Anspielungen in Y. sind noch nicht endgültig geklärt, eine mögliche Verbindung zur Theoderich-Strophe des Runensteins v. →Rök (um 800) würde zu einer früheren Datierung führen.   R. Volz

Ed.: Den norsk-isl. Skjaldedigtning, I, ed. F. JÓNSSON, 1912 – Y., ed. A. NOREEN, 1914 (Text mit schwed. Übers. und Komm.) – *Übers.*: Snorris Kg.sbuch (Heimskringla), I, übers. F. NIEDNER, 1922 (1965²), 25–77 – *Lit.*: KL XX, 362–364 [H. MAGERØY] – R. SIMEK – H. PÁLSSON, Lex. der an. Lit., 1987, 399 – H. SCHÜCK, Studier i Y., 1905–07 – W. ÅKERLUND, Studier över Y., 1939 – J. DE VRIES, An. Lit. gesch. I, 1964², 131–136 – E. MAROLD, Kenningkunst, 1983.

Ynglinge (an. Ynglingar) → Ynglinga saga; →Ynglingatal

Yoens, Jan, Genter Politiker und Anführer der Stadtmiliz, † Okt. 1379 in Eeklo. Die gewichtige Rolle, die aus einer Genter Schifferfamilie stammenden Y. in der bewegten Gesch. →Gents im späten 14. Jh. spiegelt die wachsende Bedeutung des Regionalhandels (bes. mit →Getreide) innerhalb des wirtschaftl. Gefüges der Stadt wider. Y. und seine Familie waren zunächst Anhänger des Gf.en v. →Flandern, →Ludwig v. Male. Wie schon sein Vater Willem hatte Jan Y. die Würde eines →Schöffen (1349, erneut 1367) sowie das Amt des Dekans (*deken*) der Schiffer (1366) inne. Noch als gfl. Parteigänger soll Y. mit Wissen des Gf.en 1352 einen polit. Mord an Pierre Doncker verübt haben. In den 70er Jahren geriet Y. aber durch die Konkurrenz der Schifferfamilie Meyhuus, die Y. aus der Gunst des Gf.en verdrängte, in ernsthafte finanzielle Schwierigkeiten und Gegensatz zur gfl. Politik. Im März 1379 übernahm er die Führung des Genter Aufstandes gegen Gf. Ludwig, da dieser die Interessen Gents und namentl. der Genter Schiffer gröblich verletzt hatte. Y. wurde 1379 zu einem der *hoofdmannen* (Leiter der städt. →Miliz) gewählt und verfügte als solcher über große Macht. In dieser Eigenschaft zeichnete er für die ersten Waffentaten des 'Gentse oorlog' (1379–85) verantwortlich. Er wandte auch in der neuen Situation die Taktik Jacobs van →Artevelde an: Eroberung des 'Gentse Kwartier', des von Gent kontrollierten Landesteils, und Erringung der militär. Oberherrschaft über →Ypern und →Brügge. Auf dem Rückweg von Brügge verstarb Y. unter ungeklärten Umständen im Okt. 1379 in Eeklo. Er spielte eine kurze, aber entscheidende Rolle bei der Radikalisierung des Genter Aufstandes. Die Romantiker des 19. Jh. und insbes. die radikalen Flügel der Fläm. Bewegung reklamierten Y. mit Vorliebe als unbeugsamen Vorkämpfer der fläm. Sache.   M. Boone

Lit.: BNB XXVII, 448–452 [H. NOWÉ] – R. DEMUYNCK, De Gentse oorlog (1379–85), Handelingen der Maatschappij voor Gesch. en Oudheidkunde te Gent, NF 5, 1951, 310, 313–316 – D. NICHOLAS, The Metamorphosis of a Medieval City. Ghent in the Age of the Arteveldes (1302–90), 1987, 201, 240f. – DERS., The Van Arteveldes of Ghent. The Varieties of Vendetta and the Hero in Hist., 1988, 113–115, 145–147.

Yolande (s.a. →Violante). **1. Y. d'Aragón** (Jolande), Infantin v. →Aragón, Hzgn. v. →Anjou, Schwiegermutter Kg. →Karls VII., * 1385, † 14. Nov. 1442 auf Schloß Tucé bei Angers, ▭ St-Maurice d'Angers (an der Seite ihres Gemahls). Die Tochter von →Johann I., Kg. v. Aragón (1387–96), und Yolande v. →Bar wurde 1400 von ihrem Onkel, Kg. →Martin I. 'el Humano' (1396–1410), mit →Ludwig II. v. Anjou († 1417) vermählt. Sie hatte seitdem die Würde der Titularkgn. v. →Jerusalem, Kgn. v. →Sizilien, Hzgn. v. Anjou, Gfn. v. →Provence und →Maine inne; auf Y.s Abkunft stützte das Haus Anjou in der folgenden Generation seinen aragones. Thronanspruch. – Y. gebar ihrem Gemahl fünf Kinder, darunter: →Ludwig III., Kg. v. Sizilien und Hzg. v. Anjou (1403–34); →René, Kg. v. Sizilien und Hzg. v. Anjou (1409–80); →Karl, Gf. v. Maine (1414–72); →Maria (1404–63), verlobt 1413 mit Karl, Gf. v. Ponthieu (dem späteren Kg. Karl VII.), vermählt 1422.

Die schöne, kluge und zielstrebige Fsn. nahm nach dem Tode ihres Gemahls (1417) als Hzgn. witwe (*duchesse douairière*) die komplexen Interessen des Hauses Anjou wahr. Von 1417 bis 1420 bemühte sie sich um friedl. Beziehungen zu →Jean V., Hzg. v. →Bretagne, zu Johann (→Jean sans Peur) und →Philipp dem Guten, den Hzg.en v. →Burgund, und sogar zu →Heinrich V., Kg. v. England, der bereits seine Eroberung des Kgr.es Frankreich in Angriff nahm. Von 1423 bis 1425 setzte sie sich mit Nachdruck bei Karl VII. für ein Revirement der Ratgeber und eine andere polit. Orientierung ein: Dank ihrer Intervention wurde die Klientel der →Armagnacs entmachtet (darunter der Präsident Louvet) und →Arthur de Richemont zum →Connétable (1425) ernannt; eine Annäherung zw. Frankreich und dem Hzm. Bretagne zeichnete sich ab. Ein an Y. adressierter Traktat suchte auf Karl VII. im Sinne einer guten Regierung einzuwirken. Um 1427–28 hatten offenbar zahlreiche Franzosen die Hoffnung, daß Y. als dominierende Ratgeberin den Kg. günstig zu beeinflussen vermöge. Nach zeitgenöss. Q.n war Y.s Rolle während des Eingreifens von →Jeanne d'Arc, die sie mit großem Wohlwollen förderte, gleichwohl bescheiden. Doch machte sie bei der Ausschaltung von Georges de →La Trémoille (1434) offenbar ihren Einfluß geltend, ebenso

beim Aufstieg ihres Sohnes Karl v. Maine zum Vertrauten des Kg.s. In ihrem Testament erinert Y. an die Summen, die sie nicht nur für ihre Domänen, sondern für das Wohl des Kgr.es Frankreich aufgewendet hatte. In einem Gunsterweis für Karl v. Maine (1443) hebt der Kg. die Freuden, Hilfeleistungen und guten Ratschläge hervor, die er seiner 'bonne mère' verdankte.

Ph. Contamine

Lit.: →Karl VII., →Ludwig I. v. Anjou – J. EHLERS, Gesch. Frankreichs, 1987, s.v. Jolande.

2. Y. de France (Jolande), Hzgn. v. →*Savoyen*, *1433, † 1478, Tochter Kg. →Karls VII. v. Frankreich und der →Maria v. Anjou, aufgrund eines Ehevertrags 1436 mit kaum drei Jahren dem einjährigen →Amadeus (IX.) v. Savoyen, Enkel von →Amadeus VIII., anvermählt. Die Ehe wurde 1451 vollzogen; Y. begann eine polit. Rolle zu spielen, als ihr Gemahl 1456 die →Bresse als →Apanage erhielt. Mit dem Regierungsantritt Amadeus' IX. (1465) zur Hzgn. geworden, drängte sie ihren Mann zu einer Annäherung an Frankreich, doch gab dieser die Beziehungen zu →Burgund letztlich nicht preis. Einträchtig betrieb das Fürstenpaar intensive religiöse Stiftungspolitik: 1467 erwirkten Amadeus und Y. das Privileg zur Gründung der →Sainte-Chapelle in →Chambéry, die einem savoy. Dekan, unabhängig von der Jurisdiktion des Bf.s v. →Grenoble, unterstellt war und für die sie den Glockenturm stifteten. Wegen des schlechten Gesundheitszustandes ihres Gemahls übernahm Y. die Regentschaft, wurde aber von ihren drei Schwägern mit Waffengewalt bekämpft, so daß die Hzgn. ihre Autorität nur dank der Militärmacht ihres Bruders, Kg. →Ludwig XI., aufrechterhalten konnte. Nach dem Tode ihres Mannes (1472) fungierte sie als Regentin ihres Sohnes →Philibert, konnte aber ihre Position nur durch Schaukelpolitik zw. Ludwig XI. und →Karl dem Kühnen behaupten. Die schweizer. →Eidgenossen nutzten die Schwäche Savoyens ab 1475 zur Besetzung von Gebieten der 'pays romands' aus (→Vaud); Karl d. Kühne ließ im Gegenzug die Hzgn. in der Nähe von Genf entführen. Ludwig XI. befreite seine Schwester, war aber seinerseits bestrebt, sie seiner polit. Kontrolle zu unterwerfen; Y. suchte sich dem Einfluß Frankreichs zu entziehen, indem sie bevorzugt in →Vercelli residierte und Piemontesen (→Piemont) stärker an Politik und Verwaltung des savoyischen Staates beteiligte. Es gelang ihr, die Regierungsgewalt in ihren letzten Lebensjahren wieder weitgehend in den Griff zu bekommen; ihr minderjähriger Sohn stand nach ihrem Tode aber unter dem doppelten Expansionsdruck des Kgr.es Frankreich wie der Berner.

B. Demotz

Lit.: S. GUICHENON, Hist. généalogique de la Royale Maison de Savoye, Lyon 1660 [Neuausg. 1976] – L. MENABREA, Chronique de Y. de F. ..., 1859 – L. MARINI, Savoiardi e Piemontesi nello stato sabaudo (1414–1601), 1962 – K. BITTMANN, Ludwig XI. und Karl d. Kühne, II, 1, 1970, bes. 485ff.

Yom Kippur, im Judentum Versöhnungstag, in dessen Mittelpunkt das in Lev 16 beschriebene und zur Zeit des Tempels einzig vom Hohenpriester selbst im Allerheiligsten vollzogene Ritual stand – er betrat es nur an diesem Tag –, zählt zu den höchsten Feiertagen (→Fest, C) und gilt seit Zerstörung des Tempels als strengster Buß- und absoluter Fasttag (→Buße, E; →Fasten, C). Fasten ('sich enthalten') schließt Verzicht auf Körperpflege, Tragen von Lederschuhen sowie ehel. Verkehr ein. Die sich über den gesamten Tag erstreckenden →Gottesdienste sind mit ihren vielen Bußgebeten und Sündenbekenntnissen (→Sünde, IV) so umfangreich, daß ein Frommer fast den ganzen Tag in der Synagoge verbringt. Die zahlreichen Bußgebete und Sündenbekenntnisse, die Sünden zw. Gott und Mensch sühnen sollen, setzen das Bemühen um Ausgleich mit seinem Nächsten voraus (mJoma 8, 9). Der Abendgottesdienst enthält das »Kol Nidre« (Alle Gelübde), d. h. »alle Gelübde, Entsagungen, Schwüre, Bannungen ... seien aufgelöst«, das innerjüdisch umstritten und von seiten der nichtjüd. Welt häufig Ziel antisemit. Angriffe war. Trotz zahlreicher Versuche, den Text aus der Liturgie zu streichen (z. B. Reformbewegung), hat er sich in der Regel bis heute gehalten. Wahrscheinl. meint er nur unbedachte, vielleicht vergessene und möglicherweise unerfüllbare Gelübde, für die man sich entschuldigt, befreit jedoch nur von den Verpflichtungen gegenüber Mitmenschen. An die Tempelliturgie erinnern nicht nur ein zusätzl. Abendgottesdienst, die »Ne'ila« – ursprgl. das Schließen der Tempeltore – sondern auch die »'Abodah«, eine liturg. Dichtung, die Heilsgesch. von der Schöpfung bis zum Sinai beschreibt und v. a. das Tempelritual dieses Tages schildert. Eine große Zahl örtl. und zeitl. wechselnder Bräuche bestimmen seit talmud. Zeit außerdem diesen Tag: das Blasen des Widderhorns (Schofar), ein feierl. Mahl am Vorabend nach einem vorhergehenden rituellen Tauchbad (→Bad, B. III) sowie ein Mahl am Abend nach dem Versöhnungstag. Unter kabbalist. Einfluß steht der Brauch, das seit der Tempelzerstörung rudimentär vorhandene Ersatzsühneopfer in Gestalt eines Hahnes bzw. Huhnes zu schlachten (Kapparot), ein Brauch, der auf den Widerstand vieler rabbin. Autoritäten stieß. In abgewandelter Form bestand er jedoch weiter, indem man bei der Zeremonie anstelle des Tieres eine Münze verwendete.

R. Schmitz

Lit.: K. HRUBY, Le Y. ha-kippurim ou jour de l'expiation, L'Orient Syrien 10, 1965, 41–74, 161–192, 413–442 – M. ARRAUZ, La liturgie pénitentielle juive après la destruction du Temple (Liturgie et remission des péchés, 1975), 39–55 – A. B. BLOCH, The Biblical and Historical Background of the Jewish Holy Days, 1978.

Yon de Metz → Lothringerepen

York, -shire, Stadt und ehem. Gft. im nö. England; Ebm.
I. Stadt – II. Bistum und Metropolitansitz – III. Kathedrale.

I. STADT: [1] *Archäologie, Stadtgeschichte, Wirtschaft:* Das ma. Y. (röm. Name Eboracum, ae. *Eoforwic*, an. *Jorvik*) war die Hauptstadt des ags. Kgr.es →Northumbria, dann des wiking. Kgr.es v. Y. und der späteren Gft. Y.shire sowie eines Ebm.s. Die strateg. und für den Handel günstige Lage am Zusammenfluß von Ouse und Foss und an einer niedrigen Furt des Ouse wurde bereits von den Römern geschätzt. Um 71 n. Chr. als röm. Legionslager gegr., entwickelten sich außerhalb des Lagers an beiden Ufern des Ouse Zivilsiedlungen, von denen die wichtigere eine colonia wurde. Eboracum wurde Hauptstadt der Provinz Britannia Inferior und später der Britannia Secunda. Die röm. Ks. Septimius Severus und →Constantius I. Chlorus starben in Eboracum, →Konstantin d. Gr. wurde hier zum Ks. proklamiert. Archäolog. läßt sich ein wirtschaftl. Niedergang seit ca. 380 erschließen, es gibt prakt. keinen Hinweis auf eine städt. Siedlung im 5. und 6. Jh.

Y. erscheint wieder als ein kgl. Zentrum unter dem hier 627/628 getauften Kg. →Edwin v. Northumbria (Beda, Hist. Eccl. II. 14). Münzen wurden in Y. wohl erst um 630–640 geschlagen und vom 8. Jh. bis zum Ende des MA geprägt. →Alkuin beschreibt Y. um 790 als »emporium terrae commune marisque«. 866 von dem großen Wikingerheer erobert, war es ca. 876–927 und dann mit Unterbrechungen bis 954 die Hauptstadt dän. und norw. Kg.e. Archäolog. konnte nachgewiesen werden, daß Jorvik eine blühende Handwerks- und Handelsstadt war. Y. wurde nach 927 (dauerhaft nach 954) zwar in den sich ausbilden-

den engl. Staat einbezogen (→England, A), doch herrschten hier für ein weiteres Jh. nicht ganz unabhängige Earls, die häufig skand. Herkunft waren. Dennoch wurde Y. 1066 der Hauptort der neuen Gft. Y.shire, die ein nach dem Vorbild der Kg.e v. Wessex eingesetzter →*sheriff* verwaltete.

1068–69 unterdrückte Kg. Wilhelm I. drei northumbr. Revolten und errichtete zwei Burgen in Y. Die möglicherweise erfolgte Verwüstung der Stadt wurde wohl übertrieben. Das →Domesday Book berichtet, daß Y. 1066 die drittgrößte (nach London und Winchester) und 1086 die viertgrößte Stadt in England war; 1130 erscheint Y. dann als viertreichste Stadt. Obwohl ein Brand 1137 wohl den größten Teil der Stadt zerstörte, wuchs ihre Bedeutung zunehmend. Im 12. Jh. besaß Y. eine Hanse- oder Kaufmannsgilde (*merchants' guild*) und auch eine blühende jüd. Gemeinde, die – trotz eines schreckl. Pogroms 1190 – bis 1290 bestand.

Reichtum und Bedeutung Y.s wuchsen und ließen die Stadt nach Selbstverwaltung streben. 1173–74 versuchten einige Bürger, eine Stadtgemeinde zu bilden, und 1212–13 erhielten die Bürger von Johann Ohneland das Zugeständnis eines eigenen gewählten Bürgermeisters (→*mayor*) und der Selbstverwaltung ihrer Finanzen gegen die Zahlung einer jährl. *fee farm* von £ 160 an die Krone. 1300 besaßen die Bürger (auch *burgesses* oder *freemen* gen.) eine umfangreiche Jurisdiktion über die Stadt (ausgenommen blieben Kathedrale, Kl. und kgl. Burgen) und über Ainsty, ein großes Gebiet der angrenzenden Landschaft. Jedoch konnten viele Einwohner und die meisten Einwohnerinnen der Stadt nicht den Bürgerstatus genießen, die tatsächl. Macht lag in den Händen einer kleinen Gruppe von untereinander versippten Familien, die die städt. Ämter beherrschten.

Mit einigen Unterbrechungen war Y. während der schott. Unabhängigkeitskriege (→Wars of Independence) zw. 1298 und 1337 Verwaltungs- und Militärhauptstadt Englands. Nicht alle Folgen, die sich aus dieser Stellung ergaben, waren angenehm: Y. war vor schott. Angriffen ungeschützt, bes. 1319, als der Bürgermeister und viele Bewohner in der Schlacht getötet wurden. Jedoch sorgte die Anwesenheit der Regierung für eine wachsende Nachfrage von Wohngebäuden, Handel und Handwerk. Das erste erhaltene Register von freemen (es beginnt 1273) verzeichnet eine starke Zunahme von neuen freemen (darunter viele Einwanderer) in der 1. Hälfte des 14. Jh.

Y. verlor seinen Status als Hauptstadt nach 1337/38 und litt auch unter den wiederholten Pestepidemien nach 1349. In der 2. Hälfte des 14. Jh. scheint Y. dennoch größer und reicher gewesen zu sein als in der 1. Hälfte dieses Jh. Die Einwohnerzahl belief sich auf ca. 8000 in den 30er Jahren des 14. Jh. und stieg auf vielleicht 15000 um 1400 an. 1377 besaß Y. mehr belegte Steuerzahler als irgendeine andere engl. Stadt außer London. Ein Grund für dieses Wachstum war der Aufschwung des Textilhandels. Tuch wurde in Y. hergestellt, und die Kaufleute der Stadt exportierten sowohl Wolle als auch Tuch. Bereits 1338–49 war eine Gruppe von städt. Kaufleuten, die mit Flandern Handel trieb, so wohlhabend, daß sie der Krone Geld leihen konnte, und 1400 exportierten die Kaufleute aus Y. einen großen Teil des Tuchs über den Hafen von →Hull. Der Umfang dieses Exporthandels über Hull erreichte 1407–17 einen Höhepunkt, während bei der Aufnahme von freemen zw. 1391 und 1421 der höchste Wert im MA zu verzeichnen war, wobei die größte Gruppe die Textilarbeiter bildeten. Die wachsende Bedeutung von Y. wurde von Kg. Richard II. erkannt, der sich häufig hier aufhielt. Er übertrug wichtige Privilegien der Stadt, bes. 1396, als er Y. den Gft.sstatus verlieh und den städt. Rat zu einer Körperschaft machte.

Die Periode zw. ca. 1350 und 1460 war wahrscheinl. die Blütezeit des städt. Wohlstands. Die Kaufleute handelten mit Frankreich, Calais, Flandern, Kastilien, dem Rheinland, Preußen, Island und mit dem Baltikum. In diesem Jh. entstanden Handels- und andere öffentl. Bauten, so die erhaltenen Merchants' Hall (1357–61), Tailors' Hall (um 1400) und Guildhall oder City Hall (um 1449–59). Es gab auch viele Umbauten und Erweiterungen von Privathäusern und Pfarrkirchen. In einigen Kirchen blieben noch Kirchenfenster aus dieser Zeit erhalten. Die Bedeutung von Y.s Handwerks- und Handelsvereinigungen zeigt sich sowohl in den jährl. Mysterienspielen (→York Plays) als auch in den regelmäßigen Konflikten zw. verschiedenen Gruppen von Handwerkern und Kaufleuten (bes. 1380–81). Ein erweiterter Kreis von Beamten und Ratsmitgliedern hatte jetzt das Stadtregiment inne, dem Bürgermeister assistierten zwei sheriffs (seit 1396), zwölf *aldermen* und der jüngere Rat der »Vierundzwanzig«.

Seit ca. 1400 wurde die Stadt ärmer, und ihre Bevölkerung ging zurück. Ob lokale Ursachen oder ein angebl. allg. Niedergang der engl. Städte im späten 15. Jh. dafür verantwortl. zu machen sind, bleibt umstritten. Sicherl. verlor Y. den größten Teil seines Außenhandels (weitgehend durch Konkurrenz der Kaufleute aus London und der →Hanse) sowie den größten Teil seiner Textilherstellung (durch Konkurrenz aus dem W von Y.shire). Der städt. Rat bat wegen der schlechten Finanzsituation die aufeinanderfolgenden Kg.e um eine Senkung der Steuer, bes. der fee farm von £ 160. Der Druck auf die städt. Finanzen führte zu Unruhen unter den ärmeren Bürgern, und seit 1464 gab es häufig Tumulte, bis die Zünfte 1517 eine stärkere Beteiligung am Stadtregiment erhielten. Kg. Richard III. verminderte zwar die fee farm, doch bewilligte die Krone erst 1536 eine angemessene Steuerhöhe.

[2] *Topographie:* Y. war eine Doppelsiedlung mit dem Legionslager nö. und der colonia sw. des Flusses Ouse. Das ma. Y. dehnte sich unter Einbeziehung dieser Siedlungen auch ö. des Flusses Foss aus. Der northumbr. Kg.spalast und die Bf.skirche standen wohl im Bereich des röm. Legionslagers. Die wichtigsten Teile des röm. Straßennetzes innerhalb des Lagers wurden wieder benutzt, und die principia blieb in Gebrauch, anscheinend bis zum 9. Jh. Außerdem gab es eine vorwiking. Siedlung (und wahrscheinl. ein bfl. Kl.) in der ehemaligen colonia. 1985–86 wiesen Ausgrabungen eine Handelssiedlung von ca. 700–850 direkt ö. des Zusammenflusses von Ouse und Foss nach. Sie gehörte wahrscheinl. zu dem Handelswik oder →emporium, das Alkuin erwähnt hat. Neuere Ausgrabungen haben bestätigt, daß das Y. der Wikingerzeit (866–1066) eine große Handwerks- und Handelsstadt an beiden Ufern des Ouse war. Es gab eine dichte Konzentration von Häusern und Werkstätten im Bereich von Ousegate, Coppergate und Pavement Market s. des röm. Legionslagers; Straßen und Wohnhäuser aus dem frühen 10. Jh. lassen sich nachweisen. Viele dieser Straßenzüge und Hausstellen blieben bis zum Ende des MA unverändert; die meisten Straßen in der ma. Innenstadt tragen noch heute skand. Namen. Wahrscheinl. haben die Wikinger das ganze Gebiet vom röm. Legionslager im S bis zum Zusammenfluß von Ouse und Foss und das sw. Ufer des Ouse befestigt. Die Einbeziehung Y.s in den engl. Staat nach 954 scheint die Topographie der wiking. Stadt nicht verändert zu haben. Erst die norm. Eroberung sorgte für eine größere Neuerung, doch ist die Verwüstung von

1069–70 übertrieben worden. Zunächst errichtete Wilhelm I. zwei Burgen, jeweils an einem Ufer des Ouse, wobei nach dem Domesday Book die Häuser in einem der sieben *shires* oder →*wards* zerstört wurden. Dann verstärkten die Normannen die Befestigungen von Y. Schließlich wurde die Kathedrale des Ebf.s Thomas v. Bayeux in den 80er Jahren des 11. Jh. auf einer neuen Trasse angelegt, die das alte röm. und wiking. Straßennetz zerschnitt. Außerdem wurden in den 80er Jahren des 11. Jh. zwei größere Benediktinerkl. gegr. (St. Mary's und Holy Trinity).

Der Bevölkerungsanstieg im 12. und 13. Jh. spiegelt sich in der wachsenden Zahl der nachgewiesenen Pfarrkirchen wider: 1200 wenigstens 35, 1300 45. Im 12. Jh. wurden noch drei weitere Kl. und im 13. Jh. sechs Bettelordenskl. (später auf vier reduziert) gegr. Die Kl. und Bettelordenskl. dehnten sich häufig auf Kosten von Häusern und ganzer Straßenzüge aus. In dieser Zeit wurden auch die Befestigungsanlagen erneuert: 1245–70 erfolgte durch Kg. Heinrich III. ein Umbau der bedeutenderen (ö.) Burg in Stein, während 1250–70 eine aus Stein errichtete Stadtmauer um die zentralen und Micklegate-Areale gezogen wurde (der Walmgate Bezirk ö. des Flusses Foss wurde 1345–ca. 1380 befestigt). Das Ergebnis war eine ummauerte Stadt von 106 ha Größe, wobei 21 ha von der Kathedralimmunität und anderen geistl. Enklaven eingenommen wurden. Das restl. Gebiet der ummauerten Stadt mußte deshalb dichter bebaut werden, auch dehnten sich einige der Suburbien aus. Ein zweiter großer Marktplatz (heute St. Sampson's Square) wurde geschaffen.

Beim Auftreten der Pest 1349 hatte das ma. Straßennetz seine vollständige Form erreicht; im 14. und 15. Jh. änderte sich nur noch wenig. Jedoch bewirkten der Bevölkerungsanstieg einen neuen Höhepunkt um 1400 und die Bevölkerungsabnahme im 15. Jh. erhebl. Veränderungen des Hausbestands, was durch die große Zahl der erhaltenen Häuser aus dem 14. und 15. Jh. belegt wird (fast alle mit Fachwerk). Im 14. Jh. wurden viele Reihen schmaler Häuser für die Vermietung gebaut. Während im 15. Jh. die Bevölkerung allg. abnahm, konnten einige wohlhabende Bürger größere mehrstöckige Häuser errichten.

II. BISTUM UND METROPOLITANSITZ: Bf. Eborius v. Y. war einer der drei brit. Bf.e, die an der Synode v. Arles (314) teilnahmen. Y. war wahrscheinl. im 4. Jh. sowohl kirchl. als auch weltl. Hauptstadt der Britannia Secunda. Deshalb beabsichtigte wohl Papst Gregor I. 601, Metropolitansitze mit gleichem Status sowohl in London als auch in Y. zu errichten, wobei jeder 12 untergeordnete Bf.e erhalten sollte (Beda, Hist. Eccl. I. 29). Schließlich wurde London durch →Canterbury ersetzt, während Y. langsam den Metropolitanstatus erreichte. Als die christl. Prinzessin Æthelburh nach Kent reiste, um Kg. Edwin v. Northumbria zu heiraten (wahrscheinl. 618/619, wohl eher als 625 wie bei Beda), wurde sie von dem Missionar →Paulinus begleitet, der der erste Bf. v. Y. wurde und Edwin zum Christentum bekehrte. 633 floh Paulinus während einer heidn. Reaktion aus Northumbria. Seit 664 gab es wieder Bf.e v. Y. mit einer Diöz.e, die →Deira (s. von Northumbria) einschloß, sie hatten seit 735 den Rang von Ebf.en. Auch auf der Synode v. Streoneshalh (664, →Whitby?) trug Northumbria entscheidend zur Sicherung des röm. Christentums vor dem ir. bei (→Osterfestberechnung, Osterstreit), was man v. a. →Wilfrid zu verdanken hatte, der ein mächtiger Bf. v. Y. (669–678) war, bis er ins Exil gehen mußte. Zu den folgenden Bf.en gehörten: John (706–718?), der 1037 als hl. Johannes (St. John) v. →Beverley kanonisiert wurde; der erste Ebf. →Egber(h)t (732?–766), der bei Beda studierte und eine Kathedralschule gründete oder einrichtete; →Æthelberht (766?–780), Schulleiter und Lehrer von Alkuin, der ihm als Leiter nachfolgte.

Über die Diöz.e und ihre Ebf.e ist seit 782 wenig bekannt, als Alkuin Y. verließ, um sich an den Hof Karls d. Gr. zu begeben. Nach 866 folgte eine unruhige Zeit, da der Ebf.ssitz wohl vakant war. Doch vor dem Ende des 9. Jh. traten die dän. Kg.e v. Y. zum Christentum über, Kg. Guthfrith wurde 895 in der Kathedrale begraben. Bald erhielt die Diöz. mit Wulfstan I. (931–956) einen mächtigen Ebf., der die skand. Herrscher v. Y. gegen die Kg.e v. Wessex unterstützte. Fünf der letzten sechs ags. Ebf.e v. Y. waren Mönche, die den Ebf.ssitz pluralist. zusammen mit →Worcester erhielten, wobei sie wohl die Einkünfte aus diesem Bm. zugunsten von Y. und anderer großer Kirchen in ihrer Diöz. (Beverley, →Ripon und →Southwell) verwandten. Zu ihnen zählten die großen Kirchenreformer St. →Oswald (972–992) und →Wulfstan II. (1002–23). Der letzte ags. Ebf. war Ealdred (1061–69), wegen der zweifelhaften Stellung →Stigands v. Canterbury eine der zentralen Figuren in der engl. Kirche: Üblicherweise wurden die Kg.e von den Ebf.en v. Canterbury gekrönt, doch Ealdred krönte wahrscheinl. Harald II. Godwinson und sicherl. Wilhelm I.

Der erste norm. Ebf. Thomas v. Bayeux (1070–1100) bestimmte entscheidend das Geschick des Ebm.s für den Rest des MA. Er leistete teilweise Widerstand gegen →Lanfrancs Forderung der Anerkennung der Oberherrschaft Canterburys über Y., und damit begann ein Streit, der mit einigen Unterbrechungen bis 1353 dauern sollte. Thomas erhielt 1072 die Metropolitanherrschaft über Schottland, und ihm ist der Ausbau der Kathedrale v. Y. zu verdanken. 1090 schuf er ein Säkularkapitel nach dem Vorbild mit separaten Präbenden. Zu seinen Nachfolgern gehörten: Thurstan (1114–40), der die Zisterzienser in Y.shire förderte und ein Heer zur Abwehr einer schott. Invasion (1138) anführte; William (→Wilhelm) Fitzherbert (1141–47, 1153–54), der 1226 als St. William of Y. kanonisiert wurde; Roger de Pont l'Évêque (1154–81), der erbitterte Rivale von →Thomas Becket. 1133–1541 umfaßte die Diöz. v. Y. Y.shire, Nottinghamshire, North Lancashire und Teile von Cumberland und Westmorland (vgl. D. M. SMITH, 1981, 232).

Zw. 1181 und 1215 litt die Diöz. unter einer Autoritätskrise, da entweder ein erfolgloser oder gar kein Ebf. an der Spitze stand. Doch verdankte sie der langen Amtszeit von Walter de Gray (1215–55) wieder Stabilität. Er war Kanzler v. England (1205–14), verbesserte die finanzielle Lage der Dignitare und Kanoniker der Kathedrale und regelte die Verwaltung der Diöz. Sein Register, das 1225 beginnt, ist das zweitälteste aller erhaltenen engl. Bf.sregister, und seit 1225 sind die Y.-Serien fast vollständig. Gray folgten sieben Ebf.e (1256–1304), von denen nur einer ein hohes Regierungsamt innehatte, vier von ihnen waren Dekane oder Kanzler v. Y. Es ist nicht verwunderl., daß sie sich auf die Verwaltung ihrer Diöz. konzentrierten. Dagegen war der Ebf.ssitz zw. 1304 und 1373 im Besitz von vier sehr fähigen kgl. Geistlichen (Greenfield, Melton, Zouche und Thoresby), die alle entweder Kanzler des Kg.s oder →Keeper of the Privy Seal gewesen waren. Trotzdem beschäftigten sich alle vier intensiv mit den Aufgaben der Diöz., sobald sie auf dem ebfl. Stuhl saßen.

1373 endete die Reihe der Ebf.e, die kgl. Regierungsaufgaben und den Dienst für die Diöz.e miteinander verbanden. Nun folgten für über ein Jh. Ebf.e, die zwar bedeutend waren, aber nur eine geringe oder gar keine Verbindung zu Y. besaßen und häufig nur wenig Zeit für ihre

Diöz. aufbringen konnten. Von den 13 Ebf.en zw. 1374 bis 1530 war vor dem Amtsantritt keiner ein Kathedraldignitar oder ansässiger Kanoniker gewesen, und die meisten waren mit nationalen polit. Aufgaben oder mit der Verwaltung beschäftigt. Ein adliger Ebf. (Richard→Scrope, 1398–1405) wurde sogar wegen seiner Rebellion gegen den Kg. hingerichtet. Charakteristischer ist jedoch, daß sechs der dreizehn Ebf.e vor oder während ihres Episkopats kgl. Kanzler waren. Das extremste Beispiel stellt Thomas →Wolsey (1514–30) dar, der erst im letzten Jahr seines Lebens die Diöz. besuchte. Trotzdem waren einige Ebf.e bemerkenswerte Förderer des Erziehungs- und Bildungswesens.

III. KATHEDRALE: Die Lage der röm. Bf.skirche ist unbekannt, aber wahrscheinl. befand sie sich in der colonia. Die Kathedralkirche St. Peter, die um 627 von Kg. Edwin gegr. wurde, stand wohl in unmittelbarer Nähe der heutigen Kathedrale. Ausgrabungen unter der Kathedrale 1967–72 konnten keinen älteren Kirchenbau als den von ca. 1080 nachweisen, doch ließ sich ein Friedhof auf der röm. Straßentrasse lokalisieren, der wahrscheinl. vor der dän. Eroberung v. 866 angelegt worden ist und bestimmt vom 9. bis zum 11. Jh. in Gebrauch war. Die erste Kathedrale wurde zunächst in Holz, dann in Stein errichtet, von Bf. Wilfrid in den 70er Jahren des 7. Jh. erneuert und 741 Opfer eines Brandes; es folgte ein Neubau der Kathedrale. Ebf. Æthelberht errichtete eine andere Kirche (ὁ Alma Sophia), die 780 geweiht und von Alkuin beschrieben wurde. Die Kathedrale, die man mit Säkularkanonikern und nicht mit Mönchen besiedelte, trug allg. den Namen »Y. Minster«. Alma Sophia scheint ein bfl. Kl. an einem anderen Platz gewesen zu sein.

Die Kathedrale wurde erhebl. durch die Kämpfe von 1069 und erneut 1079 beschädigt. Um 1080 begann Ebf. Thomas v. Bayeux mit der Errichtung einer neuen und sehr großen Kathedrale in einer strikten O-W-Ausrichtung. Die Ausgrabungen von 1967–72 haben gezeigt, daß dieser Kathedralbau länger und breiter war als die Kathedrale Lanfrancs in Canterbury. Die Kirche wurde im O von Ebf. Roger (1154–81) durch einen neuen und größeren Chor erweitert, Teile der Bauten von Thomas und Roger blieben in der Krypta erhalten. Die Kathedrale erhielt ihre heutige Gestalt oberhalb der Grundmauern zw. ca. 1230 und 1472: unter Ebf. Walter de Gray das Hauptquerschiff, um 1275–90? das Kapitelhaus, 1291–1339 das Mittelschiff, 1361–ca. 1420 den Chor und schließlich um 1407–72 die drei Türme. Restaurierungen erfolgten im 19. und 20. Jh., bes. nach drei Bränden (1829, 1840, 1984). D. M. Palliser

Q. und Lit.: zu [I]: Q.: Register of the Freemen of the City of Y., I, ed. F. COLLINS (Surtees Soc. 96, 1897) – Y. Memorandum Book, ed. M. SELLERS-J. PERCY, 3 Bde (ebd. 120, 125, 186, 1912–73) – Y. City Chamberlains' Account Rolls, 1396–1500, ed. R. B. DOBSON (ebd. 192, 1980) – The Y. Plays, ed. R. BEADLE, 1982 – Y. House Books 1461–1490, ed. L. C. ATTREED, 2 Bde, 1991 – *Lit.:* VCH Y.shire: The City of Y., ed. P. M. TILLOTT, 1961 – Royal Commission on Historical Monuments, An Inventory of the Historical Monuments in the City of Y., 5 Bde, 1962–81 – D. M. PALLISER, Tudor Y., 1979 – R. HALL, The Viking Dig, 1984 – R. B. DOBSON, The City of Y. (The Cambridge Guide to the Arts in Britain, ed. B. FORD, II, 1988), 200–213 – H. SWANSON, Medieval Artisans, 1989 – D. M. PALLISER, Domesday Y., 1990 – P. J. P. GOLDBERG, Women, Work and Life Cycle in a Medieval Economy, 1992 – P. OTTAWAY, Roman Y., 1993 – *Reihen:* Y. Historian, 1976ff. – The Archaeology of Y., ed. P. V. ADDYMAN (Y. Archaeological Trust), 1976ff. – *zu [II], [III]: Q.:* The Historians of the Church of Y., ed. J. RAINE, 3 Bde (= RS 71), 1879–94 – D. M. SMITH, Guide to Bishops' Registers of England and Wales, 1981, 232–253 – English Episcopal Acta, V: Y. 1070–1154, ed. J. E. BURTON, 1988 – *Lit.:* W. H. DIXON–J. RAINE, Fasti Eboracenses, I, 1863 – J. M. COOPER, The Last Four Anglo-Saxon Archbishops of Y., 1970 – A History of Y. Minster, ed. G. E. AYLMER-R. CANT, 1977 – D. PHILLIPS, Excavations at Y. Minster, II, 1985 – R. M. HAINES, Ecclesia Anglicana, 1989, 69–105.

York, engl. Hzg.stitel, 1385 von Kg. Richard II. für seinen Onkel →Edmund of Langley (6. E.), den 4. Sohn Kg. Eduards III., geschaffen. Edmunds Sohn→Eduard (15. E.) folgte 1402 in dem Titel und starb 1415 ohne direkte Nachkommen. Sein Erbe war →Richard Plantagenêt (10. R.), Sohn seines jüngeren Bruders →Richard of Conisborough, Earl of Cambridge (6. R.). Richard Plantagenêt besaß den Hzg.stitel seit 1425. Er erbte auch über seine Mutter Anne →Mortimer das Earldom of March und aufgrund ihrer Abstammung von →Lionel, Duke of Clarence, dem 2. Sohn Eduards III., einen potentiellen Anspruch auf den engl. Thron. Richard verfolgte die Anerkennung dieses Anspruchs bis kurz vor seinem Tod (1460), und sein Sohn und Erbe Eduard wurde Kg. v. England (→Eduard IV.; 6. E.). Eduard erneuerte den Hzg.stitel v. Y. 1474 für seinen 2. Sohn Richard, der wahrscheinl. 1483 das gleiche Schicksal wie sein Bruder, Kg. →Eduard V. (7. E.), im Tower erlitt. Heinrich (* 1491), der 2. Sohn Heinrichs VII., des ersten Tudorkg.s, wurde ebenfalls 1494 zum Duke of Y. ernannt; seine Mutter war →Elisabeth of Y. (7. E.), Tochter Eduards IV. Als er als Heinrich VIII. (1509–47) den Thron bestieg, betonte die offizielle Propaganda, daß durch die Vereinigung der roten Rose des Hauses →Lancaster und der weißen Rose des Hauses Y. in seiner Person die gegenseitigen Vernichtungskriege in England (→Rosenkriege) ein Ende fanden. R. L. Storey

Lit.: Peerage XII, Pt. II, 895–914.

York, Anonymus v. →Anonymus, normannischer

York, Convocation v. → Convocations v. Canterbury und York

York Plays, einer der vier erhaltenen Zyklen von →Mysterienspielen des SpätMA, eine Folge von gut 50 Szenen aus der Heilsgesch. (Engelssturz bis Himmelfahrt Jesu und Mariae und Jüngstes Gericht), am Fronleichnamsfest in York neben der eucharist. Prozession aufgeführt, höchstwahrscheinl. auf Bühnenkarren (*pageants*), dargeboten durch von einer oder mehreren Zünften gestellte Schauspieltruppen. Szenen wurden teilweise bewußt einer bestimmten Zunft zugeordnet (z.B. Bau der Arche = *shipwrights,* Kreuzigung = *butchers*). Verantwortlichkeiten konnten sich ändern, da für Einzelzünfte die finanzielle Belastung zu groß wurde. Die Gesamtträgerschaft hatte die Stadt York. In seiner Gesamtheit nahm das Spiel den ganzen Fronleichnamstag in Anspruch, was zur Verschiebung der liturg. Prozession auf den Folgetag führte und die Bedeutung aufzeigt, die man dem Spiel zumaß. Das Fronleichnamsspiel ist für York erstmals gegen Ende des 14. Jh. nachweisbar, letzte Aufführung 1569. Der einzige vollständige Text ist in der Hs. BL Additional 35290 aus der 2. Hälfte des 15. Jh. (Sz. XLI [BEADLE] doppelt überliefert; außerdem einige Parallelen zu →Towneley Plays, die neben dem Szenentext auch sechs mehrstimmige Lieder in Nr. XLV enthält. Das Versmaß ist uneinheitl.: die Strophen sind zw. 4 und 14 Zeilen lang, teils syllab.-reimend, teils alliterierend, mit oder ohne Reim. Ob die unterschiedl. Versmaße auf eine mehrmalige Überarbeitung weisen, ist jetzt zweifelhaft. Der Verfasser ist unbekannt; Q.n: Bibel, Apokryphen und Hl.nlegenden (auch in früheren me. Versionen). Die Sprache ist offenbar ein nördl. Me. mit mitteländ. Beimischungen. R. Gleißner

Bibliogr.: ManualME 5.XII, 1975, 1330–1334, 1576–1580 [Nr. 10] – NCBEL I, 736f. – *Ed.:* L. TOULMIN SMITH, Y. P., 1885 – R. BEADLE,

The Y. P., 1982 – *Lit.:* A. F. Johnston–M. Rogerson, Records of Early English Drama: York, 1979 – M. Stevens, Four ME Mystery Cycles, 1987 – The Cambridge Companion to Medieval English Theatre, hg. R. Beadle, 1994.

York, Statute of (Mai 1322). Im Aug. 1311 wurde Eduard II. gezwungen, die »Ordinances« (→Ordainers, →England, D.I) anzunehmen, die die Führung der kgl. Geschäfte von der baronialen Zustimmung abhängig machten. Im folgenden Jahrzehnt wurden beratende Versammlungen von →Thomas, Earl of Lancaster, und anderen Baronen einberufen, die im Namen der »Ordinances« eine repräsentative Gewalt über den Kg. forderten. Diese Bedingungen waren für den Kg. und seine Anhänger nicht tragbar, und 1322 folgte eine royalist. Gegenbewegung. Thomas of Lancaster wurde im März hingerichtet, und am 2. Mai fand ein Parliament in York statt, das die Rechte der Krone wiederherstellen sollte. Es erließ das S. of Y., dessen wichtigstes Ziel die Aufhebung der »Ordinances« war. Das Statut erteilte allen vergleichbaren Versuchen einer Gesetzgebung durch Untertanen des Kg.s eine Absage und erklärte anschließend das korrekte Verfahren: »Angelegenheiten, die den Besitz des Kg.s und seiner Erben sowie den Besitz des Kgr.es und des Volkes betreffen, sollen im Parliament verhandelt, bestätigt und verabschiedet werden, und zwar durch den Kg. mit Zustimmung der Prälaten, Earls und Barone sowie der Gemeinschaft des Kgr.es, wie es üblich gewesen ist.« Das Statut diente nicht dazu, dem →Parliament eine neue institutionelle Macht zu verleihen, wie behauptet worden ist, sondern der Kg. und seine Partei versuchten vielmehr, die Entwicklung rückgängig zu machen und die Autoriät des kgl. Parliament wieder zu errichten. E. King

Lit.: G. L. Haskins, The S. of Y. and the Interest of the Commons, 1935 – J. R. Strayer, The S. of Y. and the Community of the Realm, American Historical Review 47, 1941, 1–22 – M. McKisack, The Fourteenth Century 1307–1399, 1959.

York, Vertrag v. (Sept. 1237), geschlossen zw. Kg. Heinrich III. v. England und seinem Schwager Alexander II., Kg. v. Schottland, unter der Leitung des päpstl. Legaten für England, Kard. Otto. Der Vertrag schuf friedvolle Beziehungen zw. England und Schottland für fast 60 Jahre. Alexander machte erhebl. Zugeständnisse und gab die alten schott. Ansprüche auf die Oberherrschaft über die »n. Gft.en« v. England (→Cumberland, →Westmorland, →Northumberland) auf. Er erließ den Engländern die Schuld von über £ 5000, die sie zahlen sollten, weil sie die Verträge v. 1209 und 1212 (deren Texte verlorengegangen sind) nicht erfüllt hatten, und verzichtete auf die Erfüllung einer Bestimmung der Verträge, nach der eine der beiden älteren Schwestern Alexanders entweder Heinrich III. oder seinen Bruder →Richard, Earl of Cornwall, heiraten sollte. Die Engländer bestätigten dagegen Alexanders Anrecht auf die »Liberty of Tynedale« (d.h. die oberen Flußtäler des n. und s. Tyne) und auf den umfangreichen Besitz in Cumberland, der auf dem Honor of Penrith basierte. Das wichtigste Zugeständnis der Engländer, das aber nicht ausdrückl. im Vertrag geregelt war, beinhaltete ihre Anerkennung Alexanders als souveränen Herrschers, der auf gleicher Stufe mit dem Kg. v. England einen Vertrag abschließen konnte. G. W. S. Barrow

Lit.: F. M. Powicke, The Thirteenth Century, 1953 [Repr.] – E. L. G. Stones, Anglo-Scottish Relations, 1174–1328: some Selected Documents, 1970 – A. A. M. Duncan, Scotland: the Making of the Kingdom, 1975 [Repr.].

Yperman, Jan (Ieperman, Jehan), bedeutendster mndl. Wundarzt, * um 1260/65 in oder bei →Ypern (vielleicht in Poperinge), † vor 1350. Ab 1281 urkdl. belegt, besaß Y. bei seiner Heirat 1285 bereits Ypersches Bürgerrecht und erhielt eine städt. Studienförderung, als er 1297–1300 das chirurg. Unterrichtsangebot →Lanfrancs v. Mailand in Paris wahrnahm. Mit den Spitalpflegerinnen Kateline Ypermans und deren gleichnamiger Tochter vielleicht verwandt, war er als geschworener Wundarzt für das Spital Van Belle zuständig. Ursprgl. Pfahlbürger und Hausbesitzer (1310) außerhalb der Stadt, wohnte Y. ab 1313 in der Zuutstraat intra muros, wo sich die Schöffen bei ihm einmieteten. 1311/12 und 1325 begleitete er als Feldarzt Ypersche Truppen bei Kampfeinsätzen in Flandern und Brabant, 1327 ist er als Armenarzt bezeugt. 1330 scheint er sich von seinen Ämtern zurückgezogen zu haben.

Für seine des Lateins unkundigen Söhne hat Y. 1327/29 die »Surgie« geschrieben, eines der besten wundärztl. Lehrbücher des MA, das inhaltl. sowie im Aufbau der »Chirurgia« →Roger Frugardis folgt, deutl. Spuren von Lanfrancs Pariser Unterricht aufweist und dessen »Chirurgia magna« verpflichtet ist, sich in der Wundbehandlung an →Bruno v. Longoburgo anlehnt (Alkohol; Heilung per primam) und bemerkenswerterweise auch das »Lilium medicinae« →Bernhards v. Gordon ausschöpft. Auf Montpellier weisen darüber hinaus die →Wilhelm-Burgensis-Zitate. Innovativ ist Y. in der Schädelchirurgie, beim Pfeile-Extrahieren und insbes. in den Nahttechniken sowie beim Blutstillen (Ligatur bzw. Torsion der verletzten Arterie). Das in vier Abschriften bezeugte Werk hat durch Streuüberlieferung in mehrere mittelniederfrk. Wundarzneien Eingang gefunden (»Jonghe Lanfrank«, Jan Bertrand, Johann Coninck u. a.).

Sorgfältiger als die »Surgie« aufgebaut und internist. ausgerichtet ist Y.s »Boec van medicinen«, das – auf dem Stand des »Breslauer Arzneibuchs« oder des »Dt. salernitan. Arzneibuchs« – Salerner Heilkunde in die Landessprache holt und eine Salerner 'Praktik' im Niederfrk. nachgestaltet. Grundlage des humoralpatholog. strukturierten (→Humoralpathologie), nach Organ- und Funktionssystemen aufgebauten Lehrbuchs ist die »Practica brevis« des jüngeren →Platearius. Das nur in einer einzigen Abschrift erhaltene Werk entspricht programmat. Y.s Forderung, daß Innere Medizin und Chirurgie, seit dem Hoch-MA getrennt, wieder zusammengeführt werden sollten. Pharmaziehist. bezeugt es für Ypern um 1310 ein leistungsstarkes Apothekenwesen auf der Grundlage des →Antidotarium Nicolai«. G. Keil

Ed.: E. C. Van Leersum, De 'Cyrurgie' van meester J. Y. (Bibl. van Mndl. letterkunde, 1912) – De Medicina [!] van Johan [!] Y., hg. L. Elaut, 1972 – W. L. Braekman, Fragmenten van Johan Y.s 'De medicina', VMKVATL, 1990, 22–35 – *Übers.:* La Chirurgie de maître Jehän Y., livres I et II, übers. A. de Mets, 1936 – M. Tabanelli, Jehan Y., padre della chirurgia fiamminga (Bibl. della Rivista di stor. delle sci. mediche e naturali 16, 1969) – *Lit.:* Verf.-Lex.² VIII, 150 – R. Müller–G. Keil, Vorläufiges zu Jan Bertrand (Fachprosa-Stud.), hg. G. Keil, 1982), 331–346 – R. Jansen-Sieben, De heelkunde in Vlaanderen tijdens de late middeleeuwen (In de voetsporen van Y., hg. R. van Hee, 1990), 67–77(–86).

Ypern (ndl. Ieper, frz. Ypres), Stadt in der heut. Prov. Westflandern (Belgien), ehem. Bm. →Thérouanne. Y. war neben →Gent und →Brügge als Mitglied der 'Vier →Leden' und Zentrum des fläm. Tuchgewerbes (→Textilien, A) die dritte führende Stadt der ma. Gft. →Flandern.

Die Stadt entwickelte sich aus einer Grundherrschaft ('villa Iprensis') der Gf.en v. Flandern zum Vorort einer erstmals 1066 erwähnten →Kastellanei. Die erste gfl. Burg lag im N der Stadt am rechten Ufer der (namengebenden)

Ieper, die 15 km nördl. der Stadt in den IJzer mündet. Infolge großer Überschwemmungen, die während der 1. Hälfte des 11. Jh. vom Meer aus ins IJzertal vordrangen, erhielt die Ieper Bedeutung als an die Küste der →Nordsee führende Abzweigung des großen Landweges Lille-Brügge, der südl. der Stadt Y. die Ieper überquert. Auch dehnte sich in dieser Periode auf den Groden (Schwemmlandflächen) des IJzertals die Schafzucht (→Schaf) aus, deren Wollproduktion (→Wolle) auf dem Wasserweg nach Y. gebracht wurde. Im S der Stadt, am Kreuzungspunkt von Wasser- und Landweg, wurde wohl um 1100 eine neue gfl. Burg (der spätere 'Zaalhof') und eine dem hl. Petrus geweihte Kirche errichtet, während östlich neben der ersten Burg (im N) die ursprgl. dem hl. Martin geweihte Kirche der 'villa Iprensis' wohl schon seit längerer Zeit bestand. Zw. der gfl. Burg im S und der Peterskirche, außerhalb des zunehmend dichter besiedelten Areals bei der Martinskirche im N, wurde einer der fünf Jahrmärkte (→Messe) Flanderns abgehalten, der erstmals 1127 genannt ist, als er von it. Kaufleuten besucht wurde.

Inzwischen hatte Y. 1116 eigenes Recht ('ius Iprense') erhalten, wodurch die Siedlung von ihrer ländl. Umgebung abgehoben wurde. Gleichzeitig mit den anderen großen Städten Flanderns erhielt Y. 1165/77 eine ganz ähnl. »Große Keure«, ein städt. Rechtsstatut, das Verfahren und Gerichtsbarkeit der →Schöffen und anderer gfl. Beamte (v. a. hinsichtl. der Strafjustiz) regelte, das Strafrecht verschärfte und den vom Gf.en ernannten Schöffen gewisse gesetzgebende Befugnisse zugestand. Im Laufe des 12. Jh. wurde die Stadt mit einer Umwallung ausgestattet; erste Ansätze zur Befestigung reichen wohl zurück auf das Jahr 1127, als Y. während des Erbfolgestreits in der Gft. Flandern als militär. Stützpunkt →Wilhelms v. Y., eines der erfolglosen Bewerber um die Gf.enwürde, diente.

Wirtschaftlich entwickelte sich Y. ebenfalls während der 1. Hälfte des 12. Jh. zum wichtigsten Standort des Tuchgewerbes in Flandern; da die Wollproduktion auf den Groden des IJzertals infolge von Eindeichung (→Deich- und Dammbau) stark zurückgegangen war, bedurfte das mit einheim. Grundstoffen großgewordene Y.er Tuchgewerbe zu seiner Erhaltung nunmehr der Einfuhr engl. Wolle. Feine Tuche aus Y. erscheinen zw. 1130 und 1136 bereits in →Novgorod, wo sie als schon länger bekannte Stoffe erwähnt werden. In Südeuropa erscheinen Tuche aus Y. erst 1190 in →Lucca und 1200 in →Genua, nehmen unter den Textilien aus dem nördl. Europa dann aber rasch den ersten Platz ein. Der Export aus Flandern (und bes. aus Y.) nach Italien ging im 13. Jh. über die →Champagnemessen, wo die Y.er Kaufleute eigene Hallen besaßen. Die Y.er gehörten in bezug auf die Champagnemessen der →Hanse der XVII Städte an. Andererseits trat Y. als zweite führende Stadt nächst Brügge in der sog. Fläm. →Hanse v. London hervor. Unterdessen behielt der Jahrmarkt v. Y. seine Bedeutung, auch für den internationalen Handel, wie sich aus den zahlreichen Schuldbriefen ergibt, die für die Jahre 1249–91 vor ihrer Zerstörung im 1. Weltkrieg inventarisiert wurden. Diese vor der Entwicklung des Wechselbriefes (→Wechsel) so wichtigen Instrumente des Handelsverkehrs dokumentieren Geschäftsbeziehungen mit vielen Städten Oberitaliens, Süd- und Südwestfrankreichs sowie mit der frz. Westküste (Bourgneuf), der Champagne, Nordfrankreich und natürlich anderen Städten in Flandern.

Die meisten und namentlich die reichsten der in den Schuldbriefen erwähnten Kaufleute aus Y. gehörten dem sog. Patriziat (→Patriziat, II) an, aus dem sich die Stadtverwaltung, bestehend aus dreizehn Schöffen unter Vorsitz eines Vogtes ('prepositus'; →Prévôt), rekrutierte. Seit Mitte des 13. Jh. wurde dieser oligarch. Kreis immer kleiner, so daß Korruption und Machtmißbrauch um sich griffen, bes. im Tuchgeschäft. Die Bildung eines patriz. →Monopols für die Wolleinfuhr aus England und den Verkauf von Fertigwaren führte zu wachsenden Spannungen mit den zumeist benachteiligten Kleinunternehmern, den sog. *drapiers*, die 1280 gemeinsam mit den Handwerkern einen erfolgreichen Aufstand gegen die Vorherrschaft der Patrizier entfesselten ('Cokerulle'); diese wurden genötigt, die *drapiers* fortan zum Wollhandel zuzulassen.

Die Aufstandsbewegung leitete den Aufstieg der *drapiers* ein, markiert zugleich aber den Beginn einer strukturellen Krise, verursacht durch rückläufigen Absatz, eng verbunden mit einem Lohnniveau, das höher lag als dasjenige der Konkurrenten. Die Wollproduktion ging zw. 1317 und 1355 um mehr als 50% zurück, und auch die Zahl der Webstühle hatte sich am Beginn des 14. Jh. schon um ein Viertel verringert. Die Bevölkerungszahl sank entsprechend: von ca. 28000 (13. Jh.) auf ca. 20000 (1311/12) und schließlich ca. 10000 (frühes 15. Jh.). Starke Verluste erlitt Y. durch die →Hungersnot von 1315–17, der bis zu 10% der Bevölkerung erlagen, ebenso durch die →Pest von 1349–52. Die gegenüber anderen fläm. Städten höhere Zahl der Opfer hängt möglicherweise zusammen mit der Sozialstruktur der Bevölkerung, die in Y. zu über zwei Dritteln aus Handwerkern des Textilbereichs bestand, mehr sogar als in Gent, wo Tuchhandwerker die gute Hälfte der Bevölkerung ausmachten. Die auch anderwärts belegten sozialen Unruhen des 14. Jh. nahmen in Y. bes. heftige Formen an; die Mittelschicht der *drapiers*, die 1280 noch an der Seite der Handwerker gestanden hatte, verband sich nach dem Sieg der Zünfte in der Goldsporenschlacht v. →Kortrijk (1302) aus Sorge um ihr Mitspracherecht in der Stadtverwaltung mit dem Patriziat; zu diesem Bündnis trug auch die den *drapiers* seit 1280 gestattete Beteiligung am Wollhandel bei. Im Laufe des 14. Jh., sicher vor 1363, wurde den *drapiers* das Wollgeschäft jedoch wieder untersagt. Um die Mitte des 14. Jh. erfuhren die *drapiers* steigende Konkurrenz von seiten der sog. *upsetters*, einer aus der Masse der Weber aufgestiegenen neuen Gruppe von Kleinunternehmern, die Halbfabrikate kauften, weiterverarbeiteten und verkauften.

Nach neuerer Ansicht hat der Zerfall der traditionellen fläm. *Draperie*, der Y. bes. schwer traf, in der 2. Hälfte des 14. Jh. und in der 1. Hälfte des 15. Jh. den Absatz der kostbaren Stoffe aus Y. nicht zum Erliegen gebracht. Bes. in Nordeuropa blieben sie begehrt und nahmen unter den von Hansekaufleuten (→Hanse) importierten Textilwaren noch immer den zweiten Platz ein, nach den Tuchen aus →St-Omer und vor denen aus Poperinge. Mit polit. und selbst militär. Mitteln versuchte Y., die nur 10 km westlich gelegene Kleinstadt Poperinge immer wieder zur Einstellung ihrer Produktion feiner Tuche zu zwingen. Doch auch in den Dörfern des weiteren Umkreises von Y. wurden Fabrikate der sog. *nouvelle draperie* hergestellt, wogegen Y. sich vergebens wehrte.

Die polit. Macht Y.s wurde im Laufe des 14. Jh. wesentl. geschwächt, obwohl die Stadt Mitglied der Vier Leden v. Flandern blieb. Die Stadt nahm teil am sog. Küstenaufstand von 1323–28 (Bauernaufstand unter Führung von →Zannekin), durch den die Handwerker in Y. an die Macht kamen; nach der Niederschlagung der Revolte erlitt Y. (neben anderen Repressalien) die Verbannung von über 800 Handwerkern und Kleinunternehmern, von de-

nen viele nicht zurückkehrten. In den Kämpfen der → Walker und → Weber, die um die Mitte des 14. Jh. in bes. Maße Gent erschütterten, in die aber auch der Gf. v. Flandern, Brügge und Y. verwickelt waren, verlor die Stadt den Gf.en gegenüber viel von ihrer Macht. Gemeinsame Aufstände von Webern und Walkern (1367, 1370, 1377) blieben ohne Erfolg. Belagerungen (durch engl. Truppen unter Befehl des Bf.s v. Norwich, 1383, sowie durch Genter Milizen während des sog. Genter Aufstandes, 1379–85) führten zur Zerstörung der zumeist von Textilarbeitern bewohnten Vorstädte. Ein Wiederaufbau fand nicht statt. Y. hatte endgültig seine alte polit. und wirtschaftl. Machtstellung eingebüßt und war zu einer zweitrangigen Stadt abgesunken. A. Verhulst

Q. und Lit.: I. L. A. DIEGERICK, Inventaire des archives de la ville d'Y., 7 T.e, 1853–68 – A. VANDENPEERE-BOOM, Ypriana, 7 T.e, 1878–83 – G. DES MAREZ, Étude sur la propriété foncière dans les villes du m.â. et spécialement en Flandre, 1898 – DERS., La lettre de foire à Y. au XIIIe s., 1901 – L. GILLIODTS-VAN SEVEREN, Coutumes de la ville d'Y. de 1267 à 1329, 1909–13 – J. E. CORNILLIE, Ieper door de eeuwen heen, 1950 – Belgische Steden in Reliëf, 1965, 207–230 [J. DHONDT] – Prisma van de Geschiedenis van Ieper, hg. O. MUS, 1974 [Slg. aller wichtigen Aufsätze zur Gesch. v. Y.] – C. WYFFELS, Analyses de reconnaissances de dettes passées devant les échevins d'Y. (1249–91), éd. selon le ms. de G. DES MAREZ†, 1991.

Ypocras → Wein, -rebe, -stock

Ysalguier, berühmte Adelsfamilie in → Toulouse, galt im 14. Jh. als Geschlecht mit dem größten Patrimonialbesitz der ganzen Stadt. Ihr Begründer, *Raymond*, der 1295, 1315 und 1320 als *capitoul* (Stadtoberhaupt) amtierte, war → Wechsler, führte 1306 die Liquidation des auf Befehl → Philipps d. Schönen beschlagnahmten jüd. Besitzes durch und verlieh mehrfach Geld an den Kg. Die → Nobilitierung Raymonds (1328) zog eine Wandlung der sozialen und wirtschaftl. Orientierung der Familie nach sich. Zwar setzte der eine der beiden Söhne, *Pons*, noch das Wechslergeschäft fort und gab (gemeinsam mit seinem Bruder *Bernard-Raymond*) der frz. Krone Darlehen (Gascognekriege, 1341–42; Belagerung v. Aiguillon, 1346), doch wandten sich die Brüder zunehmend administrativen Aufgaben zu: Sie fungierten als → *lieutenants* des → Seneschalls v. Toulouse; Bernard-Raymond war Rat Hzg. → Ludwigs I. v. Anjou, der das Amt des kgl. *lieutenant* im Languedoc innehatte. Durch Gunst des Hzg.s erreichte Bernard-Raymond, daß sein Großneffe *François* (gen. *Galoys*), obwohl noch nicht 25jährig, 1373 zum *capitoul* gewählt wurde. Die Brüder hinterließen je zwei Erben, die zu Stammvätern der vier Zweige der Y. wurden: *Clermont* und *Castelnau d'Estretefonds* (Nachkommen von Pons), *Fourquevaux* und *Merenvielle* (Nachkommen von Bernard-Raymond).

Die Y. gewannen, nicht zuletzt dank ihrer aktiven Heiratspolitik mit den größten Adelsfamilien der Region, eine stattl. Anzahl einträgl. → Seigneurien. Unter Aufgabe ihrer Finanzgeschäfte wirkten sie als Kriegsleute, kgl. Amtsträger und Agenten sowie Diplomaten; ihre Rolle im städt. Leben von Toulouse war eine dominierende (zw. 1295 und 1530 stellten sie 47 *capitouls*).

Zur Linie der Herren v. *Clermont* zählte *Pierre II.*, der 1425 auf den unter persönl. Vorsitz Karls VII. in Le Puy abgehaltenen États de Languedoc die Stadt Toulouse vertrat. *Odet*, der dreimal als *capitoul* amtierte, die → Jeux Floraux nachdrückl. förderte, leistete 1461 dem neuen Kg. → Ludwig XI. im Namen der Stadt die Huldigung und vertrat den Toulousaner Adel bei den bedeutenden → États généraux in → Tours (1484). Als *lieutenant* des Seneschalls nahm er die Inbesitznahme der Gft. → Comminges durch die kgl. Gewalt vor. Letzter Vertreter des Geschlechts im Mannesstamm war *Bertrand* († 1561), der letzte *capitoul* aus dem Hause Y.

Die Linie der *Castelnau d'Estretefonds* begann mit *Pons II.*, Dr. legum, der die Seigneurie 1371 erwarb. Er schloß Heiratsverbindungen mit jüngeren Linien der Fs.enhäuser → Foix und → Comminges. Ein Mitglied des Hauses, *François*, spielte auf den États de Languedoc (Toulouse, 1419) eine gewichtige Rolle. In der 2. Hälfte des 15. Jh. wurde das Kapital der Familie durch den verschwendungssüchtigen *Jean II.* dezimiert. Dessen Sohn *Jean III.* wurde wegen Inzests mit seiner Halbschwester *Gaillarde* vom → Parlement v. Toulouse verurteilt; die Seigneurie Calstelnau wurde ihm (zugunsten von Henri Bohier, Generalsteuereinnehmer des Languedoc) aberkannt.

Die Linie der *Fourquevaux* geht zurück auf *Jacques I.*, Sohn von Bernard-Raymond. Er war als Seneschall v. Bigorre einer der Unterhändler des zw. den Gf.en v. Foix und Armagnac geschlossenen Friedensvertrags (1377); in der Gft. Foix begütert, kämpfte er 1382 an der Seite von → Gaston Fébus bei Boret. Sein Sohn *Jean*, von Gaston Fébus auf dem Schlachtfeld zum Ritter gekürt, nahm mit einem Kontingent aus → Béarn auf kast. Seite an der Schlacht v. → Aljubarrota teil und wurde von den siegreichen Portugiesen gefangengenommen. Ihm folgte sein Bruder *Jacques II.*, der als *lieutenant* des Hzg.s Karl v. Bourbon, des Generalkapitäns des Languedoc im Namen des Dauphins Karl, fungierte (1421).

Die Linie *Fourquevaux*, der reichste Familienzweig, erwarb 1361 die Seigneurie Auterive. Nach dem Tode *Jacques' II.* (1459) fiel Fourquevaux an den ältesten Sohn, *Jean II.*, Auterive dagegen an den jüngeren, *Barthélemy*. Doch war *Jean II.* genötigt, große Teile seiner Besitzungen zu veräußern: Pinsaguel an Simon Bartier (1495), Fourquevaux an Jean de Pavie (1497). Barthélemy dagegen sollte die Seigneurie Auterive 1496 an den Abt v. St-Polycarpe, Jean de Michel, verkaufen.

Die Linie *Merenvielle* geht zurück auf *Barthélemy*, der wie sein Vater Bernard-Raymond Soldat war und nach der Familientradition kurz vor seinem Tode am Kreuzzugsunternehmen des Hzg.s v. Bourbon teilgenommen haben soll (1390). *Jean*, der Sohn von *Jean II.* und Bruder von *Jean III.*, fiel in der Normandie in der Kompagnie des *capitaine* Barbazan. *Adhémar* veräußerte fast alle seine Herrschaften, bis auf Merenvielle. Diese Linie der Y. war die einzige, die bis ins 18. Jh. fortbestand.

Um die Y. ranken sich Familientraditionen und Stadtsagen (so um die emblemat. Beziehungen der Y. zu den Blumenspielen und deren Symbolfigur 'Clémence Isaure' und die fabulöse Reise eines Anselme Y. am Beginn des 15. Jh. in den Niger; er soll aus Gao eine »schwarze Prinzessin« heimgeführt haben). H. Gilles

Lit.: DESAZARS DE MONTGAILLARD, Clémence Isaure, 1916 – F. GALABERT, Le Toulousain Anselme Y. est-il allé au Niger au XVe s.? (Mém. Acad. Sciences, Inscriptions et Belles-Lettres de Toulouse, 1933) – PH. WOLFF, Une famille du XIIIe au XVIe s., les Y. de Toulouse (DERS., Mél. d'hist. sociale, 1942) – DERS., La fortune foncière d'un seigneur toulousain au milieu du XVe s.: Jacques Y., Annales du Midi, 1958 – G. NAVELLE, Familles nobles et notables du Midi Toulousain aux XVe et XVIe s., V, 1991.

Ysengrim → Isengrimus

Ysop (Hyssopus officinalis L./Labiatae). Der in S-Europa beheimatete, mit dem bibl. Y. (vermutl. einer Origanum-Art) nicht ident. Halbstrauch war im MA unter den lat. und dt. Namen *(h)ys(s)opus, isopus* bzw. *isop(e), ysop(e), yspe* u. ä. (STEINMEYER-SIEVERS III, 542, 568 und 598) bekannt; die durch die arab. Autoren eingeführte Bezeich-

nung 'ysopus humida' (Albertus Magnus, De veget. VI, 476) oder auch 'ysopum cerotum' (Alphita, ed. Mowat, 198) bezieht sich dagegen auf das Wollfett (gr./lat. oesypum). Med. verwendete man die Pflanze bei Leber- und Lungenleiden (Hildegard v. Bingen, Phys. I, 65), Husten, Magen- und Darmschmerzen (Circa instans, ed. Wölfel, 62), Wassersucht, Wurmbefall und Zahnfleischgeschwüren sowie als Schönheitsmittel (Albertus Magnus, De veget. VI, 477; Gart, Kap. 427). I. Müller

Lit.: Marzell, II, 966–970 – M. Zohary, Pflanzen der Bibel, 1995³.

Ysopets (von »Aesop«), Bezeichnung für die frz. Fabelsammlungen des MA. Als Verfasser von Fabeln ist Aesop im MA v. a. dank der verschiedenen lat. Bearbeitungen des sog. »Romulus« bekannt (→Fabel, -dichtung, I); schon die älteste frz. Fabelsammlung von →Marie de France trägt den Titel »Esope« (ca. 1180). In der Folgezeit wird Y. zum Gattungsnamen für die Übersetzungen lat. Fabelbücher (→Fabel, -dichtung, IV: drei Versfassungen des 13. Jh., eine weitere von ca. 1345, zu dieser eine Prosabearbeitung des 15. Jh.). Die lat. Vorlagen werden im allg. getreu wiedergegeben, nur selten wird z. B. die Moral grundlegend verändert. Kleinere Abweichungen sind auf das Bestreben der (geistl.) Verfasser zurückzuführen, die Fabeln einem Laienpublikum verständlich zu machen. Mitunter werden Bezüge zur christl. Lehre unterstrichen oder neu eingeführt. Schwankhafte Elemente spielen in den Y. kaum eine Rolle, während der für ein aristokrat. Publikum geschriebene »Esope« der Marie de France solche Einflüsse (→Fabliau[x], Roman de →Renart) bereitwillig aufnimmt. A. Gier

Ed.: Recueil général des Isopets, ed. J. Bastin, 2 Bde, 1929/30 – Lit.: →Fabel, -dichtung, IV.

Yūnus Emre, türk. Dichter der vorosman. Zeit, eine der großen religiösen Dichterpersönlichkeiten der Weltlit., geb. um 1250 wohl in Şarköy bei Tekirdağ (Zentralanatolien), gest. um 1321 ebd. Über seine Lebensumstände ist (abgesehen von in seinen Dichtungen enthaltenen Selbstaussagen) wenig Gesichertes bekannt, zumal rasche Legendenbildung einsetzte. Y. verfügte offenbar über eine gründl. islam. Bildung und gehörte der Bewegung des Ṣūfismus an (→Orden, myst.); er wurde von seinem Meister, einem Tapduk Emre (den Y. in seinen Werken verehrungsvoll nennt), in den Lehren der islam. Mystik (→Mystik, C) unterwiesen. Der Dichter zeigt sich stark berührt von der Gedankenwelt des großen anatol. Mystikers Ğalāladdīn →Rūmī. Y. bedient sich des Türkischen, der Sprache des Volkes, und wendet die hergebrachten syllab. Versformen der anatol. Volkspoesie an. In den unter seinem Namen überlieferten (nach Auffassung neuerer Forscher aber in ihrer Echtheit nicht immer zweifelsfreien) Gedichten (der →Dīwān von Y. umfaßt ca. 350 Einzelwerke) entfaltet der Dichter einen von tiefer Religiosität geprägten Kosmos der myst. Gottesliebe, die gleichsam pantheist. Züge trägt; zugleich preist er die seel. Drangsale, Erschütterungen und Peripetien, die der Ṣūfī auf dem Wege der Gottsuche durchleiden muß, und grenzt das echte, in religiöser Tiefe wurzelnde Wissen von bloß weltl. Kenntnissen ab. In manchen Gedichten wendet sich Y. aber auch stärker traditionellen islam. Themenkreisen zu (unter häufiger Bezugnahme auf den →Koran und die Aussprüche des Propheten: →Ḥadīt), v. a. in einem umfangreichen allegor. Lehrgedicht (*mathnavī*). Dank der eindrucksvollen Schlichtheit seiner Sprache und der Fähigkeit, die myst. Vorstellungswelt des Ṣūfismus in allgemeinverständl. und suggestiver Weise breiteren Volkskreisen zu vermitteln, hat Y. die religiöse Kultur der osman. Epoche tief beeinflußt. Die nationale türk. Literaturbewegung des frühen 20. Jh. sah in ihm einen ihrer großen Vorläufer. U. Mattejiet

Ed. und Lit.: A. Gölpinarli, Y. E.: Hayati, 1936 – Ders., Y. e. ve tasavvuf, 1961 – A. Schimmel, Y. E., Numen 8, 1961, 12–33 – Le divan de Y. E., hg. und ins Frz. übers. Y. Régnier, 1963 – N. Sefercioğlu u. a., Y. E., 1970 [Bibliogr.] – A. Schimmel, Mystical Dimensions of Islam, 1975 – →Osman. Lit.

Yūnus, Ibn → Ibn Yūnus

Yūsuf al-Baṣīr (Joseph ben Abraham ha-Kohen ha Ro'eh Baṣīr), blinder jüd. Gelehrter der 1. Hälfte des 11. Jh., tätig im östl. ('babylon.') Bereich des Judentums (Iraq, Persien). Y. zählte als Verfasser bedeutender Werke u. a. zu exeget.-religiösen und rechtl. Fragen zu den großen Denkern innerhalb der in Opposition zum rabbin. Judentum stehenden, stark die bibl. Grundlagen betonenden Gruppe der →Karäer.

Lit.: EJud (engl.) IV, 301f. [Werke, Ed., Lit.].

Yuṣuf, Poema de → Poema de Yuṣuf

Yvain, -stoff. [1] *Ursprünge; Französische Literatur:* Ein 'hist.' Owein, Sohn von Urien, ist gegen Ende des 6. Jh. in Nordengland bezeugt, konnte somit dem 'hist.' →Artus, der gemäß den Chronisten 539 oder 542 gefallen ist, nie begegnen. Dennoch gehört Y. wie Keu und →Gawain unbestritten zur ältesten Schicht von Gestalten, die mit Kg. Artus in Verbindung gebracht werden, doch bleiben die Ursprünge der Assoziierung im dunkeln. Ausgangspunkt scheint die »Historia regum Britanniae« des →Geoffrey v. Monmouth (§ 177), Keimzelle des »Brut« von →Wace und der frz. Artusromane, zu sein, und seit dem späten 12. Jh. gehört Y. zum festen Personal jeder Art von artur. Lit. Inwieweit parallel zu dieser lat.-frz. Schrifttradition eine kelt. Überlieferung anzusetzen ist (Y. wird auch in »Rhonabwys Traum« und im »Buch von →Taliesin« erwähnt), bleibt unklar, ebenso die Frage, wann Y. mit seinem emblemat. Löwen und dem Zauberbrunnen in Verbindung gebracht wurde. Sicher ist, daß die erste schriftl. Fassung der Erzählung gegen 1170 von →Chrétien de Troyes stammt: dieser Text ist Ausgangspunkt der allgemeineurop. Y.-Rezeption (Inhaltsangabe: →Hartmann v. Aue). Ein sehr verwandter Stoff findet sich aber auch im kelt. »Owein«, der zusammen mit den →»Mabinogion« (s. dort zur Problematik der Datierung) im sog. »Weißen Buch von Rhydderch« (14. Jh.) und im »Roten Buch von Hergest« (1380–1410) überliefert ist (weiter erhalten: eine dritte ma. Hs., mehrere moderne Abschriften). Die Datierung des Werkes sowie die Interpretation des Verhältnisses zu Chrétiens »Y.« ist noch bis heute zu einem gewissen Grad eine Frage der Ideologie. Auch wenn die einander widersprechenden Extrempositionen (»Y.« ist Q. von »Owein« bzw. umgekehrt) kaum mehr vertreten werden, bleibt die Deutung des Bezugs der beiden Texte kontrovers. Tatsache ist, daß »Owein« als einzige von allen »Y.«-Versionen derart von Chrétiens Roman abweicht, daß man heute nicht umhin kann, eine gemeinsame Vorlage zuzulassen. Ob dieses für uns nicht faßbare Zwischenglied frz. oder kelt. war, ist letzl. belanglos, sicher ist, daß zahlreiche Elemente (Wunderquelle von Barenton im Wald von Brocéliande; Begegnung mit Laudine, Herrscherin über jene Quelle) in der Tat Analogien mit Mythen und folklorist. Motiven, wie sie u. a. die kelt. Welt kennt, aufweisen. Das Motiv des dankbaren Löwen, für das eine überzeugende kelt. Q. fehlt, findet sich hingegen in der lat. Lit. seit →Gellius; in einer Chrétien sehr nahestehenden Form bei →Petrus Damiani. Man sieht darin gemeinhin einen Beleg für den 'Synkretismus' Chré-

tiens, der hier den gesamten Stoff seiner eigenen, neuen Ästhetik, seiner berühmten *conjointure*, unterwirft. In der frz. Lit. hat Chrétien die Gestalt Y.s geradezu erschöpfend behandelt: in den artur. Vers- wie in den großen Prosaromanen erscheint Y., im Gegensatz etwa zu Erec, nur noch im Hintergrund, Handlungsträger ist eine neue Heldengeneration. Um so erstaunlicher ist das 'Nachleben' Y.s im ausklingenden MA. Die Befreiung des Löwen ist z. B., zusammen mit Abenteuern anderer Protagonisten, in einer Hs. des 14. Jh. enthalten (Aberystwyth, MS 444-D, manchmal wegen der ersten Rubrik 'Prosa-Y.' gen.), und im 16. Jh. schreibt Pierre Sala Chrétiens »Y.« ziemlich getreu ab (1 Hs.). Des weiteren erwähnt ein Hss.-Verzeichnis eine verlorene Prosabearb. und im »Tournoiement Antéchrist« des →Huon de Méry wird die Brunnenepisode des Y. in parodist. Weise in einen an sich allegor. Roman eingeflochten.

[2] *Deutsche Literatur:* Im dt. Sprachbereich ist der »Y.« durch →Hartmann von Aue, dessen »Iwein« auf Chrétien de Troyes zurückgeht, und Ulrich →Fuetrers »Iban« vertreten, eine stroph. Kurzfassung des Stoffes, die im 2. Buch des »Buch der Abenteuer« zusammen mit anderen autonomen Erzählungen eingeschoben ist. Eine neuere Unters. zur Q.nlage steht noch aus.

[3] *Skandinavische Literatur:* In Norwegen ist unter Kg. →Hákon IV. († 1263) oder dessen Sohn († 1257) die ebenfalls auf Chrétien zurückgehende »Ivens Saga« entstanden (Prosa; 3 Hss.), am schwed. Hof 1303 »Ivan Lejonriddaren« (auch »Herr Ivan« gen.; 4 schwed. und 2 dän. Hss.), eine Bearb. in Knittelversen, die vermutl. sowohl auf der norw. Saga als auch auf dem frz. Text fußt.

[4] *Englische Literatur:* Die ins 14. Jh. datierte me. →Romanze »Ywain and Gawain« (4032 Verse, 1 Hs. aus dem 15. Jh.) nimmt in der Lit.geschichte insofern eine Sonderstellung ein, als daß sie die einzige engl. Bearb. eines Werkes von Chrétien de Troyes ist, was wahrscheinl. auf den Umstand zurückzuführen ist, daß diese Art frz. Romane im Originaltext gelesen wurde. R. Trachsler

Ed. und Übers.: zu [1]: Owein or Chwedyl Iarlles y Ffynnawn, ed. R. L. THOMSON, 1965 – P.-Y. LAMBERT, Les Quatre Branches du Mabinogi, 1993, 208–236 [frz. Übers.] – Chrétien de Troyes, Y., éd. et trad. D. HULT, 1993 – Pierre Sala, Le Chevalier au Lion, éd. P. SERVET, 1996 – *zu [2]:* →Hartmann v. Aue – H. ZUTT, Kg. Artus, Iwein, der Löwe, 1979 – H. FISCHER, Ehre, Hof und Abenteuer in H.s »Iwein«, 1983 – A. CARLSON, Ulrich Füetrer und sein »Iban«, 1927, 77–145 [Ed.], 176–184 [Komm.] – *zu [3]:* Herr Ivan, ed. E. NOREEN, 1930–32 – F. W. BLAISDELL–M. KALINKE, Erex saga and Ivens saga, 1977 [engl. Übers.] – Ivens saga, ed. F. W. BLAISDELL, 1979 – *zu [4]:* Ywain and Gawain, ed. A. B. FRIEDMAN–N. T. HARRINGTON, EETS 254, 1964 – *Lit.:* E. BRUGGER, Y. and his Lion (Mél. W. A. NITZE, 1941), 267–287 – L. R. MUIR, A Reappraisal of the Prose Y. (Nat. Libr. of Wales MS. 444-D), Romania 85, 1964, 355–365 – J. FRAPPIER, Étude sur Y. ou le Chevalier au Lion, 1969 – T. HUNT, Herr Ivan Lejonriddaren, MSc 8, 1975, 168–186 – M. KALINKE, King Arthur North-by-Northwest. The matière de Bretagne in Old Norse-Icelandic Romances, 1981 – E. BAUMGARTNER, Le Lion et sa peau, ou les aventures d'Y. dans le Lancelot en prose, PRISMA 3/2, 1987, 93–102 – M. E. KALINKE, Arthurian Lit. in Scandinavia (King Arthur through the Ages, ed. V.

M. LAGORIO–M. LEAKE DAY, 1990), 127–151 – R. L. THOMSON, Owain: Chwedl Iarlles y Ffynnon (The Arthur of the Welsh, ed. R. BROMWICH, A. O. H. JARMAN, B. F. ROBERTS, 1991), 159–169.

Yvetot, Ort und Seigneurie (angebl. 'royaume') in der →Normandie (Haute-Normandie, dép. Seine-Maritime), Name von anord. 'toft' (Grundherrschaft, ländl. Siedlung), dem ein germ. männl. Personenname ('Ivo') vorgeschaltet ist; erste Erwähnung 1025–26 anläßl. einer Schenkung Hzg. →Richards II., durch die Y. aus der hzgl. Domäne ausgegliedert und der nahegelegenen Abtei →Fontenelle (St-Wandrille) übertragen wurde. Der erste bekannte Herr, Ansfred, tritt zw. 1046 und 1048 auf und ist abhängig vom Abt v. St-Wandrille. Unter Ausnutzung der Erbfolgestreitigkeiten in der Hzg.sdynastie emanzipierte sich die Adelsfamilie v. Y. zw. 1082 und 1142 von der Oberhoheit des Abtes. Das kleine Lehen wurde zur weiträumigeren, sich über drei Pfarreien erstreckenden →Seigneurie. 1203 verzichtete Richard v. Y., gegen eine →Rente, auf Rechte (Gistum/*droit de gîte* [→Gastung] und Vogtei/*procuration*), die er in St-Wandrille ausübte, wahrte aber für sich und die Vasallen seines 'feodum liberum' d'Y. die freie Fahrt auf der →Seine. Die Rechtsqualität des 'Freilehens' (*fief libre*) beinhaltete gewisse Vorrechte (u. a. freier Verkauf und Schenkung von Gütern), entband den Herrn aber nicht vom Homagium an den Hzg. (→Lehen, III). Das Selbstbewußtsein der Herren v. Y. steigerte sich im 14. Jh. deutlich: Anläßl. der Stiftung einer Kollegiatkirche durch Jean IV. (1351) erkannte der Ebf. v. →Rouen an, daß der Herr v. Y. seine Seigneurie in voller Unabhängigkeit (»sine medio; in suo mero imperio«) halte. Jean IV., der sich als Herr von Gottes Gnaden (»par la grâce de Dieu«) betrachtete (1381), besaß auch das Recht der Amortisation (*droit d'amortisation*, Tote Hand). Im letzten Viertel des 14. Jh. schmückte sich (nach dem Ausweis von Lehnsbriefen, →Aveu) der Herr v. Y. mit dem Titel eines 'roi' oder 'prince d'Y.'. Die in der Tat weitgehenden Privilegien der 'royauté et seigneurie d'Y.', die ihr das Kennzeichen einer souveränen Allodialherrschaft (→Allod) verliehen (1464: Befreiung von Homagium, Steuern und Heerfolge, Gerichtsbarkeit in letzter Instanz), wurden abgestützt durch die verbreitete, aber durch keinen hist. Beleg untermauerte Legende vom 'roi d'Y.', in Umrissen erkennbar seit dem späten 14. Jh., bestätigt durch eine 'lettre patente' (→litterae, II) Kg. Ludwigs XI. (1464) und in ausgereifter Form am Ende des 15. Jh. von N. Gilles und R. →Gaguin erwähnt: Danach hatte die Seigneurie Y., »die in der vergangenen Zeit üblicherweise Kgr. ('royaume') genannt wurde« (1464), bereits i. J. 536 von Kg. Chlothar, der sich damit von der Blutschuld des Mordes an einem Gautier d'Y. loskaufen wollte, ihre einzigartigen Privilegien empfangen.

A. Renoux

Lit.: L. A. BEAUCOUSIN, Hist. de la principauté d'Y., 1884 – J. LE MAHO, L'apparition des seigneuries châtelaines dans le Grand-Caux à l'époque ducale, ArchM, 1976 – CH. DE BEAUREPAIRE–J. LAPORTE, Dict. topographie de la Seine-Maritime, II, 1984.

Z

Zabazoque (von arab. *ṣāḥib as-sūq*), Marktaufseher, der nach dem Vorbild des muslim. Bereichs in Kastilien, León und Katalonien-Aragón für den Marktfrieden sowie den reibungslosen Ablauf des Handels zu sorgen hatte und gegebenenfalls Richterfunktionen wahrnahm (Erwähnung im →Fuero de León, 1020). Seit dem 11. Jh. kam anstelle des Z. in vielen →Concejos der →Almotacén (von arab. *al-muḥtasib*; in Aragón Almudazaf; in Katalonien Almudafás) auf, ein Amtsträger, der die Funktionen des Z. übernahm und die allg. Aufsicht über Maße und Gewichte, Kaufmannschaft und Handwerkerschaft in der Stadt ausübte. L. Vones

Lit.: Th. Glick, Muhtasib and Mustastaf: A Case Study of Institutional Diffusion, Viator 2, 1971, 59–81 – P. Chalmeta, El señor del zoco en España, 1973, bes. 495ff. – L. García de Valdeavellano, El mercado en León y Castilla durante la Edad Media, 1974² – R. P. Buckley, The Muhtasib, Arabica 39, 1992, 59–117 – O. R. Constable, Trade and Traders in Muslim Spain, 1994.

Zaccaria, genues. Adelsfamilie. Einige Genealogen führen die Z. auf die adlige Familie – vicecomitalen Ursprungs – de Castro zurück; in der 1. Hälfte des 12. Jh. sei mit *Zaccaria*, Sohn des *Fulco de Castro*, die Abzweigung von der Hauptlinie erfolgt. Die beständige Verwendung des Titels de Castro wird von einigen als toponymischer Bezug auf den Stadtteil, in dem die Z. ansässig waren, gedeutet. Hervorzuheben sind *Zaccaria II.*, Sohn des Zaccaria, der öffentl. Ämter bekleidete und sich als Galeerenkommandant bei der Belagerung von Syrakus und der Eroberung von Ventimiglia 1248 auszeichnete, sowie *Fulcone*, Sohn Zaccarias II., Mitglied des Rates der Kommune und einer der Unterzeichner des Nymphäumvertrags von 1261, die beide – wie andere Adlige – Handel und Schiffahrt durchaus mit ihrer Würde für vereinbar erachteten. Nach dem Scheitern ihrer Bestrebungen, sich in Dolceacqua und in Ventimiglia an der östl. Riviera eine Feudalherrschaft zu errichten, wandten sich alle Mitglieder des Hauses kommerziellen Aktivitäten zu.

Bereits vor 1248 hatten Fulcone und seine Frau Giulietta neun Kinder: fünf Töchter und die Söhne *Benedetto, Manuele, Nicolò* und *Vinciguerra*, die sowohl durch die Eheverbindungen der weibl. Mitglieder mit den Familien →Fieschi, →Spinola, →Doria als auch durch die Unternehmungen der männl. zum Aufstieg der Familie beitrugen. Um 1267 traten *Benedetto* und *Manuele* in den Dienst Ks. Michaels VIII. Palaiologos und erhielten von ihm →Phokaia und sein Territorium mit den reichen Alaunminen zu Lehen, die die beiden Brüder mittels wechselseitiger Vollmachten und Heranziehung dritter Personen betrieben. Dank dieser Unternehmungen und der Übertragung von →Chios (1304) an Benedetto Z. häuften die Z. ein riesiges Vermögen an, das sie z. T. in Galeeren, die das Alaun in den Okzident transportierten, und in die Errichtung einer großen Färberei in Genua am Bisagno investierten.

Nach dem Tode Benedettos (1307) und Manueles (1309) stiegen Benedettos Sohn *Paleologo* und dessen Söhne *Benedetto II.* und *Martino* auf, die Eheverbindungen mit den Fs.enfamilien v. →Morea und den Hzg.en v. →Athen eingingen, Mitglieder des ägäischen Adels wurden und sich zunehmend von Genua, der Ursprungsstadt der Z., entfernten. 1325 erhielt Martino auch die (zuvor von der genues. Familie Cattaneo kontrollierten) Alaunminen von Lesbos. Von seinem Bruder Benedetto verraten, verlor er Chios und wurde als Gefangener nach Byzanz gebracht. Durch Intervention des Papstes freigelassen, wurde er 1343 von Clemens VI. zum Kommandanten der Kreuzfahrerflotte ernannt, die Smyrna aus türk. Hand befreien sollte, starb aber am 17. Jan. 1345 vor den Mauern der Stadt. Nach dem Verlust ihrer Domänen in der Ägäis konzentrierten die Z. ihre Herrschaftsambitionen auf die Peloponnes, v. a. unter *Centurione*, der mit einer byz. Prinzessin vermählt war, und seinem Sohn *Centurione II.*, der 1404 den Thron v. Achaia usurpierte. Nach dem Tod Centuriones II. (1432) endete der Aufstieg der Familie in der Levante. Auch in Genua mußten die Z. im 14. und 15. Jh. einen polit. und wirtschaftl. Machtschwund erleben. 1528 konnten sie anläßlich der Reform des Andrea→Doria kein eigenes →Albergo begründen.

Lit.: R. Lopez, Benedetto Z., ammiraglio e mercante nella Genova del Duecento, 1933 (1997) – W. Miller, The Z. of Phocea and Chios (Essays on the Latin Orient), 1964 – G. Petti Balbi, Simon Boccanegra e la Genova del Trecento, 1991 – E. Basso, Gli Z. (Genova: un impero sul mare), 1994.

Z., Benedetto, Erstgeborener von Giulietta und Fulcone, † 1307 in Genua; begegnet 1256 als Mitglied des Rates der Kommune Genua. In der Folge bekleidete er weiterhin öffentl. Ämter und wandte sich merkantilen Aktivitäten zu. Zw. 1259 und 1284 ließ er sich in der Levante nieder, begab sich in die Dienste Ks. Michaels VIII. Palaiologos und erwarb sich dessen Sympathien. Gemeinsam mit seinem Bruder Manuele erhielt er vom Ks. gegen Tribut →Phokaia und dessen reiche Alaunvorkommen, aus deren Ausbeutung die Z. enorme Gewinne zogen. 1282 nahm er an einer byz. Gesandtschaft nach Kastilien und Aragón teil, kehrte einige Jahre später nach Genua zurück und wandte sich wieder der Stadtpolitik zu. 1284 wurde er zum Kommandanten von 30 Galeeren ernannt und hatte entscheidenden Anteil am Seesieg Genuas gegen Pisa bei der Insel →Meloria. Zwei Jahre danach leitete er ein Flottenkontingent gegen die Korsaren und stieß bis Tunis vor. 1287 eroberte und zerstörte er Porto Pisano, 1288 besetzte er Tripoli. Der in diesen siegreichen Unternehmungen erworbene Ruhm und sein in der Levante angehäufter Reichtum erregten in seiner Heimatstadt Mißgunst und Neid. Vielleicht aus diesem Grund oder warum neue Erfahrungen zu sammeln, trat er 1291 in den Dienst Kg. Sanchos IV. v. Kastilien, der ihn zum »almirante major« (Großadmiral) ernannte und ihm einige Ländereien zu Lehen gab. 1294 wurde er Admiral Kg. Philipps IV. des Schönen v. Frankreich, der eine Flotte gegen →Flandern ausrüstete. Später kehrte er in die Levante zurück, um gegen die Sarazenen zu kämpfen und eroberte →Chios. Bei seinem Tod hinterließ er seinem – zum Gedenken an seine Vertrautheit mit Ks. Michael VIII. Palaiologos – Paleologo genannten Sohn sein Vermögen. G. Petti Balbi

Lit.: Annali di Caffaro e de'suoi continuatori, hg. C. Imperiale di Sant'Angelo, V, 1929 – R. Lopez, B. Z., ammiraglio e mercante nella Genova del Duecento, 1933 (1997) – Ders., Familiari, procuratori e dipendenti di B. Z. (Miscell. di storia liguria in on. G. Falco, 1962), 209–241.

Zacharias, Prophet, einer der zwölf 'kleinen' Schrift- →Propheten des AT. Die im Buch Z. enthaltene Berufung

des Propheten und seine acht endzeitl. Visionen wurden im MA v. a. in der Buchillustration häufig und auch zykl. dargestellt, z. B. Rodabibel (um 1000), →Bible moralisée und Hortus deliciarum der →Herrad v. Landsberg (Lit.: PAUL–BUSCH). Die Einfügung bildl. typolog. Hinweise lag nahe, da die ntl. Evangelisten Jesus beim →Einzug in Jerusalem (Mt 21,1–11 Parr.) wörtl. die Stelle aus dem Buch Z. zitieren lassen, die sich auf den Kg. bezieht, der auf einem Eselsfohlen, dem Jungen einer Eselin, reitet (Sach 9,9). Zur Einordnung des Z. in die Gruppen-Ikonographie vgl.: →Propheten, →Apostel. J. Engemann

Lit.: LCI IV, 557–559 [J. PAUL–W. BUSCH]; VI, 633f.

Zacharias, Vater→Johannes des Täufers. In Lk 1,7 und 18 werden der Priester Z. und seine Frau Elisabeth als alt bezeichnet, in 1,7 ihre Kinderlosigkeit mit Elisabeths Sterilität erklärt. So trifft auf Johannes der antike Topos 'wunderbarer' Empfängnis hervorragender Männer zweifach zu, und daher folgt in Lk 1,11–20 die Verkündigung an Z. beim Rauchopfer im Tempel durch einen Engel, mit folgender zeitweiliger Stummheit als Strafe für den Zweifel des Z. Eine Darstellung des Z. mit dem Engel auf einem Relieffeld der Holztür von S. Sabina in Rom (frühes 5. Jh.) ist unsicher; bisher früheste bildl. Darstellung des Z. auf der Elfenbein-→Kathedra des Maximian in Ravenna (Zeichnung der verlorenen Tafel mit der Begegnung von Maria und Elisabeth, Lk 1,39–56; Lit.: VOLBACH, 94). Im MA wurde Z. öfters in Zyklen der Kindheitsgesch. des Johannes dargestellt, unter Einschluß der legendären Ermordung des Z. im Tempel. Darstellung in der Buchmalerei seit dem 8. Jh. meist auf Einzelszene der Verkündigung beschränkt, in Hss. des →Kosmas Indikopleustes Gruppenbild-Miniatur: Maria–Christus–Johannes–Z.–Elisabeth. Denkmälerverzeichnis: KASTER.

J. Engemann

Lit.: LCI VIII, 634–636 [G. KASTER]–W. F. VOLBACH, Elfenbeinarbeiten der Spätantike und des frühen MA, 1976³ – G. JEREMIAS, Die Holztür der Basilika S. Sabina in Rom, 1980 – F.-A. v. METZSCH, Johannes der Täufer, 1989.

Zacharias

1. Z., *Papst* (hl.) seit Anfang Dez. 741, † 15. März 752, ▭ Rom, St. Peter; letzter Grieche (aus Unteritalien?) auf dem Stuhl Petri (zeitgenöss. Freskenporträt in S. Maria Antiqua, Rom), zuvor wohl röm. Diakon. Ungeachtet bleibender Differenzen im →Bilderstreit suchte Z. den polit. Ausgleich mit Byzanz. In Kurskorrektur zu seinem Vorgänger ließ er Hzg. Transamund v. Spoleto fallen, um sich erfolgreich mit den Langobardenkg.en →Liutprand und (später) →Ratchis zu arrangieren, konnte jedoch die erneute langob. Expansionspolitik unter Kg. →Aistulf nicht verhindern, die nach Einnahme Ravennas (751) zur ernsthaften Bedrohung Roms führte. Episode blieb unglückl. Parteinahme für Baiernhzg. →Odilo (743); die bonifatian. Kirchenreform, von röm. Konzilien flankiert, ließ den Papst rasch zur Kooperation mit den Karolingern zurückfinden. Nach einem ersten, kirchenrechtl. Responsum (747) legitimierte er 751 die Kg.serhebung Pippins d. J. und legte damit das Fundament für die langlebige päpstl.-frk. Allianz (→Stephan II.). Persönl. stand der auch wirtschaftl. und kulturell engagierte Friedenspapst (Ausbau des Pachtwesens, Instandsetzung des Laterans, Restauration röm. Kirchen, griech. Übers. der »Dialogi« Gregors I.) im Ruf ungewöhnl. Milde und Güte.

H. Mordek

Ed. und Q.: LP I, 426–439; III, 102–JAFFÉ² I, 262–270; II, 700, 742 – CPL Nr. 1713 – GP IV, 20–37 – P. CONTE, Regesto delle lettere dei papi del secolo VIII, 1984, 207–219 – *Lit.*: Bibl. SS XII, 1446–1448 – NCE XIV, 1106 [Abb.] – E. CASPAR, Gesch. des Papsttums, II, 1933, 707ff. – SEPPELT II, 105ff. – J. T. HALLENBECK, Pavia and Rome, 1982, 39ff. – TH. F. X. NOBLE, The Republic of St. Peter, 1984, 49ff. – J. N. D. KELLY, Reclams Lex. der Päpste, 1988, 104–106 – Dict. hist. de la papauté, 1994, 1741f.

2. Z. v. Besançon (Chrysopolitanus) OPraem, theol. Schriftsteller, ist 1131–34 in Besançon bezeugt, wo er an der Domschule unterrichtete. In den fünfziger Jahren gehörte er der Prämonstratenserabtei St-Martin zu Laon an. Von ihm stammt das Werk »In unum ex quatuor«, ein umfangreicher Komm. zu einer alten lat. Version von Tatians Diatessaron (→Evangelienharmonie). In erster Linie stellte Z. patrist. Exzerpte zusammen, wofür ihm eine reichhaltige Lit. zu Gebote stand. Ferner beruft er sich auf nicht näher bezeichnete »magistri«, deren Lehren er theol. Handbüchern (Sententiae Hermanni, Summa sententiarum, sog. Sententiae Anselmi) entnahm; dabei macht sich insbes. der Einfluß →Abaelards bemerkbar. Das Werk des Z. fand bald weite Verbreitung.

J. Prelog

Ed.: MPL 186, 11–620 – *Lit.*: DSAM XVI, 1581–1583 [Lit.] – RBMA V, 449–451 – B. DE VREGILLE, Notes sur la vie et l'œuvre de Zacharie de B., AnalPraem 41, 1965, 293–309 – G. R. EVANS, Zachary of B. and the Bible's Contradictions, AnalPraem 58, 1982, 319–323.

3. Z. v. Gaza, Rhetor/Scholastikos, Rechtsgelehrter, Bf., theol. Schriftsteller, Kirchenhistoriker; * um 470 in Maiuma/Gaza, † nach 536. Bruder des Prokopios v. Gaza, studierte er in Alexandria von 485–487, wo er mit Severus, dem späteren monophysit. Patriarchen v. Antiochia, Freundschaft schloß, und begab sich dann zu Rechtsstudien nach Berytos. Ab 492 Scholastikos (Anwalt) in Konstantinopel, hatte er auch eine einflußreiche Stellung am Ks.hof. Von Jugend auf religiös engagiert, war er asket.-monophysit. Kreisen verbunden. Nach 512 Lösung vom Monophysitismus und Anschluß an ksl. Orthodoxie (Henotikon Zenons v. 482). Zw. 527 und 536 wurde er zum Metropoliten v. Mitylene/Lesbos ernannt. *Lit. Werk:* »Ammonius sive de mundi opificio disputatio«, ein Dialog mit seinem Lehrer Ammonius über die Weltschöpfung; zwei kleinere Schriften »Gegen die Manichäer«; die Vita des Severus v. Antiochia (nach 515; autobiograph. Auskünfte; PO 2, 7–115) und andere Viten; die sog. Kirchengeschichte (nur syr. erhalten) als Buch III–VI in einer anonymen Kirchengeschichte, 569 veröffentlicht. Z. behandelt die Jahre 450–491 und ist für diese Jahrzehnte wichtige Q.

K. S. Frank

Ed. und Lit.: CPG 6995–7001 – CSCO 82/84; 87/88 – *Kirchengesch. dt. Übers.*: K. AHRENS–G. KRÜGER, 1899 – E. HONIGMANN, Patristic Studies 173, 1953, 194–204 – M. MINNITI-COLONNA, Zac. Scol.: Ammonio. Introd., test. crit., trad., comm., 1973 – W. H. C. FREND, The Rise of Monophysite Movement, 1979².

Zacharias, Johannes, * ca. 1275, † ca. 1328, seit 1323 ἀκτουάριος am byz. Ks.hof und deshalb in der Lit. oft als *Johannes Aktuarios* bezeichnet, gilt als einer der letzten großen Ärzte in Byzanz. Nach Beschäftigung mit dem λόγοι allgemein entschied er sich für die Naturwissenschaften (φυσικὸν μέρος τῶν λόγων), insbes. für die Medizin, deren θεωρία sowohl wie das θεραπευτικόν. 1307 wird er als ausgezeichneter Arzt, aber auch als φιλόσοφος bezeichnet. Er gehörte zum Schülerkreis des Maximos →Planudes, war Freund des →Joseph Rhakendytes und Mitglied des Gelehrtenkreises um Ks. Andronikos II. – Seine med. Schriften gelten als das letzte große Kompendium der byz. Medizin: 1. Περὶ οὔρων/De urinis (7 Bücher), womit Z. bewußt der τέχνη zu einem Fortschritt verhelfen will (im 16. Jh. über 10 Übersetzungen ins Lat.). – 2. Περὶ ἐνεργειῶν καὶ παθῶν τοῦ ψυχικοῦ πνεύματος καὶ τῆς κατ' αὐτὸ διαίτης/De actionibus et affectibus spiritus

animalis huiusque nutritione (2 Bücher, griech. ed. Paris 1557) war als Beitrag zu der großen von Rhakendytes geplanten Enzyklopädie gedacht. Es behandelt bes. das πνεῦμα ψυχικόν und die Abhängigkeit verschiedener geistiger Funktionen von diesem, sowie den Einfluß von Krankheiten auf die Seele. – 3. Θεραπευτική μέθοδος/De methodo medendi (Kurztitel!), verfaßt für Alexios→Apokaukos, das umfangreichste med. Werk des Z., das die gesamte Medizin in Kurzform bietet (πᾶσαν τὴν τέχνην ἐν ἐπιτόμῳ; ursprüngl. 6 Bücher): Diagnostik, Therapie, Pharmaka. Z. entschuldigt sich öfters wegen der Kürze; er bezeichnet das Werk als κανών, mit dem jedoch die Wissenden umzugehen verstünden. Es enthält auch viel eigenes Gut. Wegen der Einzelüberlieferung der Teile variieren Zählung und Unterteilung der Bücher. – Wir kennen noch einen Brief und vier Epigramme des Z. – Die Z. von Kuruses zugewiesenen drei Dialoge »Hermodotos«, »Musokles« und »Hermippos« gehören einem anderen Autor (Nikephoros Gregoras?). A. Hohlweg

Ed. und Übers.: (1) L. Ideler, Physici et medici Graeci minores II (1842, Neudr. 1963), 3–192 – (2) Ideler, a. a. O., I, 312–386 – (3) Ideler, a.a.O., II, 353–463 [nur B. I–II: Περὶ διαγνώσεως; vollständige, etwas freie lat. Übers.: C. H. Mathisius, Venedig 1554] – Zu weiteren älteren Ed. bzw. Teiled. der Werke des Z. vgl. L. Choulant, Hb. der Bücherkde. für die ältere Medicin, 1841, 152–154 – Sarton, III, 1947, 891f. – Lit. [mit Bibliogr.]: A. Hohlweg, Johannes Aktuarios. Leben–Bildung und Ausbildung–De methodo medendi, BZ 76, 1983, 302–321 – St. I. Kuruses; Τὸ ἐπιστολάριον Γεωργίου Λακαπηνοῦ – Ἀνδρονίδκου Ζαρίδου (1299–1315 ca.) καὶ ὁ ἰατρός – ἀκτουάριος Ἰωάννης Ζαχαρίδας (1275 ca.–1328/;), Μελέτη φιλολογική, 1984–88 [ersch. 1989] – A. Hohlweg, Drei anonyme Texte suchen einen Autor, Βυζαντιακά 15, 1995, 15–45 – Ders., Seelenlehre und »Psychiatrie« bei dem Aktuarios Johannes Z. (ed. R. Wittern–P. Pellegrin, Hippokrat. Medizin und antike Philosophie, Medizin der Antike, 1, 1996), 513–529.

Zachlumien → Zahumlje

Zackenstil, kunsthist. Verabredungsbegriff für einen zw. Romanik und Gotik angesiedelten hochma. Malereistil, der durch eine faltenreiche Gewandstilisierung mit raumgreifenden scharfbrüchig-eckigen Faltenformen und z. T. mit in Zickzacklinien zerlegten Konturverläufen gekennzeichnet ist. Er stellt eine eigenständige Auseinandersetzung mit der got. Verräumlichung und Verlebendigung der Figur unter Verwendung byz. Formschemata dar. Im Z. wurden so Formen entwickelt, die den neuen mimet. Eigenschaften der Plastik, d. h. dem Eigenleben und räuml. ausgebildeten Relief der Gewänder sowie der Lebendigkeit der Figurendarstellung, etwas Adäquates zur Seite stellten. Von Bedeutung für seine Entwicklung könnte daher die wachsende Konkurrenz zw. Malerei und Plastik am hochma. Kirchenbau gewesen sein. Erstmals faßbar in den frühen Werken der thüring.-sächs. Malerschule vom Beginn des 13. Jh. (→Buchmalerei, XIII) und dem sog. Quedlinburger Teppich, verbreitete sich der Z. in Nord- und Mitteldeutschland sowie Franken und seit dem 2. Viertel des letzten Viertels des 13. Jh. in allen dt. sprachigen Gebieten. Während er seit dem letzten Viertel des 13. Jh. fast überall von der Gotik abgelöst wurde, erlebte er in Österreich ab den 60er Jahren eine nach Böhmen und Oberitalien ausstrahlende Spätblüte mit Zentrum in Salzburg. Der Z. ist in seinen unterschiedl. lokalen Ausprägungen in allen Bereichen der Malerci, d. h. Wand-, Glas-, Buch- und Tafelmalerei, anzutreffen, wobei wohl dieselben Künstler in verschiedenen Techniken tätig waren bzw. für verschiedene Aufgaben dieselben zeichnerischen Vorlagen benutzten. Durch solche Vorlagen fand der Z. auch Eingang in die Goldschmiede- und in die Textilkunst sowie vereinzelt in die Plastik.

H. Wolter-von dem Knesebeck

Lit.: Lex. der Kunst VII², 874f. [H. Wolter-von dem Knesebeck; Lit.] – L. E. Saurma-Jeltsch, Der Z. als ornatus difficilis, AaKbll 60, 1994, 257–266.

Zacuto, Abraham ben Samuel, jüd. Astronom und Historiograph, geb. um 1450 in Salamanca, gest. nach 1510 im Osman. Reich. Er studierte und wirkte in →Salamanca, verließ Kastilien aber 1492 infolge der Judenvertreibung (→Sefarden) und ging nach Portugal, wo er als Hofastronom und Historiograph Kg. →Manuels tätig war. Als auch den in Portugal lebenden Juden die Ausweisung oder aber Zwangskonversion drohte (1496–97), verließ Z. die Iber. Halbinsel in Richtung Orient (Tunis). Er starb nach 1510 (in Damaskus?). Z. zeichnete sich als Astronom aus, der u. a. das →Astrolab vervollkommnete, Schriften zur Astronomie (»Almanach perpetuum«, hebr. 1473/78, lat. im Dr. 1496; →Tafeln, Astronom.) sowie Astrologie veröffentlichte und als kgl. Astronom die ptg. Seefahrer hinsichtl. der wiss. Grundlagen der astronom. →Navigation beriet. – Als Gesch.sschreiber (→Historiographie, C) verfaßte Z. eine bedeutende Chronologie (»Sefär Yuchasin«, 'Buch der Genealogien'), die von der Schöpfung bis 1510 reicht und mit ihren Verzeichnissen der Tannaiten und Amoräer als Grundlage für die nzl. Gesch.sschreibung des talmud. Periode dient. Neben ergänzenden biobibliograph. Angaben enthält das Werk eine Beurteilung der Vertreibung der Juden aus Spanien, die Z. u. a. als Strafe für ethisch-religiöses Fehlverhalten bewertet. R. Schmitz

Lit.: EJud (engl.) XVI, 903–908 – J. Babini, A. Zacut, el astronóm, Davar (Buenos Aires) 63, 1965, 50–58 – A. A. Neumann, A. Z., historiographer (H. A. Wolfson Jubilee Vol., 1965), 597–629.

Zadar (lat. Diadora, Iader; it. Zara), Stadt und Bm. (seit 1154 Ebm.) an der Ostküste der →Adria, →Kroatien.
I. Stadtgeschichte – II. Sozial- und Wirtschaftsgeschichte.

I. Stadtgeschichte: [1] *Römische Zeit und frühes Mittelalter. Topographie:* Die auf einer Halbinsel gelegene liburn. Siedlung wurde am Ende des 1. Jh. v. Chr. röm. Kolonie. Das Straßenraster ist noch weitgehend erhalten, in Spuren auch die Flureinteilung im Umland. Die ma. Ummauerung wurde im 16. Jh. durch modernere Befestigungen ersetzt. An der Nordwestspitze der Halbinsel, bei der Einfahrt zur Hafenbucht, wurde 1243 ein Kastell für die ven. Besatzung errichtet; ein weiteres entstand am Anfang des 15. Jh. an der Ostseite zum Festland hin. Zwar wurde Z. in der Zeit der Kriegszüge der →Avaren und der slav. Landnahme (→Südslaven) nicht zerstört, doch haben Erdbeben und teilweiser Verfall des urbanen Lebens das Straßenniveau gegenüber der röm. Zeit um fast einen Meter anwachsen lassen.

Spätestens im 4. Jh. bestand in Z. eine Kirchenorganisation; an der Südostecke des Forums, ungefähr in der Mitte der Stadt, wurde schon in der Spätantike die Kathedralgruppe mit Kathedrale, Baptisterium und Bf.spalast errichtet. Der ma. Hauptplatz mit Gerichtslaube und Palast des Comes befand sich weiter östl. in der Nähe des Nordtores zum Hafen. In der Stadt sind zahlreiche Monumente der Vorromanik (9. Jh.: monumentale Rotunde der Trinitatiskirche, seit dem 15. Jh.: St. Donatus, in Anlehnung an die Kathedrale) und Romanik (Benediktinerinnenkl. St. Marien: Kapitelsaal, 1105–11, Glockenturm, 1105; Benediktinerkirche St. Grisogonus: Chor; Kathedrale St. Anastasia: roman. Fassade nach pisan. Vorbild) erhalten.

[2] *Unter byzantinischer Oberherrschaft:* Z. war das polit. und bis 925 auch kirchl. Zentrum des byz. →Dalmatien. Im Zeichen eines kurzzeitigen Ausgreifens der frk. Macht in den dalmatin. Adriabereich traten 805 der dux Paulus und der Bf. Donatus v. Z. als Sprecher des ganzen Dalma-

tien am Hofe Karls d. Gr. in Diedenhofen in Erscheinung. Von 872/873 bis mindestens 971 residierte in Z. der aus Konstantinopel entsandte →Strategos, Oberbefehlshaber des →Themas Dalmatien; im 11. Jh. trugen die Prioren v. Z. byz. Ehrentitel zur Kennzeichnung ihrer Vorrangstellung in Dalmatien. Die Anerkennung einer ven. Herrschaft 1000 blieb Episode. Wahrscheinl. erkannte Z. den kroat. Kg. →Petar Krešimir IV. (1058–74) als Stadtherrn an. 1105 unterwarf sich die Stadt nach einer Belagerung dem Kg. v. Ungarn und Kroatien, →Koloman, doch gelangte sie bereits 1116 unter ven. Herrschaft.

[3] *Zwischen Venedig und dem Königreich Ungarn:* 1154 wurde Z. zum Ebm. und Zentrum einer Kirchenprovinz, welche die Bm.er des damaligen ven. Herrschaftsbereichs an der Adriaostküste umfaßte; der Ebf. wurde 1155 dem Patriarchen v. →Grado unterstellt. 1177 begrüßten die Einwohner v. Z. Papst Alexander III. bei dessen Durchreise »mit slav. Gesängen«, ein Indiz für die Slavisierung der Stadtbevölkerung und den Gebrauch der kroat.-kirchenslav. Liturgie. Nachdem sich Z. 1181→Béla III. unterstellt hatte, nahm 1202 die Flotte des 4. →Kreuzzuges die Stadt für Venedig ein und zerstörte sie teilweise (ein von den Kreuzzugshistorikern vielbeachtetes und durchweg negativ bewertetes »Vorspiel« der gewalttätigen Einnahme Konstantinopels, 1204); laut Unterwerfungsvertrag v. 1205 kamen sowohl Comes als auch Ebf. in Zukunft aus Venedig.

Kurzzeitig hatten →Béla IV. 1242–47 und der kroat. Magnat →Mladen II. Šubić 1311–13 die Oberherrschaft inne. Erst der Frieden v. Z. (1358) brachte eine längerfristige Zugehörigkeit zum ung.-kroat. Herrschaftsraum. Der von der Frau→Ludwigs d. Gr. v. Anjou, Elisabeth →Kotromanić, gestiftete Schrein des hl. Simeon zeigt den Einzug Ludwigs in Z. Nach dem Verkauf der Rechte auf Dalmatien an Venedig durch →Ladislaus v. Neapel unterstellte sich Z. 1409 wieder Venedig.

Im Vergleich zu anderen dalmatin. Städten verfügte Z. über ein großes landwirtschaftl. nutzbares Territorium. Neben Handel und für den regionalen Markt arbeitendem Handwerk war die Salzproduktion wichtiger Wirtschaftsfaktor; im SpätMA blühte das Kunsthandwerk. Seit dem 12. Jh. bildeten sich Stadtkommune und Ratsverfassung aus; das überlieferte Statut wurde 1305 zusammengestellt. 1345–46 kam es erstmals zum offenen Konflikt zw. 'nobiles', dem ratsfähigen →Patriziat, und 'populares'.

Die Bedeutung Z.s lag in der Verbindung der Funktionen als Stützpunkt auf dem Seeweg entlang der Adriaostküste, als »Brücke« zur westl. Gegenküste und, unabhängig von der polit. Zugehörigkeit, als eines der wirtschaftl. und kulturellen Zentren für Kroatien.

Ž. Rapanić/L. Steindorff

II. SOZIAL- UND WIRTSCHAFTSGESCHICHTE: Z. war im MA das herausragende städt. Zentrum an der Adriaostküste. Diese Stellung verdankte es den naturräuml. Voraussetzungen und einer Kontinuität seit der Antike. Beim Eintritt ins frühe MA bewahrte Z. den urbanen Raum des antiken Iader und das unmittelbare Umland ('ager'), das neben den Inseln des Distrikts die Grundlage für die wirtschaftl. und gesellschaftl. Entwicklung war. Auf den Inseln, die im Besitz v. Z. standen, v. a. auf Pag, befanden sich Salinen und Viehherden, auf dem Festland Ackerflächen.

Diese wirtschaftl. Grundlage ermöglichte schon in der von byz. Oberherrschaft geprägten Zeit des FrühMA den Aufstieg einzelner Familien, so der Madier. In der Zeit der entfalteten Kommunalverfassung, im 13. bis 15. Jh., war die Stadtgesellschaft in 'nobiles' und 'populus' geteilt. Der Rat wurde im 14. Jh. zur ständ. Körperschaft des Patriziates, auch innerhalb des 'populus' bildeten sich mächtige Familien heraus. Der Aufstieg der Kommune stieß seit dem 12. Jh. auf den Druck Venedigs, das der Stadt in einer Reihe von Verträgen ab 1205 polit. und wirtschaftl. Beschränkungen auferlegte.

Unter der Herrschaft der →Anjou nach dem Frieden v. Z. (1358) begann für die Stadt, die als Zentrum entwickelter Handelsverbindungen mit dem Binnenland (Silber und Blei aus →Bosnien) und dem Adriaraum (Salinen v. Pag) fungierte, eine Blütezeit. Die Erneuerung der ven. Herrschaft dämpfte diesen Aufschwung, doch auch innerhalb des ven. *Stato da mar* blieb Z. noch ein ansehnl. wirtschaftl. und kulturelles Zentrum: So wurde hier 1495 ein →Studium generale (Universität) der Dominikaner eingerichtet. Erst die Einfälle der Türken in das nahe Hinterland ab 1468 führten zur Stagnation. Während der türk.-ven. Kriege des 16. Jh. (→Türkenkriege) wurde das Festlandterritorium der Stadt verwüstet, und nach dem Krieg 1570–73 kam es fast vollständig in osman. Besitz.

T. Raukar

Q. und Lit.: REIX, 1, 556f. – C. F. BIANCHI, Zara cristiana, I, 1877 – V. BRUNELLI, Storia della città di Zara, 1913 – V. NOVAK, Z.ski kartular samostana svete Marije, 1959 – N. KLAIĆ – I. PETRICIOLI, Z. u srednjem vijeku, 1976 – T. RAUKAR, Z. u XV. stoljeću, 1977 – M. SUIĆ, Z. u starom vijeku, 1981 – L. STEINDORFF, Die dalmatin. Städte im 12. Jh., 1984 – T. RAUKAR, I. PETRICIOLI, F. ŠVELEC, Š. PERIČIĆ, Z. pod mletačkom upravom 1409–1797, 1987 – I. PEDERIN, Mletačka uprava, privreda i politika u Dalmaciji (1409–1797), 1990 – I. PETRICIOLI, M. DOMIJAN, P. VEŽIĆ, Sjaj zadarskih riznica (Kat.), 1990 – Enciklopedija Jugoslavije, 1971, s.v. – Likovna enciklopedija, 1996, s.v. – Statuta Iadertina. Z.ski statut, ed. J. KOLANOVIĆ – M. KRIŽMAN, 1997.

Zaddeln, blattartig ausgeschnittene Lappen an den Rändern der Kleidung, bes. an den Ärmeln. Beim →Waffenrock von etwa 1400–40 in Mode. O. Gamber

Lit.: Bildwb. der Kleidung und Rüstung, hg. H. KÜHNEL, 1992.

Zadonščina (eigentlich: Slovo Sofonija rjazanca o velikom knjaze Dmitrii Ivanoviče i brate ego Vladimire Ivanoviče), lyr. Kurzepos in Prosa (im Druck etwa ein halber Bogen) mit dem Thema: erster Sieg der Russen über die Tataren unter Khan→Mamai 1380 in der Schlacht auf dem Schnepfenfelde (→Kulikovo pole) am Don; Heerführer der Russen war Fs. →Dmitrij Ivanovič von Moskau, danach sein späterer Beiname »Donskoj«; Hauptstück des sog. »Zyklus der Berichte über die Schlacht auf dem Schnepfenfeld«. Verfasser ist ein geistl. Autor, Sofonij von Rjazan' (brjanskoj bojarin), über den ansonsten keine Nachrichten existieren; der Texttitel »Z.« stammt von einem Kopisten des Kirillo-Belozerskij monastyr' Efrosin (70er Jahre des 15. Jh); als Abfassungszeit werden die 90er Jahre des 14. Jh. angenommen, mündl. Erstüberlieferung wird diskutiert. Überliefert sind sechs Hss. (davon zwei fragmentarisch) des ausgehenden 15., des 16. und 17. Jh. in zwei unterschiedl. langen Redaktionen.

Die philol. Diskussion der Z. ist auf das engste mit der Problematik des →Igorliedes (Slovo o polku Igoreve) verbunden: mit der Entdeckung und ersten Herausgabe der Z. (1852) verstummten zunächst die frühen »Skeptiker« hinsichtlich der Echtheit des Igorliedes. Die Lehrmeinung ist, daß Sofonij das Igorlied in bedeutendem Maße exzerpierte und für seinen Bericht verwendete, hinter dessen Originalität die Z. allerdings zurückbleibt, was auch die Garantie für die Anciennität und Echtheit des Igorliedes wäre. Noch im 19. Jh. wurde allerdings die Diskussion erneut aufgenommen und die Z. als primär, das Igorlied aber als abhängig davon angenommen (Text des 16. Jh. oder später; L. LÉGER, sodann seit den 30er

Jahren ANDRÉ MAZON u. a.), was heftigen Widerstand im bes. der russ. Philologen hervorrief. In den 60er Jahren (1963 und danach) erneuerte A. A. ZIMIN die Diskussion, der als einziger russ. Historiker auf der Abhängigkeit des Igorliedes von der Z. beharrt. G. Birkfellner

Ed. (Auswahl): V. M. UNDOL'SKIJ, 1852 – I. I. SREZNEVSKIJ, 1858 – A. SMIRNOV, 1890 – V. P. ADRIANOVA-PERETC, TODRL 5, 1947, 194–224 u. ö. – Russkie povesti XV–XVI vekov (M. O. SKRIPIL'), 1958 – Povesti o Kulikovskoj bitve (red. M. N. TICHOMIROV, V. F. RŽIGA, L. A. DMITRIEV, 1959 – Z. (ed. und komm. A. A. ZIMIN), 1980 – Pole Kulikovo: Skazanija o bitve na Donu (eingel. D. S. LICHAČEV (red. und komm. L. A. DMITRIEV), 1980 – Skazanija i povesti o Kulikovskoj bitve (ed. L. A. DMITRIEV, O. P. LICHAČEVA), 1982 – Lit. (Auswahl): I. I. SREZNEVSKIJ, IRJAS 7/2, 1858, 96–100 – S. P. TIMOFEEV, ŽMNP 240/8, 1885, 203–231 – L. LÉGER, Russes et slaves, 1890, 93–102 – DERS., La littérature russe..., 1892, 31–37 – S. K. ŠAMBINAGO, Povesti o Mamaevom poboišče, 1906, 84–134 – A. MAZON, La Z., RÉS 18/1–2, 1938, 5–41 – DERS., Le Slovo d'Igor, 1940, 5–40 u. ö. – N. K. GUDZIJ, Učenye zapiski MGU 110/1, 1946, 153–187 – V. P. ADRIANOVA-PERETC (Voinskie povesti Drevnej Rusi 1949), 143–165, 296–305 – A. A. NAZAREVSKIJ, TODRL 12, 1956, 546–575 – V. L. VINOGRADOVA, ebd., 20–27 – A. V. SOLOV'EV, ebd. 14, 1958, 183–197 u. ö. – V. L. VINOGRADOVA, ebd., 198–204 u. ö. – V. F. RŽIGA (Povesti o Kulikovskoj bitve, 1959), 377–400 u. ö. – A. VAILLANT, Le récits de Kulikovo: ..., RÉS 39/1–4, 1961, 59–89 – V. P. ADRIANOVA-PERETC, »Slovo o polku Igoreve« i »Z.«, 1962, 131–168 – A. A. ZIMIN, Dve redakcii Zadonščiny, Trudy Mosk. gos. Istoriko-archivnogo instituta 24, 1966, 17–54 – D. S. WORTH (Orbis Scriptus, 1966), 953–961 – R. JAKOBSON, Selected Writings, 4, 1966, 192–300, 540–602 – A. VAILLANT, La Z., épopée russe du XVe s., 1967 – A. A. ZIMIN, Russkaja literatura, 1, 1967, 84–100 u. ö. – A. DANTI, Annali d. fac. lett. e filos. ... Perugia, 6 (1968–69), 1970, 185–220 – H. GAUMNITZ, Wörterverz. zur Z., Russia Mediaevalis, 1, 1973, 64–107 – D. S. LICHAČEV, »Z.«, 1975, 239–253 u. ö. – V. M. GRIGORJAN (Kulikovskaja bitva v literature i iskusstve, 1980), 72–91 – L. A. DMITRIEV, Slovar' knižnikov i knižnosti Drevnej Rusi II (vtoraja polovina XIV–XVI v.), I, 1988, 345–353 – Enciklopedija »Slova o polku Igoreve«, 2, 1995, 208–211, s.v. Z.

Zadruga, in Gebieten Südosteuropas moderne Bezeichnung für einen Haushalt, in dem mehrere Familien ungeteilt zusammenleben (→Familie, D. II). Eine Nuklearfamilie wurde linear oder lateral ausgedehnt und blieb doch am selben Herd als wirtschaftl. und soziale Einheit erhalten. Diese Form der Familie begegnet in den Balkangebieten im 18. und 19. Jh. Im Bereich der Militärgrenze wurde für sie der Terminus der 'Hauskommunion' geprägt. Für die Gesch. des MA ist der Begriff Z. insofern von Belang, als angenommen wurde, die Z. sei die uralte, aus der slav. Urheimat stammende und im MA vorherrschende Form der Familie.

Seit der Publikation von Urkk. und Rechtsbüchern, bes. des serb. und kroat. Bereiches, wurde allmähl. klar, daß die Struktur der Familie teils vom Staat, teils von der Grundherrschaft her bedingt war. Die meisten →Abgaben und →Frondienste waren auf die Haushalte verteilt, so daß es im Interesse der Grundherren lag, die Zahl der Kernfamilien zu vergrößern. In den Verordnungen für einige Klostergrundherrschaften war festgelegt, daß ein Sohn drei Jahre nach der Heirat im Haushalt des Vaters leben durfte, dann aber eigene Dienste (*robota*) zu leisten hatte. Die Urkk. für das Kl. →Dečani (1331, 1345) enthalten ein Verzeichnis von nahezu 2000 Familienoberhäuptern, von denen 41% allein verzeichnet sind, 29% Väter mit Söhnen, 24% Hausherren mit Brüdern. Bei 6% sind drei Generationen vertreten, was für die neuzeitl. Z. als typisch angenommen wurde. Beim Adel erhielten sich die verwandtschaftl. Verbindungen besser, doch hat die Lebensweise keine gemeinsamen Haushalte ähnlich der neuzeitl. Z. entstehen lassen. Wo jedoch eine verzweigte Familie ungeteilt lebte, haftete nach dem →Zakonik des Zaren →Stefan Dušan der Hausherr für alle Mitglieder des Hauses. S. Čitković

Lit.: O. UTJEŠINOVIĆ-OSTROŽINSKI, Die Hauskommunion der Südslaven, 1859 – M. GAVAZZI, Das Los der Mehrfamilien (Großfamilien) Südosteuropas (Die Kultur Südosteuropas, ihre Gesch. und ihre Ausdrucksformen, 1964) – S. NOVAKOVIĆ, Selo 1965^3 – M. GAVAZZI, Die Erforsch. der Mehrfamilien Südosteuropas in den letzten Dezennien (Südosteuropa und Südosteuropa-Forsch. Zur Entwicklung und Problematik der Südosteuropa-Forsch., 1976) – E. A. HAMMEL, Some Medieval Evidence on the Serbian Z.: a Preliminary Analysis of the Chrysobulls of Dečani, RESE 14, 3, 1976, 449–463 – T. STOJANOVIĆ, The Balkan Domestic Family: Geography, Commerce, Demography, ebd., 465–475.

Zafadola (arab. Saif ad-daula), Beiname des Aḥmad b. ᶜAbdalmalik, Nachkomme der Banū Hūd v. →Zaragoza, sechster und letzter Souverän der →Hudiden, spielte in den »zweiten Taifas« (→Mulūk aṭ-ṭawāʾif), die am Ende der almoravid. Epoche der Herrschaft über →al-Andalus anbrachen, eine gewisse Rolle. In der Erkenntnis, daß im Gebiet der 'Oberen Mark' (Ebrobecken), dem Herrschaftsbereich seiner Vorfahren, das chr. Vordringen nicht verhindert werden konnte, übergab er 1131 seinen Sitz Rueda Alfons VII., der ihn mit Ländereien in Estremadura und Toledo entschädigte, um Z.s Herrschaftsgelüste auf das in Anarchie gefallene Andalusien zu richten. Es gelang Z., zuerst Córdoba (1145), dann Granada zu besetzen, aber jeweils nur kurz; nach einer verlorenen Schlacht zog er sich zuerst nach Jaén, dann nach Murcia zurück und fiel 1146 in der Schlacht v. Albacete (de facto in Alloc nahe Chinchilla). H.-R. Singer

Lit.: DHE III, 1064.

Zaǧal → Arabische Sprache und Literatur, B. V

Zagora, Bezeichnung einer Gegend mit der Bedeutung 'jenseits des Gebirges', bei einigen slav. Völkern verwendet. Im 13.–14. Jh. wurde in vielen byz., genues., serb. und ven. Q.n sowie auf Landkarten und →Portulanen Bulgarien oder die heutigen nordostbulg. Gebiete mit 'Z.' bezeichnet. V. Gjuzelev

Lit.: P. KOLEDAROV, More about the Name Z., Bulgarian Historical Review 4, 1974, 98–102 – V. GJUZELEV, Les appelations de la Bulgarie médiévale dans les sources hist., VII–XIV s. (Sbornik v pamet ST. VAKLINOV, 1984), 46–50.

Zagreb, Hauptstadt des ma. →Slavonien und des nz. Kroatien, an der Kreuzung der Handelswege von der Adria Richtung Ungarn und aus der Steiermark und Krain nach O. Das hist. Zentrum liegt 3 km im Save-Ufer auf zwei Hügeln am Fuß des Waldgebirges Medvednica. Der slav. Name (lat. Zagrabia, dt. Agram, ung. Zágráb, it. Zagabria) bedeutet 'am Graben', 'am Erdwall'. Um 1094 machte Kg. →Ladislaus I. v. Ungarn Z. zum Sitz eines →Gespans und gründete das zur Kirchenprov. Kálocsa gehörende Bm. Z. Das castrum des Gespans befand sich auf dem höheren w. Hügel; die Kathedrale St. Stephan und die Kapitelsiedlung standen auf dem seit dem 10. Jh. besiedelten ö. Hügel, dem heutigen *Kaptol*. Unterhalb davon entwickelte sich der vicus Latinorum (*Vlaška ulica*). Bf. und Kapitel erlangten von den Kg.en Emmerich und Andreas II. weitgehende Immunitätsrechte; das Kapitel wurde zum reichsten Grundbesitzer Slavoniens. 1242 erlaubte Béla IV. mit der Goldenen Bulle die Gründung einer freien Freistadt in *monte Grech*, dem w. Hügel Gradec (Diminutiv von *grad* 'Burg'), den Aufbau der gemeindl. Selbstverwaltung für die →hospites, die wahrscheinl. früher unterhalb des Hügels gesiedelt hatten, und die Abgrenzung eines schmalen Territoriums vom Save-Ufer bis an den Kamm der Medvednica. Die Gemeinde war zu eingeschränkter Heeresfol-

ge und →Gastung verpflichtet; sie errichtete auf eigene Kosten eine Stadtmauer. Die Pfarrkirche St. Markus im Zentrum der nach 'insulae' gegliederten Lokation ist erstmals 1256 erwähnt. 1262 übergab Béla IV. den Sitz des Gespans am Nordrand der neuen Siedlung dem Kapitel (daher der spätere Name 'Pfaffenturm') und erhielt dafür die höher am Berg gelegene, von Bf. und Kapitel seit 1247 errichtete Burganlage Medvedgrad. Gradec entwickelte sich zum bedeutendsten Handels- und Handwerkszentrum Slavoniens; hier hatte der →Banus seine Residenz. In den Ratsämtern waren Sclavi (Kroaten), Hungari, Gallici (Romanen aus Italien) und Theutonici vertreten, 1377–1427 nach einem Proporzsystem. Auf der Ostseite der Stadt bestanden die Jurisdiktionsbezirke von Bf., Kapitel, Franziskaner- und Zisterzienserkl.; 1347 wurde n. der Kapitelsiedlung die *Nova ves* ('Neudorf') gegr. Erst angesichts der wachsenden Türkengefahr wurden Bf.s- und Kapitelsiedlung 1478 ummauert. Z. ist nach Genese und Struktur in vielem paradigmat. für das im Zuge der hochma. Kolonisation entfaltete Städtewesen Ostmitteleuropas (→Stadt, M). L. Steindorff

Lit.: K.-D. GROTHUSEN, Entstehung und Gesch. Z.s bis zum Ausgang des 14. Jh., 1967 – I. KAMPUŠ – I. KARAMAN, Das tausendjährige Z., 1974 – G. HELLER, Comitatus Zagrabiensis, I–II, 1980 – N. KLAIĆ, Z. u srednjem vijeku, 1982 – V. BEDENKO, Zagrebački Gradec. Kuća i grad u srednjem vijeku, 1989 – Zlatna Bula 1242–1992. Katalog, red. Z. STUBLIĆ, 1992 – Zagrebački Gradec 1242–1850, red. I. KAMPUŠ, 1994 – L. STEINDORFF, Das ma. Z. – ein Paradigma der mitteleurop. Stadtgesch., Südosteuropa-Mitt. 35, 1995, 135–145 – F. BUNTAK, Povijest Zagreba, 1996.

Zaharije Prvoslavljević, serb. Archont 921–924, Sohn des Archonten →Prvoslav, Enkel von →Mutimir. Beim vergebl. Versuch, im Auftrag von Byzanz den bulg. Schützling Pavle Branović 921 in Serbien zu stürzen, wurde Z. gefangengenommen und nach Bulgarien gebracht. Bald darauf stürzte er, nun als bulg. Prätendent, Pavle, der sich inzwischen Byzanz zugewandt hatte. Als dann auch Z. auf die byz. Seite übertrat, schickte Zar →Symeon ein Heer gegen Serbien, das von Z. 923 (?) besiegt wurde. Vor einem weiteren bulg. Heer floh er 924 nach Kroatien; die Bulgaren eroberten Serbien und führten einen Teil der Bevölkerung nach Bulgarien; manche flohen nach Kroatien. B. Ferjančić

Zahīr, 'Dekret', 'Erlaß (eines Herrschers)', gehört speziell der marokkan. Amtssprache an, in der Aussprache der Ansässigen *ḍahīr* gesprochen, ererbt aus dem Sprachgebrauch des Andalus-Arabischen (sowohl schriftsprachl. wie dialektisch: *ḍahīr* 'decree', bei P. DE ALCALÁ *dáhir* mit wohl irrtüml. Akzent [CORRIENTE 341]; 'rescrit souverain', 'privilège' al-Ḥimyarī). H.-R. Singer

Q. und Lit.: Al-Ḥimyarī, Ar-Rawḍ al-miᶜṭār, ed. E. LÉVI-PROVENÇAL, 1938, 148, 4 [arab. Paginierung]; 273 – Ibn ᶜIdārī, III, ed. A. HUICI MIRANDA, 1963, 57, 5; 58, 5 – F. CORRIENTE, A Dict. of Andalusi Arabic, 1997, 341.

Zahl → Zahlsysteme, -zeichen

Zahlensymbolik, -mystik
A. Westen – B. Byzanz – C. Judentum

A. Westen
I. Allgemein – II. Antike und biblisch-patristische Grundlagen – III. Theologisch-philosophische Aspekte. Methoden und Inhalte – IV. Literatur – V. Liturgie – VI. Musik – VII. Volkskunde und Frömmigkeitsgeschichte – VIII. Medizin – IX. Alchemie – X. Kunstgeschichte – XI. Recht.

I. ALLGEMEIN: Von der Fülle der aus der Naturbeobachtung abgeleiteten naturreligiösen und naturphilos., astrolog., mag. und gematr. zahlensymbol. Spekulationen, die den Zahlen einen über ihren Zahlenwert hinausreichenden Sinn zuerkennen, ist die chr.-abendländ. Z. als ein eigener Gegenstand abzusetzen. (Der Begriff 'Symbolik' ist im Deutschen erst seit dem frühen 18. Jh. belegt, für die Z. spricht das MA von den »sacramenta«, »signa«, »vestigia« oder »mysteria numerorum«.) Als Teilbereich der hermeneut.-interpretativen →Allegorie (Allegorese), die von grammat., rhetor. und produktiv-poet. Formen der Allegorie, auch von ontolog. Zahlenästhetik und literar. Zahlenkomposition (s. u.) zu unterscheiden ist, erschließt die Z. den mehrfach abgestuften geistigen Sinn der Zahlenverhältnisse in der Schöpfung, heilsgeschichtl. verstandener Geschichtsdaten und des Zahlengebrauchs in Bibel, Liturgie, Lit. und anderen Bereichen aus den Q.n und ist daher Objekt philos.-theol. und literaturwiss., auch rechts- und kunstwiss. mediävist. Forschung.

II. ANTIKE UND BIBLISCH-PATRISTISCHE GRUNDLAGEN: Die allegor. Textinterpretation – und in ihr die Z. – hat ihre sachl. vorchr. Anfänge bereits in der altgr. Deutung der homer. Dichtung und ihrer Mythologie (beginnend bei Theagenes v. Rhegion, Ende 6. Jh. v. Chr.) sowie im hellenist. Judentum (Auslegung der fünf mosaischen Bücher durch Philon v. Alexandria, † um 45/50 n. Chr., mit bedeutendem Einfluß auf die Auslegungspraxis des frühen Christentums). Das NT kennt die Allegorese in Ansätzen und entwickelt v. a. durch Paulus und im Hebräerbrief die verwandte Denkform der →Typologie (Gal 4, 21–31; Hebr 10, 1; Kol 2, 17; 1 Kor 10, 1–11; Mt 5, 17). Den substantiellen Kern der chr. Schriftallegorese stellen die überaus zahlreichen bibelexeget. Q.n von der Spätantike bis zur frühen NZ dar (→Bibel, B. I, 2). Diese sind v. a. Kommentare zur Genesis, den Ps, dem Hld und der Johannesoffb, im Hoch- und SpätMA auch zur gesamten Bibel. Die auch für die Z. hist. bedeutsamen und lange nachwirkenden lat. Schriften von den großen Kirchenvätern des frühen Christentums bis zur vollen Entfaltung der Z. bei den bedeutenden Theologen des 12. und 13. Jh. waren in Mittel- und Westeuropa in allen Regionen, in denen das Latein die Sprache der Kirche, der Liturgie und der Wissenschaft war, verbreitet. Als Autoren bes. hervorzuheben sind zunächst Origenes († um 254), der im Abendland durch lat. Übersetzungen früh bekannt wird, und die Kirchenväter Hieronymus, Ambrosius v. Mailand und Augustinus (4./5. Jh.; aus dem 6./7. Jh. Gregor d. Gr. in Rom, Isidor v. Sevilla und der Angelsachse Beda; aus der Karolingerzeit Hrabanus Maurus aus Mainz, aus dem 12. Jh. Rupert v. Deutz und Honorius Augustodunensis (aus Süddeutschland oder Irland), Bernhard v. Clairvaux und Thomas Cisterciensis (v. Vaucelles?), Richard und Hugo v. St. Victor. In der Scholastik sind wesentl. Veränderungen im Konzept der allegor. Schriftdeutung zu erkennen, etwa durch Aufwertung des wörtl. Schriftsinns bei Thomas v. Aquin. Spätma. Fehlentwicklungen bedingen schließlich eine strikte Ablehnung der Allegorie in der Reformation; Luther und protestant. Lehrbücher der frühen NZ geben sie allerdings noch nicht gänzlich auf. Z. wird früh in allegor. Lexika erschlossen, die im Lauf ihrer langen Entwicklung (vom 5.–18. Jh.) nach Anspruch und Anlage variieren. Noch Autoren aus der 2. Hälfte des 16. Jh. (Hieronymus Lauretus, »Silva Allegoriarum«, zuerst 1507, Ausg. Köln 1681 nachgedr. 1971; Petrus Bungus, »Numerorum mysteria«, Bergamo 1599, Nachdr. 1983) überliefern umfangreiche Darstellungen der chr. Z. gemeinsam mit einer Fülle weiterer Materialien (Bungus z. B. aus der ägypt. Hieroglyphik, pythagoreischer Zahlenspekulation und Kabbalistik).

III. THEOLOGISCH-PHILOSOPHISCHE ASPEKTE. METHODEN UND INHALTE: Das chr. Abendland entwickelt für die

Bibel verschiedene Konzepte der allegor. Schrifterklärung auf zumeist drei- oder vierfach abgestuften literalen und spirituellen Sinnebenen, die je nach Zusammenhang und sachl. Erfordernis (z. B. zum Zweck einer log. Systematik oder einer prakt.-theol. Unterweisung) formuliert und praktiziert werden und die beansprucht, durch heilsgesch. Fakten begründet und daher wahr zu sein. Für die Anfänge maßgeblich ist Origenes mit seinem Modell eines dreifachen, von der Schöpfungsordnung auf die Schrift übertragenen Sinns (»Peri archon« 4, 2, 4). Eine ähnl. Dreiteilung nehmen Ambrosius und Hieronymus vor; eine andere konzipiert Gregor d. Gr. (»Moralia in Iob«, Ad Leandr. 4, CCL 143, 4). Von größerer Nachwirkung ist die bereits von Cassianus (»Conlationes« 14, 8, 4, CSEL 13, 405) um 420 vertretene, im 12./13. Jh. weiter verbreitete Lehre vom vierfachen Schriftsinn. Von fundamentaler Bedeutung für die ma. Allegorese und die Z. ist die v. a. in »De doctrina christiana« (z. B. I 2, 2, II 1, 1, II 10, 5; CCL 32, 7.32ff. 41) entwickelte Zeichentheorie Augustins. Sie versteht die Bibel, Weltordnung und Heilsgeschichte im weitesten Sinn als interpretationsbedürftige Zeichen. Seine Lehre von der Zeichenhaftigkeit der Wörter und Sachen wird seit dem 12. Jh., so bes. bei Hugo (»De scripturis et scriptoribus sacris« 14–16, MPL 175, 20–24) und Richard v. St. Victor (»Excerptiones« II 3, MPL 177, 205B) in Paris, systemat. ausgebaut und popularisiert. Sie öffnet einer umfassenden Auslegung von Dingen den Weg, in der neben den unbelebten Gegenständen, Personen, Orten, Zeitangaben, Ereignissen und Qualitäten die Zahlen einen hervorragenden Platz einnehmen. Augustin. Einfluß ist in zahlreichen patrist. und ma. Schriftquellen auch insofern erkennbar, als sie die Z. und die zahlhafte Ordnung und Beschaffenheit der Dinge als ontolog. gegeben verstehen und sie ästhet., bes. auf die äußere Form eines lit. Werkes bezogen, interpretieren. Auf diese Weise werden die urprgl. getrennten Bereiche der ontolog. interpretierten Zahlenästhetik und der Zahlen als allegor. Zeichen in der Auslegungspraxis häufig zusammengeführt (HELLGARDT).

In der chr. Z. wird eine Sinnbeziehung zw. einem gezählten Bedeutungsträger und der ihm zukommenden Bedeutung durch Analogie oder einfache Rechenoperationen, die als deutungsvermittelnde Eigenschaften fungieren, hergestellt. Verschiedene zahlenallegor. Traktate viktorin.-zisterziens. Herkunft (von Odo v. Morimond, Wilhelm v. Auberive, Gottfried v. Clairvaux/Auxerre, Theobald v. Langres und der gen. Abschnitt aus Hugo v. St. Victor) enthalten zwar katalogartige Regeln von Deutungsansätzen, nach denen die Eigenschaften der Zahlen, Rechenoperationen sowie Ziffern und Zahlzeichen das Instrumentarium der Z. bereitstellen, die exeget. Praxis gewinnt die Deutung jedoch zumeist durch wenige elementare math. Prozeduren. Die Deutungen können sich auf alle Ebenen des geistigen Sinns erstrecken, erfolgen zumeist kontextbestimmt und sind dadurch an andere Sinnträger gebunden. Eine spezielle Technik der Zahlenexegese ist die Gematrie (→ Buchstabensymbolik, II). Da die Auslegungen von den Autoren selbst gegeben werden, ist die chr. Z. des abendländ. MA der Beliebigkeit moderner Spekulation enthoben.

Die *Inhalte* aller in der Bibel vorkommenden 185 Zahlen von der Eins bis zu den Symbolzahlen unermeßl. Größe in der Apokalypse (Offb 9, 16) sind durch die Bibelstelle festgelegt. Dies ist zu bedenken, wenn im folgenden exemplar. nur einige Grundbedeutungen der Zahlen 1–10 aufgelistet werden, so wie sie aus den Q.n lexikal. (MEYER-SUNTRUP) erschlossen sind. Die *Eins* als Prinzip aller Zahlen bezeichnet die Einheit Gottes und der göttl. Personen, der chr. Gemeinschaft und Lehre, der Tugenden und des ewigen Lebens, auch des Bösen. Die *Zwei* steht für zwei der göttl. Personen: Vater und Sohn, Sohn und Hl. Geist; christolog. Zweiergruppen, z. B. Gottheit und Menschheit Christi, sein König- und Priestertum; für die Zweigliederung der heilsgeschichtl. Zeit (Zeit und Ewigkeit, vor und nach Christus), der Bibel (AT und NT; Gesetz und Propheten) und des (wörtl. und übertragenen) Schriftverständnisses, der Kirche aus Juden- und Heidenchristen; für Paare von Verstandes- und Seelenkräften, Tugenden des Menschen; seltener negativ wegen des Abweichens von dem Einen, Guten, Schönen für die Sünde, Häresie, Unglaube. Die *Drei* ist die Zahl der Dreifaltigkeit Gottes, der Verehrung der Trinität, des Glaubens an sie, der Auferstehung Christi (am dritten Tag) und der Christen, dreigegliederter Stufungen von Kosmos und Erde, Zeit- und Heilsgeschichte, Hl. Schrift und Kirche, von Kräften, Tugenden und Lastern. Die kosmische Zahl *Vier* ordnet die ganze Schöpfung Gottes mit den vier Elementen und Jahreszeiten, Himmelsrichtungen und Weltteilen, den Materien des Körpers und Lebensabschnitten sowie der Abfolge der Weltreiche räuml.-dinglich; sie verweist auf Vierergruppen aus dem Bereich der Bibel (vier Evangelien) und ihrer Auslegung, christusbezogene Gruppen (vier Abschnitte seines Lebens, vier Kreuzesarme), Gruppen von Tugenden (nicht nur die vier Kardinaltugenden) und Lastern. Wegen der Zahl der Sinne ist die *Fünf* Zeichen der sinnl. (von Sünde bedrohten) Existenz des Menschen, auch die Zahl des Alten Bundes (fünf mosaische Bücher), der fünf Weltalter vor Christus. Die *Sechs* ist das Zahlzeichen der in sechs Weltalter gegliederten ird. Zeit (mit dem 6. Zeitalter der Passion Christi und der Erlösung) und der Lebensalter in Analogie zum Schöpfungsakt. Das Sechstagewerk macht die Sechs zu Zeichen des Wirkens Gottes und des darauf bezogenen menschl. Lebens und Handelns; daher ist sie auch eine 'vollkommene' Zahl. Die 'heilige', 'vollkommene' *Sieben* hat das größte Bedeutungsspektrum: Sie ist Zeichen der ird. Zeit (Wochentage) wie der Ewigkeit und der ewigen Ruhe (wegen der Ruhe Gottes nach den Schöpfungstagen, dem siebten Weltalter), der Zeit des Gesetzes (Sabbatgebot) sowie – dies dominant! – der Gnade und des Hl. Geistes mit seinen sieben Gaben, daneben Zahl des Menschen, seiner Tugenden und Begabungen, der Sünde (sieben Todsünden). Zeichen der Auferstehung und des ewigen Lebens (acht Seligpreisungen) ist die *Acht*, weil am achte Tag der Passionswoche der Auferstehungstag ist; als Potenzzahl wie auch als teilbare Zahl bezeichnet sie erfüllte oder fehlende Vollkommenheit. Die *Neun* ist die Zahl der Engelchöre; als Potenz der Drei verweist sie verstärkt auf die Trinität, über die Todesstunde Christi auf Passion und Erlösung, in ihrer Stellung unter der 'perfekten Zahl' Zehn auf Unvollkommenheit. Die *Zehn* bedeutet als math. 'vollkommene' Zahl auch allegor. Vollkommenheit. Wegen der zehn Gebote ist sie Zeichen des Gesetzes, überhaupt des AT und gesetzestreuen Handelns. Vielfältig deutungswirksam wird die Zahl aber auch über die Zerlegung in ihre Summanden und Faktoren oder durch andere einfache Rechenoperationen, wodurch die Bedeutungen der kleineren Zahlen 2, 3, 5 usw. in die Auslegungen der Zehn eingehen. Vergleichbar werden auch die hier nicht mehr genannten größeren Zahlen häufig auf die Bedeutungen der Grundzahlen zurückgeführt.

IV. LITERATUR: Z. ist wie die Schriftallegorese überhaupt gattungsgebunden. Sie begegnet v. a. in lat. Bibelkommentaren und in der Predigtlit., daneben auch in

lehrhaften Traktaten, Briefen und in volkssprachiger Dichtung (in der dt. Bibeldichtung seit Otfrid v. Weißenburg im 9. Jh., des weiteren in der geistl. Dichtung des 11. und 12. Jh.). Im Verhältnis zur Fülle von Auslegungen bibl. Zahlen sind Deutungen von Zahlen in außerbibl. Kontexten vergleichsweise seltener belegt. Bekannte Beispiele sind die Selbstauslegungen Hrabans zu seinen Kreuzgedichten »De laudibus sanctae crucis« (MPL 107, 133–294) und Hinkmars v. Reims zu seinem (nur fragmentar. überlieferten) »Ferculum Salomonis« (MPL 125, 817–834). Das platon.-ontolog. Zahlenverständnis, das durch entsprechende bibl.-jüd. Zahlenspekulationen vorbereitet worden ist (vgl. das immer wieder zitierte Wort aus Weish 11, 21 »omnia in mensura et numero et pondere disposuisti«) und durch Augustinus vermittelt wird, bereitet ein ma. Ordo-Denken vor, das auch auf die Lit. Einfluß nimmt. Hier sind die Übergänge zw. Zahlenallegorese und zahlhaft bestimmter Werkstruktur fließend. Beispiele für zahlensymbol. bestimmte Großformen geben etwa das frühmhd. Lehrgedicht des Priesters Konrad »Von der Siebenzahl« und Dantes »Vita nuova«, 'großräumige Einheiten' im Aufbau der »Divina Commedia« Dantes, des »Ackermanns aus Böhmen« oder schon der Vorauer Fassung des »Ezzoliedes« (WEHRLI, 222–224). In der Forsch. zur literar. Zahlenkomposition umstritten und seit HELLGARDT krit. zu beurteilen ist, in welchem Ausmaß ma. Autoren versucht haben, in Analogie zum Ordo des Schöpfungswerkes die zahlhaft aufgebaute Formstruktur ihres Werkes (etwa des »Heliand«, des »Evangelienbuchs« Otfrids und des »Annoliedes«) bewußt als 'Symbolstruktur' zu gestalten. Diese hat man in zahlreichen lat. und volkssprachl. Werken zu entdecken versucht (Nachweise bei HOPPER, CURTIUS, MACQUEEN). Zu warnen ist vor zu hochgespannten Erwartungen an 'Rund'- und 'Schlüsselzahlen' und vor zu weitreichenden Annahmen hochkomplizierter Zahlenkompositionen, da diese nicht authent. bezeugt sind, in der Regel ihre eindeutigen materiellen (hsl. überlieferten) Grundlage entbehren, vom Publikum nicht rezipiert werden konnten und weil dem MA vor dem 13. Jh. entwickeltere math. Rechenoperationen unbekannt waren (eingehende Methodenkritik bei HELLGARDT in MERKER-STAMMLER; WEHRLI).

V. LITURGIE: Der Bibelallegorese nächst verwandt ist die Liturgieallegorese, die nach Anfängen im 6. Jh. (Deutung des gallikan. Meßritus) vom 9. Jh. (Amalar v. Metz) bis zu ihrer vollen Entwicklung im 13. Jh. (Durandus v. Mende) eine komplexe allegor. Deutung der gottesdienstl. Formen vornimmt und bis um die Mitte des 19. Jh., vereinzelt bis in die jüngste Vergangenheit, wirksam blieb. Sie betont nun nicht mehr deren sakramentalen Charakter (Liturgie als heilswirksamer, realsymbol. Ausdruck), sondern stellt den Heilscharakter der Liturgie heraus, indem sie die 'Realsymbole' ihrerseits deutet. Die Allegorie aller liturg. Zeichen, zu denen die Zahlenangaben ganz wesentl. gehören, erschöpft sich nicht darin, einen Text oder eine Handlung in ihrem eigentl. Sinn zu verstehen (z. B. die Händewaschung als Akt geistigen Reinwerdens), sondern erkennt ihnen auf verschiedenen Auslegungsebenen einen geistigen Sinn zu (eine dreifache Altarsalbung erinnert an die Trinität, der zweite Adventssonntag an die 'zweite Ankunft', die Wiederkunft Christi usw.). Gegenstände der Z. in der Liturgie sind die Anzahl von beteiligten Gruppen und Personen, von Geräten, Gebäudeteilen und weiteren Dingen, von Texten und Textteilen, gezählte Wiederholungen von liturg. Gebärden und Handlungen, Abschnitte des Gottesdienstes (Messe, Stundengebet) sowie Zeitangaben im Ablauf des Kirchenjahres und der gottesdienstl. Feier. R. Suntrup

Lit.: HRG V, 1599–1606 [R. SUNTRUP] – MERKER-STAMMLER² IV, 947–957 [E. HELLGARDT] – MGG XVI, 1971–1978 [W. BLANKENBURG-W. ELDERS] – RGG VI, 1861–1863 [A. SCHIMMEL] – H. MEYER-R. SUNTRUP, Lex. der ma. Zahlenbedeutungen, 1987 [Q.n, Zahlentraktate IXf., Anm. 5f., 902–914, 927f; Bibliogr. 929–940] – J. SAUER, Symbolik des Kirchengebäudes und seiner Ausstattung in der Auffassung des MA, 1924² [Nachdr. 1964] – V. F. HOPPER, Medieval Number Symbolism, 1938 – E. W. BULLINGER, Number in Scripture. Its Supernatural Design and Spiritual Significance, 1952⁶ – U. GROSSMANN, Stud. zur Z. des FrühMA, ZKTH 76, 1954, 19–54 – H. DE LUBAC, Exégèse médiévale. Les quatre sens de l'Écriture, 1959–64, II 2, 7–40 – CURTIUS, 1961³, 491–498 – E. HELLGARDT, Zum Problem symbolbestimmter und formalästhet. Zahlenkomposition in ma. Lit., 1973 [Bibliogr. 303–351] – H. MEYER, Die Zahlenallegorese im MA. Methode und Gebrauch, 1975 – E. HELLGARDT, Victorin.-zisterziens. Zahlenallegorese. Bemerkungen zu Theorie und Praxis der ma. Zahlendeutung, PBB (Tübingen) 98, 1976, 331–350 – H. BRINKMANN, Ma. Hermeneutik, 1980, 86–92 – Petrus Bungus, Numerorum Mysteria. Nachdr. der Ausg. Bergamo 1599, hg. U. ERNST, 1983 [Einl. 1–34] – U. ERNST, Kontinuität und Transformation der ma. Z. in der Renaissance. Die Numerorum Mysteria des Petrus Bungus, Euphorion 77, 1983, 247–325 – Mensura. Maß, Zahl, Z. im MA, hg. A. ZIMMERMANN, I–II, 1983–84 – F. C. ENDRES-A. SCHIMMEL, Das Mysterium der Zahl. Z. im Kulturvergleich, 1984 [Bibliogr. 295–316] – D.-R. MOSER, Der nar halt di gebot Gottes nit. Zur Bedeutung der Elf als Narrenzahl und zur Funktion der Zahlenallegorese im Fastnachtsbrauch (W. MEZGER u.a., Narren, Schellen und Marotten, 1984), 135–160 – R. SUNTRUP, Zahlenbedeutung in der ma. Liturgieallegorese, ALW 26, 1984, 214–235 – M. WEHRLI, Lit. im dt. MA, 1984, 214–235 – J. MACQUEEN, Numerology. Theory and Outline History of a Literary Mode, 1985.

VI. MUSIK: Grundsätzlich spielen Zahlen in der Musik eine Rolle (die Musik gehört zum Quadrivium). Die ma. Musiktheorie beschäftigt sich wesentl. mit Tonberechnungen, Intervallverhältnissen, den Verhältnissen der Notenwerte zueinander (Mensurallehre). Ausgehend von bibl. und antik-philos. Vorstellungen dringt Z. in die Musiktheorie oder verwandte Schriften ein. So hat die Tonleiter 7 Töne, bevor ihr Grundton in der Oktave wiederholt wird, was mit den 7 Planeten korrespondiert. Die perfectio der Mensuralnotation, d. h. die Teilbarkeit eines Notenwertes in drei nächstkleinere, verweist auf die göttl. Trinität (z. B. →Johannes de Muris, Notitia 2, 2). Die imperfectio (Teilbarkeit in 2 kleinere Werte) hingegen steht für die begrenzte ird. Welt. Der Theologe →Rupert v. Deutz will den göttl. Ursprung der Intervallproportionen aus der Hl. Schrift ableiten. Auch die verschiedentlich beschriebenen Instrumenta Hieronymi (→Musikinstrumente) haben im wesentl. symbolische und nicht instrumentenkundl. Bedeutung: so deuten die 10 Saiten des Psalteriums auf die 10 Gebote.

In Kompositionen wird nicht selten mit Zahlen und -proportionen gespielt, die unter Umständen symbolträchtig über sich hinausweisen können. Die Entschlüsselung ist jedoch oft problematisch: die Gefahr, vom Komponisten nicht intendierte Bedeutungen herauszulesen, ist groß. Stimmenzahl, Anzahl der Takte, Mensurverhältnisse zueinander (z. B. in der isorhythm. →Motette), Anzahl von Ostinatoeinsätzen, Verhältnisse kanon. Einsätze zueinander (Proportionskanon) etc. wurden immer wieder bewußt festgelegt und mögen mitunter symbolisch deutbar sein. Bei →Perotins »Viderunt omnes« hat man die Proportion 9:8 finden wollen, was einem Ganzton entspricht. →Dufays Motette zur Einweihung des Doms v. Florenz »Nuper rosarum flores« soll die proportionalen Verhältnisse der Architektur spiegeln. Gelegentlich sind Zusammenhänge mit bildender Kunst zu beobachten: so gründete Leon Battista →Alberti seine Architekturtheorie

auf musikalischen Proportionen, die Kapitel v. Cluny (Darstellungen der Kirchentöne) und verschiedener katal. Kirchen werden mit Zahlenproportionen der Musiklehre in Verbindung gebracht. B. Schmid

Lit.: MGG¹ – M. Schneider, Singende Steine, 1955 – F. Feldmann, Numerorum mysteria, AMW 14, 1957, 102–129 – W. Danckert, Tonreich und Symbolzahl, 1966 – J. Smits van Waesberghe, Musikerziehung, 1969 [Register] – Ch. W. Warren, Brunelleschi's Dome and Dufay's Motet, The Musical Quarterly 44, 1973, 92–105 – Die Musik des 15. und 16. Jh., hg. L. Finscher, 1989–90 [Register] – M. Bernhard, Das musikal. Fachschrifttum im lat. MA (Gesch. der Musiktheorie, hg. F. Zaminer, 1990), 96 – A. Traub, Das Ereignis Notre Dame (Die Musik des MA, hg. H. Möller–R. Stephan, 1991), 263.

VII. Volkskunde und Frömmigkeitsgeschichte: [1] *Volkskunde:* Spekulationen über die verborgene Bedeutung der Zahlen, die sich im MA u. a. im mag., esoter., naturmyst. und abergläub. Denken äußerten (z. B. unheilbringende Tage), lassen sich über die griech. Philosophie, hier vornehml. die Pythagoreer, bis in die Kulturen des Zweistromlandes zurückverfolgen. Versuchten die Pythagoreer, die Gesetzmäßigkeit und Harmonie des Kosmos zu entschlüsseln und zur Erkenntnis der Sympathie von Mikro- und Makrokosmos zu gelangen, so beruhte die abendländ. Z. zum einen auf dem AT und dem NT, zum anderen auf den das antike Wissen einbeziehenden Augustinus (z. B. »Clavis S. Scripturae«, fälschlicherweise Bf. →Melito v. Sardes [† 195] zugeschrieben). Zahlen stellen jedoch über ihre symbol. Bedeutung hinaus auch Ordnungsfaktoren und -systeme für Raum und Zeit zur Verfügung. Damit bilden sie eine der Grundlagen des für das MA maßgebl. astrolog. Denkens: Das Theorem von der Abbildlichkeit und Abhängigkeit des Mikrokosmos vom Makrokosmos enthielt die Erkenntnis von der astrolog. Bestimmtheit der materiellen Welt, was gleichermaßen für die unbelebte wie für die belebte Natur, die Tierwelt und den Menschen galt. Seinen Ausdruck fand dieser Glaube an die astrolog. Beziehung des Mikrokosmos zum Makrokosmos etwa in der ma. Heilkunde, die im »Aderlaßmännchen« den menschl. Körper mit den Gestirnen verband, ferner in der Horoskop- und Nativitätsschriftstellerei, aber auch in der Erklärung der Ursachen von Harmonie und Disharmonie durch frühe musiktheoret. Ansätze (für die frühe NZ wichtig: Athanasius Kircher, Mvsvrgia vniversalis sive ars magna consoni et dissoni, 1650). Die Wirkungsästhetik musikal. oder lit. Werke ließ sich damit auch auf der Grundlage von Zahlen und Zahlenreihen sowie deren Bedeutungen begründen.

Von bes. Bedeutung für die ma. Z. und Zahlenesoterik wurde der Florentiner Neuplatonismus und speziell die Rezeption der →Kabbala durch Giovanni →Pico della Mirandola (1463–94). Da die Buchstaben des hebr. Alphabets zugleich Zahlenwert besitzen und somit Wörter auch als Zahlen oder Zahlenkombinationen gelesen bzw. addiert werden können, gelangt man mit dem Zahlenwert eines Begriffes und mit der Methode des Vergleiches mit einem numerisch gleichwertigen Wort zur Erkenntnis verborgener Zusammenhänge und einer vertieften Schriftauslegung. Das göttl. Wesen (En Soph) emaniert sich in den zehn »Sefirot« (Systema Sephiroticum), mit Hilfe der kabbalist. Deutungssysteme »Gematrie«, »Notarikon«, »Temurah« und »Schemhamphorasch« erschließt man in letzter Konsequenz den verborgenen Namen Gottes und stößt damit zur theurg. Magie vor. Aus der Übernahme der Kabbala als einer esoter. Mystik durch Mirandola oder durch Johannes Reuchlin (De arte cabbalistica, 1517) entwickelte sich seit dem SpätMA die chr. Kabbalistik; sie prägte das Amulett- und Talismanwesen oder die Herstellung astrolog. Sigillen und Charaktere nachhaltig. In seinem aberglaubensbekämpfenden »puoch aller verpoten kunst, ungelaubens und der zaubrey« v. 1456 erwähnte Johannes →Hartlieb die »kunst Notarey« (Kap. 29), womit er sich wahrscheinl. auf die kabbalist. Technik des Notarikon bezog. Der ma. Bildungselite war die mag. Kraft der Zahlen, so z. B. des fünfzackigen (Pentagramm) und des sechszackigen Sterns (Hexagramm, Davidschild, Magen David) durchaus bekannt: Die Fünfzahl entspricht der Zahl der Planeten, ist Symbol des Mikrokosmos, weswegen die »quinta essentia« als Lebensträgerin angesehen wird; die Sechszahl entspricht der Zahl der Planeten, ist Symbol des Makrokosmos. Bei der Zahl 22 handelt es sich um die Zahl der hebr. Buchstaben, sie ist zugleich die Zahl der ma. Tarotkarten. 666 als die Zahl des apokalypt. Tieres (Offb 13, 18) deutet die ma. und nachma. Satanologie als den Teufel. Die Auslegung von Zahlen diente im MA vorwiegend divinator. und mantischen, hin und wieder auch mag. Absichten; so schrieb man dem Pythagoras ein Zauberbuch zu, aus dem man lerne, wie man mit Hilfe von Buchstaben, Figuren und Zahlen Zwietracht unter Eheleuten stiften oder gar den Ehepartner töten könne (Hartlieb, Kap. 49).

Ob im MA solche Zahlenspekulationen verbreitetes Volkswissen darstellten, läßt sich nicht mit Sicherheit nachweisen. Allerdings zeichnet sich die populäre Beschwörungs-Lit. häufig durch die Anweisung aus, den Text dreimal zu zitieren. Ob man dahinter eine bewußte mag. Praxis mit der symbol. Anwendung der Dreizahl (z. B. Dreifaltigkeit) oder nur die machtverstärkende Wiederholung sehen kann und darf, bleibt ebenfalls unklar.
Ch. Daxelmüller

Lit.: W. Knopf, Zur Gesch. der typ. Zahlen in der dt. Lit. des MA, 1902 – A. Knappitsch, St. Augustins Z., 1905, 3–47 – E. Böklen, Die Glückszahl Dreizehn und ihre myth. Bedeutung, 1913 – O. Weinreich, Triskaidekadische Studien, 1916 – G. Scholem, Das Buch Bahir, 1923 [Nachdr. 1970] – O. v. Bressendorf, Zahl und Kosmos, 1930 – P. Kretschmar, Ma. Z. und die Einteilung der Digesten-Vulgata, 1930 – F. C. Endres, Die Zahl in Mystik und Glauben der Völker, 1935 – P. Friesenhahn, Hellenist. Wortzahlmystik im NT, 1935 [Nachdr. 1970] – A. Heller, Bibl. Z., 1936 – V. F. Hopper, Medieval Number Symbolism, 1938 – U. Grossmann, Stud. zur Z. des FrühMA, ZKTH 76, 1954, 19–54 – A. Spamer, Romanusbüchlein, 1958 – I. Hampp, Beschwörung, Segen, Gebet, 1961 – L. Kriss-Rettenbeck, Bilder und Zeichen religiösen Volksglaubens, 1971² – H. Meyer–R. Suntrup, Lex. der ma. Zahlenbedeutungen, 1987 – Ch. Daxelmüller, Zauberpraktiken, 1993.

[2] *Frömmigkeitsgeschichte:* Neben der Z. kennen viele Religionen das Zählen als Bestandteil der Religionspraxis: Opfergaben, Gebete, Bußen etc. werden zahlenmäßig erfaßt und zählend abgeleistet. Das Anhäufen religiöser Übungen spiegelt sowohl die religiöse Logik des do-ut-des, das durch materielle oder immaterielle Gaben an das Jenseits deren Gegengabe erhofft, sowie die Vorstellung der →Talion, bei der begangenes Unrecht durch entsprechende Wiedergutmachung ausgeglichen wird. Im AT finden sich Zahlenvorgaben v. a. im Umfeld des Heiligkeitsgesetzes. Das NT kennt zwar Zahlen, das Zählen wird aber abgelehnt oder ad absurdum geführt. Dem Anhäufen von Gebeten wird entgegengehalten, »nicht zu plappern wie die Heiden« (Mt 6,7), da die Gebetserhörung nicht in der Vielheit der Worte, sondern in der Barmherzigkeit Gottes und der inneren Haltung des Menschen begründet sei. Die Frage, wie oft man Vergebung zu gewähren habe, verweist Jesus ins »Unzählbare«. Nicht siebenmal, sondern siebenundsiebzigmal (Mt 18,21f.).

Im FrühMA drang dagegen das Ausgleichsdenken durch die →Bußbücher in das Christentum ein. Ihr Tarifsystem (VOGEL), das jeder Sünde eine genau abzuleistende Buße zumaß, begründete das System der »gezählten Frömmigkeit« (ANGENENDT), das die ma. Religiosität zutiefst prägte. Verstärkt wurde der systemhafte Charakter des Zählens durch Ausgleichsleistungen von Bußauflagen durch andere Werke oder stellvertretende Büßer (Redemptionen bzw. Kommutationen). In der Buße grundgelegt, ergriff das Zählen alle Felder der Religionspraxis (Almosen, Messe, Fasten, Gebet etc). Die Zahlenvorgaben entstammen dem atl. Heiligkeitsgesetz (z. B. 7 und 40), kosm. Vorstellungen (z. B. 365) oder metaphor. Zahlenangaben des NT, die nun als Maßangaben verstanden wurden (z. B. das »sieben« bzw. »siebenundsiebzigmal« bei der Buße).

Im hohen und späten MA steigerte und perfektionierte sich das System der gezählten Frömmigkeit. Es spielte auch im →Ablaßwesen eine große Rolle. Gleichzeitig mehrte sich die vornehmlich myst. Kritik, die statt der äußeren Leistung die innere Haltung (recta intentio; Meister Eckhart) einklagte. Zudem wurde in Gebets- und Meditationsübungen wie etwa dem →Rosenkranz das Zählen neben seiner verdienstl. Funktion zur Versenkung in Heilsmysterien wie auch zur Innenschulung genutzt. Dieses Ineinander von äußerer Leistung und Innenschulung, von Zählen und Innerlichkeit, wurde im Laufe des späten MA zunehmend in Frage gestellt, bis schließlich in Reformation und Konfessionsbildung das verdienstl. Moment einseitig betont und Gegenstand kontroverstheolog. Polemik und konfessionsbestimmendes Merkmal wurde. Th. Lentes

Lit.: A. ANGENENDT u. a., Gezählte Frömmigkeit, FMASt 29, 1995, 1–71 [Lit.].

VIII. MEDIZIN: Im System kosm. Bezüge ordnet die Zahl auch Gesundheit und Krankheit des Menschen. In volksmed. Beschwörungsritualen spielt die bibl. Drei und ihr Vielfaches eine besondere Rolle (Anrufung der Hl. drei Namen mit Auflegen von neun Eschenzweigen um die zwölfte Stunde u. ä.). Heilsegen sprechen von 77igerlei Fieber oder 77igerlei Gicht. Beim Schwundzauber zählt man über dem kranken Glied von 77 zurück bis Null. Insbes. die Sieben repräsentiert in Fortsetzung der antiken Hebdomadenlehre eine existenzielle Erfahrung von Raum und Zeit: Aus dem 10. Jh. ist die lat. Übers. einer [ps]hippokrat. Schr. περὶ ἑβδομάδων (De septenariis) erhalten, deren Überlieferung bis ins 6. vorchr. Jh. zurückreicht (ROSCHER). Wie die Ordnung des Weltalls (Sieben Mondphasen, Gestirne, Erdteile, Windrichtungen, Jahreszeiten etc.), so folgt auch der menschl. Leib in seinen mikrokosm. Entsprechungen ganz dem Gesetz der Siebenzahl (Sieben Körperregionen, Organe, Öffnungen, Sinne etc.). Der Embryo gewinnt nach sieben Tagen menschl. Gestalt, sieben Monate wächst er im Mutterleib. Der jeweilige Beginn von sieben Lebensabschnitten, gekennzeichnet durch eine bes. organ. Veränderung (Zahnwechsel, Bartwuchs etc.), läßt sich jeweils durch sieben teilen: 7, 14, 21, 28, 42, 56, 70. Auch die krit. Tage bei Krankheiten lassen sich mit Hilfe der Sieben und ihres Vielfachen bestimmen. Spätantike Autoren, wie Macrobius, der sich auf →Hippokrates, Diokles v. Karystos und Straton beruft (In somn. Scip. I, 6, 49ff.) folgen diesen Einteilungen, ebenso →Isidor v. Sevilla, der, wie Philon v. Alexandria (De opificio mundi I, 100), die Besonderheit der ungeraden Sieben aus ihrer Unfähigkeit zu zeugen und gezeugt zu werden ableitet (Lib. num. VIII). In Anlehnung an →Hippokrates und den »Liber de diebus decretoriis« des →Galen spekuliert →Avicenna (Canon IV, 2, 2) ausführl. über die Bedeutung gerader und ungerader Zahlen in der Periodik des Krankheitsgeschehens. Bes. kritisch ist auch hier der 7. Tag. Als bestimmend für das System der ma. Medizin erweist sich im übrigen auch die Ordnungszahl Vier, die von den vier elementaren Wahrnehmungsqualitäten warm, feucht, kalt und trocken ausgehend sämtliche kosm. und leibl. Gegebenheiten in einen Zusammenhang von Vierergruppen bringt (→Humoralpathologie). Daraus entwickelte →al-Kindī eine komplizierte →Qualitäten- und Gradenlehre der Arzneimittelanwendung im Sinne geometr. Progression, noch 1531 in Straßburg gedr. als »De medicinarum compositarum gradibus investigandis libellus«. Einer der ersten, die auf die Notwendigkeit quantitativ-objektivierbarer Ermittlung von Zahlenwerten in Diagnostik und Therapie hinwiesen, war →Nikolaus v. Kues (»De staticis experimentis«).

H. H. Lauer

Lit.: W. H. ROSCHER, Die enneadischen und hebdomad. Fristen und Wochen der ältesten Griechen, AGL, PH 21, 3, 1903 – DERS., Die Hebdomadenlehre der gr. Philos. und Ärzte, AGL, PH 24, 6, 1906 – DERS., Die hippokrat. Schr. von der Siebenzahl, AGL, PH 28, 5, 1911 – E. FEHRLE, Badische Volkskunde, 1924 – G. JUNGBAUER, Dt. Volksmed., 1934 – R. CREUTZ, Med.-physikal. Denken bei Nikolaus v. Cues, SAH. PH 1938/39, 3, 1939 – E. SCHÖNER, Das Viererschema in der antiken Humoralpathologie, SudArch Beih. 4, 1964 – H. H. LAUER, Zahl und Medizin, Janus 53, 1966, 161–193.

IX. ALCHEMIE: Im Gegensatz zur reichen Zeichensprache und -symbolik, die in der heutigen Chemie noch Spuren hinterlassen hat, verfügt die →Alchemie zunächst nicht über eine eigenständige, spezif. Z., die über die allg. Analogien der Antike und des MA hinausginge. Sofern sie als prakt. Alchemie der Färbekunst, der Metallurgie, später der Pharmazie, nahestand, ging es ihr um Zahlen-Mengen-Proportionen, die Verbindungen der Stoffe betreffend, welche zunächst in mehr oder weniger verschlüsselten Rezepten als empir. Daten vermittelt, erst im 18. Jh. in der Stöchiometrie des J. B. RICHTER math.-quantitativ genau zu ermitteln waren.

Gleichwohl ist die Z. antiker Medizin und Naturlehre von der Alchemie übernommen und v. a. in der spekulativen Alchemie des SpätMA und der frühen NZ ausgeweitet worden. So ist nicht nur die Vier-Elementen-Lehre, der als fünftes die für die Alchemie so wichtige Quinta Essentia (Quintessenz; →Elemente) eingegliedert wurde, sondern auch die Sieben-Himmelskörper (Planeten)-Lehre (Metalle), wie auch für alchem. 'Operationes' die Zwölfzahl des Zodiacus (→Tierkreis) neben anderen Einteilungen (3 und 7) übernommen worden. Pythagoreische Harmonielehren ebenso wie gnost. Dualität und neuplaton. Gedankengut fanden auch in Zahlen die in die alchem. Sympathielehre und die Entsprechung von Makro- und Mikrokosmos (v. a. in die hermet. Alchemie) Eingang. Chr. Z., v. a. die dann auch paracels. Triadenlehre (Sulfur–Mercurius–Sal, statt Sulfur–Mercurius), findet sich im deutungsfreudigen MA, wie überhaupt die Z. der Alchemie immer von dem jeweiligen – meist theol.-myst.-ideolog. – Überbau bestimmt worden ist. Somit hat die Nähe zu →Astrologie und →Magie die Z. der Alchemie weitgehend bestimmt. G. Jüttner

Lit.: E. BISCHOFF, Mystik und Magie der Zahlen, 1920 – F. C. ENDRES–A. SCHIMMEL, Das Mysterium der Zahl, 1984, 1995 – J. SILVER, Numerologie. Magie und Mystik der Zahlen, 1997[7].

X. KUNSTGESCHICHTE: Zur terminolog. Unschärfe des Begriffs Z. →Symbol. Die Wiedergaben allegor. Zahlenbedeutungen in der frühchristl. und ma. Bild- und Baukunst (→Architektursymbolik) werfen für die Interpreta-

tion meist schwierige Probleme auf, da der 'Gegenstand' der Zahlenallegorie nicht Bildinhalt ist, sondern nur eine von dessen möglichen übertragenen Bedeutungen. In einem Mosaik des Baptisteriums in Albenga (5. Jh.) wird durch Verdreifachung von Christogramm mit A und ω auf die →Dreifaltigkeit angespielt; die umgebenden zwölf Tauben können (in Kombination von Tier- und Zahlenallegorie) als die Apostel gedeutet werden (vgl. Paulinus v. Nola, ep. 32, 10). Dreifaltigkeit und Apostel sind nicht bildl. dargestellt, sondern Gegenstand der Z. Wenn in einer Malerei in Bawît (Zeichnung: →A und ω Abb. 5) ein einzelnes A und ω beim Kopf des Adlers und die dreifache Wiederholung der Buchstaben in den vom Adler getragenen Kränzen möglicherweise an den einen Gott in drei Personen erinnern soll, so ist auch hier die Dreifaltigkeit nicht dargestellt, also nicht Gegenstand der Ikonographie, sondern der Ikonologie. Die Z. teilt also deren allgemeine interpretator. Unsicherheit (vgl. E. PANOFSKY, Aufsätze von 1932 und 1939, in: KAEMMERLING, 185–225; ENGEMANN, 36–44, 95–100; Baukunst: BANDMANN, Ikonologie). Diese Unsicherheit hat zwei Ursachen: 1. Oft läßt sich nicht entscheiden, ob Gedanken der Z. den Auftraggeber (bzw. Künstler oder Architekten) tatsächl. bei der Wahl von Zahlenverhältnissen beeinflußten, oder ob wir die Allegorie der Zahlen aus einem Kunst- oder Bauwerk erst nachträgl. herauslesen (bzw. sie sogar in das Werk hineinlesen). Dieses Problem wurde bis weit ins 20. Jh. oft vernachlässigt; BANDMANN hat es 1951 (Bedeutungsträger, 61) im Vergleich zw. der modernen und der ma. Fragestellung am Beispiel des Durandus (→Duranti[s], 1.) präzisiert: »Unsere Frage lautet: Welche Bedeutung hat veranlaßt, die Formen hier und dort, in dieser oder jener Zeit anzuwenden? Dagegen fragt Durandus: »Durch welche Bedeutung können die – meist gegebenen – Formen den Heilsplan veranschaulichen?« Beispiel für nachträgl. Erfindung von Z. ist z. B. die Trinitätsdeutung der Dreizahl von Eingängen (→Eusebios v. Kaisareia, hist. eccl. 10, 4, 65; →Paulinus v. Nola ep. 32, 13.15; carmen 27, 455–457, →Testamentum Domini Nostri Jesu Christi 19); dabei ergab sich die Zahl der Türen ohnehin aus der Dreischiffigkeit vieler Basiliken. In einer Sughîtâ auf die Kathedrale von Edessa (MCVEY) wird diese Deutung den drei Apsisfenstern und den drei gleichen Fassaden gegeben, während die fünf Türen in der vierten Fassade die fünf klugen Jungfrauen bedeuten und die Neunzahl der Synthrononstufen die neun Engelchöre symbolisiert (vgl. →Dionysios Areopagites, De caelesti hierarchia). Ob zur Aufstellung von zwölf Silbergefäßen auf Säulen der konstantin. Grabeskirche in Jerusalem tatsächl. die von Eusebios (Vita Const. 3, 25ff.) angeführte Z. der Apostelzahl geführt hat? Entsprechende Deutungen von Zahlen tragender Säulen der Architektur (ma. Beispiele: →Architektursymbolik) sollte man mit DEICHMANN (92f.) sehr krit. beurteilen. Dagegen dürfte die regional häufige Verwendung der Achteckform für Taufkirchen und -becken (→Baptisterium, →Oktogon) seit dem 4. Jh. auf die Auferstehungszahl der Achtzahl zurückgehen, die in den acht Distichen der wohl von Ambrosius verfaßten Inschrift für das Baptisterium in Mailand explizit ist (DÖLGER; STAATS). 2. Ein zweites, nicht geringeres Interpretationsproblem ist in der Vielzahl der Bedeutungen begründet, die einer und derselben Zahl von frühchr. und ma. Autoren zugewiesen wurde (s.o. Abschnitt I–III), zumal größere Zahlen auch als Summe der Addition oder als Produkt der Multiplikation kleinerer Zahlen gedeutet wurden. Eine Zahl besaß nicht nur bei verschiedenen Schriftstellern unterschiedl. Z., auch bei einem einzelnen Autor konnte die Deutung wechseln, je nachdem, in welchem Zusammenhang er die Zahl behandelte. Das Gewölbemosaik des Mausoleums der Galla Placidia zeigt ein Kreuz vor einem Sternenhimmel mit 567 Sternen, eine Anzahl, die sich aus der Rechnung $3^4 \times 7$ ergibt. Es ist nicht auszuschließen, daß diese Zahl bewußt aus Gründen der Z. gewählt wurde – doch an welche der zahlreichen Bedeutungen der in der antiken und ma. Z. bes. beliebten Zahlen Drei, Vier und Sieben (vgl. MEYER–SUNTRUP, 214–402, 479–565) hat der Mosaizist gedacht? Im Apsismosaik von S. Apollinare in Classe umgeben 99 Sterne das Kreuz, eine Zahl, die allgemein in der Lit. auf die Engel bezogen wurde (ebd. 782f.), z.T. mit speziellem Bezug zur Parusie (DINKLER, 64); bei einer Aufteilung als 3×33 kommt jedoch wieder eine trinitar. Z. zum Zuge (MEYER–SUNTRUP, 783) und damit eine Bedeutungskomponente, die diesem vielschichtigen Mosaik sonst fehlt. Die Vieldeutigkeit geht weiter, denn die Zahl 99 könnte auch nach dem Prinzip der Gematrie ausgewählt sein: Dieses in antiken Kulturen, die Buchstaben als Zahlzeichen verwendeten, beliebte Zahlenspiel der Addition der jeweiligen Zahlenwerte von Buchstaben ergibt in diesem Fall das Wort Amen (A. STUIBER, s. v. Amen, RAC Suppl.-Bd. 1, 321), doch wären auch andere Worte mit dem Zahlenwert 99 nicht ausgeschlossen. Als letztes Beispiel für die Vieldeutigkeit künstler. Zahlenwerte sei die Fontana Maggiore in Perugia angeführt (1278), die im Oberteil 24 Seiten mit 24 Figuren an den Ecken besitzt, im Unterteil 25 Seiten mit 50 Bildtafeln. Daß diese Zahlen auf die 24 Ältesten als Vertreter der Kirche bis zur Endzeit und als Hüter der Mauer des himmlischen Jerusalem sowie auf eine Pfingstsymbolik mit Parusiekomponente hinweisen sollten (HOFFMANN–CURTIUS, 62–74), ist möglich, aber wegen der übrigen Deutungen, die sich aus der frühchr. und ma. Lit. für die Zahlen 24, 25 und 50 oder diesen zugrundeliegende kleinere Werte entnehmen lassen, keineswegs zu beweisen (vgl. MEYER–SUNTRUP, 679–687, 734–747). Terminolog. irreführend ist es, wenn oft bis in jüngste Zeit das Vorliegen von Grundmaßen in den Proportionen von Malereien und Bauten (→Maß im Bauwesen; LAWLOR; NAREDI-RAINER, 138–231) als Z. bezeichnet wird.

J. Engemann

Lit.: H. MEYER–R. SUNTRUP, Lex. der ma. Zahlenbedeutungen, 1987 – F. J. DÖLGER, Zur Symbolik des altchr. Taufhauses, Antike und Christentum 4, 1933/34, 153–187 – G. BANDMANN, Ikonologie der Architektur, Jb Ästhetik Allg Kunstwiss. 1951, 67–109 – DERS., Ma. Architektur als Bedeutungsträger, 1951 – E. DINKLER, Das Apsismosaik von S. Apollinare in Classe, 1964 – K. HOFMANN-CURTIUS, Das Programm der Fontana Maggiore in Perugia, 1968 – R. STAATS, Ogdoas als ein Symbol für die Auferstehung, VC 26, 1972, 29–52 – Bildende Kunst als Zeichensystem, 1: Ikonographie und Ikonologie, hg. E. KAEMMERLING, 1979 – R. LAWLOR, Sacred Geometry, 1982 – P. v. NAREDI-RAINER, Architektur und Harmonie, 1982 – F. W. DEICHMANN, Einf. in die chr. Archäologie, 1983 – K. E. MCVEY, DOP 37, 1983, 91–121 – J. ENGEMANN, Deutung und Bedeutung frühchr. Bildwerke, 1997.

XI. RECHT: Die Welt der Zahlen verfügt über zwei miteinander im Zusammenhang stehende Zugangsebenen, die Maß- und Ordnungsfunktion und die symbol.-allegor. Seite. Auch die Verbindung zum Recht funktioniert über diese beiden Ebenen. Schon die germ. Volksrechte (ab dem 6. Jh.) belegen dies: Geldbeträge dienen dazu, die rechtl. und zugleich auch soziale Wertigkeit von Menschen und ihren Körperteilen sowie Körperfunktionen (z. B. die Gebärfähigkeit der →Frau), von Tieren und Sachen zu bestimmen und damit die Grundlage für den Übergang von der Selbsthilfe zu einem institutionalisierten Ausgleichsverfahren zu liefern (sog. Bußen- oder

Kompositionensystem; →Buße). Zentraler Ansatzpunkt dieses Systems ist die geldmäßig definierte Wertigkeit des freien Mannes (»Freienwergeld«; →Wergeld). Eine Vervielfachung des Wertes zeigt die Oberschicht (→Adel), ein Teilbetrag die soziale Unterschicht an. – Über diese Bewertungsrolle hinaus spielen bestimmte Zahlen im formalisierten Rechtsleben ebenfalls eine große Rolle. Im Bereich der Anspruchsbegründung oder des Anspruchsverlustes kommt der Dreizahl eine bedeutsame Rolle zu: Erwerb von unbewegl. Gut durch Sitzen über drei Tage und drei Nächte; zum Widerspruch gegen die Positionierung eines Grenzsteins bei der offiziellen Grenzbegehung (→Grenze) wird dreimal aufgefordert, dann sind alle Ansprüche verloren. Im Prozeß ist die Dreizahl ebenfalls stark vertreten: Allgemeine Gerichtstermine finden dreimal im Jahr statt, sie dauern drei Tage, Säumnis tritt erst am dritten Tag nach der dritten Aufforderung ein. Im Strafrecht spielt v. a. die Verdreifachung von Bußsätzen bei Delikten, die unter besonderen Bedingungen begangen werden, eine Rolle. Bei den Realien des Rechtslebens ist oft die dreistufige Erhöhung von Richterstuhl und →Pranger festzustellen. Über die Dreizahl hinaus kommt auch der Sieben eine große Bedeutung zu: →Gerichte werden häufig mit sieben Personen besetzt, im Prozeß kommen sieben Eideshelfer zur Bestätigung des Leumunds des Beklagten zum Einsatz, ersatzweise kann er u. U. den →Eid selbst sieben Mal ablegen. Im Übersiebnungsverfahren (→Übersiebnen) werden verdächtige Auswärtige durch den Eid von sieben Einwohnern des Landfriedensbruchs (→Landfrieden) überführt. Im Verfassungsrecht wählen sieben →Kurfürsten den dt. Kg. Verfassungsrechtl. und zugleich sozialordnungsmäßig relevant ist auch die siebenteilige →Heerschildordnung, weil sie ein hierarch. Element in das Lehenswesen bringt. Keine bedeutungslose, aber doch eine untergeordnete Position haben die übrigen Zahlen des Zehner- oder Zwölfersystems inne. Ein Vielfaches der Drei oder der Sieben kann ebenfalls – in dem bereits oben angeführten Kontext – vorkommen. Zu verweisen ist auch darauf, daß im Bußensystem die Zwölf oder ein Vielfaches davon relevant ist. Eine besondere Zahlenkombination stellte die bis ins 19. Jh. vorkommende Frist von →»Jahr und Tag« dar, nämlich ein Jahr, sechs Wochen und drei Tage; sie erklärt sich aus dem Jahresablauf zuzügl. der sechswöchigen Frist zum nächsten Gerichtstermin, der drei Tage dauerte. – Die Frage nach der allegor.-symbol. Funktion der Zahlen im Recht ist v. a. auch eine Frage nach dem Ursprung der verwendeten Zahlen. Hier gerät man unweigerl. in den Bannkreis bibl., aber auch antiker und spätantiker Traditionen: die Drei als bes. vollkommene Zahl, die in Verbindung mit der Vier auch in der Sieben steckt; die Zwölf, einerseits ein Vielfaches von Drei, andererseits für sich in allen Kulturen eine hl. Zahl, nicht zuletzt durch die Verankerung im kosm. System.

G. Kocher

Lit.: DtRechtswb II, 1081 – Grimm, RA I, 285 – HRG V, 1599 [R. Suntrup] – H. Meyer–R. Suntrup, Lex. der ma. Zahlenbedeutungen, 1987.

B. Byzanz

Z. ist eine Form der →Mystik, in der Zahlen und/oder Zahlenkombinationen bes. Bedeutung zugeschrieben wird. Die Byzantiner erbten den Glauben an die Z. von der griech. Antike. Pythagoreisch-orphische Mystik, platon. Gedankengut sowie Anschauungen altorientalischer Völker wurden über das NT von breiten chr. Volksschichten in Byzanz übernommen. Es entstand die Vorstellung, dem Gebrauch von Zahlen in der Heilsgesch. sei ein geheimer Sinn eigen, den es aufzudecken galt. Dabei ist nicht immer klar erkennbar, ob die Zahl als das Ding selbst (Substanz) oder als Vorbild der Dinge (Form) aufgefaßt wurde. Die byz. Kirche sah in diesen geheimnisvollen Anschauungen und Deutungen der Zahlen eine Gefährdung für die Reinheit des chr. Glaubens. →Gregor v. Nazianz, or. 31.18, schreibt dazu: »πᾶς ἀριθμὸς τῆς ποσότητος τῶν ὑποκειμένων ἐστὶ δηλωτικός, οὐ τῆς φύσεως τῶν πραγμάτων«, d. h. die Zahlen bezeichnen die Anzahl, aber nicht die Natur der Dinge. Indes unterstellten die allegor. Auslegungen der bibl. Zahlen häufig Bedeutungen, die im AT oder NT nicht beabsichtigt waren. Die chr. Exegese der Zahlen sowie ihre im Laufe der Zeit formale Anwendung in byz. Texten verlieh der Z. den Charakter eines lit. Topos. Die Byzantiner schrieben den einzelnen Zahlen verschiedene Deutungen zu, die sich vielfach bis in die heutige Zeit erhalten haben, z. B.: 1 bezeichnet den einen Gott, der alles schuf; sie ist das Sinnbild für Christus und die Einheit der Kirche. 2 symbolisiert die Einheit von Jesus und seiner Kirche sowie die zwei Naturen Christi. 3 ist das Zeichen der Trinität und der Tag der Auferstehung Jesu. 4 bezeichnet die Anzahl der Evangelien, der Kirchenväter und der Engel, die die Erde symbolisieren. Vier waren auch die →Weltreiche im Buch Daniel (2 und 7), worauf mehrere byz. Historiker (→Eusebios v. Kaisareia, Johannes →Zonaras u. a.) Bezug nahmen, um damit eschatolog. Anschauungen zu verbinden. Da Buchstaben (→Buchstabensymbolik) für die Byzantiner zugleich Zahlen waren, entstand die sog. Gematrie, bei der die Buchstaben der Worte in Zahlen umgesetzt und summiert wurden. In der Apokalypse (13, 17) ist die Zahl 666 das Kennzeichen des Antichristen. Liest man nun die Buchstaben z. B. des Wortes APNOYME (= verneine) als griech. Zahlen, so ergibt ihre Summe A+P+N+O+Y+M+E = 1+100+50+70+400+40+5, die Zahl 666.

Die Z. spielte auch in anderen Bereichen der byz. Kultur und des byz. Alltags eine Rolle. In einer Kl.regel wurde die Zahl der Mönche auf 7 festgesetzt mit der Begründung, die Zahl 7 sei jungfräulich, ehrenvoll sowie die Zahl der Sakramente, der Tugenden, der Planeten und die der Wochentage. In der Architektur erhielten Taufbecken oder Martyrien häufig eine oktogonale Form, da die Zahl 8 das Sinnbild für die Auferstehung Jesu und das ewige Leben ist. Zum Volksglauben gehören Weissagungen, die mit Hilfe von Zahlenwürfeln, Büchern oder geometr. Figuren ermittelt wurden. Kalendertage, z. B. der 1. des Monats (= νουμηνία), galten als glückbringend; die Wetterbedingungen am 24., 25. und 26. Nov. waren bestimmend für die Monate Dezember, Januar und Februar.

P. Carelos

Lit.: Oxford Dict of Byzantium, 1991, 1502 [Number Symbolism and theory] – F. Dornseiff, Das Alphabet in Mystik und Magie, 1925² – Ph. Kukules, Βυζαντινῶν βίος καὶ πολιτισμός, I/2, 1950 – F. Dölger, Antike Zahlenmystik in einer byz. Klosterregel (Ders., ΠΑΡΑΣΠΟΡΑ, 1961, 293–298) – G. Podskalsky, Byz. Reichseschatologie, 1973 – H. Meyer, Die Zahlenallegorese im MA, 1975 – G. Podskalsky, Ruhestand oder Vollendung? Zur Symbolik des achten Tages in der gr.-byz. Theol. (Fest und Alltag in Byzanz, hg. G. Prinzing–D. Simon, 1990), 156–166, 216–219 – F. C. Endres–A. Schimmel, Das Mysterium der Zahl, 1995.

C. Judentum

Da die Buchstaben des hebr. Alphabets auch Zahlzeichen sind, sind Buchstabensymbolik und Z. im Judentum engstens verwandt. Bereits im rabbin. Denken galt die in hl. Schrift geschriebene →Tora als vor der Welt geschaffen und Instrument, mit dem die Welt erschaffen wurde. Der Schöpfung vorgegeben, hat sie somit im Himmel wie auf

Erden als Gesetz Gültigkeit. Buchstabensymbolik und Z. verbunden mit dem Namen- und Wortglauben sind folglich bereits sehr früh Gegenstand der Spekulation des Schöpfungswerkes (Maʿaseh bereshit) – eine erste Zusammenfassung der Buchstabensymbolik und Z. im Zusammenhang mit dem »Schöpfungswerk« liegt im »Buch der Schöpfung (→Sefär Jetzirah)« vor –, zumal die wahre Kenntnis der Buchstaben der Tora als kosmogene Potenzen jedwede Erkenntnis und somit Einflußnahme auf das kosm. Geschehen vermittelt. In der späteren Esoterik war der Aufbau der 7 Himmel von großer Bedeutung, während die Berechnung der Weltdauer nach den 7 Schöpfungstagen in Jahrtausenden oder Jubiläen in der Sicht des Geschichtsverlaufs beim Verständnis der Periodenfolge eine wesentl. Rolle spielte. Weitere kosm. Bedeutung hat die Zahl 7 als Planeten- und Sabbatzahl. Auf die Übereinstimmung zw. Makrokosmos und Mikrokosmos weist die Zahl 365 als Anzahl der Tage eines Jahres und Anzahl der Verbote sowie die Zahl 248 (248 Gebote und menschl. Körperteile) hin. Die 10 vor der Weltschöpfung geschaffenen »Dinge« wurden nicht nur mit den 10 Worten (Maʾamarot) in Verbindung gebracht, mit denen Gott in Gen 1 die Welt schuf, sondern gleichfalls mit den 10 Geboten (Pes.r.xxi [180a]). Diese Kette wird weiter verknüpft mit den 10→Sefirot und den 10 Fingern der Hände (Koh.r. vii, 36ff.). Die 13 Eigenschaften (Middot) Gottes (Ex 34, 6) ließen sich in eine Dreiereinheit (3 Attribute: Weisheit, Einsicht und Erkenntnis; vgl. PRE III) und eine Zehnereinheit aufteilen und somit als bibl. Grundlage in der Theologie der Sefirotlehre verwenden. Auch bei der Bibelauslegung bediente man sich u. a. einer sehr populären Methode, der »Gematrie«. Man bestimmte bei einzelnen Wörtern oder Textstücken die Summe ihrer Zahlenwerte und verband so Textdeutung mit Z. Dies erlaubte, zahlreiche Querverbindungen und Entsprechungen herzustellen und ermöglichte auch, eine bewußte Textgestaltung unter Berücksichtigung des Zahlenwertes der Buchstaben zu entdecken. So erscheinen z.B. »Schaddaj« und »Metatron«, »Rasiel« und »Abraham«, »Hekal« (Tempel) und »Adonaj«, »Sulam« (Himmelsleiter; vgl. Gen 28, 10–22) und »Sinai« zahlenmäßig gleich. Zudem war bereits die sorgfältige Zählung der Buchstaben bibl. Bücher bei den Tradenten des Bibeltextes (Masoreten) selbstverständlich, so daß die Praxis der Kabbalisten, den bibl. Text als ein Gewebe aus kabbalist. Symbolen aus hebr. Schriftbzw. Zahlzeichen, Wörtern und Inhalten zu verstehen, nicht unverständlich ist. Bestimmten Zahlengruppierungen – v. a. in mag. »Quadraten« – wurden in der (mag.) Heilkunst bestimmte Wirkungen zugeschrieben. Bei Spenden wurde die Zahl 18 bes. berücksichtigt, da sie den Zahlenwert von »Chaj« (lebend) bildet.   R. Schmitz

Lit.: J. Bergmann, Die runden und hyperbol. Zahlen in der Agadah, MGWJ 82, 1938, 361–376 – A. H. Silver, A Hist. of Messianic Speculation in Israel, 1959² – O. H. Lehmann, Number-Symbolism as a Vehicle of Religious Experience in the Gospels, Contemporary Rabbinic Lit. and the Dead Sea Scrolls, Stud. Patr. 4, 1961, 125–135 – J. Maier, Die Kabbalah, 1995, s. v. a. »Zahlenregister«.

Zahlentheorie → Mathematik; →Rechenkunst

Zahlsysteme, -zeichen (Zahl, Ziffer)
I. Allgemein; West- und Mitteleuropa (einschließlich Italien) – II. Arabische Mathematik, indisch-arabische Ziffern und entsprechende Zahlsysteme – III. Byzantinischer Bereich.

I. Allgemein; West- und Mitteleuropa (einschliesslich Italien): [1] *Frühe Zahlsysteme:* Die Notwendigkeit, bestimmte Mengen von Dingen zu zählen und ihre Anzahl zu bezeichnen, führte schon früh zur Schaffung von Symbolen für bestimmte Zahlen und zur Herausbildung unter-

schiedl. Zahlsysteme. Die ältesten Systeme beruhten auf der Addition, so daß sich jede dargestellte Zahl als Summe der Werte ergab, die den geschriebenen Zahlzeichen zugeordnet waren. Dabei gab es für die Einer, Zehner, Hunderter usw. entweder unterschiedl. Zahlzeichen, die man mehrfach (bis zu fünf- bzw. neunmal) hinschrieb, oder man benutzte die verschiedenen →Buchstaben des →Alphabets. Auf dem Prinzip des Hintereinandersetzens (Reihung) und Zusammenfassens (Bündelung) beruhen neben dem ägypt. Zahlsystem auch das sog. herodianische System der Griechen und das System der röm. Ziffern, bei dem es spezielle Zahlzeichen für die Zehnerpotenzen (I, X, C, M) und zusätzl. Zeichen für die Fünferbündelungen (V, L, D) gab; ein Strich über einem Zahlzeichen bezeichnete das Tausendfache.

Semit. Ursprungs sind die ebenfalls zu den Additionssystemen zählenden alphabet. Zahlsysteme, bei denen die Buchstaben eines Alphabets die neun Einer, Zehner und Hunderter darstellten, so daß in jeder Stufe nur noch ein Zeichen gesetzt werden mußte. Alphabet. Zahlsysteme findet man z. B. bei den Phönikern, Juden und Griechen, die ihre Zahlen i. a. auf diese Art schrieben.

Eine andere Form ist die Darstellung von Zahlen durch die Finger. Fingerzahlen waren in der Antike bekannt; allerdings sind keine ausführl. Darstellungen erhalten. Spätere Beschreibungen stammen von →Hieronymus, →Beda und aus Byzanz. Die Zahlen von 1 bis 10000 wurden durch verschiedene Stellungen und Beugungen der Finger angezeigt, wobei die Einer und Zehner i. a. in der linken, die nächsten beiden Stufen in der rechten Hand gebildet wurden.

Die röm. Zahlzeichen wurden während des gesamten MA im Westen benutzt, um Zahlen darzustellen. Daneben kannte man auch die in Indien entstandenen neuen Zahlzeichen, die durch Vermittlung der Araber über Spanien nach Westeuropa gelangten (s. Abschnitt II). Diese indisch-arab. Ziffern setzten sich aber erst nach 1500 endgültig durch.

[2] *Die indisch-arab. Ziffern im Westen:* Der älteste Beleg für die Kenntnis der ind. Ziffern im Westen sind zwei lat. Hss., in denen (im Zusammenhang mit der enzyklopäd. Schrift des →Isidor v. Sevilla) die Ziffern von 1 bis 9 in der westarab. Form wiedergegeben sind: der »Codex Vigilanus« aus dem Kl. →San Martín de Albelda (vollendet 976) und der »Codex Emilianus« aus →San Millán de la Cogolla (vollendet 992).

Eine größere Verbreitung erlangten die neuen Ziffernformen dadurch, daß sie auf dem Rechenbrett (→Abakus) benutzt wurden. Über seinen Gebrauch informieren zahlreiche Arbeiten, die vom Ende des 10. bis zum 12. Jh. entstanden. Die älteste stammt von →Gerbert v. Aurillac. Er dürfte während seines Aufenthalts in Katalonien kurz vor 970 die indisch-arab. Ziffern kennengelernt haben. Gerbert benutzte die Ziffern aber nicht schriftl. Rechnen, sondern um mit ihrer Hilfe die Steine auf dem Rechenbrett zu markieren; sie dienten als Kopfzahlen, um den Wert eines Rechensteins zu kennzeichnen. Namen für diese Ziffern werden seit dem 11. Jh. sowohl in Texten als auch in Abbildungen des Rechenbretts überliefert (*igin, andras, ormis, arbas, quimas, calcis, zenis, temenias, celentis, sipos*); z. T. handelt es sich um latinisierte arab. Wörter. Mit dem Aussterben des 'Gerbertschen Abakus' im 12. Jh. verschwand auch die Kenntnis dieser Namen.

Die ind. Ziffern von 1 bis 9 in ihrer westarab. Form sind auch bekannt unter dem Namen 'Ghubar-Ziffern' (vom arab. *ġubār* 'Staub'). Dies ist auch die Gestalt, in der uns

diese Ziffern im Westen auf dem Rechenbrett und etwas später in den Abhandlungen über das neue Rechnen begegnen. Sie ähneln schon den heutigen Formen. Unterschiede in den Handschriften lassen sich dadurch erklären, daß die Ziffern auf runden Steinchen verzeichnet waren, die in verschiedener Weise auf das Rechenbrett gelegt werden konnten; im allg. können sie durch Drehung ineinander überführt werden.

Der endgültige Durchbruch der indisch-arab. Ziffern im Westen beginnt mit der Übersetzungstätigkeit aus dem Arabischen im 12. Jh. Zu den arab. Werken, die damals in Spanien (→Übersetzer, II) ins Lat. übertragen wurden, gehörte auch das Rechenbuch von →al-Ḫwārizmī. Erhalten sind nur zwei lat. Bearbeitungen der Übersetzung. In ihnen werden auch die Ziffernformen dargestellt, wobei die Null besonders behandelt wird; ferner werden die Schreibweise der ganzen Zahlen und die Rechenoperationen erklärt. Diese Schrift ist – zusammen mit darauf beruhenden Bearbeitungen (»Liber Ysagogarum«, »Liber Alchorismi«, »Liber pulveris«) – der Ahnherr der sog. Algorismus-Traktate, in denen die Darstellung der Zahlen mit den neuen Ziffern und das Rechnen mit ihnen erklärt werden; die bekanntesten Abhandlungen dieser Art stammen von →Johannes de Sacrobosco (Algorismus vulgaris) und →Alexander de Villa Dei (Carmen de algorismo). Anhand dieser Schriften wurde an den Universitäten und in den anderen Gelehrtenschulen das Rechnen mit den indisch-arab. Ziffern gelehrt, und auch die Schriften der Rechenmeister gehen letztlich auf sie zurück. Die Formen der Ziffern in den Hss. dieser Texte ähneln den westarab. Ziffern in der Form, wie sie in Spanien gebraucht wurden, und demzufolge auch den Ziffern auf den Steinchen des 'Gerbertschen Rechenbretts'. Bis auf die 4, 5 und 7 entsprechen sie in den Algorismus-Schriften schon den heutigen Formen. Die 4, 5 und 7 erhielten um 1480/90 die jetzige Form. Nach der Verbreitung durch den Buchdruck sind sie fernerhin stabil geblieben.

Im kaufmänn. Bereich (→Buchhaltung) fanden die indisch-arab. Ziffern nur zögernd Eingang. 1299 verboten die Behörden in Florenz den Kaufleuten, ihre Bücher mit arab. Zahlen zu führen; die Zahlen sollten entweder ausgeschrieben sein oder in röm. Ziffern erscheinen. Als Grund für das Verbot wird allg. die leichte Möglichkeit, im arab. System geschriebene Zahlen zu fälschen, angesehen. Im 14. Jh. hielten sich die it. Kaufleute daran. Vermutlich das erste it. Handelsbuch, in dem ausschließlich arab. Ziffern benutzt werden, ist »Il libro dei Conti« des Venezianers Giacomo Badoer (1436–40). Auch in Dtl. benutzte man im 14. und teilweise noch im 15. Jh. in den Handelsbüchern röm. Ziffern. Als die ältesten Kaufmannsbücher mit arab. Ziffern gelten die Handelsbücher der Nürnberger Kreß-Gesellschaft (zw. 1389 und 1392). Noch im 15. Jh. wechseln oft röm. und arab. Ziffern.

Auch auf Münzen fanden die neuen Ziffern erst spät Eingang. Die möglicherweise älteste dt. Münze, bei der die Jahreszahl in arab. Zahlen angegeben ist, stammt aus dem Jahre 1424. Erst mit dem Auftreten des Buchdrucks setzten sich die indisch-arab. Ziffern durch. In den meisten gedruckten Rechenbüchern wurden die neuen Ziffern verwendet. Das zähe Festhalten am Alten wird deutlich, wenn in einem Augsburger Rechenbuch von 1516 noch die Brüche mit röm. Ziffern, die man »deutsche« nannte, gelehrt wurden und zur gleichen Zeit noch Universitätsprofessoren Bücher über das Linienrechnen schrieben. Auf einem Holzschnitt aus der »Margarita philosophica« von Gregor Reisch (1503) ist der Kampf des Neuen mit dem Alten dargestellt.

Da die neuen Ziffernformen zunächst ungewohnt waren und auch die Idee des Stellenwerts und die unterschiedl. Bedeutung der Null – sie bedeutete einerseits 'nichts', konnte andererseits aber den Wert einer Ziffer verzehnfachen – Verständnisschwierigkeiten bereiteten, ersann man Hilfsmittel in Versform, um die Ziffernformen zu erklären oder Namen und Wert der Ziffern im neuen System zu veranschaulichen.

Der ind. Ausdruck für Null war śūnya ('das Leere'); dies wurde im Arab. durch ṣifr wiedergegeben. Daraus wurde im Abendland einerseits 'cifra–Chiffre–Ziffer', andererseits 'zefirum–zero'. →Mathematik, →Rechenkunst.

M. Folkerts

Lit.: G. F. Hill, The Development of Arabic Numerals in Europe, 1915 – F. A. Yeldham, The Story of Reckoning in the MA, 1926 – K. Menninger, Zahlwort und Ziffer. Eine Kulturgesch. der Zahl, 2, 1958² – J. Tropfke, Gesch. der Elementarmathematik, 1, 1980⁴ – W. Bergmann, Innovationen im Quadrivium des 10. und 11. Jh. Stud. zur Einf. von Astrolab und Abakus im lat. MA, 1985 – G. Ifrah, Universalgesch. der Zahlen, 1986 – Die älteste lat. Schrift über das ind. Rechnen nach al-Ḫwārizmī, ed., übers. und komm. von M. Folkerts unter Mitarb. von P. Kunitzsch, 1997.

II. Arabische Mathematik, indisch-arabische Ziffern und entsprechende Zahlsysteme: Nach der Eroberung des islam. Reiches (nach dem Tod Mohammeds, 632) behielten die →Araber zunächst die lokalen Verwaltungsformen bei. Die Steuerabrechnungen wurden im →Irak und in Iran (→Persien) weiter nach dem bisherigen pers., in →Syrien und →Ägypten nach dem byz.-griech. System notiert und abgewickelt. Erst nach rund hundert Jahren war überall die Umstellung auf das Arabische abgeschlossen (Sezgin V, 20ff.). Aus Ägypten erhaltene Papyri zeigen, daß bis ins 10. Jh. Zahlen in Worten bzw. durch griech. Zahlbuchstaben ausgedrückt wurden. Die Bekanntschaft des in Indien entwickelten Systems der Notation von Zahlen vermittels neun Zeichen (Ziffern) in einem dezimalen Stellensystem wird im Vorderen Orient zum erstenmal 662 bei dem gelehrten Bf. v. Qinnasrīn (Nordsyrien), Severus Sēbōkht, sichtbar, der betont, daß nicht alle großen Leistungen in den Wissenschaften von den Griechen stammen; so hätten auch die Inder einen bedeutenden Beitrag geleistet durch »leur comput qui surpasse la parole, je veux dire celui qui (est fait) avec neuf signes« (Nau, 225–227). Es ist denkbar, daß Sēbōkht (der auch Teile des aristotel. Organon aus dem Persischen ins Syrische übersetzte; Sezgin V, 211), die Kenntnis des ind. Zahlen- und Rechensystems über Persien erhielt.

Wann und wie die Araber dieses System kennenlernten, läßt sich nicht genau fixieren. Es könnte sein, daß sie im Laufe des 8. Jh. von Persien her damit bekannt wurden, oder der Anstoß ging von jener ind. Gesandtschaft aus, die kurz nach 770 an den Kalifenhof nach Bagdad kam und u. a. astronom. Texte mitbrachte, die auf Befehl des Kalifen ins Arabische übersetzt wurden. Da solche Texte meist auch einige Kapitel mit Rechenregeln enthielten (zur Bewältigung der mit der Auswertung derartiger Tafeln verbundenen Rechenoperationen), könnte auch hier der Ansatzpunkt für die Bekanntschaft der Araber mit dem 'ind. Rechnen' gelegen haben.

In der Folge entstand eine eigene Tradition arab. Schriften über das 'indische Rechnen' (al-ḥisāb al-hindī), häufig auch unter dem Titel »Über Addition und Subtraktion« (al-ǧamʿwa-t-tafrīq). Erhalten und ediert sind die entsprechenden Schriften von →al-Uqlīdisī (schr. 952/53; ed. Saidan, 1973; engl. Übers. Saidan, 1978), →Kūšyār ibn Labbān (2. Hälfte 10. Jh.; ed. u. übers. Levey-Petruck) und ʿAbd al-Qāhir al-Baġdādī (gest. 1037; ed. Saidan,

1985). In diesen Schriften wird jeweils einleitend die Zahlennotation mit den neun Zeichen (arab. *aḥruf*, sing. *ḥarf*; lat. litterae) im dezimalen Stellensystem eingehend beschrieben (zuweilen wird erwähnt, daß es für einige Zeichen verschiedene Schreibformen gebe). Hiermit lassen sich sämtl. ganzen Zahlen beliebiger Größe ausdrücken, indem man auf den Platz der jeweiligen Dezimalstelle das entsprechende Zeichen (von 1 bis 9) setzt. Für »124« setzt man die 4 auf die Stelle der Einer, die 2 auf die Stelle der Zehner, die 1 auf die Stelle der Hunderter; usw. für jede beliebige Zahl. Will man den Wert »104« ausdrücken, so steht auf der Stelle der Zehner keines der neun Zeichen, die Stelle bleibt »leer«. Damit sie als (leere) Stelle erkennbar bleibt und nicht übergangen oder überlesen wird, setzt man hierher einen Punkt oder einen kleinen Kreis (arab. *dāʾira*, lat. circulus) zur Kennzeichnung der 'Leere' (ind. *śūnya*; arab. *ṣifr* [daraus später lat. ciphra etc., unser 'Ziffer', it., frz., engl. etc. *zero, zéro*]). In den weiteren Kapiteln werden sodann die Operationen zu den verschiedenen Rechenarten mit den neun Zeichen in allen Einzelschritten genau beschrieben: Addition, Subtraktion, Multiplikation, Division, Bruchrechnen, Sexagesimalbrüche, Wurzelziehen. Nach arab. Definition gehörte die Null also nicht zu den neun Zahlzeichen (Ziffern), sondern sie war nur ein ergänzendes Hilfsmittel zur Kennzeichnung der 'Leere' einer Stelle. Die Nachricht, daß schon Ǧābir ibn Ḥaiyān (Mitte 8. Jh.?) im »Buch der 70« die Null erwähnt hat, bleibt chronologisch ambivalent, da die Historizität und Datierung von Ǧābir stark umstritten sind (SEZGIN V, 23, 219ff., 224f.; KRAUS-PLESSNER). Zu rund fünfzehn weiteren Autoren, die Schriften über das »indische Rechnen« bzw. »Über Addition und Subtraktion« verfaßt haben, s. SEZGIN. Historisch bes. wirkungsmächtig war die entsprechende Schrift von Muḥammad ibn Mūsā →al-Ḫwārizmī (9. Jh.), da diese im 12. Jh. in Spanien ins Lat. übersetzt wurde und so recht eigentlich die indisch-arab. Ziffern und das Rechnen mit ihnen in Europa bekannt machte (der arab. Text ist anscheinend verloren; s. Abschn. I).

Der Gebrauch der ind. Ziffern bei den Arabern scheint sich nur sehr langsam durchgesetzt zu haben. Insbes. in astronom. →Tafeln hat sich bis in die Spätzeit die Notation mit Zahlbuchstaben (*abǧad*, auch *ḥisāb al-ǧummal*) nach griech. Vorbild erhalten. Die älteste erhaltene Stelle mit ind. Ziffern dürfte ein ägypt. Papyrus mit der Hiǧra-Jahreszahl 260 (= 873/874) sein, sofern es sich dort wirklich um diese Jahreszahl handelt (GROHMANN, 453f., Nr. 12; Abb. Tafel LVI, 12). Die Null erscheint hier als Punkt. Chronologisch das nächste Dokument ist die Hs. Paris B.N. ar. 2457, geschrieben von dem Mathematiker as-Siǧzī in den Jahren 969–972 in Schiras. Hier finden sich die ind. Ziffern in einem (am Anfang defekten) trigonometr. Text (fol. 81ʳ–86ʳ), sowohl im laufenden Text als auch in eingefügten kurzen Tabellen. Die Ziffern erscheinen in der bekannten ostarab. Form, die Null als kleiner Kreis. Für »2« gibt es drei verschiedene Formen (die bekannte ostarab.; eine Form, die denjenigen in einigen lat. Hss. des 12. Jh. gleicht; und eine Form, die offenbar aus der zweiten vereinfacht ist), für »3« zwei verschiedene Formen (die bekannte ostarab. Form; und wieder eine Form ähnlich derjenigen in einigen lat. Hss. des 12. Jh.).

Offensichtlich standen die Schreibformen einiger Ziffern längere Zeit hindurch nicht fest. Neben den im arab. Osten gängigen Formen scheinen ferner die Ziffern im arab. Westen (Maghrib, Spanien) eine eigene Form angenommen zu haben (in der Lit. meist als *ġubār*-Ziffern bezeichnet, d.h. 'Staub-Ziffern', eine Reminiszenz an das mit Staub bestreute Rechenbrett, arab. *taḫt*, lat. tabula; die Gesch. dieses terminus im Arab. ist noch nicht abschließend geklärt); hieraus sind die lat. Formen unserer 'arab.' Ziffern abgeleitet. Westarab. Dokumente für die Ziffernschreibung liegen erst vom Ende des 13. Jh. und später vor. Ob die westarab. Ziffern auf dem Vorsatzblatt der arab. Almagest-Hs. Tunis 07116 (dat. 1085) mit in deren Entstehungszeit gehören oder erst später niedergeschrieben wurden, ist nicht zu erkennen. Auf jeden Fall liegen die Vorgänge um die westarab. Ziffernformen und deren westl. Entlehnung (im 10.–12. Jh.) im Dunkel; aus dieser Zeit gibt es nur lat., keine arab. Zeugnisse. Auch im arab. Osten hat sich die Zahlennotation mit ind. Ziffern auf breiter Front erst ab dem 13. Jh. durchgesetzt.

P. Kunitzsch

Lit.: EI² II, s.v. Djābir b. Ḥayyān [P. KRAUS–M. PLESSNER] – F. NAU, JA, sér. 10, 16, 1910, 225–227 – A. GROHMANN, Archiv Orientální 7, 1935, 437–472 – M. LEVEY–M. PETRUCK, Kūshyār ibn Labbān..., 1965 – A. S. SAIDAN, Abū l-Ḥasan... al-Uqlīdisī, al-Fuṣūl fī l-ḥisāb al-hindī, 1973 – SEZGIN V – A. S. SAIDAN, The Arithmetic of al-Uqlīdisī, 1978 – A. S. SAIDAN, ʿAbd al-Qāhir... al-Baġdādī, at-Takmila fī l-ḥisāb, 1985 – A. LABARTA–C. BARCELÓ, Números y cifras en los documentos arábigohispanos, 1988.

III. BYZANTINISCHER BEREICH: Die Byzantiner (→Mathematik, II; →Rechenkunst, II) verwendeten zunächst ausschließlich das jüngere, auf den 24 Buchstaben des Alphabets und drei Episemen beruhende griech. Zahlensystem: α, ..., ε (1, ..., 5), ϛ (6), ζ, η, θ (7, 8, 9), ι, ..., π (10, ..., 80), ϟ (90), ϱ, ..., ω (100, ..., 800), ϡ (900).

Tausender werden aus Einern mit Anstrich erzeugt, Zehntausender auch durch M (μύριοι) mit darübergesetztem Zahlfaktor, z.B. 124307 = $\overset{\iota\beta}{M}$δτζ oder ρ̂κδτζ (additives nicht-positionelles Bündelungssystem). Neben (halb)verbaler Umschreibung der gemeinen Brüche durch Ordinalzahlen für die Nenner findet man z.B. für $\frac{2}{5}$ die Darstellungen εʹεʹβ, εʹʹεʹʹβ (Doppelschreibung des Nenners zur Vermeidung von Fehldeutungen), β^εʹ, β̄ und $\tfrac{\beta}{\varepsilon}$ (allmähl. Uminterpretation des Querstrichs über ε als Bruchstrich); daneben hat sich als ägypt. Erbe auch die Zerlegung in Stammbruchsummen erhalten. Für $\frac{1}{2}$ sind außerdem im 14. Jh. Sonderzeichen wie ⌐ und L" belegt. Schließlich verwenden die Byzantiner auch Sexagesimalbrüche in der überlieferten hellenist. Schreibweise.

→Leon der Mathematiker (um 863) formuliert ein allg. Multiplikationsgesetz mit Hilfe von Buchstaben ohne den für Zahlen vorgesehenen Strichindex; dies ist der weitaus früheste Ansatz zu einer algebraischen Symbolik.

Für das 13. Jh. lassen sich die sog. griech.-chaldäischen Ziffern nachweisen, die vermutl. arab. Herkunft sind und v.a. kryptograph. Bedeutung haben: ſ ꓨ ꓤ Ͱ ꓢ Ϟ Ϲ. Zur Zahldarstellung (bis 99) dienen Einer- und Zehnerfeld links bzw. rechts eines vertikalen Strichs.

Eine Oxforder Euklid-Hs. von 888 ist das früheste Zeugnis für das allmähl. Eindringen der indischen Ziffern, und zwar in den ostarab. Formen (١٢٣٤٥٦٧٨٩٠). Die Null als positionelles Leerzeichen wird aber erst ab dem 11. Jh. richtig verstanden. Eine Pariser Hs. v. 1252 lehrt die neuen Rechenmethoden mit den westarab. Ziffern, den Vorläufern unserer heutigen Formen. Sie war Vorlage für die »Indische Rechenkunst« des Maximos →Planudes (13. Jh.), der allerdings wieder die ostarab. Ziffern verwendet. Doch kann sich das neue System nicht durchsetzen, wie die Werke von →Pachymeres, →Moschopulos, →Barlaam, →Rhabdas u.a. zeigen. Es findet sich aber noch einmal in einer Wiener Hs. von 1436, und zwar ohne Aufgabe der alten Buchstabenziffern (z.B. 11 = αʹαʹ, 209 = βʹ · θʹ oder βʹ γʹ θʹ). Hier treten auch erstmals in Europa

Dezimalbrüche auf – dem Text zufolge durch die Türken eingeführt. In byz. Theologie, Kunst und Architektur spielt die →Zahlensymbolik eine wichtige Rolle.

St. Deschauer

Lit.: The Oxford Dict. of Byzantium, III, 1991, 1501 – K. VOGEL, Beitr. zur griech. Logistik, Sitzungsber. der BAW, Math.-nat. Abt., 1936 – DERS., Buchstabenrechnung und ind. Ziffern in Byzanz, Akten des XI. Internat. Byzantinistenkongresses 1958, 1960 – H. HUNGER-K. VOGEL, Ein byz. Rechenbuch des 15. Jh., DÖAW, Phil.-hist. Kl. 78, Abh. 2, 1963 – K. VOGEL, Ein byz. Rechenbuch des frühen 14. Jh., Wiener Byzantinist. Stud. 6, 1968 – A. ALLARD, Le premier traité byz. de calcul indien, Rev. d'hist. d. textes 7, 1977, 57–107 – DERS., Maxime Planude: Le grand calcul selon les Indiens, 1981 – J. SESIANO, Un système artificiel de numération du moyen âge, Boethius 12, 1985.

Zahnheilkunde. Das frühma. Schrifttum zur Z. steht in spätantiker Tradition und muß hinsichtl. seines Inhaltes und Überlieferungszustandes als dürftig bezeichnet werden. Gegen Zahnschmerzen wurden Polypharmaka bzw. Aderlässe unter der Zunge empfohlen, Extraktionen dagegen allenfalls bei gelockerten Zähnen als ultima ratio vorgenommen. Zusätzl. volksmed. Elemente zeigen sich u. a. in der Behandlung des Zahnwurms, den →Hildegard v. Bingen (1098–1179) mittels Räucherung von Myrrhe und Aloe zu beherrschen suchte.

Die Überwindung der frühma. →Klostermedizin und die erste Rezeption der arab. (Zahn-)heilkunde (→Arabismus) erfolgte in der salernitan. Früh- und Hochphase (→Salerno, B). V. a. →Constantinus Africanus († 1087) legte durch die Übers. von Kompendien der arab., galen. geprägten Autoren ᶜAlī ibn al-ᶜAbbās sowie →Ibn al-Gazzar den Grundstein für die weitere Entwicklung der europ. Z. Constantinus referierte die korrekte Zahl der Zähne (32), aber auch die Vorstellung von einem geteilten Unterkiefer und die humoralpatholog. (→Humoralpathologie) geprägte Herleitung der Zahnschmerzen von kopfabwärts strömenden warmen und fauligen Säften. Gegen Zahnwürmer wurde in Salerno die Bilsenkrauträucherung propagiert. Zahnextraktionen kamen erst beim Versagen medikamentöser Behandlungsversuche (Einreibungen mit Hefe, Wolfsmilch, Froschfett u. ä.) zur Anwendung. Erstmals im Abendland wird bei Constantinus eine Arsenapplikation zur Bekämpfung von Zahnschmerzen empfohlen (Practica, V).

Der salernitan. geprägte →Gilbertus Anglicus differenzierte im »Compendium medicinae« (um 1240) hinsichtl. der Kariesätiologie zw. causae primitivae (Zahnschwäche) und causae derivativae (schlechte Säfte, interdentale Speisereste). Das wirkungsgesch. gesehen wichtigste chirurg. Corpus des Hoch- und SpätMA – der sog. ʻRoger-Komplex' (→Roger Frugardi) – spiegelt in zahnheilkundl. Hinsicht im wesentl. den salernitan. Kenntnisstand. Im Rahmen der seit dem ausgehenden 12. Jh. einsetzenden, bis in die frühe NZ ausgreifenden Textentfaltung kommt es zu einer zunehmenden Ergänzung des Wissensstandes (→Chirurg von der Weser), wobei die hd. Fassungen des SpätMA in therapeut. wie nosolog. Hinsicht oft inhaltl. Verknappungen zeigen. Erst in Ansätzen ausgeprägt sind die konservierenden, prothet. und kieferorthopäd. Teilbereiche; demgegenüber dominiert die – später humoralpatholog. ergänzte – chirurg. Z. (Extraktionen, Geschwulstentfernung u. ä.).

Wohl aus dem 13. Jh. stammt das älteste Zeugnis für die hl. Apollonia als Patronin des Zahnschmerzes (BULK); als Attribute trägt sie meist Zahn und Zange. Der in der toletan. Schule (→Übersetzer, II) von →Gerhard v. Cremona († 1170) übersetzte »Canon« des →Avicenna (973/980–1037) diente u. a. lombard. Chirurgen wie →Bruno v. Longoburgo, Tederico →Borgognoni und →Wilhelm v. Saliceto als Vorlage. Wilhelm gab der Zahnextraktion gegenüber der medikamentösen Behandlung den Vorzug. Zur Behandlung des Zahnfleischs zog er Ätzmittel heran. Das auch bei →Bernhard v. Gordon aufscheinende Lehrgut der Schule v. →Montpellier steht in der Tradition der Canonübers., bietet jedoch auch Neues: So warnte Bernhard vor Ätzbehandlung der Frontzähne und erkannte, daß einseitige Kaubelastung zu Zahnbelägen auf der kontralateralen Seite führt (Lilium medicinae, um 1303).

→Guy de Chauliac, der bedeutendste chirurg. Schriftsteller des 14. Jh., stützte sich in seinen odontolog. Beiträgen v. a. auf Avicenna und →Abū l-Qāsim (Chirurgia magna, um 1363). Neben diversen Extraktionsinstrumenten (Hebel, Zangen) empfahl er erstmals den Pelikan und machte auch den Zahnersatz mittels Rindsknochen bekannt.

Zahnbehandlungen führten, wie Guy betont, vornehml. Vertreter der niederen Chirurgie (barbitonsores et dentatores) durch, die bis in die NZ vielfach als *fahrende Zahnbrecher* (14. Jh.) auftraten.

Obwohl landessprachl. Spezialtraktate seit dem 14. Jh. auftreten, fachlit. tätige Zahnärzte wie ʻder Ottinger' seit dem 15. Jh. belegt sind, mit der Mittweidaer »Zene Artzney« ab 1530 auch gedruckte Fachschriften vorlagen, unter denen Walther Hermann Ryffs Würzburger ʻBericht' v. 1545 einen herausragenden Platz einnimmt, dominiert die ma. Z. bis ins 18. Jh.: Erst mit Pierre Fauchard (1678–1761) nahm die wiss. Z. einen deutl. Aufschwung (Le chirurgien dentiste, 1728).
D. Groß/G. Keil

Lit.: C. BRODMANN, Dt. Zahntexte in Hss. des MA [Diss. Leipzig 1921] – K. SUDHOFF, Gesch. der Z., 1921, 1926² [Neudr. 1964] – W. HEINECKE, Zahnärztliches in den Werken des Oreibasios [Diss. Leipzig 1922] – W. BULK, St. Apollonia, 1967 – G. BAADER–W. HOFFMANN-AXTHELM, Die Entwicklung der Zahn-, Mund- und Kieferheilkunde im europ. MA, MedJourn 6, 1971, 113–159 – W. LÖCHEL, Die Zahnmed. Rogers und die Rogerglossen (Würzburger med.hist. Forsch. 4, 1976) – P. MICHELONI, Storia dell'odontoiatria, II, 1977 – G. KEIL, Gestaltwandel und Zersetzung. Roger-Urtext und Roger-Glosse vom 12. bis ins 16. Jh. (Med. im ma. Abendland, hg. G. BAADER–G. KEIL, 1982) – W. HOFFMANN-AXTHELM, Die Gesch. der Z., 1985² – W. GERABEK, Der Zahnwurm, Zahnärztl. Praxis 44, 1993, 162–165, 210–213, 258–261 – DERS., Hist. Konzepte der Analgesie in der Z., ebd. 45, 1994, 293f., 337–341.

az-Zahrā' → Madīnat az-Zahrā'

Zähringer, Fs. enhaus im hochma. →Schwaben. In vermuteter Verbindung zu der frühalem. Familie der Bertholde/→Alaholfinger tritt um 1000 mit dem Thurgaugf.en Berthold der erste hist. faßbare Vorfahr der Z. entgegen. Dieser erhielt 999 von Ks. Otto III. für seinen Ort →Villingen Markt-, Münz- und Zollrecht, und damit erscheint die w. →Baar mit der oberen Donau als alter Besitzschwerpunkt der Familie. Durch Heinrich II. mit der Gft. im →Breisgau ausgestattet, erweiterte Berthold seinen und seiner Nachkommen Wirkraum an den Oberrhein. Der 1024 gestorbene Gf. Berthold/Bezelin (v. Villingen), über dessen Mutter Bertha die Z. mit den Staufern verwandt waren, ist entweder mit dem Thurgaugf.en ident. oder als dessen Sohn anzusprechen. Bezelins seit 1025 belegter Sohn Berthold gehörte zur engeren Umgebung Konrads II. und war in seinem Auftrag 1037/38 in Italien tätig. Um diese Zeit heiratete er Richwara, die als Tochter Hzg. →Hermanns IV. v. Schwaben (7. H.) gelten darf. Wohl durch sie erweiterte sich der Familienbesitz um den Komplex Weilheim/Limburg im Neckargau, der im späten 11. Jh. Zentrum und Stammsitz war. Als einer der mächtigsten schwäb. Adligen erhielt Berthold die Zusage Ks. Heinrichs III. auf das Hzm. Schwaben, ging allerdings

1057 leer aus, da die Ksn.witwe →Agnes den Dukat an →Rudolf v. Rheinfelden verlieh. 1061 wurde Berthold mit →Kärnten entschädigt, und dadurch erreichte die Familie dukalen Rang. Sein ältester Sohn →Hermann (2. H.) amtierte als Gf. im Breisgau und führte überdies den Titel des Mgf.en (v. Verona). Da er 1073 der Welt entsagte und in das Kl. Cluny eintrat, nahm Hzg. Berthold den Breisgau wieder in eigene Regie. Um diese Zeit kam es zu einer ersten Entfremdung Bertholds von Kg. Heinrich IV., die sich nach 1075 verstärkte, als Berthold sich mit Hzg. →Welf IV. v. Bayern (5. W.) und Hzg. Rudolf v. Schwaben zur südfst. Fs.enopposition zusammenschloß. Von Heinrich 1077 seiner Ämter und Lehen entsetzt, starb Berthold 1078 auf der Limburg. Sein Sohn →Berthold II. (5. B.) führte als Anhänger der päpstl. Partei die antisal. Opposition in Schwaben fort, seit 1084 unterstützt von seinem Bruder →Gebhard, der damals Bf. v. Konstanz und überdies 1089 päpstl. Legat wurde. Durch seine Heirat mit Agnes, Tochter Rudolfs v. Rheinfelden, gelangte Berthold 1090 nach dem kinderlosen Tod von Rudolfs Sohn, Hzg. Berthold v. Schwaben, an das reiche, v. a. in Burgund gelegene →Rheinfeldener Erbe; die Ehe seiner Tochter Agnes mit Gf. Wilhelm III. v. Hochburgund verstärkte die Verbindung in diesem Raum. Damals schuf Berthold den neuen Herrschaftsschwerpunkt mit der Burg Zähringen im n. Breisgau, die für die Familie namengebend wurde, und zur gleichen Zeit verlegte er auch das von seinem Vater gegr., zeitweise in Hirsauer Verfügung befindl. Kl. Weilheim an den w. Schwarzwaldrand, wo es als zähring. Hauskl. →St. Peter mit der Familiengrablege eine wichtige Funktion erhalten sollte. Auch Burg und Siedlung→Freiburg i. Br. nahmen zu dieser Zeit ihren Anfang. In Opposition zum ks.treuen stauf. Hzg. →Friedrich I. (36. F.) wurde Berthold II. 1092 zum Hzg. v. Schwaben gewählt; zugunsten des Staufers gab er diese Funktion aber 1098 gegen Überlassung →Zürichs als Reichslehen auf, ohne indes auf seinen Hzg.stitel zu verzichten, der zum festen Bestandteil des zähring. Hauses wurde. Berthold und ebenso wie sein gleichnamiger Sohn (→Berthold III., 7. B.) in der Folgezeit als verläßl. Stütze der spätsal. Herrscher gelten. Bertholds II. Neffe Hermann, der die von seinem Vater begründete mgfl. Linie fortführte, wurde damals von Heinrich IV. für den Verlust der Mgft. Verona mit der Herrschaft über →Baden in der Ortenau entschädigt, wonach sich dieser Zweig der Familie künftig benannte.

Es gelang den Z.n seit dem frühen 12. Jh., über Vogteien (Bamberg, St. Peter, St. Georgen, St. Blasien) und unter Einsatz adliger und ministerial. Gefolgsleute ihr Territorium im SW Schwabens herrschaftl. zu verdichten, das nun nicht mehr der Zuständigkeit des schwäb. Hzg.s unterlag. In Konkurrenz mit alteingesessenen Herrschaftsträgern wie dem Basler Bf. erschlossen und nutzten die Z. den Silberregen des →Schwarzwalds und schufen sich damit eine wesentl. materielle Basis. Nach dem Tod Bertholds II. 1111 tat sich unter seinen Söhnen bes. der jüngere →Konrad (20. K.) hervor, der 1120 in Freiburg i. Br. einen Markt gründete und damit die zähring. Städtepolitik einleitete (→Z.städte). Als Nachfolger seines Ende 1122 gestorbenen Bruders Berthold III. im Dukat hat Konrad dreißig Jahre lang die Gesch. der Z. geprägt. Durch seine Heirat mit Clementia v. Namur dehnte er den Einfluß des Hauses weit über den dt. SW hinaus aus. Herrschaftsgeschichtl. ist von hoher Bedeutung, daß Konrad 1127 von Kg. Lothar III. zum Rektor Burgunds (→Rector, I. 2) erhoben wurde, wo er über seine nach Hochburgund verheiratete Schwester Ansprüche anmelden konnte. Diese reichsamtl. Position stützte fortan den fsl. Rang der Z. Während das gute Einvernehmen Konrads mit dem Kgtm. auch unter Konrad III. fortdauerte, verschlechterte sich die Beziehung zw. Friedrich Barbarossa, der bereits 1146 eine Fehde gegen die Z. geführt hatte, und Hzg. Konrads Sohn und Nachfolger →Berthold IV. v. Z. (8. B.), da der Staufer nach anfängl. Zugeständnis weiterreichender Rechte in Burgund an den Hzg. hier seine eigenen Interessen verfolgte und den Spielraum der Z. auf den ö. Teil zw. Jura und Alpen einengte. Wenn auch Berthold IV. ca. 1156 als Entschädigung Vogtei und Regalieninvestitur in den Bm.ern Genf, Lausanne und Sitten zugestanden bekam, blieben Spuren der Kränkung, und sie wurden noch vertieft, als der Ks. 1160 die Wahl von Bertholds Bruder →Rudolf (17. R.) für den Mainzer Erzstuhl nicht anerkannte. In diesem Tiefpunkt des stauf.-zähring. Verhältnisses bot Berthold IV. dem frz. Kg. Ludwig VII. für den Fall eines stauf. Angriffs Rat und Hilfe an und sprach im Zusammenhang mit der Mainzer Affäre vom Haß des Ks.s gegen »unser Geschlecht«. Dieser betrieb seinerseits 1162 die Scheidung →Heinrichs d. Löwen von Bertholds IV. Schwester →Clementia, um die welf.-zähring. Allianz zu schwächen. In der Folgezeit besserten sich die Beziehungen zw. Friedrich I. und den Z.n: Rudolfs erfolgreiche Bf.skandidatur in Lüttich 1167 kam den territorialpol. Interessen seines Bruders im nordlothring. Raum entgegen, die Friedrich I. allerdings später durchkreuzte, als er hier Mitte der 80er Jahre die Gf.en v. →Hennegau begünstigte. Berthold IV., der sich bereits 1159/60 im ksl. Heer in Italien hervorgetan hatte, begleitete Friedrich I. auch 1167 und 1176 über die Alpen, und der Ks. belehnte 1173 nach dem Anfall des Lenzburger Erbes (→Lenzburg) Berthold mit den Kirchenvogteien in Zürich.

War die Gesch. der Z. auf Reichsebene in der 2. Hälfte des 12. Jh. von einigen Mißerfolgen gekennzeichnet, so vermochten doch Berthold IV. und sein ihm 1186 nachfolgender Sohn →Berthold V. (9. B.) ihr fsl. Territorium in der Alemannia und in Burgund durch Neugründung von Städten (→Freiburg i. Üchtland 1157, →Bern 1160/91), durch die Anlage repräsentativer Burgen (z. B. Burgdorf, Rheinfelden) und (in der Nachfolge der Lenzburger) durch Siedlungs- und Verkehrspolitik im Alpenraum zu konsolidieren. Allerdings erfuhr Berthold V., dessen Ehe mit Clementia, Tochter Gf. Stephans III. v. Hochburgund-Auxonne, seine Verbindung zu Burgund spiegelt, gerade hier mehrfach den Widerstand des Adels. Während er dabei 1190 einen klaren Sieg verzeichnen konnte, bereitete ihm der Konflikt mit Gf. →Thomas v. Savoyen (7. Th.) zu Beginn des 13. Jh. größere und längere Mühe. Im dt. SW förderte Berthold V. Städte wie Villingen und v. a. das mit einer Residenzburg verbundene Freiburg, dessen Münster er neu erbauen ließ und als Ort seines Begräbnisses wählte.

Als nach dem Tod Ks. Heinrichs VI., der im Z.land stauf. Territorialinteressen verfolgt hatte, Hzg. Berthold V. Ende 1197 als Thronkandidat der antistauf. Partei ausersehen wurde, eröffnete sich den Z.n die Möglichkeit reichspolit. Engagements höchsten Ranges. Doch wollte Berthold diese Aufgabe letztl. nicht wahrnehmen und blieb von dem festgesetzten Wahltermin in Andernach 1198 fern, nachdem er sich mit Kg. Philipp geeinigt und von diesem im Gegenzug zu dessen Anerkennung territoriale Zugeständnisse erhalten hatte, die seit alters verfolgte Ziele der Z. betrafen: Vogtei und Herrschaft über Kl. und Stadt →Schaffhausen und die stauf. Besitzhälfte an dem alten breisgauischen Vorort →Breisach, der zum anderen

Teil dem Bf. v. Basel gehörte. In der Folgezeit fast durchgängig auf stauf. Seite, hat Berthold V. sein Augenmerk auf die innere Konsolidierung des ducatus Zaringiae gerichtet, indem er ein anderes altes Ziel der Z., den vogteil. Zugriff auf →St. Gallen, zu erreichen suchte. Doch scheiterte er hier, und auch seinen Anspruch auf das Erbe der Gf.en v. Nimburg konnte er gegenüber dem Straßburger Bf. nicht durchsetzen. Der höf. Kultur aufgeschlossen, hat sich Berthold V. als Gönner von Dichtern wie →Berthold v. Herbolzheim (16. B.) einen Namen gemacht; ob →Hartmann v. Aue an den Hof der Z. gebunden war, ist fraglich.

Da Berthold V. und Clementia zuletzt ohne Nachkomen blieben und Friedrich II. frühzeitig den Plan verfolgte, den die stauf. Kernlande beeinträchtigenden zähring. Dukat aufzulösen, wurde das aus Allod, Reichs- und Kirchenlehen bestehende Erbe nach dem Tod Bertholds 1218 teils gütl., teils auf dem Fehdeweg zw. den Ansprüche anmeldenden Parteien aufgeteilt. Hierzu gehörten die Gf.en v. →Urach und die Gf.en v. →Kiburg, in deren Familien die Schwestern Bertholds V., Agnes und Anna, eingeheiratet hatten, die Hzg.e v. →Teck als eine im späten 12. Jh. abgetrennte Seitenlinie der Z. und nicht zuletzt Friedrich II. War damit die Zeit der Z.herrschaft zu Ende gegangen, so kam den Z.n in der Nachwirkung eine bedeutsame Rolle zu, indem sich sowohl die →Habsburger als auch (in der frühen NZ) die Badener auf sie als Vorfahren beriefen.   Th. Zotz

Lit.: E. Heyck, Die Hzg.e v. Zähringen, 1891 [Nachdr. 1980] – Th. Mayer, Der Staat der Hzg.e v. Zähringen, 1935 – K. Schmid, Aspekte der Z.forsch., ZGO 131, 1983, 225–252 – Veröff. zur Z.-Ausstellung, I–III [Bibliogr.]: Die Z. Eine Tradition und ihre Erforsch., hg. K. Schmid, 1986; Die Z. Anstoß und Wirkung, hg. H. Schadek–K. Schmid, 1986; Die Z. Schweizer Vortr. und neue Forsch.en, hg. K. Schmid, 1990 – Th. Zotz, Dux de Zaringen – Dux Zaringiae. Zum zeitgenöss. Verständnis eines neuen Hzm.s im 12. Jh., ZGO 139, 1991, 1–44 – J. Lichdi, Bm. Basel und zähring. Herrschaftsbildung in der Freiburger Bucht, Schau-ins-Land 110, 1991, 7–63 – M. Blattmann, Die Freiburger Stadtrechte zur Zeit der Z., 1991 – K. Schmid, Vom Werdegang des bad. Mgf.engeschlechtes, ZGO 139, 1991, 45–77 – Ders., Baden-Baden und die Anfänge der Mgf.en v. Baden, ZGO 140, 1992, 1–37 – Ders., Auf der Suche nach der Z. Kirche in der Z.zeit, Schau-ins-Land 112, 1993, 7–29 – H. Harter, Die Z.ministerialen »von Schopfheim« in der Ortenau. Ein Beitr. zum »Offenburg-Problem«, Die Ortenau, 1994, 229–272 – Ders., Die »Herren v. Ow« im 11. und 12. Jh. (Adel am oberen Neckar, hg. F. Quarthal, 1995), 229–272 – Freiburg 1091–1120. Neue Forsch.en zu den Anfängen der Stadt, hg. H. Schadek–Th. Zotz, 1995 – Th. Zotz, Das Z.haus unter Heinrich V. und der Freiburger Marktgründung 1120 (Gesch. in Verantwortung. Fschr. H. Ott, hg. H. Schäfer, 1996), 25–52 – J. Mangei, Die Z. in den sog. Marbacher Annalen, Schau-ins-Land 116, 1997, 141–155 – A. Zettler, Burgenbau und Z.herrschaft (Burgen im Spiegel der hist. Überlieferung, hg. H. Ehmer, 1998), 9–36 – U. Parlow, Die Z. Kommentierte Q.ndokumentation zu einem sw.dt. Hzg.sgeschlecht des hohen MA [im Dr.].

Zähringerstädte. Die Zähringerforsch. schrieb den Hzg.en ein eigenes Stadtgründungsmodell zu und zählte alte Siedlungen in ihrem Herrschaftsbereich zu den Gründungen der →Zähringer, sobald sie nur einen bestimmten Straßenverlauf (»Zähringerkreuz«) oder ein den Freiburger Rechtssätzen verwandtes Stadtrecht aufwiesen (→Freiburg i. Br., →Stadtgründung). Zudem glaubte man, daß die Hzg.e v. Zähringen ihre Städte an bisher unbesiedelten Plätzen anlegten. Nachweisl. schlossen sich jedoch auch die Z. an Vorgängersiedlungen an. Das sog. »Zähringerkreuz« ist eine unabhängig vom Gründer seit dem 12. Jh. häufig anzutreffende Straßenführung, und »Zähringerrecht« erhielten auch Siedlungen, die nicht unter der Herrschaft der Zähringer standen, viele davon sogar erst nach dem Aussterben des Hauses. Die Zähringer haben die Möglichkeiten ihrer Zeit zwar geschickt zu ihren Gunsten genutzt, jedoch nicht etwa revolutionär verändert. Die Z. lassen sich in drei Gruppen einteilen: Die erste umfaßt die nachweisl. Gründungsstädte Freiburg i. Br. (gegr. 1120), →Freiburg i. Üchtland (1157) und →Bern (1160/91), die ihre Entstehung einem geplanten Eingriff der Zähringer verdanken und noch zur Zähringerzeit im wesentl. die innere Struktur einer Stadt aufwiesen. Zur zweiten Gruppe zählen Villingen, Offenburg, Neuenburg a. Rhein, Rheinfelden, Burgdorf, Murten und Thun, die als Burg- oder Dorfsiedlungen an die Zähringer gelangten, teilweise von ihnen ausgebaut wurden, aber eine städt. Struktur wohl erst nach 1218 erlangten, und Orte wie →Zürich, →Breisach und →Solothurn, auf deren Stadtwerdung die Zähringer nicht den entscheidenden Einfluß hatten, weil sie schon als städt. Siedlung in ihren Besitz kamen. Die dritte Gruppe umfaßt die Traditionsstädte wie z. B. Bräunlingen, Kenzingen und Rottweil, die sich aufgrund der Straßenführung oder Freiburger Rechtssätze auf die Zähringer berufen, ohne je in einem engeren Verhältnis zu ihnen gestanden zu haben.

J. Treffeisen

Bibliogr.: Verz. des Zähringerschrifttums. Zusammengestellt v. J. Gerchow (Die Zähringer. Eine Tradition und ihre Erforschung, hg. K. Schmid, 1986 [Veröff. zur Zähringer-Ausst., I]), 241–245 – Lit.: M. Blattmann–J. Treffeisen, Die Städte (Die Zähringer. Anstoß und Wirkung, hg. H. Schadek–K. Schmid, 1986 [ebd., II]), 220–302.

Zahumlje (Zachlumien), hist. Territorium im westl. Teil der Balkanhalbinsel (→Südslaven, II), das sich entlang der Adriaostküste (→Adria) zw. dem Fluß →Neretva und dem Hinterland v. →Ragusa (Dubrovnik) erstreckte. Im Innern grenzte es an →Kroatien und →Serbien, an der Küste im N an Paganien, im S an →Travunien. →Konstantin VII. Porphyrogennetos behandelt es in »De adm. imp.« als selbständiges serb. Fsm. unter dem →Archonten →Michael Višević (τοῦ υἱοῦ τοῦ Βουσεβούτζη), der von den ungetauften Litziki, die am Fluß Visla wohnten, abstammen soll. Z. hatte ein Bm. mit Sitz in Ston (Stagnum), das dem Ebf. v. →Split, im 12. Jh. dem Ebf. v. Dubrovnik unterstand. Im 11. Jh. war Z. mit Dioklien (→Zeta) unter dem Fs.en →Stefan Vojislav vereinigt. Der Name blieb erhalten und erscheint im Titel der ersten Nemanjiden (→Nemanja), die das Territorium seit dem 12. Jh. beherrschten. Seit 1326 gehörte das ehem. Z. zum Herrschaftsbereich v. →Bosnien. In späteren Q.n und in der Lit. wird Z. mit *Humska zemlja* (→Hum) identifiziert, obwohl *Hum – terra di Chelmo* auf die Ebene v. Mostar beschränkt war.   S. Ćirković

Lit.: Jireček, I, 1911 – S. Mišić, Humska zemlja u srednjem veku, 1996.

Zai'da, Kgn. v. →Kastilien-León, † 12. Sept. 1107 im Kindbett, ⌒ →Sahagún; Tochter von Ibn Abī l-Ḥağğāğ al-Šanyabī v. →Lérida, ∞ 1. Faṭ al-Maʾmūn (gest. 26. März 1091 bei der Verteidigung v. →Córdoba), Sohn des Taifen (→mulūk aṭ-ṭawāʾif) al-Muʿtamid v. →Sevilla; 2. (vor 14. Mai 1100) Kg. →Alfons VI. v. Kastilien-León (1065/72–1109), von dem sie drei Kinder hatte: Sancho (* ca. 1093, ✕ 30. Mai 1108 bei →Uclés), Elvira (* vor 1104, † 1145, ∞ Kg. →Roger II. v. Sizilien) und Sancha (vor 1104, † 1125, ∞ Rodrigo González de →Lara). Nach dem Tod ihres ersten Gatten und dem Fall der Burg Almodóvar del Río (22. April 1091) begab sich Z. im Auftrag ihres Schwiegervaters, al-Muʿtamid v. Sevilla, an den kast. Hof, um die Hilfe Alfons' VI. gegen die →Almoraviden zu gewinnen. Obwohl Z. ihm die Burgen Caracuey, Alarcos, Consuegra, Mora, Ocaña, Oreja, Uclés, Huete, Amasatrigo und →Cuenca als eine Art Mitgift zubrachte,

nahm sie Alfons VI. zunächst nur zur Konkubine. Erst nachdem ihm Z., die inzwischen mit ihren Söhnen und zahlreichen maur. Rittern zum Christentum übergetreten und auf den Namen Isabella getauft worden war, einen Sohn geboren hatte, heiratete er sie nach dem Tod seiner 3. Gattin Bertha († nach 17. Nov. 1099), um diesen zu legitimieren und seine Nachfolge zu sichern. Im »Cantar de la mora Z.« ging die Beziehung in romantisierter Form in die Lit. ein.   U. Vones-Liebenstein

Lit.: ISENBURG, II, Tafel 57 – R. MENÉNDEZ PIDAL, La España del Cid, 2 Bde, 1969[7] – B. F. REILLY, The Kingdom of León-Castilla under Queen Urraca (1109–26), 1982 – C. PALENCIA, Hist. y leyendas de las mujeres de Alfonso VI, Estudios sobre Alfonso VI y la reconquista de Toledo, II, 1988, 288f. – B. F. REILLY, The Kingdom of León-Castilla under Alfonso VI (1065–1109), 1988, 338f.

Zainer. 1. Z., Günther, Augsburger Druckerverleger, stammte aus Reutlingen, † 13. April 1478. Er erlernte die Druckkunst in Straßburg bei Johannes →Mentelin und erwarb durch Heirat mit der Bürgerstochter Agnes Krieg 1463 das Bürgerrecht. Wahrscheinl. auf Einladung des Bf.s →Peter v. Schaumberg (1388–1469; 22. P.) kam er nach →Augsburg und begann dort 1467 als erster zu drucken. Neben gelehrter Lit. in lat. Sprache (so z. B. das »Catholicon« des →Johannes Balbus [64. J.; GW 3183]) widmete sich Z. bevorzugt illustrierten Werken in dt. Sprache. Wegweisend waren seine gedruckten Initialen, u. a. das schöne »Maiblümchenalphabet«, welche die nachträgl. Bearbeitung durch den →Rubrikator überflüssig machten. Er geriet dadurch in Gegensatz zu den einheim. Formschneidern und Briefmalern, ließ sich aber in seinem Vorgehen nicht beirren. Seine eigenwillige Textschrift geht allem Anschein nach auf lokale Vorbilder zurück, hat aber auch it. Einflüsse verarbeitet (»ne italo cedere videamur«). Nach anfängl. wirtschaftl. Erfolgen mußte Z. am Ende seines Lebens große finanzielle Einbußen hinnehmen.   S. Corsten

Bibliogr.: Der Buchdruck im 15. Jh., hg. S. CORSTEN–R. W. FUCHS, 1988–93, 394–396, 755 – *Lit.*: GELDNER I, 132–137 – H. KUNZE, Gesch. der Buchill. in Dtl., 1975, I, 233–239; II, 60–81 – J. F. FLOOD, Ein Almanach auf das Jahr 1492 mit einer Übersicht über die Augsburger Kalenderproduktion des 15. Jh., Gutenberg-Jb. 1992, 62–71.

2. Z., Johannes, in →Ulm 1472–93 tätiger Druckerverleger, stammte aus Reutlingen. Er erlernte den Buchdruck in Straßburg, heiratete dort und erwarb das Bürgerrecht (28. Mai 1468). Nach einem kurzen Aufenthalt in Augsburg (1469–71) ließ er sich in Ulm nieder, wo er in dem gebildeten Stadtarzt Heinrich →Steinhöwel (1411/12–79) einen finanzkräftigen Förderer fand. Von Steinhöwels Einfluß kündet das Verlagsprogramm Z.s während der ersten Jahre. Es ist humanist. bestimmt und enthält viele Übers.en und Bearb.en des Mäzens; u. a. den lat.-dt. Äsop (GW 351), mit 200 Holzschnitten ausgestattet. Z. besaß 11 Typen, z. T. von seinem Bruder Günther (1. Z.) bezogen, viele Randleisten und Initialen. Manches von diesem wertvollen Material mußte Z. veräußern, als er nach 1478 in Geldnöte geriet. Wegen seiner Schulden wurde er 1493 aus der Stadt verbannt. Sein gleichnamiger Sohn, oft mit dem Vater verwechselt, machte 1498 in Ulm einen Neuanfang und wirkte bis 1520.   S. Corsten

Lit.: GELDNER I, 196–199 – H. KUNZE, Gesch. der Buchill. in Dtl., 1975, I, 253–263; II, 130–139 – P. AMELUNG, Der Frühdruck im dt. Südwesten, I, 1979, 15–148.

Zakhej v. Zagora, bulg. Literat und Übersetzer ('Philosoph'), 14. Jh., arbeitete vorwiegend in den Kl. auf dem →Athos, Mitarbeiter von Starec (Lehrvater) Joan, der sich für eine lit. Reform einsetzte und für neue Übers.en liturg. und theol. Lit. aus dem Griechischen ins Bulgarische besorgt war. Z. übersetzte u. a. synaxar. Texte zum →Triodion, das Fastentriodion, die Reden von Isaak d. Syrer. Neben Konstantin (→Konstantin und Method) und →Konstantin Kostenecki ist er der dritte ma. slav. Literat, der mit dem Beinamen 'Philosoph' geehrt wurde. Z.s Übers.en zeichnen sich durch Perfektion und große Kenntnis der theol. Terminologie aus.   V. Gjuzelev

Lit.: G. POPOV, Novootkrito svedenie za prevodačeskata dejnost na bălgarski knižovnici v Sveta gora prez părvata polovina na XIV vek, Bălgarski ezik 5, 1978, 402–410 – V. GJUZELEV, Bulgarien zw. Orient und Okzident, 1993.

Zakon sudnyj ljudem ('Gerichtsgesetz für die Leute'), eine frühe slavischsprachige Rechtsslg., deren älteste »Kurze Redaktion« ca. 30 Kapitel umfaßt. Als Q. hat vornehml. die byz. →Ekloge v. 741 gedient; materiell steht das Strafrecht im Vordergrund, wobei die (byz.) Strafen häufig durch (eher aus dem lat. W geläufige) →Bußen ergänzt oder ersetzt worden sind. Die Zeit und mehr noch der Ort der Entstehung sind heftig umstritten (Bulgarien, Großmähren, Makedonien, Pannonien etc.). Plausibel erscheinen die Annahme einer die Konkurrenz mit dem W implizierenden missionsbegleitenden Funktion und die Datierung in die 2. Hälfte des 9. Jh. Die seit dem 13. Jh. erhaltenen Hss. stammen alle aus Rußland, wo der Z. Erweiterungen und Überarbeitungen erlebte und im Kontext der →Kormčaja Kniga 1653 gedruckt wurde.   L. Burgmann

Ed.: M. N. TICHOMIROV–L. V. MILOV, Z. kratkoj redakcii, 1961 – DIESS., Z. prostrannoj i svodnoj redakcii, 1961 – *Lit.*: V. GANEV, Z. Pravno-istoričeski i pravno-analitični proučvanija, 1959 – H. W. DEWEY–A. M. KLEIMOLA, Z. (Court Law for the People), 1977 – D. H. KAISER, The Growth of the Law in Medieval Russia, 1980, 46–50 – JA. N. ŠČAPOV, Z. i slavjanskaja Ékloga, Byzslav 46, 1985, 136–139.

Zakonik (Z. cara Stefana Dušan, 'das Gesetzbuch des Zaren →Stefan Dušan'), auf den Reichstagen (*sabori*; →Parlament, IX) von 1349 und 1354 verkündetes Gesetzbuch (→Recht, B. II; →Serbien, III). Es enthält insgesamt 201 kurzgefaßte Artikel, im 2. Teil zumeist in der Form ksl. Mandate (»Es befiehlt mein Zartum...«). Spuren einer Systematisierung sind nur im 1. Teil, der die Verordnungen über kirchl. Angelegenheiten enthält, erkennbar; es folgen die Rechte des Adels und weiter (in systemloser Anordnung) Bestimmungen hauptsächl. des Strafrechts (→Strafrecht, C. VII) und des Gerichtsverfahrens. Auffällig ist das Fehlen des zivilen Rechts, das in den übersetzten byz. Rechtskompilationen vertreten war. Von den 24 erhaltenen Hss. des Z. geben nur 11 den ursprgl. Text wieder, die anderen wurden seit dem 17. Jh. überarbeitet und paraphrasiert. In den älteren Hss. gehen dem Z. regelmäßig zwei byz. Rechtskompilationen voran: eine Kurzfassung der »Syntagma« des Matthaios →Blastares und das sog. »Gesetz Justinians«, mit denen der Z., nach der Auffassung einiger Rechtshistoriker, ein Corpus tripartitum bildete.   S. Ćirković

Ed. (Auswahl): S. NOVAKOVIĆ, 1898 – N. RADOJČIĆ, 1960 – Z. cara Stefana Dušana, I–III, 1975–97 [Photoproduktion der 12 wichtigsten Hss.; Abdr. der Texte der einzelnen Hss.; frz., engl. und russ. Übers.] – *Lit.*: C. JIREČEK, Das Gesetzbuch des serb. Caren Stephan Dušan, AslPhilol 22, 1900, 144–214 – A. SOLOVJEV, Z. cara Stefana Dušana 1349 i 1354 godine, 1980.

Zakynthos (it. Zante, Jacento, Giacento u. ä.), eine der Ion. Inseln (401 km²), südl. von →Kephallenia und westl. der Peloponnes (Griechenland) gelegen, klimat. begünstigt und fruchtbar. Der gleichnamige Hauptort an der Ostküste wird von der Ruine der ven. (zuvor antiken bzw. byz.) Festung (mit Resten der byz., von den Venezianern erneuerten Bf.skirche H. Soter/S. Salvator) überragt. Z.

gehörte administrativ in spätantiker und frühbyz. Zeit (→Hierokles) zur Prov. Hellas, seit dem 9. Jh. zum →Thema Kephallenia des Byz. Reiches; seit 787 ist es als Bm. (Suffragan v. Kephallenia) belegt. 467 Plünderung durch die Vandalen (→Geiserich), 880 durch die Araber (→Nasar) und 1099 durch →Daimbert v. Pisa; ab 1191 im Besitz des Admirals Margaritone, ab 1194 der →Orsini, ab 1328 der →Tocco (nach 1204 unter der Oberhoheit Venedigs, das stets die Insel und die umgebenden Meeresstraßen zu kontrollieren suchte). Z. wurde 1479 von den Türken erobert, bereits 1481 von Antonio Tocco zurückgewonnen und ging 1482 an die Venezianer, die ihren Besitz 1485 durch einen Vertrag mit dem Osman. Reich absicherten und Z. – wie die meisten Ion. Inseln – bis zum Ende der Republik (1797) behielten. Z. war bis in die NZ ein (auch durch Flüchtlinge vom griech. Festland) dicht bevölkerter Handels- und Verkehrsstützpunkt, aber auch bedeutsamer Exporteur landwirtschaftl. Produkte (bes. Rosinen). Die im S der Insel bei Keri gelegenen, seit der Antike (Herodot IV 195, 3) bekannten Pechquellen dürften auch im MA ausgebeutet worden sein.   J. Koder

Lit.: Oxford Dict. of Byzantium, 1991, 2025 – B. SCHMIDT, Die Insel Z., 1899 – LUDWIG SALVATOR, Zante, 1904 – E. BACCHION, Il dominio veneto su Corfù 1386–1797, 1956 – A. PHILIPPSON – E. KIRSTEN, Die gr. Landschaften, 1959, II, 530–540 – P. L. VOKOTOPULOS, Η βυζαντινή τέχνη στα Επτάνησα, Kerkyraïka Chronika 15, 1970, 148–180 – D. A. ZAKYTHINOS – CH. MALTEZOU, Contributo alla storia dell'episcopato lat. di Cefalonia e Zante (Mnemosynon S. ANTONIADE, 1974), 65–119 – TIB 3, 1981, 278–280.

Zalavár, heutiges Dorf am Plattensee, in dessen Flur im frühen 11. Jh. ein dem hl. Hadrian geweihtes OSB Kl. über den Resten der ehem. Siedlung →Mosapurg errichtet wurde. Aus der 2. Hälfte des 11. Jh. blieben noch die Grundmauern einer Kirche n. vom Kl. erhalten, die nach Grabfunden bis zum Ende des 13. Jh. genutzt wurde. Vom Ende des 11. bis zum 14. Jh. war Z. Zentrum der Komitatsverwaltung. Während der Türkenkriege diente das umgebaute Kl. im 16.–17. Jh. als Grenzfestung. 1702 gesprengt, wurden die Reste des ma. Kl. bis zum Ende des 19. Jh. fast völlig abgetragen. Eine Vermessung des befestigten Kl. erfolgte 1569. Die älteren Bauabschnitte sind noch nicht erforscht. Wenige aus den Ruinen stammende Skulpturenfrgm.e werden teils ins 9. Jh., teils ins 11.–13. Jh. datiert.   A. Ritoók

Lit.: →Mosapurg – S. TÓTH, Das ma. Lapidarium des Balaton-Museums zu Keszthely, Zalai Múzeum 2, 1990, 147–187 – TH. BOGYAY, Probleme hist. Q.kritik und kunstgeschichtl. Stilkritik um Z., Zalai Múzeum 4, 1992, 169–178.

Zalmedina (von arab. ṣāḥib al-madīna, 'Herr der Stadt'), in Kastilien, Aragón und Navarra im SpätMA vom Kg. oder in Ausnahmefällen vom Stadtherrn eingesetzter, aus dem Kreis der →boni homines ausgewählter Stadtrichter (→Juez), der ebenso wie der →Justicia oder der →Alcalde als Verwalter des polit. und rechtl. Bereichs der Stadt fungierte. In der Krone Aragón sind darüber hinaus *zalmedinos marítimos* für die Sicherung von Häfen, Meer und Küste nachweisbar.   L. Vones

Lit.: L. GARCÍA DE VALDEAVELLANO, Curso de Hist. de las instituciones españolas, 1975⁴, passim.

Zamometić, Andreas →Jamometić, Andreas

Zamora (arab. Samūra; lat. Semure, Senimure), Stadt und Bm. im sw. León (Spanien), ursprgl. Siedlung am rechten Ufer des Duero an der Stelle einer Niederlassung in der alten Provincia Tarraconensis und eines späteren röm Landgutes Ocellum Durii (Calzada de la Plata). Nach der arab. Eroberung wurde Z. v. a. von Berbern besiedelt, die indes nach Beginn des 8. Jh. das Land räumen mußten. Die in einem im 8. Jh. aus strateg. Gründen verwüsteten Gebiet im Niemandsland zw. →al-Andalus und dem chr. Herrschaftsbereich (→Asturien/→León) gelegene Stadt wechselte im 9. und 10. Jh. mehrfach den Herrn und die Einwohnerschaft; von arab. Autoren werden Z. und seine Region nach der Erwähnung zu 1005 (arab. Angriff) nur noch selten genannt.

Unter →Alfons II. v. Asturien (791–842) mit Mauern umgeben, erhielt Z. erst nach der Eroberung durch →Alfons III. v. Asturien (893) aufgrund seiner günstigen Lage an der Straße von →Mérida nach →Astorga wieder Festungscharakter und entwickelte sich vom bedeutenden Garnisonsort, zu dem die militär. Niederlassungen v. Castrogonzalo und Castrotorafe gehörten, im Zuge der →Repoblación zur Stadt, die noch um 900 einen Bf.ssitz erhielt. Die Eroberung Z.s durch →al-Manṣūr unterbrach seit 1009 die chr. Kontinuität, die erst unter Gf. →Raimund v. Burgund wiederhergestellt wurde und mit der Einsetzung des Bf.s Hieronymus v. Salamanca (1102–20), der zusätzl. noch den Stuhl v. →Ávila innehatte, festere Formen erhielt. Zw. den Erzstühlen v. →Toledo, →Braga und →Santiago de Compostela entbrannte ein heftiger Streit um die Zugehörigkeit des zur Westgotenzeit noch nicht bestehenden Bm.s, das schließlich der Compostellaner Metropole unterstellt wurde. Die Blütezeit v. Z. setzte mit der endgültigen →Reconquista unter Ferdinand I. v. León zw. 1057 und 1063 ein, als die Stadt nicht nur ihre Befestigung wiedererhielt, sondern 1062 ebenso wie das 2 km entfernte Santa Cristina mit einem später erweiterten und weitverbreiteten →Fuero ausgestattet und v. a. aus Asturien und León, aber auch aus Galicien besiedelt wurde. Mit der Entfernung der Reconquista nach S klang bis 1230 auch die Repoblación in Z. aus, die v. a. unter Alfons VII. v. Kastilien-León und unter Bf. Bernhard v. Périgord (1121–49) große Fortschritte gemacht hatte (u. a. Gründung v. →Valparaíso). Parallel entwickelten sich ein →Concejo und eine fundamentale städt. Verfassung. Seit dem 13. Jh. ist in Z. eine starke jüd. Gemeinde nachweisbar, die auf zwei Viertel (Judería Vieja und Nueva) verteilt war und 1492 vertrieben wurde. Ihr entstammte der Gelehrte Alonso de Z. (A. de Arcos), Sohn des früheren Rabbiners und Konvertiten Juan de Z., ein bedeutender Hebräischlehrer an der Univ. Salamanca und der Complutense (1511/12), Schützling des Kard.s →Cisneros.
L. Vones / H.-R. Singer

Lit.: First Encyclopedia of Islam, 1913–36, VIII, 1993, 1212 – C. FERNÁNDEZ DURO, Memorias hist. de la ciudad de Z., su provincia y obispado, 4 Bde, 1882–83 – DERS., Colección bibliográfico-biográfica de noticias referentes a la provincia de Z., 1891 – A. CASTRO – F. ONIS, Fueros leoneses de Z., Salamanca, Ledesma y Alba de Tormes, 1916 – A. COTARELO VALLEDOR, Alfonso III. el Magno, 1931 [Neudr. 1991] – M. DEL C. PESCADOR DEL HOYO, Archivio Municipal de Z. Documentos hist., 1948 – L. CORTÉS VÁZQUEZ, Un problema de toponímia española: el nombre de Z., Zephirus 3, 1952, 65–74 – E. FERNÁNDEZ PRIETO, Nobleza de Z., 1953 – C. SÁNCHEZ-ALBORNOZ, Despoblación y repoblación del Valle del Duero, 1966 – M. DEL C. PESCADOR DEL HOYO, Los gremios artesanos de Z., RABM 75, 1968/72–78, 1975 – A. REPRESA, Génesis y evolución de la Z. medieval, Hispania 32, 1972, 525–545 – L. CORTÉS VÁZQUEZ, La Z. de finales del s. XV, 1974 – R. A. FLETCHER, The Episcopate in the Kingdom of León in the Twelfth Cent., 1978, bes. 42ff. – S. DE MOXÓ, Repoblación y sociedad en la España cristiana medieval, 1979 – J.-L. MARTÍN, Documentos zamoranos, I: Documentos del Archivo Catedralicio de Z., 1982 – J. MAJADA NEILA, Fuero de Z., 1983 – J. J. CORIA COLINO, Clérigos prestamistas. El mundo de los negocios en una ciudad medieval: Z. (s. XIII–XIV) (1° Congreso de Hist. de Castilla y León, I, 1983), 343–369 – M. L. BUENO DOMÍNGUEZ, Hist. de Z.: Z. en el s. X, 1983 – M. SÁNCHEZ RODRÍGUEZ, Fueros y posturas de Z. (Tumbos Blanco y Negro), 1987 – M. L. BUENO DOMÍNGUEZ, Hist. de Z.: Z. en los s. XI–XIII, 1988 – F. MAILLO

SALGADO, Z. y los zamoranos en las fuentes arábigas med., 1990 – J. RODRÍGUEZ FERNÁNDEZ, Los fueros locales de la provincia de Z., 1990 – M. F. GARCÍA CASAR, El pasado judío de Z., 1992 – D. MANSILLA, Geografía eclesiástica de España, II, 1994, bes. 92ff. – Historia de Z., I, 1995 – F. SUÁREZ BILBAO, Las ciudades castellanas y sus juderías en el siglo XV, 1995, 232f.

Zamora, Konferenz v. (4.–5. Okt. 1143), zw. →Alfons I. v. Portugal und →Alfons VII. v. León und Kastilien in Anwesenheit des päpstl. Legaten →Guido Pisanus, in dessen Hand Alfred I., der sich seit 1139 als 'rex' intitulieren ließ, unmittelbar zuvor Papst Innozenz II. den Lehnseid für sein Land geleistet hatte. Der Portugiese akzeptierte die im 'imperator'-Titel manifestierte übergeordnete Rangstellung des Kg.s v. León und Kastilien und dieser die im 'rex'-Titel dokumentierte Unabhängigkeit des Herrschers v. Portugal, das noch unter ihrem gemeinsamen Großvater →Alfons VI. zu dessen Kgr. León und Kastilien gehört hatte. Nachdem Alfons VII. zweimal (1137 bei Túy, 1141 bei Valdevez) vergebl. versucht hatte, seinen ptg. Nachbarn militär. in die alte Lehnsabhängigkeit zu zwingen, bedeutete das »colloquium regis Portugalie cum imperatore« in Z. das Ende ihrer Feindseligkeiten, aber keine einzige ihrer Chroniken berichtet über ihren Kompromiß; nur durch die Datierungen in zwei Urkk. des Ks.s ist es belegt. P. Feige

Lit.: →Alfons I. v. Portugal, →Alfons VII. v. León und Kastilien.

Zange, doppelt angeordnete Hölzer, die von beiden Seiten in ihrer Lage festzuhaltende hölzerne Bauglieder umfassen und mit diesen verbolzt oder verblattet sind, vornehml. in →Dachwerken zur zugsicheren Verbindung verwendet. G. Binding

Zangen → Werkzeuge

Zannekin, Clais (Sannequin, Zandekin, Zannequin; Colin, Claes, Nicolaus), fläm. Freiheitsheld, * vor 1275, wahrscheinl. in Lampernisse (Belgien, Prov. Westflandern), arr. Diksmuide), ⚔ am 23. Aug. 1328 bei →Cassel. Z. stand an der Spitze des gegen den Gf.en v. →Flandern, →Ludwig v. Nevers, gerichteten Bauernaufstandes (1323–28), der in der Region v. →Veurne (d.h. im weiteren Umkreis von Z.s Geburtsort) begann, sich schnell über die gesamte Küstenebene Flanderns ausdehnte und schließlich auch von der Stadt →Brügge, deren →Ausbürger (*hagepoorter*) Z. damals war, unterstützt wurde. Ursache des Aufstands war die hohe Kriegsschatzung, welche die Gft. kraft des Vertrags v. →Athis-sur-Orge (1305) dem Kg. v. Frankreich zu zahlen hatte. Als wichtigster *hoofdman* (Hauptmann) der Revolte stellte Z. eine schlagkräftige →Miliz auf, die das ganze Westquartier Flanderns und die Kastellanei →Kortrijk unterwarf. Der Versuch des Gf.en, durch eine Zusammenkunft in der →Dünenabtei (März 1325) eine friedl. Beendigung des Konflikts zu erreichen, scheiterte; die Aufständischen eroberten im Juni 1325 →Ypern. Nach der Gefangennahme des Gf.en in Kortrijk war der ganze westl. Teil der Gft. in ihrer Hand, nur →Gent blieb dem Gf.en treu. Eine Intervention des frz. Kg.s und ein päpstl. →Interdikt (4. Nov. 1325) brachten aber einen Umschwung zugunsten des Gf.en, der freigelassen wurde. Die Aufständischen mußten am 19. April 1326 den Frieden v. Arques schließen, der die Steuerbelastung noch erhöhte. Dadurch flackerte der Kampf wieder auf, nun zunehmend geführt von radikalen Elementen wie Jacob Peyt aus Brügge. Ein erneutes Interdikt Papst Johannes' XXII. blieb wirkungslos und verstärkte noch den antiklerikalen Charakter des Aufstandes. In der entscheidenden Schlacht zw. den Truppen von Z. und der Armee des frz. Kg.s →Philipp VI. v. Valois bei Cassel (23.

Aug. 1328) fand Z. den Tod. Seine Güter (ca. 16ha in Lampernisse) und die seiner Mitkämpfer, meist wohlhabender Bauern, wurden beschlagnahmt. Die damit verbundene Inventarisierung liefert wichtige Aufschlüsse über die soziale und wirtschaftl. Stellung der Aufständischen und die Zahl der gefallenen Anhänger Z.s (3185). A. Verhulst

Lit.: BNB XXVII, 459–461 [H. VANDER LINDEN] – NBW II, 957–960 [J. MERTENS] – H. PIRENNE, Le soulèvement de la Flandre maritime, 1900 – F. W. N. HUGENHOLTZ, Drie Boerenopstanden uit de veertiende eeuw, 1949, 22–34 – s.a. Lit. zu →Cassel.

Zanobi da Strada, florent. Grammatiker, * 1312, † 1361 in Avignon, Freund von →Petrarca und →Boccaccio. 1332 erbte er gemeinsam mit seinem Bruder Eugenio die Grammatikschule seines Vaters Giovanni in Florenz, 1348 leitete er den ersten Kontakt der Florentiner mit Petrarca in die Wege. Auf Empfehlung des mächtigen Niccolò →Acciaiuoli wurde er am 4. Nov. 1349 zum kgl. Sekretär in Neapel ernannt und am 15. Mai 1355 in Pisa von Ks. Karl IV. als Dichter gekrönt, was bei den Zeitgenossen starke Kritik hervorrief. Im gleichen Jahr erhielt er von Niccolò Acciaiuolis Vetter Angelo, dem neuen Bf. v. Montecassino, das dortige Vikariat »in spiritualibus et in temporalibus«, konnte sich bis zu dessen Tod zwei Jahre lang mit den Schätzen der Bibliothek beschäftigen und wurde dabei zum Entdecker der Klassiker in Montecassino (Cicero, Tacitus, Varro, Apuleius, Vitruv), die er später mit Hilfe seines Sekretärs Magister Giovanni da Firenze (dal Casentino), der als Kopist fungierte, nach Florenz brachte. Im Spätsommer 1358 wurde er – wiederum durch Niccolò Acciaiuoli gefördert – apostol. Sekretär in Avignon, wo er im Sommer 1361 starb. N. Acciaiuoli ließ Z.s zahlreiche kostbare Bücher in die Certosa del Galluzzo (bei Florenz) schaffen. Bereits früher hatte Boccaccio die Hs. mit den Werken des Hugo Falcandus (Par. lat. 5150) in seinen Besitz gebracht und an Petrarca weitergegeben, in der Folge auch Tacitus–Apuleius (Laur. 68, 2) und Vitruv. M. Cortesi

Lit.: P. GUIDOTTI, Un amico del Petrarca e del Boccaccio: Z. da S., poeta laureato, ASI s. VII 13, 1930, 249–293 – G. BILLANOVICH, Z. da S. tra i tesori di Montecassino, Atti dell'Accad. naz. dei Lincei, Rendic. di scienze morali, stor. e filol., s. IX 7, 1996, 653–663.

Zantoch (Santok), frühma. Burg in NW-Polen, am Zusammenfluß von Warthe und Netze und am wichtigen Wasserweg zur Oder gelegen, wahrscheinl. im 8. Jh. errichtet und mit einer Palisade umgeben, um ca. 965 (dendrolog. datiert) von Fs. →Mieszko I. besetzt und umgebaut. Die zweigliedrige Burg, die mit mächtigen Holz-Erde-Wällen befestigt war, wurde mehrmals zerstört und wieder aufgebaut. Z. wurde Kastellan- und Präpositursitz. Die am Ende des 12. Jh. im NO der Burg errichtete Steinkirche wurde bald mit einem Friedhof umgeben. Ein früheres, aus dem 11. Jh. stammendes Gräberfeld befand sich auf dem sog. Schloßberg am n. Flußufer. Während der Kämpfe zw. Polen und Pommern entstand hier am Ende des 11. Jh. für kurze Zeit eine von den →Pomoranen erbaute Burg. Im 13.–14. Jh. stritten sich Piastenfs.en um den Besitz von Z., dessen Funktion sich allmähl. wandelte. Schließlich nahm die neue kleine Burg nur den nw. Teil der ehemaligen Anlage ein und wurde im 15. Jh. in ein Schloß mit gemauertem Turm umgebaut. In dieser Zeit befand sich Z. im Besitz der Johanniter und war wegen seiner Grenzlage häufig Ziel von Überfällen der Polen, der brandenburg. Fs.en und der Kreuzritter. Wahrscheinl. die Eigentümer von Neu Z. (Familie v. der Marwitz) erbauten im 15. Jh. auch auf dem Schloßberg am n. Ufer eine neue Burg, die während der

Kämpfe zw. Polen und Kreuzrittern der Grenzsicherung diente. Am Ende des 15. Jh. verfielen beide Burgen. Der Ehrentitel eines Kastellans v. Z. wurde in Polen bis zum Ende des 18. Jh. verliehen. Z. Kurnatowska

Lit.: A. BRACHMANN–W. UNVERZAGT, Z., eine Burg im dt. Osten, 1936 – A. DYMACZEWSKI–Z. HOŁOWIŃSKA, Die Wiederaufnahme der archäolog. Forsch.en auf dem Burgwall in Santok, Krs. Gorzów Wielkopolski, Archaeologia Polona 6, 1964, 279–291 – W. HENSEL–Z. HILCZER-KURNATOWSKA, Studia i materiały do osadnictwa Wielkopolski wczesnohistorycznej, VI, 1987, 20–32 – Santok – początki grodu, Gorzów, 1995 – Santockie zamki, Gorzów, 1997.

Zar

I. Bulgarien und Serbien – II. Moskauer Rus'.

I. BULGARIEN UND SERBIEN: [1] *Allgemeines:* Z. (*car*), slav. Bezeichnung für den Träger eines Kaisertitels (→Kaiser, II) wie auch allg. einer ideellen Obergewalt; über das got. 'Kaisar' vermitteltes Lehnwort aus lat. →'Caesar' (nach VASMER, Etymolog. Wb. des Russ.). In der slav. Welt unter unmittelbarem byz. Einfluß entspricht das Wort dem griech. →'basileus'. Konstantinopel als Kaiserresidenz heißt in den slav. Sprachen *Car(i)grad*.

[2] *Bulgarien:* Mittelbar in griech. Entsprechung ist der Titel erstmals für Z. →Symeon (893–927) v. →Bulgarien belegt. Der bulg. Chan Symeon wurde näml. nach seinen großen Siegen 913/914 vom Patriarchen und Regenten →Nikolaos Mystikos mit der Ks.krone gekrönt, was der Herrschaft über das vereinte Byzanz und Bulgarien ermöglichen sollte. Symeon nannte sich eine Zeitlang »basileus der Rhomäer (→Rhomaioi) und Bulgaren«. Doch die weitere Entwicklung der Ereignisse verhinderte die Verwirklichung so großer Ambitionen. →Romanos I. Lakapenos (920–944) rettete die Integrität von Byzanz, und er billigte dem bulg. Herrscher nur einen auf Bulgarien begrenzten Z.entitel zu. Symeons Nachfolger →Peter (927–969) erlangte die Anerkennung des bulg. →Patriarchates entsprechend der byz. Tradition, daß ein legitimes Ksm. das Bestehen einer autokephalen Kirche im Range des Patriarchates erforderte. Dies war die Grundsteinlegung zur ma. bulg. staatsrechtl. Verfassung mit Z. und Patriarch als Trägern der höchsten weltl. und geistl. Gewalt; der Titel Z. festigte sich als Symbol staatl. Souveränität selbst in Zeiten, in denen fremde Mächte den bulg. Herrschern nur den Kg.srang zuerkannten oder zwei bulg. Herrscher als Z.en in →Tărnovo und in →Vidin den Titel gleichzeitig führten.

[3] *Serbien:* Im ma. →Serbien führte das Verständnis vom Ksm. als Träger der obersten souveränen Gewalt zur Verwendung des Verbs *carevati*, 'herrschen', schon vor der offiziellen Verkündung des Z.tums. Hierzu kam es Ende 1345 nach den großen Eroberungen durch →Stefan Dušan (1331–55) in →Makedonien. Umgehend wurde auch das →Patriarchat proklamiert, und Dušan wurde Ostern 1346 zum Z.en gekrönt. In serb. Texten lautet sein Titel *(blago)verni car Srba i Grka*, in griech. Q.n *basileus* und *autokrator* (→Autokratie) Serbiens und der Rhomania. Diese Doppelung wurde ständig hervorgehoben, während fremde Mächte, soweit sie die Erhebung des serb. Herrschers in den Z.enrang überhaupt anerkannten, die Gültigkeit des Titels auf Serbien beschränkten. Der Doppeltitel, seine griech. Form, verschiedene polit. Schachzüge wie auch die Organisation von Dušans Staat, der in den neueroberten Territorien alle byz. Institutionen beibehielt, zeigen an, daß die Verkündung des Z.tums nicht nur als Rangerhöhung des serb. Herrschers angesehen wurde, sondern auch als Eintritt in den Kampf um die Nachfolge auf dem byz. Ks.thron. Das serb. Z.tum blieb dennoch eine ephemere Erscheinung. Unter →Stefan Uroš (1355–71) war es immer deutlicher von den byz. Territorien geschieden und erlosch mit Uroš' Tod.

Lj. Maksimović

Lit.: ZLATARSKI, Istorija, I/2, 1927 [Nachdr. 1994], 356–473 – S. RUNCIMAN, Romanus Lecapenus and his Reign. A Study of Tenth-Century Byzantium, 1929 – LJ. MAKSIMOVIĆ, Grci i Romanija u srpskoj vladarskoj tituli, ZRVI 12, 1970, 61–78 – D. OBOLENSKY, The Byz. Commonwealth, 500–1453, 1971 – Istorija srpskog naroda I, 1981, 524–540 [M. BLAGOJEVIĆ] – I. BOŽILOV, Car Simeon Veliki (893–927): Zlatnijat vek na srednovekovna Bǔlgaria, 1983 – S. ĆIRKOVIĆ, Between Kingdom and Empire: Dušan's State (1346–55) Reconsidered (Byzantium and Serbia in the 14th Cent., 1996), 110–120 – N. OIKONOMIDÈS, Emperor of the Romans–Emperor of the Romania (ebd.), 121–128.

II. MOSKAUER RUS': Als Z. wurde in der Kiever Rus' (→Kiev, A) insbes. der byz. Ks. bezeichnet (Car'grad 'Kaiserstadt' in altruss. Q.n für Konstantinopel). Später wurden auch die mongol. Großchane sowie die Chane der →Goldenen Horde und nach dem Zerfall die Herrscher der tatar. Nachfolgechanate Z.en genannt. Russ. Fs.en führten den Z.entitel zunächst nicht; nur in Ausnahmefällen fand er auf sie Anwendung, etwa um nach ihrem Tod ihre Frömmigkeit oder bes. Verdienste zu unterstreichen (→Vladimir d. Hl., →Dmitrij Donskoj). Vom 15. Jh. an begann sich dies jedoch zu ändern. Zunächst wurde der grundsätzl. Anspruch des Moskauer →Großfürsten (→Moskau, B) auf den Z.entitel statuiert: Im Bericht der Moskauer Chronik über das Konzil v. →Ferrara–Florenz (1438–39) wird die Macht des Moskauer Herrschers unterstrichen, »dem die östl. Z.en gehorchen«, der sich aber um seiner Demut willen »nicht Z., sondern russ. Großfürst seiner rechtgläubigen Länder« nenne.

Bald darauf mußten die ersten außenpolit. Partner dem Moskauer Herrscher den Z.entitel zugestehen (Livland 1474, Schweden 1482). Anscheinend wurde im Verkehr mit diesen schwachen und aus Moskauer Sicht inferioren Partnern »die Brauchbarkeit des Titels 'Car' ... zunächst im kleinen ausprobiert« (H. SCHAEDER). 1504 titulierte der Sohn Maximilians, Ehzg. →Philipp d. Schöne, den Gfs. →Ivan III. und dessen Sohn →Vasilij (III.) als Z.en, und zehn Jahre später schließl. ließ sich der ksl. Gesandte Jörg Schnitzenpaumer entgegen seinen Weisungen zur Annahme eines Vertrages überlisten, in dem der Moskauer Großfürst wiederholt als Z. bezeichnet wurde; trotz aller Versuche der habsbg. Diplomatie, das Zugeständnis rückgängig zu machen, hielt man in Moskau eisern an dem neuen Titel fest. Schließl. suchte ein anderer habsbg. Diplomat, Sigismund v. Herberstein (1486–1566), einen Ausweg in der Behauptung, das russ. Wort 'Z.' bedeute nicht Kaiser, sondern König.

Auffällig ist, daß sich die Moskauer Gfs.en im eigenen Land weit länger als im Verkehr mit dem Ausland mit dem Titel →*gosudar'* 'Herrscher' begnügten. Die Krönung Ivans IV. (1547) war die erste Z.enkrönung der russ. Gesch.; erst von da an war 'Z.' der offizielle Titel der russ. Herrscher und blieb es bis 1721, als Peter I. den Titel 'Imperator' annahm; jedoch blieb in der vollständigen Herrschertitulatur auch der Z.entitel erhalten, und zwar in bezug auf jene Gebiete, die vor ihrer Annexion durch Rußland tatar. Z.tümer gewesen waren: →Kazan', →Astrachan' und Sibirien.

Entgegen allen Hypothesen, die die Annahme des Z.entitels durch die Moskauer Gfs.en letztl. auf die Ehe Ivans III. mit →Sophia (Zoë), der Nichte des letzten byz. Ks.s, zurückführten und so als die Inanspruchnahme des vermeintl. »byz. Erbes« interpretierten (s. a. →Romidee, III), ist festzuhalten, daß die Moskauer Diplomaten niemals

auf diese Ehe Bezug nahmen, wenn es galt, den Moskauer Anspruch auf den neuen Titel zu rechtfertigen. Stattdessen beriefen sie sich auf die angebl. Verwandtschaft des Hauses der →Rjurikiden mit dem röm. Ks. →Augustus oder auf die legendäre Krönung des Gfs.en →Vladimir Monomach (1113–25) mit einer ihm von Ks. Konstantin IX. Monomachos übersandten Krone. Tatsächl. war die Annahme des Z.entitels Ausdruck sowohl eines nach dem Abschluß der Vereinigung der russ. Fsm.er unter Moskau gewachsenen Machtbewußtseins als auch des Strebens, die eigene Gleichrangigkeit mit der bedeutendsten Macht des Abendlandes zu demonstrieren. P. Nitsche

Lit.: V. Savva, Moskovskije cari i vizantijskie vasilevsy, 1901 – M. Szeftel, The Title of the Muscovite Monarch up to the End of the Seventeenth Cent., Canadian-American Slavic Stud. 13, 1979 – V. Vodoff, Le règne d'Ivan III: Une étape dans l'hist. du titre 'tsar', FOG 52, 1996.

Zara → Zadar

Zaragoza (Saragossa; lat. Caesaraugusta, arab. Saraqusṭa), Stadt und Bm. (seit 1318 Ebm.) in Nordspanien, Hauptstadt v. →Aragón.
I. Römische und westgotische Zeit – II. Arabische Zeit – III. Im Königreich Aragón.

I. Römische und westgotische Zeit: Z. geht zurück auf die um 24 v.Chr. von Augustus für die Veteranen der Legionen IV, VI und X, die an den kantabr. Kriegen teilgenommen hatten, gegr. 'colonia immunis Caesaraugusta'. Dank der wichtigen strateg. Lage der Stadt am Ebro, dessen Mittellauf samt den Zugängen zu den Tälern des Gállego und Huerva sie kontrollierte, war Z. neben der Provinzhauptstadt →Tarragona die wichtigste Stadt der Tarraconensis.

Z.s klass. Stadtgrundriß beruhte auf →cardo (Nord-Süd-Achse) und →decumanus (Ost-West-Achse); die Stadt war umgeben von einer Mauer (mit halbrunden Wehrtürmen und vier Toren), die ein Areal von ca. 47 ha einschloß. Mit ihrer kontinuierlich weiterentwickelten Infrastruktur vermochte die Stadt dem allmähl. Verfallsprozeß der ksl. Macht ebenso wie den Einfällen germ. Völker in die →Hispania zu trotzen. Z. fungierte im 1. Drittel des 5. Jh. als Bollwerk gegen die Aufstandsbewegung der Bagauden (→Bagaudes) und widerstand 449 dem Angriff der →Sueben unter Kg. Rechiar. Erst um 474 konnte sich der westgot. →Comes Gautericus im Namen Kg. →Eurichs der Stadt ohne nennenswerte Gegenwehr bemächtigen und sie dem →Westgotenreich einverleiben, dem sie bis zur maur. Eroberung (714) unter Mūsā ibn Nuṣair angehörte.

Trotz des allg. Niedergangs des städt. Lebens bewahrte Z. seine geistige Ausstrahlungskraft, v.a. als Zentrum frühma. Kultur und Hüterin kultureller Traditionen. Frühzeitig und mit Nachdruck setzte der Prozeß der Verwurzelung des Christentums ein. Die Überlieferung, nach der →Maria dem Apostel →Jacobus d. Ä. einen Besuch in Z. abgestattet habe, wurde später zur Grundlage einer intensiven Marienverehrung (N. Señora del Pilar). Seit Mitte des 3. Jh. ist eine sehr aktive chr. Gemeinde belegt. In den Akten des Konzils v. →Elvira (wohl 314) wird erstmals ein Bf. v. Z. namens Valerius genannt; 343/344 nimmt Bf. Casto v. Z. am Konzil v. →Sardika teil. Die Abhaltung eines Konzils in Z. (380: 1. Konzil v. Z.) unterstreicht die Bedeutung der Civitas. Dem Dichter →Prudentius verdanken wir unsere Kenntnis des gleichzeitig einsetzenden Kultes der Märtyrer v. Z. (→Zaragoza, Märtyrer v.); hohe Verehrung genossen insbes. Bf. Valerius, die hll. →Vinzenz und Engratia.

In westgot. Zeit war Z. ein wichtiger militär. Stützpunkt, der zahlreichen Belagerungen standzuhalten hatte (→Franken unter Childebert I., 541, und Dagobert, 631; →Basken unter Froja, 653, u.a.). Zugleich blieb die Stadt dank ihrer großen Bf.e Johannes, →Braulio und →Taio ein Zentrum des geistigen Lebens. J. A. Sesma Muñoz

II. Arabische Zeit: [1] *Die Stadt:* Z. (arab. Saraqusṭa) wurde 714 unter Mūsā ibn Nuṣair erobert und gehörte bis 1118 zur muslim. Hispania (→al-Andalus). Die topographisch weiterhin auf röm. Grundlagen beruhende Stadt erstreckte sich als längl. Viereck südl. des Ebro von NW nach SO; die vier Tore an den Endpunkten des röm. Cardo und Decumanus öffneten sich in der Mauer, die von Häusern überragt wurde: *Bāb al-Qanṭara* vor der Brücke; *Bāb al-Yahūd*, das 'Tor der Juden', im NW (während das jüd. Viertel [→Sefarden] im SO lag), auch 'Tor v. Toledo' genannt; im SO das *Bāb al-Qibla* oder 'Tor v. Valencia'; im S das *Bāb Ṣinhāǧa* (Cinegia-Tor), das zu der von Sanhāǧa-Berbern (→Berber) bewohnten Vorstadt (*rabaḍ*) führte; das Stadtgebiet war von weiteren Vorstädten umringt. Im NW lag das Viertel der →Mozáraber und in der Ecke der →Alcázar, *as-Sudda* wie in Córdoba genannt, an den die 'Torre de la Zuda' erinnert. Am Platz der heut. Kathedrale ('la Seo') lag die Hauptmoschee; die Fundamente ihres Minaretts sind freigelegt worden. Das Stadtareal umfaßte ca. 0,6 km × 0,9 km; es wird eine Bevölkerungszahl von ca. 17000 Bewohnern angenommen. Zur Stadt gehörte eine ländl. Region mit etwa 9 Distrikten.

[2] *Die Obere Mark:* Z. war Hauptstadt der sog. 'Oberen Mark' (*aṭ-Ṯaġr al-aʿlā*), die das Ebrobecken umfaßte und unter den →Omayyaden v. →Córdoba meist über starke Unabhängigkeit verfügte. Das Gebiet gliederte sich in einzelne Herrschaftsbereiche, *aqālīm* (etwa 'Kreise'): Z., →Tudela (*Tufīla*), →Huesca (*Wašqa*), →Barbastro (*Barbiṭāniya*), →Lérida (*Lārida*) und →Calatayud (*Qalʿat Ayyūb*). Ztw. erstreckte sich die Macht der muslim. Fs.en im O bis →Tortosa am Ebrodelta. Der *iqlīm* ('Kreis') Z. bestand aus den Distrikten (*nāḥiya*) der Stadt, Belchite (*Balšād*), Cazarabet (*Qaṣr ʿAbbād*), Cutanda (*Quṭanda*), Fuentes (*Fūntiš*), Gállego (*Ǧalliq*), Jalón (*Šalūn*), Pleitas (*Balṭaš*) und Zaidūn.

Die Emire v. Córdoba mußten ihre Oberhoheit auf mächtige einheim. Familien stützen, deren erste die *Banū Qasī* waren, die im 8. Jh. ihre Herrschaft über die Region auch durch Abkommen mit den christl. Gegnern in →Pamplona/→Navarra (Ehebündnisse) und →Aragón absicherten. Die Heerfahrt →Karls d. Gr. ins nördl. Spanien (778), begünstigt durch ein gegen die Zentralgewalt in Córdoba gerichtetes Bündnis muslim. Fs.en, scheiterte vor Z., woraufhin das frk. Heer den Rückzug antrat (→Roncesvalles). In der Periode von 890 bis 1038 hatte eine arab. Sippe, die *Banū Tuǧīb*, die Macht an sich gerissen; nach der *fitna*, dem Bürgerkrieg des frühen 11. Jh., riß die Verbindung mit Córdoba vollends ab. Von 1038 bis zur Eroberung durch die →Almoraviden (1110) herrschten die *Banū Hūd* (→Hūdiden), ebenfalls arab. Abstammung, mit sechs Emiren, deren Machtstellung allerdings ztw. von den Gf.en v. →Barcelona bedroht wurde und die sich nur durch die Protektion des →Cid (gegen Zahlung von →Parias) und das Vordringen der Almoraviden halten konnten.

Der zweite Herrscher dieser Dynastie, Abū Ǧaʿfar Aḥmad ibn al-Muqtadir, erbaute im NW der Stadt außerhalb der Mauern die *Aljafería,* einen großartigen Palast, der den Nachklang der kalifalen Kunst von →*Madīnat az-Zahrāʾ* verkörpert und in chr. Zeit als Tagungsort des Rates der Krone Aragón fungierte; er wurde in der Gegenwart z.T. wieder freigelegt (Abriß einer ihn ummantelnden Kaserne

des frühen 19. Jh.) und restauriert. Die 'Torre del Trovador' der *Aljafería* geht auf die Omayyadenzeit zurück; die Fundamente sind vielleicht sogar römisch. Unter dem 5. Emir ging Z. an die Almoraviden verloren, und Aḥmad II. zog sich nach Rūṭa (Rueda de Jalón) zurück. Der 6. und letzte war →Zafadola, der die Obere Mark endgültig räumte. H.-R. Singer

III. IM KÖNIGREICH ARAGÓN: [1] *Die Anfänge:* Am 18. Dez. 1118 kapitulierte das muslim. Z. vor den chr. Truppen →Alfons' I. v. →Aragón. Die Kontrolle über die Stadt, die weiterhin eine Schlüsselstellung für die Beherrschung des Ebrotals einnahm, ermöglichte es den Kg.en v. Aragón, in weniger als einem halben Jahrhundert sowohl das ganze 'Regnum Cesaraugustanum' als auch die Gebiete v. →Tudela, →Tarazona, →Calatayud, →Daroca, →Belchite, Alcañiz, →Lérida und →Tortosa ihrem Herrschaftsbereich einzugliedern.

Die Stadt durchlebte einen langsamen Transformationsprozeß (→Reconquista, →Repoblación). In den Übergabeverträgen war das aragones. Kgtm. bestrebt, geregeltes städt. Leben zu sichern und weiterhin Nutzen aus der strateg.-militär. Position der Stadt zu ziehen. Den alten Bewohnern (sog. →Mudéjares) wurde ein Recht zum Bleiben und zur Bestellung ihrer Felder zugestanden, doch mußten sie den Stadtbereich intra muros verlassen und sich in der Vorstadt Curtidores ansiedeln. Andererseits versuchte das Kgtm., chr. Ritter durch Vergabe von Häusern und Ländereien zur Niederlassung in der Stadt zu gewinnen; der Vgf. Gaston v. →Béarn wurde als kgl. Lehnsmann und Befehlshaber des Eroberungsheeres zum Herrn der Stadt ernannt, der gleichfalls aktiv an der Belagerung beteiligte Franzose Peter v. Librane erhielt das Bf.samt. Die Bestrebungen des Kgtm.s endeten jedoch in beiderlei Hinsicht in einem weitgehenden Fiasko: Ein bedeutender Teil der Muslime verließ Z., und nur wenige Ritter siedelten sich in der Stadt an, ungeachtet weiterer Besiedlungsmaßnahmen des Kgtm.s während des 12. Jh.

[2] *Die städtische Verfassung:* Eine Wiederbelebung des städt. Lebens setzte erst gegen Ende des 12. Jh. ein, nachdem die Eroberung des Ebrotals abgeschlossen und die Grenze im Süden des Iber. Randgebirges konsolidiert war. Diese Entwicklung fiel Anfang des 13. Jh. mit dem Verlust der strateg.-militär. Funktionen der Stadt zusammen. Sie wurde nun nicht mehr länger durch den Kg. selbst mittels seiner *tenentes* (→Tenencia) regiert, sondern durch einen Stadtrat (→*concejo*). Allmähl. erhielt Z. eine auf Selbstverwaltung beruhende Verfassung mit Wahl der städt. Amtsträger durch die in den Pfarreien zusammengefaßten Vollbürger (→*vecinos*). Mehrere von den Kg.en bestätigte *ordinaciones* umschreiben die Befugnisse der einzelnen Amtsträger: →*jurados* (Schöffen) als repräsentative Spitze der Stadtverwaltung, *almutazafes* (Marktaufseher, →Almotacén), →*mayordomo* (städt. Finanzverwalter), *procurador* (Rechtsvertreter), Stadträte usw. Es entstand ein komplexer Organismus von wirtschaftlich, juristisch und politisch spezialisierten Institutionen, die Mitspracherecht in den drei großen städt. Gremien wahrnahmen: dem Stadtrat (*concejo*) als dem beschlußfassenden Organ, in dem Schöffen (*jurados*), Ratsherren und an die hundert Vollbürger saßen; dem *capítulo y consejo*, einem aus Schöffen und Ratsherrn gebildeten Kollegium; dem *consejo de ciudadanos*, einem aus einer kleinen, unterschiedlich zusammengesetzten Anzahl von Bürgern bestehenden Beratungsgremium.

[3] *Topographische, demographische und sozioökonomische Entwicklung:* Der städt. Siedlungsraum, der bis dahin über den Bereich des röm. Stadtareals kaum hinausgewachsen war, veränderte sich, als im 13. Jh. der Getreidemarkt (*almodí*) und der Markt aus der unmittelbaren Nähe des Cinegia-Tors vor das Valencia-Tor verlegt wurden. Es entstand das neue Viertel *San Pablo*, der größte Pfarrbezirk der Stadt, in dem etwa ein Drittel der Stadtbevölkerung lebte und der entscheidenden Einfluß in allen polit., wirtschaftl. und religiösen Angelegenheiten der Stadt gewinnen sollte. Im Zuge der Stadterweiterung wurden die Bahnen des alten städtebaul. Konzepts verlassen: Es erfolgte die Errichtung geradliniger, breiter Straßenzüge; bes. in den reicheren Vierteln wurden Grundsätze der Hygiene, urbanen Ästhetik und höheren Lebensqualität verwirklicht. Vor dem Ende des 15. Jh. entstand eine Reihe von repräsentativen Gebäuden, z. T. Ziegelbauten in dem für das Z. des 14. und z. T. noch 15. Jh. charakterist. sog. *Mudéjarstil*, der sich mit Elementen der Gotik und des platerskens Stils, dann der Renaissance verband; bedeutende Monumente sind die steinerne Brücke, die *Casas de la Diputación* und die *Casas del Puente* als Sitz des Stadtregiments, der erste große Erweiterungsbau der Kathedrale sowie die in Renaissanceformen des 16. Jh. errichtete *Lonja* (Börse). Die Straßen erhielten zumeist eine Pflasterung, und es wurden Plätze und Freiflächen, z. T. geschmückt mit Skulpturen, angelegt (das neue Stadttor Cinegia, errichtet 1492 zum Empfang des Kg.spaares →Ferdinand und →Isabella, das Monument des Schutzengels, ein Werk des bedeutenden Renaissancemeisters Gil Morlanes, am Zugang der neuen Brücke). Die Errichtung einer starken Kaimauer sollte Z. vor den period. Überschwemmungen des Ebro schützen. Ein Italiener unterbreitete dem Rat gar das Projekt einer modernen Trinkwasserversorgung für die Straßen der Stadt (→Wasser, B).

Zwei wichtige öffentl. Einrichtungen bezeugen bis heute den Bürgersinn Z.s: Bei der einen handelt es sich um das große Hospital *N. Señora de Gracia* ('Domus infirmorum urbis et orbis', 1425), das die Funktionen des Krankenhauses, der Entbindungsanstalt, des Asyls und des Irrenhauses verband; die Kosten wurden bestritten von der Bürgerschaft und aus kgl. Einkünften, zusätzl. auch durch individuelle Spenden (Hospitalbruderschaft mit bereits 1450 über 1000 Mitgliedern, die jährl. einen gewissen Beitrag leisteten) sowie durch die uneigennützige Tätigkeit der Chirurgen und Barbiere der Stadt. Die zweite Einrichtung ist das →Studium generale, das 1474 durch Bullen Papst Sixtus' IV. begründet, 1478 durch Kg. Johann II. bestätigt wurde und die Vorstufe der Univ. Z., die im folgenden Jahrhundert aufgebaut wurde, bildete.

Das Wachstum der Stadt dokumentiert sich in insgesamt 15 Pfarreien (1311), von denen die neun *mayores* jeweils drei Ratsherren stellten, die sechs *menores* jeweils zwei. Mitte des 14. Jh. (1357) war der Bau der neuen Stadtmauer vollendet (sog. *muro de rejola*), welche die genannten Pfarreien einbezog und bis in unsere Zeit das Stadtgebiet Z.s begrenzte.

Die demograph. Entwicklung wird nur durch wenige erhaltene Bevölkerungszahlen beleuchtet: Die ersten zuverlässigen Angaben stammen von 1365; damals sind 2193 chr. Häuser genannt, vier Jahre später insgesamt 2919 Herdstätten, von denen 213 in der jüd. *Aljama* und 101 im muslim. Viertel lagen. Bei der 1404 von den →Cortes angeordneten Erstellung eines →Feuerstättenverzeichnisses (*fogaje*) wurden in Z. 3978 Herdstätten gezählt, während ein Vierteljahrhundert später ihre Zahl deutlich rückläufig war und nur noch 3228 Herdstätten betrug. 1442 wurde die steuerpflichtige chr. Bevölkerung auf 3176 Herdstätten geschätzt, was ungefähr den 1472 angeführten 4017 Herdstätten entsprach, die zur Zahlung der *sisas*

(Akzise) verpflichtet waren, und mit den 3969 namentlich genannten Herdstätten der Steuerlisten von 1495 (nach der Vertreibung der Juden) übereinstimmte. Dies alles weist darauf hin, daß die steuerpflichtige Bevölkerung wohl bei 15000 bis 18000 Personen lag. Die Gesamtzahl der chr. Einw. lag etwas höher, zw. 20000 und 22000 Personen, während die der jüd. und muslim. Bevölkerung nur wenige hundert ausmachte.

Die Gesellschaftsstruktur der Bewohner von Z. war in den letzten Jahrhunderten des MA geprägt von einer klaren Unterscheidung zw. einer kleinen Schicht rechtlich und wirtschaftlich Privilegierter, der sog. *ciudadanos*, eines →Patriziats, dem weder Ritter noch →*Infanzones* angehörten, und der Masse der Vollbürger, welche die öffentl. Lasten zu tragen hatten und gemäß ihrer Abgabenhöhe (zw. 8 und 240 Solidos) in zwanzig *manos* (Steuerklassen) eingeteilt waren. Am Rande der städt. Gesellschaft standen diejenigen Bewohner, die keinen Bürgerbrief besaßen, →Mauren und Juden (→Sefarden). Zum Patriziat zählten auch Kaufleute, die aus anderen aragones. Städten oder aus Katalonien und Südfrankreich zugewandert waren, sowie verschiedene *Converso*-Familien (Cavallería, Santángel, Sánchez de Calatayud u. a.; →Konvertiten), die sich in das wirtschaftl. und polit. Leben des Kgr.es integriert hatten.

[4] *Als Hauptstadt und wirtschaftliches Zentrum von Aragón:* Seit dem 13. Jh. wurde die Stadtentwicklung einerseits von den polit. und administrativen Maßnahmen des Kgtm.s selbst geprägt, andererseits vom Aufschwung des Handels und Handwerks. Hervorzuheben ist dabei die für Z. folgenreiche starke Erweiterung der Herrschaftsgebiete und Einflußzonen (Mittelmeerraum) der aragones. Monarchie, die mit der Ausbildung eigener Zentralverwaltungen in ihren durch die Krone Aragón (→Corona, IX) verklammerten Reichen (Aragón, →Katalonien, →Valencia und →Mallorca) für diese Hauptstädte schuf. Z. wurde zur natürl. Hauptstadt des Kgr.es Aragón und zum Mittelpunkt der monarch. Traditionen des Gesamtreiches: In der Kathedrale v. Z., *San Salvador* ('La Seo'), wurden die Kg.e gekrönt und ihren Erstgeborenen der Eid geleistet, der ihnen die Nachfolge sicherte. Diese Entwicklung fand 1318 ihren Abschluß mit der Errichtung des Ebm.s Z., das aus der Erzdiöz. →Tarragona ausgegliedert wurde und die Bm.er →Huesca, Albarracín, →Barbastro, →Tarazona, →Jaca, →Calahorra und →Pamplona als Suffragane zugewiesen erhielt.

Aus wirtschaftl. Sicht konnte Z. seine privilegierte Stellung im Ebrotal und seine Lage am Scheideweg der Straßen, die den Mittelmeerraum mit der Meseta und den kantabr. Häfen, die Märkte Südfrankreichs mit denen der Iber. Halbinsel verbanden, nutzen. Die Stadt und ihre Kaufleute wurden zu Verbindungsgliedern in diesem Kreislauf, in den sie aragones. Produkte aus Landwirtschaft und Viehzucht einbrachten, bes. Wolle, Getreide, Öl und Safran, aber auch Erzeugnisse des einheim. Handwerks, etwa Tuche, Kleidung, Schuhe, Waffen, Bast- oder Lederwaren, Töpfereiprodukte. Dies garantierte den Handwerkern in Z. ein Einkommen, das ihnen den Konsum von Importwaren ermöglichte. Z. bot so im SpätMA das Bild eines bedeutenden Zentrums von Produktion und Konsum, das die Aufmerksamkeit katal., valencian., kast. und südfrz. Händler auf sich zog.

Doch war das ausgehende MA auch eine Zeit sozialer Unruhe. Das harte Vorgehen der herrschenden Minderheit, die immer entschlossener auf eine Verteidigung ihrer Privilegien bedacht war, die unerträgl. Steuerlast (zur Befriedigung der kgl. Forderungen und zur Finanzierung städt. Schulden), die durch die kgl. Politik in →Katalonien bedingten polit. Probleme und v. a. die allg. Unsicherheit, die durch die Einrichtung der Inquisition und die Judenvertreibung hervorgerufen worden war, leiteten ein Stadium schwerer innerer Zerrüttung ein. Z. trat wie das Kgr. Aragón zu Beginn des 16. Jh. mit dem Aufkommen der habsburg. Dynastie in eine Niedergangsphase ein, die es nur unter Schwierigkeiten überwinden sollte.

J. A. Sesma Muñoz

Q. *und Lit.: [allg.]:* Hist. de Z., 2 Bde, 1976 – Guía histórico-artística de Z., hg. G. Fatas, 1991³ – *zu [I]:* RE III, 1, 1287f. – J. Orlandis, Z. visigótica, 1969 – J. Arce Martínez, Caesaraugusta, ciudad romana, 1979 – *zu [II]:* EI² IX, 36–38 [M. J. Viguera; Lit.] – F. de la Granja, La Marca Superior, 1967 [span. Übers. des Fragmentes von al-ᶜUḏrī] – M. J. Viguera, El Islam en Aragón, 1988 [Bibliogr.: 249–286] – *zu [III]:* LThK² IX, 325 – M. Aguilar – I. Robertson, A Guide to Jewish Spain, 1984, 84f. – M. Mora y Gaudo, Ordinaciones de la ciudad de Çaragoça, 2 Bde, 1908 – A. Canellas López, Colección diplomática del Concejo de Z., 3 Bde, 1972–75 – G. Fatas Cabeza, Para una biografía de las murallas y puente de piedras de Z. según las fuentes escritas hasta 1285 (Homenaje J. M. Lacarra, II, 1977), 305–328 – M. L. Ledesma – M. I. Falcón, Z. en la Baja Edad Media, 1977 – J. A. Sesma Muñoz, El comercio de exportación de trigo, lana y aceite desde Z. a mediados del s. XV (Aragón en la Edad Media, I, 1977), 201–237 – M. I. Falcón Pérez, Z. en el s. XV. Morfología urbana, huertas y término municipal, 1981 – La ciudad hispánica durante los s. XIII al XVI, Bd. II, 1985 [Lit.] – M. A. Motis Dolader, La expulsión de los judíos de Z., 1985 – A. Blasco, La judería de Z. en el siglo XIV, 1988 – M. C. García Herrero, Las mujeres en Z. en el s. XV, 2 Bde, 1990 – M. I. Olivan Jarque – M. P. Galve Izquierdo u. a., Huellas del pasado. Aspectos de Z. a través del Patrimonio Municipal, 1993 – C. Stalls, Possessing the Land. Aragón's Expansion into Islam's Ebro Frontier under Alfonso the Battler, 1104–1134, 1995 – J. A. Sesma Muñoz, Z., centro de abastecimiento de mercaderes castellanos a finales del s. XIV (Aragón en la Edad Media XIII, 1997), 125–158.

Zaragoza, Märtyrer v., Gruppe von achtzehn Märtyrern, die wahrscheinlich während der Diokletianischen Christenverfolgung hingerichtet wurden. Sie wurden erstmals von →Prudentius (Peristephanon 4) verherrlicht, der ihre Namen wie folgt angibt: Optatus, Lupercus, Successus, Martialis, Urbanus, Iulius, Quintilianus, Publius, Fronto, Felix, Caecilianus, Euotius, Primitivus, Apodemus sowie vier 'Saturninus'. Ihre Leichname wurden in der Basilika S. Engratia (Encratis) beigesetzt. Anläßlich deren Rekonsekration während der Synode v. Zaragoza d. J. 592 wurde eine eigene Messe zu Ehren der Titelheiligen und der achtzehn Märtyrer gefeiert. Eine romanhafte Passio, die ihr Martyrium schildert, wurde Bf. →Braulio v. Zaragoza (631–651) zugeschrieben, entstand aber wahrscheinlich schon in den ersten beiden Jahrzehnten des 7. Jh. →Eugenius v. Toledo († 657) verfaßte ein »Carmen de basilica sanctorum decem et octo martyrum«, in dem die vier von Prudentius unter dem Namen Saturninus erwähnten Märtyrer die Namen Cassianus, Ianuarius, Matutinus und Faustus erhalten. Die Bezeichnung »innumerabiles« (»Unzählige«), unter der die Märtyrer bekannt sind, findet sich erstmals im Martyrologium des →Usuard zum 16. April und basiert auf dem Ausdruck »numerosiores martyrum turbas« in Prudentius, Peristeph. 4,50. Das Fest der M. v. Z. wird im Martyrologium Hieronymianum am 22. Jan. und am 15. April begangen, am 16. April in mozarab. Kalendarien und im Martyrologium Romanum, wo die Märtyrer auf der Basis des Martyrologium Usuards und einiger Hss. der Passio auch zum 3. Nov. kommemoriert werden, vielleicht dem Datum der Rekonsekration der Basilika v. Zaragoza i. J. 592.

F. Scorza Barcellona

Q.: BHL, 1502–1507 – BHL Novum suppl., 1502–1505 – Acta SS. Aprilis II, 1975, 406–410, 959–962 – Acta SS. Nov. I, 1887, 637–650 –

A. Fabrega Grau, Pasionario hispánico (siglos VII–XI), 1953, II, 371–378 – Lit.: Bibl.SS IX, 649–650 – Catholicisme XIII, 1960, 832–833 – ECatt X, 1900–1901 – A. Fabrega Grau, Pasionario hispánico, cit., I, 168–174.

az-Zarqālī → Ibrāhīm b. Yaḥyā az-Zarqālī

Zātī (Saati), osman. Dichter, geb. 1471 in Balıkesir, gest. 1546 in Istanbul; Sohn eines Schuhmachers, kam während der Regierung Bāyezīds II. in die Metropole und wirkte hier als erfolgreicher *dīwān*-Dichter (→Dīwān, C. II), der seine Gedichte Sultanen und Staatsmännern (→Selim I., Süleymān I.; →Ğaᶜfer Čelebi, Ibn Kemāl) widmete. Die Überlieferung stattete Z. mit bohèmehaften Zügen aus (trinkfroh, unbeweibt, im Alter verarmt); als bejahrter Poet habe Z. die Wahrsagerei betrieben, sein Laden sei ein Treffpunkt des lit. Lebens gewesen. Als Hauptwerk des Autors ist das der *mathnavī*-Dichtung angehörende Werk »Shemᶜve Pervāne« zu nennen. U. Mattejiet

Lit.: EI², 220f.; VI, 835 – →Osmanische Literatur.

Zauberei

I. Byzantinischer Bereich – II. Judentum (zum Westen: →Magie).

I. Byzantinischer Bereich: Bis zur Mitte des 4. Jh. läßt sich kaum eine religiöse Motivation der ksl. Gesetzgebung zu μαγεία bzw. γοητεία feststellen. Sodann wurden die mag. Praktiken verboten, die sich gegen den Menschen richteten (Tötung mittels mag. Handlungen, Verführung). Vertretern der »Schwarzen Magie« drohte die Todesstrafe. Geduldet war hingegen die Z., die dem Wohl der Menschen diente (Schutz der Ernte, Gesundheit). In der ersten Kirchenrechtssammlung (Mitte 6. Jh.) hat sich die Ansicht, daß es sich bei Z. um eine Apostasie handelt, bereits durchgesetzt. Hinter den Magiern vermutete man dunkle Mächte oder Dämonen, während in der Handlung eines chr. Wundertäters (→Wunder) oder Heiligen Göttliches angenommen wurde. In Heiligenviten sind gelegentl. Zauberwettkämpfe zw. Gut und Böse zu finden.

Im Alltag verwendete man allerlei mag. Gegenstände u. a. auch in der Medizin (→Magie, V: Iatromagie). Solche konnten Münzen (12. Jh.: Michael →Italikos, ep. 33 [210, 10ff., Gautier]: Solidus Konstantins d. Gr.), Schmuckstücke, →Amulette oder Papyri bzw. Zettel mit mag. Zeichen (z. B. →»Miracula s. Demetrii« I [Lemerle] 61, verspricht Heilung) sein. Auch Kleidung konnte mag. Symbole tragen. →Johannes Chrysostomos verurteilt die Verwendung von Amuletten (z. B. »Böser Blick«, d. h. Anhänger in Augenform oder Ketten mit Münzen Alexander d. Gr.), leugnet aber nicht die Existenz negativer Kräfte, denen man nur durch christl. begegnen könne. Kritisiert wird die Praxis der Frauen, Kindern vor dem Baden Schlamm auf die Stirn zu reiben, empfohlen wird statt dessen ein Kreuzzeichen (Comm. in ep. 1 ad Cor., MPG 61, 106). Mag. Praktiken und →Dämonologie lebten weiter (vgl. die Bestimmungen des Konzils von 691/692, die Ausführungen des fälschl. Michael →Psellos zugeschriebenen Werkes »De operatione daemonum«, die Kommentare des Theodoros →Balsamon und Erwähnungen im Konstantinopolitaner Patriarchatsregister). Jedoch werden nach dem Ikonoklasmus (→Bilderstreit) die mag. Objekte der Frühzeit allmähl. durch chr. Symbole ersetzt (→Kreuze, →Reliquiare). Die Kirche konnte die Magie zwar marginalisieren, nicht aber verdrängen. S. a. →Zaubersprüche, VI. M. Grünbart

Lit.: The Oxford Dict. of Byzantium, 1991, 1265f. [Magic] – I. Rochow, Zu »heidn.« Bräuchen bei der Bevölkerung des Byz. Reiches im 7. Jh. v. a. auf Grund der Bestimmungen des Trullanum, Klio 60, 1978, 483–497 – C. Cupane, La magia a Bisanzio nel secolo XIV: azione e reazione, JÖB 29, 1980, 237–262 – P. Gautier, Le »De daemonibus« du Ps.-Psellos, RevByz 38, 1980, 105–194 – G. Vikan, Art, Medicine and Magic in Early Byzantium, DOP 38, 1984, 65–86 – S. Troianos, Z. und Giftmischerei in mittelbyz. Zeit (Fest und Alltag in Byzanz, hg. G. Prinzing–D. Simon, 1990), 37–49, 184–188 – P. W. Schienerl, Dämonenfurcht und böser Blick. Stud. zum Amulettwesen, 1992 – Byz. Magic, ed. H. Maguire, 1993 [grundlegend; Sammelbd.] – J. Spier, Medieval Byz. Magical Amulets and their Tradition, JWarburg 55, 1993, 25–62 – E. V. Maltese, Dimensione bizantine. Donne, angeli e demoni nel medioevo greco, 1995 – S. Troianos, Der Teufel im orth. Kirchenrecht, BZ 90, 1997, 97–111.

II. Judentum: Wenngleich im bibl. Schrifttum (Ex 7, 8–13; Ex 22, 17; Dt 18, 9–12) jede Art von Z., Wahrsagekunst (→Wahrsager, III), →Beschwörung usw. bei Todesstrafe verboten ist, scheint das Zauberwesen in talmud. Zeit nicht unbekannt, worauf viele Stellen im →Talmud hinweisen (bSan 17a; 68a). Primär wird es Frauen zugeschrieben (mAb 2,7; bErub 64b; bSan 100b; bGit 45a), z. B. zur Verhinderung einer Geburt (bSota 22a). Als bewährte Medizin (→Volksheilkunde, III. 5) werden jedoch zauberkräftige Heilmittel gegen verschiedene Krankheiten empfohlen (bQid 31b; bShab 109b). Bes. Schutz vor Gefahren sollen in Metall oder Stein gearbeitete, mit Zaubersprüchen versehene →Amulette ihren Trägern bieten. Ungeachtet des bibl. Verbots von Z. und Wahrsagerei war die »weiße Magie« in Form von Amuletten, die von einem Experten beschriftet waren, geduldet. Derartige Amulette durften sogar am Sabbat getragen werden und sollten gegen Krankheiten, →Bösen Blick und Gefahren im Kindbett (→Wochenbett) schützen. Eine weitere Wirkung wurde den im 3.–5. Jh. in Mesopotamien beheimateten *Incantation bowls* zugeschrieben, irdenen Schüsseln, deren Innenseite mit aramäisch geschriebenen Schutz- und Abwehrzaubern versehen war.

Die Diskussion dieser Praktiken in der ma. Religionsphilosophie führte zur verbreiteten Auffassung, daß →Hexerei, Z. usw. wirken (→Dämonen, E) und die →Tora sie deshalb so streng ahndet. Entgegen dieser Auffassung sprach →Maimonides der Z. und Magie eine (eigene) positive bzw. negative Wirkung ab, bezog in das Verbot der Tora die Astrologie (→Astrologie, IX) ein und begründete es damit, daß Z. und Magie nicht keinen Wahrheitsgehalt haben, sondern falsch sind und die Astrologie zudem der göttl. Providenz sowie der menschl. Willensfreiheit widerspreche. Ihre Wirkung liegt nur im Seelischen. So betont er in der Mischne Tora, der Talmud erlaube, am Sabbat einen Zauber über einen von einer Schlange Gebissenen zu sprechen, um diesem seel. Erleichterung zu verschaffen.

Eine Vielzahl von Zauberpraktiken wurde im ma. Judentum ausgeübt, bes. von den dt. (aschkenas.) Juden. Die sich entwickelnde volkstüml. →Kabbala führte zu Praktiken, die Gottesnamen und deren Kombinationen zum Zwecke der Naturmanipulation verwendeten. Hierzu zählt auch die Schöpfung eines *Golem*, eines aus Erde geschaffenen Wesens, dem durch Zauberkraft Leben gegeben wird. Bereits in bSan 65b wird von einem Geschöpf erzählt, das jedoch nicht sprechen kann. Dieses, wie auch weitere mit Hilfe des →Sefär Jetzirah geschaffenen »Geschöpfe«, u. a. ein Kalb, werden von Rabbinen mit Hilfe der »weißen Magie« geschaffen, in der die Gottesnamen als schöpfer. Kräfte verwendet wurden. So entsteht auf dieser Basis in ma. Zeit die Legende vom Golem. Die Technik der Schaffung eines Golem wird von →Eleasar v. Worms in einem von G. Scholem entdeckten Manuskript beschrieben: »Wer das Sefär Jetzirah zu Rate zieht, muß zunächst ein rituelles Bad nehmen und weiße Kleidung anlegen. Dann nimmt er jungfräul. Erde von einer Anhöhe, die von keinem Menschen umgegraben

wurde, durchweicht sie in Wasser einer Quelle und macht den Golem, indem er jedes Glied unter Rezitation der alphabet. Permutation formt.« Auch nach Entstehen naturwiss. Denkansätze ist Z. nicht gänzlich verschwunden. So werfen die 'Mitnaggedim' den 'Ḥasidim' (→Ḥasidismus) Z. vor, wenn sie der Kraft ihres Meisters vertrauen, mit übernatürl. Hilfe Böses abzuwenden und Gutes zu bewirken. R. Schmitz

Lit.: G. Scholem, The Idea of the Golem (On the Kabbalah and it's Symbolism, 1965), 158–204 – J. Trachtenberg, Jewish Magic and Superstition. A Study in Folk Religion, 1970 – J. Naveh–S. Shaked, Amulets and Magic Bowls. Aramaic Incantations of Late Antiquity, 1985 – M. Idel, Golem. Jewish Magical and Mystical Tradition on the Artificial Anthropoid, 1990 – A. Foa, The Witch and the Jew (From Witness to Witchcraft, hg. J. Cohen, 1996), 361ff.

Zauberpflanzen. Die seit jeher und überall verbreitete Vorstellung, daß bestimmten Pflanzen zauberische, also dem Bereich der →Magie angehörende Kräfte innewohnen, war auch und gerade dem Menschen des MA sehr vertraut und spielte – soweit es sich um therapeut. nutzbare Pflanzen handelte – v.a. im Rahmen der →Volksheilkunde eine bedeutende Rolle. Als Z., deren Charakter bisweilen schon ihr Name verrät und deren berühmteste sicherlich die →Alraune ist, wurden im allg. solche Gewächse betrachtet, die sich durch irgendeine Besonderheit in Aussehen und Geruch, Blütezeit und Standort oder eine auffällige physiolog. Wirkung (→Gift) auszeichnen. Entscheidend prägten dabei animist. Vorstellungen (→Dämonen) und Analogiedenken (→Signaturenlehre) den hauptsächl. auf mündl. Überlieferung basierenden Glauben an derartige Pflanzen, derer man sich – fast stets mit gewissen Riten (→Beschwörungen, →Zaubersprüche) verbunden – in verschiedenen Formen und zu den unterschiedlichsten Zwecken bediente: So mußten zunächst bestimmte Grabe- bzw. Sammelvorschriften hinsichtl. Werkzeug, Ort, Zeit usw. befolgt werden, bevor die betreffenden Z. ganz oder in Teilen, natürl. oder verarbeitet, als →Amulett getragen oder zu Räucherungen gebraucht, an Türen und Fenster gesteckt oder in die Erde versenkt, im Abwehr-, Heil-, Liebes-, Schaden- oder Wetterzauber bei Mensch, Vieh und Sachen zur Anwendung kamen; außerdem glaubte man, mit ihrer Hilfe künftige Ereignisse vorhersagen zu können (→Prognose) u.a.m. Als apotropäisch galten insbes. stark aromatisch oder unangenehm riechende sowie dornige bzw. stachlige und deshalb antidämon. wirkende Gewächse, die – auch als 'Beruf-' oder 'Beschreikräuter' bezeichnet – böse Geister, Hexen oder den Teufel aus Haus und Stall vertreiben sollten. Einen Einfluß auf Gewitter und Blitz schrieb man dagegen v.a. rot oder blau blühenden Pflanzen bzw. gewissen Sträuchern und Bäumen zu; vornehml. letztere wurden aber auch im Heilzauber genutzt, indem man mittels verschiedener Verfahren im Sinne der Sympathielehre Krankheiten auf sie übertrug. Häufige Verwendung als Z. fanden ferner narkot. und halluzinogene Gewächse (→Betäubungs-, →Rauschmittel), die nicht von ungefähr Bestandteil der sog. Hexensalben (→Hexen) waren, ihre Wirkung indes weniger der Magie als vielmehr ihren Inhaltsstoffen verdankten; dies gilt z.T. auch für die zahlreichen im Liebeszauber (→Trank) eingesetzten Pflanzen, da einige davon tatsächl. den Geschlechtstrieb anregen (→Aphrodisiaca). Die vermuteten übernatürl. Kräfte erweisen sich also nicht selten als reale Substanzeffekte, deren Kenntnis mitunter durchaus auf empir. Wissen beruhte, was bis zu einem gewissen Grad auch die Kontinuität im Gebrauch der Z. erklärt. Zu dieser Tradition trug nicht zuletzt die Kirche bei, indem sie nicht alle der damit verbundenen Praktiken (wie z.B. die Inkantationen) als heidn. →Aberglauben bekämpfte, sondern manche übernahm und in chr. Rituale umwandelte; so haben sich etwa in Form der approbierten Kräutersegen oder der Kräuterweihe einige der an die Z. geknüpften – und ohnehin bis weit in die NZ hinein fortwirkenden – Vorstellungen auch auf diesem Wege erhalten. P. Dilg

Lit.: HWDA V, 437–446; VI, 1704–1716 – H. Marzell, Z. – Hexentränke, 1964 – E. S. Gifford, Liebeszauber, 1964 – F.-M. Engel, Z. – Pflanzenzauber, 1978 – H. Schöpf, Zauberkräuter, 1986 – Ch. Rätsch, Lex. der Z. aus ethnolog. Sicht, 1988 – D. Beckmann–B. Beckmann, Alraun, Beifuß und andere Hexenkräuter, 1990.

Zaubersprüche (incantamenta)

I. Allgemein. Deutsche Literatur – II. Altnordische Literatur – III. Englische Literatur – IV. Irische Literatur – V. Mittelniederländische Literatur – VI. Slavische Literaturen.

I. Allgemein. Deutsche Literatur: Z. sind eine Form der Wort→Magie, die sich gesprochener Formeln in gebundener oder ungebundener Rede bediente, um direkt oder mittelbar (durch →Beschwörung vermittelter Wesenheiten [→Dämonen] oder durch das Bitt-Gebet zu Hl.n bzw. Engeln) in den Ablauf des Kausalgeschehens einzugreifen. Für sich verwendet, von Zaubergebärden begleitet, zu Zauberhandlungen (Ritualen) der Kontakt- wie Entsprechungsmagie gemurmelt, skandiert oder gesungen, bietet der Zauberspruch als literar. Kleinform einen ausgesprochenen Gestaltenreichtum, der vom Phrasem des Zauberwortes bis zu mehrstrophigen Gebilden auffächert. In ihrer Wirkung wurden Z. durch »Hilfsmittel« (Symbole, Amulette) oder Zaubergegenstände (Talismane, Fetische) verstärkt, abgeschwächt oder umgeleitet; von der Intention her lassen sich →Segen und →Fluch unterscheiden. Die an Textmutationen und Kontaminationen gleichermaßen reiche Überlieferung erfolgte sowohl mündl. als auch schriftl.; wie →Rezepte wurden, wenngleich in geringerem Umfang, auch Z. zu Sammlungen zusammengestellt (Bannbüchlein). Die Tradition der anonymen (bzw. pseudepigraph.) Kurztexte erfolgte nicht selten kultur- und epochenübergreifend, wobei die beobachteten Entsprechungen freilich nicht immer textgenet. gedeutet bzw. als Wandermotiv interpretiert werden müssen, sondern oft auch typolog. zu erklären sind.

Z. begegnen in unterschiedl. Funktionen: Als *Schutzzauber*, beispielsweise für Reisende (»Weingartner Reisesegen«, Ausfahrtsegen), als *Abwehrzauber* (Gegenzauber) gegen Schaden bzw. Magie, als *»Stellung«* eines Vorgangs bzw. einer Wesenheit (Blutbann [»Jordansegen«, Wundsegen], Diebsbann, Stellen von Wild oder flüchtigen Haustieren [»Wiener Hundesegen«, →»Lorscher Bienensegen«]), als *Austreibung*/Exorzismus, z.B. gegen wurmartige Krankheitsdämonen (»Nesso«-Segen), und dann auch als *Schadenzauber* (z.B. »Verfluchung eines Bücherdiebs«). In der Heilkunde waren neben Austreibung und Bannung v.a. »Stellungen« gebräuchlich, die beim Ernten der Heilpflanze oder beim Töten des Heiltiers (so beim Abfedern des Geiers [→Wunderdrogentraktate]) zur Anwendung kamen und dafür sorgen sollten, daß die entweichende Tier- bzw. Pflanzenseele ihre Heilkräfte in der Droge zurückließ (»ich gebiut dir edeliu wurze daz du deheine diner tugent verlaezest, du sîst immer in mîner gewalt mit derselben krefte und mit derselben tugent« [→»Bartholomäus«, Verbena-Traktat]).

Zu den bekanntesten, in germ. Kulturräumen und darüber hinaus tradierten Z.n gehören der »Drei-Brüder-Segen« für Verletzungen (→Wundsegen); der Drei-Frauen-Lösesegen des 1. →Merseburger Zauberspruchs »Eiris sazun idisi, sazun hera muoder«; der dreimal dreistufige

Pferde-Verrenkungssegen des 2. Merseburger Zauberspruchs »Phol ende uuodan uuron ziholza«; der vierstufige Zauberbefehl des »Nesso«-Wurmsegens; die beiden »spurihalz«-Lähmungssegen gegen Pferderähe (Rheuma), neben denen zwei weitere Rähe-Segen stehn (»Ad equum erreþit«, »Contra rehin«) und unter denen insbes. der Windrähe-Segen »Visc floth aftar themo uuatare« weite Verbreitung fand. In den hippiatr. Bereich gehörte zunächst auch die »mort«/»houbetmürde«-Sippe, die ursprgl. den hochinfektiösen Malleus-Rotz beschwor, in der ags. »morþ-weorc«/»morþ-wyrthe«-Variante dann aber für todbringende mort-Gebete benutzt wurde, wie sie in Deutschland beispielsweise bei »mortbetærinnen« zum Einsatz kamen (→Hexe). – Sondergruppen bildeten die Zauberformeln gegen Nasenpolypen (»swam«/»malus malannus«), gegen Fallsucht (»morbus caducus«), gegen »Wurm«-Befall (»Contra vermes [pecus] edentes«; »Prüler Wurmsegen«) sowie gegen Schwinden des Sehvermögens (»Cambridger Augensegen«, »Nikasius-Augensegen«). – Das zu beschwörende Objekt wird angerufen, zum Gegenstand von mag. Befehlen gemacht, durch Berufung auf heidn. oder christl. Gottheiten, Engel oder Dämonen dem Willen des Sprechers unterworfen. Als Berufungsinstanz konnte auch der →Mond dienen. Die zählebigen Zauberformeln des MA überlebten vielfach die Epochenschwelle zur NZ. G. Keil

Ed.: K. MÜLLENHOFF–W. SCHERER, Denkmäler dt. Poesie und Prosa, hg. E. STEINMEYER, 1892 (MSD), Nr. 4, 16, 47 – R. HEIM, Incantamenta magica graeca latina, 1893 – E. v. STEINMEYER, Die kleineren ahd. Sprachdenkmäler, 1916 [Neudr. 1963], 365–398 – F. WILHELM, Denkmäler dt. Prosa des XI. und XII. Jh., I–II, 1914–16/18 [Nachdr. 1960], Nr. 16–23 – C. L. MILLER, The OHG and Old Saxon Charms [Diss. Washington Univ. St. Louis 1963] – *Lit.:* HWDA II, s.v. Bann, Beschwörung, Besprechung – Verf.-Lex. IV, 1121–1130 – Verf.-Lex.² I, 27–29; II, 8–11; IV, 12, 75f.; VI, 410–418; VII, 853f.; X, 182–184 u. ö. – F. HÄLSIG, Der Zauberspruch bei den Germanen bis um die Mitte des 16. Jh., 1910 – A. CASTIGLIONI, Incantesimo e magia, 1934 – A. SPAMER–J. NICKEL, Romanusbüchlein. Hist.-philol. Komm. zu einem dt. Zauberbuch, 1958 – I. HAMPP, Beschwörung, Segen, Gebet, 1961 – W. BONSER, The Medical Background of Anglo-Saxon England, 1963 – G. EIS, Altdt. Z., 1964 – I. BUTT, Stud. zu Wesen und Form des Grußes, insbes. des mag. Grußes [Diss. Würzburg 1968] – J. TELLE, Petrus Hispanus in der altdt. Medizinlit. [Diss. Heidelberg 1972], 169–203 – R. REICHE, Ein rhein. Schulbuch aus dem 11. Jh., 1976 – DERS., Neues Material zu den altdt. Nesso-Sprüchen, AKG 59, 1977, 1–24 [umfangreiche Lit.] – R. JANSEN-SIEBEN, Repertorium van de Mnl. artesliteratuur, 1989, 30, 191, u. ö.

II. ALTNORDISCHE LITERATUR: An. *galdr* (pl. *galdrar*) bezeichnet den Zauberspruch, das Versmaß *galdralag* (eine Variante des →Ljóðaháttr) war offenbar die dafür intendierte Form. Daneben sind noch die Bezeichnung *seiðlæti* (Laxdœla saga, Kap. 37) und der Name eines Zauberliedes Varðlokkur überliefert. Z. selbst sind im An. nicht erhalten, auch wenn sowohl im eddischen Grógaldr ('Zauberspruch der Gró', 13./14. Jh.) und in den →Hávamál solche angekündigt werden. Die neun Z. des Grógaldr und die 18 der Hávamál werden zwar in ihrer Funktion beschrieben, nicht aber mitgeteilt. Die in der Hávamál angekündigten Z. dienten der Hilfe in Notsituationen, der Heilung (wie der 2. →Merseburger Zauberspruch und verschiedene ahd. und ae. →'Segen'), dem Behindern von Feinden und dem Abstumpfen ihrer Waffen, der Befreiung aus Fesseln (wie der 1. Merseburger Zauberspruch), der Abwehr von Pfeilen, Vergiftungen und Hexenzauber, der Unterdrückung von Feuersbrünsten, Stürmen und Streitigkeiten, der Feihung in der Schlacht, der Prophezeiung durch runischen Totenzauber und schließl. dem Liebeszauber.

Z. hatten wohl eine enge Verbindung zu →Runen, wie etwa der Runenzauberspruch (Buslubœn) in der allerdings recht jungen Bósa saga ok Herrauðs (Kap. 6) zeigt. Auch bei Egils berühmtem Runenzauber hat man den in die »Spottstange« eingeritzten Zauberspruch (*nið*; →Schmähdichtung) mit den zwei Fluchstrophen Egils gegen Kg. Eiríkr (Egils saga, Str. 28 und 29) gleichsetzen wollen (OLSEN, Om troldruner).

In der Sagalit. des 13. Jh. wird auch sonst verschiedentlich Runenzauber erwähnt (→Grettis saga, Kap. 79), ein Zauberbuch mit derartigen Runenzaubersprüchen ist allerdings erst aus dem 17. Jh. erhalten, weist aber doch deutl. Unterschiede zu vergleichbaren kontinentaleurop. Zauberbüchern auf.

Die ausführlichste Beschreibung einer mag. Performanz (s. a. →Schamanismus) wird in der Eiríks saga rauða (Kap. 4) überliefert, bei dem dort genannten *varðlokkur* (oder varðlokur, 'Seelenlocker'?) zur Versammlung von Geistern handelt es sich aber nicht um einen Zauberspruch im engeren Sinn, sondern um einen Zaubergesang. Somit wissen wir insgesamt für den an. Bereich deutl. weniger Konkretes über an. Z. als etwa für die ahd. R. Simek

Lit.: A. F. HÄLSIG, Der Zauberspruch bei den Germanen, 1910 – R. T. CHRISTIANSEN, Die finn. und nord. Varianten des 2. Merseburger Spruches, 1914 (FFC 18) – M. OLSEN, Varðlokkur, Maal og Minne, 1916, 1–21 – DERS., Om troldruner, Edda 5, 1916, 225–245 – I. LINDQUIST, Galdrar, 1923 (Göteborg högskolas Årsskrift 29, 1) – H. PIPPING, Några anteckningar om Galdralag, Acta Philologica Scandinavica 9, 1934/35, 177–184 – F. OHRT, Om Mersebergformlerne som Galder, Danske Studier, 1938, 125–136 – R. GRAMBO, Studiet av nordiske trollformler, 1973 – KL XVIII, 674–678 [Trollformlar; O. Bø] – C. W. THOMPSON, The Runes in 'Bósa saga ok Herrauðs', Scandinavian Stud. 50, 1978, 50–56 – ST. E. FLOWERS, The Galdrabók: An Icelandic Grimoire, 1989 – DERS., Medieval Scandinavia. An Encyclopedia, 1993, 399f.

III. ENGLISCHE LITERATUR: Ungefähr die Hälfte der ae. Z. ist in zwei med. Kompilationen (»Lacnunga« und »Leechbooks«, 'Baderbücher') enthalten. Andere erscheinen vereinzelt oder in Gruppen in zeitgenöss. Hss., wobei es sich z. T. aber um spätere Hinzufügungen handelt. Die meisten wurden von STORMS ediert, dessen Anthologie über 100 Z. umfaßt. Sie bestehen typischerweise aus einer Beschreibung der Durchführung (Handlungsanweisung) in ae. Prosa, auf die eine meist lat. Formel folgt, die gesprochen oder geschrieben werden soll. In manchen Fällen geht der lat. Formel nur eine ae. Überschrift voraus (z. B. »For sore eyes«). Die zwölf metr. Z. (ASPR VI) haben ae. Anrufungen, die formal an ae. alliterierende Verse erinnern und in der Länge von drei (ASPR, Nr. 5, 10) bis 63 Zeilen (Nr. 2) variieren. Die Beschreibung der Durchführung fehlt in den Nr. 9, 11 und 12, ist dagegen in Nr. 1 sehr lang. Die Tatsache, daß ae. Z., die im Volk verwurzelte, heidn. Glaubenselemente beinhalten, in mönch. Hss. erhalten sind, beweist die tiefe Verbundenheit der Kl. mit den Laien. Mit Ausnahme von Balds »Leechbook« ist über die Kompilatoren nichts bekannt. Die oft aus Gebeten oder der Liturgie abgeleiteten lat. Formeln sind manchmal verderbt oder sogar unverständl. In manchen Anrufungen kommen z. T. ebenfalls verderbte oder unverständl. griech., hebr., air. und an. Wörter vor (z. B. STORMS, Nr. 33, 35, 82). Manche enthalten auch →Runen (z. B. STORMS, Nr. 33, 69). Einige metr. Anrufungen sind in ihrer Bedeutung etwas unklar. Es gibt vage Ähnlichkeiten zw. ASPR, Nr. 8 und dem →Lorscher Bienensegen bzw. zw. Nr. 5 und 10 und dem Wiener Hundesegen. Andere sind vielleicht germ. Ursprungs (z. B. STORMS, Nr. 46, vgl. BRAEKMAN). Die meisten ae. Z. sind in Hss. aus dem 10. bis 12. Jh. enthalten, aber manche lassen sich bis ins 8. oder 9. Jh. zurückführen. Die meisten ae. Z. dienen der Behandlung menschl. oder tier. Leiden,

die bisweilen ausdrückl. auf Krankheit bringende Geister zurückgeführt werden. Heidn. Vorstellungen treten am deutlichsten in den metr. Z.n zu Tage, wozu die Z. gegen »den Zwerg«, »Wassergeister-Leiden« (Windpocken?) und »plötzliches Stechen« (Rheumatismus?), aber auch gegen Geschwulste und Fehlgeburten gehören. Der metr. Zauberspruch »Nine Herbs«, bei dem es sich hauptsächl. um eine Anrufung von Kräutern handelt, die gegen Ansteckung (»fliegendes Gift«) helfen, spielt auf →Odin und die Weltenschlange an. Andere metr. Z. dienen dem Schutz der Reisenden oder sollen das Land (wieder) fruchtbar machen, aber auch Bienen zum Stockbau veranlassen. Es gibt drei metr. »Viehdiebstahl«-Z. und zwei inhaltl. verwandte ae. Prosa-»Viehdiebstahl«-Z. Me. Z. sind zahlreicher und weiter verbreitet. Einige me. Z. haben ae. Vorläufer und wurden noch im 17. Jh. schriftl. fixiert.
S. Hollis

Bibliogr.: P. LENDINARA, Gli incantesimi del periodo Anglosassone: Una ricerca bibliogr., AION, Fil. Germ., 1978, 299-362 – S. HOLLIS–M. WRIGHT, OE Prose of Secular Learning, 1992, 239ff. – *Ed.:* ASPR VI, 116-128 – G. STORMS, Anglo-Saxon Magic, 1948 – *Lit.:* E. STÜRZEL, Die christl. Elemente in den ae. Zaubersegen, Die Sprache 6, 1960, 75-93 – W. L. BRAEKMAN, Notes on OE Charms, Neophil. 64, 1980, 461-469 – T. M. SMALLWOOD, »God was born in Bethlehem«: The Tradition of a ME Charm, MAe 58, 1989, 206-223 – V. I. J. FLINT, The Rise of Magic in Early Medieval Europe, 1991, 301-328.

IV. IRISCHE LITERATUR: Z. und verwandte Texte haben sich aus dem frühen Irland in vergleichsweise großer Zahl erhalten; sie entstammen zumeist der chr. Zeit, gehen aber manchmal auf ältere Wurzeln zurück. Unter den ältesten Z.n, die in der ir. Priscian-Hs. aus St. Gallen enthalten sind, befinden sich Texte, gehalten z. T. in einer nahezu unverständl., hochaltertüml. Sprache, in denen heidn. Gottheiten wie der Schmiedegott *Goibniu* und der Heilgott *Dian Cécht* gegen Kopfschmerzen, Blasenleiden und zwanghaftes Aufstoßen angerufen werden. In St. Galler Hss., aber auch in weiteren Hss., finden sich Beispiele für Z., die als 'loricae' (von lat. lorica 'Brustharnisch') bezeichnet werden und deren Wirksamkeit auf erschöpfender Aufzählung von Körperteilen beruht; das bedeutendste Beispiel dieses Typs ist die sog. »Lorica Gildae« (heute ist für diesen Text die Verfasserschaft des →Laidcenn mac Báith Bandaig, † 661, anerkannt). Der Ursprung dieser Bitten um Schutz liegt möglicherweise in einer Bezugnahme auf die »geistl. Rüstung«, die in den Paulusbriefen vorkommt (während die Aufzählung von Körperteilen sich vielleicht großenteils an den »Etymologiae« →Isidors v. Sevilla orientiert); andererseits gibt es auch Anhaltspunkte für die Annahme, daß die Tradition derartiger Texttypen ältere Wurzeln hat. Einige 'loricae' beschwören Elemente (Sonne, Mond, Wind, Feuer usw.) als Garanten für die Erfüllung von Verträgen; ein Gedicht des 8. Jh. fleht im Rahmen eines Lobpreises auf Áed mac Diarmata v. Leinster (→Laigin) »allen Segen der Götter und 'Ungötter'« auf diesen Kg. herab. In einem aufschlußreichen air. Gedicht aus der obengen. St. Galler Hs. drückt der Autor Hoffnung auf bescheidenen Erfolg im Leben aus, richtet diese Bitte aber nicht an den Gott der Christen, sondern an einen eher dem Bereich der Elementargeister angehörenden *siabair*. Frühe chr. Kreise des alten Irland sahen in der häufigen Rezitation lat. Gebete wie des (vielleicht irrtüml. dem hl. →Columba/Colum Cille, † 597, zugeschriebenen) »Altus Prosator« eine Praxis, die dem Gläubigen (recht konkret zu benennende) Wohltaten eintragen sollte.

Das halbmagische Element der ältesten ir. 'incantationes' leitet über zu den Z.n und Beschwörungen der frühen ags. Texte und später zu denen der altisländ. Lit. Hier entfalteten dunkle und archaische Wörter aus dem Irischen, die in einen Zauberspruch eingefügt wurden, eine eigene mag. Kraft ('Wortmagie'), die stark auf der geheimnisvollen Unverständlichkeit dieser Wörter beruhte. Wieweit die rituelle Anwendung solcher Wörter in der Nachfolge vorchr. 'Druiden' bzw. →'magi' des alten Irland gesehen werden kann, muß fraglich bleiben, doch führt die Verbreitung von Z.n zur Blutstillung, Extraktion von Dornen, Heilung von Schluckauf und Erbrechen ebenso wie der häufig belegte Glaube an die heilende Kraft des Speichels (all diese Phänomene sind von der frühesten Zeit bis in die jüngste Vergangenheit belegt) zur Annahme, daß bestimmte Elemente einer paganen Vorstellungswelt in Z.n und verwandten Texten über lange Zeiträume weitertradiert wurden. Wenn auch der Einfluß der 'tabellae defixionum' aus der antiken röm. Kultur nicht unterschätzt werden sollte, so erscheint bei den Z.n gleichwohl ein dominierender einheim. Ursprung als gesichert.
D. Ó Cróinín

Q. und Lit.: W. STOKES–J. STRACHAN, Thesaurus Palaeohibernicus, 2, 1903, 248f. – E. HULL, Folklore 21, 1910, 417-46 – R. I. BEST, Ériu 8, 1915, 100; 16, 1952, 27-32 – J. CARNEY–M. CARNEY, Saga och Sed, 1961, 144-52 – G. MAC EOIN, Studia Hibernica 3, 1963, 143-154 – J. CAREY, King of Mysteries, 1998, 127-144.

V. MITTELNIEDERLÄNDISCHE LITERATUR: Bis auf wenige Ausnahmen sind alle ca. 400 mndl. und lat. Segenssprüche und magischen Texte in Hss. aus dem 15. Jh. überliefert. Die meisten sind vermutl. viel älter, und für einige von ihnen ist große Übereinstimmung mit ae. 'charms' (11. Jh.) nachgewiesen. Von frz. Einfluß oder gar teilweise in dieser Sprache verfaßten Formeln finden sich keine Spuren.

Am zahlreichsten sind Segenssprüche, die zur weißen →Magie gehören. Zumeist beabsichtigen sie die Heilung von Menschen oder Tieren oder haben ein anderes moral. vertretbares oder zumindest neutrales Ziel, z. B. Diebe ausfindig zu machen oder Milch zu entzaubern. Es sind volkstüml. Texte, gereimt oder in Prosa mit Reimspuren. Sie finden sich gewöhnl. zw. ärztl. Rezepten. Inhaltl. schließen sie an gleichartige Segenssprüche aus den Nachbarländern an.

Segenssprüche für Krankheiten bei Menschen sind in der Mehrzahl (insgesamt 152), halb so viele betreffen Tiere, in fast allen Fällen Pferde. Neben anderen nichtmed. Sprüchen gibt es solche, in denen →Zauberpflanzen beschworen werden, ihre Kräfte in den Dienst des Magiers zu stellen. Stark vertreten ist auch die Liebesmagie (ca. 40 Texte).

Der Bestand an schwarzer Magie ist fast ebenso groß wie der an Segenssprüchen. Die Beschwörungen konzentrieren sich jedoch auf einige wenige Hss., sind überwiegend lat. und stammen deutl. von gelehrten Personen. Ihr elitärer Charakter geht auch aus der nachdrückl. Präsenz astrolog. und anderer (Pseudo-)wissenschaftl. Elemente hervor. Böse Geister, Teufel, Planetengötter und Elfen werden zu meist moral. anfechtbaren Zwecken angerufen und beschworen.
W. L. Braekman

Lit.: W. L. BRAEKMAN, Middeleeuwse witte en zwarte magie in het Nederlands Taalgebied. Gecommentarieerd compendium van incantamenta tot einde 16de eeuw, 1997 [Lit.].

VI. SLAVISCHE LITERATUREN: Schriftdenkmäler mit unmittelbaren Beschreibungen von Zauber bei den Slaven im MA existieren nicht. Mittelbare Erkenntnisse zur Zauberpraxis gewinnen wir aus der antiheidn. kirchl. Polemik, aus apokrypher, mag. Lit., Amuletten und später bezeugten Z.n.

Die Kirche (→Dämonen, Dämonologie, C) verurteilte durchgängig Zauberer und Hexer wie auch Leute, die sich an sie um Hilfe wandten. Die Prediger beschrieben häufig die von den Zauberern verwendeten mag. Verfahren. So verurteilte die altruss. »Predigt über die bösen Geister« (14. Jh., eventuell südslav. Herkunft) diejenigen, die »Gott verlassend verfluchte Zauberfrauen aufsuchen, Amulette verwenden und Zauberworte hören. ... [Die Zauberfrau] legt ein Amulett auf das Kind und spricht, dabei auf die Erde spuckend, Beschwörungen, als ob sie den Dämon verflucht.« Der russ. Metropolit Fotij rief 1410 die Gläubigen auf, »nicht auf lügenhafte Worte zu hören, keine bösen Frauen zu empfangen, auch keine Amulette, Zaubereien, Kräuter und Rätselraten [zu nutzen].« Diener des russ. Zaren mußten sich im 16. Jh. verpflichten, sich keiner Magie zu bedienen: »... weder durch Zaubern durch die Luft Unheil zu senden noch [Abdrücke von den] Spuren zu nehmen«. – Wegen ihrer niedrigen theol. Bildung verwendeten viele Kleriker unter dem Einfluß der Umgebung, in der sie lebten, apokryphe Gebete, Beschwörungen und mag. Formeln. Solche Texte sind zumeist in *trebniki*, im Buch der Kasualien, überliefert. Das Ansehen eines Priesters wuchs, wenn in seinem *trebnik* Gebete gegen Gewitterwolken, gegen den Biß von tollwütigen Hunden und Wölfen, gegen Feldschädlinge (Mäuse, Insekten), gegen ansteckende Krankheiten usw. standen. In der Regel waren diese mag. Texte aus dem Griech. (→Zauberei, I) ins Kirchenslav. übersetzt. Bereits das glagolit. geschriebene »Euchologium Sinaiticum« aus dem 11. Jh. enthält apokryphe Gebete und Beschwörungen gegen Krankheiten. Eine im 14.–15. Jh. entstandene Sammelhs. aus dem serb. Kl. Hodoš (ed. V. JAGIĆ) ist für ihre zahlreichen mag. Heilungsformen und Beschwörungen bekannt. Diese richten sich u. a. gegen das Ausbleiben der Ernte und gegen *nežit*, den 'wurmgestaltigen Dämon', der sich im Kopf des Menschen festsetzt und ihm die Zähne zerfrißt. Im MA schrieb man Beschwörungen und daneben seinen Namen auf Bleistreifen, die man dann zusammengerollt bei sich trug. Eine solche Rolle mit einer kyrill. geschriebenen Beschwörung gegen nežit wurde in Makedonien gefunden. Eine Rolle aus Westolenien (Rumänien) sollte vor dem Teufel schützen. Häufig waren auch Flüche gegen Fieber, das man dem Wirken eines weibl. Dämons mit vielen Geheimnamen zuschrieb; in byz. Q.n heißt der Dämon Gilo. Verbreitet waren auch Flüche gegen Schlangenbisse. Folgt man späteren ethnograph. Aufzeichnungen, waren Zauberei und Hexerei bei den Slaven im MA weitverbreitet; die Formeln wurden aus älterer Zeit mündlich überliefert. Unter chr. Einfluß wurden mytholog. Gestalten in vielen Zauberformeln durch Heilige abgelöst.

Bei den westkirchl. eingebundenen Slaven sind die meisten relevanten Q.n lat. geschrieben. Zahlreiche Angaben enthält ein in Polen im 13. Jh. entstandene »Magiekatalog des Rudolf« (ed. E. KARWORT). Wir kennen, wie in anderen westkirchl. Räumen, Prozesse gegen Frauen, denen man unterstellte, sie könnten als Hexen durch Zauber den Tod eines Menschen bewirken; am häufigsten vermutete man Kindermord. In den Statuten vieler dalmatin. Städte (Dubrovnik, Split, Trogir) gab es einen Artikel, der die Verbrennung von Frauen, die sich mit Zauberei befaßten, vorsah. Lj. Radenković

Q.: E. KARWORT, Katalog magii Rudolfa 1955 – *Lit.*: N. TICHONRAVOV, Pamjatniki otrečennoj russkoj literatury, 1868, 351–360 – A. I. JACIMIRSKIJ, K istorii ložnych molitv v južnoslavjanskoj pis'mennosti, Izvestija otdelenija russkogo jazyka i slovesnosti Imp. akad. nauk XVIII, 3, 1913, 64–90 – O. A. ČEREPANOVA, Tipologija i genezis nazvanij lichoradok-trjasavic v russkich narodnych zagovorach i zaklinjanijach, Jazyk žanrov russkogo fol'klora, 1977, 44–57 – V. P. PETROV, Zagovory. Iz istorii russkoj i sovetskoj fol'kloristiki, 1981, 90–92 – E. LINCA, Najstariji slovenski egzorcizam poznat u Rumuniji, Prilozi za književnost, jezik, istoriju i folklor 46, 1984, 59–67 – Lj. RADENKOVIĆ, Narodna bajanja kod Južnih Slovena, 1996.

Zaumzeug, Kopfgestell des Pferdes aus oftmals beschlagenen Riemen, bestehend aus Backenstücken mit Schnallen zum Einhängen des Gebisses, verstellbarem Stirn- und Kehlriemen und – seltener – einem Nasenriemen. Am Gebiß (→Trense, →Kandare) werden die →Zügel eingeschnallt. O. Gamber

Zaun

I. Definition, Sprachliches – II. Funktion, Gestalt, Verbreitung – III. Rechtliches.

I. DEFINITION, SPRACHLICHES: Der Z. ist eine Anlage, die ein Grundstück (Bauernhof, Acker, →Zelge, →Wiese, →Weide, →Garten, Weinberg [→Wein], →Wildgehege/Tiergarten) oder ein anderes Objekt schützend umgibt (ahd., mhd. *zûn*; as., afries., ags., anord. *tûn*, mnld. *tuun*). Die Bedeutung 'Einfriedigung' (→Einfriedung) ist gemeingermanisch. Im engl. Wort *fence* < me., afrz. *defens(e)* < lat. *defensum* ist die Schutzfunktion ausgedrückt. Der Gesichtspunkt der Absicherung nach außen, des Einfriedigens, ist enthalten in frz. *clôture* < lat. *claudere* (u. a. 'sperren, begrenzen'). Bedeutungswandel von Zaunwörtern ist häufig: anord *tûn* = Zaun > eingehegter Platz, Hofstätte, Dorf, Zentralort, Stadt, > *tun(a)*- Ortsnamen; ags. *tûn* umzäunter Bezirk Garten, Hof, Dorf, Stadt (*town*), im Mnd. *tûn* auch der von einem Zaun umschlossene Bereich (Gehege, Garten). Z. in mlat. Urkundensprache: *sepes, saeptum*.

Hag (ahd., mhd. *hac, hages*) ist im engeren Sinne ein Z., eine Einfriedigung, ein umfriedeter Ort, Wald, Park; ndl. Entsprechung *haag, heg*, as. *hago*, ags. *haga*, mnd. *hage*, *hagen* (Hecke, Einfriedigung), anord. *hagi* = Weideplatz. Bes. im nördl. Dtl. diente ein 'hag' zum Schutz und zur Verteidigung eines Ortes, so daß 'hagen' (→Hagen) Simplex oder Grundwort von Siedlungen, schließlich Indiz für Rodungen wurde. Seine Verbreitung reicht von den Niederlanden bis Mecklenburg-Vorpommern und 1945 bis weit nach Ostpreußen. Varianten von -hagen-Orten sind -hain, -ha(h)n, in den Niederlanden -haag, -hagen, in Nordfrankreich -haye. Hecke, ahd. *hegga*, ags. *heeg*, mhd., mndl. *hegge*. Im Wortverstand von Gehege, lebender Zaun, ist 'Hag' sprach- und sinnverwandt. Im mittleren und südl. Dtl. war 'Hecke' außerdem Bezeichnung für Busch- und Niederwald.

II. FUNKTION, GESTALT, VERBREITUNG: Z.e sind v. a. in agrar. Wirtschaftssystemen üblich, die Ackerbau mit Viehhaltung verbinden; sie dienen dem dauernden oder period. Schutz bestimmter Liegenschaften (Zelgen), der Eingrenzung von Viehtriften, der Abgrenzung zu gefährl. Gelände u. ä. Zwecken. Bereits →Varro hat in »Rerum Rusticarum« (I, 14) bei Verzäunungen ('de saeptis') zum Schutz von Gutsbetrieben oder ihren Teilbezirken vier Grundtypen unterschieden. Sie sind das MA hindurch und darüber hinaus mit gleichen oder ähnlichen lat. Worten oder landessprachl. Ausdrücken nachweisbar: 1. der lebende Z. (Hag, gepflanzte Hecke); 2. der Z. aus totem Holz; 3. der Wallz. (in Norddtl. mit Hecke = Knick) mit Graben, ohne Graben bisweilen 'murus' genannt; 4. der Steinzaun: a) als Mauer aus Naturstein, Backstein, getrocknetem Lehm, b) als Erd- und Steindamm(-wall). Wie das MA kannte bereits die Antike eine landschaftl. Differenzierung der Z.e, beruhend auf Landesnatur, Grundstücksgröße und Funktion. Ma. Z.typen werden u. a.

abgebildet in bebilderten Codices, Bilderhss., Wandmalerei, in bildl. Karten und Abb. aus dem 16./17. Jh. (z.B. LEERHOFF, Nr. 15/16, 17, 47). Im MA bestand ein gutes Dutzend Grundtypen von Z. en mit zahlreichen regionalen Varianten. Diejenigen aus Holz wurden ohne Nägel hergestellt. Der einfachste, dem Verhau nahestehende Z. bestand aus aufeinandergelegtem Baum- und Strauchastwerk, das durch gereihte Pfosten verstärkt war, oft mit einem Sockel aus Steinblöcken. Germanenrechtl. Belege von 'etar' weisen auf einen Flechtwerkz., etwa derart, wie er in ma. Malerei dargestellt wird: eine Pfostenfolge mit waagerecht durchflochtenen Weidenruten. In vielen südwestdt. Zeugnissen des SpätMA ist der *etter* der um ein Dorf errichtete Z. (s. Abschn. III); er konnte unterschiedl. Formentypen angehören. Der Pfahlz., in Niederdtl. *paal* ('Pfahl' = Limes; vgl. the →*Pale* im spätma. →Irland), wie seine Variante der Staketenz. ins Vormittelalter zurückgehend, erforderte starkes Holz. Von Tirol bis Skandinavien verbreitet waren Abarten eines Z. es aus Schräghölzern; sie wurden durch kreuzweise in den Boden geschlagene Stekken oder durch Steckenpaare, die mit Weiden- (Fichten)-ruten verbunden wurden, gehalten. Öfter vorkommend war ein Geländerz. (< mhd. *lander* = Stangenz., österr. 'G'stäng'), dessen Glieder aus je einem waagerecht liegenden Baumstämmchen bestanden. Stützen waren gekreuzte Knüppel oder oben gegabelte, senkrecht eingerammte und geglättete Baumäste.

III. RECHTLICHES: Zaunrechtl. Bestimmungen sind bereits in ältesten Volksrechten (u. a. Lex Salica, L. Baiuvariorum; →Leges) enthalten, wo erhebl. Strafen für Z.-beschädigungen erscheinen. Der Eschzaun (*ezziszun*) ist ein Z. um einen Flurbezirk (Zelge; →Esch). Zaunrechtl. Bestimmungen sind aus allen ma. Perioden überliefert (z. B. in →Landrechten, →Urbaren, →Weistümern, By-Laws, Hofmarkrechten [→Hofmark]). →Grundherrschaften (u. a. →St-Germain-des-Prés, 825/828; →Prüm, 893) verlangten gewöhnlich die Z. errichtung im regelmäßigen →Frondienst auf dem Land ('terra salica') des →Fronhofs.

Der *Etter* (das Wort begegnet in fast allen germ. Sprachen, im MA verbreitet mit vielen Wortformen in Süddtl., Schweiz, Elsaß) ist 1. als Dorf-, Ring-, Bannz. der die Siedlung gegen die Ackerflur abschließende Z. Er bildete eine wirtschaftl. wie rechtl. Grenze, da Flurzwang (→Zelge) u.a. Regelungen der Flur 'innerhalb Etters' nicht galten: Abgaben und Bußen 'innerhalb und außerhalb Etters' waren oft unterschiedlich. Der Bau des Etters als gemeinnützige Anlage war Gemeindepflicht. 2. War der Etter der vom Dorf- oder Bannzaun umgebene Dorfbezirk, der Etterraum, wo der Dorfbann (Dorfgerichtsbarkeit, Ettergericht; →Bann, →Zwing und Bann) galt. Wer innerhalb des Etters wohnte, genoß Dorfrecht. H. Jäger

Lit. [Ausw.]: HOOPS² VII, 10-20 [H. JÄGER, H. BALTL, H. HINZ] – KL VI, 279-292, s.v. Hegn [O. HØJRUP u. a.] – GRIMM, RA – M. EYSN, Hag und Z. im Herzogthum Salzburg, ZÖVK 4, 1898, 273-283 – K. S. BADER, Stud. z. Rechtsgesch. des ma. Dorfes, I–III, 1957-73 – T. GEBHARD, Wegweiser zur Bauernhausforsch. in Bayern, Bayer. Heimatforsch. 11, 1957 – Géographie et Histoire Agraires, Annales de l'Est 21, 1959 – W. O. AULT, Openfield Husbandry and the Village Community, Agrarian Bylaws in Medieval England, Transact. American Philosophical Soc., New Ser. 55, 7, 1965 – H. TIEFENBACH, Fluren im Ahd., Altsächs. und Altniederfrk., AAG, Phil.-Hist. Kl. 3. F., 116, 1980, 287-322 – Settlement and Economy in Later Scandinavian Prehistory [bis 1060 n. Chr.], hg. K. KRISTIANSEN, British Archaeological Reports (BAR), Internat. Ser. 211, 1984 – H. LEERHOFF, Niedersachsen in Alten Karten, 1985 – Statens Historiska Museum, Medeltidens ABC, 1985 – R. SCHMIDT-WIEGAND, Haus und Hof in den Leges barbarorum, AAG, Phil. Hist. Kl. 3. F. 218, 1997, 335-351.

Zaunkönig. Thomas v. Cantimpré bezieht sich 5, 40 (zit. bei Vinzenz v. Beauvais, Spec. nat. 16, 65) für seinen »crochilos« auf einen von Plinius, n. h. 8, 90, mißverstandenen Bericht über den Schnepfenvogel Krokodilswächter (τρόχιλος bei Aristoteles, h. a. 9, 6, 612 a 20-24, Pluvianus aegyptius) in Ägypten: »parva avis, quae trochilos ibi vocatur, rex avium in Italia«. Angebl. wieder aus Plinius, behauptet Thomas, daß der Z. zwar der kleinste, dafür aber umso schnellere Vogel sei. Mutig wetteifere er sogar mit dem Adler, »der Kgn. der Vögel«, ein Reflex der Fabel vom Höhenflug im Gefieder dieses Greifvogels. Plinius hatte n. h. 10, 203 (nach Aristoteles, h. a. 9, 11, 615 a 17-20) mit leichtem Zweifel daran ledigl. von der Abneigung zw. beiden wegen des Kg. snamens gesprochen. Weitere auf den Z. zutreffende Motive bei Thomas (und z. T. bei Albertus Magnus, animal. 23, 42), vielleicht aus dem →»Liber rerum«: Reichtum an Jungen, Spinnennahrung, 'Verleiten' des Menschen (Reb- bzw. Steinhuhn, →Wildhühner) und gruppenweises Überwintern in Höhlen mit Körperkontakt zum Warmhalten. Thomas III führt aufgrund seiner Bibelkenntnis Eccl. 4, 11 als 'Beweis' dafür an. Albert erwähnt außerdem aus persönl. Erfahrung, daß der Z., gerupft auf einen kleinen Spieß gesteckt, von selbst um das Feuer kreise. Ferner singe (was zutrifft) der musikal. Vogel v. a. im Winter bei starker, trockener Kälte. Lebensechte Miniaturen in Hss. kennt man seit dem 14. Jh. (YAPP). Ch. Hünemörder

Q.: →Albertus Magnus, →Thomas v. Cantimpré, →Vinzenz v. Beauvais – Lit.: B. YAPP, Birds in Medieval Mss., 1981.

Zaunrübe (Bryonia alba L. und Bryonia cretica L. ssp. dioica [Jacq.] Tutin/Cucurbitaceae). Wegen einer gewissen Ähnlichkeit der Blätter, Ranken und Früchte mit denjenigen des Weinstocks in der Antike als weiße bzw. als schwarze Rebe (letztere ist wahrscheinl. die Schmerwurz [Tamus communis L.]) bezeichnet (Dioskurides, Mat. med. IV, 182 und 183; Plinius, Nat. hist. XXIII, 21-28), begegnet die schwarz- wie die rotbeerige Z. auch im MA häufig als *viticella* (Circa instans, ed. WÖLFEL, 116) oder *vitis alba*; auf die Ungenießbarkeit bzw. die abführende Wirkung der *brionia* nehmen dagegen die ahd. Namen *hundeskurbz* bzw. *schizwurc* Bezug (STEINMEYER-SIEVERS III, 51 und 588). In der Heilkunde verwendete man die *stichwurtz* oder *stickwortz* v. a. äußerlich als giftwidriges, Kröten und Schlangen vertreibendes Mittel sowie bei offenen Fußgeschwüren (Hildegard v. Bingen, Phys. I, 43), doch sollte sie auch die Nachgeburt herausziehen und den Leib von der 'pestilentz' befreien (Gart, Kap. 68). Die rübenartig angeschwollene Wurzel diente ferner aufgrund ihrer oft menschenähnl. (oder so geschnitzten) Gestalt als Ersatz (bzw. zur Fälschung) des echten →Alraun und spielte überhaupt seit alters im Zauberglauben eine nicht unbedeutende Rolle. Schließlich war die – gleich anderen →Kürbisgewächsen mit zartem Rankenwerk ausgestattete – Pflanze ein beliebtes Motiv in der Ausschmückung ma. Kathedralen. U. Stoll

Lit.: MARZELL I, 683-692 – DERS., Heilpflanzen, 257-261 – HWDA IX, 884-888 – L. BEHLING, Die Pflanzenwelt der ma. Kathedralen, 1964, 88-90.

Zawisch v. Falkenstein stammte aus der altböhm. Adelsfamilie der →Witigonen und stand im Dienst des oberbayer. Adelsgeschlechts Falkenstein als Bgf. auf der gleichnamigen Burg, † 24. Aug. 1290. 1276 stellte er sich gegen Kg. Přemysl →Otakar II. und unterstützte →Rudolf I. v. Habsburg. Nach Přemysls Tod wurde Z. zunächst der Geliebte, im Mai 1285 der Gemahl der kgl. Witwe →Kunigunde und erwarb neben dem Hofmeister-

amt großen polit. Einfluß in Böhmen. 1287 heiratete Z. die ung. Prinzessin Elisabeth und wurde zum Gegner Rudolfs und →Wenzels II., der ihn 1290 verhaften und hinrichten ließ. M. Polívka

Lit.: M. PANGERL, Z. v. F., Mitt. des Vereins für Gesch. der Deutschen in Böhmen 10, 1872, 145–186 – J. ŠUSTA, z. z. F., Český časopis historický, I, 1895, 69–75, 246–259, 287–298, 384–392 – Ottův slovník naučný 27, 1908, 476f. – BOSL, Böhm. Länder, I, 278f.

Zāwiya, eigtl. 'Ecke (eines Gebäudes)', 'Winkel (eines Zimmers)'; die Bedeutung des Wortes entwickelte sich über 'Mönchszelle', 'kleiner Gebetsraum' bes. charakterist. im Maġrib zu 'Moschee mit Hl.ngrab, zumal dem des Stifters einer islam. Bruderschaft'. Zu diesem Komplex konnten auch Häuser für Wallfahrer und Besucher bzw. die zur Versorgung dieser und des Personals der Stätte – eingeschlossen eventuell hier dauernd oder vorübergehend Wohnende des Ordens (z. B. Studenten) – gehören. Ebenso westl. ist die Gleichsetzung mit *rābita* 'Eremitage'. Häufig waren die *zawāyā* auch Zentren polit. Widerstands gegen die Zentralgewalt, z. B. die berühmte Zāwiyat ad-Dilā' in der Tādlā v. Zentralmarokko (1668 zerstört). H.-R. Singer

Lit.: First Encyclopedia of Islam VIII, 1913–36, 1993, 1220 [Lit.].

Zbigniew. 1. Z. (richtiger Zbygniew), Fs. v. →Polen, * um 1073, † 1111/12 oder später; ältester Sohn →Władysław Hermans aus der Ehe mit einer nichtfsl. Polin. Nach der Geburt →Bolesławs (III.) 1085 aus der zweiten Ehe Władysławs mit der Přemyslidin Judith wurde Z., dessen legitime Geburt man nun anzweifelte, für den geistl. Stand bestimmt und unterrichtet sowie einem sächs. Frauenkl. (Quedlinburg?) übergeben. Die gegen Hzg. Władysław und seinen Palatin →Sieciech rebellierenden Großen riefen Z. 1093 nach Polen zurück. Der nun als Sohn und Nachfolger anerkannte Z. erhielt die Provinz Schlesien, die er aber rasch wieder verlor; er selbst wurde eingekerkert. Nach erneuter Aussöhnung mit dem Vater (1097 oder 1099) wurde dieser vom Adel gezwungen, beiden Söhnen Herrschaftsgebiete zuzuteilen (1099/ 1100). Bolesław erhielt Schlesien und Z. Großpolen, nach dem Tod des Vaters (1102) auch Masowien, vielleicht mit der Oberhoheit über Bolesławs Gebiet. Während Z. eine friedl. Politik betrieb, führte sein Stiefbruder Krieg gegen die heidn. →Pomoranen, wofür er die Unterstützung des Adels gewann. Bolesław beschuldigte den älteren Bruder des Verrats, nahm ihm Großpolen, zwang ihn 1106 zur Anerkennung seiner Oberhoheit und vertrieb ihn schließlich aus dem Land (1107/08). Z. floh nach Böhmen. Der gleichzeitige poln.-böhm. Krieg verursachte einen Interventionsfeldzug des dt. Kg.s Heinrich V. nach Polen (1109), dessen Ziel u.a. auch Z.s Rückkehr war. Der poln.-böhm. Friedensschluß (1111) ermöglichte die Versöhnung zw. den Brüdern und die Rückkehr Z.s nach Polen, wo er aber gefangengenommen und geblendet wurde. Ob Z. an den Folgen starb oder sich nach seiner Freilassung (1112?) nach Dtl. begeben konnte, ist unsicher. Eine Ehe Z.s ist nicht belegt, doch könnten Bolesław, Abt in Niederaltaich (Mitte des 12. Jh.), und Albert, der am ksl. Hof weilende »Sohn des poln. Fs.en« (1168), seine Söhne gewesen sein. T. Jurek

Lit.: SłowStarSłow VII, 108–110 [Lit.] – PSB XXXVI, 495–509 [s.v. Sieciech; Lit.] – R. GRODECKI, Z. książę polski (Studia staropolskie, 1927), 71–105 – S. TRAWKOWSKI, Z. (Poczet królów i książąt polskich, 1978), 72–78 – J. BIENIAK, Polska elita polityczna XII wieku (Społeczeństwo Polski średniowiecznej, hg. S. K. KUCZYŃSKI), 1982, II, 53; III, 33f., 48f. – K. JASIŃSKI, Rodowód pierwszych Piastów, 1992, 182–184 – G. LABUDA, Władysław II. U genezy podziałów dzielnicowych w Polsce w drugiej poł. XI w. (Społeczeństwo Polski średniowiecznej, hg. S. K. KUCZYŃSKI), VI, 1994).

2. Z. Oleśnicki, Bf. v. Krakau →Oleśnicki, Zbigniew

Zbraslav → Königsaal

Zdeslav, kroat. Herrscher (→Kroatien, I), Nachkomme, vielleicht Sohn von Fs. →Trpimir (→Trpimirovići). Nach Johannes Diaconus kam er zw. 876 und 878 aus Konstantinopel nach Kroatien und vertrieb unter dem Schutz von Ks. Basileios I. die Söhne von Fs. →Domagoj. Wahrscheinl. in dieser Zeit der polit. Orientierung Kroatiens auf Byzanz erfolgte die Regulierung der Beziehungen zw. dem kroat. Herrscher und den unter byz. Herrschaft stehenden dalmatin. Städten. Diese zahlten den Betrag, den sie bisher dem Strategen des vor kurzem eingerichteten Thema →Dalmatien gezahlt hatten, zur Friedenswahrung an den kroat. Fs.en (Split 200, Zadar 110, Trogir, Osor, Rab und Krk je 100 Nomismata). Während Z.s kurzer Regierungszeit reisten päpstl. Gesandte auf dem Weg nach Bulgarien durch Kroatien. 879 erschlug →Branimir, eventuell aus der Familie Domagojs, Z. und übernahm die Herrschaft. I. Goldstein

Lit.: F. ŠIŠIĆ, Gesch. der Kroaten, 1916 – N. KLAIĆ, Povijest Hrvata u ranom srednjem vijeku, 1970 – J. FERLUGA, L'amministrazione biz. in Dalmazia, 1978 – F. ŠIŠIĆ, Povijest Hrvata u doba narodnih vladara, 1990² – I. GOLDSTEIN, Hrvatski rani srednji vijek, 1995.

Ze'amet, im Osman. Reich (→Osman. Reich, IV, VIII) hochwertige Form des →*tīmār*, des staatl. (Militär-) Lehens. Wahrscheinl. seit 1375 verstand man unter einem z. ein timār, das mindestens 20.000 *akče* wert war; häufig empfingen Militärkommandanten (→*subaşı*) solche großen timāre, doch waren nicht alle militär. z.-Inhaber Kommandanten. Bis etwa 1520 bezeichnete das z. nicht nur ein Bündel von Steuereinkünften, sondern auch eine administrative Einheit; so konnte etwa von dem *za'īm* (z.-Inhaber einer Kleinstadt) gesprochen werden. Neben der Überzahl von z.s, die an Militärdienste gebunden waren, gab es auch solche, die leitenden Amtsträgern der Finanzverwaltung (→*defterdār*) oder Prinzessinnen verliehen wurden.

Wie das timār bestand auch das z. aus einem als *kılıç* ('Schwert') bezeichneten Zentralstück, das im Prinzip nicht aufgeteilt werden durfte. Ein erfolgreicher *za'īm* konnte weitere Steuerrechte als Zulage erwerben; diese wurden jedoch wieder abgetrennt, wenn das z. an einen neuen Inhaber übertragen wurde. Nur die Zentralmacht war befugt, z.s zu vergeben; lediglich timāre geringeren Wertes konnten auch von Provinzgouverneuren verliehen werden. S. Faroqhi

Lit.: IA, s.v. [H. SAHILLIOĞLU] – N. BELDICEANU, Le timar dans l'État ottoman (début XIVᵉ – début XVIᵉ s.), 1980, 45f.

Zeche. Ursprgl. mag Z. eine Gemeinschaft bedeutet haben, die sich nach einer bestimmten Regel richtete. Im Salzburgischen konnte Z. einen Bezirk der Stadt, auch eine kirchl. Bruderschaft, in Süddtl. kirchl. Pflegschaften zur Verwaltung des Stiftungsguts bedeuten. Die Kölner →Richerzeche war ein Zusammenschluß der polit. einflußreichen Männer. Z. war eine bes. im SO des Dt. Reiches verbreitete Bezeichnung für →Zunft. Im SpätMA wurde Z. in Bergwerksregionen als Bezeichnung für die Grube, ferner in anderen Gegenden für gesellige Zusammenkünfte vielfältiger Art gebraucht und konnte schließlich auch den Beitrag zu einem Mahl, die dem Wirt geschuldete Summe, Frondienste wie im O oder die Abgabe an einen Hirten wie in Schwaben bedeuten. K. Militzer

Lit.: R. SCHMIDT-WIEGAND, Die Bezeichnung Zunft und Gilde (VuF 29, 1985).

Zechine (it. *Zecchino*), dt. Bezeichnung für den 1284 in Venedig eingeführten →Dukaten. P. Berghaus
Lit.: H. E. IVES, The Venetian Gold Ducat and its Imitations (Numismatic Notes and Monogr. 128, hg. P. GRIERSON, 1954).

Zecke. Thomas v. Cantimpré beschreibt den Holzbock bzw. die Z. (Ixodes ricinus) 9, 20 (zit. bei Vinzenz v. Beauvais, Spec. nat. 20, 130) unter der, nach Albertus Magnus, animal. 26, 15, vom Eintauchen des Schlundes (gula) in das Blut abgeleiteten etymolog. Bezeichnung »engulas«. Für diesen blutsaugenden »Wurm« diente ihm Plin. n. h. 11, 116 (dort noch ohne Eigenname, vgl. LEITNER, 212) als Quelle. Die heute als (blinde) Milbe, ein gefährl. Übertrager der Hirnhautentzündung (Meningitis) auf Menschen, bekannte Spinne sauge sich so voll, daß sie platze, da sie keinen Darmausgang habe. Plinius verwechselt jedoch im Gegensatz zu Aristoteles, h. a. 5, 31, 557a 15–18 (der die κυνοραῖσθαι der Hunde von den zu den Insekten gehörenden Lausfliegen, Hippoboscidae, den κρότωνες bei Rindern, Schafen und Ziegen, unterscheidet), alle diese Parasiten miteinander. Thomas sichert die Deutung durch die weiteren Namen »pediculus silvestris« und die (nach Albertus Magnus) volkstüml. Bezeichnung »theca« (=Z.). Ch. Hünemörder
Q.: →Albertus Magnus, →Thomas v. Cantimpré, →Vinzenz v. Beauvais – *Lit.*: H. LEITNER, Zoolog. Terminologie beim Älteren Plinius, 1972.

Zeder vom Libanon, Prophezeiung. Die älteste Fassung, die auf die Invasion der →Mongolen anspielt, entstand – wahrscheinl. in Ungarn – zw. 1238 und 1240. Der kurze Text besteht aus zwei Teilen. Im ersten Teil wird geschildert, daß während der Messe, die ein Mönch eines nicht näher identifizierten Zisterzienserklosters Snusnyacum zelebrierte, eine Hand am Himmel erschienen sei und eine geheimnisvolle prophetische Botschaft geschrieben habe. Der zweite, mit den Worten »Cedrus alta Lybani succidetur« beginnende Teil enthält die Prophezeiung einer Reihe wichtiger Ereignisse (u. a. entfesselter Ansturm der »Söhne Israels«, Ankunft eines akephalen Volkes [»sine capite«], Errichtung einer neuen Ordnung, Umsturz in den Ländern des Islam). Die von →Matthaeus Paris in seine »Chronica Maiora« eingefügte Prophezeiung wurde in der Folge mehrmals den veränderten Gegebenheiten angepaßt. Die als Prophezeiung von Tripolis (Visio Tripolis) bekannte Version entstand um 1290: Die Erscheinung der himml. Hand wird dort auf das Jahr 1287 gelegt, als Ort wird ein – in Wirklichkeit nicht existierendes – Zisterzienserkloster in Tripolis (Syrien) genannt. Die Botschaft sagt (ex eventu) den Fall der letzten christl. Vorposten im Mittleren Osten voraus, ferner die Vernichtung der Bettelorden, die Rückkehr Friedrichs II. und die unmittelbar bevorstehende Ankunft des →Antichrist. Die Tripolis-Fassung wurde von Johannes Quidort (→Johannes v. Paris) in seine Schrift »De Antichristo« (1300) aufgenommen. Die Prophezeiung wird schließlich auf Ereignisse wie die →Pest (1348) und die Ankunft Luthers adaptiert. Ihre Verbreitung durch den Druck (zuerst auf Latein in einer Sammlung von Weissagungen »Practica das kunftig ist und geschehen soll« [um 1521], die fälschl. dem Astronomen Jacob Pflaum zugeschrieben wurde, und später in dt. Übersetzung [1532]) trug zum hohen Bekanntheitsgrad der Schrift bei, die bis in die Mitte des 17. Jh. in weiter veränderter Form in Umlauf war.
G. L. Potestà
Lit.: R. E. LERNER, The Powers of Prophecy. The Cedar of Lebanon Vision from the Mongol Onslaught to the Dawn of the Enlightenment, 1983.

Zeeland → Seeland

Zehden → Cidini

Zehn Gebote → Dekalog

Zehngerichtenbund (Davos, Prättigau, Schanfigg). Nachdem Gf. Friedrich VII. v. →Toggenburg kinderlos und ohne Erbschaftsregelung verstorben war, schlossen sich am 8. Juni 1436 11 (später 10) Gerichtsgemeinden zum Z. zusammen, um auf Veränderungen der Herrschaftsverhältnisse reagieren zu können. Hauptort des Z.s war Davos. Die Rechte der Landesherren sollten weiterhin anerkannt werden, sofern diese ihrerseits den Z. anerkennen. Die Gebiete der Gerichtsgemeinden, ursprgl. Eigentum des Donat v. Vaz († um 1337), waren nach dessen Tod an die Herren v. →Werdenberg und v. Toggenburg gelangt. Letztere vereinigten bis 1390 das ganze Land. Von den drei Bünden (neben dem Z.: Grauer oder Oberer Bund, →Gotteshausbund), die sich seit 1440 untereinander bis 1471 indirekt, nachher direkt verbündeten (→Graubünden), ist der Z. der geschlossenste und kleinste. Das Gebiet des Z.s ging 1477 und 1496 an Österreich (Auskauf 1649–52), wurde aber 1497/98 zugewandter Ort der eidgenöss. Orte→Zürich, →Bern und→Glarus.
H. Bischofberger
Lit.: P. GILLARDON, Gesch. des Z.s, 1936 – F. PIETH, Bündner Gesch., 1945 – R. JENNY, Der traditionelle Vazeroler Bund, 1969.

Zehnjungfrauenspiel, lit. Gestaltung des bibl. Gleichnisses von den fünf klugen und fünf törichten →Jungfrauen (Mt 25, 1–13) aus dem Themenkomplex des Jüngsten →Gerichts zu Aufführungszwecken. Das Spiel dient der Ermahnung, sich durch ein gottgefälliges Leben rechtzeitig auf die Ewigkeit vorzubereiten, um Seligkeit (Teilnahme an der Hochzeit) und nicht Verdammnis (Ausschluß von dem Fest) zu erlangen. Die »Cronica S. Petri Erfordensis Moderna« bezeugt die Aufführung eines Z.s für 1321 in Eisenach, an der Lgf. →Friedrich der Freidige als Zuschauer teilnahm und in deren Folge er aus Zorn über die Gnadenlosigkeit im Endgericht gestorben sein soll. Als selbständige Z.-Texte sind überliefert: eine lat.-dt. Version A (zw. 1350 und 1371, Mühlhausen i. Th., Stadtarchiv) und eine rein dt. Fassung B (1428, Darmstadt, Landesbibl.). A mit lat. Wechselgesängen neben dt. Versen basiert vielleicht auf einem lat. liturg. Spiel. Außer den Jungfrauen und der Dominica persona treten Maria und der Teufel auf. Die vergebliche Fürbitte der Gottesmutter für die Ausgeschlossenen, die sich zu lange den Freuden der Welt hingegeben haben, demonstriert die Endgültigkeit des göttl. Urteils. Dichterisch eindrucksvolle dt. Klagegesänge der fünf Törichten, die den Urteilsspruch als verdient akzeptieren, schließen das Spiel oratorienhaft ab. Fassung B ist in verschiedener Hinsicht anders gestaltet und umfangreicher, dem Text von A nur teilweise. Außerdem ist das Gleichnis in der »Erfurter Moralität« (1449), im »Künzelsauer Fronleichnamsspiel« (1479) und in dem fragmentarisch erhaltenen »Marburger Weltgerichtsspiel« (15. Jh.) verarbeitet. Aufführungen von Z.en sind, abgesehen von Eisenach, in Frankfurt a. M., Köslin, Preßburg, Eger und München aus dem 15. und 16. Jh. bekannt, ein Zusammenhang mit den überlieferten Texten läßt sich nicht nachweisen.
U. Schulze
Ed.: Das Eisenacher Z., ed. K. SCHNEIDER, 1964 (Synopse von Fassung A und B) – *Lit.*: Verf.-Lex.² IX, 915–918 [H. LINKE; mit Bibliogr.] – B. NEUMANN, Geistl. Schauspiel im Zeugnis der Zeit, 1987, bes. Nr. 1481–1483.

Zehnstädtebund → Dekapolis

Zehnt

I. Allgemeine Darstellung des Kirchenzehnten – II. Besondere Entwicklung in Skandinavien.

I. ALLGEMEINE DARSTELLUNG DES KIRCHENZEHNTEN: Der Z. ist eine Abgabe in Naturalien. Er dient dem Kultusaufwand und der Unterstützung der Armen. Bekannt ist der Z. schon im AT. Der Kirchenz. nimmt seinen Ausgang im 5. Jh. Die ersten christl. Kommunitäten praktizierten freiwillige Gaben und Spenden. Spuren eines noch nicht verpflichtenden Z.en finden sich bei →Cyprianus und →Origenes. →Johannes Chrysostomos (82. J.), →Hieronymus und →Ambrosius machten aus dem Z. eine Verpflichtung nach dem Gewissen. Papst Damasus hat im IV. Konzil v. Rom die Bezahlung unter Strafe der Exkommunikation vorgeschrieben, und Augustinus hat diesen Text rigoros interpretiert. Prakt. haben im 5. und 6. Jh. aber nicht alle den Z.en geleistet. Die Synode v. →Tours (567) hat die Gläubigen aufgefordert, den Z.en zu bezahlen, um den Zorn Gottes zu befrieden. KOTTJE weist dagegen darauf hin, daß z.B. als Q. für die Hieronymus und Augustinus zugeschriebene Auffassung teilweise nicht authent. Zitate im →Decretum Gratiani gedient haben. Unglaubwürdig sei auch die Überlieferung des röm. Konzils unter Papst Damasus. Für Hieronymus und Augustinus gilt eher, daß sie Bestrebungen in ihrer Zeit abwehren wollten, die darauf zielten, die Christen zur Zahlung des Z.en zu verpflichten. Solche Tendenzen bestanden in der Ostkirche (→Apostol. Konstitutionen ca. 380). Das älteste Zeugnis für die Forderung in der abendländ. Kirche stellt das von →Eugippius verfaßte »Commemoratorium Vitae Sancti Severini« (kurz nach 500) dar. Ungefähr zur gleichen Zeit hat in Südgallien →Caesarius v. Arles ebenfalls zur Abgabe des Z.en aufgefordert. Das erste Zeugnis kirchl.-synodalen Rechts liegt in der Synode v. Tours (567) vor. Begründet wird die Z.-Forderung dort mit dem Beispiel Abrahams. Das Konzil v. Mâcon (585), c. 5, formulierte zum ersten Mal eine Rechtspflicht des Z.en. Das Z.gebot wird als alter, vernachlässigter Brauch, der aber vom göttl. Gesetz vorgeschrieben sei, bezeichnet. Bei Nichtentrichtung wird Exkommunikation angedroht (= Hinweis auf Num). →Isidor v. Sevilla und die span. Synoden erwähnen den Z.en im 6. Jh. nicht. Aus zwei westgot. liturg. Q.n des 7. Jh. (Mozarab. Sakramentar und »Liber Commicus«) sowie aus dem Lektionar v. Luxeuil (um 700) geht hervor, daß zu ihrer Entstehungszeit in Spanien und Gallien der Tag der Z.-und Erstlingsleistung bereits seinen Platz in der Liturgie der Kirche erhalten hatte. Ferner sind die »Canones Hibernenses« (→Bußbücher) zu nennen. Hier ist die Z.leistung bereits als feststehende Einrichtung vorausgesetzt. Es werden nur noch Fragen des wie und ob erörtert. In der ags. Kirche war wie in Irland um 700 der Z. als rechtl. geforderte Abgabe an die Kirche ein schon herkömml. Element des kirchl. Lebens (»Canones Theodori« und die »Vita Sancti Wilfridi« des Stephanus →Aeddi). In →Pirmins »Scarapsus« (710-724) besteht die Mahnung zur Z.leistung fast nur aus einer Aneinanderreihung entsprechender Zitate aus dem AT (Ex 22, 29; Lev 27, 30 und 32 f.; Ex 23, 19; Dtn 23, 21-23). Aus dem gall.-frk. Raum dagegen ist außer dem erwähnten Lektionar v. Luxeuil keine Q. überliefert, die auf ein Z.gebot und damit auf eine Z.pflicht der Christen im 7. oder beginnenden 8. Jh. schließen läßt. Dort ist sie um die Mitte des 8. Jh. als kirchl. Forderung vorhanden. Demnach steht die Einführung des Z.en im Zusammenhang mit der Hinwendung zum AT (KOTTJE). Auch die zivile Gewalt hat sich des Z.en angenommen. Der erste Akt, der den Z.en verpflichtend vorschrieb, wurde am Ende des 8. Jh. gesetzt. Die frk. Bf.e waren in Leptines (Diöz. Cambrai, 773) versammelt. Obwohl Karlmann anwesend war, ist es nicht sicher, ob die Vorschrift Erfolg hatte. Pippin d. Kurze hat 764 in einem Circular an den Bf. v. Mainz den Z. in für ein Jahr verpflichtend vorgeschrieben. Schließlich ist das Kapitular v. Herstall (779) zu nennen. Die Begründung dafür, daß sich die zivile Gewalt des Z.en angenommen hat, wurde in der Entschädigung für →Säkularisationen gesehen.

Die Entstehung des →Eigenkirchenwesens spielt auch für den Z.en und dessen Verteilung eine Rolle. Die Festschreibung des Z.en war Ursache für die Entstehung der Territorialpfarrei. Änderungen ergaben sich, als das Eigenkirchenwesen durch Patronat und Inkorporation abgelöst wurde. Durch das Eigenkirchenwesen waren Laien in den Besitz von Z.en gekommen. Mit der Bekämpfung von Laienbesitz an Kirchen änderte sich auch das Prinzip des Kirchenz.en. Während bei den älteren Eigenkirchen, deren Ausdehnung immer eine Grundherrschaft spiegelt, der Z. scheinbar selbstverständliches Recht des Grund- und Kirchenherrn ist, gibt es bei den hochma. →Pfarreien die ursprgl. Beziehung »Pfarrkirche-Z.« nicht mehr. Spätestens ab 1200 sind Z.verteilung und Pfarrorganisation getrennt.

Für die kirchenrechtl. Entwicklung des Z.en wurde →Gratian mit seinem Decretum (v.a. C. 13 und C. 16) wegweisend. Er stellt die hoheitl. Auffassung vom Z.en in den Vordergrund. Die Z.pflicht wird durch eine Anordnung Gottes begründet. Sie kann nicht durch Privatrechtsgeschäfte beeinträchtigt werden. Der Z. wird primär als Grundsteuer aufgefaßt (E. MELICHAR). Privatrechtl. Vorstellungen tritt Gratian ausdrückl. entgegen. Oberster Z.herr ist kraft Amtes der Bf. Er ist zugleich der oberste Verfügungsberechtigte, obwohl der Z. in erster Linie der Pfarrkirche gebührt. Die Verweigerung des Z.en wird mit dem Kirchenbann bestraft (C. 16 q. 7 c. 5). Je ein Viertel des Z.en erhielten der Bf., der Pfarrklerus, die Armen und Fremden sowie die Kirchenfabrik (→Fabrica ecclesiae; C. 12 q. 2 cc. 27-31), bei Eigenkirchen fielen zwei Drittel an die Eigenkirchenherrn, ein Drittel an den Priester. Der Besitz von Z.en durch Laien wurde verboten (C. 16 q. 7 c. 1). Im Liber Extra (→Corpus iuris canonici) wurde ebenfalls betont, daß der Z. kraft göttl. Rechtes vorgeschrieben sei (X. 3. 30. 14). Er könne als unveräußerlicher Vermögensteil der Pfarrkirchen nicht einmal anderen Kirchen oder Kl. zugewendet werden und von einem Laien nicht rechtmäßig besessen oder ersessen oder erbl. übertragen oder sonstwie veräußert werden. Aber die Bestimmung des III. →Laterankonzils (1179), wo die Veräußerung der von Laien besessenen Z.en verboten und deren Rückgabe gefordert wurde (X. 3. 30. 19), interpretierte man so, daß nicht der Besitz, sondern nur die Neuerwerbung von Z.en verboten sei. So blieben Laienz.en neben den Kirchenz.en bestehen.

Gegenstand des Z.en war alles, weil Gott sein Teil von allem geschuldet war. Alexander III. (1170) und Coelestin III. (1195) erließen genau detaillierte Beschreibungen. In dieser Breite hatten auch →Ivo v. Chartres und Gratian votiert. Tatsächl. blieben aber nur die reellen Z.en erhalten, also jene, die von Grundstücken und von Tieren erhoben wurden. Es gab große und kleine Z.en. Die großen Z.en erfaßten die Produkte, die die grundsätzl. Erträge einer Pfarrei ausmachten (Getreide, Wein), die kleinen die akzessor. Erträge und teilten sich in grüne Z.en und Blutz.en. Die grünen Z.en betrafen Gemüse und Früchte der Felder und Gärten, die Blutz.en Früchte der

Tiere (Wolle, Lämmer, Milch). Sakramentale Z. en wurden jene genannt, die den Spendern der Sakramente zukamen. Ausgeschrieben wurde auch ein eigener Papstz. Verpflichtet zur Z. leistung waren grundsätzl. alle, ausgenommen Kleriker oder Gemeinschaften, die einen Exemtionstitel hatten. Besteuert wurden auch die Güter der Juden. Der Z. war eine Reallast. Verpflichtet war derjenige, der die Früchte zog; der Z. war also eine Grundabgabe und nicht eine persönl. →Steuer. Er ist deshalb unabhängig von der Qualität des Besitzers der Güter. Die →Exemtion der monast. Gemeinschaften oder klerikalen Kommunitäten entwickelte sich im Laufe der Zeit. Am Anfang war die Exemtion ganz allg. Hadrian IV. hat sie auf die Zisterzienser, Templer, Ritter vom Hl. Grab und die Malteser eingeschränkt. Die anderen Mönchsorden erlangten die Exemtion nur auf bestimmte Erträge. Das IV. →Laterankonzil v. 1215 entschied, daß die Zisterzienser und andere privilegierte Kongregationen den Z. en bezahlen sollten. Ohne exemt zu sein, bezahlten die Pfarrer, gemäß Gewohnheit, nicht für jene Güter, die das Stammvermögen ihrer Pfarrei betrafen. Der Z. machte einen großen Teil der Einkünfte der Kirche aus (z. T. mehr als die Hälfte). Die Entwicklung war in den einzelnen Gegenden natürl. unterschiedl. R. Puza

Lit.: DDC III, 1231–1244 [G. Lepointe] – HRG V, 1629–1631 [H.-J. Becker] – LThK² X, 1318–1321 [R. Kottje] – Nov. Dig. It. V, 258–267 [C. Ionnaccino] – RGG³ VI, 1879 [A. Erler] – U. Stutz, Das Karol. Z. gebot, ZRGGermAbt 29, 1908, 180–224 – P. Viard, Hist. de la dîme ecclésiastique principalement en France jusqu'au décret de Gratian, 1909 – E. Perels, Die Ursprünge des karol. Z. rechts, AU III, 1911, 233–250 – C. F. Boyd, Tithes and Parishes in Medieval Italy, 1952 – L. Vischer, Die Z. forderung in der alten Kirche, ZKG 70, 1959, 201–217 – R. Kottje, Studien zum Einfluß des AT auf Recht und Liturgie des frühen MA (6.–8. Jh.), BHF 23, 1964, bes. 57ff. – G. Constable, Monastic Tithes from their Origins to the Twelfth Century (Cambridge Studies in Medieval Life and Thought, NS 10, 1964).

II. Besondere Entwicklung in Skandinavien: In den spät christianisierten skand. Ländern konnte der Z. erst nach der Konsolidierung der Kirchenorganisation eingeführt werden. Am frühesten (1096/97) fand dies statt in Island (→Island, III. 2); Dänemark (→Dänemark) folgte spätestens 1135, nachdem →Knud d. Hl. (1080–86) am Versuch, den Z. en durchzusetzen, gescheitert war. Mit Sicherheit ist der Z. im 12. Jh. in →Norwegen (→Norwegen, B. I) und Schweden (→Schweden, F. II) nachweisbar, in Finnland (→Finnland, II) spätestens um die Mitte des 13. Jh.

Während der Z. in Norwegen, Schweden (mit Finnland) und Dänemark nach den tatsächl. Einkünften erhoben wurde, erfolgte in Island seine Berechnung auf der Grundlage eines theoret. Vermögensertrags von 10% (also als 1% des angegebenen Vermögens). Bezog sich der Z. anfangs v. a. auf den Ackerbau, wurde er im Laufe der Zeit auf die Viehzucht, den Fischfang sowie auf Einnahmen aus Miete (zeitweise) und Handel ausgedehnt. Im letzteren Bereich wurde er wie der heut. Mehrwertsteuer berechnet.

Neben diesen proportionalen Z. en gab es in Island, Norwegen sowie in der schwed. Grenzlandschaft Västergötland den sog. Hauptz. en (decimae capitales). Dieser war der meist einmalige Leistung bei der ersten Heirat (südl. Norwegen), bei der Kirchweihe, beim Eintritt in das elterl. Erbe oder als Buße einer Hauptsünde (Västergötland); der Hauptz. konnte auch als →Seelgerät gestiftet werden (nördl. Norwegen, Island). Wahrscheinl. ist im Hauptz. ein älteres Erhebungssystem zu sehen, das durch den jährl. Z. abgelöst wurde.

Während in Norwegen und auf Island die Z. en (jährl. Z. sowie Hauptz.) zw. dem Priester, der Kirche, dem Bf. und den Armen geteilt wurden, wobei in Island der Kirchenpatron (→Patronat) die priesterl. und kirchl. Anteile verwaltete, kannte das übrige Skandinavien eine Dreiteilung. In Dänemark und Finnland waren Nutznießer die Kirche, der Priester und der Bf., während in Schweden meistens die Armen an die Stelle des Bf.s traten.

Im kirchl. Recht Skandinaviens wurde der Z. manchmal als Gegenleistung für die kirchl. Dienste aufgefaßt (Norwegen, die ostdän. Bm. er →Roskilde und →Lund, in Schweden Västergötland, Östergötland, →Gotland); dieselbe Sehweise liegt wohl auch dem Beschluß des isländ. →Allthings, den Z. einzuführen, zugrunde.

War der Bischofsz. außerhalb Schwedens allgemein anerkannt, erhielt der Bf. nur in Norwegen, auf Island, in den dän. Bm. ern Lund, Roskilde und seit 1188 →Schleswig den gleichen Teil wie die übrigen Nutznießer. In Finnland wurde stattdessen eine Personensteuer erhoben, in den anderen dän. Bm. ern erhielt der Bf. eine Abgabe ('Biskopsgave') in Getreide oder Geld. Obwohl Kg. →Christoph III. 1443 durch Richterspruch das Recht der Bf.e auf den Bischofsz. en anerkannte, wurde dieses erst mit dem Odenser Rezeß von 1527 verwirklicht.

Im Laufe des MA traten manchmal Interpretationsschwierigkeiten auf bezüglich der Frage, welche Einkünfte als zehntpflichtig zu gelten hatten. Hinter dieser Diskussion verbargen sich Interessengegensätze zw. Kirche und Z. zahlern. Zwar gelang es der norw. Kirche im Tønsberger Konkordat (Sættargjerd) von 1277, die grundsätzl. Z. pflicht für Einkünfte aus Vermietung von Immobilien und bewegl. Gütern (Braukesseln, Schiffen, Netzen u. ä.) durchzusetzen; sie mußte ihre Ansprüche aber angesichts des adligen Widerstandes 1290 wieder aufgeben.

Die Einführung des Z. en ermöglichte den Bau von Steinkirchen sowie die Bildung von Kirchspielen (und hierdurch die geograph. Fixierung von Dörfern). Ferner konnte das Z. vermögen der Kirche (→Vermögen, kirchl.) im Notfall den Bauern Saatgut liefern und ihnen u. U. Kredite gewähren. Mehrere Gesetze des SpätMA versuchten, den Zugriff der weltl. Großen und Regierungsgewalten auf die Kirchenz. en zu begrenzen. Die Verwaltung der Armenz. en (→Armut, IV; →Hrepp, →Pflegschaft) lag üblicherweise in den Händen von Laien (Norwegen, Island, Schweden). Th. Riis

Lit.: KL XVIII, 280–300 [Lit.].

Zehntstreit, Osnabrücker. Nach dem Zusammenwachsen des Bm.s →Osnabrück übertrugen Ks. →Ludwig d. Fr. (RI 2, 935) 834 und Kg. →Ludwig d. Dt. 855 (DLD 73) die nutzbaren Rechte, v. a. die Bischofszehnten in den Pfarrverbänden Meppen und Visbek (Immunität), an die Reichsabtei →Corvey. Grund waren weder Strafe für die Untreue Bf. Gebwins v. Osnabrück gegen den Ks. zu Colmar 833 (sonst →Ebo v. Reims zugeschrieben) noch die Begünstigung des Ekbertiner-Gf. en Cobbo, sondern Ausstattung Corveys für den Einsatz im Ebm. Hamburg (bis 916; →Hamburg–Bremen, Ebm.), während Cobbo zu Dänemark vermittelte. Bf. Egibert versuchte um 870 über die Ebf.e v. Köln, Gunthar und Willibert, eine Synodalentscheidung gegen die Zehntverwaltung durch die Kl. Corvey und →Herford (890 genannt). Kg. →Arnulf mahnte unter Beitritt einer Synode den Bf. Egilmar 889 von weiterem Verfolg unter Androhung des Huldentzuges ab. Dieser suchte sein Recht bei Papst →Stephan V., der ihm eine Rechtsmittelbelehrung schrieb. Deren Text (MGH Epp. Karol. VII, 359–363), fast nur aus Pseudo-

Isidor-Zitaten (→Pseudoisidor. Dekretalen) bestehend, bricht vor dem Entscheid ab (vielleicht in D Arn. 137 v. 895 enthalten). Erst Bf. →Benno II. nahm den Streitfall wieder auf. →Gregor VII. wies das Verfahren 1074 Ebf. →Anno v. Köln zu (GP VII, 1 S. 7of., Nr. 195f.), doch nach dem Frieden v. Canossa suchte Benno bei Kg. →Heinrich IV. um das Klagerecht nach und gewann 1077 den Prozeß mit Hilfe acht jetzt angefertigter Urkk. von Karl d. Gr., Ludwig d. Fr. und Ludwig d. Dt., Arnulf und Otto I. gegen Corvey, welches ebenfalls mit fingierten Rechtsmitteln stritt (→Fälschungen). Das Ergebnis demonstriert die Goldbulle vom 30. März 1079 (DHIV 310). Als Abt Wibald v. Corvey (→Wibald v. Stablo) 1152/57 die Ansprüche erneuerte, fand er Ks. → Friedrich I. grundsätzlich geneigt, doch vor einem Entscheid starb der Abt. Die erneute Bestätigung der Zehnten durch Gegenpapst→ Viktor IV. 1162 hatte nur noch theoret. Bedeutung.

W. Seegrün

Lit.: K.-U. Jäschke, Stud. zu Q.n und Gesch. des O. Z.s unter Heinrich IV., ADipl 9–10, 1963/64, 112–285; 11–12, 1965/66, 280–402 – A. Spicker-Wendt, Die Querimonia Egilmari episcopi und die Responsio Stephani papae. Stud. zu den Osnabrücker Q.n der Karolingerzeit, 1980 – F. Staab, Die Wurzel des zisterziens. Zehntprivilegs. Zugleich: Zur Echtheitsfrage der Querimonia Egilmari episcopi und der Responsio Stephani V. papae, DA 40, 1984, 21–54 – W. Seegrün, Zur Klageschrift des Osnabrücker Bf.s Egilmar aus dem Jahre 890, Osnabrücker Mitt. 90, 1985, 33–37 – Th. Schieffer, Adnotationes zur Germania Pontificia und zur Echtheitskritik überhaupt, ADipl 34, 1988, 231–277 – W. Metz, Corveyer Stud. III, ebd. 35, 1989, 11–27.

Zeichen. [1] Das lat. MA verwendet im allg. den Ausdruck »signum« für Z. (gr. σημεῖον; bei Boethius »notae«), wobei die begriffl. Abgrenzung zum →Symbol häufig unscharf bleibt. Die ursprgl. antike Bedeutung von signum als Hälfte eines Erkennungs- oder Freundschaftsz.s oder als Teil einer Losung ('symbolum', 'tessera') spielt in den scholast. Auseinandersetzungen um eine vereinheitlichende Definition des Begriffs kaum eine Rolle. Im Überblick lassen sich zwei grundlegende Traditionsstränge ausmachen, die komplementär aufeinander bezogen sind.

Der *Aristotelismus* sieht im Z. ein Erkenntnisinstrument und betont die logische und epistemolog. Relevanz. Von Aristoteles stammt auch das beliebte Operabilitätskriterium für die Klasse der sprachl. Z., demzufolge wir »die Dinge nicht zur Disputation mit uns tragen können, weshalb wir Wörter für die Dinge gebrauchen, die jene bezeichnen« (De sophist. elench. 1, 165 a 6–8). Bes. einflußreich ist die Vermittlung der vier Elemente des ordo orandi (res, intellectus, voces und scripta) durch →Boethius.

Auch der Traditionsstrang des *Augustinismus*, der die sinnl. Basis und die konventionelle Natur des Z.s betont und speziell am Sprachz. seine Sozialität hervorhebt (es dient der Belehrung und dem Wissenserwerb), bleibt bis in die NZ wirksam. Fast jeder Autor, der auf Z. eingeht, bezieht sich auf die Leitdefinition nach Augustinus, De doctr. christ. II, I, 1: »Ein Z. ist eine Sache, die außer der äußeren Gestalt, die sie den Sinnen eingibt, etwas anderes von sich her in das Denken gelangen läßt« (»Signum est enim res praeter speciem, quam ingerit sensibus, aliud aliquid ex se faciens in cogitationem venire«; CCSL 32, 32). Der Unterschied zw. einem Z. (signum) und einer Sache (res) besteht darin, daß das signum, das ja auch eine res ist, zum Bezeichnen von etwas anderem (ad significandum aliquid) verwendet wird; die res als res bezeichnet nichts. Prinzipiell können alle Dinge oder Sachen bzw. ihre proprietates als Z. verwendet werden: »non solum voces, sed et res significativae sunt« (Richard v. St. Victor, MPL 177, 205 B).

Die Natur des Z.s als eines sinnl. wahrnehmbaren Gegenstands führt zu einem universellen Symbolismus, in dem die Welt als ein auf Gott zugeordnetes unerschöpfl. Z.system gesehen wird, das mit Kenntnis einer 'zweiten Sprache' oberhalb der Bedeutungsebene natürl. Sprachen entschlüsselt werden kann (→Allegorese, →Schriftsinne, →Symbol). Augustin teilt die Z. grundlegend ein (a) hinsichtl. ihres Ursprungs, wobei er natürliche, kausal bestimmbare (signa naturalia) von intentionalen, eingesetzten oder verabredeten Z. (signa data, insbes. die laut- und schriftsprachl. Z.) unterscheidet, und (b) hinsichtl. ihres Z.wertes, und hier in solche mit bloßer Erkenntnisfunktion und in solche mit operativen Fähigkeiten.

Als primär semiot. Wissenschaften und Künste, die auf antikem Erbe fußend natürl. Z. als entzifferbare Systeme behandeln, sind v. a. zu nennen: die theol. Sakramentenlehre; die Semiotik der Leib-Seele-Beziehungen (med. Symptomatologie, →Physiognom(on)ik, Chirologie/Chiromantie, Oneirologie) sowie auch die →Astrologie.

Das augustin. Modell wird von vielen späteren Autoren kritisiert und führt allmähl. zu einer Umorientierung der Z.definitionen, die im 13. Jh. bei Ps.-Kilwardby (Priscian-Komm.) und →Roger Bacon (»De signis«, ed. Fredborg u. a., Traditio 34, 1978, 75–136) vollzogen ist. Nunmehr kann der Z.begriff auch geistige Begriffe (conceptus) umfassen und wird über die Analyse der →repraesentatio zu einer umfassenden kognitiven Semiotik ausgedeutet, die die sinnl. Erfaßbarkeit des Z.s nicht mehr als notwendige Bedingung ansieht. Zum semant. Begriff der Signifikation tritt die Supposition. Hier setzt →Wilhelm v. Ockham, der im Anschluß an Boethius ein Subordinationsmodell der Z. entwickelt, mit seiner Auffassung von der Supposition der Z. als kontextueller Stellvertretung und syntakt. Bindung im Satz neu an. Der Z.begriff wird strenger an die Logik gebunden (S. log. I, 1). Wie das bekannte »aliquid stat pro aliquo« wird im weiteren auch die Signifikationsformel »voces significant res mediantibus conceptibus« (vgl. »Speculum ecclesiae«, MPL 177, 375 B; ähnl. Thomas v. Aquin, S. th. I 13, 1c) suppositionstheoret. ausgedeutet.

Seine formal und terminolog. ausgearbeitetste Form erhält der Z.begriff im 16. Jh. in der spätscholast. Schule des Johannes Major († 1550). Die Beziehungen zw. facere cognoscere, repraesentare und significare werden nun erfaßt, indem die Z. danach unterschieden werden, ob ihre →Significatio »obiective«, »effective«, »formaliter« oder »instrumentaliter« erfolgt. Die Unterscheidung nach Funktionen und Bezeichnungsweisen führt auch weiterhin zu einer Vielheit von Z.klassen. Am Endpunkt der Entwicklung steht ein auf bloße Relationalität bedachter Z.begriff.

[2] In der alltäglichen, volkssprachl. Lebenswelt des MA spielen neben akust. →Signalen (militär. Parole, Schlachtruf, Glockengeläut) und anderen sinnl. wahrnehmbaren Gegenständen, die als Z. bezeichnet werden (Grenzpfähle, Wegmarken), die ideo- und piktogrammartigen graph. Z. und Marken des Wirtschaftslebens eine wichtige Rolle (dazu E. Engel und W. v. Stromer in Fschr. Kühnel, 1992). Sie dienen ursprgl. der Unterscheidung und Abgrenzung (ahd. *marca*, mhd. *merke*) einer Sache von einer anderen und sind aufgrund ihrer materiell einfachen Struktur auch für Analphabeten unmittelbar les- und verstehbare, an mobilen Gegenständen und Häusern angebrachte Markierungen, die Informationen wie Herkunft und Besitz, Rechtsanspruch oder Warengüte signalisieren sollen (einflußreich Bartolus v. Saxoferrato, »De insigniis et armis«, 1350), aber auch abgeleitet zu

werbl. Zwecken und der Repräsentation von Handelshäusern und Familien dienen. Hier sind neben der großen Gruppe der Besitz und Zugehörigkeit anzeigenden Marken (→Haus-, Hof- und Handelsmarken, Zunft-, Meister- und Firmenzeichen, Brandzeichen des Viehs, Wasserzeichen, →Beschauzeichen) Kontrollmarken (Zoll- und Eichzeichen), hoheitl. und Herrschaftsinsignien (Kronen, Zepter, Siegelringe, Petschaften usw., Wappen [→Heraldik]) sowie die performator. verwendeten magisch-rituellen Z. der Alltagskultur (z. B. Geste des Handschlags) zu nennen.

Auch die Alltagstraditionen von Sitte, Ritual und Zeremonie lassen sich in ihren hist. Veränderungen vom Früh- zum SpätMA z. typologisch beschreiben (FRERICH, in POSNER, 1997). Eine Sonderrolle spielt die gestische Z.sprache (loquela) der Mönche zur Wahrung des Silentium.

[3] In der Fachsprache der ma. Logik wird signum mit spezifizierenden Adjektiven zur Bezeichnung von Phänomenen der Quantifikation sowie bei der semant. Skopusanalyse verwendet: z. B. signum ampliativum, diminutivum, distractivum, distributivum, exceptivum, exclusivum, reduplicativum, specificativum.

Wesentl. Aspekte scholast. Z.theorien sind über C. S. PEIRCE vermittelt von erhebl. Bedeutung für die Grundlagen der modernen Semiotik geworden.   L. Kaczmarek

Lit.: HWP IX, 763–785 – A. MAIERÙ, »Signum« dans la culture ma. (Sprache und Erkenntnis im MA, hg. W. KLUXEN u. a., I, 1981), 51–72 – J. BIARD, Logique et théorie du signe au XIVe s., 1989 – On the Ma. Theory of Signs, hg. U. ECO–C. MARMO, 1989 – Z. KALUZA, Signum (Enc. philos. universelle, hg. A. JACOB, II/1, 1990), 2387f. – Symbole des Alltags – Alltag der Symbole (Fschr. H. KÜHNEL, hg. G. BLASCHITZ u. a., 1992) – S. MEIER-OESER, Die Spur des Z.s. Das Z. und seine Funktion in der Philos. des MA und der frühen NZ, 1997 [Lit.] – Semiotik. Ein Hb. zu den z.theoret. Grundlagen von Natur und Kultur, hg. R. POSNER u. a., I, 1997, 984–1198 [Kap. 49–61; Lit.] – weitere Lit.: →Allegorie, Allegorese, →Repraesentatio, →Schriftsinne, →Symbol.

Zeichen, liturgische. Liturg. Z. »zeigen« die menschl. und göttl. Wirklichkeit an, die im Gottesdienst ins Spiel kommt und für den Menschen sinnlich wahrnehmbar sein muß, und bringen so die umfassende Wirklichkeit (Heilswirklichkeit) erfahrbar zum Ausdruck. Solche Z. sind das Wort, das Bild, das Symbol, der Gestus, die Gebärden usw. Jeder Gottesdienst hat eine zeichenhafte Struktur, welche die Inkarnation Gottes in Christus menschl. zugänglich macht. Z. sind die natürl. Gestalt, in der die Heilswirklichkeit in Erscheinung tritt. Jedes Z. enthüllt und verhüllt zugleich Gottes Nähe und Handeln. Gottesdienst bleibt zwar immer an die Grundvollzüge gebunden (Versammlung, Verkündigung, Taufbad, Mahl), diese müssen aber zu jeder Zeit in einer dieser gemäßen Form ermöglicht werden. Im MA strömt als germ. Element das Individuell-Subjektive in die Liturgie ein, die bislang nur durch das Objektive aus dem antiken Mittelmeerraum geformt war. Daraus entwickelte sich eine Vorliebe für das Konkrete, Schaubare, Greifbare, Zählbare. Seit der Karolingerzeit fließt dieses neue Element teils in die röm. Liturgie ein, teils siedelt es sich neben der Liturgie als Volksfrömmigkeit an. Auch drastisch-plast. Symbolhandlungen des germ. Rechtslebens bilden sich heraus (z. B. Übergaben bei Ordinationen, Backenstreich bei Firmung), →Ordinationen/Weihen. Z. sind Erkennungsz., Wahrz., die über das Funktionale hinausweisen (→Rechtssymbolik).

Ein bes. liturg. Z. ist das →Sakrament (sacramentum), das →Augustinus (4. Jh.) als hl. Z. (signum sacrum) bezeichnet (De civ. Dei X 5: MPL 41, 282), dessen Einsetzung durch Jesus Christus →Hugo v. St-Victor († 1141) betont (De sacr. christ. fidei I 9, 2: MPL 176, 317) und von dem →Johannes Duns Scotus († 1308) vier Momente hervorhebt, die für das MA bestimmend sind: 1. äußeres, sinnfälliges Z., 2. innere Gnadenwirklichkeit und Wirksamkeit, 3. Einsetzung durch Jesus Christus, 4. Spender und Empfänger (Ox. IV d 1 q 2 n 9). →Thomas v. Aquin (S. Th. III 60, 1) definiert das Wesen des Z.s, daß es zur Erkenntnis eines anderen Dinges führt (Augustinus, De doctr. christ. II 1, 1), das nicht nur ein rein natürl. Z. ist, sondern von Gott angeordnet, nicht nur ein künstl., sondern ein konventionelles Z., nicht ein rein spekulatives oder theoret., sondern ein wirksames, prakt. Z. Der Sinn des Z.s ist vielfältig, weshalb verschiedene Deutungen möglich sind. Breiten Raum nimmt die allegor. Deutung ein (vgl. z. B. →Duranti Guillelmus [ca. 1230–1296]: Rationale Divinorum Officiorum [ed. A. DAVRIL–T. M. THIBODEAU, CXL], in dem der Bf. v. Mende u. a. den Versammlungsraum [Kirche], die liturg. Kleidung und die Messe ausführlich interpretiert). Zu den Bestandteilen des sakralen Z.s gehören die zwei Wesensbestandteile Ding und Wort. Ab dem 13. Jh. werden Materie und Form unterschieden. Die scholast. Theol. differenziert das äußere Z. (sacramentum oder sacramentum tantum) und die innere Gnadenwirkung (res sacramenti).

Der Wandel im Verständnis des Z.charakters des Sakramentes wird bes. deutlich in der Darstellung der Sakramente durch die bildende Kunst: bis Ende des 13. Jh. (Frühgotik) herrschte die liturg. Betrachtung vor, bis ins 14. Jh. sind die bildl. Darstellungen typolog. Darstellungen.   J. Knupp

Lit.: J. AUER–J. RATZINGER, Kleine kath. Dogmatik. Das Mysterium der Eucharistie VI – Allg. Sakramentenlehre, 1974^2, 24–125 – L. OTT, Grundriß der Dogmatik, 1981^{10}, 390–418 – A. ANGENENDT, Das FrühMA, 1995^2.

Zeichenlehre, bei der Jagd auf →Rotwild bedeutsame, wohl bereits im 13. Jh. voll entwickelte, zum fundamentalen Wissen eines gelernten Jägers gehörende, zunächst mündl. überlieferte Anweisung zur Unterscheidung des Geschlechts, des Alters und der Stärke der männl. und weibl. Stücke Rotwild aus den von ihnen vornehml. in den Fußspuren, d. h. in der Fährte, seltener am Boden (etwa an Gräsern, Ameisenhaufen) oder in den Bäumen (Himmelszeichen) hinterlassenen Zeichen. Die um 1400 im oberdt. Raum entstandene, in ihrer klass. Form in sieben Hss. des 15. und 16. Jh. und in drei Drucken des 16. und frühen 17. Jh. tradierte »Lehre von den Zeichen des Hirsches« gehört zu den frühesten dt.sprachigen →Jagdtraktaten. Bes. wichtig für die Frühgesch. der dt. Jagdlit. sind vier voneinander unabhängige Derivattexte dieser »Lehre von den Zeichen des Hirsches«, einer aus dem 15. Jh., drei aus dem 16. und beginnenden 17. Jh.   S. Schwenk

Lit.: Die Lehre von den Zeichen des Hirsches, hg. K. LINDNER (Q. und Stud. zur Gesch. der Jagd, III, 1956).

Zeichnung schafft mit der Linie Formen künstler. Art oder techn. und math. Natur. Als Werkzeug benutzte man in den Anfängen einzig Rohr- oder Vogelfedern und Tinte, Pinsel wurden v. a. in Ostasien verwendet; begrenzt kamen wasserlösl. Farben hinzu. Im Bereich der Kunst muß zw. vorbereitender und ausgeführter Z. unterschieden werden.

Die ältesten Zeugnisse zeichner. Tätigkeit sind einige ägypt. Papyri der hellenist. Epoche (4. Jh. v. Chr.) im Ägypt. Museum, Berlin, bei denen es sich um vorbereitende Studien handelt. Aus der klass. Antike ist nichts erhalten. Erst Anfang des 9. Jh. ist der mit Federz.en illustrierte Utrecht-Psalter überliefert, aus dem 10. und 11. Jh. Hss. und Fragmente, auf deren Blättern unter-

schiedl. Motive festgehalten wurden. Diese Motivsammlungen dienten Künstlern zu beliebiger Verwendung. Für sie hat man den Begriff →Musterbuch (Model Book) geprägt, deren Anzahl aus dem HochMA gering ist, da Pergament als einziger beschreibbarer Beschreibstoff meist zu kostbar war, um für eine Beispielsammlung zu dienen. Die wichtigsten sind das Wolfenbüttler Musterbuch (um 1230) und das des frz. Baumeisters →Villard de Honnecourt (1230/40) in Paris. Anstelle des kostbaren Pergaments gebrauchte man auch Holztäfelchen mit Kreidegrundierung, auf denen man mit Feder, Pinsel oder Stift zeichnen konnte. Obwohl diese beschaffbaren 'Musterbücher' vermutl. schon seit langem in Gebrauch waren, blieben nur einige aus dem späten 14. Jh. erhalten: New York, Pierpont Morgan Library, dem Jacquemart de Hesdin zugeschrieben (3. Viertel 14. Jh.); Berlin, Staatsbibl., Täfelchen vom Beginn des 15. Jh., signiert Jacques Daliwe.

Der Zeichner eines Wiener Musterbuches benutzte bereits das neue Material des Papiers, jedoch in sehr bescheidenem Ausmaße, für seine Mustersammlung. Die einzelnen Bildfelder, die zu Vierergruppen in einem Rahmen zusammengefaßt sind, messen nur 9,5×9 cm. Während man zunächst Pergament und Papier nebeneinander verwendete, wie bei dem Skizzenbuch Antonio →Pisanellos u. a. Künstler (Mailand, Ambrosiana), verdrängte das billig herzustellende Papier das teure Pergament im Laufe der 1. Hälfte des 15. Jh. fast völlig.

Mit dem Papier gleichzeitig kamen auch neue Zeichentechniken in Gebrauch. Das Wiener Musterbuch ist dafür eines der frühesten Beispiele. Auf hellgrün grundiertem Papier sind die Köpfe von Menschen und Tieren mit dem Silberstift gezeichnet, mit Pinsel und Wasserfarbe laviert und stellenweise rot getönt. Während man auf Papier mit der Feder wie zuvor auf dem Pergamentblatt zeichnen konnte, bedurfte es beim Silberstift einer Präparierung mit einem aus Geflügelknochen gewonnenen Leim und einer dünnen Kreideschicht, auf der der vom Silberstift erzeugte Strich oxydierte und damit erst sichtbar wurde. Dem Kreidegrund konnte wie bei dem Wiener Musterbuch Farbe zugesetzt werden, so daß die Z. einen maler. Effekt erhielt.

Im Verlauf des 15. Jh. stellte man dann Grundierungen durch einfaches Auftragen einer opaken, mit Leim gebundenen Farbschicht her. Auf diesen Papieren zeichnete man mit Feder und benutzte Deckweiß zur Höhung, d. h. zur Darstellung der Helligkeiten. Der Ton der Grundierung gab dabei den Mittelwert ab. In Italien wandte man gerne das blaue, in der Papiermasse gefärbte ven. Papier an, das ursprgl. zum Einwickeln gedacht und darum bes. billig war.

Die beschriebenen Zeichentechniken setzten große zeichner. Fertigkeiten voraus, da Korrekturen kaum möglich waren. Erst als gegen Ende des 15. Jh. die weich zeichnenden Mittel, Kohle, schwarze und rote Kreide (Rötel) in Gebrauch kamen, konnte der Zeichner Verbesserungen vornehmen. Zum Korrigieren verwendete man Brotkrumen. Kreide und Kohle wurden zuvor zum groben Skizzieren bei Federz.en gebraucht. Schongauer und andere Maler legten ihre Darstellungen mit feinen Vogelfedern in zarten Strichen an, arbeiteten dann mit kräftigen Strichen und führten zuletzt mit breiter Feder die dunkelsten Partien aus.

Ähnlich wie bei den Rohr- oder Vogelfedern war der zeichner. Vorgang beim Silberstift. Auch hier wurde die mit zarten Strichen angelegte Vorzeichnung in einem zweiten Arbeitsgang ausgeführt. Die Dunkelheiten mußten durch mehrere übereinanderliegende Strichgruppen (Strichlagen) erzeugt werden. Ein Charakteristikum der frühen Z. im Norden ist ihr kleines Format, das selten über Postkartengröße hinausging, nur in Italien gibt es schon eher Z.en von der Größe eines viertel oder halben Bogens.

Im Zusammenhang mit dem allgemeinen Stil- und Aufgabenwandel um 1500 und der zunehmenden Verwendung von Papier änderte sich das Wesen der Z. Für sich durchsetzenden künstler. Realismus genügten die stereotypen Vorbilder der Musterbücher nicht länger. Aus dem Bedarf individueller Prägung entstand die Studie der Einzelformen, die als Vorbereitung für ein spezielles Werk gedacht war. Es entwickelte sich die mit raschen Strichen einen Gegenstand erfassende Skizze und schließlich die bildmäßig durchgeführte Z. Der Künstler begann, alle Bereiche des Sichtbaren zu erfassen: Geräte, Pflanzen, Tiere, Menschen in Bildnis und Figur, und 1473 datierte Leonardo die erste Landschaftszeichnung der europ. Kunst (Florenz, Uffizien). Die Z. im nz. Sinne war entstanden. Sonderformen sind →Vorzeichnungen unter Gemälden und Sinopien bei Wandmalereien. F. Anzelewsky

Lit.: V. Golubew, Die Skizzenbücher Jacopo Bellinis, T. 1–2, 1908–12 – J. Meder, Die Handz. Ihre Technik und Entwicklung, 1919 – R. W. Scheller, A Survey of Medival Model Books, 1963 – F. Ames-Lewis, Drawing in Early Renaissance Italy, 1981 – Jacopo Bellini, Der Zeichnungsband des Louvre, hg. B. Degenhart u. a., 1984 – Das Skizzenbuch des Jacque Daliwe, Faks., Komm. U. Jenni und U. Winter, 1987.

Zeidler → Bienen

Zeidler, Konrad, (erster) Kanzler des röm.-dt. Kg.s →Friedrich III.; * vor 1407, München, † 23. oder 30. März 1442, ◻ Grauscharn/Pürgg (Steiermark), Pfarrkirche St. Georg, rotmarmorner Grabstein mit Ganzfigur, Porträtbüste an spätgot. Empore. Z. hatte sich 1407 bei den Artisten in Wien immatrikuliert und war nach einem wohl anschließenden, ohne Graduierung abgeschlossenen Jus-Studium in den Dienst Ehzg. →Ernsts d. Eisernen v. Österreich getreten. Diesem verdankte der Notar (1418), Sekretär und 'Kanzler' (1419) bzw. Kammerschreiber (1422) vermutl. schon die Pfarren Meiselding bei St. Veit/Glan (vor 1418) und Marburg (Maribor; 1418/19), sicher aber die reiche Eigen-Pfarre Grauscharn/Pürgg (1424/25), wozu später noch ein Kanonikat am Passauer Dom kam. Auch Ernsts Sohn Ehzg. Friedrich V. (III.) ernannte Z. 1436 zu seinem (ersten) Kanzler. Aufgrund von dessen Förderung beim Konzil v. →Basel wurde der Konzilsanhänger Z., der 1438 im Auftrag Kg. Albrechts II. nach Italien gereist war, 1439 zum Propst des Wiener Stephansstifts ernannt und nach dem Tod Wilhelm Turs' (Tuers) v. Asparn bestätigt und eingeführt (1440). Nach der Kg.swahl Friedrichs III. leitete Z. bis zu seinem Tod die noch ungeteilten Geschäfte der 'röm.' und der 'österr.' Kanzlei und war einer der einflußreichsten 'engeren' Räte des Kg.s. Z. starb auf dessen Krönungsreise im Salzburgischen. P.-J. Heinig

Lit.: P.-J. Heinig, Friedrich III., Hof, Regierung, Politik, 1997, bes. 577–579.

Zeilsheim, Friede v. (5. Okt. 1463), geschlossen zw. den Mainzer Ebf.en →Diether II. v. Isenburg und →Adolf II. v. Nassau unter Mitwirkung von Kurpfalz, Nieder- und Oberhessen sowie Katzenelnbogen, beendete die →Mainzer Stiftsfehde (1461/63). Der F. v. Z. wurde von Hans v. Dörnberg, dem fähigsten hess. Diplomaten, vermittelt, so daß die seit dem Tode Lgf. Ludwigs I. († 1458) in zwei Linien geteilte →Lgft. Hessen geradezu als doppelte Gewinnerin aus den Verhandlungen hervorging. Der mit dem siegreichen Ebf. Adolf II. verbündete Lgf. Ludwig II.

v. Niederhessen erhielt Hofgeismar, Schöneberg und Gieselwerder als Pfand verschrieben, das er allerdings noch erobern mußte. Der mit dem unterlegenen Ebf. Diether kooperierende Lgf. Heinrich III. v. Oberhessen behauptete seine neu erworbenen Pfandbesitzungen: die Burgen und Städte Battenberg, Kellerberg, Rosenthal, Mellnau und die Hälfte von Wetter. Im Vertrag v. Merlau (1583) mußte dann das Erzstift auf alle Pfandbesitzungen verzichten, welche die Lgf. en v. Hessen seit der Mainzer Stiftsfehde verwalteten. Ebenso profitierte der Schwiegervater Heinrichs III., Gf. Philipp v. →Katzenelnbogen, von seinem Bündnis mit Ebf. Diether. Ihm wurden Gernsheim mit dem Rheinzoll und das Gebiet v. Gau-Algesheim zugesprochen. Dritte Gewinnerin war die Kurpfalz (→Pfgft. bei Rhein), der die Ämter Starkenburg (mit Heppenheim und Bensheim) sowie Schauenburg (mit Dossenheim und Handschuhsheim) verschrieben wurden. Der F. v. Z. beendete den Dualismus (Kur)mainz–(Kur)pfalz und zog 200 Jahre nach dem Langsdorfer Frieden einen Schlußstrich unter die langwierigen Auseinandersetzungen mit der letztl. siegreichen Lgft. Hessen. Th. M. Martin

Lit.: K. E. DEMANDT, Gesch. des Landes Hessen, 1972².

Zeit

I. Theologisch und philosophisch – II. Sozialgeschichte.

I. THEOLOGISCH UND PHILOSOPHISCH: Z. und Zeitlichkeit gehören seit →Augustinus und →Boethius zu den Standardthemen der ma. Philos., wie die zahllosen überlieferten Abhandlungen zur Z. bezeugen. Mit der Z.-Problematik setzen sich die ma. Denker im Zusammenhang mit der Kommentierung der Aristotel. Physica auseinander, aber auch im Kontext bestimmter theol. Probleme, wie etwa der von Boethius in der »Consolatio philosophiae« aufgeworfenen Frage, wie Willensfreiheit möglich ist, wenn Gott vorhersehen kann, was in der Zukunft geschieht. Das MA kennt keine einheitl. Theorie der Z., wohl aber existiert ein gemeinsamer Fundus von Texten, der gleichsam den Rahmen abgibt, innerhalb dessen sich die ma. Z.-Spekulation bewegt. Zu diesem Fundus zählen der Platonische Timaeus (37cff.), die Aristotel. Physica (Buch IV) und die Augustin. Confessiones (Buch XI).

Das MA rezipiert in erster Linie die Aristotel. Auffassung der Z. Hierzu zählt der Katalog von Fragen, mit denen man sich im Rahmen einer Z.-Untersuchung zu befassen hat (Z. und Bewegung, Z. und Seele, erlebte Z./gemessene Z., Z. und Planetenumlauf u. ä.), hierzu gehört aber v. a. die Aristotel. Z.-Definition, nach der Z. das Zahlmoment an der Bewegung hinsichtlich ihres Vorher und Nachher ist (tempus est numerus motus secundum prius et posterius). Neben dem Aristotel. Z.-Konzept ist es v. a. die (neu-)platonisch inspirierte Augustin. Z.-Auffassung, die die ma. Auseinandersetzung um den Z.-Begriff bestimmt, und zwar in einem doppelten Sinne: a) Anders als →Aristoteles, der das Z.-Thema in seiner Physikvorlesung erörtert, behandelt Augustinus die Z. im Rahmen einer theol. Fragestellung der Schöpfungsproblematik (»Was machte Gott, bevor er Himmel und Erde schuf?«; Conf. XI, 10, 12); b) Gegen Aristoteles, der aus den von ihm selbst formulierten Aporien der Z. (Vergangenheit ist nicht mehr / Zukunft ist noch nicht / Gegenwart ist nicht) gefolgert hatte, der Z. komme zwar kein eigenständiges Sein zu, sie bilde aber ein Moment (τι) an der Bewegung (Phys. IV 10, 219ff.), spricht Augustinus der Z. ein reales, von der Seele (anima) unabhängiges Sein ab. Die Formen der Z., Vergangenheit, Gegenwart, Zukunft, haben für Augustinus selbst keine Dauer (mora, spatium; Conf. XI, 15, 20), sondern sind eine Ausspannung (distentio) des Bewußtseins, der Seele (Conf. XI, 26, 33). V. a. seit im 13. Jh. der Z.-Traktat des Aristoteles in seiner Physik allgemein bekannt wird, gehört der Konflikt zw. Aristoteles und Augustinus in der Frage nach dem Sein der Z. zu den Hauptstreitpunkten zahlloser Debatten, bei denen auch der Physikkommentar des →Averroes eine entscheidende Rolle spielt (Aristotelis Opera cum Averrois Commentariis, Bd. 4, 1562; Neudr. 1962).

Einer der Väter dieser Debatte ist →Robert Grosseteste. Er vertritt in dieser Auseinandersetzung, die er im Rahmen seiner Kommentierung der Aristotel. Physik führt (Comm. in VIII lib. Phys. Aristotelis, ed. R. C. DALES, 1963), die Aristotel. Position, nach der Z. das Zahlmoment an der Bewegung ist. Robert kritisiert Augustinus, der in den »Confessiones« selbst zu erkennen gebe, daß ihm das Wesen der Z. unbekannt sei (In Aristotelis Phys. IV, DALES, 88). Auch →Albertus Magnus gehört zu den Kritikern der Augustin. Z.-Auffassung. Er sieht im Moment der Sukzession der Z. und in der Bindung der Z. an die Bewegung entscheidende Gründe dafür, daß die Z. außerhalb der Seele existiert. Außerdem unterscheidet Albert zw. der Z. der Theologen, die kein Früher und Später kenne, und der Z. der Philosophen, die in ein Früher und Später zerfalle (S. de creat. I tr. 2 q. 5 a. 2; BORGNET, 34, 369 b). Er vollzieht damit ausdrücklich etwas, was der Sache nach schon bei Augustinus und Boethius angelegt war. In der Auseinandersetzung um das Wesen der Z. steht auch →Heinrich v. Gent auf dem Boden der Aristotel. Physikvorlesung. Als entschiedener Kritiker der Augustin. Auffassung, nach der der Z. nur ein Sein in der Seele zukomme, weist er durch eine genaue Analyse des Bewegungsbegriffs (motus) nach, daß die Z. als kontinuierl. Veränderung einen natürl. Prozeß darstellt, der auch dann ablaufe, wenn es keine Seele gebe, die ihn wahrnehme und zähle (Quodl. III q. 11; JECK 472, 7–13).

→Dietrich v. Freiberg sucht in seinem naturphilos. Traktat »De natura et proprietate continuorum« bes. die Ursache und den Ursprung der Z. zu ergründen. Er ermittelt drei Ursachen, die der Z. im Blick auf ihren Ursprung und ihr Ins-Sein-konstituiert-Werden wesentl. eignen: die Himmelsbewegung (erste, aber entfernte Ursache), die Vorstellungskraft, durch die wir erfassen, daß wir einem unterteilbaren Sein ausgesetzt sind, und die Vernunft, die im Bewegungsprozeß verschiedene Momente markiert und zw. ihnen eine Art dauerhafte Erstreckung feststellt, der gemäß wir die Teile der Bewegung im einzelnen unterscheiden und die Größe der Bewegung im ganzen feststellen können (De nat. contin. 5.1., 3; Opera omnia III [1983], 264, 28–34; 5.3., 6; 266f., 106–112). Dietrichs Explikationen zur Z. gehen auf Aristoteles, bes. aber auf Averroes zurück: Z. existiert zunächst nur der Möglichkeit nach; erst durch die sie konstituierende Seele oder Vernunft wird Z. reale Z. (De nat. contin. 6.3., 1–5; 272, 203–273, 244; De orig. 5., 2; 181, 12–16; Hinweis auf Aristoteles und Augustinus). Z. ist somit ein intramentaler Gedanke mit durch diesen Gedanken begründeter extramentaler Realität. Für Meister →Eckhart besitzt die Z. meistens pejoratives Kolorit: Z. ist verknüpft mit Vielheit, mit Vergänglichem, mit Fragilem schlechthin; erstrebenswert ist die Ewigkeit als Fülle der Z. Wer jedoch in und aus der Ewigkeit lebt, lebt auch sinnvoll in der Z. (vgl. Maria-Martha-Pr.; dazu: MIETH, MOJSISCH, GORIS).

Gegen Ende des 13. Jh. erreicht die Z.-Philosophie ein hohes Maß an Komplexität. Es bilden sich singuläre Interpretationsrichtungen mit spezif. Theoremen. Dennoch ist

es schwierig, Entwicklungslinien in diesem Netz gegenseitiger Abhängigkeiten zu ziehen. Vielmehr kommt es bei der Analyse darauf an, Schwerpunkte zu setzen. Dazu gehört zunächst die Frage nach der Kontinuität der Z. So schrieb →Johannes Duns Scotus nur wenig über die Philosophie der Z., aber einige Bemerkungen in der »Ordinatio« lassen seine Position erkennen: Das Z.-Kontinuum ist vom Bewegungskontinuum zu trennen. Er hält fest: Die Erstreckung des Raums, der Bewegung und der Z. hängen zwar zusammen, sind aber genau zu trennen (Ordinatio II d. 2 p. 1 q. 2 n. 111, Opera Omnia 7, 1973, 205, 16–206, 22). Bei den Skotisten setzt sich die Diskussion um die Kontinuität der Z. fort. Ein Skotist wie →Vitalis de Furno denkt die Bewegung und ihre reale Kontinuität als eigentl. Realität der Z. Allein ihre Herkunft als Zahl der Bewegung bringt eine Diskretion in den ununterbrochenen Bewegungsfluß. Daher ist die Z. mehr kontinuierl. als diskret, mehr ein accidens naturale als ein accidens intentionale ([Vitalis de Furno], Iohannes Duns Scotus, De rer. princ., q. 18 a. 3 n. 595 b; GARCIA, 511).

Die Frage nach dem Sein der Z. bleibt ebenfalls ein wichtiges Thema. Nach Dietrich finden sich in der Albertschule Überlegungen dazu in der »Summa« des →Nikolaus v. Straßburg. Einzelne Fakten entnimmt Nikolaus anderen Q.n, seine Anordnung ist dagegen originell und systemat. Im Traktat 9 des zweiten Buches legt er eine umfangreiche Analyse des Z.-Phänomens vor (CPTMA II, 8–14; ed. T. SUAREZ-NANI, 1990, 13ff.). Die erste Sektion widmet sich der Z. an sich in ihrer Absolutheit (in se et absolute). Dazu zählt zunächst die Frage nach dem Sein der Z. und ihrer Bestimmtheit als Zahl des Früher und Später im Sinne der Aristotel. Definition.

Nach der Dominanz des Aristotel. Z.-Traktats gewinnen seit dem 14. Jh. allmählich wieder neuplaton. Konzeptionen an Boden. So läßt sich →Berthold v. Moorburgs Z.-Theorie v. a. aus prop. 51 seiner Auslegung zur »Elementatio theologica« des Proklos eruieren (noch unediert). Berthold gewinnt seinen Z.-Begriff in Abgrenzung zur Ewigkeit. Er faßt die Z. als Maß (mensura) und unterscheidet insofern eine Z., die dem Wesen des Zeitl. äußerlich, von einer anderen, die ihm nicht äußerlich ist.

Zu den traditionellen Themen der Philos. der Z. gehört im MA auch das Verhältnis der Z. zur Ewigkeit. Dazu entwickelt →Nikolaus v. Kues einen interessanten Ansatz im Ausgang von der Frage nach dem seelischen Sein der Z. Der Kusaner nimmt die Z. u. a. in »De aequalitate« als visio temporis in den Blick, wobei er besonders die Z.-Dimensionen in ihrer wechselseitigen Verknüpfung, d. h. im Verhältnis zur Gegenwart, untersucht. Es ist die Seele, die auf diese Weise die Erstreckungen der Z. (Vergangenheit, Gegenwart und Zukunft) zusammenfaßt, aber selbst als nicht-zeitl. im Horizont der Ewigkeit steht (vgl. KNOCH, in: EHLERT [Hg.]).

Die Diskussion um das seelische Sein der Z. bestimmte das Denken bis zum Ende des MA. Vermittelt durch Gabriel →Biel, interessiert auch M. Luther das Problem (FLASCH). Er studiert etwa 1510 die »Confessiones« des Augustinus. Anders jedoch Melanchthon, der in seinen »Initia doctrinae physicae« Augustinus wieder zugunsten des Aristoteles aufgibt und die Aristotel. Z.-Theorie in der Auslegung des Themistius rezipiert: Z. und Bewegung sind eigentlich identisch. Nur das zählende Denken setzt in die Bewegung Einschnitte und versteht dies als Z. Die letzten Ausläufer ma. Z.-Spekulation finden sich in den »Disputationes metaphysicae« des Francisco Suárez, der auch die Auseinandersetzung mit Augustinus kennt. Bei der Ausarbeitung seines Traktats zur Kategorie des 'Wann' kombiniert er Augustinus' und Aristoteles' Theorie bei der Frage nach dem seelischen Sein der Zeit (FLASCH). U. R. Jeck/B. Mojsisch/R. Rehn

Lit.: D. MIETH, Die Einheit von Vita activa und Vita contemplativa in den dt. Predigten und Traktaten Meister Eckharts und bei J. Tauler, 1969 – B. MOJSISCH, Meister Eckhart. Analogie, Univozität und Einheit, 1983 – R. REHN, 'Quomodo tempus sit'? Zur Frage nach dem Sein der Z. bei Aristoteles und D. v. Freiberg (Von Meister Dietrich zu Meister Eckhart, hg. K. FLASCH, 1984), 1–11 – N. LARGIER, Z., Zeitl., Ewigkeit. Ein Aufriss des Z.-Problems bei D. v. Freiberg und Meister Eckhart, 1989 – K. FLASCH, Was ist Zeit? Augustinus v. Hippo. Das XI. Buch der Confessiones. Hist.-philos. Studie. Text–Übers.–Komm., 1993 – U. R. JECK, Aristoteles contra Augustinum. Zur Frage nach dem Verhältnis v. Z. und Seele bei den antiken Aristoteleskommentatoren, im arab. Aristotelismus und im 13. Jh., 1994 – W. GORIS, Einheit als Prinzip und Ziel. Versuch über die Einheitsmetaphysik des 'Opus tripartitum' Meister Eckharts, 1997 – Z.-Konzeptionen – Z.-Erfahrung – Z.-Messung. Stationen ihres Wandels vom MA bis zur Moderne, hg. T. EHLERT, 1997.

II. SOZIALGESCHICHTE: Nach den Z.vorstellungen von Gruppen im MA hat zuerst 1960 J. LE GOFF gefragt und die Z. der Kirche von der des Kaufmanns unterschieden. A. J. GURJEWITSCH hat 1972 die Untersuchungen ergänzt und vertieft, indem er mehrere Z.begriffe der Kirche herausarbeitete und die Gesch. der Z.vorstellungen des MA als einen Prozeß der Loslösung aus enger Naturverbundenheit zu einer »selbständigen Kategorie«, zu einer »Entfremdung der Z. vom Leben« (176), der gruppenübergreifend vonstatten ging, beschrieben. Trotz der Kritik, die inzwischen insbesondere an dem Ansatz von LE GOFF geübt wurde (zusammenfassend KORTÜM, 128, 216–243), bleiben die Arbeiten der beiden gen. Forscher von paradigmat. Bedeutung. Die Frage nach dem Z.begriff von Gruppen ist eine typ. mentalitätsgeschichtl. und nimmt an der method. Problematik der Mentalitätsgesch. teil, insbesondere wegen der vielfach bestreitbaren Verallgemeinerungsfähigkeit einzelner Befunde. Den sichersten Boden betritt man, wenn man nach den Z.vorstellungen fragt, wie sie sich mit bestimmten Überlieferungsarten verbinden.

Schon mit verschiedenen Typen kirchl. Überlieferung verknüpfen sich unterschiedl. Z.vorstellungen. Unter den liturg. Texten ist zw. solchen zu unterscheiden, die das tägl. →Stundengebet regeln, und solchen, die zum →Kirchenjahr gehören. Der Rhythmus des Stundengebetes ist an Aufgang und Untergang der Sonne gebunden und verschiebt sich zusammen mit dem Glockengeläut entsprechend im Laufe des Jahres. In den →Stundenbüchern tritt die Verknüpfung mit dem Kirchenjahr schon dadurch ein, daß ein Kalender beigegeben wird, der oft mit Monatsillustrationen versehen wird, die die in den Monaten wiederkehrenden gesellschaftl. Betätigungen, insbesondere die der Landarbeit, dokumentieren. In den →Necrologien sind die Namen der Verstorbenen eines Tages ganz selten mit einer Jahreszahl versehen, was zum Zweck des Gebetsgedenkens auch nicht notwendig war, was aber den zykl. oder redundanten Charakter des Kirchenjahres sichtbar macht. Andere Aspekte des Verhältnisses zur Z. erscheinen in den Texten zur Bußdisziplin. Schon im FrühMA wurden Bußleistungen (→Buße) mit unterschiedl. zeitl. Länge verschiedenen Vergehen zugeordnet. Der Mensch soll die ihm hier gegebene Z. nutzen, um die Ewigkeit zu erwerben. Diese Anschauung kulminiert etwa bei jenem Exegeten des 14. Jh., der zu Ps 89, 10 sagt: »In der kurzen Zeit seines Lebens kann der Mensch sich nicht von seinen Sünden befreien, wenn Gott ihm nicht zur Hilfe kommt« (SPRANDEL, Altersschicksal, 88). Nachdem das →Fegfeuer eine größere Bedeutung gewonnen

hatte, wurde eine Parallelisierung diesseitiger und jenseitiger Z. vorgenommen, indem man mit Tagen und Jahren der Buße hier ein vielfaches derselben Z. einheiten vom Fegfeuer verschont blieb. Wie sich in der Exegese und in den kirchl. Weltgeschichten zeigte, wurden die Z. vorstellungen der Kirche auch von der Heilsgesch. beeinflußt. Es war ein ursprgl. Anliegen der Weltgeschichten, den Standort der eigenen Z. im Heilsplan zu ermitteln, zu erfahren, wieviel Z. noch bis zum Weltende bleibe. Dadurch stellt sich ein linearer Z. begriff dem zykl. gegenüber.

Das Kirchenrecht enthält, wie das weltl. Recht, eine zwiespältige Z. vorstellung. Die hohe Geltung des alten Rechts in beiden Rechtsgebieten hat F. KERN entdeckt, und diese Entdeckung bleibt gültig trotz aller Einwände, die inzwischen erhoben wurden und die auch zu ihrer Einschränkung zwingen. Das von alten Männern gewiesene →Weistum und die Bedeutung einer lange zurückliegenden Autorität für den großen Bereich der Rechtsfälschungen zeigen ein Recht, das, unveränderl. gültig, keine zeitl. Bindung kennt. Dem steht der Satz Gregors VII. (→Dictatus papae, 7) gegenüber, daß es dem Papst erlaubt sei, »pro temporis necessitate novas leges condere«. Bald danach entstand dann auch das Dispensrecht (→Dispens), das erlaubte, die Rechtswahrung insbesondere Z. umständen anzupassen. Die Kirchenrechtler haben mit der Unterscheidung zw. Lex divina und ird. Recht eine Entsprechung zu den Vorstellungen von Ewigkeit und ird. Z. gefunden. Das Stadtrecht hatte sicherl. den größten Praxisbezug aller Arten ma. Rechts. Deswegen fehlen auch nicht die Anspielungen auf den wiederkehrenden Zyklus menschl. Tätigkeiten. In der →Bursprake, die alljährl. Ende Febr. den Bürgern v. Hamburg verkündet wurde, heißt es: »Eine Zeit geht hierzu, wo sich ein jeder nähren will«, im Spätherbst entsprechend: »Eine hohe Zeit..., wo ein jeder fröhlich sein will«. Dem steht ein selbständiger Umgang mit der Z. gegenüber. In der Stadt wurde wieder, wie einst im Röm. Recht, mit Verjährungsfristen gearbeitet (allerdings nicht mit 30 Jahren wie dort, sondern mit →Jahr und Tag). Die Stadt setzte ein Z. maß bei Strafen ein, so beim Stadtverweis.

In der Stadt wurde die Räderuhr (→Uhr) im 14. Jh. eingeführt, die es erlaubte, unabhängig von der Sonne, den Tag das Jahr hindurch zur gleichen Z. beginnen zu lassen und den Stunden eine gleiche Länge zu geben. Sicherl. hat das Rechnen mit →Zinsen, oft gegen den Widerstand der Kirche oder ihn umgehend, noch einmal das Z. verständnis beeinflußt. Bei einem trockenen →Wechsel z. B., den man zu Kreditzwecken ausgab, wurde die Laufz. nach einem fingierten Reiseweg des Wechsels zu einem entfernten Ort und zurück bemessen.

Als letztes ist auf den Begriff der Kurzweil, insbes. in der Lit., auch in Geschichtswerken, hinzuweisen. Ein Chronist des 14. Jh. schreibt sein Werk »pro temporis sublevamine« (SPRANDEL, Chronisten, 207; vgl. →Chronik). Das Motiv der Z. verkürzung ist aus der oriental. Märchenlit. nach Europa übertragen worden, hängt also mit einem mag. Umgang mit der Z. zusammen, wie GURJEWITSCH ihn auch für die germ. Archaik beobachtet, bedeutet aber in der Lit. des Hoch- und SpätMA statt dessen die Einbeziehung der Z. in den höf. und bürgerl. Spielbetrieb sowie eine Entlastung von den strengen, oft quälenden Z. vorstellungen der Kirche.   R. Sprandel

Lit.: F. KERN, Über die ma. Anschauungen vom Recht, HZ 115, 1916, 496–515 [krit. dazu u. a. K. KROESCHELL, Dt. Rechtsgesch., II, 1992[8], 253–255, Lit.] – J. LE GOFF, Au MA: Temps de l'église, temps du marchand, Annales, 1960, 417–433 – R. SPRANDEL, Altersschicksal und Altersmoral, 1981 – A. J. GURJEWITSCH, Das Weltbild des ma. Menschen, 1981 [dt.] – Mensura, Maß, Zahl, Zahlensymbolik im MA, hg. A. ZIMMERMANN, I–II, 1983–84 – Le temps chrétien de la fin de l'antiquité au MA, 1984 – R. SPRANDEL, Chronisten als Z. zeugen, 1994 – H.-H. KORTÜM, Menschen und Mentalitäten, 1996 – Z. konzeptionen, Z. erfahrung, Z. messung, hg. T. EHLERT, 1997.

Zeitblom, Bartholomäus, schwäbischer Maler, * um 1455–60 Nördlingen, † um 1520 ebda. In erster Ehe mit einer Tochter des dortigen Malers Friedrich →Herlin verbunden, wird er 1482 Bürger in Ulm, wo er in zweiter Ehe eine Tochter des führenden Meisters Hans Schüchlin heiratet. Möglicherweise gingen seine Ulmer Werke im Bildersturm unter; zahlreich erhielten sich die Altarflügel – stets mit Schnitzfiguren im Schrein – für adlige und geistl. Auftraggeber auf der Schwäbischen Alb und in Oberschwaben. Sein charakteristischer, ruhig monumentaler Stil zeigt sich erstmals in dem Altar v. Kilchberg (bei Tübingen, um 1485; Stuttgart, Staatsgalerie). Organischer entwickelt sind seine an Skulpturen erinnernden Hl. en im Altar v. Hausen (bei Ulm, dat. 1488; Stuttgart, Württemberg. Landesmus.). In der »Geburt Christi« und der »Anbetung der Könige« in der Pfarrkirche Bingen (bei Sigmaringen) beginnt sich, vermittelt durch die Stiche →Schongauers, ein stärkerer ndl. Einfluß geltend zu machen. Wohl der größte Auftrag der Werkstatt waren die vier Altarflügel für den Hochaltar des Kl. →Blaubeuren (1493/94; »Geschichte Johannis des Täufers, Passion«, Hl. e), an dem neben zwei weiteren selbständigen Gesellen der junge Bernhard →Strigel beteiligt war. Anschließend entstanden die Altäre für Eschach (bei Gailsdorf; 1496, Stuttgart, Staatsgalerie), Hürbel (bei Biberach; 1497; Budapest) und Heerberg am Kocher (1497/98; Stuttgart, Staatsgalerie). Hier ebenso wie in der »Valentinslegende« (um 1500; Stuttgart, Staatsgalerie), findet die archaisierende, nach feierl. Klarheit und stillen, sprechenden Gesten strebende Kunst Z. s ihren vollendetsten Ausdruck, den Romantikern Inbegriff altdt. schlichter Frömmigkeit. In seinem letzten datierten Werk, dem Altar in Adelberg bei Schorndorf, 1511, ist diese Konzentration verloren. Die Wirkung Z. s in der folgenden Generation in Schwaben bis in die Schweiz (Berner Nelkenmeister des Dominikaneraltars) ist erstaunlich groß.

Ch. Klemm

Lit.: A. STANGE, Dt. Malerei der Gotik, VIII, 1957, 41–49 – The Dictionary of Art, 1996, Bd. 33, 629f. [H. G. GMELIN].

Zeitlose (Colchicum autumnale L. u. a./Liliaceae). Die wichtigste Art der nach Kolchis, der Heimat der zauberkundigen Medea, benannten Gattung ist die (mit Ausnahme des Nordens und Griechenlands) in ganz Europa verbreitete Herbst-Z., die ihre zahllosen Volksnamen sowohl der ungewöhnl. Blüte- und Fruchtzeit als auch ihrer auffälligen Erscheinung und starken Giftigkeit verdankt; dabei läßt sich die geläufige dt. Bezeichnung eindeutig erst seit dem 16. Jh. für das gefährl. Wiesenkraut nachweisen, da ahd. *citelosa* wie mhd. *zitelose* und frühnhd. *zytloiß* u. ä. sich auf verschiedene Frühlingsblumen beziehen, v. a. auf den eine ähnl. Blüte und Zwiebelknolle besitzenden Krokus (→Safran), mit dem man die Z. hinsichtl. der äußeren Merkmale denn auch nicht selten vermengte. Während Hildegard v. Bingen (Phys. I, 46) ausdrückl. vor dem tödlichen, für das Vieh allerdings weniger schädlichen *heylheubt* warnte und demzufolge – wie schon Dioskurides (Mat. med. IV, 83) für das 'kolchikon' – keine med. Verwendung angibt, sahen andere Autoren (Albertus Magnus, De veget. VI, 359f.; Circa instans, ed. WÖLFEL, 61; Gart, Kap. 212) in der lat. meist *hermodactylus* gen. Pflanze (bzw. deren Zwiebelknolle) durchaus ein Heilmittel, dessen Hauptindikation: Podagra und sonstige Gelenkleiden

bes. über die (bei Minner, 128f. ausführl. zitierten) arab. Ärzte bekannt geworden ist. P. Dilg

Lit.: MARZELL I, 1070–1109 und 1393 – DERS., Heilpflanzen, 57–60 – HWDA III, 1757f. – V. BERTOLDI, Un ribelle nel regno de' fiori. I nomi romanzi del Colchicum autumnale L. attraverso il tempo e lo spazio, 1923 – K. RÜEGG, Beitr. zur Gesch. der offizinellen Drogen Crocus, Acorus Calamus und Colchicum [Diss. Basel 1936], 208–280.

Zeitmessung, Zeitmeßgeräte. Die primäre Einheit der Z. (→Zeit, →Chronologie) im MA war der Tag (→Tag und Stunde). Er mußte einerseits innerhalb des Jahresablaufs (Jahreszeiten, Monate) bestimmt und andererseits weiter unterteilt werden (Tageszeit, Stunde). Die Methoden zur Aufstellung von →Kalendern waren primär astronomisch (→Astronomie) und rechnerisch (→Komputistik); hierfür wurden, wenn überhaupt, nur wenige →Instrumente benutzt. Die Hinweise bei →Beda Venerabilis und beim Anonymus v. Auxerre auf Beobachtungen, die anhand eines →Gnomons für Zwecke des Kalendermachens durchgeführt wurden, sind problematisch. Es lassen sich Kalender, wenn sie in dreidimensionaler Form für öffentl. oder privaten Gebrauch erstellt wurden, zu den Zeitmeßgeräten zählen. Vom Kalender v. Coligny (spätes 1. Jh. n. Chr.), der mittels einer Nadel funktionierte, die in die für die jeweiligen Tage vorgesehenen Löcher eingesteckt wurde, zum Kalender v. Verona (1455), der drei konzentr. Skalen, die übereinander rotierten, umfaßte, sind bestimmte Entwicklungslinien feststellbar.

Z. im Sinne einer mehr oder weniger exakten Festlegung eines Augenblicks während einer Tages- oder Nachtzeit wurde erst dann notwendig, wenn es galt, die gemeinsamen Aktivitäten einer Anzahl von Menschen zu koordinieren. Im FrühMA hatten im wesentl. die klösterl. Gemeinschaften (→Tageseinteilung im Kl.) wegen der aufgrund der monast. Regeln vorgeschriebenen Gebete und liturg. Handlungen Bedarf an genauerer Z. Später waren v. a. Märkte und Städte sowie Regierungs-, Verwaltungs-, Gerichts-, Militär- und Bildungsinstitutionen, aber auch großdimensionierte Wirtschaftsbetriebe (z. B. das fläm. Tuchgewerbe: →Arbeit; →Belfried) an vergleichsweise exakter Z. interessiert. Im ländl.-agrar. Bereich wurden Zeitabläufe dagegen noch lange anhand wiederkehrender natürl. Vorgänge (Sonnenstand), des tageszeitl. Verhaltens von Tieren (z. B. Hahnenschrei) oder aber des Schattens, den Bäume oder Gebäude warfen, bemessen. Auch in Kl. wurden der Schatten, aber auch die wechselnde Position bekannter Gestirne an den Kl. gebäuden zur Z. herangezogen. Soweit Instrumente Verwendung fanden, gingen sie auf aus der Antike übernommene Formen der nichtmechan. →Uhr zurück: Wasseruhren (Klepsydren; →Bewässerung) für die Nacht, Sonnenuhren für den Tag. Die unmittelbar aus der Spätantike überkommenen Instrumententypen (→Gnomon, Sonnenuhr mit auf 90° ausgelegtem Schattenstab; Wasseruhren mit Alarmmechanismus und →Sternuhren) gewannen durch die Rezeption arab.-islam. Wissens größere Vielfalt und verfeinerte Konstruktion. Auch kamen Instrumente auf wie →Astrolabium und →Quadrant, die zwar nicht primär der Z. dienten, aber für ihre Zwecke nutzbar gemacht wurden.

Sonnenuhren waren in chr. Europa während des MA relativ selten. Nur diejenigen Sonnenuhren, die auf Prinzipien beruhten, welche aus der islam. Welt übernommen worden waren, erreichten ihre muslim. Vorbilder an Feinheit. Die vertikale plattenförmige Sonnenuhr und ihre Varianten, die pfeilerförmige und zylindr. Sonnenuhr (Säulchensonnenuhr), wurden möglicherweise unmittelbar aus der Spätantike übernommen, könnten sich aber auch über die islam. Welt erst im 11. Jh. wieder in Westeuropa verbreitet haben. Ein tragbarer Typ der Sonnenuhr wird 'horologium viatorum' (Reisesonnenuhr) genannt (obwohl diese Bezeichnung auch für festinstallierte Sonnenuhren verwendet wird). Zwei vertikale Sonnenuhren in Plattenform, deren vereinfachtes Zifferblatt nur die liturgisch wichtigen Stunden anzeigt, sind erhalten. Eines der beiden Exemplare, aus Silber gefertigt, kann aus stilist. Gründen auf das 11. Jh. datiert werden, wohingegen eine chronolog. Bestimmung des zweiten Exemplars (Eiche, Knochen) nicht leicht fällt. Vertikale Sonnenuhren in Plattenform konnten in eine runde, kompakte und gut transportierbare Zylinderform umgebogen werden; eine derartige Sonnenuhr ist Gegenstand des ps.-bedaischen Traktats »De mensura horologii«. Waren solche Sonnenuhren mit einer auf das Gnomon ausgerichteten Kalendereinteilung ausgestattet, konnten sie für die Orientierung von Reisenden von großem Nutzen sein. Im 14. und 15. Jh. verbreiteten sich verfeinerte Arten der Sonnenuhr wie die 'navicula de venetiis'; ihre Konstruktion erforderte allerdings math. und techn. Kenntnisse, wie sie von der arab. Wissenschaft vermittelt worden waren. In derselben Periode gewannen richtungsanzeigende Sonnenuhren an Beliebtheit; sie wurden horizontal zur Z. angewendet, indem der Stundenwinkel der Sonne entlang dem Horizont gemessen wurde; Voraussetzung für ihre Herstellung war die Verbreitung des magnet. →Kompasses.

Zum Messen einer bestimmten zeitl. Periode waren Instrumente vonnöten, sofern die Zeit nicht durch Zählen oder die Wiederholung eines Satzes, eines Gedichts oder (religiösen) Textes (v. a. des Vaterunsers) von bekannter, etwa gleichbleibender Länge bemessen wurde. In der Zeit vom 9. bis zum 14. Jh. scheinen sog. Kerzenuhren (→Kerze) mit Gradeinteilung von Personen, die dies finanziell erschwingen konnten, zur Z. verwendet worden zu sein; wirtschaftlicher war die Sanduhr (Stundenglas), eine Innovation des späten 12. oder frühen 13. Jh. Sie fand rasch Verbreitung für die Z. im Schul- und Universitätsbereich, in der →Navigation und bei vorindustriellen Arbeitsabläufen, wurde aber ergänzt – und zunehmend ersetzt – durch die Entwicklung der mechan. →Uhren (festinstallierte gewichtsgetriebene Uhren, dann auch tragbare, von einer Zugfeder getriebene Uhren). Die zunehmende Verbreitung von Sonnenuhren war stark bedingt durch das Auftreten der mechan. Uhren, deren Inbetriebnahme und Justierung ('Stellen') von genauer Kenntnis des Sonnenstandes abhingen. Der grundsätzl. Wandel der Z., der durch den Einsatz von mechan. Uhren herbeigeführt wurde, beinhaltete namentlich den Übergang von ungleichen zu gleichen Stunden, durch den nicht nur die technolog. Entwicklung aller neuen Zeitmeßgeräte, sondern (von der Mitte des 14. Jh. an) auch die sozialen Verhaltensweisen in Europa (und auf lange Sicht in der ganzen Welt) tiefgreifend transformiert wurden. A. J. Turner

Lit.: R. POOLE, A Monastic Star Timetable of the 11th Century, JTS 16, 1914, 98–104 – A. AVENA–G. V. CALLEGARI, Un Calendario ecclesiastico Veronese del secolo XV, Madonna Verona. Boll. Museo Civico Verona 11, 1917, 1–33 – M. P. NILSSON, Primitive Timereckoning, 1920 – F. MADDISON, B. SCOTT, A. KENT, An Early Medieval Waterclock, Antiquarian Horology 3, 1962, 348–353 – E. ZINNER, Dt. und ndl. astronom. Instrumente des 11.–18. Jh., 1972[3], bes. 46–135 – A. J. TURNER, The Time Museum. Cat. of the Collection 1, 3: Water-Clocks, Sand-Glasses, Fire-Clocks, 1984 – P. M. DUVAL–G. PINAULT, Recueil des inscriptions gauloises, III les calendriers, Coligny et Villars d'Heria, Gallia. Suppl. 45, 1986 – E. FARRÉ-

OLIVÉ, A Medieval Catalan Clepsydra and Carillon, Antiquarian Horology 18, 1989, 371–380 – A.J. TURNER, Math. Instruments in Antiquity and the MA, 1994 – G. DOHRN-VAN ROSSUM, Gesch. der Stunde, 1996 – Zeitkonzeptionen, Zeiterfahrung, Z., hg. T. EHLERT, 1997.

Zeitrechnung → Chronologie

Zeitz, Stadt an der Weißen Elster (Sachsen-Anhalt), Mark, Bm.

I. Mark – II. Bistum – III. Stadt.

I. MARK: Die Marken Z., →Meißen und →Merseburg gingen 965 aus der ehem. Mgft. →Geros hervor und bildeten mit ihren Burgwardorten (u. a. Altenburg, Camburg, Gera, Rochlitz, Weißenfels) das Rückgrat der otton. Grenzorganisation im Sorbenland (→Sorben). Einziger Inhaber der ganz überwiegend von Slaven besiedelten Mark war Wigger, nach dessen Tod (981) sie durch Ks. Otto II. mit den übrigen Gebieten zw. Saale und Elbe zur Mark Meißen zusammengefaßt wurde. Die Mgf.enwürde erlangten die →Ekkehardinger, die 983 verhindern konnten, daß der Aufstand der →Lutizen das Sorbenland erfaßte. Die Kg.sburg in Z. ging 976 an das Bm. über. Von dort aus betrieb schon vor der Bm.sgründung →Boso, der Mönch und spätere Bf. v. Merseburg, die Slavenmission.

II. BISTUM: Gegr. 968 von Ks. Otto I. in Z. an der Weißen Elster. Das Bm., dessen Grenzen sich im wesentl. an der Mark Z. orientierten und nach SO (Vogtland und Vorland des Erzgebirges) noch offen waren (→Naumburg), erhielt Kirchen und Grundbesitz im Pleißenland (um Altenburg), an Elster (um Z. und Weida) und Rippach und bei Naumburg. Erster Bf. war Hugo I. (968–979). Über seine Nachfolger in Z. ist wenig bekannt. Die Verlegung des Bf.ssitzes nach Naumburg a. d. Saale wurde 1028 von Papst Johannes XIX. genehmigt, wohl noch 1030 unter Bf. Hildeward eingeleitet, zog sich aber einige Jahre hin. Die gefährdete Lage im dt.-slav. Grenzgebiet (u. a. 976 Plünderung des Ortes Z. durch Gf. Dedi, 1028 Feldzug Hzg. →Mieszkos II. v. Polen) ist kaum der maßgebl. Grund für die Verlegung gewesen, da z. B. der Bf.ssitz Meißen noch viel weiter im O lag. Wichtiger scheint das erfolgreiche Bestreben Ks. Konrads II. gewesen zu sein, die Ekkehardinger, auf deren Allodialgut Naumburg lag, durch die Bm.sverlegung für das Reich und damit für die Grenzsicherung gegen Polen zu gewinnen. Langfristig führte dies aber nach dem Aussterben der Ekkehardinger 1046 dazu, daß die Mgf.en v. Meißen überragenden Einfluß im Bm. erlangten. Streitigkeiten zw. dem Stiftskapitel z. Z. und dem Domkapitel zu Naumburg um den Rang als Mutterkirche des Bm.s wurden erst 1228/30 durch Papst Gregor IX. zugunsten der Naumburger Domkirche beigelegt. Mit der Propstei des Stiftes Z. blieb jedoch der größte Archidiakonatsbezirk der Diöz. verbunden. Die Bf.e residierten seit 1285 wieder ständig in Z., während das Domkapitel in Naumburg verblieb. Im SpätMA befanden sich die geistl. und weltl. Zentralbehörden der Diöz. in Z., in dessen Umgebung auch beträchtlicher Hochstiftsbesitz lag. Nur gelegentl. nannten sich die Bf.e im MA nach Z., zumeist aber nach Naumburg. Die in der Lit. erscheinenden Diözesanbezeichnungen Naumburg-Z. bzw. Z.-Naumburg sind unhist.

III. STADT: Z. (967 Cici) muß schon im 10. Jh. »ein vergleichsweise bedeutender Ort« (SCHLESINGER) gewesen sein, da dort sonst kein Bm. gegründet worden wäre. Die Grundlagen (Kirche in Bosenrode, die spätere Pfarrkirche St. Michael?) hatte bereits der Missionar Boso geschaffen. Ks. Otto III. hielt sich auf dem Weg nach Gnesen 1000 in der urbs Z. auf. Die an Fernhandelsstraßen gelegene Stadt (1147 erstmals »civitas«) entstand in Anlehnung an die »Domfreiheit«, die engere Immunität mit Domkirche (seit 1028 Kollegiatstift St. Peter und Paul) und bfl. Burg (Moritzburg). Um Brühl und Nikolaikirche entwickelte sich im Schutze der Bf.sburg die sog. »Unterstadt« mit dem ursprgl. Markt der Fernhändler, der im 15. Jh. bedeutungslos wurde. Die »Oberstadt« wurde planmäßig um den rechteckigen Marktplatz (Marktrecht 1154) mit der Kirche St. Michael errichtet und im N um den Neumarkt (1223) erweitert, wo ein weiterer Stadtteil (nova civitas 1250) entstand. Die in Z. ansässigen Fernhändler scheinen der Bf. 1028/30 nicht nach Naumburg gefolgt zu sein. Von der wirtschaftl. Bedeutung zeugen neben der Cicensis moneta (Ende des 13. Jh. erwähnt) Nachrichten über Tuchhandel. Die Herrschaft über die Stadt, die nach →Magdeburger Recht lebte (1278 erwähnt), übten die Bf.e v. Naumburg aus, die einen Bgf. en einsetzten, an dessen Stelle im späten MA offenbar bfl. Richter traten. Außerdem standen dem Stiftspropst das Niedergericht in der Domimmunität und gewisse Rechte in der Stadt zu. Von dem Landgericht zum Roten Graben zw. Z. und Bosau, das für das Umland zuständig war und sich bis 1286 als Lehen in den Händen der Mgf.en v. Meißen befand, war die Stadt schon 1210 eximiert. Die Bürgerschaft konnte nur begrenzt Autonomie erlangen: Das Stadtsiegel, wohl noch im 13. Jh. entstanden, zeigt zunächst die Stiftspatrone St. Peter und Paul, seit dem 14. Jh. aber St. Michael. Am Rat, der erst 1322 gen. wird, waren seit 1450 auch die Handwerker beteiligt. Ein Aufstand gegen die bfl. Stadtherrschaft 1329 scheiterte. An geistl. Institutionen gab es außer dem Kollegiatstift das Benediktinerinnenkl. St. Stephan (1147 vor der Stadt gegr., um 1445–50 in die Michaelskirche verlegt) und ein Franziskanerkl. (seit 1266). Die Stadt verfügte im späten MA außerdem über drei Hospitäler. Das religiöse Bruderschaftswesen war wenig ausgeprägt. 1429 wurde Z. durch die Hussiten schwer zerstört. Die kleine Judengemeinde (1329 erwähnt), die in der Judengasse (Oberstadt) wohnte und über eine Synagoge verfügte, wurde nach 1494 auf Veranlassung der Stadtgemeinde durch Bf. Johannes III. v. Schönberg vertrieben. Für Schätzungen der Einwohnerzahl gegen Ende des MA fehlen Vorarbeiten. E. Bünz

Q.: P. LANG, Chronicon Citizense 968–1515, neu hg. B. G. STRUVE, Ratisbonae 1726, 1120–1291 – UB des Hochstifts Naumburg, 1: 967–1207, bearb. F. ROSENFELD (Geschichtsq.n der Prov. Sachsen NR 1, 1925) – A. MÜLLER, Geschriebene und gedruckte Q.n zur Gesch. von Z. 967–1967, 1967 – M. VOIGT, Die Inschriften der Stadt Z. bis 1650 (Die dt. Inschriften. Berliner R. 7) [in Vorber.]. – Lit.: PATZE-SCHLESINGER, 1–2 – G. RUPP, Die Ekkehardinger, Mgf.en v. Meißen, und ihre Beziehungen zum Reich und zu den Piasten (Europ. Hochschulschr. 3, 691, 1996) – H. WIESSNER, Das Bm. Naumburg, 1, 1: Die Diöz. (GS NS 35, 1, 1997) – zu [II]: W. HESSLER, Mitteldt. Gaue des frühen und hohen MA (AAL phil.-hist. Kl. 49, 2, 1957) – zu [II]: W. SCHLESINGER, Kirchengesch. Sachsens im MA, 1–2 (Mitteldt. Forsch. 27, 1962) – K. BLASCHKE, W. HAUPT, H. WIESSNER, Die Kirchenorganisation in den Bm.ern Meißen, Merseburg und Naumburg um 1500, 1969 – H. WIESSNER–I. CRUSIUS, Adeliges Burgstift und Reichskirche. Zu den hist. Voraussetzungen des Naumburger Westchores und seiner Stifterfiguren (Studien zum weltl. Kollegiatstift in Dtl., hg. I. CRUSIUS, 1995), 232–258 – zu [III]: DtStb 2: Mitteldtl., 1941, 746–753 – Hist. Stätten Dtl. 11, 519–523 – GJ II, 938; III, 1716–1718 – W. SCHLESINGER, Die Anfänge der Stadt Chemnitz und anderer mitteldt. Städte, 1952, 102–110 – H. QUIRIN, Bemerkungen zu einem Zinsverzeichnis der Stiftskirche St. Petri in Z. (1196), (Fschr. F. v. ZAHN, 1, 1968), 368–428.

Zelebrantensitz, auch Leviten- oder Dreisitz, lat. sedilia, Stuhlgruppe für den amtierenden Priester und seine beiden Diakone, nahe dem Hochaltar, an der epistelseitigen Chorwand. Die bewegl. Hocker oder Stühle erhalten in gewissen Regionen und Zeiten ein repräsentatives und

thronartiges Gehäuse, naturgemäß nur in Kl.-, Stifts- und hochrangigen Stadtpfarrkirchen. Die architekton. Gestaltung ist den got. Fassaden sowie der Kleinarchitektur von Grabmälern, Heiligengräbern und Bf.ssthronen entnommen. Das dominante Verbreitungsgebiet der Z.e liegt im dt. Sprachraum, vom Ende des 13. Jh. bis um 1500. Beispiele steinerner Z.e bieten die Zisterzienserkirche Kappel, Kt. Zürich, um 1283, der Dom zu Xanten um 1300, St. Verena in Zurzach, Kt. Aargau um 1347, das Münster zu Bern um 1430. Bedeutende Z.e in Holz mit nicht geringem künstler. Rang, im Ulmer Münster, in den Abteikirchen Maulbronn und Blaubeuren, alle zweite Hälfte 15. Jh.; ein (seltenes) norddt. Beispiel bietet der Levitenstuhl im Dom zu Verden (wohl bald nach 1323). Ganz wenige erhaltene Exemplare vertreten die Gattung in Frankreich. Das Beispiel in Morogne/Cher stammt aus der Ste-Chapelle in Bourges, die Teile des Gestühls von Champmol gelangten ins Museum von Dijon. Eigenwillig reich ist der hölzerne Z. des 15. Jh. in Bourg-Achard/Eure. A. Reinle

Lit.: H. Otte, Hb. der kirchl. Kunstarchäologie, 1883, 291f. [Objektverz.] – R. de Lasteyrie, L'architecture en France à l'époque gotique, 1926, Fig. 1070 und 1071 – L. Mojon, Das Berner Münster, Kdm. Schweiz Bd 44, 1960, 348f.

Zelge, zum Getreideanbau (→Getreide) oder als →Brache genutzter Bezirk (meist einige Parzellenverbände) der landwirtschaftl. Nutzfläche einer Siedlung (→Dreifelderwirtschaft). Alle Parzellen einer Z. werden gleichzeitig und -artig bebaut (z.B. mit Sommergerste), abgeerntet oder als Brache beweidet. Auf Gutshöfen einer →Grundherrschaft (z.B. der Abtei→Prüm: →Prümer Urbar) oblagen Pflug- und Zaunarbeiten (→Pflug, →Zaun), Bestellung und Ernte in den einzelnen Z.n dienstpflichtigen Zinsbauern. Lat. Ausdrücke für Z. werden in dieser Bedeutung erstmals in Urkunden aus →St. Gallen 761 und 776ff. nachgewiesen, das Wort 'zelga' dort erstmals 780. In anderen Bedeutungen, wie 'Zweig', ist Z. dagegen bereits gemeingermanisch.

Bedeutungsverwandt sind →Esch, Ösch (→Zaun), Feld und →Flur, jedoch nur im Sinne von Z.: z.B. Sommerz., Sommerfeld, Sommerflur, d.h. mit Sommergetreide bestellt. Verbreitet war Z. neben dem Feld im süddt. Sprachraum, im übrigen Dtl. oft Feld ('field' in England), Esch, Ösch im alem. Bereich, Esch (Ndtl.), →Schlag. In ma. Urkundensprache wird Z. insbes. durch 'satio', 'sitio', 'campus', 'aratura', 'agri' und 'plaga' wiedergegeben. Ob das in Grundherrschaften der Karolingerzeit begegnende 'cultura' ebenfalls Z. bedeutet, ist umstritten. Im spätma. Belgien und Nordfrankreich ist 'couture' oder 'kauter' ein häufiges Fachwort für Z. im Dreizelgenbrachsystem. In Altwürttemberg begegnet im ausgehenden MA Z. auch in der Bedeutung von Gewann. Die Wortbedeutungen von Dreizelgen-, Zweizelgen(brach)system oder -wirtschaft, wegen Eindeutigkeit die bevorzugten Termini, sind inhaltsgleich mit Drei-, Zweifelderwirtschaft. Außerhalb der zelglichen Einteilung und Bewirtschaftung befanden sich im SpätMA in vielen Dörfern zahlreiche Parzellen in Ortsferne, im extensiv genutzten Außen- oder Butenfeld. H. Jäger

Lit.: Hoops² III, s.v. Bodennutzungssysteme, 120–125 [H. Jäger]; VII, s.v. Esch, 551–559 [H. Beck, K. E. Behre, H. Jäger] – K. S. Bader, Stud. zur Rechtsgesch. des ma. Dorfes, I–III, 1957–73 – G. Schröder-Lembke, Zur Flurform der Karolingerzeit, ZAA 9, 1961, 143–152 – Flur und Flurformen: Materialien zur Terminologie der Agrarlandschaft, hg. H. Uhlig–C. Lienau, I, 1967 – G. Schröder-Lembke, Zum Z.nproblem, ZAA 17, 1969, 44–51 – Stud. of Field Systems in the British Isles, hg. A. R. H. Baker–R. A. Butlin, 1973 – s.a. Lit. zu →Dreifelderwirtschaft.

Želivský, Jan (J. v. Selau), radikaler hussit. Prediger, * um 1380–90 in Humpolec, † 9. März 1422 in Prag; wirkte zuerst als Mönch im Kl. Želiv (→Selau), spätestens seit 1418 als Anhänger der Lehre des Johannes →Hus in Prag, seit Febr. 1419 Reformprediger in der Prager Neustadt (Maria-Schnee-Kirche). Seine Ansichten beeinflußten zuerst die →Waldenser, seine apokalypt. Vorstellungen sind seit 1419 in Predigten belegt. Unter der Führung von Ž. kam es am 30. Juli 1419 zu Unruhen und zum »Ersten Prager Fenstersturz«, mit dem die hussit. Revolution begann (→Hussiten). Ž. verwandelte die Prager Neustadt in ein radikales hussit. Zentrum und versuchte, es ideolog. mit →Tábor zu verbinden, wobei er in Konflikt mit der Prager Altstadt geriet. Er war »director exercitus« der hussit. →Feldheere bei mehreren Feldzügen und spielte eine wichtige polit. Rolle in der Prager Gemeinde. Wegen seines ideolog. und polit. Radikalismus fiel der beim Volk beliebte Ž. 1422 bei den hussit. Prager Politikern und Priestern in Ungnade. Der Prager Stadtrat ließ ihn und seine Anhänger am 9. März zur Beratung einladen und hinrichten. Damit wurde der hussit. Radikalismus in Prag wesentl. geschwächt. M. Polívka

Ed.: J. Ž., Dochovaná kázání z r. 1419, I. (Iohannis Silonensis collectarum quae ad nos pervenerunt I – a. 1419), 1953 – *Lit.*: B. Auštěcká, J. Ž. jako politik, 1925 – A. Molnár, Ž., prédicateur de la révolution, Communio viatorum 2, 1959, 324–334 – E. Werner, Der Kirchenbegriff bei Jan Hus, Jakoubek v. Mies, J. Ž. und den linken Taboriten, 1967 – B. Kopičková, J. Ž., 1990 – F. F. Šmahel, Hussit. Revolution, 1998.

Zell, Ulrich, Druckerverleger, * um 1435 in Hanau (Main), † nach dem 31. Aug. 1507 in Köln. Nach dem Studium in Erfurt (immatrikuliert 1453) erlernte der »Kleriker der Diöz. Mainz« bei Peter →Schöffer den →Buchdruck und ließ sich in Köln nieder (immatrikuliert am 17. Juni 1464). Z. brachte 1466–1500 etwa 150 Titel heraus, meist theol. Gebrauchslit. in lat. Sprache. Sein Schriftmaterial verrät den Einfluß seines Lehrmeisters. Die Drucke, anfangs nur anspruchslose Quartos, sind von durchschnittl. Qualität und haben kaum Buchschmuck. Trotzdem fanden sie weithin Beachtung und machten den Drucker reich. Er heiratete eine Patriziertochter und kaufte zahlreiche Immobilien und Renten, darunter den Rittersitz Lyskirchen (in der Druckadresse: »apud Lyskirchen«). Seit dem Ende der 1480er Jahre verschlechterte sich seine wirtschaftl. Lage ständig. Er veräußerte Grundbesitz und Renten, um 1500 druckte er im Lohnauftrag von Johann Koelhoff d. J. dt. sprachige Hl. nlegenden. S. Corsten

Lit.: J. J. Merlo, U. Z. Kölns erster Drucker, 1900 – Geldner I, 87–89 – S. Corsten, Studien zum Kölner Frühdruck, 1985, 195–232.

Zelle. Am Beginn des Mönchtums bezeichnete Z. (kélla, cella) den individuellen Aufenthaltsort eines Anachoreten und wurde später auf Räume im zönobit. Kl. übertragen, die entweder bestimmten Funktionen (Gäste, Novizen) oder den einzelnen Mönchen dienten. Während noch das frühe Zönobitentum (→Pachomius) an der Einzelz. festhielt, verschwand sie im Laufe des 6. Jh. aus der monast. Gesetzgebung, um den Mönch vor Gefahren der vita solitaria zu schützen. »Regula Magistri« (RM 29) und »Regula Benedicti« (RB 22) lösten die Z. zugunsten kommunitärer Funktionsräume (Dormitorium, Oratorium, Refektorium) auf. Räume des privaten Rückzuges standen für die Mönche im Westen damit kaum mehr zur Verfügung. Erste Impulse für die Einzelz. kamen seit dem 10. Jh. aus eremit. Kreisen, bis Fontevellaner (→Fonte Avellana) und →Kartäuser als erste Orden von Anbeginn an dem Einzelnen eine Z. zuwiesen. Seit dem 11./12. Jh. finden sich auch im Zönobitentum Tendenzen zu privaten Räu-

men (etwa in →Cluny) – allerdings nicht als Schlafräume. Der erste nicht-eremit. Orden, der von Anfang an die Privatz. kannte, war der →Dominikaner-Orden. Neben funktionalen Gründen (Studium, Predigt) waren der Rückgriff auf Eremitenideale, veränderte Lesehaltungen sowie Bedürfnisse nach erhöhter Privatsphäre dafür ausschlaggebend. Trotz Betonung der vita communis in den →Bettelorden wie auch später in der →Devotio moderna wurde die Z. als Ort der vita privata seu solitaria selbst in der Reform des 15. Jh. nicht in Frage gestellt. Schließlich fand in allen Orden (OSB, OCist etc.) der gleiche Prozeß der Einführung der Z. statt. Die Raumsymbolik der vita communis blieb dergestalt gewahrt, daß die Z. im Dormitorium (»Z.-Dormitorium«) verblieb. In allen Orden wird die Z. im SpätMA abgeschlossener: zunächst werden die Betten durch Trennwände aus Tüchern oder Holz abgeteilt und an der Vorderseite Schranken eingezogen. Es folgen Türen, deren einsehbare Öffnungen immer kleiner werden, bis sie abschließbar werden und der einzelne den Schlüssel zu seiner Z. besitzt. Bei allen Widerständen in Orden der RB wurde die Z. im Laufe des 14. Jh. zunehmend legitimiert. Benedikt XII. verbietet zwar noch 1335 den Zisterziensern die Z., erlaubt aber den Einbau von Verschlägen mit Vorhängen im Dormitorium. 1439 gestand Eugen IV. mit den Statuten der Benediktiner v. Valladolid erstmals einer gesamten Kongregation die Einzelz. zu. Trotz der Widerstände anderer Kongregationen wie Cluny und →Bursfelde wurde die Z. immer verbreiteter und i. J. 1666 selbst den Zisterziensern durch Papst Alexander VII. erlaubt. Die Wertschätzung der Z. führte im SpätMA zu einer Spiritualität der Z., die diese als wesentl. Ort auch des Zönobiten bestimmte. Damit war institutionell ein Privatraum vorgegeben, der für die Entwicklung der europ. Individualbewußtseins gleichsam die architekton. Z. darstellt. Th. Lentes

Lit.: DIP II, 744–746 [G. Picasso] – DSAM II, 1, 396–400 [L. Gougaud] – A. de Vogüé, Comment les moines dormiront, StMon 7, 1965, 24–62 – Th. Lentes, Vita perfecta zw. vita communis und vita privata. Eine Skizze zur klösterl. Einzelz. (Das Öffentliche und Private in der Vormoderne, hg. G. Melville–P. von Moos [Norm und Struktur 9, 1998]).

Zelleneinlage, -verglasung, Variante der Emailkunst. Die Technik der Emaillierung (→Email) besteht darin, Metallobjekte mit polychromen Ornamenten zu verzieren. Das Email selbst ist ein kristalliner Werkstoff, bestehend aus einer Mischung von Bleioxyd und Sand, die als Silikate mittels einer Base (Soda, Pottasche) und unter Zuhilfenahme von Bindemitteln miteinander verschmelzen. Unter hoher Temperatur (700–800°C) wird dieser in Pulverform benutzte Stoff zur Glasmasse verarbeitet, auf den metall. Träger (Gold, Silber, Kupfer, Bronze) aufgeschmolzen wird. Die transparente Paste wird durch Metalloxyde (Kobalt, Silber, Antimon, Eisen, Zinn, Mangan, Gold) gefärbt. Um das Email aufzunehmen, muß die Oberfläche des metallenen Trägers kleine Gruben enthalten. Diese Technik wird dann als *Grubenschmelz* bezeichnet, wenn der Emailleur Gruben bzw. Furchen der zu emaillierenden Metallfläche aushebt. Die andere Technik ist das *Cloisonné* (Zellenemail), bei der Metallstege auf den Träger aufgelötet werden.

In Kontinentaleuropa praktizierten die kelt. Völker als erste die Emailkunst; sie fertigten seit dem 4. Jh. Grubenemail an und beherrschten die Technik der *Millefiori*-Gläser. In der Völkerwanderungszeit und noch in der Merowingerzeit (4.–8. Jh.) trat an die Stelle des Emails im kontinentalen Westeuropa eine Variante der Emailkunst, das 'opus inclusiorum' (in Cloisonné-Technik gefaßte Glasstücke oder Edelsteine: *verroterie, pierrerie cloisonnée*). Diese Art der Bearbeitung, die in der Merowingerzeit in die Einlage von →Granatsteinen (Almandinen) in Gold einmünden sollte, war ursprgl. eine Eigenart der Völker des sw. Rußlands und des Schwarzmeerraumes gewesen. Die Inkrustation von Granatsteinen drang mit den Ostrogoten (→Ostgoten) nach Westeuropa vor. In Weiterführung der von den Goten angewandten Technik wurde ein Granat zuerst rundgeschliffen und zusammen mit Goldtropfen einem Schmuckobjekt aufmontiert. Die Stücke aus dem Schatz →Childerichs I. (→Childerichgrab, 481/482) sind fast ausschließlich mit plangeschliffenen Almandinen, die auf Goldfolien montiert sind, besetzt.

In der Merowingerzeit wurden Granat ebenso wie Glaspasten und Emailstücke auf die Oberfläche der Objekte gelötet. Zu den bedeutendsten Stücken aus der Mitte des 7. Jh. zählt das von den Goldschmieden Udiho und Ello signierte Kästchen des Theuderich im Schatz der Abtei →St-Maurice d'Agaune (Wallis), ebenso der sog. Bf.sstab des hl. Germanus. Zahlreiche Zelleneinlegearbeiten dieser Zeit werden dem hl. →Eligius (um 588–660) und seiner Werkstatt zugeschrieben, insbes. die hochberühmten (heute aber großenteils verlorenen) Kunstwerke aus →St-Denis, Notre-Dame de Paris, St-Loup de →Noyon und →Chelles. Die grundlegende Arbeit über die Werke des hl. Eligius stammt von H. Vierck (1974), der die Frage der Zuschreibung mehrerer hochberühmter Einzelwerke an den hl. Eligius und den Einfluß des Meisters und seiner Werkstatt auf die techn. und künstler. Gestaltung anderer Werke der Goldschmiedekunst diskutiert. D. Thurre

Lit.: M.-M. Gauthier, Émaux du MA occidental, 1972 – H. Vierck, Werke des Eligius (Fschr. J. Werner, 1974), 309–380 – D. Gaborit-Chopin, L'orfèvrerie cloisonnée à l'époque carolingienne, CahArch 29, 1980–81, 5–26 – G. Haseloff, Email im frühen MA, 1990 – D. Thurre, L'aiguière »de Charlemagne« au trésor de St-Maurice, Vallesia 50, 1995, 197–319 – S. Stékoffer, La crosse mérovingienne de saint Germain, premier abbé de Moutier-Granval, Cahiers d'archéologie jurassienne 61, 1996.

Zellenquerbau, Saalkirche mit zumeist quadrat. Annexen. In Oberitalien, bes. in Mailand im 5. Jh. ausgebildet, im 6.–9. Jh. zumeist kleinere Abmessungen (Kaiseraugst Anfang 5. Jh., Romainmôtier Mitte 5. Jh. und vor 624, Saint-Maurice 6./7. Jh., St. German in Speyer 7. Jh erneuert, Wimmis 7./8. Jh., Spiez um 700, Amsoldingen 7./8. Jh., Dietkirchen a. d. Lahn Anfang 9. Jh., Rheinhausen-Hochemmerich 8./9. Jh.); in der 2. Hälfte 10. Jh./Anfang 11. Jh. monumental ausgebildet (St. Pantaleon in Köln 965–980, St. Patrokli in Soest um 1000). Entweder fluchten die Annexe mit der Ostmauer des Saales oder sind zurückgesetzt. Der Z. wird nach 815 um zwei seitenschiffähnl., westl. an die Annexe anschließende Anräume, die zum Saal in Pfeilerarkaden geöffnet sind, erweitert (Inda-Kornelimünster, Steinbach, Hersfeld); dieser Typ wird im Rhein-Maas-Gebiet monumental fortgeführt (Hochelten 968–980, Zyfflich 1002–15). G. Binding

Lit.: G. Binding, Burg und Stift Elten am Niederrhein, 1970 [Lit.] – Ders., Architekton. Formenlehre, 1987² – H. E. Kubach–A. Verbeek, Roman. Baukunst an Rhein und Maas, 4, 1989 [Lit.] – W. Jacobsen, Der Kl.plan v. St. Gallen und die karol. Architektur, 1992 – Z. Caviezel-Rüegg, Die Kirche Kleinhöchstetten Kanton Bern, 1996.

Zeloten. 1. Z. (gr. ζηλωτής, pl. ζηλωταί, 'Eiferer'), durch die Bibel (vgl. bes. 1 Kor 14, 12) gerechtfertigte Bezeichnung von zumeist um Mönche gescharten bzw. aus diesen bestehenden gesellschaftl. Gruppen im Byz. Reich, bes. in Konstantinopel, welche bei kirchl., polit. oder gesellschaftl. Anlässen jeweils kompromißlos bzw. fundamentalistisch auf den Grundsätzen des Christentums beruhen-

de Positionen einnahmen und diese radikal vertraten. In diesem Sinn begegnete bereits zur Zeit des Ks.s Anastasios I. (491–518) eine prochalkedonens., antimonophysit. Mönchsgruppierung, die (von Theophanes 159) als 'zeluntes monachoi' beschrieben wird.

Seit dem VII. Ökumen. Konzil (Nikaia 787, vgl. bes. MANSI, XII 1030f.) bekämpften Z. (die Bezeichnung konkret wohl angeregt durch die mehrfache Wortverwendung bei →Johannes Damaskenos, vgl. bes. die Sacra Parallela, MPG 95, 1141, MPG 96, 96 und 424) die gegenüber den (ehem.) Ikonoklasten versöhnl. Haltung der »Politikoi«, wobei 787 der Abt Platon v. Sakkudion und →Theodoros Studites im Vordergrund standen (Georgios Monachos, Chron. 779). Im weiteren Sinn verstanden beide sich als Hüter der Orthodoxie und Gegner einer zu weit gefaßten →Oikonomia und bekämpften als 'homozeloi' (MPG 99, 829B) des Johannes d. Täufers, bes. bei polit. Machthabern, das Verharren im Zustand (öffentl.) Sündhaftigkeit, so konkret 795–812, anläßlich der Trennung Ks. Konstantins VI. von seiner ersten Gemahlin Maria v. Paphlagonien und seiner Eheschließung mit Theodote (→Moichian. Streit). Die Z. traten – unter der Führung von Mönchen des →Studiu-Kl. – erneut am Ende des Ikonoklasmus (→Bilderstreit) gegen die »polit.« Milde und Kompromißbereitschaft des Patriarchen →Methodios (843–847) auf. Zusätzl. Profilierung erfuhren sie in ihrer Parteinahme für den Patriarchen →Ignatios (847–858, 867–877), somit gegen den Patriarchen →Photios. Auch später war der Begriff in dem umschriebenen Sinn geläufig; so bezeichnete sich Anfang des 11. Jh. →Symeon Neos Theologos (in Katechese 21) als »überaus engagierten« (gr. manikotatos) Zeloten.

Einen späten Höhepunkt zelot. Aktivitäten kann man am Beginn der Palaiologenzeit in der Verweigerung der Kirchengemeinschaft durch die Anhänger des Patriarchen →Arsenios (insbes. als Gegner der Kirchenunion von 1274) zw. 1265 und 1310 sehen (hierzu bes. Georgios Pachymeres, Chron. I 273ff., II 83ff., und Nikephoros Gregoras, Hist. 6. 1.); →Arseniten. J. Koder

Lit.: P. SPECK, Ks. Konstantin VI. Die Legitimation einer fremden und der Versuch einer eigenen Herrschaft, 1978, 251–281, 673–703 – H. G. BECK, Gesch. der orth. Kirche im byz. Reich, 1980, 96–118 – J. M. HUSSEY, The Orthodox Church in the Byz. Empire, 1986, 50–52, 69–82, 220–254 – M.-F. AUZÉPY, La place des moines à Nicée (787), Byzantion 58, 1988, 5–21 – G. FATOUROS, Theodori Studitae Epistulae, 1992, 13*–15* – R.-J. LILIE, Byzanz unter Eirene und Konstantin VI. (780–902). Mit einem Kapitel über Leon IV. (775–780) [I. ROCHOW], 1996, 48ff., 71ff.

2. Z., Anhänger einer polit.-sozialen Reformbewegung (→Revolte, II) in der spätbyz. Stadt →Thessalonike, die sich in den Bürgerkrieg nach dem Tod des Ks.s →Andronikos II. (→Palaiologen) einordnet, zugleich aber auch spezielle städt. Zielstellungen verfolgt.

Die Z. traten zunächst in Erscheinung durch die Unterstützung der für den jungen Palaiologenks. →Johannes V. in der Hauptstadt tätigen Regentschaft gegen die Machtambitionen des Landmagnaten und Großdomestikos →Johannes Kantakuzenos. Sie erreichten mit ersten Aktionen im Frühjahr 1342 die Zurückdrängung der Aristokraten aus dem öffentl. Leben der Stadt, die Flucht einer größeren Gruppe von Sympathisanten des inzwischen zum Gegenks. erhobenen Kantakuzenen und den Abzug des mit ihm konspirierenden Stadtgouverneurs Theodoros Synadenos, der durch einen regentschaftstreuen Amtsträger ersetzt wurde. Neben ihn trat zu einem nicht genau bekannten Zeitpunkt ein prosopographisch nicht sicher einzuordnender Palaiologe namens Michael als Vertreter der Z. an die Spitze des Stadtregiments. Dies verlieh der Bewegung, die sich vielleicht auch auf das Votum und den Druck städt. Volksversammlungen stützte, zusätzl. Schwung.

Durch den Seitenwechsel des Regentschaftsbeauftragten Johannes Apokaukos, eines Sohnes des Alexios →Apokaukos, zu den Kantakuzenen und die von ihm veranlaßte Ermordung des Z.führers Michael Palaiologos geriet das für Byzanz neuartige städt. Regime Mitte 1345 in eine existentielle Krise. Nun aber machten die Bewohner des Hafenviertels ('parathalassioi': Seeleute, Schiffsführer und andere vom Meer und seiner Nutzung lebende Personen und Gruppen) unter ihrem Chef Andreas Palaiologos mobil, besetzten die Akropolis und richteten unter den Anhängern des Gegenks.s ein Blutbad an. Ihre auf diese Weise wieder stabilisierte und weiter verstärkte Herrschaft mußten die Z. aber auch in der Folgezeit zumindest formal mit einem von Konstantinopel benannten Gouverneur teilen, und auch der von der Aristokratie dominierte Stadtrat scheint in allen Phasen der Z.herrschaft weiter existiert zu haben, allerdings noch mehr in den polit. Hintergrund getreten zu sein als der offizielle Stadtgouverneur. Von beiden Institutionen und ihren Trägern gingen auch 1349/50 die erfolgreichen Bemühungen um Restauration der alten Machtverhältnisse aus, nachdem die Z.herrschaft durch den Zusammenbruch der Regentschaft und die Übernahme der Macht in Konstantinopel durch Ks. Johannes VI. Kantakuzenos immer mehr in die Isolierung geraten war und ihre Führer am Ende noch den unpopulären Versuch gemacht hatten, den Serbenherrscher →Stefan Dušan um Hilfe gegen ihre Feinde innerhalb und außerhalb der Stadt anzurufen.

Schon bei den ersten Aktionen der Z. kam es auch zu Übergriffen gegen die mobilen und immobilen Besitztümer der städt. Aristokratie; sie nahmen während der Teilhabe des Z.führers Michael Palaiologos an der städt. Administration den Charakter offizieller Konfiskationen und Sonderauflagen zur Sicherung städt. Bedürfnisse an. Während die Regentschaft in Konstantinopel auch zur Beschlagnahme von Kirchen- und Klostereigentum griff, konzentrierten sich die Z. in Thessalonike aber anscheinend auf die Reichtümer der städt. Aristokratie und bedrohten damit ernsthaft die wirtschaftl. und gesellschaftl. Positionen der traditionellen Führungsschichten.

Von einem festumrissenen sozialpolit. Programm der Z. ist jedoch kaum etwas erkennbar, nachdem der berühmte Traktat des Nikolaos →Kabasilas gegen illegale Übergriffe von Archonten auf Kirchengüter durch die Forschungen von I. ŠEVČENKO als Q. für die Gesch. der Z. ganz ernsthaft in Frage gestellt, wenn auch wohl noch nicht definitiv ausgeschlossen werden konnte. In ihrer polit.-sozialen Dimension sind die Z. wahrscheinl. am besten als eine 'Partei' im vormodernen Sinn zu verstehen, d.h. als »ad hoc group of men of all walks of life«, ohne reguläre und dauerhafte Institutionen wie Wahlversammlungen und Ratsgremien, ohne klar formulierte Programme und Statuten, vermutl. sogar ohne verbindl. Rituale, nur bei einzelnen konkreten Anlässen faßbar, stark abhängig von wenigen Führungspersönlichkeiten, deren Macht nicht aus Wahl, sondern aus Akklamation herrührt (J. HEERS), als Formstütze angewiesen auf verschiedene nicht primär polit. Organisationen wie die 'parathalassioi' von Thessalonike, bei denen es sich aber vermutl. nicht um eine Berufsorganisation, sondern um einen Nachbarschaftsverband handelt. Für ihre Gegner stellte sich die Z.herrschaft weder als Aristokratie noch als Demokratie dar, sondern als eine absonderl. Ochlokratie, Pöbelherr-

schaft (Nikephoras →Gregoras), tatsächlich ging es wohl um eine gewisse Modifizierung des Stadtregiments, um eine Mobilisierung des städt. Reichtums und eine Dynamisierung der sozialen Strukturen, d. h. sie hätte Prozesse einleiten und Veränderungen vornehmen können, die sowohl für die Stadt als auch für das Reich Bedeutung gehabt und die gesellschaftl. Abwehrkräfte gegen die drohenden feindl. Invasionen gestärkt hätten. Sich selbst haben die Z., ähnlich wie die Volkskräfte in anderen Städten des Reiches, als 'pistotatoi' bezeichnet, also als bes. treue, bes. eifrige ('zelotai') Anhänger des durch den Usurpator Kantakuzenos in seiner legitimen Herrschaft bedrohten jungen Palaiologen Johannes V., dessen Thron nur dann gesichert werden konnte, wenn im Reich und seinen Städten nicht alles beim alten blieb. Der Magnatenführer und Thronräuber Kantakuzenos war für sie nicht nur ein Staats-, sondern nach den Maximen der polit. Orthodoxie der Byzantiner auch ein Glaubensfeind, dessen Anhänger als solche vom Stadtvolk v. Thessalonike gebrandmarkt und verspottet wurden, ohne daß bei diesen Aktionen deutl. Beeinflussungen durch häret. Gedankengut (Bogomilen) erkennbar sind und vermutet werden können. K.-P. Matschke

Lit.: CH. DIEHL, Journées révolutionnaires byz., La Revue de Paris 21, 1928, 151–172 – I. ŠEVČENKO, Nicolas Cabasilas' »Anti-Zealot« Discourse: A Reinterpretation, DOP 11, 1957, 81–171 – E. WERNER, Volkstüml. Häretiker oder sozialpolit. Reformer? Probleme der revolutionären Volksbewegung in Thessalonike 1342–1349, WZ Univ. Leipzig, Ges. und Sprachwiss. R. 8, 1958/59, 45–83 – M. J. SJUZJUMOV, K voprosu o charaktere vystuplenija zilotov v 1342–1349 gg., VV 28, 1968, 15–37 – K.-P. MATSCHKE, Thessalonike und die Z., Byzslav 55/1, 1994, 19–43.

Zelus. Im Unterschied zu Eifersucht und Neid (invidia) entspringt der Liebeseifer (z.) dem Guten und ist Sache des Tugendhaften. Allerdings haben beide – so Thomas v. Aquin – eine gewisse Traurigkeit (tristitia) gemeinsam über das, was man im Unterschied zum anderen nicht selbst besitzt, wobei »z.« jedoch nicht durch Mißgunst, sondern durch ein Nacheifern (aemulatio) charakterisiert ist (De malo, qu. 10, a. 1 ad 11). Der Liebeseifer (z.) fügt über die Liebe (amor) eine gewisse Intensität hinzu (De veritate, qu. 26, a. 4 ad 8). Allerdings ist mit diesem Hang zum Übermaß auch die Gefahr verbunden, daß der Liebeseifer alles auszuschließen droht, was ihm widerstreitet (S. th. I–II qu. 28, a. 4 c). Als Beispiel gilt bereits Augustinus die aus dem Übermaß der Liebe geborene Eifersucht zw. den Eheleuten (Contra Adimantum 11, MPL 24, 142B–D). Die göttl. Eifersucht hingegen – ein bibl. Anthropomorphismus – verwirrt und quält, anders als die menschl. Eifersucht, das Herz nicht, sondern ist Ausdruck der eifernden Liebe Gottes und vollkommen reine Gerechtigkeit, nach der diejenigen am meisten in Liebeseifer entbrannt sind (zelant), die schon im vollkommenen Zustand der Herrlichkeit sind (Bonaventura, 2 Sent d. 11, I. 2 qu. 3 c). So nennen die in göttl. Dingen Erfahrenen Gott im Anschluß an Ex. 20, 5 einen Eiferer (zelotes), weil er – so →Dionysius Areopagita – in reichem Maß seine gütige Liebe zu den Seienden zeigt und den Eifer der Liebessehnsucht in ihnen selbst anstachelt (De div. nom. IV, MPG 3, 712B). Damit aber bewirkt der göttl. Liebeseifer (z.) anders als die menschl. Eifersucht (z. invidiae), die keine Gemeinschaft in bezug auf das Geliebte duldet, daß das, was er selbst liebt, auch von anderen geliebt wird (Thomas v. Aquin, In De div. nom. IV, lect. 10). Denn im Unterschied zum »z. malus«, der alle Gemeinschaft meidet, meidet der »z. bonus« nur das Schlechte (Bonaventura, 1 Sent., comm. in prooem, dub. 3). Als Sinnbild für die Würde eines guten, auf die Gottesliebe gerichteten Liebeseifers gilt Rupert v. Deutz der Feuerwagen des Elias (Comm. in ev. s. Ioh., lib. 2). Auch Bernhard v. Clairvaux versteht unter »z.« den alle Bereiche des Lebens durchdringenden Liebeseifer, der das Wissen und Handeln zur wahren Christusliebe antreibt und darin bestärkt. Im affektiven Liebeseifer (z. affectionis), zu dem die Liebe des Herzens zu gelangen vermag, besteht die wahre Christusliebe (Super Cantica, Sermo 20.4 und 21.8). A. Speer

Lit.: DSAM VIII, 69–93; XVI, 1613f. – Theol. Wb. zum NT II, 879–890 – A.-D. SERTILLANGES, La philosophie morale de saint Thomas d'Aquin, 1942 – W. VÖLKER, Kontemplation und Ekstase bei Ps.-Dionysius Areopagita, 1958.

Žemaiten → Schemaiten

Zemen, ma. bulg. Festung in Südwestbulgarien, am rechten Ufer der Struma, unweit von Velbăžd/Kjustendil. In ihrer Umgebung besiegten die Serben am 28. Juli 1330 in einer Schlacht das Heer des bulg. Zaren →Michael III. Šišman. Die vollständig erhaltene Kuppelkirche v. Z. 'Hl. Johannes Theologos' (11. Jh.), ganz aus Kalkstein errichtet, hat drei Apsiden in der Art eines eingeschriebenen Kreuzes. Die Hauptschicht der Wandmalerei stammt aus dem ersten Viertel des 14. Jh., gestiftet von dem Sebastokrator →Dejan und seiner Gemahlin Doja. Ihre Porträts sowie die ihrer Söhne sind an der Süd- und Westwand angebracht. Die Stifterin ist in bulg. Tracht mit einem Hochzeitshut auf dem Kopf dargestellt. Die Wandmalerei der Kirche v. Z. ist Zeugnis der volkstüml., 'inoffiziellen' Strömung ma. Malerei in Bulgarien und auf dem Balkan. V. Gjuzelev

Lit.: A. GRABAR, La peinture réligieuse en Bulgarie, 1928, 183–223 – L. MAVRODINOVA, Zemenskata cărkva, 1980.

Zemun (Semlin), Stadt in →Serbien (heut. Stadtteil von →Belgrad), westl. der Einmündung der Save in die →Donau. Die kelt. Gründung Taurunum entwickelte sich nach Einbeziehung in das röm. Reich im 1. Jh. n. Chr. rasch zum wichtigsten Flottenstützpunkt an der Donau (Classis Flavia Pannonica). Während der →Völkerwanderung wechselten →Hunnen, →Ostgoten, →Gepiden, →Heruler und →Avaren einander in der Herrschaft über den Raum ab. Der Name der zerstörten Stadt ging verloren; der neue slav. Name 'Zeml'n' (dt. Semlin) bedeutet »[Burg] aus Erde«. Im 9. Jh. gelangte Z. unter die Herrschaft v. →Bulgarien. Am Anfang des 10. Jh. unterwarf das Byz. Reich v. Srem und Z. und unterstellte das Gebiet der kirchl. Jurisdiktion v. →Ohrid. In der Zeit der →Kreuzzüge fungierte Z. als wichtige Pilgerstation, auch unter dem Namen 'Malevilla' bekannt (→Albert v. Aachen, MPL 166, 392–395). Mitte des 11. Jh. eroberte →Ungarn die Stadt, die ein wichtiger Schauplatz der ung.-byz. Kriege des 12. Jh. war: →Manuel Komnenos hielt Z. 1151 und 1164/65–80; 1182 gewannen die Ungarn die Stadt zurück. Der erste Angriff der Türken (→Osmanen) erfolgte 1396. Im 15. Jh. stand Z. unter der Herrschaft der von Ungarn abhängigen serb. Despoten. Während der türk. Belagerung v. Belgrad fand am 14. Juli 1456 die Entscheidungsschlacht zw. der christl. Flotte und den Türken bei Z. statt; hier befand sich das Lager des Kreuzzugsheeres unter Führung von →Johannes v. Capestrano. Z. kam 1521 unter türk. Herrschaft. J. Kalić

Lit.: P. MARKOVIĆ, Z. od najstarijih vremena do danas, 1896 – J. KALIĆ-MIJUŠKOVIĆ, Beograd u srednjem veku, 1967 – J. KALIĆ, Z. u XII veku, ZRVI 13, 1971, 29–56 – Monografija Z., 1986.

Zengg (it.; kroat. Senj), Stadt an der n. Adriaostküste/Kroatien unterhalb eines Passes über das Velebit-Gebirge. Die Siedlung Senia, vorillyr. Ursprungs, ist schon bei

Plinius und Ptolemaeus als Kreuzung von Handelswegen entlang der Küste und ins Binnenland erwähnt. In der Ks.zeit erlangte Z. den Status einer 'civitas.' In der Völkerwanderungszeit zerstört, entwickelte sich Z. nach kroat. Neubesiedlung wieder zu einem Handelsplatz. Bis zur Bildung der Kirchenprov. →Zadar 1154 kirchl. zu →Krk gehörig, wurde Z. vor 1168 selbst Bm. als Diöz. von →Split und Sitz eines Kapitels. Innozenz IV. bestätigte 1248 Bf. Philipp das Recht auf slav. Liturgie mit glagolit. Schriftlichkeit (→Alphabet, III). Deren frühestes Zeugnis in Z. ist die in Bruchstücken erhaltene »Tafel v. Senj«, ein Pluteus aus dem 12. Jh. 1494 nahm eine glagolit. Druckerei in Z. ihre Arbeit auf. Bis 1269 hielten die →Templer Z.; 1271 wählte die Kommune die comites v. Krk (→Frankopani) zu »ewigen Podestà«; diese bestätigten 1388 das Statut. Z. entwickelte sich im SpätMA als Ausfuhrhafen für Holz, Getreide, Fleisch, Häute; ins Binnenland wurden Tuch, Seide, Salz eingeführt. 1469 nahm Matthias Corvinus Z. den Frankopani ab und machte die Stadt zur kgl. Freistadt mit Sitz einer Kapetanei, einer der Vorstufen zum Aufbau der Militärgrenze. D. Munić

Lit.: M. VILIČIĆ, Arhitektonski spomenici Senja, Rad JAZU, knj. 360, 1971, 65–129 – N. KLAIĆ, Povijest Hrvata u srednjem vijeku, II, 1976.

Zengiden (Zangiden), muslim. Dynastie mit Kernbereich im nördl. →Syrien, begründet vom türk. Heerführer ʿImād-ad-Dīn Zangī (→Imādaddīn Zangī, geb. um 1082, gest. 14. Sept. 1146), der →Mosul und →Aleppo beherrschte. Nach seinem gewaltsamen Tode brach in Mosul ein Aufstand zugunsten der →Selǧūqen aus. Zangīs ältester Sohn Sarif ad-Dīn Ġāzī wurde von seiner Apanage Šahrazūr nach Mosul berufen und regierte bis zu seinem Tode 1149. Dann ging hier die Herrschaft über an Quṭb-ad-Dīn Maudūd, den jüngeren Bruder von Nūr-ad-Dīn; dieser ließ sich von Quṭb-ad-Dīn Maudūd →Homs und Raḥba abtreten. Die Statthalter v. Ḥamāh und Aleppo setzten dagegen den zweiten Sohn Zangīs, Nūr-ad-Dīn (→Nūraddīn, 1146–74), als Herrscher über Aleppo durch. Nūr-ad-Dīn führte die Expansionspolitik des Vaters erfolgreich weiter. Hauptgegner war zunächst Gf. →Josselin II. v. →Edessa, den Nūr-ad-Dīn endgültig aus seiner Hauptstadt vertrieb und bis ans Lebensende gefangenhielt.

1146 war Zangīs Erbe somit geteilt zw. Saif ad-Dīn Ġāzī (Mosul) und Nūr-ad-Dīn (Aleppo); diese Teilung befreite Nūr-ad-Dīn von der Sorge um die angespannte Situation im Osten, welche die Position seines Vaters so sehr belastet hatte. Als das Heer des 2. →Kreuzzuges →Damaskus belagerte (unter Mißachtung des seit 1139 zw. den Franken und den Damaszener →Būriden bestehenden, gegen die Z. gerichteten Bündnisses), trug Nūr-ad-Dīn durch Mobilisierung eines Entsatzheeres zum Scheitern dieses Kreuzzugsunternehmens bei. Nach Beendigung des Kreuzzuges nahm er seinen Krieg gegen das Fsm. →Antiochia wieder auf; in den Feldzügen v. 1147 und 1148 hatte er bereits die wertvollsten Territorien östl. des Orontes besetzt. Im Sommer 1149 erschien er vor den Mauern v. Inab. →Raimund v. Antiochia (1. R.) und sein Ritterheer, die zur Befreiung der Stadt ausgezogen waren, wurden am 28. Juni 1149 geschlagen; Raimund fand den Tod. Dieser Sieg erhöhte das Ansehen Nūr-ad-Dīns, der nunmehr verstärkt als Vorkämpfer des Islams (Ǧihād; →Krieg, Hl.) auftrat und in dieser Eigenschaft bestrebt war, die Muslime im Kampf gegen die Franken zusammenzuschließen. Dem Ziel einer Wiederherstellung der religiösen Einheit diente auch sein hartes Vorgehen gegen Häretiker in den eigenen Reihen, bes. gegen die Schiiten (→Schia). Nūr-ad-Dīn verurteilte das 'skandalöse' Bündnis zw. Damaskus und den Franken und verstärkte ab 1150 den Druck auf Damaskus, dessen Bevölkerung ihm 1154 die Tore öffnete. Damit hatte Nūr-ad-Dīn das muslim. Syrien geeint und zugleich seine militär. und polit. Stärke erhöht. Doch erhoben sich 1157, unter Ausnutzung einer schweren Erkrankung des Herrschers, die Schiiten. Obwohl der Aufstand niedergeschlagen wurde und Nūr-ad-Dīn von der Krankheit genas, vermochte er nicht mehr, die krieger. Energie seiner frühen Jahre zurückzugewinnen.

1159 schloß er einen Vertrag mit Ks. Manuel I. Komnenos (→Byz. Reich, H. IV), was ihn von der Bedrohung eines byz. Angriffs befreite und ihm ermöglichte, mit byz. Waffenhilfe gegen die Selǧūqen in Anatolien Krieg zu führen. 1160 vereinbarte er einen zweijährigen Waffenstillstand mit Kg. →Balduin III. v. →Jerusalem. Als der ägypt. Machthaber Šāwar, der im Aug. 1163 von dem Usurpator Ḍirġām vertrieben worden war, Nūr-ad-Dīn um Hilfe bat, entsandte dieser im April 1164 den kurd. Heerführer Šīrkūh, der von seinem Neffen →Saladin (Ṣalāḥaddīn) begleitet wurde (→Ayyūbiden). Sie besiegten und töteten Ḍirġām unter den Mauern v. →Kairo (Aug. 1164). Da Šāwar die Vereinbarungen mit Nūr-ad-Dīn nicht einhielt, besetzte Šīrkūh die Provinz Šarqīya; Šāwar verbündete sich mit Kg. →Amalrich v. Jerusalem, was zur Belagerung Šīrkūhs durch ägypt. und frk. Truppen in Bilbais führte. Diese Bindung der frk. Streitkräfte in Ägypten begünstigte Nūr-ad-Dīn bei seinen Angriffen auf →Tripolis, →Krak des Chevaliers und Ḥārim. In der Ebene v. Arṭāḥ nahm er →Bohemund III. v. Antiochia und →Raimund III. v. Tripolis gefangen (Aug. 1164). Nach der Kapitulation v. Ḥārim nahm Nūr-ad-Dīn die Burg Banias ein (18. Okt. 1164).

Nūr-ad-Dīn setzte der Selbständigkeit der letzten Fsm.er im nördl. Syrien ein Ende. Nach dem Tode seines Bruders Quṭb-ad-Dīn Maudūd (Aug. 1170) besetzte Nūr-ad-Dīn Mosul, ließ sich durch Urkunde des →Kalifen zum Beherrscher der Stadt und ihres Territorium proklamieren und setzte Saif-ad-Dīn, den jüngeren Sohn seines verstorbenen Bruders, als Vasallenfs.en ein. Mit dem Tode Nūr-ad-Dīns (gest. 15. Mai 1174), der nur einen minderjährigen Sohn als Erben hinterließ, endete jedoch die unabhängige Herrschaft der Z.-Dynastie; die von Nūr-ad-Dīn errichtete territoriale und militär. Organisation fiel rascher Zersplitterung anheim.

Gleichwohl verstand es Saladin, das zerfallende Imperium Nūr-ad-Dīns in wenigen Monaten in seiner Hand zu vereinigen und den Wiederaufbau der Regierungs- und Verwaltungsstrukturen durchzusetzen. Noch 1174 nahm Saladin, der bis dahin nur als Wesir v. Ägypten fungierte, die Hauptstadt Damaskus in Besitz. Zwei Jahre später heiratete er Nūr-ad-Dīns Witwe und den verbliebenen Mitgliedern der Z.-Dynastie zu einer Vereinbarung, die Aleppo und Mosul (vorläufig) im Besitz zweier Z. beließ. 1180 schloß Saladin ein primär gegen Mosul gerichtetes Bündnis mit dem Sultan der Rūmselǧūqen, →Qīlič Arslan II.; 1183 unterwarf er Aleppo seiner Kontrolle. 1185 wurde er als Oberherr über Mosul von dem zengid. Fs.en ʿIzz-ad-Dīn, dem Bruder und Nachfolger von Saif-ad-Dīn, anerkannt. Damit vollendete Saladin seine Machtübernahme des Reiches der Z. Kennzeichnend für das herrscherl. Selbstverständnis Saladins ist, daß er nach seinem Einzug in Jerusalem (1187) in der dem Islam zurückgewonnenen Al-Aqṣā-Moschee die 'Kanzel' (*minbar*), die Nūr-ad-Dīn 1169 für diese Moschee hatte anfertigen lassen, feierl. aufstellen ließ. S. Schein

Lit.: H. A. R. GIBB, The Career of Nur-ad-Din (Hist. of the Crusades, ed. K. M. SETTON, I, 1955), 513–527 – DERS., The Rise of Saladin 1169–89, ebd., 563–589 – N. ELISSÉEFF, Nur-ad-Din, 3 Bde, 1967 – H. E. MAYER, Gesch. der Kreuzzüge, 1985[6] – P. M. HOLT, The Age of the Crusades: The Near East from the eleventh cent. to 1517, 1986 – s.a. Lit. zu →Imādaddīn Zangī, →Nūraddīn.

Zeno, Bf. v. →Verona seit etwa 370/375 bis zu seinem Tod um 380, hl. (Fest: 12. April), stammte möglicherweise aus Nordafrika (intensive Benutzung von Tertullian und Cyprian; einzige Märtyrerpredigt über den Mauretanier Arcadius). Ihm werden etwa 90 Tractatus zugeschrieben, die erst einige Zeit nach seinem Tod, wohl zu liturg. Zwecken, gesammelt und in zwei Teilen überliefert worden sind (ed. B. LÖFSTEDT, CCL 22, 1971). Die meisten von ihnen beschäftigen sich mit exeget. Themen, vorzugsweise zum AT, und bezeugen eine solide Bildung. Im Mittelpunkt der Predigten stehen pastorale Fragen (zum chr. Leben, zur Sorge für die Armen, zur Enthaltsamkeit; z.B. Tract. I, 36; 5; 14; 21; II 7 u.ö.) und liturg. Themen, v.a. Taufe, Pascha-Mysterium (Tract. I 6; 16; 44; 57–58; II 13; 19 sowie I 12; 23; 32; 49; 55; II 14; 23; 28). Seine traditionelle Schriftauslegung ist typolog. und christozentr.; atl. Gestalten und Ereignisse werden konsequent als Vorbilder Christi interpretiert. Die Traktate setzen sich immer wieder mit heterodoxen Strömungen der Zeit auseinander, bes. mit arian. (Tract. I 17; 7; 45) und photinian. (Tract. II 8, 1; I 54; II 5) sowie judaist. Lehren (Tract. I 3). Z. gibt sich dabei als überzeugter Nicaener zu erkennen, der die Gläubigen vor Irrlehren bewahren möchte.

Die Verehrung des hl. Bf.s Z. (Wasserpatron; vgl. Gregor I., Dial. III, 19; SC 260, 1979, 346–349; Attribut: Fisch) breitete sich entlang der Etsch von Oberitalien ins Passeiertal aus; →Korbinian soll die von ihm erbaute Kapelle bei Mais/Meran Z. und Valentin v. Rätien geweiht haben (St. Z.berg). E. Grünbeck

Lit.: CPL 208f. – Dict. enc. du Christianisme ancien, II, 1990, 2567f. – DSAM XVI, 1628–1639 [Lit.] – HAW 8/V, § 578 – Vies des Saints 4, 283–285 – V. BOCCARDI, L'esegesi di Z.ne di V., Augustinianum 23, 1983, 453–485 – C. TRUZZI, Z., Pasqua e Cromazio, 1985 – G. SGREVA, La teologia di Z.ne di V., 1989 – G. P. JEANES, The Day has come! Easter and Baptism in Z. of. V., 1995.

Zeno, ven. Familie, die v.a. im SpätMA bekannt wurde. Spitzenahn war *Stefano*, der 982 die Gründungsurk. des Kl. S. Giorgio Maggiore unterzeichnete. Im 11. und 12. Jh. begegnen andere Familienmitglieder, darunter *Domenico*, Aussteller einer Privaturkunde (1043); *Giacomo*, 1106 Gastalde von Cittanova; *Venerando*, 1132 Priester und Notar; *Andrea*, 1147 Gesandter bei dem byz. Ks. Manuel I. Komnenos; *Viticlino*, Vogt des Kl. S. Secondo 1166; *Ranieri*, Richter 1192–93. Im 13. Jh. erreichte die Familie ihre Glanzzeit. Zahlreiche Mitglieder erhielten öffentl. Ämter und übten wichtige polit. und militär. Funktionen aus: *Marino* war 1205 ven. Podestà v. Konstantinopel und Unterhändler eines Vertrags mit der Kommune Genua 1218; *Teofilo* wirkte als Richter und Mitglied des Dogenrats 1219 und war 1235 ebenfalls Podestà v. Konstantinopel; *Andrea*, der Neffe des Dogen Ranieri Z., war Heerführer gegen die Genuesen im Hl. Land 1257–58; *Marco* Kommandant von Galeeren 1262–63; ein anderer *Andrea*, ebenfalls ein Neffe des Dogen Ranieri, war Hzg. v. Kreta (1266) und Mitglied des Kollegiums bei der Wahl des Dogen Giacomo Contarini (1275); Marino wirkte 1268 an der Wahl des Dogen Lorenzo Tiepolo mit und war 1273 Hzg. v. Kreta; *Pietro* war Gesandter bei Michael VIII. Palaiologos (1268). Wichtigstes Mitglied der Familie war jedoch der Doge *Ranieri*, über den der zeitgenöss. Chronist Martino da →Canal, der ihm seine Geschichte Venedigs widmete, ausführlich berichtet. 1240 Podestà v. Bologna, 1242 Heerführer gegen Zara (→Zadar), Gesandter auf dem Konzil v. Lyon 1245, wurde er am 25. Jan. 1253 zum Dogen gewählt, als er das Amt des Podestà in Fermo bekleidete. Seine Amtszeit war durch beachtliche diplomat. und militär. Aktivitäten gekennzeichnet und wies sowohl Erfolge als auch schwere Niederlagen gegen zahlreiche Feinde auf. Zw. 1256 und 1259 befreite er →Padua und →Treviso von der Herrschaft des →Ezzelino und des →Alberico da Romano, seit 1257 stand er in dauerndem Konflikt (mit wechselndem Ausgang) gegen Genua, bei dem es um die Herrschaft über das östl. Mittelmeer ging; seit 1261 stand er nach dem Fall des →Lateinischen Kaiserreichs mit Michael VIII. Palaiologos im Krieg. In Venedig ließ er aus Holz die erste Rialto-Brücke errichten und den Markusplatz pflastern. Er starb am 7. Juli 1268, wenige Tage nach Abschluß eines Waffenstillstandes mit Michael VIII. Nach Ranieris Tod begann der langsame Niedergang der Familie, die ihren früheren Glanz verlor und in der NZ bis zum Ende der Republik Venedig in die Kategorie des verarmten Patriziats absank. M. Pozza

Lit.: Andreae Danduli ducis Venetiarum, Chronica per extensum descripta, hg. E. PASTORELLO, 1938–58 – Martin da Canal, Les estoires de Venise. Cronaca veneziana in lingua francese dalle origini al 1275, hg. A. LIMENTANI, 1972.

Zenon, byz. Ks. 474/475, 476–491, † 9. April 491; ursprgl. Tarasis (eher als Tarasicodissa) gen. isaur. Häuptling (→Isaurier), war von Ks. Leon I. mit seinem Kontingent nach Konstantinopel gerufen worden, um hier dem germ. Einfluß des Alanen →Aspar und der Ostgoten entgegenzuwirken. Z. heiratete 466 Ariadne, die älteste Tochter Leons, und wurde zum comes domesticorum berufen. Nach Leons Tod 474 wurde Z. unter seinem Sohn Leon II. Mitks., als dieser im Kindesalter noch im selben Jahr starb, alleiniger Ks. Z. schloß einen Vertrag mit den →Vandalen, dem ein beinahe 60 Jahre dauernder Waffenstillstand folgte, war aber gleichwohl nicht populär: ein Komplott seiner Schwiegermutter Verina machte deren Bruder →Basiliskos 475 zum Ks.; Z. floh nach Isaurien, konnte den Thron aber im folgenden Jahr mit Hilfe von Illos und →Theoderich Strabo zurückerobern und bis zu seinem Tod behaupten. Unter seiner Herrschaft fiel das Weström. Reich, doch anerkannte dessen Bezwinger →Odoaker die byz. Oberhoheit und regierte unter dem Titel magister militum per Italiam als Vertreter des Ks.s. Die fortdauernden christolog. Auseinandersetzungen versuchte Z. 482 durch die Proklamation des →Henotikon zu lösen, das aber erfolglos blieb und zum →Akakian. Schisma mit Rom führte. A. Külzer

Lit.: Oxford Dict. of Byzantium, 1991, 2223 – RE II/19, 149–213 – D. M. NICOL, A Biographical Dict. of the Byz. Empire, 1991, 136 – E. W. BROOKS, The Emperor Z. and the Isaurians, EHR 8, 1893, 209–238 – R. M. HARRISON, The Emperor Z.'s Real Name, BZ 74, 1981, 27f. – J. MOORHEAD, Theoderic, Z. and Odovacer, ebd. 77, 1984, 261–266.

Zensualen, Zinsleute; Zensualität. Das Spektrum der Q.nbegriffe für zinspflichtige Personen (censuales, censuarii; capiticensi; tributarii; cerocensuales, cerearii, cereales) ist ebenso vielfältig wie das der Erscheinungsformen, so daß von einem einheitl. und definierbaren Z. stand keine Rede sein kann. Die Schwierigkeiten liegen dabei sowohl in der zeitl. Spanne vom 8. bis zum 18. Jh., allerdings mit dem klaren Hauptgewicht der Entwicklung im 11. und 12. Jh., als auch in der räuml. Ausdehnung mit den Schwerpunkten (1.) in Flandern, am Niederrhein und in Westfalen, (2.) in Zentralfrankreich, Lothringen und in den Rheinlanden sowie (3.) in Bayern und in den Alpenländern bis nach N-Italien. Hinzu kommen bemerkenswerte Un-

terschiede hinsichtl. der ständ. Herkunft der Zinsleute und der Art der Bindung an den Hl. n einer Kirche. Gleichwohl bleiben doch genügend gemeinsame rechtl. und soziale Charakteristika. Der Z.status ist grundsätzl. durch die Zugehörigkeit zur grundherrschaftl. →»familia« und die lockere Bindung an den Patron der Kirche bestimmt. Ausdruck dieser Bindung ist (mit Erreichen der Volljährigkeit bzw. mit der Verheiratung) der jährl. zu erbringende Kopfzins in Höhe von 2 bis 60, meist von 2 bis 6 Denaren oder in Form einer etwa gleichwertigen Wachsabgabe (Cerozensualität), die in stärkerem Maße die religiöse Seite der Anbindung an den Hl.n zum Ausdruck bringt. Hinzu kommt in der Regel die Todfallabgabe aus dem Nachlaß des Verstorbenen (Hauptrecht, Kurmede, →Mortuarium), vielfach in Gestalt von →Besthaupt und Bestkleid (→Gewandfall). Größeres Gewicht erlangten neben diesen erbrechtl. insbes. die eherechtl. Bestimmungen. Die Zustimmung zur Eheschließung – ganz unproblemat. bei Heiraten innerhalb der »familia« – konnte in der Regel leicht über einen fixierten, geringen Geldbetrag erlangt werden. Ein großes Problem stellte hingegen, bes. im 11. und 12. Jh., die Ausheirat, Mischheirat oder →*formariage* mit ihren erb- und eherechtl. Konsequenzen (Zwangsscheidung oder Zweidrittelabgabe des Nachlasses) dar. Trotz dieser Beschränkungen sollte man den Z.status spätestens seit dem 12. Jh. eher mit der Umschreibung fortbestehender Bindungen als mit dem Begriff der Unfreiheit charakterisieren, denn an Vorteilen waren damit die Befreiung von persönl. Knechtsdiensten (→Knecht) und eine weitgehende →Freizügigkeit mit der Möglichkeit zur freien Selbstentfaltung in den aufstrebenden Städten verbunden. Ebenso wichtig war, wie es Hunderte von Streitfällen belegen, die mit dem Z.status im Prinzip verknüpfte Zusage von Schutz und Rechtssicherheit durch die Kirche gegenüber der Gefahr der (erneuten) →Verknechtung durch Vogt oder Meier der jeweiligen Grundherrschaft bzw. im Zuge einer Lehnsvergabe, auch wenn diese »defensio« nicht immer gewährleistet wurde oder werden konnte. Eine zusätzl. Sicherung erfolgte z. T. über die individuelle Ausstellung einer »Freiheitsurkunde« und über Zeugenaussagen. Mit der Fixierung eines eigenen Z.rechts kam es im 12. Jh. vielfach zur Ausbildung eines gesonderten Rechts- und Gerichtsbereichs der Z. Das darin zugleich zum Ausdruck kommende Gruppenbewußtsein implizierte eine gewisse Angleichung der stark ausgeprägten Unterschiede hinsichtl. der ständ. Herkunft. Grundsätzl. und vereinfachend lassen sich, auch quellenmäßig, zwei Zugangswege in die Zensualität unterscheiden; nämlich Selbsttradition von Freien, die »sponte ex libertate se ... tradierunt« (UB Worms, I, 51, 1033), und Schenkungen von Manzipien/Knechten und Mägden, die »[ex] servitute liberati aliorum traditione venerunt« (ebd.). Wie es das letztgen. Zitat andeutungsweise erkennen läßt, handelt es sich in diesem Fall um einen zweigestuften Rechtsvorgang: Einmal um die Befreiung aus der Knechtschaft und dann um die Schenkung zu Z.recht. Die seit dem 11. Jh. schnell wachsende Zahl solcher Übertragungen hat bes. im NW (Flandern) und SO (Bayern, Alpenländer) des Reiches zur Anlage von Traditionsverzeichnissen (→Traditionsbücher) mit jeweils Hunderten von Einträgen geführt. Darunter befinden sich auch zahlreiche, schwieriger zu deutende Beispiele von Selbsttraditionen von Personen und Familien freier und edelfreier Herkunft. Als Motiv wird vorrangig die Schutzbedürftigkeit adliger Frauen mit ihren Kindern gegenüber der Bedrohung durch benachbarte Lehnsherren, Ministeriale/Ritter, aber auch gegenüber den eigenen Verwandten, sowie infolge ungleicher Eheschließungen genannt. Daneben spielten in besonderen Lebenslagen geleistete Gelübde und generell die aus devotionalen Gründen erfolgende Zuwendung zu einem Hl.n, v.a. im W und NW des Reiches – Lothringen, Flandern –, eine Rolle mit der Konsequenz sehr unterschiedlicher Erscheinungsformen innerhalb der Z., obwohl auch hier eine Tendenz zur Angleichung zu beobachten ist. Zahlenmäßig dominierten die Befreiungen bzw. Schenkungen von Knechten und Mägden (→mancipia) aus unterschiedl. Motiven: Adlige Herren tradierten ihre unehel. Kinder oder treuen Diener und Mägde, bei Besitz- oder Lehnsübertragungen wurden Personengruppen, die der Kirche verbunden bleiben sollten, ausgeklammert und mit Z.recht ausgestattet. Schließlich wurden Personengruppen, die sich zu entziehen drohten, durch das Z.recht in einer lockeren Bindung gehalten. Hinzu kamen die über den Freikauf stattfindenden Selbstlösungen aus der Knechtschaft zugunsten des Z.rechts und die im Zuge der Umgestaltung oder Auflösung von Grundherrschaften bzw. der Dynamik der städt. Entwicklung erfolgenden Freilassungen oder Freigaben in diesen Rechtsstatus. Das Stichwort Freikauf verweist auf eine seit dem Ende des 11. Jh. stärker hervortretende Erscheinung, bei der die Freikaufsumme und die Höhe des dann zu leistenden Kopfzinses innerhalb derselben Grundherrschaft vielfach miteinander korrespondierten: Niedrige Freikaufbeträge bedeuteten oft hohe Kopfzinsen. Was die Freiheit kostete, hing auch von den neuen Lebensbedingungen ab – im städt. oder ländl. Bereich, nunmehr fast allein monetär oder noch enger persönl. eingebunden. Auf der Entwicklungsstufe um 1100 scheint das locker gehandhabte Z.recht geradezu mit dem sich ausbildenden Bürgerrecht in dem Prozeß der Kommunalisierung gleichgesetzt worden zu sein, wie es die Traditionsnotizen v. St. Emmeram für Regensburg, die Notiz Guiberts v. Nogent für Laon und die Ks.privilegien für →Speyer und →Worms v. 1111 und 1114 zeigen. Heinrich V. erteilte den Einwohnern dieser beiden bes. kg.snahen Städte die Befreiung von der zwei Drittel des Nachlasses ausmachenden sog. Buteil-Abgabe und damit die Entbindung von den erb- und eherechtl. Konsequenzen der sog. Ausheirat, die angesichts des städt. Zusammenlebens beinahe zum Normalfall geworden war. Er verband damit für die Einwohner Speyers die Pflicht zur Memoria für seinen verstorbenen Vater, Ks. Heinrich IV., jeweils an dessen Todestag. Damit erhält in diesem Fall die Verbindung von abgemilderter Zensualität und Kirche eine neue Akzentuierung. 1184 wurden von Friedrich Barbarossa wohl die letztl. noch verbliebenen Bindungen der Zensualität in Gestalt des Kopfzinses für die Wormser Bürger aufgehoben.

Für die Städte Flanderns ist eine ähnl. zeitl. Abfolge der Aufhebung zensual. Bindungen für manche Bürgergemeinden zu beobachten: Nach der Ermordung →Karls d. Guten (29. K.), des Gf.en v. Flandern, erfolgten 1127/28 erste, in diese Richtung führende Schritte und um 1200 schließlich auch die Aufhebung des Kopfzinses. Geistl. Stadt- und Territorialherren (anfangs etwa auch die Staufer für ihre eigenen Städte) haben hingegen lange oder sogar konsequent am Z.recht als Bestandteil des Stadtrechts festgehalten. Sie versprachen sich über diese lockere persönl. und rechtl. Einbindung einen Zusammenhalt bald auch territorialpolit. Art, wenn dadurch bedingt auch gewisse Abwanderungen in benachbarte Städteregionen eintraten. Im übrigen waren mit der Zensualität nicht unerhebl. Einkünfte verbunden, was im Unterschied zu weltl. Territorien mit anderen Herrschafts- und Wirt-

schaftsformen das doppelte Interesse der Kirche an diesem Rechtsstatus verständl. macht. Außerdem bot die Zensualität ein großes Reservoir für die Heranziehung oder Heranbildung von Amtsträgern im Sinn der →Ministerialität. Zwar läßt sich zw. Z. und Ministerialen insofern eine klare Unterscheidung treffen, als letztere von ihrer Funktion, ihrem Amt (»ministerium«) her bestimmt sind, was auf die Z. von Hause nicht zutrifft, aber der Übergang von der Zensualität in die Ministerialität war gleitend, zumal wenn zugleich eine Lehnsausstattung (eventuell Dienstlehen) erfolgte. Seit dem 12. Jh. ist für die besser gestellte Zensualität ein Trend in die Ministerialität und auch zu ritterl. Lebensformen zu beobachten. Dieses Streben in die Ministerialität mag auch mit der langsamen Abwertung des Z.status in dieser Zeit zusammenhängen. Ursprgl. eröffnete das Z.recht zweifellos manche Entfaltungs- und Gestaltungsmöglichkeiten, und zwar nicht nur im Stadtwerdungsprozeß, sondern auch beim inneren Landesausbau mit vergleichsweise freier bäuerl. Siedlung und der Bildung von Dorfgemeinschaften. Im Laufe des 12./13. Jh. wurden aber die noch aus grundherrschaftl. Bezügen stammenden Elemente des Z.rechts als immer problematischer und unangemessener empfunden und in manchen Fällen kollektiv zurückgewiesen oder individuell durch Wegzug oder Verschweigen verweigert. Prozesse, Gutachten, Stadt- und Dorfrechte mit der Fixierung zensualischer Rechtsbestimmungen sowie die Anlage von Namenslisten waren Gegenmittel, die dazu beitrugen, daß die Zensualität in manchen Regionen (z. B. am Niederrhein und in Westfalen), wieder verstärkt durch die Entwicklung des späten 15. und des 16. Jh., bis weit in das 18. Jh. hinein erhalten blieb. K. Schulz

Lit.: HRG V, 1715–1719 [F. REILING] – BRUNNER, DRG I, 1906, 142ff., 359ff. – SCHRÖDER-KÜNSSBERG, 1907[5], 48ff., 231ff., 449ff. – A. MEISTER, Stud. zur Gesch. der Wachszinsigkeit (Münstersche Beitr. zur Gesch.sforsch. NF 32/33, 1914) – H. v. MINNIGERODE, Das Wachszinsrecht, VSWG 13, 1916, 184–192 – F. L. GANSHOF, Étude sur les ministériales en Flandre et en Lotharingie, 1926 – P. C. BOEREN, Études sur les tributaires d'église dans le comté de Flandre du IXe au XIVe s., 1936 – A. DOPSCH, Herrschaft und Bauer in der dt. Ks.zeit, 1939 [Neudr. 1964], 22–45 – H. KLEIN, Die Salzburger Freisassen (Ges. Aufsätze, DERS., 1965), 137–251, 253–262 – K. SCHULZ, Freikauf in der Ges. des HochMA. Dargestellt an bayer. Q.n (Fschr. W. v. STROMER, 3 Bde, 1987), 1197–1226 – M. MATHEUS, Adelige als Zinser von Hl.n [Habil.schr. ungedr. Trier 1989] – K. SCHULZ, »Denn sie lieben die Freiheit so sehr«. Kommunale Aufstände und Entstehung des europ. Bürgertums, 1992, bes. Kap. III, 78–99 – M. MATHEUS, Forms of Social Mobility: The Example of Zensualität (England and Germany in the High MA, 1996), 357–369.

Zensur

I. Westkirche – II. Ostkirche – III. Judentum.

I. WESTKIRCHE: Das Recht der Kirche zur Z., d. h. zur Überprüfung von Lehrmeinungen und insbes. von Schriften und →Büchern nach bzw. vor der Drucklegung, gründet in der Pflicht, die geoffenbarte Wahrheit rein zu erhalten. Das 1. Konzil v. →Nikaia (325) erließ das erste ausdrückl. Verbot gegen die Thalia des →Arius, die daraufhin im Auftrag der christl. Staatsgewalt verbrannt wurde. In der Folgezeit verboten Päpste, Bf.e und Konzilien wiederholt irrgläubige Bücher, wie jene der Eunomianer (→Eunomius), der Montanisten (→Montanismus), des →Origines, des →Nestorios, der Eutychianer (→Eutychios) während des sog. →Dreikapitelstreits, der Monotheleten (→Monotheletismus) und Bilderstürmer sowie der →Manichäer und Priscillianisten (→Priscillian), später jene von →Johannes Scottus Eriugena (175. J.), →Gottschalk v. Orbais, →Berengar v. Tours, →Abaelard, →Arnold v. Brescia, Amalrich v. Bena (→Amalrikaner), →Joachim v. Fiore, →Marsilius v. Padua, →Raymundus Lullus sowie den →Talmud (vgl. →Talmudverbrennungen; ferner auch die →»Responsa Nicolai I. papae ad consulta Bulgarorum«; Beschlüsse der Synode zu Toulouse v. 1229 gegen die →Albigenser und →Waldenser). Nach dem Beispiel der Christen von Ephesos (Apg 18, 19) erfolgte die Beseitigung durch Verbrennen (vgl. auch 15. Sitzung des Konzils v. →Konstanz vom 6. Juli 1415 gegen →Wyclif und →Hus; Leo X., »Exsurge Domine« vom 15. Juni 1520 gegen Luther).

Ein mit dem späteren Index, d. h. der Auflistung verbotener Bücher, vergleichbares Verzeichnis bildet das →Decretum Gelasianum, das weithin in das →Decretum Gratiani (D. 15 c. 3. 28–81) Aufnahme fand. Nach dem Vorbild staatl. Verzeichnisse wurde im Zusammenhang mit der Inquisition unter Paul IV. (1559) der erste förml. Index veröffentlicht. Das Konzil v. Trient übertrug die Indexfrage einer eigenen Kommission und übergab deren Arbeit (sess. XXIV., »Decretum de indice librorum« vom 3. Dez. 1563) dem Papst zur Endredaktion. Bereits am 24. März 1564 publizierte Pius IV. mit der Konstitution »Dominici gregis custodiae« den Index, der außer den 10 tridentin. Indexregeln ein dreigliedriges Verzeichnis der verbotenen Bücher (Verfasser mit allen Werken; Einzelwerke; anonyme Bücher) enthielt. Die Ergänzung des Index übernahm die im März 1571 von Pius V. errichtete und von Gregor XIII. am 13. Sept. 1572 bestätigte Indexkongregation.

Eine zunächst im Partikularrecht der Franziskaner (Constitutiones Narbonenses 1260), dann 1491 für Venedig und 1501 von Alexander VI. für vier dt. Kirchenprovinzen eingeführte Vorzensur von Büchern erhielt durch das V. Lateranskonzil (Leo X., »Inter sollicitudines« vom 4. Mai 1515) allg. Geltung. W. Rees

Lit.: DDC V, 1318–1321 – WETZER und WELTE's Kirchenlex. II, 1883[2], 1437–1444; VI, 1889[2], 643–663 – J. FESSLER, Das kirchl. Bücherverbot, 1858 [= DERS., Censur und Ind. (DERS., Slg. vermischter Schrr. über Kirchengesch. und Kirchenrecht, 1869), 125–183] – F. H. REUSCH, Der Ind. der verbotenen Bücher. Ein Beitr. zur Kirchen- und Lit.gesch., I, 1883 [Nachdr. 1967] – DERS., Die Indices librorum prohibitorum des 16. Jh., 1886 [Nachdr. 1961] – J. HILGERS, Der Ind. der verbotenen Bücher, in seiner neuen Fassung dargelegt und rechtl.-hist. gewürdigt, 1904 – DERS., Die Bücherverbote in Papstbriefen. Kanonist.-bibliogr. Studie, 1907.

II. OSTKIRCHE: Wiewohl Z. im eigentl. Sinn den Buchdruck als bereits einflußreiches, aber noch überschaubares Medium der NZ voraussetzt und als solches kontrollieren will, kennen auch Altertum und MA die negative Qualifizierung von Schrifttum sowie Maßnahmen, es zu unterdrücken. Dazu zählen etwa das Verbot, solche Schriften zu lesen, zu kopieren und zu verbreiten, oder die Anweisung, sie zu vernichten. Z. in diesem Sinn betraf im Osten v. a. Schriftstücke häret. Inhalts. So wurden die Schriften des Areios (→Arius, Arianismus) von Ks. Konstantin d. Gr. verboten, und Ebf. →Theophilos v. Alexandria verurteilte die Schriften des Origenes. Das V. Ökumen. Konzil (553) anathematisierte die sog. Drei Kapitel, d. h. bestimmte Schriftstücke, die des Nestorianismus verdächtigt wurden (ACO IV/1, 208–214; →Dreikapitelstreit). Das VI. Ökumen. Konzil (680/681) ordnete die Verbren-

nung der von ihm indizierten Schriften monothelet. und monenerget. Autoren an (ACO ser. 2, II/2, 626). Die Akten dieses Konzils selbst entgingen demselben Schicksal unter Ks. Philippikos (711–713) nur durch den Mut eines konstantinopolitan. Diakons, der sie trotz ihrer anberaumten Vernichtung heimlich abschrieb (ACO ser. 2, II/1, VII). Das VII. Ökumen. Konzil (787) befahl, seinem Thema entsprechend, die Konfiszierung bilderfeindl. Bücher (can. 9). Für die weitere Gestaltung des byz.-orth. Kirchenlebens war die Entscheidung des Trullanums (691/692) wegweisend, die sog. Apostolischen Konstitutionen aus dem 4. Jh. ihres pseudepigraph. Charakters wegen zu verwerfen, jedoch die als Anhang zu deren 8. Buch überlieferten sog. 85 Apostolischen Kanones als echt zu rezipieren (can. 2). Daß Z.-Maßnahmen solcher Art durchaus nicht wirkungslos blieben, beweist im übrigen die gesamte Überlieferungsgeschichte der byz. Literatur.

Schließlich wurden regelrechte Indices sog. verbotener Bücher erstellt, die sich jedoch lediglich als Auflistungen apokrypher Machwerke erweisen. Zwar sind nur sehr wenige Beispiele solcher Verzeichnisse, die nicht unerhebl. Variationen unterlagen, im griech. Original erhalten geblieben (etwa im Logos 13 des Taktikon→Nikons vom Schwarzen Berg, uned.), doch kursierten sie um so mehr in slav. Übersetzung. Angefangen vom →Izbornik Svjatoslavs von 1073 bis ins 17. Jh. sind bislang über 250 Exemplare nachgewiesen, die v. a. aus russ. Klosterbibliotheken stammen. Sie besaßen nie kirchenamtl. Charakter. Hingegen knebelte eine streng bürokratisch arbeitende staatskirchl. Z. im modernen Sinn das geistig-geistl. Leben im russ. Imperium vom 18. bis ins 20. Jh. auf empfindl. Weise.   P. Plank

Lit.: H. REUSCH, Der Index der verbotenen Bücher, I, 1883 – N. TICHONRAVOV, Pamjatniki otrečennoj russkoj literatury, 2 Bde, 1863 [Neudr. 1973] – N. TICHONRAVOV, Otrečennyja knigi drevnej Rossii (Sočinenija N. S. Tichonravova, I, 1898), 127–255 – H.-G. BECK, Überlieferungsgesch. der byz. Lit. (Textüberlieferung der antiken Lit. und der Bibel, 1988²), 423–510 – N. A. KOBJAK, Indeks ložnych knig i drevnerusskij čitatel' (Christianstvo i cerkov' v Rossii feodal'nogo perioda, hg. N. N. POKROVSKIJ, 1989), 352–363.

III. JUDENTUM: Von kirchl. Z. zu trennen ist die von zwei Aspekten bestimmte innerjüd. Z. Von außen durch nichtjüd. Autoritäten beeinflußt, wird sie zur Selbstz. mit dem Ziel, vermeintlich gegen Christentum oder Nichtjuden gerichtete Äußerungen zu ändern oder zu tilgen. So wird z.B. das talmudische, von Christen als anstößig empfundene »òved ´abodah zarah« (Götzendiener) geändert in »obed kochabim u-mazalot« (Verehrer von Sternen und Sternbildern), wenngleich (im christl. MA) Nichtjuden die Gestirne nicht verehrt haben. Die als Aussage gegen den →Zölibat vermutete Talmudstelle bJeb 62b: »Jeder Mann ohne Frau lebt ohne Freude und Segen« wurde geändert in: »Jeder Jude ohne Frau...«. Diese im gesamten MA geübte Praxis wurde seit Mitte des 16. Jh. offiziell, um durch Ändern oder Streichen der bei christl. Theologen als antichristlich geltenden Textstellen eine Gefährdung der rabbin. Lit. zu vermeiden.

Von innen wurde von rabbin. Autoritäten Z. ausgeübt, um Religion und Moral zu schützen und unerwünschtes Schrifttum abzuwehren. Bekanntestes Beispiel ist der Streit um die Werke des →Maimonides (Maimonid. Streit), in dessen Verlauf sich deren Anhänger und Gegner wechselseitig bannten (→Bann, C) und Werke des Maimonides und anderer verbrannt wurden. Diese große Auseinandersetzung um profane Bildung und Philosophie hinterließ Spuren bis zur Aufklärung: Der »Moreh Nebukim« blieb für einen Großteil v. a. des aschkenas.

Judentums verpönt. Grundlage war mSan 10.1, nach der niemand Anteil an der Zukünftigen Welt hat, der »außenstehende Bücher« liest. Ursprünglich gegen die »Apokryphen« gerichtet, umfaßte sie in MA und Früher NZ alle Bücher, die »schädlich« waren, wie z.B. der it. Rabbiner Obadia ben Abraham v. Bertinoro (ca. 1470–1516) in seinem Mischnakommentar zur Stelle bemerkt: »Hiermit sind die Werke gemeint, die Häretiker geschrieben haben, wie die Werke des Griechen Aristoteles und seiner Kollegen. Dieses Verbot bezieht sich jedoch auf jeden, der Historien heidn. Kg.e, Liebeslyrik, erot. Schriften sowie Werke liest, die weder Weisheit noch Nutzen bringen, sondern Zeitverschwendung sind«. Josef ben Ephraim Karo (1488–1575), Verf. des »Schulchan 'Aruk«, schreibt in dessen 1. Teil (Orach Chajim – rechte Lebensweise – 307, 16): »Es ist untersagt, am Sabbat die eitlen Gedichte und Parabeln weltl. Lit. und erot. Werke zu lesen, wie z.B. das Buch des Immanuel aus Rom (→Immanuel v. Rom).« Die Z. steht in Zusammenhang mit der rabbin. Begrenzung der Bildung und ist in ihrer Wirkung aufgrund des Fehlens einer Zentralautorität immer von der Bereitschaft des Autors, Verlegers oder Lesers abhängig, den Bann bzw. die Z. einer rabbin. Autorität zu akzeptieren.

Vorläufer einer systemat. kirchl. Z. gegenüber echten oder angebl. Auffassungen des Judentums sind die seit dem Religionsgespräch v. Barcelona 1263 (→Religionsgespräche, IV) immer wieder ergangenen Verordnungen, alle – meist von Konvertiten (→Konversion) behaupteten – in rabbin. Schriften enthaltenen Schmähungen Jesu und der Kirche in den entsprechenden Büchern zu tilgen bzw. diese Bücher zu vernichten (→Talmudverbrennungen). Systemat. Gesetzgebung beginnt 1544 als Folge der Beschlüsse des Tridentinums. 1559 veröffentlichte Papst Paul IV. den ersten »Index auctorum et librorum prohibitorum«, der auch »den Talmud der Juden samt allen Glossen, Anmerkungen, Interpretationen und Auslegungen« aufführt und 1594–96 zu einem hebr. »Index expurgatorius« führt, der verbotene Bücher ebenso verzeichnet wie solche, aus denen anstößige Stellen zu eliminieren sind. Die entstandene Situation bewirkte zum einen, daß bereits eine 1554 in Ferrara tagende Konferenz jüd. Gemeinden beschloß, den Druck eines Buches nur nach Beibringung einer Approbation von drei Rabbinern und eines Gemeindevorstehers zu erlauben, zum anderen, daß jüd. Publikationen in der Regel vor dem Druck durch jüd. oder christl. Korrektoren überprüft wurden.   R. Schmitz

Lit.: I. SONNE, Expurgation of Hebrew Books, 1943 – M. CARMILLY-WEINBERGER, Censorship and Freedom of Expression in Jewish History, 1977 – H. RAFETSEDER, Bücherverbrennungen, 1988.

Zent, -gericht (lat. centa) hieß im hohen und späten MA ein ländl. →Gericht, dessen Verbreitungsgebiet sich vom Mosel- und Rheinland über die Pfalz, die Wetterau und Hessen bis nach Franken erstreckte. Z.en sind nicht vor dem 12. Jh. bezeugt (1168 Barbarossas Hzg.sprivileg für den Würzburger Bf.); trotz des sprachl. Anklangs ist ein Zusammenhang mit der frk. centena (→centenarius) nicht nachzuweisen. Wichtigste Aufgabe der Z. war die Blutgerichtsbarkeit (→Halsgericht) bei todeswürdigen Verbrechen, insbes. bei Mord, Diebstahl, Brandstiftung und Notzucht. Dem diente auch das Aufgebot der →Landfolge zur Verfolgung von Verbrechern oder zur Abwehr von Angriffen. Hinzu kamen die Aburteilung kleinerer Vergehen sowie eine Reihe hoheitl. Funktionen im Gerichtsbezirk. Z.herr war meist der Landesherr (→Landesherrschaft); so schon 1231/32 das →Statutum in favorem principum. Als Richter fungierte der ernannte (seltener gewählte) Z.graf, als Urteiler (meist) 12 →Schöffen. Die

vorgefallenen Taten wurden durch →Rüge vor die Z. gebracht. Das Verfahren war mündl., wurde jedoch oft in →Weistümern, seit dem 15. Jh. in Z.büchern festgehalten. – In vieler Hinsicht ähnelt die Z. dem sächs. →Go.

K. Kroeschell

Lit.: HRG V, 1663–1665 [G. Theuerkauf] – H. Knapp, Die Z.en des Hochstifts Würzburg, II, 1907 – K. Kroeschell, Die Z.gerichte in Hessen und die frk. Centene, ZRGGermAbt 73, 1956, 300–360 – Die Weistümer der Z. Schriesheim, bearb. K. Kollnig (Veröff. der Komm. für geschichtl. LK Baden-Württ. A 16, 1968), 1–10 – K. Schrott, Die Z. Memmelsdorf, 1970.

Zentaur → Kentaur

Zentenar → Centenarius; →Hundertschaft; →Zent

Zentralbau
I. Abendländisches Mittelalter – II. Byzanz.

I. Abendländisches Mittelalter: Der Grundriß von Z.ten ist zentralsymmetrisch um einen Mittelpunkt oder Mittelraum angelegt mit annähernd gleich lange Hauptachsen. In der ma. Architektur des Abendlands waren Z.kirchen relativ selten; ihre Grundrisse wurden gegenüber der spätantiken und byz. Architektur meist auf einfache Grundformen reduziert. Funktional notwendige Nebenräume (Vorhalle, Sakristei oder Altarraum bei Kirchen) werden der Grundrißsymmetrie häufig nicht untergeordnet. Eine »Z.-Tendenz« findet sich an überhalbkreisförmigen Apsiden oder Polygonen; z.artige Außenbauformen prägen hochaufragende Türme. Zentralräume innerhalb größerer Baukomplexe sind im Außenbau oft nicht als Z.ten erkennbar, aber auch bei freistehenden Z.ten stimmen Grundriß und Struktur von Außenbau und Innenraum nicht immer überein. Mehrschiffigkeit gewinnt der Z. durch eine, selten mehrere konzentr. Stützenreihen. Der Mittelraum ragt in der Regel höher auf und wird mit einer Kuppel, einem mehrteiligen Kappengewölbe oder einem sternförmigen Rippennetz überspannt, das auch von einer Mittelstütze getragen werden kann; flachgedeckte Z.ten bleiben selten.

Z.ten haben in der von längsgerichteten Bauten geprägten ma. Architektur auszeichnenden Charakter; diese Bauform ist fast ausschließl. in bestimmten Kontexten und für spezielle Funktionen und Bauaufgaben gewählt worden; daneben gibt es allerdings zahlreiche, auch monumentale Z.ten, deren Formwahl bislang nicht zu erklären ist. Selbständige Z.ten sind insgesamt weniger häufig als Z.ten im Bauzusammenhang mit längsgerichteten, größeren Kirchen. Ein basilikales Langhaus kann mit einem z.artigen Sanktuarium verbunden werden (Charroux; Köln, St. Maria im Kapitol; Florenz, S. Maria di Fiore); monumentale Z.ten konnten auch östl. an Sanktuarien anschließen (→Chorscheitelrotunde). Die wichtigsten Z.-Funktionen (Grab- und Memorialbau, →Pfalz-, →Burgkapelle, →Baptisterium) gehen auf antike, frühchr. und byz. Vorbilder zurück. Von ma. Autoren wurden ma. Z.ten auffallend oft mit der Baukunst der röm. Antike assoziiert, die man in einem lange nicht überwindbaren Gegensatz zugleich als vorbildl. wie als »heidnisch« empfunden hat.

Grabbauten röm. Ks. und bes. der Memorialbau über dem Grab Christi in Jerusalem (Anastasis, »Hl. Grab«) waren im frühen und hohen MA nicht nur für den chr., sondern auch für den islam. Kulturkreis gegenwärtig. Der Bau freistehender Z.-Grabkirchen endet im FrühMA; später stehen Z.-Grabkapellen regelmäßig im Kontext mit normalen Kirchen. Z.ten zeichnen im 10. Jh. häufig Hl.ngräber und bedeutende Reliquien aus; im Hoch- und SpätMA sind monumentale Z.ten für Reliquien selten (Trondheim, Kobern, Loreto). Die Jerusalemer Hl.-Grab-Kirche wurde im Abendland häufig mit Z.ten nachgebildet, die ihre Baugestalt mehr oder weniger abgewandelt wiedergeben (→Heiliggrabkapellen). Einige dieser Bauten gehören zu den bedeutendsten Z.ten des MA (Charroux). Die seltenen Z.ten des Templerordens (→Templerkirchen) und der Johanniter (Clerkenwell, Little Marplestead) unterscheiden sich charakterist. von den Hl.-Grab-Nachbildungen und nehmen nur allgemein auf das Hl. Grab und den Jerusalemer Tempel Bezug.

Eine Gruppe von Votiv- und Wallfahrtskirchen scheint sich in der Motivation ihrer Z.-Form diesen Bauten anzuschließen: Rundkirchen an vorchr. Kultplätzen (Hildesheim; Perugia, S. Angelo; S. Galgano; Řip). Monumentale Z.-Wallfahrtskirchen bleiben selten, waren aber von bes. architekton. Qualität (Brandenburg, Harlungerberg; Regensburg, Schöne Maria [Holzmodell v. Hans Hieber]). Ein Memorialcharakter kann auch die Z.-Form von Hospitalkirchen (Le Puy, Aiguilhe; Entraigues bei Angoulême; Flattnitz) erklären. Die zahlreichen Z.-Friedhofskirchen und Z.-→Karner im Nordosten und Südosten des dt. Reichs schließen sich diesen Grab- und Memorialbauten an, bilden dabei aber eine regional recht geschlossene Gruppe des 12.–14. Jh.

Ebenso bedeutend für die ma. Z.-Architektur waren Zentralräume und Z.-Kirchen in den Residenzstädten der spätantiken Kaiser. Kirchenstiftungen der ma. Herrscher »für das Wohl des Reiches« nehmen auf die justinian. →Hagia Sopia in Konstantinopel Bezug, ohne deren Bauform genau zu wiederholen. Zuerst faßbar ist dies in der Stiftung der Sta. Sofia in →Benevent durch Hzg. Arechis II. (nach 758). Karl d. Gr. setzte an der Marienkirche in Aachen (ca. 790–800) mit Bauaufwand, Größe, Gewölbekonstruktion und Ausstattung neue Maßstäbe. Derselbe Stiftungszweck ist für die nicht erhaltenen, repräsentativen Z.ten Ks. Karls d. Kahlen in Compiègne und Gf. Arnulfs I. v. Flandern in Brügge überliefert. Die Aachener Grabkirche Karls diente um 1000 als architekton. Vorbild für bfl. Kl.stiftungen (Lüttich, Köln-Deutz) und Reliquienkapellen (Mettlach). Sehr detailliert wurde dann in den um 1030 erbauten Kirchen der Pfalz Nijmegen, des Stifts St. Georg in Goslar und des Nonnenkl. Ottmarsheim nachgebildet. Im SpätMA unterstrichen die Ks. Ludwig d. Bayer und Karl IV. ihren Herrschaftsanspruch mit Kirchenstiftungen in Ettal und Prag (Karlshof), deren Bauformen programmat. auf die Aachener Stiftung Karls d. Gr. zurückgriffen; in die gleiche Reihe stellte sich der ptg. Kg. Johann I. mit Sta. Maria da Vitória in →Batalha. Kirchen auf Pfalzen, Burgen und Adelshöfen (→Pfalz-, →Burgkapelle) haben im dt. Reich sonst nur selten Z.-Form erhalten (Höfe bei Dreihausen/Hessen, Würzburg, Altötting, Wieselburg); vereinzelt bleiben auch Rundkirchen in katal., engl. und nordeurop. Burgen (Lluça, Woodstock, Tonsberg). Üblicher wurden hier doppelgeschossige Z.-Palastkapellen (→Doppelkapelle), die entweder komplexe Raumformen aufweisen (Goslar, Schwarzrheindorf, Sayn, Vianden, Graz) oder einen quadrat. Grundriß mit vier Innenstützen zeigen (Mainz, Speyer, Nürnberg, Hereford). Vierstützenbauten konnten auch eingeschossig sein (Gelnhausen, Kalundborg [mit vier Türmen], Paderna bei Piacenza). In großer Zahl gibt es kleine, runde Burgkirchen seit dem 9. Jh. in den neu christianisierten slav., sächs. und ung. Gebieten Ostmitteleuropas (Mikulčice, Znaim, Krakau, Groitzsch); reichere, z.B. kreuzförmige Z.-Formen erscheinen dort seltener (Stuhlweißenburg, Ostrów Lednicki, Krakau).

Auch einfache Pfarrkirchen wurden, wiederum bes. in

Ostmitteleuropa, als Z.ten errichtet. Regionale Gruppen bilden Sechskonchenkirchen des 9.–12. Jh. in Kroatien, rund ummantelte Sechskonchenbauten des 12.–13. Jh. in Ungarn sowie Rotunden des 9.–13. Jh. in Skandinavien, Polen, Böhmen, Österreich und Ungarn.

Auf frühchr. Vorbilder geht schließlich die Z.-Form der →Baptisterien zurück, die seit dem 9. Jh. regional eng begrenzt blieb auf Ober- und Mittelitalien. Außer traditionellen, kleinen Nischenoktogonen entstanden dort im 11.–14. Jh. monumentale achteckige und runde Taufkirchen (Florenz, Cremona, Pisa, Parma, Pistoia).

Im ma. Profanbau spielten Z.grundrisse, vom Quadrat abgesehen, keine Rolle; nur selten erhielten Innenräume, Burggrundrisse, Wehr- oder Wohntürme (→Donjon) einen runden oder regelmäßig polygonalen Grundriß; die vielteilig vom Oktogon geprägte, von Ks. Friedrich II. erbaute Burg →Castel del Monte blieb ein Sonderfall.

Die Architekturtheoretiker der Renaissance haben mit ihrer Hochschätzung des Z.s die Sehweisen von Architekturgeschichtsschreibung und Architekturkritik bis heute geprägt. Gerade der Rückbezug zur Antike prägte den Z. weiterhin als »heidnisch«, so daß Z.ten auch in der Renaissance nur für die im Hoch- und SpätMA schon gewohnten Bauaufgaben des Memorialbaus oder der Privatkapelle zur Ausführung gelangten.   M. Untermann

Lit.: →Baptisterium, →Burgkapelle, →Doppelkapelle, →Karner, →Pfalzkapelle – H. BIEHN, Ein Beitr. zur Gesch. des dt. Z.s bis zum Jahre 1500, 1933 – R. KRAUTHEIMER, Introduction to an »Iconography of Mediaeval Architecture«, JWarburg 5, 1942, 1–33 [Reprint: DERS., Studies in Early Christian, Medieval and Renaissance Art, 1960, 115–150] – W. GÖTZ, Z. und Z.tendenz in der got. Architektur, 1968 – O. ELLGER, Die Michaelskirche zu Fulda als Zeugnis der Totensorge (55. Veröff. des Fuldaer Gesch.vereins), 1989 – M. UNTERMANN, Der Z. im MA, 1989 [Lit.] – G. MIETHKE, Die Bautätigkeit Bf. Meinwerks v. Paderborn und die frühchr. und byz. Architektur (Paderborner theol. Studien 21), 1991, 111–216 – M. KLING, Roman. Z.ten in Oberitalien (Studien zur Kunstgesch. 95, 1995).

II. BYZANZ: Bauten, die, von einem Mittelpunkt ausgehend, vollständig oder annähernd zentralsymmetr. Form besitzen, nehmen in der byz. Architektur noch vor der Langbauten (v.a. Saalkirchen und Basiliken) eine herausragende Stellung ein. Bei der Entstehung und Ausbreitung des Z.s hat die zunehmende Bedeutung der Kuppel eine prägende Rolle gespielt.

Z.ten wurden nicht nur als 'Einraum' konzipiert, sondern treten in mannigfaltiger Form auf: Rund- und Polygonbauten sind ebenso vertreten wie quadrat. und kreuzförmige Anlagen, die in ihrem Inneren mittels Arkadenstellungen vielgliedrig unterteilt sein können. Die Anlage zentralsymmetrisch konzipierter Räume ist sowohl aus der sakralen als auch aus der profanen byz. Architektur bekannt. Bei der Konzeption solcher Räume in Palast-, Thermen- und Wehranlagen hat die ungebrochene röm. Bautradition entscheidenden Einfluß genommen. Ebenso hat die Form antiker Mausoleen und Memorialbauten für Kirchen in Z.form, wie sie in der Spätantike und Byzanz häufig auftauchen, eine nicht zu unterschätzende Bedeutung besessen.

Die frühesten Z.ten sind nur literarisch überliefert. Es handelt sich um die konstantin. Gründungen am Hl. Grab in Jerusalem, ebensolche Stiftungen in Bethlehem, das Goldene Oktogon in Antiochia und die Kirche Gregors in Nyssa. Das Goldene Oktogon in Antiochia besaß nach den Q.n eine oktogonale Grundform, in welche zwei Säulenkränze eingefügt waren, die die hölzerne Kuppel des Gebäudes trugen. Der Altarraum wurde durch eine im W vorgelagerte, gestelzte dreiseitige Apsis dem Oktogon angefügt. Hölzerne Kuppelkonstruktionen waren offensichtl. auch die Bedachungen, welche den zentralen oktogonalen Bau der Pilgerkirche des Symeon Stylites in Kalaat Seman überdeckte, aber auch die Anastasisrotunde in Jerusalem. Während das Pilgerheiligtum in Kalaat Seman seine prägende Form durch die basilikalen, dreischiffigen, langgestreckten Kreuzarme erhielt, welche an das zentrale um die Säule organisierte Oktogon angeschlossen wurden, konzentrierte sich die Anastasisrotunde in Jerusalem als Rundbau mit konzentr. Stützenkreis um das Grab Jesu. Die Hinzufügung eines Umgangs ist nach DEICHMANN die wesentl. Neuerung, die in konstantin. Zeit bei der Übernahme antiker Formen erfolgte. Nur auf diese Weise konnte ein geheiligter Ort bzw. eine verehrte Reliquie gleichzeitig abgesondert und sichtbar sein. Der Bedeutung des verehrten Ortes, welcher durch die Größe eines Baues bes. Ausdruck erhielt, konnte man durch die Vergrößerung der Anlage mittels eines Umganges gerecht werden. Kreuzförmig wichen an den Außenwänden kleine, außen rechteckig ummantelte Nischen aus der Grundform der Rotunde.

Bauten, deren zentraler Raum von einem Nischenkranz umstellt waren, begegnen in der Funktion von Martyrien und Mausoleen ebenso wie als Baptisterien und Kirchen. Bei armen. und georg. Z.ten hat die Nischenform eine vorzügl. Rolle gespielt. Bauten wie die Kirche der Hl. Nino in Ninozminda (6. Jh.) oder die Dschwari-Kirche in Mzcheta (7. Jh.) ebenso wie die Rundbauten von Bana (Ende 7. Jh.) und die Kirchen von Ani zeigen die eigenständige Entwicklung, die der georg. und armen. Kirchenbau bes. bei Z.ten genommen hat.

In justinian. Zeit treten nischenförmige Z.ten auch zweischalig auf (Hagioi Sergios und Bacchos, Konstantinopel; San Vitale, Ravenna): Der Kernbau, welcher durch eine Kuppel über einem von halbrunden oder rechteckigen Nischen geformten zentralen Raum bestimmt ist, wird von einem unabhängig disponierten, polygonalen Mantelraum umgeben. Die Zentralisierung des Raumes wird auch bei dem bedeutendsten Kirchenbau justinian. Zeit, der →Hagia Sophia in →Konstantinopel, durch die Kuppel mit ihrer ungewöhnl. Dimension erreicht: Wenngleich die Hagia Sophia durch die Anordnung gegenüberliegender Schildwände einerseits und axialer Halbkuppeln andererseits wie eine Kombination von Längsbau und Z. wirkt, verweisen das eigentl. Stützsystem der Kuppel und der annähernd quadrat. Mantelraum mit den zweigeschossigen Seitenräumen auf den zentralen Charakter der Gesamtanlage.

Ummauerte überkuppelte Zentralräume bestimmten im wesentl. die Entwicklung der Kirchen in mittel- und spätbyz. Zeit. Sie lassen erkennen, daß die Innenraumkonzeption der entscheidende Faktor bei der Planung von Kirchenräumen war. Das äußere Erscheinungsbild der Kirchen brachte damit einen deutl. hierarchisierten Innenraum zum Ausdruck. Die Entwicklung hin zur →Kreuzkuppelkirche in mittelbyz. Zeit (als Prototypus kann die Nordkirche der Fenari Isa Camii in Istanbul, 907 geweiht, betrachtet werden), die mit der Entwicklung weiterer Z.typen wie dem Achtstützentypus (Hagios Lukas und Daphne bei Athen auf dem griech. Festland, Nea Mone auf Chios), der Umgangskirche (Fetiye Camii, Istanbul) und Kuppelhallen als Kernbauten (Kernbau der Kariye Camii in Istanbul) in enger Verbindung zu sehen ist, zeigt, daß die Abstützung der Kuppel auf der einen Seite und die unterschiedl. Belichtung der Innenräume auf der anderen Seite den Maßstab der Planung bestimmen.

Die Entwicklung des byz. Bildprogramms ging mit der architekton. Ausprägung der verschiedenen, vornehml.

zentralen Raumkonzeptionen einher. Der zentrale Charakter des Raumes ist durch die Lichtführung im Innenraum beträchtl. gesteigert worden. Denn hier wurde deutl. unterschieden zw. Raumteilen mit direktem Licht und denen mit indirekter Beleuchtung. Die auszeichnende Krönung erfuhr auch hier der Raum durch den Fensterkranz im Tambour der Kuppel. Neben diesem hellsten Raumteil war nur die Apsis noch direkt beleuchtet. Dunkler hingegen waren sämtl. Seiten- und Eckräume, aber auch schon die unteren Bereiche tonnengewölbter Kreuzarme in den →Kreuzkuppelkirchen. Insbes. Umgänge und Flankenräume bildeten einen zusätzl. Lichtfilter, der zur bes. Wirkung des hellen Kuppelraumes beitrug. In der kanonisierten Form der Kreuzkuppelkirche, welche von mittelbyz. Zeit an häufig von Flankenräumen umgeben war, fand der Z. seine größte Verbreitung nicht nur in der Hauptstadt, sondern auch in den Provinzen des Reiches. Darüber hinaus prägte er aber auch den Kirchenbau der christianisierten slav. Nachbarstaaten. So war mit der Sophienkirche in →Kiev (zw. 1037 und 1046) für den russ. Kirchenbau ein Prototyp geschaffen worden, welcher die Besonderheiten der byz. Vorbilder aufnahm. Der Versuch, die Größe und Bedeutung eines Baues durch die Vermehrung oder die Erhöhung mittels Staffelung der Kuppeln zu steigern, gehört zu den Charakteristika, die die spezif. nationale Eigenart in der russ., serb., bulg. oder rumän. Architektur ausmachte.

Die Rolle, die die Kuppel beim Z. in Byzanz einnahm, kann nicht hoch genug eingeschätzt werden: Mit dem Verbot in osman. Zeit, Kuppeln zu errichten, verschwand der Z. aus der postbyz. Architektur. L. Theis

Lit.: RByzK IV, 366–737, s.v. Konstantinopel [M. Restle] – G. Stanzl, Längsbau und Z. als Grundthemen der frühchristl. Architektur, 1979 – F. W. Deichmann, Einf. in die chr. Archäologie, 1983, 82–84.

Zentraler Ort, Zentralität. Ein Ort ist zentral, wenn er Dienstleistungen anbietet, die von seinen Einwohnern und von denen in Siedlungen des Umkreises in Anspruch genommen werden. Er besitzt damit einen Bedeutungsüberschuß. Die Reichweite des Z.n O.es und damit die Größe seines Bereichsgebietes sind abhängig von seiner Ausstattung. Da sie nach Qualität und Quantität erhebl. wechselt, stufen sich die Z.n O.e in einer hierarch. Gliederung ab: Beim Kleinzentrum beschränkt sich der Einzugsbereich auf das Umland oder den Nahbereich, das Mittelzentrum mit weitreichenderen Funktionen besitzt darüber hinaus ein Hinterland. Das Oberzentrum hat jenseits von seinem Um- und Hinterland ein Einflußgebiet, dessen Siedlungen dieses Zentrum nur für hohe und höchste Dienste in Anspruch nehmen. Zwischenstufen besitzen Merkmale eines jeweils höheren Zentrums, z. B. ein Kleinzentrum mit Teilfunktionen eines Mittelzentrums. Im Hinterland und Einflußgebiet des Oberzentrums können weitere Klein- und Mittelzentren liegen. Ein Oberzentrum übt gleichzeitig die Funktionen eines Mittel- und Unterzentrums aus, ein Mittelzentrum auch solche der unteren Stufe. Nicht zu den zentralörtl. Funktionen rechnen singuläre, überregionale Beziehungen, wie sie durch →Messen und →Fernhandel, Stadtrechts-→Oberhöfe und →Bergbau bestimmt wurden, wenngleich sie indirekt zur Verstärkung urbaner Zentralität beitragen konnten. Einzelne Bergstädte besaßen jedoch eine regionale Zentralität (→Wüstungen, II, 2). Es bestehen Wechselbeziehungen zw. Einwohnerzahl, Größe, Ausstattung, Gefüge und damit zw. dem Rang des Z.n O.es und seinem Einzugsbereich (= Versorgungsbereich, -gebiet). Beide bilden den zentralörtl. Funktionsbereich. Die von der heutigen Zeit abgeleitete qualitativ-hierarch. Einteilung der Z.n O.e läßt sich mit erhebl. Einschränkungen auf das MA übertragen. Identifikationsprobleme der Z.n O.e ergeben sich bereits aus der lückenhaften Q.nlage. Bei der ma. Kleingliedrigkeit herrschaftl.-administrativer Raumgefüge konnte sich eine schemat. Anordnung der Z.n O.e, wie sie im modernen Modell abgebildet wird, nur unvollkommen entwickeln.

Im MA wurden wirtschaftl. Faktoren, die in der Gegenwart vielerorts dominieren, durch herrschaftl. und kirchl. überlagert. Die Dienstleistungen umfaßten insbes. polit.-administrative mit jurist., ferner kultisch-kirchl. und wirtschaftl. Funktionen. Siedlungen des früheren MA mit solcher Ausstattung haben sich v. a. dann zu Oberzentren entwickelt, wenn sie durch Herren höheren Ranges gefördert wurden oder ekklesiast. Mittelpunkte, Verkehrszentren (→portus, →Verkehr, -swege) und bevölkerungsreich waren. Dann waren zur Eigenversorgung Dienstleistungen anzubieten, die gleichzeitig der Versorgung des Umlandes dienten. Bereits die »Protostädte« und die →Städte der ma. Frühzeit (5.–10. Jh.) haben einige oder alle der folgenden Institutionen mit zentraler Funktion besessen: Bf.s- und Archidiakonatssitz (→Archidiakon), herrschaftl. Beamte, geistl. und weltl. Gerichtsbarkeit, Stifte und Kl. mit Verwaltung ihres im Um- und Hinterland und darüber hinaus oft weit gestreuten Grundbesitzes, Schulen, Markt mit Fern- und Nahhandel, Handwerker und karitative Einrichtungen. Wenn eine Herrenburg und eine Befestigung hinzutraten, konnte sich daraus eine Kontroll- und Schutzfunktion für die Umgebung entwickeln, welche die Zentralität zusätzl. verstärkte. Die meisten dieser oder nachfolgender Institutionen haben die weitere Entwicklung von Städten als Z.e O.e bis in die Gegenwart ermöglicht.

Die Kirche hatte durch ihre flächenhaft-geschlossene Raumorganisation und die dazugehörigen Zentren (Bf.s-, Archidiakonats-, Dekanats- und Pfarrsitze mit ihren Sprengeln) ein hierarch. gegliedertes und wirkungsreiches Netz Z.r O.e geschaffen. Die Bf.skirchen übten zentrale Funktionen höherer Ordnung aus. Archidiakonate befanden sich in Oberzentren und Mittelzentren. Bereits die →Pfarreien des frühen MA (→Tauf-, Mutterkirchen) mit ihren großen Sprengeln, ebenso die älteren Dekanate (→Archipresbyter, II; →Dekan), deren Sitz oft an eine frühe Kirche gebunden war, sind teilweise auf unterer bis mittlerer Ebene zentralitätsfördernd gewesen. Zu größeren Dekanatsbezirken konnten um die 30 Dörfer gehören. Wurde in einem zentralen Kirchort, in dem hohe Kirchenfeste und die Kirchweih stattfanden, auch die kirchl. und weltl. Gerichtsbarkeit (→Zent, →Send, →Ding) ausgeübt, so trat vielfach ein →Markt hinzu, und es verstärkte sich damit die Zentralität. Die Bevölkerung eines zentralörtl. Funktionsgebietes bildete eine ständ. und sozial gegliederte Kult-, Rechts-, Markt- und Brauchgemeinschaft mit einem auf ihren Mittelpunkt ausgerichteten Handlungs- und Bewußtseinszusammenhang. Kl.-siedlungen mit bedeutender Grundherrschaft, mit Schulen, überlokalen Kirchenfesten und Jahrmärkten sind ebenfalls Z.e O.e gewesen (→Kloster, →Abteistadt). In →Irland hatten die befestigten Großkl. des 6.–12. Jh. einen hohen Anteil an der Entstehung Z.r O.e (→Armagh, →Bangor, 1.). Einzeln gelegene →Burgen waren als Sitz von Herrschaft und Verwaltung Z.e O.e eigener Art.

Im 13. und 14. Jh. sind zahlreiche zw. Dorf und Stadt stehende Siedlungen entstanden, die gewöhnl. als »Minderstädte« (→Minderformen, städt.) nur eine geringe Zentralität mit kleinem Einzugsbereich entwickeln konn-

ten. Sie trugen regional unterschiedl. Bezeichnungen, von denen nur noch wenige lebendig sind: Städtel, Markt, →Flecken (Blek), →Weichbild (Wikbold), →Tal, Freiheit. In anderen Ländern Europas finden sich Entsprechungen, etwa in Frankreich →*bastides* und →*villes neuves*. Viele »Minderstädte« waren Gerichts- und bescheidene Marktorte mit Handwerkern und Kleinhändlern. Bei manchen war der Status eines Kleinzentrums nur eine Stufe im Stadtwerdungsprozeß, andere haben ihre bescheidene Zentralität verloren.

Viele Kleinzentren im ländl. Bereich haben sich im späten MA (regional seit dem 13. Jh.), als sich allmähl. die Ämterorganisation und ihre Entsprechungen (Landvogteien, Pflegämter u. ä.) zu entfalten begannen, zu deren Verwaltungs- und Gerichtssitzen sowie Hauptmärkten entwickelt. Zum Verständnis der mehrfachen Bindung der Amtsbevölkerung an ihren Zentralort sind die ma. Verkehrsverhältnisse zu bedenken. H. Jäger

Lit.: Die Stadt des MA, hg. C. HAASE, 3 Bde (WdF 243–245, 1969–76) – K. FEHN, Die zentralörtl. Funktionen früher Zentren in Altbayern, 1970 – Zentralitätsforsch., hg. P. SCHÖLLER (WdF 301, 1972) – D. DENECKE, Der geogr. Stadtbegriff und die räuml.-funktionale Betrachtungsweise bei Siedlungstypen mit zentraler Bedeutung... (Vor- und Frühformen der europ. Stadt im MA, I, hg. H. JANKUHN, W. SCHLESINGER, H. STEUER, 1973), 33–55 – Zentralität als Problem der ma. Stadtgeschichtsforsch., hg. E. MEYNEN (Städteforsch., A 8, 1979) – M. MITTERAUER, Markt und Stadt im MA. Beitr. zur hist. Zentralitätsforsch., 1980 – W. HESS, Städte, Märkte, Flecken. Geschichtl. Atlas von Hessen (Text und Erläuterungsbd., hg. F. SCHWIND, 1984), Kt. 19 – Hist. of Urban Origins in Non-Roman Europe: Ireland, Wales, Denmark, Germany, Poland and Russia, 9th to 13th cent., ed. H. B. CLARKE–A. SIMMS, I–II, 1985 – Städt. Um- und Hinterland in vorindustrieller Zeit, hg. H. K. SCHULZE (Städteforsch. A 22, 1985) – Unters.en zu Handel und Verkehr der vor- und frühgeschichtl. Zeit in Mittel- und Nordeuropa, I–VI, 1985–89 – H. CARTER, The Development of Urban Centrality in England and Wales (Cambridge Studies in Historical Geography 10, 1988), 191–210 – D. G. DESPY, Villes et campagnes aux IXᵉ et Xᵉ s.: l'exemple du pays Mosan (Städteforsch. A 40, 1996), 299–322 – K. BLASCHKE, Qualität, Quantität und Raumfunktion als Wesensmerkmale der Stadt, 1968 (DERS., Stadtgrundriß und Stadtentwicklung – Ausgewählte Aufsätze [Städteforsch. A 44, 1997], 59–72.

Zenzelinus de Cassanis (Genzelinus de C., Jesselin de Cassagnes u. a.), Kanonist, * SW-Frankreich, † 1334 Avignon. Als doctor iuris utriusque lehrte er in Montpellier (1317 bezeugt); wohl 1326 wurde er Auditor der Rota (→Audientia causarum sacri palatii) an der päpstl. Kurie in Avignon. Neben (uned.) Komm. zum →Liber Sextus (1317/23) und zu den →Clementinae (1323) verfaßte er einen verbreiteten, die Fülle päpstl. Gewalt betonenden Apparat zu den →Extravagantes Johannis XXII. (1325/27); vielleicht stellte er diese Slg. auch selbst zusammen. Außerdem sind Glossen zu Büchern des →Corpus iuris civilis von ihm bekannt sowie eine Konkordanz von Bibelzitaten im →Decretum Gratiani (Auctoritates veteris et novi testamenti... in libro decretorum, 1331). H. Zapp

Ed.: Comm. super Extrav. Joannis XXII, Lyon 1510 u.ö. [in den Ausg.n des Corpus iuris canonici als Glossa ordinaria] – *Lit.:* DDC VI, 130f. – HLF XXXV, 348–361 – SCHULTE II, 199f. – F. GILLMANN, »Dominus Deus noster papa«?, AKKR 95, 1915, 266–282 – J. TARRANT, The Life and Works of Jess. de Cassagnes, BMCL 9, 1979, 37–64 [Lit.] – F. CANTELAR RODRÍGUEZ, Bernardo Raimundo y Genzelino de Cassanis, ZRGKanAbt 67, 1981, 248–263 – J. TARRANT, Extrav. Ioh. XXII (Ed.), MIC B6, 1983.

Zeon. Erste eindeutige Zeugnisse für den spezifisch byz. Brauch, ζέον oder θερμόν (heißes Wasser; slav. *teplotá*) in den konsekrierten Kelch unmittelbar vor der Kommunion zuzugießen, stammen aus dem 12. Jh. Er entspricht der griech. Alltagsgewohnheit, Wein mit heißem Wasser vermischt zu trinken. Da von jeher zur Gabenbereitung (Proskomedie, Prothesis) verwendetes Wasser ggf. während der Feier der Liturgie erkalten mußte, bediente man sich zur eigentl. Mischung (ἕνωσις) des Kelches selbst schließlich nur noch kalten Wassers und setzte heißes erst vor der Austeilung der Hl. Gaben zu, was allegor. Deutungen als Zeichen für die Lebendigkeit des Hl. Blutes bzw. die Glut des Hl. Geistes zu verstehen lehrten.
P. Plank

Lit.: R. TAFT, Water into Wine, Le Muséon 100, 1987, 323–342.

Zepter (von griech. *skeptron*) entwickelt sich aus dem einfachen →Stab (lat. u. a. baculum, virga), einem in seiner Herkunft ungeklärten allg. Symbol geistl. und weltl. Herrschergewalt in der Frühgesch. fast aller Kulturen. Als bibl. Gerichtszeichen (Ps 44,7; Hebr. 1,8) stellt es in der Hand des Herrschers ein Insigne von bes. Stellenwert dar. Der früh- und hochma. Westen unterscheidet zw. Langstab (baculum) und Kurzz. (sceptrum), deren Bedeutung sich aber auch überschneiden kann. Der lange, kugelkrönte Stab (in der Antike das Z. Jupiters, also göttl. Attribut) in der Rechten auf den Bildern der karol. und otton. Herrscher wird im Laufe des 11. Jh. im Ostfrankenreich vom seit Karl dem Kahlen an nachweisbaren Kurzz. verdrängt. Die Kg.e des Westfrankenreichs kennen hingegen nach dem Modell des david. Kgtm.s sceptrum und virga als zwei Z. und verwenden sie weiterhin (so auch in England und später in Norwegen). Spätestens seit dem 13. Jh. wird allein in Frankreich ein Stab von der allerdings erst im 15. Jh. so genannten »main de justice« bekrönt. Eine Sonderstellung nimmt möglicherweise die Lanze als Zeichen der Befehlsgewalt ein. Da sie nie zusammen mit dem Langstab bzw. Langz. dargestellt ist, wurde jüngst vermutet, daß beide gleichzusetzen seien (BOUZY). Analog zum Herrscher erhält die Herrscherin im Verlauf des MA (in manchen Ländern, etwa Dänemark und Frankreich; im Reich jedoch nur auf bildl. Darstellungen belegt) ebenfalls ein Z. als 'virgam virtutis et equitatis', wie es der burg. Ordo bereits zum Ende des 10. Jh. vorsieht. Ihr Z. kann aber anders gestaltet sein als das des Herrschers.

Obwohl das Z. nach der Krone über Jahrhunderte hinweg als wichtigstes Insigne galt und in fast allen europ. Ländern aufkommen sollte (nicht bei den Westgoten und Langobarden), fand es weit weniger Beachtung als die Krone, möglicherweise wegen seiner deutlich einfacheren und schmuckloseren Form (das juwelengeschmückte Z. wird erst in der 2. Hälfte des 16. Jh. üblich). Die Z.bekrönung wechselt im Laufe des MA in vielen Ländern (Lilien bzw. Dreiblätter, Kugeln, Vögel usw.; in Byzanz ist das Z. seit Konstantin von einem für das Christentum stehenden Kreuz bekrönt und bleibt so bis zu den Palaiologen eines der charakteristischen ksl. Zeichen).

Wohl seit dem 13. Jh. kommen auch akadem. Z. auf, die sich wahrscheinlich vom Herrscherz. ableiten. Als Symbol für den hohen Rang der Wissenschaft und die dem Rektor der Universität zukommende Ehre sind sie sichtbare Zeichen für die Wahrung von Recht und Ordnung.

Herausragende erhaltene Beispiele: sog. »Alfred-Z.« (Bekrönung mit eiförmiger Scheibe; Oxford, Ashmolean Museum, um 900); ung. Kugelz. (fatimid. Kristallkugel auf silbervergoldetem Z.knauf mit Goldblechrosetten und Goldkügelchen; Budapest, Magyar Nemzeti Múzeum, Mitte 10. Jh.); Aachener »Vogelz.« (silbervergoldeter Stab wird, wie nur in England üblich, von einer Taube bekrönt; Aachen, Domschatzkammer, um/nach 1220); sog. »Z. Karls d. Gr.« (Gold, als Bekrönung eine perlen- und edelsteinverzierte Kugel, auf der laut Inschrift Karl d. Gr. thront; 1364 [?] in Paris für Charles V. gefertigt;

einziges erhaltenes frz. Z. des MA.; Paris, Mus. du Louvre). H. Drechsler

Lit.: P. E. SCHRAMM, Herrschaftszeichen und Staatssymbolik, I–III, 1954–56 – E. TWINING, A Hist. of the Crown Jewels of Europe, 1960 – V. H. ELBERN, Sceptrum Caroli ex jaspide lapide factum, AaKbll 24–25, 1962–63, 150–157 – E. TWINING, European Regalia, 1967 – W. PAATZ, Die akadem. Szepter und Stäbe in Europa, 1979 – G. LÁSZLÓ, Über das ung. Krönungsz., Insignia Regni Hungariae, I, 1983, 179–183 – J. MIETHKE, Ma. Universitätsz., 1986 – D. GABORIT-CHOPIN, Regalia, les instruments du sacre des rois de France, 1987 – O. BOUZY, Les armes symboles d'un pouvoir politique, Francia 22/1, 1996, 45–57.

Zerbolt van Zutphen, Gerard, früher Vertreter der →Devotio moderna, * 1367 in Zutphen, † 4. Dez. 1398 in →Windesheim. Zw. 1383 und 1385 trat Z. in die Lateinschule von →Deventer ein. Gleichzeitig entstand seine enge Verbindung zu Florens →Radewijns. Nach seinem Eintritt in das Deventer Haus der →Brüder vom gemeinsamen Leben wirkte Z. als Priester, gelehrter Bibliothekar und Kopist sowie als engster Berater von Radewijns. Mit kirchenrechtl. Argumenten verteidigte Z. in seinem Traktat »De libris teutonicalibus« das Selbstverständnis der laici spirituales, worunter er die Angehörigen devoter Gemeinschaften verstand, gegen Häresieverdacht sowie deren geistl. Lektüre. Seine Hauptwerke »De reformatione virium animae« und »De spiritualibus ascensionibus« wurden jenen zur Grundlage spiritueller Praxis und trugen entscheidend zur Erneuerung des geistigen Lebens der Zeit bei. G. Drossbach

Ed. und Lit.: »De reformatione...« und »De spiritualibus...« wurden häufig gedruckt: J. VAN ROOY, G. Z. van Z., I: Leven en Geschriften, 1936, 385–391 – DSAM VI, 284–289 – LThK³ IV, 512 – Verf.-Lex. IV, 1953, 1142f.; V, 1955, 1148 – N. STAUBACH, G. Z. v. Z. und die Apologie der Laienlektüre in der Devotio moderna (Laienlektüre und Buchmarkt im späten MA, hg. TH. KOCK–R. SCHLUSEMANN, 1997).

Zerbst, Stadt in Sachsen-Anhalt, sö. von Magdeburg. Der ursprgl. slav. Siedlungsbezirk ('provintia Cieruisti') wird zuerst in der Gründungsurkunde des Bm.s →Brandenburg v. 948 erwähnt (D O. I. 105). →Thietmar v. Merseburg (IV, 33) nennt die 'urbs Zirwisti' 1007 im Zusammenhang mit einem Feldzug des Fs.en →Bolesław Chrobry v. Polen. Danach erscheint Z. erst 1196 als Mittelpunkt eines →Burgwardes wieder in den Quellen. Der aus mehreren Siedlungsplätzen zusammengewachsene Ort wird 1209 →'civitas' genannt. Um 1200 überschnitten sich in Z. Interessen des Reiches (Burg im Reichsbesitz), der Ebf.e v. →Magdeburg, der Bf.e v. Brandenburg, der Mgf.en v. →Brandenburg sowie der Herren v. Z., später der Herren v. →Barby. 1307/19 kam die Stadt an die Fs.en v. →Anhalt, die während des gesamten MA als Stadtherren fungierten. Die Einsetzung der städt. Beamten bedurfte der Zustimmung durch den jeweiligen Stadtherrn. Beachtl. ist die große Zahl geistl. Einrichtungen: Burgkapelle, Stadtkirche St. Nikolai (um 1200), Kollegiatstift St. Bartholmäi (1215), Zisterziensernonnenkl. Ankuhn (13. Jh.), Franziskanermönchskl. (um 1235), Augustinereremitenkl. (um 1390) u. a. Ende des 13. Jh. ist die Stadtmauer (mehrere Türme, u. a. »Kiekinpot«; fünf Stadttore) bezeugt. Das ummauerte Areal umfaßte ca. 120 ha; die ungefähre Einwohnerzahl betrug um 1400 ca. 5000. Im 14. Jh. ist eine Münzstätte nachweisbar. Z.er →Bier und Gemüse (Lauch, Zwiebeln, Kohl), letzteres aus der Vorstadt Ankuhn, waren begehrte Handelsgüter. Seit dem 15. Jh. Rolandstandbild (→Roland, B) und erstmals 1403 eine Säule mit Jungfrau, die sog. Butterjungfer, auf dem Marktplatz belegt; Bedeutung der letzteren nicht eindeutig geklärt. P. Neumeister

Q.: Die Z.er Ratschronik, hg. H. WÄSCHKE, 1907 – Lit.: Hist. Stätten Dtl. XI², 1987, 523–528 – H. BECKER, Gesch. der Stadt Z., 1907 – R. SPECHT, Das ma. Z., 1955.

Zerbster Fronleichnamsspiel. Zw. 1504 und 1522 sind in →Zerbst Aufführungen eines in 15 Spielhss., drei Regiebüchern und einer lat. Beschreibung überlieferten, sicher älteren Fronleichnamsspiels (→Drama, V; →Geistl. Spiel) bezeugt, bei dem in der Pfingstwoche oder einem Fronleichnamsoktav bis zu 60 stumme Darstellergruppen an einem Gerüst vorbeizogen, von dem aus ein 'rector processionis' die von der Schöpfung bis zum Jüngsten Gericht reichenden pantomim. Szenen erläuterte.
N. H. Ott

Lit.: B. NEUMANN, Geistl. Schauspiel im Zeugnis der Zeit, 2 Bde, 1987, Nrr. 3397–3566.

Zeremoniar (Liturgie). Einer der Faktoren, welcher auf die Entwicklung der Liturgie der Kirche, bes. jene des röm. Bf.s, in der Spätantike einwirkten war das →Zeremoniell des byz. Ks.hofes; das Ritual korrekt auszuführen, brauchte Expertenwissen. So wird bald das Ritual der Liturgie der hohen Feste nach Art von Staatsaktionen ausgestaltet und dann auch in Niederschriften festgehalten (z. B. die verschiedenen »Ordines Romani«). Verantwortl. für die zeremonielle Durchführung war wohl der rangerste Diakon. Aber erst als während des Aufenthaltes des päpstl. Hofes in Avignon das Zeremoniell, auch das gottesdienstliche, unter den neuen Verhältnissen adaptiert wird und sich verfeinert, wird die Gruppe der clerici ceremoniarum belegt (Papst Benedikt XII.), deren erster als »magister ceremoniarum« hervortritt. Der bekannteste von diesen ist auch der letzte des MA: Johannes →Burckard, der auch schon in die NZ überleitet. Der päpstl. Hof wird auch im Bereich des liturg. Zeremoniells zum Vorbild der Bf.e. Ein eigentl. liturg. Dienst war der des Z.s aber nie. – In den Klöstern war es Aufgabe des Cantors, für die sach- und traditionsgerechte Durchführung des Gottesdienstes zu sorgen. – Eine Spezialuntersuchung fehlt noch. A. Häußling

Q.: B. SCHIMMELPFENNIG, Die Zeremonienbücher der röm. Kurie im MA, 1973 – ST. J. P. VAN DIJK, The Ordinal of the Papal Court, 1975 – M. DYKMANS, Le cérémonial papal. 1–4, 1977–83 – Die Ausgaben der Consuetudines monasticae.

Zeremoniell
A. Allgemein. Spätantike, Byzanz und Frühmittelalter – B. Mittel- und Südeuropa – C. Papstzeremoniell – D. West- und Nordeuropa – E. Ostmitteleuropa – F. Südosteuropa und Rus' – G. Lateinischer Osten – H. Islamischer Bereich

A. Allgemein. Spätantike, Byzanz und Frühmittelalter
I. Zum Begriff – II. Spätrömische und frühbyzantinische Zeit – III. Mittel- und spätbyzantinische Zeit – IV. Frühmittelalterlicher Westen.

I. ZUM BEGRIFF: Z. bezeichnet einen Komplex von öffentl. symbol. Gesten bzw. Zeremonien/Ritualen (→Gebärden, →Gesten; →Symbol), die den Mitwirkenden und einer Zuschauerschaft in großenteils nonverbaler Weise ein Bild von einer polit., sozialen, religiösen und ggf. kosmischen Ordnung (→Ordo, I) vermitteln wollen. Durch die »choreograph.« Inszenierung der Bewegungen und Handlungen eines Herrschers kann das Z. auch anderen Zielen dienstbar gemacht werden (z. B. Gewährleistung der persönl. Sicherheit des Herrschers). Die heutige Forsch. betont die Bedeutung des spätröm., byz. und frühma. Z.s für unsere Kenntnis der obersten polit. Gewalt der genannten Epochen, hebt insbes. den im Medium des Z.s entfalteten Symbolgehalt und die ihm zugrundeliegende Ideologie sowie Anthropologie hervor, ebenso die sich wandelnden polit. und sozialen Strukturen und impliziten sozialen Vorstellungen, die im Z. artikuliert werden

können. Mit geringen Ausnahmen konzentrierte sich die Erforschung der spezif. religiösen Zeremonien der →Liturgie auf die Feststellung der Ursprünge und Verzweigungen. Wissenschaftler haben mit der Untersuchung von Zeremonien, die weitere Kreise von gesellschaftl. Machteliten betreffen, begonnen: so des Z.s, das mit bestimmten Amtsträgern, Bf.en, Herren, Vasallen, Gesandten verbunden ist oder aber mit der Translation von →Reliquien, mit Gerichtsverhandlungen und Vorgängen der sozialen Kommunikation einhergeht. Erst wenig Beachtung fand bislang das Z. des Privatlebens, wenn auch die impliziten sozialen Spielregeln, die der zeremoniellen Interaktion zw. Herrschern und Beherrschten zugrunde liegen, nicht ohne Aufmerksamkeit geblieben sind.

Ungeklärt sind bislang die sozialen Bedingungen, unter denen sich (zu unterschiedl. Zeiten) in der Spätantike und im FrühMA prunkvolle Zeremonien entfalteten. Im FrühMA spielten wohl die begrenzte →Schriftlichkeit und die durch sie beeinflußte Haltung gegenüber geschriebenen Texten, der komplexe Charakter einer verbalen Kommunikation in einer mehrsprachigen Gesellschaft, aber auch der wohl formalisierte und ritualisierte Charakter der (altertüml.) germ. Rechtspraxis, verbunden mit einem Anflug von →Magie, eine gewisse Rolle. Auch wurde ein Gefühl der Unsicherheit angesichts umfassender sozialer Wandlungen, das es durch zeremonielle Abläufe zu kompensieren galt, ins Feld geführt (K. LEYSER, FMASt 27, 1993, 1–26).

In jedem Fall muß die Analyse des Z.s der betreffenden Zeit, den Umständen, der Art des 'Publikums' und dem besonderen sozialen und polit. Kontext, auf den eine zeremonielle Inszenierung zugeschnitten war, Rechnung tragen, ebenso aber auch den sich wandelnden rituellen Akten, Texten und Insignien, die Bestandteil eines Z.s waren. Die besten, aber selbst noch unvollständigen Q.n für das Herrscherz. liefern die wenigen überkommenen Protokolle und protokollartigen Aufzeichnungen, die von den mit der Durchführung der Zeremonien betrauten kirchl. oder weltl. Amtsträgern verfaßt wurden (so die westeurop. Krönungsordines, →Ordo, III). Auch narrative Q.n liefern gelegentl. Beschreibungen (→Prokop, Bella, 4, 9, 1–16; →Gregor v. Tours, Hist. 8, 1), die aber stärker außergewöhnl. Vorgängen als den üblichen Abläufen zugewandt sind. Ikonograph. Zeugnisse schildern manchmal den Ablauf zeremonieller Akte. In vielen Fällen benutzen sie jedoch ledigl. ikonograph. Devisen und Symbole, die auch im Z. vorkommen oder einen Reflex zeremonieller Bestandteile bilden. →Akklamationen, Werke der →Panegyrik (z. B. →Corippus) und bei Zeremonien rezitierte Dichtungen, aber auch Gedenkmünzen und →Medaillons, die sich auf zeremonielle Ereignisse beziehen, sind wichtige Q.n zur Erhellung des Z.s. Im Zentrum der folgenden Darstellung steht das Herrscherz.

II. SPÄTRÖMISCHE UND FRÜHBYZANTINISCHE ZEIT: Das staatl. Z. erfuhr in spätröm. Zeit starke Ausweitung; nach den polit. Morden und Umbrüchen des 3. Jh. n. Chr. sollte es die neue Würde, Majestät und Stabilität eines in gleichsam totalitärem Stil regierenden Ksm.s (→Augustus, →Kaiser) festigen und öffentl. dokumentieren. Die Forsch. hat die früher angenommene 'oriental.' (pers.) Komponente des spätröm. Kaiserz.s auf ein Minimum reduziert, wohingegen seine Verwurzelung in der antiken mediterranen Gesellschaft klarer akzentuiert wird. Der neue Stil des Herrschertums, der sich in der Verwendung kgl. Insignien wie des Diadems (→Krone), von Purpurgewändern (→Purpur) sowie in Zügen einer Vergöttlichung des Ks.s, ebenso aber in emphat. Gehorsamsgesten der Untertanen ('adoratio purpuri', →Proskynese) und immer spektakuläreren öffentl. Zeremonien (→Triumph, I) manifestierte, blühte unter den chr. Imperatoren auf. Die Reformen des Regierungs- und Verwaltungssystems unter →Diokletian und →Konstantin brachten eine breite und komplexe Bürokratie hervor; die Einbindung der führenden Amtsinhaber (→Amt, II; →Titel, I) in das staatliche System fand ihren Ausdruck im Staatszeremoniell (Audienzen, Bankette) und wurde oft durch die Gesetzgebung kodifiziert (→Codex Theodosianus, Codex Iustinianus [→Corpus iuris civilis]; vgl. M. McCORMICK, Das Reich und die Barbaren, VIÖG 29, 167f.). Um die großen Ereignisse konstituierten sich machtvolle Zeremonien, die stärker polit. Implikationen besaßen und die polit. Tugenden (→virtus) und Werte der (spät)röm. Gesellschaft propagierten: hingebungsvolle Pflichterfüllung des Bürgers/Untertanen, Sieghaftigkeit, religiöse Devotion usw. In dieses Z. waren der Herrscher und sein Hof, aber mehr und mehr auch große Teile der Bevölkerung der jeweiligen Hauptstadt eingebunden, bes. seitdem auch im Zuge der Reichsteilungen Imperatoren in neuen Herrschaftssitzen im Westen und Osten (u. a. →Trier, →Mailand, →Ravenna, →Konstantinopel) zu residieren begannen. Zeremonien im Palast (Audienzen, Ehrungen, Amtseinsetzungen, Bankette) drückten die Verbundenheit des Ks.s mit der regierenden Machtelite aus; Zeremonien auf Straßen und Plätzen (Geschenkverteilungen und öffentl. Speisungen [→annona], Umzüge und →Prozessionen, →adventus, Triumphe, Weihe von repräsentativen Bauwerken, Inspektion von hauptstädt. Getreidespeichern) betonten die Bindungen des Ks.s zu Volk und Heer; die kirchl. Zeremonien waren den Beziehungen zu Gott und bestimmten Hl.n (→Maria; bestimmte Schutzpatrone: z. B. hl. →Demetrios) geweiht. Im 5. Jh., mit dem Einsetzen der Überlieferung frühbyz. Zeremonialprotokolle, tritt der Zirkus (*Hippodrom*, Austragungsort des röm.-byz. Nationalsports der Wagenrennen [→Spiele, B] wie Schauplatz der großen ksl. Zeremonien) hervor. Professionell organisierte, im Theater- und Zirkusmilieu verwurzelte Klientelverbände der Schausteller wie der Zuschauer erfuhren ihren Aufstieg und spielten eine wachsende, zunehmend selbstbewußte Rolle bei den großen Feierlichkeiten (→Demen/→Zirkusparteien, factiones). Zur selben Zeit nahmen die röm./byz. Ks. ständige Residenz im Großen Palast v. Konstantinopel (→Pfalz/Palast, I), der für etwa 600 Jahre ihr Herrschaftszentrum bleiben sollte. Einer der höchsten Würdenträger, der →Magister officiorum, leitete die Abhaltung der Zeremonien; zur Seite standen ihm ksl. →Eunuchen, denen u. a. auch die Sorge um die ksl. Insignien anvertraut war. Dieser Beamtenstab gewährleistete organisator. und soziale Kontinuität und Bewahrung innerhalb der neuen, z. T. heterogenen Palast- und Hofgesellschaft, wobei das äußere Erscheinungsbild des Großen Palastes die zeremonielle Kontinuität und die Bewahrung der alten Insignien durchaus begünstigte.

Außerhalb der ksl. Hauptstädte bildete sich eine Pyramide von Staatszeremonien heraus, die, ausgehend vom Ks., die verschiedenen Stufen lokaler Machtausübung erfaßte; viele dieser Zeremonien hatten ihre sozialen Wurzeln in städt. Ritualen der antiken Stadt (Polis/→Civitas): den Prozessionen, Wettkämpfen und Spielen, öffentl. Spenden (largitiones) usw. Auch hier ist eine 'imitatio imperii', bei der die ksl. Rituale des 'adventus', der 'profectio', der Audienz usw. auf der Ebene der Provinzstatthalter, Heerführer und anderer hochgestellter Persönlich-

keiten nachgeahmt wurden, erkennbar. Ein ausdrückl. zeremonieller Bezug auf den Ks. war insbes. dann gegeben, wenn in den Städten der Provinz das Bildnis (→Bildnis, B) des neuen Ks.s feierl. enthüllt wurde, die ksl. Gesetze promulgiert oder die Siege des Ks.s verkündet wurden. Die hierarch. Struktur der lokalen Eliten fand Ausdruck etwa in der Rangfolge der Begrüßung ('ordo salutationis'), bei Audienzen des Provinzstatthalters (z. B. in Thamugadi/Timgad, →Numidia) und sogar im Abendmahlsempfang bei der Messe. Insoweit als die Rangfolge in örtl. Versammlungen von der ksl. Amtsträgerhierarchie bestimmt wurde, verfügte die Hauptstadt auch über den Schlüssel des sozialen Aufstiegs und Machtzugangs der Eliten in den Provinzen (etwa im spätröm./byz. Italien).

III. MITTEL- UND SPÄTBYZANTINISCHE ZEIT: Die Ortsfestigkeit und weitgehende Stabilität der monarch. Institutionen des Byz. Reiches ließen eine bemerkenswerte Kontinuität des rituellen Wortschatzes des Kaiserz.s bis zur Zäsur v. 1204 entstehen. Als professionelle Kaste der Palastbeamten traten die Eunuchen bei der Inszenierung der Zeremonien führend hervor, wie sich anhand des grundlegenden Werks »De ceremoniis« (→Konstantin VII. Porphyrogennetos, 905–959) ablesen läßt; wiederholt griffen die byz. Amtsträger auf spätröm. Protokolle als Vorbilder zurück. Trotz solcher Anlehnungen an Vokabular und Zeremonialstätten des spätantiken Z.s ist der Wandel unübersehbar. Angesichts der Schrumpfung der Stadt Konstantinopel im 7. und 8. Jh. hatten die in »De ceremoniis« beschriebenen Zeremonien den Charakter von Massenveranstaltungen weitgehend eingebüßt; die Bedeutung des Hippodroms ging zurück. Die am Hof konzentrierte soziale Elite fungierte nun zugleich als Akteur wie als Zuschauer der Zeremonien; diese umfaßten v. a. Bankette (→Philotheos Protospatharios; →Taktika, 3), Überreichung von Gehältern und Ehrensolden, Audienzen (bes. anläßl. von Amtseinführungen hoher Funktionsträger, ein wichtiges Moment der Strukturierung der mittelbyz. Aristokratie und ihrer Einbindung in den Staat) und feierl. Prozessionen innerhalb oder in der Nähe des Großen Palastes (bes. zu großen liturg. Feiern in der →Hagia Sophia). Der Vorrang innerhalb der zeremoniellen Rangfolge ('taxis') gewann noch größere Bedeutung, bedingt durch die Instabilität der byz. Aristokratie. Die Redaktionsgesch. von »De ceremoniis« legt nahe, daß die wichtigsten Partien der Kodifikation des Zeremonialwesens im 5.–6. Jh., 8. Jh., Mitte des 9. Jh. und Mitte des 10. Jh. gelegen haben müssen. Die detaillierte, aber enge Beschreibung des ksl. Z.s, die sich an die mit der Veranstaltung der Zeremonien betrauten Hofbeamten, also an »Insider«, richtete, wird ergänzt und korrigiert durch den »fremden Blick« nichtbyz. Augenzeugen, so des brillanten, aber sehr tendenziösen Berichts →Liutprands v. Cremona und des arab. Gefangenen Hārūn ibn Yaḥyah (übers. von G. WIET, Ibn Rusteh, Les atours précieux, 1955, 138–141). Der Aufstieg machtvoller Staaten rund um Byzanz verlieh dem byz. Z. als Medium der Propaganda (→Publizistik, B) und Selbstdarstellung eine zunehmend wichtige Funktion innerhalb der diplomat. Beziehungen (→Gesandte, A); so sollte der Einsatz von brausenden Orgeln und geheimnisvollen →Automaten bei den Audienzen die ausländ. Besucher zugleich einschüchtern und beeindrucken. Außerhalb der Palastsphäre waren Prozessionen ein wichtiger Ausdruck des sozialen und religiösen Lebens von Organisationen und Verbänden.

Das Zeremonialwesen wandelte sich im Zeitalter der →Komnenen (1081–1185). Der Einfluß der Eunuchen ging zurück; an die Stelle der Zuerkennung von Titeln und Würden durch ksl. Entscheidung, die sich auf die (u. a. in den Taktika kodifizierte) offizielle Hierarchie (→Beamtenwesen, B; →Titel, II) stützte, trat nun stärker die Verwandtschaft mit dem Ks., die Vorrangstellung garantierte. Die Tatsache, daß der Große Palast als Residenz und Zentrum des Hoflebens zunehmend aufgegeben wurde, beeinflußte das Z., das oft auf bestimmte Räume oder Höfe des Großen Palastes bezogen gewesen war. Dennoch behielt das Z. weiterhin seine große Bedeutung im Hofleben, war aber zugleich mitunter ein Herd von polit.-diplomat. Spannungen mit auswärtigen Mächten, die nur allzugut den (die byz. Vorrangstellung betonenden) Symbolgehalt des Z.s erfaßten (z. B. Kreuzfahrer, unterit. Normannen). Aus dem 10.–14. Jh. ist kein Zeremoniar erhalten; Nachrichten über das Z. dieser Periode werden u. a. überliefert von westl. Gesch.sschreibern, bestimmten Gelegenheitsgedichten (→Prodromos); sie zeigen, daß auch in der Komnenenzeit reiches zeremonielles Leben bestand, einschließl. der neuartigen *prokypsis* (E. H. KANTOROWICZ, DOP 17, 1963, 119–177). Insbes. →Manuel I. (1143–80) baute das Z. im Zuge seiner Restaurationsbestrebungen als wichtiges Element des Herrschertums aus (P. MAGDALINO, The Empire of Manuel I Komnenos, 1993, 237–248); charakterist. für die neue kulturelle Tendenz dieser Ära war die Wiederbelebung des Hippodroms für Zeremonien und Spiele, die nach westl.-feudalem Vorbild nun auch in Tjosts und Turnieren (→Turnier, D) bestanden.

Der aus der Zeit der →Palaiologen (1261–1453) stammende Traktat des Ps.→Kodinos (um 1347–68), das wichtigste Zeremoniar der spätbyz. Ära, ist wesentl. knapper angelegt als »De ceremoniis« und beschreibt neben der Darlegung des Vorrangs der ksl. Dignitäten die offiziellen Titel hoher Würdenträger, die Ämter und Uniformen, die ksl. Teilnahme an religiösen Festen sowie die Amtseinführungsfeiern einer Handvoll von Spitzenbeamten, aber auch den 'adventus' einer ksl. Braut sowie das ksl. Begräbnis.

Das spätröm. und byz. Kaiserz. hat in seinen frühen Phasen die Rituale der chr. Kirchen tiefgreifend beeinflußt, ebenso aber auch die öffentl. Artikulationen des Herrschertums in den »Nachfolgegesellschaften« der Völkerwanderungszeit und des FrühMA, die sowohl unmittelbar vom Kaiserz. als auch von den lokalen Restbeständen provinzialröm. Z.s geprägt wurden.

IV. FRÜHMITTELALTERLICHER WESTEN: [1] *Allgemein:* Alle Nachfolger im Bereich des ehem. →Röm. Reiches (selbst das Kalifat) zeigen zwar bestimmte Kontinuitäten hinsichtl. der Übernahme von Elementen des reichen zeremoniellen Lebens des spätantiken Staates, doch weist der Hauptentwicklungsstrang stärker auf einen Wandel hin. Die neuen Herrscher hatten die Legitimation ihrer Machtausübung nicht nur gegenüber der verbliebenen röm. Bevölkerung, sondern auch ihren (oft ethn. heterogenen) »barbar.« Gefolgsleuten und Untertanen zu dokumentieren. Im Laufe der Zeit verengte sich das kgl. Z. stärker auf die rituellen Akte der Königserhebung, Abtretung der Herrschaft an Söhne oder sonstige dynast. Erben, Aufbruch zu oder Rückkehr von Kriegszügen, feierl. Einzüge (→adventus regis) und Audienzen für Bittsteller oder fremde →Gesandte. Die Rolle der Kirche wuchs hinsichtl. der Zuständigkeitsbereiche, des rituellen Gehalts und wohl auch der prakt. Durchführung von Zeremonien. Mit dem Rückgang des Städtewesens veränderte sich auch das 'Publikum': Das Z. wurde zunehmend zum Medium der Beziehung des Herrschers zur Aristokratie

(→Adel, A). Diese Entwicklungsprozesse vollzogen sich allerdings langsam und mit starken regionalen Schwankungen in der Zeit des 5. bis 9. Jh.

[2] *Ost- und Westgoten. Langobarden:* Dank seiner einzigartigen Lage im alten imperialen Kernland Italien übernahm das Reich der →Ostgoten zahlreiche Elemente des überkommenen röm. Kaiserz.s, z. B. die Feier des 30. Herrscherjubiläums →Theoderichs d. Gr., die Bräuche des 'adventus', die öffentl. Spende (largitio), den Zirkus und andere öffentl. Schauspiele, Bankette im Palast und die Prägung spezieller Gedenkmünzen.

Die →Westgoten entwickelten gleichfalls ein ausgeprägtes kgl. Z., das z. T. im kirchl. »Liber ordinum« (ed. M. FÉROTIN, 1904) dokumentiert ist; es umfaßte die Feierlichkeiten der →Krönung, →Triumphe, Audienzen, Paraden und nicht zuletzt die unter aktiver Teilnahme des Kgtm.s abgehaltenen →Konzilien (→Toledo, Konzilien v.), die über ihre Konzilsakten auch das zeremonielle Leben des Frankenreichs beeinflussen sollten (vgl. C. MUNIER, Revue des sciences religieuses 37, 1963, 250–271); auch die 'Schandprozession' zur Schmähung eines Rebellen war im Westgotenreich bekannt.

Die Kg.e der →Langobarden übernahmen bestimmte Elemente des spätröm.-byz. Z.s, etwa im Bereich der Thronbesteigung, des Triumphs, des 'adventus' und der Audienz. – Vergleichsweise wenig ist dagegen bekannt über das Z. der Kg.e d. Angelsachsen (Abschn. D. III, 1).

Im allg. orientierten sich diese germ.-»barbar.« Reiche in ihrem Z. sowohl an überkommenen spätröm. Bräuchen, die auf regionaler Ebene (Provinz, Civitas) überlebt hatten, als auch am byz. Vorbild (zumal in der Zeit →Justinians, dessen Restaurationsbestrebungen Teile Italiens, der Hispania und Nordafrikas erfaßten; →Exarchat). Stets aber wurde das Z. den jeweiligen lokalen Gegebenheiten angepaßt, und diese waren zumeist geprägt von einem Dualismus zw. dem selbst aus dem Adel aufgestiegenen, nach monarch. Vorherrschaft strebendem Kgtm. und einer machtvollen Aristokratie.

[3] *Frankenreich:* Kg. →Chlodwig I. lieferte das entscheidende Vorbild, als er seinen Sieg über die das südl. Gallien beherrschenden Westgoten mit seinem Triumphzug nach →Tours, welcher der Siegesfeier eines röm. Heerführers nachgebildet war, beging. In den Städten →Galliens trugen im 6. Jh. die städt. Zeremonien des kgl. 'adventus' und der gelegentl. Abhaltung von Zirkusspielen dazu bei, daß verschiedene Regionen auf breiterer sozialer Ebene in das entstehende Kgtm. der →Merowinger eingebunden wurden (M. McCORMICK, Eternal Victory, 329–334). Im frühen 7. Jh. wurde die gestürzte Kgn. →Brunichild vor ihrer Hinrichtung einem Schandzug unterworfen. Kgl. Audienzen, Bankette und aufwendige liturg. Feiern gehörten zum Erscheinungsbild des frk. Herrschertums. Nach den prokaroling. Apologetikern waren Spuren des kgl. Z.s alles, was vom Kgtm. der entthronten Merowinger übrigblieb, als die neue Dynastie der →Karolinger im 8. Jh. die polit. Bühne betrat.

In der Karolingerzeit wurde mit der Erneuerung der kgl. Macht auch das Z. erweitert. Es konzentrierte sich auf die Pfalzen (→Pfalz, A) sowie auf unter freiem Himmel abgehaltene →Versammlungen (placita) der polit. und militär. Elite der Franken oder aber auf Kirchen. Primäre Bedeutung hatte die Königsweihe, durch die bereits der erste karol. Kg. seine–usurpierte–Kg.swürde legitimierte (→Pippin III., →Frankenreich, B. II, 2; →Salbung, →Sacre; →Krönung; →Sakralität). Der →adventus regis trat erneut im Bereich nördl. der Alpen auf, zumeist beim Empfang des Kg.s in Abteien und →Bischofsstädten. Das Z. machte starke Anleihen bei liturg. Formen und Texten, zumal die für die Abwicklung des Z.s zuständigen Amtsträger, Angehörige des karol. Klerus aus dem Bereich der →Hofkapelle, mit der Welt der kirchl. Rituale von Hause aus vertraut waren. Neue Formen des Z.s entstanden mit der Ausgestaltung kgl. Feste und namentl. der Hofjagd (→Angilbert). Der Herrscher empfing Bittsteller und fremde Gesandte in Audienzen, deren Protokoll zunehmend ausgefeilt wurde, und nahm ostentativ an feierl. Gottesdiensten teil, bei denen er mit seinem Gefolge in prunkvoller Prozession einzog und sich bei →Festkrönungen mit den kgl. Insignien ausstatten ließ (M. McCORMICK, Eternal Victory, 367f.). Zeremonien der →Kommendation begründeten die persönl. Beziehung zw. Herrn und Vasall (→Lehen, I); Zeremonien der Absetzung, Unterwerfung und Verzeihung bzw. Versöhnung verliehen der Auflösung oder Wiederherstellung von polit.-rechtl. Beziehungen Ausdruck. Die architekton. Konzepte der Pfalzkapelle v. →Aachen und der Thronräume in Pfalzen sind auf bestimmte Formen zeremonieller Herrscherrepräsentation hin orientiert, wenn auch für die interne funktionale Struktur karol. Thronräume im einzelnen nur wenige präzise archäolog. Befunde vorliegen. In Bereichen, die der Mittelmeerwelt näherstanden, veranstalteten frk. Kg.e Triumphzüge in neueroberten Städten (Barcelona, Pavia) und gestalteten den 'adventus' nach dem Vorbild des Einzugs byz. Würdenträger (Rom). Die Erneuerung der lat. Lit. unter kgl. Gönnerschaft ließ eine Reihe von Gelegenheitsgedichten (→Theodulf v. Orléans, →Walahfrid Strabo) entstehen, ebenso auch liturg. Gesänge und →Akklamationen, die wohl während des 'adventus' von karol. Herrschern in Kl. wie →St. Gallen oder Bf.sstädten wie →Metz oder →Orléans gesungen wurden (→Vortragsformen, I. 9). Bei Prozessionen angestimmte →laudes regiae erflehten den göttl. →Segen für das Wohlergehen und die glückl. Regierung des Kg.s; in diesen Gesängen und Gebeten vereinigte sich die spirituelle Kraft der Aristokraten, Bauern und Kleriker, und sie trugen dazu bei, daß Teile des Z. die ländl. Welt der Kl. und Dörfer erreichten. Als die Macht der Karolinger verfiel, übernahmen die Herrscher der Teil- und Nachfolgereiche die liturg. Zeremonien und gestalteten sie um (M. McCORMICK, RevBén 97, 1987, 68–86).

M. McCormick

Lit.: D. T. BELJAEV, Zapiski imperatorskogo russkago arheologičeskago obščestva, n.s. 6, 1893, I–XLVII, 1–199 – O. TREITINGER, Die oström. Ks.- und Reichsidee nach ihrer Gestaltung im höf. Z., 1938 – K. HAUCK, FMASt 1, 1967, 3–93 – A. ALFÖLDI, Die monarch. Repräsentation in röm. Ksr.e [Nachdr. 1970] – A. CAMERON, Circus Factions, 1976 – P. WILLMES, Der Herrscher-'Adventus' im Kl. des FrühMA, MMS 22, 1976 – Simboli e simbologia nell'alto medioevo, Sett. cent. it. 23, 1976, 679–777 [J. LE GOFF] – A. CHASTAGNOL, L'Album municipal de Timgad, Antiquitas R. 3, ser. in 4to, 22, 1978 – S. MacCORMACK, Art and Ceremony in Late Antiquity, 1981 – M. McCORMICK, Viator 15, 1984, 1–23 – DERS., JÖB 35, 1985, 1–20 – J. NELSON, Politics and Ritual in Early Medieval Europe, 1986 – J. F. BALDOVIN, The Urban Character of Christian Worship, OrChrAn 228, 1987 – M. WHITBY, Historia 36, 1987, 462–488 – H. HUNGER, Reditus Imperatoris (Fest und Alltag, hg. G. PRINZING–D. SIMON, 1990) – M. McCORMICK, Eternal Victory, 1990² – F. TINNEFELD, Die Rolle der Armen bei Festfeiern im byz. Hofz. (Feste und Feiern im MA, hg. D. ALTENBURG, J. JARNUT, H. STEINHOFF, 1991) 109–113 – N. MALIARAS, Die Orgel im byz. Hofz., 1991 – G. KOZIOL, Begging Pardon and Favor. Ritual and Political Order in early medieval France, 1992 – G. ALTHOFF, FMASt 27, 1993, 27–50 – C. ROUECHÉ, Performers and Partisans at Aphrodisias in the Roman and Late Roman Periods, 1993 – F. TINNEFELD, Ceremonies for Foreign Ambassadors at the Court of Byzantium, Byz. Forsch. 19, 1993 – A. KOLIA-DERMITZAKE, Byzantiaka 14, 1994 – A. JACOBINI, L'epitalamio di Andronico II (Arte

profana e arte sacra a Bisanzio, 1995), 361–410 – Byz. Court Culture from 829 to 1024, 1997, 167–197 [A. P. KAZHDAN–M. MCCORMICK] – Stud. on the Internal Diaspora of the Byz. Empire, 1998, 17–52 [M. MCCORMICK] – Cambridge Ancient Hist. 14 [M. MCCORMICK; im Dr.].

B. Mittel- und Südeuropa
I. Allgemein und Deutsches Reich – II. Nord- und Mittelitalien – III. Süditalien.

I. ALLGEMEIN UND DEUTSCHES REICH: [1] *Begriff und Entwicklung:* In der röm. Religion war »Caeremonia« ('sorgfältige Verehrung', 'rituelle Vorschriften und Handlungen') ein zentraler Begriff, der vom Christentum übernommen wurde. In der dt. Volkssprache ist »Zeremonie« Anfang des 16. Jh. belegt (Berthold v. Chiemsee), während »Z.« erst im 18. Jh. Verwendung fand. Z. ist eine festgesetzte Abfolge von öffentl. vollzogenen förml. Handlungen, die in erster Linie Repräsentation zum Ziel haben. Durch Rangfolge, Gesten, Gebärden und Reden affirmiert und stabilisiert Z. Herrschaft und Hierarchien. Bes. im frühma. Z. sind, auch in Anlehnung an das röm. Kaiserz., sakrale und weltl. Elemente kaum zu trennen. Mißachtung zeremonieller Herrschervorrechte kam der Rebellion gleich. Die Grenzen zu Ritual und Brauch sind in der Volkssprache fließend. Dem Ritual wird Wandlungscharakter (Initiation), dem Z. eher Darstellungscharakter zugesprochen. Zw. Z. und Rechtsritualen existieren Überschneidungen durch gemeinsame religiöse Wurzeln.

Das 10. und frühe 11. Jh. stützten sich verstärkt auf die gemeinschaftsstiftende Funktion des Z.s (schwindende Schriftlichkeit). Die Rezeption des frz. Z.s setzte sich seit dem 13. Jh. an dt. Fs.enhöfen zügiger fort als am Herrscherhof, gespiegelt in der volkssprachl. fiktionalen Lit. (→Kultur und Gesellschaft, höf.). Im 12. Jh. entstand die Institution des →Herolds als Fachmann für das höf. Z. Der röm.-dt. Ks.hof wies bis zum Ausgang des MA kaum Ansätze zu zeremonieller Durchformung des Alltags auf, hielt aber am tradierten Z. zu feierl. Anlässen fest. Die Demonstration ksl. Allgewalt Karls IV. beim Metzer Hoftag 1356 blieb bis zum Ende des 15. Jh. unerreicht. 1459 schuf Friedrich III. das Amt des Stäbelmeisters (Gf. Haug v. Werdenberg, gleichzeitig Hoftruchseß), der Funktionen des bedeutungslos gewordenen Hofmeisters übernahm. Die schriftl. Fixierung des Z.s nahm entsprechend seiner Ausdehnung auf immer mehr Bereiche des höf. Lebens im SpätMA, v.a. in W-Europa, zu. Zeremonialbücher begegnen zuerst im kirchl. Bereich, →Hofordnungen im röm.-dt. Reich, nach Brabant (1407/15), ab der Mitte des 15. Jh., jedoch enthalten sie kaum Aussagen zur zeremoniellen Organisation des Hofes. Erst Ferdinand I. erließ unter burg. und span. Einfluß erste Hofordnungen mit expliziten Vorschriften des Z.s (1527, 1537).

[2] *Königs- und Kaiserzeremoniell:* Anlässe für die Entfaltung des Herrscherz.s waren: kirchl. Hochfeste, →Krönungen, Festkrönungen, Umritte, Hochzeiten, Taufen, →Schwertleiten, Herrschereinzug, →Reichs- und Hoftage, →Investitur, →Gericht, Audienzen und Empfang von→Gesandten. Der Rang der Beteiligten zeigte sich in der Gestaltung von Begrüßung und Abschied, der Sitzordnung bei Festmählern, in Titeln, im Kleiderluxus und in Geschenken. Konsequenz der fehlenden festen Residenz im Reich waren die, im Vergleich zu Byzanz, einfachen Mittel der Rangdemonstration.

Der Ablauf der →Kg.swahl, die seit Beginn des 13. Jh. durch die →Kfs.en erfolgte, wurde in der →Goldenen Bulle 1356 schriftl. festgelegt. Das Vorstimmrecht der sieben Kfs.en befestigten ihren Vorrang unter den Reichsfs.en. Die Wahlversammlung in Frankfurt a.M. wurde durch die Hl.-Geist-Messe in der Bartholomäuskirche und den Eid der Kfs.en auf das Johannesevangelium eröffnet. Es folgte die Wahl unter Leitung des Mainzer Ebf.s, der die entscheidende letzte Stimme führte. Seit 1024 stand dem Ebf. v. Köln die Krönung in der Aachener Marienkirche zu. Die Ausbildung des Krönungsz.s war bis zum 14. Jh. abgeschlossen und bereits seit dem 10. Jh. in den Krönungsordines (→Ordo, III) niedergelegt, die den Ablauf von →Salbung, Krönung, Zepterübergabe, Befragung, Eid, →Akklamation und der Überreichung weiterer →Insignien (auch Umlegung der Krönungsgewänder; →Reichsinsignien) festhielten. Wichtige liturg. Momente waren Herrscherlaudes (→Laudes regiae) und Allerheiligenlitanei. Festkrönungen bekräftigten die Kg.sherrschaft. Nach wiederholtem Streit um die Rangfolge der drei geistl. Kfs.en (936 Krönung Ottos I.; 1054 Krönung Heinrichs IV.) legte die Goldene Bulle sie »in omnibus publicis actibus imperialibus« fest: Der Ebf. v. Trier saß dem Ks. gegenüber, bei Prozessionen schritt er ihm voran. Der Mainzer Ebf. als Erzkanzler des Reiches hatte den Platz zur Rechten des Herrschers im gesamten Reichsgebiet außer der Kölner Kirchenprovinz sowie Galliens und Italiens, wo der Kölner Ebf. den Ehrenplatz einnahm. Der Kg. v. Böhmen hatte den Platz zunächst des rechts vom Herrscher befindl. Ebf.s; daneben saß der Pfgf. bei Rhein. Links des Ks.s folgten nach dem betreffenden Ebf. der Hzg. v. Sachsen und der Mgf. v. Brandenburg. Die vier weltl. Kfs.en bestimmten durch die symbol. Ausübung der Erzämter (→Hofämter) den zeremoniellen Ablauf der Hoftage. Die Goldene Bulle bestätigte den Kfs.en den Besitz der Erzämter, wobei der Hzg. v. Sachsen als Erzmarschall, der Mgf. v. Brandenburg als Erzkämmerer, der Pfgf. als Erztruchseß und der Kg. v. Böhmen als Erzmundschenk fungierten. Die eigtl. Ausübung der ksl. Hofämter wurde seit dem 13. Jh. erbl. und oblag ehem. Reichsministerialenfamilien. Ab der 2. Hälfte des 12. Jh. kennzeichneten die vier Ämter auch die fsl. Hofhaltung. Die Goldene Bulle gab die Tafelordnung von Ks., Ksn. und Kfs.en, einschließl. der räuml. Distanz der Tische, genau vor. Das Fehlen eines Rangsystems der weltl. Fs.en unterhalb der Kfs.en führte zu zahlreichen Konflikten (Fälschung des →Privilegium maius durch die Habsburger zur Gleichstellung mit den Kfs.en; Rangstreit auf den Konzilien v. →Konstanz und →Basel). Der Münchener Vertrag (1325) zw. →Ludwig d. Bayern und Friedrich d. Schönen, der die Grundlagen für ein Doppelkgtm. schaffen sollte, zeigt das geringe Maß zeremonieller Formen im herrscherl. Alltag.

Im →Adventus regis wurde der Herrscher feierl. eingeholt. Die Anmaßung des Adventusz.s konnte empfindl. geahndet werden (vgl. →Thietmar v. Merseburg, Chron. II, 28). Bei einem Herrschertreffen wurde im Regelfall das Z. vorher ausgehandelt. Die dabei auftretenden Probleme zeigen Berichte über den Besuch Ks. Karls IV. bei Karl V. in Paris 1378 (Lesung des Weihnachtsevangeliums durch den Ks.; Ordnung und Farbe der Pferde beim gemeinsamen Einzug). Die Investitur entfaltete in ihrem Z. polit. Sprengkraft durch die Demonstration von Rangverhältnissen zw. Klerus und Laien. Die Einsetzung des Bf.s mit den geistl. Symbolen Ring und Stab durch den Kg. stieß im Verlauf des →Investiturstreits auf die Ablehnung kirchl. Reformer. Nach dem →Wormser Konkordat (1122) investierte der Kg. Bf.e nur noch mit dem (weltl.) Zepter. Fahnen und Lanzen dienten der weltl. Lehnsinvestitur (→Lehen, -swesen). Die Schwertleite ist in liturg. Texten seit dem 10. Jh. faßbar und wurde in den folgenden

Jh. zur Ritterpromotion ausgestaltet (Mainzer Hoffest 1184), ebenso wie seit dem 14. Jh. die strengeren Formen des frz. →Turniers die Reiterspiele verdrängten. P. Ehm

Lit.: HRG V, 1677–1680 [Lit.] – J. FLECKENSTEIN, Curialitas. Stud. zu Grundfragen der höf.-ritterl. Kultur, 1960, 465ff. – J. BUMKE, Höf. Kultur, Lit. und Ges. im hohen MA, 2 Bde, 1986, 276–379 – Höf. Repräsentation. Das Z. und die Zeichen, hg. H. RAGOTZKY-WENZEL, 1990 – H. THOMAS, Ein zeitgenöss. Memorandum zum Staatsbesuch Karls IV. in Paris (Fschr. H.-W. HERRMANN, 1995), 99–120 – K.-H. SPIESS, Rangdenken und Rangstreit im MA (Z. und Raum, hg. W. PARAVICINI, 1997), 39–62 [Lit.] – P.-J. HEINIG, Verhaltensformen und zeremonielle Aspekte des dt. Herrscherhofes am Ausgang des MA (ebd.), 63–82 [Lit.].

II. NORD- UND MITTELITALIEN: Die Fs.enhöfe in Nord- und Mittelitalien erfüllten gleichzeitig die Funktion von *aulae* (Repräsentationsbauten und -räume, die die Macht des Signore augenfällig werden ließen), von *curiae* (Orte, an denen Politik und Regierungsgeschäfte betrieben, Rechtshandlungen vorgenommen und die wichtigsten Aufgaben der Verwaltung durchgeführt wurden, und die auch als Sitz der Kanzlei dienten) und von *curtes* (befestigte Residenzen, die Raum und Mittel für militär. Aktivitäten, Verteidigung, Unterhaltung, Herstellung von Gütern, Lebensmittelvorräte und diverse Dienstleistungen boten). Abgesehen von den Herrscherresidenzen, die als »reggia« (vom Adj. »regia«) bezeichnet wurden, nannte man in Italien die Herrensitze zumeist »corte« (von »curtis« 'Hof'), was auf den ursprgl. vorwiegend militär. und grundherrschaftl. Charakter der it. Signorenhöfe und Feudalsitze hinweist.

Die ersten oberit. Höfe entwickelten sich nach salisch-stauf. Vorbild seit dem 11. und 12. Jh. Am bedeutendsten waren die Höfe der Hzg.e-Mgf.en v. Tuszien (→Canossa, →Toskana) – die auch in einigen Städten wie →Mantua »Palatia« hatten – und der →Aleramiden, Mgf.en v. Monferrat. Das Z. des Hofes v. Monferrat wurde vielleicht von Byzanz beeinflußt, als 1310 die Mark an Theodor, den Sohn Ks. Andronikos' II. Palaiologos und der Schwester des letzten Aleramiden Johann I. (Giovanni), Violante-Irene, verlehnt wurde (→Mon[t]ferrat, Mgf.en v.), sichere Belege für diese Beeinflussung fehlen jedoch.

Von Bedeutung waren auch einige bfl. Kurien, wie die Höfe der Bf.e v. Arezzo und Cortona, die für die gastl. Aufnahme berühmt waren, die die Spielleute dort fanden. Neben Hofhaltungen in isolierten Burgen und Festungen oder in kleinen Ortschaften (→Malaspina, →Guidi, →Alberti in der Toscana) begründeten seit dem 13. Jh. einige Signorenfamilien der Emilia, Romagna, Venetiens und der Lombardei große und prunkvolle Residenzen in den Zentren ihres Machtgebietes: so die →Este in →Ferrara, die →Gonzaga in →Mantua, die Da →Romano und später die Da →Carrara in Padua, die →Della Scala in →Verona, die →Visconti und später die →Sforza in →Mailand (deren Kastell in Mailand dem Vorbild des aragones. Neubaus des Castelnuovo in →Neapel verpflichtet ist), die →Malatesta in →Rimini, die →Montefeltro in →Urbino. An diesen Zentren der sog. »höfischen Kultur« und vom 14. bis 16. Jh. des Mäzenatentums wurden die Sitten des →Rittertums und jene verfeinerte Lebensform gepflegt, die die Tugend der Großzügigkeit hochhielt. Die einzige große Signorenfamilie Italiens, die ihre Ursprünge nicht aus dem Rittertum herleitete, die →Medici in Florenz, paßte sich diesen Denkmustern an und folgte v. a. dem Beispiel der Sforza und des burg. Hofes.

Das Z., das in den verschiedenen Signorenhöfen Oberitaliens befolgt wurde, hing stark davon ab, welchen juridischen Charakter die legale Grundlage ihrer Macht trug. Die Signoren wurden »domini« der Städte, die sie z. B. zu »defensores comunis et populi« erwählten und ihnen im Rahmen einer Zeremonie eine »balìa« (Amtsgewalt, →Bail) verliehen, ausgedrückt durch die Überreichung einer virga, eines »Kommandostabs« als Zeichen v. a. militär. Gewalt, das aber auch in die Nähe eines echten →Zepters gerückt war. Anderseits trugen viele Signoren den Titel eines Reichsvikars oder eines päpstl. Vikars; dies verlieh der Signorie den Charakter eines Lehnsverhältnisses, der sich mit der Institution des Fürstentums verstärkte. In »De tyrannia« sah →Bartolus de Saxoferrato als wesentliche Begründung der Legitimität der Signorie die »confirmatio« der vorherrschenden Macht (Ks. oder Papst) und die »acclamatio« der Untertanen an.

Tendierte das Z. der großen Signorenhöfe zum Wetteifern mit dem Herrscherz. oder zumindest zu dessen Nachahmung, so fand das Z. der »kleineren« Höfe – die in kultureller Hinsicht jedoch häufig sehr bedeutend waren – im SpätMA seinen Schwerpunkt in den Formen der ritterl. Kultur, ihren Symbolen und ihren Festen. Zeugnisse dafür sind die Höfe der Da →Varano in →Camerino, der →Trinci in →Foligno, der Casali in →Cortona oder die vielen verstreuten Signorien am Alpenrand und im Kirchenstaat. Die Krise der Großmächte begünstigte eine zusehends weitere Verbreitung der kulturellen Formen, so daß in der Renaissance jeder Hof ein eigenes Z. besaß.

F. Cardini

Lit.: C. VASOLI, La cultura delle corti, 1980 – Gli Sforza, 1982 – S. BERTELLI, F. CARDINI, E. GARBERO ZORZI, Le corti it. del Rinascimento, 1985 – Gli Scaligeri 1277–1387, hg. G. M. VARANINI, 1988 – AA.VV., La città e la corte, 1991.

III. SÜDITALIEN: Der Kg.shof →Rogers II. in →Palermo (→Curia regis, III) nahm die bedeutendsten mediterranen Herrscherhöfe des MA zum Vorbild: in erster Linie den Ks.hof in →Konstantinopel, aber auch die Höfe muslim. Potentaten in Nordafrika, die für die Einrichtung einiger Ämter maßgebend wurden (→duana de secretis, →dīwān). Am norm. Hof – von dem sichtbare Zeugnisse im Stadtbild Palermos erhalten sind (Palazzo Reale, Cappella Palatina) – sprach man neben französisch auch griechisch und arabisch und befolgte ein Z., das die Sakralität der Person des Kg.s hervorhob. Zieht man in Betracht, daß der norm. Kg. Lehnsträger des Papstes war und daß man in Sizilien vom byz. Ks.hof gut unterrichtet war, so wissen wir dennoch über die näheren Einzelheiten des im Kgr. Sizilien angewendeten Z.s vergleichsweise wenig. Als Roger II. von Papst Eugen III. das Pallium für den Ebf. v. Palermo erwirkte, schuf er damit in symbol. wie rechtl. Hinsicht fundamentale Voraussetzungen: Als Träger des Pallium war der Ebf. berechtigt, die Krönung der Kg.e vorzunehmen. Ein südital. Z. aus dem 13. Jh., das in einer Cassineser Hs. überliefert ist, überträgt anscheinend am röm.-dt. Hof geltende Gebräuche auf den Normannenhof. Die Mosaiken in der Cappella Palatina in Palermo und in den Kathedralen von →Cefalù und →Monreale sowie die Illustrationen des →Petrus v. Eboli füllen z. T. die Lücken unserer Kenntnis des kgl. Z.s. Sie lassen deutlich Rogers II. Wunsch erkennen, eine zumindest konzeptionelle Autokephalie gegenüber der päpstl. Oberhoheit, einen starken Anspruch auf die plenitudo potestatis zu behaupten, der auf symbol. Weise zum Ausdruck kommt: Christus ist der persönl. Schutzherr des Kg.s, wie die Ähnlichkeit zw. den beiden Figuren betont. Der Kg. ist »typus Christi«. Der Text der »Coronacio regis«, den R. ELZE in die norm. Periode datiert, gibt ein genaues Bild der Krönungszeremonien des Kg.s v. Sizilien und der »vestimenta regalia« und anderer Attribute (Kreuz, Diadem,

Zepter, »regnum« [das heißt Reichsapfel]). Während der Messe wurden in griech. und lat. Sprache die →»laudes regiae« rezitiert. Der Kg. v. Sizilien wurde, wie der Ks. v. Konstantinopel, Basileus genannt, in den ältesten norm. Urkk. wurde für sein Monogramm rote →Tinte verwendet wie in den byz. Urkunden; der byz. Brauch der verhüllten Hände und die Proskynese wurden beachtet.

Die »Curia«, der →Hof, das heißt die Gesamtheit der Funktionsträger (→Hofämter) und der sich ständig in der Umgebung des Herrschers aufhaltenden Personen, begab sich häufig in verschiedene castra, solacia und palatia außerhalb von Palermo oder in andere Zentren Siziliens oder des Festlandes, v. a. in →Apulien.

Nach der kurzen Unterbrechung während der Regierung →Heinrichs VI. übernahm →Friedrich II. das Erbe der norm. Traditionen. Der Stauferherrscher, in dessen Erziehung die byz. und arab. Elemente überwogen hatten, ließ keine Verfremdung des uz. Hofes zu, an dem er rex Siciliae blieb, ohne jedoch auf die Führung des Ks. titels und der ksl. Insignien zu verzichten. Friedrichs Magna Curia (Großhof) hatte keinen festen Sitz: Der Ks. residierte nur für kurze Perioden in Palermo und zog die Residenzen in →Melfi und →Foggia vor. Noch häufiger hielt Friedrich II. aber in einer Zeltstadt hof und führte den Harem mit sich.

Die Anjou verlegten ihren Hof nach →Neapel und führten südfrz. Gebräuche ein. Nach dem auf die →Sizilian. Vesper folgenden Krieg belebten die Aragonesen als neue Herren Siziliens nur zum Teil die norm.-stauf. zeremoniellen Gebräuche.

Zw. 1279 und 1282 wurde in Neapel das Palacium de novo bzw. *Chastiau neuf* (Castelnuovo) errichtet, das aber erst von Karl II. als Residenz verwendet wurde. Die Pracht und Schönheit der Einrichtung und Gärten und die glanzvollen Feste und Turniere, die dort abgehalten wurden, machten Neapel zu einem der berühmtesten Herrscherhöfe des SpätMA. →Alfons V. »il Magnanimo« reorganisierte den aragones. Hof in Neapel nach dem Vorbild des Hofes in Barcelona und der Fürstenhöfe Oberitaliens. Seit 1443 gab Alfons dem Staat eine Struktur nach katal. Vorbild und nahm einschneidende bauliche Veränderungen und Wiederaufbaumaßnahmen am Castelnuovo vor. An seinem Hof wurde ein strenges und feierliches Z. eingehalten, in dem das religiöse Element sehr betont wurde: neben der »pietas« des Herrschers unterstrich es die Rolle des Kg.s als »Christomimetes, typus Christi«.

F. Cardini

Lit.: E. H. Kantorowicz, Ks. Friedrich der Zweite, 1927–31 – R. Elze, Zum Kgtm. Rogers II. v. Sizilien (Fschr. P. E. Schramm zum 70. Geburtstag, I, 1964), 102–116 – F. Sabatini, Napoli angioina. Cultura e società, 1975 – E. Borsook, Messages in Mosaic: the Royal Programmes of Norman Sicily 1130–1187, 1990 – D. Matthew, The Norman Kingdom of Sicily, 1992 – S. Tramontana, Vestirsi e travestirsi in Sicilia, 1993 – H. Houben, Roger II. v. Sizilien, 1997.

C. Papstzeremoniell

I. Byzantinische Herrschaft, bis 774 – II. Karolingerzeit, 774–904 – III. Bis zum Ende des sog. Investiturstreits, 904–1123 – IV. Ausbau der innerkirchlichen Stellung des Papsttums, 1124–98 – V. Spätmittelalter und Renaissance, 1198–1534.

I. Byzantinische Herrschaft, bis 774: Von einem päpstl. Z. kann man erst ab der Zeit der byz. Herrschaft über das →Papsttum sprechen. Während der byz. Phase wurde bei jeder Papstmesse für den Ks. gebetet. Die Bitte um den Bestand des Reiches im Rahmen der röm. Karfreitagsliturgie war gleichfalls ständige Gewohnheit. In der Kirche S. Anastasia im Palatin, der nominellen Ks. residenz, feierte der Papst an Weihnachten eine zweite Messe. Das Bildnis jedes neuen Ks.s wurde vom Papst und seinem Hof feierl. außerhalb Roms in Empfang genommen und in einer Prozession zum Palatin gebracht. Die Päpste des 6.–8. Jh., von denen mindestens zwei (Pelagius I., Gregor I.) vorher →Apokrisiare in Konstantinopel gewesen waren, glichen ihren Hof dem byz. Vorbild an. Es gab nunmehr einen vestiarius, der für Gewänder und wertvolle Geräte zuständig war, einen arcarius, der die Einnahmen kontrollierte, sowie einen sacellarius, der die Ausgaben überwachte. Ein nomenculator nahm Bittschriften entgegen und bearbeitete sie. Die Inhaber dieser neuen Ämter gingen bei Auftritten des Papstes direkt hinter ihm her, was ihre herausragende Stellung im päpstl. Z. dokumentierte. Die Gruppen der Defensoren, Notare und Consiliarii, die traditionellen Körperschaften der päpstl. Mitarbeiter, zogen dagegen wie bisher vor dem Papst einher und gehörten somit nicht mehr zum engeren Hofstaat. Aus dem cubiculum, das bereits im 6. Jh. als Personenverband um den Papst nachzuweisen ist, gab es Aufstiegsmöglichkeiten in diesen engeren Hofstaat. Eine wichtige Rolle spielten schon in byz. Zeit im päpstl. Z. und in der päpstl. Liturgie die →Stationsgottesdienste, wobei die Hauptfeste in den Basiliken und die Sonn- und Wochentage, v. a. während der Fastenzeiten, in Titel- und Diakoniekirchen begangen wurden. Die Begleitung durch Einwohner und Repräsentanten der weltl. Gesellschaft an den wichtigsten Tagen zeigte, daß der Papst der oberste Repräsentant Roms war. Geschickt nutzte der Papst in der Nachfolge des antiken summus pontifex seine neue Dominanz, um heidn. Feste durch Prozessionen in chr. umzuwandeln (z. B. ersetzte eine Lichterprozession von der früheren Kurie des Senats nach S. Maria Maggiore am 2. Febr. die heidn. Amburbalien, eine Prozession an Mariae Himmelfahrt, 15. Aug., löste ein altes Fruchtbarkeitsfest ab). An die Stelle antiker Jahreszeitenfeste traten die Quatembertage, die der Papst zur Weihe neuer Kleriker nutzte. Die Verbreitung der röm. Liturgie förderten ab dem 7. Jh. entstehende Slg.en von Meßtexten (→Sakramentarien), die im 8. Jh. durch die sog. Ordines Romani (→Ordo, II) ergänzt wurden.

II. Karolingerzeit, 774–904: Die sog. →Konstantin. Schenkung verdeutlicht nicht nur das gestiegene Selbstbewußtsein des Papsttums, sondern auch seine Loslösung von der byz. Herrschaft. Der Papst beanspruchte laut dieser Fälschung Elemente des ksl. Z.s (z. B. das Reiten auf einem Schimmel, Residieren in einem als palatium bezeichneten Palast, Gleichstellung des päpstl. Klerus mit dem Senat). Auch forderten die Päpste den Steigbügeldienst von den Kg.en und Ks.n (→Marschall). Gemäß dem ältesten Ordo zur Papstweihe, der wohl zur Zeit Leos III. oder Leos IV. entstanden ist, ergriff ein neugewählter Papst zuerst vom Lateranpalast Besitz, wo ihm auch die geistl. und weltl. Spitzen der Stadt huldigten. Erst danach wurde er in St. Peter geweiht und anschließend auf den Stufen dieser Kirche mit dem Symbol der weltl. Herrschaft, der →Tiara, gekrönt. Darauf wurde der neue Papst wieder zum Lateran zurückgeleitet. Das Z. am Lateran vollzog sich allerdings immer noch nach byz. Vorbild.

III. Bis zum Ende des sog. Investiturstreits, 904–1123: Die Päpste entwickelten nach weitgehender Zurückdrängung des Einflusses röm. Adelsfamilien, die die →Papstwahl im 10. und in der 1. Hälfte des 11. Jh. beherrscht hatten, ab der Mitte des 11. Jh. ein neues Selbstbewußtsein. Papst Gregor VII. beanspruchte in seinem →»Dictatus papae« in Rückgriff auf die Konstantin. Schenkung, daß allein der Papst ksl. Insignien tragen dürfe. In den Gregor zumindest nahestehenden »Proprie

auctoritates apostolice sedis« wird zusätzl. zu dem gen. Leitsatz noch das regnum, d. h. das Zeichen der Herrscherwürde, erwähnt. Eine Einschränkung bedeutet gegenüber dem »Dictatus papae«, daß die »Proprie auctoritates apostolice sedis« das Tragen der ksl. Insignien nur bei Prozessionen ansprechen. Sicherl. eine Kritik an der seit den Tuskulanerpäpsten üblichen Verleihung der →Goldenen Rose an den röm. Stadtpräfekten am 4. Fastensonntag (Laetare Jerusalem) wird der 36. Leitsatz der »Proprie auctoritates apostolice sedis« sein, allein der Papst trage in der Mitte der Fastenzeit als Zeichen des Leidens Christi dieses Ehrenzeichen. Gregor VII. oder seine nächste Umgebung wollte damit offensichtl. aufzeigen, allein der Papst habe die oberste (weltl.) Gewalt auch in Rom. Eine Stärkung der Position der →Kardinäle, die (bzw. die Kard. bf. e) seit der →Lateransynode v. 1059 eine Vorrangstellung bei der Papstwahl einnahmen, erbrachte die Entstehung der röm. →Kurie. In der Organisation orientierte man sich dabei ab dem 12. Jh. an den w. Herrscherhöfen. Entsprechend der Organisationsform des päpstl. Hofes wurde auch das Z. weltl. w. Kg.shöfen angeglichen. Neben den bisher üblichen Einsetzungszeremonien eines Papstes (Besitzergreifung vom Lateranpalast; Thronsetzung, Weihe und Überreichung von Ferula und Pallium in St. Peter) hatte nunmehr auch die Immantation zu erfolgen. Der dabei verwandte Mantel bestand wie der des Ks.s aus Purpurstoff (→Purpur). Ab dem 12. Jh. wurde für Bf. sthrone in röm. Kirchen der dem Ks. vorbehaltene →Porphyr verwandt (→Cathedra Petri).

IV. Ausbau der innerkirchlichen Stellung des Papsttums, 1124–98: In den ab 1140 entstandenen liturg. Ordines, die den Anwesenheit des Papstes in Rom voraussetzten, nahmen die Kurialen höhere Ränge ein als die papstferneren Würdenträger und dokumentierten damit ihre Stellung als engste päpstl. Mitarbeiter. Früher wichtige konstitutive liturg. Einsetzungsakte eines Papstes (z. B. Immantation) wurden dadurch weitgehend bedeutungslos, so daß das III. →Laterankonzil (1179) festlegte, daß derjenige zum Papst gewählt sei, für den sich zwei Drittel der anwesenden Kard. e entschieden hätten. Die weltl. Rolle des Papstes und dessen Gleichstellung mit dem Ks. wurden noch stärker durch die Verwendung der Tiara im päpstl. Z. und durch den sich ausweitenden Gebrauch von Porphyr betont.

V. Spätmittelalter und Renaissance, 1198–1534: Die Entfremdung des Papsttums von Rom gerade in der Zeit von dessen größter Machtentfaltung (1198–1303) machte sich auch im Z. bemerkbar. Die Stationsgottesdienste wurden wegen der häufigen Abwesenheit der Päpste von der Stadt nur mehr selten praktiziert. Bei den Papstzeremonien zogen schon unter Innozenz III. nicht mehr die Mitglieder des Lateranpalastes und des röm. Klerus vor dem Papst einher, sondern die Kard. e und Vertreter der Universalkirche (Patriarchen, Ebf. e, Bf. e). Das entscheidende Reservoir für die wichtigsten kurialen Ämter war ab dem 13. Jh. die päpstl. →Kapelle, deren wichtigste Aufgabe freilich die Gestaltung des päpstl. Palastgottesdienstes blieb. Vizekanzler, Kämmerer und andere wichtige Funktionsträger waren häufig ursprgl. päpstl. Kapläne. Der Versorgung der personell stark angeschwollenen Kurie dienten der vier Hofämter: Küchenamt, Brotamt, Weinamt und Marstallamt. Das Almosenamt (→Elemosinarius, →Aumônerie, 2) verwaltete Spendengelder und bestritt Ausgaben für Prozessionen, zeitweise auch für päpstl. Bauten. In der avign. Zeit des Papsttums (1303–78) reduzierte sich das päpstl. Z. auf den Papstpalast. Kapellen im und am Papstpalast ersetzten die röm. Basiliken Lateran und St. Peter. Konsistorien, Empfänge und Gerichtssitzungen fanden nunmehr allein im Papstpalast statt. Neben dem Palastpersonal (Palastaufseher, Kammerherren, Kapläne, Türhüter) wohnten die Inhaber wichtiger kurialer Ämter (z. B. Kämmerer) in unmittelbarer Nähe des Papstes. Da der Palastgottesdienst immer mehr das päpstl. Z. bestimmte, wurde die Capella papalis oder pontificia (später und noch heute: Capella Sixtina) personell ausgebaut und vorwiegend aus Vertrauten des Papstes rekrutiert. Dem →confessor (Beichtvater des Papstes) wurde die Aufsicht über die päpstl. Gemächer übertragen, eine bes. Vertrauensstellung. Mitglieder der päpstl. →familia (Kammerkleriker, Kanzleiskriptoren usw.) hatten Anteil an der servitia minuta und wurden bei der Pfründenvergabe bevorzugt.

Nach dem →Abendländ. Schisma (1378–1417) und der Rückkehr des Papsttums nach Rom mit Martin V. festigten die Päpste im Laufe einiger Jahrzehnte ihre Herrschaft über die Stadt. Analog zum Papstpalast in Avignon wurde nun der Vatikan das Zentrum des päpstl. Z.s. Dort wurde seit Calixtus III. der neue Papst gewählt, der anschließend an seine Wahl in die nahe Peterskirche zur Krönung zog. Ledigl. die Inbesitznahme des Lateran erinnerte noch an die ältere Tradition. In der Palastkapelle und im Palast fanden nunmehr alle wichtigen Riten statt (Stationsgottesdienste, Prozessionen, Weihen von Bf. en und Klerikern). Die Päpste zogen sich immer mehr vom Zelebrieren der Gottesdienste zurück, das sie Kurialen überließen (Kard. e, Bf. e). Die seit Avignon bestehende Capella papalis wurde noch weiter ausgebaut. Ihre Zeremonienmeister hinterließen seit Johannes →Burckard wichtige Tagebücher. Dem Sängerkolleg der Kapelle gehörten v. a. seit Sixtus IV. berühmte Komponisten an, die das päpstl. Z. noch prachtvoller ausgestalteten. G. Kreuzer

Q. und Lit.: Les Ordines Romani du haut MA, ed. M. Andrieu, 5 Bde, 1931–61 – Le Pontifical romain au MA, hg. Ders., 4 Bde, 1938–41 – Die Zeremonienbücher der röm. Kurie im MA, hg. B. Schimmelpfennig, 1973 – Le cérémonial papal de la fin du MA à la Renaissance, hg. M. Dykmans, 3 Bde, 1977/81/83 – L. Carlen, Z. und Symbolik der Päpste im 15. Jh., 1993 – B. Schimmelpfennig, Das Papsttum von der Antike bis zur Renaissance, 1996[4], passim.

D. West- und Nordeuropa

I. Königreich Frankreich – II. Burgund – III. England – IV. Iberische Halbinsel – V. Skandinavien.

I. Königreich Frankreich: [1] *Typologie und Quellenlage:* In seiner weitesten Definition umfaßt das Konzept des Z.s in seiner Anwendung auf die frz. →Monarchie (→König, -tum, D) der letzten Jahrhunderte des MA eine Reihe ritueller Abläufe und Manifestationen, die sich nach ihrem jeweiligen Anlaß im wesentl. in vier Typen bzw. Gruppen gliedern lassen:

a) täglich wiederkehrende Zeremonien, die den Tageslauf des Kg.s, der Kgn. und des Hofes begleiteten (sog. apparatus, *apparat*);

b) in regelmäßigem Turnus abgehaltene Zeremonien (große Kirchenfeste, kgl. Heilung der →Skrofeln [→Wunderheilung, *Thaumaturgie*], feierl. →Versammlung des kgl. Rates [→*Conseil du roi*] in Gegenwart des Monarchen);

c) nur einmal im Leben eines Kg.s stattfindende Zeremonien (Taufe, Hochzeit, erster feierl. Einzug in kgl. Städte [*bonnes villes*], Kg.sweihe [→*Sacre*] bzw. →Krönung); kgl. Begräbnis (obsequiae, *obsèques*);

d) Zeremonien anläßlich von Ereignissen, die sich nicht in regulärer Weise planen ließen, aber u. U. häufig auftraten (Empfang frz. Fs.en 'von Geblüt' [*princes du sang*] und ausländ. Herrscher/Fs.en, feierl. Erhebung der →Ori-

flamme [*prise de l'oriflamme*] vom Hauptaltar der Abtei →St-Denis vor dem Aufbruch des Kg.s zu Feldzügen, feierl. Erhebung von →Rittern/→chevaliers [*fêtes de chevalerie*, höf.-chevalereske →Feste], feierl. Gerichtssitzungen des →Parlement unter kgl. Vorsitz [→*lit de justice*], kgl. Dankgottesdienste [→Te Deum], Zeremonien anläßl. von Gnadenerweisen, Ehrungen, Homagien, Treueiden, Audienzen und Empfängen von →Gesandten usw.).

Gleichsam alle Handlungen und Auftritte des Kg.s v. Frankreich, der als öffentl. Person (*personne publique*) schlechthin fungierte und im Mittelpunkt des Hoflebens (→Hof) stand, waren von mehr oder weniger ausgefeilten und festgelegten Z. (später auch als Etikette, *étiquette*, bezeichnet) begleitet; dieses war von tradierten Bräuchen und Gewohnheiten inspiriert, spiegelte aber in seiner Erscheinungsform bzw. deren Nuancen auch die Stellung und (Macht-)Position des jeweiligen Kg.s wider, bis hin zu persönl. Eigenarten und Vorlieben (Alter, Temperament, polit. und andere Interessen eines bestimmten Kg.s), insbes. aber die (prakt. wie ideolog.) Entwicklungen und Wandlungen des kgl. Amtes.

Die frz. Monarchie kannte anscheinend kein offizielles »Caeremoniale«, wie es etwa die röm. Kurie in Gestalt des →Caeremoniale romanum und der Zeremonienbücher des Johannes →Burckard besaß. Erst 1649 publizierten Théodore und Denis Godefroy ihr »Ceremonial françois«. Gleichwohl ist die Rolle der kgl. Amtsträger, der →*chambellans*, der *maîtres d'hôtel* (→Hôtel du roi), der →*écuyers d'écurie* (→Écurie), der →*huissiers*, der *hérauts d'armes* (→Herold) und der *sergents d'armes* (→Sergent), bei der Bewahrung und Weiterentwicklung zeremonieller Formen und Inhalte hervorzuheben. So wurde z.B. die »vraie ordonnance« der Begräbnisfeierlichkeiten für Kg. Karl VIII. (April 1498) von Pierre d'→Urfé, *grand écuyer de France*, unter Aufsicht von Louis de →La Trémoille, *premier chambellan*, sowie der anderen Kammerherren des verstorbenen Herrschers entworfen. Die Historiker sind im übrigen in der Lage, das kgl. Z. mit Hilfe ganz verschiedenartiger Q.n in wichtigen Teilen zu rekonstruieren; zu nennen sind: Berichte in Chroniken (→Chronik, E), Werke, die speziell für zeremonielle bzw. protokollar. Anlässe verfaßt wurden (z.B. Depeschen der Gesandten), Rechnungen, bildl. Darstellungen (Miniaturen), materielle Zeugnisse (Zeremonialgegenstände: →Insignien, →Regalia), archäolog. und architekton. Überreste, z.B. von Palästen (Raumaufteilung).

[2] *Entwicklung im 13.–15. Jahrhundert:* Allgemein muß im Kgr. Frankreich für alle Perioden des MA von der Existenz eines Z.s ausgegangen werden, auch wenn es im Vergleich zu anderen Kulturen (Byz. Reich) oder späteren Epochen (Ancien Régime, bes. seit Ludwig XIV.) zunächst wohl rudimentäre und inhomogene Züge trug. Es ist aber für die Zeit vom frühen 13. Jh. bis zum späten 15. Jh. das Bestreben erkennbar, dem Z. komplexere, festere und eindrucksvollere Ausdrucksformen zu geben; Leitgedanke war offenbar, die Prachtentfaltung der kgl. Majestät und seines Hofstaates (*corps du roi*) in immer glanzvollerer Weise zu demonstrieren.

Eine Durchsicht der 50 Miniaturen, die das Kg. →Karl V. persönlich gewidmete Ms. der »Chronique des régnes de Jean II et de Charles V« (heute Paris, Bibl. Nat., fr. 2813) zieren, zeigt, daß mehr als die Hälfte dieser Illustrationen zeremonielle Handlungen thematisiert: Krönung Johanns II. (1350), Stiftung des →Sternordens (1351: zwei Miniaturen), Eröffnung der Generalstände (→États Généraux) von 1355, Austausch von Eiden zw. dem Dauphin Karl (V.) und Kg. →Karl 'dem Bösen' v. Navarra, Einzug (*entrée*) des Kg.s Johann II. in Paris und seine Freilassung aus engl. Gefangenschaft, Rückkehr Kg. Johanns II. nach London, Krönung Kg. Karls V. und der Kgn. Johanna (zwei Miniaturen), Taufe des Dauphins Karl (VI.), Empfang Ks. →Karls IV. in Frankreich und seine Begegnung mit Kg. Karl V. (siebzehn Miniaturen), Begräbnisfeier der Kgn. Johanna.

Wichtige Hinweise auf zeremonielle Abläufe liefert auch die berühmte Passage der →Christine de Pisan in ihrem »Livre des fais et bonnes meurs du sage roy Charles V«, in der die Dichterin einen Tag im Leben des Kg.s beschreibt, vom *lever* zw. sechs und sieben Uhr am Morgen bis zum *coucher* zu vergleichsweise früher Stunde; die Schilderung erweckt zwar den Eindruck eines recht rigoros eingehaltenen Stundenplans des Monarchen, doch keineswegs eines stark von formalist. Ritualen bestimmten Tageslaufs. Vielmehr bestand offenbar für alle weitgehend freier Zutritt zum Kg., bes. wenn er am Morgen aus seiner Kapelle trat. Die hierdurch entstehende Unordnung wurde offenbar in Kauf genommen.

Ein an →Karl VII. über dessen Schwiegermutter →Yolande v. Aragón gerichteter Traktat (*avis*) von 1425 rät dagegen mehr am Rande, daß ein Kg., bes. beim Mittag- und Abendessen (*dîner, souper*), verbieten solle, daß jeder Beliebige sich ihm auf mehr als achtzehn Schritt nähere, mit Ausnahme namentlich aufgerufener Personen und sicher auch den Hofdiener (→*valet*).

Zu den wichtigsten Zeremonien zählten die Einzüge (*entrées*) des neuen Kg.s in Städte, so der 'introitus' in die Hauptstadt →Paris nach dem in →Reims empfangenen →Sacre; als bes. spektakulär werden die Einzüge →Karls VII. in die aus engl. Hand befreiten Städte geschildert (etwa in der Hauptstadt der →Normandie, →Rouen, 1449). Diese *entrées* boten Gelegenheit, die machtvolle Autorität des Kg.s ebenso wie die treue Ergebenheit der Bürger zu demonstrieren, aber auch gegebenenfalls deren Wünsche und Forderungen (Privilegienerteilung) zu artikulieren; somit beinhalteten derartige Einzüge eine (mehrschichtige) polit. Botschaft.

Das kgl. Z. umfaßte eine genuin liturgische Dimension (vgl. die 'ordines' der Kg.sweihe), aber auch eine der höf.-chevaleresken Sphäre (Bankett, Turnier; →Kultur und Gesellschaft, höf.) angehörende Ebene.

Die Erforschung des kgl. Trauer- und Begräbnisz.s über einen langen Zeitraum gestattet es, zahlreiche Aspekte der kgl. Ideologie zu beleuchten und den vom Tod betroffenen Herrscher (bzw. dessen Nachfolger) in seinem engeren und weiteren polit. und soziokulturellen Umfeld zu untersuchen.

In vielen Fällen gewinnt der Betrachter die Vorstellung, daß sich die Entwicklung des Z.s im Verlauf verschiedenartiger Initiativen, die nur z.T. einer planvollen Lenkung unterlagen, sondern oft eher kumulativen Charakter hatten, vollzog. Ebenso drängt sich aber bei der Erforschung mancher Q.n (so bes. des mit Miniaturen reichgeschmückten »Livre du sacre« Karls V.) der Eindruck auf, daß die Ausgestaltung des Z.s einem festen Willen des Souveräns und seiner Ratgeber entsprang, eine effiziente und realisierbare Inszenierung des herrscherl. Auftretens zu schaffen. Hier darf durchaus von Propaganda gesprochen werden.

[3] *Forschungsstand:* Angaben über Sachverhalte und Probleme des Z.s werden zumeist, in mehr oder weniger eingehender Weise, in Monographien über einzelne frz. Kg.e behandelt. Das »Alltagsz.« der Kg.e v. Frankreich wurde dagegen erst in geringem Maße erforscht, obwohl hier die Forschungsarbeit, zumindest von der Zeit Karls V.

an, wichtige Aufschlüsse erwarten läßt. Andererseits sind die größeren Bereiche des kgl. Z.s Gegenstand einer überreichen Detailforschung, die sich v. a. dem 'spectacle royal', dem zentralen Weiheakt des Sacre, den 'lits de justice', den kgl. 'entrées' und den 'fêtes de chevalerie' zugewandt hat. Ph. Contamine

Lit.: M. Barroux, Les fêtes royales de St-Denis en mai 1389, 1936² – B. Guenée–F. Lehoux, Les entrées royales françaises de 1328 à 1515, 1968 – M. G. A. Vale, Charles VII, 1974 (Kap.: The Ceremonial King) – Ph. Contamine, L'oriflamme de St-Denis au XIVᵉ et XVᵉ s. Étude de symbolique religieuse et royale, 1975 – A. Erlande-Brandenburg, Le roi est mort. Étude sur les funérailles, les sépultures et tombeaux des rois de France jusqu'à la fin du XIIIᵉ s., 1975 – S. Hanley, The Lits of Justice of the Kings of France. Constitutional Ideology in Renaissance France, 1983 – R. A. Jackson, Vive le roi! A Hist. of the French Coronation from Charles V to Charles X, 1984 – J. Le Goff, Reims, ville du sacre (Les lieux de mémoire, hg. P. Nora, II: La Nation, 1986), 89–184 – D. Gaborit-Chopin, Regalia. Les instruments du sacre des rois de France. Les »honneurs« de Charlemagne, 1987 – R. E. Giesey, Le roi ne meurt jamais. Les obsèques royales dans la France de la Renaissance, 1987 – C. Beaune, Le miroir de Paris, 1989 – F. Autrand, Charles V le Sage, 1994 – Représentation, pouvoir et royauté, hg. J. Blanchard, 1995 – J. Le Goff, Saint Louis, 1996 – Eléonore de Poitiers. Les états de France (les honneurs de la cour), ed. J. Paviot, Annuaire-Bull. de la Soc. de l'hist. de France, année 1996, 1998, 75–137.

II. Burgund: Die Hzg.e v. →Burgund aus dem Hause Valois haben kein eigenes Hofz. geschaffen, sondern das Z. der Kg.e v. Frankreich übernommen, es aber dank des Luxus und des aristokrat. Charakters ihres Hofes in vollem Maße weiterentwickelt. Durch das Z. betonten die Hzg.e ihren Anspruch auf die Ausübung der Prärogativen der →Kapetinger und damit den Vorrang vor allen anderen Fs.en, die nicht die Kg.swürde besaßen. So beanspruchten die burg. Gesandten (→Gesandte, B. VI) beim →Konzil höheren Rang als die Repräsentanten der →Kurfs.en. Hzg. →Philipp der Kühne nahm bei den Krönungsfeierlichkeiten (→Sacre) Kg. →Karls VI. den ersten Platz ein, unter Berufung auf seinen Titel als Erster →Pair de France, ungeachtet des Umstandes, daß Hzg. →Ludwig v. Anjou sein älterer Bruder war. Dieser fsl. Machtanspruch der Burgunder wurde von den 'cérémonies et pompes' des burg. Hofes glanzvoll unterstrichen.

Das burg. Hofz. ist uns gut bekannt dank zweier Q.n des ausgehenden MA: »L'Estat de la cour de Charles, duc de Bourgogne« des Olivier de →La Marche sowie »Les honneurs de la cour« der Aliénor de Poitiers, Vicomtesse v. Veurne (Furnes). Die Vicomtesse beschäftigt sich vornehmlich mit Fragen der Rangfolge; diese war minuziös geregelt (Jeanne d'Harcourt, Gfn. v. Namur, besaß ein Buch, das »tous les états de France« verzeichnete). So hatten die drei Nichten des Hzg.s als Ebenbürtige bei Hofe gleichzeitigen Vortritt, den sie wahrnahmen, indem sie einander riefen (»se huchoient«). Kontroversen über protokollar. Rangfolgen mußten manchmal gar durch prozessuale Maßnahmen (enquêtes) entschieden werden. Andererseits ließ aufgrund der Verhaltensnormen der courtoisie (→Kultur und Gesellschaft, höf.) eine hochrangige Persönlichkeit einer anderen, der es Ehre zu erweisen galt, den Vortritt oder begegnete ihr mit Ehrenbezeugungen, die das gewohnte Maß überschritten. So kniete Hzg. Johann (→Jean sans Peur) vor seiner Schwiegertochter →Michèle de France nieder, obwohl sie nur den Rang ihres Ehemanns innehatte, doch wollte er sie als Tochter des Kg.s gebührend ehren. →Karl d. Kühne verhandelte bei der Begegnung v. Trier (1473) lange mit →Friedrich III., auf daß jener sich herbeiließe, vor dem Hzg. einzureiten. Die Ankunft des Dauphins →Ludwig (XI.) am burg. Hof gab Anlaß zu einem wahren »Höflichkeitskampf« zw. Hzgn. →Isabella und dem Dauphin.

Titel und Anredeformen als solche waren streng hierarchisch abgestuft. Der Hzg. titulierte die Damen gemäß ihrem Rang als 'belle cousine', 'belle dame' oder einfach als 'madame' oder 'ma cousine'. Auch die Hoftracht war Gegenstand von Kodifikationen (→Hofordnung); so war das Recht, einen→Hut oder einen goldenen Reif zu tragen, bestimmten Persönlichkeiten vorbehalten.

Beim Einritt des Hzg.s, bes. bei einem feierl. Einzug (introitus), zogen ihm die Kompanien der archers de la garde, der berittenen Bogenschützen, gefolgt von den archers du corps, voran; es folgten die Knappen der vier großen Hofämter (écuyers des quatre états), die Ritter (→chevalier), die Großpensionäre (→Pension), die Leute von hzgl. Geblüt (gens du sang du duc), die Trompeter, →Herolde, hzgl. →huissiers d'armes, die →sergents à masse, der premier →écuyer mit dem Richtschwert (épée de justice). Es schlossen sich an die →Pagen, der Palefrenier, für den hzgl. →Mantel trug, dann die →Garde (→Leibwache), während die valets de pied die Volksmenge fernzuhalten hatten. Dem Einzug des Hzg.s gingen Fanfarenstöße voraus, die ertönten, wenn der écuyer d'écurie (Stallmeister) ihm mit Hilfe eines Dieners (→valet) den Fuß in die Steigbügel hob.

Den Audienzen präsidierte der Hzg. im Thronsessel; kniend auf einer kleinen Bank verharrten die →maîtres des requêtes, der audiencier und der secrétaire (→Notar, B. II), um sie gruppiert der Hof; den Beschwerdeführern und Bittstellern wurde von den maîtres d'hôtel Zugang gewährt.

Höchst ausgefeilt war das Ritual des hzgl. Banketts (→Tischsitten); es umfaßte u. a. Handwaschung, Präsentation der Gerichte und Einschenken der Getränke. Beim feierl. Aufdecken der Tafel nahmen der huissier, der Brotmeister (panetier; →Paneterie) und der Kellermeister (sommelier) ihre genau festgelegten Rollen wahr, so beim Aufstellen des großen Salzfasses und der Tafelaufsätze, von denen einer das 'licorne' (Horn des Narwals; →Einhorn) enthielt; dieses sollte garantieren, daß die servierten Speisen frei von »Gift waren. Jeder Gang war Gegenstand einer Verkostung ('essai'). Die Serviette zum Händetrocknen wurde dem Hzg. von der ranghöchsten Persönlichkeit des Hofes präsentiert; sie war zuvor vom Brotmeister an den obersten maître d'hôtel, dann an den obersten →chambellan, aus dessen Händen sie die ranghöchste Person des Hofes empfing, weitergereicht worden. Die einzelnen Gänge wurden in feierl. Prozession aufgetragen; der huissier kniete vor dem Hzg. nieder, wohingegen der panetier dem Souverän mit Brotscheiben aufwartete, auf welche der écuyer tranchant (Vorschneider) Fleischstücke arrangierte, wobei er vor dem Schneiden die Messer küßte. Der échanson (→Mundschenk) servierte dem Fs.en die Getränke und nahm ihm »très révérencieusement« den geleerten Becher wieder ab.

Im hzgl. Schlafgemach war es Vorrecht der würdigsten Person am Hofe, dem Hzg. die Nachtmütze aufzusetzen, bestand doch »die größte Ehre darin, dem Fs.en in den geheimsten und vertraulichsten Dingen zu dienen«.

Für die Etikette der Damen war es z. B. von Bedeutung, wann die Schleppe getragen oder aber gehoben werden mußte. Eine Kindtaufe gab Anlaß, diejenigen Adligen auszuwählen, die Kerze, Salz oder Taufschüssel zu tragen bzw. zu halten hatten. Ein Trauerfall verpflichtete die Damen, sechs Wochen lang das Zimmer nicht zu verlassen, wobei Prinzessinnen diesen Zeitraum auf dem Bett liegend verbringen sollten, wohingegen Baronessen nur neun Tage das Bett zu hüten hatten. Das feierl. Begräbnis

war durch eine eigene Hofordnung (→Ordonnance) geregelt, die in den Bildwerken der hzgl. →Grablege in der Kartause Champmol (→Dijon, II. 4) ihren Ausdruck fand. Neben prunkvollen Hoffesten, die manchmal unter polit.-propagandist. Aspekt standen (Kreuzzugsgelübde: →Voeu du Faisan, 1454), bildeten bes. die großen →Turniere (s. a. →Herold) einen zentralen Bereich zeremoniellen burg. Hoflebens.

Das höf. Z. war inspiriert von der →Liturgie: War der Fs. nicht der Repräsentant Gottes auf Erden? Im Rahmen der Vorstellungswelt des →Gottesgnadentums wurden dem Souverän Ehren zuteil, wie sie den höchsten geistl. Würdenträgern und selbst dem Allerheiligsten gezollt wurden. Das Z. des burg. Hofes fand bei benachbarten Fs.en rege Nachahmung. Durch die Heirat der Erbtochter Karls d. Kühnen, →Maria v. Burgund, mit Ehzg. →Maximilian (1477) erreichten Teile des burg. Z.s an die Schwelle der Frühen Neuzeit die Höfe der span. und österr. →Habsburger (Olivier de la Marche fungierte als Großer Hofmeister Ehzg. →Philipps des Schönen). J. Richard

Q.: La Curne de Sainte Pallaye, Mém. sur l'ancienne chevalerie, 1759, 2, 171–267 – Mémoires d'Olivier de la Marche, ed. H. BEAUNE-J. D'ARBAUMONT, 4, 1888 – Lit.: O. CARTELLIERI, Am Hofe der Hzg.e v. Burgund, 1926 – Z. und Raum (4. Symposium der Residenzen-Komm.), hg. W. PARAVICINI, 1997.

III. ENGLAND: [1] *Angelsächsische Periode:* Z. zur Darstellung von Ansehen und Macht des Herrschertums ist schon für die Frühzeit vorauszusetzen. Der Grabfund von →Sutton Hoo aus der Zeit des Übergangs zum Christentum enthält u. a. eine Standarte sowie einen »Wetzstein«, der als Zepter oder Ahnenstab gedeutet wird. Das Epos →»Beowulf« kennt den Hochsitz als Wahrzeichen der Kg.smacht und die Designation, die der sterbende Kg. durch Überreichung seiner Waffen vollzieht. Als 856 die westfrk. Prinzessin Judith den Kg. Æthelwulf v. Wessex heiratete, wurde sie nach dem Brauch ihres Heimatlandes geweiht. →Salbung und →Krönung des Herrschers als Zeichen seiner Auserwählung sowie die Investitur erscheinen unter kontinentalem Einfluß seit Kg. Edgar (973). Krönungsordines (→Ordo, III) verdeutlichen den Ablauf der feierl. Handlung, an deren Anfang der Kg. sich dem Volk gegenüber durch förml. Versprechen band. Ob die Weihe der Kgn. fortlebte, ist nicht sicher zu erkennen. Unter der Dynastie Knuts d. Gr. kam wohl die Kg.sweihe außer Übung, doch wurde sie von Eduard d. Bekenner wiederaufgenommen. Über das Z. der Reichsversammlungen (→*witenagemot*) ist wenig bekannt.

[2] *Von der normannischen Eroberung 1066 bis zum Ende des Mittelalters:* Kg. Wilhelm I. übernahm prinzipiell die ags. Form der Herrscherweihe, nunmehr in →Westminster (mit Überreichung von →Insignien: Ring, Schwert, Krone, Zepter und Virga). Er ließ auch seine Gemahlin Mathilde salben und krönen. Zudem brachte die Geistlichkeit dem Herrscher nach dem Vorbild des Ks.s und des frz. Kg.s verherrlichende →Laudes dar. Es entstanden neue Formulare, so der sog. »Anselm-Ordo« (um 1100), der bis Anfang des 14. Jh. gültig blieb. Die norm. Kg.e feierten nach Möglichkeit Ostern in →Winchester, Pfingsten in Westminster und Weihnachten in →Gloucester und hielten dabei zusammen mit den geistl. und weltl. Großen Hoftage ab, bei denen der Glanz des Herrschertums demonstriert wurde. →Festkrönungen, welche Elemente der Erstkrönung enthielten, wurden üblich (bis Mitte 12. Jh.). Weitere Herrschaftszeichen (z. B. Armspangen) kamen hinzu. In der zw. 1135 und 1139 verfaßten →»Constitutio domus regis« werden neben dem schon am ags. Hof bezeugten Cancellarius zusätzl. Amtsträger gen. (u. a.

Magister Scriptorii, Capellanus, Dapifer, Magister Marscallus), die zweifellos auch am Z. teilhatten. Außerdem gab es erbl. Ehrenämter: z. B. mehrere →Stewards (eine dieser Würden seit Heinrich II. im Besitz des Earl of →Leicester, später beim Hause →Lancaster) sowie den →Marshal (zunächst der →Marshal-Familie, seit dem 13. Jh. dem Earl of →Norfolk als Titel zugesprochen) und den →Constable (Earl of →Hereford). Seit dem späten 12. Jh. treten →Herolde hervor, die →Turniere und zeremonielle Akte anzukündigen und zu überwachen hatten. Aus diesen Anfängen entwickelte sich der Court of Chivalry und später das dem →Earl Marshal unterstehende College of Arms (→Heraldik, IV), das 1484 von Kg. Richard III. inkorporiert wurde. Dieses Collegium war für Wappenwesen, Rechtsfragen der Aristokratie und Z. zuständig.

Johann Ohneland legte großen Wert auf das die Hoftage prägende, nunmehr ausgeweitete Z. (→Hofordnungen, ab 1279). Seit Heinrich III. verstärkte sich die Tendenz zur Sakralisierung des Herrschertums (Krankenheilungen nach frz. Vorbild). Zwar wurde bei der Erhebung Eduards II. (Ordo v. 1308) der Krönungseid erweitert und die Bindung des Kg.s verschärft, gleichzeitig zeigte aber ein feierlicher →adventus regis den Herrscher in Harmonie mit dem Universum. Als Eduard in London einzog, waren die »kgl. Straßen« des »neuen Jerusalem« mit goldenen Teppichen und Kleinodien geschmückt – die Hauptstadt als zeitloses Zion! Bei der Krönung Richards II. 1377 orientierte man sich verstärkt an frz. Bräuchen (»Lytlington-Ordo«). Am Vorabend fand ein Festzug vom Tower nach Westminster statt, der dem Publikum viele Belustigungen bot. Ritterwürden wurden verliehen. Bei der Krönung beanspruchten zahlreiche Hofleute alte Rechte – etwa das Tragen eines der drei Staats-Schwerter oder des Baldachins oder die Verrichtung bestimmter Dienste beim Krönungsmahl. Umzüge wurden im Spät-MA auch bei anderen wichtigen Gelegenheiten durchgeführt. So veranstaltete Kg. Heinrich V. nach dem Sieg über die Franzosen bei →Agincourt 1415 einen festl. Einzug in die Hauptstadt, wobei der Weg von Blackheath an einer Reihe symbolträchtiger Aufbauten vorbei zur Kathedrale von St. Paul's und nach Westminster führte. Adlige und Bürger in Festkleidung säumten die Straßen. Musikal. und liturg. Darbietungen, volkstüml. Szenen und Reminiszenzen an imperiale röm. Triumphzüge wechselten einander ab. Heinrich V. wurde als Ritter Gottes apostrophiert, seine Ankunft mit dem Erscheinen Christi an Weihnachten (»Nowell«) verglichen. Mit dem Dank für die Hilfe, die Gott dem engl. Kgr. gewährt hatte, verband sich gezielte Propaganda.

Zu den Formen des Gesandtschaftswesens vgl. →Gesandte, B. VII. Adel und Prälaten strebten in ihren →Residenzen ebenfalls nach Repräsentation und folgten dabei teilweise dem Z. des Hofes oder kontinentalen Vorbildern. K. Schnith

Lit.: E. KANTOROWICZ, Laudes Regiae, 1946 – DERS., The King's Advent (Selected Stud., 1965), 37–75 – P. E. SCHRAMM, Gesch. des engl. Kgtm.s im Lichte der Krönung, 1970[2] – J. NELSON, Politics and Ritual in Early Medieval Europe, 1986 – K. SCHNITH, Musik, Liturgie, Prozession als Ausdrucksmittel der Politik Heinrichs V. v. England (Fschr. R. BOCKHOLDT, 1990), 41–52 – K.-U. JÄSCHKE, Nichtkgl. Residenzen im spätma. England, 1990 – N. SAUL, Richard II, 1997, bes. 24–27 [Krönung].

IV. IBERISCHE HALBINSEL: [1] *Die Anfänge:* Das Z. der einzelnen Länder der Iber. Halbinsel ist weitgehend unerforscht. Es entwickelte sich, wenn man von einzelnen zeremoniellen Handlungen (Krönung, Salbung des Kg.s usw.) absieht, aus den →Hofordnungen, deren normati-

ver Charakter schrittweise zugunsten eines repräsentativen und symbol. aufgeladenen Handlungsgerüstes aufgegeben wird.

Der »Liber ordinum« der →Westgoten (s. a. →Aula regia) sowie Bräuche anderer Herkunft wurden noch geraume Zeit weitertradiert, und in verschiedenen Ländern der Iber. Halbinsel wurden einzelne Riten wie die Kg.ssalbung usw. nach dem Vorbild früherer Zeiten überliefert, bis einzelne Ordnungen den Grundstein zu Zeremonialslg.en bildeten. Die Repräsentation und Selbstdarstellung des Herrschers war dabei genauso Ziel wie die Regulierung von Rangfolgen (→Ordonnance, II).

[2] *Hofordnungen des 13. Jh.:* Nach den →»Siete Partidas« →Alfons' X. des Weisen v. Kastilien (nach 1250), in denen nur eine kurze zusammenfassende Darstellung der 'curia regis' (→curia regis, VI) mitgeteilt wird, entstehen nach 1270 v. a. im Kgr. →Aragón Hofordnungen (das islam. Z. in →al-Andalus wird hier nicht berücksichtigt). Bei diesen *Ordenaments* handelt es sich um Festlegungen von unterschiedl., jedoch meist geringem Umfang. Die Textslg.en – »Ordenaments del senyor rey en Pere el Gran« (1276 und 1277), »Ordenaments del senyor rey N'anfos III.« (1286, 1288 und 1291) – enthalten Hinweise auf die kgl. Hausdienerschaft und einige Ämter. Doch sind andere Befugnisse der 'curia' wie das Kanzleiwesen (→Kanzlei, A. VI) erst unter Alfons III. erwähnt.

Ein Hervortreten des zeremoniellen Aspekts (→Hôtel du roi) wird nur in wenigen Hinweisen greifbar, wenn etwa bestimmte Kompetenzen und Ämter, v. a. in der Nähe der 'camera' und 'curia' des Kg.s, erwähnt sind. Dies ist der Fall z. B. in Zusammenhang mit der Hoftafel und der Nähebeziehung (Rang) sowie Dienstbarkeit für den Kg. Ebenfalls geregelt sind Auftritte vor und im Palast. Erst seit Alfons III. wird eine Audienz erwähnt und damit das Verhältnis von Kg. und Untergebenen geregelt (ebenso für den kgl. Rat und seine Tätigkeit zutreffend).

[3] *Die Leges Palatinae. Das mallorquinische Hofzeremoniell und seine Nachwirkung:* Nach der Reichsteilung des Kgr.es Aragón (→Aragón, III) entstand seit 1337 im Kgr. →Mallorca ein Z., das als Hofz. zu bezeichnen ist und das ein klares und übersichtl. Schema des kgl. Hofes sowie seiner Gebräuche und Handlungsmuster überliefert. Auch die Organisation der 'curia' sowie der einzelnen Bereiche lassen sich deutl. ablesen. Die »Leges Palatinae« (»L. P.«), die in einer illuminierten Hs. erhalten sind (Brüssel, Bibl. Royale Albert Ier, ms. 9169; aus ehem. Besitz der Hzg.e v. →Burgund), scheinen auf eine frühere Hofordnung oder ein Z. zurückzugehen, das im Prolog erwähnt wird. Doch haben wir außer den erwähnten aragon. Ordnungen und einigen späteren Bruchstücken keine Kunde von einer früheren Zeremonialslg. (vor 1229 war Mallorca [→Balearen] Teil von al-Andalus). Die »L. P.« waren das Produkt eines sich selbst darstellenden Kgtm.s, das in der Hofverwaltung und im Hofleben ein ideelles Zentrum fand. Es liegt die Vermutung nahe, daß die Sekundogenitur Kg. →Jakobs III. v. Mallorca, der als Verf. gilt, ausschlaggebend für die geradezu exzessive Ausarbeitung der Bestimmungen war, da die »L. P.« ein glänzendes Bild des Hofes und v. a. des Kg.s vermitteln und ein erstes Z. etablierten. Damit stünde die Entwicklung des Z.s in engem Zusammenhang mit der Repräsentation eines Herrscherhauses. Die Vermutung liegt nahe, daß das mallorquin. Z. weitgehend fiktional ist, wofür jedoch noch keine Belege erbracht wurden.

Das Z. ist in acht Kapitel gegliedert und umfaßt Aussagen zu Hofstaat, Kanzlei, Schatz, die 'camera' und die verschiedenen Bereiche der 'curia regis' sowie einen An-

hang zu kirchl. Feiern. Die »L. P.« enthalten die Ausdifferenzierung der einzelnen Ämter, deren Charakterisierung bzw. Beschreibung sowie die zu verrichtenden Tätigkeiten vom Schlafzimmer des Kg.s bis zu den Hofkehrern. Neben den schon in den Hofordnungen erwähnten Bezügen und Kompetenzen sind nun auch exakte Angaben darüber enthalten, von wem, warum und – v. a. – wie einzelne Handlungen auszuführen waren. Die »L. P.« handeln ausführl. vom Nutzen der Festlegungen und vom Sinn hierarch. Strukturen, unter ausdrückl. Verweis auf »guten Zustand, Regiment, Schmuck und Gerechtigkeit des hl. Königshauses« bzw. seines »Körpers« oder »Gebäudes«. Das Werk legt für den Hof und seine Bediensteten alle Handlungsabläufe und Gesten fest. Das Z. konzentriert sich räuml. auf die Paläste und ihre Kapellen im Kgr. Mallorca (v. a. →Palma und →Perpignan). Sie weisen eine ähnl. Disposition der Zeremonialräume auf.

Ausführlicher als in vorangegangenen Hofordnungen sind in den »L. P.« die Hofverwaltung sowie Feste (→Feste, A. III; →Spiele, A. II) und rituelle Handlungen bis in die kleinsten Ausführungsbestimmungen etwa des Tafelz.s (→Tischsitten) beschrieben. Den Inhabern der Hofämter wird in den »L. P.« vermittelt, daß Hofdienst tun dürfen eine hohe Auszeichnung bedeutet und Verantwortung mit sich bringt. Daher wird auch genauestens fixiert, wer welche Dienste ausführen durfte und wer somit die Ehrung erhielt, dadurch in der Nähe des Kg.s zu sein. Der Hofdienst wird in einen Königsdienst umfunktioniert.

Die Differenzierung brachte auch eine stärkere Gewichtung des Unterschiedes von 'curia' und 'camera' mit sich. Der Kg. konnte sich stärker zurückziehen; es entstand das Appartement. Die Person des Herrschers wird gleichsam aus dem Bereich des Gemeinmenschlichen in eine höhere Sphäre entrückt (WILLEMSEN). Schließl. ist auch die religiöse Seite nicht nur des Herrschens, sondern auch des Hofes und Hofdienstes betont, indem den Einrichtungen und Ausdrucksformen des Religiösen bzw. der Religionspraxis ein breiter Raum gewidmet wird, unter ausdrückl. Hervorhebung des Gottesgnadentums des Kg.s und der Heiligkeit des Königshauses (→Sakralität). In den »L. P.« werden nicht nur einzelne rituelle Handlungen zum Gegenstand des Z.s erklärt, sondern das allgemeine Hofleben wird zum Z.

Die »einzigartige Stellung« (SCHWARZ) der »L. P.« in der Gesch. des ma. Z.s erklärt den Erfolg und die spätere Rezeption des mallorquin. Z.s, das nach Aragón, später nach Kastilien und Burgund, vermutl. zu seiner Zeit sogar nach Avignon und Rom ausstrahlte. Die »Ordenacions fetes per lo molt alt senyor rey en Pere terc rey Darago sobra lo Regiment de tots los officials de la sua cort« sind eine katal. Übers. der »L. P.«, die →Peter IV. 'el Ceremoniós' nach der Usurpation Mallorcas und dessen Inkorporation in das Kgr. Aragón 1344 anfertigen ließ. Auch später wurden die »L. P.« oder deren katal. Version rezipiert und imitiert. So fertigte auf Ersuchen des Infanten Don Carlos der Protonotar Miguel Clemente 1562 eine kast. Version an. G. Kerscher

Ed.: Leges Palatine, ed. AASS, Junii III, Antverpiae 1701, X–LXXXII – Jaime III., Leges palatinae, ed. L. PÉREZ MARTÍNEZ, 2 Bde, 1991 [Einf. G. LLOMPART–M. DURLIAT, Übers. M. PASCUAL PONT] – Leges Palatinae/James III, mit Vorw. v. J. DOMENGE I MESQUIDA, 1994 – *Lit.: zu [1]:* M. FÉROTIN, Le Liber ordinum en usage dans l'Église wisigothique et mozarabe d'Espagne du Ve au XIe s., 1904, 1969² – C. SÁNCHEZ-ALBORNOZ, El aula regia y las asambleas políticas de los Godos, CHE 5, 1946, 5–110 – M. E. GÓMEZ-MORENO, Las Miniaturas del Antifonario de la catedral de León, Archivos Leoneses 8, 1954, 300–317 – A. M. MARTÍNEZ TEJERA, De nuevo sobre áreas ceremoniales y espacios arquitectónicos intermedios en los edificios hispanos (ss. IV–X), Bole-

tín de Arqueología med. 7, 1993, 163–215 – F. A. MARÍN VALDÉS, El palacio de Naranco (Oviedo) y la liturgía de la victoria, Anales de Hist. del Arte 4, 1993/94, 155–162 – S. NOACK-HALEY, Beobachtungen zu Ästhetik und Ikonographie an der astur. Kg.sbasilika San Julián de los Prados (Oviedo), MM 36, 1995, 336–343 – *zu [2–3]:* COING, Hdb. I, 684f., 693f. – K. SCHWARZ, Aragon. Hofordnungen, 1914 – C. A. WILLEMSEN, Zur Genesis der ma. Hofordnungen (Staatl. Akad. zu Braunsberg, Pers.-und Vorlesungsverz., SS 1935, 1935), 1–41 – P. E. SCHRAMM, Der Kg. v. Aragón. Seine Stellung im Staatsrecht (1276–1410), HJb 74, 1955, 99–123 – J. N. HILLGARTH, The Spanish Kingdoms 1250–1516, I, 1976 – C. HOFMANN, Das span. Hofz. von 1500–1700, 1985 [= Erlanger Hist. Stud. 8] – G. KERSCHER, Die Perspektive des Potentaten. Differenzierung von »Privattrakt« bzw. Appartement und Zeremonialräumen im spätma. Palastbau (Z. und Raum [1200–1600], Residenzenforsch. 6, 1997), 155–186 – DERS., Die Strukturierung des mallorquin. Hofes um 1330 und der Habitus der Hofgesellschaft (Höfe und Hofordnungen/Ordonnances de l'Hôtel [1200–1600], Residenzenforsch. 7) [im Dr.].

V. SKANDINAVIEN: Die erhaltenen Q.n betreffen v. a. das Z. der Kg.skrönung (→König, Königtum, G). Die weltl. Krönungen in Dänemark – oder besser die Belehnungen mit einer Krone – von Magnus Nielsen 1134 durch Lothar III. und von →Svend III. 1152 durch Friedrich Barbarossa bildeten eher eine Ausnahme. Die Krönung durch ein kirchl. Oberhaupt erscheint fast zur selben Zeit in Norwegen (1163 oder 1164) und in Dänemark (1170); in Schweden ist sie erst 1210 mit Sicherheit nachweisbar. In allen drei Reichen sollte der jeweilige Ebf. die Zeremonie vornehmen, doch wechselte der Krönungsort, der erst mit der norw. Krönung 1299 von der Hauptstadt →Bergen nach Trondheim (→Drontheim) verlegt wurde. Im 13. Jh. fanden die dän. Krönungen meistens in →Lund statt, nach 1448 in →Kopenhagen. In Schweden scheint es keinen festen Krönungsort gegeben zu haben, dafür war der Umritt um so festgelegter. In Dänemark und Norwegen mußte dem neuen Kg. auf den Landsthingen gehuldigt werden. In Schweden wurde der Kg. zunächst auf den Mora-Stein (Mora Äng bei Uppsala) gesetzt, was als entscheidender Rechtsakt galt. Anschließend sollte ihm im Rahmen eines Umritts (Eriksgata, seit 1335 nachweisbar) in den verschiedenen Provinzen gehuldigt werden. In Schweden und Dänemark, vielleicht auch in Norwegen, scheint man den dt. Krönungsordo (→Ordo, III) benutzt zu haben. Die Existenz einer Herrscherlaube (Vä, NO-Schonen) weist auf Festkrönungen hin. Wie im dt. Ordo leistete der Kg. im Verlauf des Krönungsz.s zweimal einen Eid: Zunächst in der Form eines Scrutinium mit drei bis sechs Fragen, und gegen Ende der Zeremonie folgte eine Proklamation (promissio), in welcher der Kg. versprach, dem Recht, dem Gesetz und dem Frieden zu dienen sowie der Kirche und dem Volk Recht und Frieden zu verschaffen. Auch zum skand. Z. muß eine Salbung gehört haben.

In Skandinavien unterschied sich der Krönungsornat kaum von den engl. und kontinentalen Vorbildern. Während in Schweden und Dänemark Krone, Zepter, Schwert und Reichsapfel die übl. →Insignien waren, hatte der norw. Kg. nach engl. und frz. Vorbild zwei Zepter (sceptrum und virga), dafür aber keinen Reichsapfel.

Während das angebl. dän. Hirdgesetz (→*hird*) kaum Rechtskraft hatte, beschreibt die norw. →Hirðskrá das Huldigungsz. für den Kg. auf den Landsthingen, das erst nach gehaltener Messe stattfand. Es beinhaltete eine regelrechte Inthronisation, bei welcher der Kg. auf den Thron gesetzt wurde. Ferner mußte er versprechen, die Gesetze des Landes und der Kirche einzuhalten (§§ 5–6). Die Hirðskrá erwähnt ferner die durch die Inhaber verschiedener Ämter zu leistenden Eide: Hzg., →Jarl, →Lendermenn und *handgangna men* mußten v. a. dem Kg. die Treue, Lagmänner auch die Einhaltung der Gesetze (in Zusammenhang mit ihrer richterl. Funktion) versprechen, die Bauern schworen ihm Treue und sagten ihm zu, ggf. mit allen ihren Ressourcen zu helfen. Damit erkannten sie grundsätzl. das kgl. Recht auf Steuern an (§§ 7–11). Das Ernennungsz. für die verschiedenen Verwaltungsämter (Hzg., Jarl u. a.) wird in der Hirðskrá beschrieben. Bei Hzg. und Jarl ist die Ableitung vom Huldigungsz. für den Kg. eindeutig, es handelt sich hier um eine Inthronisation (§§ 12, 16). Auch bei Lendermann und Staller bildete die Anweisung des Sitzes eine zentrale Rolle innerhalb der Ernennungszeremonie (§§ 18, 22).

Aus den wenigen Beschreibungen des zeremoniellen Verfahrens bei fsl. Begegnungen und anderen Anlässen ersieht man, daß die Anerkennung der eigenen Unterordnung auch bestimmte Gesten erforderte. Nach dem →Saxo Grammaticus leistete →Knud Laward dem Oheim Niels den Marschalldienst (→Marschall), während Ebf. Asser Kg. Erich II. den Stratordienst erwies, um seinen Übertritt zur kgl. Partei zu bekräftigen. Bei →Helmold v. Bosau (I 50) wird Knud Laward Kg. Niels ebenbürtig dargestellt, nach Saxo wollte Waldemar I. 1181 nicht neben Friedrich Barbarossa auf dem Thron Platz nehmen, was eine Mitherrschaft und damit Abhängigkeit bedeutet hätte.

Der norw. Kg.sspiegel (→Fürstenspiegel, B. IV) aus dem 13. Jh. beschreibt das Z. am kgl. Hof: Vor der Audienz beim Kg. gibt man den Mantel beim Marschall ab. Das Anliegen des Bittstellers wird von anderen dem Kg. vorgetragen (Kap. XXX–XXXII). Bei einer vertraul. Unterredung mit einem Hirdmann soll dieser ohne Mantel vor dem Kg. niederknien, so nahe, daß die Vertraulichkeit gewahrt bleibt. Ist der Kg. zu Fuß oder zu Pferd unterwegs, sollen die Hirdleute dafür sorgen, daß der Kg. mitten in der Schar geht oder reitet, ohne Zweifel, um ihn zu schützen. Während der Mahlzeit soll der Hirdmann dem Kg.spaar oder hochvornehmen Gästen Höflichkeiten erweisen, aber auch die nächsten Tischnachbarn sollen die Eintretenden begrüßen, indem sie aufstehen (Kap. XXXVII). Außerdem muß man die Anredeformen (Einzahl, Mehrzahl) beherrschen sowie wissen, wann man sitzen, stehen oder fast knien soll. Im Verkehr mit den Städten der →Hanse wurden deren Ratsherren seit dem 13. Jh. in Norwegen und Dänemark mit dem Ehrentitel 'dominus' bezeichnet, der sonst höheren Würdenträgern vorbehalten blieb. Ihrerseits sprachen die städt. Vertreter bis um 1400 die dän. und norw. Herrscher meistens direkt an, seit Anfang des 15. Jh. erscheint der abstrakte Titel »Euer Gnaden« häufiger. Zur selben Zeit ist eine Formalisierung der hans.-skand. Beziehungen nachweisbar. Seit der Regierung →Erichs v. Pommern ergriff der Kg. selten das Wort, sondern überließ es seinem Sprecher, die Meinung der Regierung auszudrücken. Diese Entwicklung des Z.s hängt wahrscheinl. mit der Entstehung transpersonaler Herrschervorstellungen (z. B. →corona regni, VIII) zusammen.

Th. Riis

Lit.: KL IV, 22–28; IX, 497–502 – E. HOFFMANN, Kg.serhebung und Thronfolgeordnung in Dänemark bis zum Ausgang des MA, 1976 – TH. RIIS, Les institutions politiques centrales du Danemark 1100–1332, 1977, 261–269 – TH. BEHRMANN, Herrscher und Hansestädte: Studien zum diplomat. Verkehr im SpätMA [Habil. masch. Münster 1996], 94–122, 195–232.

E. Ostmitteleuropa

I. Ungarn – II. Polen – III. Böhmen.

I. UNGARN: Soweit bekannt, orientierte sich das Krönungsz. in Ungarn an dem allg. europ. Vorbild, wurde

aber durch lokale Elemente ergänzt. Bereits von Stephan I. ist überliefert, daß er i. J. 1000 »gekrönt und gesalbt« wurde, doch Einzelheiten der Z.s sind erst aus späterer Zeit rekonstruierbar. 1058 soll das Gebet »Esto dominus fratrum tuorum« Teil des Krönungsz.s gewesen sein, was als Beleg für die Anwendung des sog. ags. Krönungsordo angesehen wurde, doch enthalten viele andere Ordines den gleichen Text. Die Krönung Andreas' III. von 1290 ist in der Steir. Reimchronik →Ottokars v. Steiermark beschrieben, aus der hervorgeht, daß die Herrschaftszeichen, d. h. Krone, Zepter, Apfel und Krönungsornat (Tunika, Mantel), als die »des Hl. Stephan« betrachtet und in der Reihenfolge des sog. Mainzer Ordo (und vieler anderer europ. Ordines; →Ordo, III) überreicht wurden. Hinweise auf einen weltl. Krönungseid lassen sich bereits im 13. Jh. finden. Seit dem 14. Jh. scheint das damals im röm.-germ. →Pontifikale neu festgelegte päpstl. Krönungsz. das ung. Z. bestimmt zu haben, vielleicht weil sich in der Arpadenzeit kein fester Brauch ausgeprägt hatte. Von 1440 stammen die »drei Gesetze« des ung. Krönungsz.s, die gewiß seit Jahrhunderten gültig waren: die Weihe sollte in →Stuhlweißenburg (Székesfehérvár) vom Ebf. v. →Gran (Esztergom) und mit der →»Stephanskrone« vollzogen werden (Kottanerin). In dieser Zeit sind auch jene, über das kirchl. Z. hinausreichenden »ung. Elemente« (FÜGEDI) des Krönungsz.s faßbar, die wohl auf ältere Traditionen zurückgehen. Der Gekrönte ritt in die St. Peterskirche v. Stuhlweißenburg (Begräbnisstätte des Gfs.en →Géza), wo er einige Herren zu »Rittern des goldenen Sporns« schlug und in Streitfällen Recht sprach; danach schwur er den Ständen einen Eid, die daraufhin ihm huldigten; schließlich verrichtete er Schwerthiebe in die vier Himmelsrichtungen (»als Anzeige, er wolle das Land gegen alle Feinde verteidigen«). Manche dieser Zeremonien dürften aus Polen oder Böhmen übernommen bzw. aus Ungarn dorthin übertragen worden sein. Nach 1500 ist belegt, daß Ebf. und →Palatin (als Vertreter der Stände) die Krone gemeinsam aufsetzten und auch eine über die →Akklamation hinausgehende »Wahl« (oder Zustimmung) mit Handerhebung stattfand. →König, Königtum, J.　　　　　　　　　　　　　　　　J. M. Bak

Lit.: E. BARTONIEK, A magyar királykoronázások története, 1939 [Repr. 1987] – H. Kottanerin, Denkwürdigkeiten, hg. K. MOLLAY, Arrabona 7, 1965, 237–269 – J. DEÉR, Die hl. Krone Ungarns, 1966 – J. M. BAK, Anhang II: Ma. Kg.skrönung in Ungarn. Q.nübersicht (Kgtm. und Stände in Ungarn im 14.–16. Jh., 1973), 165–190 – E. FÜGEDI, Coronation in Medieval Hungary (Studies in Medieval and Renaissance History, 13, NS 3, 1980), 159–189 [Repr.: DERS., Kings, Bishops, Nobles and Burghers in Medieval Hungary, 1986, Kap. I].

II. POLEN: Entsprechend der Entwicklung des poln. Kgtm.s (→König, Königtum, I) sind auch bei dem Krönungsz. drei Phasen zu unterscheiden. Das Krönungsz. bei Bolesław I. Chrobry (1025), Mieszko II. (1025) und Bolesław II. Śmiały (1076) folgte wahrscheinl. dem Vorbild der Krönung des ung. Kg.s Stephan I. (1000). Teile des Krönungsordo sind in dem Pontifikale der Krakauer Bf.e aus dem 11. Jh. enthalten (Benedictio principis). Nach der Erneuerung des Kgtm.s am Ende des 13. Jh. wurden Przemysł II. (1295) und bald nach dessen Ermordung Wenzel II. (1300) von dem Gnesener Ebf. →Jakob (15. J.), vielleicht nach dem röm.-germ. →Pontifikale, gekrönt und gesalbt. Mit der Krönung von Władysław I. Łokietek (1320) begann die zweite Erneuerung des poln. Kgtm.s. Die Krönungen der nachfolgenden Kg.e (Kasimir d. Gr., 1333; Ludwig d. Gr., 1370; Władysław II. Jagiełło, 1386) fanden in →Krakau unter der persönl. Teilnahme des Gnesener Ebf.s als Koronator statt. Nach dem Aussterben des Jagiellonengeschlechts 1572 war Polen eine Wahlmonarchie.

Der erste poln. Krönungsordo wurde 1434 vor der Krönung Władysławs III. aufgezeichnet und mit einigen Änderungen bei den nachfolgenden Krönungen angewandt. Das Krönungsz. beinhaltete vier Phasen: Eid vor dem Ebf. v. Gnesen, Salbung als Zentralakt, Überreichung der kgl. Insignien (Krone, Zepter und Schwert ['Szczerbiec']), Thronbesteigung. Nach der Krönung folgten der Umritt des Kg.s und die Huldigung des Volkes. Zu den Insignien gehörte auch die Nachbildung der Mauriuslanze, die Ks. Otto III. Bolesław Chrobry geschenkt hatte (→Hl. Lanze). 1032 übergab Kgn. →Richeza die Krone Bolesławs und Mieszkos II. als Verzichtsgeste auf den Herrschertitel an Ks. Konrad II. Die für die Krönung v. 1076 erneuerten Insignien wurden bis zum Ende des 13. Jh. in Krakau aufbewahrt.　　　　　　G. Labuda

Ed.: Ordo coronandi Regis Poloniae, ed. S. KUTRZEBA (Archiwum Komisyi Historycznej, XI, 1909–13), 133–216 – *Lit.:* S. KUTRZEBA, Koronacje królów i królowych w Polsce, 1918 – M. ROŻEK, Polskie koronacje i korony, 1987 – A. GIEYSZTOR, Gesture in the Coronation Ceremonies of Medieval Poland (Coronations – Medieval and Early Modern Monarchic Ritual, hg. J. BAK, 1990), 152–164 – Imagines Potestatiis, red. J. BANASZKIEWICZ, 1994 – Z. DALEWSKI, Władza-Przestrzeń-Ceremoniał. Miejsce i uroczystość inauguracji władcy w Polsce średniowiecznej do końca XIV wieku, 1996 [Lit.] – A. FIJAŁKOWSKI, Średniowieczne koronacje królewskie na Węgrzech i w Polsce, PrzgHist 87, 1996, 697–735.

III. BÖHMEN: Über das böhm. Z. anläßl. von Fs.eneinsetzungen stehen uns für die älteste Zeit nur bruchstückhafte Informationen zur Verfügung. Die böhm. Fs.en wurden nach ihrer Wahl auf dem steinernen Hzg.sstuhl auf der Höhe Žiži, wohl auf der Prager Burg, feierl. eingesetzt und dem »gesamten Volk« vorgestellt. Dabei warf man Münzen und rief »Krleš« (altschech. für 'Kyrie eleison'). Es folgten die Treueide der Großen. Seit Wenzel I. verzichteten die böhm. Herrscher auf die Einsetzung auf dem Hzg.sstuhl. Für das älteste böhm. Krönungsz. (→Vratislav II. 1085/86) wurden wohl die allgemeinen westeurop. Gewohnheiten übernommen. Die Krönung fand jedoch während einer Messe statt, an deren Ende die dreifache →Akklamation stand. Im 13. und am Anfang des 14. Jh., als die böhm. Kg.e von den Mainzer Ebf.en gekrönt wurden, ist der Einfluß des sog. Mainzer Ordo (Ordo, III) vorauszusetzen. Die Chronik v. →Königsaal erwähnt bes. die Anbetung Gottes, die Weihe und Salbung des Kg.s und den Erhalt von Krone, Apfel und Zepter unter Hochrufen, Gesängen und Gebeten sowie das anschließende Gastmahl vor den Stadtmauern. In dem Krönungsordo Karls IV. wurden die älteren Gewohnheiten um einige Teile des frz. Krönungsordo aus dem Jahre 1328 und um einige neue Elemente ergänzt. Er ordnete auch das Geleit nach Vyšehrad (→Prag, I, 2) am Vorabend des Krönungstages in den Krönungsordo ein. Es folgten der Festzug in den St. Veitsdom zur Vesper und in das Schlafzimmer des Kg.s; einige Besonderheiten des Morgenleits in die Kirche, die Ablösung des Schwerts, die Opferung des Weins nach dem Offertorium und die tschech. Gesänge und Texte (»Hospodine pomiluj ny« und »Rádi«). Zum Hauptz. im Dom gehörten Scrutinium und Acclamatio. Innerhalb der Messe wurde dann der Kg. gesalbt und er nahm die Herrschaftszeichen (die unter Karl IV. umgearbeitete Krone, das Zepter und den Apfel) entgegen. Danach wurde der Gekrönte gesegnet und inthronisiert. Das Festmahl fand in der Stadt statt. Bei den späteren Krönungen entfiel v. a. das Z. in Vyšehrad. Das Z. auf der Prager Burg wurde teilweise der konkreten Situation angepaßt. →König, Königtum, H.　　M. Bláhová

Lit.: J. CIBULKA, Český řád korunovační a jeho původ, 1934 – DERS., Die Krönungskleinodien des Böhm. Kgr.es, 1969 – M. KULECKI, Ceremonyal intronizacyjny Przemyslidów w X–XIII wieku, PrzgHist 75, 1984, 441–451.

F. Südosteuropa und Rus'
I. Südosteuropa – II. Rus'.

I. SÜDOSTEUROPA: [1] *Früh- und HochMA:* Im Z. war bei den neuen, an der Schwelle des FrühMA in die Länder der Balkanhalbinsel eingedrungenen Völkerschaften (Gentes) die Christianisierung der wichtigste Wendepunkt. Wie andere überkommene Lebensformen und Bräuche wurden auch pagane Rituale und Zeremonien, deren Existenz durch byz. Autoren sowie die →»Responsa papae Nicolai ad consulta Bulgarorum« (866) bezeugt ist, aus dem öffentl. Leben verdrängt. Mit der Entstehung einer kirchl. Hierarchie verbreiteten sich auch die schon früher geprägten Formen des Z.s, v. a. in Verbindung mit den großen Kirchenfesten. Übernommen wurden auch Formen sakraler Herrschaftsbegründung (→Sakralität).

Dies wird bes. deutlich am Beispiel des bulg. Herrschers →Symeon (893–927), der als Gegenspieler von Byzanz (→Bulgarien, II; →Byz. Reich, D. III) nahezu alle Elemente des Z.s, der Titulatur und Symbolik des byz. Ksm.s (→Kaiser, II) in den Dienst seiner Herrschaftslegitimation stellte. Seine Krönung in Konstantinopel 913 durch →Nikolaos Mystikos wurde ausführlich beschrieben (wegen angebl. Unvollkommenheit). Hinsichtl. der Krönungen anderer südosteurop. Herrscher ist nur der Krönungseid des kroat. Kg.s →Dmitar Zvonimir (1076) erhalten. Der Kg. versprach dem Papst Vasallentreue, einen jährl. Tribut von 200 byz. Goldstücken und einen Besitz (Kl. Vrana bei →Zadar). Aus dem orth. Bereich sind (aus dem Griech. übersetzte) Gebete bekannt für die Einsetzung des →Zaren, des Kaisars, des Despoten und Fs.en (→*knez*, was auch Herrscher schlechthin bedeuten kann).

[2] *SpätMA:* Über die Nachahmung des byz. Z.s am serb. Hof im ausgehenden 13. Jh. berichtet ausdrücklich Theodoros →Metochites. Für das Zweite Bulg. Reich (1204–1393) und die Periode des Zarentums in →Serbien (1346–71) ist eine Übernahme byz. Vorbilder in allen Lebensbereichen charakteristisch. Um so auffälliger wirkt das Empfangsz. des serb. Ebf.s von seiten des Kg.s (1342), geschildert von →Johannes VI. Kantakuzenos. Nach westl. Muster führte der Kg. das Pferd des Ebf.s am Zaum und verrichtete den Stratordienst (→Marschall).

Die zeremonielle Teilnahme des Herrschers an den →Synoden (*sabori*) wurde literarisch in Bulgarien und bildlich in Serbien dargestellt, in beiden Fällen als Nachahmung der Ökumen. →Konzilien. In den Q.n werden beiläufig festl. Einzüge (introitus) der Gesandten (→Gesandte, A. III) und Audienzen erwähnt (am Despotenhof v. →Smederevo gab es eine 'sala magna audientie'), ebenso feierl. Umzüge anläßlich von Kirchenfesten oder großen Ereignissen (Translationen der Gebeine von Hl.n, Begräbnisse u. ä.).

Einzelheiten sind nur bekannt über das Z. in den dalmat. Küstenstädten. Im Mittelpunkt stand die Feier des Stadtpatrons, aber es fehlte auch nicht an festl. Empfängen fremder Herrscher und hochgestellter Persönlichkeiten. In der Schrift des Philippus de Diversis über →Ragusa/Dubrovnik (»Situs aedificiorum, politiae et laudabilium consuetudinum inclytae civitatis Ragusii«, 1440) sind drei Kapitel dem Z. gewidmet, zwei den Prozessionen anläßl. des Blasiusfestes (3. Febr.) sowie der Fronleichnamsfeier und eines den Trauerfeierlichkeiten für den Kg. v. Ungarn (zwei Monate nach dem Todestag). Die streng gegliederte städt. Gesellschaft traf sich bei solchen Feierlichkeiten und manifestierte die Loyalität der Stadt als 'patria'.

S. Ćirković

Q. und Lit.: K. NEVOSTRUJEV, Tri molitve: a) o postavljanju cara b) ćesara i despota v) kneza, Glasnik SUD 22, 1867, 360–370 – Ph. de Diversis, Situs aedificiorum, hg. V. BRUNELLI, Progr. dell'I.R. Ginnasio Sup. Zara 23–25, 1880–82, 3–54; 3–48; 3–36 – F. ŠIŠIĆ, Priručnik izvora hrvatske istorije, 1914, 266–269 – G. OSTROGORSKY, Die Krönung Symeons v. Bulgarien durch den Patriarchen Nikolaos Mystikos, Bull. de l'Inst. Archéol. Bulgare 9, 1935, 275–286 – DERS., Zum Stratordienst des Herrschers in der byz.-slav. Welt, Seminarium Kondakovianum 7, 1935, 187–204 – N. RADOJČIĆ, Obred krunisanja bosanskog kralja Tvrtka I. Prilog istoriji krunisanja srpskih vladara u srednjem veku, 1948.

II. Rus': Dem weltl. Z., wie auch den kirchl. Riten, lagen Traditionen des Byz. Reiches sowie byz. christl. Traditionen zugrunde, die allmähl. in der →Rus' Eingang fanden und sich wandelten. Die ältesten bekannten Zeremonien stehen in Verbindung mit den außerhalb der Rus' vollzogenen russ.-byz. Verträgen des 10. Jh. (→Vertrag, B; →Byz. Reich, E. III), deren Abschluß von einem Eid (→Eid, B. II) der Gesandten oder des Fs.en selbst und einer Bestätigung der Urkunde (→Urkunde, C. II) durch ein Siegel (→Siegel, XIV) begleitet war. Im 12.–15. Jh. fanden Vertragsabschlüsse in den russ. Städten →Novgorod, →Smolensk, →Polock und →Moskau statt, bei denen der Vertragstexte aufgesetzt und mit dem Siegel der Machtinhaber versehen wurden; die russ. Gesandten (→Gesandte, A. II) erhielten ein mit einem Siegel bestätigtes Exemplar in der Hauptstadt des Staates, mit dem der Vertrag abgeschlossen wurde, oder in einer anderen Stadt. Im 15. Jh. wurde das Verfahren des Vertragsabschlusses mit christl. Staaten um das Küssen des Kreuzes durch den Fs.en ergänzt, bei Verträgen mit muslim. Staaten, insbes. mit dem Chānat der →Krim, trat der Eid der ausländ. Gesandten auf den →Koran hinzu.

Die Überlieferung über die Inthronisation des Fs.en reicht bis ins 11. Jh. zurück. Sie vollzog sich in mehreren Etappen: feierl. Einzug in die Stadt (üblicherweise an einem Sonntag), Segnung des Fs.en, sein Eid, dem Herkommen entsprechend zu herrschen, Küssen des Kreuzes; die Zeremonie wurde mit einer Messe in der Kathedrale, wo auch die eigtl. Inthronisation, die Thronbesteigung, stattfand, abgeschlossen. Jedoch waren weder Krönung noch Salbung Bestandteil des Z.s. In der Frühzeit der Herrschaft der →Mongolen reisten die Fs.en zum Hauptsitz des Chāns (zuerst nach →Karakorum, später nach →Sarāi), um den →Jarlyk zu empfangen; im 14. und 15. Jh. (bis 1462) überbrachte ein Vertreter des Chāns, der an der Amtseinsetzung des Fs.en teilnahm, den Jarlyk (bezeugt für 1432). Im Z. der Amtseinsetzung manifestierte eine bestimmte Handlung die Untergebenheit des Fs.en gegenüber dem Chān: Der Fs. mußte das Pferd des Repräsentanten der →Goldenen Horde am Zaum führen (vergleichbar dem Stratordienst im W: →Marschall).

In →Halič-Volhynien fand bereits im 13. Jh. eine Krönung statt: 1253 wurde Fs. Daniil mit Krone und Zepter, die von Papst Innozenz IV. übersandt worden waren, in →Drohičin vom päpstl. Legaten Opizo da Mezzano gekrönt. 1498 wurde der Enkel des Gfs.en →Ivan III., Dmitrij Ivanovič, als erster vom Moskauer Metropoliten in der Uspenskij-Kathedrale des Moskauer →Kreml' gekrönt, wobei die Krönung des byz. Thronfolgers, wie sie im 11. und 12. Jh. vollzogen wurde, als Vorbild diente. Nach der Zeremonie beschenkten die Mitglieder der gfsl. Familie das Volk mit Münzen. Als fsl. Regalien wurden eine Pelzmütze – die entsprechend der legendenhaften

»Erzählung über die Fs.en v. Vladimir« 1518 erstmals erwähnte Mütze Monomachs –, ferner *barmy* (Brust- und Schulterverzierung) und ein Kreuz verwendet; später wurden die Regalien um Zepter und Reichsapfel ergänzt. Die Krönungsordnung Dmitrij Ivanovičs, die Ende des 15. Jh. schriftl. festgehalten wurde, diente für die folgenden Krönungen (bis 1896) als Grundlage; diese Zeremonie galt als der legitimierende Akt der Erbmonarchie.

Die Frage des Moskauer Hofz.s am Ende des 15. Jh. ist äußerst umstritten; es wird entweder auf den Einfluß von →Sophia Palaiologa (Zoë), der Nichte des letzten byz. Ks.s, oder aber auf habsbg. Vorbilder zurückgeführt. Der habsbg. Einfluß tritt insbes. in dem speziellen Z. bei Empfängen ausländ. Gesandter und sonstiger Repräsentanten hervor (in der Art der Begrüßung, dem Austausch der Geschenke usw.), die im Fs.enpalast in Anwesenheit der →Bojaren stattfanden.

Das Familienleben – Hochzeiten, Beerdigungen, Geburten – war von Zeremonien begleitet, in denen sich volkstüml. Bräuche mit kirchl. Riten verbanden. Die Hochzeit des Gfs.en vollzog sich nach einem strengen Ritual, das in den seit Beginn des 16. Jh. überlieferten *činy*, Aufzeichnungen über Ablauf zeremonieller Ereignisse, festgehalten worden ist: Am Z. nahmen die Brautmutter, der →Tysjackij, die Brautführer usw. teil, deren Aufgaben die Mitglieder des Fs.enhofes, ihrer Abstammung entsprechend, erfüllten (→čin).

Analog dem weltl. hat sich auch das kirchl. Z. unter byz. Einfluß herausgebildet. Die Inthronisation des →Metropoliten fand in Anwesenheit des Fs.en und seines Gefolges in der Sophienkathedrale in →Kiev (11.–13. Jh.), später in der Uspenskij-Kathedrale in →Vladimir bzw. Moskau statt (ab dem 14. Jh.), die Bestätigung der Amtseinsetzung erfolgte in Konstantinopel. Ab 1461 wurde die Einsetzung durch das Konzil der Hierarchen unter unmittelbarer Leitung des Gfs.en der ganzen Rus' vollständig in Moskau durchgeführt. An den feierl. Zeremonien der russ. Kirche (Prozessionen zu Weihnachten, Ostern und Mariä Lichtmeß sowie insbes. »Eselsritt« am Palmsonntag) nahmen zusammen mit den Stadtbewohnern auch die Fs.en teil.

A. Choroškevič

Lit.: E. V. Barsov, Drevnerusskie pamjatniki svjaščennogo venčanija carej na carstvo v svjazi s grečeskimi ich originalami, 1883 – M. A. D'jakonov, Vlast' moskovskich gosudarej. Očerki iz istorii političeskich idej Drevnej Rusi, 1889 – V. Savva, Moskovskie cari i vizantijskie vasilevsy, 1901 – R. P. Dmitrieva, Skazanie o knjaz'jach vladimirskich, 1955 – P. Nitsche, Gfs. und Thronfolger. Die Nachfolgepolitik der Moskauer Herrscher bis zum Ende des Rjurikidenhauses, 1972 – G. Stökl, Testament und Siegel Ivans IV., 1972 – G. P. Majeska, The Moscow Coronation of 1498 Reconsidered, JbGO 26, 1978 – A. Poppe, Das Reich der Rus' im 10. und 11. Jh.: Wandel der Ideenwelt, ebd. 28, 1980, 334–354 – HGeschRußlands I, I, 1981, 519f. – M. E. Byčkova, Sostav klassa feodalov Rossii XVI v., 1986 – A. Poppe, The Enthronment of the Prince in Kievan Rus' (The XVIIth Internat. Byz. Congress. Abstracts of Short Papers, 1986), 272–274 – L. A. Juzefovič, »Kak v posol'skich obyčajach vedetsja...«, 1988 – W. Vodoff, Princes et principautés russes (X[e]–XVII[e]s.), 1989 – H. Rüss, Herren und Diener. Die soziale und polit. Mentalität des russ. Adels (9.–17. Jh.), 1994, 450–474 – S. M. Kaštanov, Iz istorii russkogo srednevekovogo istočnika. Akty X–XVI vv., 1996 – Rim, Konstantinopel', Moskva. Sravnitel'no-istoričeskoe issledovanie centrov ideologii i kul'tury do XVII v., 1997.

G. Lateinischer Osten

Das kgl. Z. in den Staaten des Lat. Ostens folgte im wesentl. europ. Traditionen. Es überrascht nicht, daß die Kreuzfahrer sowohl Rituale als auch Institutionen ihrer Herkunftsländer in die neuen Kgr.e und Fsm.er verpflanzten. Ein monarch. Z. entwickelte sich nach dem 1. →Kreuzzug zunächst im Hl. Land (Kgr. →Jerusalem) und ging später auf das frk. Kgr. →Zypern über. Ebenso übertrugen die westeurop. Eroberer v. Konstantinopel (1204) ihre einheim. Bräuche und Rituale auf das →Lat. Ksr. und die anderen frk. Fsm.er auf dem Boden des →Byz. Reiches, doch überlebten hier auch griech.-byz. Traditionen des Herrscherz.s.

Für das Z. des 12. Jh. sind nur wenige Q.n verfügbar. Zeitgenöss. Chroniken (→Chronik, L) geben nur in geringem Maße Auskunft über die Bestandteile der Rituale bzw. über die verschiedenen Typen der aus Europa importierten Zeremonien. Doch hat sich ein →Pontifikale des 13. Jh. aus dem Ebm. →Tyrus erhalten; es gibt plausible Gründe für die Annahme, daß in ihm ältere Rituale dokumentiert sind. Das Pontifikale beschreibt die gesamte Krönungszeremonie und die Rollen, welche verschiedene Mitglieder des Hofes in ihrem Ablauf spielen. Die Kg.e v. Jerusalem (später die Kg.e v. Zypern) wurden gesalbt, geweiht und gekrönt ähnlich wie die Kg.e Frankreichs und anderer westeurop. →Monarchien. Ledigl. die Krönungszeremonien im frk. Griechenland folgten zumindest teilweise dem byz. Vorbild: Gf. Balduin v. Flandern und Hennegau wurde 1204 in einer an das byz. Kaiserz. angelehnten Zeremonie zum Ks. (→Balduin I.) erhoben.

Andere Typen des Königsz.s sind für den Lat. Osten weniger gut bezeugt. →Festkrönungen wurden wohl bereits in der Frühzeit des 12. Jh. im Kgr. Jerusalem regelmäßig begangen, wenn sie auch nur selten erwähnt sind. Das festl. Tragen der Krone, das Ostern 1152 von →Balduin III. praktiziert wurde, zog aber vielleicht nur wegen seiner Irregularität Aufmerksamkeit auf sich (H. E. Mayer, Stud. in the Hist. of Queen Melisende, DOP 26, 1972, 95–182). Belege für den →adventus regis sind gleichfalls selten. Der zeremonielle Einzug (ingressus, introitus) des Kg.s in eine Stadt wurde üblicherweise nur nach Schlachten praktiziert, wobei der siegreiche Kg. in einer →Prozession mitzog. Doch verband der Chronist des 12. Jh., →Fulcher v. Chartres (ed. H. Hagenmeyer, 1913), derartige Ereignisse, die auch in Abwesenheit des Kg.s stattfinden konnten, mit der sicheren Rückführung des Wahren →Kreuzes (vera crux).

Zeremonien, die sich um →Reliquien ausbildeten, bieten das deutlichste Beispiel für ein über europ. Traditionen hinausgehendes Z. in den Reichen des Lat. Ostens. Während in Europa Reliquien eingesetzt wurden, um die Position des Kg.s zu stärken oder sichtbar zu legitimieren (vgl. z. B. Kg.e v. Frankreich und ihre Beziehung zu Reliquienkult und Thaumaturgie: →St-Denis, →Reims; →Sacre; →Wunderheilung), festigten Reliquien im Lat. Osten das Kgr. als solches, indem sie die Sache des Kreuzzugs untermauerten. Auf Amt und Person des Kg.s waren sie dagegen nur indirekt ausgerichtet. Keines der Kreuzfahrerreiche konnte ohne innere Einigkeit und europ. Hilfe überleben. Vorgänge wie die wunderbare Erscheinung des Hl. Feuers am Ostersonntag oder die Prozessionen, welche die Rückführung des Wahren Kreuzes begrüßten, waren geeignet, den chr. Siedlern Einigkeit und Identität zu verleihen und Pilger bzw. Kreuzfahrer aus Europa anzuziehen. Ein Mißlingen derartiger Zeremonien wurde daher als böses Omen betrachtet. Das Fehlschlagen des Hl. Feuers an Ostern 1101 fand allerdings keine starke Beachtung in den Q.n, vielleicht weil die Kreuzzugsbegeisterung noch so hohe Wellen schlug (der Bericht Fulchers v. Chartres ist nur in einer Hs. überliefert; vgl. H. Hagenmeyer, 831–834). Dagegen rief der Verlust des Hl. Kreuzes (1187; →Ḥaṭṭīn) einen wahren Aufschrei in Europa und im Lat. Osten hervor, wurde er doch als

Entzug der göttl. Gnade gesehen in einer Zeit, in der die Kreuzzugsbewegung schon von Niederlagen überschattet war. Das kgl. Z. des Lat. Ostens spiegelt somit die einzigartige Situation seiner Herrscher wider: Die Kg.e waren europ. Emigranten, die ihre Position einer größeren Bewegung verdankten. Rituale, die sich auf Reliquien stützten, boten daher eine bes. Art der Unterstützung für ihre Stellung. D. Gerish

Lit.: L. DE MAS LATRIE, Hist. de l'île de Chypre sous le règne des princes de la Maison de Lusignan, I, 1861 – G. DODU, Hist. des institutions monarchiques dans le royaume lat. de Jérusalem, 1099–1291, 1894 – G. HILL, A. Hist. of Cyprus, II, 1952 – H. E. MAYER, Das Pontifikale v. Tyrus und die Krönung der lat. Kg.e v. Jerusalem, DOP 21, 1967 – R. L. WOLFF, The Lat. Empire of Constantinople, 1204–61 (A Hist. of the Crusades, II, 1969 [R. L. WOLFF–H. HAZARD]) – J. PRAWER, The Lat. Kingdom of Jerusalem, 1972 – N. CHEETHAM, Mediaeval Greece, 1981 – H. E. MAYER, Gesch. der Kreuzzüge, 1985[6] – P. W. EDBURY, The Kingdom of Cyprus and the Crusades, 1191–1374, 1991 – P. COLE, Christian Perceptions of the Battle of Hattin (583–1187), Al-Masaq 6, 1993, 9–39 – D. GERISH, The True Cross and the Kings of Jerusalem, Haskins Society Journal 8, 1996 – A. V. MURRAY, »Mighty Against the Enemies of Christ«. The Relic of the True Cross in the Armies of the Kingdom of Jerusalem (The Crusades and Their Sources, hg. J. FRANCE, 1998).

H. Islamischer Bereich
I. Araber – II. Osmanen.

I. ARABER: Die ismailit. oder Nordaraber, zu denen der Prophet gehörte, besaßen keine in die Zeit vor →Mohammed (Muḥammad) zurückreichenden Formen überregionaler Herrschaft; Spuren eines eigenständigen Herrschers. s sucht man daher bei ihnen vergebens. Die jemen. oder Südaraber hingegen bewahrten die Erinnerung an ein Kgtm., in dessen Zeremonien die Krönung wesentlich war (Überblick über die altsüdarab. Überlieferung bei: J. RYCKMANS, L'institution monarchique en Arabie méridionale avant l'islam, 1951). Es ist aber schwer zu entscheiden, wieweit den jemen. Arabern in frühislam. Zeit zuverlässige Kenntnisse der eigenen Vergangenheit zur Verfügung standen. Im übrigen ist für ganz Arabien mit einer Beeinflussung durch die sāsānid. Königsidee (→Sāsāniden) zu rechnen.

Muḥammad praktizierte den für das vorislam. Arabien bezeugten Brauch der Gesandtschaften, mit denen Stämme Persönlichkeiten von überregionaler Bedeutung ihre Ergebenheit versicherten. In seinen letzten Lebensjahren empfing der Prophet in Medina zahlreiche Stammesgesandtschaften (→Gesandte, A. IV); seine Begegnung mit den Botschaftern wird sich nach anerkannter Sitte abgespielt haben, zu der auch der Austausch von Geschenken gehörte. Eine arab. Darstellung des Gesandtschaftswesens aus der Feder eines nicht näher bekannten Autors des 10. Jh. verschmilzt islam. und außerislam. – v. a. persische – Traditionen, zeichnet aber kein klares Bild von den beim Empfang von Gesandten üblichen Zeremonien (al-Farrā, Rusul al-mulūk, ed. MUNAǦǦID, 1947).

Das nicht vor Fremden, sondern vor den eigenen Untertanen entfaltete Z. des islam. Gemeinwesens muß demgegenüber als eine Neuschöpfung betrachtet werden. Es bringt das Selbstverständnis islam. Machtausübung als einer Sachwalterschaft der Herrschaft Gottes zum Ausdruck. Die wichtigste Zeremonie ist der Freitagsgottesdienst, dessen Besuch für jeden volljährigen Muslim Pflicht ist. Dieser Gottesdienst umfaßt zwei Kernbestandteile: das gemeinsame rituelle Gebet und die Predigt. Durch das gemeinsame Freitagsgebet der anwesenden Gläubigen mit dem Propheten bzw. dem Imam als dessen Stellvertreter in der Funktion des Vorbeters bekunden die Muslime in Gemeinschaft ihre Loyalität gegen Gott, ihren eigtl. Herrscher. Genutzt wurde diese kult. Zusammenkunft auch für Beratungen, und wahrscheinlich aus ihnen hat sich in der Zeit der →Omayyaden der zweite Bestandteil des Freitagsgottesdienstes, die Predigt (arab.: *al-ḫuṭba*), entwickelt; sie dient nicht nur der Erbauung, sondern nennt den Namen des legitimen Sachwalters Gottes, nämlich des →Kalifen oder seines Statthalters. Mittelbar sichern sich auf diese Weise die islam. Machthaber allwöchentlich die Ergebenheit ihrer muslim. Untertanen. Die Predigtkanzel (arab.: *al-minbar*) war ursprgl. der Sitz des Propheten bzw. der Kalifen oder ihrer Statthalter; der Brauch, daß der Prediger auf der Kanzel mit Stab oder Schwert in der Hand Aufstellung nimmt, läßt deren Funktion, diejenige des Herrscherstuhles, noch erkennen (Aufs. von C. H. BECKER, in: DERS., Islamstud. I, 1924, 450–471; 472–500). Auf der Predigtkanzel stehend, empfingen die Kalifen zudem die Huldigung der Muslime. Möglicherweise fanden schon seit omayyad. Zeit der Mantel des Propheten und andere auf Muḥammad verweisende Insignien in solchem Zusammenhang Verwendung.

Hilāl aṣ-Ṣābiʾ († 1056), der einer Bagdader Beamtenfamilie angehörte, verdanken wir einen umfassenden Einblick in das abbasid. Hofz. (→Abbasiden) des 10. und 11. Jh. und deren Vorgeschichte. Es zeigt sich, daß gewisse Elemente der Zeremonien, die ursprgl. dem Kalifen vorbehalten gewesen waren, auf andere Würdenträger ausgedehnt wurden, ein Beleg für die Regionalisierung der Machtausübung und das Schwinden der Autorität des Kalifen in seiner Residenzstadt. So durften nunmehr in den Provinzen die Namen der dortigen Machthaber neben demjenigen des Kalifen in der Freitagspredigt genannt werden. Waren zunächst nur für den Kalifen die Gebetszeiten durch Trommelschlagen angekündigt worden, so nun auch für die Kronprinzen und die obersten Militärführer. Daß der Kalif den Freitagsgottesdienst in seiner Hauptstadt selber geleitet hat, wird nicht mehr erwähnt. Hingegen ist von Audienzveranstaltungen die Rede, in denen sich der Kalif, auf einem Thron sitzend und mit einem schwarzen (Farbe der Abbasiden) Gewand bekleidet, einer auserwählten Schar von Untertanen zeigte. In diesen Veranstaltungen bekundet sich die auch in der Politik spürbare Entrückung des Kalifen aus dem Tagesgeschehen: Der auf dem Thron sitzende Herrscher ist hinter einem Vorhang verborgen, der während der Dauer der Audienz emporgezogen ist und zum Zeichen ihrer Beendigung herabgelassen wird. Herausragende Würdenträger wurden in Privataudienz mit einem Ehrengewand (arab.: *al-ḫilʿa*) bekleidet, in dessen kostbaren Stoff Gold- oder Silberfäden eingewebt sein konnten und das Inschriften trug, die auf den besonderen Rang des Verleihenden hinwiesen. Die Entgegennahme eines Ehrengewandes galt deswegen als eine Bekundung der Loyalität. Der būyid. (→Būyiden) Großemir wurde zudem durch den Kalifen mit einer Tiara gekrönt. Ein ähnliches Z. fand 1058 bei der Einsetzung des Selǧuqen Togrilbeg in das damals mit diesem Akt gegründete Sultanat statt (E. GLASSEN, Der mittlere Weg, 1981, 43, 85). Allerdings gewann die Krönung regionaler Machthaber durch den Kalifen nie eine mit der Ks.krönung in Rom vergleichbare Bedeutung; sie blieb eine Ausnahme. Der Abbaside an-Nāṣir li-Dīn Allāh (reg. 1180–1225) versuchte, regionale Machthaber zum Beitritt zu dem von ihm geleiteten Männerbund der →*futuwwa* zu bewegen und auf diese Weise an sich zu binden (A. HARTMANN, An-Nāṣir li-Dīn Allāh, 1975, 106f.).

Für die Gesch. des Herrscherz.s im östl. Teil der islam. Welt ist das Wiederaufleben iran. Bräuche ab dem 10. Jh. kennzeichnend; hierzu gehört die erwähnte Krönung. Der Ziyaride Mardāwīğ (reg. 929–935) knüpfte in ausdrücklich antiarab. Haltung an die Tradition des sāsānid. Iran an und ließ sich einen Thron entsprechender Machart anfertigen (B. Spuler, Iran in frühislam. Zeit, 1952, 346). Regionale Unterschiede wurden von nun an sichtbar. So hob das schiit. Kalifat der →Fāṭimiden (in →Kairo 969–1171) bewußt den islam. Charakter seines Herrscherz.s hervor, das nicht zuletzt die angebl. Bestimmung →ʿAlī ibn Abī Ṭālibs zum Nachfolger des Propheten vor Augen führen sollte. Auffallend sind die Prozessionen, die vom Kalifen angeführt wurden und in einer von ihm gehaltenen Predigt ihren Höhepunkt fanden. Festumzüge bildeten auch nach dem Ende des fāṭimid. Kalifats, etwa unter den →Mamlūken, ein kennzeichnendes Merkmal islam. Herrscherz.e. Der seit dem 12. Jh. aufkommende Brauch, den Geburtstag des Propheten feierlich zu begehen, ist vielleicht als ein Ersatz für die ʿAlī ibn Abī Ṭālib gewidmeten Zeremonien der Fāṭimiden zu verstehen.

In Iran (→Persien) brachte die Mongolenherrschaft (→Mongolen, →Ilchāne) einen tiefgreifenden Bruch mit den islam. Traditionen mit sich. Naturgemäß wurden nun andere Bräuche gepflegt; mongol. Titel und Herrscherabzeichen wurden verwendet. Die sich bis ins frühe 14. Jh. hinziehende Islamisierung vermochte nicht alle diese Spuren zu tilgen (B. Spuler, Die Mongolen in Iran, 1955, 261–276). Auch in den Zeremonien der Mamlūken, die ja meist aus dem Gebiet der →Goldenen Horde stammten, hielten sich mongol. Sitten.   T. Nagel

Lit.: H. Busse, The Revival of Persian Kingship under the Buyids, Islamic Civilization, 1973, 47–96 – E. Salem (Übers.), Hilāl aṣ-Ṣābiʾ, The Rules and Regulations of the Abbasid Court, 1977 – P. Sanders, Ritual, Politica, and the City in Fatimid Cairo, 1994.

II. Osmanen: Das osman. Z. (*merâsim, teşrîfât*) wurde von zentralasiat., selğuqischen und abbasid. sowie byz. Traditionen geprägt. Wenn sich der →Sultan der Bevölkerung zeigte, tat er dies in Form eines zeremoniellen Aufzuges (*alay*, auch in der Bedeutung von Parade und Prozession). Dies geschah relativ häufig, z. B. jeden Freitag (*cuma selâmlığı*), an großen islam. Festtagen (*bayram alayı*), beim Aufbruch zu einem Feldzug, wenn das Banner des Propheten (*sancak-i şerif*) mitgeführt wurde, nach Siegen (*zafer alayı*), aber auch anläßl. von Familienfesten wie Beschneidungen oder Hochzeiten von Prinzen (*düğün alayı*) und nach der Inthronisation (*cülûs*). Dabei stand der Bevölkerung der Stadt schweigend Spalier und verneigte sich mit gekreuzten Händen, wenn der Sultan nach links und rechts schaute. Sobald das Gefolge des Sultans (*mevkib-i hümâyûn*) vorbeizog, hatten die Untertanen die Möglichkeit, Bittschriften einzureichen. Dafür bot sich v. a. der Besuch der Freitagsmoschee durch den Sultan an. Bei bestimmten Gelegenheiten, wenn der Sultan vom Pferd ab- oder aufstieg, beim Betreten oder Verlassen der Moschee u. ä. wurden Glück- und Segenswünsche (*alkış*) auf Geheiß eines zum Gefolge gehörenden Verantwortlichen (*alkışçı* oder *selâm çavuşı*) dargebracht, die aus einigen floskelhaften Wendungen bestanden. Spontane Sympathiekundgebungen durch die Bevölkerung waren verpönt und kamen erst im 19. Jh. nach europ. Vorbild auf.

Das Gefolge des Sultans konnte unterschiedlich viele Personen umfassen; ab einer gewissen Anzahl wurde die Gelegenheit für militär. Paraden genutzt, die der Großherr von einem Erker in der Palastmauer (*alay köşkü*) aus abnahm. Das Z. anläßlich der Beschneidung oder Hochzeit eines oder mehrerer Angehöriger des Herrscherhauses bot den Gewerbetreibenden (*esnâf*) Istanbuls breiten Raum zur Selbstdarstellung: sie durften einen *esnâf alayı*, in dem jede Zunft (→Zunft, C. II) mit einem Festwagen vertreten war, organisieren.

Zweimal jährlich, anläßlich der beiden großen islam. Feiertage (*bayram*) und zur Inthronisation eines neuen Herrschers wurde der goldene Thron im dritten Hof des Topkapi Palastes aufgestellt. Nach dem Morgengebet und der Begrüßung durch die wichtigsten Würdenträger nahm der Sultan unter dem *alkış* der Anwesenden darauf Platz. Danach wurde die Würdenträger, beginnend mit dem Lehrer des Sultans und dem in Istanbul weilenden Sohn des Châns der Krimtataren (→Krim), einzeln zum Handkuß zugelassen. Der Sultan erhob sich für den Großwesir, der ihm die Schuhspitzen küßte, und für den Scheichulislam, den höchsten islam. Würdenträger des Reiches, dem er die beiden Hände schüttelte. Bei der Inthronisation sprachen die Würdenträger nun den Sultan ihre Huldigung (*bi ʿat*), bei einem Festtag ihre Glückwünsche aus. Im Anschluß an die Inthronisation mußten Geldgeschenke verteilt werden, während man an Festtagen den Palast verließ und sich zum Gebet in eine Moschee begab.

In der Woche nach der Inthronisation wurde ein bes. religiös-polit. Z. gepflegt: Der Sultan wurde am Grab des Prophetengefährten Ebû Eyyûb-i Ensâri vor den Mauern Istanbuls von einem hohen religiösen Würdenträger, meist dem Scheichulislam, mit einem dem Kalifen ʿÖmer (→ʿOmar) zugeschriebenen Schwert umgürtet (*takîîd-i şemşîr, kılıç kuşatması*). Dieses Z. wurde oft als Gegenstück zur byz. Krönung gesehen, doch läßt es sich bereits in frühislam. Zeit nachweisen und war spätestens seit den Abbasiden Bestandteil der Z.s der Glaubenskämpfer (→*ğāzī*). Es entsprach daher nicht nur dem Selbstverständnis der osman. Dynastie als Vorkämpferin für den Islam, sondern war letztlich die einzige Legitimation ihres Herrschaftsanspruches, da sie sich (im Gegensatz zu den Krimchänen mit ihrer dschingisid. Abkunft und zu den benachbarten iran. Ṣafawiden mit ihrer – apokryphen – Abstammung vom Propheten) auf keine beeindruckende Genealogie stützen konnten.

Das Z. bei Audienzen unterschied sich kaum von dem in anderen oriental. Reichen. Der Sultan saß schweigend und unbeweglich auf seinem Thron, ein Schwert, manchmal auch Pfeil und Bogen sowie Schreibzeug neben sich. Niemand durfte ihm direkt in die Augen sehen, die Stille stören oder gar den Rücken zukehren. Aus Sicherheitsgründen und aus der Symbolik der Handlung heraus wurde der Gesandte (→Gesandte, A. IV) an den Händen gefaßt und zum Sultan geführt. Der Sultan gewährte grundsätzl. den Handkuß, dazu mußten die ksl. Gesandten seit der 2. Hälfte des 16. Jh. niederknien und durften nur mehr den Ärmel des Gewandes küssen. Zum Abschluß der Audienz wurden Ehrenroben verliehen, deren Art und Anzahl in *teşrîfât*-Büchern aufgezeichnet wurde; anhand dieser Aufzeichnungen ließe sich der genaue protokoll. Rang abendländ. Gesandter, muslim. Stammesfs.en und osman. Würdenträger ersehen.   W. Posch

Lit.: EI[2] VI, 530–532 [H. De Groot] – The Encycl. of Iran III, 730–734 [Dj. Khaleghi-Motlagh] – Istanbul Ansiklopedisi, s. v. Alaylar, Bayram Alayı, Biniş, Cuma Selamlığı, Cülûs, Kılıç Alayı [N. Sakaoğlu] – Hammer, Staatsvfg. – K. Dilger, Unters.en zur Gesch. des osman. Hofz.s im 15. und 16. Jh., 1967 – I. H. Uzunçarşılı, Osmanli Devletinin Saray Teskilâti, 1984[2] – M. F. Köprülü, Bizans Müesseselerinin Osmanlı Müesseselerine Tesire, 1986[2] – I. H. Uzunçarşılı, Osmanli Devletinin Merkez ve Bahriye Teskilâti, 1988[3] – C. Necipoğlu-Kafadar, Architecture, Ceremonial and Power. The Topkapi Palace in the 15th and 16th Centurys, 1991.

Zeta, hist. Landschaft im heut. Montenegro (Crna Gora). Ausgangspunkt der Landesentwicklung war die župa (Gau) im Tal des gleichnamigen Flusses im Fsm. Dioklitien (Dioklia, Duklja; →Doclea). Seit dem 11. Jh. verbreitete sich die Benennung Z. in Richtung der Adriaküste bis zur Bucht v. →Kotor und zum Fluß →Bojana. Die Küstenstädte von Kotor bis →Skutari wurden erst seit dem 13. Jh. als Teil von Z. betrachtet. Auch die Ebene nö. des Skutari-Sees, das ma. 'Polatum' (Pilot), wurde im 12. Jh. nicht der Z. zugerechnet, sondern gehörte zu 'Arbanum', dem Gebiet der Stadt →Kruja. Als das ganze Territorium des ehemaligen Dioklien zusammen mit den Städten, früher zum →Byz. Reich gehört hatten, an die Nemanjići (→Nemanja) kam, wurde (bei Verdrängung der früheren Bezeichnungen) das Gebiet unter dem Namen Z. zusammengefaßt. Zeitweise erstreckte er sich sogar auf die Ebene Nordalbaniens, so daß die Flüsse →Drim und Mat als 'fiumare de Zenta' bezeichnet wurden. Seit dem Ende des 14. Jh. führte die Herrschaft →Venedigs zur Verbreitung des Namens →'Albanien' entlang der Küste bis zur Stadt Kotor, die zur 'Albania Veneta' gerechnet wurde. Seit dem Ende des 14. Jh. bezeugen die Q.n eine Teilung in die *Obere* (Z. Superior) und *Untere* (Z. Inferior) Z. Die genaue Abgrenzung bleibt ungewiß, sicher ist aber, daß sich die Obere Z. im N und in den Gebirgslandschaften, die Untere im S, um Skutari-See und Adriaküste, erstreckte.

Für die kirchl. Organisation charakteristisch waren die kleinen Bm.er der Küstenstädte, die dem Ebf. in →Bar (Antivari) unterstanden und deren Jurisdiktion nicht weit ins Hinterland reichte. Seit der Gründung (1219) des autokephalen Ebm.s für das Kgr. →Serbien wurde ein orth. Bm. auf der Z. errichtet, mit Sitz im ehem. Benediktinerkl. des hl. Michael an der Prevlaka (unweit von Kotor). Seit 1346 wurde der Bf. v. Z. zum Metropoliten, verlor aber jenen Teil seines Sprengels, der den katholisch gebliebenen Städten als städt. Bezirk (→Contado) übertragen wurde. Bis zur türk. Eroberung (1496) blieb die Z. konfessionell geteilt, was zu Zwistigkeiten führte, aber auch zu Erscheinungen wie Kirchen mit doppelten Altären und Wandmalereien mit lat. wie serb. Inschriften; seit dem Konzil v. →Ferrara-Florenz bestand eine Reihe papsttreuer Metropolien, mit Sitz in der Muttergotteskirche (Prečista Krajinska) am Südufer des Skutari-Sees. Zeitweise fungierten zwei Metropoliten v. Z.; derjenige, der dem serb. Patriarchen unterstand, residierte im Kl. →Cetinje.

Am Ende des 12. und Anfang des 13. Jh. wurde Z. von einer Nebenlinie der Nemanjići beherrscht. Nemanjas Sohn Vukan und seine Nachkommen führten bis zur Mitte des 13. Jh. den Kg.stitel. Bald nach 1276 wurde ein Territorium gebildet für die Königinmutter →Jelena, Witwe von →Stefan Uroš I. (1243–76); Kerngebiet war Z. mit den Küstenstädten. Nach 1308 trat Jelenas Enkel →Stefan Uroš III. (Dečanski) an ihre Stelle. Als Thronfolger ('rex junior') fungierte er bis zum Konflikt mit seinem Vater (1314) als Verwalter des Territoriums, das er später als Kg. seinem Sohn →Stefan Dušan überließ (1321–31). Sonst war ein *kefalija* Statthalter v. Z. Nach dem Tode Dušans entstand die Landesherrschaft der Familie Balšići (1360–1421; →Balša), nach deren Aussterben ein Kampf zw. Venedig und den Despoten v. Serbien ausbrach. Venedig wurde Herr aller Küstenstädte, wohingegen die Familie Crnojevići (um 1450–96) das Hinterland kontrollierte.
S. Ćirković

Lit.: JIREČEK I, 1911; II, 1918 – G. ŠKRIVANIĆ, Imenik geografskih naziva srednjovekovne Zete, 1959 – Istorija Crne Gore II, 1, 2, 1970–I. BOŽIĆ, Nemirno Pomorje XV veka, 1979.

Zeug, allg. die Sammelbezeichnung für die bei der Jagd verwendeten Gerätschaften (oft im »Jagdz.haus« verwahrt); speziell der Überbegriff für die bei der Jagd verwendeten »Netze, »Tücher« und »Lappen« (meist aus Leinwand oder Federn gefertigt und an Leinen aufgehängt). Die bei einer Reihe von Jagdmethoden zum Einsatz kommenden Netze werden als »lichtes Z.« bezeichnet, die vornehml. beim Eingestellten Jagen verwendeten schweren Tücher, die bis zu vier Meter hoch und viele Meter lang sein können, als »dunkles Z.«. Zum Transport von Netzen, Tüchern und Lappen zum und vom Ort des Eingestellten Jagens werden »Z.wagen« eingesetzt.
S. Schwenk

Zeugdruck, in Ägypten und Asien entwickelte, in Europa seit dem 4. Jh. bekannte Technik der Textilkunst, bei der mittels Holzmodeln Gewebe bedruckt wurden. Die ältesten erhaltenen europ. Stücke stammen aus dem späten 14. Jh. (z.B. »Tapete von Sitten« mit Szenen aus der Geschichte des Ödipus; Basel, Hist. Mus.). Als Grundstoff wählte man vorwiegend Leinen. Die Model waren Holzblöcke, die das jeweilige Muster ausgestochen oder ausgebrannt in erhabener Form trugen und für den Druck mit Farb- oder Goldstaub bestreut wurden. Die Muster wurden vielfach von it. Seidenstoffen übernommen: figürl. bzw. szen. Darstellungen und ornamentale Motive, die häufig auch kombiniert wurden. Häufigeres Auftreten und zugleich Blütezeit des Z.s erst im 15. Jh., in dessen Verlauf auch hier das Granatapfelmuster aufgrund seiner Variationsbreite zum vorherrschenden Motiv wurde.
M. Grams-Thieme

Lit.: Lex. der Kunst VII [Neubearb. 1987–1994], 905–906 – K. SCHMIDT, Textildruck, 1973 – L. v. WILCKENS, Der spätma. Z. nördl. der Alpen, Anz. des Germ. Nat.mus. 1983, 7–18 – DIES., Die textilen Künste, 1991, 160–172.

Zeuge
A. Römisches und gemeines Recht – B. Kanonisches Recht – C. Rechte einzelner Länder

A. Römisches und gemeines Recht
Im frühen und klass. röm. Recht mußten die sog. Libralakte (negotia per aes et libram) vor einem Waaghalter mit Waage und fünf Z.n (lat. testis, eigtl. 'ein [dabei]stehender Dritter') abgeschlossen werden. Es handelte sich v.a. um ritualisierte Kaufgeschäfte zur Übertragung der Hausgewalt über freie Menschen und Sklaven, Grundstücke und Vieh, die u.a. auch zur Adoption, Emanzipation und Testamentserrichtung eingesetzt wurden. Im justinian. und gemeinen Recht hat sich davon nur die Testamentserrichtung vor sieben oder fünf Z.n (→Testament, A. I) erhalten. Außerdem war es üblich, wichtige Vereinbarungen, insbes. →Verträge, vor Z.n beurkunden und die Urk. von ihnen besiegeln zu lassen. Im justinian. Recht wurde die Beurkundung für eine ganze Reihe von Geschäften vorgeschrieben.

Im Prozeß (→Gerichtsverfahren) hatten Z.n die Funktion, den Richter von der Wahrheit einer Tatsache zu »überzeugen« (→Beweis). Eine Zeugnispflicht gab es zunächst nur für Geschäftsz.n. Justinian führte eine allg. Zeugnispflicht ein, ließ aber Ausnahmen für Honoratioren zu. Sklaven waren zeugnisunfähig, wurden jedoch auf der Folter befragt. Zeugnisunfähig waren auch bestimmte kriminell Verurteilte; in der Spätantike kamen hinzu: Apostaten, Manichäer, Heiden u.a. Häretiker; Juden wurden vom Zeugnis gegen Christen ausgeschlossen. Die Z.n wurden von den Parteien beigebracht und, nach Vereidigung, von ihnen vernommen. Im justinian. Prozeß wurden die Z.n ausschließl. vom Richter vernommen, im ge-

meinen Prozeß in Abwesenheit der Parteien. Die Aussagen wurden anfangs frei gewürdigt. Seit der Spätantike konnten manche Tatsachen nur durch mehrere Z.n bewiesen werden, z.B. die Tilgung einer urkdl. bewiesenen Schuld und die Verwandtschaft mit dem Erblasser durch fünf Z.n. Im gemeinen Prozeß mußten es immer mindestens zwei Z.n sein. Falsches Zeugnis wurde als →Meineid bestraft.

Neue Bestimmungen wurden im kanon. Recht aufgestellt. Die ma. Rechtswiss. hat sich in den Komm. der Rechtsq., in Summen und v.a. in prozeßrechtl. Abhandlungen ausführl. mit der Zeugnisfähigkeit, der erforderl. Zahl von Z.n, deren Einführung in den Prozeß, Vereidigung, Befragung und Glaubwürdigkeit sowie der Protokollierung ihrer Aussagen befaßt (z.B. Tancredus, Ordo iudiciarius, iii, 6–12 [→Tankred 3]).

P. Weimar

Q.: Dig. 22, 5; Cod. 4, 20; X. 2, 20f.; VI. 2, 10 – Lit.: M. KASER, Das röm. Zivilprozeßrecht, 1966 – DERS., Das röm. Privatrecht, I–II, 1971–75 – COING, Hdb. I – L. FOWLER, Ordo iudiciorum vel ordo iudiciarius (1984).

B. Kanonisches Recht

Der Geschäftsz., der seine Wurzel im alten röm. Recht (testis ad solemnitatem, testis rogatus oder ad acta) hat, ist auch dem kanon. Recht bekannt (→Ehe, B. II). Durch die Aussage des Gerichtsz.n kommt der sog. Z.nbeweis zustande. Es wurde zw. testes inhabiles (z.B. Blinde, Taube und Stumme), ex lege unfähige Z.n (z.B. Unmündige, Geistlich hinsichtl. des in der Beichte Mitgeteilten) und testes suspecti (z.B. Prozeßparteien, Verwandte, Dienstboten sowie Laien gegen Kleriker im →Akkusationsprozeß) unterschieden. Im →Decretum Gratiani werden Klagefähigkeit und Zeugnisfähigkeit parallel behandelt. Unter Berücksichtigung pseudoisidor. Kanones, die eine Anklage gegen Bf.e von vornherein unmögl. machen wollten, wird die Z.nfähigkeit dort an zahllose erschwerende Bedingungen geknüpft. Es besteht Zeugnispflicht. Gewisse Personen (z.B. Verwandte und Verschwägerte) haben ein Recht auf Zeugnisverweigerung (C. 4 q. 2 et 3 c. 3) oder sind von der Zeugnispflicht ausgenommen. Gegen sich Weigernde kann mit →Zensuren eingeschritten werden. Nicht alle Z.n müssen persönl. erscheinen (z.B. Kranke, Soldaten, Bf.e und Kl.frauen). Es gab keine Beschränkung der Z.nzahl, aber Fälle, in denen eine Mindestzahl vorgeschrieben war (beim Reinigungseid oder beim Scheidungsprozeß wegen Impotenz). Die Beeidigung der Z.n (Voreid) ist eine der wesentl. Erfordernisse für die Beweiskraft der Z.naussage. Die Z.neinvernehmung erfolgt gesondert, später in Abwesenheit der Parteien. Der Richter muß den Wissensgrund (causa scientiae) erforschen. Beweiskraft hatte nur das Zeugnis »de visu« ('aus eigener Wahrnehmung'), aber nicht »de auditu« ('vom Hörensagen'). Aussagen von testes de credulitate konnten einen Beweis ermöglichen (Präsumtion). Die Aussagen des Z.n sind von einem Notar genau aufzuzeichnen. Nach der Einvernehmung der Z.n erfolgte die publicatio attestationum. Die Beweiswürdigung obliegt dem Richter. Voller →Beweis mußte durch zwei übereinstimmende, unanfechtbare Z.n erbracht werden (probatio plena). Ein Z., ausgenommen ein Amtsz. (testis qualificatus), erbrachte nur die probatio semiplena.

R. Puza

Lit.: HRG V, 1684–1693 [M. G. FISCHER] – WETZER und WELTE's Kirchenlex. XII, 1901², 1951–1957 [J. B. SÄGMÜLLER] – P. HINSCHIUS, Kirchenrecht, VI.1, 1897, 97–102 – E. JACOBI, Der Prozeß im Decretum Gratiani und bei den ältesten Dekretisten, ZRGKanAbt 3, 1913, 223–343, bes. 248, 300ff. – F. X. WERNZ–P. VIDAL, Jus Canonicum, VI, 1949², 409–444 – PLÖCHL I, 382f.; II, 314f.

C. Rechte einzelner Länder

I. Deutsches Recht – II. Englisches Recht – III. Italienisches Recht – IV. Skandinavisches Recht.

I. DEUTSCHES RECHT: Z.n bekunden Umstände oder Vorgänge, von denen sie aus eigener Wahrnehmung Kenntnis haben. In der Lit. unterscheidet man Geschäftsz.n, die zu einer Rechtshandlung eigens hinzugezogen werden (testes tracti oder rogati) – zu ihnen gehören auch die Urkk.z.n, die noch bis ins späte MA hinein am Ende einer →Urkunde (→Z.nliste) namentl. genannt werden und ggf. über den beurkundeten Vorgang aussagen müssen –, ferner die Gemeinde- oder Nachbarz.n, die aufgrund ihrer Kenntnisse der örtl. Verhältnisse, insbes. bei Grundbesitzstreitigkeiten, Zeugnis ablegen, und schließlich die Zufalls-, Tat- oder Wahrnehmungsz.n. Insofern sind die Z.n von den Eideshelfern zu unterscheiden, die ihren →Eid nicht auf eigene Sachverhaltskenntnis, sondern auf ihre Überzeugung von der persönl. Integrität der Partei stützen. Die begriffl. Unterscheidung der frühma. lat. Rechtstexte in »testes« einerseits und »coniuratores, consacramentales« andererseits haben die deutschsprachigen Rechtstexte des Hoch- und SpätMA weithin nicht nachvollzogen. Die Bezeichnungen *getuch, tuch, gezeuge* etc. werden gleichermaßen für beide Rechtsinstitute verwendet.

In den frühma. Leges begegnen gezogene Z.n bei außergerichtl. Prozeßhandlungen und bei bestimmten Rechtsgeschäften, insbes. bei Veräußerungen von →Grundstükken (Lex Burg., Lex Sal., Lex Rib., Edictus Roth., Lex Baiuv.). Allerdings konnte das Zeugnis nach etlichen Rechten durch Aufforderung zum gerichtl. →Zweikampf angefochten werden. Auch das Nachbarzeugnis ist, v.a. bei Grenzstreitigkeiten (→Vicinitas), vielfach belegt. Dagegen findet, vom römischrechtl. geprägten westgot. Recht abgesehen, bei Buß- oder Strafklagen keine Überführung des Beklagten durch Z.n, d.h. durch Zufallsz.n, statt. Auf die Zulassung von Zufallsz.n weisen lediglich einige Bestimmungen karol. →Kapitularien in engem Zusammenhang mit inquisitor. Verfahrensformen hin.

Was Hoch- und SpätMA betrifft, so steht der →Sachsenspiegel dem →Beweis durch Privatz.n insgesamt ablehnend gegenüber. Bei Ungerichtsklagen ist – außerhalb der →handhaften Tat – eine Überführung durch Z.n nicht möglich. Von Bedeutung ist dagegen bei vermögensrechtl. Streitigkeiten das Nachbarzeugnis und v.a. das unanfechtbare Gerichtszeugnis als Zeugnis von Gerichtspersonen über einen vor Gericht geschehenen Vorgang. In den Städten tritt das Ratszeugnis hinzu, wie dort auch die Heranziehung von Geschäfts- bzw. Urkk.z.n allg. üblich ist. Unter dem Einfluß des röm.-kanon. Rechts setzt sich der Z.nbeweis auch auf strafrechtl. Gebiet durch. Der →Schwabenspiegel und zahlreiche Stadtrechte des 12.–14. Jh. weisen ihn auf, wobei vielfältige Übergangsformen und ein erhebl. regionales sowie zeitl. Gefälle festzustellen sind.

Während des gesamten MA ist die prozessuale Stellung der Z.n entsprechend der Formgebundenheit des Prozesses vielfach derjenigen der Eideshelfer angenähert, insofern keine Z.nvernehmung stattfindet und die Z.n lediglich die Aussage der Partei beschwören. Verlangt werden im allg. mindestens zwei Z.n und selten mehr als sechs Z.n. Grundvoraussetzungen der Zeugnisfähigkeit sind freier Stand und Unbescholtenheit. Zusätzl. werden häufig Ansässigkeit im Gerichtsbezirk, Grundbesitz und Standeszugehörigkeit gefordert.

K. Nehlsen-von Stryk

Lit.: J. W. PLANCK, Das dt. Gerichtsverfahren im MA, II, 1879 – R. RUTH, Z.n und Eideshelfer in der dt. Rechtsq.n des MA (GIERKES Unters.en AF. 133, 1922) [Neudr. 1973] – A. ERLER, Der Beweis im

frk. Recht des SpätMA, RecJean Bodin 17, 1965, 507-518 – R. C. VAN CAENEGEM, La preuve dans le droit du MA occidental, ebd., 691-753.

II. ENGLISCHES RECHT: Im engl. Recht spielten Z.n und Z.nbeweis nur eine untergeordnete Rolle. Zwar kannte das ags. Recht Z.n, die z. B. bei einem Geschäftsabschluß anwesend waren und bei Erfüllung der Voraussetzungen (freier Stand, Unbescholtenheit) später vor Gericht die Darstellung eines Sachverhalts eidl. bekräftigen konnten, wenn die Rechtmäßigkeit der Transaktion angefochten wurde; doch obwohl dieses Prinzip bis in das 12. Jh. hinein bestand, konnte es sich nicht gegen das Geschworenenkollegium (*jury*) durchsetzen. Dennoch hatten die an den verschiedenen Verfahrensschritten Beteiligten zumindest theoret. noch den Charakter von Z.n. Die ags. Belastungsz.n der Anklage wurden durch die 'secta' ersetzt, die der Privatkläger als Bürgen für die Fortsetzung des begonnenen Prozesses beizubringen hatte. In Verfahren um Liegenschaften brachten die Parteien im 12. Jh. Z.n bei, durch deren →Eid die Aussagen bekräftigt wurden. Im darauf folgenden →Zweikampf fochten die Z.n (in der Regel handelte es sich dabei um professionelle Kämpfer) dann um die Gültigkeit des Eides. In der Privatklage des Kriminalprozesses war der Kläger selbst Z. und erbot sich, den Beweis seiner Behauptungen durch den gerichtl. Zweikampf zu erbringen. Die Vernehmung von Z.n zu einem bestimmten Sachverhalt vor Gericht blieb dagegen auf Ausnahmefälle beschränkt. Gerichtsurteile basierten seit dem späten 12. Jh. zunehmend auf dem Spruch von Geschworenen, bei denen es sich auch um Z.n handeln konnte, etwa wenn die 'testes' einer umstrittenen Urk. einer Jury eingegliedert wurden; auch wurde erwartet, daß die von Kronbeamten zum Z.ndienst ausgewählten Personen sich sachkundig machten. Entscheidend war jedoch nicht die sachl. Grundlage des Geschworenenspruchs, sondern die Einwilligung der Parteien, die Entscheidung zu akzeptieren. Wichtig waren Z.n, wenn es um die Volljährigkeit von Erben ging, in Hochverratsprozessen sowie in der Kanzleigerichtsbarkeit (*Court of* →*Chancery*), wo sie 'sub poena' vorgeladen wurden. In Kriminalprozessen konnten sie allenfalls die Anklage unterstützen. Erst im Laufe des 15. Jh. gewannen Z.n eine größere Rolle.   J. Röhrkasten

Lit.: F. POLLOCK–F. W. MAITLAND, Hist. of English Law…, II, 1898[2] [Neudr. 1968], 622–640 – J. BAKER, Introduction to English Legal Hist., 1990[3], 130, 435, 581.

III. ITALIENISCHES RECHT: Die röm. Gesetzgebung in bezug auf Z.n und Z.nbeweis (Dig. 22. 5; Cod. Iust. 4.20) fand im it. FrühMA keine unmittelbare Anwendung mehr, mit Ausnahme der wenigen Fälle, in denen das justinian. Gesetzeswerk (→Corpus iuris) den Untergang des Weström. Reiches überdauerte. Die Bedeutung der Z.naussagen in den Prozessen war jedoch beachtlich. Im Unterschied zum →Pactus Legis Salicae oder der →Lex Visigothorum schrieb der langob. →Edictus Rothari den Z.n im Gerichtsverfahren keine bedeutende Rolle zu. Auch der →Eid der 12 Eideshelfer (Roth. 359) unterscheidet sich von einem Z.nbeweis. Später verfügte →Liutprand, daß einem Z.nbeweis gegenüber dem Eid der Parteien in Streitfällen, die das Bestehen einer Verpflichtung zum Gegenstand hatten, der Vorrang eingeräumt werden sollte (Liutpr. 15; vgl. Liutpr. 8). Auch Ratchis betonte den Wert der Z.naussage in bezug auf die *wadia* (→Eid, A. VII) und den Verkauf (Ratchis 5; 8).

Die karol. Gesetzgebung setzte fest, daß als Z.n nur diejenigen in Frage kommen sollten, die ein gewisses Vermögen besaßen, das bei einer eventuellen falschen Z.naussage zur Haftung herangezogen werden konnte (Lothar: Capitularia I. 165, c. 7; Ludwig d. Fr.: Capitularia II. 193, c. 6), und verfügte zudem, daß ein Gegensatz einander widersprechender Z.naussagen durch einen →Zweikampf entschieden werden sollte (Ludwig d. Fr.: Capitularia I, p. 282). Ferner übernahm sie die schon von den »rhein. →Franken« geübte Disziplin (Lex Ribuaria, 62.4), daß im Fall der Strittigkeit der Echtheit einer Urkunde der scriptor oder die bei dem Rechtsakt anwesenden Z.n durch einen Eid für die Authentizität garantieren sollten (Capitularia II, p. 91).

Die Rechtspraxis der Karolingerzeit in Italien bestätigt, daß Z.naussagen im Prozeß weithin üblich waren, wenn schriftl. Beweise fehlten, v. a. aber nach der Einführung des Verfahrens der inquisitio im Prozeßwesen (→Inquisitionsprozeß), bei dem die Z.n direkt vom Richter ausgewählt und vorgeladen wurden, um über die Fakten der Streitsache zu berichten. Im 10. und 11. Jh. eliminierte die neue Formalisierung des Gerichtswesens, die vom Hofgericht in Pavia gefördert (wenn nicht sogar bestimmt) wurde, viele Konfliktelemente, hemmte aber auch in hohem Grade die dynam. Entwicklung des Z.nbeweises. Erst in der Zeit der →Kommunen gewann die Z.naussage wieder an Bedeutung, so daß sie in der ersten Phase des →Konsulats nicht selten das häufigste Beweismittel für Rechte verschiedener Art und für lokale Usanzen darstellte, wie es etwa im 12. Jh. in Mailand der Fall war. Dem Richter war es außerdem in hohem Maße freigestellt, über die Zulässigkeit von Z.n zu entscheiden, die häufig als nicht »idonei« (geeignet) erachtet wurden.

Die von →Bologna ausgehende neue Rechtswissenschaft brachte nicht nur die justinian. Rechtstexte über die Z.nschaft wieder zur Geltung, sondern entwickelte auch ein komplexes System dieser ganzen Materie: Die Bestimmung über die Anzahl der Z.n wurde z. B. mit der neuen Lehre von der Vermutung (praesumptio) verbunden, d. h. falls nur ein Z. vorhanden war, konnte seine Aussage durch andere Indizien ergänzt werden, um den vollen Beweis zu erhalten. Auch das kanon. Recht legte seit Gratian der Materie des Z.nbeweises, mit der sich die größten Dekretisten beschäftigten, große Bedeutung bei. Die päpstl. Dekretalen setzten neue Vorschriften fest, so wurde z. B. unter →Innozenz III. die Ergänzung eines schriftl. Beweisstückes durch vor Gericht vorgetragene geeignete Z.naussagen gestattet (Liber Extra 2. 22. 10).

In den ordines iudiciorum (Verfahrensordnungen) des 12. und 13. Jh. – von →Bulgarus bis →Tancred v. Bologna und Guilelmus →Duranti(s) d. Ä. – sowie in den Summae, den Lecturae, den Kommentaren, Traktaten und Consilia der Zivilrechtler und der Kanonisten des 14. und 15. Jh. wurde die Theorie des Z.nbeweises in bezug auf das Verfahren, die Zahl, die Beschaffenheit, die Vorschriften über den Ausschluß von Z.naussagen und auf ihre Bedeutung ständig weiterentwickelt. Das bis zu den Kodifikationen der NZ gültige System der den →Beweis betreffenden Rechtsnormen wurde bereits durch die ma. Rechtslehrer ausgebildet.   A. Padoa-Schioppa

Lit.: G. SALVIOLI, Storia della procedura civile e criminale, 1925–27 (Storia del diritto it., hg. P. DEL GIUDICE, III/1–2), I, 268–283; II, 423–439–J.-PH. LÉVY, La hiérarchie des preuves dans le droit savant du MA, 1939 – S. KUTTNER, Analecta iuridica Vaticana (Collectanea Vaticana in hon. Anselmi card. Albareda, 1962), I, 415–452, StT, 219 – P. HERDE, Der Z.nzwang in den päpstl. Delegationsreskripten des MA, Traditio 18, 1962, 255–288 – La preuve, II, RecJean Bodin, XVII, 1965 – B. SCHNAPPER, 'Testes inhabiles', les témoins reprochables dans l'ancien droit pénal, TRG 33, 1965, 575–611 (auch DERS.: Voies nouvelles en histoire du droit, 1991, 145–175) – F. SINATTI D'AMICO, Il concetto di prova testimoniale: spunti di una problematica nel pensiero

dei glossatori, RSDI 39, 1966, 155-185 – Ders., Le prove giudiziarie nel diritto longobardo, 1968, 295-327 – F. Liotta, Il testimone nel Decreto di Graziano, Proceedings Fourth Internat. Congr. of Ma. Canon Law, 1976, 81-93 – L. Fowler-Magerl, Ordo iudiciorum vel ordo iudiciarius (Ius Commune, Sonderh., 19), 1984, 219-240 – L. F. Bruyning, Il processo longobardo prima e dopo l'invasione franca, RSDI 57, 1984, 121-158 (bes. 145-146) – A. Padoa-Schioppa, Aspetti della giustizia milanese dal X al XII sec. (Atti 11°CISAM, Spoleto 1989), 459-549 (bes. 465; 478-485; 532-534) – G. Minnucci, La capacità processuale della donna nel pensiero canonistico classico, 2 Bde, 1989-90 – F. Bougard, La justice dans le Royaume d'Italie de la fin du VIIe s. au début du XIe s., 1995, 194-197; zur inquisitio: 222-229 – A. Gouron, Testis unus, testis nullus dans la doctrine juridique du XIIe s., Medievalia Lovaniensia, series I, Studia, 24, 1995, 83-93 – La giustizia nell'alto medioevo, sec. V–VIII, Sett. cent. it. 42, 1995 [bes. Durand, Pietri, Cortese, Guillot, Kroeschell, Schott, Padoa-Schioppa] – La giustizia nell'alto medioevo, sec. IX–XI, Sett. cent. it. 42, 44, 1997 [bes. Wickam, Hartmann, Burgmann].

IV. Skandinavisches Recht: Z. (anord. *váttr*, pl. *váttar*; *vitni*: testimonium, Z.nbeweis, Z.). Während Eidhelfer die generelle Glaubwürdigkeit des Leugnungseides eines Beklagten durch Eid bekräftigten (negativer Beweis), äußerten sich die Z.n unmittelbar zu einer verhandelten Rechtssache und bekräftigten die objektive Wahrheit des Rechtsstandpunkts der klagenden Partei (positiver Beweis). Im älteren, stark formalist. Prozeßwesen waren →Eid (Leugnungseid) und Habilität der Z.n resp. der Eidhelfer das einzige Mittel, sich der objektiven Wahrheit zu nähern. Spätestens seit der Mitte des 13. Jh. beginnt in der Rechtslit. aller skand. Länder eine Ablösung des alten Eidbeweises zugunsten des Z.nbeweises, der die kanon. Forderung nach materieller Wahrheitsfindung, nach Schuld und Beweis, besser erfüllen konnte. In den einzelnen Rechtsregionen sind verschiedene Übergangsphasen und Mischformen zu beobachten.

Die größte Beweiskraft und Notorität hatten zunächst die durch eine formelle Berufung 'gezogenen' Z.n (anorw. *skírskota undir vátta* 'als Z.n berufen'), die häufig bei Rechtshandlungen außerhalb des →Dings, nicht nur die Rechtmäßigkeit der Handlung garantierten, sondern auch im Zuge eines mehrstufigen Rechtsaktes die bereits getätigten Handlungen bezeugen konnten. Die bei einer unrechtmäßigen Tat zufällig anwesenden Augen- und Ohrenz.n (*sjándváttar, sjónváttar*) hatten prozessual dagegen nur geringes Gewicht. Eine Mittelstellung nahmen bisweilen die sog. Erfahrungsz.n ein (aisl. *kennendr, sannaðarmenn*), die wegen ihrer genauen Kenntnis lokaler Verhältnisse etwa bei Eigentumsfragen, Grenzkonflikten, Identifizierungen etc. herangezogen wurden. Der Beklagte wehrte sich mit Leugnungseid (meist mit Unterstützung von Eidhelfern), konnte aber keine Gegenz.n (*andvitni*) aufbieten.

In den Rechts- und Gesetzbüchern des 13. Jh. und in den Reichsrechten fällt diese Unterscheidung zw. formell gezogenen Z.n und Augenz.n praktisch weg. Den (kgl.) Urteilern stand eine freiere Beweiswürdigung zur Verfügung, auch konnte der Z.nbeweis nun nicht mehr durch Leugnungseid zu Fall gebracht werden, und die Aufbietung von Gegenz.n wurde zugelassen.

In aller Regel wurden bei den Rechtshandlungen zwei Z.n gezogen, sie mußten frei, volljährig, unbescholten sein, häufig einen eigenen Hausstand haben oder eine gewisse Ranggleichheit mit den Prozeßbeteiligten aufweisen. Die Rechtshandlungen außerhalb des Dings betrafen u.a. Leihe, Kauf, Eigentumsübertragung, Erbschaft, Erbteilungen, Gaben an die Kirche, Grenzfragen, Wege, Grundbesitzrechte, Geburt, Taufe, Verwandtschaftsfragen, Freiheitsrechte usw. Wurden solche Fälle vor dem Ding verhandelt, bedurfte es ebenfalls zweier Z.n.

Nach dem isländ. Rechtsbuch →Grágás waren *vitni* und *kviðr* die wichtigsten Z.nbeweise, dabei bezog sich die *vitni* auf das bei einer Rechtshandlung selbst Gehörte und Gesehene, *kviðr* auf das nach allg. Meinung Wahrscheinliche ('Wahrscheinlichkeitsbeweis'). Ansonsten erfolgte die Benennung der Z.n häufig nach den von ihnen bezeugten Rechtshandlungen, etwa *stefnuváttar* ('Ladungsz.n'), *sáttagerðarváttar* ('Vergleichsz.n'), *kaupsváttar* ('Vertragsz.n'). Während die Z.n nur zugunsten der Partei, von der sie berufen wurden, aussagen konnten, hatten in Schweden die Mitglieder einer *næmd* (Jury, meist 12 'ernannte' Urteiler unter Vorsitz eines Richters) die Möglichkeit, sich aufgrund der Darlegungen und der Befragung aller Prozeßparteien ein Bild vom wahren Sachverhalt zu machen und dementsprechend ein Urteil zu fällen.

H. Ehrhardt

Lit.: KL XX, 201-214 [L. Hamre, S. Lindal, O. Fenger, G. Inger].

Zeugenbeweis → Beweiskraft; →Zeugenliste

Zeugenliste. Die Z. gehört zu den Bestandteilen des Formulars (→Formel) der →Urkunden und nennt die Personen, die als →Zeugen der Handlung (Handlungszeugen) oder der →Beurkundung (Beurkundungszeugen) zugegen waren. Diese dienen der Sicherstellung der am beurkundeten Rechtsgeschäft Beteiligten, da sie im Streitfall vor Gericht geladen werden konnten, um den Sachverhalt zu bestätigen. In der Regel nennt die Z. erst die geistl., dann die weltl. Zeugen, innerhalb der beiden Gruppen nach dem Rang gegliedert. Im spätröm. Urkk. wesen, auf dem das ma. Urkk. wesen aufbaut, konnten gemäß dem röm. Recht nur schreibkundige Personen als Zeugen gewählt werden. Die durch verschiedene Zusätze erweiterbare Grundform der Zeugennennung lautet bei subjektiver Fassung »† ego N. N. subscripsi«, bei objektiver »signum † N. N.«. Grundsätzl. können ganz oder teilweise autographe Zeugenunterschriften während des ganzen MA vorkommen, jedoch beschränkte sich auch in Rom die Eigenhändigkeit schon im Lauf des 10. Jh. oft auf Kreuz und Namen; außerdem wurde die objektive Fassung immer mehr bevorzugt. Seit der Mitte des 11. Jh. unterblieben in zunehmendem Maße die Kreuze, im Lauf des 12. Jh. wurde dies allg. üblich. Die Entwicklung mündete in eine nur vom Schreiber angefertigte Z. am Schluß der Urk., z.B. im Ravennater Urkk. wesen mit »notitia testium« überschrieben.

Die älteren dt. →Privaturkk. (→Charta, →Notitia) mußten, ausgehend vom röm. Recht, gemäß den Stammesrechten in der Regel mindestens sieben Zeugen aufweisen. Eine eigenhändige Unterschrift forderte nur das burg. Recht, in der Regel ein Kreuz. Im Lauf des 9. und 10. Jh. wird eine einfache Aufzählung der Zeugen in einer Z. üblich, der eine Einleitungsformel (»testes«; »isti sunt testes«; »huius rei testes sunt« o.ä.) vorangestellt wird (Zeugenurk., Notitia). Sowohl ursprgl. Zeugenunterschriften als auch die nachfolgend eingeführte Z. gehören zum →Eschatokoll der Urk. Sie stehen zw. →Kontext und Unterschrift des Schreibers oder der →Datierung oder ganz am Ende der Urk. Von besonderer Bedeutung ist die Z. für die Traditionsnotiz (→Traditionsbücher).

Die →Ks.- und Kg.surkk. bedurften ursprgl. nicht der Bekräftigung durch Zeugen, können aber in der Intervention (→Intervenienten) Personen nennen, die als Bittsteller im Rahmen der Beurkundung tätig wurden. In Frankreich sind schon im 9. Jh. Ambasciatoren am Schluß der Diplome mit →tiron. Noten vermerkt. Seit Beginn des 11. Jh.

werden hier immer häufiger Zeugen in zunächst noch unregelmäßiger Form in einer Z. angeführt. Seit Kg. Philipp I. wird es Brauch, in den feierl. Diplomen die Z. in der Reihenfolge »Bf.-Inhaber der obersten Hofämter-Weltliche« anzuführen. Seit Kg. Ludwig I. erscheinen nur noch die Großoffiziere. Die Z. steht zw. Datierung und →Rekognition und wird mit der Formel »astantibus in palatio nostro, quorum nomina subtitulata sunt et signa« o. ä. eingeleitet, woran sich nach vorausgehendem S(ignum) die Namen im Genetiv anschließen.

In der dt. Reichskanzlei erfolgte unter Ks. Heinrich IV. der Übergang von der Interventio zur Z. Während Intervenienten, wie auch die →Petenten, in der →Narratio oder →Dispositio genannt werden, ist die Z. der Ks.- und Kg.surkk., so wie auch die der Privaturkk., zum Ende des Kontexts verlagert. Unter Ks. Heinrich V. und Ks. Lothar III. schwankt die Stellung noch, die Z. kann vor oder nach der →Corroboratio erscheinen. Wird die Z. eigenständig gehandhabt, lautet ihre Einleitung etwa »huius rei testes sunt«, ist sie als Nachsatz der Corroboratio konstruiert, wird sie mit »adhibitis testibus, quorum nomina sunt« o. ä. verknüpft. Unter den Staufern wird die Stellung hinter der Corroboratio allmähl. zur Regel, Ausnahmen lassen sich nach der Mitte des 12. Jh. nur noch selten belegen. Erst in nachstauf. Zeit werden Abweichungen hiervon wieder häufiger. Mit dem Aufkommen einfacherer Formen der Diplome wird die Z. zum Bestandteil der feierl. Diplome, wenn nicht der Inhalt (z. B. bei Rechtssprüchen oder Verpfändungen) sie notwendig erscheinen ließ. Unter Ks. Karl IV. und Kg. Wenzel wird die Z. seltener, am Ende des 15. Jh. ist sie in den Diplomen nur noch eine Ausnahmeerscheinung.

Die →Papsturkk. kennen allg. keine Z.n, aber die feierl. Privilegien weisen seit Paschalis II. immer häufiger Kard.sunterschriften auf, die in drei Spalten angeordnet sind. In der linken Spalte unterschreiben die Kard.priester, in der mittleren die Kard.bf.e und in der rechten die Kard.diakone. Bis in die Zeit von Honorius II. können auch Unterschriften von Prälaten vorkommen, die nicht Kard.e sind. Die im 15. Jh. aufkommenden Konsistorialbullen nehmen Elemente der feierl. Privilegien wieder auf und enthalten neben der Papstunterschrift auch die der beteiligten Kard.e. J. Spiegel

Lit.: BRESSLAU, II, 201–225 – W. ERBEN, Ks.- und Kg.surkk. des MA ..., 1907, 349–352 – O. REDLICH, Die Privaturkk. des MA, 1911, 17 – I. HLAVÁČEK, Das Urkk.- und Kanzleiwesen des böhm. und röm. Kg.s Wenzel, 1970, 122–125 – A. GAWLIK, Intervenienten und Zeugen in den Diplomen Ks. Heinrichs IV. (1056–1105), 1970 – P. CSENDES, Die Kanzlei Ks. Heinrichs VI., 1981, 145 – Th. FRENZ, Papsturkk. des MA und der NZ, 1986, §§ 13, 19, 45 – K. HÖFLINGER, Traditionen Moosburg (Q.n und Erörterungen zur bayer. Gesch. 42/1, 1994), 33–37.

Zeughaus (auch Armamentarium gen.), Speichergebäude zur organisierten Aufbewahrung, Lagerung und teilweise Herstellung (Z. mit Arsenalcharakter) aller zur Kriegführung notwendigen Güter (Waffen, Ausrüstungsgegenstände und Rohstoffe). Der Begriff 'Zeug' in Verbindung mit '-haus' ist mit der Einführung der Feuerwaffen zu parallelisieren und läßt sich in diesem Zusammenhang in etwa ab der Mitte des 15. Jh. feststellen. Werkstätten zur Pflege und Reparatur der Lagerbestände dürften meist, Manufakturen zur Produktion von Kriegsgütern bisweilen integriert gewesen sein.

Einige nz. Definitionen (vgl. H. NEUMANN, 60f.) heben ganz bes. auch auf die Unterbringung und Herstellung von Geschützen, Munition und pyrotechn. Artikeln ab. Z.er sollten zugriffs- und lagerfreundl. sowie zentral gelegen errichtet werden, damit im Notfall schnell Versorgungsgüter, insbes. Artillerie und Munition, entnommen und an jeweilige Brennpunkte geführt werden konnten. Z.er gab es überall dort, wo entsprechendes Material aufbewahrt werden mußte, d. h. in der Regel auf Burgen und Festungen (u. a. Veste Coburg, Burg Forchtenstein) und in Städten (u. a. Wien, Graz, Zürich, Solothurn, Berlin, Emden). Dabei konnte es sich sowohl um singuläre Gebäude als auch um in Befestigungswerke integrierte Anlagen handeln.

Im ma. und frühnz. Kriegswesen ist der Begriff des Z.es häufig eng mit jenem der wehrhaften Stadt verknüpft. Ziemlich früh erkannten die auf die Wehrhaftigkeit ihrer Bürger angewiesenen Städte die Notwendigkeit, Reserven an Waffen und Gerät aus öffentl. Mitteln zu bilden. Überlieferte Bestandsaufnahmen, Inventare und Rechnungen zeugen von erstaunl. Lagerumfängen, die nur vereinzelt zu großen Teilen überkommen sind. So blieben vom alten Grazer Z.bestand ca. 30000 Objekte erhalten, die immer noch im ursprgl. Speichergebäude aufbewahrt werden. Als man im späten MA dazu überging, vermehrt Söldner und Reisige für städt. Kontingente anzuwerben, bezogen diese ihre Ausrüstungen aus »der Stadt Z.«, so z. B. in München ab 1491 (WACKERNAGEL, 12). Neben städt. Waffenspeichern gab es auch Landes- sowie kirchl. und fsl. Z.er. A. Geibig/A. Gelbhaar

Lit.: F. PICHLER, Das Landesz. in Graz, 1880 – P. POST, Das Z., 1929 – O. GAMBER u.a., Das Wiener Bürgerl. Z., 1962 – R. WACKERNAGEL, Das Münchner Z., 1982 – N. VITAL–B. WEIBEL, Das alte Z. Solothurn, 1985 – G. DÜRIEGL, Wehrhafte Stadt, 1986 – H. NEUMANN, Das Z., 2 Bde, 1992 – H. DEUBLER–A. KOCH, Waffenslg. Schwarzburger Z., o. J.

Zeugung

I. Philosophisch und theologisch – II. Medizinisch.

I. PHILOSOPHISCH UND THEOLOGISCH: [1] *Philosophisch:* Z. (generatio) hat in der ma. Naturphilosophie und Theologie breite Bedeutung und Beachtung. In dem im 12. und 13. Jh. übersetzten aristotel. Lehrschriften »De generatione et corruptione« (Transl. vetus vor 1182 von Gerhard v. Cremona, Transl. nova 2. XIII. Jh. – vgl. Arist. Lat. IX, 1, 1986) und »De generatione animalium« (Übers. von Michael Scotus, verbessert durch Wilhelm v. Moerbeke um 1260 – vgl. Arist. Lat. XVII, 1966) ist von Z. in der weiten Bedeutung von Entstehen und Vergehen auch von anorgan. Substanzen die Rede. Während Richard v. St. Viktor, De Trinitate VI c. 17, Z. in »conformitatem substantiae« nur bei Lebewesen findet, konnte Alexander v. Hales OM, Summa theol. (I, 437) unter dem Einfluß des Aristoteles von 12 Weisen der Z. sprechen. Bonaventura, Sent. I d. 9 a. un. q. 1, definierte Z. als höchste Form, eine Natur weiterzugeben. Albertus Magnus analysierte im Kommentar zu De gen. et corr., I c. 19f. die Z. und ihre Ursachen: Gibt es Z.? Was liegt der Z. zugrunde? Warum währt Z. in der Natur immerfort? Was ist der Z. eigentümlich und wodurch unterscheidet sie sich von »alteratio« (Änderung). Die Z. des einen ist das Vergehen (corruptio) des anderen, und der Unterschied zw. einfacher Z. (substantial) und Z. in bestimmter Hinsicht (akzidentell). Diese Unterscheidung hat Schule gemacht (z. B. bei Albert v. Sachsen). Albert d. Gr. tat sich schwer zu erklären, daß Z. vom Gegensätzlichen ausgehe. In De gen. et corr., I c. 30, setzte er zur Klarstellung den Begriff der 'privatio' ein. Z. ist im Naturgeschehen grundlegender als 'mixtio', weil durch Z. die Materie ihre Form empfängt. Weil die Kreisbewegung der Sonne kontinuierlich ist, besteht auch die Z. immerfort (ebd. II, tr. 3, c. 6) und sichert so den Einzelwesen ihren Bestand. – Im gleichnamigen Komm. erklärte Thomas v. Aquin 'alteratio', 'generatio' und 'aug-

mentatio'; jene ist auf Z. hingeordnet, diese folgt ihr. Wenn eine vorgeformte Materie Substrat ist, kann Z. nur 'alteratio' sein. Im strengen Sinn gibt es nur Z. von Substanzen, bei Artefakten kann nur in einem weiteren Sinn von Z. gesprochen werden. Im eigentl. Sinn wird Z. von Lebewesen ausgesagt, die aus eigener Substanz ein anderes hervorbringen, das dieselbe Natur besitzt. Dafür gilt die Definition: »Z. ist das Herkommen des Lebendigen aus dem lebendigen Ursprung in der gleichen Natur« (Thomas v. Aquin, S. th. I. q. 27 a. 2).

Die Z. findet sich nur im niederen Bereich der Schöpfung; für die Engel entfällt sie (Thomas, In Dionysium De div. nom. c. 4). In den Seienden, die entstehen und vergehen, findet sich ein grundlegendes Substrat. Erhält dieses eine neue Form, sprechen wir von Z., so zwar, daß diese im gewissen Sinn aus einem Seienden, in anderer Hinsicht aber aus dem Nicht-Seienden entsteht (Thomas, De gen. et corr., I lect. 6–7–7). Die Zunahme ist eine Z. im Körper, der größer wird (ebd. lect. 16, n. 112). Die scholast. Naturphilosophie übernahm die verschiedenen Weisen der organ. Z., wie sie Aristoteles in »De gener. anim.« dargestellt hatte. Das Z.svermögen wurde von Thomas hoch eingestuft, weil es eine gewisse Selbstmitteilung nach außen wirkt (S. th. I, q. 78, a. 2). Z. ist ein Grundbegriff der scholast. Naturphilosophie. – Spontane Z. ('generatio spontanea'): Bis weit in die NZ wurde angenommen, daß sich bei der Verwesung von Organismen niedrige Lebensformen bilden. Die Wirkursache des Prozesses sei die allg. kosm. Kausalität, eine Theorie, die auf Aristoteles (De gener. anim. III. c. 11 und passim) zurückgeht (vgl. Thomas S. th. I q. 91 a. 2 ad 2). Wiederum in Anschluß an Aristoteles betrachtete man im Prozeß der Z. einseitig das Männliche als aktives, das Weibliche als passives Prinzip (vgl. Thomas, S. th., III q. 33 a. 4).

[2] *Theologisch:* Nach dem christl. Glaubensbekenntnis (Symbol. Constantinopolit. – DENZINGER–SCHÖNMETZER, Enchiridion n. 150) ist Jesus Christus der eingeborene Sohn des ewigen Vaters »genitus, non factus« (gezeugt, nicht geschaffen). Im Kampf gegen die Arianer (→Arius) verteidigten die Väter die Konsubstantialität des Sohnes und sein ewiges Hervorgehen vom Vater (Marius Victorinus, MPL 8, 1019f. und v.a. Augustinus, De Trin. I 4, 7; Contra serm. Arianorum, MPL 42, 683f.: »ita Deus Pater gignens et Deus Filium genitus coaeterni sunt«; Collatio cum Maximino Arianorum ep., MPL 42). Der Hl. Geist ist nicht gezeugt, sondern gehaucht und darum auch nicht Sohn. Während die Z. in Gott alles Erkennen übersteigt (Anselm v. Canterbury, Monol. c. 64), lenkte die bibl.-johanneische Sprache vom Sohn und Wort Gottes (vgl. Joh.-Prolog) die theol. Reflexion auf dieses zentrale Thema der Z. und Geburt des Ewigen Wortes. Die Fragen nach dem Unterscheidenden der göttl. Z., der Personalität und Konsubstantialität des Wortes sind grundlegend für die scholast. Gotteslehre (vgl. Petrus Lombardus, Sent. I d. 4–7).

Augustin, De Trin., IX, 3ff., 12,18, lehrte die westl. lat. Theologie: »Quod ergo cognoscit se, parem sibi notitiam gignuit«, »nascitur proles ipsa notitia«, Erkennen ist Z. des (inwendigen) Wortes. Thomas v. Aquin gibt in S. c. G., IV c. 11 einen eindrucksvollen Überblick über Z. auf verschiedenen Ebenen der Natur. Er sieht eine fortschreitende Verinnerlichung, die ihren Höhepunkt in der Z. des Wortes findet. Die Vertreter der sog. Rheinland-Mystik, v.a. Meister Eckhart, betrachteten die ewige Z. des Sohnes und dessen (heilsgeschichtl.) Sendung in einem inneren Zusammenhang und sahen den Gerechten als Sohn Gottes, »den der Vater ewigkeitlich gezeugt hat« (Errores Echardi 20f., DENZINGER–SCHÖNMETZER, Enchiridion n. 970f.). Die theol. Deutung der Z. des Wortes als Erkenntnisvorgang hat die philos. Lehre vom (inwendigen) Wort und Erkennen nachhaltig beeinflußt und gehört darum zu den Grundlagen der Sprach- und Geistphilosophie bis heute. Heinrich v. Gent, Summa (Quaest. ord.), art. 58–59, begründete die Idee des »primum cognitum« (des Ersterkannten) vom Begriff des 'verbum mentis' her. Joh. Duns Scotus gab dem Ersterkannten in der Auseinandersetzung mit Heinrich v. Gent eine neue Bedeutung. Er bekämpfte auch Heinrichs Auffassung, indem er darlegte, daß der Sohn nicht durch den Verstand, sondern durch die 'memoria' des Vaters gezeugt wird (Ord. I d. 2, p. 2, q. 1–4, ed. Vatic. II, 300). Z. ist die Grundlage aller Lebensvorgänge in Gott (Richard v. St. Viktor, De Trin. II v. 18) und darum auch für Thomas der Ursprung aller Vaterschaft (Eph. 3, 15) (Thomas v. Aquin, De divin. nom. c. 4, I. 1: »Deus ... omnibus generationem tribuit«).

Die Frage nach dem Ursprung der menschl. Geistseele fand längere Zeit in der christl. Tradition keine eindeutige Antwort, wenngleich Augustin eine unmittelbare Schöpfung der Seele bejahen möchte, sah er die Schwierigkeit, die aus der Weitergabe der Erbsünde durch die Eltern gegen den Kreatianismus sprach. Die ma. Theologen Albertus Magnus, Bonaventura, Thomas und alle anderen begründeten die unmittelbare Schöpfung der Einzelseelen, denn eine geistige Substanz kann nicht durch Z. entstehen (vgl. Thomas S. c. G. II, c. 87; I c. 90. 12). Auch Scotus verteidigt die Schöpfung der Seele durch Gott, aber auch die Aussage, daß der Mensch einen Menschen erzeugt (q. disp. De rerum principio, q. 2). Der apostol. Überlieferung von der Übertragung der adamit. Ursünde aufgrund der Abstammung des Menschen von Adam suchte Thomas in einer komplexen Sicht der leibl. und geistbegabten Z. des Menschen gerecht zu werden (S. th. I–II q. 81 a. 1 ad 2: »... virtus seminis non potest causare animam rationalem, movet tamen ad ipsam dispositive.«; q. 83 a. 1 ad 4; De malo 4; De potentia q. 3 a. 9 ad 3). – Wie Bonaventura, Sent. II d. 20 a. un. q. 2, war auch Thomas v. Aquin, S. th. I q. 98 a. 2, der Meinung, daß es auch im Urstand Z. durch die Eltern gegeben habe und lehnt die Meinung Gregors v. Nyssa, De opif. hom. c. 17, MPG 44, 188 ab, der den Urstand mit dem Stand nach der Auferstehung parallel setzte. Nach der Auferstehung kann es aber keine Z. mehr geben. – Als Z. kann auch die Wiedergeburt des Menschen durch Glaube und Taufe bezeichnet werden (vgl. Thomas S. th. III. q. 72 a. 5); in der Regel ist aber von 'regeneratio' (Wiedergeburt) die Rede (Augustin, Contra adversarium legis et prophetarum II, MPL 42, 603ff.; Thomas, In Evang. Ioan. c. 3, I. 1: »In Nova Lege est manifesta regeneratio spiritualis«). L. J. Elders

Lit.: →Physik und Naturphilosophie –→ Verbum – D. NYS, Cosmologie, 2, 1928⁴, 168–210 – J. CONRAD-MARTIUS, Ursprung und Aufbau des lebendigen Kosmos, 1938 – Hb. der kath. Dogmatik, II, 2, 1948³, nn. 994–1005 [M. J. SCHEEBEN] – G. FEDERICI VESCOVINI, Astrologia e scienza, 1979, 239–276 – P. DUHEM, Le mixte et la combinaison chimique, 1985² – J. SARNOSKY, Die aristotel.-scholast.. Theorie der Bewegung. Stud. zum Komm. Alberts v. Sachsen..., BGPhMA 32, 1989, passim.

II. MEDIZINISCH: Bei den Vorstellungen von der Weitergabe des Lebens in Art-, Geschlechts- und Individualmerkmalen konnten die ma. Medizin und Naturkunde auf die Z.slehre →Galens (de semine IV, 582–634; de usu partium IV, 158–184) zurückgreifen, die als eklekt. Flikkenteppich das Gesamt von 700 Jahren antiker Auseinandersetzung mit der generatio barg: das Problem der *Seitigkeit*, das die rechte Körperseite dem männlichen, die linke

dem weibl. Geschlecht zuwies; das Konzept der *Wärmelehre*, das den Mann als wärmer, die Frau als kälter einstufte; das Modell des Unvollendeten, das die Frau als *Defektform* des Mannes ansah und entsprechend nachrangig wertete; die Diskussion um den Z.sbeitrag, die in der *Zweisamenlehre* der Frau einen gleichrangigen (Hippokrates) oder zumindest nachrangigen Z.santeil zugestand, während sie in der *Einsamenlehre* nur den männl. Elternteil mit der Z.sleistung betraute und der Mutter lediglich. über den stoffl. Beitrag eine untergeordnete Möglichkeit der Merkmalsweitergabe einräumte (Aristoteles). – Unabhängig oder korrespondierend dazu waren die Theorien zur *Spermiogenese* entwickelt worden: die *enzephalo-myeloische* Samenvorstellung, die den Z.sstoff aus Hirn und Rückenmark entstehen läßt; die *Panspermie*, die den Samen aus der gesamten leibl. Stofflichkeit ableitet (Demokrit); die *hämatogene* Samenlehre (Aristoteles), die das Gesamt des Organismus im Blut repräsentiert weiß; die *dynamistische* Samenlehre der Peripatetiker, die männl. Wärme und männl. Formkräfte auf die weibl. Stoffvorgabe (Katamenien) gestaltend einwirken sieht; die *lógoi spermatikoí* der Pneumatiker, die wie die Formursachen des Stagiriten eine Ganzheit darstellen und als vernunftbegabte Keimkräfte auf den Wesensbegriff des Menschen zielen. – Die im Samen aufscheinenden Z.s-Träger sind sowohl materiell, atomistisch, als Gewebe-, als Organrepräsentant, als Kraft oder als Absenker des Urpneumas vorgestellt worden; beim Durchsetzen der mütterlich/väterlich konkurrierenden Individualmerkmale treten die vermischten Anteile beider Eltern in Wettstreit (*epikrateía*), der von der Menge, Dichte, Thermik, Bewegung, Seitigkeit oder der Intensität her entschieden wird. Z.smodelle mit hierarch. Merkmalsweitergabe auf übergeordneter und untergeordneter Organisationsebene (z. B. Organ : Atomverband) verwenden bereits das Konzept der *kompetitiven Hemmung* (Demokrit); Merkmalsdiskordanz und Generationensprung wurden durch dynamist. *Valenzabschwächung* (Aristoteles) gedeutet oder durch das pneumat. Konzept »stummer Keimkräfte« erklärt.

In der arab. Medizin hat man die Kopulationsorgane akzentuiert und die zeitl. Koinzidenz des Orgasmus für beide Partner gefordert (al-Baladī); die *Gebärmutter* erscheint dabei (Platons Ansatz entsprechend) als autonome Wesenheit, die durch ihre »Sehnsucht« nach Samen, ihre Saugbewegungen sowie durch ihre Kontraktionen die Libido bestimmt, den Orgasmus steuert (→Wollust) und auf die Gestaltung sowie Geschlechtsentwicklung des Keimlings Einfluß nimmt. Seinen Höhepunkt erreicht dieses Konzept vom Einfluß des Fruchthalters auf Zeugungsakt und Merkmalsbildung im salernitan. Modell eines *siebenkammerigen Uterus* (→Siebenkammermodell), der metagam auf den Z.sstoff einwirkt und zur Ausbildung einer gestuften Sexualität führt; seine Wirkung entfaltet er durch unterschiedl. Seitigkeit und Thermik seiner sechs paarig angeordneten Kammern; in der unpaaren Scheitelkammer entwickeln sich die Intersexe (Hermaphroditen). Wilhelm v. Conches hat, hier Makrobius folgend, die Kammern als Prägestock gedeutet und ihnen die Wirkung eines Prägestempels zuerkannt: Wie bei der Münzprägung formen sie epigenet. die äußere Gestalt und bestimmen durch Druck die Art- und Individualmerkmale. – Al-Baladī hatte eine »vis imaginativa« gefordert und ihr über »Versehen« einen Einfluß auf den Samen zuerkannt, was im Abendland indessen mehr beim Aberglauben als für die Heilkunde von Bedeutung war. Die *iatromathematischen Spekulationen* arab. Fachvertreter wurden indessen voll rezipiert und hinsichtl. eines formgebenden Einflusses von Geburtsgestirnungen auf den Z.sstoff angewandt: Man funktionalisierte sie in bezug auf Lunationen, Tierkreiszeichen und Wandelsterne (mit auch ikonograph. umgesetzter Typologie der Planetenkinder [Hausbuch]). Der Z.sakt als solcher ist *bildlich* häufig dargestellt worden (Z. des Moses; Venuskinder; obszöner Liebesgarten; Drolerien). – *Z.sunfähigkeit* hat man seitens ma. Medizin diätet., physikal. (Gewichtszug am Hoden) und medikamentativ behandelt (humoralpatholog. heiße Phytopharmaka, organotherapeut. einschlägige Arzneistoffe aus der 'Dreckapotheke'). Vor zu häufigem Z.sakt haben zahlreiche Autoren gewarnt, am eindringlichsten Alexander Hispanus, der den Fallbericht eines Pariser Studenten bringt und anhand enzephalomyeloischer Samenlehre zeigt, wie der junge Mann durch hohe Kopulationsintensität sein Hirn als Sperma ejakuliert und schließl. stirbt, als sein Cerebrum auf die Größe einer Walnuß geschrumpft ist.
G. Keil

Lit.: P. M. M. GEURTS, De erfelijkheid in de oudere Griekse wetenschap, 1941 – E. LESKY, Die Z.s- und Vererbungslehren der Antike und ihr Nachwirken, 1951 – R. HIPPÉLI-G. KEIL, Zehn Monde Menschwerdung, 1982 – U. WEISSER, Z., Vererbung und pränatale Entwicklung in der Medizin des arab.-islam. MA, 1983 – K. BOSSELMANN-CYRAN, 'Secreta mulierum' mit Glosse in der Bearb. v. J. Hartlieb, Würzburger med.hist. Forsch. 36, 1985 – R. REISERT, Der siebenmerige Uterus. Studien zur ma. Wirkungsgesch. eines Gebärmuttermodells, Würzburger med.hist. Forsch. 39, 1986 – B.-J. KRUSE, Verborgene Heilkünste. Gesch. der Frauenmedizin im SpätMA, 1996 – CH. G. BIEN, Erklärungen zur Entstehung von Mißbildungen im physiolog. und med. Schrifttum der Antike. SudArch, Beih. 38, 1997 – A. JOSEPHS, Der Kampf gegen die Unfruchtbarkeit: Z.theorien und therapeut. Maßnahmen von den Anfängen bis zur Mitte des 17. Jh., Q. und Stud. zur Gesch. der Pharmazie 74, 1998.

Ziani, ven. Familie des MA. Die ersten bekannten Träger dieses Namens waren die Brüder *Stefano* und *Pietro*, Söhne des *Marco*, die als Zeugen in einer Privaturk. d. J. 1079 begegnen. In den folgenden Jahrzehnten traten verschiedene andere Mitglieder der Familie als Subscribenten in öffentl. und privaten Urkk. und als Teilhaber kommerzieller Aktivitäten und Unternehmungen zur See auf. Die wichtigsten Exponenten der Familie waren die Dogen *Sebastiano* und *Pietro*, die zum Zweig der Familie gehörten, der im Pfarrsprengel S. Giustina lebte. *Sebastiano*, ein reicher Kaufmann und Bankier, war vor 1150 Gesandter in Konstantinopel, 1161–66 Richter und 1170 erneut Gesandter in Konstantinopel. Am 19. Sept. 1172 wurde er zum Dogen gewählt. Sein Dogat ist v. a. durch die dynam. Außenpolitik bekannt: Der Doge schloß polit. und Wirtschaftsverträge mit der Kommune Pisa und mit Kg. →Wilhelm II. v. Sizilien ab (1175), erneuerte das traditionelle pactum zw. Venedig und dem Reich mit Friedrich I. Barbarossa während des Kongresses in Venedig i. J. 1177 (→Venedig, Friede v.) und schloß im selben Jahr einen wichtigen Handelsvertrag mit der Kommune Genua. Es gelang dem Dogen jedoch nicht, vor seinem Tode (13. April 1177) durch den byz. Ks. →Manuel I. Komnenos zu einer Aussöhnung zu gelangen, der 1171 die Venetianer aus Konstantinopel vertrieben hatte. *Pietro*, Sebastianos Sohn, erbte zusammen mit seinem Bruder Giacomo († 1192) das beträchtl. Vermögen seines Vaters und trat in seiner polit. Karriere in dessen Fußstapfen. 1184 war er Gesandter in Konstantinopel, seit 1190 Gf. der Insel Arbe, 1192 fungierte er am Wahlkollegium des Dogen Enrico →Dandolo, war 1201 Podestà v. Padua, 1205 Mitglied des Minor Consiglio und wurde am 5. Aug. 1205 zum Dogen gewählt. Während eines Großteils seiner Amtszeit war er erfolgreich mit der Lösung der Probleme, die die Gründung des ven. Kolonialreiches in der Levante nach dem

siegreichen 4. →Kreuzzug mit sich brachte, und mit den häufigen Kämpfen gegen →Genua, →Pisa und das Byz. Reich v. Nikaia um die Kontrolle des Handels und der Handelsrouten in der Ägäis und im Schwarzen Meer beschäftigt. Wenige Tage vor seinem Tod (im Febr. 1229) verzichtete er auf sein Amt. Aus seiner Ehe mit Konstanze, der Tochter Kg. →Tankreds v. Sizilien, hatte er drei Kinder: *Marco*, *Maria* und *Marchesina*. Durch Marcos Tod (1254) erlosch die Hauptlinie der Z. Einige Nebenlinien der Familie bestanden bis zum Ende des 14. Jh.

M. Pozza

Lit.: S. Borsari, Una famiglia veneziana del medioevo: gli Z., Arch. Ven., s. V, 145, 1978, 27–72 – I. Fees, Reichtum und Macht im ma. Venedig. Die Familie Z., 1988.

Ziazo, Patricius Romanorum, † 1009 (?). Der Sachse Z. wurde von Otto III. wohl im Frühjahr 999 zum →Patricius erhoben, doch bleibt sein Wirken in Rom ganz im dunkeln; nur sein Titel ist in DDO III. 346 und 406 belegt. Vielleicht identisch mit dem ksl. Kämmerer Tiezo und Getreuen Diezo (DDO III. 172, 180), begleitete Z. Otto III. Ende 999 von Rom nach →Gnesen. Üblich, aber unsicher (Uhlirz, 297 A. 3; Pätzold, 12 A. 32) ist Z.s Identifikation mit dem →Wettiner Dedi (Dedo) I., dem Vater →Dietrichs II. v. Wettin (9. D.). Dedi unterstützte →Heinrich den Zänker 976 gegen Otto II. und führte ein böhm. Heer gegen →Zeitz, stand im Thronstreit 983/984 aber auf seiten Ottos III., dessen Vertrauen er gewann und nach dessen Tod er zu Heinrich II. Distanz hielt (Thietmar VI 50). Mit den Gf.en v. →Haldensleben durch Heirat und dem Mgf.en →Ekkehard I. durch Einfluß in →Meißen verbunden, lag Dedi mit den Gf.en v. →Walbeck in Fehde und wurde 1009 von Werner v. Walbeck ermordet, nachdem er ihn vor Heinrich II. angeklagt hatte. In Dedis Haltung werden Rivalitäten im sächs. Adel greifbar, die sich in unterschiedl. Parteinahmen für den sächs. oder bayer. Zweig der Ottonen niederschlugen. K. Görich

Q.: Thietmar v. Merseburg, Chronicon, ed. R. Holtzmann (MGH SRG NS 9, 1955²) – *Lit.:* M. Uhlirz, Die it. Kirchenpolitik..., MIÖG 48, 1934, 201–321 – Chr. Lübke, Vethenici und Wettiner, BN NF 21, 1986, 401–428 – Ders., Reg. zur Gesch. der Slaven an Elbe und Oder, I–V, 1985–88 – K. Görich, Eine Wende im Osten... (Otto III. - Heinrich II.: Eine Wende?, hg. B. Schneidmüller-S. Weinfurter, 1997), 95–167 – S. Pätzold, Die frühen Wettiner, 1997, 11–14.

Ziborium → Ciborium

Žiča, Kl. und ebfl. Kirche bei Kraljevo (Serbien). Der Bau der Christi Himmelfahrt geweihten Hauptkirche begann um 1206 unter →Stefan d. Erstgekrönten, damals noch Großžupan, unter Mithilfe seines Bruders, des Archimandriten →Sava. Die Ausmalung erfolgte nach Errichtung des Ebm.s 1219. Seit 1217 wurden die serb. Kg.e in Ž. gekrönt; ab 1219 residierten hier die serb. Ebf.e. Stefan d. Erstgekrönte stellte 1220 dem Kl. eine Stiftungsurk. aus, deren Abschrift als Fresko aus dem 14. Jh. auf den Seitenwänden des Eingangs unter der Kuppel erhalten ist. Ursprgl. war die Hauptkirche einschiffig mit einer halbrunden Apsis, einer Kuppel und Vestibülen an Nord- und Südseite, die zu Chornischen umfunktioniert wurden. Nach noch früheren Anbauten wurde vor 1233 an der Westseite ein großräumiger Exonarthex angebaut. Die ursprgl. monumentale Ausmalung hat sich nur in den unteren Zonen der Chornischen erhalten. Nachdem die →Kumanen im letzten Jahrzehnt des 13. Jh. das Kl. in Brand gesteckt hatten, verödete es zeitweilig, wurde aber vom Ende des 13. bis in die vierziger Jahre des 14. Jh. wiederaufgebaut. Im Eingangsbereich sind Kg. Milutin, Ebf. Sava III., Kg. Stefan d. Erstgekrönte und Radoslav dargestellt. Die Ausmalung zeichnet sich durch narrative,

dynam. Szenen, plast. Formen und Hell-Dunkel-Kontraste aus. M. Gligorijević-Maksimović

Lit.: M. Kašanin, Dj. Bošković, P. Mijović, Ž. Istorija, arhitektura, slikarstvo, 1969 – V. J. Djurić, Sveti Sava i slikarstvo njegovog doba (Sava Nemanjić–Sveti Sava, Istorija i predanje, 1979), 245–261 – V. Korać, Sveti Sava i program raškog hrama (ebd.), 231–244 – G. Subotić, Manastir Ž., 1984 – B. Živković, Crteži fresaka, 1985 – B. Todić, Mileševa i Ž. (Mileševa u istoriji srpskog naroda, 1987), 81–89 – M. Čanak-Medić–O. Kandić, Arhitektura prve polovine XIII veka, I: Crkve u Raškoj, 1995.

Zichorie → Wegwarte

Židek, Pavel (Paulerinus), böhm. Enzyklopädist, * etwa 1413, † nach 1470. Als Knabe wurde Ž. zu jüd. Eltern gebracht und im utraquist. Glauben (→Utraquisten) erzogen. Während seines Studiums an der Univ. Wien konvertierte er zum kath. Glauben; 1442 empfing er in Regensburg die Priesterweihe. Im gleichen Jahr erreichte er in Padua den Grad eines Mag. art., der in Bologna und Wien sowie 1443 auch an der Prager Carolina Anerkennung fand. Unstimmigkeiten mit seinen Kollegen veranlaßten Ž. jedoch, Prag zu verlassen; 1451-54 hielt er sich in Breslau und Krakau auf, wo er sich mit →Johannes v. Capestrano (76. J.) überwarf. Als Exulant verfaßte er im kath. Pilsen eine umfangreiche Enzyklopädie, den »Liber viginti artium«. Später war Ž. fünf Jahre im Dienst Kg. →Georgs v. Podiebrad, für den er 1470 einen →Fürstenspiegel (»Spravovna«) fertigstellte. Ž. verfaßte einige weitere, heute jedoch verschollene Werke. Seine gelehrten Kompilationen zeichnen sich mitunter durch ihre Systematik aus. F. Šmahel

Ed. und Lit.: Z. V. Tobolka, M. Pavla Židka Spravovna, 1908 – J. Reiss, Das Twardowski-Buch, Germanoslavica, 1932, 90–101 – R. Mužíková, Pauli Paulirini de Praga Musica mensuralis (Acta Univ. Carolinensis Phil. et hist., 1965) – Dies., Mag. Paulus de Praga, Misc. musicologica 32, 1988, 9–20 – Paulerinus (P. Z.), Liber viginti arcium, hg. A. Hadravová, 1997.

Zider/Most/Obstwein

[1] *Allgemein. Westeuropa:* Bereits das →Capitulare de villis Karls d. Gr. verlangt bei der Zubereitung von Apfel- und Birnwein die Anwesenheit von Fachleuten. Auch bei Basken und Angelsachsen ist die Herstellung dieses Getränks explizit erwähnt.

Z. war während des gesamten MA ein Getränk, das Bauern für den eigenen Konsum, hauptsächlich aus wilden Äpfeln, produzierten. In Gebieten, die für den →Weinbau weniger geeignet waren, fungierte Z. als Ersatz für →Bier, das sonst einen Teil der Getreideernte beansprucht hätte.

Obwohl →Alexander Neckam († 1217) Z. als allg. bekannt ansah, wurde er noch wenig produziert und getrunken. Die einfache Bevölkerung in Paris trank ihn im 15. Jh. nur in Zeiten äußerst hoher Weinpreise.

Eine Ausnahme bildete aber die →Normandie. →Wilhelm der Bretone († nach 1226) betrachtete sie als das Ziderland schlechthin. Im 11.-12. Jh. verdichteten sich Produktion und Verbrauch im →Cotentin, in der Umgebung v. →Caen und im Pays d'Auge, im Laufe des 15. Jh. breiteten sie sich auf die östl. Normandie und die →Bretagne aus. Seit dem 12. Jh. gewann der Z., vielleicht unter dem Einfluß der norm. Abteien, auch in England (→Kent und →Sussex) an Bedeutung. Um 1270 wurden bedeutende Mengen Z. aus der Normandie nach Winchelsea verschifft.

Durch seinen relativ hohen Preis (60–73% des gewöhnl. bret. Weins) konnte sich der Z. im interregionalen Handel nicht als Konkurrent des Weines durchsetzen.

R. van Uytven

Lit.: H. Touchard, La consommation et l'approvisionnement en vin de la Bretagne médiévale, Mém. Société d'Hist. et d'Archéologie de Bretagne, 40, 1960.

[2] *Mitteleuropa:* Das vergorene, also alkohol. Getränk (→Rauschmittel) aus dem Saft von wilden oder kultivierten Früchten (→Beerenfrüchte, Holzapfel und →Äpfel, Holzbirnen und →Birnen, →Kirschen; →Obst) gilt in der Fachsprache als Obstwein (O.). Die Herkunft der betreffenden Technologie ist nicht eindeutig, und da sowohl die Anbaugebiete als auch die verfügbaren Fruchtsorten des MA nicht den heutigen Verhältnissen entsprechen, können Rückprojektionen in die Irre führen. Das im dt. Sprachraum geläufige Lehnwort Most (von lat. mustum) bezieht sich im engeren Sinne eigentl. auf den unvergorenen Saft der Weintrauben bzw. innerhalb der O.e bes. auf denjenigen aus Birnen. Speziell der alte, v. a. im süddt. Sprachgebiet vorkommende Begriff Leit (ahd. *lîd*, mhd. *lît*, nach Schmeller, Bayer. Wb., 1534ff. »das Eingegossene«, vgl. Leutgeb »der Wirt«, Leuthaus »die Schenke«, taberna) bezeichnet unser von →Wein, →Bier und →Met strikt unterschiedenes geistiges Getränk. Die Vergärung bewirkt gegenüber der kurzen Haltbarkeit des Fruchtsaftes eine wesentl. längere Nutzungsperiode. Allerdings können Obstsäfte, analog zum eingedickten Traubensaft (defrutum), zwecks Konservierung auch unvergoren bis auf ein Drittel ihres Volumens eingedickt werden (liquamen, entspricht der heutigen Konfitüre, Marmelade). O. wird v. a. im Rahmen der häusl. Selbstversorgung erzeugt, und das MA ist jene Periode, in der O. zum Hauptgetränk der bäuerl. Bevölkerung wird. Von daher kann man Bauern- und Edelmost unterscheiden. Verbindl. Mengenverhältnisse im Vergleich zum Bier- oder Metkonsum lassen sich kaum ermitteln. Am häufigsten genannt erscheint im bäuerl. Milieu der Apfelwein (mhd. *epfeltranc* etc.). Wenn er von Holzäpfeln stammt, kann er Armut symbolisieren. O. ist aber, zumindest den frühma., zumeist westeurop. Belegen nach zu schließen, ursprgl. keineswegs nur als Haustrunk oder Getränk der Unterschichten anzusehen. Das zeigt insbes. die *morâz* (lat. moretum) genannte Zubereitungsart von Maulbeeren- (bzw. Brombeeren-) Wein mit →Honig und/oder würzigen Kräutern im Bereich des Adels und der Klöster, die in den Q.n signifikant mit den ma. Spitzenweinen und erlesenen Weinzubereitungsarten vergesellschaftet ist. Der mit Honig versetzte O. erscheint auch unter dem Terminus hydromellum. Solche oberschichtl. Anwendungen zeigen, daß durchaus auch O. (bes. jener aus Kirschen, Quitten und →Schlehen) in der ma. Diätetik eine Rolle spielt (→Arzneibücher, →Regimina).

H. Hundsbichler

Lit.: M. Heyne, Das dt. Nahrungswesen, 1901, 351–357 – A. Maurizio, Gesch. der gegorenen Getränke, 1933 [Nachdr. 1970], 151–160 – W. Riess, Der Most. Gesch. und Geräte, Jb. des Oberösterr. Musealvereins Wels 19, 1973/74, 55–80.

Židjata

Židjata (Luka), Bf. v. →Novgorod seit 1036, † 15. Okt. 1060/61. Die chronograph. Überlieferung, selbst die lokale, bietet wenig Nachrichten zu seinem Leben. Zw. 1054 und 1058 wurde Ž. von seinem Diener Dudik verleumdet, deshalb nach Kiev zur Untersuchung vorgeladen und dort ca. drei Jahre inhaftiert. Von der Anschuldigung freigesprochen, starb Ž. bei der Rückkehr nach Novgorod bei Kopys' und wurde in der Novgoroder Sophien-Kathedrale bestattet. Im 16. Jh. wurde er heiliggesprochen (Gedenktag zusammen mit anderen Novgoroder Bf.en: 10. Febr.); nach einer hagiograph. Nachricht wurden die Reliquien 1558 erhoben. Unter seinem Namen ist in der 4. Novgoroder Chronik (→Chronik, O) und in mehreren Slg.en eine kurze Unterweisung 'an die Brüder' über Glaubensbekenntnis, Dogmen und Tugenden erhalten. Ein anderer Strang dieser späten Überlieferung verbindet das Werk jedoch nicht mit Ž.

F. B. Poljakov

Lit.: N. P. Barsukov, Istočnik russkoj agiografii, 1882, 332f. – E. E. Golubinskij, Istorija kanonizacii svjatych v Russkoj cerkvi, 1903, 157, 557 – S. Bugoslavskij, Poučenie episkopa Luki Židjaty po rukopisjam XV–XVII vv., Izvestija Otd. Russk. Jaz. i Slov. XVIII/2, 1914, 196–237 – G. Podskalsky, Christentum und theol. Lit. in der Kiever Rus' (988–1237), 1982, 88f. – A. S. Chorošev, Političeskaja istorija russkoj kanonizacii (XI–XVI vv.), 1986, 140f. – Slovar' knižnikov i knižnosti Drevnej Rusi, I, 1987, 251–253 [O. V. Tvorogov] – Ja. N. Ščapov, Gosudarstvo i cerkov' Drevnej Rusi X–XIII vv., 1989, 194, 207.

Ziege

I. Gelehrte Tradition – II. Wirtschaft.

I. Gelehrte Tradition: Da die Z. (griech. αἴξ, lat. caper oder hircus/capra) wie das →Schaf in der antiken und ma. Wirtschaft eine bedeutende Rolle spielte, kannten sie sowohl Aristoteles als auch Plinius sehr genau. Dennoch zitiert Thomas v. Cantimpré 4, 18 (z. T. von Vinzenz v. Beauvais, Spec. nat. 18, 27–28, 30 und 33, übernommen) Aristoteles nur für Besonderheiten, nämlich aus h. a. 3, 20, 522a 7–11 für das Verfahren, in manchen Gegenden die Milchbildung vor einer Tragzeit durch Einreiben des Euters mit Brennesseln (urtica) künstl. herbeizuführen. Von Aristoteles, h. a. 3, 20, 522a 13–17, übernimmt er aber auch den Bericht über einen – hermaphroditischen – Z.nbock, welcher zunächst für einen Käse ausreichende Milch gab und anschließend mit einer Z. ein ebenfalls milchgebendes männl. Junge zeugte, was für Aristoteles ebenso wie für Thomas als Vorzeichen galt. Plinius ist seine Q. bes. für die Fortpflanzung (n. h. 8, 200: selten Vierlinge, bei Thomas zwei Zwillinge; 5 Monate Tragzeit wie bei den Schafen; Sterilität bei Verfettung; beste Begattungszeit im November, damit die Jungen im März geboren werden; 8 Jahre lang Nachkommen; Fehlgeburten durch Kälte; 8, 202: hörnerlose Tiere gäben reichlicher Milch). Thomas benutzte Plinius aber auch für ihre angebl. Eigenschaften (8, 202: sie atmeten mit den Ohren statt mit der Nase und hätten immer Fieber, deshalb eine heißeren Atem als die Schafe und seien geiler; 8, 203: ebenso gutes Nachtsehen wie am Tage, weshalb der Genuß ihrer Leber Nachtblindheit beim Menschen beseitige) und ihr Verhalten (u. a. 8, 201: bei Begegnung von zwei Z.n auf einer sehr engen und kein Ausweichen zulassenden Brücke zeige sich ihre Klugheit dadurch, daß sich eine niederlege und die andere über sie hinwegschreite; nach Sonnenuntergang würden die Z.n im Gegensatz zu sonst mit abgewendetem Blick auf der Weide liegen). Die Behauptung ihrer Tagblindheit bei Thomas nach Aristoteles (h. a. 8 [9], 30, 618 b 7–9) beruht auf dem Mißverständnis, daß der →Ziegenmelker die Z. durch Melken zum Erblinden bringe, selber aber am Tag viel schlechter als nachts sehe. Bei Thomas sind aber auch Abschnitte eingefügt, welche sich auf die Wild-Z. oder →Gemse beziehen. Die negative Wertung des Bockes (hircus) als geiles und deshalb schielendes Tier übernahm Thomas über Isidor, etym. 12, 1, 14 von Servius (ed. Thilo, vol. 3, 31), zu Vergil, Ecl. 3, 8. Von dem am Kapitelanfang von Thomas zitierten »Liber rerum« wird die Z. als bebartetes Tier mit langen, scharfen Hörnern beschrieben, welches in Tälern, auf Bergen und auf noch erreichbaren Zweigen von Bäumen geweidet wird. Ihre reichl. Milch verderbe sogleich nach dem Gerinnen; denn der Käse daraus sei beinahe zu nichts brauchbar. Volksmed. Verwendung von Blut, Fett, Galle, Kot und verrbranntem Horn oder Haar er-

wähnt Thomas nach dem »Experimentator« (Stuttgart, WLB, cod. phys. 2°24, 1461, f. 118 r) bzw. den lat. Kyraniden. Weitere Rezepte bieten u. a. Bartholomaeus Anglicus 18, 23 und der hier sehr selbständige Albertus Magnus, animal 22, 37–38. Ch. Hünemörder

Q.: →Albertus Magnus, →Bartholomaeus Anglicus, →Isidor v. Sevilla, →Servius, →Vinzenz v. Beauvais, →Thomas v. Cantimpré.

II. Wirtschaft: Die Z. gehört neben dem →Schaf zu den ältesten Nutz- und Haustieren, zumal sie sich unterschiedl. Klima- und Vegetationsbedingungen leicht anpaßt und zu ihrer Ernährung nur karges Futter (Gräser, Laub) benötigt. Sie liefert auch der Kleinwirtschaft →Milch und →Fleisch sowie Rohstoffe wie Fell, →Leder und Horn. Sie fand daher insbesondere in karstigen Regionen des mediterranen Europa und in den Mittelgebirgen ihren Platz bei der Versorgung der ärmeren Volksschichten. Als Korduaner (→Córdoba) fand Z.nleder für Schuhwerk (Sandalen) und später für Ledertapeten Verwendung. Immerhin wurde die bearbeitete Haut als →Pergament bis ins HochMA hinein in W-Europa bevorzugt genutzt; so sind von den erhaltenen Pergamenten aus →St. Gallen vom 8. bis 10. Jh. 238 aus Schaf-, 234 aus Z.n- und nur 122 aus Kalbshaut hergestellt worden. Es ist allerdings method. schwierig, Schafhäute von Z.nhäuten zu unterscheiden, dies gilt auch für die Knochen aus archäolog. Funden. – In den Rechtsq.n des MA sind Z.n wegen ihrer geringen Bedeutung für Landwirtschaft und Nahrungshaushalt selten zu finden, so in der →Lex Salica des 6. Jh., die ihren Diebstahl mit einem minderen Bußgeld sühnt.

D. Hägermann

Lit.: R. Reed, Ancient Skins, Parchments and Leathers, 1972 – W. Abel, Gesch. der dt. Landwirtschaft, 1978, 95 – Pergament, hg. P. Rück, 1991 – N. Benecke, Der Mensch und seine Haustiere, 1994, 238ff.

Ziegel, gebrannte Tonwaren für die Dachdeckung (→Dach); zum Mauerz. vgl. →Backsteinbau, →Z.bau. Die röm. Leistenz. hielten sich im N nur bis ins FrühMA, bes. in Städten (Straßburg, Paris), und wurden in karol. Zeit von Kl. aufgegriffen (St. Gallen, Romainmôtier). Durch die Verbindung von tegula und imbrex entwickelte sich u. a. der dt. Krempz. Im 10. Jh. setzte sich auch n. der Alpen die Hohlz.deckung (»Mönch«–»Nonne«) durch, gefördert von der Kirche (Bf. →Bernward v. Hildesheim) und von den Städten. »Mönch« und »Nonne« kombiniert ergaben die »S-Pfanne«. First- und Gratz. wurden mit plast. Aufsätzen (Kreuzblumen, Krabben) verziert, in England, Frankreich und in der Schweiz seit dem 12. Jh. bekannt, bes. aber in der Gotik des 15./16. Jh. gepflegt. Im 11. Jh. verbreitete sich in Burgund und im süddt. Raum (Kl. Hirsau, Kl. Schaffhausen, Sindelfingen) der Flachz. (Biberschwanzz.). Er übernahm characterist. Merkmale von Brettschindeln. Die ursprgl. rechteckigen oder unten zugespitzten, später auch gerundeten Platten wurden mit Haken (Nasen) an Dachlatten eingehängt. Das Flachz.-dach blieb vorerst die teurere und vornehmere Form, verdrängte aber im 17. Jh. die Hohlz. Engobe und/oder Glasur traten seit dem 12., mehrfarbig seit dem 14. Jh. auf. Die Mechanisierung im 19. Jh. brachte u. a. besser abdichtende Falzz. und führte um 1900 zu einer neuen Blüte der Z.deckung. →Ziegelei, Ziegler. J. Goll

Lit.: Dokumentation und Schr.reihe des Ziegelei-Mus.s in Cham, 1983ff. [Lit.] – J. Goll, Kleine Z.-Gesch., Jber. der Stiftung Ziegelei-Mus. Cham, 1985, 29–102 [Lit.].

Ziegelbau
I. Westlicher und byzantinischer Bereich – II. Arabischer Bereich.

I. Westlicher und byzantinischer Bereich: In der röm. Architektur sind Ziegel, z. T. unabhängig vom regionalen Natursteinvorkommen, als günstiger, industriell gefertigter Werkstoff in Misch- oder Lagenmauerwerk, Verschalung oder Ziegelrohbau weit verbreitet, im FrühMA relativ seltener zu finden. Vielseitig und auch zur Erziehung von Rundformen einsetzbar sind bes. Flachziegel. Zu Herstellungstechnik und Maßen →Backsteinbau.

Spezielle Einsatzmöglichkeiten von Ziegeln liegen mit Decklagen über Bögen oder dem Traufgesims seit der Spätantike vor (Aquileia, Grado, Mailand, Ravenna). Auch techn. Besonderheiten, wie im Bereich der Wasserversorgung, bei Tonröhrengewölben (Nordafrika, aber ebenso Albenga, Ravenna, Rom) oder Teilen der Bedachung (→Dach) sind aus Ziegelmaterial gefertigt. Oft ist Ziegelverwendung zur Erleichterung von Kuppelkonstruktionen zu beobachten (Centcelles). Weiterhin finden sich Ziegel auch unter den verschiedenen Materialien für Tessellae (→Mosaik) und häufig als Zuschlagsbestandteil von Baustoffen. In der Merowingerzeit findet die Anwendung im Baudekor bes. mit reich verzierten Tonplanten und Antefixen ihren Ausdruck (Nantes, Mallorca). Die Produktion von Bauziegeln in großem Maßstab erreicht außerhalb des byzantino-mediterranen Raumes keine nachantike Tradition, röm. Ziegel werden sporadisch wiederverwendet (Brixworth, Genf, Terrassa). Auch liturg. Einbauten können aus, meist in Zweitverwendung befindlichen Ziegeln gesetzt sein und sind dann oft verkleidet, so etwa Taufpiscinen (Isola Comacina, Loupian, Ljubljana). Lagenweise im Mauerwerk (opus vittatum) finden sich mehr oder weniger regelmäßig verwendete Ziegelreihen v. a. seit der Spätantike (Köln, Metz, Trier) durch das gesamte FrühMA (St-Maurice) bis zum Ende des 1. Jt. (Pomposa, Suèvre).

Mit Beginn des mittleren Drittels des 5. Jh. ist bes. in Ravenna die Verwendung dünnerer Ziegelformate in Verbindung mit stärkeren Mörtelschichten zu beobachten (Grossmann, 1973), was wohl auf byz. Einfluß zurückzuführen ist; vgl. auch die Technik des doppelten Fugenabstriches (Deichmann, 1969, 174). Im frühen MA findet sich bis in die Karolingerzeit vorwiegend gleichmäßiges Ziegelmauerwerk mit engen Fugen (Lomello, Concordia Sagittaria, Torcello).

Großbauten des 4. Jh. befinden sich etwa in Rom (Maxentiusbasilika, Mausoleum der Helena) und Trier (Palastaula Konstantins). Die Hochblüte des spätantiken Z.s ist in Ravenna erhalten, beginnend mit dem frühesten erhaltenen Gebäude von S. Giovanni Evangelista und dem sog. Mausoleum der Galla Placidia sowie zahlreichen Bauten v. a. des 6. Jh. (Deichmann, 1969), desgleichen aber auch in der Umgebung ergraben, wie in Padovetere. Im langob. und byz. beeinflußten Italien entstehen bes. Kirchenbauten aus Ziegeln (Grado, Mailand, Rom), in Spanien auch Einwölbungen (S. Comba de Bande). Seit der Karolingerzeit ist nördl. der Alpen die Verwendung von Ziegeln, z. T. auch Formziegeln, wieder zu beobachten (Aachen, Bennwil, Seligenstadt, Steinbach), seit der Jahrtausendwende auch wieder bei Bogenkonstruktionen u. ä. (Quedlinburg). S. Ristow

Lit.: R. Krautheimer, Corpus basilicarum christ. Romae. The Early Christian Basilicas of Rome (IV–IX cent.), Mon. Ant. Cristiana, Ser. 2, Bde 1–5, 1937–77 – F. W. Deichmann, Ravenna. Hauptstadt des spätantiken Abendlandes, Bde 1–3, 1958–76 – F. Oswald, L. Schaefer, H. R. Sennhauser, Vorroman. Kirchenbauten. Kat. der Denkmäler bis zum Ausgang der Ottonen, Veröff. Zentralinst. Kunstgesch. München 3, 1, 1966 [Nachdr. 1990] – P. Grossmann, S. Michele in Africisco zu Ravenna, Sonderschr. DAI 1, 1973 – W. Jacobsen, L. Schaefer, H. R. Sennhauser, Vorroman. Kirchenbauten, Veröff. Zentralinst. Kunstgesch. München 3, 2, 1991.

II. ARABISCHER BEREICH: Ungebrannter (luftgetrockneter) Ziegel (arab. ṭūb) und gebrannter Ziegel (arab. āǧurr) waren schon lange vor dem Islam im Vorderen Orient bekannt. Ungebrannter Ziegel und Pisé (Lehmblock)-Mauerwerk sind der Grundstock nahöstl. Architektur bis an die Schwelle der NZ schlechthin. Die frühesten Ziegelbrennöfen sind aus Babylonien für das 4. Jt. v. Chr. belegt. Im Hellenismus wurden gebrannte Ziegel auch im griech. Bereich bekannt. →Vitruv behandelt ungebrannte und gebrannte Ziegel (die fortan hier im Vordergrund stehen), und spätestens in röm. Zeit fand der gebrannte Ziegel auch in Nordafrika, Ägypten und Großsyrien Verwendung. Dort stieß er an der Euphratgrenze mit der oriental.-parthischen/sāsānid. Z. tradition zusammen. Herausragendste Beispiele aus dem letzten vorislam. Jahrhundert sind für beide Traditionen Qaṣr Ibn Wardān, in Mittelsyrien im hauptstädt. Stil der Zeit Justinians errichtet, und der Īwān-i Kisrā, in Ktesiphon (Teil des heut. Bagdad), der Hauptstadt der pers. →Sāsāniden, etwa um dieselbe Zeit entstanden.

Nach der islam. Eroberung treffen wir also im islam. Bereich zw. Indien und dem Atlantik auf zwei Traditionen des Z.s, eine iran. und eine mediterrane, die sowohl eigenen Entwicklungen folgen wie sich auch vermischen und überschneiden. Das wird schon an den frühesten islam. Bauwerken, jenen der →Omayyaden (661–750) in Großsyrien deutlich, wo sich ästhetisch-konstruktive Elemente (Mischmauerwerk aus Z. und Stein) der röm.-byz. Tradition mit iran. Ziegelformen und -mauertechniken verbinden.

Aus dem 8. bis 10. Jh. sind islam. Z. ten von Zentralasien im Osten bis in den Mittelmeerraum belegt. Ein frühes Beispiel ist das Bagdad-Tor in Raqqa (am Euphrat in Syrien) von 772. Die monumentalsten Z. ten der frühen islam. Zeit sind erhalten in Sāmarrā (heut. Iraq), das zw. 836 und 892 Hauptstadt des Kalifenreichs der →ʿAbbāsiden war; hier fanden auch ungebrannte Ziegel und Pisé Verwendung. Die Bauten v. Sāmarrā stehen ganz in östl. (iran.) Tradition, während in Ägypten wohl schon mit dem zweiten Bau der ʿAmr-Moschee in Fusṭāṭ (Südkairo) 827 ein Z. belegt ist, der auf Befehl des Bagdader Kalifen al-Manṣūr unter dem Iraner Ibn Ṭāhir errichtet wurde und als mögl. Hinweis auf einen östl. Ursprung des ägypt. Z.s in islam. Zeit gewertet werden kann. Ganz sicher von Sāmarrā beeinflußt entstand die zweitälteste Moschee in →Kairo, die des Ibn Ṭūlūn von 877–899, der in Sāmarrā seine Karriere begonnen hatte, ein reiner Z.; und auch die ab 990 errichtete al-Ḥākim-Moschee der Stadt bestimmen aus Ziegel errichtete Bauteile (Pfeiler, Arkaden).

In der Architektur des islam. Westens hat der gebrannte Ziegel spätestens seit den →Aġlabiden (800–909) seinen festen Platz. Er fand reiche Verwendung in ihrer Residenz ʿAbbāsīya und bildet auch Teile (neben dem dominierenden Haustein) des Mauerwerks ihrer Gr. Moschee in →Kairuan (Tunesien, 831). Auch am ersten islam. Bauwerk Spaniens, der Gr. Moschee v. Córdoba (ab 786), treffen wir auf gebrannte Ziegel, die hier allerdings mehr in dekorativer Absicht, sicher vorislam. (byz.-westgot.) Vorbildern folgend, benutzt wurden. Dasselbe gilt für die bei Córdoba gelegene Residenz →Madīnat az-Zahrāʾ (ab 953). In →Toledo (ehem. Moschee Cristo de la Luz, ab 999) bestimmen Ziegel die Erscheinung des Bauwerks. Mehr oder weniger dominant, zwischen Mischmauerwerk an vielen Bauten (z. B. Almonaster la Real, 10. Jh.; Aljafería, →Zaragoza, 2. Hälfte 11. Jh.) und (fast) reinem Ziegelmauerwerk (z. B. Giralda in →Sevilla, ab 1172; Albaicín-Minarett in →Granada, 13. Jh.), ist der Ziegel in der islam. Architektur Spaniens wichtiges Baumaterial und blieb es in der nachislam. Periode. Da ab der 2. Hälfte des 11. Jh. nordafrikan. Dynastien auch Spanien beherrschten, verschmolz spätestens dann der Architekturstil des westl. Nordafrika mit dem Spaniens, und der Ziegel hatte seinen festen Platz.

Im östl. Nordafrika und in Ägypten behauptete sich der Haustein als dominantes Baumaterial; und unter den →Ayyūbiden und →Mamlūken (1169–1517) erreichte die Steinarchitektur Ägyptens und Großsyriens (das immer ein Land der Steinarchitektur war) einen Höhepunkt. Hier spielte der Ziegel nur im Gewölbebau eine gewisse Rolle. Dasselbe gilt für die islam. Architektur Kleinasiens, wo der Ziegel nur eine sekundäre oder überhaupt keine Rolle spielte.

Im Iran (→Persien) und seinen Nachbargebieten dominiert der Z. Hier ist der Ziegel (neben dem ungebrannten Ziegel und Pisé), von wenigen kleinen Regionen abgesehen, ausschließl. Baumaterial, und wir treffen auf regelrechte »Ziegelgebirge« (z. B. Große Moschee von Isfahan, 10. Jh. und später; Ölǧaitū-Mausoleum in Sulṭānīya, ab 1307). In der frühen islam. Zeit wurde das Ziegelmauerwerk, vorislam. Traditionen folgend, mit →Stuck verziert (z. B. Sāmarrā, ab 836; Nāyīn, Große Moschee um 960), der von Iran ausgehend bis nach Spanien und Nordafrika Verwendung fand. Formziegel und Terrakottaeinlagen gliederten seit dem frühen 10. Jh. die Maueroberflächen (Sāmāniden-Mausoleum in Buchara, ca. 907), und spätestens im 12. Jh. beginnt die Verzierung der Ziegelmauern mit →Keramik (z. B. Minarett von Ǧām, Afghanistan) bzw. Kacheln (eine iran. Dekortechnik, welche im 13. Jh. von iran. Handwerkern in Kleinasien eingeführt wurde und, wie der Stuck, bis Nordafrika und Spanien [→Azulejos] ausstrahlte), die seit dem 16. Jh. die sichtbaren Oberflächen ganzer Bauwerke bedecken (schönstes Beispiel ist die Šāh-Moschee von Isfahan, 1628 vollendet). Von Ostiran herkommend, hielt der Z. seit dem frühen 11. Jh. Einzug auf dem Indischen Subkontinent, wo der Ziegel aber nie das traditionelle Steinmauerwerk verdrängen konnte. H. Gaube

Lit.: Spezialuntersuchungen fehlen weithin.

Ziegelei, Ziegler. Kontinuitäten der Ziegelherstellung (→Ziegel, →Backsteinbau, →Ziegelbau) von der Spätantike bis ins MA sind nur s. der Alpen beobachtet worden. In Mittel- und N-Europa entstanden Z. en für Mauerziegel in größerer Zahl erst seit der Mitte des 12. Jh. in Gebieten ohne ausreichende Natursteinvorkommen, z. B. um Groningen, zw. mittlerer Elbe und Havel sowie in Holstein und Dänemark. Einen wichtigen Einfluß auf die frühe Ziegelproduktion nahmen die Z.en der →Zisterzienser, z. B. in Holland, deren Produktionsvolumen teilweise schon damals dazu zwang, sie in brennholzreichere Gebiete zu verlegen. Daneben gab es Feldbrandöfen, die nur für ein Bauwerk unterhalten wurden. Städt. Z.en erlangten dagegen erst seit dem 13. Jh. schnell wachsende Bedeutung v. a. im Rahmen des Stadtmauerbaus. Im 14./15. Jh. trat im Rahmen der inneren Urbanisierung (Feuersicherheit) der polit. Wille der Räte hinzu, das Stadtareal zu »versteinern«. Städte wie Hildesheim haben seit Ende des 14. Jh. Ziegel verbilligt an ihre Bürger abgegeben, regelrechte Subventionsprogramme zur Durchsetzung der Ziegeldächer wurden z. B. seit 1417 in Basel und Brügge aufgelegt. Voraussetzung für die Regelung von Preis, Produktionsvolumen und Qualität war die Kontrolle der Räte über die Ziegelherstellung. Bes. früh ist dies in norddt. Hansestädten erfolgt, die am Ende des 13. Jh.

bereits Z. en als städt. Regiebetriebe unterhielten. Seit dem frühen 14. Jh. zogen zumindest die großen Städte Oberdtl.s nach. Bern z. B. besaß 1355 eine städt. Z. Im 15. Jh. verfügte jede größere Stadt in N- und Mitteleuropa, aber auch der fsl. und niedere Adel über eigene Z. en. Organisator. waren die städt. Z. en als Gewerbebetriebe je verschieden in den Verwaltungsapparat wie in den Gesamthaushalt einbezogen. Spezielle Ratsdeputationen kontrollierten die Z. en. Die Ziegler wurden als gesuchte Spezialisten entweder mit dauerhafter Anstellung und fixiertem Gehalt beschäftigt, wobei die Stadt alle Produktionskosten trug, oder über einen Arbeitsvertrag verdingt. Die vom Umfang der produzierten Platten, Mauer- und Dachziegel abhängige Fixsumme enthielt die Kosten für Hilfskräfte und Rohstoffe. Die dritte Organisationsform bestand in der unterschiedl. ausgestalteten Verpachtung der Z. en. Bei der Produktion nahmen die Löhne vom Graben der Tonerde bis hin zum Brand sowie die Ausgaben für Brennholz je rund ein Drittel der Gesamtkosten ein. Als Regiebetriebe blieben die Z. en mit jährl. Kapazitäten bis zu einer halben Million Ziegel aufgrund ihrer sozial- und sicherheitspolit. Aufgaben insgesamt unrentabel.

G. Fouquet

Lit.: J. HOLLESTELLE, De steenbakkerij in de Nederlanden tot omstreeks 1560, 1976 – T. P. SMITH, The Medieval Brickmaking Industry in England, 1400–1450, 1985 – A. SANDER-BERKE, Baustoffversorgung spätma. Städte Norddtl.s, 1995.

Ziegenhain, Stadt in Hessen (heute Schwalmstadt, Schwalm-Eder-Krs.); Gft. Die Gft. der ab 1090 mit Gozmar I. sicher bezeugten Gf.en v. Z. erstreckte sich w.-ö. vom Burgwald zum Knüllgebirge mit Schwerpunkt an der mittleren Schwalm mit der Wasserburg Z. Außerhalb lag sö. von Kassel die vermutl. Stammburg Reichenbach, die zunächst namengebend und später Sitz einer Nebenlinie war. Bes. aufgrund ihrer Stellung als Hochvögte v. Fulda (vor 1111–1344) und Untervögte v. Hersfeld, durch intensiven Landesausbau, Burgen- und Städtegründungen (zuerst Treysa und Z.) entwickelten die Gf.en ihre Landesherrschaft. Großen Zuwachs brachte vor 1206 der erbl. Anfall der Gft. Nidda am nw. Vogelsberg, doch schwächten im 12. und 13. Jh. mehrfache Teilungen die Gft. Nach mehreren Versuchen gelang ab 1188 die Gründung des Kl. OCist Aulisburg/Haina. 1207 erhielt der Dt. Orden als erste größere Erwerbung in Dtl. Besitzungen von den Z. ern. Zur Verwaltung der Gft. ließ Gottfried VII. nach 1360 umfassende Urbare anlegen. Mit Ebf. →Siegfried III. v. Mainz traten die Gf.en zur antistauf. Seite über; Burkhard, Propst zu Fritzlar, wurde 1246 Kanzler des Gegenkg.s →Heinrich Raspe (72. H.) und 1247 Ebf. v. Salzburg. Seit dem 13. Jh. wurden die Gf.en, deren Land die ober- und niederhess. Teile der →Lgft. Hessen und die hess. Besitzungen des Ebm.s →Mainz trennte und wichtige Fernstraßen kontrollierte, von beiden Mächten umworben, ohne aus mehrfachem Seitenwechsel dauernden Gewinn zu ziehen. 1372–75 unterlagen sie als Anführer des nach dem Z.er Wappen gen. →Sternerbundes dem Lgf.en Hermann II. Nach dem hess. Frieden mit Mainz schloß Johann II. 1428 einen Schutzvertrag mit Hessen; 1437 folgte die Lehnsauftragung der Gft. en Z. und Nidda. Sie fielen nach dem Aussterben der Gf.en 1450 an die Lgf.en v. Hessen, die 1495 Erbansprüche der Herren v. Hohenlohe finanziell abfanden.

K. Heinemeyer

Lit.: A. F. BRAUER, Die Gft. Z. (Schrr. des Inst. für geschichtl. LK von Hessen und Nassau 6, 1932) – E. G. FRANZ, Burkhart Gf. v. Z., BDLG 96, 1960, 104–124 – F.-W. WITZEL, Die Reichsabtei Fulda und ihre Hochvögte die Gf.en v. Z. im 12. und 13. Jh. (41. Veröff. des Fuldaer Gesch.svereins, 1963) – K. HEINEMEYER, Hess. Lichtenau in der älteren

hess. Gesch., Zs. des Vereins für hess. Gesch. und LK 94, 1989, bes. 37–40, 50f. [Lit.].

Ziegenmelker. Der nächtl. in trockenen Kiefernheiden lebende Vogel dieses Namens (Caprimulgus europaeus L.), auch Nachtschwalbe genannt, ist der einzige europ. Vertreter seiner Ordnung und Familie. Mit seinem weiten Schnabel, der zu der Fabel vom Melken der Ziegen Anlaß bot, fängt er im Flug Insekten. Thomas v. Cantimpré folgt 5, 5 ausdrückl. der Beschreibung des »Michael qui transtulit librum Aristotilis de animalibus«, d.h. der seit etwa 1210 verbreiteten Übersetzung des Michael Scotus aus dem Arabischen. Dort fand er zu h. a. 8 [9], 30, 618 b 2–9 die angebl. arab. Schreibung des griech. Namens αἰγοθήλας »aigot[h]ilez« und die Erklärung »sug[g]ens ubera caprarum«. Das bessere Sehvermögen bei Nacht als tagsüber, welches Plinius, n. h. 10, 115, und Vinzenz v. Beauvais, Spec. nat. 16, 45, ebenfalls dem lat. »caprimulgus« genannten Tier zuschrieben, sowie die Angabe über die 2–3 Eier und seine etwas mehr als Amselgröße sichern die Bestimmung. Thomas (zitiert bei Vinzenz v. Beauvais, Spec. nat. 16, 24) und nach ihm Albertus Magnus, animal. 23, 19, bezeichnen ihn wegen der unverständl. Angabe des Michael (maius quam saror modicum et minus quam kokukoz) nur als großen Vogel. Nach dem Trinken versiege, so Thomas nach Michael, die Milch im Euter der Ziegen. Die anschließende Erblindung der Ziegen aber übernimmt Thomas wegen der schlechten Überlieferung der Scotus-Übersetzung wieder von Plinius. Der ähnl. Bericht des Aelian, nat. an. 3, 39, über das merkwürdige Verhalten des Vogels (vgl. LEITNER, 72) hat im MA keine Spuren hinterlassen.

Ch. Hünemörder

Q.: →Albertus Magnus, →Thomas v. Cantimpré, →Vinzenz v. Beauvais – Lit.: H. LEITNER, Zoolog. Terminologie beim Älteren Plinius, 1972.

Ziel und Zweck (finis; causa finalis) bezeichnen gemeinsam, vom Unterschied zw. einem terminus ad quem und einem propter quem abgesehen, das erstrebte Ende einer Tätigkeit, das diese prinzipiell bedingt. Die Grundlage für die Bestimmung dieser Begriffe im Hoch- und SpätMA bildet die seit dem 13. Jh. stark rezipierte Aristotel. Teleologie. Neben der Wirk-, der Form- und der Stoffursache ist laut Aristoteles eine vierte Ursache »das Weswegen (οὗ ἕνεκα) und das Gute« (ob wirklich oder nur scheinbar Gutes, ist in dieser Hinsicht unwesentl.), »denn dieses ist das Z. (τέλος) aller Entstehung und Bewegung« (Metaph. I 3; V 2). Als Prinzip setzt das Z. der Erkenntnis sowie dem Werden eine normative Grenze: Es ist das, welches »nicht um eines anderen willen, sondern um dessentwillen das andere ist« (ebd. II 2), das an sich Wertvolle, bezüglich dessen Anderes seinen relativen Wert erhält. Ethisch läßt sich das höchste Z. des Menschen, das Glück, als das Sichselbstgenugsein – einschließl. der prakt. und der theoret. Lebensweise – bezeichnen (Eth. Nic. I 1, 5). Ontolog. ist das Z. die Wirklichkeit: Um ihretwillen gibt es das Vermögen. Weil etwas durch das Erreichen des Z.s vollendet (τέλειον) wird, ist die Form des Dinges oder des Handelns zugleich dessen immanentes Z., dem es sich als seiner Verwirklichung zubewegt (Metaph. V 24). Der Primat der Wirklichkeit unterliegt der für das gesamte MA zunächst durch den Neuplatonismus vermittelten folgenreichen Aristotel. Transformierung der Platon. Idee des Guten: Das erste Unbewegte bewegt alles, wie das Geliebte das Liebende, denn jedes Seiende strebt dem vollkommenen Wirklichsein des Göttlichen zu (ebd. XII 7–8). Sodann betrachtet →Augustinus die Glückseligkeit (beatitudo) als das »letzte Z.« (finis ultimus) aller Menschen (De Trin. XIII 4); auch für →Boethius ist das Z. aller Dinge

Gott, das Gute und das Eine (De cons. phil. III 12). Im Anschluß an die neuplaton. Schichtungsontologie des- →Dionysius Ps.-Areopagita versteht →Johannes (Scotus) Eriugena unter der Rückkehr der Natur zu ihrem Z. (reditus in causam), Gott, von dem sie als dem nichtgeschaffenen Erschaffenden ausgegangen ist, das Aufgehen alles Seienden im in sich ruhenden Einen, das weder geschaffen ist noch erschafft (De div. nat. V 3). Nach →Thomas v. Aquin ist der Zweck der Schöpfung die Liebe Gottes zu seiner Güte (De pot. 3, 15 ad 14); als das Gute ist das Z. sogar »Ursache der Ursachen«, das Prinzip jeder Kausalität (S. th. I 5, 2). Der Mensch hat also für Thomas ein zweifaches Z.: ein »nächstes«, natürliches und ein »letztes«, übernatürliches (S. th. II–II 23, 7). Im Ausgang von →Albertus Magnus, der das höchste Gut als »externes Z.« (finis extra) und die »Vollendung des Menschen« (finis hominis) als den eigentl. Gegenstand der Ethik auseinanderhält (De bono XXVIII), ortet Thomas – wie die früheren anonymen Florentiner und Pariser Kommentare der Eth. Nic. sowie Arnulfus Provincialis (fl. 1250) (jedoch aus einem theol. motivierten Mißverständnis des Aristotel. Textes) und →Robert Kilwardby – das Z. des Menschen im ausdrückl. Unterschied zu Aristoteles nicht nur in der Ausübung der moral. und intellektualen Tugenden, sondern in der Glückseligkeit, die eine Angleichung an und eine Erkenntnis von Gott ist (S. th. I–II 5, 5; S. c. Gent. III 19, 25). In Anlehnung an Aristoteles differenziert Thomas in diesem Zusammenhang – wie schon →Wilhelm v. Auxerre – zw. dem erstrebten Gut (finis cuius) – letztlich Gott – und dem »Gebrauch oder Erlangen« desselben (finis quo) (S. th. I–II 1, 8). Gerade das Zusammenspiel dieser Begriffe veranlaßt →Boetius de Dacia, rein rationale Spekulationen über das höchste Gut in die Ethik einzuführen; auch für →Petrus de Alvernia und Aegidius Aurelianensis (fl. 1270), nicht aber für →Jacobus v. Douai, sind diese Bestimmungen im ethischen Bereich angesiedelt, während →Johannes v. Tytyns(d)ale sie als Aspekte des externen Z.s betrachtet. Unter Berücksichtigung der Aristotel. Unterscheidung zw. natürl. und techn. Finalität, die noch →Avicenna aufrechterhält (Metaph. VI 5) und schon →Averroes hinsichtlich der Paradoxie eines nichtseienden Realgrundes problematisiert (Metaph. XII 36), bereitet →Johannes Duns Scotus die charakterist. moderne Naturansicht vor: Ihm zufolge wirkt das Z. lediglich »im übertragenen Sinne« (metaphorice) intentional, nicht kraft eines außermentalen Seins (Metaph. V q. 1). Gegen →Aegidius Romanus und im Anschluß an →Guido Terrena, den →Thomas v. Wilton und →Wilhelm v. Ockham (S. phil. nat. II 4) unter Propagierung eines externen, jedoch nicht unbedingt existenten Z.s anfechten, kritisiert →Johannes Buridan die Hypostasierung der Endursache neben der Form- und Wirkursache, denen er ihre gesetzmäßige Funktionalität zuschreibt (Phys. II 7, 13). Weitere in der Scholastik geläufige Differenzierungen des Z.begriffes referiert Suárez (Disp. metaph. 23). Im Rahmen seiner Intellekttheorie entwertet →Dietrich v. Freiberg die Endursache zugunsten der Wirkursache, da das Z. die Seinsbegründung eines Dinges nicht vollziehen, sondern nur ein schon Begründetes vervollkommnen kann (De int. II 8); das Finalitätsprinzip bestimmt eher das natürl. Seiende (De orig. 1 13, 19). Für Meister →Eckhart gilt axiomatisch, daß der Ursprung und das Z. immer zusammenfallen und sich wechselseitig entsprechen, denn Sein und Wesen sind in Gott als dem unterschiedslosen Einen völlig gleich (In Ex. n. 85). »Stärke« beschreibt die Ursprünglichkeit, »Milde« den Z.charakter Gottes (In Sap. n. 171). In diesem Sinne ist das mit dem Kleinsten koinzidierende – weil gegensatzlose – Größte für →Nikolaus v. Kues »ohne Anfang und Ende« (sine principio et fine), dennoch »Z. von allem und Finalursache, da Umfang« (finis omnium ... [et causa] finalis quia circumferentia) (De docta ign. I 21): Die schlechthin gewisse absolute Einheit ist somit »Z. aller Z.e« (De coni. I 5). O. F. Summerell

Lit.: J. SEILER, Der Zweck in der Philos. des Franz Suárez, 1936 – J. ROHMER, La finalité morale ches les théologiens de saint Augustin à Duns Scot, 1939 – T. M. FORSYTH, Aristotle's Concept of God as Final Cause, Philosophy 22, 1947, 112–123 – C. HOLLENCAMP, Cause Causarum (I), Laval Théol. et Philos. 4, 1948, 77–109; (II), ebd., 311–330 – A. MAIER, Finalkausalität und Naturgesetz (DIES., Stud. zur Naturphilos. der Spätscholastik, IV, 1955), 273–335 – W. F. R. HARDIE, The Final Good in Aristotle's Ethics, Philosophy 40, 1965, 277–295 – J. SANTELER, Der Endzweck des Menschen nach Thomas v. Aquin, ZKTH 87, 1965, 1–60 – A. GRAESER, Aristoteles' »Über die Philos.« und die zweifache Bedeutung der »causa finalis«, Museum Helveticum 29, 1972, 44–61 – A. J. CELANO, The Finis Hominis in the Thirteenth-Century Comm. on Aristotle's Nicomachean Ethics, AHDL 53, 1987, 23–53 – D. J. M. BRADLEY, Aquinas on the Twofold Human Good. Reason and Human Happiness in Aquinas's Moral Science, 1997 – W. GORIS, Einheit als Prinzip und Z. Versuch über die Einheitsmetaph. des »opus tripartitum« Meister Eckharts, 1997.

Ziemowit IV. (Siemowit), Hzg. v. →Masowien, * um 1356, † 1426; Sohn von Ziemowit III. und Eufemie, Tochter des Troppauer Fs.en Nicolaus; ∞ Alexandra, Tochter des litauischen Gfs.en →Olg(i)erd und Schwester des poln. Kg.s →Władysław Jagiełło; 13 Kinder, u. a.: Cimburgis/Zimburgis (* 1394/97, † 28. Sept. 1429), ∞ vor dem 12. Febr. 1412 mit →Ernst d. Eisernen (5. E.), Mutter Ks. →Friedrichs III. (→Habsburger); die Eheschließung war Teil des poln.-österr. Bündnisses. Cimburgis' Bruder Alexander war Bf. v. Trient (seit 20. Okt. 1423, † 1444), später Patriarch v. Aquileia. Nach dem Tod seines Vaters vereinigte Z. u. a. die masow. Teilfsm.er Czersk, Rawa, Sochaczew und Płock. Das Hzm. Masowien wurde nach dem Tod Z.s unter seinen drei Söhnen, Ziemowit V. v. Rawa, Władysław v. Płock und Kazimierz II. v. Bełz, aufgeteilt. G. Labuda

Ed. und Lit.: O. BALZER, Genealogia Piastów, 1895, 473–476 – Liber disparata antiqua continens Alexandro Masoviensi episcopo Tridentino dicatus, ed. E. WINKLER (Elementa ad Fontium Editiones, I, 1960) – K. JASIŃSKI, Przymierze polsko-austriackie w 1412 ze szczególnym uwzględnieniem małżeństwa Cymbarki z księciem Ernestem Żelaznym, księciem austriacki, Prace z dziejów państwa i Zakonu Krzyżackiego, 1984, 127–145 [dt. Zusammenfassung].

Zier, Zimier, um 1200 aufkommender, aufgesteckter Z. aufsatz des →Topfhelms in Form von Menschen- und Tierfiguren, Pflanzen, Geräten, Hörnern, Flügeln und Schirmbrettern. Er gehört zusammen mit Helm und Schild zum →Wappen. Mit dem Aufkommen des →Turniers mit Kolben und Schwert in der 2. Hälfte des 14. Jh. erschienen frei erfundene, phantasievolle Formen des Z.s, das im Kampf abgehauen werden sollte. Das Z. ging um 1430 vom Topfhelm auf den →Stechhelm und den vergitterten →Turnierhelm über. O. Gamber

Lit.: Bildwb. der Kleidung und Rüstung, hg. H. KÜHNEL, 1992.

Zierbuchstabe → Initiale

Zierikzee, Stadt in den Niederlanden (Provinz Seeland), auf der Insel Schouwen–Duiveland, entstand an einem Wasserlauf, dem (namengebenden) 'kreek', der in die Gouwe, die damals Schouwen und Duiveland trennte, einmündete. Das Gebiet der späteren Stadt war im Besitz der Abtei St. Bavo in Gent (→Gent, III. 2). Die 976 belegte Kirche 'Creka' ist möglicherweise Vorgängerin des heut. Münsters des hl. Livinus (Sint-Lievenmonster). Besiedlung bei dieser Kirche ist für das 11. Jh. anzunehmen. Nachdem das Areal in der 1. Hälfte des 12. Jh. von der

Abtei St. Bavo an den Gf.en v. →Holland und →Seeland übertragen worden war, entwickelte sich der Gf.enhof beim Sint-Lievenmonster (belegt 1203) zum Zentrum der gfl. Verwaltung im östl. der →Schelde gelegenen Teil v. Seeland ('Zeeland Beoostenschelde'). In der 1. Hälfte des 12. Jh. vollzog sich entlang den zum Hafen (→Hafen, C; →Deich- und Dammbau, II) ausgebauten 'kreek' die Entwicklung der städt. Siedlung Z., die 1203 als →'portus' bezeugt ist und um 1220 mit Stadtrechten bewidmet wurde. Diese erfuhren 1248 Erneuerung und Erweiterung. Im 13. Jh. stieg Z. zu einem blühenden Handelszentrum auf, dessen wichtigste Aktivitäten Seehandel (v. a. mit England), Fischerei (→Fischfang, B. II, 2), Tuchmacherei sowie Salz- und Krapphandel waren. Die sich noch im 14. Jh. fortsetzende Blüte wich im 15. und 16. Jh. einem wirtschaftl. Rückgang, bedingt u. a. durch Kriege, Sturmfluten und Stadtbrände. Der 'Oude Haven' mit dem 'Dam' bildete die Schlagader der ma. Stadt (Herberge: 'Gasthuis', belegt 1271). Westl. hiervon, zw. Dam und Sint-Lievenmonster, lagen Rathaus ('Stadhuis', Mitte 14. Jh.), Fleischhalle ('Vleeshuis', belegt 1248), Tuchhalle ('Lakenhal') und Bank der →Lombarden ('Lombardenhuis', 1309). Das gesamte Stadtgebiet um den Alten Hafen und westl. davon wird in den Q.n des 14. Jh. als 'Oude Poort' bezeichnet. Im südl. gelegenen 'Nieuwe Poort' befanden sich das Dominikanerkl. (belegt 1260) und der Beginenhof (vor 1256); im nördl. Stadtviertel das 'Predikherenklooster' (gestiftet um 1275). 1304, als Z. erfolgreich gegen die Gf.en v. →Flandern verteidigt wurde (→Zierikzee, Schlacht v.), soll die Stadt vollständig mit Gräben (Grachten) und Mauern umwehrt gewesen sein. Das befestigte Stadtareal des 14. Jh. (erhaltene Stadttore: 'Noord'- und 'Zuidhavenpoorten', 'Nobelpoort' an der Nordseite, im Kern 1. Viertel 14. Jh.), dessen Ausdehnung der heut. Innenstadt entspricht, bot mit seinen ca. 40 ha genügend Raum für das Bevölkerungswachstum der Blütezeit, an deren Ende die (geschätzte) Einwohnerzahl wohl bei ca. 4000 lag.

J. C. Visser

Lit.: J. J. Westendorp–C. A. van Swigchem, Z. vroeger en nu, 1972 – C. Dekker, Saint-Bavon en Zélande (Peasants and Townmen. Stud. A. Verhulst, 1995), 379–396 – P. A. Henderikx, Het ontstaan en de vroegste ontwikkeling van Z. (tot ca. 1300), Kroniek van het land van de zeemeermin (Schouwen-Duiveland), 1997, 5–26.

Zierikzee, Schlacht v. (10.–11. Aug. 1304), eine der großen Seeschlachten des MA, fand bei Z. (Insel Schouwen) auf der Gouwe in →Seeland statt, bildete eine wichtige Etappe im Erbstreit der Häuser →Dampierre (Flandern) und →Avesnes (Hennegau und Holland), zugleich eine Episode im Kampf des Gf.en v. →Flandern gegen die Expansionsbestrebungen seines Lehnsherrn, →Philipp des Schönen v. →Frankreich.

Unter Führung von Johann und Gui v. Namur, der Söhne des gefangenen Gf.en v. Flandern, →Gui III. v. Dampierre, wurden fläm. Feldzüge nach Seeland durchgeführt (1303–04); diese sollten die fläm. Herrschaftsrechte über den westl. der →Schelde gelegenen Landesteil ('Zeeland bewester Schelde') sichern; zugleich galt es, →Johann v. Avesnes, den Gf.en v. →Hennegau und →Holland, an einer Einkreisung der Gft. Flandern zugunsten des (zunächst noch durch einen Waffenstillstand nach der 'Goldsporenschlacht' v. →Kortrijk gebundenen) frz. Kg.s zu hindern. Auf hennegauisch-holl. Seite hatte →Wilhelm (I.), der jüngere Sohn von Johann v. Avesnes, den Oberbefehl inne. Die fläm. Truppen konnten, mit aktiver Unterstützung des seeländ. Adligen Johann v. Renesse, in Seeland und im südl. Holland (Einnahme v. →Utrecht) rasche, aber wenig dauerhafte militär. Erfolge erringen; angesichts einer Gegenoffensive der Avesnes entschloß sich Gui v. Namur zum entscheidenden Schlag gegen das bislang uneingenommene Z. (Mai 1304). Von der Stadt →Brügge wurde auf Ersuchen des Gf.en eine große Flotte aufgestellt und im Hafen v. →Sluis zusammengezogen. Sie erschien im Aug. vor dem belagerten Z.

Inzwischen hatte Philipp der Schöne den Avesnes eine Entsatzflotte, unter Oberbefehl des genues. Admirals Ranieri→Grimaldi, geschickt. Trotz der ungleichen Kräfteverhältnisse (die Flotte Frankreichs und seiner Alliierten zählte 54 große Schiffe, darunter 11 genues. Galeeren, die Streitmacht Guis v. Namur nur 32–37 große Schiffe) stürzten sich die Flamen in das Wagnis einer Seeschlacht (ab Mittag des 10. Aug.). Die alliierte Flotte hatte eine undurchdringl. Phalanx von aneinandergeketteten schweren Schiffen errichtet. Im Verlauf der Schlacht, die ihren ersten Höhepunkt ab sechs Uhr abends erreichte, kaperten norm. Verbände eines der stärksten Brügger Schiffe, die 'Superbia', wohingegen die Streitkräfte Guis v. Namur ihrerseits drei feindl. Schiffe der Kastilier eroberten. Das Abflauen der Kämpfe um Mitternacht wurde von den Flamen geschickt zur Einschiffung frischer Truppen genutzt. Die Wende kam im Morgengrauen: Grimaldi war nicht entgangen, daß die nur vertäuten fläm. Schiffe (infolge des Abbrennens der Taue) sich zerstreut hatten und keine feste Schlachtordnung mehr bildeten. Er ließ überraschend angreifen und vernichtete alle fläm. Schiffe, die nicht schnell genug den Rückzug angetreten hatten. Gegen Mittag des 11. Aug. war die fläm. Niederlage perfekt: Ein Großteil der Kämpfer war gefallen, Gui v. Namur gefangengenommen.

Das Debakel erreichte ein solches Ausmaß, daß die Brügger Steuereinnahmen ('pointinghen') zur Entschädigung der Eigner der verlorenen Schiffe nicht ausreichten. In der gesamten Gft. Flandern wurde eine Sondersteuer zur Deckung der Kriegskosten erhoben. Nachdem Wilhelm v. Avesnes seinem Vater als Gf. nachgefolgt war (11. Nov. 1304), wurde ein Waffenstillstand zw. den Gf.en v. Flandern und Holland geschlossen. An der südl. Front führten Verhandlungen zw. dem Kg. v. Frankreich und dem Gf.en v. Flandern (Winter 1304/05) zum Friedensvertrag v. →Athis-sur-Orge (Juni 1305). Th. de Hemptinne

Lit.: Ch. Duvivier, La querelle des d'Avesnes et des Dampierre, 1894 – J. F. Verbruggen, De Gentse Minderbroeder van de Annales Gandenses en de krijgskunst in de periode 1302–04, Handelingen Maatschappij voor Geschiedenis en Oudheidkunde te Gent 4, 1949, 3–19 – J. Sabbe, De vijandelijkheden tussen de Avesnes en de Dampierres in Zeeland, Holland en Utrecht van 1303 tot 1305, ebd. 5, 1951, 225–318 – J. F. Verbruggen, De Vlaamse vloot in 1304, Standen en Landen 4, 1952, 49–76 – Ders., Het leger en de vloot van de graven van Vlaanderen vanaf het ontstaan tot in 1305, 1960 – Algemene Geschiedenis der Nederlanden, II, 1982, 305–307 [H. P. H. Jansen]; 405–414, 441–442 [M. Vandermaesen] – s. a. →Flotte, B. II.

Zierseite, Oberbegriff für eine vorwiegend ornamental geschmückte Buchseite, vielfach zu Beginn einer Hs. (als Frontispiz), gelegentl. anstelle von Titelseiten, auch vor bestimmten Textabschnitten (als Mittel, um Texte zu gliedern) oder in einer Folge von Schmuckseiten (Bildseiten, Incipit- und Initialseiten). Das wohl älteste erhaltene Beispiel stammt aus einer insularen Hs. aus Bobbio (Anfang 7. Jh.: Mailand, Bibl. Ambrosiana, D. 23. sup.), die Ornamentik ist allerdings (noch) nicht insular. Häufig kommen sie in der insularen Buchmalerei des 2. Hälfte des 7. und 8. Jh. vor, dort wegen der flächendeckenden, teppichartigen Aufteilung der Muster und Motive Teppichseiten genannt (Book of Durrow, Book of Lindisfarne, Book of Kells u. a.). Dabei tritt mehrmals durch

interne Gliederung der Ornamentik eine Kreuzform in den Vordergrund.

Auch die kontinentale merow. Buchmalerei verwendet rein ornamentale Z.n, so in einer Gregorhs. aus Luxeuil (um 700; St. Petersburg, Öffentl. Saltykow-Schtschedrin Staatsbibl., Lat. Q. v. I. Nr. 14) und einer 'Regel des Hl. Basilius' aus Corbie (um 700; St. Petersburg, ebd., Lat. F. v. I. Nr. 2); teilweise auch in Verbindung mit Kreuzdarstellungen bzw. als Kreuz unter einer Arkade, s. das Sacramentarium Gelasianum (Chelles, um 750; Rom, Bibl. Vaticana, Reg. lat. 316).

In der karol. Buchmalerei sind Z.n selten vertreten, vgl. die Regula S. Benedicti (Tegernsee, Ende 8. Jh.; München, Bayer. Staatsbibl., Clm 19408) und ein Salzburger Evangeliar (2. Viertel 9. Jh.; München, ebd., Clm 19101), beide in Verbindung mit Kreuzdarstellungen.

Von den zahlreichen otton. Skriptorien verwendet nur Echternach im 11. Jh. reine Z.n, die in der Anlage und der Ornamentik byz. Stoffe nachahmen; sie sind eingebunden in eine Abfolge von Schmuckseiten und Ausdruck des Strebens nach bes. Kostbarkeit; vgl. bes. den Codex aureus Epternacensis (Nürnberg, Germ. Nat. Mus.); auch das Perikopenbuch in Bremen (Staatsbibl., Ms. b. 21).

K. Bierbrauer

Lit.: Karl d. Gr., Ausst.kat., 1965, Nr. 402, 406 – F. MÜTHERICH, Die Buchmalerei (Die Zeit der Ottonen und Salier, hg. L. GRODECKI, F. MÜTHERICH, J. TARALON, F. WORMALD, 1973), 175–183 – U. ZIEGLER, Das Sakramentarium Gelasianum Bibl. Vat. Reg. lat. 316 und die Schule v. Chelles, AGB 16, 1976, 2–142 – J. J. G. ALEXANDER, Insular Mss., 6th to the 9th cent., 1978 – Das Goldene Evangelienbuch von Echternach. Codex aureus Epternacensis Hs. 15152 aus dem Germ. Nat. Mus. Nürnberg, Faks. und Komm.bd., 1982 [R. KASHNITZ] – K. BIERBRAUER, Kat. der illuminierten Hss. der Bayer. Staatsbibl. in München, 1: Die vorkarol. und karol. Hss., 1990, Nr. 80, 139.

Ziervögel sind → Vögel, die wegen ihres Aussehens (z. B. Gefieder), ihres Gesanges, bes. Fähigkeiten (z. B. Sprachimitation) oder anderer Verhaltensweisen (Paarungsverhalten, Brutbetrieb, Jungenaufzucht) gezüchtet und gehalten werden. Ma. Z. waren exot. Vögel wie → Papagei, → Pelikan, → Strauß und heim. (Sing-)Vögel. Sie wurden in klösterl. und fsl. Tiergärten und in Vogelkäfigen im Haus gehalten. Beim Adel war während des gesamten MA der Papagei wegen seiner Buntheit (*gestreichet alse ein papegân*, Gottfried, Tristan 11000) und der Redekünste (*grandi lingua*, Herrad, Hortus 51) der begehrteste Z. (vgl. ahd. *sitich* von gr. ψίττακος und lat. psitacus). Chroniken, Rechnungsbücher und Inventare überliefern Belege für die Anschaffung von Papageien »aus Asien« als kostbare Geschenke für Kg.e, weltl. und geistl. Fs.en sowie für die Haltungskosten dieser Tiere. Rechnungsregister der päpstl. Kammer enthalten ab 1317 regelmäßige Eintragungen über Ausgaben für Papageien; im Vatikan und in den diversen päpstl. Residenzen gab es in den privaten Gemächern jeweils eine *camera papagalli*, wo ein bis drei Papageien gehalten wurden. Reiserechnungen belegen, daß die Tiere im Gefolge des jeweiligen Papstes an den Ort der Residenzen transportiert wurden. Im SpätMA wurde dieser Z. auch Hausgenosse reicher Kaufleute; in den Städten gab es zur Belustigung der Bürger Papageienschießen.

→ Kranich, → Pfau, → Schwan, Strauß, → Taube und zahlreiche Singvögel wurden nicht nur wegen ihrer Zierfunktion gehalten, sondern dienten auch der menschl. → Ernährung. Die Gründe hierfür bieten u. a. monast. Speisegebote und diätet. Meinungen: Bis 1336 war in den Kl. das Verzehren von vierfüßigen Tieren verboten, darüber hinaus wird in einigen Fassungen des → »Tacuinum sanitatis« der bes. Nutzen der avicule et durdi für die Vermehrung des Spermas und der geschlechtl. Potenz gesehen; in allen Gesundheits- → Regimina werden sie als bes. zuträgl. für das Wohlbefinden anempfohlen.

Z. hatten wie andere Tiere allegor. Bedeutung, die auf dem → Physiologus und den ma. → Enzyklopädien beruhte. In dichter. und bildl. Q.n sind sie daher häufig Symbolträger.

G. Blaschitz

Kein höf. → Locus amoenus kommt ohne Vogelgesang aus. Dem hat man durchaus nachgeholfen, indem man Käfige mit an die Bäume hängte. Z. waren v. a. Attribute der adligen Dame, die sich an ihrem Gesang oder an ihren Manieren erfreute. → Dohlen (monedula, Ruodlieb) und → Raben (corvus) etwa lernten sprechen und hüpften frei herum. Als gelehrig galt auch die → Drossel (turdus, Hildegard). Symbolik und Repräsentation treffen zusammen in Darstellungen Marias, deren Beiname der hortus conclusus ist und die als Dame schlechthin dargestellt wird, insbes. in der Verkündigungsszene, in der regelmäßig Finken vorkommen. Auch der Star (sturnus) wird als Käfigvogel genannt, anzunehmen ist auch von Zeisig. Dementsprechend diente der → Vogelfang nicht nur zur Nahrungsbeschaffung, und es muß einen durchaus regelmäßigen Vogelhandel gegeben haben, bei dem auch exot. Tiere verbreitet wurden. Auch in Kl. wurden Z. gehalten.

K. Brunner

S. a. → Tierhaltung, → Hausgeflügel, → Wildgehege und Tiergarten.

Lit.: H. DIENER, Die »Camera Papagalli« im Palast des Papstes, AK 49, 1967, 43–97 – D. SCHMIDTKE, Geistl. Tierinterpretation in der dt.sprachigen Lit. des MA (1100–1500), 1968 – G. WACHA, Tiere und Tierhaltung in der Stadt (Das Leben in der Stadt des SpätMA, 1980), 229–260 – G. ROTH-BOJADZHIEV, Studien zur Bedeutung der Vögel in der ma. Tafelmalerei, 1985 – D. HENNEBO, Gärten des MA, hg. N. OTT – D. NEHRING, 1987 – N. BENECKE, Der Mensch und seine Haustiere, 1994 – G. BLASCHITZ, Der Biber im Topf und der Pfau am Spieß (*ir sult sprechen willekommen* [Fschr. H. BIRKHAN, hg. U. HIRHAGER – K. LICHTBLAU, 1998]), 416–436.

Ziese → Akzise

Ziffer → Zahlsysteme, -zeichen

Zigabenos, Euthymios → Euthymios Zigabenos (5. E.)

Zigeuner. [1] *Name und Herkunftsfrage:* Der im Dt. gebräuchl. Sammelname Z. wird heute im öffentl. Sprachgebrauch wegen seines meist pejorativen und diskriminierenden Beigeschmacks durch die Bezeichnungen *Sinti* und *Roma* ersetzt. In den ma. Q.n findet sich eine Vielzahl von Namen für dieses Volk: Acingani (1397), Ägypter (1422), Heiden (1414), Tatern (1407), Ziginer (1430). Auch wurden sie gelegentl. mit anderen Völkern gleichgesetzt bzw. verwechselt: Bohémiens (1438), Hussiten (1429/30), Ismaeliten (1260), Sarazenen (1422). In arab. Q.n werden die Bezeichnungen Lūrī und Zuṭṭ meist auf die Z. bezogen. Hinsichtl. ihrer Herkunft gibt es mehrere Hypothesen. Die einen vermuten eine Zugehörigkeit zu dem in pers. Zeit im NW → Indiens lebenden Volk der Djaṭ (arab. Zuṭṭ), das nach der Eroberung durch die → Sāsāniden um 224 n. Chr. westwärts gewandert ist. Eine andere Vermutung lautet, daß die Z. von den sog. Luri abstammen, d. h. von den Musikanten, die der Sāsāniden-Herrscher Wahrām V. Gōr (420–438) nach einem Bericht des arab. Geschichtsschreibers Hamza al-Iṣfahānī in großer Zahl aus Indien in sein Land geholt haben soll. Auch eine Verwandtschaft mit dem Nomadenvolk der Dom, das im NW Indiens beheimatet war, wird gelegentl. angenommen. Keine dieser Ursprungshypothesen hat bisher zu überzeugen vermocht.

[2] *Auftreten von Zigeunern im spätmittelalterlichen Südosteuropa:* Weitgehender Konsens herrscht in der Forschung nur darüber, daß die Vorfahren der Sinti und Roma den NW Indiens lange vor dem 14. Jh. in kleinen, unabhängigen Gruppen verlassen haben und sich auf ihrer Wanderung längere Zeit in Persien, Armenien und im Byz. Reich aufgehalten haben. Insbes. in Griechenland und Kleinasien lassen sich die frühesten und häufigsten Belege für einen Aufenthalt der Z. finden. So warnte z. B. der Patriarch v. Konstantinopel, →Athanasios I. (1289–93, 1303–10), die Gläubigen, sich nicht mit Bärenführern und Schlangenbeschwörern einzulassen, und wies alle Geistlichen an, den 'Athinganern' nicht zu erlauben, ihre Häuser zu betreten. Eine Z.-Kolonie bestand über viele Jahrhunderte in der Hafenstadt →Modon auf der Peloponnes (→Morea). Ihre Bewohner werden z. B. im Reisebericht des Pfgf.en Alexander und des Gf.en Johann Ludwig v. Nassau, die den Ort 1495 besuchten, als »Egyptioner genant Heyden« erwähnt. Auch in den Fsm.→Moldau und→Valachei lassen sich bereits früh Z. nachweisen. Für das 14. Jh. sind dort mehrfach Schenkungen ganzer 'Acingani'-Familien an Klöster belegt.

[3] *Zigeuner im mittel- und westeuropäischen Bereich:* Das früheste Zeugnis über einen Aufenthalt von Z.n im Dt. Reich stammt aus Hildesheim, wo im städt. Rechnungsbuch von 1407 Bewirtungskosten für 'Tateren', deren Geleitbriefe (→Geleit) offenbar auf der Schreibstube geprüft wurden, verzeichnet sind. Die Vermutung, daß es sich bei diesen 'Tateren' um Z. gehandelt haben könnte, wird durch die →Magdeburger Schöppenchronik bestätigt, wo berichtet wird, daß 1417 die »Thateren, die Zeguner genannt« in die Stadt gekommen, dort 14 Tage geblieben seien und auf dem Fischmarkt »einer auf des anderen Schultern« getanzt hätten (→Tanz, II). Der Lübecker Dominikaner →Hermann Korner (um 1365–1438) berichtet in seiner »Chronica novella«, daß im gleichen Jahr Angehörige eines Volkes, das er 'Secani' nennt, nach Lüneburg gelangt und von dort nach Hamburg, Wismar, Rostock, Stralsund und Greifswald weitergezogen seien. Andere Q.n berichten, daß ein Z.-»König« mit Namen Zundel 1439 mit seinem Gefolge aus Deutschland über Frankreich nach Italien zog. Im gleichen Jahr gewährte die Stadt Utrecht einem Hzg. Michiel aus Klein-Ägypten ein beträchtl. Almosen.

Bereits zwei Jahrzehnte früher war eine Schar Z. unter ihrem Anführer (»her Andreas, hertoch van Cleyn-Egypten«) durch mehrere westeurop. Länder gezogen, von Brüssel (1420) über Mons (1421) und Colmar (1422) nach Bologna, Rom und Forlì (1422). 1427 machte dieser Hzg. »de la Basse Égypte« auch in Paris Station. In Spanien war es ein anderer Gf. (Thomas) v. Klein-Ägypten, der 1425 in Zaragoza von Kg. Alfons V. v. Aragón einen Geleitbrief erhielt. Die ersten Belege für den Aufenthalt von Z.n in Palästina stammen aus dem Jahre 1449. Anfang des 16. Jh. gelangten Z. auch nach Litauen (Wilna, 1501), Dänemark (Nordschleswig, 1511) und Schweden (Stockholm, 1512).

In den spätma. Q.n werden die Z. als fremdartig geschildert: Neben dem merkwürdigen Aussehen (dunkle Hautfarbe, exot. Kleidung) und ihrer seltsamen Sprache wird v. a. ihre unstete, »nomad.« Lebensweise hervorgehoben (→Fahrende, →Fremde). Das Bild, das die chronikal. Berichte von den Z.n zeichnen, ist zunächst noch ambivalent: So wird z. B. positiv vermerkt, daß sie wohlhabend seien, kgl. und päpstl. Empfehlungsschreiben und Geleitbriefe vorwiesen, einen adligen Anführer hätten, gut gekleidet seien und »christl.« Ordnung halten würden. Außerdem ließ sich ihre Nichtseßhaftigkeit mit Bibelstellen (Ez 29, 12) rechtfertigen. Doch schon früh tauchen die bekannten negativen Kennzeichnungen und Stereotypen auf. Ihnen wird u. a. vorgeworfen, daß sie ihren Lebensunterhalt mit Stehlen und →Wahrsagen verdienten und daß sie Spione und Kundschafter der Türken seien. Seit Ende des 15. Jh. finden sich dann fast ausschließl. Berichte, in denen die Z. in einem negativen Licht dargestellt werden. In Sebastian Münsters »Cosmographei« (1550) heißt es über die Z., sie seien »ein ongeschaffen/ schwartz/ wuest vnd onfletig volck/ das sunderlich gern stilt […] lebt wie die hund/ ist kein religion bey ine(n)/ ob sie schon jre kinder vnder dem Christen lassen tauffen«.

Während in der Geschichtsschreibung lange die Meinung vorherrschte, daß die Z. zunächst gut behandelt worden seien, wird in der neueren Forschung darauf verwiesen, daß bereits in den ersten Jahrzehnten des 15. Jh. auch Verfolgungen und Ausweisungen stattfanden. So wurden sie z. B. 1418 nicht in die Stadt Basel eingelassen, 1435 aus Meiningen verjagt. Dennoch gab es auch Städte (z. B. Hildesheim 1424, Leiden 1429/30, Brügge 1434/35), wo den Z.n zumindest in der 1. Hälfte des 15. Jh. ein mehr oder weniger reich bemessenes →Almosen gegeben und ein begrenztes Aufenthaltsrecht gewährt wurde. Auch stellte Ks. Friedrich III. 1442 nachweisl. einen Geleitbrief für den »Czygeuner Graff« Michel aus, der ihm und seinem Gefolge erlaubte, ungehindert durchs Land zu ziehen und gegen Geld »ir notdurfft [zu] kauffen und bestellen«. Die reichsweite rechtl. Diskriminierung setzte erst mit der Reichsgesetzgebung des ausgehenden 15. Jh. ein (RA 1495, § 40, RA 1497, § 21). Im →Reichsabschied vom 4. Sept. 1498 heißt es: »Der ienen halben, so sich zeigeiner nennen, und wieder und für in die Land ziehen […] hinzwischen ostern nechstkunfftig uß den landen teutscher nation tun.« (§ 46). Als Begründung wird angegeben, daß sie »erfarer, ussspeer und verkundschafter der christen lant« seien, d. h. sich als türk. Spione betätigt hätten – ein Vorwurf, der weit über die Zeit der →Türkenkriege hinaus zur Rechtfertigung rigider Ausgrenzungsmaßnahmen diente.   R. Jütte

Q.: R. Gronemeyer, Z. im Spiegel früher Chroniken, 1987 – R. Gilsenbach, Weltchronik der Z., 1994 – *Lit.:* HRG V, 1997, 1699-1707 [K. Härter] – A. F. Pott, Die Z. in Europa und Asien. Ethnograph.-linguist. Unters. ihrer Herkunft nach gedr. und ungedr. Q.n, 2 Bde, 1844-45 [Nachdr. 1964] – H. T. Crofton, Early Annals of the Gypsies in England, Journal of the Gypsy Lore Soc. 1, 1888/89, 5-24 – R. Breithaupt, Die Z. und der dt. Staat, 1907 – E. D. Bartels-G. Bruin, Gypsies in Denmark, 1943 – G. C. Soulis, The Gypsies in the Byz. Empire and Balkans in the Late MA, DOP 15, 1961, 143–165 – F. de Vaux de Foletier, Les Tsiganes dans l'ancienne France, 1961 – B. Leblon, Les 'Gitanos' dans la Péninsule Ibérique, Études Tsiganes 19, 1964, H. 1/2, 1-24, H. 3, 1-18 – O. Van Kappen, Geschiedenis der Z.s in Nederland 1420-1758, 1965 – M. Ruch, Zur Wiss.gesch. der dt.sprachigen Z.forschung von den Anfängen bis 1900, 1986 – J. S. Hohmann, Gesch. der Z.verfolgung in Dtl., 1988 – S. Arend, Z. und Z.gesetzgebung in Dtl. im 16. Jh., Tsiganolog. Stud. 2, 1990, 71–87 – J. S. Hohmann, Neue dt. Z.bibliographie, 1992 – K. Reemtsma, Sinti und Roma, 1996.

Zikade. Diese für die Mittelmeerländer sehr charakterist. Insekten aus der Ordnung der pflanzensaugenden Homoptera beschreibt Aristoteles, h. a. 5, 30, 556a 14–b 20, ziemlich eingehend als zwei Gattungen, von denen die kleineren und stummen (τεττιγόνια) eine längere Lebenszeit hätten als die großen (Sing-Z., ἀχέται). Daß nur die Männchen »sängen« (in Wirklichkeit eher mit einem speziellen Schrillorgan am Hinterleib schrillten) und daß sich die »cicadae« mit den Bauchseiten gegeneinander paarten, hat über Plinius, n. h. 11, 92f., Thomas v. Cantimpré 9, 18

übernommen. Der »Liber rerum« bei Thomas identifiziert die heuschreckenähnl. kleine Gattung wie Albertus Magnus, animal. 26, 14 (cicada ... quem nos grillium vocamus), offensichtl. mit der Hausgrille, dem Heimchen (Acheta domestica), die große nennt er schmetterlingsähnlich. Thomas hält wie der ihn zitierende Vinzenz v. Beauvais (Spec. nat. 20, 125) die weißen in eine Erdhöhle abgelegten Eier für verdorben (corrupta), da er den Bezug auf die angebl. durch diese zum Verzehr der Weibchen verführten Parther (Parthi ... ovis earum corrupti bei Plin., n. h. 11, 93) mißverstanden hat. Von Ambrosius, exam. 5, 22, 76, entlehnte er ihre Schrillaktivität zur heißesten Tageszeit, von Plinius (n. h. 11, 96) die häutigen (langen) Flügel, welche nicht nachwachsen. Von den Besonderheiten ihres Verhaltens bei Plinius (11, 95) hat nur die Stummheit im Gebiet von Rhegium über Isidor, etym. 12, 8, 10, Eingang in die ma. Tradition gefunden. Wie weit diese von Isidor erwähnte Schaum-Z. wirklich im MA bekannt war (vgl. LEITNER, 3), ist unsicher. Zu den ihm unbekannten Z.n rechnet Thomas irrtüml. auch die Hirsch- und Leuchtkäfer (→Käfer). Ch. Hünemörder

Q.: →Albertus Magnus, →Ambrosius, →Isidor v. Sevilla, →Thomas v. Cantimpré, →Vinzenz v. Beauvais – Lit.: KL. PAULY, 1534f. – H. LEITNER, Zoolog. Terminologie beim Älteren Plinius, 1972.

Zillis (ma. Cirañes, Cerani; roman. Ziran), Ort im Schams (Kt. Graubünden, Schweiz), verdankt seine Bedeutung der 'Via mala' durch eine gefährl. Schlucht des Hinterrheins an einer wichtigen, bereits prähist. Alpenpaßroute. Eine jüngst entdeckte spätantike Kulthöhle einer oriental. Gottheit wurde wohl um 500 aufgegeben, vielleicht im Zusammenhang mit der Umwandlung eines röm. Gebäudes in eine erste Kirche. Dieser folgte ein karol. Dreiapsidensaal, der, 831 als ecclesia plebeia erwähnt, 940 von Ks. Otto I. dem Bm. →Chur geschenkt wurde. Im 12. Jh. Neubau von Turm und Kirche, die 1357 dem Churer Domkapitel zugesprochen wurde. Die kunstgesch. Bedeutung der Martinskirche v. Z. beruht auf der bemalten Holzdecke, deren Bretter dendrochronolog. in die Jahre nach 1113 datiert werden. 153 Felder bedecken in 17 Reihen das ganze Kirchenschiff. Die 48 Randfelder mit überwiegend aquat. →Fabelwesen sind jeweils zur angrenzenden Wand hin orientiert, wo ein gemalter Mäanderfries von Kronen und Sibyllenbüsten unterbrochen wird. Die inneren Deckenfelder sind zum Chor orientiert. Sie zeigen einen ausführl., mit drei Kg.en wohl als Vorfahren Christi beginnenden und mit der Dornenkrönung endenden christolog. und einen nur die letzten 7 Tafeln umfassenden Hl.nzyklus mit dem Wirken des Kirchenpatrons, der so in die Nachfolge Christi gestellt wird. Durch die doppelt geführten Randleisten der mittleren Längs- und Querbahn werden das kosmolog. Bildsystem der Peripherie und das hist. des Zentrums sinnfällig im Zeichen des Kreuzes vereint. H. R. Meier

Lit.: S. BRUGGER-KOCH, Die roman. Bilderdecke von St. Martin, Z., Stil und Ikonographie, 1981 – H. R. MEIER, Roman. Schweiz, 1996, 77ff. – Die roman. Bilderdecke der Kirche St. Martin in Z. Grundlagen zur Konservierung und Pflege, hg. C. BLÄUER BÖHM, H. RUTISHAUSER, M. A. NAY, 1997.

Zimbrisch, traditionelle Bezeichnung für die Mundart dt. Ursprungs einiger Sprachinseln im Veneto und im Trentino, die bisweilen auch unangebrachterweise auf die dt. Sprachinseln im nordöstl. Teil Oberitaliens ausgedehnt wird. Die ältesten Siedlungen der sog. »Zimbern« (bayer.-österr. Ursprungs) finden sich auf der Hochebene der VII Comuni, mit ihrem Zentrum Asiago (Prov. Vicenza); sie sind auf das 12. Jh. zu datieren; in den XIII Comuni im Gebiet von Verona (→Tredici Comuni), in Luserna (Prov. Trient) und den Nachbarorten Folgaria, Lavarone und S. Sebastiano (in letzteren hat seit wenigen Jahrzehnten das Italienische die zimbr. Mundart ersetzt). Das Fersen-(Fersina-)Tal östl. von Trient verdankt seine dt. Mundarten anscheinend bäuerl. Zuwanderern aus verschiedenen Tiroler Tälern, wie die betreffenden Dialektdifferenzen erkennen lassen. Weit verbreitete Spuren bair. Toponomastik, die auf – inzwischen völlig im ital. Umfeld aufgegangene – Niederlassungen hinweisen, finden sich in anderen Ortschaften des Gebiets v. Vicenza: Tonezza und Recoaro sowie weiter im N bei Rovereto. Aus dem hist. Urkundenmaterial, das durch linguist. Zeugnisse ergänzt wird, geht hervor, daß es sich um dt. bäuerl. Zuwanderer handelt (die ältesten Einwanderungsschübe gehen auf das 12. Jh. zurück), die von den Stadtherren als Waldarbeiter, Zimmerleute und Bergleute ins Land gerufen worden waren. Ihr handwerkl. Spezialistentum habe auch die ethn. Bezeichnung »Cimbri« beeinflußt, die von einigen Forschern mit dem mhd. »zimber-(man)« (Zimmermann, Holzarbeiter) in Zusammenhang gebracht wird. Andere Namensdeutungen fußten auf legendenhaften Traditionen; am meisten verbreitet ist den vicentin. Humanisten des 15. Jh. die Hypothese, es handele sich um Nachfahren der vom röm. Konsul Marius 102 v. Chr. besiegten »Zimbern«.

Der Großteil der Forscher (J. A. SCHMELLER, C. BATTISTI, E. KRANZMAYER) sieht im Z.en eine frühe Form des Mhd. mit vielen Übereinstimmungen mit den bair. Dialekten. Die bedeutendsten Textzeugnisse sind zwei Katechismus-Übersetzungen (1602 und 1813), neued. mit Kommentar und krit. Apparat von W. MEID, 1985. Stellenweise lebendig ist diese Restsprache noch heute in Roana (und im Ortsteil Mezzaselva), in den VII Comuni, in Giazza in den XIII Comuni, in Luserna im Trentino und in anderen dt. Sprachinseln im Nordosten Italiens: im Fersen-(Fersina-)Tal, Mocheni-Tal, Sauris, Sappada und Timau. M. T. Vigolo

Q.: W. MEID, Der erste zimbr. Katechismus. Christlike Unt Korze Dottrina, 1985 – DERS., Der Zweite zimbr. Katechismus. Dar Klóana Catechismo Vor Dez Béloseland, 1985 – J. A. SCHMELLER, Sog. Cimbr. Wörterbuch, das ist dr. Idiotikon der VII Comuni und XIII Comuni in den venetian. Alpen, hg. J. BERGMANN, 1855 – Lit.: C. BATTISTI, Il dialetto tedesco dei XIII Comuni Veronesi (Italia Dialettale VII, 1931), 64–114 – E. KRANZMAYER, Laut- und Flexionslehre der dt. zimbr. Mundart, hg. M. HORNUNG, 1981 – Le isole linguistiche di origine germanica nell'Italia Settentrionale, Atti del Convegno Asiago-Roana (Vicenza) – Luserna (Trento), hg. G. B. PELLEGRINI, S. BONATO, A. FABRIS, Istituto di cultura cimbra, 1984 – E. KRANZMAYER, Glossar zur Laut- und Flexionslehre der dt. zimbr. Mundart, hg. M. HORNUNG, 1984 – G. B. PELLEGRINI, Contatti linguistici cimbro-neolatini, Atti del Convegno di studi cimbri (Rovereto 1986), Accademia Roveretana degli Agiati, 1988, 9–28.

Zimelie (griech. Kostbarkeit, Kleinod, Schatz; Kirchenschatz), moderner Sammelbegriff für alles, was im Buch- und Bibliothekswesen außergewöhnl. wertvoll ist und durch seine buchkünstler. Ausstattung herausragt. Dabei können sowohl formale als auch inhaltl. Kriterien maßgebl. sein. Der Terminus ist nicht nur auf das »schöne« Buch beschränkt, sondern bezieht sich auch auf anderes Buchgut, wie etwa graph. Blätter, Globen, Landkarten oder Erstausgaben bedeutender Werke aus dem Bereich der Philosophie und Dichtkunst. Wesentl. ist immer die Einmaligkeit oder zumindest die Seltenheit sowie die Unersetzbarkeit des jeweiligen Objektes. Es zählen zu den Z.n gut erhaltene bzw. konservierte Papyri, ma. Hss., v.a., soweit es sich um hervorragende Dokumente der Buchmalerei handelt (Psalter Ludwigs d. Dt., Kl. Saint-Bertin von St. Omer, 2. Drittel 9. Jh., Berlin, Staatsbibl.

Ms. theol. lat. fol. 58; Heisterbacher Bibel, Köln ?, um 1240–50; ebd., Ms. theol. lat. fol. 379), ebenso Erzeugnisse der Buchdruckerkunst. Hier sind u. a. die mit Holzschnitten ausgestatteten Blockbücher zu nennen (Biblia pauperum, Heilsspiegel, Totentänze; Boccaccios »Von den berühmten Frauen«, Ulm, Johann Zainer, 1472; Hartmann Schedels »Weltchronik«, Nürnberg, Anton Koberger, 1493) sowie Inkunabeln bzw. Wiegendrucke (sog. Gutenberg-Bibel, Mainz 1455).

Vielfach kann auch seine äußere Gestaltung ein Buch zu einer Z. machen. Liturg. Bücher, z.B. Evangelienbücher und Sakramentare, wurden häufig mit sog. Pracht- bzw. Kleinodieneinbänden ausgestattet. Als materieller Träger der göttl. Überlieferung sollte auch mit der äußeren Form des Buches die Kostbarkeit des göttl. Wortes zum Ausdruck gebracht werden. Außer mit textilen Werkstoffen sind sie beidseitig oder nur auf dem Vorderdeckel, um das Auflegen zu erleichtern, mit Lederschnitt, Edelmetallen und Edelsteinen, Perlen, Emaileinlagen oder Elfenbeinschnitzereien aufwendig geschmückt. Anfangs wurden auf die Buchdeckel spätröm. elfenbeingeschnitzte Konsular- oder Kaiserdiptycha aufgearbeitet, deren antiken Bildgehalt man gelegentl. mittels Inschriften abänderte (Gregor-David-Diptychon, 6. Jh., S. Giovanni Battista, Monza). Ab dem 5. Jh. sind eigene Anfertigungen mit Themen aus der chr. Ikonographie gebräuchl. (Trierer Evangeliar, Roger v. Helmarshausen, 12. Jh.; Trier, Domschatz, Hs. 139/110/68 [Ornamenta Ecclesiae, hg. A. LEGNER, Ausst.-Kat. Köln 1985, I, Kat.-Nr. C20]). Bes. prächtige Ausstattungen besitzen die sog. Codex Aureus-Hss., die sich neben ihrem kostbaren Einband durch die Verwendung von Goldschrift und ihre reichen Illuminationen auszeichnen (Codex aus St. Emmeram Regensburg, um 870, München, Bayer. Staatsbibl. Clm. 14000; Echternacher Evangelienbuch, um 1030, Nürnberg, Germ. Nat. Mus. Hs. 156 142; Prachteinband: Inv.-Nr. KG 1 138). M. Grams-Thieme

Lit.: Lex. des Buchwesens, hg. J. KIRCHNER, 1953, II, 884 – RDK II, 1365–1384; bes. 1377–1380 [Bucheinband] – F. STEENBOCK, Der kirchl. Prachteinband im frühen MA, 1965 – O. MAZAL, Europ. Einbandkunst aus MA und NZ, 1970 – Z.n. Abendländ. Hss. des MA aus den Slg.en der Stiftung Preuß. Kulturbesitz in Berlin, 1975 – Glanz alter Buchkunst, hg. T. BRANDIS – P. J. BECKER, Ausst.kat. 1988–90 (Braunschweig 1988; Berlin 1989–90; Köln 1990).

Zimier → Zier

Zimmermann (mhd. *zimberman*, mnd. *timber-/timmerman*), Handwerker (→Handwerk), dem die Planung und Leitung bei der Baukonstruktion und bei dem Innenausbau mit Holz zukam (mhd. *zimber/zimmer* – 'Bau-, Grubenholz', 'Gebäude', 'Wohnung'), woher die lat. Berufsbezeichnung lignarius (zugleich 'Holzhändler') rührt. Im Ahd. bezeichnete *zimbar* (ae./neuengl. *timber*) das Bauholz und *zimbron* (got. *timrjan*) allg. das Bauen. Beide Begriffe zeigen das Vorherrschen der Holzbauweise im MA an. Dabei war der →Fachwerkbau bei der Errichtung von Häusern n. der Alpen bis ins SpätMA bestimmend und behauptete sich in den Städten des nordwestfäl.-niedersächs. Raumes wie der Normandie bis in die frühe NZ. In den großen kirchl. →Bauhütten hatten die →Steinmetze die Führung im →Baubetrieb inne. Da sich seit dem 15. Jh. die Steinbauweise zunächst beim →Bürgerhaus durchsetzte, verdrängten die Steinmetze die Zimmerleute in ihrer leitenden Position, die diese jedoch regional, im ländl. Bereich, bis ins 18. Jh. bewahrten. Die Arbeit des Z.s begann mit dem Fällen und Entasten der Bäume, was die lat. Berufsbezeichnung carpentarius (auch für den 'Wagner'/'Stellmacher') erklärt. Er benutzte dafür die langstielige Schrotaxt, die ebenfalls beim Spalten der Stämme unter Zuhilfenahme eines Holzhammers verwendet wurde. Auch die übrigen →Werkzeuge des Z.s haben sich von der Antike bis zur NZ kaum gewandelt. Hierzu gehören v. a. Schrot- und Spannsägen, mit denen Balken, Bohlen, Dielen und Bretter geschnitten und gelängt wurden, eine schwere Arbeit, die im SpätMA von Sägeknechten von Hand (Lippe 14. Jh.), dann auch durch Sägemühlen erledigt wurde. Mit dem einseitig geschärften Z.s- oder Breitbeil wurden Balken, Dielen und Bretter längs der Faserrichtung paßgenau behauen. Fuchsschwanz, Stich- und Lochsägen dienten zur Herstellung von Holzverbindungen, Stemmeisen und Hammer für die Bereitung von Profilen, Löffelbohrer zum Bohren der Löcher für Holznägel. Bei der Oberflächenbearbeitung kamen Hobel, Feile und Sandstein zum Einsatz. Maßstab, Reißstift, Stechzirkel, Richtscheit und Richtschnur sorgten für maßgenauen Zuschnitt und Konstruktion. Seit der Antike gab es ein weites Betätigungsfeld für Zimmerleute: Hierzu gehörte ursprgl. auch der Bau von Brücken, Mühlen, Flößen und Schiffen, den Amman in seinem Ständebuch noch 1567 ebenso wie die Errichtung von Verteidigungsblockhäusern als Z.sarbeit bezeichnet, was u. a. jedoch zur Ausbildung von Spezialberufen führte. Seit röm. Zeit war die Anfertigung von Kriegskatapulten aus Holz üblich (für Lüneburg im 14. Jh. belegt), eine techn. Leistung, die ihre Parallele in der Herstellung von →Kränen und Trettädern für die Lastenbeförderung am Bau und in Hafenanlagen fand (→Tretmühlen). Seit dem 13. Jh. entwickelte sich aus dem Handwerk des Z.s durch Spezialisierung auf den Möbelbau (→Möbel) der Beruf des →Tischlers. Zw. beiden entstand eine Konkurrenz beim Innenausbau, was die Anfertigung von Türen und Fenstern aus Holz (seit dem 14. Jh. vornehml. Tischlerarbeit) und von Vertäfelungen anbelangte. Die Anforderungen bei der Meisterprüfung zeigen an, was Ende des MA noch zur Arbeit eines Z.s gehörte (Nürnberg 1581): Er mußte demnach in der Lage sein, die gesamte Bauholzmenge zu kalkulieren, einen Riß für das Fachwerk zu entwerfen, →Treppen zw. den Stockwerken zu bauen sowie einen Dachstuhl (→Dach) nach örtl. Bauvorschriften zu erstellen. Fest in den Händen der Zimmerleute blieb auch der Gerüstbau, das Dielenlegen und Einrichten der Geschoßdecken. Im Baugewerbe gehörte der Z. häufig zu den Dauerbeschäftigten, sein →Lohn lag oft vergleichbar zu dem des Steinmetzen an der Spitze. Zünfte der Zimmerleute sind seit dem 13. Jh. belegt: 1244 in Regensburg, 1247 in Helmstedt, 1247/78 in Basel, Anfang des 14. Jh. in Frankfurt a. Main, Mainz und Worms, 1336 in Zürich. Sie forderten von den →Gesellen in aller Regel eine mehrjährige Wanderschaft sowie eine Muthzeit vor der Zulassung zur Meisterschaft. R. S. Elkar

Q.: →Handwerk – Lit.: G. BOETHIUS, Stud. i. den nordiska timmermannsbygnadskonsten från Vikingatiden till 1800-talet, 1927 – G. BINDING, U. MAINZER, A. WIEDENAU, Kleine Kunstgesch. des dt. Fachwerkbaus, 1975³ – C. A. HEWETT, English Historic Carpentry, 1980 – U. DIRLMEIER, R. S. ELKAR, G. FOUQUET, Öffentl. Bauen in MA und Früher NZ, 1991 – G. BINDING, Baubetrieb im MA, 1993.

Zimmern, Freiherren und Gf.en v., schwäb. Adelsfamilie mit bedeutender lit. Tätigkeit.

I. Das Haus Zimmern – II. Die Zimmerische Chronik.

I. DAS HAUS ZIMMERN: Stammsitz der seit dem Investiturstreit nachweisbaren Z. war *Herrenzimmern* am oberen Neckar (Baden-Württemberg, Krs. Rottweil). Nach Niedergang zu Beginn des 14. Jh. als Anhänger des geächteten Gf.en →Eberhard d. Erlauchten v. Württemberg gelang

der Wiederaufstieg durch Heirat *Werners v. Z.* († 1384) mit Anna, Truchsessin v. Rohrdorf (1319). Sie führte zum Erwerb der Herrschaft Meßkirch (1354), die neuer Herrschaftsschwerpunkt wurde. Werners Sohn *Johann* († 1441) konnte im Dienst des Pfgf.en, dann Kg.s →Ruprecht um 1400 die nördl. Meßkirch über der Donau gelegene Burg und Herrschaft Wildenstein erwerben (Alleinbesitz erst 1462). Dienstverhältnisse zu →Württemberg und →Habsburg brachten Johann und seinem Enkel *Werner* († 1483) weiteren Besitz, v. a. die Donauburg Gutenstein (1455) und die nahe Herrenzimmern gelegene Stadt und Herrschaft Oberndorf (1460) als habsbg. Pfandschaften. Als Werners Sohn, der gebildete und kunstliebende *Johann Werner* († 1496 [HEGI]), 1488 mit den übrigen Räten →Siegmunds v. Tirol geächtet wurde, besetzten die →Werdenberger, mit denen die Z. beim Ausbau ihres Machtbereichs in Konflikt geraten waren, seine Herrschaften. Dem Haus blieben nur die Besitztümer von Johann Werners unverheiratetem Onkel *Gottfried* († 1508) am Neckar sowie Wildenstein. 1496 gelang es den ältesten Söhnen Johann Werners, *Veit Werner* († 1499) und *Johann Werner* († 1549), Oberndorf einzunehmen. 1503 wurde Meßkirch erobert, was Ks. Maximilian 1504 anerkannte. 1508/09 teilten die Brüder Johann Werner und *Gottfried Werner* († 1554) den Besitz. 1517 erwarb der im Dienst verschiedener Höfe und als Kriegsmann weitgereiste Gottfried Werner Burg und Herrschaft Falkenstein an der Donau. Bauhistorisch bedeutend ist sein Neubau Wildensteins als frühnz. Festung, in der er, sein Interesse an dt. Heldensage bekundend, einen Grisaillen-Freskenzyklus (Dietrich v. Bern, Sigenot) anbringen ließ.

Wilhelm Werner († 1575), der auf sein Erbe verzichtet hatte, studierte in →Tübingen und →Freiburg, wurde 1510 →Hofrichter in →Rottweil, war 1529–42 Beisitzer am →Reichskammergericht, 1548–54 Kammerrichter. Seinen hist. und lit. Interessen sind u. a. eine fünfbändige Mainzer Bf.schronik sowie ein geistl. Erbauungsbuch (sog. »Z.sche Totentanzhs.«, Stuttgart, Württ. Landesbibl., Cod. Donaueschingen A III 54; →Totentanz, B. I) zu verdanken. Nach dem söhnelosen Tod Gottfried Werners wurde der Besitz in der Hand *Froben Christophs* († 1566) wiedervereinigt. Mit seinem Sohn *Wilhelm* starb die Mannesstamm 1594 aus. Die habsbg. Pfandschaften (→Vorderösterreich) fielen an Österreich zurück. Herrenzimmern und Seedorf wurden von den Erben an Rottweil verkauft. Meßkirch mit Wildenstein und Falkenstein erwarb Georg II. v. →Helfenstein für 400000 fl. durch Auszahlung der Miterben seiner Frau *Apollonia v. Z.* 1627 kam die Herrschaft an →Fürstenberg.

II. DIE ZIMMERISCHE CHRONIK: Die Bekanntheit des Hauses Z. beruht v. a. auf der im 19. Jh. von der Forsch. wiederentdeckten Chronik (→Chronik, C. II, III). Verfasser war *Froben Christoph*, * 19. Febr. 1519 in Mespelbrunn, † 1566; Sohn Johann Werners und der Katharina, Schenkin v. →Erbach, studierte er in →Tübingen, →Bourges, →Löwen und →Angers, ∞ 1544 Kunigunde v. →Eberstein. Nach Herrschaftsantritt setzte er sich energ. für die Konsolidierung des vernachlässigten Besitzes ein. Seinen Erfolg krönte er, indem er mit dem Bau des Schlosses Meßkirch (ab 1557) die frz. Renaissancearchitektur in Schwaben einführte. Parallel zum Wiederaufschwung des Geschlechts sollte die Chronik dessen Herkommen und Bedeutung belegen, auch um den noch jungen Gf.entitel (1538) zu rechtfertigen. Die Chronik ist in zwei Hss. überliefert (Stuttgart, Württ. Landesbibl., Cod. Donaueschingen, 580, 581; ehem. Fsl. Fürstenberg. Hofbibl.). Das wohl als Reinschrift gedachte Pergamentexemplar wurde zum Konzept für das Exemplar auf Papier. Dieses wiederum zeigt mit seinen umfangreichen Nachträgen, daß die Chronik beim Tode ihres Verf.s unvollendet war. Da das eigene Archiv schon z. Zt. der Abfassung nicht über das 13. Jh. zurückreichte, griff der Verf., dem wohl auch Notizen seines Onkels Wilhelm Werner vorlagen, auf fremde Archive zurück und stand in Kontakt mit gelehrten Humanisten. An Lit. wurden sowohl ma. Schriften als auch zeitgenöss. Abhandlungen über ma. Geschichte verwendet, ohne diese zu trennen. So sind die Kapitel über die Frühgesch. der Z. Kompilationen ohne hist. Wert. Dies gilt im wesentl. bis sich der Chronist ab Beginn des 14. Jh. auf dichtere Überlieferung stützen kann. Danach schreibt er den Quellen folgend eine umfassende Familiengeschichte. Daß hierbei zahllose, oft moralisierende und z. T. recht derbe Anekdoten einfließen, hat der Chronik den Vorwurf eingebracht, ein Schwankbuch zu sein. Doch ist sie gerade aufgrund dieser vom Verf. ausdrückl. zur Erbauung des Lesers eingefügten Geschichten eine wichtige Quelle der Volkskunde und Rechtsgeschichte. Sie bietet ein Spiegelbild der adligen Gesellschaft SW-Deutschlands am Übergang vom MA zur Frühen NZ.   H. Kruse

Q.: Zimmerische Chronik, ed. K. A. BARACK, 4 Bde, 1881–82² – Die Würzburger Bf.schronik des Gf.en Wilhelm Werner v. Z., ed. W. ENGEL, 1952 – Die Eichstätter Bf.schronik des Gf.en Werner v. Z., ed. W. KRAFT, 1956 – Die Chronik des Gf.en v. Z., ed. H. DECKER-HAUFF, Bd. 1–3 [alles ersch.], 1964–72 – Die sog. »Totentanzhs.« des Gf.en Wilhelm Werner v. Z. ... (N. H. OTT u. a., Kat. der dt.sprachigen ill. Hss. des MA, I, 1991), 304–328 – *Lit.*: H. RUCKGABER, Gesch. der Gf.en v. Z., 1840 – O. FRANKLIN, Die freien Herren und Gf.en v. Z., 1884 – F. HEGI, Die geächteten Räte des Ehzg.s Sigmund v. Österreich, 1910 – B. R. JENNY, Gf. Froben Christoph v. Z., 1959 – Hist. Stätten Dtl. VI, s.v. Herrenzimmern, 280f.; Meßkirch, 440f.; u. a. – K. S. BADER, Zur späteren Hausgesch. der Gf.en v. Z., Zs. für Hohenzoller. Gesch., 1977, 119–128 – V. SCHÄFER, Hochadelsherrschaft am oberen Neckar (Zw. Schwarzwald und Schwäb. Alb, hg. F. QUARTHAL, 1984) – G. WOLF, »Alhie mueß ich ain gueten schwank einmischen«. Zur Funktion kleinerer Erzählformen in der Z.n Ch. (Kleinere Erzählformen im MA, hg. K. GRUBMÜLLER u. a., 1988), 173–186 – DERS., Froben Christoph v. Z. (Dt. Dichter der frühen NZ, hg. ST. FÜSSEL, 1993), 512–528 – M. CURSCHMANN-B. WACHINGER, Der Berner und der Riese Sigenot auf Wildenstein, PBB 116, 1994 – G. WOLF, Inszenierte Wirklichkeit und lit. Aufführung. Bedingungen und Funktion der 'performance' in Spiel- und Chroniktexten des SpätMA ('Aufführung' und 'Schrift' in MA und Früher NZ, hg. J.-D. MÜLLER, 1996) – Die Z.nsche Anamorphose und andere Augenspiele aus den Slg.en des Germ. Nationalmuseums (Kat. TH. ESER), 1998.

Zimt(baum) (Cinnamomum-Arten/Lauraceae). Hauptlieferant für eines der ältesten →Gewürze: die getrocknete und röhrenartig eingerollte (sofern nicht gepulvert), als wichtigsten Bestandteil ein äther. Öl enthaltende und daher charakterist. duftende Zweiginnenrinde der Z.bäume ist einmal die aus S-China stammende, auch Chin. Z.baum gen. Z.kassie (C. aromaticum Nees), die dort bereits im 3. Jt. genutzt und schon in vorchristl. Zeit in den Nahen Osten exportiert wurde; zum anderen der auf Ceylon und in SW-Indien heim. Ceylon-Z.baum (C. verum J. S. Presl), dessen – im übrigen feinere – Rinde den Griechen und Römern ebenfalls bekannt war. Die zahlreichen im Handel befindl., nicht selten mit minderwertiger bzw. verfälschter Ware durchsetzten Z.sorten erschwerten indes eine exakte Identifizierung (Dioskurides, Mat. med. I, 13 und 14), zumal deren tatsächl. Ursprung – nicht zuletzt aufgrund mancher, den Marktpreis durchaus steigernder Fabelberichte (Plinius, Nat. hist. XII, 85–94) – unklar blieb. So läßt sich denn auch im ma. Schrifttum nicht eindeutig erkennen, welche Z.art unter den Namen *cas(s)ia lignea* oder *xilocas(s)ia* (meist so genannt zur Ab-

grenzung von cas(s)ia [fistula→Röhrenkassie]) und *cin(n)am(om)um* (MlatWb II, 326f. und 585f.) jeweils zu verstehen ist; dies um so weniger, als man die schon bei den antiken Autoren verwirrenden Angaben nicht nur weitgehend übernahm, sondern bisweilen auch miteinander vermengte bzw. verwechselte (Macer, ed. CHOULANT, 2147–2164; Circa instans, ed. WÖLFEL, 31f. und 33f.; Albertus Magnus, De veget. VI, 64–67 und 71–74; Konrad v. Megenberg IVB, 7–9) und bis zur Mitte des 16. Jh. – trotz früherer Augenzeugenberichte einzelner Reisender (→Ibn Baṭṭūṭa oder Niccolò dei →Conti) – Unsicherheit über die wahre Herkunft des Z. es herrschte. Dessen ungeachtet war *ziment* bzw. *zymetrynden* oder *kanel* (von lat. canella 'Röhrchen') im MA als kostbare und dementsprechend teuer gehandelte Spezerei ebenso hochgeschätzt wie als vielfältig – auch in Form von Räucherungen – verwendetes Arzneimittel, das u. a. gegen Sehschwäche, Husten und Schnupfen, Appetitlosigkeit, Mundgeruch und faules Zahnfleisch, Epilepsie, Schwindel und Gliederzittern, Herz- und Magenbeschwerden, Milz- und Leberverstopfung, Wassersucht, Nieren-, Blasen- und Gebärmutterleiden sowie gegen giftige Tierbisse wirksam sein sollte (Minner, 73 und 97f.; Gart, Kap. 113 und 126). P. Dilg

Lit.: MARZELL I, 1005, 1373 und 1385 – W. HEYD, Gesch. des Levantehandels im MA, II, 1879, 659–665 – J. HUBAUX–M. LEROY, Vulgo nascetur amomum, Mél. BIDEZ, I, 1934, 505–530 – W. GÖPFERT, Drogen auf alten Landkarten und das zeitgenöss. Wissen über ihre Herkunft, II [Diss. Düsseldorf 1985], 781–802 – H. KÜSTER, Wo der Pfeffer wächst. Ein Lex. zur Kulturgesch. der Gewürze, 1987, 285–288 – M. ZOHARY, Pflanzen der Bibel, 1995³, 202f.

Zingulum → Cingulum, →Kleidung, II

Zink, metall. Element, in ma. Verhüttungsüberresten (Schlacken) häufig nachzuweisen; in Z.erzen wie Z.blende und Z.spat (→Galmei) abgebaut; im Legierungsbestandteil Kupfer des →Messings bedeutsam. Annähernd reines Z., nicht zu den sieben »klass.«, auch alchemist. Metallen (→Alchemie, III, 1) gehörig, entstand vor dem 16. Jh. nur als zufälliges Hüttennebenprodukt. Als Namengeber wirkte→Paracelsus: »der zinken« (zuerst 1526), danach entlehnt in andere europ. Sprachen.
K.-H. Ludwig

Lit.: GRIMM, DWB XXXI, 1395ff. – G. LAUB, Metall. Z. im antiken Europa und seine frühnz. Gewinnung aus Harzer Erzen, Technikgesch. 64, 1997, 77–102.

Zink, Burkard, schwäb. Kaufmann und Chronist, * um 1396 in Memmingen, † 1474/75 in Augsburg; er war viermal verheiratet und hatte zahlreiche Kinder. Elfjährig begab er sich zu seinem Oheim nach Krain und besuchte in Reifnitz die Schule. Nach einer Wanderzeit als fahrender Scholar zog Z. in Augsburg zu, wo er an Handelsgeschäften teilhatte. Zeitweise stand er in städt. Diensten. Der Rat sandte ihn als Boten zu Kg. Siegmund nach Ungarn und zum Augsburger Prokurator nach Rom sowie als merkantilen Unterhändler nach Venedig. Er wurde Waagemeister, ab 1459 Zinsmeister. Eine Handelsreise führte ihn bis nach Rhodos. Als wohlhabend gewordener Mann gab Z. die Geschäfte auf. Er sammelte religiöse und moral. Gedichte und Fabeln (u.a. →Disticha Catonis), kann aber nicht zu den Frühhumanisten gerechnet werden. Wohl erst nach 1450 begann er, eine dt. Chronik in vier Büchern abzufassen (I: eine Abschrift und Überarbeitung der ältesten Augsburger Bürgerchronik 1368–1406; II: über die Jahre 1401–68; III: eine Familienchronik und Selbstbiographie; IV: über die Gesch. Augsburgs 1416–68). Das Werk zeichnet sich durch eine individuelle und anschaul. Darstellungsweise aus. Z. sah die gottgewollte Ordnung in der Stadt durch unzufriedene Gruppen (Zünfte) bedroht.

Er fürchtete Anschläge der Fs.en gegen die Reichsstädte und rief diese zur Einigkeit auf. Tieferen Einblick in die polit. Situation hatte er nicht. →Stadtchronik, II.
K. Schnith

Ed.: Chronik des B. Z., hg. F. FRENSDORFF (= Chr. dt. Städte, V, 1866) – Lit.: H. SCHMIDT, Die dt. Städtechroniken..., 1958 – K. SCHNITH, Die Augsburger Chronik des B. Z. [Diss. München 1958] – H. WENZEL, Die Autobiographie des späten MA und der frühen NZ, II, 1980, 44–50 – J. ROGGE, Vom Schweigen der Chronisten (Literar. Leben in Augsburg während des 15. Jh., hg. J. JANOTA–W. WILLIAMS-KRAPP, 1995) [Lit.].

Zinn (lat. stannum), weiches, silberglänzendes Metall, das in Verbindung mit verschiedenen anderen Metallen, außer mit Blei, härtere Legierungen bildet, mit →Kupfer, bei Anteilen von 10–30%, die bedeutsame →Bronze; den sieben »klass.« Metallen zugehörig, in der Astrologie dem Jupiter zugeordnet.

I. Technikgeschichte. – II. Kunstgeschichte.

I. TECHNIKGESCHICHTE: [1] *Vorkommen und Gewinnung:* Europ. Lagerstätten waren im MA begrenzt auf England (Devon, →Cornwall, II), kontinental auf das sächs./böhm. Erz- und das Fichtelgebirge. Urkundl. belegt ist Z. im Wortlaut »venas plumpi et stanni« 1150 in einer – der Echtheit nach fragl. – Schenkung Kg. Konrads III. an das Kl. Corvey, danach in der ausführl. engl. Z.ordnung des »De Wrotham's Letter« v. 1198, der vergleichbare kontinentale Gegenstücke in jüngerer Zeit folgen: Vertrag zw. dem Mgf.en v. Meißen und den Herren v. Wolkenstein über das Z.werk Ehrenfriedersdorf 1377. – In Z.seifen wurde weitgehend reines Metall gewonnen (*stream tin*), ursprgl. gebildet aus Z.stein, aber schon urzeitl. durch Naturkräfte gelöst. Örtl. daneben konnte das Metall in kleinen Partikeln, auch Graupen (vgl. den Namen des örtl. Reviers Graupen im böhm. Erzgebirge, urkundl. zuerst 1305) und Zwitter, Anteilen von durchschnittl. 0,3 % im Granitgestein, vorkommen, so daß es im Tiefbau (*mine tin*), ggf. im Stockwerksbergbau wie in den Z.stöcken von Altenberg und Zinnwald/Cinowe, durch Feuersetzen sowie Hau- und Wegfüllarbeit gewonnen, im Erz durch Rösten, – auch mechan. – Mahlen und Pochen sowie Schlämmen mühsam aufbereitet und in der Schlich- oder Derbschmelze ausgebracht werden mußte. Das Endprodukt kam in Form von Barren, Blöcken, Kuchen, Zainen (Z.!) oder, in ausgegossenen Streifen zusammengerollt, in Form von Ballen z. in den seit dem 13. Jh. zahlreichen Zollbestimmungen dokumentierten, um 1500 in Sachsen versuchsweise auch monopolist. betriebenen Handel. Anfang des 16. Jh. belief sich die ansteigende europ. Z.produktion auf etwa 1000 t jährl., über die Hälfte davon, etwa gleich wie im 13. Jh., in England.

[2] *Verwendung:* Gegen die überlieferte Legende, wonach Papst Urban I. (222–230) geboten habe, die Eucharistie nur mit Kelchen und Patenen aus Edelmetall zu feiern, nutzten zumindest ärmere Kirchen für vasa sacra auch Z. Eine »ampulla stagnea« verzeichnet um 810 das Inventar v. Staffelsee. Z. erscheint danach als Hauptbestandteil zahlreicher kleiner Grabkelche und bildet in der Legierung mit Kupfer den Rohstoff für den roman. Bronzekunstguß. →Theophilus beschreibt in seiner »Schedula« 1122/23 neben Stanniol aus »stagnum purissimum«, das, eingefärbt, Blattgold ersetzt, die Herstellung von Meßkännchen aus Z., dazu die Verwendung des Metalls bei der Herstellung von Glocken, Zimbeln, Lot für Bleiruten und, wie von altersher, als Lötlegierung, aber auch zum Verzinnen, insbes. kleiner Kupferbleche im Tauchbad. »Zin anderhalp am glase«, mit Z.folie hinterlegtes Glas für einen Spiegel, erscheint im Epos des →Parzival (1, 20). In

den Städten bildete sich im 13. Jh. die Berufsgruppe der Z.- oder →Kannengießer heraus, in Nürnberg 1285 erwähnt (Abb. eines Z.gießers und einer Z.drehbank im Hausbuch der Mendelschen Zwölfbrüderstiftung, →Mendel). Zunftrollen der Z.gießer enthalten Bestimmungen über die Z.probe zur Kontrolle der Legierung von Z. und (billigerem) Blei (bis etwa 10%) sowie über die Zeichen (Stadt-, Meister-, Qualitätsz., →Beschauzeichen) zur Normung des Exportguts Z.gerät, Z.geschirr, auch verzinntes Eisenblech (Weißblech), dessen Produktion in Wunsiedel/Fichtelgebirge seit 1421 belegt, aber wohl älter ist. K.-H. Ludwig

Lit.: E. S. HEDGES, Tin in Social and Economic History, 1964 – Cín v dějnách vědy, techniky a umění, ed. J. MAJER, 1970 – J. HATCHER, English Tin Production and Trade before 1550, 1973 – H. WILSDORF, W. QUELLMALZ, G. SCHLEGEL, Das erzgebirg. Z. in Natur, Gesch. und Technik, 1988³.

II. KUNSTGESCHICHTE: Trotz etlicher Belege (s. I.2 und Lit.) gibt es keine überkommenen Kännchen, Kelche, Krüge und Schüsseln. Vielleicht entsprachen die Formen der reichlich erhaltenen frk. Keramik. Einzige Ausnahmen sind Ampullen aus Palästina für hl. Wasser oder Öl z.T. mit christl. Reliefmotiven aus dem 6./7. Jh. Eine aus dem ndt.-ndl. und skand. Raum stammende Gruppe von gedrungenen Krügen des 14. und 15. Jh. könnte die Nachfahren der Krüge aus dem frühen MA sein. Wegen ihrer Fundorte nennt man sie Hansekannen. Es gibt Typen ohne und solche mit Fußzone. Die Gefäßkörper des 14. Jh., deren Teile sich klar voneinander absetzen, sind breit und niedrig, verengen sich nach oben, werden am oberen Rand wieder erweitert, auf dem ein leicht gewölbter Deckel mit Scharnier am Henkel sitzt, der S-förmig geschwungen und mit Ornamenten reliefiert ist. Im 15. Jh. strecken sich die Krüge im Sinne des got. Stilprinzips. Ähnlichkeit zeigen die drei frz. (?) Kannen mit Ausgußrohren aus dem 14. Jh. des Baseler Münsterschatzes. Sie entsprechen damit den Gestaltungen anderer Landschaften wie denen vom Niederrhein. Die birnenförmigen Kannen (meist mit Ausgußrohr oder Schnauze) des 14. und 15. Jh. dieses Gebietes sind nicht in einzelne Abschnitte gegliedert, sondern bilden ein organ. Ganzes. Die mainfrk. Kannen des 14. und 15. Jh. – unten gebaucht und ohne abgesetzten Fußrand – zeigen eine ausgeprägte Schulter und einen langen, halsartigen, eingeschwungenen Oberteil sowie geknickte Bandhenkel. Verwandtschaft zu diesen Gefäßen haben Krüge des 15. Jh. aus Schlesien, deren Oberteile allerdings weniger schlank gestaltet sind und deren obere Ränder nicht so stark auskragen. Die Stilmerkmale der Gotik sind am deutlichsten an den Balusterkannen Nordostdeutschlands aus dem 15. und 16. Jh. ablesbar. Sie weisen einen breiten Standring auf, über dem sich ein schlanker, balusterförmiger Korpus erhebt. Die eindrucksvollsten Zeugnisse der spätma. Z.gießerkunst sind die z. T. über 70 cm hohen, mit Ablaßhähnen versehenen schles. Schleifkannen der Zünfte. Ihre Körper bestehen aus nach oben leicht enger werdenden Zylindern, die durch Maßwerkfacetten mit gravierten Hl.n die Vertikaltendenz betonen. Die schmalen Fußringe stehen auf kleinen Quadern mit hockenden Löwen. Die Deckel sind flach, mit Scharnieren an den mächtigen Bandhenkeln befestigt und werden durch Löwen bekrönt, die z.T. Wappen halten. Nicht ganz so hoch sind die in Süddeutschland im 15. Jh. gefertigten gefußten Kannen für die Räte der Städte. Die früheste ist 1483 datiert. Die Kannen haben einen breiten Standteller, aus dessen Mitte ein Schaft aufsteigt, der den kugeligen Hauptkörper mit langem einschwingendem Hals trägt. In der Schweiz ließen sich die Räte einen gedrungenen Kannentyp mit Ausgußrohr und bewegl. Bügelhenkel anfertigen. Im Rheinland entstanden im 15. Jh. linsenförmige Platt-(Feld-)flaschen mit zwei Ösen. Diese Grundform gibt es auch als Schenkgefäß mit Henkel. In Böhmen entwickelten sich in der Gotik Taufkessel mit drei Beinen. Geräte aus Z. wie Teller, Schüsseln, Becher oder Kelche waren im MA üblich, wie in vielen Darstellungen der Zeit dokumentiert ist. Es existieren jedoch nur wenige Exemplare. Auch haben sich einige got. Hostiendosen und Kästchen sowie durchbrochene Pilgerabzeichen und vollplast. Figuren erhalten. G. Reinheckel

Lit.: O. LAUFFER, Spätma. Z.funde aus Hamburg (Mitt. aus dem Mus. für Hamburg. Gesch., 4, 1913) – K. BERLING, Altes Z., 1919 – F. A. DREIER, Die ma. Baluster-Z.kannen Nordostdeutschlands, ZKW XIII, 1959, 31ff. – H. U. HAEDEKE, Z., 1963 [Lit.].

Zinnober (gr. κιννάβαρι, lat. cinnabaris [meist aber: minium], mlat. cinnabrium, cenobrium, daraus mhd. cinnabar, cynober), Quecksilbersulfid (HgS). Die Zuordnung der Namen zur Substanz ist seit der Antike von Unklarheiten und Verwechslungen geprägt. Mit →Mennige (minium; Bleioxid) ist Z. die wichtigste rote mineral. Farbe v.a. in ma. →Buch-, →Tafel- und →Wandmalerei. Bei Plinius, Vitruv u.a. beschrieben, den Arabern als *zunǧufr* bekannt, fußen die ma. Farbrezepturen mit Z. meist auf dem Lucca Ms. (→Compositiones ad tingenda musiva), dann u.a. auf →Theophilus Presbyter. Seit dem 13. Jh. ist neben minium und vermiculum auch cynober in der Benennung nachweisbar. Gefördert wurde es in span. Quecksilbergruben, während die Herstellung aus →Quecksilber und →Schwefel in der →Alchemie (auch bedingt durch die intensive Farbentstehung) ein Beweis der angenommenen Entstehung der →Metalle aus diesen beiden Stoffen (→Elemente) zu sein schien. Daher ist Z. zusammen mit Sal ammoniacum (Salmiak) oft als Ausgangsstoff für das Vorhaben der →Transmutation genutzt worden. Dies wird häufig auch in der Lit. als alchemist. Topos beschrieben (u.a. →Heinrich v. Mügeln; artes-Lit.). G. Jüttner

Lit.: H. BLÜMNER, Technologie und Terminologie der Gewerbe und Künste bei den Griechen und Römern, I–IV, 1875ff. – E. E. PLOSS, Ein Buch von alten Farben, 1967² – D. GOLTZ, Studien zur Gesch. der Mineralnamen, SudArch Beih. 14, 1972.

Zins

I. Wirtschaftsgeschichte – II. Grundherrschaft.

I. WIRTSCHAFTSGESCHICHTE: Vom lat. →census leitet sich ursprgl. 'Abschätzung' her, dann folgen mit einem breiten Bedeutungsspektrum, einschließl. 'Steuerkataster', 'Vermögen' und schließlich 'Abgabe'. Letztere Bedeutung hat sich im MA auch mit dem Lehnwort Z. durchgesetzt. Damit werden alle Abgaben besitzrechtl., personenrechtl. und hoheitsrechtl. Art sowie Natural- und Geldabgaben erfaßt. Für den Geldkapitalz. gab es in der röm. Antike die Begriffe fenus und usura. Ersterer ist im MA wenig gebräuchl., der letztere wurde in der Sprache der Kirche zum Terminus technicus für den verbotenen Z. Von weltl. Seite wurde dieser Begriff entweder umgangen – man kaufte Geld gegen Geld –, oder man unterschied zw. Hauptgut und Gesuch (lat. auch labor). Weiterhin ist der Gebrauch des Wortes Z. in der verengten Bedeutung von Geldkapitalz. zu beobachten.

Die Gesch. dieses Z.es wird von der kirchl. Verbotspolitik geprägt, die Z.verurteilungen der griech. und röm. Moralphilosophie mit bibl. Argumenten fortsetzt. Die kirchl. Gesetzgebung beginnt mit den Verboten des Z.nehmens an Kleriker (314/315). Die Karolinger weiten das Verbot auf die Laien aus (MGH Cap. 1, 54, 132, 183).

Im HochMA wurden die Strafen verschärft und die Wucherer (→Wucher) als Häretiker eingestuft. Diese Verbote haben zu Umgehungsstrategien geführt, als deren wichtigste das Wechselgeschäft anzusehen ist, das aber gleichzeitig in andere Zusammenhänge gehört. Außerdem bevorzugte man die indirekte Geldleihe wie die Beteiligung an Handelsgeschäften, auch mit festverzinsl. Einlagen, den Warenkredit (mit Berücksichtigung einer Verzinsung im Warenpreis) und den →Rentenkauf, vergleichbar der heutigen Beleihung von Hypotheken. Am letzteren beteiligte sich die Kirche selbst in reichem Maße, obwohl er im 14. Jh. vorübergehend ebenfalls in den Verdacht des unerlaubten Wuchers geriet. Nur bei der Leibrente war der Rentenkauf immer unbestritten. Denn hier deckte sich die Verzinsung mit der Rückzahlung des Kapitals. Auch im Pfandgeschäft konnte man Geld anlegen und direkt oder durch die Nutzung des →Pfandes (→Pfandleihe) indirekt Z.en einnehmen. Beides wurde durch die Kirche bekämpft und eingeschränkt. Die Pfandnutzung, die v. a. bei der Verpfändung von Immobilien, Herrschaftsrechten und Einkünften möglich war, wurde nur dann von der Kirche uneingeschränkt zugelassen, wenn die Nutzung auf das Kapital angerechnet wurde, was man Totsatzung oder *Vifgage* nannte. (Man beachte, im Frz. wurde umgekehrt die Nichtanrechnung der Nutzung *mortgage* genannt.)

Bei der Betrachtung eines Kapitalmarktes und der Konjunktur der Z.en ist die starke Aufsplitterung der Geldleihe und der Verzinsungsformen zu beachten. Vergleichbar sind nur Z.en der gleichen Art. In der jüngeren Röm. Republik hatte sich für ein Gelddarlehen der Z.satz 12% eingebürgert. In der Zeit Justinians wirkte sich die kirchl. Meinungsbildung aus, und der Z.satz wurde gesenkt und gleichzeitig aufgesplittert. Für Regelfälle betrug er 6%, für Kaufleute und Bankiers 8%, für das Seedarlehen hatte er die alte Höhe von 12%. Im MA gehen mit der →Geldwirtschaft zunächst auch die Nachrichten über Z.en zurück. Ansätze zur Kapitalverzinsung finden sich in den →Responsen-Slg.en rhein. Juden im 10. und 11. Jh., allerdings nur in Geschäften zw. Juden und Christen. Die Juden untereinander nahmen keinen Z. In Rom gab es im 11. Jh. cambiatores, die sich auch mit Kreditgeschäften befaßten. Einmal wird ein Z.satz von 20% genannt. Im 12. Jh. kommen außerdem Nachrichten aus Genua, Pisa und Venedig. Der Z.satz konnte bis zu 25% steigen. Im 13. Jh. wird in Italien in kaufmänn. Büchern und in der Gesetzgebung vielfach von Z.sätzen gesprochen. Letztere trägt der kirchl. Einstellung insofern Rechnung, als sie für eine Ermäßigung der Z.sätze durch Höchstsätze sorgt. Dadurch scheinen die Z.en auf 15% oder sogar 10% gesenkt worden zu sein. Auf den →Champagnemessen wurde vereinbart, daß bei Zahlungsverzug über den vereinbarten Messetermin hinaus 60% zu zahlen seien.

Im 14. und 15. Jh. lag erneut ein Druck auf den Z.en, dessen Ursachen noch nicht vollends erforscht sind und der sicherl. nicht allein durch kirchl. Einfluß zu erklären ist. Auch die Schwierigkeit, für mehr und mehr verfügbares Kapital eine Anlage zu finden, dürfte eine Rolle gespielt haben. In Hamburg wird schon um 1300 durch den Rat die Verzinsung im Rentenkauf von 10% auf 6,66% gesenkt. Auswärtigen, den Lübeckern, wurden nur 5% eingeräumt. Da die Renten eine Grundstückssicherung brauchten, konnte das Rentenkreditvolumen im ganzen nicht die obere Grenze des belastbaren Grundstücksvermögens überschreiten. In Hamburg scheint diese Grenze im 15. Jh. erreicht worden zu sein. In Franken sank der Z.satz um 1400 beim Kauf von Feudalrenten von 10% auf 5%. Hier dürften ähnl. Gründe vorgelegen haben. Die Z.entwicklung wäre ein durchaus doppeldeutiges Zeugnis der wirtschaftl. Lage: gute Ertragsverhältnisse für die Kapitalsammlung stehen geringen Investitionsmöglichkeiten gegenüber. Ob andere Z.arten diese Beobachtungen bestätigen, ist noch zu erforschen. Es versteht sich, daß die Z.en für Leibrenten zu allen Zeiten höher, die Z.en der Juden für Fahrnispfand (= Faustpfand; →Fahrhabe) noch höher waren.

Die raffinierteste Ausgestaltung der Z.geschäfte beobachten wir bei dem Staatsanleihen-Konsortium der →Casa di San Giorgio in Genua, den Z.en, *lire di paghe* (die übrigens vom 14. Jh. zum 15. Jh. von 7% auf 3% sanken), nicht ausbezahlte, sondern als →Buchgeld kursieren ließ und für die eine Kapitalertragssteuer zu zahlen war. Durch Vorweg-Ausgabe und verzögerte Rücknahme an Zahlungstatt machte das Konsortium diese *lire di paghe* zu einem Spekulationsobjekt mit zusätzl. Gewinnchancen.

R. Sprandel

Lit.: A. Schaube, Handelsgesch. der roman. Völker des Mittelmeergebietes bis zum Ende der Kreuzzüge, 1906 – M. Kaser, Das Röm. Privatrecht, HAW X, 3, 3, 1955, 1, 415f. [klass. Zeit]; 1959, 2, 248–250 [nachklass. Zeit]; 1971² – J. T. Noonan, The Scholastic Analysis of Usury, 1957 – J. Le Goff, Au MA: Temps de L'Église et temps du marchand, Annales, 1960, 417–433 [spätere Wiederabdrucke] – J. Heers, Gênes au XVᵉ s., 1961 – A. Agus, Urban Civilisation in Pre-Crusade Europe, 1965 – R. Sprandel, Das ma. Zahlungssystem nach hans.-nord. Q.n des 13.–15. Jh., 1975 – H.-P. Baum, Hochkonjunktur und Wirtschaftskrise im spätma. Hamburg, 1976 [Lit.] – H.-J. Gilomen, Die städt. Schuld Berns und der Basler Rentenmarkt im 15. Jh., Basler Zs. für Gesch. und Altertumskunde, 1982, 5–64 – Hochfinanz, Wirtschaftsräume, Innovationen (Fschr. W. v. Stromer, 1, 1987) – M. A. Denzel, La practica della cambiatura, 1994.

II. Grundherrschaft: Z. (lat. census) umfaßt als Sammelbezeichnung alle grundherrl. →Abgaben in Naturalien oder Geldablöse im Gegensatz zu Dienstleistungen (servitium). Im Laufe des MA entwickelten sich mehr und mehr zwei Hauptformen: der Grundz. für die Bodenleihe und der Leibz. als Kopfz., Heirats- und Todfallabgabe (→Besthaupt, →Gewandfall). Für das FrühMA ist umstritten, in welchem Umfang merow. Kg.e, die röm. Grundsteuer fortführend, einen fiskal. Z. erhoben (auch Zehnt gen.). Im 9. Jh. ist eine Unterscheidung zw. fiskal. und kirchl. Zehnt kaum mehr möglich. Die Z.erhebung scheint in die Hände der Grundherren übergegangen zu sein. Der Grundz. als Quasi-Pacht ist nach karolingerzeitl. Kapitularien und Konzilsbeschlüssen neben Zehnt und Nonen auch für die auf kgl. Gebot ausgegebenen →Benefizien (precariae verbo regis) an die ausgebenden Kirchen zu entrichten. Auch die Abgabe der homines de capite in Form von Wachs oder Geld ist als früher Leibz. anzusehen, der ihre Zugehörigkeit zu einer Institution dokumentiert (→Zensualen). Über Art, Umfang und Höhe des Z.es geben Güter- und Einkünfteverzeichnisse (→Polyptychon, Liber possessionum, Liber censualis, Lagerbuch etc.) der jeweiligen Grundherren Auskunft, die seit dem frühen 9. Jh. von überwiegend kirchl. Institutionen erhalten sind, ferner Prekarie- und seit dem SpätMA Pachtverträge. Die Art des Z.es wurde von den Bodenverhältnissen und der landwirtschaftl. Nutzung der Liegenschaften beeinflußt, z.B. Weidewirtschaft, Ackerbau, Mühlen, Sonderkulturen wie Weinanbau; Umfang und Höhe des Z.es hingen zunächst vom rechtl. Status der Bauernstelle (mansi ingenuiles, lidiles, serviles) und ihres Halters (Freier, Lite, Knecht) ab und waren zudem regional unterschiedl. In karolingerzeitl. →Grundherrschaften werden an Z.en im einzelnen erwähnt: Status- oder Anerkennungsz. (→Rekognitionsz.); Heeresabgabe (hostili-

tium, teils carnaticum, herbaticum) in Form von Karren, Fleisch, Wein oder Geldablöse; Weideabgabe für die mit der Hofstelle verliehenen Mast- und Weiderechte; Holzabgaben für die Waldnutzung (bereits in der Merowingerzeit als pascuarium bzw. agrarium belegt); Vieh- und Getreideabgaben; Z. auf Produkte wie Wachs, Schindeln, Eisen, Pech u. a.; Geldz. zumeist als Ablöse für Frondienste; Abgaben oder Geldleistungen für den Kg. (eulogiae, paraveredum etc.). Der Z. war in der Regel einmal im Jahr (census annualis) zu regional variierenden Terminen abzuführen. Obgleich es wegen der Streulage des Grundbesitzes bereits im 9. Jh. reine Z.höfe ohne Frondienste gab, zielt die frühma. Grundherrschaft primär auf das Erbringen der Dienstleistungen ab. Die häufige Umwandlung der sog. Villikationsverfassung (→Villikation) in die Renten- oder Abgabengrundherrschaft ist vielfach erst eine Entwicklung des 12./13. Jh. Im Hoch- und SpätMA wurden die gen. Formen des Z.es um den grundherrl. Zehnten (Groß-, Klein-, Feld-, Garten-, Rott-, Novalzehnt), um Vogt- oder Gerichtsabgaben (Sale, →Bede) und landesherrl. Abgaben (exactio, petitio, Bede, Schatz [→Schatzung]) erweitert bzw. ersetzt. Die soziale Stellung der Zinsleute (censuales) ist von Abhängigkeit und/oder Unfreiheit geprägt; es können sich Prekaristen im FrühMA und →Ministerialen im HochMA hinter ihnen verbergen. D. Hägermann/B. Kasten

Lit.: HRG 39. Lfg., 1707–1713 [P. Landau] – F. Lütge, Gesch. der dt. Agrarverfassung, 1967² – L. Kuchenbuch, Bäuerl. Ges. und Kl.herrschaft im 9. Jh. Stud. zur Sozialstruktur der Familia der Abtei Prüm, 1978 – E. Linck, Sozialer Wandel in kl. Grundherrschaften des 11. bis 13. Jh., 1979 – J. Durliat, Les finances publiques de Dioclétien aux Carolingiens, 1990 – W. Rösener, Grundherrschaft im Wandel, 1991 – U. Weidinger, Unters. zur Wirtschaftsstruktur des Kl. Fulda in der Karolingerzeit, 1991 – K. Elmshäuser-A. Hedwig, Stud. zum Polyptychon v. St-Germain-des-Prés, 1993 – St. Esders, Röm. Rechtstradition und merow. Kgtm. Zum Rechtscharakter polit. Herrschaft in Burgund im 6. und 7. Jh., 1997 – E. Le Roy Ladurie, L'historien, le chiffre et le texte, 1997.

Zinsgroschen. In der Reihe der →Meißner Groschen nimmt der Z., auch Muthgroschen oder Schneeberger gen., geprägt im Namen der Kfs.en v. Sachsen in der Zeit 1496–99 in Leipzig, Schneeberg und Freiberg, eine besondere Stellung ein. Z. wurden zu 1/21 rhein. Goldgulden (→Gulden) oder zu 1/3 →Schreckenberger gerechnet. Sie zeigen auf der Vorderseite das sächs. Kurwappen, auf der Rückseite den sächs. Rautenschild. Zeitweise wurden auch →Horngroschen als Z. bezeichnet. Der Name 'Z.' mag darauf zurückgehen, daß gewisse Abgaben mit dieser Münzsorte zu leisten waren. P. Berghaus

Lit.: F. v. Schroetter, Wb. der Münzkunde, 1930, 757f. – G. Krug, Die meißn.-sächs. Groschen 1338 bis 1500, 1974, 102–104, 192–197.

Zinshäuschen, Einraumhäuser, die gewöhnl. als →Buden oder Gademen bezeichnet werden und in denen große Teile der städt. Mittel- und Unterschichten zur Miete wohnten. Z. heißen sie, weil sie den Bewohnern gegen Zins in Geld, Naturalien oder Dienstleistungen vermietet wurden. Die in Holz oder Fachwerk errichteten Z. lagen traufenständig an Hinter- bzw. Nebenstraßen im hinteren Bereich der auch vom Eigentümer bewohnten Parzelle oder am Stadtrand. In größeren Städten gab es Z. auch als äußerst profitable Spekulationsobjekte in den →Vorstädten, wo minderberechtigte →Einwohner lebten. Je nach Länge des Bauplatzes wurden unter einem Dach bis zu 16 Z. reihenhausartig gebaut. Abort, Hof und Zuwegung waren meist gemeinsam. Eigentümer der überwiegend von Nichtbürgern bewohnten Z. waren neben wohlhabenden Bürgern auch geistl. Anstalten und die Stadt, die durch den Bau von Z. im SpätMA eine gezielte Siedlungs- und Wohnungspolitik betrieb. W. Bockhorst

Lit.: P. H. Ropertz, Kleinbürgerl. Wohnbau vom 14. bis 17. Jh. in Dtl. und im benachbarten Ausland [Diss. Aachen 1976].

Zips (slovak. Spiš, ung. Szepes), Landschaft in der Slowakei, ö. der Hohen Tatra, ehem. ung. →Komitat (bis 1922), grenzt im NW und N an Polen. Ende des 11. Jh. entstanden in der mittleren Z. Dörfer der »Grenzwächter« (X lanceati), Mitte des 12. Jh. kamen die ersten dt. Siedler (Sachsen) dorthin, die dann später durch neue Einwanderer verstärkt wurden (→hospites). 1209 befand sich an der Spitze der Verwaltung ein vom ung. Kg. beauftragter Gf. (comes curialis). In dieser Zeit entstand auch die später als Z.er Archidiakonat fungierende Propstei, deren erster bekannter Propst der Sachse Adolf war. Außer dem kgl. Komitat existierten in der Z. drei selbständige autonome Gebiete. Zu dem »Sedes X lanceatorum«, auch »Obere Gespanschaft« (Sedes superior; →Gespan), gehörten urspgl. 26, später nur 15 Dörfer. Die autonome Gemeinschaft der Z.er Sachsen (Communitas, Universitas, Provincia Saxonum de Scepus) in der mittleren Z. wird in der 2. Hälfte des 13. Jh. erwähnt. Bis 1465 besaß auch das damals meist von dt. Siedlern bewohnte Bergbaugebiet in der unteren Z. (Gelnica/Göllnitz mit Umgebung) eine autonome Stellung (Göllnitzer Mautordnung 1278). An der Spitze der Z.er Sachsen stand ein Gf. (comes). Das Privileg für die Z.er Sachsen v. 1271 wurde 1317 von Kg. Karl I. (Karl Robert) bestätigt. Zu dieser Z.er Sachsenprovinz gehörten 30 größere Siedlungen und 13 weitere Ortschaften sowie auch zwei freie Städte (Levoča/Leutschau und Kežmarok/→Käsmark). 1344–1412 erscheint die Provinz der 24 Z.er Städte (Provincia XXIV oppidorum terrae Scepusiensis). Aus 13 dieser Städte (einschließl. der Burgherrschaft Stará Ľubovňa/Alt-Lublau und der Städte Podolínec/Pudlein und Hniezdne/Kniesen), die 1412 von Kg. Siegmund an den poln. Kg. verpfändet wurden, entstand eine selbständige Provinz, im Kgr. Ungarn blieb nur eine Provinz von elf Z.er Städten, die schon in der 2. Hälfte des 15. Jh. ein Teil der Z.er Burgherrschaft wurde. Die ma. »Z.er Willkür« (1370) enthielt bereits Elemente des ung. Rechts. R. Marsina

Lit.: SłowStarSłow V, 358ff. – A. Fekete-Nagy, Szepes vármegye, 1934 – Spišské mestá v stredoveku, red. R. Marsina, 1974 – J. Žudel, Stolice na Slovensku, 1984, 110–119 – Spiš v kontinuite času, red. P. Švorc, 1995.

Zīriden, Name zweier berberischer Dynastien. [1] *Die Zīriden in Nordafrika:* Die *Banū Zīrī* waren eine Sippe der großen Ṣanhāǧa-Gruppe (→Berber) und lebten im zentralen Maghreb (Algerien; →Afrika, II). Dort gründete Zīrī ibn Manād (gest. 971) um 940 in den Bergen v. Titterī als Vorort seines Gebietes Asīr, auch als Bollwerk gegen die Maġrāwa, Zanāta-Berber, die mit den →Omayyaden v. →Córdoba verbündet waren. Dadurch leisteten die Z. den →Fāṭimiden in Ifrīqiya wertvolle Dienste; als diese ins eroberte →Ägypten übersiedelten, ernannten sie Buluggīn b. Zīrī (971–984) zum Gouverneur ihres Herrschaftsgebiets in Ifrīqiya. Ihm folgte Bādīs al-Manṣūr (984–995). Unter dem 4. Zīriden, Bādīs b. al-Manṣūr (995–1016), machten sich ihre Vettern, die *Banū Ḥammād* im W, deren Hauptort die Qalʿat Banī Ḥammād war, selbständig; al-Muʿizz (1016–62) regelte dies 1017 im Guten. Die Metropole →Kairuan und ihr Regierungssitz Ṣabra wurden prächtig ausgebaut. Unter al-Muʿizz kündigten die Z. den Fāṭimiden die Unterstellung auf, was von der sunnitisch gebliebenen Bevölkerung begrüßt wurde. Die Fāṭimiden rächten sich, indem sie die beduinischen Banū Hilāl und Sulaim, die sich schon der Cyrenaica bemächtigt hatten, zum

Einfall in Ifrīqiya ermunterten. Die Invasionen (ab 1052) hatten die Arabisierung des flachen Landes und den Zusammenbruch des Z. reiches zur Folge wie auch eine deutl. Schrumpfung des Ansässigengebiets. Die Z. versuchten von al-Mahdīya aus, den siz. →Normannen (→Sizilien, B. I) Paroli zu bieten, indes vergeblich; al-Ḥasan b. ʿAlī (1121–67) verlor diese seine Hauptstadt 1148 und floh nach ʿAnnāba und Algier. Vom →Almohaden ʿAbdalmuʾmin wieder eingesetzt, wurde er acht Jahre später (1167) in den fernen Westen verbannt.

[2] *Die Zīriden in al-Andalus:* Eine mißglückte Rebellion zweier Z. (Buluggīn und al-Manṣūr) führte unter Zāwī zur Etablierung einer starken Gruppe in →al-Andalus und Festsetzung Anfang des 11. Jh. in der *kūra* →Elvira, dem alten Hauptort, an dessen Stelle allmählich →Granada trat. Zāwī gerierte sich als selbständiger Herrscher, entschloß sich aber, nach Ifrīqiya zurückzukehren (1025). Sein Neffe Ḥabūs bezeichnete sich als *ḥāǧib*, gewann die Distrikte v. →Jaén und Cabra und regierte durch seinen jüd. Wesir Samuel ibn Naġrāla/Naġrīla han-Nagīd ('der Fs.'), von großem Geschick und berühmt als (hebräischer) Dichter (→Banū Naġrālla). Auf Ḥabūs folgte 1038 sein Sohn Bādīs b. Ḥabūs, dessen lange Regierung (bis 1073) den Höhepunkt zīrid. Macht darstellte. Samuels Sohn Josef verstand es, sich nach einiger Zeit als Nachfolger seines Vaters zu installieren, brachte aber infolge seiner Überheblichkeit und Prachtentfaltung nicht nur die Araber, sondern auch die Berber gegen sich auf. Dies führte am 30. Dez. 1066 zu einem Pogrom, dem er selbst und 3000 Juden zum Opfer fielen.

Auf Bādīs folgten zwei Enkel: Tamīm, Gouverneur v. →Málaga, und ʿAbdallāh; sie regierten getrennt ihre jeweiligen Gebiete. In die Kämpfe mit →Alfons VI. und al-Muʿtamid v. →Sevilla verwickelt, gerieten sie schließlich in Gegensatz zum Sultan der →Almoraviden, Yūsuf b. Tāšufīn (Tašfīn), der 1090 beide nach Aġmāt bzw. Marrakesch (dort 1095 gest.) verbannte. ʿAbdallāh verfaßte in der Verbannung Memoiren, die eine wertvolle Geschichtsq. darstellen. H.-R. Singer

Lit.: EI¹ IV, 1331–1333 – E. LÉVI-PROVENÇAL–E. GARCÍA GÓMEZ, El siglo XI en 1.ª persona. Las »Memorias« de ʿAbd Allāh, ultimo Rey Zīrī de Granada..., 1980.

Zirkel, als Boden- oder Reiß-Z. ein wichtiges Instrument bei der Vermessung von Bauteilen und bei dem Aufreißen (Zeichnen) von Plänen (Rissen). Der Z. wird seit dem MA bis in die Barockzeit als signifikantes Instrument Baumeisterbildnissen zugeordnet. In den Illustrationen der →Bible moralisée wird seit 1230 der Schöpfergott dargestellt, wie er mit dem Z. die Welt mißt. Die figura rotunda, ex circulis composita, repräsentiert nach →Johannes v. Garlandia (Dictionarius; B. B. RUBIN, 1981, 60) die Ähnlichkeit der Welt. Schon bei →Hieronymus (Commentarii in Hiezechielem I, 1, 6–8; CCSL 75, 13) ist die Kreisform (rotunditas) die schönste aller Figuren. Für Durandus v. Mende (→Duranti[s], 1. D.) (Rationale divinorum officiorum I, 1, 17; CCCM 140, 18) bezeichnet alles das in modum circuli rotunde formantur die Kirche. G. Binding

Lit.: F. VAN TYGHEM, Op en om de middeleuwse bouwerk, 1966, 99–102 – K. HECHT, Maß und Zahl in der got. Baukunst, Abhandl. d. Braunschweig. Wiss. Ges. 22, 1970/72, 228–231 – J. B. FRIEDMAN, The Architect' Compas in Creation Miniatures of the Later MA, Traditio 30, 1974, 419–429 – J. ZAHLTEN, Creatio Mundi, 1979, 153–156 – F. OHLY, Deus geometra. Skizzen zur Geschichte einer Vorstellung von Gott (Tradition als hist. Kraft, hg. N. KAMP–J. WOLASCH 1982), 1–42 – L. MOJON, St. Johannsen Saint-Jean de Cerlier 1987, 28–30.

Zirkelgesellschaft. Die 1379 in →Lübeck als religiöse →Bruderschaft (Kapelle und Altar an St. Katharinen) mit den üblichen Stiftungen gegründete, seit ca. 1450 auch »Junker-Kompagnie« genannte Ges. bildete den bedeutendsten Zusammenschluß informell-privater Art von städt. Führungskreisen, der in personaler Wirkung in hohem Maße die lüb. Ratspolitik des 15./16. Jh. mitbestimmte. Die Statuten v. 1429 (fünf Ergänzungen bis 1528) regelten Wahlen, Neuaufnahmen, Eintritts- und Strafgelder, Ausrichtungen von Feiern und Mahlzeiten, Aufgaben der Schaffer, Verwaltung der Stiftungen und schrieben das öffentl. Tragen eines »goldenen offenen Zirkels in einem Kreis« vor. Dieses wurde 1485 durch ksl. Privileg bestätigt. Spätestens seit den 1430er Jahren gestaltete die Ges. den Jahresablauf durch zahlreiche Feste. Die dreitägigen Festlichkeiten um Trinitatis waren die wichtigsten, denn hier wurden jährl. zwei der vier jeweils zwei Jahre amtierenden Schaffer, von denen einer Ratsherr sein mußte, gewählt. Das zweite wesentl. Fest, die öffentl. aufgeführten →Fastnachtsspiele, endete mit einem gemeinsam mit Rat und →Kaufleutekompagnie durchgeführten Fackelzug und Umtrunk im Ratsweinkeller; abschließend wurde u. a. das jährl. wechselnde Modell eines mit einer Blume bestickten Mantels festgelegt, den die Mitglieder zu tragen hatten. Die Ges. verwahrte ihre Urkk. in einer Kiste in der Marienkirche. Es gab eine enge personelle Verflechtung mit dem Rat, der im 15. Jh. mehrheitl. aus Mitgliedern der Z. bestand. Nach der Blütezeit im 15. Jh. (Mitgliederzahlen, Rentengeschäfte, eigenes Haus 1479) gehen Einfluß und Tätigkeiten ab ca. 1530 zurück. 1580 erfolgte eine Neugründung, 1820 die endgültige Auflösung. A. Cosanne

Lit.: S. DÜNNEBEIL, Die Lübecker Z. ... [Diss. Kiel 1996].

Zirkumzisionsstil → Jahr, 2

Zirkusparteien. Da seit den Untersuchungen von A. CAMERON (1976) feststeht, daß →Demen und Z. identisch sind, kann ganz auf diesen Eintrag verwiesen werden. Die polit. Interessen der Demen/Z. verschwanden im 7. Jh., und die Gruppierungen lebten nur noch in →Konstantinopel weiter, zunehmend eingegliedert in die Hofverwaltung, zur Organisation der verschiedenen im Hippodrom stattfindenden Spiele, mit einem festgelegten Ritual im Ks. zeremoniell (→Zeremoniell, A) und bei Prozessionen (→Prozession, II). Die vier in einem Gedicht des →Christophoros v. Mitylene (1. Hälfte 11. Jh.) genannten Z. sind sicher spätantiker Reminiszenz entsprungen, doch zeigen die Poeme des Theodoros →Prodromos (2. Hälfte 12. Jh.), daß die Z. immer noch eine Rolle im städt. Leben spielten. Das Jahr 1204 wird als Datum gesehen, da sie im Zusammenhang mit den Ritterspielen (→Turnier, D) des 14. und 15. Jh. im Hippodrom nie erwähnt werden. P. Schreiner

Lit.: Oxford Dict. of Byzantium II, 1991, 773f. – G. VESPASIANI, Il circo e le fazioni del circo nella storiografia bizantinistica recente, Rivista di studi biz. e slavi 5, 1989, 61–101 – C. HEUCKE, Circus und Hippodrom als polit. Raum, 1994.

Ziryāb (eigtl. Abū l-Ḥasan ʿAlī ibn Nāfiʿ), größter Musiker in →al-Andalus, wirkte in der 1. Hälfte des 9. Jh., geb. vor 785, Todesjahr unbekannt. Schüler des berühmten Musikers Ibrāhīm oder aber des Isḥāq →al-Mauṣilī ('der aus Mosul'), drohte Z., seinen Meister am Kalifenhof v. →Baġdad auszustechen, und wurde daher zur Auswanderung genötigt. Zunächst am Hof des →Aġlabiden Ziyādatallāh (817–838), wurde Z. 821 ausgewiesen und begab sich nach Algeciras, da ihn der →Omayyade al-Ḥakam I. an seinen Hof geladen hatte. Zwar starb dieser bereits 822, doch sein Sohn und Nachfolger ʿAbdarraḥmān II. (bis 852) erneuerte die Einladung und empfing Z. am Hof v. →Córdoba mit größten Ehren. Der Herrscher gewährte

Z. und seiner Familie (vier Söhne zur Zeit seiner Ankunft; insgesamt zwölf Söhne und drei Töchter, die mit bedeutenden Persönlichkeiten verheiratet wurden) überaus reichen Unterhalt (5640 Dinar im Jahr, 300 *mudd* Getreide, Besitz im Wert von 40000 Dinar). Dieses großzügige →Mäzenatentum erregte jedoch Neid und Gerede, das noch ein Jahrhundert später Echo fand.

Z. konstruierte eine bes. Laute (→Musikinstrumente, B. II, 2) mit einer fünften Saite und war Meister in allen Künsten, die mit Musik zu tun hatten; er verfügte über ein enormes Gedächtnis: angeblich wußte er Text und Melodie von 10000 Liedern. Darüber hinaus aber war Z. der arbiter elegantiarum des Hofes und der cordobes. Oberschicht, führte Gewandung für die warme und kalte Jahreszeit ein, eröffnete die Entsprechung eines Kosmetik-Studios und machte die gehobene Bagdader Küche des Kalifenhofes bekannt (mit korrekter Speisenfolge, kristallenen Trinkgefäßen usw.). Z. war zumindest mitverantwortlich für die Orientalisierung der Sitten und Lebensformen, die in dieser Zeit in al-Andalus zu konstatieren ist. H.-R. Singer

Lit.: EI² IX [Repr. 1993], 266f. [H. G. Farmer] – E. Lévi-Provençal, Hist. de l'Espagne musulmane, I, 1950, 269–272.

Zirzipanen, 'die jenseits (d. h. westl.) der Peene Wohnenden', Angehörige eines der vier Teilstämme der →Lutizen. Das Stammesgebiet der Z. erstreckte sich zw. den Flüssen Recknitz, Nebel, Peene und Trebel. Zuerst erwähnt werden die Z. zum Jahre 955 anläßl. der Schlacht an der →Raxa in den Annalen v. St. Gallen. Nach der Niederlage im lutiz. Bruderkrieg 1056/57 gerieten die Z. unter die Oberherrschaft der →Abodriten. Mit der Gründung des im Stammesgebiet der Z. gelegenen Zisterzienserkl. →Dargun (1172) setzt eine reiche urkundl. Überlieferung ein, die sich auf das Stammesterritorium (»Circipen« u. ä.) bezieht, den Wechsel von abodrit. zu pomoran. (→Pomoranen) und später wieder zu mecklenburg. (→Mecklenburg) Herrschaft bezeugt und bis zur Mitte des 13. Jh. reicht. H. Reimann

Q. und Lit.: SłowStarSłow VII, 2, 610f. – W. Brüske, Unters.en zur Gesch. des Lutizenbundes, 1955 [Lit.] – Ch. Lübke, Reg. zur Gesch. der Slaven an Elbe und Oder, V, 1988 [Ind.].

Zisterne
I. Orientalisch-arabischer Bereich – II. Byzanz und westliches Europa.

I. Orientalisch-arabischer Bereich: Die Z. (zu allg. Grundzügen der Bauweise s. a. Abschn. II) besaß in den überwiegend zu den Trockengebieten der Erde gehörenden Ländern des Islam schon in vorislam. Zeit eine große Bedeutung für die Wasserversorgung (→Wasser, B, C). Das Wasser von Quellen, saisonalen Wasserläufen, Qanaten (von Menschen geschaffenen »Quellen« im iran. Kulturbereich; →Bewässerung) und bes. das Regenwasser wurde in bedeckten oder offenen Becken verschiedener Form (vorwiegend rechteckig oder rund) und Größe gesammelt, um eine regelmäßige und von den Jahreszeiten unabhängige Wasserversorgung von Siedlungen und isolierten Einzelbauten (bes. →Karawansereien) sicherzustellen. Bedeutende, bedeckte vorislam. Anlagen, welche die Form der Z. islam. Zeit prägten, waren z. B. jene von →Resafa (Sergiupolis) in Syrien und Istanbul (→Konstantinopel); unter den zahlreichen, großen offenen Z.n sei die noch heute benutzte in Boṣrā (Syrien) erwähnt.

Die verbreitetsten Bezeichnungen für die Z. im islam. (und nicht nur arab.-sprachigen) Bereich sind die arab. Wörter *birka* (offene Z.) und *ḥauḍ* (bedeckte Z.). In Südarabien und Nordafrika findet daneben auch die Bezeichnung *māǧil* (alt-südarab. *m'gl*) für (meist kleinere und geschlossene) Z.n Verwendung. Im iran. Kulturbereich treffen wir gleichfalls auf die Bezeichnung *ḥauḍ*, während die heute geläufige Bezeichnung *āb-anbār* ist. Seltener, und auch eigentlich nicht genau zutreffend, findet *sardāb* ⟨a⟩ Verwendung, was in Zentralasien für geschlossene Z.n, im Gegensatz zu offenen Z.n, die dort *ḥauḍ* genannt werden, verwendet wird. Als vorislam. Bezeichnung ist für den iran. Bereich nur mittelpers. *čāh* ('Grube, Loch') belegt, was als Hinweis auf einen nicht zu hohen techn. Stand in vorislam. Zeit gedeutet werden kann.

Die ältesten offenen Z.n islam. Zeit (zw. 860 und 863 entstanden) finden sich in →Kairuan (Tunesien). Es handelt sich um zwei annähernd runde Z.n von ca. 37 m bzw. 130 m Durchmesser. Die kleinere von beiden diente als Vorklärbecken, in dem sich der Schlamm absetzte, für die in der Regenzeit aus einem Wadi kommendes Wasser. Das geklärte Wasser gelangte von dort in das große, eigentliche Z.n-Becken. Diese Technik des Vorklärens von Wasser ist im Jemen gebräuchlich und kann, wie die Bezeichnung *māǧil*, aus dem südarab. Raum nach Nordafrika gekommen sein. Die älteste geschlossene Z. islam. Zeit (datiert 789) ist in Ramla (Palästina) erhalten. Drei Reihen von je fünf Pfeilern tragen die Gewölbedecke der vierschiffigen, unregelmäßig rechteckigen Anlage von ca. 23 m × 31 m. Im NO führt eine Treppe vom Niveau der Umgebung zum Grund der Z. Eine ähnl., aber wohl größere Anlage, deren Decke gleichfalls Pfeiler trug, ist schriftlich in Iṣṭaḫr (SW-Iran) belegt. Sie wurde in der 2. Hälfte des 10. Jh. errichtet. Während in Ramla zur Abdichtung der aus röm. Zeit in der Levante bekannte Putz Verwendung fand, diente dafür in Iṣṭaḫr mit Bitumen getränkte Leinwand.

Rechteckige, tonnenüberwölbte und mit Putz regional verschiedener Zusammensetzung abgedichtete Z.n waren wohl der gebräuchl. Typ des islam. MA. Daneben fanden seit vorislam. Zeit natürl. (teils künstlich vergrößerte) Höhlen, die abgedichtet wurden, sowie in den Fels gehauene und dann abgedichtete Höhlen oder Löcher als Z. Verwendung. In den Städten lagen Z.n, in die das Regenwasser von den umliegenden Dächern geleitet wurde, oft unter den Höfen von Moscheen, anderen öffentl. Bauten und großen Privathäusern. Die technisch und ästhetisch ausgereifteste Form der Z. im islam. Bereich entstand im iran. Raum. Große, überkuppelte Anlagen mit ausgeklügelten Kühlsystemen durch Windtürme und bisweilen kunstvoll gestalteten Portalen prägen hier das Bild von Städten (z. B. Herat, Afghanistan) und kleineren Siedlungen. Große Privathäuser verfügen dort häufig über ein Kühlsystem mit Z.n in den Kellern und Windtürmen auf den Dächern. Auch die offene Z. hat im städtebaul. Kontext im iran. Raum ihre beeindruckendste Entwicklung erfahren. Hier bilden offene Z.n Zentren mehrgliedriger Architekturkomplexe. Beste Beispiele sind hierfür die ca. 100 (heute meist zugeschütteten) Z.n in Buchara (Usbekistan). Viele von ihnen wurden kunstvoll in Stein gefaßt, und das Wasser ergoß sich in die durch reich verzierte, steinerne Wasserspeicher. Von abgelegenen Gebieten abgesehen, sind heute die meisten Z.n zugeschüttet, leer oder dienen zur Nutzwasserversorgung.

H. Gaube

Lit.: EI², s.v. Ḥawḍ [unzureichend] – Encyclopaedia Iranica, s.v. Ab-Anbār [kurz] – größere zusammenfassende Darstellungen fehlen.

II. Byzanz und westliches Europa: Die eigentliche Z. diente seit dem 4. Jahrtausend v. Chr. zur Speicherung von Regenwasser, meist Ablaufwasser vom Dach oder allg. Oberflächenwasser. Vornehml. in wasserarmen Gebieten

wurden Z.n in der Regel unterirdisch (lat. cisterna von cis terram), geschlossen und meist flaschenförmig angelegt, um Verunreinigung und Unfälle zu verhindern (→Brunnen). Wenn nicht in den Fels geschlagen, wurden ihre gemauerten Wände mit Mörtel ausgekleidet und bei langer Nutzung auch repariert. Die Wasserentnahme erfolgte über Rohrleitung oder Schöpfgefäße von einer Eingangstreppe oder oberen Öffnung her. Je nach Größe und Bauart waren Absatzbecken u. ä. vorhanden. Zur Gattung der Reservoirs (lat. castellum) gehören auch die meist überwölbten byz. »Z.n« in Hallenform (z. B. in →Konstantinopel/Istanbul, aber auch in zahlreichen Pilgerorten und Befestigungen). Sie dienten zur Vorratshaltung (bei einzelnen Z.n bis über 80000 m^3), Druckregelung und Wasserverteilung. Diese Anlagen konnten aber auch von Frischwasserleitungen gespeist werden (Salamis) und bestanden meist aus mehreren verbundenen Komponenten. Mit dem Verfall oder der Zerstörung antiker Aquaedukte läßt sich eine Zunahme der innerhalb von Siedlungen angelegten Z.n und Reservoirs feststellen, die dann aus Kostengründen auch offen und damit größer (bis 300000 m^3) gebaut werden konnten. Entstand durch Bedeutungszuwachs eines Ortes der Bedarf zur Wasserspeicherung, wurden auch an bestehenden Bauten Änderungen vorgenommen, um neu errichtete Z.n speisen zu können (GUNJAČA, 1991). Die Substruktionen vieler öffentl., aber auch privater Bauten wurden als Z.n angelegt.

Während sich das Verfülldatum einer Z. durch Funde meist archäologisch gut fassen läßt (z. B. RASSON–SEIGNE, 1989), sind selten vorhandene eindeutige Baudaten durch Schriftq.n gegeben (Istanbul, s. aber z. B. auch HIRSCHFELD, 1990). Durch beständigen Bedarf und lange Nutzung lassen sich viele Systeme nur über lange Zeiträume datieren (KENNEDY, 1995; OLESON, 1990). Ein Großteil der Z.n im byz. Reich entstand in justinian. Zeit. Die antike Technik wurde bis in das MA tradiert, das gilt, den klimat. Gegebenheiten entsprechend, in geringerem Maße für die ehemaligen Gebiete Westroms. Gut läßt sich die Fortführung und Weiterentwicklung antiker Techniken im frühma. Spanien belegen, z. B. bei dem durch einsickerndes Flußwasser gespeisten Reservoir von Mérida (VALDÉS, 1993).

In Westeuropa wird die Errichtung von Z.n für eine gesicherte Wasserversorgung v.a. im Rahmen des ma. Burgenbaus, aber auch in Kl. bedeutsam. Im Hoch- und SpätMA wurden Z.n in zunehmendem Maße für die Wasserversorgung von Siedlungen notwendig (etwa Lübeck, ebenso in Italien, s. z.B. RICCETTI, 1994). Neben einfachen Sammelbehältern für Regenwasser (z.B. Hohlandsberg) sicherten ab dem 12. Jh. aufwendige Filterz.n (Frohburg, bes. aber im Elsaß, dazu BENOIT–WABONT, 1991) die Versorgung von Burgen. Ma. Tankz.n wurden verputzt und waren von oben her mit Entnahmeöffnungen versehen, Filterz.n erhöhten die Wasserqualität über das Durchlaufen von Sand-, Stein- und Tonfiltern in eine Entnahmekammer. S. Ristow

Lit.: P. FORCHHEIMER–Z. STRZYGOWSKI, Die byz. Wasserbehälter von Konstantinopel, 1893 – W. MÜLLER-WIENER, Bildlex. zur Topographie Istanbuls, 1977, 271–285 – A.-M. RASSON–J. SEIGNE, Une citerne byzantino-omeyyade sur le sanctuaire de Zeus, Syria 66, 1989, 117ff. – A. BAUR, Die Wasserversorgung der antiken Stadt Salamis auf der Insel Zypern (Frontinus-Symposium 1989. Schr. Frontinus-Ges. 14, 1990), 203ff. – W. BRINKER, Wasserspeicherung in Z.n, Mitt. Leichtweiss-Inst. für Wasserbau der Techn. Univ. Braunschweig 109, 1990 – Y. HIRSCHFELD, A Church and Water Reservoir Built by Empress Eudocia, Liber Annuus 40, 1990, 287ff. –J. P. OLESON, Humeima Hydraulic Survey, 1989: Preliminary Field Report, Echos du monde classique 34,2, 1990, 145ff. – A. BAUR, Die Yerebatan Sarayi-Z. in Istanbul (Frontinus-Tagung 1990. Schr. Frontinus-Ges. 15, 1991), 7ff. – P. BENOIT–M. WABONT, Ma. Wasserversorgung in Frankreich (Die Wasserversorgung im MA. Gesch. Wasserversorgung 4, hg. Frontinus-Ges. 1991), 185ff. – K. GREWE, Wasserversorgung und -entsorgung im MA (ebd.), 11ff. – Z. GUNJAČA, Cisterna starokršc'anske dvojne bazilike na Srime, Diadora 13, 1991, 269ff. – F. VALDÉS, Die Z. der islam. Festung von Mérida (9. Jh.) und die Islamisierung des w. al-Andalus (Akten d. XXVIII. Internat. Kongr. für Kunstgesch., 1992, hg. TH. W. GAEHTGENS, 1, 1992), 373ff. – L. RICCETTI, »Per havere dell'acqua buona per vevere«, NRS 78, 2, 1994, 241ff. – D. KENNEDY, Water Supply and Use in the Southern Hauran, Jordan, Journal of Field Arch. 22, 1995, 275ff. – C. KOSCH, Wasserbaueinrichtungen in hochma. Konventanlagen (Wohn- und Wirtschaftsbauten frühma. Kl. [Veröffentl. Inst. für Denkmalpflege ETH Zürich 17, 1996]), 69ff.

Zisterzienser, -innen

A. Allgemein – B. Verbreitung in Frankreich – C. Verbreitung in den übrigen Ländern Europas

A. Allgemein

I. Entstehung und Anfänge – II. Ordensverfassung und Klosterorganisation – III. Erwerbsformen und Wirtschaftsweise – IV. Liturgie, Spiritualität und Geistesleben – V. Verfall und Erneuerung.

I. ENTSTEHUNG UND ANFÄNGE: Der Orden der Z., der als der erste der ma. Kl. verbände als religiöser Orden im eigtl. Sinne angesehen werden kann, geht auf das sich im Laufe des 11. Jh. verstärkende Bemühen zurück, die in der →Regula Benedicti formulierten Ideale des Mönchtums ohne Einschränkungen zu verwirklichen. Diese Absicht veranlaßte →Robert v. Molesme (59. R.) 1098, aus der von ihm 1075 gegr. Abtei →Molesme auszuziehen und gemeinsam mit den reformbereiten Mitgliedern seines Konvents in →Cîteaux ein durch eremit. Abgeschiedenheit, asket. Strenge und rigorose Befolgung der Regula Benedicti gekennzeichnetes Leben zu beginnen. Nach der auf Betreiben der Mönche von Molesme 1099 von Papst Urban II. veranlaßten Rückkehr Roberts übernahmen der Prior Alberich (1099–1108) und nach ihm der ebenfalls mit Robert nach Cîteaux gekommene Engländer →Stephan Harding (20. S.) die Leitung des Novum Monasterium. Alberich erwirkte 1100 von Paschalis II. den päpstl. Schutz und formulierte in den »Instituta monachorum cisterciensium de Molismo venientium« die Prinzipien des in Cîteaux begonnenen Ordenslebens. Sein Nachfolger, in dessen Amtszeit neben den Primarabteien →La Ferté-sur-Grosne (1113), →Pontigny (1114), Clairvaux (1115) und Morimond (1115) das von Nonnen des Benediktinerinnenpriorates Jully besiedelte Le Tart (ca. 1120) als erstes Frauenkl. zisterziens. Observanz gegr. wurde, legte mit dem Monitum und Hymnar, den während seines Abbatiates entstandenen »Ecclesiastica officia«, dem »Usus conversorum« sowie der im wesentl. auf ihn zurückgehenden, 1119 von Calixt II. gebilligten älteren »Charta caritatis« die Grundlagen für die Verfassung und Organisation des sich ausbildenden Ordens, was den 1112 in Clairvaux eingetretenen →Bernhard v. Clairvaux veranlaßte, ihn als »noster omnium pater« (Ep. 359) zu bezeichnen.

II. ORDENSVERFASSUNG UND KLOSTERORGANISATION: Die seit der Mitte der 60er Jahre des 12. Jh. in ihrer endgültigen Fassung vorliegende »Charta caritatis« geht davon aus, daß es sich bei den dem Orden angehörenden Abteien um in keiner direkten Abhängigkeit von Cîteaux stehende, ihre Interna selbst ordnende »Vollkl.« handelt. Sie regelt deren gegenseitige Beziehungen und enthält Bestimmungen, die die gemeinsame Auslegung und gleichartige Befolgung der Regel und Konstitutionen sichern sollen. Bei der Festlegung des Verhältnisses der Einzelkl. zueinander und zum gemeinsamen Mutterkl. geht sie von zwei sich gegenseitig ergänzenden Prinzipien aus: dem genossenschaftl. und dem hierarchischen. Erste-

res kommt in der alljährl. in Cîteaux unter dem Vorsitz des dortigen Abtes tagenden, seit der 2. Hälfte des 12. Jh. von einem Definitorium vorbereiteten und in ihrem Ablauf weitgehend bestimmten Versammlung der Äbte, dem Generalkapitel, zum Ausdruck. Es verstand sich als die oberste Autorität des Ordens und beanspruchte für seine Beschlüsse (Definitiones) allgemeine Geltung. Das zweite Prinzip manifestiert sich in der hervorgehobenen Stellung von Cîteaux und der Primarabteien sowie in den von ihnen ausgehenden Filiationen. Cîteaux, dessen Abt die vier Primarabteien visitierte, wurde alljährl. von deren Äbten einer Visitation unterzogen. In den von den Primarabteien ausgehenden, bis zu sechs Generationen umfassenden Filiationen erfolgten die Visitation und die mit ihr verbundene Kontrolle nach dem gleichen Schema. Es wurde zunächst in entsprechender Form auf die Frauenkl. Le Tart und →Las Huelgas sowie auf deren Tochtergründungen übertragen. Obwohl die bereits im 12. Jh. einsetzende Vermehrung der weibl. Zisterzen ungeachtet zeitweiliger Zurückhaltung des Ordens im 13. Jh. so groß war, daß in einigen Regionen ihre Zahl diejenige der Männerkl. weit überstieg, gelang es nicht, die Verfassung des Z.ordens auf die Gesamtheit der mit ihm verbundenen Frauenkl. zu übertragen, was bedeutete, daß sich deren Rechtsstellung und Verhältnis zum »männl. Zweig« von Fall zu Fall unterschieden.

Bei der Organisation der Einzelkl. orientierte man sich im wesentl. am Vorbild des älteren Mönchtums. Sie unterschied sich von ihm jedoch durch die Übernahme des in Vorformen bereits von den Eremitenorden des 11. Jh. eingeführten sog. jüngeren Konverseninstituts, das mit gewissen Modifikationen auch in den Frauenkl. Eingang fand. Seine mit der Absicht, den Ordensleuten die Stabilitas loci und die Erfüllung ihrer liturg. und monast. Pflichten zu ermöglichen, erfolgte Übernahme führte zu einer Zweiteilung der Konvente. Die sich in separaten Kl.gebäuden bzw. auf auswärtigen →Grangien und Kl.höfen aufhaltenden, einem eigenen Meister unterstellten und weitgehend vom liturg. und geistl. Leben der Mönche ausgeschlossenen →Konversen waren nach der Ablegung der Profeß auf ihren Status festgelegt, konnten daher nicht in den Rang von Vollmitgliedern der Kommunitäten aufsteigen, was einer der Gründe für die im Laufe der Zeit zunehmenden Spannungen zw. beiden Gruppen war.

III. ERWERBSFORMEN UND WIRTSCHAFTSWEISE: Die Z. verzichteten zunächst auf diejenigen Einkünfte und Privilegien, die sie als unvereinbar mit der Regula Benedicti ansahen. Ihre u. a. durch das Konverseninstitut und das Grangiensystem ermöglichte Selbstversorgungswirtschaft sicherte ihnen Einkommen und Unabhängigkeit und führte dank fortschrittlicher Agrartechnik und Wirtschaftsweise zur Erschließung von Ödland und Grenzwertböden. Damit verband sich schon bald eine intensive, stark differenzierte Handwerks-, Gewerbe- und Handelstätigkeit, deren Gewinne zusammen mit den zunächst verpönten, jedoch immer größere Bedeutung erlangenden Einkünften aus Zehnten, Renten und anderen Geldgeschäften einen Wohlstand herbeiführten, der u. a. ein großzügiges Kunstmäzenatentum ermöglichte.

IV. LITURGIE, SPIRITUALITÄT UND GEISTESLEBEN: Die neben dem Gotteslob, der Selbstheiligung und der Handarbeit als wichtigste Aufgabe der Ordensleute angesehene Feier der Liturgie orientierte sich zunächst am Ritus der Kirchen von Lyon und Metz und an dem von Stephan Harding als authent. benediktin. angesehenen Usus der Kirche von Mailand. Die im Gegensatz zur Praxis Clunys stark reduzierte Z.liturgie erfuhr u. a. auf Veranlassung Bernhards v. Clairvaux gewisse Änderungen, blieb jedoch bis zu der unter Pius V. erfolgten Liturgiereform und der sich daraus ergebenden Anpassung an die röm. Liturgie in ihrer Substanz für den ganzen Orden verbindl. Gleiches gilt für die durch die Gründergeneration geprägte und durch Bernhard v. Clairvaux, →Wilhelm v. St-Thierry (105. W.), →Ælred v. Rievaulx, →Isaac de Stella und andere Z.theologen vertiefte Spiritualität und die von ihr bestimmten monast. Theologie. Ungeachtet ihrer Ausrichtung auf das Ideal des monast. Lebens wandten sich die bereits im 12. Jh. apologet. und literar. tätigen Z. im 13. Jh. nach dem Vorbild der →Bettelorden zunehmend den Universitätsstudium und der Scholastik zu, was 1245 zur Gründung des ersten zisterziens. Studienhauses in Paris und bald danach zur Promotion einer Reihe von Ordensleuten führte, die mit derjenigen →Humberts v. Preuilly, † 1298 (5. H.), des ersten Pariser Magister regens aus dem Z.orden, begann und u. a. die des bedeutenden dt. Z.theologen →Konrad v. Ebrach, † 1399 (35. K.), einschloß. Im gleichen Jahrhundert erreichte die in der myst. Tradition bernhardin. Zeitalters stehende zisterziens. Frauenfrömmigkeit in den Werken zahlreicher »Mystikerinnen«, u. a. →Gertruds v. Helfta, † 1301/02 (4. G.), ihre eindrucksvollste Ausprägung.

V. VERFALL UND ERNEUERUNG: Der Z.orden blieb von den Verfallserscheinungen, die vom Ende des 13. bis zum Beginn des 15. Jh. die Gesch. des Ordenswesens kennzeichneten, nicht verschont. Im Unterschied zu anderen Orden gelang es ihm jedoch nicht, eine allg. Reform durchzuführen. Seine Reformbemühungen beschränkten sich vielmehr auf einzelne Abteien und Kl.gruppen in Italien, Spanien, Böhmen und NW-Europa. Zu weitreichenden Reformen und dauerhaften Kongregationsbildungen kam es erst nach dem Konzil v. Trient. K. Elm

Bibliogr. und Lexika: Catholicisme II, 1143–1151 – DDC III, 745–795 – DHGE XII, 852–997 – DIP II, 1058–1098 – DThC II, 2532–2550 – ECatt III, 1737–1743 – LThK² X, 1382–1387 – Catalogus generalis sancti ordinis cisterciensis, 1954 – F. VAN DER MEER, Atlas de l'ordre cistercien, 1965 – E. MANNING, Dict. des monastères cisterciens, 1ff., 1976ff. – H. ROCHAIS–E. MANNING, Bibliogr. générale de l'ordre cistercien 1ff., 1977ff. – A. ALTERMATT, Zistercienserstudien heute 1970–77, Cist. Chron. 85, 1978, 1–18 – B. CHAUVIN, Guide to Cistercian Scholarship, 1985² – Bull. d'histoire cistercienne 1ff., 1988ff. – Mönchtum, Orden, Kl. Ein Lex., 1993, 451–470 – K. ELM, Questioni e risultati della recente ricerca sui cistercensi (I cistercensi nel mezzogiorno, hg. H. HOUBEN–B. VETERE, 1994), 7–30 – P.-A. BURTON, Aux origines de Cîteaux d'après quelques sources écrites du XII² s. Enquête sur une polémique, Cîteaux 48, 1997, 209–229 – *Zeitschriften:* SMBO (fortges. als SMGB) – Cistercienser-Chronik, 1889ff. – COCR (fortges. als Collectanea Cisterciensia, 1945ff.) – AnalCist (fortges. als Analecta Cisterciensia, 1966ff.) – Cistercium, 1949ff. – Cîteaux in de Nederlanden, 1950ff. (fortges. als Cîteaux. Commentarii Cistercienses, 1959ff.) – Cistercian Studies, 1967ff. – Q.: PH. GUIGNARD, Les monuments primitifs de la Règle cistercienne, 1878 – J. M. CANIVEZ, Statuta Capitulorum Generalium Ordinis Cisterciensis 1–8, 1933–41 – J.-B. VAN DAMME, Documenta pro Cisterciensis Ordinis historiae ac iuris studio, 1959 – J. MARILIER, Chartes et documents concernant l'Abbaye de Cîteaux, 1969 – J. BOUTON–J.-B. VAN DAMME, Les plus anciens textes de Cîteaux, 1974 – H. ROCHAIS, Le martyrologe cistercien, 1976 – B. LUCET, Les codifications cisterciennes de 1237 et de 1257, 1977 – A. O. JOHNSEN–P. KING, The Tax Book of the Cistercian Order, 1979 – F. DE PLACE u. a., Documents primitifs, 1988 – D. CHOISSELET u. a., Les Ecclesiastica officia cisterciens du XII° s., 1989 – *Lit.:* L. J. LEKAI, Gesch. und Wirken der Weißen Mönche, 1958 – J. BOUTON, Histoire de l'Ordre de Cîteaux 1–3, 1959–68 – K. ELM u. a., Die Z. Ordensleben zw. Ideal und Wirklichkeit, 1981 – C. SOMMER-RAMER, Die Z., Helvetia Sacra III, 3, 1, 1982, 27–68 – B. DEGLER-SPENGLER, Die Z.innen, ebd. III, 3,

2, 1982, 509–574 – J. BOUTON, Les moniales cisterciennes, 1986–88 – A. SCHNEIDER u. a., Die Cistercienser. Gesch., Geist, Kunst, 1986³ – H. SYDOW u. a., Die Z., 1989 – M. PACAUT, Les moines blancs, 1993 – T. N. KINDER, Die Welt der Z., 1997.

B. Verbreitung in Frankreich

Der Z.orden entwickelte sich infolge seiner frühen Gesch., die von einer erstaunl. Dynamik getragen war, zunächst im Kgr. Frankreich (→Frankreich, B. VIII) und in den angrenzenden Territorien, die in SpätMA und früher NZ dem Kgr. Frankreich einverleibt wurden (Fgft. Burgund, Elsaß und Lothringen, Savoyen, Dauphiné, Provence). Mehr als in anderen Teilen Europas wirkte hier der hl. →Bernhard, obwohl er nicht Abt des Haupthauses →Cîteaux, sondern ledigl. der Tochterabtei →Clairvaux war, als spiritueller und kirchenpolit. Vorkämpfer des zisterziens. Mönchtums. Er machte die Z. bekannt und gewann ihnen die Sympathie der höchsten kirchl. Autoritäten (Päpste, Bf.e) und der weltl. Mächte (Hzg.e v. →Burgund und Gf.en v. →Champagne, in deren Ländern die ersten Häuser des Ordens entstanden; kapet. Kg.e v. Frankreich, die von →Ludwig VIII. bis zu Ludwig d. Hl.n die Z. hingebungsvoll förderten; zahlreiche mächtige Familien des Regionaladels). Der Aufstieg vollzog sich zum einen durch die Gründung von Abteien an Stätten, an denen vorher keine monast.-geistl. Institutionen bestanden hatten (in der frz. Tradition als *essaimage*, 'Ausschwärmen', bezeichnet), zum anderen durch Integration bzw. Inkorporation von bestehenden Abteien, die um Affiliation an die Z. baten – diese Form der Erweiterung des Z.ordens gewann gegenüber den echten Neugründungen rasch wachsendes Gewicht.

Der Ausbau wurde durch das Haupthaus Cîteaux zielbewußt gefördert. Der Abt v. Cîteaux, →Stephan Harding (20. S.), stand der Gründung der ersten »Töchter« (*filles*) vor, deren Äbte (*quatre premiers Pères*) in der Folgezeit bes. Rechte und Pflichten besaßen: →La Ferté (bei Chalon-sur-Saône) 1112/13, →Pontigny (unweit von Auxerre) 1114, →Clairvaux (südl. Champagne) 1115, →Morimond (nahe Langres) 1115. Im Laufe der folgenden Monate erfolgten Neugründungen noch ausschließl. in Frankreich; erst ab 1122/23 sind Niederlassungen in anderen Ländern zu verzeichnen. Der Vorrang Frankreichs erhielt sich bis in die Jahre um 1160. Gegen Ende des Abbatiats von Stephan Harding (1133) bestanden im Kgr. Frankreich und in seinem unmittelbaren Einflußbereich ca. 50 Zisterzen (bei einer Gesamtzahl von 70–75); zur Zeit des Todes von Bernhard v. Clairvaux (1153) betrug die Zahl der frz. Zisterzen mit über 180 noch mehr als die Hälfte der Gesamtzahl (ca. 350). Zu den namhaftesten Abteien gehörten Preuilly und →Troisfontaines in der Champagne, →Longpont und →Ourscamp im Umkreis v. Paris, L'Aumône unweit von Blois, →Hautecombe in Savoyen, →Cadouin im Périgord, L'Escale-Dieu in den Pyrenäen u. v. a.

Das Übergewicht der frz. Z.abteien gegenüber den Konventen in anderen Ländern Europas erfuhr in den anschließenden Jahrzehnten eine spürbare Abschwächung (um 1200 lagen nur noch 220 von 530 Zisterzen in Frankreich oder seinem direkten Umkreis), die sich im folgenden Jahrhundert (bei allg. Verlangsamung der zisterziens. Ausbreitung) fortsetzte (um 1250: 230 frz. Häuser von insgesamt 650, um 1300: 240/250 von insgesamt 700). Von dieser Entwicklung wurden alle Regionen der frz. Bereiches beeinflußt, bes. Champagne, Burgund und der Pariser Raum.

Innerhalb der zisterziens. Ausbreitung spielten Clairvaux und die von ihm abhängigen Konvente bei weitem die aktivste Rolle; um die Mitte des 12. Jh. repräsentierte die Filiation v. Clairvaux die Hälfte der Gesamtheit der Zisterzen. Neben Clairvaux darf die Bedeutung von Morimond nicht unterschätzt werden. Natürlicherweise waren es die frz. Z.abteien, die in den anderen Ländern die ersten Konvente begründeten. Clairvaux errichtete in England das Tochterkl. →Rievaulx; eine andere Tochterabtei v. Cîteaux, L'Aumône, gründete die Abtei →Waverley. Morimond initiierte zwei Gründungen in Deutschland: →Kamp im Niederrheingebiet und →Ebrach in Franken, während Clairvaux →Eberbach im Mittelrheingebiet begründete. Clairvaux trat auch am stärksten in Italien hervor (→Chiaravalle della Colomba in der westl. Emilia und Chiaravalle Milanese). Im übrigen entstanden Frauenkl. des Z.ordens im Gefolge von Le Tart (bei Cîteaux), gegr. 1125. Sie verbreiteten sich in großer Zahl im Laufe des 12. und 13. Jh., teils durch Neugründungen, teils durch Inkorporation bestehender Frauenkl. in den Z.orden.

Die frz. Z. folgten der Gesamtentwicklung des Ordens. Seit den Jahren um 1180 vollzog sich gemäß der allg. Wirtschaftswachstum eine Steigerung der agrar. Produktion und des Handels bei den Z.n. Aufgrund dieses Prozesses und auch bedingt durch das starke Gewicht der inkorporierten Abteien, die (wie z. B. →Savigny in der Basse-Normandie) oft ältere, mit der neuen monast. Lebensform der Z. kaum vereinbare Gebräuche bewahrten, erfuhren die strengen Grundsätze der zisterziens. Frühzeit eine spürbare Schwächung. Dies führte zu bestimmten Wandlungen der Ordenspolitik; die Leitung des Z.ordens hielt zwar in Hinblick auf das innere Leben der Konvente an den alten Idealen der Einfachheit und des Rückzugs aus der Welt fest, duldete aber starke Hinwendung zu gewinnorientierten wirtschaftl. Aktivitäten, welche die Leitvorstellung der Armut untergruben; so erwarben Z.abteien in zunehmendem Maße →Renten, was vielfach die Aufgabe der direkten Bewirtschaftung des Bodens zur Folge hatte. Zugleich wandte sich der Orden, nicht zuletzt wegen des gestiegenen Wohlstandes (und gewissermaßen als »Gegengewicht«), der theol.-spirituellen Arbeit zu, wie sie Bernhard v. Clairvaux und sein Freund →Wilhelm v. St-Thierry in eindrucksvoller Weise begründet hatten; zisterziens. Autoren wie Guerricus v. →Igny, →Isaac de Stella u. a. verfaßten wichtige theol. Werke (→Theologie, A: 'monast. Theologie'; →Mystik, A. I. 3).

Die »weißen Mönche« gewannen in der Frühzeit des Ordens auch im Kirchenbau und in der sakralen Kunst eine dominierende Stellung, zumal in ihre roman. und bes. got. Kirchenbauten (→Zisterzienserbaukunst) genuin zisterziens. Reflexion einfloß; diese ließ einen auf Klarheit und Einfachheit der Linienführung gerichteten neuen Baustil, der sich bewußt vom überreichen Dekor der Spätromanik abwandte, entstehen. In einer Reihe erhaltener Kirchen und Kreuzgänge, so in →Fontenay (Burgund), →Sénanque und Le →Thoronet (Provence), →Noirlac (Berry) u. a., verkörpert sich zisterziens. Baugesinnung in beispielhafter Weise.

Trotz der bedeutenden spirituellen Leistung der Z. begann ihr Einfluß auf Kirche und Welt im 13. und 14. Jh. bereits wieder zu schwinden. Auf längere Sicht hatte der Orden Mühe, innerhalb der Gesellschaft Fuß zu fassen; die alte Faszination des zisterziens. Mönchtums auf säkulare Kreise (v. a. die adlige Führungsschicht) verbrauchte sich rasch, auch infolge des Versagens der Z.äbte, die vom Papsttum zur Bekehrung der →Katharer ins Languedoc entsandt wurden, mit ihrer Missionsarbeit aber scheiterten.

Seit der 2. Hälfte des 13. Jh. ist eine zunehmende Schwächung vieler Z.abteien, die auf sich selbst gestellt und zu einer defensiven Haltung genötigt waren, erkennbar; hierzu trug institutionell das päpstl. Reservatrecht und (am Ausgang des MA) das System der →Kommenden bei. Die Abteien wurden geschädigt durch die Krisenerscheinungen des SpätMA; die wirtschaftl. Depression, die Pestepidemien sowie die Kriege des 14.–15. Jh. (→Hundertjähriger Krieg) führten zu Zerstörung oder Verfall zahlreicher Z.abteien. Die Zahl der Mönche verringerte sich, Neuzugänge fehlten weithin, ein Viertel der Konvente erlosch. Die Grundsätze der Ordensdisziplin hinsichtl. Armut, Arbeit, Ernährung und Kleidung wurden vielfach mißachtet, wenn auch für den Z.orden kaum gravierende Verstöße gegen moral. Regeln belegt sind. Im Gegenzug erfolgte in der 2. Hälfte des 15. Jh., mit der allmähl. Rückkehr Frankreichs zu friedlicheren und stabileren Verhältnissen, ein Wiederaufbau der Konvente, die ihre Domänen restituierten und die Konventbauten neuerrichteten. Einige Konvente bemühten sich unter dem Einfluß des Abtes v. Cîteaux, Jean de Cirey (Pariser Artikel, 1494), die Observanz des 13. Jh. wieder zur Geltung zu bringen. Doch fanden diese Reformbestrebungen in den meisten Z.abteien zu geringen Anhang, um eine echte Erneuerung zu bewirken. Diese wurde erst durch die kath. Reform des 17. Jh. erreicht. M. Pacaut

Lit.: M. Aubert, L'architecture cistercienne en France, 2 Bde, 1943 – J. de la Croix Bouton, Hist. de l'ordre de Cîteaux, 3 Bde, 1959–68 – E. Brouette–E. Manning, Dict. des monastères cisterciens, 3 Bde, 1976–79 – W. Braunfels, Abendländ. Kl.baukunst, 1978, 111–152 – J. Dubois, Hist. monastique en France au XIIe s. (Coll. Studies), 1982 – M. Pacaut, Les moines blancs. Hist. de l'ordre de Cîteaux, 1993.

C. Verbreitung in den übrigen Ländern Europas

I. Nord- und Mittelitalien – II. Süditalien – III. Deutscher Bereich – IV. Alte Niederlande – V. Iberische Halbinsel – VI. England und Wales – VII. Schottland – VIII. Skandinavien – IX. Polen (piastische Länder), Pommern – X. Böhmen und Mähren – XI. Ungarn.

I. Nord- und Mittelitalien: Noch bevor der hl. →Bernhard v. Clairvaux die Alpen überquerte, um sich nach Italien zu begeben, hatte der Orden von →Cîteaux bereits seine ersten Gründungen auf it. Boden ins Werk gesetzt. In Ligurien wurde am 28. Okt. 1120 den ersten Tochterkl. von Cîteaux, La Ferté, mit Unterstützung der Mgf.en del Bosco und di Pareto die Abtei S. Maria del Tiglieto in der Diöz. Acqui gegründet. Es handelte sich dabei um die erste zisterziens. Gründung außerhalb Frankreichs, die auf den seligen →Petrus I., Abt v. La Ferté und später Ebf. v. Tarantaise, zurückgeführt wird. Ihm ist auch die Gründung von S. Maria di Lucedio (Diöz. Vercelli) 1123 zu verdanken. Ebenfalls auf La Ferté geht die Gründung von La Barona (Diöz. Pavia) zurück, die jedoch Ende des 12. Jh. erfolgte. Von Tiglieto wurden in Piemont Staffarda (1135) und Casanova Torinese (1150), beide Kl. damals in der Diöz. Turin, gegründet. Von Staffarda ging die Gründung von Sala bei Farnese (Viterbo) 1189 aus, von Lucedio wurde hingegen vermutl. Chiaravalle della Castagnola (1147) in der Diöz. Ancona und mit Sicherheit die Abtei Rivalta Scrivia (1181), in der Diöz. Tortona, gegründet. Von Rivalta gehen die Gründungen von Acqualunga (1204) bei Pavia und von Preallo (1237) bei Genua aus. Von La Castagnola wurde 1257 die Abtei OSB S. Severo in Classe bei Ravenna reformiert und dem OCist angeschlossen.

Gleichzeitig mit den Tochter- und Enkelkl. von La Ferté entstanden auf it. Gebiet andere Kommuntitäten, die direkt von Cîteaux oder anderen seiner Filialkl. gegründet wurden, wie S. Andrea di Sesto (1131) in der Diöz. Genua, von dem 1254 die Gründung von Rivalta Torinese ausging. Sie ist dem Abt v. Cîteaux, →Stephan Harding, zu verdanken, der eine frühere benediktin. Kommunität reformierte. Bis zur Mitte des 13. Jh. sind keine anderen direkten Filiationen von Cîteaux zu verzeichnen. Dann wurden die beiden alten Abteien OSB S. Salvatore del →Monte Amiata (1228) in der Toskana und S. Salvatore di Monte Acuto (1234) bei Perugia der Reform von Cîteaux angeschlossen.

Von dem Zweig von →Morimond ging in der Diöz. Mailand die Abtei Morimondo Coronato (1134) am Ticino aus, von der nur die Kl. Acquafredda (1143) bei Lenno, Diöz. Como, und Casalvolone (1169) in der Diöz. Novara gegründet wurden.

Weit bedeutender war jedoch die Reihe der Tochtergründungen von →Clairvaux, deren erste auf das Wirken seines Abtes Bernhard während seiner Aufenthalte in Italien zurückgehen. Nachdem er Mailand mit Papst Innozenz II. ausgesöhnt hatte, gründete der Hl. vor den Toren der Stadt das Kl. Chiaravalle Milanese (1136), dem sofort das Kl. OSB S. Pietro del Cerreto (1136), Diöz. Lodi, angeschlossen wurde, in der Folge auch SS. Trinità di Capolago (1231) bei Varese in der Diöz. Mailand. Neugründungen von Chiaravalle Milanese waren hingegen die Abtei S. Maria di Fiastra in den Marken (1141) und Sanavalle oder Follina (1146), Diöz. Ceneda in Venetien. Von der lodigianischen Abtei Cerreto wurde S. Maria Maddalena della Cava bei Cremona gegründet (1231) und S. Stefano del Corno, ebenfalls in der Diöz. Lodi, reformiert (1231), von Follina ging die Gründung von S. Maria del Piave oder Lovadina aus (1229).

Die zweite bernhardin. Gründung in N-Italien war →Chiaravalle della Colomba (1137) im Gebiet von Piacenza, von der die folgenden Tochterkl. ausgingen: Fontevivo in der Diöz. Parma (1142); Quartazzoloa in der Diöz. Piacenza (1217); Brondolo in der Diöz. Chioggia (1229); S. Maria in Strada bei Anzola, Diöz. Bologna (1250), und S. Martino de' Bocci oder Valserena in der Diöz. Parma (1298). Fontevivo (1142) war das Mutterkl. von S. Giusto in Tuscania bei Viterbo (1146).

Von großer Bedeutung war die bernhardin. Reform des Kl. OSB→Casamari (1140) bei Veroli in Latium, von dem zahlreiche Kl. in S-Italien ausgingen sowie die berühmte Tochtergründung S. Galgano (1201) bei Siena, das Mutterkl. fast aller toskan. Gründungen: S. Pantaleo di Monte Faeta bei Lucca (1233), S. Salvatore in Settimo (1236), Diöz. Florenz (Tochterkl. Buonsollazzo [1321]), S. Michele della Verruca (1261) bei Pisa und S. Michele di Quarto (1337) bei Siena. Von der Reform der alten röm. Abtei SS. Vincenzo e Anastasio in →Tre Fontane (1140), die von Innozenz II. dem hl. Bernhard geschenkt und von diesem seinem Schüler Pier Bernardo Paganelli anvertraut wurde (dem späteren Papst →Eugen III.), gingen die abruzzes. Kl. Casanova (1195) und S. Maria in Arabona (1209) aus sowie in Latium S. Agostino in Montalto di Castro (1234) bei Viterbo, S. Maria di Palazzolo (1244) bei Albano und S. Maria auf der Insel Ponza (1246), Diöz. Gaeta. Gründungen von Casanova degli Abruzzi waren S. Pastore in Rieti (1218) und S. Spirito in Ocre (1248), Diöz. L'Aquila.

Auf die Initiative des hl. Bernhard geht auch die erste Gründung in Sardinien, Cabuabbas (Caputabbas); (1150) bei Bosa, zurück, die von dem Judex von Torres Gonnario di Lacon-Gumele, in der Clairvaux Mönch wurde, angeregt wurde, später folgte S. Maria di Paulis (oder delle Paludi) bei Sassari (1205), ebenfalls eine direkte Gründung von Clairvaux. Auch durch sein Filialkl. →Hautecombe

(Anfang 12. Jh.) in Savoyen, von dem die Abtei OSB →Fossanova reformiert wurde, setzte Clairvaux sein Reformwerk fort: Fossanova führte in der kalabres. Kartause S. Stefano del Bosco (1150) und im Kl. OSB Marmosolio (1167), in der Diöz. Velletri, von dem anscheinend die Abtei →Valvisciolo ausging (1206), die Zisterzienserregel ein.

Eine weitere Gründung von Fossanova ist die kampan. Abtei Ferraria in der Diöz. Teano (1179), von der unter anderen die abbruzes. Abtei SS. Vito e Salvo in der Diöz. Chieti gegründet wurde (1247).

Von Pontigny gingen über seine Tochtergründung St-Sulpice in Savoyen (1133) nur die Zisterzen S. Maria di Falerii (1143) und S. Martino al Monte Cimino (1150), beide in Latium, sowie die röm. Abtei S. Sebastiano alle Catacombe (1171) aus, die keine weiteren Filiationen hatten.

Von den rund 70 Frauenkl., die im 12. und 13. Jh. entstanden, sei stellvertretend das berühmte Kl. S. Giuliana in Perugia genannt, das 1253 von Kard. Johannes de Toledo gegründet wurde.

Nach der Mitte des 13. Jh. setzte sich die Ausbreitung des Zisterzienserordens in Italien vorwiegend durch den Anschluß von benediktin. Männer- und Frauenkl. an die zisterziens. Observanz fort. Im 14. Jh. verbanden sich einige Kl. in Umbrien und in den Marken zur »Corpus Christi-Kongregation«, die 1377 von Gregor XI. approbiert und von Gregor XIII. 1582 aufgehoben wurde. Im Lauf der Zeit erlebten jedoch viele Zisterzen einen Niedergang und wurden zu →Kommenden. Um diesen Übelständen abzuhelfen, wurde 1497 die it. »Kongregation a S. Bernardo« gegründet, der verschiedene Kl. in der Toskana und in der Lombardei beitraten.   G. Spinelli

Lit.: E. Nasalli Rocca, I monasteri cistercensi femminili di Piacenza, RSCI, 10, 1956, 271–274 – L. Fraccaro de Longhi, L'architettura delle chiese cistercensi italiane, 1958 – B. B. Bedini, Le abbazie cistercensi d'Italia, 1964 (rist. 1987) – I Cistercensi e il Lazio. Atti delle giornate di studio ... Roma 17–21 maggio 1977, 1978 – D. Negri, Abbazie Cistercensi in Italia, 1981 – G. Viti, I Cistercensi nelle Marche (Aspetti e problemi del monachesimo nelle Marche, 1982, I), 107–134 – V. Cattana, L'Italia cistercense nella storiografia degli ultimi 25 anni (1961–1986), Cîteaux, 37, 1986, 278–286 – G. Viti, I Cistercensi in Italia (L. J. Lekai, I Cistercensi. Ideali e realtà, 1989), 501–540 – I Cistercensi in Sardegna. Aspetti e problemi ... Silanus 14–15 nov. 1987, hg. G. Spiga, 1990 – G. Picasso, Fondazioni e riforme monastiche di san Bernardo in Italia (San Bernardo e l'Italia. Atti ... Milano 24–26 maggio 1990, hg. P. Zerbi, 1993), 147–163 – Architettura cistercense: Fontenay e le abbazie in Italia dal 1120 al 1160, hg. G. Viti, 1995 – G. Cariboni, Monasteri cistercensi maschili a Pavia tra XII e XIII sec., RSCI 50, 1996, 350–398 – Monasteria Nova. Storia e architettura dei Cistercensi in Liguria, hg. C. Dufour Bozzo–A. Dagnino, 1998.

II. Süditalien: Die Ausbreitung des Ordens von →Cîteaux im Kgr. →Sizilien bekräftigte das 1139 zw. Papst →Innozenz II. und Kg. →Roger II. v. Sizilien geschlossene polit. Bündnis. Auf Ersuchen des Kg.s sandte der hl. →Bernhard v. Clairvaux Mönche aus Frankreich, die die neue Kongregation in alten Benediktinerabteien oder in italogriech. Klöstern, deren Niedergang offensichtlich war, einführen sollten. Die erste Zisterze Süditaliens ist das Kl. →Sambucina im Gebiet von Luzzi in der Prov. Cosenza, das zw. 1140 und 1144 von Goffredo, Gf. v. →Loritello, und seiner Mutter Berta auf einem Abhang des Silagebirges in strateg. günstiger Lage im Zentrum des Normannenstaates unweit der antiken Via Popilia gegründet wurde. Von diesem Kl. gingen einige wichtige Tochtergründungen im Regnum Siciliae aus: Bereits 1172 entstanden die Abteien S. Maria di Vallebona bei Novara di Sicilia und Spirito Santo in Palermo. In dem palermitan. Kl. hielten sich Ende des 12./Anfang des 13. Jh. Joachim v. Fiore und der Ebf. v. Cosenza, Luca(s) Campano, auf, um zum Kreuzzug zu predigen. Ein drittes Filialkl. von Sambucina wurde 1220 in Roccadia bei Lentini (Diöz. Syrakus) gegründet. Gegen Ende des 12. Jh. verfügte das Kl. Sambucina im Silagebirge im Norden Kalabriens und an der Küste des Jonischen Meeres über viele →Grangien. Zwei von ihnen, S. Maria di Acquaformosa auf den Ausläufern des Monte Pollino in der Diöz. Cassano und Sant' Angelo del Frigilo im Ortsgebiet von Mesoraca (Diöz. Santa Severina), wurden 1195 bzw. 1202 Filialkl. und bestanden bis zum 17. Jh. Infolge der Förderung der Z. durch die Krone wurde in Kalabrien die Z.ordensregel um 1170 in dem Benediktinerkl. →Corazzo und 1195 in der Kartause →S. Stefano del Bosco eingeführt, wo sie bis zur Umwandlung in eine Kommende befolgt wurde. Als Zisterze wird in den Quellen auch SS. Trinità de Ligno Crucis in Corigliano Calabro (Ortsteil Ligoni) in der »Sila Greca« bezeichnet. Die häufigen Erdstöße, die die Region seit 1184 erschütterten, v. a. das schwere Beben von 1220/21, veranlaßten die Mönche des Kl. Sambucina, das alte Kl. OSB S. Maria della Matina in der Diöz. S. Marco Argentano zu übersiedeln, wobei sie von der Kommunität von →Casamari unterstützt wurden, die damit die Rolle eines »Mutterklosters« übernahm. Auf sie geht auch seit 1221 die Einführung der Z.regel in das lukan. Kl. Sagittario in der Diöz. Anglona bei Francavilla am Sinni (Prov. Potenza) zurück.

1195 zog eine Z.kommunität von Sambucina nach Apulien, in die Nähe des »Mar Piccolo« von Tarent, und nahm Besitz von einem kleinen Kl. namens »Galeso« (nach dem gleichnamigen Bach genannt), das bei einer 1169 der Jungfrau Maria geweihten Kirche entstanden war.

1201 nahm das Benediktinerkl. S. Maria di Ripalta in Lesina (Foggia) die Z.regel an, die durch Mönche aus der Abtei Casanova d'Abruzzo, die ihrerseits von der röm. Abtei →Tre Fontane abhing, eingeführt wurde.

Durch das kampan. Kl. Ferraria wurde 1212 bei Noto in der Diöz. Syrakus die Abtei S. Maria dell'Arco aufgrund einer Schenkung des Gf.en v. Noto, Isembardo di Morengia, und der Unterstützung Friedrichs II. gegründet.

Gregor IX. verfügte 1232 die Übersiedlung der Mönche des Kl. S. Spirito della Valle wegen der prekären ökonom. Lage der Kommunität in das 13 km von Foggia entfernt am Fluß Cervaro gelegene Kl. S. Maria Incoronata. S. Spirito war 1215 von Ebf. Nicola(us) v. Tarent in einer nicht näher bezeichneten Lokalität seiner Diöz. gegründet und mit einer Gruppe von Z.mönchen aus S. Maria di Ferraria besiedelt worden.

1258 gliederte Alexander IV. das Kl. S. Maria dello Sterpeto bei Barletta, das früher von »schwarzen« Mönchen bewohnt war, dem Z.orden ein.

Auf Initiative Friedrichs III. v. Aragón wurde 1307 auf dem Abhang des Moardagebirges bei Palermo die Abtei S. Maria d'Altofonte errichtet, in der sich eine Z.kommunität aus dem katalan. Kl. →Santes-Creus niederließ.

Der Z.orden, der während der langen Regierungszeit Friedrichs II. die ksl. Gunst genossen hatte, erlebte seit dem 14. Jh., ähnlich wie die anderen alten Mönchsorden, einen langsamen Niedergang. Zu erwähnen ist auch der Riß im Ordensgefüge, den →Joachim v. Fiore, der Abt des Z.kl. Corazzo, 1189 durch seinen Austritt hervorrief. Er begründete die Florenser-Kongregation und gab den Anstoß zu den Gruppen der Joachimiten und Fratizellen, die am Ende des Zeitalters des Hl. Geistes das Ende der Welt nahe sahen.   P. DeLeo

Lit.: P. DE LEO, Certosini e Cistercensi nel regno di Sicilia, 1993 – I Cistercensi nel Mezzogiorno medioevale, hg. H. HOUBEN–B. VETERE, 1994.

III. DEUTSCHER BEREICH: Der Z.orden konnte 91 Männerkl. in Dtl., 15 in Österreich und acht in der Schweiz gründen. 17 der dt. und vier der schweiz. Z.kl. sind in der Linie von →Clairvaux, alle restl. in der von →Morimond entstanden. Die dt. Morimond-Gründungen erfolgten in drei Wellen: bis 1153, 1154–1235 und nach 1235. Die erste dt. Niederlassung war Altenkamp (1123), von wo aus rund 70 Tochter- und Enkelgründungen im nord-, mittel- und ostdt. Raum sowie in Schlesien hervorgingen. In Westfalen blieb die zisterziens. Präsenz eher gering. Keine der dt. Gründungen erfolgte mehr in der von den Ordensgründern geforderten einsamen Lage, sondern zumeist im Altsiedelgebiet. Mit der Gründung von →Ebrach (1127) überschritten die Z. erstmals den Rhein in ö. Richtung. Der Ebracher Verband mit 24 Kl. richtete sich nach Böhmen, Franken, Altbayern und Österreich aus. Die von Altenberg (1133) ausgehende Filiation mit acht Kl. zielte nach Hessen, Niedersachsen, Jüterbog und Großpolen. Diese Kl. übernahmen Aufgaben bei der Slavenmission an der s. Ostseeküste und trugen zur Strukturanpassung zw. West und Ost bei. Im Regelfall wurde zw. Elbe und Weichsel zunächst in jedem bedeutsamen Territorium ein Z.kl. gegründet, dem im 13. Jh. eine Verdichtung durch Tochterkl. folgte. Die großpoln. Kl. blieben bis ins 16. Jh. in engem Kontakt zu Köln. Über Bellevaux (1120) und dessen erster schweiz. Gründung Lützel (1124) konnten die Z.kl. in Württemberg, Schwaben, der Schweiz und Tirol besiedelt werden. Älteste österr. Zisterze ist das Kl. →Heiligenkreuz (1135), dessen Filiation sieben Töchter in Österreich, Ungarn und Mähren umfaßt. Die dt. und schweiz. Clairvaux-Kl. wurden in einer Welle zw. 1135 und 1189 gegr. Als früheste dt. Gründung gilt Himmerod/Eifel (1134). Die Clairvaux-Linie konzentrierte sich auf das Rheinland, Westfalen, Hessen sowie auf die Ostseeküste. Dort gehörten das über →Esrum (1154) gegr. dt. Z.kl. →Kolbatz (1173/75), dessen Tochter →Oliva (1175/86) und Eldena (1199) zu den skand. Kl. der Clairvaux-Linie, was die zeitweilige Herrschaft Dänemarks in dem Gebiet widerspiegelt. Das schweiz. Bonmont wurde 1123 gegr. In der Zeit des →Abendländ. Schismas (1378–1417) hielten die dt.sprachigen Z.kl. eigene Generalkapitel in Rom, Nürnberg, Heilsbronn und Wien ab, da Urban VI. den Kontakt mit Cîteaux verbot. Im 15. Jh. wurden vom Orden in Dtl. Reformatoren eingesetzt und Provinzkapitel abgehalten, um den Niedergang aufzuhalten. Mehr und mehr setzte sich das Regionalprinzip innerhalb des Ordens durch. Die Reformation führte zur Auflösung von 51 Männer- und 137 Nonnenkl.

Die Z. lehnten es zunächst ab, Frauenkl. in ihren Orden aufzunehmen, gaben diese Haltung aber nach 1190 auf. Im 12. Jh. entstanden in Dtl. 15 Frauenzisterzen. Als älteste Kl. gelten das nicht inkorporierte Wechterswinkel (1144) und das inkorporierte Oberschönenfeld (1211/48), in Österreich St. Niklas in Wien (vor 1200), in der Schweiz Klein-Lützel (1138). Eine besondere Gründungswelle mit rund 150 Kl. lag zw. 1200–50, trotz eines allgemeinen Verbotes von Neugründungen und Inkorporationen durch die Generalkapitel 1220 und 1228. Insgesamt lebten im dt. Sprachgebiet 283 Frauenkl. (davon 10 in Österreich, 28 in der Schweiz) nach der Z.regel, entweder in dem Orden inkorporiert oder dem Bf. unterstellt. Gründer waren vorwiegend Adelsfamilien oder Bf.e. Insbes. weibl. Mitglieder des ritterbürtigen Adels und des städt. Patriziats traten in dt. Z.kl. ein. Im Gegensatz zu Männerzisterzen wurden Frauenkl. in oder nahe bei Siedlungen gegr. Die männl. Z.kl. zw. Elbe und Oder sowie in Niedersachsen wurden nahezu ausschließl. von den Landesherren oder örtl. Territorialherren gegr. Wegbereiter der westfäl., bayer. und frk. Z. waren vornehml. Bf.e unter Mithilfe des Adels. Viele der bayer. Z.kl. wurden im Laufe der Zeit zu landsässigen Hauskl. herabgestuft. Die Zahl der Konversen lag in den ostelb. Kl. niedriger als in den zw. Rhein und Elbe gelegenen. Im 13. Jh. kam es vermehrt zu sozialen Spannungen zw. Mönchen und Konversen. Zur Erledigung von Handarbeiten wurden zunächst im O vermehrt weltl. Arbeitskräfte herangezogen. Nahezu überall wurden Grangien angelegt, die unter der Leitung von Konversen betrieben wurden. Im O wechselten die Mönche früher (14. Jh.) als im W zur von ihnen anfangs abgelehnten grundherrschaftl. Wirtschaftsweise sowie zur Grangienauflösung über, was in der Folge regelmäßige Geld- und Getreideeinnahmen brachte. Dünn besiedelte Gebiete im O wurden von den Z.n als →Lokatoren mit Siedlern aus dem W bevölkert (→Dargun, Kolbatz, →Leubus). Die dt. Z.kl. beteiligten sich mehr oder weniger intensiv am hochma. →Landesausbau, vorrangig ging es ihnen um Strukturverbesserungen des eigenen Kl.gebietes. Kultivierungen größerer Flächen durch die Z. sind im 12. Jh. nicht nachweisbar. Im 13. Jh. spielte der »Grenzschutz« im mittleren Oderraum, in Pommern, Schlesien und in der Mark Brandenburg in Form der Urbarmachung größerer Waldgebiete und Einöden eine wichtige Rolle. Nordwestdt. Z. konnten in bes. Umfang Tallagen und Marschgelände (→Walkenried, Riddagshausen, →Loccum, Hude) fruchtbar machen. Südwestdt. und bayer. Z. engagierten sich nur in kleinem Rahmen an der Trockenlegung oder den Meliorationen von Ödflächen, wenn, dann zumeist aufgrund von Grangienerweiterungen. Zentrale Handelsgüter waren Wein für die w. und s. Regionen angesiedelten sowie Salz für die nord-, mittel- und ostdt. Z.kl. Sie wurden oft gegenseitig unter Einschaltung der zisterziens. Stadthäuser (→Wirtschaftshöfe) und kl.eigenen Schiffe (→Eberbach) gehandelt und transportiert. In den Mittelgebirgsregionen engagierten sich die Mönche (Walkenried, →Waldsassen, Grünhain) mitunter überdurchschnittl. im Bergbau (u.a. Silber, Kupfer, Eisen, Steinkohle).

K. Wollenberg

Lit.: Die Z., hg. K. ELM u.a., 1980 – Die Z. (Ergbd.), hg. DERS., 1982 – H. GRÜGER, Der Orden der Z. in Schlesien 1175–1810, Jb. der Schles. Friedrich-Wilhelms-Univ. zu Breslau 23, 1982 – G. JÁSZAI, Monast. Westfalen, 800–1800, 1982 – Die Z. und Z.innen in der Schweiz, hg. C. SOMMER-RAMER–P. BRAUN, Helvetia Sacra III, 3,1 und 2, 1982 – M. TOEPFER, Die Konversen der Z., 1983 – Die Cistercienser, hg. R. SCHNEIDER, 1986 – K. WOLLENBERG, Die Z. in Altbayern, Franken und Schwaben, 1988 – A. EHRMANN, P. PFISTER, K. WOLLENBERG, Die Z. im alten Bayern, 3 Bde, 1988/90 – H. KOLLER, Die ältesten österr. Z. (A. EHRMANN u.a., 1990), 209–224 – W. BRÜCKNER–J.LENSSEN, Z. in Franken, 1991 – R. KOTTJE, Die niederrhein. Z. im späten MA, 1992 – K. HENGST, Westfäl. Kl.buch, 2 Bde, 1992/94 – N. HEUTGER, Zisterziens. Wirken in Niedersachsen, 1993 – U. FAUST, Die Männer- und Frauenkl. der Z. in Niedersachsen, Schleswig-Holstein und Hamburg, 1994 – W. SCHICH, Das Wirken der Z. im ö. Mitteleuropa im 12. und 13. Jh., SMBO, 1994 – O. H. SCHMIDT–D. SCHUMANN, Z. in Brandenburg, 1996 – D. PÖTSCHKE, Gesch. und Recht der Z., 1997 – P. PFISTER, Kl.führer aller Z.kl. im dt.sprachigen Raum, 1997 – H. NEHLSEN–K. WOLLENBERG, Z. zw. Zentralisierung und Regionalisierung, 1998.

IV. ALTE NIEDERLANDE: Der Z.orden entfaltete in den Territorien der Alten Niederlande und dem Fürstbm. Lüttich ein erfolgreiches Wirken. Die Ausbreitung der Z. korrespondierte mit den Bedürfnissen einer Gesellschaft, die in Erwartung einer monast. Erneuerung lebte. Daher

wurden die zisterziens. Gründerväter von den geistl. und weltl. Autoritäten mit offenen Armen empfangen. Seit 1132 wurden Männerkl. begründet und rasch mit immensen Domänen ausgestattet: →Orval (1132), →Vaucelles (1132), Ter Duinen/→Dünenabtei (1138), →Clairmarais (1140), →Villers (1146), Loos (1146), Aulne (1147), Cambron (1148), Ter Doest (1176), Val St-Lambert (1209), Val-Dieu (1215). Vom zisterziens. Ideal bewegte Frauen baten mit Nachdruck die Mönche, die Errichtung von zisterziens. Frauenkl. voranzutreiben. Die Mönche zeigten sich schließl. bereit, die Leitung zu übernehmen: 1182 wurde das Frauenkl. Herkenrode etabliert. Im 13. Jh. vervielfachten sich die Gründungen. Die zahlreichen zisterziens. Kl. nahmen einen wichtigen Platz in der religiösen und kulturellen Landschaft der altndl. Regionen ein; zu nennen sind als Männerkl. St-Bernard (1233), Baudeloo (1215), Grandpré (1231), Moulins (1414), Nizelles (1441), Boneffe (1461), St-Remy (1464); als Frauenkl. Flines (1234), La Cambre (1201), La Ramée (1212), Aywière (1202), Florival (1218), Val-Duc (1230), Hocht (1218), Val Notre-Dame (1210), Solières (1220), Robermont (1215), Argenton (1220); im fläm. Bereich: Ter Kameren (1201), Bijloke (1215), Nazareth (1215), Nieuwenbos (1215), Zwÿveke (1223), Roosendaal (1227), Spermalie (1228), Groeninge (1236), Hemelsdale (1237) u. a.

Die Z.abteien verstanden es, große homogene Besitzkomplexe, die sie mit →Konversen direkt bewirtschafteten, aufzubauen und bildeten im 12. und 13. Jh. durch die Anhäufung großer Vermögen einen beachtl. wirtschaftl. Faktor. Infolge ihrer Kapitalkraft wandten sich mehrere Z.abteien den Initiativen des →Landesausbaus zu, insbes. der Entwässerung und dem →Deich- und Dammbau im fläm. Küstengebiet (z.B. Ter Duinen in Westflandern, Clairmarais im frz. Flandern).

Seit ca. 1200 widmeten sich die Z.mönche seelsorger. Aktivitäten in den auf ihren Domänen eingerichteten Pfarreien. Namhafte Vertreter des Z.ordens beschritten den Weg eines heiligmäßigen Lebens, so der sel. →Robert v. Brügge († 1157), Abt v. Ter Duinen, und Simon († 1228), ein Konverse der Abtei Aulne; bes. unter den Z.innen waren bedeutende religiöse Persönlichkeiten: →Ida v. Nivelles († 1231); →Lutgard v. Tongern (1246), Nonne in Aywières; →Beatrijs v. Nazareth († 1268), Ida v. Leeuw († 1273), Ida v. Löwen († um 1300) und die stigmatisierte →Elisabeth v. Spalbeek († um 1316).

Im 14. Jh. blieb der Z.orden von Krisen nicht verschont. Er schwankte zw. dem Ideal der Treue zu den zisterziens. Ursprüngen und neuen Strömungen, die auf eine Adaptation fremder Gewohnheiten abzielten. Die Kl. in den altndl. Fsm.ern und im Fürstbm. Lüttich verblieben in der Filiation v. →Cîteaux und →Clairvaux, ohne nach der Gründung eigener →Kongregationen zu streben. Das Leben der Z.abteien vollzog sich durchaus im Kontakt mit anderen monast. Modellen; wirtschaftl. Schwierigkeiten blieben nicht aus, doch kann von einem allg. Niedergang durchaus nicht gesprochen werden. Vereinzelte Initiativen zeugen auch im SpätMA von Zentren aktiver Religiosität. So forderten während des 15. Jh. die Z.innen des Bm.s Lüttich eine Rückkehr zur Einfachheit und Strenge der Frühzeit, die sich in der Wiederherstellung der strengen →Klausur, der Gütergemeinschaft und eifriger Lesung der →»Imitatio Christi« verkörpern sollte. Ihre Reforminitiative bedeutete ein wichtiges Moment in der Ordensgesch. und wurde von benachbarten Z.abteien übernommen.

M.-E. Henneau

Lit.: Monasticon belge, 8 Bde, 1890 [1993]–J. M. Canivez, L'Ordre de Cîteaux en Belgique des origines (1132) au XXᵉ s., 1926 – S. Roisin, L'hagiographie cistercienne dans le dioc. de Liège au XIIIᵉ s., 1947 – G. Despy, L'exploitation des curtes en Brabant du IXᵉ s. aux environs de 1300 (Villa–Curtis–Grangia, hg. W. Janssen–D. Lohrmann, Francia Beih. 11, 1983), 185–204 – C. Épinay-Burgard-É. Zum Brunn, Femmes troubadours de Dieu, 1988 – M.-E. Henneau, Les cisterciennes du pays mosan, 1990 – Filles de Cîteaux au pays mosan, 1990 – Bernardus en de Cisterciënzerfamilie in België 1090-1990, hg. M. Sabbe, M. Lamberigts, F. Gistelinck, 1990 – Monastères bénédictins et cisterciens dans les Albums de Croÿ, hg. J.-J. Bolly, J.-B. Lefèvre, D. Misonne, 1990 – G. Hendrix, Bibliotheca auctorum traductorum et scriptorum Ordinis cisterciensis. Vicariatus generalis Belgii, 1992.

V. Iberische Halbinsel: Der Orden der Z. zeichnet sich auf der Iber. Halbinsel v. a. durch seinen Beitrag zur Erschließung und Wiederbesiedlung (→Repoblación) der im Zuge der →Reconquista gewonnenen Gebiete, durch seine enge Bindung an die Kg.shäuser von →Kastilien, →Aragón und →Portugal sowie durch seine bis zur Affiliation reichenden Rechtsverhältnisse zu den hispan. →Ritterorden aus. Die ersten männl. Z.kl. entstanden in den Jahren 1140–42, wobei in der Forschung strittig ist, ob →Fitero in Navarra oder →Sobrado in Galicien der zeitl. Primat zukommt. Bis zum Tode Bernhards v. Clairvaux (1153) wurden in →Galicien (Sobrado, Oseira, Meira), in Portugal (→Tarouca, Sever do Vouga, →Alcobaça), in →León (→Valparaíso, Valbuena, Moreruela), Kastilien (Sacramenia, S. María de la →Huerta), in →Navarra (Fitero, La Oliva), in Aragón (Veruela, Rueda) und in →Katalonien (→Santes Creus, →Poblet) durch Umwandlung älterer Einrichtungen bzw. durch Neugründung weitere Kl. geschaffen, deren Zahl bis am Ende des 12. Jh. auf über 40 anwuchs. Annähernd ebensoviele wurden in den beiden folgenden Jahrhunderten gegründet. In den Gebieten südl. der Flüsse Tajo und Ebro kam es nur vereinzelt zur Errichtung männl. Zisterzen, Frauenkl. entstanden dagegen zahlreich auch im S der Iber. Halbinsel. Annähernd alle aragones., navarres. und kast. Zisterzen des 12. Jh. waren der Primarabtei →Morimond, diejenigen in Galicien, León, Portugal und Katalonien der von →Clairvaux affiliiert. →Cîteaux, dessen hispan. Tochterkl. mit einer Ausnahme (Iranzu) im 13. Jh. gegr. wurden, spielte auf der Iber. Halbinsel eine vergleichsweise untergeordnete Rolle.

Unter den ptg. Zisterzen ragte Alcobaça an Reichtum und Einfluß heraus. In Kastilien-León galt dies für →Las Huelgas und Huerta, in Galicien für Sobrado, in Aragón für Veruela und Rueda, in Navarra für Fitero und La Oliva sowie in der katal.-aragones. Krone für Santes Creus, dessen Tochterkl. Valldigna sowie für Poblet. Santes Creus und Poblet, die →Grablegen des Hauses →Barcelona, betrieben die Kolonisierung, Kultivierung und militär. bzw. polit. Sicherung umfangreicher Gebiete Neukataloniens; ähnl. Aufgaben versahen die Zisterzen in Grenzregionen Portugals und Kastilien-Leóns, den Ursprungsgebieten der hispan. Ritterorden. Deren bedeutendster, der Orden v. →Calatrava, entstand unter Mitwirkung des Z.abtes Raimund v. Fitero und wurde seinem Orden 1187 affiliiert. Andere wie →Alcántara und →Avís richteten ihr religiöses Leben nach den Z.gewohnheiten aus, wurden aber erst aufgrund ihres Abhängigkeitsverhältnisses zum Calatravaorden in den Z.verband inkorporiert. Auch spätere Ordensgründungen wie →Santa María de España und →Montesa wurden – teilweise nur kurzfristig – in den Verband aufgenommen.

Die ältesten Frauenkl. zisterziens. Observanz (Tulebras in Navarra [1134], Las Huelgas in Valladolid [1140]) entstanden auf der Iber. Halbinsel vor den ersten Männerkl., denen sie an Zahl kaum nachstanden. Eine enge Anbindung an das katal.-aragones. bzw. kast. Kg.shaus zeich-

nete Vallbona und Las Huelgas aus. Dem 1179/87 von Alfons VIII. v. Kastilien gegr. Las Huelgas gelang es sogar, umfangreiche senioriale Rechte zu erlangen und einen eigenen Verband zu bilden.

Im SpätMA führten der Widerstand gegen innere Mißstände (Kommendataräbte), das Vorbild der benediktin. Reformkongregation v. S. Benito de →Valladolid und nationalkirchl. Tendenzen zur Herausbildung einer zisterziens. Observanzbewegung, die in Kastilien unter Martín de Vargas 1438 als *Congregación de Castilla* institutionelle Form annehmen und sich trotz Widerstandes des Generalkapitels behaupten konnte. Sie besaß Modellcharakter für die 1567 bzw. 1616 gegr. Kongregationen v. Portugal und Aragón.   N. Jaspert

Lit.: DHEE I, 412-414 – DHGE XV, 944-969 – M. Cocheril, L'implantation des abbayes cisterciennes dans la Péninsule Ibérique, Anuario de Estudios Medievales 1, 1964, 217-287 – V. A. Álvarez Palenzuela, Monasterios cistercienses en Castilla, s. XII-XIII, 1978 – E. Portela Silva, La colonización cisterciense en Galicia (1142-1250), 1981 – J. Pérez-Embid Wamba, El Císter en Castilla-León. Monacato y dominios rurales, 1986 – El Cister. Ordenes religiosas zaragozanas, 1987 – A. Masoliver, Los cistercienses en España y Portugal (L. J. Lekai, Los Cistercienses. Ideales y realidad, 1987), 517-576 – La introducción del Cister en España y Portugal (Piedras Angulares 2, 1991) – B. Schwenk, Calatrava, 1992 – Ordenes monásticas y archivos de la Iglesia, II (Memoria Ecclesiae 2).

VI. England und Wales: Bereits vor der Gründung der ersten Z. abtei (→Waverley in Surrey) 1128 war der Ruhm des neuen monast. Ordens über den Kanal gedrungen. Tatsächl. war es →Stephan Harding, der 3. Abt v. Cîteaux (20. S.; 1109-34) und wahrscheinl. der Verfasser der berühmten »Charta caritatis«, der mehr als ein anderer dafür sorgte, daß die neue Regel die ersten schwierigen Jahre in England überstand. Doch ist es v. a. der tatkräftigen Entschlossenheit →Bernhards v. Clairvaux zu verdanken, daß die »zisterziens. Invasion« Englands in so bemerkenswerter Form eingeleitet wurde. 1131-32 erreichte eine Gruppe von Mönchen aus Clairvaux den Hof Kg. Heinrichs I. und überbrachte einen Brief Bernhards, in dem er seine Absicht ankündigte, das engl. Kgr. für die zisterziens. Lebensweise zu erschließen. Einige Monate später gründeten diese Mönche nicht nur die Abtei →Rievaulx, sondern regten ein eine ausgedehnte monast. Erneuerung in Yorkshire an, die rasch neue zisterziens. Abteien, u. a. in →Fountains, Byland und Kirkstall, entstehen ließ. 1147, als die Kongregation v. →Savigny mit den Z.n vereinigt wurde, existierten ungefähr 50 in England gegr. Ordenshäuser. Zu diesem Zeitpunkt gab es auch sechs Häuser der »weißen Mönche« innerhalb der Grenzen von Wales, aber die größte Expansion der Z. in S-Wales und in den Walis. Marken erfolgte während der 60er und 70er Jahre des 12. Jh. unter der Patronage sowohl der engl. Herren als auch der walis. Fs.en. Am Beginn des 13. Jh. gab es deshalb fast 75 zisterziens. Abteien in England und Wales, eine Zahl, die bis zur Auflösung der Abteien durch Heinrich VIII. in den späten 30er Jahren des 16. Jh. weitgehend unverändert blieb. Der Z.orden war zweifellos während des 12. Jh. am populärsten. Die große monast. Spiritualität wird u. a. in der berühmten, von Walter Daniel verfaßten Vita des hl. →Ælred, des 3. Abts v. Rievaulx (1147-67), beschrieben. In dieser Zeit erlangten die engl. und walis. Z.häuser auch wegen ihrer einzigartigen Grundbesitzverwaltung Berühmtheit, die nicht von der Abgabenleistung der Lehnsmänner abhängig war, sondern auf der Eigenwirtschaftung (bes. bei der Wollproduktion) der →Grangien mit →Konversen basierte. Gerade weil die Z.abteien üblicherweise in relativ entfernt und abseits liegenden Orten anzutreffen waren, spielten sie eine entscheidende Rolle bei der landwirtschaftl. Erschließung von Ödland. An der Wende des 13. Jh. wurden jedoch ihre wirtschaftl. und sogar religiösen Gewohnheiten zunehmend denen der Benediktinerkl. angeglichen. Die Gesch. der meisten Z.kl. im späten MA liegt häufig im dunkeln, weil sie einerseits von der bfl. Visitation befreit waren und andererseits ihre Beziehungen zum Generalkapitel in Cîteaux zunehmend unbedeutend wurden. Doch konnten die engl. Z. am Ende des 15. Jh. das College of St. Bernard für ein akadem. Studium an der Oxforder Univ. gründen. Mit Marmaduke Huby, dem Abt v. Fountains (1495-1526), bildeten sie einen Leiter mit nationalem und lokalem Einfluß aus.   R. B. Dobson

Q.: Letters from the English Abbots to the Chapter at Cîteaux, 1442-1521, ed. C. H. Talbot (Camden 4th ser. IV, 1967) – →Ælred – Lit.: D. Knowles, The Religious Orders in England, 3 Bde, 1948-59 – Ders., The Monastic Order in England, 940-1216, 1963² – B. D. Hill, English Cistercian Monasteries and their Patrons in the Twelfth Century, 1968 – C. Platt, The Monastic Grange in Medieval England, 1969 – L. J. Lekai, The Cistercians: Ideal and Reality, 1977 – D. H. Williams, The Welsh Cistercians, 2 Bde, 1984 – J. Burton, Monastic and Religious Orders in Britain, 1000-1300, 1994.

VII. Schottland: Die Z. erreichten Schottland 1136, als Kg. David I. Mönche aus →Rievaulx in Yorkshire beauftragte, die Abtei →Melrose zu gründen. Einer der ersten Äbte war der hl. →Waltheof (Vita von →Jocelin v. Furness). Die meisten der elf Z.abteien in Schottland gehörten zur Kl.familie v. Melrose, vier (einschließl. von Holm Cultram in Cumberland) waren unmittelbare Tochterkl. v. Melrose, zwei andere Tochterkl. v. Kinloss in Moray, das 1150 von Melrose aus besiedelt worden war. Dundrennan in Kirkcudbrightshire wurde 1142 als Tochterkl. v. Rievaulx für Fergus, Lord of Galloway, gegründet. Von Dundrennan stammten wiederum die Filialen in Glenluce (1192) und Sweetheart (1273) ab, beide in Galloway. Saddell in Kintyre (Argyll), eine Gründung Reginalds (Raonalls), des Sohns von Somerled, entstand wahrscheinl. im späten 12. Jh. als ein Tochterkl. v. →Mellifont an n. Irland. Das schott. Kg.shaus förderte den Z.orden außerordentl. David I. gründete neben Melrose und Kinloss auch zusammen mit seinem Sohn Heinrich Newbattle in der Nähe von Edinburgh. Heinrich gründete Holm Cultram, sein Sohn Malcolm IV. Coupar Angus in Perthshire, während Balmerino in Fife (um 1227) die gemeinsame Gründung von Ermengarde, der Witwe →Wilhelms d. Löwen, und ihres Sohns Alexander II. war. Die schott. Äbte durften nur einmal alle drei Jahre am Generalkapitel teilnehmen, doch blieb die Verbindung zum Orden bis zum 16. Jh. erhalten. Vor den Unabhängigkeitskriegen (→Wars of Independence) bestanden enge Beziehungen zu Rievaulx und den anderen engl. Z.kl. Eine Chronik, die in Melrose bis zum späten 13. Jh. erstellt wurde, berichtete über Ereignisse auf dem Kontinent und die Kreuzzüge. Einige Z. erlangten akadem. Grade an der Univ. →Glasgow (gegr. 1451). In den meisten schott. Abteien wurde das Wirtschaftssystem der →Konversen und →Grangien erfolgreich eingeführt. Die Ordenshäuser im S Schottlands besaßen große Schafherden und betätigten sich aktiv am Wollhandel mit den fläm. Tuchzentren (z. B. Brügge und Ypern).   G. W. S. Barrow

Lit.: I. B. Cowan–D. E. Easson, Medieval Religious Houses: Scotland, 1976 – R. Fawcett, Scottish Abbeys and Priories, 1994.

VIII. Skandinavien: Auf Anregung des damals für ganz Skandinavien zuständigen Ebf.s →Eskil v. Lund willigte Bernhard v. Clairvaux 1143 in die Entsendung von Brüdern für zwei Gründungen des Kg.s Sverker († 1156) und der Kgn. Ulvhild in Schweden (→Schweden, F) ein:

→Alvastra und Lurö (→Varnhem). Eine weitere Gruppe ging zur Besiedlung nach Nydala/Småland (Nova Vallis), das vom Ortsbf., Gisle v. →Linköping, gestiftet worden war. Eskils eigene Stiftung Herrisvad (Herrevad) in →Schonen (Dänemark, Ebm. →Lund) wurde 1144 mit Brüdern aus Cîteaux besiedelt. Erst 1150/51 gelang es Eskil, die Clairvaux-Filiation auch für Dänemark (→Dänemark, E) zu gewinnen, als das angehende Kl. OSB →Esrum neu besetzt wurde. Die Z. in Norwegen (→Norwegen, B) gehörten der engl. Clairvaux-Filiation an: 1146 →Lyse, 1147 →Hovedøya. Z. aus Esrum übernahmen 1161 →Sorø OSB, 1172 gingen sie nach →Dargun im heut. Mecklenburg-Vorpommern (1199 nach Eldena bei Greifswald verlegt) und 1174 nach →Kolbatz. Örtl. Widerstände vertrieben den Abt und einige Mönche aus Varnhem nach Dänemark, wo ihnen 1158 von Kg. →Waldemar I. →Vitskøl zugewiesen wurde. Von dort gründete eine weitere Gruppe nach mehreren Ortsverlegungen 1172 →Øm. Aus Alvastra erfolgte 1160 die Tochtergründung Viby nördl. von →Sigtuna, die 1180/85 mit Unterstützung Kg. →Knud Erikssons nach Julita (Säby, 'Saba') südl. des Mälarsees verlegt wurde. Mönche aus Nydala gründeten 1164 Roma (Gutnalia) auf →Gotland, das für die Christianisierung Estlands (→Esten, Estland, III) Bedeutung gewann.

Schwed. Nonnenkl. befolgten in unterschiedl. Umfang die Gewohnheiten der Z.: Vreta OSB (ab 1162), Gudhem, Byarum (nach Skoklosters verlegt), Riseberga, Askeby, Fogdö (nach Vårfruberga verlegt), sowie Solberga auf der Insel Gotland. Herrisvad gründete 1163 Tvis (West-Jütland), um 1172 Holme/Fünen und übernahm zugleich Seem OSB bei →Ribe, das nach →Løgum verlegt wurde. Als Reformer wirkten Z. aus Esrum in St. Michael OSB bei →Schleswig, das 1192 nach Guldholm, 1209 nach Ry (Ryd, 'Ruhekloster') verlegt wurde. In Ås im nördl. Halland, gegenüber von Vitskøl, siedelten sich 1194 Mönche aus Esrum an. Zwei Nonnenkl. auf Seeland, Slangerup (um 1170) und St. Marien in →Roskilde OSB (um 1200), werden den Z.n zugerechnet. Im norw. Ebm. Trondheim (→Drontheim) folgte um 1180 die Gründung v. Munkeby, 1207 nach Tautra näher an die Küste verlegt. Nach der ersten Ausbreitungswelle kamen ledigl. Knardrup (Seeland) 1326 und Gudsberga (Dalarna) 1486 hinzu.

Nur in Dänemark und Norwegen lebten die Z. in Nachbarschaft zu den Benediktinern. In Schweden dagegen waren sie Pioniere des Mönchtums überhaupt und trugen ohne Konkurrenz die monast. Frömmigkeit in das geistige Milieu hinein, wirkten hier zunächst als Bollwerk gegen das Heidentum, um seit etwa 1340 durch ihren Prior Petrus Olavi der hl. →Birgitta und ihrem Orden (→Birgittiner) Inspiration und monast. Formung zu vermitteln. Aus dän. Z.klöstern sind Chroniken (Øm) und Annalen (Ryd) erhalten, und die Hs., die den Kataster Kg. →Waldemars II. v. 1231 (Kong Valdemars Jordebog; →Erdbuch) überliefert, soll aus Sorø stammen, das als →Grablege einflußreichster Familien (bes. der 'Hvide': Ebf. →Absalon) eine wichtige Pflegestätte von Kunst und Lit. war (Reimchronik des 15. Jh.).

T. Nyberg

Q.: C. GEJROT, Diplomata Novevallensia. The Nydala Charters 1173-1280 (Studia Latina Stockholmiensia 37), 1994 – Denkmäler: Danmarks Kirker, 1933ff. – Sveriges kyrkor 43 [Vreta]; 95 [Solberga]; 190 [Varnhem] – Lit.: E. ORTVED, Cistercieordenen og dens Klostre i Norden, I-II, 1927-33 [nur die schwed. Kl.] – V. LORENZEN, De danske Cistercienserklostres Bygningshist., 1941 – H. JOHANSSON, Ritus cisterciensis (Bibliotheca theologiae practicae 18), 1964 – B. P. McGUIRE, The Cistercians in Denmark, 1982 – J. FRANCE, The Cistercians in Scandinavia, 1992 – TH. HILL, Kg.e, Fs.en und Kl. Stud. zu den dän. Kl.gründungen des 12. Jh., 1992.

IX. POLEN (PIASTISCHE LÄNDER), POMMERN: Die Z. gelangten etwa in der Mitte des 12. Jh. auf Initiative der höheren Geistlichkeit und wahrscheinl. des Fs.en →Władysław II. Wygnaniec in die Länder der →Piasten. Zw. der 2. Hälfte des 12. Jh. und dem Ende des 13. Jh. entstanden 26 Z.kl., davon im 12. Jh. →Lekno/Łekno (ca. 1143?-53), Jędrzejów (ca. 1140?-53/67), →Kolbatz/Kołbacz (ca. 1173-76), →Leubus/Lubiąż (1175), →Ląd (1175?, 1186?-95), Sulejów (1176), Wąchock (1179), Koprzywnica (1185) und →Oliva (1186). Die übrigen Z.kl. folgten im Verlauf des 13. Jh., so u. a. →Heinrichau (1222-28), Rauden/Rudy (1252-58), Obra (1231-38), Marienwalde/Bierzwnik (ca. 1280-86), Himmelnitz/Jemielnica (vor 1289), Grüssau/Krzeszów (1292) und Himmelstädt/Mironice (1300). In Kleinpolen erfolgte die Besiedlung der Z.kl. mit Mönchen frz. Herkunft, in Schlesien, Großpolen und Pommern mit Mönchen dt. Herkunft unter poln. Beteiligung. Zu den Stiftern der Kl. zählten Fs.en, wohlhabende Magnaten und Geistliche. Die Kl. gehörten zu den Kl.familien v. →Clairvaux und →Morimond; als Mutterkl. spielten der rhein. Z.kl. Altenberg und Altenkamp (→Kamp) eine herausragende Rolle. In indirekter Linie zu Clairvaux entstanden in Pommern Kolbatz, Himmelstädt, Marienwalde und Oliva. Die übrigen Kl. waren direkte und indirekte Filialkl. v. Morimond. Die von dem preuß. Bf. →Christian (7. Ch.) beabsichtigte Gründung (1242-43) eines Kl. in Preußen als Filiale v. Lekno konnte nicht realisiert werden. Einige Abteien wurden bereits in den ersten Jahren nach der Gründung verlegt (z. B. ca. 1222 von Prandocin nach Kacice und 1225 weiter nach Mogiła, 1276 von Pogódki [1258] nach Pelplin), andere am Ende des 14./Anfang des 15. Jh. (z. B. Lekno nach Wongrowitz, ca. 1392?-1493). Diese Verlegungen erfolgten v. a. aus wirtschaftl. und organisator. Gründen.

Neben den Mönchskl. gab es etwa 14 Z.innenkl., u. a. in W-Pommern: Zehden/Cedynia (1278?-95, vorher in Schönebeck/Trzcińsko?), Köslin/Koszalin (1277-90), →Stettin (ca. 1243), →Wol(l)in (ca. 1288); in Pommerellen: Zarnowanz/Żarnowiec (ca. 1254/56); in Großpolen: Olobok/Ołobok (1211-13); im Kulmer Land: Czyste (vor 1265) bzw. →Kulm (nach ca. 1265), →Thorn (1311); sowie in Schlesien: →Trebnitz (1202-03, 1218 dem Orden angeschlossen).

Von ca. 1205 bis zur Mitte des 13. Jh. betrieb das Kl. Lekno christl. Mission bei den heidn. →Prußen. Dagegen ist die Frage nach der Missionstätigkeit der Z. bei den Ruthenen (Rotreußen) umstritten. In der Mitte des 13. Jh., verstärkt seit dem 14. Jh., begannen die Z. mit unmittelbarer pastoraler Tätigkeit. Anders als in der Forsch. – bes. im Hinblick auf die dt. Mutterkl. – häufig dargestellt, spielten die Z.kl. in den durch den ma. →Landesausbau angestoßenen Wandlungsprozessen keine herausragende Rolle.

A. M. Wyrwa

Lit.: Historia i kultura cystersów w dawnej Polsce i ich europejskie związki, hg. J. STRZELCZYK, 1987 – Cystersi w średniowiecznej Polsce. Kultura i sztuka. Katalog wystawy, 1991 – Cystersi w kulturze średniowiecznej Europy, hg. J. STRZELCZYK, 1992 – A. M. WYRWA, Cistercian Monasteries in Wielkopolska. Historical Background and State of Research (Cîteaux. Commentarii Cistercienses 43, 1992), 1-4, 343-406 – Dzieje i kultura polskich cystersów do XVIII w., hg. J. STRZELCZYK (Nasza Przeszłość 83, 1994) – Dziedzictwo kulturowe cystersów na Pomorzu. Materiały z seminarium (18. IX. 1994) w Kołbaczu, hg. K. KALITA-SKWIRZYŃSKA–M. LEWANDOWSKA, 1995 – A. M. WYRWA, Procesy fundacyjne wielkopolskich klasztorów cysterskich linii altenberskiej, 1995 – Monasticon Cisterciense Poloniae, hg. A. M. WYRWA, J. STRZELCZYK, K. KACZMAREK [im Dr.].

X. BÖHMEN UND MÄHREN: Die ersten Z.kl. in den böhm. Ländern wurden von Mönchen aus →Waldsassen,

→Ebrach und Langheim besiedelt. 1142/44 kamen Mönche aus Waldsassen nach →Sedletz bei Kuttenberg. An der Gründung dieses Kl. waren neben dem Magnaten Miroslav und Hzg. →Vladislav II. der reformfreudige Bf. →Heinrich Zdík v. Olmütz (86. H.) sowie Bf. Otto I. v. Prag maßgebl. beteiligt. 1144 gründete Ebrach das Kl. Nepomuk und Langheim das Kl. Plaß, beide in Westböhmen. Ein Jahr nach der Gründung übernahmen zwölf Mönche aus Plaß das ehem. Benediktinerkl. Münchengrätz in NO-Böhmen. Um 1200 gab es Neugründungen der Z.: Waldsassen gründete 1198 Ossegg am Fuß des Erzgebirges und Plaß 1205 → Velehrad in Mähren. Weitere Neugründungen folgten: 1252 Saar an der oberen Sazava und bald darauf die beiden südböhm. Kl. Hohenfurt und Heiligenkron (Goldenkron). Přibyslav v. Křižanov, Bgf. v. Eichhorn bei Brünn, ist die Gründung des Kl. Saar als Tochterkl. v. Nepomuk zu verdanken, Hauptstifter war der Bgf. v. Znaim, Boček v. Obřany. 1259 gründeten die Herren v. →Rosenberg das Kl. Hohenfurt, das sie mit Mönchen aus Wilhering besiedelten. Das Kl. Heiligenkron war eine Stiftung Kg. Otakars II. Přemysl (1263), der es mit Mönchen aus →Heiligenkreuz ausstattete. Nach dem Tod des Stifters wurde Heiligenkron 1281 dem Abt v. Plaß unterstellt. Der Sohn und Nachfolger Kg. Otakars II. Přemysl, Wenzel II., gründete 1292 das Kl. →Königsaal. Die ersten Mönche kamen aus Sedletz. Bereits in die Zeit Karls IV. fällt die von Sedletz aus erfolgte Stiftung des Kl. Skalitz bei Kouřim durch den zisterziens. Bf. v. Minden und Kanzler Karls IV., Dietrich III.

Im böhm.-mähr. Raum wurden fünf Frauenkl. gegr. 1225 stiftete Heilwigis v. Znaim das Kl. Oslawan; das Mutterkl. des Gründungskonvents ist nicht bekannt. Konstanze, Witwe Kg. Otakars I. Přemysl, gründete 1232 das Kl. Porta Coeli zu Tischnowitz, dessen Mutterkl. ebenfalls unbekannt ist. Das Visitationsrecht lag später bei den Äbten v. Velehrad. Das Frauenkl. in Sezemice, nö. von Pardubitz, wurde wahrscheinl. 1250 von Johannes v. Polná gegr. Das Kl. Pohled (Frauental) bei Deutsch Brod ist eine Gründung (1265) der Töchter Witikos v. Neuhaus. Stifterin des Kl. Maria Saal zu →Brünn, das in den Jahren 1321/23 entstand, war Elisabeth Rejčka, Witwe des Böhmenkg.s Wenzel II.; Mitstifter war Kg. Johann v. Luxemburg.
J. Kadlec

Lit.: F. MACHILEK, Die Z. in Böhmen und Mähren (Archiv für Kirchengesch. von Böhmen, Mähren und Schlesien III, 1973), 185–220 – Řád cisterciáků v českých zemích, hg. K. CHARVÁTOVÁ, 1994.

XI. UNGARN: Bis 1270 entstanden 18 Z.abteien in Ungarn. 1142 stiftete Kg. Géza II. die Abtei Cikádor an der Stelle des heutigen Bátaszék und besiedelte sie mit Mönchen aus →Heiligenkreuz. Diese erste Gründung blieb aber eine Ausnahme, denn die nächste Abtei wurde erst 1179 errichtet, als im Abendland bereits 60% der Z.kl. bestanden. Kg. Béla III., der größte Förderer der Z. in Ungarn, war mit Anna, der Tochter →Rainalds v. Châtillon, verheiratet. Er gründete mit Mönchen aus Frankreich vier Abteien: 1179 Egres (rumän. Igriș), 1182 Zirc, 1184 Pilis und St. Gotthard. 1183 stellte er auf Bitten des Abtes Petrus v. Cîteaux eine Urk. aus, nach der die Z. in seinem Reich die gleiche Freiheit wie in Frankreich erhalten sollten. 1191 übertrug er den Z.n die schon bestehende Abtei Pásztó. Sein älterer Sohn, Kg. Emmerich, errichtete 1202 die Abtei Kerc (rumän. →Cîrța) und sein jüngerer Sohn, Kg. Andreas II., 1208 Toplica (kroat. Topusko). Die Söhne von Andreas II., Béla und Koloman, waren an der Gründung der Abtei v. →Zips (ung. Szepes, slovak. Spiš) beteiligt. Vor 1237 gründete Kg. Béla IV. die Abtei 'Belefons' in →Peterwardein. Ung. Magnaten gründeten die Kl. Marienberg (ung. Borsmonostor, um 1197) u. Abraham (im Bereich des heutigen Dombóvár, 1270). Sancta Crux in Hungaria (Vérteskeresztúr), Pernau (ung. Pornó) und Ercsi waren ebenfalls adlige Gründungen, die, zunächst für andere Orden bestimmt, erst später den Z.n übertragen wurden. Die Abteien Honesta Vallis (ung. Gotó, kroat. Kutjevo, 1232) und Tres Fontes de Beel (Bélapátfalva, 1232) sowie das Kl. neben Agram (1257) wurden von Prälaten gestiftet. Die Besiedlung der kgl. Kl.gründungen erfolgte nicht wie in Österreich, Dtl., Böhmen und Polen mit Mönchen aus dem Kl. →Morimond, sondern mit Mönchen aus den Kl. →Pontigny, →Clairvaux und deren Tochterkl. Während des Mongoleneinfalls 1241/42 wurden mehrere Abteien verwüstet. 1356 besaßen lediglich Peterwardein, Zips und Kerc einen vollständigen Konvent. Sechs Z.abteien verlor Ungarn bereits vor 1526, die übrigen wurden ein Opfer der Türken und der Reformation. Nur in Bélapátfalva und z.T. in Kerc blieben die Kirchenbauten erhalten.

Z.innenkl. gab es im 13. Jh. in →Preßburg, ab 1380 in →Kronstadt, vor 1499 in Ivanić; das bedeutendste war seit 1240 in Veszprémvölgy (→Veszprém).
F. L. Hervay

Lit.: F. L. HERVAY, Rep. historicum Ordinis Cisterciensis in Hungaria, 1984 – I. VALTER, Die Ausgrabungen in der Z.abtei Cikádor, AnalCist 52, 1996, 251–264.

Zisterzienserbaukunst. Der erste, in seiner Gestalt faßbare Bau eines Zisterzienserkl. ist die 1114 errichtete, bis ins 17. Jh. erhaltene Anlage von →Clairvaux. Die ganz aus Holz gebaute Stabkirche mit Mönchschor und Hauptaltar im Zentralraum sowie zwei Nebenaltären im vierseitigen, niedrigen Umgang grenzte an ein zweigeschossiges Mönchshaus, das Refektorium, Dormitorium und Abtszelle aufnahm; Küche und Vorräte waren in einem Anbau untergebracht. Solche Kleinkl. für Gründungskonvente von zwölf Mönchen und einem Abt sind bis ins 13. Jh. hinein bei vielen Neugründungen errichtet worden; sie sind häufig chronikalisch überliefert, aber nur selten in Resten erhalten (Volkmarskeller bei Michaelstein/Harz, um 1146; Valsainte/Provence, 1188; Sala/Latium, 1189).

Die ältere Forschung verband den Beginn einer monumentalen Kirchen- und Kl.baukunst der →Zisterzienser erst mit dem in der Vita Bernardi für 1135 überlieferten Baubeginn in Clairvaux. Hist., quellenkrit. und baugesch. Beobachtung machen jedoch deutlich, daß schon um 1120, also in unmittelbarem Kontext mit der organisator. und jurist. Konsolidierung des neuen Ordens, große steinerne Kirchenbauten in →Cîteaux und Clairvaux begonnen wurden, die sogleich den Standard für die Tochterkl. geprägt haben. Der für die Zisterzienser grundlegende Anspruch heilswirksamer Einmütigkeit (unanimitas) spiegelt sich in der Forderung, »nach einer Regel und ähnlichen Gebräuchen« zu leben (Carta caritatis, ca. 1119), und gab Anlaß, bei Neugründungen die Bauformen des Mutterkl. bzw. der burg. Primarabteien wiedererkennbar nachzubilden – oft freilich zitathaft, mit charakterist. Grund- und Aufrißelementen. Diese Eigenart konstituiert eine »Z.«, zusammen mit dem durch Ordensstimmungen geforderten Verzicht auf »Überflüssiges« in Bau und Ausstattung (Turmverbot, Verzicht auf farbige Ausmalung, auf farbige Glasfenster, Stoffe und Skulpturen) und der Aufteilung des Kirchenschiffs in Mönchs- und Konversenchor. Asket. Reduktion äußert sich darüber hinaus im fast regelhaften Verzicht auf »Überfluß« symbolisierende Bauglieder (Emporen, Triforium, Bündelsäulen, offene Strebebögen). In allen europ. Regionen haben Detailuntersuchungen gezeigt, daß (entgegen früheren Annahmen) die großen steinernen Kirchen und

Kl. anlagen der Zisterzienser regelmäßig von weltl. Bauhütten errichtet wurden. Wesentl. Einfluß auf Bauplanung und Durchführung hatten Cellerare und »Instruktoren«, die neue und affiliierte Konvente anleiteten. Die im 13. und 14. Jh. vielerorts, auch an kommunalen Baustellen (Siena, Dom; Genua, Palazzo S. Giorgio; Florenz, Stadtmauer), als »magister operis« faßbaren Zisterzienserkonversen waren im wesentl. als Verwaltungsbeamte tätig.

Im burg. Kerngebiet scheinen die ersten Großbauten unmittelbar auf die Kl. kirche von →Cluny (Bau III) Bezug genommen zu haben. Erhalten ist dort →Fontenay (um 1125/30 begonnen, 1147 geweiht): das von Gurten gegliederte Spitztonnengewölbe sowie das System der Pilaster und Halbsäulen wiederholten Cluny: auf eine ornamentale Triforienzone und einen belichteten Obergaden wurde ebenso demonstrativ verzichtet wie auf Türme. Die vielgestaltigen Apsiden des Ostbaus von Cluny sind in Fontenay zu rechteckigen Altarräumen reduziert. Schlichtheit (simplicitas) und Geradlinigkeit (rectitudo) nehmen erkennbar auf Ideale der zisterziens. Lebensform Bezug, während Längendimension und Quaderbauweise durchaus der konventionellen, hochrangigen Kl. baukunst folgen. Der Bautyp von Fontenay wird als »bernhardinischer Plan« bezeichnet. Vermutl. um 1120/25 in den ersten Großbauten von Cîteaux und Clairvaux ausgeprägt, läßt sich dieser »Gegenentwurf« zu Cluny mit der zeitgleichen Kritik Abt →Bernhards v. Clairvaux am Bauaufwand der Benediktiner (Apologia, um 1123/24) sowie mit zahlreichen Themen und Schlagworten seiner monast. Schriften verbinden: Die Zisterzienserkirche soll nicht die Schaulust (curiositas) der Mönche wecken, sondern die Sinne beruhigen; das Bauwerk ist Bethaus (oratorium) im Sinn der Benediktsregel, nicht Wohnung Gottes.

Mit der Ausbreitung des Ordens wurde der Bautyp des »bernhardinischen Plans« in viele Regionen Europas getragen (Rom, →Tre Fontane; →Viktring/Kärnten; →Hauterive und Bonmont/Schweiz; →Alvastra/Schweden; →Fountains Abbey/Nordengland; l'Escale-Dieu/Pyrenäen; Oia/Galizien). Das charakterist. Längstonnengewölbe über dem Mittelschiff scheint mancherorts nur in Holz ausgeführt worden zu sein. Daneben sind seit 1125/30 in allen Filiationen andere Bautypen verwendet worden, die sich häufig an der (reform-)benediktin. Baukunst der jeweiligen Region orientieren, sie aber bald durch eine ordenstyp. Systematisierung überwinden. Apsiden an Querarmen und Sanktuarium (anfangs drei, bald fünf) springen dabei gestaffelt vor, später werden sie häufig in einer Reihe angeordnet. Von Filiationszusammenhängen geprägte Gruppen gibt es bes. in Südfrankreich sowie in West- und Mitteldeutschland. Im Gegensatz zu den cluniazens. »Staffelchören« sind die apsidialen Nebenkapellen der Zisterzienser zum Sanktuarium hin abgeschlossen und dienen lediglich für Privatmessen der Mönche.

Im burg. Raum und der Ile-de-France hat sich gegenüber der Raumform von Fontenay schon bald eine konventionellere Gestaltung auf dem Grundriß des »bernhardinischen Plans« durchgesetzt: mit zweigeschossigem Wandaufriß, spitzbogigen Arkaden sowie querrechteckigen Kreuzgrat- oder Kreuzrippengewölben (→Pontigny, um 1130/35 begonnen; →Ourscamp; Foigny). Auch die um 1148 begonnene, 1174 geweihte zweite große Kirche in Clairvaux folgte diesem Schema, das dann bis weit ins 13. Jh. hinein europaweit die Z. bestimmte. Obwohl diese Raumform der spätroman. Architektur Mittelburgunds entspringt, wurde sie in Italien, Spanien, Polen und im dt. Reich zum Vermittler »frühgotischer« Formen (»Zisterziensergotik«).

Die Vergrößerung der Konvente war schon vor 1150 Anlaß, die Zahl der Altarstellen im Ostbau deutlich zu vergrößern. In Pontigny erhielt das Querschiff allseits Kapellenanbauten; in Clairvaux wurde dann um 1148/50 eine zisterziens.-reduzierte Variante des charakterist. Kapellenkranzes frz. Benediktinerkirchen begonnen. Anstelle dichtgereihter Apsiden (→St-Denis; →Vezelay) erhielt Clairvaux einen vielteiligen Kapellenkranz mit einheitl., polygonal gebrochener Umfassungsmauer. Konsequente Umformungen dieses Bautyps entsprechend dem »bernhardinischen Plan« entstanden wenig später in Cîteaux und →Schönau: der Umgang führt rechteckig um den Altarraum herum und wird von einem Kranz niedriger, quadrat. Kapellen begleitet. Die Vielfältigkeit dieser frühen Kirchen führte schon vor 1150 dazu, daß für Neugründungen sehr unterschiedl., jeweils als »regeltreu« ansprechbare Bautypen gewählt werden konnten. Der »bernhardinische Plan« hat zunächst nicht einmal in der Filiation von Clairvaux Verbindlichkeit erlangt (→Mellifont, Reigny), wurde aber nach 1138/39 in weiten Kreisen des Ordens als Maßstab akzeptiert.

In der Z. des späteren 12. bis 14. Jh. blieben alle bisher gen. Grundtypen aktuell: polygonale Kapellenkränze nach dem Vorbild von Clairvaux, rechteckige Umgänge nach dem Vorbild von Cîteaux und (später) →Morimond, der »bernhardinische Plan« und sogar die fünfapsidialen Ostbauten. Im Aufriß blieb die zweigschossige Gliederung von Pontigny und Clairvaux weithin verbindlich. Drei wichtige Varianten dieser Grundtypen sind im späten 12. Jh. aus regionalem Einfluß entstanden, haben aber im 13.–14. Jh. weite Verbreitung in der Z. gefunden: Die »Modernisierung« des »bernhardinischen Plans« mit Apsis oder Polygonschluß am Sanktuarium und weiterhin in einer geraden Mauer endenden Querarmkapellen ist erstmals in Aquitanien faßbar; das »dreischiffige« Sanktuarium, in dem Umgang und Kapellen nur noch durch Schranken, aber nicht mehr in der Architektur ablesbar sind, verbreitet sich von England aus, anfangs mit basilikalem Querschnitt, bald dann auch als Hallenraum. Die moderne Bauform des vielteiligen, hochgot. Polygonchors mit offenem Strebewerk war 1192 in →Vaucelles vom Generalkapitel noch gerügt worden. Allerdings entstanden schon bald große Zisterzienserkirchen in Bauformen der Rayonnantgotik, deren Gestaltung auf jeweils benachbarte Kathedralen Bezug nahm und nur im Baudetail den Verzicht auf »Überflüssiges« erkennen ließ: zunächst in der Île-de-France (→Longpont, →Royaumont), später auch in anderen Regionen (Altenberg, Valmagne).

Die span. Zisterzienserabteien haben solche ordenstyp. Grundrißformen relativ selten benutzt und verblieben in benediktin. Traditionen. Im übrigen Verbreitungsgebiet des Ordens hielt man an den approbierten, zisterziens. Bautypen fest, auch wenn diese sich zunehmend von regionalen Gewohnheiten und dem aktuellen Zeitstil abhoben. Dies ist wohl nicht mit deren bes. liturg. Brauchbarkeit oder mit asket. Idealen zu erklären, sondern als Ausdruck des Strebens nach unanimitas. Gerade der nach 1200 noch häufig gewählte Bautyp des »bernhardinischen Plans« scheint (unter neuen Rahmenbedingungen) die »ursprüngliche Regeltreue (antiqua honestas) des Ordens« zu demonstrieren. In der Detailgestaltung gibt es bemerkenswerte Belege für bewußten Archaismus, die Verwendung aktueller Bauformen für Kapitele, Gesimse und Fenstermaßwerke ist aber die Regel.

Die vielerorts gut erhaltenen, monumentalen Kl. anlagen der Zisterzienser prägen heute das Bild von monast. Architektur des 12.–13. Jh. Ihre anfängl. Orientierung an

der cluniazens. Tradition weicht bald einem strengen Grundtypus: Der Ostflügel mit dem oft äußerst langgestreckten Dormitorium schließt an das Querschiff der Kirche an; im kirchenabgewandten Flügel stößt das Refektorium mit seiner Schmalseite an den Kreuzgang, um die notwendige Länge zu erreichen; im Westen wird der wiederum langgestreckte »Konversenbau« (mit Dormitorium, Refektorium und Cellerarium) häufig durch einen offenen Gang (»Konversengasse«) vom Kreuzgang abgetrennt. Gewölbte Erdgeschoßräume, hölzerne Spitztonnen im Dormitorium und dicht gereihte Strebepfeiler am Außenbau prägen das Erscheinungsbild zisterziens. Klausuranlagen in vielen Regionen Europas. Seit dem 13. Jh. wird in großen Kl. das ö. der Klausur angeordnete Hospital durch einen zweiten Kreuzgang (mit angrenzender Bibliothek) an die Hauptgebäude angebunden. Da Frauen auch den äußeren Klausurbezirk nicht betreten dürfen, sind mit dem Torhaus regelmäßig ein Laienhospital und die Laienkapelle verbunden. Bemerkenswert sind monumentale, stadtmauerartige Kl.befestigungen, die überwiegend im 14. Jh. entstanden (→Poblet, →Maulbronn).

Der zisterziens. Vorsatz, sich durch Handarbeit und Eigenwirtschaft von traditionellen Benediktinern abzuheben, findet im 12.–13. Jh. seinen Ausdruck in repräsentativen, monumentalen Wirtschaftsgebäuden auf den →Grangien und im Nahbereich der Kl., die zu den größten erhaltenen Nutzbauten des MA gehören. M. Untermann

Lit.: Enc. d. arte medievale III, 1992, 416–422, s.v. Bernardo; IV, 1993, 816–874, s.v. Cistercensi, Cîteaux. – G. Dehio, Zwei Zisterzienserkirchen, Pontigny und Fossanova, JPKS 12, 1891, 91–103 – M. Aubert, L'architecture cistercienne en France, 1943, 1947² – A. Dimier, Recueil des plans des églises cisterciennes, 1949; Suppl. 1967 (Commission d'hist. de l'Ordre de Cîteaux. 1 und 6) – F. Bucher, Notre-Dame de Bonmont und die anderen zisterziensabteien der Schweiz (Berner Schriften zur Kunst 7, 1957) – H. Magirius, Die Baugesch. des Kl. Altzella, AAL, phil.-hist. Kl. 53,2, 1962 – C. A. Bruzelius, Cistercian High Gothic: The Abbey Church of Longpont and the Architecture of the Cistercians in the Early Thirteenth Cent., AnalCist 35, 1979, 10–204 – J. Kuthan, Die ma. Baukunst der Zisterzienser in Böhmen und Mähren, 1982 – J. O. Schaefer, The Earliest Churches of the Cistercian Order, Studies in Cistercian Art and Architecture 1, Cistercian Studies Series 66, 1982, 1–12 – P. Fergusson, The First Architecture of the Cistercians in England and the Work of Abbot Adam of Meaux, J. Brit. Archaelog. Assoc. 136, 1983, 74–86 – Ders., Architecture of Solitude. Cistercian Abbeys in Twelfth-Cent. England, 1984 – G. Binding–M. Untermann, Kleine Kunstgesch. der ma. Ordensbaukunst in Dtl., 1985, 171–274 – Cistercian Art and Architecture in the British Isles, hg. C. Norton–D. Park, 1986 – R. A. Stalley, The Cistercian Monasteries of Ireland, 1987 – B. Nicolai, »Libido aedificandi«. Walkenried und die monumentale Kirchenbaukunst der Zisterzienser um 1200, Q. und Forsch. zur Braunschweig. Gesch. 28, 1990 – R. Suckale, Aspetti della simbologia architettonica del dodicesimo secolo in Francia: il santuario, Arte cristiana 78, 1990, 111–122 – Zisterzienserbauten in der Schweiz, Veröff. d. Inst. f. Denkmalpflege ETH Zürich 10.1–2, 1990 – T. N. Kinder, Les églises ma. de Clairvaux (Hist. de Clairvaux, 1991), 204–229 – B. Chauvin, Le plan bernhardin, réalités et problèmes (Bernard de Clairvaux, histoire, mentalités, spiritualité; Bernard de Clairvaux: Œuvres complètes 1; SC 380, 1992), 307–348 – T. N. Kinder, Toward Dating Construction of the Abbey Church of Pontigny, J. Brit. Archaeol. Assoc. 145, 1992, 77–88 – Cystersi w kulturze średniowiecznej europy, hg. J. Strzelczyk (Uniwersytet im. Adama Mickiewicza w Poznaniu, Seria historica 165, 1992) – J. Goll, St. Urban, Archäolog. Schriften Luzern 4, 1994 – G. Leopold–E. Schubert, Zur Baugesch. der ehem. Zisterzienser-Kl.kirche in Schulpforta, SaAn 18, 1994, 339–419 – L'espace cistercien (Mém. de la section d'archéologie et d'hist. de l'art 5, 1994) – Ratio fecit diversum, San Bernardo e le arti, Arte medievale 2. ser. 8, 1994 – M. Untermann, Das »Mönchshaus« in der früh- und hochma. Kl.anlage (Wohn- und Wirtschaftsbauten frühma. Kl., Veröff. d. Inst. f. Denkmalpflege ETH Zürich 17, 1996), 233–257 – U. Seeger, Zisterzienser und Gotikrezeption. Die Bautätigkeit des Babenbergers Leopold VI. in Lilienfeld und Klosterneuburg, Kunstwiss. Studien 69, 1997 – Maulbronn, Forsch. und Berichte der Bau- und Kunstdenkmalpflege in Baden-Württemberg 7, 1997 – M. Untermann, Forma Ordinis [im Dr.].

Zisterzienserkunst. Das in den Statuten des Generalkapitels propagierte monast. Ideal der Einfachheit und Armut und der Verzicht auf »Überflüssiges« und äußere Pracht, die von der Verinnerlichung, also vom Weg zu Gott, ablenken würde, prägt auch die gesamte Ausstattung der Zisterzienserkirchen und -klöster. Unter dem Eindruck der bis 1134 formulierten und mehrfach wiederholten Gebote entwickelte sich eine durch ihre hervorragende Qualität gekennzeichnete Kunst, die Wand- und Tafelbilder, Skulpturen, Glasfenster, Textilien, Altargerät sowie die Gestaltung der Fußböden miteinbezog.

Da abgesehen vom Bild Christi auf dem Kruzifix jede figürl. Darstellung verboten war, bildeten geometr. oder pflanzl.-ornamentale Motive in z.T. ausgesprochen naturalist. Ausführung (vgl. H. J. Roth, Die Pflanzen in der Bauplastik des Altenberger Doms, 1976) den Schmuck der Kapitelle, Säulen- und Pfeilerbasen, Schlußsteine, Konsolen, welcher in untergeordneten Bereichen, wie etwa im Kreuzgang, reicher ausfiel als in der Kirche, deren Gestaltung der strengsten simplicitas unterworfen war. Die allmähl. Lockerung der alten Strenge und Disziplin führte – wiederum zuerst an Nebeneingängen sowie in Nebengebäuden – ab dem 13. Jh. vermehrt zur Wiedergabe der menschl. Gestalt. Da die Kl. zumeist der Muttergottes geweiht waren, handelte es sich anfangs in erster Linie um Marienbilder (z.B. Schlußstein mit Marienkrönung; Dore, um 1325; Kinder, Abb. 8/XV). Auch Darstellungen des hl. Bernhard treten in Spanien bereits gegen Ende des 13. Jh., in Italien im Verlauf des 14. Jh. und dann in Dtl. häufiger auf. Mit der Zeit bilden sich einige zu Beginn vorwiegend auf den Zisterzienserorden beschränkte Themen heraus: angeregt durch den Bericht des Caesarius v. Heisterbach (Dial. miraculorum VII, 59; vgl. LCI IV, 128–134) ab dem späten 13. Jh. Darstellungen der Schutzmantelmadonna; im Zusammenhang mit dem hl. Bernhard die Motive des Amplexus und der Lactatio sowie das auf zisterziens. Schriften zurückgehende Motiv der Kreuzigung Christi durch die Tugenden (Wandmalerei in Wienhausen, Kreuzgang, um 1320/30; vgl. auch LCI I, 371–385).

Typisch für die Ausstattung von Zisterzienserkirchen, jedoch nicht auf diese beschränkt (vgl. ehemaliges Hospiz in Sens, spätes 12. Jh.), sind die Grisaillefenster. Als Material diente ungefärbtes Hüttenglas, dessen Ornamente durch den Verlauf der Bleiruten, die die Glasstücke zusammenhalten, gebildet werden. Frühe Beispiele aus der 2. Hälfte des 12. Jh. zeigen die charakterist., durch oriental. Vorbilder beeinflußte Flechtwerk- und Blattornamentik (Obazine, Eberbach), auch naturalist. Laubwerk (Altenberg, Marienstatt). Im Lauf der Zeit werden vielfältigere Muster entwickelt, und es erfolgt eine Aufspaltung in Regionalstile, die den Bezug zum jeweilig in Goldschmiedekunst und Buchmalerei vorherrschenden Ornamentstil veranschaulichen. Die Muster werden zunehmend mit Schwarzlot aufgetragen (Altenberg) und schon im 13. Jh. durch farbige Punkte und gegenständl. Motive (Blattmasken, Drachen usw.) aufgelockert. Frühe figürl. Darstellung in Haina (Westrose mit Kreuzigung, um 1300). Auch profane Themen finden Verwendung (sog. Babenberger Zyklus; Heiligenkreuz, Brunnenhaus, Ende 13. Jh.). Die Zisterzienserkirche von Altenberg weist den größten, vor Ort erhaltenen Bestand an Gri-

saillefenstern auf. Ihr Westfenster (Heiligenfiguren unter goldenen Baldachinen; Ende 14. Jh.) gilt als einer der Höhepunkte der dt. Glasmalerei, veranschaulicht aber auch die Abkehr vom zisterziens. Ideal und Anpassung an den gültigen Zeitgeschmack.

Zur Deckung ihres Bedarfs an Hss. zur privaten geistl. Lesung verfügten die meisten Kl. über eigene Skriptorien. In der Frühzeit führend sowohl in der Produktion als auch im Ausstattungsreichtum seiner Hss. war das Gründungskl. Cîteaux (Bibel des Stephan Harding, 1109 vollendet; Dijon, Bibl. Munic., Ms. 12–15). Beeinflußt durch die Statuten des Generalkapitels (»Literae unius coloris fiant et non depictae«.) setzt sich im Verlauf des 12. Jh. jedoch ein weitgehend monochromer Stil, mit farbigen, z. T. sparsam verzierten Initialen durch (frühes Beispiel: Bibel von Cîteaux, um 1140, fragmentar. erhalten; Dijon, Bibl. munic. Ms. 67). Wenn auch die Anweisungen Bernhards – außer in Clairvaux – nicht mit aller Konsequenz eingehalten wurden, so ist doch allg. das zeichner. Element dominierend. Die Initialbuchstaben werden in kräftigen Farben ausgeführt, ergänzt durch pflanzl. und tier. Motive, Drolerien in den Buchstabenkörpern und kleinen Initialmedaillons mit figürl. oder szen. Darstellungen (Graduale aus Wonnenthal, Breisgau, 1. Hälfte 14. Jh.; Karlsruhe, Bad. Landesbibl. Cod. U. H. 1), vereinzelt auch erweitert durch autonome, dem Text vorgestellte Miniaturen. Aufwendiger ausgestattete Hss. entstanden in der Regel aufgrund von Stiftungen oder Schenkungen (Heisterbacher Bibel, Köln?, um 1240–50; Berlin, Staatsbibl., Ms. theol. lat. fol. 379).

Von den wenigen erhaltenen Textilien und liturg. Geräten entsprechen nur einzelne Stücke der vorgeschriebenen schlichten Zweckmäßigkeit (eines der ältesten erhaltenen Beispiele: Kelch aus Kl. Marienstatt, silbervergoldet und sparsam dekoriert, 3. Viertel 13. Jh.; Die Zisterzienser, Ausst.-Kat., Nr. C 10, Abb. S. 458). Das gesteigerte Schmuckbedürfnis sowie der ständig wachsende Reliquienkult, der zur Präsentation der kostbaren Reliquien nach immer prunkvolleren Behältnissen verlangte, machte ab dem späten 13. Jh. auch in diesem Bereich ein Festhalten an den alten Regeln unmöglich.

Statt aufwendiger Natursteinböden bevorzugten die Zisterzienser Fußböden aus kleinen polygonalen oder quadrat. Tonfliesen, die entweder farbig glasiert (braun, schwarz, dunkelgrün, gelb) oder aus verschiedenfarbigem Ton gebrannt wurden. Muster wurden mittels Ritzung oder Prägung aufgebracht. Frühe erhaltene Beispiele vom Ende des 12. Jh. aus Frankreich und England, deren Prägetechnik und Dekor von dt. Abteien übernommen wurden. Ab dem 13. Jh. gehören Mehrfarbigkeit und figürl. Dekorationen (Tierdarstellungen, Flecht- und Maßwerkmotive) innerhalb und außerhalb des Ordens zum allgemeingültigen Standard (Bebenhausen, Eberbach, Pontigny). M. Grams-Thieme.

Lit.: J. Saur, Der Cistercienserorden und die dt. Kunst des MA [Diss. Bonn 1913] – H. J. Zakin, French Cistercian grisaille glass [Diss. Syracuse Univ., 1977, 1979] – B. Lymant, Die ma. Glasmalereien der ehemaligen Zisterzienserkirche Altenberg, 1979 – Die Zisterzienser. Ordensleben zw. Ideal und Wirklichkeit, Ausst.-Kat. Aachen 1980 – Die Zisterzienser, hg. A. Schneider u.a., 1986³ – A. Paffrath, Bernhard v. Clairvaux, die Darstellung des Heiligen in der bildenden Kunst, 1990 – M. P. Lillich, Recent scholarship concerning Cistercian windows (Studiosorum Speculum Studies in honor of L. J. Lekai O. Cist.), 1993, 233–262 – T. N. Kinder, Die Welt der Zisterzienser, 1997.

Zisterzienserschrift, paläograph. unscharfe Bezeichnung für die zunächst in frz. Zisterzienserkl. verwendete Buchschrift, die jedoch nichts anderes als eine frühe bzw. entwickelte →got. Buchschrift darstellt, welche sich insbes. durch gute Lesbarkeit auszeichnet. Dank der zentralist. Struktur des Ordens fand die Z. allmähl. auch außerhalb Frankreichs in zisterziens. Skriptorien Eingang und begünstigte damit allg. die Verbreitung der got. Schriften. Zur Bestimmung zisterziens. Herkunft von Hss. des 12. und 13. Jh. stehen deshalb weniger die Schrift, sondern vielmehr der einheitl., einfache Buchschmuck und v. a. die Anwendung des spätestens Ende des 11. Jh. in W-Frankreich faßbaren Interpunktionssystems mit Zirkumflex und Clivis über einem Punkt zur Kennzeichnung der schwachen oder mittleren Pause in den zur Tischlesung verwendeten Texten im Vordergrund. P. Ladner

Lit.: H. Delitsch, Gesch. der abendländ. Schreibschriftformen, 1928, 11f. – B. Bischoff (La nomenclature des écritures livresques, 1954), 14 – E. Crous–J. Kirchner, Die got. Schriften, 1970², 11f. – J. Vezin, Les scriptoria d'Angers au XIᵉ s., 1974 – B. Bischoff, Paläographie des röm. Altertums und des abendländ. MA, 1986² [Reg.].

Zita, hl. (Fest: 27. April), * 1210 oder 1212 in Monsagrati bei Lucca (Toskana), † 27. April 1278 in Lucca, ⌐ S. Frediano ebd., Kanonisation 1696. Aus einer armen Bauernfamilie stammend, wurde sie mit 12 Jahren in das Haus eines lucches. Adligen, Pagano Fatinelli, in den Dienst gegeben, wo sie sich durch ihre Frömmigkeit und die Sorgfalt, mit der sie ihre Arbeiten verrichtete, so auszeichnete, daß man ihr schließlich die Leitung des Haushalts übertrug. Auch in dieser Stellung bewies sie die Sanftmut ihres Charakters, verzieh ohne Groll das am Anfang ihrer Dienstzeit erlittene Unrecht und zeigte große Mildtätigkeit gegenüber den Armen. Sie starb nach kurzer Krankheit im Haus der Fatinellli im Ruf der Heiligkeit, die sich sogleich durch zahllose Wunder, die man ihrer Fürsprache zuschrieb, bestätigte. Bereits vier Jahre nach ihrem Tod approbierte der Bf. der Stadt, Paganello, ihren Kult. Die älteste Vita der hl. Z. wurde Anfang des 14. Jh. verfaßt. In der zweiten Hälfte des 14. Jh. entstand eine Slg. ihrer Wunder. Z. ist Stadtpatronin von Lucca und seit 1955 Schutzhl. e der Hausangestellten. Sie wird in der Kleidung einer Dienstmagd dargestellt, häufig mit einem Schlüsselbund und einem Rosenkranz, bisweilen mit einem Krug oder mit Brotlaiben und Blumen, die an zwei ihrer Wunder erinnern: das Wasser, das sie einem Armen eingeschenkt habe, soll sich in Wein verwandelt haben, Brotlaibe, die sie ohne Wissen ihrer Herrschaft an die Armen verteilte, erschienen in ihrer Schürze als Blumen.

F. Scorza Barcellona

Q.: BHL 9019–9021; AASS Aprilis III, 1675, 499–527 – Lit.: Bibl. SS XII, 1483–1484 – ECatt XII, 1803 – LCI VIII, 640f. – LThK² X, 1388 – Vies des Saints IV, 675–679 – U. Nicolai, Documenti storici inerenti al culto di s. Z., vergine lucchese (1218–1278), Notiziario storico, filatelico, numismatico 17, 1977, 2–10 – A. Benvenuti Papi, Frati mendicanti e pinzochere in Toscana: dalla marginalità sociale a modello di santità (Temi e problemi della mistica femminile trecentesca, 1983), 109–135 – M. Goodich, »Ancilla dei«: the Servant as Saint in the Late MA (Women of the Medieval World, hg. J. Kirschner–F. Wemple, 1985), 119–136 – A. Benvenuti Papi, La Serva padrona (Dies., »In castro poenitentiae«. Santità e società femminile nell' Italia meridionale, 1990), 263–303 – Dies., La santità al femminile: funzioni e rappresentazioni tra medioevo ed età moderna (La fonction des saints dans le monde occidental [IIIᵉ–XIIIᵉ s.], 1991), 467–488 – M. Cerofogli, Iconografia di s. Filippa Mareri (Studi su s. Filippa Mareri, hg. M. Cerofogli, 1992), 95–103 – S. Sutcliffe, The Cult of St. Sitha in England. An Introduction, Nottingham Medieval Studies 37, 1993, 83–89 – R. Sarti, S. serva e santa. Un modello da imitare? (Modelli di santità e modelli di comportamento: contrasti, intersezioni, complementarità, ed. G. Barone, M. Caffiero, F. Scorza Barcellona, 1994), 307–359.

Zither, kleines, festes, geheimes Gemach im Innern einer Kirchenumfassungsmauer zum Aufbewahren heiliger, kostbarer Kirchengeräte, auch aus Stein errichtet, damit

feuergeschützte Schatz- und Archivkammer in Kirchen, z. B. als gewölbter Einbau im Nordquerhaus der Stiftskirche in Quedlinburg um 1170.
G. Binding

Žit'i ljudi, eine soziale Schicht in →Novgorod (die Existenz von Ž. l. in →Pskov, von der V. N. BERNADSKIJ ausgeht, ist zweifelhaft), deren Bezeichnung vermutl. auf das polyseme Verb *žiti* ('leben', 'wohnen' u. a.) zurückgeht. Aufgrund der schlechten Q.nlage blieb die Frage nach der sozialen und rechtl. Stellung der Ž. l. lange, bis hin zu den Arbeiten V. N. BERNADSKIJS und V. L. JANINS, umstritten. Laut BERNADSKIJ, der Urkk. und Chroniken untersucht hat, sind die Ž. l. aus den Reihen der Stadtbewohner, die Höfe in der Stadt besaßen, hervorgegangen; sie hätten sich allmählich aus den »Schwarzen« (bzw. »Jungen«) Leuten (Kleinhändlern und Handwerkern) ausgesondert und im Laufe des 14. Jh. zu einer eigenen sozialen Schicht entwickelt. Die Ž. l. nahmen eine Mittelstellung zw. Bojarentum (→Bojaren, I) und Kaufmannschaft ein, wie sich aus der Art ihrer Erwähnung in den Urkunden, namentl. in der Novgoroder Gerichtsurkunde aus der Mitte des 15. Jh. (verfaßt im Jahre 1440, 1446 oder 1456 und überliefert in einer Abschrift von 1471), schließen läßt, die für die Ž. l. eine zweieinhalbmal geringere Geldstrafe als für die Bojaren und eine zweimal höhere als für die »Schwarzen Leute« vorsah. Wie die Bojaren leisteten die Ž. l. Kriegsdienst und übernahmen diplomat. Aufgaben, wobei sie als Vertreter der Stadtviertel fungierten. Im Unterschied zu den Bojaren gehörten sie nicht zur herrschenden Oberschicht, sie bekleideten nicht die hohen Ämter des →Posadnik oder des →Tysjackij, sondern traten als Amtsträger mittleren Ranges, insbes. als *podvojskie* (mit gerichtl. und anderen Funktionen Beauftragte), und auch als Kirchenälteste auf. Ihr Grundbesitz war in manchen Fällen mit demjenigen der Bojaren vergleichbar, beschränkte sich jedoch im allg. auf 10–20 Höfe, wobei sich aber die Wirtschaften der Ž. l. von denen der Bojaren in ihrer Struktur und Organisation nicht unterschieden. Auf der Grundlage von Urkunden und der Novgoroder Grundbücher aus dem späten 15. und frühen 16. Jh. gelangte JANIN zu der Auffassung, der Übergang von Kaufleuten zu Ž. l. sei durch den Erwerb von Erbgrundbesitz (→*votčina*) erfolgt; er rekonstruierte den Grundbesitz einzelner Ž. l. und dessen Entwicklung (z. B. denjenigen von Jakov aus der Rogatica-Straße). Gegen Ende des 15. Jh., in der Zeit, in der Novgorod seine Unabhängigkeit einbüßte, verloren zahlreiche Ž. l. ihre städt. Höfe und wurden zu *svoezemcy* (Schicht kleiner Landbesitzer); rechtlich behielten sie den Status eines *votčinnik* (Erbgrundbesitzers), doch bearbeiteten sie ihr Land bereits selbst. Ende des 15. und zu Beginn des 16. Jh. wurden Ž. l. auch zu *pomeščiki* (Inhaber eines →*pomest'e*).
A. Choroškevič

Lit.: L. V. DANILOVA, Očerki pod social'no-ėkonomičeskoj istorii Novgorodskoj feodal'noj respubliki v XIV–XV vv., 1955, 47–48, 181–189 – V. N. BERNADSKIJ, Novgorod i Novgorodskaja zemlja v XV veke, 1961, 166–177 – V. L. JANIN, Novgorodskaja feodal'naja votčina: istoriko-genealogičeskoe issledovanie, 1981, 157–181.

Žitie Aleksandra Nevskogo, Vita (*Žitie*) des bedeutendsten russ. Fs.en des 13. Jh., →Alexander Nevskij (1220–63), Fs. v. →Novgorod (ab 1252 Gfs. v. →Vladimir), Sohn des Gfs.en Jaroslav II. v. Vladimir. Die Verehrung Alexander Nevskijs als wohl hervorragendster russ. Kriegerheiliger (postmortales Wunder, inventio reliquiarum 1381) fand ihren ersten Höhepunkt in der Kanonisierung (1547) unter Ivan IV. Groznyj (oder früher).

Die Vita ist in 13 Hss. (14.–17. Jh.) überliefert. Der anonyme Verfasser bezeichnet sich als Augenzeuge der Ereignisse, als tatsächl. Abfassungszeit wird aber 1282/83 angenommen; ein galiz. Anonymus (LICHAČEV) und ein Mönch des Roždestvenskij monastyr' in Vladimir (BEGUNOV) werden als mögliche Autoren diskutiert. Die Textüberlieferung ist stark problembelastet (verschiedene stemmatolog. Vorschläge; Weg des Textes in die chronikal. Überlieferung; Verhältnis zum »Slovo o pogibeli russkoj zemli«, 'Erzählung über den Untergang des russ. Landes'; →Russische Literatur, 2).

Der Text ist zw. Fürstenleben und Heiligenvita angesiedelt (*žitie, povest', slovo*); wichtige Momente der Stilisierung sind: Vergleich Alexander Nevskijs mit bibl. und röm. Helden; Hervorhebung des Fs.en als Verteidiger gegen die Lateiner (1240 Sieg über Schweden in der Schlacht an der Neva; 1242 Sieg über den →Dt. Orden und seine Verbündeten in der Schlacht »auf dem Eise« (→Peipussee]; Zurückweisung eines päpstl. Angebots über Glaubensverhandlungen).
G. Birkfellner

Ed. [Auswahl]: Polnoe sobranie russkich letopisej, 1: Lavrent'evskaja letopis', 1846; 5, 1851 – ARCHIMANDRIT LEONID, Skazanie o podvigach i žizni sv. blagovernago velikago knjazja Aleksandra Nevskago (PDPI 36), 1882 – V. I. MALYŠEV, Ž., TODRL 5, 1947, 185–193 – A. STENDER-PETERSEN, Anthology of Old Russian Lit., 1954 – Pskovskie letopisi, ed. A. N. NASONOV, 2, 1955 – JU. K. BEGUNOV, Pamjatnik russkoj literatury XIII veka, 1965, 12–83, 158–180 – *dt. Übers.*: W. FRITZE, Die Legende des Hl. Aleksandr Nevskij (Russ. Hl.legenden, hg. E. BENZ, 1953) – O Bojan, du Nachtigall der alten Zeit, hg. H. GRASSHOFF, K. MÜLLER, G. STURM, 1965 – Lit. [Auswahl]: V. MANSIKKA, Ž. Razbor redakcij i tekst (PDPI 180, 1913) – D. S. LICHAČEV, Galickaja literaturnaja tradicija v Žitii Aleksandra Nevskogo, TODRL 5, 1947, 36–56 – V. PAŠUTO, Aleksandr Nevskij i bor'ba russkogo naroda za nezavisimost' v XIII v., 1951 – I. P. EREMIN–D. S. LICHAČEV, Ž., Chudožestvennajaproza Kievskoj Rusi XI–XIII vv., 1957 – W. PHILIPP, Über das Verhältnis des »Slovo o pogibeli Russkoj zemli« zum »Ž.«, FOG 5, 1957, 7–37 – JU. K. BEGUNOV, Ž. v sostave Novgorodskoj 1-oj i Sofijskoj 1-oj letopisej, Novgorodskij istoričeskij sbornik 9, 1959, 229–238 – DERS., Die Vita des Fs.en Aleksandr Nevskij in der Novgoroder Lit. des 15. Jh., ZSl 16, 1971, 88–109 – V. V. VINOGRADOV, O stile Žitija Aleksandra Nevskogo (Voprosy russkogo jazykoznanija, 1, 1976), 21–36 – D. CRNKOVIĆ, Thematic and Compositional Unity in the »Life of Aleksandr Nevskij«, 1985 – P. M. WASZINK, Life, Courage, Ice. A Semiological Essay on the Old Russian Biogr. of Aleksandr Nevskij, 1990 (Slavist. Beitr., 256) – JA. S. LUR'E, K izučeniju letopisnoj tradicii ob Aleksandre Nevskom, TODRL 50, 1997, 387–399.

Zitrusfrüchte (Citrus-Arten/Rutaceae). Die zu den →Südfrüchten gehörenden, aus Ostasien stammenden Z. fanden in Europa erst seit dem 14. Jh. stärkere Verbreitung. Deren lat. und dt. Namen *citrum, pomum cedrinum/ citrinum* bzw. *bontzider, citrin epphel, pomcedern* (Circa instans, ed. WÖLFEL, 97; Alphita, ed. MOWAT, 39; Hildegard v. Bingen, Phys. III, 18; Gart, Kap. 116 und 327) können sich sowohl auf die dickschalige, saftarme, schon von den Römern hochgeschätzte Zedrat- oder Zitronatzitrone (C. medica L.) als auch auf die kleinere, saftreiche (Sauer-) Zitrone oder Limone (C. limon [L.] Burm. f.) beziehen, welch letztere im Mittelmeergebiet erst durch die Araber in größerem Umfang kultiviert worden ist; bei den »Italici« hieß der Zitronenbaum »cedrus« (sonst 'Zeder'), von dem Albertus Magnus (De veget. VI, 51–54) den »arangus« genannten, und ebenfalls durch die Araber in den Mittelmeerraum gelangten Pomeranzenbaum (C. aurantium L.) unterschieden wissen wollte, dessen Früchte z. B. Konrad v. Megenberg (IV A, 11) unter dem Namen *aranser* erwähnt. Med. wurden die Z. gegen Vergiftungen und verpestete Luft, Herzleiden, Fieber u. a. m. empfohlen, aber auch zur Ungezieferabwehr, Appetitanregung und Limonadenbereitung genutzt; als allg. gesundheitsfördernde Mittel fehlen sie in keinem der →Tacuina sanitatis. Eine frühe, naturgetreue Abb. des Zitronenbaumes

(um 1400), der als Sinnbild der Reinheit galt, enthält das Erbario Carrarese (BAUMANN, 29 und 57). I. Müller

Lit.: MARZELL I, 1029-1031 – I. LÖW, Die Flora der Juden, III, 1924 [Neudr. 1967], 278-317 – S. TOLKOWSKY, Citrus Fruits. Their Origin and History throughout the World, 1966-I. MÜLLER, Z. (Agrumen) in Kunst und Pharmazie, PharmZ 119, 1974, 1883-1890 – F. A. BAUMANN, Das Erbario Carrarese und die Bildtradition des Tractatus de herbis, Berner Schr. zur Kunst 12, 1974 – C. SCHIRAREND–M. HEILMEYER, Die goldenen Äpfel. Wissenswertes rund um die Z., 1996.

Zittau, Stadt in →Sachsen. Im gebirgigen Waldland zw. der Oberlausitz und Böhmen war der Kleingau Zagost um 1000 slav. besiedelt. Aus einem im Zuge der dt. Ostbewegung entstandenen Waldhufendorf entwickelte sich nach 1200 an einer Straße von Böhmen an die Ostsee unter böhm. Botmäßigkeit die regelmäßig angelegte Stadt (1250 opidum; 1275 civitas). Von der Burg der 1238 gen. Herren v. Z. ist nur der Flurname Burgberg erhalten geblieben. 1255 erhielt Z. den Rang einer kgl. Stadt. Bis etwa 1300 war eine Münze in Betrieb, die Anwesenheit von Juden läßt auf entwickelte Geldwirtschaft schließen. Mit dem Beitritt zum Oberlausitzer Bund der →Sechsstädte 1346 löste sich Z. aus dem polit. Verband Böhmens, blieb aber als Sitz eines Dekans bis zur Reformation in der Erzdiöz. Prag. Die Stadtkirche gelangte vor 1300 an den Johanniterorden, zw. 1244 und 1260 wurde das Kl. OFM errichtet. Als Vertreter der Stadtgemeinde erscheinen 1275 Richter und Geschworene, der Rat ist erstmals 1362 nachzuweisen, er nahm 1367 zwei Handwerker auf und erwarb 1422 das Stadtgericht, seit 1412 hatte er auch das Landgericht über die Adligen des Z.er →Weichbildes inne. Der auf Fernhandel und Tuchmacherei (1367: 600 Meister und Gesellen) beruhende Wohlstand gestattete seit dem 14. Jh. den Erwerb von Grundherrschaft über zahlreiche Dörfer der Umgebung. Um 1500 ist mit einer Einw.zahl von etwa 5000 zu rechnen. – In Z. wurde am 29. Nov. 1292 zw. Kg. Wenzel v. Böhmen, Hzg. Albrecht II. v. Sachsen und Mgf. Otto II. v. Brandenburg ein Wahlbündnis gegen Albrecht v. Habsburg geschlossen (sog. Z.er Vertrag). K. Blaschke

Q. und Lit.: C. A. PESCHEK, Hb. der Gesch. von Z., 2 Bde, 1834/57 – G. RYLL, Die böhm. Politik bei der Kg.swahl Adolfs v. Nassau [Diss. Marburg 1909] – V. SAMANEK, Stud. zur Gesch. Kg. Adolfs v. Nassau, SAW 207/2, 1930; 214/2, 1932 – Z.er UB I, Reg. zur Gesch. der Stadt und des Landes Z. (1234-1437), hg. J. PROCHNO, Mitt. des Z.er Gesch.s- und Museumsvereins 19, 1938.

Zitwerwurzel (Curcuma zedoaria [Christm.] Rosc./ Zingiberaceae). Die in Indien kultivierte Z. wurde erst durch die Araber in Europa eingeführt und – im MA unter den lat. Namen *zedoar(ia), zeduar(i)a, zodoar(ium)* u. ä. bekannt (Albertus Magnus, De veget. VI, 482; Alphita, ed. MOWAT, 198) – v. a. als kostbares Gewürz gehandelt. Avicenna (Lib. canon. II, 745) beschrieb zwei Sorten mit unterschiedl. Wirkung, während Konrad v. Megenberg (V, 87) den »gelvar« für den besten *zitwar* hielt, diesen jedoch offenbar mit der nahverwandten Gelbwurzel (Curcuma longa L.) verwechselte. Med. wurde die Z. gegen Vergiftungen aller Art, Magen- und Darmbeschwerden, Ohnmacht, Husten, Mundgeruch sowie zur Appetitanregung u. a. m. angewendet (Constantinus Africanus, De grad., 374; Circa instans, ed. WÖLFEL, 117; Hildegard v. Bingen, Phys. I, 14; Gart, Kap. 433). I. Müller

Lit.: MARZELL I, 1269 und 1405 – W. HEYD, Gesch. des Levantehandels im MA II, 1879, 658f.

Zivilprozeß → Gerichtsverfahren

Žižka, Jan (v. Trocnov), hussit. Heerführer, * um 1360 in Trocnov (Südböhmen), † 11. Okt. 1424 im Heerlager bei Příbyslav; entstammte einem verarmten landadligen Geschlecht, verdiente seit ca. 1390 seinen Lebensunterhalt als Söldner, teilweise im Dienst Kg. Wenzels IV.; 1410/11 Teilnahme im Kampf gegen den →Dt. Orden auf der Seite des poln. Kg.s Władysław Jagiełło. Als kgl. Diener gesellte er sich zu der Reformbewegung des Johannes →Hus (→Hussiten); seit März 1420 Hauptmann der →Taboriten und Organisator ihres →Feldheeres, dessen Taktik (→Wagenburg) er begründete (→Heer, Heerwesen, A. IX). Am 13. Juli 1420 schlug Ž. an der Spitze des hussit. Heeres auf dem Prager Veitsberg den Kreuzzug Kg. Siegmunds. Seitdem verband sich in seiner Kriegführung der religiöse Fanatismus mit der Siegesgewißheit seiner »Gotteskrieger«. Im Sommer 1421 erblindete er auf beiden Augen, kehrte jedoch bald auf die Schlachtfelder zurück, und im Okt. trug er zur vernichtenden Niederlage der →Pikarden und →Adamiten bei. Nachdem er sich mit den Taboriten zerstritten hatte, stellte Ž. im Frühjahr 1423 im Gebiet der ostböhm. →Orebiten eine mobile Truppe mit strenger Kriegsordnung auf. Aus der Machtkonfrontation mit dem Prager Hussitenbund ging Ž.s Bruderschaft siegreich hervor, und 1424 erreichte er die Hegemonie im Land. Bald nach seinem Tod wurde Ž. zum Symbol des erfolgreichen Kämpfers. F. Šmahel

Ed. und Lit.: J. PEKAŘ, Ž. a jeho doba, I–IV, 1927-33, 1992² – Staročeské vojenské řády, hg. F. SVEJKOVSKÝ, 1952 – F. G. HEYMANN, John Ž. and the Hussite Revolution, 1955, 1969² – F. ŠMAHEL, Jan Ž. z Trocnova, 1969 – DERS., Husitská revoluce, III, 1996².

Zličanen, angeblicher slav. »Stamm« in →Böhmen. Nach dem sog. →Dalimil (Anfang des 14. Jh.) hieß in der 1. Hälfte des 10. Jh. das Gebiet der Burg →Kouřim »Zličsko«, und der dortige Fs. Radslav unterlag dem hl. →Wenzel im Kampf. Von dieser Niederlage berichtet auch →Christian (6. Ch.; Ende des 10. Jh.), ohne aber Radslav und Zličsko zu nennen (nur Kouřim wird erwähnt). Die Burg Zlič ist vermutl. mit Stará Kouřim zu identifizieren; archäolog. Untersuchungen lassen darauf schließen, daß diese Burg um die Mitte des 10. Jh. infolge des Einigungsprozesses in Böhmen vernichtet wurde. Im W bauten dann die →Přemysliden eine neue Burg, die als přemyslid. Verwaltungszentrum Kouřim bekannt ist. Einige Forscher vermuten, daß Zličsko in der 2. Hälfte des 10. Jh. zur Domäne der →Slawnikiden gehörte (R. TUREK). Es scheint so, als ob die Nachricht zu »Zličsko« Kenntnisse über die vorstaatl. polit. Ordnung Böhmens widerspiegelt.
J. Žemlička

Lit.: V. NOVOTNÝ, České dějiny, I. 1, 1912, 641-645 – R. TUREK, Die frühma. Stämmegebiete in Böhmen, 1957 – M. ŠOLLE, Stará Kouřim a projevy velkomoravské hmotné kultury v Čechách, 1966 – R. TUREK, Slavníkovci a jejich panství, 1982 – D. TŘEŠTÍK, Počátky Přemyslovců. Vstup Čechů do dějin (530-935), 1997, 57-59, 420-426.

Znaim (tschech. Znojmo), Stadt in S-Mähren, etwa 55 km sw. von Brünn, am linken Thayaufer gelegen. Schon im 9. Jh. entstand an der steilen Höhe w. der heutigen Stadt eine großmähr. Burg mit der späteren Hippolytuskirche (heute Hradiště sv. Hypolita). Die Bedeutung des Z.er Raums wuchs seit der Mitte des 11. Jh. In dieser Zeit wurde die österr.-mähr. Grenzlinie zur Thaya verschoben und Z. in das System der südmähr. Grenz- und Stützpunkte der přemyslid. Herrschaft eingegliedert. Gegenüber der alten großmähr. Burg errichteten die →Přemysliden, wahrscheinl. noch →Břetislav I. († 1055), eine neue Burg. Im Okt. 1100 feierte Bořivoj (II.) »in urbe Znogem« seine Hochzeit. Die strateg. bedeutende Lage an der Thayafurt und an wichtigen Handelsstraßen bewirkte, daß im ö. Hinterland der neuen Burg eine umfangreiche Besiedlung erfolgte, oft mit eigenen Namen der einzelnen Siedlungen (Culchov, vicus Bala, vicus quondam Vngarorum u. a.).

Gegen Ende des 11. Jh. wurde die Burgkapelle errichtet (heute Katharinenkapelle; wertvolle Fresken v. 1134). Die Bedeutung der Z.er Burg und des ganzen Siedlungsgebietes wuchs in der 2. Hälfte des 12. Jh. parallel zum Erstarken der Stellung der přemyslid. Teilfs.en v. Z. (1146: »castrum munitissimum«). Schon als Fs. v. Böhmen gründete der ehem. Z.er Teilfs. →Konrad III. Otto († 1191; 13. K.) 1190 in der Nähe von Z. das Prämonstratenserkl. Louka (dt. Klosterbruck), ein Tochterkl. von →Strahov. I. J. 1226 gründete →Otakar I. Přemysl auf der Z.er Siedlungsfläche die Rechtsstadt Z. Die ausgedehnte Stadtanlage mit zwei großen Plätzen weist ein unregelmäßiges Straßennetz auf. Noch im 13. Jh. wurden Minoriten, Klarissen und Dominikaner ansässig. Z. spielte eine bedeutende Rolle im internat. Handel. Das Stadtbild wird von der mächtigen, im 14. Jh. im got. Stil umgebauten Nikolaikirche beherrscht. Gleichzeitig mit dem Aufstieg der Stadtgemeinde sank die Bedeutung der Z.er Burg. Infolge ihrer Grenzlage nahm die Stadt Z. eine bedeutende Vermittlerrolle bei den kulturellen, wirtschaftl. und polit. Beziehungen Böhmens und Mährens zu Österreich ein. Das dt. Bürgertum war in der Stadt stark vertreten.

J. Žemlička

Lit.: A. VRBKA, Gedenkbuch der Stadt Z., 1927 – D. LÍBAL – L. HAVLÍK, Znojmo, 1961 – V. RICHTER – B. SAMEK – M. STEHLÍK, Znojmo, 1966 – A. FRIEDL, Přemyslovci ve Znojmě, 1966 – G. CHALOUPKA, Znojmo do počátku 14. století, Časopis Moravského musea 53–54, 1968–69, 89–142 – B. KRZEMIEŃSKA, Die Rotunde in Znojmo und die Stellung Mährens im böhm. Přemyslidenstaat, Historica 27, 1987, 5–59 – Z. MĚŘÍNSKÝ, Problematik der Entstehung der s.mähr. Städte und deren Beziehungen zum donauländ. Gebiet (Städte im Donauraum, hg. R. MARSINA, 1993), 55–62.

Zoco (von arab. *sūq*), städt. Marktplatz bzw. Marktviertel (→Markt, →Platz) in →al-Andalus. Die Z.s trugen entscheidend zur Rolle der andalus. Städte als hochentwickelte Handelszentren bei. Der Z. lag bei der Hauptmoschee und war unterteilt in verschiedene befriedete Plätze (*alcaicerías* [→Seide, A. III] oder kgl. Marktstände für Tuche und hochwertige Produkte wie die *Alcaná* in Toledo) und nach Gewerben geordnete Straßen, in denen es von kleinen Ladenwerkstätten, Gemischtwarenläden und Getreidelagerhallen (*funduq* [→Fondaco] oder *alhóndia*) wimmelte. Daneben gab es Viertelmärkte und Märkte, die vor den Stadtmauern abgehalten wurden und in denen Töpferwaren, Holz, Gartenerzeugnisse, Häute oder Vieh angeboten wurden (*Zocodover* in Toledo). Der Z. stellte die Umsetzung einer bestimmten Verwaltungsform dar: Die verschiedenen kaufmänn. und handwerkl. Aktivitäten unterlagen hier der Kontrolle eines Wālī as-sūq (Herren des Z.) oder →Muḥtasib (Marktrichters). Dieser war vom →Qāḍī oder Richter abhängig und sollte die Bestimmungen der Verträge der →Ḥisba in die Tat umsetzen. Für die im Z. getätigten Geschäfte wurde in der kgl. Münze Geld geprägt.

Die Christen übernahmen den Begriff und übertrugen ihn auf die Städte im nördl. Bereich der Iber. Halbinsel: *azogue, azoguejo, azucaica, sueca*. In den Marktordnungen der christl. Städte, v. a. in →Toledo, →Zaragoza und südl. davon, wurden Einflüsse aus dem muslim. Bereich rezipiert und bewahrt: Aufteilung der Märkte in Bereiche, die einerseits für den Handel, andererseits für die Handwerker reserviert waren; Beibehaltung bestimmter Standorte – obwohl oft auch neue (wie z.B. die *plazas mayores*) geschaffen wurden; Übernahme bestimmter Institutionen und Abgabeformen (Marktrichter, Eichmeister und Zunftmeister; →*portazgo* und Akzise bzw. Verkaufssteuer auf Handelsgeschäfte und Wiederverkauf) und Markttage (normalerweise Dienstag oder Donnerstag) wie auch Vorschriften für den Geldverkehr.

M.-A. Ladero Quesada

Lit.: L. TORRES BALBÁS, Ciudades hispanomusulmanas, 1971 – P. CHALMETA GENDRÓN, El señor del zoco en España, 1973 – B. PAVÓN, Ciudades hispanomusulmanas, 1992 – M.-A. LADERO QUESADA, Economía mercantil y espacio urbano en las ciudades de la Corona de Castilla en los s. XII a XV, BRAH 191, 1994, 235–293 – CH. MAZZOLI-GUINTARD, Villes d'al-Andalus, 1996.

Zodiacus → Tierkreis

Zoe. 1. Z., byz. Ksn. 21. April–12. Juni 1042 (zusammen mit ihrer Schwester →Theodora [3. Th.]), * ca. 978/980, † 1050 Konstantinopel; 2. Tochter von Ks. Konstantin VIII. Eine geplante Heirat mit Otto III. kam wegen des frühen Todes des Ks.s nicht zustande. Nach dem Ableben des Vaters 1028 führte Z. die makedon. Ks.dynastie durch die Heirat mit dem älteren Senator →Romanos (III.) Argyros fort, der ihre zahlreichen Affären tolerierte. Im April 1034 ermunterte sie aller Wahrscheinlichkeit nach ihren Günstling →Michael (IV.), den Gemahl zu ertränken; sie heiratete den Täter und ließ ihn zum Ks. krönen, doch war die Ehe nicht glücklich. Z. war gezwungen, den gleichnamigen Neffen ihres Mannes zu adoptieren, der nach dem Tod des Onkels 1041 neuer Ks. wurde. →Michael (V.) versuchte sogleich, Z. in ein Kl. auf den Prinzeninseln zu verbannen (18./19. April), konnte sich aber wegen eines Volksaufstandes nicht durchsetzen, wurde abgesetzt und Z. gemeinsam mit ihrer Schwester Theodora zur Ksn. bestimmt (20./21. April). Nach dreimonatiger, von gegenseitigem Mißtrauen geprägter Herrschaft heiratete Z. →Konstantin (IX.) Monomachos, der daraufhin die Kaiserherrschaft übernahm.

A. Külzer

Lit.: G. SCHLUMBERGER, L'épopée byz. à la fin du dixième s., III, 1905 – Dict. of the MA, XII, 1989, 745 – Oxford Dict. of Byzantium, 1991, 2228 – D. M. NICOL, A Biographical Dict. of the Byz. Empire, 1991, 137 – E. GAMILLSCHEG, Z. und Theodora als Träger dynast. Vorstellungen in den Geschichtsq.n ihrer Epoche (A. v. EUW – P. SCHREINER, Ksn. Theophanu, II, 1991), 397–401.

2. Z., Gemahlin Ivans III. v. Moskau →Sophia Palaiologa

Zograph, bulg. Kl. im nordwestl. Teil des →Athos, ỏ Hl. Georgios, 919 von drei Brüdern aus Ohrid, Moisej, Aaron und Joan Selima, gegr. Das Kl. gewann bes. im 13.–14. Jh. wesentl. Bedeutung für das geistige Leben Bulgariens: seinem Konvent entstammten Patriarchen v. Tărnovo (z. B. →Joachim I., Theodosios II. u. a.) und viele hochgebildete Literaten (Dragan, Radomir, Joan, →Zakhej, Patriarch →Evtimij u. a.). Das dank Stiftungen bulg. Zaren, byz. Ks. und moldav. Herrscher reiche Kl. wurde 1275 von lat. Rittern angegriffen, in Brand gesteckt und verwüstet, weil die bulg. Geistlichen sich weigerten, der 1274 zw. Rom und Konstantinopel geschlossenen →Union (Konzil v. →Lyon) Folge zu leisten. Das Skriptorium v. Z. hat eine grundlegende Bedeutung für die Bereicherung und Erneuerung der ma. →Bulg. Lit. Nach der Eroberung Bulgariens durch die Türken wurden hier wichtige Hss. aus dem Innern des Landes deponiert. Heute werden in der Kl.bibliothek zahlreiche ma. Dokumente und Hss. (bulg. und griech.) aufbewahrt, ein Teil des ursprgl. Besitzes befindet sich in berühmten europ. Hss.sammlungen. Während der langen türk. Herrschaft blieb Z. wichtiges geistiges Zentrum und Pilgerstätte für die Bulgaren und die anderen Balkanvölker.

V. Gjuzelev

Q.: Actes de Zographou, ed. W. REGEL, E. KURTZ, V. KORABLEV, 1907 – J. IVANOV, Bălgarski starini iz Makedonija, 1931, 1970² – CH. KODOV, B. RAJKOV, ST. KOŽUHAROV, Opis na slavjanskite răkopisi v bibliotekata na Zografskija manastir v Sveta gora, I, 1985 – Lit.: I. DUJČEV,

Medioevo bizantino-slavo, I, 1965, 487–510; III, 1971, 489–506 – A. Božkov–A. Vassiliev, Hudožetvenoto nasledstvo na manastira Zograf, 1981 – Svetogorska obitel Zograf, I–II, 1995–96.

Zohar (Sohar), Hauptwerk der →Kabbala. Das Buch Z. (*Sefär haz-Z.*, 'Buch des Glanzes') wurde traditionell Simon ben Jochaj (1. Hälfte 2. Jh. n. Chr.) zugeschrieben, dessen Autorschaft jedoch bereits seit dem 16. Jh. mit überzeugenden Argumenten bestritten wurde (so enthält das Werk z. B. Hinweise auf die Kreuzzüge, den Islam, die Berechnung der messian. Zeit – 1300–1310 – sowie die Überlieferung ma. Kommentargutes). Der Z. ist äußerlich ein →Midrasch bzw. Komm. zur →Tora. Er besteht jedoch aus unterschiedl. Schichten, von denen die älteste (*Midrasch han-n'äälam*, 'verborgener Midrasch') auf Mose ben Shem Tob de León († 1305) zurückgeht. Schon im 14. Jh. wurde das zum größten Teil in einer sehr künstl. Sprachform (Mischung des →Aramäischen, das im babylon. und palästinens. →Talmud sowie im →Targum Verwendung fand) geschriebene Werk zur Standardschrift der Kabbalisten, die nahezu kanon. Ansehen genoß und seitdem ständig kommentiert wurde.

Der Z. behandelt die Lehre von den →Sefirot, deren Grundschema in der späteren Kabbala zum Tragen kam. Die emanierten Wirkungskräfte Gottes werden auch als »Weltenbaum« oder »Makro-Anthropos« dargestellt und verdeutlichen so das organ. Zusammenwirken der Sefirot untereinander. Sie sind zum einen Gegenstand der Spekulation innergöttl. Prozesse, zum anderen dient diese theosoph. Lehre der Existenzbewältigung, da sie zwar das Irdische relativiert, ihm aber zugleich transkosmische Relevanz zuspricht. Zudem ist sie geeignet, die Situation des einzelnen und des Volkes zu erklären, ihm unüberbietbare positive Bedeutung zu verleihen, indem sie z. B. das Exildasein sowie das Böse durch diesen Sefirot-Prozeß erklärt und das Ziel des Toragehorsams in der »Einung« in der göttl. Sphäre der Sefirot, in der Wiederherstellung der ursprgl. Harmonie sieht. Aufgrund dieser existentiell-religiösen Deutung des Einzelschicksals sowie des Geschickes des verfolgten und exilierten Volkes Israel wurde die auf dem Z. fußende Kabbala immer mehr zur »Theologie des Judentums«. Im christl. Bereich hat der Z. gleichfalls beachtl. Wirkung entfaltet.

Gegliedert wird das Werk meist in fünf Teile: 1–3, der eigtl. Z., ein Midrasch zur Tora; 4, *Tiqqunej Haz-Z.* ('Vervollständigungen des Z.' über den ersten Genesisvers); 5, *Z. Chadash* ('Neuer Z.', der erst nach den ersten Drucken aus Zitaten zusammengestellt wurde und somit zum Corpus der Teile 1–3 zu rechnen ist), die in der Regel in drei getrennten Bänden (1–3, 4 und 5) gedruckt werden. Die beiden ersten Editionen des Z. wurden 1558–1560 in Mantua und 1559–1560 in Cremona gedruckt. Auf ihnen beruhen alle späteren Drucke. R. Schmitz

Lit.: A. Bension, The Z. in Moslem and Christian Spain, 1932, 1974 – G. Scholem, Die Geheimnisse der Schöpfung, 1959² – H. Sperling–M. Simon, The Z., I–V, 1973² – Y. Tishby, The Wisdom of the Z., I–III, 1989 – Y. Liebes, Stud. in the Z., 1992.

Zölibat (lat. caelibatus = Ehelosigkeit)
I. Theologie – II. Kanonisches Recht.

I. Theologie: Der Z., die Ehelosigkeit und Enthaltsamkeit als verpflichtende Lebensform der Priester und Diakone (in der lat. Kirche), ist aus dem zweifachen Stamm der relig. Idee der kultischen (rituellen) Reinheit und der bibl. Botschaft von der Ehelosigkeit um des Reiches Gottes willen (Mt 19, 12; 1. Kor 7, 7, 28–35) in einem offenen geschichtl. Prozeß entstanden. Beide Aspekte (der sexuellen Enthaltsamkeit und der kirchl. Verpflichtung [»lex continentiae«]) müssen in der Frage der Entstehung und Bedeutung des Z.s kritisch unterschieden werden, wie die gegenwärtige Auseinandersetzung zeigt.

Nach religionsgeschichtl. Vorstellungen gewährt die dauerhafte bzw. zeitweise (sexuelle) Enthaltsamkeit in bestimmten hl. Zeiten bestimmten Personen (Propheten, Priestern, Weisen) göttl. Offenbarung, reinen Vollzug des Kultes und vollkommene Erkenntnis. Die bibl.-ntl. Botschaft hat den religionsgeschichtl. (und atl.) Reinheitsvorstellungen und -vorschriften eine eindeutige Absage erteilt (Mk 7, 15. 18–23). Dauerhafte Enthaltsamkeit erscheint bei Jesus als Ausnahme (Mt 19, 12). Die sexuelle Enthaltsamkeit stellt im NT eher einen Nebenstrang dar, da der Geschlechts- und Geschlechtergemeinschaft keine eschatolog. Zukunft (Mt 12, 50; 12, 29) beigemessen wurde. Für die Apostel wie auch die ersten Amtsträger kennt das NT kein Gebot zur Ehelosigkeit. Diskutiert wird, ab wann eine zwingende Verbindung von dauerhafter sexueller Enthaltsamkeit und Amtszugang galt. Die einen setzen diese bereits für die spätneutestamentl. Zeit an (Heid u.a.), andere erst im 4. Jh. oder später. Im Zeit-Raum der frühen Kirche (3./4. Jh.) bestimmten und beeinflußten sich vielfältige diesbezügl. geistige Strömungen: die atl. (und religionsgeschichtl.) Idee der kult. Reinheit (vgl. Hieronymus Sermo de Exodo, ed. CCSL 78, 540f.), das stoisch-sittl. Ideal der Enthaltsamkeit (in den Kreisen der christl. Enkratiten) und die geistgeschenkte Tugend der Jungfräulichkeit, die in der apostol. Tradition gründet.

Die Enthaltsamkeit frühchristl. und frühma. Asketen und Asketinnen machte diese zum Träger göttl. Kraft (virtus). Für den Kleriker-Z. war die allgemeinrelig. Vorstellung von den »reinen Händen« (Angenendt) im Umgang mit dem Heiligen maßgebl. Dabei wirkte die antike Deutung der »Verunreinigung« durch das Geschlechtliche weiter und entfaltete im Zuge der Klerikalisierung des Mönchstums bzw. der Monastisierung des Klerus seit dem frühen MA ihre Wirkung, die sich in der Gregorian. Reform (→Gregor VII., →Petrus Damiani) verstärkte. Der Z. war keineswegs nur eine kirchenpolit. Forderung, sondern wurde – etwa in der →Pataria – auch seitens der Gläubigen eingefordert.

Wenig untersucht, in seiner Bedeutung für den Z. jedoch nicht hoch genug einzuschätzen ist das Motiv der Brautschaft zw. Christus und Kirche bzw. Kleriker. Im NT (Mk 2, 19f.) vorbereitet, wurde es von der Hld-Exegese und der Auslegung von Hos 1, 2 entfaltet. Verstanden die frühen Asketen ihre Enthaltsamkeit als Ausdruck ihres »engelsgleichen«, d. h. geschlechtslosen Lebens, so wurde seit dem 4. Jh. mit dem Brautschaftsmotiv gegenüber Christus argumentiert. Als Bräutigam der Kirche wolle er diese rein und ohne Makel wissen (z. B. Papst Siricius). Schon in der Antike, vermehrt aber seit der individualisierenden Hld-Auslegung des 12. Jh., wird dieses Motiv auf den individuellen Zölibatär angewandt. Auch Kleriker (nicht nur Nonnen und Mönche) galten als Bräute Christi und waren mit ihm und der Kirche eine geistl.-geistige Ehe bis hin zum connubium spirituale eingegangen. Entsprechend nannten sich bereits die frühen gottgeweihten Jungfrauen sponsae Christi und Christo copulatae (Hieronymus ad Eustochium, Thekla bei Methodius v. Olympus). Vermutl. als erster verband Rupert v. Deutz das Motiv der myst. Vermählung mit dem Zugang zum Priesteramt; myst. Kuß und connubium spirituale erschlossen ihm die Erkenntnis der Mysterien, das Priestertum sowie die Schrift. Th. Lentes

Die frühscholast. Theologie verankerte die Enthaltsamkeit der höheren Kleriker im Weihesakrament. Die

»Ordines« heißen heilig, weil sie den Stand (»status«) in der Enthaltsamkeit begründen (Stephen Langton, abhängig von ihm Guido v. Orchelles, Tract. de sacram. VIII n. 189 ed. 180). Um den persönl. Entscheidungscharakter des Z.s zu sichern, sprachen die Kanonisten im Anschluß an Magister Gratianus von einem mit dem Ordo verknüpften »votum continentiae« (vgl. Roland Bandinelli, Sent., ed. 273, Summa, ed. 117), von dem auch in der Summa des Magister Martinus die Rede ist. Trotz dieser vielfältigen Bemühungen, den Z. im Weihesakrament zu begründen, meldeten sich immer auch die Verteidiger der (legitimen) Priesterehe zu Wort (z. B. Sigebert v. Gembloux und der »Anonymus Normannus«, vgl. A. BARSTOW, The Defense of Clerical Marriage 11.–12. s. [Bull. Théol. ancienne et médiévale XII, 1982, 248f.]). L. Hödl
Lit.: DACL II, 2802–2832 [H. LECLERCQ] – DIP II, 738–744 [T. MATURA] – DSAM II, 385–396 [F. VERNET] – F. HEILER, Erscheinungsformen und Wesen der Religion (Die Religionen der Menschheit 1), 1979, 198–204, 243–248 – E. PAGELS, Adam, Eva und die Schlange. Die Theologie der Sünde, 1991, 171–205 – A. ANGENENDT, 'Mit reinen Händen'. Das Motiv der kult. Reinheit in der abendländ. Askese (Herrschaft, Kirche, Kultur. Beitr. zur Gesch. des MA, Fschr. F. PRINZ [Monogr. n zur Gesch. des MA 37], hg. G. JENAL, 1993), 297–316 – P. BROWN, Die Keuschheit der Engel. Sexuelle Entsagung, Askese und Körperlichkeit im frühen Christentum, 1994 – ST. HEID, Z. in der frühen Kirche. Die Anfänge der Enthaltsamkeitspflicht für Kleriker in Ost und West, 1997.

II. KANONISCHES RECHT: Die im 12. Jh. herrschende Auffassung zum Z. charakterisierte z. B. →Huguccio in seiner Summa (D. 27 pr. ad v. Quod autem) zum →Decretum Gratiani als Klerikerverpflichtung, nicht zu heiraten bzw. in einer bereits bestehenden Ehe »enthaltsam« zu leben (»in non contrahendo matrimonio et in non utendo contracto«). Gesichert erscheint die frühkirchl. Praxis, verheiratete Männer in den Klerus aufzunehmen, sofern es sich um ihre erste Ehe handelte (vgl. 1 Tim 3, 2. 12 bzw. Tit 1, 6: *einer* Frau Mann). Weniger einhellig sind die Meinungen zur immer wieder diskutierten Entwicklung des Z.s. Die herrschende Meinung nimmt – unbeschadet des »Charismas« freiwilliger Enthaltsamkeit oder Ehelosigkeit – eine allmähl. Entwicklung der klerikalen Enthaltsamkeitspflicht an, während in neuerer Zeit vereinzelt von einem bereits »apostol.« Ursprung dieser Verpflichtung (bei Deutung des Bigamieverbots als »Weiheausschlußkriterium«) ausgegangen wird. Der Beginn einer eigtl. Rechtsentwicklung wird mit der Synode v. →Elvira (306) angegeben, von der – vielleicht als Ausdruck einer aus verschiedenen Gründen schon verbreiteten entsprechenden Gepflogenheit – die erste gesetzl. Fixierung des Verbots für verheiratete Bf.e, Priester und Diakone überliefert ist, ihr ehel. Leben nach der Weihe fortzuführen (c. 33). In der Folgezeit forderten Päpste wiederholt die Befolgung dieser Bestimmung ein. Siricius (384–399) und Innozenz I. (402–417) z. B. verlangten generell von Priestern und Diakonen, enthaltsam zu leben; Leo I. (440–461) dehnte diese Anordnung auf die Subdiakone aus (D. 32 c. 1). Das häufige Drängen von Päpsten und Synoden auf Einhaltung dieser Disziplin weist allerdings darauf hin, daß der Z.sverpflichtung weitgehend nicht entsprochen wurde.

Auch im Osten dürfte eine im wesentl. gleichartige Enthaltsamkeitsverpflichtung der Kleriker bestanden haben; die Intervention des →Paphnutios auf dem Konzil v. →Nikaia (325), wonach Klerikern ihre vor der Weihe geschlossene Ehe fortzuführen erlaubt worden sein soll, wird zunehmend in den Bereich der Legende verwiesen. Doch führten die sich anbahnenden Spannungen zur westl. Kirche u. a. zu einer gegensätzl. Enthaltsamkeitsordnung für Kleriker in den →Ostkirchen; die II. Trullanische Synode (Concilium Quinisextum, 692; →Konstantinopel, ökumen. Konzilien v. [4. K.]) schrieb die östl. Disziplin des Z.s fest, wie sie schon im →Codex Iustinianus in z. T. durch Strafandrohungen verschärfter Übernahme kirchl. Bestimmungen festgelegt ist (C. 1. 3. 44, 47; vgl. N. 6. 1. 3–4; 6. 5; 123. 1); sie wurde auch in den mit Rom unierten Kirchen (→Union, kirchl.) beibehalten. Danach erging für die Bf. e die Verpflichtung zum ehelosen Leben, gegebenenfalls nach vorgängiger, in gegenseitigem Einvernehmen erfolgter Trennung von der Ehefrau (c. 48); Subdiakonen, Diakonen und Priestern wurde zwar nach der Weihe die Eheschließung verwehrt (c. 6), jedoch – unter Berufung auf die »apostol. Canones« – die Fortführung einer vor der Weihe bereits bestehenden Ehe (bei Enthaltsamkeit an den Tagen des Altardienstes) ausdrückl. gestattet, ja sogar die Absetzung angedroht, falls sie aus angebl. »Frömmigkeit« (pietatis praetextu) ihre Ehefrauen verstoßen sollten (c. 13).

Das Z.sprinzip der röm. Kirche erfuhr mit dem verschärften Verbot der Klerikerehe (→Nikolaitismus) als »crimen fornicationis« durch die →Gregorian. Reform eine immer stärkere Durchsetzung, wenn auch nicht nur aus religiösen Motiven (Gefahr der Vererbung von Kirchengut) und zunächst gegen größeren Widerstand, selbst von Bf. en. Auch mußte das Verbot, z. B. im Decretum Gratiani ausführl. (bes. D. 26–34) rezipiert und von den Kanonisten – unter Betonung seines geschichtl. gewachsenen, positivrechtl. Charakters – diskutiert, immer wieder urgiert werden. Das II. →Laterankonzil (1139) erklärte eine gegen die »hl. Vorschrift« des »Enthaltsamkeitsgesetzes« eingegangene Ehe von Klerikern (einschließl. der Subdiakone) als ungültig (c. 7); auf dem IV. →Laterankonzil (1215) wurden empfindl. Strafen für die »Unenthaltsamkeit der Kleriker« festgelegt (c. 14). Das Tridentinum betonte erneut das während der Reformationszeit verstärkt in Frage gestellte Z.sgesetz, bestätigte die Ungültigkeit von Klerikerehen und belegte Verfechter gegenteiliger Auffassungen mit dem →Anathem (sess. 24 De sacr. matr. c. 9). H. Zapp

Lit.: DDC III, 132–156 – DThC II, 2068–2088 – H. C. LEA, Hist. of Sacerdotal Celibacy in the Christian Church, 1867, 1966[4] – G. OESTERLE, Lex sacri caelibatus iuxta Gratianum, SG 2, 1954, 425–441 – S. KUTTNER, Pope Lucius III and the Bigamous Archbishop of Palermo (Fschr. A. GWYNN, 1961), 409–454 – J. W. BALDWIN, A Campaign to Reduce Clerical Celibacy at the Turn of the 12. and 13. Century (Études à G. LE BRAS, II, 1965), 1041–1053 – J. GAUDEMET, Gratien et le célibat ecclésiastique, SG 13, 1967, 339–369 – M. BOELENS, Klerikerehe in der Gesetzgebung der Kirche…, 1968 – R. GRYSON, Les origines du célibat ecclésiastique, 1.–7. s., 1970 – Sacerdoce et célibat, éd. J. COPPENS, 1971 – F. LIOTTA, La continenza dei chierici nel pensiero can. classico: Da Graziano a Gregorio IX, 1971 [Lit.] – G. DENZLER, Papsttum und Amtsz., I, 1973 – M. DORTEL-CLAUDOT, Le prêtre et le mariage, Année Canonique 17, 1973, 319–344 – D. CALLAM, Clerical Continence in the Fourth Century, Theol. Studies 41, 1980, 3–50 – C. COCHINI, Origines apostoliques du célibat sacerdotal, 1981 [engl. 1990] – R. CHOLIJ, Clerical Celibacy in East and West, 1990[2] – G. DENZLER, Die Gesch. des Z.s, 1993 – J. S. HOHMANN, Der Z. Gesch. und Gegenwart eines umstrittenen Gesetzes, 1993 [181–238: Q.n 4.–16. Jh.] – A. STICKLER, Der Klerikerz., 1993 – S. HEID, Z. in der frühen Kirche, 1997 [Lit.].

Zoll

I. Mittel- und Westeuropa – II. Italien – III. Byzanz – IV. Südosteuropa.

I. MITTEL- UND WESTEUROPA: [1] *Frühmittelalter:* Das antike Röm. Ksr. hatte alle Arten von Z.en (Ein- und Ausfuhr-, Passier-, Durchfuhr- und Marktz.e) in einer staatl. Verwaltung zusammengefaßt, die dem Ks. rechenschaftspflichtig war und nach ksl. Anweisungen über die Erträge verfügte. Der Z. (portorium, *vectigal*) war eine indirekte,

auch innerhalb des Reiches erhobene →Steuer, die etwa als quadragesima, d. h. in Höhe eines Vierzigstels (2,5%) vom Werte aller transportierten Güter, zu entrichten war. Die Kg.e der seit dem 5. Jh. auf röm. Reichsboden errichteten Germanenreiche führten das röm. Z.wesen fort und beanspruchten die Z.e als Regalrecht. Daher lebte die röm. Terminologie zunächst fort. Die Kg.e ließen die Z.e als Durchgangs- und als Marktz.e an bestimmten Stätten durch die Verwalter des Kg.sgutes (actores, iudices, →Grafen, →Gastalden) erheben und verfügten über den Reinertrag der Einkünfte.

Ein tiefgreifender Umbruch vollzog sich in der Karolingerzeit. Um die Erhebungsweise der rückläufigen Schriftlichkeit und Rechenkunst anzupassen, gab man die Verzollung nach dem Werte auf zugunsten von spezifizierten Z.tarifen, die die Abgaben für bestimmte Maßeinheiten der Waren, für die verschiedenen Transportmittel und für Kaufleutegruppen bestimmter Herkunft in Geld oder in Naturalien ein für allemal fixierten. Nur ein einziger derartiger Tarif ist bekannt: Nach dem um 840 erstellten churrät. Reichsguturbar wurde zu Walenstadt oberhalb von Zürich jeder Frachtkarren mit sechs und jedes verkaufte Pferd und jeder Sklave mit zwei Pfennigen verzollt. Außerdem hörte die Rechnungslegung gegenüber dem Kg. auf. Denn die Herrscher verzichteten darauf, die Reinerträge ihrer Verfügung zu reservieren, und überließen sie den Erhebern, die nun selber darüber bestimmten, wie sie die Z.erträge für ihre Dienste am Reich und für öffentl. Zwecke verwenden wollten.

Immer häufiger entzogen seither die Kg.e die Z.verwaltung ihren Gf.en, um sie auf eine Kirche des Reiches (oder auch zu Dritteln und Vierteln auf mehrere Begünstigte) zu übertragen. Da sich für die Rechtsauffassung dieser Zeit die Z.rechte, gleich allen anderen nutzbaren Hoheitsrechten, als dingl. Rechte darstellten, erscheint als Gegenstand derartiger kgl. Verfügungen in den Diplomen das jeweilige Z.haus, zu dessen Nutzungen oder Zubehör man die Z.einkünfte rechnete: Wer das Z.haus besaß, der durfte dort den Zöllner (oder einen von ihnen) einsetzen und durch ihn den Z. (insgesamt oder zu seinem Anteil) erheben lassen. Daher wurde im 9. und 10. Jh. das gr.-lat. Wort teloneum ('Zollhaus') auch auf die Z.einnahmen übertragen und in dieser Bedeutung so allg. üblich, daß es auch in die Volkssprachen einging (afrz. *tolneu, tonlieu;* as. *tol;* ahd. *zol;* daneben afrz. *péage* aus lat. *pedagium* 'Durchgangszoll' und ahd. *muta* 'Abgabe', 'Maut').

Mit der Verdinglichung des Z.rechts verschwand die Vorstellung, daß Z.e indirekte Steuern seien; man betrachtete sie seither als Abgaben (Ungelder, Spesen) der meistens landfremden Kaufleute, die sich damit den Schutz des Kg.s und der von diesem eingesetzten Z.herren für ihre Personen und Güter erkauften. Daher konnten die Kg.e die Z.tarife in Verhandlungen mit den Kaufleuten aus eigener Machtvollkommenheit festsetzen, ohne der Zustimmung ihrer Großen zu bedürfen. Allerdings durften die Z.e daher auch lediglich die Geschäfte und den Warentransport der Berufskaufleute belasten; unmittelbar zw. Produzenten und Verbrauchern abgeschlossene Kaufhandlungen für den jeweiligen Eigenbedarf mußten zollfrei bleiben, und darunter fiel namentl. der Eigenbedarf der geistl. und weltl. Großgrundbesitzer und des Kg.s selber. Beurkundet wurden die Z.rechte gewöhnl. in Form von Privilegien, die die Kg.e zunächst den örtl. Schutzherren der Händler (d. h. den Bf.en, in deren Städten sich die ersten Kaufmannsgilden [→Gilde] bildeten), jedoch seit dem Ende des 12. Jh. auch den Kaufmanns- und Stadtgemeinden selber oder den Fahrtgemeinschaften der in ihren Ländern verkehrenden ausländ. Fernhändler (→Hanse) gewährten.

So setzten die Kg.e bzw. die von ihnen zugelassenen Z.herren die Z.tarife ganz uneinheitl., nämlich jeweils den örtl. Bedürfnissen der Händler entsprechend, fest; die Waren, die Benutzung bestimmter Verkehrsanlagen, die Transportmittel, die am Transport beteiligten Personen wurden ganz unterschiedl. belastet, und zwar keineswegs stets alle, sondern oft nur einige bes. genannte oder nur die in einer der möglichen Transportrichtungen gehenden. Mit der Entrichtung des Z.s erlangte der Kaufmann das Recht, unter dem Schutze des Kg.s oder des Z.herrn entweder die Z.stätte und die Gft., in der sie lag, zu passieren oder auf dem Markt (bzw. den Märkten) der Gft. Handel zu treiben. Der älteste Tarif eines solchen Gft.sz.s ist uns in der →Raffelstettener Z.ordnung von etwa 903/905 erhalten. Seit der 2. Hälfte des 9. Jh. bildete sich daher eine enge Verbindung von →Markt und Z. heraus. Märkte, deren Besuchern der Kg. seinen Schutz und deren Herren er die Errichtung eines Z.hauses gewährte, verdrängten seither jene Handelsplätze, die dieser Institutionen entbehrten; sehr häufig lösten sie die Entstehung einer →Stadt aus, auf deren Gebiet sich in der Folge der Erhebungs- und Marktbezirk beschränkte.

[2] *Hoch- und Spätmittelalter:* Z.wesen und Z.recht der Nachfolgestaaten des karol. Großreiches (zu denen seit 1066 auch England gehörte) bauten auf diesen Grundlagen auf. Die von den Kg.en eingesetzten oder privilegierten Z.herren errichteten seit dem 11. Jh. zahlreiche neue Z.e auch außerhalb von Städten, während die unter ihnen befindl. Stadtherren die Marktz.e namentl. seit dem 13. Jh. häufig der Verwaltung durch die Stadtgemeinden überließen; diese erlangten damit auch das Recht, in Form von →Akzisen wieder echte indirekte oder Verbrauchssteuern einzuführen. Seither nimmt die Zahl der überlieferten Z.tarife zu; meistens sind es Rechtsweisungen von Verbänden der Z.pflichtigen, denen der Z.herr oder die Stadtgemeinde ihre Zustimmung in Form eines Privilegs erteilten. Einnahmebücher der Zöllner, die detailliert über den Umfang des Warenverkehrs und die Herkunft der Kaufleute Auskunft geben, sind erst seit dem 14. Jh. vereinzelt erhalten.

Obwohl die kgl. Z.hoheit stets grundsätzl. anerkannt blieb – seit 1111 erscheinen die Z.e in den Regaliendefinitionen (MGH Const. 1 nr. 85, 90; →Regalien) –, gingen das Heberecht und die Tarifhoheit in W-Europa seit dem 10. Jh. auf die Lehnsfs.en, in Italien seit dem 12. Jh. auf die Städte und in Deutschland namentl. seit dem Thronstreit von 1198–1212 auf Landesherren und Reichsstädte über, denen der Kg. seine Erlaubnis zur Errichtung neuer Z.stätten oder zur Änderung der Tarife nur noch dann verweigern durfte, wenn diese Maßnahmen einem bereits bestehenden Z. zum Nachteil gereichten (MGH Const. 2 nr. 74). In Frankreich blieben die von der Krone veräußerten Z.rechte auch dann Bestandteil der lehnsfsl. Domäne, wenn ein Lehnsstaat wieder mit der Krone vereinigt wurde. Da die Händler die Z.e seit dem 12. Jh. überwiegend in Geld entrichteten, wurde die von der polit. Zersplitterung verursachte finanzwirtschaftl. Entwertung des Z.wesens noch verstärkt durch die beständig fortschreitende Geldentwertung.

Nur in W-Europa gelang es dem Kgtm., diesen Zustand zu überwinden und die zur bloßen Rechtsaufsicht herabgesunkene kgl. Z.hoheit mit neuem Inhalt zu füllen. Denn seit der 2. Hälfte des 13. Jh. machten die Kg.e v. Frankreich und England von ihrem Recht Gebrauch, von Kaufmannschaften und Städten finanzielle Beihilfen zu jenen Kriegs-

kosten zu verlangen, die sie im nationalen Interesse aufwendeten. So forderten sie von ihnen über die der Krone meistens entfremdeten gewöhnl. Z.e hinaus die Entrichtung neuer, außerordentl. Z.e, die allerdings, als solche und weil sie von Inländern zu entrichten waren, der Bewilligung durch die Ständeversammlungen (→Stand, Stände, -lehre) bedurften. Da der Kg. v. Frankreich über diese Beihilfen (→Aides) nur mit den einzelnen Provinzialständen verhandelte, beruhte die Einheit des neuen nationalen Z.wesens in Frankreich schließlich allein auf der staatl. Verwaltung durch die Finanzgeneräle; diese wußten sich seit dem Ende des 14. Jh. immer häufiger über das Bewilligungsrecht der Stände hinwegzusetzen.

In England dagegen wurde die Bewilligung zu einem Recht der im kgl. →Parliament repräsentierten Gft.s- und Stadtgemeinden. Zweifellos um weitergehenden Forderungen Kg. →Eduards I. (3. E.) zu entgehen, ersuchten die Kaufmannsgemeinden von ganz England auf dem Osterparlament v. 1275 die Magnaten des Reiches, dem Kg. einen neuen Z. auf die Ausfuhr von Wolle, Wollfellen und Leder sowie die Einrichtung kgl. Z.behörden in der größten Hafenstadt jeder Gft. zu gestatten (Parliamentary Writs vol. 1, 1827, nr. 2). Mit der Bewilligung dieser Bitte schuf das Parlament die Rechtsgrundlage für ein neues, vom Kg. verwaltetes nationales Z.wesen, und i. J. 1297 nötigte es dem Kg. die Zusage ab, daß hinfort keinerlei Beihilfen, Prisen und Z.e neu aufgelegt werden durften außer mit allg. Zustimmung des ganzen Reiches und zu dessen gemeinem Nutzen. Nur gegenüber Ausländern blieb die kgl. Prärogative unangetastet, ohne Zustimmung des Parlaments mit den Kaufleuten über deren Z.abgaben Verträge zu schließen. Seit 1377 war England in sechzehn Z.bezirke eingeteilt, in denen jeweils zwei Zöllner, ein Kontrolleur und ein Z.fahnder die ein- und ausfahrenden Schiffe mit ihren Waren erfaßten und einmal jährl. dem →Exchequer über die Z.einnahmen Rechnung ablegten. England ist daher das einzige unter den Ländern Mittel- und W-Europas, für das sich aufgrund der erhalten gebliebenen Z.rechnungen vom J. 1275 an eine zuverlässige Statistik des Außenhandels aufstellen läßt. E. Pitz

Q.: Dt. Z.tarife des MA und der NZ, 1, 1955 [Tirol und Vorarlberg]; 2, 1961 [Hamburg]; 3/4, 1971 [Kleve] – Lit.: RE XXII, 1, 346–399 [F. Vittinghoff] – N. S. B. Gras, The Early English Customs System, 1918 – O. Stolz, Zur Entwicklungsgesch. des Z.wesens innerhalb des alten Dt. Reiches, VSWG 41, 1954, 1–41 – E. M. Carus-Wilson–O. Coleman, England's Export Trade 1275–1547, 1963 – G. Despy, Les tarifs de tonlieux, TS fasc. 19, 1976 [Q. und Lit.] – St. Jenks, Die Effizienz des engl. Exchequers zur Zeit des Hundertjährigen Krieges, ADipl 33, 1987, 337–427 – H. Adam, Das Z.wesen im frk. Reich und das spätkarol. Wirtschaftsleben, VSWG Beih. 126, 1996.

II. Italien: Im langob. Italien war die Besteuerung des Warenverkehrs, der die Grenzen des Kgr.es passierte, eine Prärogative der öffentl. Verwaltung. Die →»Honorantie Civitatis Papie«, die um 1000 die alte Organisation der Paveser Kg.shofs beschrieben, nannten zehn nahezu alle an den wichtigsten Verkehrsstraßen durch die Alpentäler liegende Grenzstationen im Norden des Reichs, an denen die Händler aus den Ländern jenseits der Alpen einen Z. zu zahlen hatten, der einem Zehntel des Wertes der eingeführten Waren (Pferde, Sklaven, kostbare Woll-, Leinen- und Baumwolltuche, Schwerter) entsprach. Hingegen waren Angeln und Sachsen infolge eines Abkommens zw. ihrem Herrscher und dem Langobardenkg. sowie gegen Zahlung eines Tributs von 50 Silberpfund, die alle drei Jahre geleistet werden mußte, von diesem Warenzoll befreit. Der gen. Text erwähnt weder die Z.e im Landesinneren, die wahrscheinl. bereits vor der Karolingerzeit in den Besitz von Bf.en, Abteien und Großen des Kgr.es gelangt waren, noch Z.stationen und Pässe an der Südgrenze des Kgr.es, weist aber auf die Pflichtgeschenke hin, die der paves. Magister palatii von Kaufleuten aus Venetien und aus den südit. Städten erhielt, die einen ähnl. privilegierten Status genossen wie die Angeln und Sachsen. Vom 9. bis 11. Jh. gingen die Rechte, telonea und damit verbundene Warenz.e einzuziehen – obgleich sie vorwiegend in der Hand der Bf.e und öffentl. Funktionsträger verblieben und zumeist in Städten eingehoben wurden –, z. T. auf die niederen Ränge der weltl. Herren und des Klerus über. In den letzten Jahrzehnten des 12. Jh. versuchten die Staufer vergebl., ein das Gesamtreich umfassendes Z.system durchzusetzen, das auf einem Netz von Brücken-, Wege- und sonstigen Z.stellen basierte, die von kgl. Burgen geschützt wurden. Die Vielzahl von Durchgangsz.en, die ursprgl. Regalien oder Rechte von Feudalherren waren, ging stattdessen allmähl. auf die neu entstandenen →Kommunen und deren Finanzverwaltung über. Mitte des 13. Jh. erlangten die popularen Stadtverwaltungen eine direkte Kontrolle über die Gesamtzahl der Z.e auf die Einfuhr oder Ausfuhr von Waren an den Stadttoren, den Brücken und Paßstraßen ihrer Territorien, um die wachsende Last der öffentl. Ausgaben zu vermindern. Seit dem 12. Jh. sind aus den großen Seestädten detaillierte Verzeichnisse der Z.tarife auf auswärtige Waren erhalten, später auch aus Städten im Binnenland. Ausgebildete Z.strukturen auf der Grundlage der Fondaci (→Fondaco) und der Warenhäuser auswärtiger Handelsgüter (s.a. →Stapel) waren jedenfalls lange Zeit ein bes. Kennzeichen der Hafenstädte. Das wachsende Interesse der Stadtstaaten, die Einkünfte aus indirekten Steuern zu vermehren und die strenge Unterscheidung des Status der Städter und der Bevölkerung des Umlandes trugen dazu bei, daß jedes Territorium mehrere Z.grenzen aufwies: die Außengrenze, die Z.-grenze zw. der Stadt und ihren Vorstädten einerseits und dem Umland (→Contado) andererseits sowie zw. der Stadt und ihren Vorstädten, die durch die Stadtmauern festgelegt war. Da jede Stadt ihr eigenes Steuerwesen bewahrte, behielten auch die großen spätma. Regionalstaaten die jeweiligen internen Z.grenzen bei.

Sehr unterschiedl. verlief hingegen die Entwicklung im frühma. byz. Italien und im Regnum Siciliae. In den Konstantinopel unterstehenden Gebieten wurden die alten telonea röm. Ursprungs, die sich als regalia in den neuen röm.-germ. Kgr.en fortsetzten, von einer einzigen Handels- und Warensteuer, dem →Kommerkion, abgelöst; es entwickelte sich zudem ein System, die Handelsgüter in Warenhäusern, die vom Staat oder dessen Konzessionsträgern verwaltet wurden, zu konzentrieren. Einheitl. Z.tarife und eine strenge staatl. Kontrolle über den Export von Getreide und Lebensmitteln – der dank des ius exiture, das vom Kg. wahrgenommen wurde, zu den Haupteinkünften des Fiskus gehörte – kennzeichnen auch das Kgr. Sizilien. Große Vasallen erwirkten zwar Sonderrechte in den Seehäfen, es blieb aber immer eine straffe Zentralisierung des Z.wesens bestehen. In jeder Provinz verwalteten kgl. Amtsträger (magistri portulani) – mit Hilfe örtl. portulani und dohanerii – die Häfen, die einen Fondaco und ein Z.haus besaßen und allein berechtigt waren, Schiffe anlegen und ausfahren zu lassen sowie Waren zu verschiffen und zu löschen. An Z.stellen in den Abruzzen und in der Terra di Lavoro, die von passagerii und custodes passuum verwaltet wurden, erhob man Wegez.e an der Nordgrenze. S. a. →Finanzwesen, B. V.

G. Petralia

Lit.: G. LUZZATTO, Storia economica d'Italia. Il Medioevo, 1963, 109ff., 258ff. – A. RYDER, The Kingdom of Naples under Alfonso the Magnanimous, 1976, 343–364 – V. VON FALKENHAUSEN, La dominazione biz. nell'Italia meridionale dal IX all'XI sec., 1978 – A. I. PINI, Dal Comune Città-Stato al Comune ente amministrativo (Storia d'Italia, IV, 1981) – J.-M. MARTIN, Fiscalité et économie étatique dans le Royaume angevin de Sicile à la fin du XIIIe s. (L'État angevin, 1998).

III. BYZANZ: In der Spätantike wurden Binnenz.e und Grenzz.e (auf den Außenhandel) erhoben (→Handel, B). Das *portorium,* ein Hafenz. in Höhe von 2–2,5% des Warenwertes, wurde v. a. in den Häfen der Mittelmeerstädte (→Hafen, F) bis ins 5. Jh. erhoben. Z.tarife einzelner Städte haben sich inschriftlich erhalten (z. B. Anazarbos, Cagliari, Mylasa). In der Forschung umstritten ist der Charakter der sog. *octava,* einer Abgabe von – wie der Name sagt – 12,5%. Sie ist bis zum Beginn des 7. Jh. bezeugt. Falls es sich tatsächlich um einen Z. (in der Nachfolge des *portorium*) gehandelt haben sollte, würde dies eine enorme Steigerung der Z.abgaben bedeuten, was unwahrscheinlich ist. Wahrscheinlicher ist, daß es sich um eine Verkaufssteuer (→Steuer, L) handelte. Bis ins 6. Jh. sind Z.e und Hafenabgaben bezeugt, die einzelne Küstenstädte erhoben. Seit dem beginnenden 5. Jh. (vgl. CJ 4.61.10.13) schöpfte der Staat (bzw. die 'comitiva sacrarum largitionum'; →Finanzwesen, A) zwei Drittel dieser Einnahmen ab. Seit dem ausgehenden 4. Jh. sind 'comites commerciorum', die dem →'comes sacrarum largitionum' unterstanden (im 6. Jh. vermutl. der Prätorianerpräfektur unterstellt), belegt (vgl. Notita dignitatum, Or. XIII, 6–9; Occ. XI, 86; CJ 4.40.2 und 4.63.6). Sie kontrollierten an festgelegten Grenzorten ('commercia') den Außenhandel, überwachten die bestehenden Exportverbote (v. a. Gold und militärisch relevante Produkte), kauften in staatl. Auftrag monopolisierte Waren (z. B. Rohseide) und zogen wahrscheinlich auch Z.e ein. In Ägypten erhoben Beamte (*alabarches*), die dem 'comes sacrarum largitionum' unterstellt waren, Z.e auf den Handel mit Nomaden. In →Alexandreia wurde nach Ed. 13.15 im 6. Jh. ein *exagogion* genannter Z. erhoben. Justinian I. installierte Z.stationen für den Schiffsverkehr nach und von →Konstantinopel in →Abydos und Hieron.

Von der Mitte des 7. bis zum ausgehenden 8. Jh. kann – mit Ausnahme von Konstantinopel – kaum von einer geregelten Z.erhebung gesprochen werden. Die aus den 'comites commerciorum' hervorgegangenen *kommerkiarioi* (Kommerkiarier) hatten in der Krisenzeit des 7. und 8. Jh. vorrangig andere Aufgaben (Heeresversorgung, Seidenmonopol), als die Z.erhebung zu erfüllen. Erst Ende des 8. Jh. wird das →*Kommerkion* im Sinne eines Z.s faßbar und behielt seinen Charakter bis zum Ende des Byz. Reiches. Es wurde für den Handel mit Konstantinopel in Abydos und Hieron erhoben. Im 10. Jh. garantierte die Erhebung des Kommerkion in den großen Handelsstädten (z. B. →Thessalonike, Attaleia/→Antalya, →Trapezunt, aber auch in den byz. Besitzungen in Unteritalien) dem byz. Staat erhebl. Einnahmen. Trotz bedeutender wirtschaftl. Veränderungen hielt der byz. Staat seit dem 11. Jh. grundsätzlich am 10%igen Kommerkion fest, das als Einfuhr-, Ausfuhr-, Transit- und wichtigster Binnenz. auf alle Waren erhoben wurde. Hinzu kamen Abgaben für die Benutzung von Wegen, Brücken oder Furten (*diabatikon, poriatikon*), Hafenabgaben (*limeniatikon, skaliatikon*) und andere Binnenz.e. Seit dem 12. Jh. häufen sich Hinweise auf Verpachtung von Z.rechten an private *kommerkiarioi*. Eine Reduzierung der staatl. Z.einnahmen dürfte seit dem Ende des 11. Jh. durch Z.privilegien (teilweise oder vollständige Befreiung vom Kommerkion in bestimmten Städten oder im ganzen Reich) für lat. Kaufleute (Venezianer, Pisaner, Genuesen) erfolgt sein. Die byz. Hauptstadt verlor so langfristig den bes. Schutz ihrer Märkte und der byz. Staat die Kontrolle über den Schwarzmeerraum (→Schwarzes Meer), eine Entwicklung, die sich während der Lateinerherrschaft des 13. Jh. (→Lat. Ksr.) fortsetzte. In der Palaiologenzeit versuchten einige Ks., die staatl. Z.interessen und den privaten Handel der Byzantiner zu stärken, indem sie einige Städte (z. B. →Monemvasia) von Z.en befreiten, alte Z.stationen (z. B. Hieron am Bosporus) reaktivierten oder das Kommerkion in Konstantinopel von 10% auf 2% senkten. Dies war allerdings nur kurzfristig erfolgreich. Die konkurrierenden Z.systeme der Lateiner und Osmanen rückten immer näher an die byz. Hauptstadt heran. Hier wurden zwar bis 1453 die taditionellen Z.e – und sogar einige neu eingeführte Abgaben – erhoben, doch kamen diese kaum mehr der Staatskasse zugute, sondern verschwanden eher in privaten Taschen. W. Brandes/K.-P. Matschke

Lit.: RE XXII, 1953, 346–399 [F. VITTINGHOFF] – JONES, LRE, 1964, 732–734 – G. ROUILLARD, Les taxes maritimes et commerciales d'après les actes de Patmos et de Lavra (Mél. CH. DIEHL, I, 1930), 277–289 – G. MILLET, L'octava (Mél. G. GLOTZ, II, 1932), 615–643 – S. DANSTRUP, Indirect Taxation at Byzantium, CM 8, 1946, 139–167 – S. J. DE LEAT, Portorium, 1949 – J. KARAYANNOPULOS, Das Finanzwesen des frühbyz. Staates, 1958, 152, 155–157, 159–168 – H. ANTONIADIS-BIBICOU, Recherches sur les douanes à Byzance, 1963 [dazu P. LEMERLE, RH 232, 1964, 225–231] – P. SCHREINER, Ein Prostagma Andronikos' III. für die Monembasioten in Pegai (1328), JÖB 27, 1978, 203–228 – G. DAGRON – D. FEISSEL, Inscriptions de Cilicie, 1987, 169–185 – R. DELMAIRE, Largesses sacrées et res privata, 1989, 283ff. – A. HARVEY, Economic Expansion in the Byz. Empire 900–1200, 1989, passim – K.-P. MATSCHKE, Tore, Torwärter und Torzöllner in spätbyz. Zeit, Jb. für Regionalgesch. 16, 1989, 42–57.

IV. SÜDOSTEUROPA: Der aus der byz. Zeit überkommene Terminus *kumerk'e* (von *kommerkion*) tritt in den bulg. Urkk. des 13. Jh. auf, später auch in Serbien und in den dalmatin. Küstenstädten, ist aber beschränkt auf den Salzhandel. Hauptbezeichnung für den Z. wurde das Wort *carina* (von 'Zar'), das ähnlich dem Wort 'regalia' jegliches Vermögen des Staates umfaßte. Es bezeichnete neben dem Z. auch verschiedene Arten der Maut, Marktgebühren, die 'urbura' im Bergbau, das Münzrecht usw. Ähnlich war es mit 'dogana' in den Küstenstädten, wo Z. taxen auch mit 'dacium', 'gabella', 'vectigal' umschrieben wurden. Der ursprgl. Satz von 10% (daher *desestina,* 'Zehnte') wurde ermäßigt und sank auf 5%, dann auf 2–1%. Die bekannten Z.tarife unterschieden sich voneinander. Die Städte regelten ihre Z.sätze durch Verträge, unter Beachtung der Reziprozität. Die Verpachtung von Z.en war allerorts üblich. S. Ćirković

Lit.: C. JIREČEK, Die Bedeutung von Ragusa in der Handelsgesch. des MA, Almanach der Akad. Wien, 1899, 367–452 – M. IVANOVIĆ, Prilozi za istoriju carina u srpskim državama, Spomenik SAN 76, 1948, 7–61 – D. KOVAČEVIĆ, Razvoj i organizacija carina u srednjovjekovnoj Bosni, Godišnjak Istorijskog društva, BiH 6, 1954, 229–248 – A. VESELINOVIĆ, Carinski sistem u doba Despotovine, IstGlas 1–2, 1984, 7–38 – J. LUČIĆ, Knjiga odredaba dubrovačke carinarnice 1277, 1989.

Zollern → Hohenzollern

Zollfeld, zentrale Kulturlandschaft →Kärntens, die das Tal der Glan zw. St. Veit und Klagenfurt einschließt. Am Nordrand des seit der Hallstattzeit relativ dicht besiedelten Z.s lag die spätkelt. Stadt auf dem Magdalensberg, ein internationaler Handelsplatz, v. a. für norisches Eisen. Ihr folgte die s. davon im Tal gelegene röm. Provinzhauptstadt Virunum (n. von Maria Saal), deren Grundriß durch eine Reihe von Grabungen rekonstruiert wurde. Auf dem nahen Gratzerkogel wurden zwei frühchristl. Kirchen

freigelegt. Der für Karantanien namengebende slav. Fs.ensitz bei der Karnburg (von kelt. *caranto*, 'Fels') an der Westseite des Z.s wurde von einer karol. Pfalz abgelöst. Gegenüber weihte der Salzburger Chorbf. Modestus um 760 die Kirche →Maria Saal. Auf dem Fs.enstein bei der Karnburg (heute im Landesmus. Klagenfurt), der Basis einer röm. Säule aus Virunum, wurden die aus der Zeit des slav. Fsm.s Karantanien stammenden Bräuche der Fs.eneinsetzung geübt. Als feudales Gegenstück wurde um 900 der steinerne Doppelsitz des Herzogsstuhls im Zentrum des Z.s errichtet, auf dem bis 1596 die feierl. Hzg.seinsetzung (mit dem Pfgf.en auf dem Gegensitz) stattfand. Bis um 1000 hieß das Z. *pagus Karintriche*, an den im oberen Glantal um St. Veit der Kroatengau anschloß. Beide Gaue gehörten zum Amtsgebiet des kgl. Gewaltboten. Der seit 1060 belegte Name Z. ist dt. Ursprungs und von einer zentralen Zollstätte ca. 4 km nö. der Karnburg im Bereich des röm. Virunum abgeleitet. Auf dem Z. liegen die vier hl. Berge Kärntens (Ulrichsberg, Magdalensberg, Veitsberg [Gößeberg], Lorenziberg), zu denen bis heute der bereits im MA bezeugte Vierbergelauf stattfindet.

H. Dopsch

Lit.: S. Hartwanger, Das Z., 1966² – H. Dopsch, Gewaltbote und Pfgf. in Kärnten, Carinthia I 165, 1975, 125–151 – W. Wadl, Der Vierbergelauf, 1985 – Ders., Magdalensberg, 1995 – H. Dopsch, In sedem Karinthani ducatus intronizavi ... (Fschr. K. Reindel, 1995), 103–136 – Kärntner Fs.enstein im europ. Vergleich, hg. A. Huber, 1997.

Zonaras, Johannes, byz. Würdenträger, Mönch, Chronist und Kanonist, † vermutlich nach 1159. Z. bekleidete am Hof Alexios' I. Komnenos (1081–1118) wichtige Ämter (u. a. Protasekretis) und zog sich nach dem Tode des Ks.s in ein Kl. zurück, wo er sein Hauptwerk verfaßte, die Ἐπιτομὴ ἱστοριῶν, eine Weltchronik, die mit der Erschaffung der Welt beginnt und bis zum Jahr 1118 reicht. Die Hauptq.n zu den Büchern I–XII (die den Zeitraum bis Konstantin d. Gr. umfassen) sind für die religiöse und kirchengeschichtliche Thematik die Bibel, Josephus Flavius, Eusebios und Theodoret v. Kyrrhos, für die vorchristliche Geschichte Herodot, Xenophon, Arrian, Plutarch und Dio Cassius. In den Büchern, die sich mit der byz. Geschichte beschäftigen (B. XIII–XVIII), benutzt er neben einigen für uns verlorenen und nicht restlos zu identifizierenden Q.n u. a. →Johannes Malalas, →Prokopios v. Kaisareia, →Theophanes Homologetes, →Georgios Monachos, →Johannes Skylitzes, Michael →Attaleiates und Michael→Psellos. Z. folgt zumeist mechanisch seinen Q.n und beschränkt sich darauf, ein stilistisch einheitliches Gesamtbild zu erreichen. Im Abschnitt über Alexios I. wertet er persönl. Material aus und gibt eigenständige Urteile ab. Seine Kompilation ist umfassender und weist größere hist. Glaubwürdigkeit auf als andere byz. Weltchroniken. V. a. zeichnet sie sich durch das Streben des Autors nach Ausgewogenheit aus, der stilistisch einen Mittelweg zw. den archaisierenden Tendenzen der »hohen« Geschichtsschreibung und den antiliterar. Auswüchsen der chronograph. Tradition einschlägt. Z. wendet sich in erster Linie an die »gebildeten Leser« (Prooimion) und gibt ihnen ein nützl. Nachschlagewerk in leicht zugänglicher und sprachl. korrekter Form zur Hand. Ein unter seinem Namen laufendes, sich großer Beliebtheit erfreuendes Lexikon stammt nicht aus seiner Feder. Zu seinem authent. literar. Werk gehören jedoch bedeutende kanonist. Arbeiten, unter denen sein Kommentar zu den Kanones der Apostel, der Synoden und Kirchenväter hervorragt, ferner sind verschiedene hagiograph. und homilet. Schriften und religiöse Dichtungen zu nennen. Die Chronik wurde auch in slav. Sprachen, im 16. Jh. auch ins Lat. und in roman. Sprachen übersetzt.

E. V. Maltese

Ed.: Ioannis Zonarae Epitome historiarum, ed. L. Dindorf, 6 Bde, 1868–75 – Ioannis Zonarae Epitomae historiarum libri XIII–XVIII, ed. Th. Büttner-Wobst (von Konstantin d. Gr. bis 1118) – Johannis Zonarae Lexicon, ed. J. A. H. Tittmann, 2 Bde, 1808 – MPG 137–138 – *Übers.*: E. Trapp, Militärs und Höflinge im Ringen um das Ksm. Byz. Gesch. von 969 bis 1118 nach der Chronik des J. Z., 1986 (Bücher XVII–XVIII) – *Lit.*: Moravcsik, Byzturc, I, 344–348 – Beck, Kirche, 656–657 – Hunger, Profane Lit., I, 416–419 – J. Karayannopoulos–G. Weiss, Q.kunde zur Gesch. v. Byzanz (324–1453), 1982, II, 430–432 – P. Pieler, Johannes Z. als Kanonist (Byzantium in the 12th Century, ed. N. Oikonomidès, 1991), 601–620 – P. Leone, La tradizione manoscritta dell' Epitome historiarum di Giovanni Z. (Syndesmos II, 1994), 221–262.

Zönobiten → Koinobiten

Zoologie → Tierkunde

Zoologischer Garten → Wildgehege

Zorn

I. Philosophisch-theologisch – II. Politisches Denken und Handeln.

I. PHILOSOPHISCH-THEOLOGISCH: Der Begriff Z. – als ὀργὴ θεοῦ religionswiss. dem Numinosen zugehörig (R. Otto) – wird im MA im Rückgriff auf bibl. Vorlagen (AT, NT; vgl. Theol. Wb. zum NT V, 382–448), philos. Q.n (Aristoteles, Seneca) und patrist. Überlieferungen (vgl. M. Viller) ausgearbeitet. In der Tradition interferieren zwei Auffassungen, nach denen der Z. auf der Linie des Aristoteles eine normale Leidenschaft ist (»Verlangen, eine Kränkung zu vergelten«), während er in der Nachfolge der Stoa als Ausfall der Vernunft (»temporärer Wahnsinn«) gilt.

Die scholast. Theologie versteht den »Z. Gottes« (ira Dei), anders als den »Zorneseifer« Christi (Thomas v. Aquin, S. th. III, 15, 9: ira per zelum), sprachlog. als eine »Metapher« (S.th.I, 3, 2, ad 2), die sachlich voraussetzt, daß der Z. eine menschl. Leidenschaft (passio) ist und daher zunächst in seiner natürl. Ursache, Art und Wirkung untersucht und definiert werden muß (S. th. I–II, 46–48). Nach Thomas richtet sich der Z. – ähnlich wie Liebe und Haß – auf »zwei Objekte«, derart, daß für ein aktuell erfahrenes Übel (malum) spontan eine sinnlich reaktive Vergeltung als Gut (bonum) gesucht wird. Der Z., der in mehrere »Arten« zerfällt (fel, mania, furor), in »Graden« auftritt (in corde, ore, opere), gewisse »Zeichen« aufweist (palpitatio cordis, tremor corporis, inflatio faciei, exasperatio oculorum, clamor irrationabilis) und mehrere »Töchter« hat (rixa, tumor mentis, contumelia, clamor, indignatio, blasphemia), ist – anders als die übrigen Leidenschaften – auf keinen konträren Gegensatz bezogen, sondern enthält in sich selbst eine Kontrarietät, die aus dem Zusammentreffen einer als Unrecht (iniuria) erfahrenen Verletzung und der Hoffnung auf Vergeltung hervorgeht (ex concursu ... passionum). Die moral. Qualifikation des Z.s hängt davon ab, ob und inwieweit sich diese Vergeltung durch die »Vernunft« (ratio) rechtfertigen läßt oder nicht. Der böse Z. wurde seit Cassian zu den 7 Hauptsünden gezählt (Laster; →Tugenden und Laster), die in den Bußbüchern, Predigten und Summae de vitiis behandelt wurden.

Im SpätMA nimmt die Tendenz zu, den Z. durch asket. »Heilmittel« (remedia) zu mäßigen. Der Rationalismus der NZ zählt den Z. dann zu den »krankhaften Zufällen« (Kant), die die Lebenskraft des Menschen erschöpfen.

K. Hedwig

Lit.: Aristoteles, NE VII, 6ff. – Seneca, De ira, Phil. Schriften, I, 1976 – Cassian, De spiritu irae, CSEL 17, 149–165 – Martin v. Braga, De ira,

MPL 72, 41-48 (GA ed. C. W. Barlow, 1950) – Thomas v. Aquin, S. th. I-II, 46-48; De malo XII, 1-5 – Dionysius d. Kartäuser, Opera omnia 40, 1911, 381-388 – Henricus Institoris, Tractatus exhortatorius ad evitandum morbum irae (ed. B. Pez, Bibl. asc. VII, 1725, 351-388) – Suarez, Opera omnia 4, 1856, 472ff. – DSAM II, 1053-1077 [M. Viller] – Theol. Wb. zum NT V, 382-448.

II. Politisches Denken und Handeln: Die Emotion 'Z.' war dem ma. Denken in zweifacher Ausformung vertraut: Als unkontrollierte Emotion, als ein Außer-sich-sein, war sie sündhaft und wurde in den Lasterkatalogen (→Tugenden und Laster) und →Bußbüchern zu den schweren Sünden gezählt. Als Empörung über die Sünder und ihre bösen Taten war sie gerecht, ja heilig. Altes und Neues Testament bieten genügend Belege für diesbezügl. Z. Christi und Gottes. Die chr. →Hagiographie attestierte den Heiligen gerechten und hl. Z. gegenüber den Bösen. Mit dieser Doppelbedeutung hängt die Tatsache zusammen, daß Z. bei der Bewertung herrscherl. Handelns sowohl als Lob als auch als Tadel verwandt werden konnte. Insgesamt scheint eher der seinen Z. beherrschende und zu Milde und Erbarmen (→Barmherzigkeit) geneigte, als der vor Z. rasende Herrscher dem Idealbild des MA entsprochen zu haben. Es mag aus der Aufwertung der →Gerechtigkeit (iustitia) gegenüber der Milde (clementia) resultieren, daß etwa →Otto v. Freising und →Rahewin das Handeln Friedrich Barbarossas als von gerechtem Z. diktiert und positiv bewerten konnten. Dies war bei der Schilderung herrscherl. Handelns seit der Karolingerzeit von Autoren wie →Einhard, →Widukind, →Wipo u. a. nicht der Fall gewesen.

Z. als Ausdruck menschl. Emotion wird von Anthropologen als »sozial konstruiert« verstanden, eine Perspektive, die in der Mittelalterforschung neuerdings verstärkt angenommen und für das Verständnis dieser Epoche fruchtbar gemacht wurde. Dies beinhaltet auch eine kritische Prüfung älterer Vorstellungen vom »Prozeß der Zivilisation«, wie sie v. a. N. Elias entwickelt hat. Durch sie wurde den ma. Menschen eine weitgehend ungebremste Emotionalität unterstellt, die erst in der Neuzeit kontrolliert und sublimiert worden sei. Dagegen wird neuerdings stärker der Zeichencharakter ma. Emotionen, nicht zuletzt auch des Z.s, betont. Wer zornig reagierte – etwa einen empfangenen Brief auf den Boden warf und auf das Siegel trat –, handelte alles andere als unkontrolliert. So inszenierter Z. wies vielmehr auf die Entschlossenheit zum Konflikt hin. Die zugespitzten und übertriebenen Formen, in denen Z. in einschlägigen Zusammenhängen ausgedrückt wurde, erfüllten aus dieser Perspektive das Gebot der Eindeutigkeit. Selbst spontan geäußerter 'Volkszorn' erweist sich bei genauerem Hinsehen als inszenierter; er transportierte sehr ernst gemeinte Botschaften. →Ira Regia. G. Althoff

Lit.: H. J. Schmitz, Die Bussbücher und Bussdisziplin der Kirche, 2 Bde, 1883 [Nachdr. 1958] – N. Elias, Über den Prozeß der Zivilisation, 1969² – R. Harré, The Social Construction of Emotions, 1986 – G. Althoff, Empörung, Tränen, Zerknirschung. Emotionen in ma. Öffentlichkeit, FMASt 30, 1996, 60-79 [auch in: Ders., Spielregeln der Politik im MA, 1997, 258-281] – B. Rosenwein, Angers Past. The Social Uses of an Emotion in the MA, 1998.

Zorro, João, ptg. oder galic. Dichter, Ende des 13. Jh. Verfaßte eine *cantiga de amor* in der prov. Tradition (→Cantiga [1]) und zehn *cantigas de amigo* (→Cantiga [2]), darunter sieben anscheinend auf Anweisung des Kg.s, vermutl. Dom Dinis (→Dinis, 1. D.), anläßlich des Stapellaufs von Schiffen in Lissabon. W. Mettmann

Lit.: C. Ferreira da Cunha, O cancioneiro de J. Z., 1949 – A. F. G. Bell, The Eleven Songs of J. Z., MLR 15, 1920, 56-64 – M. Alvar, Las once cantigas de J. Z., 1969.

Zorzi, Bertolomè, in prov. Sprache dichtender Troubadour ven. Herkunft – unter den Vertretern der prov. Dichtung in Italien der einzige Venezianer –, wirkte in der 2. Hälfte des 13. Jh. Nach seiner →Vida, die in zwei verschiedenen Fassungen – beide detailreich und hist. zuverlässig – überliefert ist, gehörte B. Z. einer großen ven. Familie an und bekleidete wichtige Ämter. Im Lauf der Kriege gegen →Genua wurde er in einer Seeschlacht, wahrscheinl. 1266, gefangengenommen. Während seiner siebenjährigen Gefangenschaft verfaßte er u. a. ein Sirventes zum Preis Venedigs und antwortete damit im gleichen metr. Schema und in ident. Reimen auf eine Dichtung des Genuesen Bonifacio →Calvo. Sieben von den achtzehn erhaltenen Texten Z.s sind Liebesgedichte, die sich durch eine gewisse Originalität auszeichnen, andere Dichtungen kommentieren zeitgenöss. Ereignisse (wie der bedeutende Planh [→Planctus II] auf den Tod →Konradins und →Friedrichs v. Baden-Österreich [29. F.], die von →Karl v. Anjou gefangengenommen und 1268 in Neapel hingerichtet worden waren) oder beklagen den Verfall der Sitten und die allg. Dekadenz. B. Z. zeigt stets eine vollkommene Beherrschung der traditionellen lyr. Formen, wobei er insbes. →Rigaut de Barbezieux und →Arnaut Daniel verpflichtet ist (dessen Sestine er unter Beibehaltung der gleichen Reime nachahmt). In den religiösen Liedern steht er dem Stil des Lanfranco →Cigala nahe: In einer Canzone verteidigt er Peire →Vidal gegen den Vorwurf der »folie«.

B. Z. ist der letzte in prov. Sprache dichtende Troubadour in Italien, dem eine größere Gruppe von Texten zugewiesen werden kann. Von den vorhergehenden Autoren trennt ihn bereits ein chronolog. Abstand; er läßt sich auch mit keinem der Höfe Venetiens seiner Zeit in Verbindung bringen. Auch durch seine ven. Herkunft unterscheidet er sich deutlich von den anderen it. Dichtern in prov. Sprache. Sein Werk, das der höf. Tradition verhaftet ist, entstand zur gleichen Zeit wie die großen →Canzoniere-Sammlungen und ist in wenigen aus dem Veneto und vielleicht aus Venedig selbst (Canzoniere A) stammenden Hss. überliefert. Alle diese Einzelzüge tragen dazu bei, daß B. Z. in emblemat. Weise als der letzte Troubadour der Lyrik Mittel- und Norditaliens angesehen werden kann. S. Asperti

Ed. und Lit.: DLFMA, 165 – E. Levy, Der Troubadour B. Z., 1883 – M. De Riquer, Los trovadores, 1975, 1524-1534 – G. Folena, Culture e lingue nel Veneto medievale, 1990, 106-134.

Zosima. 1. Z., Metropolit der ganzen →Rus' 1490-94, zuvor →Archimandrit des Moskauer Simonov-Kl. Seine Amtszeit war gekennzeichnet durch große geistige Unruhe. Der Häresie der →Judaisierenden stand eine offizielle Kirche gegenüber, in der die 'Besitzlosen' und die Anhänger →Josif Volockijs erbittert um die Zulässigkeit klösterl. Grundbesitzes stritten, all dies vor dem Hintergrund des für das Jahr 7000 griech. Zeitrechnung (1. Okt. 1491-30. Sept. 1492) erwarteten Weltendes. Da man in dieser Erwartung darauf verzichtet hatte, die →Ostertafel über das Jahr 7000 hinaus weiterzuführen, mußte Z. die neuen Ostertafeln (aus Rom?) beschaffen. Wenige Wochen nach Z.s Weihe zum Metropoliten fand in Moskau eine erste, mit dem Anathem endende Synode zur Verurteilung der Judaisierenden statt. Jedoch verzichtete Gfs. →Ivan III. auf Todesurteile und begnügte sich mit Haft- und Verbannungsstrafen. Daß Z., der auf ausdrückl. Wunsch Ivans zum Metropoliten erhoben worden war, diese billigte, ist wahrscheinlich; der von Josif Volockij erhobene Vorwurf, Z. selbst zähle insgeheim zu den Häretikern, scheint jedoch eine seiner maßlosen Überspitzungen gewesen zu

sein. 1494 schied Z. aus seinem Amt. Ob er tatsächl. wegen Trunksucht abgesetzt wurde, ob er krank war oder ob er dem wachsenden Druck seiner Gegner um Josif weichen mußte, ist nicht abschließend geklärt. P. Nitsche

Lit.: N. A. KAZAKOVA–JA. S. LUR'E, Antifeodal'nye eretičeskie dviženija na Rusi XIV–načala XVI veka, 1955.

2. Z., Diakon des →Troica-Sergij-Kl., begleitete zw. 1411 und 1413 Anna, Tochter von Gfs. →Vasilij I. (1. V.), zu ihrer geplanten Hochzeit mit Ks. →Johannes VIII. Palaiologos nach Konstantinopel. 1419–22 unternahm Z. eine Pilgerreise nach Byzanz und in das Hl. Land (Konstantinopel, Athos, Chios, Pathmos, Jerusalem; →Pilger, B. II). Seine um 1423 entstandene Reisebeschreibung (»Kniga glagolemaja Ksenos sireč' Strannik«), der letzte bekannte russ. Wallfahrtsbericht vor 1453, greift auf die lit. Tradition des Pilgerberichts des igumen →Daniil zurück. Z.s Teilnahme an der russ. Gesandtschaft, die Aufnahme in zahlreichen Kl. während der Reise, ihre Gesamtdauer sowie weitere Details (Almosenverteilung, Einladung des Patriarchen v. Jerusalem) lassen den Schluß zu, daß er angesehen war und über einige Mittel verfügte.

F. B. Poljakov

Lit.: Choženie inoka Zosimy. 1419–22 gg. Pod red. CH. M. LOPAREVA, Pravosl. Palestinskij Sbornik VIII/3 (24), 1889 – K.-D. SEEMANN, Die altruss. Wallfahrtslit., 1976 – G. P. MAJESKA, Russian Travelers to Constantinople in the Fourteenth and Fifteenth Cent., 1984, 166–195 – Slovar' knižnikov i knižnosti Drevnej Rusi, II/1, 1988, 363f. [O. A. BELOBROVA] – F. B. POLJAKOV (»Tgolí chole Mêstró«. Gedenkschr. R. OLESCH, 1990), 317–327.

Zosimos. 1. Z., griech. Geschichtsschreiber, exadvocatus fisci und comes, schrieb um 500 die »Νέα ἱστορία« (6 Bücher). Das Werk bietet eine Übersicht über die Ks. geschichte von Augustus bis Diokletian (Abschnitt über Diokletian verloren); die Weiterführung bis auf Z.' eigene Lebenszeit gelangte nur bis in das Jahr 410 (Plünderung Roms durch →Alarich), ist jedoch die wichtigste Q. für die Ereignisse seit dem Ende der »Res gestae« des →Ammianus Marcellinus. Z. benutzte als Q. u. a. Dexippos, →Eunapios und →Olympiodoros, sein lit. Vorbild war Polybios; als Heide erklärt er den Niedergang des röm. Reiches als eine Folge des Abweichens vom Heidentum.

J. M. Alonso-Núñez

Ed.: L. MENDELSSOHN, 1887 – F. PASCHOUD, 1971–89 [mit frz. Übers.] – *Übers.*: R. T. RIDLEY, Z., New History, 1982 [engl.] – O. VEH, 1990 [dt.] – J. M. CANDAU MORON, 1992 [span.] – *Lit.*: PLRE III, 1206 – RE XA, 795–841 [F. PASCHOUD] – E. CONDURACHI, Les idées politiques de Z.e, Rivista Classica 13/14, 1941/42, 115–127 – Z. PETRE, La pensée hist. de Z.e, Studii Classice 7, 1965, 263–272 – A. CAMERON, The Date of Z.us' New Hist., Philologus 113, 1969, 106–110 – D. C. SCAVONE, Z.us and his Historical Models, Greek, Roman and Byz. Stud. 11, 1970, 57–67 – W. GOFFART, Z.us, the First Historian of Rome's Fall, American Historical Review 76, 1971, 412–441 – R. T. RIDLEY, Z.us the Historian, BZ 65, 1972, 277–302 – L. CRACCO RUGGINI, Z.o, ossia il rovesciamento delle Storie ecclesiastiche, Augustinianum 16, 1976, 23–36 – F. PASCHOUD, Cinq études sur Z.e, 1976 – HUNGER, Profane Lit., I, 285–291 – K.-H. LEVEN, Zur Polemik des Z. (Fschr. I. OPELT, 1988), 177–197 – P. SPECK, Wie dumm darf Z. sein? Vorschläge zu seiner Neubewertung, Byzslav 52, 1991, 1–14 – F. PASCHOUD, L'impero romano cristiano visto da un pagano: la storia nuova di Z.o (Storici latini e storici greci di età imperiale, 1993), 189–204 – DERS., Z.e et Constantin. Nouvelles controverses, Museum Helveticum 54, 1997, 9–28.

2. Z. v. Panopolis, frühes 4. Jh. nach Chr., Alexandria, Alchemist und Gnostiker. Erster hist. faßbarer Alchemist, der die →Transmutation in verschiedenen, teils direkt technolog.-chem., teils allegorisch beschriebenen Arbeitsprozessen erstrebt. Bezeugt wird er von Kommentatoren (Synesios, Olympiodor) und Historikern (Photios, Synkellos, Suda). Die Verbindung von alchem. Praxis und gnost. Erlösungslehre hat Z. zu einem bes. wichtigen Autor und Gewährsmann in der arab. und dann christl. ma. →Alchemie (mit oder ohne Nennung bzw. Entstellung: v. a. Rosinus) werden lassen, wobei sein Schrifttum vielfach christl. interpoliert worden ist. Die den 'Poimander'- und 'Krater'-Gemeinden und damit dem →Corpus hermeticum nahestehende »Heilige Kunst« des Z. beruft sich ihrerseits auf myth. Alchemisten, wie v. a. Osthanes, Hermes, →Maria Hebraea. Allerdings sind seine technolog. Angaben zu Destillation und →Öfen bzw. Wärmequellen (Kerotakis) durchaus Neuerungen.

In seiner 'Anthroposlehre' (wichtig für die Verbindung Alchemie – Psychologie: C. G. JUNG) gibt er in der Adam-Lapis (→Stein der Weisen)-Analogie ein Vorbild für die ma. Christus-Lapis-Entsprechung und damit für die 'theolog. Alchemie'. Literar. nutzt er die dann später in der Alchemie immer wiederkehrenden Gattungen der Traum-Vision und des Briefes (v. a. an seine 'Seelen'-Schwester Theosebeia). Hss. liegen in griech., syrischer, arab. und lat. Sprache vor, wovon in erneuerungsbedürftiger Ausgabe die griech. von BERTHELOT (1888) z. T. ediert, andere, v. a. das Corpus latinum, noch als Corpus zu bearbeiten sind. Hierauf und auf die Werkinhalte wie Wirkungsgeschichte weist M. PLESSNER (1976) nachdrücklich hin.

G. Jüttner

Ed. und Lit.: BERTHELOT, Coll. [Repr. 1963] – DSB XIV, 1976 [Zosimus; M. PLESSNER; mit Lit.] – F. SH. TAYLOR, The Visions of Z., Ambix, 1937–38, 1, 88–97 – C. G. JUNG, Visionen des Z., Eranos Jb., 1938 – A. J. HOPKINS, Kerotakis, Isis, 1938, 29, 326–354 – C. G. JUNG, Psychologie und Alchemie, 1944, 490–505 – R. P. MULTHAUF, The Origins of Chemistry, 1966, bes. 102–116 – J. READ, Prelude to Chemistry, 1966² – S. MATTON, L'influence de l'Humanisme sur la Tradition Alchimique (Micrologus III [The Crisis of Alchemy], 1995), 279–345.

Zosimus, Papst 417–418, Grieche, unterstützte Bf. Patroclus v. Arles in dessen Bestreben, den Anspruch v. Arles auf das päpstl. Vikariat in Gallien durchzusetzen (→Trophimus). Z. verfolgte damit zugleich das Ziel, seine eigene Autorität in Gallien auszubauen. Zu einem Konflikt mit der nordafrikan. Kirche kam es, als Z. die Verurteilung von Caelestius und →Pelagius (3. P.) zurücknahm. Nach heftigen Reaktionen widerrief er seinen Entschluß und verurteilte Pelagius sowie Caelestius im März 418 erneut. Augustinus kommentierte diese Ereignisse in Sermo 13: »Causa finita est, utinam aliquando finiatur error«, eine Äußerung, die spätere Apologeten Roms in »Roma locuta est, causa finita« tendenziös veränderten.

Ch. Bretscher-Gisiger

Lit.: LThK² X, 1406 – B. SCHIMMELPFENNIG, Das Papsttum: von der Antike bis zur Renaissance, 1996⁴ [Register].

Zoutleeuw, Stadt im östl. Brabant (heut. Belgien), eine der 'sieben guten Städte' des alten Hzm.s →Brabant. Der Ort wird erstmals 980 erwähnt (Leuva). In einer bestehenden Pfarre an der Grenze zum Fürstbm. →Lüttich gründeten die Hzg.e v. Brabant vor 1135 eine Stadt. Sie war in diesem Jahr bereits befestigt; in ihr wohnte eine Anzahl von →Webern. Das Tuchgewerbe (→Textilien, A) wurde ausgebaut (Tuchhalle 1316–17). 1330 wurde eine neue, erweiterte Stadtmauer errichtet.

1213, nach Zerstörung durch die Lütticher, erhielt die Stadt von Hzg. →Heinrich I. (42. H.) wichtige Privilegien, u. a. einen Jahrmarkt. Außerdem wurde der Landverkehr von N nach S und die Schiffahrt auf der kleinen Gete obligatorisch über die Stadt umgeleitet (→Stapel).

Mit Ausnahme der Jahre 1302–07 und 1371–83 lagen Stadtverwaltung und Rechtsprechung vollständig in den Händen einer geschlossenen erbl. Elite (→Patriziat, II), aus

der die sieben→Schöffen (die nach dem Recht v. →Löwen richteten), die →Geschworenen (erwähnt 1213) und die →Bürgermeister erwählt wurden. Erst 1477 wurde die Stadtverwaltung in ein demokratischeres System transformiert. 1437 lebten 797, 1472 668 und 1496 470 Familien in Z. Das Tuchgewerbe war im 15. Jh. stark zurückgegangen. Die Stadt lebte hauptsächl. von Handel und Durchgangsverkehr. Als am weitesten landeinwärts gelegener Flußhafen des Einzugsgebiets der →Schelde zog Z. Gewinn aus dem transkontinentalen Handel zw. Rheinland und →Nordsee. – Die roman.-got. Kapitelkirche (mit reichem ma. Kunstschatz) zeugt vom relativen Wohlstand der Stadt. R. van Uytven

Lit.: P. V. Bets, Z. Beschrijving, Geschiedenis, Instellingen, 1887, 2 T.e.

Zucker, -rohr

I. Gewinnung – II. Verbreitung – III. Verwendung.

I. Gewinnung: Die Produktion von Rohrz. (Gewinnung von Z. aus anderen Pflanzen, bes. der Z.rübe, begegnet erst in der NZ) verbreitete sich über die Mittelmeerwelt (→Mittelmeerhandel, →Levantehandel) im Gefolge der Ausbreitung des →Islam und erreichte am Vorabend der span. und ptg. Expansion im Westen (→Expansion, europ.) im späten 15. Jh. die →Atlant. Inseln. Die wirtschaftl. Bedeutung des Z.s lag keineswegs nur in seiner weiten Verbreitung als Handelsgut, sondern ebenso in der Organisation der Z.produktion (Raffinerien; →Manufaktur), die eine beachtl. Kapitalinvestition erforderte, um die notwendigen Arbeitskräfte, den hohen Brennstoffbedarf und die hochentwickelten Maschinen zum Mahlen und Sieden des Rohrz.s bereitzustellen. Die Verarbeitung von Z.rohr zu »Kuchen« aus pulverisiertem Z. unter Gewinnung von Nebenprodukten (bes. Melasse) umfaßte eine Reihe spezialisierter Arbeitsgänge: in Mühlen (→Mühle, III, 8) Zerquetschen des Z.rohrs (Bagasse), Auspressen der Flüssigkeit, Sieden des so gewonnenen Flüssigz.s, Herstellung eines Fertigprodukts von unterschiedl. Graden der Reinheit und Feinheit. Anbau und Verarbeitung von Z. sind als Vorläufer des nz. Kapitalismus, als wichtiger Faktor für Entstehung oder Wiederbelebung der Sklaverei (→Sklave, A. IV) und als Prototyp der kolonialen Wirtschaft angesehen worden.

II. Verbreitung: [1] *Islamische Welt:* Z.rohr gilt als eine auf Inseln des Pazifiks (bes. Neuguinea) beheimatete Nutzpflanze; das klass. Altertum kannte Z. kaum. In Indien war Z. dagegen seit dem 4. Jh. n. Chr. recht verbreitet, wenn auch die Herstellung von Fein- und Kristallz. nur in begrenztem Umfang erfolgte und wohl der Konsum von konzentriertem →Sirup, der unmittelbar aus dem Saft des Z.rohrs gewonnen wurde, vorherrschte. Der Anbau von Z.rohr in Persien begann wohl kurze Zeit vor der muslim. Eroberung des Iran. Arab. Autoren des 10.–12. Jh. belegen die weite Verbreitung des Z.s in der islam. Welt bis in die Zeit der Mongoleneinfälle.

Das Eindringen des Z.rohrs in den Mittelmeerraum wird traditionell mit der arab. Eroberung in Verbindung gebracht, obwohl Watson darlegt, daß Arabien selbst keine Anbauregion für Z.rohr war. Doch kamen im Gefolge der muslim. Eroberer zahlreiche geschickte Handwerker, die Z. zu verarbeiten verstanden, in die eroberten Mittelmeerländer; Jakob v. Edessa bezeugt, daß in Syrien bereits um 700 eine (bis ins 15. Jh. fortdauernde) Z.produktion bestand. Seit dem 8. Jh. entwickelte sich in Ägypten dank der Initiative der Provinzstatthalter zur Errichtung neuer Agrarkolonien eine lebhafte Z.produktion, die im 12.–14. Jh. den westeurop. Markt mit Z.sorten verschiedener Qualitätsstufen belieferte. Von Vorteil war, daß Z.rohr auch auf versalzten Böden, die für den Getreideanbau weitgehend ungeeignet waren, gedieh. In Ägypten wurden die Z.rohrkulturen in auskömml. Weise bewässert (→Bewässerung), wohingegen die Versorgung der Z.raffinerien mit Brennholz weithin im dunkeln liegt; möglicherweise wurde Holz geliefert von genues. Kaufleuten, die bereits zu einem frühen Zeitpunkt (1156) als Abnehmer von Z. im ö. Mittelmeerraum auftraten. Im SpätMA gewann Zypern mit seiner exportorientierten Z.produktion eine bedeutende Position. Im w. Mittelmeerbereich war Marokko (→Afrika, II) ein wichtiger Z.produzent; der 'Çoukar de Marrok' ist im frühen 14. Jh. sogar in England (Durham) belegt, wobei das Gebiet um →Ceuta eine zentrale Produktionszone bildete. Der Bericht →Ibn Ḥauqals über das Palermo des 10. Jh. bietet wenn auch lückenhafte Hinweise auf lokale Z.produktion in Sizilien; diese hatte damals aber wohl nur sehr geringen Umfang.

Wesentl. erfolgreicher war die Einführung der Z.gewinnung im muslim. Spanien (→al-Andalus), die dem Omayyaden ʿAbdarraḥmān I., der 756 im muslim. Spanien die Macht übernahm, zugeschrieben wird. Der agronom. Traktat des Ibn al-ʿAnwām behandelt verschiedene Techniken der Z.verarbeitung und legt nahe, daß die Region um→Granada bereits zum wichtigen Zentrum der Z.produktion geworden war; diese Rolle sollte sie bis zur christl. →Reconquista v. 1492 spielen, wobei genues., toskan. und katal. Kaufleute hier sowie in →Málaga und →Almería aktiv im Z.geschäft engagiert waren. Z.rohranbau um →Valencia markiert eine n. Ausdehnung des Wirtschaftszweiges im SpätMA. Um 1460 beteiligte sich hier die Gr. →Ravensburger Handelsgesellschaft an Bestrebungen zur Erweiterung der Anbauflächen für Z.-rohr. Versuche, das Z.rohr auch in kühleren Klimazonen (etwa in Katalonien) zu kultivieren, schlugen fehl.

[2] *Östlicher Mittelmeerraum:* Kenntnis und Konsum des Z.s verbreiteten sich in West- und Mitteleuropa nur langsam. Im frühen und hohen MA wurden Nahrungsmittel offensichtl. vorwiegend mit →Honig gesüßt. Die frühen →Kreuzzüge brachten die europ. Ritter in Kontakt mit dem Z. Nach der Eroberung des Hl. Landes erhielten Kreuzfahrer Besitzungen mit großen Z.rohrkulturen, v. a. in der Region v. →Tyrus (hier unterhielten die Venezianer acht gutbewässerte Z.plantagen). Auch die →Johanniter ließen auf ihren Besitzungen um→Tripoli Z.rohr anpflanzen. Trotz des großen Rufs des levantin. Z.s trat im 15. Jh. ein Verfall der Produktion ein, der durch die türk. Okkupation nach 1500 besiegelt wurde.

Unter den zuckerproduzierenden Gebieten der Levante, die diesseits der muslim. Welt lagen, sind v. a. →Kreta und →Zypern zu nennen. Auf beiden Inseln hatte das Interesse der it. Kaufleute entscheidende Bedeutung für den Aufschwung der Z.gewinnung. Bemühungen, die lokale Z.herstellung zu schützen, können in Kreta bis ins mittlere 14. und 15. Jh. zurückverfolgt werden. Noch größere Erfolge erzielte die Z.fabrikation in Zypern, die nach dem Fall der Kreuzfahrerstaaten in Syrien eine starke Belebung erfuhr. Das Interesse der Johanniter und der Venezianer war über lange Zeit dominierend; Kaufleute aus Genua betrieben bereits sehr früh, um 1300, Z.handel. Die venl. Familie →Cornaro kontrollierte in Zypern das Gebiet um Episkopi und begründete ihr immenses Vermögen und ihre polit. Machtposition durch das Z.geschäft. Um die Mitte des 15. Jh. begann die Z.produktion aber bereits abzuebben, und die Johanniter verloren ihr Interesse an diesem Geschäftszweig. Zw. der Mitte des 14.

und der Mitte des 15. Jh. hatte Zypern als ertragreichste Z. insel des Mittelmeerraumes fungiert.

[3] *Sizilien:* Die Entwicklung der Z. fabrikation in Sizilien vollzog sich offenbar in Sprüngen. Die islam. Z. produktion lebte zwar wohl in der Normannenzeit fort, beschränkte sich aber im wesentl. auf eine kleindimensionierte Z. herstellung in den Gärten v. →Palermo. Mit TRASSELLI muß angenommen werden, daß die Z. produktion sehr gering war und daß die Nennung von Z. in genues. Handelsdokumenten im allg. auf Z., der in Ägypten oder anderen ö. Ländern, nicht aber in Sizilien produziert wurde, hinweist. 1239 war Friedrich II. vom Niedergang des Z. rohranbaus so stark betroffen, daß er die Weisung erteilte, Fachleute aus dem Kgr. Jerusalem zur Neubelebung der Z. fabrikation anzuwerben. Trotz einiger Belege für eine schwache Kontinuität erfuhr die siz. Z. produktion ihren Aufschwung erst nach 1350, zunächst mit Unterstützung von örtl. patriz. Investoren. Da Palermo der Belastung seiner Wasser- und Holzreserven auf Dauer nicht gewachsen war, vollzog sich seit ca. 1440 eine stärkere Dezentralisierung des Z. rohranbaus, der nun größere Teile der Insel erfaßte. 1452 dehnte Kg. Alfons v. Aragón die vorher nur in Palermo erhobene Z. steuer auf andere Gebiete der Insel aus. Im frühen 15. Jh. begannen lokale Grundherrn, in beträchtl. Umfang in den Anbau von Z. rohr zu investieren. Die Z. fabrikation ermöglichte die gewinnbringende Nutzung der freigesetzten saisonalen Arbeitskraft in Perioden des Jahres, in denen andere landwirtschaftl. Tätigkeiten ganz oder teilweise ruhten. Doch geriet die Z. produkion im späten 15. Jh. in eine Krise. Die Ursache lag vielleicht in einer zu starken Besteuerung eines Gewerbes, dessen Erträge von der siz. Monarchie nur allzusehr als fiskal. Potential erkannt worden waren. Manchmal wurde die siz. Z. fabrikation als frühes Beispiel einer kolonialen Produktion, dominiert von fremden Interessen, gesehen; demgegenüber hebt EPSTEIN die starke Rolle lokaler Investoren hervor und bestreitet, daß die Z. produktion in Sizilien von auswärtigen Kaufleuten beherrscht wurde.

[4] *Atlantische Inseln:* Der Verfall der mediterranen Z. produktion kann auch dem Aufschwung der von Portugiesen und Kastiliern auf den subtrop. Atlantikinseln (Kanar. Inseln, Madeira) im 15. Jh. begründeten Z. verarbeitung zugeschrieben werden; dies verringerte die Abhängigkeit des europ. Marktes von ö. Bezugsquellen, in einer Zeit, in der die Länder des Ostmittelmeerraumes vom Vordringen der →Osmanen bedroht waren. Bereits 1425 ließ →Heinrich 'der Seefahrer' (25. H.) Z. rohrpflanzen auf die neuentdeckte, unbesiedelte Insel Madeira bringen und etablierte hier eine auf freier Arbeit beruhende Z. produktion. Um die Mitte des 15. Jh. konnte ein einzelner genues. Landbesitzer jährl. 20000 *arrobas* (285 t) erzeugen. 1456 hatte der Z. aus Madeira England erreicht, 1471 Florenz; die Gr. Ravensburger Handelsgesellschaft und die Augsburger →Welser stiegen ins Z. geschäft ein. 1496 wurde die Ausfuhr mit der zwar immer noch hohe Menge von 120000 *arrobas* (1700 t) reduziert; diese teilte sich auf zw. Flandern, Italien, →Chios (→Ma[h]ona) und England. Auch andere Kolonialgebiete der Portugiesen lieferten nun Z. (1500: die Azoren 2000, die Kapverd. Inseln 4000, Madeira 70000 *arrobas*). Auf den Kanar. Inseln bedurfte die Etablierung des Z. rohranbaus einer längeren Anlaufphase. Q. nbelege (ab 1487) weisen auf beachtl. Mengen von produziertem Z. hin; für Gran Canaria sind zu 1494 Z. rohranbaugebiete bezeugt. 1493 nahm →Kolumbus Z. rohrpflanzen aus La Gomera (Kanar. Inseln) nach La Española (Haiti) mit, doch es bedurfte zur Einführung der Z. produktion in der Karibik noch mehrerer Anläufe.

III. VERWENDUNG: Geschmack und Küchengewohnheiten (→Ernährung, →Kochbücher) änderten sich im Laufe des MA. War der Z. zunächst ein seltenes →Gewürz gewesen, so wurde er am spätma. Höfen, bes. in England, zum grundlegenden Bestandteil der 'haute cuisine' und diente u. a. zur Bereitung des charakterist. Gerichts 'Blancmanger'. Den hohen Mengen an Z., die von England importiert wurden, stand im Mittelmeerraum ein lebhafter Handel mit Z. waren gegenüber. Zwar ist zweifelhaft, ob das Marzipan aus Sizilien und Spanien auf ma. Ursprünge zurückgeht, doch wird von →Pegolotti die Bedeutung des Handels mit Sirup und abgepackten Süßwaren aus der Levante bezeugt. Darüber hinaus verbreitete sich die med. und pharm. Verwendung von Z., der auch als Konservierungsmittel diente (→conditum). Um 1500 hatte sich der Z. als begehrtestes Süßungsmittel in den mittleren und oberen Gesellschaftsschichten in vollem Maße durchgesetzt und den Honig definitiv ins zweite Glied abgedrängt. D. Abulafia

Lit.: E. v. LIPPMANN, Gesch. des Z. s, 1929² – N. DEERR, History of Sugar, 2 Bde, 1949–50 – V. RAU–J. DE MACEDO, O Açúcar da Madeira nos fins do século XV, 1962 – E. ASHTOR, Levantine Sugar Industry, Israel Oriental Studies 7, 1977, 226–280 – C. TRASSELLI, Storia dello Zucchero siciliano, 1982 – A. WATSON, Agricultural Innovation in the Early Islamic World, 1983 – S. W. MINTZ, Sweetness and Power, 1985 – R. CARITA, Hist. da Madeira (1420–1566). Povoamento e produção açucareira, 1989 – S. R. EPSTEIN, An Island for Itself, 1992 – M. MONTANARI, Der Hunger und der Überfluß, 1993 – J. MARINHO DOS SANTOS, Os Açores nos sécs. XV e XVI, o. J.

Zufall (griech.: συμβεβεκός, τύχη, αὐτόματον, lat.: accidens, contingens, casus; arab.: *azzahar* [Würfel]) wird im MA immer im Zusammenhang mit den Begriffen Akzidens, →Kontingenz oder Schicksal bzw. →Vorsehung behandelt. Z. selbst wird dabei zumeist in den Bestimmungen von Platon oder Aristoteles übernommen. Mit Z. wird eine Tatsache oder ein Geschehen bezeichnet, die bzw. das von keiner Vorgegebenheit ableitbar und in einem ablaufenden Prozeß nur als Ausnahme zu bewerten ist, jedoch eine neue Kausalkette anstoßen kann. Er ist scheinbar oder tatsächlich jeder kausalen oder finalen Notwendigkeit entzogen.

Der Begriff Z. läßt sich durch drei Gegensatzpaare fassen: 1. Z. als das Akzidentelle gegenüber dem Substantiellen; dabei sind die einem Wesen nicht notwendig zukommenden Eigenschaften gemeint; 2. Z. als das Kontingente, das sein und nicht sein kann; dabei steht er demjenigen gegenüber, das notwendig – ohne weitere Ursache – existiert (z. B. Gott oder Ideen); 3. Z. als Gegensatz zu dem, das aufgrund von Ursachen geschieht, und zwar entweder von Natur aus oder durch eigene bewußte Absicht (causa per accidens, vgl. Aristoteles: Physik B 5, 197a 5f); dabei sind absoluter Z. (ohne Eigengesetzlichkeit) und relativer Z. (causa per se, mit Eigengesetzlichkeit) zu unterscheiden; vgl. die Bestimmung bei Boethius: »casum esse inopinatum ex confluentibus causis ... eventum« (De consol. philosoph. V). Fraglich ist, ob es Z., bes. den absoluten Z., überhaupt geben kann, oder ob er nur aufgrund menschl. Unkenntnis der Ursachen angenommen wird bzw. eine für die menschl. Vernunft undurchschaubare Ursache ist (vgl. Aristoteles: Physik B 4, 196b 5f).

Bei Platon ist alles Seiende durch die göttl. Rationalität (νοῦς, κόσμος) bestimmt (Phil. 26e–31b, Nomoi X, 885a–899d). Im Schöpfungsakt führt Gott alles »zur Ordnung aus Unordnung« (τάξις, ἀταξία; Tim. 30a), so daß

alles für uns sichtbare Sein das Ergebnis einer »Bestimmung des Unbestimmten« (πέρας, ἄπειρον; Phil. 23c–31b) ist. Das Zufällige bleibt für Platon der göttl. Rationalität vollkommen untergeordnet; es stellt gleichsam einen durch das ἄπειρον bedingten 'Rest' gegenüber der göttl. Ordnung dar.

Aristoteles nennt Z. (συμβεβηκός) das, was nicht durch Zwecktätigkeit geschehen ist, jedoch hätte bezweckt sein können. Er unterscheidet den Begriff »Schicksal« (τύχη), der sich auf menschl. Handlungen bezieht (Physik B 5, 197a 5f), von dem allgemein gefaßten αὐτόματον (Physik B 6, 197a 5f). Z. ist somit neben der bzw. wider die Natur (παρὰ φύσιν; Physik B 7, 197b 34) und ebenso Neben- bzw. Widervernünftiges (παράλογον; Anal. Post. A 30, 87b 19–27). Z. ist in bezug auf den Begriff die Nebenbestimmung, in bezug auf die Wissenschaft das nur im Einzelfall Gültige.

Die Kirchenväter stellen dem Fatalismus bzw. der Schicksalsgläubigkeit die Wirkmächtigkeit Gottes in der Geschichte entgegen und entwickeln so – z. T. mit Rückgriff auf stoische Begrifflichkeit – die Lehre von der göttl. →Vorsehung (πρόνοια). Als Stationen können genannt werden: Hermas (Vis. I 3,4; III 4,1), Clemens v. Rom (1 Clem 20,8; 24,5), Augustinus (De civ. Dei I, Prolog; V 9), das Vier-Ursachen-Schema des Thierry v. Chartres, Anselm v. Canterbury (Cur deus homo) und Hugo v. St. Victor (De sacramentis I). Nach Thomas v. Aquin handelt Gott immer zielstrebig (S. th. I 22,1); sowohl Z. als auch Schicksal gibt es nicht für Gott (S. th. I 22,2), sondern nur im Denken des Menschen. W. Rottenecker

Lit.: W. WINDELBAND, Die Lehren vom Z., 1870 – L. SCHEFFCZYK, Schöpfung und Vorsehung (HDG II, 2a), 1963 – H. WEISS, Kausalität und Z. in der Philosophie des Aristoteles, 1967 – A. GANOCZY, Chaos-Z.-Schöpfungsglaube, 1995 – M. HOFFMANN, Die Entstehung von Ordnung. Zur Bestimmung von Sein, Erkennen und Handeln in der späteren Philos. Platons, 1996.

Zug, zentralschweiz. Stadt am Zugersee, gegr. um 1200 von den Gf.en v. →Kiburg (1242 oppidum, 1319 universitas). Auch mit der Erweiterung der Zwergstadt mit ca. 350 Einw. auf ca. 2 ha vor 1266 wurden weder die Burg Z. noch die Pfarrkirche am Zugerberg (St. Michael) baul. einbezogen. Z. gelangte 1273 an die →Habsburger, die 1278 auch das Hochgericht im Amt (Landgemeinden des 'Äußeren Amts' und Ägeri) besaßen. Der kgl. Hof in Cham gehörte seit 858 der Fraumünsterabtei in →Zürich, die wie →Einsiedeln auch Rechte im Ägerital besaß. Begütert waren im Amt Z. auch die Kl. →Schänis, Kappel, →Engelberg, →Muri, →St. Blasien, ab 1240 Frauenthal, ferner auch die lokalen Herren v. Hünenberg. 1352 wurde das habsbg. Z. von eidgenöss. Truppen belagert (laut →Matthias v. Neuenburg [6. M.] mit Wurfmaschinen) und eingenommen. Stadt und Amt wurden in das eidgenöss. Bündnissystem eingegliedert (→Eidgenossenschaft, Schweiz., II), vorübergehend aber wieder habsbg., dann fakt. Protektorat von →Schwyz. 1379 bekamen Stadt und Amt Z. kgl. Privilegien, 1415 die →Reichsunmittelbarkeit, und zwar gemeinsam, nachdem 1404 der Konflikt wegen des alleinigen Erwerbs des Blutbanns durch die Stadt mit eidgenöss. Intervention beigelegt worden war. Das Städtchen Z. – 1435 versank ca. ein Drittel der Bauten im See – war Umschlagplatz auf dem Handelsweg Zürich–Luzern(–Gotthard) und erhielt 1359 Zoll und Niederlagsrecht (→Spel). Th. Meier

Q. und Lit.: Q.werk zur Entstehung der Schweizer. Eidgenossenschaft, 1933ff. – UB von Stadt und Amt Z., 1964 – E. GRUBER, Gesch. des Kantons Z., 1968 – Zugerland. Ein Heimatbuch, 1983².

Zügel, Teil der Zäumung (→Zaumzeug)/→Schirrung, die Verbindung zw. dem Gebiß und der →Kandare mit den Händen des Reiters oder Wagenlenkers. In der Regel aus Leder gefertigt, waren die Z. bei →Turnieren und Prunkveranstaltungen reich geschmückt und verziert. Kampfrösser waren ab dem 14. Jh. meist mit doppeltem Z. ausgestattet, wobei der zweite nur gebraucht wurde, wenn der andere riß. D. Hägermann

Lit.: M. JÄHNS, Ross und Reiter in Leben und Sprache (Glauben und Gesch. der Deutschen, II, 1872), 135 – C.-H. TAVARD, Sattel und Zaumzeug (Das Pferdegeschirr in Vergangenheit und Gegenwart, 1975), 65f. – Zaum, Sporn und Steigbügel (Die Reitausrüstung und ihre Kulturgesch. [Ausstellungskat.], hg. Dt. Pferdemus., 1996) – A. GELBHAAR, Ma. und frühnz. Reit- und Fahrzubehör aus dem Besitz der Kunstslg.en der Veste Coburg (Documenta Hippologica) [Diss. Bamberg 1997], 169.

Zugewandte Orte → Eidgenossenschaft, Schweizerische, V

Zugriemen → Schirrung

Zugtiere (Zugvieh). Als Zugvieh des MA bis weit in die NZ hinein sind in erzählenden, ikonograph. Q.n und archäolog. Zeugnissen v. a. →Rind, →Pferd und Maultier (→Saumtiere) bezeugt. Das »klass.« Zugtier des MA und bereits der Antike ist der Ochse, der im Gespann bis zu sechs Tieren mittels Stirn- bzw. Widerristjoch den zwei- oder vierrädrigen Karren bzw. den Beet- oder Räderpflug zog, weshalb bereits in der karol. Krongüterordnung (→Capitulare de villis) neben den Kuhherden die »Carrucae«, die »Räderpflugzieher« (Ochsen), gesondert aufgeführt werden. Im engl. →Domesday Book (1086) gilt der »Ochsenpflug« gar als Maßeinheit von Ackerland (→Carucata). Nach dem gegen 1080 verfertigten Teppich v. Bayeux wurden auch Maultiere zum Pflügen eingesetzt, während in den gleichen Bildq. das Pferd bezeichnenderweise die leichtere hölzerne Egge zum Zerkrümeln der Erde zieht, von älteren ahd. Q.n daher als »Egidari« bezeichnet. Das Pferd gehört wesentl. der adlig-ritterl. Kultur als Reittier und Kampfgefährte an und gewinnt erst im Laufe des SpätMA – trotz der Bedenken z.B. von →Walter of Henley – an Bedeutung als Zugtier. Die Zucht kräftigerer und temporierter Rassen und der Einsatz des gepolsterten Halskragens, des →Kum(m)ets und nicht zuletzt des Hufeisens gestattete den Einsatz des Pferdes vor Pflug bzw. Wagen mit entsprechenden Zugvorrichtungen (Drehschemel, Ortscheid, →Schirrung), womit Arbeitsintensität und Tempo erhebl. erhöht werden konnten. Als frühester Bildnachweis dieses Einsatzes gilt der flandr. »Vieux Rentier« aus der Mitte des 13. Jh.
D. Hägermann

Lit.: D. HÄGERMANN–H. SCHNEIDER, Landbau und Handwerk (Propyläen Technik Gesch., hg. W. KÖNIG, I, 1991), 397ff.

az-Zuhrī, Abū Bakr ᶜAbdallāh M. b. Abī Bakr, Geograph in →Almería; Lebensdaten weithin unbekannt: sicher ist, daß az-Z. 1137 bereits erwachsen war und zw. 1154 und 1161 gestorben ist. Er ist Autor eines ausführl. Kommentars zu einer Mappamundi (→Karte, Kartographie; →Geographie, I), den der Kalif al-Maʾmūn (786–833) angeblich von einer Gruppe von 70 irak. Gelehrten hatte erstellen lassen sowie von einem gewissen al-Fazārī (vielleicht Abū ᶜAbdallāh Muḥammad ibn Ibrāhīm, in Bagdad an der Wende vom 8. zum 9. Jh.). H.-R. Singer

Q.: M. HADJ-SADOQ, Kitāb al-Djaᶜrāfiyya. Mappemonde du calife al-Maʾmūn repr. par Fazārī (IIIᵉ/IXᵉs.), rééd. et comm. par Z. (VIᵉ/XIIᵉs.), Textes arabe établi avec introd. en français..., BEO 21, 1968, 7–312 – Übers. v. D. BRAMÓN, El Mundo en el siglo XII. Estudio de la versión castellana y del »Original« Árabe de una geografía universal:

»El tratado de al-Z.«, hg. SABADELL, o. J. – M. KROPP, »Kitāb al-Bad' wa-t-ta' rīḫ« von Abū-l-Hasan ʿAlī b. Aḥmad b. ʿAlī b. Aḥmad aš-Šāwī al-Fāsī und sein Verhältnis zu dem »Kitāb al-Ǧaʿrāfiyya« von az-Z., Proceedings IX Congr. U.E.A.I. Leiden, 1981, 153–168.

Zuidersee (ndl. Zuiderzee), große Nordseebucht, deren Küstengebiet zu den Territorien der Gf.en v. →Holland, Gf.en/Hzg.e v. →Geldern, Fsbf.e v. →Utrecht (Overijssel) und zu →Friesland gehörte; das 1932 durch den Abschlußdeich von der offenen →Nordsee abgeschnürte, durch Einpolderungen stark verkleinerte Gewässer trägt seitdem den Namen *IJsselmeer*. – Die Z. entstand um 800, als die geschlossene Nordseeküste durchbrochen wurde und eine Verbindung mit der kleineren Bucht 'Almere' (damals auch 'Flevo' genannt) entstand. Der Wasserstand des Almere sank, der Einfluß der Gezeiten drang weit ins Binnenland vor. Die verbesserte Entwässerung ermöglichte die Urbarmachung der umliegenden Hochmoore.

Bis ins 19. Jh. breitete sich die Z. immer mehr aus. Entscheidende Ursache für das Wachstum der Bucht, die (z.T. infolge starker Süßwasserzufuhr der Flüsse IJssel und Vechte) Brackwasser führte, waren nicht so sehr die großen Sturmfluten (Liste bei M. K. E. GOTTSCHALK), trotz der durch sie verursachten hohen Menschenverluste (vgl. die ma. Chronisten, z. B. →Emo v. Huizinge), sondern stärker der ständige Angriff der Wellen, der zur Erosion der flachen Uferzonen und Torfmoore führte; bei Sturmfluten stürzten die unterspülten Ufer oft ein. Infolge der Maßnahmen zur Entwässerung und Einpolderung (→Deich-und Dammbau, II. 2; →Wasser, B. II. 2) sank der Grundwasserstand in den Hochmooren um etwa 1 m pro Jahrhundert (Oxydation), was die Hochwassergefahr stark erhöhte. Infolge dieser ökolog. Entwicklung blieben im sö. Bereich der Z. nur die Inseln Schokland und Urk als Reste der einst besiedelten Küstenzonen erhalten.

Die Z. entwickelte sich zu einem wichtigen Handelsweg. Das karol. →Emporium *Medemblik* kontrollierte dank seiner günstigen Lage am Westufer der Z. im Früh-MA den Transithandel zw. dem südl. Europa und den fries. und skand. Gebieten (→Friesenhandel). Ab etwa 1200 übernahmen die nahe dem Ostufer gelegenen IJsselstädte (→Deventer, →Kampen, →Zwolle u. a.), die zumeist mit der →Hanse verbunden waren, diese Mittlerfunktion, ab ca. 1400 dann →Amsterdam am Westufer. Heftige Stürme führten oft zu Schiffbruch; in den im 20. Jh. trockengelegten Böden der Z. wurden bislang ca. 70 gesunkene Schiffe (darunter mehrere →Koggen) ausgegraben.
P. van Dam

Lit.: M. K. E. GOTTSCHALK, Stormvloeden en rivieroverstromingen in Nederland, 3 Tl. e, 1971–77 – G. BORGER, Draining – Digging – Dredging. New Landscape in the Peat Areas of the Low Countries (Fens and Bogs in the Netherlands, hg. A. VERHOEVEN, 1992), 131–171 – G. L. VAN DE VEN, Man-made Lowlands. Hist. of Water Management and Land Reclamation in the Netherlands, 1993.

Zülpich, Stadt in Nordrhein-Westfalen. Das röm. Tolbiacum, ursprgl. eine offene Marktsiedlung und Benefiziarierstation, wurde wahrscheinl. im 4. Jh. befestigt. Die röm. Mauern der 507 (Schlacht bei Z.) als oppidum und 531 als civitas bezeichneten Siedlung standen damals noch. In frk. Zeit (fünf Gräberfelder) war Z. Pfalz und Vorort des gleichnamigen Gaus. Nach der Zerstörung durch die Normannen (881) verlor das castrum seine Bedeutung. Nach dem Wiederaufbau wurde es 925 als »olim civitas« bezeichnet. Von 1124 (erster civitas-Beleg) bis zum ausgehenden 13. Jh. (Stadtbefestigung 1271, erste Stadtmauer 1275/78 mit Burgenbau) erstreckte sich der Stadtwerdungsprozeß. Stadtherr war der Kölner Ebf., auf einen Teil (Palenz) erhob Jülich Ansprüche. Im SpätMA zw. beiden Territorien umstritten, war Z. 1299–1376 und 1473–1512 an Jülich verpfändet. Z. hatte drei Pfarreien (St. Petrus, St. Marien und St. Martin), ein breit gestreutes Gewerbe (acht Zünfte) und eine eigene Stadtregierung (Schöffen und Rat), doch besaß der ebfl. Amtmann eine starke Stellung.
W. Herborn

Lit.: Z., bearb. K. FLINK (Rhein. Städteatlas, Lief. I, Nr. 5, 1972) – Stadt Z., bearb. H. HERZOG–N. NUSSBAUM, 1988 [ältere Lit.].

Zündeisen, auch Glut- oder Loseisen, wurden vor der Verwendung der →Lunte zum Zünden von Feuerwaffen benutzt. Der rechtwinklig abgebogene vordere Teil einer 40 bis 60 cm langen, etwa fingerdicken Eisenstange wurde in einer Feuerpfanne mit Kohlenfeuer glühend gemacht und anschließend vom Schützen mit freier Hand zu dem mit →Zündpulver beschütteten Zündloch der geladenen Büchse geführt.
E. Gabriel

Lit.: M. THIERBACH, Die geschichtl. Entwicklung der Handfeuerwaffen, 1886 – V. SCHMIDTCHEN, Bombarden, Befestigungen, Büchsenmeister, 1977.

Zunder, zu Pulver gestoßener →Zündschwamm. Er wurde zur Herstellung von Feuerwerkskörpern verwendet.
E. Gabriel

Lit.: W. HASSENSTEIN, Das Feuerwerkbuch von 1420, 1941.

Zündpulver, auch Zündkraut, wurde zur Zündung der Treibladung einer Feuerwaffe verwendet. Es hatte dieselbe Zusammensetzung wie das Schießpulver, durch seine feinere Körnung war es jedoch leichter entflammbar und erleichterte durch seine größere Rieselfreudigkeit das Befüllen des in das Laufinnere der Büchse führenden Zündkanals durch das Zündloch.
E. Gabriel

Lit.: M. THIERBACH, Die geschichtl. Entwicklung der Handfeuerwaffen, 1886 – B. RATHGEN, Das Geschütz im MA, 1928 – W. HASSENSTEIN, Das Feuerwerkbuch von 1420, 1941.

Zündschwamm, auch Feuerschwamm, hatte dieselben Eigenschaften wie eine →Lunte, wurde aber vornehml. zum Zünden von Feuerwerkskörpern verwendet. Nach C. SIMIENOWICZ gewann man Z., indem man auf alten Bäumen wachsende Schwämme (Polyporum fomentarius) trocknete, in Streifen schnitt, diese weich klopfte und anschließend in einer Salpeterlösung kochte. Wieder getrocknet, sollen sie »etliche Stunden lang ohn allen Rauch und Gestanck« gebrannt haben.
E. Gabriel

Lit.: C. SIMIENOWICZ, Vollkommene Geschütz-Feuerwerck- und Büchsenmeisterey-Kunst, Franckfurt am Mayn 1676.

Zunft, -wesen, -recht
A. Westen – B. Byzanz, Südosteuropa, Rus' – C. Osmanen

A. Westen
I. Allgemein und deutscher Bereich – II. Alte Niederlande – III. Italien – IV. Frankreich – V. England – VI. Schottland – VII. Iberische Halbinsel – VIII. Skandinavien – IX. Ostmitteleuropa.

I. ALLGEMEIN UND DEUTSCHER BEREICH: [1] *Begrifflichkeit:* Der mit dem Verb *ziemen* (ahd. *zeman*, mhd. *zemen*) verwandte Begriff 'Z.' ist im Sinne von 'Übereinkommen', 'Ordnung', nach der eine Gesellschaftsgruppe, bes. von Handwerkern, lebte, verwendet worden. Er findet sich bereits in der Übersetzung der →Regula Benedicti 8. Jh. für das lat. Wort conventus. Einen frühen, mit Bezug auf eine handwerkl. Vereinigung überlieferten Beleg bietet die Urk. für die Kürschner von Basel v. 1226, in der von der »confraternia eorum, quod in vulgari dicitur zunft« die Rede ist. Von der Sache her ist die Verleihung des Z. rechtes an die Kölner Bettlakenweber durch das Schöffenkolleg vom Jahre 1149 als der Beginn einer neuen »bürgerlichen« Entwicklung zu betrachten. Der Begriff 'Z.' ist auf den dt. Sprachraum beschränkt. Er hat seinen Ursprung im alem. und süddt. Raum und ist erst spät in N-

Dtl. gebräuchl. geworden. Dabei kam die wissenschaftssprachl. Übereinkunft, den Begriff 'Z.' auf Handwerker und den der →'Gilde' auf Kaufleute anzuwenden, verstärkend zum Tragen. Das Begriffsspektrum reicht von →Amt, →Bruderschaft, →Einung, Gaffel über Gilde, →Handwerk, →Hanse, Innung bis zu Kerze, Werk/→Gewerk, →Zeche, wobei die geogr. Zuordnungen und die inhaltl. Akzentuierungen zu beachten sind.

[2] *Entstehung:* Die in der 2. Hälfte des 19. Jh. und um die Jh.wende heftig geführte Diskussion um die Entstehungsfrage führte auf der einen Seite zu einem hofrechtl. und auf der anderen Seite zu einem genossenschaftl.-freien Erklärungsansatz. Während K. W. Nitzsch und abgeschwächt auch G. Schmoller, G. Seeliger und R. Eberstadt der Ansicht waren, daß erst nach einem längeren Prozeß der Loslösung aus hofrechtl. Bindungen die Handwerker unter Anknüpfung an ältere Organisationsformen eine weitgehend unabhängige und freie Stellung erlangt hätten, vertraten G. v. Below und F. Keutgen so entschieden die Theorie der genossenschaftl.-freien Entfaltung, daß sie allg. Anerkennung fand. Die damit verbundene Vorstellung freilich, daß nur die nachgeordneten Handwerker und Bediensteten nach dem Hofrecht, die am Markt orientierten Gewerbetreibenden jedoch auch persönl. frei gewesen seien, die wirtschaftl. Selbständigkeit also von vornherein auch den persönl. Status bedingt habe, erweist sich, wie es am Beispiel der wirtschaftl. herausgehobenen Gruppe der Kammerhandwerker (Wechslerhausgenossen und Kürschner) erkennbar ist, als anachronist., weil sie Zustände und Rechtsvorstellungen, die frühestens um 1200 Gültigkeit erlangt haben, auf das 11. Jh. zurückprojiziert. Außerdem muß in dieser Diskussion stärker unterschieden werden zw. der oft in einem langen Prozeß erfolgten Abstreifung persönl. Bindungen und der institutionellen Seite der Gewerbeorganisation. Sie ist für die Stadt des HochMA nicht im Rahmen der Grundherrschaft und ihrer Wirtschaftsorganisation erfolgt, sondern vom Bf. als Markt- und Stadtherrn zur Regelung und Kontrolle des Marktverkehrs und der Einforderung von Abgaben vorgenommen worden. Damit waren organisator. Ansätze, aber noch keine Z.e im rechtl. Sinn entstanden.

[3] *Charakteristische Merkmale:* Die im Rahmen der kommunalen Entwicklung des europ. Städtewesens sich herausbildenden Z.e basierten auf dem Grundprinzip der geschworenen Einung (O. v. Gierke, Genossenschaftsrecht) und dem damit verbundenen Wandel vom »opus« (Zugehörigkeit zum gleichen Gewerbe) zur »societas et fraternitas«. Hinzu kamen das »condictum«, die frei getroffene Vereinbarung, das Satzungsrecht sowie die selbständige, wenn auch begrenzte Gerichtsbarkeit, die erst eingeschränkte, bald freie Wahl des Z.meisters und v. a. der Z.zwang. Für das genossenschaftl. und bruderschaftl. Miteinander waren das »convivium«, also das Z.gelage, sowie gegenseitige Hilfe, Totenfolge und -gedächtnis (»memoria«) konstitutiv. Die Etappen dieses Entwicklungsprozesses im Laufe des 13. Jh. sind geradezu idealtyp. am Beispiel der Basler Z.urkk. v. 1226 bis 1270/74 abzulesen, sozusagen von der stadtherrl.-bfl. konzessionierten zur weitgehend autonomen Z. mit Ansätzen einer polit. Mitbestimmung auf der Ebene von Stadtgemeinde und Stadtrat. In vielen Fällen ist dieser Entwicklungsprozeß jedoch stark gestört gewesen, sei es durch den Widerstand des Stadtherrn, sei es durch die Verselbständigung der neuen städt. Führungsschicht auf Ratsebene.

[4] *Zünfte und Stadtverfassung:* Da die Verfassung der rechtl. neu gestalteten, sich selbst bestimmenden Stadt auf der Gemeinde (»communitas«) aufbaute, die hauptsächl. von dem gewerbl. Mittelstand konstituiert wurde, und da sich über die Ratsverfassung meist ein oligarch. System herausbildete, entstand ein grundsätzl. Spannungsverhältnis zw. der kommunalen Idee und der verfassungspolit. und gesellschaftl. Wirklichkeit. Die daraus erwachsenden innerstädt. Konflikte, früher angebl. als »Z.revolutionen« bezeichnet, dann begriffl. zu →Bürgerkämpfen korrigiert, worin sich jedoch die Rolle der Z.e nicht mehr widerspiegelt, sind – ohne Anspruch auf Allgemeingültigkeit – in ihren wichtigsten Etappen wie folgt zu charakterisieren:

a) Um 1250 die erste größere Verfassungsrevision in den am weitesten entwickelten Städten: Gegenüber der Verselbständigungstendenz der oft erst 20–30 Jahre lang bestehenden Stadträte wurde in einigen Fällen den Z.en ein Kontrollrecht durch die Zubilligung des aktiven Wahlrechtes, nicht jedoch der Wählbarkeit für den Stadtrat eingeräumt. Dabei spielten ihre Einbeziehung in die Wehrverfassung und ihre Mitentscheidung in den Allmendeangelegenheiten eine weitere Rolle.

b) Erste auch militär. ausgetragene Konflikte mit den Z.en um 1300, bei denen erstmals die klare Forderung nach handwerkl.-zünftiger Ratsbeteiligung erhoben wurde: Die meist von den Ratsgeschlechtern blutig zurückgeschlagenen Proteste und Erhebungen führten nur vereinzelt zu Teilerfolgen, allerdings mit Ausnahme der großen Städte des Maas-Schelde-Raums und Flanderns (1302 Goldsporenschlacht [Schlacht v. →Kortrijk], Gent, Brügge, Kortrijk und Lüttich 1303).

c) Um 1330 erste Erfolge bei der Durchsetzung der sog. Z.verfassung: Dabei kam es bereits vereinzelt zu einer Umgestaltung hinsichtl. der Gliederung und Funktion der Z.e, die nun nach den verfassungspolit. Kriterien neu organisiert wurden. Danach stellte die sog. polit. Z., die vielfach verschiedene gewerbl. Gruppen umschloß, die jeweilige Grundlage für die zu vergebenden Ratssitze (Großer und Kleiner Rat) dar. Manche Gewerbe, die zuvor eine eigene Z. bildeten, machten nun nur noch ein Amt innerhalb der größeren polit. Z. aus. Wo später die patriz. Gesellschaften und Kaufleutegruppen in dieses System integriert wurden, mußte jeder, der am polit. und gewerbl. Leben teilhaben wollte, einer dieser neuen Z.e (Gaffeln) angehören.

d) Die innerstädt. Konflikte um 1350 und im letzten Drittel des 14. Jh. stellten einen Höhepunkt in dieser Entwicklung dar, deren Ergebnisse sich drei Modellen zuordnen lassen: Die stark am Handel orientierten und patriz. dominierten Städte, wie etwa Nürnberg, Frankfurt, Lübeck, durchlebten nur eine mehr oder weniger kurze Phase von Auseinandersetzungen dieser Art und setzten die Geschlechterverfassung durch. Städte mit einer erst in dieser Entwicklungsphase zur vollen Ausformung gelangenden Z.verfassung erstreckten sich vom Bodenseeraum und von Schwaben über das gesamte Rheintal bis in die Niederlande. Aber auch dort blieb, so hat die Forschungsdiskussion gezeigt, die Ratszusammensetzung angesichts der geringen Abkömmlichkeit und Qualifikation der Handwerker von einer patriz.-kaufmänn. geprägten Führungsschicht bestimmt. Allerdings wurde erst in jüngster Zeit damit begonnen, nach dem Inhalt der polit. Entscheidungen vor dem Hintergrund dieser Verfassungsstruktur zu fragen. Die dritte Form der polit. Neugestaltung war die »Mischverfassung«, in der nur einzelne Z.e ein polit. Mitbestimmungsrecht erlangten, wie es häufig in Territorialstädten anzutreffen ist. In der Folge (spätes 15. und 16. Jh.) vermochte sich angesichts der Kleinräumigkeit der städt. Zuständigkeit und der

sozialen Spannungen die auf die Autonomie hin ausgerichtete Politik der Z.e gegenüber dem obrigkeitl. Gedanken und dem frühmodernen Staat nicht zu behaupten. Die Z.e blieben zwar meist bestehen, verloren aber weitgehend ihre polit. Funktion.

[5] *Zunft und Wirtschaftspolitik:* Die Z.entwicklung des 14./15. Jh. wird vielfach mit der Vorstellung von Wettbewerbsbeschränkung, Preisabsprachen und Abschließungstendenzen verbunden. Gewiß sind Ansätze dieser Art auch schon zu jener Zeit erkennbar, aber die pestbedingt schweren und wiederholten Bevölkerungsverluste führten doch eher zu einer Öffnungspolitik. Wo die Zahlen genauer faßbar sind, wird deutlich, wie hoch der Anteil der Fremden (um 80% im 15. Jh.) bei den neuen Z.mitgliedern gewesen ist. In der Z.politik hat das sog. Nahrungsprinzip in Gestalt der Beachtung annähernd gleicher Wirtschaftsbedingungen (Mitarbeiterzahl, Betriebsgröße, Vergabe der Verkaufsstände) durchaus eine Rolle gespielt, wenn auch die Einkommens- und Vermögensunterschiede innerhalb der meisten Z.e sehr groß waren. Die für die Z.e bekannten Schikanen des Zugangs oder der Ausgrenzung sowie die Ausdehnung der Wanderzeit, die Einführung einer Probezeit (Muthzeit), die Einführung des Meisterstücks, die Erhöhung der Aufnahmegebühren, die Forderung eines Vermögensnachweises, die Durchsetzung von Ehebeschränkungen oder gar die Z.schließung sind, zumal in der Bündelung der Maßnahmen, meist erst Erscheinungen der Mitte oder der 2. Hälfte des 16. Jh. unter sehr viel schlechteren konjunkturellen Bedingungen der Stadtwirtschaft.

[6] *Zunft, Bruderschaft und Gesellschaft:* In der Regel war mit der Z. und später mit jedem Gewerbe eine Bruderschaft (»fraternitas«) verbunden, vielfach mit der Verehrung eines bes. Schutzpatrons. Dazu gehörten Errichtung und Unterhalt von Altar und Kerze in einer Kirche (Pfarrkirche, Bettelordenskirche, Spitalkapelle) sowie die Durchführung von gemeinsamen Gottesdiensten und Seelgedächtnismessen. Die Mitgliederstruktur der Bruderschaft wich von der der Z.e in manchen Fällen durch die Aufnahme auch von Z.fremden und von Frauen ab ('Seelzunft'). Die andere Seite der Gemeinsamkeit wird stärker über den Begriff der 'societas' betont, wobei räuml. an die Z.stube bzw. später an das →Z.haus und den Z.garten und institutionell an die Z.versammlungen (Gebote, →Morgensprachen) und die Z.feste zu denken ist.

[7] *Zunft und Gesellenwesen:* Mit der polit. Integration der Z.e in die Stadtverfassung und der sich ausbreitenden Wandergewohnheit bildeten sich seit dem letzten Drittel des 14. Jh. in vielen Städten, bes. des Südwestens, aber auch des Hanseraums, eigene Gesellenvereinigungen (→Gesellen), die ihre Selbständigkeit in Verbindung mit der →Wanderschaft und ein ausgeprägtes altersspezif. Gruppenbewußtsein unverheirateter junger Männer entwickelten, eine enge Anbindung an eine Z. und eine Stadt vermieden, regionale Versammlungen (Maien) abhielten, gerichtl. Zuständigkeit in Z.angelegenheiten beanspruchten und vielfach Arbeitsverbote und →Boykotte durchsetzten. Die Gegenmaßnahmen einzelner Städte bzw. von vereinigten regionalen Herrschaftsinhabern und seit der Wende vom 15. zum 16. Jh. auch auf Reichsebene führten angesichts der Mobilität und Flexibilität der Gesellen nur zu Teilerfolgen. Das Wandern der Gesellen, das von den meisten Z.en erst im Laufe des 16. Jh. zur Pflicht gemacht wurde, erlangte, angesichts der zunehmenden Spezialisierung und der wachsenden Ansprüche an die Kunstfertigkeit einschließl. der neuen gewerbl. Trends auf den großen Messen und Märkten, bereits seit dem späten 14. Jh. er-

höhte Bedeutung. Die Impulse dazu gingen zum guten Teil von den Gesellen selbst aus, wie es ihre lokale, regionale und bis ins Ausland führende Struktur der Organisation erkennen läßt. Mit den mobilen Handwerksburschen fremder Herkunft, die gleichwohl einen beachtl. Anteil der Stadtbevölkerung ausmachten, kam ein großräumiger Erfahrungsaustausch zustande, der über den normalen städt. Einzugsbereich merkl. hinausführte.

[8] *Handwerksehre/Zunftehre:* Die mit der Wanderschaft verbundene Erfahrung und relative Offenheit der Handwerksgesellen konnten jedoch nicht verhindern, daß gerade in dieser Personengruppe, aber auch in den Z.en allg. die verbindlichen Normen und Vorstellungen von der Handwerksehre immer enger und strenger wurden. Nach dem Grundsatz »Es müssen die Handwerke so reyne seyn, als wenn sie eine Taube gelesen hätte« wurden im Laufe des 15. Jh. mehr und mehr drei Hauptanforderungen für die Annahme als Geselle und für die Aufnahme ins Handwerk geltend gemacht, nämlich die ehel. Geburt, die ehrl. Herkunft, also die Abstammung nicht von →unehrl. Leuten, sowie die Unbescholtenheit. Hinzu konnten die Forderungen nach freier und dt. Herkunft treten. Diese vorwiegend geburtsständ. Kriterien spiegeln die starke Orientierung an den Abschließungstendenzen der städt. Führungsschicht und des Adels dieser Zeit wider. Allerdings sind die räuml. und zeitl. Unterschiede sowie die Abweichungen zw. den einzelnen Gewerben doch so groß, daß keinesfalls von einer durchgängigen Handhabung gesprochen werden kann. Vielmehr ist ein Gefälle von N nach S zu beobachten, wobei im Hanseraum schon um 1400 derartige Vorstellungen anzutreffen sind, die sich seit der Mitte des 15. Jh. merklich verdichteten und bis zur →Ahnenprobe gesteigert werden konnten. Am Oberrhein hingegen wurden erst um die Wende zum 16. Jh. Forderungen dieser Art klar formuliert, aber nur in abgeschwächter Form realisiert. Dennoch zeugen die Streitfälle von der Bedeutung, die diesen Fragen beigemessen worden ist. Sie prägten das Bild des Handwerks und der Z.e in der Frühen NZ nach außen hin.   K. Schulz

Lit.: O. v. Gierke, Das dt. Genossenschaftsrecht, Bd. 1–4, 1868ff. [Neudr. 1954] – G. Schanz, Zur Gesch. der dt. Gesellenverbände, 1877 [Neudr. 1973] – K. Bücher, Die Bevölkerung von Frankfurt/M. im 14. und 15. Jh., 1886 – R. Eberstadt, Magisterium und Fraternitas 1897 – F. Keutgen, Ämter und Z.e. Zur Entstehung des Z.wesens, 1903 [Neudr. 1965] – G. Seeliger, Handwerk und Hofrecht, HVj 16, 1913, 472–519 – G. Schmoller, Dt. Städtewesen in älterer Zeit (Aufsatzslg.), 1922 – R. Wissell, Des alten Handwerks Recht und Gewohnheit, 2 Bde, 1929/31 [hg. E. Schraepler, 6 Bde, 1971–88²] – E. Kelter, Die Wirtschaftsgesinnung des ma. Z.lers, Schmollers Jb. für Gesetzgebung und Verwaltung 56, 1932; 59, 1935 – H. Lentze, Der Ks. und die Z.verfassung in den Reichsstädten bis zum Tode Karls IV. (Gierkes Unters.en 145, 1933) [Neudr. 1964] – H. Lehnhardt, Feste und Feiern des Frankfurter Handwerks. Ein Beitr. zur Brauchtums- und Z.gesch., Archiv für Frankfurts Gesch. und Kunst 5, 1. Bd., 2. H., 1950, 1–120 – E. Maschke, Verfassung und soziale Kräfte in der Stadt des MA..., VSWG 46, 1959, 289–349, 433–476 – K. Czok, Die Bürgerkämpfe in S- und W-Dtl. (Eßlinger Studien 12/13, 1966/67), 40–72 – R. Ennen, Z.e und Wettbewerb..., 1971 – S. Fröhlich, Die soziale Sicherung bei Z.en und Gesellenverbänden, 1976 – F. Göttmann, Handwerk und Bündnispolitik, 1977 – O. G. Oexle, Die ma. Gilden... (Soziale Ordnungen im Selbstverständnis des MA, I [Misc. Mediaevalia 12/1], 1979), 203–226 – K. Wesoly, Der weibl. Bevölkerungsanteil in spätma. Städten und die Beteiligung von Frauen im zünftigen Handwerk..., ZGO 128, 1980, 69ff. – W. Reininghaus, Die Entstehung der Gesellengilden im SpätMA, VSWG Beih. 71, 1981 – O. G. Oexle, Die ma. Z. als Forsch.sproblem, BDLG 118, 1982, 1–44 – G. Dilcher, Die genossenschaftl. Struktur v. Gilden und Z.en (Gilden und Z.e, hg. B. Schwineköper [VuF 29], 1985), 71–112 – F. Irsigler, Zur Problematik der Gilde und Z.terminologie (ebd.), 53–70 – R. Schmidt-Wiegand, Die Bezeichnungen Z. und Gilde in ihrem

hist. und wortgeogr. Zusammenhang (ebd.), 31–52 – K. Schulz, Patrizierges.en und Z.e in den mittel- und oberrhein. Bf.sstädten (ebd.), 311–355 – J. Sydow, Fragen zu Gilde, Bruderschaft und Z. (ebd.), 113–126 – K. Schulz, Handwerksgesellen und Lohnarbeiter, 1985 – K. Wesoly, Lehrlinge und Handwerksgesellen am Mittelrhein. Ihre soziale Lage und ihre Organisation vom 14. bis ins 17. Jh., 1985 – R. Sprandel, Die Bedeutung der Korporationen für die Unterschichten, insbesondere hans. Seestädte (Fschr. O. Pickl zum 60. Geb., 1987), 571–578 – J. Brand, Zur Rechtsfunktion des Gelages im Alten Handwerk, ZRGGermAbt 108, 1991, 297–322 – Forme ed evoluzione del lavoro in Europa: XIII-XVIII sec. (Istituto internaz. di Storia economica F. Datini, Prato, Atti delle Sett. di Studi 13, 1991), bes. 353ff. – P. Johanek, Einungen und Bruderschaften in der spätma. Stadt (Städteforsch. A 32, 1993) – K. Schulz, Die Norm der Ehelichkeit im Z.- und Bürgerrecht spätma. Städte (Illegitimität im SpätMA, hg. L. Schmugge [Schrr. des Hist. Kollegs, Kolloquien 29], 1993), 67–83 – Ders., Die polit. Z. (Städt. Selbstverwaltungsorgane vom 14. bis 19. Jh., hg. W. Ehbrecht [Städteforsch. A 34], 1993), 1–20 – E. Schubert, Fahrendes Volk im MA, 1995 – K. Schulz, Handwerk im spätma. Europa. Zur Wanderung und Ausbildung von Lehrlingen in der Fremde, Jb. des Hist. Kollegs 2, 1997, 69–97.

II. Alte Niederlande: Die Z. (ndl. *ambacht*) ist eine in einer Stadt (→Stadt, D. II) bestehende Vereinigung von Handwerkern in einem Beruf oder mehreren (→Handwerk, A. I), die ihren Mitgliedern bestimmte Regeln auferlegt und ihnen spezif. Rechte garantiert. Berufsgenossen verbanden sich außerdem in religiösen und/oder wohltätigen →Bruderschaften und →Gilden, die ebenfalls manchmal neben den Z.en bestehen blieben. Die polizeil., gerichtl., normativen und polit. Befugnisse von Z.en erfuhren seit dem 13. Jh. unterschiedl. Ausprägungen gemäß dem berufsständ. Sektor, den Bedingungen der jeweiligen Stadt und der jeweiligen hist. Periode; sie sind Ergebnis polit. und wirtschaftl. Machtverhältnisse. Demograph. wie wirtschaftl. Dynamik in tragfähigem Umfang ist für die Herausbildung von Z.en allerdings eine unabdingbare Voraussetzung. Nicht alle städt. Berufsgruppen entwickelten sich zu vollwertigen Z.en; einige kamen über eine gewisse Zusammengehörigkeit durch gemeinsame Nutzung einer gemeinschaftl. Infrastruktur, die Erbringung der ihnen vom Domänen- oder Stadtherrn abverlangten Dienste und Abgaben oder über die Beachtung der ihnen von der Obrigkeit auferlegten Reglementierungen zum Schutz der Abnehmer und des Exports nicht hinaus.

Im Laufe des 13. Jh. errangen die Z.mitglieder zunehmenden Einfluß auf die Bestellung der zu ihrer Kontrolle eingesetzten Aufseher und auf die Verordnungen über Berufs-, Lohn- und Preisreglementierungen, dies u. a. wegen des militär. Gewichts der Z.e; durch die Konzentration von Handwerkszweigen in bestimmten →Stadtvierteln entwickelten sich die auf topograph. Grundlage organisierten Stadtmilizen (→Miliz) de facto zu Z.milizen.

Im nördl. Teil der Gft. Flandern (→Flandern, B. III, 3) erlangten die Z.e durch ihr Bündnis mit der Gf.engewalt gegen die vom frz. Lehnsherrn unterstützten Stadtverwaltungen nach 1302 (→Kortrijk, Schlacht v.) weitgehende Autonomie und polit. Einfluß, wohingegen ihnen dieser in →Artois und Frz.-Flandern angesichts der starken Stellung der frz. Monarchie verwehrt blieb. Das fläm. Vorbild fand Nachfolge in →Tournai, →Mecheln und den meisten Städten des Hzm.s →Brabant und des Fürstbm.s →Lüttich. Die wechselnde Haltung der jeweiligen Landesherren schwächte aber wiederholt die Position der Z.e. Daher konnten die Z.e in den Städten des Fürstbm.s Lüttich ihre Stellung erst um 1380 definitiv festigen, die Z.e in Tournai sogar erst um 1424. In den fläm. Städten kam es in den Jahren um 1360–80 oder danach, in Brabant noch später (und hier keineswegs überall) zu einer Neuverteilung der städt. Macht, bei der in Flandern die Z.e und in Brabant die erbl. Eliten (→Patriziat, II) die Oberhand behielten. Für die Verteilung der polit. Mandate und der militär. und steuerl. Beiträge unter den Z.en wurde eine Gruppierung in weiträumigeren Einheiten (Nationen oder 'neringen') vollzogen. Manchmal sicherten sich bestimmte Z.e aufgrund ihrer großen Mitgliederzahl (wie die →Weber in →Gent) oder ihres Wohlstands (Schiffer, →Fleischer) eine Vorzugsstellung.

Im SpätMA erhielten immer mehr Z.e offizielle Statuten von seiten der Stadtverwaltung, manchmal auch vom Landesherrn; selbst wo sie kein offizielles Mitspracherecht hatten (→Hennegau, Artois), wurden sie in berufsständ. Angelegenheiten gehört. Die Statuten, in einigen Fällen von denen anderer Städte oder Z.e inspiriert, waren weitgehend gleichlautend; sie umschrieben das berufsständ. →Monopol der Z.mitglieder und die administrative Organisation und hatten die Überwachung der Qualität der innerhalb der Z. produzierten Waren (→Beschauzeichen) und die Ehrbarkeit ihrer Mitglieder zum Gegenstand. Außer in den fläm. Textilz.en (→Textilien, A. II) hatten nur vollwertige →Meister Stimmrecht. Am Ende des 14. Jh. werden Bestimmungen über Lehrzeiten und Meisterprüfungen häufiger. Dies und die Erhöhung der Einschreibegebühren für →Lehrlinge und Meister, von denen Meistersöhne meist freigestellt waren, verstärkten die Tendenz zur Erblichkeit des Berufs in einigen Sektoren. Nur einige Z.e (wie die Fleischer) kannten eine Erblichkeit von Rechts wegen. Maßnahmen, welche die Gleichheit unter den Mitgliedern fördern sollten, u. a. durch Beschränkungen der zugelassenen Produktionsmittel, erwiesen sich als nicht zulänglich. Sie galten nicht bei öffentl. Aufträgen und Lieferungen an Privilegierte. Die Zahl der →Gesellen, die den Meistertitel erwerben konnten, sank; Meister wurden oft zu gewöhnl. Arbeitnehmern degradiert, Witwen von Meistern hatten es schwer, den Betrieb ihres Mannes weiterzuführen. Die Produktionsreglementierungen wurden zur Abwehr arbeits- und kostensparender Techniken instrumentalisiert; gleichwohl gelang es vielen Meistern und Händlern, sich auf neue Märkte einzustellen.

R. van Uytven

Lit.: J.-P. Sosson, Die Körperschaften in den Niederlanden und Nordfrankreich: Neue Forsch.sperspektiven, Q.n und Darst. zur hans. Gesch., NF 29, 1984, 80–90 – Les métiers au moyen âge. Aspects économiques et sociaux, 1994.

III. Italien: Der Ursprung der Handwerkerassoziationen oder Korporationen – ein prägendes Element der Gesch. der it. Städte im MA – zählte zweifellos zu den am heftigsten diskutierten Themen der Geschichtsforschung an der Wende vom 19. zum 20. Jh. Das Problem reiht sich in einen Fragenkomplex ein, der in der it. Historiographie des Post-Risorgimento größte Beachtung gefunden hat: ob eine Kontinuität der röm. Institutionen nach der Völkerwanderungszeit und der Bildung der röm.-germ. Reiche bestanden hat oder nicht. Im Hinblick auf die ma. Korporationen in Italien stellte sich also die Frage: Handelte es sich um eine Fortsetzung der antiken röm. »collegia« oder um ein völlig neues Phänomen, das vielleicht unter dem Einfluß des germ. Kulturkreises entstanden war? Die Anhänger der »Kontinuität« beriefen sich auf Belege für Vereinigungen von Handwerkern (→»Scholae«), die in einigen Briefen Papst Gregors d. Gr. an der Wende zum 7. Jh. überliefert sind und sich auf Färber in Rom, Seifenmacher in Neapel und Bäcker in Otranto beziehen. »Scholae« von Fischern und Fleischern sind auch im 10. Jh. in Ravenna und eine Schola von Gärtnern im Rom des 11. Jh. gesichert. Die Gegner der »Kontinuität« betonten je-

doch, daß diese Belege nicht nur zu vereinzelt und mehrdeutig seien, um für eine tatsächl. Kontinuität zu sprechen, sondern daß auch der unbestrittene Niedergang der Städte in Italien seit der langob. Periode die Hypothese, es habe dort derart komplexe Phänomene wie Handwerkerassoziationen gegeben, als undenkbar erscheinen läßt. Die Geschichtsforschung neigte bereits definitiv der Ablehnung der Kontinuitätsthese zu, als in den 20er Jahren ein Dokument entdeckt wurde, das mit einem Schlag die ganze Frage wieder neu aufrollte: Die →»Honorantie civitatis Papie« bewiesen, daß in →Pavia, der Hauptstadt des Langobardenreiches und später des karol. und otton. Regnum Italiae, Ende des 10. Jh., also in präkommunaler Zeit, verschiedene Handwerkerverbände (»ministeria«) bestanden, die den im dt. und frz. Bereich in der gleichen Zeit belegten Vereinigungen ähneln. Die Auseinandersetzung um »Kontinuität-Diskontinuität« flammte nun wieder auf und wurde auch vom faschist. polit. Regime gefördert, das nicht nur das Erbe des antiken Rom verherrlichte, sondern auch im ma. »Korporativismus« ein mögliches Modell sah, um die sozialen Gegensätze zw. den Arbeitgebern und den Massen der Arbeitnehmer zu lösen. PIER SILVERIO LEICHT bot eine akzeptable Kompromißlösung des Forschungsproblems an. Er betonte die Unterscheidung der byz. gebliebenen Gebiete in Italien (»Romania«) von den durch die Langobarden besetzten Landesteilen (»Langobardia«). In der Romania habe das röm. System der Verbände weiterbestanden, wenn auch im Lauf der Jahrhunderte mit Veränderungen (direkte Kontinuität – »continuità immediata«), in der Langobardia sei im 9. Jh. von den Karolingerherrschern ein von der germ. Tradition geprägtes Verbandssystem importiert worden (indirekte Kontinuität – »continuità mediata«).

Heute ist man hingegen der Ansicht, daß das Verbandssystem, das durch eine rigide Kontrolle der »ministeria« von Seiten der öffentl. Gewalt gekennzeichnet war, nicht von den Franken importiert wurde, sondern bereits im langob. Italien präsent war, zumindest in einigen Städten und beschränkt auf einige Handwerke und Gewerbe (Schuster, Schneider, Maurer und v. a. Fuhrleute und in der städt. Lebensmittelversorgung Tätige). Als Indiz dafür werden einige in der Folgezeit noch erhaltene Relikte langob. Termini angesehen (z. B. wurden in Bologna die kommunalen Funktionsträger, die bestimmte handwerkl. Aktivitäten kontrollierten, als »yscarii« bezeichnet, die Vorsteher der Korporationen in Verona hießen »gastaldiones« usw.). Das in den Städten der präkommunalen Periode in den Gebieten byz. wie langob. Tradition obligatorische System der Berufsgruppen-Verbände wurde nach dem Aufkommen der Kommunen aus den Angeln gehoben. Die Handwerker hielten es nun selbst für notwendig, sich in Assoziationen zusammenzuschließen, die von Ort zu Ort verschiedene Bezeichnungen trugen (societates, artes, scholae, ministeria, misteria, frataleae, paratica, universitates), aber alle in gleicher Weise danach strebten, die Interessen der jeweiligen Berufsgruppe zu vertreten, die Kontrolle über die Arbeitskräfte auszuüben, Konkurrenz auszuschalten, die Produktion zu reglementieren und innerhalb der Mitgliederschaft wechselseitige Beistandsleistung zu garantieren.

Wie auch immer die Situation der Handwerker und Gewerbetreibenden im FrühMA gewesen sein mag, die Korporationen der kommunalen Periode stellten ein völlig neues Phänomen dar, da der Zusammenschluß der Handwerker nun auf freiwilliger Basis erfolgte und die Mitglieder ohne irgendeine Autorisierung von außen eigene Vorsteher wählten und sich interne Ordnungen schufen (statuta). Die Kommune förderte diese Zusammenschlüsse auf korporativer Basis keineswegs, sondern versuchte vielmehr, sie zu verhindern, v. a. in bezug auf die im Transportwesen und in der Lebensmittelversorgung Tätigen, die für das städt. Leben unabdingbar waren. Paradoxerweise wurden in kommunaler Zeit auf diese Weise in vielen Städten häufig gerade diejenigen Berufsgruppen daran gehindert, sich zusammenzuschließen (Bäcker, Müller, Wirte und Gastwirte, Gärtner, Lastträger, Fuhrleute, Schiffer etc.), die im FrühMA und in der präkommunalen Epoche in obligator. Verbänden zusammengefaßt waren.

Die ersten ma. Korporationen treten in den it. Städten in der 2. Hälfte des 12. Jh. auf. Nahezu überall spielt dabei die Korporation der Kaufleute die Vorreiterrolle, in der sich nicht nur die Kaufleute und Händler im eigtl. Sinn zusammenschlossen, sondern auch die in der handwerkl. Produktion Tätigen, da der it. Kaufmann gleichzeitig auch Unternehmer war und damit den wichtigsten Faktor des gesamten Produktionsprozesses bildete. Von dieser allg. Kaufleute-Korporation (die in einigen Städten wie Verona, Parma, Piacenza, Cremona und Mailand im wesentlichen ihre Geschlossenheit und Vorrangstellung bis in das späte 13. Jh. behaupten konnte) lösten sich allmählich einzelne Korporationen von Handwerkern und Gewerbetreibenden ab, die nunmehr eine hohe Zahl von Mitgliedern und eine beachtl. wirtschaftl. Konsistenz erreicht hatten. In vielen anderen Fällen (ein früher Beleg findet sich in Ferrara in bezug auf die »callegarii«) bildeten sich die Handwerkerkorporationen anfangs in der Form von Laien-→Bruderschaften, die einerseits die Handwerker völlig von jeder eventuellen früheren Kontrolle durch die Stadtherren befreiten und andererseits dem Bedürfnis nach wechselseitiger Solidarität entsprachen, das stets die Grundlage aller Bestrebungen, sich zusammenzuschließen, darstellte. Neue Korporationen entstanden im Lauf des 13. Jh. in jenen Städten, in denen die Adelsschicht weiterhin die Vorherrschaft ausübte und die Funktion der Korporationen sich auf die reine Verteidigung der Interessen der jeweiligen Berufsgruppen beschränkte (z. B. in Mailand), oder in den Städten, in denen die von öffentl. Seite ausgeübte Kontrolle stets aufrechterhalten wurde. In den Städten hingegen, wo eine starke »populare« Partei heranwuchs und die Korporationen nicht mehr nur eine wirtschaftl. Funktion erfüllten, sondern auch nach einer polit. Rolle strebten, wurde der Prozeß der Neubildung von Korporationen systematisch abgeblockt. Ein klassisches Beispiel dafür bieten →Bologna und →Florenz. Während in Bologna die privilegierte Stellung der Kaufleute und Geldwechsler unter den 21 »societates artium« zuerst zurückgedrängt und 1274 schließlich vollkommen aufgehoben wurde, legte man in Florenz die strikte Trennung der sieben arti maggiori (*Giudici e Notai* [Richter und Notare], *Mercanti di Calimala, Cambiatori* [Wechsler und Bankiers], *Arte della Lana* [→Florenz, B. I], *Medici e speziali* [Ärzte u. Apotheker], *Setaioli e merciai* [Seidenweber u. -händler], *Pellicciai* [Kürschner]), der fünf »mittleren« Z.e (*Baldigrari* [Verkäufer v. Stoffresten], *Beccai* [Fleischer], *Calzolai* [Schuster], *Falegnami e muratori* [Zimmerleute und Maurer], *Fabbri e ferraioli* [Grob- und Kleinschmiede]) und der neun »kleineren« Z.e (*Vinattieri* [Weinhändler], *Albergatori* [Wirte], *Oliandoli* [Ölhändler], *Corazzai e spadai* [Harnischmacher und Waffenschmiede], *Correggiai* [Riemenschneider], *Fornai* [Bäcker], *Chiavaioli* [Schlosser], *Cuoiai* [Lederer], *Rigattieri* [Trödler]) fest und behielt sie als Grundlage der städt. Verfassung bis zur Signorie der →Medici im 15. Jh. bei.

In beiden Städten bewirkte das enge Verhältnis zw. »arti« und »popolo« – den Z.n und dem Stadtvolk –, daß sich die Korporationen zu Organen der städt. Verfassung entwickelten, die alle wichtigen städt. Ämter kontrollierten und koordinierten und nur denjenigen die vollen polit. Rechte zugestanden, die regulär in eine Z. eingeschrieben waren (so war bekanntl. →Dante Mitglied der Z. der »Ärzte und Apotheker«).

In allen Städten des kommunalen Italien hatten stets die Korporationen der Kaufleute, der »campsores« bzw. Bankiers, sowie der Richter und Notare, die jeweils in unterschiedl. Maße auch in rechtl. und verfassungsmäßiger Hinsicht eine Vorrangstellung einnahmen, größte Bedeutung. Neben diesen drei großen Korporationen variiert die Rangfolge der anderen Z.e jedoch von Stadt zu Stadt in beträchtl. Ausmaß. Man kann jedenfalls in der Poebene ein Übergewicht der metallurg. und der mit der Lederverarbeitung beschäftigten Z.e feststellen (wobei auch die Bedeutung der Leinen- und Barchentweber in diesem geogr. Raum nicht zu unterschätzen ist), während in Mittelitalien die Z.e der im Textilsektor Beschäftigten (Woll- und Seidenz.e) unbestritten den Vorrang genossen.

Mit dem Aufkommen der →Signorien (die in den Handwerksorganisationen ein willfähriges Instrument ihrer Steuerpolitik und der Lenkung der Wirtschaft fanden) erhielten die Z.e das unbestrittene Monopol in ihrem jeweiligen Kompetenzbereich. Dies führte schließl. zur Ausarbeitung immer ausführlicherer Statuten und zum strikten Ausschluß der abhängigen Arbeiter und Lohnarbeiter. In bezug auf die Lehrlinge und Gesellen tendierte eine minutiös festgelegte Regelung dazu, die obligator. Lehrzeit immer weiter auszudehnen, damit die Handwerksmeister die Arbeitskraft der jungen Mitarbeiter besser ausnutzen konnten. Ebenfalls in der Zeit der Signorien wurden die niedrigen Z.e fakt. den hohen Z.en angeschlossen und untergeordnet (z. B. Schneider der Korporation der Seidenstoffproduzenten, die Weber und Färber der Wollz. etc.) und die Eintrittsmöglichkeiten für Personen, die nicht bereits Väter oder nahe Verwandte in der Z. hatten, zunehmend erschwert, was schließl. zur Entstehung einer neuen Kategorie von Handwerkern (»sottoposti« oder »obbedienti« – 'Untergebene', 'zum Gehorsam Verpflichtete' genannt) führte und letztlich zur Folge hatte, daß die Handwerksberufe sozusagen erblich wurden. Diese Entwicklung brachte jedoch letztendlich eine Hemmung des »technologischen« Fortschritts mit sich. Die repressive Kontrolle, mit der die Korporationen alle diejenigen überwachten, die einschlägige Tätigkeiten ausübten, ohne jedoch Z. mitglieder werden zu können, trug zur Entstehung eines sozialen Konfliktklimas bei, das von Zeit zu Zeit zu Aufständen führte (berühmt ist der →Ciompi-Aufstand, den 1378 in Florenz die Wollarbeiter entfesselten) und nicht selten verschiedene Handwerker veranlaßte, ihre Heimatstadt zu verlassen, um sich in kleineren Ortschaften des Umlands niederzulassen, in denen es noch keine korporativen Strukturen gab. Die »Sperrung« der freien Immatrikulation in die Z.e führte im Lauf der Jahrhunderte zu einer völligen Verknöcherung und Erstarrung der Korporationen selbst, was schwerwiegende negative Auswirkungen auf die gesamte städt. Wirtschaft hatte. Die Auflösung der Z.e in der 2. Hälfte des 18. Jh. durch Fs.en, die den Prinzipien der Aufklärung folgten, wurde von den kleinen Handwerkern zumeist als Befreiung empfunden und hatte sofort einen spürbaren Aufschwung der Produktion und des Handels zur Folge.

Neben der unstreitig zentralen Rolle, die die Korporationen in der Organisation der Arbeitswelt in den it. Städten des MA hatten, und der beachtl. polit. Rolle, die sie in einigen Städten ausübten, ist auch ihre soziale Funktion, v.a. im Hinblick auf Hospitalwesen u. (Armen-)-Fürsorge, hervorzuheben. Bereits im Lauf des 13. Jh. wurden zahlreiche Spitäler von einzelnen Korporationen gegründet und verwaltet. Als Beispiele seien hier nur die Spitäler der Kaufleute, der Müller und der Schneider in Piacenza, die Spitäler der Kaufleute und der Gastwirte zu Modena angeführt sowie das »Ospedale delle Quattro Arti« in Parma, das »Ospedale degli Innocenti« in Florenz, das von der Arte di Calimala (Kaufleute) gegründet wurde, und das Spital der Kaufleute und Wechsler in Perugia. In Venedig wurde die Fürsorge und soziale Assistenz von den Korporationen auf einzelne von ihnen dafür gegründete und finanzierte Bruderschaften (»scholae« genannt) übertragen, die aber ausschließl. religiösen Charakter trugen.

Das ma. Z.system sah als Zentrum der Arbeit den →»fondaco« des Kaufmanns oder die »bottega« (Werkstatt) des Handwerkers an. Obgleich die Konzentration des Arbeitsprozesses, d.h. das System der »Fabrik«, ebenso wie die »Serienproduktion« unbekannt waren, läßt sich ein wichtiger Vorläufer im →Arsenal in Venedig sehen. Häufig war jedenfalls (v. a. im SpätMA) die Konzentration verschiedener gewerbl. Tätigkeiten in bestimmten Teilen der Stadt, bedingt durch die Nähe zu Wasserläufen (Flüssen, Stadtbächen und Kanälen), die für viele Arbeitsprozesse notwendig war (z. B. Gerberei, Wollbearbeitung, Eisengewerbe), oder aus Gründen der Hygiene und der Sicherheit. Auch hier bietet Venedig ein klass. Beispiel, das im 13. Jh. die gesamte Glasherstellung auf die Insel Murano verlegte, um dem Brandrisiko zu begegnen.
A. I. Pini

Lit.: F. VALSECCHI, Le corporazioni nell'organismo politico del Medioevo, 1935 – P. S. LEICHT, Corporazioni romane e arti medievali, 1937 – A. DOREN, Le arti fiorentine, 1940 – G. FASOLI, Un fossile nel vocabolario istituzionale bolognese del Duecento (Fschr. O. BERTOLINI, I, 1972), 325–335 – V. RUTENBURG, Arti e corporazioni, Storia d'Italia Einaudi, V, 1, 1973, 616–642 – A. I. PINI, Alle origini delle corporazioni medievali: il caso di Bologna, NRS LXVI, 1982, 253–281 – DERS., Le arti in processione. Professioni, prestigio e potere nelle città-stato dell'Italia padana medievale (Lavorare nel medioevo, Atti del convegno, 1983, 65–107 [abgedr. in A. I. PINI, Città comuni e corporazioni nel medioevo italiano, 1986, 219–258; 259–291]) – Artigiani e salariati. Il mondo del lavoro nell'Italia dei secoli XII–XV, Atti del convegno, 1984 – P. RACINE, Associations de marchands et associations de métiers en Italie de 600 à 1200 (Gilden und Z.e, VuF 29, 1985), 127–149 – R. GRECI, Corporazioni e mondo del lavoro nell'Italia padana medievale, 1988 [mit umfassender Bibliogr. 47–91] – DERS., Economia, religiosità, politica. La solidarietà delle corporazioni medievali nell'Italia del Nord (Confradias, gremios, solidaridades en la Europa Medieval, 1992), 75–99 – A. I. PINI, In tema di corporazioni medievali: la »Schola Piscatorum« e la »Casa Matha« di Ravenna, NRS LXXVI, 1992, 729–776 – F. FRANCESCHI, Oltre il »tumulto«. I lavoratori fiorentini dell'Arte della Lana fra Tre e Quattrocento, 1993 – D. DEGRASSI, L'economia artigiana nell'Italia medievale, 1996.

IV. FRANKREICH: [1] *Anfänge:* Der Aufschwung der Städte im 11. und 12. Jh. (→Stadt, E; →Frankreich, C. V) wird begleitet vom Aufstieg der städt. Handwerkerschaft (→Handwerk, A), zu deren wichtigsten Aufgaben die Versorgung einer wachsenden städt. Bevölkerung mit handwerkl. Erzeugnissen gehörte. In den reichsten Städten, in denen sich eine Kaufmannsschicht herauszubilden begann, wandte sich zumindest ein Teil der Handwerkerschaft auch bald der Produktion für die Märkte des Regional- und Fernhandels zu.

Unter den ältesten Vereinigungen der Handwerker und Gewerbetreibenden, die seit Ende des 12. Jh. auftreten, sind v. a. die Kaufmannsgilden (→Gilde) zu nennen, etwa in →Valenciennes (1167) und →St-Omer (12. Jh.). Als erste eigtl. Handwerkerorganisation begegnen die Vereinigungen der →Schuhmacher in →Rouen (vor 1135), der Gastwirte (*taverniers*; →Gasthaus, A) in →Chartres (1147) und der →Gerber in →Toulouse (1158). Die Korporation der →Fleischer an der 'Grande boucherie' zu →Paris präsentiert sich in einer Charta v. 1162 als 'seit ältester Zeit' bestehende Gemeinschaft.

Die primäre Aufgabe einer Gilde bzw. Z. (*métier, corporation*) bestand im →Schutz ihrer Mitglieder hinsichtl. der Sicherheit ihrer Person und ihres Besitzstandes in einer städt. Gesellschaft, die den neu zugezogenen Bewohnern nicht eo ipso die Schutzmechanismen der alten dörfl. Solidarität bot. Wohltätige →Bruderschaften (*charités, confréries, fraternités*), die sich auf religiöser Grundlage und mit dem Ziel gegenseitiger Hilfe konstituiert hatten, bildeten manchmal den Ausgangspunkt für die Entstehung von Z.en, die sich jedoch bald stärker den eigtl. wirtschaftl. Aspekten des Handwerks, so der Qualitätskontrolle der Erzeugnisse, zuwandten.

Die Grundeinheit der handwerkl. Produktion und damit auch die Basis jeder zunftmäßigen Vereinigung war die auf familiärer Grundlage (→Familie, C; →Haus, C) tätige Werkstatt, geführt von einem →Meister, der als Familienoberhaupt, gemeinsam mit seinen Kindern, anderen Verwandten, ggf. seiner Frau (→Frau, C), die entsprechenden Arbeiten durchführte, aber u. U. auch →Gesellen bzw. Gehilfen (*valets*) und →Lehrlinge (*apprentis*) beschäftigte. Auch Frauen konnten u. U. Meisterrechte wahrnehmen: In manchen Handwerkszweigen übten sie in völliger oder doch teilweiser Selbständigkeit die Produktion aus, bes. im Bereich der →Textilien ('*fileresses de soie*' [→Seide, A. IV]; *feseresses d'aumôniers* [→Almosentasche]); in bestimmten anderen Branchen konnte die →Witwe eines Meisters das Geschäft ihres verstorbenen Ehemannes selbständig weiterführen. Neben den Besitzern von Werkstätten gab es zahlreiche unselbständige männl. und weibl. Handwerker, die oft in äußerst dürftigen Existenzbedingungen lebten.

[2] *Pariser Zunftwesen im Zeitalter des »Livre des métiers«:* Die Organisation der Pariser Korporationen des 13. Jh. ist in ihren Einzelheiten durch das berühmte Quellenwerk des »Livre des métiers« des Étienne →Boileau (ab 1258) gut bekannt: Die jeweilige Korporation wurde geleitet von Vorstehern (*gardes* und *jurés*), die von den einzelnen Meistern gewählt wurden. In einigen Z.en nominierten auch die Gesellen (*valets*) ihre Repräsentanten, die *jurés valets*, so bei den →Walkern (*foulons*) und Weißgerbern (*mégissiers*). Die *jurés* leisteten vor dem *prévôt* (→Prévôt, III) bei Antritt ihres Amtes den →Eid. Sie kontrollierten die Einhaltung der Lehrverträge, den Schutz der Lehrlinge, die Einberufung zum Wachdienst (*guet*), die Prüfung der Kandidaten für die Meisterwürde, die Verteilung/Erhebung der Steuern und Abgaben, die Vereidigung der neuen Meister; sie leiteten die Z.versammlungen, verwalteten die Finanzmittel der Z.e und hatten v. a. die Herstellung und den Verkauf der Erzeugnisse der Z.e hinsichtl. der Qualität und der Preise zu überwachen. In der Mehrzahl der Z.e wurden die Vorsteher auf ein Jahr gewählt. Die Z. wachte minuziös über die Einhaltung der Regeln für die →Arbeit, insbes. die Arbeitszeiten; der Arbeitstag beruhte im allg. auf dem Tageslicht, die Sonntage und zahlreichen religiösen Festtage waren arbeitsfrei.

[3] *Steuerwesen:* Die in den Z.en zusammengeschlossenen Handwerker zahlten verschiedene Arten von Steuern. Die bekannteste und berüchtigste der Pariser Steuern war die unter →Philipp d. Schönen erhobene →*taille*. Sie ist in sieben Pariser Steuerregistern (1292, 1296–1300, 1313) dokumentiert. Die Register der Jahre 1296–1300 bilden eine homogene Gruppe; es handelt sich um die Abrechnungen der letzten fünf Jahre, in denen die Pariser diese Steuer als Ablösesumme für die 'maltote', die sie über acht Jahre zu entrichten hatten, zahlten. Der Steuerrotel von 1313 wurde für die anläßl. der Schwertleite ('chevalerie') des Kronprinzen →Ludwig (X.) Hutin ausgeschriebene 'taille' erstellt.

Dieses Geschäftsschriftgut bildet eine unvergleichl. Q. für unsere Kenntnis der Pariser Z.e unter Philipp d. Schönen. Es enthält die Namen von mehreren tausend Steuerpflichtigen, »menus, moyens, et gros«, und ermöglicht detaillierte Rückschlüsse auf die Vermögen von Z.meistern in Paris, und es wirft ein Schlaglicht auf die Organisation der Pariser →Stadtviertel (*quartiers*) und Straßen, in denen jeweils bestimmte Handwerkszweige konzentriert waren.

[4] *Vielfalt der Handwerkszweige:* Die Branchen waren durch ein (abgestuftes und arbeitsteiliges) Beziehungsgeflecht miteinander verbunden: So hing im Buchgewerbe (→Buch, A. III) der Buchbinder vom Buchhändler ab, der ihm Arbeitsaufträge erteilte; im Tuchgewerbe war es z. B. der →Färber, der den Paramentmachern (*pareurs*) Arbeit gab. Die Register der 'taille' geben uns eine Vorstellung, wie groß die Vielfalt der Berufszweige (*métiers*) in Paris war: 16 *métiers* im Bereich von →Ernährung und Gastgewerbe (Getreide-, Mehl- und Brotgewerbe wie *blatiers, meuniers, talemeliers, boulangers*; Fleischerei: *bouchers, regratiers*; Fischfang und -handel: *pêcheurs*; Ölbereitung: *huiliers*; Köche/Garköche/Wirte: *cuisiniers, cervoisiers, taverniers*), zwei *métiers* des →Baugewerbes (→Zimmerleute/*charpentiers*, Maurer/*maçons*), 22 *métiers* der →Metallbearbeitung (u. a. →Schlosser/*serruriers*, Messerschmiede/*couteliers* [→Schmied], aber auch →Goldschmiede/*orfèvres*), 19 *métiers* des Bereichs der →Textilien (Leineweber/*liniers*, →Weber/*tisserands*, →Walker/*foulons* u. a.), 29 *métiers* des Bekleidungsgewerbes (→Kleidung; →Schneider; →Schuhmacher/*cordonniers*, aber auch verschiedene Arten von Hutmachern), 10 *métiers* des Möbel- und Einrichtungsgewerbes (→Tischler; *buffetiers*; Teppichwirker [→Wirken] und Tapezierer/*tapissiers*; *courtepointiers*), 20 *métiers* diverser Gewerbezweige (z. B. des →Weinhandels: Weinschröter, *mesureurs de vins, déchargeurs de vins*; [privilegierte] Buchhändler/*libraires-jurés*; →Wechsler/*changeurs*; Kohlehändler [→Kohle]/*marchands de charbon*; Seineschiffer/*bateliers, esturiers*), 2 *métiers* des med.-pharmazeut. Bereichs (→Chirurgen/*chirurgiens*, →Apotheker/*apothicaires*). Damit tritt 1292 ein breites Spektrum von nicht weniger als 128 *métiers* hervor, von denen nur etwa 20 keinem berufsständ. Reglement unterlagen.

[5] *Zünfte und städtische Politik:* Im 13. Jh. nahm das gesamte Handwerk in starkem Maße am Aufblühen der städt. Wirtschaft teil. In verschiedenen Städten Frankreichs setzten bestimmte Z.e eine Mitbeteiligung an der städt. Regierung und Verwaltung durch. So partizipierten im Languedoc Repräsentanten der Z.e am städt. →Konsulat (→Montpellier, Mitte des 13. Jh.; →Nîmes, 1272). Im nordfrz. →Arras errangen die Tuchmacher das Recht, 8 der 24 Mitglieder des Stadtrates zu stellen.

Zu Beginn des 14. Jh. führten allerdings die wechselnden sozialen Antagonismen, die auch innerhalb der Handwerkerschaft auftraten (Gegensätze zw. den ärmsten und

den wohlhabendsten Z.en), zu heftigen, mit größter Gewaltsamkeit ausgetragenen Konflikten. Die Bürgerkriegsereignisse in Paris (1356–58), die in der Ermordung von Étienne →Marcel, des Pariser →*Prévôt des marchands*, gipfelten, beleuchten einerseits die polit. Rolle, welche die führenden Familien der Pariser Bourgeoisie (→Patriziat, III) spielten, anderseits die Bedeutung der größten Z.e (Fleischer, Weißgerber), die das Gros der aufständ. Verbände stellten. Diese Konstellation setzte sich auch in den großen →Revolten der Jahre nach 1380 fort, nicht nur in Paris (Aufstand der →Maillotins, 1382), sondern auch in →Rouen, →Orléans, →Amiens, →Troyes, →Béziers usw. Die kgl. Regierung hob in Paris durch eine Ordonnanz das Amt des *Prévôt des marchands* auf, um so die städt. Bewegung einzudämmen, doch wurde es am Vorabend des Bürgerkrieges der →Armagnacs et Bourguignons wiedererrichtet. Bereits 1409 waren die Privilegien der großen Kaufmannsgilde der *marchands de l'eau* (Pariser →Hanse) wiederhergestellt worden. Die 'insurrection cabochienne' (Simon →Caboche) wurde 1413 von der mächtigsten aller Pariser Z.e, den Fleischern, angeführt.

[6] *Gewerbegesetzgebung:* Dessenungeachtet schritt im 14.–15. Jh. die Reglementierung des Z.lebens durch die frz. Monarchie voran: Zwei Ordonnanzen (→Ordonnance) von 1307 und 1312 regelten den Verkauf bestimmter Handelswaren. Die Ordonnanzen von März und Nov. 1330 erließen Vorschriften über die Arbeitszeiten und untersagten die »Schattenarbeit« (→Bönhasen). Kg. Johann (→Jean le Bon) promulgierte im Febr. 1359 eine Ordonnanz, die in 227 Artikeln nahezu alle Bereiche der Gewerbeaufsicht behandelte, u. a. den Preis der Lebensmittel, die Höhe der Löhne, die Zahl der Lehrlinge, das Kontrollrecht des *Prévôt de Paris* über die Z.e usw. Nachfolgende Verordnungen (1364, 1372, 1415) trafen immer eingehendere Regelungen für das Z.- und Gewerbeleben. E. Lalou

Q.: Les métiers et corporations de la ville de Paris (XIIIe s.). Le livre des métiers d'Étienne Boileau, ed. R. de Lespinasse–F. Bonnardot, 1879 – Les métiers et corporations de la ville de Paris (XIVe–XVIIe s.), ed. R. de Lespinasse, t. I–III, 1886–97 – J. Favier, Le registre des compagnies françaises (1449–67). Le commerce fluvial dans la région parisienne au XVe s., 1975 – Taille: Base de données, index des rôles de la taille levée à Paris en 1292, 1296–1300, 1313, ed. C. Bourlet [Dokumentation im Institut de recherche et d'hist. des textes] – *Lit.:* F. Fagniez, Études sur l'industrie et la classe industrielle à Paris au XIIIe et XIVe s., 1877 – E. Martin Saint-Léon, Hist. des corporations, 1941 – Ph. Wolff, Commerces et marchands de Toulouse (vers 1350–vers 1450), 1954 – B. Geremek, Le salariat dans l'artisanat parisien aux XIIIe–XVIe s.s. Étude sur le marché de la main d'œuvre au MA, 1962 – J.-P. Sosson, Die Körperschaften in den Niederlanden und Nordfrankreich: Neue Forschungsperspektiven, Q.n und Darst. zur hans. Gesch., NF 29, 1984, 80–90 – C. Vincent, Des charités bien ordonnées. Les confréries normandes de la fin du XIIIe au début du XVIes., 1988.

V. England: Z.e (*guilds*) waren in erster Linie städt. Institutionen, konnten aber in den verschiedensten Bereichen in Erscheinung treten. Das Wort (von ae. *gieldan* 'zahlen') bedeutet die Anhäufung von Geldmitteln zum Wohle der Mitglieder, deren Vereinigung nach 1300 eher als →Bruderschaft, Gemeinschaft oder Gesellschaft und nicht als guild (→Gilde) bezeichnet wird. Unter den ersten, seit ca. 930 bekannten guilds war eine, die den Frieden im Gebiet um London aufrechterhalten sollte und die vom Bf. und kgl. Beamten unterstützt wurde. Die Aufrechterhaltung der Harmonie zw. verschiedenen Gruppen in den Städten und zw. einer Stadt und Herrschaftsträgern außerhalb der Stadt blieb eine zentrale Funktion der guilds. Aber die guilds sorgten auch für Unterhaltung, die den Gemeinschaftssinn stärkte. Der Umtrunk in Gildehallen (*guildhalls*) war in den Städten seit 1100 üblich. Festmähler, Festspiele und die weniger offiziellen »ales« waren ebenso in den spätma. Städten und Dörfern bedeutend. Guilds boten viele Dienste an, die sonst von der Verwandtschaft geleistet wurden: Schutz, Beistand in schwierigen Situationen, Begräbnis sowie Gedenken und Fürbitte nach dem Tod. Zu den frühesten spezialisierten guilds gehörten die Priestergilden. Andere guilds waren nachbarschaftl. Vereinigungen oder dienten zur Beschaffung von Geld für öffentl. Zwecke. In den 60er Jahren des 9. Jh. bildeten Bürger guilds, die eine gewisse Funktion innerhalb des Stadtregiments einnahmen. Später verlieh die Krone solchen guilds Privilegien, die häufig nach 1110 als Kaufmannsgilden bekannt waren. London besaß keine Kaufmannsgilde, doch beruhte die Herrschaft der Bürger auf der guildhall. 1130 übertrug die Krone ihre Kontrollgewalt über bestimmte Gewerbe in einigen Städten an Handwerkerz.e, obwohl sie den privaten Charakter der guilds eher als Bedrohung empfand. Mit der Ausprägung einer kommunalen Regierung stiegen die Spannungen zw. den Handwerkerz.en und den städt. Führungsschichten. Städt. Satzungen und städt. Zeremoniell, wie sie sich nach 1200 ausprägten, versuchten, diese unterschiedl. Interessen in Einklang zu bringen. Konflikte entstanden auch zw. guilds um die Kontrolle der Herstellungsverfahren oder um die Versuche von Fachleuten, andere in die Lohnarbeit abzudrängen. Handwerkerz.e und Kaufmannsgilden überwachten die Arbeit und die Qualität der Produkte und förderten die Verbreitung von Informationen über den Absatzmarkt. Sie erfüllten auch Bruderschafts- und religiöse Funktionen, waren häufig in Kirchen vertreten und gehörten zu den bedeutenden Kunstförderern. Die guilds waren Veränderungen unterworfen und häufig Institutionen ohne Kontinuität, deren Ziele nicht immer ersichtl. sind. D. Keene

Q.: J. Toulmin Smith, English Gilds, 1870 – H. F. Westlake, The Parish Guilds of Medieval England, 1919 – *Lit.*: C. Gross, The Gild Merchant, 1890 – G. Unwin, The Guilds and Companies of Medieval London, 1938 – N. Fryde, Guilds in England before the Black Death (Gilden und Z.e, hg. B. Schwineköper [VuF 29], 1985), 215–229 – G. Rosser, Craft Guilds and the Negotiation of Work in the Medieval Town, PP 154, 1997, 3–31.

VI. Schottland: Z.e (*guilds*) erscheinen in schott. Städten (z. B. in Perth, Roxburgh und St. Andrews) zuerst gegen Ende des 12. Jh. Die Krone oder eine weniger feudale Gewalt gestand die Bildung einer Kaufmannsgilde (gilda mercatoria) den privilegierten Einwohnern (burgenses) einer Stadt zu, wobei der eigtl. Zweck der Schutz ihrer Handelsrechte und -gewohnheiten war, bes. gegenüber Nichtbürgern und Händlern aus anderen Städten und Ländern. In der Zeit von ca. 1180 bis ca. 1380 stand die Mitgliedschaft in der guild offensichtl. allen männl. Bewohnern offen, die sich des Bürgerstatus erfreuten, egal ob sie Kaufleute stricto sensu waren oder ein Handwerk ausübten wie z. B. die Goldschmiede, Sattler oder Waffenschmiede. Weber und Walker (schott.: *websters* und *waulkers*) blieben zunächst von der Mitgliedschaft in der guild ausgeschlossen, sicherl. weil sie wohl in großer Zahl aus Flandern einwanderten und die einheim. Gildemitglieder zu überschwemmen drohten. Am Ende des 14. Jh. wurde die Mitgliedschaft in den Kaufmannsgilden zunehmend auf die Handeltreibenden begrenzt. Zum Ausgleich wurden Handwerkerz.e gebildet, die die Interessen von spezialisierten Gewerbebetrieben vertraten und der Preis- und Qualitätsüberwachung dienten. Verfassungsmäßig war die Kaufmannsgilde vor 1400 nicht eindeutig von der burgh-Gemeinde zu trennen. Ihr Vorsteher, der *alderman*, stand auch an der Spitze der burgh-Regierung, und die

Beamten beider Institutionen vermischten sich miteinander. Im 15. Jh. trennte sich jedoch die burgh-Regierung von der guild, obwohl der Beamte, der den Vorsitz in der guild hatte (jetzt *dean of guild* gen.), einen »ex officio«-Sitz im Stadtrat erhielt. Die »Statuta Gilde« (um 1250) v. Berwick upon Tweed, das bis 1482 ein schott. burgh war, sind erhalten, können aber nicht als typ. angesehen werden.
G. W. S. Barrow

Lit.: D. Murray, Early Burgh Organization in Scotland, 2 Bde, 1924/32 – W. M. Mackenzie, The Scottish Burghs, 1949 – E. Ewan, Townlife in Fourteenth-century Scotland, 1990.

VII. Iberische Halbinsel: [1] *Die Anfänge im 12. und 13. Jahrhundert:* In der Krone Kastilien kam es nach ersten Ansätzen in der 2. Hälfte des 12. Jh. (1151 die Krämer in Soria, 1162 die Schneider in Betanzos) erst im 13. Jh. häufiger zur Vereinigung in Z.en: Vor 1214 schlossen sich die Weber in →Palencia und →Soria zusammen, 1219 die Fuhrleute in Atienza und die Schuhmacher in →Oviedo, 1259 die Schuster in →Burgos sowie zur Zeit Alfons' X. die Weber in →Sevilla usw. Ähnlich verlief die Entwicklung in Aragón und Katalonien (1218 taten sich die Steinmetze vom Montjuich bei Barcelona zusammen, 1266 die Gerber in →Barcelona, 1279 die Tuchrauher [*pelaires*] in →Perpignan) sowie in Navarra (1264 Bruderschaften v. →Olite). Das in Kastilien zw. 1242 und 1351, in der Krone Aragón und Navarra mehrfach zw. 1250 und 1323 erlassene Verbot, →Bruderschaften aus anderen als rein religiösen und wohltätigen Zwecken zu gründen, sollte zum einen den Übergang der Macht an die Handwerker auf örtl. Ebene (Aufstände in Barcelona [1285] und →Zaragoza [1291]), zum anderen die Einführung mißbräuchlich hoher Preise und die Bildung von →Monopolen (Kartelle, Preisabsprachen) verhindern, konnte der Ausbildung von Z.en jedoch nicht effektiv entgegenwirken; vielmehr gewannen diese unter dem Deckmantel der Bruderschaften immer größeren Einfluß auf die soziale Realität der einzelnen Gewerbe. In den Städten bildete sich durch die Konzentration einzelner Handwerke oder Gewerbe (*mester*) in bestimmten Straßen oder Vierteln ein anderer Rahmen für deren genossenschaftl. Vereinigung heraus: Einige →Fueros enthalten bereits Bestimmungen über verschiedene Gewerbe und Preise; seit Mitte des 13. Jh. wurden sie immer häufiger Gegenstand städt. Erlasse, die normalerweise auch die Aufsichtsgewalt eines städt. Beamten – des *almotacén* oder *mostassaf* – über die Ausübung einzelner Handwerke, ihre Arbeitsbedingungen, Arbeitstechniken, die Verwendung bestimmter Rohstoffe und die Qualität der Produkte regelten. Die dieses Amt (*almotacenazgo*) betreffenden allgemeinen Verfügungen, wie sie z. B. 1304 in →Murcia erlassen wurden, sollten später für jedes Handwerk spezifiziert werden: Die Amtsgewalt des Markt- oder Handelsrichters (→*almotacén*) ging auf Marktrichter (→*alcaldes*), Z.meister (*veedores*) oder Eichmeister (*alamines*) über, von denen es normalerweise zwei für jedes Handwerk gab.

[2] *Im ausgehenden Mittelalter:* Die Auswahl der genannten Amtsinhaber wurde zuerst von der Stadtgemeinde vorgenommen, ging später aber an die Handwerker selbst über, doch behielt sich die Stadtgemeinde stets ein Kontrollrecht vor, ebenso die Möglichkeit, diese Aufsichtsrechte wieder an sich zu ziehen; so gab es z. B. in Murcia bis 1414 städt. Z.meister, nämlich die Z.meister oder -richter über die Färber (*juez de las tintas/veedor de tintoreros*) und die Seidenweber. Auch der Erlaß von Z.ordnungen (*ordenanzas profesionales*) fiel in die Kompetenz des Stadtregiments. Die ältesten stammen aus Murcia (1364): sie wurden zunächst für jedes Handwerk gesondert erstellt, bis sie zu Beginn des 16. Jh. vollständig vorlagen; das gleiche Phänomen ist in den übrigen kast. Städten zu beobachten. Die →Kath. Kg.e (1474–1504) beauftragten ihre →*corregidores* mit der Sammlung der Texte und deren Weiterleitung zur Ratifizierung an den Staatsrat (→*Consejo Real*). Gleichzeitig erließen sie für bestimmte, bes. wichtige Gewerbe im ganzen Reich gültige allg. Verfügungen, so die Ordnung von 1511, die Herstellung und Qualitätsmaßstäbe des Brotes regelt.

Die einzelnen Handwerksvereinigungen entwickelten sich nun zu vollgültigen Z.en, denen alle Handwerker eines Gewerbes beitreten mußten, während die Bruderschaften ihren freiwilligen Charakter beibehielten und nur noch für religiöse und wohltätige Belange zuständig waren. In Portugal wurde die Vereinigung oder Konzentration einzelner Gewerbe in bestimmten Straßen seit 1351 gesetzlich geregelt. Auch hier ging man Ende des 15. Jh. generell dazu über, Z.meister oder Z.richter (*vedores/juizes*) einzusetzen und die einzelnen Statuten (*regimentos*) zu kompilieren. In Kastilien hatten die Z.e mit wenigen Ausnahmen (Verordnungen in Oviedo, 1262) keinen Anteil am Stadtregiment. In Portugal saßen im Stadtrat von →Lissabon seit Ende des 13. Jh. Prokuratoren der Z.e (*mesteirais*); seit 1384 stellten die 12 Z.e je zwei Vertreter – eine Regelung, die auch →Porto und andere Städte übernahmen. In der Krone Aragón wurde die Aufnahme der Vertreter der Z.e (*mesters*) in die Stadträte oder städt. Versammlungen schon relativ früh geregelt: in Barcelona seit 1259, in Valencia von 1245–70 und ab 1283. Dies erleichterte den örtl. Machthabern seit dem letzten Viertel des 13. Jh. eine systematischere Organisation der Z.e in berufsständ. und jurisdiktioneller Hinsicht: Kontrolle über den Marktaufseher (*mostassaf* oder *mustaçaf*), Wahl der Z.meister durch die einzelnen Z.e (*consules, priores, sobreposats, caps de mester* in Katalonien) und Abfassung von Z.statuten (*establiments*). Bis zur 2. Hälfte des 15. Jh. gab es jedoch weder Monopole noch Z.zwang, sondern ausreichend Mobilität und »freie Handwerksausübung«. Wie in den anderen Reichen kam es zur Gründung vieler Handwerkerbruderschaften (*confreries, almoines*), zu denen der Beitritt jedem frei stand. Ihre Leitungsgremien und Statuten waren von den Z.en unabhängig, obwohl ihnen häufig Handwerker der gleichen oder verwandter Branchen angehörten und sie nach außen hin viele Aspekte ihrer gesellschaftl. Identität repräsentierten. Nirgends sollte es jedoch den Z.en trotz ihrer Verbreitung gelingen, die Organisation des Produktionsprozesses in jenen Handwerksbetrieben zu kontrollieren, die auf den Großhandel (Textilien, Lederwaren) ausgerichtet und von den Interessen des politisch weit einflußreicheren kaufmänn. Kapitals (in Kastilien der *señores de los paños*) abhängig waren.

M.-A. Ladero Quesada

Lit.: A. Rumeu de Armas, Hist. de la Previsión Social en España. Cofradías, gremios, hermandades, montepíos, 1944 [Neudr. 1981] – M. Caetano, A História de Organização dos Mesteres na Cidade de Lisboa, Scientia Juridica 39–41, 1959 – R. Freitag, Die katal. Handwerkerorganisationen ... im 14. Jh., SFGG. GAKGS 24, 1968 – P. Iradiel Murugarren, Evolución de la industria textil castellana en los siglos XIII–XVI, 1974 – P. Bonnassie, La organización del trabajo en Barcelona a fines del siglo XV, 1975 – A. M. Bernal u. a., Sevilla, de los gremios a la industrialización, Estudios de Historia Social, V–VI, 1978 – M. Martínez, La industria del vestido en Murcia (s. XIII–XV), 1988 – La manufactura urbana i els menestrails (s. XIII–XVI), 1991 – Cofradías, gremios y solidaridades en la España medieval, 1993 – L'artisan dans la Péninsule Ibérique (= Razo 14), 1993 – Les métiers au MA: aspects économiques et sociaux, 1994 – P. Iradiel u. a., Oficios artesanales y comercio en Castelló de la Plana (1371–1527), 1995 – J. M. Monsalvo Antón, Solidaridades de oficio y estructuras de poder en las

ciudades castellanas de la Meseta durante los siglos XIII al XV (El trabajo en la historia, 1996) – M. J. Deya Bauza, La manufactura de la lana en la Mallorca del siglo XV, 1997.

VIII. Skandinavien: [1] *Allgemein. Dänemark:* Wie die →Gilde hatte auch die Z. (*lav*) die Funktion, ihren Mitgliedern den Schutz zu bieten, der sonst von der Familie geleistet wurde. Dies zeigen zahlreiche Bestimmungen in Z.ordnungen, in denen Totenwache und Grabgeleit für Z.genossen vorgeschrieben werden. Auch die Rolle der dän. Z.e als Organe der Konfliktlösung wird mehrfach hervorgehoben: Streitfälle unter Z.genossen sollen zunächst in der Z. erörtert und erst danach ggf. vor dem Stadtgericht verhandelt werden.

Gilden sind in Skandinavien vor dem 12. Jh. nicht nachweisbar; durften anfangs Handwerker sich noch an gewissen Gilden beteiligen, wurden sie im Laufe der Zeit davon ausgeschlossen. Um die Mitte des 14. Jh. war die Entwicklung so weit gediehen, daß die ersten Z.ordnungen entstanden. Waren die Gilden für Mitglieder aus verschiedenen Berufen offen, gehörten den Z.en nur Vertreter des jeweiligen Handwerks an. Die männl. Mitglieder waren →Meister, die weibl. v. a. deren Ehefrauen. In bestimmten Berufen mit zahlreichen Vertretern, wie →Schuhmacher und →Schmiede, gab es in einigen Städten (→Odense, →Flensburg, →Malmø, →Kopenhagen, Slagelse, →Roskilde) Z.e für →Gesellen. Dieser Umstand spiegelt wahrscheinl. die verringerten Möglichkeiten wider, zum Meister aufzusteigen, wodurch Bedarf an einer Interessenvertretung der Gesellen entstand.

In Ribe und Odense beanspruchten bestimmte Berufe (Gewandschneider [→Schneider], Schmiede) das alleinige Recht zur Ausübung des Handwerks, wohingegen Z.ordnungen aus Flensburg und Malmø einen Numerus clausus festschrieben. Weitere Einschränkungen des freien Zugangs zum Handwerk waren die Forderungen der Unbescholtenheit (u. a. der ehel. Geburt) und des Meisterstücks als Prüfung. Hierin muß jedoch auch eine Qualitätskontrolle gesehen werden. Z.ordnungen aus Flensburg, Kopenhagen, Malmø, Odense und Slagelse gestatten der Meisterwitwe, die Werkstatt ihres verstorbenen Mannes in eigenem Recht weiterzuführen, aber mit unterschiedl. Fristen (in den lederverarbeitenden Handwerkszweigen in Flensburg und Odense auf drei Jahre, in Kopenhagen manchmal nur auf →Jahr und Tag [1 Jahr und 6 Wochen] oder aber bis zur Neuvermählung der Witwe). Die meisten Z.ordnungen wurden mit Genehmigung des Rates erlassen, aber v. a. in der Hauptstadt Kopenhagen beteiligte sich manchmal der Kg. an der Verabschiedung der Ordnung. Die Regierung wollte Anfang des 16. Jh. das Handwerk freier gestalten: 1507 wurden die Schuhmacherz.e in ganz Dänemark geschlossen, doch ohne Erfolg, wie die Z.ordnungen v. Odense (1508), →Aalborg und Kopenhagen (1509) zeigen; auch ein neuer Versuch, 1526 sämtl. Gilden und Z.e abzuschaffen, blieb wirkungslos. Bis zur Einführung der Gewerbefreiheit (Nahrungsfreiheit) 1862 blieben in Dänemark die Z.e Rahmen einer handwerkl. Tätigkeit.

[2] *Norwegen und Schweden:* In Norwegen bildeten sich Z.e anscheinend nur in →Bergen (z.B. Goldschmiede, Eisenschmiede, Handwerkergesellen, Bauarbeiter), doch wurden sie durch das Gesetz v. 1295 (wiederholt 1299 und 1320) verboten. Dafür bestanden Z.e der dt. Handwerker seit dem Ende des 14. Jh. in Bergen und vielleicht auch in →Drontheim. – In Schweden gab es seit dem 15. Jh. Z.e in →Stockholm und in den Provinzstädten Arboga, →Kalmar und →Västerås, doch setzte sich das Z.wesen v. a. im 16. Jh. durch. Daß das Stockholmer Handwerk schon im 15. Jh. recht gut entwickelt war, wird anhand der Existenz verschiedener Gesellenz.e deutlich. Th. Riis

Q. und Lit.: KL V, 299–326; X, 336–368 – Danmarks Gilde- og Lavsskraaer i Middelalderen, hg. C. Nyrop, I–II, 1895–1904 – D. Lindström, Skrå, stad och stat. Stockholm, Malmö och Bergen ca. 1350–1622, 1991, 71–78 – Ch. Anz, Gilden im ma. Skandinavien [Diss. Göttingen 1996].

IX. Ostmitteleuropa: [1] *Ungarn:* Infolge der späten und begrenzten Stadtentwicklung (→Stadt, I. II) erschienen Z.e (ung. *céh,* latinisiert cecha, von süddt. →Zech[e]) in Ansätzen erst im späten 13. Jh. Die ersten Z.e entstanden aus den von Dienstleuten (z. B. kgl. Fischer und Fährleute von Ofen und Pest) gegründeten bzw. für die Qualitätskontrolle von Herrschaftsträgern geschaffenen Verbänden (Ofner und Graner Metzger), die »officium« genannt wurden. Die ersten echten Z.e erschienen bei den Siebenbürger →Sachsen, wurden aber von Kg. Ludwig I. zunächst verboten und erst 1376 zugelassen. Das früher als das älteste Z.privileg geltende Privileg v. →Kaschau (1307) ist falsch. Preßburger Z.e stammen aus der gleichen Zeit. Um 1400 verbreitete sich das Z.wesen, das sich meist aus kirchl. →Bruderschaften entwickelte. Aus dem 15. Jh. sind zahlreiche Statuten und Z.ordnungen bekannt, manche auch aus nichtprivilegierten Marktflecken (oppida), wo meist mehrere verwandte Gewerbe in einer Z. vereinigt waren. In den Freistädten spielten die Z.e auch bei den Ratswahlen eine Rolle, doch konnten sie die städt. Regierung nirgends übernehmen. Die städt. Unruhen in Ofen und Klausenburg um 1440 waren das Ergebnis polit. Spannungen zw. Kaufleuten und (ärmeren) Handwerkerz.en. Obwohl sie bei oberflächl. Betrachtung als dt.-ung. Konflikte erscheinen, stellen sie eher eine Art – allerdings kurzlebige – »Z.revolution« dar. In vielen Städten gab es parallele Z.e für die verschiedenen Sprachgruppen, so z. B. in Ofen eine dt. und eine ung. Schneiderz.; allerdings spiegelt dies auch verschiedene Kleidungsgewohnheiten wider. Am Ende des MA, als auch in Ungarn der Eintritt in die Z.e immer schwieriger wurde, war wohl in den größeren Städten von den 60–70 bekannten Gewerben etwa ein Drittel in Z.en vereinigt. J. M. Bak

Lit.: L. Szádeczky Kardos, Iparfejlődés és a czéhek története Magyarországon, 2 Bde, 1913 – I. Tahy, A magyar kézművesipar története, 1941 – J. Szűcs, Városok és kézművesség a XV. sz. Magyarországon, 1955 – Ders., Das Städtewesen in Ungarn im 15.–17. Jh. (La Renaissance et la Réformation en Pologne et en Hongrie, hg. Gy. Székely – E. Fügedi, 1963), 97–164 – A. Kubinyi, Die Anfänge des städt. Handwerks in Ungarn (La formation et le développement des métiers au MA, hg. L. Gerevich – Á. Salamon, 1977), 139–153.

[2] *Polen:* Die Anfänge der Z.e in Polen reichen bis ins 13. Jh. zurück und stehen in Zusammenhang mit der Übernahme des w. Vorbilds dieser städt. Organisation. Das →Magdeburger Recht in seinen verschiedenen Varianten (Kulm, Neumarkt) erleichterte die Gründung von Handwerkerkorporationen v.a. in den neuen Städten des Deutschordensstaates und Schlesiens. Die Einführung der Z.organisation erfolgte im Vergleich zu den Städten des Dt. Reiches ein Jh. später. Die ältesten Z.organisationen (der Schuster, Metzger, Bierbrauer, Kürschner) sind aus Danzig (noch nach →Lübischem Recht) sowie aus Thorn und Breslau bekannt. Es gibt dagegen keine Informationen über Korporationen in anderen größeren Städten, obwohl die Lokationsurkk. (→Lokator) zahlreiche Handwerkerberufe verzeichnen. Im 14. Jh. gab es bereits Z.e in Krakau, Lemberg, Przemyśl, Gnesen und Płock, im 15. Jh. waren sie allg. vertreten, auch in kleinen Städten. Jedoch umfaßten sie nur in den größten preuß. Städten Handwerker aller Gewerbe. In Krakau waren Anfang des

15. Jh. bei etwa 100 erwähnten Handwerkerberufen 28 Z.e vertreten; am Ende dieses Jh. sind 35 Z.e belegt. Ein vergleichsweiser Anstieg der Zahl der Z.e erfolgte auch in anderen Städten, wobei die einzelnen Korporationen nicht immer kontinuierl. bestanden. Einige Z.e waren vom Anfang des 15. Jh. existierten am Ende des Jh. nicht mehr. In etlichen kleinen und mittelgroßen Städten gab es nur eine Z. (Sieradz, Ciężkowice, Gębice), vereinzelt zwei oder drei Z.e. Die meisten Berufszweige waren nicht zünft. organisiert. Zieml. häufig erscheinen seit Ende des 14. Jh. sog. »Mischz.e« (u. a. in Sandomierz, Wieluń, Pułtusk), in denen sich Vertreter mehrerer Berufszweige (manchmal 10–12) befanden. Es gab auch Z.e, die Handwerker eines Gewerbes aus verschiedenen Städten vereinten (z. B. Goldschmiede aus Krakau und Warschau). Eine besondere Form der Z.e waren Vereinigungen von Bauern (»fraternitates aratorum«) in Städten (v. a. in Masowien, in Ciechanów, Przasnysz, Różan), die auch ein Handwerk ausübende Dorfbewohner umfaßten. Die Bedeutung der poln. Z.e war angesichts der schwachen Stellung der Städte, der wirtschaftl. Dominanz der →Szlachta und eines ausgeprägten Hofhandwerks nicht sehr groß. Die Entwicklung der Z.e war auch abhängig von der Absicht der Stadteigentümer bzw. der Stadträte, soziale Gruppen zu organisieren und sie ihrer Kontrolle zu unterstellen. Bereits im 15. Jh. entstanden spontane Handwerkerverbände sowie Gesellenorganisationen, die von den Z.en bekämpft wurden. Z.satzungen nach w. Vorbild bestimmten die Arbeitszeit in den Werkstätten sowie die Meisterprüfungsordnung und führten manchmal die Forderung der Gesellenwanderung (→Gesellen, →Wanderschaft, -spflicht) vor der Meisterprüfung ein.

H. Samsonowicz

Lit.: H. Samsonowicz, Die Z.e im ma. Polen, ActaPolHist 52, 1985.

[3] *Böhmische Länder:* Nach der raschen Entfaltung des böhm. Städtewesens im 13. Jh. (→Stadt, I.I) erscheinen für das letzte Drittel dieses Jh. die ersten noch undeutl. Belege für die Z.verfassung (Hinweis auf die nicht erhaltenen Artikel der Prager Metzger). Seit der 1. Hälfte des 14. Jh. (erste erhaltene Schneiderstatuten 1318 in Prag) verbreitete sich das Z.wesen allg., wobei nicht immer zw. Z. mit Pflichteintritt, kirchl. →Bruderschaft und →Einung zu unterscheiden ist. Diese Vereinigungen waren wohl das Ergebnis der städt. Selbstverwaltung, aber auch eines herrschaftl. Interesses und erfüllten geistl. und weltl. Funktionen. Facharbeit sowie Unterbindung der Konkurrenz durch Monopolisierung der Produktion und des Angebots galten stets als Fortschritt und dessen Bremse zugleich. Die Z.selbstverwaltung kopierte bis zu einem gewissen Grad die Stadtverwaltung, an der sich die Z.e erst allmähl. intensiver zu beteiligen begannen. Wegen ihrer Macht und ihres Einflusses erschienen sie sowohl der städt. Oberschicht als auch Ks. Karl IV. als Bedrohung, der die Z.e 1352, ähnlich wie im Reich, einschränken wollte. Trotz ihres eindeutigen Verbotes existierten weiterhin verschiedene Handwerkereinigungen und -z.e, die immer mehr auch nach polit. Macht in den Städten strebten, bis es ihnen gelang, sich dem Patriziat gegenüber durchzusetzen. Am deutlichsten werden dieser Wandel und die Schwächung der kgl. Stellung am Beispiel der Prager Altstadt sichtbar: 1350 ersetzte Karl zunächst den alten patriz. Rat durch einen halbzünftigen, um diesen im Juli 1352 gegen einen patriz. Rat auszutauschen. Allmähl. setzten sich die Z.e dann dennoch durch. Eine ähnl. Entwicklung fand in bescheidenerem Maße auch in anderen Städten statt. Die Z.e spielten eine wichtige Rolle in den nationalen Auseinandersetzungen und schließlich auch in der Hussitenbewegung. In der nachhussit. Zeit, als das alte Patriziat nicht mehr existierte, kam den Z.en im Rahmen der Stadtentwicklung und -verwaltung eine bedeutende Rolle zu.

I. Hlaváček

Lit.: B. Mendl, Počátky našich cechů, ČČH 33, 1927, 1–20, 307–346 – J. Janáček, Přehled vývoje řemeslné výroby v českých zemích za feudalismu, 1963. – J. Mezník, Praha před husitskou revolucí, 1990 – Fr. Hoffmann, České město ve středověku, 1992.

B. Byzanz, Südosteuropa, Rus'

I. Byzanz – II. Südosteuropa – III. Rus'.

I. Byzanz: In Byzanz hatte das städt. Handwerk (→Handwerk, B; →Stadt, L) bis mindestens zur Mitte des 12. Jh. nach Umfang und Qualität der Erzeugnisse außerordentl. Bedeutung. Zur Regulierung von Herstellung und Verkauf, der häufig unmittelbar in den kleinen Werkstätten erfolgte, entstanden früh *collegia* (→Collegium, II), die allmählich an Bedeutung gewannen; doch weder in der frühbyz. Zeit noch später war die Zugehörigkeit Pflicht oder hatte erbl. Charakter. Trotz sehr dürftiger Quellenlage für die Periode vom 7.–9. Jh. gibt es Hinweise auf die großen materiellen Möglichkeiten und die Macht des korporativen Handwerks wie auch auf die Kontinuität des Organisationsgrades. Eine zuverlässigere Grundlage für die hist. Rekonstruktion bietet erst das im 10. Jh. entstandene →Eparchenbuch, eine Sammlung von Vorschriften des →Eparchen (Präfekten) v. Konstantinopel über die Gewerbezweige, die von bes. Interesse für den Staat waren, so Notare, Geldwechsler, Goldschmiede, Seifensieder, Bäcker, Fleischer, Seidenproduzenten und -verkäufer usw. Alle diese Gewerbe waren Korporationen zugeordnet, deren Pflichten und Kompetenzen klar definiert sind; Angaben über den inneren Aufbau fehlen jedoch. Die Bedeutung der Korporationen im 10. Jh. zeigt sich in der Teilnahme am feierl. →Zeremoniell des Ks.hofes.

Der Verfall der Korporationen, der im 12. Jh. einsetzte, vollzog sich parallel mit dem Verlust der Führungsrolle von Byzanz in Handel und Handwerk Europas und des mediterranen Raumes. In der spätbyz. Zeit, ab dem 13. Jh., verschwanden viele korporative Organisationen allmählich, denn die Wirtschaft der byz. Städte erlitt durch das wirtschaftl. Übergewicht des Westens schwere Rückschläge und gelangte zunehmend unter die polit. und wirtschaftl. Kontrolle der landbesitzenden Aristokratie.

Lj. Maksimović

Lit.: A. Stöckle, Spätröm. und byz. Z.e, 1911 – G. Mickwitz, Die Kartellfunktionen der Z.e, 1936, 198–235 – E. Frances, L'État et les métiers à Byzance, Byzslav 23, 1962, 231–249 – Sp. Vryonis Jr., Byz. Demokratia and the Guilds in the Eleventh Century, DOP 17, 1963, 432–481 – E. Frances, La disparution des corporations byz. (Actes du XIIe Congr. int. des Ét. Byz., 1964), 93–101 – N. Oikonomidès, Quelques boutiques de Constantinople au Xe s.: prix, loyers, imposition, DOP 26, 1972, 345–356 – D. Simon, Die byz. Seidenz.e, BZ 68, 1975, 23–46 – Lj. Maksimović, Charakter der sozialwirtschaftl. Struktur der spätbyzantinischen Stadt, JÖB 31/I, 1981, 149–188 – K.-P. Matschke, Bemerkungen zu »Stadtbürgertum« und stadtbürgerl. Geist« in Byzanz, Jb. für Gesch. des Feudalismus 8, 1984, 265–285 – E. Kislinger, Gewerbe im späten Byzanz, SAW 513, 1988, 103–126 – P. Schreiner, Die Organisation byz. Kaufleute und Handwerker, AAG 183, 1989, 44–61 – Das Eparchenbuch Leons des Weisen, hg. J. Koder, 1991.

II. Südosteuropa: Z.e im eigtl. Sinne bestanden (meist unter der im sö. Bereich vorherrschenden Bezeichnung →'Zeche') nur in →Kroatien. Ein bestätigtes Statut hatte die Zeche (*czeha, ceha*) der Schneider in →Zagreb (1447). Kg. Matthias Corvinus bekräftigte 1466 die Statuten der drei weiteren Zechen in Zagreb (»pellifices, artifices frenorum ac corrigiatorum, sutores«) und in →Varaždin. In anderen Städten erscheinen Z.e erst im 16. Jh. Die Küsten-

städte der Adria kannten aber ähnl. Korporationen: fraternitates, *fratiglie*, confraternitates, *schole* (→Schola), bratovština, bratština. Meistens waren sie bei Kirchen und für Stadtviertel (→vicinitas) organisiert. Um die Mitte des 14. Jh. entstanden 'fraternitates' der Seeleute ('marinarii') in →Split und →Kotor. Eigene Bruderschaften hatten die Goldschmiede in Dubrovnik/→Ragusa (seit 1306) u. die Schuster ('calegarii'), die in →Zadar auch ihre 'fratalea' hatten (1318). Doch waren im ma. Südosteuropa Vereinigungen mit ausgeprägt berufsständ. Interessen gegenüber rein religiösen und karitativen →Bruderschaften noch in der Minderzahl. Im Binnenland der Balkanhalbinsel sind 'fraternitates' in →Novo Brdo und Rudnik belegt, umfaßten aber wahrscheinlich nur die kath. →'latini'. Die eine war mit der Muttergotteskirche verbunden (Novo Brdo), die andere mit der Kirche des hl. Tryphon (Rudnik). Außer diesen fremden Korporationen gibt es in Bulgarien, Serbien und Bosnien keine Hinweise auf Organisationen, die sich mit Z.en vergleichen ließen. In der serb. Übersetzung der Syntagma des Matthaios →Blastares (1335) ist der byz. Terminus für die Z. (bzw. das 'collegium') durch *sbor*, einen allg. Ausdruck für Versammlung (s. a. →Parlament, VIII, IX), wiedergegeben. *Ceh* bezeichnete stets nur das (korporativ verfaßte) Bergwerksunternehmen (Zeche); *esnaf* als Benennung für die Z. kam erst mit den Osmanen auf. S. Ćirković

Lit.: EncJugosl. II, 408–412, 622–629 – I. Tkalčić, Povjesni spomenici slobodnog kraljevskog grada Zagreba, II, 307 – V. Foretić, Durrovakke bratovštine, Časopis za hrvatsku povijest 1, 1943, 16–33 – F. Taeschner, Das bosn. Z.wesen zur Türkenzeit (1463–1878), BZ 44, 1951, 551–559.

III. Rus': Die Frage nach der Existenz von Z.en in der ma. Rus' wurde in der sowjet. Historiographie lange diskutiert. Wurde zuvor davon ausgegangen, daß sich die Stadtbevölkerung »im wesentl. nicht von der Landbevölkerung unterschieden hat« (N. A. Rožkov, 1920), so setzte sich in der Nachkriegswissenschaft hartnäckig die Idee fest, daß es Z.e oder zumindest Ansätze dafür (Tichomirov, Čerepnin) bzw. Elemente von ihnen (A. M. Sacharov) gegeben habe – eine Idee, die 1945 von M. N. Tichomirov formuliert, 1948 von B. A. Rybakov weiterentwickelt und 1951 von V. V. Stoklickaja-Tereškovič unterstützt wurde. Ungeachtet dessen, daß es in den Quellen keine direkten Hinweise gibt, wurden das gemeinsame Terrain, das die Angehörigen eines bestimmten Handwerksberufs bewohnten, das Vorhandensein einer Patronatskirche und die Herstellung von Meisterstücken als Belege für die Existenz von Z.en in der ma. Rus' gewertet. Zu den Z.organisationen zählte man auch vorübergehende Vereinigungen, insbes. im Baubereich (*družiny*), und militärisch-administrative Einheiten wie die »Hundertschaften« (*sotni*), die in Quellen des 13. Jh., dem »Statut über die Pflasterungen« von 1267 und dem Statut des Fs.en Vsevolod über die kirchl. Jurisdiktion, erwähnt werden. Die *rjady* (Budenzeilen, in denen der Einzelhandel stattfand), die man eher als Institutionen des Handels betrachten sollte, wurden als Handels- und Handwerkervereinigungen eingestuft. Diese Thesen wurden jedoch bereits in den 1970er Jahren kritisiert und werden heute kaum mehr vertreten. A. Choroškevič

Lit.: M. N. Tichomirov, O kupečeskich i remeslennych ob-edinenijach v Drevnej Rusi, VI 1945, 1 – Ders., Drevnerusskie goroda, 1946, 1956² – B. A. Rybakov, Remeslo Drevnej Rusi, 1948 – V. V. Stoklickaja-Tereškovič, Problema mnogoobrazija srednevekovogo cecha na Zapade i v Rusi, Srednie veka, III, 1951, 74–102 – A. M. Sacharov, Goroda Severo-Vostočnoj Rusi XIV–XV vv., 1959 – Goroda feodal'noj Rossii, 1966 – L. A. Golubeva, »Kvartal metallurgov« v Vyšgorode, Slavjane i Rus', 1968 – F. G. Gurevič, Remeslenaja korporacija drevnerusskogo goroda po archeologičeskim dannym, KSIA 129, 1972 – N. L. Podvigina, K voprosu o suščestvovanii cechov v Novgorode konca XII – načala XIII vv. (Novoe v archeologii. Sbornik k 70-letiju A. V. Arcichovskogo, 1972) – V. V. Karlov, O faktorach ėkonimičeskogo i političeskogo razvitija russkogo goroda v ėpochu srednevekov'ja, Russkij gorod, 1976 – HGeschRußlands 1, I, 1981 – A. L. Choroškevič, Problemy istorii russkogo goroda X–XI vv. v novejšej istoriografii FRG, Istorija SSSR, 1986, 4.

C. Osmanen
Über die Frühgesch. der osman. Z.e ist wenig bekannt. Wahrscheinl. haben sie sich aus bereits im 14. Jh. in Anatolien belegten Männerbünden gebildet (→*aḫī*; *fityan*, →*futuwwa*). Nach dem Zeugnis →Ibn Baṭṭūṭās gehörten ihnen offenbar viele Handwerker an, doch bildeten sie keine nach Handwerkszweigen strukturierte Organisation. Allerdings übernahmen die Z.e zeremonielle Motive, wie etwa die Gürtung eines neuen Meisters, offenbar aus dem *aḫī*-Wesen. Texte, welche die *fütüwet*, d.h. die Tugenden eines *aḫī* bzw. *fityan*, darlegen, wurden im 16. Jh. von osman. Z.meistern häufig abgeschrieben. In einem Register, das für →Bursa (zu 1502) die Preise der wichtigsten Verbrauchsgüter festlegt und Vorschriften über die Qualität der zum Verkauf kommenden Waren enthält, werden in dieser Stadt ansässige 'Handwerker' (*ehl-i ḥiref*) und 'erfahrene, sachkundige Meister' (*ehl-i ḫibre*) erwähnt. Kam es zu Streitigkeiten um Preis und Qualität bestimmter Handwerkserzeugnisse, so wurden die *ehl-i ḫibre* als Kenner der meist mündl. überlieferten Handwerksbräuche vor Gericht gehört. Die im späteren 16. Jh. öfter belegten Z.funktionäre *sheykh*, *ketkhüdā* und *yigidbashı* werden 1502 noch nicht erwähnt. Ob die als 'Notabeln unter den Stadtbewohnern' ('*ayān-i belde*) genannten Personen, die gemeinsam mit den erfahrenen Meistern vor →Qāḍī bzw. Marktvogt (*muḥtesib*) über Handwerksbräuche Zeugnis ablegten, mit den Z.funktionären identisch waren, oder ob letztere in dieser frühen Epoche noch keine Rolle spielten, läßt sich derzeit nicht entscheiden. Wenn es diese Z.funktionäre gab, muß ihr Einfluß damals noch gering gewesen sein. Denn bei der Maßregelung eines Handwerkers griff um 1502 der Marktvogt direkt ein, ohne – wie in der späteren Zeit üblich – die Z.funktionäre einzuschalten. Es ist also für osman. Z.e des 15. und frühen 16. Jh. noch eine recht lockere Organisationsform, die sich erst später festigte, anzunehmen. Andererseits bezeugen Texte wie die »Fütüwwetnāme« (1524) von Ibn ʿAlāʾ ed-din für die *aḫī*s die Existenz von drei Stufen, gegliedert jeweils in drei Untergruppen. Die unterste Stufe bestand aus den Novizen, zur Hälfte Eingeweihten und Vollmitgliedern, während die beiden oberen Stufen die leitenden Mitglieder umfaßten. Wieweit diese Gliederung jedoch etwaigen Z.hierarchien entsprach, bleibt ungeklärt. S. Faroqhi

Lit.: EI², s.v. ḥarīr [H. Inalcık] – Ö. Lütfı Barkan, XV. Asrın Sonunda Bazı Büyük Şehirlerde Eşya ve Yiyecek Fiyazlarının Tesbit ve Teftişi Hususlarını Tanzim Eden Kanunlar, TV I, 5, 1942, 326–340; II, 7, 1942, 15–40; II, 9, 1942, 168–177 – A. Gölpınarlı, Islam ve Türk İllerinde Fütüvvez Teşkilâzi ve Kaynaklan, Ist. Üniv Iktisat Fakültesi Mecmuasi 11, 1949–50, 3–352 – H. Inalcık, Capital Formation in the Ottoman Empire, JEH 19, 1969, 97–140 – F. Taeschner, Z.e und Bruderschaften im Islam, 1979.

Zunftbürger. Die Z.schaft wurde durch Einkauf, Vererbung oder als Geschenk erworben; sie war Voraussetzung zur Ausführung eines Gewerbes bzw. einer Handelstätigkeit und zur Teilnahme an den Formen zünftiger Soziabilität. Z. übernahmen karitative und spirituelle Verpflichtungen ihren männl. und weibl. Mitgliedern gegenüber. Ihnen oblagen auch feuerpolizeil. und militär. Aufgaben. In städt. Ritualen (Schwörtage, Prozessionen, Fs.enemp-

fänge, offizielle Feste etc.) traten Z. geschlossen in der Öffentlichkeit auf in der traditionell festgelegten Rangfolge der →Zünfte. Polit. Funktionen übernahmen die Z. nur in den Städten, deren Zünfte im 13./14. Jh. den Einsitz in den Rat erzwungen hatten. Die sich verstärkenden Oligarchisierungstendenzen innerhalb der Zünfte (z. B. Kooptation) und die polit. Entmündigung der Zunftgemeinde führten zu neuen Konflikten im 15. und 16. Jh.

K. Simon-Muscheid

Lit.: K. D. Bechtold, Z.schaft und Patriziat. Studien zur Sozialgesch. der Stadt Konstanz im 14. und 15. Jh., 1981 – E. Isenmann, Die dt. Stadt des SpätMA 1250–1500, 1988 [Lit.] – K. Schulz–R. Giel, Die polit. Zunft–eine die spätma. Stadt prägende Institution? (Verwaltung und Politik in den Städten Mitteleuropas, hg. W. Ehbrecht, 1994), 1–20.

Zunfthaus, Gesellschaftshaus einer →Zunft in der Stadt. Bes. im dt. und ndl. Sprachgebiet errichteten sich die Zünfte seit dem Anfang des 14. Jh. reiche, repräsentative Häuser, die Z.- oder Gildehaus genannt werden. Für Versammlungen dienten ein großer Saal, für die Verwaltung zusätzlich kleinere Räume. Der Saal ist ebenso wie die in der Straßenflucht liegende Fassade reich gestaltet: Gewandhaus in Braunschweig 1303–1591, Artushof in Danzig 1350–1481, Knochenhaueramtshaus in Hildesheim 1529 (wiederaufgebaut) sowie das Kaufmannshäuser Schwarzhaupterhaus in Riga und Reval 14./15. Jh.

G. Binding

Lit.: Lex. d. Kunst VII, 1994, 945.

Zunftherrschaft → Zunft

Zúñiga → Stúñiga

Zunnār (arab.), 'Gürtel, der nur von Christen getragen wurde' (islam. Osten und al-Andalus); in letzterem bezeichnete es aber auch einen groben Umhang, wie ihn die Landleute trugen.

H.-R. Singer

Lit.: R. Dozy, Dict. détaillé des noms de vêtements chez les Arabes, 1845, 196f. – F. Corriente, A Dict. of Andalusí Arabic, 1997, 235.

Župan, Ältester, Herrschaftsvertreter in einer *župa,* 'Gau'. Die Bezeichnung ist bei Süd- und Westslaven bekannt und wurde wahrscheinlich von den →Avaren übernommen. Allg. wird eine turksprachig-eurasiat. Etymologie postuliert, doch sind Überkreuzung mit indogerm. Einfluß und mittelbare Verwandtschaft mit dt. 'Gau' denkbar. Ursprgl. einen gemeinsam wandernden oder siedelnden Verwandtschaftsverband bezeichnend, wurde 'župa' schon im FrühMA zur kleinräumigen Territorialeinheit. – Im Raum der Slowenen 777 erstmals erwähnt, wurden die župe in die dort im 9.–11. Jh. entstehenden Grundherrschaften integriert. Im Zuge der sloven. Dorfkolonisation wuchs ihre Zahl. Im 13. Jh. bildete sich eine Hierarchie der Ž.e aus: für einen Verband von Dörfern, ein Dorf, einen Weiler; sie verfügten allerdings nur noch über geringe Rechte. – Ähnlich gingen die župe der westslav. →Dalaminzen in die Grundherrschaften ein. In →Polen und →Böhmen sind Ž.e bis ins 13. Jh. genannt; an ihre Stelle trat der *pan* (etymolog. Bezug umstritten). – Die aus dem Ersten Bulgar. Reich (→Bulgarien, II) bekannten Ž.e verwalteten wahrscheinlich slav. Siedlungsräume; der im 10. Jh. erwähnte *zoúpanos mégas* war ein hoher Hofbeamter. – Das frühma. →Kroatien war in 11 unmittelbar dem Herrscher unterstellte *županije* gegliedert, wobei drei Länder im NW dem Ban (→Banus) unterstanden. Aus Urkk. u. Inschriften sind zahlreiche Ž.e, auch als Hofbeamte, namentl. bekannt. Seit dem 12. Jh. werden in den lat. Q.n die slav. Bezeichnungen 'iuppanus' und 'iuppania' bei funktionaler Kontinuität durch 'comes' und 'comitatus' abgelöst. Grundlage des Aufstiegs kroat. Adelsfamilien im HochMA war die dauerhafte Herrschaft in einem comitatus. Der Terminus župa wurde zum bis heute verwendeten Synonym von lat. parochia, 'Pfarre'. – In →Ungarn ist der Titel des *ispán* (dt. →Gespan; in lat. Q.n stets comes: →Komitat) von ž. abgeleitet und verweist auf die bei der Landnahme vorgefundene slav. župa als eine der Wurzeln der Gespanschaftsverfassung. Bei Einbeziehung von →Slavonien in den ung. Reichsverband wurden auch dort Gespanschaften, lat. comitatus, eingerichtet; mit ihnen erlangten die kroat. comitatus strukturell zunehmende Ähnlichkeit. – Aus dem Gebiet →Serbiens ist die Würde des Ž. seit dem 10. Jh. belegt; die Herrscher v. →Raška führten seit dem Ende des 11. Jh. den Titel *veliki ž.* ('Großž.'); erst →Stefan der Erstgekrönte nahm mit der Krönung 1217 den Kg.stitel an. Die Söhne von serb. Teilfs.en und →Magnaten wurden bis ins 14. Jh. als Ž.e bezeichnet; in lat. Q.n erscheinen sie als 'comes', 'patronus' oder auch 'baro' (→Baron). Die župe standen in der Nemanjidenzeit (→Nemanja) unter der Aufsicht von herrschaftl. Beamten (*knez županski* [→knez], *tepčija, sudija,* 'Richter', u. a.); die župa war Abgaben- und Haftungsgemeinschaft, sie verfügte über gemeinsamen Weidegrund. In weiterem Sinne stand župa, das »bebaute Land«, in Opposition zu *grad,* der »Stadt«, und zu *katun,* dem »Land der Viehzüchter«. – In →Bosnien war der Ž. am Ende des 14. Jh. verantwortlich für Abgabeneinzug, Sicherung der Heeresfolge und Verhinderung der Flucht von Hörigen. Mitte des 15. Jh. war er nur noch Stellvertreter des županski knez. Wie auch in Serbien wurden im 14. Jh. einzelne župe bestimmten Burgen (→Burg, C. VIII) zugeordnet.

M. Blagojević/L. Steindorff

Lit.: EncJugosl. VIII, 1971, 651–652 – SłowStarSłow VII, 1982, 269–270 – M. Kostrenčić, Nacrt historije hrvatske države i hrvatskog prava, 1956 – S. Ćirković, Istorija srednjovekovne bosanske države, 1964 – S. Vilfan, Rechtsgesch. der Slowenen, 1968 – M. Hardt, Der Supan, ZOF 39, 1990, 161–171 – M. Blagojević, Državna uprava u srpskim srednjovekovnim zemljama, 1997.

Zürich, Stadt am Ausfluß der Limmat aus dem Zürichsee (Schweiz).

I. Stadtgeschichte – II. Wirtschaft und Gesellschaft.

I. Stadtgeschichte: Die ma. Stadt entwickelte sich aus der röm. Siedlung. Das röm. Kastell auf dem Lindenhof wurde in karol. Zeit zu einer Pfalz umgebaut. Das Stadtbild war seit dem FrühMA stark geprägt durch die kirchl. Topographie mit der sog. 'Sakralachse' Großmünster–Wasserkirche–Fraumünster, der Stadtkirche St. Peter, aber auch den Kl.bauten des 13. Jh. Eine die ganze Stadt (um 1300 ca. 40 ha) umschließende Stadtmauer entstand erst im 13. Jh.

Z. wird 853 mit der Stiftung des Frauenkl. Fraumünster (in Verbindung mit der Chorherrenkongregation an der Grabstätte der Märtyrer Felix und Regula, dem Großmünster) durch Ludwig d. Deutschen erstmals urkdl. erwähnt und erlangte im 10./11. Jh. dank zahlreicher Besuche von Ks.n, Kg.en und der Hzg.e v. →Schwaben polit. Bedeutung. Die Herrschaftsgewalt über den kgl. Besitz und die Vogtei über Frau- und Großmünster übergaben die Kg.e regionalen Adligen. Als Kastvögte amteten 1036/37–1173 die Gf.en v. →Lenzburg, danach die Hzg.e v. →Zähringen. Nach deren Aussterben (1218) fielen diese Herrschaftsrechte an den Kg. zurück, der die Äbt. des Fraumünsters, die größte Grundherrin in der Stadt, in den Reichsfürstenstand erhob. Seit dem 12. Jh. nahm das polit. Gewicht der städt. Kommune stetig zu, wie die Ausbildung des Rats (Ritter und reiche Kaufleute), das eigene Stadtsiegel und die erstmalige Einsetzung eines bürgerl. Reichsvogtes 1225 durch Ks. Friedrich II. bele-

gen. Mit dem sog. Richtebrief (1250) erhielt Z. ein erstes schriftl. Stadtrecht. Im Verlauf des 13. Jh. gelang es dem Rat, die kommunalen Rechte auf Kosten der Äbt. zu erweitern. So kontrollierte er bereits zu Beginn des 14. Jh. das Amt des Reichsvogts weitgehend. Ins 13. Jh. fällt auch die Gründung verschiedener Ordensgemeinschaften in Z.: Dominikaner 1231, Franziskaner um 1240, Augustiner um 1270. Der 1231 außerhalb der Stadt gegr. Frauenkonvent am Oetenbach wurde 1245 von den Dominikanern inkorporiert und zog 1280/85 ebenfalls in die Stadt. Z.s außenpolit. Aktivitäten sind seit der Regensberger Fehde 1256–73 faßbar, als die Stadt gemeinsam mit Gf. →Rudolf v. Habsburg (2. R.) die von den Regensbergern gegr. Stadt Glanzenberg sowie deren Burgen Wulp (Küsnacht) und Üetliberg, ferner die toggenburg. Uznaburg (Uznach) zerstörte. 1292 griff Z. die habsbg. Stadt →Winterthur an. Hzg. →Albrecht v. Habsburg (1. A.) reagierte mit der Belagerung Z.s, das kapitulieren mußte. Infolge dieser Niederlage wurden die Ritter aus dem Rat gedrängt, der nun v. a. aus reichen Kaufleuten bestand, die eine habsburgfreundlichere Politik betrieben. In der sog. Brunschen Zunftrevolution überfielen die 1292 gestürzten Ritter unter der Führung von Ritter Rudolf →Brun und mit Hilfe der bis dahin von der polit. Partizipation ausgeschlossenen Handwerker am 7. Juni 1336 den Rat und setzten diesen ab. Brun übernahm das Amt des Bürgermeisters auf Lebzeiten und stattete es mit umfassenden Vollmachten aus. Die Unterstützung der Handwerker sicherte er sich durch eine neue Verfassung (Erster Geschworener Brief v. 16. Juli 1336), welche die Gründung von →Zünften erlaubte und die 13 Zunftmeister zusammen mit 13 Vertretern der ritterl. →Constaffel am Rat beteiligte. In der sog. Zürcher Mordnacht 1350 scheiterte ein Umsturz der Regierung durch die 1336 abgesetzten Räte. Auf der Suche nach Verbündeten verhandelte Brun zuerst mit den Hzg.en v. Österreich, dann mit den eidgenöss. Orten, was schließlich 1351 zum Bündnis mit den drei Waldstätten und →Luzern führte (→Eidgenossenschaft, Schweizer., II). In den folgenden Jahren näherten sich Z. und Habsburg wieder an, und die Reichsstadt betrieb eine eigenständige Politik. Der sog. Zweite Geschworene Brief (1373) schränkte die Vollmachten des Bürgermeisters wieder ein. 1393 versuchte Bürgermeister Rudolf Schöno, die Neutralität Z.s bei Konflikten zw. Habsburg-Österreich und den eidgenöss. Orten vertragl. festzuhalten. Die Anhänger der eidgenöss. Orte setzten aber die Zurückweisung des Vertrages durch den Rat und die Absetzung und Vertreibung Schönos aus der Stadt durch (Schönohandel). Im gleichen Jahr ermöglichte der Dritte Geschworene Brief den Zünftern (auf Kosten der Constaffler) einen erweiterten Zugang zum Rat.

Seit der Mitte des 14. Jh. betrieb Z. eine aktive Territorialpolitik und schuf sich schließlich ein Untertanengebiet von annähernd der Größe des heutigen Kantons Z. Nach dem Erwerb der Reichsvogtei über die Stadt durch den Rat i. J. 1400 stand diesem auch die Kompetenz zur Durchführung von Blutgerichten zu. 1436 geriet Z. mit Schwyz um die Toggenburger Erbschaft in Konflikt, was zu krieger. Auseinandersetzungen 1439–46 führte, in denen Z. mit Habsburg →Schwyz und den anderen eidgenöss. Orten gegenüberstand (→Zürichkrieg, Alter). Der Sieg der schwyzer. Partei beendete die Expansionspolitik Z.s, das sich von nun an stärker um den inneren Ausbau seiner Herrschaft bemühte. Bürgermeister Hans →Waldmanns Versuch, die Herrschaft über die Untertanengebiete zu intensivieren, provozierte 1489 einen Aufstand der Landbevölkerung und das Eingreifen der eidgenöss. Orte. Die Partei des 1483 aus dem Bürgermeisteramt verdrängten Heinrich Göldli setzte die Absetzung Waldmanns durch, der hingerichtet wurde. Die mit eidgenöss. Vermittlung aufgesetzten sog. Waldmannschen Spruchbriefe bestätigten die Rechte der Landbevölkerung unter Wahrung der städt. Hoheit; die neue städt. Ordnung wurde im Vierten Geschworenen Brief festgehalten.

II. WIRTSCHAFT UND GESELLSCHAFT: Bereits im 9. Jh. ist Z. Münzprägeort, seit dem 10. Jh. auch Zollstation und Marktort. 1045 gelangte das Münzrecht an die Äbt. des Fraumünsters, die es jeweils an einen Münzherren verlieh. Seit 1272 war die Zustimmung des Rats zur Verleihung notwendig. Mit dem Erlaß der Münzordnung 1335 übernahm der Rat das Münzrecht de facto; 1425 bestätigte Kg. Siegmund das städt. Privileg. Das seit dem 13. Jh. blühende Seidengewerbe führte zusammen mit dem Fernhandel zu einer eigtl. wirtschaftl. und kulturellen Blütezeit um 1300 (Manessische Liederhs. [→Liederbücher, 1; →Manesse; →Hadlaub, Johannes]). In der polit. unruhigen Zeit nach dem Umsturz Bruns verloren Seidengewerbe und Fernhandel an Bedeutung, und Z. erlebte eine wirtschaftl. Depression. Gleichzeitig nahm die Bedeutung des städt. Handwerks zu. Der Handel über die Bündner Pässe und den Gotthard blieb jedoch weiterhin wichtig, und Z.s wirtschaftl. Stellung war von großer regionaler Bedeutung, was sich auch in der weiten Verbreitung des Z.er Geldes und der Z.er Maßeinheiten manifestiert.

Über den Aufbau der frühma. Bevölkerung ist wenig bekannt; sie bestand u. a. aus Unfreien der klösterl. und stiftl. →familiae sowie der kgl. Güter und wohl aus freien sog. 'Leuten vom Zürichberg'. Anfangs 14. Jh. war Z. mit etwa 5000 Einw. eine größere Mittelstadt. Die Pest v. 1348/49 und die wirtschaftl. Krise führten zu einem Rückgang der Stadtbevölkerung, und im Alten Zürichkrieg kam es zu einem erneuten Einbruch. Z. war keine bes. reiche Stadt, wies aber dennoch große soziale Unterschiede auf (1467 versteuerten 65% der Haushalte nur 5% des Gesamtvermögens). Sozialtopograph. ist im ma. Z. nur eine geringe Segregation zu beobachten. Die Stadt gilt wegen ihrer Verfassung v. 1336 als paradigmat. Stadt. Seit der 2. Hälfte des 13. Jh. sind Juden belegt. 1348/49 führte die latente Judenfeindlichkeit zu Gewalttätigkeiten, die in der Ermordung vieler Juden gipfelten.

K. Hürlimann

Q. und Lit.: UB der Stadt und Landschaft Z., 13 Bde, 1888–1957 – K. DÄNDLIKER, Gesch. der Stadt und des Kantons Z., 2 Bde, 1908/10 – Gesch. des Kantons Z., I, 1995 [Lit.].

Zürichkrieg, Alter, verschiedene Auseinandersetzungen der Jahre 1436–46 im Gebiet der heutigen NO-Schweiz zw. den beiden eidgenöss. Orten →Zürich und →Schwyz, wobei die Hzg.e v. Österreich anfängl. auf Schwyzer, dann auf Zürcher Seite standen. Zürich geriet damals mit Hzg. →Friedrich IV. v. Österreich (30. F.) um die Vormacht im Sarganserland (→Sargans) sowie mit Schwyz um das Erbe Gf. Friedrichs VII. v. →Toggenburg in Konflikt. Schwyz setzte sich 1436–38 in mehreren Rechtsverfahren erfolgreich gegen die Stadt durch, die darauf eine Getreidezufuhrsperre gegen Schwyz und seine Verbündeten verhängte. Der Versuch einer schiedsgerichtl. Beilegung scheiterte: Schwyz bestand auf dem eidgenöss. Schiedsgericht zu →Einsiedeln, die Reichsstadt Zürich dagegen wollte nur den Kg. als Richter akzeptieren. Die folgenden krieger. Auseinandersetzungen (1440) endeten mit einer Niederlage des Zürcher Heeres bei Pfäffikon (Kt. Schwyz) und mit der Anerkennung der eidgenöss. Schiedsgerichtsbarkeit durch Zürich. Zürich erlangte mit der Zusage, die Restitutionspolitik des

habsbg. Kg.s Friedrich III. zu stärken, die Aussöhnung mit dem Hause Habsburg-Österreich und sicherte sich 1442 in einem Schutzbündnis sogar dessen Unterstützung im Konflikt mit Schwyz. 1443 brachen die Feindseligkeiten zw. Zürich und Schwyz erneut aus. Zürich unterlag schließlich den sieben eidgenöss. Orten trotz der Unterstützung durch den habsbg. Landadel sowie ztw. durch die Söldnertruppe der →Armagnaken (→Sankt Jakob a. d. Birs, Schlacht v.). Nach längeren Verhandlungen (1446-50) mußte Zürich das Bündnis mit Habsburg-Österreich auflösen und erneut die eidgenöss. Schiedsgerichtsbarkeit anerkennen. K. Hürlimann

Lit.: H. Berger, Der A. Z. im Rahmen der europ. Politik, 1978 – Gesch. des Kantons Zürich, I, 1995 [Lit.].

Zurzach (Wrzacha), Stadt im Kt. Aargau (Schweiz). Gräber aus der Zeit um 400 v. Chr. in der Nähe des Bahnhofs im heutigen Z. bezeugen eine latènezeitl. Helvetiersiedlung. Vermutl. schon in der röm. Ks.zeit, spätestens aber im Zuge der Neubefestigung der Rheingrenze in der 2. Hälfte des 3. Jh. (→Limes) entstand das in der →Tabula Peutingeriana erwähnte Doppelkastell Tenedo (Sidelen-Kirchlibuck), das den Rheinübergang von Vindonissa (Windisch/Brugg) nach Schleitheim und Hüfingen sicherte. Ein innerhalb der Kastellmauer auf dem Kirchlibuck errichteter Kirchenbau des 5. Jh. mit Taufanlage zeugt von einer chr.-galloröm. Siedlungskontinuität nach dem Vordringen der →Alamannen. Der beim →Geographus Ravennas überlieferte Name 'Wrzacha', der möglicherweise auf Q.n des 5./6. Jh. zurückgeht, ist jedoch bereits alem. Ursprungs. Westl. der röm. Anlage entstand – vermutl. am Grab der hl. Verena – eine Kl. kirche. 28 Männernamen, die um 830/840 als »nomina fratrum, qui in Zur[z]iaca sunt in congregatione« ins Reichenauer Verbrüderungsbuch eingetragen wurden, dürften der monast. Gemeinschaft zuzuordnen sein, die Karl III. 881 seiner Gemahlin →Richardis übertrug. 888 gelangte das Kl. an →Reichenau, das es in ein Chorherrenstift umwandelte und 1265 dem Bf. v. →Konstanz übertrug. Die Verehrung der hl. Verena aus dem Kreis der →Thebaischen Legion machte Z. im 9./10. Jh. zu einem Wallfahrtsort und begründete die Z.er Messen. D. Geuenich

Lit.: W. Merz, Die Rechtsq.n des Kt. Aargau, II/5, 1933 – A. Reinle, Die hl. Verena v. Z., 1948 – D. Geuenich, Z. – ein ma. Doppelkl.? (Fschr. B. Schwineköper, 1982), 29-43 – H. R. Sennhauser, Z. (Stadtluft, Hirsebrei und Bettelmönch, 1992), 207-221 – Beitr. zum Bezirk Z. in röm. und frühma. Zeit, hg. A. Hidber-K. Roth-Rubi, 1997 [= Argovia. Jb. der Hist. Ges. des Kt.s Aargau, 108].

Zutphen, Stadt in den Niederlanden (Prov. Gelderland), an der Einmündung der Berkel in die IJssel (→Rhein), ehem. Gft.

I. Grafen – II. Stadt.

I. Grafen: Seit Mitte des 11. Jh. war Z. in den Händen von *Gottschalk*, des Gf.en in Twente und Hetter, und seinen Nachkommen. Z. muß als →Immunität im nördl. Teil der alten Gft. →Hamaland betrachtet werden, die 1064 Kg. Heinrich IV. dem Bf. v. →Utrecht schenkte. Gottschalk, der in einer gefälschten Urk. von 1059 'domini Sutphaniensis oppidi' genannt wird, gilt als Stammvater des Gf.engeschlechts, das nur zwei Gf.en zählte: *Otto (II.)* (1064-1113) und dessen Sohn *Heinrich I. v. Z.* († vor 1127). Statt seines älteren, frühverstorbenen Bruders Gebhard wurde Otto II. um 1064 Nachfolger seines Vaters Gottschalk in Z. Seine Schwester Mathilde war möglicherweise mit Ludolf, Sohn des Pfgf.en Ezzo (→Ezzonen), verheiratet. In einer ebenfalls gefälschten Urk. von 1103 wird Otto II. zum ersten Mal als Gf. v. Z. aufgeführt. Heinrich I. führte bereits 1105 diesen Titel. Otto und sein Sohn Heinrich wurden mit der →Vogtei über →Corvey betraut, die sie ihrer Verwandtschaft mit den Gf.en v. →Northeim verdankten. Heinrich heiratete eine Tochter des Gf.en Konrad (Kuno) v. Beichlingen, eines älteren Bruders des Gf.en →Heinrich v. Northeim, der die kgl. Lehen Ooster- und Westergo besaß. Nach dessen Tod tauschte Heinrich I. das Reichslehen Alzey 1107 gegen die beiden fries. Gft.en. Heinrich I. war 1114 am Aufstand gegen Ks. Heinrich V. beteiligt. Er wird 1118 zum letzten Mal erwähnt. Das Aussterben der männl. Linie seines Geschlechts hatte den Heimfall Z.s an den Bf. v. Utrecht zur Folge. Bf. Godebold, der gerade den Ks. bekämpfte, verlieh Z. seinem Vertrauten Konstantin van den Berghe, unter Übergehung Gerhards III. v. Wassenberg-Geldern († um 1133), Sohn des Gf.en v. →Geldern, der als Gemahl Ermgards, der einzigen Tochter Ottos II., zwar der nächste Erbe war, aber zur ksl. Partei hielt. Um den Eindruck einer ununterbrochenen Erbfolge aufrechtzuerhalten, wurde in zwei der von den Utrechter Bf.en angefertigten Fälschungen Dietrich v. Winzenburg, Bf. v. Münster (1118-27), als Bruder und Erbe des verstorbenen Gf.en Heinrich I. angeführt. 1138 vertraute der Bf. das Lehen Heinrich II., einem Sohn von Gerhard III. und Ermgard v. Z., an, nachdem er mit dessen Hilfe auf betrügerische Weise die Gft.en Ooster- und Westergo der dt. Krone entzogen hatte. Nach dem Tode Gerhards III., Gf.en v. Geldern, wurden 1138 die Gft.en Z. und Geldern unter der Herrschaft seines Enkels und Erben Heinrich II. vereint.

H. Brand

Lit.: R. Fruin, Over de graven van Z. voor 1190, De Nederlandsche Leeuw 41, 1923, 308-317 – W. de Vries, De opkomst van Z., 1960 – W. Jappe Alberts, Geschiedenis van Gelderland van de vroegste tijd tot het einde der middeleeuwen, 1966 – A. Wirtz, Die Gesch. des Hamalandes, AHVN 173, 1971 – P. Schiffer, Die Gf.en v. Geldern im HochMA (1085-1229), 1988.

II. Stadt: Z. entwickelte sich im 11. Jh. aus dem Hof der Gf.en v. Z. Die Gft. Z. fiel in den 1130er Jahren an die Gf.en (später Hzg.e) v. →Geldern. Die älteste städt. Siedlung mit der St. Walburgkirche (ca. 1100, ca. 1250/1370-90) wurde durch Wälle und Kanäle am heut. Groen-, Hout- und Zaadmarkt begrenzt. Z. erhielt 1190 oder kurze Zeit später Stadtrechte; von 1231 datiert die erste Erwähnung der Stadtverwaltung, die aus einem Richter und zwölf Schöffen bestand. In der Mitte des 13. Jh. vollzog sich der planmäßige Bau der Neustadt mit der Pfarrkirche Unserer Lieben Frau (1272) und einer eigenen Verwaltung (bis 1311).

Im 14. Jh. blühte der Handel mit dem Rheinland und Nordeuropa auf (Hansestadt; durch die Gf.en/Hzg.e v. Geldern geförderte Jahrmärkte als Konkurrenz zu →Deventer; →Messe, I). Ende des 14. Jh. erfolgte eine Erweiterung mit der Spittaalstadt (benannt nach dem ältesten Hospital, 1268). Die Stadt, die (gemeinsam mit der Gft. Z.) 1473 vom Hzg. v. →Burgund in Besitz genommen wurde, hatte um die Mitte des 16. Jh. ca. 4000 Einwohner, die auf einem Areal von ca. 45 ha (innerhalb der Stadtbefestigung) lebten.

J. C. Visser

Lit.: W. de Vries, De opkomst van Z., 1960 – M. M. Doornink-Hoogenraad, Zutfen, aflevering 5 van de Hist. stedenatlas van Nederland onder redactie van G. van Herwijnen e.a., 1983 – L. Lensen–W. H. Heitling, Stad in de Middeleeuwen, dagelijks leven in Z., 1986.

Zvenigorod, Stadt in der Südwestl. Rus', gelegen in der Nähe von →Lemberg, am Fluß Belka. Chronikal. erstmals 1086/87 erwähnt. Fs. →Vladimir(ko) Volodarevič erbte Z. 1124 als Hauptstadt eines Teilfsm.s, dem er Peremyšl', Terebovl' und Halič einverleiben konnte. 1144 verlegte er seine Residenz in das aufstrebende Halič. Z.

gehörte in der Folgezeit zum Fsm. Halič, seit 1199 zu →Halič-Volhynien, wurde vorübergehend noch einmal Zentrum eines Teilfsm.s, ging aber Anfang 1241 im Mongolensturm (→Mongolen) unter. Von seiner einstigen polit. und wirtschaftl. Bedeutung zeugen – neben dem erhaltenen Burgwall – bei langjährigen Ausgrabungen geborgene Funde, zu denen Überreste von Kirchen, Häusern und Werkstätten, Bleisiegel und Birkenrindenurkunden (→Urkunde, C. II, 4) gehören. Das reiche byz. Fundmaterial erklärt sich durch die Existenz eines Handelsweges, der vom Dnestr über Z. nach Norden führte.
N. Angermann

Lit.: N. F. KOTLJAR, Formirovanie territorii i vozniknovenie gorodov Galicko-Volynskoj Rusi IX–XIII vv., 1985, bes. 77–83 – I. K. SVEŠNIKOV, Drevnerusskij gorod Z. i ego torgovye svjazi s Vostokom. VI Meždunarodnyj kongress slavjanskoj archeologii. Tezisy dokladov, podgotovlennych sovetskimi issledovateljami, 1990, 195–197.

Zvenigorod, russ. Stadt an der Moskva, 60 km w. von →Moskau; im 14.–15. Jh. Teilfsm. Bei einer Festung aus dem 12. Jh. entstanden zwei Siedlungen, in denen Dienstleute, Händler und Handwerker lebten; seit dem 14. Jh. handelte es sich um eine Stadt. Ihr Name verweist auf den Bevölkerungszuzug aus dem S der Rus', wo es ältere gleichnamige Orte gab. Z. partizipierte am Handelsverkehr auf dem Moskva-Weg. Es wurde Zentrum eines Teilfsm.s, das Angehörigen des Moskauer Rjurikidenzweiges (→Rjurikiden) zugewiesen wurde. Ihre Blütezeit erlebte die Stadt unter der Herrschaft des Fs.en Jurij v. Z. und Galič (1389–1434), des zweitältesten Sohnes des Moskauer Gfs.en →Dmitrij Donskoj. Um 1400 ließ der Fs. im →Kreml' v. Z. die bedeutende Uspenskij-Kathedrale errichten, deren Fresken und Ikonen teilweise Andrej →Rublëv bzw. dessen Schule zugeschrieben werden. Gleichzeitig förderte er das 1398 gegr. Savvino-Storoževskij-Kl. bei Z. Nach dem Tode seines Bruders →Vasilij I. (1425) nahm Jurij den später von seinen Söhnen →Vasilij Kosoj (3. V.) und →Dmitrij Šemjaka (1. D.) fortgeführten, letztlich aber vergebl. Kampf um den Moskauer Thron auf. 1492 wurde das Teilfsm. aufgehoben; um diese Zeit verlor auch die Stadt an Bedeutung.
N. Angermann

Lit.: A. V. ÈKZEMPLJARSKIJ, Velikie i udël'nye knjaz'ja Sěvernoj Rusi, II, 1891, 277–286 – N. TICHOMIROV, Z., 1948 – B. A. RYBAKOV, Raskopki v Z.e, Materialy i issledovanija po archeologii SSSR, 12, 1949, 125–133 – P. NITSCHE, Großfürst und Thronfolger, 1972, 28–58 – V. M. VOZLINSKAJA, Ansambl' goroda Z.a, Pamjatniki kul'tury. Novye otkrytija. Ežegodnik 1992, 1993, 398–423.

Zvonimir, Dimitar → Dmitar Zvonimir

Zwangstaufe, Zwangsbekehrung. Zum Glauben kommen erforderte, neutestamentl. gesehen, »Gott lieben aus ganzem Herzen und aus ganzer Seele, mit all deinen Gedanken und all deiner Kraft« (Mk 12,30). Solche Liebe war nicht erzwingbar und darum eine Z. sinnlos. Hinzu kam das Markus-Wort: »Wer glaubt und sich taufen läßt, wird gerettet« (Mk 16,16). Demnach war der Glaube Voraussetzung, aber die →Taufe unabdingl. zum Heil, und das übte Druck aus. Das alte Christentum verlangte die persönl. Entscheidung und zerstörte deswegen sogar die kleinste religiöse Sozialeinheit, die Familie, wie ersichtlich bei Augustinus und seinen Eltern: christlich, heidnisch und manichäisch. Zum MA hin wurde die Taufentscheidung erneut kollektiv gefällt; religiöse Differenzen in der jeweiligen Sozialgruppe schienen unerträglich, und darum erhielt bei der frühma. →Mission das Volk mit seinem Herrscher kollektiv die Taufe. Polit. Reich und Getauftsein fielen ineins; denn wirkl. Zusammenleben schien nur möglich unter Getauften. Dennoch hielt man theoretisch am freien Taufentscheid fest: »Päpste und weltliche Herrscher haben sich immer wieder gegen Taufzwang ausgesprochen« (K. SCHREINER). Praktisch wurde indes das Freiheitspostulat eingegrenzt. Schon →Augustinus hatte staatl. Druck gegen Heidentum und →Gregor d. Gr. einen solchen auch für die Taufannahme gebilligt. Hinzu kam die »Selbstwirksamkeit des Ritus«, daß eine Taufe, auch wenn gegen den Willen des Betroffenen an ihm vollzogen, zwar verboten, aber doch wirksam sei, so daß ein derart Getaufter zum Christenleben verpflichtet blieb. Bei Apostaten endlich gab es legitimen Druck, der Augustinus zufolge nur heilsam angewandt werden sollte, aber mehr und mehr zu einer gewaltsamen Rückführung wurde, ja zuletzt bei hartnäckiger Weigerung sogar die Ketzertötung zuließ, vollzogen durch den weltl. Arm. Die den →Sachsen von →Karl d. Gr. gewaltsam abverlangte Taufe beruhte auf deren mehrmaliger Zusage, den Christenglauben anzunehmen, woraufhin jeder neue Aufstand als Abfall erschien, für Karl mit der Möglichkeit eines gewaltsamen Eingreifens. →Alkuin jedoch negierte die Heilswirkung der erzwungenen Taufen. Ebenso widersprach die krieger. Heidenbekehrung, zu der auch ein →Bernhard v. Clairvaux aufrufen konnte, ganz und gar dem Postulat von der Freiheit der Glaubensannahme. Speziell im Hinblick auf die Juden hat es fortwährende Versuche einer gewaltsamen Taufe gegeben. Eine neue Dimension erreichten Praxis und Theorie im HochMA. →Thomas v. Aquin, der Ketzertötung für gerechtfertigt hielt, lehnte die Z. eindeutig ab, auch etwa die Taufe jüd. Kinder, weil eine solche das natürl. Recht der Eltern auf eigene Kindererziehung verletze. Die hochma. päpstl. 'Sicut-Judaeis-Bullen' verboten Z.n von Juden generell (s. a. →Konvertiten, Religionsgespräche, IV). →Franziskus v. Assisi wollte nur persönl. Bekehrung; Mission sollte grundsätzlich freiwillig, staatsfrei und »dienend« sein. Die Universitätstheologie verpflichtete sich auf Argumente, und ein erster Humanismus entdeckte den »edlen Heiden«. →Franziskaner und →Dominikaner drangen in Gebiete vor, wo ihnen keinerlei Druckmittel zur Verfügung standen, in den Vorderen und Fernen Orient, in die Mongolei, nach Persien, Indien und China.
A. Angenendt

Lit.: Geschichtl. Grundbegriffe 6, 1990, 445–488, s.v. Toleranz [K. SCHREINER] – TH. OHM, Die Stellung der Heiden zu Natur und Übernatur nach dem hl. Thomas v. Aquin, Missionswiss. Abh. und Texte 7, 1927 – R. I. BURNS, Christian-Islamic Confrontation in the West: The Thirteenth-Century Dream of Conversion, American Historical Review 76, 1971, 1386–1434 – H. HATTENHAUER, Conversio (DERS., Das Recht der Hl.n [Schriften zur Rechtsgesch. 12], 1976), 104–135 – Christianizzazione ed organizzazione ecclesiastica delle campagne nell'alto medioevo: Espansione e resistenze, 2 Teilbde. Sett. cent. it. 28, 1982 – H.-D. KAHL, Karl d. Gr. und die Sachsen (Politik, Gesellschaft, Geschichtsschreibung, hg. H. LUDAT–R. C. SCHWINGES [Festg. F. GRAUS (Beihefte AK 18), 1982]), 49–130 – A. ANGENENDT, Ks.herrschaft und Kg.staufe, (Arbeiten zur FrühMAforsch. 15, 1984) – B. Z. KEDAR, Crusade and Mission. European Approaches toward the Muslims, 1984 – L. LEHMANN, Grundzüge franziskan. Missionsverständnisses nach Regula non bullata 16, FSt 66, 1984, 69–81 – L. B. HAGEMANN, Missionstheoret. Ansätze bei Thomas v. Aquin in seiner Schrift de rationibus fidei, Miscell. mediaev. 19, 1988, 459–483 – H.-D. KAHL, Die weltweite Bereinigung der Heidenfrage – ein übersehenes Kriegsziel des Zweiten Kreuzzugs (Spannungen und Widersprüche, hg. S. BURGHARTZ u.a. [Gedenkschrift F. GRAUS, 1992]), 63–89 – E. BALTRUSCH, Gregor d. Gr. und sein Verhältnis zum Röm. Recht am Beispiel seiner Politik gegenüber den Juden, HZ 259, 1994, 39–58 – L. E. VON PADBERG, Mission und Christianisierung. Formen und Folgen bei Angelsachsen und Franken im 7. und 8. Jh., 1995, 139–189 – H.-D. KAHL, Die Kreuzzugstheol. Bernhards v. Clairvaux und ihre missionsgesch. Auswirkung (Bernhard v. Clairvaux und der Beginn der Moderne, hg. D. R. BAUER–G. FUCHS, 1996), 262–315 – A. ANGENENDT,

Gesch. der Religiosität im MA, 1997, 378–387, 463–471. – Zahlreiche weitere Beiträge auch in Misc. mediaev. 17, 1985.

Zweck → Ziel und Zweck

Zweibrücken, Stadt in Rheinland-Pfalz. [1] *Stadt:* Bei der um 1170 in einer Schleife des Schwarzbaches angelegten und über zwei Brücken (Name: de Duobus Pontibus, Geminipontis) erreichbaren Burg Z. entstand eine Siedlung auf der Gemarkung des älteren Ixheim. Von ihm wurde sie schon vor 1400 abgetrennt. Eine Zollstelle in Z. an der vom Bliestal ins Queichtal führenden Straße ist seit 1237 belegt, Ortsbefestigungen erst seit dem 14. Jh. 1352 verlieh Ks. Karl IV. dem Gf.en Walram II. für seine beiden Orte →Hornbach und Z. das Stadtrecht v. →Hagenau. Eine Zunftordnung der Weber und Wollschläger datiert aus der Regierungszeit des Gf.en Eberhard (1366–94), der Metzger v. 1464, der Krämer v. 1481, der Rotgerber, Lauer und Schumacher v. 1496. Kirchl. gehörte Z. zur Pfarrei Ixheim (Diöz. Metz), bis es 1448 eigene Pfarrei wurde. Als Pfarrkirche diente zunächst die Kirche des 1239 oder kurz zuvor gegründeten Reuerinnenkl., auch Baumgarten (Pomerium) genannt, dann die 1493–1507 von Hzg. Alexander v. Pfalz-Z. erbaute neue Stadtpfarrkirche. Seinen Rang als Residenzstadt setzte Z. erst im 16. Jh. konkurrierend mit Meisenheim durch.

[2] *Grafschaft:* Bei einer Erbteilung im Hause →Saarbrücken zw. 1182 und 1188 erhielt Gf. Heinrich Lehen und Allode in der Pfalz um Klingenmünster und Bergzabern und in Lothringen sowie die Vogtei über die Abtei Hornbach und das Nonnenkl. Altenmünster (Mainz). Ihre im späten 12. Jh. belegte Stadtpräfektur in →Worms konnten die Gf.en nicht ausbauen. Aus dem Erbe der Gf.en v. →Eberstein wurden die Herrschaft Stauf am Donnersberg und die sog. Rheindörfer mit der Gft. Z. vereinigt. Ihre Allodialgüter in Lothringen (Linder, Mörsberg, Saargemünd) vertauschten sie 1297/1302 mit dem Hzg.en v. Lothringen gegen die Herrschaft →Bitsch unter Vorbehalt der hzgl. Lehensherrschaft. Stufenweise schichteten die Brüder Walram und Eberhard ihren Besitz voneinander ab und beurkundeten 1333 die definitive Teilung. Z. und Bitsch wurden die namengebenden Burgen der beiden Linien Z.-Z. und Z.-Bitsch, erstere starb 1394, letztere 1570 aus. Territoriale Kerne der Linie Z.-Z. waren die aus der Vogtei über Hornbach entstandene Gft. Z. und das Amt Bergzabern. Die Gf.en hatten Anteil an Zöllen und Geleit auf den Straßen von Pfalz und Elsaß zum Saartal. Als bedeutendste Persönlichkeit der Linie Z.-Z. gilt Gf. Walram II. († 1366). Infolge seiner Heirat mit Johanna v. Bar-Pierrefort wurde er in die polit. Auseinandersetzungen in der Reichsromania verwickelt. Von 1356 bis 1364 fungierte er als ksl. Statthalter in Lothringen. Eine zunehmende Verschuldung veranlaßte seinen Sohn Eberhard II., die Burgen und Städte Bergzabern, Hornbach und Z. an Kfs. →Ruprecht I. v. d. Pfalz hälftig zu verkaufen und zu Lehen aufzutragen. Sie fielen nach dem kinderlosen Tod Eberhards (1394) an die Kurpfalz. Die Allodien erbten die Gf.en v. Z.-Bitsch. Bei der Erbteilung zw. den Söhnen Kg. →Ruprechts (1410) erhielt Stephan u.a. die Gft. Z., mußte sie aber zunächst (1416) bei dem Hzg. v. Lothringen auslösen, dem sein Vater sie verpfändet hatte. Seitdem gehörte sie zum Kern des Hzm.s Pfalz-Z.

H.-W. Herrmann

Q. und Lit.: L. MOLITOR, UB zur Gesch. der ehem. pfalz-bayer. Residenzstadt Z., 1888 [Neudr. 1974] – C. PÖHLMANN, Die kurpfälz. und lothring. Zwischenregierung in Z. (1384-1416), (Mitt. Hist. Verein Pfalz 45, 1927), 25–36 – DERS., Gesch. der Gf.en v. Z. aus der Z.er Linie, 1938 – DERS., Die älteste Gesch. des Bliesgaus, Bd. 2, 1953, 94–96 – C. PÖHLMANN-A. DOLL, Reg. der Gf.en v. Z. aus der Linie Z., 1962 – Dt. Städtebuch, hg. E. KEYSER, Bd. IV, 3: Rheinland-Pfalz und Saarland, 1964, 461–468 – H.-W. HERRMANN, Die Gft. Z. (Geschichtl. LK des Saarlandes II, 1977), 316–322 – DERS., Städte im Einzugsbereich der Saar (Publications Luxembourg 108, 1992), 316f.

Zweifel, ein zw. reinem Nicht-Wissen, der noch undifferenziert perzipierenden sinnl. Wahrnehmung bzw. alog. operierenden Vorstellung und evidentem Wissen anzusiedelnder Akt des Intellekts, der in seinem Erkenntnisvollzug zw. mindestens zwei einander konträr oder kontradiktor. entgegengesetzten Urteilen schwankt, dies wegen ausbleibender hinreichender Evidenz dieser Urteile. Unter wissenschaftl. Perspektive ist der Z. dazu geeignet, Scheinwissen seiner Scheingewißheit zu überführen, indem er dadurch, daß er in sich das Moment der Selbstaufhebung trägt, den Intellekt zur Suche nach evidenter Urteilsgewißheit stimuliert. Der strenge Dogmatismus kennt keinen Z., der rigorose Skeptizismus erhebt den Z. zum unüberwindbaren Prinzip, der pyrrhon. Skeptizismus faßt trotz seiner Philosophie des »Vielleicht« zumindest potentielle Erkenntnisgewißheit und Seelenruhe ins Auge und erkennt im Bereich alltägl. Erfahrung sogar Evidenzen an, etwa gesellschaftl. Gepflogenheiten. Wichtigste Arten des Z.s: absoluter Z. (nichts ist je gewiß, alles nur wahrscheinlich – vielleicht sogar das Wahrscheinl. selbst); relativer Z. (transitor. Urteilsenthaltung mit Akzeptanz mögl. zukünftiger Urteilsevidenz); method. Z. (provisor. Erkenntnishaltung zwecks eigener Überwindung und unerschütterl. Erkenntnisgewißheit); kataphat. Z. (für zwei Alternativen liegen gute Gründe vor), apophat. Z. (für keine der Alternativen liegen überhaupt Gründe vor); objektiv begründeter Z. (der Erkenntnisgegenstand erlaubt keine Urteilsevidenz), subjektiv begründeter Z. (Defizite der Erkenntnisorgane verhindern gültige Ein- oder auch nur Ansichten); realer und fingierter (bes. literar.) Z.; partieller (perspektiv.) und universaler (genereller) Z.; theoret., moral. und religiöser Z. (unterschieden gemäß seinem Auftreten in den wissenschaftl. Disziplinen oder im individuellen nicht-wissenschaftl. Lebensvollzug). →Augustinus' Theorie des Z.s lautet: Zweifle ich, so weiß ich, daß ich zweifle, weiß ich, daß ich nicht weiß; dieses Wissen ist selbst nicht mehr bezweifelbar, ist unter selbst gewisses Wissen (De trin. X 10, 14). Alles Zweifeln hat ein Ende im Falle unumstößl. gewisser wissenschaftl. Erkenntnis, bes. im Falle demonstrativen Wissens, so →Thomas v. Aquin, so →Dietrich v. Freiberg im Rekurs auf →Aristoteles' Wissenschaftsideal (vgl. MOJSISCH, Einl. z. Abh. über den Intellekt ..., XXVI–XXVIII), so auch →Boetius de Dacia: »Vollkommene Erkenntnis schließt den Z. aus« (Quaest. super librum Topicorum, lib. IV quaest. 14). Gemäß →Raymundus Lullus geht der Zeit nach die affirmatio der negatio voraus, früher als beide aber ist unter philos. Perspektive der Z. (Principia philosophiae, pars III dist. 1 cap. 6). Nach →Berthold v. Moosburg ist der Z. (dubium) gleichsam ein Zweiwegiges (duvium), indem sich die Vernunftbewegung (motus rationis) zwei widersprüchl. Aussagen ausgesetzt sieht, ohne sich für eine der Aussagen begründet entscheiden zu können (Expositio ..., prop. 123 – noch uned.). Auch für das SpätMA gilt: Der Z. ist ein unverzichtbares movens des Philosophierens, der Wissenschaft überhaupt, aber auch individueller Lebensvollzüge, selbst wenn er in sich von sich fort über sich hinaus weist.

B. Mojsisch

Lit.: F. J. v. TESSEN-WESIERSKI, Wesen und Bedeutung des Z.s, 1928 – E. SCHADEL, Aurelius Augustinus, De magistro, Einf., Übers. und Komm., 1975 – B. MOJSISCH, Die Theorie des Intellekts bei Dietrich v.

Freiberg, 1977 – Dietrich v. Freiberg, Abh. über den Intellekt und den Erkenntnisinhalt, übers. und mit einer Einl. hg. B. MOJSISCH, 1980 – U. JAPP, Der unmethod. Z. (Skepsis oder das Spiel mit dem Z. [Fschr. R.-R. WUTHENOW, hg. C. HILMES, D. MATHY, H. J. PIECHOTTA, 1994]), 102–112.

Zweifelderwirtschaft. Bei der Z. handelt es sich um eine Bodennutzungsart, bei der im regelmäßigen Wechsel die eine Hälfte des bebauten Ackerlandes bestellt wurde, während die andere Hälfte als Brache liegen blieb. Bezogen auf die Flur einer Dorfgemarkung meint die Z. ein mit Zelgen verbundenes Feldsystem, das in der Sprache der Agrargeographie präziser mit dem Terminus »Zweizelgenbrachwirtschaft« bezeichnet wird. Dabei war die Ackerflur eines →Dorfes in zwei Zelgen (= Großfelder) von annähernd gleicher Größe gegliedert; sie wurden in einem zweijährigen Turnus von den Bauern bebaut und unterlagen dem Flurzwang. Die bebaute Zelge wurde im Herbst vorwiegend mit Wintergetreide (Roggen, Dinkel, Weizen) bestellt, während die Brachzelge ein Jahr lang unbesät blieb. Der Unterschied zur →Dreifelderwirtschaft liegt bei der Z. demnach in dem Vorhandensein von zwei statt drei Zelgen. Bei der Z. ist ferner zu beachten, ob die Z. jeweils als primäres oder als sekundäres Feldsystem auftritt, d.h. ob die Z. der Dreifelderwirtschaft voraufgeht oder erst in späterer Zeit eingerichtet wurde.

Die Z. wurde wissenschaftl. zuerst v.a. durch J. N. v. SCHWERZ untersucht, der zu Anfang des 19. Jh. in seinen Beschreibungen der linksrhein. Agrarstrukturen auf sie hingewiesen hat. Ihm fiel auf, daß in den Dörfern des Niederelsaß, der Pfalz, der unteren Mosel und bei Jülich eine zumeist durch Flurzwang geregelte Wirtschaftsweise üblich war, welche nicht wie die Dreifelderwirtschaft einen dreijährigen Anbaurhythmus kannte, sondern in zweijährigem Rhythmus Getreide und Brache wechseln ließ. Die Frage drängte sich auf, weshalb sich in dichtbesiedelten Gegenden eine Wirtschaftsweise mit so starker Brachhaltung bis in die NZ hinein erhalten konnte. Die Agrarforsch. hat auf diese Frage unterschiedl. Antworten gegeben. Die ältere Richtung führte die rhein. Z. teils auf den Einfluß röm. Kolonisten zurück, teils sah man sie als eine Bebauungsart an, die bereits durch vorgeschichtl. Wanderungen von Steppenvölkern aus dem Südosten in die rhein. Lößgebiete eingeführt worden sei. Die neuere Agrargeographie gelangte dagegen zu der Auffassung, daß die Einteilung in Zelgen eine viel spätere Entwicklung der mitteleurop. Landwirtschaft darstelle und daß die Z. ebenso wie die Dreifelderwirtschaft sich erst seit dem HochMA durchgesetzt habe. Die zelgengebundene Z. des Rhein- und Moselgebietes spiegelt offenbar verschiedene Stadien der Entwicklung: Während im rheinhess.-pfälz. Raum die Zweizelgeneinteilung wahrscheinl. auf einen alten zweijährigen Wechsel zurückgeht, erwies sich die niederelsäss. Z. als eine sekundäre Erscheinung, der eine Dreifelderwirtschaft voraufging. Die Z. war insgesamt bes. in Weinbauregionen verbreitet, wo die Bauern mit Vorrang ihre Weingärten pflegten, für die Getreidefelder aber wenig Dünger und Arbeitskraft übrigbehielten. So erklärt es sich, daß die relativ extensive Z. sich gerade in fruchtbaren Agrarlandschaften mit intensiv betriebenen Sonderkulturen wie z.B. in der Oberrheinebene hartnäckig gehalten hat. W. Rösener

Lit.: J. N. v. SCHWERZ, Beschreibung der Landwirtschaft im Niederelsaß, 1816 – G. HANSSEN, Agrarhist. Abh., 2 Bde, 1880–84 – K. S. BADER, Stud. zur Rechtsgesch. des ma. Dorfes, I, 1957, 46ff. – G. SCHRÖDER-LEMBKE, Wesen und Verbreitung der Z. im Rheingebiet, ZAA 7, 1959, 14–31 – H. OTT, Stud. zur spätma. Agrarverfassung im Oberrheingebiet, 1970 – H. HILDEBRANDT, Stud. zum Zelgenproblem, 1980 – W. RÖSENER, Bauern im MA, 1991⁴, 131f.

Zweigewaltenlehre, Gelasianische, meint die Doktrin, die Papst →Gelasius I. während des →Akakian. Schismas gegenüber Ks. →Anastasios I. über das rechte Verhältnis von geistl. und weltl. Gewalt entwickelte. Am berühmtesten wurde die im Brief von 494 (JAFFÉ² Nr. 632) getroffene Unterscheidung zw. der auctoritas sacrata pontificum und der regalis potestas, die in wechselseitiger Bezogenheit die Welt regieren, wobei den Priestern das höhere Gewicht zukomme, da sie vor Gottes Gericht auch für die Kg.e Rechenschaft zu geben hätten, während den Herrschern die höchste dignitas unter den Menschen zugebilligt wird.

Obgleich die kirchenpolit. Realität der folgenden Jahrhunderte diesem Gleichgewichtsideal kaum entsprach (→Dreikapitelstreit, →Monotheletismus, →Bilderstreit), blieben die Sätze in kirchenrechtl. Slg.en erhalten und tauchten vereinzelt im 8. Jh. in Rom bei →Gregor III. und →Hadrian I. auf (MGH Epp. V, 51 A.10). Die Anwendung auf das innerfrk. Verhältnis von Kgtm. und Episkopat setzte unter dem Einfluß →Walas v. Corbie und des →Jonas v. Orléans mit der Pariser Synode v. 829 ein (MGH Conc. II, 610ff.) und zielte zunächst defensiv auf stärkere kirchl. Autonomie (libertas episcopalis) ab. Seither wurde die Z. von karol. Synoden und Theologen, zumal von →Hinkmar v. Reims, mehrfach aufgegriffen und im Sinne eines priesterl. Mahn- und Aufsichtsrechts gegenüber Kg.en gedeutet. →Nikolaus I. nahm sie wieder in den Dienst der päpstl. Autorität gegenüber Ost und West, doch erst im →Investiturstreit spitzte →Gregor VII. die Z. zu einer Waffe im Kampf um den hierokrat. Vorrang des Sacerdotiums zu (MGH Epp. sel. II, 553). In den →Libelli de lite folgten ihm die Publizisten seiner Partei, während für den ksl. Anhang die Z. zum Argument für die Eigenständigkeit der monarch. Gewalt wurde. →Gratian übernahm die Kernsätze in sein Dekret (→Decretum Gratiani; D. 96 c. 10, als Beleg gegen weltl. Herrschaftsansprüche über die Kirche) und vermittelte sie so der Nachwelt, doch sollte sich die hoch- und spätma. Reflexion des Gewaltenproblems eher an der →Zweischwerterlehre orientieren. R. Schieffer

Lit.: L. KNABE, Die gelasian. Zweigewaltentheorie bis zum Ende des Investiturstreits, 1936 – K. F. MORRISON, The Two Kingdoms. Ecclesiology in Carolingian Political Thought, 1964 – I. S. ROBINSON, Authority and Resistance in the Investiture Contest, 1978 – H. H. ANTON, Zum polit. Konzept karol. Synoden und zur karol. Brüdergemeinschaft, HJb 99, 1979, 55–132 – R. L. BENSON, The Gelasian Doctrine: Uses and Transformations (La notion d'autorité au MA, 1982), 13–44 – B. SZABÓ-BECHSTEIN, Libertas ecclesiae. Ein Schlüsselbegriff des Investiturstreits und seine Vorgesch., StGreg 12, 1985 – R. SCHIEFFER, Freiheit der Kirche: Vom 9. zum 11. Jh. (VuF 39, 1991), 49–66 – T. STRUVE, Die Stellung des Kgtm.s in der polit. Theorie der Salierzeit (Die Salier und das Reich, hg. S. WEINFURTER, III, 1991), 217–244 – →Gelasius I.

Zweikaiserproblem. Mit dem Begriff 'Z.' wird das Syndrom von Fragen, Spannungen und Konflikten beschrieben, die aus der Existenz je eines Ksm.s im Osten (Konstantinopel) und im Westen (Frankenreich; ma. Imperium) der christl.-ma. Welt resultierten.

Grundlegendes Faktum war, daß nach dem Untergang des weström. Ksm.s (476/480) sich das oström. Pendant (→Byz. Reich) als Fortsetzer der Tradition des röm. Imperiums sah. Angelegt waren hiermit Interdependenz und Polarität zu den germ. Staaten, die sich ab dem 5. Jh. im Westen herausbildeten, von denen ab dem 6. Jh. die Großregna der →Franken, →Westgoten und →Langobarden bleibendere Gestalt hatten. In das Vorfeld des Z.s gehört, daß Ks. Justinian mit seiner umfassenden Restaurationspolitik die alten Grenzen des röm. Reiches wieder-

herzustellen versuchte und in Afrika und Italien die Reichsbildungen der →Vandalen und →Ostgoten beseitigen (533; 555/563) und in Spanien gegen die Westgoten (552) teilweise Erfolg erzielen konnte. Einer sich bisweilen zur Rivalität steigernden Imitatio imperii der Großregna standen die Bemühungen der Byzantiner gegenüber, das Ksm. des Westens von Konstantinopel aus zu erneuern oder die ksl. Residenz in den Westen zu verlegen (Maurikios 597; Herakleios 619; Konstans II. 663). Die erwähnte w. Rivalität wurde nur im Ausnahmefall zu institutionellimperialer Aspiration geführt, so vielleicht bei dem von der Basis der Konfessionsgleichheit mit dem Ks. her agierenden frk. Kg. Theudebert I. im 6. Jh. Generell mußte der byz. Ks. die selbständigen Staaten auf dem ehem. Reichsboden im Westen anerkennen, er versuchte, sie sich in dem auch dort akzeptierten System der »Familie der Könige« zuzuordnen.

Verschiedene Versuche, im Westen das Ksm. zu erneuern, scheiterten. Initiierend und durchschlagend für das Gelingen eines solchen Versuchs war die Lösung des →Papsttums von Byzanz, die, von Papst Gregor III. (739/ 740) präludiert, sich in der Zuerkennung des Patriciustitels (→Patricius) und der Salbung durch Stephan II. für Kg. Pippin I. und seine Söhne Karl und Karlmann sowie in der Schaffung des →Kirchenstaates aus den byz. Herrschaftsgebieten in Italien (Rom; Ravenna) durch die Franken niederschlug (754; 756). Diese Linie fand ihre Klimax, als Papst Leo III. 800 Karl d. Gr. nach byz. Vorbild zum Ks. krönte und von den Römern akklamieren ließ. Dies, sodann der die röm. Tradition beanspruchende Ks.titel Karls und die Devise seiner Ks.bullen (»Romanum gubernans imperium«; »Romani rector imperii«; »Renovatio Romani imperii«) und weiter die Einführung der byz. Institution des Mitksm.s mit Krönung des Sohnes Ludwig 813 konkretisierten und akzentuierten schließlich das Z. Längere Verhandlungen und krieger. Auseinandersetzungen mit Byzanz wurden damit abgeschlossen, daß Ks. Michael 812 Karl als imperator (ohne Bezugsetzung zu Rom) anerkannte, für sein Ksm. aber die bisher bloß literar. Bezeichnung βασιλεύς τῶν Ῥωμαίων als Rechtstitel übernahm. Byzanz nahm danach die Existenz eines westl. Ksm.s hin, ohne sich damit abzufinden. Im 9. Jh. wurde die Krönung des westl. Ks.s durch den Papst konstitutiv. Unter dem Einfluß päpstl. Kreise (→Anastasius Bibliothecarius) erhielt das Z. seine Zuspitzung, als Ks. Ludwig II. 869/870 in betonter Wendung gegen Byzanz das legitime röm. Ksm. exklusiv für sich beanspruchte. Das Ksm. des Westens sank in der Folgezeit zu einer partikular it. Würde herab, um 924 mit dem Tod →Berengars, Kg. v. Italien, zu erlöschen. Die Ks.krönung Ottos I. 962 durch Papst Johannes XII. erneuerte mit dem Rückgang auf die karol. Tradition und dem Konnex zur Italien- und Papstpolitik wieder das Z. (u.a. forcierte Vindizierung des »byz.« Ravenna durch den Westen als Ks.stadt in otton. und sal. Zeit). Konflikte, die v.a. in Süditalien ausgetragen wurden, konnten 972 durch die Heirat Ottos II. mit →Theophanu vorläufig beigelegt werden. Die mit den Vorstellungen der »Renovatio imperii Romanorum« (→Renovatio) verbundene Übernahme röm.-byz. Formen bei Otto III. mit röm. Ks.titulatur und dem Anspruch auf das wahre Imperium hatte eine starke Wendung gegen Byzanz. Doch ein Eheprojekt bewahrte vor Eskalation.

Grundlegende Änderungen polit. und staatsrechtl. Art traten im 11. Jh. ein: Als der dt. Kg. von Heinrich III. an vor der Ks.krönung den Titel →»Rex Romanorum« annahm und das westl. Ksm. sich eindeutig als Imperium auffaßte, standen sich zwei röm. Herrscher gegenüber.

Trotz Reibungen und Konflikten in Unteritalien wurde der Zusammenstoß vermieden. Die bald auch im Kontext seiner neuen Normannenpolitik erscheinende schroffe Wendung des Papsttums gegen Byzanz brachte mit dem 1054 ausgelösten →Schisma zw. Ost und West den Abschluß jahrhundertewährender Auseinanderentwicklungen im kirchl. Bereich. Neue Probleme stellten sich im Gefolge der →Kreuzzüge ab dem ausgehenden 11. Jh. ein.

Hatten schon in karol. Zeit theol. Probleme trennend zw. den beiden Ksm.ern gewirkt, so sollte dies bes. im 12. Jh. virulent werden. Die an den kirchl. Streit um die lat. oder gr. Ausrichtung der Hierarchie in Syrien angeknüpfte Primatsfrage wurde wegen der Ks.krönung durch den Papst mit dem Z. verbunden. 1111/12 wurde der Salier Heinrich V. von einer Synode in Konstantinopel verurteilt, der byz. Ks. Alexios I. bot den Römern Hilfe an und schlug hierbei vielleicht auch vor, das Ksm. an den Osten zurückzuübertragen. Im Verhältnis der beiden Ksm.er wurde das norm. Problem zum Angelpunkt. Vom Osten her an Ks. Lothar III. und Kg. Konrad III. in den 30er Jahren des 12. Jh. herangetragene Bündnis- und Heiratspläne führten nicht zum Erfolg. Die stauf. Reichsidee war für die Politik Konrads III. und Friedrichs I. bestimmend. Der Titel »Romanorum imperator augustus« wurde ohne Ks.krönung gegen Byzanz geführt, in Steigerung der bei Ludwig II. sichtbar gewordenen Aversion wurde der →Basileus als »Imperator Constantinopolitanus« oder gar als »Rex Grecorum« abgewertet. Nach Kompromissen in der Titelfrage billigte Byzanz Friedrich I. den Ks.titel ohne röm. Zusatz, wie im 9. Jh., zu, ihn als den eines Mitks.s interpretierend. Dynast. Verschwägerungen zw. Komnenen und Staufern förderten den Prozeß gegenseitiger Beeinflussung der Ksm.er. In dem 1159 beginnenden Schisma suchte Papst Alexander III. eine große Koalition gegen Friedrich I. mit Byzanz als entscheidendem Träger. Für dieses war damit die Aussicht eröffnet, das Z. (und die Frage der Kirchenunion [→Union, kirchl.]) in seinem Sinn zu lösen. Schon weitgediehene byz.-päpstl. Verhandlungen verloren schließlich im Frieden v. →Venedig (1177) die polit. Grundlage. Nicht zuletzt den Rückgang der wirtschaftl. Bedeutung des Byz. Reiches durch den Aufstieg der it. Seestädte stärkte das Selbstgefühl des Westens. Hierher gehören unter Friedrich I. die Imitation byz. Ks.titulatur in amtl. Schreiben, die imperiale Ausprägung des Ranges für den röm. Kg., das Streben nach Mitks.krönung des Sohnes durch Papst Alexander III. Durch die Heirat Heinrichs VI. mit Konstanze 1186 und die Vereinigung Siziliens mit dem westl. Ksr. (1189–94) erhielt das Streben des Okzidents nach universaler Ks.würde neue Kraft. Im Gefolge des IV. →Kreuzzugs (1202–04) wandelte sich das Z. zum Gegensatz zw. dem →Lat. Ksr. v. Konstantinopel und den gr. Teilreichen.

Was noch anzufügen ist, gehört somit in diese Nachgeschichte des Phänomens. Der Isolierung des Lat. Ksr.es diente die von Byzanz betriebene Politik des Ausgleichs mit der röm. Kurie, die Ks. Johannes III. Dukas Vatatzes 1254 einleitete. Ks. Michael VIII. Palaiologos gelang 1261 die Rückeroberung Konstantinopels. Die Ausgleichspolitik gegenüber der röm. Kurie setzte Michael fort. Der nach der Eroberung Siziliens durch das Haus Anjou (1265–68) drohenden krieger. Expedition suchte Byzanz durch weitgehende Zugeständnisse an Papst Gregor X. auf dem II. Konzil v. →Lyon 1274 zu begegnen. Als nach dem Tod dieses Papstes die angevin. Partei die Kurie beherrschte, Papst Martin IV. den byz. Ks. exkommunizierte und die Eroberungspläne Karls v. Anjou und seines Schwagers Philipp, des Titulark.s v. Konstantinopel, unterstützte,

parierte Michael VIII. geschickt mit der byz.-aragones. Entente. Innerbyz. Bürgerkriege ab 1282 und 1321 sowie der Druck durch Serben und Osmanen markierten den Beginn der Agonie des byz. Reiches. Im Westen hatte daher unter den Habsburgern und den Luxemburgern die frühere Ks.politik gegenüber dem Osten nicht mehr die Grundlage. Die Situation wird dadurch beleuchtet, daß mehrfach byz. Ks. in der 2. Hälfte des 14. Jh. und im 15. Jh. als Bittsteller im Westen erschienen. Der päpstl. verkündete Kreuzzug sollte 1439 dem bedrohten Byzanz Hilfe bringen. H. H. Anton

Lit. [Auswahl]: W. OHNSORGE, Das Z., 1949 – F. DÖLGER, Byzanz und die europ. Staatenwelt, 1953 [Neudr. 1964] – W. OHNSORGE, Abendland und Byzanz, 1958 – H. J. KIRFEL, Weltherrschaftsidee und Bündnispolitik (BHF 12, 1959) – W. OHNSORGE, Konstantinopel und der Okzident, 1966 – Intitulatio I–III, hg. H. WOLFRAM (MIÖG-Ergbde 21, 24, 29, 1967–88) – P. E. SCHRAMM, Ks., Kg.e und Päpste, Bd. 1–4, 1968–71 – H.-G. BECK, Byzanz und der Westen im 12. Jh. (VuF 12, 1968), 227–241 – J. DEÉR, Byzanz und das abendländ. Herrschertum (Ausgew. Aufsätze, hg. P. CLASSEN [VuF 21] 1977) – H.-D. KAHL, Röm. Krönungspläne im Komnenenhause?, AK 59, 1977, 259–320 – H. VOLLRATH, Konrad III. und Byzanz, ebd., 1977, 321–365 – P. CLASSEN, Ausgew. Aufsätze, hg. J. FLECKENSTEIN (VuF 28), 1983) – W. OHNSORGE, Ost-Rom und der Westen..., 1983 – P. CLASSEN, Karl d. Gr., das Papsttum und Byzanz, hg. H. FUHRMANN – C. MÄRTL (Beitr. zur Gesch. und Q.kunde des MA 9, 1985) – H. H. ANTON, Beobachtungen zum frk.-byz. Verhältnis in karol. Zeit (Beitr. zur Gesch. des Regnum Francorum, hg. R. SCHIEFFER [Beih. der Francia 22], 1990), 97–119 – W. GIESE, Venedig-Politik und Imperiums-Idee bei den Ottonen (Herrschaft, Kirche, Kultur..., Fschr. F. PRINZ [= Monogr.n zur Gesch. des MA 37], 1993), 219–243 – Byzanz und seine Nachbarn, hg. A. HOHLWEG, Südosteuropa-Jb. 26, 1996.

Zweikampf, kämpfer. Auseinandersetzung zweier oder mehrerer Personen aus →Rache, Streben nach Herrschaft, Beute oder Anerkennung, zur Entscheidung einer Schlacht (vgl. GOEZ) oder eines (Rechts-)Streites oder zur Unterhaltung von Zuschauern (als Schaukampf oder Sängerwettstreit). Vielfältig ist die Darstellung in der →geistl. Dichtung (Z. der Tugenden und Laster in der »Psychomachia« des →Prudentius, 4. Jh.; apokalypt. Z. zw. Elias und dem Antichristen in dem Gedicht→»Muspilli« des 9. Jh.), in den ma. →Epen oder in der →Fabeldichtung (z. B. Z. von Reineke Fuchs und Isegrim; →Renart). – Realität war der rechtl. bzw. gerichtl. Z. in drei Formen. Als erstes ist der Z. als Streitentscheidung zu nennen, der an die Stelle der krieger. Auseinandersetzungen (→Fehden) der Sippen oder Gefolgschaften trat und deren strittig gewordenes Verhältnis öffentl. und geleitet von der Autorität des Gerichts wiederherstellen sollte (PAPPENHEIM, HOLZHAUER). Das eigtl. Rechtsverfahren war dieser Z. selbst, gerichtl. waren nur Ort und Zeit vorgegeben; der Sieger hatte damit seine Rechtlichkeit (sein Im-Recht-Sein) rechtskräftig erwiesen (zu dem zugrundeliegenden leibl. Rechtsverständnis vgl. SCHILD). Fließend war der Übergang zur zweiten Form – dem Z. als Beweismittel –, bei der der Sieg noch vom Gericht auf seine Rechtmäßigkeit hin überprüft und anerkannt werden mußte, weshalb die Beendigung des Verfahrens erst durch Urteilsspruch erfolgte (WERKMÜLLER). Angeordnet wurde dieser Z. durch Beweisurteil. Es ist anzunehmen, daß auch die näheren Formalitäten rechtl. (etwa im →Sachsenspiegel) oder vom Richter vorgeschrieben und deren Einhaltung von ihm überprüft wurden. Den zeitgenöss. frz. Epen kann man in Zusammenhang mit der Rechtsq.n (COULIN) eine feste Reihenfolge von Verfahrensschritten entnehmen (zu den – wohl fiktiven – Vorschriften für den Z. von Mann und Frau vgl. MINKOWSKI). Doch konnte auch im »Kampfrecht« (»Kampfklage«) der Kläger dem (freien) Verklagten unmittelbar die Reinigungsmöglichkeit (durch →Eid mit Eideshelfern) verlegen und ihn sofort zum Z. herausfordern (zur Regelung des Sachsenspiegels vgl. PLANCK, v. SCHWERIN). Nach der Christianisierung (erstmals in den Leges Burgundionum Ende des 5. Jh. [zu den Regelungen in den übrigen Leges vgl. HOFMANN, JORDAN]) griff man zur Legitimierung dieses Rechts des Stärkeren auf die Vorstellung des →Gottesurteils zurück (vgl. Ps 16, 8: David gegen Goliath), wonach der christl. Gott dem gerechten Kämpfer die Kraft zum Sieg verleihe. Dies begründete die Legitimation der Vertretung durch Stellvertreter, v. a. Lohnkämpfer. Der Charakter als Gottesurteil stand stets in Diskussion; schließl. bildete sich in der Kirche seine Ablehnung als eines Verstoßes gegen das Tötungsverbot heraus (HOFMANN, SCHWENTNER). Das IV. →Laterankonzil verbot 1215 endgültig den gerichtl. Z., wofür vielleicht die Rezeption des röm. Rechtes, das keinen Z. vorsah, in den Rechtsschulen v. →Paris und →Bologna von Bedeutung war. Stattdessen wurde der Zeugenbeweis (→Zeuge) bevorzugt. Die weltl. Herrscher übernahmen dieses Verbot; Friedrich II. verwarf 1231 in den Konstitutionen v. Melfi (→Liber Augustalis) für Sizilien den Z. als unvernünftigen Aberglauben (dazu CONRAD). Zum Verbot des gerichtl. Z.s in Frankreich (Ludwig d. Hl., 1261) vgl. →Verbrechen, A. IV. Auch die Städte lehnten den Z. ab und trachteten nach entsprechenden Privilegien: wohl nicht primär aus bürgerl. Rationalität, sondern wegen der damit verbundenen langen Zeitdauer (für die Vorbereitung der die Bürger vertretenden Kämpfer) und aus dem Bestreben, sich so der Rechtsgewalt des Stadtherrn als des für Z. vorgesehenen Gerichtsherrn zu entziehen. Schließl. blieb als dritte Form der Z. unter Aufsicht des Gerichts(herrn) (unter öffentl. Aufsicht) bestehen. Anlaß war im Regelfall eine Ehrbeleidigung, auf die der Verletzte vor eigenen (auch städt., auf Privileg gegründeten) »Kampfgerichten« mit der Aufforderung zum Z. reagierte (FEHR, HILS). Im 16. Jh. verschwand diese Form des Z.s allmählich. Übrig blieb (oder entstand neu) der außergerichtl. Z., der sich ab dem 16. Jh. herauszubilden begann und als Duell im eigtl. Sinne bezeichnet wird (dazu umfassend FREVERT). W. Schild

Lit.: HRG V, 1835–1847 [W. SCHILD; dort auch weitere Lit.] – J. W. PLANCK, Das dt. Gerichtsverfahren im MA, 1879 – M. HOFMANN, Die Stellung der kath. Kirche zum Z. bis zum Concil v. Trient, ZKTH 22, 1898, 455–480 – A. COULIN, Der gerichtl. Z. im afrz. Prozeß und sein Übergang zum modernen Privatr., 1906 – A. GAL, Der Z. im frk. Prozeß, ZRGGermAbt 28, 1907, 236–289 – F. FEHR, Der Z., 1908 – L. JORDAN, Das frk. Gottesgericht, AK 6, 1908, 265–298 – C. v. SCHWERIN, Zur fries. Kampfklage (Fschr. K. v. AMIRA, 1908), 177–233 – M. PAPPENHEIM, Über die Anfänge des germ. Gottesurteils, ZRGGerm Abt 48, 1928, 136–175 – B. SCHWENTNER, Die Stellung der Kirche zum Z.e bis zu den Dekretalen Gregors IX., TQ 111, 1930, 190–234 – H. MINKOWSKI, Über Z.e zw. Mann und Weib (Leibesübungen und körperl. Erziehung 53, 1934), 26–37 – H. NOTTARP, Gottesurteilstudien, 1956 – H. CONRAD, Das Gottesurteil in den Konstitutionen v. Melfi Friedrichs II. v. Hohenstaufen (1231), (Fschr. W. SCHMIDT-RIMPLER, 1957), 9–21 – G. BUCHDA, Der Beweis im ma. sächs. Recht, RecJean Bodin 17 (La preuve), 1965, 519–546 – I. REIFFENSTEIN, Rechtsfragen in der dt. Dichtung des MA, 1966 – W. GOEZ, Über Fs.enz.e im SpätMA, AK 49, 1967, 135–163 – G. W. VAN EMDEN, Trials by Ordeal and Combat (Essays for P. MAYER, 1980), 173–193 – R. SCHNELL, Dichtung und Rechtsgesch. Der Z. als Gottesurteil in der ma. Lit., Mitt. der Techn. Univ. Carolo-Wilhelmina zu Braunschweig 18/2, 1983, 53–62 – H.-P. HILS, Meister Johann Liechtenauers Kunst des langen Schwertes, 1985 – H. HOLZHAUER, Der gerichtl. Z. (Fschr. R. SCHMIDT-WIEGAND, 1986), 263–283 – U. FREVERT, Ehrenmänner, 1991 – D. WERKMÜLLER, Per pugnam probare, Überlieferung, Bewahrung und Gestaltung in der rechtsgeschichtl. Forsch. (Fschr. E. KAUFMANN, 1993), 379–390 – W. SCHILD, Das Gottesurteil der Isolde, Rechtslit. und literar. Recht (Fschr. R. SCHMIDT-WIEGAND, 1995).

Zwei-Schwerter-Lehre. Die Z. entstand in der Frühphase des →Investiturstreits durch typolog.-allegor. Exegese von Lk 22, 28. Im Passionsbericht sagen die Jünger zu Jesus: »Siehe, hier sind zwei Schwerter«, worauf dieser antwortet: »Das ist genug« (»Satis est«). In einem Schreiben Heinrichs IV. an die dt. Bf.e (1076, ep. 13), das propagandist. verbreitet wurde, folgerte daraus der Autor →Gottschalk v. Aachen, namhaftes Mitglied der kgl. Kanzlei, daß es nach Gottes Willen nebeneinander zwei höchste Gewalten auf Erden gebe, nicht mehr und nicht weniger. Er wandte sich damit gegen die These einer prinzipiellen, wesensmäßigen Unterordnung des →regnum unter das →sacerdotium und wiederholte das gleiche Argument 1082 in einem Brief des Saliers an die Römer (ep. 17). Zusammen mit der Berufung auf die (in der Regel unvollständig zitierte) →Zweigewaltenlehre des Gelasius wurde die Deutung der zwei Schwerter als »potestates distinctae« in der Folge von ksl. Parteigängern mehrfach wiederholt.

Freilich schien diese Deutung vielen Zeitgenossen nicht zwingend, zumal die Verwendung der →Schwert-Metapher – auch in Paar-Formeln wie »gladius spiritualis et gladius materialis« – bereits seit längerem in unterschiedl. Zusammenhängen üblich war, so zur Bezeichnung der innerkirchl. Straf- und Zwangsgewalt. Zudem wurde die Interpretation von Lk 22, 28 durch →Bernhard v. Clairvaux (De consideratione IV, 3, 7) und Autoren in seinem Umkreis unter Bezug auf Mt 26, 51 (Jesus zu Petrus: »Stecke dein Schwert in die Scheide«) umgedeutet: Christus habe im Garten Gethsemane damit ausdrückl. bejaht, daß die Apostel über beide Schwerter verfügten; daher besitze der Papst als Nachfolger Petri, führe indessen den »gladius materialis« nicht selbst, sondern überlasse ihn – freilich nicht unwiderrufl., was aus dem Christus-Wort an Petrus »converte gladium tuum«, nicht »abice«, herausgelesen wurde – dem Ks. »ad nutum ecclesiae«. Die Z. wurde seit dem 2. Drittel des 12. Jh. bis ins 14. Jh. zu einem oft wiederholten Argument für die Superiorität der päpstl. Gewalt über das Ksm., das freil. auch Widerspruch fand, der bis in die volkssprachige Literatur reichte (→Sachsenspiegel, Landrecht I, 1; →Freidank, Bescheidenheit 152, 12). Doch überwogen Äußerungen im Sinn einer päpstl. Verfügungsgewalt über beide Schwerter, wie bei Innonzenz IV. (1245: »Eger cui levia«, Acta imperii inedita 2, Nr. 1035) oder Bonifatius VIII. (1302: »Unam sanctam«, MIRBT, Nr. 372): »In eius potestate duos esse gladios, spiritualem videlicet et temporalem, evangelicis dictis instruimur«. Auch im →Schwabenspiegel wird die ksl. Gerichtsbarkeit mittels der Z. aus der geistl. Gewalt abgeleitet (Landrecht, I).

Einer rationaler argumentierenden Zeit erschien eine Ableitung der päpstl. Superiorität über das Ksm. mittels der Exegese von Lk 22, 28 wenig zwingend; in der Kanonistik spielte das Argument von Anfang an eine geringe Rolle, wiewohl die Bedeutung des »gladius materialis« viel diskutiert wurde. Während der Theoriekämpfe um das Verhältnis zw. sacerdotium und regnum (imperium) nach 1300 wurde die Z. wiederholt scharf angegriffen, so namentl. von →Dante (De monarchia III, 9) und →Marsilius v. Padua (Defensor pacis II, 28), und verlor seither zunehmend an Gewicht. W. Goez

Q. [Auswahl]: E. WINKELMANN, Acta imperii inedita 2, 1885 – MIRBT – Die Briefe Heinrichs IV., ed. C. ERDMANN (MGH DMA I, 1937) – Lit.: HRG V, 1848ff. [P. MIKAT] – O. v. GIERKE, Das dt. Genossenschaftsrecht, 3: Die Staats- und Korporationslehre des Altertums und des MA, 1881, bes. 528ff. – J. LECLERCQ, L'argument des deux glaives, RechSR 21, 1931, 312ff.; 22, 1933, 151ff., 280ff. – H.-X. ARQUILIÈRE, Origines de la théorie des deux glaives, StGreg I, 1947, 501ff. – W. LEVISON, Die ma. Lehre von den beiden Schwertern, DA 9, 1952, 14ff. – W. ULLMANN, Die Machtstellung des Papsttums im MA, 1960, 501ff. [dt. Ausg.] – H. HOFFMANN, Die beiden Schwerter im hohen MA, DA 20, 1964, 78ff. – A. BORST, Barbaren, Ketzer und Artisten, 1988, 99ff. – Zur Diskussion um den gladius materialis im Sinne einer vornehml. innerkirchl. Zwangsgewalt vgl. v.a. die zahlreichen Studien von A. M. STICKLER, von denen hier nur aufgeführt werden können: DERS., Der Schwertbegriff bei Huguccio (Ephemerides iuris canonici 3, 1947), 201ff. – DERS., Il gladius negli atti dei concili e dei Romani Pontefici sino a Graziano e Bernardo di Clairvaux, Salesianum 13, 1951, 414ff.; ferner: F. KEMPF, Papsttum und Ksm. bei Innocenz III., 1954.

Zwentibold, Kg. v. →Lotharingien 895–900, * ca. 871, ✠ 13. Aug. 900 im Maasgau, ▭ Kl. Susteren; illegitimer Sohn Ks. →Arnulfs (1. A.) und einer unbekannten Konkubine; ⚭ Oda (Liudolfingerin), Tochter →Ottos des Erlauchten (25. O.); der in der karol. Kg.sfamilie einmalige Name stammt vom Taufpaten →Svatopluk, Fs. des Großmähr. Reiches (→Mähren, I. 1). Vom Vater wurde Z. (mit seinem ebenfalls illegitimen Halbbruder Ratold) zunächst für die Nachfolge im Reich vorgesehen (Mai 889 Hoftag in →Forchheim) und mit militär. Kommandos in Oberitalien (893) und Burgund (894) betraut. Nachdem Arnulf 893 ein legitimer Sohn, →Ludwig IV. (4. L.), geboren worden war, setzte er gegen anfängl. adlige Widerstände (894) auf einem Wormser Hoftag im Mai 895 die Kg.swahl seines Erstgeborenen Z. in Lotharingien durch; Hoffnungen auf die Einbeziehung Burgunds (Ann. Fuldenses 895: Kg. »in Burgundia et omni Hlotharico regno«) erfüllten sich nicht. Z.s selbständige Herrschaft, getragen von einer eigenen →Hofkapelle unter Ebf. →Hermann I. v. Köln und einer neu gebildeten Kanzlei unter Ebf. →Radbod v. Trier (3. R.), suchte in Aufnahme der Traditionen des 869 untergegangenen lotharing. Mittelreichs (Ann. Vedastini 895: »regnum quondam Hlotharii«) die Integration des dortigen Gf.enadels in ein karol. Kgtm. zu befestigen. Anfängl. Erfolge 895/896 wichen dem Verlust polit. Konsensfähigkeit. Z.s Scheitern hatte mehrere Ursachen: Seit Arnulfs schwerer Erkrankung (896/897) fehlte der Rückhalt des Vaters; wechselvolle Verwicklungen in die Auseinandersetzungen zw. →Odo (1. O.) und →Karl III. 'd. Einfältigen' (7. K.) um die westfrk. Kg.sherrschaft (Feldzug Z.s ins →Westfrk. Reich 895; wiederholte Flucht Karls nach Lotharingien 895 und 896; dort Treffen mit Arnulfs Gegnern um Ks. →Lambert [1. L.] in →Remiremont) gingen seit 897 mit zunehmenden Spannungen mit Ebf. Radbod v. Trier und führenden Gf.en Lotharingiens einher (898 Abfall Gf. Reginars [→Reginare] zum westfrk. Kg. Karl III. und erfolgloser Vorstoß Karls nach Aachen und Nimwegen). Nach Arnulfs Tod (8. Dez. 899) riefen führende Adlige seinen legitimen Nachfolger im →Ostfrk. Reich, Ludwig das Kind, nach Lotharingien (Huldigung im März 900 in→Diedenhofen). Von all seinen Bf.en und Gf.en verlassen, fand Z. im Sommer 900 gegen die Gf.en Gerhard, Matfrid und Stephan den Schlachtentod. Die Memoria an den letzten autonomen Herrscher Lotharingiens brachte seine kult. Verehrung als Kg.sheiligen hervor. B. Schneidmüller

Q.: MGH DD Karol. dt. 4 – BÖHMER-MÜHLBACHER, RI I, 1908² [Nachdr. 1966] – Lit.: DÜMMLER² III – R. PARISOT, Le royaume de Lorraine sous les Carolingiens, 1899, 515ff. – TH. SCHIEFFER, Die lothring. Kanzlei um 900, DA 14, 1958, 16-148 – H. BEUMANN, Kg. Z.s Kurswechsel im Jahre 898, RhVjbll 31, 1966/67, 17–41 – E. HLAWITSCHKA, Lotharingien und das Reich an der Schwelle der dt. Gesch., 1968, 114ff. – DERS., Stirps regia, 1988 – R. SCHIEFFER, Die Karolinger, 1992, 190–194 – TH. BAUER, Lotharingien als hist. Raum, 1997.

Zwerg, Riese, Troll

I. Volkskunde – II. Germanische Mythologie und skandinavische Literatur.

I. VOLKSKUNDE: Der hist. und räuml. weit verbreitete Glaube an Z.e und Riesen stützt sich zum einen auf die reale Existenz klein-, bzw. großwüchsiger Menschen, von denen bereits antike Autoren berichteten. Sie siedelten fabelartige und monströse Wesen meist am Rande der bekannten Welt an; diese Vorstellung griffen die ma. Kartographie wie die →Ebstorfer Weltkarte, aber auch Reiseberichte und Volksbücher auf (z. B. →Herzog Ernst). Homer bezeichnete in der »Ilias« Z.völker als »Pygmäen« (3. Gesang), um 400 v. Chr. sah Ktesias ähnl. wie Megasthenes im fernen Indien die Heimat der Z.e. Plinius d. Ä. erwähnte in seiner »Naturalis Historia« Z.e, die schneller als Pferde laufen könnten. Den ma. Theologen und Naturkundlern vermittelte Augustinus die antiken Vorstellungen von Wesen mit außergewöhnl. Körpergröße und -form selbst zuletzt durch die Diskussion, ob sie dem Schöpfungsakt Gottes entstammten oder dämon. Ursprungs seien. Isidor v. Sevilla gestand in seinen »Etymologiae« den Z.en eine Körpergröße von 45 cm zu (»cubitus«). Der Fernostreisende Marco →Polo (1254–1324) erzählte, daß man in Sumatra Affen mumifiziere und sie als winzige menschl. Wesen an Fremde verkaufe (Buch 3, Kap. 12). Solchermaßen gerieten »Z.e« im MA zum europ. Kulturimport und zu Sammlungsgegenständen früher Wunderkammern, was gleichermaßen auch für riesige fossile Knochen galt; sie zeigte man u. a. in Kirchen als Beweis für die Existenz von Riesen und Riesengeschlechtern. Im 15. Jh. setzte der dän. Kartograph Klausen Svart die »pygmaei« mit den »skrflinger« gleich und glaubte, daß sie auf Grönland hausten, ein ähnl. wie Indien und der Himalaya unbekanntes Gebiet am Ende der Welt, an dem auch Olaus Magnus in seiner »Carta Marina« von 1359 Z.e ansiedelte.

Neben den naturkundl. und präethnograph. Ansätzen sah man in Z.en und Riesen jenseitige, mit übernatürl. Gaben ausgestattete Wesen; dieser Glaube konzentrierte sich in auffallendem Maße auf den germ.-skand. und kelt. Kulturraum (z. B. Elfen, Feen). Berichte von Z.en und Riesen finden sich nicht nur in der ma. Exempellit., sondern bilden auch ein zentrales Handlungselement in der ma. Epik und Heldendichtung und finden schließlich Eingang in populäre Erzählgenres wie Märchen und Sagen. C. LECOUTEUX unterteilt die in der ma. Lit., hier insbes. in der Heldenepik begegnenden Z.e in drei Haupttypen: den selten erwähnten, bisweilen bärtigen Greis (z. B. Nibelungenlied, 497, 2–3: Alberich), den ebenfalls seltenen Z. in Gestalt eines Kindes, so Alberich, Vater Kg. Ortnits (Ortnit, 92, 4: »ein kleinez kind«), und schließlich den am häufigsten genannten Z., der in Gestalt des Ritters die höf. Gesellschaft nachahmt. Dessen ausführlichste Schilderung verdanken wir der Erzählung von der Verwüstung des Rosengartens Kg. →Laurins durch Dietrich v. Bern und Witege. Wie in den seit der Aufklärung aufgezeichneten und publizierten Märchen und Sagen leben die Z.e in der unterird. Welt der Grotten, Höhlen und Berge. Diesem Umstand verdanken sie ihre überragenden technolog. Kenntnisse in der Erzgewinnung und in der Metallverarbeitung etwa als waffenkundige Schmiede, die mit Zauberkraft versehene und daher unüberwindl. Schwerter und Rüstungen herstellen. In der Funktion als Bergleute begegnen sie nicht nur in einem der berühmtesten Märchen (»Schneewittchen«; GRIMM, KHM 53), sondern sind auch als dämon. Bergmännlein (»virunculi metallici«) Gegenstand von Ängsten der Bergleute, mit denen sie im »mundus subterraneus« der unterird. Gänge ihren Schabernack treiben, sie in die Irre führen oder gar für Schlagwetter verantwortlich sind. Georg Agricola widmete ihnen in seinen »De re metallica libri XII« von 1556 einen eigenen ausführl. Abschnitt. Da die Z.e im Erdinneren wohnen, kennen sie die Geheimnisse der Natur, ihre heilenden Kräfte und verfügen daher über zauber. Fähigkeiten. Sie können sich etwa durch eine Tarnkappe unsichtbar machen; im Nibelungenlied (97) erhält Siegfried von Z. Alberich eine Tarnkappe und vermag mit ihrer Hilfe Kg. Gunther zum Sieg über die schöne Brünhilt zu verhelfen. Als Helfer und Diener der Menschen begegnet der Z. v. a. in der ma. frz. Lit., als »Hintzelmann« (Heinzelmännchen) gewinnt er seit der Schrift »Der vielförmige Hintzelmann« von 1704 in den dt. Sagen seine Popularität.

Als Feinde der Z.e treten vornehml. die Riesen auf; so befreit Dietrich v. Bern einen Z. aus den Händen des »Wilden Mannes«. Der Glaube an die Tatsächlichkeit von Riesen war bis zum Erscheinen des »Mundus subterraneus« des Jesuiten Athanasius Kircher 1665 ungebrochen. Bis dahin hatte man fossile Funde z. B. von Mammutknochen als Beweis für ein urzeitl. Riesengeschlecht betrachtet. So bestimmte 1577 der Schweizer Felix Plater einen Knochenfund als die Überreste eines fünf bis sechs Meter hohen Riesen. Wie bereits bei den Z.en spielten auch bei den Riesen antike Berichte (u. a. Empedokles, Herodot, Plinius d. Ä.) einerseits, die Mythologie (z. B. Titanen) andererseits eine wichtige Rolle für die Genese und Tradition ma. Vorstellungen. Sie verbanden sich jedoch – im Gegensatz zu den Z.engestalten – mit bibl. Motiven: Riesen sind Kinder der Gottessöhne und Menschenfrauen (Gen 6,4), um Riesen handelt es sich nicht nur bei Og v. Basan (Num 21, 33), sondern auch bei Samson (Ri 13–16) und bei Goliath, den David besiegte (1 Sam 17). Hrabanus Maurus setzte sich in seiner Schrift »De universo« mit den Riesen auseinander (VII 7). In der ma. Erzähllit. nehmen sie breiten Raum ein; wo allerdings die Z.e den Menschen helfen, erscheinen die Riesen bei Kämpfen als Gegner des Helden. Sie stellen damit ein unverzichtbares literar. Argument für dessen ritterl. Tapferkeit und kämpfer. Geschick zur Verfügung. Sie wohnen entweder am Ende der Welt (u. a. König Rother, Vers 625) oder hausen in Wäldern und unzugängl. Gebieten wie die von Johannes Praetorius erstmals 1662 ausführl. beschriebene Schreckgestalt des »Rübezahl« (»Daemonologia Rubinzalii«). Die mit Keulen bewaffneten »Wilden Männer« (→Wildleute) fanden Eingang in die Heraldik. Als Widersacher des Menschen verkörpern die Riesen sowohl in der Heldenepik als auch in der Kunst das zu bezwingende oder bereits unterlegene Heidentum, was seinen Bildausdruck in der Darstellung des Atlanten fand, der Himmel und Erde zu tragen hat. In der Gestalt des hl. →Christophorus erhielt der Riese seit der Mitte des 12. Jh. seine Entsprechung auch in der christl. Hagiographie. Unter Ausdeutung des Namens als »Christusträger« konnte man sich nur einen Riesen vorstellen, der die unermeßl. Last Christi zu tragen vermochte.

Ch. Daxelmüller

Lit.: T. KEIGHTLEY, The Fairy Mythology, 1860 – A. LÜTJENS, Der Z. in der dt. Heldendichtung des MA, 1911 – W. Y. E. WENTZ, The Fairy-Faith in Celtic Countries, 1911 – H. F. FEILBERG, Nissens historie, 1919 – E. H. AHRENDT, Der Riese in der mhd. Epik, 1932 – J. R. BRODERIUS, The Giant in Germanic Tradition, 1932 – V. HÖTTGES, Typenverz. der dt. Riesen und riesischen Teufelssagen, 1937 – J. ANKER–S. DAHL, Fabeldyr og andre Fabelvæsener i Fortid og Nutid, 1938 – R. BERNHEIMER, Wild Men in the MA, 1952 – L. VIAN, La guerre des Géants,

1952 – J. W. McCrindle, Ancient India. As Described in Classical Lit., 1961 – F. C. Tubach, Index Exemplorum, 1969 – L. Röhrich, Märchen und Wirklichkeit, 1974³ – B. Holbek–I. Pio, Fabeldyr og sagnfolk, 1979 – C. Lecouteux, Les monstres dans la litt. allemande du MA, I–III, 1982.

II. Germanische Mythologie und skandinavische Literatur: Die Wesen der niederen →Mythologie der germ. Glaubenswelt (→Polytheistische Religionen, I) haben die Christianisierung im wesentl. unbeschadet überstanden, nur bei den Riesen kam es zu einer Bedeutungsverschlechterung (nicht aber Dämonisierung wie bei den heidn. Göttern). *Zwerge* (ae. *dweorg*, an. *dvergr*, ahd. *zwerc*, *gitwerc*) stehen als kleiner denn Menschen gedachte Wesen den Alben (Elfen) nahe (→Snorri Sturluson im 13. Jh. setzt die Z.e mit Schwarzalben gleich; s. u.), treten aber in Eddaliedern (→Edda) von diesen getrennt auf und dürften im Gegensatz zu den Alben nie einen religiösen Kult genossen haben, auch wenn man im Z.englauben die Reste einer Ahnenverehrung hat sehen wollen. Eine brauchbare Quelle für die folklorist. Vorstellungen von Z.en geben die über 100 Z.ennamen in der edd. →Völuspá und in den →Thulur. Einen Z. stellt man sich demnach im ma. Skandinavien als weise und kunstfertig vor, bes. geschickt jedoch im Schmiede- und Feinschmiedehandwerk. Die Kleinodien der Götter in der heidn. Mythographie werden der Kunstfertigkeit der Z.e zugeschrieben, darunter Thors Hammer Mjöllnir (→Donar/→Thor), Sifs goldenes Haar, Heimdalls Ring Draupnir (→Heimdall), Freyjas Halsband Brisingamen (→Freyja) sowie das Götterschiff Skíðblaðnir.

Riesen treten in der an. Lit. in sehr unterschiedl. Form auf. An. *jǫtunn* (ae. *eoten*; vgl. mhd. *jeteninne* 'Riesin') dürfte einen wertfreien Begriff für die Riesen dargestellt haben, die in der germ. Kosmogonie eine wichtige Rolle gespielt haben und zeitlich sowohl Götter als auch Menschen antizipieren. Aus dem Urriesen Ymir ist die Welt erschaffen, und die Riesentochter Bestla ist die Mutter der ersten Götter →Odin, Vili und Vé. Daß die Götter des altwestnord. Pantheons, bes. Odin, →Njörðr und →Freyr, Liebesabenteuer mit Riesentöchtern pflegen, bestätigt diese Bedeutung der Riesen. Die ma. mytholog. Novellen sprechen auch von sozialen Beziehungen zw. Göttern und Riesen, etwa mit dem Meerriesen Aegir oder auch dem Riesen Hrungnir. Die Weisheit der Riesen zeigen etwa die edd. →Grímnismál oder der Mythos vom Riesen Mimir. An. *Thurs* dagegen hat als Bezeichnung für Riesen eine eindeutig negative Konnotation und wurde als Runenname (→Runen) im Schadenzauber verwendet, betrifft also den schädigenden, bedrohl. Charakter der Riesen, wie er uns in den Riesenkämpfen des Gottes →Thor entgegentritt. In dieser Funktion stehen Riesen nicht für einen lebenspendenden, sondern für einen durch Kälte (Frostriesen) und Naturgewalten (Bergriesen) lebensbedrohenden Aspekt der menschl. Urerfahrung. Der Wohnort der Riesen, Utgard, steht damit für den Gegenpol der menschl. Ökumene, →Midgard. So werden nach der edd. Mythologie die Werbungen von Riesen (Thjazi, Thrymr, Hrungnir) um Göttinnen als Bedrohung der Welt der Götter und Menschen verstanden, und Thors Kämpfe gegen die Riesen (Hymir, Skrýmir, Thrymr, Thjazi, Hrungnir und der künstl. Riese Mökkurkalfi, Thrívaldi) enthalten zweifellos sehr alte Elemente, wie etwa Hrungnirs Wetzsteinwaffe. Dennoch scheint es, als sei zunehmend die negative Seite der Riesenvorstellungen in den Vordergrund getreten, was aber auch mit dem die heidn. Vorstellungen dämonisierenden Einfluß des Christentums zusammenhängen kann. Die Differenzierung in verschiedene Gattungen von Riesen ist aber sicherlich schon heidnisch, wobei wie Thurs auch *Troll* die Bezeichnung eines bedrohl. Riesen gewesen sein dürfte, allerdings wandelte sich die Vorstellung von Trollen spätestens im MA zu einer eigenen Gruppe niederer mytholog. Wesen, die aber noch im HochMA das Riesenbild des Volksglaubens und der Lit. dominierten: Trolle wie Riesen sind groß, häßlich, dümmlich, aber gefährlich, und entsprechen somit eher dem Riesenbild der dt. Volksmärchen. Die menschl. Protagonisten können sich gegen Riesen und Trolle nur dann durchsetzen, wenn sie ihren überlegenen Verstand gebrauchen. Die neuzeitl. skand. Trollvorstellungen haben damit kaum mehr etwas zu tun, sondern gehen (unter dem Einfluß schwed. Volksglaubens) eher auf das (alben/elfenartige) Huldrefolk zurück; T.e werden also als scheues, kleines und harmloses Völkchen betrachtet. – *Alben* (an. *álfr*; dt. *Elfen* seit dem 18. Jh.) waren eine eigenständige Gattung mytholog. Wesen, die wiederholt in einer Hierarchie von →Asen, Alben und Z.en genannt werden; ihren dämon. Charakter bezeugen Ausdrücke wie Albschuß 'Hexenschuß', und dies dürfte auch zu einer Trennung in *Lichtalben* (etwa: Engel) und *Schwarzalben* (etwa: Teufel) in der hochma. Mythographie von Snorri Sturluson geführt haben. Ob die Alben, für die auch Opfer belegt sind, ursprgl. Geister der Verstorbenen oder aber Fruchtbarkeitswesen waren, ist nicht mit Sicherheit festzumachen.
R. Simek

Lit.: KL III, 376–378, s.v. Dverger [E. F. Halvorsen]–K. Weinhold, Die Riesen im germ. Mythus, Sitzungsberichte der Akademie Berlin 26, 1858, 225–306 – C. W. von Sydow, Jättarne i mytologi och folktro, Folkminnen och Folktankar 6, 1919, 52–96 – H. de Boor, Der Z. in Skandinavien (Fschr. E. Mogk, 1924), 536–557 – I. Reichborn-Kjennerud, Den gamle dvergetro (Fschr. E. A. Kock, 1934), 278–288 – Ders., Den norske Dvergetradition, Norsk Folkekultur 20, 1934, 85–141 – E. Hartmann, Die Trollvorstellungen..., 1936 – H. Hässler, Z.e und Riesen in Märchen und Sage [Diss. Tübingen 1957] – L. Motz, On Elves and Dwarfs, Arv 29/30, 1973/74, 93–127 – Dies., The Rulers of the Mountain: A Study of the Giants of the Old Icelandic Texts, The Mankind Quarterly 1979/80, 393–416 – C. Lecouteux, Z.e und Verwandte, Euphorion 75, 1981, 366–378 – L. Motz, Giantesses and their Names, FmSt 15, 1981, 495–511 – Dies., The Families of Giants, ANF 102, 1987, 216–236 – Dies., Supernatural Beings, 1: Elves, Dwarfs and Giants, Med. Scandinavia: An Encyclopedia, 1993, 622–623 – R. Simek, What a Swell Party This Is...? Giants and Feasting in Old Norse Lit. [Fschr. E. Firchow, 1998; i. Dr.].

Zwerggalerie, in der Mauerdicke ausgesparter Laufgang unter der Dachtraufe roman. Kirchen, deren Arkaden von kleinen Säulen (Zwergsäulen) getragen werden (so 1857 von H. Otte in die kunstwissenschaftl. Lit. eingeführt und verbindlich definiert). Die Säulenreihen können durch Pfeiler rhythmisiert sein (Dom in Parma 2. Hälfte 12. Jh., St. Aposteln in Köln um 1200), auch durch Mauerreste (Ostchor des Bamberger Domes Anfang 13. Jh., Dekagon von St. Gereon in Köln 1214–27, St. Severin in Köln 1237 geweiht). Sie sind mit Bogen und Architrav (selten) miteinander und durch Quer- oder Längstonnen mit der Rückwand verbunden. Arkadenstellungen, die nicht vollständig von der Wand gelöst sind, werden als Blendgalerien bezeichnet und sind in Frankreich Ende 11./12. Jh. ausgebildet (Pfaffenheim/Elsaß), auch in England (Lincoln, Canterbury). Vorstufe der Z.n sind die Nischenreihen an den Apsiden frühroman. Bauten des 11. Jh. in Italien, Spanien, Frankreich, Belgien und Dtl. (Hersfeld, Chor, um 1040), deren ästhet. Bedeutung als aufgelockerter Abschluß der schweren Mauermassen dem spätantiken Attika-Geschoß entspricht, welches Ausgangspunkt der zur Z. führenden Typenreihe ist; auch die Reihe der Rundbogenöffnungen unter der Dachtraufe der West-

apsis des Trierer Domes um 1045 ist zu nennen. Die eigentl. Z. entsteht zu Anfang des 12. Jh. am Dom zu Speyer sowie in Oberitalien (Lucca, Pisa, Parma). Der oberrheinisch-oberit. Z. fehlt die Brüstung, und sie ist mit Quertonnen gedeckt, die auf Architraven zw. Säule und Rückwand aufliegen (Speyer). Bei der um 1150 (Schwarzrheindorf, Bonn, Köln) auftretenden niederrhein. Z.n stehen die Säulen und rhythmisierenden Pfeiler auf einer Brüstungsmauer, häufig mit Plattenfries (erstmals am Chor von St. Gereon in Köln 1151/56, Groß St. Martin in Köln 1172 geweiht). Der umlaufende Gang ist mit einer Ringtonne oder mit Kreuzgewölben überdeckt, die über den Arkadenbogen und auf der Rückmauer aufliegen. In seltenen Fällen ist auch der Gang mit Steinplatten abgedeckt, dann sind die Säulen mit einem Architrav verbunden (Trier). Mit dem Aufkommen der Gotik endet die Verwendung der Z., deren jüngste Beispiele am Mittel- und Niederrhein um 1230/40 entstanden sind (Westchor des Mainzer Domes bis 1239, St. Severin in Köln 1237).

G. Binding

Lit.: Lex. der Kunst VII, 1994, 952 [G. BINDING] – G. KAHL, Die Z., 1939 – H. E. KUBACH, Zur Entstehung der Z., Kunst und Kultur am Mittelrhein (Fschr. F. ARENS, 1982) – D. BINDING, Architekton. Formenlehre, 1987² – H. E. KUBACH–A. VERBEEK, Roman. Baukunst an Rhein und Maas, 4, 1989 [Lit.] – A. SCHUNICHT-RAWE, St. Peter in Sinzig, 1995.

Zwergstadt → Minderformen, städtische

Zwettl, OCist-Kl. in Niederösterreich, gegr. 1137 von Hadmar I. v. Kuenring im Grenzgebiet des Waldviertels zu Böhmen, Hauskl. des Ministerialengeschlechts der →Kuenringer. Das vom Mutterkonvent →Heiligenkreuz besiedelte Kl. wurde 1139 von Kg. und 1140 vom Papst bestätigt und unter beider Schutz gestellt, unterstand jedoch fakt. der Vogtei des Stiftergeschlechts, seit dem 14. Jh. der habsbg. Landesfs.en. Nach einer Konsolidierungsphase – 1159 wurde die Kl. kirche geweiht – erfüllte es seine Aufgabe als Kolonisationskl. im Nordwald, bekam aber stets die Auswirkungen österr.-böhm. Spannungen zu verspüren. Hadmar II. v. Kuenring († 1217) gilt als zweiter Stifter. Gute Beziehungen Z.s zu den →Babenbergern, zum Adel, zum Bf. v. Passau sowie zu den Städten →Eggenburg, →Krems und →Wien ermöglichten eine Aufwärtsentwicklung. Um 1173/74 wurde ein sehr produktives Skriptorium eingerichtet, seit dem 13. Jh. eine bedeutende Bibliothek aufgebaut. Der Abt v. Z. erhielt die Aufsicht über das 1263 gegr. Zisterzienserinnenkl. Alt-Melon (St. Bernhard). Unter Abt Ebro (1273–1304) erlebte Z. einen ersten wirtschaftl., baul. und kulturellen Höhepunkt. 1280 wurde das älteste Urbar angelegt, 1327/28 das Gesch., Besitzstand und Rechtsstellung des Kl. zusammenfassende Stiftungsbuch (»Bärenhaut«) vollendet. Z.er Besitz erstreckte sich im Wald- und Weinviertel sowie nach S vereinzelt über die Donau bis Wien. Unter Abt Otto II. Grillo (1334–62) begannen got. Umbauten, die 1383 abgeschlossen waren. Seit dem 14. Jh. litt das Kl. unter Kriegen, Fehden, Mißernten, Konjunkturschwankungen und Finanzproblemen. Dennoch ließ um 1400 der Kantor Nikolaus v. Dobersberg Bibliothek und Skriptorium eine intensive Betreuung angedeihen. Im 15. Jh. erfuhr Z. durch die Hussiteneinfälle und die krieger. Wirren der Zeit Ks. Friedrichs III. schwere Schäden, die es um 1450 in seinem Bestand gefährdeten. Abt Johann IV. Waltpekh (1453–74) ließ das Kl. befestigen, Wolfgang I. Joachimi (1474–90) schuf die Grundlagen für einen neuen allg. Aufschwung. Unter ihm faßte auch die monast. Reformbewegung Fuß, die Abt Koloman Bauernfeind (1490–95) bes. förderte.

S. Haider

Lit.: A. WAGNER, Der Grundbesitz des Stiftes Z., Forsch. zur LK von Niederösterreich 3, 1938 – Östmärk. Kunsttopographie 29, 1940 – K. KUBES–J. RÖSSL, Stift Z. und seine Kunstschätze, 1979 [Lit.] – Kuenringer-Forsch., Jb. für LK von Niederösterreich NF 46/47, 1980/81 – Ausst.kat. Die Kuenringer, 1981 [Lit.] – F. REICHERT, Landesherrschaft, Adel und Vogtei, Beih. AK 23, 1985, 227ff.

Zwickau, Stadt in Sachsen. Im slav. besiedelten Kleingau Z. an der oberen Z.er Mulde schenkte Gfn. Bertha v. Groitzsch 1118 aus ihrem Eigentum die eben erst geweihte Gaukirche St. Marien dem Kl. Bosau. Sie war zur geistl. Versorgung eines umfangreichen Gebietes beginnender bäuerl. Kolonisation bestimmt und mit dem einträgl. böhm. Zoll ausgestattet, der an einer hier die Mulde überquerenden Fernstraße über das →Erzgebirge nach Böhmen erhoben wurde. Hier entstand wohl noch vor 1150 eine Kaufmannssiedlung mit Nikolaikirche, die nach 1170 im Zuge planmäßiger staufi. Reichsstadtpolitik zur Stadt ausgebaut wurde. Während des dt. Thronstreits gelangte Z. zu Beginn des 13. Jh. an Mgf. →Dietrich v. Meißen (6. D.), der hier eine wohl schon vorhandene Wehranlage ausbaute, aus der das spätere Stadtschloß Osterstein hervorging (castrum 1292). Er errichtete in Z. ein Frauenkl. (1219 nach Eisenberg verlegt), an das noch die Katharinenkirche erinnert. Im Zuge der Besiedlung des Erzgebirges die Frankenstraße von Nürnberg nach Dresden aufkam, entstand in Z. eine →Neustadt mit der (neuen) Marienkirche. Die Stadt (1212 oppidum; 1258 civitas) fiel vor 1290 wieder an das Reich und mit dem Ende des pleißenländ. Reichsterritoriums an die Mgft. →Meißen. Der Rat ist 1273, ein Bürgermeister 1297 bezeugt, seit 1440 besaß Z. die Obergerichte. 1231 entstand das Kl. OFM. Eine Münze war seit 1210 in Betrieb, die Judengasse wies auf weitreichenden Fernhandel hin, die Tuchmacherei entwickelte sich zum führenden Gewerbe, ihr folgte die Metallverarbeitung. Für den seit 1470 einsetzenden westerzgebir. Silberbergbau (Schneeberg) wurde Z. die Kapital- und Versorgungsbasis, so daß sich die frühkapitalist. Kräfte des städt. Unternehmertums stark entfalten konnten. Mit etwa 4000 Einw. war Z. um 1500 eine der volkreichsten Städte des damaligen ernestin. Kfsm.s Sachsen.

K. Blaschke

Lit.: E. HERZOG, Chronik der Kreisstadt Z., 2 Bde, 1845 – M. KOBUCH, Zur Frühgesch. Z.s. Bemerkungen zu Stadt und Vorstadt im 12. Jh., Regionalgeschichtl. Beitr. aus dem Bezirk Karl-Marx-Stadt, 2, 1986, 49–64 – N. OELSNER u. a., Marienkirche und Nikolaikirche in Z. Neue Erkenntnisse zur Frühgesch. der Stadt (Frühe Kirchen in Sachsen, hg. J. OEXLE, 1994), 150–165.

Zwicker, Peter, Inquisitor, * in Wormditt (Ostpreußen), † nach 1403. Petrus Czwickeri erscheint erstmals 1379 in den Akten der Artistenfakultät in Prag als Bakkalar, war davor und danach Schulrektor in Zittau und trat 1381 in das benachbarte, erst 1369 von Karl IV. gegründete Coelestinerkl. Oybin ein, wo er zum Prior und zum Ordensprovinzial für Dtl. (als solcher erstmals 1394 nachweisbar) aufstieg. 1391 begegnet er zusammen mit Martin v. Prag (→Martin v. Amberg?) als Inquisitor in Erfurt, vom Spätherbst 1392 bis zum Frühjahr 1394 zitierte er in Stettin die →Waldenser der Mark Brandenburg und Pommerns vor sein Tribunal und war zwischenzeitl. auch schon im Hzm. Österreich tätig, wohin ihn der Passauer Bf. Georg v. Hohenlohe berufen hatte. Zw. 1395 und 1399 spürte er mit Unterstützung der habsbg. Hzg.e Albrecht III., Wilhelm und Albrecht IV. erneut in Österreich Ketzer auf, bes. in der Gegend von Steyr, aber auch in Enns und anderswo. Er hatte sein Hauptquartier im Benediktinerkl. Garsten aufgeschlagen, wohin er auch nach seinen Inquisitionen in Ungarn, 1401 in der nordöstl. Steiermark – beide

Male zusammen mit Martin v. Prag – sowie in Wien (1403) wieder zurückkehrte und wo er seine österr. Akten (ähnl. wie 1394 die brandenburg. im Prenzlauer Dominikanerkl.) deponierte; drei dicke Bände davon waren im 16. Jh. dort noch vorhanden. Nach der Garstener Haustradition ist Z. dort auch gestorben und begraben worden.

Z. ließ es nicht bei inquisitionärem Vorgehen gegen die Waldenser in Österreich bewenden, sondern verfaßte 1395 zu deren lit. Bekämpfung den noch heute in mehr als 50 Hss. erhaltenen Traktat »Cum dormirent homines«, den →Ulrich v. Pottenstein bei der Abfassung seines dt.sprachigen katechet. Summenwerkes ausgiebig benutzte und den sein erster Editor Jacob Gretser fälschl. dem Wiener Kanoniker und Universitätsprofessor Peter v. Pillichsdorf zugeschrieben hat. P. Segl

Ed. und Lit.: Liber contra sectam Waldensium, ed. J. Gretser (Lucae Tudensis episcopi scriptores aliquot succedanei contra sectam Waldensium, Ingolstadii 1613), 201–276 – D. KURZE, Zur Ketzergesch. der Mark Brandenburg und Pommerns vornehml. im 14. Jh., JGMODtl 16/17, 1968, 71–73 – D. KURZE, Q.n zur Ketzergesch. Brandenburgs und Pommerns, 1975 – W. MALECZEK, Die Ketzerverfolgung im österr. Hoch- und SpätMA (Wellen der Verfolgung in der österr. Gesch., hg. E. ZÖLLNER, 1986), 31f. – P. BILLER, Les Vaudois dans les territoires de langue allemande vers la fin du XIVᵉ s., Heresis 13/14, 1989, 203–228.

Zwiebel (Allium-Arten). Die in mannigfachen Abarten kultivierte Küchen- oder Sommerz. (Allium cepa), seit frühesten Zeiten zuerst in China bekannt, wurde von den bekannten Z.arten (Winterz. und Schalotte) in der Antike am intensivsten angebaut und mehrfach beschrieben. Wohl von Italien aus fand die Z. im ma. Europa ihre Verbreitung. Wie die verwandten Laucharten (→Lauch) wurde die Z. als Küchengewächs wie als Arzneipflanze kultiviert, sie ist bereits im →Capitulare de villis als »cepa« erwähnt. Den Z.samen bezog man n. der Alpen zunächst aus S-Europa und dem Orient. Im 15. Jh. gelang es, die Samen in klimat. begünstigten Regionen Mitteleuropas zur Reife zu bringen (z. B. im Rheingau, in der Gegend um Worms und Speyer und im Elsaß um Straßburg). Der Kölner Gewürzmarkt versorgte wahrscheinl. einen großen Teil NW-Europas mit Z.samen. Vornehml. Anbaugebiete waren die Länder S-Europas, in Dtl. v. a. die Gegenden um Erfurt, Bamberg und Nürnberg. Im Nahrungskonsum nahm die Z. eine Art Zwischenstellung zw. den Gemüsen und Gewürzen ein, als Fastenspeise (→Fasten, A) hatte sie eine gewisse Bedeutung. In der ma. →Diätetik schrieb man der Z. nur im gekochten oder gebratenen Zustand (Feuchte) einen Nährwert zu, ihre Wirkung auf den menschl. Körper wurde zwiespältig beurteilt. In der Medizin wurde die Z. z. B. gegen Blähungen verwendet, bei Pestepidemien hielt man Z.sträuße zur Aufnahme der Miasmen für geeignet. G. Fouquet

Lit.: →Lauch – HWDA IX, 964–971 – M. HEYNE, Das dt. Nahrungswesen, 1901, 67, 88f., 330 – F. IRSIGLER, Die wirtschaftl. Stellung der Stadt Köln im 14. und 15. Jh., Beih. VSWG 65, 1979, passim [vgl. Register] – T. SCULLY, The Art of Cookery in the MA, 1995, bes. 45.

Zwiefalten, ehem. OSB-Abtei in Württemberg. Die von den kinderlosen Gf.en Kuno und Liutold v. Achalm in Altenburg am Neckar geplante Gründung eines OSB-Kl. wurde anscheinend bereits im Planungsstadium nach Z. verlegt. Nachdem die dort anśassigen Bewohner umgesiedelt worden waren, wurde die Kl.stiftung 1089 in Anwesenheit von Abt →Wilhelm v. Hirsau (52. W.) vollzogen. Dieser entsandte kurz darauf den Gründungskonvent aus →Hirsau. Das Priorat Z. wurde schon 1091 zur selbständigen Abtei und erhielt 1093 die →»Libertas Romana«. Die von Gf. Kuno v. Achalm ausgeübte Vogtei kam 1093 an die Welfen, denen sie verblieb, bis sie mit dem Erbe Welfs VI. an die Staufer gelangte. Die ersten Jahrzehnte des Kl. wurden zu einer großen Blütezeit des Konvents, der 1138 nachweisl. 70 Mönche und 130 Laienbrüder umfaßte. Dazu kamen noch in dem seit ca. 1100 neben dem Männerkonvent bestehenden Frauenkonvent (zuletzt 1349 urkundl. erwähnt) 62 Nonnen. Die letzten Nonnen sind in das seit 1292 unter der Leitung des Abts v. Z. stehende Frauenkl. Mariaberg versetzt worden. Die große Blütezeit zu Beginn des 12. Jh. fand ihren Ausdruck nicht nur in den überlieferten Hss., sondern v. a. im Werk der beiden Chronisten →Ortlieb und →Berthold (23. B.). Nach der Mitte des 12. Jh. ging die Bedeutung des Kl. rasch zurück. Der häufige Wechsel der Äbte und deren Resignationen sind dafür Beweis. Der Rückgang hat sich auch im Skriptorium des Kl. abgezeichnet. In der Vogtei wurden die Staufer kurz vor der Mitte des 13. Jh. abgelöst. An ihre Stelle traten später die Gf. en v. Hohenberg und am Ende des 13. Jh. die Herren v. Emerkingen und v. Stein. 1303 wählte sich das Kl. die Habsburger zu Vögten, denen seit 1365 vorläufig und 1491 endgültig die Gf.en v. Württemberg folgten. Der Bedeutungsrückgang des Kl. fand auch seinen Ausdruck in der Größe des Konvents, der zw. dem 13. und 15. Jh. etwa 20 Mönche umfaßte. Das Kl. hat bis ins 15. Jh. hinein überall Besitz erworben und gehalten. Es mußte 1439 seine Priorat Güterstein bei Urach zur Gründung eines Kartäuserkl. bereitstellen. Seit dem Ende des 15. Jh. beschränkte sich das Interesse des Kl. v. a. auf Besitz in seiner unmittelbaren Umgebung, wobei die Bemühungen deutl. werden, ein geschlossenes Territorium aufzubauen. Dabei wurden bestimmte Orte als Zentren angesehen und von diesen her der Besitz erweitert. Der Abt, der seit 1459 die Pontifikalien tragen durfte, konnte sich 1535 der Reformationsbemühungen durch Württemberg erfolgreich widersetzen. In den bis 1570 andauernden Auseinandersetzungen gelang es dem Kl., seine Existenz mit Unterstützung der Habsburger zu sichern. I. Eberl

Lit.: W. SETZLER, Z. (Germania Benedictina 5, 1975), 680ff. – Die Zwiefalter Chroniken Ortliebs und Bertholds, hg. L. WALLACH u. a., 1978 – W. SETZLER, Kl. Z., 1979 – Kl. Z., hg. H. J. PRETSCH, 1986 – 900 Jahre Benediktinerabtei Z., hg. H. J. PRETSCH, 1989 – H. SPILLING, Sanctarum Reliquiarum. Q.n zur Gesch. des Reliquienschatzes des Benediktinerkl. Z., 1992.

Zwin, Meeresarm, ma. Schiffahrtsweg von der →Nordsee nach →Damme (Westflandern). Diese bedeutende Wasserstraße bot →Brügge, das mit dem Z. durch einen →Kanal bei Damme verbunden wurde, Zugang zum Meer und förderte entscheidend die Entwicklung der Stadt zum ma. Welthafen. Vorläufer des Z. war der 'Sincfal', ein schon mit diesem Namen in der →Lex Frisionum genannter Meerbusen an der Mündung der Westerschelde (→Schelde), der auch noch im späten 11. Jh. bei →Adam v. Bremen 'Sincfal' heißt. Infolge einer großen Überschwemmung (1134) im gesamten Mündungsgebiet der Schelde erweiterte sich der Sincfal zum tief in das Land eindringenden Meeresarm des Z. Als ma. Gemeinname für natürl. Wasserläufe und Priele ist die Bezeichnung 'Z.' im gesamten fläm. Küstengebiet geläufig. Nachdem am Z. zunächst Gezeitenhäfen entstanden waren (so das später verschwundene 'Littersuerua', wo kurz nach der Mitte des 12. Jh. Kaufleute aus →Köln Zoll entrichteten), wurden die Ufer des Gewässers mit Deichen (→Deich- und Dammbau) versehen. Kurz vor 1180 und vermutl. am Platz des abgegangenen 'Littersuerua' entstand der mit Kaimauer und →Schleuse ausgestattete Hafen *Damme*, der 1180 vom Gf.en v. →Flandern, →Philipp v. Elsaß, städt.

Privilegien erhielt. Die Hafenanlagen (→Hafen, C) sowie der von Brügge nach Damme führende Kanal, die Reie, standen im Eigentum der Stadt Brügge, die Bau und Unterhalt finanzierte (→Wasser, B. II). Im Laufe des 13. Jh. und bes. im 14. und 15. Jh. bemühte sich Brügge mit hohen Kosten, die fortschreitende Versandung des Z.s durch Errichtung von Spülbassins, Kanalisierung usw. aufzuhalten. Um die Mitte und in der 2. Hälfte des 13. Jh. entstanden stromabwärts von Damme nacheinander mehrere kleine Gezeitenhäfen, die anfänglich wegen ihrer größeren Nähe zum Meer der Versandung entgingen und deren Schiffer im Wettbewerb mit den Schiffern aus Damme ebenfalls Handelsgüter für Brügger Kaufleute beförderten. Zu nennen sind in chronolog. Reihenfolge: am linken Ufer des Z.s *Mude* (heute Sint Anna ter Muiden, Niederlande, Prov. Seeland), 1242 als Stadt anerkannt; *Monnikerede* (vor 1266); →*Hoeke*, das im ausgehenden 13. Jh. ein →Kontor der Hansekaufleute (→Hanse) aus →Hamburg und →Lübeck besaß; am rechten Ufer nahe der Mündung des Z.s *Sluis* (Niederlande, Prov. Seeland), das kurz vor 1290 vom Gf.en v. Flandern privilegiert wurde. Die Versandung des Z.s und die Konkurrenz der jüngeren Häfen am Z. bildeten aber nicht die ausschlaggebenden Faktoren für den Niedergang des Brügger Handels im 15. und 16. Jh. A. Verhulst

Lit.: A. De Smet, L'origine des ports du Z. (Études H. Pirenne, 1937), 125–141 – A. Verhulst, Middeleeuwse inpolderingen en bedijkingen van het Z., Bull. Soc. belge. Et. géogr. 28, 1959, 21–57 – 2000 Jaar Z. streek, hg. F. Welvaert u. a., 1985 – A. Verhulst, Th. de Hemptinne, L. de Mey, Un tarif de tonlieu inconnu, institué par le comte de Flandre Thierry d'Alsace (1128–68) pour le port de 'Littersuerua', précurseur de Damme, Bull. comm. Royale d'Hist., 1998.

Zwing und Bann, eine beschreibende Formel für die Rechte und Befugnisse der Dorfherrschaft, wie sie v. a. im südtd. verbreitet war. Z. und B. sind zwar oft mit dem Dorfgericht, der wichtigsten Institution der Ortsherrschaft, verbunden, doch besteht keine Identität. Es gibt näml. Funktionen, die, obwohl mit Z. und B. umschrieben, mit dem Dorfgericht wenig zu tun haben. Z. und B. umfassen demnach eine im einzelnen schwer abgrenzbare Summe von Rechten, die man als Dorf- oder Ortsherrschaft bezeichnen kann: insbes. das Recht, zu gebieten und zu verbieten. 'Gebot und Verbot' sind im Dorfbereich zu einem Sammelbegriff geworden, der nicht nur herrschaftl., sondern auch genossenschaftl. Funktionen mitumgreift wie etwa 'Trieb und Tratt'. Aus Nachbarschaft, Grundherrschaft und Vogtei herrührende Befugnisse wurden zum Dorfrecht vereinigt, ohne daß man sich im einzelnen allzuviel um die Provenienz kümmerte; sie gelangten dann an denjenigen, der aus grundherrl. oder vogteil. Wurzel zum Dorfherrn geworden war, oder gingen sogar, bei Ausbleiben oder Schwäche der Dorfherrschaft, an die örtl. Gemeinde über. Mit der Entstehung kleinräumiger Herrschaftseinheiten stellte seit dem SpätMA das Gebiet eines →Dorfes den untersten Bezirk dar, in dem der Ortsherr seine Rechte ausübte. Der Bereich von Z. und B. bildete dabei nicht nur eine genossenschaftl., sondern zugleich eine herrschaftl. Einheit. Diese doppelte Funktion des Dorfes spiegelt sich in verschiedenen Organen und bes. in den dörfl. Ämtern. Der Dorfschultheiß war in den südwestdt. Gemeinden daher sowohl ein Vertreter der Herrschaft als auch ein Organ der Dorfgemeinde. Über die Herkunft von Z. und B. ist in der Forsch. lange gestritten worden und besteht heute keine einheitl. Auffassung. W. Rösener

Lit.: U. Stutz, Zur Herkunft von Z. und B., ZRGGermAbt 57, 1937, 289–354 – H. Rennefahrt, Twing und Bann, Schweizer Beitr. zur Allg. Gesch. 10, 1952, 22–87 – W. Rösener, Bauern im MA, 1991⁴, 155ff. – Th. Simon, Grundherrschaft und Vogtei, 1995 – →Dorf.

Zwinger, seit dem 13. Jh. Bestandteil der Befestigung von →Burgen und →Städten, in Form eines feldseitigen, tiefer gelegenen, engbegrenzten Flächenstreifens, der sich zw. Ringmauer und der niedriger aufgeführten Z.mauer befindet, die ihrerseits meist doch nach außen vorgesetzte Schalentürme den davorliegenden Graben sicherte. Diese im Gefolge der Kreuzzüge u. a. durch die Adaptation der Doppelmauer des röm. Ks.s Theodosius II. in Konstantinopel aufkommende Verstärkung der Befestigung in die Tiefe findet sich bei Kreuzfahrerburgen in Kleinasien (→Krak des Chevaliers). In Dtl. begegnet der Z. nicht zuletzt aufgrund des erhöhten finanziellen Aufwandes weniger in vollausgebauter, die ganze Burg oder Stadt umgebender Form (z. B. die Burgen Münzenberg, Lahneck, Rapottenstein oder bei den Städten Nürnberg, Freiberg/Sachsen), als zur Verstärkung bes. gefährdeter Mauer- und Torbereiche (z. B. die Burgen Hohenklingen, Rudolsburg, Hornburg, Hohensalzburg, die Städte Altenburg, Weißenburg/Bayern). Mit der Anwendung effektiver Geschütze im 15. Jh. suchte man eine Tiefenstaffelung der Befestigungswerke durch die Auffüllung des Z.s zu einem breiten, die Ringmauer schützenden Niederwall zu erreichen (z. B. Ulm, ab 1527). F.-W. Hemann

Lit.: →Burg, A – →Stadtmauer – V. Schmidtchen, Bombarden, Befestigungen, Büchsenmeister, 1977, 120ff. – Dt. Städteatlas, hg. H. Stoob, II/2, 1979; III/9, 1984; IV/10, 1989; V/1, 1993.

Zwischengesänge. Mit dem vermutl. aus der Liturgik des 19. Jh. stammenden Terminus »Z.« werden die Gesänge des Wortgottesdienstes der Messe, →Graduale, →Halleluja, →Tractus und →Sequenz zusammengefaßt, weil sie zw. Epistel und Evangelium gesungen werden. Der Begriff ist für das MA anachronistisch und überdies unsachgerecht, weil er die verschiedenen Funktionen der einzelnen Gesänge einebnet. Demgegenüber die ma. Meßerklärungen sachnäher, wenn sie die Gesänge unterschiedl. Affekten zuordnen, welche alle für die christl. Existenz wesentlich sind: das Graduale der Buße, den Tractus der Trauer, das Halleluja der himml. Freude, die in ihm antizipiert wird. R. Meßner

Zwölfbändiges Buch der Medizin, monumentale Slg. von dt. sprachigen Texten aus der spätma. Medicina-practica-Literatur (Heidelberg, Cod. pal. germ. 261–272; fast 3000 Foliopergamentblätter; dazu: Cpg. 244 [ausgemusterte Bl.]); kompiliert und seit ca. 1525 eigenhändig geschrieben vom pfälz. Kfs.en Ludwig V. (1478–1544; regierend seit 1508); als Helfer beteiligt: die kfsl. Sekretäre Sebastian Heuring und Peter Harer; 1554: Redaktion durch den kfsl. Hofprediger Otmar Stab. Das »Z.« vereinigt ca. 20000 Einzeltexte, davon mehr als 16000 Rezepte (zuweilen mit Verfasser/Tradentennamen und Provenienzvermerken; fast 150 Namen und Siglen von Gewährspersonen). Die Rezeptmengen durchsetzen Auszüge aus Gesundheitslehren, Traktaten und Kräuterbüchern sowie ungefähr dreihundert Zaubersprüche und Segen. Die Slg. gilt als »das umfangreichste Korpus altdeutschen heilkundl. Fachschrifttums« überhaupt (Keil, 1985, Sp. 1016). Grundstock der Slg. bilden Abschriften, erfolgt nach Vorlage von Hss. aus dem Besitz der pfgfl. Familie und adliger Laienmediziner, von kurpfälz. Lehensträgern und Ministerialen, aber auch von bürgerl. Laienmedizinern und Medizinern unterschiedl. Ranges, doch wurden von Ludwig auch Drucke exzerpiert. Es dominieren Besitzer, Sammler und Vermittler aus dem dt. SW, insbes. aus den Territorien der Pfgf.en bei Rhein. Die Textmassen

wurden nach unterschiedl. Ordnungsprinzipien themat. gruppiert (Bd. I–II: Drogenkunde, III: Astromedizin, III–X: Leib- und Wundarznei, XII: Diätetik). Manche Mehrfachüberlieferungen wurden (aufgrund von Impulsen des Heidelberger Frühhumanismus?) kollationiert, so daß Ludwigs Slg. die wohl ältesten Beispiele für eine textkrit. Bearbeitung altdt. Medicinalia darbietet.

Untersuchungen der Slg. versprechen Aufschlüsse über die Ausmaße der altdt. Medicina-practica-Lit. im dt. SW, über Austauschvorgänge med. Lehrguts unter sozialständisch und bildungsgeschichtl. sehr unterschiedlich gestellten Trägern pragmat. Schriftlichkeit, über nichtadlige Eigenarten der adlig-höf. Laienmedizin und deren Verhältnis zur gelehrt-lat. Medizin. J. Telle

Lit.: Verf.-Lex.², V, 1016–1030, s.v. Ludwig [G. KEIL] – J. TELLE, Mitteilungen aus dem »Z.« zu Heidelberg, SudArch 52, 1968, 310–340 – H. SALOWSKY, Das zwölfbändige »Buch der Medizin« zu Heidelberg – ein Autograph Kfs. Ludwigs V., Heidelberger Jb. er 17, 1973, 27–46 – CH. HAGENMEYER, Die Entstehung des »Z.« zu Heidelberg (Fachprosa-Studien, hg. G. KEIL [u.a.], 1982), 538–544 – D. L. STOUDT, »Probatum est per me«. The Heidelberg Electors as Practitioners and Patrons of the Medical and Magical Arts, Cauda Pavonis 14, 1995, 12–18.

Zwölfereid → Eid, A. V

Zwölfjähriger Jesus im Tempel → Kindheitsgeschichte Christi

Zwölfzahl → Apostel; → Zahlensymbolik

Zwolle, Stadt in den Niederlanden (Provinz Overijssel), entstanden im S der Grote Ae (heut. Melkmarkt und Oude Vismarkt) bei ihrer Mündung in das Zwartewater. Um die Mitte des 11. Jh. ist der Ort 'Swolle in pago Zalland' erwähnt. Am 1. Aug. 1230 erhielt Z. von →Wilbrand v. Oldenburg, Bf. v. Utrecht, die Stadtrechtsverleihung (mit dem Recht, die Siedlung zu befestigen). Nach einem Stadtbrand (1324) und der Erweiterung der Stadt in nördl. Richtung (zur Kleinen Ae) wurde 1330/40 das gesamte Stadtareal ummauert. Die Blüte der städt. Wirtschaft, v. a. des Tuchhandels, führte 1407 zur Anerkennung Z.s als Hansestadt (→Hanse).

Im 14. Jh. wurde eine Reihe von geistl. Häusern gestiftet, darunter 1309 das Belheemkloster (Augustiner Kl. zur Hl. Magd v. Bethlehem), 1365 der Beginenkonvent (→Beginen), 1390 das Haus der Schwestern vom Gemeinsamen Leben, geweiht der hl. Gertrud (→Brüder und Schwestern vom Gemeinsamen Leben). Für die von Geert →Groote aus →Deventer begründete religiöse Reformbewegung der →Devotio moderna gewann Z. mit seiner Schule (Johannes →Wessel Gansfort) ebenso wie das nahegelegene Kl. →Windesheim große Bedeutung.

Im letzten Viertel des 14. Jh. wurde die Pfarrkirche St. Michael zur got. Hallenkirche ausgebaut; 1406–43 erfolgte die Errichtung eines Turms. Zu Beginn des 15. Jh. zählte Z. ca. 3000 Einwohner. Die wirtschaftl. Blüte setzte sich im 15. Jh. fort und hatte eine zweite Stadterweiterung in nördl. Richtung (zur heut. Thorbeckegracht) zur Folge. Von der im späten 15. Jh. durchgeführten Ummauerung dieser nördl. Stadtseite sind Überreste (Wehrtürme, Mauern) erhalten geblieben. In diesem Stadtbereich wurde 1465 ein Dominikanerkl. gestiftet.

Im 16. Jh. ging der Wohlstand der Stadt stark zurück, v. a. infolge der polit. Unruhe (Geldersche Kriege). J. C. Visser

Lit.: E. H. TER KUILE, Noord- en Ooost Salland, 1974 – R. VAN BEEK, H. PRINS, G. OOSTIGH, Z., van stuwwal tot stad. Schets van haar oudste gedeelte, 1975.

Zyklus (gr. Kyklos = 'Kreis', 'Zirkel'), im allg. eine Anordnung von Dingen, bei der der erste Teil wieder auf den letzten folgt. In der →Chronologie ist ein Z. die wiederkehrende Reihenfolge von gleichen zeitl. Verläufen, nach deren Ablauf gewisse Zeitverhältnisse oder Erscheinungen sich regelmäßig erneuern oder wiederholen. Die Z. zeit ist die Ablaufzeit (Laufzeit), die ein Z. benötigt, um wieder an den Anfang zurückzukehren. Ein und derselbe Z., zwei- oder mehrfach wiederholt, ergibt eine Periode. Z.en bilden die Wochentage als →Woche, die →Monate als →Jahr und ebenfalls die Jahre z. B. als Olympisches Jahr, →Indiktion, jüd. Jubeljahr, →Heiliges Jahr. Für die Chronologie sind der 28jährige Sonnenz. (cyclus solaris, concurrentium) und der 19jährige Mondz. (cyclus lunaris, decemnovenalis) die grundlegenden Z.en, da auf ihnen das Lunisolarjahr aufbaut.

Daneben ist für die ma. Chronologie der Osterz. (cyclus paschalis, canon paschalis, circulus paschae, periodus Dionysiana; →Osterfestberechnung), auf dem das Kirchenjahr beruht, für die Datierung und Zeitangaben von zentraler Bedeutung. Der Osterz., der auch das große Jahr (annus magnus) heißt, ist eine aus Sonnen- und Mondz. kombinierte Periode von 28 × 19 = 532 Jahren, nach deren Verlauf die Wochentage und die Mondphasen wieder in demselben Verhältnis zueinander und zu den Monatsdaten treten wie zuvor, so daß der gesamte →Kalender wieder in die ursprgl. Ordnung zurückkehrt. P.-J. Schuler

Lit.: H. GROTEFEND, Chronologie des MA und der NZ (Grdr. der Gesch. swiss., hg. A. MEISTER, 1912²) – GINZEL III, 1914 – →Chronologie.

Zypern (griech. Κύπρος), Insel im östl. Mittelmeer.
A. Byzantinische Zeit – B. Das Königreich der Lusignan

A. Byzantinische Zeit
I. Frühbyzantinische Zeit (4.–6. Jh.) – II. Zypern zwischen Byzanz und dem Kalifat (7.–10. Jh.) – III. Zypern als byzantinische Provinz (spätes 10. Jh.–spätes 12. Jh.).

I. FRÜHBYZANTINISCHE ZEIT (4.–6. JH.): Die in der Nähe der kleinasiat. und syr. Küste gelegene Insel Z. war von alters her eine wichtige Station auf dem Seeweg nach O und auch durch Landwirtschaft und Bergbau (Kupfer) von Bedeutung. Z. wurde 58 v. Chr. römisch und war seit 30 v. Chr. Provinz. Die Missionierung erfolgte angebl. durch Paulus selbst und seinen Schüler Barnabas, eine kirchl. Hierarchie ist vor 325 aber nicht bezeugt. Die blühende Wirtschaft der röm. Zeit litt durch eine Reihe von →Erdbeben im 4. Jh. Unter Constantius II. wurde →Salamis an der Ostküste beim Wiederaufbau nach einem Erdbeben in Constantia umbenannt und anstelle von Paphos zur Hauptstadt gemacht. Weitere bedeutende Städte waren Kurion und Kyrenia.

Die Kirche v. Z. unterstand zunächst →Antiocheia, versuchte sich aber seit dem 5. Jh. mit Hilfe des konkurrierenden Patriarchats v. →Alexandreia aus dieser Abhängigkeit zu lösen. Nach der Auffindung des Grabes des Apostels Barnabas wurde die Kirche v. Z. 488 von Ks. Zenon für autokephal erklärt. Justinian I. bestätigte dies 536, löste Z. zudem aus der staatl. Verwaltung der Präfektur Oriens heraus, in der die Insel vorher eine Provinz gebildet hatte, und unterstellte sie dem neugeschaffenen 'quaestor exercitus'. Die Bevölkerungszahl vor den großen Krisen des 7. Jh. wird auf 60–75000 geschätzt.

II. ZYPERN ZWISCHEN BYZANZ UND DEM KALIFAT (7.–10. JH.): Mit einem gescheiterten Flottenangriff der Sāsāniden (→Persien) auf Konstantia im J. 619, der nur aus hagiograph. Q.n bezeugt ist, ging für Z. eine jahrhundertelange Friedenszeit zu Ende. Die Datierung der ersten arab. Angriffe auf 649 und 653 ist gesichert durch eine Inschrift in der Basilika v. Soloi, die dort bei der Wiederherstellung 655 angebracht wurde. Damals oder spätestens 688 wurde

ein Vertrag abgeschlossen, demzufolge u. a. die in Z. erhobenen Steuern zw. Byzanz und den Arabern geteilt und die Häfen beiden Mächten zugängl. gemacht werden sollten. Dieser Vertrag wurde von Justinian II. 692 durch die Umsiedlung der Bevölkerung nach Nea Iustinianupolis am Marmarameer gebrochen; erst nach dem Sturz des Ks.s konnten die Zyprioten 698 wieder in ihre Heimat zurückkehren.

Das städt. Leben kam zwar in dieser Zeit nicht ganz zum Erliegen, wurde aber durch immer neue arab. Überfälle und Deportationen von Einwohnern schwer geschädigt; einige Siedlungen wurden aufgegeben oder wie Kurion an einen anderen Platz verlegt. Nach arab. Q.n war die Bevölkerung weiterhin rein griech., doch ist die Existenz arab. Siedlungen im SW der Insel um Paphos durch Inschriftenfunde bezeugt. Auf eine regelrechte Aufteilung von Z. gibt es dabei keinen Hinweis.

Der polit. Status der Insel »zw. Griechen und Sarazenen« (so →Willibald v. Eichstätt 723) in den folgenden Jahrhunderten ist nicht klar aus den Q.n zu erkennen. Die Bestimmungen des Vertrags v. 688 scheinen im wesentl. trotz schwerer Verletzungen von beiden Seiten bis zur byz. Rückeroberung 965 in Geltung gewesen zu sein. Sowohl Byzanz als auch das Kalifat übten Hoheitsrechte über ihren Teil der Bevölkerung aus und entsandten Beamte auf die Insel, verzichteten aber auf die dauernde Stationierung von Truppen.

744 wurden griech. Bewohner v. Z. nach einem arab. Angriff nach Syrien deportiert. 748 siegte eine byz. Flotte bei Kerameia über die Araber. In der Zeit des →Bilderstreits wird Z. 771 als Verbannungsort für bilderfreundl. Mönche erwähnt, ein Hinweis darauf, daß die Insel wenigstens teilweise der ksl. Regierung unterstand und auch nicht, wie man angenommen hat, als Rückzugsgebiet der Bilderverehrer angesehen werden kann. 787 war Z. durch mehrere Bf.e auf dem Konzil v. →Nikaia vertreten; der Bf.ssitz des von den Arabern kontrollierten Paphos war damals offenbar nicht besetzt. 790 diente Z. den Arabern als Basis für einen Flottenangriff auf Kleinasien, und bei einem Überfall 806 unter →Hārūn ar-Rašīd wurden wieder griech. Bewohner nach Syrien deportiert.

In der Mitte des 9. Jh. wird ein byz. Beamter (Archon) auf der Insel erwähnt. Unter Basileios I. (867–886) war Z. ztw. vollständig unter byz. Kontrolle mit dem Status eines →Themas, möglicherweise in den Jahren 874–878, mußte aber dann wieder aufgegeben werden. 910 landete eine byz. Flotte auf dem Weg nach Syrien in Z. und richtete unter den arab. Bewohnern ein Massaker an. Bei der 911/912 folgenden arab. Strafexpedition wurden abermals griech. Bewohner nach Syrien deportiert, nach einer Gesandtschaftsreise des Bf.s Demetrios v. Chytroi zum Kalifen nach Bagdad aber wieder freigelassen.

III. ZYPERN ALS BYZANTINISCHE PROVINZ (SPÄTES 10. JH.–SPÄTES 12. JH.): Seit der endgültigen Rückeroberung durch →Nikephoros II. Phokas 965 gehörte Z. fest zum Byz. Reich und stand unter der Verwaltung eines Katepano. Im Rahmen der wirtschaftl. Erholung entstanden neue Siedlungen wie Lemessos (Limassol) und Ammochostos (→Famagusta), Hauptort wurde Leukosia (Nikosia) im Landesinneren. Die hohe Belastung durch Steuern löste im 11. und 12. Jh. mehrere Aufstände aus: 1043 wurde der ksl. Steuerverwalter Theophylaktos ermordet; 1092 erhob sich Z. gemeinsam mit →Kreta, nach der Niederschlagung des Aufstands wurde der Anführer Rhapsomates gefangengenommen und eine starke Garnison auf die Insel gelegt. Die Brutalität der ksl. Steuereintreiber und die Konkurrenz zw. Kirche und Staat im Gerichtswesen werden auch in dem um 1110 verfaßten Bericht über Z. des Ebf.s Nikolaos Muzalon als Hauptursache für die schwierige Situation der Insel angegeben.

Durch die Lage auf dem Seeweg zu den Kreuzfahrerstaaten in →Syrien erlebte Z. im 12. Jh. eine Blüte, die unter anderem an einer großen Zahl von Kirchenneubauten, gestiftet zumeist von Beamten aus Konstantinopel und ausgeführt von hauptstädt. Baumeistern und Künstlern, erkennbar ist; die Bevölkerung wird in dieser Zeit auf bis zu 100000 geschätzt. Seit dem Anfang des 12. Jh. ließen sich auf Z. auch →Maroniten aus dem →Libanon nieder. Wegen seiner strateg. Schlüsselstellung wurde Z. wiederholt angegriffen, so 1112 von den Pisanern, 1155/56 von →Rainald v. Châtillon, dem Fs.en v. →Antiocheia, gemeinsam mit T'oros II. v. Kleinarmenien (→Armenien, II), und 1161 von Piraten im Auftrag des Gf.en v. →Raimund III. v. Tripolis. Die Venezianer unterhielten seit dem Vertrag mit Byzanz v. 1148 Niederlassungen in Paphos und Lemessos.

In der 2. Hälfte des 12. Jh. geriet Z. in die Krise; Konstantinos →Manasses zeichnete bei seinem Besuch 1161/62 das Bild einer kulturell rückständigen, vom übrigen Staatsgebiet durch die Piraterie teilweise abgeschnittenen Provinz. 1170 ereignete sich ein Erdbeben, 1176 wütete die Pest, danach eine Hungersnot, und ein weiteres Erdbeben folgte 1181. 1184 ergriff Isaak Komnenos, ein Verwandter der Ks.familie, die Macht auf Z., erklärte die Insel für unabhängig und nahm 1185 den Ks.titel an. Im Verlauf des 3. →Kreuzzugs wurde Z. dann 1191 von Richard Löwenherz erobert und kam nie wieder in byz. Hand.

A. Berger

Lit.: Oxford Dict. of Byzantium, 1991, 567–569 [T. E. GREGORY] – C. R. J. H. JENKINS, Cyprus between Byzantium and Islam 688–965 (Stud. D. M. ROBINSON, 1953, 1006–1014) [abgedr. in: DERS., Stud. in Byz. Hist. of the 9th and 10th Cent., 1970] – A. I. DIKIGOROPOULOS, The Political Status of Cyprus 648–965 (Report of the Department of Antiquities Cyprus 1940–48, 1958), 94–114 – C. MANGO, Chypre, carrefour du monde byz. (XVe Congr. Internat. d'études byz., Rapports V 5, 1976) [abgedr. in: DERS., Byzantium and its Image, 1984] – R. BROWNING, Byzantium and Islam in Cyprus in the Early MA, Epeteris tu Kentru Epistemonikon Spudon 9, 1977–79, 101–116 – E. MALAMUT, Les Îles de l'Empire byz. aux VIIIe–XIIe s., 1988 – The Sweet Land of Cyprus (Symposion Birmingham 1991), hg. A. A. M. BRYER–G. S. GEORGHALLIDES, 1993 – Ἡ Κύπρος καὶ οἱ Σταυροφορίες. Cyprus and the Crusades, Symposion 1994, hg. N. COUREAS–J. RILEY-SMITH, 1995, 1–27 – S. VRYONIS, Byz. Cyprus (Κύπρος ἀπὸ τὴν προϊστορία στοὺς νεοτέρους χρόνους, 1995), 127–161.

B. Das Königreich der Lusignan

I. Der Beginn der Lusignan-Herrschaft – II. Im späten 13. und im 14. Jahrhundert – III. Im 15. Jahrhundert. Übergang an Venedig – IV. Lehen, Krondomäne, Fiskalität und Verwaltung – V. Militärwesen – VI. Rechtsstellung der Franken und Griechen – VII. Kirchliche Verhältnisse – VIII. Geistiges Leben – IX. Wirtschaft.

I. DER BEGINN DER LUSIGNAN-HERRSCHAFT: Z. wurde im Mai 1191 von Kg. →Richard Löwenherz (2. R.), der sich mit seiner Flotte auf dem Weg zum 3. Kreuzzug (→Kreuzzüge, B. III) befand, erobert; der Sieg über den byz. Machthaber Isaak Komnenos wurde begünstigt durch den raschen Übertritt der zypr. Notabeln auf die Seite des Kg.s v. England, der ihnen die Hälfte ihrer Besitzungen beließ und die von Isaak Komnenos eingeführten drückenden Abgaben abschaffte. Doch brach nach dem Abzug Richards ein Aufstand aus, infolge der Absicht des Kg.s, die Insel den Templern abzutreten, deren hohe Steuerforderungen in Z. auf Ablehnung stießen. Richard übertrug daraufhin die Insel an →Guido v. Lusignan (→Lusignan, II), den entthronten Kg. v. →Jerusalem, der Richard die Ablösesumme, die der Templerorden diesem zugesagt hatte, entrichtete. Guido konfiszierte die Güter der frühe-

ren Besitzer und verteilte sie an einen neuen Feudaladel und ein aus Franken und Syrern bestehendes neues Bürgertum (1192). Richard übertrug die ihm verbliebenen oberherrl. Rechte (→Suzeränität) auf Ks. Heinrich VI., dem der Bruder und Nachfolger Guidos, →Aimerich (Aimery), das Homagium leistete, wofür er die Erhebung Z.s zum Kgr. erhielt (1197). Die Heirat Aimerichs mit →Isabella v. Jerusalem (1198) führte zur temporären Vereinigung der Kronen v. Z. und Jerusalem; die Vermählung des Sohnes, Hugos I., mit Alix v. →Champagne verschaffte der Familie →Ibelin einen bevorzugten Platz in der zypr. Feudalaristokratie: Philipp v. Ibelin und sein Bruder →Johann, Herr v. Beirut, fungierten als Regenten für Heinrich I. und verdrängten die Erben der 'fideles' der ersten Lusignan-Kg.e, insbes. den einflußreichen Baron Aimerich Barlais, der aber 1228 Ks. Friedrich II. (→Kreuzzüge, B. V) für eine militär. Intervention zu seinen Gunsten gewinnen konnte. Der aus der Regentschaft vertriebene Johann v. Ibelin gewann durch einen Bürgerkrieg 1233 seine Machtstellung zurück; 1247 wurde die ksl. Suzeränität aufgehoben.

II. IM SPÄTEN 13. UND IM 14. JAHRHUNDERT: Nach dem Tode Hugos II. fiel der Thron an einen jüngeren Zweig des Fs.enhauses v. Antiochia (→Antiochia, III), der den Namen der Lusignan führte. →Hugo III. (1267-84) vereinigte 1268 die Kronen v. Jerusalem und Z.; sein Recht auf das Kgr. Jerusalem wurde von →Karl v. Anjou angefochten, doch konnte Hugos II. Sohn, Heinrich II. (1285-1324), beide Kronen definitiv in seiner Hand vereinigen. Nach dem Fall v. →Akkon und →Tyrus (1291) hielt der Kg. v. Z. die Kg.swürde v. Jerusalem weiterhin als Titularkg.; er machte Famagusta zum nominellen Sitz des Kgr.es Jerusalem, ließ sich in der Kathedrale v. Famagusta zum Kg. v. Jerusalem krönen und ernannte hohe Würdenträger für das Kgr. Jerusalem. Die Wiederaufnahme des Titels eines Kg.s v. Armenien (→Armenien, II; →Kilikien, I), dessen letzter Kg. Leo v. Lusignan (1375) gewesen war, hatte nur vorübergehende rechtl. Folgen, wenn auch die armen. Stadt Korykos sich 1360 dem Kg. v. Z. unterwarf (sie ging 1448 an die Türken verloren).

Das Kgr. Z. fungierte als Sprungbrett für künftige Kreuzzüge (→Türkenkriege) und beteiligte sich bis 1326 aktiv am →Embargo, das die Päpste über den Handel mit den vom Sultan v. Ägypten kontrollierten Ländern verhängt hatten. Später beteiligte sich Z. am Kampf gegen die von Kleinasien ausgehende türk. Freibeuterei und stellte hierfür kleine Flotten auf. →Peter I. (1358-69) eroberte die türk. Hafenstadt →Antalya (1361) und führte Razzien zur See gegen →Alexandria (Plünderung 1365) und die syr. Küste durch. Doch geriet er durch harte Fiskalpolitik und Machtmißbrauch in Gegensatz zum Adel und fiel in seinem Palast einem Assassinat zum Opfer.

Die Kg.e v. Z. standen oft im Konflikt mit den selbstbewußten 'Kommunen' der it. Kaufleute, bes. mit den Handelsherren aus →Genua. Diese bemächtigten sich nach der Krönung Peters II. in Famagusta im Handstreich der Person des Monarchen sowie seines Gefolges und besetzten Famagusta sowie einen Teil der Insel (1373); zur Aufbringung der von den Genuesen geforderten Entschädigungssumme mußte der Kg. außerordentl. Steuern und v. a. einen Königszehnten (1388) ausschreiben, außerdem Famagusta, über das die Genuesen ein Handelsmonopol (mit Gründung einer →Ma[h]ona) zu errichten suchten, abtreten. Einige der vornehmsten Adligen wurden als Geiseln nach Genua verbracht, unter ihnen Kg. Jakob II. (1382-98), der dort bis 1384 in Gewahrsam lebte. Die Genuesen konnten Famagusta bis 1464 behaupten, wohingegen die anderen Bestimmungen der Verträge v. 1374 und 1384 nicht verwirklicht wurden.

Das Kgr. hatte auch nach dem Bürgerkrieg v. 1231-33 mehrfach innere Krisen durchlebt: Hugo III. lag mit den Templern in Streit; Heinrich II., der Epileptiker war, wurde 1306 von seinem Bruder Amaury (Amalrich) entthront und gewann den Thron erst durch Ermordung seines von den kilik. Armeniern unterstützten Bruders zurück (1310); anschließend verhängte er Repressalien gegen dessen Parteigänger. Nach dem Tode Peters I. (1369) proklamierten die Ritter, die ihn beseitigt hatten, das große Rechtsbuch →Johanns v. Ibelin (»Livre de Jean d'Ibelin«) zum Gesetzbuch des Kgr.es, um so die kraftvollen feudalen Institutionen des 13. Jh. wiederzubeleben, doch wurde die Macht der Adelsgeschlechter durch die Ereignisse von 1373 geschwächt, die Autorität des Kg.s gefestigt.

III. IM 15. JAHRHUNDERT. ÜBERGANG AN VENEDIG: Kg. Janus (1398-1432) förderte, wohl auch zur Behebung seiner Finanznot, die Freibeuterei (bes. katal. Korsaren) gegen Ägypten (→Seeraub, III). Dies rief den Sultan der →Mamlūken, Barsbāi, auf den Plan, der ein Heer gegen Z. entsandte: Nach der zypr. Niederlage bei Khirokitia (1426) und der Gefangennahme des Kg.s wurde Nikosia von den Ägyptern besetzt; ein Bauernaufstand brach aus. Die Freilassung des Kg.s mußte mit drückender Verschuldung gegenüber →Venedig, das große Teile des Lösegeldes vorstreckte, und mit tributärer Abhängigkeit vom Sultan erkauft werden. Indem der Sultan die Anerkennung des Kgtm.s von →Charlotte v. Lusignan, Gemahlin Ludwigs v. Savoyen, verweigerte, trug er maßgebl. bei zum Erfolg des illegitimen Bruders von Janus, Jakob II. (1462-73), der mit einer Schar von Abenteurern, zum Schaden des alten Adels, das Inselreich usurpierte und die von der Adlige Caterina →Cornaro (1454-1510), die von der Republik Venedig als 'Tochter' adoptiert wurde, heiratete. Nach Jakobs II. Tod durchkreuzte Venedig ein Komplott, das die Kgn. witwe Caterina zur Wiederverheiratung mit einem Prinzen v. Aragón (Neapel) veranlassen sollte, und exilierte mehrere minderjährigen Sohnes Jakob III. dankte Caterina ab und übertrug das Kgr. Z. an Venedig (Febr. 1489).

Fortan wurde das 'regno di Cipro' von ven. *rettori* verwaltet; doch unter Beteiligung der 'università di Cipro', mit der ein Kompromiß ausgehandelt wurde und die im wesentl. von den Lehnsinhabern getragen wurde, wobei der ursprgl. vorwiegend von Franken dominierte Feudaladel bereits durch Familien griech., syr. und it. Herkunft ergänzt worden war.

IV. LEHEN, KRONDOMÄNE, FISKALITÄT UND VERWALTUNG: Guido v. Lusignan hatte freigebig Lehen verteilt, sowohl an neu aus Westeuropa gekommene Kreuzfahrer als auch an Franken, die nach der Eroberung →Syriens durch →Saladin das Festland hatten verlassen müssen. Dessenungeachtet gelang es seinem Bruder Aimery, eine ansehnl. →Krondomäne (*la régale*) aufzubauen; sie umfaßte u. a. eine Reihe mächtiger Burgen (→Burg, D. I, 1), Städte sowie ertragreiche Dörfer (*casaux*). Zwar waren die byz. Fiskaleinkünfte zu beträchtl. Teilen an die adligen Lehnsleute übertragen worden, doch behielt sich das Kgtm. einige wichtige Steuern vor, bes. das auf Handelsgeschäfte erhobene →Kommerkion (*comerc*). Andere Steuern und Abgaben wurden in der Folgezeit geschaffen, so das 'testagium', die 'mises', der kgl. Zehnt; das Kgtm. zog Profit aus dem natürl. Reichtum der Insel (u. a. Salinen) und dem blühenden Tuchgewerbe. Die zentrale Institution der byz. Fiskalverwaltung, das *Sekretikon* (→Se-

kreton), wurde in die *secrète* transformiert; der Leiter dieser Behörde, der *Praktoras* der byz. Ära, trug nun den Titel des *bailli de la secrète*. Die *secrète* kontrollierte die Verwaltung der Krondomäne und führte im *livre des remembrances* →Register der kgl. Urkunden, soweit sie die Lehen betrafen. Die kgl. →Kammer (*chambre du roi*) hatte die allg. Finanzverwaltung (→Chambre des comptes) inne; ein *bailli de la cour du roi* (später als *Maître de l'hôtel* [→Hôtel du roi] bezeichnet) war für den Unterhalt des Kg.s und seines Hofes zuständig. Die großen Amtsträger (*grands officiers*: Seneschall, Connétable, Marschall) übten im wesentl. nur Ehrenämter aus. Da die Institution des kgl. →Notariats im Kgr. Z. keinen Eingang fand, nahm ein anderer großer Amtsträger, der *auditeur*, die freiwillige Gerichtsbarkeit wahr. Die *haute cour* (s. a. →Parlement), die auf der Versammlung der ligischen Lehensleute des Kg.s beruhte, durchdrang und vermischte sich schließlich mit dem kgl. Rat (→Conseil). Die Aufgaben der Lokalverwaltung wurden im 14. Jh. von den →*Baillis* der fünf *diossés* kontrolliert, im 15. Jh. fungierten die Baillis dagegen nur mehr als Vorsteher der verschiedenen Bailliages der Krondomäne, wohingegen ihre jurisdiktionellen Befugnisse an die *chevetains* übergegangen waren.

V. MILITÄRWESEN: Die Verteidigung des Kgr.es beruhte auf der Heerfolge der Lehnsleute, Ritter (→*chevaliers*), Schildknappen (→*écuyers*), Pferdschützen (*hommes d'armes*) und *turcoples*, bewaffnet nach türk. Art; diese lehnsrechtlich gebundenen Gruppen setzten 1274 das Recht durch, außerhalb des Kgr.es nur einen begrenzten Zeitraum Kriegsdienst leisten zu müssen. Daher mußte das Kgtm. vermehrt auf →Söldner zurückgreifen (Einsatz von *Condottieri*; →compagnia di ventura) und neigte in starkem Maße dazu, anstelle des persönl. Heeresdienstes der Vasallen von ihnen eine Ersatzabgabe einzufordern. Z. hatte – außer den befestigten Städten (Nikosia, Cherines/Kyrenia, Famagusta, Paphos, Limassol) – nur wenige Festungen (St. Hilarion, Buffavent, Kantara). Der *Amiral de Chypre* befehligte eine kleine →Flotte.

VI. RECHTSSTELLUNG DER FRANKEN UND GRIECHEN: Nach den Grundsätzen der »Assises« (sog. →'Assisen v. Jerusalem') unterstanden die in Z. ansässigen Franken zwei Gerichtshöfen: Die ligischen Lehnsleute (*hommes liges*) suchten ihr Recht vor der *haute cour*; für die Bürger v. Nikosia und Famagusta war der Gerichtshof des Vicomte zuständig, wohingegen die frk. Bewohner des Landes die Gerichtshöfe der *châtelains*, an denen Geschworene (*jurés*) urteilten, anzurufen hatten. Es wurde nach frk. Gewohnheitsrecht (→*Coutume*) gerichtet. Doch behielten die Griechen ihre Richter und Notare, die das röm. Recht byzantinischer Prägung anwandten (→Byz. Recht). Die Syrer hatten in Famagusta ihren *rais*. Jede ethn. Gruppe wahrte ihr eigenes Recht.

VII. KIRCHLICHE VERHÄLTNISSE: Auch im kirchl. Bereich hatten die verschiedenen Gruppen ihre eigenen religiösen Institutionen. Im Gefolge der Errichtung der frk. Herrschaft auf Z. wurde 1196 eine lat. Hierarchie installiert, mit Nikosia als Ebm., Limassol, Paphos und Famagusta als Bm.ern. Die griech. Kirche umfaßte dagegen zu diesem Zeitpunkt ein Ebm. und 13 Bm.er, doch reduzierte ein durch den päpstl. Legaten →Pelagius Galvani ausgehandeltes Konkordat 1223 die Anzahl der Bm.er auf vier. Diese Maßnahme führte zu Schwierigkeiten, die 1260 durch die »Bulla Cypria« Papst Alexanders IV. dahingehend gelöst wurden, daß in kanon. Hinsicht jeder griech. Prälat als für die griech. Bevölkerung zuständiger Vikar des jeweiligen lat. Bf.s in die lat. Hierarchie eingebunden wurde; eine Sonderstellung besaß der griech. Ebf., dessen Würde zwar mit dem Tode des bei der frk. Eroberung amtierenden Inhabers hätte verschwinden sollen, doch bestand das Amt in der Folgezeit faktisch weiter und wurde insofern auch von den lat. Mächten anerkannt. Somit koexistierten lat. und griech. Ritus in der Praxis, trotz der Unifizierungsbestrebungen mancher lat. Prälaten. Der niedere griech. Klerus hing allein von seinen griech. Bf.en ab. Die Proklamation der kirchl. →Union (→Ferrara–Florenz, Konzil v., 4.–6. Juli 1439) begünstigte den Übergang von einem Ritus zum anderen.

Auch die anderen Religionsgemeinschaften (→Ostkirchen: Armenier; →Maroniten, →Jakobiten, Nestorianer) verfügten über ihre eigenen Hierarchien, Kirchen und Klöster. Ein Konflikt theol. Ursprungs, der Streit um die Gültigkeit der Weihe der →Azymen, die von einigen Griechen bestritten wurde, entzweite eine Zeitlang Griechen und Lateiner: 1231 wurden einige vom →Athos gekommene Mönche, die sich in Kantara niedergelassen hatten, als Häretiker verurteilt und hingerichtet. Insgesamt aber genossen die griech. Kl., wenn sie auch einige ihrer Besitzungen an die Franken hatten abtreten müssen, bei den Franken Verehrung und Förderung (Gründungen griech. Monasterien durch Franken, sogar Eintritte in diese).

Die Lateiner besaßen gleichwohl ihre eigenen Kl. (Benediktiner vom Hl. Kreuz in Z., Zisterzienser in Beaulieu, Prämonstratenser in →Bellapaïs), zu denen einige Kl., deren Konvente infolge der muslim. Eroberung das Hl. Land verlassen hatten, hinzutraten; weiterhin bestanden mehrere Häuser der Bettelorden, deren für das Hl. Land zuständige Ordensprovinzen ihren Hauptsitz in Z. nahmen. Der →Templerorden hatte auf Z. reiche Besitzungen; sie fielen nach dessen Aufhebung (1312) an den →Johanniterorden, der eine Großkomturei in Kolossi errichtete.

VIII. GEISTIGES LEBEN: Die verschiedenen religiösen Einrichtungen entfalteten rege Bautätigkeit. Die got. Architektur feierte Triumphe in Kirchen wie Ste-Sophie in Nikosia und St-Nicolas in Famagusta sowie in den Konventsbauten v. Bellapaïs, sie inspirierte auch, bes. in Famagusta, mehrere Kirchen des griech. und ostkirchl. Ritus. Für Kirchen kleineren Zuschnitts blieben jedoch in der Regel byz. Bautraditionen maßgebend. Die Ikonenmalerei (→Ikone, I) blieb der byz. Formenwelt treu, trotz verstärkter Aufnahme it. Einflüsse, bes. in Gemälden, die im Auftrag von Lateinern entstanden.

Die französischsprachige Kultur der Franken brachte bedeutende Werke hervor: große Rechtstraktate (»Livre« des →Philipp v. Novara, »Livre du Plédéant et du Plaidoyer«), historiograph. Texte (»Gestes des Chiprois«; s. a. →Chronik, L. II), moral.-philosoph. Schriften (»Les Quatres ages d'homme« des Philipp v. Novara). Höf. Leben fand seinen Ausdruck auch in der Pflege musikal. Fertigkeiten, wie sie eine Turiner Liederhs., der »Chansonnier«, belegt. Nicht weniger kreativ war die griech.-byz. Kultur, die v. a. in Werken der Geschichtsschreibung (Leontios →Macheiras, Georgios →Bustron) ihren Ausdruck fand. Der syr. Bevölkerungsteil pflegte die arab. Bildung. Im 15. Jh. wurde in der gesprochenen Sprache das Frz. vom Griech. verdrängt. Unter ven. Herrschaft gewann die it. Sprache an Dominanz; die frz. Rechtstraktate und andere Dokumente wurden nunmehr ins It. übersetzt.

IX. WIRTSCHAFT: Die Wirtschaft der Insel beruhte primär auf einer ertragreichen Landwirtschaft, die sich in den fruchtbaren Ebenen entfaltete. Die Bauern (→Bauer, D. XII) waren dem byz. Grundherrschaftssystem, das die Franken unverändert beibehielten, unterworfen. Z. kannte die Großdomäne (→Großgrundbesitz, II; →Pronoia),

auf welcher der Grundherr seine eigenen Äcker, Weinberge und Zuckerrohrfelder in Eigenwirtschaft mit frondienstpflichtigen Hörigen, Landarbeitern (Tagelöhnern) und Sklaven bearbeitete. Andererseits zog er ein Drittel der Ernteerträge von den Feldern seiner hörigen Pächter (*pariques*, →Paröken) ein (→Teilbau). Doch häuften sich bald die Freilassungen (Peter I. verlieh den griech. Stadtbürgern die Freiheit); die Zahl der *francomates* ('freien Männer'), die nicht zum Verbleiben in ihrem Heimatdorf (→adscriptio glebae) verpflichtet waren, wuchs. Z. erlebte im 13. und 14. Jh. eine Periode des Wohlstandes v. a. aufgrund seiner Exporte an Getreide (Weizen, Gerste) und Wein ('Z. wein' hatte im Abendland einen vortreffl. Ruf). In den Ebenen verbreitete sich dank der Bewässerungsanlagen (→Bewässerung) auch der Anbau von Zuckerrohr (→Zucker). Die Großgrundbesitzer verfügten über Magazine, bei denen die Kaufleute ihre Ankäufe dieser begehrten Produkte tätigten. Die Tuchwerkstätten (→Textilien, B) und Färbereien in Nikosia belieferten den Markt mit qualitätvollen Stoffen (*camelots*); berühmt waren die zypr. Goldfäden (→Brokat). Das Salz (→Salz, II) der Salinen v. Larnaka war eine wichtige Exportware.

Zugleich fungierte Z. als Drehscheibe des internationalen Handels (→Levantehandel), bes. während der Periode, in welcher der Handel mit dem Mittleren Osten über Kilikien, mit Famagusta als einer zentralen Schaltstelle, abgewickelt wurde. Der genues. Krieg v. 1373, die ägypt. Invasion v. 1426, Pestepidemien sowie Razzien der Korsaren führten aber rasch den Niedergang dieser Handelsbeziehungen herbei, so daß der einst legendäre Reichtum Famagustas bald nur noch ferne Erinnerung war. Trotz dieser Einbrüche bot aber Z. seiner Bevölkerung weiterhin eine auskömml. Ernährungsbasis, auch der Export von Eigenprodukten setzte sich fort. Ein Hauptmotiv Venedigs für die Okkupation Z.s war daher, die reichen Agrarerträge der Insel zur Deckung des ven. Nahrungsmittelbedarfs heranzuziehen. Die frk. Epoche der Gesch. Z.s war für die Bewohner des Inselreichs keineswegs vorrangig eine Zeit der Drangsale und Krisen; die verschiedenen ethn. und religiösen Gemeinschaften, die auf Z. lebten, verstanden es, die vorhandenen Gegensätze durch Koexistenz zu überbrücken. J. Richard

Lit.: L. DE MAS-LATRIE, Hist. de l'île de Chypre, 3 Bde, 1 Karte, 1852–65 – G. HILL, A Hist. of Cyprus, Bd 2, 3, 1948 – J. RICHARD, Beitr. in: Croisés, missionnaires et voyageurs, 1983 – C. ENLART, Gothic Art and Renaissance in Cyprus, übers. und hg. D. HUNT, 1987 – P. W. EDBURY, The Kingdom of Cyprus and the Crusades, 1191–1374, 1991 – J. RICHARD, Beitr. in: Croisades et états lat. d'Orient, 1992 – Ἱστορία τῆς Κύπρου, hg. TH. PAPADOPOULLOS, IV und V, 1995–96 – N. COUREAS, The Latin Church in Cyprus (1195–1312), 1997 – G. GRIVAUD, Villages désertés de Chypre [im Dr.].

Zypresse (Cupressus sempervirens L./Cupressaceae). Die zu den Nadelbäumen zählende, meist obeliskenartig bis zu einer Höhe von 50 m aufragende, wild im pers.-afghan. Raum beheimatete Echte Z. fand seit der Antike im gesamten Mittelmeergebiet, v. a. auf Kreta, weite Verbreitung. Ihr unverwüstl. Holz wurde als Nutz- und Bauholz, z. B. im Schiffbau, sehr geschätzt. Zugleich genoß die Z. (griech. κυπάρισσος), die in mehreren Verwandlungssagen der griech. Mythologie eine Rolle spielt, im kult.-sakralen Bereich hohe Verehrung. Daher wurde die (auch med. genutzte) Z. zu einem Kennzeichen von Kult- und Grabstätten, aber auch von Gärten verschiedenster Art, was die bereits mit Homer einsetzende Erwähnung der Z. in lit. Texten begünstigte.

Unter dem Christentum hat sich die traditionelle Vorliebe für die aus dem AT und der patrist. Lit. bekannte Z. ebenfalls erhalten: Sie diente zur Bepflanzung von Gärten byz. Herrscher- und Adelspaläste sowie größerer Privathäuser, ferner von Kirchen- und Kl.anlagen (z. B. →Athos); häufig – gemäß dem Rat der →Geoponika (XI. 5, 4, →Landwirtschaftl. Lit. in Byzanz) – zur Abgrenzung und Umfriedung. In schriftl. und ikonograph. Q.n (darunter die →Stephanskrone der Kg.e v. Ungarn) ist die Z. vielfach belegt, nicht selten als Symbol der Schöpfung bzw. des Paradieses (wie etwa im Apsismosaik von S. Apollinare in Classe →Ravenna, II), doch ebenso häufig auch in lit. Beschreibungen und bildl. Darstellungen fiktiv-idealer oder auch realer Gartenanlagen (→Garten, B) und Landschaften. Bemerkenswert ist der Versuch des Rhetors und Literaten →Nikephoros Basilakes (12. Jh.), durch sein Progymnasma Nr. 55 (»Was hätte wohl ein Gärtner bei der Gartenpflege gesagt, der eine Z. in der Hoffnung, sie werde Früchte tragen, umgepflanzt und das Ziel seiner Hoffnungen verfehlt hat?«) dem Leser die Ambivalenz einer geradezu erotisch aufgeladenen Begeisterung des Gärtners, d. h. des Menschen, für die Z. vor Augen zu führen: Das Scheitern seines Versuchs, die Z. durch exklusive Bewässerung zu manipulieren, sowie die drohende Austrocknung des Gartens zwingen den enttäuschten Gärtner schließlich zur radikalen Entfernung der Z. Im byz. Roman (→Niketas Eugenianos; Theodoros →Prodromos) oder Epos (→Digenes Akrites) wird Schönheit bzw. Wuchs junger Mädchen oder Männer gern mit der Z. verglichen. Entsprechend dient nicht nur in dem Gedicht des Chartophylax Nikolaos Eirenikos auf die ca. 1244 erfolgte Verlobung Ks. →Johannes' III. Dukas Vatatzes mit Konstanze (Anna) v. Hohenstaufen die Z. als Metapher für die (künftige) Ksn., sondern auch Traumbücher deuten die Z. (unter Verweis auf Schönheit, Wohlgeruch und unvergängl. Blattwerk; Achmet, Nr. 151) als Ksn. oder hohe Adlige; eines der Traumbücher indes sieht in einem Kranz von der Z. den Vorboten von Gesundheitsproblemen. G. Prinzing

Der für die frühchr. und byz. Kunst belegte religiöse Symbolgehalt der Z. begegnet auch im Westen (→Pflanzendarstellung, A. II): So ist der Baum z. B. auf dem Genter Altar der Brüder van →Eyck Bestandteil der Flora des myst. Lammes. Den Haupttypus der diesbezügl. chr. Ikonographie repräsentiert jedoch das Kreuz zw. Z.n, also inmitten des Gottesgartens. – In der Heilkunde des ma. Abendlandes spielte der lat. *cipressus*, *cupressus* oder *cypressus* gen. Baum indes eine vergleichsweise untergeordnete Rolle: So empfahl etwa Hildegard v. Bingen (Phys. III, 20) dessen aromat. duftendes Holz bei Magenschmerzen und allg. Körperschwäche, aber auch gegen teufl. und mag. Einflüsse, während andere Autoren – meist basierend auf den antiken Angaben (Dioskurides, Mat. med. I, 74) – dieses sowie die Blätter und insbes. die sog. Nüsse der Z. als hilfreiches Mittel zur Blutstillung, Wundreinigung und Entfernung von Nasenpolypen bzw. gegen Husten, Darmbeschwerden, Störungen bei der Harnentleerung und Steinleiden beschrieben (Albertus Magnus, De veget. VI, 56–63; Circa instans, ed. WÖLFEL, 33; Gart, Kap. 111).
P. Dilg

Lit.: MARZELL I, 1268 und 1405 – RE IV, 2, 1909–1938 – LCI IV, 1994², 591–594 [Lit.]. – Byz. Dichtung, hg. G. SOYTER, 1938, 67–70 – L. BEHLING, Die Pflanzenwelt der ma. Kathedralen, 1964 [s. Reg.] – Das Traumbuch des Achmet ben Sirin, hg., übers. und erl. K. BRACKERTZ 1986 [s. Reg.] – CH. BARBER, Reading the Garden in Byzantium: Nature and Sexuality, Byz. Mod. Greek Stud. 16, 1992, 21–32 – L. BRUBAKER– A. R. LITTLEWOOD, Byz. Gärten (Der Garten von der Antike bis zum MA, hg. M. CARROL-SPILLECKE, 1992), 213–247 – Die Volks-Traumbücher des byz. MA, hg., übers. und erl. K. BRACKERTZ 1993 [s. Reg.] – M. ZOHARY, Pflanzen der Bibel, 1995³, 106f.

STAMMTAFELN, HERRSCHER- UND PAPSTLISTEN

Die folgenden Tafeln dienen zur Ergänzung der Artikel über die wichtigsten Herrscher- und Dynastengeschlechter, wobei aus Rücksicht auf die Übersichtlichkeit weder sämtliche Nachkommen noch alle ehelichen und unehelichen Verbindungen verzeichnet werden. Wert gelegt wird auf eine enge Anbindung an die betreffenden Artikel des Lexikons des Mittelalters: die Namensformen sowie die Lebensdaten werden übernommen (ausgenommen sind allein Daten, die aufgrund neuester Forschung eine Korrektur erfuhren) und mit größeren Lettern hervorgehoben, während Personen, die keinen eigenen Lexikonartikel haben, in Petit-Druck erscheinen. Neben den im Lexikon üblichen Abkürzungen (s. Bd. I, XVI) werden folgende zusätzliche Abkürzungen und Zeichen verwendet:

T. Tochter Sch. Schwester + verlobt ≈ freie Verbindung
..... illegitime Nachkommen — legitime Nachkommen

Anjou (Grafen v. Angers/Anjou und Könige v. Jerusalem) (K. van Eickels)
Anjou-Plantagenêt (Könige v. England: Heinrich II. – Eduard III.) (K. van Eickels)
Aragón, Könige v./**Barcelona,** Grafen v. (U. Vones-Liebenstein)
Arpaden, I, II (Gy. Kristó–F. Makk)
Babenberger, jüngere (G. Scheibelreiter)
Barcelona, Grafen v. (U. Vones-Liebenstein)
Blois-Champagne (K. van Eickels)
Brandenburg, Markgrafen v. (**Askanier**) (Ch. Bretscher-Gisiger)
Bruce (de Brus, de Bruis) (G. W. S. Barrow)
Byzantinische Herrscherfamilien:
  Makedonische Dynastie (867–1056) (P. Schreiner)
  Dynastie der Dukas (1059–78) (P. Schreiner)
  Dynastie der Komnenen (1081–1185) (P. Schreiner)
  Dynastie der Angeloi (1185–1204) (P. Schreiner)
  Dynastie der Laskaris (1204–59/61) (P. Schreiner)
  Dynastie der Palaiologen (1258–1453) (P. Schreiner)
Corradi-Gonzaga, Signoren v. Mantua/ **Gonzaga,** Signoren und Markgrafen (I. Lazzarini)
Dogen v. Venedig (M. Pozza)
Este (M. Donattini)
Flandern, Grafen v., **I** (864–1194) (K. van Eickels)
Flandern, Grafen v., **II** (1194–1378) (K. van Eickels)
Foix-Béarn, Grafen v., **I** (11.–13. Jh.) (U. Vones-Liebenstein)
Foix-Béarn, Grafen v., **II** (14./15. Jh.) (U. Vones-Liebenstein)
Görz-Tirol bzw. **Tirol-Görz,** Grafen v. (**Meinhardiner**) (J. Riedmann)
Habsburger (Ch. Bretscher-Gisiger)
Hauteville (Altavilla) (T. Weller)
Hohenzollern (Ch. Bretscher-Gisiger)
Jagiellonen (J. Jurkiewicz)
Kalifen und muslimische Herrscherdynastien (H.-R. Singer)
Kapetinger, I, II (K. van Eickels)
Karolinger, I, II, III, IV (Ch. Bretscher-Gisiger)
Kastilien-León, Könige v., **I, II** (U. Vones-Liebenstein)
Lancaster und York, I, II (R. A. Griffiths)
Ludowinger (K. Blaschke)
Lusignan, I (Westfrankreich) (K. van Eickels)
Lusignan, II (Jerusalem/Zypern) (K. van Eickels)
Luxemburger (Ch. Bretscher-Gisiger)
Medici (M. Luzzati)
Merowinger (Ch. Bretscher-Gisiger)
Navarra, Könige v., **I, II** (B. Leroy)
Nemanjiden (Ch. Bretscher-Gisiger)
Ottonen, frühe Salier (Ch. Bretscher-Gisiger)
Papstliste (Ch. Bretscher-Gisiger)
Piasten, I (älteste Fürsten und Könige v. Polen) (D. Żołądź-Strzelczyk)
Piasten, II (Linie der Fürsten v. Schlesien) (D. Żołądź-Strzelczyk)
Piasten, III (Linie der Fürsten v. Großpolen) (D. Żołądź-Strzelczyk)
Piasten, IV (Linie der Fürsten in Masowien und Kujawien, Könige v. Polen) (D. Żołądź-Strzelczyk)
Portugal, Könige v., **I** (Haus Burgund) (Ch. Bretscher-Gisiger)
Portugal, Könige v., **II** (Avis) (Ch. Bretscher-Gisiger)
Přemysliden, I (Prager Linie der Fürsten v. Böhmen) (J. Žemlička)
Přemysliden, II (Mährische Linie) (J. Žemlička)
Raimundiner (K. van Eickels)
Rjurikiden (Kiever und Moskauer Rus'), **I, II, III, IV, V, VI** (A. Nazarenko)
Rudolfinger (Ch. Bretscher-Gisiger)
Salier (Ch. Bretscher-Gisiger)
Savoyen, Grafen und Herzöge v. (B. Demotz)
Sforza, I, II, III (F. M. Vaglienti)
Staufer, I, II (Ch. Bretscher-Gisiger)
Stewart (Steward) (G. W. S. Barrow)
Trastámara (Könige v. Kastilien-León; Könige v. Aragón) (Ch. Bretscher-Gisiger)
Tudor (R. A. Griffiths)
Valois, I, II, III (E. Gondret)
Visconti, I, II, III (F. M. Vaglienti)
Welfen (Ch. Bretscher-Gisiger)
Wettiner, I, II (K. Blaschke)
Wittelsbacher, I, II, III (Ch. Bretscher-Gisiger)
Württemberg (Wirtemberg), Grafen und Herzöge v. (I. Eberl)
Zähringer (Th. Zotz)

Anjou (Grafen v. Angers/Anjou und Könige v. Jerusalem)

Ingelger † 888 ∞ Adelheid

Fulco I. d. Rote (Rufus) Gf. v. Anjou † 941/942 ∞ Roscilla

Ingelger † 927 — Guido Bf. v. Soissons † 970 — Fulco II. d. Gute Gf. v. Anjou † 958 ∞ Gerberga v. Maine

Gottfried I. Griesegonelle † 987
∞ 1. Adela v. Vermandois
∞ 2. Adelheid, Mutter v. Adela v. Vermandois

Burchard Gf. v. Vendôme † 1007 ∞ Elisabeth v. Corbeil

Guido Bf. v. Le Puy † vor 995

Drogo Bf. v. Le Puy † 998

Adelheid † 1026
∞ 1. Gf. Stefan v. Gevaudan
∞ 2. Ludwig V. westfrk. Kg.
∞ 3. Gf. Wilhelm II. v. Arles
∞ 4. Gf. Ott-Wilhelm v. Burgund

Arsinde ∞ Gf. Wilhelm III. v. Toulouse

Blanche/Alice † 1026 ∞ Gf. Wilhelm I. v. Provence

Humbert † nach 957

Rainald Gf. v. Vendôme, Bf. v. Paris † 1020

Elisabeth † 1000 ∞ Gf. Fulco III. Nerra v. Anjou

Burchard Gf. v. Vendôme † 1012

(1) Fulco III. Nerra Gf. v. Anjou † 1040
∞ 1. Elisabeth v. Vendôme
∞ 2. Hildegard

(1) Ermengarde ∞ Hzg. Conan I. v. Bretagne

(1) Gerberga ∞ Gf. Wilhelm II. v. Angoulême

(1) Adela ∞ Gf. Wilhelm III. v. Provence

(2) Moritz † 1012

(1) Adela Gfn. v. Vendôme ∞ Gf. Bodo v. Nevers und Vendôme

(1) Adelheid ∞ Giraud v. Montreuil

(2) Gottfried II. Martel Gf. v. Anjou *1006, † 1067
∞ 1. Agnes v. Burgund
∞ 2. Grace
∞ 3. Adelheid
∞ 4. Adelheid d. Deutsche

(2) Ermengarde/Blanche Gfn. v. Anjou *1018, † 1076
∞ 1. Gottfried Ferréol v. Château-Landon Gf. d. Gâtinais
∞ 2. Hzg. Robert I. v. Burgund

(2) Blanche † 1035

(1) Gottfried III. d. Bärtige Gf. v. Anjou *1049, † 1096/97

(1) Fulco IV. ›le Réchin‹ Gf. v. Anjou *1043, † 1109
∞ 1. Hildegard v. Baugency
∞ 2. Ermengarde v. Bourbon
∞ 3. Ermengarde v. Châtel-Aillon
∞ 4. NN v. Brienne
∞ 5. Bertrada v. Montfort (in 2. Ehe ∞ Kg. Philipp I. v. Frankreich)

(1) Hildegard v. Château-Landon ∞ Joscelin I. v. Courtenay

(1) Ermengarde *1068, †1146
∞ 1. Hzg. Wilhelm IX. v. Aquitanien
∞ 2. Hzg. Alan IV. v. Bretagne

(2) Gottfried IV. Martel *1073, †1106

(5) Fulco V. Gf. v. Anjou Kg. v. Jerusalem *1092, †1144
∞ 1. Eremburge v. Maine, Erbt. v. Gf. Elias v. Maine
∞ 2. Melisende Kgn. v. Jerusalem

---

(1) Gottfried V. Plantagenêt Gf. v. Anjou, Hzg. d. Normandie *1113, †1151
∞ Mathilde, T. v. Kg. Heinrich I. v. England

(1) Elias Gf. v. Maine †1151
∞ Philippa v. Perche

(1) Mathilde †1154
∞ Wilhelm Aetheling, Sohn v. Kg. Heinrich I. v. England

(2) Balduin III. Kg. v. Jerusalem *1131, †1163
∞ Theodora Komnene

(2) Amalrich Kg. v. Jerusalem *1136, †1174
∞ 1. Agnes v. Courtenay
∞ 2. Maria Komnene

Heinrich II. Kg. v. England *1133, †1189
∞ Eleonore v. Aquitanien

Gottfried VI. Gf. v. Anjou *1134, †1158

Wilhelm fitz Empress *1136, †1164

Emma ∞ *Guido V. v. Laval*

Beatrix v. Alençon

(1) Sibylle *1112, †1165
∞ 1. Wilhelm Clito, Sohn v. Hzg. Robert II. v. Normandie, †1128
∞ 2. Dietrich v. Elsaß, Gf. v. Flandern

(1) Sibylle Kgn. v. Jerusalem *um 1159, †1190
∞ 1. Wilhelm v. Montferrat Gf. v. Jaffa
∞ 2. Guido v. Lusignan

(1) Balduin IV. Kg. v. Jerusalem *1161, †1185

(2) Isabella Kgn. v. Jerusalem *1172, †1205
∞ 1. Humfried IV. v. Toron
∞ 2. Konrad v. Montferrat
∞ 3. Heinrich II. v. Champagne
∞ 4. Aimerich v. Lusignan

Fortsetzung s. Anjou-Plantagenêt

Lit.: →Artikel der aufgeführten Personen — →Angers, Anjou – Europ. Stammtafeln, hg. D. SCHWENNICKE, NF Bd. II, 1984, Taf. 83f; NF III/1, 1984, Taf. 116.

Anjou-Plantagenêt (Könige v. England: Heinrich II.–Eduard III.)

Heinrich II. Kg. v. England * 1133, † 1189
∞ Eleonore v. Aquitanien

Wilhelm * 1153, † 1156	**Heinrich** (III.) **d. J.** Mitkg. v. England * 1155, † 1183 ∞ Margarete, T. v. Kg. Ludwig VII. v. Frankreich	Mathilde * 1156, † 1189 ∞ Heinrich d. Löwe Hzg. v. Sachsen und Bayern	**Richard I. Löwenherz** Kg. v. England * 1157, † 1199 ∞ Berenguela v. Navarra	Geoffrey Hzg. d. Bretagne * 1158, † 1186 ∞ Konstanze, T. v. Hzg. Conan IV. v. Bretagne	Eleonore * 1162, † 1214 ∞ Kg. Alfons VIII. v. Kastilien	Johanna * 1164/65, † 1199 ∞ 1. Kg. Wilhelm II. v. Sizilien ∞ 2. Gf. Raimund VI. v. Toulouse	**Johann Ohneland** Kg. v. England * 1167, † 1216 ∞ 1. Isabella FitzRobert ∞ 2. Isabella v. Angoulême

Arthur I. Gf. v. Bretagne * 1187, † 1203 (?)

Eleonore * 1184, † 1241

Heinrich III. Kg. v. England * 1207, † 1272
∞ Eleonore, T. v. Gf. Raimund Berengar V. v. Provence

Richard v. Cornwall röm. Kg. * 1209, † 1272
∞ 1. Isabella Marshal
∞ 2. Sanchia, T. v. Gf. Raimund Berengar V. v. Provence
∞ 3. Beatrix v. Valkenburg

Johanna * 1210, † 1238
∞ Kg. Alexander II. v. Schottland

Isabella * 1214, † 1241
∞ Ks. Friedrich II.

Eleanor * 1215, † 1275
∞ 1. Wilhelm Marshal Earl v. Pembroke
∞ 2. Simon de Montfort

Eduard I. Kg. v. England * 1239, † 1307
∞ 1. Eleonore v. Kastilien
∞ 2. Margarete v. Frankreich

Margarete * 1240, † 1275
∞ Kg. Alexander III. v. Schottland

Beatrix * 1242, † 1277
∞ Hzg. Jean II. v. Bretagne

Edmund Crouchback Earl v. Leicester, Derby und Lancester * 1245, † 1296
∞ 1. Aveline v. Forez
∞ 2. Blanche v. Artois

Earls v. Lancaster bis 1362

Richard † vor 1256

Heinrich † vor 1256

Johann † vor 1256

(1) Nikolaus * und † 1240

(2) Richard * und † 1246

(1) Heinrich (Henry of Almayne) * 1235, † 1271
∞ Konstanze v. Moncada

(2) Edmund (of Almayne) Earl v. Cornwall * 1249, † 1300
∞ Margarete v. Clare

(1) Johann * 1232, † 1233

(1) Isabella * 1233, † 1234

(1) Eleonore
* 1264, † 1297
∞ 1. Kg. Alfons III. v. Aragón
∞ 2. Gf. Heinrich III. v. Bar

(1) Johanna v. Akkon
* 1272, † 1307
∞ 1. Gilbert Earl v. Gloucester und Hertford
∞ 2. Ralph Monthermer

(1) Margarete
* 1275, † nach 1333
∞ Hzg. Johannes II. v. Brabant

(1) Maria
* 1278, † 1322

(1) Elisabeth
* 1282, † 1316
∞ 1. Gf. Johann I. v. Holland
∞ 2. Humfred Earl v. Hertford und Essex

(1) Eduard II.
Kg. v. England
* 1284, † 1327
∞ Isabella v. Frankreich

(2) Thomas Earl v. Norfolk * 1300, † 1338
∞ 1. Alice Hales
∞ 2. Maria v. Brewes

(2) Edmund Earl v. Kent und Arundel
* 1301, † 1330
∞ Margarete Wake

zahlreiche früh verstorbene Kinder

Johann Earl v. Cornwall
* 1316, † 1336

Eleonore
* 1318, † 1355
∞ Gf./Hzg. Rainald II. v. Geldern

Johanna
* 1321, † 1362
∞ Kg. David II. v. Schottland

Eduard III.
Kg. v. England
* 1312, † 1377
∞ Philippa v. Hennegau

(1) Eduard
* 1319, † 1334
∞ Beatrix v. Mortimer

(1) Margarete
Hzgn. v. Norfolk
* 1320, † 1400
∞ 1. Johann Lord Segrave
∞ 2. Walter Lord Maury

(2) Alice
† 1351/52
∞ Eduard Lord Montagu

Edmund Earl v. Kent
* 1326, † 1333

Johanna v. Kent
* 1328, † 1385
∞ 3. Eduard d. Schwarze Prinz

Johann Earl v. Kent
* 1330, † 1352
∞ Isabella v. Jülich

Fortsetzung s. York/Lancaster

Lit.: →Artikel der aufgeführten Personen – Europ. Stammtafeln, hg. D. Schwennicke, NF Bd. II, 1984, Taf. 83f.

Aragón, Könige v./**Barcelona**, Grafen v.

Raimund Berengar IV. Gf. v. Barcelona, Princeps v. Aragón *um 1113, † 1162
∞ Kgn. Petronilla v. Aragón

Alfons II. Kg. v. Aragón *1157, † 1196
∞ Sancha v. Kastilien

Raimund Berengar IV. Gf. v. Provence *1159, † 1181

Douce *1159, † 1198
∞ Kg. Sancho I. v. Portugal

Sancho I. Gf. v. Provence, Gf. v. Roussillon–Cerdaña *1161, † 1223
∞ 1. Ermensendis v. Rocaberti
∞ 2. Sancha Nuñez de Lara

Berengar Ebf. v. Narbonne † 1213

Peter II. Kg. v. Aragón *1176, † 1213
∞ Maria v. Montpellier

Alfons II. Gf. v. Provence *1182, † 1209
∞ Garsendis v. Forcalquier

Konstanze *um 1183, † 1222
∞ 1. Kg. Emmerich v. Ungarn
∞ 2. Ks. Friedrich II.

Eleonore † 1209
∞ Gf. Raimund VI. v. Toulouse

Sancha † nach 1241
∞ Gf. Raimund VII. v. Toulouse

(2) Nunyo Sanç Gf. v. Roussillon und Cerdaña † 1241
∞ 1. Petronilla v. Bigorre
∞ 2. Teresa López de Haro

Jakob I. ›der Eroberer‹ Kg. v. Aragón *1208, † 1276
∞ 1. Eleonore v. Kastilien
∞ 2. Violante v. Ungarn
∞ 3. Teresa Gil de Vidaure
∞ 4. Berenguela Alfonso

(1) Alfons † 1260
∞ Konstanze v. Montcada

(2) Violante *um 1236, † 1300
∞ Kg. Alfons X. v. Kastilien

(2) **Peter III.** Kg. v. Aragón *1241, † 1285
∞ Konstanze v. Sizilien

(2) Jakob II. Kg. v. Mallorca *1243, † 1311
∞ Esclaramunda v. Foix

(2) Isabella *1247, † 1271
∞ Kg. Philipp III. v. Frankreich

(2) Sancho Ebf. v. Toledo † 1275

Alfons III. Kg. v. Aragón *1265, † 1291
∞ Eleonore v. England

Jakob II. Kg. v. Aragón *1264, † 1327
∞ 1. Isabella v. Kastilien
∞ 2. Blanca v. Sizilien
∞ 3. Maria v. Lusignan
∞ 4. Elisenda v. Montcada

Isabella *1269/70, † 1336
∞ Kg. Dinis v. Portugal

Friedrich III. Kg. v. Sizilien *um 1272, † 1337
∞ Eleonore v. Neapel-Sizilien

Violante † 1303
∞ Robert v. Anjou, Kg. v. Sizilien

Beatrix
∞ Ramon de Cardona

(2) Jakob *1296, † 1334

(2) **Alfons IV.** Kg. v. Aragón *1299, † 1336
∞ 1. Teresa de Entenza Kastilien
∞ 2. Eleonore v. Kastilien

(2) Maria *1300, † 1327
∞ Peter v. Kastilien

(2) Konstanze
∞ Juan Manuel

(2) Johann Ebf. v. Toledo *1301, † 1334

(2) Isabella *1305, † 1330
∞ Friedrich d. Schöne dt. (Gegen-)Kg.

(2) Peter v. Aragón (später OFM) *um 1305, † 1381
∞ Johanna v. Foix

(2) Raimund Berengar Gf. v. Prades *1308, † 1364
∞ 1. Bianca v. Tarent
∞ 2. Maria Álvarez de Xérica

(2) Violante *1310, † 1353
∞ 1. Philipp v. Tarent
∞ 2. Lope de Luna

(1) **Peter IV.** Kg. v. Aragón * 1319, † 1387   (1) Jakob v. Urgel † 1347   (1) Konstanze * 1318/22 † 1346   (2) Ferdinand Marqués v. Tortosa   (2) Johann Herr v. Vizcaya † 1358
∞ 1. Maria v. Navarra   ∞ Cäcilia v. Comminges   ∞ Kg. Jakob III. v. Mallorca   * 1329, † 1363   ∞ Isabella Nuñez de Lara
∞ 2. Eleonore v. Portugal   ∞ Maria v. Portugal
∞ 3. Eleonore v. Sizilien
∞ 4. Sibilla de Fortià

(1) Konstanze * 1340, † 1375   (3) **Johann I.** Kg. v. Aragón * 1350, † 1396   (3) **Martin I.** Kg. v. Aragón und Sizilien   (3) Eleonore * 1358, † 1382   (4) Isabella † 1424
∞ Kg. Friedrich IV. v.   ∞ 1. Mata v. Armagnac   * 1356, † 1410   ∞ Kg. Johann I. v. Kastilien ∞ Jakob II. v. Urgel
Sizilien   ∞ 2. Violante v. Bar   ∞ 1. Maria de Luna
                                                                                ∞ 2. Margarete v. Prades

                               (2) Violante * 1384, † 1443   (1) Martin d. J. Kg. v. Sizilien * 1376, † 1409
                               ∞ Hzg. Ludwig II. v. Anjou   ∞ 1. Maria v. Sizilien
                                                                                ∞ 2. Blanca v. Navarra

Lit.: → Artikel der aufgeführten Personen – Europ. Stammtafeln NF Bd. II, hg. D. SCHWENNICKE, 1984, Taf. 68–72 – L. VONES, Gesch. der Iber. Halbinsel, 1993, Taf. III, VII –
M. AURELL, Les Noces du Comte, 1995, Taf. I, II, VII – U. VONES-LIEBENSTEIN, St-Ruf und Spanien, 1996, Taf. I.

Arpaden, I

Álmos ung. Fs. geb. um 819, gest. 895

Árpád ung. Gfs. geb. um 845, gest. um 900

- **Liüntika** ? ung. Gfs. nach 900 =? **Tarkatzus** ? ung. Gfs.
- **Jelekh** ? ung. Gfs.
- **Jutotzas** ? ung. Gfs.
- **Zulta (Zaltas)** Hzg.
  - **Taksony** ung. Gfs. 955(?)–um 970
    - **Géza** ung. Gfs. * um 940, † 997
      ∞ Sarolt, T. v. Gyula v. Siebenbürgen, * 945, † um 1008
      - **Stephan I.** d. Hl. Kg. v. Ungarn * 969/975, † 1038
        ∞ Gisela v. Bayern † um 1060
        - **Emmerich** d. Hl. * 1007, † 1031
          ∞ NN, T. v. Ks. Romanos III. Argyros
      - NN ∞ **Gabriel Radomir** v. Bulgarien † 1015
      - NN ∞ **Bolesław I Chrobry** Kg. v. Polen † 1025
        - **Bezprym** Fs. in Polen * um 998, † 1032
        - **Otto** * vor 1002, † vor 1031
    - NN ∞ **Otto Orseolo** Doge v. Venedig
      - **Peter Orseolo** Kg. v. Ungarn * um 1010, † 1059
        ∞ 1. Tuota (Judith) v. Regensburg (?)
        ∞ 2. Judith, T. v. Heinrich v. Schweinfurt
      - **Frowila** ∞ **Adalbert** Mgf. der bayer. Ostmark
    - NN ∞ **Aba** Kg. v. Ungarn * 990, † nach 1044

- **Michael**
  - **Vasul** Hzg. ∞ NN aus d. Geschlecht Tatun
    - **Levente** * um 1010/15, † 1046
    - **Andreas I.** Kg. v. Ungarn * um 1015, † 1060
      ∞ Anastasia, T. v. Gfs. Jaroslav d. Weisen
      - **Salomon** Kg. v. Ungarn * 1053, † 1087
        ∞ Judith, T. Ks. Heinrichs III.
      - **David** * nach 1053, † nach 1090
    - **Béla I.** Kg. v. Ungarn * um 1015/20, † 1063
      ∞ NN, T. v. Kg. Mieszko II. v. Polen
      - **Adelheid** * um 1040, † 1062 ∞ **Vratislav II.** Kg. v. Böhmen † 1092
      - Fortsetzung s. Arpaden, II
  - **Ladislaus** d. Kahlköpfige ∞ NN v. Kiever Rus'

- **Termatzus**
  - ? **Szerénd** d. Kahlköpfige

- **Teveli**
  - **Ezeleh**
    - **Falizzi** ung. Gfs. um 950
    - ? **Tas**

Arpaden, II

Béla I. Kg. v. Ungarn * um 1015/20, † 1063
∞ NN, T. v. Kg. Mieszko II. v. Polen

Géza I. Kg. v. Ungarn
* vor 1048, † 1077
∞ 1. Sophie v. Loos
∞ 2. Synadene, Nichte v. Ks. Nikephoros III. Botaneiates

Ladislaus I. d. Hl. Kg. v. Ungarn
* vor 1048, † 1095
∞ 1. NN
∞ 2. Adelheid, T. v. Rudolf v. Rheinfelden, † 1090

Lampert
* nach 1048,
† um 1095

Sophie † nach 1095
∞ 1. Ulrich v. Kärnten
∞ 2. Magnus sächs. Hzg. † 1106

Euphemia † 1111
∞ Fs. Otto I. v. Mähren † 1087

Helene † nach 1091
∞ Kg. Dmitar Zvonimir v. Kroatien † 1089

Tochter
∞ Lampert aus d. Geschlecht Hontpaznan

---

(1) Koloman Kg. v. Ungarn
* um 1070, † 1116
∞ 1. Felicia (?), T. v. Gf. Roger I. v. Sizilien
∞ 2. Euphemia, T. v. Fs. Vladimir Vsevolodovič Monomach v. Kiev

*(1) Almos Kg. v. Kroatien * nach 1070, † 1127*
∞ Predslava, T. v. Fs. Svjatopolk Izjaslavič v. Kiev

Tochter
∞ Fs. Jaroslav Svjatopolkovič v. Vladimir in Volhynien

*Piroska (Eirene) * um 1080, † 1134*
∞ Ks. Johannes II. Komnenos † 1143

---

(1) Sophie

(1) Stephan II. Kg. v. Ungarn
* 1101, † 1131
∞ NN, T. v. Hzg. Robert v. Capua

(1) Ladislaus
* 1101,
† 1112

(2) Boris (Kalamanos)
* um 1114,
† nach 1153
∞ Anna Dukaina

*Adelheid * um 1105, † 1140*
∞ Fs. Soběslav I. v. Böhmen † 1140

Béla II. Kg. v. Ungarn * um 1110, † 1141
∞ Jelena, T. v. Uroš I. v. Serbien

Hedwig
∞ Mgf. Adalbert II. v. Österreich

Géza II. Kg. v. Ungarn * 1130, † 1162
∞ Euphrosine, T. v. Gfs. Mstislav Vladimirovič v. Kiev

Ladislaus II. ung. Gegenkg.
* um 1131, † 1163

Stephan IV. ung. Gegenkg.
* um 1132, † 1165
∞ Maria, byz. Prinzessin

Sophie
+ Heinrich, Sohn v. Kg. Konrad III.

Álmos

Gertrud (Elisabeth)
∞ Fs. Mieszko III. Stary v. Polen † 1202

Stephan III. Kg. v. Ungarn
* 1147, † 1172
∞ Agnes, T. v. Hzg. Heinrich II. Jasomirgott v. Österreich

Béla III. Kg. v. Ungarn * 1148, † 1196
+ Maria, T. v. Ks. Manuel I. Komnenos
∞ 1. Anna (Agnes) v. Châtillon † um 1184
∞ 2. Margarete, T. v. Kg. Ludwig VII. v. Frankreich, † 1197

Árpád

*Géza * 1150er Jahre, † vor 1210*
∞ byz. Prinzessin

Elisabeth † nach 1189
∞ Hzg. Friedrich v. Böhmen † 1189

Odola (Odda)
∞ Svatopluk, Sohn v. Kg. Vladislav II. v. Böhmen, † nach 1169

Helena † 1199
∞ Hzg. Leopold V. v. Österreich † 1194

---

(1) Emmerich Kg. v. Ungarn
* 1174, † 1204
∞ Konstanze, T. v. Kg. Alfons II. v. Aragón, † 1222

*(1) Margarete (Maria) * 1175, † nach 1229*
∞ 1. Ks. Isaak Angelos II. † 1204
∞ 2. Bonifaz I. v. Montferrat, Kg. v. Thessalonike † 1207
∞ 3. Nikolaus v. St-Omer † 1212

(1) Andreas II. Kg. v. Ungarn
* um 1177, † 1235
∞ 1. Gertrud, T. v. Mgf. Berthold IV. v. Istrien, † 1213
∞ 2. Violante, T. v. Peter v. Courtenay, † 1233
∞ 3. Beatrix, T. v. Mgf. Azzo IV. v. Este, † 1245

(1) Salomon

(1) Stephan

(1) Konstanze † 1240
∞ Kg. Otakar Přemysl I. v. Böhmen † 1230

(1) Tochter

Ladislaus III. Kg. v. Ungarn * um 1200, † 1205

(1) **Maria** * 1203/04, † 1237/38 ∞ Zar Ivan II. Asen v. Bulgarien † 1241

(1) **Elisabeth d. Hl.** * 1207, † 1231 ∞ Lgf. Ludwig IV. v. Thüringen † 1227

(1) **Koloman** Kg. v. Galizien * 1208, † 1241 ∞ Salomea, T. v. Fs. Leszek Biały v. Krakau-Sandomir † 1267

Béla IV. Kg. v. Ungarn * 1206, † 1270 ∞ Maria, T. v. Ks. Theodor I. Laskaris v. Nikaia

(1) **Andreas** * um 1210, † 1234 ∞ Maria (Helene), T. v. Fs. Mstislav Mstislavič Udaloj

(2) **Violante** um 1219, † 1251 ∞ Kg. Jakob I. v. Aragón † 1276

(3) **Stephan** * 1236, † 1272 ∞ 1. Elisabeth ∞ 2. Tomasina Morosini † nach 1300

Kunigunde (Kinga) * 1224, † 1292 ∞ Bolesław V. Wstydliwy Fs. v. Krakau-Sandomir † 1279

Margarete * um 1225, † vor 1242 ∞ Fs. Rostislav Michailovič Černigov † 1262

Anna * um 1226 † nach 1270 ∞ Fs. Rostislav Michailovič Černigov † 1262

Katharina † vor 1242

Elisabeth † 1271 ∞ Hzg. Heinrich XIII. v. Niederbayern † 1290

Konstanze ∞ Fs. Lev Danilovič v. Halič-Volhynien † 1301

Violante (Helene) † 1298 ∞ Fs. Bolesław v. Kalisch † 1279

Stephan V. Kg. v. Ungarn * 1239, † 1272 ∞ Elisabeth, T. d. kuman. Fs.en Seihan

Margarete d. Hl. * 1242, † 1270

Béla * 1243, † 1269 ∞ Mgfn. Kunigunde v. Brandenburg † nach 1288

Michael † 1272

Kunigunde * um 1244, † 1285 ∞ 1. Kg. Otakar Přemysl II. v. Böhmen † 1278 ∞ 2. Zawisch v. Falkenstein

Béla

Katharina * um 1256, † nach 1314 ∞ Kg. Stefan Dragutin v. Serbien † 1316

Maria * um 1257, † 1323 ∞ Karl II. v. Anjou, Kg. v. Neapel † 1309

Elisabeth * um 1260, † nach 1323 ∞ Zawisch v. Falkenstein

NN ∞ Zar Jakob Sventislav v. Bulgarien

(1) **Stephan**

(2) **Andreas III.** Kg. v. Ungarn * um 1265, † 1301 ∞ 1. Fennena, T. v. Fs. Ziemomysł v. Kujavien, † 1295 ∞ 2. Agnes v. Österreich † 1364

Anna (Agnes) * um 1260, † 1281 ∞ Ks. Andronikos II. Palaiologos † 1328

Ladislaus IV. Kg. v. Ungarn * 1262, † 1290 ∞ Isabella (Elisabeth), T. v. Kg. Karl I. v. Neapel, † um 1304

Andreas * 1268, † 1278

Karl Martell * 1271, † 1295 ∞ Clementia, T. v. Kg. Rudolf v. Habsburg, † 1293

(1) **Wenzel II.** Kg. v. Böhmen * 1271, † 1305 ∞ 1. Guta, T. v. Kg. Rudolf v. Habsburg, † 1297 ∞ 2. Elisabeth (Rixa), T. v. Kg. Przemysł II. v. Großpolen, † 1335

(1) **Wenzel III.** Kg. v. Ungarn, Kg. v. Böhmen und Polen, * 1289, † 1306

Karl I. Kg. v. Ungarn * 1288, † 1342

Lit.: →Arpaden — → Artikel der aufgeführten Personen – Gy. Kristó, Die Arpadendynastie. Die Gesch. Ungarns von 895 bis 1301, 1993 – Ders.–F. Makk, Az Árpád-ház uralkodói, 1995.

Babenberger, jüngere

Leopold I. Mgf. v. Österreich † 994
∞ Richwara (Richardis), T. v. Gf. Ernst v Sualafeldgau

Heinrich I. Mgf. v. Österreich † 1018
∞ Swanhild?

Judith

Ernst Hzg. v. Schwaben * vor 984, † 1015
∞ Gisela, T. v. Hzg. Hermann II. v. Schwaben, † 1043

Poppo Ebf. v. Trier † 1047

Adalbert Mgf. v. Österreich † 1055
∞ 1. Glismod, Sch. v. Bf. Meinwerk v. Paderborn (oder Mathilde v. Cham-Vohburg?)
∞ 2. Froiza (Dominica), T. d. Dogen Otto Orseolo, † nach 1058

Kunigunde

Hemma?
∞ Gf. Rapoto v. Diessen

Christine Nonne † 1047

Liutpold presbyter?

Heinrich?

Ernst II. Hzg. v. Schwaben * um 1007, † 1030

Hermann IV. Hzg. v. Schwaben † 1038

Liutpold (1) Mgf. der Ung. Mark † 1043
∞ Ida, T. v. Gf. Liudolf v. Braunschweig

Ernst Mgf. v. Österreich * 1025/28, † 1075
∞ 1. Swanhild?
∞ 2. Adelheid, T. v. Mgf. Dedi II. v. Meißen, † 1071

Leopold II. Mgf. v. Österreich † 1095
∞ Itha v. Formbach-Ratelnberg † 1101?

Justizia
∞ Gf. Otto II. v. Wolfratshausen †1120/22

Elisabeth
∞ Mgf. Otakar II. v. Steiermark † 1122

Juditta 'puella'

Gerberga † 1142
∞ Hzg. Bořivoj II. v. Böhmen † 1124

Leopold III. d. Hl. Mgf. v. Österreich * um 1075, † 1136
∞ 1. NN (v. Perg) † vor 1105
∞ 2. Agnes, T. v. Ks. Heinrich IV., † 1143

Ida
∞ Liutold v. Znaim Mgf. v. Mähren † 1115

Sophia † 1154
∞ 1. Hzg. Heinrich III. v. Kärnten † 1122
∞ 2. Gf. Sighard v. Burghausen-Schala † 1142

Euphemia
∞ Gf. Konrad v. Peilstein † ca. 1168

---

(1) Adalbert † 1138
∞ 1. Adelheid, T. v. Hzg. Bolesław III. v. Polen, † ca. 1130
∞ 2. Sophia, T. v. Kg. Almos v. Ungarn

(2) Heinrich II. 'Jasomirgott' Mgf./Hzg. v. Österreich, Hzg. v. Bayern * 1107/08, † 1177
∞ 1. Gertrud v. Süpplingenburg † 1143
∞ 2. Theodora Komnene † 1183

(2) Leopold IV. Mgf. v. Österreich, Hzg. v. Bayern † 1141
∞ Maria, T. v. Hzg. Soběslav v. Böhmen

(2) Bertha † ca. 1150
∞ Bgf. Heinrich III. v. Regensburg

(2) Agnes † um 1160/63
∞ Władysław II. Wygnaniec Fs. v. Polen-Schlesien † 1159

(2) Ernst † nach 1137

(2) Otto Bf. v. Freising † 1158

(2) Konrad Bf. v. Passau, Ebf. v. Salzburg * um 1125, † 1168

(2) Elisabeth † 1143
∞ Gf. Hermann II. v. Winzenburg † 1152

(2) Gertrud † 1151
∞ Kg. Vladislav II. v. Böhmen † 1175

(2) Judith
∞ Mgf. Wilhelm v. Montferrat † 1191

---

(1) Richardis
∞ Lgf. Heinrich v. Steffling † 1185

(2) Agnes
∞ 1. Kg. Stephan III. v. Ungarn † 1175
∞ 2. Hzg. Hermann v. Kärnten † 1181

(2) Leopold V. Hzg. v. Österreich und Steier * 1157, † 1194
∞ Helena, T. v. Kg. Géza II. v. Ungarn, † 1199

(2) Heinrich d. Ä. 'Hzg. v. Mödling' † 1223
∞ Richeza, T. v. Kg. Vladislav II. v. Böhmen, † 1182

Friedrich I. Hzg. v.   *Leopold VI. Hzg. v. Österreich und Steier-(mark)* * 1176/77, † 1230   *Agnes*   *Heinrich d. J. 'Hzg. v. Mödling'* † 1236
Österreich † 1198   ∞ *Theodora, Enkelin v. Ks. Isaak II. Angelos,* † 1246

Margarete † 1266   *Agnes* † 1226   *Leopold*   *Heinrich* † 1227   *Friedrich II. Hzg. v. Österreich und Steiermark,*   *Konstanze* † 1243   *Gertrud* † 1241
∞ 1. Kg. Heinrich (VII.)   ∞ Hzg. Albrecht   † 1216   ∞ Agnes, T. v. Lgf.   Herr v. Krain * um 1210, † 1246   ∞ Heinrich d.   ∞ Lgf. Heinrich
† 1242   v. Sachsen   Hermann I.   ∞ 1. (Sophia?) Laskaris   Erlauchte Mgf.   Raspe v. Thüringen,
∞ 2. Kg. Otakar II.   † 1260   v. Thüringen   ∞ 2. Agnes v. Andechs-Meranien † 1269   v. Meißen   dt. (Gegen-)Kg.
Přemysl † 1278   † 1288   † 1247

(1) Heinrich   (1) Friedrich   *Gertrud* † 1288
† 1242/45   † 1251   ∞ 1. Mgf. Vladislav v. Mähren † 1247
            ∞ 2. Mgf. Hermann VI. v. Baden † 1250
            ∞ 3. Fs. Roman v. Halič-Volhynien

(2) *Friedrich v. Baden-Österreich* * 1249, † 1268   (2) *Agnes* † 1295
         ∞ 1. Ulrich III. v. Spanheim Hzg. v. Kärnten, Herr v. Krain † 1269
         ∞ 2. Gf. Ulrich III. v. Heunburg † 1308

Lit.: → Artikel der aufgeführten Personen —→ Babenberger, jüngere – K. LECHNER, Beitr. zur Genealogie der älteren österr. Mgf.en, MIÖG 71, 1963, 246–280 – Kat. 1000 Jahre Babenberger in Österreich, 1976, 24f. – H. DIENST, Die Dynastie der Babenberger und ihre Anfänge in Österreich (Das babenberg. Österreich 976–1246, 1976), 18–42.

Barcelona, Grafen v.

Bello Gf. v. Carcassonne † 812

Gisclafred Gf. v. Carcassonne † 837
∞ Ailona v. Aragón

Oliba I. Gf. v. Carcassonne † 837
∞ 1. Ermentrude
∞ 2. Richilde

Sunifred I. Gf. v. Barcelona-Gerona, Cerdaña, Urgel, Carcassonne, Narbonne, Nîmes, Béziers
*um 800, † 848
∞ Ermessendis

Sunyer Gf. v. Empurien und Peralda † 862
∞ Rotruda

Wifred I. ›el Pelós‹ Gf. v. Barcelona, Besalú, Gerona, Ausona, Urgel, Cerdaña † 897
∞ Winilda [v. Cerdaña]

Miro I. Gf. v. Cerdaña, Conflent, Roussillon † 896

Radulf I. Gf. v. Besalú † 920
∞ Redelinde [v. Empurien]

Ricaulf Bf. v. Elne † 915

Emma Abt. v. S. Joan de les Abadesses

Wifred II. Borell Gf. v. Barcelona, Gerona, Ausona † 911
∞ Garsende [v. Empurien]

Miro II. Gf. v. Cerdaña-Besalú † 927
∞ Ava

Sunifred II. Gf. v. Urgel † 948
∞ Adelaide v. Barcelona

Suñer Gf. v. Barcelona, Gerona, Ausona † 950
∞ Richilde

Borell II. Gf. v. Barcelona, Gerona, Ausona, Urgel † 992
∞ 1. Ledgarda [v. Auvergne]
∞ 2. Heimenud [v. Auvergne]

Miro Gf. v. Barcelona † 966

Adelaide
∞ Gf. Sunifred II. v. Urgel

(1) **Raimund Borell I.** Gf. v. Barcelona, Gerona, Ausona † 1017
∞ Ermessinde v. Carcassonne

Ermengol I. Gf. v. Urgel † 1010
∞ 1. Teudberga [v. Gévaudan]
∞ 2. Guisla v. Empurien-Roussillon

Ermengard
∞ Vgf. Geribert v. Barcelona

Richilde
∞ Vgf. Udalard v. Barcelona

Berengar Raimund I. Gf. v. Barcelona, Gerona, Ausona † 1035
∞ 1. Sancha v. Kastilien
∞ 2. Guisla v. Lluçà

Borell Raimund

Stephania
∞ 1. Roger de Tosny
∞ 2. García IV. v. Nájera

(1) **Raimund Berengar I.** Gf. v. Barcelona, Gerona, Ausona, Carcassonne/Razès *um 1023/24, † 1076
∞ 1. Elisabeth
∞ 2. Blanca v. Forcalquier [Empurien?]
∞ 3. Almodis de la Marche
∞ 4. Elisabeth

(1) Sancho Berengar Mönch in St-Pons de Thomières

(2) Wilhelm Berengar Gf. v. Ausona *um 1028, † um 1064

(1) Peter Raimund († nach 1073)

(3) **Raimund Berengar II.** ›Cap d'Estopes‹ Gf. v. Barcelona, *um 1053, † 1082
∞ Mathilde v. Apulien

(3) **Berengar Raimund II.** ›el Fratricida‹ Gf. v. Barcelona *um 1053

(3) Sancha † um 1087

Raimund Berengar III. Gf. v. Barcelona, Besalú, Cerdaña, Provence *1082, †1131
∞ 1. Maria, T. des Cid
∞ 2. Almodis v. Melgueil
∞ 3. Douce Gfn. v. Provence

Almodis †1140
∞ *Bernhard Amat I. v. Claramunt Vgf. v. Cardona*

(1) *Maria* *um 1105
∞ *Gf. Bernhard III. v. Besalú*

(1) *Jimena* *um 1105
∞ *Gf. Roger III. v. Foix*

(3) **Raimund Berengar IV.** Gf. v. Barcelona, Princeps v. Aragón *um 1113, †1162
∞ Kgn. Petronilla v. Aragón

Fortsetzung s. Aragón, Könige v./Barcelona, Grafen v.

(3) *Berengar Raimund I. Gf. v. Provence, *um 1114, †1144
∞ *Gfn. Beatrix v. Melgueil*

(3) Berenguela *um 1116, †1149
∞ Kg. Alfons VII. v. Kastilien-León

Blois-Champagne

Tedbald d. Ä. Vgf. v. Tours, Gf. v. Blois † vor 942
∞ 1. NN
∞ 2. Richildis

(2) Tedbald I. Tricator Gf. v. Blois † 975/977
∞ Ledgarde, T. v. Gf. Heribert II. v. Vermandois

(2) Richard Ebf. v. Bourges † 969

Tedbald † vor 962

Hugo Ebf. v. Bourges † 985

Odo I. Gf. v. Blois-Champagne † 996
∞ Bertha v. Burgund

Emma † nach 1003
∞ Hzg. Wilhelm IV. Fierabras v. Aquitanien

Tedbald II. Gf. v. Blois † 1004
(geistl.)

Odo II. Gf. v. Blois-Champagne * um 982, † 1037
∞ 1. Mathilde v. Normandie
∞ 2. Ermengarde v. Auvergne

Agnes
∞ Guido Vgf. v. Thouars

Dietrich † nach 996

Bertha

(2) Tedbald III./I. Gf. v. Blois-Champagne * um 1010, † 1089
∞ 1. Garsende, T. v. Herbert Éveille chien v. Maine
∞ 2. Adela v. Bar-sur-Aube

Stephan I. Gf. v. Troyes † 1047/48
∞ Adelheid

Bertha † 1085
∞ Hzg. Alan III. v. Bretagne

Odo III. Gf. v. Troyes and Aumale † nach 1096
∞ Adelheid, T. v. Hzg. Robert v. Normandie

(1) Stephan/Heinrich Gf. v. Blois * 1046, † 1102
∞ Adela v. England

(2) Odo Gf. v. Troyes † 1090/97

(2) Philipp Bf. v. Châlons † 1100

(2) Hugo I. Gf. v. Troyes † 1126
∞ 1. Konstanze, T. v. Kg. Philipp I. v. Frankreich
∞ 2. Elisabeth, T. v. Gf. Stephan v. Mâcon

Stephan Gf. v. Aumale, Hzg. v. Holderness † 1127
∞ Hedwig

Wilhelm I. Gf. v. York † 1179
∞ Caecilie Fitzduncan

Wilhelm Gf. v. Chartres † vor 1150
∞ Agnes Herrin v. Sully

Tedbald IV./II. Gf. v. Blois-Champagne * um 1090/95, † 1152
∞ Mathilde v. Kärnten

Stephan v. Blois Kg. v. England * um 1096, † 1154
∞ Mathilde v. Boulogne

Heinrich Bf. v. Winchester † 1171

Odo

Mathilde
∞ Gf. Richard v. Chester

Lithuaise
∞ Milon II. Vgf. v. Troyes

Mathilde † 1135

Maria Gfn. v. Boulogne
∞ Matthäus v. Lothringen

Herren v. Sully

Balduin † 1135

Eustachius IV. Gf. v. Boulogne † 1153
∞ Konstanze, T. v. Kg. Ludwig VI. v. Frankreich

Wilhelm Langspeer Gf. v. Boulogne und Mortain † 1159
∞ Elisabeth, T. v. Gf. Wilhelm III. v. Warren

Stammtafel: Haus Blois / Champagne / Navarra

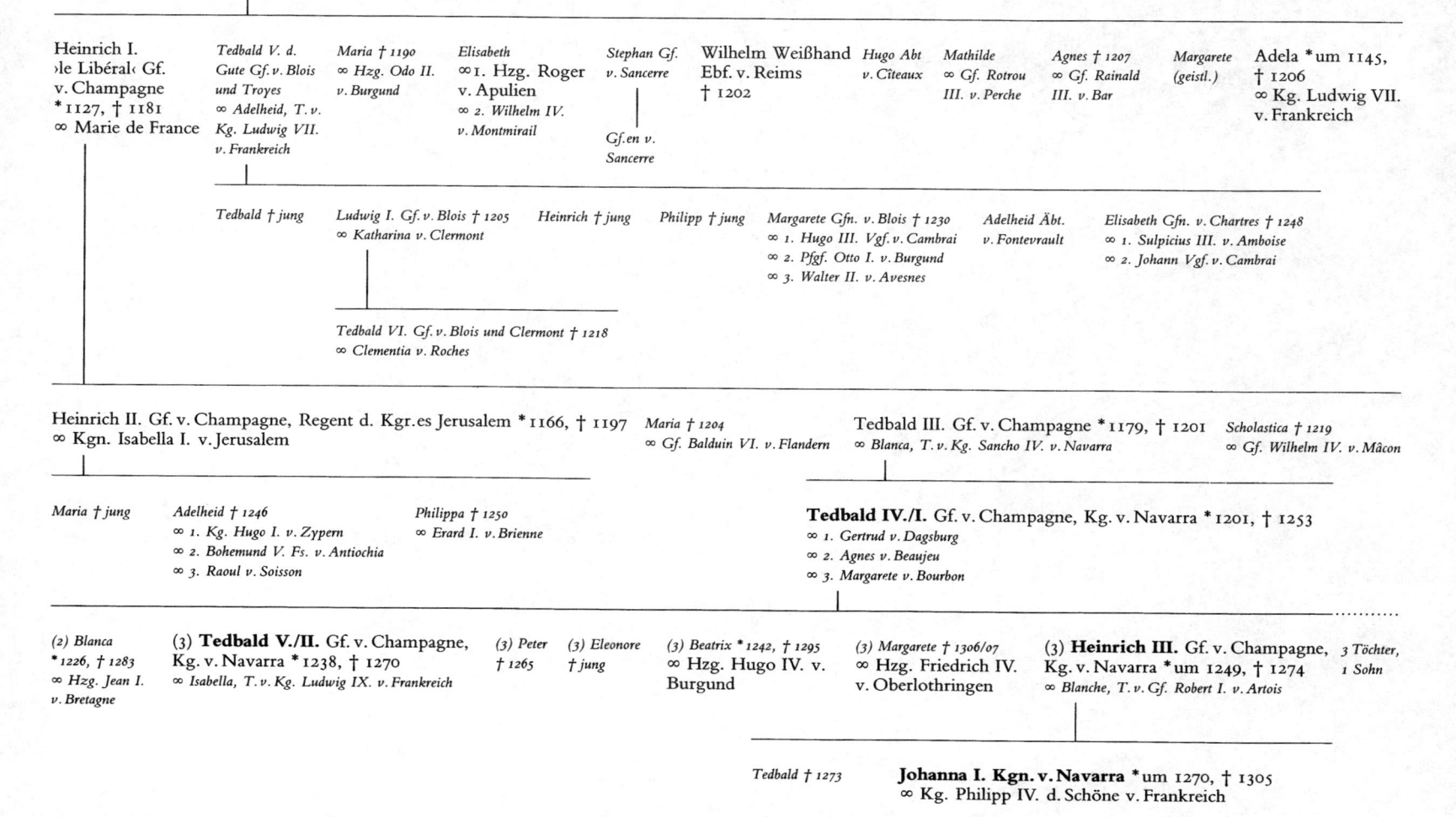

Heinrich I. le Libéral Gf. v. Champagne *1127, †1181
∞ Marie de France

Children:
- **Tedbald V. d. Gute Gf. v. Blois und Troyes**
  ∞ Adelheid, T. v. Kg. Ludwig VII. v. Frankreich
- **Maria †1190**
  ∞ Hzg. Odo II. v. Burgund
- **Elisabeth**
  ∞ 1. Hzg. Roger v. Apulien
  ∞ 2. Wilhelm IV. v. Montmirail
- **Stephan Gf. v. Sancerre**
  → Gf.en v. Sancerre
- **Wilhelm Weißhand** Hugo Abt v. Cîteaux, Ebf. v. Reims †1202
- **Mathilde** ∞ Gf. Rotrou III. v. Perche
- **Agnes †1207** ∞ Gf. Rainald III. v. Bar
- **Margarete** (geistl.)
- **Adela** *um 1145, †1206 ∞ Kg. Ludwig VII. v. Frankreich

Tedbald V. Kinder:
- **Tedbald †jung**
- **Ludwig I. Gf. v. Blois †1205**
  ∞ Katharina v. Clermont
  - **Tedbald VI. Gf. v. Blois und Clermont †1218**
    ∞ Clementia v. Roches
- **Heinrich †jung**
- **Philipp †jung**
- **Margarete Gfn. v. Blois †1230**
  ∞ 1. Hugo III. Vgf. v. Cambrai
  ∞ 2. Pfgf. Otto I. v. Burgund
  ∞ 3. Walter II. v. Avesnes
- **Adelheid Äbt. v. Fontevrault**
- **Elisabeth Gfn. v. Chartres †1248**
  ∞ 1. Sulpicius III. v. Amboise
  ∞ 2. Johann Vgf. v. Cambrai

Heinrich II. Gf. v. Champagne, Regent d. Kgr.es Jerusalem *1166, †1197
∞ Kgn. Isabella I. v. Jerusalem

Children:
- **Maria †jung**
- **Maria †1204** ∞ Gf. Balduin VI. v. Flandern
- **Alix** / **Adelheid †1246**
  ∞ 1. Kg. Hugo I. v. Zypern
  ∞ 2. Bohemund V. Fs. v. Antiochia
  ∞ 3. Raoul v. Soisson
- **Philippa †1250** ∞ Erard I. v. Brienne

Tedbald III. Gf. v. Champagne *1179, †1201
∞ Blanca, T. v. Kg. Sancho IV. v. Navarra

- **Scholastica †1219** ∞ Gf. Wilhelm IV. v. Mâcon
- **Tedbald IV./I. Gf. v. Champagne, Kg. v. Navarra** *1201, †1253
  ∞ 1. Gertrud v. Dagsburg
  ∞ 2. Agnes v. Beaujeu
  ∞ 3. Margarete v. Bourbon

Kinder Tedbalds IV./I.:
- (2) **Blanca** *1226, †1283 ∞ Hzg. Jean I. v. Bretagne
- (3) **Tedbald V./II. Gf. v. Champagne, Kg. v. Navarra** *1238, †1270
  ∞ Isabella, T. v. Kg. Ludwig IX. v. Frankreich
- (3) **Peter** †1265
- (3) **Eleonore** †jung
- (3) **Beatrix** *1242, †1295 ∞ Hzg. Hugo IV. v. Burgund
- (3) **Margarete** †1306/07 ∞ Hzg. Friedrich IV. v. Oberlothringen
- (3) **Heinrich III. Gf. v. Champagne, Kg. v. Navarra** *um 1249, †1274
  ∞ Blanche, T. v. Gf. Robert I. v. Artois
- 3 Töchter, 1 Sohn

Tedbald V./II.: **Tedbald †1273**

Heinrich III.: **Johanna I. Kgn. v. Navarra** *um 1270, †1305
∞ Kg. Philipp IV. d. Schöne v. Frankreich

Lit.: → Artikel der aufgeführten Personen — →Blois — Europ. Stammtafeln, hg. D. SCHWENNICKE, NF Bd. II, 1984, Taf. 46f.

Albrecht d. Bär * um 1100, † 1170
∞ Sophia v. Winzenburg

Otto I. * um 1130, † 1184
∞ 1. Judith v. Polen
∞ 2. Adelheid (v. Wettin?)

Hermann Gf. v. Orlamünde † 1176

Siegfried Bf. v. Brandenburg 1178/80, Ebf. v. Bremen 1180/84

Heinrich Domherr v. Magdeburg

Albrecht Gf. v. Ballenstedt † ca. 1171 ∞ Adelheid v. Meißen

Dietrich Gf. v. Werben

Bernhard III. Gf. v. Aschersleben, Hzg. v. Sachsen * um 1140, † 1212

Otto II. * nach 1147, † 1205
∞ Ada v. Holland

Heinrich Gf. v. Gardelegen † 1192

Albrecht II. * vor 1177, † 1220
∞ Mechtild v. Lausitz

Johann I. * um 1213, † 1266
∞ 1. Sophia v. Dänemark
∞ 2. Jutta v. Sachsen

Otto III. * um 1215, † 1267
∞ Beatrix v. Böhmen

Johann II. † 1281
∞ Hedwig v. Werle

Otto IV. mit d. Pfeil * um 1238, † 1308
∞ 1. Heilwig v. Holstein
∞ 2. Jutta v. Henneberg

Konrad I. * um 1240, † 1304
∞ Constantia v. Polen

Erich Ebf. v. Magdeburg * ca. 1242, † 1295

Heinrich ohne Land † 1318 ∞ Agnes v. Wittelsbach

Helene ∞ Dietrich v. Landsberg

Mechtild ∞ Bogumil v. Pommern-Wolgast

Agnes ∞ Kg. Erich V. v. Dänemark

Johann III. * 1244, † 1268

Otto V. d. Lange * nach 1244, † 1298 ∞ Jutta v. Henneberg

Albrecht III. † 1300 ∞ Mechtild v. Dänemark

Otto VI. d. Kleine * 1264, † 1303 ∞ Hedwig v. Österreich

Kunigunde ∞ Béla v. Ungarn

Mechtild ∞ Hzg. Barnim I. v. Pommern

Konrad II. † vor 1319

Johann Elekt v. Havelberg † 1292

Johann IV. * ca. 1261, † 1305

Otto VII. † ca. 1297

Woldemar * ca. 1280, † 1319 ∞ Agnes v. Brandenburg, T. v. Mgf. Hermann

Albrecht † 1295

Otto † 1295 ∞ Hedwig v. Schlesien

Hermann † 1308 ∞ Anna v. Österreich

Beatrix ∞ Bolko v. Schlesien-Jauer

Mechtild ∞ Hzg. Heinrich IV. v. Schlesien-Breslau

Jutta ∞ Hzg. Rudolf I. v. Sachsen, Kfs. v. Sachsen-Wittenberg

Otto † 1299

Johann † 1299

Beatrix ∞ Heinrich II. v. Mecklenburg

Margarete ∞ 1. Przemyslaw v. Polen ∞ 2. Hzg. Albrecht III. v. Sachsen-Lauenburg

Johann V. * 1302, † 1317

Agnes † 1334 ∞ 1. Mgf. Woldemar ∞ 2. Otto v. Braunschweig

Mechtild ∞ Heinrich IV. v. Schlesien-Glogau

Jutta ∞ Heinrich VIII. Gf. v. Henneberg

Lit.: → Artikel der aufgeführten Personen — → Askanier — J. SCHULTZE, Die Mark Brandenburg, I, 1961.

Bruce (de Brus, de Bruis)

Lords of Brix (Bruis), dép. Manche

Robert de Brus 1st Lord of Annandale † 1142
∞ Agnes Bainard

Adam

Robert *iuvenis*, *le meschin*, 2nd Lord of Annandale † 1194
∞ Euphemia, Nichte v. William of Aumale Earl of York

---

de Brus of Skelton

Robert † 1191

William 3rd Lord of Annandale † 1212
∞ Christina

Robert 4th Lord of Annandale † ca. 1230
∞ Isabel v. Schottland, T. v. David Earl of Huntingdon, Enkel v. Kg. David I. v. Schottland

---

Robert *the noble*, the Competitor, 5th Lord of Annandale * ca. 1220–25, † 1295
∞ 1. Isabel de Clare, T. v. Gilbert Earl of Gloucester
∞ 2. Christian de Ireby, Witwe v. Sir Thomas de Lascelles und Sir Adam of Jesmond

---

(1) Robert 6th Lord of Annandale, Earl of Carrick * 1243, † 1304
∞ Marjorie Countess of Carrick, Witwe v. Adam of Kilconquhar Earl of Carrick

(1) Richard † 1286

(1) Mary
∞ Ralph de Tony

NN
∞ Sir Thomas Randolph II

Sir Thomas Randolph III Earl of Moray, Guardian of Scotland † 1332

Earls of Moray

Robert I. Kg. v. Schottland * 1274, † 1329, Earl of Carrick, 7th Lord of Annandale
∞ 1. Isabel, T. v. Donald Earl of Mar
∞ 2. Elizabeth, T. v. Richard de Burgh Earl of Ulster

Edward † 1318

Neil † 1306

Thomas † 1307

Alexander Dean of Glasgow † 1307

Mary

Christian
∞ 1. Earl of Mar
∞ 2. Christopher Seton
∞ 3. Andrew Murray Lord of Bothwell, Guardian of Scotland † 1338

Robert de Tony † 1309
∞ Maud, T. v. Malise Earl of Strathearn

Genealogical Table: Kings of Scotland (Stewart)

Marjorie †1317
∞ Walter III 6th Stewart (Steward) of Scotland

David II. Kg. v. Schottland *1324, †1371
∞ 1. Johanna (Joan) of England †1362
∞ 2. Margaret Drummond or Logy †1375

(2) **John**

(2) **Maud**
∞ Thomas Isaac

(2) **Margaret**
∞ William Earl of Sutherland

Robert II. Kg. v. Schottland, 7th Stewart *1316, †1390
∞ 1. Elizabeth, T. v. Sir Adam Mure of Rowallan
∞ 2. Euphemia, T. v. Hugh Earl of Ross

(1) **Robert (John) III.** Kg. v. Schottland *ca. 1337, †1406
∞ Annabella Drummond

(1) **Walter** † ca. 1362

(1) **Robert Duke of Albany, Earl of Fife and Menteith** †1420
 — (1) Margaret ∞ John Macdonald Lord of the Isles
 — (1) Marjorie
 — (1) Elizabeth
 — (1) Isabel
 — (1) Jean

(2) **Walter Earl of Atholl** †1437
 — (2) David Earl of Strathearn and Caithness

(2) **Egidia**

(2) **Katherine**

Wolf of Badenoch †1405/06 (Alexander Earl of Buchan)

— Earls of Crawford

David Duke of Rothesay †1402

Jakob I. Kg. v. Schottland *1394, †1437
∞ Joan Beaufort, T. v. John Marquess of Somerset

Murdoch Duke of Albany †1425

Jakob II. Kg. v. Schottland *1430, †1460
∞ Marie (Mary), T. v. Hzg. Arnold v. Geldern

Margarete †1445 ∞ Kg. Ludwig XI. v. Frankreich

Jakob III. Kg. v. Schottland *1451, †1488
∞ Margarete, T. v. Kg. Christian I. v. Dänemark und Norwegen

Alexander Duke of Albany

Jakob IV. Kg. v. Schottland *1473, †1513
∞ Margarete, T. v. Kg. Heinrich VII. v. England

Lit.: → Artikel der aufgeführten Personen — → Carrick. — →Stewart.

Byzantinische Herrscherfamilien

VORBEMERKUNGEN:
In den Tafeln sind aufgenommen: 1. Gründer der Dynastien; 2. regierende Ks. und deren Kinder; 3. weitere Mitglieder der Dynastie, die mit westl. Familien in Verbindung traten. Bei der weitverzweigten Palaiologenfamilie wird eine bes. vereinfachte Tafel geboten.

Makedonische Dynastie (867–1056)

Basileios I. *830/835, † 886
∞ 1. Maria
∞ 2. Eudokia Ingerina

(1) Konstantin   (2) **Leon VI.** *866, † 912   (2) **Alexander** *ca. 870, † 913   (2) Stephanos, Patriarch
(1) 5 Töchter
                 ∞ 1. Theophano
                 ∞ 2. Zoe Zautzaina
                 ∞ 3. Eudokia
                 ∞ 4. Zoe

(2) Anna
∞ Ludwig III. v. Burgund

Romanos I. Lakapenos *ca. 870, † 948
∞ Theodora

Christophoros *Stephanos* *Konstantin* *Theophylaktos, Patriarch* *Helene* ∞ (4) **Konstantin VII.** *905, † 959

Maria
∞ Peter I. v. Bulgarien *903, † 969/970

Nikephoros II. Phokas *912, † 969 ∞ *Theophano d. Ä.* ∞ **Romanos II.** *937(?), † 963
∞ *1. Bertha, T. v. Hugo v. Arles*

2. Theodora ∞ **Johannes I. Tzimiskes** *ca. 925, † 976 ∞ *1. Maria Skleraina*

Bardas Skleros

Konstantinos Skleros
∞ *Sophia Phokaina*

Basileios II. *958, † 1025

Konstantin VIII. *960/961, † 1028

Anna
∞ Vladimir I. d. Hl. v. Kiev *nach 962 (?), † 1015

Theophanu *ca. 960, † 991
∞ Otto II.

Eudokia

Zoe * ca. 978, † 1050
∞ 1. **Romanos III. Argyros** *ca. 968, † 1034
∞ 2. **Michael IV.** † 1041
∞ 3. **Konstantin IX. Monomachos** *ca. 1000, † 1055

Theodora III. † 1056

Lit.: → Artikel der aufgeführten Personen – → Makedonische Dynastie.

Dynastie der Dukas (1059–78)

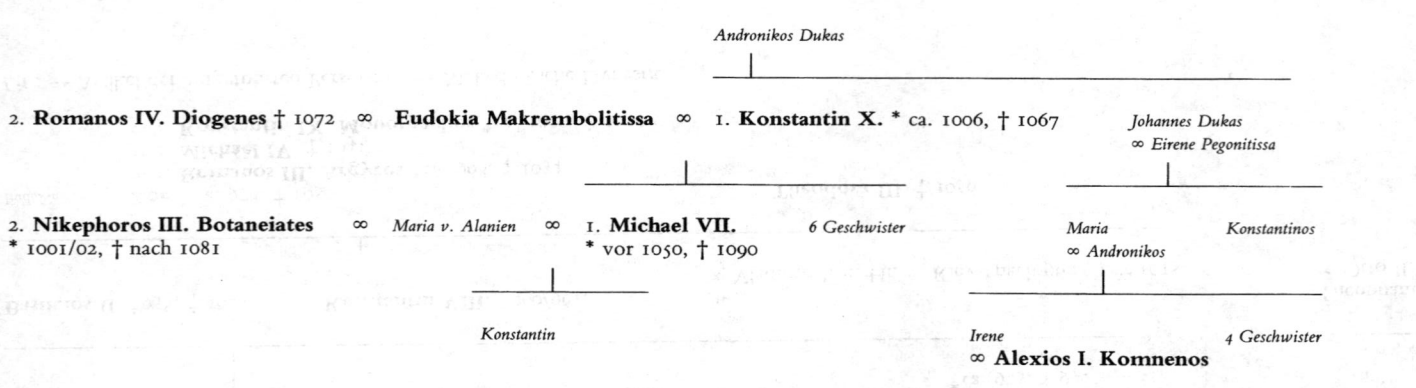

```
                                    Andronikos Dukas
                                           |
2. Romanos IV. Diogenes † 1072  ∞  Eudokia Makrembolitissa  ∞  1. Konstantin X. * ca. 1006, † 1067    Johannes Dukas
                                                                            |                         ∞ Eirene Pegonitissa
                                                                            |                                |
2. Nikephoros III. Botaneiates  ∞  Maria v. Alanien  ∞  1. Michael VII.         6 Geschwister      Maria      Konstantinos
* 1001/02, † nach 1081                                  * vor 1050, † 1090                         ∞ Andronikos
                                           |                                                            |
                                      Konstantin                                                     Irene          4 Geschwister
                                                                                                     ∞ Alexios I. Komnenos
```

Lit.: →Artikel der aufgeführten Personen – →Dukas.

Dynastie der Komnenen (1081–1185)

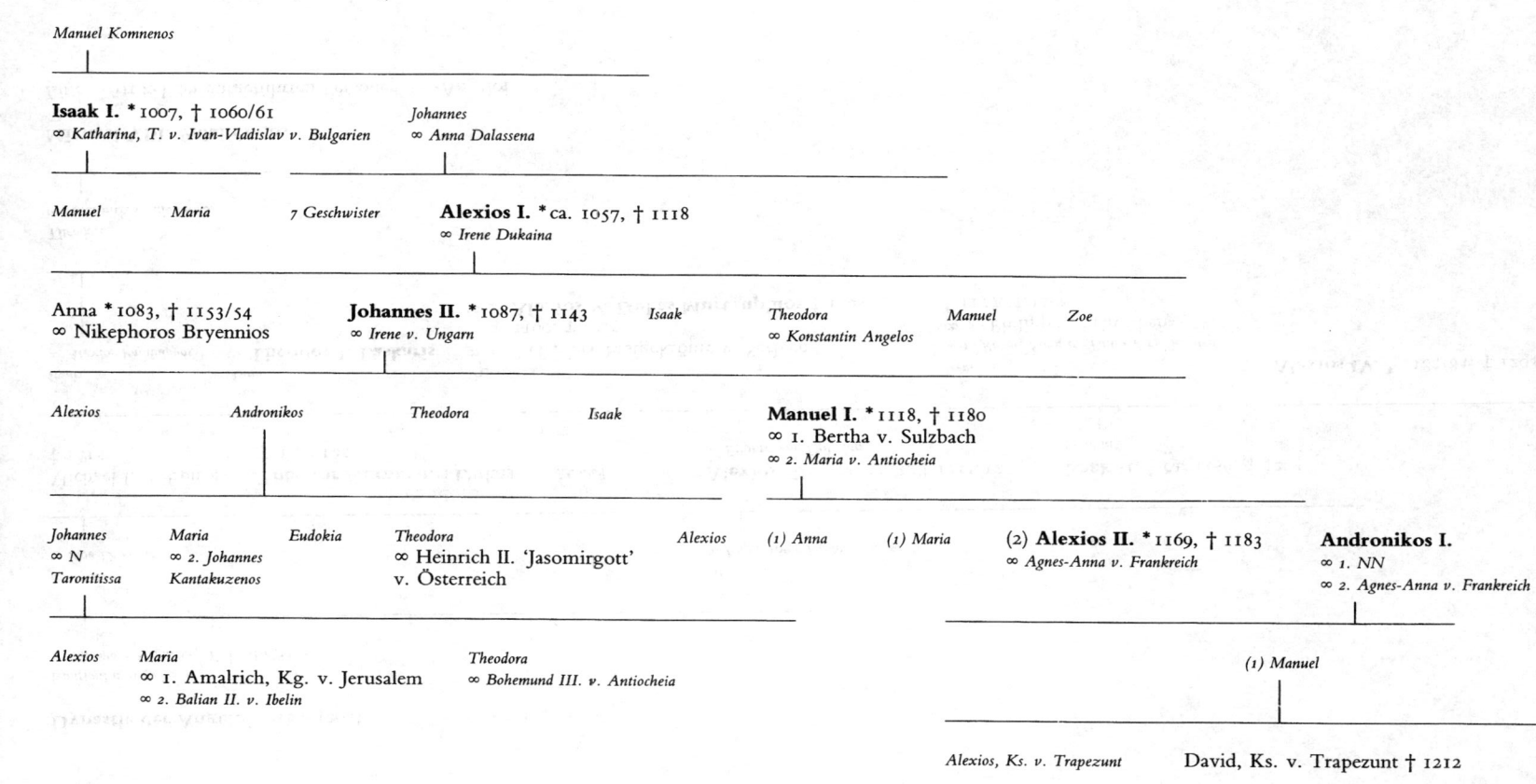

Manuel Komnenos

Isaak I. *1007, †1060/61   Johannes
∞ Katharina, T. v. Ivan-Vladislav v. Bulgarien   ∞ Anna Dalassena

Manuel   Maria   7 Geschwister   **Alexios I.** *ca. 1057, †1118
∞ Irene Dukaina

Anna *1083, †1153/54   **Johannes II.** *1087, †1143   Isaak   Theodora   Manuel   Zoe
∞ Nikephoros Bryennios   ∞ Irene v. Ungarn   ∞ Konstantin Angelos

Alexios   Andronikos   Theodora   Isaak   **Manuel I.** *1118, †1180   **Andronikos I.**
                                                                 ∞ 1. Bertha v. Sulzbach   ∞ 1. NN
                                                                 ∞ 2. Maria v. Antiocheia   ∞ 2. Agnes-Anna v. Frankreich

Johannes   Maria   Eudokia   Theodora   Alexios   (1) Anna   (1) Maria   (2) **Alexios II.** *1169, †1183
∞ N   ∞ 1. Johannes   ∞ Heinrich II. 'Jasomirgott'   ∞ Agnes-Anna v. Frankreich
Tarontitissa   Kantakuzenos   v. Österreich

          Theodora
Alexios   Maria   ∞ Bohemund III. v. Antiocheia   (1) Manuel
       ∞ 1. **Amalrich, Kg. v. Jerusalem**
       ∞ 2. Balian II. v. Ibelin

                                                    Alexios, Ks. v. Trapezunt   David, Ks. v. Trapezunt †1212

Lit.: → Artikel der aufgeführten Personen – →Komnenen.

Dynastie der Angeloi (1185–1204)

Konstantin Angelos
∞ *Theodora Komnene, T. v. Alexios I.*

Johannes
∞ *Zoe Dukaina*

Andronikos
∞ *Euphrosyne Kastamonitissa*

Michael I. v. Epiros **Theodor Komnenos Dukas** *Manuel* **Alexios III.** * ca. 1153, † 1211/12 **Isaak II.** * ca. 1156, † 1204
† 1215   † nach 1253   ∞ *Euphrosyne Dukaina*   ∞ *Irene*

Irene *Anna*   *Eudokia*   *Irene*   **Alexios IV.** * 1182/83, † 1204
∞ *Alexios Palaiologos* ∞ **Theodor I. Laskaris**   ∞ 1. *Stefan der Erstgekrönte v. Serbien*   ∞ 1. *Roger, Sohn v. Tankred v. Sizilien*
                                   * ca. 1160, † 1227   ∞ 2. *Philipp v. Schwaben*
                                   ∞ 2. **Alexios V. Dukas Murtzuphlos** † 1204   * 1177, † 1208

Theodora
∞ *Andronikos Palaiologos*

Michael VIII. Palaiologos

Lit.: →Artikel der aufgeführten Personen – →Angeloi.

Dynastie der Laskaris (1204–59/61)

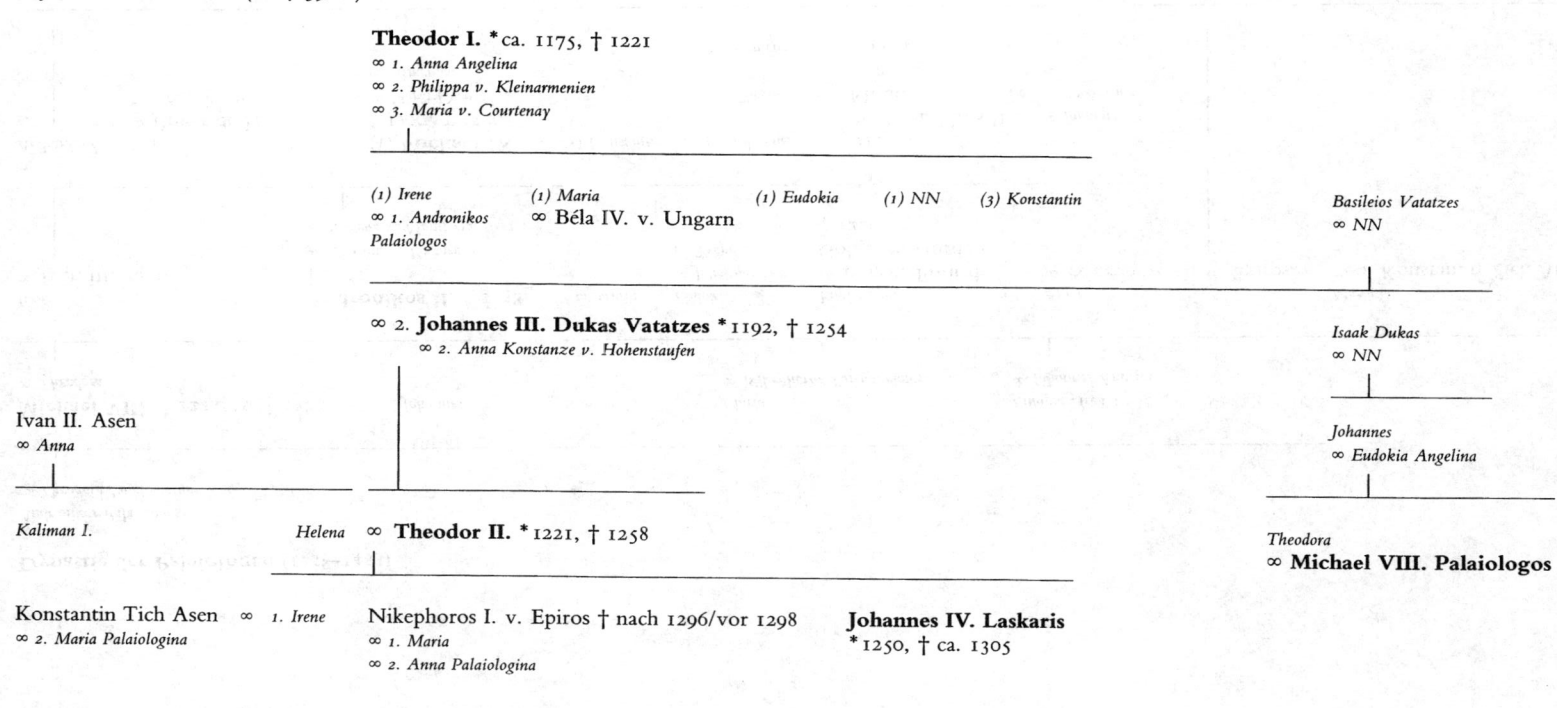

Theodor I. * ca. 1175, † 1221
∞ 1. Anna Angelina
∞ 2. Philippa v. Kleinarmenien
∞ 3. Maria v. Courtenay

(1) Irene   (1) Maria   (1) Eudokia   (1) NN   (3) Konstantin
∞ 1. Andronikos   ∞ Béla IV. v. Ungarn
  Palaiologos

∞ 2. **Johannes III. Dukas Vatatzes** * 1192, † 1254
  ∞ 2. Anna Konstanze v. Hohenstaufen

Helena ∞ **Theodor II.** * 1221, † 1258

Ivan II. Asen
∞ Anna

Kaliman I.

Konstantin Tich Asen ∞ 1. Irene   Nikephoros I. v. Epiros † nach 1296/vor 1298   **Johannes IV. Laskaris**
∞ 2. Maria Palaiologina   ∞ 1. Maria   * 1250, † ca. 1305
                                     ∞ 2. Anna Palaiologina

Basileios Vatatzes
∞ NN

Isaak Dukas
∞ NN

Johannes
∞ Eudokia Angelina

Theodora
∞ **Michael VIII. Palaiologos**

Lit.: →Artikel der aufgeführten Personen – →Laskaris.

Dynastie der Palaiologen (1258–1453)

Andronikos Palaiologos
∞ Theodora Palaiologina

Michael VIII. * 1224/25, † 1282   Johannes   Konstantin   Maria   Eulogia (Irene)
∞ Theodora   ∞ Nikephoros Tarchaneiotes   ∞ Johannes Angelos

Irene   **Andronikos II.** * 1258,   Konstantin   Eudokia   Euphrosyne   *Anna*   *Maria*
∞ Ivan III. Asen   † 1332   ∞ Johannes II.   ∞ Nogaj, Emir d.   ∞ Nikephoros I. v. Epiros   ∞ 2. Konstantin Tich Asen
                ∞ 1. Anna v. Ungarn   v. Trapezunt   Goldenen Horde,   ∞ 3. Ivajlo
                ∞ 2. Irene v. Montferrat   † 1229

Andronikos   *Maria*   (1) **Michael IX.**   (1) Konstantin   (2) Johannes   (2) Simonis   *Irene*
            ∞ Roger de Flor   * 1277, † 1320   (2) Theodor   ∞ Stefan Uroš II.   ∞ Johannes II.
            * 1267, † 1305   ∞ Maria (Xene)   (2) Demetrios   Milutin   v. Thessalien
                                v. Armenien   * ca. 1254,
                                                                                               † 1324

Andronikos III.   Manuel   *Theodora*   *Anna* ∞ 1. Thomas v. Epirus   *Thamar*
* 1297, † 1341   ∞ 1. Theodor Svetoslav † 1321   ∞ 2. Nikolaos Orsini   ∞ Philipp v. Tarent † 1331
∞ 1. Irene (Adelheid)   ∞ 2. Michael III. Šišman
v. Braunschweig)   * vor 1292, † 1328/31
∞ 2. **Anna v. Savoyen**

Irene   **Johannes VI. Kantakuzenos** * 1295, † 1383

Matthaios   Manuel   Maria   Theodora   Helene ∞ (2) Johannes V.   (2) Michael   (2) Maria
                     ∞ Nikephoros II.   ∞ Urchan   * 1332, † 1391   ∞ Francesco Gattilusio
                     v. Epiros
                     * 1326/29,
                     † 1359

                     Andronikos IV. * 1348, † 1385   Manuel II. * 1350, † 1425   Theodor I. v. Morea * nach 1350, † 1407
                     ∞ Maria, T. v. Ivan Alexander   ∞ Helene Dragaš   ∞ Bartholomea, T. v. Nerio I. Acciajuoli

Johannes VII. * ca. 1370,   Johannes VIII.   Theodor II. v. Morea   Andronikos   Konstantin XI. * 1405, † 1453   Demetrios   Thomas
† 1408   * 1392, † 1448   * nach 1394, † 1448   ∞ Magdalena, T. v. Leonardo Tocco   ∞ Katharina Zaccaria Asanina
∞ Eirene   ∞ Cleopa Malatesta

Andronikos   Sophia (Zoë) * nach 1446, † 1503   4 Geschwister
                                                                                                                ∞ Ivan III. Gfs. v. Moskau

Lit.: → Artikel der aufgeführten Personen – → Palaiologen.

Corradi-Gonzaga, Signoren v. Mantua/**Gonzaga**, Signoren und Markgrafen

Abramino
|
Guido

Bonaventura   Antonio † 1238   Bartolomeo   Bonamente
               ∞ Richelda, T.v. Ugo Petroni

Corradi/Guido † 1320   Bonaventura   Federico
∞ 1. NN de Estrembino
∞ 2. Tommasina de Oculo

Luigi capitano † 1360
∞ 1. Richelda Ramberti
∞ 2. Caterina Malatesta
∞ 3. Novella, T.v. Spinetta Malatesta

Guido capitano † 1369   Filippino † 1356   Feltrino † 1374
∞ Agnese, T.v. Francesco Pico della   ∞ Anna, T.v. Nicolò da Dovara   ∞ 1. Caterina, T.v. Stefano Visconti
Mirandola   ∞ 2. Antonia, T.v. Guido da Correggio

Ugolino † 1362   **Ludovico** capitano † 1382   Francesco † 1369
∞ 1. Verde, T.v. Alboino della Scala   ∞ Alda, T.v. Obizzo d'Este   ∞ Lete, T.v. Guido da Polenta
∞ 2. Camilla, T.v. Bonifacio della Gherardesca
∞ 3. Caterina, T.v. Matteo Visconti

Francesco capitano † 1407   Elisabetta
∞ 1. Agnese, T.v. Bernabò Visconti   ∞ Carlo Malatesta
∞ 2. Margherita, T.v. Galeotto Malatesta

Gianfrancesco capitano, Mgf., † 1444   Alda
∞ Paola Malatesta   ∞ Francesco da Carrara

Ludovico Mgf. † 1478   Carlo † 1456   Guglielmo   Gian Lucido   Alessandro   Margherita
∞ Barbara v. Brandenburg   ∞ 1. Luigia, T.v. Nicolò III. d'Este   † 1446   † 1448   † 1466   ∞ Leonello d'Este
                              ∞ 2. Renegarda, T.v. Guido Manfredi

Federico Mgf. † 1484   Gianfrancesco   Ludovico   Dorotea   Francesco   Rodolfo † 1495
∞ Margarethe, T.v. Albrecht v. Bayern   † 1496   Protonotar,   Kard. † 1483
                                                             Bf. † 1511

Gianfrancesco Mgf. † 1519   Chiara   Maddalena   Giovanni   Sigismondo Kard. † 1525
∞ Isabella, T.v. Ercole d'Este   † 1525

Lit.: →Gonzaga.

Dogen v. Venedig

Paulicius	697–717
Marcellus	*717–726*
Ursus (Orso)	*726–737*
Leo(ne), magister militum	*737–738*
Felix (Felice) gen. Cornicola, magister militum	*738–739*
Deusdedit, magister militum	*739–740*
Iovinianus (Gioviniano), magister militum	*740–741*
Johannes (Giovanni) Fabriciaco, magister militum	*741–742*
Deusdedit	*742–755*
Galla	*755–756*
Dominicus (Domenico) Monegario	*756–764*
Mauritius (Maurizio)	*764–787*
Johannes (Giovanni)	*787–804*
Obelerius und Beatus	*804–810*
Agnellus (Agnello) Particiaco	*810–827*
Iustinianus (Giustiniano) Particiaco	*827–829*
Johannes (Giovanni) I. Particiaco	*829–836*
Petrus (Pietro) Tradonico	*836–13. Sept. 864*
Ursus (Orso) I. Particiaco	*864–881*
Johannes (Giovanni) II. Particiaco	*881–887*
Petrus (Pietro) I. Candiano	*17. April –18. Sept. 887*
Johannes (Giovanni) II. Particiaco	*887–888*
Petrus (Pietro) Tribuno	*888–912*
Ursus (Orso) II. Particiaco	*912–932*
Petrus (Pietro) II. Candiano	*932–939*
Petrus (Pietro) Badoer	*939–942*
Petrus (Pietro) III. Candiano	*942–959*
Petrus (Pietro) IV. Candiano	*959–11. Aug. 976*
Petrus (Pietro) I. Orseolo	*12. Aug. 976–1. Sept. 978*
Vitalis (Vitale) Candiano	*978–979*
Tribunus Menius (Tribuno Menio)	*979–991*
Petrus (Pietro) II. Orseolo	991–1009
Ottone Orseolo	*1009–27*
Pietro Centranico	*1027–31*
Orso Orseolo, Patriarch v. Aquileia	*1031–32*
Domenico Orseolo	*1032*
Domenico Flabiano	*1032–41*
Domenico Contarini	1041–71
Domenico Selvo	*1071–85*
Vitale Falier	*1085–25. Dez. 1095*
Vitale I. Michiel	*1096–1102*
Ordelaffo Falier	*1102–17*
Domenico Michiel	*1117–29*
Pietro Polani	*1130–48*
Domenico Morosini	*1148–55*
Vitale II. Michiel	*1155–27. Mai 1172*
Sebastiano Ziani	*1172–13. April 1178*
Orio Mastropiero	*17. April 1178–14. Juni 1192*
Enrico Dandolo	21. Juni 1192–14. Juni 1205
Pietro Ziani	*5. Aug. 1205–26. Febr. 1229*
Jacopo (Giacomo) Tiepolo	6. März 1229–2. Mai 1249
Marino Morosini	*13. Juni 1249–3. Jan. 1253*
Ranieri Zeno	25. Jan. 1253–7. Juli 1268
Lorenzo Tiepolo	*15. Juli 1268–15. Aug. 1275*
Jacopo (Giacomo) Contarini	6. Sept. 1275–6. März 1280
Giovanni Dandolo	*25. März 1280–2. Nov. 1289*
Pietro Gradenigo	*25. Nov. 1289–13. Aug. 1311*
Marino Zorzi	*23. Aug. 1311–3. Juli 1312*
Giovanni Soranzo	*13. Juli 1312–31. Dez. 1328*
Francesco Dandolo	*4. Jan. 1329–31. Okt. 1339*
Bartolomeo Gradenigo	*7. Nov. 1339–28. Dez. 1342*
Andrea Dandolo	4. Jan. 1343–7. Sept. 1354
Marin(o) Falier(o)	11. Sept. 1354–17. April 1355
Giovanni Gradenigo	*21. April 1355–8. Aug. 1356*
Giovanni Dolfin	*13. Aug. 1356–12. Juli 1361*
Lorenzo Celsi	*16. Juli 1361–18. Juli 1365*
Marco Corner	*21. Juli 1365–13. Jan. 1368*
Andrea Contarini	20. Jan. 1368–5. Juni 1382
Michele Morosini	*10. Juni –15. Okt. 1382*
Antonio Venier	*21. Okt. 1382–23. Nov. 1400*
Michele Steno	*1. Dez. 1400–25. Dez. 1413*
Tommaso Mocenigo	*7. Jan. 1414–4. April 1423*
Francesco Foscari	15. April 1423–23. Okt. 1457
Pasquale Malipiero	*30. Okt. 1457–5. Mai 1462*
Cristoforo Moro	*12. Mai 1462–9. Nov. 1471*
Nicolò Tron	*23. Nov. 1471–28. Juli 1473*
Nicolò Marcello	*13. Aug. 1473–1. Dez. 1474*
Pietro Mocenigo	*14. Dez. 1474–23. Febr. 1476*
Andrea Vendramin	*5. März 1476–6. Mai 1478*
Giovanni Mocenigo	*18. Mai 1478–4. Nov. 1485*
Marco Barbarigo	*19. Nov. 1485–14. Aug. 1486*
Agostino Barbarigo	*30. Aug. 1486–20. Sept. 1501*

Lit.: →Badoer – →Candiani – →Contarini – →Dandolo – →Foscari – →Gradenigo – →Michiel – →Mocenigo – →Morosini – →Orseolo – →Particiaco – →Steno – →Tiepolo – →Venier – →Zeno – →Ziani – A. Da Mosta, I dogi di Venezia nella vita pubblica e privata, 1966 – A. Cappelli, Cronologia, Cronografia e Calendario Perpetuo, 1969³, 345–347.

Este

Albert Azzo II. Gf. v. Lunigiana und Mailand * 996 (?), † 1097
∞ 1. *Cuniza (Kunigunde), T. v. Welf II. Gf. in Schwaben*
∞ 2. *Garsenda, T. v. Herbert ›Eveille-chien‹ Gf. v. Maine*

Fulco I. **Welf IV.** Hzg. v. Bayern * 1030/40, † 1101 *Hugo † 1097*
                                                           ∞ *Eria, T. v. Robert Guiscard*

Obizzo I. Mgf. v. Este * 1110, † 1193   *Bonifazio † 1163*   *Fulco*   *Alberto † 1184*   *Azzo IV.*
∞ *Sofia da Lendinara*

Azzo V. * 1130?, † 1190?   *Bonifacio † 1228*
∞ 1. *NN*
∞ 2. *Sofia*

Azzo VI. ›Azzolino‹ Podestà v. Ferrara * 1170?, † 1212   *Agnese*
∞ 1. *NN Aldobrandini*   ∞ *Ezzelino il Monaco*
∞ 2. *Sofia, T. v. Gf. Humbert III. v. Savoyen*
∞ 3. *Alisia (Alix), T. v. Rainald v. Châtillon, Fs. v. Antiochia*

Aldobrandino Podestà v. Ferrara * 1190?, † 1215   *Beatrice sel. † 1226*   **Azzo VII.** Podestà v. Ferrara * 1205?, † 1264
∞ *Beatrice (Beatrix), T. v. Kg. Andreas I. v. Ungarn*   ∞ 1. *Giovanna di Puglia*
                                                                                  ∞ 2. *Mabilia Pallavicini*

Beatrice (Beatrix) * 1215, † 1245?   *Rinaldo* * nach 1221, † 1251   *Beatrice sel. † 1262?*
∞ *Kg. Andreas II. v. Ungarn*

Obizzo II. Signore v. Ferrara, Modena und Reggio * 1247 ?, † 1293
∞ 1. *Giacoma dei Fieschi*
∞ 2. *Costanza, T. v. Alberto Della Scala*

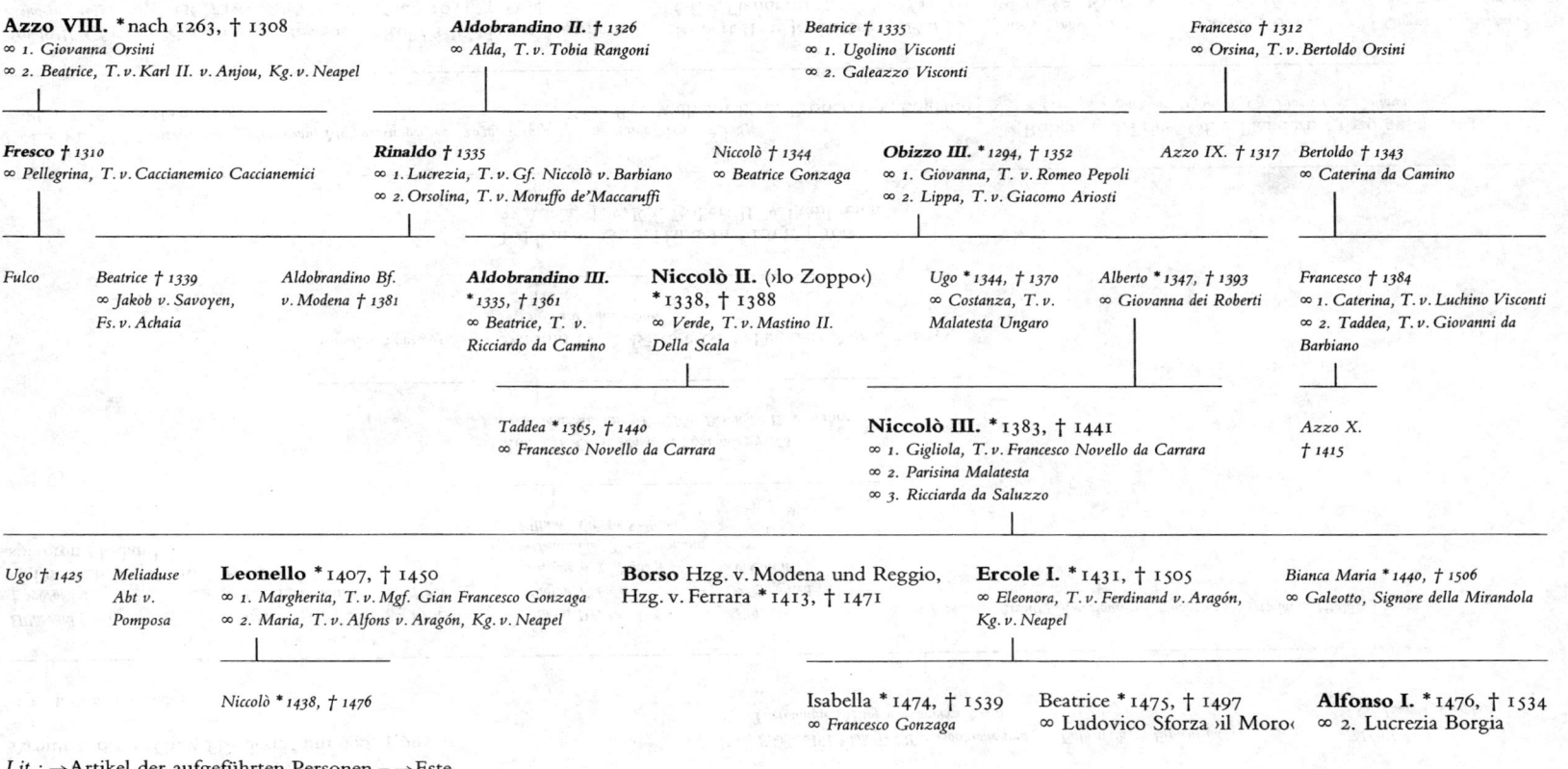

Azzo VIII. * nach 1263, † 1308
∞ 1. Giovanna Orsini
∞ 2. Beatrice, T. v. Karl II. v. Anjou, Kg. v. Neapel

Aldobrandino II. † 1326
∞ Alda, T. v. Tobia Rangoni

Beatrice † 1335
∞ 1. Ugolino Visconti
∞ 2. Galeazzo Visconti

Francesco † 1312
∞ Orsina, T. v. Bertoldo Orsini

Fresco † 1310
∞ Pellegrina, T. v. Caccianemico Caccianemici

Rinaldo † 1335
∞ 1. Lucrezia, T. v. Gf. Niccolò v. Barbiano
∞ 2. Orsolina, T. v. Moruffo de'Maccaruffi

Niccolò † 1344
∞ Beatrice Gonzaga

Azzo IX. † 1317

Bertoldo † 1343
∞ Caterina da Camino

Fulco

Beatrice † 1339
∞ Jakob v. Savoyen, Fs. v. Achaia

Aldobrandino Bf. v. Modena † 1381

Aldobrandino III. *1335, † 1361
∞ Beatrice, T. v. Ricciardo da Camino

Niccolò II. ›lo Zoppo‹ *1338, † 1388
∞ Verde, T. v. Mastino II. Della Scala

Obizzo III. *1294, † 1352
∞ 1. Giovanna, T. v. Romeo Pepoli
∞ 2. Lippa, T. v. Giacomo Ariosti

Taddea *1365, † 1440
∞ Francesco Novello da Carrara

Ugo *1344, † 1370
∞ Costanza, T. v. Malatesta Ungaro

Alberto *1347, † 1393
∞ Giovanna dei Roberti

Francesco † 1384
∞ 1. Caterina, T. v. Luchino Visconti
∞ 2. Taddea, T. v. Giovanni da Barbiano

Niccolò III. *1383, † 1441
∞ 1. Gigliola, T. v. Francesco Novello da Carrara
∞ 2. Parisina Malatesta
∞ 3. Ricciarda da Saluzzo

Azzo X. † 1415

Ugo † 1425

Meliaduse Abt v. Pomposa

Leonello *1407, † 1450
∞ 1. Margherita, T. v. Mgf. Gian Francesco Gonzaga
∞ 2. Maria, T. v. Alfons v. Aragón, Kg. v. Neapel

Borso Hzg. v. Modena und Reggio, Hzg. v. Ferrara *1413, † 1471

Ercole I. *1431, † 1505
∞ Eleonora, T. v. Ferdinand v. Aragón, Kg. v. Neapel

Bianca Maria *1440, † 1506
∞ Galeotto, Signore della Mirandola

Niccolò *1438, † 1476

Isabella *1474, † 1539
∞ Francesco Gonzaga

Beatrice *1475, † 1497
∞ Ludovico Sforza ›il Moro‹

Alfonso I. *1476, † 1534
∞ 2. Lucrezia Borgia

Lit.: →Artikel der aufgeführten Personen – →Este.

Flandern, Grafen v., I (864–1194)

Balduin I. Gf. v. Flandern † 879
∞ Judith, T. v. Ks. Karl II. d. Kahlen, Witwe v. Kg. Æthelwulf v. Wessex, verstoßene Gemahlin seines Sohnes Æthelbald, * 844, † nach 870

Balduin II. d. Kahle Gf. v. Flandern * 863/65, † 918
∞ Elftrude, T. v. Kg. Alfred d. Gr.

Æthelwulf (Adaloff) Gf. v. Boulogne und Thérouanne, Mitgf. v. Flandern † 939 ∞ Ealhswith — Ermentrud

Rudolf Gf. v. Cambrai † 896
NN ∞ Gf. Isaak v. Cambrai

Arnulf I. d. Gr. Gf. v. Flandern * um 900, † 965
∞ 1. NN
∞ 2. Adela v. Vermandois

Sohn † 962

Arnulf Gf. v. Boulogne † nach 972

Hildegard * 934, † 976/980
∞ Dietrich II. Gf. im späteren Holland

Liutgard * 935, † 962
∞ Gf. Wichmann v. Hamaland

Ekbert † vor 953

Balduin III. Mitgf. v. Flandern * ca. 929/937, † 962
∞ Mathilde, T. v. Hermann Billung, Gf. in Sachsen

Elftrude ∞ Siegfried v. Guînes

Balduin (Baldzo) † 973

Arnulf II. Gf. v. Flandern * 961/962, † 988
∞ Rosala/Susanne, T. v. Kg. Berengar II. v. Italien

Mathilde † vor 995

Balduin IV. d. Bärtige Gf. v. Flandern * 980, † 1035
∞ Ogiva v. Luxemburg

Balduin V. Gf. v. Flandern * 1013, † 1067
∞ Adela, T. v. Kg. Robert II. v. Frankreich

Balduin VI. Gf. v. Flandern, Gf. v. Hennegau, Mgf. v. Antwerpen * 1030, † 1070
∞ Richildis, Erbin v. Hennegau

Mathilde * 1032, † 1083
∞ Kg. Wilhelm I. »d. Eroberer« v. England

Robert I. d. Friese Gf. v. Flandern * 1029/32, † 1093
∞ Gertrud v. Sachsen, Witwe v. Gf. Floris I. v. Holland

Arnulf III. Gf. v. Flandern * 1055, † 1071

Balduin II. Gf. v. Hennegau * 1056, † 1098
∞ Ida v. Löwen

Robert II. Hzg. v. Normandie * um 1054, † 1134
∞ Sibylle v. Conversano

Robert II. v. Jerusalem Gf. v. Flandern * um 1065, † 1111
∞ Clementia v. Burgund

Philipp † vor 1127

Adela * 1065, † 1115
∞ 1. Kg. Knut IV. d. Hl. v. Dänemark
∞ 2. Hzg. Roger

Gertrud † 1115/26
∞ 1. Gf. Heinrich III. v. Löwen
∞ 2. Hzo. Dietrich II.

Ogiva Äbt. v. Messines

Balduin † vor 1080

Balduin III. Gf. v. Hennegau
† 1120
∞ Jolande v. Geldern

Wilhelm Clito Gf. v. Flandern
*1102, † 1128
∞ 1. Sibylle v. Anjou
∞ 2. Johanna v. Maurienne

*Balduin VII. Gf. v. Flandern *1093, † 1119*
∞ Agnes (Havisa) v. Bretagne

Wilhelm
**1094,*
† 1109

*Sohn *1095,*
† jung

(1) Karl d. Gute
Gf. v. Flandern
*vor 1086, † 1127
∞ Margarete v. Clermont

Dietrich v. Elsaß Gf. v. Flandern † 1168
∞ 1. Swanehilde
∞ 2. Sibylle v. Anjou

---

*Balduin IV. Gf. v. Hennegau *1110,*
† 1171
∞ Alice v. Namur

(1) Lauretta † 1175
∞ 1. Gf. Iwain v. Aalst
∞ 2. Hzg. Heinrich II. v. Limburg
∞ 3. Gf. Raoul v. Vermandois
∞ 4. Heinrich d. Blinde Gf. v. Namur und Luxemburg

(2) Balduin
† 1150

(2) Philipp v. Elsaß
Gf. v. Flandern
*1142, † 1191
∞ 1. Elisabeth v. Vermandois
∞ 2. Mathilde/Theresia v. Portugal

(2) Matthäus Gf. v. Boulogne † 1173
∞ 1. Gfn. Maria v. Boulogne
∞ 2. Eleonore v. Vermandois

(2) Peter Elekt v. Cambrai, Gf. v. Nevers † 1176
∞ Mathilde v. Burgund, Gfn. v. Nevers

(2) Gertrud
∞ 1. Gf. Humbert III. v. Savoyen
∞ 2. Hugo III. v. Oisy

(2) Margarete Gfn. v. Flandern
∞ 1. Gf. Raoul II. v. Vermandois
∞ 2. Balduin V./VIII. v. Hennegau

(2) Mathilde Äbt. v. Fontevrault

Gottfried
Gf. v. Ostervant
**1147, † 1163*

Balduin V./VIII.
Gf. v. Hennegau und Flandern *1150, † 1195
∞ Margarete Gfn. v. Flandern

Dietrich v. Flandern
Prätendent v. Zypern
∞ N v. Zypern

(1) Ida Gfn. v. Boulogne † 1216
∞ 4. Gf. Rainald I. v. Dammartin

(1) Mathilde † ca. 1211
∞ Hzg. Heinrich I. v. Brabant

Sibylle v. St-Vaast
**1176, † nach 1236*
∞ Rober I. v. Wavrin

Fortsetzung s. Flandern, Grafen v., II

Flandern, Grafen v., **II** (1194–1378)

Balduin VIII./V. Gf. v. Flandern und Hennegau *1150, †1195
∞ Margarete Gfn. v. Flandern

Elisabeth v. Hennegau
*1170, †1190
∞ Kg. Philipp II. v. Frankreich

Balduin I. Ks. des Lat. Ksr.es v. Konstantinopel
*1171, †1205
∞ Maria v. Champagne

Philipp Mgf. v. Namur, Regent v. Flandern
*1175/76, †1212
∞ Maria, T. v. Kg. Philipp II. v. Frankreich

Violante *1175, †1218
∞ Peter v. Courtenay Ks. des Lat. Ksr.es v. Konstantinopel

Heinrich Ks. des Lat. Ksr.es v. Konstantinopel
*1174, †1216
∞ 1. Agnes v. Montferrat
∞ 2. Maria v. Bulgarien

Sibylle †1217
∞ Guichard IV. v. Beaujeu

Eustachius Regent v. Thessalonike †nach 1217
∞ N Komnena

Gottfried Propst zu Brügge

Johanna Gfn. v. Hennegau und Flandern *1199/1200, †1244
∞ 1. Ferrand v. Portugal
∞ 2. Thomas (II.) v. Savoyen, Herr v. Piemont

Margarete Gfn. v. Hennegau und Flandern *1202, †1280
∞ 1. Burchard v. Avesnes
∞ 2. Wilhelm II. v. Dampierre

---

(1) **Johannes I. v. Avesnes Gf. v. Hennegau** *1218, †1257
∞ Alix v. Holland

(1) *Balduin v. Beaumont* *1219, †1295
∞ Felicitas v. Coucy
→ *Beaumont*

(2) **Wilhelm III. v. Dampierre Gf. v. Flandern** *1225, †1251
∞ Beatrix v. Brabant

(2) **Gui III. Gf. v. Flandern** *1226/27, †1305
∞ 1. Mathilde v. Dendermonde
∞ 2. Isabella v. Luxemburg

(2) *Johannes Herr v. Dampierre* †1258
∞ Laura v. Lothringen
→ *Dampierre*

(2) *Johanna*
∞ 1. Gf. Hugo II. v. Rethel
∞ 2. Gf. Thibaut II. v. Bar

(2) *Maria Äbt. v. Flines* †1302

Gf.en v. Hennegau und Holland (bis 1345/56)

(1) *Wilhelm IV. Ohneland Herr v. Dendermonde* †1311
∞ Alice v. Clermont

(1) *Balduin* †1296

(1) *Johannes Bf. v. Metz und Lüttich* †1291

(1) *Margarete* †1285
∞ Hzg. Johann I. v. Brabant

(1) *Maria* †1297
∞ 1. Gf. Wilhelm IV. v. Jülich
∞ 2. Simon v. Châteauvillain

(1) *Beatrix* †1296
∞ Gf. Floris V. v. Holland

(1) *Philipp Gf. v. Teano* *1263, †1308
∞ 1. Mathilde v. Courtenay Gfn. v. Chieti
∞ 2. Philippote v. Milly

(2) *Johannes I. Mgf. v. Namur* *1267, †1330
∞ 1. Margarete v. Clermont
∞ 2. Maria v. Artois
(2) *Heinrich Gf. v. Lodi*
∞ Margarete v. Kleve
→ *Namur*

(2) *Guido Gf. v. Seeland* †1311
∞ Margarete v. Lothringen
→ *2. Gf. Rainald I. v. Geldern*

(2) *Margarete* †1331
∞ 1. Alexander v. Schottland
∞ 2. Gf. Rainald I. v. Geldern

(2) *Isabella* †1323
∞ Johannes v. Fiennes

(2) *Johanna* (geistl.)

(2) *Beatrix* †nach 1307
∞ Gf. Hugo II. v. Blois

(2) *Philippa* †1306

---

(1) **Robert III. Gf. v. Flandern** *1247, †1322
∞ 1. Blanca v. Anjou
∞ 2. Yolande v. Nevers

Ludwig I. v. Nevers Gf. v. Flandern †1322
∞ Johanna v. Rethel

Robert †1333
∞ Johanna v. Bretagne

Karl †jung

(1) *Balduin* †vor 1219

Beaumont

Johanna * 1295, † 1374
∞ Hzg. Jean IV. v. Bretagne

Ludwig II. v. Nevers Gf. v. Flandern * um 1304, † 1346
∞ Margarete v. Frankreich

Ludwig v. Male Gf. v. Flandern * 1330, † 1384
∞ *Margarete v. Brabant*

Margarete Gfn. v. Flandern * 1350, † 1405
∞ 1. Philipp I. v. Rouvres Hzg. v. Burgund
∞ 2. Philipp II. d. Kühne Hzg. v. Burgund

Fortsetzung s. Valois, III

Lit.: →Artikel der aufgeführten Personen – →Flandern, Grafschaft – Europ. Stammtafeln, hg. D. SCHWENNICKE, NF Bd. II, 1984, Taf. 4, 8; Bd. III/1, 1984, Taf. 50f. – (Nieuwe) Algemene Geschiedenis der Nederlanden, I, 1981, 364; II, 1982, 376, 402.

Foix-Béarn, Grafen v., I (11.–13. Jh.)

Centullus I. Vgf. v. Béarn † um 866, Sohn v. Hzg. Lupus Centullus v. Gascogne
|
Lupo I. Vgf. v. Béarn † um 905
|
Centullus II. Vgf. v. Béarn † um 940
|
Gaston I. Vgf. v. Béarn † um 984
|
Centullus III. Vgf. v. Béarn † um 1004
|
Gaston II. Vgf. v. Béarn † um 1022
|
Centullus IV. d. Ä. Vgf. v. Béarn † um 1058
∞ Adela
|
Gaston III. Vgf. v. Béarn † 1053
∞ Adelais v. Armagnac
|
2. **Centullus V. Gaston** Vgf. v. Béarn † 1090
∞ 1. Guisla
|
(2) **Centullus VI.** Gf. v. Bigorre, Vgf. v. Béarn † 1134
∞ 1. Mabile v. Béziers

Roger I. Gf. v. Carcassonne, Razès, Couserans, Comminges, Herr v. Foix * vor 944, † 1011
∞ Adelaide v. Melgueil (?)

Bernhard Roger I. Gf. v. Couserans und Foix * 979/981, † 1038 ∞ Gfn. Garsendis v. Bigorre	Ermessinde † 1058 ∞ Gf. Raimund Borell I. v. Barcelona	Stephania † 1066 ∞ Kg. García (Sanchez) III. v. Navarra	Peter Bf. v. Girona † 1051

Roger I. Gf. v. Foix † (1064) ∞ Amica	Peter Gf. v. Couserans und Foix † 1071 ∞ Letgardis	Ermensinde (Gisberga) † 1054 ∞ Kg. Ramiro I. v. Aragón	Heraclius Bf. v. Bigorre † 1065	Bernhard II. Gf. v. Bigorre † 1077 ∞ 1. Clementia ∞ 2. Stephania

Roger II. Gf. v. Foix † 1124 ∞ 1. Sicardis ∞ 2. Stephania v. Besalú	(1) Raimund I. Gf. v. Bigorre † 1080	(1) Clementia † 1065 ∞ Gf. Ermengol III. v. Urgel	(2) Beatrix Gfn. v. Bigorre * 1064, † nach 1095 ∞	(1) **Gaston IV.** »Le Croisé« Vgf. v. Béarn, Tenente v. Zaragoza * vor 1074, † 1133	(2) Bernhard III. Gf. v. Bigorre * um 1081, † 1113

(2) **Roger III.** Gf. v. Foix † 1149
∞ Jimena v. Barcelona

(2) Bernhard

(2) Peter Bernardi

(2) Raimund Roger

Roger Bernhard I. Gf. v. Foix † 1188
∞ Cäcilia v. Béziers

— Braidemenda
∞ Wilhelm v. Adona, Vgf. v. Sault

— Dulcia † nach 1209
∞ Gf. Ermengol VII. v. Urgel

— Centullus * 1102, † vor 1128
∞ Vgf. Peter II. v. Gabaret
  — Guiscarde v. Béarn † 1154
    ∞ Vgf. Peter II. v. Gabaret
      — Peter Vgf. v. Béarn † 1153
        ∞ Mata v. Les Baux
      — Maria Vgfn. v. Béarn
        ∞ Wilhelm v. Montcada † 1172
          — **Wilhelm Raimund v. Montcada** Vgf. v. Béarn * 1173, † 1223
            ∞ Wilhelma v. Castellvell
              — **Wilhelm II. v. Montcada** Vgf. v. Béarn * um 1185, † 1229
                ∞ Garsendis v. Provence
                  — **Gaston VII. v. Montcada** Vgf. v. Béarn * 1229, † 1290
                    ∞ 1. Amata v. Matha, T. v. Petronilla v. Comminges
                    ∞ 2. Beatrix v. Provence
                      — Konstanze † 1311
                        ∞ 1. Alfons, Infant v. Aragón
                        ∞ 2. Heinrich v. Cornwall
                      — Mata
                        ∞ Gerald v. Armagnac
                      — Wilhelma
                        ∞ 1. Peter v. Aragón
                        ∞ 2. Raimund v. Cervelló
                      — **Margarete v. Montcada** Vgfn. v. Béarn, Gfn. v. Bigorre † 1319
                        ∞ **Roger Bernhard III.** Gf. v. Foix, Vgf. v. Brulhois, Castellbó und Gavardan † 1302
      — **Gaston V.** Vgf. v. Béarn † 1170
        ∞ Sancha v. Navarra
          — **Gaston VI. v. Montcada** Vgf. v. Béarn * 1173, † 1214
            ∞ Petronilla v. Comminges

Roger † 1182

Raimund Roger Gf. v. Foix † 1223
∞ Philippa

— Esclaramunda v. Foix
  ∞ Jourdain II. v. Isle-Jourdain

— Sybilla v. Foix
  ∞ Vgf. Roger v. Couserans

— Cäcilia
  ∞ Gf. Bernhard V. v. Comminges

— **Roger Bernhard II.** Gf. v. Foix, Vgf. v. Castellbó † nach 1241
  ∞ 1. Vgfn. Ermensendis v. Castellbó
  ∞ 2. Ermengardis v. Narbonne
    — **Roger I. v. Comminges** Gf. v. Pallars † 1240
      ∞ Gfn. Wilhelma II. v. Pallars-Sobirà
    — (1) Esclaramunda
      ∞ Raimund IX. Fulc, Vgf. v. Cardona
    — (2) Cäcilia † 1270
      ∞ Gf. Alvaro v. Urgel
    — (1) **Roger IV.** Gf. v. Foix, Vgf. v. Castellbó * um 1210, † 1265
      ∞ Brunisendis v. Cardona
        — Sybilla † 1289
          ∞ Vgf. Aimerich VI. v. Narbonne
        — Agnes
          ∞ Eschivat III. v. Chabanais Gf. v. Bigorre, Vgf. v. Couserans
        — Philippa † nach 1310
          ∞ Arnald v. Comminges Gf. v. Pallars, Vgf. v. Couserans
        — Esclaramunda † nach 1299
          ∞ Kg. Jakob II. v. Mallorca
        — **Roger Bernhard III.** Gf. v. Foix, Vgf. v. Brulhois, Castellbó und Gavardan † 1302

Forsetzung s. Foix-Béarn, Grafen v., II

Foix-Béarn, Grafen v., II (14./15. Jh.)

Roger Bernhard III. Gf. v. Foix, Vgf. v. Brulhois, Castellbó und Gavardan † 1302
∞ Margarete v. Montcada Vgfn. v. Béarn, Gfn. v. Bigorre † 1319

Gaston I. Gf. v. Foix und Bigorre, Vgf. v. Béarn, Brulhois, Gavardan, Castellbó * um 1255, † 1315
∞ Jeanne d'Artois

Konstanze † nach 1332
∞ Jean I. de Lévis Herr v. Mirepoix

Mathe
∞ Gf. Bernhard IV. v. Astarac

Margarete † 1304
∞ Bernhard Jourdain IV., Baron v. Isle-Jourdain

Brunisendis † 1339
∞ Élie VII. Talleyrand, Gf. v. Périgord

Arnald Bf. v. Pamiers † nach 1350

Gaston II. Gf. v. Foix und Bigorre, Vgf. v. Béarn, Marsan, Gavardan, Lautrec
* 1308, † 1343
∞ Eleonore v. Comminges

Roger Bernhard Vgf. v. Castellbó, Herr v. Montcada
* 1305, † 1352
∞ Konstanze v. Luna

Robert de Béarn Bf. v. Lavaur † 1348

Bianca † nach 1333
∞ Johann II. de Grailly, Captal de Buch

Johanna † 1357/58
∞ Peter v. Aragón, Gf. v. Ampurias und Gf. v. Prades

Rosamburg
∞ Peter de Grailly

Gaston III. Fébus Gf. v. Foix, Vgf. v. Béarn * 1331, † 1391
∞ Agnes v. Navarra

Roger Bernhard II. Vgf. v. Castellbó, Herr v. Montcada, † 1381
∞ Geralda v. Navalhas

Margarete
∞ Bernhard III. v. Cabrera, Gf. v. Módica

Bianca
∞ 1. Luis Cornel
∞ 2. Gf. Hugo Roger v. Pallars

Johann I. v. Prades und Foix * 1332, † 1414
∞ Sancha Ximénez de Arenós

Archambaud de Grailly Captal de Buch, Gf. v. Foix, Gf. v. Benauges, Lavaur † 1413

Gaston IV. Vgf. v. Béarn † 1380
∞ Beatrix v. Armagnac

Bernhard v. Béarn Gf. v. Medinaceli † um 1381
∞ Isabel de la Cerda

Matthäus Gf. v. Foix, Vgf. v. Castellbó, Béarn, Marsan, Lautrec
* um 1360, † 1398
∞ Johanna, Infantin v. Aragón

∞

Elisabeth Gfn. v. Foix, Bigorre, Vgfn. v. Béarn und Castellbó
* um 1362, † 1426

Pierre de Foix d. Ä. OFM Bf. v. Lescar, Kard., Generalvikar v. Avignon * 1388, † 1464

Jean I. v. Grailly Gf. v. Foix, Bigorre, Vgf. v. Béarn und Castellbó
* 1382, † 1436
∞ 1. Jeanne d'Evreux, Infantin v. Navarra
∞ 2. Jeanne d'Albret
∞ 3. Johanna v. Urgel

Gaston de Foix-Candale, Captal de Buch † nach 1455
∞ Margarete v. Albret

Gaston IV. Gf. v. Foix, Bigorre, Vgf. v. Béarn und Castellbó † 1472
∞ Leonor v. Aragón, Kgn. v. Navarra

Peter v. Foix, Vgf. v. Lautrec † 1454
∞ Katharina v. Astarac

Johann Captal de Buch, Earl of Kendall † 1485
∞ Margarete de la Pole

Gaston Principe de Viana, Vgf. v. Castellbó
* 1444, † 1470
∞ Magdalena v. Frankreich

Pierre de Foix d. J. Ebf. v. Arles, Kard.
* 1449, † 1490

Johann v. Foix Vgf. v. Narbonne, Gf. v. Étampes
* nach 1450, † 1500
∞ Marie v. Orléans

Marie
* nach 1452, † 1467
∞ Mgf. Wilhelm X. v. Montferrat

Jeanne
* nach 1454, † 1476
∞ Gf. Jean V. v. Armagnac

Margarete
* nach 1458, † 1486
∞ Hzg. Franz II. v. Bretagne

Katharina
* nach 1460, † 1494

Katharina
∞ Gaston II. v. Foix Gf. v. Candale und Benauge, † 1500
∞ 2. Isabelle v. Albret

François I. Phoebus Kg. v. Navarra, Gf. v. Foix und Bigorre, Vgf. v. Béarn, Castellbó, Marsan, Gavardan
* 1466, † 1483

Katharina Kgn. v. Navarra, Gfn. v. Foix und Bigorre Vgfn. v. Béarn, Castellbó
* 1470, † 1517
∞ Johann III. v. Albret

Gaston Gf. v. Foix, Hzg. v. Nemours
* 1489, † 1512

Germana * um 1488, † 1536
∞ 1. Kg. Ferdinand II. v. Aragón
∞ 2. Johann v. Brandenburg-Ansbach
∞ 3. Hzg. Ferrante v. Kalabrien

Anna Hzgn. v. Bretagne * 1477, † 1514
∞ Kg. Ludwig XII. v. Frankreich

Lit.: →Artikel der aufgeführten Personen – Gran Encyclopèdia Catalana 3, 1971; 7, 1974; 8, 1975 – Europ. Stammtafeln, hg. D. Schwennicke, NF Bd. III, 1985, Taf. 145, Taf. 145 Neu (Korrekturen und Ergänzungen), 146f., 149, 576 – P. Tucoo-Chala, Gaston Fébus, Prince des Pyrénées, 1993 – Ders., Quand l'Islam était aux portes des Pyrénées, 1994.

Görz-Tirol bzw. **Tirol-Görz**, Grafen v. **(Meinhardiner)**

Albert III. Gf. v. Tirol *1180, † 1253
∞ Uta

Elisabeth † 1256
∞ 1. Otto III. Pfgf. v. Burgund
∞ 2. Gebhard Gf. v. Hirschberg

Adelheid † 1278/79
∞ Meinhard III. (I.) Gf. v. Görz und Tirol

Meinhard II. (IV.) Gf. v. Tirol-Görz, Hzg. v. Kärnten *um 1238, † 1295
∞ Elisabeth v. Bayern, Witwe Kg. Konrads IV.

Albert I. (II.) Gf. v. Görz-Tirol *um 1238, † 1304
∞ Euphemia v. Glogau

Albert Hzg. v. Kärnten, Gf. v. Tirol *um 1260, † 1292
∞ Agnes v. Hohenberg

Otto Hzg. v. Kärnten, Gf. v. Tirol *nach 1260, † 1310
∞ Euphemia v. Schlesien

Ludwig Hzg. v. Kärnten, Gf. v. Tirol *nach 1260, † 1305

Heinrich Hzg. v. Kärnten, Gf. v. Tirol *nach 1260, † 1335
∞ 1. Anna v. Böhmen
∞ 2. Adelheid v. Braunschweig
∞ 3. Beatrix v. Savoyen

Elisabeth *1262/63, † 1313
∞ Albrecht I. dt. Kg. Habsburger

Agnes † 1293
∞ Friedrich d. Freidige Mgf. v. Meißen

Gf. en v. Görz

Leonhard Gf. v. Görz † 1500

Elisabeth † 1352
∞ Peter II. Kg. v. Sizilien

Anna † 1331
∞ Rudolf II. Pfgf. b. Rhein

(2) Adelheid † 1375

(2) Margarete Maultasch Gfn. v. Tirol *1318, † 1369
∞ 1. Johann Heinrich Gf. v. Tirol, Mgf. v. Mähren
∞ 2. Ludwig V. d. Brandenburger Hzg. v. (Ober-)Bayern, Mgf. v. Brandenburg, Gf. v. Tirol

---

(2) Meinhard III. Hzg. v. (Ober-)Bayern, Gf. v. Tirol *1344, † 1363
∞ Margarete v. Österreich

Lit.: →Artikel der aufgeführten Personen – Europ. Stammtafeln, III/1, 1984, Taf. 43 – J. RIEDMANN, MA (Gesch. des Landes Tirol, hg. J. FONTANA u.a., I, 1990²), 291–698.

Habsburger

Rudolf I. dt. Kg. *1218, † 1291
∞ 1. Gertrud (Anna) v. Hohenberg
∞ 2. Agnes (Isabella) v. Burgund

---

(1) Albrecht I. dt. Kg. *1255, † 1308, ∞ Elisabeth v. Görz-Tirol

(1) Mechthilde *1251 (?), † 1304, ∞ Ludwig II. Hzg. v. Oberbayern

(1) Katharina † 1282, ∞ Otto III. Hzg. v. Niederbayern

(1) Agnes *um 1257, † 1322, ∞ Albrecht II. Hzg. v. Sachsen

(1) Hedwig † 1286 (?), ∞ Otto VI. Mgf. v. Brandenburg

(1) Clementia † 1293, ∞ Karl Martell Kg. v. Ungarn

(1) Hartmann *1263, † 1281

(1) Rudolf II. Hzg. v. Österreich *ca. 1271, † 1290, ∞ Agnes v. Böhmen

(1) Guta *1271, † 1297, ∞ Wenzel II. Kg. v. Böhmen

(1) Karl *1276, † 1276

Johann Parricida Hzg. v. Österreich und Steier † 1313

Children of Albrecht I.:

Anna *um 1280, † 1327, ∞ 1. Hermann Mgf. v. Brandenburg, ∞ 2. Heinrich VI. Hzg. v. Schlesien-Breslau

Agnes *1280, † 1364, ∞ Andreas III. Kg. v. Ungarn

Rudolf I. Kg. v. Böhmen *1281, † 1307, ∞ 1. Blanche v. Frankreich, ∞ 2. Elisabeth v. Polen

Elisabeth *um 1285, † 1352, ∞ Friedrich IV. Hzg. v. Oberlothringen

Friedrich d. Schöne, dt. (Gegen-)Kg. *1289, † 1330, ∞ Isabella v. Aragón

Leopold I. Hzg. v. Österreich *1290, † 1326, ∞ Katharina v. Savoyen

Albrecht II. Hzg. v. Österreich *1298, † 1358, ∞ Johanna v. Pfirt

Heinrich *1299, † 1327

Meinhard *um 1300, † 1300

Otto Hzg. v. Österreich Steiermark, Kärnten, *1301, † 1339, ∞ 1. Elisabeth v. Niederbayern, ∞ 2. Anna v. Böhmen

Jutta *nach 1302, † 1329, ∞ Ludwig IV. Gf. v. Öttingen

Katharina *1295, † 1323, ∞ Karl v. Kalabrien

Children of Albrecht II.:

Rudolf IV. Hzg. v. Österreich *1339, † 1365, ∞ Katharina v. Böhmen

Katharina Äbt. in Wien *1342, † 1387

Margarete *1346, † 1366, ∞ 1. Meinhard III. Gf. v. Tirol, ∞ 2. Johann Heinrich, Gf. v. Tirol, Mgf. v. Mähren

Friedrich Hzg. *1347, † 1362

Albrecht III. Hzg. v. Österreich *1349/50, † 1395, ∞ 1. Elisabeth v. Luxemburg, ∞ 2. Beatrix v. Zollern

Leopold III. Hzg. v. Österreich *1351, † 1386, ∞ Viridis Visconti

---

Anna *1318, † 1343, ∞ 1. Heinrich III. Hzg. v. Bayern, ∞ 2. Johann Gf. v. Görz

Elisabeth *1317, † 1336

Friedrich *1316, † 1322

Albrecht IV. Hzg. v. Österreich *1377, † 1404
∞ Johanna v. Baiern-Straubing

Genealogical table (Habsburg family, Rudolf I to Friedrich III / Maximilian I):

- **Wilhelm Hzg. v. Österreich** *1370, †1406
  ∞ Johanna II. v. Anjou-Durazzo

- **Leopold IV. Hzg. v. Österreich** *1371, †1411
  ∞ Katharina v. Burgund

- **Ernst d. Eiserne Hzg. v. Österreich** *1377, †1424
  ∞ 1. Margarete v. Pommern
  ∞ 2. Zimburgis v. Masovien

- **Elisabeth** *1378, †1392

- **Friedrich IV. Hzg. v. Österreich** *1382/83, †1439
  ∞ 1. Elisabeth v. d. Pfalz
  ∞ 2. Anna v. Braunschweig

- **Margarete** *um 1370, ∞ Johann Mähren Hzg. v. Görlitz

- **Katharina** Nonne in Wien *1385

Children of Ernst d. Eiserne:
- **Margarete** *1395, †1447, ∞ Heinrich XVI. (IV.) Hzg. v. Bayern-Landshut
- (2) **Margarete** *1416, †1486, ∞ Friedrich II. Kfs. v. Sachsen
- (2) **Friedrich III.** Ks., röm.-dt. Kg. *1415, †1493, ∞ Eleonore v. Portugal
- (2) **Albrecht II.** dt. Kg. *1397, †1439, ∞ Elisabeth v. Luxemburg
- (2) **Alexandra** †1420/21
- (2) **Rudolf** †vor 1424
- (2) **Leopold** †vor 1424
- (2) **Anna** †1429
- (2) **Ernst II.** †1432
- (2) **Katharina** *1420, †1493, ∞ Karl I. Mgf. v. Baden
- (2) **Albrecht VI.** Hzg. v. Österreich *1418, †1463, ∞ Mathilde v. d. Pfalz
- (2) **Siegmund** Hzg. v. Österreich *1427, †1496
  ∞ 1. Eleonore v. Schottland
  ∞ 2. Katharina v. Sachsen

Children of Friedrich IV:
- (1) **Elisabeth** *1408, †1408
- (2) **Margarete** *1423, †1424
- (2) **Hedwig** *1424, †1427
- (2) **Wolfgang** *1426, †1426

Children of Albrecht II:
- **Anna** *1432, †1462, ∞ Wilhelm III. Hzg. v. Sachsen
- **Georg** *1435, †1435
- **Elisabeth** *1437, †1505, ∞ Kasimir Andreas IV. Kg. v. Polen
- **Ladislaus V. Postumus** Kg. v. Ungarn/Böhmen *1440, †1457

Children of Friedrich III:
- **Maximilian** dt. Kg. *1459, †1519
  ∞ 1. Maria v. Burgund
  ∞ 2. Bianca Maria Sforza
- **Christoph** *1455, †1456
- **Helene** *1460, †1461
- **Johannes** *1466, †1467
- **Kunigunde** *1465, †1520, ∞ Albrecht IV. Hzg. v. Bayern-München

Children of Maximilian:
- (1) **Philipp d. Schöne** Ehzg. *1478, †1506, ∞ Johanna I. v. Kastilien
- (1) **Margarete v. Österreich** Regentin d. Niederlande *1480, †1530
  ∞ 1. Johann Infant v. Kastilien
  ∞ 2. Philibert II. Hzg. v. Savoyen

Lit.: → Artikel der aufgeführten Personen – Europäische Stammtafeln, NF Bd. I, hg. D. SCHWENNICKE, 1980, Taf. 12–15 – G. HÖDL, Habsburg und Österreich 1273–1493, 1988 – Die Habsburger. Ein biograph. Lex., hg. B. HAMANN, 1993⁴ – K.-F. KRIEGER, Die Habsburger im MA. Von Rudolf I. bis Friedrich III., 1994.

Hauteville (Altavilla)

Tankred v. Hauteville
∞ 1. Muriella
∞ 2. Fredesende

---

(1) Wilhelm „Eisenarm" Gf. v. Apulien †1046
∞ Guida, Nichte v. Fs. Waimar IV. v. Salerno

(1) Drogo Hzg. v. Apulien und Kalabrien †1051
∞ NN, T. v. Fs. Waimar IV. v. Salerno

(1) Humfred Gf. v. Apulien †1057

(1) Gottfried

(1) Serlo

(2) Robert Guiscard Hzg. v. Apulien und Kalabrien †1085
∞ 1. Alberada v. Buonalbergo
∞ 2. Sikelgaita, T. v. Fs. Waimar IV. v. Salerno

(2) Wilhelm Gf. im Prinzipat

(2) Malgerius Gf. der Capitanata

(2) Alfred

(2) Tankred

(2) Humbert

(2) wenigstens 3 Töchter

(2) Roger I. Großgf. v. Sizilien, Gf. v. Kalabrien †1101
∞ 1. Judith, T. v. Wilhelm v. Evreux
∞ 2. Eremburga, T. v. Wilhelm v. Mortain
∞ 3. Adelheid, T. v. Mgf. Manfred del Vasto

---

(1) Bohemund I. v. Tarent Fs. v. Antiochia †1111
∞ Konstanze, T. v. Kg. Philipp I. v. Frankreich

(2) Roger Borsa Hzg. v. Apulien †1111
∞ Ala (Adela), T. v. Gf. Robert I. v. Flandern

(2) Emma
∞ Odo Marchisus

(1 od. 2) Maximilla
∞ Kg. Konrad

(1 od. 2) NN
∞ Kg. Koloman v. Ungarn

(3) Simon Gf. v. Sizilien †1105

(3) Roger II. Kg. v. Sizilien †1154
∞ 1. Elvira, T. v. Kg. Alfons VI. v. Kastilien
∞ 2. Sibylle, T. v. Hzg. Hugo II. v. Burgund
∞ 3. Beatrix, T. v. Gf. Günther v. Rethel

Bohemund II. Fs. v. Antiochia †1131
∞ Alice, T. v. Kg. Balduin II. v. Jerusalem

Wilhelm Hzg. v. Apulien †1127
∞ Gaitelgrima, T. v. Gf. Robert v. Airola

Tankred v. Tarent †1112
∞ Cecilia, T. v. Kg. Philipp I. v. Frankreich

(1) Roger Hzg. v. Apulien †1149
∞ Elisabeth, T. v. Gf. Tedbald II. v. d. Champagne
≈ NN, T. v. Gf. Accard II. v. Lecce

(1) Alfons Fs. v. Capua, Hzg. v. Neapel, †1144

(1) Tankred Fs. v. Tarent und v. Bari †ca. 1140

(1) Wilhelm I. Kg. v. Sizilien †1166
∞ Margarete, T. v. Kg. García IV. v. Navarra

(3) Konstanze Kgn. v. Sizilien †1198
∞ Ks. Heinrich VI.

Konstanze Fsn. v. Antiochia
∞ 1. Raimund v. Poitiers
∞ 2. Rainald v. Châtillon

(≈) Tankred v. Lecce Kg. v. Sizilien †1194
∞ Sibylle, T. v. Gf. Rainald I. v. Aquino

Roger Hzg. v. Apulien †1161

Robert Fs. v. Capua †ca. 1166

Wilhelm II. Kg. v. Sizilien †1189
∞ Johanna, T. v. Kg. Heinrich II. v. England

Heinrich Fs. v. Capua †1172

Friedrich II. Ks. †1250

---

(1) Bohemund III. Fs. v. Antiochia †1201
∞ (1) Maria †1182/83 Ks. Manuel I. Komnenos

Roger III. Kg. v. Sizilien †1193
∞ Irene, T. v. Ks. Isaak II. Angelos

Wilhelm III. Kg. v. Sizilien

Lit.: →Hauteville – →Artikel der aufgeführten Personen.

Hohenzollern

Friedrich III. (I.) Gf. v. Zollern, Bgf. v. Nürnberg † 1200
∞ *Sophie Gfn. v. Raabs*

Friedrich II. Bgf. v. Nürnberg † 1251
∞ *Elisabeth Gfn. v. Abensberg*

Konrad I. Bgf. v. Nürnberg † 1261

Friedrich V. Gf. v. Zollern † 1289
∞ *Udilhild Gfn. v. Dillingen*

Sophie † 1270
∞ *Konrad Gf. v. Urach*

Friedrich III. Bgf. v. Nürnberg † 1297
∞ 1. *Elisabeth Gfn. v. Andechs † 1273*
∞ 2. *Helene Hzgn. v. Sachsen † 1309*

(2) *Johann I. Bgf. v. Nürnberg † 1300*
∞ *Agnes Lgfn. v. Hessen*

(2) *Friedrich IV. Bgf. v. Nürnberg * 1287, † 1332*
∞ *Margarethe Gfn. v. Görz und Tirol † 1348*

Johann II. Bgf. v. Nürnberg † 1357
∞ *Elisabeth Gfn. v. Henneberg*

Friedrich V. Bgf. v. Nürnberg † 1398
∞ *Elisabeth Mgfn. v. Meissen*

Friedrich VI. (I.), Bgf. v. Nürnberg, Mgf. v. Brandenburg * um 1371, † 1440
∞ 2. *Elisabeth v. Bayern-Landshut*

Johann d. Alchimist, Mgf. v. Brandenburg * 1406 † 1464
∞ *Barbara v. Sachsen-Wittenberg*

Friedrich II. Mgf. v. Brandenburg * 1413, † 1471
∞ *Katharina v. Sachsen*

Albrecht Achilles Mgf. v. Brandenburg * 1414, † 1486
∞ 1. *Margarete Mgfn. v. Baden*
∞ 2. *Anna v. Sachsen*

(1) *Ursula*
* 1450, † 1508
∞ *Heinrich I. Hzg. v. Schlesien*

(1) *Elisabeth*
* 1451, † 1524
∞ *Eberhard II. Hzg. v. Württemberg*
* 1447, † 1504

(1) *Friedrich d. Ä. Mgf. zu Ansbach und Bayreuth*
* 1460, † 1536
∞ *Margarete Hzgn. v. Sachsen*

(1) *Johann Cicero*
* 1455, † 1499

(2) *Amalie*
* 1461, † 1481
∞ *Kaspar Pfgf. am Rhein*

(2) *Barbara*
* 1464, † 1514
∞ *Heinrich XI. Hzg. v. Schlesien*

(2) *Sibylle*
* 1467, † 1517
∞ *Wilhelm Hzg. v. Jülich und Berg*

(2) *Siegmund Mgf. v. Brandenburg-Kulmbach*
* 1468, † 1495

(2) *Dorothea, Nonne*
* 1471, † 1520

(2) *Elisabeth*
* 1474, † 1507
∞ *Wilhelm IV. Gf. v. Henneberg-Ascha*

(2) *Anastasia*
* 1478, † 1557
∞ *Wilhelm IV. Gf. v. Henneberg*

Lit.: →Artikel der aufgeführten Personen – →Hohenzollern – Europ. Stammtafeln NF I, hg. D. SCHWENNICKE, 1980, Taf. 144–155 – M. HUBERTY, A. GIRAUD, F. MAGDELAINE, B. MAGDELAINE, L'Allemagne dynastique, V, 1988, 21–291.

Jagiellonen

Pukuwer (Pukuveras) † 1294/95

Witen (Vytenis) † 1316   Gedimin (Gediminas) Gfs. v. Litauen *um 1275, † 1341/42

Olgerd (Algirdas) Gfs. v. Litauen *um 1296, † 1377   Jawnut (Jaunutis) Gfs. v. Litauen † nach 1366   Kynstute (Kęstutis) Fs. v. Troki, Gfs. v. Litauen † 1382

∞ 1. (Marja?), T. v. Fs. (Jaroslav?) v. Vitebsk   ∞ 1. NN
∞ 2. Juliana, T. v. Aleksander Gfs. v. Tver'   ∞ 2. Birute

(1) Söhne   (2) Władysław II. Jagiełło (Jogaila) Gfs. v. Litauen,   (2) Švitrigaila (Swidrigiełło)   (2) Söhne   (2) Witowt (Vytautas) Gfs. v. Litauen *ca. 1350, † 1430   (2) Sigismund Kestutovič (Zygimantas Kęstutaitis) Gfs. v. Litauen *ca. 1365, † 1440
und Töchter   Kg. v. Polen *1351?, † 1434   Gfs. v. Litauen   und Töchter
   ∞ 1. Hedwig, hl., T. v. Kg. Ludwig I. d. Gr.   *ca. 1370, † 1452
     v. Ungarn und Polen
   ∞ 2. Anna, T. v. Wilhelm Gf. v. Cilli
   ∞ 3. Elisabeth, T. v. Otto v. Pilcza
   ∞ 4. Sophia, T. v. Hzg. Andreas v. Holszany

(1) Elizabeth   (2) Hedwig *1408, † 1431   (4) Władisław III. Warneńczyk Kg. v.   (4) Kasimir   (4) Kasimir (Kazimieras) Andreas IV. Gfs. v. Litauen,
Bonifazia   (+ Friedrich II. Mgf. v. Brandenburg)   Polen und Ungarn *1424, † 1444   *1426, † 1427   Kg. v. Polen *1427, † 1492
*und † 1399   ∞ Elisabeth, T. v. Albrecht II., dt. Kg., Kg. v. Ungarn und Böhmen

Vladislav (Władysław) II.   Hedwig   Kasimir, hl.   Johann   Alexander   Elisabeth   Sophia   Sigismund I. d. Ä.   Friedrich   Anna   Barbara
Kg. v. Böhmen und   *1457, † 1502   *1458,   Albrecht   (Aleksandras)   *1465,   *1464, † 1512   (Zygimantas Senasis)   *1468,   *1476, † 1503   *1478, † 1534
Ungarn *1456, † 1516   ∞ Hzg.   † 1484   Kg. v.   Gfs. v.   † 1466   ∞ Friedrich   Kg. v. Polen,   † 1503   ∞ Hzg.   ∞ Hzg. Georg
∞ 1. Barbara, T. v. Mgf.   Georg d.   Polen   Litauen, Kg.   d. Ä. Mgf.   Gfs. v. Litauen   Bf. v. Krakau,   Bogislaw   d. Bärtige v.
Albrecht Achilles v. Brandenburg   Reiche v.   *1459,   v. Polen   zu Ansbach   *1467, † 1548   Ebf. v. Gnesen,   X. v.   Sachsen
∞ 2. Beatrix v. Aragón,   Bayern-   † 1501   *1461,   und   ∞ 1. Barbara, T. v.   Kard.   Pommern
T. v. Kg. Ferdinand I.   Landshut   † 1506   Bayreuth   Stephan Zapolya,   Elisabeth
v. Aragón,   ∞ Helena,   Woiwode v. Siebenbürgen   *1483, † 1517
∞ 3. Anne de Foix, T. v.   T. v. Gfs.   ∞ 2. Buona, T. v. Gian   ∞ Hzg. Friedrich
Gaston II. de Foix-Grailly,   Ivan III. v.   Galeazzo Sforza, Hzg.   II. v. Liegnitz
Gf. v. Candalle   Moskau   v. Mailand

(3) Anna   (3) Ludwig II. Kg.   (1) Hedwig   (1) Anna   (2) Isabella   (2) Sigismund II. August (Zygimantas Augustas)   (2) Sophia   (2) Anna   (2) Katharina   (2) Albrecht
*1503, † 1547   v. Ungarn und Böhmen   *1513, † 1573   *1515,   *1519, † 1559   Kg. v. Polen, Gfs. v. Litauen *1520, † 1572   *1522, † 1575   *1523, † 1596   *1526, † 1583   *und † 1527
∞ Kfs.   *1506, † 1526   ∞ Kfs.   † 1520   ∞ Fs. Johann I.   ∞ 1. Elisabeth, T. v. Ks. Ferdinand I.   ∞ Hzg. Heinrich   ∞ Fs. Stephan   ∞ Kg. Johann
Ferdinand I.   ∞ Maria, T. v. Kg.   Joachim II.   Zapolya v.   ∞ 2. Barbara, T. v. Georg v. Radziwiłł,   d. J. v.   Báthory v.   III. Wasa v.
       Philipp d. Schöne   v. Brandenburg   Siebenbürgen,   Kastellan v. Wilna   Braunschweig-   Siebenbürgen,   Schweden
       v. Kastilien   Kg. v. Ungarn   ∞ 3. Katharina, T. v. Ks. Ferdinand I.   Wolfenbüttel   Kg. v. Polen

Lit.: → Artikel der aufgeführten Personen — → Jagiełło, Jagiellonen – Genealogia (Tablice). Opracował Włodzimierz Dworzaczek, 1959 – Z. Wdowiszewski, Genealogia jagiellonów.

Kalifen und muslimische Herrscherdynastien

Die rechtgeleiteten Kalifen (äl-ḫulafāʾ ar-rāšidūna)

Abū Bakr	632–634
ʿOmar (ʿOmar ibn al-Ḫaṭṭāb)	634–644
ʿUṯmān b. ʿAffān	644–656
ʿAlī b. Abī Ṭālib	656–661

Omayyaden v. Damaskus

Sufyaniden (jüngere Linie)

Muʿāwiya b. Abī Sufyān	661–680
Yazīd b. Muʿāwiya	680–638
Muʿāwiya (II.) b. Yazīd	683–684

Marwāniden (ältere Linie)

Marwān b. al-Ḥakam	684–685
ʿAbdalmalik b. Marwān	685–705
al-Walīd b. ʿAbdalmalik	705–715
Sulaimān b. ʿAbdalmalik	715–717
ʿOmar (II.) b. ʿAbdalʿazīz b. Marwān	717–720
Yazīd (II.) b. ʿAbdalmalik	720–724
Hišām b. ʿAbdalmalik	724–743
al-Walīd (II.) b. Yazīd	743–744
Yazīd (III.) b. al-Walīd b. ʿAbdalmalik	744
Ibrāhīm b. al-Walīd b. ʿAbdalmalik	744
Marwān (II.) b. Muḥammad b. Marwān	744–750

Omayyaden v. Córdoba

ʿAbdarraḥmān I. ad Dāḫil	756–788
Hišām I.	788–796
al-Ḥakam I.	796–822
ʿAbdarraḥmān II.	822–852
Muḥammad I.	852–886
al-Munḏir	886–888
ʿAbdallāh	888–912
ʿAbdarraḥmān III. an-Nāṣir li-Dīn Allāh	912–961
al-Ḥakam II. al-Mustanṣir bi-llāh	961–976
Hišām II. al-Muʾaiyad bi-llāh	976–1009 und 1010–13
al-Manṣūr (Muḥammad Ibn ʿAbī ʿĀmir), Palastmeier	981–1002
ʿMuḥammad II. al-Mahdī	1009–10
Sulaimān al Mustaʿīn bi-llāh	1009–16
ʿAbdarraḥmān IV. al-Murtaḍā	1017–19
ʿAbdarraḥmān V. al-Mustaẓhir bi-llāh	1023
Muḥammad III. al-Mustakfī bi-llāh	1023–25
Hišām III. al-Muʿtadd bi-llāh	1027–31

ʿAbbāsiden

as-Saffāḥ	750–754
al-Manṣūr	754–775
al-Mahdī	775–785
al-Hādī	785–786
Hārūn ar-Rašīd	786–809
al-Amīn	809
al-Maʾmūn	813–833
al-Muʿtaṣim	833–842
al-Wāṯiq	842–847
al-Mutawakkil	847–861
und 26 weitere bis zum letzten al-Mustaʿṣim	1242–58

Fāṭimiden

ʿUbaydallāh al-Mahdī	909–934
al-Qāʾim	934–946
al-Manṣūr	946–953
al-Muʿizz	953–975
al-ʿAzīz	975–996
al-Ḥākim	996–1021
aẓ-Ẓāhir	1021–36
al-Mustanṣir	1036–94
al-Mustaʿlī	1094–1101
al-Āmir	1101–30
al-Ḥāfiẓ	1130–49
aẓ-Ẓāfir	1149–54
al-Fāʾiz	1154–60
al-ʿĀḍid	1160–71

Ayyūbiden

Saladin (Ṣalāḥàddīn)	1173–93
al-ʿĀdil	1193–1218
seine Söhne as-Ṣāliḥ Ismāʿīl	1193–1238
al-Kāmil in Ägypten	1218–38
und in Damaskus ab	1238

(Weitere schlecht darstellbar, da häufige Reichsteilungen)

Almoraviden

Yaḥyā b. Ibrāhīm	–1042
Yaḥyā b. ʿUmar	1042–56
Abū Bakr al-Lamtūnī	1056–73
Yūsuf b. Tāšufīn	1073–1106
ʿAlī b. Yusuf	1106–43
Tāšufīn b. ʿAlī	1143–45
Ibrāhīm b. Tāšufīn	1145
Isḥāq b. ʿAlī	1145–47

Almohaden

(Ibn Tūmart	–1130)
ʿAbd al-Muʾmin	1130–63
Abu Yaʿqub Yūsuf (I.)	1163–84
Abu Yūsuf Yaʿqub al-Manṣūr	1184–99
Muḥammad an-Nāṣir	1199–1214
Yūsuf b. Abī ʿAbdallā al-Mustanṣir	1214–24
ʿAbd al-Wāḥid (I.) al-Maḫlūʿ	1224
Abū Muḥammad ʿAbdallāh al-ʿĀdil	1224–27
Yaḥyā b. Nāṣir al-Muʿtaṣim zur selben Zeit wie	1227–35
Abū-l-ʿAlāʾIdrīs al-Maʾmūn	1227–32
Abū-Muḥammad ʿAbd al-Wāḥid (II.) ar-Rašīd	1232–42
Abū-l-Hasan ʿAlī-as-Saʿīd al Muʿtaḍid	1242–48
Abū-Ḥafṣ ʿUmar al-Murtaḍā	1248–66
Abū Dabbūs al-Wāṯiq	1266–69

Lit.: →Artikel der aufgeführten Personen –→Abbasiden –→Almohaden →Almoraviden –→Ayyūbiden –→Fāṭimiden –→Omayyaden.

Kapetinger, I

Rupert Gf. im Worms-gau und Oberrheingau † vor 834 ∞ Waldrada v. Orléans

Guntram Gf. im Wormsgau   Oda   Robert d. Tapfere * ca. 820, † 866
                                           ∞ 1. Agane
                                           ∞ 2. Adelheid v. Tours

(1) Sohn   Richildis v. Blois   **Odo** westfrk. Kg. * ca. 860, † 898   **Robert I.** westfrk. Kg. * vor 866, † 923
                                  ∞ Theodrada   ∞ 1. NN
                                                                                       ∞ 2. Beatrix v. Vermandois

(1) Emma * 890/95, † Ende 934   (1) Lietgard/Adela   (2) Hugo d. Große dux Francorum * um 893, † 956
∞ Rudolf (Raoul) westfrk. Kg.   ∞ Gf. Heribert II. v. Vermandois   ∞ 1. Judith v. Maine
                                                                                         ∞ 2. Eadhild v. Wessex
                                                                                         ∞ 3. Hadwig, T. v. Kg. Heinrich I.

(3) Beatrix * um 939/949, † nach 1000   (3) **Hugo Capet** Kg. v. Frankreich   (3) Emma † nach 968   (3) Odo/Eudes Hzg. v. Niederburgund   (3) Heinrich I. Gf. v. Nevers,
∞ Hzg. Friedrich I. v. Oberlothringen   * 939/941, † 996   ∞ Hzg. Richard I. v. Normandie   † 965   Hzg. v. Niederburgund † 1002
                                          ∞ Adelheid, T. v. Hzg. Wilhelm III.   ∞ Luitgard v. Autun, Erbin v.
                                             v. Aquitanien   Niederburgund

Hadwig   Gisela   **Robert II.** d. Fromme Kg. v. Frankreich * 970/974, † 1031   Adelheid
∞ Reginar IV. v. Hennegau   ∞ 1. Rozala/Susanna, Witwe v. Gf. Arnolf II. v. Flandern
                                        ∞ 2. Bertha v. Burgund
                                        ∞ 3. Konstanze v. Arles

(3) Hugo (III.)   **Heinrich I.** Kg. v. Frankreich   (3) Adela † 1079   (3) Robert Hzg. v. Niederburgund   (3) Odo/Eudes
Mitkg. v. Frankreich   * 1008, † 1060   ∞ 1. Hzg. Richard III. v. Normandie   * um 1007, † 1075
* 1007, † 1026   ∞ 1. Mathilde, T. v. Ks. Konrad II.   ∞ 2. Gf. Balduin V. v. Flandern
                              ∞ 2. Mathilde, T. v. Liudolf v. Braunschweig
                              ∞ 3. Anna v. Kiev

(3) Adela † nach 1063
∞ Gf. Reginald v. Nevers

                                                                                                                                            Hzg.e v. Burgund (bis 1361)

(3) **Philipp I.** Kg. v. Frankreich * 1052, † 1108
∞ 1. Bertha v. Holland
∞ 2. Bertrada v. Montfort

(3) Robert * vor 1054, † 1060

(3) Hugo
∞ Gfn. Adelheid v. Vermandois
Gf.en v. Vermandois (bis 1214)

(1) Konstanze † 1124/26
∞ 1. Gf. Hugo v. Troyes
∞ 2. Bohemund I. v. Tarent, Fs. v. Antiochia

(1) **Ludwig VI.** Kg. v. Frankreich
* 1081, † 1137
∞ 1. Lucienne v. Rochefort
∞ 2. Adelheid v. Maurienne

(2) Philipp Gf. v. Mantes † nach 1133
∞ Elisabeth v. Montlhéri

(2) Florus † nach 1118
∞ N de Nangis

(2) Caecilia † nach 1145
∞ 1. Tankred v. Tarent
∞ 2. Gf. Pons v. Tripolis

(2) Philipp (II.) Mitkg. v. Frankreich * 1116, † 1131

(2) **Ludwig VII.** Kg. v. Frankreich * 1120, † 1180
∞ 1. Eleonore v. Aquitanien
∞ 2. Konstanze v. Kastilien
∞ 3. Adela v. Champagne

(2) Henri de France Ebf. v. Reims * 1121/23, † 1175

(2) Robert Gf. v. Dreux * 1124, † 1188
∞ 1. Agnes v. Garlande
∞ 2. Havisa v. Evreux
∞ 3. Agnes v. Baudement
Gf.en v. Dreux (bis 1355)

(1) weitere Söhne (?) † jung

(2) Konstanze † nach 1176
∞ 1. Eustachius, Sohn v. Kg. Stephan v. Blois
∞ 2. Gf. Raimund V. v. Toulouse

(2) Philipp Archidiakon, Elekt v. Paris † 1161

(2) Peter † 1179
∞ Elisabeth v. Courtenay
Herren v. Courtenay
Ks. v. Konstantinopel (bis 1308)

(1) Marie de Champagne * 1145, † 1198
∞ Gf. Heinrich I. v. Champagne

(1) Adelheid * 1151, † nach 1195
∞ Gf. Tedbald V. v. Blois

(2) Margarete * 1158, † 1197
∞ 1. Heinrich d.J. Mitkg. v. England
∞ 2. Kg. Béla III. v. Ungarn

(2) Adelheid * und † 1160

(3) **Philipp II. Augustus** Kg. v. Frankreich * 1165, † 1223
∞ 1. Elisabeth v. Hennegau
∞ 2. Ingeborg v. Dänemark
∞ 3. Agnes v. Meran
Fortsetzung s. Kapetinger, II

(3) Adelheid * 1170, † nach 1200
∞ Gf. Wilhelm II. v. Ponthieu

(3) Agnes/Anna * 1171, † 1240
∞ 1. Ks. Alexios II. Komnenos
∞ 2. Ks. Andronikos I. Komnenos

Kapetinger, II

Philipp II. Augustus Kg. v. Frankreich * 1165, † 1223
∞ 1. Elisabeth v. Hennegau
∞ 2. Ingeborg v. Dänemark
∞ 3. Agnes v. Meran

- (1) **Ludwig VIII** Kg. v. Frankreich * 1187, † 1226
  ∞ Blanca v. Kastilien
- (1) 2 Kinder * und † 1190
- (3) *Maria* * 1198, † 1224
  ∞ 1. Mgf. Philipp I. v. Namur
  ∞ 2. Hzg. Heinrich I. v. Brabant
- (3) *Philipp Hurepel* * 1201, † 1234
  ∞ Gfn. Mathilde v. Boulogne

Kinder Ludwigs VIII:

- *3 Töchter, 1 Sohn* † jung
- *Robert Gf. v. Artois* * 1216, † 1250
  ∞ Mathilde v. Brabant
  — Gf.en v. Artois/Eu (bis 1472)
- *Ludwig* * 1243, † vor 1260
- **Ludwig IX.** d. Hl. Kg. v. Frankreich * 1214, † 1270
  ∞ Margarete v. Provence
- *Alfons v. Poitiers* * 1220, † 1271
  ∞ Gfn. Johanna v. Toulouse
- *Isabella* * 1224, † 1269 (geistl.)
- *Philipp* * 1222, † 1232
- *2 Söhne* † jung
- **Karl I. v. Anjou** Kg. v. Sizilien * 1226, † 1285
  ∞ 1. Gfn. Beatrix v. Provence
  ∞ 2. Margarete v. Burgund
  — Kg.e v. Sizilien/Neapel (bis 1435)

Kinder Ludwigs IX:

- *Blanca* * 1240, † 1243
- *Isabella* * 1242, † 1271
  ∞ Tedbald V./II Gf. v. d. Champagne, Kg. v. Navarra
- **Philipp III.** d. Kühne Kg. v. Frankreich * 1245, † 1285
  ∞ 1. Isabella v. Aragón
  ∞ 2. Maria v. Brabant
- *Johann Tristan* * 1250, † 1270
  ∞ Gfn. Jolante v. Nevers
- *Peter Gf. v. Alençon* * 1251, † 1284
  ∞ Gfn. Johanna v. Blois
- *Blanca* * 1253, † 1320
  ∞ Ferdinand de la Cerda
- **Robert Gf. v. Clermont-en-Beauvaisis** * 1256, † 1318
  ∞ Beatrix Herrin v. Bourbon
  — Hzg.e v. Bourbon (bis 1503)
- *Margarete* * 1254, † 1271
  ∞ Hzg. Johann I. v. Brabant
- *Agnes* * 1260, † 1327
  ∞ Hzg. Robert II. v. Burgund

Kinder Philipps III:

- (1) *Ludwig* * 1265, † 1276
- (1) **Philipp IV.** d. Schöne Kg. v. Frankreich und Navarra * 1268, † 1314
  ∞ Johanna I. Kgn. v. Navarra
- (1) *Robert* * 1269, † jung
- (1) **Karl v. Valois** * 1270, † 1325
  ∞ Margarete v. Sizilien
  — Fortsetzung s. Valois, I
- (2) *Blanche* * 1278, † 1309
  ∞ Rudolf I. Kg. v. Böhmen und Polen
- (2) *Margarete* * 1282, † 1318
  ∞ Kg. Eduard I. v. England
- (2) **Ludwig v. Évreux** * 1276, † 1319
  ∞ Margarete v. Artois
  — Kg.e v. Navarra (bis 1441)

Kinder Philipps IV:

- *Margarete* * 1288, † vor 1300
- **Ludwig X.** Kg. v. Frankreich und Navarra * 1289, † 1316
  ∞ 1. Margarete v. Burgund
  ∞ 2. Klementia v. Ungarn
- *Blanche* * 1290, † 1294
- *Isabella* * 1292, † 1358
  ∞ Kg. Eduard II. v. England
- **Philipp V.** d. Lange Kg. v. Frankreich und Navarra * 1294, † 1322
  ∞ Jeanne de Bourgogne
- **Karl IV.** d. Schöne Kg. v. Frankreich und Navarra * 1295, † 1328
  ∞ 1. Blanche de Bourgogne
  ∞ 2. Maria v. Luxemburg
  ∞ 3. Jeanne d'Évreux

Kinder Ludwigs X:

- (1) **Johanna II.** Kgn. v. Navarra * 1311, † 1349
  ∞ Philipp v. Évreux
- (2) **Jean I.** Kg. v. Frankreich und Navarra * und † 1316

Kinder Philipps V:

- *Johanna* * 1308, † 1347
  ∞ Hzg. Odo IV. v. Burgund
- *Margarete* * 1308, † 1382
  ∞ Ludwig II. v. Nevers, Gf. v. Flandern
- *Isabella* * 1312, † 1348
  ∞ 1. Guido VII. Dauphin v. Vienne
  ∞ 2. Johann v. Faucogney
- *Blanche* * 1314, † 1358 (geistl.)
- *Ludwig* * 1316, † 1317
- (1) *Philipp* * 1313/14, † 1322
- (1) *Johanna* * 1315, † 1321

Kinder Karls IV:

- (2) *Ludwig* * und † 1324
- (3) *Johanna* * 1326, † 1326/27
- (3) *Blanche* * 1328, † 1392
  ∞ Hzg. Philipp v. Orléans, Sohn v. Kg. Philipp VI. v. Frankreich
- (3) *Maria* * 1327, † 1341

Lit.: → Artikel der aufgeführten Personen — → Kapetinger — Europ. Stammtafeln, hg. D. Schwennicke NF Bd. II, 1984. Taf. 12 – Die frz. Kg.e des MA, hg. I. Ehlers, H. Müller

Karolinger, I

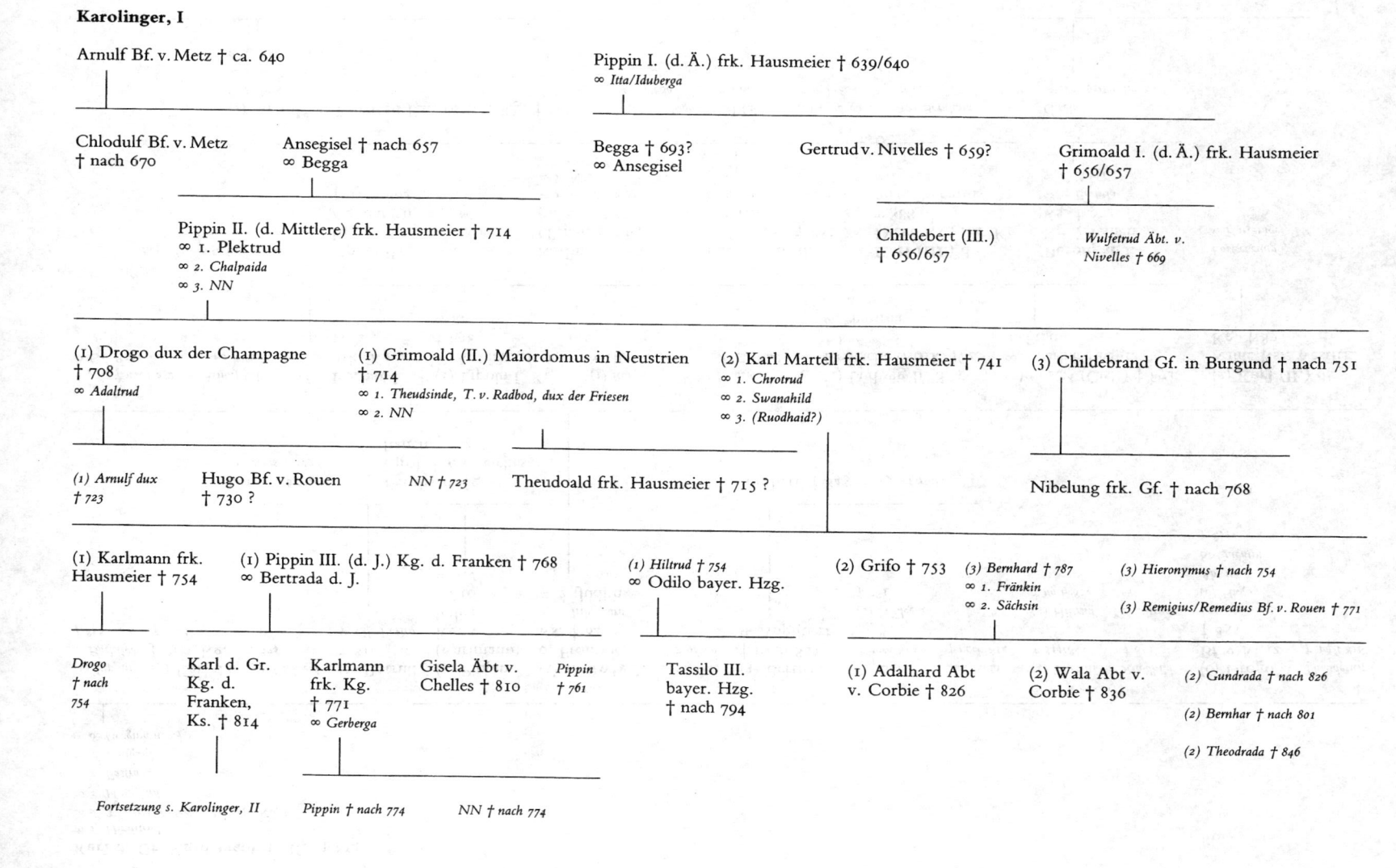

Arnulf Bf. v. Metz † ca. 640 ⟶ Pippin I. (d. Ä.) frk. Hausmeier † 639/640 ∞ Itta/Iduberga

- Chlodulf Bf. v. Metz † nach 670
- Ansegisel † nach 657 ∞ Begga
- Begga † 693? ∞ Ansegisel
- Gertrud v. Nivelles † 659?
- Grimoald I. (d. Ä.) frk. Hausmeier † 656/657
  - Wulfetrud Äbt. v. Nivelles † 669
  - Childebert (III.) † 656/657

Pippin II. (d. Mittlere) frk. Hausmeier † 714
  ∞ 1. Plektrud
  ∞ 2. Chalpaida
  ∞ 3. NN

- (1) Drogo dux der Champagne † 708 ∞ Adaltrud
- (1) Grimoald (II.) Maiordomus in Neustrien † 714
  ∞ 1. Theudsinde, T. v. Radbod, dux der Friesen
  ∞ 2. NN
- Theudoald frk. Hausmeier † 715?
- (2) Karl Martell frk. Hausmeier † 741
  ∞ 1. Chrotrud
  ∞ 2. Swanahild
  ∞ 3. (Ruodhaid?)
- (3) Childebrand Gf. in Burgund † nach 751
  - Nibelung frk. Gf. † nach 768

- (1) Arnulf dux † 723
- Hugo Bf. v. Rouen † 730?
- NN † 723
- (1) Karlmann frk. Hausmeier † 754
- (1) Pippin III. (d. J.) Kg. d. Franken † 768 ∞ Bertrada d. J.
- (1) Hiltrud † 754 ∞ Odilo bayer. Hzg.
- (2) Grifo † 753
- (3) Bernhard † 787
  ∞ 1. Fränkin
  ∞ 2. Sächsin
- (3) Hieronymus † nach 754
- (3) Remigius/Remedius Bf. v. Rouen † 771

- Drogo † nach 754
- Karl d. Gr. Kg. d. Franken, Ks. † 814
- Karlmann frk. Kg. † 771 ∞ Gerberga
- Gisela Äbt v. Chelles † 810
- Pippin † 761
- Tassilo III. bayer. Hzg. † nach 794
- (1) Adalhard Abt v. Corbie † 826
- (2) Wala Abt v. Corbie † 836
- (2) Gundrada † nach 826
- (2) Bernhar † nach 801
- (2) Theodrada † 846

Fortsetzung s. Karolinger, II   Pippin † nach 774   NN † nach 774

Karolinger, II

Karl d. Gr. Kg. d. Franken, Ks. † 814
∞ 1. Himiltrud
∞ 2. T. des Desiderius, langob. Kg.
∞ 3. Hildegard
∞ 4. Fastrada
∞ 5. Luitgard
∞ 6. (Regina u.a.)

| (1) Pippin d. Bucklige † 811 | (3) Karl d. J. frk. Kg. † 811 | (3) Adelheid † 774 | (3) Rotrud † 810 ∞ Gf. Rorico | (3) Pippin (Karlmann) Kg. v. Italien † 810 ∞ NN | (3) Lothar † 779/780 | (3) **Ludwig I.** d. Fromme Ks. † 840 ∞ 1. Irmingard ∞ 2. Judith | (3) Bertha † nach 823 ∞ Angilbert | (3) Gisela † nach 814 | Ruodhaid † nach 814 | (4) Theodrada † 844/853 | Ruodhild † 852 | (6) Drogo Bf. v. Metz † 855 | Theuderich † nach 818 |

Bernhard Kg. d. karol. Unterreiches Italien † 818

(3) Hildegard † 783   (4) Hiltrud † nach 814   Adaltrud   (6) Hugo Abt v. St-Quentin † 844

Ludwig Abt v. St-Denis † 867

Nithard † 845   Hartnid

| (1) **Lothar I.** Ks. frk. Kg. † 855 | (1) Pippin I. Kg. v. Aquitanien † 838 ∞ Ringart | (1) Rotrud ∞ Gf. Rather | (1) Hildegard ∞ Gf. Gerhard | (1) Ludwig II. d. Deutsche ostfrk. Kg. † 876 ∞ Hemma | (2) Gisela (Gisla) † 874 ∞ Eberhard Mgf. v. Friaul | (2) **Karl (II.)** d. Kahle Ks., westfrk. Kg. † 877 |

Alpais † nach 852 ∞ Gf. Bego

Arnulf Gf. † nach 841

Fortsetzung s. Karolinger, III

Pippin II. Kg. v. Aquitanien † nach 864

Karl Ebf. v. Mainz † 863

Karlmann ostfrk. (Teil-)Kg., Kg. v. Italien † 880
∞ 1. (Liutswind)
∞ 2. NN

Ludwig III. d. J. ostfrk. Kg. † 882
∞ 1. NN
∞ 2. Liudgard (Ottonin)

Karl (III.) d. Dicke Ks., frk. Kg. † 888
∞ 1. Richardis
∞ 2. NN

Berengar I. Kg. v. Italien, Ks. † 924
∞ 1. Bertilla
∞ 2. Anna

Fortsetzung s. Karolinger, IV

(1) **Arnulf v. Kärnten** Ks., ostfrk. Kg. † 899
∞ 1. NN
∞ 2. NN
∞ 3. Oda

(1) Hugo † 880   (2) Ludwig † 879   (2) Hildegard † nach 895   (2) Bernhard † 891

Gisela ∞ Adalbert v. Ivrea

(1) Zwentibold Kg. in Lotharingien † 900   (2) Ratold † nach 896   (2) Ludwig IV. d. Kind

Berengar II. Kg. v. Italien † 966

Karolinger, III

Lothar I. Ks. frk. Kg. † 855
∞ 1. Irmingard
∞ 2. Doda

(1) Ludwig II. Ks., Kg. v. Italien † 875
∞ Angilberga

(1) Lothar II. frk. Kg. † 869
∞ 1. Theutberga
∞ 2. Waldrada

(1) Karl v. d. Provence Kg. in Burgund † 863
∞ Rotrud
∞ Gf. Lambert

(2) Karlmann

Gisela † 868

(1) NN
∞ Gf. Giselbert

(2) Hugo
† nach 895

(2) Bertha
∞ 1. Theotbald Gf. v. Arles
∞ 2. Adalbert II. Mgf. v. Tuszien

(2) Gisela † 907
∞ Gottfried, Normanne

(2) Irmingard

Irmingard † 896
∞ Boso v. Vienne Kg. d. Provence

Ludwig d. Blinde Ks. † wohl 928
∞ 1. Anna, T. v. Ks. Leon VI. v. Byzanz
∞ 2. Adelheid

(2) Hugo v. Arles und Vienne Kg. v. Italien † 948
∞ Alda

(1) Karl-Konstantin

Lothar Kg. v. Italien † 950
∞ Adelheid, T. v. Kg. Rudolf II. v. Hochburgund

Emma † 988
∞ Kg. Lothar v. Frankreich

Karolinger, IV

Karl (II.) d. Kahle Ks., westfrk. Kg. † 877
∞ 1. Irmintrud
∞ 2. Richilde

---

(1) Judith † nach 870
∞ 1. Kg. Æthelwulf v. Wessex
∞ 2. Kg. Æthelbald v. Wessex
∞ 3. Gf. Balduin I. v. Flandern

(1) Ludwig (II.) d. Stammler westfrk. Kg. † 879
∞ 1. Ansgard
∞ 2. Adelheid

(1) Karl d. Kind Kg. v. Aquitanien † 866
∞ NN, Witwe v. Gf. Humbert (v. Bourges?)

(1) Karlmann Abt v. St-Médard † 876

(1) Lothar Abt v. St-Germain

---

(1) Ludwig III. westfrk. Kg. † 882

(1) Karlmann westfrk. Kg. † 884

(2) Irmintrud

(2) Karl (III.) d. Einfältige westfrk. Kg. † 929
∞ 1. Frederun
∞ 2. Eadgifu

---

(2) Ludwig IV. d'Outre-Mer westfrk. Kg. † 954
∞ Gerberga, T. v. Kg. Heinrich I.

Lothar Kg. v. Frankreich † 986
∞ 1. NN
∞ 2. Emma, T. v. Kg. Lothar v. Italien

Mathilde † 981/982
∞ Konrad I. Kg. v. Hochburgund

Karl † 946/947

Ludwig † vor 954

Karl Hzg. v. Niederlothringen † 991
∞ Adelheid (T. v. Gf. Heribert III. v. Troyes?)

Heinrich † 953

---

(1) Arnulf Ebf. v. Reims † 1021

(1) Richard † nach 991

(2) Ludwig V. Kg. v. Frankreich † 987
∞ Adelheid v. Anjou

Gerberga † nach 1018
∞ Gf. Lambert

Otto Hzg. in Lothringen † 1005/12

Ludwig † nach 995

Adelheid † nach 1012
∞ Gf. Albert

Lit.: →Artikel der aufgeführten Personen – →Karolinger – BRAUNFELS, KdG I – E. HLAWITSCHKA, Vom Frankenreich zur Formierung der europ. Staaten- und Völkergemeinschaft, 1986 – R. SCHIEFFER, Die Karolinger, 1992, 244–250.

Kastilien-León, Könige v., I

Ferdinand I. Kg. v. León, Gf. v. Kastilien * um 1016/18, † 1065
∞ Sancha v. León

Urraca Infantin * um 1033, † 1101

Sancho II. Kg. v. Kastilien * ca. 1038, † 1072
∞ Alberta

Elvira Infantin * um 1040, † 1099

Alfons VI. Ks. v. Kastilien-León * um 1041, † 1109
∞ 1. Agnes v. Poitou
∞ 2. Konstanze v. Burgund
∞ 3. Berta v. Burgund
∞ 4. Zaida-Elisabeth
∞ 5. Beatrix v. Este
≈ Jimena Muñoz

García Kg. v. Galicien * um 1045, † 1090

---

(2) **Urraca** Kgn. v. Kastilien-León * 1080/81, † 1126
∞ 1. Raimund v. Burgund, Gf. v. Galicien
∞ 2. Kg. Alfons I. v. Aragón
∞ 3. Gf. Pedro González de Lara

(4) **Sancho** Infant * um 1099, † 1108

Teresa * um 1080, † 1130
∞ 1. Heinrich v. Burgund, Gf. v. Portugal
∞ 2. Fernando Pérez de Traba

Elvira † nach 1158
∞ 1. Raimund IV. v. St-Gilles, Gf. v. Toulouse
∞ 2. Gf. Ferán Fernández

(4) **Elvira** * vor 1104, † 1135
∞ Kg. Roger II. v. Sizilien

---

(1) **Sancha** Infantin * vor 1095, † 1159

(4) **Sancha** * vor 1104, † 1125
∞ Rodrigo González de Lara

Alfons I. Henriques Kg. v. Portugal * 1109, † 1185

Fortsetzung s. Portugal, Könige v., I (Haus Burgund)

---

(1) **Alfons VII.** Ks. v. Kastilien-León * 1105, † 1157
∞ 1. Berenguela v. Barcelona
∞ 2. Rica v. Polen
≈ Gontrodo Petri

---

(1) **Sancho III.** Kg. v. Kastilien * 1134, † 1158
∞ Blanca v. Navarra

(1) **Ferdinand II.** Kg. v. León * 1137, † 1188
∞ 1. Urraca v. Portugal
∞ 2. Teresa Fernández de Traba
∞ 3. Urraca López de Haro

(1) **Sancha** † 1177
∞ Kg. Sancho VI. v. Navarra

(1) **Konstanze** * 1140, † 1160
∞ Kg. Ludwig VII. v. Frankreich

(2) **Sancha** * 1155/57, † 1208
∞ Kg. Alfons II. v. Aragón

Urraca ›la Asturiana‹ * 1133, † [1164]
∞ 1. Kg. García IV. v. Navarra
∞ 2. Alvaro Rodríguez de Castro

Alfons VIII. Kg. v. Kastilien * 1155, † 1214
∞ Eleonore v. England

(1) **Alfons IX.** Kg. v. León * 1171, † 1230
∞ 1. Teresa v. Portugal
∞ 2. Berenguela v. Kastilien

Fortsetzung s. Kastilien-León, Könige v., II

Berenguela * 1180, † 1246
[∞ 1. Konrad v. Rothenburg, Hzg. v. Schwaben]
∞ 2. Kg. Alfons IX. v. León

Urraca * 1186, † 1220
∞ Kg. Alfons II. v. Portugal

Blanca * 1188, † 1252
∞ Kg. Ludwig VIII. v. Frankreich

Ferdinand Infant * 1189, † 1211

Eleonore * 1202, † 1244
∞ Kg. Jakob I. v. Aragón

Heinrich I. Kg. v. Kastilien * 1204, † 1217
∞ Mathilde v. Portugal

Kastilien-León, Könige v., **II**

Alfons IX. Kg. v. León *1171, †1230
∞ 1. Teresa v. Portugal
∞ 2. Berenguela v. Kastilien

(2) **Ferdinand III.** Kg. v. Kastilien-León *1201, †1252
∞ 1. Beatrix (Isabella) v. Schwaben
∞ 2. Johanna v. Ponthieu

(2) *Berenguela* *1198/99, †1227
∞ Johann V. v. Brienne, Kg. v. Jerusalem

(1) **Alfons X.** ›el Sabio‹ Kg. v. Kastilien-León, dt. Kg. *1221, †1284
∞ Violante v. Aragón

(1) *Fadrique* *1224, †1277
∞ Katharina, T. v. Nikephoros I. Despot v. Epirus

Fernando de la Cerda *1255, †1275
∞ Blanca de Francia

(1) *Philipp* *nach 1231, †1274
∞ 1. Christine v. Norwegen
∞ 2. Leonor Ruiz de Castro

Peter *vor 1261, †1283
∞ Margarete v. Narbonne

Johann *1264, †1319
∞ 1. Johanna v. Montferrat
∞ 2. Maria Díaz de Haro

(1) *Sancho* Ebf. v. Toledo *1233, †1261

Jakob *1267, †1289

(1) *Manuel* †1283
∞ Konstanze v. Aragón

Violante *um 1266, †1308
∞ Diego López V. de Haro

(2) *Eleonore* *ca. 1240, †1290
∞ Kg. Edward I. v. England

Beatrix *1242, †1303
∞ Kg. Alfons III. v. Portugal

Beatrix *1254, †1280
∞ Mgf. Wilhelm IX. v. Montferrat

Sancho IV. Kg. v. Kastilien *1258, †1295
∞ 1. Wilhelma v. Montcada
∞ 2. Maria de Molina

Peter *1290, †1319
∞ Maria v. Aragón

Philipp *1292, †1327
∞ Margarita, T. v. Alfonso de la Cerda

Beatrix *1293, †1359
∞ Kg. Alfons IV. v. Portugal

Isabella *1283, †1328
∞ 1. Kg. Jakob II. v. Aragón
∞ 2. Hzg. Jean III. v. Bretagne

Ferdinand IV. Kg. v. Kastilien *1285, †1312
∞ Konstanze v. Portugal

Alfons XI. Kg. v. Kastilien-León *1311, †1350
∞ 1. Konstanze Manuel
∞ 2. Maria v. Portugal
≈ Leonor de Guzmán

Eleonore *1307, †1358
∞ 1. Jakob v. Aragón
∞ 2. Kg. Alfons IV. v. Aragón

Heinrich II. Trastámara Kg. v. Kastilien-León *um 1333, †1379
∞ Johanna Manuel v. Kastilien

Fortsetzung s. Trastámara

Peter I. ›d. Grausame‹ Kg. v. Kastilien *1334, †1369
∞ 1. Blanca v. Bourbon
∞ 2. María de Padilla
∞ 3. Juana de Castro

(2) *Konstanze* *1354, †1394
∞ John of Gaunt, Duke of Lancaster

(2) *Isabella* *1355, †1392
∞ Hzg. Edmund v. York

(3) *Johann* *1355, †1405
∞ Elvira de Erill

Lancaster und York, I

Eduard III. * 1312, † 1377
∞ Philippa v. Hennegau * 1314, † 1369

Eduard Prince of Wales
* 1330, † 1376
∞ Johanna v. Kent * 1328, † 1385

Lionel Duke of Clarence
* 1338, † 1368
∞ Elisabeth de Burgh † 1363

John of Gaunt * 1340, † 1399
∞ 1. Blanche v. Lancaster † 1369
∞ 2. Konstanze v. Kastilien † 1394
∞ 3. Catherine Swynford

Edmund Duke of York
* 1342, † 1402
∞ 1. Isabella v. Kastilien
* 1355, † 1392

Thomas Duke of Gloucester
* 1355, † 1397
∞ Eleanor Bohun

Richard II.
* 1367, † 1400
∞ 1. Anna v. Luxemburg
* 1366, † 1394
∞ 2. Isabella v. Frankreich
* 1389, † 1409

Philippa † 1382
∞ Edmund Earl of March
* 1352, † 1381

(1) **Heinrich IV.**
* 1366, † 1413
∞ 1. Mary Bohun
* ca. 1370, † 1394
∞ 2. Johanna, Witwe v. Hzg. Jean IV. v. Bretagne, † 1437

(1) Elisabeth
∞ 1. Johann Duke of Exeter † 1400

(3) Johann Beaufort Earl of Somerset
* 1371, † 1410

Edward Duke of York
* 1373, † 1415

Richard Earl of Cambridge
* 1385, † 1415
∞ Anne Mortimer

Fortsetzung s. Lancaster und York, II

Constance ∞ Thomas Earl of Gloucester * 1373, † 1400

Eduard v. Angoulême
* 1365, † 1372

Roger Earl of March
* 1374, † 1398
∞ Eleanor Holland

Fortsetzung s. Lancaster und York, II

Heinrich V.
* 1387, † 1422
∞ Katharina v. Valois * 1401, † 1437

Thomas Duke of Clarence
* 1388, † 1421

Johann Duke of Bedford
* 1389, † 1435

Humphrey Duke of Gloucester
* 1390, † 1447

Blanche
* 1392, † 1409
∞ Hzg. Ludwig III. Pfgf. b. Rhein

Philippa
* 1394, † 1430
∞ Kg. Erich VII. v. Dänemark

Johann Duke of Somerset
* 1404, † 1444

Owen Tudor † 1461
∞ Katharina, Witwe v. Heinrich V., * 1401, † 1437

Heinrich VI. * 1421, † 1471
∞ Margarete v. Anjou * 1430, † 1482

Margarete Beaufort
* 1443, † 1509
∞ Edmund Tudor Earl of Richmond
* ca. 1430, † 1456

Eduard Prince of Wales * 1453, † 1471
∞ Anna, T. v. Richard, Earl of Warwick, † 1485

Heinrich VII. * 1457, † 1509
∞ Elisabeth v. York * 1465, † 1503

Fortsetzung s. Tudor

Lancaster und York, II

Roger Earl of March *1374, †1398
∞ *Eleanor Holland*

Edmund Earl of March *1391, †1425

Anne
∞ *Richard Earl of Cambridge* *1385, †1415

Richard Duke of York *1411, †1460
∞ *Cecily Neville* †1495

Children of Richard Duke of York and Cecily Neville:

- **Eduard IV.** *1442, †1483
  ∞ *Elisabeth Wydeville* *1437, †1492
- *Edmund Earl of Rutland* *1443, †1460
- *George Duke of Clarence* *1449, †1478
  ∞ *Isabella Neville* *1451, †1476
- *Margarete Gfn. v. Salisbury* †1541
- **Richard III.** *1452, †1485
  ∞ *Anne Neville* *1456, †1485
- *Anne* ∞ 1. *Heinrich Duke of Exeter* *1430, †1475
- *Elisabeth* ∞ *Johann Duke of Suffolk* *1442, †1492
- *Margarete* *1446, †1503 ∞ *Karl d. Kühne Hzg. v. Burgund* †1477

Children of George Duke of Clarence:
- *Eduard Earl of Warwick* *1475, †1499

Children of Eduard IV. and Elisabeth Wydeville:

- *Eduard V.* *1470, † ca. 1483
- *Richard Duke of York* *1473, † ca. 1483
- *Elisabeth* *1466, †1503 ∞ **Heinrich VII.** *1457, †1509
- *Mary* *1467, †1482
- *Cecily* *1469, †1507 ∞ 1. *John Viscount Welles* †1499
- *Anne* *1475, †1510/12 ∞ *Thomas Duke of Norfolk* *1443, †1524
- *Katherine* *1479, †1527 ∞ *Sir William Courtenay*
- *Bridget* *1480, †1513

Children of Richard III.:
- *Eduard Prince of Wales* *1473, †1484

Lit.: →Artikel der aufgeführten Personen – →Lancaster – →York.

Ludowinger

Ludwig der Bärtige um 1080
∞ *Cäcilie v. Sangerhausen*

Ludwig d. Springer Gf. v. Schauenburg † 1123
∞ *Adelheid v. Stade*

Hermann † 1114   *Ludwig I. Lgf. v. Thüringen † 1140*   *Heinrich Raspe I. Gf. v. Gudensberg † 1130*   *Udo I. Bf. v. Naumburg † 1148*
∞ *Hedwig, T. v. Giso IV. v. Gudensberg*   ∞ *Hedwig, Witwe v. Gf. Giso IV. v. Gudensberg*

Ludwig II. d. Eiserne Lgf. v. Thüringen † 1172   *Heinrich Raspe II. Gf. v. Gudensberg † 1154/55*   *Ludwig Gf. v. Thamsbrück † 1189*   *Cäcilie*   *Jutta (Judith)*   *Adelheid Äbt. v. Eisenach*   *Mechthild*
∞ *Jutta v. Schwaben*   ∞ *Hzg. Ulrich v. Böhmen*   ∞ *Kg. Vladislav II. v. Böhmen*   ∞ *Gf. Dietrich v. Werben*

*Ludwig III. d. Fromme Lgf. v. Thüringen *1151/52, † 1190*   *Friedrich Gf. v. Ziegenhain † nach 1213*   *Heinrich Raspe III. † 1180*   *Hermann I. Lgf. v. Thüringen *um 1155, † 1217*   *Jutta*
∞ 1. *Margarete v. Kleve*   ∞ 1. *Sophia v. Sommerschenburg*   ∞ *Gf. Hermann v. Ravensberg*
∞ 2. *Sophia v. Galizien*   ∞ 2. *Sophia v. Bayern*

(2) *Hermann † 1216*   (2) *Ludwig IV. d. Hl. Lgf. v. Thüringen *1200, † 1227*   (2) *Heinrich Raspe IV. Lgf. v. Thüringen, dt. (Gegen-)Kg. *um 1204, † 1247*   (2) *Irmgard* ∞ *Fs. Heinrich v. Anhalt*   (2) *Agnes*
∞ *Elisabeth v. Ungarn*   ∞ 1. *Elisabeth v. Brandenburg*   ∞ 1. *Hzg. Heinrich v. Österreich*
∞ 2. *Gertrud v. Österreich*   ∞ 2. *Hzg. Albrecht I. v. Sachsen*
∞ 3. *Beatrix v. Brabant*

(1) *Jutta*   (1) *Hedwig*   (2) *Konrad Hochmeister des Dt. Ordens † 1240*   *Gertrud Äbt. v. Altenberg*
∞ 1. *Mgf. Dietrich v. Meißen*   ∞ *Gf. Albrecht v. Orlamünde*
∞ 2. *Poppo Gf. v. Henneberg*

Sophia † 1275   *Hermann II. Lgf. v. Thüringen † 1241*
∞ *Hzg. Heinrich II. v. Brabant*

(1) *Heinrich d. Erlauchte Mgf. v. Meißen † 1288*

Wettiner

*Heinrich I. d. Kind Lgf. v. Hessen *1244, † 1308*

Lit.: →Artikel der aufgeführten Personen – →Ludowinger.

Lusignan, I (Westfrankreich)

Hugo I. 'Venator'

Hugo II. v. Lusignan 'Le Cher' † nach 1009

Hugo III. v. Lusignan 'Le Blanc' † 1012 ∞ Arsende

Hugo IV. 'Le Brun' † 1025/32 ∞ Auliarde v. Thouars

Hugo V. 'Le Pieux' Herr v. Lusignan und Couhé † 1060   Rorgon (geistl.)   Rainald
∞ Almodis v. La Marche

Hugo VI. 'Le Diable' Herr v. Lusignan und Couhé † 1106/10   Jordan   Melisende
∞ Hildegard v. Thouars   ∞ Simon v. Parthenay

Hugo VII. 'Le Brun' Herr v. Lusignan † nach 1151   Rorgon   Yolande
∞ Sarrazine   ∞ Aimerich Herr v. Pérusse

Hugo VIII. Herr v. Lusignan † 1173   Wilhelm Herr v. Angles   Rorgon   Simon Herr v. Lezay   Galeran
∞ Bourgogne v. Rançon   ∞ Denisse Herrin v. Angles

Hugo v. Lusignan † vor 1169   Robert   Gottfried I. Herr v. Vouvent, Mervent und   Peter   Aimerich Kg.   Guido Kg. v.   Wilhelm Herr v.   Raoul 'v. Issodoun'
∞ Orengarde   Montcontour, Gf. v. Jaffa und Caesarea † 1224   v. Zypern   Jerusalem   Valence   Gf. v. Eu † 1219
                                         ∞ 1. Eustachia Herrin v. Vouvent und Mervent   ∞ Beatrix v.   ∞ Alix Gfn. v. Eu
                                         ∞ 2. Humberga v. Limoges   Courtenay/Edessa
                                                                                                         Fortsetzung s. Fortsetzung s. Herrin v. Toron
                                                                                                         Lusignan, II   Lusignan, II

Hugo IX. 'd. Braune' Herr v. Lusignan, Couhé und Chateau-Larcher, Gf. v. La Marche † 1219
∞ 1. Agatha v. Preuilly
∞ 2. Mathilde v. Angoulême

(1) Hugo X. Herr v. Lusignan, Gf. v. La Marche und Angoulême † 1249
∞ Isabella v. Angoulême, Witwe v. Johann Ohneland Kg. v. England

Hugo XI. Herr v. Lusignan, Gf. v. La Marche, Angoulême und Penthièvre † 1250 ∞ Jolande v. Bretagne	Guido Herr v. Couhé ∞ NN	Gottfried Herr v. Jarnac † vor 1274 ∞ Johanna v. Châtelleraut	Wilhelm Herr v. Valence, Lord v. Pembroke † 1294/96 ∞ Johanna v. Munchenay	Agnes † nach 1269 ∞ Wilhelm I. v. Chauvigny Herr v. Châteauroux	Elise	Alix † nach 1256 ∞ Johann v. Warenne Earl v. Sussex, Vizekg. v. Schottland	Ademar Bf. v. Winchester † 1260	Isabella Herrin v. Beauvoir † 1300 ∞ 1. Moritz IV. v. Craon ∞ 2. Gottfried VI. v. Rançon Herr v. Taillebourg	Margarete v. La Marche † 1288 ∞ 1. Raimund VII. Gf. v. Toulouse ∞ 2. Aimerich II. Vgf. v. Thouars ∞ 3. Gottfried III. Chateaubriand

	Eustachia † 1270	Johannes † 1277 Wilhelm † 1275/80	Aymar v. Valence (Lord Valence) Herr v. Montignac, Earl v. Pembroke † 1324 ∞ 1. Beatrix v. Nesle ∞ 2. Maria v. Châtillon	Margarete † jung	Agnes Herrin v. Danfalize ∞ 1. Moritz Fitzgerald ∞ 2. Hugo Balliol ∞ 3. Johann v. Avesnes	Johanna ∞ Johann Comyn
Gottfried † 1305					Isabella † 1305 ∞ Lord Johann v. Hastings

Hugo XII. Gf. v. La Marche und Angoulême † 1270 ∞ Johanna Herrin v. Fougères	Guido Herr v. Cognac, Archiac und Couhé † 1288/89	Gottfried	Isabelle † nach 1304 ∞ Moritz v. Belleville	Maria v. La Marche † nach 1266 ∞ Robert Earl v. Derby	Alice v. La Marche † 1290 ∞ Gilbert v. Clare Earl v. Gloucester und Hereford	Jolande † 1305 ∞ Peter v. Preaux

Hugo XIII. Gf. v. La Marche und Angoulême * 1259, † 1303 ∞ Beatrix v. Burgund	Guido Herr v. Couhé, Gf. v. La Marcie und Angoulême † 1308	Jolande * 1257, † 1314 ∞ 1. Elias v. Pons ∞ 2. Robert v. Matha	Maria v. La Marche ∞ Gf. Stephan II. v. Sancerre	Isabella † nach 1309 ∞ Johann v. Vesci	Johanna v. La Marche Herrin v. Couhé und Peyrat † 1323 ∞ 1. Bernhard v. Albret ∞ 2. Peter v. Joinville

Lusignan, II (Jerusalem/Zypern)

Hugo VIII. Herr v. Lusignan † 1173
∞ Bourgogne v. Rançon

Aimerich Kg. v. Jerusalem und Zypern *1145, † 1205
∞ 1. Eschiva v. Ibelin
∞ 2. Isabella Kgn. v. Jerusalem

Guido Kg. v. Jerusalem, Herr v. Zypern † 1194
∞ Sibylle Kgn. v. Jerusalem

- **(1) Bourgogne** † nach 1205
  ∞ Gautier I. v. Montfaucon
- **(1) Guido** † 1206/07
- **(1) Johannes** † 1206/07
- **(1) Hugo I.** Kg. v. Zypern *1193/94, † 1218
  ∞ Alice, T. v. Gf. Heinrich II. v. Champagne
- **(1) Alice** † jung
- **(2) Amalrich** *1200, † 1205
- **(2) Sibylle** *1199/1200, † nach 1225
  ∞ Kg. Leo I. v. Armenien
- **(2) Melisende** *nach 1200/01, † nach 1249
  ∞ Fs. Bohemund IV. v. Antiochia
- **Alice** † 1190
- **Maria** † 1190

Heinrich I. Kg. v. Zypern *1217, † 1253
∞ 1. Alice v. Montferrat
∞ 2. Stephanie v. Armenien
∞ 3. Placentia v. Antiochia

(1) Helvis † 1216/19
∞ 1. Eudes v. Dampierre-sur-Salon
∞ 2. Fs. Raimund Rupen v. Antiochia

Maria † 1251/53
∞ Gautier IV. v. Brienne, Gf. v. Jaffa

Isabella † 1264
∞ Heinrich v. Antiochia

(2) Hugo II. Kg. v. Zypern *1252, † 1267
∞ Isabella v. Ibelin, Herrin v. Beirut

Hugo III. Kg. v. Zypern und Jerusalem *vor 1240, † 1284
∞ Isabella v. Ibelin

Margarete Herrin v. Tyrus † 1308
∞ Johannes v. Montfort, Herr v. Toron und Tyrus

- **Johannes I.** Kg. v. Zypern † 1285
- **Bohemund** † 1281
- **Heinrich II.** Kg. v. Zypern und Jerusalem † 1324
  ∞ Konstanze v. Aragón
- **Amalrich** Fs. v. Tyrus † 1310
  ∞ Isabella v. Armenien
- **Maria** *1273, † 1322
  ∞ Kg. Jakob II. v. Aragón und Sizilien
- **Aimerich** † 1316
- **Guido** † 1300
  ∞ Eschiva v. Ibelin, Herrin v. Beirut
- **Margarete** † 1296
  ∞ Kg. Thoros v. Armenien
- **Alice** † nach 1324
  ∞ Balian v. Ibelin Tit.-Fs. v. Galileä
- **Helvis** † nach 1324
- **Isabella** † vor 1319
  ∞ Konstantin v. Armenien

Hugo IV. Kg. v. Zypern † 1359
∞ 1. Maria v. Ibelin
∞ 2. Alice v. Ibelin

Isabella nach † 1340
∞ Eudes v. Dampierre

Guido Kg. v. Armenien † 1344
∞ 1. NN Kantakuzene
∞ 2. Theodora Syrgiannaina

Bohemund † 1344
∞ Euphemia v. Armenien

Maria † nach 1309
∞ Kg. Leo III. v. Armenien

Hugo † 1318/23

Heinrich

Johannes † 1343

Genealogical table — Lusignan / Kings of Cyprus

- Guido *1315/16, † 1343
  ∞ Maria v. Bourbon

- Peter I. Kg. v. Zypern und Armenien *1328, † 1369
  ∞ 1. Eschiva v. Montfort
  ∞ 2. Eleonore v. Aragón

- Margarete ∞ Gautier v. Dampierre-sur-Salon

- Eschiva † 1363 ∞ Ferdinand v. Mallorca

- Thomas † 1340

- Jakob Kg. v. Zypern † 1398 ∞ Helvis v. Braunschweig

- Isabella † 1340

- Johannes Tit.-Fs. v. Antiochia *1329/30, † 1375
  ∞ 1. Konstanze v. Aragón, Witwe v. Kg. Heinrich II. v. Zypern und v. Kg. Leo IV. v. Armenien
  ∞ 2. Alice v. Ibelin

Children:

- Hugo † 1385/86 ∞ Maria Morpho

- (?) Eschiva † vor 1369

- (2) Peter II. Kg. v. Zypern *1357, † 1382 ∞ Valenza Visconti

- (2) Margarete † 1397

- Jakob Tit.-Gf. v. Tripolis † 1395/97

- Johannes Tit.- Herr v. Beirut † nach 1410 ∞ Margarete v. Morpho

- Janus Kg. v. Zypern † 1432
  ∞ 1. Anglesia Visconti
  ∞ 2. Charlotte v. Bourbon

- Philipp † 1428/32

- Heinrich † 1427

- Perrot † 1353

- Guido † vor 1396/1401

- NN † vor 1396

- Eudes † 1421 ∞ Loysia v. Lusignan

- Hugo † 1442 Ebf. v. Nikosia, Kard.

- Eschiva † nach 1406 ∞ Gf. Sclavus v. Asperg

- Maria † 1404 ∞ Ladislaus v. Anjou-Durazzo, Kg. v. Neapel und Ungarn

- Agnes Äbt. v. Wunstorf † 1459

- Isabella ∞ Peter v. Lusignan

- NN † 1374
- NN † 1396/99

- Johannes Tit.-Gf. v. Tripolis † 1428/32

- Peter Tit.-Gf. v. Tripolis † 1451

- Eleonore † vor 1414 ∞ Heinrich Tit.-Fs. v. Galiläa

- Loysia ∞ Eudes Seneschall v. Jerusalem

- (2) Johann II. Kg. v. Zypern *1418, † 1458
  ∞ 1. Amadea v. Montferrat
  ∞ 2. Helena Palaiologina

- (2) Jakob † vor 1426

- (2) Anna *1419, † 1462 ∞ Hzg. Ludwig v. Savoyen

- (2) Maria † nach 1437

- Aloysius Grokomtur der Johanniter auf Zypern *1408, † nach 1421

- Guido † nach 1433 ∞ Isabella Babin

- NN ∞ Carceran Suarez de los Cernadillos Admiral v. Zypern

- (2) Charlotte Kgn. v. Zypern *1442/43, † 1487
  ∞ 1. João v. Portugal
  ∞ 2. Ludwig v. Savoyen, Kg. v. Zypern

- Cleopha † jung

- Jakob Ebf. v. Nikosia Kg. v. Zypern *1438, † 1473 ∞ Catarina Cornaro, Kgn. v. Zypern

- Jakob III. Kg. v. Zypern *1473, † 1474

Lit.: → Artikel der aufgeführten Personen — → Lusignan.

Luxemburger

Heinrich II. Gf. v. Luxemburg *1217, †1281
∞ *Margarete, T. v. Gf. Heinrich II. v. Bar*

Heinrich III. Gf. v. Luxemburg *1240, †1288
∞ *Beatrix, T. v. Gf. Balduin v. Avesnes*

Heinrich VII. röm.-dt. Kg., Ks. *1278/79, †1313
∞ *Margarete, T. v. Hzg. Johann I. v. Brabant*

Balduin Ebf. v. Trier *1285/86, †1354

Johann Kg. v. Böhmen *1296, †1346
∞ 1. *Elisabeth, T. v. Kg. Wenzel II. v. Böhmen*
∞ 2. *Beatrix, T. v. Hzg. Ludwig I. v. Bourbon*

Maria †1325
∞ *Kg. Karl IV. v. Frankreich*

Beatrix †1319
∞ *Kg. Karl I. v. Ungarn*

(1) Margarete †1341
∞ *Hzg. Heinrich XIV. v. Nieder-Bayern*

(1) Gūda (Bonne) †1349
∞ *Kg. Jean II. v. Frankreich*

(1) **Karl IV.** röm.-dt. Kg., Ks. *1316, †1378
∞ 1. *Blanca (Margarete), T. v. Gf. Karl I. v. Valois*
∞ 2. *Anna, T. v. Rudolf II. Pfgf. b. Rhein*
∞ 3. *Anna, T. v. Hzg. Heinrich II. v. Schweidnitz*
∞ 4. *Elisabeth, T. v. Hzg. Bogislaw V. v. Pommern*

(1) *Johann Heinrich Gf. v. Tirol, Mgf. v. Mähren* *1322, †1375
∞ 1. *Margarete »Maultasch« Gfn. v. Tirol*
∞ 2. *Margaret, T. v. Hzg. Nikolaus II. v. Schlesien*
∞ 3. *Margarete, T. v. Hzg. Albrecht II. v. Österreich*

(1) *Anna* †1338
∞ *Otto Hzg. v. Österreich, Steiermark und Kärnten*

(2) *Wenzel Hzg. v. Luxemburg und Brabant* *1337, †1383
∞ *Johanna Hzgn. v. Brabant*

(2) *Jodok Mgf. v. Mähren und Brandenburg* *1354, †1411

(2) *Johann Sobjeslaw Bf. v. Leitomischl, Patriarch v. Aquileia* †1394

(2) *Prokop Mgf. v. Mähren* *nach 1355, †1405

(1) *Margarete* †1349
∞ *Kg. Ludwig I. v. Ungarn*

(1) *Katharina* †1395
∞ *Hzg. Rudolf IV. v. Österreich*

(2) *Elisabeth* †1373
∞ *Hzg. Albrecht III. v. Österreich*

(2) **Wenzel IV.** Kg. v. Böhmen, dt. Kg. *1361, †1419
∞ 1. *Johanna, T. v. Hzg. Albrecht I. v. Bayern*
∞ 2. *Sophie, T. v. Hzg. Johann II. v. Bayern-München*

(2) *Katharina* †1378
∞ *Hzg. Heinrich v. Schlesien*

(4) *Anna* †1394
∞ *Kg. Richard II. v. England*

(2) *Elisabeth* †1400
∞ *Mgf. Wilhelm I. v. Meißen*

(4) **Siegmund** röm.-dt. Ks., Kg. v. Ungarn und Böhmen *1368, †1437
∞ 1. *Maria, T. v. Kg. Ludwig I. v. Ungarn*
∞ 2. *Barbara, T. v. Gf. Hermann II. v. Cilli*

(4) *Johann Hzg. v. Görlitz* †1396
∞ *Richardis, T. v. Hzg. Albrecht II. v. Mecklenburg*

(4) *Margarete* †1410
∞ *Gf. Johann v. Hohenzollern, Bgf. v. Nürnberg*

(2) *Elisabeth* *um 1409, †1442
∞ **Albrecht II.** dt. Kg., Kg. v. Ungarn und Böhmen

Elisabeth †1451
∞ 1. *Antoine de Bourgogne, Hzg. v. Brabant*
∞ 2. *Hzg. Johann III. v. Bayern*

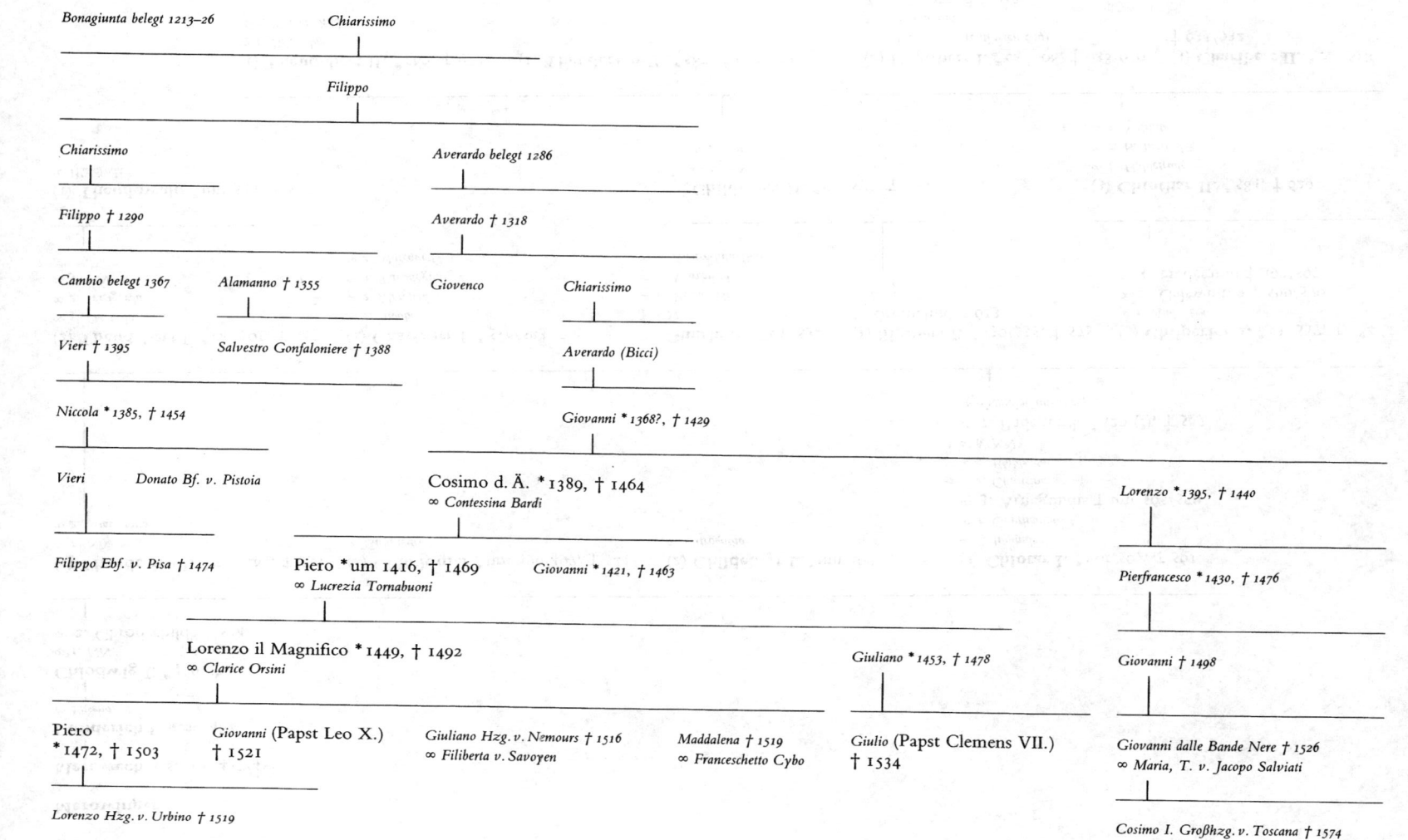

Giambono

Bonagiunta belegt 1213–26 — *Chiarissimo*

Filippo

Chiarissimo — *Averardo belegt 1286*

Filippo † 1290 — *Averardo † 1318*

Cambio belegt 1367 — *Alamanno † 1355* — *Giovenco* — *Chiarissimo*

Vieri † 1395 — *Salvestro Gonfaloniere † 1388* — *Averardo (Bicci)*

*Nicola *1385, † 1454* — *Giovanni *1360?, † 1429*

Vieri — *Donato Bf. v. Pistoia* — *Cosimo d. Ä. *1389, † 1464* — *Lorenzo *1395, † 1440*
 ∞ *Contessina Bardi*

Filippo Ebf. v. Pisa † 1474 — *Piero *um 1416, † 1469* — *Giovanni *1421, † 1463* — *Pierfrancesco *1430, † 1476*
 ∞ *Lucrezia Tornabuoni*

*Lorenzo il Magnifico *1449, † 1492* — *Giuliano *1453, † 1478* — *Giovanni † 1498*
 ∞ *Clarice Orsini*

Piero — *Giovanni (Papst Leo X.)* — *Giuliano Hzg. v. Nemours † 1516* — *Maddalena † 1519* — *Giulio (Papst Clemens VII.)* — *Giovanni dalle Bande Nere † 1526*
1472, † 1503 † 1521 ∞ *Filiberta v. Savoyen* ∞ *Franceschetto Cybo* † 1534 ∞ *Maria, T. v. Jacopo Salviati*

Lorenzo Hzg. v. Urbino † 1519   *Cosimo I. Großhzg. v. Toscana † 1574*

Lit.: →Medici – →Pazzi-Verschwörung.

Merowinger

Merowech gest. ca. 457/458

Childerich I. gest. 482
∞ *Basena*

Chlodwig I. * 466, † 511
∞ 1. *NN*
∞ 2. *Chrodechilde* † 544

---

(1) Theuderich I. * vor 484, † 533
∞ 1. *NN*
∞ 2. *Suavegotta*

(2) Chlodomer * um 496/497, † 524
∞ *Guntheuca*

(2) Childebert I. * um 497, † 558
∞ *Ultrogotho*

(2) Chlotar I. * vor 507, † 561
∞ 1. *Ingunde*
∞ 2. *Guntheuka*
∞ 3. **Arnegundis** † um 565/570
∞ 4. *Chunsina*
∞ 5. *Waldrada*
∞ 6. *NN*
∞ 7. *Radegunde* * 520 (?), † 587
(Reihenfolge unsicher)

---

(1) Theudebert I. * ca. 501, † 547
∞ 1. *Deoteria*
∞ 2. *Wisigarda*
∞ 3. *NN*

(1) Charibert I. * 518/523, † 567
∞ 1. *Ingoberga*
∞ 2. *Merofled*
∞ 3. *Theudogilde*
∞ 4. *Marcoveifa*

(1) Gunthram * ca. 532, † 592
∞ 1. *Veneranda*
∞ 2. *Marcatrud*
∞ 3. *Austrechild-Bobilla*

(1) Sigibert I. * 530/535, † 575
∞ *Brunichild* † 613

(3) Chilperich I. * ca. 537, † 584
∞ 1. *Audovera*
∞ 2. **Galswintha** † 569/570
∞ 3. *Fredegund* † 596/597

---

(1) Theudowald * um 533, † 555
∞ *Waldrada*

Childebert II. * ca. 570, † 596
∞ 1. *NN*
∞ 2. *Faileuba*

(3) Chlothar II. * 584, † 629
∞ 1. *Haldetrude*
∞ 2. *Berthetrude*
∞ 3. *Sichilde*

---

(1) Theudebert II. * 586, † 612
∞ 1. *Bilichilde*
∞ 2. *Theudechilde*

(1) Theuderich II. * 587, † 612/613
∞ 1. *NN*
∞ 2. *NN*

(2) Dagobert I. * ca. 608, † 638/639
∞ 1. *Gomatrude* (entlassen 629)
∞ 2. *Ragnetrud*
∞ 3. **Nanthild** † 642
∞ 4. *Vulferud*
∞ 5. *Berchilde*

(3) Charibert II. * ca. 618, † 631/632

Sigibert II. *601/602, † 613

(2) **Sigibert III.** *630, † 656
∞ *Chimnechild*

(3) **Chlodwig II.** *633/634, † 657
∞ Balthild † nicht vor 680

Dagobert II. † 679

Bilichilde † 675
∞ Childerich II.

Chlotar III.
*ca. 649, † 673

Theuderich III. *649/656,
† 690/691
∞ *Chrodechilde*

Childerich II. *ca. 655,
† 675
∞ *Bilichilde* † 675

Chlodwig III. *ca. 677, † 694

Childebert III. *ca. 678/679, † 711

Chilperich II. *670/675, † 721

Dagobert III. *um 698, † 715

Childerich III. abgesetzt Ende 751

Theuderich IV. *nach 711, † 737

Lit.: →Artikel der aufgeführten Personen – →Merowinger – E. Ewig, Die Merowinger und das Frankenreich, 1993², 245–248 – R. Schneider, Kg. und Herrschaft (Die Franken – Wegbereiter Europas. Ausstellungskat. Reiss-Museum Mannheim, I, 1996), 390–392.

Navarra, Könige v., I

Iñigo Arista Kg. v. Pamplona † 851

Assona
∞ Muza banū Quâsi v. Tudela

García Iñiguez Kg. v. Pamplona † um 880 (?)

Tochter
∞ García »el Malo« Gf. v. Aragón

García
Jimeno

Fortún Garcés Kg. v. Pamplona † um 900

Sancho

Aznar II. Gf. v. Aragón
∞ Onneca

García Jiménez
∞ 1. Onneca v. Sangüésa
∞ 2. Dadildis v. Pallars

Toda Aznárez † 970 ∞ (2) **Sancho I. Garcés** Kg. v. Navarra (Pamplona) † 925

Urraca
∞ Ramiro II. Kg. v. León

Sancha
∞ 1. Ordoño II. Kg. v. León
∞ 3. Gf. Fernán González v. Kastilien

Onnega
∞ Alfons IV. Kg. v. León

García Sánchez I. Kg. v. Navarra (Pamplona) * 919, † 970
∞ 1. Andregoto Galíndez v. Aragón
∞ 2. Teresa Ramírez v. León

(1) **Sancho II. Garcés** Kg. v. Navarra (Pamplona) * 938, † 994
∞ Urraca, T. v. Fernán González Gf. v. Kastilien

(2) Urraca
∞ Wilhelm Sancho Hzg. d. Gascogne

(2) Ramiro Garcés Kg. v. Viguera † 981

García II. Sánchez »el Temblón« Kg. v. Navarra (Pamplona) † 1000
∞ Jimena Fernández

Sancho Ramírez Kg. v. Navarra (Pamplona) † 1004

Sancho III. Garcés »el Major« Kg. v. Navarra (Pamplona) * 990, † 1035
∞ 1. Urraca v. León
∞ 2. Mayor v. Kastilien

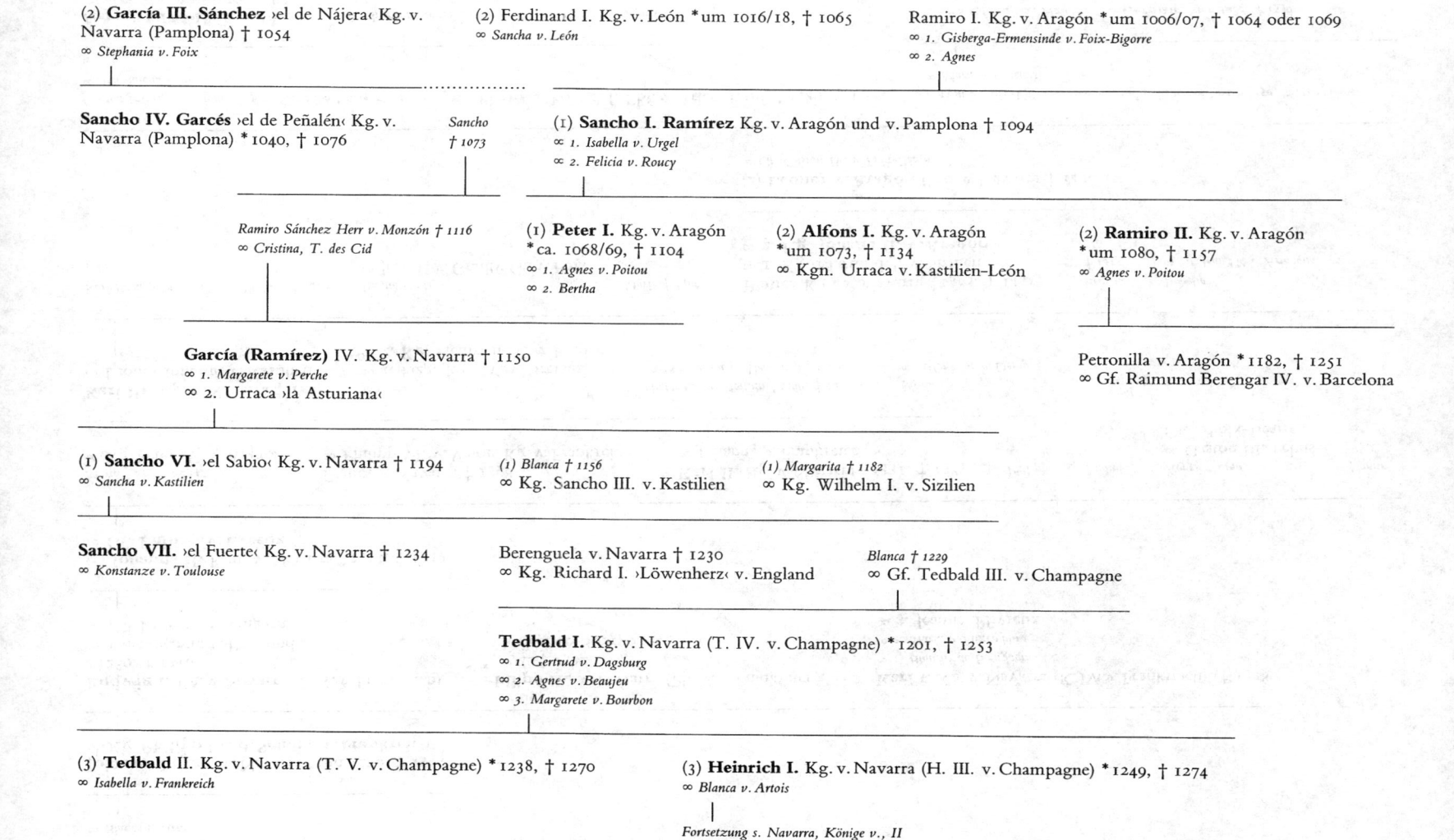

(2) **García III. Sánchez** ›el de Nájera‹ Kg. v. Navarra (Pamplona) † 1054
∞ *Stephania v. Foix*

(2) **Ferdinand I.** Kg. v. León *um 1016/18, † 1065
∞ *Sancha v. León*

Ramiro I. Kg. v. Aragón *um 1006/07, † 1064 oder 1069
∞ 1. *Gisberga-Ermensinde v. Foix-Bigorre*
∞ 2. *Agnes*

Sancho IV. Garcés ›el de Peñalén‹ Kg. v. Navarra (Pamplona) *1040, † 1076

Sancho † 1073

Sancho I. Ramírez Kg. v. Aragón und v. Pamplona † 1094
∞ 1. *Isabella v. Urgel*
∞ 2. *Felicia v. Roucy*

Ramiro Sánchez Herr v. Monzón † 1116
∞ *Cristina, T. des Cid*

(1) **Peter I.** Kg. v. Aragón *ca. 1068/69, † 1104
∞ 1. *Agnes v. Poitou*
∞ 2. *Bertha*

(2) **Alfons I.** Kg. v. Aragón *um 1073, † 1134
∞ *Kgn. Urraca v. Kastilien-León*

(2) **Ramiro II.** Kg. v. Aragón *um 1080, † 1157
∞ *Agnes v. Poitou*

Petronilla v. Aragón *1182, † 1251
∞ *Gf. Raimund Berengar IV. v. Barcelona*

García (Ramírez) IV. Kg. v. Navarra † 1150
∞ 1. *Margarete v. Perche*
∞ 2. *Urraca ›la Asturiana‹*

(1) **Sancho VI.** ›el Sabio‹ Kg. v. Navarra † 1194
∞ *Sancha v. Kastilien*

Sancho VII. ›el Fuerte‹ Kg. v. Navarra † 1234
∞ *Konstanze v. Toulouse*

Berenguela v. Navarra † 1230
∞ *Kg. Richard I. Löwenherz v. England*

(1) *Margarita* † 1182
∞ *Kg. Wilhelm I. v. Sizilien*

Blanca † 1229
∞ *Gf. Tedbald III. v. Champagne*

Tedbald I. Kg. v. Navarra (T. IV. v. Champagne) *1201, † 1253
∞ 1. *Gertrud v. Dagsburg*
∞ 2. *Agnes v. Beaujeu*
∞ 3. *Margarete v. Bourbon*

(3) **Tedbald II.** Kg. v. Navarra (T. V. v. Champagne) *1238, † 1270
∞ *Isabella v. Frankreich*

(3) **Heinrich I.** Kg. v. Navarra (H. III. v. Champagne) *1249, † 1274
∞ *Blanca v. Artois*

Fortsetzung s. Navarra, Könige v., II

Navarra, Könige v., **II**

Heinrich I. Kg. v. Navarra (H. III. v. Champagne) * 1249, † 1274
∞ *Blanca v. Artois*

Johanna I. Kgn. v. Navarra * um 1270, † 1305
∞ **Kg. Philipp IV. d. Schöne v. Frankreich**

Ludwig I. Kg. v. Navarra (L. X. v. Frankreich) * 1289, † 1316
∞ 1. *Margarete v. Burgund*
∞ 2. *Klementia v. Ungarn*

Philipp Kg. v. Navarra (Ph. V. v. Frankreich) * 1294, † 1322
∞ *Jeanne de Bourgogne*

Karl I. Kg. v. Navarra (K. IV. v. Frankreich), † 1328
∞ 1. *Blanche de Bourgogne*
∞ 2. *Maria v. Luxemburg*
∞ 3. *Jeanne d'Évreux*

(1) **Johanna II.** Kgn. v. Navarra * 1311, † 1349
∞ *Gf. Philipp v. Evreux*

Maria * 1330, † 1347
∞ Kg. Peter IV. v. Aragón

Blanca v. Navarra
∞ Philipp VI. v. Valois Kg. v. Frankreich

Karl II. Kg. v. Navarra * 1332, † 1387
∞ *Johanna v. Valois Kg. v. Frankreich*

Philipp

Ludwig

Agnes † 1440
∞ Gaston III. Fébus Gf. v. Foix-Béarn

Jeanne

Johanna
∞ 1. Hzg. Jean IV. v. Bretagne
∞ 2. Kg. Heinrich IV. v. England

Karl III. Kg. v. Navarra † 1425
∞ *Leonor Infantin v. Kastilien*

Peter Gf. v. Montain * 1366, † 1412
∞ *Katharina v. Alençon*

Maria
∞ Alfons Gf. v. Denia

Jeanne † 1413
∞ Jean I. v. Grailly Gf. v. Foix

Ludwig † 1400

Marie † 1406

Blanca Kgn. v. Navarra * 1385, † 1441
∞ 1. Kg. Martin d.J. v. Sizilien
∞ 2. **Kg. Johann II. v. Aragón**

Beatrix † 1415

Isabella
∞ Gf. Jean IV. v. Armagnac

Karl Príncipe v. Viana † 1402

(2) **Leonor v. Aragón** Kgn. v. Navarra † 1479
∞ *Gf. Gaston IV. v. Foix-Béarn*

Gaston Príncipe v. Viana, Vgf. v. Castellbó * 1444, † 1470
∞ *Magdalena v. Frankreich*

Pierre de Foix d.J. Ebf. v. Arles, Kard. * 1449, † 1490

Johann v. Foix Vgf. v. Narbonne, Gf. v. Étampes * nach 1450, † 1500
∞ *Marie v. Orléans*

François I. Phoebus Kg. v. Navarra, Gf. v. Foix und Bigorre, Vgf. v. Béarn, * 1466, † 1483

Katharina Kgn. v. Navarra, Gfn. v. Foix und Bigorre, Vgfn. v. Béarn, Castellbó * 1470, † 1517
∞ *Johann III. v. Albret*

Gaston Gf. v. Foix, Hzg. v. Nemours * 1489, † 1512

Germana * um 1488, † 1536
∞ 1. Kg. Ferdinand II. v. Aragón
∞ 2. *Johann v. Brandenburg-Ansbach*

Stefan Nemanja Großžupan *1113, †1199
∞ Ana

Vukan †1208
∞ Verwandte v. Papst Innozenz III.

Stefan d. Erstgekrönte serb. Herrscher *um 1165, †1227
∞ 1. Eudokia, T. v. Ks. Alexios III.
∞ 2. NN
∞ 3. Anna Dandolo

Sava I. Ebf. v. Serbien *um 1175, †1236

Efimija †1216/25
∞ Manuel Angelos Dukas

Tochter
∞ Tich Boljar v. Skopje

Djordje †nach 1242

(1) **Stefan Radoslav** Kg. v. Serbien *Ende 12. Jh., †nach 1234
∞ Anna, T. v. Theodor Angelos Dukas Komnenos

(2 oder 3) Predislav/Sava Ebf. v. Serbien

(2 oder 3) **Stefan Vladislav** Kg. v. Serbien *um 1195, †nach 1264
∞ Bjeloslava, T. d. bulg. Zaren Ivan Asen II.

(3) **Stefan Uroš I.** Kg. v. Serbien *um 1220, †1277
∞ Jelena

Dmitar

(1) Tochter
∞ Alexander v. Bulgarien

Stefan Dragutin Kg. v. Serbien *um 1252, †1316
∞ Katalin, T. v. Kg. Stephan V. v. Ungarn

Urošic (Stefan) Mönch †1316

Stefan Uroš II. Milutin Kg. v. Serbien *um 1254, †1321
∞ 1. NN
∞ 2. T. v. Johannes I. Angelos v. Thessalien
∞ 3. Elisabeth v. Ungarn
∞ 4. Anna, T. d. bulg. Zaren Georg I. Terter
∞ 5. Simonida, T. v. Ks. Andronikos II. Palaiologos

Berenice (Brnča)

Tochter

Vratislav

Jelitsava †1331
∞ Stefan Kotroman Ban v. Bosnien

Vladislav †nach 1326
∞ 1. Constanza Morosini
∞ 2. T. v. Ladislaus v. Siebenbürgen

(1) **Stefan Uroš III. Dečanski** Kg. v. Serbien *um 1275, †1321
∞ 1. Theodora, T. d. bulg. Zaren Smilec
∞ 2. Maria Palaiologina

(2) Stefan Konstantin †1323

(2) Zariza (Zorica)
∞ Sohn v. Karl v. Valois

(2) Simeon Palaiologos Herrscher v. Thessalien *wahrscheinl. 1327, †1370
∞ Thomaida, T. v. Johannes II. Orosini

(3) Anna (Neda) †nach 1346
∞ Michael III. Šišman bulg. Zar

Theodora †nach 1381
∞ Dejan

Vratko

(1) Dušica

(1) **Stefan Dušan** Kg. v. Serbien *um 1308, †1355
∞ Jelena, Sch. d. bulg. Zaren Ivan Alexander

(2) Jelena †nach 1355
∞ Mladen III. Šubić

Milica
∞ Lazar Hrebeljanović serb. Fs. †1389

Stefan Uroš serb. Zar *1336, †1371
∞ Anca, T. v. Nikolaus Alexander, Fs. d. Valachei

Jovan †1423

Stefan Dukas †1397

Lit.: → Artikel der aufgeführten Personen — → Nemanja — Europ. Stammtafeln, NF Bd. II, hg. D. SCHWENNICKE, 1984, Taf. 160f.

Ottonen, frühe Salier

Liudolf † 866
∞ Oda

Brun Hzg. v. Sachsen † 880   Otto d. Erlauchte Hzg. † 912   Liutgard
                                ∞ Hadwig (neptis regum)   ∞ Ludwig III. d. J. ostfrk. Kg. † 882

Thangmar vor † 912   Liudolf † vor 912   **Heinrich I.** Kg. des ostfrk. Reiches * um 876, † 936   Oda † nach 952
                                             ∞ 1. Hatheburg   ∞ 1. Zwentibold Kg. in Lotharingien
                                             ∞ 2. Mathilde   ∞ 2. Gerhard Gf. in Lotharingien

Wendilgart   (1) Thangmar   (2) **Otto I.** Ks.,   (2) Gerberga * ca. 913, † 968/969   (2) Hadwig   (2) Heinrich I.   (2) Brun   (2) Pfgf. Gottfried
† nach 917   * 900/905,   ostfrk. Kg. * 912, † 973   ∞ 1. Giselbert Hzg. v. Lotharingien   † nach 958   Hzg. v. Bayern   Ebf. v. Köln   ∞ Ermentrud
∞ Udalrich   † 938   ∞ 1. NN   ∞ 2. Ludwig IV. d'Outre-Mer   ∞ Hugo   * 919/922, † 955   * 925, † 965
(V.) Gf.   ∞ 2. Edgith v. England   westfrk. Kg.   Magnus dux   ∞ Judith Hzgn.
                                ∞ 3. Adelheid v. Burgund   Francorum   v. Bayern

NN   (1) Wilhelm   (2) Liudolf   (2) Liutgard   (3) Mathilde   (3) **Otto II.**   (2) Lothar   (2) Mathilde   Hadwig   Heinrich   Gottfried (I.)   Gerhard
∞ Adalbert   Ebf. v.   Hzg. v.   * 931, † 953   Äbt. v.   Ks., ostfrk.   Kg. v.   ∞ Konrad I.   * um   II. d.   Hzg. in Nie-
Gf. v.   Mainz   Schwaben   ∞ Konrad   Quedlin-   Kg., * 955,   Frankreich   Kg. in   938/940,   Zänker   der-Lothrin-
Marchtal   † 968   * ca. 930,   d. Rote   burg   † 983   * 941, † 986   Burgund   † 994   Hzg. v.   gen † 964
† 954   † 957   Hzg. in   * 955,   ∞ Theo-   ∞ Burchard   Bayern und
                           ∞ Ita, T. v.   Lothringen   † 999   phanu   (2) Karl Hzg.   Hzg. v.   Kärnten
                           Hzg.   v. Nieder-   Schwaben   * 951, † 995
                           Hermann   Lothringen   ∞ Gisela v.
                           I. v. Schwaben   * 953, † 991   Burgund

Judith ∞ Konrad Hzg. v. Schwaben † 997	Otto v. Worms Hzg. v. Kärnten † 1004	Adelheid Äbt. v. Quedlinburg † 1043 Sophia Äbt. v. Gandersheim und Essen † 1039 Mathilde *978, † 1025 ∞ Pfgf. Ezzo	**Otto III.** Ks., dt. Kg. *980, † 1002	Gerberga † 1018/19 ∞ Hermann II. Hzg. v. Schwaben	Rudolf III. Kg. v. Burgund *um 970, † 1032	Bertha *um 965, † nach 1010 ∞ 1. Odo I. Gf. v. Blois-Champagne ∞ 2. Robert II. Kg. v. Frankreich	**Heinrich II.** Ks., dt. Kg. *973, † 1024 ∞ Kunigunde	Brun Bf. v. Augsburg † 1029	Gisela *um 985, † ca. 1060 ∞ Stephan I. Kg. v. Ungarn	Richard Gf. v. Metz

Hermann II. Hzg. v. Schwaben ∞ Gerberga † 1018/19	Heinrich † ca. 995 ∞ Adelheid v. Metz	Brun/Papst Gregor V. *um 969/972, † 999	Konrad I. Hzg. v. Kärnten † 1011 ∞ Mathilde	Gisela *um 990, † 1043 ∞ 1. Gf. Bruno v. Braunschweig ∞ 2. Hzg. Ernst I. v. Schwaben ∞ 3. **Konrad II.**	Mathilde ∞ Konrad I. Hzg. v. Kärnten † 1011	Beatrix ∞ Adalbero v. Eppenstein	Hermann III. Hzg. v. Schwaben † 1012	Adelheid v. Metz ∞ Heinrich † ca. 995

Konrad II. Ks., dt. Kg. *um 990, † 1039 ∞ Gisela

Konrad d. J. Hzg. v. Kärnten *um 1002, † 1039

Fortsetzung s. Salier

Lit.: → Artikel der aufgeführten Personen – → Ottonen – H. BEUMANN, Die Ottonen, 1987 – W. GLOCKER, Die Verwandten der Ottonen und ihre Bedeutung in der Politik, 1989 (Diss. zur ma. Gesch., 5).

Papstliste
eingerückt: Gegenpäpste, avign. oder pisan. Päpste

Petrus, hl.	30?/33?–64?/67?	Silverius, hl.	536–537
Linus, hl.	*64?/67?–76?/79?*	Vigilius	537–555
Anaklet I., hl.	*79?–90?/92?*	Pelagius I.	556–561
Clemens I., hl.	90?/92?–99?/100?	Johannes III.	561–574
Evaristus, hl.	*99?/101?–107?*	Benedikt I.	575–579
Alexander I., hl.	*107?–116?*	Pelagius II.	579–590
Sixtus I., hl.	*116?–125?*	Gregor I., hl.	590–604
Telesphorus, hl.	*125?–136?*	Sabinianus	604–606
Hyginus, hl.	*136?/138?–140?/142?*	Bonifatius III.	607
Pius I., hl.	ca. 142–155	Bonifatius IV., hl.	608–615
Anicetus, hl.	*154?/155?–166?*	Deusdedit I., hl.	615–618
Soter, hl.	*166?–174?*	Bonifatius V.	619–625
Eleutherus, hl.	*174?–189?*	Honorius I.	625–638
Viktor I., hl.	*189?–198?/199?*	Severinus	640
Zephyrinus, hl.	*198?/199?–217?*	Johannes IV.	640–642
Calixtus I.	*217?–222*	Theodor I.	642–649
Hippolytus, hl.	217?–235	Martin I., hl.	649–653, †655
Urban I., hl.	222–230	Eugen I., hl.	654–657
Pontianus, hl.	*235*	Vitalian, hl.	657–672
Anteros, hl.	*235–236*	Adeodatus	672–676
Fabianus, hl.	*236–250*	Donus	676–678
Cornelius, hl.	*251–253*	Agatho, hl.	678–681
Novatian	251–258?	Leo II., hl.	682–683
Lucius I., hl.	253–254	Benedikt II., hl.	684–685
Stephan I., hl.	254–257	Johannes V.	685–686
Sixtus II., hl.	257–258	Konon	686–687
Dionysius, hl.	*259/260–267/268*	Theodor	687
Felix I., hl.	*268/269–273/274*	Paschalis	687, †692/693
Eutychianus, hl.	*274/275–282/283*	Sergius I., hl.	687–701
Caius, hl.	*282/283–295/296*	Johannes VI.	701–705
Marcellinus, hl.	*295(?)–304*	Johannes VII.	705–707
Marcellus I., hl.	*307(?)–308(?)*	Sisinnius	708
Eusebius, hl.	*308/309/310–308/309/310*	Constantinus I.	708–715
Miltiades, hl.	310/311–314	Gregor II., hl.	715–731
Silvester I., hl.	314–335	Gregor III., hl.	731–741
Marcus, hl.	336	Zacharias, hl.	741–752
Julius I., hl.	337–352	*Stephan (II.)*	*752*
Liberius	352–366	Stephan II.	752–757
Felix II.	355–358, †365	Paulus I., hl.	757–767
Damasus I., hl.	366–384	Constantinus II.	767–768
Ursinus	366–367, †nach 384	*Philippus*	*768*
Siricius, hl.	384–399	Stephan III.	768–772
Anastasius I., hl.	399–401/402	Hadrian I.	772–795
Innozenz I., hl.	401/402–417	Leo III., hl.	795–816
Zosimus, hl.	417–418	Stephan IV.	816–817
Bonifatius I., hl.	418–422	Paschalis I., hl.	817–824
Eulalius	*418–419, †423*	Eugen II.	824–827
Coelestin I., hl.	422–432	*Valentinus*	*827*
Sixtus III., hl.	432–440	Gregor IV.	827–844
Leo I., hl.	440–461	Johannes (VIII.)	844
Hilarius, hl.	461–468	Sergius II.	844–847
Simplicius, hl.	468–483	Leo IV., hl.	847–855
Felix III., hl.	483–492	Benedikt III.	855–858
Gelasius I., hl.	492–496	Anastasius Bibliothecarius	855, †ca. 880
Anastasius II.	496–498	Nikolaus I., hl.	858–867
Symmachus, hl.	498–514	Hadrian II.	867–872
Laurentius	*498–506*	Johannes VIII.	872–882
Hormisda, hl.	514–523	Marinus I.	882–884
Johannes I., hl.	523–526	Hadrian III., hl.	884–885
Felix IV., hl.	526–530	Stephan V.	885–891
Bonifatius II.	530–532	Formosus	891–896
Dioscorus	*530*	Bonifatius VI.	896
Johannes II.	533–535	Stephan VI.	896–897
Agapet I., hl.	535–536	Romanus	897

Theodor II.	897
Johannes IX.	898–900
Benedikt IV.	900–903
Leo V.	903, †905(?)
Christoph	*903–904*
Sergius III.	904–911
Anastasius III.	911–913
Lando	913–914
Johannes X.	914–928, †929
Leo VI.	928–929
Stephan VII.	929–931
Johannes XI.	931–936
Leo VII.	936–939
Stephan VIII.	939–942
Marinus II.	942–946
Agapet II.	946–955
Johannes XII.	955–964
Leo VIII.	963–965
Benedikt V.	964, †965/966(?)
Johannes XIII.	965–972
Benedikt VI.	973–974
Bonifatius VII. (1. Mal)	974, 980–981
Benedikt VII.	974–983
Johannes XIV.	983–984
Bonifatius VII. (2. Mal)	984–985
Johannes XV.	985–996
Gregor V.	996–999
Johannes XVI. Philagathos	997–998, †1001
Silvester II. (→Gerbert v. Aurillac)	999–1003
Johannes XVII.	1003
Johannes XVIII.	1003–09
Sergius IV.	1009–12
Benedikt VIII.	1012–24
Gregor (VI.)	1012
Johannes XIX.	1024–32
Benedikt IX. (1. Mal)	1032–45
Silvester III.	1045–46, †1063
Gregor VI.	1045–46, †1047
Clemens II.	1046–47
Benedikt IX. (2. Mal)	1047–48, †1055
Damasus II.	1048
Leo IX., hl.	1049–54
Viktor II.	1055–57
Stephan IX.	1057–58
Benedikt X.	1058–59, †nach 1073
Nikolaus II.	1059–61
Alexander II.	1061–73
Honorius (II.)	1061–64, †1071/72
Gregor VII., hl.	1073–85
Clemens III.	1084–1100
Viktor III.	1086–87
Urban II.	1088–99
Paschalis II.	1099–1118
Theoderich	*1100–01, †1102*
Albert	*1102*
Silvester IV.	1105–11
Gelasius II.	1118–19
Gregor (VIII.)	1118–21, †nach 1137
Calixtus II.	1119–24
Coelestin (II.)	*1124, †1126(?)*
Honorius II.	1124–30
Innozenz II.	1130–43
Anaklet II.	1130–38
Viktor IV.	1138
Coelestin II.	1143–44
Lucius II.	1144–45
Eugen III.	1145–53
Anastasius IV.	1153–54
Hadrian IV.	1154–59
Alexander III.	1159–81
Viktor IV.	1159–64
Paschalis III.	1164–68
Calixtus III.	1168–78, †nach 1180
Innozenz (III.)	1179–80
Lucius III.	1181–85
Urban III.	1185–87
Gregor VIII.	1187
Clemens III.	1187–91
Coelestin III.	1191–98
Innozenz III.	1198–1216
Honorius III.	1216–27
Gregor IX.	1227–41
Coelestin IV.	1241
Innozenz IV.	1243–54
Alexander IV.	1254–61
Urban IV.	1261–64
Clemens IV.	1265–68
Gregor X.	1271–76
Innozenz V.	1276
Hadrian V.	1276
Johannes XXI.	1276–77
Nikolaus III.	1277–80
Martin IV.	1281–85
Honorius IV.	1285–87
Nikolaus IV.	1288–92
Coelestin V., hl.	1294, †1296
Bonifatius VIII.	1294–1303
Benedikt XI.	1303–04
Clemens V. (Avignon)	1305–14
Johannes XXII. (Avignon)	1316–34
Nikolaus V.	1328–30, 1333
Benedikt XII. (Avignon)	1335–42
Clemens VI. (Avignon)	1342–52
Innozenz VI. (Avignon)	1352–62
Urban V. (Avignon)	1362–70
Gregor XI. (Avignon)	1371–78
Urban VI.	1378–89
Bonifatius IX.	1389–1404
Innozenz VII.	1404–06
Gregor XII.	1406–15, †1417
Clemens VII. (avign. Papst)	1378–94
Benedikt XIII. (avign. Papst)	1394–1417, †1423
Clemens VIII. (avign. Papst)	1423–29, †1446
Benedikt XIV. (avign. Papst)	*1425–30*
Alexander V. (pisan. Papst)	1409–10
Johannes XXIII. (pisan. Papst)	1410–15, †1419
Martin V.	1417–31
Eugen IV.	1431–47
Felix V.	1439–49, †1451
Nikolaus V.	1447–55
Calixtus III.	1455–58
Pius II.	1458–64
Paulus II.	1464–71
Sixtus IV.	1471–84
Innozenz VIII.	1484–92
Alexander VI.	1492–1503
Pius III.	*1503*
Julius II.	1503–13
Leo X.	1513–21

Lit.: →Artikel der aufgeführten Personen – →Papst, Papsttum – H. Zimmermann, Das Papsttum im MA, 1981 – B. Schimmelpfennig, Das Papsttum, 1996⁴.

Piasten, I (älteste Fürsten und Könige v. Polen)

Siemomysł

Mieszko I. * 922 (?), † 992
∞ 1. Dobrawa, T. v. Fs. Boleslav I. v. Böhmen, † 977
∞ 2. Oda, T. v. Dietrich v. Haldensleben, Mgf. d. sächs. Nordmark, † 1023

Czcibor † nach 972

Bolesław I. Chrobry Kg. v. Polen * 966/967, † 1025
∞ 1. NN, T. v. Mgf. Rikdag v. Meißen
∞ 2. NN, T. v. Fs. Géza v. Ungarn (?)
∞ 3. Emnild, T. v. Dobromir † ca. 1013–17
∞ 4. Oda, T. v. Mgf. Ekkehard I. v. Meißen

(2) *Świętosława* * nach 967, † 1014
∞ 1. Kg. Erich v. Schweden † 994/995
∞ 2. Kg. Sven Gabelbart v. Dänemark † 1014

(3) *Mieszko*   (3) *Świętopełk*   (3) *Lambert*

(2) *Bezprym* * 986, † 1032

(3) *Regelindis* * 989, † 1014
∞ Mgf. Hermann v. Meißen † 1038

(3) **Mieszko II. Lambert** Kg. v. Polen * 990, † 1034
∞ Richeza, T. v. Pfgf. Ezzo v. Lothringen, † 1063

(3) *NN*
∞ Gfs. Svjatopolk Vladimirovič † nach 1019

(3) *Otto* * 1000, † 1032

(4) *Mathilde*

Kasimir I. Restaurator * 1016, † 1058
∞ Dobronega, T. v. Gfs. Vladimir d. Gr. v. Kiev, * ca. 1012, † 1087

Gertrud † 1108
∞ Gfs. Izjaslav Jaroslavič v. Kiev † 1078

NN
∞ Kg. Béla I. v. Ungarn † 1063

Władysław I. Hermann * 1043, † 1102
∞ 1. NN
∞ 2. Judith, T. v. Kg. Vratislav I. v. Böhmen, † 1086
∞ 3. Judith, T. v. Ks. Heinrich III.

Świętosława * 1041/44, † 1126
∞ Kg. Vratislav I. v. Böhmen † 1092

Bolesław II. Śmiały Kg. v. Polen
* 1042, † 1081

Mieszko * 1069, † 1089　(1) *Zbigniew* † nach 1112　(2) **Bolesław III. Krzywousty** * 1085, † 1138　(3) *NN* * 1089/90　(3) *Agnes* * 1090/91, † 1125　(3) *Tochter* * 1091/92
∞ *T. eines aruss. Fs.en*　　　　　　　　　　　　　　　　　∞ 1. *Zbyslava, T. v. Gfs. Sviatopolk II. v. Kiev*, † 1114　∞ *aruss. Fs.*
　　　　　　　　　　　　　　　　　　　　　　　　　　　　　∞ 2. *Salome, T. v. Heinrich v. Berg*, † 1144

(1) **Władysław II.**　　(1) *NN*　　(2) *Ryksa*　　(2) *NN*　　(2) **Bolesław IV.**　　(2) **Mieszko III.**　　(2) *Kasimir*　　(2) *Dobroniega*　　(2) *Agnes*　　(2) **Kasimir II.**　　(2) *Judith*
Wygnaniec Fs. v.　∞ *Fs. Vsevolod*　* 1116/17, † 1155　∞ *Mgf. Kon-*　**Kędzierzawy**　　**Stary**　　† 1131　† *um* 1160　* 1137　**Sprawiedliwy**　† 1171/75
Schlesien * 1105,　*Darydovič*　∞ 1. *Magnús Nielsen v.*　*rad d. sächs.*　* 1121/22, † 1173　* 1126/27, † 1202　　　　∞ *Mgf. Dietrich*　∞ *Gfs.*　* 1138, † 1194　∞ *Mgf. Otto I.*
† 1159　　　　*v. Murom*　*Dänemark* † 1134　*Nordmark*　∞ 1. *Verchoslava,*　∞ 1. *Elisabeth, T. v. Kg.*　(2) *Gertrud*　*v. d. Nieder-*　*Mstislav*　∞ *Helena (T. v.*　*v. Brandenburg*
∞ *Agnes, T. v. Mgf.*　　　　∞ 2. *Fs. Vladimir*　† 1133　*T. v. Fs. Vsevolod*　*Stephan II. v. Ungarn*　* 1160　*lausitz* † 1185　*Izjaslavič*　*Fs. Konrad v.*　† 1184
Leopold III. v.　　　　*Vsevolodovič v. Novgorod*　　　*v. Novgorod*　∞ 2. *Eudoksja, T. v. Gfs.*　(2) *Heinrich*　　　　† 1172　*Znaim?)*
Österreich, † 1160/63　　† 1140/45　　　　　　∞ 2. *Maria*　　*Izjaslav Mstislavič*　*Fs. v. Sandomir*
　　　　　　　　　∞ 3. *Kg. Sverker*　　　　　　　　　　　*v. Kiev*　　　　　† 1166
　　　　　　　　　d. Ä. v. Schweden
　　　　　　　　　† 1155/56

Fortsetzung s. Piasten, II　　　　　　　　　　　　　　　　　　　　　　*Fortsetzung s. Piasten, III*

　　　　　　　　　　　　　　　　　　　　　　　　Leszek Biały Fs. v. Krakau-Sandomir * 1186/87, † 1227　**Konrad I.** Fs. v. Masowien * 1187/88, † 1247
　　　　　　　　　　　　　　　　　　　　　　　　∞ *Grzymisława, T. v. Fs. Ingvar Jaroslavič v. Luck*　∞ *Agafia, T. v. Fs. Svjatoslav v. Vladimir-Volhynien*

　　　　　　　　　　　　　　　　　　　　　　　　Bolesław V. Wstydliwy Fs. v. Krakau-Sandomir * 1226, † 1279　　*Fortsetzung s. Piasten, IV*
　　　　　　　　　　　　　　　　　　　　　　　　∞ *Kunigunda (Kinga), T. v. Kg. Béla IV. v. Ungarn*

Piasten, II (Linie der Fürsten v. Schlesien)

Wladyslaw II. Wygnaniec Fs. v. Polen und Schlesien * 1105, † 1159
∞ Agnes, T. v. Mgf. Leopold III. v. Österreich

Boleslaw Wysoki v. Schlesien * 1127, † 1201
∞ 1. Zvinislava
∞ 2. Adelajda

Konrad v. Glogau, Bf. v. Bamberg
* um 1139, † 1205

Mieszko I. v. Ratibor und Oppeln
* 1132–46, † 1211
∞ Ludmilla

Richeza * 1128, † 1185
∞ 1. Kg. Alfons VII. v. Kastilien-Léon
∞ 2. Gf. Raimund III. Berengar v. Provence
∞ 3. Gf. Albrecht II. v. Everstein

(1) Jaroslaw v. Oppeln, Bf. v. Breslau † 1201

(2) Heinrich I. v. Schlesien, Krakau und Großpolen, Regent d. Fsm.s Oppeln * 1167/74, † 1238
∞ Hedwig, T. v. Berthold V. v. Meran

Kasimir I. v. Oppeln und Ratibor * 1178/79, † 1229/30
∞ Viola v. Bulgarien

Heinrich II. v. Schlesien, Krakau und Großpolen * 1191, † 1241
∞ Anna, T. v. Kg. Otakar I. Přemysl v. Böhmen

Mieszko II. Otyly v. Oppeln * 1225, † 1246
∞ Judith, T. v. Hzg. Konrad I. v. Masowien

Wladyslaw v. Oppeln † 1281
∞ Eufemia, T. v. Wladyslaw Odonic v. Großpolen

Boleslaw II. Łysy Rogatka v. Schlesien * 1224/30, † 1278
∞ 1. Hedwig, T. v. Heinrich I. v. Anhalt
∞ 2. Eufemia, T. v. Sambor II. v. Ostpommern

Heinrich III. v. Breslau † 1266
∞ 1. Judith, T. v. Hzg. Konrad I. v. Masowien
∞ 2. Helena, T. v. Hzg. Albert v. Sachsen

Konrad I. v. Glogau † 1273/74
∞ 1. Salomea, T. v. Wladyslaw Odonic v. Großpolen
∞ 2. Sophie, T. v. Mgf. Dietrich v. Meißen

Wladyslaw Bf. v. Passau, Ebf. v. Salzburg, Fs. v. Breslau * um 1237, † 1270

Mieszko I. v. Ratibor und Teschen † 1313

Kasimir II. v. Benthen Cosel † 1312
∞ Helena

Boleslaw v. Oppeln * 1251, † 1313
∞ Grzymislava

Przemysl v. Ratibor † 1306
∞ Anna, T. v. Konrad II. v. Czersk

Heinrich V. v. Liegnitz und Breslau * 1248/49, † 1296
∞ Elisabeth, T. v. Fs. Boleslaw Pobożny v. Kalisch

Boleslaw I. v. Jauer und Schweidnitz † 1301
∞ Beatrix, T. v. Mgf. Otto V. v. Brandenburg

Heinrich IV. v. Schlesien-Breslau * 1257/58, † 1290
∞ 1. NN, T. v. Fs. Wladyslaw v. Oppeln
∞ 2. Mathilde, T. v. Mgf. Otto V. v. Brandenburg

Heinrich III. v. Glogau und Großpolen † 1309
∞ Mechthilde, T. v. Hzg. Albrecht v. Braunschweig

Fs. en v. Teschen, Auschwitz und Zator

Ziemowit v. Benthen † 1327

Fs. en v. Oppeln

Leszek v. Ratibor * nach 1285, † 1336
∞ Agnes, T. v. Heinrich v. Glogau

Fs. en v. Brieg und Liegnitz

Fs. en v. Schweidnitz, Sagan und Oels

Fs. en v. Glogau, Sagan und Oels

Piasten, III (Linie der Fürsten v. Großpolen)

Mieszko III. Stary Fs. v. Polen, * 1126/27, † 1202
∞ 1. *Elisabeth, T. v. Kg. Stephan II. v. Ungarn*
∞ 2. *Eudoksja, T. v. Fs. Izjaslav Mstislavič v. Kiev*

(1) Odo Fs. v. Posen und Kalisch * 1141/49, † 1194   (2) Bolesław Fs. v. Kujawien * 1159, † 1195   (2) Władysław III. Laskonogi * 1161/67, † 1231
∞ *Vyšeslava, T. v. Fs. Vladimir v. Halič*   ∞ *Lucia, T. v. Fs. Jaromar v. Rügen*

Władysław Odonic * um 1190, † 1239
∞ *Jadwiga, T. v. Fs. Mestwin I. v. Pommerellen*

Przemysł I. * 1220/21, † 1257   Bolesław Pobożny * nach 1221, † 1279
∞ *Elisabeth, T. v. Hzg. Heinrich II. d. Frommen v. Schlesien*   ∞ *Jolante Helene, T. v. Kg. Béla IV. v. Ungarn*

Przemysł II. Kg. v. Polen * 1257, † 1296
∞ 1. *Luidgard, T. v. Heinrich I. v. Mecklenburg*
∞ 2. *Rixa, T. v. Kg. Waldemar v. Schweden*
∞ 3. *Margarete, T. v. Mgf. Albrecht III. v. Brandenburg*

(2) Elisabeth (Rixa, Rejčka) * 1288, † 1335
∞ 1. Kg. *Wenzel II. v. Böhmen*
∞ 2. Kg. *Rudolf I. v. Böhmen und Polen*

Piasten, IV (Linie der Fürsten in Masowien und Kujawien, Könige v. Polen)

Konrad I. v. Masowien *1187/88, †1247
∞ Agafia, T. v. Fs. Svjatoslav v. Vladimir-Volhynien

Bolesław I. v. Sandomir und Sieradz *1208, †1248
∞ 1. Gertrud, T. v. Heinrich II. v. Schlesien
∞ 2. Anastasia, T. v. Aleksander v. Bełżec

Kasimir I. v. Kujawien *1221, †1267
∞ 1. Jadwiga
∞ 2. Konstanze, T. v. Heinrich II. v. Schlesien
∞ 3. Eufrozyna, T. v. Kasimir I. v. Oppeln

Ziemowit I. v. Masowien-Czersk *1224, †1262
∞ Perejasława, T. v. Fs. Daniel v. Halič

---

(2) Leszek Czarny v. Kujawien, Fs. v. Krakau und Sandomir *1240/42, †1288
∞ Gryfina, T. v. Fs. Rostisłav v. Halič

(2) Ziemomysl v. Kujawien *1241/45, †1287
∞ Salomea, T. v. Sambor II. v. Gniewków

(3) Kasimir II. v. Kujawien *1261/62, †1294

(3) Ziemowit v. Dobrzyń *1262/67, †1306
∞ Anastasia, T. v. Fs. Lev v. Halič

Konrad II. v. Masowien-Czersk *1251/55, †1294
∞ Jadwiga, T. v. Bolesław II. Łysy v. Liegnitz

Bolesław II. v. Masowien-Płock *nach 1251, †1313
∞ 1. Gaudemunda, T. v. Gfs. Trojden v. Litauen
∞ 2. Kunigunde, T. v. Kg. Otakar II. Přemysl

Leszek v. Inowrocław und Wyszogród *1276/77, †1339

Przemysl v. Inowrocław, Wyszogród und Sieradz *1278/80, †1277/79, †1339

Kasimir III. v. Inowrocław und Gniewków *1343/53

(3) Władysław I. Łokietek Kg. v. Polen *1259/60, †1333
∞ Jadwiga, T. v. Bolesław Pobożny v. Gropolen

Trojden I. v. Sochaczew und Czersk *1284/86, †1341
∞ Maria, T. v. Fs. Jerzy v. Halič

Wacław v. Płock *um 1293, †1336
∞ Elisabeth, T. v. Gfs. Gedimin v. Litauen

Władysław Biały v. Gniewków †1366

Elisabeth *1305, †1380
∞ Kg. Karl I. v. Ungarn

Kasimir III. d. Gr. Kg. v. Polen *1310, †1370
∞ 1. Aldona, T. v. Gfs. Gedimin v. Litauen
∞ 2. Adelheid, T. v. Lgf. Heinrich II. v. Hessen
∞ 3. Krystina
∞ 4. Hedwig, T. v. Heinrich V. v. Sagan

Ziemowit II. v. Rawa und Sochaczew *1283, †1343

Ziemowit III. Starszy v. Masowien-Czersk, Rawa und Sochaczew *nach 1326, †1381
∞ 1. Eufemia, T. v. Hzg. Nikolaj I. v. Troppau
∞ 2. Ludmila, T. v. Hzg. Bolko II. v. Münsterberg

Kasimir v. Czersk, Rawa, Warschau und Sochaczew *nach 1329, †1355

---

(1) Elisabeth *1326/34, †1361
∞ Hzg. Bogislaw V. v. Pommern

Bolesław Jurij Fs. v. Halič und Vladimir *nach 1314, †1340
∞ Eufemia, T. v. Gfs. Gedimin v. Litauen

Janusz I. v. Wyszogród, Ciechanów, Zakroczym und Warschau †1429
∞ Danuta Anna, T. v. Fs. Kynstute v. Litauen

Ziemowit IV. v. Czersk, Sochaczew, Płońsk und Kujawien *nach 1352, †1425
∞ Alexandra, T. v. Gfs. Olgerd v. Litauen

Kasimir IV. Kazko Hzg. v. Pommern-Stolp *1351, †1377
∞ 1. Johanna, T. v. Gfs. Olgerd v. Litauen
∞ 2. Margarete, T. v. Ziemowit III. v. Masowien

Bolesław III. * 1385/86, † 1428
∞ Anna, T. v. Iwan Olgimuntowicz

Ziemowit V. v. Rawa,
Sochaczew und Gostynin
* um 1389, † 1442
∞ Małgorzata, T. v.
Jerzy I. v. Ratibor

Kasimir II. v. Bełzec
* 1406/1407, † 1442
∞ Małgorzata, T. v.
Wincenty z Szamotuł

Trojden II. v. Płock
* 1397/1410, † 1427

Władysław v. Płock,
Rawa und Sochaczew
* 1398/1411, † 1455
∞ Anna, T. v. Hzg.
Konrad v. Oels

Ziemowit VI. v. Płock, Rawa, Sochaczew
und Gostynin * 1444/46, † 1462

Władysław II. v. Płock, Rawa, Sochaczew,
Gostynin und Bełzec * 1445/47, † 1462

Bolesław V. v. Warschau, Zakroczym und Płock
* nach 1454, † 1488
∞ Anna

Janusz II. v. Łomża, Ciechanów und Płock
* 1455, † 1495

Bolesław IV. v. Masowien * nach 1421, † 1454
∞ Barbara

Kasimir v. Płock und Zakroczym, Bf. v. Płock
* 1453, † 1480

Konrad III. Rudy v. Czersk, Warschau, Płock,
Wyszogród, Ciechanów und Łomża * 1448/50, † 1503
∞ 1. Magdalena
∞ 2. NN
∞ 3. Anna, T. v. Nikolai Radziwiłłowicz

Stanisław v. Czersk, Warschau, Płock, Łomża, Ciechanów und
Wyszogród * 1501, † 1524

Janusz III. v. Czersk, Warschau, Ciechanów, Łomża, Wyszogród und Nowogród
* 1502/03, † 1526

Lit.: →Artikel der aufgeführten Personen - →Piasten - →Polen - →Schlesien.

Portugal, Könige v., **I** (Haus Burgund)

Heinrich v. Burgund, Gf. v. Portugal * um 1075, † 1112
∞ Teresa, T. v. Kg. Alfons VI. v. León-Kastilien

Alfons I. Henriques Kg. v. Portugal * 1109, † 1185
∞ Mathilde v. Savoyen

Urraca * um 1150, † 1188
∞ Kg. Ferdinand II. v. León

Sancho I. Kg. v. Portugal * 1154, † 1211
∞ Douce v. Barcelona

Teresa (Mathilde) † 1218
∞ Philipp v. Elsaß, Gf. v. Flandern

Mathilde † um 1160
+ Kg. Alfons II. v. Aragón

Teresa * um 1175, † 1250
∞ Kg. Alfons IX. v. León

Alfons II. Kg. v. Portugal * 1185, † 1223
∞ Urraca v. Kastilien

Pedro * 1187, † 1258
∞ Gfn. Aurembiaix v. Urgel

Ferrand * 1188, † 1233
∞ Gfn. Johanna v. Flandern

Mafalda * um 1190, † 1256
∞ Kg. Heinrich I. v. Kastilien

Berengaria * um 1195, † 1221
∞ Kg. Waldemar II. v. Dänemark

Sancho II. Kg. v. Portugal * 1209, † 1248
∞ Mécia López de Haro

Alfons III. Kg. v. Portugal * 1210, † 1279
∞ 1. Gfn. Mathilde v. Boulogne
∞ 2. Beatrix v. Kastilien

Leonor * 1211, † 1231
∞ Kg. Waldemar (III.) v. Dänemark

Fernando * nach 1217, † 1246
∞ Sancha Fernández de Lara

(2) **Dinis** Kg. v. Portugal * 1261, † 1325
∞ Isabella Infantin v. Aragón

(2) Alfonso * 1263, † 1312
∞ Violante Manuel

Konstanze * 1290, † 1313
∞ Kg. Ferdinand IV. v. Kastilien

Alfons IV. Kg. v. Portugal * 1290, † 1357
∞ Beatrix v. Kastilien

Maria * 1313, † 1357
∞ Kg. Alfons XI. v. Kastilien

Peter I. Kg. v. Portugal * 1320, † 1367
∞ Konstanze Manuel
≈ 1. Inés Pires de Castro
≈ 2. Teresa Lourenzo

Leonor † 1348
∞ Kg. Peter IV. v. Aragón

Ferdinand I. Kg. v. Portugal * 1345, † 1383
∞ Leonor Tellez

(1) Beatrix † 1381
∞ Sancho v. Kastilien, Gf. v. Alburquerque

(1) Dinis † 1351, † 1398/1403
∞ Juana v. Kastilien

(1) Johann * um 1352, † 1397
∞ 1. Maria Tellez
∞ 2. Konstanze v. Kastilien

(2) **Johann I.** Kg. v. Portugal * 1357, † 1433
∞ Philippa v. Lancaster

Maria * 1342, † 1367
∞ Fernando v. Aragón

Portugal, Könige v., **II** (Avis)

Johann I. Kg. v. Portugal *1357, †1433
∞ *Philippa v. Lancaster*

- **Eduard** Kg. v. Portugal *1391, †1438
  ∞ 1. *Isabella v. Coimbra*
  ∞ 2. *Johanna v. Kastilien*

  - Pedro Condestável *ca. 1429, †1466
    ∞ *Isabella v. Aragón-Urgel*
  - **Alfons V.** Kg. v. Portugal *1432, †1481
    ∞ 1. *Isabella v. Coimbra*
    ∞ 2. *Johanna v. Kastilien*
    - (1) Johanna Regentin v. Portugal †1490
    - (1) **Johann II.** Kg. v. Portugal *1455, †1495
      ∞ 1. *Isabella v. Kastilien*
      - Alfons *1475, †1491
        ∞ 1. *Isabella v. Kastilien*

- Pedro Hzg. v. Coimbra *1392, †1449
  ∞ *Isabella v. Urgel*
  - Johann †1457
    ∞ *Charlotte v. Lusignan Kgn. v. Zypern*

- Heinrich d. Seefahrer Hzg. v. Viseu *1394, †1460

- Isabella *1397, †1471
  ∞ *Hzg. Philipp III. v. Burgund*

- Johann *1400, †1442
  ∞ *Isabella, T. v. Alfons v. Bragança*
  - Isabella †1496
    ∞ *Kg. Johann II. v. Kastilien*
  - Eleonore *1434, †1467
    ∞ *Ks. Friedrich III.*
  - Johanna *1439, †1475
    ∞ *Kg. Heinrich IV. v. Kastilien*

- Ferdinand d. Hl. *1402, †1443

- Alfons Hzg. v. Bragança *1461
  ∞ 1. *Beatriz Pereira de Alvim*
  ∞ 2. *Konstanze v. Noronha*
  - Beatrix *1430, †1506
    ∞ *Hzg. Ferdinand v. Viseu*
    - Ferdinand Hzg. v. Viseu *1433, †1470
      ∞ *Beatrix v. Portugal*
      - Isabella *1432, †1455
        ∞ *Kg. Alfons V. v. Portugal*
      - Diogo Hzg. v. Viseu *um 1452, †1484
      - Isabella †1521
        ∞ *Hzg. Ferdinand II. v. Bragança*
      - Johann Hzg. v. Viseu †1483
      - Leonor Regentin v. Portugal *1458, †1525
        ∞
      - **Manuel I.** Kg. v. Portugal *1469, †1521
        ∞ 1. *Isabella v. Kastilien*
        ∞ 2. *Maria v. Kastilien*
        ∞ 3. *Eleonore v. Österreich*

- Beatrix *1382, †1438/39
  ∞ 1. *Thomas FitzAlan Earl of Arundel*
  ∞ 2. *Gilbert V. Talbot*

Lit.: →Artikel der aufgeführten Personen —→Avis – J. VERÍSSIMO SERRÃO, Hist. de Portugal, II, 1980³ [Genealogien] – Europ. Stammtafeln NF Bd. II, hg. D. SCHWENNICKE, 1984, Taf. 38-40 – L. VONES, Gesch. der Iber. Halbinsel, 1993, Taf. V, IX.

Přemysliden, I (Prager Linie der Fürsten v. Böhmen)

Bořivoj I. † 888/889
∞ Ludmila † 921

Spytihněv I. *ca. 875, † 915   Vratislav I. *888, † 921
                                 ∞ Drahomír, T. eines Fs.en der Heveller, † nach 936

Wenzel I. d. Hl. *907, † 929/935   Boleslav I. † 972
                                     ∞ Biagota?

Dobrawa † 977   Boleslav † 999   Strachkvas (Christian)?   Mlada (Maria) Äbt.
∞ Fs. Mieszko I. v. Polen † 992   ∞ Emma † 1005/06   † 996

Boleslav III. † 1037   Jaromír † 1035   Udalrich † 1034
                                            ∞ 1. NN
                                            ∞ 2. Božena † 1052

                         (2) Břetislav I. *um 1005/12, † 1055
                         ∞ Judith, T. v. Heinrich, Mgf. der bayer. Nordmark, † 1058

Tochter
∞ NN (Wrsowitzer) † 1003

Spytihněv II.   **Vratislav II.** Kg. v. Böhmen (v. Polen)   Konrad I. ztw. mähr. Teilfs.   Jaromir (Gebhard)   Otto I. mähr. Teilfs. † 1087
*ca. 1030, † 1061   *1031, † 1092   *1035, † 1092   Bf. v. Prag † 1090   ∞ Eufemia, T. v. Kg. Andreas I. v. Ungarn, † 1111
∞ Hidda v. Wettin   ∞ 1. NN   ∞ Wirpirg
                           ∞ 2. Adelheid, T. v. Kg. Andreas I. v. Ungarn, † 1062
                           ∞ 3. Svatava, T. v. Hzg. Kasimir I. v. Polen, † 1126
                                                                           Fortsetzung s. Přemysliden, II   Fortsetzung s. Přemysliden, II

Svatobor   (2) Břetislav II.   (2) Vratislav   (2) Judith † 1086   (3) Boleslav   (3) Bořivoj II. † 1124   (3) Vladislav I.   (3) Soběslav I. † 1140   (3) Judith † 1108
(Friedrich)   † 1100   † 1061   ∞ Fs. Władisław   † 1091   ∞ Gerberga, T. v.   † 1125   ∞ Adelheid, Sch. v. Kg.   ∞ Wiprecht v.
Patriarch v.   ∞ Luitgard v. Bogen   Herman v. Polen   Mgf. Leopold II.   ∞ Richeza v. Berg   Béla II. v. Ungarn, † 1140   Groitzsch † 1124
Aquileia † 1086 † 1094   † 1102   v. Österreich,   † 1125
                                                                                          † 1142

Genealogische Tafel – Přemysliden

Vladislav II. Kg. v. Böhmen, † 1174
- ∞ 1. Gertrud, T. v. Mgf. Leopold III. v. Österreich, † 1150
- ∞ 2. Judith, T. v. Lgf. Ludwig I. v. Thüringen, † nach 1174

Kinder:

- **Bretislav** † 1130
- **Svatava (Luitgard)** † nach 1146 ∞ Gf. Friedrich v. Bogen † 1148
- **(1) Friedrich** † 1189 ∞ Elisabeth, T. v. Kg. Géza II. v. Ungarn, † nach 1189
- **(1) Svatopluk** † nach 1169 ∞ Odda, T. v. Kg. Géza II. v. Ungarn
- **(1) Agnes** Äbt. † 1228
- **Děpolt (Theobald)** † 1167 ∞ T. v. Mgf. Albrecht d. Bär v. Brandenburg
  - Děpoltici (Theobalden) ausgest. nach 1247 im Exil
- **Heinrich** † nach 1169 ∞ Margarete
- **Vladislav** † 1165 ∞ T. v. Mgf. Albrecht d. Bär v. Brandenburg
- **Sobĕslav II.** † 1180 ∞ Elisabeth, T. v. Fs. Mieszko III. v. Polen
- **Maria** ∞ Leopold IV. v. Österreich † 1141
- **Udalrich** *1134, † 1177
  - ∞ 1. Cäcilie, T. v. Lgf. Ludwig I. v. Thüringen
  - ∞ 2. Sophie v. Wettin
- **Wenzel** *1137, † ca. 1192/93
- **(2) Adalbert III.** Ebf. v. Salzburg *1145, † 1200
- **(2) Otakar I. Přemysl** Kg. v. Böhmen *ca. 1165, † 1230
  - ∞ 1. Adelheid, T. v. Mgf. Otto v. Meißen, † 1211
  - ∞ 2. Konstanze, T. v. Kg. Béla III. v. Ungarn, † 1240
- **(2) Vladislav Heinrich** Mgf. v. Mähren † 1222 ∞ Hedwig
- **Heinrich Břetislav** Bf. v. Prag, ztw. Fs. v. Böhmen † 1197

Kinder Otakars I.:
- **Vratislav** † vor 1180
- **(1) Margarete Dagmar** † 1213 ∞ Kg. Waldemar II. v. Dänemark † 1241
- **(1) Vratislav** † nach 1225
- **(2) Richeza** † 1182 ∞ Heinrich d. Ä. Hzg. v. Mödling † 1223
- **Elisabeth** Nonne
- **Margarete** Nonne
- **(2) Judith** ∞ Hzg. Bernhard II. v. Kärnten † 1256
- **(2) Anna** † 1265 ∞ Hzg. Heinrich II. v. Schlesien † 1241
- **Wenzel I.** Kg. v. Böhmen *1205, † 1253 ∞ Kunigunde, T. v. Kg. Philipp v. Schwaben, † 1248
- **Agnes** Äbt. *1211, † 1282
- **(2) Vladislav** Mgf. v. Mähren *1207, † 1227
- **(2) Přemysl** Mgf. v. Mähren *1209, † 1239 ∞ Margarete v. Meranien

Kinder Wenzels I.:
- **Vladislav** Mgf. v. Mähren † 1247 ∞ Gertrud v. Babenberg
- **Božena (Beatrix)** † 1290 ∞ Mgf. Otto III. v. Brandenburg † 1267
- **Agnes** † 1268 ∞ Mgf. Heinrich d. Erlauchte v. Meißen † 1288
- **Otakar II. Přemysl** Kg. v. Böhmen *1233, † 1278
  - ∞ 1. Margarete v. Babenberg † 1267
  - ∞ 2. Kunigunde, T. v. Fs. Rostislav Michajlovič v. Halič † 1285

Kinder Otakars II.:
- **Helene ?** ∞ Peter, Neffe v. Ks. Manuel I. Komnenos
- **Sophie** † 1195 ∞ Mgf. Albrecht v. Meißen † 1195
- **Ludmila** † 1240 ∞ 1. Gf. Albrecht v. Bogen † 1198 ∞ 2. Hzg. Ludwig I. v. Bayern † 1231
- Nikolaus Hzg. v. Troppau *um 1256, † 1318 ∞ Nichte v. Kg. Rudolf v. Habsburg ? † 1313
  - Unehel. Linie v. Troppau, Leobschütz, Jägerndorf, Ratibor, 1521 ausgest.
- **(2) Kunigunde** *1265, † 1321 (seit 1302 Äbt.) ∞ Bolesław v. Masowien † 1313
- **(2) Agnes** *1269, † 1296 ∞ Rudolf, Sohn v. Kg. Rudolf v. Habsburg † 1290
- **Wenzel II.** Kg. v. Böhmen, Kg. v. Polen *1271, † 1305
  - ∞ 1. Guta, T. v. Kg. Rudolf v. Habsburg † 1297
  - ∞ 2. Elisabeth, T. v. Kg. Přemysł II. v. Polen, † 1335

Kinder Wenzels II.:
- **(1) Wenzel III.** Kg. v. Böhmen, ztw. Kg. v. Polen und Ungarn *1289, † 1306 ∞ Viola v. Teschen, † 1317
- **(1) Agnes** *1289, † nach 1292 ∞ Ruprecht v. Nassau
- **(1) Anna** *1290, † 1313 ∞ Hzg. Heinrich VI. v. Kärnten, Kg. v. Böhmen, † 1335
- **(1) Elisabeth** *1292, † 1330 ∞ Johann v. Luxemburg, Kg. v. Böhmen, † 1346
- **(1) Margarete** *1296, † 1322 ∞ Bolesław v. Liegnitz † 1352
- **(2) Agnes** *1305, † 1337 ∞ Heinrich v. Jauer † 1345

Fortsetzung s. Luxemburger

Přemysliden, II (Mährische Linie)

Konrad I. Fs. v. Böhmen, ztw. mähr. Teilfs. † 1092
∞ Wirpirg

Otto I. mähr. Teilfs. † 1087
∞ Eufemia, T. v. Kg. Andreas I. v. Ungarn, † 1111

Fs. en v. Brünn

Fs. en v. Znaim

Ulrich † 1113

Luitold † 1112
∞ Ida, T. v. Mgf. Leopold II. v. Österreich

Fs. en v. Olmütz

Svatopluk Fs. v. Böhmen † 1109

Otto II. † 1126
∞ Sophie v. Berg

Vratislav † 1156
∞ russ. Prinzessin

Konrad II. † nach 1161
∞ Maria, T. v. Uroš v. Serbien

Wenzel *1107, †1130

Otto III. (Děleb) *1122, †1160
∞ Durancia, russ. Prinzessin

Spytihněv † 1198

Svatopluk † 1199

Konrad III. (II.) Otto Fs. v. Böhmen † 1191
∞ Helicha v. Wittelsbach

Svatava † vor 1160

Vladimír *1145, †1200

Břetislav † 1203

Hedwig † nach 1159

Siffrid † 1227 Domherr in Olmütz

Lit.: →Artikel der aufgeführten Personen – V. NOVOTNÝ, České dějiny, I. 3, 1928 [Beil.] – W. WEGENER, Die Přemysliden. Stammtafel des nationalen Hzg.shauses ca. 850–1306 mit einer Einl. (Genealog. Tafeln zur mitteleurop. Gesch. Lief. 1, 2, 1957², 3–12) – DERS. Die Hzg. e v. Troppau und Leobschütz, Jägerndorf und Ratibor des Stammes der Přemysliden (ebd., Lief. 2, 1959) – Z. FIALA, Přemyslovské Čechy, 1975² [Beil.] – K. JASIŃSKI, Studia nad genealogia czeskich Dypoldowiców, Śląski Kwartalnik Historyczny 'Sobótka' 36, 1981, 56–68 – B. KRZEMIEŃSKA, Vztahy moravských Přemyslovců ke Kyjevské Rusi, Acta Universitatis Nicolai Copernici, Historia 24, zesz. 204, 1990, 89–101 – D. TŘEŠTÍK, Počátky Přemyslovců. Vstup Čechů do dějin (530–935), 1997.

Raimundiner

Fulguad kgl. missus
∞ *Senegundis*

Fredelon Gf. / Mgf. v. Toulouse † 852
∞ *Oda*

Raimund I. Gf. v. Toulouse † 863
∞ *Berta*

Bernhard I. Gf. v. Toulouse † 874
∞ *Odo Gf. v. Toulouse † 918/919*

Raimund II. Gf. v. Toulouse † 923
∞ *Gudinilde*

Ermengol I. Gf. v. Rouergue
∞ *Adelheid*

Raimund III. (Pons I.) Gf./Mgf. v. Toulouse, Hzg. v. Aquitanien, Gf. v. Auvergne † nach 961

Raimund I. Gf. v. Rouergue, Hzg. v. Aquitanien, Mgf. v. Septimanien, Herr v. Quercy † 960/961
∞ 1. NN
∞ 2. Bertha v. Arles

Richilde † nach 954
∞ Gf. Suñer v. Barcelona

Wilhelm III. Taillefer Gf. v. Toulouse † 1037
∞ 1. Arsinde v. Anjou
∞ 2. Emma v. Provence

Pons Raimund Gf. des Albigeois † 989

Ledgarde † nach 977
∞ Gf. Borell II. v. Barcelona

Ramona
∞ Vgf. Atton v. Soule

(2) Raimund II. Gf. v. Rouergue † 1008
∞ Richarde de Millau

Hugo Gf. v. Rouergue † 1053
∞ Fides v. Cerdagne

Fides
∞ Vgf. Bernhard v. Narbonne

(2) Pons II. Wilhelm Gf. v. Toulouse † 1061
∞ 1. Majorie
∞ 2. Almodis v. La Marche

(2) NN
∞ Gf. Fulco Bertrand I. v. Provence

(2) Rangarde
∞ Gf. Pedro Ramon v. Carcassone

Bertha Gfn. v. Rouergue † 1065
∞ Gf. Robert II. v. Auvergne

(1) Pons † 1063
∞ Sancha v. Aragón

(2) Wilhelm IV. Gf. v. Toulouse † 1094
∞ 1. Mathilde
∞ 2. Emma v. Mortain

*(2) Raimund IV. v. St-Gilles, Gf. v. Toulouse, Gf. v. Tripolis * 1041/42, † 1105*
∞ 1. NN v. Provence
∞ 2. Mathilde v. Sizilien
∞ 3. Elvira v. Kastilien

Almodis
∞ Gf. Peter v. Melgueil † nach 1085

(1) Philippa † 1117
∞ Gf. Wilhelm VII. v. Poitou

(1) Bertrand v. St-Gilles Gf. v. Toulouse, Gf. v. Tripolis † 1142
∞ 1. NN

*(3) Alfons Jordan Gf. v. Toulouse * 1102, † 1148*
∞ Faydiva v. Uzès

(2) Pons Gf. v. Tripolis † 1137
∞ Cäcilia v. Frankreich

(2) Agnes
∞ Rainald II. v. Margat

Raimund V. v. St-Gilles Gf. v. Toulouse * 1134, † 1194
∞ Konstanze v. Frankreich

Raimund II. Gf. v. Tripolis † 1152
∞ Hodierne v. Rethel, T. v. Kg. Balduin II. v. Jerusalem

Raimund VI. Gf. v. Toulouse * 1156, † 1222
∞ 1. Gfn. Ermesende v. Melgueil
∞ 2. Beatrix v. Carcassone
∞ 3. Bourgogne v. Lusignan
∞ 4. Johanna v. England
∞ 5. NN v. Zypern
∞ 6. Eleonore v. Aragón

Alberich Taillefer Gf. v. St-Gilles † 1183
∞ Beatrix v. Vienne

Adelheid † nach 1199
∞ Roger II. Vgf. v. Béziers und Carcassonne

Raimund III. Gf. v. Tripolis * um 1140, † 1187
∞ Eschiva II. Fsn. v. Galiläa, Herrin v. Tiberias

(2) Konstanze † nach 1260
∞ Kg. Sancho VII. v. Navarra

(4) Raimund VII. Gf. v. Toulouse * 1197, † 1249
∞ 1. Sancha v. Aragón
∞ 2. Margarete v. La Marche

(1) Johanna Gfn. v. Toulouse * 1220, † 1271
∞ Alfons v. Poitiers, Sohn v. Kg. Ludwig VIII. v. Frankreich, Gf. v. Poitiers und Toulouse

Lit.: →Artikel der aufgeführten Personen – →Toulouse.

Rjurikiden (Kiever und Moskauer Rus'), I

Rjurik

|
Oleg Regent † um 912

Igor' Fs. v. Kiev † 945/946
∞ Ol'ga

Svjatoslav I. Fs. v. Kiev * um 942, † 972
∞ 1. NN
∞ 2. Maluša (Konkubine?)

- (1) Oleg Fs. d. Drevljanen † um 976
- (1) **Jaropolk** Fs. v. Kiev 972–978
  - ∞ 1. NN (Griechin)
  - ∞ 2. NN, T. v. Hzg. Konrad v. Schwaben
- (2) **Vladimir I.** d. Hl. Fs. v. Kiev † 1015
  - ∞ 1. NN (Tschechin)
  - ∞ 2. Rogneda v. Polock
  - ∞ 3. NN (Griechin, Witwe Jaropolks)
  - ∞ 4. NN (Tschechin?)
  - ∞ 5. NN (Bulgarin)
  - ∞ 6. Anna, T. v. Ks. Romanos II.
  - ∞ 7. NN

Kinder Vladimirs I.:

- **Svjatopolk I.** Fs. v. Kiev * 978/979, † nach 1019
  ∞ NN, T. v. Kg. Bolesław I. v. Polen
- (1) Vyšeslav Fs. v. Novgorod † 1010 (?)
- (2) Izjaslav Fs. v. Polock * 977/978, † 1001
- (2) **Jaroslav I.** d. Weise Fs. v. Kiev * 978/979, † 1054
  - ∞ 1. Anna (?)
  - ∞ 2. Ingigerd-Irina, T. v. Kg. Olaf I. v. Schweden
- (2) Peredslava ∞ Kg. Bolesław I. v. Polen
- (4) Svjatoslav Fs. der Drevljanen † 1015
- (4) Mstislav Fs. v. Tmutarakan' † 1036
- (5) Boris Fs. v. Rostov † 1015
- (5) Gleb Fs. v. Murom † 1015
- (7) Maria Dobronega * nach 1012, † 1087 ∞ Hzg. Kasimir I. v. Polen

Kinder Jaroslavs I.:

Vseslav † 1003

Brjačeslav Fs. v. Polock † 1044

- (1) Il'ja Fs. v. Novgorod † 1020 ∞ Estred, Schwester v. Kg. Knud d. Gr. v. England-Dänemark-Norwegen
- (2) Vladimir Fs. v. Novgorod * 1020/21, † 1052
- (2) **Izjaslav I.** Fs. v. Kiev * 1024/25, † 1078
  - ∞ 1. Gertrud, T. v. Kg. Mieszko II. v. Polen
  - ∞ 2. NN (Konkubine)
  - Fortsetzung s. Rjurikiden, III
- (2) **Svjatoslav II.** Fs. v. Kiev * 1027, † 1076
  - ∞ 1. Cäcilia
  - ∞ 2. Oda, T. v. Gf. Liutpold (v. Babenberg?)
  - Fortsetzung s. Rjurikiden, III
- (2) **Vsevolod I.** Fs. v. Kiev * 1030, † 1093
  - ∞ 1. Marija, T. v. Ks. Konstantin IX. Monomachos
  - ∞ 2. Anna (Polovcerin)
  - Fortsetzung s. Rjurikiden, IV
- (2) Igor' Fs. v. Volhynien † 1060
- (2) Vjačeslav Fs. v. Smolensk * 1036, † 1057
- (2) Elisabeth ∞ I. Kg. Harald III. v. Norwegen
- (2) Anastasia (?) † nach 1074 ∞ Kg. Andreas I. v. Ungarn
- (2) Anna † nach 1075 ∞ I. Kg. Heinrich I. v. Frankreich

Vseslav Fs. v. Polock † 1101

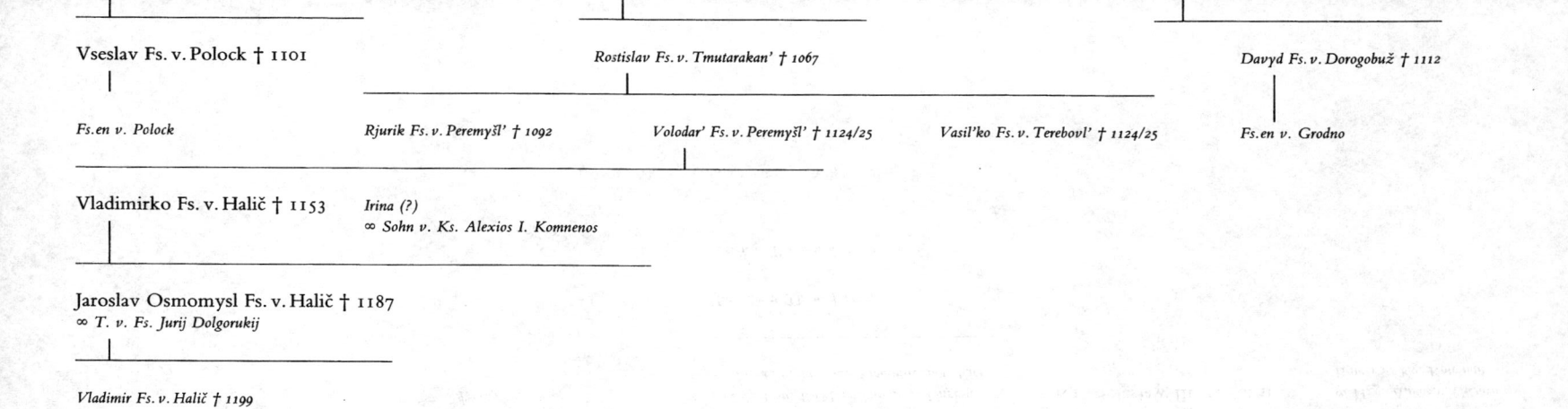

Rostislav Fs. v. Tmutarakan' † 1067

Davyd Fs. v. Dorogobuž † 1112

Fs. en v. Polock

Rjurik Fs. v. Peremyšl' † 1092

Volodar' Fs. v. Peremyšl' † 1124/25

Vasil'ko Fs. v. Terebovl' † 1124/25

Fs. en v. Grodno

Vladimirko Fs. v. Halič † 1153

Irina (?)
∞ Sohn v. Ks. Alexios I. Komnenos

Jaroslav Osmomysl Fs. v. Halič † 1187
∞ T. v. Fs. Jurij Dolgorukij

Vladimir Fs. v. Halič † 1199

Rjurikiden (Kiever und Moskauer Rus'), **II**

Izjaslav I. Fs. v. Kiev *1024/25, †1078
∞ 1. Gettrud, T. v. Kg. Mieszko II. v. Polen
∞ 2. NN (Konkubine)

―――――――――――――――――――――――――――――

(1) Jaropolk Fs. v. Volhynien und Turov †1086
∞ Kunigunde-Irina v. Orlamünde

(2) **Svjatopolk II.** Fs. v. Kiev *1050, †1113
∞ 1. NN (Konkubine)
∞ 2. NN, T. des Polovcerfs. en Tugor

(1) Mstislav Fs. v. Polock †1069

(1) Mstislav Fs. v. Volhynien †1109

(2) Jaroslav Fs. v. Volhynien †1123
∞ 1. NN, T. v. Kg. Ladislaus I. v. Ungarn
∞ 2. NN, T. v. Mstislav Vladimirovič v. Kiev

(2) Sbyslava
∞ Kg. Bolesław III. v. Polen

(2) Peredslava
∞ Hzg. Almos v. Ungarn, Bruder v. Kg. Koloman

Jaroslav Fs. v. Berest'e (Brest) †1102/03

Jurij Fs. v. Turov †1167/74

Fs. en v. Turov und Pinsk

Rjurikiden (Kiever und Moskauer Rus'), III

Svjatoslav II. Fs. v. Kiev * 1027, † 1076
∞ 1. Cäcilia
∞ 2. Oda, T. v. Gf. Liutpold (v. Babenberg?)

(1) Gleb Fs. v. Tmutarakan' und Novgorod † 1078	(1) David Fs. v. Černigov † 1123 ∞ NN	(1) Oleg Fs. v. Tmutarakan' und Černigov † 1115 ∞ 1. Theophano Musalon ∞ 2. NN, T. des Poloverfs. en Osoluk

(1) Roman Fs. v. Tmutarakan' (2) Jaroslav. Fs. v. Murom * um 1071, † 1129

Fs. en v. Murom und Rjazan'

Vladimir Fs. v. Černigov † 1151

(1) **Vsevolod II.** Fs. v. Černigov, Fs. v. Kiev † 1146

(1) **Igor' II.** Fs. v. Kiev † 1147

(2) Svjatoslav Fs. v. Černigov † 1164

Igor' Fs. v. Novgorod-Severskij † 1202
∞ Evrosinija, T. v. Fs. Jaroslav Osmomysl v. Halič

Izjaslav III. Fs. v. Kiev † 1162

Jaroslav Fs. v. Černigov † 1198

Zvenislava ∞ Hzg. Bolesław I. v. Schlesien

Oleg Fs. v. Novgorod-Severskij † 1180

Svjatoslav III. Fs. v. Kiev † 1194

Mstislav Fs. v. Černigov † 1223

Oleg Fs. v. Černigov † 1204

Vsevolod III. Gfs. v. Kiev † 1212 (?)
∞ NN, T. v. Hzg. Kasimir II. v. Polen

Michail Gfs. v. Kiev * 1179 (?), † 1246

mehrere Fs. enfamilien im Land Seversk

Rjurikiden (Kiever und Moskauer Rus'), IV

Vsevolod I. Fs. v. Kiev *1030, †1093
- ∞ 1. Marija T. v. Ks. Konstantin IX. Monomachos
- ∞ 2. Anna (Polovcerin)

---

(1) Vladimir II. Monomach Fs. v. Kiev *1053, †1125
- ∞ 1. Gyda, T. v. Kg. Harald II. v. England
- ∞ 2. NN
- ∞ 3. NN (Polovcerin)

(2) Rostislav Fs. v. Perejaslavl' *1070, †1093

(2) Adelheid (Eupraxia) †1109
- ∞ 1. Gf. Heinrich III. v. Stade
- ∞ 2. Ks. Heinrich IV.

---

(1) Mstislav I. Fs. v. Kiev *1076, †1132
- ∞ 1. Christina, T. v. Kg. Ingo v. Schweden
- ∞ 2. T. v. Dimitrij Zavidič, Posadnik v. Novgorod

(1) Jaropolk II. Fs. v. Kiev †1139
- ∞ Elena (Osetin)

(1) Vjačeslav Fs. v. Kiev †1154

(2) Jurij I. Dolgorukij Fs. v. Rostov-Suzdal', Fs. v. Kiev †1157
- ∞ 1. T. des Polovcerf̧s.en Aepa
- ∞ 2. NN (Byzantinerin?)

(2) Andrej Fs. v. Volhynien *1102, †1142

Fortsetzung s. Rjurikiden, V

(1) Rostislav Fs. v. Novgorod und Perejaslavl' †1151

(2) Andrej Bogoljubskij Fs. v. Vladimir-Suzdal' †1174
- ∞ 1. NN
- ∞ 2. NN (Osetin)

(1) Gleb Fs. v. Perejaslavl', Fs. v. Kiev †1171

(2) Vsevolod III. Gfs. v. Vladimir *1154, †1212
- ∞ 1. Maria (Osetin)
- ∞ 2. Ljubov' (?) v. Vitebsk

Jurij Fs. v. Novgorod †nach 1190
- ∞ Kgn. Tamar v. Georgien

(1) Konstantin Fs. v. Rostov, Gfs. v. Vladimir *1185, †1218
- ∞ NN v. Smolensk

(1) Jurij II. Gfs. v. Vladimir *1189, †1238
- ∞ Agafija v. Černigov

(2 [3?]) Michail Gfs. v. Vladimir †1249

(1) Jaroslav II. Gfs. v. Vladimir *1190, †1246
- ∞ 1. NN, T. des Polovcerf̧s.en Jurij Končakovič
- ∞ 2. Rostislava, T. v. Fs. Mstislav Mstislavič v. Novgorod
- (?) ∞ 3. Feodosija v. Rjazan'

(1) Svjatoslav Fs. v. Suzdal', Gfs. v. Vladimir *1196, †1252

(1) Vladimir Fs. *1194, †1227

Ivan Fs. v. Starodub *1198, †nach 1246
Fs. en v. Starodub

Vasil'ko Fs. v. Rostov *1208, †1238
Fs. en v. Rostov

(2 [3?]) Andrej Fs. v. Suzdal', Gfs. v. Vladimir †1264
- ∞ NN, T. v. Fs. Daniil Romanovič v. Halič-Volhynien

(2 [3?]) Alexander Nevskij Gfs. v. Vladimir *1220, †1263
- ∞ 1. NN, T. v. Fs. Brjačislav v. Polock
- ∞ 2. Vassa (?)

(2 [3?]) Jaroslav Fs. v. Tver', Gfs. v. Vladimir *1230, †1272

(2 [3?]) Vasilij Gfs. v. Vladimir *1241, †1277

Fortsetzung s. Rjurikiden, VI

Vasilij Fs. v. Novgorod † 1271   Dmitrij Fs. v. Perejaslavl'-Zalesskij, Gfs. v. Vladimir † 1294   Andrej Fs. v. Gorodec, Gfs. v. Vladimir † 1304   Daniil Fs. v. Moskau *1261, † 1303
                                                                                                  ∞ Vasilisa, T. v. Fs. Dmitrij Borisovič v. Rostov

Jurij Fs. v. Moskau, Gfs. v. Vladimir † 1325   **Ivan I. Kalità** Fs. v. Moskau, Gfs. v. Vladimir † 1341
∞ 1. NN   ∞ 1. Elena
∞ 2. Agafija, T. des mongol. Chan Özbeg   ∞ 2. Ul'jana

Semen Gordyj Fs. v. Moskau, Gfs. v. Vladimir *1316, † 1353   **Ivan II.** Fs. v. Moskau, Gfs. v. Vladimir *1326, † 1359   Andrej Fs. v. Borovsk und Serpuchov *1327, † 1353   Konstantin Fs. v. Uglič
∞ 1. Ajgusta Anastasija, T. v. Gfs. Gedimin v. Litauen   ∞ 1. Feodosija, T. v. Dmitrij v. Brjansk   ∞ Marija   *1389, † 1433/34
∞ 2. Evpraksija, T. v. Feodor Svjatoslavič v. Smolensk   ∞ 2. Aleksandra
∞ 3. Marija, T. v. Aleksandr Michajlovič v. Tver'

Dmitrij Donskoj Fs. v. Moskau, Gfs. v. Vladimir *1350, † 1389   Vladimir Chrabryj Fs. v. Borovsk und Serpuchov *1353, † 1410
∞ Evdokija, T. v. Dmitrij Konstantinovič v. Suzdal'   ∞ Elena, T. v. Olgerd v. Litauen

Vasilij I. Gfs. v. Moskau *1371, † 1425   **Jurij** Fs. v. Galič, Gfs. v. Moskau   Andrej Fs. v. Možajsk   Petr Fs. v. Dmitrov
∞ Sofija, T. v. Witowt v. Litauen   *1374, † 1434   *1382, † 1432   *1385, † 1428
                                               ∞ Anastasija, T. v. Jurij Svjatoslavič
                                               v. Smolensk

Anna   Anastasija   **Vasilij II. Temnyj** Fs. v. Moskau,   Vasilij Kosoj Fs. v.   Dmitrij Šemjaka Fs. v. Uglič,
∞ Ks. Johannes ∞ 1. Aleksandr Ivanovič   Gfs. v. Vladimir *1415, † 1462   Zvenigorod † 1448   Gfs. v. Moskau † 1453
VIII. Palaiologos   Brjuchatyj v. Suzdal'   ∞ Marija, T. v. Jaroslav Vladimirovič
               ∞ 2. Aleksandr   v. Serpuchov
               Danilovič v. Suzdal'

                                               Ivan III. Gfs. v. Moskau, Herrscher der ganzen Rus' *1440, † 1505   Jurij Fs.   Andrej d. Ä.   Boris Fs. v. Volok   Anna † 1501   Andrej d. J.
                                               ∞ 1. Marija, T. v. Boris Aleksandrovič v. Tver'   v. Dmitrov   Fs. v. Uglič   *1449, † 1494   ∞ Vasilij Ivanovič   Fs. v. Vologda
                                               ∞ 2. Sophia Palaiologa   *1441, † 1472   *1446, † 1494   v. Rjazan'   *1452, † 1481

(1) Ivan Molodoj   (2) Helena   (2) **Vasilij III.** Gfs. v. Moskau, Herrscher der ganzen Rus'   (2) Jurij Fs.   (2) Dmitrij   (2) Semen Fs.   (2) Andrej Fs.
*1458, † 1490   *1476, † 1513   *1479, † 1533   v. Dmitrov   Žilka Fs.   v. Kaluga   v. Starica
∞ Elena, T. v.   ∞ Gfs. Alexander   ∞ 1. Solomonija Saburova   *1480, † 1536   v. Uglič   *1487, † 1518   *1490, † 1537
Stefan v. d. Moldau v. Litauen, Kg. v. Polen ∞ 2. Elena, T. v. Vasilij L'vovič Glinskij   *1481, † 1521

Dmitrij *1483, † 1509   (2) **Ivan IV.** Groznyj Zar *1530, † 1584   (2) Jurij Fs. v. Uglič *1532, † 1563   Vladimir Fs. v. Starica *1533, † 1569
                                             ∞ 1. Anastasija, T. des Bojaren Roman Zachar'in-Koškin
                                             ∞ 7. Marija, T. des Bojaren Fedor Nagoj

(1) Ivan *1554, † 1582   (1) **Fedor** Zar *1557, † 1598   (7) Dmitrij *1583, † 1591
                          ∞ Irina, Sch. des Bojaren Boris Godunov

Rjurikiden (Kiever und Moskauer Rus'), V

Mstislav I. Fs. v. Kiev * 1076, † 1132
∞ 1. *Christina*, T. v. Kg. *Ingo* v. Schweden
∞ 2. T. v. *Dimitrij Zavidič*, Posadnik v. Novgorod

(1) *Vsevolod* Fs. v. Novgorod † 1138

(1) **Izjaslav II.** Fs. v. Volhynien, Fs. v. Kiev † 1154
∞ 1. NN (Stauferin)
∞ 2. NN, T. v. Kg. *Dimitri* v. Georgien

(1) **Rostislav** Fs. v. Smolensk, Fs. v. Kiev † 1168

(1) *Ingeborg* ∞ *Knud Laward*, dän. Hzg.

(1) *Malfrid* ∞ 1. Kg. *Sigurd Jórsalafari* v. Norwegen
∞ 2. Kg. *Erich II.* v. Dänemark

(1) NN ∞ (*Andronikos?*), Sohn v. Ks. *Johannes II. Komnenos*

(2) *Vladimir* Fs. v. Kiev * 1131, † 1171

(2) *Evdokija* ∞ Kg. *Géza II.* v. Ungarn

Verchuslava ∞ Fs. *Boleslaw IV.* v. Polen

(1) **Mstislav II.** Fs. v. Volhynien, Fs. v. Kiev † 1170
∞ *Agnesza*, T. v. Boleslaw III. v. Polen

(1) *Jaroslav* Fs. v. Luck, Fs. v. Kiev † nach 1175

(1) *Evdokija* ∞ Fs. *Mieszko III.* v. Polen

Roman Fs. v. Smolensk, Fs. v. Kiev † 1180

David Fs. v. Smolensk † 1197

Rjurik Gfs. v. Kiev † 1212 (?)

Mstislav Fs. v. Novgorod † 1180

Elena ∞ Fs. *Kasimir II.* v. Polen

Roman Fs. v. Halič-Volhynien, Fs. v. Kiev † 1205

Mstislav III. Fs. v. Smolensk, Gfs. v. Kiev † 1223

Mstislav Fs. v. Smolensk, * 1193, † 1230
Fs. en v. Smolensk und Jaroslavl'

Vladimir III. Fs. v. Smolensk, Gfs. v. Kiev * 1187, † um 1239

Mstislav Udaloj Fs. v. Novgorod und Halič † 1228

Daniil Gfs. (Kg.) v. Halič-Volhynien, Gfs. v. Kiev * um 1202, † 1264
∞ 1. *Anna*, T. v. Mstislav Mstislavič v. Halič
∞ 2. NN, Nichte v. Kg. Mindowe v. Litauen

Vasil'ko Fs. v. Volhynien * um 1206, † 1269

Lev Gfs. (Kg.) v. Halič * um 1225, † 1300
∞ *Konstanze*, T. v. Kg. *Béla IV.* v. Ungarn

Roman Fs. v. Slonim † nach 1260
∞ *Gertrud*, Sch. v. Hzg. *Friedrich II. d. Streitbaren* v. Österreich

Mstislav Fs. v. Volhynien † nach 1292

Švarn Fs. v. Cholm † 1269
∞ NN, T. v. Kg. Mindowe v. Litauen

Vladimir Fs. v. Volhynien † 1288

Jurij Gfs. (Kg.) v. Halič * 1252/57, † 1308 (?)
∞ 1. NN, T. v. Jaroslav Jaroslavič v. Tver', Gf. v. Vladimir
∞ 2. *Evfimija*, T. v. Kasimir I. v. Kujawien

Fs. en v. Ostrog

(2) *Andrej* Fs. v. Volhynien † 1323

(2) *Lev* Fs. v. Halič † 1323

Rjurikiden (Kiever und Moskauer Rus'), VI

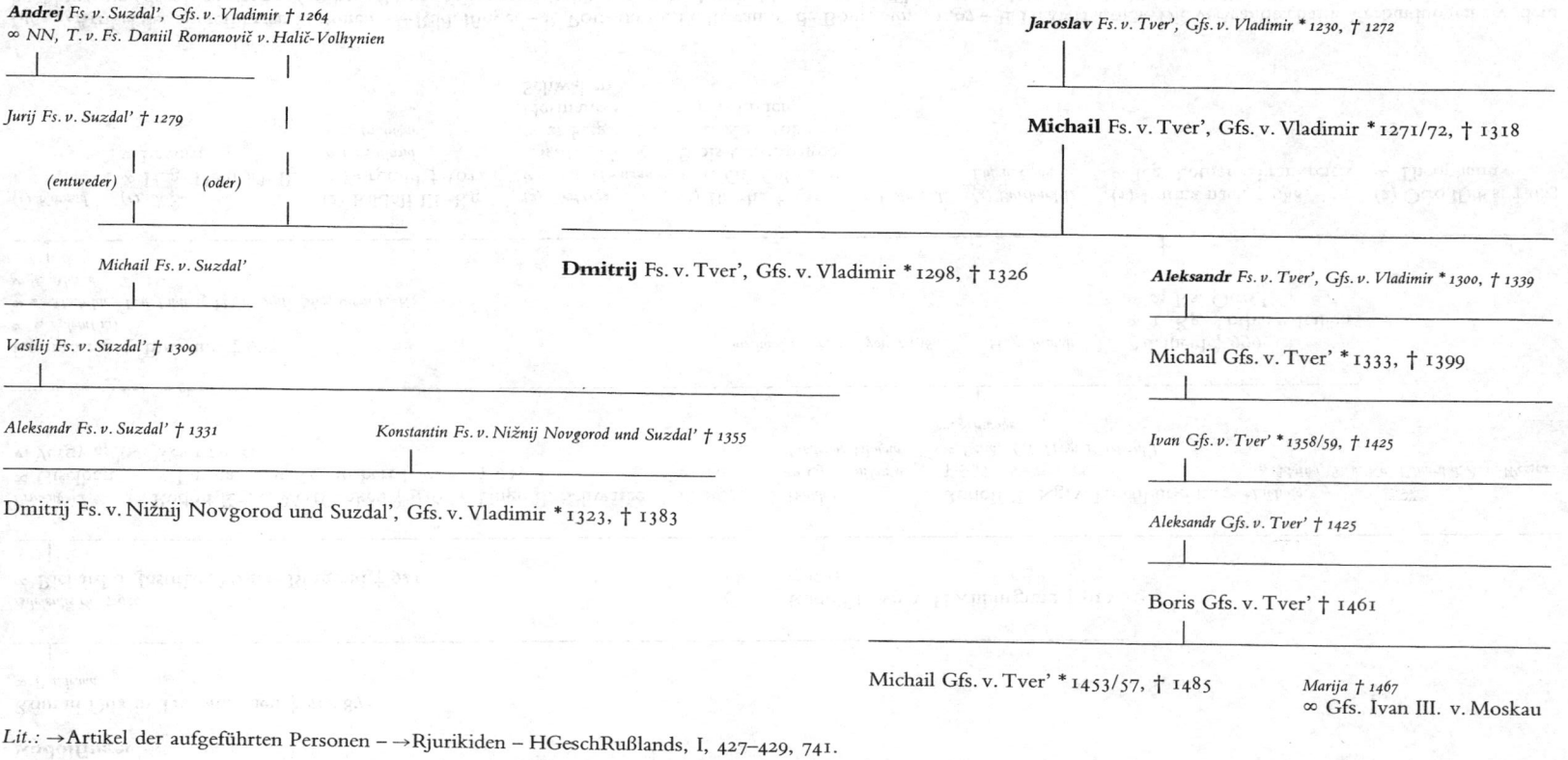

Andrej Fs. v. Suzdal', Gfs. v. Vladimir † 1264
∞ NN, T. v. Fs. Daniil Romanovič v. Halič-Volhynien

Jaroslav Fs. v. Tver', Gfs. v. Vladimir *1230, † 1272

Michail Fs. v. Tver', Gfs. v. Vladimir *1271/72, † 1318

Jurij Fs. v. Suzdal' † 1279

(entweder)   (oder)

Michail Fs. v. Suzdal'

Vasilij Fs. v. Suzdal' † 1309

Aleksandr Fs. v. Suzdal' † 1331

Konstantin Fs. v. Nižnij Novgorod und Suzdal' † 1355

Dmitrij Fs. v. Nižnij Novgorod und Suzdal', Gfs. v. Vladimir *1323, † 1383

Dmitrij Fs. v. Tver', Gfs. v. Vladimir *1298, † 1326

Aleksandr Fs. v. Tver', Gfs. v. Vladimir *1300, † 1339

Michail Gfs. v. Tver' *1333, † 1399

Ivan Gfs. v. Tver' *1358/59, † 1425

Aleksandr Gfs. v. Tver' † 1425

Boris Gfs. v. Tver' † 1461

Michail Gfs. v. Tver' *1453/57, † 1485

Marija † 1467
∞ Gfs. Ivan III. v. Moskau

Lit.: →Artikel der aufgeführten Personen – →Rjurikiden – HGeschRußlands, I, 427–429, 741.

Rudolfinger

Konrad Dux in Transjuranien † vor 878
∞ Waldrada

Adeleidis ca. † 929
∞ Richard d. Justitiar, Hzg. v. Burgund † 921

Rudolf I. Kg. v. Hochburgund † 912
∞ Wila

Ermengard
∞ Giselbert v. Vergy

Rudolf Kg. v. Westfranken † 936
∞ Emma, T. v. Kg. Robert I. v. Westfranken

Hugo d. Schwarze † 925

Rudolf II. Kg. v. Hochburgund † 937
∞ Berta, T. v. Hzg. Burchard I. v. Schwaben

Waldrada
∞ Gf. Bonifaz v. Modena/Bologna

Boso Gf.

Ludwig
∞ Adgiva, T. v. Kg. Eduard d. Ä. v. Wessex

Konrad Kg. v. Burgund † 993
∞ 1. Adela(na)
∞ 2. Mathilde, T. v. Ludwig IV. d'Outre-Mer, westfrk. Kg.
∞ 3. Aldiud

Burchard I. Ebf. v. Lyon † 958

Hzg. Rudolf

Adelheid † 999
∞ 1. Kg. Lothar v. Italien
∞ 2. Ks. Otto I.

(1) Konrad

(1) Gisela
∞ Hzg. Heinrich II. v. Bayern

(2) Rudolf III. Kg. v. Burgund † 1032
∞ 1. Agiltrud
∞ 2. Irmingard

(2) Gerberga
∞ 1. Gf. Hermann v. Werl
∞ 2. Hzg. Hermann v. Schwaben

(2) Bertha † 1010
∞ 1. Gf. Odo I. v. Blois-Champagne
∞ 2. Kg. Robert II. v. Frankreich

(2) Mathilde

(3) Burchard II. Ebf. v. Lyon

(1) Emma nach † 988
∞ Kg. Lothar v. Frankreich

(2) Otto II. Ks. † 983
∞ Theophanu

Lit.: →Artikel der aufgeführten Personen – →Rudolfinger – R. POUPARDIN, Le Royaume de Bourgogne, 1907 – E. HLAWITSCHKA, Die verwandtschaftl. Verbindungen zw. dem hochburg. und dem niederburg. Kg.shaus (DERS, Stirps regia, 1988, 269–298) – DERS., Unters. zu den Thronwechseln in der 1. Hälfte des 11. Jh. und zur Adelsgesch. Süddtl.s, 1987, bes. 52, 138, 152f.

Werner, Gf. im Nahe-Speyer-, Wormsgau
∞ Konradinerin (Tochter v. Konrad I.?)

Konrad d. Rote Hzg. in Lothringen † 955
∞ Liutgard, T. v. Otto I. *931, † 953

Otto »v. Worms« Hzg. v. Kärnten † 1004
∞ Judith † 991

Heinrich Gf. im Speyergau *989/vor 1000 ∞ Bruno (Gregor V.) Papst *um 969/972, † 999   Konrad I. Hzg. v. Kärnten † 1011   Wilhelm Bf. v. Straßburg † 1047
∞ Adelheid v. Metz (∞ 2. frk. Gf.) † 1046   ∞ Mathilde, T. v. Hzg. Hermann II. v. Schwaben, † 1031/32

Konrad II. Ks., dt. Kg. *um 990, † 1039   Judith † 998?   Konrad II. Hzg. v. Kärnten *um 1002, † 1039   Bruno Bf. v. Würzburg † 1045
∞ Gisela, T. v. Hzg. Hermann II. v. Schwaben
*um 990, † 1043

Heinrich III. Ks., dt. Kg. *1017, † 1056   Beatrix † 1036   Mathilde *1034   Konrad (?)
∞ 1. Kunigunde, T. Kg. Knuds I. v. Dänemark   + Kg. Heinrich I. v.
∞ 2. Agnes, T. v. Hzg. Wilhelm V.   Frankreich † 1060
v. Aquitanien, *um 1025, † 1077

---

(1) Beatrix Äbt. v.   (2) Adelheid Äbt. v.   (2) Gisela *1047,   Heinrich IV. Ks., dt. Kg. *1050, † 1106   (2) Konrad Hzg. v. Bayern   (2) Judith-Sophie *vor 1054,
Quedlinburg   Quedlinburg und   † 1053   ∞ 1. Bertha v. Turin, T. Gf. Ottos v. Savoyen   *1052, † 1055   † 1092/96
*1037/38, † 1062   Gandersheim *1045,   ∞ 2. Adelheid, T. v. Gfs. Vsevolod v. Kiev,   ∞ 1. Kg. Salomon v. Ungarn
                     † 1096   *nach 1067, † 1109   ∞ 2. Fs. Władysław Herman
                                                                                                                                          v. Polen

---

(1) Adelheid   (1) Agnes *1072/73, † 1043   (1) Konrad Kg. *1074, † 1101   (1) Heinrich V. Ks., dt. Kg. *1086, † 1125   Agnes Äbt. v.   (2 Töchter)
*1070, † 1085/86   ∞ 1. Hzg. Friedrich I. v. Schwaben † 1105   ∞ Maximilla, T. v. Gf. Roger I.   ∞ Mathilde, T. v. Kg. Heinrich I. v. England   Quedlinburg † 1125
                      ∞ 2. Mgf. Leopold III. v. Österreich † 1136   v. Sizilien   † 1167
(1) Heinrich
*1071, † 1071   Berta (unehel. T. ?) ∞ Ptolemaeus Gf. v. Tusculum

---

(1) Töchter   (1) Friedrich II.   (1) Konrad III. dt. Kg.   (2) Heinrich II. Mgf./   (2) Leopold IV. Mgf.   (2) Otto Bf. v. Freising   (2) Konrad Bf. v.   (2 Töchter)
               Hzg. v. Schwaben   *1093, † 1151   Hzg. v. Österreich   v. Österreich † 1141   *ca. 1112, † 1158   Passau *um 1125,
               *1090, † 1146   *1107/08, † 1177   † 1168

Lit.: → Artikel der aufgeführten Personen — →Salier – Europ. Stammtafeln, NFI, hg. D. SCHWENNICKE, 1980, Taf. 4 – S. WEINFURTER, Die Salier und das Reich. Einleitung (Die Salier und das Reich, I, hg. DERS., 1992²).

Savoyen, Grafen und Herzöge v.

Humbert I. Gf. v. Maurienne † 1048
∞ Ansilia, T. v. Anselm, Rektor v. St-Maurice d'Agaune

- **Amadeus I.** Gf. † 1051
  ∞ Adela

- **Burchard** Bf. v. Aosta, Ebf. v. Lyon, Abt v. St-Maurice † 1068

- **Aymon** Bf. v. Sion, Propst v. St-Maurice † um 1054

- **Otto** Gf. v. Savoyen † 1060
  ∞ Gfn. Adelheid v. Turin

  - **Peter I.** Gf. v. Savoyen, Mgf. v. Turin † 1078
    ∞ Agnes v. Poitou

  - **Amadeus II.** Gf. v. Savoyen † 1080
    ∞ Johanna v. Genf

    - **Humbert II.** Gf. v. Maurienne † 1103
      ∞ Gisela v. Burgund

      - **Adelheid** † 1090
        ∞ Manasses v. Coligny

      - **Amadeus III.** Gf. v. Savoyen † 1148
        ∞ 1. Adelheid
        ∞ 2. Mathilde v. Albon

        - (1) Alice
          ∞ Humbert III. v. Beaujeu

        - (2) **Humbert III.** Gf. v. Savoyen † 1189
          ∞ 1. Faïdve v. Toulouse
          ∞ 2. Clementia v. Zähringen
          ∞ 3. Gertrud v. Flandern
          ∞ 4. Beatrix v. Mâcon

          - (2) Mathilde † 1188
            ∞ Kg. Alfons I. v. Portugal

          - (2) Agnes † 1172
            ∞ Wilhelm I. v. Genf

          - (2) Julienne Äbt. v. St-André-le-Haut in Vienne † 1194

          - (4) **Thomas I.** Gf. v. Savoyen † 1233
            ∞ Margarete v. Genf

            - (3) Alice
              + Johann Ohneland v. England

            - **Amadeus IV.** Gf. v. Savoyen * 1197, † 1253
              ∞ 1. Margarete v. Vienne
              ∞ 2. Cécile v. Baux

              - (1) Beatrix † 1259
                ∞ 1. Manfred III. v. Saluzzo
                ∞ 2. Kg. Manfred

                - Margarete † 1264
                  ∞ Bonifaz III. v. Montferrat

              - (2) Bonifaz Gf. v. Savoyen † 1263

              - (2) Beatrix Contessona † 1292/93
                ∞ Manuel v. Kastilien

            - **Peter II.** Gf. v. Savoyen † 1268
              ∞ Agnes v. Faucigny

            - **Philipp I.** Gf. v. Savoyen † 1285
              ∞ Alix v. Meranien

              - Beatrix † 1310
                ∞ Dauphin Guigo VII.

            - **Thomas (II.)** Herr v. Piemont † 1259
              ∞ 1. Johanna Gfn. v. Hennegau und Flandern
              ∞ 2. Beatrice Fieschi, Nichte v. Papst Innozenz IV.

              - (2) **Amadeus V. d. Gr.** Gf. v. Savoyen * um 1249, † 1323
                ∞ 1. Sibylle v. Bâgé
                ∞ 2. Maria v. Brabant

              - (2) **Thomas (III.)** Herr v. Piemont † 1282

            - **Bonifatius** Ebf. v. Canterbury † 1270

            - 5 Kinder

            - (2) **Ludwig I.** Sire de Vaud † 1302
              ∞ 1. Adeline v. Lothringen
              ∞ 2. Jeanne v. Montfort
              ∞ 3. Isabella v. Aulnay

      - **Wilhelm** Bf. v. Lüttich

      - **Humbert** † 1131

      - **Renaud** Propst v. St-Maurice

      - **Agnes**
        ∞ Archimbald v. Bourbon

      - **Adelheid** † 1154
        ∞ Kg. Ludwig VI. v. Frankreich

      - (2) Margarete

  - **Odo** Bf. v. Asti † 1060

  - **Bertha** † 1088
    ∞ Ks. Heinrich IV.

  - **Adelheid** † 1080
    ∞ Rudolf v. Rheinfelden, dt. Gegenkg.

(1) Eduard Gf. v. Savoyen
* ca. 1284, † 1329
∞ Blanche v. Burgund

(1) Aymon Gf. v. Savoyen
* 1291, † 1343
∞ Yolande v. Montferrat

(2) 3 Töchter

(1) 4 Töchter

(2) Anna (Johanna) * um 1306,
† nach 1355
∞ Ks. Andronikos II. Palaiologos

(2) Ludwig II. Sire de Vaud
* um 1269 † 1349

Jeanne † 1344
∞ Hzg. Jean II. le Bon v. Bretagne

Amadeus VI. Gf. v. Savoyen * 1334, † 1383
∞ Bonne v. Bourbon

Blanca † 1387
∞ Galeazzo II. Visconti

Catherine

Amadeus VII. Gf. v. Savoyen * 1360, † 1391
∞ Bonne v. Berry

Amadeus VIII. Gf./Hzg. v. Savoyen, Papst (Felix V.),
* 1383, † 1451
∞ Maria v. Burgund

Bonne † 1432
∞ Ludwig v. Savoyen (Tit-)Fs. v. Achaia

Jeanne † 1460
∞ Mgf. Johann Jakob v. Montferrat

Maria † 1469
∞ Filippo Maria Visconti

Ludwig Hzg. v. Savoyen † 1465
∞ Anna v. Zypern

Margarete † 1479
∞ Hzg. Ludwig III. v. Anjou

Amadeus IX. Hzg.
v. Savoyen
* 1436, † 1472
∞ Yolande de France

Ludwig † 1482
∞ Charlotte
v. Lusignan
Kgn. v. Zypern

Philipp II. Hzg. v. Savoyen
* 1438, † 1497
∞ 1. Margarete v. Bourbon
∞ 2. Claudine de Brosse

Charlotte * um 1442/45,
† 1483
∞ Kg. Ludwig XI.
v. Frankreich

Jacques de Savoie
Gf. v. Romont
* 1447/52, † 1485
∞ Maria v. Luxemburg

Bona * 1449,
† 1503
∞ Galeazzo Maria
Sforza

Philibert I. Hzg. v. Savoyen
* 1465, † 1482
∞ Blanca Maria Sforza

Karl I. Hzg. v. Savoyen
* 1468, † 1489
∞ Blanca v. Montferrat

Philibert II. d. Schöne Hzg. v. Savoyen
* 1480, † 1504
∞ Margarete v. Österreich

Lit.: →Artikel der aufgeführten Personen →Savoyen – M. José, La Maison de Savoie, I, 1956 – E. L. Cox, The Eagles of Savoy, 1974 – Europ. Stammtafeln, hg. D. SCHWENNICKE, NF Bd. II, 1984, Taf. 190–195.

Sforza, I

Muzio Attendolo Sforza Gf. v. Cotignola * 1369, † 1424
∞ 1. Antonia Salimbeni † 1411
∞ 2. Caterina Alopo † 1418
∞ 3. Maria Marzani Gfn. v. Celano

---

(1) Bosio Gf. v. Cotignola, Signore v. Castell' Arquato, † 1476
∞ 1. Cecilia Aldobrandeschi Gfn. v. S. Fiora
∞ 2. Griseide v. Capua

(2) Leonardo † 1438

(3) Carlo (Gabriele) Ebf. v. Mailand † 1457

(3) Bartolomeo Signore v. Castell' Arquato, Gf. en v. S. Fiora, Mgf.en v. Proceno, Hzg. e v. Segni, Hzg. e v. Ornano, dann Sforza Cesarini, Hzg. e v. Segni, Hzg. e v. Civita Lavinia, Gf. en v. Celano, Barone v. Pescina

(von Lucia Terzani da Marsciano † 1461)

Francesco Hzg. v. Mailand
Fortsetzung s. Sforza, II

Elisa † 1476
∞ Leonetto Sanseverino

Antonia
∞ 1. Ardizzone da Carrara
∞ 2. Manfredi da Barbiano

Leone † 1440
∞ Marsobilia Trinci

Giovanni † 1451

Alessandro Signore v. Pesaro † 1473
∞ 1. Costanza v. Varano † 1447
∞ 2. Sveva di Montefeltro † 1478

(von Tamiradi Cagli)

Onestina † 1422

Pietro Bf. v. Asti † 1442

Mansueto Abt v. S. Lorenzo in Cremona

---

(1) Costanzo I Signore v. Pesaro † 1483
∞ Camilla Marzani

Battista † 1472
∞ Federico di Montefeltro Hzg. v. Urbino

Ginevra † 1507
∞ 1. Sante Bentivoglio Signore v. Bologna † 1462
∞ 2. Giovanni II Bentivoglio Signore v. Bologna, † 1508

Antonia
∞ Ottaviano Martinengo

Carlo

Ercole

Giovanni Signore v. Pesaro † 1510
∞ 1. Maddalena Gonzaga † 1490
∞ 2. Lucrezia Borgia
∞ 3. Ginevra Tiepolo

Galeazzo Signore v. Pesaro † 1515
∞ Ginevra Bentivoglio † 1521

---

(3) Costanzo II. (Giuseppe Maria) Signore v. Pesaro † 1512

Isabella † 1561
∞ Cipriano Del Nero Baron v. Porcigliano

Sforza, II

Francesco I. Hzg. v. Mailand * 1401, † 1466
∞ 1. Polissena Ruffo Gfn. v. Montalto † 1427
∞ 2. Bianca Maria Visconti † 1468

---

(2) Galeazzo Maria Hzg. v. Mailand
[Fortsetzung s. Sforza, III]

(2) *Ippolita Maria* * 1445, † 1488
∞ Alfonso v. Aragón, Hzg. v. Kalabrien

(2) *Filippo Maria* Gf. v. Korsika, * 1449, † 1492

(2) *Sforza Maria* Hzg. v. Bari * 1451, † 1479

(2) Ludovico Maria 'il Moro' Hzg. v. Mailand * 1451, † 1508
∞ Beatrice d'Este † 1497

Ascanio Maria Bf. v. Pavia, v. Novara, v. Cremona und v. Pesaro, Kard. * 1455, † 1505

Elisabetta Maria * 1456, † 1472
∞ Guglielmo VIII. Paleologo Mgf. v. Montferrat

(2) *Ottaviano Maria* Gf. v. Lugano * 1458, † 1477

Ercole (Massimiliano) Hzg. v. Mailand * 1493, † 1530

Francesco II. Hzg. v. Mailand * 1495, † 1535
∞ Christina v. Dänemark † 1590

Bianca * 1482, † 1497
∞ Galeazzo Sanseverino

(von Lucrezia Crivelli)

Leone Abt v. S. Vittore † 1501

Giovanni Paolo Mgf. v. Caravaggio, Gf. v. Galliate † 1535
∞ Violante Bentivoglio

Cesare † 1512

Mgf.en v. Caravaggio, ausgest. 1697

Polissena * 1428, † 1449
∞ Sigismondo Pandolfo Malatesta Signore v. Rimini

Tristano † 1477
∞ Beatrice d'Este

Sforza Secondo Gf. v. Borgonuovo * 1433, † 1491
∞ Antonia dal Verme † 1487

Sforza

Drusiana * 1437, † 1474
∞ 1. Giano Campofregoso
∞ 2. Iacopo Piccinino

Polidoro * 1442, † 1475

Fiordalisa † 1522
∞ Guidaccio Manfredi v. Imola

Bianca Francesca Äbt. v. S. Monica in Cremona † 1516

Bona Francesca Äbt. † 1498

Giulio † 1495

Giovanni Maria Ebf. v. Genua † 1513

Isolea † 1485
∞ Andrea Matteo Acquaviva Hzg. v. Atri

Francesco † 1491

Iacopetto

Zweig v. Borgonovo, ausgest. 1679

Sforza v. Castel San Giovanni und v. Lunigiana

Sforza, III

Galeazzo Maria Hzg. v. Mailand * 1444, † 1476
∞ Bona v. Savoyen † 1503

Gian Galeazzo Maria Hzg. v. Mailand * 1469, † 1494 ∞ Isabella v. Aragón † 1524	Ermes Mgf. v. Tortona * 1470, † 1503	Bianca Maria * 1472, † 1510 ∞ Maximilian I. Ks.	Anna Maria * 1473 † 1497 ∞ Alfonso d'Este

Francesco 'il Duchetto' Abt v. Noirmoutier † ca. 1511   Bona Hzgn. v. Bari * 1493, † 1557
∞ Sigismund I. Jagiello Kg. v. Polen

(von Lucrezia Landriani)   *(von Lucia Marliani Gfn. v. Melzo)*

| Carlo * 1458, † 1483 ∞ Bianca Maria Simonetta | Caterina * 1463, † 1509 ∞ 1. Gerolamo Riario Signore v. Imola † 1488 ∞ 2. Iacopo Feo v. Savona † 1495 ∞ 3. Giovanni Medici † 1498 | Alessandro † 1523 | Chiara * 1463, † 1531 ∞ 1. Pietro dal Verme † 1485 ∞ 2. Fregosino Campofregoso | Galeazzo Gf. v. Melzo * 1475, † 1515 | Ottaviano Bf. v. Lodi und v. Arezzo * 1477, † 1541 |

Riario-Sforza

Angela † 1487   Ippolita † 1520
∞ Ercole d'Este Mgf. v. S. Martino   ∞ Alessandro Bentivoglio
                                      † 1533

Lit.: →Artikel der aufgeführten Personen — →Sforza — →Riario.

Staufer, I

Friedrich v. Büren *um 1010/20, † um 1050/60
∞ *Hildegard v. Mousson*

Friedrich I. Hzg. v. Schwaben *um 1050, † 1105
∞ 1. *Beatrix/Mathilde*
∞ 2. *Agnes v. Waiblingen*

──────────────────────────────

(2) **Friedrich II.** (monoculus) Hzg. v. Schwaben *1090, † 1147
∞ 1. *Judith v. Bayern*
∞ 2. *Agnes v. Saarbrücken*

(2) **Konrad III.** röm. Kg. *1093, † 1151
∞ 1. *Gertrud v. Comburg*
∞ 2. *Gertrud v. Sulzbach*

(2) *Fides/Gertrud* † 1142/49
∞ *Hermann v. Stahleck rhein. Pfgf.*

──────────────────────────────

(1) **Friedrich I. Barbarossa** Ks. *wohl nach 1122, † 1190
∞ 1. *Adela v. Vohburg*
+ *Maria Komnena*
∞ 2. *Beatrix v. Burgund*

(2) *Jutta* † 1191
∞ Lgf. *Ludwig II. v. Thüringen*

(2) *Konrad rhein. Pfgf.* *um 1134/36, † 1195
∞ 1. *N v. Sponheim*
∞ 2. *Irmgard v. Henneberg*

(2) *Heinrich-Berengar* röm. Kg. *1137, † 1150
+ *Maria Komnena*

(2) **Friedrich IV.** v. Rothenburg Hzg. v. Schwaben *um 1144, † 1167
∞ *Gertrud v. Sachsen*

──────────────────────────────

(2) *Beatrix* † *Anfang 1174*

(2) *Friedrich V.* Hzg. v. Schwaben *1164, † Ende 1169
+ *Eleonore v. England*

(1) *Bertha* † 1179/95
∞ Hzg. *Matthaeus I. v. Lothringen*

(2) **Heinrich VI.** Ks. *1165, † 1197
∞ *Konstanze I. v. Sizilien*

(2) *Friedrich V. (Konrad)* Hzg. v. Schwaben *1167, † 1191
∞ *Konstanze v. Ungarn*

(2) *Tochter* † Ende 1184
∞ *Richard Löwenherz*

(2) *Otto Pfgf. v. Burgund* † 1200
∞ *Margarete v. Blois*

(2) *Konrad v. Rothenburg* Hzg. v. Schwaben † 1196
∞ *Berenguela Infantin v. Kastilien*

(2) **Philipp v. Schwaben** röm. Kg. *1177, † 1208
∞ *Irene-Maria Angelos*

(2) *Agnes* † 1184
∞ *Emmerich v. Ungarn*

──────────────────────────────

Friedrich II. Ks. *1194, † 1250
∞ 1. *Konstanze v. Aragon*
∞ 2. *Isabella II. v. Brienne*
∞ 3. *Blanca Lancia d. J.*
∞ 4. *Isabella v. England*

Johanna † *nach 1205*

Beatrix † 1231
∞ Pfgf. *Otto II. v. Burgund*

Maria † 1235
∞ Hzg. *Heinrich II. v. Brabant*

Beatrix † 1212
∞ Ks. *Otto IV.*

Kunigunde † 1248
∞ Kg. *Wenzel I. v. Böhmen*

Beatrix † 1235
∞ Kg. *Ferdinand III. v. Kastilien-León*

Fortsetzung s. Staufer, II

Staufer, II

Friedrich II. Ks.
∞ 1. Konstanze v. Aragon
∞ 2. Isabella II. v. Brienne
∞ 3. Blanca Lancia d. J.
∞ 4. Isabella v. England

---

(1) Heinrich (VII.) röm. Kg.
*1211, †1242
∞ Margarete v. Österreich

(2) Konrad IV. röm. Kg.
*1228, †1254
∞ Elisabeth v. Wittelsbach

(3) Manfred Kg. v. Sizilien
*1232, †1266
∞ 1. Beatrix, T. v. Gf. Amadeus IV. v. Savoyen
∞ 2. Helena, T. v. Michael II. v. Epeiros

(4) Margarete *1237, †1270
∞ Albrecht d. Entartete Lgf. v. Thüringen

(4) Carl-Otto †1253/53

(4) Friedrich ?

(4) Kind †1241

Heinrich †1243

Friedrich †1251
∞ Sophia, T. v. Mgf. Dietrich v. Landsberg

Konradin Kg. v. Sizilien und Jerusalem
*1252, †1268

Konradin †1269

Enzio Kg. v. Sardinien †1272
∞ 1. Adelasia v. Torre
∞ 2. Großnichte v. Ezzelino da Romano

(1) Konstanze v. Sizilien *1247, †1302
∞ Kg. Peter III. v. Aragon

(2) Beatrix †vor 1307
∞ 1. Gf. Rainer v. Gherardesca
∞ 2. Mgf. Manfred IV. v. Saluzzo

(2) Friedrich †1318

(2) Enzio/Ansolinus †ca. 1300

(2) Heinrich †1318

(2) Flordelis †1297

Friedrich I. d. Freidige Mgf. v. Meißen *1257, †1323

Heinrich †1282

Diezmann Lgf. v. Thüringen †1307

Konstanze (Anna) †1307
∞ Ks. Johannes III. Vatazes v. Nikaia

Friedrich †nach 1240
∞ NN

Katharina 'v. Marano' †1269/72
∞ 1. NN
∞ 2. Mgf. Jakob v. Savona

Helena †nach Frühjahr 1272

Friedrich v. Antiochien †1256
∞ Margarete v. Poll

Selvaggia †1244
∞ Ezzelino III. da Romano

Blanchefleur †1269 Dominikanerin

Margarete 'v. Schwaben' †1297/98
∞ Thomas II. v. Aquino, Gf. v. Acerra

Gerhard †vor 1255

---

(1) Helena †1272

(2) Adelheid †nach 1301

Magdalena †nach Frühjahr 1272

Konstanze †nach Frühjahr 1272

(1) Heinrich †1305

Konrad Gf. v. Alba, Celano, Abruzzo †nach 1301
∞ Beatrix, T. v. Mgf. Galvano Lancia

Philippa †1273
∞ Mgf. Manfred II. v. Maletta

Maria †nach 1275
∞ Bernabò Malaspina

Lit.: →Artikel der aufgeführten Personen – →Staufer – H. DECKER-HAUFF, Das Stauf. Haus (Staufer, III, 339–374; IV, Taf. XVf.) – O. ENGELS, Die Staufer, 1998⁷.

Hereditary Seneschals of Dol, Bretagne, dép. Ille-et-Vilaine

Flaald
|
Alan
∞ *Avelina de Hesdin*
|
Jordan   *William*   *Walter I 1st hereditary steward (Stewart) of king of Scots † 1177*
                                                   ∞ *Eschina Lady of Mow*

Seneschals of Dol   *Alan 2nd Stewart † 1204*
                        ∞ *NN*

FitzAlans Earls of Arundel   *Walter II 3rd Stewart † 1241*
                                  ∞ *(?) Euphemia de Brus, T. v. William de Brus Lord of Annandale*

FitzAlan-Howards, Dukes of Norfolk   *Alexander 4th Stewart of Dundonald. † 1282*
                                                  ∞ *NN*

*James 5th Stewart * ca. 1260, † 1309*   *John Stewart of Jedburgh*
∞ *Egidia, T. v. Walter de Burgh Earl of Ulster*

Andrew † 1307/08   *Walter III 6th Stewart † 1327*   *Stewarts of Bunkle*
                     ∞ *Marjorie Bruce, T. v. Kg. Robert I. v. Schottland*

Robert II. *7th Stewart, Kg. v. Schottland, * 1316, † 1390*
∞ 1. *Elizabeth, T. v. Sir Adam Mure of Rowallan*
∞ 2. *Euphemia, T. v. Hugh Earl of Ross*

Kinder s. Bruce

Lit.: →Stewart.

Trastámara (Könige v. Kastilien-León; Könige v. Aragón)

Heinrich II. Trastámara Kg. v. Kastilien * um 1333, † 1379
∞ Johanna Manuel

Johann I. Kg. v. Kastilien *1358, † 1390
∞ 1. Eleonore v. Aragón
∞ 2. Beatrix v. Portugal

Leonor *nach 1363, † 1414
∞ Kg. Karl III. v. Navarra

Juana *vor 1367, † 1374

(1) **Heinrich III.** Kg. v. Kastilien *1379, † 1406
∞ Katharina v. Lancaster

(1) **Ferdinand I.** ›v. Antequera‹ Kg. v. Aragón *1380, † 1416
∞ Leonor v. Alburquerque

Maria *1401, † 1458
∞ Kg. Alfons V. v. Aragón, Kg. v. Neapel

Katharina *1403, † 1439
∞ Heinrich v. Villena

Johann II. Kg. v. Kastilien *1405, † 1454
∞ 1. Maria v. Aragón
∞ 2. Isabella v. Portugal

Alfons V. Kg. v. Aragón, Kg. v. Neapel *1396, † 1458
∞ Maria v. Kastilien
≈ Lucrezia d'Alagno

Maria † 1445
∞ Kg. Johann II. v. Kastilien

Leonor † 1445
∞ Kg. Duarte I. v. Portugal

Johann II. Kg. v. Aragón *1398, † 1479
∞ 1. Blanche v. Navarra
∞ 2. Johanna Enríquez

(1) **Heinrich IV.** Kg. v. Kastilien *1425, † 1474
∞ 1. Blanca v. Navarra
∞ 2. Johanna v. Portugal

(2) **Isabella** Kgn. v. Kastilien *1451, † 1504
∞ Kg. Ferdinand II. v. Aragón

(2) **Alfons (XII.)** proklamierter Kg. v. Kastilien-León *1453, † 1468

(1) Karl v. Viana Prinz v. Navarra *1421, † 1461
∞ Agnes v. Kleve

(1) Leonor Kgn. v. Navarra *1426, † 1479
∞ Gf. Gaston IV. v. Foix

(2) **Ferdinand II.** Kg. v. Aragón *1452, † 1516
∞ 1. Kgn. Isabella v. Kastilien
∞ 2. Germana v. Foix

(2) Johanna † 1517
∞ Ferdinand I. v. Aragón Kg. v. Neapel

(2) Johanna ›la Beltraneja‹ *1462, † 1530

Isabella *1470, † 1498
∞ 1. Alfons Infant v. Portugal
∞ 2. Kg. Manuel I. v. Portugal

Johann *1478, † 1497
∞ Margarete v. Österreich

Johanna I. Kgn. v. Kastilien *1479, † 1555
∞ Ehzg. Philipp d. Schöne

Maria *1482, † 1517
∞ Kg. Manuel I. v. Portugal

Katharina *1485, † 1536
∞ 1. Arthur Prince of Wales
∞ 2. Kg. Heinrich VIII. v. England

Lit.: → Artikel der aufgeführten Personen — → Trastámara – Europ. Stammtafeln NF Bd. II, hg. D. SCHWENNICKE, 1989, Taf. 65f. – L. VONES, Gesch. der Iber. Halbinsel, 1993, Taf. XI.

Tudor

Heinrich VII. * 1457, † 1509
∞ Elisabeth v. York * 1466, † 1503

Arthur Prince of Wales * 1486, † 1502
∞ Katharina v. Aragón * 1485, † 1536

Heinrich VIII. * 1491, † 1547
∞ 1. Katharina v. Aragón * 1485, † 1536
∞ 2. Anne Boleyn † 1536
∞ 3. Jane Seymour † 1537
∞ 4. Anne of Cleves † 1557
∞ 5. Catherine Howard † 1542
∞ 6. Catherine Parr † 1548

Margarete * 1489, † 1541
∞ 1. Jakob IV. Kg. v. Schottland * 1473, † 1513

Maria * 1496, † 1533
∞ 1. Ludwig XII. Kg. v. Frankreich * 1462, † 1515
∞ 2. Charles Duke of Suffolk * 1484, † 1545

(1) **Maria I.** * 1516, † 1558
∞ Philipp II. Kg. v. Spanien † 1598

(2) **Elisabeth I.** * 1533, † 1603

(3) **Eduard VI.** * 1537, † 1553

Jakob V. Kg. v. Schottland * 1512, † 1542
∞ 1. Madeleine † 1537
∞ 2. Maria v. Guise † 1560

(2) Frances † 1559
∞ Henry Grey Duke of Suffolk * 1517, † 1554

(2) Maria † 1587
∞ 1. Franz II. Kg. v. Frankreich † 1560
∞ 2. Henry Lord Darnley † 1567
∞ 3. James Earl of Bothwell * ca. 1535, † 1578

Lady Jane Grey * 1537, † 1554

(2) **Jakob (VI.) I.** Kg. v. Schottland und England * 1566, † 1625
∞ Anna v. Dänemark † 1619

Lit.: → Artikel der aufgeführten Personen – →Tudor.

Valois, I

Karl v. Valois *1270, †1325
- ∞ 1. Margarete v. Sizilien
- ∞ 2. Catherine v. Courtenay
- ∞ 3. Mahaut de Châtillon St-Pol

---

(1) Philipp VI. Kg. v. Frankreich *1293, †1350
- ∞ 1. Jeanne de Bourgogne
- ∞ 2. Blanca v. Navarra

(1) Isabella † um 1303, ∞ Hzg. Jean III. v. Bretagne

(1) Jeanne †1352, ∞ Gf. Wilhelm I. v. Hennegau, Holland und Seeland
- Philippa *1314, †1369, ∞ Kg. Eduard III. v. England

(1) Marguerite †1342, ∞ Guy de Châtillon, Gf. v. Blois
- Karl v. Blois †1364

(1) Karl II. Gf. v. Alençon †1346
- ∞ 1. Jeanne de Joigny
- ∞ 2. Maria de La Cerda

  Gf.en v. Alençon

(2) Catherine †1345, ∞ Philipp v. Neapel Fs. v. Tarent

(2) Jeanne †1363, ∞ Robert v. Artois

(3) Maria †1328, ∞ Karl v. Neapel Hzg. v. Kalabrien
- Johanna I. Kgn. v. Neapel *1326, †1382

(3) Isabelle †1383, ∞ Pierre de Bourbon
  Hzg.e v. Bourbon

(3) Blanca †1348, ∞ Ks. Karl IV.

---

(1) Jean II. Kg. v. Frankreich *1319, †1364
- ∞ 1. Bonne v. Luxemburg
- ∞ 2. Jeanne de Boulogne

(1) Karl V. Kg. v. Frankreich *1338, †1380
- ∞ Jeanne de Bourbon

  Fortsetzung s. Valois, II

(1) Ludwig I. Hzg. v. Anjou *1339, †1384, ∞ Marie de Châtillon
  Kg.e v. Neapel-Sizilien (Anjou)

(1) Jean II. Hzg. v. Berry *1340, †1416
- ∞ 1. Jeanne d'Armagnac
- ∞ 2. Jeanne de Boulogne

(1) Philipp II. Hzg. v. Burgund *1342, †1404
  Fortsetzung s. Valois, III

(1) Marie †1333, ∞ Hzg. Johann III. v. Brabant
  Hzg.e v. Brabant

(1) Philipp Hzg. v. Orléans *1336, †1375, ∞ Blanche de France

(2) Blanche *1351, †1371, ∞ Johann v. Aragón

(1) Johanna *1343, †1373, ∞ Kg. Karl II. v. Navarra

(1) Marie *1344, †1404, ∞ Hzg. Robert I. v. Bar

(1) Isabelle *1348, †1372, ∞ Gian Galeazzo Visconti

(1) Marie †1334
- ∞ 1. Louis de Châtillon
- ∞ 2. Philipp v. Artois

(1) Bonne †1345
- ∞ 1. Gf. Amadeus VII. v. Savoyen
- ∞ 2. Bernard VII. d'Armagnac

Amadeus VIII. Gf./Hzg. v. Savoyen
  Hzg.e v. Nemours

Valois, II

Karl V. Kg. v. Frankreich * 1338, † 1380
∞ Jeanne de Bourbon

Karl VI. Kg. v. Frankreich * 1368, † 1422
∞ Isabella (Isabeau) v. Bayern

Ludwig Hzg. v. Orléans * 1372, † 1407
∞ Valentina Visconti

Charles d'Orléans * 1394, † 1465
∞ 1. Isabelle de France
∞ 2. Bonne d'Armagnac
∞ 3. Marie de Clèves

Philippe de Vertus * 1396, † 1420

Jean d'Angoulême * 1400, † 1467
∞ Marguerite de Rohan

Marguerite * 1406, † 1466
∞ Richard de Bretagne

Charles d'Angoulême * 1458, † 1495
∞ Louise de Savoie

Franz I. Kg. v. Frankreich * 1494, † 1547

(3) **Ludwig XII.** Kg. v. Frankreich * 1462, † 1515

Isabelle * 1389, † 1409
∞ 1. Kg. Richard II. v. England
∞ 2. Charles d'Orléans

Jeanne * 1390, † 1433
∞ Jean VI. v. Bretagne

Marie * 1393, † 1438 Nonne in Poissy

Michèle * 1395, † 1422
∞ Hzg. Philipp III. d. Gute v. Burgund

Louis de Guyenne * 1397, † 1415
∞ Marguerite v. Bourgogne

Jean de Touraine * 1398, † 1417
∞ Jakobäa v. Bayern

Katharina * 1401, † 1437
∞ Kg. Heinrich V. v. England

Karl VII. Kg. v. Frankreich * 1403, † 1461
∞ Maria v. Anjou

Ludwig XI. Kg. v. Frankreich * 1423, † 1483
∞ 1. Margarete v. Schottland
∞ 2. Charlotte v. Savoyen

Catherine * 1428, † 1446
∞ Hzg. Karl d. Kühne v. Burgund

Jeanne * 1482
∞ Hzg. Jean II. v. Bourbon

Yolande * 1433, † 1478
∞ Hzg. Amadeus IX. v. Savoyen

Madeleine * 1443, † 1486
∞ Gaston de Foix

Charles de France * 1446, † 1472

Anne * 1461, † 1522
∞ Peter II. v. Beaujeu, Hzg. v. Bourbon

(2) Jeanne * 1464, † 1505
∞ Kg. Ludwig XII. v. Frankreich

(2) **Karl VIII.** Kg. v. Frankreich * 1470, † 1498
∞ 1. Margarete v. Österreich
∞ 2. Anna v. Bretagne

(2) François Hzg. v. Berry

(2) Charles Orland * 1492, † 1495

Valois, III

Philipp II. d. Kühne Hzg. v. Burgund * 1342, † 1404
∞ Margarete v. Flandern

Jean ›sans peur‹ Hzg. v. Burgund
* 1371, † 1419
∞ Margarete v. Bayern

- Marguerite
  ∞ Wilhelm II. Hzg. v. Bayern-Straubing, Gf. v. Holland

- **Antoine Hzg. v. Brabant**
  * 1384, † 1415
  ∞ 1. Jeanne de St-Pol
  ∞ 2. Elisabeth v. Görlitz
  - Philippe † 1415
    ∞ 1. Isabelle de Coucy
    ∞ 2. Bonne d'Artois

- Jakobäa v. Bayern Gfn. v. Holland * 1401, † 1436
  ∞ 1. Jean v. Touraine

Philipp III. d. Gute Hzg. v. Burgund
* 1396, † 1467
∞ 1. Michèle de France
∞ 2. Bonne d'Artois
∞ 3. Isabella v. Portugal

- Marie † 1428
  ∞ Gf./Hzg. Amadeus VIII. v. Savoyen
  - Hzg.e v. Savoyen

- Marguerite † 1441
  ∞ 1. Louis de Guyenne
  ∞ 2. Arthur III. Hzg. d. Bretagne

- Hzg.e v. Brabant

- Marie † 1463
  ∞ Hzg. Adolf I. v. Kleve
  - Hzg.e v. Kleve

- Gf.en v. Nevers
  - Agnès † 1476
    ∞ Charles v. Bourbon

- Anne * 1404, † 1432
  ∞ Johann Duke of Bedford

(3) **Karl d. Kühne Hzg. v. Burgund** * 1433, † 1477
∞ 1. Catherine de France
∞ 2. Isabelle de Bourbon
∞ 3. Margarete v. York † 1503

(2) **Maria Hzgn. v. Burgund** * 1457, † 1482
∞ Ks. Maximilian I.

Philipp d. Schöne Ehzg., Fs. d. Niederlande (Burgund) * 1478, † 1506
∞ Johanna I. ›la Loca‹ Kgn. v. Kastilien

- Margarete v. Österreich * 1480, † 1530
  ∞ 1. Kg. Karl VIII. v. Frankreich
  ∞ 2. Johann Infant v. Kastilien
  ∞ 3. Hzg. Philibert II. d. Schöne v. Savoyen

Lit.: →Artikel der aufgeführten Personen – →Valois – Die frz. Kg.e des MA, hg. J. Ehlers, H. Müller, B. Schneidmüller, 1996.

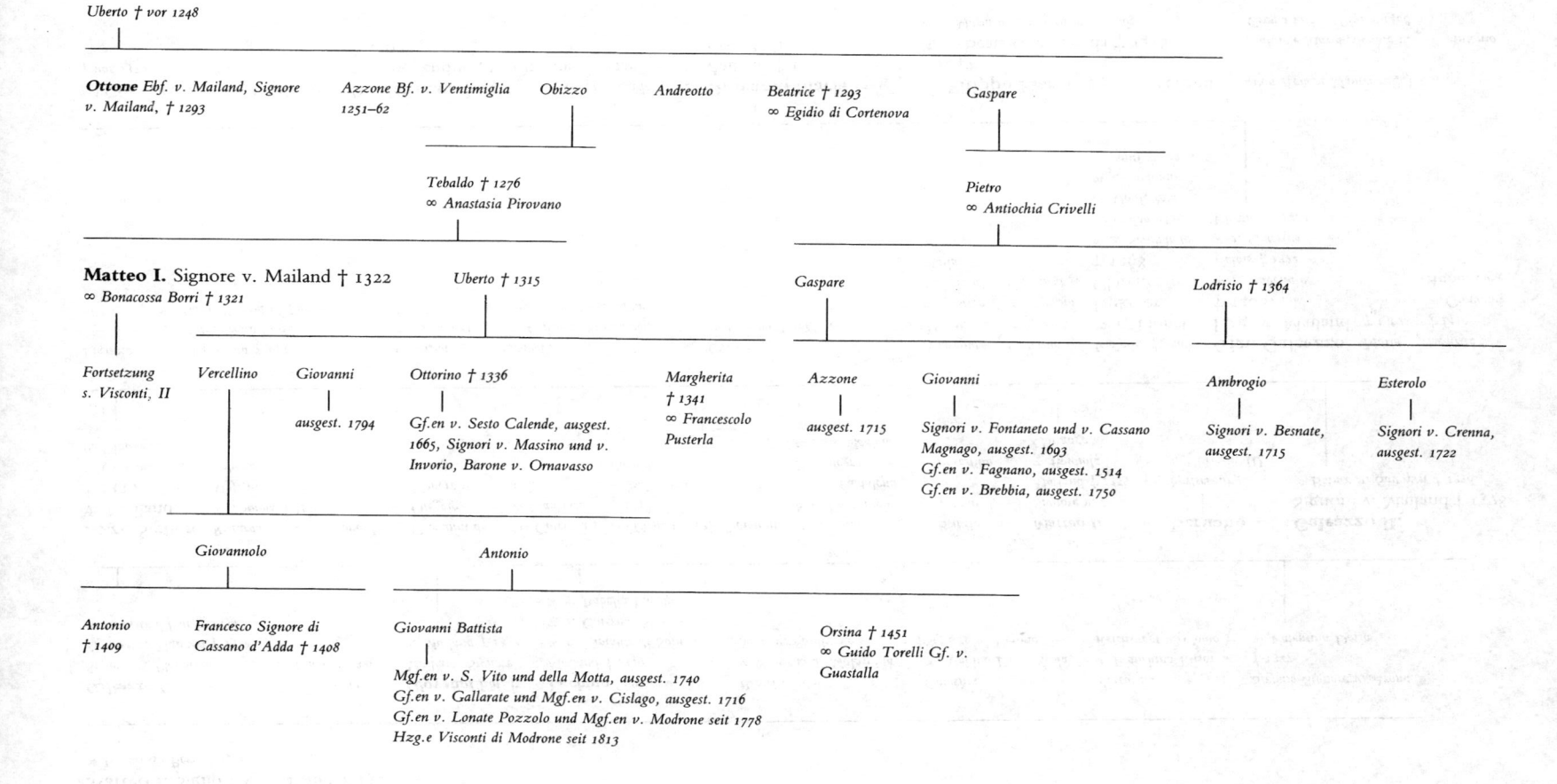

Visconti, I

Uberto † vor 1248

Ottone Ebf. v. Mailand, Signore v. Mailand, † 1293

Azzone Bf. v. Ventimiglia 1251–62

Obizzo
— Tebaldo † 1276 ∞ Anastasia Pirovano

Andreotto

Beatrice † 1293 ∞ Egidio di Cortenova

Gaspare
— Pietro ∞ Antiochia Crivelli

Matteo I. Signore v. Mailand † 1322
∞ Bonacossa Borri † 1321

Uberto † 1315 — Gaspare

Lodrisio † 1364
— Ambrogio — Signori v. Besnate, ausgest. 1715
— Esterolo — Signori v. Crenna, ausgest. 1722

Fortsetzung s. Visconti, II

Vercellino

Giovanni ausgest. 1794

Ottorino † 1336
Gf.en v. Sesto Calende, ausgest. 1665, Signori v. Massino und v. Invorio, Barone v. Ornavasso

Margherita † 1341 ∞ Francescolo Pusterla

Azzone ausgest. 1715

Giovanni
Signori v. Fontaneto und v. Cassano Magnago, ausgest. 1693
Gf.en v. Fagnano, ausgest. 1514
Gf.en v. Brebbia, ausgest. 1750

Giovannolo

Antonio

Antonio † 1409

Francesco Signore di Cassano d'Adda † 1408

Giovanni Battista
Mgf.en v. S. Vito und della Motta, ausgest. 1740
Gf.en v. Gallarate und Mgf.en v. Cislago, ausgest. 1716
Gf.en v. Lonate Pozzolo und Mgf.en v. Modrone seit 1778
Hzg.e Visconti di Modrone seit 1813

Orsina † 1451 ∞ Guido Torelli Gf. v. Guastalla

Visconti, II

Matteo I. Signore v. Mailand † 1322
∞ Bonacossa Borri † 1321

Children of Matteo I:

Galeazzo I. Signore v. Piacenza, Signore v. Mailand † 1328
∞ Beatrice d'Este † 1334

- Marco Signore v. Lucca † 1329
- **Giovanni** Ebf. v. Mailand, Signore v. Mailand † 1354
- **Luchino** Signore v. Mailand † 1349
  ∞ 1. Violante di Saluzzo
  ∞ 2. Caterina Spinola
  ∞ 3. Isabella Fieschi
- Beatrice ∞ Spinetta di Malaspina, Mgf. v. Fosdinovo
- Caterina ∞ Albuino Della Scala Signore v. Verona
- Zaccarina ∞ Franchino Rusca Reichsvogt v. Como
- Stefano Signore v. Arona † 1327
  ∞ Valentina Doria

Descendants of Galeazzo I:

Azzo Signore v. Mailand † 1339
∞ Caterina v. Savoyen

- Riccarda ∞ Tommaso II. Mgf. v. Saluzzo
- Leonardo
- Giovanni da Oleggio Signore v. Bologna 1250–52
- (3) Caterina ∞ Francesco d'Este
- (3) Orsina † 1343 ∞ Balzarino Pusterla
- (2) Giovanni
  - Luchino Novello † 1399
    ∞ 1. Maddalena Boccanegra
    ∞ 2. Maddalena Strozzi
- Bruzio † 1356
  - Forestino
  - Borso
- **Matteo II.** Signore v. Mailand † 1355
  ∞ Egidiola Gonzaga

Descendants of Luchino / Stefano:

Bernabò — Fortsetzung s. Visconti, III

Galeazzo II. Signore v. Mailand † 1378
∞ Bianca v. Savoyen † 1378

- Luchina
- Maddalena † 1438 ∞ Francesco Guidi, Gf. v. Battifolle und v. Poppi
- Isabella ∞ Galeotto Brancaleoni, Signore v. Castel Durante
- Caterina ∞ Giovanni Corti
- Orsina ∞ Erasmo Trivulzio
- Andreina Äbt. v. Monastero Maggiore, Mailand
- Caterina † 1382 ∞ Ugolino Gonzaga
- Violante † 1386
  ∞ 1. Lionel Duke of Clarence † 1368
  ∞ 2. Secondotto Paleologo Mgf. v. Monferrato
  ∞ 3. Ludovico Visconti † 1404

Gian Galeazzo Hzg. v. Mailand † 1402
∞ 1. Isabella v. Valois † 1372
∞ 2. Caterina Visconti † 1404

- Maria † 1362 ∞ Giovanni Anguissola
- Beatrice † 1410

Children of Gian Galeazzo:

(1) Gian Galeazzo † vor 1376
(1) Azzo † 1380
(1) Valentina † 1408 ∞ Hzg. Ludwig v. Orléans † 1407
(1) Carlo † 1374
(2) **Giovanni Maria** Hzg. v. Mailand † 1412
   ∞ Antonia Malatesta
(2) **Filippo Maria** Hzg. v. Mailand † 1447
   ∞ 1. Beatrice di Tenda † 1418
   ∞ 2. Maria v. Savoyen † ca. 1469

(von Agnese Mantegazza)
Gabriele Maria Signore v. Crema und v. Pisa † 1408

Antonio

(von Agnese del Maino † 1466)
Bianca Maria † 1468 ∞ Francesco Sforza Hzg. v. Mailand

Caterina/Lucia

Visconti, III

Bernabò Signore v. Mailand, † 1385
∞ Regina della Scala † 1384

Kinder (von Regina della Scala):

- **Marco** † 1382 ∞ Elisabeth v. Bayern-Landshut † 1381
- **Rodolfo** † 1388
- **Lodovico** † 1404 ∞ Violante Visconti † 1386
- **Carlo** † 1404 ∞ Beatrice d'Armagnac
- **Gian Mastino** † 1405
- **Verde** † 1414 ∞ Leopold III. Hzg. v. Österreich
- **Taddea** † 1381 ∞ Stephan III. Hzg. v. Bayern-Ingolstadt
- **Lucia** † 1424 ∞ Edmund IV. Earl of Kent
- **Valentina** † 1393 ∞ Peter II. Kg. v. Zypern † 1382
- **Agnese** † 1391 ∞ Francesco Gonzaga
- **Anglesia**
- **Antonia** ∞ Eberhard III. Gf. v. Württemberg
- **Elisabetta** † 1432 ∞ Ernst Hzg. v. Bayern-München
- **Maddalena** † 1404 ∞ Friedrich Hzg. v. Bayern-Landshut
- **Caterina** † 1404 ∞ **Gian Galeazzo Visconti** Hzg. v. Mailand

Kinder des Lodovico:
- Anna
- Giovanni
- Marco
- **Giovanni** gen. Piccinino Signore v. Mailand † 1418
- Bernabò
- Beatrice
- Maddalena

Kinder des Giovanni (Piccinino):
- Rodolfo
- Carlo
- Bona

(von Beltramola Grassi)
- Ambrogio
- **Estorre** Signore v. Mailand † 1413
  - Estorre ausgest. 1782
  - Francesco

(von Donnina di Leone Porro)
- Lancillotto (Leonello)
- Palamede
- Ginevra
- Soprana

(von Montanina Lazzari)
- Sagramoro † 1385
  - Signori v. Brignano und Gf.en v. Saliceto, ausgest. 1716
  - Mgf.en v. Borgoratto und Mgf.en v. S. Giorgio

(von Catarina da Cremona)
- Galeotto

Natürliche Kinder:

- Beroarda ∞ Giovanni Suardi
- Riccarda ∞ Bernardo Della Scala
- Valentina ∞ Gentile, S. v. Antonio Visconti, Signore v. Belgioioso
- Donnina ∞ John Hawkwood
- Elisabetta ∞ Lutz Wirtinger v. Landau
- Isotta ∞ Carlo da Foligano
- Enrica ∞ Franchino Rusca
- Margherita Äbt.
- Domicella

Lit.: → Artikel der aufgeführten Personen. —→ Visconti.

Welfen

Ruthard Gf. in Alemannien † vor 790

Welf Gf. in Alemannien (?) † um 825
∞ Heilwig v. Sachsen † nach 833 als Äbt. v. Chelles

Judith † 843 ∞ Ks. Ludwig d. Fr.	**Hemma** * um 808, † 876 ∞ Kg. Ludwig d. Dt.	**Konrad d. Ä.** Gf. im Schussengau † nach 862 ∞ Adelheid, T. v. Gf. Hugo v. Tours	**Rudolf** Gf. v. Ponthieu † 866 ∞ Roduna	**Hrodroh** (?)

Konrad Dux in Transjuranien † vor 878 ∞ Waldrada

Hugo Abbas † 886

Rudolf († jung)

Welf I. Gf. in Alemannien † nach 858

Konrad Gf. v. Paris

Hugo

Rudolf Mgf. v. Räzien † nach 891

Welf Abt v. St. Colombe

Liutfrid

Rudolf I. Kg. v. Hochburgund † 912 ∞ Wila

Fortsetzung s. Rudolfinger

Eticho um 910

Heinrich »mit dem goldenen Wagen« † nach 934
∞ Atha »v. Hohenwarth«

Rudolf I. † nach 940	**Konrad** Bf. v. Konstanz † 975	**Eticho**
Rudolf II. um † 992 ∞ Ita v. Öhningen	**Eticho** Bf. v. Augsburg † 988	
Welf II. Gf. in Schwaben † 1030 ∞ Imiza v. Luxemburg († nach 1057)	**Richardis**	**Heinrich**

Welf III. Hzg. v. Kärnten † 1055

Cuniza † vor 1055
∞ Azzo II. Mgf. v. Este * um 1000, † 1097

Welf IV. Hzg. v. Bayern * 1030/40, † 1101
∞ 1. NN (Italienerin)
∞ 2. Ethelinde v. Northeim
∞ 3. Judith v. Flandern † 1094

(3) Welf V. Hzg. v. Bayern * um 1073, † 1120
∞ Mathilde v. Tuszien * 1046, † 1115

(3) Heinrich d. Schwarze Hzg. v. Bayern * um 1074, † 1126
∞ Wulfhild v. Sachsen † 1126

Wulfhild † nach 1160
∞ Gf. Rudolf v. Bregenz

Konrad Zisterzienser-mönch † 1126

Judith * um 1100, † 1130/31
∞ Hzg. Friedrich II. v. Schwaben * 1090, † 1147

Heinrich d. Stolze Hzg. v. Bayern und v. Sachsen * um 1108, † 1139
∞ Gertrud v. Süpplingenburg * 1115, † 1143

Sophie † vor 1147
∞ 1. Hzg. Berthold III. v. Zähringen † 1122/23
∞ 2. Mgf. Leopold v. Steyr

Mathilde † 1183
∞ 1. Mgf. Diepold v. Vohburg
∞ 2. Gf. Gebhard III. v. Sulzbach

Welf VI. Hzg. v. Spoleto * 1115/16, † 1191
∞ Uta v. Calw

Welf VII. † 1167

Heinrich d. Löwe Hzg. v. Sachsen und v. Bayern * 1129/30, † 1195
∞ 1. Clementia v. Zähringen
∞ 2. Mathilde v. England * ca. 1157, † 1189

(1) Heinrich († als Kind)

(1) Richenza († als Kind)

(2) Richenza/Mathilde * 1172, † 1208/09
∞ 1. Gf. Gottfried v. Perche † 1202
∞ 2. Engelram v. Coucy † ca. 1242

(1) Gertrud * nach 1150, † 1196
∞ 1. Hzg. Friedrich IV. v. Schwaben * um 1144, † 1167
∞ 2. Kg. Knud VI. v. Dänemark * 1162/63, † 1202

(2) Heinrich (V.) d. Ä. Pfgf. bei Rhein * wohl 1173/74, † 1227
∞ 1. Agnes v. Staufen
∞ 2. Agnes v. Wettin

(2) Lothar * 1174/75, † 1190

(2) Otto (IV.) röm.-dt. Kg., Ks. * 1175/76, † 1218
∞ 1. Beatrix v. Staufen
∞ 2. Maria v. Brabant

(2) Wilhelm v. Lüneburg * 1184, † 1212/13
∞ Helena v. Dänemark

(3) Mathilde * ca. 1155/56, † vor 1219
∞ Borwin v. Mecklenburg

(1) Heinrich Pfgf. bei Rhein * 1194/95, † 1214

(1) Agnes * um 1201, † 1267
∞ Hzg. Otto II. v. Bayern * 1206, † 1253

(1) Irmgard * 1203, † 1260
∞ Mgf. Hermann v. Baden

Otto 'd. Kind' Hzg. v. Braunschweig-Lüneburg * 1204, † 1252
∞ Mechtild v. Brandenburg

Lit.: → Artikel der aufgeführten Personen — → Welfen — Heinrich der Löwe und seine Zeit, hg. J. LUCKHARDT–F. NIEHOFF, II, 1995, II, 48.

Wettiner, I

Rikbert I. Gf. 822

Rikdag I. Gf. 833 und 873
∞ Imhild

Adelgar Gf. im Liesgau 875/880 und 889

Friedrich I. Gf. im Harzgau 875/880
∞ Bia

Friedrich II. Gf. im Harzgau 937 und 945

Volkmar I. Gf. im Harzgau † vor 961

Rikbert II. Gf. 945

Friedrich III. Gf. im Harzgau 961–1000

Dietrich I. (Dedi) Gf. im Gau Quezizi † 982

Frederuna
∞ Gf. Brun v. Arneburg

Rikdag II. Mgf. v. Meißen † 985

Dedi I. (Ziazo) Gf. im nö. Hosgau † 1009
∞ Thietburg, T. v. Dietrich, Mgf. der sächs. Nordmark

Friedrich Herr v. Eilenburg, Gf. im nö. Hosgau † 1017

Dietrich II. v. Wettin, sächs. Gf. † 1034
∞ Mathilde (Ekkehardingerin)

Friedrich Bf. v. Münster † 1084

Dedi II. Mgf. der Ostmark † 1075
∞ 1. Oda
∞ 2. Adela

Thimo Gf. v. Wettin und v. Brehna v. Kistritz † 1091
∞ Ida

Gero Gf. v. Brehna und v. Camburg † 1089
∞ Bertha

Konrad
∞ Othehild

Hidda *1031, † 1061
∞ Hzg. Spytihněv II. v. Böhmen

Adelheid
∞ Mgf. Ernst v. Österreich

Agnes
∞ Gf. Friedrich v. Sachsen

Heinrich I. Gf. v. Eilenburg, Mgf. v. Meißen *um 1070, † 1103
∞ Gertrud v. Braunschweig

Dedo IV. † 1124
∞ Bertha v. Groitzsch

Konrad Mgf. v. Meißen † 1157
∞ Luitgard

Mathilde
∞ 1. Gf. Gero v. Seeburg
∞ 2. Ludwig v. Wippra

Dietrich Gf. v. Brehna † 1116

Wilhelm v. Camburg † vor 1116
∞ Gera v. Seeburg

Günther Bf. v. Naumburg † 1089

Wettiner I (Genealogical Table)

Heinrich II. Gf. v. Eilenburg, Mgf. v. Meißen
*1103/04, † 1123

- **Otto d. Reiche Mgf. v. Meißen** † 1190
  ∞ Hedwig v. Brandenburg
  - **Albrecht I. d. Stolze Mgf. v. Meißen** † 1195
    ∞ Sophia v. Böhmen
  - **Dietrich d. Bedrängte Mgf. v. Meißen** † 1221
    ∞ Jutta v. Thüringen
    - **Heinrich d. Erlauchte Mgf. v. Meißen, Lgf. v. Thüringen** † 1288
      ∞ 1. Konstanze v. Österreich
      ∞ 2. Agnes v. Böhmen
      ∞ 3. Elisabeth v. Maltitz
      - Hedwig ∞ Gf. Heinrich v. Henneberg
      - Sophia † 1280 ∞ Gf. Heinrich v. Henneberg
      - (1) **Albrecht d. Entartete Lgf. v. Thüringen** *1240, † 1315
        ∞ 1. Margareta v. Hohenstaufen
        ∞ 2. Kunigunde v. Eisenberg
        ∞ 3. Elisabeth v. Orlaminde
        - Sophia *1258/59, † 1318
          + Konradin v. Hohenstaufen; später Äbt. v. Weißenfels
        - **Friedrich Tuta Mgf. v. Meißen** *1269, † 1291
          ∞ Katharina v. Niederbayern
      - (1) Dietrich d. Weise Mgf. v. Landsberg *1242, † 1285
        ∞ Helene v. Brandenburg
      - (2) Heinrich III. Gf. v. Wettin *1205, † 1217
      - (3) Friedrich Clemme Herr zu Dresden *1273, † 1316
        ∞ Jutta v. Schwarzburg
    - Sophia
      ∞ 1. Hzg. Ulrich II. v. Böhmen
      ∞ 2. Bgf. Friedrich v. Regensburg
    - Adela ∞ Hzg. Przemysl v. Böhmen
    - Dietrich Bf. v. Naumburg † 1272
  - Adela † um 1173
    ∞ 1. Kg. Svend III. v. Dänemark
    ∞ 2. Gf. Adalbert v. Ballenstedt

- **Dietrich Mgf. v. Landsberg** † 1185
  ∞ 1. Dobergana v. Polen
  ∞ 2. Kunigunde v. Plöizkau

- **Heinrich I. Gf. v. Wettin** † 1181
  ∞ Sophia v. Sommerschenburg
  - Ulrich Gf. v. Wettin † 1206
    ∞ 1. NN v. Winzenburg
    ∞ 2. Hedwig v. Sachsen
  - Sophia ∞ Gf. Burchard v. Querfurt

- **Dedo V. Gf. v. Groitzsch** † 1190
  ∞ Mechthild v. Heinsberg
  - **Konrad Mgf. der Ostmark** † 1210
    ∞ Elisabeth v. Polen
    - Dietrich Gf. Groitzsch † 1207 ∞ Jutta v. Thüringen
    - Mathilde † 1255 ∞ Mgf. Albrecht II. v. Brandenburg
    - Agnes † 1248 ∞ Pfgf. Heinrich bei Rhein

- Sophia ∞ Gebhard Gf. in Bayern

- **Friedrich I. Gf. v. Brehna** † 1182
  ∞ Hedwig v. Böhmen
  - **Friedrich II. Gf. v. Brehna** † 1221
    ∞ Judith v. Ziegenhain
  - Agnes † 1195 ∞ Gf. Berthold IV. v. Andechs
  - Hedwig ∞ Gf. v. Honstein
  - Heinrich Kanonikus in Magdeburg † 1302
  - **Dietrich I. Gf. v. Brehna** *vor 1215, † 1266/67
    ∞ Eudoxia v. Masowien
    - Konrad I. Gf. v. Brehna † vor 1278 ∞ Elisabeth v. Sachsen
    - Jutta ∞ Hzg. Mstvoj v. Pommern

Fortsetzung s. Wettiner II

Wettiner, II

Albrecht d. Entartete Lgf. v. Thüringen *1240, † 1315
∞ 1. *Margareta v. Hohenstaufen*
∞ 2. *Kunigunde v. Eisenberg*
∞ 3. *Elisabeth v. Orlamünde*

---

(1) Heinrich Herr des Pleißner Landes *1256, † 1282
∞ *Hedwig v. Breslau*

(1) Friedrich I. d. Freidige Mgf. v. Meißen *1257, † 1323
∞ 1. *Agnes v. Görz-Tirol*
∞ 2. *Elisabeth v. Lobdeburg*

(1) Dietzmann Lgf. v. Thüringen, Mgf. der Niederlausitz *1260, † 1307
∞ *Jutta v. Henneberg*

(1) Agnes *vor 1264
∞ *Heinrich I. v. Braunschweig*

(2) Albrecht (Apitz) *vor 1270, † 1301/05

(2) Elisabeth *vor 1270, † nach 1326
∞ *Heinrich v. Frankenstein*

---

(2) Friedrich II. d. Ernsthafte Mgf. v. Meißen, Lgf. v. Thüringen *1310, † 1349
† *Judith v. Böhmen*
∞ *Mechthild v. Bayern*

Elisabeth *1329, † 1375
∞ *Bgf. Friedrich V. v. Nürnberg*

Friedrich III. d. Strenge Lgf. v. Thüringen *1332, † 1381
∞ *Katharina v. Henneberg*

Balthasar Lgf. v. Thüringen *1336, † 1406
∞ 1. *Margarete v. Nürnberg*
∞ 2. *Anna v. Sachsen*

Ludwig Bf. v. Halberstadt und Bamberg, Ebf. v. Mainz und Magdeburg *1341, † 1382

Wilhelm I. Mgf. v. Meißen *1343, † 1407
∞ 1. *Elisabeth v. Böhmen*
∞ 2. *Anna v. Braunschweig*

Wilhelm II. (d. Reiche) Mgf. v. Meißen *1371, † 1425

Anna *1377, † 1395
∞ *Hzg. Rudolf III. v. Sachsen*

Friedrich d. Friedfertige Lgf. v. Thüringen *vor 1384, † 1440
∞ 1. *Lucia Visconti*
∞ 2. *Anna v. Schwarzburg-Blankenburg*

Friedrich IV. (I.) d. Streitbare Mgf. v. Meißen, Kfs. v. Sachsen *1370, † 1428
∞ *Katharina v. Braunschweig-Calenberg*

(2) Friedrich II. d. Sanftmütige Kfs. v. Sachsen *1412, † 1464
∞ *Margaretha v. Österreich*

(2) Sigismund Bf. v. Würzburg *1416, † 1471

(2) Anna *1420, † 1462
∞ *Lgf. Ludwig I. v. Hessen*

(2) Katharina *1421, † 1476
∞ *Kfs. Friedrich II. v. Brandenburg*

(2) Wilhelm III. d. Tapfere Lgf. v. Thüringen *1425, † 1482
∞ 1. *Anna v. Österreich*
∞ 2. *Katharina v. Brandenstein*

Amalia *1436, † 1501
∞ *Hzg. Ludwig IX. d. Reiche v. Bayern-Landshut*

Anna *1437, † 1512
∞ *Kfs. Albrecht Achilles v. Brandenburg*

Ernst Kfs. v. Sachsen *1441, † 1486
∞ *Elisabeth v. Bayern*

Ernestiner Wettiner

Albrecht d. Beherzte Hzg. v. Sachsen *1443, † 1500
∞ *Zedena v. Böhmen*

Albertinische Wettiner

(1) Margaretha *1449, † 1501
∞ *Kfs. Johann Cicero v. Brandenburg*

(1) Katharina *1453, † nach 1509
∞ *Hzg. Hinko v. Münsterberg*

Otto Gf. v. Scheyern

Otto I. Hzg. v. Bayern *um 1120, † 1183
∞ *Agnes v. Loon*

Otto † 1181

Sophie † 1238
∞ Lgf. Hermann I. v. Thüringen

Heilika † ca. 1200
∞ Dietrich v. Wasserburg

Agnes † ca. 1200
∞ Heinrich v. Plain

Richarde † ca. 1231 (?)
∞ Otto v. Geldern

Ludwig I. d. Kelheimer Hzg. v. Bayern *1174, † 1231
∞ Ludmilla, Nichte Kg. Otakars v. Böhmen

Heilika *ca. 1176
∞ Adalbert v. Dillingen

Elisabeth † ca. 1190
∞ Berthold v. Vohburg

Otto II. d. Erlauchte Pfgf. b. Rhein, Hzg. v. Bayern *1206, † 1253
∞ Agnes, T. v. Heinrich Pfgf. b. Rhein und Hzg. v. Sachsen

Elisabeth † 1273
∞ 1. Kg. Konrad IV.
∞ 2. Gf. Meinhard II. (IV.) v. Görz und Tirol, Hzg. v. Kärnten

Ludwig II. d. Strenge Pfgf. b. Rhein, Hzg. v. Ober-Bayern
*1229, † 1294
∞ 1. Maria, T. v. Hzg. Heinrich II. v. Brabant
∞ 2. Anna, T. v. Hzg. Konrad II. v. Schlesien-Glogau
∞ 3. Mechthild, T. v. Kg. Rudolf I.

Heinrich XIII. Hzg. v. Nieder-Bayern *1235, † 1290
∞ Elisabeth, T. v. Kg. Béla IV. v. Ungarn

Sophie † 1289
∞ Gebhart v. Hirschberg

---

(2) **Ludwig † 1290**
∞ Elisabeth v. Lothringen

(3) **Rudolf I. d. Stammler** Pfgf. b. Rhein, Hzg. v. Bayern *1274, † 1319
∞ Mechtild, T. v. Kg. Adolf v. Nassau

(3) **Mechthild † 1319**
∞ Hzg. Otto d. Strenge v. Braunschweig-Lüneburg

(3) **Agnes † ca. 1345**
∞ 1. Heinrich v. Hessen
∞ 2. Heinrich v. Brandenburg

(3) **Ludwig IV. d. Bayer röm.-dt. Ks.** *1281/82, † 1347
∞ 1. Beatrix v. Glogau
∞ 2. Margarete v. Holland

Fortsetzung s. Wittelsbacher, II

Otto III. Hzg. v. Nieder-Bayern, Kg. v. Ungarn *1261, † 1312
∞ 1. Katharina, T. v. Kg. Rudolf I.
∞ 2. Agnes, T. v. Hzg. Heinrich II. v. Schlesien-Glogau

Sophie † 1282
∞ Poppo v. Henneberg

Katharina † ca. 1310
∞ Friedrich Tuta Mgf. v. Landsberg und Meißen

Ludwig III. Hzg. v. Nieder-Bayern *1269, † 1296

Stephan I. Hzg. v. Nieder-Bayern *1271, † 1310
∞ Judith v. Schweidnitz

---

(2) **Agnes † ca. 1360**
∞ Heinrich v. Ortenburg

(2) **Heinrich XV. Hzg. v. Nieder-Bayern** † 1333
∞ Anna, T. v. Friedrich d. Schönen, dt. Gegen-Kg.

Beatrix † 1360
∞ Heinrich v. Görz

Heinrich XIV. Hzg. v. Nieder-Bayern *1305, † 1339
∞ Margarete v. Böhmen

Elisabeth † 1330
∞ Hzg. Otto v. Österreich, Steiermark und Kärnten

Otto IV. Hzg. v. Nieder-Bayern *1307, † 1334
∞ Richarde v. Jülich

Johann I. Hzg. v. Nieder-Bayern *1329, † 1340
∞ Anna v. Oberbayern † 1361

Wittelsbacher, II

Ludwig IV. d. Bayer röm.-dt. Ks. * 1281/82, † 1347
∞ 1. Beatrix v. Glogau
∞ 2. Margarete v. Holland

---

(1) Ludwig V. d. Brandenburger Hzg. v. Ober-Bayern, Mgf. v. Brandenburg * 1315, † 1361
∞ 1. Margarethe, T. v. Kg. Christoph II. v. Dänemark
∞ 2. Gfn. Margarete »Maultasch« v. Tirol

- *(1) Mechthild † 1346* ∞ Mgf. Friedrich II. d. Ernsthafte v. Meißen
- *(2) Meinhard III. Gf. v. Tirol * 1344, † 1363* ∞ Margarete, T. v. Hzg. Albrecht II. v. Österreich

---

(1) Stephan II. Hzg. v. Nieder-Bayern * 1313, † 1375
∞ 1. Elisabeth, T. v. Kg. Friedrich II. v. Sizilien
∞ 2. Margarete, T. v. Bgf. Johann II. v. Nürnberg

- *(2) Margarete † ca. 1360* ∞ 1. Stephan v. Ungarn ∞ 2. Gerlach v. Hohenlohe
- *(1) Stephan III. Hzg. v. Bayern-Ingolstadt * um 1337, † 1413* ∞ 1. Thaddäa, T. v. Bernabò Visconti ∞ 2. Elisabeth, T. v. Adolf V. v. Kleve
- *(1) Friedrich Hzg. v. Bayern-Landshut * ca. 1339, † 1393* ∞ 1. Anna, T. v. Gf. Berthold VII. v. Neuffen ∞ 2. Magdalena, T. v. Bernabò Visconti
- *(1) Johann II. Hzg. v. Bayern-München * um 1341, † 1397* ∞ Katharina, T. v. Gf. Meinhard V. v. Tirol

---

(2) Ludwig VI. d. Römer Hzg. v. Ober-Bayern, Mgf. v. Brandenburg * 1330, † 1364/65
∞ 1. Kunigunde, T. v. Kg. Kasimir III. v. Polen
∞ 2. Ingeburg, T. v. Hzg. Albrecht I. v. Mecklenburg

- *(2) Anna † 1361* ∞ Johann I. Hzg. v. Nieder-Bayern

---

(2) Wilhelm I. Hzg. v. Bayern-Straubing, Gf. v. Holland * 1330, † 1388
∞ Mathilde v. Lancaster

---

(2) Albrecht I. Hzg. v. Bayern-Straubing, Gf. v. Holland * 1347, † 1404
∞ 1. Margarete v. Brieg
∞ 2. Margarete v. Kleve

- *(2) Elisabeth † 1402* ∞ 1. Cangrande della Scala ∞ 2. Ulrich v. Württemberg
- *(1) Katharina † 1400* ∞ Hzg. Wilhelm I. v. Geldern
- *(1) Wilhelm II. Hzg. v. Bayern-Straubing, Gf. v. Holland * 1365, † 1417* ∞ Margarete v. Burgund
  - *(1) Margarete † 1423* ∞ Johann v. Burgund
- *(1) Albrecht II. † 1399*
- *(1) Johann III. Hzg. v. Ober-Bayern * 1373(?), † 1425* ∞ Elisabeth v. Böhmen

---

(2) Otto V. d. Faule Mgf. v. Brandenburg * 1346, † 1379
∞ Katharina v. Luxemburg

(2) Ludwig † 1348

(1) Johanna † 1410 ∞ Hzg. Albrecht IV. v. Österreich

(1) Johanna † 1386 ∞ Kg. Wenzel IV.

Fortsetzung s. Wittelsbacher, III

Jakobäa Hzgn. v. Bayern-Straubing, Gfn. v. Holland * 1401, † 1436
∞ 1. Dauphin Johann v. Touraine
∞ 2. Hzg. Johann IV. v. Brabant
∞ 3. Hzg. Humphrey v. Gloucester
∞ 4. Wolfert van Borselen

---

(1) Ludwig VII. Hzg. v. Bayern-Ingolstadt * 1368, † 1447
∞ 1. Anna, T. v. Johann v. Bourbon
∞ 2. Katharina, T. v. Gf. Peter II. v. Alençon

- *(1) Isabella (Elisabeth, "Isabeau") * 1370, † 1435* ∞ Kg. Karl VI. v. Frankreich

---

Ludwig VIII. d. Bucklige Hzg. v. Bayern-Ingolstadt * 1403, † 1445
∞ Margarete, T. v. Mgf. Friedrich I. v. Brandenburg

Wittelsbacher, III

Friedrich Hzg. v. Bayern-Landshut *ca. 1339, † 1393
∞ 1. *Anna, T. v. Gf. Berthold VII. v. Neuffen*
∞ 2. *Magdalena, T. v. Bernabò Visconti*

Johann II. Hzg. v. Bayern-München *um 1341, † 1397
∞ *Katharina, T. v. Gf. Meinhard V. v. Tirol*

---

(1) Elisabeth † 1381
∞ *Marco Visconti*

(2) Elisabeth † 1425
∞ *Friedrich I. Mgf. v. Brandenburg*

(2) Heinrich XVI. d. Reiche Hzg. v. Bayern-Landshut *1368, † 1450
∞ *Margarete, T. v. Hzg. Albrecht IV. v. Österreich*

(2) Magdalene † 1410
∞ *Johann v. Görz*

Ernst Hzg. v. Bayern-München *1373, † 1438
∞ *Elisabeth, T. v. Bernabò Visconti*

Wilhelm III. Hzg. v. Bayern-München *1375, † 1435
∞ *Margarete v. Kleve*

Sophie † 1425
∞ *Kg. Wenzel IV.*

Ludwig IX. d. Reiche Hzg. v. Bayern-Landshut *1417, † 1479
∞ *Amalia, T. v. Kfs. Friedrich II. v. Sachsen*

Elisabeth † 1451
∞ *Ulrich v. Württemberg*

Albrecht III. d. Fromme Hzg. v. Bayern-München *1401, † 1460
∞ 1. *Agnes Bernauer*
∞ 2. *Anna v. Braunschweig-Grubenhagen*

Beatrix † 1447
∞ 1. *Hermann v. Cilli*
∞ 2. *Johann v. Pfalz-Neunburg*

Elisabeth † 1448
∞ 1. *Adolf v. Jülich*
∞ 2. *Hesso v. Leiningen*

Johanna † 1444
∞ *Otto I. v. Pfalz-Mosbach*

Georg d. Reiche Hzg. v. Bayern-Landshut *1455, † 1503
∞ *Jadwiga, T. v. Kg. Kasimir IV. v. Polen*

(2) Johann IV. Hzg. v. Bayern-München *1437, † 1463

(2) Sigmund Hzg. v. Bayern-München *1439, † 1501

(2) Albrecht IV. d. Weise Hzg. v. Bayern-München *1447, † 1508
∞ *Kunigunde, T. v. Ks. Friedrich III.*

(2) Margarete † 1479
∞ *Friedrich Gonzaga*

(2) Elisabeth † 1484
∞ *Kfs. Ernst v. Sachsen*

(2) Christoph † 1493

(2) Wolfgang † 1514

Margarete † 1501
∞ *Kfs. Philipp v. d. Pfalz*

Lit.: →Artikel der aufgeführten Personen – –→Wittelsbacher – SPINDLER II².

Württemberg (Wirtemberg), Grafen und Herzöge v.

Bruno Abt v. Hirsau 1105–20

Konrad v. Beutelsbach belegt 1080, v. Württemberg belegt 1083

Liutgart ∞ NN

Konrad v. Württemberg ∞ Hadelwig

Ludwig (I.) Gf. v. Württemberg belegt 1139–58

Ludwig (II.) Gf. v. Württemberg belegt 1166–81 ∞ (Willebirg)

Hartmann Gf. v. Württemberg belegt 1194–1240

Ludwig (III.) Gf. v. Württemberg belegt 1194–1226 (1228?)

Konrad Gf. v. Württemberg, Gf. v. Grüningen belegt 1226–28

Hermann Sohn des Gf.en v. Württemberg belegt 1231, † nach 1231/vor 1236 ∞ Irmgard v. Ulten

Hartmann Gf. v. Grüningen belegt 1240/42–80

Eberhard Gf. v. Württemberg belegt 1236–43

Ulrich I. Gf. v. Württemberg *nach 1220, † 1265
∞ 1. Mechthild v. Baden
∞ 2. Agnes v. Schlesien-Liegnitz

Gf.en v. Grüningen-Landau

(2) Ulrich II. Gf. v. Württemberg *nach 1253, † 1279

(2) Eberhard I. d. Erlauchte Gf. v. Württemberg *1265, † 1325
∞ 1. NN
∞ 2. Margarethe v. Lothringen
∞ 3. Irmengard v. Baden

(3) Ulrich * nach 1285, † 1315

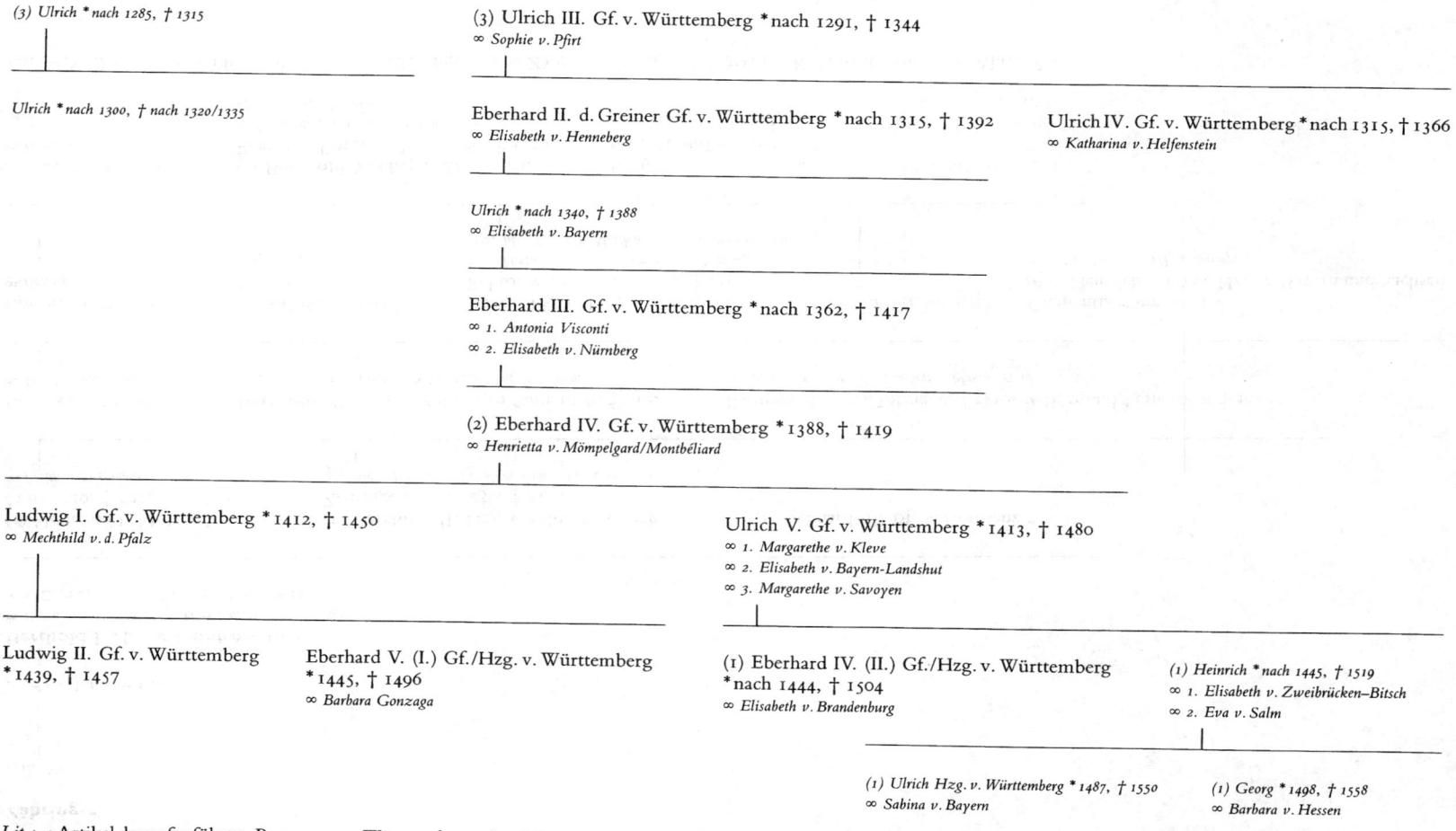

(3) Ulrich III. Gf. v. Württemberg * nach 1291, † 1344
∞ Sophie v. Pfirt

Ulrich IV. Gf. v. Württemberg * nach 1315, † 1366
∞ Katharina v. Helfenstein

Ulrich * nach 1300, † nach 1320/1335

Eberhard II. d. Greiner Gf. v. Württemberg * nach 1315, † 1392
∞ Elisabeth v. Henneberg

Ulrich * nach 1340, † 1388
∞ Elisabeth v. Bayern

Eberhard III. Gf. v. Württemberg * nach 1362, † 1417
∞ 1. Antonia Visconti
∞ 2. Elisabeth v. Nürnberg

(2) Eberhard IV. Gf. v. Württemberg * 1388, † 1419
∞ Henrietta v. Mömpelgard/Montbéliard

Ludwig I. Gf. v. Württemberg * 1412, † 1450
∞ Mechthild v. d. Pfalz

Ulrich V. Gf. v. Württemberg * 1413, † 1480
∞ 1. Margarethe v. Kleve
∞ 2. Elisabeth v. Bayern-Landshut
∞ 3. Margarethe v. Savoyen

Ludwig II. Gf. v. Württemberg * 1439, † 1457

Eberhard V. (I.) Gf./Hzg. v. Württemberg * 1445, † 1496
∞ Barbara Gonzaga

(1) Eberhard IV. (II.) Gf./Hzg. v. Württemberg * nach 1444, † 1504
∞ Elisabeth v. Brandenburg

(1) Heinrich * nach 1445, † 1519
∞ 1. Elisabeth v. Zweibrücken-Bitsch
∞ 2. Eva v. Salm

(1) Ulrich Hzg. v. Württemberg * 1487, † 1550
∞ Sabina v. Bayern

(1) Georg * 1498, † 1558
∞ Barbara v. Hessen

Lit.: → Artikel der aufgeführten Personen — → Württemberg — 900 Jahre Haus Württemberg, hg. R. Uhland, 1984 — G. Raff, Hie guet Wirtemberg allewege, 1988 — D. Mertens, Zur frühen Gesch. der Herren v. Württemberg, Zs. für württemberg. Landesgesch. 49, 1990, 11–95.

Zähringer

Bertholde

Bezelin v. Villingen † 1024

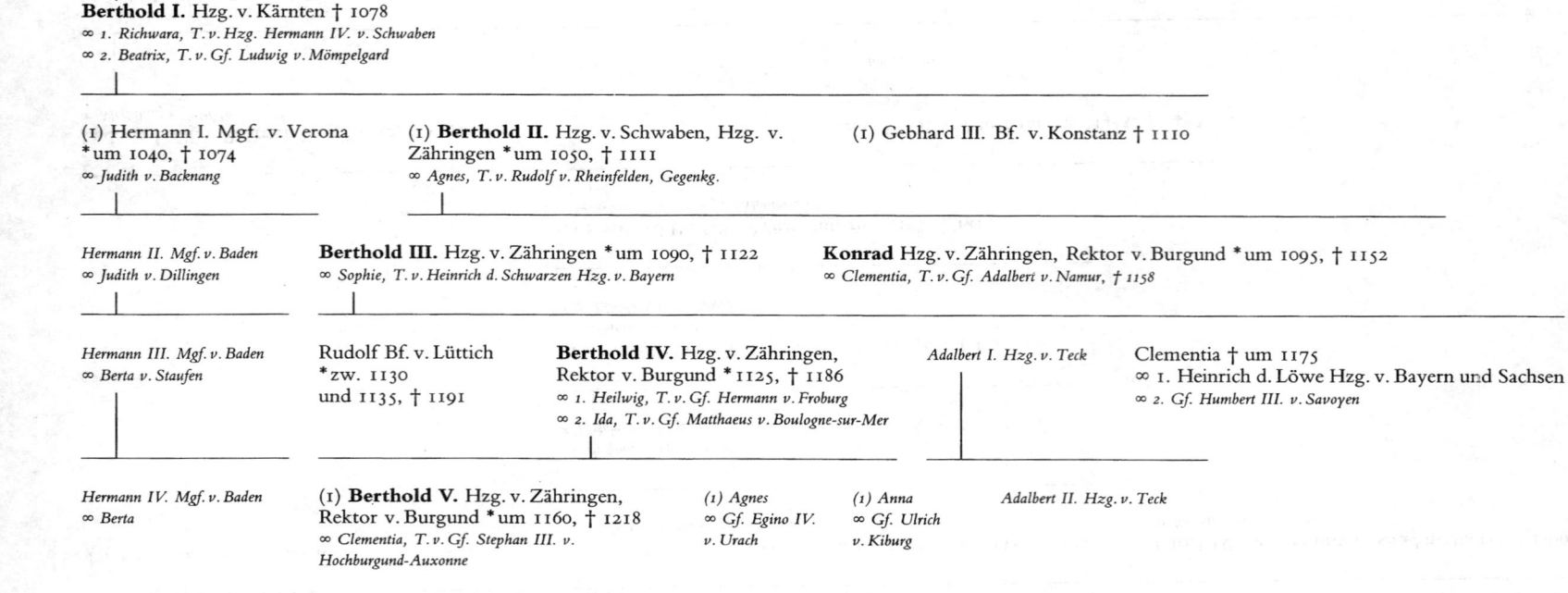

Berthold I. Hzg. v. Kärnten † 1078
∞ 1. *Richwara, T. v. Hzg. Hermann IV. v. Schwaben*
∞ 2. *Beatrix, T. v. Gf. Ludwig v. Mömpelgard*

(1) Hermann I. Mgf. v. Verona *um 1040, † 1074
∞ *Judith v. Backnang*

(1) **Berthold II.** Hzg. v. Schwaben, Hzg. v. Zähringen *um 1050, † 1111
∞ *Agnes, T. v. Rudolf v. Rheinfelden, Gegenkg.*

(1) Gebhard III. Bf. v. Konstanz † 1110

Konrad Hzg. v. Zähringen, Rektor v. Burgund *um 1095, † 1152
∞ *Clementia, T. v. Gf. Adalbert v. Namur, † 1158*

Hermann II. Mgf. v. Baden
∞ *Judith v. Dillingen*

Berthold III. Hzg. v. Zähringen *um 1090, † 1122
∞ *Sophie, T. v. Heinrich d. Schwarzen Hzg. v. Bayern*

Berthold IV. Hzg. v. Zähringen, Rektor v. Burgund *1125, † 1186
∞ 1. *Heilwig, T. v. Gf. Hermann v. Froburg*
∞ 2. *Ida, T. v. Gf. Matthaeus v. Boulogne-sur-Mer*

Adalbert I. Hzg. v. Teck

Clementia † um 1175
∞ 1. *Heinrich d. Löwe Hzg. v. Bayern und Sachsen*
∞ 2. *Gf. Humbert III. v. Savoyen*

Hermann III. Mgf. v. Baden
∞ *Berta v. Staufen*

Rudolf Bf. v. Lüttich *zw. 1130 und 1135, † 1191

Hermann IV. Mgf. v. Baden
∞ *Berta*

(1) **Berthold V.** Hzg. v. Zähringen, Rektor v. Burgund *um 1160, † 1218
∞ *Clementia, T. v. Gf. Stephan III. v. Hochburgund-Auxonne*

(1) *Agnes*
∞ *Gf. Egino IV. v. Urach*

(1) *Anna*
∞ *Gf. Ulrich v. Kiburg*

Adalbert II. Hzg. v. Teck

Lit.: →Artikel der aufgeführten Personen — →Zähringer – Die Zähringer, II, hg. H. SCHADEK–K. SCHMID, 1986, 11, Abb. 6f.

REGISTER

Das nachfolgende Register führt in alphabetischer Reihenfolge, getrennt nach *Personen*, *Orten* und *Sachen*, eine Auswahl von Einträgen auf. Sie betreffen Sachverhalte, die im LEXIKON DES MITTELALTERS kein eigenes Haupt- oder Verweisstichwort erhalten haben, jedoch im Zusammenhang von Artikeln mitbehandelt sind.

Bei jedem Eintrag sind Bandzahl (römisch) und Spaltenzahl (arabisch) angegeben. In der Regel ist nur eine Fundstelle vermerkt, doch werden bei einigen Registereinträgen im Interesse einer eingehenderen Orientierung des Benutzers weitere ergänzende Fundstellen berücksichtigt.

Personenregister

Adela v. Vohburg, I, 1742; III, 821; IV, 931
Æthelwulf v. Wessex, III, 1600; IX, 20, 565
Albertus de Morra, IV, 1671
Albrant, VIII, 775
Alexander Stewart, I, 1338f.
Andrea di Paolo, III, 261
Augustinus Olomucensis, V, 1029

Beatrix v. Ornacieu, VI, 985
Belleperche, Pierre de, VI, 1962
Beltraneja, La, V, 522
Belviso, Jacopo, V, 256
Bembo, Pietro, VI, 2142
Bertrand de Got, II, 2142
Bileam, I, 1360
Bodin, Konstantin, V, 1380
Bonifatius v. Ceva, III, 30
Borowin, VI, 439
Bratton, Henry of, IV, 2137

Čák, III, 363
Capella, Martianus, VI, 338
Carretto, Galeotto del, III, 667
Cassianus Bassus, V, 1684
Celsus, II, 1606
Cencio Savelli, V, 120, 1941
Chad, II, 1598
Chappuis, Johannes, III, 203
Christina v. Retters, VI, 985
Cölestiner, II, 9
Colin Muset, VI, 947
Coloman, V, 1269
Constantius III., V, 119
Corella, Joan de, V, 487
Crimthann, III, 63
Cruciferi, V, 1500
Cyprianus v. Toulon, II, 1361
Cyriacus, V, 1597

Dąbrávka, III, 1149
Damaskenos, V, 566
Diktys Cretensis, III, 982
Dionysius v. Augsburg, I, 196
Domenica, hl., V, 1597

Eberhard, Sohn des Gf.en Udo, VIII, 1177
Eberhard v. Ypern, VII, 106
Étienne Marcel, VI, 220

Franciscus Cecus de Florentia, V, 1669
Fredelo, Gf. v. Toulouse, VIII, 909

Gebhard, Gf. im Lahngau, 9. Jh., V, 1369
Gerson, Jean, V, 561
Giovanni Ambrosio, VIII, 462
Giraut de Bornelh, IV, 1787
Grünwalder, Johann, IV, 905
Guglielmo Ebreo da Pesaro, VIII, 462
Gui de Cavaillon, VIII, 546
Gui Foucois, II, 2141
Guilelmus Brito, IX, 166
Guy v. Dampierre, III, 487; IV, 520; 1767

Hathumod, Äbt. v. Gandersheim, I, 210; IV, 1103
Heinrich v. Berchtesgaden, I, 100
Heinrich v. Klingenberg, Bf. v. Konstanz, V, 1400
Hero, IV, 2175
Heynlin, Johannes, V, 586
Hohenstaufen, VIII, 76
Huc de Mataplana, VIII, 1170
Hugo, Ebf. v. Reims, IV, 2154; VII, 659
Hyakinthos, Metropolit der Valachei, VIII, 1373

Ibn az-Zarqālā, V, 321
Jean Bodel, II, 306
Jean de Montreuil, VI, 818
Jiménez de Rada, Rodrigo, VII, 930
João Alvares, I, 497
Johann v. Anjou, V, 512
Johann, Hzg. v. Lancaster, V, 616
Johann v. Legnano, V, 1977
Johannes Cassianus, II, 1550
Johannes de Fordun, IV, 633
Johannes Geiler v. Kaysersberg, IV, 1174
Johannes Gerson, V, 561
Johannes Hus, V, 230
Johannes v. La Rochelle, V, 588
Johannes Mauropus, VI, 414
Johannes Milíč, VI, 625
Johannes Nider, VI, 1136
Johannes Parens, III, 1703
Johannes Peckham, VI, 1848
Johannes v. Ruisbroek, VII, 1127
Johannes de Rupescissa, V, 597
Johannes v. Saaz, V, 607
Johannes de Saxonia, V, 568, 574
Johannes Skylitzes, VII, 1998

Johannes Wessel Gansfort, IX, 18
Johannes Zacharias Aktuarios, IX, 436
John Kemp, V, 1102
Jordanus Fantasma, IV, 283
Irene, Tochter Ks. Isaaks II. Angelos, VI, 2056
Judith, Tochter Karls d. Kahlen, IV, 514; VI, 1439; IX, 565
Julian, hl. (v. Brioude), II, 696; V, 800
Julianus Teutonicus, V, 803
Juraj Dalmatinac, III, 457
Ivanko, III, 1151; VIII, 1371
Ivetta v. Huy (Hoe), VI, 983

Karl I. Martell v. Ungarn, I, 648
Konrad v. Vechta, VIII, 1441
Kresimir IV., VI, 1921
Kyrill und Method, V, 1382

Landelin, hl., V, 1671
Litovoi, VIII, 1372
Liutbirc (Liutperga), Gemahlin Tassilos III., I, 1700; III, 724f.; V, 1697; VIII, 485
Lucianus v. Kaphar-Gamala, VIII, 127
Lukardis v. Oberweimar, VI, 985
Lusignan, Peter, v., VI, 1932

al-Mahdī, VII, 1452
Manerbi, Nicolò, V, 1797
Martinus v. Bracara, VI, 343
Mazzeo di Ricco, VII, 1946
Moncada, VI, 781
Monforte, Häretiker v., VI, 793

Montreal d'Albarno, VI, 840
Musatin, VIII, 83

Oda, Tochter Ekkehards v. Meißen, II, 359
Oderisius, Abt v. Montecassino, VI, 788

Paolo Scolari, II, 2140
Paulos v. Mérida, II, 1846
Pelagianer, VI, 1860
Pietro da Moglio, VIII, 550
Pietro del Morrone, III, 7, 9
Priester v. Dioclea, VII, 99

Quarton Enguerrand, VIII, 415

Rabanus Maurus, V, 144
Rudolf v. Worms, VI, 71

Stephan Tempier, VIII, 534

Tankred v. Hauteville s. Stammtafel Hauteville
Thomas Murner, IV, 813; IX, 222
Torquemada, Juan de, V, 609

Umiliana de' Cerchi, VI, 985

van Eyck, Hubert und Jan, IV, 189
Vanna v. Orvieto, VI, 985

Werner v. Bacharach, VII, 880
Wilhelm, Sohn Heinrichs I. v. England, II, 261f.; III, 1933; IV, 2049

Zabarella, Franciscus, IV, 685

Ortsregister

Aargau, I, 1969
Altenberg, ehem. OCist-Abtei, IX, 641
Auray, Schlacht v., II, 622; V, 333 (10. J.), 988f. (27. K.)
Auson(i)a, VI, 1512; VIII, 1615

Berytus, I, 1823

Canigou, VII, 1179
Cathay, II, 1827
Champmol, Kartause, III, 1050
Channel Islands, V, 898

Degsastan, I, 173
Drač, III, 1479
Dubrudža, III, 1151
Durazzo, III, 1479
Durrës, III, 1479

Ermine Street, IV, 672
Esesfeld, I, 1788

Groß-Komburg, V, 1275

Jerunda, IV, 1351

Késmárk, V, 1034
Kežmarok, V, 1034
Klein-Komburg, V, 1275
Korčula, III, 394
Kraków, V, 1467
Kruszwica, V, 1552
Kutná Hora, V, 1593

L'vov, V, 1869
La Grande Chartreuse, II, 1760
Ladoga, I, 476
Litoměřice, V, 1864
Litomyšl, V, 1864
Lunkini, V, 1875

Medininkai, VII, 1449
Mignano, V, 434

Soldaïa, VIII, 291

Taranto, VIII, 470
Trakai, VIII, 933
Trento, VIII, 989

Vipiteno, VIII, 139

Sachregister

Amsel, III, 1412
Antapodosis, V, 2042
Aprisio, II, 140
Aquädukt, VIII, 2065
Aratrum, VI, 2048
Arengo, V, 1286
Arianismus, I, 949
Armkachel, I, 993
Armröhre, I, 993
Aromatarius, I, 796
Ars memorandi, VI, 698
Athanor, VI, 1366
Aumosniere, I, 451
Aureus, I, 799
Auripigment, I, 1052
Auxilium, III, 162

Balneum arenae, I, 335
Balneum vaporis, I, 335
Bannerlauf (bannerenlop), I, 1207
Bärenlauch, V, 1751
Bärentraube, I, 1784
Bassedance, VIII, 462
Bataille des sept arts, IV, 2135
Bautzener Hs., V, 234
Beilager, III, 1616; VII, 1812
Beinhaus, V, 1001
Belle Dame sans mercy, II, 1744
Besant de Dieu, Le, IV, 1779
Betelnuß, VI, 1323
Bibelkatenen, II, 44
Bibelkonkordanzen, II, 44
Bibelkorrektorien, II, 44
Bibelkritik, II, 45
Bildhauer, Bildhauerei, VII, 2
Bizzoco, I, 1800
Blasebalg, VII, 1505
Bleaunt, II, 276
Blumenspiele, V, 365
Bogenschützen, I, 895
Bolzen, I, 965
Bookland, IV, 612
Borax, VIII, 796
Brauwesen, II, 135
Brechnuß, VI, 1323
Brettiner, I, 1220
Brombeere, I, 1783
Brückenkapelle, II, 729
Buchweizen, IV, 1414
Bucina, VI, 959
Bulla, Bulla aurea, II, 2050; IV, 1539
Bündniswesen, städt., VII, 876; VIII, 17
Burgmannensiedlungen, II, 970
Buridans Esel, V, 559
Busung, IV, 1428
Byzantinische Ära, II, 2043

Caballero, VII, 874
Calcinatio, I, 334
Calculus Victorii, VIII, 1630
Camera, V, 887
Canonica, V, 907
Canonicus, V, 903
Capella, V, 931
Capellanus, V, 930

Capitaneus populi, II, 1475
Capitulum culparum, VII, 1581
Caput orbis, VII, 1007
Caraiten, V, 948
Caravelle, VII, 1458
Carbo, V, 1248
Catena aurea, VIII, 707
Cembalo, VI, 967
Cento Novelle antiche, VI, 1305
Ceorl, III, 1503
Ceratio, I, 334
Chan, IV, 1892
Chanson d'Antioche, V, 1519
Chape, VI, 204
Chapel (Kopfbedeckung), VII, 1440
Charter of the Forest, II, 1740; IV, 662
Chiromantie, VIII, 1921
Choral-Bearbeitung, VI, 871, 1451
Christi Höllenfahrt, III, 715, 719
Christrose, VI, 1146
Clausula, V, 1195
Clavichord, VI, 967
Cléomadès, I, 149
Climacus, VI, 1103
Clivis, VI, 1103
Coagulatio, I, 334
Collectores taxae plumbi, II, 931
Coltura promiscua, I, 1667
Commanderie, V, 1279; VII, 878
Commendatio animae, VIII, 130
Commise, V, 1815
Concurrentes (Jahreskennzeichen), III, 576
Confessio, II, 1123
Confessor, I, 1819; II, 125, 129
Congelatio, I, 334
Congius, I, 799
Consuetudines Tholose, VIII, 910
Consuetudines v. Bari, I, 1463
Cornett, VI, 959
Correctoria »Circa«, V, 592, 1148
Coudrette, VI, 505
Couronnement de Louis, IX, 198
Coynee, III, 25
Crwth, I, 1456
Cucurbita, I, 335
Cultores Dei, II, 1604
Curiales, V, 67
Curiosi, VII, 64
Cymbala, VI, 964
Cyrillica, I, 457

Damianiten, III, 474
Dan, dan', I, 38
Dansker, I, 65
Dasein, VII, 1716
De diversis artibus, VIII, 666
Decameron, il, II, 299
Deckfarbenmalerei, II, 853
Decknamen, I, 335
Deckplatte (Abakus), V, 941
Defensor, VIII, 1811
Defensor pacis, VI, 332
Degsastan, Schlacht v., I, 173
Denalagu, III, 494
Descensio, I, 334

Destillatio, I, 334
Destillierbücher, III, 735
Deutschmeister, III, 770
Diakonikon, VI, 1772
Didascalion de studio legendi, V, 177
Digestio, I, 334
Dinkel, IV, 1413
Diskos, VI, 1778
Disperati, I, 1025
Divites, III, 1132
Divitiores, III, 1132
Doctor ecclesiae, V, 1178
Doppelnatur des Menschen, I, 699
Dornse, V, 1101
Drahtemail, III, 1352
Dromedar, V, 881
Dürnitz, V, 1101

Eberesche, I, 1784
Échequier, VI, 967
Échevin, VII, 1516
Ehrfurcht, VI, 2141
Eisenrot, IV, 1486
En sof, V, 846
Enregistrement, VII, 583
Eorl, III, 1503
Epikie, I, 184
Epochentag, -jahr, III, 576; V, 277, 406
Eþsöre, III, 1701
Erbfolgekrieg, Lüneburger, VI, 12
Erdbeere, I, 1783
Erec et Enide, II, 1899; IV, 1946
Escanor, IV, 1460
Estimo, V, 1061

Fanone, V, 1202
Fides, IV, 1492
Fieber, VI, 162
Fís Adomnán, I, 118; VIII, 1742
Flächenmaß, VI, 366
Freiburger Handfeste, IV, 889
Fruchtbarkeitskult, VII, 77
Frühburgen, alemannische, I, 1787
Frui, VIII, 1344

Gaban, VI, 204
Ganzes-Teil, VIII, 903
Garnitur, V, 1941
Gästehaus, V, 1218
Gebäudesteuer, I, 1780
Geheimlehre, I, 329
Geist (Spiritus), VII, 2125
geld, VIII, 152
Geldwechsler, IV, 1202
Gemeinfreiheit, IV, 896
Gerste, IV, 1414
Gezeiten, VI, 749
Glühwurm, V, 848
Gombert et les deux clercs, II, 306; IV, 212
Gorgoepekoos, VI, 258
Gottesnamen, VI, 1009
Grande chancellerie, II, 1695
Grat, II, 409
Gurke, V, 1579

Haliaetos, IV, 1697
Handelssperre, III, 1875
Hartheu, V, 612

Hasel, VI, 1003
Haselnuß, VI, 1323
Haubenlerche, V, 1905
Hecht, IV, 494
Heerbann, I, 1031, 1203-1205, 1414; IV, 1993
Heilagra manna sögur, VII, 1253
Helleborus, VI, 1146
Hervis de Metz, V, 2137
Himbeere, I, 1783
Histoire van den Grale, IV, 1620; V, 292
Hofdichter, I, 2045
Hoffahrt, V, 1809
Hofgericht, V, 1331
Hofkultur, V, 1565
Hofmeister, V, 68, 77; VI, 147
Hohlmaß, VI, 366
Holzschuh, VII, 1573
Hornglas, IV, 350
Hornissen, IX, 18
Hueline et Aiglantine, V, 798

Jeu de la Feuillée, I, 108
Ille et Galeron, IV, 1143
Inkrustation, IV, 1061
Inkubation, VII, 1470
Inquisitio comitatus Cantabrigiensis, III, 1181
Inquisitio Eliensis, III, 1181
Inquisition, III, 1196; IV, 1933, 2201
Intoleranz, VIII, 849
Johanneshaupt, V, 612
Johannisbeere, I, 1784
Isopets, IX, 429
Julianischer Kalender, V, 866
Jungfrauengeburt, VI, 243

Kachelofen, IV, 2114
Kaddroë, II, 1342
Kaiserrecht, großes, V, 859
Kanzleiordnungen, V, 911
Karolingische Reform, II, 187
Kermes, III, 1665; VII, 330
Kircheneinrichtung, V, 1167
Kokosnuß, VI, 1323
Koloquinte, V, 1579
Kontrafaktur, III, 203
Kornelkirsche, I, 1784
Krönungsurkunde, II, 2207; V, 1804
Küstenstadt, IV, 1835
Kutsche, VIII, 1907

Landeskirche, IV, 80; V, 1165
Längenmaß, VI, 366
Laufhund, II, 537
Laura des hl. Athanasios, VI, 468
Lectura, V, 1788
Lehrhafte Dichtung, V, 1827
Leliaardspartij, IV, 1241
Lesbische Liebe, V, 113
Lex, IV, 1390
Libertas Saxonum Transilvaniae, VII, 1841
Libro Becerro de las Behetrías, V, 1955
Limone, IX, 658
Linse, V, 185
Livre du tresor, V, 1747
Lobgedicht, VI, 1654
Lossprechung, I, 57
Lütticher Bistumsstreit, IV, 2163; V, 20, 2129; VII, 830

Mag Roth, Schlacht v., III, 406
Magister burgensis, civilis, II, 1047
Maiestas, Majestät, VI, 149
Maigelein, I, 1772
Maire, II, 1022
Maríu saga, VII, 1253
Maulbeere, I, 1783
Mediatstadt, VIII, 31
Mehlbeere, I, 1784
Melone, V, 1579
Mignano, Friede v., V, 434
Monatsregeln, III, 972
Moncada, VI, 781
Monforte (Häretiker), VI, 793
Moosbeere, I, 1784

Narbonnais, Petits Cycles des, IX, 198
Nonnebakken, IV, 1068

Offene Briefe, V, 2022; VII, 314
Omophorion, V, 1203
Ontologie, VII, 1716
Ordensburg, II, 995, 1000
Ordnung der Gesundheit, VII, 576

Pedo, VI, 1850
Pelikan, I, 335
Pflanzenbesiedlung, I, 476; III, 869
Philippide, VIII, 167
Pilgerampullen, VI, 2154
Plebanus, VI, 2022
Pomeranzenbaum, IX, 658
Poridat de las poridades, VII, 1663
Porree, V, 1751
Preiselbeere, I, 1784
Primas Germaniae, VI, 135
Prise de Cordres et de Sebille, II, 1704
Prise d'Orange, IX, 198
Profanarchitektur, VII, 240
Prohoms, VII, 234
Projectio, I, 334
Pugillus, I, 799
Putrefactio, I, 334

Quadrans, I, 799

Raketen, VII, 339
Razo, VIII, 1635

Reali di Francia, I, 599
Receptaculum, I, 335
Redendes Reliquiar, VII, 700
Reichsapfel, VII, 625
Reichsfreiheit, VII, 637
Reichskanzlei, V, 910
Reichsvizekanzler, IX, 1787
Restor du Paon, II, 697
Robin et Marion, Jeu de, I, 108
Roggen, IV, 1414
Rompeni, VI, 1942
Rotta, VI, 960
Rundwall, I, 1787

Salzsteuer, IV, 1070; VII, 1326
Sanas Cormaic, III, 238
Sängerkrieg auf der Wartburg, IX, 2056
Sarwürker, Sarwörter, VIII, 1897
Sauerampfer, VI, 1341
Sceau, VII, 1851
Schnittlauch, V, 1751
Schule, arab., VI, 65
Sekretsiegel, VII, 1852
Siège de Barbastre, Le, IX, 199
Spelt, IV, 1413
Spezerei, III, 1402; IV, 1432
Spiritus Vini, I, 416
Stachelbeere, I, 1784
Stadtgrundriß, VIII, 867
Stadtvogt, VIII, 1813
Sternkammer, VIII, 61

Terrenuove, II, 455
Tobie, La Vie de, IV, 1779
Tod Jesu, II, 1922
Trumscheit, VI, 960

Verworfene Tage, V, 1536
Vida de San Ildefonso, IV, 1850
Vida de Santa Maria Egipçiaca, IV, 1850
villein, III, 2011; VIII, 1671
Virginitas, V, 808

Walnuß, VI, 1323, 1324
Weißdorn, I, 1784

Zedratzitrone, IX, 658
Zitrone, IX, 658

ERRATA

I

Aegidius (1. Ae.), 175: *Chilperich* — Childerich I.
Alexios III. Angelos (3. A.), 386: * *18. Aug. 1203* — * vor 1155
Angers, Anjou, 630: *1120* — 1128 (Heirat Gottfrieds mit Mathilde)
Angilram, 635: *Sens* — Senones
Anselm v. Lüttich (9. A.), 689: *Wilhelm v. Orval* — Aegidius Aureavallensis
Anthologie, 698: SCHANZ-HOSIUS *IV, 69–76* — SCHANZ-HOSIUS IV, 2, 69–76
Arator, 868: *Comes privatorum* — Comes rerum privatarum
ARMAGH, 960: *1106* — 1006
Arnulfinger, 1021: *Tertry 667* — 687
Barlaam und Joasaph, 1467: *Dives anol Pauper* — Dives and Pauper
Beatrix (1. B.), 1742: *Mutter Friedrichs v. Rothenburg* — Mutter Konrads v. Rothenburg
Benedictus v. Mailand (1. B.), 1857: *von 214 Hexametern* — von 241 Hexametern
Benedikt v. Nursia (15. B.), 1867: *480 v. Chr.* — 480 n. Chr.
Benediktiner, -innen, 1889: *(Johann →Rode, † 1439)* — (Johannes Rode, * um 1388, † 1439, Abt v. St. Matthias, Trier)

Berno, 2006: *Gf. v. Mecklenburg* — Bf. v. Mecklenburg

II

Blut, 288: *wird der »arme Heinrich« ... geheilt* — soll ... geheilt werden
Boulogne, Gui de, 499: *Konkave* — Konklave
Braga, 540: *Diego Gelmírez 1908* — 1098
Brücke, 730: *1667* — 1567
Burgund, 1088: *Yvois* — Deville
Bursfelder Kongregation, 1108: *Johannes →Rode* — Johannes Rode
Chester, Cheshire, 1798: *Conventry* — Coventry
Christian (7. Ch.), 1914: *Milites Christi de Prussiae* — Milites Christi de Prussia
Chronik, 1990: *Chronicum Scottorum* — Chronicon Scotorum
Clairvaux, 2119: *Robert v. Lexington* — Stephan v. Lexington

III

Crescentius, 345: *O. HOLDER EGGER* — O. HOLDER-EGGER
Dederoth, Johannes, 628: *Johannes →Rode* — Johannes Rode
Dekretalisten, Dekretalistik, 659: *Johannes de Albenga* — Jacobus de Albenga
Denkmal, 700: *† 1291* — † 1290 (Kgn. Eleanor)
Diptychon, 1101: *ö. ...... w.* — *w. ...... ö.*
Dublin, 1433, Lit.: *F. X. MERTIN–J. J. BYRNE* — F. X. MARTIN–F. J. BYRNE
Ehe, 1646, Lit.: *I. JUBAL* — I. YUVAL
Elegienkomödie, 1797: *Crinnechochet* — Ginnechochet
Eltville, Verträge v., 1862: *Heinrich v. Virneburg, Ebf. v. Köln* — Heinrich III. v. Virneburg, Ebf. v. Mainz

Energie, 1904: *Taccolta* — Taccola

IV

Eslonza, 16: *pedo* — pedido
Franken, Frankenreich, 704: *Pippins Findelsohn* — Pippins Friedelsohn
Franziskaner, 814: *Mathias →Döring* — (Mathias Döring, † 1469, Leiter der Erfurter Ordensschule, Provinzial der sächs. Ordensprov.)
Friedrich II., Kfs. v. Sachsen (33. F.), 956: *Sohn von 28* — Sohn von 32
Galfridus Hardeley (1. G.), 1085: *→Hardeley, Galfridus* — (Hardeby, Galfridus, Oxforder Augustinertheologe, † nach 1385, Verf. eines Liber de vita evangelica)

Garten, 1124: *Konstantin XI. Monomachos* — Konstantin IX. Monomachos
Gerhard (9. G.), 1312: *Ladislaus* — Emmerich (1083 heiliggesprochen)
Gericht, 1323: *→Hofgericht* — →Königs- und Hofgericht
Gottfried (7. G.), 1598: *Sohn von 14. G. und der Ottonin Mathilde* — Sohn von 13. G. und der Billungerin Mathilde
Hans (2. H.), 1921: *Hans v. Bayern* — Hans v. Baysen

Heer, 1997: questioni
Heilige, 2015: Elisabeth v. Thüringen († 1243)
Heilige Lanze, 2020: dem Dreikönigstreffen 926
Heinrich II. (2. H.), 2038: durch... geistl. und weltl. Fs.en Oberdeutschlands von Ebf. Willigis gekrönt.

quistioni
Elisabeth v.. Thüringen († 1231)
der Wormser Reichsversammlung 926
durch... geistl. und weltl. Fs.en Oberdeutschlands zum Kg. gewählt und von Ebf. Willigis gekrönt.

V
Hildebert v. Lavardin, 11: † 1113
Hohentwiel, 83: ducissa
Humanismus, 201: 1610
Jagiełło, Jagiellonen, 275: Tannenberg 1411
Iamblichos, 299: σκόπος
Jean sans peur (12. J.), 335, Lit.: B. SCHERB
Ivanko, 838: Dubrudža
Kadenz, 847: Glanzschluß
Karl der Große (2. K.), 961, Lit.: H. BEUMANN, Nomen imperatoris, HZ 184, 1988
Karl I. v. Anjou (19. K.), 984: Konstantin
Katalanische Kompa(g)nie, 1055: Süditalien
König, Königtum, 1300: 479
Konrad III. (3. K.), 1339: † 15. Febr. 1151
Konrad I. v. Querfurt (24. K.), 1351: nach 1194–99... Nach 1194 zum Bf. v. Hildesheim geweiht
Krankensalbung, 1472: Petrus Lombardus, In Sent. IV d. 231. 2a. 4 S. 2
Krondomäne, 1543, Lit.: NEUMANN
    LAMARIGNIER
    Capetain
Kuenringer, 1560: 1237
Kurfürsten, 1581: Hzg.e v. Brandenburg
Leon III. (2. L.), 1890: † 18. Juni 741
    der nach ihm benannten »isaur.« Dynastie...
    Irene u. a.
    zum Widerstand Roms...
Litauen, Litauer, 2012: Skirgaila
Ludwig VIII. (14. L.), 2184: Johann (Maine, Anjou)
Ludwig XII. (18. L.), 2189: Ludwig XI., dem selbst der männl. Erbe fehlte...

† 1134
dux
1543
Tannenberg 1410
σκοπός
B. SCHNERB
Dobrudža
Ganzschluß
HZ 184, 1958

Konradin
Südthessalien
470
† 15. Febr. 1152
1194–99...
Nach 1194 zum Bf. v. Hildesheim gewählt
Petrus Lombardus, In IV Sent. d. 23 a. 1

NEWMAN
LEMARIGNIER
Capetian
1137
Mgf.en v. Brandenburg
(entfällt)
der isaur. Dynastie...
(entfällt)
zu einem Bürgerkrieg mit Rom...
Švitrigaila
Karl (Maine, Anjou)
Ludwig XI., der in L. einen unerwünschten mögl. Erben sah...

VI
Malatesta, 164: Forlimpoli
    165: 13. Jh.
    166: Pandolfacicos
Manichäismus, 195: ostafrikan. Gebiete
Mantua, 208: 1359
Mariale, 282, Lit.: H. BARRÉ...1962
Marseille, 327: Trinitianer
Maximilian I., 420: † 1478
    † 1480
Medicina Plinii, 447, Lit.: S. GUY
Medizin, 454, Prognostik des Aristoteles
Meginhart v. Fulda, 468: Rechtsannalen
Meile, 472: 69 See-M.n
Minuskel, 654: † 1328
Nikolaus v. Kues (27. N.), 1182: Febr. 1423
Orkney Inseln, 1458: ca. 90 brit. Inseln
Otfrid v. Weißenburg, 1557: Salomo I. v. Konstanz (839–981)
Pacificus v. Novara (2. P.), 1610: Benedikt XV.
Petrus v. Pisa (61. P.), 1982: 743/744
Pettendorf, 1990: Längenfeld
Pitten, 2189: Mgf. Gottfried v. Kärnten

Forlimpopoli
14. Jh.
Pandolfaccios
mittelasiatische Gebiete
1459
H. BARRÉ... (Études Mariales 19, 1962), 27–89
Trinitarier
* 1478 (Philipp)
* 1480 (Margarete)
G. SABBAH
Prognostik des Hippokrates
Reichsannalen
60 See-M.n
† 1320 (Peter v. Aspelt)
Febr. 1432
brit. Inseln
Salomo I. v. Konstanz (839–871)

Benedikt XIV.
773/774
Lengenfeld
karantan. Mgf. Gottfried

ERRATA

VII
Proklos, 244: *G. Boss–G. Seel*   G. Boss–G. Steel
Raimbaut Vidal (3. R.), 404: →*Vidal, Raimbaut*   →Vidal, Raimon
Regensburg, A. I, 564: *erneute Geviert*   erneuerte Geviert
Ritter, 869: »*Nunc fiant milites...*«   »Nunc fiant Christi milites...«
Rota Sacra Romana, 1049: *Audentia*   Audientia
Rudolf III. (6. R.), 1077: *1066 Inbesitznahme*   1006 Inbesitznahme

VIII
Tafeln, astron. und math., 420: *Multplikationst.*   Multiplikationst.
                 421: *1400 gedruct*   1490 gedruckt
                 421, Lit.: E. Glowalzki–H. Göllsch   E. Glowatzki–H. Göttsche
Unsinnsdichtung, 1264: *Rimi volgari*   Ritmi volgari
Vatopedi, 1432: ἀδελφᾶτα   ἀδελφάτα
Verbrechen, 1491: *12. Jh.*   13. Jh.
                 movimenti del reato   moventi del reato
Visio Philiberti, 1733, Lit.: *Verf.-Lex.²*   Verf.-Lex.

IX
Windesheim, 233: *Overjssel*   Overijssel
Władysław II. Jagiełło (4. W.), 286: *1386–1436*   1386–1434
Xeropotamou, 405: *sieben außerhalb des Athos*   sieben außerhalb des Kl.

MITARBEITER DES NEUNTEN BANDES

Das Verzeichnis beruht auf Angaben der Mitarbeiter der Lieferungen 1–3, die 1998 erschienen sind.

Abulafia, David, Cambridge
Alonso-Núñez, José M., Madrid
Althoff, Gerhard, Münster (Westf.)
Alzheimer-Haller, Heidrun, Würzburg
Andenna, Giancarlo, Milano
Angenendt, Arnold, Münster (Westf.)
Angermann, Norbert, Hamburg
Anton, Hans H., Trier
Anzelewski, Fedja, Berlin
Aris, Marc-Aeilko, Trier
Arnold, Johannes, Montabaur
Asperti, Stefano, Roma

Bak, János M., Budapest
Bakker, Folkert J., Groningen
Barone, Giulia, Roma
Barrow, Geoffrey W. S., Edinburgh
Barrow, Julia, Nottingham
Bauschke, Ricarda, Berlin
Beck, Corinne, Dijon
Beckmann, Jan P., Hagen
Behr, Hans-Joachim, Braunschweig
Berger, Albrecht, Teltow
Berghaus, Peter, Münster (Westf.)
Berktold, Christian, München
Bertini, Ferruccio, Genova
Bierbrauer, Katharina, München
Bierbrauer, Volker, München
Binding, Günther, Köln
Birkfellner, Gerhard, Münster (Westf.)
Bischofberger, Hermann, Appenzell
Blagojević, Miloš, Beograd
Bláhová, Marie, Praha
Blaschitz, Gertrud, Krems a.d. Donau
Blaschke, Karlheinz, Friedewald
Bockhorst, Wolfgang, Münster (Westf.)
Bogucki, Ambrozy, Bydgoszcz
Bönnen, Gerold, Worms
Boone, Marc, Gent
Bottiglieri, Corinna, Salerno
Bourgain, Pascale, Paris
Boutet, Dominique, Amiens
Braekman, Willy L., Bruxelles
Brand, Hanno, Paris
Brandes, Wolfram, Frankfurt a. Main
Bretscher-Gisiger, Charlotte, Zürich
Briesemeister, Dietrich, Berlin
Brodt, Bärbel, London
Brückner, Thomas, Würzburg
Brückner, Wolfgang, Würzburg
Brunner, Horst, Würzburg
Brunner, Karl, Krems a. d. Donau; Wien
Bulst, Neithard, Bielefeld
Bünz, Enno, Jena
Burger, Maria, Bonn
Burgmann, Ludwig, Frankfurt a. Main

Cardini, Franco, Firenze
Carelos, Pantelis, Berlin
Cauchies, Jean-Marie, Bruxelles
Choroškevič, A. Leonidovna, Moskva
Ćirković, Sima, Beograd
Clarke, Howard B., Dublin
Contamine, Philippe, Paris
Cordes, Albrecht, Freiburg i. Br.
Corsten, Severin, Bonn
Cortesi, Mariarosa, Cremona
Cosanne, Annette, Münster (Westf.)
Coulet, Noël, Aix-en-Provence
Critchley, John S., Exeter
Crumlin-Pedersen, Ole, Roskilde
Csendes, Peter, Wien
Cursente, Benoît, Nice

Daxelmüller, Christoph, Regensburg
Decorte, Jos, Leuven
De Leo, Pietro, Roges di Rende/Cosenza
Delmaire, Bernard, Lille
Delort, Robert, Genève
Demotz, Bernard, Lyon
Denton, Jeffrey H., Manchester
Deschauer, Stefan, Dresden
Devailly, Guy, Rennes
Dietz, Klaus, Berlin
Dilg, Peter, Marburg a. d. Lahn
Dinzelbacher, Peter, Salzburg
Ditsche, Magnus, Bonn
Dobson, Richard B., Cambridge
Donattini, Massimo, Bologna
Dopsch, Heinz, Salzburg
Drechsler, Heike, Heidelberg
Drossbach, Gisela, München
Dumschat, Sabine, Hamburg

Ebel, Friedrich, Berlin
Eberl, Immo, Ellwangen
Eckermann, Karl W., Vechta
Ehlers, Joachim, Berlin
Ehm, Petra, Bonn
Ehrhardt, Harald, Oberursel
van Eickels, Klaus, Bamberg
Elders, Leo J., Kerkrade
Elkar, Rainer S., Neubiberg
Elm, Kaspar, Berlin
Engels, Odilo, Köln
Engemann, Josef, München; Golling
Erkens, Franz-Rainer, Leipzig
Ernst, Stephan, Paderborn
Escher, Felix, Berlin

Fahlbusch, Friedrich Bernward, Warendorf
Faroqhi, Suraiya, München
Feige, Peter, Madrid
Ferjančić, Božidar, Beograd
Folkerts, Menso, München
Fouquet, Gerhard, Kiel
Fournier, Gabriel, Chamalières
Frank, Karl Suso, OFM, Freiburg i. Br.
Franz, Ansgar, Mainz
Fried, Pankraz, Augsburg

Gabriel, Erich, Wien
Gamber, Ortwin, Wien
Gamper, Gertraud, Winterthur
Gamper, Rudolf, Winterthur
Gärtner, Kurt, Marburg a. d. Lahn
Gąsiorowski, Antoni, Puszczykowo (Poznań)
Gasparri, Stefano, Venezia
Gaube, Heinz, Tübingen
Gawlas, Sławomir, Warszawa
Geibig, Alfred, Coburg
Geith, Karl-Ernst, Genève
Gelbhaar, Axel, Coburg
George, Philippe, Liège
Gerish, Deborah, Valley Village
Gerlich, Alois, Mainz
Gerwing, Manfred, Bochum
Geuenich, Dieter, Duisburg
Gier, Albert, Bamberg
Gilles, Henri, Toulouse
Gilomen, Hans-Jörg, Zürich
Gilomen-Schenkel, Elsanne, Arlesheim
Gjuzelev, Vassil, Sofia
Glauche, Günter, München

MITARBEITER

Gligorijević-Maksimović, Mirjana, Beograd
Göckenjan, Hansgerd, Gießen
Goez, Werner, Erlangen
Goldstein, Ivo, Zagreb
Golinelli, Paolo, Verona
Goll, Jürg, Müstair
Gondret, Emilie, Paris
Görich, Knut, Tübingen
Gosman, Martin, Groningen
Grams-Thieme, Marion, Köln
Griffiths, Ralph A., Swansea
Gringmuth-Dallmer, Eike, Berlin
Grondeux, Anne, Paris
Groß, Dominik, Würzburg
Gruber, Joachim, München
Grünbart, Michael, Wien
Grünbeck, Elisabeth, Freiburg i. Br.

Haarländer, Stephanie, Mainz
Hägermann, Dieter, Bremen
Hagger, Mark, St. Andrews
Haider, Siegfried, Linz
Halm, Heinz, Tübingen
Hannick, Christian, Würzburg
Harper-Bill, Christopher, Twickenham
Häußling, Angelus A., OSB, Maria Laach; Benediktbeuern
Hedwig, Klaus, Herzogenrath
Heinemeyer, Karl, Erfurt
Heinig, Paul-Joachim, Mainz
Heinzle, Joachim, Marburg a. d. Lahn
Heit, Alfred, Trier
Hélas, Jean-Claude, Montpellier
Hemann, Friedrich-Wilhelm, Münster (Westf.)
de Hemptinne, Thérèse, Gent
Henneau, Marie-Elisabeth, Liège
Herborn, Wolfgang, Bonn
Herrmann, Hans-Walter, Riegelsberg
Herrmann, Joachim, Ferch
Hervay, F. Levente, Zirc
Hlaváček, Ivan, Praha
Hlawitschka, Eduard, München

Hödl, Ludwig, Bochum
Hohlweg, Armin, München
Holbach, Rudolf, Oldenburg
Hollis, Stephanie, Auckland
Holste, Thomas, Würzburg
Hörandner, Wolfram, Wien
Hundsbichler, Helmut, Krems a. d. Donau
Hünemörder, Christian, Hamburg
Hürlimann, Katja, Zürich

Jacobi, Klaus, Freiburg i. Br.
Jäger, Helmut, Gerbrunn
Janssen, Wilhelm, Bonn
Jaspert, Nikolas, Berlin
Jeck, Udo R., Bochum
Johanek, Peter, Münster (Westf.)
Jones, Michael Ch. E., Nottingham
Jurek, Tomasz, Poznań
Jurkiewicz, Jan, Poznań
Jussen, Bernhard, Göttingen
Jüssen, Gabriel, Bonn
Jütte, Robert, Stuttgart
Jüttner, Guido, Berlin

Kaczmarek, Ludger, Borgholzhausen
Kadlec, Jaroslav, Litoměřice
Kahl, Hans-Dietrich, Gießen
Kalić, Jovanka, Beograd
Kampers, Gerd, Bonn
Kartschoke, Dieter, Berlin
Kasten, Brigitte, Bremen
Keene, Derek, London
Keil, Gundolf, Würzburg
Kerscher, Gottfried, München
Kettle, Ann J., St. Andrews
Kiaupa, Zigmuntas, Vilnius
Kindermann, Udo, Köln
King, Edmund, Sheffield
Kintzinger, Martin, Berlin
Klemm, Christian, Zürich
Knupp, Josef, Benediktbeuern
Kocher, Gernot, Graz
Koder, Johannes, Wien
Kornexl, Lucia, München
Kraml, Hans, Innsbruck
Kreuzer, Georg, Ichenhausen
Kristó, Gyula, Szeged

Kroeschell, Karl, Freiburg i. Br.
Kruse, Holger, Paris
Külzer, Andreas, Wien
Kunitzsch, Paul, München
Kupper, Jean-Louis, Liège
Kurnatowska, Zofia, Poznań

Laarmann, Matthias, Lünen
Labuda, Gerard, Poznań
Ladero Quesada, Miguel Angel, Madrid
Ladner, Pascal, Fribourg
Lalou, Elisabeth, Paris
Laudage, Johannes, Köln; Bonn
Lauer, Hans H., Marburg a. d. Lahn
Lazzarini, Isabella, Venezia
Lecheler, Eugenie, Berlin
Leciejewicz, Lech, Wrocław
Lecouteux, Claude, Caen
Lenker, Ursula, Eichstätt
Lentes, Thomas, Münster (Westf.)
Leroy, Béatrice, Biarritz
Lindgren, Uta, Bayreuth
Litsas, Efthimios K., Thermi
Lorch, Richard, München
Lubich, Gerhard, Köln
Lübke, Christian, Greifswald
Lückerath, Carl A., Köln
Ludwig, Karl-Heinz, Bremen
Lund, Niels, København
Luzzati, Michele, Pisa
Lyon, Bryce, Bloomfield

Mac Niocaill, Gearóid, Galway
Makk, Ferenc, Szeged
Maksimović, Ljubomir, Beograd
Maltese, Enrico V., Albisola Superiore
Marsina, Richard, Bratislava
Martin, Thomas M., Gießen
Matschke, Klaus-Peter, Leipzig
Mattejiet, Ulrich, München
McCormick, Michael, Cambridge
Meier, Hans-Rudolf, Zürich
Meier, Thomas, Zürich
Mertens, Dieter, Freiburg i. Br.

Mertens, Volker, Berlin
Meßner, Reinhard, Innsbruck
Mettmann, Walter, Köln
Miethke, Jürgen, Heidelberg
Militzer, Klaus, Köln
Möhring, Hannes, Tübingen
Mojsisch, Burkhard, Bochum
Mordek, Hubert, Freiburg i. Br.
Mugurēvičs, Ēvalds, Salaspils
von zur Mühlen, Heinz, Neubiberg
Müller, Irmgard, Bochum
Müller, Ulrich, Salzburg
Munić, Darinko, Rijeka

Nagel, Tilman, Göttingen
Nazarenko, Alexander, Moskva
Nehlsen-v. Stryk, Karin, Freiburg i. Br.
Neuenschwander, Erwin, Zürich
Neumann, Christoph K., Praha
Neumeister, Peter, Berlin
Nilgen, Ursula, München
Nitsche, Peter, Kiel
Nonn, Ulrich, Bonn
North, John, Groningen
Nyberg, Tore S., Odense

Ochsner, Christine, Basel
Ó Cróinín, Dáibhí, Galway
Ogris, Werner, Wien
Ohainski, Uwe, Göttingen
Ott, Norbert H., München

Pabst, Bernhard, Erlangen-Nürnberg
Pacaut, Marcel, Lyon
von Padberg, Lutz E., Paderborn
Padoa-Schioppa, Antonio, Milano
Pailhes, Claudine, Bonn
Palliser, David M., Leeds
Patschovsky, Alexander, Konstanz
Petke, Wolfgang, Göttingen
Petralia, Giuseppe, Pisa
Petti Balbi, Giovanna, Parma
Pini, Antonio I., Bologna
Pischke, Gudrun, Bühren
Pitz, Ernst, Berlin
Plank, Peter, Würzburg

Poeschke, Joachim, Münster (Westf.)
Pohl, Walter, Wien
Polívka, Miloslav, Praha
Poljakov, Fedor B., Köln
Posch, Walter, Bamberg
Potestà, Gian Luigi, Milano
Poulin, Joseph-Claude, Quebec
Poulle, Emmanuel, Paris
Pozza, Marco, Venezia-Mestre
Prelog, Jan, München
Prieur-Pohl, Jutta, Wesel
Prinz, Friedrich, München
Prinzing, Günter, Mainz
Putallaz, François-Xavier, Sion
Puza, Richard, Tübingen

Radenković, Ljubinko, Beograd
Rapanić, Željko, Split
Raukar, Tomislav, Zagreb
Rees, Wilhelm, Bamberg
Rehn, Rudolf, Bochum
Reichl, Karl, Bonn
Reimann, Heike, Leipzig
Reinheckel, Günter, Dresden
Reininger, Monika, Würzburg
Reinle, Adolf, Zürich
Reinle, Christine, Bochum
Renoux, Annie, Le Mans
Restle, Marcell St., München
Richard, Jean, Dijon
Riedmann, Josef, Innsbruck
Rieger, Dietmar, Gießen
Riis, Thomas, Kiel
Riley-Smith, Jonathan, London
Ristow, Sebastian, Köln
Ritoók, Agnes, Budapest
Roesdahl, Else, Højbjerg
Rogge, Jörg, Dresden
Röhrkasten, Jens, Birmingham
Rollason, David W., Durham
Röpcke, Andreas, Schwerin
Rösener, Werner, Gießen
Rottenecker, Winfried, Schwerte
Runde, Ingo, Duisburg

Samsonowicz, Henryk, Warszawa
Sauer, Hans, München
Schäfer, Regina, Mainz
Scheibelreiter, Georg, Wien
Schein, Sylvia, Haifa
Schellewald, Barbara, Bonn
Schieffer, Rudolf, München
Schiewer, Hans-Jochen, Berlin
Schild, Wolfgang, Bielefeld
Schindler, Renate, Marburg a. d. Lahn
Schipperges, Stefan, Offenburg
Schlageter, Johannes, OFM, Schmalkalden
Schmeidler, Felix, München
Schmid, Alois, Eichstätt
Schmid, Bernhold, München
Schmidt, Heinrich, Oldenburg
Schmidt, Roderich, Marburg a. d. Lahn
Schmitz, Rolf P., Köln
Schneidmüller, Bernd, Bamberg
Schnith, Karl, München
Schönberger, Rolf, München
Schoppmeyer, Heinrich, Witten
Schottky, Martin, Berlin
Schreiner, Peter, Köln
Schubert, Ernst, Göttingen
Schuler, Peter-Johannes, Potsdam
Schulz, Knut, Berlin
Schulze, Ursula, Berlin
Schütte, Leopold, Münster (Westf.)
Schwaiger, Georg, München
Schwenk, Sigrid, Göttingen
Schwertl, Gerhard, Landshut
Schwind, Fred, Marburg a. d. Lahn
Scorza Barcellona, Francesco, Roma
Seegrün, Wolfgang, Osnabrück
Segl, Peter, Bayreuth
Seibert, Hubertus, München
Selirand, Jüri, Tallinn
Senner, Walter, OP, Köln
Sesma Muñoz, José, Zaragoza
Simek, Rudolf, Bonn
Simon-Muscheid, Katharina, Basel
Singer, Hans-Rudolf, Mainz-Germersheim
Šmahel, František, Praha
Söder, Joachim, Bonn
Soustal, Peter, Wien
Spechtler, Franz V., Salzburg
Speer, Andreas, Köln
Spiegel, Joachim, München
Spieß, Karl-Heinz, Greifswald
Spinelli, Giovanni, OSB, Pontida
Sprandel, Rolf, Würzburg
Stanesco, Michel, Strasbourg
Staub, Johannes, München
Steindorff, Ludwig, Münster (Westf.)
Stettler, Bernhard, Zürich
Stoll, Ulrich, Marburg a. d. Lahn
Storey, Robin L., Carlisle
Struve, Tilman, Köln
Summerell, Orrin F., Bochum
Suntrup, Rudolf, Münster (Westf.)
Szabó, Thomas, Göttingen

Telle, Joachim, Nürtingen-Hardt
Theis, Lioba, Bonn
Thorau, Peter, Saarbrücken
Thurre, Daniel, Chêne-Bougeries
Tinnefeld, Franz, München
Trachsler, Richard, Paris
Tramontana, Salvatore, Messina
Treffeisen, Jürgen, Sigmaringen
Tripps, Manfred, Heilbronn
Tuck, Anthony, Cambridge
Turner, Anthony J., Le Mesnil-le-roi
Twomey, Michael W., Dresden

Untermann, Matthias, Freiburg i. Br.

Vaglienti, Francesca M., Milano
Van Dam, Petra J. E. M., Leiden
Van Esbroeck, Michel, München
Van Gent, Michel J., Oestgeest
Van Uytven, Raymond, Leuven
Vavra, Elisabeth, Krems a.d. Donau
Verhaeghe, Frans (F. W. O. Flandern), Bruxelles
Verhulst, Adriaan, Gent
Vigolo, Maria Teresa, Padova
Vismara, Giulio, Milano
Visser, Jacobus-C., Maasland
Vollrath, Hanna, Bochum
Volz, Ruprecht, München
Vones, Ludwig, Köln
Vones-Liebenstein, Ursula, Köln

Walsh, Katherine, Innsbruck
Węcdzki, Andrzej, Poznań
Weimar, Peter, Zürich
Weinfurter, Stefan, München
Weller, Tobias, Bonn
Wendehorst, Alfred, Erlangen-Nürnberg
Wieland, Gernot, Vancouver
von Wilckens, Leonie †
Wilson, David M., Isle of Man
Wimmer, Erich, Würzburg
Wollenberg, Klaus, München
Wolter-von dem Knesebeck, Harald, Göttingen
Wormald, C. Patrick, Oxford
Wyrwa, Andrzej M., Poznań

Yorke, Barbara A. E., Winchester

Zapp, Hartmut, Freiburg i. Br.
Žemlička, Josef, Praha
Zey, Claudia, München
Zimonyi, István, Szeged
Żołądź-Strzelczyk, Dorota, Poznań
Zotz, Thomas, Freiburg i. Br.
Zurstraßen, Annette, Bergisch Gladbach
Zutshi, Patrick, Cambridge

ÜBERSETZER DES NEUNTEN BANDES

Englisch: Mattejiet, Roswitha, München
Französisch: Mattejiet, Ulrich, München
Englisch (anglistische Beiträge): Thein, Maria-Luise, Würzburg
Italienisch: Avella, Antonio, München
Niederländisch: Gerritsen, Gisela, Utrecht
Portugiesisch, Spanisch: Vones-Liebenstein, Ursula, Köln
Russisch: Meier, Esther, Hamburg
Serbisch und Kroatisch: Prinzing, Günter, Mainz; Steindorff, Ludwig, Münster
Skandinavische Sprachen: Ehrhardt, Harald, Oberursel

ERSCHEINUNGSDATEN
DER LIEFERUNGEN ZUM NEUNTEN BAND
DES LEXIKONS DES MITTELALTERS

1. Lieferung: März 1998
2. Lieferung: Mai 1998
3. Lieferung: Oktober 1998

NACHWORT

1965 erschien im Artemis Verlag Zürich das »Lexikon der Alten Welt«, unsere erste große Unternehmung auf dem Gebiet der Lexika. Die Tatsache, daß das Werk von Fachleuten, von der Presse und vom Buchmarkt positiv aufgenommen wurde, überzeugte mich davon, daß die Verlagsleitung den richtigen Weg eingeschlagen hatte und bestärkte mich darin, weiter in diesem Sektor zu planen.

Als Amateurhistoriker lag es für mich nahe, an eine ›Fortsetzung‹ dieses Werkes zu denken, also der ›Antike‹ das ›Mittelalter‹ folgen zu lassen. Dabei schienen mir vor allem folgende Tatsachen meinen Gedankengang zu stützen:
- Das im 19. Jahrhundert stark gewachsene und seit dem Zweiten Weltkrieg im 20. Jahrhundert erneut – zum Teil unter anderen Gesichtspunkten – bekundete Interesse nicht nur der Wissenschaften, sondern auch weiterer Kreise an dieser Epoche.
- Die zunehmende Erkenntnis, daß Ereignisse und Erscheinungen unserer Zeit solchen im Mittelalter entsprechen, und daß – allenfalls – aus dem Vergleich wertvolle Folgerungen gezogen werden könnten.
- Die Tatsache, daß bis zu diesem Zeitpunkt kein umfassendes lexikalisches Werk über diese Zeitspanne vorlag.

Ich muß gestehen, daß mich daneben immer ein jungenhaftes Interesse zum Mittelalter hingezogen hat: Bei aller Verehrung für Achilles und Hektor schienen mir Dietrich von Bern und der grimme Hagen lebensvoller!

Alle diese Überlegungen habe ich mit meinem Freund und Mitarbeiter Bruno Mariacher, dem damaligen Leiter des Artemis Verlages, eingehend diskutiert. Daraus ging hervor, daß die Organisation einer kompetenten Redaktion und das Finden der gegenüber dem »Lexikon der Alten Welt« weit zahlreicher notwendigen Herausgeber und Fachautoren wohl viel Arbeit geben würde, daß aber die neuartige Aufgabe sicher Fachleute anziehen werde und daß damit die wissenschaftliche Abstützung gesichert sei.

Schwieriger war die zeitliche und finanzielle Planung. Wir glaubten aber, mit den Erfahrungen aus dem »Lexikon der Alten Welt« genügend für das große Werk gerüstet zu sein, und gaben im Jahr 1969 mit dem Einsetzen einer Redaktion als Zentralorgan für Verpflichtung, Anleitung und Koordination der Fachgelehrten den Startschuß. Die Tatsache, daß sich innert nützlicher Frist 92 Wissenschafter aus 13 Ländern als Herausgeber und Betreuer der Fachbereiche verpflichten ließen, zeigt, wie sehr das »Lexikon des Mittelalters« in den Kreisen der Wissenschaft als Desiderat empfunden wurde.

Der Ausbau des Redaktionsteams in München erfolgte in den 70er Jahren. 1977 erschien die erste Lieferung des ersten Bandes. Zwar schritt die Arbeit voran, der erste Band war 1980 auf dem Markt und die Bände 2 und 3 folgten 1983 und 1986, doch es zeigte sich, daß unser Unternehmen von den traditionellen ›Lexikonkrankheiten‹ – stockende Erscheinungsweise und Überborden des Umfangs – nicht verschont blieb. Der Verlag beauftragte daraufhin eine zunächst außenstehende Arbeitsgruppe in Zürich mit der Erstellung einer Analyse und der Ausarbeitung eines möglichen Maßnahmenkatalogs. Gemäß ihren Vorschlägen wurde die Gesamtnomenklatur in eine Datenbank überführt. In Zürich etablierte sich die ›Arbeitsstelle Lexikon des Mittelalters am Historischen Seminar der Universität Zürich‹ als fester Bestandteil der Redaktion. In der Folge wurde die redaktionelle Arbeit in München wie in Zürich mit Hilfe elektronischer Medien bewältigt. Durch diesen Innovationsschub, verbunden mit zusätzlichen finanziellen Aufwendungen, gelang es, die drängenden Probleme in den Griff zu bekommen, so daß die Bände 4–8 in regelmäßigen Abständen von zwei Jahren erschienen und heute, mit dem neunten Band, das erstrebte Ziel erreicht wurde. Die Beschleunigung des Erscheinungsrhythmus', aber auch der stete Appell zur Umfangbeschränkung wurde dabei nicht allein von den redaktionellen Mitarbeitern, sondern insbesondere auch von den Autorinnen und Autoren der jeweiligen Artikel in anerkennenswerter Weise mitgetragen.

Die Reaktionen der Fachwelt auf das »Lexikon des Mittelalters« waren schon zu Anfang erfreulich positiv – eine Haltung, die sich mit dem Fortschreiten des Werkes noch gefestigt hat. Vor allem freue ich mich darüber, daß die Auswahl der Fachgebiete und der bearbeiteten Stichwörter von einem Großteil der Benutzer mit Zustimmung aufgenommen wurde. Daß von Rezensenten jeweils auf ›vergessene‹ Stichwörter hingewiesen wird, vermag mich insofern nicht zu erschüttern, als dies als Indiz dafür gelten kann, welche Aufmerksamkeit dem Werk geschenkt wird.

Das Lexikon des Mittelalters veränderte sich inhaltlich im Verlauf seiner Entstehung und nahm die neuen wissenschaftlichen Strömungen in der Sozial- und Wirtschaftsgeschichte auf. Dennoch erfuhr der ursprüngliche Stichwortbestand nur wenige Ergänzungen, vielmehr wurden in den einzelnen Artikeln neue wissenschaftliche Ansätze integriert. Bewährt hat sich auch das Konzept, gewisse Stichwörter von ganz verschiedenen Fachgebieten her bearbeiten zu lassen – also nicht interdisziplinär, sondern multidisziplinär.

Hat schon das positive Echo der Rezensionen zu befriedigenden Absatzzahlen geführt, so darf mit dem Abschluß des Werkes nochmals eine Belebung des Umsatzes erwartet werden, so daß auch die eingegangenen kaufmännischen Risiken eine solide Abdeckung erfahren dürften.

Mein abschließender Dank richtet sich an alle Herausgeber und Autoren: sie dürfen auf dieses einmalige Gebäude, das aus ihren Bausteinen errichtet wurde, stolz sein. Gleichen Dank verdienen die Mitglieder der Redaktionen in München und Zürich: sie waren die Baumeister, die das Werk geplant und konstruiert, aufgebaut und ausgeführt haben. Und schließlich danke ich meinem langjährigen Freund Bruno Mariacher dafür, daß wir in vielen Jahren guter Zusammenarbeit das »Lexikon des Mittelalters« erdacht haben und er dessen Verwirklichung an die Hand genommen hat.

Dieter Bührle

GESAMTVERZEICHNIS DER HERAUSGEBER UND BERATER MIT IHREN FACHBEREICHEN IM LEXIKON DES MITTELALTERS

1977–1998

ANGERMANN, NORBERT, Hamburg: *Geschichte Rußlands, Litauens und der baltischen Ostseeländer*

BAUTIER, ROBERT-HENRI, Paris: *Französische Geschichte im Spätmittelalter*

BERGHAUS, PETER, Münster (Westf.): *Numismatik*

BERNHARD, MICHAEL, München: *Geschichte der Musik*

BINDING, GÜNTHER, Köln: *Die mittelalterliche Baukunst in Europa in formaler, typologischer und stilistischer Hinsicht*

BRIESEMEISTER, DIETRICH, Berlin: *Romanische Literaturen und Sprachen (Teilbereich)*

BRÜCKNER, WOLFGANG, Würzburg: *Volkskunde*

BRUNHÖLZL, FRANZ, München: *Mittellateinische Sprache und Literatur*

BRUNNER, KARL, Krems a. d. Donau; Wien: *Realienkunde des Mittelalters*

BULLOUGH, DONALD A., St. Andrews: *Englische Geschichte im Hochmittelalter*

BYRNE, FRANCIS J., Dublin: *Keltologie*

VAN CAENEGEM, RAOUL, Gent: *Englische Rechtsgeschichte*

CAVANNA, ADRIANO, Milano: *Italienische Rechtsgeschichte*

CONTAMINE, PHILIPPE, Paris: *Französische Geschichte im Spätmittelalter; Kriegswesen*

CORSTEN, SEVERIN, Bonn: *Schrift-, Buch- und Bibliothekswesen*

DILG, PETER, Marburg a. d. Lahn: *Geschichte der Botanik; Geschichte der Pharmazie*

EHRHARDT, HARALD, Oberursel: *Skandinavische Literatur; Politische und Rechtsgeschichte Skandinaviens*

ELBERN, VICTOR H., Berlin: *Kleinkunst*

ENGELS, ODILO, Köln: *Geschichte der Iberischen Halbinsel*

ENGEMANN, JOSEF, München; Golling: *Archäologie der Spätantike und des Frühchristentums*

VAN ESS, JOSEF, Tübingen: *Arabische Welt*

FAHLBUSCH, FRIEDRICH B., Warendorf: *Städtewesen*

FAROQHI, SURAIYA, München: *Geschichte der Osmanen*

FERLUGA, JADRAN, Münster (Westf.); Motovun: *Byzantinische Geschichte und Kultur*

FLECKENSTEIN, JOSEF, Göttingen: *Frühmittelalter*

FRANK, KARL SUSO, OFM, Freiburg i. Br.: *Patristik*

FRENZ, THOMAS, Passau: *Heraldik*

GABRIEL, ERICH, Wien: *Belagerungsgeräte, Feuerwaffen*

GAMBER, ORTWIN, Wien: *Waffenkunde, Rüstungswesen*

GERRITSEN, WILLEM P., Utrecht: *Mittelniederländische Literatur*

GRUBER, JOACHIM, München: *Spätantike, Westgoten*

HÄGERMANN, DIETER, Bremen: *Technik und Materielle Kultur*

HANNICK, CHRISTIAN, Würzburg: *Geschichte der Ostkirche*

HARRIS, JENNIFER, Manchester: *Kostümkunde*

HÄUSSLING, ANGELUS A., OSB, Maria Laach; Benediktbeuern: *Liturgie*

HEINZELMANN, MARTIN, Paris: *Hagiographie*

HERDE, PETER, Würzburg: *Historische Grundwissenschaften*

HINZ, HERMANN, Bad Krozingen: *Archäologie des Mittelalters*

HÖDL, LUDWIG, Bochum: *Philosophie und Theologie des Mittelalters*

HOMANN, HANS-DIETER, Münster (Westf.): *Städtewesen*

HÜNEMÖRDER, CHRISTIAN, Hamburg: *Geschichte der Zoologie*

JUNG, MARC-RENÉ, Zürich: *Romanische Literaturen und Sprachen (Teilbereich)*

JÜTTNER, GUIDO, Berlin: *Geschichte der Mineralogie und Alchemie*

KLEMM, CHRISTIAN, Zürich: *Tafelmalerei*

KÖLZER, THEO, Bonn: *Langobarden; Italien im Hochmittelalter*

KROESCHELL, KARL, Freiburg i. Br.: *Rechts- und Verfassungsgeschichte*

LÜBKE, CHRISTIAN, Greifswald: *Geschichte Ostmitteleuropas im Hoch- und Spätmittelalter*

LUDWIG, KARL-HEINZ, Bremen: *Technik und Materielle Kultur*

MAKSIMOVIĆ, LJUBOMIR, Beograd: *Geschichte Südosteuropas*

MEINHARDT, HELMUT, Gießen: *Philosophie und Theologie des Mittelalters*

MERTENS, VOLKER, Berlin: *Deutsche Literatur*

MORAW, PETER, Gießen: *Deutsche Geschichte im Spätmittelalter*

MORDEK, HUBERT, Freiburg i. Br.: *Kanonisches Recht; Kirchengeschichte und Kirchenverfassung*

VON MUTIUS, HANS-GEORG, München: *Geschichte des Judentums*

NEUENSCHWANDER, ERWIN, Zürich: *Geschichte der Mechanik, Mathematik und Astronomie*

NEWTON, STELLA M., London: *Kostümkunde*

ONASCH, KONRAD, Halle (Saale): *Russische Kunst*

OURLIAC, PAUL, Toulouse: *Romanisches Recht (unter Mitarbeit von DANIELLE ANEX-CABANIS, Toulouse)*

PÁSZTOR, EDITH, Roma: *Häresien*

PATSCHOVSKY, ALEXANDER, Konstanz: *Häresien*

PLOTZEK, JOACHIM M., Köln: *Buch-, Wand- und Glasmalerei; Mosaikkunst*

PRINZING, GÜNTER, Mainz: *Byzantinische Geschichte und Kultur*

REINLE, ADOLF, Zürich: *Skulptur*

RESTLE, MARCEL ST., München: *Byzantinische Kunst*

RICHTER, MICHAEL, Konstanz: *Keltologie*

RILEY-SMITH, JONATHAN, London: *Geschichte der Kreuzzüge*

ROBERG, BURKHARD, Bonn: *Kirchengeschichte und Kirchenverfassung*

RÖSENER, WERNER, Gießen: *Agrar- und Siedlungsgeschichte*

ROSSI, LUCIANO, Zürich: *Romanische Literaturen und Sprachen (Teilbereich)*

RÜEGG, WALTER, Veytaux: *Humanismus; Universitäten, Schulwesen*

SAUER, HANS, München: *Altenglische Literatur; Mittelenglische Literatur*

SCHIPPERGES, HEINRICH, Heidelberg: *Geschichte der Medizin*

SCHREINER, PETER, Köln: *Historische Grundwissenschaften in Byzanz, Südost- und Osteuropa*

SCHULZE, URSULA, Berlin: *Deutsche Literatur*

SCHWENK, SIGRID, Göttingen: *Jagdwesen*

VON SEE, KLAUS, Frankfurt a. Main: *Skandinavische Literatur; Politische und Rechtsgeschichte Skandinaviens*

SEMMLER, JOSEF, Düsseldorf: *Mönchtum*

SPRANDEL, ROLF, Würzburg: *Handel, Gewerbe, Verkehr, Bergbau, Bankwesen*

STOREY, ROBIN L., Carlisle: *Englische Geschichte im Spätmittelalter*

SVEJKOVSKÝ, FRANTIŠEK, Chicago: *Slavische Literaturen*

TABACCO, GIOVANNI, Torino: *Geschichte Italiens im Spätmittelalter*

TIETZE, ANDREAS, Wien: *Geschichte der Osmanen*

VERHULST, ADRIAAN, Gent: *Agrar- und Siedlungsgeschichte; Geschichte der Niederlande*

VISMARA, GIULIO, Milano: *Italienische Rechtsgeschichte*

VONES, LUDWIG, Köln: *Geschichte der Iberischen Halbinsel*

WEIMAR, PETER, Zürich: *Römisches und gemeines Recht*

WERNER, KARL FERDINAND, Paris; Rottach-Egern: *Geschichte Deutschlands und Frankreichs im Hochmittelalter*

ZAPP, HARTMUT, Freiburg i. Br.: *Kanonisches Recht*

ZERNACK, KLAUS, Berlin: *Geschichte Ostmitteleuropas im Spätmittelalter*

IN MEMORIAM

AUTY, ROBERT, *Slavische Literaturen*

BEZZOLA, RETO R., *Romanische Literaturen und Sprachen*

BIEDERMANN, HERMENEGILD M., OSA, *Geschichte der Ostkirche*

BRUCKNER, ALBERT, *Schrift-, Buch- und Bibliothekswesen*

BRÜHL, CARLRICHARD, *Langobarden; Italien im Hochmittelalter*

DUJČEV, IVAN, *Geschichte Südosteuropas*

FASOLI, GINA, *Geschichte Italiens im Spätmittelalter*

GRAUS, FRANTIŠEK, *Geschichte Ostmitteleuropas im Spätmittelalter*

GREIVE, HERMANN, *Geschichte des Judentums*

HAMANN, GÜNTHER, *Geschichte der Geographie und der Reisen im Mittelalter*

HARMUTH, EGON, *Mechanische Fernwaffen*

HELLMANN, MANFRED, *Geschichte Rußlands, Litauens und der baltischen Ostseeländer*

HENNIG, JOHN, *Irische Kirchengeschichte, Hagiographie, Liturgie*

KORN, HANS-ENNO, *Heraldik*

KRAFT, HEINRICH, *Patristik*

KUHN, HUGO, *Deutsche Literatur*

KÜHNEL, HARRY, *Realienkunde des Mittelalters*

LANGGÄRTNER, GEORG, *Liturgie*

LUDAT, HERBERT, *Geschichte Ostmitteleuropas im Hochmittelalter*

MANSELLI, RAOUL, *Geschichte Italiens im Spätmittelalter; Häresien*

MOSIEK, ULRICH, *Kanonisches Recht*

PATZE, HANS, *Deutsche Geschichte im Spätmittelalter*

PETER, HANS, *Römisches und gemeines Recht*

RINGGER, KURT, *Romanische Literaturen und Sprachen* (Teilbereich)

ROBBINS, ROSSELL H., *Altenglische Literatur; Mittelenglische Literatur*

SAÉZ, EMILIO, *Geschichte der Iberischen Halbinsel*

SCHLESINGER, WALTER, *Verfassungsgeschichte*

SCHMID, HANS, *Geschichte der Musik*

SCHMITZ, RUDOLF, *Geschichte der Pharmazie, Mineralogie, Alchemie*

STOOB, HEINZ, *Städtewesen*

TIMM, ALBRECHT, *Technik und Materielle Kultur*

WESSEL, KLAUS, *Byzantinische Kunst*

WOLDAN, ERICH, *Geschichte der Geographie und der Reisen im Mittelalter*

WOLTER, HANS, SJ, *Kirchengeschichte und Kirchenverfassung*

REGISTER

VORWORT

Der vorliegende Registerband gliedert sich in drei Teile und erschließt damit das Lexikon des Mittelalters auf unterschiedliche Weise.

Der erste Teil umfaßt verschiedene Fachregister, in denen in alphabetischer Reihenfolge mit Angabe von Verfasser, Band und Spalte Stichwörter zu ausgesuchten Gebieten zusammengestellt sind. Die Fachregister erleichtern auch den Einstieg in die übergreifenden Artikel, deren Teilaspekte, nach thematischen Gesichtspunkten geordnet, hier gefunden werden können. Die Zuordnung der Artikel zu einem bestimmten Fachgebiet erfolgte strikt nach dem jeweiligen Inhalt des vorliegenden Lexikonartikels.

Die beiden ersten Fachregister *Arabisch-islamischer und osmanischer Bereich: Geschichte und Kultur* und *Jüdischer Bereich: Geschichte und Kultur* greifen den nichtchristlichen Bereich im Stichwortbestand des Lexikons heraus und machen zusätzlich seine vielfältigen Bezüge zur mittelalterlichen Philosophie, Literatur und Kunst sichtbar.

Das Register *Byzantinischer Bereich: Geschichte, Kultur und Kirche* enthält neben seinem zentralen Bestand von Stichwörtern zur politischen, wirtschaftlichen, sozialen und rechtlichen Geschichte des Byzantinischen Reiches auch solche der Kunst- und Literaturgeschichte. Eingeschlossen wurden Begriffe sowie Stichwörter zur Geschichte der (byzantinischen) Ostkirche und ihrer Theologie.

Die Register *Russischer Bereich: Geschichte und Kultur*, *Skandinavischer und nordeuropäischer Bereich: Geschichte und Kultur* und *Irischer Bereich: Geschichte und Kultur* bieten eine Übersicht zu Fachgebieten, die nicht im zentralen geographischen Raum des Stichwörterbestandes (Deutsches Reich, Frankreich, England, Italien, Spanien) liegen.

Die Register zu den Volkssprachen und ihren Literaturen (Romanische Sprachen und Literaturen: *Französische und provenzalische Sprache und Literatur*, *Italienische Sprache und Literatur*, *Sprachen und Literaturen der Iberischen Halbinsel*, *Deutsche Sprache und Literatur*, *Englische Sprache und Literatur [einschließlich Schottland]*, enthalten auch Stichwörter zur volkssprachlichen Historiographie und verweisen insbesondere auch auf die Artikel zur Rezeption antiker Autoren im Mittelalter.

Der Stichwortbestand zu kleineren Spezialgebieten ist in den Registern zu *Baugeschichte, Baukunst*, *Münzkunde*, *Waffenkunde* enthalten, dagegen zeigt dasjenige zu *Medizin und Pharmazie; Heilkunde und Heilmittel* neben den eigentlichen medizinischen Stichwörtern die Vielfalt mittelalterlicher Heilmittel aus den drei Naturreichen, dem Pflanzen-, Tier- und Mineralreich.

Listen der im Lexikon aufgeführten Städte sowie Klöster und Stifte der West- und Ostkirche schließen den Teil der Fachregister ab.

Der zweite Teil dieses Registerbandes enthält die im Lexikon des Mittelalters aufgeführten Hauptverweise.

Im abschließenden dritten Teil werden die Mitarbeiterinnen und Mitarbeiter mit den von ihnen verfaßten Artikeln und Teilartikeln verzeichnet.

FACHREGISTER

FACHREGISTER

Arabisch-islamischer und osmanischer Bereich: Geschichte und Kultur

ᶜAbbādiden (Singer, H.-R.) I 11
Abbasiden (Nagel, T.) I 11
Abdal (Tietze, A.) I 17
ᶜAbdallāh ibn az-Zubair (Sellheim, R.) I 17
ᶜAbdalwādiden (Kurio, H.) I 18
ᶜAbdarraḥmān ibn abī ᶜĀmir (Singer, H.-R.) I 18
Abū Kāmil (Neuenschwander, E. A.) I 67
Abū Firās al-Ḥamdānī (Sellheim, R.) I 67
Abū l-ᶜAlāʾ al-Maᶜarrī (Sellheim, R.) I 68
Abū l-Qāsim az-Zahrāwī (Lauer, H. H.) I 68
Abū l-Wafāʾ al-Būzaǧānī (Neuenschwander, E.) I 68
Abū Maᶜšar (Kunitzsch, P.) I 69
Abubacer (Anawati, G. C.) I 69
Al-ᶜĀdil (Lyons, M. C.) I 152
Afrika, II. Geschichte und Wirtschaft (Labib, S. Y.) I 198
Aftasiden (Singer, H.-R.) I 200
Aġa (Faroqhi, S.) I 201
ᶜAǧemī oġlān (Beldiceanu, N.) I 204
Aġlabiden (Singer, H.-R.) I 210
Ägypten, II. Arabische Zeit (Halm, H.) I 224
Ägypten, III. Wirtschaftsgeschichte (Labib, S. Y.) I 226
Aḫī (Ambros, E.) I 230
Aḫī Evrān (Ambros, E.) I 231
Ahl al-Kitāb (Noth, A.) I 231
Aḥmad ibn Yūsuf ibn Ibrāhīm ibn ad-Dāya (Neuenschwander, E. A.) I 231
Aḥmed Paša (Buri-Gütermann, J.) I 232
Aḥmedī (Flemming, B.) I 232
Aksehir (Kreiser, K.) I 257
ᶜAlāʾ ed-Dīn (Beldiceanu-Steinherr, I.) I 262
Alanya (Kreiser, K.) I 270
Albanien, IV. Albanien unter osman. Herrschaft (Stadtmüller, G.) I 276
Alexander d. Gr., B. X. Islamische Literatur (van Ess, J.) I 365
Alhambra (Sellheim, R.) I 411
ᶜAlī ibn Abī Ṭālib (Nagel, T.) I 411
ᶜAlī b. Ḳušǧī (Sohrweide, H.) I 411
ᶜAlī Paša (Beldiceanu-Steinherr, I.) I 412
Aljamiado-Literatur (Kontzi, R.) I 415
Almería (Singer, H.-R.) I 446
Almohaden (Singer, H.-R.) I 447
Almoraviden (Singer, H.-R.) I 449
Amasya (Kreiser, K.) I 512
Amazonen, II. Amazonen in europ. und arab. Berichten über NO-Europa (Lewicki, T.) I 514
ᶜĀmil (Noth, A.) I 535
Amīr al-muʾminīn (Noth, A.) I 535
Amīr al-muslimīn (Noth, A.) I 535
ᶜĀmiriden (Singer, H.-R.) I 536
ᶜAmr ibn al-ᶜĀṣ (Nagel, T.) I 544
Anadolu Hisarı (Kappert, P.) I 567
Anatolien (Kreiser, K.) I 575
Al-Andalus (Singer, H.-R.) I 591
Ani (Prinzing-Monchizadeh, A.) I 643

Ankara (Kreiser, K.) I 652
Anselm, 11. A. Turmeda (Alvar, C.) I 689
Antalya (Kreiser, K.) I 692
Antichrist, A. II. Entsprechung im Islam (van Ess, J.) I 705
Apostasie, IV. Islam (Noth, A.) I 781
Aqïnǧï (Ambros, E.) I 823
Aq Qoyunlu (Sohrweide, H.) I 824
Aqsarāyī, Karīm ad-Dīn Maḥmūd b. Muḥammad (Flemming, B.) I 824
Aq Šems ed-Dīn (Beldiceanu-Steinherr, I.) I 824
Araber, I. Historischer Überblick (Rotter, G.) I 834
Araber, II. Ausbreitung im 7. und 8. Jh. (Rotter, G.) I 835
Araber, III. Handel (Labib, S. Y.) I 838
Arabische Sprache und Literatur (Jacobi, R.) I 849
Arbeit, D. Islamische Welt (Cahen, C.) I 878
Aristoteles, A. II. Islam (Biesterfeldt, H. H., Endres, G.) I 934
ᶜAṣabīya (Rotter, G.) I 1101
Asad ibn al-Furāt (Singer, H.-R.) I 1101
ᶜĀšiq Paša (Buri-Gütermann, J.) I 1108
ᶜĀšïq Paša-zāde (Lindner, R. P.) I 1109
Askese, C. Islam (Reinert, B.) I 1115
Assassinen (Lyons, M. C., Meyer, W.) I 1118
Āstaŕābādī ᶜAzīz b. Ārdašīr (Sohrweide, H.) I 1126
Astronomie, IV. Arabische Astronomie (van der Waerden, B. L.) I 1147
al-Asṭurlābī (van der Waerden, B. L.) I 1156
Atabeg (Busse, H.) I 1158
Autobiographie, V. Islamisch-arabische Literatur (Sellheim, R.) I 1268
Avempace (Anawati, G. C.) I 1288
Avenzoar (Lauer, H. H.) I 1290
Averroes, Averroismus, I. Leben, Werke und Lehre (Anawati, G. C.) I 1291
Avicenna, I. Leben und Werk (Endreß, G.) I 1298
Avicenna, II. Philosophie (Endreß, G.) I 1299
Avicenna, III. Medizinische Bedeutung (Lauer, H. H.) I 1299
Avicenna, IV. Musiktheoretisches Schrifttum (v. Huebner, D.) I 1300
Aydïn Oġullarï (Flemming, B.) I 1313
Ayyūbiden (Noth, A.) I 1315
ᶜAzab (Ambros, E.) I 1316

Bad, B. IV. Islamischer Bereich (Grotzfeld, H.) I 1335
Bagdad (Sellheim, R.) I 1345
Baiᶜa (Rotter, G.) I 1350
Baibars (Lyons, M. C.) I 1351
al-Bakrī, ᶜUbaidallāh (Singer, H.-R.) I 1359
Bakriden (Singer, H.-R.) I 1360
Banū ḏī n-Nūn (Singer, H.-R.) I 1421
Banū Ġāniya (Singer, H.-R.) I 1422
Banū Ḥaǧǧāǧ (Singer, H.-R.) I 1422
Banū Mūsā (Rosenfeld, B., Youschkevitsch, A.) I 1422

Banū Naġrālla (Singer, H.-R.)　I 1422
Banū Qāsim (Singer, H.-R.)　I 1423
Banū Razīn (Singer, H.-R.)　I 1423
Banū Sumādiḥ (Singer, H.-R.)　I 1423
Barmakiden (Nagel, T.)　I 1471
Baschkiren (Spuler, B.)　I 1505
Baṣra (Rotter, G.)　I 1544
Baṭṭāl Ġāzī (Tietze, A.)　I 1551
al-Battānī, Muḥammad ibn Ǧābir ibn Sinān (Hartner, W.)　I 1551
Bauer, Bauerntum, D. XIV. Arabische Welt (Cahen, C.)　I 1603
Bauer, Bauerntum, D. XV. Osmanisches Reich (Faroqhi, S.)　I 1604
Baukunst, D. Islamische Baukunst (Sourdel-Thomine, J.)　I 1662
Bāyezīd, 1. B. I. (Tietze, A.)　I 1714
Bāyezīd, 2. B. II. (Tietze, A.)　I 1715
Bayrāmīye (Sohrweide, H.)　I 1719
Beamtenwesen, C. Islamischer Bereich (Cahen, C.)　I 1737
Bedrüddīn (Kappert, P.)　I 1783
Befestigung, C. Vorderer Orient (Gaube, H.)　I 1795
Beg (Faroqhi, S.)　I 1798
Beglerbegi (Faroqhi, S.)　I 1804
Beirut (Gaube, H.)　I 1823
Beizjagd, 3. Islamische Welt (Viré, F.)　I 1827
Bektāšīye (Beldiceanu-Steinherr, I.)　I 1831
Bennak (Faroqhi, S.)　I 1916
Berber (Singer, H.-R.)　I 1930
Bernstein, B. I. Früh- und hochmittelalterlicher Orient (Labib, S. Y.)　I 2009
Berufsdichter, VII. Arabische Literatur (Jacobi, R.)　I 2050
Beschneidung, I. 2. Islam (van Ess, J.)　I 2058
Bešīr Čelebi (Flemming, B.)　I 2064
Bestiarium, -ius, Bestiarien, A. IX. Arabische Literatur (Viré, F.)　I 2078
Bettlerwesen, IV. Islamische Welt (Bosworth, C. E.)　II 7
Bevölkerung, E. 1. Arabisches Reich (Cahen, C.)　II 21
Bevölkerung, E. 2. Osmanisches Reich (Tietze, A.)　II 21
Bewässerung (Glick, Th. F.)　II 22
Bibel, D. Bibel im Islam (van Ess, J.)　II 74
Bibelübersetzungen, VII. Arabische Bibelübersetzungen (Aßfalg, J.)　II 95
Bibliothek, D. Islamische Welt (Sellheim, R.)　II 125
Bihištī, Aḥmed Sinān Čelebi (Flemming, B.)　II 144
Bilderverbot, III. Islam (Paret, R.)　II 152
Bilecik (Kreiser, K.)　II 190
Biographie, IX. Arabische Literatur (Sellheim, R.)　II 211
Biographie, X. Türkische Literatur (Tietze, A.)　II 212
al-Bīrūnī (Kennedy, E. S.)　II 226
al-Biṭrūǧī (Vernet, J.)　II 254
Boabdil (Singer, H.-R.)　II 294
Börklüǧe, Muṣṭafā (Kappert, P.)　II 462
Botenwesen, II. 1. Arabisches Reich und seine Nachfolgestaaten, Mongolen (Labib, S.)　II 487
Botenwesen, II. 2. Osmanisches Reich (Tietze, A.)　II 489
Brief, Briefliteratur, Briefsammlungen, E. Brief und Briefliteratur im islamischen Bereich (Richter-Bernburg, L.)　II 679
Brücke, D. Arabischer und osmanischer Brückenbau (Hellenkemper, H.)　II 731

Brunnen, D. I. Brunnen im arabisch-islamischen Bereich (Finster, B.)　II 782
Brunnen, D. II. Brunnen im osmanischen Bereich (Kreiser, K.)　II 784
Buch, C. Arabischer Bereich (Sellheim, R.)　II 810
Bucheinband, II. Islamischer Bucheinband (Sellheim, R.)　II 827
Buchhaltung, C. Islamischer Bereich (Labib, S.)　II 834
Buchmalerei, D. I. Arabische und allgemein-islamische Buchmalerei (Brisch, K.)　II 889
Buchmalerei, D. II. Osmanische Buchmalerei (Duda, D.)　II 892
Buchstabensymbolik, III. Islam (Madelung, W.)　II 896
Burg, D. III. Islamischer Vorderer Orient (Gaube, H.)　II 1002
Bürger, Bürgertum, J. Islamischer Bereich (Cahen, C.)　II 1041
Būriden (Haarmann, U.)　II 1104
Bursa (Kreiser, K.)　II 1106
Buße (liturgisch-theologisch), F. Buße im Islam (Reinert, B.)　II 1143
Būyiden (Mottahedeh, R. P.)　II 1163
Byzantinisches Reich, H. Byzanz und seine östlichen Nachbarn. Die Ostgrenze des Reiches (Weiß, G.)　II 1314

Cádiz, I. Unter arabischer Herrschaft (Singer, H.-R.)　II 1338
Calatañazor, Schlacht v. (Vones, L.)　II 1388
Calixtus Ottomanus (Haase, C. P.)　II 1399
Çankırı (Kreiser, K.)　II 1436
Čauš (Tietze, A.)　II 1583
Čelebi (Tietze, A.)　II 1602
Ceuta, 2. Unter islamischer Herrschaft (Singer, H.-R.)　II 1643
China, II. China und die arabisch-islamische Welt (Labib, S.)　II 1830
Chronik, S. I. Arabische Chronistik (Nagel, T.)　II 2026
Chronik, S. II. Osmanische Chronistik (Flemming, B.)　II 2027
Chronologie, F. Historische Chronologie: Arabisch-islamische Zeitrechnung (Nagel, T.)　II 2047
Codex Cumanicus (Tietze, A.)　II 2203
Codex Hanivaldanus (Haase, C. P.)　II 2205
Córdoba, II. 1. [Stadt und Emirat/Kalifat in arabischer Zeit] Topographie und Geschichte (Singer, H.-R.)　III 230
Córdoba, II. 2. [Stadt und Emirat/Kalifat in arabischer Zeit] Archäologie und Baugeschichte (Ewert, Ch.)　III 232

Dach, I. Islamischer Bereich (Ewert, Ch.)　III 424
Damaskus, II. Islamische Zeit (Cahen, C.)　III 464
Damietta (Brett, M.)　III 474
Dämonen, Dämonologie, F. Islam (Meier, F.)　III 483
Dānismend-nāme (Tietze, A.)　III 544
Dār al-ḥarb (Noth, A.)　III 570
Dār al-Islām (Noth, A.)　III 570
Dardanellen (Hild, F.)　III 571
Dede Qorqut (Tietze, A.)　III 627
Defter (Faroqhi, S.)　III 636
Defterdār (Faroqhi, S.)　III 637
Deli Orman (Kreiser, K.)　III 672
Denizli (Kreiser, K.)　III 697
Derwisch III 714
Dialog, XII. Arabische Literatur (Daiber, H.)　III 964

Didymoteichon, 2. Osmanische Periode (Kreiser, K.) III 984
Diebstahl, D. Islamisches Recht (Dilger, K.) III 996
Dihqān (Nagel, T.) III 1046
Dīnār (Ilisch, L.) III 1057
Dirham (Ilisch, L.) III 1105
Disputatio(n), 4. Islamische Welt (Miller, L.) III 1120
Dīwān, A. Etymologie (Jacobi, R.) III 1135
Dīwān, B. I. [Dīwān als Verwaltungsbegriff] Arabischer Bereich (Busse, H.) III 1135
Dīwān, B. II. [Dīwān als Verwaltungsbegriff] Osmanisches Reich (Mumcu, A.) III 1136
Dīwān, C. I. Arabische Literatur (Jacobi, R.) III 1137
Dīwān, C. II. Osmanische Literatur (Ambros, E.) III 1137
Doġanğï (Tietze, A.) III 1158
Dorf, H. I. [Arabischer und osmanischer Bereich] Siedlungsgeschichte, Dorforganisation und Wirtschaftsform (Hütteroth, W.-D.) III 1307
Dorf, H. II. [Arabischer und osmanischer Bereich] Wirtschafts- und Sozialgeschichte (Faroqhi, S.) III 1309
Drusen (Schmucker, W.) III 1416
Dulġadïr Oġullarï (Kellner-Heinkele, B.) III 1448
Dursun Beg (Flemming, B.) III 1484

Edremit (Kreiser, K.) III 1582
Efendi (Tietze, A.) III 1598
Eğridir (Kreiser, K.) III 1616
Ehe, F. Arabisch-islamischer Bereich (Dilger, K.) III 1646
Ehebruch, E. Arabisch-islamischer Bereich (Dilger, K.) III 1661
Eid, C. Arabisch-islamischer Bereich (Dilger, K.) III 1691
Eigentum, C. Islamischer Bereich (Dilger, K.) III 1724
Elfenbein, B. III. [Künstlerische Verwendung] Islamischer Raum (Brisch, K.) III 1818
Emīn (Tietze, A.) III 1885
Emir (Noth, A.) III 1885
Emīr Sulṭān (Ambros, E.) III 1885
Enverī (Flemming, B.) III 2029
Erbrecht, Erbe, Erbschaft, C. Islamischer Bereich (Dilger, K.) III 2115
Eretna (Tietze, A.) III 2130
Ernährung, C. Osmanisches Reich (Faroqhi, S.) III 2175
Eškinği (Faroqhi, S.) IV 15
Eskişehir (Kreiser, K.) IV 15
Ešref-oġlï Abdullāh Rūmī (Ambros, E.) IV 18
Ešref-oġulları (Tietze, A.) IV 19
Eunuchen, I. Arabischer Bereich (Nagel, T.) IV 99
Eunuchen, III. Osmanisches Reich (Tietze, A.) IV 102

Fabel, -dichtung, VII. Arabische Literatur (Marzolph, U.) IV 208
Fabel, -dichtung, VIII. Osmanische Literatur (Tietze, A.) IV 208
Fachliteratur, I. Islamische Fachliteratur und Enzyklopädien (Biesterfeldt, H. H.) IV 217
Fahne [Arabischer und osmanischer Bereich] (Jaeckel, P.) IV 229
Faḫrī, Faḫreddīn Yaʿqūb b. Meḥmed (Flemming, B.) IV 233
Familie, F. I. Arabisch-islamischer Bereich (Dilger, K.) IV 280
Familie, F. II. Osmanischer Bereich (Faroqhi, S.) IV 281
al-Fārābī (Haas, M.) IV 284
al-Farġānī (Alfraganus) (Samsó, J.) IV 298

al-Fārišī (Samsó, J.) IV 299
Fasten, -zeiten, -dispensen, D. Islam IV 310
Fāṭimiden (Halm, H.) IV 317
Fereğ baʿd eš-šidde (Tietze, A.) IV 369
Feste, D. Islam IV 408
Finanzwesen, -verwaltung, C. Osmanisches Reich (Faroqhi, S.) IV 473
Flotte, A. III. Arabisch-islamischer Bereich (Noth, A.) IV 582
Fondaco, 2. Im arabischen Bereich (Kellenbenz, H.) IV 617
Form/Materie, I. Antike Voraussetzungen; Patristik und Scholastik; Arabische Philosophie (Mörschel, U.) IV 636
Frau, E. Arabisch-islamischer Bereich (Dilger, K.) IV 873
Fraxinetum (Singer, H.-R.) IV 882
Friedhof, E. Arabisch-islamischer Bereich (Leisten, Th.) IV 930
Fürstenspiegel, D. I. Arabisch-islamischer Bereich (Richter-Bernburg, L.) IV 1058
Fürstenspiegel, D. II. Osmanischer Bereich (Tietze, A.) IV 1058
Futuwwa (Halm, H.) IV 1067

Ġaba (Faroqhi, S.) IV 1069
Ġābir ibn Aflaḥ (Samsó, J.) IV 1071
Ġaʿfer Čelebi, Tāğī-zāde (Ambros, E.) IV 1077
Ġahwariden (Singer, H.-R.) IV 1078
Galata, II. Frühe osmanische Zeit (Kreiser, K.) IV 1081
Gallipoli (Hild, F.) IV 1096
Garten, C. Islamischer Bereich (Leisten, Th.) IV 1125
Ġassāniden (Schreiner, P.) IV 1130
Ġazavāt-name-i Sulṭān Murād (Flemming, B.) IV 1151
Ġazī (Tietze, A.) IV 1152
al-Ġazzālī IV 1152
Gedik Aḥmed Paša (Neumann, Ch. K.) IV 1167
Ġem Sultan (Haase, C. P.) IV 1215
Geographie, I. Abendland und arabischer Kulturkreis (Kratochwill, M.) IV 1265
Georg, 11. G. v. Ungarn (Haase, C. P.) IV 1281
Germiyān Oġullarï (Neumann, Ch. K.) IV 1348
Gesandte, A. IV. Arabisch-islamischer Bereich (Busse, H.) IV 1367
Geschichtskalender (Flemming, B.) IV 1382
Gibraltar (Singer, H.-R.) IV 1441
Glas, -herstellung, V. Islamischer Bereich (Brisch, K.) IV 1481
Goliathsquelle (Thorau, P.) IV 1553
Granada, I. Geschichte (Singer, H.-R.) IV 1648
Granada, II. Baugeschichte (Ewert, Ch.) IV 1649

Ḥabaš al-Ḥāsib, Aḥmad ibn ʿAbdallāh al-Marwazi (Samsó, J.) IV 1813
Ḥadīṯ IV 1820
Ḥafṣiden (Singer, H.-R.) IV 1836
Ḥāğğī Bayrām Velī (Neumann, C. K.) IV 1839
Ḫālid ibn Yazīd ibn Muʿāwiya IV 1875
Ḫalvetīye (Popović, A.) IV 1882
Haly Abbas (Lauer, H. H.) IV 1882
Ḥamdāniden IV 1889
Ḥammādiden (Singer, H.-R.) IV 1891
Ḥammūdiden (Singer, H.-R.) IV 1892
Ḫān IV 1892
Handschriften, D. Arabischer Bereich (Sellheim, R.) IV 1908
Handwerk, C. Arabischer und osmanischer Bereich (Faroqhi, S.) IV 1917

Ḥaqīqī (Ambros, E.) IV 1928
Ḫāriǧiten IV 1937
Ḥarrān, Schlacht v. (Thorau, P.) IV 1942
Hārūn ar-Rašīd (Halm, H.) IV 1949
Ḥasday ibn Schaprut (v. Mutius, H.-G.) IV 1951
Ḥaṭṭīn, Schlacht v. (Herde, P.) IV 1957
Haus, -formen, E. Islamisch-arabischer Bereich (Gaube, H.) IV 1970
al-Ḫāzinī, Abūl-Fatḥ ʿAbdarraḥmān (Lorch, R.) IV 1983
Heer, Heerwesen, C. Arabischer Bereich (Thorau, P.) IV 2005
Ḥisbā (Faroqhi, S.) V 38
Historiographie, D. I. Arabischer Bereich (Richter-Bernburg, L.) V 53
Historiographie, D. II. Osmanischer Bereich (Flemming, B.) V 54
Hoǧa (Tietze, A.) V 79
Hohe Pforte (Haase, C. P.) V 84
Homosexualität, III. Islamischer Bereich (Fleischer, C. H.) V 115
Ḥomṣ (Thorau, P.) V 115
Hormuz (Thorau, P.) V 126
Hospital, III. Islamischer und jüdischer Bereich (Lindgren, U.) V 134
Ḫudāvendigār vilāyeti (Kreiser, K.) V 151
Hūdiden (Singer, H.-R.) V 151
Ḫünkār (Tietze, A.) V 222
al-Ḫwārizmī (Sesiano, J.) V 241

Jacobus, 25. J. de Promontorio de Campis (Neumann, Ch. K.) V 261
Janitscharen (Neumann, Ch. K.) V 300
al-Jazarī (Jaritz, G.) V 310
Ibāḍiten (Singer, H.-R.) V 311
Ibn ʿAbdūn (Singer, H.-R.) V 312
Ibn ʿAbdrabbihī (Singer, H.-R.) V 312
Ibn ʿAmmār (Singer, H.-R.) V 312
Ibn al-ʿAwwām (Singer, H.-R.) V 313
Ibn al-Baiṭār (Schipperges, H.) V 313
Ibn Baškuwāl (Singer, H.-R.) V 313
Ibn Baṭṭūṭa (Thorau, P.) V 313
Ibn Bībī (Flemming, B.) V 314
Ibn Faḍlān (Thorau, P.) V 314
Ibn al-Faraḍī (Singer, H.-R.) V 314
Ibn al-Ǧazzar (Schipperges, H.) V 314
Ibn Ǧubair (Thorau, P.) V 315
Ibn Ǧulǧul al-Andalusī (Riddle, J. M.) V 315
Ibn Ḥafṣūn (Singer, H.-R.) V 315
Ibn al-Haiṭam, Abū ʿAlī al-Ḥasan ibn al-Ḥasan (Lorch, R.) V 315
Ibn Ḥaldūn (Singer, H.-R.) V 316
Ibn Hāniʾ (Singer, H.-R.) V 317
Ibn al-Ḫaṭīb (Singer, H.-R.) V 317
Ibn Ḥauqal (Singer, H.-R.) V 317
Ibn Ḥayyān (Singer, H.-R.) V 318
Ibn Ḥazm (Singer, H.-R.) V 318
Ibn ʿIḏārī al-Marrākušī (Singer, H.-R.) V 318
Ibn Isḥāq, Muḥammad (Mattejiet, U.) V 318
Ibn Mardanīš (Singer, H.-R.) V 319
Ibn Muʿāḏ (Samsó, J.) V 319
Ibn Quzmān (Singer, H.-R.) V 319
Ibn Abī Riǧāl Abū l-Ḥasan ʿAlī (Lorch, R.) V 319
Ibn al-Šāṭir, ʿAlāʾ al-Dīn abū ʾl-Ḥasan ʿAli b. Ibrāhīm (Lorch, R.) V 320
Ibn Šuhayd (Singer, H.-R.) V 320

Ibn Yūnus, Abūʾ l-Ḥasan ʿAlī b. ʿAbdarraḥmān (Lorch, R.) V 320
Ibn Zaidūn (Singer, H.-R.) V 320
Ibrāhīm b. Yaḥyā az-Zarqālī, Abū Isḥāq (Lorch, R.) V 321
ʿĪd al-aḍḥā, ʿĪd al-fiṭr (Mattejiet, U.) V 323
al-Idrīsī (Thorau, P.) V 326
Idrīs-i Bidlīsī (Flemming, B.) V 327
Idrisiden (Singer, H.-R.) V 327
Jerusalem, A. I. Stadtgeschichte (Schein, S.) V 351
Jesus Haly (Lauer, H. H.) V 364
Iḫšīdiden (Thorau, P.) V 370
ʿImādaddīn Zangī (Melville, Ch.) V 383
ʿImadaddīn al-Kātib al Iṣfahānī, Muḥammad ibn Muḥammad (Mattejiet, U.) V 383
Instrumente, astron. und math., 3. Islamischer Bereich (Turner, A.-J.) V 452
Johannes, 121. J. Hispanus (Singer, H. R.) V 581
Johannitius (van Esbroeck, M., Schipperges, H.) V 616
Iqṭāʿ (Thorau, P.) V 642
Irak (Thorau, P.) V 643
ʿĪsā (Mattejiet, U.) V 664
Isfendiyār oġullarī (Faroqhi, S.) V 675
Islam (Richter-Bernburg, L.) V 680
Islamische Kunst (Brisch, K.) V 686
Ismailiten (Halm, H.) V 698
al-Iṣṭaḫrī, Abū Isḥāq Ibrāhīm ibn Muḥammad (Richter-Bernburg, L.) V 700
Jürüken (Kellner-Heinkele, B.) V 816

Kairo (Garcin, J.-C.) V 849
Kairuan (Singer, H.-R.) V 850
Kalender v. Córdoba (Singer, H.-R.) V 867
Kalif, Kalifat (Forstner, M.) V 868
Kalīla wa-Dimna (Marzolph, U.) V 869
Kalligraphie (Brisch, K.) V 873
al-Kāmil (Thorau, P.) V 883
al-Karaǧī (Sesiano, J.) V 948
Karaman (Faroqhi, S.) V 949
Karawane (Faroqhi, S.) V 949
Karawanserei (Faroqhi, S.) V 950
Kārimī (Mattejiet, U.) V 954
al-Kāšī (Sesiano, J.) V 1029
Kastamonu (Kreiser, K.) V 1035
Kayseri, II. Im 12.–15. Jahrhundert (Kreiser, K.) V 1092
Kemāl Reʾīs (Neumann, Ch. K.) V 1101
Kemāl, Sarīǧa (Flemming, B.) V 1101
Kemālpašazāde, Šemseddīn Aḥmed b. Süleymān (Flemming, B.) V 1101
Keramik, II. Islamische Keramik (Brisch, K.) V 1114
Kilia (Balard, M.) V 1135
Kilikien, II. Osmanische Zeit (Faroqhi, S.) V 1138
Kind, III. Arabisch-islamischer Bereich (Dilger, K.) V 1147
Al-Kindī (Anawati, G. C.) V 1155
Ḳīršehir (Kreiser, K.) V 1188
Kitāb (Biesterfeldt, H. H.) V 1189
Knabenlese (Neumann, C. K.) V 1231
Kocaeli (Faroqhi, S.) V 1244
Konstantinopel/Istanbul, II. Osmanisches Reich (Kreiser, K.) V 1392
Konya/Ikonion, II. Unter türkischer Herrschaft (Kreiser, K.) V 1426
Kopten (Müller, C. D. G.) V 1438
Koran (Nagel, T.) V 1442

Krieg, Heiliger (Ǧihād) (Thorau, P.) V 1527
Kristall, -schnitt, II. Fatimidisch (Erdmann, H.) V 1535
al-Kūhī (Sesiano, J.) V 1560
Kūšyār b. Labbān b. Bāšahrī al-Ǧīlī, Abū'l-Ḥasan (Sesiano, J.) V 1592
Kütahya (Kreiser, K.) V 1593

Ladik (Kreiser, K.) V 1609
Lampe, IV. Islam (Brisch, K.) V 1632
Laodikeia, 1. L. (Belke, K.) V 1708
Laodikeia, 2. L. am Lykos (Belke, K.) V 1708
Lautere Brüder (Jüttner, G.) V 1768
Leuchter, III. Islam (Brisch, K.) V 1918
Levantehandel (Balard, M.) V 1921
Luṭfī (Tietze, A.) VI 22

Madīnat az-Zahrāʾ (Singer, H.-R.) VI 65
Madrasa (Makdisi, G.) VI 65
al-Maǧrīṭī (Samsó, J.) VI 103
al-Maǧūsī (Schipperges, H.) VI 104
Maḥmūd Paša (Ocak, A. Y.) VI 106
Maḥzan VI 111
Mālik ibn Anas (Singer, H.-R.) VI 171
Mamlūken (Thorau, P.) VI 181
Manisa (Kreiser, K.) VI 196
al-Manṣūr bi-llāh (Singer, H.-R.) VI 202
Marabut (Singer, H.-R.) VI 215
Mardaiten (Ferluga, J.) VI 229
al-Marrākušī (Singer, H.-R.) VI 323
Maß, III. Islamischer Bereich (Rebstock, U.) VI 368
al-Masʿūdī, Abū l-Ḥasan ʿAlī (Richter-Bernburg, L.) VI 374
Mathematik, III. Islamische Länder (Sesiano, J., Neuenschwander, E.) VI 383
Maulā (Singer, H.-R.) VI 408
Mauren (Singer, H.-R.) VI 410
al-Mauṣilī, Isḥāq (Richter-Bernburg, L.) VI 417
al-Māwardī (Richter-Bernburg, L.) VI 417
Medina (Faroqhi, S.) VI 447
Meḥmed, 1. M. I., osman. Sultan (Kafadar, C.) VI 468
Meḥmed, 2. M. II., 'der Eroberer', osman. Sultan (Faroqhi, S.) VI 469
Meḥmed, 3. M., frühosman. Dichter (Tietze, A.) VI 470
Mekka (Faroqhi, S.) VI 489
Melilla (Singer, H.-R.) VI 494
Melitene, II. Osmanische Zeit (Kreiser, K.) VI 498
Menteše Oġullarï (Zachariadou, E. A.) VI 530
Mérida, 2. Arabische Zeit (Singer, H.-R.) VI 538
Meriniden (Singer, H.-R.) VI 538
Mesīḥī (Ambros, E.) VI 552
Mesuë, 1. M. Senior (Keil, G.) VI 567
Mesuë, 2. M. Junior (Keil, G.) VI 567
Mevleviye (Faroqhi, S.) VI 591
Mīḫāloġullarï (Neumann, Ch. K.) VI 620
Milas (Kreiser, K.) VI 621
Mīr-i āḫūr (Neumann, Ch. K.) VI 665
Mission, E. Islam (Heine, P.) VI 678
Mohács, Schlacht v. (Amann, K.) VI 716
Mohammed (Nagel, T.) VI 717
Moriscos (Singer, H. R.) VI 842
Mosaik, IV. Islamischer Bereich (Brisch, K.) VI 855
Moschee (Gaube, H.) VI 857
Mosul (Thorau, P.) VI 871
Muʿāwiya (Thorau, P.) VI 884
Mudéjares (Singer, H.-R.) VI 885

Mulūk aṭ-ṭawāʾif (Singer, H.-R.) VI 895
Münze, Münzwesen, C. Islamisch-arabischer Bereich (Ilisch, L.) VI 930
Muqataʿa (Faroqhi, S.) VI 937
Al-Muqtadir (Thorau, P.) VI 937
Murad, 1. M. I., osman. Herrscher (Kafadar, C.) VI 938
Murad, 2. M. II., osman. Herrscher (Kafadar, C.) VI 938
Murcia, 1. Unter muslimischer Herrschaft (Menjot, D.) VI 940
Mūsā Çelebi (Kafadar, C.) VI 945
Muṣṭafā, 1. M. Çelebi (Kafadar, C.) VI 973
Muṣṭafā, 2. M., osman. Prinz (Kafadar, C.) VI 973
Muṣṭafā, 3. M. aḍ-Ḍarīr (Tietze, A.) VI 974
al-Mutanabbī (Thorau, P.) VI 975
Myriokephalon, Schlacht v. (Strässle, P. M.) VI 977
Mystik, C. Islam (Algar, H.) VI 991

an-Nairīzī, Abū l-ʿAbbās al-Faḍl ibn Ḥātim (Dold-Samplonius, Y.) VI 1008
Naqīb (Busse, H.) VI 1019
Naqšbendiye (Algar, H.) VI 1019
an-Nasawī, Abū l-Ḥasan ʿAlī ibn Aḥmad (Dold-Samplonius, Y.) VI 1031
Naṣiraddīn (Dold-Samplonius, Y.) VI 1032
Nasreddin Hoġa (Marzolph, U.) VI 1033
Naṣriden (Singer, H.-R.) VI 1033
Navas de Tolosa, Las, Schlacht v. (Rábade Obradó, M.) VI 1062
Neǧātī (Tietze, A.) VI 1079
Nesīmī (Tietze, A.) VI 1096
Nešrī (Flemming, B.) VI 1097
Niğde (Kreiser, K.) VI 1147
Nikaia, 1. N. (Hild, F.) VI 1151
Niketas, 4. N. Byzantios (Suttner, E. Ch.) VI 1161
Niksar (Kreiser, K.) VI 1191
Nišāngï (Neumann, Ch. K.) VI 1200
Noria (Glick, Th. F.) VI 1239
Nūraddīn (Thorau, P.) VI 1317

Oġuz (Doerfer, G.) VI 1374
Oġuz-nāme (Tietze, A.) VI 1374
Ohrid, V. Die osman. Periode bis 1767 (Prinzing, G.) VI 1379
ʿOmar (Nagel, T.) VI 1404
Omayyaden (Singer, H.-R.) VI 1405
ʿOqba ibn Nāfiʿ (Singer, H.-R.) VI 1423
Orden, mystische (Faroqhi, S.) VI 1430
Ordo Portae (Neumann, Ch. K.) VI 1441
Orḥān Beg (Neumann, Ch. K.) VI 1453
ʿOsmān I. (Neumann, Ch. K.) VI 1495
Osmancık (Neumann, Ch. K.) VI 1496
Osmanen, Osmanisches Reich (Faroqhi, S.) VI 1496
Osmanische Literatur (Tietze, A.) VI 1508
Otman Baba (Karamustafa, A.) VI 1560

Palästina, 2. Erste muslimische Periode (Mattejiet, U.) VI 1633
Palästina, 3. Königreich Jerusalem und zweite muslimische Periode (Mattejiet, U.) VI 1633
Pañcatantra (Marzolph, U.) VI 1651
Paša (Neumann, Ch. K.) VI 1751
Pečenegen (Göckenjan, H.) VI 1845
Penǧik (Neumann, Ch. K.) VI 1871
Persien (Balard, M.) VI 1898
Pervāne (Göckenjan, H.) VI 1913

Pfalz, Palast, J. Arabischer und osmanischer Bereich (Gaube, H.) VI 2010
Pflanzenkunde, III. 2. [Schrifttum] Arab.-islam. Kulturraum (Dilg, P.) VI 2039
Philosophie, C. Arabische Philosophie (Rudolph, U.) VI 2100
Pilger, C. Islamischer Bereich (Faroqhi, S.) VI 2153
Plastik, IV. Islamischer Bereich (Brisch, K.) VII 5
Pocken, II. Osten (Volk, R.) VII 30
Polizei, IV. Muslimischer Bereich (Faroqhi, S.) VII 65
Polygamie, II. Islamischer Bereich (Dilger, K.) VII 75
Post, III. Islamischer Bereich (Göckenjan, H.) VII 127
Prädestination/Reprobation, B. Islam (Nagel, T.) VII 145

al-Qabīṣī (Dold-Samplonius, Y.) VII 341
Qāḍī (Neumann, Ch. K.) VII 341
Qalāwūn (Thorau, P.) VII 342
Qānūnnāme (Faroqhi, S.) VII 342
Qapuğï (Neumann, Ch. K.) VII 342
Qara Ḥiṣār (Neumann, Ch. K.) VII 343
Qara-qoyunlu (Neumann, Ch. K.) VII 343
Qarası (Zachariadou, E.) VII 343
Qara Timurtaš Paša (Neumann, Ch. K.) VII 344
Qaṣaba (Singer, H.-R.) VII 344
Qayï (Doerfer, G.) VII 344
Qāżï° asker (Neumann, Ch. K.) VII 345
Qāzī Burhān ad-Dīn (Neumann, Ch. K.) VII 345
Qāzī-zāde-i Rūmī (Neumann, Ch. K.) VII 345
al-Qazwīnī, Zakarīyā° b. Muḥammad (Rudolph, U.) VII 345
Qïlič Arslan, 1. Q. A. I. (Zachariadou, E. A.) VII 346
Qïlič Arslan, 2. Q. A. II. (Zachariadou, E. A.) VII 346
Qïvāmī (Neumann, Ch. K.) VII 347
Qïzïlbaš (Neumann, Ch. K.) VII 347

Rabī° b. Zaid (Singer, H.-R.) VII 383
Ramaḍān (Singer, H.-R.) VII 425
Ramażān-ogullarï (Neumann, Ch. K.) VII 425
Randgruppen, III. Islam (Faroqhi, S.) VII 437
Rätsel, VIII. Türkische Literatur (Tietze, A.) VII 467
ar-Rāzī (Singer, H.-R.) VII 495
Razzia (Thorau, P.) VII 495
Re°āyā (Faroqhi, S.) VII 497
Rechenkunst, -methoden, Rechenbücher, III. Islamische Länder (Neuenschwander, E., Folkerts, M.) VII 503
Recht, D. Islamisches Recht (Dilger, K.) VII 516
Re°īs ül-küttāb (Neumann, Ch. K.) VII 672
Reisen, Reisebeschreibungen, C. Islamischer Bereich (Göckenjan, H.) VII 681
Religionsgespräche, V. Islamisch-christliche Religionsgespräche (Göckenjan, H.) VII 695
Rhazes (Schipperges, H.) VII 780
Ribāṭ (Thorau, P.) VII 804
Ric(c)oldo da Monte di Croce (Haase, C.-P.) VII 808
Romidee, IV. Arabisch-islamische Kultur (Möhring, H.) VII 1011
Roßschweif (Jaeckel, P.) VII 1044
Rūhī, Edrenelü, Mevlānā (Neumann, Ch. K.) VII 1093
Rūmeli (Neumann, Ch. K.) VII 1095
Rūmelihiṣārï (Neumann, Ch. K.) VII 1095
Rūmī, Ǧalāladdīn (Faroqhi, S.) VII 1096
Rūmselğūqen VII 1096
Rustamiden (Singer, H.-R.) VII 1122

Ša°bāniyye (Neumann, Ch. K.) VII 1213
Ṣabunğï-oġlï Šeref üd-Dīn °Alī (Neumann, Ch. K.) VII 1218
Ṣā°ifa (Singer, H.-R.) VII 1260
Saifaddaula (Heidemann, S.) VII 1260
Saladin (Möhring, H.) VII 1280
Ṣāliḥiden (Thorau, P.) VII 1302
Ṣaltuqnāme (Neumann, Ch. K.) VII 1319
Salz, IV. Osmanisches Reich (Faroqhi, S.) VII 1328
Samarqand (Göckenjan, H.) VII 1338
Samsun (Neumann, Ch. K.) VII 1347
Sanğaq (Neumann, Ch. K.) VII 1365
Sarazenen (Thorau, P.) VII 1376
Ṣaruḥan (Faroqhi, S.) VII 1385
Schachspiel, I. Geschichte (Petschar, H.) VII 1427
Scheich (Singer, H.-R.) VII 1446
Schia, Schiiten (Halm, H.) VII 1452
Schiltberger, Johann (Neumann, Ch. K.) VII 1465
Schmuck, III. Islamischer Bereich (Brisch, K.) VII 1511
Schrift, IV. Arabisch (Brisch, K.) VII 1564
Seele, IV. Islam (Algar, H.) VII 1679
Seide, C. Osmanisches Reich (Faroqhi, S.) VII 1709
Selčuk (Neumann, Ch. K.) VII 1729
Selğuqen (Zachariadou, E. A.) VII 1730
Selim I. (Neumann, Ch. K.) VII 1736
Senior Zadith (Telle, J.) VII 1757
Serail (Faroqhi, S.) VII 1774
Šeyḫī, Yūsūf Sinān (Flemming, B.) VII 1820
Sieben weise Meister, I. Ursprung und allgemeine literarische Rezeption (Ott, N. H.) VII 1836
Siegel, XV. Islam.-osman. Bereich (Brisch, K.) VII 1860
Sinope (Belke, K.) VII 1931
Sipāhī (Neumann, Ch. K.) VII 1932
Sis (Aßfalg, J.) VII 1937
Sivas (Hild, F.) VII 1942
Sizilien, A. III. Muslimische Periode (Noth, A.) VII 1954
Sklave, D. 1. Araber (Göckenjan, H.) VII 1986
Sklave, D. 3. Osmanisches Reich (Faroqhi, S.) VII 1987
Smyrna (Hild, F.) VII 2014
Spandugnino, Theodor (Neumann, Ch. K.) VII 2075
Stadt, F. I. [Iberische Halbinsel] Spätantikes und muslimisches Städtewesen (Ladero Quesada, M. A.) VII 2194
Stadt, N. Osmanisches Reich (Kreiser, K.) VIII 7
Stalaktitengewölbe (Binding. G.) VIII 40
Statik, 2. Arabische Wissenschaftstradition (Knorr, W.) VIII 64
Sterne, Sternbilder, III. Die antik-arabisch-lateinische Tradition (Kunitzsch, P.) VIII 132
Steuer, -wesen, N. Arabischer Bereich (Singer, H.-R.) VIII 161
Steuer, -wesen, O. Osmanisches Reich (Faroqhi, S.) VIII 162
Stiftung, III. Arabisch-osmanischer Bereich (Faroqhi, S.) VIII 181
Strafe, Strafrecht, D. Islamisches Recht (Dilger, K.) VIII 206
Straße, IV. Osmanischer Bereich (Kreiser, K.) VIII 226
Ṣubašï (Neumann, Ch. K.) VIII 272
aṣ-Ṣūfī (Kunitzsch, P.) VIII 291
Šükrullāh b. Šihāb ed-Dīn (Flemming, B.) VIII 298
Sűleymān, 1. S. Čelebi (Neumann, Ch. K.) VIII 299
Sűleymānn, 2. S. Čelebi, osman.-türk. Dichter (Neumann, Ch. K.) VIII 299

Sultan (Thorau, P.) VIII 303
Sulṭān Veled (Algar, H.) VIII 303
Sūzī Çelebi (Flemming, B.) VIII 340
Syrien, II. Arabisch-muslimische Zeit und Kreuzzüge (Thorau, P.) VIII 384

aṭ-Ṭabarī, abū Ǧaʿfar Muḥammad b. Ǧarīr b. Yazīd (Richter-Bernburg, L.) VIII 391
Täbrīz (Balard, M.) VIII 397
Ṭāhiriden (Mattejiet, U.) VIII 434
Tanger (Singer, H.-R.) VIII 456
Tari (Berghaus, P.) VIII 476
Ṭāriq ibn Ziyād (Singer, H.-R.) VIII 477
Tausendundein Tag (Marzolph, U.) VIII 513
Tausendundeine Nacht (Marzolph, U.) VIII 513
Teke-oġullarï (Neumann, Ch. K.) VIII 529
Teppiche, orientalische (Brisch, K.) VIII 548
Textilien, C. Osmanisches Reich (Faroqhi, S.) VIII 603
Thābit ibn Qurra (Rashed, R.) VIII 607
Timār (Faroqhi, S.) VIII 790
Timūr (Göckenjan, H.) VIII 794
Tinnīs (v. Wilckens, L.) VIII 796
Ṭirāz (v. Wilckens, L.) VIII 799
Tlemsen (Singer, H.-R.) VIII 819
Tod, Sterben, II. 4. [Theologie und religiöse Vorstellungen] Islamischer Bereich (van Ess, J.) VIII 827
Tokat (Kreiser, K.) VIII 842
Toledo, A. II. Im Emirat/Kalifat von Córdoba und in den Taifenreichen (Molénat, J.-P.) VIII 843
Tortosa (Thorau, P.) VIII 884
Trapezunt, III. Frühe osmanische Zeit (Kreiser, K.) VIII 959
Tuġrā (Brisch, K.) VIII 1089
Ṭūlūniden (Thorau, P.) VIII 1092
Tunis (Jehel, G.) VIII 1093
Turban (Brisch, K.) VIII 1098
Türken (Göckenjan, H.) VIII 1103
Türkenkriege (Matschke, K.-P.) VIII 1106
Turkmenen (Göckenjan, H.) VIII 1109

Übersetzer, Übersetzungen, II. Die Schule von Toledo (Molénat, J.-P.) VIII 1150
Al-ʿUḏrī (Singer, H.-R.) VIII 1178
ʿUlamāʾ (Singer, H.-R.) VIII 1188
Uluġ Beg (Lorch, R.) VIII 1207
ʿUmar, 2. ʿU. b. al-Farruḫān aṭ-Ṭabarī (Sesiano, J.) VIII 1208
ʿUmar, 2. ʿU. al-Ḫaiyām (Sesiano, J.) VIII 1208
Umma (Singer, H.-R.) VIII 1210
Unreinheit, III. Islam (Krawietz, B.) VIII 1259
al-Uqlīdisī (Sesiano, J.) VIII 1279
Urkunde, -nwesen, D. Osmanisches Reich (Faroqhi, S.) VIII 1322
Usāma ibn Munqiḏ (Thorau, P.) VIII 1339

ʿUṯmān (Thorau, P.) VIII 1345
Uzen (Göckenjan, H.) VIII 1357
Uzun Ḥasan (Göckenjan, H.) VIII 1360

Varna, Schlacht bei, 1. Geschichte (Gjuzelev, V.) VIII 1413
Vierzig Wesire (Tietze, A.) VIII 1655
Vilāyet (Neumann, Ch. K.) VIII 1674

Waffe, C. Muslimischer Bereich (Schuckelt, H.) VIII 1901
Wāfid al Laḥmī, Ibn (Singer, H.-R.) VIII 1905
Währung, III. Osmanischer Bereich (Faroqhi, S.) VIII 1926
Wakīl (Singer, H.-R.) VIII 1936
Wālī (Singer, H.-R.) VIII 1969
Wandmalerei, D. Islamischer Bereich (Brisch, K.) VIII 2026
Al-Wazzān az-Zayātī (Singer, H.-R.) VIII 2083
Wesīr (Singer, H.-R.) IX 17
Wildgehege und Tiergarten, 2. Arabischer Bereich (Beck, C., Delort, R.) IX 116
Wilhelm, III. W. v. Tripolis (Riley-Smith, J.) IX 190

Yaʿqūb ibn Ṭāriq (Lorch, R.) IX 407
Yaḥyā, 1. Y. b. Abī Manṣūr (Neuenschwander, E.) IX 407
Yarmūq (Schreiner, P.) IX 408
Yūnus Emre (Mattejiet, U.) IX 429

Zafadola (Singer, H.-R.) IX 442
Ẓahīr (Singer, H.-R.) IX 443
Zahlsysteme, -zeichen, II. Arabische Mathematik, indisch-arabische Ziffern und entsprechende Zahlsysteme (Kunitzsch, P.) IX 460
Zaragoza, II. Arabische Zeit (Singer, H.-R.) IX 478
Zātī (Mattejiet, U.) IX 483
Zāwiya (Singer, H.-R.) IX 495
Zeʾamet (Faroqhi, S.) IX 496
Zengiden (Schein, S.) IX 527
Zeremoniell, H. I. Araber (Nagel, T.) IX 577
Zeremoniell, H. II. Osmanen (Posch, W.) IX 579
Ziegelbau, II. Arabischer Bereich (Gaube, H.) IX 601
Zīriden (Singer, H.-R.) IX 626
Ziryāb (Singer, H.-R.) IX 628
Zisterne, I. Orientalisch-arabischer Bereich (Gaube, H.) IX 629
Zucker, -rohr, II. 1. [Verbreitung] Islamische Welt (Abulafia, D.) IX 679
az-Zuhrī, Abū Bakr ʿAbdallāh M. b. Abī Bakr (Singer, H.-R.) IX 684
Zunft, -wesen, -recht, C. Osmanen (Faroqhi, S.) IX 708
Zunnār (Singer, H.-R.) IX 709

Jüdischer Bereich: Geschichte und Kultur

Aberglaube, Superstition, III. Judentum (Maier, J.) I 32
Abraham, 4. A. (ben Samuel) Abulafia (Greive, H.) I 50
Abraham, 5. A. ben David (Greive, H.) I 51
Abraham, 6. A. (ben Meir) ibn Ezra (Greive, H.) I 51
Abraham, 7. A. ibn Hasday (Dittmann, H.) I 51
Abraham, 8. A. bar Ḥiyya (Maier, J.) I 52
Abraham, 1. Im jüd. Schrifttum (Schmitz, R. P.) I 52
Abravanel, 1. A. Isaak (Maier, J.) I 53
Abravanel, 2. A., Jehuda (Besomi, O., Maier, J.) I 54
Absonderungsgesetze (Eckert, W. P.) I 57
Achimaaz v. Oria (Enzensberger, H.) I 78
Adam, II. Adam im jüdischen Schrifttum des Mittelalters (Schäfer, P.) I 114
Adam qadmon (Schäfer, P.) I 115
Agobard v. Lyon (Boshof, E., Eckert, W. P.) I 216
Ahasver(us) (Freimark, P.) I 230
Alexander d. Gr., B. XI. Hebräische Literatur (Niggemeyer, J.-H.) I 365
Alfasi, Isaak b. Jakob (Schäfer, P.) I 390
Alfons(o) de Spina (Schmitz, Rolf) I 408
Allegorie, Allegorese, IV. Judentum (Maier, J.) I 423
Alphabet, V. Hebräisches A. (Schäfer, P.) I 458
Apologetik, II. Judentum (Maier, J.) I 777
Apostasie, III. Judentum (Freimark, P.) I 780
Arabi-mor (Dittmann, H.) I 848
Aramäische Sprache (Freimark, P.) I 867
Arbeit, C. Judentum (Wachten, J.) I 878
Aristoteles, A. III. Judentum (Greive, H.) I 936
Armledererhebung (Arnold, K.) I 983
Armut und Armenfürsorge, B. III. Armenfürsorge im Judentum (Maier, J.) I 990
Ascher b. Jehiel (Schäfer, P.) I 1102
Askese, B. Judentum (Maier, J.) I 1115
Astrologie, IX. Astrologie im Judentum (Greive, H.) I 1143
Astronomie, v. Astronomie im Judentum (Greive, H.) I 1149
Autonomie, 2. A. (im jüdischen Denken) (Greive, H.) I 1273
Averroes, Averroismus, III. Averroismus im Judentum (Greive, H.) I 1295

Bad, B. III. Judentum (Freimark, P.) I 1334
Bāhîr (Greive, H.) I 1349
Bahja ibn Paquda (Maier, J.) I 1349
Bann, C. Bann im Judentum (Maier, J.) I 1417
Banū Naġrālla (Singer, H.-R.) I 1422
Barmherzigkeit, II. Judentum (Wachten, J.) I 1472
Baukunst, C. Baukunst im Judentum (Künzl, H.) I 1661
Begräbnis, Begräbnissitten, D. Jüdische Begräbnissitten (v. Mutius, H.-G.) I 1808
Benjamin b. Jona von Tudela (Maier, J.) I 1915
Beschneidung, I. 1. Judentum (Freimark, P.) I 2058
Bettlerwesen, III. Judentum (Wachten, J.) II 7
Bibel, C. Bibel im Judentum (v. Mutius, H.-G.) II 72
Bibeldruck, 2. Judentum (v. Mutius, H.-G.) II 83
Bibliothek, C. Judentum (Schmitz, R. P.) II 124
Bilderverbot, I. Judentum (Künzl, H.) II 151
Bonacos(s)a (Premuda, L.) II 398
Bonfils (Busard, H. L. L.) II 411

Brautsymbolik, II. Judentum (Dittmann, H.) II 591
Brief, Briefliteratur, Briefsammlungen, D. Brief und Briefliteratur im Judentum (Wachten, J.) II 678
Brunnenvergiftung (Greive, H.) II 784
Buch, D. Jüdischer Bereich (Schmitz, R.) II 810
Buchmalerei, A. XIX. Europäische Jüdische Buchmalerei bis 1500 (Künzl, H.) II 866
Buchstabensymbolik, II. Judentum (v. Mutius, H.-G.) II 895
Buße (liturgisch-theologisch), A. Buße im AT (Schmitz, R.) II 1123
Buße (liturgisch-theologisch), E. Buße im (späteren) Judentum (Schmitz, R.) II 1141

Cavalleria, Jahuda de la (Wachten, J.) II 1594
Chronik, R. Judentum (Wachten, J.) II 2025
Chronologie, E. Historische Chronologie: Jüdische Zeitrechnung (Freimark, P.) II 2046
Collatio legum Mosaicarum et Romanarum (Pieler, P. E.) III 33
Crescas, Ḥasday (Greive, H.) III 342
Cresques, 1. C., Abraham (Woldan, E.) III 346

Dämonen, Dämonologie, E. Mittelalterliches Judentum (Maier, J.) III 483
Davidstern (Schmitz, Rolf) III 608
Delmedigo, Elia (v. Mutius, H.-G.) III 683
Denunziation (denuntiatio), 2. D. im Judentum (Wachten, J.) III 703
Deutschland, I. I. [Geschichte der Juden in Deutschland] Äußere Lebensbedingungen im Rahmen der christlichen Umwelt (Patschovsky, A.) III 909
Deutschland, I. II. [Geschichte der Juden in Deutschland] Inneres Leben (Toch, M.) III 913
Dogma, II. Judentum (Dittmann, H.) III 1165
Donnolo, Sabbataj (Maier, J.) III 1251
Dukus Horant (Caliebe, M.) III 1450

Ehe, E. Judentum (v. Mutius, H.-G.) III 1645
Eigenschaften Gottes, II. Judentum (Schmitz, R. P.) III 1713
Eleasar v. Worms (v. Mutius, H.-G.) III 1789
Elias, Prophet, III. Verehrung (Daxelmüller, Ch.) III 1822
Elieser, 1. E. Ben Joel ha-Levi (v. Mutius, H.-G.) III 1828
Elieser, 2. E. Ben Natan (v. Mutius, H.-G.) III 1828
Emanation, 2. Judentum (Schmitz, R. P.) III 1874
England, J. I. [Geschichte der Juden in England] Äußere Lebensbedingungen im Rahmen der christlichen Umwelt (Dobson, R. B.) III 1991
England, J. II. [Geschichte der Juden in England] Inneres Leben (v. Mutius, H.-G.) III 1993
Erziehungs- und Bildungswesen, D. Judentum (Greive, H., v. Mutius, H.-G.) III 2207
Eva [2] (v. Mutius, H.-G.) IV 126
Exchequer of the Jews (Dobson, R. B.) IV 159

Familie, E. Judentum (Toch, M.) IV 280
Fasten, -zeiten, -dispensen, C. Judentum (Schmitz, R.) IV 309
Feste, C. Judentum (v. Mutius, H.-G.) IV 407
Fleisch, Fleischer, VI. Fleischerei im Judentum (Baum, H.-P., v. Mutius, H.-G.) IV 545

JÜDISCHER BEREICH

Form/Materie, II. Jüdische Philosophie (Schmitz, R. P.) IV 644
Franken, Frankenreich, E. Geschichte der Juden im Frankenreich (Patschovsky, A.) IV 727
Frankreich, D. Geschichte der Juden in Frankreich (Blumenkranz, B.) IV 793
Friedhof, D. Judentum (Künzl, H.) IV 929

Gabirol, Salomo ben Jehuda ibn (Schmitz, R. P.) IV 1072
Gebet, B. Judentum (v. Mutius, H.-G.) IV 1158
Gemeinde, 3. G., jüdische (Illian, M.) IV 1211
Genisa, Kairoer (v. Mutius, H.-G.) IV 1233
Gericht, Gerichtsbarkeit, IV. Judentum (Illian, M.) IV 1327
Gerschom Ben Jehuda (v. Mutius, H.-G.) IV 1353
Gesandte, C. Judentum (Schmitz, R.) IV 1382
Gikatilla, 1. G., Josef B. Abraham (v. Mutius, H.-G.) IV 1448
Gikatilla, 2. G., Moses B. Samuel (v. Mutius, H.-G.) IV 1448
Gog und Magog (Schmolinsky, S.) IV 1534
Gottesdienst, 1. G. (im Judentum) (v. Mutius, H.-G.) IV 1586
Grammatik, grammatische Literatur, E. Judentum (v. Mutius, H.-G.) IV 1644

Haggada (v. Mutius, H.-G.) IV 1839
Halacha (v. Mutius, H.-G.) IV 1869
Handauflegung, 4. Judentum (v. Mutius, H.-G.) IV 1895
Handschriften, C. Jüdischer Bereich (v. Mutius, H.-G.) IV 1908
Handwerk, D. Judentum (Toch, M.) IV 1918
Ḥasday ibn Schaprut (v. Mutius, H.-G.) IV 1951
Ḥasidismus, aschkenasischer (Yuval, I.) IV 1952
Hermann, 23. H. v. Köln IV 2166
Hesse (v. Matuschka, M. E.) IV 2194
Hillel, 2. H. ben Samuel (v. Mutius, H.-G.) V 20
Historiographie, C. Judentum (v. Mutius, H.-G.) V 52
Hölle, III. Judentum (Schmitz, R.) V 97
Hospital, III. Islamischer und jüdischer Bereich (Lindgren, U.) V 134
Hostienfrevel, -schändung (Kirmeier, J.) V 139

Jakob, II. Judentum (Schmitz, R.) V 280
Jakob, 20. J. ben Anatoli (v. Mutius, H.-G.) V 290
Jakob, 21. J. Ben Ascher (v. Mutius, H.-G.) V 291
Ibrāhīm ibn Yaʿḳūb (Labuda, G.) V 321
Jeda'ja Ben Abraham ha-Penini (v. Mutius, H.-G.) V 345
Jehuda, 2. J. al-Ḥarisi (v. Mutius, H.-G.) V 346
Jehuda, 3. J. ha-Levi (Halevi) (v. Mutius, H.-G.) V 347
Jehuda, 4. J. ben Samuel hä Chasid (Mattejiet, U.) V 347
Jehuda, 5. J. ben Tibbon (Lauer, H. H.) V 348
Jesus Christus, IV. Judentum (v. Mutius, H.-G.) V 364
Jiddisch V 370
Immanuel v. Rom (v. Mutius, H.-G.) V 389
Intelligenzen, II. Jüdische Religionsphilosophie (Schmitz, R. P.) V 461
Job (Hiob), I. Judentum (Schmitz, R. P.) V 489
Josef, 1. J. Albo (v. Mutius, H.-G.) V 630
Isaac, 2. I. Judaeus (Lauer, H.) V 665

Italien, D. Juden in Italien (Luzzati, M.) V 757
Juden, -tum, A. Siedlungs-, Sozial- und Wirtschaftsgeschichte des aschkenasischen Judentums (Toch, M.) V 781
Juden, -tum, B. Geistes- und Kulturgeschichte (v. Mutius, H.-G.) V 783
Juden, -tum, C. Byzantinisches Reich (Bowman, St.) V 786
Judenbischof (Illian, M.) V 787
Judendarstellung (Raddatz, A.) V 788
Judeneid, I. Allgemein (Lotter, F.) V 789
Judeneid, II. Im innerjüdischen Bereich (v. Mutius, H.-G.) V 789
Judenfeindschaft (-haß, -verfolgung) (Lotter, F.) V 790
Judenmeister (Illian, M.) V 792
Judenrecht (Lotter, F., Ilian, M.) V 792
Jüdische Sprachen und Literaturen (Mattejiet, U.) V 795

Kabbala (Maier, J.) V 846
Kalonymus (Mattejiet, U.) V 878
Kammerknechtschaft (Battenberg, J. F.) V 891
Karäer (v. Mutius, H.-G.) V 948
Kimchi (Schmitz, R.) V 1141
Kleidung, III. Judentum (Schmitz, R.) V 1203
Königsschutz (Hägermann, D.) V 1331
Konversion, Konvertiten (Schmitz, R.) V 1424

Ladino (Busse, W.) V 1609
Levi ben Gerson (Samsó, J.) V 1923
Levita, Elia (v. Mutius, H.-G.) V 1925

Maʿarufia (v. Mutius, H.-G.) VI 51
Maimonides, I. Leben und Werk (Schmitz, R. P.) VI 127
Maimonides, II. Einfluß auf das abendländische Denken (Hödl, L.) VI 128
Martyrium, D. Judentum (v. Mutius, H.-G.) VI 357
Māšāʾallāh (Kunitzsch, P.) VI 361
Meir Ben Baruch aus Rothenburg (v. Mutius, H.-G.) VI 476
Memorbücher (v. Mutius, H.-G.) VI 510
Menora (Künzl, H.) VI 520
Meschullam Ben Kalonymus (v. Mutius, H.-G.) VI 551
Messias (v. Mutius, H.-G.) VI 561
Midrasch (v. Mutius, H.-G.) VI 615
Mission, D. I. Judenmission (Lotter, F.) VI 677
Mission, D. II. Jüdische Mission (v. Mutius, H.-G.) VI 678
Moses, A. Judentum (Schmitz, R. P.) VI 860

Nachmanides (Schmitz, R. P.) VI 996

Passauer Anonymus (Patschovsky, A.) VI 1759
Personennamen, -forschung, II. Judentum (v. Mutius, H.-G.) VI 1905
Pessach (v. Mutius, H.-G.) VI 1914
Petrus, 49. P. Nigri (Laarmann, M.) VI 1979
Philosophie, D. Jüdische Philosophie (Schmitz, R.) VI 2103
Pijjut (v. Mutius, H.-G.) VI 2143
Platon, Platonismus, E. Judentum (Schmitz, R.) VII 12
Prophatius Judaeus (Lauer, H. H.) VII 251
Propheten, Prophetie, B. Judentum (Schmitz, R.) VII 256

Psalmen, Psalter, D. Judentum (v. Mutius, H.-G.)
VII 302
Purimspiel (Schmitz, R.) VII 330

Rabbaniten (v. Mutius, H.-G.) VII 380
Rabbinat (v. Mutius, H.-G.) VII 380
Radaniten (v. Mutius, H.-G.) VII 385
Ras(c)hi (Schmitz, R.) VII 445
Recht, C. Recht im Judentum (v. Mutius, H.-G.)
VII 515
Reisen, Reisebeschreibungen, D. Judentum (v. Mutius, H.-G.) VII 683
Religionsgespräche, IV. Jüdisch-christliche Religionsgespräche (Schmitz, R.) VII 694
Responsen (v. Mutius, H.-G.) VII 759
Reuchlin, Johannes (Rohde, S.) VII 766
Rintfleisch-Verfolgung (Erb, R.) VII 858
Ritualmordbeschuldigung (Erb, R.) VII 879
Rojas, Fernando de (Briesemeister, D.) VII 950

Saadja ben Josef al Fajjûmî Gaon (Schmitz, R.)
VII 1208
Sabbat (v. Mutius, H.-G.) VII 1213
Sahl ibn Bišr Abū ʿUṯmān (Sesiano, J.) VII 1259
Salomo (Salomon), A. Allgemein (Mattejiet, U.)
VII 1310
Salomo (Salomon), B. Judentum (Schmitz, R.)
VII 1311
Salomon, 4. S. Ben Adret v. Barcelona (v. Mutius, H.-G.) VII 1316
Samuel, 2. S. ben Samson (Schmitz, R.) VII 1348
Satan (Schmitz, R.) VII 1390
Scheidebrief (v. Mutius, H.-G.) VII 1446
Schrift, III. Judentum (v. Mutius, H.-G.) VII 1564
Schriftlichkeit, Schriftkultur, III. Judentum (v. Mutius, H.-G.) VII 1568
Schule, C. Judentum (Schmitz, R.) VII 1588
Seele, III. Judentum (Schmitz, R.) VII 1678
Sefär Ḥasidim (Schmitz, R.) VII 1692
Sefär Jetzirah (Schmitz, R.) VII 1693
Sefarden (Mattejiet, U.) VII 1693
Sefirot (Schmitz, R.) VII 1695
Selbsttötung, -mord, II. Judentum (v. Mutius, H.-G.)
VII 1727
Sexualität, III. Judentum (Schmitz, R.) VII 1816
Simon, 24. S. v. Trient (Scorza Barcellona, F.)
VII 1920

Sizilien, C. Geschichte der Juden (Houben, H.)
VII 1964
Sklave, C. Judentum (v. Mutius, H.-G.) VII 1985
Solomon bar Simson (Schmitz, R.) VII 2037
Soncino (Offenberg, A. K.) VII 2043
Speisegesetze (v. Mutius, H.-G.) VII 2091
Sünde, »Sündenfall«, IV. Judentum (Schmitz, R.)
VIII 321
Süßkind v. Trimberg (Kellermann, K.) VIII 333
Synagoge, 1. S. (Künzl, H.) VIII 369

Talmud (v. Mutius, H.-G.) VIII 450
Talmudverbrennungen (Lawall, B.) VIII 451
Taqqana (v. Mutius, H.-G.) VIII 465
Targume (v. Mutius, H.-G.) VIII 476
Tau (Restle, M.) VIII 491
Testament, A. III. Judentum (v. Mutius, H.-G.)
VIII 569
Theobald, 6. Th. de Sexannia (Lawall, B.) VIII 619
Tod, Sterben, II. 3. [Theologie und religiöse Vorstellungen] Judentum (Schmitz, R.) VIII 826
Tora (Schmitz, R.) VIII 871
Tosafot, Tosafisten (Schmitz, R.) VIII 885

Unreinheit, II. Judentum (Schmitz, R.) VIII 1258
Urkunde, -nwesen, B. Judentum (v. Mutius, H.-G.)
VIII 1316

Wahrsager, Wahrsagen, III. Judentum (Schmitz, R.)
VIII 1923
Widuwilt (Ott, N. H.) IX 78
Wohnen, Wohnkultur, Wohnformen, C. Judentum
(Schmitz, R.) IX 298
Worms, A. II. 3. Jüdische Gemeinde (Bönnen, G.)
IX 332
Wunder, D. Judentum (Schmitz, R.) IX 361

Yom Kippur (Schmitz, R.) IX 415
Yūsuf al-Baṣīr IX 430

Zacuto, Abraham ben Samuel (Schmitz, R.) IX 438
Zahlensymbolik, -mystik, C. Judentum (Schmitz, R.)
IX 456
Zauberei, II. Judentum (Schmitz, R.) IX 484
Zensur, III. Judentum (Schmitz, R.) IX 535
Zohar (Schmitz, R.) IX 663

Byzantinischer Bereich: Geschichte, Kultur und Kirche

Abgaben, VI. Byzanz (Weiß, G.) I 38
Abidelas, Michael (Enzensberger, H.) I 41
Abulchares (Noth, A.) I 69
Abydos (Fourlas, A. A.) I 70
Adel, D. Byzanz (Maksimović, Lj.) I 131
Adria (Ferluga, J., Manselli, R.) I 166
Adrianopel (Gruber, J., Weiß, G.) I 167
Adyton (Schulz, H.-J.) I 172
Ägäis (Lilie, R.-J.) I 201
Agathias (Fourlas, A.) I 203
Ägypten, I. Byzantinische Epoche (Weiß, G.) I 223
Akathistos-Hymnos (Prinzing, G., Wessel, K.) I 250
Akindynos, Gregorios (Prinzing-Monichizadeh, A.) I 251
Akriten (Lilie, R.-J.) I 254
Akropolites, Georgios (Fourlas, A.) I 254
Alexander d. Gr., A. I. [Ikonographie] Byzanz (Wessel, K.) I 354
Alexander d. Gr., B. II. Byzantinische Literatur (Prinzing, G.) I 356
Alexios, 1. A. I. Komnenos (Maksimović, Lj.) I 384
Alexios, 2. A. II. Komnenos (Maksimović, Lj.) I 386
Alexios, 3. A. III. Angelos (Maksimović, Lj.) I 386
Alexios, 4. A. IV. Angelos (Maksimović, Lj.) I 386
Alexios, 5. A. V. Dukas Murtzuphlos (Maksimović, Lj.) I 387
Alexios, 6. A. Studites (Fourlas, A. A.) I 387
Allelengyon (Weiß, G.) I 427
Ambo, 1. Archäologie (Hinz, H., Wessel, K.) I 516
Ambo, 2. Skulptur, Kleinkunst (Elbern, V. H., Wessel, K.) I 517
Amt, II. 2. Byz. Reich (Wirth, G.) I 547
Anagnostes, Johannes (Böhme, Ch.) I 568
Anastasios, 1. A. I. (Maksimović, Lj.) I 571
Andronikos, 1. A. I. Komnenos (Weiß, G.) I 613
Andronikos, 2. A. II. Palaiologos (Weiß, G.) I 613
Andronikos, 3. A. III. Palaiologos (Weiß, G.) I 614
Andronikos, 4. A. IV. Palaiologos (Weiß, G.) I 614
Andronikos, 5. A. Kamateros (Konstantinou, E.) I 614
Angeloi (Prinzing, G.) I 618
Ani (Prinzing-Monchizadeh, A.) I 643
Anna, 2. A. Komnene (Fourlas, A. A.) I 654
Anna, 4. A. v. Savoyen (Manselli, R.) I 655
Anthologie, A. Griechische Literatur (Gruber, J.) I 695
Anthypatos (Lilie, R.-J.) I 702
Antikenrezeption, III. 2. [Antikenrezeption in der Kunst] Byzanz (Wessel, K.) I 714
Antonios, 1. A. I. Kassymatas (Katsanakis, A.) I 729
Antonios, 2. A. IV. (Katsanakis, A.) I 730
Apanage, II. Apanagen im Byzantinischen Reich (Maksimović, Lj.) I 742
Apokaukos, 1. A., Alexios (Weiß, G.) I 757
Apokaukos, 2. A., Johannes (Prinzing, G.) I 758
Apokrisiar, 1. Im Byz. Reich (Biedermann, H. M.) I 758
Apokryphen, B. Kunst (Plotzek-Wederhake, G., Wessel, K.) I 768
Apostelmartyrien (Wessel, K., Binding, G.) I 791
Apostichon (v. Huebner, D.) I 791
Apostolos (Wessel, K.) I 794
Apsis, 2. Byzanz (Wessel, K.) I 813
Apsisbild, -malerei, -mosaik (Belting-Ihm, Ch., Wessel, K.) I 814
Arbeit, B. Byzanz (Guillou, A.) I 876

Arbeitsbilder, II. Byzanz (Wessel, K.) I 887
Archiv, I. Spätantike und Byzanz (Colberg, K.) I 908
Archon (Ferluga, J.) I 911
Arethas (Konstantinou, E.) I 920
Argyroi (Ferluga, J.) I 924
Argyropulos, Johannes (Böhme, Chr.) I 925
Aristenos, Alexios (Konstantinou, E.) I 934
Aristoteles, A. I. Byzanz (Van Steenberghen, F.) I 934
Arsenios, 2. A. (Weiß, G.) I 1053
Arseniten (Weiß, G.) I 1054
Arta (Nagorni, D.) I 1056
Artabasdos (Katsanakis, A.) I 1057
Asen, 2. A., Andronikos (Prinzing, G.) I 1106
Aseniden (Dujčev, I.) I 1106
Aspar, Flavius Ardabur (Lilie, R.-J.) I 1117
Astrologie, II. Astrologie in Byzanz (van der Waerden, B. L.) I 1136
Astronomie, I. Spätgriechische und byzantinische Astronomie (van der Waerden, B. L.) I 1145
Athanasios, 3. A. I. (Konstantinou, E.) I 1161
Athanasios, 4. A. Athonites (Frank, K. S.) I 1161
Athen, I. Stadtgeschichte in spätantiker und byzantinischer Zeit (v. Ungern-Sternberg, J., Jacobs, A.) I 1162
Athos, 1. Geschichte (Fourlas, A. A.) I 1168
Athos, 2. Kunstgeschichte (Wessel, K., Plotzek, J. M.) I 1168
Atrium, 2. Byz. Kunst (Wessel, K.) I 1176
Attaleiates, Michael (Fourlas, A. A.) I 1177
Attikos (Speigl, J.) I 1179
Autokephalie (Perrone, L.) I 1269
Autokratie, byzantinische (Maksimović, Lj.) I 1270
Azyma (Schulz, H.-J.) I 1318

Bailo (Ambros, E.) I 1357
Balsamon, Theodoros (Stein, D.) I 1389
Bardanes, Georgios (Konstantinou, E.) I 1455
Bardas (Belke, K.) I 1456
Barlaam und Joasaph, B. II. Byzanz (Prinzing-Monchizadeh, A.) I 1465
Basileios, 1. B. I. (Speck, P.) I 1521
Basileios, 2. B. II. (Speck, P.) I 1522
Basileios, 4. B. Parakoimomenos (Belke, K.) I 1523
Basileus (Weiß, G.) I 1523
Basilika (Binding, G., Wessel, K., Engemann, J.) I 1526
Basiliken, Basilikenscholien (Pieler, P.) I 1528
Basilius, 2. B., gr. Metropolit v. Kalabrien (Kamp, N.) I 1532
Basiliusliturgie (Schulz, H.-J.) I 1532
Baubetrieb, II. Ma. Darstellungen (Binding, G., Wessel, K.) I 1559
Bauer, Bauerntum, D. XII. Byzantinisches Reich (Kaplan, M.) I 1599
Baukunst, B. I. Byzantinische Baukunst (Wessel, K.) I 1650
Baumeister (Binding, G., Wessel, K.) I 1666
Bauplastik, II. 1. Byzanz (Wessel, K.) I 1678
Beamtenwesen, B. Byzantinisches Reich (Maksimović, Lj.) I 1733
Befestigung, B. Oströmisch-byzantinisches Reich (Hellenkemper, H.) I 1793
Begräbnis, Begräbnissitten, B. II. Ostkirche (Biedermann, H. M.) I 1806

Beirut, Rechtsschule v. (Pieler, P.) I 1824
Beizjagd, 2. Byzanz (Fourlas, A. A.) I 1826
Bema, 2. Das dreiteilige Bema (Wessel, K.) I 1854
Berroia (Hild, F.) I 2014
Bertha, 5. B. v. Sulzbach (Engels, O.) I 2023
Bessarion (Podskalsky, G.) I 2070
Bestiarion (Seibt, W.) I 2072
Bestiarium, -ius, Bestiarien, A. III. Byzantinische Literatur (Seibt, W.) I 2074
Bettlerwesen, II. Byzanz (Guillou, A.) II 6
Bevölkerung, D. Byzantinisches Reich und Südosteuropa (Ćirković, S.) II 20
Beweinung Christi (Kocks, D.) II 28
Bibel, B. II. Ostkirche (Biedermann, H. M.) II 65
Bibliothek, B. I. Byzantinisches Reich (Gamillscheg, E.) II 123
Bild, Bilderverehrung, I. Patristik und Ostkirche (Biedermann, H. M.) II 145
Bilderstreit (Biedermann, H. M.) II 150
Bilderwand (Suttner, E. Ch.) II 152
Bildnis, B. Byzanz, Ost- und Südeuropa, Armenien, Georgien (Wessel, K.) II 173
Bildprogramm, II. Ostkirche (Wessel, K.) II 185
Biographie, VII. Byzantinische Literatur (Tinnefeld, F.) II 207
Bischof, A. II. Ostkirche (Biedermann, H. M.) II 229
Blastares, Matthaios (Pieler, P. E.) II 267
Blemmydes, Nikephoros (Stein, D.) II 275
Boioannes, Basilios (Enzensberger, H.) II 351
Bosporus (Hild, F.) II 480
Brautwerberepos, Brautwerbungsmotiv, V. Byzantinische Literatur (Hannick, Ch.) II 594
Brief, Briefliteratur, Briefsammlungen, A. III. Byzanz (Seibt, W.) II 650
Brotbrechen (Meyer, H. B., Plank, B.) II 721
Brotstempel (Wessel, K.) II 721
Brücke, C. Byzantinischer Brückenbau (Hellenkemper, H.) II 730
Brunnen, C. I. Archäologie (Hellenkemper, H.) II 780
Brunnen, C. II. Künstlerisch gestaltete Brunnen (Wessel, K.) II 781
Bryennioi (Djurić, I.) II 799
Bryennios, 1. B., Joseph (Konstantinou, E.) II 799
Bryennios, 2. B., Manuel (Hannick, Ch.) II 800
Bryennios, 3. B., Nikephoros (Hörandner, W.) II 800
Buch, B. Byzantinischer Bereich (Mazal, O.) II 808
Bucheinband, I. Abendländischer und byzantinischer Bucheinband (Mazal, O.) II 823
Buchhaltung, B. Byzantinisches Reich (Schreiner, P.) II 833
Buchmalerei, B. Byzantinische Buchmalerei (Wessel, K.) II 867
Bukolik, A. IV. Byzantinische Literatur (Prinzing, G.) II 911
Bulle, I. Byzantinische Bulle (Seibt, W.) II 932
Burg, D. II. Lateinisches Kaiserreich (Carile, A.) II 1002
Bürger, Bürgertum, I. I. Byzantinisches Reich (Schreiner, P.) II 1039
Buße (liturgisch-theologisch), C. Buße im christlichen Osten (Suttner, E. Ch.) II 1125
Büste, II. Byzanz (Wessel, K.) II 1158
Bustron, Georgios (Richard, J.) II 1159
Byzantinische Kunst (Wessel, K.) II 1169
Byzantinische Literatur (und ihre Rezeption bei den Slaven), A. Byz. Literatur (Hunger, H.) II 1182

Byzantinische Literatur (und ihre Rezeption bei den Slaven), B. Rezeption der byzantinischen Literatur bei den Slaven (Hannick, Ch.) II 1204
Byzantinische, altslavische, georgische und armenische Musik (Hannick, Ch.) II 1208
Byzantinisches Recht (Pieler, P. E.) II 1221
Byzantinisches Reich, A. Geographische Grundlagen (Koder, J.) II 1227
Byzantinisches Reich, B. Allgemeine und politische Geschichte (Guillou, A.) II 1238
Byzantinisches Reich, C. Sozial- und Wirtschaftsgeschichte (Guillou, A.) II 1268
Byzantinisches Reich, D. Byzanz und das südöstliche Europa (Ferluga, J.) II 1275
Byzantinisches Reich, E. Byzanz und das östliche Europa (Kazhdan, A.) II 1294
Byzantinisches Reich, F. I. [Byzanz und das Abendland] Bis zum Ausgang der Karolingerzeit (Borgolte, M.) II 1304
Byzantinisches Reich, F. II. [Byzanz und das Abendland] Vom Ende des Karolingerreiches bis zum 4. Kreuzzug (Hiestand, R.) II 1306
Byzantinisches Reich, G. Byzanz und Skandinavien (Ehrhardt, H.) II 1313
Byzantinisches Reich, H. Byzanz und seine östlichen Nachbarn. Die Ostgrenze des Reiches (Weiß, G.) II 1314

Caesar, II. Byzanz (Weiß, G.) II 1352
Cäsaropapismus (Podskalsky, G.) II 1366
Cento, 3. Byzantinische Literatur (Prinzing, G.) II 1622
Chaldia (Prinzing, G.) II 1649
Chalkedon (Kazhdan, A.) II 1650
Chalkeopulos, Athanasios (Guillou, A.) II 1654
Chalkondyles, 1. Ch., Demetrios (Rüegg, W.) II 1655
Chalkondyles, 2. Ch., Laonikos (Kazhdan, A.) II 1655
Charistikariersystem (Kazhdan, A.) II 1723
Charsianon (Ferluga, J.) II 1736
Chartophylax (Prinzing, G.) II 1745
Chartularios (Weiß, G.) II 1761
Chersonesos (Zolotarev, M. I., Čičurov, I. S.) II 1794
Chilbudios (Dujčev, I.) II 1815
China, I. China, Byzanz und Europa (Balard, M.) II 1827
Chios (Balard, M.) II 1842
Chomatenos, Demetrios (Prinzing, G.) II 1874
Choniates, 1. Ch., Michael (Fatouros, G.) II 1875
Choniates, 2. Ch., Niketas (Ferluga, J.) II 1875
Chora-Kloster, 1. Geschichte (Konstantinou, E.) II 1880
Chora-Kloster, 2. Kunstgeschichte (Wessel, K.) II 1880
Chorbischof, 1. Ursprung, Ostkirche (Plank, B.) II 1884
Chorschranken (Reinle, A., Wessel, K., Engemann, J.) II 1890
Christodulos, 2. Ch. v. Patmos (Biedermann, H. M.) II 1920
Christologie, C. Griechischer Osten (Biedermann, H. M.) II 1932
Christophoros v. Mitylene (Hannick, Ch.) II 1938
Christophorus, II. 2. [Ikonographie] Ostkirche (Wessel, K.) II 1940
Chronicon Paschale (Alonso-Núñez, J. M.) II 1953
Chronik, N. Byzantinisches Reich (Schreiner, P.) II 2010

Chronik v. Epeiros (Fourlas, A. A.)   II 2029
Chronik von Morea (Ferluga, J.)   II 2029
Chronik der Tocco (Prinzing, G.)   II 2031
Chronologie, D. I. Byzanz (Hannick, Ch.)   II 2043
Chrysaphes, Manuel (Hannick, Ch.)   II 2048
Chrysargyron (Schreiner, P.)   II 2049
Chrysoberges, Maximos (Tinnefeld, F.)   II 2049
Chrysobull (Seibt, W.)   II 2050
Chrysokokkes, Georgios (Gamillscheg, E.)   II 2051
Chrysoloras, 1. Ch., Demetrios (Konstantinou, E.) II 2051
Chrysoloras, 2. Ch., Manuel (Gamillscheg, E.)   II 2052
Chrysostomosliturgie (Schulz, H.-J.)   II 2053
Chrysoteleia (Schreiner, P.)   II 2054
Chumnos, Nikephoros (Kazhdan, A.)   II 2055
Čin v. Hilandar (Nagorni, D.)   II 2088
Cluny, Cluniazenser, B. XI. 1. Byzanz (Cowdrey, H. E. J.)   II 2187
Codex Purpureus Rossanensis (Plotzek-Wederhake, G.) II 2206
Coemptio (Schreiner, P.)   III 13
Collegium, 1. C., II. Frühbyzantinische Zeit (4.–6. Jh.) (Schreiner, P.)   III 38
Comes, I. 2. Byzantinisches Reich (Weiß, G.)   III 71
Comes rerum privatarum (Weiß, G.)   III 77
Comes sacrarum largitionum (Weiß, G.)   III 77
Constantinata (Berghaus, P.)   III 170
Constitutiones principum (Pieler, P. E.)   III 178

Dabragezas (Dujčev, I.)   III 408
Dach, H. Byzantinischer Bereich (Hellenkemper, H.) III 423
Dalassenoi (Seibt, W.)   III 438
Damaskus, I. Antike und frühbyzantinische Zeit (Biedermann, H. M.)   III 463
Dämonen, Dämonologie, C. Ostkirche (Biedermann, H. M.)   III 480
Dämonen, Dämonologie, G. II. [Ikonographie] Byzanz (Weßel, K.)   III 485
Daniel, III. Byzantinische Kunst (Weßel, K.)   III 536
Daniel, 2. D., Metropolit v. Smyrna und Ephesos (Schreiner, P.)   III 537
Daniel, 5. D. Stylites (Konstantinou, E.)   III 539
Daphni (Weßel, K.)   III 569
Daphnopates, Theodoros (Schreiner, P.)   III 569
Dardanellen (Hild, F.)   III 571
David, II. Byzantinische Kunst (Weßel, K.)   III 596
David, 1. D. Komnenos (Weiß, G.)   III 599
David, 4. D., erster Sohn des Comes Nikolaos (Dujčev, I.)   III 602
David, 9. D. Dis(h)ypatos (Ferluga, J.)   III 605
David, 11. D. v. Thessalonike (Konstantinou, E.) III 606
Deabolis, 2. Byzantinische Festung (Ferluga, J.)   III 609
Deabolis, Vertrag v. (Ferluga, J.)   III 609
De creditis (Pieler, P. E.)   III 622
Decumanus (Hellenkemper, H.)   III 625
Dedikationsbild (Plotzek, J. M., Weßel, K.)   III 628
Deesis (Weßel, K.)   III 631
Delphina, Kalokyros (Enzensberger, H.)   III 684
Demen (Schreiner, P.)   III 686
Demetrios, hl., I. Verehrung (Hannick, Ch.)   III 686
Demetrios, hl., II. 1. [Ikonographie] Byzanz und Südosteuropa (Weßel, K.)   III 688
Demetrios, 1. D. Palaiologos (Ferluga, J.)   III 689
Demetrios, 2. D. v. Montferrat (Ferluga, J.)   III 690
Demetrios, 6. D. v. Lampe (Fourlas, A. A.)   III 691

Denkmal, II. Byzanz (Weßel, K.)   III 700
De peculiis (Pieler, P. E.)   III 707
Despot (Ferjančić, B.)   III 733
Deutereuontes (Plank, B.)   III 740
Devotionsbild, 2. Christlicher Osten (Weßel, K.) III 932
Diakon, I. Patristische Zeit und Byzantinischer Osten (Plank, P.)   III 940
Dialog, III. Byzanz (Hunger, H.)   III 948
Diatyposis Leons VI. (Konstantinou, E.)   III 973
Didymoteichon, 1. Byzantinische Periode (Ferluga, J.) III 984
Digenes Akrites (Trapp, E.)   III 1044
Dikaios (Plank, B.)   III 1051
Diogenes Laertios (Prelog, J.)   III 1069
Dionysius, hl., C. III. Nachwirkung in der Ostkirche (Biedermann, H. M.)   III 1081
Diözese, II. Byzantinisches Reich (Ferluga, J.)   III 1098
Disticha Catonis, VIII. Byzantinische Literatur (Hannick, Ch.)   III 1126
Doctrina patrum (Cramer, W.)   III 1157
Dodekaortion (Weßel, K.)   III 1157
Dokeianos, 1. D., Michael (Dell'Omo, A.-M.) III 1167
Dokeianos, 2. D., Nikephoros (Dell'Omo, A.-M.) III 1167
Domesticus (domestikos), I. Spätantike und Byzanz (Weiß, G.)   III 1182
Dorf, G. I. Byzantinisches Reich (Kazhdan, A.) III 1302
Dorotheos, 1. D., Metropolit v. Mytilene (Podskalsky, G.)   III 1320
Dorotheos, 3. D. der Jüngere (Biedermann, H. M.) III 1321
Dorotheos, 4. D., Jurist (Pieler, P. E.)   III 1321
Dorylaion (Hild, F.)   III 1328
Doxologie, IV. Ostkirche (Biedermann, H. M.) III 1338
Drache, F. II. [Kunstgeschichte] Byzanz (Weßel, K.) III 1345
Dreifaltigkeit, II. 3. [Darstellungen in der Kunst] Byzanz und der christliche Südosten (Weßel, K.)   III 1376
Dreikonchenbau, II. Altchristliche, frühbyzantinische und byzantinische Architektur (Weßel, K.)   III 1383
Drei Könige, II. 3. Byzantinische Kunst (Weßel, K.) III 1386
Dromos (Weiß, G.)   III 1407
Drungarios (Ferluga, J.)   III 1416
Dukas (Djurić, I.)   III 1443
Dukas (Schreiner, P.)   III 1444
Dux, Dukat, I. 2. Byzantinisches Reich (Weiß, G.) III 1486
Dyrr(h)achion (Ducellier, A.)   III 1497

Ecclesia und Synagoge, III. Byzanz (Weßel, K.) III 1538
Ecloga Basilicorum (Pieler, P. E.)   III 1552
Edessa, 1. E., Stadt in Makedonien (Ferluga, J.)   III 1565
Edessa, 2. E., Stadt in der heut. sö. Türkei, I. Antike und byzantinische Zeit (Ferluga, J.)   III 1567
Edremit (Kreiser, K.)   III 1582
Ehe, D. I. Theologie und Liturgie der Ostkirche (Suttner, E. Ch.)   III 1640
Ehe, D. II. Byzantinisches Reich (Schminck, A.) III 1641
Ehebruch, D. I. Theologie der Ostkirche (Suttner, E. Ch.)   III 1659

Ehebruch, D. II. Byzantinisches Reich (Schminck, A.) III 1660
Ei, 2. Christlicher Osten (Biedermann, H. M.) III 1664
Eid, B. I. Byzantinisches Reich (Kazhdan, A.) III 1689
Einhorn, II. 2. [Ikonographie] Byzanz (Wessel, K.) III 1742
Ekloge (Pieler, P. E.) III 1769
Ekphrasis, III. Byz. und slav. Literaturen (Hannick, Ch.) III 1771
Ekthesis chronike (Weiß, G.) III 1773
Ekthesis nea (Ferluga, J.) III 1774
Ekthesis pisteōs (Ferluga, J.) III 1774
Elegie, VI. Byzantinische Literatur (Hannick, Ch.) III 1795
Elfenbein, B. I. [Künstlerische Verwendung] Spätantike/Frühchristentum, Byzanz (Wessel, K.) III 1814
Elias, Prophet, II. 1. Byzantinische Kunst (Wessel, K.) III 1821
Elias, Prophet, III. Verehrung (Daxelmüller, Ch.) III 1822
Elias, 2. E., Metropolit v. Kreta (Konstantinou, E.) III 1824
Elias, 3. E. Ekdikos (Biedermann, H. M.) III 1824
Email, II. Byzanz und dessen Einflußbereich (Wessel, K., Onasch, K.) III 1869
Empore, II. Verbreitung im christlichen Osten (Wessel, K.) III 1896
Enantiophanes (Pieler, P. E.) III 1899
Engel, -lehre, -sturz, C. Ostkirche (Heiser, L.) III 1910
Engel, -lehre, -sturz, D. III. [Ikonographie] Byzanz (Wessel, K.) III 1913
Enkolpion (Wessel, K.) III 2013
Enzyklopädie, Enzyklopädik, III. 4. Byzantinische (und slavische) Literatur (Hannick, Ch.) III 2036
Epanagoge (Pieler, P. E.) III 2041
Eparch (Schreiner, P.) III 2042
Eparchenbuch (Schreiner, P.) III 2042
Ep(e)iros (Nicol, D. M.) III 2043
Ephesos, I. Stadtgeschichte in spätantiker und byzantinischer Zeit (Ferluga, J.) III 2048
Ephesos, II. Christliche Überlieferung, Kirchengeschichte (Biedermann, H. M.) III 2049
Ephraim (Schreiner, P.) III 2054
Epigramm, II. Byzantinische Literatur (Hörandner, W.) III 2061
Epiphanios, 2. E. Scholastikos (Frank, K. S.) III 2068
Epitalamium, IV. Byzanz (Hannick, Ch.) III 2071
Epitaphium, IV. Byzanz (Hörandner, W.) III 2074
Epitome legum (Pieler, P. E.) III 2075
Epos, C. I. Byzantinische Literatur (Hannick, Ch.) III 2080
Erbrecht, Erbe, Erbschaft, A. II. Byzantinisches Recht (Pieler, P. E.) III 2105
Ernährung, B. Byzantinisches Reich (Kislinger, E.) III 2171
Erotapokriseis (Hunger, H.) III 2183
Erscheinung des auferstandenen Christus, 3. Byzantinischer Osten (Wessel, K.) III 2187
Erziehungs- und Bildungswesen, B. Byzanz (Browning, R.) III 2203
Eschatologie, B. Ostkirche/byzantinischer Bereich (Podskalsky, G.) IV 9
Euboia (Koder, J.) IV 66
Eucharistie, 2. Ostkirche (Biedermann, H. M.) IV 69
Eudokia, 3. E. Makrembolitissa (Ferluga, J.) IV 74
Eudokia, 4. E., byz. Prinzessin (Ferluga, J.) IV 75
Eudokimos (Hannick, Ch.) IV 75

Eugenios, 1. E. v. Palermo (Gigante, M.) IV 82
Eunuchen, II. Spätantike und Byzanz (Ferluga, J.) IV 100
Eusthatios, 4. E., Ebf. v. Thessalonike (Hunger, H.) IV 114
Eusthatios, 7. E. Romaios (Pieler, P. E.) IV 115
Eustratios, 1. E. v. Nikaia (Podskalsky, G.) IV 117
Euthymios, 2. E. d. J. (Biedermann, H. M.) IV 119
Euthymios, 3. E., Patriarch v. Konstantinopel (Kazhdan, A.) IV 119
Euthymios, 5. E. Zigabenos (Konstantinou, E.) IV 120
Eutychios, 2. E., Patriarch v. Konstantinopel (Biedermann, H. M.) IV 124
Evangeliar, I. Frühchristentum, frühbyzantinische Zeit, Okzident (Plotzek, J. M.) IV 127
Evangeliar, II. Byzanz (Wessel, K.) IV 128
Evangelisten, B. II. [Ikonographie] Byzanz (Wessel, K.) IV 136
Evangelistensymbole, III. Byzanz (Wessel, K.) IV 139
Exarch, Exarchat (Ferluga, J.) IV 151
Exkubiten (Ferluga, J.) IV 170
Exorzismus, III. Ostkirche (Biedermann, H. M.) IV 173
Ezechiel, 2. Byzanz (Wessel, K.) IV 195

Fabel, -dichtung, VI. Byzantinische und slavische Literaturen (Hannick, Ch.) IV 207
Falkentraktate, V. Byzantinische Literatur (Hörandner, W.) IV 243
Fälschungen, B. Byzantinischer Bereich (Irmscher, J.) IV 251
Familie, D. I. Byzantinisches Reich (Kazhdan, A.) IV 275
Farbigkeit der Architektur, II. Byzanz (Wessel, K.) IV 293
Fasten, -zeiten, -dispensen, B. Ostkirchen (Konstantinou, E.) IV 307
Feldzeichen, 1. Byzantinisches Reich (Kolias, T. G.) IV 338
Fenster, III. Frühchristentum; Byzanz (Stephan, Ch.) IV 352
Feste, B. Byzantinischer Bereich (Kazhdan, A.) IV 405
Feudalismus, B. I. Byzantinisches Reich (Maksimović, Lj.) IV 415
Feuerwehr, 2. Byzantinisches Reich (Kislinger, E.) IV 423
Figurengedichte, II. Byzantinische Literatur (Hörandner, W.) IV 443
Filioque (Podskalsky, G.) IV 449
Finanzwesen, -verwaltung, A. II. Byzantinisches Reich (Schreiner, P.) IV 455
Fisch, -fang, -handel, B. III. Fischfang und -handel im Byzantinischen Reich (Kislinger, E.) IV 500
Florilegien, B. I. 2. Byzantinische und slavische Literaturen (Hannick, Ch.) IV 569
Florisdichtung, B. V. Byzantinische Literatur (Mazal, O.) IV 575
Flotte, A. II. Byzantinisches Reich (Ahrweiler, H.) IV 580
Formel, -sammlungen, -bücher, B. Byzantinischer Bereich (Seibt, W.) IV 654
Frau, D. I. Byzantinisches Reich (Laiou, A. E.) IV 867
Frauenheilkunde, II. Byzantinisches Reich (Kislinger, E.) IV 878

Friedhof, C. Byzantinischer Bereich (Hellenkemper, H.) IV 928
Fürstenspiegel, C. I. Byzantinischer Bereich (Schmalzbauer, G.) IV 1053
Fußboden, -mosaik, III. Byzantinischer Bereich (Stephan, Ch.) IV 1062

Gabriel, 3. G. Hieromonachos (Hannick, Ch.) IV 1074
Galata, I. Byzantinische und genuesische Zeit (Balard, M.) IV 1080
Gallipoli (Hild, F.) IV 1096
Garten, B. Byzantinisches Reich (Cupane, C.) IV 1124
Gasmulen (Nicol, D. M.) IV 1129
Ġassāniden (Schreiner, P.) IV 1130
Gasthaus, B. Byzantinisches Reich (Kislinger, E.) IV 1134
Gattilusi(o) (Balard, M.) IV 1139
Gattilusi(o), 1. G., Francesco (Balard, M.) IV 1140
Gazes, Theodoros (Hunger, H.) IV 1151
Gebet, A. III. Ostkirchliche Tradition (Biedermann, H. M.) IV 1158
Geburt Christi-Darstellungen, 2. Byzantinische Besonderheiten in der Periode nach dem Ikonoklasmus (Ristow, G.) IV 1165
Geheimschriften, 2. Byzanz (Hunger, H.) IV 1173
Genesios, Joseph (Schreiner, P.) IV 1223
Gennadios II. (Nicol, D. M.) IV 1234
Geographie, II. Byzanz (Hunger, H.) IV 1268
Geometres, Johannes (Hörandner, W.) IV 1271
Geoponika IV 1273
Georg, hl., IV. Ikonographie im byzantinischen Bereich (Restle, M.) IV 1274
Georg, 10. G. v. Trapezunt (G. Trapezuntios) (Irmscher, J.) IV 1280
Georg, 12. G. Vojtech (Djurić, I.) IV 1281
Georgios, 1. G. v. Gallipoli (Wellas, M. B.) IV 1285
Georgios, 2. G. Hagioreites (Hannick, Ch.) IV 1286
Georgios, 4. G. Monachos (G. Hamartolos) (Stein, D.) IV 1286
Georgios, 6. G. Pisides (Hunger, H.) IV 1287
Georgios, 7. G. Synkellos (Schreiner, P.) IV 1288
Germanos, 1. G. I. (Stein, D.) IV 1344
Germanos, 2. G. II. (Konstantinou, E.) IV 1345
Geron Bakcheios (Konstantinou, E.) IV 1351
Gerontios (Konstantinou, E.) IV 1352
Gesandte, A. II. 1. Byzanz (Hösch, E.) IV 1364
Gewölbe, Byzantinischer Bereich (Restle, M.) IV 1431
Giebel (Binding, G., Restle, M.) IV 1443
Glas, -herstellung, IV. Byzantinischer Bereich (Philippe, J.) IV 1480
Glocke, B. Byzanz und Altrußland (Zumbroich, E. M.) IV 1500
Glykas Sikidites, Michael (Schreiner, P.) IV 1519
Gog und Magog (Schmolinsky, S.) IV 1534
Goldschmiedekunst, II. Byzanz (Restle, M.) IV 1551
Grab, -formen, -mal, B. Byzantinischer Bereich (Hellenkemper, H.) IV 1627
Grammatik, grammatische Literatur, B. Byzanz (Hörandner, W.) IV 1639
Grassus, Johannes (Wellas, M. B.) IV 1657
Gregoras, Nikephoros (van Dieten, J.-L.) IV 1685
Gregorios, 2. G. II. Kyprios (Trapp, E.) IV 1690
Gregorios, 3. G. III. Melissenós (van Dieten, J.-L.) IV 1690
Gregorios, 4. G. (Georgios) Pardos (Hunger, H.) IV 1690
Gregorios, 7. G. Sinaites (Hannick, Ch.) IV 1691

Griechische Buchschrift (Mazal, O.) IV 1703
Griechische Kanzlei- und Geschäftsschrift (Mazal, O.) IV 1704
Griechische Kursive (Mazal, O.) IV 1705
Griechische Sprache, I. Linguistisch (Trapp, E.) IV 1708
Griechisches Feuer (Gabriel, E.) IV 1711
Großgrundbesitz, II. Byzantinisches Reich (Köpstein, H.) IV 1730

Hades, -fahrt(en), byz. (Schmalzbauer, G.) IV 1818
Hagia Sophia (Restle, M.) IV 1840
Hagiographie, C. I. Byzanz (Kazhdan, A. P.) IV 1858
Hagiopolites (Hannick, Ch.) IV 1862
Hagiu Paulu (Prinzing, G.) IV 1863
Handauflegung, 2. Ostkirche (Biedermann, H. M.) IV 1894
Handel, B. Byzantinischer Bereich (Schreiner, P.) IV 1898
Handschriften, B. Byzantinischer Bereich (Mazal, O.) IV 1907
Handwerk, B. I. Byzantinischer Bereich (Maksimović, Lj.) IV 1916
Haus, -formen, D. Byzanz (Hellenkemper, H.) IV 1969
Hedwigsgläser (Philippe, J.) IV 1986
Heer, Heerwesen, B. I. Byzantinisches Reich (Kolias, T. G.) IV 2002
Hegumenos (Biedermann, H. M.) IV 2009
Heilige, B. I. [Ostkirche] Heiligkeit und Heiligenverehrung (Biedermann, H. M.) IV 2018
Heilige, B. II. [Ostkirche] Heiligendarstellung (Restle, M.) IV 2019
Heldendichtung (Reichl, K.) IV 2115
Hellas (Koder, J.) IV 2122
Henotikon (Prinzing, G.) IV 2134
Herakleios (Schreiner, P.) IV 2140
Hesychasmus (Kazhdan, A.) IV 2194
Hesychios, 2. H. v. Milet (Frank, K. S.) IV 2196
Hexabiblos IV 2199
Hierokles, 2. H. V 1
Himmelfahrt Christi, 3. [Ikonographie] Osten (Restle, M.) V 25
Historiographie, A. II. Byzanz (Hunger, H.) V 47
Höhlenkirchen, -klöster, -malerei (Restle, M.) V 85
Höllen (bzw. Hades)fahrt Christi, I. Osten (Restle, M.) V 98
Holobolos Manuel (Hörandner, W.) V 100
Holzschnittkunst, I. Frühchristliche und byzantinische Kunst (Restle, M.) V 106
Homer, II. Byzantinische Literatur (Hunger, H.) V 110
Homilie, Homiliar, -illustrationen (Restle, M.) V 111
Homosexualität, II. Byzantinisches Reich (Troianos, Sp.) V 114
Hosios Lukas (Restle, M.) V 132
Hospital, II. Byzantinisches Reich (Kislinger, E.) V 133
Hymnen, Hymnographie, II. Byzantinische und altkirchenslavische Literatur (Hannick, Ch.) V 246
Hypat(h)ios, 1. H., Neffe des oström. Ks.s Anastasios (Klein, R.) V 248
Hypat(h)ios, 2. H. (I.) (Biedermann, H. M.) V 248
Hypat(h)ios, 3. H. (II.) (Biedermann, H. M.) V 249
Hyperpyron (Schreiner, P.) V 250

Jakob(os), 2. J. v. Kokkinobaphu (Restle, M.) V 297
Jakobusliturgie (Schulz, H.-J.) V 298
Jerusalem, A. Stadtgeschichte, Kirchen und Wallfahrt (Schein, S.) V 351

Jesus Christus, III. Byzanz und Einflußbereiche (Restle, M.)   V 362
Ignatios, 1. I. I. (Schreiner, P.)   V 366
Ignatios, 2. I. Diakonos (Konstantinou, E.)   V 367
Ikone, -nmalerei, -beschläge, I. Byzanz und Einflußbereiche (Restle, M.)   V 371
Illyricum (Maksimović, Lj.)   V 381
Immunität, II. 1. Byzanz (Maksimović, Lj.)   V 392
Initiale, II. Byzanz und Einflußbereiche (Mazal, O.)   V 423
Innovationen, byzantinischer Bereich (Schreiner, P.)   V 432
Instrumente, astron. und math., 2. Byzantinischer Bereich (Turner, A.-J.)   V 452
Ioannina (Chrysos, E.)   V 489
Job Jasites (Biedermann, H. M.)   V 490
Joel (Schreiner, P.)   V 494
Johannes der Evangelist, II. [Darstellung] Byzanz (Restle, M.)   V 528
Johannes der Täufer, II. [Bildende Kunst] Byzanz (Restle, M.)   V 530
Johannes, 2. J. I. Tzimiskes (Schreiner, P.)   V 532
Johannes, 3. J. II. Komnenos (Schreiner, P.)   V 532
Johannes, 4. J. III. Dukas Vatatzes (Schreiner, P.)   V 533
Johannes, 5. J. IV. Laskaris (Nicol, D. M.)   V 534
Johannes, 6. J. V. Palaiologos (Schreiner, P.)   V 534
Johannes, 7. J. VI. Kantakuzenos (Carile, A.)   V 534
Johannes, 8. J. VII. Palaiologos (Schreiner, P.)   V 535
Johannes, 9. J. VIII. Palaiologos (Schreiner, P.)   V 535
Johannes, 10. J. Dukas (Schreiner, P.)   V 536
Johannes, 11. J. Palaiologos (Wellas, M. B.)   V 536
Johannes, 14. J. I. Angelos (Wellas, M. B.)   V 537
Johannes, 15. J. II. Angelos v. Thessalien (Wellas, M. B.)   V 538
Johannes, 45. J. II. Kappadokes (Prinzing, G.)   V 548
Johannes, 46. J. III. Scholastikos (Troianos, S.)   V 548
Johannes, 47. J. IV. (Schreiner, P.)   V 549
Johannes, 48. J. VII. Grammatikos (Schreiner, P.)   V 549
Johannes, 49. J. VIII. Xiphilinos (Troianos, S.)   V 550
Johannes, 50. J. X. Kamateros (Schreiner, P.)   V 550
Johannes, 51. J. XI. Bekkos (Schreiner, P.)   V 550
Johannes, 52. J. (XIII.) Glykys (Schreiner, P.)   V 551
Johannes, 53. J. XIV. Kalekas (Schreiner, P.)   V 551
Johannes, 58. J. II. (Winkelmann, F.)   V 554
Johannes, 63. J. v. Antiocheia (Schreiner, P.)   V 555
Johannes, 81. J. Chortasmenos (Hunger, H.)   V 562
Johannes, 88. J. Damaskenos, I. Leben (Biedermann, H.)   V 566
Johannes, 88. J. Damaskenos, II. Werke und Überlieferung (Biedermann, H.)   V 566
Johannes, 88. J. Damaskenos, III. Theologie (Biedermann, H.)   V 567
Johannes, 88. J. Damaskenos, IV. 1. [Nachwirkung] Osten (Biedermann, H. M.)   V 567
Johannes, 94. J. Diakrinomenos (Frank, K. S.)   V 570
Johannes, 126. J. Italos (Podskalsky, G.)   V 583
Johannes, 127. J. v. Karpathos (Frank, K. S.)   V 583
Johannes, 130. J. v. Kitros (Schminck, A.)   V 584
Johannes, 132. J. Klimakos (Biedermann, H. M.)   V 585
Johannes, 138. J. Lydos (Bibikov, M.)   V 587
Johannes, 140. J. Malalas (Schreiner, P.)   V 588
Johannes, 146. J. der Mönch (Frank, K. S.)   V 590
Johannes, 148. J. Moschos (Maisano, R.)   V 590
Johannes, 158. J. Plusiadenos (Hannick, Ch.)   V 594
Joseph, 1. J. I. (Schreiner, P.)   V 631
Joseph, 2. J. II. (Schreiner, P.)   V 632
Joseph, 4. J. Rhakendytes (Trapp, E.)   V 632
Josephos Hymnographos (Hunger, H.)   V 633
Irene (Speck, P.)   V 644
Isaak, 1. I. I. Komnenos (Schreiner, P.)   V 665
Isaak, 2. I. II. Angelos (Prinzing, G.)   V 666
Isaak, 3. I. Argyros (Schreiner, P.)   V 667
Isaurier (Mattejiet, U.)   V 673
Isidor, 2. I. Buchiras (van Dieten, J.-L.)   V 676
Isidor, 3. I.(os) v. Milet (Restle, M.)   V 676
Italikos, Michael (Kazhdan, A.)   V 771
Juden, -tum, C. Byzantinisches Reich (Bowman, St.)   V 786
Justin, 1. J. I. (Schreiner, P.)   V 820
Justin, 2. J. II. (Schreiner, P.)   V 820
Justinian, 1. J. I. (Irmscher, J.)   V 821
Justinian, 2. J. II. (Tinnefeld, F.)   V 823
Kabasilas, 1. K., Neilos (Kazhdan, A.)   V 845
Kabasilas, 2. K., Nikolaos (Biedermann, H. M.)   V 845
Kaiser, Kaisertum, II. Byzanz (Schreiner, P.)   V 853
Kalekas, 2. K., Manuel (Todt, K.-P.)   V 865
Kallikles, Nikolaos (Hörandner, W.)   V 874
Kallistos, 1. K., Patriarch v. Konstantinopel (van Dieten, J.-L.)   V 874
Kallistos, 2. K. II. Xanthopulos (van Dieten, J.-L.)   V 874
Kalopheros, Johannes Laskaris (Eßer, A.)   V 878
Kamateros (Seibt, W.)   V 880
Kaminiates, Johannes (Kazhdan, A.)   V 884
Kananos, Johannes (Kazhdan, A.)   V 898
Kantakuzenoi (Carile, A.)   V 909
Kanzlei, Kanzler, C. I. Byzantinisches Reich (Prinzing, G.)   V 926
Kapitell, 3. Osten (Restle, M.)   V 943
Kappadokien (Hild, F.)   V 946
Kassia (Rochow, I.)   V 1035
Kastoria (Soustal, P.)   V 1049
Kastron, I. Kastron (Brandes, W.)   V 1051
Kastron, II. Burg (Hellenkemper, H.)   V 1052
Kastrophylax (Maksimović, Lj.)   V 1053
Katalanische Kompa(g)nie (Todt, K.-P.)   V 1054
Katepan (Luzzati Laganà, F.)   V 1064
Kayseri, I. Spätantike und byzantinische Zeit (Hild, F.)   V 1091
Kedrenos, Georgios (Maisano, R.)   V 1093
Kekaumenos (Litavrin, G. G.)   V 1095
Kephale (Maksimović, Lj.)   V 1110
Kephallenia (Soustal, P.)   V 1111
Kilikien, I. Spätantike und byzantinische Zeit (Hild, F.)   V 1137
Kind, II. Byzantinisches Reich (Kazhdan, A.)   V 1145
Kindheitsgeschichte Jesu, II. Byzanz und der Osten (Restle, M.)   V 1152
Kinnamos, Johannes (Bibikov, M. V.)   V 1160
Kirchweihe, Ostkirchen (Biedermann, H.)   V 1187
Kleidion (Schreiner, P.)   V 1198
Kleisuren (Koder, J.)   V 1205
Klokotnica (Prinzing, G.)   V 1217
Kodinos, Georgios (Schreiner, P.)   V 1246
Koimesis, I. Hochfest der byzantinischen Liturgie (Schulz, H.-J.)   V 1249
Koimesis, II. Ikonographie (Schulz, H.-J., Restle, M.)   V 1249
Komitopuloi (Maksimović, Lj.)   V 1278
Kommerkion (Schreiner, P.)   V 1284
Komnenen (Kazhdan, A.)   V 1289

Konstans II. (Schreiner, P.) V 1371
Konstantin, 3. K. IV. (Schreiner, P.) V 1376
Konstantin, 4. K. V. (Speck, P.) V 1376
Konstantin, 5. K. VI. (Speck, P.) V 1376
Konstantin, 6. K. VII. Porphyrogennetos (Hunger, H.) V 1377
Konstantin, 7. K. IX. Monomachos (Schreiner, P.) V 1378
Konstantin, 8. K. X. Dukas (Schreiner, P.) V 1378
Konstantin, 9. K. XI. Palaiologos (Mattejiet, U.) V 1378
Konstantin, 17. K., Bf. v. Nakoleia (Schmalzbauer, G.) V 1381
Konstantin und Method (Hannick, Ch.) V 1382
Konstantinopel/Istanbul, I. Byzantinisches Reich (Restle, M.) V 1387
Konstantinopel, ökumen. Konzilien v., 2. K., V. ökumen. Konzil (Chrysos, E.) V 1394
Konstantinopel, ökumen. Konzilien v., 3. K., VI. ökumen. Konzil v. (Chrysos, E.) V 1395
Konstantinopel, ökumen. Konzilien v., 4. K., Concilium Quinisextum (Chrysos, E.) V 1395
Konstantinopel, ökumen. Konzilien v., 5. K., VIII. ökumen. Konzil v. (Chrysos, E.) V 1396
Konstantinopel, Rechtsschulen v. (Pieler, P.) V 1396
Konstantinos, 1. K. Akropolites (Hörandner, W.) V 1397
Konstantinos, 2. K. Anagnostes (Prinzing, G.) V 1398
Konstantinos, 3. K. Armenopulos (Pieler, P. E.) V 1398
Konstantinos, 4. K. Rhodios (Trapp, E.) V 1398
Kontakion, Kontakarion (Hannick, Ch.) V 1413
Kontobuch (Schreiner, P.) V 1420
Konya/Ikonion, I. Byzantinische Periode (Belke, K.) V 1425
Korfu (Soustal, P.) V 1444
Korinth (Koder, J.) V 1444
Korones, Xenos (Hannick, Ch.) V 1446
Korruption, III. Byzantinisches Reich (Kazhdan, A.) V 1451
Kosmas, 1. K. Indikopleustes (Schreiner, P.) V 1457
Kosmas, 2. K. v. Majuma (Biedermann, H. M.) V 1458
Kotanitzes (Djurić, I.) V 1462
Krankensalbung, II. Osten (Plank, P.) V 1472
Kreta (Koder, J.) V 1488
Kreuz, Kruzifix, F. III. [Ikonographie] Byzanz (Restle, M.) V 1496
Kreuzigung Christi, III. Byzanz (Mrass, M.) V 1504
Kreuzkuppelkirche (Restle, M.) V 1505
Kreuzzeichen, II. Ostkirche (Plank, P.) V 1508
Kriegerheilige (Restle, M.) V 1528
Krim (Karpov, S. P.) V 1532
Kritobulos v. Imbros (Reinsch D. R.) V 1537
Krypta, II. Byzanz (Restle, M.) V 1556
Kukuzeles, Ioannes (Hannick, Ch.) V 1561
Kydones, Demetrios (Tinnefeld, F.) V 1595
Kyranides (Keil, G.) V 1597
Kyriake, hl. (Restle, M.) V 1597

Lakapenoi (Seibt, W.) V 1621
Lampe, III. Byzanz (Restle, M.) V 1631
Lampsakos (Belke, K.) V 1634
Landschaftsmalerei, 2. Byzanz (Restle, M.) V 1676
Landwirtschaftliche Literatur (Byzanz) (Schreiner, P.) V 1684
Laodikeia, 2. L. am Lykos (Belke, K.) V 1708
Laris(s)a (Koder, J.) V 1718

Laskaris (Todt, K.-P.) V 1720
Laskaris, 1. L., Janos (Coppini, D.) V 1720
Laskaris, 2. L., Johannes (Hannick, Ch.) V 1721
Laskaris, 3. L., Konstantinos (Coppini, D.) V 1721
Lateinisches Kaiserreich (Carile, A.) V 1735
Lazika, 1. L., Kgr. in W-Georgien (Koder, J.) V 1775
Lazika, 2. L. (Tzaneti, heute Lazistan) (Koder, J.) V 1775
Leben Christi, III. Byzanz (Restle, M.) V 1779
Leges fiscales (Pieler, P. E.) V 1803
Lehrhafte Literatur, XV. Byzantinische Literatur (Hannick, Ch.) V 1842
Leichudes, Konstantinos (III.) (Tinnefeld, F.) V 1851
Leiturgia (Schreiner, P.) V 1865
Lemnos (Koder, J.) V 1870
Leon, 2. L. III. (Speck, P.) V 1890
Leon, 3. L. IV. (Rochow, I.) V 1890
Leon, 4. L. V. (Schreiner, P.) V 1890
Leon, 5. L. VI. d. Weise (Tinnefeld, F.) V 1891
Leon, 6. L. Choirosphaktes (Tinnefeld, F.) V 1891
Leon, 7. L. Diakonos (Schreiner, P.) V 1892
Leon, 8. L. Grammatikos (Schreiner, P.) V 1892
Leon, 9. L. der Mathematiker (Schreiner, P.) V 1892
Leon, 10. L. v. Ochrid (Konstantinou, E.) V 1892
Leontios, 3. L. v. Neapolis (Kresten, O.) V 1897
Leprosenhäuser (Byzanz) (Kislinger, E.) V 1903
Lesbos (Koder, J.) V 1908
Lesung, II. Ostkirchen (Biedermann, H. M.) V 1911
Leuchter, II. Byzanz (Restle, M.) V 1917
Leuchtturm, 1. Byzantinischer Bereich (Hellenkemper, H.) V 1918
Lexikon, II. Byzantinischer Bereich (Hörandner, W.) V 1934
Libellus de temporibus ac dilationibus (Burgmann, L.) V 1939
Liturgie, II. Ostkirche (Schulz, H.-J.) V 2029
Liturgieerklärung (Schulz, H.-J.) V 2032
Liturgische Bücher, II. Ostkirche (byz.) (Schulz, H.-J.) V 2034
Liturgische Tücher, 2. Ostkirche (Restle, M.) V 2036
Logothet (Maksimović, Lj.) V 2078
Lohn, -arbeit, B. Byzanz (Schreiner, P.) V 2087

Macheiras, Leontios (Bliznjuk, S.) VI 58
Mächtige (Maksimović, Lj.) VI 59
Magister officiorum (Maksimović, Lj.) VI 89
Magistros (Maksimović, Lj.) VI 92
Makarios, 1. M. Chrysokephalos (Schreiner, P.) VI 152
Makedonien (Soustal, P.) VI 152
Makedonische Dynastie (Korać, D.) VI 154
Makrembolites, 1. M., Alexios (Trapp, E.) VI 156
Makrembolites, 2. M. (Parembolites), Eusthatios (Cupane, C.) VI 157
Malchos (Schottky, M.) VI 167
Maleïnoi (Seibt, W.) VI 170
Malerbücher (Restle, M.) VI 170
Manasses, 3. M., Konstantinos (Schreiner, P.) VI 184
Mandilion (Restle, M.) VI 189
Maniakes, Georgios (Luzzati Laganà, F.) VI 194
Mantzikert, Schlacht v. (Strässle, P. M.) VI 208
Manuel, 1. M. I. Komnenos (Schreiner, P.) VI 209
Manuel, 2. M. II. Palaiologos (Schreiner, P.) VI 209
Manuel, 5. M. Gabalas (Schreiner, P.) VI 211
Märchen und Märchenmotive im MA (Maaz, W.) VI 224
Mardaiten (Ferluga, J.) VI 229

Maria, hl., A. I. Frühchristentum und Ostkirche (Biedermann, H. M.) VI 243
Maria, hl., B. II. [Ikonographie] Byzanz (Lechner, G. M.) VI 256
Maria, hl., C. II. Byzantinische und slavische Literaturen (Hannick, Ch.) VI 264
Maria v. Ägypten (Restle, M.) VI 275
Marianos, 1. M. Argyros (v. Falkenhausen, V.) VI 284
Markos Eugenikos (van Dieten, J.-L.) VI 307
Markt, II. 1. Byzantinisches Reich (Maksimović, Lj.) VI 311
Maroniten (Breydy, M.) VI 320
Martyrium, A. III. Ostkirche (Theodorou, E.) VI 355
Maß, II. 1. Byzantinisches Reich (Schreiner, P.) VI 367
Mathematik, II. Byzanz (Folkerts, M., Neuenschwander, E.) VI 382
Matthaios Kantakuzenos (Nicol, D. M.) VI 400
Maurikios (Schreiner, P.) VI 411
Mauropus, Johannes (Karpozilos, A.) VI 414
Maxentios, Johannes (Prinzing, G.) VI 418
Maximos, 1. M. Homologetes (Hannick, Chr.) VI 425
Mazaris (Trapp, E.) VI 430
Medaillon, 2. Byzanz (Morrisson, C.) VI 443
Medizin, B. Byzantinisches Reich (Kislinger, E., Volk, R.) VI 459
Megaspelaion (Biedermann, H. M.) VI 467
Megiste Laura (Konstantinou, E.) VI 468
Melingoi (Ferluga, J.) VI 494
Melismos (Restle, M.) VI 496
Melissa, Antonios (Hannick, Ch.) VI 496
Melissenoi (Schreiner, P.) VI 497
Melitene, I. Römische und byzantinische Zeit (Hild, F.) VI 497
Melkiten (Suttner, E. Ch.) VI 499
Menäen (Hannick, Ch.) VI 513
Menandros Protektor (Kresten, O.) VI 514
Menologion (Hannick, Ch.) VI 519
Mesardonites, Basileios (Luzzati Laganà, F.) VI 550
Mesarites, Nikolaos (Tinnefeld, F.) VI 551
Messe (Handelsmesse), II. Byzantinisches Reich (Brandes, W.) VI 560
Metatheton (Konidaris, J. M.) VI 576
Meteora (Nicol, D. M.) VI 578
Methodios I. (Makris, G.) VI 580
Metochites, 1. M., Georgios (Tinnefeld, F.) VI 581
Metochites, 2. M., Theodoros (Hunger, H.) VI 582
Metrodora (Kislinger, E.) VI 583
Metrophanes (Plank, P.) VI 583
Metropolit (Biedermann, H. M.) VI 584
Michael, Erzengel, III. Darstellung, Byzanz (Restle, M.) VI 595
Michael, 3. M. I. (Schreiner, P.) VI 597
Michael, 4. M. II. (Schreiner, P.) VI 597
Michael, 5. M. III. (Schreiner, P.) VI 597
Michael, 6. M. IV. (Schreiner, P.) VI 598
Michael, 7. M. V. (Schreiner, P.) VI 598
Michael, 8. M. VI. (Schreiner, P.) VI 598
Michael, 9. M. VII., Dukas (Schreiner, P.) VI 598
Michael, 10. M. VIII. Palaiologos (van Dieten, J.-L.) VI 599
Michael, 11. M. IX. Palaiologos (Tinnefeld, F.) VI 600
Michael, 12. M. I. Dukas (Wellas, M. B.) VI 600
Michael, 13. M. II. Dukas Komnenos (Angelos) (Wellas, M. B.) VI 600
Michael, 17. M. I. Kerullarios (Bibikov, M., Todt, K.-P.) VI 601
Michael, 18. M. IV. Autoreianos (van Dieten, J.-L.) VI 602
Michael, 20. M. Apostoles (Tinnefeld, F.) VI 603
Michael, 24. M. Dukas Glabas Tarchaneiotes (Leontiades, I.) VI 604
Michael, 29. M. Rhetor (Bibikov, M.) VI 605
Michael, 31. M., Synkellos des Patriarchen v. Jerusalem (van Dieten, J.-L.) VI 607
Milet (Hild, F.) VI 624
Miliaresion (Schreiner, P., Berghaus, P.) VI 625
Miracula s. Demitrii (Hannick, Ch.) VI 659
Mission, C. Ostkirche (Biedermann, H. M.) VI 674
Mistra (Koder, J.) VI 680
Möbel, II. Byzantinisches Reich (Volk, R.) VI 704
Modon (und Coron) (Koder, J.) VI 712
Moichianischer Streit (Troianos, Sp.) VI 719
Momčilo (Ferjančić, B.) VI 727
Mönch, Mönchtum, A. III. Byzantinisches Reich (Biedermann, H. M.) VI 735
Monemvasia (Koder, J.) VI 753
Monemvasia, Chronik v. (Bibikov, M.) VI 753
Monenergismus (Winkelmann, F.) VI 754
Monodie (Schmalzbauer, G.) VI 761
Monophysiten (Suttner, E.) VI 763
Monotheletismus (Plank, B.) VI 765
Morea (Koder, J.) VI 834
Morgenländisches Schisma (Suttner, E. Chr.) VI 838
Mosaik, III. Byzanz und seine Einflußgebiete (Restle, M.) VI 854
Moschopulos, Manuel (Hunger, H.) VI 858
Mündliche Literaturtradition, VII. Byzantinische Literatur (Eideneier, H.) VI 906
Münze, Münzwesen, A. Byzantinisches Reich (Morrisson, C.) VI 921
Musaios (Hunger, H.) VI 946
Muzalon, Georgios (Schreiner, P.) VI 977
Myriokephalon, Schlacht v. (Strässle, P.) VI 977
Myron, -salbung (Theodorou, E.) VI 978
Mystik, A. II. Ostkirchlicher Bereich (Biedermann, H. M.) VI 989

Nachrichtenvermittlung, II. 1. [Byzantinisches Reich] Allgemein (Schreiner, P.) VI 998
Nachrichtenvermittlung, II. 2. [Byzantinisches Reich] Telegraphische Nachrichtenvermittlung (Aschoff, V.) VI 998
Naos VI 1019
Narses, 1. N., Eunuch, Feldherr Ks. Justinians I. (Winkelmann, F.) VI 1029
Nasar (Luzzati Laganà, F.) VI 1031
Naupaktos (Koder, J.) VI 1057
Nauplion (Koder, J.) VI 1058
Naxos und Paros (Koder, J.) VI 1070
Neilos, 3. N. Doxapatres (Prinzing, G.) VI 1085
Neopatras (Todt, K.-P.) VI 1091
Neophytos Enkleistos (Plank, B.) VI 1091
Neuchalkedonismus (Suttner, E. Chr.) VI 1100
Nika-Aufstand (Irmscher, J.) VI 1151
Nikaia, 1. N. (Hild, F.) VI 1151
Nikaia, 2. N., Kaiserreich v. (Nicol, D. M.) VI 1152
Nikaia, ökumen. Konzilien v., 2. VII. ökumen. Konzil v. (787) (Ohme, H.) VI 1154
Nikephoritzes (Ferluga, J.) VI 1155
Nikephoros, 1. N. I. (Schreiner, P.) VI 1155
Nikephoros, 2. N. II. Phokas (Prinzing, G., Schreiner, P.) VI 1156
Nikephoros, 3. N. III. Botaneiates (Ferluga, J.) VI 1157

Nikephoros, 4. N. I. (Wellas, M. B.) VI 1157
Nikephoros, 5. N. II. (Dukas) (Wellas, M. B.) VI 1158
Nikephoros, 6. N. I. (van Dieten, J.-L.) VI 1158
Nikephoros, 7. N. Basilakes (Hörandner, W.) VI 1159
Nikephoros, 10. N. Hagioreites (Plank, B.) VI 1159
Nikephoros, 12. N. Uranos (Hunger, H.) VI 1159
Niketas, 1. N. v. Ankyra (Plank, B.) VI 1160
Niketas, 2. N. v. Herakleia (Podskalsky, G.) VI 1160
Niketas, 3. N., Ebf. v. Thessalonike (Prinzing, G.) VI 1160
Niketas, 4. N. Byzantios (Suttner, E. Ch.) VI 1161
Niketas, 7. N. Eugenianos (Cupane, C.) VI 1161
Niketas, 8. N. Paphlagon (Hunger, H.) VI 1161
Niketas, 9. N. Stethatos (Plank, P.) VI 1162
Nikolaos, 1. N. Mystikos (Kazhdan, A.) VI 1165
Nikolaos, 2. N. III. Grammatikos (Plank, P.) VI 1166
Nikolaos, 4. N. Myrepsos (Keil, G.) VI 1167
Nikolaos, 5. N. v. Otranto (Plank, B.) VI 1167
Nikolaos, 6. N. Sigeros (Hunger, H.) VI 1168
Nikolaus, 10. N. v. Myra, I. Legende und Verehrung (Brückner, A.) VI 1173
Nikolaus, 10. N. v. Myra, II. Darstellung in Byzanz (Restle, M.) VI 1175
Nikomedeia (Hild, F.) VI 1189
Nikon, 1. N. Metanoeite (Prinzing, G.) VI 1189
Nikon, 2. N. vom Schwarzen Berge (Hannick, Ch.) VI 1190
Nikopolis ad Istrum (Brandes, W.) VI 1190
Nikopolis ad Nestum (Brandes, W.) VI 1191
Nobilissimat (Maksimović, Lj.) VI 1207
Nomisma (Morrisson, C.) VI 1229
Nomophylax (Troianos, S.) VI 1230
Nomos (Pieler, P. E.) VI 1230
Nomos georgikos (Köpstein, H.) VI 1231
Notar, Notariat, I. Byzantinisches Reich (Burgmann, L.) VI 1281
Notitiae episcopatuum ecclesiae Constantinopolitanae (Schminck, A.) VI 1287
Novellen (Pieler, P. E.) VI 1304
Novellen Leons d. Weisen (Pieler, P. E.) VI 1304
Noviziat, 1. Östliches Mönchtum (Frank, K. S.) VI 1311
Nymphaion, Vertrag v. (Balard, M.) VI 1327

Odeljan, Peter (Ferluga, J.) VI 1346
Ohrid (Prinzing, G.) VI 1376
Oikonomia (Prinzing, G.) VI 1381
Oikonomos (Biedermann, H. M.) VI 1381
Oktateuch-Illustration (Restle, M.) VI 1382
Oktoechos (Hannick, Ch.) VI 1382
Olympos, 1. O., Hoher und Niederer (Plank, B.) VI 1403
Olympos, 2. O. in Bithynien (Plank, B.) VI 1403
Opsikion (Hiß, R.) VI 1418
Ornament, II. Byzanz (Restle, M.) VI 1471
Orphanotrophos (Plank, B.) VI 1475
Orsini, Gf. en v. Kephallenia (Todt, K.-P.) VI 1480
Orthodoxie (Biedermann, H. M.) VI 1483
Oryphas, Niketas (Luzzati Laganà, F.) VI 1490
Osterfestberechnung, Osterstreit, I. Osterfestberechnung im Osten und Westen (Grünbeck, E.) VI 1515
Ostern, Osterliturgie, II. Ostkirchen (Plank, P.) VI 1519
Ostkirchen, I. Kirchen der byzantinischen Tradition (Biedermann, H. M.) VI 1536
Otranto, Dichterkreis v. (Gigante, M.) VI 1562

Pachymeres, Georgios (Hannick, Ch.) VI 1609
Palaiologen (Schreiner, P.) VI 1629

Palamas, Gregorios (Petzolt, M.) VI 1629
Palamismus (Petzolt, M.) VI 1630
Palästina, 1. Römische und byzantinische Periode (Mattejiet, U.) VI 1632
Panaretos, 1. P., Matthaios Angelos (Prinzing, G.) VI 1651
Panaretos, 2. P., Michael (Schreiner, P.) VI 1651
Panselinos, Manuel (Restle, M.) VI 1657
Pantokrator (Petzolt, M.) VI 1660
Papadike (Hannick, Ch.) VI 1662
Paradosis (Biedermann, H. M.) VI 1700
Paragraphos (Mazal, O.) VI 1700
Parakoimomenos (Maksimović, Lj.) VI 1701
Parekklesion (Restle, M.) VI 1703
Paristrion (Prinzing, G.) VI 1722
Parodie, II. Byzantinische Literatur (Hörandner, W.) VI 1738
Paröken (Weiß, G.) VI 1742
Paschalios (Luzzati Laganà, F.) VI 1752
Passion, B. VI. Byzantinische und slavische Literaturen (Ioannidou, A.) VI 1764
Passion, C. III. [Ikonographie] Byzanz (Restle, M.) VI 1767
Patmos (Koder, J.) VI 1784
Patras (Koder, J.) VI 1785
Patria (Berger, A.) VI 1785
Patriarchat (Prinzing, G., Todt, K.-P.) VI 1785
Patricius, Patrikios, II. Byzanz (Maksimović, Lj.) VI 1790
Patronat, -srecht, I. Spätantike und Byzanz (Kazhdan, A.) VI 1808
Paulikianer (Ludwig, C.) VI 1812
Peculium, 1. Byzanz (Weiß, G.) VI 1849
Pediasimos, Johannes (Pieler, P. E.) VI 1850
Pelagonia, Schlacht v. (Todt, K.-P.) VI 1861
Pentarchie (Biedermann, H. M.) VI 1874
Pentekostarion (Hannick, Ch.) VI 1874
Pergamon (Brandes, W.) VI 1887
Periodeuten (Troianos, Sp.) VI 1891
Persien (Balard, M.) VI 1898
Pest, B. Byzanz (Leven, K.-H.) VI 1920
Peter, 10. P. v. Courtenay (Todt, K.-P.) VI 1930
Petraliphas (Weiß, G.) VI 1944
Petros, 1. P. III., gr.-orth. Patriarch v. Antiocheia (Todt, K.-P.) VI 1953
Petros, 2. P., Patriarch v. Konstantinopel (Plank, P.) VI 1954
Petros, 4. P. Patrikios (Klein, R.) VI 1954
Petrusliturgie (Feulner, H.-J.) VI 1989
Pfalz, Palast, I. I. [Byzantinisches Reich und Südosteuropa] Institutionsgeschichte (Schreiner, P.) VI 2008
Pfalz, Palast, I. 2. [Byzantinisches Reich und Südosteuropa] Baugeschichte (Korać, V.) VI 2009
Pfingsten, III. Ostkirche (Plank, P.) VI 2031
Pflanzendarstellung, B. Osten (Restle, M.) VI 2036
Pflanzenkunde, III. 1. Griech.-byz. Bereich (Dilg, P.) VI 2039
Philadelph(e)ia (Hild, F.) VI 2054
Philaretos (Fischer, K.-D.) VI 2054
Philes, Manuel (Hörandner, W.) VI 2055
Philipp, 25. Ph. de Bindo Incontri v. Pera (Gahbauer, F. R.) VI 2076
Philippi (Soustal, P.) VI 2082
Philippikos Bardanes (Hiß, R.) VI 2083
Philippopel (Soustal, P.) VI 2083
Philippos Monotropos (Hoffmann, L. M.) VI 2084
Philosophie, B. Byzanz (Hunger, H.) VI 2092

Philotheos, 1. Ph. Kokkinos (Todt, K.-P.) VI 2104
Philotheos, 2. Ph. Protospatharios (Seibt, W.) VI 2104
Philoxenie (Restle, M.) VI 2105
Phokaia (Belke, K.) VI 2107
Phokas, byz. Ks. (Ferluga, J.) VI 2108
Phokas (Brandes, W.) VI 2108
Photios (Tinnefeld, F.) VI 2109
Physiologus, I. Spätantike und byzantinische Literatur (Seibt, W.) VI 2117
Pilger, B. I. Byzanz (Külzer, A.) VI 2151
Pilgerandenken, -zeichen, II. Byzanz (Restle, M.) VI 2156
Pitzingli, Nikolaos (Luzzati Laganà, F.) VI 2189
Planudes, Maximos (Tinnefeld, F.) VII 1
Plastik, II. Byzantinischer Bereich (Restle, M.) VII 4
Plethon (Weiß, G.) VII 19
Pliska (Prinzing, G.) VII 22
Pocken, II. Osten (Volk, R.) VII 30
Polizei, II. Byzantinisches Reich (Seibt, W.) VII 64
Polyeuktos (Todt, K.-P.) VII 74
Porikologos (Eideneier, H.) VII 104
Porphyr (Restle, M.) VII 104
Porphyrogennetos (Schreiner, P.) VII 106
Portal, II. Byzanz (Restle, M.) VII 110
Porträt, 3. Byzanz (Restle, M.) VII 115
Post, II. Byzantinisches Reich (Schreiner, P.) VII 127
Practica ex actis Eustathii Romani (Burgmann, L.) VII 140
Prädestination/Reprobation, A. II. Osten (Podskalsky, G.) VII 145
Praetor (Wirth, G.) VII 158
Praktika (Weiß, G.) VII 168
Praxapostolos (Gerhards, A.) VII 169
Predigt, C. Byzantinische und Slavische Literaturen (Hannick, Ch.) VII 181
Preis, II. Byzantinisches Reich (Schreiner, P.) VII 185
Priester, B. Ostkirche (Todt, K.-P.) VII 207
Prilep (Soustal, P.) VII 209
Procheiros Nomos (Pieler, P. E.) VII 235
Prochiron auctum (Pieler, P. E.) VII 235
Prodromos, Theodoros (Hörandner, W.) VII 239
Prokopios, 3. P. v. Kaisareia (Weiß, G.) VII 246
Pronoia (Maksimović, Lj.) VII 249
Prooimion (Makris, G.) VII 250
Propheten, Prophetie, C. II. [Ikonographie der biblischen Propheten] Osten (Restle, M.) VII 258
Prophetenvision (Restle, M.) VII 259
Proskomidie (Petzold, M.) VII 265
Proskynese (Weiß, G.) VII 265
Prosphora (Feulner, H.-J.) VII 266
Prostitution, II. Byzanz (Kislinger, E.) VII 268
Protaton (Schminck, A.) VII 269
Protaton, Kunsthistorisch (Steppan, T.) VII 269
Protimesis (Burgmann, L.) VII 272
Protonotarios (Weiß, G.) VII 274
Prozession, II. Byzanz (Weiß, G.) VII 287
Psalmen, Psalter, B. II. Byzantinische Literatur (Ioannidou, A.) VII 298
Psalmen, Psalter, C. I. [Psalterillustration] Byzanz (Restle, M.) VII 301
Psaltikon (Hannick, Ch.) VII 303
Psellos, Michael (Tiftixoglu, V.) VII 304
Ptochoprodromika (Eideneier, H.) VII 311
Publizistik, B. Byzanz (Weiß, G.) VII 317
Pulologos (Makris, G.) VII 325
Purpur, I. Spätantike und Byzantinisches Reich (Steigerwald, G.) VII 330

Quaestor sacri palatii (Weiß, G.) VII 352

Randgruppen, II. Byzanz (Magdalino, P.) VII 436
Rätsel, II. Byzantinische Literatur (Hörandner, W.) VII 464
Raub, B. Byzanz und Südosteuropa (Burgmann, L.) VII 472
Räuber, -banden, II. Byzanz (Kislinger, E.) VII 474
Ravenna, II. Kunstgeschichtliche Bedeutung (Farioli Campanati, R.) VII 484
Rechenkunst, -methoden, Rechenbücher, II. Byzanz (Neuenschwander, E., Folkerts, M.) VII 503
Referendarios (Weiß, G.) VII 542
Refrain, VI. Byzantinische Literatur (Hannick, Ch.) VII 555
Reisen, Reisebeschreibungen, B. Byzanz (Schreiner, P.) VII 680
Relief, II. 2. Byzanz (Restle, M.) VII 689
Religionsgespräche, II. Religionsgespräche zwischen orthodoxer und römisch-katholischer Kirche (Gahbauer, F. R.) VII 692
Religionsgespräche, V. Islamisch-christliche Religionsgespräche (Göckenjan, H.) VII 695
Reliquiar, III. Byzanz (Borkopp, B.) VII 701
Reliquien, II. Byzanz (Majeska, G. P.) VII 703
Renaissance in Byzanz (Schreiner, P.) VII 717
Repräsentationsbild, II. Byzanz (Restle, M.) VII 745
Responsorium, II. Osten (Hannick, Ch.) VII 761
Revolte, II. Byzantinisches Reich (Cheynet, J.-C.) VII 775
Rhabdas (Sesiano, J.) VII 780
Rhetorik, II. Byzanz (Hunger, H.) VII 789
Rhodopen (Soustal, P.) VII 794
Rhodos (Koder, J.) VII 795
Rhomaioi (Koder, J.) VII 797
Ritter, -tum, -stand, IV. Byzanz (Schreiner, P.) VII 876
Robert, 4. R. v. Courtenay (Prinzing, G.) VII 886
Roga (Schreiner, P.) VII 936
Roman, VII. Byzantinische Literatur (Cupane, C.) VII 988
Romania (Maksimović, Lj.) VII 996
Romanos, 1. R. I. Lakapenos (Schreiner, P.) VII 999
Romanos, 2. R. II. (Schreiner, P.) VII 999
Romanos, 3. R. III. Argyros (Brandes, W.) VII 1000
Romanos, 4. R. IV. Diogenes (Brandes, W.) VII 1000
Romanos, 6. R. Melodos (Hannick, Ch.) VII 1001
Romidee, II. Byzanz (Schmalzbauer, G.) VII 1009
Roussel v. Bailleul (Prinzing, G.) VII 1063

Saba d. J. (Luzzati Laganà, F.) VII 1212
Sachlikes, Stephanos (Hinterberger, M.) VII 1222
Sakrament/Sakramentalien, II. Ostkirche (Plank, P.) VII 1272
Sakrileg, I. Byzantinisches Recht (Troianos, Sp.) VII 1276
Salomo (Salomon), C. III. [Literatur] Byzanz (Hoffmann, L. M.) VII 1312
Salos (Schmalzbauer, G.) VII 1317
Salz, II. Byzantinisches Reich (Matschke, K.-P.) VII 1327
Samos (Koder, J.) VII 1343
Samosata (Hild, F.) VII 1344
Samson, III. Byzanz (Schellewald, B.) VII 1345
Sardes (Hild, F.) VII 1377
Sarkophag, II. Byzanz (Restle, M.) VII 1383
Satire, II. Byzantinische Literatur (Eideneier, H.) VII 1393

Säule, II. Byzanz (Restle, M.) VII 1404
Schiff, -bau, -stypen, II. Byzanz, östliches Mittelmeer (Makris, G.) VII 1460
Schilderhebung, II. Byzanz (Schreiner, P.) VII 1463
Schmied, Schmiede, B. Byzanz (Kolias, T. G.) VII 1508
Schmuck, II. Byzanz (Borkopp, B.) VII 1510
Scholastikoi (Seibt, W.) VII 1526
Scholia Sinaitica (Pieler, P. E.) VII 1528
Scholien, III. Byzantinische Literatur (Hoffmann, L.) VII 1529
Schrift, II. Byzanz (Gamillscheg, E.) VII 1562
Schriftlichkeit, Schriftkultur, II. Byzanz (Schreiner, P.) VII 1567
Schule, B. Byzanz (Browning, B. R.) VII 1586
Schwarzes Meer, II. Byzantinische Zeit (Balard, M.) VII 1621
Sebastokrator (Seibt, W.) VII 1659
Seefahrt, Seeleute, B. Byzanz/östliches Mittelmeer (Makris, G.) VII 1672
Seele, II. Ostkirche (Biedermann, H. M.) VII 1677
Seelsorge, II. Ostkirche (Hoffmann, L.) VII 1682
Seeraub, III. Byzanz (Makris, G.) VII 1686
Seerecht, I. Byzanz und östliches Mittelmeer (Weiß, G.) VII 1687
Seide, B. Byzantinisches Reich (Jacoby, D.) VII 1707
Seides, Niketas (Gahbauer, F.) VII 1710
Sekreton (Weiß, G.) VII 1724
Selǧuqen, II. Rumselǧuqen (Zachariadou, E. A.) VII 1731
Selymbria (Soustal, P.) VII 1737
Senat, II. Byzanz (Schreiner, P.) VII 1745
Serbia (Prinzing, G.) VII 1777
Sergios, 1. S. I., Patriarch v. Konstantinopel (Vogt, H. J.) VII 1786
Sergios, 3. S. Niketiates (Weiß, G.) VII 1786
Serrhes (Soustal, P.) VII 1792
Sexualität, II. Byzanz (Kislinger, E.) VII 1813
Sgouros, Leon (Weiß, G.) VII 1824
Side (Hild, F.) VII 1833
Siebenschläfer (Ioannidou, A.) VII 1843
Siegel, XII. Byzanz (Seibt, W.) VII 1857
Sinope (Belke, K.) VII 1931
Sion (Elbern, V. H.) VII 1932
Sisinnios II. (Tinnefeld, F.) VII 1938
Sivas (Hild, F.) VII 1942
Sizilien, A. II. 1. [Byzantinische Herrschaft] 5.–6. Jh. (Kislinger, E.) VII 1951
Sizilien, A. II. 2. [Byzantinische Herrschaft] 7. Jh. (Corsi, P.) VII 1951
Sizilien, A. II. 3. [Byzantinische Herrschaft] 8.–11. Jh. (Kislinger, E.) VII 1952
Skete (Todt, K.-P.) VII 1974
Skeuophylakion (Restle, M.) VII 1974
Sklave, B. Byzanz (Prinzing, G.) VII 1984
Sklavinien (Koder, J.) VII 1988
Skleroi (Seibt, W.) VII 1988
Skleros, Bardas (Seibt, W.) VII 1988
Skopa (Todt, K.-P.) VII 1989
Skriptorium, 1. Byzanz (Mazal, O.) VII 1992
Skutariotes, Theodor (Hörandner, W.) VII 1998
Skylitzes, Johannes (Maltese, E. V.) VII 1998
Smyrna (Hild, F.) VII 2014
Söldner, -wesen, II. Byzanz (Thorau, P., Schreiner, P.) VII 2032
Solözismus (Quadlbauer, F.) VII 2039
Sonntag der Orthodoxie (Feulner, H.-J.) VII 2050

Sophia (Plank, P.) VII 2051
Sophia Palaiologa (Nitsche, P.) VII 2052
Sopoćani (Djurić, V.) VII 2054
Spandugnino, Theodor (Neumann, Ch. K.) VII 2075
Spaneas (Eideneier, H.) VII 2075
Spanos (Hinterberger, M.) VII 2085
Specksteinschnitzerei (Restle, M.) VII 2087
Sphrantzes, Georgios (Maisano, R.) VII 2100
Spiele, B. Byzantinischer Bereich (Grünbart, M.) VII 2111
Sprichwort, Sprichwortsammlung, VIII. Byzantinische Literatur (Hoffmann, L.) VII 2141
Staat, B. Byzanz (Fögen, M. Th.) VII 2156
Stadt, L. Byzantinisches Reich (Brandes, W.) VIII 1
Stadtansicht und Stadtbild, B. Byzanz (Restle, M.) VIII 11
Stanimaka (Soustal, P.) VIII 56
Staurakios (Brandes, W.) VIII 79
Staurakios, Johannes (Todt, K.-P.) VIII 80
Stauropegialklöster (Troianos, Sp.) VIII 80
Staurothek VIII 80
Stempel, 2. S. (Boyd, S. A.) VIII 108
Stephanites und Ichnelates, 1. Fürstenspiegel (Schmalzbauer, G.) VIII 124
Stephanos, 1. S. I., Patriarch v. Konstantinopel (Tinnefeld, F.) VIII 125
Stephanos, 2. S. Byzantios (Maltese, E. V.) VIII 125
Stephanos, 3. S. der Jüngere (Tinnefeld, F.) VIII 125
Steuer, -wesen, L. II. Byzantinisches Reich (Schreiner, P.) VIII 158
Sticheron, Sticherarion (Hannick, Ch.) VIII 167
Stifterbild, III. Osten (Wessel, K.) VIII 175
Stiftung, II. Byzantinisches Reich (Schreiner, P.) VIII 180
Stobaios (Dubielzig, U.) VIII 186
Straboromanos, Manuel (Grünbart, M.) VIII 196
Strafe, Strafrecht, B. Spätantike und Byzanz (Burgmann, L.) VIII 197
Straße, III. Byzantinischer Bereich (Hild, F.) VIII 225
Strategopulos, Alexios (Schreiner, P.) VIII 227
Strategos (Schreiner, P.) VIII 227
Stratiot (Maksimović, Lj.) VIII 229
Strymon (Soustal, P.) VIII 248
Studiu-Kloster (Berger, A.) VIII 254
Stundenholz, Technische Beschaffenheit (Zumbroich, E.) VIII 265
Stundenholz, Geschichte und liturg. Verwendung (Hannick, Ch., Zumbroich, E.) VIII 266
Suda (Hörandner, W.) VIII 281
Sugdaia, 1. Stadt (Balard, M.) VIII 291
Sugdaia, 2. Kirchliche Bedeutung (Prinzing, G.) VIII 292
Sumela (Todt, K.-P.) VIII 305
Symbolum (Vrankić, P.) VIII 358
Symeon, 3. S. II., Patriarch v. Antiocheia (Todt, K.-P.) VIII 362
Symeon, 4. S. II., Patriarch v. Jerusalem (Plank, P.) VIII 362
Symeon, 5. S., Ebf. v. Thessalonike (Plank, P.) VIII 362
Symeon, 6. S. Eulabes (Schmalzbauer, G.) VIII 363
Symeon, 8. S. Magistros (Markopoulos, A.) VIII 363
Symeon, 10. S. Metaphrastes (Hannick, Ch.) VIII 364
Symeon, 11. S. Neos Theologos (Koder, J.) VIII 364
Symeon, 12. S. Salos (Schmalzbauer, G.) VIII 365
Symeon, 13. S. Seth (Volk, R.) VIII 365
Symeon, 14. 1. S. Stylites der Ältere (Plank, P.) VIII 366

Symeon, 14. 2. S. Stylites der Jüngere (Plank, P.) VIII 366
Synaptien (Plank, P.) VIII 370
Synaxarion (Hannick, Ch.) VIII 371
Synekdemos (Weiß, G.) VIII 373
Synkellos (Todt, K.-P.) VIII 373
Synodos Endemusa (Troianos, Sp.) VIII 378
Synopsis Basilicorum (Burgmann, L.) VIII 379
Synopsis minor (Burgmann, L.) VIII 379
Synthronon (Engemann, J.) VIII 380
Syrgiannes Palaiologos Philanthropenos (Schmalzbauer, G.) VIII 382
Syrien, I. Spätantike und frühchristlich-byzantinische Kultur (van Esbroeck, M.) VIII 382
Syropulos, Johannes (Weiß, G.) VIII 387
Syropulos, Silbestros (Kresten, O.) VIII 387

Tabor, Taborlicht (Plank, P.) VIII 394
Tagebuch, IV. Byzanz (Schreiner, P.) VIII 426
Tagma (Kolias, T. G.) VIII 434
Taktika, 2. T. (Kolias, T. G.) VIII 438
Taktika, 3. T. (Ranglisten) (Oikonomidès, N.) VIII 439
Tana (Prinzing, G.) VIII 453
Tarasios (Tinnefeld, F.) VIII 468
Tarchaneiotes, Gregorios (Luzzati Laganà, F.) VIII 470
Tarent, A. II. Vom Beginn des Frühmittelalters bis zum Ende der byzantinischen Herrschaft (Corsi, P.) VIII 471
Tarsos (Hild, F.) VIII 483
Tau (Restle, M.) VIII 491
Taufbecken, Taufstein, Fünte, II. Byzanz (Restle, M.) VIII 494
Taufe Christi, III. Byzanz (Restle, M.) VIII 503
Templon (Restle, M.) VIII 539
Tenedos (Koder, J.) VIII 541
Tephrike (Hild, F.) VIII 547
Testament, A. IV. Byzantinisches Recht (Burgmann, L.) VIII 570
Tetragamiestreit (Tinnefeld, F.) VIII 575
Teufel, C. II. [Ikonographie] Osten (Restle, M.) VIII 585
Textilien, B. Byzanz (Matschke, K.-P.) VIII 602
Theben (Koder, J.) VIII 611
Thema (Koder, J.) VIII 615
Theodor, 3. Th. I. Laskaris (Nicol, D. M.) VIII 627
Theodor, 4. Th. II. Laskaris (Nicol, D. M.) VIII 628
Theodor, 5. Th. Komnenos Dukas (Nicol, D. M.) VIII 628
Theodor, 6. Th. I. Palaiologos (Koder, J.) VIII 628
Theodor, 7. Th. II. Palaiologos (Koder, J.) VIII 629
Theodora, 1. Th. I. (Irmscher, J.) VIII 631
Theodora, 2. Th. II. (Külzer, A.) VIII 632
Theodora, 3. Th. III. (Külzer, A.) VIII 633
Theodoro (Prinzing, G.) VIII 635
Theodoros, 10. Th. Euchaïta (Restle, M.) VIII 638
Theodoros, 11. Th. Hyrtakenos (Külzer, A.) VIII 638
Theodoros, 13. Th. Meliteniotes (Tinnefeld, F.) VIII 639
Theodoros, 16. Th. Scholastikos (Pieler, P. E.) VIII 640
Theodoros, 17. Th. (Spoudeios) (Plank, B.) VIII 640
Theodoros, 18. Th. Studites (Berger, A.) VIII 640
Theodoros, 19. Th. Synkellos (Külzer, A.) VIII 641
Theodosios, 1. Th. III. (Schreiner, P.) VIII 642
Theodosios, 3. Th. Diakonos (Külzer, A.) VIII 643
Theodosios, 4. Th. Melitenos (Schreiner, P.) VIII 643

Theodosios, 5. Th. Monachos (Maltese, E. V.) VIII 643
Theodosiupolis (Hild, F.) VIII 644
Theodotos, 2. Th. Melissenos (Tinnefeld, F.) VIII 647
Theoktiste (Koder, J.) VIII 648
Theoktistos (Tinnefeld, F.) VIII 649
Theoleptos (Külzer, A.) VIII 649
Theologie, B. Ostkirche (Plank, P.) VIII 656
Theophanes, 1. Th. III. (Külzer, A.) VIII 661
Theophanes, 2. Th. Byzantios (Schreiner, P.) VIII 662
Theophanes, 3. Th. Continuatus (Schreiner, P.) VIII 662
Theophanes, 4. Th. Graptos (Prinzing, G.) VIII 662
Theophanes, 5. Th. Homologetes (Confessor) (Maisano, R.) VIII 663
Theophanu (Engels, O.) VIII 664
Theophilos, 1. Th., byz. Ks. (Külzer, A.) VIII 664
Theophilos, 4. Th., Rechtslehrer (Pieler, P. E.) VIII 665
Theophylaktos, 1. Th., Ebf. v. Ohrid (Hannick, Ch.) VIII 671
Theophylaktos, 2. Th., byz. Exarch (Schreiner, P.) VIII 672
Theophylaktos, 3. Th. Simokates (Schreiner, P.) VIII 672
Theorianos (Hoffmann, L. M.) VIII 673
Theotokarion (Feulner, H.-J.) VIII 675
Thessalien (Hild, F.) VIII 680
Thessalonike (Spieser, J.-M.) VIII 681
Thomas, 1. Th. der Slave, byz. Gegenks. (Köpstein, H.) VIII 698
Thomas, 6. Th. Palaiologos (Koder, J.) VIII 701
Thomas, 14. Th., Metropolit v. Klaudiupolis (Tinnefeld, F.) VIII 705
Thomas, 42. Th. Magistros (Maltese, E. V.) VIII 721
Thrakien (Soustal, P.) VIII 736
Threnos (Schmalzbauer, G.) VIII 737
Thron, C. I. [Byzanz] Weltlicher und kirchlicher Bereich (Schreiner, P.) VIII 741
Thron, C. II. [Byzanz] Monumente und Ikonographie (Restle, M.) VIII 741
Tiberios, 1. T. I. (Schreiner, P.) VIII 760
Tiberios, 2. T. II. (Schreiner, P.) VIII 761
Tierepos, III. Byzantinische Literatur (Eideneier, H.) VIII 767
Timarion (Schmalzbauer, G.) VIII 791
Timotheos, 6. T., Presbyter (Brennecke, H. Ch.) VIII 793
Tinte, II. Byzanz (Schreiner, P.) VIII 797
Tipoukeitos (Pieler, P. E.) VIII 798
Titel, II. Byzanz (Maksimović, Lj.) VIII 812
Tocco (Nicol, D. M.) VIII 821
Tod, Sterben, II. 2. [Theologie und religiöse Vorstellungen] Ostkirchlich-byzantinischer Bereich (Hoffmann, L. M.) VIII 825
Toparcha Gothicus (Koder, J.) VIII 863
Tragudia (Eideneier, H.) VIII 933
Tralles (Hild, F.) VIII 934
Trapeza (Restle, M.) VIII 957
Trapezunt, I. Antike und ältere byzantinische Zeit (Karpov, S. P.) VIII 957
Trapezunt, II. Das Reich von Trapezunt (Karpov, S. P.) VIII 958
Tribonian (Pieler, P. E.) VIII 983
Tribut, II. Byzanz (Schreiner, P.) VIII 986
Trikala (Soustal, P.) VIII 1007
Triklinios, Demetrios (Cortesi, M.) VIII 1008

Trinität, I. Biblische Grundlagen. Die ersten Jahrhunderte. Ostkirche (Plank, P.) VIII 1011
Triodion (Feulner, H.-J.) VIII 1015
Trishagion (Feulner, H.-J.) VIII 1019
Triumph, -zug, I. 2. Byzantinisches Reich (McCormick, M.) VIII 1025
Trojadichtung, VI. Byzantinische Literatur (Lavagnini, R.) VIII 1040
Troparion (Hannick, Ch.) VIII 1043
Tropologion (Hannick, Ch.) VIII 1045
Turnier, D. Byzanz (Schreiner, P.) VIII 1118
Tyana (Hild, F.) VIII 1129
Typikon, I. Liturgisch (Hannick, Ch.) VIII 1131
Typikon, II. Monastisch (Hannick, Ch.) VIII 1132
Typikon, III. Kunstgeschichtlich (Restle, M.) VIII 1133
Typos (Hoffmann, L.) VIII 1135
Tzaten (Hannick, Ch.) VIII 1140
Tzetzes, Johannes (Grünbart, M.) VIII 1140

Universität, B. Byzanz (Tinnefeld, F.) VIII 1255
Urkunde, -nwesen, C. I. Byzantinisches Reich (Gastgeber, Ch.) VIII 1317

Varna, Schlacht bei, 2. Literarische Zeugnisse (Prinzing, G.) VIII 1413
Vatatzes (Seibt, W.) VIII 1427
Vatopedi (Lamberz, E.) VIII 1432
Verbrechen, C. Byzanz (Kazhdan, A.) VIII 1492
Verkehr, -swege, II. Byzantinischer Bereich (Kislinger, E.) VIII 1541
Verklärung Christi, III. Byzanz (Restle, M.) VIII 1544
Vers- und Strophenbau, VI. Byzantinische Literatur (Hörandner, W.) VIII 1577
Vertrag, B. Byzanz (Burgmann, L.) VIII 1592
Vierfüßlergeschichte (Eideneier, H.) VIII 1654
Vita S. Nili (Maltese, E. V.) VIII 1759
Vita Sancti Sabae Hierosolymitani (Cortesi, M.) VIII 1760
Vorhang, 2. Byzanz (Restle, M.) VIII 1851
Vormund, -schaft, III. Byzantinisches Recht (Schminck, A.) VIII 1855

Waffe, B. Byzanz (Kolias, T. G.) VIII 1899
Wahl, C. Byzantinisches Reich (Burgmann, L.) VIII 1913
Wahrsager, Wahrsagen, II. Byzanz (Grünbart, M.) VIII 1923
Währung, II. Byzanz (Morrisson, C.) VIII 1925
Wallfahrtsliteratur (aus Byzanz) (Külzer, A.) VIII 1983
Wandmalerei, C. Byzanz (Restle, M.) VIII 2022
Wandpfeilerkirche, 2. Byzanz (Theis, L.) VIII 2028
Wasser, A. II. 2. [Liturgische Verwendung] Ostkirche (Plank, P.) VIII 2062
Wasser, C. Byzanz (Kislinger, E.) VIII 2072
Weihe, -grade, -hindernisse, B. Ostkirche (Plank, P.) VIII 2107
Weihrauch, 2. Liturgischer Gebrauch in den Ostkirchen (Feulner, H.-J.) VIII 2111
Weihrauchgefäß, III. Byzanz (Restle, M.) VIII 2113
Wein, -bau, -handel, C. Byzanz (Kislinger, E.) VIII 2128
Weltchronik (in Byzanz) (Schreiner, P.) VIII 2165
Weltgerichtsdarstellung, III. Byzanz (Restle, M.) VIII 2180
Wikinger, II. 5. [Geschichte] Rußland und Byzanz (Lund, N.) IX 105
Wohnen, Wohnkultur, Wohnformen, B. Byzanz (Schreiner, P.) IX 297
Wunder, B. Byzanz (Tinnefeld, F.) IX 353
Wunder, C. III. [Ikonographie] Byzanz (Schellewald, B.) IX 360

Xantheia (Soustal, P.) IX 399
Xanthopulos, Nikephoros Kallistos (Hörandner, W.) IX 400
Xeniteia (Plank, P.) IX 400
Xenophon im Mittelalter und Humanismus (Gruber, J.) IX 401
Xenophon-Kl. (Litsas, E. K.) IX 403
Xerophagia (Plank, P.) IX 404
Xeropotamou (Litsas, E. K.) IX 404
Xiphilinos (Soustal, P.) IX 405
Xylurgu (Hannick, Ch.) IX 406

Yarmūq (Schreiner, P.) IX 408

Zacharias, Johannes (Hohlweg, A.) IX 436
Zahlensymbolik, -mystik, B. Byzanz (Carelos, P.) IX 455
Zahlsysteme, -zeichen, III. Byzantinischer Bereich (Deschauer, St.) IX 462
Zakynthos (Koder, J.) IX 470
Zauberei, I. Byzantinischer Bereich (Grünbart, M.) IX 483
Zeloten, 1. Z. ('Eiferer') (Koder, J.) IX 522
Zeloten, 2. Z., Anhänger einer polit.-sozialen Reformbewegung (Matschke, K.-P.) IX 523
Zenon (Külzer, A.) IX 530
Zensur, II. Ostkirche (Plank, P.) IX 534
Zentralbau, II. Byzanz (Theis, L.) IX 539
Zeremoniell, A. II. Spätrömische und frühbyzantinische Zeit (McCormick, M.) IX 547
Zeremoniell, A. III. Mittel- und spätbyzantinische Zeit (McCormick, M.) IX 549
Ziegelbau, I. Westlicher und byzantinischer Bereich (Ristow, S.) IX 599
Zirkusparteien (Schreiner, P.) IX 628
Zisterne, II. Byzanz und westliches Europa (Ristow, S.) IX 630
Zoe, 1. Z., byz. Ksn. (Külzer, A.) IX 662
Zoll, III. Byzanz (Brandes, W., Matschke, K.-P.) IX 671
Zonaras, Johannes (Maltese, E. V.) IX 673
Zunft, -wesen, -recht, B. I. Byzanz (Maksimović, Lj.) IX 706
Zweikaiserproblem (Anton, H. H.) IX 720
Zypern, A. Byzantinische Zeit (Berger, A.) IX 738
Zypresse (Prinzing, G.) IX 745

Russischer Bereich: Geschichte, Kultur und Kirche

Abgaben, V. Altrußland und Moskau (Goehrke, C.) I 38
Adel, E. Altrußland (Rüß, H.) I 133
Afanasij Nikitin (Auty, R.) I 193
Alexander d. Gr., B. III. Slavische Literaturen (Svejkovský, F.) I 357
Alexander, 8. A. Nevskij (Poppe, A.) I 370
Alphabet, IV. Kyrillisches Alphabet (Mareš, F. W.) I 457
Alt- (Staraja) Ladoga (Müller-Wille, M.) I 476
Amt, II. 3. Altrußland (Hellmann, M.) I 548
Andrej Bogoljubskij (Poppe, A.) I 612
Anna, 7. A. v. Kiev (Poppe, A.) I 656
Antonios, 3. A., Ebf. v. Novgorod (Stupperich, R.) I 730
Apokryphen, A. II. 6. Slavische Literaturen (Turdeanu, E.) I 767
Apollonius von Tyrus, B. VI. Slavische Literaturen (Auty, R.) I 774
Apsisbild, -malerei, -mosaik (Belting-Ihm, Ch., Wessel, K.) I 814
Archimandrit (Řezáč, J.) I 897
Askol'd und Dir (Rüß, H.) I 1116
Astrachan' (Goehrke, C.) I 1132
Autokephalie, 2. Autokephale Kirchen (Perrone, L.) I 1270

Bad, B. II. 2. Altrußland (Hellmann, M.) I 1333
Barren (Berghaus, P.) I 1487
Basqaq (Spuler, B.) I 1543
Batu (Spuler, B.) I 1552
Bauer, Bauerntum, D. XI. Altrußland (Rüß, H.) I 1595
Belaja Cerkov́ (Hellmann, M.) I 1834
Belev (Poppe, A.) I 1839
Belgorod (Poppe, A.) I 1841
Beloozero (Poppe, A.) I 1852
Bel'skij (Rüß, H.) I 1852
Berestovo (Poppe, A.) I 1943
Bestiarium, -ius, Bestiarien, A. VIII. Slavische Literaturen (Hannick, Ch.) I 2077
Bevölkerung, C. II. Kiever und Moskauer Rus' (Rüß, H.) II 19
Bibliothek, B. II. Altrußland (Kämpfer, F.) II 124
Biographie, VIII. Slavische Literaturen (Hannick, Ch.) II 209
Bogoljubovo (Poppe, A.) II 328
Bojaren, I. Altrußland (Rüß, H.) II 354
Bojarenduma, I. Altrußland (Rüß, H.) II 354
Bolgar (Zernack, K.) II 369
Boris, 3. B. Aleksandrovič (Poppe, A.) II 459
Boris und Gleb, I. Leben und Verehrung (Poppe, A.) II 459
Boris und Gleb, II. Hagiographische Literatur (Poppe, A.) II 460
Boris und Gleb, III. Ikonographie (Onasch, K.) II 460
Borisov (Poppe, A.) II 461
Brautwerberepos, Brautwerbungsmotiv, VI. Slavische Literaturen (Hannick, Ch., Svejkovský, F.) II 595
Brest (Poppe, A.) II 614
Brief, Briefliteratur, Briefsammlungen, C. II. Altrußland (Poppe, A.) II 673
Brjačeslav (Poppe, A.) II 706
Brjansk (Poppe, A.) II 706

Buchmalerei, C. V. Altrußland (Onasch, K.) II 884
Burg, C. XIV. 1. [Altrußland] Terminologie (Poppe, A., Rüß, H.) II 995
Burg, C. XIV. 2. [Altrußland] Frühzeit (Poppe, A., Rüß, H.) II 995
Burg, C. XIV. 3. [Altrußland] Kiever Rus' (Poppe, A., Rüß, H.) II 996
Burg, C. XIV. 4. [Altrußland] Moskauer Rus' (Hellmann, M.) II 999
Bužanen (Poppe, A.) II 1165
Byline(n) (Birkfellner, G.) II 1166
Byzantinische Kunst, B. II. [Einflußbereiche der byzantinischen Kunst] Die süd- und ostslavischen Staaten (Wessel, K.) II 1177
Byzantinische Literatur, B. Rezeption der byzantinischen Literatur bei den Slaven (Hannick, Ch.) II 1204
Byzantinische, altslavische, georgische und armenische Musik (Hannick, Ch.) II 1208
Byzantinisches Reich, E. Byzanz und das östliche Europa (Kazhdan, A.) II 1294

Černigov (Poppe, A.) II 1631
Chazaren (Ludwig, D.) II 1783
Chersonesos (Zolotarev, M. I., Čičurov, I. S.) II 1794
Chrabr (Hannick, Ch.) II 1895
Chronik, O. Altrußland (Poppe, A.) II 2013
Chronologie, D. II. [Historische Chronologie: Byzanz und seine kulturellen Einflußbereiche] Süd- und Ostslaven (Hannick, Ch.) II 2044
Čin (Nitsche, P.) II 2087

Dämonen, Dämonologie, G. III. [Ikonographie] Altrußland (Onasch, K.) III 485
Daniel, IV. Altrussische Kunst III 536
Daniil, 1. D. (Poppe, A.) III 540
Daniil, 2. D. igumen (Hannick, Ch., Poppe, A.) III 540
Daniil, 3. D. Zatočnik (Hannick, Ch.) III 541
David, III. Altrussische Kunst (Onasch, K.) III 598
Demetrios, hl., I. Verehrung (Hannick, Ch.) III 686
Demetrios, hl., II. 2. [Ikonographie] Altrußland (Onasch, K.) III 688
Dialog, XI. Slavische Literaturen (Hannick, Ch.) III 964
Diebstahl, C. VII. Altrussisch-ostslavischer Bereich (Poppe, A.) III 994
Digenes Akrites, 3. Altrussische Fassung (Trapp, E.) III 1044
Dionisij, 1. D., Bf. v. Suzdal' (Poppe, A.) III 1072
Dionisij, 2. D. (Onasch, K.) III 1074
Dionisij, 3. D. Glušickij (Härtel, H.-J.) III 1074
Dmitrij, 1. D. Šemjaka (Poppe, A.) III 1140
Dmitrij, 2. D. Donskoj (Poppe, A.) III 1141
Dmitrij, 3. D., russ. Gfs. (Poppe, A.) III 1143
Dmitrij, 4. D., Gfs. v. Nižnij Novgorod und Suzdal' (Poppe, A.) III 1143
Dmitrij, 5. D., Fs. v. Peresjaslavl' Zaleskij (Poppe, A.) III 1144
Dmitrij, 6. D., Fs. v. Tver' (Poppe, A.) III 1144
Dmitrij, 7. D. Priluckij (Härtel, H.-J.) III 1145
Dmitrov (Poppe, A.) III 1145
Dnepr (Poppe, A.) III 1146

Dobrynja (Poppe, A.)   III 1152
Dovmont (Poppe, A.)   III 1335
Drache, F. III. [Kunstgeschichte] Altrußland (Onasch, K.)   III 1345
Dracula (Hannick, Ch.)   III 1347
Dregovičen (Poppe, A.)   III 1372
Dreifaltigkeit, II. 4. Russische Kunst (Onasch, K.)   III 1377
Drei Könige, II. 4. [Literarische Quellen, Darstellung in der Kunst] Altrußland (Onasch, K.)   III 1387
Dreisprachenhäresie, -doktrin (Hannick, Ch.)   III 1392
Drevljanen (Poppe, A.)   III 1398
Drohičin (Poppe, A.)   III 1406
Družina, I. Altrußland (Rüß, H.)   III 1417
Duleben (Labuda, G.)   III 1447
Düna (Hellmann, M.)   III 1451
Dvinskaja ustavnaja gramota (Hannick, Ch.)   III 1491

Ehe, D. III. Ost- und südslavischer Bereich (Hannick, Ch.)   III 1644
Ehebruch, D. III. Ost- und südslavischer Bereich (Hannick, Ch.)   III 1661
Eid, B. II. Altrußland (Rüß, H.)   III 1690
Ekphrasis, III. Byz. und slav. Literaturen (Hannick, Ch.)   III 1771
Email, II. Byzanz und dessen Einflußbereich (Wessel, K., Onasch, K.)   III 1869
Engel, -lehre, -sturz, D. IV. [Ikonographie] Altrußland (Onasch, K.)   III 1914
Enzyklopädie, Enzyklopädik, III. 4. Byzantinische (und slavische) Literatur (Hannick, Ch.)   III 2036
Epifanij Premudryj (Hannick, Ch.)   III 2059
Epos, C. II. Slavische Literaturen (Hannick, Ch.)   III 2081
Erziehungs- und Bildungswesen, C. Altrußland (Poppe, A.)   III 2204
Evangeliar, III. Altrußland (Onasch, K.)   IV 129
Evangelisten, B. III. [Ikonographie] Altrußland (Onasch, K.)   IV 136
Evangelistensymbole, IV. Altrußland (Onasch, K.)   IV 139

Fälschungen, C. I. Altrußland (Kaschtanow, S.)   IV 252
Familie, D. III. Altrußland (Hösch, E.)   IV 279
Feodosij Pečerskij (Hannick, Ch.)   IV 355
Feofan Grek (Onasch, K.)   IV 355
Feudalismus, B. III. Altrußland (Steindorff, L.)   IV 420
Filofej (Hannick, Ch.)   IV 451
Florilegien, B. I. 2. Byzantinische und slavische Literaturen (Hannick, Ch.)   IV 569
Frau, D. III. Altrußland (Hösch, E.)   IV 872
Fürstenspiegel, C. II. Slavische Literaturen (Hannick, Ch.)   IV 1056

Gennadij (Hannick, Chr.)   IV 1233
Gertrud, 1. G. (russ. Olisava), russ. Gfsn. (Labuda, G.)   IV 1354
Gertudianus, Codex (Labuda, G.)   IV 1357
Gesandte, A. II. 2. Altrußland (Hösch, E.)   IV 1365
Glinskaja, Elena Vasil'evna (Rüß, H.)   IV 1496
Glocke, B. Byzanz und Altrußland (Zumbroich, E. M.)   IV 1500
Glossen, Glossare, V. Slavische Literaturen (Hannick, Ch.)   IV 1514
Gnezdovo (Poppe, A.)   IV 1524
Goldene Horde (Spuler, B.)   IV 1543

Gorod (Poppe, A.)   IV 1562
Gosudar' (Poppe, A.)   IV 1571
Gregor, 18. G. Camblak, Metropolit v. Kiev (Hannick, Ch.)   IV 1676
Gregor, 21. G., unierter Metropolit der orth. Kiche in Litauen (Hellmann, M.)   IV 1678
Grivna (Berghaus, P.)   IV 1722
Grodno (Poppe, A.)   IV 1723
Großfürst, I. Altrußland/Moskau (Rüß, H.)   IV 1728

Ḫāğğī Girāi (Spuler, B.)   IV 1839
Hagiographie, C. II. Slavischer Bereich (Hannick, Ch.)   IV 1860
Halič-Volhynien (Poppe, A.)   IV 1874
Heer, Heerwesen, B. II. Kiever Rus' (Rüß, H.)   IV 2004
Heldendichtung (Reichl, K.)   IV 2115
Helena, 2. H., älteste Tochter von Gfs. Ivan III. v. Moskau (Rüß, H.)   IV 2118
Holzkirche, Altrußland (Onasch, K.)   V 106
Hymnen, Hymnographie, II. Byz. und altkirchenslavische Literatur (Hannick, Ch.)   V 246
Hypathios-Chronik (Poppe, A.)   V 249

Jarlyk (Poppe, A.)   V 303
Jaroslav, 1. J. Osmomysl, Fs. v. Halič (Poppe, A.)   V 305
Jaroslav, 2. J. I. der Weise, Gfs. v. Kiev (Poppe, A.)   V 306
Jaroslavl' (Poppe, A.)   V 307
Jeremias, 1. J. (Hannick, Ch.)   V 349
Igor, 1. I., Fs. v. Kiev (Rüß, H.)   V 368
Igor, 2. I. Svjatoslavič (Birkfellner, G.)   V 369
Igorlied (Birkfellner, G.)   V 369
Ikone, -nmalerei, -beschläge, II. Altrußland (Onasch, K.)   V 374
Ilarion, 1. I., Metropolit v. Kiev (Hannick, Ch.)   V 376
Il'ja (Poppe, A.)   V 380
Jona (Poppe, A.)   V 623
Josif Volockij (Hannick, Ch.)   V 635
Josifo Volokolamskij-Kloster (Hannick, Ch.)   V 636
Isidor, 1. I., Metropolit v. Kiev (Kresten, O.)   V 675
Itil (Ludwig, D.)   V 772
Judaisierende (Hannick, Ch.)   V 779
Jur'ev Polskoj (Poppe, A.)   V 813
Jurij, 1. J. Danilovič (Mattejiet, U.)   V 814
Jurij, 2. J. Dolgorukij (Poppe, A.)   V 814
Ivan, 8. I. I. Kalità (Poppe, A.)   V 836
Ivan, 9. I. II. Ivanovič (Poppe, A.)   V 836
Ivan, 10. I. III. Vasil'evič (Poppe, A.)   V 837
Ivan, 11. I. (Onasch, K.)   V 838
Izborniki (Bibikov, M.)   V 842
Izborsk (Selirand, J.)   V 843
Izjaslav, 1. I. Jaroslavič (Poppe, A.)   V 843
Izjaslav, 2. I. Mstislavič (Poppe, A.)   V 844
Izjaslav, 3. I. Vladimirovič (Poppe, A.)   V 844

Kalka (Mattejiet, U.)   V 871
Kanzlei, Kanzler, C. II. Altrußland und Litauen (Poppe, A.)   V 928
Kazan' (Mattejiet, U.)   V 1092
Kiev, A. Reich (Hösch, E.)   V 1121
Kiev, B. Stadt (Hösch, E.)   V 1130
Kiev, C. Höhlenkloster (Hannick, Ch.)   V 1131
Kiprian (Hannick, Chr.)   V 1161
Kirchenbau, III. Altrußland (Onasch, K.)   V 1171
Kirchenslavische Sprache und Literatur (Mareš, F. W.)   V 1178

Kliment v. Smolensk (Podskalsky, G.) V 1215
Knjaz' (Rüß, H.) V 1235
Kolomna (Rüß, H.) V 1270
Konstantin, 15. K. Vsevolodvič (Mattejiet, U.) V 1380
Konstantin und Method (Hannick, Ch.) V 1382
Kormčaja kniga (Burgmann, L.) V 1445
Kormlen'e (Mattejiet, U.) V 1446
Kosaken (Göckenjan, H.) V 1455
Kreml' (Knackstedt, W.) V 1485
Kriviken V 1537
Kulikovo, Kulikovo-Zyklus (Birkfellner, G.) V 1561
Kumanen (Göckenjan, H.) V 1568
Kyrill, 2. K., Bf. v. Turov (Hannick, Ch.) V 1598
Kyrill, 3. K. v. Beloozero (Hannick, Ch.) V 1599

Laurentios-Chronik (Hannick, Ch.) V 1757
Lehrhafte Literatur, XIV. Slavische Literaturen (Hannick, Ch.) V 1842
Leidenswege der Muttergottes (Hannick, Ch.) V 1855
Leontij (Härtel, H.-J.) V 1896
Ljubeč (Mattejiet, U.) V 2054

Makarij (Matfej) Kaljazinskij (Patock, C.) VI 151
Mamāi (Göckenjan, H.) VI 181
Maria, hl., B. IV. [Ikonographie] Altrußland (Onasch, K.) VI 262
Melissa, Antonios (Hannick, Ch.) VI 496
Mestničestvo (Poppe, A.) VI 566
Michael, Erzengel, IV. Darstellung, Altrußland (Onasch, K.) VI 595
Michael, 25. M. Klopskij (Patock, C.) VI 604
Michail, 1. M., Fs. v. Černigov (Poppe, A.) VI 607
Michail, 2. M. Jaroslavič (Poppe, A.) VI 608
Michail, 3. M. Alexandrovič (Poppe, A.) VI 608
Michail, 4. M. Borisovič (Poppe, A.) VI 609
Minsk (Poppe, A.) VI 652
Mirož (Poppe, A.) VI 666
Mitjaj (Poppe, A.) VI 683
Mönch, Mönchtum, A. IV. Russisches Mönchtum (Biedermann, H. M.) VI 737
Mongolen (Göckenjan, H.) VI 756
Moskau, A. Stadt (Knackstedt, W.) VI 862
Moskau, B. Fürstentum (Poppe, A.) VI 865
Možajsk (Poppe, A.) VI 880
Mstislav, 2. M., aruss. Fs. (Poppe, A.) VI 883
Mstislav, 3. M. Vladimirovič (Poppe, A.) VI 883
Mstislav, 4. M. Mstislavič Udaloj (Poppe, A.) VI 883
Mündliche Literaturtradition, VIII. Slavische Literaturen (Udolph, L.) VI 907
Münze, Münzwesen, B. III. 9. Altrußland, baltische Länder und Deutscher Orden (Berghaus, P.) VI 929
Murom (Poppe, A.) VI 943

Nestor (Kämpfer, F.) VI 1098
Nifon(t) (Poppe, A.) VI 1147
Nikifor (Poppe, A.) VI 1162
Nikolaus, 10. N. v. Myra, IV. Verehrung und Darstellung in Altrußland (Onasch, K.) VI 1176
Nil Sorskij (Poppe, A.) VI 1193
Nižnij Novgorod (Poppe, A.) VI 1203
Novgorod (Poppe, A.) VI 1306
Novogrudok (Kosman, M.) VI 1313

Oleg, 1. O., altruss.-waräg. Fs. (Rüß, H.) VI 1391
Oleg, 2. O. Svjatoslavič (Rüß, H.) VI 1392
Oleg, 3. O. Ivanovič (Rüß, H.) VI 1393
Ol'ga (Rüß, H.) VI 1395

Ostromir-Evangelium (Hannick, Ch.) VI 1540
Ostslaven (Kämpfer, F.) VI 1546
Ostslavische Kunst (Onasch, K.) VI 1549

Pachomij Logofet (Hannick, Ch.) VI 1607
Paleja (Hannick, Ch.) VI 1635
Passion, B. VI. Byzantinische und slavische Literaturen (Ioannidou, A.) VI 1764
Passion, C. IV. [Ikonographie] Altrußland (Onasch, K.) VI 1768
Paterikon (Hannick, Ch.) VI 1780
Pečenegen (Göckenjan, H.) VI 1845
Peipussee, Schlacht (Poppe, A.) VI 1857
Pelzgeld (Berghaus, P.) VI 1868
Perejaslavl' (Poppe, A.) VI 1883
Perejaslavl' Zalesskij (Poppe, A.) VI 1883
Petr (Poppe, A.) VI 1944
Physiologus, III. 5. Slavische Literaturen (Hannick, Ch.) VI 2122
Pilger, B. II. Altrußland (Poljakov, F. B.) VI 2152
Pimen (Poppe, A.) VI 2160
Pinsk (Poppe, A.) VI 2164
Piscovye knigi (Kraft, E.) VI 2186
Plastik, III. Altrußland (Onasch, K.) VII 5
Podlachien (Poppe, A.) VII 32
Podlinnik (Onasch, K.) VII 32
Podolien (Poppe, A.) VII 33
Pokrov, Fest (Onasch, K.) VII 48
Poljanen (Kämpfer, F.) VII 60
Poločanen (Kämpfer, F.) VII 72
Polock (Choroškevič, A. L.) VII 72
Polytheistische Religionen, III. Slavischer Bereich (Banaszkiewicz, J.) VII 80
Pomest'e (Kraft, E.) VII 82
Portal, III. Altrußland (Onasch, K.) VII 110
Posadnik (Kraft, E.) VII 123
Poučenie (Mattejiet, U.) VII 135
Povest' (Hannick, Ch.) VII 136
Povest' o Car'grade (Hannick, Ch.) VII 137
Povest' vremennych let (Hannick, Ch.) VII 137
Predigt, C. Byzantinische und Slavische Literaturen (Hannick, Ch.) VII 181
Prikazy (Poppe, A.) VII 209
Przemyśl' (Poppe, A.) VII 294
Pskov (Pickhan, G.) VII 310
Put' (Kraft, E.) VII 334

Radimičen (Kämpfer, F.) VII 388
Rätsel, VII. Slavische Literaturen (Ioannidou, A.) VII 466
Recht, B. I. Altrußland (Burgmann, L.) VII 513
Rjazan' VII 802
Rjurik, 1. R. (Nazarenko, A.) VII 880
Rjurik, 2. R. Rostislavič (Nazarenko, A.) VII 880
Rjurikiden (Nazarenko, A.) VII 880
Rogvolod (Brüggemann, K.) VII 947
Roman (R. Mstislavič) (Pickhan, G.) VII 981
Roman, VIII. Slavische Literaturen (Burkhart, D.) VII 990
Romidee, III. Moskau (Nitsche, P.) VII 1010
Romny und Borsevo, Kultur v. (Rolle, R.) VII 1018
Rostislav, 2. R. Mstislavič (Pickhan, G.) VII 1044
Rostov Velikij (Choroškevič, A. L.) VII 1047
Rublëv, Andrej (Onasch, K.) VII 1068
Rus' (Nazarenko, A.) VII 1112
Russische Kunst (Onasch, K.) VII 1114
Russische Literatur (Hannick, Ch.) VII 1117

Russkaja Pravda (Poppe, A.)   VII 1121
Ruza (Choroškevič, A. L.)   VII 1128

Saltovo und Majack (Majaki), Kultur v. (Rolle, R.)
   VII 1318
Salz, III. Altrußland (Choroškevič, A. L.)   VII 1328
Sarāi (Göckenjan, H.)   VII 1376
Sarkel (Göckenjan, H.)   VII 1381
Sarmaten (Rolle, R.)   VII 1384
Schra (Angermann, N.)   VII 1551
Semen Ivanovič (Choroškevič, A. L.)   VII 1739
Senior (Seniorat), III. Rus' (Nazarenko, A.)   VII 1757
Serapion, 2. S., Bf. v. Vladimir, Suzdal' und Nižnij
   Novgorod (Hannick, Ch.)   VII 1776
Sergej v. Radonež (Brunckhorst, A.)   VII 1784
Serpuchov (Choroškevič, A. L.)   VII 1791
Severjanen (Kersken, N.)   VII 1803
Siegel, XIV. Altrußland (Choroškevič, A. L.)   VII 1860
Sil'vestr (Scholz, B.)   VII 1909
Simon, 3. S., hl., Bf. v. Vladimir-Suzdal' (Poljakov,
   F. B.)   VII 1914
Sklave, A. III. Östliches Europa (Lübke, Chr.)
   VII 1982
Skythen, Skythien (Göckenjan, H.)   VII 1999
Slaven (Kersken, N.)   VII 2000
Slovenen, Ilmenseeslaven (Kersken, N.)   VII 2009
Smolensk (Bohn, Th. M.)   VII 2013
Soloveckij-Kl. (Poljakov, F. B.)   VII 2039
Sophia Palaiologa (Nitsche, P.)   VII 2052
Sotskij (Kraft, E.)   VII 2063
Sprichwort, Sprichwortsammlung, VII. Slavische Literaturen (Burkhart, D.)   VII 2141
Stadt, K. Rus' (Choroškevič, A. L.)   VII 2207
Stand, Stände, -lehre, VI. 1. Rus' (Steindorff, L.)
   VIII 53
Stefan, 16. S. v. Perm' (Hannick, Ch.)   VIII 94
Stephanites und Ichnelates, 2. Slavische Übersetzungen
   (Hannick, Ch.)   VIII 124
Steuer, -wesen, J. Rus' (Choroškevič, A. L.)   VIII 156
Strafe, Strafrecht, C. VI. Rus' (Burgmann, L.)
   VIII 206
Strigol'niki (Choroškevič, A. L.)   VIII 244
Suprasl' (Hannick, Ch.)   VIII 329
Suzdal' (Rüß, H.)   VIII 338
Svjatopolk, 1. S. Vladimirovič Okajannyj (Nazarenko,
   A.)   VIII 346
Svjatopolk, 2. S. Izjaslavič (Nazarenko, A.)   VIII 346
Svjatoslav, 1. S. Igorevič (Nazarenko, A.)   VIII 347
Svjatoslav, 2. S. Jaroslavič (Nazarenko, A.)   VIII 348
Synodikon (Steindorff, L.)   VIII 377

Tataren (Göckenjan, H.)   VIII 487
Tatarensteuer (Choroškevič, A. L.)   VIII 488
Teufel, D. VI. Slavische Literaturen (Ioannidou, A.)
   VIII 591
Tmutarakan' (Göckenjan, H.)   VIII 820
Toḫtamyš (Göckenjan, H.)   VIII 841
Troica-Sergij-Kl. (Steindorff, L.)   VIII 1042
Turov (Brüggemann, K.)   VIII 1119
Tver' (Pickhan, G.)   VIII 1125
Tysjackij (Kraft, E.)   VIII 1139

Udel (Kraft, E.)   VIII 1175
Uglič (Kämpfer, F.)   VIII 1180
Urkunde, -nwesen, C. II. Altrußland (Choroškevič,
   A. L.)   VIII 1319
Uspenskij sbornik (Hannick, Ch.)   VIII 1342

Valamo (Hannick, Ch.)   VIII 1374
Vasilij, 1. V. I. Dmitrievič (Dumschat, S.)   VIII 1419
Vasilij, 2. V. II. Vasil'evič (Rüß, H.)   VIII 1420
Vasilij, 3. V. Jur'evič Kosoj (Rüß, H.)   VIII 1422
Vasilij, 4. V. III. Ivanovič (Kusber, J.)   VIII 1422
Vasilij, 5. V. Kalika (Dahlke, S.)   VIII 1423
Vasil'ko Romanovič (Brüggemann, K.)   VIII 1424
Vassian, 1. V. Patrikeev (Nitsche, P.)   VIII 1424
Vassian, 2. V. Rylo (Scholz, B.)   VIII 1425
Veče (Angermann, N.)   VIII 1438
Vjatičen (Kersken, N.)   VIII 1612
Vjatka (Dumschat, S.)   VIII 1613
Vitebsk (Brüggemann, K.)   VIII 1768
Vitičev (Rüß, H.)   VIII 1773
Vladimir, 2. V. I. Svjatoslavič der Hl. (Rüß, H.)
   VIII 1792
Vladimir, 3. V. (II.) Vsevolodovič Monomach (Brüggemann, K.)   VIII 1794
Vladimir, 4. V. Jaroslavič (Angermann, N.)   VIII 1796
Vladimir, 5. V. Andreevič Chrabryi (Rüß, H.)
   VIII 1796
Vladimir (Rüß, H.)   VIII 1797
Vladimir-Suzdal' (Angermann, N.)   VIII 1800
Vladimir in Volhynien (Pickhan, G.)   VIII 1802
Vladimir(ko) Volodarevič (Brüggemann, K.)
   VIII 1804
Vologda (Brüggemann, K.)   VIII 1842
Volokolamsk (Choroškevič, A. L.)   VIII 1843
Votčina (Dumschat, S.)   VIII 1871
Vseslav Brjačislavič (Brüggemann, K.)   VIII 1876
Vsevolod, 2. V. Jaroslavič (Brüggemann, K.)
   VIII 1876
Vsevolod, 3. V. III. Jur'evič (Brüggemann, K.)
   VIII 1877
Vyšgorod (Angermann, N.)   VIII 1884

Waräger (Rüß, H.)   VIII 2036
Wereja (Rüß, H.)   VIII 2198
Wergeld, IV. Russisches Recht (Angermann, N.)
   VIII 2203
Wesenberg, Schlacht bei (Angermann, N.)   IX 16
Wikinger, I. 3. [Archäologie] Baltikum, Ost- und Westeuropa (Roesdahl, E.)   IX 102
Wikinger, II. 5. [Geschichte] Rußland und Byzanz
   (Lund, N.)   IX 105
Wolga (Göckenjan, H.)   IX 314
Wolgabulgaren (Zimonyi, I.)   IX 315

Zadonščina (Birkfellner, G.)   IX 440
Zakon sudnyj ljudem (Burgmann, L.)   IX 470
Zar, II. Moskauer Rus' (Nitsche, P.)   IX 476
Zaubersprüche, VI. Slavische Literaturen (Radenković,
   L.)   IX 490
Zeremoniell, F. II. Rus' (Choroškevič, A. L.)   IX 574
Židjata (Poljakov, F. B.)   IX 597
Žit'i ludi (Choroškevič, A. L.)   IX 657
Žitie Aleksandra Nevskogo (Birkfellner, G.)   IX 657
Zosima, 1. Z., Metropolit der ganzen Rus' (Nitsche, P.)
   IX 676
Zosima, 2. Z., Diakon des Troica-Sergij-Kl. (Poljakov,
   F. B.)   IX 677
Zunft, -wesen, -recht, B. III. Rus' (Choroškevič, A. L.)
   IX 707
Zvenigorod, Stadt in der Südwestl. Rus' (Angermann,
   N.)   IX 714
Zvenigorod, russ. Stadt an der Moskva (Angermann,
   N.)   IX 715

Irischer Bereich: Geschichte und Kultur

Adamnanus v. Hy (Byrne, F. J.) I 117
Adare (Cosgrove, A.) I 118
Áed (Byrne, F. J.) I 172
Áed mac Ainmerech (Byrne, F. J.) I 172
Áed mac Bricc (Byrne, F. J.) I 172
Áed Allán mac Fergaile (Byrne, F. J.) I 172
Áed Findliath mac Néill (Byrne, F. J.) I 173
Áed Oirdnide mac Néill (Byrne, F. J.) I 173
Ædán (Dumville, D. N.) I 173
Áedán mac Gabráin (Byrne, F. J.) I 173
Aghaboe (Byrne, F. J.) I 206
Ailbe Ua Máel Muaid (Watt, J. A.) I 238
Ailech (Byrne, F. J.) I 238
Ailerán Sapiens (Byrne, F. J.) I 238
Airbertach mac Coisse Dobráin (Byrne, F. J.) I 244
Airchinnech (Doherty, C.) I 244
Airgialla (Byrne, F. J.) I 245
Aithech (Charles-Edwards, T. M.) I 247
Aithech fortha (Charles-Edwards, T. M.) I 247
Amra Choluim Chille (MacCana, P.) I 544
Antiphonar v. Bangor (Heyse, E.) I 724
Apgitir Chrábaid (MacCana, P.) I 747
Apokryphen, A. II. 2. Irische Literatur (Dumville, D. N.) I 763
Ardfinnan (Cosgrove, A.) I 914
Ardrahan (Cosgrove, A.) I 915
Arklow (Hennig, J.) I 952
Armagh (Hennig, J.) I 959
Armes Prydein (Mac Cana, P.) I 981
Athankip (Cosgrove, A.) I 1162
Athenry (Cosgrove, A.) I 1164
Athy (Cosgrove, A.) I 1169
Audacht (Charles-Edwards, T.) I 1190
Auraicept na nÉces (Ahlqvist, A.) I 1241
Auxilius (Hennig, J.) I 1281

Báetán mac Cairill (Ó Cróinín, D.) I 1344
Baltinglass (Hennig, J.) I 1392
Bangor, 1. B. (Bennchor), ir. Kl. (Doherty, Ch.) I 1407
Barden (Hennig, J.) I 1456
Bauer, Bauerntum, D. VII. Irland (Simms, K.) I 1585
Bauernhaus, E. Britische Inseln, Irland (Hinz, H.) I 1614
Bech-bretha (Charles-Edwards, T. M.) I 1771
Benediktiner, -innen, B. VII. Irland (Hennig, J.) I 1894
Bermingham (Durkin, D.) I 1966
Berufsdichter, VI. Altirische Literatur (Greene, D.) I 2050
Betagh (Charles-Edwards, T. M., Lydon, J. F.) I 2081
Bíathad (Charles-Edwards, T.) II 39
Bibelübersetzungen, IX. Irische Bibelübersetzungen (Hennig, J.) II 96
Bibliothek, A. III. Irland (Byrne, F. J.) II 119
Bicknor, Alexander de (Durkin, D.) II 126
Birr, Synode v. (Byrne, F. J.) II 225
Bisset (Durkin, D., Lydon, J. F.) II 249
Blathmac mac Con Brettan (Doherty, Ch.) II 267
Bóaire (Charles-Edwards, T.) II 294
Book of the Angel (Doherty, Ch.) II 437
Book of Armagh (Heyse, E., Plotzek, J.) II 437
Book of Ballymote (Greene, D.) II 438
Book of Chad (Davies, W.) II 438
Book of Deer (Doherty, Ch.) II 439
Book of the Dun Cow (Doherty, Ch.) II 439

Book of Durrow (Doherty, Ch.) II 439
Book of Kells (Nordenfalk, C.) II 440
Book of Lecan (Greene, D.) II 440
Book of Lecan, Yellow (Greene, D.) II 441
Book of Leinster (Flanagan, M. Th.) II 441
Book of Lismore (Doherty, Ch.) II 442
Book of Mulling (Doherty, Ch.) II 442
Book of Uí Maine (Doherty, Ch.) II 442
Bóruma (Doherty, Ch.) II 467
Brandub mac Echach (Ó Cróinín, D.) II 569
Brega (Ó Cróinín, D.) II 598
Brehon, Brithem (Charles-Edwards, T.) II 599
Bréifne (Ó Cróinín, D.) II 600
Brendan (Hennig, J.) II 606
Bretha Nemed (Charles-Edwards, T. M.) II 630
Brian Bóruma (Mattejiet, U.) II 645
Brigid(a) (Hennig, J.) II 689
Briugu (Charles-Edwards, T. M.) II 703
Brugh na Bóinne (Harbison, P.) II 749
Buchmalerei, A. III. Insulare Buchmalerei (Bierbrauer, K.) II 839
Bunratty (Harbison, P.) II 937
Burg, C. XI. Irland (Clarke, H. B.) II 990
Burgh (Burke), de (Simms, K.) II 1052

Cahercommaun (Doherty, C.) II 1374
Cáin (Charles-Edwards, T.) II 1379
Cáin Adomnáin (Byrne, F. J.) II 1380
Cáin Domnaig (Ó Cróinín, D.) II 1380
Cáin Fuithirbe (Ó Corráin, D.) II 1380
Cáin Lánamna (Ó Cróinín, D.) II 1381
Cainnech (Hennig, J.) II 1381
Caithréim Cellacháin Chaisil (Ó Corráin, D.) II 1382
Caithréim Toirdelbaig (Ó Cróinín, D.) II 1383
Carlow (Simms, K.) II 1508
Cashel, I. Geschichte (Richter, M.) II 1546
Cashel, II. Zu Topographie und Baugeschichte (Harbison, P.) II 1547
Cathaír Már (Ó Corráin, D.) II 1573
Cathal mac Conchobair (Ó Corráin, D.) II 1574
Céli Dé (O'Dwyer, P.) II 1604
Cellach (Ó Cróinín, D.) II 1606
Cenél (Charles-Edwards, T.) II 1613
Cenél Conaill (Ó Corráin, D.) II 1613
Cenél Eógain (Ó Corráin, D.) II 1613
Cenn Fáelad (Ó Cróinín, D.) II 1614
Cerball mac Dúnlainge (Ó Cróinín, D.) II 1624
Chronicon Scotorum (Ó Cróinín, D.) II 1954
Chronik, I. I. Irland (Mac Niocaill, G.) II 1990
Chronologie, C. II. 2. England und Irland (Bergmann, W.) II 2041
Ciarán, 1. C. (Kieran) v. Clonmacnoise (Hennig, J.) II 2062
Ciarán, 2. C. (Kieran) v. Saigir (Doherty, Ch.) II 2062
Ciarraige (Ó Corráin, D.) II 2062
Clann, I. Irland (Ó Cróinín, D.) II 2120
Clann Áeda Buide (Ó Cróinín, D.) II 2121
Clann Cholmáin (Ó Cróinín, D.) II 2121
Clann Sínaich (Ó Cróinín, D.) II 2122
Clochán (Harbison, P.) II 2164
Clonard, 1. Frühmittelalter (Ó Cróinín, D.) II 2165
Clonard, 2. Hoch- und Spätmittelalter (Doherty, Ch.) II 2165
Clonenagh (Hennig, J.) II 2165

Clones (Hennig, J.) II 2165
Clonfert, 1. C. (Cluain Ferta Brénnain) (Doherty, Ch.) II 2166
Clonfert, 2. C. Mulloe (Cluain Ferta Molúa) (Hennig, J.) II 2166
Clonmacnoise (Doherty, Ch.) II 2166
Clontarf, Schlacht v. (Doherty, Ch.) II 2169
Cloyne (Doherty, Ch.) II 2171
Cluny, Cluniazenser, B. VI. Irland (Bulst, N.) II 2185
Clyn, John (Richter, M.) II 2194
Cóe (Charles-Edwards, T. M.) III 3
Cogadh Gáedhel re Gallaibh (Ó Cróinín, D.) III 21
Cogitosus ua Aédo (Ó Cróinín, D.) III 21
Cóiced (Charles-Edwards, T. M.) III 22
Coindmed (Charles-Edwards, T. M.) III 25
Colmán, 1. C., Ela (Hennig, J.) III 45
Colmán, 2. C., hl. (Hennig, J.) III 46
Colmán, 3. C. v. Cloyne (Ó Cróinín, D.) III 46
Colmán, 4. C. moccu Béognae (Ó Cróinín, D.) III 46
Columba (Colum Cille) v. Iona (C. v. Hy) (Rollason, D. W.) III 63
Columban (Haupt, H.) III 65
Comarba (Charles-Edwards, T. M.) III 68
Comgall mac Sétnai (Ó Cróinín, D.) III 78
Commán (Ó Cróinín, D.) III 80
Cong (Harbison, P.) III 132
Congal Cáech (Doherty, Ch.) III 133
Congalach Cnogba (Doherty, Ch.) III 133
Conláed (Ó Cróinín, D.) III 137
Connacht (Ó Cróinín, D.) III 137
Connor (Ó Cróinín, D.) III 140
Corco Baiscind (Ó Corráin, D.) III 228
Corco Loígde (Ó Corráin, D.) III 228
Corcu Duibne (Ó Corráin, D.) III 229
Corcu Mruad (Ó Corráin, D.) III 229
Cork (Corcaigh) (Ó Corráin, D.) III 237
Cormac mac Cuilennáin (Ó Cróinín, D.) III 238
Costello III 302
Crannog (Harbison, P.) III 334
Críth Gablach (Charles-Edwards, T. M.) III 349
Cruthin (Cruithni) (Doherty, Ch.) III 360
Cuimíne, 1. C. Ailbe (Ó Cróinín, D.) III 367
Cuimíne, 2. C. Fota mac Fiachnai (Ó Cróinín, D.) III 367
Cumal (Charles-Edwards, T. M.) III 368
Cummianus, 1. C., ir. Autor (Ó Cróinín, D.) III 370
Cywydd (Charles-Edwards, T. M.) III 406

Dál, 1. D. (Ó Corráin, D.) III 436
Dál, 2. D. (Ó Corráin, D.) III 436
Dál Cais (Ó Cróinín, D.) III 439
Dál Fíatach (Doherty, Ch.) III 440
Dallán Forgaill (Ní Chatháin, P.) III 442
Dál nAraide (Doherty, Ch.) III 458
Dál Riada (Doherty, Ch.) III 459
Dám (Charles-Edwards, T. M.) III 461
Declan (Hennig, J.) III 622
De duodecim abusivis saeculi (Heyse, E.) III 631
Delbna (Ó Corráin, D.) III 665
Deorad (Charles-Edwards, T. M.) III 706
Derbfine (Charles-Edwards, T. M.) III 708
Dermot mac Murrough (Flanagan, M. Th.) III 710
Derry (Herbert, M.) III 712
Derrynavlan (Ní Chatháin, P.) III 713
Dervorgilla (Doherty, Ch.) III 714
Descensus Christi ad inferos, 2. Englische und irische Literatur (Jacobsen, P. Ch., Sauer, H.) III 716
Diarmait, 1. D. mac Cerbaill (Ó Cróinín, D.) III 969

Diarmait, 2. D. mac Máel na mBó (Ó Cróinín, D.) III 969
Dicuil, 2. D. (Ó Cróinín, D.) III 982
Diebstahl, C. VI. Irisches und walisisches Recht (Charles-Edwards, T. M.) III 993
Díguin (Charles-Edwards, T. M.) III 1046
Díles (Charles-Edwards, T. M.) III 1052
Dinnshenchas (Ó Cróinín, D.) III 1067
Díre (Charles-Edwards, T. M.) III 1104
Dominikaner, Dominikanerinnen, B. IV. Schottland und Irland (Fenning, H.) III 1211
Domnall, 1. D. mac Áedo (Ó Cróinín, D.) III 1224
Domnall, 2. D. Brecc (Ó Cróinín, D.) III 1225
Domnall, 3. D. Midi (Ó Cróinín, D.) III 1225
Domnall, 4. D. ua Néill (Ó Cróinín, D.) III 1225
Donegal (Doherty, Ch.) III 1247
Donnchad, 1. D. Midi (Doherty, Ch.) III 1249
Donnchad, 2. D. Donn (Doherty, Ch.) III 1250
Donnchad, 3. D. mac Briain (Doherty, Ch.) III 1250
Dorf, B. II. Irland (Barry, T. B.) III 1288
Downpatrick (Doherty, Ch.) III 1335
Druiden III 1415
Druim(m) Cett (Ó Cróinín, D.) III 1415
Dub-dá-Lethe (Ó Cróinín, D.) III 1425
Dublin, A. Stadt (Wallace, P. F.) III 1426
Dublin, B. Skandinavisches Königreich (Clarke, H. B.) III 1431
Dublin, C. Bistum/Erzbistum (Clarke, H. B.) III 1432
Duiske (Simms, K.) III 1442
Duleek (Simms, A.) III 1447
Dumnonii, Dumnonia (Ní Chatháin, P.) III 1449
Dunchad, 1. D., hl. (Hennig, J.) III 1454
Dunchad, 2. D. (Duncaht), ir. Gelehrter (Ó Cróinín, D.) III 1454
Dungal (Leonardi, C.) III 1456
Dungannon (Simms, K.) III 1458
Dunshaughlin (Ó Cróinín, D.) III 1462
Durham-Evangeliarfragmente (Ó Cróinín, D.) III 1481
Durrow (Ó Cróinín, D.) III 1484

Éces (Ó Cróinín, D.) III 1538
Edocht (Ó Cróinín, D.) III 1582
Ehe, B. IX. Irland und Wales (Charles-Edwards, T. M.) III 1633
Ehebruch, B. VIII. Irland und Wales (Charles-Edwards, T. M.) III 1658
Eid, A. X. Irland und Wales (Charles-Edwards, T. M.) III 1687
Eigentum, A. VIII. Irland und Wales (Charles-Edwards, T. M.) III 1722
Éile (Ó Cróinín, D.) III 1727
Elphin (Doherty, Ch.) III 1852
Emain Macha (Ó Cróinín, D.) III 1873
Emly (Ó Cróinín, D.) III 1886
Enech (Charles-Edwards, T. M.) III 1903
Eochaid ua Flainn (Ó Cróinín, D.) III 2039
Eóganachta (Ó Cróinín, D.) III 2039
Éraic (Charles-Edwards, T. M.) III 2093
Esáin (Charles-Edwards, T. M.) IV 2
Euhemerismus (von See, K.) IV 86

Familie, B. IX. Irland, Wales, Schottland (Charles-Edwards, T. M.) IV 268
Fathan (Ní Chatháin, P.) IV 317
Feidlimid mac Crimthain (Ó Cróinín, D.) IV 335
Félire Oengusso (Hennig, J.) IV 339
Fenagh (Ó Cróinín, D.) IV 349

Féni (Charles-Edwards, T. M.) IV 349
Ferdomnach (Doherty, Ch.) IV 369
Fergal mac Máele Dúin (Doherty, Ch.) IV 369
Fergus IV 370
Fer léigind (Ní Chatháin, P.) IV 370
Ferns (Doherty, Ch.) IV 382
Fiachnae, 1. F. mac Áedo Róin (Ó Cróinín, D.) IV 424
Fiachnae, 2. F. mac Báetáin (Ó Cróinín, D.) IV 425
Fianna (Ó Cróinín, D.) IV 426
Fili (Ní Chatháin, P.) IV 446
Finán Cam (Ó Cróinín, D.) IV 453
Finán mac Rímedo (Doherty, Ch.) IV 453
Fine (Ní Chatháin, P.) IV 474
Fingal (Charles-Edwards, T. M.) IV 474
Finglas (Ní Chatháin, P.) IV 475
Finguine mac Láegaire (Richter, M.) IV 475
Finnbarr (Doherty, Ch.) IV 476
Finnian (Vinnian), 1. F. v. Clonard (Byrne, P.) IV 476
Finnian (Vinnian), 2. F. v. Moville (Byrne, P.) IV 477
Finsneachta Fledach (Ó Cróinín, D.) IV 483
Fír flathemon (Ó Cróinín, D.) IV 487
Fir Manach (Charles-Edwards, T. M.) IV 489
FitzGerald (Charles-Edwards, T. M.) IV 505
FitzRalph, Richard, Ebf. v. Armagh (Dolan, T. P.) IV 506
Flaithbertach mac Loingsig (Ó Cróinín, D.) IV 513
Flann Mainistrech (Ó Cróinín, D.) IV 533
Flann Sinna (Byrne, P.) IV 533
Fled Bricrenn (Steppe, W.) IV 539
Fógartach mac Néill (Byrne, P.) IV 603
Forst, II. 2. Irland und Wales (Charles-Edwards, T. M.) IV 662
Fortuath (Ó Cróinín, D.) IV 664
Fosterage (Charles-Edwards, T. M.) IV 673
Fothairt (Ó Cróinín, D.) IV 674
Franziskaner, B. V. Schottland und Irland (King, H. P.) IV 816
Frau, B. VI. Irland und Wales (Charles-Edwards, T. M.) IV 859
F(r)igulus (Gansweidt, B.) IV 979
Fuidir (Charles-Edwards, T. M.) IV 1014
Fürstenspiegel, B. V. Irische und walisische Literatur (Richter, M.) IV 1053

Gabráin IV 1073
Gallóglaigh (Simms, K.) IV 1096
Giraldus Cambrensis (Richter, M.) IV 1459
Glendalough (Mattejiet, U.) IV 1495
Gruffudd, 1. G. ap Llywelyn (Richter, M.) IV 1735
Gruffudd, 2. G. ap Cynan (Richter, M.) IV 1735

Hagiographie, B. VIII. Irland (Ó Cróinín, D.) IV 1854
Handschriften, A. II. Insulare Handschriften (Ladner, P.) IV 1905
Heer, Heerwesen, A. IV. Irland (Simms, K.) IV 1995
Heldendichtung (Reichl, K.) IV 2115
Heraldik, IV. England, Schottland, Irland (Maclagan, M.) IV 2145
Hibernensis, Collectio Canonum (Ó Corráin, D.) IV 2207
Hibernicus exul (Ó Cróinín, D.) IV 2207
Hochkönig (Ó Cróinín, D.) V 58
Hochkreuz (Harbison, P.) V 59

Jerpoint (Mac Niocaill, G.) V 351
Inis Cathaig (Ó Cróinín, D.) V 420
Inis Celtra (Ó Cróinín, D.) V 420

Inisfallen (Mac Niocaill, G.) V 421
Insulare (Ladner, P.) V 454
Jocelin, 2. J. v. Furness (Mac Niocaill, G.) V 492
Johannes, 43. J. de Alatre (Watt, J. A.) V 548
Iona (Ó Cróinín, D.) V 622
Irische Sprache und Literatur (Ní Chatháin, P.) V 645
Irisches Recht (Charles Edwards, T. M.) V 651
Irland, A. Materielle Kultur und Kunst (Harbison, P.) V 652
Irland, B. I. Vom Frühmittelalter bis ins späte 12. Jh. (Ó Cróinín, D.) V 654
Irland, B. II. Vom späten 12. Jh. bis ins frühe 16. Jahrhundert (Mac Niocaill, G.) V 657
Irland, C. Monastisches und kirchliches Leben (Harbison, P.) V 660
Ívarr (Sawyer, P.) V 839

Kells (Ó Cróinín, D.) V 1098
Kells, Synode v. (1152) (Ó Cróinín, D.) V 1099
Kelten (Ó Cróinín, D.) V 1099
Kildare (Ó Cróinín, D.) V 1133
Kildare, Earls of (Mac Niocaill, G.) V 1134
Kildare-Gedichte (Haas, R.) V 1135
Kilfenora (Ó Cróinín, D.) V 1135
Kilian (Wendehorst, A.) V 1136
Kilkenny (Mac Niocaill, G.) V 1138
Kilkenny, Statute of (Mac Niocaill, G.) V 1139
Killaloe (Ó Cróinín, D.) V 1139
Killeshin (Ó Cróinín, D.) V 1140
Kilmacduagh (Mac Niocaill, G.) V 1140
Kilmainham (Mac Niocaill, G.) V 1140
Kilmallock (Mac Niocaill, G.) V 1141
Kilmore (Mac Niocaill, G.) V 1141
Kintyre (Ó Cróinín, D.) V 1161

Laichtín mac Toirbín (Ó Cróinín, D.) V 1616
Laidcenn mac Báith Bandaig (Ó Cróinín, D.) V 1616
Laigin, Leinster (Ó Cróinín, D.) V 1619
Laisrén Moccu Imde (Ó Cróinín, D.) V 1620
Lann Léire (Ó Cróinín, D.) V 1705
Laudabiliter (Mac Niocaill, G.) V 1753
Laurentius, 1. L. O'Toole, Ebf. v. Dublin (Mac Niocaill, G.) V 1759
Lebor Gabála Érenn (Ó Cróinín, D.) V 1782
Lebor na gCert (Ó Cróinín, D.) V 1782
Leighlin (Mac Niocaill, G.) V 1856
Limerick (Mattejiet, U.) V 1991
Lismore (Mattejiet, U.) V 2008
Loéguire mac Néill (Ó Cróinín, D.) V 2070
Loígis (Ó Cróinín, D.) V 2088
Loingsech mac Oéngusso (Ó Cróinín, D.) V 2088
Lorica, 2. L. (Ó Cróinín, D.) V 2115
Lorrha (Ó Cróinín, D.) V 2116
Luccreth moccu Chérai (Ó Cróinín, D.) V 2156

Mac an Bhaird (Mac Niocaill, G.) VI 54
Mac Carthaig (Mac Niocaill, G.) VI 54
Mac Domnaill (Mac Niocaill, G.) VI 55
Mac Firbisigh (Mac Niocaill, G.) VI 55
Mac Lochlainn (Mac Niocaill, G.) VI 56
Mac Mahon (Mac Niocaill, G.) VI 56
Máedóc (Ó Cróinín, D.) VI 68
Máel Mórda mac Murchada (Ó Cróinín, D.) VI 69
Máel Muire Othna (Ó Cróinín, D.) VI 69
Máel Sechlainn mac Máele Ruanaid (Ó Cróinín, D.) VI 69
Magi (Druiden) (Ó Cróinín, D.) VI 81

Maguire (Mac Niocaill, G.) VI 104
Malachias, 1. M. II. (Ó Cróinín, D.) VI 159
Malachias, 2. M., hl., Ebf. v. Armagh (Ó Cróinín, D.) VI 159
Malsachanus (Löfstedt, B.) VI 179
Maria, hl., C. VII. Altirische Literatur (Ó Cróinín, D.) VI 273
Marianus Scot(t)us (Ó Cróinín, D.) VI 285
Martyrologium, -gien, 5. Irische und altenglische Martyrologien (Dubois, J.) VI 360
Mellifont (Mac Niocaill, G.) VI 500
Merlin(us) (Pilch, H.) VI 542
Mide (Ó Cróinín, D.) VI 614
Mochtae (Ó Cróinín, D.) VI 705
Mo-Chuaróc sapiens (Ó Cróinín, D.) VI 705
Mo-Chutu (Ó Cróinín, D.) VI 706
Monasterboice (Mac Niocaill, G.) VI 730
Monasterevin (Mac Niocaill, G.) VI 730
Monenna (Ó Cróinín, D.) VI 755
Muirchertach Ua Briain (Ó Cróinín, D.) VI 892
Muirchú moccu Machtheni (Ó Cróinín, D.) VI 893
Muiredach Tírech (Ó Cróinín, D.) VI 893
Mündliche Literaturtradition, VI. Irische Literatur (Richter, M.) VI 905
Mungret (Ó Cróinín, D.) VI 910
Munster (Ó Cróinín, D.) VI 913
Münze, Münzwesen, B. III. 4. England, Schottland, Irland (Berghaus, P.) VI 926
Murchad mac Diarmata (Ó Cróinín, D.) VI 940
Múscraige (Ó Cróinín, D.) VI 947

Nennius (Prelog, J.) VI 1089
Niall, 1. N. Caille (Mac Niocaill, G.) VI 1119
Niall, 2. N. Glúndub (Ó Cróinín, D.) VI 1119
Niall, 3. N. Noígiallach (Ó Cróinín, D.) VI 1119

O Brien (Mac Niocaill, G.) VI 1339
Ócaire (Mac Niocaill, G.) VI 1343
O Conarchy, Christian (Mac Niocaill, G.) VI 1344
O Donnell (Mac Niocaill, G.) VI 1362
Oenach (Mac Niocaill, G.) VI 1363
Óengus, 3. O. Céle Dé (Ó Cróinín, D.) VI 1364
Ogam (Ní Chatháin, P.) VI 1372
O Hanlon (Mac Niocaill, G.) VI 1374
Olaf, 1. O. Guthfrithsson, Kg. v. Dublin (Sawyer, P. H.) VI 1384
Olaf, 2. O. Cuarán, Kg. v. Dublin und York (Mac Niocaill, G.) VI 1384
O Neill (Mac Niocaill, G.) VI 1408
Ormond, Earls of (Mac Niocaill, G.) VI 1467
Osraige (Mac Niocaill, G.) VI 1513
Osterfestberechnung, Osterstreit, II. Osterstreit in Irland und im angelsächsischen England (Ó Cróinín, D.) VI 1516

Pale, the (Mac Niocaill, G.) VI 1634
Parlament, Parliament, III. Irland (Mac Niocaill, G.) VI 1725
Paruchia, 2. P., Klosterverband (Ó Cróinín, D.) VI 1746
Patrick (Patricius) (Ó Cróinín, D.) VI 1791
Peregrinatio (Angenendt, A.) VI 1882
Polytheistische Religionen, II. Irland (Mac Niocaill, G.) VII 79

Ráith Bresail, Synode v. (Ó Cróinín, D.) VII 423
Remonstrance of O'Neill (Hudson, J.) VII 709
Rory O'Connor, ir. Hochkg. (Mac Niocaill, G.) VII 1027

Roscommon (Mac Niocaill, G.) VII 1030
Roscrea (Ó Cróinín, D.) VII 1030
Ross, 2. R. (Ros Ailithir) (Mac Niocaill, G.) VII 1040
Rosscarbery (Ó Cróinín, D.) VII 1041
Ruadán (Ó Cróinín, D.) VII 1067
Ruaidrí ua Canannáin (Mac Niocaill, G.) VII 1067

Sarhaed (Charles-Edwards, T. M.) VII 1381
Schmähdichtung, IV. Altirische Literatur (Mattejiet, U.) VII 1500
Senán, hl. (Ó Cróinín, D.) VII 1744
Senchas (Ó Cróinín, D.) VII 1746
Senchas Már (Charles-Edwards, T. M.) VII 1747
Sigtrygg IV. (Mac Niocaill, G.) VII 1894
Síl nAédo Sláine (Ó Cróinín, D.) VII 1898
Skellig Michael (Lagler, K.) VII 1972
Sletty (Ó Cróinín, D.) VII 2005
Sligo (Mac Niocaill, G.) VII 2005
Snádud (Charles-Edwards, T. M.) VII 2015
Stadt, G. III. Irland (Mac Niocaill, G.) VII 2201
Strongbow (Mac Niocaill, G.) VIII 246

Táin Bó Cúailgne (Mattejiet, U.) VIII 437
Tallaght (Ó Cróinín, D.) VIII 448
Tara (Ó Cróinín, D.) VIII 465
Tara, Synode v. (Mac Niocaill, G.) VIII 467
Terryglass, Treffen v. (Ó Cróinín, D.) VIII 556
Tigernach (Mac Niocaill, G.) VIII 789
Tigernán Ua Ruairc (Mac Niocaill, G.) VIII 789
Tipperary (Mac Niocaill, G.) VIII 798
Tírechán (Ó Cróinín, D.) VIII 799
Toir(r)delbach, 1. T. Ua Conchobair, Kg. v. Connacht (Mac Niocaill, G.) VIII 841
Toir(r)delbach, 2. T. Mór Ua Briain, Kg. v. Thomond (Mac Niocaill, G.) VIII 842
Triaden (Pilch, H.) VIII 982
Tuam (Mac Niocaill, G.) VIII 1074
Túath (Ó Cróinín, D.) VIII 1074
Tuirgéis (Mac Niocaill, G.) VIII 1090
Tyrone (Mac Niocaill, G.) VIII 1138

Ua Domnaill (Mac Niocaill, G.) VIII 1141
Ua Ruairc (Mac Niocaill, G.) VIII 1141
Uí Bairche (Mac Niocaill, G.) VIII 1184
Uí Briúin (Mac Niocaill, G.) VIII 1184
Uí Cennselaig (Mac Niocaill, G.) VIII 1184
Uí Conchobair (Mac Niocaill, G.) VIII 1185
Uí Dúnlainge (Mac Niocaill, G.) VIII 1185
Uí Echdach (Mac Niocaill, G.) VIII 1185
Uí Fiachrach (Mac Niocaill, G.) VIII 1185
Uí Liatháin (Mac Niocaill, G.) VIII 1186
Uí Maine (Mac Niocaill, G.) VIII 1186
Uí Néill (Mac Niocaill, G.) VIII 1186
Ulaid (Mac Niocaill, G.) VIII 1188
Ulster-Zyklus (Mac Niocaill, G.) VIII 1206
Ultán moccu Conchobair (Mac Niocaill, G.) VIII 1207

Virgil (Prinz, F.) VIII 1711
Visio(n), -sliteratur, A. VII. Alt- und mittelirische Literatur (Ó Cróinín, D.) VIII 1741

Waterford (Mac Niocaill, G.) VIII 2077
Wexford (Mac Niocaill, G.) IX 53

Zaubersprüche, IV. Irische Literatur (Ó Cróinín, D.) IX 489

Skandinavischer und nordeuropäischer Bereich: Geschichte und Kultur

Aalborg (Schiørring, O.) I 5
Aarhus (Schiørring, O.) I 6
Absalon, 1. A., Ebf. v. Lund (Wolter, H.) I 55
Adel, I. Skandinavien (Ehrhardt, H.) I 141
Aggersborg (Schiørring, O.) I 206
Ægir (Volz, R.) I 209
Ágrip af Nóregs konunga sǫgum (Volz, R.) I 221
Ailnoth, 2. A., dän. Geschichtsschreiber (v. See, K.) I 239
Albrecht, 3. A. III., Kg. v. Schweden (Mohrmann, W.-D.) I 314
Alexander d. Gr., B. IX. Altnordische Literaturen (Ehrhardt, H.) I 364
Alliteration, A. Altgermanische Dichtung (Ehrhardt, H.) I 432
Allthing (Ehrhardt, H.) I 441
Alsengemme (Müller-Wille, M.) I 460
Altnordische Literatur (v. See, K.) I 479
Alt(Gamla)-Uppsala (Müller-Wille, M.) I 496
Alvastra (Ehrhardt, H.) I 498
Amerika, 1. Skandinavische Entdeckungsfahrten (Kurt, M.) I 527
Andreas, 10. A. filius Sunonis (Volz, R.) I 607
Apokryphen, A. II. 4. Skandinavische Literatur (Schottmann, H.) I 765
Apollonius von Tyrus, B. V. Skandinavische Literaturen (Ehrhardt, H.) I 773
Ari enn fróði (Volz, R.) I 925
Armut und Armenfürsorge, B. IV. Sonderformen in Skandinavien (Ehrhardt, H.) I 990
Asen, an. Göttergeschlecht (Gschwantler, O.) I 1104
Atlilieder der Edda (Heinrichs, H. M.) I 1173

Bad, B. II. 3. Skandinavien (Ehrhardt, H.) I 1334
Bagler (Bagge, S.) I 1346
Balder (Volz, R.) I 1362
Ballade, B. II. 3. Skandinavische Literaturen (Holzapfel, O.) I 1386
Barlaam und Joasaph, B. VII. Skandinavische Literaturen (Ehrhardt, H.) I 1468
Baron (baro), VIII. Skandinavien (Bagge, S.) I 1483
Bauer, Bauerntum, D. VIII. Skandinavien (Ehrhardt, H.) I 1586
Bauernhaus, C. Schweden, Norwegen (Hinz, H.) I 1612
Bauernhaus, D. Dänemark (Hinz, H.) I 1613
Bautastein (Uecker, H.) I 1689
Befestigung, A. III. 13. Skandinavien (Hinz, H.) I 1790
Benediktiner, -innen, B. VIII. Skandinavien (Jexlev, Th.) I 1894
Bergen, I. Archäologie und Siedlungsgeschichte (Herteig, A.) I 1952
Bergen, II. Geschichte und Wirtschaft (Nedkvitne, A.) I 1953
Berserker (Kreutzer, G.) I 2019
Bettlerwesen, I. 4. Sonderformen des Bettlerwesens in Skandinavien (Ehrhardt, H.) II 4
Bibelübersetzungen, XIII. Skandinavische Bibelübersetzungen (Uecker, H.) II 102
Bibliothek, A. V. Skandinavien (Tveitane, M.) II 120
Biographie, VI. Skandinavische Literaturen (Uecker, H.) II 207
Birger (Byrge) Gunnersen (Jexlev, Th.) II 213
Birger, Jarl (Strauch, D.) II 214

Birgitta v. Schweden, 1. Leben (Montag, U.) II 215
Birgitta v. Schweden, 2. Werke (Montag, U.) II 215
Birgitta v. Schweden, 3. Verbreitung des Kultes (Daxelmüller, Ch.) II 217
Birgitta v. Schweden, 4. Ikonographie (Binding, G.) II 217
Birgittiner, Birgittinerinnen (Nyberg, T.) II 218
Brigittiner-Baukunst (Binding, G.) II 219
Birka, I. Geschichte und Wirtschaft (Ehrhardt, H.) II 220
Birka, II. Topographie und archäologische Erforschung (Arrhenius, B.) II 222
Birkebeiner (Bagge, S.) II 224
Birsay (Crawford, B. E.) II 225
Biskupasögur (Gschwantler, O.) II 246
Bjarkamál (Bjarkilied) (v. See, K.) II 255
Borgarþingslög (Ehrhardt, H.) II 452
Børglum (Ægidius, J. P.) II 453
Bornholm (Metzner, E. E.) II 463
Bornhöved, 2. B., Schlacht bei (1227) (Hoffmann, E.) II 465
Botulf, 2. Verehrung in Skandinavien (Ægidius, J. P.) II 493
Bragi (Uecker, H.) II 543
Brandmarkung, IV. Skandinavisches Recht (Ehrhardt, H.) II 567
Brandversicherung, skandinavische (Ehrhardt, H.) II 569
Brautwerberepos, Brautwerbungsmotiv, III. Skandinavische Literaturen (Naumann, H.-P.) II 593
Brief, Briefliteratur, Briefsammlungen, C. VI. Skandinavien (Öberg, J.) II 677
Brunkeberg, Schlacht am (Jexlev, Th.) II 762
Brynolf Algotsson (Ægidius, J. P., Jexlev, Th.) II 801
Buchdruck, B. IX. Skandinavien (Tveitane, M.) II 822
Buchmalerei, A. XII. Skandinavische Buchmalerei vom 11.–15. Jahrhundert (Hjort, Ø.) II 850
Burg, C. XII. 1. Dänemark (Olsen, R. A.) II 991
Burg, C. XII. 2. Schweden (Lundberg, E. B., Söderberg, B.) II 992
Burg, C. XII. 3. Norwegen (Molaug, P. B.) II 993
Bürger, Bürgertum, G. Skandinavien (Schledermann, H.) II 1030
Buße (weltliches Recht), III. Skandinavisches Recht (Ehrhardt, H.) II 1149
Byzantinisches Reich, G. Byzanz und Skandinavien (Ehrhardt, H.) II 1313

Canones Nidrosienses (Bagge, S.) II 1438
Christian, 1. Ch. I. (Wülfing, I.-M.) II 1909
Christoffers Landslag (Ehrhardt, H.) II 1921
Christoph, 1. Ch. I., Kg. v. Dänemark (Jexlev, Th.) II 1936
Christoph, 2. Ch. II., Kg. v. Dänemark (Jexlev, Th.) II 1936
Christoph, 3. Ch. III. v. Bayern, Kg. v. Dänemark, Norwegen und Schweden (Jexlev, Th.) II 1937
Chronik, J. Skandinavien (Paulsson, G.) II 1993
Chronologie, C. II. 1. Skandinavien (Schuler, P.-J., Ehrhardt, H.) II 2041
Clavus, Claudius (Kratochwill, M.) II 2138
Cluny, Cluniazenser, B. VII. Skandinavien (Ehrhardt, H.) II 2185

Constitutio Waldemariana (Hoffmann, E.) III 177
Corona, VIII. Skandinavien (Ehrhardt, H.) III 257

Dach, G. Skandinavien (Hinz, H.) III 422
Dalalagh (Ehrhardt, H.) III 436
Dalarna (Ehrhardt, H.) III 437
Danegeld (Sawyer, P. H.) III 492
Danehof (Jexlev, Th.) III 494
Danelaw (Sawyer, P. H.) III 494
Dänemark, A. I. Geographie (Ulsig, E.) III 495
Dänemark, A. II. Volks- und Landesname, Sprache (Skovgaard-Petersen, I.) III 497
Dänemark, B. I. Römische Kaiserzeit, Völkerwanderungszeit, Merowingerzeit (Lund Hansen, U.) III 497
Dänemark, B. II. Wikingerzeit (Roesdahl, E.) III 499
Dänemark, B. III. Mittelalter (Roesdahl, E.) III 499
Dänemark, C. Allgemeine und politische Geschichte Dänemarks im Früh- und Hochmittelalter (Skovgaard-Petersen, I.) III 501
Dänemark, D. Allgemeine und politische Geschichte Dänemarks im späteren Mittelalter (Jexlev, Th.) III 507
Dänemark, E. Missions- und Kirchengeschichte. Verhältnis zum Papsttum (Nyberg, T.) III 521
Dänemark, F. I. Ländliche Siedlungs-, Verfassungs- und Wirtschaftsgeschichte (Ulsig, E.) III 525
Dänemark, F. II. Städtische Wirtschafts-, Verfassungs- und Sozialgeschichte (Riis, Th.) III 530
Danewerk (Hinz, H.) III 534
Darraðarljóð (Kreutzer, G.) III 572
David, 10. D. v. Munktorp (Odenius, O.) III 606
Descensus Christi ad inferos, 6. Skandinavische Literaturen (Ehrhardt, H.) III 718
Dialog, X. Skandinavische Literaturen (Meulengracht Sørensen, P.) III 963
Diebstahl, C. IV. Skandinavische Rechte (Ehrhardt, H.) III 991
Dietrich v. Bern, IV. Dietrich v. Bern in Skandinavien (Metzner, E. E.) III 1019
Ding (Thing), II. Skandinavien (Ehrhardt, H.) III 1059
Dís (Ægidius, J. P.) III 1105
Disticha Catonis, V. Altnordische Literatur (v. See, K.) III 1125
Dominikaner, Dominikanerinnen, B. V. Skandinavien (Gallén, J.) III 1213
Donar III 1231
Dorf, C. I. Dänemark (Porsmose, E.) III 1288
Dorf, C. II. Schweden und Finnland (Sporrong, U.) III 1290
Dorothea, 1. D., Kgn. v. Dänemark, Schweden und Norwegen (Wülfing, I.-M.) III 1319
Drache, D. Germanische Mythologie, Kultur und Sagenüberlieferung (Simek, R.) III 1341
Drápa (Schottmann, H.) III 1367
Draumkvæde (Weber, G. W.) III 1369
Drontheim, I. Geschichte und Wirtschaft (Blom, G. A.) III 1408
Drontheim, II. Archäologie (Hinz, H.) III 1411
Dróttkvætt (Kreutzer, G.) III 1412
Dublin, B. Skandinavisches Königreich (Clarke, H. B.) III 1431
Dunstanus saga (Fell, C. E.) III 1464

Edda (Gschwantler, O.) III 1555
Egill Skallagrímsson (Schottmann, H.) III 1611
Ehe, B. VII. Skandinavien (Sawyer, B.) III 1630
Ehebruch, B. VI. Skandinavien (Sawyer, B.) III 1655

Eid, A. V. Skandinavien (Ehrhardt, H.) III 1680
Eidschwurgesetzgebung (Ehrhardt, H.) III 1701
Eidsivaþingslög (Ehrhardt, H.) III 1702
Eigenkirche, -nwesen, II. Besondere Entwicklungen in Skandinavien (Stefánsson, M.) III 1708
Einarr Helgason skálaglamm (Kreutzer, G.) III 1729
Einarr Skúlason (Schottmann, H.) III 1730
Einherier (Ægidius, J. P.) III 1740
Eiríksmál (Schottmann, H.) III 1749
Entdeckungsfahrten, skandinavische (Lund, N.) III 2024
Epos, D. IV. Altnordische Literatur (Ehrhardt, H.) III 2091
Erbrecht, Erbe, Erbschaft, B. II. Skandinavien (Ehrhardt, H.) III 2107
Erdbuch Waldemars II. (Hoffmann, E.) III 2126
Erich, 1. E. I., Kg. v. Dänemark (Jexlev, Th.) III 2139
Erich, 2. E. IV., Kg. v. Dänemark (Jexlev, Th.) III 2140
Erich, 3. E. V., Kg. v. Dänemark (Jexlev, Th.) III 2140
Erich, 4. E. VI., Kg. v. Dänemark (Jexlev, Th.) III 2141
Erich, 5. E. VII., Kg. v. Dänemark, Norwegen und Schweden (Jexlev, Th.) III 2141
Erich, 6. E. I. Blutaxt, Kg. v. Norwegen und Northumbrien (Uecker, H.) III 2142
Erich, 7. E. IX. d. Hl., Kg. v. Schweden (Nyberg, T. S.) III 2143
Erich, 8. E. (Erik) Magnusson (Ehrhardt, H.) III 2144
Erich, 11. E. (Erik) Axelsson Thott (Ehrhardt, H.) III 2145
Erich, 12. E. der Rote (Lund, N.) III 2146
Erichs seeländisches Recht (Ehrhardt, H.) III 2147
Ericus Olai (Volz, R.) III 2147
Erikskrönikan (Volz, R.) III 2148
Erling Skakke (Bagge, S.) III 2154
Eskil (Nyberg, T. S.) IV 14
Eskimo (Lund, N.) IV 14
Esrum (Jexlev, Th.) IV 19
Etzel/Atli, II. Altnordische Literatur (Uecker, H.) IV 62
Eufemiavisor (Weber, G. W.) IV 77
Euhemerismus (von See, K.) IV 86
Eyrbyggja saga (Ehrhardt, H.) IV 192
Eysteinn Erlendsson (Bagge, S.) IV 193

Fáfnir (Ehrhardt, H.) IV 226
Fáfnismál (Ehrhardt, H.) IV 227
Fagrskinna (Ehrhardt, H.) IV 227
Falköping, Schlacht bei (Jexlev, Th.) IV 244
Falun (Ehrhardt, H.) IV 254
Familie, B. VII. Skandinavien (Sawyer, B.) IV 266
Färöer (Korsgaard, P.) IV 300
Färöische Balladen (Müller, U.) IV 302
Finnisch-ugrische Sprachen (Groenke, U.) IV 477
Finnland, Finnen (Vahtola, J.) IV 478
Fisch, -fang, -handel, B. II. 1. [Fischfang und -handel im nord- und westeuropäischen Raum] Ostseegebiet einschließlich Dänemark (Riis, Th.) IV 496
Fisch, -fang, -handel, B. II. 2. [Fischfang und -handel im nord- und westeuropäischen Raum] Nordseegebiet (Riis, Th.) IV 497
Flatey (Ehrhardt, H.) IV 535
Flateyarbók (Uecker, H.) IV 535
Flokkr (Kreutzer, G.) IV 550
Florisdichtung, B. VI. Skandinavische Literaturen (Ehrhardt, H.) IV 576

Flotte, B. IV. Nordeuropa, hansischer Bereich (Goetze, J.) IV 588
Folkevise (Jonsson, B. R.) IV 611
Folkunger (Ehrhardt, H.) IV 613
Fornaldarsögur (Weber, G. W.) IV 657
Fornyrðislag (Kreutzer, G.) IV 657
Frälse (Ehrhardt, H.) IV 678
Franziskaner, B. VI. Skandinavien (Nybo Rasmussen, J.) IV 816
Frau, B. VII. Skandinavien (Sawyer, B.) IV 860
Freyja (Ehrhardt, H.) IV 914
Freyr (Ehrhardt, H.) IV 914
Friedrich, 5. F. I., Kg. v. Dänemark (Hoffmann, E.) IV 943
Frostaþingslög (Ehrhardt, H.) IV 992
Fürstenspiegel, B. IV. Skandinavische Literaturen (Bagge, S.) IV 1052
Fylke (Ehrhardt, H.) IV 1068
Fyrkat (Roesdahl, E.) IV 1068

Geistliche Dichtung, V. Skandinavische Literatur (Ehrhardt, H.) IV 1189
Gerbrand (Schnith, K.) IV 1303
Gesandte, B. IX. Skandinavien (Riis, Th.) IV 1378
Ginnungagap (Simek, R.) IV 1455
Gísli Súrsson (Ehrhardt, H.) IV 1469
Gizurr Ísleifsson (Ehrhardt, H.) IV 1473
Gode (Sigurðsson, J. V.) IV 1528
Gokstadschiff (v. Schmettow, H.) IV 1534
Gorm der Alte (Ehrhardt, H.) IV 1561
Goticismus (Ehrhardt, H.) IV 1573
Gotland (Böttger-Niedenzu, B., Niedenzu, A.) IV 1578
Gotländische Bildsteine (Böttger-Niedenzu, B., Niedenzu, A.) IV 1580
Grágás (Ehrhardt, H.) IV 1636
Grettis saga Ásmundarsonar (Ehrhardt, H.) IV 1701
Grímnismál (Ehrhardt, H.) IV 1716
Grönland (Lund, N.) IV 1725
Grundherrschaft, C. VII. Skandinavien (Ulsig, E.) IV 1751
Gudfred (Skovgaard-Petersen, I.) IV 1762
Guðmundr Arason inn góði (Ehrhardt, H.) IV 1763
Gulaþingslög (Ehrhardt, H.) IV 1790
Gutalag (Ehrhardt, H.) IV 1801
Gutasaga (Ehrhardt, H.) IV 1801
Guthrum (Hooper, N. A.) IV 1803
Gyðinga saga (Ehrhardt, H.) IV 1810

Hafen, B. I. [Deutschland und Skandinavien] Spätantike Voraussetzungen und Frühmittelalter (Schnall, U.) IV 1826
Hafen, B. II. [Deutschland und Skandinavien] Hoch- und Spätmittelalter (Riis, Th.) IV 1827
Hafliðaskrá (Ehrhardt, H.) IV 1835
Hagiographie, B. IX. Island und Norwegen (Ehrhardt, H.) IV 1855
Haithabu, I. Geschichte (Riis, Th.) IV 1865
Haithabu, II. Archäologie (Radtke, Ch.) IV 1865
Hákon, 1. H. Aðalsteinsfóstri (Bagge, S.) IV 1868
Hákon, 2. H. IV. Hákonarson (Bagge, S.) IV 1868
Hákon, 3. H. V. Magnússon (Bagge, S.) IV 1868
Hákon, 4. H. VI. Magnússon (Bagge, S.) IV 1869
Hákonarmál (Ehrhardt, H.) IV 1869
Hallvard (Nyberg, T. S.) IV 1881
Hamdismál (Ehrhardt, H.) IV 1890
Hans, 1. H. (Johann), Kg. v. Dänemark, Norwegen und Schweden (Riis, Th.) IV 1920

Hanse (Wriedt, K.) IV 1921
Harald, 1. H. Klak, Kg. v. Dänemark (Skovgaard-Petersen, I.) IV 1928
Harald, 2. H. Blauzahn Gormsson, Kg. v. Dänemark (Skovgaard-Petersen, I.) IV 1929
Harald, 5. H. Schönhaar, Kg. v. Norwegen (Bagge, S.) IV 1930
Harald, 6. H. Sigurðsson 'der Harte', Kg. v. Norwegen (Bagge, S.) IV 1930
Haraldskvæði (Ehrhardt, H.) IV 1930
Hardeknut, Kg. v. Dänemark und England (Sawyer, P. H.) IV 1932
Harmsól (Ehrhardt, H.) IV 1939
Háttalykill inn forni (Ehrhardt, H.) IV 1956
Háttatal (Ehrhardt, H.) IV 1956
Hauksbók IV 1959
Haus, -formen, B. I. [Archäologie] Nördliches Europa (Hinz, H.) IV 1961
Haus, -formen, C. II. Skandinavien (Ehrhardt, H.) IV 1965
Hávamál (Ehrhardt, H.) IV 1979
Heerweg (Ehrhardt, H.) IV 2008
Heimdall (Ehrhardt, H.) IV 2034
Heinrich, 92. H., Bf. v. Uppsala (Vahtola, J.) IV 2087
Heiti (Ehrhardt, H.) IV 2112
Hel (Ehrhardt, H.) IV 2115
Heldendichtung (Reichl, K.) IV 2115
Helgafell (Ehrhardt, H.) IV 2119
Helgilieder (Ehrhardt, H.) IV 2119
Helgö (Lundström, A.) IV 2120
Helsingør (Riis, Th.) IV 2127
Henrik Harpestræng (Keil, G.) IV 2139
Herad (Ehrhardt, H.) IV 2140
Herisvad (Ehrhardt, H.) IV 2157
Herse (Ehrhardt, H.) IV 2182
Hird (Bagge, S.) V 33
Hirðskrá (Bagge, S.) V 34
Historia de antiquitate regum Norvagensium (Bagge, S.) V 41
Historia Norvegiae (Bagge, S.) V 43
Historiographie, B. II. Skandinavische (isländische und norwegische) Historiographie (Ehrhardt, H.) V 51
Hof, -formen, 2. Germania libera (Hinz, H.) V 65
Hólar (Sigurdsson, J. V.) V 86
Hovedøya (Ersland, G. A.) V 142
Hrepp (Ehrhardt, H.) V 147
Hunnenschlachtlied (Ehrhardt, H.) V 224
Hymiskviða (Ehrhardt, H.) V 244

Jakob, 16. J. Erlandsen, Ebf. v. Lund (Riis, Th.) V 288
Jakob, 19. J. Ulfsson, Ebf. v. Uppsala (Nyberg, T.) V 290
Jarl (Sawyer, P. H.) V 303
Járnsíða (Ehrhardt, H.) V 304
Iðunn (Ehrhardt, H.) V 327
Jelling (Krogh, K. J.) V 348
Ingeborg v. Dänemark, Kgn. v. Frankreich (Riis, Th.) V 414
Johannes, 54. J. (Johann, Jens) Grand (Riis, Th.) V 552
Jómsvíkinga saga (Ehrhardt, H.) V 621
Jón, 1. J. Ögmúndarson (Ehrhardt, H.) V 621
Jón, 2. J. Halldórsson (Ehrhardt, H.) V 622
Jónsbók (Ehrhardt, H.) V 626
Island (Stefánsson, M.) V 689
Íslendingabók (Ehrhardt, H.) V 695
Íslendingasögur (Meulengracht Sørensen, P.) V 696
Julfest (Ehrhardt, H.) V 799

Jütland (Ulsig, E.) V 830
Ivar Axelsson Thott (Riis, Th.) V 838
Ivarr (Sawyer, P.) V 839
Jyske Lov (von See, K.) V 842

Kæmpevise (Mattejiet, U.) V 848
Kaland (Hoffmann, E.) V 864
Kalevala (Groenke, U.) V 867
Kalkmalerei (Ehrhardt, H.) V 872
Kalmar (Riis, T.) V 875
Kalmarer Union (Riis, T.) V 875
Kanzlei, Kanzler, A. VII. Skandinavien (Riis, Th.) V 918
Karelien, Karelier (Vahtola, J.) V 953
Karl, 2. K. (I.) d. Große, B. V. [Karl I. d. Große in der Dichtung] Skandinavische Literaturen (Ehrhardt, H.) V 965
Karl, 22. K. (III.) Knutsson, Kg. v. Schweden (Sawyer, B.) V 986
Katharina, 9. K. v. Schweden (Nyberg, T.) V 1071
Kaufmannskirche (Riis, Th.) V 1086
Kaupang (Riis, Th.) V 1087
Kenning (Ehrhardt, H.) V 1106
Kensington-Stein (Ehrhardt, H.) V 1107
Kirkjubær (Ehrhardt, H.) V 1188
Klári saga (Glauser, J.) V 1193
Knud (Knut), 1. K. d. Gr., Kg. v. England, Dänemark und Norwegen (Sawyer, P. H.) V 1238
Knud (Knut), 2. K. IV. d. Hl., Kg. v. Dänemark (Riis, Th.) V 1239
Knud (Knut), 3. K. Laward, dän. Hzg. (Riis, Th.) V 1240
Knud (Knut), 4. K. VI., Kg. v. Dänemark (Riis, Th.) V 1240
Knud (Knut), 5. K. Eriksson, Kg. v. Schweden (Nyberg, T.) V 1241
Knýtlinga saga (Ehrhardt, H.) V 1241
Kölner Konföderation (Puhle, M.) V 1268
König, Königtum, G. Skandinavien (Riis, Th.) V 1319
Konunga sögur (Glauser, J.) V 1421
Kopenhagen (Riis, Th.) V 1432
Krákumál (Kreutzer, G.) V 1470
Kreuzzugsdichtung, VI. Skandinavische Literatur (Naumann, H.-P.) V 1524
Kristni saga (Glauser, J.) V 1535

Landfrieden, III. Skandinavien (Ehrhardt, H.) V 1659
Landgilde, Landskyld (Riis, Th.) V 1661
Landnámabók (Glauser, J.) V 1670
Landschaftsrecht (Ehrhardt, H.) V 1677
Lausavísur (Marold, E.) V 1765
Laxdœla saga (Glauser, J.) V 1771
Legenda aurea, B. VII. Skandinavien (Meulengracht Sørensen, P.) V 1800
Lehen, -swesen; Lehnrecht, VI. Skandinavien (Ehrhardt, H.) V 1820
Lehrhafte Literatur, XIII. Skandinavische Literaturen (Meulengracht Sørensen, P.) V 1841
Leidang, Leding, Ledung (Ehrhardt, H.) V 1851
Leiðarvísan (Schottmann, H.) V 1852
Leif Eriksson (Lund, N.) V 1855
Lejre (Riis, Th.) V 1865
Lendermenn (Ehrhardt, H.) V 1871
Líknarbraut (Schottmann, H.) V 1983
Lilja (Schottmann, H.) V 1985
Lindholm Høje (Hinz, H.) V 1999

Linköping (Nyberg, T.) V 2002
Ljoðaháttr (Ehrhardt, H.) V 2054
Löddeköpinge (Ehrhardt, H.) V 2066
Lödöse (Hinz, H.) V 2069
Løgum (v. Boetticher, A.) V 2079
Lokasenna (Ehrhardt, H.) V 2089
Loki (Ehrhardt, H.) V 2091
Loses Gut (Ehrhardt, H.) V 2121
Lund, I. Stadt (Riis, Th.) VI 6
Lund, II. Bistum und Erzbistum (Nyberg, T.) VI 7
Lyndanis(s)e (Riis, Th.) VI 39
Lyse (Nyberg, T.) VI 50

Magnus (Magnús), 2. M. d. Gute Olafsson (La Farge, B.) VI 97
Magnus (Magnús), 3. M. III. Barfuß (La Farge, B.) VI 97
Magnus (Magnús), 4. M. Erlingsson (La Farge, B.) VI 98
Magnus (Magnús), 5. M. Hákonarson Lagabœtir (La Farge, B.) VI 98
Magnus (Magnús), 7. M. Birgersson Ladulås (La Farge, B.) VI 99
Magnus (Magnús), 8. M. Eriksson (La Farge, B.) VI 99
Magnús Erikssons Landslag (Ehrhardt, H.) VI 101
Magnús Erikssons Stadslag (Ehrhardt, H.) VI 102
Magnús Hákonarsons Landslög (Ehrhardt, H.) VI 102
Máláháttr (Marold, E.) VI 161
Máldagi (Stefánsson, M.) VI 169
Malmö (Riis, Th.) VI 176
Märchen und Märchenmotive im MA (Maaz, W.) VI 224
Margarete, 1. M., Reichsverweserin v. Dänemark, Kgn. v. Norwegen (Riis, T.) VI 234
Maria, hl., C. VIII. Skandinavische Literaturen (La Farge, B.) VI 273
Mariager (Nyberg, T.) VI 280
Maribo (Nyberg, T.) VI 286
Matthias, 5. M. v. Linköping (Piltz, A.) VI 404
Met (van Winter, J. M.) VI 568
Midgard (Simek, R.) VI 614
Milchbrüder (-schwestern) (Strauch, D.) VI 622
Mímir (Simek, R.) VI 631
Möðruvallabók (Heß, M.-Cl.) VI 713
Möðruvellir í Hörgárdal (Heß, M.-Cl.) VI 713
Morkinskinna (Simek, R.) VI 843
Mündliche Literaturtradition, IV. Skandinavische Literatur (Simek, R.) VI 903
Munkaþverá (Heß, M.-Cl.) VI 911
Munkeliv (Nyberg, T.) VI 912
Münze, Münzwesen, B. III. 5. Skandinavien (Berghaus, P.) VI 927

Navigatio sancti Brendani, III. Übertragungen in germanische Sprachen (Orlandi, G.) VI 1065
Nerthus (Picard, E.) VI 1095
Nesjar, Schlacht v. (La Farge, B.) VI 1096
Njáls saga (Simek, R.) VI 1120
Nicolaus, 1. N. Hermanni (Volz, R.) VI 1132
Nicolaus, 5. N. Drukken de Dacia (Green-Pedersen, N. J.) VI 1133
Nið VI 1136
Nidarholm (Ehrhardt, H.) VI 1136
Niðristigningar saga VI 1136
Nilsson, Svante (Ehrhardt, H.) VI 1193
Njörðr (Picard, E.) VI 1198

Normannen (Schnith, K.) VI 1249
Nornen (Simek, R.) VI 1251
Norwegen (Bagge, S.) VI 1257
Notar, Notariat, G. Skandinavien (Riis, Th.) VI 1279

Odal (Ehrhardt, H.) VI 1345
Odense (Nyberg, T.) VI 1347
Odin (Simek, R.) VI 1352
Óðroerir (Simek, R.) VI 1363
Olaf, 1. O. Guthfrithsson, Kg. v. Dublin (Sawyer, P. H.) VI 1384
Olaf, 2. O. Cuarán, Kg. v. Dublin und York (MacNiocaill, G.) VI 1384
Olaf, 3. O. Tryggvason, Kg. v. Norwegen (Ehrhardt, H.) VI 1384
Olaf, 4. O. Haraldsson d. Hl., Kg. v. Norwegen (La Farge, B.) VI 1385
Olaf, 5. O. Haraldsson III. Kyrre (Ehrhardt, H.) VI 1386
Olaf, 6. O. Eriksson 'Schoßkönig', Kg. v. Schweden (Ehrhardt, H.) VI 1386
Olafssagas (Ehrhardt, H.) VI 1387
Olaus Petri (Volz, R.) VI 1387
Olav, 2. O., Kg. v. Dänemark (Riis, T.) VI 1388
Øm (Ehrhardt, H.) VI 1404
Orkneyinga saga (Simek, R.) VI 1459
Oseberg(-schiff) (Müller-Wille, M.) VI 1492
Oslo (Ehrhardt, H.) VI 1494
Östgötalagh (Ehrhardt, H.) VI 1529
Ostsee, -raum (Angermann, N.) VI 1541
Ostseefinnische Sprachen (Groenke, U.) VI 1544
Oxenstierna (Gillingstam, H.) VI 1601

Páll Jónsson (Jørgensen, J. H.) VI 1643
Parodie, VI. Skandinavische Literaturen (Simek, R.) VI 1742
Passion, B. V. Skandinavische Literaturen (Simek, R.) VI 1764
Petrus, 31. P. de Dacia (Volz, R.) VI 1970
Pfalz, Palast, G. Skandinavien (Riis, Th.) VI 2006
Physiologus, III. 4. Skandinavische Literatur (Simek, R.) VI 2122
Plácidus drápa (Simek, R.) VI 2195
Politische Dichtung (Müller, U.) VII 61
Polytheistische Religionen, I. Germanischer Bereich (Simek, R.) VII 77
Ponthus et la belle Sidoine (Gleißner, R.) VII 94
Postola sögur (Volz, R.) VII 128
Predigt, B. VII. Skandinavische Literatur (Volz, R.) VII 180
Psalmen, Psalter, B. V. Skandinavische Literaturen (Simek, R.) VII 300

Ragnall (Sawyer, P. H.) VII 398
Ragnarök (Simek, R.) VII 398
Rätsel, VI. Altnordische und skandinavische Literatur (Simek, R.) VII 466
Raub, A. III. Skandinavische Rechte (Ehrhardt, H.) VII 470
Rechtsbücher (Johanek, P.) VII 519
Rechtssprecher (Ehrhardt, H.) VII 522
Refrain, V. Skandinavische Literaturen (Simek, R.) VII 554
Reginsmál (Simek, R.) VII 580
Reichsrat (Riis, Th.) VII 633
Reichsverweser (Hill, Th.) VII 646
Reimchronik, V. Skandinavische Literaturen (Volz, R.) VII 653

Reisen, Reisebeschreibungen, A. II. 5. Skandinavische Literatur (Simek, R.) VII 679
Réttarbót (Ehrhardt, H.) VII 764
Ribe (Riis, Th.) VII 804
Riddarasaga (Simek, R.) VII 837
Rígsþula (Simek, R.) VII 850
Rimbert (Volz, R.) VII 851
Rímur (Simek, R.) VII 853
Ringsted (Nyberg, T.) VII 857
Rök, Runenstein v. (Ehrhardt, H.) VII 951
Roland (in der Überlieferung), C. IV. Skandinavische Literatur (Simek, R.) VII 956
Roman, IV. Skandinavische Literatur (Simek, R.) VII 987
Rorik (Riis, Th.) VII 1026
Roskilde (Riis, Th.) VII 1037
Runen, -stein, -schrift (Simek, R.) VII 1098
Rye, St. Søren (Nyberg, T.) VII 1128

Sæmundr Sigfússon hinn fróði (Simek, R.) VII 1249
Saga (Simek, R.) VII 1251
Samen, 1. Allgemein, Materielle Kultur (Zachrisson, I.) VII 1340
Samen, 2. Beziehungen zum skandinavischen Königtum (Ehrhardt, H.) VII 1340
Satire, VI. Skandinavische Literatur (Simek, R.) VII 1398
Saxo Grammaticus (Volz, R.) VII 1422
Schicksal, -sglaube (Simek, R.) VII 1453
Schiff, -bau, -stypen, I. Westlicher Bereich (Schnall, U.) VII 1456
Schildgedicht (Simek, R.) VII 1463
Schmähdichtung, V. Skandinavien (Simek, R.) VII 1500
Schonen (Hill, Th.) VII 1534
Schonisches Recht (Ehrhardt, H.) VII 1538
Schweden (Dahlbäck, G.) VII 1626
Seeraub, II. Nordeuropa/Hansebereich (Puhle, M.) VII 1685
Seerecht, III. West- und Nordeuropa (Cordes, A.) VII 1689
Selja (Nyberg, T.) VII 1732
Siegel, X. Skandinavien (Riis, T.) VII 1855
Siegfried (Heinzle, J.) VII 1862
Siegfried, 8. S. (Sigfrid) (Nyberg, T.) VII 1867
Sighvatr Þórðarson (Simek, R.) VII 1883
Sigtrygg IV. (Mac Niocaill, G.) VII 1894
Sigtuna (Ehrhardt, H.) VII 1895
Sigurd, 1. S. digri (Crawford, B. E.) VII 1896
Sigurd, 2. S. Jórsalafari, Kg. v. Norwegen (Bagge, S.) VII 1896
Sigurdlieder (Haimerl, E.) VII 1897
Skald, Skaldendichtung (Simek, R.) VII 1965
Skálholt (Stefánsson, M.) VII 1967
Skandinavische Kunst (Mattejiet, U.) VII 1969
Skara (Nyberg, T.) VII 1971
Skilauf (Lund, N.) VII 1975
Skjöldunga saga (Ehrhardt, H.) VII 1975
Skírnismál (Simek, R.) VII 1976
Sklave, A. II. Nordeuropa (Ehrhardt, H.) VII 1980
Snorra Edda (Volz, R.) VII 2015
Snorri Sturluson (Volz, R.) VII 2016
Södermannalagh (Ehrhardt, H.) VII 2020
Sokkason, Bergr (Simek, R.) VII 2027
Solarljoð (Volz, R.) VII 2029
Solskifte (Ulsig, E.) VII 2040

Sorø (Nyberg, T.) VII 2059
Speculum virginum, I. Text (Roth, G.) VII 2090
Sprichwort, Sprichwortsammlung, VI. Skandinavische Literatur (Simek, R.) VII 2140
Spruchdichtung, C. Skandinavische Literatur (Simek, R.) VII 2148
Stabkirchen (Binding, G.) VII 2163
Stadt, H. Skandinavien (Riis, Th.) VII 2202
Stand, Stände, -lehre, III. Skandinavien (Riis, T.) VIII 50
Stavanger (Ehrhardt, H.) VIII 80
Steuer, -wesen, H. Skandinavien (Riis, Th.) VIII 153
Stjórn (Simek, R.) VIII 185
Stockholm (Dahlbäck, G.) VIII 187
Strafe, Strafrecht, C. IV. Skandinavien (Ehrhardt, H.) VIII 203
Streitgedicht, VI. Skandinavische Literatur (Simek, R.) VIII 240
Strengleikar (Simek, R.) VIII 241
Sture (Gillingstam, H.) VIII 267
Sturekrönikan (Volz, R.) VIII 268
Sturla Þórðarson (Volz, R.) VIII 268
Sturlunga saga (Volz, R.) VIII 269
Sund (Riis, Th.) VIII 314
Sunniva (Nyberg, T.) VIII 325
Svein Alfivason (Ehrhardt, H.) VIII 341
Sven(d), 1. S. Gabelbart, Kg. v. Dänemark (Skovgaard-Petersen, I.) VIII 342
Sven(d), 2. S. Estridsen, Kg. v. Dänemark (Nyberg, T.) VIII 342
Sven(d), 3. S. III., Kg. v. Dänemark (Riis, Th.) VIII 343
Sven(d), 4. S. (Sven) Aggesen (Volz, R.) VIII 343
Sverker, 1. S. d. Ä., Kg. v. Schweden (Dahlbäck, G.) VIII 344
Sverker, 2. S. d. J., Kg. v. Schweden (Dahlbäck, G.) VIII 344
Sver(r)ir Sigurdarsson, Kg. v. Norwegen (Ehrhardt, H.) VIII 345
Sverris saga (Volz, R.) VIII 345
Syssel (Ehrhardt, H.) VIII 387

Tale mot biskopene, En (Volz, R.) VIII 444
Testament, A. II. 3. Skandinavien (Ehrhardt, H.) VIII 567
Teufel, D. V. Skandinavische Literatur (Simek, R.) VIII 590
Thingeyrar (Nyberg, T.) VIII 696
Thøger (Nyberg, T.) VIII 696
Thor (Simek, R.) VIII 730
Thórarinn loftunga (Simek, R.) VIII 731
Thorbjörn hornklofi (Simek, R.) VIII 731
Thorfinn (Crawford, B. E.) VIII 731
Thorkill (Skovgaard-Petersen, I.) VIII 732
Thorlak Thórhallsson (Nyberg, T.) VIII 732
Thrymskviða (Simek, R.) VIII 744
Thulr (Simek, R.) VIII 745
Thulur (Simek, R.) VIII 745
Thykkvibœr (Nyberg, T.) VIII 758
Tómas saga erkibiskups (Volz, R.) VIII 853
Tommarp (Nyberg, T.) VIII 855
Tønsberg (Ehrhardt, H.) VIII 860
Trelleborg (Roesdahl, E.) VIII 969
Tristan, A. IV. Skandinavische Literatur (Simek, R.) VIII 1022
Tuirgéis (Mac Niocaill, G.) VIII 1090
Tune (Müller-Wille, M.) VIII 1092

Übersetzer, Übersetzungen, VII. Skandinavische Literaturen (Simek, R.) VIII 1159
Upplandslagh (Ehrhardt, H.) VIII 1276
Uppsala (Dahlbäck, G.) VIII 1276
Urkunde, -nwesen, A. VIII. Skandinavien (Riis, Th.) VIII 1308
Urteil, III. Skandinavisches Recht (Ehrhardt, H.) VIII 1336

Vadstena (Nyberg, T.) VIII 1365
Vafþrúðismál (Simek, R.) VIII 1366
Varnhem (Nyberg, T.) VIII 1414
Vasa (Gillingstam, H.) VIII 1416
Västerås (Nyberg, T.) VIII 1425
Västgötalagh (Ehrhardt, H.) VIII 1426
Västmannalagh (Ehrhardt, H.) VIII 1426
Växjö (Nyberg, T.) VIII 1438
Verbrechen, A. II. Skandinavisches Recht (Ehrhardt, H.) VIII 1486
Vers- und Strophenbau, V. Skandinavische Literaturen (Simek, R.) VIII 1576
Vestervig (Nyberg, T.) VIII 1603
Viborg, I. Stadt (Riis, Th.) VIII 1614
Viborg, II. Bistum (Nyberg, T.) VIII 1615
Viehversicherung (Ehrhardt, H.) VIII 1643
Vinlandkarte (Lund, N.) VIII 1702
Visby (Dahlbäck, G.) VIII 1714
Visby, Schlacht v. (Hofmann, M.) VIII 1716
Visio(n), -sliteratur, A. V. Skandinavische Literatur (Simek, R.) VIII 1740
Vitas patrum, 2. Volkssprachliche Übersetzungen (Williams, U.) VIII 1766
Vitskøl (Nyberg, T.) VIII 1780
Voer (Nyberg, T.) VIII 1807
Volkslied, I. Deutsche Literatur; skandinavische Literaturen (Holzapfel, O.) VIII 1833
Völsunga saga (Volz, R.) VIII 1843
Völuspá (Simek, R.) VIII 1845
Vorbasse (Hvass, S.) VIII 1848
Vordingborg (Riis, Th.) VIII 1849

Wahlkapitulation, II. Skandinavische Königreiche (Riis, T.) VIII 1915
Wald, A. II. Nordeuropa (Ahvenainen, J.) VIII 1943
Waldemar, 1. W. I. d. Gr., Kg. v. Dänemark (Riis, Th.) VIII 1946
Waldemar, 2. W. II. Sejr, Kg. v. Dänemark (Riis, Th.) VIII 1948
Waldemar, 3. W. III., Kg. v. Dänemark, Hzg. v. Schleswig (Riis, Th.) VIII 1949
Waldemar, 4. W. IV., Kg. v. Dänemark (Riis, Th.) VIII 1949
Waldemar, 5. W., Hzg. v. Schleswig (Riis, Th.) VIII 1951
Waldemar, 6. W., Bf. v. Schleswig (Nyberg, T.) VIII 1951
Waldemars seeländisches Recht (Ehrhardt, H.) VIII 1952
Wal- und Robbenfang (Schnall, U.) VIII 1967
Walhall (Simek, R.) VIII 1968
Walküren (Simek, R.) VIII 1978
Wanen (Simek, R.) VIII 2029
Wergeld, III. Skandinavisches Recht (Ehrhardt, H.) VIII 2202
Wieland (Simek, R.) IX 80
Wikinger, I. Archäologie (Roesdahl, E.) IX 98

Wikinger, II. Geschichte (Lund, N.)   IX 102
Wikingerheer (Lund, N.)   IX 106
Wikingerkunst (Wilson, D. M.)   IX 106
Wikingerschiffe (Crumlin-Pedersen, O.)   IX 110
Wilhelm, 46. W., Abt v. Æbelholt (Riis, Th.)   IX 152
Wissensdichtung (Simek, R.)   IX 262
Wodan (Simek, R.)   IX 291
Wulfstan, 4. W., ags. Händler (Simek, R.)   IX 349

Yggdrasill (Simek, R.)   IX 412
Ynglinga saga (Volz, R.)   IX 413
Ynglingatal (Volz, R.)   IX 413
Yvain, -stoff, 3. Skandinavische Literatur (Trachsler, R.)   IX 431

Zaubersprüche, II. Altnordische Literatur (Simek, R.)   IX 487
Zehnt, II. Besondere Entwicklung in Skandinavien (Riis, Th.)   IX 501
Zeremoniell, D. V. Skandinavien (Riis, Th.)   IX 569
Zeuge, C. IV. Skandinavisches Recht (Ehrhardt, H.)   IX 587
Zisterzienser, -innen, C. VIII. Skandinavien (Nyberg, T.)   IX 646
Zunft, -wesen, -recht, A. VIII. Skandinavien (Riis, Th.)   IX 703
Zwerg, Riese, Troll, II. Germanische Mythologie und skandinavische Literatur (Simek, R.)   IX 729

Romanische Sprachen und Literaturen

I. Französische und provenzalische Sprache und Literatur – II. Italienische Sprache und Literatur – III. Sprachen und Literaturen der Iberischen Halbinsel.

I. Französische und provenzalische Sprache und Literatur

Adam, 6. A. de la Halle (Dittmer, L.) I 108
Adam, 10. A. de Perseigne (Vernet, A.) I 110
Adam et Eve, le Jeu d' (Armes-Pierandreï, D.) I 116
Adenet le Roi (Vuijlsteke, M.) I 149
Aeneasroman (Cremonesi, C.) I 182
Ailly, Pierre d' (Ouy, G.) I 239
Aimeric, 2. A. de Belenoi (Alvar, C.) I 241
Aimeric, 3. A. de Peguilhan (Alvar, C.) I 241
Aïol (Armes-Pierandreï, D.) I 244
Alexander d. Gr., B. V. 1. [Alexanderdichtung] Frankreich (Ross, D.) I 359
Alexandriner (Jung, M.-R.) I 383
Alexiuslied (Remy, P., Gnädinger, L.) I 388
Allegorie, Allegorese, V. 2. Altfranzösische Literatur (Kroll, W.) I 424
Altprovenzalische Sprache (Ineichen, G.) I 491
Ambroise (Kroll, W.) I 521
Ami(s) et Amile (Busetto, G.) I 536
Anglonormannische Literatur (Scott Stokes, C.) I 637
Antichrist, B. III. Romanische Literaturen (Briesemeister, D.) I 706
Antoine, 3. A. de La Sale (Busetto, G.) I 727
Apokalypse, B. II. Romanische Literaturen (van Deyck, R.) I 751
Apokryphen, A. II. 5. Romanische Literaturen (Kroll, W.) I 766
Apollonius von Tyrus, B. II. Romanische Literaturen (Briesemeister, D.) I 772
Aristoteles, C. I. [Übersetzungen, Rezeption in den volkssprachlichen Literaturen] Romania (Briesemeister, D.) I 942
Arnaut, 2. A. Daniel (Alvar, C.) I 997
Arnaut, 3. A. Guillem de Marsan (Alvar, C.) I 998
Arnaut, 4. A. de Maruelh (Alvar, C.) I 998
Ars moriendi, B. II. Romanische Literaturen (Briesemeister, D.) I 1041
Art d'aimer (Finoli, A. M.) I 1056
Artus (Arthur), Artussage, Artusromane, II. Artus in der französischen Literatur (Bezzola, R. R.) I 1078
Assonanz, I. Romanische Literaturen (Briesemeister, D.) I 1126
Athis und Prophilias, 1. Altfranzösisch (Falke, R.) I 1165
Attila, franco-it. Epos (Cremonesi, C.) I 1180
Auberée (Várvaro, A.) I 1183
Aucassin et Nicolette (Williams, H. F.) I 1187
Audefroi le Bastart (Zink, M.) I 1190
Audigier (Busetto, G.) I 1194
Autobiographie, III. 1. Französische Literatur (Briesemeister, D.) I 1263
Aventure (âventiure), I. Altfranzösisch (Kasten, I.) I 1289
Aveugles, les trois de Compiègne (Busetto, G.) I 1298

Ballade, B. I. 1. Altprovenzalische und altfranzösische Literatur (Briesemeister, D.) I 1384
Barlaam und Joasaph, B. IV. Romanische Literaturen (Vuijlsteke, M.) I 1466
Basselin, Olivier (Contamine, Ph.) I 1544

Bauchant, Jacques (Jung, M.-R.) I 1561
Baude, Henri (Jung, M.-R.) I 1561
Baudouin, 1. B., Gf. v. Avesnes (Briesemeister, D.) I 1562
Baudouin, 2. B., Jean (Jung, M.-R.) I 1563
Beatrice, 2. B., Comtesse de Die (Rieger, D.) I 1740
Beichtformeln, C. I. Romanische Literaturen (Briesemeister, D.) I 1813
Benoît de Sainte-Maure (Gnädinger, L.) I 1918
Berenguer, 2. B. de Palol (Briesemeister, D.) I 1943
Berguedà, Guillem de (Mateu Ibars, J.) I 1961
Berinus (Prosperetti Ercoli, F.) I 1963
Bernart, 1. B. Marti (Alvar, C.) I 1979
Bernart, 2. B. de Ventadorn (Alvar, C.) I 1979
Berry (le Héraut) (Bautier, R.-H.) I 2018
Bersuire, Pierre (Gier, A.) I 2020
Bertha (Roman) (Cremonesi, C.) I 2022
Bertran, 2. B. de Born (Alvar, C.) I 2039
Bertrand, 8. B. de Bar-sur-Aube (Prosperetti Ercoli, F.) I 2042
Bertrandon de la Broquière (Mollat, M.) I 2044
Berufsdichter, III. Romanische Literaturen (Kasten, I.) I 2046
Bestiarium, -ius, Bestiarien, A. IV. Romanische Literaturen (Mermier, G. R.) I 2074
Bibeldichtung, V. Romanische Literaturen (Kroll, W.) II 81
Bibelübersetzungen, XIV. 1. Französische Bibelübersetzungen (Kroll, W.) II 102
Bibelübersetzungen, XIV. 2. Provenzalische Bibelübersetzungen (Kroll, W.) II 103
Bible moralisée (Haussherr, R.) II 108
Biographie, III. Romanische Literaturen (Briesemeister, D.) II 203
Blason (Briesemeister, D.) II 266
Bleheri (Kroll, W.) II 270
Blondel, 1. B. de Nesle (Gnädinger, L.) II 286
Bodel, Jean (Gnädinger, L.) II 306
Bouvet, Honoré (Vernet, A.) II 520
Branche (Bange, E.) II 549
Breviari d'Amor (Richter, R., Plotzek-Wederhake, G.) II 638
Brief, Briefliteratur, Briefsammlungen, B. III. 1. b. [Romanische Sprachen und Literaturen. Briefliteratur] Prov. Dichtung (Briesemeister, D.) II 667
Brief, Briefliteratur, Briefsammlungen, B. III. 1. c. [Romanische Sprachen und Literaturen. Briefliteratur] Frankreich (Briesemeister, D.) II 667
Brisebar(r)e, Jean Le Court (Briesemeister, D.) II 697
Bueil, Jean (V.) de, 1. Leben (Contamine, Ph.) II 905
Bueil, Jean (V.) de, 2. Werk (Tietz, M.) II 906
Bueve d'Aigremont (Vitale Brovarone, A.) II 906
Bueve de Hanstone (Cremonesi, C., Jung, M.-R.) II 906

Cabestany, Guillem de (Kasten, I.) II 1329
Cadenet (Alvar, C.) II 1338
Caesar im Mittelalter, D. IV. Romanische Literaturen (Briesemeister, D.) II 1357
Cairel, Elias (Alvar, C.) II 1381

Calvo, Bonifaci(o) (Alvar, C.) II 1403
Canal, 1. C., Martin da (Arnaldi, G.) II 1426
Canso (Bange, E.) II 1443
Cantilène (Bange, E.) II 1462
Carbonel, Bertran (Alvar, C.) II 1495
Cardenal, Peire (Alvar, C.) II 1503
Carole (Ebel, U.) II 1521
Castel, Jean (de) (Briesemeister, D.) II 1556
Cent Ballades, Livres des (Tietz, M.) II 1617
Cent Nouvelles nouvelles (Dubuis, R.) II 1618
Cercamon (Alvar, C.) II 1625
Cerveri de Girona (Alvar, C.) II 1637
Chace du cerf (Schwenk, S.) II 1648
Chandos Herald, Chronik des (Allmand, C.T.) II 1699
Chanson (Schuh, H.-M.) II 1699
Chanson d'Aymeri de Narbonne, La (Lange, W.-D.) II 1702
Chanson de geste (Lange, W.-D.) II 1703
Chanson de Landri (Marinoni, M. C.) II 1707
Chanson de la mal mariée (Zink, M.) II 1707
Chansonnier (Keller, H.-E.) II 1709
Chansons de Danse (Schuh, H.-M.) II 1709
Chansons de toile (Cremonesi, C.) II 1710
Chant du Roussigneul (Tietz, M.) II 1711
Chant royal (Briesemeister, D.) II 1711
Chantefable (Williams, H. F., Jung, M.-R.) II 1711
Chardon de Croisilles (Kasten, I.) II 1718
Charles, 3. Ch. d'Orléans (Vitale-Brovarone, A.) II 1728
Chartier, 1. Ch., Alain (Tietz, M.) II 1744
Chartier, 2. Ch., Jean (Fossier, R.) II 1744
Chastellain, 1. Ch., Georges (Vernet, A.) II 1764
Chastellain, 2. Ch., Pierre (Tietz, M.) II 1765
Châtelain de Coucy et la Dame de Fayel, Le (Cormier, R. J.) II 1770
Chevalier (du) au barisel (Gnädinger, L.) II 1803
Chevalier aux deux épées, le (Tietz, M.) II 1804
Chrétien de Troyes (Schmolke-Hasselmann, B.) II 1897
Christine, 1. Ch. de Pisan (Briesemeister, D.) II 1918
Chronik, E. Frankreich (Bourgain, P.) II 1971
Chronik, F. Flandern/Niederlande/burgundischer Staat (Prevenier, W.) II 1979
Chroniken von Flandern (Prevenier, W.) II 2031
Chronique Martiniane (Vernet, A.) II 2032
Chronique du Mont-Saint-Michel (Vernet, A.) II 2032
Chronique de la Pucelle (Vernet, A.) II 2032
Chronique des quatre premiers Valois (Fossier, F.) II 2033
Chronique du Religieux de St-Denis (Vernet, A.) II 2033
Chroniques (Grandes) de France (Vernet, A.) II 2034
Chroniques de Normandie (Vernet, A.) II 2035
Cicero in Mittelalter und Humanismus, A. VII. Rezeption in der französischen Literatur (Briesemeister, D.) II 2073
Cigala, Lanfranco (Cremonesi, C.) II 2083
Ciperis de Vignevaux (Damblemont, G.) II 2094
Cobla (Bange, E.) II 2195
Cochon, Pierre (Vernet, A.) II 2196
Col, Gontier (Roger, J.-M.) III 26
Commynes, Philippe de, I. Leben und politisches Wirken (Vernet, A.) III 91
Commynes, Philippe de, II. 1. [Die Memoiren] Zur Entstehung des Werkes (Vernet, A.) III 92

Commynes, Philippe de, II. 2. [Die Memoiren] Commynes als Geschichtsschreiber und politischer Denker (Dufournet, J.) III 92
Comtesse de Pontieu, La (Ebel, U.) III 108
Conon de Béthune (Jung, M.-R.) III 141
Conquête d'Irlande (La) (Keller, H.-E.) III 143
Contemptus mundi, B. II. Französische Literatur (Gnädinger, L.) III 188
Contes dévots (Gier, A.) III 194
Conteur(s) (Lange, W.-D.) III 195
Coq-à-l'âne (Bange, E.) III 217
Coquillart, Guillaume (Tietz, M.) III 217
Coucy, Kastellan v. (Jung, M.-R.) III 308
Couplet (Bange, E.) III 314
Cour amoureuse de Charles VI (Gier, A.) III 315
Courtecuisse, Jean, 1. Leben (Ouy, G.) III 316
Courtecuisse, Jean, 2. Theologisches und philosophisches Werk (Gerwing, M.) III 316
Courtois d'Arras (Kroll, W.) III 321
Cousinot, Guillaume (Bourgain, P.) III 321
Cretin, Guillaume (Jung, M.-R.) III 346
Cuvelier, 1. C. (Autor) (Faucon, J.-C.) III 397
Cuvier, Farce du (Tietz, M.) III 398

Dalfin d'Alvernha(e) (Vitale Brovarone, A.) III 440
Dansa (Vuijlsteke, M.) III 544
Daude de Pradas (Alvar, C.) III 583
Daudin, Jean (Jung, M.-R.) III 584
Daurel et Beton (Jung, M.-R.) III 593
Descensus Christi ad inferos, 3. Altfrz., altprov. und it. Literatur (Jacobsen, P. Ch.) III 716
Deschamps, Eustache (Vitale Brovarone, A.) III 719
Descort (Vuijlsteke, M.) III 721
Devise (Korn, H.-E., Briesemeister, D.) III 925
Dialog, VI. Romanische Literaturen (Vitale Brovarone, A.) III 956
Dicta philosophorum, 2. Romanische Literaturen (Briesemeister, D.) III 978
Diesis (Jung, M.-R.) III 1012
Disticha Catonis, II. Romanische Literaturen (Briesemeister, D.) III 1123
Dit (Jung, M.-R.) III 1130
Doctrinal (Ebel, U.) III 1157
Dolopathos (Briesemeister, D.) III 1174
Doon de Mayence (Cremonesi, C.) III 1254
Doon de Nanteuil (Marinoni, C.) III 1255
Doria, 4. D., Perceval (Cremonesi, C.) III 1314
Drama, II. Französische Literatur (Damblemont, G.) III 1356
Drei Lebende und drei Tote, II. 1. [Volkssprachliche Literatur und ikonographische Überlieferung] Romanische Überlieferung (Briesemeister, D.) III 1391
Du Clerq, Jacques (Damblemont, G.) III 1437
Durmart le Galois (Keller, H.-E.) III 1482

Eble II. (Vitale Brovarone, A.) III 1526
Échecs amoureux (Jung, M.-R.) III 1539
Edmund. 7. E. v. Abingdon (Schnith, K.) III 1581
Elegie, IV. Romanische Literaturen (Jung, M.-R.) III 1793
Eleonore, 4. E. (Aliénor), Kgn. v. England, 2. Eleonore und die höfische Literatur (Jung, M.-R.) III 1807
Elias, 9. E. de Barjols (Vitale Brovarone, A.) III 1827
Elias, 10. E. d'Ussel (Vitale Brovarone, A.) III 1827
Enfances Renier (Cremonesi, C.) III 1905
Ensenhamen (Vitale Brovarone, A.) III 2022
Entrée d'Espagne (Cremonesi, C.) III 2028
Envoi (Damblemont, G.) III 2029

Enzyklopädie, Enzyklopädik, III. 1. Romanische und niederländische Literaturen (Bernt, G., Jung, M.-R.) III 2034
Épitres farcies (Ebel, U.) III 2075
Epos, D. II. 1. [Romanische Literaturen] Zur Problemlage (Jung, M.-R.) III 2085
Epos, D. II. 2. [Romanische Literaturen] Zur historischen Entwicklung (Lange, W.-D.) III 2087
Ermengaud, 3. E., Matfre (Richter-Bergmeier, R.) III 2156
Ernoul, Chronik des (Edbury, P. W.) III 2176
Escouchy, Mathieu d' (Bourgain, P.) IV 12
Estampie (Jung, M.-R., Leuchtmann, H.) IV 26
Eulalie, Chanson de Sainte (Gnädinger, L.) IV 93
Eustache, 2. E. Mercadé (Jung, M.-R.) IV 109
Eustache, 4. E. li Paintres (Vitale Brovarone, A.) IV 110
Exempel, Exemplum, IV. Romanische Literaturen (Vitale Brovarone, A.) IV 164

Fabel, -dichtung, IV. Romanische Literaturen (Gier, A.) IV 204
Fabliau(x), 1. Wort und Begriff (D'Agostino, A.) IV 211
Fabliau(x), 2. Französische Literatur (D'Agostino, A.) IV 212
Facetie (Elwert, W. Th.) IV 214
Faits des Romains (Jung, M.-R.) IV 233
Falkentraktate, II. Romanische Literaturen (Jung, M.-R.) IV 241
Fantosme, Jourdain (Bourgain, P.) IV 283
Farce (Lange, E.) IV 294
Fauquembergue, Clément de (Bourgain, P.) IV 320
Fauvel (Roman de) (Mühlethaler, J.-C., Bockholdt, R.) IV 321
Fechten, Fechtwesen, IV. Französischer Bereich (Contamine, Ph.) IV 327
Févin, Pierre de (Roger, J.-M.) IV 423
Fides (Poulin, J.-C.) IV 434
Fin'amor (Rossi, L.) IV 452
Flamenca (Rossi, L.) IV 513
Floridan et Elvide (Jung, M.-R.) IV 566
Florilegien, B. I. 3. Romanische Literaturen (Elwert, W. Th.) IV 570
Florisdichtung, B. I. Romanische Literaturen (Rossi, L.) IV 573
Folquet, 1. Leben und kirchenpolitische Tätigkeit (Dossat, Y.) IV 614
Folquet, 2. Literarische Tätigkeit (Rossi, L.) IV 614
Franko-italienische Literatur (Cremonesi, C.) IV 744
Französische Literatur (Jung, M.-R.) IV 836
Französische Sprache (Ineichen, G.) IV 844
Froissart, Jean (Hoeges, D.) IV 984
Fürstenspiegel, B. I. Romanische Literaturen (Berger, G.) IV 1049

Gace Brulé (Jung, M.-R.) IV 1074
Gaguin, Robert (Bourgain, P.) IV 1078
Gaimar, Geffrei (Jung, M.-R.) IV 1079
Garin lo Brun (Sansone, G. E.) IV 1117
Gaucelm Faidit (Jung, M.-R.) IV 1141
Gautier, 1. G. d'Arras (Jung, M.-R.) IV 1143
Gautier, 2. G. de Coinci (Briesemeister, D.) IV 1144
Gautier, 3. G. de Dargiés (Leuchtmann, H.) IV 1144
Gautier, 4. G. d'Espinal (Leuchtmann, H.) IV 1144
Gawain, I. Französische Literatur (Busby, K.) IV 1148
Geffroy de Paris (Mühlethaler, J.-C.) IV 1170

Geistliche Dichtung, VI. Romanische Literaturen (Briesemeister, D.) IV 1190
Geistliches Spiel, 2. Verbreitung und Aufführungspraxis. Volkssprachliche geistliche Spiele (Muir, L. R.) IV 1193
Gencien, Pierre d. Ä. (Pulega, A.) IV 1216
Gerbert, 2. G. de Montreuil (Vitale Brovarone, A.) IV 1303
Gervaise (Ebel, U.) IV 1358
Giélée, Jacquemart (Jung, M.-R.) IV 1443
Gillebert de Berneville (Jung, M.-R.) IV 1454
Gilles, 2. G. de Chin (Schuh, H.-M.) IV 1454
Gilles, 3. G. li Muisis (Jung, M.-R.) IV 1454
Girart d'Amiens (Jung, M.-R.) IV 1460
Girart de Roussillon (Rossi, L.) IV 1461
Glossen, Glossare, III. Romanische Literaturen (Gier, A.) IV 1511
Godefroy de Lagny (Schuh, H.-M.) IV 1530
Golein, Jean (Gerwing, M.) IV 1552
Gormond et Isembart (Rossi, L.) IV 1561
Gottfried, 9. G. v. Bouillon, II. 2. Französische, mittelenglische und deutsche Literatur (Bergner, H.) IV 1600
Gower, John (Gretsch, M.) IV 1614
Gra(a)l, -sdichtung, I. Französische Literatur (Baumgartner, E.) IV 1616
Grammatik, grammatische Literatur, D. II. Romanische Literaturen (Gier, A.) IV 1643
Gréban, 1. G., Arnoul (Gnädinger, L.) IV 1662
Gréban, 2. G., Simon (Jung, M.-R.) IV 1663
Gregorius-Legende, II. Französische Literatur (Mertens, V.) IV 1691
Gringore, Pierre (Jung, M.-R.) IV 1719
Griseldis, I. Romanische Literaturen (Rossi, L.) IV 1720
Gruel, Guillaume (Bourgain, P.) IV 1735
Gui, 2. G. de Cambrai (Jung, M.-R.) IV 1767
Gui de Nanteuil (Jung, M.-R.) IV 1767
Guiart, Guillaume (Gier, A.) IV 1768
Guibert d'Andrenas (Prosperetti Ercoli, F.) IV 1770
Guillaume, 1. G. Alecis (Schuh, H.-M.) IV 1777
Guillaume, 2. G. d'Amiens (Leuchtmann, H.) IV 1778
Guillaume, 3. G. de Berneville (Gnädinger, L.) IV 1778
Guillaume, 6. G. le clerc (Gnädinger, L.) IV 1779
Guillaume, 8. G. de Degulleville (Briesemeister, D.) IV 1780
Guillaume, 11. G. de Machaut (Gnädinger, L., Meyer-Eller, S.) IV 1781
Guillaume, 12. G. de Puylaurens (Bourgain, P.) IV 1782
Guillaume, 13. G. de Tudela (Dossat, Y.) IV 1782
Guillaume, 14. G. le Vinier (Jung, M.-R.) IV 1782
Guillaume d'Angleterre, Dit de (Klüppelholz, H.) IV 1783
Guillaume le Maréchal (Jung, M.-R.) IV 1783
Guillem, 3. G. (Guilhem) Figueira (Várvaro, A.) IV 1783
Guiot, 1. G. de Dijon (Leuchtmann, H.) IV 1787
Guiot, 2. G. de Provins (Tietz, M.) IV 1787
Guiraut, 1. G. de Bornelh (Rossi, L.) IV 1787
Guiraut, 3. G. de Calanson (Jung, M.-R.) IV 1788

Hagiographie, B. II. Altfranzösische und altprovenzalische Literatur (Gnädinger, L.) IV 1845
Heinrich, 44. H. III., Hzg. v. Brabant (Avonds, P.) III 2067

Heldendichtung (Reichl, K.) IV 2115
Hélinand de Froidmont (Bourgain, P.) IV 2120
Hemricourt, Jacques de (Bourgain, P.) IV 2130
Henri, 2. H. d'Andeli (Gier, A.) IV 2135
Henri, 3. H. d'Arci (Jung, M.-R.) IV 2135
Henri, 4. H. de Valenciennes (Bourgain, P.) IV 2136
Hermann, 31. H. de Valenciennes (Jung, M.-R.) IV 2169
Heroldsdichtung, II. Französische Literatur (Gier, A.) IV 2174
Hirtendichtung (Klüppelholz, H., Jung, M.-R.) V 37
Histoire ancienne (Jung, M.-R.) V 40
Histoire des ducs de Normandie et des rois d'Angleterre (Bourgain, P.) V 41
Hue de Rotelande (Keller, H.-E.) V 152
Hugues, 2. H. III. de Berzé-le-Châtel (Ebel, U.) V 182
Humanismus, D. Frankreich (Dresden, S.) V 198
Huon d'Auvergne (Vitale-Brovarone, A.) V 226
Huon de Bordeaux (Rossi, M.) V 227
Huon, 1. H. de Méry (Jung, M.-R.) V 228
Huon, 2. H. (III.) d'Oisi (Pulega, A.) V 229
Huon, 3. H. le Roi (Ebel, U.) V 229

Jacques, 1. J. d'Amiens (Vitale Brovarone, A.) V 266
Jacques, 4. J. de Longuyon (Ross, D. J. A.) V 267
Jagdtraktate (Schwenk, S.) V 272
Jardin de Plaisance et fleur de Rhetoricque, Le (Jung, M.-R.) V 303
Jaufre (Jung, M.-R.) V 310
Jean, 16. J. Acart de Hesdin (Heintze, M.) V 336
Jean, 17. J. d'Anneux V 336
Jean, 19. J. le Bel (Hoeges, D.) V 337
Jean, 21. J. Bretel (Vitale Brovarone, A.) V 337
Jean, 25. J. de Condé (Heintze, M.) V 338
Jean, 32. J. de la Motte (Juan i Tous, P.) V 340
Jean, 34. J. d'Outremeuse (Tietz, M.) V 340
Jean, 35. J. de Saint-Quentin (Jung, M.-R.) V 340
Jehan, 1. J. Erart (Leuchtmann, H.) V 345
Jehan, 2. J. le Teinturier (Ebel, U.) V 345
Jehan de Paris (Vitale Brovarone, A.) V 346
Jehannot de l'Escurel (Leuchtmann, H.) V 346
Jeux floraux (Zufferey, F.) V 365
Johannes, 79. J. Carlerius de Gerson (Bäumer, R.) V 561
Joinville, 2. J., Je(h)an de (Foulet, A.) V 620
Jonas, Homélie sur (Zink, M.) V 625
Journal d'un bourgeois de Paris (Autrand, F.) V 639
Jouvenel des Ursins (Lewis, P. S.) V 640
Jugement d'amour (Ebel, U.) V 798

Karl, 2. K. (I.) d. Große, B. II. [Karl I. d. Große in der Dichtung] Altfranzösische Literatur (Keller, H.-E.) V 962
Karnevalsdichtungen, II. 1. [Romanische Literaturen] Frankreich (Mühlethaler, J.-C.) V 1001
Kommentar, II. Romanische Literaturen (Jung, M. R.) V 1280
Kreuzzugsdichtung, II. 1. [Französische Literatur] Epik (Crist, L. S.) V 1519
Kreuzzugsdichtung, II. 2. [Französische Literatur] Französische und provenzalische Lyrik (Jung, M.-R.) V 1520

Lai, I. Französische Literatur (Schmid, B.) V 1615
Laisse (Jung, M.-R.) V 1620
La Marche, Olivier de (Vielliard, F.) V 1622
Lancelot, I. Französische Literatur (Baumgartner, E.) V 1637

Lancia, 2. L., Manfredi (Rossi, L.) V 1641
Langue d'oc (Jung, M.-R.) V 1705
Langue d'oïl (Jung, M.-R.) V 1705
Latini, Brunetto (Bruni, F.) V 1746
La Tour Landry, Geoffroy (Sansone, G. E.) V 1748
L'Atre périlleux (Zink, M.) V 1750
La Vigne, André de (Jung, M.-R.) V 1771
Lefèvre, 2. L. (Le Fèvre), Jean (Bourgain, P.) V 1794
Lefèvre, 3. L., Raoul (Aeschbach, M.) V 1794
Lefèvre, 4. L. de St-Remy, Jean (Bourgain, P.) V 1794
Lefranc, Martin (Jung, M.-R.) V 1795
Legenda aurea, B. II. [Überlieferung und Rezeption] Frankreich (Fleith, B.) V 1797
Lehrhafte Literatur, IV. Französische Literatur (Ebel, U.) V 1829
Lehrhafte Literatur, V. Provenzalische Literatur (Ebel, U.) V 1832
Lemaire de Belges, Jean (Schoysmann, A.) V 1867
Leseur, Guillaume (Tucoo-Chala, P.) V 1910
Leys d'amors (Zufferey, F.) V 1935
Lion de Bourges (Kibler, W. W.) V 2003
Literaturkritik, III. 1. Französische Literatur (Trachsler, R.) V 2019
Literaturkritik, III. 2. Provenzalische Literatur (Trachsler, R.) V 2019
Lohengrin, I. Romanische Literaturen (Walter, Ph.) V 2080
Lothringerepen (Walter, Ph.) V 2137
Lucena, 2. L., Vasco de (Mettmann, W.) V 2156
Lucidarius, -rezeption, IV. Romanische Literaturen (Meyenberg, R.) V 2161
Lyrik, 1. Romanische Literaturen (Jung, M.-R.) VI 48

Magelone (Gier, A.) VI 80
Maillart, Jean (Jung, M.-R.) VI 125
Mandeville, Jean de (Baumgärtner, I.) VI 188
Marcabru (Rossi, L.) VI 219
Märchen und Märchenmotive im MA (Maaz, W.) VI 224
Margareta, 5. M. Porete (Gnädinger, L.) VI 233
Maria, hl., C. III. Französische, provenzalische und italienische Literatur (Gier, A.) VI 266
Marie, 2. M. de France (Kroll, R.) VI 287
Martin, 14. M. Le Franc (Jung, M.-R.) VI 347
Matière de Bretagne (Trachsler, R.) VI 395
Matthaeus, Matthäus, 9. M. Paris (Schnith, K.) VI 399
Melusine (Harf-Lancner, L.) VI 504
Memento mori, B. II. Romanische Literaturen (Gier, A.) VI 507
Ménestrel de Reims, Recits d'un (Vielliard, F.) VI 519
Merveilles de Rigomer, Les (Trachsler, R.) VI 550
Meschinot, Jean (Thiry, C.) VI 551
Mézières, Philippe de (Richard, J.) VI 592
Michault, Pierre (Vitale Brovarone, A.) VI 609
Michel, Jean (Jung, M.-R.) VI 609
Milet, Jacques (Jung, M.-R.) VI 624
Minneallegorie (Jung, M.-R.) VI 642
Minnehof, I. Begriff; romanische und deutsche Literatur(en) (Karnein, A.) VI 643
Mirakelspiele, I. Romanische Literaturen (Muir, L.) VI 659
Molinet, Jean (Jung, M.-R.) VI 726
Moniot d'Arras (Jung, M.-R.) VI 761
Monstrelet, Enguerran(d) de (Vielliard, F.) VI 772
Montanhagol, Guilhem de (Rossi, L.) VI 777
Montaudon, Mönch v. (Rossi, L.) VI 780
Montreuil, Jean de (Jung, M.-R.) VI 818

Moralitäten, II. Französische Literatur (Helmich, W.) VI 825
Mousquet, Philippe (Hoeges, D.) VI 876
Muisis, Gilles li (Vielliard, F.) VI 893
Mündliche Literaturtradition, II. Romanische Literaturen (Selig, M.) VI 901
Muset, Colin (Homan, P.) VI 947
Mysterienspiele, I. Romanische Literaturen (Muir, L. R.) VI 979

Nangis, Wilhelm v. (Bourgain, P.) VI 1015
Natureingang, III. Romanische Literaturen (Schulze-Busacker, E.) VI 1045
Navigatio sancti Brendani, II. Übertragungen in romanische Sprachen (Orlandi, G.) VI 1064
Neun Gute Helden, I. Französische Literatur (Ott, N. H.) VI 1104
Nicola da Verona (Gier, A.) VI 1131
Nicole Bozon (Trachsler, R.) VI 1135
Nobla Leiçon (Sansone, G.) VI 1210
Novelle, I. Begriff; Romanische Literaturen (Bruni, F.) VI 1301

Octavian (Jung, M.-R.) VI 1344
Oede de la Couroierie (Leuchtmann, H.) VI 1363
Ogier le Danois (Trachsler, R.) VI 1373
Oresme, Nicole, I. Leben und Werk (Bourgain, P.) VI 1447
Orgemont, Pierre d', 1. Leben (Autrand, F.) VI 1452
Orgemont, Pierre d', 2. Chronik (Vielliard, F.) VI 1453
Orville, Jean d' (Vielliard, F.) VI 1490
Oton de Grandson (Jung, M.-R.) VI 1561
Ovid, B. I. Französische Literatur (Jung, M.-R.) VI 1595

Païen de Maisières (Trachsler, R.) VI 1627
Parodie, IV. Romanische Literaturen (Rossi, L.) VI 1740
Parthenopeus (Partonopeus), I. Französische Literatur (Joris, P.-M.) VI 1744
Parzival, Perceval, II. Französische Literatur (Baumgartner, E.) VI 1749
Passion, B. III. Französische Literatur (Jung, M.-R.) VI 1763
Pastoralet (Bourgain, P.) VI 1773
Pastourelle, Pastorela, I. Romanische Literaturen (Rossi, L.) VI 1775
Pathelin, Maître Pierre (Rousse, M.) VI 1782
Peire, 1. P. d'Alvernha (Asperti, St.) VI 1857
Peire, 3. P. Raimon de Tolosa (Asperti, St.) VI 1858
Peire, 4. P. Rogier (Asperti, St.) VI 1858
Peirol (Asperti, St.) VI 1859
Pèlerinage de Charlemagne (Jung, M.-R.) VI 1864
Perceforest (Roussineau, G.) VI 1877
Perceval de Cagny (Vielliard, F.) VI 1878
Perdigon (Briesemeister, D.) VI 1882
Perrin d'Angicourt (Schmid, B.) VI 1898
Philipp, 32. Ph. v. Novara (Edbury, P. W.) VI 2079
Philippe, 5. Ph. de Remy (Bourgain, P.) VI 2081
Philippe, 6. Ph. de Thaon (Jung, M.-R.) VI 2081
Philippe, 7. Ph. de Vitry, 1. Leben und Werk (Gnädinger, L.) VI 2082
Physiologus, III. 2. Romanische Literaturen (Zambon, F.) VI 2120
Pierre, 3. P. de Beauvais (Trachsler, R.) VI 2138
Pierrekin de la Coupele (Schmid, B.) VI 2141
Piramus, Denis (Rossi, L.) VI 2172
Planctus, II. Romanische Literaturen (Jung, M.-R.) VI 2199

Ponthus et la belle Sidoine (Gleißner, R.) VII 94
Predigt, B. II. Französische und Provenzalische Literatur (Ebel, U.) VII 176
Presles, 2. P., Raoul de (Lalou, E.) VII 190
Primat, Chronist (Bourgain, P.) VII 211
Provenzalische Literatur (Jung, M.-R.) VII 280
Psalmen, Psalter, B. VI. Romanische Literaturen (Gier, A.) VII 300
Pseudo-Turpin (Bourgain, P.) VII 310
Puy (Jung, M.-R.) VII 336

Quinze Joies de Mariage (Rossi, L.) VII 374

Raimbaut, 1. R. d'Aurenga (Rossi, L.) VII 403
Raimbaut, 2. R. de Vaqueiras (Asperti, St.) VII 403
Raimbert de Paris (Jung, M.-R.) VII 404
Raimon, 1. R. de Cornet (Asperti, St.) VII 404
Raimon, 2. R. Jordan (Asperti, St.) VII 404
Raimon, 3. R. de Miraval (Asperti, St.) VII 404
Raoul, 2. R. de Ferrières (Rossi, L.) VII 441
Raoul, 3. R. de Houdenc (Sansone, G. E.) VII 441
Raoul, 4. R. le Petit (Jung, M.-R.) VII 442
Raoul, 6. R. de Soissons (Asperti, St.) VII 442
Raoul de Cambrai (Trachsler, R.) VII 442
Rätsel, IV. Romanische Literaturen (Vitale Brovarone, A.) VII 465
Refrain, II. Romanische Literaturen (Gier, A.) VII 553
Reimchronik, I. Allgemein. Romanische Literaturen (Hoeges, D.) VII 649
Reimgebet, II. Romanische Literaturen (Ebel, U.) VII 654
Reisen, Reisebeschreibungen, A. II. 2. Romanische Literaturen (Vitale Brovarone, A.) VII 676
Renart, II. Romanische Literaturen (Mühlethaler, J.-C.) VII 721
Renart, Jean (Mühlethaler, J.-C.) VII 724
Renaut, 1. R. de Beaujeu (Prosperetti Ercoli, F., Jung, M.-R.) VII 725
Renaut, 2. R. de Louhans (Jung, M.-R.) VII 726
Renaut de Montauban (Vitale Brovarone, A.) VII 726
Re(n)clus de Molliens (Gnädinger, L.) VII 727
René, 1. R. v. Anjou, II. 1. [Mäzenatentum] Allgemein. Literarische Tätigkeit (Mühlethaler, J.-C.) VII 729
Reverdie, I. Romanische Literatur (Gier, A.) VII 771
Rhetorik, III. Romanische Literaturen (Gier, A.) VII 791
Rhétoriqueurs (Jung, M.-R.) VII 794
Richard, 24. R. v. Fournival (Lucken, Ch.) VII 822
Richart de Semilli (Leuchtmann, H.) VII 829
Richeut (Gier, A.) VII 831
Rigaut de Barbezieux (Trachsler, R.) VII 849
Riquier, Guiraut (Bertolucci Pizzorusso, V.) VII 863
Robert, 38. R. de Blois (Sansone, G. E.) VII 901
Robert, 41. R. de Castel (Jung, M.-R.) VII 902
Robert, 43. R. de Clari (Schein, S.) VII 902
Robert, 44. R. le Clerc (Jung, M.-R.) VII 903
Robert, 53. R. Grosseteste (McEvoy, J.) VII 905
Robert, 62. R. v. St. Marianus zu Auxerre (Bourgain, P.) VII 910
Robert le Diable (Berlioz, J.) VII 914
Robertet, 2. R., Jean (Jung, M.-R.) VII 915
Roger, 6. R. d'Andeli (Jung, M.-R.) VII 940
Roland (in der Überlieferung), C. I. Romanische Literaturen (Short, I.) VII 954
Rolandslied (Short, I.) VII 959
Roman, I. Allgemein. Romanische Literaturen (Stanesco, M.) VII 981
Roman de la Poire (Grünberg-Dröge, M.) VII 990
Roman des romans (Gier, A.) VII 991

Roman de la Rose, I. Französisches Original (Strubel, A.) VII 991
Roman de Sidrac(h) (Gier, A.) VII 995
Romanzen, I. Altfranzösische und okzitanische Literatur (Rossi, L.) VII 1003
Rondeau (Gier, A.) VII 1024
Rotruenge (Gier, A.) VII 1054
Rudel, Jaufre (Rossi, L.) VII 1069
Rusticiano da Pisa (Rossi, L.) VII 1122
Rutebeuf (Mühlethaler, J.-Cl.) VII 1124

Saint Eustache, Vie de (Gnädinger, L.) VII 1149
Saint-Gelais, 1. S., Jean de (Bourgain, P.) VII 1156
Saint-Gelais, 2. S., Octovien de (Jung, M.-R.) VII 1156
Saint Léger, Vie de (Gnädinger, L.) VII 1173
Salomo (Salomon), C. I. Lateinische, deutsche und französische Literatur (Ott, N. H.) VII 1311
Salut (Asperti, St.) VII 1319
Satire, III. Romanische Literaturen (Gier, A.) VII 1394
Savaric de Mauléon (Asperti, St.) VII 1408
Schachspiel, II. Das Schachspiel in der Literatur; Schachbücher, Schachallegorie (Petschar, H.) VII 1428
Schlaraffenland, I. Allgemein (Ott, N. H.) VII 1477
Schmähdichtung, I. Romanische Literaturen (Briesemeister, D.) VII 1498
Schwank, II. Romanische Literaturen (Rossi, L.) VII 1618
Secretum secretorum, B. I. [Übersetzungen] Romanische Literaturen (Briesemeister, D.) VII 1663
Seinte Resureccion, La (Gnädinger, L.) VII 1721
Sermons joyeux (Zink, M.) VII 1790
Sermons de Saint-Bernard (Zink, M.) VII 1791
Sextine (Pulega, A.) VII 1810
Seyssel, Claude de (Charon, A.) VII 1821
Sieben weise Meister, I. Ursprung und allgemeine literarische Rezeption (Ott, N. H.) VII 1836
Simon, 10. S. de Freine (Mühlethaler, J.-C.) VII 1916
Simon, 12. S. de Hesdin (Mühlethaler, J.-C.) VII 1917
Sirma (Vuijlsteke, M.) VII 1936
Sirventes (Jung, M.-R.) VII 1937
Somme le roi (Vielliard, F.) VII 2041
Sone de Nansay (Vitale Brovarone, A.) VII 2045
Songe du Vergier, Le (Schnerb-Lièvre, M.) VII 2045
Songe (le) Véritable (Bourgain, P.) VII 2046
Sordello (Asperti, St.) VII 2057
Sottie (Gier, A.) VII 2063
Spiegelliteratur, II. Romanische Literaturen (Briesemeister, D.) VII 2102
Spielmannsdichtung, I. Romanische Literaturen (Rossi, L.) VII 2113
Sponsus (Drame de l'époux) (Gnädinger, L.) VII 2133
Sprichwort, Sprichwortsammlung, II. Romanische Literaturen (Ebel, U.) VII 2136
Stephan, 26. S. v. Fougères (Vielliard, F.) VIII 122
Straßburger Eide (Sonderegger, S.) VIII 219
Streitgedicht, III. Romanische Literaturen (Briesemeister, D.) VIII 236
Sully, 1. S., Maurice de (Longère, J.) VIII 300

Tafelrunde (Gier, A.) VIII 421
Tagebuch, II. Iberische Halbinsel, Frankreich (Briesemeister, D.) VIII 425
Tagelied, III. 1. [Romanische Literaturen] Okzitanische und frz. Lit. (Trachsler, R.) VIII 428
Taillevent, 1. T., Guillaume Tirel gen. Taillevent (Mattejiet, U.) VIII 436
Taillevent, 2. T. (Michault Le Caron) (Mühlethaler, J.-C.) VIII 437

Tedbald, 5. T. IV., Gf. v. Champagne, III. Literarische Bedeutung (Jung, M.-R.) VIII 521
Tenzone, Tenso (Asperti, St.) VIII 544
Testament, C. I. Französische und altprovenzalische Literatur (Jung, M.-R.) VIII 571
Teufel, D. II. Romanische Literaturen (Gier, A.) VIII 586
Thebenroman (Jacob-Hugon, Ch.) VIII 612
Theophilus-Legende, II. Romanische Literaturen (Gier, A.) VIII 668
Thibaud, 2. Th. de Marly (Jung, M.-R.) VIII 689
Thierry, 2. Th. de Vaucouleurs (Jung, M.-R.) VIII 693
Thomas, 15. Th. d'Angleterre (Rossi, L.) VIII 705
Thomas, 49. Th. (III.) v. Saluzzo (Jung, M.-R.) VIII 723
Tierepos, I. Allgemein. Mittellateinische, deutsche und romanische Literatur (Knapp, F. P.) VIII 765
Tischsitten, Tischzuchten, B. V. Romanische Literaturen (Ehlert, T.) VIII 809
Tombeor de Notre Dame, Del (Gnädinger, L.) VIII 854
Totentanz, B. II. Romanische Literaturen (Briesemeister, D.) VIII 900
Tournoi de Chauvency (Trachsler, R.) VIII 920
Tournoiement d'Enfer (Vitale Brovarone, A.) VIII 921
Trémaugon, Évrart de (Schnerb-Lièvre, M.) VIII 970
Trevet(h), Nicholas (Taylor, J.) VIII 979
Tristan, A. I. Romanische Literaturen (Rossi, L.) VIII 1020
Trobairitz (Rossi, L.) VIII 1029
Trobar clus (Asperti, St.) VIII 1030
Trojadichtung, III. Romanische Literaturen (Jung, M.-R.) VIII 1036
Trostbücher, II. Romanische Literaturen (Gnädinger, L.) VIII 1049
Troubadours, I. Literaturhistorisch (Rossi, L.) VIII 1052
Trouvère, I. Literarisch (Wolfzettel, F.) VIII 1058
Trubert (Rossi, L.) VIII 1069
Tugenden und Laster, Tugend- und Lasterkataloge, IV. 3. Romanische Literaturen (Briesemeister, D.) VIII 1088

Übersetzer, Übersetzungen, V. Französische und altprovenzalische Literatur (Jung, M.-R.) VIII 1156
Uc, 2. U. (Uguet) de Mataplana (Asperti, St.) VIII 1170
Uc, 3. U. de Saint Circ (Guida, S.) VIII 1170
Unsinnsdichtung, I. Romanische Literaturen (Angeli, G.) VIII 1262

Venette, Jean de (Bourgain, P.) VIII 1472
Vengeance Raguidel, La (Hogenbirk, M.) VIII 1473
Vénus la déesse d'Amour, De (Vitale Brovarone, A.) VIII 1480
Vergi, La Chastelaine de (Vitale Brovarone, A.) VIII 1521
Vergil im MA, A. II. Romanische Literaturen (Rossi, L.) VIII 1526
Vers- und Strophenbau, III. Romanische Literaturen (Capovilla, G.) VIII 1573
Vidal, Arnaut (Asperti, S.) VIII 1632
Vidal, Peire (Asperti, S.) VIII 1633
Vidal, Ramon (Asperti, S.) VIII 1633
Vidas und razos (Asperti, S.) VIII 1635
Vie de Saint Edmond archêveque (Gnädinger, L.) VIII 1638

Vie de Saint Edmond le Roi (Gnädinger, L.)
VIII 1638
Vie de Saint Edouard (Aedward) le Confesseur (Gnädinger, L.) VIII 1638
Vie de Sainte Geneviève de Paris (Gnädinger, L.)
VIII 1638
Vie de Saint Grégoire (Gnädinger, L.) VIII 1639
Vier Haimonskinder (Röcke, W.) VIII 1653
Vies des Pères (Gnädinger, L.) VIII 1656
Vignay, Jean de (Vielliard, F.) VIII 1659
Vigneulles, Philippe de (Vielliard, F.) VIII 1660
Villehardouin, Gottfried v., I. Leben (Lalou, E.)
VIII 1687
Villehardouin, Gottfried v., II. Chronik (Prinzing, G.)
VIII 1688
Villon, François (Mühlethaler, J.-C.) VIII 1696
Virelai (Grünberg-Dröge, M.) VIII 1710
Visio(n), -sliteratur, A. VIII. Französische und italienische Literatur (Ebel, U.) VIII 1743
Vitas patrum, 2. Volkssprachliche Übersetzungen (Williams, U.) VIII 1766
Voeu du Faisan (Richard, J.) VIII 1807
Voeux du heron (Vitale Brovarone, A.) VIII 1808

Volkslied, II. Romanische Literaturen (Rossi, L.)
VIII 1836

Wace (Thein, M. L.) VIII 1887
Walter, 6. W. v. Bibbesworth (Sauer, H.) VIII 1993
Walter, 14. W. of Henley (Hägermann, D.) VIII 1997
Watriquet Brassenel de Couvin (Angeli, G.)
VIII 2078
Wauquelin, Jean (Vielliard, F., Hériché, S.) VIII 2079
Wavrin, 1. W., Jean de (Richard, J.) VIII 2080
Wilhelm, 19. W. IX., Hzg. v. Aquitanien, II. Literatur (Rieger, D.) IX 141
Wilhelmsepen, I. Französische Literatur (Boutet, D.)
IX 198
Wunder des Ostens, II. Romanische Literaturen (Gosman, M.) IX 362

Yder (Stanesco, M.) IX 409
Ysopets (Gier, A.) IX 429
Yvain, -stoff, 1. Ursprünge; Französische Literatur (Trachsler, R.) IX 430

Zorzi, Bartolomè (Asperti, S.) IX 676

II. ITALIENISCHE SPRACHE UND LITERATUR

Abravanel, 2. A., Jehuda (Besomi, O., Maier, J.) I 54
Accolti, 1. A., Benedetto (Cardini, F.) I 74
Accolti, 2. A., Bernardo (Cardini, F.) I 74
Alberti, 3. A., Leon Battista (Schalk, F.) I 292
Alexander d. Gr., B. V. 3. [Alexanderdichtung] Italien (Ross, D.) I 361
Alfani, Gianni (Bruni, F.) I 389
Alighieri, 2. A., Jacopo (Manselli, R.) I 413
Alione, Gian Giorgio (Naso, I., Busetto, G.) I 414
Aliprandi, Bonamente (Manselli, R.) I 414
Andrea da Barberino (Busetto, G.) I 599
Angiolello, Giovanni Maria (Haase, C. P.) I 635
Angiolieri, Cecco (Blomme, R.) I 636
Anonymus Romanus (Miglio, M.) I 674
Antichrist, B. III. Romanische Literaturen (Briesemeister, D.) I 706
Antonio, 1. A. (Beccari) da Ferrara (Blomme, R.) I 729
Apokryphen, A. II. 5. Romanische Literaturen (Kroll, W.) I 766
Apollonius von Tyrus, B. II. Romanische Literaturen (Briesemeister, D.) I 772
Arienti, Giovanni Sabadino degli (Blomme, R.) I 931
Aristoteles, C. I. [Übersetzungen, Rezeption in den volkssprachlichen Literaturen] Romania (Briesemeister, D.) I 942
Ars moriendi, B. II. Romanische Literaturen (Briesemeister, D.) I 1041
Augurellus, Johannes Aurelius (Telle, J.) I 1218
Aurispa (Piciuneri[o]), Giovanni (Schalk, F.) I 1245
Autobiographie, III. 4. Italienische Literatur und Frühhumanismus (Briesemeister, D.) I 1264

Ballade, B. I. 2. Italienische Literatur (Capovilla, G.)
I 1384
Barbaro, 4. B., Nicolò (Carile, A.) I 1439
Barlaam und Joasaph, B. IV. Romanische Literaturen (Vuijlsteke, M.) I 1466
Bartholom(a)eus, 16. B. v. Pisa (Roßmann, H.) I 1497
Beatrice (Blomme, R.) I 1739

Beichtformeln, C. I. Romanische Literaturen (Briesemeister, D.) I 1813
Belcari, Feo (Busetto, G.) I 1834
Bellincioni, Bernardo (Busetto, G.) I 1847
Bencivenni, Zucchero (Premuda, L.) I 1856
Benvenuto, 2. B. da Imola (Rüegg, W.) I 1923
Bernardinus, 2. B. v. Feltre (Manselli, R.) I 1972
Bernardinus, 4. B. v. Siena, I. Leben und Werk (Busetto, G., Manselli, R.) I 1973
Bernardo Maragone (v. der Nahmer, D.) I 1975
Bersegapé, Pietro da (Busetto, G.) I 2019
Bibbiena (Busetto, G.) II 39
Bibelübersetzungen, XIV. 3. Italienische Bibelübersetzungen (Kroll, W.) II 103
Biographie, III. Romanische Literaturen (Briesemeister, D.) II 203
Bisticci, Vespasiano da (Busetto, G.) II 250
Boccaccio, Giovanni (Bruni, F.) II 298
Boiardo, Matteo Maria (Busetto, G.) II 347
Bonagiunta (Orbicciani) da Lucca (Busetto, G.) II 400
Bonichi, Bindo (Busetto, G.) II 412
Bonvesin da la Riva (Busetto, G.) II 436
Brief, Briefliteratur, Briefsammlungen, B. III. 1. a. [Romanische Sprachen und Literaturen. Briefliteratur] Italien (Briesemeister, D.) II 666
Brief, Briefliteratur, Briefsammlungen, B. III. 2. Private und politische Korrespondenz an italienischen Fürstenhöfen (Soldi Rondinini, G.) II 670
Bruni, 2. B., Leonardo (Busetto, G.) II 760
B(u)ovo d'Antona (Jung, M.-R.) II 938
Burchielleske Dichtung (Busetto, G.) II 953
Burchiello, Domenico di Giovanni (Busetto, G.) II 953

Cadamosto, Alvise (Hamann, G.) II 1336
Caesar im Mittelalter, D. IV. Romanische Literaturen (Briesemeister, D.) II 1357
Camino, 1. C., Gaia da (Manselli, R.) II 1418
Cammelli, Antonio (Busetto, G.) II 1419
Canigiani, Ristoro (Busetto, G.) II 1435
Cantari (Leissing-Giorgetti, S.) II 1446

Canzone, I. Italienische Dichtung (Busetto, G.) II 1465
Canzoniere (Busetto, G.) II 1468
Capitolo (Busetto, G.) II 1478
Carafa, Diomede (Pásztor, E.) II 1495
Carole (Ebel, U.) II 1521
Castiglione, 1. C., Baldassare (Cormier, R. J.) II 1560
Cavalca, Domenico OP (Busetto, G.) II 1588
Cavalcanti, 2. C., Guido (Bruni, F.) II 1591
Cecco d'Ascoli (Busetto, G.) II 1599
Certame coronario (Busetto, G.) II 1633
Chanson (Schuh, H.-M.) II 1699
Chronik, D. Italien (Manselli, R.) II 1965
Cicero in Mittelalter und Humanismus, A. V. Rezeption in der italienischen Literatur (Rüegg, W.) II 2069
Cielo d'Alcamo (Leissing-Giorgetti, S.) II 2083
Cino da Pistoia, III. Dichterisches Werk (Bruni, F.) II 2090
Ciriaco d'Ancona (Bodnar, E. W.) II 2099
Collenuccio, Pandolfo (Manselli, R.) III 42
Colombini, Giovanni (Barone, G.) III 50
Colonna, 4. C., Giovanni (aus der Linie Palestrina) (Barone, G.) III 55
Colonna, Francesco (Plotzek, J. M.) III 58
Colonne, 1. C., Guido delle (Bruni, F.) III 59
Colonne, 2. C., Odo delle (Bruni, F.) III 60
Compagni, Dino (Leissing-Giorgetti, S.) III 97
Compiuta Donzella (Leissing-Giorgetti, S.) III 102
Contarini, 1. C., Ambrogio (Preto, P.) III 184
Contemptus mundi, B. III. Italienische Literatur (Elwert, W. Th.) III 190
Convenevole da Prato, Ser (Vitale-Brovarone, A.) III 206
Corio, Bernardino (Chittolini, G.) III 236
Cornazzano, Antonio, 1. Vita und literar. Tätigkeit (Chittolini, G.) III 241

Dandolo, 1. D., Andrea (Menniti Ippolito, A.) III 490
Dandolo, 3. D., Enrico, Geschichtsschreiber (Carile, A.) III 492
Daniel, 3. D. v. Capodistria (Telle, J.) III 538
Dante Alighieri, A. Leben (Bezzola, R. R., Binding, G.) III 544
Dante Alighieri, B. I. [Werke] Überblick (Bezzola, R. R., Ringger, K.) III 546
Dante Alighieri, B. II. [Werke] Zur Dichtung (Bezzola, R. R.) III 548
Dante Alighieri, B. III. [Werke] Wirkungsgeschichte der Commedia (Ringger, K.) III 551
Dante Alighieri, B. IV. [Werke] Interpretationsfragen der Commedia (Ringger, K.) III 552
Dante Alighieri, B. V. [Werke] Convivio, Monarchia und Commedia unter philosophisch-theologischem Gesichtspunkt (Imbach, R.) III 553
Dante Alighieri, B. VI. [Werke] Dantes Werk unter astronomisch-astrologisch-kosmologischem Aspekt (North, J. D.) III 558
Dante Alighieri, B. VII. [Werke] Handschriftenüberlieferung (Güntert, G.) III 559
Dante da Maiano (Blomme, R.) III 563
Davanzati, Chiaro (Busetto, G.) III 595
De' Bassi (Del Basso), (Pietro) Andrea (Vitale Brovarone, A.) III 611
Decembrio, 1. D., Angelo (Rüegg, W.) III 615
Decembrio, 2. D., Pier Candido (Soldi Rondinini, G.) III 616
Dei, Benedetto (Cardini, F.) III 639

Del Carretto, 2. D. C., Galeotto (Fontanella, Lucia) III 667
Descensus Christi ad inferos, 3. Altfrz., altprov. und it. Literatur (Jacobsen, P. Ch.) III 716
Dialog, VI. Romanische Literaturen (Vitale Brovarone, A.) III 956
Diesis (Jung, M.-R.) III 1012
Disticha Catonis, II. Romanische Literaturen (Briesemeister, D.) III 1123
Divina-Commedia-Illustrationen (Binding, G.) III 1132
Dolce stil novo (Bruni, F.) III 1169
Dolfin, 1. D., Pietro (Carile, A.) III 1173
Dolfin, 3. D., Zorzi (Giorgio) (Carile, A.) III 1174
Dominici, Giovanni (Decker, W., Rüegg, W.) III 1185
Donati, Forese (Vitale Brovarone, A.) III 1234
Donatus, 4. D. Acciaiolus (Lohr, C. H.) III 1238
Doria, 2. D., Jacopo (Petti Balbi, G.) III 1313
Doria, 4. D., Perceval (Cremonesi, C.) III 1314
Drama, III. Italienische Literatur (Damblemont, G.) III 1358
Drei Lebende und drei Tote, II. 1. [Volkssprachliche Literatur und ikonographische Überlieferung] Romanische Überlieferung (Briesemeister, D.) III 1391
Duca di Monteleone, Diurnali del (Fodale, S.) III 1435

Elegie, IV. Romanische Literaturen (Jung, M.-R.) III 1793
Endecasillabo (D'Agostino, A.) III 1901
Epos, D. II. 1. [Romanische Literaturen] Problemlage (Jung, M.-R.) III 2085
Epos, D. II. 2. [Romanische Literaturen] Historische Entwicklung (Lange, W.-D.) III 2087
Equicola, Mario (Coppini, D.) III 2092
Exempel, Exemplum, IV. Romanische Literaturen (Vitale Brovarone, A.) IV 164

Fabel, -dichtung, IV. Romanische Literaturen (Gier, A.) IV 204
Facetie (Elwert, W. Th.) IV 214
Faitinelli, Pietro dei (Vitale Brovarone, A.) IV 233
Fechten, Fechtwesen, III. Fechtliteratur in Deutschland und Italien (Hils, H.-P.) IV 326
Ficino, Marsilio (Blum, P. R.) IV 430
Filelfo, 1. F., Francesco (Giustiniani, V. R.) IV 444
Filelfo, 2. F., Giovanni Mario (Giustiniani, V. R.) IV 445
Filippi, Rustico (Bruni, F.) IV 450
Fiore, il (Várvaro, A.) IV 486
Fioretti di S. Francesco (Várvaro, A.) IV 486
Florilegien, B. I. 3. Romanische Literaturen (Elwert, W. Th.) IV 570
Florisdichtung, B. I. Romanische Literaturen (Rossi, L.) IV 573
Folgóre da San Gimignano (Vitale Brovarone, A.) IV 609
Franko-italienische Literatur (Cremonesi, C.) IV 744
Franziskus, 1. F. v. Assisi, II. Literarisch (Elwert, W. Th.) IV 833
Frescobaldi, Dino (Bruni, F.) IV 911
Frezzi, Federic(g)o (Vitale Brovarone, A.) IV 914
Friulanisch (Benincà, P.) IV 983
Frottola (Leuchtmann, H.) IV 994

Gareth, Benedetto (Coppini, D.) IV 1114
Geistliche Dichtung, VI. Romanische Literaturen (Briesemeister, D.) IV 1190

Gherardi, Giovanni da Prato (Bruni, F.) IV 1435
Giacomino, 2. G. da Verona IV 1439
Giacomo, 1. G. da Lentini (Bruni, F.) IV 1439
Giamboni Bono (Vitale Brovarone, A.) IV 1440
Giordano (Jordanus) da Pisa (Delcorno, C.) IV 1455
Giovanni, 3. G. delle Celle (Barone, G.) IV 1457
Giustiniani, 3. G., Leonardo (Tramontin, S.) IV 1471
Glossen, Glossare, III. Romanische Literaturen (Gier, A.) IV 1511
Grammatik, grammatische Literatur, D. II. Romanische Literaturen (Gier, A.) IV 1643
Griseldis, I. Romanische Literaturen (Rossi, L.) IV 1720
Guido, 12. G. Faba (Schaller, H. M.) IV 1775
Guinizelli, Guido (Bruni, F.) IV 1786
Guittone d'Arezzo (Moleta, V.) IV 1789

Hagiographie, B. IV. 1. [Italien] Früh- und Hochmittelalter (Leonardi, C.) IV 1848
Hagiographie, B. IV. 2. [Italien] Spätmittelalter (Briesemeister, D.) IV 1849
Hirtendichtung (Klüppelholz, H., Jung, M.-R.) V 37
Humanismus, A. Allgemein und Italien (Rüegg, W.) V 186

Jacobus, 20. J. de Marchia (Ciccarelli, D.) V 259
Jacopone da Todi (Menestò, E.) V 264
Johannes, 76. J. v. Capestrano (Elm, K.) V 560
Johannes, 189. J. de Vergilio (Düchting, R.) V 610
Italienische Literatur (Bruni, F.) V 762
Italienische Sprache (Ineichen, G.) V 769

Karnevalsdichtungen, II. 2. [Romanische Literaturen] Italien (Mühlethaler, J.-C.) V 1002
Katharina, 10. K. v. Siena (Pásztor, E.) V 1072
Kommentar, II. Romanische Literaturen (Jung, M. R.) V 1280

Lancia, 1. L., Andrea (Rossi, L.) V 1641
Landino, Cristoforo (Lohr, C. H.) V 1669
Lapo, 2. L., Gianni (Bruni, F.) V 1715
Latini, Brunetto (Bruni, F.) V 1746
Lauda, L.endichtung (Picone, M.) V 1751
Legenda aurea, B. I. [Überlieferung und Rezeption] Italien (Vitale Brovarone, A.) V 1797
Lehrhafte Literatur, VI. Italienische Literatur (Ebel, U.) V 1833
Literaturkritik, III. 3. Italienische Literatur (Picone, M.) V 2020
Lovato Lovati (Picone, M.) V 2139
Lucidarius, -rezeption, IV. Romanische Literaturen (Meyenberg, R.) V 2161

Macaronische (makkaronische) Poesie (Picone, M.) VI 56
Manetti, 1. M., Antonio di Tuccio (Picone, M.) VI 191
Manetti, 2. M., Gianozzo (Coppini, D.) VI 191
Maria, hl., C. III. Französische, provenzalische und italienische Literatur (Gier, A.) VI 266
Masuccio Salernitano (Picone, M.) VI 374
Medici, 2. M., Lorenzo »il Magnifico« (Luzzati, M.) VI 445
Minneallegorie (Jung, M.-R.) VI 642
Mirakelspiele, I. Romanische Literaturen (Muir, L.) VI 659
Mündliche Literaturtradition, II. Romanische Literaturen (Selig, M.) VI 901
Mussato, Albertino (Picone, M.) VI 971

Mysterienspiele, I. Romanische Literaturen (Muir, L. R.) VI 979

Natureingang, III. Romanische Literaturen (Schulze-Busacker, E.) VI 1045
Navigatio sancti Brendani, II. Übertragungen in romanische Sprachen (Orlandi, G.) VI 1064
Neun Gute Helden, II. Italienische und spanische Literatur (Briesemeister, D.) VI 1105
Niccoli, Niccolò (Coppini, D.) VI 1125
Novelle, I. Begriff; Romanische Literaturen (Bruni, F.) VI 1301
Novellino (Bruni, F.) VI 1305

Onesto da Bologna (Bruni, F.) VI 1409
Orlandi, Guido (Bruni, F.) VI 1460
Ottava rima (Rossi, L.) VI 1563
Ovid, B. II. Italienische Literatur (Guthmüller, B.) VI 1596

Pacificus, 1. P. OFM (Barone, G.) VI 1610
Palmieri, Matteo (Picone, M.) VI 1645
Parodie, IV. Romanische Literaturen (Rossi, L.) VI 1740
Passavanti, Jacopo (Bruni, F.) VI 1760
Patecchio, Girardo (Bruni, F.) VI 1778
Paulinus, 5. P. Minorita (Barone, G.) VI 1815
Petrarca, Francesco (Rossi, L.) VI 1945
Petrarkismus (Picone, M.) VI 1949
Petrus, 75. P. de Vinea, 2. Volkssprachl. Werk (Rossi, L.) VI 1988
Physiologus, III. 2. Romanische Literaturen (Zambon, F.) VI 2120
Pico della Mirandola, 2. P. d. M., Giovanni (Keßler, E.) VI 2132
Pietro, 2. P. Bembo (Marx, B.) VI 2142
Planctus, II. Romanische Literaturen (Jung, M.-R.) VI 2199
Poggio Bracciolini (Harth, H.) VII 38
Polenton, Sicco (Coppini, D.) VII 59
Poliziano (Angelo Ambrogini) (Cesarini Martinelli, L.) VII 66
Porto, Luigi da (Picone, M.) VII 113
Predigt, B. III. Italienische Literatur (Visani, O.) VII 177
Prodenzani, Simone (Rossi, L.) VII 239
Psalmen, Psalter, B. VI. Romanische Literaturen (Gier, A.) VII 300
Pucci, Antonio (Picone, M.) VII 319
Pulci, 1. P., Bernardo (Picone, M.) VII 323
Pulci, 2. P., Luca (Picone, M.) VII 324
Pulci, 3. P., Luigi (Picone, M.) VII 324

Rätsel, IV. Romanische Literaturen (Vitale Brovarone, A.) VII 465
Refrain, II. Romanische Literaturen (Gier, A.) VII 553
Reimchronik, I. Allgemein. Romanische Literaturen (Hoeges, D.) VII 649
Reimgebet, II. Romanische Literaturen (Ebel, U.) VII 654
Reisen, Reisebeschreibungen, A. II. 2. Romanische Literaturen (Vitale Brovarone, A.) VII 676
Rhetorik, III. Romanische Literaturen (Gier, A.) VII 791
Rinuccini, Alamanno (Giustiniani, V. R.) VII 858
Rispetto (Capovilla, G.) VII 863
Ristoro d'Arezzo (Rossi, L.) VII 864
Ritmo Cassinese (Picone, M.) VII 865
Robert, 57. R. v. Lecce (De Leo, P.) VII 908

Roland (in der Überlieferung), C. I. Romanische Literaturen (Short, I.) VII 954
Roman, I. Allgemein. Romanische Literaturen (Stanesco, M.) VII 981
Ruccellai, Giovanni (Picone, M.) VII 1069

Sacchetti, Franco (Bruni, F.) VII 1219
Sacre rappresentazioni (Rossi, L.) VII 1247
Salutati, Coluccio (Coppini, D.) VII 1319
Sannazaro, Jacopo (Picone, M.) VII 1366
Sanudo, 2. S., Marin d. Jg. (Tucci, U.) VII 1374
Sasso, Panfilo (Picone, M.) VII 1389
Satire, III. Romanische Literaturen (Gier, A.) VII 1394
Savonarola, 2. S., Girolamo (Cardini, F.) VII 1414
Schwank, II. Romanische Literaturen (Rossi, L.) VII 1618
Secretum secretorum, B. I. [Übersetzungen] Romanische Literaturen (Briesemeister, D.) VII 1663
Ser Giovanni (Rossi, L.) VII 1773
Serafino Aquilano (Picone, M.) VII 1774
Sercambi, Giovanni (Rossi, L.) VII 1783
Sermini, Gentile (Rossi, L.) VII 1789
Sermoni semidrammatici (Picone, M.) VII 1790
Settenario (Capovilla, G.) VII 1801
Sextine (Pulega, A.) VII 1810
Sieben weise Meister, I. Ursprung und allgemeine literarische Rezeption (Ott, N. H.) VII 1836
Sizilianisch (Varvaro, A.) VII 1944
Sizilianische Dichterschule (Bruni, F.) VII 1946
Sonett (Capovilla, G.) VII 2045
Spiegelliteratur, II. Romanische Literaturen (Briesemeister, D.) VII 2102
Spielmannsdichtung, I. Romanische Literaturen (Rossi, L.) VII 2113
Sprichwort, Sprichwortsammlung, II. Romanische Literaturen (Ebel, U.) VII 2136
Stanze (Vitale Brovarone, A.) VIII 58
Stefano Protonotaro (Bruni, F.) VIII 95
Stornello (Capovilla, G.) VIII 194
Strambotto (Capovilla, G.) VIII 211
Streitgedicht, III. Romanische Literaturen (Briesemeister, D.) VIII 236

Tagebuch, I. Italien (Robertini, L.) VIII 423

Tagelied, III. 2. Italienische Lit. (Trachsler, R.) VIII 429
Tebaldeo, Antonio (Picone, M.) VIII 516
Terzine (Capovilla, G.) VIII 562
Teufel, D. II. Romanische Literaturen (Gier, A.) VIII 586
Theophilus-Legende, II. Romanische Literaturen (Gier, A.) VIII 668
Tischsitten, Tischzuchten, B. V. Romanische Literaturen (Ehlert, T.) VIII 809
Tristan, A. I. Romanische Literaturen (Rossi, L.) VIII 1020
Trojadichtung, III. Romanische Literaturen (Jung, M.-R.) VIII 1036
Trostbücher, II. Romanische Literaturen (Gnädinger, L.) VIII 1049
Tugenden und Laster, Tugend- und Lasterkataloge, IV. 3. Romanische Literaturen (Briesemeister, D.) VIII 1088

Übersetzer, Übersetzungen, IV. Italienische Literatur (Bartuschat, J.) VIII 1154
Uberti, 3. U., Fazio degli (Rossi, L.) VIII 1168
Uguccione, 2. U. da Lodi (Rossi, L.) VIII 1180
Unsinnsdichtung, I. Romanische Literaturen (Angeli, G.) VIII 1262

Valagussa, Giorgio (Cortesi, M.) VIII 1374
Valla, Lorenzo (Hoeges, D.) VIII 1392
Vannozzo, Francesco di (Picone, M.) VIII 1410
Vergerius (Coppini, D.) VIII 1521
Vergil im MA, A. II. Romanische Literaturen (Rossi, L.) VIII 1526
Vers- und Strophenbau, III. Romanische Literaturen (Capovilla, G.) VIII 1573
Villani, Giovanni (Luzzati, M.) VIII 1678
Visio(n), -sliteratur, A. VIII. Französische und italienische Literatur (Ebel, U.) VIII 1743
Vitas patrum, 2. Volkssprachliche Übersetzungen (Williams, U.) VIII 1766
Volkslied, II. Romanische Literaturen (Rossi, L.) VIII 1836

Wunder des Ostens, II. Romanische Literaturen (Gosman, M.) IX 362

III. SPRACHEN UND LITERATUREN DER IBERISCHEN HALBINSEL

Alexander d. Gr., B. V. 2. [Alexanderdichtung] Spanien (Ross, D.) I 361
Alfons, 10. A. X. der Weise, Kg. v. Kastilien und León, II. Gesetzgeberische, wissenschaftliche und literarische Tätigkeit (Várvaro, A.) I 397
Alfons, 28. A. v. Cartagena (Lopéz Martínez, N.) I 408
Aljamiado-Literatur (Kontzi, R.) I 415
Alvares, Fr. João (Peláez, M. J.) I 497
Álvarez de Villasandino, Alfonso (Briesemeister, D.) I 497
Amadis de Gaule (Armes-Pierandreï, D.) I 504
Anselm, 11. A. Turmeda (Alvar, C.) I 689
Apokryphen, A. II. 5. Romanische Literaturen (Kroll, W.) I 766
Apollonius von Tyrus, B. II. Romanische Literaturen (Briesemeister, D.) I 772
Aristoteles, C. I. [Übersetzungen, Rezeption in den volkssprachlichen Literaturen] Romania (Briesemeister, D.) I 942

Arnald, 2. A. v. Villanova, I. Leben und theologische Werke (Manselli, R., Wolter, H., Batlle, Columba) I 995
Arremedilho (Briesemeister, D.) I 1030
Ars moriendi, B. II. Romanische Literaturen (Briesemeister, D.) I 1041
Arte mayor (Kroll, W.) I 1057
Arte menor (Kroll, W.) I 1057
Assonanz, I. Romanische Literaturen (Briesemeister, D.) I 1126
Auto de los Reyes Magos (Várvaro, A.) I 1261
Auto sacramental (Várvaro, A.) I 1261
Autobiographie, III. 2. Spanische Literatur (Briesemeister, D.) I 1263
Autobiographie, III. 3. Katalanische Literatur (Briesemeister, D.) I 1264
Azurara, Gomes Eanes de (Duchâteau, A.) I 1318

Baena, 1. B., Juan Alfonso de (Kroll, W.) I 1343
Barlaam und Joasaph, B. IV. Romanische Literaturen (Vuijlsteke, M.) I 1466
Beichtformeln, C. I. Romanische Literaturen (Briesemeister, D.) I 1813
Bernat Desclot (Alvar, C.) I 1980
Berufsdichter, III. Romanische Literaturen (Kasten, I.) I 2046
Bestiarium, -ius, Bestiarien, A. IV. Romanische Literaturen (Mermier, G. R.) I 2074
Bibelübersetzungen, XIV. 4. Spanische Bibelübersetzungen (Kroll, W.) II 103
Bibelübersetzungen, XIV. 5. Katalanische Bibelübersetzungen (Kroll, W.) II 104
Bibelübersetzungen, XIV. 6. Portugiesische Bibelübersetzungen (Kroll, W.) II 104
Biographie, III. Romanische Literaturen (Briesemeister, D.) II 203
Bocados de Oro (Bonium) (Kroll, W.) II 297
Bolseyro (Bolseiro), Juyão (Busetto, G.) II 388
Brief, Briefliteratur, Briefsammlungen, B. III. 1. d. [Romanische Sprachen und Literaturen. Briefliteratur] Katal.-aragonesisches Herrschaftsgebiet (Briesemeister, D.) II 668
Brief, Briefliteratur, Briefsammlungen, B. III. 1. e. [Romanische Sprachen und Literaturen. Briefliteratur] Kast. Sprachraum (Briesemeister, D.) II 668
Brief, Briefliteratur, Briefsammlungen, B. III. 1. f. [Romanische Sprachen und Literaturen. Briefliteratur] Portugal (Briesemeister, D.) II 669

Caesar im Mittelalter, D. IV. Romanische Literaturen (Briesemeister, D.) II 1357
Calvo, Bonifaci(o) (Alvar, C.) II 1403
Canals, Antoni (Batlle, Columba) II 1427
Canción (Kroll, W.) II 1429
Cancioneiro (d'Heur, J. M.) II 1429
Cancionero de Stúñiga (Kroll, W.) II 1430
Cantar (Kroll, W.) II 1443
Cantar del Rey Fernando (Kroll, W.) II 1443
Cantar de Sancho II de Castilla y Cerco de Zamora (Briesemeister, D.) II 1444
Cantares Caçurros (Várvaro, A.) II 1444
Cantares de gesta (Várvaro, A.) II 1445
Cantiga (Kroll, W.) II 1458
Cantigas de Santa Maria, I. Text (Mettmann, W.) II 1459
Carbonell, 1. C., Pere Miquel (Alvar, C.) II 1496
Carole (Ebel, U.) II 1521
Carvajal (Kroll, W.) II 1534
Casas, Bartolomé de las (Pietschmann, H.) II 1543
Cavaleiro, Estêvão (Feige, P.) II 1593
Cavallero Cifar (Zifar), Libro del (Schreiner, E.) II 1594
Celestina, La (Siebenmann, G.) II 1602
Cerveri de Girona (Alvar, C.) II 1637
Chanson (Schuh, H.-M.) II 1699
Chronik, K. I. 1. [Asturien, Kastilien, León] Vom Frühmittelalter bis ins 13. Jh. (Prelog, J.) II 1996
Chronik, K. I. 2. [Asturien, Kastilien, León] Im 13. bis 15. Jh. (Vones, L.) II 1997
Chronik, K. II. Länder der Krone Aragón (Batlle, Carmen) II 1999
Chronik, K. III. Portugal (Mattoso, J.) II 2000
Chronik v. San Juan de la Peña (Prelog, J.) II 2030
Cicero in Mittelalter und Humanismus, A. VI. Rezeption in den Literaturen der Iberischen Halbinsel (Briesemeister, D.) II 2072

Cid, El, II. Literarische Darstellungen (Briesemeister, D.) II 2080
Clavijo, Ruy González de (Lindgren, U.) II 2136
Contemptus mundi, B. IV. Literaturen der Iberischen Halbinsel (Briesemeister, D.) III 190
Conto de Amaro (Zacherl, E.) III 199
Copla (Kroll, W.) III 214
Coplas de ¡Ay Panadera! (Kroll, W.) III 214
Coplas de Mingo Revulgo (Briesemeister, D.) III 215
Coplas del Provincial (Kroll, W.) III 215
Crónica da Alfonso XI (Vones, L.) III 351
Crónica General de España (Ladero Quesada, M.-A.) III 352
Crónica de Pere el Cerimoniós (Riu, M.) III 352
Crónica de Veinte Reyes (Recuero Astray, M.) III 354
Cuaderna vía (Briesemeister, D.) III 364
Curial e Güelfa (Briesemeister, D.) III 387

Descensus Christi ad inferos, 4. Literaturen der Iberischen Halbinsel (Briesemeister, D.) III 717
Descoll, Bernat (Mateu, J.) III 721
Devise (Korn, H.-E., Briesemeister, D.) III 925
Dezime (Kroll, W.) III 934
Dialog, VI. Romanische Literaturen (Vitale Brovarone, A.) III 956
Diego, 5. D. de San Pedro (Briesemeister, D.) III 1002
Diego, 6. D. de Valera (Briesemeister, D.) III 1002
Díez de Gámes, Gutierre (Briesemeister, D.) III 1040
Diez Mandamientos (Kroll, W.) III 1041
Dinis, 1. D., Kg. v. Portugal, 2. Literarische Tätigkeit (d'Heur, J. M.) III 1065
Disticha Catonis, II. Romanische Literaturen (Briesemeister, D.) III 1123
Domenèc, Jaume (Udina, F.) III 1178
Drama, IV. Iberoromanische Literatur (Briesemeister, D.) III 1359

Eduard, 11. E. (Duarte), Kg. v. Portugal, 2. Literarisches Werk (Briesemeister, D.) III 1595
Eiximenis, Francesc (Lindgren, U.) III 1760
Elegie, IV. Romanische Literaturen (Jung, M.-R.) III 1793
Encina, Juan del, 1. Literarisches Œuvre (Briesemeister, D.) III 1899
Enriquez del Castillo, Diego (Ladero Quesada, M.-A.) III 2022
Enzyklopädie, Enzyklopädik, III. 1. Romanische und niederländische Literaturen (Bernt, G., Jung, M.-R.) III 2034
Epos, D. II. 1. [Romanische Literaturen] Zur Problemlage (Jung, M.-R.) III 2085
Epos, D. II. 2. [Romanische Literaturen] Zur historischen Entwicklung (Lange, W.-D.) III 2087
Estevan da Guarda (Briesemeister, D.) IV 37
Estribillo (D'Agostino, A.) IV 43
Exempel, Exemplum, IV. Romanische Literaturen (Vitale Brovarone, A.) IV 164

Fabel, -dichtung, IV. Romanische Literaturen (Gier, A.) IV 204
Falkentraktate, II. Romanische Literaturen (Jung, M.-R.) IV 241
Fernam de Silveira (Briesemeister, D.) IV 371
Fernández, 5. F. de Heredia, Juan (Vones, L.) IV 373
Fernández, 6. F., Lucas (Briesemeister, D.) IV 374
Fernández, 7. F. de Palencia, Alfonso (Briesemeister, D.) IV 374

Fernández, 9. F. de Santaella, Rodrigo (García y García, A.) IV 376
Ferrer, 1. F., Bonifacio (Feige, P.) IV 394
Ferrer, 1. F., Vincent(e) (Feige, P.) IV 395
Florilegien, B. I. 3. Romanische Literaturen (Elwert, W. Th.) IV 570
Florisdichtung, B. I. Romanische Literaturen (Rossi, L.) IV 573
Fürstenspiegel, B. I. Romanische Literaturen (Berger, G.) IV 1049

Galicisch-portugiesische Sprache und Literatur (Briesemeister, D.) IV 1088
Galíndez de Carvajal, Lorenzo (Vones, L.) IV 1090
García, 12. G. de Santa María, Alvar (Vones, L.) IV 1113
Gato, Juan Alvarez (Briesemeister, D.) IV 1139
Geistliche Dichtung, VI. Romanische Literaturen (Briesemeister, D.) IV 1190
Gesta Comitum Barcinonensium et Regum Aragonensium (Vones, L.) IV 1406
Glossen, Glossare, III. Romanische Literaturen (Gier, A.) IV 1511
Gonzalo, 5. G. de Berceo (Várvaro, A.) IV 1559
Grammatik, grammatische Literatur, D. II. Romanische Literaturen (Gier, A.) IV 1643
Gran Conquista de Ultramar (Vones, L.) IV 1651
Grande et general Estoria (Ladero Quesada, M.-A.) IV 1651
Griseldis, I. Romanische Literaturen (Rossi, L.) IV 1720
Guilhade, Joan García de (Sansone, G. E.) IV 1777
Guzman, Fernán Pérez de (Várvaro, A.) IV 1810

Hagiographie, B. V. Iberische Halbinsel (Briesemeister, D.) IV 1850
Heldendichtung (Reichl, K.) IV 2115
Hermannus, 2. H. Alemannus (Lohr, C. H.) IV 2170
Hernando del Pulgar (Várvaro, A.) IV 2172
Hirtendichtung (Klüppelholz, H., Jung, M.-R.) V 37
Humanismus, H. Iberische Halbinsel (Briesemeister, D.) V 204

Jagdtraktate (Schwenk, S.) V 272
Imperial, Francisco (Sansone, G. E.) V 395
Joan, 1. J. Airas (Briesemeister, D.) V 487
Joan, 3. J. Rois de Corella (Briesemeister, D.) V 487
Jordi de Sant Jordi (Briesemeister, D.) V 629
Juan, 1. J. de Dueñas (Briesemeister, D.) V 775
Juan, 3. J. Gil v. Zamora (Briesemeister, D.) V 776
Juan, 4. J. de Lucena (Briesemeister, D.) V 776
Juan, 5. J. Manuel, Infante (Briesemeister, D.) V 776
Juan, 6. J. de Mena (Briesemeister, D.) V 777
Juan, 11. J. Rodríguez del Padrón (Briesemeister, D.) V 778

Karnevalsdichtungen, II. 3. [Romanische Literaturen] Iberische Halbinsel (Mühlethaler, J.-C.) V 1002
Katalanische Sprache und Literatur (Briesemeister, D.) V 1055
Kommentar, II. Romanische Literaturen (Jung, M. R.) V 1280

Ladino (Busse, W.) V 1609
Laisse (Jung, M.-R.) V 1620
Legenda aurea, B. III. [Überlieferung und Rezeption] Iberische Halbinsel (Briesemeister, D.) V 1798
Lehrhafte Literatur, VII. Spanische Literatur (Ebel, U.) V 1834

Lehrhafte Literatur, VIII. Katalanische Literatur (Ebel, U.) V 1835
Lehrhafte Literatur, IX. Portugiesische Literatur (Mettmann, W.) V 1835
Libro de los buenos proverbios (Briesemeister, D.) V 1954
Libro de los doze sabios o Tractado de la nobleza e lealtad (Briesemeister, D.) V 1955
Libro de los engaños e los asayamientos de las mugeres (Briesemeister, D.) V 1955
Libro de los Gatos (Pögl, J.) V 1955
Libros de caballerías (Pögl, J.) V 1956
Llibre dels Feits, 1. Zum Werk (Vones, L.) V 2058
Llibre dels Feits, 2. Handschriftliche Überlieferung (Mateu Ibars, J.) V 2058
Loaysa, Jofré de (Rabadé Obradó, M.) V 2061
Lope, 3. L. de Salazar y Salinas OFM (Briesemeister, D.) V 2110
Lopes, Fernão (Briesemeister, D.) V 2111
López de Ayala, Pedro (Briesemeister, D.) V 2111
Lucena, 3. L., Vasco Fernandes de (Mettmann, W.) V 2157
Lucidarius, -rezeption, IV. Romanische Literaturen (Meyenberg, R.) V 2161

Macias o Namorado (Briesemeister, D.) VI 60
Madrigal, Alonso de (Briesemeister, D.) VI 67
Mainet (Briesemeister, D.) VI 130
Malla, Felip de (Batlle, L.-C.) VI 171
Manrique, 1. M., Gómez (Briesemeister, D.) VI 199
Manrique, 2. M., Jorge (Briesemeister, D.) VI 199
March, 1. M., Ausias (Briesemeister, D.) VI 222
March, 2. M., Pere (Briesemeister, D.) VI 222
Margarit i de Pau, Joan (Batlle, L.-C.) VI 242
Maria, hl., C. IV. Literaturen der Iberischen Halbinsel (Briesemeister, D.) VI 268
Martínez Alfonso de Toledo (Várvaro, A.) VI 348
Martorell, 2. M., Joanot (Briesemeister, D.) VI 351
Memento mori, B. II. Romanische Literaturen (Gier, A.) VI 507
Mendoza, 1. M., Iñigo López de, Marqués de Santillana (Sansone, G. E.) VI 517
Meogo, Pero (Briesemeister, D.) VI 532
Metge, Bernat (Briesemeister, D.) VI 578
Minneallegorie (Jung, M.-R.) VI 642
Mirakelspiele, I. Romanische Literaturen (Muir, L.) VI 659
Moner, Francesc (Briesemeister, D.) VI 755
Montoro, Antón de (Briesemeister, D.) VI 812
Mündliche Literaturtradition, II. Romanische Literaturen (Selig, M.) VI 901
Muntaner, Ramon (Batlle, C.) VI 919
Mysterienspiele, I. Romanische Literaturen (Muir, L. R.) VI 979

Nebrija, Elio Antonio de (Alonso-Núñez, J. M.) VI 1077
Neun Gute Helden, II. Italienische und spanische Literatur (Briesemeister, D.) VI 1105
Nunes, Airas (Briesemeister, D.) VI 1316

Ovid, B. III. [Volkssprachliche Literaturen] Iberische Halbinsel (Briesemeister, D.) VI 1596

Padilla, Juan de (Briesemeister, D.) VI 1616
Pai Gomes Charinho (Mettmann, W.) VI 1627
Parodie, IV. Romanische Literaturen (Rossi, L.) VI 1740

Pedro, 2. P., Infant v. Portugal (Briesemeister, D.)
VI 1851
Pedro, 4. P. Afonso, Gf. v. Barcelos (Vones, L.)
VI 1852
Pedro, 10. P. Pascual (Briesemeister, D.) VI 1854
Pérez de Pulgar, Fernán (Ladero Quesada, M. A.)
VI 1885
Pero, 1. P. Guillén de Segovia (Briesemeister, D.)
VI 1893
Peter, 4. P. IV., Kg. v. Aragón (Vones, L.) VI 1926
Planctus, II. Romanische Literaturen (Jung, M.-R.)
VI 2199
Poema de Alfonso Onceno (Briesemeister, D.) VII 33
Poema de Fernán González (Briesemeister, D.) VII 34
Poema de Yuşuf (Briesemeister, D.) VII 34
Ponte, Pero de (Briesemeister, D.) VII 93
Portugiesische Prosa (Mettmann, W.) VII 121
Predigt, B. IV. [Volkssprachliche Literaturen des
Westens] Iberische Halbinsel (Briesemeister, D.)
VII 178
Psalmen, Psalter, B. VI. Romanische Literaturen
(Gier, A.) VII 300

Rätsel, IV. Romanische Literaturen (Vitale Brovarone, A.) VII 465
Raymundus, 2. R. Lullus (Riedlinger, H.) VII 490
Redondilla (Mettmann, W.) VII 539
Refrain, II. Romanische Literaturen (Gier, A.) VII 553
Reimchronik, I. Allgemein. Romanische Literaturen
(Hoeges, D.) VII 649
Reimgebet, II. Romanische Literaturen (Ebel, U.)
VII 654
Reisen, Reisebeschreibungen, A. II. 2. Romanische Literaturen (Vitale Brovarone, A.) VII 676
Rhetorik, III. Romanische Literaturen (Gier, A.)
VII 791
Rodríguez de Leña, Pedro (Briesemeister, D.) VII 932
Rodríguez de Montalvo, Garci (Gómez-Montero, J.)
VII 932
Rojas, Fernando de (Briesemeister, D.) VII 950
Roig, Jaume (Briesemeister, D.) VII 951
Roland (in der Überlieferung), C. I. Romanische Literaturen (Short, I.) VII 954
Roman, I. Allgemein. Romanische Literaturen
(Stanesco, M.) VII 981
Romancero (Briesemeister, D.) VII 995
Roncesvalles-Fragment (Briesemeister, D.) VII 1023
Rui de Pina (Briesemeister, D.) VII 1093
Ruiz, Juan (Briesemeister, D.) VII 1093

Santa María, Pablo de (Ladero Quesada, M. A.)
VII 1177
San Pedro, Diego de (Briesemeister, D.) VII 1190
Sanches, Afonso (Feige, P.) VII 1350
Sánchez de Arévalo, Rodrigo (Vones, L.) VII 1351
Sánchez Ferrant de Talavera (Briesemeister, D.)
VII 1351
Sánchez de Vercial, Clemente (Briesemeister, D.)
VII 1352
Satire, III. Romanische Literaturen (Gier, A.) VII 1394
Schmähdichtung, I. Romanische Literaturen (Briesemeister, D.) VII 1498
Schwank, II. Romanische Literaturen (Rossi, L.)
VII 1618

Secretum secretorum, B. I. [Übersetzungen] Romanische Literaturen (Briesemeister, D.) VII 1663
Siete Infantes de Lara, Los (Briesemeister, D.)
VII 1877
Soares, Martin (Mettmann, W.) VII 2017
Spanische Sprache und Literatur (Briesemeister, D.)
VII 2078
Spiegelliteratur, II. Romanische Literaturen (Briesemeister, D.) VII 2102
Spielmannsdichtung, I. Romanische Literaturen
(Rossi, L.) VII 2113
Sprichwort, Sprichwortsammlung, II. Romanische Literaturen (Ebel, U.) VII 2136
Streitgedicht, III. Romanische Literaturen (Briesemeister, D.) VIII 236
Stúñiga, Lope de (Briesemeister, D.) VIII 267

Tafur, Pero (Mettmann, W.) VIII 422
Tagebuch, II. Iberische Halbinsel/Frankreich (Briesemeister, D.) VIII 425
Tagelied, III. 3. Lit. der Iberischen Halbinsel
(Trachsler, R.) VIII 429
Talavera, Hernando (Pérez) de (Vones, L.) VIII 443
Tapia, Juan de (Briesemeister, D.) VIII 464
Testament, C. II. Literatur der Iberischen Halbinsel
(Briesemeister, D.) VIII 572
Teufel, D. II. Romanische Literaturen (Gier, A.)
VIII 586
Theophilus-Legende, II. Romanische Literaturen
(Gier, A.) VIII 668
Tomich, Pere (Vones, L.) VIII 854
Torre, Alfonso de la (Briesemeister, D.) VIII 877
Torroella (Torrella, Torrellas), Pere (Briesemeister, D.)
VIII 881
Totentanz, B. II. Romanische Literaturen (Briesemeister, D.) VIII 900
Trojadichtung, III. Romanische Literaturen
(Jung, M.-R.) VIII 1036
Trostbücher, II. Romanische Literaturen (Gnädinger, L.)
VIII 1049
Tugenden und Laster, Tugend- und Lasterkataloge,
IV. 3. Romanische Literaturen (Briesemeister, D.)
VIII 1088

Übersetzer, Übersetzungen, III. Iberoromanische Literatur (Briesemeister, D.) VIII 1152

Valera, Diego de (Ladero Quesada, M. A.) VIII 1389
Vasco, 2. V. Perez Pardal (Mettmann, W.) VIII 1419
Vega, Garcilaso de la (Mattejiet, U.) VIII 1443
Velho, Fernan (Mettmann, W.) VIII 1450
Vers- und Strophenbau, III. Romanische Literaturen
(Capovilla, G.) VIII 1573
Vicente, Gil (Mettmann, W.) VIII 1623
Villena, Enrique de (Mettmann, W.) VIII 1689
Vincente de Burgos (Briesemeister, D.) VIII 1700
Visio(n), -sliteratur, A. IX. Iberoromanische Literatur
(Briesemeister, D.) VIII 1745
Vitas patrum, 2. Volkssprachliche Übersetzungen (Williams, U.) VIII 1766
Volkslied, II. Romanische Literaturen (Rossi, L.)
VIII 1836

Zorro, João (Mettmann, W.) IX 675

Deutsche Sprache und Literatur

Abgesang (Petzsch, Ch.) I 40
Abrogans (Bergmann, R.) I 54
Adam, III. Adam in der deutschen Literatur des Mittelalters (Murdoch, B.) I 114
Akrostichon, 3. Dt. Lit. (Kuhn, H.) I 257
Albrecht, 24. A. v. Eyb (Klecha, G.) I 325
Albrecht, 25. A. v. Halberstadt (Schüppert, H.) I 325
Albrecht, 26. A. v. Johan(n)sdorf (Sudermann, D. P.) I 325
Albrecht, 27. A. v. Kemenaten (Heinzle, J.) I 326
Albrecht, 28. A. v. Scharfenberg (Nyholm, K.) I 326
Alexander d. Gr., B. VI. Mittelhochdeutsche Literatur (Buntz, H.) I 362
Alexander, 35. A., der wilde, obdt. Spruchdichter (Glier, I.) I 381
Allegorie, Allegorese, V. 1. Allgemein, Deutsche Literatur (Glier, I.) I 423
Alliteration, A. Altgermanische Dichtung (Ehrhardt, H.) I 432
Althochdeutsche Literatur und Sprache (Sonderegger, S.) I 472
Altsächsische Sprache und Literatur (Beckers, H.) I 492
Andreas, 9. A. Capellanus, II. Europäische Verbreitung des Werkes (Karnein, A.) I 605
Andreas, 18. A. v. Regensburg (Girgensohn, D.) I 609
Andreas, 19. A. von Rode (Wesche, M.) I 610
Anegenge (Schulze, U.) I 616
Annolied (Nellmann, E.) I 668
Antichrist, B. I. Mittelhochdeutsche Literatur (Wang, A.) I 705
Antonius, 9. A. v. Pforr (Gerdes, U.) I 733
Apokalypse, B. I. Deutsche Literatur (Beckers, H.) I 750
Apokryphen, A. II. 1. Deutsche Literatur (Masser, A.) I 762
Apollonius von Tyrus, B. IV. Deutsche Literatur (Haug, W.) I 773
Aristoteles, C. III. [Übersetzungen, Rezeption in den volkssprachlichen Literaturen] Deutsche Literatur (Honemann, V.) I 946
Arnold, 15. A. (Priester Arnold) (Ganz, P.) I 1004
Arnold, 21. A. v. Harff (Beckers, H.) I 1007
Arnold, 22. A. v. Lübeck (Wesche, M.) I 1007
Arnpeck, Veit (Liebhart, W.) I 1011
Ars moriendi, B. I. Mittellateinische und deutschsprachige Literatur (Rudolf, R.) I 1040
Artus (Arthur), Artussage, Artusromane, III. Mittelhochdeutsche Literatur (Walliczek, W.) I 1080
Assonanz, II. Deutsche Literatur (Schulze, U.) I 1126
Athis und Prophilias, 2. Mittelhochdeutsch (Ganz, P.) I 1167
Autobiographie, IV. Deutsche Literatur (Schulze, U.) I 1265
Ava (Schulze, U.) I 1281
Aventure (âventiure), II. Mittelhochdeutsch (Mertens, V.) I 1289

Ballade, B. II. 1. Deutsche Literatur (Mertens, V. I 1385
Bamberger Glaube und Beichte (Schulze, U.) I 1402
Bar (Petzsch, Ch.) I 1426
Barlaam und Joasaph, B. VI. Deutsche Literatur (Rosenfeld, H.) I 1467
Basler Rezepte (Keil, G.) I 1543

Beckmesser, Sixt (Rosenfeld, H.) I 1774
Beheim, Michael (Kiepe-Willms, E.) I 1811
Beichtformeln, C. II. Deutsche Literatur (Schulze, U.) I 1815
Belial (Ott, N. H.) I 1842
Bermuttersegen (Howard, J. A.) I 1967
Bernerton (Brunner, H.) I 1982
Bernger v. Horheim (Schweikle, G.) I 1982
Bernhard, 26. B. von (vom) Breidenbach (Woldan, E.) I 1991
Bernhard, 33. B. von der Geist (Jacobsen, P. Chr.) I 1998
Berthold, 15. B. v. Freiburg (Roßmann, H.) I 2031
Berthold, 16. B. v. Herbolzheim (Mertens, V.) I 2032
Berthold, 17. B., Mgf. v. Hohenburg (Schaller, H. M.) I 2032
Berthold, 18. B. v. Holle (Urbanek, F.) I 2033
Berthold, 21. B. v. Regensburg (Mertens, V.) I 2035
Berufsdichter, IV. Deutsche Literatur (Schulze, U.) I 2047
Bestiarium, -ius, Bestiarien, A. V. Deutsche Literatur (Henkel, N.) I 2076
Bibeldichtung, II. Althochdeutsche und mittelhochdeutsche Literatur (Kartschoke, D.) II 77
Bibelübersetzungen, VIII. Gotische Bibelübersetzungen (Kartschoke, D.) II 95
Bibelübersetzungen, X. Deutsche Bibelübersetzungen (Kartschoke, D.) II 96
Biblia pauperum (Plotzek-Wederhake, G., Bernt, G.) II 109
Bilderbogen (Plotzek-Wederhake, G.) II 149
Biographie, V. Deutsche Literatur (Schulze, U.) II 206
Bîspel (Grubmüller, K.) II 248
Biterolf und Dietleib (Heinzle, J.) II 253
Bligger v. Steinach (Mertens, V.) II 278
Bollstatter, Konrad (Mertens, V.) II 369
Bömlin, Konrad (Honemann, V.) II 390
Boner, Ulrich (Grubmüller, K.) II 410
Bonstetten, Albrecht v. (Grössing, H.) II 434
Boppe, Meister (Wachinger, B.) II 445
Bote, Hermen (Hucker, B. U.) II 482
Brant, Sebastian (Wuttke, D.) II 574
Braunschweiger Reimchronik (Last, M.) II 588
Brautwerberepos, Brautwerbungsmotiv, II. Mittelhochdeutsche Literatur (Mertens, V.) II 592
Bremberger-Lieder (Schulze, U.) II 602
Breyell, Heinrich (Daems, W. F.) II 643
Brief, Briefliteratur, Briefsammlungen, B. I. Deutsche Sprache und Literatur (Holtorf, A.) II 663
Brun, 7. B. v. Schönebeck (Beckers, H.) II 757
Buch, Johann v. (Buchholz-Johanek, I.) II 811
Buch von geistlicher Armut (Montag, U.) II 812
Buch der Heiligen Dreifaltigkeit (Telle, J.) II 812
Buch der Rügen (Honemann, V.) II 815
Büchlein (»zweites B.«) (Schulze, U.) II 836
Burggraf v. Regensburg (Schulze, U.) II 1050
Burggraf v. Rietenburg (Schulze, U.) II 1051
Burkhart, 2. B. v. Hohenfels (Mertens, V.) II 1105
Busant, Der (Hänsch, I.) II 1115

Caesar im Mittelalter, D. I. [Beispiele für das Caesarbild in der ma. Prosaliteratur und Dichtung] Deutsche Literatur (Schulze, U.) II 1355

Caesarius, 3. C. v. Heisterbach, III. Nachleben (Wagner, F.) II 1365
Cammermeister, Hartung (Patze, H.) II 1420
Canzone, II. Mittelhochdeutsche Dichtung (Schweikle, G.) II 1467
Carmina Burana, I. Überlieferung und Inhalt (Schaller, D., Mertens, V.) II 1513
Celtis, Conradus, Protucius (Wuttke, D.) II 1608
Christherre-Chronik (Ott, N. H.) II 1908
Christus und die Samariterin (Schulze, U.) II 1943
Chronik, C. II. Die deutschsprachigen Chroniken im späteren Mittelalter (Schnith, K.) II 1963
Chronik, C. III. Die frühhumanistische Chronistik (Schnith, K.) II 1964
Cicero im Mittelalter und Humanismus, A. VIII. Rezeption in der deutschen Literatur (Kesting, P.) II 2073
Closener, Fritsche (Schnith, K.) II 2170
Colin, Philipp (Mertens, V.) III 32
Contemptus mundi, B. V. Deutsche Literatur (Schulze, U.) III 192
Crescentialegende, dt. (Baasch, K.) III 342

Damen, Hermann (Schulze, U.) III 471
David, 7. D. v. Augsburg (Mertens, V.) III 604
Debs, Benedikt (Schulze, U.) III 612
Descensus Christi ad inferos, 5. Deutsche Literatur (Jacobsen, P. Ch.) III 717
Detmar v. Lübeck (Spies, H.-B.) III 737
Deutsche Literatur (Schulze, U.) III 740
Deutsche Sprache (Lühr, R.) III 758
Deutschordensliteratur (Erfen-Hänsch, I.) III 917
Dialog, VII. Deutsche Literatur (Schmitt, P.) III 958
Diebessegen (Daxelmüller, Ch.) III 985
Diebold Lauber (Schiewer, H.-J.) III 986
Dietmar v. Aist (Schulze, U.) III 1015
Dietrich v. Bern, II. Deutsche Dietrichsepik (Heinzle, J.) III 1018
Dietrich, 26. D. Kolde (Berg, D.) III 1037
Dietrichs Flucht (Heinzle, J.) III 1038
Disticha Catonis, III. Deutsche Literatur (Kesting, P.) III 1124
Drama, V. Deutsche Literatur (Schulze, U.) III 1361
Dukus Horant (Caliebe, M.) III 1446

Ebernand v. Erfurt (Schulze, U.) III 1524
Ebner(in), 1. E., Christine (Dinzelbacher, P.) III 1527
Ebner(in), 2. E., Margarete (Dinzelbacher, P.) III 1527
Ebran v. Wildenberg, Hans (Hagel, B.) III 1531
Eckenlied (Heinzle, J.) III 1547
Eckhart (Meister E.), I. Leben (Imbach, R.) III 1547
Eckhart (Meister E.), II. Werk (Imbach, R.) III 1548
Eckhart (Meister E.), III. Textauthenzität, Sprache, Rezeption (Schulze, U.) III 1550
Egenolf v. Staufenberg (Schulze, U.) III 1603
Eike v. Repgow (Lieberwirth, R.) III 1726
Eilhart v. Oberg (Mertens, V.) III 1728
Einwik (Dinzelbacher, P.) III 1747
Eisenacher Chroniken (Patze, H.) III 1754
Eleonore, 8. E. v. Österreich (Schöning, B.) III 1809
Elisabeth, 14. E. v. Nassau-Saarbrücken (Mertens, V.) III 1836
Elisabeth, 16. E. v. Thüringen, III. Hagiographie (Werner, M.) III 1840
Elisabeth, 17. E. Achler v. Reute (Dinzelbacher, P.) III 1842
Elisabeth, 18. E. v. Schönau (Dinzelbacher, P.) III 1842
Ellenhard, 2. E. d. Große (Schnith, K.) III 1847

Elsbeth v. Oye (Ochsenbein, P.) III 1860
Engelberger Prediger (Ruh, K.) III 1916
Engelhus, Dietrich (Berg, D.) III 1921
Engelt(h)al (Dinzelbacher, P.) III 1922
Enikel, Jans (Csendes, P.) III 2012
Enzyklopädie, Enzyklopädik, III. 3. Deutsche Literatur (Schmitt, P.) III 2035
Epos, D. I. Deutsche Literatur (Schulze, U.) III 2082
Erfurt, V. Bibliotheken und Geschichtsschreibung (Streich, G.) III 2135
Ermenrichs Tod (Heinzle, J.) III 2157
Eschenloer, Peter (Menzel, J. J.) IV 11
Etzel/Atli, I. Deutsche Literatur (Schulze, U.) IV 61
Eulenspiegel, Til(l) (Hucker, B. U.) IV 94
Eyb, Ludwig v., d. Ä. (Escher, F.) IV 188
Ezzolied (Schulze, U.) IV 198

Fabel, -dichtung, III. Deutsche Literatur (Grubmüller, K.) IV 203
Falkentraktate, III. Deutsche Literatur (Erfen, I.) IV 242
Fastnachtspiel (Müller, M. E.) IV 314
Fechten, Fechtwesen, III. Fechtliteratur in Deutschland und Italien (Hils, H.-P.) IV 326
Fleischmann, Albrecht (Moraw, P.) IV 545
Florisdichtung, B. II. Deutsche Literatur (Mertens, V.) IV 573
Folz, Hans (Brunner, H.) IV 617
Fortunatus (Roloff, H.-G.) IV 666
Franckforter (Gerwing, M.) IV 686
Frau Welt (Schulze, U.) IV 881
Freidank (Eifler, G.) IV 894
Freising, I. 3. Skriptorium, Bibliothek, lit. Schaffen (Störmer, W.) IV 905
Freundschaftssagen, I. Deutsche Literatur (Mertens, V.) IV 912
Friedrich, 53. F. v. Hausen (Schulze, U.) IV 966
Friedrich von Schwaben (Ebenbauer, A.) IV 967
Frowin, 2. F. v. Krakau (Maaz, W.) IV 995
Fuetrer, Ulrich (Schmid, A.) IV 1009
Fürstenspiegel, B. III. Deutsche Literatur (Schulze, U.) IV 1051

Gawain, II. Deutsche Literatur (Schulze, U.) IV 1150
Geiler v. Kaisersberg, Johannes (Schulze, U.) IV 1174
Geistliche Dichtung, III. Deutsche Literatur (Schulze, U.) IV 1184
Geistliches Spiel, 2. Verbreitung und Aufführungspraxis. Volkssprachliche geistliche Spiele (Muir, L. R.) IV 1193
Genesisdichtung, dt. (Mertens, V.) IV 1224
Genisa, Kairoer (v. Mutius, H.-G.) IV 1233
Georg, 11. G. v. Ungarn (Haase, C. P.) IV 1281
Georgslied (Mertens, V.) IV 1292
Gerhard, 26. G. (Korngin) v. Sterngassen (Berg, D.) IV 1319
Gertrud, 4. G. d. Gr. v. Helfta (Dinzelbacher, P.) IV 1355
Gesta Romanorum, II. Deutsche Literatur (Mertens, V.) IV 1409
Glossen, Glossare, II. Deutsche Literatur (Schmitt, P.) IV 1510
Gottesfreunde (Semmler, J.) IV 1586
Gottfried, 9. G. v. Bouillon, II. 2. [G. v. B. in der mittelalterlichen Überlieferung] Französische, mittelenglische und deutsche Literatur (Bergner, H.) IV 1600
Gottfried, 21. G. v. Neifen (Mertens, V.) IV 1604

Gottfried, 25. G. v. Straßburg (Schulze, U.)   IV 1605
Gra(a)l, -sdichtung, II. Deutsche Literatur (Mertens, V.)
   IV 1618
Gregorius-Legende, III. Deutsche Literatur
   (Mertens, V.)   IV 1692
Griseldis, III. Deutsche Literatur (Erfen, I.)   IV 1721

Hadamar, 2. H. v. Laber (Schulze, U.)   IV 1817
Hadlaub, Johannes (Schmitt, P.)   IV 1821
Hagiographie, B. III. Deutsche Literatur (Kunze, K.)
   IV 1846
Hartmann, 3. H. v. Aue (Schulze, U.)   IV 1945
Heiltumsbuch (Erlemann, H., Stangier, Th.)   IV 2032
Heinrich, 7. H. VI., Ks., II. Literarische Bedeutung
   (Schulze, U.)   IV 2046
Heinrich, 105. H. v. Freiberg (Blaschke, K.)   IV 2090
Heinrich, 106. H. v. Friemar d. Ä. (Zumkeller, A.)
   IV 2091
Heinrich, 115. H. v. Hesler (Gärtner, K.)   IV 2093
Heinrich, 119. H. v. Lamme(s)springe   IV 2095
Heinrich, 121. H. v. Laufenberg (Rauner, E.)   IV 2096
Heinrich, 126. H. 'v. Meißen' (Frauenlob) (Bertau, K.)
   IV 2097
Heinrich, 127. H. v. Melk (Schulze, U.)   IV 2100
Heinrich, 131. H. v. Morungen (Schulze, U.)   IV 2101
Heinrich, 132. H. v. Mügeln (Szklenar, H.)   IV 2102
Heinrich, 133. H. v. München (Ott, N. H.)   IV 2103
Heinrich, 134. H. v. Neustadt (Schulze, U.)   IV 2103
Heinrich, 135. H. v. Nördlingen (Schmitt, P.)   IV 2104
Heinrich, 138. H. v. Rugge (Schulze, U.)   IV 2105
Heinrich, 139. H. v. Saar (Hilsch, P.)   IV 2105
Heinrich, 145. H. der Teichner (Schulze, U.)   IV 2106
Heinrich, 147. H. von dem Türlin (Mertens, V.) IV 2107
Heinrich, 148. H. v. Veldeke (Goossens, J.)   IV 2109
Heldendichtung (Reichl, K.)   IV 2115
Heliand   IV 2120
Herbort v. Fritzlar (Schulze, U.)   IV 2149
Herger (Schulze, U.)   IV 2153
Hermann, 24. H. Korner (Berg, D.)   IV 2167
Heroldsdichtung, I. Deutsche Literatur (Kellermann, K.)
   IV 2173
Herrad v. Landsberg, 1. Leben und Werk (Bernt, G.)
   IV 2179
Herrand v. Wildonie (Schulze, U.)   IV 2180
Herzog Ernst (Behr, H.-J.)   IV 2193
Hildebrandslied (Schlosser, H. D.)   V 12
Himelrîche, vom (Schulze, U.)   V 21
Himmel und Hölle (Schulze, U.)   V 27
Himmlische Jerusalem, das (Schulze, U.)   V 27
Historienbibel (Ott, N. H.)   V 45
Historisches Lied (Brednich, R. W.)   V 54
Hochmeisterchronik (Lückerath, C. A.)   V 60
Hochzeit, die (Schulze, U.)   V 62
Hohelied, das (dt. Lit. des MA) (Schmid, H. U.)   V 81
Hortulus animae (Küppers, K.)   V 130
Hrabanus Maurus, 2. Literarisches Werk (Kottje, R.)
   V 145
Hugo, 43. H. v. Langenstein (Mattejiet, U.)   V 172
Hugo, 46. H. v. Montfort (Müller, U.)   V 173
Hugo, 53. H. Ripelin v. Straßburg OP (Mojsisch, B.)
   V 176
Hugo, 57. H. v. Trimberg (Schmidtke, D.)   V 178
Humanismus, B. Deutsches Reich (Worstbrock, F. J.)
   V 193

Jagdtraktate (Schwenk, S.)   V 272
Jakob, 30. J. Twinger (Schnith, K.)   V 294

Joannes Boemus (Daxelmüller, Ch.)   V 488
Johann, 49. J. v. Neumarkt (Hlaváček, I.)   V 518
Johann, 55. J. v. Würzburg (Schulze, U.)   V 520
Johannes, 125. J. v. Indersdorf (Schmid, A.)   V 582
Johannes, 161. J. v. Posilge (Hellmann, M.)   V 596
Johannes, 180. J. v. Sterngassen (Mojsisch, B.)   V 606
Johannes, 181. J. v. Tepl (Schmidtke, D.)   V 607
Jordansegen (Keil, G.)   V 627
Jordanus, 6. J. v. Quedlinburg (Zumkeller, A.)   V 629
Judith, atl. Buch (Kartschoke, D.)   V 796
Jungfrauen, kluge und törichte (Niehr, K.)   V 807
Justinus, 3. J. v. Lippstadt (Hucker, B. U.)   V 824

Kaiserchronik (Nellmann, E.)   V 856
Kanzler, der (Kornrumpf, G.)   V 929
Karl, 2. K. (I.) d. Große, B. IV. [Karl I. d. Große in der
   Dichtung] Deutsche Literatur (Geith, K.-E.)   V 964
Kaufringer, Heinrich (Sappler, P.)   V 1086
Kleines Kaiserrecht (Munzel, D.)   V 1204
Könemann v. Jerxheim (Mattejiet, U.)   V 1297
König Rother (Otterbein, A.)   V 1324
Konrad, 34. K. v. Ammenhausen (Cramer, Th.)
   V 1356
Konrad, 37. K. v. Füssen (Dinzelbacher, P.)   V 1357
Konrad, 38. K. v. Fußesbrunnen (Grubmüller, K.)
   V 1357
Konrad, 43. K. v. Heimesfurt (Gärtner, K.)   V 1359
Konrad, 47. K. v. Megenberg (Steer, G.)   V 1361
Konrad, 49. K., Pfaffe (Nellmann, E.)   V 1363
Konrad, 51. K., Priester (Mertens, V.)   V 1364
Konrad, 55. K. v. Stoffeln (Meyer, Matthias)   V 1365
Konrad, 58. K. v. Würzburg (Lienert, E.)   V 1366
Kottanner(in), Helene (Mollay, K.)   V 1463
Krantz, Albert (Cosanne, A.)   V 1475
Kreuzzugsdichtung, III. Deutsche Literatur
   (Schulze, U.)   V 1521
Kudrun (Schulze, U.)   V 1559
Kürenberger, Der (Bauschke, R.)   V 1581

Lamprecht, 2. L., Pfaffe (Otterbein, A.)   V 1633
Lamprecht, 3. L. v. Regensburg (Wolf, N. R.)   V 1634
Lancelot, II. Deutsche Literatur (Mertens, V.)   V 1639
Landgraf Ludwigs Kreuzfahrt (Behr, H.-J.)   V 1663
Langmann, Adelheid (Dinzelbacher, P.)   V 1688
Laurin (Heinzle, J.)   V 1762
Legenda aurea, B. IV. [Überlieferung und Rezeption]
   Deutschland (Kunze, K.)   V 1798
Lehrhafte Literatur, X. Deutsche Literatur
   (Sowinski, B.)   V 1836
Leich (Egidi, M.)   V 1850
Lied, I. Deutsche Literatur (Müller, U.)   V 1969
Liederbücher, Liederhandschriften (Kornrumpf, G.)
   V 1971
Literaturkritik, II. Deutsche Literatur (Erfen, I.)
   V 2018
Livländische Reimchronik (Hellmann, M.)   V 2052
Lohengrin, II. Deutsche Literatur (Cramer, Th.)   V 2081
Loher und Maller (Roloff, H.-G.)   V 2083
Longinussegen (Keil, G.)   V 2107
Lorscher Bienensegen (Bauschke, R.)   V 2119
Losse, Rudolf (Kornrumpf, G.)   V 2122
Lucidarius, -rezeption, II. Deutsche Literatur (Gott-
   schall, D.)   V 2160
Ludwigslied (Haubrichs, W.)   V 2204
Luther v. Braunschweig (Lückerath, C. A.)   VI 23
Lutwin (Kartschoke, D.)   VI 28
Lyrik, 2. Deutsche Literatur (Müller, U.)   VI 48

Magdalena Beutlerin (Dinzelbacher, P.) VI 70
Magdeburger Schöppenchronik (Henn, V.) VI 79
Malbergische Glossen (Schmidt-Wiegand, R.) VI 166
Märchen und Märchenmotive im MA (Maaz, W.) VI 224
Märe (Ziegeler, H.-J.) VI 229
Maria, hl., C. V. Deutsche Literatur (Gärtner, K.) VI 269
Marienwerder, Johannes (Dinzelbacher, P.) VI 291
Markgraf v. Hohenburg (Mertens, V.) VI 304
Marner, der (Schulze, U.) VI 319
Marquard, 2. M. v. Lindau (Gerwing, M.) VI 322
Märterbuch (Assion, P.) VI 335
Martin, 12. M. v. Amberg (Weigand, R.) VI 346
Maximilian I., 5. Kultur und ihre Förderung (Wiesflecker, H.) VI 424
Mechthild, 2. M. v. Magdeburg (Gnädinger, L.) VI 438
Meißner, der (Schulze, U.) VI 480
Meistersinger (Brunner, H.) VI 486
Melusine (Harf-Lancner, L.) VI 504
Memento mori, B. I. Deutsche Literatur (Schulze, U.) VI 506
Merseburger Zaubersprüche (Bauschke, R.) VI 548
Merswin, Rulman (Dinzelbacher, P.) VI 548
Michael, 26. M. de Leone (Vollmann, B. K.) VI 605
Michael, 27. M. v. Massa (Zumkeller, A.) VI 605
Minne (Schulze, U.) VI 639
Minnehof, I. Begriff; romanische und deutsche Literatur(en) (Karnein, A.) VI 643
Minnerede, I. Allgemein und Deutsche Literatur (Karnein, A.) VI 646
Minnesang (Mertens, V.) VI 647
Mönch v. Salzburg (Spechtler, F. V.) VI 746
Mondseer Fragmente (Holter, K.) VI 752
Moriz v. Craûn (Bauschke, R.) VI 843
Mündliche Literaturtradition, I. Deutsche Literatur (Müller, U.) VI 899
Muskatblut (Brunner, H.) VI 969
Muspilli (Bauschke, R.) VI 970

Narrenliteratur, 1. Allg. Überblick (Mezger, W.) VI 1027
Natureingang, I. Deutsche Literatur (Bauschke, R.) VI 1044
Navigatio sancti Brendani, III. Übertragungen in germanische Sprachen (Orlandi, G.) VI 1065
Neidhart (Schulze, U.) VI 1082
Neun Gute Helden, IV. Mittelhochdeutsche Literatur (Ott, N. H.) VI 1105
Nibelungenlied (und Klage) (Schulze, U.) VI 1120
Niederdeutsche Literatur (Mittelniederdeutsche Literatur) (Beckers, H.) VI 1138
Niklas v. Wyle (Knape, J.) VI 1163
Nikolaus, 19. N. v. Dinkelsbühl (Madre, A.) VI 1178
Nikolaus, 21. N. v. Flüe(li) (Dinzelbacher, P.) VI 1179
Nikolaus, 25. N. v. Jeroschin (Gärtner, K.) VI 1180
Nikolaus, 38. N. v. Straßburg (Imbach, R.) VI 1187
Notker, 4. N. (III.) Labeo (Backes, H.) VI 1291
Novelle, II. Deutsche Literatur (Ziegeler, H.-J.) VI 1303
Nythart, Hans (Amelung, P.) VI 1328

Oberrheinischer Revolutionär (Lauterbach, K. H.) VI 1333
Odoricus v. Pordenone (Jandesek, R.) VI 1362
Orendel (Otterbein, A.) VI 1446

Ortnit (Heinzle, J.) VI 1485
Osterspiel v. Muri (Schulze, U.) VI 1525
Oswald, 3. O. v. Wolkenstein (Müller, U.) VI 1550
Oswald, mhd. Dichtungen (Otterbein, A.) VI 1552
Otfrid v. Weißenburg (Ernst, U.) VI 1557
Otloh v. St. Emmeram (Röckelein, H.) VI 1559
Otto, 11. O. IV. 'mit dem Pfeil', Mgf. v. Brandenburg (Escher, F.) VI 1573
Otto, 34. O. v. Botenlauben (Bauschke, R.) VI 1583
Otto, 38. O. v. Passau (Gnädinger, L.) VI 1585
Ottokar, 2. O. v. Steiermark (Liebertz-Grün, U.) VI 1587
Ovid, B. IV. Deutsche Literatur (Henkel, N.) VI 1597

Parodie, III. Deutsche Literatur (Mertens, V.) VI 1738
Parzival, Perceval, I. Deutsche Literatur (Mertens, V.) VI 1748
Passion, B. II. Deutsche Literatur VI 1761
Passional (Kunze, K.) VI 1769
Pastourelle, Pastorela, III. Deutsche Literatur (Müller, U.) VI 1776
Pauli, Johannes (Rapp, F.) VI 1811
Peter, 28. P. v. Dusburg (Boockmann, H.) VI 1937
Peuntner, Thomas (Ott, N. H.) VI 1990
Pfaffe vom Kahlenberg, der (Ott, N. H.) VI 1992
Philipp, 29. Ph. der Kartäuser (Bruder Philipp) (Ott, N. H.) VI 2077
Physiologus, III. 1. Deutsche und mittelniederländische Literatur (Henkel, N.) VI 2119
Pirckheimer, 1. P., C(h)aritas (Wuttke, D.) VI 2173
Pirckheimer, 2. P., Willibald (Wuttke, D.) VI 2174
Pleier, der (Mertens, V.) VII 17
Politische Dichtung (Müller, U.) VII 61
Predigt, B. I. Deutsche Literatur (Schiewer, H.-J.) VII 174
Priamel (Kesting, P.) VII 201
Probra mulierum (Prelog, J.) VII 234
Psalmen, Psalter, B. III. Deutsche Literatur (Ott, N. H.) VII 299
Puschmann, Adam (Brunner, H.) VII 334
Püterich v. Reichertshausen, Jakob (III.) (Schmid, A.) VII 335

Rabenschlacht (Haustein, J.) VII 382
Raber, Vigil (Ott, N. H.) VII 383
Rätsel, III. Deutsche Literatur (Schupp, V.) VII 464
Rattenfänger v. Hameln (Uther, H.-J.) VII 468
Rechtsbücher (Johanek, P.) VII 519
Rechtssprache (Sonderegger, S.) VII 521
Refrain, III. Deutsche Literatur (Müller, U.) VII 554
Regenboge, Barthel (Mertens, V.) VII 562
Reimchronik, II. Deutsche Literatur (Liebertz-Grün, U.) VII 650
Reimgebet, IV. Deutsche Literatur (Schulze, U.) VII 655
Reimsprecher (Ott, N. H.) VII 664
Reinbot v. Durne (Kunze, K.) VII 665
Reinfried v. Braunschweig (Ott, N. H.) VII 667
Reinmar, 1. R. 'der Alte' (Bauschke, R.) VII 668
Reinmar, 2. R. v. Brennenberg (Sappler, P.) VII 670
Reinmar, 3. R. v. Zweter (Schupp, V.) VII 670
Reisen, Reisebeschreibungen, A. II. 3. Deutsche Literatur (Ott, N. H.) VII 678
Renart, III. Deutsche und Niederländische Literatur (Knapp, F. P.) VII 723
Reuchlin, Johannes (Rohde, S.) VII 766
Rhetorik, IV. Deutsche Literatur (Knape, J.) VII 792

Rinesberch und Schene (Wriedt, K.) VII 855
Rode, Johannes (Graßmann, A.) VII 928
Roland (in der Überlieferung), C. II. Deutsche Literatur (Ott, N. H.) VII 955
Roman, II. Deutsche Literatur (Mertens, V.) VII 984
Roman de la Rose, III. 2. Deutsche Literatur (Ott, N. H.) VII 994
Rosengarten (Heinzle, J.) VII 1034
Rosenplüt, Hans (Brunner, H.) VII 1037
Rothe, Johannes (Werner, M.) VII 1050
Rudolf, 21. R. v. Biberach (Gerwing, M.) VII 1083
Rudolf, 22. R. v. Ems (Ott, N. H.) VII 1083
Rudolf, 23. R. v. Fenis (Bauschke, R.) VII 1084

Sankt Georgener Predigten (Seidel, K. O.) VII 1159
Sachs, Hans (Brunner, H.) VII 1223
Sachsenheim, Hermann v. (Fiebig, A.) VII 1239
Sachsenspiegel (Lieberwirth, R.) VII 1240
Sächsische Weltchronik (Schubert, E.) VII 1242
Salomo (Salomon), C. I. Lateinische, deutsche und französische Literatur (Ott, N. H.) VII 1311
Salutaris poeta (Prelog, J.) VII 1319
Satansprozesse (Ott, N. H.) VII 1391
Satire, IV. Deutsche Literatur (Müller, U.) VII 1396
Schachspiel, II. Das Schachspiel in der Literatur; Schachbücher, Schachallegorien (Petschar, H.) VII 1428
Schedel, 1. S., Hartmann (Wendehorst, A.) VII 1444
Schernberg, Dietrich (Ott, N. H.) VII 1451
Schiltberger, Johann (Neumann, Ch. K.) VII 1465
Schlaraffenland, I. Allgemein (Ott, N. H.) VII 1477
Schlüsselfelder, Heinrich (Knape, J.) VII 1494
Schmähdichtung, II. Deutsche Literatur (Müller, U.) VII 1499
Schulmeister v. Esslingen (Schiewer, H.-J.) VII 1591
Schürstab (Schneider, J.) VII 1593
Schwabenspiegel (Nehlsen-von Stryk, K.) VII 1603
Schwank, I. Deutsche Literatur (Ott, N. H.) VII 1616
Schwarzwälder Predigten (Schiewer, H.-J.) VII 1625
Seelentrost (Beckers, H.) VII 1680
Seifried Helbling (Müller, U.) VII 1711
Seuse, Heinrich (Backes, H.) VII 1801
Seyfrid der Hürne (Ott, N. H.) VII 1820
Sieben weise Meister, I. Ursprung und allgemeine literarische Rezeption (Ott, N. H.) VII 1836
Siegfried (Heinzle, J.) VII 1862
Sigenot (Heinzle, J.) VII 1880
Speculum humanae salvationis, I. Text (Roth, G.) VII 2088
Spervogel (Schulze, U.) VII 2094
Spiegelliteratur, III. Deutsche und mittelniederländische Literatur (Roth, G.) VII 2103
Spielmannsdichtung, II. Deutsche Literatur (Ott, N. H.) VII 2115
Sprichwort, Sprichwortsammlung, III. Deutsche Literatur (Ott, N. H.) VII 2138
Spruchdichtung, A. Deutsche Literatur (Schulze, U.) VII 2143
Stabreim, -dichtung (Sonderegger, St.) VII 2164
Stadtchronik, I. Norddeutschland (Schmidt, H.) VIII 14
Stadtchronik, II. Süddeutscher Raum (Wendehorst, A.) VIII 15
Stagel(in), Elsbeth (Backes, H.) VIII 38
Stainreuter, Leopold (Ott, N. H.) VIII 39
Ständeliteratur (Ott, N. H.) VIII 54
Staufenberg, Ritter v. (Ott, N. H.) VIII 76
Staupitz, Johannes (Zumkeller, A.) VIII 79

Steinhöwel, Heinrich (Keil, G.) VIII 99
Steinmar (Schiewer, H.-J.) VIII 102
Stephan, 27. S. v. Landskron (Ott, N. H.) VIII 122
Stolle (Brunner, H.) VIII 191
Stolle, Konrad (Streich, G.) VIII 191
Straßburger Alexander (Ott, N. H.) VIII 219
Straßburger Eide (Sonderegger, St.) VIII 219
Streitgedicht, IV. Deutsche Literatur (Müller, U.) VIII 238
Stricker, der (Röcke, W.) VIII 242
Stromer, Ulman (Schneider, J.) VIII 245
Suchenwirt, Peter (Ott, N. H.) VIII 280
Summa theologiae (Suntrup. R.) VIII 313
Summarium Heinrici (Köbler, G.) VIII 314
Sündenklage (Vollmann-Profe, G.) VIII 322
Sunder, Friedrich (Dinzelbacher, P.) VIII 323
Süßkind v. Trimberg (Kellermann, K.) VIII 333

Tagebuch, III. Deutschland (Müller, U.) VIII 426
Tagelied, II. Deutsche Literatur (Schiewer, H.-J.) VIII 427
Tannhäuser (Mertens, V.) VIII 459
Tanzlied v. Kölbigk (Ott, N. H.) VIII 463
Tatian, ahd. (Kartschoke, D.) VIII 489
Tauler, Johannes (Gnädinger, L.) VIII 506
Tell (Stettler, B.) VIII 530
Teufel, D. IV. Deutsche Literatur (Ott, N. H.) VIII 589
Teufels Netz, des (Ott, N. H.) VIII 591
Theophilus-Legende, III. Deutsche Literatur (Ott, N. H.) VIII 669
Thomasin v. Zerklaere (Schiewer, H.-J.) VIII 727
Thüring v. Ringoltingen (Röcke, W.) VIII 746
Tierepos, I. Allgemein. Mittellateinische, deutsche und romanische Literatur (Knapp, F. P.) VIII 765
Tilo v. Kulm (Kartschoke, D.) VIII 790
Tischsitten, Tischzuchten, B. IV. Lateinische und deutsche Literatur (Ehlert, T.) VIII 809
Titurel (Mertens, V.) VIII 816
Ton (Rettelbach, J.) VIII 856
Totentanz, B. I. Deutsche Literatur (Kiening, Ch.) VIII 899
Tristan, A. III. Deutsche Literatur VIII 1022
Trojadichtung, V. Deutsche Literatur (Lienert, E.) VIII 1039
Trojanerkrieg, Göttweiger (Lienert, E.) VIII 1041
Trostbücher, III. Deutsche Literatur (Schmidtke, W.) VIII 1050
Tugenden und Laster, Tugend- und Lasterkataloge, IV. 1. [Landessprachliche Tugend- und Lasterkataloge] Exemplarischer Überblick (Tracey, M. J.) VIII 1087

Übersetzer, Übersetzungen, VIII. Deutsche Literatur (Henkel, N.) VIII 1160
Udo v. Magdeburg-Stoff (Rädle, F.) VIII 1178
Ulrich, 8. U. II. Putsch (Obermair, H.) VIII 1197
Ulrich, 15. U. v. Gutenburg (Ott, N. H.) VIII 1199
Ulrich, 16. U. v. Liechtenstein (Müller, U., Spechtler, F. V.) VIII 1199
Ulrich, 18. U. v. Pottenstein (Schmidtke, D.) VIII 1200
Ulrich, 19. U. (v.) Richental (Matthiesen, W.) VIII 1201
Ulrich, 20. U. v. Singenberg (Schiewer, H.-J.) VIII 1202
Ulrich, 22. U. v. Türheim (Mertens, V.) VIII 1203
Ulrich, 23. U. v. dem Türlin (Mertens, V.) VIII 1204

Ulrich, 25. U. v. Winterstetten (März, Ch.) VIII 1204
Ulrich, 26. U. v. Zatzikhoven (Schiewer, H.-J.) VIII 1205
Unrest, Jakob (Dopsch, H.) VIII 1260

Vanitas (Ott, N. H.) VIII 1408
Varna, Schlacht bei, 2. Literarische Zeugnisse (Prinzing, G.) VIII 1413
Väterbuch (Kunze, K.) VIII 1429
Veghe, Johannes (Drossbach, G.) VIII 1445
Vergil im MA, A. III. Deutsche Literatur (Kocher, U.) VIII 1528
Vers- und Strophenbau, II. Deutsche Literatur (Rettelbach, J.) VIII 1571
Vier Haimonskinder (Röcke, W.) VIII 1653
Vintler, Hans (Ott, N. H.) VIII 1703
Virginal (Heinzle, J.) VIII 1712
Visio Tnugdali (Dinzelbacher, P.) VIII 1734
Visio(n), -sliteratur, A. III. Deutsche Literatur (Dinzelbacher, P.) VIII 1738
Visiones Georgii (Dinzelbacher, P.) VIII 1747
Vitas patrum, 2. Volkssprachliche Übersetzungen (Williams, U.) VIII 1766
Volksbuch (Röcke, W.) VIII 1824
Volkslied, I. Deutsche Literatur; skandinavische Literaturen (Holzapfel, O.) VIII 1833
Volksmeßbuch (Häußling, A.) VIII 1837
Volmar (Telle, J.) VIII 1841
Vorauer Bücher Mosis (Kartschoke, D.) VIII 1847
Vortragsformen, I. Literatur (Klein, D.) VIII 1861

Walther, 2. W. von der Vogelweide (Schulze, U.) VIII 2004
Wartburgkrieg (Brunner, H.) VIII 2056
Wechsel, Liedtyp des mhd. Minnesangs (Bauschke, R.) VIII 2089
Weidsprüche (Schwenk, S.) VIII 2101
Weltenddichtung (Schulze, U.) VIII 2166
Wenzel, 3. W. II., Kg. v. Böhmen, 2. Literarische Repräsentation (Schulze, U.) VIII 2189

Wenzelsbibel (Hranitzky, K.) VIII 2193
Wernher, 1. W., Bruder (Müller, U.) IX 9
Wernher, 2. W. der Gärtner (Bauschke, R.) IX 10
Wernher, 3. W., der Priester (Gärtner, K.) IX 10
Wessobrunner Gebet (Bauschke, R.) IX 21
Widuwilt (Ott, N. H.) IX 78
Wieland (Simek, R.) IX 80
Wiener Fragmente (Spechtler, F. V.) IX 86
Wiener Genesis und Exodus (Kartschoke, D.) IX 87
Wigamur (Ott, N. H.) IX 93
Wigand v. Marburg (Lückerath, C. A.) IX 94
Wigoleis (Ott, N. H.) IX 95
Wilhelmsepen, II. Deutsche Literatur (Geith, K.-E.) IX 200
Williram v. Ebersberg (Staub, J.) IX 216
Windecke, Eberhard (Heinig, P.-J.) IX 232
Winkelried (Stettler, B.) IX 238
Winsbecke, Winsbeckin (Schulze, U.) IX 240
Wirnt v. Grafenberg (Schiewer, H.-J.) IX 250
Wittenwiler, Heinrich (Brunner, H.) IX 274
Wizlaw, 4. W. v. Rügen (Mertens, V.) IX 283
Wolfdietrich (Heinzle, J.) IX 303
Wolfram v. Eschenbach (Heinzle, J.) IX 310
Wunder des Ostens, III. Mittelhochdeutsche Literatur (Behr, H.-J.) IX 364
Wunderer (Heinzle, J.) IX 366
Wundsegen (Keil, G.) IX 367
Wusterwitz, Engelbert (Kintzinger, M.) IX 383

Yvain, -stoff, 2. Deutsche Literatur (Trachsler, R.) IX 431

Zaubersprüche, I. Allgemein. Deutsche Literatur (Keil, G.) IX 486
Zehnjungfrauenspiele (Schulze, U.) IX 498
Zerbster Fronleichnamsspiel (Ott, N. H.) IX 546
Zimbrisch (Vigolo, M. T.) IX 613
Zimmern, II. Die Zimmerische Chronik (Kruse, H.) IX 617
Zink, Burkhard (Schnith, K.) IX 619

Englische Sprache und Literatur (einschließlich Schottland)

Abbey of the Holy Ghost (Lagorio, V. M.) I 14
Adrian and Ritheus (Horowitz, S. H.) I 166
Ælfric (Szarmach, P. E., Pinborg, J.) I 180
Æthelwold (Bullough, D. A.) I 190
Alexander d. Gr., B. VIII. Angelsächsische und mittelenglische Literatur (Sauer, H.) I 363
Alexanders Brief an Aristoteles (Horowitz, S. H.) I 382
Alfred der Große, II. Kulturförderung und lit. Tätigkeit (Szarmach, P. E.) I 409
Allegorie, Allegorese, V. 3. Alt- und mittelenglische Literatur (Sauer, H.) I 425
Alliteration, C. I. Altenglischer Alliterationsvers (Szarmach, P. E.) I 433
Alliteration, C. II. Altenglische alliterierende Prosa (Szarmach, P. E.) I 434
Alliteration, C. III. Mittelenglische alliterierende Prosa (Robbins, R. H.) I 435
Alliteration, C. IV. Alliterative Revival (Krishna, V.) I 435
Alliteration, C. V. Schottische alliterierende Dichtung (Scheps, W.) I 437
Altenglische Literatur (Szarmach, P. E., Sauer, H.) I 467
Altenglische Sprache (Szarmach, P. E.) I 469
Ancrene Riwle (Moylan, P.) I 581
Andreas (ae. Gedicht) (Eller, A.) I 611
Antichrist, B. II. Alt- und mittelenglische Literatur (Sauer, H.) I 705
Apokalypse, B. III. Englische Literatur (Sauer, H.) I 752
Apokryphen, A. II. 3. a. Altenglische Literatur (Sauer, H.) I 764
Apokryphen, A. II. 3. b. Mittelenglische Literatur (Scott Stokes, C.) I 764
Apollonius von Tyrus, B. III. Englische Literatur (Eller, A., Sauer, H.) I 772
Aristoteles, C. II. [Übersetzungen, Rezeption in den volkssprachlichen Literaturen] Englische Literatur (Reichl, K.) I 945
Ars moriendi, B. III. Mittelenglische Literatur (Jennings, M.) I 1042
Artus, Artussage, Artusromane, V. Mittelenglische Literatur (Lagorio, V. M., Bezzola, R. R.) I 1087
Ashby, 2. A., George (Robbins, R. H.) I 1107
Assembly of Ladies, The Flower and the Leaf (Brown, S. M.) I 1119
Auchinleck-Handschrift (Robbins, R. H.) I 1189
Audelay, John (Robbins, R. H.) I 1191
Ayenbite of Inwyt (Lewis, R. E.) I 1313
Azarias (Eller, A.) I 1316

Ballade, B. II. 4. Mittelenglische Literatur (Fowler, D. C.) I 1387
Bannatyne-Handschrift (Robbins, R. H.) I 1418
Barbour, John (Scheps, W.) I 1447
Barlaam und Joasaph, B. V. Englische Literatur (Sauer, H.) I 1466
Beda Venerabilis, III. Beda und die altenglische Literatur (Fry, D. K.) I 1778
Beichtformeln, C. III. Englische Literatur (Sauer, H.) I 1817
Beowulf (Fry, D. K., Steppe, W.) I 1925
Beowulf-Hs. (Berkhout, C. T., Steppe, W.) I 1928
Berufsdichter, V. Englische Literatur (Sauer, H.) I 2049
Bestiarium, -ius, Bestiarien, A. VII. Englische Literatur (Robbins, R. H., Sauer, H.) I 2077
Bibeldichtung, IV. Alt- und mittelenglische Literatur (Sauer, H.) II 79
Bibelübersetzungen, XII. Alt- und Mittelenglische Bibelübersetzungen (Szarmach, P. E., Robbins, R. H., Sauer, H.) II 100
Biographie, IV. Englische Literatur (Scott Stokes, Ch.) II 205
Blickling-Homilien (Hofstetter, W.) II 277
Boc (Wormald, C. P.) II 297
Bokenham, Osbern (Finnegan, J.) II 356
Book of Lindisfarne (Scott Stokes, Ch., Doherty, Ch.) II 441
Bradshaw, Henry (Finnegan, J.) II 538
Brief, Briefliteratur, Briefsammlungen, B. IV. Englische Sprache und Literatur (Robbins, R. H., Sauer, H.) II 670
Britannia, 2. Verwendung des Begriffs »Britannia« im Mittelalter (Bullough, D. A.) II 700
Brunanburh (Fry, D. K., Steppe, W.) II 758
Burgh, Benedict (Edwards, A. S. G.) II 1053
Bußbücher, III. Frühe volkssprachliche Übersetzungen (Frantzen, A. J.) II 1122
Byrhferth (Hofstetter, W.) II 1168

Cædmon (Fry, D. K., Steppe, W.) II 1346
Caesar im Mittelalter, D. III. [Beispiele für das Caesarbild in der ma. Prosaliteratur und Dichtung] Englische Literatur (Sauer, H.) II 1356
Capgrave, John (Fredeman, J. C.) II 1471
Carol (Greene, R. L.) II 1521
Caxton, William (McKenna, J. W.) II 1596
Cely Papers (Mollat, M.) II 1611
Charter of Christ (Robbins, R. H.) II 1740
Chaucer, Geoffrey, I. Leben (Rowland, B.) II 1775
Chaucer, Geoffrey, II. Werke (Rowland, B., Steppe, W.) II 1776
Chaucer, Geoffrey, III. Literarische Bedeutung (Rowland, B., Steppe, W.) II 1778
Chaucer, Geoffrey, IV. Chaucer und die Astronomie, Astrologie (North, J. D.) II 1779
Chaucernachfolger (Robbins, R. H.) II 1780
Chester Plays (Gneuss, H.) II 1798
Chestre, Thomas (Robbins, R. H.) II 1800
Christ (Sauer, H.) II 1905
Christ und Satan (Sauer, H.) II 1906
Chronik, G. England (Schnith, K.) II 1981
Chronik, H. Schottland (Barrow, G. W. S.) II 1988
Chronik, Angelsächsische (Lutz, A.) II 2028
Cicero im Mittelalter und Humanismus, A. IX. Rezeption in der englischen Literatur (Sauer, H.) II 2074
Cloud of Unknowing (Bradley, R. M.) II 2170
Contemptus mundi, B. VI. Englische Literatur (Reichl, K.) III 193
Coventry Plays (Coleman, W. E.) III 330
Cuckoo Song (Robbins, R. H.) III 364
Cursor Mundi (Robbins, R. H.) III 389
Cynewulf (Sauer, H.) III 400

Daniel (ae. Gedicht) (Wetzel, C.-D.) III 539
Death and Liffe (Robbins, R. H.) III 610

Deonise Hid Diuinite (Bradley, R. M., Robbins, R. H.) III 704
Deor (Busse, W. G.) III 706
Descensus Christi ad inferos, 2. Englische und irische Literatur (Jacobsen, P. Ch., Sauer, H.) III 716
Descent into Hell (Frantzen, A. J.) III 719
Dialog, IX. Englische Literatur (Sauer, H.) III 960
Dicta philosophorum, 3. Englische Literatur (Reichl, K.) III 978
Digby Plays (Coleman, W. E., Robbins, R. H.) III 1043
Disticha Catonis, VI. Englische Literatur (Reichl, K.) III 1125
Dives et Pauper (Robbins, R. H.) III 1132
Douglas, Gavin (Scheps, W.) III 1333
Drama, VI. Englische Literatur (Diller, H. J.) III 1365
Dream of the Rood (Sauer, H.) III 1370
Drei Lebende und drei Tote, II. 2. [Volkssprachliche Literatur und ikonographische Überlieferung] Englische Literatur (Sauer, H.) III 1392
Dunbar, William (Robbins, R. H.) III 1453
Dunsæte (Wormald, C. P.) III 1462
Durham (ae. Gedicht) (Berkhout, C. T.) III 1481

Elegie, V. Englische Literatur (Sauer, H.) III 1794
Elene (Sauer, H.) III 1803
Ellesmere-Handschrift (Robinson, P. R.) III 1848
Englische Literatur (Reichl, K.) III 1994
Englische Sprache (Sauer, H., Toth, K.) III 2001
Enzyklopädie, Enzyklopädik, III. 2. Englische Literatur (Bitterling, K.) III 2034
Epos, D. III. Englische Literatur (Reichl, K.) III 2089
Evangelienharmonie, 2. Englische Literatur (Sauer, H.) IV 131
Everyman (Diller, H.-J.) IV 142
Exempel, Exemplum, III. Englische Literatur (Bitterling, K.) IV 163
Exeter-Buch (Sauer, H.) IV 169
Exodus (Sauer, H.) IV 172

Fabel, -dichtung, V. Englische Literatur (Reichl, K.) IV 206
Fabliau(x), 3. Englische Literatur (Blake, N. F.) IV 212
Falkentraktate, IV. Englische Literatur (Bitterling, K.) IV 243
Fasciculus Morum (Wenzel, S.) IV 303
Finnsburg-Fragment (Wieland, G.) IV 483
Fitte (Wetzel, C.-D.) IV 503
Florisdichtung, B. III. Englische Literatur (Sauer, H.) IV 575
Fortescue, Sir John (Sauer, H.) IV 663
Freundschaftssagen, II. Englische Literatur (Mehl, D.) IV 913
Fürstenspiegel, B. II. Englische Literatur (Bitterling, K.) IV 1050

Gascoigne, 1. G., Thomas (Allmand, C. T.) IV 1129
Gawain, III. Englische Literatur (Mehl, D.) IV 1150
Geistliche Dichtung, IV. Englische Literatur (Reichl, K.) IV 1187
Geistliches Spiel, 2. Verbreitung und Aufführungspraxis. Volkssprachliche geistliche Spiele (Muir, L. R.) IV 1193
Genesis (Sauer, H.) IV 1223
Gesta Romanorum, III. Englische Literatur (Sauer, H.) IV 1410

Glossen, Glossare, IV. Englische Literatur (Gneuss, H.) IV 1513
Gottfried, 9. G. v. Bouillon, II. 2. [G. v. B. in der mittelalterlichen Überlieferung] Französische, mittelenglische und deutsche Literatur (Bergner, H.) IV 1600
Gower, John (Gretsch, M.) IV 1614
Gra(a)l, -sdichtung, III. Mittelenglische Literatur (Bergner, H.) IV 1620
Grammatik, grammatische Literatur, D. I. Englische Literatur (Gneuss, H.) IV 1641
Gregorius-Legende, V. Englische Literatur (Sauer, H.) IV 1692
Griseldis, II. Mittelenglische Literatur (McSparran, F.) IV 1720
Guthlac (Sauer, H.) IV 1803

Hagiographie, B. VII. Alt- und mittelenglische Literatur (Görlach, M.) IV 1852
Harding, John (Weinstock, H.) IV 1932
Harley Lyrics (Gretsch, M.) IV 1938
Havelok (Smithers, G. V.) IV 1981
Hawes, Stephen (Sauer, W.) IV 1981
Hay, Sir Gilbert (Wieland, G.) IV 1982
Heldendichtung (Reichl, K.) IV 2115
Henryson, Robert (Sauer, H.) IV 2139
Heroldsdichtung, III. Englische Literatur (Bitterling, K.) IV 2174
Hilton, Walter (Riehle, W.) V 21
Hoccleve, Thomas (Markus, M.) V 56
Humanismus, E. England (Trapp, J. B.) V 199

Jagdtraktate (Schwenk, S.) V 272
John, 6. J. de Grimestone (Wenzel, S.) V 618
Isle of Ladies, The (Markus, M.) V 695
Judgment Day (Caie, G. D.) V 794
Judith (ae. Dichtung) (Wetzel, C.-D.) V 796
Juliana (Sauer, H.) V 800
Juliana v. Norwich (Riehle, W.) V 800
Junius-Hs. (Sauer, H.) V 810

Karl, 2. K. (I.) d. Große, B. III. [Karl I. d. Große in der Dichtung] Englische Literatur (Mehl, D.) V 963
Kästchen v. Auzon (Osborn, M.) V 1035
»Katherine«-Gruppe (Sauer, H.) V 1076
Kempe, Margery (Windeatt, B. A.) V 1102
Kennedy, 2. K., Walter (Weinstock, H.) V 1104
Kildare-Gedichte (Haas, R.) V 1135
King Horn (Coppola, M. A.) V 1158
Kingis Quair, The (McDiarmid, M. P.) V 1158
Kommentar, III. Englische Literatur (Bitterling, K.) V 1282
Kreuzzugsdichtung, V. Englische Literatur (Bitterling, K.) V 1523

Lai, II. Englische Literatur (Reichl, K.) V 1615
Lancelot, III. Englische Literatur (Mehl, D.) V 1640
Langland, William (Bitterling, K.) V 1686
Laʒamon's Brut (Dietz, K.) V 1772
Legenda aurea, B. V. [Überlieferung und Rezeption] England (Görlach, M.) V 1799
Lehrhafte Literatur, XII. Englische Literatur (Reichl, K.) V 1839
Libel of English Policy (Weinstock, H.) V 1937
Lied, II. Englische Literatur (Stemmler, Th.) V 1970
Lindsay, David, Sir (Thein, M. L.) V 2001

Literaturkritik, IV. Englische Literatur (Reichl, K.) V 2020
Lohengrin, III. Englische Literatur (Göller, J., Göller, K. H.) V 2082
Lollarden, 3. Das lollardische Schrifttum (Hudson, A.) V 2092
Love, Nicholas (Bitterling, K.) V 2140
Lovelich, Henry (Sauer, H.) V 2140
Ludus Coventriae (Diller, H.-J.) V 2170
Lydgate, John (Bitterling, K.) VI 38
Lyrik, 3. Englische Literatur (Stemmler, Th.) VI 49

Macro Plays (Thein, M. L.) VI 64
Maldon, Battle of (Gneuss, H.) VI 169
Malory, Sir Thomas (Burgschmidt, E.) VI 178
Mannyng de Brunne, Robert (Coppola, M. A.) VI 197
Maria, hl., C. VI. Englische Literatur (Gray, D.) VI 271
Martyrologium, -gien, 5. Irische und altenglische Martyrologien (Dubois, J.) VI 360
Medwall, Henry (Habicht, W.) VI 465
Melusine (Harf-Lancner, L.) VI 504
Memento mori, B. III. Englische Literatur (Bitterling, K.) VI 508
Mildrith-Legende (Rollason, D. W.) VI 623
Minnehof, II. Englische Literatur (Markus, M.) VI 645
Minot, Laurence (Sauer, H.) VI 651
Minstrel (Reichl, K.) VI 652
Mirakelspiele, II. Englische Literatur (Diller, H.-J.) VI 663
Mirk, John (Sauer, H.) VI 665
Mirror of our Lady (Sauer, W.) VI 667
Mirror of Life (Sauer, W.) VI 667
Mittelenglische Literatur (Sauer, H.) VI 687
Mittelenglische Sprache (Sauer, H.) VI 688
Moralitäten, III. Englische Literatur (Bergner, H.) VI 826
Morte Arthure (Mehl, D.) VI 847
Morus, Thomas (Trapp, J. B.) VI 850
Mum and the Sothsegger (Weinstock, H.) VI 895
Mündliche Literaturtradition, III. Englische Literatur (Reichl, K.) VI 902
Mysterienspiele, II. Englische Literatur (Diller, H.-J.) VI 980

Narrenliteratur, 2. Englische Literatur (Bitterling, K.) VI 1028
Nassyngton, William of (Sauer, H.) VI 1035
Natureingang, II. Englische Literatur (Weinstock, H.) VI 1045
Navigatio sancti Brendani, III. Übertragungen in germanische Sprachen (Orlandi, G.) VI 1065
Neun Gute Helden, V. Englische Literatur (Göller, J., Göller, K. H.) VI 1105
Northern Homily Cycle (Görlach, M.) VI 1254
Northern Passion, The (Görlach, M.) VI 1254
Novelle, III. Englische Literatur (Göller, J., Göller, K. H.) VI 1303

Offasage (Gleißner, R.) VI 1368
Orcherd of Syon, The (Caie, G. D.) VI 1427
Ormulum (Markus, M.) VI 1468
Ovid, B. V. Englische Literatur (Sauer, H.) VI 1598
Owl and the Nightingale, The (Sauer, H.) VI 1600

Parliament of the Three Ages (Dietz, K.) VI 1735
Parodie, V. Englische Literatur (Bitterling, K.) VI 1741

Parzival, Perceval, III. Englische Literatur (Mehl, D.) VI 1751
Passion, B. IV. Englische Literatur (Diller, H.-J.) VI 1763
Paston Letters (Thein, M. L.) VI 1772
Pastourelle, Pastorela, II. Englische Literatur (Reichl, K.) VI 1775
Pearl-Dichter (Sauer, H.) VI 1842
Pecock, Reginald (Weinstock, H.) VI 1848
Percy, Thomas (Reichl, K.) VI 1881
Phoenix (ae. Gedicht) (Wieland, G.) VI 2107
Physiologus, III. 3. Englische Literatur (Wieland, G.) VI 2121
Pierce the Plowman's Crede (Sauer, H.) VI 2135
Poema Morale (Markus, M.) VII 34
Poor Caitiff (Sauer, W.) VII 99
Predigt, B. V. 1. [Englische Literatur] Altenglisch (Szarmach, P. E.) VII 179
Predigt, B. V. 2. [Englische Literatur] Mittelenglisch (Newhauser, R.) VII 179
Pricke of Conscience (Bitterling, K.) VII 203
Psalmen, Psalter, B. IV. Englische Literatur (Wetzel, C.-D.) VII 299

Rätsel, V. Englische Literatur (Gleißner, R.) VII 465
Refrain, IV. Englische Literatur (Stemmler, Th.) VII 554
Reimchronik, IV. Englische Literatur (Bitterling, K.) VII 652
Reimgebet, III. Englische Literatur (Bitterling, K.) VII 655
Reimgedicht (Wieland, G.) VII 656
Reisen, Reisebeschreibungen, A. II. 4. Englische Literatur (Reichl, K.) VII 679
Renart, IV. Englische Literatur (Weimann, K.) VII 723
Resignation (Frantzen, A. J.) VII 758
Reverdie, II. Englische Literatur (Reichl, K.) VII 771
Rhetorik, V. Englische Literatur (Bitterling, K.) VII 793
Rhyme royal (Diller, H.-J.) VII 799
Robert, 51. R. of Gloucester (Sauer, W.) VII 905
Robin Hood (Gleißner, R.) VII 919
Roland (in der Überlieferung), C. III. Englische Literatur (Weinstock, H.) VII 956
Rolle, Richard (Riehle, W.) VII 965
Roman, V. Englische Literatur (Reichl, K.) VII 987
Roman de la Rose, III. 3. Englische Literatur (Sauer, H.) VII 994
Romanzen, II. Englische Literatur (Mehl, D.) VII 1004
Ro(o)s, Sir Richard (Thein, M. L.) VII 1025
Runen, -stein, -schrift (Simek, R.) VII 1098
Runengedicht (Wetzel, C.-D.) VII 1101
Ruthwell Cross (Okasha, E.) VII 1125
Ryman, Jacob (Lendinara, P.) VII 1129

Salomo (Salomon), C. II. Englische Literatur (Sauer, H.) VII 1312
Satire, V. Englische Literatur (Bitterling, K.) VII 1397
Schlaraffenland, II. Englische Literatur (Caie, G. D.) VII 1479
Schmähdichtung, III. Englische Literatur (Bitterling, K.) VII 1499
Schottische Literatur (Görlach, M.) VII 1544
Schwank, III. Englische Literatur (Göller, J., Göller, K. H.) VII 1619
Scrope, 3. S., Stephen (Weinstock, H.) VII 1656

Secretum secretorum, B. II. [Übersetzungen] Englische Literatur (Bitterling, K.) VII 1664
Shirley, John (Lendinara, P.) VII 1829
Sidrak und Boctus (Bitterling, K.) VII 1835
Sieben weise Meister, II. Englische Literatur (Weinstock, H.) VII 1839
Sir Gawain and the Green Knight (Twomey, M. W.) VII 1935
Skelton, John (Thein, M. L.) VII 1972
Skop (Reichl, K.) VII 1989
Solomon and Saturn (Sauer, H.) VII 2037
Soul and Body (Sauer, H.) VII 2064
South English Legendary (Görlach, M.) VII 2066
Southern Passion, The (Dietz, K.) VII 2067
Speculum Christiani (Markus, M.) VII 2088
Speculum humanae salvationis, I. [Text] Die me. Evangelienparaphrase (Markus, M.) VII 2089
Speculum Sacerdotale (Gleißner, R.) VII 2089
Spiegelliteratur, IV. Englische Literatur (Grabes, H.) VII 2104
Spielmannsdichtung, III. Englische Literatur (Reichl, K.) VII 2116
Sprichwort, Sprichwortsammlung, IV. Englische Literatur (Sauer, H.) VII 2139
Spruchdichtung, B. Englische Literatur (Shippey, T. A.) VII 2147
Streitgedicht, V. Englische Literatur (Böker, U.) VIII 239

Tagelied, IV. Englische Literatur (Erlebach, P.) VIII 430
Testament, C. III. Englische Literatur (Sauer, H.) VIII 573
Teufel, D. III. Englische Literatur (Gleißner, R.) VIII 588
Theophilus-Legende, IV. Englische Literatur (Görlach, M.) VIII 669
Thomas, 29. Th. of Erceldoune (Weinstock, H.) VIII 717
Thomas, 41. Th. v. Kent (Thein, M. L.) VIII 720
Thornton-Handschrift (Graham, T.) VIII 734
Tierepos, II. Englische Literatur (Weimann, K.) VIII 766
Tiptoft, John (Lendinara, P.) VIII 799
Tischsitten, Tischzuchten, B. VI. Englische Literatur (Bitterling, K.) VIII 810
Tournament of Tottenham, The (Dietz, K.) VIII 920
Towneley Cycle (Markus, M.) VIII 926
Trevisa, John (Bitterling, K.) VIII 980
Tristan, A. II. Englische Literatur (Sauer, H.) VIII 1021
Trojadichtung, IV. Englische Literatur (Mehl, D.) VIII 1038

Trostbücher, IV. Englische Literatur (Gleißner, R.) VIII 1051
Tugenden und Laster, Tugend- und Lasterkataloge, IV. 2. Englische Literatur (Newhauser, R.) VIII 1088

Übersetzer, Übersetzungen, VI. 1. Altenglische Literatur (Szarmach, P. E.) VIII 1157
Übersetzer, Übersetzungen, VI. 2. Mittelenglische Literatur (Blake, N. F.) VIII 1158
Unsinnsdichtung, II. Englische Literatur (Bitterling, K.) VIII 1264
Usk, Thomas (Markus, M.) VIII 1341

Vercelli-Codex, Vercelli-Homilien (Scragg, D. G.) VIII 1497
Vergil im MA, A. IV. Englische Literatur (Sauer, H.) VIII 1529
Vernon-Manuskript (Graham, T.) VIII 1564
Vers- und Strophenbau, IV. Englische Literatur (Stemmler, Th.) VIII 1575
Visio(n), -sliteratur, A. VI. Englische Literatur (Gleißner, R.) VIII 1740
Volkslied, III. Englische Literatur (Bitterling, K.) VIII 1837

Wærferth (Wetzel, C.-D.) VIII 1892
Waldere (Wieland, G.) VIII 1957
Wallace (Weinstock, H.) VIII 1979
Walton, John (Markus, M.) VIII 2007
Warewic, Gui de (Bitterling, K.) VIII 2048
Widsith (Sauer, H.) IX 74
Wieland (Simek, R.) IX 80
Winner and Waster (Dietz, K.) IX 238
Wohunge of Ure Lauerd (Reichl, K.) IX 300
Worcester-Fragmente (Reichl, K.) IX 330
Wulf and Eadwacer (Kornexl, L.) IX 345
Wulfstan, 1. W. v. Worcester und York (Sauer, H.) IX 347
Wulfstan, 4. W., ags. Händler (Simek, R.) IX 349
Wunder des Ostens, I. Englische Literatur (Twomey, M. W.) IX 362
Wyclif, John, 2. Lehre und Wirkung (Walsh, K.) IX 392

York Plays (Gleißner, R.) IX 422
Yvain, -stoff, 4. Englische Literatur (Trachsler, R.) IX 431

Zaubersprüche, III. Englische Literatur (Hollis, S.) IX 488

Baugeschichte, Baukunst

Abtritt (Binding, G.) I 65
Achse (Binding, G.) I 78
Achtort (Binding, G.) I 81
Adyton (Schulz, H.-J.) I 172
Aedicula (Binding, G.) I 174
Altan (Binding, G.) I 460
Altaranordnung (Binding, G.) I 464
Altarciborium (Emminghaus, J. H.) I 465
Ambo, 1. Archäologie (Hinz, H., Wessel, K.) I 516
Anker, 2. A. (Ankerbalken) (Binding, G.) I 652
Antikenrezeption, III. 1. Abendland (Binding, G.) I 714
Antikenrezeption, III. 2. Byzanz (Wessel, K.) I 714
Apsis, 1. Westen (Binding, G.) I 812
Apsis, 2. Byzanz (Wessel, K.) I 813
Architekt (Binding, G.) I 901
Architektur (Binding, G.) I 901
Architekturdarstellung (Binding, G.) I 901
Architekturmodell (Binding, G.) I 902
Architektursymbolik (Binding, G., Wessel, K.) I 902
Architekturtheorie (Binding, G.) I 905
Architekturzeichnung (Binding, G.) I 906
Architrav (Binding, G.) I 907
Archivolte (Binding, G.) I 911
Arculf (Binding, G.) I 911
Arkade (Binding, G.) I 951
Asturische Kunst (Schlunk, H.) I 1154
Astwerk (Binding, G.) I 1156
Athos, 2. Kunstgeschichte (Wessel, K., Plotzek, J. M.) I 1168
Atrium, 1. Westen (Binding, G.) I 1175
Atrium, 2. Byz. Kunst (Wessel, K.) I 1176
Attika (Binding, G.) I 1178
Augustiner-Kirchenbau (Binding, G.) I 1221
Aula (Binding, G.) I 1234
Avignon, IV. Papstpalast (Hayez, A.-M.) I 1303

Backsteinbau (Binding, G.) I 1329
Baldachin, 2. Statuenbaldachin (Binding, G.) I 1362
Balkon (Binding, G.) I 1381
Baptisterium (Binding, G.) I 1425
Basilika (Binding, G., Wessel, K., Engemann, J.) I 1526
Basis (Binding, G.) I 1534
Baubetrieb, I. Geschichte (Binding, G.) I 1553
Baubetrieb, II. Ma. Darstellungen (Binding, G., Wessel, K.) I 1559
Baugewerbe (Sosson, J.-P.) I 1623
Bauhof (Sosson, J.-P.) I 1628
Bauhütte (Binding, G.) I 1629
Bauhüttenbuch (Binding, G.) I 1630
Baukunst, A. I. Frühchristliche Baukunst (Binding, G.) I 1631
Baukunst, A. II. Vorromanische Baukunst (Binding, G.) I 1632
Baukunst, A. III. 1. [Romanische Baukunst] Deutscher Sprachraum, Niederlande, Wallonien (Binding, G.) I 1638
Baukunst, A. III. 2. [Romanische Baukunst] Frankreich (Binding, G.) I 1640
Baukunst, A. III. 3. [Romanische Baukunst] England (Binding, G.) I 1641
Baukunst, A. III. 4. [Romanische Baukunst] Italien (Binding, G.) I 1642
Baukunst, A. III. 5. [Romanische Baukunst] Iberische Halbinsel (Binding, G.) I 1642
Baukunst, A. III. 6. [Romanische Baukunst] Polen und Karpatenraum (Behrens, E., V. Bogyay, Th.) I 1642
Baukunst, A. III. 7. [Romanische Baukunst] Palästina (Binding, G.) I 1643
Baukunst, A. IV. Gotische Baukunst (Binding, G.) I 1643
Baukunst, B. I. Byzantinische Baukunst (Wessel, K.) I 1650
Baukunst, B. II. Südslavische Baukunst (Nagorni, D.) I 1660
Baukunst, C. Baukunst im Judentum (Künzl, H.) I 1661
Baukunst, D. Islamische Baukunst (Sourdel-Thomine, J.) I 1662
Baumeister (Binding, G., Wessel, K.) I 1666
Baumeistersage (Wimmer, E.) I 1667
Bauopfer (Daxelmüller, Ch.) I 1669
Bauordnung (Baurecht) (Binding, G.) I 1670
Bauplastik, I. Westen (Reinle, A.) I 1671
Bauplastik, II. 1. Byzanz (Wessel, K.) I 1678
Bauplastik, II. 2. Südslavischer Bereich (Nagorni, D.) I 1680
Bauplastik, III. Armenien (Wessel, K.) I 1682
Bauplastik, IV. Georgien (Wessel, K.) I 1684
Bauplatzsage (Wimmer, E.) I 1688
Bautechnik, 1. Bautechnik (Binding, G.) I 1689
Bautechnik, 2. Besonderheiten der Bautechnik in Armenien und Georgien (Wessel, K.) I 1691
Beg(h)inenhof (Binding, G.) I 1803
Beischlag (Binding, G.) I 1825
Beleuchtung, 2. Raumgestaltung in der Kunst (Binding, G.) I 1839
Bema, 1. (Engemann, J.) I 1854
Bema, 2. Das dreiteilige Bema (Wessel, K.) I 1854
Benediktiner, -innen, D. Baukunst (Binding, G.) I 1902
Bergfried (Binding, G.) I 1955
Bernward, II. Kunstförderung (Elbern, V. H.) I 2013
Bettelordenskirchen (Binding, G.) I 2093
Birgittiner-Baukunst (Binding, G.) II 219
Birnstab (Binding, G.) II 225
Blende(n) (Binding, G.) II 276
Böblinger (Binding, G.) II 297
Bogen, 2. B. (Binding, G.) II 323
Bosse, Bossenquader (Binding, G.) II 480
Brauttür (Binding, G.) II 592
Broich (Binding, G.) II 710
Brücke, A. Römischer Brückenbau (Hellenkemper, H.) II 724
Brücke, B. Die Brücke im europäischen Mittelalter (Maschke, E.) II 724
Brücke, C. Byzantinischer Brückenbau (Hellenkemper, H.) II 730
Brücke, D. Arabischer und osmanischer Brückenbau (Hellenkemper, H.) II 731
Brunelleschi, Filippo (Christink, S., Binding, G.) II 758
Büge (Binding, G.) II 907
Burg, A. Allgemeiner Überblick über die Bauformen der europäischen Burg (Binding, G.) II 957

Burg, D. I. 1. [Lateinische Königreiche] Baugeschichte (Hellenkemper, H.) II 999
Bürgerbauten (Binding, G.) II 1041
Bürgerhaus (Binding, G.) II 1043
Burgkapelle (Binding, G.) II 1054
Busketus v. Pisa (Binding, G.) II 1117
Bußkapelle (Binding, G.) II 1152

Campanile (Binding, G.) II 1420
Camposanto (Binding, G.) II 1425
Cella (Gribomont, J., Binding, G.) II 1605
Chapter House (Binding, G.) II 1716
Chor, 1. Ch. (Raum vor dem Hochaltar) (Binding, G.) II 1877
Chörlein (Binding, G.) II 1889
Chorscheitelrotunde (Binding, G.) II 1889
Chorschranken (Reinle, A., Wessel, K.) II 1890
Chorturmkirche (Binding, G.) II 1891
Chorumgang (Binding, G.) II 1891
Ciborium, 1. (Überdachung) (Engemann, J.) II 2062
Cluny, Cluniazenser, E. Baukunst (Binding, G. II 2192
Confessio (Binding, G.) III 128
Cosmaten (Binding, G.) III 301

Dach, A. Definition (Binding, G.) III 409
Dach, B. Germanische und römische Voraussetzungen (Hinz, H.) III 409
Dach, C. I. [Allgemein. Mittel- und Westeuropa] Kirchen und Wohnhäuser (Binding, G.) III 411
Dach, C. II. [Allgemein. Mittel- und Westeuropa] Dach und städtische Bauordnungen (Sosson, J.-P.) III 414
Dach, C. III. 1. [Ländlicher Bereich] Mitteleuropa (Bedal, K.) III 415
Dach, C. III. 2. [Ländlicher Bereich] Westeuropa (Hinz, H.) III 417
Dach, D. Italien (Polla, E.) III 418
Dach, E. Östliches Europa (Hinz, H.) III 420
Dach, F. Britische Inseln (Smith, J. T.) III 421
Dach, G. Skandinavien (Hinz, H.) III 422
Dach, H. Byzantinischer Bereich (Hellenkemper, H.) III 423
Dachreiter (Binding, G.) III 426
Decke, 1. D. (Architektur) (Binding, G.) III 618
Denkmalpflege (Binding, G.) III 702
Deotisalvi (Binding, G.) III 707
Deutsches Band (Binding, G.) III 777
Deutschordensburg (Arszyński, M.) III 914
Diele (Binding, G.) III 1003
Dienst, 2. D. (Architektur) (Binding, G.) III 1004
Domikalgewölbe (Binding, G.) III 1183
Doppelchoranlagen (Binding, G.) III 1255
Doppelkapelle (Wessel, K., Binding, G.) III 1256
Doppelturmfassade (Binding, G.) III 1261
Dormitorium (Binding, G.) III 1317
Dorsale, 1. D. (Rückwand des Chorgestühls) (Binding, G.) III 1325
Dreiapsidenkirche (Binding, G.) III 1373
Dreiblatt (Binding, G.) III 1374
Dreikonchenbau, I. Begriff (Binding, G.) III 1382
Dreikonchenbau, II. Altchristliche, frühbyzantinische und byzantinische Architektur (Wessel, K.) III 1383
Dreikonchenbau, III. Verbreitung im Lateinischen Westen (Binding, G.) III 1384
Dreipaß (Binding, G.) III 1392
Dreistrahlgewölbe (Binding, G.) III 1394
Dreiturmgruppe (Binding, G.) III 1394

Einturmfassade (Binding, G.) III 1746
Empore, I. Begriff; Typen; Verbreitung im lateinischen Westen (Binding, G.) III 1895
Empore, II. Verbreitung im christlichen Osten (Wessel, K.) III 1896
Engelberg, Burkhard (Binding, G.) III 1916
Ensinger (Binding, G.) III 2023
Entasis (Binding, G.) III 2024
Epistelseite (Binding, G.) III 2070
Erker (Binding, G.) III 2152
Eseler, Nikolaus (Binding, G.) IV 13
Eselsturm (Binding, G.) IV 13
Estrich (Binding, G.) IV 44
Evangelienseite IV 131
Exedra (Binding, G.) IV 160

Fachwerkbau (Binding, G.) IV 221
Farbigkeit der Architektur, I. Okzident (Binding, G.) IV 291
Farbigkeit der Architektur, II. Byzanz (Wessel, K.) IV 293
Fassade (Binding, G.) IV 303
Fenster, I. Allgemein (Binding, G.) IV 350
Fenster, II. Westen (Binding, G.) IV 351
Fenster, III. Frühchristentum; Byzanz (Stephan, Ch.) IV 352
Festung (Binding, G.) IV 409
Fiale (Binding, G.) IV 425
Fioravanti, Aristotele (Hellmann, M.) IV 485
Fries (Restle, M. St.) IV 968
Fundament (Binding, G.) IV 1025
Fußboden, -mosaik, I. Spätantike und frühes Christentum (Engemann, J.) IV 1059
Fußboden, -mosaik, II. Lateinisches Mittelalter (Binding, G., Kier, H.) IV 1060
Fußboden, -mosaik, III. Byzantinischer Bereich (Stephan, Ch.) IV 1062

Galerie (Binding, G.) IV 1084
Gebälk (Binding, G.) IV 1153
Gerthner, Madern (Reinle, A.) IV 1354
Gerüst (Binding, G.) IV 1358
Geschlechterturm (Binding, G.) IV 1383
Gesims (Binding, G.) IV 1401
Gewandhaus (Binding, G.) IV 1420
Gewölbe (Binding, G., Restle, M.) IV 1427
Giebel (Binding, G., Restle, M.) IV 1442
Giotto di Bondone (Poeschke, J.) IV 1456
Gotik (Binding, G.) IV 1575

Hagia Sophia (Restle, M.) IV 1840
Halle (Binding, G.) IV 1877
Hallenkirche (Binding, G.) IV 1880
Heiliggrabkapellen (Binding, G.) IV 2030
Heinzelmann, Konrad (Binding, G.) IV 2111
Hirsauer Bauschule (Binding, G.) V 36
Hochzeitshaus (Binding, G.) V 63
Holzbau (Binding, G.) V 103
Holzkirche (Binding, G.) V 105
Holzkirche, Altrußland (Onasch, K.) V 106

Jakob, 28. J. v. St. George (Prestwich, M. C.) V 293
Jean, 23. J. de Chelles (Binding, G.) V 338
Jean, 33. J. d'Orbais (Binding, G.) V 340
Innovationen, technische, 2. b. Baugewerbe (Elmshäuser, K., Hägermann, D., Hedwig, A., Ludwig, K.-H.) V 431

Johanniter, II. Baukunst (Binding, G.) V 615
Irland, A. II. Baukunst (Harbison, P.) V 653
Isidor, 3. I. (os) v. Milet (Restle, M.) V 676

Kamin (Binding, G.) V 883
Kämpfer (Binding, G.) V 896
Kapelle, I. Baugeschichte (Binding, G.) V 931
Kapitell, 1. Allgemein (Binding, G.) V 941
Kapitell, 2. Westen (Binding, G.) V 941
Kapitell, 3. Osten (Restle, M.) V 943
Karner (Binding, G.) V 1001
Kartause (Binding, G.) V 1017
Kastron, I. Kastron (Brandes, W.) V 1051
Kastron, II. Burg (Hellenkemper, H.) V 1052
Keller (Binding, G.) V 1097
Kemenate (Binding, G.) V 1101
Kirchenbau, I. Westen (Binding, G.) V 1168
Kirchenbau, III. Altrußland (Onasch, K.) V 1171
Kirchenburg (Binding, G.) V 1173
Kirchweihe, 2. Baugeschichtlich (Binding, G.) V 1187
Klangarkaden (Binding, G.) V 1192
Kloster, B. Baukunst (Binding, G.) V 1221
Knagge (Binding, G.) V 1232
Konche (Bauer, F. A.) V 1296
Konsole (Binding, G.) V 1371
Krabbe (Binding, G.) V 1464
Kreuzblume (Binding, G.) V 1497
Kreuzfahrerkunst (Restle, M.) V 1498
Kreuzkuppelkirche (Restle, M.) V 1505
Krypta, I. Westen (Binding, G.) V 1554
Krypta, II. Byzanz (Restle, M.) V 1556
Kuppel (Binding, G.) V 1577

Labyrinth (Binding, G.) V 1602
Laube (Binding, G.) V 1750
Lettner (Doberer, E.) V 1914
Licht, Lichtmetapher, VI. Literatur–Kunst–Architektur (Hedwig, K.) V 1961
Lisene (Binding, G.) V 2007

Maitani, Lorenzo (Reinle, A.) VI 146
Martyrium, C. Baukunst (Binding, G.) VI 357
Maß (im Bauwesen) (Binding, G.) VI 369
Maßwerk (Binding, G.) VI 372
Matthias, 3. M. v. Arras (Binding, G.) VI 403
Mauer, Mauerwerk (Binding, G.) VI 406
Michelozzo (Pandimiglio, L.) VI 611
Morava-Schule (Korać, V.) VI 832

Naos VI 1019
Narthex (Binding, G.) VI 1030
Nische (Binding, G.) VI 1200

Obergaden (Binding, G.) VI 1329
Odo, 15. O. v. Metz (Binding, G.) VI 1360
Oktogon (Binding, G.) VI 1382

Palas (Binding, G.) VI 1631
Parekklesion (Restle, M.) VI 1703
Parler, Familie (Binding, G., Jost, B.) VI 1733
Paß (Binding, G.) VI 1755
Pastophorien (Binding, G.) VI 1772
Peter, 31. P. v. Koblenz (Binding, G.) VI 1938
Pfalz, Palast, B. Allgemeine Baugeschichte (Binding, G.) VI 1997
Pfalz, Palast, I. II. [Byzantinisches Reich und Südosteuropa] Baugeschichte (Korać, V.) VI 2009

Pfalzkapelle (Binding, G.) VI 2018
Pfeiler (Binding, G.) VI 2027
Pfleghof (Binding, G.) VI 2047
Pflüger, Konrad (Binding, G.) VI 2049
Pierre, 10. P. de Montreuil (Binding, G.) VI 2139
Pilaster (Binding, G.) VI 2146
Pisano, 1. P., Giovanni (Poeschke, J.) VI 2184
Pisano, 2. P., Nicola (Poeschke, J.) VI 2185
Pisano, 1. P., Andrea (Poeschke, J.) VI 2185
Pisano, 2. P., Nino (Poeschke, J.) VI 2186
Portal, I. Westen (Binding, G.) VII 108
Portal, II. Byzanz (Restle, M.) VII 110
Portal, III. Altrußland (Onasch, K.) VII 110
Portikus (Binding, G.) VII 112
Prämonstratenserkirche (Binding, G.) VII 152
Profanbau (Binding, G.) VII 240
Profil (Binding, G.) VII 241
Proportion (Binding, G.) VII 259
Puchspaum, Hans (Binding, G.) VII 320
Putz (Binding, G.) VII 335

Quaderbau (Binding, G.) VII 348
Querhaus (Binding, G.) VII 364

Rampe (Binding, G.) VII 431
Raška, Schule v. (Korać, V.) VII 448
Rathaus (Binding, G.) VII 455
Refektorium (Binding, G.) VII 540
Romanik (Binding, G.) VII 998
Roritzer (Gerstl, D.) VII 1026
Rundstab (Binding, G.) VII 1098

Sainte-Chapelle (Billot, C.) VII 1138
Sankt Galler Klosterplan (Zettler, A.) VII 1155
Saalkirche (Binding, G.) VII 1209
Sacrarium (Binding, G.) VII 1246
Sakristei (Binding, G.) VII 1277
Säule, I. Westen (Binding, G.) VII 1403
Säule, II. Byzanz (Restle, M.) VII 1404
Scheitelkapelle (Binding, G.) VII 1447
Schmuttermayer, Hanns (Binding, G.) VII 1513
Schwibbogen (Binding, G.) VII 1647
Seelhaus (Binding, G.) VII 1680
Skeuophylakion (Restle, M.) VII 1974
Spolien (Jäggi, C.) VII 2129
Sporer, Bernhard (Binding, G.) VII 2133
Stabkirchen (Binding, G.) VII 2163
Stadttor (Schich, W.) VIII 27
Stadtturm (Wanderwitz, H.) VIII 28
Stalaktitengewölbe (Binding, G.) VIII 40
Steinmetz (Binding, G.) VIII 103
Steinmetzbuch (Binding, G.) VIII 104
Steinmetzzeichen (Binding, G.) VIII 105
Stethaimer, Hans (Binding, G.) VIII 139
Stil (Binding, G.) VIII 183
Stockwerk (Binding, G.) VIII 189
Strebewerk (Binding, G.) VIII 231
Stuck, -plastik (Binding, G.) VIII 251
Stützenwechsel (Binding, G.) VIII 271

Tabernakel, II. Baukunst (Binding, G.) VIII 394
Tanzhaus (Binding, G.) VIII 463
Templerkirchen (Binding, G.) VIII 537
Templon (Restle, M.) VIII 539
Torhalle (Binding, G.) VIII 875
Trapeza (Restle, M.) VIII 957
Treppe (Binding, G.) VIII 974

Triforium (Binding, G.) VIII 1004
Triumphbogen, I. Spätantike (Engemann, J.) VIII 1027
Triumphbogen, II. Mittelalter (Binding, G.) VIII 1027
Trumeaupfeiler (Binding, G.) VIII 1072
Turm (Binding, G.) VIII 1111

Vermessung, -stechnik, II. Architektur (Binding, G.) VIII 1555
Vierung (Binding, G.) VIII 1654
Villard de Honnecourt (Binding, G.) VIII 1680
Vitruv (Binding, G.) VIII 1778
Vorhalle (Binding, G.) VIII 1850
Vorhangbogen (Binding, G.) VIII 1852

Waghemakere, Herman und Dominicus de (Binding, G.) VIII 1907
Wandpfeilerkirche, 1. Westen (Binding, G.) VIII 2028
Wandpfeilerkirche, 2. Byzanz (Theis, L.) VIII 2028
Wasserschlag (Binding, G.) VIII 2077
Wasserspeier (Binding, G.) VIII 2077
Werkmaß (Binding, G.) VIII 2205
Werkmeister (Binding, G.) VIII 2205
Werkmeisterbuch (Binding, G.) VIII 2206
Westbau (Binding, G.) IX 22

Westwerk (Binding, G.) IX 42
Wilhelm, 107. W. v. Sens (Binding, G.) IX 188
William, 2. W. of Ramsey (Binding, G.) IX 210
William, 4. W. of Wynford (Binding, G.) IX 211
Wimperg (Binding, G.) IX 222

Zange (Binding, G.) IX 473
Zellenquerbau (Binding, G.) IX 522
Zentralbau, I. Abendländisches Mittelalter (Untermann, M.) IX 537
Zentralbau, II. Byzanz (Theis, L.) IX 539
Ziegelbau, I. Westlicher und byzantinischer Bereich (Ristow, S.) IX 599
Ziegelbau, II. Arabischer Bereich (Gaube, H.) IX 601
Zirkel (Binding, G.) IX 627
Zisterne, I. Orientalisch-arabischer Bereich (Gaube, H.) IX 629
Zisterne, II. Byzanz und westliches Europa (Ristow, S.) IX 630
Zisterzienserbaukunst (Untermann, M.) IX 650
Zither (Binding, G.) IX 656
Zunfthaus (Binding, G.) IX 709
Zwerggalerie (Binding, G.) IX 730
Zwinger (Hemann, F.-W.) IX 736

Medizin und Pharmazie; Heilkunde und Heilmittel

Aal (Hünemörder, Ch.) I 4
Abortiva (Daems, W. F.) I 50
Abtreibung (Weisser, U.) I 65
Abū l-Qāsim az-Zahrāwī (Lauer, H. H.) I 68
Abulfaragius (Anawati, G. C.) I 69
Accursio (Premuda, L.) I 75
Acetum (Schmitz, U.) I 77
Adept (Nobis, H. M.) I 150
Aderlaß (Keil, G.) I 150
Adlerstein (Jüttner, G.) I 155
Aegidius, 4. Ae. Corboliensis (Keil, G.) I 175
Aerugo (Jüttner, G.) I 186
Aes ustum (Buntz, H.) I 186
Aggregator (Keil, G.) I 206
Agricola, 1. A., Georgius (Buntz, H.) I 220
Akelei, 1. Medizin (Daems, W. F.) I 250
Alant (Dilg, P.) I 267
Alaun [1] (Jüttner, G., Balard, M.) I 272
Albich, Siegmund (Hlaváček, I., Telle, J.) I 302
Albini, Giacomo (Premuda, L.) I 307
Alderotti, Taddeo (Baader, G.) I 345
Aldobrandino da Siena (Baader, G.) I 348
Alexander, 33. A. v. Tralleis (Fourlas, A. A.) I 381
Alexanderbrief (Schmitt, W.) I 381
Alexipharmaca (Schneider, W.) I 387
Alkali (Buntz, H.) I 416
Alkohol (Jüttner, G.) I 416
Aloe (Müller, I.) I 453
Alphita (Müller, I.) I 458
Alraun(e) (Dilg, P.) I 458
Ambra (Schmitz, U.) I 521
Ameise (Hünemörder, Ch., Binding, G.) I 526
Amethyst (Jüttner, G.) I 533
Anamnestik (Keil, G.) I 570
Anatomie (Baader, G.) I 575
Anis (Dilg, P.) I 644
Anthimus (Baader, G.) I 695
Antidota (Schneider, W.) I 708
Antidotarium Nicolai (Keil, G.) I 708
Antilope (Hünemörder, Ch.) I 715
Antimon (Buntz, H.) I 716
Apfel, Apfelbaum (Müller, I., Kühnel, H.) I 746
Aphrodisiaca (Daems, W. F.) I 747
Apollo Medicus (Schipperges, H.) I 770
Apotheke, Apotheker (Schmitz, R.) I 794
Aqua(e) (Schmitz, U.) I 825
Arabismus (Baader, G.) I 853
Arcanum (Jüttner, G.) I 895
Archimatthaeus (Schipperges, H.) I 898
Arderne, John (Lauer, H. H.) I 914
Aristoteles, B. II. Medizin (Schipperges, H.) I 940
Armengandus Blasii (Schipperges, H.) I 973
Armut und Armenfürsorge, B. II. Medizinische Armenpflege (Lindgren, U.) I 989
Arnald, 2. A. v. Villanova, II. Medizinische und pharmazeutische Leistung (Paniagua, J., Manselli, R., Jüttner, G.) I 995
Arnika (Daems, W. F.) I 999
Arnold, 17. A. v. Bamberg (Figala, K.) I 1004
Aronstab (Dilg, P.) I 1022
Ars medicinae (Keil, G.) I 1039
Arsen (Buntz, H.) I 1051
Artes liberales, IV. Bedeutung für die Medizin (Schipperges, H.) I 1062

Articella (Baader, G.) I 1069
Arzneibücher (Keil, G.) I 1091
Arzneiformen (Daems, W. F.) I 1094
Arzneimittelverfälschung (Berges, P. H.) I 1096
Arzt, I. Der Arzt im frühen Mittelalter (Baader, G.) I 1098
Arzt, II. Der universitär gebildete Arzt des hohen und späten Mittelalters (Baader, G.) I 1098
Arzt, III. Chirurgen (Baader, G.) I 1099
Arzt, IV. Ärztinnen (Baader, G.) I 1100
Arzt, V. Das Bild des Arztes in der mittelalterlichen Literatur (Baader, G.) I 1100
Arzt, VI. Der mittelalterliche Arzt in der bildlichen Darstellung (Hundsbichler, H.) I 1101
Asche (Peters, I.-M.) I 1102
Assimilation (Schipperges, H.) I 1121
Asteriscus (Müller-Jahncke, W.-D.) I 1127
Astrologische Medizin (García Ballester, L.) I 1145
Augenheilkunde (Koelbing, H. M.) I 1210
Augentrost (Daems, W. F.) I 1211
Aurum potabile (Jüttner, G.) I 1246
Auslasser, Veit (Müller, I.) I 1248
Aussatz, I. Pathologie (Keil, G.) I 1249
Aussatz, II. Ausbreitung (Keil, G.) I 1250
Aussatz, III. Ätiologische Deutung (Keil, G.) I 1250
Aussatz, IV. Therapie (Keil, G.) I 1250
Aussatz, V. Rechts- und Sozialgeschichte (Schott-Volm, C., Keil, G.) I 1251
Aussatz, VI. Diagnostik (Keil, G.) I 1253
Aussatz, VII. Literarischer, volkskundl. und ikonograph. Niederschlag (Murken, A.-H., Binding, G., Keil, G.) I 1254
Aussatz, VIII. Terminologie (Keil, G.) I 1255
Avenzoar (Lauer, H. H.) I 1290
Averroes, Averroismus, IV. Medizin (Lauer, H. H.) I 1295
Avicenna, III. Medizinische Bedeutung (Lauer, H. H.) I 1299
Axungia (Daems, W. F.) I 1312

Bader, 2. Heilkunde (Keil, G.) I 1340
Badewesen (Baader, G.) I 1340
Bagellardi, Paolo (Amberg, R.) I 1346
Baldrian (Müller, I.) I 1365
Balsam (Daems, W.) I 1389
Bamberger Chirurgie (Keil, G.) I 1401
Bamberger Codex (Baader, G.) I 1402
Bär, 1. Zoologie (Hünemörder, Ch.) I 1431
Barbier, 2. Heilkunde (Keil, G.) I 1445
Barmherzigkeit, III. Medizin (Schipperges, H.) I 1472
Barnabas v. Reggio (de Riatinis) (Keil, G.) I 1473
Barnikelgans (Hünemörder, Ch.) I 1474
Bartholom(a)eus, 5. B. v. Brügge (Oesterle, H.-J.) I 1493
Bartholomäus (Keil, G.) I 1498
Barzizza, 1. B., Christofero (Henkelmann, Th.) I 1501
Basilie(nkraut), Basilikum (Müller, I.) I 1526
Basilisk (Hünemörder, Chr., Brückner, A.) I 1529
Basler Rezepte (Keil, G.) I 1543
Baverius de Baveriis (Keil, G.) I 1695
Beerenfrüchte (Wacha, G.) I 1783
Beifuß (Daems, W. F.) I 1820
Beinwell (Dilg, P.) I 1823
Belemnit (Gockerell, N.) I 1838

Benediktionen (Langgärtner, G., Lauer, H. H.) I 1903
Benivieni, Antonio (Premuda, L.) I 1915
Benvenuto, 1. B. Grapheo (Baader, G.) I 1923
Benzi, Ugo (Belloni, L.) I 1924
Berberitze (Daems, W. F.) I 1931
Bernhard, 34. B. v. Gordon (Lauer, H. H.) I 1999
Bernstein, A. Allgemeines; pharmazeutische und technische Bedeutung (Jüttner, G.) I 2008
Bertapaglia, Leonardo da (Schmitt, W.) I 2021
Bertram (Daems, W. F.) I 2039
Bertrand, 10. B., Jan (Müller, R., Keil, G.) I 2044
Bert(r)uccio, Nicola (Keil, G.) I 2045
Beschwörung, III. Geschichte der Medizin (Keil, G.) I 2062
Besessenheit, 2. Medizingeschichte (Schmitt, W.) I 2063
Bešīr Čelebi (Flemming, B.) I 2064
Betäubungsmittel (Kuhlen, F.-J.) I 2081
Betonie (Müller, I.) I 2085
Bezoar (Daems, W. F.) II 36
Bibergeil (Daems, W. F.) II 108
Bilsenkraut (Dilg, P.) II 194
Bimsstein (Jüttner, G.) II 195
Birne, Birnbaum (Müller, I.) II 225
Bisamapfel (Vavra, E.) II 227
Blei, III. Blei in Heilkunde und Alchemie (Jüttner, G.) II 271
Blindheit (Jaeger, W.) II 279
Blut (Schipperges, H.) II 288
Blutegel (Daems, W. F., Hünemörder, Ch.) II 289
Blutschau (Lenhardt, F., Keil, G.) II 291
Blutsegen (Keil, G.) II 291
Blutwurz (Müller, I.) II 293
Bock (Hünemörder, Ch., Kocks, D.) II 303
Bockshornklee (Dilg, P.) II 305
Boec van Medicinen in Dietsche (Daems, W. F.) II 307
Bolus armenus, 1. Pharmazeutisch-medizinische Anwendung (Daems, W. F.) II 389
Bonacos(s)a (Premuda, L.) II 398
Borax (Jüttner, G.) II 446
Borgognoni, 1. B., Tederico dei (Keil, G.) II 456
Borgognoni, 2. B., Ugo dei (Keil, G.) II 457
Borretsch (Dilg, P.) II 466
Böser Blick (Lauer, H. H.) II 470
Brand (Henkelmann, Th.) II 549
Branntwein (Dirlmeier, U.) II 574
Brennen (Henkelmann, Th.) II 607
Brennessel (Daems, W. F.) II 607
Breviarium (Keil, G.) II 639
Bruno, 10. B. v. Longoburgo (Keil, G.) II 790
Brunschwig, Hieronymus (Keil, G., Dilg, P.) II 793
Buchsbaum (Dilg, P.) II 893
Bürgerspital (Hergemöller, B.-U.) II 1048

Caelius Aurelianus (Gruber, J.) II 1347
Cantharides (Hünemörder, Ch.) II 1457
Capitolare de specialibus (Bartels, K. H.) II 1477
Capsula eburnea (Keil, G.) II 1489
Cassius Felix (Gruber, J.) II 1554
Catapotia (Kuhlen, F.-J.) II 1573
Cermisone, Antonio (Belloni, L.) II 1631
Cerussa (Jüttner, G.) II 1634
Chalmel(li) (Chalin) v. Viviers, Raimund (Keil, G.) II 1657
Charadrius (Hünemörder, Chr., Binding, G.) II 1716
Chartres, Schule v., V. Medizinhistorische Bedeutung (Schipperges, H.) II 1757

Chirurg, Chirurgie (Keil, G.) II 1845
Chirurg von der Weser (Keil, G.) II 1859
Christophorus, 3. Ch. de Recaneto (Lohr, C. H.) II 1941
Circa instans (Keil, G.) II 2094
Codex Salernitanus (v. Matuschka, M. E.) II 2208
Coictier, Jacques (Müller, H.) III 22
Collège de St-Côme (Seidler, E.) III 36
Collyria (Kuhlen, F.-J.) III 45
Composita (Kuhlen, F.-J.) III 104
Conciliator (Schmitt, W.) III 114
Concordantiae (Schmitt, W.) III 116
Conditum (-a) (Kuhlen, F.-J.) III 121
Confectio(nes) (Kuhlen, F.-J.) III 124
Conserva(e) (Kuhlen, F.-J.) III 155
Constantinus, 3. C. Africanus (Schipperges, H.) III 171
Copho (Bauer, A.) III 214
Corvi da Brescia, Guglielmo de' (v. Matuschka, M. E.) III 297
Crocus Martis (Jüttner, G.) III 350
Curriculum medicinae (Bauer, A.) III 388

Dachs, 3. Medizin; Pharmazie (Hünemörder, Chr., Keil, G.) III 427
Damnastes (Papadimitriou, H. E.) III 475
Dancus Rex (Schwenk, S.) III 489
Dattel, Dattelpalme (Müller, I.) III 582
David, 8. D. v. Dinant (Hödl, L.) III 605
Del Garbo, 1. Del G., Dino (Bauer, A.) III 670
Del Garbo, 2. Del G., Tommaso (Bauer, A.) III 670
Delphin, 1. Zoologie (Hünemörder, Chr.) III 683
Deontologie, ärztl. (v. Matuschka, M. E.) III 705
Despar(t)s, Jacques (Keil, G.) III 730
Diaeta Theodori (Bauer, A.) III 934
Diagnostik (Keil, G.) III 935
Diamant (Jüttner, G.) III 967
Dia-Mittel (Kuhlen, F.-J.) III 968
Diätetik (Schipperges, H.) III 972
Dill (Dilg, P.) III 1052
Dioskurides im Mittelalter, I. Überlieferung (Riddle, J. M.) III 1095
Diptam (Müller, I.) III 1100
Distelgewächse (Keil, G.) III 1121
Dominicus, 6. D. Gundissalinus (Schipperges, H.) III 1188
Dondi, 2. D., Jacopo (Bedini, S. A.) III 1246
Dost (Müller, I.) III 1328
Dreibilderserie (Keil, G.) III 1373
Droge, Drogenhandel (Schmitz, Rudolf) III 1402

Eberraute (Dilg, P.) III 1524
Echineis (Hünemörder, Ch.) III 1539
Eck, Paul (Telle, J.) III 1546
Eibisch (Müller, I.) III 1665
Eiche, 1. Medizinische Verwendung (Keil, G.) III 1665
Eichenmistel (Keil, G.) III 1667
Eichhörnchen (Hünemörder, Ch., Ehrhardt, H.) III 1668
Eisenhut, 2. E. (Botanik) (Müller, I.) III 1756
Eisenkraut (Dilg, P.) III 1756
Elektuarien (Kuhlen, F.-J.) III 1798
Elemente, 2. E. in der Medizin (Lauer, H. H.) III 1802
Elixir(ium) (Schmitz, Rudolf) III 1843
Ellenbog, Ulrich (Telle, J.) III 1846
Empfängnisverhütung (Jacquart, D.) III 1891
Endivie (Dilg, P.) III 1902
Engelin, Jakob (Keil, G.) III 1921

Enzian (Müller, I.)   III 2030
Epidemien, I. Medizinisch (Keil, G.)   III 2055
Epilepsie (Schmitt, W.)   III 2064
Erdrauch (Dilg, P.)   III 2128
Ernährung, A. III. [Westliches Europa] Diätisch-medizinisch (Schipperges, H.)   III 2169
Ernährung, B. IV. [Byzantinisches Reich] Diätetik (Kislinger, E.)   III 2174
Euporista (Papadimitriu, H.)   IV 104

Faber, Wenzel (Telle, J.)   IV 211
Falcucci, Niccolò (Lauer, H. H.)   IV 238
Farnkräuter (Müller, I.)   IV 300
Fasan (Hünemörder, Ch.)   IV 302
Fasten, -zeiten, -dispensen, A. III. 1. Medizinische Aspekte (Schipperges, H.)   IV 305
Feige, Feigenbaum (Müller, I.)   IV 335
Feigwurz (Müller, I.)   IV 336
Fenchel (Dilg, P.)   IV 349
Fingerhut (Dilg, P.)   IV 474
Fingerkraut (Dilg, P.)   IV 475
Fischotter (Hünemörder, Ch.)   IV 501
Flachs, 1. Flachspflanze (Reinicke, Ch.)   IV 508
Fledermaus (Hünemörder, Ch.)   IV 540
Frauenheilkunde, I. Lateinischer Westen; antike und arab. Voraussetzungen (Schipperges, H.)   IV 875
Frauenheilkunde, II. Byzantinisches Reich (Kislinger, E.)   IV 878
Fünfbilderserie (Putscher, M.)   IV 1025
Furia, Johannes (Keil, G.)   IV 1027

Ğābir-Corpus (Geber) (Jüttner, G.)   IV 1071
Galeazzo (di) Santa Sofia (Lauer, H. H.)   IV 1082
Galen im MA (Schipperges, H., Durling, R. J.)   IV 1082
Gallus, 2. G. v. Prag (Keil, G.)   IV 1098
Gargilius Martialis (Keil, G.)   IV 1115
Gariopontus (Keil, G.)   IV 1117
Gart der Gesuntheit (Keil, G.)   IV 1120
Geisteskrankheiten (Schipperges, H.)   IV 1177
Gentile, 3. G. da Foligno (Lauer, H. H.)   IV 1247
Gerhard, 21. G. v. Cremona (Meyer, E.)   IV 1317
Geschlechtskrankheiten (Keil, G.)   IV 1383
Gesundheit (Schipperges, H.)   IV 1412
Getreide, I. Getreidepflanzen (Dilg, P.)   IV 1413
Gewürze, I. Gewürzpflanzen (Dilg, P.)   IV 1432
Gewürznelken(baum) (Dilg, P.)   IV 1434
Gicht (Lauer, H. H.)   IV 1442
Gift (Kuhlen, F.-J.)   IV 1446
Gilbertus, 2. G. Anglicus (Lauer, H. H.)   IV 1450
Ginster (Müller, Irmgard)   IV 1455
Granatapfel(baum) (Dilg, P.)   IV 1650
Greif (Hünemörder, Ch.)   IV 1693
Gualtherus Agulinus (Bauer, A.)   IV 1760
Guido, 5. G. v. Arezzo d. J. (Goehl, K., Keil, G.)   IV 1773
Guido, 18. G. v. Vigevano (Bauer, A.)   IV 1776
Guy, 2. G. de Chauliac (Keil, G.)   IV 1806

Haematoskopie (Keil, G.)   IV 1825
Hahnenfuß (Keil, G.)   IV 1863
Haly Abbas (Lauer, H. H.)   IV 1882
Hanf (Reinicke, Ch., Dilg, P.)   IV 1918
Hans, 4. H. v. Gersdorf (Telle, J.)   IV 1921
Harn, -schau, -traktate (Keil, G.)   IV 1940
Haselwurz (Keil, G.)   IV 1952
Hauswurz (Keil, G.)   IV 1976
Haut, -krankheiten (Lauer, H. H.)   IV 1976

Heinrich, 129. H. v. Mondeville (Lauer, H.)   IV 2100
Heinrich, 136. H. v. Pfalzpaint (Keil, G.)   IV 2104
Henrik Harpestræng (Keil, G.)   IV 2139
Herbarius Moguntinus (Keil, G.)   IV 2147
Hermann, 22. H. v. Heilighafen (Keil, G.)   IV 2166
Hermes Trismegistos (Jüttner, G.)   IV 2171
Hermetisches Schrifttum (Jüttner, G.)   IV 2171
Herz (Lauer, H. H., Hödl, L.)   IV 2187
Hesse (v. Matuschka, M. E.)   IV 2194
Heuschrecken (Hünemörder, Ch.)   IV 2197
Hiera-Mittel (Kuhlen, F.-J.)   V 1
Hildegard v. Bingen (Gössmann, E.)   V 13
Hippokrates (Keil, G.)   V 31
Holunder (Keil, G.)   V 102
Honig   V 117
Hopfen (Dilg, P.)   V 123
Hortus sanitatis (Keil, G.)   V 130
Hospital, I. Wortgeschichte und Definition (Lindgren, U.)   V 133
Hospital, II. Byzantinisches Reich (Kislinger, E.)   V 133
Hospital, III. Islamischer und jüdischer Bereich (Lindgren, U.)   V 134
Hospital, IV. Abendländischer Bereich (Lindgren, U.)   V 134
Huflattich (Dilg, P.)   V 156
Hülsenfrüchte (Dilg, P.)   V 185
Humoralpathologie (Bergdolt, K., Keil, G.)   V 211
Hygiene (Keil, G.)   V 242

Jacopo, 3. J. (Giacomo) da Forlì (Bergdolt, K.)   V 264
Ibn al-Baiṭār (Schipperges, H.)   V 313
Ibn al-Ǧazzar (Schipperges, H.)   V 314
Ibn Ǧulǧul al Andalusī (Riddle, J. M.)   V 315
Jesus Haly (Lauer, H. H.)   V 364
Igel (Hünemörder, Ch.)   V 365
Ingwer (Dilg, P.)   V 419
Insekten (Hünemörder, Chr.)   V 447
Johann, 54. J. Wonnecke v. Kaub (Keil, G.)   V 520
Johannes, 78. J. v. Capua (Lauer, H. H.)   V 561
Johannes, 106. J. Folsham (Hünemörder, Ch.)   V 576
Johannes, 143. J. Mediolanensis (Bergdolt, K.)   V 589
Johannes, 172. J. v. St-Amand (Bergdolt, K.)   V 601
Johanniskraut (Dilg, P.)   V 612
Johannitius (van Esbroeck, M., Schipperges, H.)   V 616
Jordansegen (Keil, G.)   V 627
Isaac, 2. I. Judaeus (Lauer, H.)   V 665

Kaiserschnitt (Bergdolt, K.)   V 860
Kamel (Hünemörder, Ch.)   V 881
Kamille (Dilg, P.)   V 883
Kampfer (Bergdolt, K.)   V 896
Kapern(strauch) (Dilg, P.)   V 935
Kardamom (Dilg, P.)   V 950
Kastration (Bergdolt, K.)   V 1050
Kauterisation (Keil, G.)   V 1090
Kerbel (Dilg, P.)   V 1115
Kinderheilkunde (Neumann, J. N.)   V 1149
Kirsche, Kirschbaum (Dilg, P.)   V 1188
Klaus, 2. K. v. Matrei (Keil, G.)   V 1194
Klee (Dilg, P.)   V 1197
Kleopatra (Keil, G.)   V 1206
Klette (Dilg, P.)   V 1211
Klistier (Keil, G.)   V 1216
Klostermedizin (Lauer, H. H.)   V 1224
Knab, Erhard (Schuba, L.)   V 1230

Knochenasche (v. Matuschka, M. E.)   V 1236
Knöterich (Dilg, P.)   V 1237
Königskerze (Dilg, P.)   V 1330
Konrad, 36. K. v. Eichstätt (v. Matuschka, M. E.)   V 1357
Konsilium (Keil, G.)   V 1370
Koproskopie (Keil, G.)   V 1438
Koralle (Grams-Thieme, M.)   V 1441
Koriander (Dilg, P.)   V 1444
Krankensalbung, I. Okzident (Kaczynski, R.)   V 1471
Krankensalbung, II. Osten (Plank, P.)   V 1472
Krankheit (Schipperges, H.)   V 1473
Krankheitslunar (Keil, G.)   V 1474
Kräuterbücher (Keil, G., Dilg, P.)   V 1476
Kresse (Dilg, P.)   V 1487
Kritische Tage (Keil, G.)   V 1536
Kröte (Hünemörder, Ch.)   V 1551
Krustentiere (Hünemörder, Ch.)   V 1553
Kubebenpfeffer (Dilg, P.)   V 1557
Küchenmeisterei (Keil, G.)   V 1558
Kuckuck (Hünemörder, Ch.)   V 1559
Kümmel (Dilg, P.)   V 1569
Kürbisgewächse (Dilg, P.)   V 1579
Kurpfuscher (Lauer, H. H.)   V 1589
Kyranides (Keil, G.)   V 1597

Lachs (Hünemörder, Ch.)   V 1605
Lanfranc, 3. L. v. Mailand (Keil, G.)   V 1686
Lapidarien (Jüttner, G.)   V 1714
Lauch (Dilg, P.)   V 1751
Lavendel (Dilg, P.)   V 1771
Leber (Bergdolt, K.)   V 1782
Lein (Dilg, P.)   V 1858
Leprosenhäuser (Byzanz) (Kislinger, E.)   V 1903
Lexicon plantarum (Keil, G.)   V 1933
Liber iste (Keil, G.)   V 1945
Liber medicinalis (Keil, G.)   V 1946
Liebstöckel (Dilg, P.)   V 1968
Lilie (Botanik) (Dilg, P.)   V 1983
Lithotherapie (Jüttner, G.)   V 2021
Longinussegen (Keil, G.)   V 2107
Lorbeer (Dilg, P.)   V 2111
Lorscher Arzneibuch (Keil, G.)   V 2118
Löwe, 1. Zoologie (Hünemörder, Ch.)   V 2141
Luchs (Hünemörder, Ch.)   V 2158
Lunar (Keil, G.)   V 5
Lunatici (Schmitt, W.)   VI 5
Lurche (Hünemörder, Ch.)   VI 16

Magia naturalis (Jüttner, G.)   VI 82
Magie, V. Iatromagie (v. Matuschka, M. E.)   VI 86
Magister-discipulus (Schipperges, H.)   VI 88
Magnet (Jüttner, G.)   VI 95
al-Maǧūsī (Schipperges, H.)   VI 104
Malaria (Keil, G.)   VI 162
Malve (Müller, I.)   VI 181
Mandel, Mandelbaum (Müller, I.)   VI 187
Manlius de Bosco, Johannes Jacobus (Schmitz, R.)   VI 196
Mantik (Schmitt, W.)   VI 205
Marcellus Empiricus (Fischer, K.-D.)   VI 221
Marcus, 6. M. (Schipperges, H.)   VI 228
Mastix(strauch) (Müller, I.)   VI 373
Materia medica (Schmitz, R.)   VI 378
Matthaeus, Matthäus, 11. M. Silvaticus (Keil, G.)   VI 400

Maulwurf (Hünemörder, Ch.)   VI 409
Maurus, 2. M. v. Salerno (Keil, G.)   VI 417
Medicina Plinii (v. Matuschka, M. E.)   VI 446
Medizin, A. Westen (unter Einbeziehung der arabischen Medizin) (Schipperges, H.)   VI 452
Medizin, B. Byzantinisches Reich (Kislinger, E., Volk, R.)   VI 459
Medizin, C. Südosteuropa (Ćircović, S.)   VI 464
Medizinalordnung (Medizinalstatuten), siz., Friedrichs II. (Bartels, K. H.)   VI 465
Meerzwiebel (Müller, I.)   VI 466
Melisse (Müller, I.)   VI 497
Menstruation (v. Matuschka, M. E.)   VI 528
Mesuë, 1. M. Senior (Keil, G.)   VI 567
Mesuë, 2. M. Junior (Keil, G.)   VI 567
Metlinger, Bartholomäus (Neumann, J. N.)   VI 581
Metrodora (Kislinger, E.)   VI 583
Miasma (Keil, G.)   VI 593
Michael, 30. M. Scotus (Ackermann, S.)   VI 606
Milz (Lauer, H. H.)   VI 630
Mineralia (Jüttner, G.)   VI 635
Minner, Hans (Keil, G.)   VI 646
Minzen (Müller, I.)   VI 654
Mispel (Müller, I.)   VI 668
Mistel (Müller, I.)   VI 680
Mohn (Müller, I.)   VI 718
Mönchspfeffer (Müller, I.)   VI 747
Mondino (Raimund) de' Liuzzi (Keil, G.)   VI 750
Monstren (v. Matuschka, M. E.)   VI 772
Montagnana, Bartolomeo (Bergdolt, K.)   VI 774
Montpellier, B. I. [Schule und Universität] Die Anfänge (Verger, J.)   VI 815
Montpellier, B. II. [Schule und Universität] Medizinische Schule (Verger, J.)   VI 815
Mörser, 1. M. (mortarium) (Schmitz, R.)   VI 845
Morsuli (Kuhlen, F. J.)   VI 846
Moschus (v. Matuschka, M. E.)   VI 859
Mumia (v. Matuschka, M. E.)   VI 896
Münsinger (Krauel), Heinrich (Schuba, L.)   VI 912
Muscheln (Hünemörder, Ch.)   VI 946
Muskatnuß(baum) (Müller, I.)   VI 969
Musquelibet (Hünemörder, Ch.)   VI 971
Mutterkorn (Dilg, P.)   VI 976
Myrobalanen (Kuhlen, F.-J.)   VI 978
Myrrhe(nbaum) (Stoll, U.)   VI 978
Myrte (Stoll, U.)   VI 979

Nachtigall (Hünemörder, Ch.)   VI 1000
Nagetiere (Hünemörder, Ch.)   VI 1004
Naphta (Jüttner, G.)   VI 1019
Nicolaus, 12. N. Pr(a)epositus (v. Matuschka, M. E.)   VI 1134
Niere (Lauer, H. H.)   VI 1145
Nieswurz (Stoll, U.)   VI 1146
Nihilum album (Jüttner, G.)   VI 1149
Nikolaos, 4. N. Myrepsos (Keil, G.)   VI 1167
Nikolaus, 14. N. v. Aversa (Keil, G.)   VI 1177
Nikolaus, 34. N. v. Polen (Keil, G.)   VI 1186
Nikolaus, 35. N. v. Reggio (Gerabek, W.)   VI 1186
Nitrum (Jüttner, G.)   VI 1202
Nüsse (Dilg, P.)   VI 1323

Ochsenzunge (Stoll, U.)   VI 1343
Odermennig (Stoll, U.)   VI 1349
Odo, 16. O. v. Meung (Keil, G.)   VI 1360
Ohr (Bergdolt, K.)   VI 1375
Öl (Schmidt, F., Kuhlen, F.-J.)   VI 1383

Ölbaum (Stoll, U.) VI 1388
Opium (Kuhlen, F.-J.) VI 1413
Oreibasios, 1. Leben, Werke (Alonso-Núñez, J. M.) VI 1445
Oreibasios, 2. Lat. Übersetzungen (Fischer, K.-D.) VI 1445
Organon (med.) (Bergdolt, K.) VI 1450
Ortolf, 2. O. v. Baierland (Keil, G.) VI 1485
Osterluzei (Stoll, U.) VI 1517
Otho v. Cremona (Dilg, P.) VI 1559

Panacee (Jüttner, G.) VI 1650
Panspermie (Keil, G.) VI 1657
Pantegni, Pantechne (Keil, G.) VI 1658
Paracelsus (Jüttner, G.) VI 1695
Parato, Guido (Bergdolt, K.) VI 1702
Pastinak (Müller, I.) VI 1772
Paulos, 3. P. v. Aigina (Leven, K.-H.) VI 1818
Pech (Hägermann, D.) VI 1846
Perle (Elbern, V. H.) VI 1891
Pest, A. II. [Westen] Medizin (Keil, G.) VI 1918
Pest, B. Byzanz (Leven, K.-H.) VI 1920
Pestblätter (Anzelewsky, F.) VI 1921
Pestwurz (Stoll, U.) VI 1921
Peter, 34. P. v. Ulm d. Ä. (Keil, G.) VI 1938
Peter, 35. P. v. Ulm d. J. (Keil, G.) VI 1938
Petersilie (Stoll, U.) VI 1941
Petrus, 5. P. v. Abano (Sturlese, L.) VI 1959
Petrus, 6. P. Alfonsi (Stohlmann, J.) VI 1960
Petrus, 47. P. Musandinus (Lauer, H. H.) VI 1978
Petrus, 73. P. v. Tussignano (Bergdolt, K.) VI 1985
Pfalzpaint, Heinrich v. (Keil, G.) VI 2018
Pfeffer (Müller, I.) VI 2027
Pferd, I. Zoologie (Hünemörder, Ch.) VI 2029
Pfingstrose (Müller, I.) VI 2032
Pfirsich(baum) (Müller, I.) VI 2032
Pflanzenkunde (Dilg, P.) VI 2038
Pflaster (Kuhlen, F.-J.) VI 2046
Pflaume(nbaum) (Müller, I.) VI 2046
Pflaundorfer, Heinrich (Schmitt, W.) VI 2046
Pharmazie (Dilg, P.) VI 2052
Philaretos (Fischer, K.-D.) VI 2054
Philippus, 2. Ph. Clericus Tripolitanus (Bergdolt, K.) VI 2085
Physica Plinii (Fischer, K.-D.) VI 2111
Physiognomik (Schmitt, W.) VI 2117
Pietro, 1. P. d'Argelata (Bergdolt, K.) VI 2142
Pilze (Müller, I.) VI 2160
Platearius (Lauer, H. H.) VII 6
Plinius, 1. P. d. Ä. im MA (Brunhölzl, F.) VII 21
Pocken, I. Westen (Leven, K.-H.) VII 29
Pocken, II. Osten (Volk, R.) VII 30
Pollich, Martin (Telle, J.) VII 68
Portulak (Müller, I.) VII 122
Pottasche (Jüttner, G.) VII 134
Practica medicinae (Keil, G.) VII 141
Prognose, Prognostik, I. Begriff, mentalitätsgesch. Aspekte (Keil, G.) VII 242
Prognose, Prognostik, II. Anwendung (Keil, G.) VII 242
Prognose, Prognostik, III. Texte (Daxelmüller, Ch., Keil, G.) VII 242
Promptuarium medicinae (Keil, G.) VII 248
Prophatius Judaeus (Lauer, H. H.) VII 251
Pseudo-Apuleius (Müller, I.) VII 306
Pseudo-Musa (Dilg, P.) VII 309
Pseudo-Petroncellus (Keil, G.) VII 309

Puff, Michael (Telle, J.) VII 320
Puls, -traktate (Keil, G.) VII 325
Purgantia (Dilg, P., Kuhlen, F.-J.) VII 328

Qualitäten- und Gradelehre (Keil, G.) VII 353
Quarantäne (Bergdolt, K.) VII 355
Quecksilber (Jüttner, G.) VII 358
Quiricus de Augustis (Dilg, P.) VII 374
Quitte (Stoll, U.) VII 376
Qusta ibn Luqa (Lauer, H. H.) VII 378

Rainfarn (Stoll, U.) VII 421
Raubtiere (Hünemörder, Ch.) VII 475
Räuchermittel (Keil, G.) VII 476
Rauschmittel (Kuhlen, F.-J.) VII 479
Raute (Keil, G.) VII 480
Regel der Gesundheit (Haage, B. D.) VII 562
Regimen sanitatis Salernitanum (Haage, B. D.) VII 574
Regimen vite (Haage, B. D.) VII 575
Regimina (Schmitt, W.) VII 575
Reguardati, Benedetto (Schmitt, W.) VII 602
Reh (Hünemörder, Ch.) VII 610
Reiher (Hünemörder, Ch.) VII 649
Reis (Schmidt, F.) VII 671
Reliquien, III. Medizin; Volkskunde (Bergdolt, K.) VII 704
Res naturales (Schmitt, W.) VII 750
Res non naturales (Schmitt, W.) VII 751
Res praeter naturam (Schmitt, W.) VII 752
Rettich (Müller, I.) VII 765
Rezept, Rezeptliteratur (Keil, G.) VII 778
Rhabarber (Müller, I.) VII 780
Rhazes (Schipperges, H.) VII 780
Ricettario Fiorentino (Dilg, P.) VII 808
Rind, I. Zoologie (Hünemörder, Ch.) VII 854
Ringelblume (Stoll, U.) VII 857
Rinio-Codex (Dilg, P.) VII 857
Rochen (Hünemörder, Ch.) VII 923
Roger, 9. R. Frugardi (Keil, G.) VII 942
Rogerglosse (Keil, G.) VII 945
Röhrenkassie (Dilg, P.) VII 949
Roland, 4. R. v. Parma (Lauer, H. H., Keil, G.) VII 957
Rosen, 1. Botanik und Medizin (Dilg, P.) VII 1031
Rosmarin (Dilg, P.) VII 1039
Rößlin, Eucharius d. Ä. (Keil, G.) VII 1043
Rotwild (Hünemörder, Ch.) VII 1058
Rufinus, 3. R., Abt des Kl. Tyro (Keil, G.) VII 1089

Säbenbaum, Sadebaum (Keil, G.) VII 1216
Şabungī-oğlï Šeref üd-Dīn ᶜAlī (Neumann, Ch. K.) VII 1218
Safran, 1. Botanik (Dilg, P.) VII 1250
Saladin Ferro v. Ascoli (Dilg, P.) VII 1281
Salamander (Hünemörder, Ch.) VII 1284
Salat, 1. Botanik (Müller, I.) VII 1285
Salbei (Dilg, P.) VII 1286
Salben (Kuhlen, F.-J.) VII 1287
Salerno, B. I. [Die Medizinische Schule] Historische Entwicklung (Vitolo, G.) VII 1297
Salerno, B. II. [Die Medizinische Schule] Lehrinhalte und bedeutende Lehrer (Keil, G.) VII 1298
Sandelholz(baum) (Müller, I.) VII 1363
Sanikel (Müller, I.) VII 1365
Saturei (Stoll, U.) VII 1401
Savonarola, 1. S., Giovanni Michele (Rippa Bonati, M.) VII 1413

Schachtelhalm (Müller, I.)   VII 1431
Schaf, I. Gelehrte Tradition (Hünemörder, Ch.)
   VII 1432
Schafgarbe (Dilg, P.)   VII 1435
Schedel, 1. S., Hartmann (Wendehorst, A.)   VII 1444
Schedel, 2. S., Hermann (Wendehorst, A.)   VII 1445
Schelling (Schellig), Konrad (Schipperges, H.)
   VII 1448
Schelling, Thomas (Haage, B. D.)   VII 1448
Scherrenmüller, Bartholomäus (Schmitt, W.)   VII 1451
Schierling (Stoll, U.)   VII 1455
Schilf (Stoll, U.)   VII 1464
Schlaf (Lauer, H. H.)   VII 1470
Schlafmittel (Kuhlen, F.-J.)   VII 1472
Schlehe (Stoll, U.)   VII 1479
Schmerz, 1. Philosophie und Medizin (Laarmann, M.)
   VII 1502
Schmerzmittel (Kuhlen, F.-J.)   VII 1503
Schöllkraut (Dilg, P.)   VII 1530
Schönheitspflege (Bergdolt, K.)   VII 1537
Schröpfen (Keil, G.)   VII 1571
Schröpfstellentexte (Keil, G.)   VII 1572
Schüpfheimer Kodex (Keil, G.)   VII 1592
Schwamm (Hünemörder, Ch.)   VII 1610
Schwan (Hünemörder, Ch.)   VII 1611
Schwangerschaft und Geburt (Bergdolt, K.)   VII 1612
Schwefel (Leng, R.)   VII 1637
Schwein, I. Gelehrte Tradition (Hünemörder, Ch.)
   VII 1639
Schwertlilie (Stoll, U.)   VII 1647
Schwindsucht (Bergdolt, K.)   VII 1647
Secreta mulierum (Keil, G.)   VII 1661
Secreta Salernitana (Keil, G.)   VII 1661
Secretum secretorum, A. Allgemein (Keil, G.)
   VII 1662
Seerose (Müller, I.)   VII 1689
Seidenspinner (Hünemörder, Ch.)   VII 1709
Sellerie (Müller, I.)   VII 1737
Senf (Stoll, U.)   VII 1755
Serapion, 1. S. senior (Keil, G.)   VII 1775
Serapion, 2. S. glossator (Keil, G.)   VII 1775
Serapion, 3. S. junior (Keil, G.)   VII 1775
Serenus (Gruber, J.)   VII 1784
Sextus Placitus Papyriensis (Keil, G.)   VII 1811
Sexualität, IV. Medizin (Jacquart, D.)   VII 1816
Seyff (Suff), Hans (Keil, G.)   VII 1819
Siebenkammermodell (Keil, G.)   VII 1842
Siechenhaus (Fahlbusch, F. B.)   VII 1844
Siegelerde (Dilg, P.)   VII 1861
Signaturenlehre (Jüttner, G.)   VII 1889
Simon, 11. S. v. Genua (Lauer, H.)   VII 1917
Simplicia (Dilg, P.)   VII 1925
Sirup (Kuhlen, F.-J.)   VII 1936
Skrofeln (Keil, G.)   VII 1997
Solo, Gerhard v. (Keil, G.)   VII 2036
Soran im MA (Fischer, K.-D.)   VII 2055
Spargel (Müller, I.)   VII 2085
Spinat (Müller, I.)   VII 2117
Spinnen (Hünemörder, Ch.)   VII 2119
Spiritus-Lehre (Schipperges, H.)   VII 2125
Stein der Weisen (Jüttner, G.)   VIII 97
Steinbrech (Stoll, U.)   VIII 98
Steinhöwel (Steinhäuel), Heinrich (Keil, G.)   VIII 99
Steinkunde (Jüttner, G.)   VIII 100
Steinschnitt (Keil, G.)   VIII 105
Stephan, 23. S. v. Antiochien (Lauer, H.)   VIII 121
Stocker, Hans (Keil, G.)   VIII 187

Storax(baum) (Müller, I.)   VIII 193
Suardus, Paulus (Dilg, P.)   VIII 271
Süßholz (Dilg, P.)   VIII 333
Synonyma Bartholomaei (Keil, G.)   VIII 378
Syphilis (Keil, G.)   VIII 380

Tacuina sanitatis (Schipperges, H.)   VIII 402
Tagewählerei (Keil, G.)   VIII 431
Talk (Jüttner, G.)   VIII 448
Tartarus (Jüttner, G.)   VIII 484
Tätowierung (v. Engelhardt, D.)   VIII 490
Taube, I. Gelehrte Tradition (Hünemörder, Ch.)
   VIII 491
Tausendgüldenkraut (Dilg, P.)   VIII 512
Temperamentenlehre (Bergdolt, K.)   VIII 533
Theodorus Priscianus (Fischer, K.-D.)   VIII 641
Theorica medicinae (Schipperges, H.)   VIII 673
Therapeutik (Lauer, H. H.)   VIII 675
Theriak (Dilg, P.)   VIII 677
Thesaurus pauperum (Bergdolt, K.)   VIII 680
Thomas, 61. Th. v. Wasserburg (Bergdolt, K.)
   VIII 726
Thymian (Dilg, P.)   VIII 758
Tiermedizin (Schäffer, J., Fischer, K.-D.)
   VIII 774
Tinctura (Jüttner, G.)   VIII 795
Tinkal (Jüttner, G.)   VIII 796
Tod, Sterben, I. Medizin (Bergdolt, K.)   VIII 822
Torrigiano de Torrigiani, Pietro (Bergdolt, K.)
   VIII 880
Trank (Kuhlen, F.-J.)   VIII 936
Traum (Lauer, H. H.)   VIII 962
Trochisci (Kuhlen, F.-J.)   VIII 1031
Trotula (Bosselmann-Cyran, K.)   VIII 1051
Türst, Konrad (Keil, G.)   VIII 1120
Tutia (Jüttner, G.)   VIII 1124

Ulsenius, Theodericus (Santing, C. G.)   VIII 1206
Unfruchtbarkeit (Schäfer, D.)   VIII 1221
Urso v. Salerno (Keil, G.)   VIII 1331
Urzeugung (Hünemörder, Ch.)   VIII 1339

Vademecum (Keil, G.)   VIII 1363
Valescus de Taranta (Bergdolt, K.)   VIII 1391
Varignana, Bartolomeo da (Bergdolt, K.)
   VIII 1412
Vegetius, 2. Digestorum artis mulomedicinae libri
   (Brunhölzl, F.)   VIII 1445
Veilchen (Stoll, U.)   VIII 1447
Ventrikellehre (Schipperges, H.)   VIII 1479
Verbandstoffe (Keil, G.)   VIII 1482
Vindicianus, Helvius (Fischer, K.-D.)   VIII 1702
Vögel (Hünemörder, Ch.)   VIII 1809
Volksheilkunde, Volksarzneibücher (Keil, G.)
   VIII 1829
Volmar (Telle, J.)   VIII 1841
Vomitiva (Kuhlen, F.-J.)   VIII 1845

Wacholder (Keil, G.)   VIII 1888
Walrat (Dilg, P.)   VIII 1988
Wasser, A. I. Symbolik, »Element« (Jüttner, G.)
   VIII 2060
Wasser, B. I. 4. Bäder (Ciriacono, S.)   VIII 2067
Wegerich (Dilg, P.)   VIII 2091
Wegwarte (Dilg, P.)   VIII 2093
Wein, -rebe, -stock, 1. Medizinische Verwendung
   (Dilg, P.)   VIII 2130

Wermut (Dilg, P.)   IX 2
Wicke (Stoll, U.)   IX 62
Widmann, Johannes (Keil, G.)   IX 66
Wiesel (Hünemörder, Ch.)   IX 92
Wildhühner (Hünemörder, Ch.)   IX 119
Wildschwein, 2. Mittelalterliche Enzyklopädiker (Hünemörder, Ch.)   IX 122
Wilhelm, 67. W. v. Brescia (Holste, Th., Keil, G.)   IX 165
Wilhelm, 69. W. Burgensis (Keil, G.)   IX 167
Wilhelm, 106. W. v. Saliceto (Keil, G.)   IX 187
Wochenbett (Keil, G.)   IX 290
Wolf, 1. Mittelalterliche Enzyklopädiker (Hünemörder, Ch.)   IX 302
Wolfsmilch (Müller, I.)   IX 314
Wollust (Reininger, M., Keil, G.)   IX 323
Wunderdrogentraktate (Keil, G.)   IX 365
Wunderheilung der Kg. e v. Frankreich (Contamine, Ph.)   IX 367
Wundsegen (Keil, G.)   IX 367

Yperman, Jan (Keil, G.)   IX 423
Ysop (Müller, I.)   IX 428

Zahlensymbolik, -mystik, A. VIII. Medizin (Lauer, H. H.)   IX 451
Zahlensymbolik, -mystik, C. Judentum (Schmitz, R.)   IX 456
Zahnheilkunde (Keil, G., Groß, D.)   IX 463
Zauberpflanzen (Dilg, P.)   IX 485
Zaunrübe (Stoll, U.)   IX 494
Zeitlose (Dilg, P.)   IX 514
Zeugung, II. Medizinisch (Keil, G.)   IX 592
Ziege, I. Gelehrte Tradition (Hünemörder, Ch.)   IX 598
Ziervögel (Blaschitz, G., Brunner, K.)   IX 609
Zimt(baum) (Dilg, P.)   IX 618
Zitrusfrüchte (Müller, I.)   IX 658
Zitwerwurzel (Müller, I.)   IX 659
Zwölfbändiges Buch der Medizin (Telle, J.)   IX 736
Zypresse (Botanik) (Dilg, P.)   IX 746

Münzkunde

Agleier (Berghaus, P.) I 210
Agrippiner (Berghaus, P.) I 221
Albus (Berghaus, P.) I 327
Ange d'Or (Berghaus, P.) I 617
Angelot (Berghaus, P.) I 619
Augustalis (Berghaus, P.) I 1218
Aureus (Berghaus, P.) I 1244

Barren (Berghaus, P.) I 1487
Batzen (Berghaus, P.) I 1552
Bildnis, A. IV. Münzen (Berghaus, P.) II 169
Blaffert (Berghaus, P.) II 256
Blanca (Münze) (Berghaus, P.) II 261
Bolognino (Berghaus, P.) II 387
Botdrager (Berghaus, P.) II 482
Brabantinus (Berghaus, P.) II 534
Brakteat, 1. B., Goldbrakteat (Düwel, K.) II 546
Brakteat, 2. B. der Hohenstaufenzeit (Berghaus, P.) II 547
Byzantius (Schreiner, P.) II 1327

Cavalier (Berghaus, P.) II 1593
Constantinata (Berghaus, P.) III 170
Couronne d'or (Berghaus, P.) III 315
Croat (Berghaus, P.) III 349
Crondall Hoard (Smart, V. J.) III 350
Cuerdale (Sawyer, P.) III 366

Denar (Berghaus, P.) III 694
Denier (Berghaus, P.) III 696
Dichtmünzen (Berghaus, P.) III 977
Dicken (Berghaus, P.) III 977
Dīnār (Ilisch, L.) III 1057
Dirham (Ilisch, L.) III 1105
Doppelschilling (Berghaus, P.) III 1259
Doppelschlag (Berghaus, P.) III 1259
Dukat (Berghaus, P.) III 1445
Dünnpfennig (Berghaus, P.) III 1460

Écu d'or (Berghaus, P.) III 1553
Englisch (Berghaus, P.) III 1994
Ewiger Pfennig (Berghaus, P.) IV 149

Falschmünzerei (Berghaus, P.) IV 245
Feingehalt (Berghaus, P.) IV 336
Fernhandelsdenar (Berghaus, P.) IV 382
Flindrich (Berghaus, P.) IV 549
Florette (Berghaus, P.) IV 565
Franc (Berghaus, P.) IV 679
Friesacher Pfennig (Berghaus, P.) IV 970
Fürstengroschen (Berghaus, P.) IV 1040

Gegenstempel (Berghaus, P.) IV 1172
Gemeinschaftsmünzen (Berghaus, P.) IV 1214
Gigliato (Berghaus, P.) IV 1447
Goldgulden IV 1546
Grivna (Berghaus, P.) IV 1722
Groot (Berghaus, P.) IV 1725
Gros IV 1726
Groschen (Berghaus, P.) IV 1726
Grosso (Berghaus, P.) IV 1732
Gros tournois (Berghaus, P.) IV 1733
Gulden (Berghaus, P.) IV 1790

Hacksilber (Berghaus, P.) IV 1817
Halbbrakteat (Berghaus, P.) IV 1870
Halbschoter (Berghaus, P.) IV 1872
Heller (Berghaus, P.) IV 2122
Hohlpfennig (Berghaus, P.) V 86
Hohlringheller (Berghaus, P.) V 86
Horngroschen (Berghaus, P.) V 127
Hornscher Gulden (Berghaus, P.) V 127
Hyperpyron (Schreiner, P.) V 250

Imperialis (Berghaus, P.) V 396
Judenkopfgroschen (Berghaus, P.) V 792

Kölner Pfennig (Berghaus, P.) V 1269
Köpfchen (Berghaus, P.) V 1437
Körtling (Berghaus, P.) V 1454
Kreuzer (Berghaus, P.) V 1497
Kreuzgroschen (Berghaus, P.) V 1499
Krummsteert (Berghaus, P.) V 1552
Kurantgeld (North, M.) V 1578

Liard (Berghaus, P.) V 1936
Lira (Berghaus, P.) V 2007
Livre (Berghaus, P.) V 2053
Löwengroschen (Berghaus, P.) V 2145
Luteger (Berghaus, P.) VI 22

Maille (Berghaus, P.) VI 126
Mancus (Berghaus, P.) VI 186
Marabotino (Berghaus, P.) VI 215
Mariengroschen (Berghaus, P.) VI 290
Mark (Witthöft, H.) VI 296
Masse d'or (Berghaus, P.) VI 370
Matapan(o) (Berghaus, P.) VI 375
Medaille (Steguweit, W.) VI 442
Medaillon, 1. Spätantike und Frühmittelalter (Engemann, J.) VI 442
Medaillon, 2. Byzanz (Morrisson, C.) VI 443
Meißner Groschen (Berghaus, P.) VI 480
Melgueil (Hélas, J. C., Caille, J.) VI 493
Meranier (Berghaus, P.) VI 532
Miliaresion (Schreiner, P., Berghaus, P.) VI 625
Monetagium (Berghaus, P.) VI 755
Moritzpfennig (Berghaus, P.) VI 842
Mouton d'or (Berghaus, P.) VI 878
Münzbild (Berghaus, P.) VI 920
Münze, Münzwesen, A. Byzantinisches Reich (Morrisson, C.) VI 921
Münze, Münzwesen, B. Abendländischer Bereich (Berghaus, P.) VI 924
Münze, Münzwesen, C. Islamisch-arabischer Bereich (Ilisch, L.) VI 930
Münzfunde (Zedelius, V.) VI 932
Münzfuß (Berghaus, P.) VI 934
Münzrecht (Berghaus, P.) VI 934
Münztechnik (Berghaus, P.) VI 935
Münzverein (Berghaus, P.) VI 936
Münzverrufung (Berghaus, P.) VI 936

Nachahmung (Berghaus, P.) VI 996
Nachmünze (Berghaus, P.) VI 997
Noble (Berghaus, P.) VI 1210
Nomisma (Morrisson, C.) VI 1229

Otto-Adelheid-Pfennig (Berghaus, P.) VI 1587

Pelzgeld (Berghaus, P.) VI 1868
Penny (Berghaus, P.) VI 1872
Pfennig (Berghaus, P.) VI 2028
Pfund, 1. P. (Berghaus, P.) VI 2051
Pfundner (Berghaus, P.) VI 2051
Plak (Berghaus, P.) VI 2196
Postulatsgulden (Berghaus, P.) VII 128
Prager Groschen (Berghaus, P.) VII 165

Raderalbus (Berghaus, P.) VII 387
Rappen (Berghaus, P.) VII 443
Rappenmünzbund (Berghaus, P.) VII 444
Real (Berghaus, P.) VII 496
Rechengeld (Berghaus, P.) VII 502
Rechenpfennige (Heß, W.) VII 508
Reichsdenar (Berghaus, P.) VII 617
Rheinischer Münzverein (Berghaus, P.) VII 784
Rosenoble (Berghaus, P.) VII 1037

Sachsenpfennig (Berghaus, P.) VII 1240
Sceatta (Berghaus, P.) VII 1426
Schaumünze (Berghaus, P.) VII 1443
Scherf (Berghaus, P.) VII 1451
Schild (Berghaus, P.) VII 1462
Schilling (Berghaus, P.) VII 1465
Schinderling (Berghaus, P.) VII 1466
Schlagschatz (Berghaus, P.) VII 1475
Schmuckbrakteaten (Berghaus, P.) VII 1512
Schmuckmünzen (Berghaus, P.) VII 1513
Schoter (Berghaus, P.) VII 1543
Schreckenberger (Berghaus, P.) VII 1552

Schrötling (Berghaus, P.) VII 1572
Schüsselpfennig (Berghaus, P.) VII 1593
Schwaren (Berghaus, P.) VII 1619
Schwarzburger (Berghaus, P.) VII 1620
Sechsling (Berghaus, P.) VII 1659
Siliqua (Berghaus, P.) VII 1902
Solidus (Berghaus, P.) VII 2034
Spitzgroschen (Berghaus, P.) VII 2126
Stäbler (Berghaus, P.) VII 2163
Stal (Berghaus, P.) VIII 40
Sterling (Berghaus, P.) VIII 130
Stüber (Berghaus, P.) VIII 251

Taler (Berghaus, P.) VIII 445
Tari (Berghaus, P.) VIII 476
Testone (Berghaus, P.) VIII 574
Triens (Berghaus, P.) VIII 989
Turnose (Berghaus, P.) VIII 1119

Vierpaß (Berghaus, P.) VIII 1654
Vinkenaugen (Berghaus, P.) VIII 1702

Währung, I. Westen (North, M.) VIII 1924
Währung, II. Byzanz (Morrisson, C.) VIII 1925
Währung, III. Osmanischer Bereich (Faroqhi, S.) VIII 1926
Wendischer Münzverein (Berghaus, P.) VIII 2183
Wiener Pfennig (Berghaus, P.) IX 90
Witten (Berghaus, P.) IX 272

Zechine (Berghaus, P.) IX 497
Zinsgroschen (Berghaus, P.) IX 625

Waffenkunde

Achseln (Gamber, O.) I 78
Adarga (Gamber, O.) I 118
Ailettes (Gamber, O.) I 238
Antwerk (Gabriel, E.) I 736
Archers (Jones, M.) I 895
Arkebuse (Gabriel, E.) I 952
Arkeley (Gabriel, E.) I 952
Armatura alla Romana (Gamber, O.) I 964
Armbrust (Harmuth, E.) I 965
Armbrustmacher (Baum, H. P.) I 969
Armet (Gamber, O.) I 981
Armschiene (Gamber, O.) I 984
Armzeug (Gamber, O.) I 993
Artillerie (Gabriel, E.) I 1071

Baculus (Gamber, O.) I 1331
Bandhelm (Gamber, O.) I 1407
Barbuta (Gamber, O.) I 1447
Bart (frz. bavière, it. barbotto) (Gamber, O.) I 1489
Bauchreifen (Gamber, O.) I 1561
Beckenhaube (Gamber, O.) I 1773
Beinröhren (Gamber, O.) I 1821
Beinschienen (Gamber, O.) I 1821
Beintaschen (Gamber, O.) I 1822
Beinzeug (Gamber, O.) I 1823
Berdische (Gamber, O.) I 1932
Beschauzeichen, 3. Beschauzeichen in der Waffenerzeugung (Gamber, O.) I 2057
Bewaffnung (Gamber, O.) II 22
Blankwaffe (Gamber, O.) II 264
Blasrohr (Harmuth, E.) II 267
Bleibüchse (Gabriel, E.) II 274
Blide (Gabriel, E.) II 278
Bockbüchse (Gabriel, E.) II 304
Bogen, 1. B. (Harmuth, E.) II 317
Bombarde (Gabriel, E.) II 389
Bombe (Gabriel, E.) II 389
Brandkugel (Gabriel, E.) II 565
Brandpfeil (Gabriel, E.) II 567
Brechleiste (Gamber, O.) II 597
Brechrand (Gamber, O.) II 597
Brechscheibe (Gamber, O.) II 597
Brechschild (Gamber, O.) II 597
Brigantine (Gamber, O.) II 688
Brünne (Gamber, O.) II 764
Brustplatte (Gamber, O.) II 798
Büchse (Gabriel, E.) II 893
Büchsenmeister (Gabriel, E.) II 893
Buckler (Gamber, O.) II 897

Capacete (Gamber, O.) II 1470
Celata (Gamber, O.) II 1602
Chalybs (Jüttner, G.) II 1670
Collier (Gamber, O.) III 45
Cortellaggio (Gamber, O.) III 284

Degen (Gamber, O.) III 637
Diechlinge (Gamber, O.) III 997
Dilgen (Gamber, O.) III 1052
Dolch (Gamber, O.) III 1171
Dolchmesser (Gamber, O.) III 1171
Donnerbüchse (Gabriel, E.) III 1251
Doppelhaken (Gabriel, E.) III 1256
Doppelküriß (Gamber, O.) III 1259

Doppelstücke (Gamber, O.) III 1260
Dupsing (Gamber, O.) III 1465

Eisenhut, 1. E. (Gamber, O.) III 1755
Elmetto (Gamber, O.) III 1850

Federbusch (Gamber, O.) IV 328
Feldartillerie (Gabriel, E.) IV 336
Fernwaffen (Harmuth, E.) IV 383
Festungsartillerie (Gabriel, E.) IV 410
Feuertopf (Gabriel, E.) IV 422
Feuerwerksbücher (Gabriel, E.) IV 423
Flankhart (Gamber, O.) IV 533
Flug, 1. F. (Gabriel, E.) IV 597
Flügeltartsche (Gamber, O.) IV 597
Folgen (Gamber, O.) IV 609
Fürbug (Gamber, O.) IV 1027

Gambeson (Gamber, O.) IV 1102
Genualia (Gamber, O.) IV 1261
Gesäßtasche (Gamber, O.) IV 1382
Geschübe (Gamber, O.) IV 1385
Geschütz (Gabriel, E.) IV 1385
Gewerfe IV 1421
Glefe (Gamber, O.) IV 1494
Gratbrust (Gamber, O.) IV 1658
Griechisches Feuer (Gabriel, E.) IV 1711
Guisarme (Gamber, O.) IV 1788

Haarbusch (Gamber, O.) IV 1811
Hagelgeschoß (Gabriel, E.) IV 1837
Hagelgeschütz (Gabriel, E.) IV 1837
Hakenbüchse (Gabriel, E.) IV 1868
Handbüchse (Gabriel, E.) IV 1895
Handfeuerwaffe (Gabriel, E.) IV 1902
Handschuh, 2. H. (Teil der Rüstung) (Gamber, O.) IV 1910
Harnisch (Gamber, O.) IV 1941
Harnischgarnitur (Gamber, O.) IV 1941
Harnischhaube (Gamber, O.) IV 1941
Harnischkragen (Gamber, O.) IV 1941
Harnischrock (Gamber, O.) IV 1941
Harnischschuh (Gamber, O.) IV 1941
Harnischschultern (Gamber, O.) IV 1942
Haube, 2. H. (Gamber, O.) IV 1958
Haubergeon (Gamber, O.) IV 1959
Haubert (Gamber, O.) IV 1959
Haubitze (Gabriel, E.) IV 1959
Helm (Gamber, O.) IV 2123
Helmbrünne (Gamber, O.) IV 2124
Helmschmid, Lorenz (Gamber, O.) IV 2125
Hentze (Gamber, O.) IV 2139
Hersenier (Gamber, O.) IV 2182
Hinterzeug (Gamber, O.) V 31
Hirnhaube (Gamber, O.) V 34
Hoqueton (Gamber, O.) V 123
Hüfttasche (Gamber, O.) V 157
Hundsgugel (Gamber, O.) V 219

Kapuzenhelm (Gamber, O.) V 947
Kastenbrust (Gamber, O.) V 1038
Katze (Gabriel, E.) V 1080
Kegelhelm (Gamber, O.) V 1094
Kettenhemd (Gamber, O.) V 1117

Keule (Gamber, O.)   V 1117
Kinnreff (Gamber, O.)   V 1160
Klotzbüchse (Gabriel, E.)   V 1228
Knebelspieß (Gamber, O.)   V 1233
Knechtsharnisch (Gamber, O.)   V 1234
Korseke (Gamber, O.)   V 1452
Kriegsflegel (Gamber, O.)   V 1528
Küraß (Gamber, O.)   V 1578
Küriß (Gamber, O.)   V 1589
Kursit (Gamber, O.)   V 1590
Kuse (Gamber, O.)   V 1590

Lade (Gabriel, E.)   V 1608
Ladeeisen (Gabriel, E.)   V 1609
Lafette (Gabriel, E.)   V 1613
Lamellenpanzer (Gamber, O.)   V 1629
Langschild (Gamber, O.)   V 1703
Langspieß (Gamber, O.)   V 1703
Lanze (Gamber, O.)   V 1707
Lanzenfähnchen (Gamber, O.)   V 1708
Latzkapuze (Gamber, O.)   V 1750
Legstück (Gabriel, E.)   V 1806
Lendner (Gamber, O.)   V 1872
Leuchtkugel (Gabriel, E.)   V 1918
Lorica, 1. L. (Gamber, O.)   V 2115
Lotbüchse (Gabriel, E.)   V 2123
Lunte (Gabriel, E.)   VI 13

Marcus, 3. M. Graecus (Jüttner, G.)   VI 228
Maskenhelm (Gamber, O.)   VI 364
Mauerbrecher (Gabriel, E.)   VI 408
Messer (Gamber, O.)   VI 560
Misericordia, 2. M. (Dolch) (Gamber, O.)   VI 668
Mordaxt (Gamber, O.)   VI 834
Morgenstern (Gamber, O.)   VI 839
Mörser, 2. M. (Gabriel, E.)   VI 845
Muskelpanzer (Gamber, O.)   VI 970
Muskete (Gabriel, E.)   VI 970

Nackenschutz (Gamber, O.)   VI 1001
Nasalhelm (Gamber, O.)   VI 1031
Naseneisen (Gamber, O.)   VI 1032
Normannenhelm (Gamber, O.)   VI 1251
Normannenschild (Gamber, O.)   VI 1251

Ohrenscheiben (Gamber, O.)   VI 1376
Orgelgeschütz (Gabriel, E.)   VI 1452
Orientalische Sturmhaube (Gamber, O.)   VI 1454

Panzer (Gamber, O.)   VI 1661
Panzerärmel (Gamber, O.)   VI 1661
Panzerhemd (Gamber, O.)   VI 1661
Panzerhosen (Gamber, O.)   VI 1661
Panzerkapuze (Gamber, O.)   VI 1661
Panzerkragen (Gamber, O.)   VI 1661
Panzerschurz (Gamber, O.)   VI 1661
Parsche (Gamber, O.)   VI 1743
Pavese (Gamber, O.)   VI 1831
Pennon (Gamber, O.)   VI 1872
Plâten (Gabriel, E.)   VII 6
Plattenharnisch (Gamber, O.)   VII 14
Plattenrock (Gamber, O.)   VII 15
Plattner (Gamber, O.)   VII 15
Pulver (Gabriel, E.)   VII 327
Pulverturm (Junk, H.-K.)   VII 327

Pulverwaffe (Gabriel, E.)   VII 327
Pyrotechnik (Gabriel, E.)   VII 339

Rasthaken (Gamber, O.)   VII 449
Rennen (Gamber, O.)   VII 730
Rennzeug (Gamber, O.)   VII 732
Richthorn (Gabriel, E.)   VII 835
Richtkeil (Gabriel, E.)   VII 835
Ringelpanzer (Gamber, O.)   VII 857
Ritterspiel (Gamber, O.)   VII 879
Roßdecke (Gamber, O.)   VII 1041
Roßharnisch (Gamber, O.)   VII 1042
Roßkopf (Gamber, O.)   VII 1043
Roßstirn (Gamber, O.)   VII 1044
Rundschild (Gamber, O.)   VII 1098
Rüstärmel (Gamber, O.)   VII 1122
Rüsthaken (Gamber, O.)   VII 1122
Rüstkammer (Gamber, O.)   VII 1123
Rüstung (Gamber, O.)   VII 1124
Rute (Gabriel, E.)   VII 1124

Säbel (Gamber, O.)   VII 1214
Sachs (Gamber, O.)   VII 1223
Salpeter (Leng, R.)   VII 1318
Sattelbleche (Gamber, O.)   VII 1400
Schaller (Gamber, O.)   VII 1436
Schießpulver   VII 1455
Schießwasser (Gabriel, E.)   VII 1455
Schiftbrust (Gamber, O.)   VII 1462
Schiftung (Gamber, O.)   VII 1462
Schild (Gamber, O.)   VII 1462
Schildbuckel (Gamber, O.)   VII 1463
Schildzapfen (Gabriel, E.)   VII 1464
Schischak (Gamber, O.)   VII 1468
Schlachtgeißel (Gamber, O.)   VII 1470
Schlagwaffe (Gamber, O.)   VII 1475
Schlange (Gabriel, E.)   VII 1477
Schleuder (Harmuth, E., Gamber, O.)   VII 1488
Schöße (Gamber, O.)   VII 1543
Schuppenpanzer (Gamber, O.)   VII 1592
Schützengilden (Oexle, O. G.)   VII 1595
Schwarz, Berthold (Jüttner, G.)   VII 1620
Schwebescheiben (Gamber, O.)   VII 1626
Schwefel (Leng, R.)   VII 1637
Schwert, I. Waffenkunde (Gamber, O.)   VII 1644
Scutum (Gamber, O.)   VII 1658
Senftenier (Gamber, O.)   VII 1755
Setzschild (Gamber, O.)   VII 1801
Spaldenier (Gamber, O.)   VII 2075
Spangenhelm (Gamber, O.)   VII 2076
Spatha (Gamber, O.)   VII 2085
Speer (Gamber, O.)   VII 2091
Spetum (Gamber, O.)   VII 2095
Spieß (Gamber, O.)   VII 2117
Spitzovalschild (Gamber, O.)   VII 2126
Sprengkugel (Gabriel, E.)   VII 2134
Standarmbrust (Gabriel, E.)   VIII 53
Stangenwaffe (Gamber, O.)   VIII 55
Stauche (Gamber, O.)   VIII 76
Stechhandschuh (Gamber, O.)   VIII 82
Stechhelm (Gamber, O.)   VIII 82
Stechzeug (Gamber, O.)   VIII 82
Steinbüchse (Gabriel, E.)   VIII 98
Steinkugeln (Gabriel, E.)   VIII 100
Stepprock (Gamber, O.)   VIII 130
Stirnstulp (Gamber, O.)   VIII 186
Stockbüchse (Gabriel, E.)   VIII 187

Stoßklinge (Gamber, O.) VIII 195
Stoßzeug (Gabriel, E.) VIII 195
Strebenhelm (Gamber, O.) VIII 231
Streifbuckel (Gamber, O.) VIII 233
Streiftartsche (Gamber, O.) VIII 234
Streitaxt (Gamber, O.) VIII 235
Streithammer (Gamber, O.) VIII 240
Streitkolben (Gamber, O.) VIII 240
Streitwagen (Gabriel, E.) VIII 240
Sturmhaube (Gamber, O.) VIII 269

Tannenbergbüchse (Gabriel, E.) VIII 459
Tarrasbüchsen (Gabriel, E.) VIII 482
Tartsche (Gamber, O.) VIII 484
Tibialia (Gamber, O.) VIII 761
Tonnenrock (Gamber, O.) VIII 859
Topfhelm (Gamber, O.) VIII 864
Tuilettes (Gamber, O.) VIII 1090
Tüllenschäftung (Gabriel, E.) VIII 1091
Tummler (Gabriel, E.) VIII 1092
Turbanhelm (Gamber, O.) VIII 1099
Turnierhelm (Gamber, O.) VIII 1118

Unterkleidung, 2. Waffenkunde (Gamber, O.) VIII 1270

Ventaille (Gamber, O.) VIII 1476

Verschlüsse (Gamber, O.) VIII 1580
Visier (Gamber, O.) VIII 1729
Visierhelm (Gamber, O.) VIII 1729

Waffe, A. I. [Westen] Allgemein und Archäologie (Geibig, A., Gelbhaar, A.) VIII 1893
Waffe, A. II. [Westen] Gewerbe und Handel (Leng, R.) VIII 1896
Waffe, B. Byzanz (Kolias, T. G.) VIII 1899
Waffe, C. Muslimischer Bereich (Schuckelt, H.) VIII 1901
Waffenhemd (Gamber, O.) VIII 1903
Waffenrock (Gamber, O.) VIII 1904
Wangenklappen (Gamber, O.) VIII 2030
Wapelin (Gamber, O.) VIII 2031
Weidloch (Gabriel, E.) VIII 2100
Widder (Gabriel, E.) IX 63
Wippe (Gabriel, E.) IX 244
Wurfgeschütz (Gabriel, E.) IX 372

Zaddeln (Gamber, O.) IX 440
Zeughaus (Geibig, A., Gelbhaar, A.) IX 589
Zier, Zimier (Gamber, O.) IX 606
Zündeisen (Gabriel, E.) IX 686
Zunder (Gabriel, E.) IX 686
Zündpulver (Gabriel, E.) IX 686
Zündschwamm (Gabriel, E.) IX 686

Städte

Aachen (Falkenstein, L., Meuthen, E.) I 1
Aalborg (Schiørring, O.) I 5
Aarhus (Schiørring, O.) I 6
Abbeville (Fossier, R.) I 14
Abbotsbury (Bullough, D. A.) I 16
Aberdeen (Simpson, G. G.) I 28
Abydos (Fourlas, A.) I 70
Acerenza (Kamp, N.) I 76
Adare (Cosgrove, A.) I 118
Adrianopel (Gruber, J., Weiß, G., Kreiser, K.) I 167
Agde (Magnou-Nortier, E.) I 203
Aigues-Mortes (Bautier, R.-H.) I 237
Aire-sur-la-Lys (Fossier, R.) I 245
Aix-en-Provence (Février, P.-A.) I 247
Ajaccio (Bartoli, M.-C.) I 248
Akkon (Riley-Smith, J.) I 252
Akşehir (Kreiser, K.) I 257
Alanya (Kreiser, K.) I 270
Alba Iulia (Edroiu, N.) I 273
Albi, I. Stadt (Greslé-Bouignol, M.) I 299
Alençon, I. Stadt (Gourhand, J.) I 350
Aleppo (Sellheim, R.) I 351
Aleria (Bartoli, M.-C., Bautier, R.-H.) I 352
Alessandria (Settia, A. A.) I 353
Alessio (Stadtmüller, G.) I 354
Alexandria, I. Stadtgeschichte, Wirtschaft und Bevölkerung (Gruber, J., Perrone, L., Müller, C.D.G.) I 382
Allstedt (Leist, W.) I 441
Almería (Singer, H.-R.) I 446
Altötting (Brückner, W.) I 487
Amalfi (Girgensohn, D.) I 506
Amasra (Kreiser, K.) I 511
Amasya (Kreiser, K.) I 512
Amberg (Rubner, H.) I 515
Amboise, Stadt (Guillot, O.) I 517
Amiens (Fossier, R.) I 533
Amorbach (Störmer, W.) I 542
Amsterdam, I. Archäologie und Siedlungsgeschichte (van Regteren Altena, H. H.) I 544
Amsterdam, II. Wirtschaft und Verfassung (van Houtte, J. A.) I 545
Anchialos (Dujčev, I.) I 577
Ancona, 1. Stadt (Kölzer, Th.) I 580
Andenne (Despy, G., Hinz, W.) I 595
Andernach (Heyen, F.-J.) I 595
Andria (Kölzer, Th.) I 613
Angers, Anjou, I. Geschichte der Stadt und des Bistums sowie der Grafschaft Anjou (Guillot, O.) I 628
Angoulême, III. Stadt (Higounet, Ch.) I 639
Ani (Prinzing-Monchizadeh, A.) I 643
Annecy (Mariotte, J. Y.) I 662
Antalya (Kreiser, K.) I 692
Antiocheia, Antiochia, I. Stadtgeschichte in spätantiker und byzantinischer Zeit (Mattejiet, U.) I 716
Antwerpen, I. Siedlung und Verfassung (Verhulst, A.) I 736
Antwerpen, II. Wirtschaftliche Bedeutung im MA (van Houtte, J. A.) I 738
Anweiler (Annweiler) (Herrmann, H.-W.) I 739
Aosta (Merlo, G. G.) I 740
Apt (Apta) (Fevrier, P.-A., Bautier, R.-H.) I 817
Arcis-sur-Aube (Bur, M.) I 911
Ardfinnan (Cosgrove, A.) I 914
Ardrahan (Cosgrove, A.) I 915

Ardres (Fossier, R.) I 915
Arensburg (Hellmann, M.) I 919
Arezzo, I. Geschichte der Stadt (Tabacco, G., Cardini, F.) I 920
Arles, I. Stadt und Grafschaft (Kaiser, R.) I 953
Arlon, I. Stadt und Territorium (Petit, R., Herrmann, H.-W.) I 958
Armagh (Hennig, J.) I 959
Arnemuiden (Prevenier, W.) I 999
Arnstadt (Leist, W.) I 1011
Arras, I. Geschichte von Stadt und Bistum (Fossier, R.) I 1026
Arta (Nagorni, D.) I 1056
Aschaffenburg (Gerlich, A.) I 1101
Aschersleben (Patze, H.) I 1102
Assisi (Goez, W.) I 1125
Asti (Bordone, R.) I 1129
Astrachan' (Goehrke, C.) I 1132
Ath (Genicot, L.) I 1158
Athen, I. Stadtgeschichte in spätantiker und byzantinischer Zeit (v. Ungern-Sternberg, J., Jacobs, A.) I 1162
Athenry (Cosgrove, A.) I 1164
Athy (Cosgrove, A.) I 1169
Auch (Higounet, Ch.) I 1188
Augsburg, I. Augsburg in der Spätantike (Gruber, J.) I 1211
Augsburg, II. Bistum und Stadt im Früh- und Hochmittelalter (Kreuzer, G., Auer, L.) I 1212
Augsburg, III. Stadt und Bistum im Spätmittelalter (Zorn, W.) I 1213
Autun, III. Stadt (Richard, J.) I 1275
Auxerre, III. Stadt (Richard, J., Contamine, Ph.) I 1280
Auxonne (Richard, J.) I 1281
Avallon (Richard, J.) I 1283
Avenches (Stock, K.) I 1288
Aversa (Kamp, N.) I 1295
Avignon, I. Geschichte der Stadt und der Seigneurie (Hayez, A.-M.) I 1301
Avlona (Ducellier, A.) I 1308
Ayas (Edbury, P. W.) I 1313

Badajoz (Fernandéz Serrano, F.) I 1336
Bagdad (Sellhaim, R.) I 1345
Bāghče Sarai (Spuler, B.) I 1346
Baia (Papacostea, S.) I 1350
Bailleul (Vanneufville, E.) I 1354
Bamberg, I. 1. [Stadt. Geschichte und Archäologie] Geschichte (Schimmelpfennig, B.) I 1394
Bamberg, I. 2. [Stadt. Geschichte und Archäologie] Archäologie (Schwarz, K.) I 1396
Bar, 1. B., süddalmatin. Stadt (Bartl, P.) I 1430
Bar, 3. B.-sur-Aube (Bur, M.) I 1430
Bar, 4. B.-sur-Seine (Bur, M.) I 1431
Barbastro (Durán Gudiol, A.) I 1439
Barcelona, I. Stadt (Udina, F.) I 1449
Bari, I. Geschichte (De Leo, P., Musca, G.) I 1461
Barletta (Girgensohn, D.) I 1470
Basel, I. Archäologie und frühstädt. Siedlungsgeschichte (Moosbrugger-Leu, R., Maurer, F.) I 1505
Basel, II. Das Bistum (Marechal, G.) I 1506
Basel, III. Die Stadt des späten Mittelalters (Gilomen, H.-J.) I 1508

Başra (Rotter, G.) I 1544
Bath (Bullough, D. A.) I 1549
Bautzen (Ludat, H.) I 1692
Bayeux (Boussard, J.) I 1710
Bayonne (Higounet, Ch.) I 1718
Bayreuth, 1. B., Stadt in Franken (Wendehorst, A.) I 1719
Beaucaire, I. Stadt (Bautier, R.-H.) I 1747
Beaugency (Bresc-Bautier, G.) I 1753
Beaujeu (Méras, M.) I 1754
Beaune (Richard, J.) I 1763
Beauvais, I. Stadt (Guyotjeannin, O.) I 1765
Beirut (Gaube, H.) I 1823
Belgrad (Kalić, J.) I 1841
Belley (Kaiser, R.) I 1847
Bellinzona (Meyer, W.) I 1849
Benevent, I. Spätantike und frühes Mittelalter (Girgensohn, D.) I 1907
Benevent, IV. Stadt des Kirchenstaates (Girgensohn, D.) I 1908
Berat (Bartl, P.) I 1929
Bergamo (Jarnut, J., Soldi Rondinini, G.) I 1945
Bergen, I. Archäologie und Siedlungsgeschichte (Herteig, A.) I 1952
Bergen, II. Geschichte und Wirtschaft (Nedkvitne, A.) I 1953
Bergen op Zoom (Asaert, G.) I 1955
Bergues-St-Winnoc, 1. Stadt und Kastellanei (Bautier, R.-H.) I 1961
Berkhampstead (Prestwich, M. C.) I 1964
Berlin (Quirin, H.) I 1965
Bern, I. Stadtgeschichte (de Capitani, F.) I 1968
Bern, II. Archäologie (Meyer, W.) I 1969
Bernay (Baudot, M.) I 1981
Besançon, I. Stadt- und Bischofssitz (Kaiser, R.) I 2052
Béthune (Fossier, R.) I 2084
Beverley (Barley, M. W.) II 10
Béziers (Kaiser, R.) II 34
Biberach (Diemer, K.) II 108
Bilecik (Kreiser, K.) II 190
Biograd na moru (Bartl, P.) II 199
Bîrladul (Zach, C.-R.) II 224
Bisignano (De Leo, P.) II 245
Bitolj (Bartl, P.) II 254
Blâmont, I. Stadt (Herrmann, H.-W.) II 256
Blaubeuren (Quarthal, F.) II 268
Blaye (Higounet, Ch.) II 268
Blois, II. 2. [Grafschaft und Stadt im Spätmittelalter] Stadt (Devailly, G.) II 285
Bolchen (Herrmann, H.-W.) II 357
Bologna, A. I. [Allgemeine Stadt- und Bistumsgeschichte] Stadt und Bistum (Fasoli, G.) II 370
Bonn, I. Archäologie (Spätantike) (Bakker, L.) II 426
Bonn, II. Geschichte im Mittelalter (Kaiser, R.) II 426
Bordeaux, III. Stadt (Higounet, Ch.) II 449
Borgo San Donnino (Goez, W., Polica, S.) II 455
Boston (Barley, M. W.) II 481
Boulogne-sur-Mer (Fossier, R., Bautier, R.-H.) II 499
Bourbon, III. Stadt und Residenz Bourbon-l'Archambault im Spätmittelalter (Fournier, G.) II 504
Bourges, I. Stadt und Erzbistum im Früh- und Hochmittelalter (Kaiser, R.) II 510
Bourges, II. Stadt und Erzbistum im Spätmittelalter (Devailly, G.) II 513
Bozen, 2. Stadt (Hye, F. H.) II 527
Braga, I. Stadt, Erzbistum und Kirchenprovinz (Vones, L.) II 539

Brăila (Zach, C.-R.) II 544
Brandenburg, I. Archäologie (Köhler, R.) II 550
Brandenburg, II. Frühmittelalter (Dralle, L.) II 551
Brandenburg, III. Hoch- und Spätmittelalter (Ribbe, W.) II 551
Braničevo (Ćirković, S.) II 572
Braunschweig (Last, M.) II 584
Breda (Herborn, W.) II 598
Bregenz, I. Die spätantike Stadt (Gruber, J.) II 599
Bregenz, II. Die Grafen von Bregenz (Schmid, K.) II 599
Breisach (Schmid, K.) II 600
Bremen (Schwarzwälder, H.) II 603
Brescia (Soldi Rondinini, G.) II 608
Breslau, I. 1. [Früh- und Hochmittelalter] Archäologie (Köhler, R.) II 610
Breslau, I. 2. [Früh- und Hochmittelalter] Geschichte (Trawkowski, S.) II 610
Breslau, II. Spätmittelalter (Menzel, J. J.) II 612
Briançon (Mariotte, J. Y.) II 647
Brieg (Gieysztor, A.) II 683
Brindisi (De Leo, P.) II 693
Brioude (Fournier, G.) II 696
Bristol (Clarke, H. B.) II 697
Brixen (Riedmann, J.) II 704
Brjansk (Poppe, A.) II 706
Brügge, I. Topographie und Stadtgeschichte (Ryckaert, M.) II 741
Brügge, II. Wirtschaft (van Houtte, J. A.) II 745
Brünn (Hlaváček, I.) II 762
Brüssel (Martens, M.) II 795
Buda und Pest, I. Antike (Gruber, J., Szilágyi, J.) II 898
Buda und Pest, II. Mittelalter (Fügedi, E.) II 899
Büdingen (Fahlbusch, F. B.) II 904
Budva (Bartl, P.) II 904
Bukarest (Papacostea, Ş.) II 908
Burghausen, I. Stadt und Burg (Reindel-Schedl, H.) II 1053
Burgos, I. Stadt (Mansilla, D.) II 1056
Bursa (Kreiser, K.) II 1106
Bury St. Edmunds, 2. Stadt (Barley, M. W.) II 1112
Buzançais (Bautier, R.-H.) II 1164
Byblos (Gruber, J.) II 1166

Cádiz, I. Unter arabischer Herrschaft (Singer, H.-R.) II 1338
Cádiz, II. Unter kastilischer Herrschaft (Sánchez Herrero, J.) II 1338
Caen (Musset, L.) II 1347
Caerffili (Smith, B.) II 1350
Caerllion (Smith, B.) II 1351
Caernarforn (Richter, M.) II 1351
Caesarea, 1. C., Stadt in Mauretanien (Gruber, J.) II 1359
Caesarea, 2. C., Stadt am Südabhang des Hermon (Gruber, J.) II 1359
Caesarea, 3. C., Hafenstadt in Palästina (Gruber, J.) II 1360
Caffa (Balard, M.) II 1370
Cagliari (Casula, F. C.) II 1373
Cahors, I. Stadt (Lartigaut, J.) II 1375
Calahorra, I. Die Stadt (Falcón, M. I.) II 1384
Calais (Rouche, M.) II 1386
Calatayud (Cuella Esteban, O.) II 1389
Cambrai, I. Stadt und Grafschaft (Fossier, R.) II 1407

Cambridge, I. Stadtgeschichte (Barley, M. W.) II 1410
Camerino (Polica, S.) II 1416
Cangas de Onís (Fernández Conde, F.) II 1434
Çankırı (Kreiser, K.) II 1436
Canosa di Puglia (Girgensohn, D.) II 1439
Canterbury, I. Stadt (Brooks, N. P.) II 1447
Capodistria (Bartl, P.) II 1485
Capua (Gruber, J., Cilento, N.) II 1490
Carcassonne, I. Stadt und Grafschaft (Wolff, Ph.) II 1497
Cardona, I. Burg und Stadt (Udina, F.) II 1506
Carlisle (Barrow, G. W. S.) II 1508
Carlow (Simms, K.) II 1508
Carmarthen (Davies, W.) II 1509
Carpentras (Amargier, P.) II 1523
Carrara, I. Stadt (Polica, S.) II 1525
Carrión (de los Condes), 1. Stadt (Vones, L.) II 1531
Caserta (Girgensohn, D.) II 1546
Cashel, I. Geschichte (Richter, M.) II 1546
Cashel, II. Zur Topographie und Baugeschichte (Harbison, P.) II 1547
Catania (Girgensohn, D., Verger, J.) II 1572
Catterick (Bullough, D. A.) II 1577
Caunes, 2. Stadt (Bautier, R.-H.) II 1582
Cavaillon (Amargier, P.) II 1588
Cefalù (Kamp, N.) II 1600
Cegléd (Fügedi, E.) II 1601
Celle (Last, M.) II 1606
Ceneda (Pauler, R.) II 1612
Černigov, I. Stadt (Poppe, A.) II 1631
Červen (Dujčev, I.) II 1636
Cesena (Polica, S.) II 1640
České Budějovice (Hlaváček, I.) II 1641
Cetinje (Bartl, P.) II 1643
Ceuta, 1. Spätantike und Westgotenzeit (Arribas Palau, M.) II 1643
Ceuta, 2. Unter islamischer Herrschaft (Singer, H.-R.) II 1643
Ceuta, 3. Portugiesische Herrschaft und Bistum (Vones, L.) II 1644
Chalkedon, 1. Stadt (Kazhdan, A.) II 1650
Chalon-sur-Saône, I. Stadt (Chauney, M.) II 1663
Châlons-sur-Marne (Bur, M.) II 1666
Cham (Schmid, A.) II 1670
Chambéry (Mariotte, J. Y.) II 1672
Charsianon (Ferluga, J.) II 1736
Chartres (Chédeville, A.) II 1746
Châteaudun, 1. Herrschaft und Stadt (Chédeville, A.) II 1766
Château-Thierry (Lalou, E.) II 1769
Châtillon-sur-Seine (Richard, J.) II 1775
Chelles (Guerout, J.) II 1790
Chemnitz (Blaschke, K.) II 1792
Chester, Chesire, I. Stadt (Barley, M. W.) II 1796
Chester-le-Street (Bullough, D. A.) II 1799
Chiavenna (Heinemeyer, W.) II 1809
Chichester, I. Stadt (Bullough, D. A.) II 1810
Chinon (Devailly, G.) II 1838
Chioggia (Preto, P.) II 1840
Chiusi (Pauler, R.) II 1861
Chur, I. 1. [Stadt. Geschichte und Archäologie] Geschichte (Carlen, L.) II 2056
Chur, I. 2. [Stadt. Geschichte und Archäologie] Archäologie (Sennhauser, H. R.) II 2057
Cilli (Celje), I. Stadt (Vilfan, S.) II 2084
Cîmpulung (Zach, C.-R.) II 2087
Città di Castello (Pauler, R.) II 2107

Ciudad Real (Schwenk, B.) II 2107
Ciudad Rodrigo, I. Stadt (Mansilla, D.) II 2108
Cividale del Friuli (Mor, C. G., Manselli, R.) II 2109
Civita Castellana (Pauler, R.) II 2111
Civitavecchia (Polica, S.) II 2117
Clermont, 1. C. (Clermont-Ferrand) (Fournier, G.) II 2153
Coburg (Wendehorst, A.) II 2195
Coimbra, I. Stadt und Bistum (Adão da Fonseca, L., Vones, L.) III 23
Colchester (Barley, M. W.) III 28
Colmar, I. Stadtgeschichte (Sittler, L.) III 46
Comacchio (Pauler, R.) III 68
Commercy, I. Stadt (Parisse, M.) III 83
Comminges, I. Bistum und Bischofsstadt (Higounet, Ch.) III 84
Como (Fasola, L.) III 95
Compiègne, III. Stadt (Kaiser, R.) III 101
Condom (Higounet, Ch.) III 121
Constanţa (Barnea, I.) III 168
Conversano, 1. Stadt (Enzensberger, H., Kölzer, Th.) III 207
Conwy (Smith, J. B.) III 212
Corbeil (Stadt) (Bautier, R.-H.) III 218
Córdoba, I. 1. [Stadt und Bistum in der Spätantike bis zur arabischen Eroberung] Stadt (Singer, H.-R.) III 230
Córdoba, II. 1. [Stadt und Emirat/Kalifat in arabischer Zeit] Topographie und Geschichte (Singer, H.-R.) III 230
Córdoba, II. 2. [Stadt und Emirat/Kalifat in arabischer Zeit] Archäologie und Baugeschichte (Ewert, Ch.) III 232
Córdoba, III. Stadt und Bistum nach der Reconquista (Cabrera, E.) III 232
Coria (Engels, O.) III 236
Cork (Corcaigh) (Ó Corráin, D.) III 237
Cortona (Cardini, F.) III 294
Corvey, 3. Stadt (Fahlbusch, F. B.) III 296
Cosenza (De Leo, P.) III 299
Cottbus (Ribbe, W.) III 304
Coutances (Poulin, J.-C.) III 322
Coventry, 1. C., Stadt (Barley, M. W.) III 329
Crema (Albini, G.) III 339
Cremona (Soldi Rondinini, G.) III 340
Csanád, Stadt im Banat (Györffy, G.) III 364
Cuenca (Chacón, F. A.) III 365
Częstochowa (Kürbis, B.) III 408

Damaskus, I. Antike und frühbyzantinische Zeit (Biedermann, H. M.) III 463
Damaskus, II. Islamische Zeit (Cahen, C.) III 464
Damietta (Brett, M.) III 474
Damme (Ryckaert, M.) III 474
Dannenberg (Last, M.) III 544
Danzig, I. Archäologie und frühstädtische Siedlungsgeschichte (Labuda, G., Köhler, R.) III 563
Danzig, II. 1. [Stadtgeschichte und Topographie] Bis zum Ende des Hochmittelalters (Labuda, G.) III 564
Danzig, II. 2. [Stadtgeschichte und Topographie] Im Spätmittelalter (Samsonowicz, H.) III 565
Danzig, III. Wirtschaft und Handel (Samsonowicz, H.) III 566
Dax (Higounet, Ch.) III 608
Debar (Ćirković, S.) III 611
Debrc (Kalić, J.) III 612
Debrecen (Fügedi, E.) III 612

STÄDTE

Delft (Visser, J. C.)   III 669
Dendermonde (Verhulst, A.)   III 694
Denia (del Estal, J. M.)   III 695
Denizli (Kreiser, K.)   III 697
Derby (Derbyshire), 1. Stadt (Knowles, C. H.)
   III 709
Detmold (Walberg, H.)   III 737
Dettelbach (Wendehorst, A.)   III 737
Deutsch Brod (Graus, F.)   III 740
Deutz, II. Kloster und Stadt (Müller, Heribert)   III 919
Deventer, I. Stadtgeschichte (Koch, A. C. F.)   III 920
Didymoteichon, 1. Byzantinische Periode (Ferluga, J.)
   III 984
Didymoteichon, 2. Osmanische Periode (Kreiser, K.)
   III 984
Diedenhofen (Parisse, M.)   III 997
Dieppe (Musset, L.)   III 1010
Digne (Stouff, L.)   III 1045
Dijon, I. Stadtgeschichte und Wirtschaft (Richard, J.)
   III 1047
Diksmuide (Ryckaert, M.)   III 1051
Dillingen, I. Stadt (Fried, P.)   III 1053
Dinan (Leguay, J.-P.)   III 1054
Dinant (van Houtte, J. A.)   III 1055
Dingolfing (Schmid, A.)   III 1063
Dinkelsbühl (Fahlbusch, F. B.)   III 1067
Dirschau (Bahr, E.)   III 1105
Dmitrov, 1. Stadt und Festung (Poppe, A.)   III 1145
Doberlug (Blaschke, K.)   III 1148
Dohna (Blaschke, K.)   III 1166
Dol (Leguay, J.-P.)   III 1168
Dole (Richard, J.)   III 1172
Donauwörth (Schromm, A.)   III 1245
Donegal (Doherty, Ch.)   III 1247
Dordrecht (van Houtte, J. A.)   III 1262
Dorpat, 2. Stadt (Hellmann, M.)   III 1323
Dortmund (Luntowski, G.)   III 1326
Dorylaion (Hild, F.)   III 1328
Douai (van Houtte, J. A.)   III 1330
Dover (Brooks, N. P.)   III 1334
Downpatrick (Doherty, Ch.)   III 1335
Dresden (Blaschke, K.)   III 1396
Dreux, I. Stadt und Grafschaft (Chèdeville, A.)
   III 1396
Drivast (Korać, V.)   III 1401
Drohičin (Poppe, A.)   III 1406
Drontheim, I. Geschichte und Wirtschaft
   (Blom, G. A.)   III 1408
Drontheim, II. Archäologie (Hinz, H.)   III 1411
Dublin, A. Stadt (Wallace, P. F.)   III 1426
Duderstadt (Fahlbusch, F. B.)   III 1437
Duisburg (Milz, J.)   III 1442
Dumbarton (Barrow, G. W. S.)   III 1448
Dumfries (Fahlbusch, F. B.)   III 1449
Dunbar (Barrow, G. W. S., Bullough, D. A.)   III 1452
Dundee (Simpson, G. G.)   III 1455
Dunfermline (Simpson, G. G.)   III 1456
Dungannon (Simms, K.)   III 1458
Dünkirchen (Ryckaert, M.)   III 1460
Dunwich (Wormald, C. P.)   III 1465
Düren (Wensky, M.)   III 1473
Durham, I. Stadt (Barley, M. W.)   III 1477
Düsseldorf (Wensky, M.)   III 1485
Dyrr(h)achion (Ducellier, A.)   III 1497

Eauze (Higounet, Ch.)   III 1506
Eboli (Bocchi, F.)   III 1529

Écija (Kampers, G.)   III 1545
Edessa, 1. E., Stadt in Makedonien (Ferluga, J.)
   III 1565
Edessa, 2. E., Stadt in der heut. sö. Türkei
   (Ferluga, J.)   III 1567
Edinburgh (Barrow, G. W. S.)   III 1575
Edremit (Kreiser, K.)   III 1582
Eger, Egerland, II. Die Stadt Eger (Hlaváček, I.)
   III 1605
Eggenburg (Gutkas, K.)   III 1608
Eğridir (Kreiser, K.)   III 1616
Eichstätt, II. 6. [Geschichte von Bistum und Stadt]
   Die Stadt (Wendehorst, A.)
   III 1673
Einbeck (Plümer, E.)   III 1731
Eisenach (Patze, H.)   III 1754
Elbasan (Ducellier, A.)   III 1775
Elbing (Boockmann, H.)   III 1777
Elbogen (Hlaváček, I.)   III 1778
Elche (Vones, L.)   III 1788
Ellwangen (Fahlbusch, F. B.)   III 1849
Eltville (Gerlich, A.)   III 1861
Embrun (Giordanengo, G.)   III 1879
Emden (van Lengen, H.)   III 1880
Emmerich, Stadt (Wensky, M.)   III 1889
Enna (Fodale, S.)   III 2014
Enns (Marckhgott, G.)   III 2016
Épernay (Bur, M.)   III 2047
Ephesos, I. Stadtgeschichte in spätantiker und byzantinischer Zeit (Ferluga, J.)   III 2048
Epidaurum (Mihaljčić, R.)   III 2055
Épinal (Parisse, M.)   III 2066
Erfurt, I. Vor- und frühstädtische Siedlungsgeschichte
   (Streich, G.)   III 2131
Erfurt, III. Die hoch- und spätmittelalterliche Stadt
   (Streich, G.)   III 2132
Erlau (Györffy, Gy.)   III 2153
Eschwege (Heinemeyer, K.)   IV 11
Eskişehir (Kreiser, K.)   IV 15
Essen (Schoppmeyer, H.)   IV 22
Esslingen (Schuler, P.-J.)   IV 24
Este, Stadt (Bocchi, F.)   IV 27
Étampes (Rigaudière, A.)   IV 46
Eton (Cobban, A. B.)   IV 58
Eu, 2. Stadt (Rigaudière, A.)   IV 65
Évora (Vones, L.)   IV 144
Evreux, I. 1. [Stadt, Grafschaft und Bistum] Stadt
   (Baudot, M.)   IV 145
Exeter (Barley, M. W.)   IV 167
Eynsham (Barley, M. W.)   IV 191

Fabriano (Cosentino, S.)   IV 213
Faenza (Polica, S.)   IV 225
Falun (Ehrhardt, H.)   IV 254
Famagusta (Edbury, P. W.)   IV 254
Fano (Cosentino, S.)   IV 282
Fécamp, II. Stadt (Bulst, N.)   IV 324
Fellin (von zur Mühlen, H.)   IV 343
Feltre (Rugo, P.)   IV 345
Fermo (Girgensohn, D.)   IV 371
Ferrara (Bocchi, F.)   IV 385
Feuchtwangen (Fahlbusch, F. B.)   IV 410
Fiesole (Girgensohn, D.)   IV 437
Figeac, 2. Stadt (Fournier, G.)   IV 439
Flensburg (Riis, Th.)   IV 546
Florenz, A. I. [Allgemeine Stadtgeschichte] Ursprünge
   (Cardini, F.)   IV 554

Florenz, A. II. [Allgemeine Stadtgeschichte] Frühmittelalter und Anfänge der Kommune bis zum 12. Jh. (Cardini, F.) IV 555
Florenz, A. III. [Allgemeine Stadtgeschichte] Guelfen und Ghibellinen; das Regiment des Primo Popolo (Cardini, F.) IV 556
Florenz, A. IV. [Allgemeine Stadtgeschichte] Übergang vom »Stadtstaat« zum »Territorialstaat«; Signorie der Medici (Cardini, F.) IV 559
Florenz, B. Wirtschaftliche und demographische Entwicklung (Luzzati, M.) IV 562
Foggia (De Leo, P.) IV 603
Foix, II. Stadt (Pailhes, C.) IV 606
Foligno (Sensi, M.) IV 609
Fondi (Vultaggio, C.) IV 619
Forchheim, II. Stadt (Fahlbusch, F. B.) IV 633
Forlì (Vasina, A.) IV 635
Fossombrone (Cosentino, S.) IV 672
Fougères, 2. Stadt (Leguay, J.-P.) IV 674
Frankfurt am Main, III. Stadt (Schwind, F.) IV 737
Frankfurt a. d. Oder (Ribbe, W.) IV 741
Freiberg (Blaschke, K.) IV 887
Freiburg im Breisgau, I. Stadtwerdung und Stadtrecht (Schmid, K.) IV 888
Freiburg im Breisgau, II. Topographische und demographische Entwicklung (Schmid, K.) IV 889
Freiburg im Breisgau, III. Wirtschaft, Sozialstruktur und Stadtherrschaft (Schmid, K.) IV 890
Freiburg im Üchtland (Carlen, L.) IV 892
Freising, II. Stadt (Stahleder, H.) IV 905
Freistadt (Marckhgott, G.) IV 906
Fréjus, 1. Spätantike (Gruber, J.) IV 908
Fréjus, 2. Mittelalter (Coulet, N.) IV 908
Friedberg, 2. Stadt (Schwind, F.) IV 918
Friesach (Dopsch, H.) IV 969
Fritzlar, 2. Stadt (Schwind, F.) IV 981
Fulda, II. Stadt (Ehbrecht, W.) IV 1022
Fünfkirchen (Fügedi, E.) IV 1026
Füssen (Böck, F. R.) IV 1063

Gaeta (Kamp, N.) IV 1075
Gallipoli (Hild, F.) IV 1096
Gandersheim, II. Stadt (Fahlbusch, F. B.) IV 1103
Gap, II. Stadt (Chomel, V.) IV 1107
Gelnhausen (Schwind, F.) IV 1206
Gembloux, 2. Stadt (Despy, G.) IV 1209
Gemona (Cervani, R.) IV 1215
Genf, I. Stadt (Santschi, C.) IV 1228
Gent, I. Früh- und Hochmittelalter (Verhulst, A., Ryckaert, M.) IV 1237
Gent, II. Spätmittelalter (Boone, M., Prevenier, W.) IV 1240
Genua (Petti Balbi, G.) IV 1251
Geraardsbergen, 1. Stadt (Ryckaert, M.) IV 1293
Gerace (De Leo, P.) IV 1294
Gerona (Engels, O.) IV 1351
Gibraltar (Singer, H.-R.) IV 1441
Giengen a. d. Brenz (Schuler, P.-J.) IV 1444
Glasgow, 2. Stadt (Barrow, G. W. S.) IV 1484
Glatz (Menzel, J. J.) IV 1491
Glavinitza (Ducellier, A.) IV 1494
Glogau (Menzel, J. J.) IV 1503
Gloucester, 1. Stadt und Abtei (Herbert, N. M.) IV 1515
Gnesen, III. Stadt (Labuda, G.) IV 1523
Goldingen, 2. Stadt (Hellmann, M.) IV 1547
Görlitz (Blaschke, K.) IV 1560
Goslar, I. Stadt (Schuler, P.-J.) IV 1568

Göttingen (Steenweg, H.) IV 1609
Gouda (Visser, J. C.) IV 1613
Grado (Schmidinger, H.) IV 1632
Gran (Györffy, G.) IV 1647
Granada, I. 1. [Geschichte] Stadt (Singer, H.-R.) IV 1648
Gray (Locatelli, R.) IV 1661
Graz (Ebner, H.) IV 1661
Greifswald, 1. Stadt (Schmidt, R.) IV 1695
Grenoble, I. Stadt (Chomel, V.) IV 1698
Grodno (Poppe, A.) IV 1723
Groitzsch (Blaschke, K.) IV 1723
Groningen (Visser, J. C.) IV 1724
Grosseto (Polock, M.) IV 1727
Großwardein (Györffy, G.) IV 1733
Guastalla (Bocchi, F.) IV 1761
Gubbio (Menestò, E.) IV 1762

Haarlem (Visser, J. C.) IV 1811
Hagenau (Schuler, P.-J.) IV 1838
Hainburg (Gutkas, K.) IV 1864
Halberstadt, 2. Stadt (Bogumil, K.) IV 1871
Halikarnassos (Hild, F.) IV 1876
Hall i. Tirol (Hye, F. H.) IV 1877
Halle (Stadt) (Blaschke, K.) IV 1877
Hallein, 2. Stadt (Dopsch, H.) IV 1878
Hamburg, I. Geschichte (Sprandel, R.) IV 1883
Hamburg, II. Archäologie (Hinz, H.) IV 1884
Hameln (Fahlbusch, F. B.) IV 1890
Hamm (Hemann, F.-W.) IV 1891
Hanau, 2. Stadt (Schwind, F.) IV 1893
Hannover (Ehbrecht, W.) IV 1920
Hapsal (von zur Mühlen, H.) IV 1928
Hardegg (Weltin, M.) IV 1932
Harfleur (Mollat, M.) IV 1937
Hastings (Brodt, B.) IV 1953
Havelberg, I. 2. [Burg und Stadt] Stadt (Escher, F.) IV 1980
Heidelberg, I. Stadtgeschichte (Krieger, K.-F.) IV 2009
Heilbronn (Schuler, P.-J.) IV 2013
Heiligenstadt (Gockel, M.) IV 2022
Heilsberg (Boockmann, H.) IV 2030
Heinsberg (Herborn, W.) IV 2111
Helmarshausen (Fahlbusch, F. B.) IV 2123
Helmstedt (Fahlbusch, F. B.) IV 2126
Helsingør (Riis, Th.) IV 2127
Hereford, 1. Stadt und Bistum (Barrow, J.) IV 2151
Herford (Fahlbusch, F. B.) IV 2152
Hermannstadt (Armbruster, A.) IV 2170
Hersfeld, 2. Stadt (Struve, T.) IV 2183
Hexham (Barrow, G. W. S.) IV 2204
Hildesheim, II. Stadt (Plümer, E.) V 18
Hoeke (Ryckaert, M.) V 63
Ḥomṣ (Thorau, P.) V 115
Honfleur (Mollat, M.) V 116
Hormuz (Thorau, P.) V 126
Höxter (Schüpp, H. W.) V 143
Huesca, II. Stadt (Vones, L.) V 153
Hull (King, E. J.) V 185
Hunedoara (Armbruster, A.) V 219
Huntingdon, 1. Stadt (Barrow, J.) V 224
Huy (Joris, A.) V 239
Hvar (Steindorff, L.) V 240

Jaca (Durán Gudiol, A.) V 251
Jaén (Ladero Quesada, M.-A.) V 268
Jaffa (Schein, S.) V 269

Jajce (Ćirković, S.) V 279
Jaroslavl' (Poppe, A.) V 307
Játiva (Vones, L.) V 309
Jauer (Menzel, J. J.) V 309
Ichtiman (Božilov, I.) V 322
Jelling (Krogh, K. J.) V 348
Jena (Blaschke, K.) V 349
Jérez (Ladero Quesada, M. A.) V 350
Jesi (Avella-Widhalm, G.) V 359
Iglau (Hlaváček, I.) V 366
Imola (Vasina, A.) V 393
Ingelheim (Gerlich, A.) V 415
Ingolstadt (Fahlbusch, F. B.) V 418
Innsbruck (Hye, F. H.) V 441
Inverness (Barrow, G. W. S.) V 475
Ioannina (Chrysos, E.) V 489
Ipswich (Barrow, J.) V 642
Issoire (Fournier, G.) V 699
Issoudun (Devailly, G.) V 700
Jülich, III. Stadt (Herborn, W.) V 804
Ivrea (Sergi, G.) V 841
Izborsk (Selirand, J.) V 843

Kairo (Garcin, J.-C.) V 849
Kairuan (Singer, H.-R.) V 850
Kaiserslautern (Gerlich, A.) V 860
Kaiserswerth, 2. Stadt (Struve, T.) V 861
Kalkar (Wensky, M.) V 871
Kalmar (Riis, T.) V 875
Kammin, I. 2. [Burg und Stadt] Stadt (Schmidt, R.) V 891
Kampen (Fahlbusch, F. B.) V 895
Kanina (Ducellier, A.) V 898
Karakorum (Jandesek, R.) V 948
Karthago (Gruber, J.) V 1025
Kaschau (Fügedi, E.) V 1027
Käsmark (Körmendy, A.) V 1034
Kassel (Cosanne, A.) V 1034
Kastamonu (Kreiser, K.) V 1035
Kastoria (Soustal, P.) V 1049
Kaufbeuren (Fahlbusch, F. B.) V 1082
Kaunas, 2. Stadt (Hellmann, M.) V 1087
Kayseri, I. Spätantike und byzantinische Zeit (Hild, F.) V 1091
Kayseri, II. Im 12.–15. Jahrhundert (Kreiser, K.) V 1092
Kaysersberg (Rapp, F.) V 1092
Kazan' (Mattejiet, U.) V 1092
Kazimierz Biskupi (Zernack, K.) V 1093
Kempten (Fahlbusch, F. B.) V 1103
Keve (Györffy, Gy.) V 1118
Kiel (Hoffmann, E.) V 1120
Kiev, B. Stadt (Hösch, E.) V 1130
Kilia (Balard, M.) V 1135
Kilkenny, 2. Stadt und Herrschaft (MacNiocaill, G.) V 1139
Kilmallock (MacNiocaill, G.) V 1141
King's Lynn (Brodt, B.) V 1159
Kingston-on-Thames (Brooks, N. P.) V 1159
Kïršehir (Kreiser, K.) V 1188
Klagenfurt (Hödl, G.) V 1192
Klausenburg (Fahlbusch, F. B.) V 1195
Kleve, III. Stadt (Herborn, W.) V 1213
Knin (Rapanić, Ž.) V 1235
Koblenz (Kerber, D.) V 1242
Kokenhusen (Hellmann, M.) V 1250
Kolberg (Schmidt, R.) V 1252

Köln, A. I. [Stadt] Antike (Noelke, P.) V 1254
Köln, A. II. [Stadt] Mittelalter (Groten, M.) V 1256
Kolomna (Rüß, H.) V 1270
Königgrätz (Hlaváček, I.) V 1324
Königsberg (Boockmann, H.) V 1326
Konstantinopel/Istanbul, I. Byzantinisches Reich (Restle, M.) V 1387
Konstantinopel/Istanbul, II. Osmanisches Reich (Kreiser, K.) V 1392
Konstanz, II. Stadt (Maurer, H.) V 1400
Konya/Ikonion, I. Byzantinische Periode (Belke, K.) V 1425
Konya/Ikonion, II. Unter türkischer Herrschaft (Kreiser, K.) V 1426
Kopenhagen (Riis, Th.) V 1432
Köpenick (Bohm, E.) V 1434
Korinth (Koder, J.) V 1444
Kortrijk (Declercq, G., Stabel, P.) V 1454
Kouřim (Žemlička, J.) V 1464
Krainburg (Hödl, G.) V 1467
Krakau, I. Stadt (Strzelczyk, J.) V 1467
Kratovo (Ćirković, S.) V 1476
Kremnitz (Körmendy, A.) V 1485
Krems (Kühnel, H.) V 1486
Križevci (Rokaj, P.) V 1537
Krk (Steindorff, L.) V 1538
Kronstadt (Gündisch, K.) V 1547
Kruja (Ducellier, A.) V 1551
Kruschwitz (Strzelczyk, J.) V 1552
Kruševac (Korać, V.) V 1553
Kulm, 1. Stadt (Lückerath, C. A.) V 1562
Kulmbach (Fahlbusch, F. B.) V 1564
Kütahya (Kreiser, K.) V 1593
Kuttenberg (Hlaváček, I.) V 1593

Lamego (Feige, P.) V 1628
Lampsakos (Belke, K.) V 1634
Lancaster, Lancashire (Prestwich, M. C.) V 1635
Landsberg (Blaschke, K.) V 1674
Landsberg am Lech (Fried, P.) V 1674
Landshut (Spitzlberger, G.) V 1678
Langres, 3. Stadt (Eberl, I.) V 1703
Laodikeia, 1. L., Hafenstadt in N-Syrien (Belke, K.) V 1708
Laodikeia, 2. L. am Lykos (Belke, K.) V 1708
Laon (Dufour, A.) V 1709
L'Aquila (Clementi, A.) V 1716
Laris(s)a (Koder, J.) V 1718
La Rochelle (Mollat, M.) V 1718
La Tour-du-Pin (Chomel, V.) V 1748
Lausanne, I. Stadt (Coutaz, G.) V 1762
Lebus (Bohm, E.) V 1783
Lecce (De Leo, P.) V 1784
Lectoure (Cursente, B.) V 1788
Łęzyka (Strzelczyk, J.) V 1788
Leeuwarden (Visser, J. C.) V 1792
Leicester, 1. Stadt (Williams, D. T.) V 1849
Leiden (Visser, J. C.) V 1853
Leighlin (MacNiocaill, G.) V 1856
Leipzig (Blaschke, K.) V 1861
Leisnig (Blaschke, K.) V 1863
Leitmeritz (Žemlička, J.) V 1864
Leitomischl (Žemlička, J.) V 1865
Le Mans, II. Stadt (Devailly, G.) V 1869
Lemberg (Trawkowski, S.) V 1869
Lemgo (Hemann, F.-W.) V 1870
Lenzen (Lübke, Ch.) V 1875

León, II. Stadt und Bistum (Estepa Diéz, C.) V 1888
Le Puy (Fournier, G.) V 1904
Lérida, I. Stadt (Mateu Ibars, J.) V 1905
Les Baux (Maufras, O.) V 1907
Lescar (Tucoo-Chala, P.) V 1908
Lichfield (Kettle, A. J.) V 1958
Liegnitz, 1. Stadt (Menzel, J. J.) V 1974
Lille (Delmaire, B.) V 1985
Limburg a. d. Lahn, 2. Stadt (Schwind, F.) V 1989
Limerick (Mattejiet, U.) V 1991
Limoges, I. Stadt und Bistum (Mattejiet, U.) V 1993
Lincoln, I. Stadt (Bennett, N.) V 1996
Lindau (Tönsing, M.) V 1998
Linköping (Nyberg, T.) V 2002
Linz (Marckhgott, G.) V 2002
Lipljan (Ćirković, S.) V 2004
Lippstadt (Cosanne, A.) V 2006
Lisieux (Musset, L.) V 2007
Lismore (Mattejiet, U.) V 2008
Lissabon (Vones, L.) V 2009
Livorno (Tangheroni, M.) V 2053
Ljubeč (Mattejiet, U.) V 2054
Ljubljana (Štih, P.) V 2055
Llandaff (Richter, M.) V 2056
Locarno (Deplazes, L.) V 2063
Loches (Devailly, G.) V 2063
Lodève (Mattejiet, U.) V 2067
Lodi (Albini, G.) V 2068
Lödöse (Hinz, H.) V 2069
Logroño (Ladero Quesada, M.-A.) V 2079
London, A. I. [Stadt] Antike (Brodt, B.) V 2100
London, A. II. 1. [Stadt] Archäologie (Schofield, J.) V 2101
London, A. II. 2. [Stadt] Stadtgeschichte, Topographie, Wirtschaft (Brodt, B.) V 2102
Loudun (Devailly, G.) V 2139
Löwen (van Uytven, R.) V 2142
Lübeck, A. I. [Stadt] Topographie, Stadtentwicklung und Archäologie (Hammel-Kiesow, R.) V 2146
Lübeck, A. II. [Stadt] Geschichte (Graßmann, A.) V 2147
Lübeck, A. III. [Stadt] Gesellschaftliche Entwicklung und Verfassung (Hammel-Kiesow, R.) V 2148
Lübeck, A. IV. [Stadt] Wirtschaft und Hanse (Hammel-Kiesow, R.) V 2148
Lublin (Trawkowski, S.) V 2151
Lucca (Luzzati, M.) V 2153
Lucera (Bresc, H.) V 2157
Luck (Poppe, A.) V 2163
Ludlow (Griffiths, R. A.) V 2166
Lugano (Margaroli, P.) V 2204
Lugo (Feige, P.) V 2205
Lund, I. Stadt (Riis, Th.) VI 6
Lüneburg (Hergemöller, B.-U.) VI 9
Luni (Conti, P. M.) VI 13
Lüttich, II. Die Stadt (Kupper, J.-L.) VI 25
Luxemburg, Stadt (Margue, M.) VI 28
Luzern (Glauser, F.) VI 37
Lykostomion (Balard, M.) VI 39
Lyon, I. Antike (Schottky, M.) VI 40
Lyon, II. Karolingerzeit (Fédou, R.) VI 41
Lyon, III. Kirchliches und religiöses Leben vom späten 10. bis zum frühen 14. Jh. (Fédou, R.) VI 42
Lyon, IV. Die Stadt des 11.–14. Jh. (Fédou, R.) VI 43
Lyon, V. Krisen und Erneuerung (Mitte 14.–Ende 15. Jh.) (Fédou, R.) VI 45

Maastricht (Deeters, J.) VI 53
Macerata (Saracco Previdi, E.) VI 57
Mâcon, II. Stadt (Richard, J.) VI 62
Madīnat az-Zahrā' (Singer, H.-R.) VI 65
Madrid (Rábade Obradó, M.) VI 67
Magdeburg, A. I. [Stadt] Archäologie (Brachmann, H.-J.) VI 71
Magdeburg, A. II. [Stadt] Stadtentwicklung (Kintzinger, M.) VI 72
Maguelone (Hélas, J. C.) VI 103
Mailand, I. Stadt, Bistum, Wirtschaft im 4.–12. Jh. (Ambrosioni, A.) VI 113
Mailand, II. Stadt, Bistum, Wirtschaft von 1200–1500 (Chittolini, G.) VI 117
Mainz, A. I. [Stadt] Antike (Schottky, M.) VI 131
Mainz, A. II. [Stadt] Mittelalter (Falck, L.) VI 131
Málaga (Ladero Quesada, M. A.) VI 161
Malmö (Riis, Th.) VI 176
Manchester (Prestwich, M. C.) VI 184
Manfredonia (De Leo, P.) VI 193
Manisa (Kreiser, K.) VI 196
Manresa (Batlle, Carmen) VI 198
Mansfeld, 1. Burg und Stadt (Blaschke, K.) VI 201
Mantes (Nothhelfer, U.) VI 204
Mantua (Lazzarini, I.) VI 206
Marburg (Štih, P.) VI 218
Marburg a. d. Lahn (Schwind, F.) VI 218
Marienwerder (Boockmann, H.) VI 291
Marsberg (Fahlbusch, F. B.) VI 324
Marseille (Reynaud, F.) VI 326
Massa Marittima (Conti, P. M.) VI 369
Matera (Houben, H.) VI 375
Meaux (Bur, M.) VI 433
Mecheln (van Uytven, R.) VI 436
Medina (Faroqhi, S.) VI 447
Medina del Campo (Ladero Quesada, M.-A.) VI 447
Mehun-sur-Yèvre (Devailly, G.) VI 470
Meißen, III. Stadt (Blaschke, K.) VI 478
Mekka (Faroqhi, S.) VI 489
Melfi (De Leo, P.) VI 493
Melilla (Singer, H.-R.) VI 494
Melitene, I. Römische und byzantinische Zeit (Hild, F.) VI 497
Melitene, II. Osmanische Zeit (Kreiser, K.) VI 498
Melnik (Prinzing, G.) VI 501
Mělník, Stadt im N Mittelböhmens (Žemlička, J.) VI 502
Melun (Lalou, E.) VI 504
Memel (Boockmann, H.) VI 505
Memmingen (Kießling, R.) VI 509
Mende (Fournier, G.) VI 514
Mergentheim (Fahlbusch, F. B.) VI 537
Mérida, 1. Römische und westgotische Zeit (Gruber, J.) VI 538
Mérida, 2. Arabische Zeit (Singer, H.-R.) VI 538
Merseburg, II. Stadt (Blaschke, K.) VI 545
Mesembria (Soustal, P.) VI 552
Messina (Tramontana, S.) VI 562
Metz, A. Stadt (Parisse, M.) VI 585
Meulan (Devailly, G.) VI 589
Meung-sur-Loire (Devailly, G.) VI 590
Michelstadt (Braasch-Schwersmann, U.) VI 611
Middelburg, 1. Stadt (Sicking, L. H. J.) VI 613
Miechów (Wędzki, A.) VI 615
Miesenburg (Györffy, Gy.) VI 616
Milet (Hild, F.) VI 624
Mileto (De Leo, P.) VI 625

Minden, II. Stadt (Hemann, F.-W.) VI 632
Minsk (Poppe, A.) VI 652
Mirande (Tucoo-Chala, P.) VI 663
Mirandola (Andreolli, B.) VI 664
Mirebeau (Devailly, G.) VI 665
Mistra (Koder, J.) VI 680
Mladá Boleslav (Žemlička, J.) VI 697
Modena (Golinelli, P.) VI 708
Modon (und Coron) (Koder, J.) VI 712
Mogilno (Strzelczyk, J.) VI 715
Moglena (Blagojević, M.) VI 715
Monemvasia (Koder, J.) VI 753
Monmouth (Brodt, B.) VI 761
Monreale (Girgensohn, D.) VI 767
Mons, I. Stadt (Cauchies, J.-M.) VI 768
Monselice (Gallo, D.) VI 770
Montauban (Cursente, B.) VI 779
Montbéliard (Eberl, I.) VI 780
Montdidier (Delmaire, B.) VI 783
Montecatini (Pandimiglio, L.) VI 790
Montélimar (Chomel, V.) VI 794
Montescaglioso (Houben, H.) VI 798
Montpellier, A. Stadt und Herrschaft (Hélas, J. C.) VI 812
Montreuil-sur-Mer (Delmaire, B.) VI 818
Mont-Saint-Guibert (Steurs, W.) VI 819
Monza (Perelli Cippo, R.) VI 822
Moosburg (Störmer, W.) VI 824
Moskau, A. Stadt (Knackstedt, W.) VI 862
Mosul (Thorau, P.) VI 871
Moulins (Leguai, A.) VI 875
Mouzon (Bur, M.) VI 878
Možajsk (Poppe, A.) VI 880
Mühlhausen (Blaschke, K.) VI 892
Mülhausen (Fahlbusch, F. B.) VI 894
München (Schmid, A.) VI 897
Munkács (Györffy, Gy.) VI 911
Münster, II. Stadt (Hergemöller, B.-U., Fahlbusch, F. B.) VI 915
Münster (im Elsaß) (Fahlbusch, F. B.) VI 917
Münstereifel (Herborn, W.) VI 918
Murcia (Menjot, D.) VI 940
Murom (Poppe, A.) VI 943

Nabburg, 2. Stadt (Ambronn, K.-O.) VI 995
Nablus (Thorau, P.) VI 995
Nájera (Schwenk, B.) VI 1007
Namur, II. Stadt (Genicot, L.) VI 1012
Nancy (Parisse, M.) VI 1013
Nantes, III. Stadt (Chédeville, A.) VI 1017
Narbonne, III. Stadt (Caille, J.) VI 1022
Narva (von zur Mühlen, H.) VI 1030
Naumburg, II. Stadt (Wießner, H.) VI 1056
Naupaktos (Koder, J.) VI 1057
Nauplion (Koder, J.) VI 1058
Nazareth (Cowdrey, H. E. J.) VI 1070
Neapel, A. Stadt und Wirtschaft (Vitolo, G.) VI 1072
Nemours (Devailly, G.) VI 1089
Neopatras (Todt, K.-P.) VI 1091
Neuenburg (Koller-Weiss, K.) VI 1100
Neuss (Huck, J.) VI 1107
Neustadt (Marmarosch) (Gündisch, K. G.) VI 1110
Nevers, II. Stadt (Chagny-Sève, A.-M.) VI 1112
Newcastle upon Tyne (Storey, R. L.) VI 1118
Niebla (Ladero Quesada, M. A.) VI 1136
Nieuwpoort (Ryckaert, M.) VI 1146
Niğde (Kreiser, K.) VI 1147

Nijmegen, II. Stadt (Leupen, P.) VI 1150
Nikaia, 1. N. (Hild, F.) VI 1151
Nikomedeia (Hild, F.) VI 1189
Nikopolis ad Istrum (Brandes, W.) VI 1190
Nikopolis ad Nestum (Brandes, W.) VI 1191
Niksar (Kreiser, K.) VI 1191
Nîmes (Lasalle, V.) VI 1194
Nimptsch (Menzel, J. J.) VI 1196
Nin (Steindorff, L.) VI 1196
Niort (Favreau, R.) VI 1198
Niš (Kalić, J.) VI 1199
Nisibis (Thorau, P.) VI 1200
Nitra (Chropovský, B.) VI 1201
Nivelles, II. Stadt (Despy, G.) VI 1203
Nižnij Novgorod (Poppe, A.) VI 1203
Nizza, I. Stadt (Venturini, A.) VI 1204
Nola (Vitolo, G.) VI 1216
Norcia (Menestò, E.) VI 1235
Nordhausen (Blaschke, K.) VI 1236
Nördlingen (Kießling, R.) VI 1236
Northampton, Northamptonshire (Barrow, J.) VI 1251
Northeim (v. Hindte, H.) VI 1253
Norwich, 1. Stadt (Brodt, B.) VI 1270
Nottingham, Nottinghamshire, 1. Stadt (Knowles, C. H.) VI 1294
Novara (Andenna, G.) VI 1300
Novgorod (Poppe, A.) VI 1306
Novigrad, 1. N. (lat. Civitas nova) (Steindorff, L.) VI 1311
Novo Brdo (Ćirković, S.) VI 1312
Novogrudok (Kosman, M.) VI 1313
Noyon (Guyotjeannin, O.) VI 1314
Nürnberg (Wendehorst, A.) VI 1317
Nyon (Coutaz, G.) VI 1327

Ochsenfurt (Wendehorst, A.) VI 1343
Ödenburg (Györffy, Gy.) VI 1346
Odense, II. Stadt (Nyberg, T. S.) VI 1348
Ohrdruf (Blaschke, K.) VI 1375
Ohrid (Prinzing, G.) VI 1376
Oldenburg (Niedersachsen), 2. Stadt (Schmidt, H.) VI 1390
Oldenburg, Stadt in Schleswig-Holstein (Gabriel, I.) VI 1391
Olite (Leroy, B.) VI 1398
Olmütz (Žemlička, J.) VI 1400
Oostburg (Ryckaert, M.) VI 1410
Opatów (Gawlas, S.) VI 1411
Oppeln (Menzel, J. J.) VI 1415
Oppenheim (Seibert, H.) VI 1417
Oppido (Kamp, N.) VI 1417
Orange (Gasparri, F.) VI 1424
Orbe (Richard, J.) VI 1427
Orchies (Delmaire, B.) VI 1428
Orense (García Oro, J.) VI 1446
Oria (Kamp, N.) VI 1453
Orihuela (Ladero Quesada, M. A.) VI 1457
Oristano (Casula, F. C.) VI 1458
Orlamünde (Blaschke, K.) VI 1459
Orléans, I. Spätantike und Frühmittelalter (Michaud-Fréjaville, F.) VI 1460
Orléans, II. Hoch- und Spätmittelalter (Michaud-Fréjaville, F.) VI 1461
Orte (Vendittelli, M.) VI 1481
Orvieto (Maire Vigueur, J.-C.) VI 1488
Oslo, 1. Stadt (Ehrhardt, H.) VI 1494

Osmancık (Neumann, Ch. K.) VI 1496
Osnabrück, II. Stadt (Fahlbusch, F. B.) VI 1511
Ostia (Vendittelli, M.) VI 1535
Otranto (Kamp, N.) VI 1562
Oudenaarde (Prevenier, W., Verhulst, A.) VI 1590
Oudenburg (Declercq, G.) VI 1591
Oviedo (Alonso Núñez, J. M.) VI 1599
Oxford, I. Stadtgeschichte (Cobban, A. B.) VI 1601

Paderborn, II. Stadt (Schoppmeyer, H.) VI 1614
Padua, I. Stadt und Bistum von den Anfängen bis zum 13. Jh. (Gaffuri, L.) VI 1617
Padua, II. Wirtschaftliche, urbanistische und politische Entwicklung vom 13. bis zum Ende des 15. Jh. (Gaffuri, L.) VI 1619
Palencia (Nieto Soria, J. M.) VI 1636
Palermo (Fodale, S.) VI 1637
Palestrina (Menniti Ippolito, A.) VI 1640
Palma de Mallorca (Vones, L.) VI 1644
Pamiers (Pailhes, C.) VI 1647
Pamplona (Leroy, B.) VI 1649
Pappenheim (Wendehorst, A.) VI 1666
Paris, A. Stadt (Favier, J.) VI 1705
Parma (Greci, R.) VI 1735
Parthenay (Favreau, R.) VI 1743
Pasewalk (Escher, F.) VI 1755
Passau, I. Stadt (Zurstraßen, A.) VI 1756
Patras (Koder, J.) VI 1785
Pavia, I. Stadt (Soldi Rondinini, G.) VI 1831
Peć (Nagorni, D.) VI 1844
Pegau (Blaschke, K.) VI 1856
Peñafiel (Vones, L.) VI 1870
Penne (Clementi, A.) VI 1872
Perejaslavl' (Poppe, A.) VI 1883
Perejaslavl' Zalesskij (Poppe, A.) VI 1883
Pergamon (Brandes, W.) VI 1887
Périgueux (Higounet-Nadal, A.) VI 1889
Pernau (von zur Mühlen, H.) VI 1892
Péronne (Guyotjeannin, O.) VI 1894
Perpignan (Caille, J.) VI 1896
Perth (Barrow, G. W. S.) VI 1907
Perugia, I. Stadt und Bistum (Walther, H. G.) VI 1909
Pesaro (Archetti Giampaolini, E.) VI 1913
Peterborough (Brodt, B.) VI 1940
Peterwardein (Takács, M.) VI 1942
Pettau (Hödl, G.) VI 1989
Pforzheim (Schwarzmaier, H.) VI 2050
Pfullendorf, 2. Stadt (Eberl, I.) VI 2050
Philadelph(e)ia (Hild, F.) VI 2054
Philippi (Soustal, P.) VI 2082
Philippopel (Soustal, P.) VI 2083
Phokaia (Belke, K.) VI 2107
Piacenza (Racine, P.) VI 2123
Pienza (Luzzati, M.) VI 2135
Pilsen (Hlaváček, I.) VI 2159
Pilten (von zur Mühlen, H.) VI 2160
Pinsk (Poppe, A.) VI 2164
Piombino (Ceccarelli Lemut, M. L.) VI 2165
Pirna (Blaschke, K.) VI 2176
Pisa (Luzzati, M.) VI 2177
Pistoia (Luzzati, M.) VI 2187
Plasencia (Ladero Quesada, M. A.) VII 1
Pliska (Prinzing, G.) VII 22
Płock (Samsonowicz, H.) VII 23
Plön (Gabriel, I.) VII 23
Poissy (Lalou, E.) VII 40
Poitiers, I. Stadt (Favreau, R.) VII 40

Polock, I. Stadt (Choroškevič, A. L.) VII 72
Pont-à-Mousson (Parisse, M.) VII 91
Pontoise (Lalou, E.) VII 98
Poreč (Geschichte) (Steindorff, L.) VII 103
Portchester (Castle) (Bullough, D. A.) VII 112
Porto (Feige, P.) VII 113
Portsmouth (Brodt, B.) VII 115
Posen (Piskorski, J. M.) VII 124
Potenza (De Leo, P.) VII 130
Prag, II. Stadt (Hlaváček, I.) VII 160
Prato (Luzzati, M.) VII 169
Prenzlau (Petersohn, J.) VII 188
Preslav (Prinzing, G.) VII 189
Preslavec (Brandes, W.) VII 189
Prespa (Prinzing, G.) VII 191
Preßburg (Marsina, R.) VII 191
Prilep (Soustal, P.) VII 209
Priština (Ćirković, S.) VII 221
Prizren (Blagojević, M.) VII 233
Provins (Bur, M.) VII 283
Pskov (Pickhan, G.) VII 310
Pula (Korać, V., Steindorff, L.) VII 322
Pyritz (Leciejewicz, L.) VII 338

Qara Ḥiṣār (Neumann, Ch. K.) VII 343
Quedlinburg (Blaschke, K.) VII 359
Querfurt (Blaschke, K.) VII 364
Quimper (Leguay, J.-P.) VII 369
Quimperlé (Leguay, J.-P.) VII 370

Raab (Györffy, Gy.) VII 379
Raabs (Weltin, M.) VII 379
Rab (Rapanić, Ž.) VII 379
Radolfzell (Stadler, Ch.) VII 388
Ragusa (Dubrovnik), I. Allgemeine und politische Geschichte (Rapanić, Ž.) VII 399
Ragusa (Dubrovnik), II. Wirtschaft (Krekić, B.) VII 400
Ramsbury (Brodt, B.) VII 431
Rapallo (Petti Balbi, G.) VII 443
Ratibor (Menzel, J. J.) VII 458
Ratzeburg (Hoffmann, E.) VII 469
Raudnitz (Machilek, F.) VII 477
Ravello (Vitolo, G.) VII 481
Ravenna, I. Stadt und Bistum (Vasina, A.) VII 481
Ravensburg, I. Stadtgeschichte und Wirtschaft (Schuler, P.-J.) VII 486
Ravno (Blagojević, M.) VII 489
Reading, I. Stadt (Barrow, J.) VII 496
Redon (Chédeville, A.) VII 538
Regensburg, A. I. [Stadt] Spätantike (Dubielzig, U.) VII 563
Regensburg, A. II. [Stadt] Mittelalter (Schmid, A.) VII 564
Reggio di Calabria, I. Stadt (Kamp, N.) VII 570
Reggio Emilia (Golinelli, P.) VII 571
Reichenhall (Dopsch, H.) VII 614
Reims, II. Stadt (Bur, M.) VII 660
Rendsburg (Hemann, F.-W.) VII 727
Rennes (Chédeville, A.) VII 730
Resafa (Ulbert, T.) VII 752
Rethel (Bur, M.) VII 763
Reutlingen (Fahlbusch, F. B.) VII 769
Reval, 3. Stadt (von zur Mühlen, H.) VII 770
Rjazan' VII 802
Ribe (Riis, Th.) VII 804
Richmond (Brodt, B.) VII 832

Rieneck (Gerlich, A.) VII 839
Rieti (Marazzi, F.) VII 841
Rieux (Pailhes, C.) VII 842
Riez (Coulet, N.) VII 844
Riga, A. Stadt (von zur Mühlen, H.) VII 844
Rijeka (Munić, D.) VII 850
Rimini (Frioli, D.) VII 852
Ringsted (Nyberg, T.) VII 857
Riom (Fournier, G.) VII 860
Roanne (Fournier, G.) VII 882
Roche-Derrien, La (Contamine, Ph.) VII 921
Rochester, 1. Stadt (Brodt, B.) VII 925
Rodez (Fournier, G.) VII 928
Roermond (Visser, J. C.) VII 935
Rom, A. Vom 4. bis 10. Jahrhundert (Arnaldi, G., Marazzi, F.) VII 967
Rom, B. Vom 11. bis zum 15. Jahrhundert (Sanfilippo, M.) VII 972
Romans-sur-Isère, 2. Stadt (Chomel, V.) VII 1002
Ronda (Ladero Quesada, M. A.) VII 1023
Roscommon (MacNiocaill, G.) VII 1030
Roskilde (Riis, Th.) VII 1037
Rossano (De Leo, P.) VII 1041
Rostock (Hergemöller, B.-U.) VII 1045
Rostov Velikij, 1. Stadt (Choroškevič, A. L.) VII 1047
Rothenburg ob der Tauber (Wendehorst, A.) VII 1050
Rottweil (Fahlbusch, F. B.) VII 1055
Rouen (Renoux, A.) VII 1059
Rovinj (Munić, D.) VII 1065
Rupelmonde (Avonds, P.) VII 1105

Saint Andrews, 2. Stadt (Corner, D. J.) VII 1132
Saint-Aubin-du-Cormier, 1. Stadt (Leguay, J.-P.) VII 1135
Saint-Brieuc (Leguay, J.-P.) VII 1137
Saint-Dié (Parisse, M.) VII 1148
Saint-Flour (Rigaudière, A.) VII 1152
Sankt Gallen, 2. Stadt (Vogler, W.) VII 1155
Saint-Gilles du Gard (Coulet, N.) VII 1163
San Gimignano (Cardini, F.) VII 1164
Saint-Jean-d'Angély (Favreau, R.) VII 1167
Saint-Jean de Losne (Richard, J.) VII 1168
Saint-Léonard-de-Noblat (Favreau, R.) VII 1173
Saint-Maixent-l'École (Favreau, R.) VII 1174
Saint-Malo (Leguay, J.-P.) VII 1175
San Marco Argentano (De Leo, P.) VII 1176
Saint-Maurice d'Agaune, II. Stadt (Coutaz, G.) VII 1183
Saint-Mihiel, 2. Stadt (Parisse, M.) VII 1184
San Miniato (Cardini, F.) VII 1186
Saint-Nicolas-de-Port (Parisse, M.) VII 1186
Saint-Omer, 2. Stadt St-Omer (Delmaire, B.) VII 1187
Saint-Paul-Trois-Châteaux (Hayez, M.) VII 1189
Saint-Pol de Léon (Leguay, J.-P.) VII 1193
Sankt Pölten (Gutkas, K.) VII 1194
Saint-Pourçain-sur-Sioule (Favreau, R.) VII 1195
Saint-Quentin (Morelle, L.) VII 1196
Saint-Raphaël (Coulet, N.) VII 1197
Santa Severina (De Leo, P.) VII 1203
Sint-Truiden (Joris, A.) VII 1204
Sankt Veit an der Glan (Hödl, G.) VII 1206
Saarbrücken, 1. Stadt (Herrmann, H.-W.) VII 1210
Saaz (Hlaváček, I.) VII 1211
Sagan (Menzel, J. J.) VII 1254

Saintes (Favreau, R.) VII 1260
Salamanca, I. Stadt (Ladero Quesada, M. A.) VII 1281
Salamis (Hild, F.) VII 1285
Salerno, A. Stadt, Fürstentum und Bistum (Vitolo, G.) VII 1293
Salins (Richard, J.) VII 1303
Salisbury, II. Stadt (Barrow, J.) VII 1304
Saluzzo (Provero, L.) VII 1321
Salzburg, A. Antike/Frühmittelalter (Iuvavum) (Dopsch, H.) VII 1331
Salzburg, B. III. [Mittelalter] Stadt (Dopsch, H.) VII 1334
Salzburg, B. IV. [Mittelalter] Gesellschaft und Wirtschaft (Dopsch, H.) VII 1335
Salzwedel (Kreiker, S.) VII 1337
Samarqand (Göckenjan, H.) VII 1338
Samobor (Steindorff, L.) VII 1343
Samosata (Hild, F.) VII 1344
Samsun (Neumann, Ch. K.) VII 1347
Sancerre (Devailly, G.) VII 1348
Sandomir (Gawlas, S.) VII 1363
Santander (Estepa Díez, C.) VII 1368
Santarém (Feige, P.) VII 1369
Santiago de Compostela, II. Stadt (García Oro, J.) VII 1370
Sarāi (Göckenjan, H.) VII 1376
Sardes (Hild, F.) VII 1377
Sarlat (Higounet-Nadal, A.) VII 1383
Sassari (Castellaccio, A.) VII 1387
Saumur (Devailly, G.) VII 1405
Savona (Provero, L.) VII 1413
Schaffhausen (Zotz, Th.) VII 1434
Schemnitz (Györffy, G.) VII 1449
Schlan (Žemlička, J.) VII 1475
Schleswig, I. 1. [Stadt] Archäologie (Vogel, V.) VII 1484
Schleswig, I. 2. [Stadt] Geschichte (Radtke, Chr.) VII 1485
Schlettstadt (Rapp, F.) VII 1488
Schmalkalden (Heinemeyer, K.) VII 1501
Schöningen (Petke, W.) VII 1537
Schwäbisch Gmünd (Lorenz, S.) VII 1605
Schwäbisch Hall (Lorenz, S.) VII 1605
Schwaz (Hye, F. H.) VII 1625
Schweidnitz (Gawlas, S.) VII 1638
Schweinfurt, I. Stadt (Fahlbusch, F. B.) VII 1640
Schwerin, I. Stadt (Sander-Berke, A.) VII 1642
Sciacca (Fodale, S.) VII 1652
Sées (Leguay, J.-P.) VII 1690
Segni (Simoni Balis Crema, F.) VII 1698
Segovia (Ladero Quesada, M. A.) VII 1699
Selçuk (Neumann, Ch. K.) VII 1729
Seligenstadt (Braasch-Schwersmann, U.) VII 1732
Selymbria (Soustal, P.) VII 1737
Semur-en-Auxois (Richard, J.) VII 1743
Senigallia (Vasina, A.) VII 1755
Senlis, III. Stadt (Lalou, E.) VII 1758
Sens, III. Stadt (Gasnault, M.-C.) VII 1763
Sepúlveda (Vones, L.) VII 1770
Serbia (Prinzing, G.) VII 1777
Serpuchov, 1. Stadt (Choroškevič, A. L.) VII 1791
Serrhes (Soustal, P.) VII 1792
Setúbal (Feige, P.) VII 1801
Sevilla (Ladero Quesada, M. A.) VII 1808
Sheffield (Brodt, B.) VII 1825
's Hertogenbosch (Visser, J. C.) VII 1826

Shrewsbury (Brodt, B.) VII 1829
Šibenik (Rapanić, Ž.) VII 1830
Side (Hild, F.) VII 1833
Sidon (Schein, S.) VII 1834
Siegburg, 3. Stadt (Groten, M.) VII 1847
Siegen (Fuhrmann, B.) VII 1862
Siena, I. Frühmittelalter (Luzzati, M.) VII 1872
Siena, II. Kommunale Entwicklung vom 11. bis zum 13. Jh. (Luzzati, M.) VII 1872
Siena, III. Blüte und Niedergang im 14. und 15. Jh. (Luzzati, M.) VII 1874
Sieradz (Strzelczyk, J.) VII 1877
Sigmaringen (Lorenz, S.) VII 1886
Sigtuna (Ehrhardt, H.) VII 1895
Sigüenza (Ladero Quesada, M. A.) VII 1895
Silves (Feige, P.) VII 1904
Simancas (Rábade Obradó, M.) VII 1910
Sinope (Belke, K.) VII 1931
Siponto (De Leo, P.) VII 1933
Sis (Aßfalg, J.) VII 1937
Sitten, I. Stadt (Dubuis, F.-O., Lugon, A.) VII 1940
Sivas (Sebaste) (Hild, F.) VII 1942
Skara, 2. Stadt (Nyberg, T.) VII 1971
Skop(l)je (Prinzing, G.) VII 1990
Skradin (Munić, D.) VII 1990
Skutari (Prinzing, G.) VII 1997
Sligo (MacNiocaill, G.) VII 2005
Sluis (Ryckaert, M.) VII 2010
Smolensk, I. Stadt (Bohn, Th. M.) VII 2013
Smyrna (Hild, F.) VII 2014
Soest (Fahlbusch, F. B.) VII 2021
Sofia (Gjuzelev, V.) VII 2024
Soissons, I. Stadt, Bistum und Grafschaft (Mattejiet, U.) VII 2025
Solothurn (Noser, O.) VII 2038
Sora (De Leo, P.) VII 2055
Soria (Diago Hernando, M.) VII 2058
Sorrent (Vitolo, G.) VII 2059
Southampton (Brodt, B.) VII 2066
Spandau (Bohm, E.) VII 2075
Speyer, A. I. [Stadt] Archäologie und Topographie (Engels, H.-J.) VII 2095
Speyer, A. II. [Stadt] Stadtgeschichte (Andermann, K.) VII 2095
Split (Rapanić, Ž.) VII 2127
Spoleto (Gasparri, St.) VII 2128
Squillace (De Leo, P.) VII 2150
Stade, 2. Stadt (Petke, W.) VII 2168
Stafford, -shire (Brodt, B.) VIII 38
Stamford (Brodt, B.) VIII 41
Stanimaka (Soustal, P.) VIII 56
Stará Boleslav (Žemlička, J.) VIII 61
Stara Zagora (Gjuzelev, V.) VIII 62
Staré Město (Havlík, L. E.) VIII 62
Stargard (Schmidt, R.) VIII 63
Stavanger (Ehrhardt, H.) VIII 80
Staveren (Visser, J.-C.) VIII 81
Steinfurt (Hemann, F.-W.) VIII 99
Stendal (Heinrich, G.) VIII 109
Sterzing (Hye, F. H.) VIII 139
Stettin (Piskorski, J. M.) VIII 140
Steyr (Ebner, H.) VIII 165
Stilo (De Leo, P.) VIII 184
Štip (Ćirković, S.) VIII 185
Stirling (Barrow, G. W. S.) VIII 186
Stockholm (Dahlbäck, G.) VIII 187
Stolp (Schmidt, R.) VIII 192
Stralsund (Schmidt, R.) VIII 210
Straßburg (Rapp, F.) VIII 213
Stratford-on-Avon (Brodt, B.) VIII 228
Straubing, 1. Stadt (Störmer, W.) VIII 230
Strumica (Blagojević, M.) VIII 247
Strzelno (Strzelczyk, J.) VIII 248
Stühlingen (Lorenz, S.) VIII 257
Stuhlweißenburg (Bak, J.) VIII 258
Stuttgart (Lorenz, S.) VIII 270
Suceava (Zach, K.) VIII 280
Sugdaia, 1. Stadt (Balard, M.) VIII 291
Sultanieh VIII 304
Sulz, 1. Stadt (Eberl, I.) VIII 304
Sulzbach, 2. Stadt (Schmid, A.) VIII 305
Susa (Sergi, G.) VIII 330
Sutri (Marazzi, F.) VIII 334
Suzdal' (Rüß, H.) VIII 338
Syrakus (D'Alessandro, V.) VIII 381
Szeged (Bak, J.) VIII 388

Tábor (Šmahel, F.) VIII 395
Täbrīz (Balard, M.) VIII 397
Talavera (Vones, L.) VIII 442
Tamworth (Kettle, A. J.) VIII 453
Tanger (Singer, H.-R.) VIII 456
Tangermünde (Kreiker, S.) VIII 456
Taormina (D'Alessandro, V.) VIII 463
Tarascon (Coulet, N.) VIII 467
Tarazona (Vones-Liebenstein, U.) VIII 468
Tarbes (Cursente, B.) VIII 469
Tarent, A. Stadt (und Fürstentum) (Corsi, P.) VIII 470
Tarentaise, III. Stadt (Chomel, V.) VIII 475
Tarifa (Vones, L.) VIII 476
Tărnovo (Gjuzelev, V.) VIII 478
Tarquinia (Menniti Ippolito, A.) VIII 479
Tarragona, 1. Stadt (Vones-Liebenstein, U.) VIII 480
Tarsos (Hild, F.) VIII 483
Tauberbischofsheim (Wendehorst, A.) VIII 492
Temesvár (Györffy, Gy.) VIII 532
Tephrike (Hild, F.) VIII 547
Terracina (Marazzi, F.) VIII 554
Terrassa (Vones-Liebenstein, U.) VIII 555
Teruel (Vones-Liebenstein, U.) VIII 560
Teschen (Wędzki, A.) VIII 562
Tetschen (Hilsch, P.) VIII 577
Thann (Rapp, F.) VIII 610
Theben (Koder, J.) VIII 611
Theodosiupolis (Hild, F.) VIII 644
Thérouanne, 1. Stadt (Delmaire, B.) VIII 679
Thessalonike (Spieser, J.-M.) VIII 681
Thetford (Brodt, B.) VIII 684
Thiers (Fournier, G.) VIII 693
Thorn (Nowak, Z. H.) VIII 732
Thouars, II. Stadt (Favreau, R.) VIII 735
Tinnis (v. Wilckens, L.) VIII 796
Tipperary (MacNiocaill, G.) VIII 798
Tîrgovişte (Göckenjan, H.) VIII 800
Tivoli (Marazzi, F.) VIII 818
Tlemsen (Singer, H.-R.) VIII 819
Todi (Menestò, E.) VIII 838
Toledo, A. Stadt (Molénat, J.-P.) VIII 843
Tongern (Helsen, J.) VIII 858
Tonnerre (Richard, J.) VIII 859
Tønsberg (Ehrhardt, H.) VIII 860
Torgau (Blaschke, K.) VIII 875
Tortona (Bordone, R.) VIII 883

Tortosa (Stadt, Bm. und Taifenreich in Katalonien) (Vones-Liebenstein, U.) VIII 884
Tortosa (Stadt an der Küste von Syrien) (Thorau, P.) VIII 884
Toul, I. Stadt (Bönnen, G.) VIII 904
Toulon (Coulet, N.) VIII 907
Toulouse, I. Stadt (Gilles, H.) VIII 908
Tournai, I. Stadt (Nazet, J.) VIII 917
Tours (Chevalier, B.) VIII 922
Traken, 2. Stadt (Kiaupa, Z.) VIII 934
Tralles (Hild, F.) VIII 934
Trani (De Leo, P.) VIII 935
Trapezunt, I. Antike und ältere byzantinische Zeit (Karpov, S. P.) VIII 957
Trapezunt, II. Das Reich von Trapezunt (Karpov, S. P.) VIII 958
Trapezunt, III. Frühe osmanische Zeit (Kreiser, K.) VIII 959
Tréguier (Leguay, J.-P.) VIII 968
Trentschin (Marsina, R.) VIII 973
Trepča (Ćirković, S.) VIII 974
Treviso, 1. Stadt (Varanini, G. M.) VIII 981
Trient, 2. Stadt (Riedmann, J.) VIII 990
Trier, A. I. [Stadt] Antike (Schottky, M.) VIII 991
Trier, A. II. [Stadt] Mittelalter (Clemens, L.) VIII 992
Triest (Cammarosano, P.) VIII 1003
Trikala (Soustal, P.) VIII 1007
Tripoli(s) (Schein, S.) VIII 1016
Troas (Belke, K.) VIII 1029
Trogir (Rapanić, Ž.) VIII 1032
Troia (Kamp, N.) VIII 1033
Tropea (De Leo, P.) VIII 1043
Troppau (Menzel, J. J.) VIII 1045
Troyes (Mattejiet, U.) VIII 1065
Trsat (Steindorff, L.) VIII 1068
Trujillo (Vones, L.) VIII 1071
Tübingen. I. 1. [Stadt und Universität] Stadt (Eberl, I.) VIII 1075
Tudela (Leroy, B.) VIII 1080
Tulln (Weltin, M.) VIII 1091
Tunis (Jehel, G.) VIII 1093
Turin (Sergi, G.) VIII 1100
Turov, 1. Stadt (Brüggemann, K.) VIII 1119
Tuscania (Marazzi, F.) VIII 1121
Tusculum (di Carpegna Falconieri, T.) VIII 1122
Túy (Feige, P.) VIII 1124
Tver' (Pickhan, G.) VIII 1125
Tyana (Hild, F.) VIII 1129
Tyrus (Schein, S.) VIII 1138

Úbeda (Vones, L.) VIII 1143
Überlingen (Zotz, Th.) VIII 1147
Udine (Cervani Presel, R.) VIII 1176
Ulm (Lorenz, S.) VIII 1190
Uppsala, III. Stadt (Dahlbäck, G.) VIII 1278
Urach, 2. Stadt (Lorenz, S.) VIII 1280
Urbino (Vasina, A.) VIII 1291
Urgel, IV. Stadt (Jaspert, N.) VIII 1296
Utrecht, B. Stadt (van Vliet, K.) VIII 1352
Uzès (Dion, I.) VIII 1358

Vado (Provero, L.) VIII 1363
Vaison-la-Romaine (Coulet, N.) VIII 1368
Valence, I. Stadt (Chomel, V.) VIII 1376
Valencia (Vones-Liebenstein, U.) VIII 1380
Valenciennes (Cauchies, J.-M.) VIII 1385
Valladolid (Engels, O.) VIII 1394

Vannes (Leguay, J.-P.) VIII 1408
Varaždin (Goldstein, I.) VIII 1411
Varna (Gjuzelev, V.) VIII 1413
Västerås, 2. Stadt (Nyberg, T.) VIII 1425
Växjö (Nyberg, T.) VIII 1438
Vechta (Hucker, B. U.) VIII 1440
Velbǔžd (Ferjančić, B.) VIII 1449
Velletri (Menniti Ippolito, A.) VIII 1451
Vence, II. Stadt (Venturini, A.) VIII 1455
Vendôme (Barthélemy, D.) VIII 1456
Venedig, A. Stadtgeschichte (Ortalli, G.) VIII 1459
Venedig, B. Wirtschaftsgeschichte (Hocquet, J.-C.) VIII 1466
Venosa (Houben, H.) VIII 1474
Ventimiglia (Stadt und Bistum) (Provero, L.) VIII 1478
Venzone (Cervani Presel, R.) VIII 1480
Vercelli (Andenna, G.) VIII 1495
Verden (Schubert, E.) VIII 1499
Verdun, I. Stadt (Hirschmann, F. G.) VIII 1505
Verona (Varanini, G. M.) VIII 1564
Veszprém (Bak, J. M.) VIII 1604
Veurne (Verhulst, A.) VIII 1605
Vevey (Napi, L., Maier, E.) VIII 1606
Vézelay (Richard, J.) VIII 1609
Vjatka (Dumschat, S.) VIII 1613
Viborg, I. Stadt (Riis, Th.) VIII 1614
Vic (Engels, O.) VIII 1615
Vicenza (Varanini, G. M.) VIII 1624
Vidin (Gjuzelev, V.) VIII 1637
Vienne, I. Stadt (Chomel, V.) VIII 1645
Vierzon (Devailly, G.) VIII 1656
Viguera (Leroy, B.) VIII 1661
Villach (Ludwig, K.-H.) VIII 1675
Villefranche (Venturini, A.) VIII 1685
Villefranche-de-Conflent (Vones-Liebenstein, U.) VIII 1686
Villefranche-de-Rouergue (Vones-Liebenstein, U.) VIII 1687
Villeneuve-lès-Avignon (Grava, Y.) VIII 1691
Villingen (Zettler, A.) VIII 1695
Vilvoorde (van Uytven, R.) VIII 1698
Visby (Dahlbäck, G.) VIII 1714
Visegrád (Bak, J.) VIII 1728
Viseu (Feige, P.) VIII 1728
Viterbo (Menniti Ippolito, A.) VIII 1771
Vitoria (Leroy, B.) VIII 1775
Vitré (Leguay, J.-P.) VIII 1776
Vitry-en-Perthois (Brand, H.) VIII 1779
Viviers, Vivarais, I. Stadt (Chomel, V.) VIII 1784
Vladimir (Rüß, H.) VIII 1797
Vladimir in Volhynien (Pickhan, G.) VIII 1802
Völkermarkt (Dopsch, H.) VIII 1819
Vologda (Brüggemann, K.) VIII 1842
Volokolamsk (Choroškevič, A. L.) VIII 1843
Volterra (Luzzati, M.) VIII 1844
Vordingborg (Riis, Th.) VIII 1849
Vukovar (Steindorff, L.) VIII 1879
Vyšgorod (Angermann, N.) VIII 1884

Waiblingen (Lorenz, S.) VIII 1928
Waidhofen an der Thaya (Gutkas, K.) VIII 1930
Waidhofen an der Ybbs (Gutkas, K.) VIII 1930
Waldkirch (Zotz, Th.) VIII 1957
Wallingford (Brodt, B.) VIII 1985
Wangen (Lorenz, S.) VIII 2030
Warendorf (Fahlbusch, F. B.) VIII 2044

Warschau (Gawlas, S.) VIII 2054
Warwick, -shire (Brodt, B.) VIII 2059
Wasserburg a. Inn (Störmer, W.) VIII 2074
Waterford (MacNiocaill, G.) VIII 2077
Weil der Stadt (Lorenz, S.) VIII 2115
Weilburg (Schaal, K.) VIII 2115
Weimar, 2. Stadt (Bünz, E.) VIII 2116
Weinsberg (Schuler, P.-J.) VIII 2133
Weißenburg (Ludwig, U.) VIII 2137
Weißenburg (Mittelfranken) (Fahlbusch, F. B.) VIII 2139
Weißensee (Werner, M.) VIII 2139
Weißenstein (von zur Mühlen, H.) VIII 2140
Wells, 2. Stadt (Barrow, J.) VIII 2154
Wels (Aspernig, W.) VIII 2154
Wenden (Dumschat, S.) VIII 2182
Werben (Blaschke, K.) VIII 2194
Wereja (Rüß, H.) VIII 2198
Werl (Janssen, Wilhelm) VIII 2208
Wernigerode (Blaschke, K.) IX 11
Wertheim (Wendehorst, A.) IX 12
Wesel (Prieur, J.) IX 14
Wesenberg (Angermann, N.) IX 16
Wetzlar (Fahlbusch, F. B.) IX 52
Wexford (MacNiocaill, G.) IX 53
Wien, I. Stadt (Csendes, P.) IX 81
Wiener Neustadt, I. Stadt (Csendes, P.) IX 89
Wilna, 2. Stadt (Kiaupa, Z.) IX 219
Wimpfen (Seibert, H.) IX 223
Winchcombe (Brodt, B.) IX 224
Winchester, 1. Stadt (Barrow, J.) IX 225
Windau (Angermann, N.) IX 230
Windsheim (Fahlbusch, F. B.) IX 235
Windsor (Jones, M.) IX 235
Winterthur (Gamper, G. und R.) IX 241
Wiślica (Wędzki, A.) IX 257
Wismar (Fahlbusch, F. B.) IX 258
Wittenberg (Rogge, J.) IX 273
Włocławek (Wędzki, A.) IX 288
Wolfenbüttel (Ohainski, U.) IX 304
Wolin (Herrmann, J.) IX 318
Wolmar (Dumschat, S.) IX 324
Woodstock (Brodt, B.) IX 327
Worcester, -shire, 2. Stadt (Brodt, B.) IX 328
Worms, A. I. [Stadt] Antike (Schottky, M.) IX 330

Worms, A. II. [Stadt] Mittelalter (Bönnen, G.) IX 331
Wunstorf (van Eickels, K.) IX 369
Würzburg, I. Stadt (Wendehorst, A.) IX 377

Xanten, I. Antike (Schottky, M.) IX 397
Xanten, II. Mittelalter (Runde, I.) IX 398
Xantheia (Soustal, P.) IX 399
Xeres de la Frontera (Mattejiet, U.) IX 404

York, -shire, I. Stadt (Palliser, D. M.) IX 416
Ypern (Verhulst, A.) IX 424

Zadar, I. Stadtgeschichte (Rapanić, Ž., Steindorff, L.) IX 438
Zadar, II. Sozial- und Wirtschaftsgeschichte (Raukar, T.) IX 439
Zagreb (Steindorff, L.) IX 442
Zamora (Vones, L., Singer, H.-R.) IX 471
Zaragoza, I. Römische und westgotische Zeit (Sesma Muñoz, J. A.) IX 477
Zaragoza, II. Arabische Zeit (Singer, H.-R.) IX 478
Zaragoza, III. Im Königreich Aragón (Sesma Muñoz, J. A.) IX 479
Zeitz, III. Stadt (Bünz, E.) IX 517
Zemun (Kalić, J.) IX 526
Zengg (Munić, D.) IX 526
Zerbst (Neumeister, P.) IX 545
Ziegenhain (Heinemeyer, K.) IX 603
Zierikzee (Visser, J. C.) IX 606
Zittau (Blaschke, K.) IX 659
Znaim (Žemlička, J.) IX 660
Zoutleeuw (van Uytven, R.) IX 678
Zug (Meier, Th.) IX 683
Zülpich (Herborn, W.) IX 685
Zürich (Hürlimann, K.) IX 710
Zurzach (Geuenich, D.) IX 713
Zutphen, II. Stadt (Visser, J. C.) IX 714
Zvenigorod, Stadt in der Südwestl. Rus' (Angermann, N.) IX 714
Zvenigorod, russ. Stadt an der Moskva (Angermann, N.) IX 715
Zweibrücken, 1. Stadt (Herrmann, H.-W.) IX 717
Zwickau (Blaschke, K.) IX 732
Zwolle (Visser, J. C.) IX 737

Klöster und Stifte (West- und Ostkirche)

Abbotsbury (Bullough, D. A.) I 16
Abingdon (Brooks, N. P.) I 41
Abondance (Mariotte, J.-Y.) I 49
Adare (Cosgrove, A.) I 118
Admont (Krause, P. A.) I 156
Afflighem (Despy, G.) I 195
Aiguebelle (Mariotte, Y.) I 236
Ainay, St-Martin d' (Bautier, R.-H.) I 243
Alcobaça (Maurício, D., Vones, L.) I 343
Alvastra (Ehrhardt, H.) I 498
Ambierle (Bautier, R.-H.) I 516
Ambronay (Mariotte, J.-Y.) I 521
Amorbach (Störmer, W.) I 542
Anchin (Bautier, R.-H.) I 577
Andlau (Wilsdorf, Ch.) I 597
Angers, Anjou, III. 1. [Die Klöster in Angers (St-Aubin, St-Serge) und ihre Skriptorien] Geschichte (Chauvin, Y.) I 633
Aniane (Bautier, R.-H.) I 643
Ardagger (Maleczek, W.) I 912
Argenteuil (Fossier, L.) I 923
Arles-sur-Tech (Magnou-Nortier, E.) I 958
Arras, II. Geschichte der Abtei St-Vaast (Fossier, R.) I 1027
Arrouaise, I. Abtei (Bautier, R.-H.) I 1031
Astorga, II. Klöster (Linage, A.) I 1131
Athelney (Bullough, D. A.) I 1162
Athos, 1. Geschichte (Fourlas, A. A.) I 1168
Augsburg, IV. Klöster und Stifte (Fried, P.) I 1215
Aureil (Becquet, J.) I 1241
Aurillac (Bouyssou, L.) I 1244
Autun, IV. 1. [Klöster] St-Symphorien (Richard, J.) I 1276
Autun, IV. 2. [Klöster] St-Martin (Richard, J.) I 1276
Autun, IV. 3. [Klöster] Xenodochium (Richard, J.) I 1276
Averbode (Despy, G.) I 1291

Bačkovo (Dujčev, I.) I 1328
Baltinglass (Hennig, J.) I 1392
Bamberg, II. 4. [Bistum] Klosterwesen (Wendehorst, A.) I 1398
Bamberg, III. Kloster Michelsberg (Wendehorst, A.) I 1399
Bangor, 1. B. (Bennchor), ir. Kl. (Doherty, Ch.) I 1407
Bangor, 3. B., Kl. in Flint (Wales) (Doherty, Ch.) I 1408
Bañolas (Batlle, L., Engels, O.) I 1421
Banz (Wendehorst, A.) I 1424
Barking (Brooks, N. P.) I 1464
Basel, IV. Klöster und Stifte (Gilomen, H.-J.) I 1513
Bassefontaine (Bautier, R. H.) I 1544
Batalha, Santa Maria da Vitória (Feige, P.) I 1548
Beaucaire, III. Priorat Notre-Dame-des-Pommiers (Bautier, R.-H.) I 1748
Beaulieu-lès-Loches (Bresc-Bautier, G.) I 1757
Beaulieu-sur-Dordogne (Bautier, R.-H.) I 1757
Beaumont-le-Roger, II. Die Abtei La Trinité (Bautier, R.-H.) I 1760
Beaumont-lès-Tours (Bautier, R.-H.) I 1761
Beaupré (Bautier, R.-H.) I 1764
Bec, Le, 1. Abtei (Zobel, Ph.) I 1768
Bellapais (Edbury, P. W.) I 1844
Bellême, II. Die Priorate St-Martin und St-Léonard (Boussard, J.) I 1846

Belmonte, Santa María de (Feige, P.) I 1852
Benediktbeuren (Jarnut, J.) I 1869
Benevent, VI. Abtei S. Sofia (Girgensohn, D.) I 1909
Berchtesgarden (Dopsch, H.) I 1932
Berdoues (Bautier, R.-H.) I 1932
Berge (Claude, D.) I 1952
Bergues-St-Winnoc, 2. Abtei (Bautier, R.-H.) I 1962
Beverley (Barley, M. W.) II 10
Bèze, St-Pierre de (Richard, J.) II 33
Bistriţa (Papacostea, S.) II 251
Blaubeuren (Quarthal, F.) II 268
Bobbio, I. Geschichte des Klosters (Goez, W.) II 295
Bologna, A. II. [Allgemeine Stadt- und Bistumsgeschichte] Klöster (Fasoli, G.) II 373
Bonn, II. 2. [Geschichte im Mittelalter] Stifter und Klöster (Kaiser, R.) II 427
Bonnefont (Higounet, Ch.) II 429
Bonneval (Bautier, R.-H.) II 429
Bonneval en Rouergue (Bautier, R.-H.) II 430
Bonnevaux (Bautier, R.-H.) II 431
Bonpas (Bautier, R.-H.) II 432
Bonport (Bautier, R.-H.) II 433
Bonrepos (Bautier, R.-H.) II 433
Boquen (Bautier, R.-H.) II 445
Børglum (Ægidius, J. P.) II 453
Boscherville (Bautier, R.-H.) II 469
Boscodon (Bautier, R.-H.) II 469
Boudelo (Augustyn, B.) II 496
Boulbonne, Notre-Dame de (Bautier, R.-H.) II 498
Bourges, III. Klöster und Stifte (Devailly, G.) II 514
Bourget, Le (Bautier, R.-H.) II 516
Bourgmoyen (Bautier, R.-H.) II 517
Bourgueil (Devailly, G.) II 517
Bouvante (Bautier, R.-H.) II 520
Bouxières, Notre-Dame de (Bautier, R.-H.) II 523
Boyle (Stalley, R.) II 526
Braga, II. Kirchen und Klöster (Vones, L.) II 541
Braine, St-Yved de (Backmund, N.) II 545
Brantôme (Higounet, Ch.) II 577
Brauweiler (Wisplinghoff, E.) II 595
Breedon-on-the-Hill (Bullough, D. A.) II 598
Břevnov (Turek, R.) II 643
Brogne (Misonne, D.) II 708
Brou (Bautier, R.-H.) II 722
Brunshausen (Goetting, H.) II 794
Buckfast Abbey (Schnith, K.) II 896
Burton-on-Trent (Sawyer, P. H.) II 1111
Burtscheid (Meuthen, E.) II 1111
Bury St. Edmunds, 1. Abtei (Barley, M. W.) II 1112
Bussière, La (Richard, J.) II 1151

Cadouin (Felten, F. J.) II 1341
Cahors, II. 2. [Bistum] Klosterwesen (Lartigaut, J.) II 1377
Caldey Island (Hennig, J.) II 1394
Calzada, Santo Domingo de la (Linage Conde, A.) II 1405
Camaldoli (Kurze, W.) II 1405
Cambrai, II. Bistum und Klöster (Fossier, R.) II 1408
Cambre, La (Despy, G.) II 1410
Camprodón, San Pedro de (Batlle, L.) II 1425
Cantimpré (Platelle, H.) II 1463
Cappenberg, II. Prämonstratenserstift (Schoppmeyer, H.) II 1487

Carbone (Kölzer, Th.) II 1495
Cardeña, San Pedro de (Vones, L.) II 1502
Cardona, III. Regularkanonie Sant Vicenç (Vones-Liebenstein, U.) II 1506
Carracedo (Feige, P.) II 1524
Carrión (de los Condes), 2. Kloster (Vones, L.) II 1532
Casamari (Pratesi, A.) II 1542
Casauria (Pratesi, A.) II 1545
Cassiodor(us), III. Vivarium (Alonso-Nûñez, J. M., Gruber, J.) II 1553
Castres (Vones, L.) II 1566
Caunes, 1. Abtei (Bautier, R.-H.) II 1580
Cava (Girgensohn, D.) II 1588
Celanova (Feige, P.) II 1601
Cervon (Richard, J.) II 1638
Chaalis (Lalou, E.) II 1645
Chalais (Lalou, E.) II 1648
Chalon-sur-Saône, IV. Kirchen und Klöster (Chauney, M.) II 1666
Chammünster (Schmid, A.) II 1677
Charité-sur-Loire, La (Bautier, R.-H.) II 1724
Charroux (Bautier, R.-H.) II 1734
Chartreuse (Chomel, V.) II 1760
Chaumes-en-Brie (Bur, M.) II 1781
Chaumousey (Parisse, M.) II 1782
Chelles (Guerout, J.) II 1790
Chèvremont (Felten, F.-J.) II 1805
Chezal-Benoît (Felten, F. J.) II 1806
Chiaravalle della Colomba (Bocchi, F.) II 1808
Chiemsee, II. 1. [Klöster] Herrenwörth (Störmer, W.) II 1812
Chiemsee, II. 2. [Klöster] Frauenwörth (Störmer, W.) II 1813
Chora-Kloster, 1. Geschichte (Konstantinou, E.) II 1880
Chorin (Quirin, H.) II 1889
Cîrța (Papacostea, S.) II 2101
Cismar (Eilermann, A.) II 2101
Cîteaux, I. Geschichte (de la Croix Bouton, J.) II 2104
Clairmarais (Lalou, E.) II 2118
Clairvaux (Leclercq, J.) II 2119
Clonard, 1. Frühmittelalter (Ó Cróinín, D.) II 2165
Clonard, 2. Hoch- und Spätmittelalter (Doherty, Ch.) II 2165
Clonenagh (Hennig, J.) II 2165
Clones (Hennig, J.) II 2165
Clonfert, 1. C. (Cluain Ferta Brénnain) (Doherty, Ch.) II 2166
Clonfert, 2. C. Mulloe (Cluain Ferta Molúa) (Hennig, J.) II 2166
Clonmacnoise (Doherty, Ch.) II 2166
Cloyne (Doherty, Ch.) II 2171
Cluny, Cluniazenser, A. I. 1. [Das Kloster Cluny] Gründung und Privilegien (Bulst, N.) II 2172
Cluny, Cluniazenser, A. I. 2. [Das Kloster Cluny] Cluny als Reformzentrum (Bulst, N.) II 2173
Clus (Fahlbusch, F. B.) II 2194
Coldingham (Bullough, D. A.) III 29
Colmar, II. Kirchen, Klöster und Stifte (Sittler, L.) III 46
Compiègne, II. Stift St-Corneille (Lohrmann, D.) III 101
Condom (Higounet, Ch.) III 121
Connor (Ó Cróinín, D.) III 140
Conques (Fournier, G.) III 142
Conwy (Smith, J. B.) III 212
Corazzo (Kölzer, Th.) III 218

Corbény (Bournazel, E.) III 222
Corbie, I. Geschichte (Rouche, M.) III 224
Cork (Corcaigh) (Ó Corráin, D.) III 237
Cormery (Devailly, G.) III 239
Cornellana, S. Salvador de (Fernández Conde, F. J.) III 244
Corvey, 1. Abtei (Kaminsky, H. H.) III 295
Covarrubias, 2. Kloster San Cosme und San Damián (Vones-Liebenstein, U.) III 328
Cozia (Papacostea, S.) III 332
Crowland (Blake, E. O.) III 357
Cunault (Devailly, G.) III 371
Cuxa (Engels, O.) III 398
Cysoing (Berings, G.) III 405

Dalheim (Schoppmeyer, H.) III 441
Dalon (Lalou, E.) III 459
Daphni (Wessel, K.) III 569
Dargun (Schneider, R.) III 572
Dečani (Djurić, V.) III 613
Déols, 2. Abtei (Devailly, G.) III 704
Derry (Herbert, M.) III 712
Derrynavlan (Ní Chatháin, P.) III 713
Deutz, II. Kloster und Stadt (Müller, Heribert) III 919
Dießen (Fried, P.) III 1013
Dijon, II. 2. [Kirchen und Klöster] Abtei St-Bénigne (Richard, J.) III 1049
Dijon, II. 3. [Kirchen und Klöster] Weitere kirchliche Einrichtungen (Richard, J.) III 1050
Dijon, II. 4. [Kirchen und Klöster] Die herzoglichen Stiftungen (Richard, J.) III 1050
Disentis (Müller, Iso) III 1110
Disibodenberg (Gerlich, A.) III 1112
Djurdjevi Stupovi (Djurić, V. J.) III 1138
Doberan (Schneider, R.) III 1148
Dorchester on Thames (Kettle, A. J.) III 1262
Downpatrick (Doherty, Ch.) III 1335
Duiske (Simms, K.) III 1442
Duleek (Simms, A.) III 1447
Dünamünde, 1. Zisterzienserkloster (Hellmann, M.) III 1452
Dünenabtei (Ryckaert, M.) III 1455
Dunfermline (Simpson, G. G.) III 1456
Dunkeld (Barrow, G. W. S.) III 1459
Durrow (Ó Cróinín, D.) III 1484

Eberbach (Gerlich, A.) III 1511
Ebrach (Wendehorst, A.) III 1530
Ebstorf (Fahlbusch, F. B.) III 1533
Echternach, I. Archäologie und Klostergründung (Bakker, L.) III 1542
Echternach, II. Abtei und Skriptorium (Schroeder, J.) III 1543
Egmond (Blok, D. P.) III 1614
Eichstätt, II. 5. [Geschichte von Bistum und Stadt] Stifte und Klöster (Wendehorst, A.) III 1672
Einsiedeln, I. Abtei (Gilomen-Schenkel, E.) III 1743
Ellwangen (Fahlbusch, F. B.) III 1849
Ely, I. Abtei (Blake, E. O.) III 1865
Emly (Ó Cróinín, D.) III 1886
Engelberg (Gilomen-Schenkel, E.) III 1914
Engelt(h)al (Dinzelbacher, P.) III 1922
Enger (Karpf, E.) III 1923
Épinal (Parisse, M.) III 2066
Erfurt, IV. Klöster, Stifte und Kirchen (Streich, G.) III 2134
Erstein (Felten, F. J.) III 2189

Escalada, S. Miguel de (Vones-Liebenstein, U.) IV 3
Escornalbou, Sant Miquel d' (Vones-Liebenstein, U.) IV 11
Eslonza, S. Pedro de (Vones-Liebenstein, U.) IV 15
Esrum (Jexlev, Th.) IV 19
Essen (Schoppmeyer, H.) IV 22
Étival, St-Pierre d' (Felten, F. J.) IV 58
Ettal (Fried, P.) IV 59
Ettenheimmünster (Felten, F. J.) IV 60
Eußerthal (Felten, F. J.) IV 109
Evesham (Brooks, N. P.) IV 143
Exeter (Barley, M. W.) IV 167
Eynsham (Barley, M. W.) IV 191

Falkenau (von zur Mühlen, H.) IV 239
Faremoutiers (Guerout, J.) IV 294
Farfa, 1. Abtei (Zielinski, H.) IV 295
Fathan (Ní Chatháin, P.) IV 317
Faverney IV 322
Faversham (Brooks, N. P.) IV 323
Fécamp, I. Abtei (Bulst, N.) IV 323
Fenagh (Ó Cróinín, D.) IV 349
Ferns (Doherty, Ch.) IV 382
Ferrières (Schmidt, H.-J.) IV 397
Feuchtwangen (Fahlbusch, F. B.) IV 410
Figeac, 1. Abtei St-Sauveur (Fournier, G.) IV 438
Finglas (Ní Chatháin, P.) IV 475
Fitero, S. María de (Goñi Gaztambide, J.) IV 502
Flaran (Higounet, Ch.) IV 534
Flavigny (Marilier, J.) IV 537
Fleury-Saint-Benoît-sur-Loire, I. Abtei (Bulst, N.) IV 547
Floreffe (Despy, G.) IV 552
Florennes, St-Jean-Baptiste de (Kupper, J.-L.) IV 552
Fonte Avellana (Fornasari, G.) IV 622
Fontenay (Richard, J.) IV 623
Fontenelle, St-Wandrille de (Freise, E.) IV 624
Fontevrault (Bienvenu, J.-M.) IV 627
Fontfroide (Felten, F. J.) IV 629
Fontgombault (Ehrhardt, H.) IV 629
Formbach, II. Abtei (Jungmann-Stadler, F.) IV 646
Fos, 2. Abtei OSB St. Gervais (Stouff, L.) IV 669
Fossanova (Schulz, K.) IV 671
Fountains Abbey (Dobson, R. B.) IV 675
Freckenhorst (Ruppert, G.) IV 883
Freiberg, IV. Kirchen und Klöster (Blaschke, K.) IV 888
Freising, I. 4. [Bistum] Klöster und Stifte (Störmer, W.) IV 905
Fritzlar, 1. Kloster und Stift (Schwind, F.) IV 981
Fruttuaria (Dell'Omo, A.-M.) IV 1003
Fulda, I. Kloster, »Schule« und Bibliothek (Sandmann, M.) IV 1020
Fürstenfeld (Machilek, F.) IV 1038

Gandersheim, I. Kanonissenstift (Goetting, H.) IV 1102
Gembloux, 1. Abtei (Despy, G.) IV 1208
Gengenbach (Eberl, I.) IV 1232
Gent, III. 1. [Geschichte der Abteien St. Peter und St. Bavo] Abtei St. Peter (Declercq, G.) IV 1244
Gent, III. 2. [Geschichte der Abteien St. Peter und St. Bavo] Abtei St. Bavo (Declercq, G.) IV 1245
Geraardsbergen, 2. Abtei (Ryckaert, M.) IV 1293
Gernrode (Beumann, H.) IV 1348
Gladbach (Müller, Heribert) IV 1474
Glanfeuil, St-Maur de (Bienvenu, J. M.) IV 1475

Glastonbury (Dobson, R. B.) IV 1490
Glendalough, 1. Kloster (Mattejiet, U.) IV 1495
Glendalough, 2. Priorat CanA St. Saviour's (Mattejiet, U.) IV 1495
Gloucester, 1. Stadt und Abtei (Herbert, N. M.) IV 1515
Gorze (Parisse, M.) IV 1565
Goslar, II. Stift St. Simon und Juda (Schuler, P.-J.) IV 1569
Göß (Ebner, H.) IV 1570
Göttweig (Haider, S.) IV 1612
Gračanica (Djurić, V.) IV 1630
Gradac (Gligorijević-Maksimović, M.) IV 1630
Gradefes, Sta. María la Real de (Vones-Liebenstein, U.) IV 1631
Grandselve (Schmidt, H.-J.) IV 1652
Greifswald, 2. Kirchen und Klöster (Schmidt, R.) IV 1696
Grestain (Schmidt, H.-J.) IV 1701
Grigny (Chomel, V. J.) IV 1713
Grijó, S. Salvador de (Feige, P.) IV 1713
Grottaferrata (Petta, M.) IV 1733
Guadalupe, Sta. Maria de (Diáz Martín, L. V.) IV 1758
Guisborough (Dobson, R. B.) IV 1788

Hagiu Paulu (Prinzing, G.) IV 1863
Hamburg-Bremen, IV. 2. [Innere Organisation] Kloster- und Stiftswesen (Seegrün, W.) IV 1887
Hameln (Fahlbusch, F. B.) IV 1890
Hastière (Despy, G.) IV 1953
Hasungen (Gerlich, A.) IV 1955
Hautecombe (Demotz, B.) IV 1977
Hauterive (Tremp, E.) IV 1977
Hautevillers (Bur, M.) IV 1979
Heidenheim (Wendehorst, A.) IV 2013
Heiligenkreuz (Koch, W.) IV 2021
Heilsbronn (Wendehorst, A.) IV 2031
Heinrichau (Menzel, J. J.) IV 2110
Heisterbach (Simon, J.) IV 2112
Helmarshausen (Fahlbusch, F. B.) IV 2123
Helmstedt (Fahlbusch, F. B.) IV 2126
Herford (Fahlbusch, F. B.) IV 2152
Herisvad (Ehrhardt, H.) IV 2157
Herrenalb (Mattejiet, U.) IV 2180
Herrieden (Wendehorst, A.) IV 2180
Hersfeld, 1. Kloster (Struve, T.) IV 2182
Hexham (Barrow, G. W. S.) IV 2204
Hilandar (Djurić, V. J.) V 6
Himmelpfort (Spahr, K.) V 26
Himmerod (Simon, J.) V 27
Hirsau (Nothhelfer, U.) V 35
Hochelten (Binding, G.) V 57
Holyrood (Barrow, G. W. S.) V 103
Honau (Eberl, I.) V 116
Hornbach (Herrmann, H.-W.) V 126
Hosios Lukas (Restle, M.) V 132
Hovedøya (Ersland, G. A.) V 142
Huerta, Sta. Maria de (Engels, O.) V 152
Husillos (Engel, O.) V 232
Huysburg (Blaschke, K.) V 240

Jarrow-Wearmouth (Dobson, R. B.) V 307
Iberon (Wittig, A. M.) V 312
Iburg (Tönsing, M.) V 322
Jerpoint (MacNiocaill, G.) V 351
Igny (Schmidt, H.-J.) V 367
Ilbenstadt (Heinemeyer, K.) V 377

Ilsenburg (Simon, J.) V 382
Inden (Kühn, N.) V 400
Inis Cathaig (Ó Cróinín, D.) V 420
Inis Celtra (Ó Cróinín, D.) V 420
Inisfallen (MacNiocaill, G.) V 421
Innichen (Riedmann, J.) V 429
Iona (Ó Cróinín, D.) V 622
Josaphat (Chédeville, A.) V 630
Josifo Volokolamskij-Kloster (Hannick, Ch.) V 636
Jouarre (Guerout, J.) V 638
Issoire (Fournier, G.) V 699
Jumièges (Donnat, H.) V 806

Kaiserswerth, 1. Kloster und Pfalz (Struve, T.) V 860
Kamp (Vetus Campus, Altenkamp, Camp) (Simon, J.)
    V 893
Kastl (Schaller, St.) V 1049
Kells (Ó Cróinín, D.) V 1098
Kelso (Barrow, G. W. S.) V 1099
Kempten (Fahlbusch, F. B.) V 1103
Kiev, C. 1. [Höhlenkloster] Höhlenkloster
    (Hannick, Ch.) V 1131
Kildare (Ó Cróinín, D.) V 1133
Kilfenora (Ó Cróinín, D.) V 1135
Kilkenny, 1. Kloster und Bistum (MacNiocaill, G.)
    V 1138
Killaloe (Ó Cróinín, D.) V 1139
Killeshin (Ó Cróinín, D.) V 1140
Kilmacduagh (MacNiocaill, G.) V 1140
Kilmainham (MacNiocaill, G.) V 1140
Kilmallock (MacNiocaill, G.) V 1141
Kirkjubær (Ehrhardt, H.) V 1188
Klosterneuburg (Röhrig, F.) V 1225
Klosterrath (Simon, J.) V 1226
Kolbatz (Schmidt, R.) V 1251
Komburg (Eberl, I.) V 1275
Königsaal (Hilsch, P.) V 1325
Königsfelden (Degler-Spengler, B.) V 1327
Königslutter (Petke, W.) V 1330
Kremsmünster (Haider, S.) V 1486

(La) Cava (Vitolo, G.) V 1603
Lac de Joux (Gilomen-Schenkel, E.) V 1604
La Chaise-Dieu (Fournier, G.) V 1605
La Ferté-sur-Grosne (Richard, J.) V 1612
Lagny, 1. Abtei (Bur, M.) V 1614
Lambach (Stelzer, W.) V 1623
Landévennec (Smith, J. M. H.) V 1656
Lann Léire (Ó Cróinín, D.) V 1705
La Sauve Majeure (Higounet-Nadal, A.) V 1719
Las Huelgas (Engels, O.) V 1719
Lavaix (Engels, O.) V 1769
Lehnin (Escher, F.) V 1826
Leighlin (MacNiocaill, G.) V 1856
Leno (Dell'Omo, M.-A.) V 1873
Lérins (Frère André) V 1907
Lesnovo (Gabelić, S.) V 1910
Lesterps (Favreau, R.) V 1911
Leubus (Menzel, J. J.) V 1915
Lewes (Dobson, R. B.) V 1926
Liébana, Santo Toribio de (Prelog, J.) V 1963
Ligugé (Fontaine, J.) V 1978
L'Ile-Barbe (Schmidt, H.-J.) V 1983
Lilienfeld (Mussbacher, N.) V 1984
Limburg a. d. Haardt (Gerlich, A.) V 1988
Limburg a. d. Lahn, 1. Kanonikerstift (Schwind, F.)
    V 1989

Limoges, II. Abtei Saint-Martial (Sohn, A.) V 1994
Lindisfarne (Rollason, D. W.) V 1999
Llancarfan (Smith, J. M. H.) V 2056
Llanthony (Richter, M.) V 2057
Llantwit Major (Smith, J. M. H.) V 2057
Lobbes, St-Pierre de (Seibert, H.) V 2061
Loccum (v. Boetticher, A.) V 2063
Locmaria (Leguay, J. P.) V 2065
Løgum (v. Boetticher, A.) V 2079
Longchamp, Notre-Dame de (Roussey, M. C.) V 2106
Longpont, 1. L., Priorat (Felten, F. J.) V 2108
Longpont, 2. L., OCist Abtei (Felten, F. J.) V 2108
Lorch, 2. L., Kl. OSB (Baden-Württemberg)
    (Lorenz, S.) V 2112
Lorrha (Ó Cróinín, D.) V 2116
Lorsch, I. Geschichte (Seibert, H.) V 2117
Lorvão (Feige, P.) V 2120
Lubiń (Labuda, G.) V 2150
Lure (Moyse, G.) VI 17
Luxeuil (Moyse, G.) VI 33
Łysa Góra (Wędzki, A.) VI 50
Lyse (Nyberg, T.) VI 50

Magdeburg, A. II. 3. [Stadtentwicklung] Stifte und
    Klöster (Kintzinger, M.) VI 75
Mainz, B. I. 2. [Erzbistum und Erzstift. Früh- und Hoch-
    mittelalter] Klöster und Stifte, Domstift (Gerlich, A.)
    VI 135
Mainz, B. II. 3. [Erzbistum und Erzstift. Spätmittelalter]
    Klöster und Domkapitel (Gerlich, A.) VI 140
Malmedy (George, Ph.) VI 175
Malmesbury (Dobson, R. B.) VI 176
Marbach (Seibert, H.) VI 216
Marchiennes (Delmaire, B.) VI 226
Marcigny-sur-Loire (Richard, J.) VI 226
Marcilhac (Dufour, J.) VI 227
Mariager (Nyberg, T.) VI 280
Maria Laach (Simon, J.) VI 281
Maria Saal (Dopsch, H.) VI 286
Maribo (Nyberg, T.) VI 286
Marienberg (Riedmann, J.) VI 288
Marienfeld (Schoppmeyer, H.) VI 290
Marienthal (Corsten, S.) VI 291
Marmoutier, 1. M., Abtei OSB in Westfrankreich
    (Devailly, G.) VI 318
Martinsberg (Györffy, Gy.) VI 349
Massay (Devailly, G.) VI 370
Mattsee (Dopsch, H.) VI 404
Maubuisson (Racinet, Ph.) VI 405
Maulbronn (Eberl, I.) VI 409
Maursmünster (Bornert, R.) VI 415
Meaux, ehem. OCist-Abtei (Dobson, R. B.) VI 435
Megaspelaion (Biedermann, H. M.) VI 467
Megiste Laura (Konstantinou, E.) VI 468
Melk (Haider, S.) VI 498
Mellifont (MacNiocaill, G.) VI 500
Melrose (Barrow, G. W. S.) VI 503
Méobec (Nothhelfer, U.) VI 532
Meteora (Nicol, D. M.) VI 578
Mettlach (Herrmann, H.-W.) VI 585
Metz, C. Klöster und Stifte (Parisse, M.) VI 588
Micy St-Mesmin (Head, Th.) VI 612
Middelburg, 2. Abtei (Sicking, L. H. J.) VI 613
Mileševa (Djurić, V. J.) VI 623
Millstatt (Dopsch, H.) VI 627
Miraflores (Mattejiet, U.) VI 659
Mogilno (Strzelczyk, J.) VI 715

Moissac (Dufour, J.) VI 719
Molesme (Richard, J.) VI 726
Monasterboice (MacNiocaill, G.) VI 730
Monasterevin (MacNiocaill, G.) VI 730
Mondoñedo (Vones, L.) VI 751
Mondsee (Haider, S.) VI 751
Mons, II. Kapitel Ste-Waudru und St-Germain (Cauchies, J.-M.) VI 769
Monte Amiata (Kurze, D.) VI 784
Montearagón (Vallejo Penedo, J. J.) VI 784
Montecassino (Dell'Omo, A.-M.) VI 785
Montevergine (Cuozzo, E.) VI 798
Montiéramey (Bur, M.) VI 807
Montier-La-Celle (Racinet, Ph.) VI 807
Montier-en-Der (Eberl, I.) VI 808
Montivilliers (Schmidt, H.-J.) VI 809
Montmajour (Stouff, L.) VI 810
Montolieu (Schmidt, H.-J.) VI 812
Mont-Saint-Michel, Le (Gazeau, V.) VI 819
Montserrat (Olivar, A.) VI 821
Moosburg (Störmer, W.) VI 824
Morača (Restle, M.) VI 824
Mores (Bur, M.) VI 837
Morigny (Dufour, J.) VI 841
Morimond (Eberl, I.) VI 842
Moskau, A. III. [Stadt] Kirchliche Einrichtungen (Knackstedt, W.) VI 865
Moutier Grandval (Gilomen-Schenkel, E.) VI 877
Moutiers-St-Jean (Folz, R.) VI 877
Mouzon (Bur, M.) VI 878
Moyenmoutier (Parisse, M.) VI 879
Mozat (Fournier, G.) VI 881
Münchsmünster (Störmer, W.) VI 898
Munkaþverá (Heß, M.-Cl.) VI 911
Munkeliv (Nyberg, T.) VI 912
Münster (im Elsaß) (Fahlbusch, F. B.) VI 917
Münsterschwarzach (Wendehorst, A.) VI 918
Murbach (Seibert, H.) VI 939
Muri (Gilomen-Schenkel, E.) VI 943
Murrhardt (Eberl, I.) VI 944
Müstair (Gilomen-Schenkel, E.) VI 974

Nantua (Cattin, P.) VI 1018
Neresheim (Eberl, I.) VI 1094
Nidarholm (Ehrhardt, H.) VI 1136
Niederaltaich (Störmer, W.) VI 1137
Nivelles, 1. Abtei (Despy, G.) VI 1203
Nogent-sous-Coucy (Racinet. Ph.) VI 1215
Noirlac (Michaud-Fréjaville, F.) VI 1215
Noirmoutier (Devailly, G.) VI 1216
Nonantola (Debbia, M.) VI 1232
Nonenque (Dufour, J.) VI 1232
Nostell (Dobson, R. B.) VI 1271
Nouaillé (Devailly, G.) VI 1299
Novalesa (Sergi, G.) VI 1299
Nürnberg, I. Anfänge und Topographie; Kirchen und Klöster (Wendehorst, A.) VI 1317

Obarra (Engels, O.) VI 1329
Obazine (Fournier, G.) VI 1329
Odilienberg (Bornert, R.) VI 1350
Oignies (Cauchies, J.-M.) VI 1380
Oliva (Jähnig, B.) VI 1398
Olympos, 1. O., Hoher und Niederer (Plank, B.) VI 1403
Olympos, 2. O. in Bithynien (Plank, B.) VI 1403
Øm (Ehrhardt, H.) VI 1404

Oña, S. Salvador de (Engels, O.) VI 1408
Oostbroek (Broer, C. J. C.) VI 1410
Opatovice (Žemlička, J.) VI 1411
Orval (Despy, G.) VI 1488
Ossiach (Dopsch, H.) VI 1513
Ostrov (Kadlec, J.) VI 1540
Ourscamp (Delmaire, B.) VI 1592

Paço de Sousa (Feige, P.) VI 1611
Padis (von zur Mühlen, H.) VI 1616
Pamiers (Pailhes, C.) VI 1647
Paraclet, Le (Bourgain, P.) VI 1696
Paray-le-Monial (Richard, J.) VI 1702
Paris, C. I. 1. [Abteien und Stifte. Die Gründungen der Merowingerzeit] Ste-Geneviève (Fossier, L.) VI 1714
Paris, C. I. 2. [Abteien und Stifte. Die Gründungen der Merowingerzeit] St-Germain-des-Prés (Fossier, L.) VI 1714
Paris, C. I. 3. [Abteien und Stifte. Die Gründungen der Merowingerzeit] St-Éloi (Fossier, L.) VI 1715
Paris, C. II. 1. [Abteien und Stifte. Die Gründungen der Kapetingerzeit] St-Germain-l'Auxerrois (Fossier, L.) VI 1715
Paris, C. II. 2. [Abteien und Stifte. Die Gründungen der Kapetingerzeit] St-Magloire (Fossier, L.) VI 1715
Paris, C. II. 3. [Abteien und Stifte. Die Gründungen der Kapetingerzeit] St-Martin-des-Champs (Fossier, L.) VI 1716
Paris, C. II. 4. [Abteien und Stifte. Die Gründungen der Kapetingerzeit] St-Pierre (Fossier, L.) VI 1716
Paris, C. II. 5. [Abteien und Stifte. Die Gründungen der Kapetingerzeit] St-Victor (Fossier, L.) VI 1716
Paris, C. II. 6. [Abteien und Stifte. Die Gründungen der Kapetingerzeit] Neuentwicklungen des 13. Jahrhunderts (Fossier, L.) VI 1717
Patir, S. Maria del (De Leo, P.) VI 1783
Pavia, Kartause v. (Soldi Rondinini, G.) VI 1836
Payerne (Utz Tremp, K.) VI 1838
Pécsvárad (Takács, M.) VI 1849
Pegau (Blaschke, K.) VI 1856
Perugia, II. Klöster (Walther, H. G.) VI 1910
Petersberg (Blaschke, K.) VI 1941
Petershausen (Maurer, H.) VI 1941
Peterwardein (Takács, M.) VI 1942
Pfäfers (Vogler, W.) VI 1992
Pforta (Blaschke, K.) VI 2049
Poblet (Engels, O.) VII 29
Pöhlde (Heinemeyer, K.) VII 39
Poitiers, II. 3. [Bistum] Diözesanklerus, Klosterwesen und religiöses Leben (Favreau, R.) VII 43
Polirone (Golinelli, P.) VII 61
Pomposa (Cortesi, M.) VII 89
Pontida (Ambrosioni, A.) VII 95
Pontigny (Richard, J.) VII 97
Porroys (Lalou, E.) VII 107
Poussay (Parisse, M.) VII 135
Préaux (Renoux, A.) VII 170
Preetz (Hoffmann, E.) VII 183
Prouille (Vicaire, M.-H.) VII 275
Prüm (Seibert, H.) VII 290
Psalmodi (Caille, J.) VII 302

Quarr (Dobson, R. B.) VII 356
Quedlinburg (Blaschke, K.) VII 359
Quimperlé (Leguay, J.-P.) VII 370

Radolfzell (Stadler, Ch.)   VII 388
Rajhrad (Kadlec, J.)   VII 402
Ramsey (Dobson, R. B.)   VII 431
Raudnitz (Machilek, F.)   VII 477
Ravanica (Djurić, V. J.)   VII 481
Ravensburg, 2. Kirchen und Klöster (Schuler, P.-J.)   VII 487
Reading, II. Abtei (Barrow, J.)   VII 496
Rebais-en-Brie (Prinz, F.)   VII 498
Rebdorf (Wendehorst, A.)   VII 499
Reculver (Brodersen, K.)   VII 534
Redon (Chédeville, A.)   VII 538
Regensburg, A. II. 4. [Stadt. Mittelalter] Klöster und Stifte (Schmid, A.)   VII 566
Reichenau (Zettler, A.)   VII 612
Reichenbach (Schmid, A.)   VII 614
Reichersberg (Störmer, W.)   VII 615
Reims, I. 2. [Bistum und Erzbistum] Sakraltopographie (Bur, M.)   VII 659
Reinhardsbrunn (Werner, M.)   VII 667
Reinhausen (Pischke, G.)   VII 668
Remiremont (Parisse, M.)   VII 708
Réole, La (Cursente, B.)   VII 739
Repton (Bullough, D. A.)   VII 746
Resava (Djurić, V. J.)   VII 753
Retuerta (Feige, P.)   VII 765
Rheinau (Seibert, H.)   VII 783
Rievaulx (Dobson, R. B.)   VII 843
Rilakloster (Gjuzelev, V.)   VII 851
Ringsted (Nyberg, T.)   VII 857
Ripaille (Demotz, B.)   VII 860
Ripoll (Vones-Liebenstein, U.)   VII 861
Ripon (Bullough, D. A.)   VII 862
Roda, Sant Pere de (Vones-Liebenstein, U.)   VII 927
Roggenburg (Kießling, R.)   VII 946
Romainmôtier (Gilomen-Schenkel, E.)   VII 980
Romans-sur-Isère, 1. Abtei St-Barnard (Chomel, V.)   VII 1001
Roscommon (MacNiocaill, G.)   VII 1030
Roscrea (Ó Cróinín, D.)   VII 1030
Ross, 2. 1. [R. (Ros Ailithir)] Kloster (MacNiocaill, G.)   VII 1040
Rosscarbery (Ó Cróinín, D.)   VII 1041
Rot an der Rot (Eberl, I.)   VII 1048
Rott a. Inn (Störmer, W.)   VII 1055
Rottenbuch (Weinfurter, St.)   VII 1055
Royaumont (Lalou, E.)   VII 1065
Rüeggisberg (Utz Tremp, K.)   VII 1087
Rupertsberg (Seibert, H.)   VII 1107

Saint Albans (Dobson, R. B.)   VII 1129
Saint-Amand (Declercq, G.)   VII 1131
Sant'Antimo in Val Starcia (Kurze, W.)   VII 1133
Saint-Antoine (-en-Viennois) (Mischlewski, A.)   VII 1134
Saint-Arnoul (Parisse, M.)   VII 1134
Saint-Bertin   VII 1136
Sankt Blasien (Ott, H.)   VII 1136
Saint-Calais (Devailly, G.)   VII 1138
Saint-Chaffre-du-Monastier (Fournier, G.)   VII 1138
Saint-Chef (Chomel, V.)   VII 1139
Saint-Claude (Moyse, G.)   VII 1140
Sainte-Colombe (Devailly, G.)   VII 1142
Santes Creus (Vones-Liebenstein, U.)   VII 1142
Santa Cruz de Coimbra (Feige, P.)   VII 1143
Sant Cugat del Vallès (Vones-Liebenstein, U.)   VII 1143

Saint-Denis (Bur, M.)   VII 1145
Saint-Dié (Parisse, M.)   VII 1148
Santo Domingo de Silos (Vones-Liebenstein, U.)   VII 1149
Saint-Evroult (Gazeau, V.)   VII 1150
Saint-Florent-le-Vieil (Devailly, G.)   VII 1151
Sankt Florian (Haider, S.)   VII 1151
Sankt Gallen, 1. Kloster (Vogler, W.)   VII 1153
Sankt Georgen am Längsee (Dopsch, H.)   VII 1157
Sankt Georgen im Schwarzwald (Zettler, A.)   VII 1158
Saint-Germain d'Auxerre (Richard, J.)   VII 1160
Saint-Germer-de-Fly (Prinz, F.)   VII 1161
Saint-Ghislain (George, Ph.)   VII 1162
Saint-Gildas-de-Rhuys (Leguay, J.-P.)   VII 1162
Saint-Gilles du Gard (Coulet, N.)   VII 1163
Santa Giustina (S. Justina) v. Padua (Trolese, F. G. B.)   VII 1165
Saint-Guilhem du Désert (Vones-Liebenstein, U.)   VII 1166
Saint-Hubert (Despy, G.)   VII 1167
Saint-Jean d'Angély (Favreau, R.)   VII 1167
Sant Joan de les Abadesses (Vones-Liebenstein, U.)   VII 1169
Saint-Jouin-de-Marnes (Favreau, R.)   VII 1170
San Isidoro de León (Estepa Diéz, C.)   VII 1171
San Isidro de Dueñas (Vones-Liebenstein, U.)   VII 1171
San Juan de la Peña (Vones-Liebenstein, U.)   VII 1171
Sankt Katharinental (Zimmer, P.)   VII 1172
Sankt Lambrecht (Ebner, H.)   VII 1172
Saint-Léonard-de-Noblat (Favreau, R.)   VII 1173
San Lorenzo di Padula (Vitolo, G.)   VII 1174
Saint-Maixent-l'École (Favreau, R.)   VII 1174
Saint-Marcel (Chauney-Bouillot, M.)   VII 1176
San Martín de Albelda (Falcón, I.)   VII 1179
Saint-Martin du Canigou (Vones-Liebenstein, U.)   VII 1179
San Martín de Dumio (Feige, P.)   VII 1180
Saint Mary's (Dobson, R. B.)   VII 1181
Saint-Maur-des-Fossés (Devailly, G.)   VII 1181
Saint-Maurice d'Agaune, 1. Abtei (Coutaz, G.)   VII 1182
San Michele della Chiusa (Sergi, G.)   VII 1183
Saint-Mihiel, 1. Abtei (Parisse, M.)   VII 1184
San Millán de la Cogolla (Falcón, I.)   VII 1185
San Nicola di Casole (Kölzer, Th.)   VII 1186
Saint-Omer, 1. Abtei Sithiu/St-Bertin (Delmaire, B.)   VII 1187
Saint-Papoul (Vones-Liebenstein, U.)   VII 1188
Sankt Paul im Lavanttal (Dopsch, H.)   VII 1189
San Pedro de Arlanza (Vones-Liebenstein, U.)   VII 1191
San Pedro de Montes (Vones-Liebenstein, U.)   VII 1191
Sankt Peter im Schwarzwald (Zotz, Th.)   VII 1192
Saint-Pierre-le-Vif (Devailly, G.)   VII 1192
Sankt Pölten (Gutkas, K.)   VII 1194
Saint-Pons de Thomières (Vones-Liebenstein, U.)   VII 1195
Saint-Pourçain-sur-Sioule (Favreau, R.)   VII 1195
Saint-Riquier (Delmaire, B.)   VII 1198
Saint-Ruf (Vones-Liebenstein, U.)   VII 1198
Sant Salvador de Breda (Vones-Liebenstein, U.)   VII 1200
San Salvador de Leire (Leroy, B.)   VII 1200
Saint-Savin-sur-Gartempe (Favreau, R.)   VII 1202
Saint-Sever (Cursente, B.)   VII 1202

Saint-Sever (Notre-Dame-et-S.) (Gazeau, V.) VII 1203
Santo Stefano del Bosco (De Leo, P.) VII 1203
Sint-Truiden (Joris, A.) VII 1204
Saint-Valéry-sur-Somme (Delmaire, B.) VII 1205
San Vincenzo al Volturno (Vitolo, G.) VII 1206
Sankt Walburg (Rapp, F.) VII 1207
Saalfeld (Heinemeyer, K.) VII 1209
Säckingen (Zotz, Th.) VII 1244
Sacramenia, Santa María y San Juan (Vones-Liebenstein, U.) VII 1245
Sahagún (Feige, P.) VII 1258
Sakkara (Restle, M.) VII 1263
Salem (Rösener, W.) VII 1293
Sambucina (De Leo, P.) VII 1339
Sandoval (Vones-Liebenstein, U.) VII 1363
Sasavé, San Adrián de (Vones-Liebenstein, U.) VII 1386
Sassovivo (Saracco Previdi, E.) VII 1390
Sauxillanges (Fournier, G.) VII 1407
Savigny (Poulle, B.) VII 1411
Sázava (Kadlec, J.) VII 1424
Scala Dei (Vones-Liebenstein, U.) VII 1425
Schaffhausen (Zotz, Th.) VII 1434
Schäftlarn (Störmer, W.) VII 1435
Schänis (Vogler, W.) VII 1439
Scharnitz-Schlehdorf (Störmer, W.) VII 1441
Scheyern (Störmer, W.) VII 1452
Schönau, Kl. OCist (Fuchs, F.) VII 1530
Schönau, Kl. OSB (Heinemeyer, K.) VII 1530
Schöningen (Petke, W.) VII 1537
Schöntal (Eberl, I.) VII 1539
Schuttern (Andermann, K.) VII 1593
Seckau (Dopsch, H.) VII 1660
Sedletz (Žemlička, J.) VII 1666
Seeon (Schmid, A.) VII 1683
Seitenstetten (Stelzer, W.) VII 1721
Seitz (Golob, N.) VII 1722
Selau (Hilsch, P.) VII 1725
Selby (Dobson, R. B.) VII 1729
Selja (Nyberg, T.) VII 1732
Seligenstadt (Braasch-Schwersmann, U.) VII 1732
Sélincourt (Delmaire, B.) VII 1737
Selz (Seibert, H.) VII 1738
Sempringham (Dobson, R. B.) VII 1742
Sénanque (Coulet, N.) VII 1744
Senlis, IV. Abteien (Lalou, E.) VII 1759
Senones (Parisse, M.) VII 1759
Serós (Vones-Liebenstein, U.) VII 1791
Sesto al Réghena (Härtel, R.) VII 1800
Sherborne, 2. Abtei (Barrow, J.) VII 1825
Siegburg, 1. Kloster (Groten, M.) VII 1846
Signy (Schmidt, H.-J.) VII 1894
Silvacane (Coulet, N.) VII 1904
Sinai (Koder, J.) VII 1928
Siresa, San Pedro de (Vones-Liebenstein, U.) VII 1935
Sithiu VII 1940
Sittich(en) (Golob, N.) VII 1941
Skellig Michael (Lagler, K.) VII 1972
Skopa (Todt, K.-P.) VII 1989
Sobrado (de los Monjes) (Vones, L.) VII 2018
Soissons, II. 1. [Abteien] St-Médard (Mattejiet, U.) VII 2025
Soissons, II. 2. [Abteien] Weitere Abteien (Mattejiet, U.) VII 2026
Solignac (Devailly, G.) VII 2034
Soloveckij-Kl. (Poljakov, F. B.) VII 2039

Solsona, Santa Maria de (Vones-Liebenstein, U.) VII 2040
Sopoćani (Djurić, V.) VII 2054
Soratte, S. Andrea del (Menniti Ippolito, A.) VII 2056
Sorø (Nyberg, T.) VII 2059
Souillac (Lartigaut, J.) VII 2064
Souvigny (Rosenwein, B. H.) VII 2071
Speyer, B. IV. [Bistum und Hochstift] Stifte und Klöster (Andermann, K.) VII 2097
Sponheim (Dopsch, H.) VII 2132
Springiersbach (Simon, J.) VII 2142
Stablo (George, Ph.) VII 2163
Staffarda (Bordone, R.) VIII 35
Steinfeld (Joester, I.) VIII 98
Stenay-sur-Meuse (Carozzi, G.) VIII 108
Strahov (Hlaváček, I.) VIII 209
Studenica (Djurić, V.) VIII 252
Studiu-Kloster (Berger, A.) VIII 254
Subiaco (Dell'Omo, M.-A.) VIII 272
Sulzburg (Zettler, A.) VIII 305
Sumela (Todt, K.-P.) VIII 305
Süpplingenburg (Petke, W.) VIII 328
Suprasl' (Hannick, Ch.) VIII 329
Szentlőrinc (Bak, J.) VIII 389

Tabernoles (Vones-Liebenstein, U.) VIII 394
Tallaght (Ó Cróinín, D.) VIII 448
Tarouca (Vones, L.) VIII 479
Tauberbischofsheim (Wendehorst, A.) VIII 492
Tavistock (Dobson, R. B.) VIII 514
Tegernsee (Störmer, W.) VIII 523
Tepl (Hilsch, P.) VIII 547
Tewkesbury (Dobson, R. B.) VIII 594
Theres (Wendehorst, A.) VIII 676
Thingeyrar (Nyberg, T.) VIII 696
Tholey (Flesch, St.) VIII 697
Thoronet, Le (Coulet, N.) VIII 734
Thykkvibœr (Nyberg, T.) VIII 758
Tiron (Vones-Liebenstein, U.) VIII 804
Tommarp (Nyberg, T.) VIII 855
Tongerlo (van Dyck, L. C.) VIII 857
Tordesillas, Santa Clara de (Vones-Liebenstein, U.) VIII 872
Töss (Wehrli-Johns, M.) VIII 890
Toulouse, III. 4. [Bistum/Erzbistum] Klosterwesen (Gilles, H.) VIII 914
Tournus (Prinz, F.) VIII 921
Trappe, La (Devailly, G.) VIII 960
Tre Fontane (di Carpegna Falconieri, T.) VIII 965
Trebnitz (Menzel, J. J.) VIII 967
Tremessen (Labuda, G.) VIII 971
Troica-Sergij-Kl. (Steindorff, L.) VIII 1042
Troisfontaines (Schmidt, H.-J.) VIII 1042
Tulle (Vones-Liebenstein, U.) VIII 1090
Tyniec (Strzelczyk, J.) VIII 1130

Urgel, III. Klöster und Stifte (Jaspert, N.) VIII 1296
Ursberg (Seibert, H.) VIII 1329
Utrecht, A. III. [Bistum] Klöster und Stifte in Utrecht (Große, R.) VIII 1351
Uzerche (Vones-Liebenstein, U.) VIII 1358

Vabres (Vones-Liebenstein, U.) VIII 1361
Vacariça (Vones, L.) VIII 1361
Vadstena (Nyberg, T.) VIII 1365
Val-des-Choux (Richard, J.) VIII 1368
Val-des-Écoliers (Fossier, L.) VIII 1369

Valamo (Hannick, Ch.)   VIII 1374
Valbenoîte (Vones-Liebenstein, U.)   VIII 1375
Valdeiglesias (Vones, L.)   VIII 1375
Valeránica (Mattejiet, U.)   VIII 1389
Vallombrosa (Avagliano, F.)   VIII 1395
Valparaiso (Jaspert, N.)   VIII 1399
Valsainte, La (Tremp, E.)   VIII 1401
Valsainte, Notre-Dame de (Coulet, N.)
   VIII 1401
Valvisciolo (Spinelli, G.)   VIII 1403
Varlar (Schoppmeyer, H.)   VIII 1413
Varnhem (Nyberg, T.)   VIII 1414
Vatopedi (Lamberz, E.)   VIII 1432
Vaucelles (Lebecq, St.)   VIII 1433
Vauclair (Morelle, L.)   VIII 1434
Vaux-de-Cernay (Fossier, L.)   VIII 1438
Vega, Monasterio del (Vones-Liebenstein, U.)
   VIII 1443
Velehrad (Hlaváček, I.)   VIII 1450
Verona, 3. Klöster (Varanini, G. M.)   VIII 1566
Vestervig (Nyberg, T.)   VIII 1603
Vézelay (Richard, J.)   VIII 1609
Victoire, La (Lalou, E.)   VIII 1627
Vid, S. María de la (Jaspert, N.)   VIII 1632
Vienne, IV. 1. [Abteien] St-André-le-Haut (Chomel, V.)
   VIII 1649
Vienne, IV. 2. [Abteien] St-Pierre-hors-les-Murs
   (Chomel, V.)   VIII 1649
Vienne, IV. 3. [Abteien] St-André-le-Bas (Chomel, V.)
   VIII 1649
Vienne, IV. 4. [Abteien] St-Ferréol (Chomel, V.)
   VIII 1649
Vierzon (Devailly, G.)   VIII 1656
Vigeois (Vones-Liebenstein, U.)   VIII 1657
Viktring (Dopsch, H.)   VIII 1669
Vilabertrán (Vones-Liebenstein, U.)   VIII 1670
Vilich (Herborn, W.)   VIII 1674
Villar de Frades (Feige, P.)   VIII 1679
Villeloin (Devailly, G.)   VIII 1688
Villers (Despy, G.)   VIII 1692
Vitskøl (Nyberg, T.)   VIII 1780
Vivières (van Dyck, L. C.)   VIII 1784
Voer (Nyberg, T.)   VIII 1807
Vorau (Ebner, H.)   VIII 1847

Wadgassen (Simon, J.)   VIII 1892
Waldkirch (Zotz, Th.)   VIII 1957
Waldsassen (Schmid, A.)   VIII 1959
Walkenried (Petke, W.)   VIII 1976
Waulsort (Despy, G.)   VIII 2079
Waverley (Dobson, R. B.)   VIII 2080
Wechselburg (Blaschke, K.)   VIII 2090
Weihenstephan (Schmid, A.)   VIII 2108
Weingarten (Zotz, Th.)   VIII 2132
Weißenburg (Ludwig, U.)   VIII 2137
Weißes Kloster (Restle, M.)   VIII 2140
Weltenburg (Prinz, F.)   VIII 2165
Werden (Seibert, H.)   VIII 2196
Wessobrunn (Prinz, F.)   IX 20
Westbury (Dobson, R. B.)   IX 22
Westminster (Dobson, R. B.)   IX 34
Wettingen (Gilomen-Schenkel, E.)   IX 52
Whitby (Dobson, R. B.)   IX 54
Whithorn (Hagger, M.)   IX 56
Wiblingen (Eberl, I.)   IX 59
Wien, II. Bistum, Klöster und Stifte (Csendes, P.)
   IX 84
Wiener Neustadt, II. Bistum, Stifte und Klöster
   (Csendes, P.)   IX 90
Wienhausen (Heinemeyer, K.)   IX 90
Wildeshausen (Schindler, R.)   IX 114
Wilton (Dobson, R. B.)   IX 220
Windberg (Schmid, A.)   IX 231
Windesheim, Windesheimer Kongregation
   (Drossbach, G.)   IX 233
Wittewierum (Bakker, F. J.)   IX 275
Wunstorf (van Eickels, K.)   IX 369
Würzburg, II. 4. [Bistum und Hochstift] Klöster und
   Stifte (Wendehorst, A.)   IX 381

Xenophon-Kl. (Litsas, E. K.)   IX 403
Xeropotamou (Litsas, E. K.)   IX 404
Xylurgu (Hannick, Ch.)   IX 406
Yerres, Notre-Dame de' (Lalou, E.)   IX 412

Žiča (Gligorijević-Maksimović, M.)   IX 595
Zograph (Gjuzelev, V.)   IX 662
Zwettl (Haider, S.)   IX 731
Zwiefalten (Eberl, I.)   IX 733

HAUPTVERWEISE

HAUPTVERWEISE

A–O →Alpha und Omega
Aachener Regeln für Kanoniker →Institutiones Aquisgranenses
Ab epistulis →Kanzlei
Abakus, 2. A. →Kapitell
Abaton →Bema
Abbas →Abt
Abbas nullius →Abt
Abbreviaturen →Abkürzungen
ᶜ**Abd** →Sklaverei
ᶜ**Abdallāh I.** →Aghlabiden
ᶜ**Abdarrāhmān I.–V.** →Omayyaden
Abel, Bf. v. Reims →Reims
Abendgottesdienst, sonntäglicher →Sonntag
Abendland →Okzident
Abendmahlsprobe →Ordal
Abendmahlsstreit →Abendmahl
Aberconwy →Wales
Aberdour →Schottland
Aberdovey (Aberdyfip) →Wales
Aberlemno →Pikten; →Schottland
Abgarbild →Mandylion
Abhängling →Gewölbe
Abito →Gewand
Abraham, 1. A., Khan →Awaren
Abstammung des Menschen →Adam
Abstinenz →Askese
Äbtissin →Abt
Äbtissinnenweihe →Abtsweihe
Abtriebsrecht →Stadtrecht
Abtshaus (-kapelle, -palast) →Kloster
Abtsstab →Krümme
Abtthron →Thron
Abū Ḥafs ᶜOmar (I.) ibn Yaḥyā al-Mustan ṣir →Ḥafsiden
Abulafia, Abraham →Abraham Abulafia
Acallam na Senòrach →Irische Literatur
Accipies-Holzschnitt →Holzschnitt
Account, action of →Debt and Detinue
Acetabulum →Alchemie; →Apotheke
Acfred, Hzg. →Aquitanien
Ach ac edryd →Walisische Rechtskunde
Achaia →Peloponnes; →Savoyen, Haus v.
Achard s. a. →Acardus
Achat →Edelsteine
Acheiropoieta →Ikone
Achiton →Aketon
Achrida →Ochrid(a)
Acht (-zahl) →Oktogon; →Zahlensymbolik
Acht alte Orte →Eidgenossenschaft
Achteck →Oktogon
Ackerdienste →Frondienste
Ackerformen →Flurformen
Ackermaße →Flurformen
Acta RR. Pontificum →Bullarium; →Dekretalen
Actarius →Heerwesen
Actes des Apôtres →Geistliches Drama
Actions, forms of →Klage
Adaeratio →Steuerwesen

Adal- s. a. →Al-, →Adel- [Namensformen]
Adalbert, 2. A. v. Sommereschenburg →Sachsen, Pfgf.en v.
Adalbert, 3. A., Mgf. v. Österreich →Österreich
Adalbert, 6. A., Gf. →Babenberger (ältere)
Adalgoz, Ebf. v. Magdeburg →Magdeburg, Ebm.
Adalhard, 2. A., Sohn Heinrichs I., Mgf. v. Babenberg →Babenberger (ältere)
Adalia →Antalya
Adalolf v. Flandern →Flandern; →Gft. Boulogne
Adalward, Bf. v. Verden →Verden, Bm.
Adam, 11. A. de Ross →Vision de St. Paul
Adam, 13. A. de Suel →Disticha Catonis
Adamas →Diamant
Adamslegenden →Adam
Adamsspiel →Adam et Eve, le Jeu d'
Adān →Gebetsruf
Adel, K. England →Nobility
Adela, 3. A. v. Vohburg →Friedrich I. Barbarossa
Adela, 4. A. v. Blois →Adela v. England (5. A.)
Adelajda →Beleknigini
Adelgundis →Aldegundis
Adiaphora →Indifferentia
Adiectio sterilium →Steuer
Adilburk →Slavnik
Adiutor →Finanzwirtschaft
Adlerfibel →Fibel
ᶜ**Adlī** →Meḥmed II.
Administration →Verwaltung
Admiral →Admiratus
Admissio →Kaiserzeremoniell
Adolf, 3. A. →Berg, Gf.en v.
Adolf, 4. A. →Holstein, Gft.
Adomnan →Adamnanus
Adoratio →Kaiserzeremoniell
Adrianus et Epictitus →Ioca Monachorum
Adventus →Translationen
Æbbe →Coldingham
Aedituus →Custos
Aemilia →Emilia
Aeneatores →Heerwesen
Áengus →Óengus
Aenigmata →Rätsel
Aesop-Bearbeitungen →Fabel
Aetites →Adlerstein
Affectus →Passio
Affonso →Alfons(o)
Aftervasall →Vasall
Agadais →Agde
Agathois →Agde
Agaunum →St-Maurice d'Agaune
Agde, Konzil v. →Liturgie, altgall.; →Caesarius v. Arles
Agenda →Rituale
Agilolf →Köln
Aglet →aiguelette
al-Aǧnādain →Araber
Agnes, 6. A. Bernauer →Bernauer, Agnes
Agnes, 9. A.–Anna →Alexios II.; →Andronikos I.
Agnès, Jeu d' →Geistl. Drama

Agnès et Meleus →Chanson de geste
Agon →Kampfspiele
Agorius →Praetextatus
Agrarkolonisation →Kolonisation
Agrarkommunismus →Markgenossenschaft
Agrarwesen →Abgaben; →Bauern; →Fronhof; →Gerichtsbarkeit, grundherrliche; →Grundherrschaft; →Gutsherrschaft; →Herrschaft; →Manor; →Seigneur justicier; →Urbar
Agrimensor(es) →Vermessung
Agweddi →Walisisches Recht
ᶜAhd →Verträge
Ahl al-ǧamāᶜa →Almohaden
Aḥmed Dāᶜi →Osmanen
Aḥmed Faqih →Osmanen
Ahnenkult →Totenkult, Herrscherkult, Grab
Ahnentafel →Stammbaum
Ähnlichkeit →Analogia
Ahorn →Laubhölzer
Ährenkleidmadonna →Andachtsbild
Ahron ben Elia →Karäer
Aichardus →Arles, Ebm.
Aidan, 1. A., Bf. v. Ferns →Máedóc
Aidesius, Ks. →Silvanus
Aie d'Avignon →Chanson de Geste
Aiguilette →Nestel
Ail Cluaid (Cluath) →Strathclyde
Ailbe (hl.) →Emly
Ailenn →Leinster
Aillt →Walisisches Recht
Ailnoth, 1. A., Ebf. v. Canterbury →Æthelnoth
Aimeri, 1. A., Gf. v. Fézensac →Fézensac
Aimeri, 3. A., Bf. →Ludwig VII., Kg. v. Frankreich
Aimo →Bourges, Ebm.; →Tarantaise, Ebm.
Aimon, les quatre fils →Haimonskinder
Aimon de Varennes →Chanson de geste
Aiolis →Kleinasien
Aire, Airecht →Irisches Recht
Ajoie →Elsgau
Akakios, 3. A. v. Konstantinopel →Akakianisches Schisma
Akanthusornament →Ornament
Aken, Hein van →Rosenroman
Akephalen →Monophysiten
Akoluthai →Buchmalerei
Akrostichon →Steuerwesen, byz.
Akzidenz →Substanz–Akzidenz
Ala →Heerwesen
Alabasterskulptur →Plastik
Alaholfsbaar →Baar
Alain →Alanus
Alamannische Frühburgen →Befestigungen
Alanus, 1. A., Hzg.e der Bretagne →Bretagne
Alanus, 3. A. v. Auxerre →Bernhard v. Clairvaux
Alanus, 7. A. v. Tewksbury →Becket, Thomas
Alarm, -system →Kriegsführung
Alawich, Äbte →Reichenau
Alba, alter Name für →Schottland
Alba, Stadt →Stuhlweißenburg
Alba, Liedgattung →Tagelied
Albalag, Isaak →Averroismus
Albategni, Albatenius →al-Battānī, Muḥammad ibn Ǧābir
Albe →Kleidung, liturgische
Alberga, Albergaria →Albergue
Alberic de Besançon →Alexander d. Gr.
Alberich, 1. A. (Aubry), Gf. →Mâcon, Gft.

Alberich, 4. A., Abt →Cîteaux
Alberich, 5. A., Kanzler →Ludwig VII.
Albero, 1. A. II., Bf. v. Lüttich →Lüttich
Albero, 3. A. (Adalbero III.), Bf. v. Verdun →Verdun
Albert, 3. A. I., Bf. v. Freising →Freising
Albert, 5. A. II., Bf. v. Lüttich →Lüttich
Albinus, 3. A. →Alkuin
Albohali Alchait →al-Ḥayyāṭ
Albrecht, 6. A., Gf. →Ballenstedt
Albrecht, 10. A., Gf. →Habsburg
Albrecht, 22. A., Protonotar →Fleischmann, Albrecht
Albrecht, 23. A., möglicher Autor des Jüngeren Titurel →Titurel; vgl. auch Albrecht v. Scharfenberg
Albuin, Bf. v. Säben →Brixen
Albuinsbaar →Baar
Albumasar →Abū Maᶜsār
Albuquerque →Romanze
Alcabitius →al-Qabīṣī
Alcluith →Dumbarton
Alcuin →Alkuin
Aldebald v. Lérins, Biograph →Maiolus v. Cluny
Aldenburg, Stadt, Bm. →Oldenburg
Alderman →ealdorman
Aldetrudis →Adeltrudis
Aldus →Manutius
Alea fortune →Troiadichtungen
Alebrand, Ebf. v. Hamburg-Bremen →Bezelin
Alegret →Troubadoure
Alemannien →Alamannen; →Schwaben
Alemannische Minuskel →Rätisch
Alet(h), Bm. →St-Malo
Alexanderdichtung →Alexander d. Gr.
Alexandre du Pont →Chanson de geste
Alf laila wa-laila →Tausendundeine Nacht
Alfons, 5. A. V., Kg. v. Aragón →Alfons I. (V.) (17. A.)
Alfons, 24. A. I., Gf. der Provence →Provence
Alfons, 26. A. Jourdain, Gf. v. Toulouse →Toulouse
Alfonsi, Petrus →Petrus Alfonsi
Alfonsinische Tafeln →Tafeln, astronomische
Alfonso Alvares da Villasandino →Alvarez de Villasandino
Alfonso Martínez →Martínez de Toledo, Alfonso
Alfonso Onceno, Poema de →Poema de Alfonso Onceno
Alfonsus Vargas Toletanus →Vargas Toletanus, Alfonsus
Alfraganus →al-Farġānī
Algazel →al-Ġazzālī
Algebra →Mathematik
Algorismus, Algorithmus →Rechenkunst
Alhandreus →Astrologie
Alhazen →Ibn al Haitam, Muḥammad ibn al-Ḥasan
ᶜAlī ibn al-ᶜAbbās al-Maǧūsī →Medizin
ᶜAlī ibn Yūsuf ibn Tāšufīn →Almoraviden
Aliénor d'Aquitaine →Eleonore v. Aquitanien
Alighieri, 1. A., Dante →Dante Alighieri
Aliquid →Transzendentalien
Aliscans →Chanson de geste
Alkindi →al-kindī
Alla en Granada la rica →Romanze
Alla prima →Wandmalereitechnik
Allah →Gott
Allegatio →Disputatio
Alleluia →Halleluja
Allgemeines – Besonderes →Universalia
Alliterative Revival →Alliteration (C. IV)
Alltud, alltudiou →Walisisches Recht

Almandin →Granat
Almanzor →al-Manṣūr
Almoner →Almosentasche
Almu, Almain →Leinster
Alp →Alm
Alpage →Alm
Alpert →Albert
Alpetragius →al-Biṭrūǧī
Alpharabius →al-Fārābī, Muḥammad ibn Muḥammad
Altaicher Annalen →Annales Altahenses
Altarantependium →Antependium
Altaraufbau →Retabel
Altare →Beneficium
Altarhaus →Chor
Altarista →Beneficium; →Praebende; →Klerus
Altarschranken →Chor
Altarvorsatz →Antependium
Alte Orte →Eidgenossenschaft
Alternierende Versmaße →Vers
Alter und neuer Bund →Ecclesia und Synagoge
Altersversorgung →Familie; →Hospitalwesen
Altes Testament →Bibel
Älteste, Vierundzwanzig →Apokalyptische Motive
Altfranzösisch →Französische Sprache; →Französische Literatur
Altfried, Bf. v. Hildesheim →Hildesheim
Altgallische Liturgie →Liturgie, altgallische
Altgelasianum →Sakramentar
Altkirchenslavische Sprache →Kirchenslavische Sprache
Altneuschul →Synagoge
Altniederdeutsch →Altsächsische Sprache und Literatur
Altoluogo →Selçuk
Altomünster →Alto
Althausen, Gf.en v. →Veringen, Gf.en v.
Altsiedelland →Kolonisation und Landesausbau
Altstraßen →Straßen
Altwin, Bf. v. Brixen →Brixen
Alumnat →Schulwesen
Amadas et Ydoine →Chanson de geste
Amadeus, 1. A. I., Gf. v. Genf →Genf
Amadeus, 4. A., Gf.en v. Savoyen →Savoyen
Amadeus, 11. A., Bf. v. Lausanne →Lausanne
Amalrich, 2. A. v. Bena →Amalrikaner
Amalricus →Amalrich
Amanieu de Sescar →Troubadours
Amanricus →Amalrich
Amarrage →Anc(h)oraticum
Amaury, 1. A. v. Montfort, Heerführer →Albigenser; →Montfort
Amaury, 2. A. →Amalrich
Ambachten, Vier →Vier Ambachten
Amboß →Schmiede
Ametus →Aḥmad ibn Yūsuf
Amikt →Kleidung, liturgische
Amīr →Emir
Ammonios →Platonismus
Amobyr →Walisisches Recht
Amod, amodwr →Walisisches Recht
Amortissements (Commissaires aux) →Acquêts
Amours →Art d'aimer
Amselfeld, Schlachtort →Kosovo polje; →Serbien
Ämterlaufbahn →Cursus honorum; →Beamtenwesen
Amtseid →Eid
Amtstracht →Ornat
Anan ben David →Karäer

Anaritius →an-Nairīzī
Anastasius, 5. A., Abt v. Cluny →Cluny
Anatoli, Jakob →Jakob ben Abbamari ben Simson ben Anatoli
Anatolios, 2. A., Pseudo- →Chronologie; →Osterstreit
Anbetung des Kindes →Geburt Christi; →Drei Könige
Anbetung des Lammes →Apokalyptische Motive
Andachtsübungen →Volksfrömmigkeit
Andamento →Mosaiktechnik
Anderida →Pevensey
Anders Sunesen →Andreas filius Sunonis
Andrea Dandolo, Doge v. Venedig, Chronist →Dandolo, Andrea
Andreas, 8. A. Cadac →Cadac
Andreaskreuz →Andreas, hl.
Angariae →Frondienste
Angel →Fischfang
Angelo, Jacopo d' →Jacobus Angelus
Angelologie →Engellehre
Angelsächsische Baukunst →Baukunst
Angelsächsische Chronik →Chronik, angelsächsische
Angelsächsische Handschriften →Beowulf-Hs.; →Book of Lindisfarne; →Exeter-Buch; →Junius-Hs.; →Vercelli-Codex
Angelsächsische Literatur →Altenglische Literatur
Angelsächsische Minuskel →Insulare
Angelsächsische Sprache →Altenglische Sprache
Anger, Frère, frz. Dichter →Vie de St-Grégoire
Angerdorf →Dorfformen
Angiò, Dynastie →Anjou
Angiolo, Jacopo d' →Jacobus Angelus
Angiovinisches Reich →Angevinisches Reich
Angoumois, alte Gft. und spätere Provinz in Westfrankreich →Angoulême
Angstmann →Scharfrichter
Angus →Óengus
Anima →Seele
Animalia →Materia medica
Ankerzoll →Anc(h)oraticum; →Hafen, Hafenzölle und -gebühren
Anlaf →Olaf
Anna Selbdritt →Anna, Hl.
Anna, 3. A. v. Ungarn, byz. Ksn. →Andronikos II.
Anna, 10. A. Porphyrogenneta, byz. Prinzessin, Gattin Vladimirs v. Kiev →Vladimir v. Kiev
Annalist, Schwäbischer →Berthold v. Reichenau
Annalista Saxo →Arnold, Abt v. Berge und Nienburg
Anne →Anna
Annunziationsstil →Jahresanfang
Annweiler →Anweiler
Anonymus Placentinus →Antoninus (2. A.)
Anonymus v. York →Anonymus, normannischer
Anrichte →Möbel
Ansbach-Bayreuth →Nürnberg, Burggrafschaft; →Hohenzollern
Anseau de Garlande →Garlande
Anseis de Carthage →Chanson de geste
Anselm, 1. A., Ebf. v. Canterbury →Anselm v. Canterbury (6. A.)
Anselm, 7. A. v. Gembloux →Sigebert v. Gembloux
Anten, Antenproblem →Sklavenen
Antiballomena →Quid-pro-quo
Anticlaudian →Alanus ab Insulis
Antidotarien →Arzneibücher
Antidotarium Mesue →Mesue (Pseudo-)
Antioche, chanson d' →Kreuzzugsdichtung
Antisemitismus →Judenfeindschaft; →Juden

Antlaßtag →Gründonnerstag(sbräuche)
Antlitz Christi →Andachtsbild
Antoine, Saint, mystère de →Geistl. Drama
Anton de Montoro →Montoro, Anton de
Antonij Pečerskij →Mönchtum (Rußland)
Antoniterorden →Antoniusorden
Antonius der Eremit, hl. →Antonius der Eremit (6. A.)
Antonius v. Padua, hl. →Antonius v. Padua (8. A.)
Antonius, 5. A. de Butrio →Dekretalistik
Antoniusfeuer →Antoniusorden (Hospitaliter)
Anus(s)im →Judenmission; →Zwangstaufe
Aonach →Oenach
Aonghus →Óengus
Aphraates →Afrahat
Aphthartodoketen →Monophysiten
Apographon →Exemplar
Apollinaris, 3. A. Sidonius →Sidonius Apollinaris
Apostelakten →Acta Apostolorum Apocrypha
Apostelbrüder →Ambrosianer
Apostelstempel →Bulle, päpstl.
Apostolischer Stuhl →Sedes apostolica
Apostolisches Glaubensbekenntnis →Symbol
Apparatus →Königshof
Appel →Appellation
Approbation, päpstliche →Königswahl
Après-la-lettre →Kupferstichtechnik
Aqua ardens →Alkohol
Aqua regia →Alchemie
Aqua vitae →Alchemie; →Alkohol
Aquatinta →Kupferstich
Aquila →Feldzeichen
Aquila, Serafino dell' →Serafino Aquilano
Aquilinus →Évreux
Aquin →Chanson de geste
Aquinas Thomas →Thomas v. Aquin
Arbeitskräfte →Arbeit; →Lohnarbeit
Arbeitsteilung →Arbeit
Arbitrium liberum →Willensfreiheit
Arbolayre →Kräuterbücher
Arbor cognationis, A. consanguinitatis →Verwandtschaft
Arborist →Kräuterbücher
Arc, Jeanne d' →Jeanne d'Arc
Archambaud →Bourbon
Arche →Noah
Archicancellarius →Erzkanzler
Archicantor →Cantor
Archicapellanus →Hofkapelle
Archinotarius →Notar
Architekturbemalung →Farbigkeit der Architektur
Architekturplastik →Bauplastik
Arcipreste de Hita →Ruiz, Juan
Arcipreste de Talavera →Martínez, Alfonso
Ardagh chalice →Irische Kunst
Ardarich →Gepiden
Ardents, bal des →Bal des ardents
Ard-rí →Irland, Irisches Recht
Argentum →Silber
Argentum vivum →Quecksilber
Argos →Peloponnes
Ariano, Assisen v. →Assisen v. Ariano
Aribo, 1. A., Gf. →Aribonen
Arigo →Schlüsselfelder, Heinrich
Aristokratie →Adel
Arithmetik →Mathematik
Arithmos →Heer, Heerwesen
Arkosolium →Grab

Arles, Synode v. (314) →Donatisten
Armee →Heer, Heerwesen
Armenbibel →Biblia pauperum
Armenschulen →Schulwesen
Armeria →Rüstkammer
Armleuchter →Beleuchtung
Armreif →Schmuck
Arnaldus, 3. A. (Arnaud), Gf. →Carcassonne
Arnaut, 1. A. Catalan →Troubadours, Troubadourdichtung
Arnaut, 5. A. Vidal →Troubadours, Troubadourdichtung
Arnold, 1. A., Gf. →Dachau
Arnold, 2. A., Gf. →Guines
Arnold, 4. A., Gf. →Kleve
Arnold, 5. A., Gf. →Lambach
Arnold, 6. A., Gf. →Loos
Arnold, 7. A., Gf. →Nassau
Arnold, 8. A., Bf. →Halberstadt
Arnold, 12. A., Ebf. →Ravenna
Arnulf, 5. A., Gf. v. Flandern →Flandern
Arnustus →Ernst
Aromata →Gewürze
Arquemination →Farce
Arques →Wilhelm, Gf. v. Arques
Arragel, Mose →Bibelübersetzungen
Arras →Arra
Arrhes →Arra
Ars →Artes liberales; →Artes mechanicae; →Kunst
Ars amatoria →Art d'aimer; →Chrétien de Troyes
Ars combinatoria (ars magna, ars Lulliana) →Raimundus Lullus
Ars coniecturalis →Nikolaus v. Kues
Ars meliduna →Logik
Ars vitraria →Glas, Glasherstellung
Arsenij v. Konev →Mönchtum
Art de chevalerie →Vegetius
Artaldus →Lyon
Arteriengeist →Spiritus arteriarum
Artes dictandi →Ars dictaminis
Artes poeticae →Ars poetica
Artes septem →Artes liberales
Arthur →Artus, Artussage, Artusromane
Arti maggiori, Arti minori →Zünfte
Artificalis →Ordo
Artikelsbrief →Söldnerwesen
Artistenfakultät →Universität
Arzachel →Ibn az-Zarqāla
Arzneidrogen →Droge; →Simplicia
Arzneimittel →Materia medica
Arzneimittelhandel →Drogen; →Drogenhandel
Arzneipflanzen →Simplicia
Ärztinnen →Arzt
Asbest (Alumen plumosum) →Alaun
Aschkenaz →Juden
Asenarius (Asnar, Lupus, Asnerius) →Gascogne
Ashby, 1. A., Alexander →Essebi, Prior de
Ashingdon →Assandun
ᶜAskar, ǧaiš →Heerwesen
Aspalatos →Split
Aspekte →Tierkreis
Asper →Währung
Asphalt →Pech
Aspremont, chanson d' →Chanson de geste
Aspron →Währung
Asselin (Ascelinus) →Adalbero v. Laon
Assist →Ikone, Ikonenmalerei

Asteriskos →Gerät, liturgisches
Astigis →Écija
At de Mons →Troubadour, Troubadourdichtung
Atelier →Bauhütte
Áth Cliath →Dublin
Athenais-Eudokia →Theodosius II.
Atomismus →Philosophie
Atramentum →Tinte
Atre périlleux →L'atre périlleux
Attache des barques →Hafen, Hafenzölle
Atto Cardinalis →Kanones-Sammlungen
Attribut →Heiligenattribute; →Herrschaftszeichen; →Substanz–Akzidenz
Aubade →Tagelied
Aubery le Bourguignon →Chanson de geste
Auctarium affligemense →Sigebert v. Gembloux
Auctoritas und ratio →Scholastik
Audenarde →Oudenaarde
Audiencia real →Kastilien
Audiencier →Kanzlei
Auerhahn →Wildhühner
Auferstehung der Toten →Eschatologie
Auferstehungschristus →Andachtsbild
Aufsage →Absage
Aufstand →Revolte; →Aufruhr
Aufwurf →Brechrand
Augenglas →Brille
Augenkosmetik →Kosmetik
Augustiner-Tertiaren →Tertiaren
Augustodunum →Autun
Aurelianus, 2. A. v. Lyon →Lyon
Aureole (aureola) →Lichtsymbolik; →Mandorla; →Nimbus
Aurichalcum →Messing
Aurum →Gold
Ausführung Christi →Andachtsbild
Ausgießung des Hl. Geistes →Pfingsten
Ausrufer →Büttel
Aussteuer →dotalicium
Auster →Weichtiere
Austregisel, hl. →Bourges
Authenticae →Corpus iuris civilis
Authenticum →Corpus iuris civilis
Autine, Burg und Gebiet der Letten →Lettenland
Auto-da-fé →Inquisition
Autokrator →Kaiser; →Autokratie
Autonomie, 1. A. (im christlichen Denken) →Ethik
Autonomie, 3. A. (städtische und gemeindliche) →Stadt, Städtewesen; →Reichsstadt; →Kommune; →Selbstverwaltung
Autorenbild →Bildnis
Autunois →Autun
Auvergne, Gui d', 1. A., Gui d', Kard. →Boulogne, Gui de
Auxilia palatina, Auxiliartruppen →Heer, -wesen
Avant-la-lettre →Kupferstich
Ave verum corpus →Geistliche Dichtung
Avencebrol →Gabirol, Salomo ibn
Avendeath →Johannes Hispanus
Avesnes, Burchard v. →Bouchard v. Avesnes
Avesnes, Jean d' →Johann v. Avesnes
Avignon, Papsttum →Kurie, römische (in Avignon)
Avignon, St-Ruf (St. Rufus und Andreas), Chorherrenstift und Kongregation →St-Ruf
Aviz, Haus, Orden →Avis
ʿAvnī →Meḥmed II.
Avranchin →Avranches

Awaren →Avaren
Ayala, Pero López de →López de Ayala
Ayasoluk →Selçuk
Ayr →Schottland
Azelin, Bf. v. Hildesheim →Hildesheim
Azincourt →Agincourt
Azo, 1. A. (Adso) →Adso v. Montier-en-Der
Azzo, 2. A., Gf. v. Maine →Este; →Maine

Bac, droit de →Fähre, Fährrecht
Bacchanten →Vaganten
Bachčisaraj →Bāghče Sarai
Bachmuta-Kosaken →Kosaken
Bachstelze →Vögel
Bacinet →Beckenhaube
Backofen, -haus →Heizung
Backwerk →Gebäck
Bacó, Francesc →Franciscus de Bacona
Bacon, 1. B. →Franciscus de Bachona
Bacon, 2. B. →John Bacon OCarm
Bacon, 3. B. →Robert Bacon OP
Bacon, 4. B. →Roger Bacon OFM
Baculum →Stab
Badbury Rings →Mons Badonicus
Baduila →Totila
Bagatellgerichte →Gerichtsbarkeit
Baiern →Bayern
Baioarii →Bayern
Bajan, 1. B., Khan der Avaren →Avaren
Bajan, 2. B., Khan der Bulgaren →Bulgarien, Bulgaren
Bajoren →Adel (Abschnitt G)
Bajuwaren →Bayern
Balaeus →Balai(os)
Balaguer →Spanien
Balandrana →Mantel
Balaton-See →Plattensee
Balbi, Giovanni →Johannes Balbus
Balboa, Vasco Núñez de →Núñez de Balboa, Vasco
Baldovini →Jacobus Balduini
Balduin, 7. B. I.–III., Gf.en v. Flandern →Flandern
Balduin, 10. B. VI.–VII., Gf.en v. Flandern →Flandern
Balduin, 12. B. IX., Gf. v. Flandern →Balduin I., Ks. v. Konstantinopel
Balduin, 16. B. Balzo →Flandern
Balduineen →Balduin v. Luxemburg
Baldur →Balder
Baldwin(us) s. a. →Balduin
Balestrino →Armbrust, II
Ballei →Ritterorden, Deutscher Orden
Ballenstedt, Gf.en v. →Askanier
Ballhaus →Tanzhaus
Ballymote, Book of →Book of Ballymote
Balneum Mariae →Alchemie
Balthen, westgot. Adelsgeschlecht →Westgoten
Balticum mare →Ostsee
Bamalip →Schlußmodi
Bamberger Reliquienschatz →Reliquien
Bancherii →Bankwesen
Banco di S. Giorgio →Casa di S. Giorgio
Band, deutsches →Deutsches Band; →Backsteinbau
Bandrippe →Gewölbe
Báñez, Domingo OP →Spanische Spätscholastik
Banū ʿAbbād →ʿAbbādiden
Banū l-ʿAḥmar →Naṣriden
Baphaeon, Schlachtort →ʿOsmān I.
Bar, 2. B.-le-Duc →Bar, Gft.; Bar, Fürstenhaus; Bar, Schlacht bei (1037)

Baradai(os), Jacobos →Jakobos Baradai
Barbara (Schlußweise) →Schlußmodi
Barbara celarent →Logik
Barbette →Wimpel
Bareso, Kg. v. Sardinien →Sardinien
Barfüßer →Kamaldulenser; →Klarissen; →Karmeliter; →Franziskaner
Barityp →Beneventana
Bar-le-Duc →Bar
Barmherziger Samariter →Samariter, Barmherziger
Baroco →Schlußmodi
Barontus v. Lonrey (Longoretum) →Visio Baronti
Barrage, droit de Barre →Zoll, -wesen
Bar-sur-Aube, Bar-sur-Seine →Bar
Bartholom(a)eus, 3. B. v. Bologna →Bartholom(a)eus de Podio (17. B.)
Bartholom(a)eus, 13. B. v. Neocastro →Historiographie
Bartholom(a)eus, 18. B. Salernitanus →Salerno, Schule v.
Bartholom(a)eus, 21. B. v. Trient →Jacobus de Voragine
Bartholomaios →Bartholom(a)eus
Bartolismus →Kommentatoren
Bas →Cervera
Basileopator →Titel
Al-Baṣīr →Yūsuf al-Baṣīr
Basium →Kuß
Baskak →Basqaq
Basse dance →Tanz
Bassianus, Johannes →Johannes Bassianus
Bastard →Kind (außereheliches); →Bastardenfall
Bâtard de Bouillon →Höfische Epik, Höfischer Roman
Bâtardise, droit de →Bastardenfall
Bate, Heinrich →Heinrich Bate v. Mecheln
Bathilde, merow. Kgn. →Balthild
Batoskloster →Sinai
Battle Abbey →St. Martin bei Hastings
Baubruderschaft →Bauhütte
Baude, Fastoul →Trouvères
Baudouin de Sebourc →Chanson de geste
Baudri, Baudry →Balderich
Bauernaufstände →Revolten
Bauerngerichte →Gerichtsbarkeit
Bauernsprache →Bursprake
Bauerntum →Bauer, Bauerntum
Baukeramik →Backsteinbau
Baukran →Kran
Baukunst, A. II. 3. Irland →Irische Kunst
Baum der Erkenntnis →Sündenfall
Baumaterial →Bautechnik
Baumeisterbildnis →Bildnis
Baumodell →Architekturmodell; →Stifterbildnis
Baumwollpapier →Papier
Baurecht →Bauordnung
Baustil →Baukunst
Bautzener Handschrift →Hussiten, -literatur
Bauwich →Bauordnung
Bayreuth, 2. B., Markgrafentum →Hohenzollern; →Nürnberg, Bgft.
Beatitudo →Seligkeit, ewige
Beaujeu, Anna v. →Anna v. Beaujeu (9. A.)
Beaujeu, Renaut de →Renaut de Beaujeu
Beaumanoir →Philippe de Rémi, Seigneur de Beaumanoir
Beauvaisis →Beauvais, Gft.

Beauvaisis, Coutumes de →Philippe de Rémi, Seigneur de Beaumanoir
Becket, Thomas →Thomas Becket
Bedaische Epakten →Epakten
Bedaische Indiktion →Indiktion
Bede's Death-Song →Beda Venerabilis
Bedeutungsperspektive →Perspektive
Bedingung, 2. B. →Kausalität
Begierde →appetitus; →Erbsünde
Beguin →Obergewand
Behem, Hans →Böhm, Hans
Beichte (theologisch) →Buße, Bußsakrament
Beichtsummen →Bußsummen
Beifang →Bifang
Beischlaf →Sexualität
Beistädte →Stadt, -typen
Beizeichen →Heraldik
Belagerung →Kriegführung
Belagerungsgeschütz →Antwerk
Belagerungsmaschine →Steinbüchse; →Kriegführung
Belasica, Schlacht (1014) →Samuel, Reich des Zaren
Belleperche, Pierre de →Petrus de Bellapertica
Bellifortis →Kyeser, Konrad
Ben Ascher →Bibel
Benchorath →Tābit ibn Qurra
Benedeit →Navigatio St. Brendani
Benedetto da Norcia →Reguardati Benedetto
Benedikt (v. Nursia), hl. →Benedikt v. Nursia (15. B.)
Benedikt (v. Aniane), hl. →Benedikt v. Aniane (14. B.)
Benediktbeurer Spiele →Geistliches Drama
Benediktregel →Regula S. Benedicti
Beneficium inventarii →Inventarrecht
Ben Naftali →Bibel
Beograd →Belgrad
Berain →Urbar
Berāt →Urkunde, -nwesen, osman.
Berceo, Gonzalo de →Gonzalo de Berceo
Berchtold v. Kremsmünster →Bernhard v. Kremsmünster (36. B.)
Berengaria →Berenguela
Bérenger →Berengar, Berenguer
Berettini →Humiliaten
Bergen, Stadt im Hennegau →Mons
Bergkristall →Edelsteine; →Kristall
Bergmann →Bergbau
Berlina →Pranger
Bermudo →Vermudo
Bernard, 3. B. le Trésorier (Bernhard v. Corbie) →Wilhelm v. Tyrus
Bernardo →Bernardus, Bernhard
Bernardus, 5. B. de Magduno →Bernhard v. Meung (38. B.)
Bernardus, 6. B. Noricus →Bernhard v. Kremsmünster (36. B.)
Berner Handfeste →Bern
Berner Weltgerichtsspiel →Geistliches Drama
Bernhard v. Aosta, hl. →Bernhard v. Aosta (22. B.)
Bernhard v. Clairvaux, hl. →Bernhard v. Clairvaux (28. B.)
Bernhard v. Tiron, hl. →Bernhard v. Tiron (44. B.)
Bernhard (degli Uberti), hl. →Uberti, Bernardo degli
Bernhard, 7. B. III., Gf. v. Besalú →Besalú
Bernhard, 8. B. I., Mgf. v. Gothien-Septimanien →Septimanien
Bernhard, 11. B. II., Hzg. v. Sachsen →Billunger

Bernhard, 13. B., Bf. v. Halberstadt →Halberstadt
Bernhard, 15. B., Abt v. St-Victor, Marseille →Marseille, St-Victor
Bernhard, 16. B. I., Abt v. Montecassino →Montecassino
Bernhard, 17. B. degli Uberti, hl., Bf. v. Parma →Uberti, Bernardo degli
Bernhard, 18. B., Bf. v. Pavia, Kanonist →Bernhard v. Pavia (43. B.)
Bernhard, 25. B. v. Bologna →Bernardus Bononiensis (1. B.)
Bernhard, 30. B. v. Cluny →Bernhard v. Morlas (40. B.)
Bernhard, 41. B. Noricus →Bernhard v. Kremsmünster (36. B.)
Bernhard, 42. B. v. Parma →Bernardus de Botone (2. B.)
Bernhard, 45. B. Tolomei (Ptolomaeus), sel. →Tolomei, Bernardo
Bernhard, 46. B. v. Treviso →Bernhardus Trevisanus
Bernhard Guillem, letzter Gf. v. Cerdaña →Cerdaña
Bernhardin v. Siena →Bernardinus v. Siena (4. B.)
Bernhardiner →Zisterzienser
Bernowin →Angilbert
Béroul →Tristan
Berry, Jean de →Johann, Hzg. v. Berry
Berta →Bertha
Berta, Kgn. v. Aragón u. Pamplona →Peter I., Kg. v. Aragón
Bertha, 1. B., Kgn. v. Burgund →Rudolf II. v. Burgund; →Hugo, Kg. v. Italien
Bertha, 3. B. v. Holland, Kgn. v. Frankreich →Philipp I., Kg. v. Frankreich
Bertha, 4. B., Kgn. v. Kent →Æthelberht I. (1. Æ.)
Bertha, 6. B. v. Turin (v. Susa), Ksn. →Heinrich IV., Ks.
Berthold, 6. B., Gf. in Schwaben →Erchanger, Pfgf. in Schwaben
Bertholde, alem. Adelsgeschlecht →Alaholfinger
Bertinoro, Obadja →Mischna
Bertrada, 2. B. v. Montfort, Gfn. v. Anjou, Kgn. v. Frankreich →Philipp I., Kg. v. Frankreich
Bertran, 1. B. d'Alamanon →Troubadours
Bertrand, 1. B., Gf. v. Toulouse →Toulouse
Berufsjägertum →Jagd, Jägertum
Berufskleidung →Tracht
Berufskrankheiten →Krankheit(en)
Berufung, 2. B. →Appellation
Beryll →Brille; →Edelsteine
Berzé, Hugues de →Hugues de Berzé
Besalú, Ramon Vidal de →Vidal, Ramon de Besalú
Bescheidenheit →Tugenden
Beschlagnahme →Sequestrum
Beschreibstoffe →Papier; →Papyrus; →Pergament; →Wachstafel
Beschwerte Hebung →Vers- und Strophenbau
Besiegelung →Siegel
Besprym →Bezprym
Bestattung →Begräbnis; →Grab
Bet Din →Recht, jüdisches
Bethlehemiten →Bethlehem
Bet Midrasch →Erziehungs- und Bildungswesen
Betriebsformen, landwirtschaftliche →Landwirtschaft
Bet Sefar →Erziehungs- und Bildungswesen
Beuve de Hanstone →Bueve de Hanstone
Beverin, Burg →Lettenland

Bewegliche Feste →Kirchenjahr
Bey →beg
Beyātī →Osmanische Literatur
Bezant →Byzantius
Beziehung →Relation
Biagio Pelacani →Blasius v. Parma
Bianca, 2. B. v. Navarra →Blanca v. Navarra
Biarkeyjarréttr, Biærköaretter →Stadtrechte (Skandinavien)
Bibelauslegung →Bibel, Abschnitt B. I. 2.
Bibelübersetzungen, II. Aramäische Bibelübersetzungen →Targum
Biberli(n), Marquard →Legendar
Biberschwanz →Dach
Biche →Mouche et Biche
Bien public →Ligue du Bien Public
Bienensegen →Bienen; →Lorscher Bienensegen
Bienenwachs →Wachs
Biergelden →Bargilden
Bigi →Palleschi
Bildbeschreibung →Ekphrasis
Bilderbibel →Biblia pauperum
Bilderchronik →Chronik
Bilderrollen →Rollenillustration
Bildinschrift →Buchmalerei
Bildrahmung →Buchmalerei
Bildspiegel →Buch
Bildsteine, gotländische →Gotländische Bildsteine
Bildteppich →Tapisserie
Bildung →Artes liberales; →Erziehungs- und Bildungswesen
Billunger Mark →Sachsen
Bindemittel →Wandmalereitechnik
Binde- und Lösegewalt →Schlüsselgewalt
Binnenkolonisation →Kolonisation und Landesausbau
Binnenreim →Reim
Birke →Laubhölzer
Birkenrinde-Urkunden →Urkunde
Birkhuhn →Wildhühner
Birnhelm →Capacete
Birsch →Pirsch
Bisam →Moschus
Bischöfliche Insignien →Insignien
Bischöflicher Ornat →Kleidung, liturgische
Bischofsstuhl →Kathedra
Bischofswahl →Bischof, -samt; →Wahl, kanon.
Bischofsweihe →Bischof, -samt, Abschnitt C
Biß →Trense; →Kandare
Biti →Urkunde, -nwesen
Bittgebet →Gebet
Bittschrift →Supplik
Blandinum →Gent
Blanka →Blanca
Blasinstrumente →Musikinstrumente
Blasius (Blasios), hl., Bf. v. Sebaste →Nothelfer; →Blasiussegen
Blasphemie →Gotteslästerung
Blauwen Scute, Van der →Mittelniederländ. Literatur
Bleibulle →Bulle
Bleichfeld, Schlacht bei →Pleichfeld
Bleiguß →Blei
Bleikugel →Gelote
Bleiriß, -rute →Verbleiung
Blendung →Strafe, Strafvollzug
Blijde inkomst →Joyeuse entrée
Blindenheilung →Wunder Christi
Blindverglasung →Blankverglasung

Blockbau →Holzbau
Blockflur →Flurformen
Blockverband →Mauerwerk
Blockwerk →Orgel
Blumen →Pflanzendarstellungen, Pflanzenkunde, -symbolik
Blut, Heiliges →Blutwunder
Blutbeschuldigung →Ritualmordbeschuldigung
Bluthostie →Blutwunder
Bocage →Flurformen
Boccabadati, Gherardo →Gerhard v. Modena
Boccamazza, Giovanni →Johannes de Tusculo
Böcklerbund →Ritterbünde
Bodenbelag →Fußboden
Boemund →Bo(h)emund
Bogenfeld →Portalplastik
Bogner →Archers; →Armbrustmacher; →Bogen
Bogumil, 2. B., Häretiker →Bogomilen
Böhmische Brüder →Brüdergemeinde
Böhmische Kappe →Gewölbe
Bohne →Hülsenfrüchte
Bohrgeräte →Maschinen
Böller →Mörser
Bonanus Pisanus, Schöpfer der Bronzetüren am Dom v. Pisa →Tür
Bonifatius, hl. (Winfrid) →Bonifatius (Winfrid) (10. B.)
Bonifaz, 2. B. II., Mgf. v. Mon(t)ferrat →Mon(t)ferrat
Bonifaz, 3. B. III., Mgf. v. Mon(t)ferrat →Mon(t)ferrat
Boni homines, 2. B. h. (bons hommes), Bezeichnung für: →Grammontenser, →Minimi, →Villar de Frades, Chorherren v., →Sackbrüder, →Brüder und Schwestern des freien Geistes u. a.
Bonium →Bocados de Oro
Bonne, 1. B. de Luxembourg →Johann II., Kg. v. Frankreich
Bonne, 2. B. d'Artois →Philipp III., Hzg. v. Burgund
Bon(n)et, Honoré →Bouvet, Honoré
Bonnier →bonarium
Bononia, 2. B. →Bologna
Bononia, 3. B. (Gesoriacum) →Boulogne-sur-Mer
Book of Durham, 1. B. of D., Bezeichnung für das →Book of Lindisfarne
Book of Durham, 2. B. of D., Evangeliarfragment Durham II., →Durham-Evangeliar
Book of Rights →Leabhar na gCeart
Bordell →Prostitution
Bordesholmer Marienklage →Mariendichtung
Borgia, Familie →Borja
Bornelh (Borneil), Giraut de →Guiraut de Bornelh
Borre-Stil →Wikingerkunst
Borselle, Wolfart de →Wolfart de Borselle
Bossus, Les trois →Fabliau
Botanik →Pflanzenkunde
Boton →Knopf
Bouchard →Burchard
Boudewijn →Balduin; →Baud(o)in
Bougres →Katharer
Boulonnais →Boulogne-sur-Mer
Bourbonnais →Bourbon
Bourgeois →Bürger, Bürgertum
Bourges, Pragmatische Sanktion v. →Pragmatique Sanction
Bourgneuf →Baienfahrt, Baienflotte
Bourgogne →Burgund
Bourguignons →Armagnacs et Bourguignons
Boussac, maréchal de France →Brosse, Jean I. de
Bovata →carucata

Božena →Udalrich
Bozener Spiele →Raber, Vigil; →Debs, Benedikt
Brabantsche Yeesten →Boendale, Jan Van
Braccio da Montone →Fortebracci
Bracciolini, Poggio →Poggio Bracciolini
Bracton, Henricus de →Henricus de Bracton
Brancaleone →Andalò, Brancaleone
Brandan →Brendan(us); →Navigatio S. Brendani
Brandgrab →Grabformen
Brandschatzung →Kriegführung
Brandschutz →Brandkatastrophen; →Bauordnung
Brașov →Kronstadt
Bratislava →Preßburg
Bratton, Henry of →Henricus de Bracton
Brauordnungen →Bier und Brauwesen
Brautmystik →Brautsymbolik
Brauwesen →Bier und Brauwesen
Breakspear, Nicholas →Hadrian IV.
Bredon, Simon →Simon Bredon
Brei →Nahrung, Nahrungsmittel
Breidenbach, Bernhard v. →Bernhard v. Breidenbach
Bremen, Bm., Ebm. →Hamburg-Bremen
Bremer Chronik →Rinesberch und Schene, Bremer Chronik von
Brenna →Fehde
Brennenberger →Reinmar v. Brennenberg; →Bremberger-Lieder
Brenner →Alpenpässe
Brennkugel →Linsen
Brennspiegel →Optik
Breslauer Landrecht →Schlesisches Landrecht
Bretonen →Bretagne
Brettspiele →Spiele
Breuberg, Burg →Fulda
Breuil, Guillaume du →Guillaume du Breuil
Breviarium Alarici →Lex Romana Visigothorum
Briçonnet →Guillaume B.; →Jean B.; →Robert B.
Briefsammlungen →Brief, Briefliteratur, Briefsammlungen
Briefsteller →Ars dictaminis; →Brief, Briefliteratur, Briefsammlungen
Brienne, 2. B., Johann, Kg. v. Jerusalem →Johann v. Brienne
Brieuc, hl. →Briocus
Brigantium →Bregenz
Brigitta v. Kildare →Brigida
Brigitta v. Schweden →Birgitta
Bris, droit de →Strandrecht
Britonia, Bm. →Mondoñedo
Brno →Brünn
Bromyard, Johannes →Robert v. Basevorn
Bronzetür →Tür
Brotvermehrung →Wunder Christi
Bruce, Familie →Carrick, Earls of; →David II. Bruce; →Robert I. Bruce; →Eduard (Edward) Bruce
Bruchrechnen →Rechnen; →Rechenkunst
Bruderkrieg, Sächsischer →Sächsischer Bruderkrieg
Brudzewski →Blar(er), Albert
Brügge, Freiamt v. →Brugse Vrije
Brügge, Vertrag v. (1488) →Flandern
Brulé, Gace →Gace Brulé
Brunetto Latini →Latini, Brunetto
Bruning →Hildesheim, Bm.
Brunnenhaus →Kloster
Bruno, 1. B. I., Ebf. v. Köln →Brun v. Köln (3. B.)
Bruno, 6. B., Bf. v. Toul →Leo IX., Papst
Bruoch →Bruech

HAUPTVERWEISE

Brussa → Bursa
Brustriemen → Sattel
Brustschild → Rationale
Brustwerk → Orgel
Brut, Roman de → Wace; → Layamon
Bruun → Brun; → Bruno
Buch von Bern → Dietrichs Flucht; → Rabenschlacht
Buche → Laubhölzer
Bücherzensur → Zensur
Buchschmuck → Buch; → Bucheinband; → Buchmalerei; → Buchdruck
Buckelquader → Bosse, Bossenquader
Budissin → Bautzen
Budweis → České Budějovice
Budyšin → Bautzen
Büffel → Rinder
Buffone → Gaukler
Bulgar (Bulghar) → Bolgar
Bulgari → Katharer
Bulle(n), Goldene → Goldene Bulle(n)
Bund, Alter und neuer (ikonograph.) → Ecclesia und Synagoge
Bund der Acht alten Orte → Eidgenossen, -schaft
Bund der Dreizehn Orte → Eidgenossen, -schaft
Bund Gottes → Heilsgeschichte
Bund vom Löwen (oder Panther) → Ritterbünde
Bund von St. Jörgenschild → Ritterbünde
Buonaccorsi, Filippo → Callimachus Experiens
Buonaccorso → Bonaccursus v. Mailand
Burdinus, Mauritius → Gregor VIII., Gegenpapst
Bureau de la Rivière → Rivière, Bureau de la
Burgbann → Burg
Burgenbruch → Kriegführung
Bürgergemeinde → Gemeinde, städt.
Bürgerrecht → Bürger, Bürgertum
Burgfriede → Burg
Burghut → Burg
Burgmannen → Burg
Burgmannensiedlungen → Dienstmannensiedlungen
Burgstall → Burg; → Wüstung
Burgtal → Tal
Burgvogt → Vogt
Burgwerk → Burg
Buridan, Jean → Johannes Buridanus
Burke, ir. Familie → Burgh
Burleigh, Walter → Walter Burleigh
Bürokratie → Beamtenwesen
Bursa studiorum → Scholares
Bussard → Greifvögel
Bußbrüder → Sackbrüder
Büßerinnen → Magdalenerinnen
Bußgang → Prozession
Bussi, Giovanni Andrea → Vatikanische Bibliothek
Bußsakrament → Buße (liturg.-theol.)
Buticularius → Mundschenk; → Hofämter; → Kurie
Butigler → Mundschenk
Buyruldu → Urkunde, -nwesen
Bychovec, Chronik des → Chronik
Byrhtnoths Tod → Maldon, Battle of
Byzantinische Medizin → Medizin
Byzantinische Philosophie → Philosophie
Byzanz → Byzantinisches Reich
Byzanz, Stadt → Konstantinopel

Cäcilia → Caecilia
Cadalus v. Parma → Honorius II., Gegenpapst
Caesarea, 4. C. → Kayseri (in Kappadokien)

Caesarius, 4. C. v. Nazianz → Gregor v. Nazianz
Cáin Phátraic (Lex Patrici) → Feidlimid mac Crimthainn
Calabria → Kalabrien
Calculus Victorii (Cursus paschalis annorum 532), von → Victorius v. Aquitanien 457 erstellte Tabelle zur Berechnung des → Osterfestes (vgl. im einzelnen und zur Nachwirkung auch → Osterstreit, → Chronologie).
Calderino, Giovanni → Johannes Calderinus
Calefactorium → Kloster
Calega, Panzà → Troubadours, Troubadourdichtung
Caliabria (Calabriga) → Ciudad Rodrigo
Calisto y Melibea, Tragicomedia de → Celestina, La
Calixtiner → Utraquisten; → Hussiten
Calvain, le savetier de → Farce
Camail → Helmbrünne
Cambridger Liedersammlung, Ältere → Carmina Cantabrigiensia
Camera Apostolica → Kammer, apostolische
Camera civitatis → Kammer; → Finanzwesen
Camerarius → Kämmerer
Camp, Zisterzienserabtei → Kamp
Campania, Campanien → Kampanien
Campionesen → Lombarden
Camposampiero, it. Familie → Padua
Canamusali → al-Mauṣilī, ʿAmmār ibn ʿAlī
Cancellaria apostolica → Kanzlei, päpstliche
Cancellarius, 2. C. → Kanzler
Cancelliere → Kanzler
Candidus, 1. C., Hugo, Kard. → Hugo Candidus
Candidus, 2. C., arian. Korrespondent des → Marius Victorinus Afer
Candidus, 4. C. v. Fulda → Brun
Cangrande I. della Scala → Della Scala, Cangrande I.
Canones Eusebiani → Eusebios, Bf. v. Kaisereia
Canones Hibernenses → Bußbücher
Cantar de Mio Cid → Cid
Cantar de Rodrigo → Cid
Cantar de Roncevalles → Ronceval
Canterbury, Convocation of → Convocation
Canti carnascialeschi → Karneval, Karnevalsdichtung
Canticum canticorum → Hohes Lied
Cantus → Choral, Musica
Cantus directaneus → Psalmodie
Cantus fictus → Musica ficta
Cantus firmus, cantus usualis, cantus planus → Choral; → Figural-, Mensuralmusik
Cantus mensurabilis → Mensuralmusik
Caorsinen → Kawertschen
Capaticum → Kopfzins
Capella → Kapelle; → Hofkapelle
Capellanus → Kapellan
Capestrano, Johann → Johannes v. Capestrano
Capetinger → Kapetinger
Capitatio → Steuerwesen
Capitular(ien) → Kapitular(ien); → Perikopenbuch
Caprea → Aribo (3. A.)
Capreolus, Johannes → Johannes Capreolus
Caracciolo, 3. C., Roberto → Robert v. Lecce
Caradog → Galfred v. Monmouth
Cardigan → Ceredigion
Carillon → Glockenspiel
Cariteo → Gareth
Carmagnola → Bussone, Francesco
Carmen → Choral; → Liturgie; → Musik
Carmen ad Flavium Felicem → Flavius Felix
Carmina figurata → Figurengedichte
Carolus de Tocco → Karolus de Tocco

Carroccio→Fahnenwagen
Carta→Charta
Carta de Hermandad→Hermandad
Castellaje→Kastellan, Kastellanei
Castellano, Castellanus→Kastellan, Kastellanei
Castellum→Kastell; →Burg; →Villa
Castle of Love→Minnehöfe
Castoreum→Bibergeil
Castrensis→Hofämter
Castro, 4. C., Paulus de→Paulus de Castro
Castrum→Befestigung; →Burg; →Burgus; →Kastell; →Stadt
Catalani, Jordanus→Cathala de Séverac, Jourdain
Catalina→Katharina
Catasto→Kataster; →Steuer
Caterina Vigri→Katharina v. Bologna
Cathal mac Finguine, Kg. v. Munster (721–742) →Munster; →Terryglass, Treffen v. (737)
Cattaro→Kotor
Causa, 1. C. (in philosoph. Sinn)→Grund
Ceclis, Landschaft in Kurland→Kurland
Čelje→Cilli
Cellarium→Kloster
Celliten→Alexianer, -innen
Celtic-fields→Flursysteme
Cenne de la Chitarra→Folgóre da S. Gimignano
Cenni di Pepo→Cimabue
Censitor→Steuer, -wesen
Censuales, 2. C.→Zensualen, Zensualität
Centaur→Fabelwesen
Centula→St-Riquier
Centuriation→Flursysteme
Centurio→Heer, -wesen
Cephalicus→Neumen
Cepoy→Chepoy
Černomen, Schlacht v.→Marica
Cervelliera→Hirnhaube
Cetatea-Albă→Aqkerman
Četi-minei→Monatslesung
Ceylon→Indien
Chad, Book of→Book of Chad
Chaillou de Pestin→Fauvel, Roman de
Chaise-Dieu, La→La Chaise-Dieu
Chalcedon (Sarda)→Edelsteine
Chalcidius→Calcidius
Chalton→Dorf, Dorfformen
Chamber→Kammer
Champdivers, Odette de→Odette de Champdivers
Chanson d'Aube→Tagelied
Chanson de croisade→Kreuzzugsdichtung
Chanson de Guillaume→Wilhelmsepen
Chanson de Roland→Rolandslied
Chanson de Roncevaux→Ronceval
Chapel, English Royal→Hofkapelle
Chapelle du roi→Hofkapelle
Character indelebilis→Weihe
Charivari→Rügebräuche
Charles s. a.→Karl
Charles, 1. Ch. d'Espagne, Gf. v. Angoulême→Espagne, Charles d'
Charroi de Nîmes→Wilhelmsepen
Chartularium→Kopiebuch
Charvaten→Kroaten
Chassidismus→Ḥasidismus
Château-à-motte→Motte
Châtelain→Kastellan
Châtellenie→Kastellan

Chatten→Hessen
Chauliac, Guy de→Guy de Chauliac
Cheirothesie, Cheirotonie→Handauflegung
Cherubikon→Chrysostomosliturgie; →Liturgie
Cherubim→Engel
Chétifs, Les→Kreuzzugsdichtung
Chevalerie Ogier→Ogier le Danois
Chevalier au Cygne, le→Lohengrin-Stoff
Chevalier, la dame, et le clerc, le→Fabliau
Chiara→Clara
Chiaravalle→Mailand, Ebm.
Chief sires→Lehnswesen
Chiers, Fluß→Dreikönigstreffen v. 935
Chilandar→Hilandar
Chinthila→Westgoten
Chirius Fortunatianus, Rhetor→Rhetorik
Chiroxylographie→Kupferstichtechnik
Chlothilde, hl., Gemahlin Chlodwigs I.,→Chrodechild(e)
Choiroboskos, Grammatiker→Grammatik
Chor, 2. Ch., Sängerchor→Chorus
Chorbogenkreuz→Triumphkreuz
Chorfratres, Chorfrauen, Chorherren→Augustiner-Chorherren; →Augustiner-Chorfrauen; →Kanoniker; →Kanonissen; →Prämonstratenser (-innen)
Chorgebet→Stundengebet
Chorherrenregeln→Arrouaise; →Augustiner-Chorherren (-Chorfrauen); →Chrodegang v. Metz; →Institutiones Aquisgranenses; →Lateran; →Marbach; →Paris, St-Victor; →Prämonstratenser; →Ravenna, St. Maria in Portico; →St-Ruf; →Sempringham; →Val des Ecoliers; →Windesheim
Chormantel→Pluviale
Chorschüler→schola cantorum (puerorum)
Chorus minor→Chor
Chorvaten→Kroaten
Chrisam→Myron; →Salbung
Christ Church→Canterbury
Christianisierung→Mission und Christianisierung
Christliche Ära→Jahreszählung
Christophorus, 1. Ch. Landinus→Landino Cristoforo
Christus→Jesus Christus; →Christologie
Christus Domini→Salbung
Christus im Elend, Christus im Kerker, Christus in der Rast→Andachtsbild
Christusbilder→Jesus Christus
Christus-Johannes-Gruppe→Andachtsbild; →Johannes Evangelist; →Jesus Christus
Chrobatia→Kroaten
Chronica, Chronicon s. a.→Cronica, Cronicon
Chronicon S. Benedicti Casinensis→Chronik, Italien
Chronik des Sampiro→Sampirus v. Astorga
Chronik v. Zypern→Macheiras, Leontios
Chronique normande→Cochon, Pierre
Chronique rimée de Flandre→Reimchronik
Chroniques d'Arthur de Richemont→Gruel, Guillaume
Chroniques du bon duc Louis de Bourbon→Orville, Jean d'
Chrysanthios→Platonismus
Chrysokolla, griech. 'Goldleim': 1.→Borax; 2.→Edelsteine (Malachit)
Chrysopas, Chrysolith→Edelsteine
Chrysostomos, Johannes, Patriarch v. Konstantinopel →Johannes Chrysostomos
Cidebur→Mieszko I.
Cimiez, Bm.→Nizza

Cináed→Kenneth
Cinus de Sinibuldis, jüngere Schreibweise des Namens Cinus de Sigibuldis→Cino da Pistoia
Circitor→Heer
Circumcisionsstil→Jahresanfang
Circumincessio→Perichorese
Čirmen, Schlacht v.→Marica
Clairobscurschnitt→Holzschnitttechnik
Clarissimus→Titel
Claus Wisse, gemeinsam mit Philipp Colin und Samson Pine Redaktor des »Rappoltsteiner Parzifal« (1331–36); →Colin, Philipp, →Parzivaldichtung
Claves terminorum→Jahreskennzeichen
Clavicord→Musikinstrumente
Clavis sanationis→Simon v. Genua
Clemens, 10. C., Ebf. der Friesen→Willibrord
Clergy, Benefit of→Privilegium fori
Clericus (clerc, clerk)→Kleriker, Klerus
Clermont-Ferrand→Clermont (1. C.)
Cleve→Kleve
Clibanarii→Heer
Clientes→Gesellschaft
Clignet→Brebant, Pierre de
Climax→Neumen
Clipeus militaris/regalis→Heerschild
Clivis→Neumen
Cloisonné→Email
Cluj→Klausenburg
Clusa, Cluse→S. Michele della Chiusa
Codex Ardmachanus→Book of Armagh
Codex Argenteus→Wulfila; →Gotische Sprache und Literatur
Codex Euricianus→Eurich
Codex Florentinus→Corpus iuris civilis
Codex Iustinianus→Corpus iuris civilis
Codex Wibaldi→Wibald v. Stablo
Coemeterialkirche→Martyrium
Cóemgen, hl.→Glendalough
Coenobiten→Koinobiten
Coenobium→Kloster
Cokaygne, Land of→Schlaraffenland
Collatio, 2. C.→Amt, kirchliches
Collatio, 3. C.→Steuer, -wesen
Collectio Caesaraugustana→Caesaraugustana, Collectio
Collectio(nes) canonum→Kanonessammlungen
Collectio Canonum Hibernensis→Hibernensis, Collectio
Collectio Dacheriana→Dacheriana, Collectio
Collectio(nes) decretalium→Dekretalensammlungen
Collectio Farfensis→Farfensis, Collectio
Collectio Hispana→Hispana, Collectio
Collectio LXXIV titulorum→Sententiae diversorum patrum
Collector→Kollektor
Collegantia (colleganza)→Handelsgesellschaft
Colmarer Liederhandschrift→Liederhandschriften
Colón, 1. C., Cristóbal→Kolumbus, Christoph
Colonat→Kolonat
Colonica→Hufe
Colonus→Kolonat
Columbus→Kolumbus
Colum Cille→Columba v. Iona
Comasken→Lombarden
Comburg→Komburg
Comes (ung. ispán)→Gespan
Comes pagi→comes

Comes palatii, comes palatinus→comes; →Hofpfalzgraf; →comitiva
Comes provinciae→Landgraf
Comes stabuli→comes; →Connétable
Comes vici→Wikgraf
Comitatenses→Heer, -wesen
Comitatus (ung. megye)→Komitat
Commendatio→Kommendation
Commentarius→Kommentar
Comminatio→Sanctio
Common law→Englisches Recht
Commonitorium Palladii→Alexander d. Gr., Abschnitt B. I. 2.
Commune→Kommune
Communia→Genossenschaft
Communio, 2. C.→Kommune; →Gemeinde
Commutatio→Steuer, -wesen
Compagnacci→Arrabbiati
Compagnia→Kompanie
Compendium→Kompendium
Compendium aromatariorum→Saladin v. Ascoli
Complet(orium)→Stundengebet
Compostela, Santiago de→Santiago de Compostela
Comtesse de Die (Comtessa de Dia)→Béatrice, Comtesse de Die (2. B.)
Concile de Remiremont→Jugement d'Amour, le
Concilium, 2. C.→Konzil; →Synode; →Rat
Concoregio (Concorezzo), Rinaldo da→Rainaldus v. Mailand, sel.
Concurrentes→Jahreskennzeichen
Condat→St-Claude
Conde Lucanor→Juan Manuel
Condestável, Don Pedro→Pedro Condestável, Don
Conductus, 1. C.→Geleit
Confirmatio→Firmung; →Urkunde, -nwesen
Confoederatio Helvetica→Eidgenossen, -schaft
Coniunctio→Alchemie; →Konjunktion
Conon→Konon; →Conan
Consensus (Patrum et Theologorum)→Konsens(us)
Consentius→Grammatik
Consilia evangelica→Evangelische Räte
Consistorium, 2. C., Versammlung der in Rom anwesenden Kardinäle unter Vorsitz des Papstes→Kurie, →Kardinal
Consortium→Zunft; →Handelsgesellschaft
Constabularius, Constabulus→Connétable, Constable, Condestable, Constafler, Conestabile
Constança, Constance→Konstanze
Constant du Hamel→Fabliau
Constantia, 3. C. III., Tochter des Constantinus II. →Gratian
Constantine II., schott. Kg.→Konstantin II.
Co(n)stanza→Konstanze
Constanze-Griseldis-Romanzen, me.→Griseldis
Constitutio in Basilica Beati Petri→Krönungsgesetze Friedrichs II.
Constitutiones Melphitanae→Liber Augustalis
Constitutiones Regni Siciliae→Liber Augustalis
Constitutum Constantini→Konstantinische Schenkung
Constitutum legis, constitutum usus→Pisa
Consuetudines, monastische→Gewohnheiten, monastische
Consuetudo→Gewohnheitsrecht; →Weistum
Consuetudo Bononiensis→Chronologie
Consulat des marchands, Consulat des villes→Konsul, Konsulatsverfassung

Contrasto →Streitgedicht
Contumacia →Kontumaz
Converso(s) →Konvertiten
Cordeliers →Franziskaner
Corneto →Tarquinia
Cornetum, cornetto (Zink) →Musikinstrumente
Cornicines →Heer, -wesen
Cornicularii →Heer, -wesen
Cornische Sprache →Keltische Sprachen
Cornutus →Johannes de Garlandia
Cornutus novus →Otto v. Lüneburg
Correctores Romani →Corpus iuris canonici
Corvada, corvée →Frondienste
Cosa →Mathematik
Cosmas und Damian →Kosmas und Damian
Coss, Cossisten →Mathematik
Costa ben Luca →Quṣṭā ibn Lūqā
Costanza →Konstanze
Costumbres, Costums →Gewohnheitsrecht; →Weistum
Cotrone (heute Crotone) →Capo Colonne
Cotte d'armes →Waffenrock
Cotto (Cotton, Cottonius), Johannes, Musiktheoretiker um 1100, →Johannes Afflighemensis
Cotton-Bibel →Genesisillustration
Cours d'amour →Minnehöfe
Court of Common Pleas →Common Pleas, Court of
Court of Exchequer →Exchequer
Courtebarbe →Aveugles, les trois de Compiègne
Courtesy Books →Tischzuchten
Courtoisie →Höfische Sitte
Courtrai →Kortrijk
Cousan, Guy de →Damas, Guy
Coventry, 2. C., Bm. →Lichfield
Craon, 3. C., Georges de →La Trémoille, Georges de, Sire de Craon
Crawford, Earls of →Lindsay, Familie
Creatio ex nihilo →Schöpfung
Creil, Familie →Westfranken
Crépy, Guillaume de →Guillaume de Crépy
Crescentiis, Petrus de →Petrus de Crescentiis
Crescenzi, Piero de' →Petrus de Crescentiis
Crest →Heraldik
Cristus, Petrus →Christus, Petrus
Cró →éraic
Crocus Veneris →Crocus Martis
Crónica de Don Alvaro de Luna, La →Luna, Alvaro de
Cronica Profetica →Chronik, Prophetische
Croyland →Crowland
Crul, Cornelis →Rederijkers
Crwth →Musikinstrumente
Cubicularius →Kämmerer
Cubiculum →Katakomben
Culdeer →Céli Dé
Culm →Kulm
Culmer Handfeste →Kulmer Handfeste
Cummean →Cummianus; →Cuimíne Fota (Cummean v. Clonfert); →Cuimíne Ailbe
Cummianus, 2. C. Albus →Cuimíne Ailbe
Cummianus, 3. C. v. Clonfert →Cuimíne Fota
Curator, 2. C. →Munt; →Pfleger
Curatorie →Sardinien
Curia publica →Rat, städt.
Curia Romana →Kurie, röm.
Curiosum urbis Romae →Rombeschreibungen
Cursus (mus.) →Notation; →Psalmodie

Cursus monasticus →Psalterium
Cursus publicus →Post
Cursus Romanus (canonicalis, canonialis) →Psalterium
Curtea de Argeş →Argeş
Cusanus, Nicolaus →Nikolaus v. Kues
Cycle du Roi →Karl d. Gr., Lit.
Cyrillisches Alphabet →Alphabet (Abschnitt IV)
Cyrillus →Kyrill(os); →Konstantin
Cyrus →Kyros

Dachstuhl →Dach
Dacia →Dakien
Dalmatica (Dalmatik) →Kleidung, liturg.; →Krönungsornat
Damaszener Klingen →Waffen, -herstellung
Dame, Brettspiel →Spiele
Damenstift →Stift
Damian, hl. →Kosmas und Damian
Damianisten →Coelestiner
Damianistinnen →Franziskanerinnen
Damianiten →Damianos
Damm- und Deichbau →Deich- und Dammbau
Dammartin, Renaud de →Renaud de Dammartin
Danelag →Danelaw
Danse Macabre →Totentanz
Danza de la Muerte →Totentanz
Darbringung Christi im Tempel →Kindheitsgeschichte Christi
Ḍarīr →Muṣṭafā aż-Żarīr
Darlehen →Kredit, -wesen; →Wucher; →Zins; →Kapital; →Handel
Data communis (Dataria) →Kanzlei, päpstliche
Dataria Apostolica →Kanzlei, päpstliche
Débat, Debate →Streitgedicht
Débat du Clerc et du Chevalier →Streitgedicht
Dečanski →Stefan Uros III. Dečanski
Decanus →Dekan
Decemprimi →Domesticus
Dechant →Dekan
Decima →Zehnt
Deckelbecher →Becher
Decorated Style →Baukunst
Decursio →Heer, -wesen
Dedikationsbericht →Weihinschrift
Deer, Book of →Book of Deer
Défaute de droit →Appellation (Abschnitt II)
Defectus →Weihehindernis
Defizienz →Negation
Deguilevilles, Guillaume de →Guillaume de Deguileville
Dehhānī, Dichter →Osmanische Literatur
Déisi, ir. Dynastie aus →Munster; vgl. im einzelnen →Dál Cais
Dekret Gratians →Decretum Gratiani
Dekumatland →Decumates agri
Dekurio, Dekurionat →Decurio
Deljan, Peter →Odeljan, Peter
Del Poggetto →Bertrand Du Poujet
Demanium →Krondomäne
Demetrios, 4. D. Chomatenos (Chomatianos) →Chomatenos, Demetrios
Demetrios, 5. D. Kydones →Kydones, Demetrios
Demetrios, 7. D. Pepagomenos →Medizin, byz.
Demetrius v. Tiflis →Thomas v. Tolentino
Demonstrator →Anatomie, II
Denalagu →Danelaw
Denarius S. Petri →Peterspfennig

Dene, Eduard de →Rederijkers
Denis →Dionysius; →St-Denis
Dénombrement →Aveu et dénombrement
Denuestos del Agua y el Vino →Streitgedicht
Denunziation (denuntiatio), 1. D. im röm. und gemeinen Recht und im kanon. Prozeßrecht →Anzeige, →Majestätsverbrechen
Deposition, 2. D., Bezeichnung für die Absetzung von weltl. Herrschern →Herrscherabsetzung
Derby, Henri Grosmont →Lancaster
Des conincx Summe →Somme le roy
Descriptio →Ekphrasis
Desmond →FitzGerald, Familie
Despensero →Seneschall
Desprez, Josquin →Josquin Desprez
Detinue →Debt and detinue
Deusdedit, 2. D. II., Papst →Adeodatus
Deutsche Ostsiedlung →Ostsiedlung; →Kolonisation und Landesausbau
Deutsche Reichstagsakten →Reichstagsakten, Deutsche
Devol →Deabolis
Devotio, 1. D. ('Hingabe', 'Andacht') →Frömmigkeit
Devotionsformel →Intitulatio
Devozione →Lauda drammatica
Devşirme →Knabenlese, -tribut
Dezimalbrüche, -system →Rechnen, Rechenkunst
Diadem →Herrschaftszeichen
Diamantierung →Fries
Diatessaron →Bibelübersetzungen
Díaz, 3. D., Rodrigo →Cid
Dichter →Barden; →Éces; →Fili; →Jongleurs; →Meistersang; →Minnesang; →Minstrels; →Rederijkers; →Rhetoriqueurs; →Skalde(ndichtung); →Spielmann(sdichtung); →Troubadour(dichtung); →Trouvères; →»Vagantendichtung«; vgl. →Berufsdichter; →Dichterkrönung; →Hofdichter; →Mäzenatentum
Dicta Catonis →Disticha Catonis
Dictamen →Urkunde, -nwesen; →ars dictaminis
Dicuil, 1. D. (Deicola), hl., Gefährte des hl. →Columban und Gründer des Kl. →Lure
Didacus →Diego
Didymus →Thomas, Apostel; →Didymos
Dieci, Consiglio dei →Consiglio dei Dieci
Die clausule van der Bible →Maerlant, Jacob van
Dienst, 1. D. Vgl. zum rechts-, verfassungs- und sozialgeschichtl. Dienstbegriff →Dienstrecht, →Frondienst, →Lehen, -swesen (Dienstlehen), →Heerbann, →Hoffahrt, →Amt, →Hofämter, →Grundherrschaft, →Abgaben, →Ministerialität, →Reichsministerialität, →Ritter, -tum, →servitium regis, →Herbergsrecht, →Aufgebot, →Heer, -wesen, →Kriegführung; zum kirchl. Dienstbegriff →ministerium, →Liturgie; zum Dienstbegriff in der höf. Literatur →Minne
Dienstboten →Gesinde
Dienstgrade, militär. →Heer, -wesen; →Kriegführung
Dienstleute (in Ostmitteleuropa) →Abgaben, Abschnitt III; →Dienstsiedlungen
Diepold, 2. D. Lauber →Diebold Lauber
Dietrich, 10. D. III., Lgf. v. Thüringen →Diezmann
Dietrichsepik →Dietrich v. Bern
Digesta, Digestum novum, Digestum vetus →Corpus iuris civilis
Dignitas →Würde
Dilectus →Heer, -wesen
Dîme →Zehnt
Dimetoka →Didymoteichon

Dimitrij →Dmitrij
Ding →res
Dinghof →Fronhof; →Hofgericht
Dinkel →Getreide, -anbau, -handel
Dinsdale (Ditneshale, Didynsdale), **Johannes de** →Johannes de Dinsdale
Diois →Die
Diokleia →Doclea; →Zeta
Diomedes →Grammatik
Dionysiana →Dionysius Exiguus
Dionysios, 2. D. Are(i)opagites →Dionysius, hl.
Dionysius, 6. D. de Montina →Dionysius (de Restanis) v. Modena
Diözesansynode →Synode
Diplom →Königsurkunde
Diplomatie und Gesandtschaftswesen →Gesandte
Dipoldinger →Diepoldinger
Dir →Askol'd und Dir
Disputa del Alma y del Cuerpo →Streitgedicht
Disziplin →Disciplina; Erziehungs- und Bildungswesen; →Krieg, -führung
Ditericus →Ziazo, Gf., patricius Romanorum
Dives, Schlacht an der (1058) →Normandie; →Wilhelm der Eroberer
Divisio →Distinktion; →Reichsteilungen
Divisio orbis terrarum →Dimensuratio provinciarum
Dnestr →Verkehrswege (Altrußland)
Doce Sabios, Libro de los →Sieben Weise
Dogmatik →Theologie
Dolmetscher →Übersetzer, Übersetzungen
Dom →Kathedrale
Dombibliothek →Bibliothek
Domfreiheit →Immunität
Domherr →Kapitel
Dominicus, 1. D., hl., Gründer des Prediger- oder Dominikanerordens →Dominikus; →Dominikaner, -innen
Dominikaner-Kirche →Bettelordenskirchen
Dominikaner-Tertiaren →Tertiaren
Domnonée →Dumnonia; →Bretagne
Don →Verkehrswege (Altrußland)
Donado da Lezze →Angiolello, Giovanni Maria
Donald, 4. D., Lord of the Isles →Hebriden
Donatio →Gabe; →Morgengabe; →Schenkung; →Seelgerät; →Testament; →Wittum; →Opfergabe
Donatio Pippini →Pippinische Schenkung
Donatus →Oblatus
Donatus, 3. D., Bf. v. Karthago →Donatisten, Donatismus
Donoratico →Della Gherardesca; →Pisa
Doppeladler →Adler
Doppelbecher →Becher
Doppelvasallität →Lehen, -swesen; →Vasall, Vasallität
Dorfhandwerk →Handwerk, ländl.
Dornbusch, brennender →Moses
Dornbuschkloster →Sinai
Dornenkrönung Christi →Passionsbilder
Dornse →Kemenate
Dorsualkonzept →Konzept
Dositheus →Grammatik
Doudleber →Westslaven
Drachma →Apotheke, Apotheker, V
Draco, -narius →Drache, F. I; →Feldzeichen
Dragutin →Stefan Dragutin
Drehbank →Maschinen
Drehleier →Musikinstrumente
Drei (Zahl) →Dreifaltigkeit; →Zahlensymbolik
Dreieckschild →Schild

Dreiecksmarkt →Markt
Dreieinigkeit →Trinität
Dreifaltigkeitsfest →Epiphanie; →Trinität
Dreifaltigkeitswallfahrt →Trinität
Dreihaufenschema →Kriegführung
Dreizellenchor →Chor
Driftrecht →Weide, -recht
Drillingsbogen →Bogen
Drillingsfenster →Fenster
Dritter Orden →Tertiaren
Drobeta →Severin, Festung an der Donau
Drogo, 3. D., Sohn Alans II. →Bretagne, Abschn. A. II
Dromon →Schiff, -bau, -typen
Druckschriften →Schrift
Druckverfahren →Buchdruck
Duarte (ptg. Namensform von Eduard) →Eduard, Kg. v. Portugal
Dubrovnik →Ragusa
Duchâtel, bret. Adelsfamilie →Chastel, du
Dudelsack →Musikinstrumente
Duell →Zweikampf
Dulcia →Douce
Dumio, dem Ebm. →Braga unterstehendes Klosterbm. im nw. Spanien, gegr. von →Martin v. Braga; →San Martín de Dumio
Dun (Dun le Roy), Burg und Herrschaft im →Berry (Mittelfrankreich), seit dem 11. Jh. neben →Bourges Stützpunkt der →Kapetinger in diesem Gebiet; →Berry
Dunois, Gft. →Châteaudun
Duns Scotus →Johannes Duns Scotus
Duoda →Dhuoda
Durandus, 2. D. v. Mende →Duranti(s), Guillelmus
Durham, Book of →Book of Lindisfarne
Dürnitz →Kemenate
Durrow, Book of →Book of Durrow
Dušan →Stefan Dušan
Dusburg, Peter v. →Peter v. Dusburg
Düzmeğe Muṣṭafā →Osmanen, Osman. Reich

Eadward →Eduard
Early English →Gotik
Easáin →Esáin
East-Anglia →Ostanglien
Eber →Tierbilder, -symbolik
Eberhard, 23. E. v. Gandersheim →Gandersheim; →Reimchronik
Eberhard, 24. E. Windecke →Windecke, Eberhard
Eberhardus Alemannus →Eberhard d. Deutsche
Eble →Ebalus
Ebo, 2. E., Ebf. v. Sens →Sens
Ebo, 3. E., Verfasser einer Vita Ottos v. Bamberg →Otto v. Bamberg
Ebrard v. Béthune →Eberhard v. Béthune (21. E.)
Ecce homo →Passionsbilder; →Andachtsbild, Abschn. III
Échevin →Schöffe
Eck(e)hard →Ekkehard
Ecloga →Ekloge
Ecloga legum in epitome expositarum →Epitome legum
Écorcheurs 'Schinder', Bezeichnung für frz. →Söldner in der Spätzeit des →Hundertjährigen Krieges, insbes. für die →Armagnaken
Écoutète →Schultheiß
Eddica minora →Edda
Eddische Preislieder →Darraðarljoð; →Eiríksmál; →Hákonarmál; →Haraldskvæði

Eddius Stephanus →Aeddi Stephanus
Edelmetalle →Gold; →Silber
Edigü →Goldene Horde
Edirne →Adrianopel
Edith, 1. E., dt. Kgn. →Edgith
Edlyng →Ætheling
Edrisi →al-Idrisi
Eduard, 13. E., Gf. v. Bar →Bar, Eduard I.
Eduard, 16. E. de Dene →Rederijkers
Egarten, Egert →Driesch; →Feldgraswirtschaft
Egeria →Aetheria
Egidius →Aedidius; →Gil; →Gilles
Egidius, 1. E., Bf. v. Reims →Reims
Egisheim, Gf. en v. →Dagsburg, Gf. en v.
Egitania, Bm. →Idaña/La Guarda
Ehelosigkeit →Gelübde; →Jungfräulichkeit
Eherne Schlange →Moses; →Typologie
Ehingen, Georg v. →Autobiographie, Abschnitt IV
Ehrbarkeit →Gesellschaft
Ehre, 2. E. (im polit.-rechtl. Sinn) →Honor; →Lehen, -swesen; →Ritter, -tum
Ehrenpreis →enech
Ehrliche, unehrliche Gewerbe →Gewerbe; →Gesellschaft
Ehrverlust →Infamie
Eibe →Nadelhölzer
Eidbuch →Stadtbücher
Eideshelfer, ein Mitschwörer, der den Wahrheitseid (→Eid) des Beklagten unterstützte
Eigenleute →Leibeigenschaft
Eigenschaft →proprietas, proprium
Eigenwirtschaft →Fronhof; →Grundherrschaft
Einbildungskraft →Phantasia, phantasma
Einfeldwirtschaft →Dauerackerbau; →Flursysteme
Einforstung →Forst, -bann
Einigung →Unio
Einkleidung →Mönchtum
Einlegetechnik →Inkrustation
Einöde, Einödeflur →Siedlung, Siedelformen
Einold →Eginold
Einsiedler →Anachoreten; →Eremiten
Einsprechung →Inspiration
Einstraßensiedlung →Topographie
Einung, 2. E. (Mystik) →Unio
Einwelttheorie – Mehrwelttheorie →Welt
Einzelhof →Hof, -formen; →Siedlung, Siedelformen
Einzige, das; Einzigkeit →Singularität
Eisenhosen →Panzerhosen
Eisen-Schmiedekunst →Schmiedekunst
Ekkehard, 2. E. II., Mgf. v. →Meißen, Sohn von Ekkehard I. →Ekkehardinger
Ekkehard, 3. E., Bf. v. Prag →Prag
Ektenie →Liturgie
Eleanor →Eleonore
Elefant →Elephas
Elementarium →Papias
Elene, Elena →Helena
Eleonora d'Arborea →Arborea (1. A.)
Eleonora, 6. E. v. d. Provence, Kgn. v. England →Heinrich III.
Eleūsa →Marienikonen
Elias, 4. E. Levita →Levita, Elias
Elionor de Prades →Lusignan, Peter v.
Elisabeth, hl., Gattin des Zacharias, Mutter Johannes des Täufers →Kindheitsgeschichte Christi; →Andachtsbild (Visitatio)

Elisabeth v. Thüringen, hl. →Elisabeth v. Thüringen (16. E.)
Elisabeth, 2. E. v. Pommern, dt. Ksn. und Kgn. v. Böhmen→Karl IV.
Elisabeth, 9. E. v. Bayern, Kgn. v. Frankreich→Isabella
Elisabeth, 10. E., hl., Kgn. v. Portugal→Isabella
Elongata→Urkundenschrift
Eloquentia (Eloquenz)→Rhetorik
Elucidarius→Lucidarius
Emaus, Abtei OSB→Prag
Emerita Augusta→Mérida
Emona→Ljubljana
Empfängnis, unbefleckte→Maria
Endemusa→Synode
Endreim→Vers- und Strophenbau
Endzeit, -erwartung→Eschatologie
Enea Silvio Piccolomini→Pius II.
Engadin→Graubünden
Engern→Sachsen
Enkaustik→Wandmalerei; →Ikonenmalerei
Enquêtes, Chambre des→Parlement
Enrique→Heinrich
Ens→Sein
Entelechie→Akt–Potenz
Entmannung→Kastration; →Eunuchen
Ephemeriden→Tafeln, astronomische
Epigonation→Kleidung, liturgische
Epigraphik→Inschriften
Epiros→Ep(e)iros
Episcopus→Bischof
Epistola→Brief
Epitaph→Grabmal
Epitome Iuliani→Corpus iuris civilis
Eppo→Eberhard
Equity→Aequitas, Englisches Recht
Erbärmdebild, eine der dt. ma. Bezeichnungen für →Schmerzensmann. Vgl. auch→Andachtsbild
Erbauungsbücher→Geistliche Literatur
Erbgesessener, Bezeichnung für einen erbl. Besitzer von→Grundbesitz; →Erbbürger
Erblande, österr.→Habsburger; →Österreich
Erbleihe→Emphyteusis; →Pacht; →Stadtrecht
Erblichkeit→Erbrecht
Erbpacht→Emphyteusis; →Pacht
Erbschulze→Schultheiß
Erbse→Hülsenfrüchte
Erbvertrag→Erbrecht
Erbvogt→Vogt
Erbzins→Zins; →Emphyteusis
Erddarstellung, 1. E. (geogr.)→Kartographie
Erdjagd→Jagd
Erdmessung→Geometrie
Erdöl→Naphta
Erenagh→Airchinnech
Erfidrápa→Drápa
Erfindungen, techn.→Innovationen
Erfurter Peterschronik→Cronica s. Petri Erfordensis moderna
Eric→Erich
Eric v. Auxerre→Heiric
Erik→Erich
Eriksgata, Königsumritt in Skandinavien→Umritt
Eriugena→Johannes Scotus Eriugena
Erkanbald→Erchanbald
Erle→Laubhölzer
Erlöserorden→Birgittiner
Erlösung→Soteriologie

Ermengaud, 1. E., Ebf. v. Narbonne→Narbonne
Ermengol→Urgel, Gf. en v.
Ernst, 1. E., sagenhafter Hzg.→Herzog Ernst; s. a. →Ernst II., Hzg. v. Schwaben (8. E.)
Ernst, 10. E., OSB, Abt v. Zwiefalten→Zwiefalten
Erotik→Sexualität und Erotik
Erschaffung des Menschen→Schöpfungsgeschichte
Erschatz→Laudemium
Ertoġrul→ʿOsmān
Erweckung des Lazarus→Wunder Christi
Erzämter→Erbämter; →Hofämter
Erzdiakon→Archidiakon
Erzengel→Engel
Erzguß→Bronze, Bronzeguß
Erzkaplan→Hofkapelle; →Erzkanzler
Erzpriester→Archipresbyter
Eschatologie, Judentum→Messianismus
Esche→Laubhölzer
Eselsrücken→Bogen (2. B.)
Esmoreit→Abel spel
Essentia→Sein
Essig→Acetum
Esslingen, Schulmeister v.→Schulmeister v. Esslingen
Estland→Esten, Estland
Esztergom→Gran
Établissement→Ordonnance
Étienne→Stephan
Étienne, Buchdruckerfamilie→Estienne
Etimasie→Thronbild; →Weltgericht
Euchelaion→Krankensalbung
Euchiten→Messalianer
Euchologion→Liturgische Bücher
Eudes→Eudo; →Odo
Eudo, 3. E. v. Stella→Éon v. Stella
Eudokia, 2. E., Schwiegertochter Geiserichs→Geiserich
Eugenikos→Markos Eugenikos
Eugraphius, Grammatiker→Grammatik, Grammatiker
Eule→Greifvögel
Eule und Nachtigall→Owl and Nightingale
Eupraxia→Adelheid (2. A.)
Europa→Kontinente
Eustache, 1. E. Deschamps→Deschamps, Eustache
Eusthatios, 6. E. Makrembolites→Makrembolites, Eustathios
Euthymios, 4. E. v. Tŭrnovo→Evtimij
Evangelien→Apokryphen; →Bibel
Evangelienübersetzungen→Bibelübersetzungen; →Bibeldichtung
Evangelistar→Perikopenbuch
Evangelium aeternum→Joachim v. Fiore
Evangelium Nicodemi→Apokryphen
Evokation→Gericht, -swesen
Ewiger Jude→Ahasver(us)
Ewiger Reichslandfrieden→Reichslandfrieden, Ewiger
Ewiges Leben→Eschatologie
Exegese→Bibel
Exequien→Begräbnis
Eximeniz, Francesc→Eiximenis, Francesc
Existenz→Sein
Exorzist→Exorzismus; →Weihegrade
Explicatio→implicatio
Exportgewerbe, -handel→Fernhandel; →Handel; →Gewerbe

Exportgewerbestadt→Stadttypen
Exposita→Wal
Exzenter→Planetenbewegungen

Faber Stapulensis→Lefèvre d'Étaples
Facultas→Fakultäten
Fadrique→Friedrich
Făgăraş→Fogăraş
Falke→Beizvögel; →Beizjagd; →Greifvögel; →Doġanġi; →Falkentraktate; →Heraldik
Falkenbuch→Falkentraktate; →Friedrich II.
Falkner, Falknerei→Beizjagd; →Doġanġi; →Falkentraktate
Fallabrini, Familie→Pavia
Fallen, -technik→Jagd
Fallgesetz→Dynamik; →Kinematik, Kinetik
Familie, Hl. →Andachtsbild; →Kindheitsgeschichte Jesu
Farben, heraldische→Heraldik
Fasciculus temporum→Rolevinck, Werner
Faßbinder→Böttcher
Fastrada, Gemahlin Karls d. Gr. →Karl d. Große
Fates of the Apostles, the→Cynewulf
Fatras, Fatrasie→Unsinnsdichtung
Fatum→Fortuna
Faubourg→Vorstadt
Faustrohr (Faustbüchse, Fäustling) →Handfeuerwaffe
Faustschild→Buckler
Fava, Guido→Guido Faba
Fayence→Keramik
Fazio, Bartolomeo→Facio, Bartolomeo
Federprobe→Zeichnung
Federzeichnung→Zeichnung
Felapton→Schlußmodi
Feldmark, städt. →Stadtflur
Felipe→Philipp
Felix, 6. F., Bf. v. Nantes→Nantes
Felix, 11. F. Hemmerli(n)→Hemmerli(n), Felix
Fenage→Terragium
Fenian Cycle→Irische Literatur; →Fianna
Fenin, Pierre de→Févin, Pierre de
Ferio→Schlußmodi
Ferison→Schlußmodi
Fermentatio→Alchemie, II
Fernández, 3. F. de Córdoba, Gonzalo→Gran Capitan
Fernando→Ferdinand
Ferrandino→Ferdinand II. Vinzenz
Ferrante→Ferdinand I. v. Aragón, Kg. v. Neapel
Ferrant Sánchez de Talavera (Calavera) →Sánchez Ferrant
Ferry, Hzg.e v. Lothringen→Friedrich
Ferté-sur-Grosne, La→La Ferté-sur-Grosne
Fesapo→Schlußmodi
Festbildzyklus→Dodekaortion
Festino→Schlußmodi
Festsaal→Palas; →Tanzhaus; →Rathaus
Festus→Paulus Diaconus
Fette→Butter; →Öl; →Ernährung
Feuer→Alchemie; →Elemente; →Griechisches Feuer; →Heizung; →Personifikation
Feuerordnungen→Feuerwehr
Feuerweihe→Benediktionen; →Karwoche
Feuerwerk→Pyrotechnik; →Geschütz; →Artillerie
Fibonacci, Leonardo→Leonardo Fibonacci
Fichte→Nadelhölzer
Fidenza→Borgo San Donnino

Fieschi, 1. F., Ottob(u)ono→Hadrian V.
Fieschi, 2. F., Sinibaldo→Innozenz IV.
Figueroa, Haus→Feria, Gf.en v.
Figura→Logik
Figurenschmuck, rhetorischer→Figurae
Filiation, monastische→Kloster
Filz→Textilien, -herstellung, -handel
Finanzwirtschaft→Finanzwesen; →Frühkapitalismus; →Hochfinanz
Findelhaus→Waisenhaus
Finechas→Féni, Abschn. 2
Finnische Stämme→Finnisch-ugrische Sprachen; →Finnland
Fintâle→Haubert
Fiore, Kl. S. Giovanni→Joachim v. Fiore
Firma→Herbergsrecht; →feorm
First→Dach
Fischblase (Schneuß) →Maßwerk
Fischerringsiegel→Anulus piscatoris
Fiskalbetrieb→Wirtschaft, -sformen
FitzGilbert→Clare
FitzNigel (Fitz Neal), Richard→Richard v. Ely; →Dialogus de scaccario
Flabellum→Fächer
Flamboyant→Baukunst
Flamel, Nicolas→Nicolaus Flamel
Flandre, Chroniques de→Chroniken v. Flandern; →Chronik, Abschn. F
Flavio, Biondo→Biondo, Flavio
Fleck, Konrad→Florisdichtung, Abschn. II
Flémalle, Meister v. →Campin, Robert
Fliege→Insekten
Floh→Insekten; →Pest
Floire et Blancheflore→Florisdichtung
Flore und Blancheflur→Florisdichtung
Florentina (Codex Florentinus) →Corpus iuris civilis
Florenz, Konzil v. →Ferrara-Florenz
Flores (auctorum; philosophorum)→Florilegien
Flores grammatice→Ludolfus de Lucohe
Flower and the Leaf, The→Assembly of Ladies
Flug, 2. F.→Heraldik
Flugblatt→Einblattdruck
Follis→Währung
Folquin→Volkwin
Fondulo, Gabrino, Signore v. Cremona→Cremona
Forage→Steuerwesen
Forcellius→Dallán Forgaill
Forest Charter →Forst, Abschn. II
Formula Hormisdae→Hormisdas
Formularbehelfe, -sammlungen→Formel, -sammlungen
Fosses→St-Maur-des-Fosses
Fouage→Herdsteuer; →Steuerwesen
Fournier, Jacques→Benedikt XII.
Foy, poème de Sainte→Fides, hl.
Fra Angelico→Angelico
Franc-fief→Acquêts
Franche-Comté→Burgund, Freigft. (s. B.)
Franchises→Chartes de franchises
Franciscus, 2. F. Eiximenis→Eiximenis, Francesc
François→Franz
Francs-Archers→Heerwesen
Frankenspiegel→Kaiserrecht
Fränkische Reichsannalen→Reichsannalen
Frankohorion→Fruška Gora
Frankpledge→Francplegium
Franks Casket→Kästchen v. Anzon

Franz, 3. F. v. Assisi →Franziskus, hl.
Franzesi, Musciatto de' →Mouche
Franzien, Hzm. →Francia
Franziska, 1. F. v. Amboise, sel. →Karmelitinnen
Franziskanertertiaren →Tertiaren
Fraterherren →Brüder (und Schwestern) vom gemeinsamen Leben
Frauenbach (Baia Mare) →Neustadt/Marmarosch
Frauenchiemsee →Chiemsee
Frauenlob →Heinrich v. Meißen
Freculfus →Frechulf
Freiamt v. Brügge →Brugse Vrije
Freigelassene →Freilassung
Freigrafschaft Burgund →Burgund (5. B.)
Freiherr →Baron; →Herr; →Heerschild
Freimarkt →Markt
Frenswegen →Windesheimer Kongregation
Frérèche →Hausgemeinschaft
Freskomalerei →Wandmalereitechnik
Freuden und Schmerzen Mariae →Maria, hl.
Friauler Spieß →Spetum
Friaulisch →Friulanisch
Fribourg →Freiburg im Üchtland
Friedelehe →Ehe, Abschnitt B. VI. 1b
Friedrich, 50. F. v. Bitsch →Friedrich, Hzg. v. Bitsch (24. F.)
Friedrich, 52. F. v. Büren →Friedrich »v. Büren« (35. F.)
Friedrich, 54. F. v. Landskron →Reformatio Sigismundi
Friedrich, 55. F. Reiser →Reiser, Friedrich
Frithegodus →Fridegodus
Fritsche Closener →Closener, Fritsche
Frömmigkeit →Pietas; →Mystik; →Spiritualität
Frontale →Antependium
Frosch →Lurche
Frowin, 1. F. v. Engelberg →Engelberg
Frühburgen, alamannische →Befestigung, A. III. 5
Frühmittelhochdeutsche Literatur →Deutsche Literatur
Frühstadt, slavische →Stadt; →gorod; →Bürger, H. I; →civitas, III
Fulgentius, 3. F. Ferrandus →Ferrandus
Fulko →Fulco
Fumigatio →Räuchermittel
Fund v. Freckleben →Schatzfunde
Funduq →Araber, III; →Fondaco
Fürbitter →Intervenienten
Furnes →Veurne
Furs →Fuero
Fürsorge →Armut und Armenfürsorge; →Krankheit, Krankenpflege
Fürspan →Fibel
Fußwaschung →Fußkuß, IV; →Gründonnerstag
Fyrd →Heer, Heerwesen

Gabalas, Manuel →Manuel Gabalas
Gabriel, 2. G. Biel →Biel, Gabriel
Gadem →Buden
Gaden →Apotheke
Gaffel →Zunftwesen; →Gabelle
Ǧalāluddīn-i Rūmī →Rūmī
Galeere →Schiff, -stypen
Galeone →Schiff, -stypen
Galeran de Requesens →Requesens, Galeran de
Galfred v. Monmouth →Geoffrey v. Monmouth
Galfredus de Meldis →Meldis, Galfredus de
Galfridus, 1. G. Hardeley →Hardeley, Galfridus
Galič →Halič-Volhynien
Galiläa →Atrium
Gälisch →Keltische Sprachen
Galizien →Halič-Volhynien
Gallikanische Liturgie →Liturgie
Gänse →Hausgeflügel
Garbo, Dino del →Dino del Garbo
Garde, 1. G. →Leibwache
Garde-Freinet, La →Fraxinetum
Garn →Textilien
Gasparino Barzizza →Barzizza
Gastfreundschaft →Gasthaus
Gattamelata →Erasmo da Narni
Gaube (Gaupe) →Dach
Gaukler →Spielleute und Gaukler
al-Ǧazarī →al-Jazarī
Gebetsruf →Muezzin
Gebot →Dekalog; →Gesetz
Gebühren →Taxen
Geburt →Schwangerschaft und Geburt
Gebweiler, Katharina →Katharina Gebweiler
Gegengifte →Antidota
Gegensiegel →Siegel
Geier →Greifvögel
Geisli →Einarr Skúlason
Geißelung Christi →Passionsbilder
Geißler →Flagellanten
Geistliche, Geistlichkeit →Klerus, Kleriker
Geistliches Drama →Geistliches Spiel
Geistliches Lied →Geistliche Dichtung
Gelasiana des 8. Jh. (Jung-Gelasiana) →Sakramentar
Gelasianische Zweigewaltenlehre →Zweigewaltenlehre, Gelasianische
Gelasios →Gelasius
Geläut →Glocken
Gelbguß →Gelbgießer; →Gießerei; →Messing
Geleit (Irland) →snádud
Geliger →Roßharnisch
Gelimer →Vandalen
Gellert, hl. →Gerhard, hl.
Gellone →St-Guilhem-le-Désert
Gelote, ma. Bezeichnung für Bleikugel →Lotbüchse
Gemarkung →Stadtflur
Gematrie →Buchstabensymbolik, II
Gemeinde, 2. G. →Kirche
Gemeindeeigentum →Allmende
Gemeindeflur →Stadtflur
Gemeindeverfassung →Verfassung
Gemeiner Nutzen →Soziallehre; →Bonum commune
Gemeinwohl →Bonum commune; →Soziallehre
Gemistos, Plethon Georgios →Plethon
Gemme →Kameo
Gemot, Versammlung, v. a. Gerichtsversammlung, im ags. Bereich →Angelsächsisches Recht; →witenagemot
Gemüse →Obst- und Gemüseanbau, -handel
General e grande Estoria →Grande et general Estoria
Generalkapitän →Reichsverwaltung (stauf.)
Generalkapitel →Kapitel
Gentile, 4. G. da Mogliano →Mogliano
Geoffrey →Gottfried
Geoffroi →Gottfried
Georg, 9. G. v. Peuerbach →Peuerbach, Georg v.
Georgenschild, Gesellschaft mit →St. Jörgenschild, Gesellschaft mit
Georgios, 3. G. Maniakes →Maniakes
Georgios, 5. G. Pachymeres →Pachymeres

Georgsorden, -gesellschaften→St. Georgsorden; →St. Jörgenschild
Gerard(us)→Gerhard
Gerefa→reeve
Geremia da Montagnone→Jeremias de Montagnone
Gereon, hl. →Köln (St. Gereon); →Thebaische Legion
Gerhard, 14. G. v. Zutphen→Zerbolt, Gerhard v. Zutphen
Gerlandus v. Besançon→Komputistik
Gerson, Jean→Johannes Gerson
Gersonides, jüd. Universalgelehrter→Levi ben Gerson
Gervais du Bus→Fauvel
Gesalech→Westgoten
Gesäßreifen→Plattenharnisch
Geschichtsdenken→Historiographie und Geschichtsdenken
Geschichtsschreibung→Historiographie; →Chronik
Geschlechtlichkeit→Sexualität
Geschwindigkeit→Kinematik
Gesellschaft→Sozialstruktur; →Handelsgesellschaft; →Firma
Gesellschaftswappen→Wappen
Gesetz, 3. G. (Judentum)→Recht im Judentum
Gesetzessprecher→Rechtssprecher
Gesith→Earl, Earldom
Gespenster→Tote
Gesta Caroli Magni metrica→Poeta Saxo
Gesta Danorum→Saxo Grammaticus
Gesta Francorum→Chronik, L. I
Gesta Frederici imperatoris in Lombardia→Carmen de gestis Frederici I. imperatoris in Lombardia
Geste des Bretuns→Wace
Gestech→Turnier
Gestüt→Pferd, -zucht
Gesundheitsfürsorge→Arzt; →Hospital; →Medizin
Gewalt→Potestas
Gewaltenteilung→Zweigewaltenlehre (Gelasianische); →Zwei-Schwerter-Lehre
Gewände→Portal
Gewänder, liturgische→Kleidung, liturgische
Gewandschneider→Schneider
Gewann→Flur, -form, -system; →Stadtflur
Gewässer→Wasser; →Forst; →Eaux et forêts
Gewerbe→Handwerk; →Handel
Gewohnheiten, monastische→Mönchtum
Gewölbemosaik→Mosaik
Gewölbeplastik→Bauplastik
Gewürzwein→Conditum; →Wein
Ghāzī→Ġāzī
Ghetto→Stadt
Giacinto Bobone→Coelestin III.
Giacomino, 1. G. Pugliese→Sizilianische Dichterschule
Giacomo, 2. G. da Pistoia→Jacobus de Pistoia
Gianni, Lapo→Lapo Gianni
Gießgefäß→Aquamanile; →Gefäße
Ǧihād→Krieg, Heiliger
Ǧihānšāh→Qara-Qoyunlu; →Ḥaqī qī
Gil de Zamora, Juan→Juan Gil de Zamora
Gilbert, 4. G. v. Sempringham→Sempringham, Kl.
Gilbertiner→Sempringham
Gilles, 1. G. le Bouvier→Berry (le Héraut)
Gilles, 4. G. le Vinier→Guillaume li Vinier
Giovanni, 2. G. di Brienne→Sizilian. Dichterschule
Giovanni, 4. G. Dominici→Dominici, Giovanni
Giovanni, 6. G. da Lignano→Johannes de Lignano
Giovanni, 8. G. da Marignolli→Marignolli
Giovanni, 9. G. di Pian del Carpine→Johannes de Plano Carpini
Girāy, Ḥāǧǧī→Ḥāǧǧī Girāy
Gistum→Gastung
Giullari (ioculares), it. Bezeichnung für→Spielleute
Glagolica→Alphabet, Abschnitt III
Glagolitische Liturgie→Liturgie, ostkirchl.
Glamorgan→Wales
Glashütte→Glas
Glaubensabfall→Apostasie
Glaubensbekenntnis→Symbolum
Gleb Vladimirovič→Boris und Gleb
Gleichnis→Exempel; →Predigt; →Jesus Christus
Glendower→Owain Glyn Dwr
Gleve→Glefe
Glockenmensuren→Glockenspiel
Glockenturm→Campanile; →Turm
Glogauer Liederbuch→Liederhandschriften
Gloriant→Abel spel
Glossa ordinaria. 1. G. (Zivilrecht)→Apparatus glossarum
Glossa ordinaria. 3. G. (Bibelkommentar)→Bibel, B. I. 1, b; B. I. 2, c
Glossen, 1. G. (Zivilrecht)→Apparatus glossarum
Glück→Fortuna
Gluteisen→Zündeisen
Glyptik, Steinschneidekunst→Kameo, Gemme
Gnadenstuhl→Dreifaltigkeit
Godefridus→Gottfried
Godefroid de Claire (v. Huy)→Goldschmiedekunst
Goderamnus, Abt→Hildesheim
Godescalc→Gottschalk
Godomar, Kg. der Burgunder→Gundomar
Goffredo Castiglioni→Coelestin IV.
Gogynfeirdd→Walisische Literatur
Goldblech→Messing-, Gold-, Silberblech
Goldbrakteat→Brakteat
Goldener Helm→Helm
Goldener Schnitt→Proportion
Goldgrund→Tafelmalerei
Goldmosaik→Mosaik
Goliath→David
Gomes Eanes de Zurara→Azurara
Gonfanon, Bezeichnung für die große Leitfahne des Heeres→Fahne. S. a. →Gonfaloniere
Gonsalvus Hispanus→Balboa y Valcarcel, Gonzalo de
González de Lara→Lara
González de Mendoza→Mendoza
Gonzalo, 4. G. Palomeque, Ebf. v. Toledo→Palomeque Gonzalo
Gonzalo, 6. G. Fernández de Cordoba, Heerführer →Gran Capitán, el
Gorazd→Kyrill und Method
Göreme→Höhlenklöster, -kirchen
Gospatric→Cospatric
Göteborg→Lodøse
Gothien→Septimanien
Gotische Schrift→Gotische Buchschrift; Gotische →Urkundenschrift
Gottebenbildlichkeit→Ebenbild Gottes
Gottesdienst, 2. G. (christl.)→Liturgie; →Messe
Gottesfurcht→Gottesverehrung
Gottesmutter→Maria (Mariologie)
Gottesreich→Reich Gottes
Gottesschau→Visio beatifica
Gottfried, 2. G. (Gauzfred, Geoffroy Grisegonelle), Gf. v. Angers→Angers, Anjou

HAUPTVERWEISE

Gottfried, 3. G. (Geoffroy Martel), Gf. v. Angers→Angers, Anjou
Gottfried, 11. G. VII. →Niederlothringen
Gottfried, 24. G. v. St-Victor→St-Victor
Gøttrik→Gudfred
Gottschalk, 3. G. Hollen→Hollen, Gottschalk
Göttweiger Trojanerkrieg→Trojanerkrieg, Göttweiger
Gozbert→Tegernsee
Grabinschriften→Epitaph
Grade, 1. G. →Qualitäten- und Gradenlehre
Grailly, Jean de→Johann I. v. Grailly
Gral→Gra(a)l
Grand Bacinet→Helm
Grand, Johann→Johann (Jens) Grand
Grande-Chartreuse→Chartreuse
Grandes Chroniques de France→Chroniques (Grandes) de France
Grandmont, Kl. →Grammontenser
Granfelden→Moutier-Grandval
Gratialsupplik→Supplik
Gravitation→Dynamik
Great Council→Council, Great
Gregor, 24. G., Abt v. Utrecht→Utrecht
Gregorianischer Kalender→Kalender
Gregorios, 5. G. Akindynos→Akindynos
Gregorios, 6. G. Palamas→Palamas
Gregorius, 2. G. der Presbyter→Gregor v. Nazianz
Grenze, 2. G. (in wirtschaftsgesch. Hinsicht)→Merkantilismus
Griechenland. Zur Gesch. G.s in byz. und frk. Zeit vgl. die Stichwörter zu den einzelnen Themen, Landschaften, Territorien, Städten und Bm.ern wie →Hellas, →Ep(e)iros, →Morea, →Athen, →Thessalonike u. v. a.
Griechische Indiktion→Indiktion; →Chronologie
Griechischer Stil→Chronologie; →Jahresanfang
Griniacensia monasteria→Grigny
Große Ravensburger Handelsgesellschaft→Ravensburger Handelsgesellschaft
Grosseteste, Robert→Robert Grosseteste
Großkomburg→Komburg
Großlogothet→Logothet
Großmährisches Reich→Mähren
Grubenschmelz→Email
Grundrente→Rente
Gründungsstadt→Gründerkonsortium
Grusinien→Georgien
Gruyère→Greyerz
Gualtier de Brienne→Brienne
Gudrun-Epos→Kudrun
Guerre du Bien public→Ligue du Bien public
Guerricus v. Igny→Igny
Guesclin, Bertrand du→Du Guesclin
Gui, 3. G. d'Ussel→Troubadoure
Gui de Warewic→Warewic, Gui de
Guido, 2. G. IV. v. Spoleto→Wido
Guido, 9. G. de Castello→Coelestin II.
Guido, 10. G. v. Chauliac→Guy de Chauliac
Guido, 14. G. v. Pisa→Geographus Ravennas
Guido, 17. G. Vernani→Vernani, Guido
Guillaume, 9. G. Hugonet→Hugonet, Guillaume
Guillaume, 10. G. de Lorris→Roman de la Rose
Guillaume, Chanson de→Wilhelmszyklus
Guillaume de Dôle→Renart, Jean
Guillaume d'Orange→Wilhelmszyklus
Guillem, 1. G. de Berguedá→Berguedá, Guillem de
Guillem, 2. G. de Cabestany→Cabestany, Guillem de
Guiraut, 2. G. de Cabrera→Cabrera
Guiraut, 4. G. Riquier→Riquier
Gundissalinus→Dominicus Gundissalinus
Gut, loses→Loses Gut
Güterrecht (eheliches)→Ehe

Haager Liederhandschrift→Liederhandschriften
Hachberg, Mgft. →Baden; →Zähringer
Hadriana, Collectio→Dionysio-Hadriana, Collectio
Hafer→Getreide
Hagen→Nibelungen, -lied, -saga
Hagen, Johannes→Bursfelder Kongregation
Hagenau, Niklaus v., Straßburger Bildhauer→Niklaus v. Hagenau
Ḥağği→Pilger; →Mekka
Ḥağği Bektaš Velī→Bektašīye
Hahn→Hausgeflügel
Haimerad, hl. →Hasungen
Haimonskinder→Vier Haimonskinder
Hainaut→Hennegau
al-Ḥakam I. →Omayyaden
al-Ḥakam II. →Omayyaden
Hakemitische Tafeln→Tafeln, astron.
Haken, 1. H., hölzernes→Ackergerät
Halbfreie→Hörigkeit
Halbpacht→Teilbau
Halbschilling→Schilling
Halevi, Jehuda→Jehuda Halevi
Halsberg→Haubert; →Brünne
Ḥamīd Oğullarï, turkmen. Dynastie des 14. Jh. in Anatolien→Teke Ojullarï
Ḥammām→Bad, B. IV
Hammer→Hüttenwesen; →Werkzeuge
Hamster→Nagetiere
Handelsrecht→Handel
Handkuß→Kuß
Handliche Tafeln→Tafeln, astron.
Handlung und Beurkundung→Beurkundung
Handwerksdarstellungen→Arbeitsbilder
Hängesiegel→Siegel
Hans, 2. H. v. Bayern→Preußischer Bund
Hans, 3. H. v. Burghausen→Stethaimer
Hansetage→Hanse
Härad, Verwaltungs- und Gerichtsbezirk→Norwegen; →Ding, II
Harfe→Musikinstrumente
Harmonische Hand→Guido v. Arezzo
Harold→Harald
Harpyien→Fabelwesen; →Heraldik
Harrowing of Hell→Descent into Hell
Harthacnut→Hardeknut
Hartung Cammermeister→Cammermeister, Hartung
Harzburg→Sachsenaufstand (1073)
Haschisch→Hanf
Ḥasday Crescas→Crescas Ḥasday
Haupteslösung→Egill Skallagrímsson
Hauptrecht→Besthaupt
Hauptsünden→Sünde
Hausgemeinschaft, -genossen→Haus; →Familie, B. III
Hausgenossen→Münzerhausgenossen
Hausgesetze→Kondominat
Hausgesinde→Gesinde
Hausgut (kgl.) →Königsgut
Hausrente→Rentenmarkt; →Steuer
Haustiere→Tierhaltung

Hay, Familie → Erroll, Earls of
Hebamme → Schwangerschaft und Geburt
Hebräisch → Jüdische Literatur; → Grammatik, E
Hecke → Siedlung, -sformen
Hedeby → Haithabu
Heermeister → Magister militum
Heiðarvíga saga → Saga
Heidelbeere → Beerenfrüchte
Heidelberger Liederhandschriften → Liederhandschriften
Heiland → **Soteriologie**
Heilige Familie → Andachtsbild; → Kindheitsgeschichte Jesu
Heiligenbild → Andachtsbild; → Bild; → Ikone
Heiligen Leben, Der → Hagiographie, B. III
Heiligenlegenden → Hagiographie; → Legenda aurea
Heiligenschein → Nimbus
Heiligenviten → Hagiographie
Heiliges Blut → Blutwunder
Heiliges Grab → Heiliggrab; → Heiliggrabkapelle
Heiliggeistspital → Hospital
Heiligkeit → Heilige
Heiligsprechung → Kanonisation
Heilmittel → Materia medica
Heilpflanzen → Simplicia
Heilsgewißheit → Heilsplan
Heiltum → Reliquiar
Heilzauber → Volksmedizin
Heimburg, Gregor → Gregor Heimburg (27. G.)
Heimskringla → Snorri Sturluson
Heinrich, 27. H. I., Kg. v. Navarra → Heinrich III., Gf. v. Champagne (49. H.)
Heinrich, 33. H. IV., Hzg. v. Bayern → Heinrich II., Ks. (2. H.)
Heinrich, 35. H. VI., Hzg. v. Bayern → Heinrich III., Ks. (3. H.)
Heinrich, 37. H. VIII., Hzg. v. Bayern → Heinrich IV., Ks. (3. H.)
Heinrich, 40. H. XI. Jasomirgott, Hzg. v. Bayern → Heinrich II., Hzg. v. Österreich (64. H.)
Heinrich, 45. H., slav. Fs. v. Brandenburg → Pribislav (Heinrich)
Heinrich, 51. H. I. d. J., Hzg. v. Kärnten → Heinrich III., Hzg. v. Bayern (32. H.)
Heinrich, 59. H. II., Gf. v. Eilenburg, Mgf. v. Meißen und der Lausitz → Meißen
Heinrich, 89. H., Ebf. v. Reims → Henri de France
Heinrich, 98. H. Beaufort → Beaufort
Heinrich, 100. H. v. Bracton (Bratton) → Henricus de Bracton
Heinrich, 102. H. v. Dinant → Dinant, Henri de
Heinrich, 104. H. v. Erfurt → Hartwig v. Erfurt
Heinrich, 109. H. der Glîchesaere → Reineke (Reinhart)
Heinrich, 110. H. v. Gmünd → Parler
Heinrich, 124. H. v. Löwen → Mystik
Heinrich, 130. H. v. Morra → Morra
Heinrich, 140. H. v. Segusia → Henricus de Segusio
Heinrich, 142. H. Seuse → Seuse, Heinrich
Heinrich, 143. H. Steinhöwel → Steinhöwel, Heinrich
Heinrich, 150. H. Wittenwiler → Wittenwiler, Heinrich
Heinrichsburgen → Burgenbauordnung Heinrichs I.
Heinrici Summarium → Summarium Heinrici
Helbling, Seifried → Seifried Helbling
Helena, ae. Gedicht → Elene
Hellespont → Dardanellen

Helmmaske → Maskenhelm
Helmschau → Turnier; → Herold
Helmvaz → Helm
Helmzagelschraube → Stechzeug
Helmzier → Zimier
Hélory, Ivo → Ivo Hélory, hl.
Hemd → Kleidung
Hendrik → Heinrich
Hengwrt-Handschrift → Ellesmere-Handschrift
Henker → Scharfrichter
Henochbuch → Apokryphen
Henry → Heinrich; → Henricus
Hephaistion v. Theben → Astrologie
Hera → Ära
Herbarien → Kräuterbücher
Herbert, 1. H. d. Ä., Gf. v. Épernay → Heribert II. v. Vermandois
Hercules → Herakles
Heribert, 1. H., Gf. v. Laon → Laon
Heribert, 8. H., Ebf. v. Mailand → Aribert
Hering → Fisch
Hermann, 11. H. v. Salza, Hochmeister des → Dt. Ordens → Salza, Hermann v.
Hermann, 18. H. II. v. Katzenelnbogen, Bf. v. Münster → Münster
Hermann, 25. H. d. Lahme → Hermann v. Reichenau
Hermann, 28. H. v. Sachsenheim → Sachsenheim
Hermannus, 1. H. de Westfalia → Hermann v. Schildesche
Hermannus, 3. H. Contractus → Hermann v. Reichenau
Hermeias v. Alexandrien → Neuplatonismus
Herrlichkeit Gottes → Visio beatifica
Herrschaft → Herr, Herrschaft
Herrschaftszeichen → Insignien
Herrscherbild → Bildnis; → Hand Gottes
Herrscherpult → Zeremoniell
Herrscherzeremoniell → Zeremoniell
Herzogenbusch → 's Hertogenbosch
Herzogstuhl → Kärnten
Herzogtum → Herzog
Hessen → Landgrafschaft Hessen
Hetoimasie → Thronbild
Hetzjagd → Jagd
Hexensalbe → Hexen
Hîde → Hufe
Hierarchie, kirchl. → Kirche, -nverfassung
Hieronymus, 3. H. Brunschwig → Brunschwig
Hieronymus, 4. H. v. Mondsee → Mondsee
Higumenos → Hegumenos
Hikanatoi → Heer, B. I
Hilarion, 2. H. → Ilarion
Hilarius, 4. H. v. Angers → Hilarius v. Orléans
Hild(a) → Whitby
Hildegrim → Halberstadt
Hildeprand, 2. H., Hzg. v. Spoleto → Spoleto
Hildericus → Vandalen
Hildesheimer Annalen (Annales Hildesheimenses) → Hildesheim
Hillel, 1. H. II. → Chronologie, E
Himmelfahrt des Elias → Elias, II
Himmelfahrt Mariens → Maria, Mariologie
Hinrichtung → Strafe
Hinterflüge → Harnischschulter
Hintersteg → Sattel
Hiob → Iob
Hippodrom → Konstantinopel

Hire, Étienne de Vignolles, La→La Hire
Hirmoi, Hirmologion→Liturgische Bücher
Hirn→Seele
Hirsch→Rotwild
Hirse→Getreide
Hirtendarstellungen→Bukolik; →Kindheitsgeschichte Jesu; →Guter Hirt
Hišām→Omayyaden
Hispalis→Sevilla
Historia Lausiaca→Palladios
Historia septem sapientum→Sieben Weise
Historien→Reimoffizium
Historische Romanzen→Romanzen
Histria→Istrien
Hita, arcipreste de→Ruiz, Juan
Ḥiṭṭīn→Ḥaṭṭīn
Hochburgund→Burgund, Kgr.
Hochgebet→Messe
Hochgerichtsbarkeit→Gericht, Gerichtsbarkeit
Höchstes Gut→Gut, höchstes
Hochzeit zu Kana→Wunder Christi
Hodigitria→Ikonen
Hofhaltung→Residenz; →Hofordnung; →Hôtel du roi
Höfische Kultur (Literatur, Gesellschaft, Sitte)→Kultur und Gesellschaft, höfische
Höflichkeit→Kultur und Gesellschaft, höfische; →Verhalten (-snormen)
Hofnarr→Spielleute, Narren
Hofschule→Schulwesen
Hofstaat→Hofordnung; →Residenz; →Hôtel du roi
Hoftag→placitum; →Reichs- und Hoftag
Hofzeremoniell→Zeremoniell
Hohenburg, Mgf. v.→Markgraf v. Hohenburg
Hojeda Alonso de→Ojeda
Holcot, Robert→Robert Holcot
Holzschnitt→Graphik
Holztür→Tür
Homagium→Lehen, Lehenswesen
Honor→Honor imperii; →Honour
Honoratioren, städt.→Patriziat
Honoré→Maître Honoré
Honstein→Ho(h)nstein
Hoquetus→Motette
Horae canonicae→Stundengebet
Horne-Buch→Buchmalerei, skandinavische (Abschnitt A. XII)
Horologion→Liturgische Bücher
Hortus deliciarum→Herrad v. Landsberg
Hospitaliter→Antoniter; →Heilig-Geist-Orden; →Johanniter; →Lazariten; →Hospital
Ḫosrau Ānūširwān, Großkg. des→Sāsāniden-Reiches →Chosroes I.; →Astronomie, Abschn. III
Houppelande→Kleidung
Hradschin→Prag
Hruodland→Roland
Hubert Walter→Walter Hubert
Huelgas, Las→Las Huelgas
Hueste→Fonsado
Hufeisen→Pferd; →Schmied
Hufschmied→Schmied
Hüftgürtel→Gürtel
Hugbert, Hzg. v. Bayern→Agilolfinger
Huge Scheppel→Elisabeth v. Nassau-Saarbrücken
Hugo, 15. H., Pfgf. en v. Tübingen→Tübingen
Hugo, 16. H., Mgf. en v. Tuszien→Tuszien
Hugo, 28. H. v. Bar, Bf. v. Verdun→Bar, Hugo v.
Hugo, 41. H. van der Goes→Goes, Hugo van der
Hugo, 44. H. v. Lucca→Borgognoni, Ugo dei
Hugo, 51. H. v. Remiremont→Hugo Candidus
Hugo, 54. H. Spechtshart v. Reutlingen→Spechtshart, Hugo
Hulk→Schiff, -stypen
Humaniora studia→Humanismus
Humbercourt, Herr v. →Brimeu, Guy de
Ḥunain ibn Isḥāq al-ʿIbādī→Jo(h)annitius
Hun(o)ald, Hzg. v. Aquitanien→Aquitanien; →Waifar
Hurmuz→Hormuz
Hürne Seyfrid, der→Seyfrid, der hürne
Husbandry→Agronomie
Huskarl→Hauskerl
Hy→Iona
Hydrostatik→Statik
Hylemorphismus→Form/Materie
Hypnerotomachia Poliphili→Colonna, Francesco

Jābir→Ǧābir(-Corpus)
Jacob→Jacobus, Jakob, Giacomo, Jacques usw.
Jacobs, Berta→Bertken, Suster
Jacobus, 3. J. Alvarottus→Padua (Rechtsschule)
Jacobus, 6. J. de Arena→Padua (Rechtsschule)
Jacobus, 9. J. de Bolonia (Jacques le Moiste de Boulogne)→Orléans (Rechtsschule)
Jacobus, 16. J. Faber Stapulensis→Lefèvre d'Étaples
Jacobus, 26. J. de Ravanis→Révigny, Jacques de
Jacqueline→Jakobäa
Jacquemart Giélée→Giélée, Jacquemart
Jacques, 2. J. Coeur→Coeur, Jacques
Jacques, 3. J. Le Grand→Le Grand, Jacques
Jacques, 5. J. de Révigny→Révigny, Jacques de
Jadwiga→Hedwig
Jagaila→Jagiełło, Jagiellonen
Jahrmarkt→Messe
Jaime→Jakob
Jakob, 24. J. Ben Meir→Tosafisten
Jakob, 26. J. v. Molay→Molay, Jakob v.
Jakob, 31. J. Unrest→Unrest, Jakob
Jakobus→Jacobus
Jamblichus v. Trier→Trier
James→Jakob
Jan→Johann, Jean
Jan Vysatić→Povest' vremennych let
Janov, Matthias v.→Matthias v. Janov
Jaspis→Edelsteine
Iatromathematike→Astrologische Medizin
Jaufre Rudel→Rudel, Jaufre
Jaume→Jakob
Jaume Roig→Roig, Jaume
al-Jayyanī→Ibn Muʿad
Iberien→Georgien
Ibiza→Balearen
Ibn Rušd→Averroes
Ibn Sīnā→Avicenna
Ibn Ṭufail→Abubacer
Ibn Zuhr→Avenzoar
Iconium→Konya
Idanha, Bm.→Guarda
Idiorrhythmie→Mönchtum
Jean, 18. J. d'Arras→Gervasius v. Tilbury; →Melusine
Jean, 24. J. Clopinel→Roman de la Rose
Jean, 27. J. de Joinville→Joinville
Jean, 30. J. de Mandeville→Mandeville
Jean, 31. J. de Meung→Roman de la Rose
Jedermann→Everyman; →Moralitäten

Jehuda, 1. J. Abravanel (Leone Ebreo) →Abravanel, Jehuda
Jenaer Liederhandschrift→Liederhandschriften
Jenseits, -vorstellungen, -reisen, -brief→Eschatologie;→Fegfeuer;→Gericht, Jüngstes;→Himmel;→Hölle; →Vision, -slit.;→Himmelsbrief;→Teufelsbrief
Jens Grand→Johann Grand
Jeremias (Prophet)→Propheten
Jesira (Buch)→Sefär Jetzira
Jeu parti→Streitgedicht
Jezeriten→Ezeriten
Jezira (Buch)→Sefär Jetzira
Ifrīqiya→Afrika, II
Ignorantia→Docta ignorantia
Igumen→Hegumenos
Jimeno Garcés→Pamplona
Ikonion→Konya
Ikonoklasmus→Bilderstreit
Ikonostasis→Bilderwand
Île Barbe, L'→L'Île Barbe
Îles Normandes→Kanalinseln
Illumination→Buchmalerei
Illustris→Titel
Imago→Bild; →Bildort
Imago pietas→Andachtsbild
ʿImāret→Stiftung
Immediatstädte→Freie Städte; →Reichsstädte
Impanatio→Transsubstantiation
Impetrant→Petent; →Supplik
Impetus→Dynamik
Imre→Emmerich
Index librorum prohibitorum→Zensur
Indominicatum→Fronhof
Indulgentia→Ablaß
Infallibilität→Unfehlbarkeit
Infante Dom Pedro→Pedro, Infante Dom
Infantes de Lara→Siete Infantes de Lara (Salas)
Infirmarium→Hospital; →Kloster
Ingressa, in der Mailänder Liturgie (→Ambrosianischer Gesang) Bezeichnung für den Eingang (introitus) der Messe
Ingrossat→Reinschrift
Insiegel→Siegel
Insolubilia→Sophismata-Literatur
Institutiones→Corpus iuris civilis
Intaglio→Kameo
Internationaler Stil→Weicher Stil
Joan, 2. J. Garcia de Guilhade→Guilhade
Jobst→Jodok
Ioc partit→Streitgedicht
Johan Pedro→Juan Pedro
Johann, 51. J. v. Tetzen→Tetzen, Johann v.
Johannes, 95. J. v. Dinsdale→Johannes v. Tytynsale
Johannes, 111. J. Garsias→Johannes Hispanus [2], [6]
Johannes, 136. J. de Lignano→Lignano, Johannes v.
Johannes, 150. J. Nepomuk→Johannes v. Pomuk
Johannes, 163. J. Quidort→Johannes v. Paris
Johannesminne→Minnetrinken
John, 5. J. Gower→Gower, John
John, 7. J. of Holywood→Johannes de Sacrobosco
John, 9. J. Oldcastle→Oldcastle, John
Iola Goch→Walisische Sprache und Literatur
Iolande, Iolante→Yolande; →Violante
Jongleur→Spielmann
Jordan→Jordanus (Iordanus)
Jordanus, 2. J. Catalani→Cathala de Séverac, Jourdain
Jordebog→Erdbuch Waldemars II.

Jorge Manriques→Manriques
Joscelin→Josselin; →Goscelinus
Josef, 2. J. Gikatilla→Gikatilla
Joseph v. Nazareth (Nährvater Christi) →Kindheitsgeschichte Jesu
Jost→Jodok
Irenäus, 2. I. v. Tyrus→Eirenaios v. Tyrus
Isaak, Sohn Abrahams →Abraham
Isabeau→Isabella
Isabella, 3. I. v. Hennegau, Kgn. v. Frankreich →Elisabeth v. Hennegau (8. E.)
Isagoge Iohanitii→Johannitius
Isaias→Propheten
Isernia, Andrea→Andreas de Isernia
Isernia, Henricus→Henricus de Isernia
Islamisches Recht→Recht, islam.
Isländische Sprache und Literatur→Altnordische Literatur, →Edda, →Saga usw.
Isle of Man→Man
Isles of Lordship→Hebriden
Isorhythmie→Motette
Istanbul→Konstantinopel
Juan, 2. J. de Encina→Encina
Juan, 7. J. de Padilla→Padilla
Juan, 9. J. Parente→Parente
Jubeljahr→Hl. Jahr
Jubilus→Messe; →Mystik
Judas Maccabaeus→Neun gute Helden
Jude v. Solms→Hesse
Juden(ab)zeichen→Judendarstellung
Judenbad→Bad
Judenschutz→Judenrecht
Judenverfolgungen→Judenfeindschaft
Judenviertel→Stadt
Judikate v. Sardinien→Sardinien
Julian comes→Ceuta
Julian of Norwich→Juliana
Julianos, 2. J. antecessor→Antecessor
Julius, 4. J. Valerius→Alexander d. Gr. (B.)
Jungcluniazensische Reform→Cluny
Jüngerer Titurel→Titurel
Jüngstes Gericht→Gericht, Jüngstes
Junius Philargyrius→Vergil im MA
Juraklöster→Juraväter
Jury→Englisches Recht
Ius canonicum→Kanonisches Recht
Ius civile→Römisches Recht
Ius fori→Markt
Ius naturale→Naturrecht
Ius regale montanorum→Bergrecht
Justiniana Secunda→Lipljan
Justitia→Tugenden und Laster
Justizbrief→Litterae
Justizsupplik→Supplik
Justus, 2. J. v. Gent→Joos van Wassenhove
Jütisches Recht→Jyske Lov
Juvenal des Ursins→Jouvenel
Ivan, 2. I. I. Asen→Asen I.
Ivansgilde→Novgorod
Iwan→Ivan
Iznik→Nikaia

Kabeljauwen→Hoeken
Kachelmosaik→Mosaik
Kadi→Qadi
Kadłubek, Vincencius→Vincencius Kadłubek
Kaerleon, Ludvig →Lewis v. Caerleon

Kaffa →Caffa
Kaisareia →Caesarea; →Kayseri
Kaiserbild →Bildnis
Kaisersage →Sage
Kaisersberg →Kaysersberg
Kaiserzeremoniell →Zeremoniell
Kalchedon →Chalkedon
Kalekas, 1. K., Johannes →Johannes XIV. Kalekas
Kalenden →Chronologie
Kalligraphie (im Abendland) →Schrift
Kallipolis →Gallipoli
Kalotte →Gewölbe
Kalvarienberg →Andachtsbild
Kamalāddīn Abū l-Ḥasan Muḥammad b. al-Ḥasan →al-Fārisī
Kämmerer →Kammer
Kammerregister, päpstl. →Register
Kanarische Inseln →Atlantische Inseln
Kandia →Kreta
Kanne →Gefäß
Kanon →Hymnen; →Messe
Kanonisation →Selig- und Heiligsprechung
Kantenvisier →Visier
Kanz →Roßharnisch
Kanzleischrift →Schrift
Kanzleisprache →Urkunde, -nwesen
Kanzler →Kanzlei
Kapellenkranz →Chor
Kapitalismus →Kapital; →Frühkapitalismus
Kapitalstrafe →Strafe, Strafvollzug
Kapitelhaus →Chapter House
Kapitelsaal →Kloster
Kaplan →Kapellan
Kappe →Gewölbe; →Mantel
Kapuze →Panzerkapuze
Karabe →Ambra
Karaiten →Karäer
Karantanen →Kärnten
Kardinalbischof →Kardinal
Kardinaldiakon →Kardinal
Kardinalkonsistorium →Konsistorium
Kardinalpriester, -presbyter →Kardinal
Kardinalskolleg →Kardinal
Kardinalskongregationen →Kurie, röm.
Kardinaltugenden →Tugenden und Laster
Kardobenedikte →Distelgewächse
Karl, 8. K. v. Lothringen, westfrk. Karolinger, Sohn von Ludwig IV. →Karl, Hzg. v. Niederlothringen (33. K.)
Karl, 24. K. III., Gf. v. Alençon et Perche →Alençon, Karl III. v.
Karl, 26. K. II., Hzg. v. Bourbon →Bourbon, Charles de (1. B.)
Karl, 34. K. v. Frankreich, Hzg. v. Normandie und Guyenne, Sohn Kg. Karls VII., →Charles de France
Karl, 35. K., Hzg. v. Orléans →Charles d'Orléans
Karleto →Franko-italienische Literatur
Karlmeinet →Karl d. Gr., B
Karneval →Fastnacht; →Feste
Karolellus →Karl d. Gr., B
Karolingische Kunst s. unter den Kunstgattungen wie →Baukunst; →Buchmalerei; →Elfenbein; →Goldschmiedekunst; →Mosaik; →Wandmalerei u. a.
Karolingische Renaissance →Bildungsreform Karls d. Gr.; →Karl d. Gr.; →Renaissance
Karolus de Tocco →Tocco, Karolus de; →Glossatoren
Karolus Magnus et Leo papa →Karl I. d. Gr., B

Karpfen, Fisch →Teichwirtschaft; s. a. →Fisch
Karren →Transportmittel
Karton →Wirkteppiche
Kasel →Kleidung, liturgische
Kastanie →Laubhölzer
Kastell →Befestigung
Kasten →Elfenbein; →Holzschnitzkunst; →Möbel; →Reliquiar
Kastilische Kongregation →Valladolid, Kongregation v.
Kastilische Sprache und Literatur →Spanische Sprache und Literatur
Kastor →Biber
Katalog →Bibliothek
Kataplasma →Arzneiformen
Kategorema →Logik
Katenen →Bibel
Katharina, 4. K. v. Foix, Kgn. v. Navarra →Johann III. v. Albret, Kg. v. Navarra
Katharina, 5. K., Tochter Karls IV. →Rudolf IV., Hzg. v. Österreich
Katharinental →St. Katharinental
Kathedrale →Kirchenbau
Katholische Arme →Pauperes catholici
Katoptrik →Optik
Kauen →Kaunas
Kaufmannsbücher →Buchhaltung
Kazazi →Edlinger
Kehlbalken →Dach
Kehlriemen →Zaumzeug
Keltische Sprachen und Literaturen →Irische Sprache und Literatur; →Walisische Sprache und Literatur; →Bretonische Sprache und Literatur
Kentigern →Mungo
Kephissos, Schlacht am, →Katalanische Kompa(g)nie
Keramikmosaik →Mosaik
Keration →Währung
Kerkerhaft →Gefängnis
Kerotakis →Alchemie; →Destillation
Kerry →Ciarraige
Ketubba →Ehe, Abschnitt E
Ketzer →Häresie
Ketzertaufe →Taufe
Keuschheit →Jungfräulichkeit; →Evangelische Räte
Keuschlamm →Mönchspfeffer
Kevin, hl. →Glendalough
Kiefer →Nadelhölzer
Kienspan →Beleuchtung
Kieselmosaik →Mosaik
Kiever Paterikon →Kiev, C. 2
Kılıč Arslan →Qılıč Arslan
Kilwardby, Robert →Robert Kilwardby
Kindermord, bethlehemischer →Kindheitsgeschichte Jesu
Kinderspiele und -spielzeug →Spiele
Kindertaufe →Taufe
Kindesaussetzung →Kind
Kingston-upon-Hull →Hull
Kinnkette →Kandare
Kirchenamt →Amt, kirchliches
Kirchenbann →Bann, B
Kirchenbau, II. Byzanz →Baukunst, B
Kirchenbücher →Matrikel
Kirchenfamilie →Kirchenbau, I
Kirchengewalt →Potestas ecclesiastica
Kirchengut →Vermögen, kirchliches
Kirchenmodell →Architekturmodell

Kirchenmusik→Musik
Kirchenprovinz→Bistum; →Kirche; →Metropolit, Metropolie
Kirchenrecht→Kanonisches Recht
Kirchenstrafe→Strafe
Kirchenunion→Union, Kirchliche
Kirchenverfassung→Kirche
Kirchenvogt→Vogt, Vogtei
Kirchhof→Friedhof
Klage, Kläger, I. Römisches Recht→Actio; →Gerichtsverfahren, I; →Libellus
Klara→Clara
Klasse, Klassenkampf→Sozialstruktur; →Revolte
Klausel, rhetorisch→Cursus
Klausner, Klausnerin→Inklusen
Kleinarmenien→Armenien
Kleinasien→Kapadokien, →Kilikien etc.
Kleinchroniken, byz. →Chronik, N
Kleinhandel→Handel
Kleinheiligtümer→Wegheiligtümer
Klemens→Clemens; →Kliment
Klementinen→Clementinae
Klenkok, Johannes→Johannes Klenkok
Klientel, -wesen→Sozialstruktur
Klosterapotheke→Apotheke
Klosterbibliothek→Bibliothek
Klostergarten→Garten
Klosterneuburger Altar→Nikolaus v. Verdun
Klosterstadt→Klerus, [7]
Kluge und törichte Jungfrauen→Jungfrauen
Knebeltrense→Trense
Kniebuckel→Genualia
Kniehose→Senftenier
Knight of the Garter→Hosenbandorden
Knoblauch→Lauch
Knochenhauer→Fleischer
København→Kopenhagen
Köcher→Armbrust; →Bogen
Kodizill→Testament
Kohl→Obst und Gemüse
Kölbigker Tanzlied→Tanzlied v. Kölbigk
Kolmarer Liederhandschriften→Liederhandschriften
Kölner Schreinsbücher→Schreinswesen
Koloman, 3. K., hl. →Coloman
Kolonat→Kolone
Kolonisation und Landesausbau→Landesausbau
Kolumban→Columban
Kommendatarabt→Kommende
Kommunion→Eucharistie; →Hostie; →Messe
Komnenos→Chronik von Epeiros
Komödie→Elegienkomödie
Kompanationstheorie→Transsubstantiation
Kompendium→Lehrhafte Literatur
Komplexionenlehre→Temperamentenlehre
Kong Valdemars Jordebog→Erdbuch Waldemars II.
Könige, hl. drei→Drei Könige, hl.
Königsbann→König
Königsboden (Ungarn)→Ungarn
Königsbote→Missus
Königsdienst→Servitium regis
Königsgut→Reichsgut; →Krondomäne
Königshof→Curia regis
Königskloster→Kloster
Königskrone→Corona; →Krone
Königsteiner Liederbuch→Liederhandschriften
Königsurkunden→Kaiser- und Königsurkunden
Königswahl→König; →Wahl

Königsweihe→Sacre
Konkordanztafel→Kanontafel
Konsens→Loci theologici
Konsiliatoren→Kommentatoren
Konstans→Constans
Konstantin, 14. K. Dragaš, Fs. →Dragaš
Konstitutionen→Constitutiones
Konstitutionen v. Melfi→Liber Augustalis
Konsul→Consul; →Kommune; →Konsulat
Konsulatsjahr, röm. Jahreszählung nach Konsulaten, die bis ins FrühMA üblich war→Chronologie, →Jahr, →Datierung v. Urkk.
Kontinente→Weltbild, geograph.
Konto, -führung→Buchhaltung
Konungs skuggsiá (Speculum regale), bedeutender norw. Kg.sspiegel, verfaßt wohl um 1255. Zum Werk und seiner Bedeutung s. im einzelnen→Fürstenspiegel, B. IV
Konvent→Kloster; →Mönchtum
Konventualen→Franziskaner
Koper→Capodistria
Kopfreliquiar→Reliquiar
Kopfsteuer→Steuer; →Taille
Kopialbuch→Kartular
Koptische Kunst→Ägypten, V
Kormčija→Kormčaja Kniga
Kornelimünster→Inden
Korrektor→Corrector litterarum apostolicarum
Korsaren→Kaper, -schiffahrt
Korsun'→Chersonesos
Kosmatenböden→Cosmaten
Kosmetik→Schönheitspflege
Kosmologischer Gottesbeweis→Gottesbeweise
Kötter→Kossäten
Kowna(o)→Kaunas
Kozma→Kosmas
Kraft→Statik
Kragstein→Konsole
Krake→Weichtiere
Kral→König, Königtum, I
Krankenhaus→Hospital
Krankenölung→Krankensalbung
Krautstrunk→Becher
Kraweelbau→Schiff
Kreatur, Kreatürlichkeit→Schöpfung
Krebs→Krustentiere; →Tierkreis
Kreuz, Stadt in Slavonien→Križevci
Kreuzestheologie→Kreuz
Kreuzfahrer→Kreuzzüge
Kreuzgang→Kloster, B
Kreuzlied→Kreuzzugsdichtung
Kreuzpredigt→Predigt
Kreuzreliquien→Kreuz; →Reliquien
Kreuztragung Christi→Andachtsbild
Kreuzzugsbriefe→Publizistik
Kreuzzugsbulle→Cruzada; →Kreuzzüge
Kreuzzugsdichtung, I. Mittellateinische Literatur →Epos, B. I
Krippe→Andachtsbild
Kristoffer v. Bayern→Christoph III.
Krna(y)→Johann v. Krna(y) (47. J.)
Krokus→Safran, -handel
Kronkardinal→Kardinal
Kronrat→Conseil; →Consejo; →Rat
Krönung Mariens→Maria
Krönungsornat→Zeremoniell
Kronvasall→Vasall, -ität

Krümme→Stab
Kruzifix→Kreuz
Kryptosignorie→Signorie
Kugeltopf→Keramik
Kuldeer→Céli Dé
Kümmernis, hl. →Volto Santo; →Wilgefortis
Kunz v. Kauffungen→Prinzenraub, Sächs.
Kupfergewinnung, -handel→Kupfer
Kupferstich→Graphik
Kuppelreliquiar→Reliquiar
Küre→Keure
Kürißsattel→Sattel
Kurköln→Köln
Kurland→Kuren
Kurmainz→Mainz
Kurmede→Besthaupt
Kuropalat→Titel
Kurpfalz→Pfalzgft. b. Rhein
Kurrentschrift→Schrift
Kürschner→Pelze, Pelzhandel
Kurtrier→Trier
Kurverein v. Rhense→Rhense
Kustodie→Franziskaner; →Custodia Terrae Sanctae
Kuttrolf→Angster
Kyburg, Gf. en v. →Kiburg
Kyprian→Kiprian
Kypros→Zypern
Kyrill, 1. K. v. Thessalonike→Konstantin und Method
Kyrillica→Alphabet, IV

Laboratorium→Alchemie, III
La Broquière, Bertrandon de→Bertrandon de la Broquière
La Chastelaine de Vergi→Vergi
Laetus, Iulius Pomponius→Pomponius Laetus
La Garde-Freinet→Fraxinetum
Laibach→Ljubljana
Laienbrüder→Konversen
Laieninvestitur→Investitur; →Investiturstreit
Laienkelch→Kelchkommunion
Laktanz→Lactantius
La Marck→Mark
Lambert, 2. L. I., Hzg. v. Spoleto→Spoleto
Lambert, 7. L. le Tort→Alexander d. Gr., B. V
Lambertiner→Widonen
Landesgemeinde→Gemeinde; →Friesische Freiheit
Landfriede v. Eger (1389)→Eger, Reichstag v.
Landgemeinde→Gemeinde; →Dorf
Landkarte→Karte
Landri, Chanson de→Chanson de Landri
Landschaft→Stände
Landskyld→Landgilde
Landstände→Stände
Landtag→Stände
Landvermessung→Vermessung
Lanfranc, 2. L. Cigala→Cigala
Langen, Rudolf v. →Rudolf v. Langen
Langosco, Familie→Pavia
Languste→Krustentiere
Langwälle→Befestigungen, A. I
Langzeile→Vers- und Strophenbau
Lanzelot→Lancelot
Lapislazuli→Edelsteine
Lapis philosophorum→Stein der Weisen
Lappen→Samen; →Finnisch-ugrische Sprachen
Largitiones, sacrae→Comes sacrarum largitionum
Largs, Schlacht bei (1263)→Schottland

La Sale, Antoine de→Antoine de La Sale
Laster→Tugenden und Laster
Latakia→Laodikeia
Lateran, Palast und Basilika→Rom
Lathcen→Laidcenn
Latifundienwesen→Großgrundbesitz
Latium→Patrimonium Petri
Latwerge→Elektuarien
Lauber, Diebold→Diebold Lauber
Laubhölzer→Nadel- und Laubhölzer
Laudes→Stundengebet
Lauenburg→Sachsen-Lauenburg
Laufenberg, Heinrich v. →Heinrich v. Laufenberg
Laufgang→Galerie
Laura, Geliebte Petrarcas→Petrarca, Francesco
Laurentius, 9. L. Valla→Valla, Lorenzo
Lauria→Lluria
Lausitzer Städtebund→Städtebünde
Lautbert→Lambertus
Laute→Musikinstrumente
Läuterung→Fegfeuer
Lauto→Laudus
Laxativa→Purgantia
Lazarević→Stefan Lazarević
Leabhar→Lebor
Leben, apostolisches→Vita apostolica
Lebor na hUidhre→Book of the Dun Cow
Lecan, Book of→Book of Lecan; →Book of Lecan, Yellow
Leding, Ledung→Leiðangr
Leechbooks→Arzneibücher, III
Leere→Vakuum
Lega lombarda→Lombardische Liga
Legat→Testament
Legendenspiele→Mirakelspiele; →Mysterienspiele
Leges Langobardorum→Langob. Recht; →Edictus Rothari
Legierung→Metalle
Legisten, 1. L., allg. die Kenner der »leges«, d. h. des →Corpus iuris civilis und des Zivilrechts, im Unterschied zu den Kanonisten, den Kennern der »canones«, d. h. des →Corpus iuris canonici und des kanon. Rechts
Legrand, Jacques→Jacobus Magni
Lehensretrakt→Retraktrecht
Lehnrecht→Lehen
Lehnsgericht→Lehen, I
Lehre von den Zeichen des Hirsches→Jagdtraktate
Lehrgedicht→Lehrhafte Literatur
Leibesübungen→Spiele
Leib-Seele→Seele
Leibzucht→Leibgeding
Leichenpredigt→Predigt
Leichensynode→Formosus
Leiden Christi→Kreuz, Kruzifix; →Passion
Leidenschaften→Passiones animae
Leidenswerkzeuge→Arma Christi
Leihanstalten→Benardinus de Bustis; →Montes (pietatis)
Leinster→Laigin
Leinster, Book of→Book of Leinster
Leire, S. Salvador de→S. Salvador de Leire
Leithund→Jagdhunde
Lektor→Weihegrade
Lendit-Messe→St-Denis
Leo, 14. L. Africanus→Al-Wazzān az-Zajjātī
Leo, 15. L. Archipresbyter (v. Neapel)→Alexander d. Gr.

Leo, 17. L. de Balneolis→Levi ben Gerson
Leo, 18. L. de Monumento→Monumento, Leo de
Leon, 11. L. v. Tripolis→Thessalonike
Leonardo, 3. L. v. Pisa→Leonardo Fibonacci
Leone Ebreo→Abravanel, Jehuda
Leonianum→Sakramentar
Leoninische Hexameter→Hexameter
Leontios, 1. L.→Anthologie
Lepanto→Naupaktos
Lepra→Aussatz
Leszek, 1. L.→Piasten, →Polen
Lettre→Litterae
Lettre de noblesse→Adel, A. V
Letzte Ölung→Krankensalbung
Leutpriester→Pfarrei
Levantestädte→Levantehandel
Levevre, Jean→Lefèvre
Levitenstuhl→Zelebrantensitz
Lex Gundobada→Lex Burgundionum
Lex Visigothorum→Leges Visigothorum
Lezda→Leuda
Liber Angeli→Book of the Angel
Liber Ardmachanus→Book of Armagh
Liber census Daniae→Erdbuch Waldemars II.
Liber constitutionum Sancte Romane Ecclesie →Constitutiones Aegidianae
Liber Extra→Corpus iuris canonici
Liber in excelsis→Compilatio maior
Liber de lapidibus→Mineralogie
Liber Scivias→Hildegard v. Bingen
Liber statutorum civitatis Ragusii→Ragusa (Dubrovnik)
Liber statutorum et legum Venetorum→Venedig
Liber Trinitatis→Buch der Heiligen Dreifaltigkeit
Liberti→Freilassung
Liberum arbitrium→Willensfreiheit
Libra→Apotheke, V
Libre del Consolat del Mar→Consolat del Mar de Barcelona
Libre dels Feyts→Llibre dels Feyts
Libri poenitentiales→Bußbücher
Libro Becerro de las Behetrías→Libro de las Merindades
Libro de la Monteria→Jagdtraktate
Lichfield Evangeliar (Gospels)→Book of Chad
Lichtgaden→Obergaden
Lichtsymbolik→Licht
Lied, III. Romanische Literaturen→Chanson; →Canzone; →Canso
Liège→Lüttich
Lieutenant du roi→Lieutenant
Lige→Lehen, III
Limoges, Email von→Email, III
Lindisfarne, Book of (Gospels)→Book of Lindisfarne
Lindwurm→Drache, D; →Heraldik
Liniensystem→Notation
Lippiflorium→Iustinus v. Lippstadt
Lipsanothek→Reliquiar
Lismore, Book of→Book of Lismore
Litauerreise→Preußenreise
Littera Bononiensis→Corpus iuris civilis, II
Liturgie, III. Judentum→Gottesdienst (im Judentum)
Liturgische Musik→Musik
Liturgisches Drama→Geistliches Spiel
Liturgisches Gewand→Kleidung, II
Liudolfinger→Ottonen
Liutizen→Lutizen

Liutpoldinger→Luitpoldinger
Liuva I., II.→Westgoten
Livre de chasse→Jagdtraktate
Livre des faicts du marechal Boucicaut→Boucicaut, Jean II.
Livres d'heures→Stundenbuch
Lizentiat→Licentia
Lleida→Lérida
Llull, Ramón→Raimundus Lullus
Lobo el Rey→Ibn Mardaniš
Locator→Lokator
Lochamer-Liederbuch→Liederbücher, 2
Loci→Topik
Locri→Gerace
Locus imaginis→Bildort
Lodovico→Ludovico
Loggia→Laube
Lögsögumaðr→Rechtssprecher
Logudoro, Judikat→Sardinien
Lombardus→Petrus Lombardus
Londonderry→Derry
Longchamp, William→William Longchamp
Lorch, 1. L. (Oberösterreich)→Lauriacum
Lord Ordainers→Ordainers
Lorenzo, 1. L. il Magnifico→Medici, Lorenzo
Lorrains, Geste des→Lothringerepen
Lorris, Charte de→Statut v. Lorris
Lorris, Guillaume de→Roman de la Rose
Lösegeld→Kriegsgefangene, I
Lothar, 6. L. v. Segni→Innozenz III.
Lothier→Niederlothringen
Louis→Ludwig
Löwlerbund→Ritterbünde, -gesellschaften
Lucania→Lukanien
Lucena, 1. L., Juan de→Juan de Lucena (4. J.)
Luci, Richard de→Lucy, Richard de
Ludger→Liudger
Ludovicus Bologninus→Bologninus, Ludovicus
Ludwig, 52. L. v. Bar, Bf. v. Verdun→Bar, Ludwig v.
Ludwig, 53. L. v. Eyb→Eyb, Ludwig v.
Luft→Elemente
Luitpold s. a.→Leopold
Luka Židjata→Židjata
Lukas→Evangelisten; →Evangelistensymbole
Lukianos→Lucianus
Lukrez→Lucretius
Lull, Ramon→Raimundus Lullus
Luna, 3. L., Pedro de→Benedikt XIII.
Luna, Gft. in León→Quiñones, Familie
Lüneburger Sate→Sate
Luntz→Becher
Lupinen→Hülsenfrüchte
Lupo v. Spoleto→Spoleto
Luria→Lluria
Lutterell→Johannes Lutterell (134. J.)
Lutum Sapientiae→Alchemie, III
Luzia→Lucia
Luzifer→Engel; →Hölle; →Teufel
Lyndsay→Lindsay

Mac Murchada Dermot→Dermot mac Murrough
Macer Floridus→Odo v. Meung
Machaut, Guillaume de→Guillaume de Machaut
Machiavelli→Staat, -stheorien
Macht→Herr, Herrschaft; →potestas
Macht Gottes→Allmacht
Maerlant, Jacob van→Jakob van Maerlant

Magdalena, hl. →Maria Magdalena
Magdeburgische Chroniken→Stadtchroniken
Magister fabricae→Baumeister
Magister Odomarus→Odomarus
Magnus (Magnús), 6. M. Lagabœtir, Kg. v. Norwegen→Magnús Hákonarson Lagabœtir
Magnus Maximus→Maximus Magnus
Magyaren→Ungarn
Mähnenpanzer→Roßharnisch
Mainemorte→Tote Hand; →Amortisation
Maiordomus→Hausmeier
Majestätssiegel→Siegel
Makedonische Renaissance, sog. →Byzantinische Kunst; →Byzantinische Literatur; →Byzantinisches Recht; →Makedonische Dynastie
Makrina→Gregor v. Nyssa
Malae consuetudines→Mal(o)s usos
Malalas→Johannes Malalas (140. J.)
Malatya→Melitene
Maltechnik→Tafelmalerei; Faßmalerei; →Technik der Buchmalerei; →Wandmalerei
Malteser→Johanniter
Malum→Übel
Al-Ma°mūn→Abbasiden
Mandelschild→Schild
Mandragora→Alraun
Manessische Liederhandschrift→Liederbücher; Liederhandschriften
Manfredi Lancia→Lancia Manfredi
Manica→Rüstärmel
Mannfall→Lehen, -swesen; Lehnrecht (Abschnitt I. 4)
Mansus→Hufe
Mantellaten→Tertiaren
Manuel, 4. M. Kantakuzenos, Despot→Kantakuzenoi
Manuel, 6. M. Moschopoulos→Moschopulos, Manuel
Manuel, 7. M. Philes→Philes, Manuel
Maona→Mahona
Map, Walter→Walter Map
Maramures→Marmarosch
Marcadé→Eustache Mercadé
Marche, Olivier de la→La Marche, Olivier de
Marcher Lords→Walisische Marken
Marchfeld, Schlacht auf dem→Dürnkrut
Marcianopolis→Markianopolis
Marcianus→Markianos
Marco Polo→Polo
Marculfi Formulae→Formel, -sammlungen (Abschnitt A. III)
Marcus, hl., Evangelist→Markus
Margarete, 4. M. v. Holland, dt. Kgn. →Ludwig IV. der Bayer (10. L.)
Margarete, 9. M. v. Schottland, Gemahlin Ludwigs XI. v. Frankreich→Ludwig XI., Kg. v. Frankreich (17. L.)
Margarete, 14. M. v. Bayern, Hzgn. v. Burgund→Jean 'sans peur' (12. J.)
Margarethe Beaufort→Beaufort
Marginalität→Randgruppen
Marguerite→Margarete
Maria, 1. M., byz. Ksn. →Manuel I. Komnenos
Maria, 5. M. v. Luxemburg, Kgn. v. Frankreich→Karl IV. (11. K.)
Mariae Entschlafung→Koimesis
Mariae Heimsuchung→Andachtsbild
Mariae Verkündigung→Andachtsbild; →Maria
Marianos, 2. M. Scholastikos→Anthologie
Maribor→Marburg

Maricourt, Pierre de→Petrus Peregrinus
Marienbild→Maria
Mariendichtung→Maria
Marienfeste→Maria
Marienikonen→Maria
Marienklage→Maria
Marienverehrung→Maria
Mariniden→Meriniden
Marino Sanudo→Sanudo
Mariologie→Maria
Maritza→Marica
Mark Brandenburg→Brandenburg
Mark Lausitz→Lausitz
Mark Meißen→Meißen
Mark Zeitz→Zeitz
Marke→Beschauzeichen; →Hausmarken
Marktkreuz→Kreuz, E
Marktplatz→Platz
Marktrecht→Markt; →Forum, III
Marmoutier, 2. M., Abtei im Elsaß→Maursmünster
Mars→Planeten
Marsch→Deich- u. Dammbau; →Marschhufendorf
Marsilio Ficino→Ficino
Martellus, Henricus→Henricus Martellus
Martin v. Tours, hl. →Martin v. Tours (9. M.)
Martin, 4. M. II., Papst→Marinus I.
Martin, 5. M. III., Papst→Marinus II.
Märtyrer→Martyrium; →Martyrologium
Märtyrer v. Zaragoza→Zaragoza, Märtyrer v.
Maruelh→Arnaut de Maruelh
Maschtotz→Mesrop
Masora→Bibel, C
Matfre, Ermengaud→Ermengaud Matfre
Matheolus→Matthaeus v. Boulogne
Mathieu→Matthaeus (Matthäus)
Mathuriner→Trinitarier
Matilda→Mathilde
Matrimonium→Ehe
Matrix→Alchemie
Maulbeerbaum→Seide; →Beerenfrüchte
Maulesel, -tier→Saumtier
Maupertuis, Schlacht v.→Poitiers, Schlacht v., 1356
Maurer→Baubetrieb; →Baugewerbe
Maurice de Craon→Moriz v. Craûn
Maus→Nagetiere
Mausoleum→Grab, -mal
Maut→Zoll
Maximos, 2. M. Planudes→Planudes, Maximos
Mazze→Speisegesetze, jüdische
Meath→Mide
Medikament→Materia medica
Medina Azahara→Madīnat az-Zahrā°
Mediocres→Sozialstruktur
Medres(s)e→Madrasa
Megas dux→Dux, I. 2
Meier Helmbrecht→Wernher der Gartenaere
Meinhardiner→Görz, Gf. en v.
Meister v. Flémalle→Campin, Robert
Meister v. Moulins→Hey, Jean
Melancholia→Humoralpathologie
Melfi, Konstitutionen v.→Liber Augustalis
Méliacin, Roman de→Girart d'Amiens
Meliador→Froissart, Jean
Meliteniotes, Theodoros→Theodoros Meliteniotes
Memoiren→Autobiographie; →Commynes, Philippe de
Mena, Juan de→Juan de Mena

Mendikanten→Bettelorden
Mensa→Altar
Mensur→Notation
Mercadé, Eustache→Eustache Mercadé
Mercatum, Mercatus→Markt; →Emporium
Merciless Parliament→Appellants
Meriadeuc (Meriadeux), Roman→Chevalier aux deux épées
Merindades→Merino
Merino→Schaf, -zucht
Merkur→Planeten
Mesna→Mesuë
Messe des Bartlosen→Spanos
Meßgewand→Kleidung, II
Métayage→Teilbau
Method→Konstantin und Method
Methone→Modon und Coron
Metrik→Vers- und Strophenbau
Meung, Jean de→Roman de la Rose
Mezzadria→Teilbau
Michael, 21. M. Attaliotes→Attaleiates, Michael
Michael, 28. M. Psellos→Psellos, Michael
Michaelskapelle→Kapelle, I
Miles→Ritter; →Chevalier
Milingoi→Melingen
Militär→Heer, Heerwesen
Millstätter Genesis→Genesisdichtung, dt.
Milutin→Stefan Uroš II. Milutin
Minarett→Moschee
Minderstadt→Minderformen, städtische
Mingo Revulgo-Coplas→Coplas de Mingo Revulgo
Miniatur→Buchmalerei
Minima naturalia→Atomistik
Minimen→Paulaner
Minnekästchen→Holzschnitzkunst
Minoriten→Franziskaner
Miqwäh→Bad, B. III
Mir, katal. Gf.en→Miro
Mirandola, Giovanni, Philosoph→Pico della Mirandola
Mirepoix→Lévis
Miroir→Spiegel, -literatur
Mischehe→Paulinisches Privileg
Mischna→Talmud
Mischregel→Regula mixta
Missaticum→Missus
Mithridat→Theriak
Mitkaiser→Kaiser, II
Mitleid→Misericordia
Mitra→Pontifikalien
Mitregentschaft→Kaiser
Mittelfranzösische Literatur→Französische Literatur
Mittelfranzösische Sprache→Französische Sprache
Mittelhochdeutsche Literatur→Deutsche Literatur
Mittelhochdeutsche Sprache→Deutsche Sprache
Mittellateinische Sprache und Literatur→Lateinische Sprache und Literatur
Mittelniederdeutsche Literatur→Niederdeutsche Literatur
Mittelniederdeutsche Sprache→Deutsche Sprache, IV
Mocedades de Rodrigo, Las→Cid, II
Modalnotation→Notation
Moderni→Antiqui–moderni
Modi essendi→Modalität
Modi significandi→Modisten
Moerbeke, Wilhelm→Wilhelm v. Moerbeke

Moiturier, Antoine le→Morel, Jacques
Mo-Laisse→Laisrén moccu Imde
Mömpelgard→Montbéliard
Monasterium→Kloster; →Stift
Monatsbilder→Jahresdarstellung
Monatslesung→Menologion
Mönchskleidung→Ordenstracht
Mönchsregel→Mönch
Mönchtum→Mönch
Mondbewegung→Astronomie
Mondeville, Henri de→Heinrich v. Mondeville (129. H.)
Mondseer Liederhandschrift→Wiener Fragmente
Monetarius→Münze
Monferrato→Mon(t)ferrat
Moniage, Guillaume→Wilhelmsepen
Moniage, Rainoart→Wilhelmsepen
Monkwearmouth→Jarrow-Wearmouth
Monolog, dramatischer→Dit; →Sermons joyeux
Monte→Montes
Montes pietatis→Montes
Monti dei Paschi→Montes
Monti di Pietà→Montes
Moralia in Job→Job, II
Moralitäten, I. Deutsche Literatur→Drama, V
Moratorium→Schuld
Morena→Acerbus Morena; →Otto Morena
Moriaen, Roman van→Artus, V
Mormaer→Earl, II
Mörs→Moers
Mortarium→Mörser
Mort, Artu, La→Artus, II
Mörtel→Mauer, -werk
Mosaikboden→Fußboden, -mosaik
Mosaikikone→Mosaik, III
Mosaisches Gesetz→Dekalog
Moses, 2. M. ben Maimon→Maimonides
Moses, 3. M. ben Nachman→Nachmanides
Mos Gallic(an)us→Jahr
Mostacci, Jacopo→Sizilianische Dichter
Motte, Jean de la→Jean de la Motte (32. J.)
Muezzin→Moschee
Muftī→Recht, islamisches
Muḥammad→Omayyaden
Mühlsteine→Mühle
Muḥtasib (muḥtesib)→Almotacén; →Ḥisbā
Mulling, Book of→Book of Mulling
Mumu→Munster
Mündigkeit→Alter
Münster (Graubünden)→Müstair
Münstersche Stiftsfehde→Münster
Münzfälschung→Falschmünzerei
Münzschmuck→Schmuckmünzen
Münzwesen→Münze, Münzwesen
Muqaddasī→Geographie
Musa→Pseudo-Musa
Mūsā ibn Nuṣair→al-Andalus
Musivische Arbeit→Mosaik
al-Mutawakkil→Abbasiden
Myropola→Apotheke, II
Mystères→Mysterienspiele
Mysterien→Sakramente
Mysterienspiele, III. Deutsche Literatur→Drama, V
Mystik, B. Judentum→Ḥasidismus; →Kabbala

Nachbar, -schaft, schaftsverband→vicinitas; →Bauer; →Burschaft; →Dorf; →Eid; →Stadt

HAUPTVERWEISE

Nachfolge Christi→Imitatio Christi
Nachrichter→Scharfrichter
Nachtschattengewächse→Alraun; →Bilsenkraut; →Tollkirsche
Naissus→Niš
Name, -ngebung→Personennamen; →Ortsnamen
Narrenfeste→Fastnacht; →Klerikerfeste; →Narr, V
Nasenriemen→Zaumzeug
Nativitätsstil→Chronologie, C. I. 2; →Jahr, 2
Naturalabgaben→Abgaben
Naturphilosophie→Physik und Naturphilosophie
Naturzustand→Natur und Gnade
Naucellius→Epigrammata Bobiensia
Negroponte→Euboia
Neilos, 4. N. Kabasilas→Kabasilas, Neilos
Nekrolog→Necrolog
Nepomuk→Johannes v. Pomuk (160. J.)
Nestor-Chronik→Povest' vremennych let
Nestorianismus, Nestorianer→Nestorios; →Ostkirchen
Neues Testament→Bibel
Neujahrsindiktion→Indiktion; →Chronologie, C. I. 4
Neutra→Nitra
Nicaeno-konstantinopolitan. Glaubensbekenntnis→Symbolum
Nicholas Trevet→Trevet, Nicholas
Nicholaus→Niccolò
Nicodemus-Evangelium→Nikodemusevangelium
Nicolaus→Nikolaus; →Nikolaos
Nicolaus, 2. N. de Argentina→Nikolaus Kempf
Nicolaus, 6. N. Eymericus→Eymerich Nicolas
Nicolaus, 11. N. Parisiensis→Nicolaus Flamel (7. N.)
Nicolaus, 14. N. de Ultricuria→Nikolaus v. Autrecourt (13. N.)
Nicomachus Flavianus, 1. N. F. Virius→Flavianus
Nidaros→Drontheim
Niederburgund→Burgund, Kgr.
Niederdeutsche Sprache→Deutsche Sprache, IV
Niedergerichtsbarkeit→Gericht, Gerichtsbarkeit
Niederlage, Niederlagsrecht, -zwang→Stapel
Niederländisch→Mittelniederländische Sprache
Niederlausitz→Lausitz
Nikephoros, 8. N. Blemmydes→Blemmydes, Nikephoros
Nikephoros, 9. N. Gregoras→Gregoras, Nikephoros
Nikephoros, 11. N. Phokas→Nikephoros II. Phokas (2. N.)
Niketas, 5. N. Choniates→Choniates, Niketas
Niketas, 6. N. David→Niketas Paphlagon (8. N.)
Niklashausen, Hans v. →Böhm, Hans
Niklaus v. Hagenau→Nikolaus Hagenower (22. N.)
Nikolaos, 3. N. v. Myra→Nikolaus v. Myra (10. N.)
Nikolaus, hl. →Nikolaus v. Myra (10. N.)
Nikolaus, 32. N. v. Oresme→Oresme, Nicolas
Nikolaus, 40. N. Treveth→Trevet(h), Nicholas
Nikolaus, 43. N., Bildhauer→Niccolò
Nilus→Neilos
Nimwegen→Nijmegen
Niquinta→Niceta
Nivardus v. Gent→Isengrimus
Nivernais→Nevers
Noe→Noah
Noli me tangere→Erscheinung des auferstandenen Christus [2]
Nonen→Chronologie, C. I. 1; →Monat
Norbertiner→Prämonstratenser
Nordalbingien→Sachsen

Nordmark, sächs. →Sachsen
Northampton, Vertrag v. (4. Mai 1328), Bestätigung des Vertrags v. →Edinburgh durch die engl. Regierung
Notabeln, städt. Führungsschicht→Patriziat
Notation, byz. →Byz., altslav., georg. und armen. Musik, III
Notger→Notker
N-Town-Plays→Ludus Coventriae
Nutzungspfand→Pfand

Oberlausitz→Lausitz
Oberlothringen→Lothringen
Obodriten→Abodriten
Observanten→Franziskaner, A. V
Ochrid→Ohrid
Ochsen, -handel→Rind
Ockham→Wilhelm v. Ockham
O'Connor→Uí Conchobáir
Odo, 9. O. Rigaldi, Ebf. v. Rouen→Eudes Rigaud
Odovaker, Odowaker→Odoaker
Ofen→Heizung; →Öfen (alchem.)
Ofen, Stadt→Buda und Pest
Offa, 1. O., legendärer Kg. der Angeln→Offasage
Öffentlichkeit→Publizität
Officium→Amt
Okzident→Weltbild
Okzitanisch→Altprovenzalische Sprache
Olav, 1. O., Kg. e→Olaf
Olive→Ölbaum; →Öl
Olivetaner→Tolomei, Bernardo
Olivi, Petrus Johannis→Petrus Olivi
Olivier→Rolandslied
Oluf, Unionskg. →Olav
Omnipotenz Gottes→Allmacht
Omnipräsenz→Allgegenwart Gottes
Opfergabe→Oblation
Optatianus Porfyrius→Porfyrius Optatianus
Optimaten→Oberschicht; →Patriziat
Opus magnum→Transmutation
Oral-formulaic Theory→Mündliche Literaturtradition, III
Orarion→Kleidung, II
Oration→Messe
Orator→Gesandte, B. I
Orden→Religiöse Orden; →Ritterorden
Ordenanzas reales de Castilla→Copilación de Leyes
Ordinationstitel→Weihetitel
Ordines Romani→Ordo, II
Ordo caritatis (amoris)→Nächstenliebe
Ordonnanzkompagnie→Compagnie d'Ordonnance
Øresund→Sund
Orgel→Musikinstrumente, B. II. 4
Orient→Weltbild
Ornatus mulierum→Schönheitspflege
Orseolo, 2. O., Peter, Kg. v. Ungarn→Peter Orseolo
Osca→Huesca
Osijek→Esseg
Osmond, Earls of→Ormond, Earls of
Ossarium→Karner
Ossius→Hosius v. Córdoba
Ossory→Osraige
Ostensorium→Monstranz
Osterchronik→Chronicon paschale
Osterleuchter→Leuchter, I. 4
Osterpredigt→Predigt
Österreichische Reimchronik→Ottokar v. Steiermark

Osterstreit→Osterfestberechnung
Ostfalen→Sachsen
Ostfränkische Reichsannalen→Reichsannalen
Ostiarius→Weihe
Ostkolonisation→Landesausbau und Kolonisation; →Ostsiedlung, deutsche
Oströmisches Reich→Byzantinisches Reich
Otachare→Otakare
Otinel→Chanson de geste
O'Toole, Laurence→Laurentius O'Toole
Ottar→Entdeckungsfahrten, skandinavische, 1
Ötting→Altötting
Otto, 5. O. de la Roche, Hzg. v. Athen→Athen, II
Otto, 6. O., Gf. v. Ballenstedt→Askanier
Ottokar, 1. O. Přemysl→Otakar
Ottonische Kunst→Baukunst, II
Otton.-sal. Reichskirchensystem→Reichskirche
Otto Santi, Krieg der→Florenz, IV
Ovide moralisé→Ovid, B. I. 3
Özbeg→Goldene Horde

Pactum Calixtinum→Wormser Konkordat
Pactus Alamannorum→Lex Alamannorum
Pädagogik→Erziehungs- und Bildungswesen; →Schule
Päderastie→Homosexualität
Paderborner Epos (Aachener Karlsepos)→Karl d. Gr., B. I. 5
Padua, Reformkongregation→S. Giustina
Palast→Pfalz
Palastkapelle→Pfalzkapelle
Palatium Regis→Aula regia; →Pfalz
Palencia, Alonso→Fernández de Palencia, Alfonso
Paleologo del Monferrato→Mon(t)ferrat, Mgf. en v.
Paliotto→Antependium; →Goldaltar
Palisaden→Befestigung
Palladius, 2. P., Missionar in Irland→Patrick, hl.
Pallavicino→Pelavicino
Palu(d), Pierre de la→Petrus de Palude
Pancratius→Eisheilige
Pandekten→Corpus iuris civilis, I. 1
Pannonhalma→Martinsberg
Panormita→Beccadelli, Antonio
Panormitanus→Nicolaus de Tudeschis
Päonie→Pfingstrose
Papa angelicus→Pastor angelicus
Pappel→Nadel- und Laubhölzer
Papsttum→Papst
Papstzeremoniell→Zeremoniell
Parabel→Exempel
Paradiesflüsse, -hügel→Paradies, II
Parasiten→Ungeziefer; →Würmer
Pardal, Vasco Peres→Vasco Peres Pardal
Pardos, Gregorios→Gregorios Pardos
Parenzo→Poreč
Pariage→Paréage
Paris, Verträge, 1. P., Vertrag v., 1229→Meaux-Paris, Vertrag v.
Paris, Matthew→Matthaeus Paris
Parlatorium→Kloster, B
Parliament→Parlament, Parliament
Parochialverband→Pfarrei; s. a. →Paruchia (Altirland)
Paros→Naxos und Paros
Partecipazio→Particiaco
Partidas→Siete Partidas
Partimen→Streitgedicht
Paruchia, 1. P.→Pfarrei
Pasqual Pere→Pedro Pascual

Passah→Pessach
Passionsbilder→Passion, C
Passionsspiel→Geistliches Spiel; →Drama, V
Passionswerkzeuge→Arma Christi
Patience→Pearl-Dichter
Patrikios→Patricius, II
Patrozinium→Patron
Paulos, 4. P. Silentarios→Anthologie, A. I
Paulus, 4. P. Albarus→Albarus Paulus v. Córdoba
Paulus, 7. P. v. Burgos→Santa María, Pablo de
Pax→Friede; →Kuß (Friedenskuß)
Paxtafel→Kußtafel
Pecham, John→Peckham, Johannes
Pecorone, Il→Ser Giovanni Fiorentino
Pécs→Fünfkirchen
Pectorale→Brustkreuz
Pedro, 9. P. de Luna→Benedikt XIII.
Pedro, 11. P. Tenorio→Tenorio, Pedro, Ebf.
Peira→Practica ex actis Eustathii Romani
Peire, 2. P. Cardenal→Cardenal, Peire
Peire, 5. P. Vidal→Vidal, Peire
Pelagianismus→Pelagius (3. P.)
Peloponnes→Morea
Peña→San Juan de la Peña
Pendentif→Kuppel
Pera→Galata
Perceval→Parzival
Percht→Bercht
Peregrinatio Aetheriae→Aetheria (Egeria)
Pero, 2. P. López de Ayala→López de Ayala, Pero
Pero, 3. P. Rodríguez de Lena→Rodríguez de Lena, Pero
Pest→Buda und Pest
Pestheilige→Rochus; →Sebastian
Pesttraktate→Pest, A. II
Peter, 7. P. II., Zar v. Bulgarien→Theodor Petros
Peter, 12. P. I., Kg. v. Sizilien→Peter III. v. Aragón (3. P.)
Peter, 25. P. v. Ailly→Ailly, Pierre d'
Peter, 26. P. v. Andlau→Andlau, Peter v.
Peter, 27. P. v. Castelnau→Castelnau, Pierre de
Peter, 29. P. v. Hagenbach→Hagenbach, Peter v.
Peter, 32. P. v. Morrone→Coelestin V.
Peter, 33. P. Odeljan→Odeljan
Peter, 40. P. Zwicker→Zwicker, Peter
Peterborough Chronicle→Chronik, G. I
Peterlingen→Payerne
Petros, 5. P. Sikeliotes→Paulikianer
Petru→Peter
Petrus, 11. P. Bembus→Pietro Bembo
Petrus, 12. P. Berchorius→Bersuire, Pierre
Petrus, 14. P. Bertrandus→Bertrand, Pierre d. Ä.
Petrus, 17. P. Bonus→Bonus, Petrus
Petrus, 20. P. v. Candia→Alexander V.
Petrus, 39. P. Godino→Wilhelm Petri de Godino
Petrus, 43. P. Hispanus→Johannes XXI.
Petrus, 59. P. Pictaviensis→Peter v. Wien († 1183)
Petrus, 66. P. v. Rosenheim→Petrus Wiechs v. Rosenheim
Petrus, 68. P. Sarnensis→Pierre des Vaux de Cernay
Petrus, 70. P. v. Tarentaise→Innozenz V.
Petschaft→Siegel
Petschenegen→Pečenegen
Pettendorf→Längenfeld-Pettendorf
Peutingersche Tafel→Tabula Peutingeriana
Pfarrkirche→Kirchenbau; →Pfarrei
Pfarrorganisation→Pfarrei

Pfarrschule →Schule
Pfeifer v. Niklashausen →Böhm, Hans
Pfeil, 1. P. →Bogen, IV
Pferdegräber →Grab, -formen, -mal, A. I
Pferdepanzer →Parsche
Pfette →Dach
Pfister →Bäcker
Pflanzensymbolik →Pflanzendarstellungen, A. II
Pflanzenzauber →Zauberpflanzen
Pfründe →Beneficium, III
Pfund, 2. P. →Maße und Gewichte; →Apotheke, V
Phaedrus →Fabel, -dichtung
Pharmakopöen →Arzneibücher
Philibert, 1. Ph., hl. →Filibertus
Philipp, 24. Ph. Benizi, hl. →Serviten
Philipp, 26. Ph. Frankfurter →Pfaffe vom Kalenberg
Philippe, 2. Ph. de Cabassole →Cabassole, Philippe de
Philippe, 3. Ph. de Commynes →Commynes, Philippe de
Philippe, 4. Ph. de Mézières →Mézières, Philippe de
Phlorios und Platzia Phlore →Florisdichtung, B. V
Piae causae →Causae piae
Pian del Carpine, Giovanni da →Johannes de Plano Carpini (157. J.)
Piccolomini, Enea Silvio →Pius II.
Piero, 3. P. Medici →Medici, Piero
Pierre, 1. P. d'Ailly, Kard. →Ailly, Pierre d'
Pierre, 4. P. de Belleperche →Petrus de Bellapertica
Pierre, 5. P. de la Brosse (Broce) →La Broce, Pierre de
Pierre, 6. P. de Chalon →Chalon, Pierre de
Pierre, 7. P. de Foix →Foix, Pierre de
Pierre, 8. P. de Fontaines →Fontaines, Pierre de
Pierre, 9. P. de Maricourt →Petrus Peregrinus
Pierre, 11. P. de la Provence →Magelone
Pierre, 12. P. Roger →Clemens VI.
Piers Plowman, Vision of →Langland, William
Pietà →Andachtsbild, III
Pietro, 5. P. Tomacelli →Bonifatius IX.
Pieve →Taufkirche
Pigmentarius →Pharmazie
Pilato, Leonzio →Leonzio Pilato
Pille →Arzneiformen, II
Piraten, Piraterie →Seeraub
Piscina →Taufbecken
Pisides, Georgios →Georgios Pisides
Pistoria, il →Cammelli, Antonio
Pistor →Bäcker
Placitum generale →Reichsversammlung
Plácítúsdrápa →Plácidus drápa
Planctus destructionis regni Ungarie →Carmina de regno Ungariae destructo per Tartaros
Planetentheorie →Planeten; →Ptolemaios
Planh →Planctus, II
Plano Carpini, Johannes de →Johannes de Plano Carpini
Plassenburg →Kulmbach
Platon, Platonismus, C. Byzanz →Philosophie, B
Pleskau →Pskov
Plinthe →Basis
Ploughgang →Carrucata
Plovdiv →Philippopel
Plumbator →Bullaria, Bullator
Pneuma →Heiliger Geist
Poema de mio Cid →Cid, El, II
Poenitentia publica →Buße, D. I
Poenitentiale →Bußbücher
Pogrom →Judenfeindschaft

Poimandres →Corpus Hermeticum
Pola →Pula
Polanen →Polen; →Westslaven
Polnisches Recht →Ius Polonicum
Polovcer →Kumanen
Pompeius Trogus →Justinus M. Junianus
Pönformel →Sanctio
Pontifikatsjahr →Datierung von Urkunden, II. 1
Pontos, Pontus →Schwarzes Meer
Popponen →Babenberger, ältere
Populonia →Massa Marittima
Porete, Marguerite →Margareta Porete (5. M.)
Portatile →Altar, II
Ports et passages →Maître des ports et passages
Portugiesisch →Cancioneiro; →Chronik, K. III; →Galicisch-portugiesisch; →Portugiesische Prosa
Possessio →Besitz
Postglossatoren →Kommentatoren
Potenz →Akt–Potenz
Pothorst, Hans →Pining
Pottenstein, Ulrich v. →Ulrich v. Pottenstein
Pozsony →Preßburg
Präfation →Messe, II
Praebende →Beneficium, III
Praepositus →Prévôt; →Provost; →Propst
Praepositus sacri cubiculi →Beamtenwesen, B
Prager Kompaktaten →Basler Kompaktaten
Pravda ruskaja →Ruskaja Pravda
Praxedis →Adelheid (2. A.)
Predella →Retabel
Predigerorden →Dominikaner
Preisdichtung →Panegyrik
Prekarie →precaria
Prémontré →Prämonstratenser
Přemysl →Przemysł
Přemysl, Otakar I., II. →Otakar
Presbyter →Priester
Presbyterium →Chor
Pribik Pulkava →Pulkava, Pribik
Pribina →Privina
Prima materia →Materia prima
Primas →Hugo Primas (50. H.)
Prinzipat →Princeps
Privilegium Henricianum →Wormser Konkordat
Privilegium de non evocando/appellando →Appellationsprivilegien
Probatio →Beweis (Recht, I)
Processio →Filioque; →Trinität
Prokulf →Prohor und Prokulf
Prokurator →Procurator
Prosaroman →Roman
Prothesis →Pastophorien; →Proskomidie
Protovestiarios →Bestiarion
Provenzalische Sprache →Altprovenzalische Sprache
Proverbes, Proverbs, Proverbia →Sprichwort
Provinzial →Ordensprovinz
Prozeß, -recht, -verfahren →Gerichtsverfahren
Prud' hommes →Probi homines
Prüfening →Regensburg
Psalmen, Psalter, C. II. Westen →Gebetbuch; →Buchmalerei
Psalterium sanctae Mariae →Maria, hl., C. I
Pseudo-Dionysius →Dionysius, hl., C
Pseudo-Geber →Geber (latinus)
Pseudo-Matthäus →Apokryphen, A. I
Pseudo-Mesuë →Mesuë
Pseudo-Methodius →Methodius

Pseudo-Ovidiana →Ovid
Pseudo-Serapion →Serapion
Pseudo-Tertullianus →Tertullian
Pskover Chroniken →Chronik, O
Psychomachie →Prudentius (2. P.); →Tugenden und Laster
Ptuj →Pettau
Pucelle, La →Jeanne d'Arc (5. J.)
Pugliese, Giacomino →Sizilian. Dichterschule
Pulgar, Hernando del →Hernando del Pulgar
Punctatio →Ars punctandi
Puppe →Spiele
Purgatorium →Fegfeuer
Purgatorium Patricii →Patrick, hl.
Purity →Pearl-Dichter

Qarāmān →Karaman
Quadragesima →Fasten
Quadratur →Kreisquadratur
Quadrivium →Artes liberales, I
Quartier, 1. Q. →Stadtviertel
Quelle →Wasser; →Brunnen
Quendel →Thymian
Querschiff →Kirchenbau
Quid pro quo →Arzneimittelverfälschung
Quinisextum →Konstantinopel, ökumen. Konzilien (Concilium Quinisextum)
Quinta essentia →Elemente
Quirinus, 4. Q. v. Tegernsee →Tegernsee

Rad, 1. R., Technik →Mühle; →Spinnen, Spinnrad; →Wagen
Radbert v. Corbie →Paschasius Radbertus
Radim →Gaudentius, Ebf. v. Gnesen
Radoslav, 1. R., Kg. v. Serbien →Stefan Radoslav
Radulfus, 4. R. Glaber →Rodulfus Glaber
Radulph(us) →Radulf; →Radulfus
Rähm →Fachwerkbau
Raimbaut, 3. R. Vidal →Vidal, Raimbaut
Raimund, 15. R. Trencavel →Trencavel
Raimundus, 1. R. de Baux →Baux
Raimundus, 2. R. Lullus →Raymundus Lullus
Ramboldini, Vittorino →Vittorino da Feltre
Rammelsberg →Bergbau, I; →Goslar
Ränge, Ranglisten, Rangabzeichen →Taktika
Ranieri Sacconi →Sacconi, Ranieri
Ranulf, 1. R. de Blundeville →Blundeville, Ranulph de
Ranulf, 3. R. Higden →Higden, Ranulf
Raoul, 5. R. v. Presles →Presles
Raphael, 1. R. →Engel
Rastislav →Rostislav
Rat der Zehn →Consiglio dei Dieci
Räte, Evangelische →Evangelische Räte
Rathramnus →Ratramnus
Rätien →Raetia
Ratswillkür →Willkür
Räuberkonzil →Ephesos, Synoden/Konzilien, II
Rauchfaß →Weihrauchgefäße
ar-Rāzī →Rhazes
Razos de trobar →Vidal de Besalù, Ramón
Realismus →Universalienstreit
Realpräsenz →Abendmahl, -sstreit
Rebellion →Revolte
Rebhuhn →Wildhühner
Recesmund →Rabīʿ b. Zaid
Rechenbrett →Abakus

Rechenbuch →Rechenkunst
Rechnungswesen →Finanzwesen
Rechtsanwalt →Advokat
Rechtssprichwort →Sprichwort
Rechtsverweigerung →Appellation, II
Recknitz, Schlacht an der →Raxa
Rede →Rhetorik
Redegestus →Geste
Reformkonzilien →Konzil; →Konziliarismus; →Reform, VI
Regenstein →Blankenburg
Regesten →Urkunde
Register, II. Päpstliche Kanzlei →Papstregister
Regras, João das →Johann das Regras (50. J.)
Regula coenobialis, Regula patrum →Columban
Regularis concordia →Winchester, Synode v. (970)
Regularkanonissen →Augustiner-Chorfrauen; →Kanonissen; →Prämonstratenser; →Regularkanoniker
Reich →Regnum
Reichsexekution →Heinrich der Löwe (68. H.)
Reichsgesetze →Gesetzgebung, B. II
Reichskrone →Reichsinsignien
Reichslandfriede v. 1235 →Mainzer Landfriede
Reichslandvogtei →Landvogt, -vogtei
Reichsministerialität →Ministerialität
Reichssteuern →Finanzwesen, B. II
Reichsteilungen →Regnum
Reichsversammlungen →Versammlungen
Reichsverwaltung in Italien →Regnum Italiae
Reichsvogt →Vogt
Reichsweistümer →Weistum
Reim →Vers- und Strophenbau
Reimchronik, VI. Slavische Literaturen →Chronik, M; →Dalimil; →Wigand v. Marburg
Reimchronik, Livländische →Livländische Reimchronik
Reineke Fuchs →Renart
Reinhardsbrunner Chronik →Cronica Reinhardsbrunnensis
Reisen, Reisebeschreibungen, A. II. 7. Slavische Literaturen →Afanasij, Nikitin; →Pilger, B. II
Reiterei →Pferd, II
Reiternomaden →Nomaden
Rekkeswinth →Reccesvinth
Reklusen →Inklusen
Rektor →Rector
Reliefikone →Ikone
Religieux de St-Denis →Chronique du Religieux de St-Denis
Reliquienbehälter, -schrein →Reliquiar
Reliquienkreuz →Brustkreuz; →Reliquiar
Renaud, 2. R. v. Bar →Bar, Rainald v.
Rentier →Urbar
Réôme (Moutiers-St-Jean) →Moutiers-St-Jean
Repartimientos →Repoblación
Requêtes de l'Hôtel →Maître des Requêtes
Residenzpflicht, 2. R., die mit einem kirchlichen Amt verbundene Anwesenheitspflicht →Präsenz
Restrictio →Reservatio mentalis
Resverie →Unsinnsdichtung
Retorte →Alchemie, III. 2
Retz, Gilles de Laval →Rais, Gilles de Laval
Reuerinnen →Magdalenerinnen
Reuß, Heinrich →Heinrich Reuß v. Plauen (79. H.)
Revindikationen →Rudolf v. Habsburg
Reynard the Fox →Renart
Rezeptarien →Arzneibücher

Rezeption des Römischen Rechts→Römisches Recht, Rezeption
Rheinischer Gulden→Gulden; →Rheinischer Münzverein
Rhetorische Figuren→Figurae
Rhipidion→Fächer
Rhodisches Seerecht→Seerecht
Rhopai, hai→Libellus de temporibus ac dilationibus
Rich, Edmund→Edmund v. Abingdon
Richard, 11. R. FitzRalph, Ebf. v. Armagh→FitzRalph
Richard, 21. R. v. Conisborough→Richard, Earl of Cambridge (7. R.)
Richard, 30. R. Rolle→Rolle
Richaut de Barbezilh→Rigaut de Barbezieux
Richemont, Arthur v. →Arthur III., Hzg. der Bretagne
Richental, Ulrich→Ulrich v. Richental
Richtsteig Landrechts→Buch, Johann v.
Riechapfel→Ambra; →Bisamapfel
Rienzo→Cola di Rienzo
Rigaud, 2. R., Eudes→Eudes Rigaud
Rigbod→Ricbod
Rijmbijbl→Jakob van Maerlant (23. J.)
Rinaldo d'Aquino→Sizilianische Dichterschule
Rinderraub, air. Epos →Táin Bó Cúailgne
Ripelin, Hugo→Hugo Ripelin v. Straßburg (53. H.)
Ripen→Ribe
Ristorato, il→Canigiani, Ristoro
Rithmimachie→Rhythmomachie
Rivus altus, Rialto →Venedig
Robert, 31. R. v. Genf, Kard. →Clemens VII.
Robert, 39. R. de Boron→Gra(a)l, -sdichtung, I
Roccabonella-Codex→Rinio-Codex
Rodel→Rotulus; →Urbar
Rodrigo, 2. R. (Ruy) **Díaz de Vivar**→Cid, el
Rodríguez de la Cámara, Juan→Juan Rodríguez del Padrón
Roger, 8. R. de Flor→Flor, Roger de
Roger, 13. R. de Lauria→Llúria, Roger de
Roger, 15. R. v. Salerno→Roger Frugardi (9. R.)
Roger, 16. R. Trencavel→Trencavel
Roland, 2. R. Bandinelli→Alexander III. (11. A)
Rolandfigur, -säule→Roland (in der Überlieferung), B
Rolduc→Klosterrath
Rolevinck, Werner→Werner Rolevinck
Rollbrüder→Alexianer
Rolls, Keeper of the→Keeper of the Rolls
Romains, Faits des→Faits des Romains
Roman d'Eneas→Aeneasroman; →Heinrich v. Veldeke (148. H.)
Roman de Renart→Renart
Roman de toute chevalerie→Alexander d. Gr., B. VII; →Thomas v. Kent
Roman de la Violette→Gerbert de Montreuil
Romances→Romanzen
Romano, Ezzelino da→Ezzelino III.
Romans, Humbert de→Humbert v. Romans (6. H.)
Römischer König→König; →Rex Romanorum
Ronkalische Felder→Roncaglia, Reichstag v.
Rosenhag-Madonna→Maria, hl., B. III
Rosenroman→Roman de la Rose
Roßzeug→Roßharnisch
Rota Sacra Romana→Audientia sacri palatii
Rotgießer, -schmied→Apengeter
Rother→König Rother
Rotta→Musikinstrumente, B. II

Rotunde→Zentralbau
Rouen, Établissements de→Établissements de Rouen
Rouergue→Rodez
Ruairí ua Conchobair→Rory O'Connor
Rübe→Obst und Gemüse
Ruhe auf der Flucht→Kindheitsgeschichte Jesu
Ruin, The→Elegie, V
Rundbau→Zentralbau
Rundturm→Irland, A. II. 1
Rundvisier→Visier
Runkarier→Pauperes Lumbardi
Rupeniden→Armenien, II
Rupertiner→Robertiner
Rurik→Rjurik
Rußland→Rus'; →Kiev; →Novgorod; →Moskau
Rustichello da Pisa→Rusticiano da Pisa
Ruysbroek, Jan van→Ruusbroec

Sankt Bavo→Gent, III. 2
Saint-Bénigne→Dijon, II. 2
Saint-Benoît-sur-Loire→Fleury-Saint-Benoît-sur-Loire
Sankt Bernhard, Großer→Großer Sankt Bernhard
Saint-Bertrand de Comminges→Comminges, I
Sankt Emmeram→Emmeram; →Regensburg II. 4
Saint-Germain des Prés→Paris, C. I. 2
Saint-Gilles, Vie de→Guillaume de Berneville
Sant Jordi→Jordi de Sant Jordi
Sankt-Lazarus-Orden→Lazariten
Saint-Martial→Limoges, II
Saint-Martin de Tours→Martin, hl.; →Tours
Sankt Maximin→Trier
Saint-Médard→Medardus, hl.; →Soissons
Saint-Ouen→Audoenus, hl.; →Rouen
Sankt Peter (Gent)→Gent, III. 1
Sankt Peter (Rom)→Petrus, hl.; →Rom
Sankt Ulrich und Afra→Augsburg, IV
Saint-Vaast→Arras, II
Saint-Vannes→Verdun
Saint-Victor de Marseille→Marseille
Saint-Victor (Paris)→Paris, C. II. 5; →Viktoriner
Saint-Wandrille→Fontenelle
Säben→Brixen
Sabor→Parlament, Parliament, IX
Sache→Res
Sachsen, Pfalzgf. en v. →Sommereschenburg
Sachsenkriege→Karl d. Gr., A. 3; →Sachsen, I
Sachsenrecht→Lex Saxonum, →Sachsenspiegel
Sächsischer Prinzenraub→Prinzenraub
Sächsischer Städtebund→Städtebünde
Sacrobosco→Johannes de Sacrobosco (169. J.)
Sacrum imperium→Heiliges Reich
Sadebaum→Säbenbaum
Sæmundar Edda→Edda
Säge→Werkzeuge
Sägemühle→Mühle, Müller, III. 4
Saigerhütte→Seigerhütte
Saisset, Bernard→Bernard Saisset (1. B.)
Sake and Soke→Soke
Sakellarios, Sakellion→Finanzwesen, A. II
Säkularkanoniker→Kanoniker
Sal nitri→Salpeter
Saline→Salz
Salman und Morolf→Salomo
Salome→Geburt-Christi-Darstellungen, I
Saloniki→Thessalonike
Salvationsklausel→Vorbehaltsklausel

Salvator→Jesus Christus
Salzsteuer→Gabelle
Sancho, 12. S. V., Kg. v. Navarra→Sancho I. Ramírez (1. S.)
Sanchuelo→ᶜAbdarraḥmān ibn abī ᶜĀmir
Sanctio pragmatica→Pragmatica sanctio
Sandarach→Arsen
Sanktuarium→Chor
Santiago, Orden v.→Jacobusorden
Santillana, Marqués de→Mendoza, Iñigo López de
Saphir→Edelsteine
Sapientia→Tugenden und Laster
Saragossa→Zaragoza
Sardonyx→Edelsteine
Satisfactio→Genugtuung
Saturn→Planeten
Säulenheilige→Styliten
Sawles Warde→Katherine-Gruppe
Sbigneus→Oleśnicki, Zbigniew
Scabinus→Schöffe
Scala, Scaliger→Della Scala
Schachzabelbuch→Schachspiel, II
Schäfer→Schaf, II
Schäferdichtung→Hirtendichtung
Schaltjahr→Chronologie, C. I. 1
Schamkapsel→Braguette
Schandpfahl→Pranger
Scharia→Recht, islamisches
Schatz, -meister→Steuer; →Treasurer; →Trésor
Schauspiel, -kunst, Schauspieler→Drama; →Fastnachtspiel; →Geistliches Spiel; →Spielmann; →Tanz
Schedula diversarum artium→Theophilus Presbyter
Scheidekunst→Alchemie; →Chemie
Scheidung→Ehe
Scheltworte→Beleidigung, II
Schenk→Mundschenk
Schenke→Gasthaus
Schicksal (christlich)→Notwendigkeit; →Prädestination/Reprobation
Schießjagd, Schießpferd→Weidwerk
Schiffahrt→Seefahrt
Schiffsgrab→Grab, A. I
Schild→Heraldik; →Wappen
Schild, das→Firma; →Gasthaus; →Hausmarken
Schinelier→Genualia
Schlafschwämme→Schlafmittel
Schlehdorf→Scharnitz-Schlehdorf
Schlußstein→Gewölbe
Schnecken→Weichtiere
Schnitzaltar→Retabel
Schollenpflichtigkeit→Adscriptio glebae
Schonische Messen→Schonen
Schöpfungsgeschichte→Genesis; →Schöpfung
Schöppenchronik→Magdeburger Schöppenchronik
Schornstein→Heizung; →Kamin
Schrank→Armarium; →Möbel
Schranken→Chorschranken
Schreiberbild→Bildnis, A. II
Schrein→Möbel; →Reliquiar
Schreiner→Tischler
Schrift, Hl.→Bibel
Schuldhaft→Schuld, I
Schüssel→Gefäß
Schutz und Schirm→Schutz, -herrschaft
Schutzengel→Engel
Schutzzauber→Amulett; →Magie; →Phylakterion; →Zauberei

Schwanenritter→Lohengrin
Schwänzel→Rennzeug
Schwarzer Tod→Epidemien; →Pest
Schwedische Sprache und Literatur→Altnordische Literatur
Schweißhund→Spürhund
Schweiz→Eidgenossenschaft, Schweizerische
Schwerkraftschlinge→Schlinge
Schwippgalgenschlinge→Schlinge
Schwur→Eid
Scop→Skop
Scotismus→Skotismus
Scriniarius→Skriniar
Scriptor→Skriptor
Scriptorium→Skriptorium
Scultetus→Schultheiß
Scyphus→Kelch
Scythia minor→Skythen
Seafarer, The→Elegie, V
Sebasteia, Sebaste→Sivas
Sebastian Brant→Brant, Sebastian
Seccomalerei→Wandmalerei
Sechstagewerk→Genesis-Illustration; →Hexaemeron; →Schöpfung
Secret des secrets→Secretum secretorum, B. I
Secretaires (du roi)→Notar, B. II
Secretary→Sekretär, II
Seeburg→Grobin; →Saeborg
Seehund→Robben
Seekarte→Portulan
Seekonsulat v. Barcelona→Consolat de mar
Seelenfunken→Eckhart
Seelengericht→Weltgericht
Seeungeheuer→Fabelwesen
Segensgeste→Geste
Segnungen→Benediktionen
Seinsweisen→Modalität, Modus
Seisin→Eigentum, A. VII
Sekten→Häresie; zu aruss. Sekten→Strigol'niki; →Judaisierende
Sektion→Anatomie, II
Selbstbildnis→Bildnis; →Kryptoporträt
Seldschuken→Selǧuqen
Semantron→Stundenhölzer
Semlin→Zemun
Sendgraf→Missus
Senj→Zengg
Seniofred→Sunifred
Senlac, Hügel v.→Hastings, Schlacht v.
Sense→Erntegeräte; →Schmied
Seraphim→Engel
Serdika→Sofia
Serdika, Konzil v.→Sardika, Synode v.
Sergeant→Serjeant
Sermons en vers→Predigt, B. II
Sernin→Saturninus
Servatus Lupus→Lupus v. Ferrières
Serventese→Sirventes
Sesmarias→Lei das Sesmarias
Sestine→Sextine
Seuchen→Epidemien; →Pest
Sex res non naturales→Res non naturales
Seyfried, Helbling→Seifried Helbling
Seyringer, Nikolaus→Nikolaus Seyringer (36. N.)
Shapur II.→Šāpūr II.
Šīᶜa→Schia
Sibiu→Hermannstadt

Sic et non→Abaelard
Siedlung, städtische→Stadt
Siegburger Keramik→Steinzeug
Siegel, V. England→Chancellor; →Kanzlei, Kanzler, A. VIII; →Keeper of the Privy Seal; →Privy Seal; →Signet
Siegelring→Siegel
Siegfried, 1. S. I., Gf. v. Luxemburg→Luxemburg, I
Siena, Konzil v.→Pavia, Synoden v. [4]
Sigebert, 1. S., frk. Kg. e→Sigibert
Sigfrid→Siegfried
Sigmund→Si(e)gmund; →Sigismund
Silbanos v. Tarsos→Silvanus, Bf. v. Tarsus
Silistra→Durostorum
Silos→Santo Domingo de Silos
Silvester, 2. S. II.→Gerbert v. Aurillac
Silvesterlegende→Silvester I.
Simeon, 1. S., Fs. v. Moskau→Semen Ivanovič
Simeon, 2. S. Nemanja→Stefan Nemanja
Simon, 13. S. v. Kéza→Kézai, Simon
Simon, 17. S. v. Montfort→Montfort, Simon de
Simon, 23. S. v. Tournai→Tournai, Simon v.
Sincfal→Zwin
Singidunum→Belgrad
Sinibaldo Fieschi→Innozenz IV.
Sinti und Roma→Zigeuner
Sion→Sitten
Sirenen→Fabelwesen
Skaldenmet→Óðroerir
Skaliger→Della Scala
Skanderbeg→Georg Kastriota
Skandinavier→Altnordische Literatur; →Dänemark; →Norwegen; →Schweden
Skanske Lov→Schonisches Recht
Skapulier→Ordenstracht
Skodra→Skutari
Skorpion→Spinnen; →Tierkreis
Skotismus→Franziskanerschule
Skulptur→Plastik
Slavische Keramik→Keramik, I. 3
Slavische Mythologie→Polytheistische Religionen, III
Slovo o polkú Ígoreve→Igorlied
Slowenien→Slovenen
Smaragd→Edelsteine
Smerdy→Bauer, Bauerntum, D. X
Sodomie→Unzucht; →Homosexualität
Soldaïca→Sugdea
Solin→Salona
Söller→Altan
Somme rurale→Jean le Boutillier (20. J.)
Sorbonne→Paris, D
Soziallehre→Verfassung und Soziallehre
Spalato→Split
Spanien→Hispania
Spanische Ära→Chronologie, C. II. 3
Sparren→Dach
Speculum ecclesiae→Honorius Augustodunensis (8. H.)
Speiseordnungen→Luxusordnungen
Spekulation→Fürkauf; →Wucher
Sperber→Greifvögel
Sphygmologie→Puls, Pulstraktate
Spielstein→Schachspiel, III
Spiritus arteriarum→Spiritus-Lehre
Spital→Hospital
Sport→Spiele; →Ballspiele
Sprachlogik→Spekulative Grammatik; →Significatio

Spur II.→Šāpūr II.
Stabbau→Holzbau
Stabili, Francesco→Cecco d'Ascoli
Stabwerk→Maßwerk
Stabwurz→Eberraute
Stadtarchiv→Archiv, IV
Stadtbefestigung→Befestigung, V
Stadtbevölkerung→Bevölkerung, B. II
Stadtbezirk→Stadtflur
Stadtbilder→Stadtansicht und Stadtbild
Stadtbrände→Brandkatastrophen, [1]
Stadtkern→Topographie
Stadtsiegel→Siegel
Stadtsteuer→Finanzwesen, B. II. 3; →Steuer
Stadtteile→Stadtviertel; →Topographie
Stadtwaage→Waage
Stadtwald→Wald
Stadtwurt→Wurt
Stammesgeschichte→Volks- und Stammesgeschichte
Stammesherzogtum→Herzog
Stanak→Parlament, VIII
Standesethik, ärztl.→Deontologie, ärztl.
Stavelot→Stablo
Steatit→Specksteinschnitzerei
Stecharm, Stechbrust→Stechzeug
Stechtartsche→Stechzeug
Stef→Refrain, V
Steinbruch→Carrara, II; →Marmor, -handel
Steinbücher→Lapidarien
Steingut→Keramik
Steinkreuze→Wegheiligtümer; →Hochkreuz
Steinschneidekunst→Kameo
Steinsymbolik→Edelsteine; →Farbe, III
Stempel, 1. allgemein→Siegel (Siegelstempel, Siegelring usw.); →Beschauzeichen; →Münztechnik (Prägestempel); →Bucheinband
Sten Sture→Sture
Stephan, 8. S., Gf. v. Blois→Adela v. England (5. A.); →Blois, I
Stephan, 25. S. v. Bourbon→Stephanus de Bellavilla
Stephen, 2. S. Langton→Langton, Stephen
Sterben, Sterbestunde→Tod
Sterbfall→Besthaupt; →Gewandfall
Stereometrie→Visierkunst
Sternschnuppe→Meteor(it)
Steyr, Gf. en v.→Steiermark
Sticharion→Kleidung, II
Stična→Sittich
Stielscheibe→Elmetto; →Schildbuckel
Stiftschulen→Domschulen
Stiklestad, Schlacht v.→Norwegen, A. I; →Olaf Haraldsson d. Hl. (4. O.)
Štítny, Tomáš→Thomas v. Stitne
Stodorjane→Heveller
Stoke, Melis→Chronik, F
Störtebe(c)ker, Klaus→Vitalienbrüder
Strafvollzug→Strafe
Strategika→Taktika
Strator→Marschall
Streichinstrumente→Musikinstrumente, B. II
Streitgespräch→Disputatio; →Religionsgespräche; →Streitgedicht
Strophe→Versbau
Stuart→Stewart
Studites, Theodoros→Theodoros Studites
Stufenhalle→Hallenkirche
Stuhl→Möbel

Sturlungenzeit → Island, III [4]
Sturmflut → Transgression
Sturmgabel → Stangenwaffe
Sturmsense → Stangenwaffe
Sturmwand, Bezeichnung für riesige → Setzschilde
Stütze, stützendes Bauglied, je nach Ausformung → Säule oder → Pfeiler genannt
Subdiakon → Weihe, -grade
Subsistenz → Substanz
Succubus → Incubus
Sudebnik → Recht, B. I
Şūfismus → Mystik, C
Suidas → Suda
Suidger v. Bamberg → Clemens II.
Sulfur → Schwefel
Sulung → Hufe
»Sumer is icumen in« → Cuckoo Song
Summa Alexandri → Alexander v. Hales
Summae authenticorum feudorum → Summa, B
Summae titulorum → Summa, C
Summum bonum → Gut, höchstes
Sunna, Sunniten → Islam, II
Superpelliceum → Kleidung, II
Supplik → Originalsupplik
Supplikenregister → Papstregister
Supposition → Logik, III
Suso, Heinrich → Seuse, Heinrich
Sussex, Earldom of → Arundel
Swentopluk → Svatopluk
Świdrigiełło → Švitrigaila
Syllogismus → Schlußmodi
Symeon, 7. S. Logothetes → Symeon Magistros
Synagoge, 2. S. (als Personifikation der chr. Ikonographie) → Ecclesia und Synagoge
Syneidesis → Gewissen
Synodalurkunde, -akte → Urkunde
Synopsis Pselli → Psellos, Michael
Syntagma Blastares → Blastares, Matthaios
Székesfehérvár → Stuhlweißenburg
Szepter → Zepter

Ṭābit ibn Qurra → Thābit ibn Qurra
Table ronde → Tafelrunde
Taccola → Mariano Daniello di Jacopo
Tachygraphie → Stenographie
Tafel → Retabel
Tagelöhner → Lohn, A. II
Taifen, -reiche → Mulūk aṭ-ṭawāʾif
Takkana → Taqqana
Taktika, 1. T. im klösterlichen Bereich → Typika
Talar → Kleidung, II
Talavera, Arcipreste de → Martínez, Alfonso de Toledo
Tamerlan → Timur
Tancredus → Tankred v. Bologna
Tanne → Nadel- und Laubhölzer
Tapisserie → Wirkteppiche
Tartu → Dorpat
Taufbücher → Matrikel, I
Taufpate → Patenschaft
Tavola Rotonda → Tafelrunde
Taxis ton akolouthion → Byzantinische Musik, VII
Tegni Galeni, Isagoge ad → Articella; → Johannitius
Teilpacht → Pacht; → Teilbau
Temperantia → Mäßigkeit
Temura → Buchstabensymbolik, II
Tenso → Tenzone

Terbunien → Travunien
Terra sigillata → Siegelerde
Tesserae → Mosaik
Testa, Heinrich → Pappenheim
Tetzen, Johann v. → Teschen, Johannes v.
Thaddaeus, 1. Th. v. Parma → Taddeo da Parma
Thane → Thegn
Theater → Drama; → Geistl. Spiel; → Mirakelspiele; → Mysterienspiele
Theben (Devín) → Devín
Theben-Neudorf → Devínska Nová Ves
Thedbald → Theobald; → Tedbald
Theobald, 2. Th., Bf. v. Lüttich → Bar, Theobald v.
Theodelinde → Theudelinde
Theodizee → Übel
Theodoricus, 3. Th. Cerviensis → Borgognoni Tederico dei
Theodoricus, 4. Th. Monachus → Historia de antiquitate regum Norvagensium
Theodoricus, 5. Th. Teutonicus → Dietrich v. Freiberg (24. D.)
Theodoros, 8. Th. Anagnostes → Theodoros Lector (12. Th.)
Theodoros, 9. Th. Daphnopates → Daphnopates
Theodoros, 14. Th. Metochites → Metochites
Theodoros, 15. Th. Prodromos → Prodromos
Theodoros, 20. Th. Teron → Theodoros Euchaïta (10. Th.)
Theoger → Dietger
Theokratie → Sakralität
Theologia crucis → Kreuz, Kruzifix, B; → Passion, A
Theologia Deutsch → Franckforter
Theophanie → Epiphanie
Theoria → Mystik, A. II
Theorica planetarum → Astronomie, VI
Theotokos → Maria, hl., A. I; → Ephesos Konzil, I
Therese → Teresa
Thesaurar → Kammer, IV
Theutgaud → Thietgaud
Thibaud, 1. Th. de Étampes → Theobald v. Étampes (3. Th.)
Thibaut, 3. Th. de Champagne, Trouvère → Tedbald IV., Gf. v. Champagne (5. T.)
Thidrekssaga → Dietrich v. Bern [3]
Thing → Ding
Thiódolfr ór Hvini → Ynglingatal
Thoire et Villars → Villars
Thomas, 3. Th., Despot v. Ep(e)iros → Ep(e)iros, I
Thomas, 8. Th. of Woodstock → Thomas, Duke of Gloucester (4. Th.)
Thomas, 12. Th. de Cantilupe, Bf. v. Hereford → Cantilupe, Thomas de
Thomas, 18. Th. v. Bellinghen → Thomas v. Cantimpré (22. Th.)
Thomas, 19. Th. Bradwardine → Bradwardine, Thomas
Thomas, 20. Th. v. Britannien → Thomas d'Angleterre (15. Th.)
Thomas, 27. Th. Diplovatatius → Diplovatatius, Thomas
Thomas, 31. Th. de Francia, legendärer Gründer der Kongregation v. Mantua OCarm → Connecte, Thomas
Thomas, 35. Th. del Garbo → Del Garbo, Tommaso
Thomas, 40. Th. Kent → Kent, Thomas
Thomas, 44. Th. Occam → Thomas v. Erfurt (30. Th.)
Thomas, 47. Th. (Pseudo-Thomas) → Thomas v. Aquin (16. Th.)

Thomas, 50. Th. Schelling→Schelling, Thomas
Thomas, 51. Th. v. Split→Toma v. Split
Thomas, 56. Th. v. Vercelli→Thomas (Gallo) v. Vercelli (34. Th.)
Thomas, 59. Th. Waleys→Waleys, Thomas
Thomas, 60. Th. (v.) Walsingham→Walsingham, Thomas
Thomaschristen→Indien; →Ostkirchen, II; →Thomas, Apostel
Thora→Tora
Thüringisches Volksrecht→Lex Thuringorum
Tierbilder→Bauplastik; →Evangelistensymbole; →Physiologus; →Tierkreis; →Tierornamentik; →Tiersymbolik
Tierbücher→Bestiarium
Tierfabel→Fabel
Tiergarten, -gehege→Wildgehege
Tierpark→Wildgehege
Tile Kolup→Dietrich Holzschuh (25. D.)
Tintenfaß, -horn→Schreibgeräte
Tintenfisch→Weichtiere
Tjost→Turnier
Tisch→Möbel
Tod Mariens→Koimesis; →Maria, hl.
Todfall→Besthaupt; →Gewandfall
Toison d'or→Goldenes Vlies, Orden v.
Toledot Jeschu→Jesus Christus, IV
Tolensanen→Tollenser
Tolomeo da Lucca→Bartholom(a)eus v. Lucca (11. B.)
Tolosanisches Reich→Toulouse; →Westgoten
Tomaso, 1. T. Morosini, lat. Patriarch v. Konstantinopel→Lat. Kaiserreich [2]; →Morosini
Tonarten→Kirchentonarten
Tonnengewölbe→Gewölbe
Topas→Edelsteine
Topf→Gefäß
Topia→Thopia
Tor→Portal; →Stadttor; →Tür
Torec→Artus; →Jakob v. Maerlant (23. J.)
Torquetum→Turquetum
Torriani→Della Torre
Tortur→Folter
Torturm→Befestigung, A; →Turm
Toscana→Toskana
Tostado, El→Madrigal, Alonso de
Totengericht→Weltgericht
Totenklage→Planctus
Tour Landry, Chevalier de la→La Tour Landry, Geoffroy
Tournoiement Antechrist→Huon de Mery
Tournoiement des dames→Huon (III.) d'Oisi
Tournois→Münze, B. III [2]
Tours und Poitiers, Schlacht v. →Poitiers, Schlacht v. (732)
Tower→Donjon; →London
Trabzon→Trapezunt
Traditio legis→Gesetzesübergabe
Transept→Querhaus
Transportmittel→Fuhrwesen; →Verkehr
Transsilvanien→Siebenbürgen
Trasignies→Trazegnies, Gilles de
Traù→Trogir
Trauer, -bräuche→Tod
Traufe→Dach
Traumbücher→Lunar
Traumgesicht vom Kreuz→»Dream of the Rood«
Traversari, Ambrogio→Ambrosius Traversari (4. A.)

Trebunien→Travunien
Tremissis→Triens; →Münze, A
Trémoille, La→La Trémoille
Treuga Dei→Gottesfriede
Tria regna→Materia medica, II
Triduum sacrum→Ostern
Trikonchos→Dreikonchenbau
Trinacria→Sizilien
Trink- und Eßsitten→Tischsitten
Trinkstubengesellschaft→Gesellschaften, städtische
Tritheim, Johann→Johannes Trithemius (183. J.)
Trithemius→Johannes Trithemius (183. J.)
Trivet, Nicholas→Trevet(h), Nicholas
Trivium→Artes liberales
Trobadors→Troubadours
Trommel→Musikinstrumente, B. II [3]
Trompe→Gewölbe
Trompete→Musikinstrumente, B. I [2]
Trondheim→Drontheim
Tropen→Tropus
Trullanische Synoden→Konstantinopel, ökumen. Konzilien v., 3. K.; 4. K.
Trumscheit→Musikinstrumente, B. II
Trustis dominica, regia→Gefolgschaft
Tryphiodoros→Triphiodor
Tschechen→Böhmen
Tschenstochau→Częstochowa
Tuch→Textilien
Tumba→Grab
Tümmler→Becher
Tundalus→Visio Tnugdali
Turibulum→Weihrauchgefäß
Turmeda, Anselm→Anselm Turmeda
Turmhügel→Motte und Baillie
Turnierbuch→Wappenbuch
Tŭrnovo→Tărnovo
Türplastik→Portalplastik
Tuscia→Toskana
Tuskulaner→Tusculum, Gf. en v.
Tuszien→Toskana
Twinger, Jakob→Jakob Twinger (30. J.)
Tympanon→Portal
Typar→Siegel

Uc, 1. U. Faidit→Uc de Saint Circ (3. U.)
Udo, Gf. en v. →Stade [1]
Uglješa, Johannes→Jovan Uglješa
Ugo→Hugo
Uguccione, 1. U. della Faggiola→Della Faggiola, Uguccione
Uguccione, 3. U. da Pisa→Huguccio
Ulenspegel, Til→Eulenspiegel, Till
Ulme→Nadel- und Laubhölzer
Ulrich, 7. U., Bf. v. Augsburg→Udalrich, Bf. v. Augsburg (2. U.)
Ulrich, 11. U. I., Bf. v. Passau→Passau, II
Ulrich, 14. U. v. Ensingen→Ensinger
Ulster→Ulaid
Unabhängigkeitskriege, schottische→Wars of Independence
Unbefleckte Empfängnis→Maria, hl., A. II
Ungeld→Akzise
Unio mystica→Mystik, A
Unmündige→Alter
Unruhen→Aufruhr; →Bürgerkämpfe, städtische; →Revolte

Unstrut, Schlacht an der→Homburg a. d. Unstrut, Schlacht bei
Unterarmzeug→Armzeug
Unterbeinzeug→Beinzeug
Unterkönigtum→Regnum
Unterrichtswesen→Domschule; →Erziehungs- und Bildungswesen; →Schule; →Universität; →Madrasa
Unterschichten→Pauperes; →Randgruppen; →Stand
Unze→Gewichte; →Maß
Uriel→Airgialla
Urkundenfälschung→Fälschungen
Urognostik, Uroskopie→Harn, -schau, -traktate
Uroš, 3. U.→Stefan Uroš
Urpfarrei→Pfarrei, Pfarrorganisation, II [3]
Urstand, Urstandsgnade→Paradies
Usen→Uzen

Vaclav→Wenzel
Vakuum→Raum
Valamir→Ostgoten, I
Valentinois→Valence
Valesiana Excerpta→Anonymus Valesianus
Valkena→Falkenau
Valona→Avlona
Van-Hulthem-Handschrift→Hulthemsche Handschrift
Vaqueiras, Raimbaut de→Raimbaut de Vaqueiras (2. R.)
Varäger→Waräger
Vasco, 1. V., Fernandes de Lucena→Lucena, Vasco Fernandes de (3. L.)
Väterregeln→Mönch, Mönchtum, B. III
Vaterunser→Pater noster
Vatikanisches Archiv→Archiv, II
Vavřinec z Březové→Laurentius v. Brezova
Vegetabilia→Materia medica, II
Veit→Vitus
Veldeke, Heinric van→Heinrich von Veldeke (148. H.)
Veleten→Wilzen
Venaissin→Comtat Venaissin
Venenum→Gift
Venetien→Venedig
Vereja→Wereja
Vergewaltigung→Notzucht; →Sexualdelikte
Vergier, Le Songe du→Songe du Vergier, Le
Verhüttung→Hüttenwesen
Veritas→Wahrheit
Verkauf→Kauf
Verkehrte Welt→Welt, Verkehrte
Verkündigung an die Hirten→Kindheitsgeschichte Jesu
Verkündigung an Maria→Maria, hl.; →Kindheitsgeschichte Jesu
Verleugnung Petri→Passion, C
Vermögenssteuer→Bede, II; →Steuerwesen
Vernunft→Ratio
Verpfändung→Pfand; →Pfandleihe; →Pfandschaft
Verrat→Felonie; →Majestätsverbrechen; →Treason; →Verbrechen
Verspottung Christi→Passion, C
Verstand→Intellectus agens/possibilis; →Ratio
Versus de Tartaris→Carmina de regno Ungariae destructo per Tartaros
Versus de Unibos→Unibos
Verteidigungsanlage→Befestigung
Vesperbild→Andachtsbild, III
Veterinärmedizin→Tiermedizin

Vetus Latina→Bibelübersetzungen, I
Vexillum→Feldzeichen
Via antiqua et moderna→Antiqui–moderni
Viana→Karl v. Viana (18. K.); →Príncipe de Viana
Vicentinus, Simon→Simon Vicentinus (25. S.)
Vices and Virtues→Tugenden und Laster, IV. 2
Vich→Vic
Vicomte→Vicecomes
Victor, 3. V. v. Marseille→Viktoriner
Victor, 4. V. v. Solothurn→Ursus und Victor
Viennois→Vienne
Viertel→Stadtviertel
Vierzehn Nothelfer→Nothelfer
Vikariat, päpstliches→Vikar
Villanus→Vilain
Villasandino→Álvarez de Villasandino, Alfonso
Vilnius→Wilna
Vincencius→Vincentius
Vincentius, 2. V. Cracoviensis→Vincentius Kadłubek
Vineta→Jomsborg
Vinland→Amerika, 1
Vinnian→Finnian
Vinzenz, 4. V. Ferrer, hl.→Ferrer, Vincent(e) (2. F.)
Viri hereditarii→Erbbürger
Visconti, 3. V., Elisabetta→Elisabeth, Hzgn. v. Bayern-München (12. E.)
Visdomini→Vicedominus de Vicedominis
Visierstengel→Elmetto; →Visierhelm
Visierung→Architekturzeichnung; →Visierkunst
Visio beatifica→Anschauung Gottes; →Johannes XXII. (38. J.); →Seligkeit, Ewige
Visio Dei→Anschauung Gottes; →Nikolaus v. Kues (27. N.)
Vision de St. Paul→Visio Pauli
Vita Ambrosiana→Terenz
Vita Gregorii→Johannes Diaconus (92. J.)
Vitae patrum→Vitas patrum
Vital de Cañellas→Vidal de Canellas
Vitry, Jakob v.→Jacob v. Vitry (32. J.)
Vitry, Philippe de→Philippe de Vitry (7. Ph.)
Vivarais→Viviers
Vivarium→Cassiodor(us), III
Vizconde→Vicecomes
Vizegraf→Vicecomes
Viztum→Amtmann; →Vicedominus; →Vitztume v. Apolda
Vladimir, 6. V., Fs. v. Zeta→Johannes Vladimir (12. J.)
Vladislav, 4. V., Kg. v. Serbien→Stefan Vladislav (7. S.)
Voden→Edessa (1. E.)
Vojislav→Stefan Vojislav (3. S.)
Voirie→Vikar
Vojtachos, Georgios→Georg Vojtech (12. G.)
Volga→Wolga
Volhynien→Halič-Volhynien; →Vladimir in Volhynien
Volks- und Stammesrechte→Leges
Volkssouveränität→Staat
Volkwin, 1. V.→Folcuin
Volpert v. Ahusen→Vulpertus
Volumen (parvum)→Corpus iuris civilis, III. 1
Von des todes gehugede→Heinrich v. Melk (127. H.)
Vordersteg→Sattel
Vorderzeug→Pferdezeug
Vore→Voer
Vorkauf, -srecht→Fürkauf
Votivkrone→Krone [3]

Voyer→Vikar
Vsevolod, 1. V., Fs. v. Gerzike→Wissewalde
Vukčić→Stefan Vukčić Kosača (15. S.)
Vulgärlatein→Lateinische Sprache und Literatur
Vulgata. 1. V.→Bibelübersetzungen, I
Vychod→Abgaben, V
Vyšehrad→Prag, I

Waadt→Vaud, Pays de
Waasland (Land van Waas), Landschaft in Ostflandern, westl. von Antwerpen; →Wasland
Wacho→Langobarden, II. 1
Wachssiegel→Siegel
Wachszinser→Wachs
Waffen Christi→Arma Christi
Wagengrab→Grab, -formen, -mal, I
Wahlspruch→Devise
Wahrnehmung→Erkenntnis, →Intellectus agens/possibilis
Waimar, 5. W. V., Fs. v. Salerno→Waimar IV.
Waise→Munt, →Vormund, -schaft, →Witwe
Wakefield Plays→Towneley Cycle
Walachei→Valachei
Walachen→Vlachen
Walcheren→Domburg
Waldburgis→Walburga
Waldemarsmauer→Danewerk
Waldgänger→Acht, I
Waldhauser, Konrad→Konrad v. Waldhausen (56. K.)
Walewein, Roman van→Artus, IV
Wall→Befestigung
Wallfahrtsandenken→Pilgerandenken, -zeichen
Walm→Dach
Walter, 1. W., Gf. v. Brienne→Brienne
Walter, 4. W. v. Coutances, Ebf. v. Rouen, Bf. v. Lincoln→Coutances, Walter
Walter, 7. W. Bower→Chronik, H
Wanderer, The→Elegie, V
Wandlung→Transsubstantiation
Wandmalereitechnik→Wandmalerei
Wappendichtung→Heroldsdichtung
Wappenkönig→Herold
Wappensiegel→Siegel
Waqf→Stiftung, III
Wäringer→Waräger
Warwick, Earl of→Neville
Wasa→Vasa
Wäsche→Unterkleidung
Wearmouth-Jarrow→Jarrow-Wearmouth
Wechselgeschäft, -bank→Wechsel
Wechselstück→Doppelstücke
Weg→Straße
Wegkreuzung→Kreuzweg
Wehr→Schleuse
Wehrgang→Burg, A. III
Wehrkirche→Kirchenburg
Wehrwesen, -verfassung→Flotte, →Heer
Weide (Baum) →Nadel- und Laubhölzer
Weihinschrift→Bauinschrift; →Titulus
Weihnachtsspiel→Geistliches Spiel
Weihwasserbecken→Wassergefäße
Weiler→Dorf, A. II, →Flur
Weingartner Liederhandschrift→Liederbücher, Liederhandschriften, I
Weinstein→Tartarus
Weise→Ton
Weißenburg, Stadt im heutigen Rumänien → Alba Iulia

Weißfrauen→Magdalenerinnen
Weißpfennig→Albus
Weizen→Getreide
Welt→Mundus intelligibilis
Weltenbrand→Weltende
Weltendmythos→Ragnarök, →Völuspá
Weltkarte→Karte, Kartographie
Weltzeitalter→Weltende
Wenck v. Herrenberg→Johannes Wenck (190. J.)
Wendische Städte→Hanse, II; →Städtebund
Wendower, Roger→Roger Wendover (17. R.)
Wenzeslaus→Wenzel
Werke der Barmherzigkeit→Barmherzigkeit
Werkstein→Bosse
Westgötalagh→Västgötalagh
Westsachsen→England, A. V; →Wessex
Westsächsische Evangelien→Bibelübersetzungen, XII
Weyden, Rogier van der→Rogier van der Weyden
Wibert, 1. W., Ebf. v. Ravenna→Clemens III.
Widerstand→Dynamik
Widin→Vidin
Widmungsbild→Dedikationsbild
Wido, 10. W., Ebf. v. Vienne→Calixtus II.
Wiegendruck→Inkunabel
Wiener Krönungsevangeliar→Krönungsevangeliar, Wiener
Wierland→Harrien-Wierland
Wife of Bath, The→Chaucer, Geoffrey, II
Wife's Lament, The→Elegie, V
Wigbert→Wikbert
Wikgraf→Wik
Wikingerburgen→Wikinger, I
Wilde Männer und Frauen→Wildleute
Wildes Heer→Totenheer
Wilfred→Wifred
Wilhelm, 28. W. v. Dampierre, Gf. v. Flandern →Dampierre, Wilhelm III. v. (2. D.)
Wilhelm, 32. W. II., Gf. v. Holland→Wilhelm v. Holland, dt. (Gegen-)Kg. (1. W.)
Wilhelm, 35. W. III., Hzg. v. Jülich→Wilhelm I., Hzg. v. Geldern (29. W.)
Wilhelm, 38. W. I.–IX., Herren v. Montpellier→Wilhelme
Wilhelm, 40. W., Gf. v. Orange→Wilhelmsepen
Wilhelm, 41. W. IX., Gf. v. Poitiers (Poitou)→Wilhelm IX., Hzg. v. Aquitanien (19. W.)
Wilhelm, 44. W. v. Warenne, Earl of Surrey→Warenne
Wilhelm, 59. W., Kard.bf. v. Sabina→Wilhelm, Bf. v. Modena (55. W.)
Wilhelm, 60. W. II., Ebf. v. Tyrus→Wilhelm v. Tyrus (112. W.)
Wilhelm, 73. W. v. Dijon→Wilhelm v. Volpiano (58. W.)
Wilhelm, 76. W. Firmatus→Firmatus
Wilhelm, 77. W. v. Gellone→Wilhelm I. d. Hl., Gf. v. Toulouse (45. W.)
Wilhelm, 78. W. Heytesbury→Heytesbury, William
Wilhelm, 80. W. Langschwert, illegit. Sohn Kg. Heinrichs II. v. England→Wilhelm Longsword (5. W.)
Wilhelm, 83. W. v. Malavalle→Wilhelmiten
Wilhelm, 91. W. v. Nangis→Nangis, Wilhelm v.
Wilhelm, 93. W. v. Nogaret→Nogaret, Guillaume de
Wilhelm, 100. W. v. Poitiers, Troubadour→Wilhelm IX., Hzg. v. Aquitanien (19. W.)
Wilhelm, 103. W. v. St-Bénigne→Wilhelm v. Volpiano (58. W.)
Wilhelmus, 2. W. Durandus→Durantis, Guillelmus

Willehalm v. Orange → Wilhelmsepen; → Wolfram v. Eschenbach
Willem, 1. W., Gf. en v. Holland → Wilhelm
William, 1. W. the Marshall → Guillaume le Maréchal
Windmühle → Mühle, I. 3
Winfrid → Bonifatius (10. B.)
Wirkteppich → Wirken
Wisby → Visby
Wisse, Claus → Colin, Philipp; → Parzival, I
Witebsk → Vitebsk
Witigis → Vitigis
Wittelsbach-Straubing → Straubing
Wizo → Candidus (5. C.)
Władyken → Włodyken
Wochenmarkt → Markt
Wölbung → Gewölbe
Wolfart de Borselle → Wolfert van Borselen
Wolfelmus v. Brauweiler → Wolfhelm v. Brauweiler
Wolfhelm, 1. W. → Wölfelin
Wollin → Wolin
Wöltingerode → Wohldenberg
Woodstock, Thomas v. → Thomas, Duke of Gloucester (4. Th.)
Woodville → Wydeville
Wotan → Wodan
Wulfila → Ulfila
Wundarzt → Chirurg
Wunder Christi → Wunder, C
Wunderberichte → Hagiographie; → Miracula; → Pilger; → Reisen, Reisebeschreibungen
Wurf → Dynamik; → Kinematik
Würfelspiele → Spiele
Wurmonoc v. Landévennec → Wurdestin v. Landévennec
Wurmsegen → Zaubersprüche, I
Wurst → Fleisch, IV
Wyclifiten → Lollarden
Wyditz → Weiditz
Wynfrith → Bonifatius (10. B.)

Ximénez de Rada, Rodrigo → Rodrigo Jiménez de Rada (4. R.)
Xystus, Xistus → Sixtus

al-Ya'qūbī → Geographie, I
Yarlïq → Jarlik
Ynglinge (an. Ynglingar) → Ynglinga saga; → Ynglingatal
Yon de Metz → Lothringerepen
York, Anonymus v. → Anonymus, normannischer
York, Convocation v. → Convocations v. Canterbury und York
Ypocras → Wein, -rebe, -stock
Ysengrim → Isengrimus

Yūnus, Ibn → Ibn Yūnus
Yuṣuf, Poema de → Poema de Yuṣuf

Zachlumien → Zahumlje
Zağal → Arabische Sprache und Literatur, B. V
Zahl → Zahlsysteme, -zeichen
Zahlentheorie → Mathematik; → Rechenkunst
az-Zahrā' → Madīnat az-Zahrā'
Zamometić, Andreas → Jamometić, Andreas
Zangen → Werkzeuge
Zara → Zadar
az-Zarqālī → Ibrāhīm b. Yaḥyā az-Zarqālī
Zbigniew, 2. Z. Oleśnicki, Bf. v. Krakau → Oleśnicki, Zbigniew
Zbraslav → Königsaal
Zeeland → Seeland
Zehden → Cidini
Zehn Gebote → Dekalog
Zehnstädtebund → Dekapolis
Zeidler → Bienen
Zeitrechnung → Chronologie
Žemaiten → Schemaiten
Zentaur → Kentaur
Zentenar → Centenarius; → Hundertschaft; → Zent
Zeugenbeweis → Beweiskraft; → Zeugenliste
Ziborium → Ciborium
Zichorie → Wegwarte
Zierbuchstabe → Initiale
Ziese → Akzise
Ziffer → Zahlsysteme, -zeichen
Zigabenos, Euthymios → Euthymios Zigabenos (5. E.)
Zimier → Zier
Zingulum → Cingulum; → Kleidung, II
Zirkumzisionsstil → Jahr, 2
Zivilprozeß → Gerichtsverfahren
Zodiacus → Tierkreis
Zoe, 2. Z., Gemahlin Ivans III. v. Moskau → Sophia Palaiologa
Zollern → Hohenzollern
Zönobiten → Koinobiten
Zoologie → Tierkunde
Zoologischer Garten → Wildgehege
Zugewandte Orte → Eidgenossenschaft, Schweizerische, V
Zugriemen → Schirrung
Zunftherrschaft → Zunft
Zúñiga → Stúñiga
Zvonimir, Dimitiar → Dmitar Zvonimir
Zweck → Ziel und Zweck
Zwergstadt → Minderformen, städtische
Zwölfereid → Eid, A. V
Zwölfjähriger Jesus im Tempel → Kindheitsgeschichte Christi
Zwölfzahl → Apostel; → Zahlensymbolik

MITARBEITERINNEN UND MITARBEITER

DIE MITARBEITERINNEN UND MITARBEITER
MIT DEN VON IHNEN VERFASSTEN ARTIKELN

VORBEMERKUNG: Namen mit Adelsprädikaten oder Herkunftsbezeichnungen (de, di, van, von, bei der usw.) sind unter dem Namenshauptbestandteil eingereiht. Ausnahmen bilden Namen mit dem vorgestelltem Patronymikon »Mac« oder »Mc« und bei denen die (ursprüngliche) Partikel fest zum Namen gehört bzw. mit diesem verschmolzen ist und entsprechend groß geschrieben wird (z. B. De Leo, Dell'Omo, Im Hof, Le Goff usw.).

Der Nachweis der von einzelnen Mitarbeiterinnen und Mitarbeitern verfaßten Beiträge folgt grundsätzlich dem gedruckten Stichwort bzw. Teilstichwort mit Angabe von Band und Spalte. Bei gegliederten Artikeln werden die Teilbeiträge nur dann einzeln aufgeführt, wenn diese von unterschiedlichen Autorinnen oder Autoren verfaßt wurden.

Abel, Wilhelm
Agrarkrise   I 218

van den Abeele, Baudouin
Tiersymbolik   VIII 785

Abulafia, David
Zucker, -rohr   IX 679

Ackermann, Silke
Michael, 30. M. Scotus   VI 606

Adão da Fonseca, Luis
Bauer, Bauerntum, D. IV. Iberische Halbinsel   I 1579
Capitão-donatário   II 1477
Ceuta, Casa de   II 1645
Coimbra, I. Stadt und Bistum (mit Vones, L.)   III 23
Coimbra, II. Universität   III 24
Contador-Mor   III 183

Aegidius, Jens Peter
Brynolf Algotsson (mit Jexlev, Th.)   II 801

Aertsen, Jan A.
Transzendentalien   VIII 953

Aeschbach, Marc
Lefèvre, 3. L., Raoul   V 1794

d'Agostino, Alfonso
Endecasillabo   III 1901
Estribillo   IV 43
Fabliau(x), 1. Wort und Begriff   IV 211
Fabliau(x), 2. Französische Literatur   IV 212

Ahlquist, Anders
Auraicept na nÉces   I 1241

Ahrens, Karl-Heinz
Hofordnung   V 74

Ahrweiler, Hélène
Flotte, A. II. Byzantinisches Reich   IV 580

Ahvenainen, Jorma
Wald, A. II. Nordeuropa   VIII 1943

Albano Leoni, Federico
Langobardisch   V 1698

Albert, Karl
Abgeschiedenheit   I 41
Gelassenheit   IV 1198

Albini, Giuliana
Crema   III 339
Lodi   V 2068

Aldea, Quintín
Ávila, Bm.   I 1305
Domingo, 2. D. de Silos   III 1185

Alessio, Gian Carlo
Rhetorica ad Herennium   VII 785

Algar, Hamid
Mystik, C. Islam   VI 991
Naqšbendiye   VI 1019
Seele, IV. Islam   VII 1679
Sulṭān Veled   VIII 303

Allegrezza, Franca
Moriale, Fra   VI 840
Orsini   VI 1477

Allmand, Christopher T.
Agincourt   I 209
Bedford   I 1782
Cambridge, Earldom   II 1415
Canterbury, Vertrag v.   II 1455
Chandos Herald, Chronik des   II 1699
Cromwell, Ralph   III 350
Eduard, 15. E., Hzg. v. York   III 1597
Fastolf, John   IV 316
Gascoigne, 1. G., Thomas   IV 1129
Gascoigne, 2. G., William   IV 1129
Gesandte, B. VII. England   IV 1376
Huntingdon, 2. Earl, Earldom   V 225
Johann, 18. J., Duke of Bedford   V 506
Kendal, Earls of   V 1103
Lieutenant of England   V 1976
Northampton, Earls of   VI 1253
Oldcastle, John   VI 1389
Protector of England   VII 270
Richard, 6. R. ('of Conisborough'), Earl of Cambridge   VII 814
Rutland, Earls of   VII 1126
Rutland, Gft.   VII 1126
Talbot   VIII 443

Thomas, 2. Th., Duke of Clarence VIII 699
Thomas, 4. Th., Duke of Gloucester VIII 699

Alonso-Núñez, José Miguel
Candidus, 3. C. (Historiker) II 1432
Cassiodor(us) (mit Gruber, J.) II 1551
Chronicon Caesaraugustanum II 1953
Chronicon Paschale II 1953
Continuatio Hispana III 198
Dictinius III 981
Dionysius, 7. D. Philocalus, Furius III 1094
Eusthatios, 5. E. v. Epiphaneia IV 115
Eutropius, 2. E. v. Valencia IV 121
Helpidius, christl. Dichter IV 2127
Hilarianus, Q. Iulius V 7
Hosius (Ossius) v. Córdoba V 132
Hydatius, Bf. v. Aqua Flaviae V 242
Ildefons v. Toledo V 378
Johannes, 68. J. v. Biclaro V 557
Julianus, 3. J. v. Toledo V 802
Marius, 1. M., Bf. v. Avenches VI 295
Martin, 8. M. v. Braga, hl., Bf. v. Braga VI 343
Mauregato VI 410
Muros, Diego de VI 944
Nebrija (Lebrija), Elio Antonio de VI 1077
Olympiodoros, 1. O., Gesch.sschreiber VI 1403
Oppa VI 1415
Ordoño, 1. O. I., Kg. v. Asturien VI 1444
Ordoño, 2. O. II., Kg. v. León VI 1444
Ordoño, 3. O. III. Kg. v. León VI 1444
Ordoño, 4. O. IV., Kg. v. León VI 1444
Oreibasios, 1. Leben, Werke VI 1445
Oviedo VI 1599
Pacianus VI 1609
Pelayo, 1. P., princeps v. Asturien VI 1863
Pelayo, 2. P. v. Oviedo VI 1863
Philostorgios VI 2104
Priskos VII 221
Prosper Tiro v. Aquitanien VII 266
Ramiro, 3. R. I., Kg. v. Asturien VII 427
Ramiro, 4. R. II., Kg. v. León VII 427
Ramiro, 5. R. III., Kg. v. León VII 428
Reccared I. VII 500
Reccesvinth VII 500
Roderich, Kg. der Westgoten VII 928
Rodrigo, 1. R., Gf. in Kastilien VII 930
Romulus Augustus VII 1020
Salado, Schlacht am VII 1281
Sampirus VII 1344
Samson, 2. S., Abt v. Córdoba VII 1346
Sancho, 2. S. II., Kg. v. Kastilien VII 1352
Sancho, 3. S. III. Kg. v. Kastilien VII 1353
Sancho, 6. S. I., Kg. v. León VII 1354
Sancho, 17. S. García, Gf. v. Kastilien VII 1361
Silo, Kg. v. Asturien VII 1903
Sisebut VII 1938
Sokrates VII 2027
Sozomenos VII 2074
Themistios VIII 616
Turribius VIII 1120
Vermudo, 1. V. I., Kg. v. Asturien VIII 1561
Vermudo, 2. V. II., Kg. v. León VIII 1561
Vermudo, 3. V. III., Kg. v. León und Asturien VIII 1561
Victor, 5. V. v. Tunnuna VIII 1628
Wamba VIII 2008
Witiza IX 267

Zosimos, 1. Z., griech. Geschichtsschreiber IX 677

Althoff, Gerhard
Immedinger V 389
Mathilde, 1. M., Kgn. des ostfrk.-dt. Reiches, hl. VI 390
Mathilde, 2. M., Tochter Ottos I. VI 391
Mathilde, 3. M., Tochter Ottos II. VI 392
Merseburg, Hoftag v. VI 547
Otto, 25. O. d. Erlauchte, Hzg. v. Sachsen VI 1579
Siegfried, 2. S., sächs. Gf. VII 1864
Thietmar, 1. T., Bf. v. Merseburg VIII 694
Vermittler VIII 1555
Versammlung VIII 1579
Wichmann, 1. W. I., II., sächs. Gf.en IX 60
Widukind, 2. W. v. Corvey IX 76
Würde, II. Institutions- und Sozialgeschichte IX 370
Zorn, II. Politisches Denken und Handeln IX 675

Alvar, Carlos
Aimeric, 2. A. de Belenoi I 241
Aimeric, 3. A. de Peguilhan I 241
Anselm, 11. A. Turmeda I 689
Arnaut, 2. A. Daniel I 997
Arnaut, 3. A. Guillem de Marsan I 998
Arnaut, 4. A. de Maruelh I 998
Bernart, 1. B. Marti I 1979
Bernart, 2. B. de Ventadorn I 1979
Bernat Desclot I 1980
Bertran, 2. B. de Born I 2039
Cadenet II 1338
Cairel, Elias II 1381
Calvo, Bonifaci(o) II 1403
Carbonel, Bertran II 1495
Carbonell, 1. C., Pere Miquel II 1496
Cardenal, Peire II 1503
Cercamon II 1625
Cerveri de Girona II 1637
Daude de Pradas III 583

Álvarez Álvarez, César
Quiñones VII 370

Alzheimer-Haller, Heidrun
Leonhard (hl.), Leonhardiwallfahrt V 1894
Longinus V 2107
Wetterkreuz, -läuten, -kerzen, -segen, -prozessionen IX 48

Amado, Claudie
Trencavel VIII 971

Amann, Konrad
Mohács, Schlacht v. VI 716

Amargier, Paul
Carpentras II 1523
Cavaillon II 1588

Amberg, Rainer
Bagellardi, Paolo I 1346

Ambronn, Karl-Otto
Eger, Egerland, I. Die Anfänge und der Ausbau des Egerlandes III 1604
Lengenfeld-Pettendorf, Herren v. V 1872
Leuchtenberg V 1915

Nabburg, 1. Reichsburg und Mark VI 995
Nabburg, 2. Stadt VI 995
Oberpfalz VI 1332

Ambros, Edith
Aḫī I 230
Aḫī Evrān I 231
Aqïnğï I 823
ʿAzab I 1316
Bailo I 1357
Dīwān, C. II. Osmanische Literatur [Dīwān als literarischer Begriff] III 1137
Emīr Sulṭān III 1885
Ešref-oġlï Abdullāh Rūmı IV 18
Ǧaʿfer Čelebi, Tāğī-zāde IV 1077
Ḥaqīqī IV 1928
Mesīḥī VI 552

Ambrosioni, Annamaria
Mailand, I. Stadt, Bistum, Wirtschaft im 4.–12. Jahrhundert VI 113
Pontida VII 95

Amelung, Peter
Nythart, Hans VI 1328

Ament, Hermann
Alamannen, II. Archäologie I 265
Arnegundis I 999
Franken, Frankenreich, A. Archäologie IV 690
Germanen, II. Archäologie IV 1339
Semnonen VII 1741
Sueben, I. Archäologie VIII 285
Thüringen, Thüringer, A. Archäologie VIII 747

Anawati, Georges C.
Abubacer I 69
Abulfaragius I 69
Avempace I 1288
Averroes, Averroismus, I. Leben, Werke und Lehre I 1291
Al-Kindī V 1155

Andenna, Giancarlo
Novara VI 1300
Vercelli VIII 1495
Wilhelm, 114. W. v. Vercelli IX 193

Andermann, Kurt
Ortenau VI 1481
Otto, 40. O. v. Speyer VI 1586
Raubritter VII 474
Reichsritterschaft VII 636
Ritterkantone VII 877
Rudolf, 11. R. I., der Stammler, Pfgf. bei Rhein VII 1079
Rudolf, 12. R. II., Pfgf. bei Rhein VII 1080
Ruprecht, 2. R. I., Pfgf. bei Rhein VII 1110
Ruprecht, 3. R. II., Pfgf. bei Rhein VII 1111
Schuttern VII 1593
Speyer, A. II. Stadtgeschichte VII 2095
Speyer, B. Bistum und Hochstift VII 2096
Speyerer Ständetag VII 2099
Veldenz VIII 1450

Andernacht, Dietrich
Blumgesellschaft II 288

André, Frère
Lérins V 1907

Andrei, B.
Korsika V 1452

Andreolli, Bruno
Grundherrschaft, C. III. Italien [Hoch- und Spätmittelalter] IV 1747
Mirandola VI 664
Petrus, 29. P. de Crescentiis VI 1969
Pico della Mirandola VI 2130

von Andrian-Werburg, Klaus Frhr.
Albrecht, 11. A., Gf. v. Hohenberg I 319

Anex-Cabanis, Danielle
Abochement I 47
Affatomie I 194
Coutume, Coutumier III 323
Ehe, B. IV. Frankreich [Recht] III 1626
Erbrecht, Erbe, Erbschaft, B. V. Frankreich [Recht] III 2111
Familie, B. IV. Frankreich [Recht] IV 262
Formariage IV 645
Französisches Recht IV 847
Haus, -formen, C. V. Frankreich [Rechts- und Verfassungsgeschichte] IV 1968
Antrustio I 735
Aubain I 1182
Aubaine, droit d' I 1182
Bastardenfall I 1546
Besitz, IV. Französisches Recht I 2068
Commendise III 81
Déguerpissement III 638
Déni de justice III 695
Diebstahl, C. II. Französisches Recht III 989
Ehe, B. IV. Frankreich [Recht] III 1626
Eid, A. VI. Frankreich III 1681
Eigentum, A. V. Frankreich [Rechts- und Verfassungsgeschichte] III 1719
Französisches Recht, I. Allgemeine Grundlagen IV 847
Französisches Recht, II. Die Rolle des Königtums IV 848
Französisches Recht, III. Grundzüge der Rechtsentwicklung IV 848
Französisches Recht, IV. Gewohnheitsrechtsfamilien IV 849

Angeli, Giovanna
Unsinnsdichtung, I. Romanische Literaturen VIII 1262
Watriquet Brassenel de Couvin VIII 2078

Angenendt, Arnold
Exorzismus, I. Religionsgeschichtlich. Der Exorzismus in der mittelalterlichen Kirche IV 172
Geißelung IV 1177
Klosterbischof V 1223
Patron VI 1806
Peregrinatio VI 1882
Reliquien, I. Allgemeiner Begriff. Abendland VII 702
Wunder, A. Allgemein. Christlicher Westen IX 351
Zwangstaufe, Zwangsbekehrung IX 715

Angerer, Joachim F.
Cantor (mit von Huebner, D.) II 1464

Angermann, Norbert
Livland, B. IV. Enstehung der livländischen Städte. Verhältnis zur Hanse [Die Eroberungszeit]   V 2048
Livland, C. II. Livland im politischen Gefüge des Ostseeraumes [Spätmittelalter]   V 2049
Mindowe   VI 634
Ostsee, -raum   VI 1541
Riga, B. Rigisches Recht   VII 846
Schra   VII 1551
Švitrigaila   VIII 349
Veče   VIII 1438
Vjačko   VIII 1611
Vladimir, 4. V. Jaroslavič, Fs. v. Novgorod   VIII 1796
Vladimir-Suzdal'   VIII 1800
Vyšgorod   VIII 1884
Wergeld, IV. Russisches Recht   VIII 2203
Wesenberg   IX 16
Wesenberg, Schlacht bei   IX 16
Windau   IX 230
Wissewalde   IX 263
Zvenigorod, Stadt in der südwestl. Rus'   IX 714
Zvenigorod, russ. Stadt an der Moskva   IX 715

Angermeier, Heinz
Eger, Reichstag v.   III, 1607
Eger, Reichstag, Reichslandfrieden v.   III, 1607

Antoine, Marie-Elisabeth
Acquêts   I 87

Anton, Hans Hubert
Burchardus, 1. B., Bf. v. Chartres   II 952
Franken, Frankenreich, B. I. Fränkische Frühzeit, Merowingerzeit [Allgemeine und politische Geschichte. Verfassungs- und Institutionengeschichte]   IV 693
Frot(h)arius, 2. F., Bf. v. Toul   IV 993
Fürstenspiegel, A. Lateinisches Mittelalter   IV 1040
Gottesgnadentum   IV 1592
Gregor, 23. G. v. Tours   IV 1679
Irmina   V 662
Jonas, 2. J. v. Orléans   V 625
König, Königtum, A. Allgemein und Germanische Königreiche   V 1298
König, Königtum, B. I. Bis zum Investiturstreit [Deutsches Reich]   V 1304
Merowech   VI 542
Merowinger   VI 543
Milo, 1. M., Bf. v. Trier und Reims   VI 627
Ordo, II. Krönungsordines   VI 1439
Sakralität   VII 1263
Salbung, II. Herrscherlich   VII 1289
Zweikaiserproblem   IX 720

Anzelewsky, Fedja
Graphik   IV 1655
Zeichnung   IX 506
Hausbuchmeister   IV 1971
Metallschnitt   VI 569
Pestblätter   VI 1921
Schongauer, Martin   VII 1536
Signatur (Malerei und Graphik)   VII 1887
Skizze   VII 1976

Appuhn, Horst
Holzschnitzkunst, II. Abendländisches Mittelalter   V 107
Kathedra   V 1074

Lesepult   V 1909

Archetti Giampaolini, Elisabetta
Pesaro   VI 1913

Arenhövel, Willmuth
Armilla   I 982
Armreliquiar   I 983
Becher   I 1771
Blei, Bleiguß, III. Blei als Werkstoff (mit Wacha, G.)   II 272
Braunfirnis   II 583
Brustkreuz, 1. Beschreibung   II 796
Custodia   III 394
Damaszierung   III 471

Århammar, Nils
Friesische Sprache und Literatur   IV 977

Aris, Marc-Aeilko
Paschasius, 2. P. Radbertus   VI 1754
Petrus, 60. P. Pictor   VI 1982
Petrus, 61. P. v. Pisa   VI 1982
Polyglottenbibel   VII 76
Radulfus, 8. R. Tortarius   VII 394
Richard, 32. R. v. St. Victor   VII 825
Robert, 54. R. Holcot   VII 907
Sicard, 2. S. v. Cremona   VII 1833
Tatwine   VIII 490
Tenxwind v. Andernach   VIII 544
Thomas, 46. Th. v. Perseigne   VIII 722
Übersetzer, Übersetzungen, I. Lateinische Literatur   VIII 1148
Übersetzung, allgemeine Voraussetzungen und theoretische Grundlagen   VIII 1163
Vinzenz, 2. V. v. Aggsbach   VIII 1705
Warin, 2. W. v. Corvey   VIII 2049
Wilhelm, 88. W. v. Moerbeke   IX 175

Armbruster, Adolf
Burg, C. IX. Siebenbürgen, Moldau und Walachei   II 986
Bürger, Bürgertum, H. IV. 2. Siebenbürgen, Moldau und Valachei   II 1038
Hermannstadt   IV 2170
Hunedoara   V 219

Armes-Pierandreï, Dominique
Adam et Eve, le Jeu d'   I 116
Aïol   I 244
Amadis de Gaule   I 504

Arnaldi, Girolamo
Adalbert, 1. A., Kg. v. Italien   I 95
Ageltrude   I 204
Agnellus, 2. A., Verfasser   I 211
Benedikt, 16. B. v. S. Andrea   I 1868
Benzo v. Alba   I 1924
Bruno, 12. B., Bf. v. Segni   II 791
Caffaro   II 1372
Canal, 1. C., Martin da   II 1426
Codagnello, Giovanni   II 2197
Rom, A. Vom 4. bis 10. Jahrhundert (mit Marazzi, F.)   VII 967

Arnold, Johannes
Wilhelm, 65. W. v. Auxerre   IX 163

Arnold, Klaus
Armledererhebung I 983
Böhm, Hans II 335
Butzbach, Johannes II 1163
Dalberg, Johann v. III 439
Johannes, 183. J. Trithemius V 608
Kind, I. Westliches Europa V 1142
Kinderbischof V 1149
Kinderkreuzzug V 1150

Arrhenius, Birgit
Birka, II. Topographie und archäologische Erforschung II 222

Arribas Palau, Mariano
Ceuta, 1. Spätantike und Westgotenzeit II 1643

Arszyński, Marian
Deutschordensburg III 914

Artifoni, Enrico
Patriziat, IV. Nord- und Mittelitalien VI 1803

de Arvizu, Fernando
Ehe, B. V. Iberische Halbinsel [Recht] III 1628
Ehebruch, B. IV. Iberische Halbinsel [Recht] III 1654

Asaert, Georges
Bergen op Zoom I 1955

Asch, Jürgen
Hagen IV 1837

Aschoff, Volker
Nachrichtenvermittlung, II. 2. Telegraphische Nachrichtenvermittlung [Byzantinisches Reich] VI 998

Aspernig, Walter
Wels VIII 2154

Asperti, Stefano
Peire, 1. P. d'Alvernha VI 1857
Peire, 3. P. Raimon de Tolosa VI 1858
Peire, 4. P. Rogier VI 1858
Peirol VI 1859
Raimbaut, 2. R. de Vaqueiras VII 403
Raimon, 1. R. de Cornet VII 404
Raimon, 2. R. Jordan VII 404
Raimon, 3. R. de Miraval VII 404
Raoul, 6. R. de Soissons VII 442
Salut VII 1319
Savaric de Mauléon VII 1408
Sordello VII 2057
Tenzone, Tenso VIII 544
Trobar clus VIII 1030
Uc, 2. U. (Uguet) de Mataplana VIII 1170
Vidal, Arnaut VIII 1632
Vidal, Peire VIII 1633
Vidal, Ramon VIII 1633
Vidas und razos VIII 1635
Zorzi, Bertolomè IX 676

Aßfalg, Julius
Armenische Sprache und Literatur I 979
Barhebraeus I 1461
Bibelübersetzungen, III. Syrische Bibelübersetzungen II 93
Bibelübersetzungen, IV. Koptische Bibelübersetzungen II 94
Bibelübersetzungen, V. Armenische Bibelübersetzungen II 94
Bibelübersetzungen, VI. Georgische Bibelübersetzungen II 94
Bibelübersetzungen, VII. Arabische Bibelübersetzungen II 95
Chronik, Q. Syrien, Armenien und Georgien II 2022
Dionysios, 3. D. (Yaʿqob) bar Ṣalībī III 1076
Dionysios, 4. D. v. Tellmaḥrē III 1076
Eliyā bar Šīnāyā III 1845
Eutychios, 1. E., Patriarch v. Alexandria IV 123
Eznik v. Kołb IV 196
Faustus, 3. F. v. Byzanz IV 321
Georgien, I. Allgemeine und politische Geschichte IV 1283
Georgien, II. Kirchengeschichte IV 1284
Georgische Sprache und Literatur IV 1290
Johannes, 55. J., Bf. v. Nikiu V 552
Johannes, 100. J. v. Ephesos ('v. Asien') V 574
Marutha, Bf. v. Maipherkat VI 361
Mesrop VI 553
Michael, 16. M. I., jakobit. Patriarch v. Antiochia VI 601
Narses, 2. N. (Narsai) v. Edessa VI 1029
Nisibis, Schule v. VI 1200
Philoxenos v. Mabbug VI 2105
Salomon, 3. S., Metropolit v. Basra VII 1316
Sis VII 1937
Thomas, 43. Th. v. Marga VIII 721

Atsma, Hartmut
Clichy II 2161

Assion, Peter
Märterbuch VI 335

Auer, Johann
Abyssus I 70
Actus purus I 90
Allgegenwart Gottes I 429
Allmacht I 438
Allwissenheit I 442
Annihilatio I 664
Anschauung Gottes I 676
Appropriation I 810
Augsburg, II. Bistum und Stadt im Früh- und Hochmittelalter (mit Kreuzer, G.) I 1212
Barmherzigkeit, I. Theologie I 1471
Berufung, 1. B. (Erwählung durch Gott) I 2051
Beweger, unbewegter II 24
Christusmystik II 1945
Concursus divinus III 118
Conservatio III 155
Demut III 693
Futuribilia IV 1067

Auer, Leopold
Amras, Gf. v. I 544
Andechs, I. Grafengeschlecht und Burg I 593
Arnold, 3. A. II., Mgf. der Karantanenmark I 1001
Berthold, 3. B., Hzg. v. Bayern I 2025
Berthold, 4. B. I., Hzg. v. Kärnten I 2026
Brabanzonen II 535
Brixen, Synode v. II 705
Burghausen, II. Grafenfamilie II 1054

Peilstein VI 1856
Schala VII 1436
Sighardinger VII 1882

Augustyn, Beatrijs
Boudelo II 496
Deich und Dammbau (mit Verhulst, A.) III 640

Autrand, Françoise
Avocat du roi I 1308
Beamtenwesen, A. IV. Spätmittelalterliches Frankreich I 1726
Châtelet de Paris II 1771
Clerc du roi II 2152
Commissaire III 86
Concierge des châteaux royaux III 112
Concierge du Palais III 113
Eaux et Fôrets III 1505
Enquêteurs-réformateurs III 2017
Gesandte, B. V. Frankreich IV 1373
Guillaume, 4. G. du Breuil IV 1778
Isabella, 4. I. v. Bayern, Kgn. v. Frankreich V 668
Jean, 4. J. II., Hzg. v. Berry V 330
Jeanne, 3. J. de Bourbon, Kgn. v. Frankreich V 341
Journal d'un bourgeois de Paris V 639
Justiz, -wesen, I. Allgemeines. Frankreich V 825
Karl, 12. K. V., Kg. v. Frankreich V 975
Karl, 13. K. VI., Kg. v. Frankreich V 977
Le Clerc, Jean V 1787
Le Coq, Robert V 1787
Legisten, 2. L. (frz. legistes) V 1805
Lit de justice V 2010
Livre des métiers V 2053
Longueil, Richard Olivier de V 2108
Ludwig, 19. L. v. Frankreich V 2189
Ludwig, 38. L., Hzg. v. Orléans V 2197
Mantes, Vertrag v. VI 205
Marle, Henri de VI 315
Marmousets VI 317
Mignon, Robert VI 619
Montaigu, 3. M., Jean de (d. Ä.) VI 776
Montaigu, 4. M., Jean de (d. J.) VI 776
Montauban, Jean de VI 779
Morvilliers, Pierre de VI 851
Notar, Notariat, B. Frankreich VI 1273
Odette (Odinette) de Champdivers VI 1349
Ordonnance cabochienne VI 1443
Orgemont, Pierre d', 1. Leben VI 1452
Parlement VI 1731
Pastourel, Jean VI 1774
Petit, Jean VI 1943
Procureur du roi VII 238
Remonstranz VII 710
Rivière, Bureau de la VII 881
Tancarville VIII 454
Vaudetar, 1. Familie VIII 1437
Vaudetar, 2. Die Vaudetar-Bibel VIII 1437
Verbrechen, A. IV. Französisches Recht VIII 1488
Visconti, 9. V., Valentina VIII 1726

Auty, Robert
Afanasij Nikitin I 193
Allegorie, Allegorese, V. 4. Slavische Literaturen I 426
Antichrist, B. IV. Slavische Literatur I 707
Apollonius von Tyrus, B. VI. Slavische Literaturen I 774

Avagliano, Faustino
Amatus, 2. A. v. Montecassino I 513
Deusdedit, 4. D., Abt v. Montecassino III 739
Erasmus, 1. E. v. Montecassino III 2095
Erchempert v. Montecassino III 2124
Vallombrosa VIII 1395
Vallombrosanerkongregation VIII 1396

Avella-Widhalm, Gloria-Maria
Felix, 5. F., Bf. v. Como IV 341
Jesi V 359
Kreuz, Kruzifix, C. Liturgie
Kreuzfeste V 1492
Mogliano, Gentile da VI 715
Perotti (Perotto), Niccolò VI 1895
Photinianer VI 2109
Pietro, 4. P. Parenzo VI 2143
Quirinus, 2. Q. v. Neuss VII 375
Quirinus, 3. Q. v. Siscia VII 376
Sanvitale VII 1374

Averkorn, Raphaela
Michael, 19. M. Aiguani v. Bologna VI 602

Avonds, Piet
Brabant, II. Territorialpolitik und Institutionsgeschichte im Spätmittelalter II 530
Dynter, Edmond de III 1497
Grimbergen IV 1715
Haynin, Jean de IV 1983
Heinrich, 42. H. I., Hzg. v. Brabant IV 2066
Heinrich, 43. H. II., Hzg. v. Brabant IV 2067
Heinrich, 44. H. III., Hzg. v. Brabant IV 2067
Johann, 19. J. I., Hzg. v. Brabant V 506
Johann, 20. J. II. Hzg. v. Brabant V 507
Johann, 21. J. III., Hzg. v. Brabant V 507
Johann, 22. J. IV., Hzg. v. Brabant V 507
Johanna, 13. J., Hzgn. v. Brabant V 526
Johannes, 75. J. Caligator V 560
Joyeuse Entrée V 641
Philipp, 11. Ph. v. St-Pol, Hzg. v. Brabant VI 2066
Philipp, 30. Ph. v. Leyden VI 2078
Rupelmonde VII 1105

Azzara, Claudio
Particiaco VI 1745

Baader, Gerhard
Alderotti, Taddeo I 345
Aldobrandino da Siena I 348
Alfanus, 2. A., Ebf. v. Salerno (mit Delogu, P. Düchting, R.) I 389
Anatomie I 575
Anthimus I 695
Arabismus I 853
Articella I 1069
Arzt, I. Der Arzt im frühen Mittelalter I 1098
Arzt, II. Der universitär gebildete Arzt des hohen und späten Mittelalters I 1098
Arzt, III. Chirurgen I 1099
Arzt, IV. Ärztinnen I 1100
Arzt, V. Das Bild des Arztes in der mittelalterlichen Literatur I 1100
Badewesen I 1340
Bamberger Codex I 1402
Benvenuto, 1. B. Grapheo I 1923

Baaken, Gerhard
Gottfried, 27. G. v. Viterbo   IV 1607

Baaken, Katrin
Welf, 7. W. VI., Mgf. v. Tuszien   VIII 2146

Baasch, Karen
Crescentialegende, dt.   III 342

Bacht, Heinrich
Akoimeten   I 253
Beda Venerabilis, I. Leben   I 1774
Benedikt, 14. B. v. Aniane (mit Semmler, J.)   I 1864

Backes, Herbert
Martianus Capella   VI 338
Notker, 4. N. (III.) Labeo   VI 1291
Seuse, Heinrich   VII 1801
Stagel(in), Elsbeth   VIII 38

Backhouse, Janet
Buchmalerei, A. XVII. Englische Buchmalerei (1200–1500)   II 861
Scheerre, Hermann   VII 1445

Backmund, Norbert
Braine, St-Yved de   II 545
Emo v. Huizinge   III 1890

Bader, Karl Siegfried
Dorf, A. III. 1. a. Rechts- und Verfassungsstruktur [Mitteleuropa]   III 1276

Bagge, Sverre
Bagler   I 1346
Baron (baro), VIII. Skandinavien   I 1483
Birkebeiner   II 224
Canones Nidrosienses   II 1438
Erling Skakke   III 2154
Eysteinn Erlendsson   IV 193
Fürstenspiegel, B. IV. Skandinavische Literaturen   IV 1052
Hákon, 1. H. Aðalsteinsfóstri   IV 1868
Hákon, 2. H. IV. Hákonarson   IV 1868
Hákon, 3. H. V. Magnússon   IV 1868
Hákon, 4. H. VI. Magnússon   IV 1869
Harald, 5. H. Schönhaar, Kg. v. Norwegen   IV 1930
Harald, 6. H. Sigurdsson 'der Harte', Kg. v. Norwegen   IV 1930
Hird   V 33
Hirðskrá   V 34
Historia de antiquitate regum Norvagensium   V 41
Historia Norvegiae   V 43
Norwegen   VI 1257
Sigurd, 2. S. Jórsalafari, Kg. v. Norwegen   VII 1896

Bahr, Ernst
Dirschau   III 1105

Baier, Walter
Meditationes vitae Christi   VI 452

Bak, János M.
Banat   I 1405
Banderien   I 1406
Banus   I 1424
Corona, VI. Ungarn   III 256
Dózsa, György   III 1339
Gesandte, B. XI. Ungarn   IV 1381
Gespan   IV 1404
Kézai, Simon   V 1119
König, Königtum, J. Ungarn   V 1322
Magnaten, II. Ungarn   VI 94
Nikopolis, Schlacht v.   VI 1191
Ofen, Stadtrecht   VI 1366
Pálóci   VI 1646
Parlament, Parliament, VII. Ungarn   VI 1729
Perényi   VI 1884
Personalis   VI 1903
Plattensee   VII 15
Preßburg, Friede v.   VII 192
Privilegium Andreanum   VII 228
Regalien, -politik, -recht, IV. 1. Ungarn   VII 560
Salomon, 2. S., Kg. v. Ungarn   VII 1315
Stand, Stände, -lehre, V. 2. Ungarn   VIII 52
Stephan, 2. S. I. d. Hl., Kg. v. Ungarn   VIII 112
Stephan, 3. S. II., Kg. v. Ungarn   VIII 114
Stephan, 4. S. III., Kg. v. Ungarn   VIII 114
Stephan, 5. S. V., Kg. v. Ungarn   VIII 114
Stephanskrone   VIII 125
Steuer, -wesen, I. II. Ungarn   VIII 155
Stuhlweißenburg   VIII 258
Stuhlweißenburger Privileg   VIII 258
Szécsényi   VIII 387
Szeged   VIII 388
Szentlőrinc   VIII 389
Szilágyi, 1. S., Erzsébet   VIII 389
Szilágyi, 2. S., Mihály v. Horoszeg   VIII 389
Thurzó (v. Bethlenfalva), Johann   VIII 757
Tripartitum opus   VIII 1015
Ungarn, B. Geschichte und Wirtschaft   VIII 1226
Veszprém   VIII 1604
Visegrád   VIII 1728
Wahl, B. Ungarn   VIII 1913
Werbőczy (Verbőczy), István   VIII 2194
Wieselburg   IX 92
Zeremoniell, E. I. Ungarn   IX 570
Zunft, -wesen, -recht, A. IX. 1. Ungarn   IX 704

Bakker, Folkert J.
Wittewierum   IX 275

Bakker, Lothar
Bonn, I. Archäologie (Spätantike)   II 426
Echternach, I. Archäologie und Klostergründung   III 1542

Balard, Michel
Alaun, 1. (mit Jüttner, G.)   I 272
Caffa   II 1370
China, I. China, Byzanz und Europa   II 1827
Chios   II 1842
Drap(p)erio, Francesco   III 1368
Embriaci   III 1877
Galata, I. Byzantinische und genuesische Zeit   IV 1080
Gattilusi(o)   IV 1139
Gattilusi(o), 1. Die G. v. Lesbos   IV 1139
Gattilusi(o), 1. G., Francesco   IV 1140
Gattilusi(o), 2. Die G. v. Aenos   IV 1140
Hafen, F. Mittelmeerraum   IV 1831
Kilia   V 1135
Levantehandel   V 1921
Lykostomion   VI 39
Ma(h)ona de Chio   VI 106

Mittelmeerhandel VI 688
Nymphaion, Vertrag v. VI 1327
Paterio VI 1781
Persien VI 1898
Schwarzes Meer VII 1621
Sugdaia, 1. Stadt VIII 291
Täbrīz VIII 397

Banaszkiewicz, Jacek
Polytheistische Religionen, III. Slavischer Bereich VII 80

Bange, Elisabeth s. Lange, Elisabeth

Banti, Ottavio
Appiani, Familie I 807
Appiani, 1. A., Emanuele I 807
Appiani, 2. A., Gherardo I 808
Appiani, 3. A., Iacopo I. I 808
Appiani, 4. A., Iacopo II. I 809
Appiani, 5. A., Iacopo III. I 809
Appiani, 6. A., Iacopo IV. I 809
Gambacorta, Familie IV 1101

Banús y Aguirre, José
Basken, Volk I 1534
Baskische Provinzen, A. I. Geschichte I 1535
Baskische Provinzen, A. II. Wirtschaft I 1538
Baskische Provinzen, B. II. Baskische Provinzen in Spanien [Recht] I 1541

Bardach, Juliusz
Chronik, M. V. Litauen II 2009

Barley, Maurice W.
Beverley II 10
Boston II 481
Bury St. Edmunds II 1112
Cambridge, I. Stadtgeschichte II 1410
Chester, Chesire, I. Stadt II 1796
Colchester III 28
Coventry, 1. C., Stadt III 329
Durham, I. Stadt III 1477
Exeter IV 167
Eynsham IV 191

Barnea, Ion
Axiopolis (Hinog) I 1312
Constanţa (Konstanza) III 168

Barnes, Thomas G.
Star Chamber VIII 61

Barone, Giulia
Capello, Guido II 1470
Caracciolo, 2. C., Nicola Moschino II 1494
Clara, 2. C. v. Foligno II 2124
Clara, 3. C. v. Montefalco II 2124
Colombini, Giovanni III 50
Colonna, 4. C., Giovanni (aus der Linie Palestrina) III 55
Colonna, 5. C., Giovanni (aus der Linie Gallicano) III 56
Colonna, 7. C., Margherita III 57
Del Caccia, Giovanni III 665
Della Chiesa, Antonio III 672
Dominicus, 9. D. v. Pescia III 1190

Donizo v. Canossa III 1247
Egidius, 2. E. v. Assisi III 1609
Elias, 8. E. v. Assisi III 1826
Engelsburg III 1921
Franziska, 2. F. v. Rom IV 799
Gerhard, 22. G. v. Modena IV 1318
Giovanni, 3. G. delle Celle IV 1457
Graphia aureae urbis Romae IV 1655
Halleluja-Bewegung IV 1879
Homobonus v. Cremona V 112
Jacobus, 30. J. de Voragine V 262
Johannes, 105. J. Firmanus (de Alverna) V 575
Katharina, 8. K. v. Genua V 1071
Legenda aurea, A. Werk V 1796
Legenda aurea, B. VIII. Böhmen und Mähren [Überlieferung und Rezeption] V 1800
Margareta, 3. M. v. Cortona VI 233
Maria, 13. M. (Caterina) Mancini VI 279
Maria, 15. M. v. Oignies VI 280
Mentorella, la VI 531
Michael, 22. M. v. Cesena VI 603
Mirabilia urbis Romae VI 655
Monteforte, Häretiker v. VI 793
Nikolaus, 5. N. IV., Papst VI 1171
Nikolaus, 39. N. v. Tolentino VI 1188
Oblatinnen (di Tor de' Specchi) VI 1337
Pacificus, 1. P. OFM VI 1610
Pacificus, 2. P. v. Novara VI 1610
Paulinus, 5. P. Minorita VI 1815
Petrus, 18. P. v. Bruis VI 1964
Petrus, 22. P. Caprioli VI 1966
Petrus, 72. P. de Trabibus VI 1985
Pietro, 3. P. Bernardino VI 2142
Rita v. Cascia VII 864
Rombeschreibungen VII 1006
Rosa v. Viterbo VII 1027
Scholastica, hl. VII 1520
Simon, 9. S. Fidati v. Cascia VII 1916
Spiritualen VII 2122
Stefaneschi, Jacopo Gaetano VIII 94
Tertiarier VIII 556
Thomas, 24. Th. v. Celano VIII 714
Ubald(us) v. Gubbio VIII 1142
Venturinus v. Bergamo VIII 1479
Vernani, Guido VIII 1562
Wilhelm, 109. W. v. Tocco IX 189
Wilhelm, 110. W. v. Tournai IX 190

Barrière, Bernadette
Comborn, Vicomtes de III 68
Ventadour (mit Cursente, B.) VIII 1475

Barrow, Geoffrey W. S.
Abernethy I 32
Alexander, 2. A. I., Kg. v. Schottland I 367
Alexander, 3. A. II., Kg. v. Schottland I 368
Alexander, 4. A. III., Kg. v. Schottland I 368
Bamburgh, Dynastie I 1404
Bannockburn, Schlacht bei I 1421
Bruce (Stammtafel) IX Anhang
Caithness II 1382
Carlisle II 1508
Carrick, Earls of II 1528
Chronik, H. Schottland II 1988
Clann, II. Schottland II 2120
Comyn III 109
Cumberland, 2. Englische Grafschaft III 369

David, 2. D. I., Kg. v. Schottland III 599
Donald, 1. D. McAlpin III 1230
Donald, 2. D., Kg. v. Schottland III 1231
Donald, 3. D. Bane III 1231
Dreng III 1395
Dumbarton III 1448
Dunbar (mit Bullough, D. A.) III 1452
Duncan, 1. D. I. (Donnchad) III 1453
Duncan, 2. D. II. III 1454
Dunkeld III 1459
Earl, II. Schottland III 1504
Edgar, 2. E., Kg. der Schotten III 1572
Edinburgh III 1575
Eduard, 10. E. (Edward Bruce), 'Kg. v. Irland' III 1594
Erroll III 2185
Eugenius, 2. E. the Bald IV 83
Fife IV 438
Fordun, John IV 633
Galloway IV 1096
Glasgow IV 1483
Halidon Hill, Schlacht v. IV 1876
Hebriden IV 1983
Hexham IV 2204
Holyrood V 103
Inverness V 475
Jakob, 6. J. I., Kg. v. Schottland V 284
Jakob, 7. J. II., Kg. v. Schottland V 285
Jakob, 8. J. III., Kg. v. Schottland V 286
Jakob, 9. J. IV., Kg. v. Schottland V 286
Kelso V 1099
Lamberton, William V 1627
Lennox V 1872
Lindsay V 2000
Lothian V 2133
Maeatae VI 68
Man, Isle of VI 183
Mar VI 214
Margarete, 10. M., Kgn. v. Schottland, hl. VI 237
Melrose VI 503
Moray VI 832
Mungo VI 910
Neville's Cross, Schlacht bei VI 1117
Norham VI 1239
Northumberland VI 1255
Óengus, 1. O. I., Kg. der Pikten VI 1364
Óengus, 2. O. II., Kg. der Pikten und Schotten VI 1364
Óengus, Prov. im ö. Schottland VI 1364
Otterburn, Schlacht v. VI 1563
Parlament, Parliament, IV. Schottland VI 1726
Perth VI 1907
Pikten VI 2144
Robert, 5. R. I., Kg. v. Schottland VII 886
Robert, 6. R. II., Kg. v. Schottland VII 887
Robert, 7. R. III., Kg. v. Schottland VII 887
Robert, 9. R. Stewart, Duke of Albany VII 889
Ross, 1. R., schott. Earldom VII 1040
Saint Cuthbert's Land VII 1144
Sauchieburn, Schlacht v. VII 1402
Schottland VII 1546
Scone VII 1653
Session, Lords of VII 1800
Shetland Inseln VII 1827
Stadt, G. II. Schottland VII 2200
Steward of Scotland VIII 163
Stewart (Steward) (Stammtafel) IX Anhang
Stirling VIII 186
Strathclyde VIII 228
Strathearn VIII 229
Sutherland, Earldom of VIII 334
Turgot VIII 1100
Turnbull, William, Bf. v. Glasgow VIII 1113
Urkunde, -nwesen, A. X. Schottland VIII 1310
Vitrified Forts VIII 1778
Wallace, William VIII 1979
Waltheof, 1. W., Earl v. Northumberland VIII 2002
Waltheof, 2. W., hl., Abt v. Melrose VIII 2003
Ward, 1. W. (durward) VIII 2040
Wars of Independence VIII 2053
Westmorland IX 37
Wilhelm, 6. W. I. 'd. Löwe', Kg. v. Schottland IX 130
Wishart, Robert IX 256
York, Vertrag v. IX 423
Zisterzienser, -innen, C. VII. Schottland IX 646
Zunft, -wesen, -recht, A. VI. Schottland IX 700

Barrow, Julia S.
Hereford, 1. Stadt und Bistum IV 2151
Huntingdon, 1. Stadt V 224
Ipswich V 642
Lehen, -swesen; Lehnrecht, IV. England V 1816
Magna Carta VI 92
Malet, Robert VI 171
Northampton, Northamptonshire VI 1251
Reading VII 496
Salisbury VII 1304
Sherborne VII 1825
Socage VII 2019
Wells VIII 2153
Winchester, 1. Stadt IX 225
Winchester, 2. Bistum IX 226
Winchester, 3. Kathedrale IX 227

Barry, Terence B.
Dorf, B. II. Irland III 1288

Bartels, Karlheinz
Capitolare de specialibus II 1477
Medizinalordnung (Medizinalstatuten), siz., Friedrichs II. VI 465

Barthélemy, Dominique
Coucy III 306
Coucy, 1. C., Enguerran III. de III 307
Vendôme VIII 1456

Bartl, Peter
Balkanpässe I 1381
Bar, 1. B., süddalmatin. Stadt I 1430
Berat I 1929
Biograd na moru II 199
Bitolj II 254
Borna II 463
Budva II 904
Capodistria II 1485
Cetinje II 1643
Himara V 21
Muzaki VI 977
Thopia VIII 729

Bartoli, Marco
Franziskanerinnen IV 822

Bartoli, Marie-Claude
Ajaccio I 248
Aleria (mit Bautier, R.-H.) I 352

Bartunek, Franz
Kreuzzeichen, I. Lateinische Kirche V 1507

Bartuschat, Johannes
Übersetzer, Übersetzungen, IV. Italienische Literatur VIII 1154

Bastier, Jean
Aragón, B. I. Grafschaft Aragón [Recht] I 864
Barcelona, IV. Recht I 1453
Liber iudiciorum V 1945

Batlle, Carmen
Alfons, 20. A. II. Kg. v. Portugal I 404
Alfons, 21. A. III., Kg. v. Portugal I 405
Alfons, 22. A. IV., Kg. v. Portugal I 405
Alfons, 23. A. V. »el Africano«, Kg. v. Portugal (mit Vones, L.) I 405
Biga II 140
Gualbes IV 1759
Muntaner, Ramon VI 919
Rocafort VII 920
Busca II 1115
Chronik, K. II. Länder der Krone Aragón II 1999
Consejo de Ciento III 152
Consellers III 154
Consolat de mar (Consulado del Mar) de Barcelona III 163
Descatllar III 715
Desplá, Familie III 733
Desplá, Luis III 733
Despuig, Familie III 734
Despuig, Luis III 734
Destorrent III 736
Durfort, Familie III 1476
Homens de paratge V 109
Lanuza, Juan de V 1707
Manresa VI 198
Montcada (mit Vones-Liebenstein, U.) VI 781
Mur VI 937
Oller, Berenguer VI 1399
Oluja VI 1402
Paciarii VI 1609
Peralta VI 1877
Queralt VII 361

Batlle, Lluís-Columba
Apophthegmata patrum I 778
Arnald, 2. A. v. Villanova, I. Leben und theologische Werke (mit Manselli, R., Wolter, H.) I 995
Canals, Antoni II 1427
Daguí, Pere III 431
Hegemonius IV 2009
Ioca monachorum V 491
Malla, Felip de VI 171
Margarit i de Pau, Joan VI 242

Batlle y Prats, Luis
Bagueny, Pedro I 1349
Bañolas (mit Engels, O.) I 1421
Camprodón, San Pedro de II 1425

Batllori i Munne, Miquel
Borja (Borgia), Familie II 461
Borja, Francesc II 462
Calixtus, 3. C. III. (Alfons de Borja) II 1398
Carvajal, 1. C., Bernardino López de II 1535
Cesare Borgia II 1639
Lucrezia Borgia V 2164

Battaglia-Castorina, Mara
Balbo I 1361

Battenberg, J. Friedrich
Gerichtsschreiber IV 1329
Gerichtsurkunde IV 1329
Hofrichter V 78
Kammergericht V 890
Kammerknechtschaft V 891
Reichsacht VII 616
Reichshofgericht VII 622
Reichskammergericht, -sordnungen VII 626

Bauchau, Blanche
Savoie, Jacques de VII 1412

Baudot, Marcel
Aubergenville, Jean d' I 1183
Bernay I 1981
Colmieu, Pierre de III 48
Durfort, Guillaume de III 1475
Évreux, I. Stadt, Grafschaft und Bistum IV 145
Flavacourt, 1. F., Guillaume I. de, Ebf. v. Rouen IV 536
Flavacourt, 2. F., Guillaume II. de, Ebf. v. Auch IV 536

Bauer, Axel
Copho III 214
Curriculum medicinae III 388
Del Garbo, 1. Del G., Dino III 670
Del Garbo, 2. Del G., Tommaso III 670
Diaeta Theodori III 934
Gualtherus Agulinus IV 1760
Guido, 18. G. v. Vigevano IV 1776

Bauer, Franz A.
Konche V 1296

Bauer, Martin
Adam, 2. A. v. Bocfeld I 106
Adenulf v. Anagni I 149
Akt–Potenz I 257
Alfredus Anglicus I 410
Art–Gattung I 1055
Bernier de Nivelles I 2006
Habitus IV 1813

Bauer, Thomas
Radbod, 3. R., Ebf. v. Trier VII 386
Ribuarier, Ribuarien VII 805

Baum, Hans-Peter
Armbrustmacher I 969
Apengeter I 743
Bäcker I 1325
Bader, 1. Sozial- und Wirtschaftsgeschichte I 1339
Barbier, 1. Sozial- und Wirtschaftsgeschichte I 1444
Bönhase II 411

Böttcher II 490
Burg, C. I. 3. Adelsburgen [Deutschland] II 968
Drechsler III 1371
Farbe, Färber, Farbensymbolik, II. Färber, Färberei IV 286
Fleisch, Fleischer, I. Hygienische Vorschriften und Fleischbeschau IV 541
Fleisch, Fleischer, II. Berufsstand der Fleischer IV 542
Fleisch, Fleischer, III. Markt- und Gewerbeordnungen IV 542
Fleisch, Fleischer, IV. Spezialisierung und Abgrenzung von verwandten Gewerben IV 544
Fleisch, Fleischer, V. Soziale Stellung der Fleischer IV 544
Fleisch, Fleischer, VI. Fleischerei im Judentum (mit von Mutius, H.-G.) IV 545
Freimeister IV 903
Gelbgießer IV 1198
Gerber IV 1299
Gießerei IV 1444
Glaser IV 1482
Goldschmied IV 1547
Grapengeter IV 1655
Handwerk, A. I. Städtisches Handwerk [Westlicher Bereich] IV 1910
Kanne(n)gießer V 899
Riemenschneider VII 838
Wachszieher VIII 1891

Baumeister, Theofried
Cyprianus, 1. C. v. Antiochia III 402
Dionysius, 1. D. v. Mailand III 1087
Donatus, 1. D. v. Arezzo III 1236
Eulogios, 1. E. v. Alexandria IV 96
Eusebios, 1. E. v. Alexandria (Pseudo-) IV 105
Eusebius, 3. E. v. Cremona IV 109
Eustratios, 2. E. v. Konstantinopel IV 117
Gnosis, Gnostizismus IV 1525
Horsiese V 129
Isaak, 5. I. v. Ninive V 667
Jacobus, 15. J. v. Edessa V 258
Julianus, 2. J., Bf. v. Aeclanum V 802
Montanismus VI 777
Optatus VI 1419
Paulinus, 4. P. v. Mailand VI 1815
Petrus, 4. P. Chrysologus VI 1959
Possidius VII 125
Schenute v. Atripe VII 1450
Simon Magus VII 1912
Sirmium VII 1936
Theodoros, 7. Th. v. Tabennese, Kl.abt VIII 638

Bäumer, Remigius
Annaten I 662
Johannes, 184. J. de Turrecremata V 609
Johannes, 79. J. Carlerius de Gerson V 561
Konziliarismus V 1431
Servitien VII 1795

Baumgartner, Emmanuèle
Gra(a)l, -sdichtung, I. Französische Literatur IV 1616
Lancelot, I. Französische Literatur V 1637
Parzival, Perceval, II. Französische Literatur VI 1749

Baumgartner, Hans M.
Arbor porphyriana, porphyrischer Baum I 889

Baumgartner, Jakob
Beschwörung, I. Liturgie I 2061

Baumgärtner, Ingrid
Fraternitas Romana IV 850
Mandeville, Jean de VI 188
Marignolli, Giovanni de' VI 292
Savelli VII 1409

Bauschke, Ricarda
Kürenberger, Der V 1581
Lorscher Bienensegen V 2119
Merseburger Zaubersprüche VI 548
Moriz v. Craûn VI 843
Muspilli VI 970
Natureingang, I. Deutsche Literatur VI 1044
Otto, 34. O. v. Botenlauben VI 1583
Reinmar, 1. R. 'der Alte' VII 668
Rudolf, 23. R. v. Fenis VII 1084
Wechsel, Liedtyp des mhd. Minnesangs VIII 2089
Wernher, 2. W. der Gärtner IX 10
Wessobrunner Gebet IX 21

Bautier, Robert-Henri
Accorre, Renier I 75
Afforage I 196
Agenais I 205
Aigues-Mortes I 237
Aimeric, 1. A., Ebf. v. Lyon I 241
Ainay, St-Martin d' I 243
Albergement I 278
Albergue I 279
Aleria (mit Bartoli, M.-C.) I 352
Amandellerie I 509
Ambierle I 516
Amboise, Familie (mit Scheurer, R.) I 518
Amboise, 1. A., Aimery (mit Scheurer, R.) I 518
Amboise, 2. A., Georg I. (mit Scheurer, R.) I 518
Amboise, 3. A., Georg II. (mit Scheurer, R.) I 519
Amboise, 4. A., Jakob II. (mit Scheurer, R.) I 519
Amboise, 5. A., Johann I. (mit Scheurer, R.) I 519
Amboise, 6. A., Johann, gen. v. Bussy (mit Scheurer, R.) I 519
Amboise, 7. A., Karl I. (mit Scheurer, R.) I 519
Amboise, 8. A., Karl II. (mit Scheurer, R.) I 519
Amboise, 9. A., Ludwig I. (mit Scheurer, R.) I 519
Amboise, 10. A., Ludwig II. (mit Scheurer, R.) I 520
Amboise, 11. A., Peter I. (mit Scheurer, R.) I 520
Amboise, 12. A., Peter (mit Scheurer, R.) I 520
Anc(h)oraticum (mit Sprandel, R.) I 577
Anchin I 577
André, Pierre I 599
Aniane I 643
Anjou, Dynastie, IV. Die Herzöge der jüngeren Linie Anjou I 650
Annonagium I 670
Annonaria I 670
Apt (Apta) (mit Fevrier, P.-A.) I 817
Argenterie du roi I 922
Arles, II. Bistum und Metropole (mit Kaiser, R.) I 956
Arrabloy, 1. A., Jean d' I 1026
Arrabloy, 2. A., Pierre d' I 1026
Arrivage I 1031
Arrouaise, I. Abtei I 1031
Athis-sur-Orge, Vertrag v. I 1167
Aumônerie, 1. Am frz. Königshof I 1237
Aunis I 1239

Auvergne, Gui d', 2. A., Gui d', »Gui de Clermont« I 1278
Auvergne, Gui d', 3. A., Gui d', Bf. v. Tournai I 1278
Avenagium I 1288
Bailli, bailliage, I. Entstehung I 1354
Bailli, bailliage, IV. Die bailliages im Spätmittelalter I 1356
Bailliage du Palais I 1357
Bal des ardents I 1360
Balue, Jean I 1393
Barbette, Familie I 1441
Barbette, 1. B., Étienne II. I 1441
Barbette, 2. B., Pierre I 1442
Baron, II. Frankreich (mit Bedos-Rezak, B.) I 1477
Baronnies I 1486
Barrier, Pierre I 1488
Barrière, 1. B., Pierre I 1488
Bassefontaine I 1544
Batarnay, Imbert de I 1548
Baudet, Guy I 1562
Bauffremont, Pierre de I 1623
Bayle I 1715
Beaucaire I 1747
Beaulieu-sur-Dordogne I 1757
Beaumont-le-Roger I 1758
Beaumont-lès-Tours I 1761
Beaupré I 1764
Bellue I 1849
Berdoues I 1932
Bergues-St-Winnoc I 1961
Berry (le Héraut) I 2018
Bonneval II 429
Bonneval en Rouerguee II 430
Bonnevaux II 431
Bonpas II 432
Bonport II 433
Bonrepos II 433
Boquen II 445
Boscherville II 469
Boscodon II 469
Boucard, Jean II 494
Boulbonne, Notre-Dame de II 498
Boulogne-sur-Mer (mit Fossier, R.) II 499
Bourbon-Vendôme, Familie II 506
Bourbon-Vendôme, 1. Louis de, Bf. v. Avranches II 507
Bourbon-Vendôme, 2. Louis de, frz. Prälat II 507
Bourdeille, Élie de II 509
Bourget, Le II 516
Bourgmoyen II 517
Boutage II 518
Bouteiller II 518
Boutier II 520
Bouvante II 520
Bouville, Familie II 521
Bouville, 2. B., Hugues II. II 521
Bouville, 3. B., Hugues III. II 522
Bouville, 4. B., Jean II. II 522
Bouxières, Notre-Dame de II 523
Brandes II 563
Bretagne, B. IV. Das Ende der Selbständigkeit [Spätmittelalter] (mit Leguay, J. P.) II 625
Breteuil-sur-Iton (mit Boussard, J.) II 628
Brienne, 1. Grafschaft und Hauptlinie (mit Contamine, Ph.) II 684
Brienne, 2. Die Linie Eu-Guines II 686
Brosse, 4. B., Jean II. de II 718

Brou II 722
Bucy, Simon Matifas de II 897
Buzançais II 1164
Cas royaux (mit Felten, F. J.) II 1537
Caunes II 1580
Chalon, Me Pierre de II 1662
Chancelier, chancellerie II 1691
Charité-sur-Loire, La II 1724
Charroux II 1734
Châtillon (mit Lalou, E.) II 1772
Chevalier le roi II 1804
Confesseur du roi III 125
Conseil, A. Conseil du roi (des Königs von Frankreich) III 145
Corbeil (Stadt) III 218

Becht-Jördens, Gereon
Sturmi VIII 269

Beck, Corinne
Wildgehege und Tiergarten (mit Delort, R.) IX 115

Becker, Alfons
Ivo, 1. I. v. Chartres, hl. V 839
Monarchia Sicula VI 728
Urban, 2. U. II., Papst VIII 1282

Becker, Hansjakob
Kartäuser, Kartäuserinnen, III. Liturgie V 1020

Becker, Hans-Jürgen
Aequitas I 184
Asyl, II. Weltliches Recht (mit Timbal, P.-C.) I 1157
Delegation, IV. Delegierte königliche Gerichtsbarkeit III 669
Forum, I. Allgemein IV 667
Friede, I. Rechtsgeschichtlich IV 919
Gnade, 2. Gnade, -nrecht IV 1521
Gottesurteil IV 1594
Kapitel, I. Dom- und Stiftskapitel V 938
Konkubinat V 1335
Landfrieden, I. Deutschland V 1657
Ordal VI 1429
Präsenz VII 153
Repräsentation, -srecht VII 744
Rheinischer Bund VII 784
Schuldkapitel VII 1581
Theologus VIII 660

Becker, Wolfgang
Beda Venerabilis, II. Beda als lateinischer Schriftsteller (mit Folkerts, M.) I 1775

Beckers, Hartmut
Altsächsische Sprache und Literatur I 492
Apokalypse, B. I. Deutsche Literatur I 750
Arnold, 21. A. v. Harff I 1007
Brun, 7. B. v. Schönebeck II 757
Niederdeutsche Literatur VI 1138
Seelentrost VII 1680

Beckmann, Bernhard
Steinzeug VIII 106

Beckmann, Jan P.
Inhärenz V 419
Logik V 2071

Metaphysik VI 570
Nominalismus VI 1222
Philosophie, A. Westen VI 2086
Proprietas, proprium VII 262
Spekulative Grammatik VII 2092
Wilhelm, 108. W. v. Sherwood IX 189

Becksmann, Rüdiger
Glasmalerei IV 1484

Becquet, Jean
Artige, Kongregation v. I 1071
Aubrac I 1185
Aureil I 1241
Grammontenser IV 1645

Bedal, Konrad
Bauernhaus, A. Einleitung (mit Hinz, H.) I 1606
Bauernhaus, B. II. Spätmittelalter [Mitteleuropa] I 1609
Dach, C. III. 1. Mitteleuropa [Ländlicher Bereich] III 415
Haus, -formen, A. Einleitung IV 1960
Stube VIII 249

Bedini, Silvio A.
Dondi, 1. D., Giovanni de III 1245
Dondi, 2. D., Jacopo III 1246

Bedos-Rezak, Brigitte
Baron, II. Frankreich (mit Bautier, R.-H.) I 1477
Montmorency VI 811

Behr, Hans-Joachim
Herzog Ernst IV 2193
Landgraf Ludwigs Kreuzfahrt V 1663
Wunder des Ostens, III. Mittelhochdeutsche Literatur IX 364

Behrens, Ewald
Baukunst, A. III. 6. Polen und Karpatenraum [Romanische Baukunst] (mit von Bogyay, Th.) I 1642

Behrens, Mathias
Viele (das), Vielheit VIII 1643

Behrmann, Thomas
Register, V. Kommunales Italien VII 584

Beierwaltes, Werner
Betrachtung I 2085

Beinert, Wolfgang
Rupert, 3. R. v. Deutz VII 1107

Beitl, Klaus
Anhänger I 642

Beldiceanu, Nicoara
ᶜAǧemī; oǧlān I 204

Beldiceanu-Steinherr, Irène
ᶜAlāʾ ed-Dīn I 262
ᶜAlī Paša I 412
Aq Šems ed-Dīn I 824
Bektāšīye I 1831

Belke, Klaus
Bardas I 1456
Basileios, 4. B. Parakoimomenos I 1523
Belisar I 1843
Konya/Ikonion, I. Byzantinische Periode V 1425
Lampsakos V 1634
Laodikeia, 1. L., Hafenstadt in N-Syrien V 1708
Laodikeia, 2. L. am Lykos V 1708
Phokaia VI 2107
Sinope VII 1931
Troas VIII 1029

Belloni, Cristina
Parlament, Parliament, V. Nord- und Mittelitalien VI 1727

Belloni, Luigi
Benzi, Ugo I 1924
Cermisone, Antonio II 1631

Belting-Ihm, Christa
Apsisbild, -malerei, -mosaik (mit Wessel, K.) I 814

Benati, Amedeo
Comes, II. 5. Langobarden (mit Kölzer, Th.) III 75

Benincà, Paola
Friulanisch IV 983

Benito Ruano, Eloy
Carrillo, 1. C. de Acuña, Alfonso II 1528

Benl, Rudolf
Kasimir, 6. K. I., Hzg. v. Pommern V 1033

Bennet, Nicholas
Lincoln V 1996

Benninghoven, Friedrich
Schwertbrüderorden VII 1645
Volkwin, 2. V., Meister des Schwertbrüderordens VIII 1838

Benvenisti, Meron
Belvoir I 1853

Benz, Karl J.
Advent I 170
Kirchweihe, 1. Liturgie V 1186

Berg, Dieter
Diego, 2. D. v. Azevedo III 999
Dietrich, 26. D. Kolde III 1037
Dominikaner, Dominikanerinnen, B. I. Deutscher Bereich, Flandern, Niederlande III 1205
Engelhus, Dietrich III 1921
Franziskaner, B. III. Deutschland und Flandern IV 812
Gerhard, 13. G., Ebf. v. York IV 1314
Gerhard, 18. G. v. Borgo San Donnino IV 1316
Gerhard, 26. G. (Korngin) v. Sterngassen IV 1319
Gerhard, 27. G. v. Steterburg IV 1319
Gobelin Person IV 1528
Heinrich, 114. H. v. Herford IV 2093
Hermann, 24. H. Korner IV 2167
Hollen, Gottschalk V 98
Jakob, 29. J. v. Soest V 294
Johann, 48. J. Nederhoff V 518

Johannes, 89. J. v. Dambach V 568
Jordanus, 3. J. v. Giano V 627
Jordanus, 7. J. v. Sachsen (de Saxonia) V 629
Julianus, 5. J. v. Speyer V 803
Katharina, 7. K. v. Gebersweiler V 1071
Konrad, 41. K. d. Ä. v. Halberstadt V 1358
Konrad, 42. K. d. J. v. Halberstadt V 1359
Konrad, 50. K. v. Preußen V 1364
Konrad, 52. K. v. Sachsen V 1364
Leo, 16. L. v. Assisi V 1882
Mauritius, 2. M. Hibernicus VI 413
Ordensprovinz VI 1431
Rufinus, 5. R. (Ruffino) v. Assisi VII 1089
Thomas, 28. Th. v. Eccleston VIII 717

Bergdolt, Klaus
Humoralpathologie (mit Keil, G.) V 211
Jacopo, 3. J. (Giacomo) da Forlì V 264
Johannes, 143. J. Mediolanensis V 589
Johannes, 172. J. v. St-Amand V 601
Kaiserschnitt V 860
Kampfer V 896
Kastration V 1050
Leber V 1782
Montagnana, Bartolomeo VI 774
Ohr VI 1375
Organon (med.) VI 1450
Parato, Guido VI 1702
Petrus, 73. P. v. Tussignano VI 1985
Philippus, 2. Ph. Clericus Tripolitanus VI 2085
Pietro, 1. P. d'Argelata VI 2142
Quarantäne VII 355
Reliquien, III. Medizin; Volkskunde VII 704
Schönheitspflege VII 1537
Schwangerschaft und Geburt VII 1612
Schwindsucht VII 1647
Temperamentenlehre VIII 533
Thesaurus pauperum VIII 680
Thomas, 61. Th. v. Wasserburg VIII 726
Tod, Sterben, I. Medizin VIII 822
Torrigiano de Torrigiani, Pietro VIII 880
Valescus de Taranta VIII 1391
Varignana, Bartolomeo da VIII 1412

Berger, Albrecht
Patria VI 1785
Studiu-Kloster VIII 254
Theodoros, 18. Th. Studites VIII 640
Zypern, A. Byzantinische Zeit IX 738

Berger, Elisabeth
Verfangenschaft VIII 1512

Berger, Günter
Fürstenspiegel, B. I. Romanische Literaturen IV 1049

Berger, Harald
Nomen (mit Gombocz, W. L.) VI 1222
Notio (mit Hödl, L., Gombocz, W. L.) VI 1285
Propositio, 1. Logisch (mit Gombocz, W. L.) VII 261
Sein, Seinsstufen, Seiendes (mit Gombocz, W. L.) VII 1716
Significatio (mit Hödl, L., Gombocz, W. L.) VII 1890
Subjekt (mit Gombocz, W. L.) VIII 274
Totum–pars (mit Gombocz, W. L.) VIII 903
Universale, -ia VIII 1243
Universalienstreit VIII 1244

Berger, Rupert
Stationsgottesdienst VIII 67
Weihrauch, 3. Verwendung im Westen VIII 2111

Berges, Paul-Hermann
Arzneimittelverfälschung I 1096

Berghaus, Peter
Agleier I 210
Agrippiner I 221
Albus I 327
Ange d'Or I 617
Angelot I 619
Augustalis I 1218
Aureus I 1244
Barren I 1487
Batzen I 1552
Bildnis, A. IV. Münzen [Westen] II 169
Blaffert II 256
Blanca II 261
Bolognino II 387
Botdrager II 482
Brabantinus II 534
Brakteat, 2. B. der Hohenstaufenzeit II 547
Cavalier II 1593
Constantinata III 170
Couronne d'or III 315
Croat III 349
Denar III 694
Denier III 696
Dichtmünzen III 977
Dicken III 977
Doppelschilling III 1259
Doppelschlag III 1259
Dukat III 1445
Dünnpfennig III 1460
Écu d'or III 1553
Englisch III 1994
Ewiger Pfennig IV 149
Falschmünzerei IV 245
Feingehalt IV 336
Fernhandelsdenar IV 382
Flindrich IV 549
Florette IV 565
Franc IV 679
Friesacher Pfennig IV 970
Fürstengroschen IV 1040
Gegenstempel IV 1172
Gemeinschaftsmünzen IV 1214
Gigliato IV 1447
Grivna IV 1722
Groot IV 1725
Gros tournois IV 1733
Groschen IV 1726
Grosso IV 1732
Gulden IV 1790
Hacksilber IV 1817
Halbbrakteat IV 1870
Halbschoter IV 1872
Heller IV 2122
Hohlpfennig V 86
Hohlringheller V 86
Horngroschen V 127
Hornscher Gulden V 127
Imperialis V 396
Judenkopfgroschen V 792
Kölner Pfennig V 1269

Köpfchen V 1437
Körtling V 1454
Kreuzer V 1497
Kreuzgroschen V 1499
Krummsteert V 1552
Liard V 1936
Lira V 2007
Livre V 2053
Löwengroschen V 2145
Luteger VI 22
Maille VI 126
Mancus VI 186
Marabotino VI 215
Mariengroschen VI 290
Masse d'or VI 370
Matapan(o) VI 375
Meißner Groschen VI 480
Meranier VI 532
Miliaresion (mit Schreiner, P.) VI 625
Monetagium VI 755
Moritzpfennig VI 842
Mouton d'or VI 878
Münzbild VI 920
Münze, Münzwesen, B. Abendländischer Bereich VI 924
Münzfuß VI 934
Münzrecht VI 934
Münztechnik VI 935
Münzverein VI 936
Münzverrufung VI 936
Nachahmung VI 996
Nachmünze VI 997
Noble VI 1210
Otto-Adelheid-Pfennig VI 1587
Pelzgeld VI 1868
Penny VI 1872
Pfennig VI 2028
Pfund, 1. P. VI 2051
Pfundner VI 2051
Plak VI 2196
Postulatsgulden VII 128
Prager Groschen VII 165
Raderalbus VII 387
Rappen VII 443
Rappenmünzbund VII 444
Real VII 496
Rechengeld VII 502
Reichsdenar VII 617
Rheinischer Münzverein VII 784
Rosenoble VII 1037
Sachsenpfennig VII 1240
Sceatta VII 1426
Schaumünze VII 1443
Scherf VII 1451
Schild VII 1462
Schilling VII 1465
Schinderling VII 1466
Schlagschatz VII 1475
Schmuckbrakteaten VII 1512
Schmuckmünzen VII 1513
Schoter VII 1543
Schreckenberger VII 1552
Schrötling VII 1572
Schüsselpfennig VII 1593
Schwaren VII 1619
Schwarzburger VII 1620
Sechsling VII 1659

Siliqua VII 1902
Solidus VII 2034
Spitzgroschen VII 2126
Stäbler VII 2163
Stal VIII 40
Sterling VIII 130
Stüber VIII 251
Taler VIII 445
Tari VIII 476
Testone VIII 574
Triens VIII 989
Turnose VIII 1119
Vierpaß VIII 1654
Vinkenaugen VIII 1702
Wendischer Münzverein VIII 2183
Wiener Pfennig IX 90
Witten IX 272
Zechine IX 497
Zinsgroschen IX 625

Bergmann, Rolf
Abrogans I 54

Bergmann, Werner
Chronologie, C. II. 2. England und Irland II 2041
Komputistik V 1293

Bergner, Heinz
Gottfried, 9. G. v. Bouillon, II. 2. Französische, mittelenglische und deutsche Literatur IV 1600
Gra(a)l, -sdichtung, III. Mittelenglische Literatur IV 1620
Moralitäten, III. Englische Literatur VI 826

Berings, Geert
Cluny, Cluniazenser, B. IV. Flandern II 2182
Cysoing III 405
Flandern, Grafschaft, C. Kirchengeschichte und geistiges Leben IV 530
Folcuin, 1. F., hl. IV 607

Berkhout, Carl T.
Beowulf-Hs. (mit Steppe, W.) I 1928
Brüsseler Kreuz II 796
Durham, ae. Gedicht III 1481

Berktold, Christian
Wilhelm, 52. W. v. Hirsau, Abt v. Hirsau IX 155

Berlioz, Jacques
Robert le Diable VII 914

Bermejo Cabrero, José L.
Collazos III 34
Compañía III 100
Contrafuero III 203
Kompa(g)nie, 2. Iberische Halbinsel V 1292
Mayorazgo VI 429

Berndt, Rainer
Viktoriner VIII 1668
Walter, 19. W. v. St-Victor VIII 2000

Bernhard, Michael
Boethius, II. 3. Bedeutung für die Musik II 314
Censorinus II 1615
Goswin Kempgyn IV 1572

Johannes, 59. J. Afflig(h)emensis V 554
Musik, I. Abendländisches Mittelalter VI 948
Petrus, 30. P. de Cruce VI 1970
Petrus, 54. P. Picardus VI 1981
Quadripartita figura VII 348
Richer, 2. R. v. Metz VII 830
Robertus, 1. R. de Handlo VII 918
Solmisation VII 2035
Tetrachord VIII 574
Walter, 17. W. v. Odington, 2. Musikhistorische Bedeutung VIII 2000

Bernhard-Walcher, Alfred
Nagyszentmiklós, Goldschatz v. VI 1005

Bernt, Günter
Abaelard, III. Dichtungen I 9
Adam, 1. A. v. la Bassée I 106
Adam, 12. A. v. Saint-Victor I 110
Aegidius, 9. Ae. v. Orval (Aureaevallensis) I 177
Aethicus Ister I 192
Alkuin, II. A. als lit. Persönlichkeit I 419
Amarcius I 511
Artes liberales, I. Begriff I 1058
Artes liberales, II. Geschichte I 1059
Arundel-Sammlung I 1090
Auctores I 1189
Auctoritas I 1190
Berengar, 7. B., Abaelardschüler I 1936
Bernhard, 40. B. v. Morlas I 2001
Berufsdichter, II. Mittellateinische Literatur I 2046
Bibel, B. I. 1. a. β. Textgeschichtliches [Lateinischer Westen; Bibel in der christlichen Theologie] II 41
Biblia pauperum (mit Plotzek-Wederhake, G.) II 109
Bibliophilie II 110
Bibliothek, A. I. 1. Allgemein [Frankenreich, Deutschland, Frankreich, Italien] (mit Derolez, A.) II 113
Bibliothek, A. I. 2. Geistliche Bibliotheken [Frankenreich, Deutschland, Frankreich, Italien] (mit Derolez, A.) II 114
Bonifatius, 10. B. (Winfrid), II. Literarische Werke II 420
Bukolik, A. III. Lat. Literatur des Mittelalters II 910
Cambridger Liedersammlung, Jüngere II 1416
Capitalis quadrata II 1472
Capitalis rustica II 1473
Carmina Cantabrigiensia II 1517
Carmina Centulensia II 1518
Carmina Leodiensia II 1518
Cato im Mittelalter II 1576
Cento, 2. Mittellateinische Literatur II 1622
Codex Amiatinus II 2198
De vanitate mundi III 920
Dhuoda III 934
Dialog, IV. Lateinisches Mittelalter III 951
Didaktische Literatur III 983
Disticha Catonis, I. Mittellateinische Literatur III 1123
Drama, I. Lateinische Literatur des Mittelalters und der frühen Renaissance III 1353
Drama, I. Lateinische Literatur des Mittelalters und der frühen Renaissance III 1353
Elegie, II. Mittellateinische Literatur III 1792
Enkomion (mit Gruber, J.) III 2013
Enzyklopädie, Enzyklopädik, II. 1. Lateinisches Mittelalter III 2032
Enzyklopädie, III. 1. Romanische und niederländische Literaturen (mit Jung, M.-R.) III 2034

Epigramm, III. Mittellateinische Literatur III 2061
Epitalamium, II. Lateinisches Mittelalter III 2070
Epitaphium, II. Lateinisches Mittelalter III 2072
Etymologie, Etymologica (mit Gruber, J.) IV 60
Fachliteratur, II. Lateinische Fachliteratur IV 220
Falkentraktate, I. Lateinische Literatur IV 241
Floretus IV 565
Froumund IV 994
Fulcoius v. Beauvais IV 1019
Garsias IV 1119
Geistliche Dichtung, II. Mittellateinische Literatur IV 1181
Geistliches Spiel, 1. Ursprung. Lateinische geistliche Spiele IV 1192
Geri v. Arezzo IV 1322
Glossenlied IV 1515
Goliarden IV 1553
Golias IV 1553
Gottfried, 23. G. v. Reims IV 1605
Halbunziale IV 1872
Heinrich, 96. H. v. Avranches IV 2088
Heinrich, 137. H. Rosla IV 2105
Heinrich, 141. H. v. Settimello IV 2106
Henricus, 2. H. Arnold v. Alfeld IV 2136
Hermann, 33. H. v. Werden IV 2170
Herrad v. Landsberg, 1. Leben und Werk IV 2179
Hexameter IV 2200
Hieronymus, 8. H. (Iohannes) de Werdea V 5
Hilarius, 6. H. v. Orléans V 10
Hildemar v. Corbie V 15
Hugo, 30. H. v. Amiens V 169
Hugo, 52. H. Ribomontensis V 176
Hymnen, Hymnographie, I. Lateinisches Mittelalter V 245
Idung V 327
Integumentum V 457
Johannes, 110. J. de Garlandia V 577
Johannes, 123. J. v. Hoveden V 582
Johannes, 171. J. (Iacoppi, Coppi) v. S. Gimignano V 601
Lehrhafte Literatur, III. Lateinische Literatur des Mittelalters V 1828
Lexikon, I. Lateinische Literatur V 1933
Literaturkritik, I. Lateinische Literatur des Mittelalters V 2017
Maria, hl., C. I. Lateinische Literatur VI 262
Memento mori, A. Begriff, Mittellateinische Literatur VI 505
Merkverse VI 541
Modoin VI 712
Nicolaus, 4. N. de Braia VI 1132
Nikodemusevangelium VI 1163
Ode I 1345
Parodie, I. Begriff. Mittellateinische Literatur VI 1737
Peckham, Johannes, 2. Dichtungen VI 1848
Perspice Christicola VI 1907
Philipp, 28. Ph. der Kanzler VI 2077
Philippus, 4. Ph. Grevius VI 2086
Planctus de obitu Karoli VI 2200
Planctus, I. Allgemein. Mittellateinische Literatur VI 2198
Prosimetrum VII 265
Psalmen, Psalter, B. I. Mittellateinische Literatur VII 297
Pseudepigraphie VII 305
Rätsel, I. Mittellateinische Literatur VII 463
Raymundus, 1. R. de Biterris VII 489

Reimgebet, I. Lateinische Literatur VII 653
Reimprosa VII 657
Rhythmen VII 800
Satire, I. Allgemein. Lateinische Literatur VII 1392
Sequenz, I. Literarisch VII 1770
Sprichwort, Sprichwortsammlung, I. Mittellateinische Literatur VII 2135
Stabat mater VII 2162
Stöcklin (Stöckl), Ulrich VIII 188
Streitgedicht, II. Mittellateinische Literatur VIII 235
Symphosius VIII 369
Teufel, D. I. Mittellateinische Literatur VIII 586
Titulus, I. Allgemein. Mittellateinische Literatur VIII 815
Trinini salientes VIII 1009
Trostbücher, I. Mittellateinische Literatur VIII 1048
Vagantendichtung VIII 1366
Vers- und Strophenbau, I. Lateinische Literatur VIII 1570
Vulpertus VIII 1882
Walahfrid Strabo VIII 1937

Berschin, Walter
Griechische Literatur (im lateinischen Mittelalter) IV 1706
Griechische Sprache, II. Verwendung im lateinischen Mittelalter IV 1710

Bertau, Karl H. L.
Heinrich, 126. H. 'v. Meißen' (Frauenlob) IV 2097

Berteloot, Armond
Mittelniederländische Sprache VI 695

Bertényi, Iván
Curia, 1. C. regis, IX. Ungarn III 386
Heraldik, V. 2. Ungarn IV 2146

Bertini, Ferruccio
Hugo, 33. H. Cancellarius V 169
Vitalis, 1. V. v. Blois VIII 1763
Waltharius VIII 2002
Wilhelm, 66. W. v. Blois IX 164

Bertolucci Pizzorusso, Valeria
Riquier, Guiraut VII 863

Besamusca, Albertus A. M.
Gra(a)l, -sdichtung, IV. Mittelniederländische Literatur IV 1620

Besomi, Ottavio
Abravanel, 2. A. Jehuda (mit Maier, J.) I 54

Beulertz, Stefan
Nikolaitismus, Nikolaiten VI 1164
Tanchelm VIII 455

Beumann, Helmut
Angilbert I 634
Gernrode IV 1348
Gero, 1. G. I., Mgf. der sächs. Ostmark IV 1349
Rex Romanorum VII 777

Bezzola, Reto R.
Artus (Arthur), Artussage, Artusromane, I. Ursprünge I 1074

Artus (Arthur), Artussage, Artusromane, II. Artus in der französischen Literatur I 1078
Artus (Arthur), Artussage, Artusromane, V. Mittelenglische Literatur (mit Lagorio, V. M.) I 1087
Dante Alighieri, A. Leben (mit Binding, G.) III 544
Dante Alighieri, B. I. Überblick [Werke] (mit Ringger, K.) III 546
Dante Alighieri, B. II. Zur Dichtung III 548

Bianchi, Rossella
Pomponius Laetus, Julius VII 89

Bibikov, Michail
Izborniki V 842
Johannes, 138. J. Lydos V 587
Michael, 17. M. I. Kerullarios, Patriarch v. Konstantinopel (mit Todt, K.-P.) VI 601
Michael, 29. M. Rhetor VI 605
Monemvasia, Chronik v. VI 753
Kinnamos, Johannes V 1160

Biedermann, Hermenegild M.
Antiocheia, Antiochia, II. Das christliche Antiocheia I 717
Apatheia I 742
Apokatastasis I 757
Apokrisiar, 1. Im byz. Reich I 758
Arsenios, 1. A. d. Große I 1053
Begräbnis, Begräbnissitten, B. II. Ostkirche I 1806
Bibel, B. II. Ostkirche II 65
Bild, Bilderverehrung, I. Patristik und Ostkirche II 145
Bilderstreit II 150
Bischof, -samt, A. II. Ostkirche [Historisch-politische Bedeutung und kirchengeschichtliche Entwicklung des Bischofsamtes] II 229
Bußpsalmen, 2. Christlicher Osten II 1153
Chariton II 1726
Christodulos, 2. Ch. v. Patmos II 1920
Christologie, C. Griechischer Osten II 1932
Damaskus, I. Antike und frühbyzantinische Zeit III 463
Dämonen, Dämonologie, C. Ostkirche III 480
Dionysius, hl., C. III. Nachwirkung in der Ostkirche [Dionysius Are(i)opagites] III 1081
Dorotheos, 3. D. der Jüngere III 1321
Doxologie, IV. Ostkirche III 1338
Edessa, Schule v. III 1570
Ei, 2. Christlicher Osten III 1664
Elias, 3. E. Ekdikos III 1824
Ephesos, II. Christliche Überlieferung, Kirchengeschichte III 2049
Epiklese III 2063
Eucharistie, 2. Ostkirche IV 69
Euthymios, 2. E. d. J. IV 119
Eutyches, 1. E., Archimandrit IV 122
Eutychios, 2. E., Patriarch v. Konstantinopel IV 124
Exorzismus, III. Ostkirche IV 173
Gebet, A. III. Ostkirchliche Tradition IV 1158
Handauflegung, 2. Ostkirche IV 1894
Hegumenos IV 2009
Heilige, B. I. Heiligkeit und Heiligenverehrung [Ostkirche] IV 2018
Homoiousios, Homoiousianer V 112
Homoousios V 112
Hypat(h)ios, 2. H. (I.) V 248
Hypat(h)ios, 3. H. (II.) V 249

Jesusgebet V 364
Job Jasites V 490
Johannes, 88. J. Damaskenos, I. Leben V 566
Johannes, 88. J. Damaskenos, II. Werke und Überlieferung V 566
Johannes, 88. J. Damaskenos, III. Theologie V 567
Johannes, 88. J. Damaskenos, IV. 1. Osten [Nachwirkung] V 567
Johannes, 132. J. Klimakos V 585
Kabasilas, 2. K., Nikolaos V 845
Kirchweihe, Ostkirchen V 1187
Kosmas, 2. K. v. Majuma V 1458
Kyriakos, 1. K. v. Jerusalem V 1597
Laura, Lavra V 1757
Lesung, II. Ostkirchen V 1911
Litanei, I. Ostkirche V 2010
Liturgische Sprachen, I. Ostkirche V 2035
Logosmystik V 2077
Maria, hl., A. I. Frühchristentum und Ostkirche [Mariologie, liturgische und außerliturgische Marienverehrung] VI 243
Megaspelaion VI 467
Metropolit VI 584
Mission, C. Ostkirche VI 674
Mönch, Mönchtum, A. Ostkirche VI 733
Mystik, A. II. Ostkirchlicher Bereich VI 989
Oikonomos VI 1381
Orthodoxie VI 1483
Ostkirchen VI 1536
Paradosis VI 1700
Pentarchie VI 1874
Pneumatologie VII 26
Seele, II. Ostkirche VII 1677

Biemans, Joseph A. A. M.
Incipit, Explicit V 399
Caesar im Mittelalter, D. II. Mittelniederländische Literatur II 1356

Bienvenu, Jean-Marc
Anna, 11. A. v. Orléans I 657
Fontevrault IV 627
Fulco, 2. F. Nerra, Gf. v. Anjou IV 1017
Fulco, 3. F. IV. »le Réchin« IV 1018
Glanfeuil, St-Maur de IV 1475

Bierbrauer, Katharina
Buchmalerei, A. I. Allgemeine Voraussetzungen [Abendländische Buchmalerei] II 837
Buchmalerei, A. II. Spätrömische Buchmalerei II 837
Buchmalerei, A. III. Insulare Buchmalerei II 839
Buchmalerei, A. IV. Merowingische Buchmalerei II 840
Buchmalerei, A. V. Karolingische Buchmalerei II 841
Buchmalerei, A. VI. Ottonische Buchmalerei II 843
Buchmalerei, A. VII. Spanische und katalanische Buchmalerei des 10. und 11. Jahrhunderts II 845
Buchmalerei, A. VIII. Englische Buchmalerei des 10. und 11. Jahrhunderts II 846
Buchmalerei, A. IX. Französische Buchmalerei des 10. und 11. Jahrhunderts II 846
Buchmalerei, A. X. Buchmalerei in Italien vom 10. bis 12. Jahrhundert II 847
Buchmalerei, A. XI. Buchmalerei des 12. Jahrhunderts in Frankreich, England und Deutschland II 847
Codex Aureus II 2199
Codex Aureus, 1. C. A. aus Canterbury II 2199
Codex Aureus, 2. C. A. aus St. Emmeram II 2200
Codex Aureus, 3. C. A. Epternacensis II 2200
Codex Aureus, 4. C. A. v. Speyer II 2201
Codex Aureus, 5. C. A.: Psalterium Aureum II 2201
Codex Egberti II 2203
Codices Bonifatiani III 2
Codices Bonifatiani, 1. C. B. 1 III 3
Codices Bonifatiani, 2. C. B. 2 III 3
Codices Bonifatiani, 3. C. B. 3 III 3
Dagulf-Psalter III 432
Drogo-Sakramentar III 1405
Ebo-Evangeliar III 1529
Egino-Codex III 1613
Godescalc-Evangelistar IV 1532
Graduale (mit Schmid, H.) IV 1633
Gregor, 1. G. I. d. Große, hl., Papst und Kirchenlehrer, IV. Ikonographie IV 1666
Gregor-Meister IV 1693
Hofschule Karls d. Kahlen V 79
Initiale, I. Okzident V 421
Krönungsevangeliar, Wiener V 1550
Lektionar V 1866
Liberale da Verona V 1949
Lorscher Codex V 2119
Lothar-Evangeliar V 2128
Utrecht-Psalter VIII 1355
Welfenchronik VIII 2151
Willibrord-Evangeliar IX 213
Zierseite IX 608

Bierbrauer, Volker
Langobarden, I. Archäologie V 1688
Langobardische Kunst V 1699
Ostgoten, II. Archäologie VI 1533
Tierornamentik VIII 780
Vandalen, II. Archäologie VIII 1406
Westgoten, II. Archäologie IX 31

Biesterfeld, Hans H.
Aristoteles, A. II. Islam [Philosophie und Theologie] (mit Endres, G.) I 934
Fachliteratur, I. Islamische Fachliteratur und Enzyklopädien IV 217
Kitāb V 1189

Billot, Claudine
Sainte-Chapelle VII 1138

Binding, Günther
Aaron, Bruder des Moses (mit Wessel, K.) I 7
Abraham, 2. Ikonographie (mit Lucchesi-Palli, E., Reinle, A.) I 52
Adam und Eva (mit Reinle, A., Wessel, K.) I 115
Abschied Jesu von Maria I 55
Abtritt I 65
Achse I 78
Achtort I 81
Adalbert, 15. A. Vojtěch, 3. Ikonographie I 102
Aedicula I 174
Aegidius, 6. Ae. v. St. Gilles (mit Wollasch, J., Zender, M.) I 176
Affen (mit Hünemörder, Ch.) I 194
Afra (mit Zender, M.) I 196
Agatha (mit Zender, M.) I 202
Agnes, 2. A., hl. (mit Zender, M.) I 214
Agnus Dei, 2. Ikonographie (mit Christe, Y.) I 215
Ähre I 233

Akelei, 2. Ikonographie I 250
Alban (mit Bullough, D. A.) I 273
Albertus, 3. A. Magnus (mit Dilg, P., Hünemörder, Ch., Jüttner, G., Kübel, W., Schwenk, S.) I 294
Alexander d. Große in Kunst und Literatur A. II. Westen [Ikonographie] I 354
Alexianer, -innen I 384
Alexios v. Edessa I 384
Allerheiligenbild I 428
Altan I 460
Altaranordnung I 464
Ambrosius, 2. A., Bf. v. Mailand (mit Kraft, H.) I 524
Ameise (mit Hünemörder, Ch.) I 526
Andreas, Apostel (mit Wessel, K., Wimmer, E.) I 600
Anker, 2. A. (Ankerbalken) I 652
Anker, 3. A., Symbol des Glaubens I 653
Anna, hl., Mutter Marias (mit Harmening, D., Wessel, K.) I 653
Anno II., Ebf. v. Köln (mit Schieffer, Th.) I 666
Anselm, 6. A. v. Canterbury, V. Wirkungsgeschichte, Ikonographie (mit Hödl, L.) I 686
Antichrist, C. Ikonographie I 707
Antikenrezeption, III. 1. Abendland [Kunst] I 714
Apostelmartyrien (mit Wessel, K.) I 791
Apsis, 1. Westen I 812
Arbeitsbilder, I. Westen I 883
Architekt I 901
Architektur I 901
Architekturdarstellung I 901
Architektursymbolik (mit Wessel, K.) I 902
Architekturmodell I 902
Architekturtheorie I 905
Architekturzeichnung I 906
Architrav I 907
Archivolte I 911
Arculf I 911
Arkade I 951
Arma Christi I 959
Armarium I 964
Artusbruderschaften (mit Pitz, E.) I 1089
Aspis und Basilisk I 1117
Astwerk I 1156
Atrium, 1. Westen I 1175
Attika I 1178
Augustiner-Kirchenbau I 1221
Augustinus, 1. A., hl., IV. Ikonographie I 1229
Augustus (Ikonographie) I 1233
Aula I 1234
Aussatz, VII. Literarischer, volkskundlicher und ikonographischer Niederschlag (mit Keil, G., Murken, A.-H.) I 1254
Babel, Turmbau (mit Kocks, D.) I 1319
Backsteinbau I 1329
Baldachin, 2. Statuenbaldachin I 1362
Balkon I 1381
Baptisterium I 1425
Basilika (mit Engemann, J., Wessel, K.) I 1526
Basis I 1534
Baubetrieb, I. Geschichte I 1553
Baubetrieb, II. Mittelalterliche Darstellungen (mit Wessel, K.) I 1559
Bauhütte I 1629
Bauhüttenbuch I 1630
Baukunst, A. I. Frühchristliche Baukunst [Lateinischer Westen] I 1631
Baukunst, A. II. Vorromanische Baukunst [Lateinischer Westen] I 1632

Baukunst, A. III. 1. Deutscher Sprachraum, Niederlande, Wallonien [Romanische Baukunst] I 1638
Baukunst, A. III. 2. Frankreich [Romanische Baukunst] I 1640
Baukunst, A. III. 3. England [Romanische Baukunst] I 1641
Baukunst, A. III. 4. Italien [Romanische Baukunst] I 1642
Baukunst, A. III. 5. Iberische Halbinsel [Romanische Baukunst] I 1642
Baukunst, A. III. 7. Palästina [Romanische Baukunst] I 1643
Baukunst, A. IV. Gotische Baukunst I 1643
Baumeister (mit Wessel, K.) I 1666
Bauordnung (Baurecht) I 1670
Bautechnik, 1. Bautechnik I 1689
Beg(h)inenhof I 1803
Beischlag I 1825
Beleuchtung, 2. Raumgestaltung in der Kunst I 1839
Benedikt, 15. B. v. Nursia (mit Hanslik, R.) I 1867
Benediktiner, -innen, D. Baukunst I 1902
Bergfried I 1955
Bernardinus, 4. B. v. Siena, II. Ikonographie I 1975
Bernhard, 28. IV. Ikonographie I 1996
Bettelordenskirchen I 2093
Birgitta v. Schweden, 4. Ikonographie II 217
Birgittiner-Baukunst II 219
Birnstab II 225
Blende(n) II 276
Böblinger II 297
Bogen, 2. B. II 323
Bonaventura, 1. B., hl., Kirchenlehrer, III. Ikonographie II 407
Bonifatius, 10. B. (Winfrid), III. Ikonographie II 420
Bosse, Bossenquader II 480
Brauttür II 592
Broich II 710
Brunelleschi, Filippo (mit Christink, S.) II 758
Bruno, 9. II. Ikonographie II 790
Buch, A. IV. Buch als Heiligenattribut [Allgemein und abendländischer Bereich] (mit Zeitler-Abresch, G.) II 807
Büge II 907
Bukolik, B. II. Mittelalter [Bildende Kunst (Guter Hirte)] (mit Zeitler-Abresch, G.) II 913
Burg, A. Allgemeiner Überblick über die Bauformen der europäischen Burg
Bürgerbauten II 1041
Bürgerhaus II 1043
Burgkapelle II 1054
Busketus v. Pisa II 1117
Bußkapelle II 1152
Caecilia, hl., 4. Ikonographie (mit Zeitler-Abresch, G.) II 1344
Campanile II 1420
Camposanto II 1425
Cella (mit Gribomont, J.) II 1605
Chapter House II 1716
Charadrius (mit Hünemörder, Ch.) II 1716
Chimäre (mit Hünemörder, Ch.) II 1826
Chor, 1. Ch. (Raum vor dem Hochaltar) II 1877
Chörlein II 1889
Chorscheitelrotunde II 1889
Chorturmkirche II 1891
Chorumgang II 1891
Christophorus, II. 1. Abendland [Ikonographie] II 1940

Clara, 1. C. v. Assisi (mit Elm, K.) II 2122
Cluny, Cluniazenser, E. Baukunst II 2192
Confessio III 128
Cosmaten III 301
Cyriacus (mit Zender, M.) III 405
Dach, A. Definition III 409
Dach, C. I. Kirchen und Wohnhäuser [Allgemein. Mittel- und Westeuropa] III 411
Dachreiter III 426
Dante Alighieri, A. Leben (mit Bezzola, R. R.) III 544
Decke, 1. D. (Architektur) III 618
Denkmalpflege III 702
Deotisalvi III 707
Deutsches Band III 777
Diele III 1003
Dienst, 2. D. (Architektur) III 1004
Dionysius, hl., B. III. Ikonographie [Dionysius v. Paris] III 1079
Disputà III 1115
Divina-Commedia-Illustrationen III 1132
Domikalgewölbe III 1183
Dominikus, hl., 2. Ikonographie III 1223
Donjon III 1248
Doppelchoranlagen III 1255
Doppelkapelle (mit Wessel, K.) III 1256
Doppelturmfassade III 1261
Dormitorium III 1317
Dorothea, hl., 3. Ikonographie III 1319
Dorsale, 1. D. (Rückwand des Chorgestühls) III 1325
Drache, A. Allgemein (mit Engemann, J.) III 1339
Drache, F. Kunstgeschichte, I. Frühchristentum und westliches Mittelalter (mit Engemann, J.) III 1344
Dreiapsidenkirche III 1373
Dreiblatt III 1374
Dreikonchenbau, I. Begriff III 1382
Dreikonchenbau, III. Verbreitung im lateinischen Westen III 1384
Dreipaß III 1392
Dreistrahlgewölbe III 1394
Dreiturmgruppe III 1394
Einturmfassade III 1746
Empore, I. Begriff; Typen; Verbreitung im lateinischen Westen III 1895
Engelberg, Burkhard III 1916
Ensinger III 2023
Entasis III 2024
Epistelseite III 2070
Erker III 2152
Erwin, 2. E. v. Steinbach III 2191
Eseler, Nikolaus IV 13
Eselsturm IV 13
Estrich IV 44
Exedra IV 160
Fachwerkbau IV 221
Farbigkeit der Architektur, I. Okzident IV 291
Fassade IV 303
Fenster, I. Allgemein IV 350
Fenster, II. Westen IV 351
Festung IV 409
Fiale IV 425
Fundament IV 1025
Fußboden, II. Lateinisches Mittelalter (mit Kier, H.) IV 1060
Galerie IV 1084
Gebälk IV 1153
Gerüst IV 1358
Geschlechterturm IV 1383

Gesims IV 1401
Gewandhaus IV 1420
Gewölbe (mit Restle, M.) IV 1427
Giebel (mit Restle, M.) IV 1442
Gotik IV 1575
Halle IV 1877
Hallenkirche IV 1880
Heiliggrabkapellen IV 2030
Heinzelmann, Konrad IV 2111
Hirsauer Bauschule V 36
Hochelten V 57
Hochzeitshaus V 63
Holzbau V 103
Holzkirche V 105
II 957
Jean, 23. J. de Chelles V 338
Jean, 33. J. d'Orbais V 340
Johanniter, II. Baukunst V 615
Kamin V 883
Kämpfer V 896
Kapelle, I. Baugeschichte V 931
Kapitell, 1. Allgemein V 941
Kapitell, 2. Westen V 941
Karner V 1001
Kartause V 1017
Kaufhaus V 1082
Keller V 1097
Kemenate V 1101
Kirchenbau, I. Westen V 1168
Kirchenburg V 1173
Kirchweihe, 2. Baugeschichtlich V 1187
Klangarkaden V 1192
Kloster, B. Baukunst V 1221
Knagge V 1232
Konsole V 1371
Krabbe V 1464
Kreuzblume V 1497
Krypta, I. Westen V 1554
Kuppel V 1577
Labyrinth V 1602
Laube V 1750
Lisene V 2007
Martyrium, C. Baukunst VI 357
Maß (im Bauwesen) VI 369
Maßwerk VI 372
Matthias, 3. M. v. Arras VI 403
Mauer, Mauerwerk VI 406
Narthex VI 1030
Nische VI 1200
Obergaden VI 1329
Odo, 15. O. v. Metz VI 1360
Oktogon VI 1382
Palas VI 1631
Parler, Familie (mit Jost, B.) VI 1733
Paß VI 1755
Pastophorien VI 1772
Peter, 31. P. v. Koblenz VI 1938
Pfalz, Palast, B. Allgemeine Baugeschichte VI 1997
Pfalzkapelle VI 2018
Pfeiler VI 2027
Pfleghof VI 2047
Pflüger, Konrad VI 2049
Pierre, 10. P. de Montreuil VI 2139
Pilaster VI 2146
Portal, I. Westen VII 108
Portikus VII 112
Prämonstratenserkirche VII 152

Profanbau VII 240
Profil VII 241
Proportion VII 259
Puchspaum, Hans VII 320
Putz VII 335
Quaderbau VII 348
Querhaus VII 364
Rampe VII 431
Rathaus VII 455
Refektorium VII 540
Romanik VII 998
Rundstab VII 1098
Saalkirche VII 1209
Sacrarium VII 1246
Sakristei VII 1277
Säule, I. Westen VII 1403
Scheitelkapelle VII 1447
Schmuttermayer, Hanns VII 1513
Schwibbogen VII 1647
Seelhaus VII 1680
Sporer, Bernhard VII 2133
Stabkirchen VII 2163
Stalaktitengewölbe VIII 40
Steinmetz VIII 103
Steinmetzbuch VIII 104
Steinmetzzeichen VIII 105
Stethaimer, Hans VIII 139
Stil VIII 183
Stockwerk VIII 189
Strebewerk VIII 231
Stuck, -plastik VIII 251
Stützenwechsel VIII 271
Tabernakel, II. Baukunst VIII 394
Tanzhaus VIII 463
Templerkirchen VIII 537
Torhalle VIII 875
Treppe VIII 974
Triforium VIII 1004
Triumphbogen, II. Mittelalter VIII 1027
Trumeaupfeiler VIII 1072
Turm VIII 1111
Typologie, I. Formal in der Kunstgeschichte VIII 1133
Vermessung, -stechnik, II. Architektur VIII 1555
Vierung VIII 1654
Villard de Honnecourt VIII 1680
Vitruv VIII 1778
Vorhalle VIII 1850
Vorhangbogen VIII 1852
Waghemakere, Herman und Dominicus de VIII 1907
Wandpfeilerkirche, 1. Westen VIII 2028
Wasserschlag VIII 2077
Wasserspeier VIII 2077
Werkmaß VIII 2205
Werkmeister VIII 2205
Werkmeisterbuch VIII 2206
Westbau IX 22
Westwerk IX 42
Wilhelm, 107. W. v. Sens IX 188
William, 2. W. of Ramsey IX 210
William, 4. W. of Wynford IX 211
Wimperg IX 222
Zange IX 473
Zellenquerbau IX 522
Zirkel IX 627
Zither IX 656
Zunfthaus IX 709
Zwerggalerie IX 730

Biondi, Albano
Farnese IV 299
Gonzaga IV 1556

Birkfellner, Gerhard
Byline(n) II 1166
Igor, 2. I. Svjatoslavič V 369
Igorlied V 369
Kulikovo, Kulikovo-Zyklus V 1561
Zadonščina IX 440
Žitie Aleksandra Nevskogo IX 657

Bischofberger, Hermann
Gotteshausbund IV 1593
Graubünden IV 1659
Sargans VII 1381
Toggenburg VIII 840
Walser VIII 1990
Zehngerichtenbund IX 498

Bisson, Thomas N.
Caldes, Ramón de II 1394

Bitsch, Horst
Arelat I 916

Bitterli, Rosmarie
Glossatoren, I. Römisches Recht IV 1504

Bitterling, Klaus
Enzyklopädie, Enzyklopädik, III. 2. Englische Literatur III 2034
Exempel, III. Englische Literatur IV 163
Falkentraktate, IV. Englische Literatur IV 243
Fürstenspiegel, B. II. Englische Literatur IV 1050
Heroldsdichtung, III. Englische Literatur IV 2174
Kommentar, III. Englische Literatur V 1282
Kreuzzugsdichtung, V. Englische Literatur V 1523
Langland, William V 1686
Love, Nicholas V 2140
Lydgate, John VI 38
Memento mori, B. III. Englische Literatur VI 508
Narrenliteratur, 2. Englische Literatur VI 1028
Parodie, V. Englische Literatur VI 1741
Pricke of Conscience VII 203
Reimchronik, IV. Englische Literatur VII 652
Reimgebet, III. Englische Literatur VII 655
Rhetorik, V. Englische Literatur VII 793
Satire, V. Englische Literatur VII 1397
Schmähdichtung, III. Englische Literatur VII 1499
Secretum secretorum, B. II. Engl. Literatur VII 1664
Sidrak und Boctus VII 1835
Tischsitten, Tischzuchten, B. VI. Englische Literatur VIII 810
Trevisa, John VIII 980
Unsinnsdichtung, II. Englische Literatur VIII 1264
Volkslied, III. Englische Literatur VIII 1837
Warewic, Gui de VIII 2048

Blagojević, Miloš
Drim III 1401
Knez V 1234
Metohija VI 583
Moglena VI 715
Neretva VI 1094
Parlament, Parliament, VIII. Bosnien VI 1730
Parlament, Parliament, IX. Serbien VI 1730

Prizren VII 233
Ravno VII 489
Steuer, -wesen, M. II. Bulgarien und Serbien VIII 160
Straße, II. Südosteuropa VIII 224
Strumica VIII 247
Vlachen VIII 1789
Wojwode (mit Steindorff, L.) IX 300
Župan (mit Steindorff, L.) IX 709

Bláhová, Marie
Vinzenz, 5. V. v. Prag VIII 1707
Wenzel, 1. W. I. d. Hl., Fs. v. Böhmen VIII 2185
Zeremoniell, E. III. Böhmen IX 572

Blair, John
Minster VI 652

Blake, Ernest O.
Crowland III 357
Eliensis, liber III 1828
Ely III 1865
Eye, Honour of IV 190
Guthlac IV 1803
Langham, Simon V 1686

Blake, Norman F.
Fabliau(x), 3. Englische Literatur IV 212
Übersetzer, Übersetzungen, VI. 2. Mittelenglische Literatur VIII 1158

Blanár, Vincent
Slovakische Sprache und Literatur VII 2008

Blaschitz, Gertrud
Ziervögel IX 609

Blaschke, Karlheinz
Albrecht, 18. A. d. Beherzte I 322
Bergbau, I. Verbreitung des Bergbaus im Mittelalter I 1946
Bergbau, II. Bergbautechnik, Fachliteratur, Umweltauswirkungen I 1947
Bergbau, III. Wirtschaftliche Bedeutung I 1949
Bergbau, IV. Die Bergleute und ihre Sozial- und Rechtsordnung I 1949
Bergbau, V. Bergmännisches Leben, Brauchtum und Kultur (mit Heilfurth, G.) I 1950
Bergstadt I 1959
Chemnitz II 1792
Chemnitzer Teilung II 1793
Dietrich, 5. D., Mgf. v. Landsberg III 1023
Dietrich, 6. D. der Bedrängte III 1023
Dietrich, 9. D. II. v. Wettin III 1025
Dietrich, 20. D. I., Bf. v. Naumburg III 1031
Diezmann III 1041
Döben III 1147
Doberlug III 1148
Dohna III 1166
Dresden III 1396
Elbe III 1776
Ernst, 6. E., Kfs. v. Sachsen III 2178
Erzgebirge III 2194
Freiberg IV 887
Friedrich, 14. F. Tuta, Mgf. v. Landsberg und Meißen IV 948
Friedrich, 15. F. I. der Freidige, Mgf. v. Meißen, Lgf. v. Thüringen IV 949
Friedrich, 16. F. II. der Ernsthafte, Mgf. v. Meißen IV 949
Friedrich, 17. F. III. der Strenge, Mgf. v. Meißen, Lgf. v. Thüringen IV 950
Friedrich, 32. F. I. der Streitbare, Kfs. v. Sachsen IV 956
Friedrich, 33. F. II. der Sanftmütige, Kfs. v. Sachsen IV 956
Friedrich, 34. F. III. der Weise, Kfs. v. Sachsen IV 957
Görlitz IV 1560
Grafenkrieg, thür. IV 1635
Groitzsch IV 1723
Halle (Stadt) IV 1877
Harz IV 1950
Heinrich, 58. H. I. (Gf. v. Eilenburg), Mgf. v. Meißen IV 2072
Heinrich, 60. H. d. Erlauchte, Mgf. v. Meißen, Lgf. v. Thüringen IV 2072
Heinrich, 72. H. Raspe, Lgf. v. Thüringen, dt. Gegenkg. IV 2079
Heinrich, 73. H. I., Lgf. v. Thüringen IV 2079
Heinrich, 105. H. v. Freiberg IV 2090
Hermann, 8. H. I., Lgf. v. Thüringen IV 2162
Ho(h)nstein V 86
Hofrat V 77
Hohe Straße V 84
Hoyer v. Mansfeld V 144
Huysburg V 240
Jena V 349
Klettenberg V 1211
Konrad, 15. K., Mgf. v. Meißen V 1346
Kyffhäuser V 1596
Landgraf, -schaft V 1662
Landsberg V 1674
Lausitz V 1766
Leipzig V 1861
Leipziger Teilung V 1862
Leisnig V 1863
Lobdeburg V 2062
Lucka, Schlacht bei V 2163
Ludowinger V 2169
Ludowinger (Stammtafel) IX Anhang
Ludwig, 42. L. II. der Eiserne, Lgf. v. Thüringen V 2199
Ludwig, 43. L. III. der Fromme, Lgf. v. Thüringen V 2199
Ludwig, 44. L. IV. der Hl., Lgf. v. Thüringen V 2200
Ludwig, 48. L., Bf. v. Halberstadt V 2201
Mansfeld VI 201
Marktkirche VI 313
Meißen VI 476
Memleben VI 508
Merseburg VI 544
Mühlhausen VI 892
Mutschierung VI 975
Nordhausen VI 1236
Oder VI 1349
Ohrdruf VI 1375
Orlamünde VI 1459
Osterland VI 1517
Otto, 22. O. d. Reiche, Mgf. v. Meißen VI 1578
Pegau VI 1856
Petersberg VI 1941
Pforta VI 2049
Pirna VI 2176
Pleißenland VII 18
Prinzenraub, sächs. VII 216

Quedlinburg VII 359
Querfurt VII 364
Rudolf, 13. R. I., Hzg., Kfs. v. Sachsen-Wittenberg
   VII 1080
Rudolf, 14. R. II., Hzg., Kfs. v. Sachsen-Wittenberg
   VII 1081
Rudolf, 15. R. III., Hzg., Kfs. v. Sachsen-Wittenberg
   VII 1081
Saale VII 1209
Sachsen, IV. Herzogtum (Jüngeres: 1180–1500)
   VII 1231
Sachsen-Lauenburg VII 1235
Sachsen-Wittenberg VII 1235
Sächsischer Bruderkrieg VII 1243
Schönburg VII 1531
Suburbium VIII 277
Tilleda VIII 790
Torgau VIII 875
Vorsiedlungen, städtische VIII 1859
Wechselburg VIII 2090
Wenzel, 7. W., Kfs. v. Sachsen-Wittenberg VIII 2193
Werben VIII 2194
Wernigerode IX 11
Wettiner IX 50
Wettiner (Stammtafel) IX Anhang
Wilhelm, 36. W. I., Mgf. v. Meißen IX 149
Wilhelm, 37. W. II., Mgf. v. Meißen IX 149
Wilhelm, 43. W. III., Hzg. zu Sachsen IX 151
Zittau IX 659
Zwickau IX 732

Blasius, Andreas
Erbsünde, 1. Neutestamentlicher Ausgangspunkt
   III 2117
Fasten, -zeiten, -dispensen, A. II. Theologische Motivierung [Lateinischer Westen] IV 304

Blickle, Peter
Bundschuh II 936
Fritz, Jos IV 980
Gemeiner Mann IV 1213

Bliznjuk, Svetlana
Macheiras, Leontios VI 58

Blockmans, Willem P.
Beamtenwesen, A. III. Niederlande I 1724
Bürger, Bürgertum, D. I. Südliche und nördliche Niederlande II 1019
Burgund, 3. B., Herzogtum, C. II. Institutionelle Entwicklung in den burgundischen Niederlanden
   II 1080
Cadzand, Friede v. II 1342
Chevrot, Jean II 1806
Conseil, B. Conseil ducal (des Herzogs von Burgund)
   III 150
Croy, Familie III 357
Croy, 1. C., Antoine de III 358
Croy, 2. C., Jean de III 359
Croy, 3. C., Jean de, Herr v. Tours-sur-Marne III 359
David, 6. D. v. Burgund III 602
Engelbrecht III 1920
Gesandte, B. VI. Burgundische Staaten IV 1375
Goldenes Vlies, Orden vom IV 1545
Gruuthuse IV 1755
Hoeken und Kabeljauwen V 64
Holland, B. Spätmittelalter V 91

Hugonet, Guillaume V 180
Intercursus V 466
Jakobäa v. Bayern V 295
Johann, 28. J. v. Bayern V 510
Karl, 28. K. der Kühne, Hzg. v. Burgund V 989
Kleve, Adolf v. V 1214
Mainbour VI 128
Margarete, 12. M. v. Österreich, Regentin der Niederlande VI 238
Margarete, 16. M. v. York, Hzgn. v. Burgund VI 239
Maria, 12. M. v. Burgund, Hzgn. v. Burgund VI 279
Michèle de France, Hzgn. v. Burgund VI 610
Nancy, Schlacht bei VI 1014
Niederlande VI 1141
Patriziat, II. Niederlande VI 1799
Philipp, 15. Ph. der Schöne, Ehzg., Fs. der Niederlande VI 2070
Stand, Stände, -lehre, II. Niederlande VIII 49

Blok, Dirk P.
Aalst I 5
Burchard, 12. B., Bf. v. Utrecht II 946
Capitulare v. Quierzy II 1481
Dietrich, 2. D. II., Gf. im späteren Holland III 1022
Dietrich, 3. D. III., Gf. v. Holland III 1023
Dietrich, 4. D. IV., Gf. v. Holland III 1023
Drente, 1. Geschichte III 1395
Egmond III 1614
Floris IV 572
Floris, 1. F. III., Gf. v. Holland IV 572
Floris, 2. F. V., Gf. v. Holland IV 572
Folkmar IV 613
Friesen, A. I. Siedlungsgebiete [Siedlungsgeschichte und Archäologie] IV 970
Friesen, A. II. Innere Gliederung [Siedlungsgeschichte und Archäologie] IV 970
Friesen, A. III. Lebensbedingungen [Siedlungsgeschichte und Archäologie] IV 971
Friesen, B. I. Früh- und Hochmittelalter [Allgemeine und politische Geschichte] IV 972
Gottfried, 5. G., Hzg. in Friesland IV 1597
Holland, A. Früh- und Hochmittelalter V 89

Blom, Grethe Authén
Drontheim, 1. Geschichte und Wirtschaft III 1408

Blomme, Raoul
Angiolieri, Cecco I 636
Annominatio I 668
Antonio, 1. A. (Beccari) da Ferrara I 729
Arienti, Giovanni Sabadino degli I 931
Beatrice (Dante) I 1739
Dante da Maiano III 563

Blum, Paul R.
Dati, Agostino III 574
Donatus, 6. D., Hieronymus III 1240
Feliciano, Felice IV 338
Ficino, Marsilio IV 430

Blumenkranz, Bernhard
Frankreich, D. Geschichte der Juden in Frankreich
   IV 793

Blumenthal, Uta-Renate
Clermont, 2. C., Konzil v. II 2159
Beauvais, Konzil v. I 1767

Bordeaux, Konzil v. II 451
Brionne, Konzil v. II 696
Charroux, Konzil v. II 1736
Gelasius, 2. G. II., Papst IV 1197
Guastalla Konzil v. IV 1762
Paschalis, 2. P. II., Papst VI 1752
Piacenza, Konzil v. VI 2124

Bocchi, Francesca
Bentivoglio, Familie I 1920
Bentivoglio, 1. B., Andrea, Sohn des Antonio I 1921
Bentivoglio, 3. B., Annibale I. I 1921
Bentivoglio, 4. B., Giovanni I. I 1922
Bentivoglio, 5. B., Giovanni II. I 1922
Bentivoglio, 6. B., Sante I 1923
Chiaravalle della Colomba II 1808
Eboli III 1529
Este, Stadt IV 27
Este (d'), Familie IV 27
Este, 1. E., Alfonso I. d' IV 29
Este, 2. E., Borso d' IV 29
Este, 3. E., Ercole I. d' IV 29
Este, 4. E., Isabella d' IV 30
Este, 5. E., Leonello d' IV 30
Este, 6. E., Niccolò II. d' IV 31
Este, 7. E., Niccolò III. d' IV 31
Este, 8. E., Obizzo II. d' IV 32
Ferrara IV 385
Geremei IV 1307
Guastalla IV 1761

Böck, Franz-Rasso
Falkenstein IV 240
Füssen IV 1063

Bocken, Inigo
Raimundus, 5. R. v. Sabunde VII 416

Bockholdt, Rudolf
Ars antiqua I 1033
Ars musica I 1044
Ars nova I 1047
Ballade, A. Musikalisch I 1383
Branle II 573
Busnois, Antoine II 1117
Canzone, III. Musikalische Bedeutung II 1467
Carmen, Johannes II 1509
Cesaris, Johannes II 1640
Chantilly-Handschrift II 1712
Ciconia, Johannes II 2077
Conductus, 2. C. (Komposition) III 122
Cooke (Cook), John III 213
Copula, copulatio III 216
Cordier, Baude III 229
Dufay, Guillaume III 1439
Dunstable, John III 1462
Fauvel (Roman de) (mit Mühlethaler, J.-C.) IV 321
Fauxbourdontechnik IV 322
Franco, 1. F. v. Köln IV 686
Philippe, 7. Ph. de Vitry, 2. Musikgesch. Bedeutung VI 2082
Philippus, 1. Ph. de Caserta VI 2085

Bockhorst, Wolfgang
Wedde VIII 2090
Wirtschaftshöfe IX 254
Zinshäuschen IX 625

Bodart, Emmanuel
Rufinus, 1. R. v. Aquileia VII 1088

Bodem, Anton
Cajetan de Vio, Thomas II 1383

Bodnar, Edward
Ciriaco d'Ancona II 2099

Boehm, Laetitia
Erfurt, VI. Universität III 2136
Erziehungs- und Bildungswesen, A. Westliches Europa III 2196
Freiburg im Breisgau, IV. Universität IV 890
Heidelberg, II. Universität IV 2010

von Boetticher, Annette
Loccum V 2063
Løgum V 2079

Bogucki, Ambrozy
Włodyken IX 288

Bogumil, Karlotto
Branthog II 576
Halberstadt IV 1870
Ulrich, 10. U., Bf. v. Halberstadt VIII 1197

von Bogyay, Thomas
Aba I 7
Agnes, 4. A. v. Österreich I 213
Andreas, 3. A. II., Kg. v. Ungarn I 602
Andreas, 4. A. III., Kg. v. Ungarn I 603
Anjou, Dynastie, III. Die Anjou in Ungarn I 648
Bakócz, Thomas I 1359
Báthory I 1550
Batthyány I 1552
Baukunst, A. III. 6. Polen und Karpatenraum [Romanische Baukunst] (mit Behrens, E.) I 1642
Béla, 4. B. IV., Kg. v. Ungarn I 1833
Benediktiner, -innen, B. XI. Ungarn I 1897
Budai Nagy, Antal II 902
Chronicon pictum II 1954
Chronik, M. III. Ungarn II 2008
Cluny, Cluniazenser, B. X. Ungarn II 2186
Drachenorden III 1346
Emmerich, 1. E., hl. III 1889
Emmerich, 2. E. Kg. v. Ungarn III 1889
Gertrud, 2. G., Kgn. v. Ungarn IV 1354
Géza, 3. G. II., Kg. v. Ungarn IV 1435
Gisela, 4. G. (sel.) IV 1465
Goldene Bulle Kg. Andreas' II. v. Ungarn IV 1540

Bohm, Eberhard
Elb- und Ostseeslaven III 1779
Heveller IV 2198
Jaxa v. Köpenick V 310
Köpenick V 1434
Lebus V 1783
Potsdam VII 134
Pribislav, 4. P.-Heinrich VII 202
Spandau VII 2075

Böhme, Christiane
Anagnostes, Johannes I 568
Argyropulos, Johannes I 925

Bohn, Thomas M.
Smolensk VII 2013

Böhringer, Letha
Richerzeche VII 831

Böker, Uwe
Streitgedicht, V. Englische Literatur VIII 239

Bompaire, Marc
Potier, Nicolas VII 134

Bóna, István
Hunnen V 222

Bónis, György
Compossessorat III 106

Bonnassie, Pierre
Freilassung IV 901

Bönnen, Gerold
Toul VIII 904
Worms, A. II. Mittelalter [Stadt] IX 331
Worms, B. Bistum und Hochstift IX 333

Boockmann, Friederike
Johannes, 178. J. v. Sizilien V 606

Boockmann, Hartmut
Bellum iustum (mit Cavanna, A.) I 1849
Blumenau, Laurentius II 287
Brest, Friede v. II 615
Deutscher Orden III 768
Dobrin, Ritterorden v. III 1150
Elbing III 1777
Falkenberg, Johannes IV 240
Fehde, Fehdewesen IV 331
Fehdebücher IV 335
Heilsberg IV 2030
Königsberg V 1326
Lieger V 1974
Marienburg VI 289
Marienwerder VI 291
Memel VI 505
Ofen, Schiedsspruch v. VI 1365
Peter, 28. P. v. Dusburg VI 1937
Peter, 38. P. v. Wormditt VI 1939
Pomesanien VII 82
Preußen VII 194
Preußenaufstände VII 196
Preußischer Bund VII 197
Reichsreform VII 634
Sallinwerder, Vertrag v. VII 1306
Samland VII 1342
Schemaiten VII 1449
Tannenberg, Schlacht bei VIII 458
Tiergart, Johannes VIII 767
Waldämter VIII 1946

Boone, Marc
Borluut II 463
Buchgeld II 827
Gent, II. Spätmittelalter (mit Prevenier, W.) IV 1240
Kortrijk, Schlacht v. (»Goldsporenschlacht«) V 1455
Robert, 26. R. v. Cassel VII 896
Ruwa(a)rd VII 1127

Schöffe, -ngericht, -nbank, II. Stadtgeschichte VII 1516
Stadt, D. II. Spätmittelalter [Flandern] VII 2185
Steuer, -wesen, C. Flandern und Niederlande VIII 146
Westrozebeke, Schlacht v. IX 38
Willem, 2. W. van Saeftingen IX 208
Witte Kaproenen IX 269
Yoens, Jan IX 413

Borchardt, Karl
Rainerius, 2. R. v. Pomposa VII 421
Ricardus Anglicus VII 806
Robert, 50. R. (v.) Flamborough VII 904
Tankred, 3. T. v. Bologna VIII 458

Bordone, Renato
Asti I 1129
Kommune, I. Allgemein und Italien V 1285
Regnum Italiae VII 596
Staffarda VIII 35
Tortona VIII 883

Borgolte, Michael
Babenberger, ältere I 1321
Byzantinisches Reich, F. I. Bis zum Ausgang der Karolingerzeit II 1304
Comes, II. 1. Merowingisches Frankenreich III 71
Comes, II. 2. Das fränkische Teilreich Burgund III 73
Comes, II. 3. Westgotisches Königreich III 73
Comes, II. 4. Merowingisches Elsaß, Alamannen, Bayern III 74
Comitatus III 78
Dux, Dukat, II. 1. Westgotisches Königreich III 1487
Dux, Dukat, II. 2. Merowingisches Königreich III 1488
Gau IV 1141
Grablege IV 1628
Graf (Karolingerzeit und Deutsches Reich) IV 1633
Grafschaft, Grafschaftsverfassung IV 1635
Richardis VII 827
Stiftergrab / Grabkirche VIII 177
Stiftung, I. Abendländischer Westen VIII 178

Borkopp, Birgitt
Reliquiar, III. Byzanz VII 701
Schmuck, II. Byzanz VII 1510

Bormann, Karl
Kausalität V 1088
Materia, 1. M. (m. communis, m. individualis, m. prima, m. secunda, m. signata) VI 375
Maxime VI 418
Metalogik VI 569
Methode VI 579
Mitte VI 683
Mittel VI 684
Principium VII 215
Ratio VII 459
Rationalismus (mit Hödl, L.) VII 460
Singularitas VII 1929
Theorie VIII 674
Unteilbarkeit VIII 1267

Börner, Johannes
Prußen VII 292

Bornert, René
Maursmünster VI 415
Odilienberg VI 1350

Borovi, József
Dominikaner, Dominikanerinnen, B. VIII. Ungarn III 1216
Franziskaner, B. IX. Ungarn IV 818

Boroviczény, Karl-Georg
Stephaniter VIII 123

Boscardin, Maria Letizia s. Heyer-Boscardin, Maria Letizia

Boscolo, Alberto
Arborea, 1. A., Eleonora I 890
Arborea, 3. A., Mariano V. I 892
Arborea, 5. A., Ugone III. I 892
Blanca, 1. B. v. Anjou, Kgn. v. Aragón II 257

Boshof, Egon
Agobard v. Lyon (mit Eckert, W. P.) I 216

Bosselmann-Cyran, Kristian
Trotula VIII 1051

Bosworth, Clifford E.
Bettlerwesen, IV. Islamische Welt II 7

Böttger-Niedenzu, Beata
Gotland (mit Niedenzu, A.) IV 1578
Gotländische Bildsteine (mit Niedenzu, A.) IV 1580

Bottiglieri, Corinna
Vita Cuthberti VIII 1757
Wilhelm, 101. W. v. Rubruk IX 184

Bourgain, Pascale
Chronik, E. Frankreich II 1971
Cousinot, Guillaume III 321
Escouchy, Mathieu d' IV 12
Fantosme, Jourdain IV 283
Fauquembergue, Clément de IV 320
Forestier, Guillaume IV 634
Gaguin, Robert IV 1078
Gruel, Guillaume IV 1735
Guido, 7. G. de Bazochis IV 1774
Guillaume, 12. G. de Puylaurens IV 1782
Hariulf v. St-Riquier IV 1938
Hélinand de Froidmont IV 2120
Hemricourt, Jacques de IV 2130
Henri, 4. H. de Valenciennes IV 2136
Histoire des ducs de Normandie et des rois d'Angleterre V 41
Hugo, 38. H. v. Flavigny V 171
Hugo, 39. H. v. Fleury V 171
Jakob, 32. J. v. Vitry V 294
Lambert, 4. L. v. Ardres V 1624
Lefèvre, 2. L. (Le Fèvre), Jean V 1794
Lefèvre, 4. L. de St-Remy, Jean V 1794
Matthaeus, Matthäus, 6. M. v. Boulogne VI 398
Nangis, Wilhelm v. VI 1015
Odo, 12. O. v. Deuil VI 1359
Odorannus v. Sens VI 1362
Oresme, Nicole, I. Leben und Werk VI 1447
Paraclet, Le VI 1696

Pastoralet VI 1773
Philippe, 1. Ph. de Beaumanoir VI 2080
Philippe, 5. Ph. de Remy VI 2081
Pierre, 13. P. des Vaux-de-Cernay VI 2140
Primat, Chronist VII 211
Pseudo-Turpin VII 310
Reiner, 2. R. v. St. Lorenz zu Lüttich VII 666
Rigord VII 849
Robert, 62. R. v. St. Marianus zu Auxerre VII 910
Robertus, 2. R. Monachus VII 918
Saint-Gelais, 1. S., Jean de VII 1156
Songe (le) Véritable VII 2046
Venette, Jean de VIII 1472
Wilhelm, 68. W. der Bretone IX 166

Bournazel, Eric
Bouteiller de Senlis II 519
Corbény III 222
Coulaines, Hoftag v. III 309
Curia, 1. C. regis, IV. Frankreich III 378

Bousquet-Labouerie, Christine
Vienne, 1. V., Guillaume de VIII 1644

Boussard, Jacques
Agnes, 3. A. v. Meran I 213
Argentan I 922
Arnulf, 6. A., Bf. v. Lisieux I 1017
Arthur, 1. A. I., Gf. der Bretagne I 1067
Aubigny I 1185
Aumale, I. Die Grafschaft Aumale I 1236
Azay-le-Rideau, Vertrag v. I 1316
Bayeux I 1710
Bellême I 1845
Breteuil-sur-Iton (mit Bautier, R.-H.) II 628

Boutet, Dominique
Wilhelmsepen, I. Französische Literatur IX 198

Bouvris, Jean-Michel
Exmes IV 171
Mortain VI 846

Bouyssou, Léonce
Aurillac I 1244

Bowman, Steven
Juden, -tum, C. Byzantinisches Reich V 786

Boyd, Susan A.
Stempel, 2. S. (Silberstempel) VIII 108

Božilov, Ivan
Ichtiman V 322
Ilarion, 2. I. v. Măglen V 376
Imennik V 384
Iskar V 680
Ivajlo V 832
Joachim, 1. J. I., bulg. Patriarch V 484
Joachim, 3. J. v. Osogovo V 487
Josaphat V 630
Kalojan, 2. K., Sebastokrator V 878
Koloman, 1. K. Asen, bulg. Zar V 1269
Konstantin, 10. K. Tich Asen, bulg. Zar V 1379
Krum V 1552
Kuber V 1558
Malamir VI 162

Braasch-Schwersmann, Ursula
Heinrich, 50. H. I., Lgf. v. Hessen   IV 2069
Michelstadt   VI 611
Seligenstadt   VII 1732

Brachmann, Hans-Jürgen
Sorben   VII 2057
Stadt, I. I. 1. Frühmittelalter [Westslaven]   VII 2204
Magdeburg, A. I. Archäologie [Stadt]   VI 71

Bradley, Rita M.
Cloud of Unknowing   II 2170
Deonise Hid Diuinite (mit Robbins, R. H.)   III 704

Braekman, Willy L.
Zaubersprüche, V. Mittelniederländische Literatur
   IX 490

Brand, Hanno
Tedbald, 4. T. III., Gf. v. Champagne   VIII 520
Tedbald, 5. T. IV. ('Thibaut le Chansonnier'), Gf. v.
   Champagne, I. Als Graf von Champagne   VIII 520
Tedbald, 6. T. V., Gf. v. Champagne und Brie, Kg. v.
   Navarra, I. Als Graf von Champagne   VIII 522
Vaucouleurs, Vertrag v.   VIII 1435
Vendôme, Verträge v.   VIII 1457
Vitry-en-Perthois   VIII 1779
Zutphen, I. Grafen   IX 713

Brand, Paul
Impeachment   V 394

Brandes, Wolfram
Kastron, I. Kastron   V 1051
Messe (Handelsmesse), II. Byzantinisches Reich
   VI 560
Nikopolis ad Istrum   VI 1190
Nikopolis ad Nestum   VI 1191
Pergamon   VI 1887
Pernik   VI 1893
Phokas   VI 2108
Preslavec   VII 189
Romanos, 3. R. III. Argyros, byz. Ks.   VII 1000
Romanos, 4. R. IV. Diogenes, byz. Ks.   VII 1000
Stadt, L. Byzantinisches Reich   VIII 1
Staurakios   VIII 79
Zoll, III. Byzanz (mit Matschke, K.-P.)   IX 671

Brandmüller, Walter
Benedikt, 13. B. XIII.   I 1862
Cajal (Caxal), Antonio   II 1383
Clemens, 9. C. VIII. (Gil Sanchez Muñoz y Carbón),
   avignones. Papst   II 2145
Konstanz, Konzil v.   V 1402

Braun, Johann W.
Anselm, 2. A. v. Havelberg   I 678

Braun-Niehr, Beate
Kindheitsgeschichte Jesu, III. Abendländisches Mittel-
   alter (mit Niehr, K.)   V 1153
Leben Christi, II. Abendländisches Mittelalter (mit
   Niehr, K.)   V 1777
Kirchenväter, II. Ikonographie   V 1185
Liber floridus   V 1944
Mühle, mystische   VI 891
Musterbuch   VI 974

Passion, C. II. Westliches Mittelalter [Ikonographie]
   VI 1766

Braun-Ronsdorf, Margarete
Beutel   II 10
Brettchenweberei   II 634
Calotte   II 1402
Castor-Hut   II 1563
Cotte   III 305
Cotte Hardie   III 305

Brauneder, Wilhelm
Adoption   I 163
Alter (mit Primetshofer, B.)   I 470
Beispruchsrecht   I 1825

Braunstein, Philippe
Edelsteine, II. Vorkommen und Handel   III 1560
Eisen   III 1749
Hüttenwesen   V 237
Kupfer   V 1576
Messing   VI 563

Brednich, Rolf W.
Historisches Lied   V 54

Breidert, Wolfgang
Continuum   III 198
Nicolaus, 10. N. d'Orbellis   VI 1134
Raum   VII 478
Rhythmomachie   VII 801

Brejon de Lavergnée, Jacques
Bretagne, C. Recht   II 626

Brennecke, Hanns Ch.
Paulinus, 8. P. v. Périgeux   VI 1817
Priscillian, Priscillianismus   VII 219
Silvanus Bf. v. Tarsus   VII 1904
Theodosius, 5. Th. Diaconus   VIII 646
Theotimos   VIII 675
Timotheos, 6. T., Presbyter   VIII 793

Bresc, Henri
Ameilh, 2. A., Pierre, »Kard. v. Embrun«   I 526
Brucato   II 723
Caltabellotta, Friede v.   II 1402
Lluria, Familie   V 2059
Lluria, Roger de   V 2059
Lucera   V 2157
Ludwig, 20. L. I., Kg. v. Sizilien   V 2190
Martin, 1. M. I. 'el Humano', Kg. v. Aragón und Sizi-
   lien, 1. Sizilien   VI 339
Martin, 2. M. d. J., Kg. v. Sizilien   VI 340
Peter, 3. P. III. 'el Gran', Kg. v. Aragón und Valencia,
   2. Als Kg. v. Sizilien   VI 1924
Peter, 13. P. II., Kg. v. Sizilien   VI 1931
Sizilianische Vesper   VII 1948

Bresc-Bautier, Geneviève
Aubusson, 3. A., Pierre d'   I 1187
Beaugency   I 1753
Beaulieu-lès-Loches   I 1757

Bretscher-Gisiger, Charlotte
Brandenburg, Markgrafen v. (Stammtafel)
   IX Anhang

Habsburger (Stammtafel) IX Anhang
Hohenzollern (Stammtafel) IX Anhang
Karolinger (Stammtafel) IX Anhang
Luxemburger (Stammtafel) IX Anhang
Merowinger (Stammtafel) IX Anhang
Nemanjiden (Stammtafel) IX Anhang
Notker, 2. N. I. (Balbulus) (mit Haefele, H. F.) VI 1289
Ottonen, frühe Salier (Stammtafel) IX Anhang
Papstliste (Stammtafel) IX Anhang
Portugal, Könige v., Burgund/Avis (Stammtafel) IX Anhang
Rotrud (Hrotrud) VII 1054
Rudolfinger (Stammtafel) IX Anhang
Trastámara (Stammtafel) IX Anhang
Salier (Stammtafel) IX Anhang
Staufer (Stammtafel) IX Anhang
Vita Notkeri Balbuli VIII 1760
Welfen (Stammtafel) IX Anhang
Wittelsbacher (Stammtafel) IX Anhang
Zosimus IX 678

Brett, Michael
Damietta III 474

Brettschneider, Gunter
Baskische Sprache I 1542

Breuning, Wilhelm
Auferstehung Christi, A. Theologie I 1200
Inkarnation V 425

Breure, Leendert
Ho(o)rn, Petrus V 123

Breydy, Michael
Maroniten VI 320

Briesemeister, Dietrich
Alfons, 19. A. I. »der Eroberer«, Kg. v. Portugal (mit d'Heur, J.-M.) I 404
Álvarez de Villasandino, Alfonso I 497
Antichrist, B. III. Romanische Literaturen I 706
Apollonius von Tyrus, A. Inhaltsangabe I 771
Apollonius von Tyrus, B. II. Roman. Literaturen I 772
Aristoteles, C. I. Romania [Übersetzungen, Rezeption] I 942
Arremedilho I 1030
Ars moriendi, B. II. Romanische Literaturen I 1041
Assonanz, I. Romanische Literaturen I 1126
Autobiographie, III. Romanische Literaturen I 1263
Ballade, B. I. 1. Altprovenzalische und altfranzösische Literatur I 1384
Baudouin, 1. B., Gf. v. Avesnes I 1562
Beichtformeln, A. Begriffliches (mit Hödl, L.) I 1812
Beichtformeln, C. I. Romanische Literaturen I 1813
Berenguer, 2. B. de Palol I 1943
Biographie, III. Romanische Literaturen II 203
Blason II 266
Brief, Briefliteratur, Briefsammlungen, B. III. 1. Briefliteratur [Romanische Sprachen und Literaturen] II 666
Brisebar(r)e, Jean Le Court II 697
Caesar im Mittelalter, D. IV. Romanische Literaturen II 1357
Cantar de Sancho II de Castilla y Cerco de Zamora II 1444
Castel, Jean (de) II 1556
Chant royal II 1711
Christine, 1. Ch. de Pisan II 1918
Cicero, A. VI. Rezeption in den Literaturen der Iberischen Halbinsel II 2072
Cicero, A. VII. Rezeption in der französischen Literatur II 2073
Cid, El, II. Literarische Darstellung II 2080
Codex Calixtinus II 2202
Contemptus mundi, B. IV. Literaturen der Iberischen Halbinsel III 190
Coplas de Mingo Revulgo III 215
Cuaderna vía III 364
Curial e Güelfa III 387
Descensus Christi ad inferos, 4. Literaturen der Iberischen Halbinsel III 717
Devise (mit Korn, H.-E.) III 925
Dicta philosophorum, 2. Romanische Literaturen III 978
Diego, 5. D. de San Pedro III 1002
Diego, 6. D. de Valera III 1002
Díez de Gámes, Gutierre III 1040
Disticha Catonis, II. Romanische Literatur III 1123
Dolopathos III 1174
Drama, IV. Iberoromanische Literatur III 1359
Drei Lebende und drei Tote, II. 1. Romanische Überlieferung III 1391
Eduard, 11. E. (Duarte), Kg. v. Portugal, 2. Literarisches Werk III 1595
Encina, Juan del, 1. Literarisches Œuvre III 1899
Estevan da Guarda IV 37
Fernam de Silveira IV 371
Fernández, 6. F., Lucas IV 374
Fernández, 7. F. de Palencia, Alfonso IV 374
Galicisch-portugiesische Sprache und Literatur IV 1088
Gato, Juan Alvarez IV 1139
Gautier, 2. G. de Coinci IV 1144
Geistliche Dichtung, VI. Romanische Literaturen IV 1190
Guillaume, 8. G. de Degulleville IV 1780
Hagiographie, B. IV. 2. Spätmittelalter [Italien] IV 1849
Hagiographie, B. V. Iberische Halbinsel IV 1850
Humanismus, H. Iberische Halbinsel V 204
Joan, 1. J. Airas V 487
Joan, 3. J. Rois de Corella V 487
Jordi de Sant Jordi V 629
Juan, 1. J. de Dueñas V 775
Juan, 3. J. Gil v. Zamora V 776
Juan, 4. J. de Lucena V 776
Juan, 5. J. Manuel, Infante V 776
Juan, 6. J. de Mena V 777
Juan, 11. J. Rodriguez del Padrón V 778
Katalanische Sprache und Literatur V 1055
Legenda aurea, B. III. Iberische Halbinsel [Überlieferung und Rezeption] V 1798
Libro de los buenos proverbios V 1954
Libro de los doze sabios o Tractado de la nobleza e lealtad V 1955
Libro de los engaños e los asayamientos de las mugeres V 1955
Lope, 3. L. de Salazar y Salinas OFM V 2110
Lopes, Fernão V 2111
López de Ayala, Pedro V 2111
Macias o Namorado VI 60
Madrigal, Alonso de VI 67

Mainet VI 130
Manrique, 1. M., Gómez VI 199
Manrique, 2. M., Jorge VI 199
Manrique, 3. M. de Lara, Rodrigo VI 200
March, 1. M., Ausias VI 222
March, 2. M., Pere VI 222
Maria, hl., C. IV. Literaturen der Iberischen Halbinsel VI 268
Martorell, 2. M., Joanot VI 351
Meogo, Pero VI 532
Metge, Bernat VI 578
Moner, Francesc VI 755
Montoro, Antón de VI 812
Neun Gute Helden, II. Italienische und spanische Literatur VI 1105
Nunes, Airas VI 1316
Ovid, B. III. Iberische Halbinsel [Volkssprachliche Literaturen] VI 1596
Padilla, Juan de VI 1616
Pedro, 10. P. Pascual VI 1854
Pedro, 2. P., Infant v. Portugal, Hzg. v. Coimbra VI 1851
Perdigon VI 1882
Pero, 1. P. Guillén de Segovia VI 1893
Poema de Alfonso Onceno VII 33
Poema de Almería VII 33
Poema de Fernán González VII 34
Poema de Yuşuf VII 34
Ponte, Pero de VII 93
Predigt, B. IV. Iberische Halbinsel VII 178
Rodríguez de Leña, Pedro VII 932
Roig, Jaume VII 951
Rojas, Fernando de VII 950
Romancero VII 995
Roncesvalles-Fragment VII 1023
Rui de Pina VII 1093
Ruiz, Juan VII 1093
San Pedro, Diego de VII 1190
Sánchez de Vercial, Clemente VII 1352
Sánchez Ferrant de Talavera VII 1351
Schmähdichtung, I. Romanische Literaturen VII 1498
Secretum secretorum, B. I. Romanische Literaturen VII 1663
Siete Infantes de Lara, Los VII 1877
Spanische Sprache und Literatur VII 2078
Spiegelliteratur, II. Romanische Literaturen VII 2102
Streitgedicht, III. Romanische Literaturen VIII 236
Stúñiga, Lope de VIII 267
Tagebuch, II. Iberische Halbinsel, Frankreich VIII 425
Tapia, Juan de VIII 464
Testament, C. II. Literatur der Iberischen Halbinsel VIII 572
Torre, Alfonso de la VIII 877
Torroella (Torrella, Torrellas), Pere VIII 881
Totentanz, B. II. Romanische Literaturen VIII 900
Tugenden und Laster, Tugend- und Lasterkataloge, IV. 3. Romanische Literaturen VIII 1088
Übersetzer, Übersetzungen, III. Iberoromanische Literatur VIII 1152
Vincente de Burgos VIII 1700
Visio(n), -sliteratur, A. IX. Iberoromanische Literatur VIII 1745

Brieskorn, Norbert
Bußsummen II 1154
Henricus, 3. H. Bohic IV 2137
Henricus, 8. H. de Segusio IV 2138
Jacobus, 2. J. de Albenga V 255
Johannes, 101. J. v. Erfurt V 574
Johannes, 107. J. v. Freiburg (J. Rumsik) V 576
Isaak, 4. I. v. Langres V 667
Reservatio mentalis VII 753

Brinkhoff, Lucas
Franziskaner, C. Franziskanerliturgie IV 820

Brinkmann, Ulrike
Verbleiung VIII 1485

Brisch, Klaus
Buchmalerei, D. I. Arabische und allgemein-islamische Buchmalerei II 889
Elfenbein, B. III. Islamischer Raum [Künstlerische Verwendung] III 1818
Glas, -herstellung, V. Islamischer Bereich IV 1481
Islamische Kunst V 686
Kalligraphie (Islamischer Bereich) V 873
Keramik, II. Islamische Keramik V 1114
Lampe, IV. Islam V 1632
Leuchter, III. Islam V 1918
Mosaik, IV. Islamischer Bereich VI 855
Plastik, IV. Islamischer Bereich VII 5
Schmuck, III. Islamischer Bereich VII 1511
Schrift, IV. Arabisch VII 1564
Siegel, XV. Islamisch-osmanischer Bereich VII 1860
Teppiche, orientalische VIII 548
Tuğrā VIII 1089
Turban VIII 1098
Wandmalerei, D. Islamischer Bereich VIII 2026

Brodersen, Kai
Pevensey VI 1991
Reculver VII 534
Tabula Peutingeriana (mit Gruber, J.) VIII 398

Brodman, James W.
Mercedarier, Orden der VI 533
Petrus, 50. P. Nolascus VI 1979

Brodt, Bärbel
Hastings IV 1953
King's Lynn V 1159
London, A. I. Antike [Stadt] V 2100
London, A. II. 2. Stadtgeschichte, Topographie, Wirtschaft [Mittelalter] V 2102
London, B. Bistum V 2105
Monmouth VI 761
Norwich VI 1270
Peterborough VI 1940
Portsmouth VII 115
Ramsbury VII 431
Richmond VII 832
Rochester VII 925
Saint Ives VII 1172
Sandwich VII 1364
Sheffield VII 1825
Shrewsbury VII 1829
Southampton VIII 2066
Southwell VII 2067
Stafford, -shire VIII 38
Stamford VIII 41
Stourbridge VIII 196
Stratford-on-Avon VIII 228
Themse VIII 617

Thetford VIII 684
Wallingford VIII 1985
Waltham VIII 2002
Warwick, -shire VIII 2059
Watling Street VIII 2077
Winchcombe IX 224
Woodstock IX 327
Worcester, -shire IX 327

Broer, Charlotte J. C.
Oostbroek VI 1410

Brommer, Peter
Capitula episcoporum II 1479

Brooks, Nicholas P.
Abingdon I 41
Ælfgar I 179
Ælfgifu v. Northampton I 179
Ælfheah, Ebf. v. Canterbury I 180
Ælle, 2. Æ., Kg. (Sussex) I 181
Æthelberht, 1. Æ., Kg. v. Kent I 187
Æthelnoth I 188
Æthelstan, 1. Æ., engl. Kg. I 189
Æthelstan, 2. Æ. v. O-Anglien I 190
Æthelwine I 190
Albinus, 2. A., Abt v. St. Peter und Paul, Canterbury I 307
Andredes-Leah I 611
Assandun (Æscenedun) I 1118
Austerfield, Synode v. I 1258
Barbury Castle I 1447
Barking I 1464
Bretwalda II 636
Burg, C. X. 1. Vor der normannischen Eroberung [England, Wales, Schottland] 1066 II 987
Burghal Hidage II 1053
Burh II 1103
Byrhtnoth II 1169
Cadbury, South II 1336
Canterbury, I. Stadt II 1447
Canterbury, II. Kirche, Bistum und Metropole II 1449
Carham-on-Tweed, Schlacht v. II 1507
Cædwalla II 1346
Cenwalh II 1623
Cerdic II 1629
Cnihtenagild II 2194
Codex Wintoniensis III 1
Cospatric III 302
Cyninges tun III 401
Denn III 702
Deusdedit, 3. D., hl. III 739
Dover III 1334
Ecgfrith, 2. E., Kg. v. Northumbrien III 1538
Edgar, 3. E. 'the Ætheling' III 1572
Edith, 2. E., Kgn. v. England III 1578
Eduard, 2. E. d. Bekenner III 1583
Edwin III 1597
Emma, 1. E., Kgn. v. England III 1886
Evesham IV 143
Ewyas Harold IV 150
Faversham IV 323
Fulford, Schlacht v. IV 1023
Gewisse IV 1424
Godwin IV 1532
Gyrth IV 1811
Hadrian, 6. H. Abt v. St. Peter und Paul IV 1824
Halfdan IV 1873
Hallamshire IV 1877
Heer, Heerwesen, A. III. 1. Angelsächsische Zeit [England] IV 1994
Honorius, 7. H., hl., Ebf. v. Canterbury V 121
Justus, 1. J., hl., Ebf. v. Canterbury V 830
Kingston-on-Thames V 1159
Northumbria VI 1255

Brown, Alfred L.
Chancellor II 1696
Chancery, Court of II 1697
Council, Great III 310
Council, King's III 311
Heinrich, 13. H. IV., Kg. v. England IV 2052
Kanzlei, Kanzler, A. VIII. England und Schottland V 919
Privy Seal VII 232
Scarle, John VII 1426
Shrewsbury, Schlacht v. VII 1830
Signet VII 1889
Speaker of the Commons VII 2086
Wardrobe VIII 2041
Wardrobe, Great VIII 2043
Wardrobe, Privy VIII 2044

Brown, Jenny s. Wormald, Jenny

Brown, Susan M.
Assembly of Ladies, The Flower and the Leaf I 1119

Brown, Virginia
Caesar im Mittelalter, B. Handschriftliche Überlieferung der Werke II 1353

Browning, B. Robert
Erziehungs- und Bildungswesen, B. Byzanz III 2203
Schule, B. Byzanz VII 1586

Brox, Norbert
Miltiades VI 629

Bruch, Richard
Lüge V 2205

Brück, Thomas
Schwarzenhäupter VII 1621

Bruckner, Albert
Akzente (mit Fuhrmann, B.) I 259
Alphabet, I. Griechisches Alphabet I 456
Alphabet, II. Lateinisches Alphabet I 456
Autograph I 1269
Buch, A. I. Form und Aufbau des Buches [Allgemein und abendländischer Bereich] II 802
Buch, A. II. Aufbewahrung des Buches [Allgemein und abendländischer Bereich] II 803
Codex II 2197
Codex Wittekindeus III 1

Brückner, Annemarie
Basilisk (mit Hünemörder, Ch.) I 1529
Nikolaus, 10. N. v. Myra, I. Legende und Verehrung VI 1173
Nikolaus, 10. N. v. Myra, III. Darstellung im Westen VI 1175

Brückner, Thomas
Widerstandsrecht IX 64

Brückner, Wolfgang
Aachenfahrt I 3
Altötting I 487
Andechs, II. Wallfahrt im Spätmittelalter I 594
Atzmann, 1. Volkskunde I 1182
Benediktussegen (-kreuz, -pfennig) I 1904
Bienen, III. Liturgie, Ikonographie, Legende, Volksglaube II 134
Bildzauber II 189
Blutwunder, I. Frömmigkeitsgeschichte II 292
Brunnen, B. V. Volkskunde [Mittelalterliche Brunnen in Mittel- und Westeuropa] II 778
Corporale, 2. Frömmigkeitsgeschichte III 261
Drache, E. Kulturgeschichte und Volkskunde des späteren Mittelalters III 1343
Drei Könige, III. 2. Spätmittelalterliche und frühneuzeitliche Entwicklung [Verehrung] III 1388
Effigies III 1598
Einblattdrucke III 1732
Epiphanie (mit Dürig, W.) III 2067
Heiltumsweisung IV 2033
Vierzehnheiligen VIII 1655
Walldürn VIII 1980
Wallfahrt VIII 1980
Wallfahrtsbild VIII 1982

Brüggemann, Karsten
Rogvolod VII 947
Turov VIII 1119
Vasil'ko Romanovič VIII 1424
Vitebsk VIII 1768
Vladimir, 3. V. (II.) Vsevolodovič Monomach, Fs. v. Kiev VIII 1794
Vladimir(ko) Volodarevič VIII 1804
Vologda VIII 1842
Vseslav Brjačislavič VIII 1876
Vsevolod, 2. V. Jaroslavič, Fs. v. Kiev VIII 1876
Vsevolod, 3. V. III. Jur'evič, Fs. v. Vladimir-Suzdal' VIII 1877

Brühl, Carlrichard
Alboin I 309
Capitulare de villis, I. Zur Frage von Entstehungszeit und Geltungsbereich II 1482
Corteolona III 284
Danielswiese III 540
Festkrönungen IV 409
Fodrum IV 601
Gastung IV 1137
Libellus de imperatoria potestate in urbe Roma V 1939
Pfalz, Palast, C. Oberitalien VI 2001
Purpururkunden VII 333
Servitium regis VII 1796

de Bruin, Cebus Cornelius
Bibeldichtung, III. Mittelniederl. Literatur II 79
Bibelübersetzungen, XI. Mittelniederländische Bibelübersetzungen II 100

Brunckhorst, Almut
Sergej v. Radonež VII 1784

Brundage, James A.
Bigamie II 141

Brunhölzl, Franz
Adoro te devote I 165
Alanus, 6. A. v. Melsa I 270
Apuleius im Mittelalter I 818
Arnulf, 11. A. v. Löwen I 1020
Autobiographie, II. Mittellateinische Literatur I 1262
Barlaam und Joasaph, A. Inhaltsangabe I 1464
Barlaam und Joasaph, B. III. Lateinische Fassungen I 1465
Bibel, A. Allgemeiner Sprachgebrauch II 40
Bibelübersetzungen, I. Lateinische Bibelübersetzungen II 88
Biographie, II. Mittellateinische Literatur II 200
Caesar im Mittelalter, A. Allgemeines II 1352
Caesar im Mittelalter, C. Nachleben der Werke II 1354
Catullus im Mittelalter II 1578
(Q.) Curtius Rufus im Mittelalter III 393
Ennius im Mittelalter III 2015
Ennodius, Magnus Felix, 2. E. im Mittelalter III 2016
Erchanbert, 2. E., Grammatiker III 2123
Florus im Mittelalter IV 577
Frontinus im Mittelalter IV 991
Gellius (Aulus G.) im Mittelalter IV 1205
Historia Augusta (mit Gruber, J.) V 41
Horaz im Mittelalter V 124
Hyginus im Mittelalter V 244
Josephus im Mittelalter V 634
Justinus, 2. J. (M. Junianus J.) V 824
Juvenal im Mittelalter V 831
Lateinische Sprache und Literatur V 1722
Liber monstrorum V 1946
Livius, Titus, I. Mittelalter V 2043
Lucanus im Mittelalter V 2152
Lucretius im Mittelalter V 2164
Macrobius, 1. M. (Ambrosius Macrobius Theodosius) VI 63
More medicorum, De VI 837
Nepos, Cornelius, im Mittelalter VI 1092
Persius im Mittelalter VI 1900
Petronius im Mittelalter VI 1953
Plautus im Mittelalter VII 16
Plinius, 1. P. d. Ä. im Mittelalter VII 21
Plinius, 2. P. d. J. im Mittelalter VII 22
Properz VII 251
Publilius Syrus im Mittelalter VII 313
Quintilianus VII 371
Renaissance, Karolingische VII 718
Sallust, I. Im Mittelalter VII 1306
Silius Italicus im Mittelalter VII 1902
Solinus im Mittelalter VII 2034
Speculum VII 2087
Statius im Mittelalter VIII 67
Sueton im Mittelalter VIII 288
Tacitus, I. Mittelalter VIII 400
Tertullian im Mittelalter VIII 559
Tibull im Mittelalter VIII 761
Valerius Flaccus im Mittelalter VIII 1390
Valerius Maximus im Mittelalter VIII 1390
Varro im Mittelalter VIII 1414
Vegetius, 2. Digestorum artis mulomedicinae libri VIII 1445
Velleius im Mittelalter VIII 1451

Bruni, Francesco
Alfani, Gianni I 389
Boccaccio, Giovanni II 298
Cavalcanti, 2. C., Guido II 1591

Cino da Pistoia, III. Dichterisches Werk II 2090
Colonne, 1. C., Guido delle III 59
Colonne, 2. C., Odo delle III 60
Dolce stil novo III 1169
Filippi, Rustico IV 450
Frescobaldi, Dino IV 911
Gherardi, Giovanni da Prato IV 1435
Giacomo, 1. G. da Lentini IV 1439
Guido, 11. G. de Columnis IV 1775
Guinizelli, Guido IV 1786
Italienische Literatur V 762
Lapo, 2. L., Gianni V 1715
Latini, Brunetto V 1746
Novelle, I. Begriff; Romanische Literaturen VI 1301
Novellino VI 1305
Onesto da Bologna VI 1409
Orlandi, Guido VI 1460
Passavanti, Jacopo VI 1760
Patecchio, Girardo VI 1778
Sacchetti, Franco VII 1219
Sizilianische Dichterschule VII 1946
Stefano Protonotaro VIII 95

Brunner, Horst
Bernerton I 1982
Folz, Hans IV 617
Meistersinger VI 486
Muskatblut VI 969
Puschmann, Adam VII 334
Rosenplüt, Hans VII 1037
Sachs, Hans VII 1223
Singschule VII 1929
Stolle VIII 191
Wartburgkrieg VIII 2056
Wittenwiler, Heinrich IX 274

Brunner, Karl
Ungeziefer, Schädlingsbekämpfung, I. Spätantike, Früh- und Hochmittelalter VIII 1235
Ziervögel (Symbolik) IX 610

Buchholz-Johanek, Ingeborg
Bocksdorf, Dietrich (Theoderich) v. II 305
Buch, Johann v. II 811

Buck, August
Epos, B. II. Humanismus [Lateinische Literatur] III 2080
Ethik, 2. Renaissance/Humanismus IV 55
Imitatio (Humanismus) V 385
Poetik VII 36
Virtus VIII 1713

Buck, Holger
Pfand, II. Deutsches Recht VI 2019
Pfleger VI 2047
Pflegschaft VI 2047

Bühl, Gudrun
Sternenkasten VIII 137

Bullough, Donald A.
Abbotsbury I 16
Abercorn (Aebbecurnig Bede) I 28
Acca I 71
Æthelberht, 2. Æ., Ebf. v. York I 187
Æthelwold Moll I 191

Æthelwold, Bf. v. Winchester I 190
Aethilwald I 192
Agilpert I 208
Alban (mit Binding, G.) I 273
Alhred I 411
Angelsachsen, A. Terminologie I 619
Athelney I 1162
Bainard (Baignard), Ralph I 1358
Bamburgh I 1404
Bath I 1549
Benedict Biscop I 1856
Birinus II 220
Botulf, 1. Leben und Verehrung in England II 493
Breedon-on-the-Hill II 598
Britannia, 2. Verwendung des Begriffs »Britannia« im Mittelalter II 700
Briten, I. Geschichte und Sprache II 701
Brixworth II 706
Bru(i)de II 751
Bru(i)de, 1. B. mac Maelchon II 751
Bru(i)de, 2. B. mac Bile II 752
Bru(i)de, 3. B. mac Oengus II 752
Burgh Castle II 1053
Cadwallon II 1342
Caistor by Norwich II 1381
Catterick II 1577
Ceadda II 1598
Ceawlin II 1599
Chester-le-Street II 1799
Chichester II 1810
Church-scot II 2059
Coldingham III 29
Cornwall, I. 1. Vor 1066 III 246
Crediton III 337
Deira III 648
Dewar III 933
Dunbar (mit Barrow, G. W. S.) III 1452
Dunstan III 1463
Fosse Way IV 672
Oda, Bf. v. Ramsbury VI 1344
Offa's Dyke VI 1368
Offa, 2. O., Kg. v. Mercien VI 1367
Oslac VI 1494
Ostanglien VI 1514
Paulinus, 3. P. Bf. v. York VI 1815
Portchester (Castle) VII 112
Repton VII 746
Ripon VII 862

Bulst, Neithard
Cahier de doléances II 1374
Centième II 1621
Chevalier, Etienne II 1804
Cinquantième II 2091
Cluny, Cluniazenser, A. I. 1. Gründung und Privilegien [Kloster] II 2172
Cluny, Cluniazenser, A. I. 2. Cluny als Reformzentrum [Kloster] II 2173
Cluny, Cluniazenser, A. II. Die Cluniazenser in Frankreich II 2175
Cluny, Cluniazenser, A. III. Niedergang [Geschichte des Klosters Cluny und der Clunyazenser in Frankreich] II 2176
Cluny, Cluniazenser, B. VI. Irland II 2185
Doriole, Pierre III 1315
Epidemien, II. Sozial- und wirtschaftsgeschichtlich III 2057

États généraux IV 49
États provinciaux IV 51
Eudes Rigaud, 1. Leben und Wirken. Das Regestrum visitationum IV 71
Fécamp IV 323
Finanzwesen, -verwaltung, B. I. Allgemeine Grundlagen [Westliches Europa] IV 458
Finanzwesen, -verwaltung, B. II. Deutschland IV 458
Finanzwesen, -verwaltung, B. III. Frankreich IV 461
Flagellanten, II. Gebiete nördlich der Alpen IV 510
Fleury-Saint-Benoît-sur-Loire, I. Abtei IV 547
Frankreich, C. Siedlungs-, Wirtschafts- und Sozialgeschichte IV 783
Gabelle IV 1070
Gauzlin, 1. G., Abt v. Fleury IV 1145
Guibert, 1. G. v. Nogent IV 1768
Hanse der 17 Städte IV 1927
Hanse, Pariser IV 1927
Hugo, 21. H. I. v. Semur, Abt v. Cluny V 165
Jacquerie V 265
Johannes, 104. J. v. Fécamp V 575
Maillotins VI 126
Maiolus VI 145
Marcel, Familie VI 220
Marcel, Étienne VI 220
Masselin, Jean VI 370
Odilo, 2. O., 5. Abt v. Cluny VI 1351
Odo, 8. O., 2. Abt v. Cluny VI 1357
Pastorellen VI 1773
Pest, A. I. Sozial- und Wirtschaftsgeschichte [Westen] VI 1915
Petrus, 74. P. (Mauricius) Venerabilis VI 1985
Pontius, 1. P., 7. Abt v. Cluny VII 98
Revolte, I. Westlicher Bereich VII 773
Richard, 17. R., Abt v. St-Vanne VII 819
Richard, 20. R. v. Cluny (Pictaviensis) VII 820
Wilhelm, 58. W. v. Volpiano, Abt v. St-Bénigne IX 159

Bulst-Thiele, Marie Luise
Agnes, 1. A., dt. Ksn. I 212

Buma, Wybren J.
Brokmerbrief II 712
Domen III 1177

Bumke, Joachim
Kultur und Gesellschaft, höfische V 1565

Buntz, Herwig
Aes ustum I 186
Agricola, 1. A., Georgius I 220
Alabaster I 261
Alexander d. Große in Kunst und Literatur, B. VI. Mittelhochdeutsche Literatur I 362
Alkali I 416
Alphidius I 458
Amalgam I 508
Antimon I 716
Arsen I 1051
Artephius I 1057

Bünz, Enno
Schwarzburg VII 1620
Vicelin VIII 1622
Wagrien VIII 1908
Weimar, 1. Grafen VIII 2115
Weimar, 2. Stadt VIII 2116
Zeitz IX 517

Bur, Michel
Adalbero, 2. A., Ebf. v. Reims I 92
Arcis-sur-Aube I 911
Ardennengrafschaft I 913
Astenois I 1127
Bar, 3. B.-sur-Aube I 1430
Bar, 4. B.-sur-Seine I 1431
Blanca, 7. B. (Blanche d'Artois), Kgn. v. Navarra II 260
Braine II 545
Braine, Henri de II 545
Châlons-sur-Marne II 1666
Champagne II 1678
Champagnemessen II 1685
Chartes aux Champenois II 1740
Chaumes-en-Brie II 1781
Épernay III 2047
Fulco, 4. F., Ebf. v. Reims IV 1018
Hautevillers IV 1979
Heinrich, 47. H. I. 'le Libéral', Gf. v. Champagne IV 2068
Heinrich, 48. H. II., Gf. v. Champagne IV 2068
Heinrich, 49. H. III. 'le Gros', Gf. v. Champagne und Brie, Kg. v. Navarra IV 2069
Heriveus IV 2157
Joinville V 619
Joinville, 1. J., Guillaume de V 619
Lagny V 1614
Manasses, 2. M. I., Ebf. v. Reims VI 184
Marie, 1. M. de Champagne, Gfn. v. Champagne VI 287
Meaux VI 433
Montiéramey VI 807
Mores VI 837
Mouzon VI 878
Odo, 2. O. I., Gf. v. Blois-Champagne VI 1354
Odo, 3. O. II., Gf. v. Blois-Champagne VI 1355
Ponthion VII 94
Provins VII 283
Reims VII 657
Reims, Synoden und Konzile VII 663
Rethel VII 763
Richer, 3. R. v. Reims VII 830
Rosnay, Gft. VII 1039
Roucy, Gft. VII 1058
Saint-Denis VII 1145
Suger VIII 292

Burckhardt, Max
Basel, VI. Bibliotheken I 1514

Burgard, Friedhelm
Diet(h)er, 2. D. v. Nassau III 1015

Burger, Maria
Person (mit Lutz-Bachmann, M.) VI 1900
Wilhelm, 94. W. v. Nottingham IX 177

Burgmann, Ludwig
Kormčaja kniga V 1445
Libellus de temporibus ac dilationibus V 1939
Nomokanon VI 1229
Notar, Notariat, I. Byzantinisches Reich VI 1281
Practica ex actis Eustathii Romani VII 140

Protimesis VII 272
Raub, B. Byzanz und Südosteuropa VII 472
Recht, B. I. Altrußland VII 513
Recht, B. II. Serbien VII 514
Strafe, Strafrecht, B. Spätantike und Byzanz VIII 197
Strafe, Strafrecht, C. VI. Rus' VIII 206
Strafe, Strafrecht, C. VII. Serbien VIII 206
Synopsis Basilicorum VIII 379
Synopsis minor VIII 379
Testament, A. IV. Byzantinisches Recht VIII 570
Vertrag, B. Byzanz VIII 1592
Wahl, C. Byzantinisches Reich VIII 1913
Zakon sudnyj ljudem IX 470

Burgschmidt, Ernst
Malory, Sir Thomas VI 178

Buri-Gütermann, Johanna
Aḥmed Paša I 232
ᶜĀšïq Paša I 1108

Burkhart, Dagmar
Roman, VIII. Slavische Literaturen VII 990
Sprichwort, Sprichwortsammlung, VII. Slavische Literaturen VII 2141

Burmeister, Karl H.
Allod I 440
Montfort, Gf. en v. VI 805
Vorarlberg VIII 1846

Burns, James H.
Cameron, John II 1417

Burns, Robert I.
Castre (Castro), Ferran Sanxis de II 1565

Busard, Hubertus L. L.
Bartholom(a)eus, 14. B. v. Parma I 1496
Bonatti, Guido v. Forlì II 402
Bonfils II 411
Domninos v. Larissa III 1226
Dorotheos, 6. D. v. Sidon III 1321
Geometrie/Erdmessung, I. Geometrie IV 1271
Gerhard, 20. G. v. Brüssel IV 1317
Hermann, 21. H. v. Carinthia IV 2166
Jordanus, 4. J. Nemorarius V 628
Bradwardine, Thomas II 538
Johannes, 90. J. (Danck) de Saxonia V 568
Johannes, 149. J. de Muris, 2. Mathematik und Astronomie V 591

Busby, Keith
Gawain, I. Französische Literatur IV 1148

Busetto, Giorgio
Alione, Gian Giorgio (mit Naso, I.) I 414
Ami(s) et Amile I 536
Andrea da Barberino I 599
Antoine, 3. A. de La Sale I 727
Audigier I 1194
Aveugles, les trois de Compiègne I 1298
Belcari, Feo I 1834
Bellincioni, Bernardo I 1847
Bernardinus, 4. B. v. Siena, I. Leben und Werk (mit Manselli, R.) I 1973
Bersegapé, Pietro da I 2019

Bibbiena, Bernardo Dovizi da II 39
Bisticci, Vespasiano da II 250
Boiardo, Matteo Maria II 347
Bolseyro (Bolseiro), Juyão II 388
Bonagiunta (Orbicciani) da Lucca II 400
Bonichi, Bindo II 412
Bonvesin da la Riva II 436
Bruni, 1. B., Francesco II 759
Bruni, 2. B., Leonardo II 760
Burchielleske Dichtung II 953
Burchiello, Domenico di Giovanni II 953
Cammelli, Antonio II 1419
Canigiani, Ristoro II 1435
Canzone, I. Italienische Dichtung II 1465
Canzoniere II 1468
Capitolo II 1478
Cavalca, Domenico II 1588
Cecco d'Ascoli II 1599
Cennini, Cennino II 1615
Certame coronario II 1633
Davanzati, Chiaro III 595

Busse, Heribert
Atabeg I 1158
Dīwān, B. I. Arabischer Bereich [Dīwān als Verwaltungsbegriff] III 1135
Gesandte, A. IV. Arabisch-islamischer Bereich IV 1367
Naqīb VI 1019

Busse, Wilhelm G.
Deor III 706

Busse, Winfried
Ladino V 1609

van Buuren, Alphonsus M. J.
Bertken, Suster I 2037
Boendale, Jan Van (mit van Dijk, H.) II 307
Colpaert III 62
Der Kerken Claghe III 710
Dirc van Delf III 1104
Disputacie van Onser Vrouwen ende van den Heilighen Cruce III 1115
Dordt, Augustijnken van III 1263
Exempel, V. Mittelniederländische Literatur IV 164
Hildegaersberch, Willem van V 13
Parthenopeus (Partonopeus), II. Mittelniederländische Literatur VI 1745
Potter, Dirc VII 135
Souterliedekens VII 2065
Vanden levene ons Heren VIII 1407
Weert (van Ieper), Jan de VIII 2090

Byrne, Francis J.
Adamnanus v. Hy I 117
Áed, Bf. v. Sléibte I 172
Áed Allán mac Fergaile I 172
Áed mac Ainmerech I 172
Áed mac Bricc I 172
Áed Findliath mac Néill I 173
Áed Oirdnide mac Néill I 173
Áedán mac Gabráin I 173
Aghaboe I 206
Ailech I 238
Ailerán Sapiens I 238
Airbertach mac Coisse Dobráin I 244

Airgialla I 245
Bibliothek, A. III. Irland II 119
Birr, Synode v. II 225
Cáin Adomnáin II 1380

Byrne, P.
Finnian (Vinnian), 1. F. v. Clonard IV 476
Finnian (Vinnian), 2. F. v. Moville IV 477
Flann Sinna IV 533
Fógartach mac Néill IV 603

Caals, Leo
Prämonstratenser, -innen, VII. Prämonstratenserliturgie VII 150

Cabrera, Emilio
Córdoba, III. Stadt und Bistum nach der Reconquista III 232

van Caenegem, Raoul
Brandmarkung, III. Englisches Recht II 566
Brandstiftung, III. Englisches Recht II 569
Fleta IV 546

Cahen, Claude
Antiocheia, Antiochia, III. Der Staat der Kreuzfahrer I 718
Arbeit, D. Islamische Welt I 878
Bauer, Bauerntum, D. XIV. Arabische Welt I 1603
Beamtenwesen, C. Islamischer Bereich I 1737
Bevölkerung, E. 1. Arabisches Reich II 21
Bo(h)emund, 2. B. IV., Gf. v. Tripolis und Fs. v. Antiochia II 333
Bürger, Bürgertum, J. Islamischer Bereich II 1041
Damaskus, II. Islamische Zeit III 464

Caie, Graham D.
Judgment Day V 794
Orcherd of Syon, The VI 1427
Schlaraffenland, II. Englische Literatur VII 1479

Caille, Jacqueline
Melgueil (mit Hélas, J. C.) VI 493
Narbonne VI 1020
Perpignan VI 1896
Psalmodi VII 302

Caliebe, Manfred
Dukus Horant III 1446

Cameron, Alan
Arthur, 4. A., Prince of Wales I 1069
Bailiff I 1353
Bosworth, Schlacht bei II 482
Bray, Sir Reginald II 596
Dudley, Edmund III 1438
Elisabeth, 7. E. v. York III 1834
Kemp(e), John V 1102
Morton, John V 850
Poynings, Sir Edward VII 138
Provost VII 287
Rotherham, Thomas VII 1053
Stanley VIII 56
Stanley, Thomas VIII 57
Stoke Field, Schlacht v. VIII 189
Warbeck, Perkin VIII 2039

Cammarosano, Paolo
Monaldeschi VI 728
Steuer, -wesen, D. I. Nord- und Mittelitalien VIII 146
Triest VIII 1003

Canellas López, Angel
Coloma, Juan de III 48

Cantarella, Glauco M.
Placidus, 2. P. v. Nonantola VI 2194

Capelle, Torsten
Bronze, I. Material (mit Reuther, H.) II 713
Bronze, II. Technik (mit Reuther, H.) II 713
Bronze, III. 2. Hoch- und Spätmittelalter [Geschichte] (mit Reuther, H.) II 714

de Capitani, François
Bern, I. Stadtgeschichte I 1968
Diesbach, Familie v.; Diesbach-Watt-Gesellschaft III 1011
Dorneck (Dornach), Schlacht v. III 1318
Ewige Richtung IV 148

Capitani, Ovidio
Berengar, 8. B. v. Tours I 1937
Durandus, 3. D. v. Troarn III 1466

Capo, Lidia
Andreas, 21. A. Ungarus (mit Pásztor E.) I 611

Capovilla, Guido
Ballade, B. I. 2. Italienische Literatur I 1384
Rispetto VII 863
Settenario VII 1801
Sonett VII 2045
Stornello VIII 194
Strambotto VIII 211
Terzine VIII 562
Vers- und Strophenbau, III. Romanische Literaturen VIII 1573

Capuzzo, Ester
Popolo (populus) VII 100

Carbonetti Vendittelli, Cristina
Tabellio, tabelliones VIII 391

Cardini, Franco
Accolti, 1. A., Benedetto I 74
Accolti, 2. A., Bernardo I 74
Accolti, 3. A., Francesco I 75
Álbizzi, Familie I 307
Álbizzi, 1. A., Maso degli I 308
Álbizzi, 2. A., Piero degli I 308
Álbizzi, 3. A., Rinaldo degli I 308
Aldobrandeschi, Familie I 347
Aldobrandeschi, 1. A., Guglielmo I 347
Aldobrandeschi, 2. A., Omberto I 347
Altoviti, Familie I 488
Altoviti, 1. A., Arnaldo I 489
Altoviti, 2. A., Bindo I 489
Altoviti, 3. A., Oddo I 489
Altoviti, 4. A., Palmieri I 489
Altoviti, 5. A., Palmieri I 490
Altoviti, 6. A., Stoldo I 490
Altoviti, 7. A., Ugo I 490

Anghiari, Schlacht v. I 634
Arezzo, I. Geschichte der Stadt (mit Tabacco, G.) I 920
Arrabbiati I 1025
Baldaccio d'Anghiari I 1361
Barberini I 1441
Bardi I 1457
Bardi, Pietro I 1457
Bargello I 1460
Brienne, 1. B., Gautier VI. II 687
Buondelmonti II 937
Caccianemici II 1334
Cerchi II 1626
Corsini III 283
Cortona III 294
Dei, Benedetto III 639
Dolfin, 2. D. (Delfino), Pietro III 1173
Donati III 1234
Donzello III 1253
Florenz, A. I. Ursprünge [Allgemeine Stadtgeschichte] IV 554
Florenz, A. II. Frühmittelalter und Anfänge bis zum 12. Jahrhundert [Allgemeine Stadtgeschichte] IV 555
Florenz, A. III. Guelfen und Ghibellinen; das Regiment des Primo Popolo [Allgemeine Stadtgeschichte] IV 556
Florenz, A. IV. Übergang vom Stadtstaat zum Territorialstaat; Signorie der Medici [Allgemeine Stadtgeschichte] IV 559
Ghibellinen IV 1436
Giano della Bella IV 1440
Gonfaloniere IV 1555
Guelfen IV 1763
Guidi IV 1770
Manfred, Kg. v. Sizilien VI 192
Ordinamenta Iustitiae VI 1433
Palleschi VI 1643
Pazzi, 1. P. »di Valdarno« VI 1840
Pazzi, 2. Guelfische Pazzi VI 1840
Pazzi-Verschwörung VI 1841
Piagnoni VI 2124
Ritter, -tum, -stand, II. Italien VII 873
San Gimignano VII 1164
San Miniato VII 1186
Savonarola, 2. S., Girolamo VII 1414
Strozzi VIII 246
Tarlati VIII 477
Triumph, -zug, II. Mittelalter, Renaissance VIII 1026
Turnier, C. Italien VIII 1117
Ubaldini VIII 1141
Uberti, 2. U., Farinata degli VIII 1168
Zeremoniell, B. II. Nord- und Mittelitalien IX 555
Zeremoniell, B. III. Süditalien IX 556

Carelos, Pantelis
Zahlensymbolik, -mystik, B. Byzanz IX 455

Carile, Antonio
Athen II. Das Herzogtum Athen I 1163
Balduin, 6. B. II., Ks. v. Konstantinopel I 1369
Barbaro, 4. B., Nicolò I 1439
Burg, D. II. Lateinisches Kaiserreich II 1002
Chronik, L. III. Lateinisches Kaiserreich von Konstantinopel II 2004
Dandolo, Familie III 489
Dandolo, 2. D., Enrico, Doge III 491
Dandolo, 3. D., Enrico, Geschichtsschreiber III 492
De Monacis, Lorenzo III 692
Dolfin, 1. D., Pietro III 1173
Dolfin, 3. D., Zorzi (Giorgio) III 1174
Heinrich, 26. H. v. Flandern und Hennegau, Ks. des Lat. Ksr.es v. Konstantinopel IV 2062
Johannes, 7. J. VI. Kantakuzenos V 534
Kantakuzenoi V 909
Lateinisches Kaiserreich V 1735

Carlen, Louis
Allmende I 439
Alm, II. Almrecht I 443
Appenwiler, Erhard v. I 805
Brühl, 1. Definition II 751
Brühl, 3. Hoch- und Spätmittelalter II 751
Brunnen, B. III. Städtische und ländliche Rechts- und Sozialgeschichte [Mittelalterliche Brunnen in Mittel- und Westeuropa] II 774
Chillon II 1824
Chur, I. 1. Geschichte [Stadt] II 2056
Eniklibrief III 2013
Freiburg im Üchtland IV 892
Fürsprecher IV 1029
Greyerz IV 1702
Handschuh, 1. H. (Recht) IV 1909
Hirt V 36
Kreuz, Kruzifix, E. Recht V 1494
Landammann V 1642
Rechtsaltertümer VII 518
Schiner, Matthäus VII 1467

Carmassi, Patrizia
Temporale VIII 539

del Carmen Carlé, María
Concejo III 112

Carocci, Sandro
Vico, Präfekten v. VIII 1626

Caron, Pier Giovanni
Aequitas canonica I 185

Carozzi, Claude
Stenay-sur-Meuse VIII 108

di Carpegna Falconieri, Tommaso
Tre Fontane VIII 965
Tusculum VIII 1122
Tusculum, Gf.en v. VIII 1122

Carpenter, David A.
Neville, Ralph de VI 1117
Ralegh, William VII 424
Richard, 13. R. of Wych, Bf. v. Chichester VII 817
Robert, 67. R. Tweng VII 913
Simon, 20. S. de Senlis VII 1919
Stephen, 1. S. of Bersted, Bf. v. Chichester VIII 129

Carrère, Claude-Marie
Balearen, II. Wirtschaft I 1378

Carver, Martin O. H.
Sutton Hoo VIII 337

Casiraghi, Giampietro
Turiner Grabtuch VIII 1102

Castaing-Sicard, Mireille
Applègement I 809
Arra, 1. (Frz. Recht) I 1025

Castellaccio, Angelo
Sassari VII 1387

de Castro y Castro, Manuel
Amadeus, 12. A. Hispanus I 503
Carbonell, 2. C., Poncio II 1496
Cetina, Juan Lorenzo de II 1642
Espina, Alonso de IV 17
Guadalupe, Juan de IV 1757

Casula, Francesco C.
Arborea, 2. A., Mariano IV. I 891
Arborea, 4. A., Ugone II. I 892
Arborea, Judikat I 893
Cagliari II 1373
Carta de logu de Arborea II 1533
Oristano VI 1458
Sardiniae et Corsicae regnum/Sardinien und Korsika, Kgr. VII 1378

Cattana, Valerio
Corpus-Christi-Kongregation III 261

Cattin, Paul
Coligny III 31
Nantua VI 1018

Cauchies, Jean-Marie
Hennegau IV 2131
Johann, 27. J. II. v. Avesnes V 509
Lalaing V 1622
Lannoy V 1705
Mons VI 768
Oignies VI 1380
Ostrevant VI 1539
Reginare VII 578
Valenciennes VIII 1385
Wilhelm, 30. W. I. der Gute, Gf. v. Hennegau IX 147

Cavanna, Adriano
Bari, II. Recht I 1463
Baron, I. Einleitung (mit Mattejiet, U.) I 1476
Basaticum, Basatura I 1504
Belagines I 1834
Bellum iustum (mit Boockmann, H.) I 1849
Benevent, VII. Statuten und Consuetudines I 1909
Beroldus-Codex I 2014
Bulgaria II 914
Cawarfide (-fida) II 1595
Chrenecruda II 1896
Dotalicium III 1328
Jacopo, 1. J. Bertaldo V 263
Majestätsverbrechen VI 148
Stab, II. Rechtssymbolik VII 2161
Strafe, Strafrecht, C. II. Italien VIII 201

Cazelles, Raymond
Archiac, Simon d' I 896
Arcy, 1. A., Hugues d' I 912
Arcy, 2. A., Jean d' I 912
Audrehem, Arnoul d' I 1198
Baux, Agout des I 1695
Bertrand, 6. B., Pierre d. Ä. I 2042

Bertrand, 7. B., Pierre d. J. I 2042
Billouart, Jean II 192
Blanca, 4. B. v. Navarra, Kgn. v. Frankreich II 259
Boileau, Etienne II 351
Braque, Nicolas II 578
Bricquebec, Robert Bertrand II 648
Chanac, 2. Ch., Foulque de II 1690
Chauvel, Renaud II 1782
Clermont, 1. C., Jean de II 2158
Cocquerel, Firmin de II 2196
Conflans, Jean de III 130
Coquatrix III 217
Craon, 4. C., Jean de III 335
Cuignières, Pierre de III 367

Ceccarelli Lemut, Maria L.
Piombino VI 2165

Cerdá Ruiz-Funes, Joaquin
Cárcel de manifestados II 1499

Cervani Presel, Roberta
Friaul IV 915
Gemona IV 1215
Udine VIII 1176
Venzone VIII 1480

Cesarini Martinelli, Lucia
Poliziano (Angelo Ambrogini) VII 66

Chacón, Francisco A.
Cuenca III 365

Chadour, Anna Beatriz
Ring VII 855

Chagny-Sève, Anne-Marie
Nevers VI 1111

Charles-Edwards, Thomas M.
Aithech I 247
Aithech fortha I 247
Audacht I 1190
Bech-bretha I 1771
Betagh (mit Lydon, J. F.) I 2081
Bíathad II 39
Bóaire II 294
Bonheddig II 412
Brehon, Brithem II 599
Brenin II 606
Bretha Nemed II 630
Brettos et Scottos, Leges inter II 635
Breyr II 644
Briugu II 703
Caeth II 1370
Cáin II 1379
Cenél II 1613
Cóe III 3
Cóiced III 22
Coindmed III 25
Comarba III 68
Conveth III 208
Críth Gablach III 349
Cumal III 368
Cynfeirdd III 401
Cynghanedd III 401
Cywydd III 406

Dadanudd III 428
Dafydd, 2. D. ap Gwilym III 429
Dám III 461
Davach III 594
Deorad III 706
Derbfine III 708
Diebstahl, C. VI. Irisches und walisisches Recht III 993
Díguin III 1046
Díles III 1052
Díre III 1104
Ehe, B. IX. Irland und Wales III 1633
Ehebruch, B. VIII. Irland und Wales III 1658
Eid, A. X. Irland und Wales III 1687
Eigentum, A. VIII. Irland und Wales III 1722
Eisteddfod III 1758
Enech III 1903
Éraic III 2093
Esáin IV 2
Familie, B. IX. Irland, Wales, Schottland IV 268
Féni IV 349
Fingal IV 474
Fir Manach IV 489
FitzGerald IV 505
Forst, II. 2. Irland und Wales IV 662
Fosterage IV 673
Frau, B. VI. Irland und Wales [Recht] IV 859
Fuidir IV 1014
Irisches Recht V 651
Sarhaed VII 1381
Senchas Már VII 1747
Snádud VII 2015
Walisisches Recht VIII 1974

Charon, Annie
Lefèvre, 1. L. (d'Étaples), Jacques V 1793
Seyssel, Claude de VII 1821
Vérard, Antoine VIII 1481

Charpy, Jacques
Arthur, 2. A. II., Hzg. der Bretagne I 1068
Arthur, 3. A. III., Hzg. der Bretagne I 1068

Chauney-Bouillot, Martine
Chalon-sur-Saône II 1663
Saint-Marcel VII 1176

Chauvin, Yves
Angers, Anjou, III. 1. Geschichte [Die Klöster in Angers (St-Aubin, St-Serge) und ihre Skriptorien] I 633

Chédeville, André
Chartres II 1746
Châteaudun, 1. Herrschaft und Stadt II 1766
Dreux, I. Stadt und Grafschaft III 1396
Josaphat V 630
Laval V 1770
Lohéac, André de Laval, Sire de V 2080
Loire V 2089
Macliavus VI 61
Nantes VI 1016
Redon VII 538
Rennes VII 730
Retz, Pays de VII 765
Salomon, 1. S., Fs. und Kg. der Bretagne VII 1314

Cheneval, Francis
Naturgesetz VI 1046

Chevalier, Bernard
Jean, 22. J. Briçonnet d. Ä. V 338
Tours VIII 922

Chevalley, Eric
Ursus und Victor VIII 1334

Cheynet, Jean-Claude
Revolte, II. Byzantinisches Reich VII 775

Chiesa, Paolo
Theophilus-Legende, I. Mittellateinische Literatur VIII 667

Chihaia, Pavel
Basarab, Dynastie I 1502
Basarab, 1. B. I., Fs. der Valachei I 1502
Basarab, 2. B. II., Fs. der Valachei I 1503
Basarab, 3. B. III. Laiotă I 1503
Basarab, 4. B. IV. d. Jüngere I 1503

Chiodi, Giovanni
Sequestration VII 1773
Verbrechen, A. V. Italienisches Recht VIII 1490

Chittolini, Giorgio
Beamtenwesen, A. VII. Spätmittelalterliches Italien (Kommunen und Fürstentümer) I 1731
Burg, C. III. 3. Spätmittelalter [Italien] II 975
Corio, Bernardino III 236
Cornazzano, Antonio, 1. Vita und literarische Tätigkeit III 241
De Canistris, Opicino III 614
Dorf, A. III. 3. Italien [Rechts-, Wirtschafts- und Sozialgeschichte] III 1283
Mailand, II. Stadt, Bistum, Wirtschaft von 1200–1500 VI 117
Mailand, III. Der Territorialstaat Mailand (Anfang 14. Jh.–Anfang 16. Jh.) VI 120
Pelavicino VI 1862
Podestà VII 30
Sforza VII 1821
Stadt, C. Italien VII 2178
Statuten, B. I. Italien VIII 72

Chłopocka, Helena
Awdańce I 1310

Chodorow, Stanley
Dekretalensammlungen III 656

Chomel, Vital
Aire, Guillaume de l' I 245
Albon, Gf. en v. I 309
Alleman, 1. A., Laurent I. I 427
Alleman, 2. A., Siboud I 427
André, Dauphin des Viennois I 599
Boucicaut, 1. B., Geoffroy II 495
Bouville, 1. B., Charles de II 521
Chartreuse II 1760
Daillon, Jean de III 433
Dauphiné, A. Geschichte III 586
Dauphiné, B. Wirtschaftsgeschichte III 589
Die III 984
Eudin, Enguerrand d' IV 73
Forbin, Palamède de IV 631
Forcalquier IV 631

Gap IV 1106
Grenoble IV 1698
Grigny IV 1713
Hugo, 22. H. v. Die, Bf. v. Die V 166
Hugo, 23. H. hl., Bf. v. Grenoble V 166
Humbert, 1. H. I. v. La Tour und Coligny V 206
Humbert, 2. H. II., Dauphin des Viennois V 206
Jean, 13. J. II., Dauphin des Viennois V 335
La-Tour-du-Pin V 1748
Louppy, Raoul de V 2139
Maurienne VI 410
Montélimar VI 794
Romans-sur-Isère VII 1001
Saint-Chef VII 1139
Sassenage, 1. S., Guillaume de VII 1388
Sassenage, 2. S., Henri III. de VII 1389
Tarentaise VIII 474
Valence VIII 1376
Vienne VIII 1645
Viviers, Vivarais VIII 1784

Choroškevič, A. Leonidovna
Polock VII 72
Rostov Velikij VII 1047
Ruza VII 1128
Salz, III. Altrußland VII 1328
Semen Ivanovič VII 1739
Serpuchov VII 1791
Siegel, XIV. Altrußland VII 1860
Stadt, K. Rus' VII 2207
Steuer, -wesen, J. Rus' VIII 156
Strigol'niki VIII 244
Tatarensteuer VIII 488
Urkunde, -nwesen, C. II. Altrußland VIII 1319
Volokolamsk VIII 1843
Zeremoniell, F. II. Rus' IX 574
Žit'i ludi IX 657
Zunft, -wesen, -recht, B. III. Rus' IX 707

Christe, Yves
Agnus Dei, 2. Ikonographie (mit Binding, G.) I 215
A und ω (Ω) I 455

Christink, Susanne
Brunelleschi, Filippo (mit Binding, G.) II 758

Christlein, Rainer
Bayern, A. Archäologie I 1696

Chropovsky, Bohuslav
Mikulčice VI 620
Nitra VI 1201
Pohansko VII 39

Chrysos, Evangelos
Ioannina V 489
Konstantinopel, ökumen. Konzilien v., 1. K., II. ökumen. Konzil v. V 1393
Konstantinopel, ökumen. Konzilien v., 2. K., V. ökumen. Konzil v. V 1394
Konstantinopel, ökumen. Konzilien v., 3. K., VI. ökumen. Konzil v. V 1395
Konstantinopel, ökumen. Konzilien v., 4. K., Concilium Quinisextum V 1395
Konstantinopel, ökumen. Konzilien v., 5. K., VIII. ökumen. Konzil v. V 1396

Ciappelli, Giovanni
Hawkwood, John IV 1982

Ciccarelli, Diego
Caesarius, 5. C. v. Speyer II 1366
Coelestiner, 2. C. (Franziskaner-Spiritualen) III 11
Conrad v. Offida III 144
Crescentius III 345
Diego, 4. D. (Didacus) v. Alcalá III 1001
Jacobus, 20. J. de Marchia V 259
Nikolaus, 33. N. v. Osimo VI 1186
Sansone, Francesco VII 1368
Thomas, 45. Th. v. Pavia VIII 722
Thomas, 55. Th. v. Tolentino VIII 725

Čičurov, Igor S.
Chersonesos (mit Zolotarev, M. I.) II 1794

Cilento, Nicola
Cilento II 2084

Ciriacono, Salvatore
Wasser, B. Wirtschaftliche und rechtliche Bedeutung VIII 2064

Ćirković, Sima
Bauer, Bauerntum, D. XIII. Südosteuropa I 1601
Bevölkerung, D. Byzantinisches Reich und Südosteuropa II 20
Bosnien II 472
Braničevo II 572
Branimir II 572
Branković II 572
Budimir II 903
Burg, C. VIII. Serben und Kroaten II 984
Bürger, Bürgertum, H. IV. 1. Zentrale und westliche Balkanhalbinsel II 1036
Capua (mit Gruber, J.) II 1490
Danilo, 1. D. II. III 542
Dardanien III 571
Debar III 611
Desa III 714
Desislava, 2. D., Fsn. v. Diokleia III 729
Domentijan III 1179
Fälschungen, C. II. Südosteuropa IV 252
Familie, D. II. Südosteuropäischer Bereich IV 278
Feudalismus, B. II. Südosteuropa IV 418
Finanzwesen, -verwaltung, A. III. Südosteuropa IV 457
Georg, 4. G. (Đurađ) Branković IV 1277
Herzegowina IV 2189
Jajce V 279
Jakšici V 298
Jelena, Kgn. v. Serbien V 348
Johannes, 12. J. Vladimir V 536
Jovan Uglješa V 641
Kanzlei, Kanzler, C. III. Südosteuropa V 928
Konstantin, 16. K. Bodin, Herrscher v. Zeta V 1380
Kosače V 1455
Kosovo polje V 1461
Kotromanići V 1463
Kratovo V 1476
Kulin V 1562
Lazar, 2. L. Branković, serb. Herrscher V 1774
Lipljan V 2004
Livno V 2052
Marica, Schlacht an der VI 286

Markt, II. 2. Südosteuropa VI 313
Maß, II. 2. Südosteuropa VI 367
Medizin, C. Südosteuropa VI 464
Michael, 15. M. (Mihajlo), Herrscher v. Zeta VI 601
Morava VI 831
Nelipčići VI 1087
Nemanja VI 1088
Novo Brdo VI 1312
Ostoja VI 1539
Pomorie VII 88
Pop Dukljanin VII 99
Priština VII 221
Raska, Raszien VII 447
Sasi VII 1387
Sava I. VII 1407
Serbien VII 1777
Siegel, XIII. 3. Bulgarien, Serbien und Bosnien VII 1859
Stefan, 3. S. Vojislav, serb Fs. VIII 85
Stefan, 5. S. der Erstgekrönte, serb. Herrscher VIII 86
Stefan, 7. S. Vladislav, Kg. v. Serbien VIII 87
Stefan, 8. S. Uroš I., Kg. v. Serbien, Kg. v. Serbien VIII 88
Stefan, 9. S. Dragutin, Kg. v. Serbien VIII 88
Stefan, 10. S. Uroš II. Milutin, Kg. v. Serbien VIII 89
Stefan, 11. S. Uroš III. Decanski, Kg. v. Serbien VIII 90
Stefan, 15. S. Vukčić Kosača, Hzg., Territorialherr in Bosnien VIII 93
Štip VIII 185
Südslaven VIII 283
Teodosije VIII 546
Titel, III. Südosteuropa VIII 813
Trepča VIII 974
Tvrtko, 1. T. I., Ban v. Bosnien VIII 1127
Tvrtko, 2. T. II., Kg. v. Bosnien VIII 1128
Urkunde, -nwesen, C. III. 1. Östlicher Bereich [Südosteuropa] VIII 1320
Vražda VIII 1874
Zadruga IX 441
Zahumlje IX 468
Zakonik IX 470
Zeremoniell, F. I. Südosteuropa IX 573
Zeta IX 581
Zoll, IV. Südosteuropa IX 672
Zunft, -wesen, -recht, B. II. Südosteuropa IX 706

Claassens, Geert H. M.
Kreuzzugsdichtung, IV. Mittelniederländische Literatur V 1523
Minnerede, II. Mittelniederländische Literatur VI 647

Claerr, Thierry
Trie VIII 988

Claramunt, Salvador
Afrika, III. Entdeckung der Küsten I 200
Albornoz, Aegidius (mit Severino, G.) I 310
Alfons, 2. A. II. »der Keusche«, Kg. v. Aragón (mit Engels, O.) I 392
Alfons, 29. A., Diogo, ptg. Seefahrer I 408
Alfons, 3. A. III. »der Freigiebige«, Kg. v. Aragón I 393
Alfons, 4. A. IV. »der Gütige«, Kg. v. Aragón I 393
Aljubarrota I 415
Almogávares (mit Vones, L.) I 447
Avis, Haus v. I 1305
Cerda, 1. C., Alfonso de la II 1626
Cerda, 2. C., Fernando de la II 1627
Coronelías III 260

Clarke, Howard B.
Bristol II 697
Burg, C. X. 2. Nach der normannischen Eroberung 1066 [England, Wales, Schottland] II 987
Burg, C. XI. Irland II 990
Dublin, B. Skandinavisches Königreich III 1431
Dublin, C. Bistum/Erzbistum III 1432
England, I. Archäologie III 1989
Pfalz, Palast, F. England, Schottland, Wales VI 2005
Wharram Percy IX 54
Yeavering IX 411

Classen, Peter
Anonymus, normannischer I 673

Claude, Dietrich
Adalbert, 10. A., Ebf. v. Magdeburg I 98
Aquitanien, I. Aquitanien in Spätantike und Frühmittelalter I 829
Berge, Kl. I 1952
Bernhard, 5. B., Gf. v. Barcelona I 1985
Burchard, 1. B. v. Querfurt II 939
Centenarius, II. Frühmittelalter II 1620
Conviva(e) regis III 210
Domesticus (domestikos), II. Frühmittelalter III 1183
Egica III 1608
Eudo, 1. E., Fs. v. Aquitanien IV 73
Königshort V 1329

Clauss, Manfred
Decumates agri III 625
Föderaten IV 601

Clavero Salvador, Bartolomé
Behetría I 1811

Clemens, Lukas
Mosel VI 859
Trier, A. II. Mittelalter [Stadt] VIII 992

Clementi, Alessandro
Camponeschi, Familie II 1423
Camponeschi, Lalle I. II 1424
L'Aquila V 1716
Penne VI 1872

Cobban, Alan B.
Cambridge, II. Universität und Kollegien II 1411
Eton IV 58
Oxford VI 1601
Theobald, 3. Th. v. Étampes VIII 618

Coigneau, Dirk
Everaert, Cornelis IV 140
Landjuwel V 1669
Mariken van Nieumeghen VI 293
Rederijker VII 535

Colasanti, Francomario
Cornaro, Familie III 239
Cornaro, Caterina, Kgn. v. Zypern III 240

Colberg, Katharina
Akten I 258

Amtsbücher I 563
Archiv I 907
Dietrich, 27. D. v. Nieheim III 1037
Konrad, 39. K. (Sifridi) v. Gelnhausen V 1358

Coleman, William E.
Coventry Plays III 330
Digby Plays (mit Robbins, R. H.) III 1043

Colliard, Lino
Aostatal I 741

Colliva, Paolo
Bologna, C. Universitates II 381
Constitutiones Aegidianae III 177

Comoth, Katharina
Absterben I 57

Congar, Yves-Marie
Apostel, A. Theologie I 781

Conrad, Klaus
Wartislaw, 2. W. VII., Hzg. v. Pommern-Wolgast-Stolp
  VIII 2059

Contamine, Philippe
Aiguillon I 237
Anthon, Schlacht v. I 699
Arbalétriers de France, maître de I 869
Arrière-ban I 1031
Artillerie de France, maître de l' I 1071
Auberoche, Schlacht bei I 1183
Auxerre, III. Stadt (mit Richard, J.) I 1280
Balsac, Robert de I 1389
Barbazan, 1. B., Arnaud-Guilhem I 1440
Basselin, Olivier I 1544
Baudricourt I 1563
Blainville II 256
Boucicaut, 2. B., Jean I. II 495
Boucicaut, 3. B., Jean II. II 495
Brétigny, Friede v. II 630
Brienne, 1. Grafschaft und Hauptlinie (mit Bautier,
  R.-H.) II 684
Brosse, 3. B., Jean I. II 718
Bueil, Familie II 905
Bueil, Jean (V.) de, 1. Leben II 905
Bureau, 1. B., Gaspard II 955
Bureau, 2. B., Jean II 955
Cadoc, Lambert II 1340
Capitaine II 1472
Cervole, Arnaud de II 1638
Chabannes, Familie II 1646
Chabannes, 1. Ch., Antoine de II 1646
Chabannes, 2. Ch., Jacques I. de II 1647
Chabannes, 3. Ch., Jacques II. de II 1647
Charles, 2. Ch. de France II 1727
Charny, 1. Ch., Geoffroy de II 1731
Chastel, 2. Ch., Tanguy I. du II 1762
Chastel, 3. Ch., Tanguy II. du II 1762
Chastel, 4. Ch., Tanguy III. du II 1763
Chastellux II 1765
Chevalier II 1800
Clisson, 1. C., Amaury de II 2163
Clisson, 2. C., Olivier de II 2163
Cocherel, Schlacht bei II 2196
Coëtivy, 2. C., Olivier de III 14

Compagnie d'ordonnance III 99
Connétable de France III 138
Coucy, 2. C., Enguerran VII. de III 307
Craon, Familie III 334
Craon, 1. C., Amaury IV. III 334
Craon, 2. C., Antoine de III 335
Crécy, Schlacht bei III 336
Culant, 1. C., Charles de III 367
Culant, 2. C., Louis de III 368
Culant, 3. C., Philippe de III 368
Dame III 471
Damoiseau III 475
Dauphin III 585
Dérogeance III 711
Du Guesclin, Bertrand III 1440
Dunois, Jean III 1461
Écurie du roi de France III 1553
Écuyer III 1554
Erquery, 1. E., Raoul d' III 2184
Erquery, 2. E., Simon d' III 2184
Espagne, Familie IV 16
Espagne, 1. E., Charles d' IV 16
Évreux, II. Das Haus Évreux IV 147
Fechten, Fechtwesen, IV. Französischer Bereich
  IV 327
Flot(t)e, 1. F., Guillaume IV 594
Flot(t)e, 2. F., Pierre IV 595
Formigny IV 655
Fornovo di Taro IV 657
Frankreich, A. Allgemeine und politische Geschichte
  IV 747
Guerre folle IV 1766
Guillaume, 5. G. Briçonnet IV 1779
Heer, Heerwesen, A. I. Allgemeine Grundzü-
  ge IV 1987
Heer, Heerwesen, A. II. Frankenreich und Frankreich
  IV 1990
Hundertjähriger Krieg V 215
Jean, 2. J. II., Kg. v. Frankreich V 328
Jeanne, 5. J. d'Arc V 342
Jeanne, 6. J. des Armoises V 345
Kapetinger V 935
Karl, 14. K. VII., Kg. v. Frankreich V 978
Kompa(g)nie, 1. Frankreich V 1291
König, Königtum, D. Frankreich V 1311
Kriegsgefangene, I. Allgemein und westliches Europa
  V 1528
La Hire V 1614
Lance V 1637
Landfrieden, II. Frankreich V 1658
La Trémoille V 1748
Le Maçon, Róbert V 1867
Lehen, -swesen; Lehnrecht, III. Frankreich V 1813
Leibwache V 1848
Ligue du Bien Public V 1978
Ludwig, 17. L. XI., Kg. v. Frankreich V 2186
Maréchal de France VI 230
Maria, 6. M. v. Anjou, Kgn. v. Frankreich VI 277
Mello, Dreu de VI 500
Mercadier VI 533
Michaelsorden VI 607
Montargis, Vertrag v. VI 778
Montlhéry, Schlacht bei VI 809
Oriflamme VI 1454
Page VI 1624
Patay, Schlacht bei VI 1777
Pension VI 1872

Picquigny, Vertrag v. VI 2133
Poitiers, 2. P., Schlacht v. (1356) VII 44
Praguerie VII 167
Rais, Gilles VII 422
Rex christianissimus VII 776
Rieux, Familie VII 843
Rieux, 1. Jean II. VII 843
Rieux, 2. R., Pierre de VII 843
Robert, 33. R. Briçonnet, Ebf. v. Reims VII 899
Robertet, 1. R., Florimond VII 915
Roche-au-Moine, La VII 922
Roche-Derrien, La VII 921
Rochefort, 1. R., Guillaume de VII 923
Sacre VII 1246
Saint-Sardos, Krieg v. VII 1201
Salisches Gesetz VII 1305
Sancerre, Louis de VII 1349
Seigneurie VII 1713
Séverac, Amaury, Sire de VII 1803
Söldner, -wesen, I. Abendländischer Westen VII 2030
Sorel, Agnès VII 2058
Sternorden VIII 137
Stuart, Berault VIII 249
Surienne, François de VIII 329
Suzeränität VIII 340
Taillebourg VIII 436
Trojanerabstammung (der Franken) VIII 1041
Troß VIII 1047
Turnier, A. I. Begriff. Anfänge VIII 1113
Turnier, A. II. England VIII 1114
Turnier, A. III. Frankreich VIII 1114
Valognes, Vertrag v. VIII 1397
Valois VIII 1398
Valpergue, Théaude de VIII 1400
Verneuil, Schlacht v. VIII 1562
Vertus, Philippe VIII 1594
Vienne, 2. V., Jean de VIII 1645
Villaines, Pierre de VIII 1676
Villandrando, Rodrigue de VIII 1677
Villiers, 1. V., Jean de VIII 1692
Wunderheilung der Kg.e v. Frankreich IX 367
Xaintrailles, Poton, Seigneur de IX 395
Yolande, 1. Y. d'Aragón, Hzgn. v. Anjou IX 414
Zeremoniell, D. I. Königreich Frankreich IX 560

Conte, Pietro
Leo, 4. L. II., Papst, hl. V 1877
Martin, 3. M. I., Papst VI 341

Conti, Pier Maria
Correggio da III 279
Dell'Iniquità (Iniquità), Oberto III 683
Devotio, 2. D., viri devoti III 928
Kataster, 1. Allgemein V 1061
Malaspina VI 163
Massa Marittima VI 369
Obizzo Malaspina VI 1336
Rossi di San Secondo VII 1042
Scoto VII 1653
Terzi VIII 561
Terzi, Ottobono VIII 562
Luni VI 13

Coppini, Donatella
Elegie, III. Humanismus III 1793
Epigramm, IV. Humanismus III 2062
Epitalamium, III. Humanismus III 2071
Epitaphium, III. Humanismus III 2073
Equicola, Mario III 2092
Facio, Bartolomeo IV 225
Gareth, Benedetto IV 1114
Jacobus, 4. J. Angelus V 255
Lapo, 1. L. da Castiglionchio V 1715
Laskaris, 1. L., Janos V 1720
Laskaris, 3. L., Konstantinos V 1721
Leonzio Pilato V 1898
Loschi, Antonio V 2121
Manetti, 2. M., Gianozzo VI 191
Marsili Luigi VI 331
Marsuppini, Carlo VI 335
Merula, Giorgio VI 550
Niccoli, Niccolò VI 1125
Patrizi Piccolomini, Agostino VI 1796
Platina, Bartolomeo VII 6
Polenton, Sicco VII 59
Pontano, Giovanni VII 92
Salutati, Coluccio VII 1319
Vergerius VIII 1521

Coppola, Maria Augusta
King Horn V 1158
Mannyng de Brunne, Robert VI 197

Cordes, Albrecht
Kommendation V 1278
Kondominat V 1296
Laienspiegel V 1618
Mark, -genossenschaft VI 298
Mundiburdium VI 898
Näherrecht VI 1006
Parentelenordnung VI 1704
Publizität VII 318
Retraktrecht VII 764
Seerecht, II. Westliches Mittelmeer VII 1688
Seerecht, III. West- und Nordeuropa VII 1689
Sendeve VII 1748
Strandrecht VIII 212
Tausch VIII 508
Widerlegung IX 64

Cormier, Raymond J.
Castiglione, 1. C., Baldassarre II 1560
Châtelain de Coucy et la Dame de Fayel, Le II 1770

Corner, David J.
Builth II 908
Colswein v. Lincoln III 63
Indulf, schott. Kg. V 411
Jocelin, 1. J. v. Brakelond V 492
Kenneth, 1. K. (Mc Alpin) I., scot Kg. V 1105
Kenneth, 2. K. II., scot. Kg. V 1105
Kenneth, 3. K. III., scot Kg. V 1105
Konstantin, 11. K. I., scot. Kg. V 1379
Konstantin, 12. K. II., scot. Kg. V 1379
Konstantin, 13. K. III., scot. Kg. V 1380
Macbeth VI 57
Malcolm, 1. M. I., Kg. v. Schottland VI 167
Malcolm, 2. M. II., Kg. v. Schottland VI 168
Malcolm, 3. M. III., Kg. v. Schottland VI 168
Malcolm, 4. M. IV., Kg. v. Schottland VI 168
Roger, 12. R. of Howden VII 943
Saint Andrews VII 1132
Simeon, 3. S. of Durham VII 1911

Corrao, Pietro
Ventimiglia, Familie VIII 1476
Ventimiglia, 1. V., Francesco, Gf. v. Geraci VIII 1477
Ventimiglia, 2. V., Francesco, Gf. v. Collesano
    VIII 1478

Corsi, Pasquale
Sizilien, A. II. 2. 7. Jh. [Byzantinische Herrschaft]
    VII 1951
Tarent VIII 470

Corsten, Severin
Estienne IV 37
Fraktur IV 678
Froben, Johannes IV 983
Fust, Johannes IV 1066
Grüninger, Johann IV 1755
Gutenberg, Johannes IV 1801
Han, Ulrich IV 1892
Inkunabel V 428
Jenson, Nicolaus V 349
Kessler, Nicolaus V 1117
Koberger, Anton V 1242
Koelhoff d. Ä., Johann V 1247
Leihverkehr V 1857
Lohndrucker V 2088
Mainz, A. II. 2. Spätmittelalter (Buchdruck)
    VI 133
Manutius, Aldus VI 213
Marienthal VI 291
Mentelin, Johannes VI 530
Meydenbach, Jakob VI 591
Numeister (Neumeister), Johannes VI 1315
Quentel VII 360
Ratdolt, Erhard VII 454
Richel, Bernhard VII 829
Ruppel, Berthold VII 1107
Rusch, Adolf VII 1114
Schöffer, Peter VII 1517
Schönsperger, Johann VII 1539
Schriftguß VII 1565
Spira, 1. S., Johannes de VII 2121
Spira, 2. S., Vendelinus de VII 2121
Sporer, Hans VII 2133
Stationarius VIII 66
Supralibros VIII 328
Verlag, Verleger VIII 1546
Wanderdrucker VIII 2009
Wenssler, Michael VIII 2185
Winkeldruckerei IX 238
Winters v. Homberg, Konrad IX 241
Worttrennung IX 339
Zainer, 1. Z., Günther IX 469
Zainer, 2. Z., Johannes IX 469
Zell, Ulrich IX 520

Cortesi, Mariarosa
Pomposa VII 89
Rainald, 4. R., Bf. v. Como VII 418
Strozzi, Palla VIII 247
Teuzo, 1. T., Diakon und Mönch VIII 593
Teuzo, 2. T., Schüler des hl. Johannes Gualbertus
    VIII 594
Teuzo, 3. T., Mönch v. Pomposa VIII 594
Tifernas, Lilius VIII 788
Tifernas, Publius Gregorius VIII 788
Tortelli, Giovanni VIII 882

Triklinios, Demetrios VIII 1008
Valagussa, Giorgio VIII 1374
Vegio, Maffeo VIII 1446
Vita Sancti Sabae Hierosolymitani VIII 1760
Vittorino da Feltre VIII 1780
Wilelmus, 2. W. de Pastrengo IX 123
Zanobi da Strada IX 474

Cosanne, Annette
Kassel V 1034
Krantz, Albert V 1475
Lippstadt V 2006
Wullenwever, Jürgen IX 349
Zirkelgesellschaft IX 627

Cosentino, Salvatore
Fabriano IV 213
Fano IV 282
Fossombrone IV 672

Cosgrove, Art
Adare I 118
Ardfinnan I 914
Ardrahan I 915
Athankip I 1162
Athenry I 1164
Athy I 1169

Costamagna, Giorgio
Notar, Notariat, E. II. Mittel- und Norditalien
    VI 1278

Coulet, Noël
Agoult, Jean d' I 217
Agout, 1. A., Isnard I 217
Agout, 2. A., Raymond I 217
Agout, 3. A., Fouques I. I 217
Agout, 4. A., Raymond II. I 217
Agout, 5. A., Fouques II. I 217
Aleman, Louis I 349
Baussan, Jean I 1689
Falguières, 1. F. Arnaud de IV 238
Falguières, 2. F. Gaillard de IV 238
Fréjus, 2. Mittelalter IV 908
Provence, B. Mittelalter VII 276
René, 1. R. v. Anjou, II. 2. Als Graf von Provence
    [Mäzenatentum] VII 729
Riez VII 844
Sabran VII 1218
Saint-Gilles du Gard VII 1163
Saint-Raphaël VII 1197
Saintes-Maries VII 1177
Sénanque VII 1744
Senez VII 1754
Silvacane VII 1904
Sisteron VII 1939
Tarascon VIII 467
Thoronet, Le VIII 734
Toulon VIII 907
Turenne, Raymond de VIII 1099
Vaison-la-Romaine VIII 1368
Valsainte, Notre-Dame de VIII 1401
Vicedominus de Vicedominis VIII 1622
Viguier VIII 1661
Villeneuve VIII 1689
Wilhelm, 42. W. II. v. Arles, Gf. v. der Provence
    IX 150

Courth, Franz
Chaos (mit Häring, N.)   II 1712
Chartres, Schule v., I. Geschichte   II 1753
Chartres, Schule v., II. Geistige Eigenart   II 1755
Chartres, Schule v., III. Niedergang   II 1757
Chartres, Schule v., IV. Wirkungen   II 1757
Gilbert, 3. G. v. Poitiers   IV 1449
Hugo, 24. H., Bf. v. Langres   V 167
Johannes, 67. J. Beleth   V 557
Nikolaus, 12. N. v. Amiens   VI 1177
Paganus v. Corbeil   VI 1624
Peter, 36. P. v. Wien   VI 1939
Petrus, 28. P. v. Corbeil   VI 1968
Petrus, 55. P. Pictaviensis, II.   VI 1981
Petrus, 56. P. Pictaviensis, Mönch v. Cluny   VI 1981
Petrus, 57. P. Pictaviensis, Kanzler   VI 1981
Petrus, 58. P. Pictaviensis, Chorherr v. St. Viktor   VI 1981
Porretaner   VII 106
Radulf, 5. R. v. Laon   VII 392
Radulfus, 1. R. Ardens   VII 392
Robert, 58. R. v. Melun   VII 909
Robertus, 3. R. Pullus   VII 919
Sabellianismus   VII 1215
Theobald, 4. Th. v. Langres   VIII 618
Thierry, 1. Th. v. Chartres   VIII 692
Tournai, Simon v.   VIII 919
Trinität, II. Westen   VIII 1012
Tritheismus   VIII 1024
Übernatürlich/Supernaturalis   VIII 1147
Unveränderlichkeit   VIII 1273
Walter, 16. W. v. Mortagne   VIII 1998

Coutaz, Gilbert
Challant, de, Familie   II 1656
Challant, 1. Ch., Antoine de   II 1656
Challant, 2. Ch., Guillaume de   II 1657
Charlotte, 1. Ch. v. Savoyen   II 1731
Chissé, 2. Ch., Jean de   II 1860
Chissé, 3. Ch., Rodolphe de   II 1860
Hieronimus   V 1
Lausanne   V 1762
Nyon   VI 1327
Saint-Maurice-d'Agaune   VII 1182
Vaud, Pays de   VIII 1435
Wallis   VIII 1985

Cowdrey, Herbert E. J.
Cluny, Cluniazenser, B. XI. Östlicher Mittelmeerraum   II 2187
Cluny, Cluniazenser, C. Cluny und das Papsttum   II 2189
Nazareth   VI 1070

Cox, Eugene L.
Annuntiaten   I 670

Cracco, Giorgio
Canal, 2. C., Nicolò   II 1427
Carrara, da, Familie   II 1526
Carrara, Francesco da   II 1527
Consiglio, Serrata del Maggior   III 159
Dogaressa   III 1159
Doge, I. Venedig   III 1159

Cramer, Thomas
Konrad, 34. K. v. Ammenhausen   V 1356

Lohengrin, II. Deutsche Literatur   V 2081

Cramer, Winfrid
Cyrillonas   III 405
Didymos der Blinde   III 983
Diodoros   III 1069
Doctrina Addai   III 1156
Doctrina patrum   III 1157
Eusebios, 3. E. v. Emesa   IV 106
Eusebios, 5. E. v. Nikomedeia   IV 107
Eusebios, 6. E. v. Samosata   IV 108
Ibas (Hība) v. Edessa   V 311
Johannes, 41. J., Bf. v. Antiocheia   V 547
Kyros der Dichter   V 1600
Nemesios   VI 1089
Sahdona   VII 1259
Theodoros, 2. Th. Abū Qurra, Bf. v. Harran   VIII 636

Crawford, Barbara E.
Birsay   II 225
Orkney Inseln   VI 1458
Sigurd, 1. S. digri   VII 1896
Thorfinn   VIII 731

Cremonesi, Carla
Aeneasroman   I 182
Attila, franko-it. Epos   I 1180
Bertha (Roman)   I 2022
Bueve de Hanstone (mit Jung, M.-R.)   II 906
Chansons de toile   II 1710
Cigala, Lanfranco   II 2083
Doon de Mayence   III 1254
Doria, 4. D., Perceval   III 1314
Enfances Renier   III 1905
Entrée d'Espagne   III 2028
Franko-italienische Literatur   IV 744

Crist, Lary S.
Kreuzzugsdichtung, II. 1. Epik [Französische Literatur]   V 1519

Cristiani, Emilio
Della Faggiola, Uguccione   III 672
Della Gherardesca, Familie   III 673
Della Gherardesca, Ugolino   III 674
Elba   III 1774

Critchley, John S.
Braose   II 577
Brown (Le Brun), Thomas   II 723
Coutances, Walter v.   III 322
Dialogus de Scaccario   III 966
Eleonore, 4. E. (Aliénor), Kgn. v. Frankreich, Kgn. v. England, 1. Leben   III 1805
Falconbridge, Thomas   IV 238
Fitzpeter, Geoffrey   IV 506
Geoffrey, 1. G. Plantagenêt   IV 1262
Geoffrey, 2. G. de Mandeville   IV 1262
Geoffrey, 4. G. de Montbrai   IV 1264
Heinrich, 11. H. II., Kg. v. England   IV 2050
Heinrich, 17. H. d. J.   IV 2054
Hereford, 2. Earldom   IV 2151
Hugo, 25. H., Bf. v. Lincoln   V 167
Johann, 4. J. Ohneland, Kg. v. England   V 497
Johanna, 12. J., Kgn. v. Sizilien   V 526
Kanalinseln   V 898
Kingston-on-Thames, Vertrag v.   V 1160

Lincoln, Earls of   V 1997
Lucy, Familie   V 2164
Lucy, Richard de   V 2165
Nonant, Hugh de   VI 1231
Northampton, Council of   VI 1252
Odo, 7. O., Bf. v. Bayeux   VI 1357
Plantagenêt   VI 2206
Richard, 2. R. I. Löwenherz, Kg. v. England   VII 810
Richard, 12. R. v. Dover, Ebf. v. Canterbury   VII 817
Richard, 15. R. v. Ely, Bf. v. London   VII 818
Richard, 18. R. v. Ilchester, Bf. v. Winchester   VII 820
Roger, 5. R., Bf. v. Salisbury   VII 939
Steward of England   VIII 163
Theobald, 1. Th., Ebf. v. Canterbury   VIII 617
Walter, Hubert, Ebf. v. Canterbury   VIII 2001
Wilhelm, 47. W. v. Corbeil, Ebf. v. Canterbury   IX 153
Wilhelm, 50. W. Longchamp, Bf. v. Ely   IX 154
Wilhelm, 51. W. v. Warelwast, Bf. v. Exeter   IX 155
Wilhelm, 61. W., Ebf. v. York   IX 160

de la Croix Bouton, Jean
Cîteaux, I. Geschichte   II 2104
Stephan, 20. S. Harding, Abt v. Cîteaux   VIII 119

Crumlin-Pedersen, Ole
Wikingerschiffe   IX 110

Crusius, Irene
Stift   VIII 171

Csapodi, Csaba
Bibliothek, A. VIII. Ungarn   II 122
Corvinen   III 297

Csendes, Peter
Baumkircher, Andreas   I 1668
Enikel, Jans   III 2012
Erzkanzler   IV 1
Eytzing, Ulrich Eytzinger v.   IV 195
Formel, -sammlungen, -bücher, A. V. Reichskanzlei (13.-15. Jh.)   IV 651
Kanzlei, Kanzler, A. I. Allgemeine Fragestellung und Deutsches Reich   V 910
Kuenringer   V 1560
Landherren, österr.   V 1668
Liechtenstein   V 1968
Referendar, I. Kaiserlicher Referendar   VII 541
Register, I. Deutsches Reich   VII 581
Rekognition, -szeile   VII 685
Sekretär, I. Deutsches Reich   VII 1722
Unterfertigung, -svermerk   VIII 1268
Unterschrift   VIII 1272
Vizekanzler, I. Deutsches Reich   VIII 1787
Wien   IX 81
Wiener Neustadt,   IX 89

Csilléry, Klara
Bank   I 1408
Bett   I 2087

Cuella Esteban, Ovidio-Eduardo
Calatayud   II 1389

Cunchillos Plano, Sara
Cabrera, Bernhard II. de   II 1332

Cuozzo, Errico
Gaufredus Malaterra   IV 1142
Loritello   V 2116
Marsi (Marser), Gf. en der   VI 331
Monte Sant'Angelo   VI 797
Montevergine   VI 798
Neapel, Kgr.   VI 1076
Rainulf, 1. R. Drengot, Gf. v. Alife   VII 421
Robert, 10. R. Guiscard, Hzg. v. Apulien und Kalabrien   VII 889
Robert, 21. R. II. de Basunvilla, Gf. v. Conversano   VII 893
Roger, 3. R. Borsa, Hzg. v. Apulien   VII 938
Roger, 4. R., Hzg. v. Apulien   VII 939
San Germano, Vertrag v.   VII 1161
Sibylle, 2. S., Kgn. v. Sizilien   VII 1831
Sikelgaita   VII 1897
Sizilien, B. I. Herrschaft der Normannen und Staufer   VII 1956

Cupane, Carolina
Garten, B. Byzantinisches Reich   IV 1124
Makrembolites, 2. M. (Parembolites), Eustathios   VI 157
Niketas, 7. N. Eugenianos   VI 1161
Roman, VII. Byzantinische Literatur   VII 988

Cursente, Benoît
Gascogne   IV 1126
Guyenne   IV 1807
Lectoure   V 1788
Lomagne   V 2093
Lupus, 1. L., Dux v. Aquitanien   VI 14
Montauban   VI 779
Nébouzan   VI 1077
Novempopulana   VI 1305
Réole, La   VII 739
Saint-Sever   VII 1202
Sauveté   VII 1406
Tarbes   VIII 469
Ventadour (mit Barrière, B.)   VIII 1475
Ville neuve   VIII 1683
Wilhelm, 12. W. I. der Fromme, Hzg. v. Aquitanien   IX 135
Wilhelm, 13. W. III. Werghaupt, Hzg. v. Aquitanien   IX 136
Wilhelm, 14. W. IV. Fierabras, Hzg. v. Aquitanien   IX 136
Wilhelm, 15. W. V. d. Große, Hzg. v. Aquitanien   IX 137
Wilhelm, 16. W. VI. der Dicke, Hzg. v. Aquitanien   IX 138

Cuvillier, Jean-Pierre
Casale, II. Iberische Halbinsel, Frankreich   II 1540
Clavarius   II 2135
Corona, III. Frankreich   III 253

Czymmek, Götz
Cavallini, Pietro   II 1595

Daems, Willem F.
Abortiva   I 50
Akelei, 1. Medizin   I 250
Aphrodisiaca   I 747
Arnika   I 999
Arzneiformen   I 1094

Augentrost I 1211
Axungia I 1312
Balsam I 1389
Beifuß I 1820
Berberitze I 1931
Bertram I 2039
Bezoar II 36
Bibergeil II 108
Blutegel (mit Hünemörder, Ch.) II 289
Boec van Medicinen in Dietsche II 307
Bolus armenus, 1. Pharmazeutisch-medizinische Anwendung II 389
Brennessel II 607
Breyell, Heinrich II 643

Dahlbäck, Göran
Schweden VII 1626
Stockholm VIII 187
Sverker, 1. S. d. Ä., Kg. v. Schweden VIII 344
Sverker, 2. S. d. J., Kg. v. Schweden VIII 344
Uppsala VIII 1276
Visby VIII 1714

Dahlke, Sandra
Vasilij, 5. V. Kalika, Ebf. v. Novgorod VIII 1423

Dahms, Sibylle
Tanz VIII 460

Daiber, Hans
Dialog, XII. Arabische Literatur III 964

D'Alessandro, Vincenzo
Robert, 19. R. II., Fs. v. Capua VII 892
Romuald, 1. R. v. Salerno VII 1019
Syrakus VIII 381
Taormina VIII 463

Dalli Regoli, Gigetta
Buchmalerei, A. XVIII. Italienische Buchmalerei von 1200–1500 II 863

van Dam, Petra J. E. M.
Zuidersee IX 685

Damblemont, Gerhard
Ciperis de Vignevaux II 2094
Drama, II. Französische Literatur III 1356
Drama, III. Italienische Literatur III 1358
Du Clerq, Jacques III 1437
Envoi III 2029

Dammertz, Viktor
Abt (mit Frank, K. S.) I 60

D'Angelo, Edoardo
Tetrameter VIII 575

Daub, Susanne
Walther, 1. W. v. Speyer VIII 2003

Davidse, Jan
Cornelius Aurelius III 243

Davies, Richard G.
Arundel, Thomas I 1090
Bowet, Henry II 525
Clifford, Richard II 2161
Courtenay, William III 320
Despenser, Henry III 732
Edington, William III 1577
Langley, Thomas V 1688

Davies, Wendy
Book of Chad II 438
Braint II 546
Carmarthen II 1509
Ceredigion, I. Frühmittelalterliches Königreich Ceredigion II 1630
Commote III 89
Deiniol III 648
Dyfnwal III 1493
Dyfrig III 1493
Elfoddw III 1820

Daxelmüller, Christoph
Amulett I 564
Bauopfer I 1669
Beschwörung, II. Volkskunde I 2061
Besessenheit, 1. Allgemein I 2063
Birgitta v. Schweden, 3. Verbreitung des Kultes II 217
Birkenbaumschlacht II 223
Brot, IV. Volksglaube und Brauchformen II 720
Buchstabensymbolik, I. Christentum II 894
Dämonen, Dämonologie, B. I. Allgemeiner Überblick [Lat. Mittelalter] III 477
Dämonen, Dämonologie, B. II. Populäre Dämonologie und Dämonenglaube [Lat. Mittelalter] III 477
Diebessegen III 985
Drudenfuß III 1414
Ei, 1. Lateinischer Westen III 1664
Elias, Prophet, III. Verehrung III 1822
Fluch, -formeln IV 596
Friedhof, B. III. Volkskunde IV 927
Heilige, A. II. Heiligenverehrung in Liturgie und Volksfrömmigkeit [Westkirche] IV 2015
Heiliger Rock IV 2024
Hexen, Hexerei, 2. Hexenglaube und Zauberei IV 2203
Incubus V 399
Joannes Boemus V 488
Jodokus, hl. V 493
Kreis, Kreissymbolik V 1483
Kreuz, Kruzifix, D. Volksfrömmigkeit und Volksglaube V 1492
Kreuzweg V 1506
Linde (mit Dilg, P.) V 1998
Magie, I. Begriff VI 82
Magie, II. Ursprung und Geschichte der Magietheorie VI 83
Magie, III. Augustinus und das Mittelalter VI 84
Magie, IV. Überlieferung und Volkskultur VI 85
Maria, hl., A. IV. Marienverehrung im lateinischen Mittelalter VI 251
Orakel VI 1424
Pilgerandenken, -zeichen, I. Westen VI 2154
Prognose, Prognostik, III. Texte (mit Keil, G.) VII 242
Rauhnächte VII 477
Satorformel VII 1399
Schutzgeister VII 1595
Segen VII 1696
Stephanus, 1. S. de Bellavilla VIII 128
Teufel, B. Volkskunde VIII 581

Tod, Sterben, V. Volkskunde VIII 832
Tote, II. Volkskunde VIII 892
Totenheer VIII 895
Vorzeichen VIII 1869
Wahrsager, Wahrsagen, I. Westen VIII 1921
Walsingham VIII 1990
Wasser, A. III. Volkskunde VIII 2062
Zahlensymbolik, -mystik, A. VII. 1. Volkskunde
 IX 449
Zwerg, Riese, Troll, I. Volkskunde IX 727

Debbia, Monica
Nonantola VI 1232

Debord, André
Burg, C. IV. Frankreich II 977

Decker, Klaus P.
Isenburg V 673

Decker, Wolfgang
Cervantes, Juan II 1634
Dominici, Giovanni (mit Rüegg, W.) III 1185
Fillastre, Guillaume d. Ä. IV 450
Fland(r)in, Pierre IV 532
Foix, 1. F., Pierre de d. Ä. IV 607
Foix, 2. F., Pierre de d. J. IV 607
Haimerich IV 1863

Deckers, Johannes G.
Amor I 539

Declercq, Georges
Gent, III. Die Abteien St. Peter und St. Bavo IV 1244
Hermann, 30. H. v. Tournai IV 2169
Kortrijk (mit Stabel, P.) V 1454
Oudenburg VI 1591
Saint-Amand VII 1131

Decorte, Jos N. J.
Gerhard, 15. G. v. Abbeville (de Abbatisvilla) IV 1314
Intentio(n) V 464
Lippi, 3. L., Franco V 2006
Phantasia VI 2051
Quidditas VII 366
Quodlibet VII 377
Sensus communis VII 1764
Visio intellectualis VIII 1731
Vitalis, 2. V. de Furno VIII 1764
Walter, 8. W. v. Brügge VIII 1993
Wirklichkeit IX 249

Deeters, Joachim
Maastricht VI 53

Degler-Spengler, Brigitte
Königsfelden V 1327

Delcorno, Carlo
Giordano (Jordanus) da Pisa IV 1455

De Leo, Pietro
Apulien I 820
Bari, I. Geschichte (mit Musca, G.) I 1461
Basilicata I 1525
Bisignano II 245
Brindisi II 693
Capitanata II 1473
Castel del Monte II 1556
Cosenza III 299
Drogo, 2. D. v. Hauteville III 1404
Elias, 5. E. der Jüngere III 1825
Elias, 6. E. Spelaiotes III 1825
Foggia IV 603
Gargano IV 1114
Gerace IV 1294
Grimoald(o) Alfaranites IV 1718
Humfred v. Apulien V 209
Kalabrien V 861
Lecce V 1784
Lukanien V 2207
Manfredonia VI 193
Melfi VI 493
Mileto VI 625
Patir, S. Maria del VI 1783
Potenza VII 130
Robert, 57. R. v. Lecce VII 908
Rossano VII 1041
Sambucina VII 1339
San Marco Argentano VII 1176
Santa Severina VII 1203
Santo Stefano del Bosco VII 1203
Siponto VII 1933
Sora VII 2055
Squillace VII 2150
Stilo VIII 184
Terra di Lavoro VIII 553
Trani VIII 935
Tropea VIII 1043
Wilhelm, 10. W. Eisenarm, Gf. v. Apulien IX 134
Wilhelm, 11. W., Hzg. v. Apulien IX 135
Wilhelm, 63. W. v. Apulien IX 161
Zisterzienser, -innen, C. II. Süditalien IX 639

Dell'Omo, Mariano-Antimo
Dokeianos, 1. D., Michael III 1167
Dokeianos, 2. D., Nikephoros III 1167
Fruttuaria IV 1003
Italien, C. II. Vom Jahr 1000 bis 1500 [Kirchen-
 geschichte] V 751
Montecassino VI 785
Petronax v. Brescia VI 1951
Guitmund v. Aversa IV 1789
Johannes, 142. J. v. Matera V 589
Leno V 1873
Maurus, hl. VI 416
Neilos, 1. N. v. Rossano VI 1085
Petrus, 33. P. Diaconus VI 1972
Pulsaner VII 326
Subiaco VIII 272

Delmaire, Bernard
Guînes IV 1785
Hireçon, Thierry d' V 34
Lille V 1985
Louchard V 2138
Mahaut VI 104
Marchiennes VI 226
Montdidier VI 783
Montreuil-sur-Mer VI 818
Orchies VI 1428
Ourscamp VI 1592
Ponthieu VII 93
Porcien VII 103

Robert, 11. R. II., Gf. v. Artois   VII 890
Robert, 12. R. v. Artois   VII 890
Robert, 13. R. V., Gf. v. Auvergne und Boulogne
    VII 890
Robert, 14. R. VI., Gf. v. Auvergne und Boulogne
    VII 891
Robert, 15. R. VII., Gf. v. Auvergne und Boulogne
    VII 891
Saint-Omer   VII 1187
Saint-Pol   VII 1193
Saint-Riquier   VII 1198
Saint-Valéry-sur-Somme   VII 1205
Sélincourt   VII 1737
Thérouanne   VIII 679
Wissant   IX 260

Delogu, Paolo
Alfanus, 1. A., Ebf. v. Capua   I 389
Alfanus, 2. A., Ebf. v. Salerno (mit Baader, G.,
    Düchting, R.)   I 389
Dux, Dukat, II. 3. Langobarden [Vorkarolingische Zeit]
    III 1490
Gastalden   IV 1131
Pandulf, 1. P. I., Fs. v. Benevent   VI 1652
Pandulf, 2. P. II., Fs. v. Benevent   VI 1652
Pandulf, 3. P. IV., Fs. v. Capua   VI 1652
Rothari   VII 1049

Delort, Robert
Katze   V 1078
Pelze, Pelzhandel   VI 1866
Tierhaltung   VIII 767
Wildgehege und Tiergarten (mit Beck, C.)   VIIII 115

Del Treppo, Mario
Alagno, Lucrezia d'   I 262
Alfons, 18. A. II., Kg. v. Neapel   I 403
Barone, Verschwörung der   I 1485
Cane, Facino   II 1433

Demandt, Karl E.
Büraburg, 1. Geschichte   II 939

Démians d'Archimbaud, Gabrielle
Rougiers   VII 1063

Demotz, Bernard
Amadeus, 5. A. IV., Gf. v. Savoyen   I 499
Amadeus, 6. A. V. d. Große, Gf. v. Savoyen   I 500
Amadeus, 7. A. VI., Gf. v. Savoyen   I 500
Amadeus, 8. A. VII., Gf. v. Savoyen   I 501
Amadeus, 9. A. VIII., Gf. und Hzg. v. Savoyen
    I 502
Amadeus, 10. A. IX., Hzg. v. Savoyen   I 503
Audiences des Comtes et Ducs de Savoie   I 1191
Aymon, 1. A., Gf. v. Savoyen   I 1314
Decreta Sabaudiae Ducalia   III 622
Eduard, 14. E., Gf. v. Savoyen   III 1596
Faucigny   IV 319
Hautecombe   IV 1977
Karl, 36. K. I., Hzg. v. Savoyen   V 993
Ludwig, 39. L., Hzg. v. Savoyen   V 2198
Ludwig, 40. L. II. v. Savoyen, Sire de Vaud
    V 2198
Otto, 26. O. (Odo), Gf. v. Savoyen   VI 1579
Peter, 21. P. II., Gf. v. Savoyen   VI 1935
Philibert, 2. Ph. I., Hzg. v. Savoyen   VI 2055

Philibert, 3. Ph. II., der Schöne, Hzg. v. Savoyen
    VI 2055
Philipp, 18. Ph. I., Gf. v. Savoyen   VI 2073
Philipp, 19. Ph. II., Hzg. v. Savoyen   VI 2073
Ripaille   VII 860
Savoyen   VII 1415
Savoyen, Grafen und Herzöge v. (Stammtafel)
    IX Anhang
Thomas, 7. Th. I., Gf. v. Savoyen   VIII 701
Villars   VIII 1681
Yolande, 2. Y. de France, Hzgn. v. Savoyen   IX 415

Demouy, Patrick
Henri, 1. H. de France (mit Guyotjeannin, D.)   IV 2134

Demurger, Alain
Houdetot, Robert de   V 141
Templer   VIII 534

Deneke, Bernward
Arme Seelen, 1. Volksglauben   I 971
Brautkleidung   II 589
Fegfeuer, 2. Volksglauben   IV 330
Himmel, II. Frömmigkeitsgeschichtlich   V 23
Hochzeit   V 60
Hölle, II. Volksglaube   V 96
Möbel, I. Westen   VI 699

Denton, Jeffrey H.
Bonifatius, 11. B. v. Savoyen, Ebf. v. Canterbury
    II 421
Cantilupe, Thomas de   II 1462
Circumspecte Agatis   II 2098
Convocations v. Canterbury und York   III 210
Corrody   III 282
Eleonore, 5. E. v. Kastilien, Kgn. v. England   III 1808
Giffard, Walter   IV 1445
Merton, Walter de   VI 549
Mortmain, Statute of   VI 849
Prohibition, Writs of   VII 243
Winchelsey, Robert   IX 225

Denzel, Markus A.
Wechsel, -brief, Wechsler   VIII 2086

Deplazes, Lothar
Locarno   V 2063

Derolez, Albert
Bamberg, IV. Bibliotheken   I 1399
Bibliothek, A. I. 1. Allgemein (mit Bernt, G.)   II 113
Bibliothek, A. I. 2. Geistliche Bibliotheken (mit
    Bernt, G.)   II 114
Bibliothek, A. I. 3. Päpstliche Bibliothek   II 116
Bibliothek, A. I. 4. Fürstenbibliotheken   II 116
Bibliothek, A. I. 5. Bürgerliche Bibliotheken, Gelehrten-
    bibliotheken, Ratsbibliotheken   II 116
Canterbury, III. Bibliotheken   II 1454
Cîteaux, II. 2. Bibliothek   II 2107
Cluny, Cluniazenser, A. I. 3. Bibliothek   II 2174
Pecia, petia   VI 1847
Stenographie   VIII 110

Deschamps, Jan
Hulthemsche Handschrift   V 185
Legenda aurea, B. VI. Mittelniederländischer Bereich
    V 1800

Deschauer, Stefan
Zahlsysteme, -zeichen, III. Byzantinischer Bereich IX 462

Despy, Georges
Afflighem I 195
Andenne (mit Hinz, W.) I 595
Averbode I 1291
Cambre, La II 1410
Floreffe IV 552
Friedrich, 18. F. II. v. Luxemburg IV 950
Gembloux IV 1208
Gottfried, 6. G. (I.), Hzg. in Lothringen IV 1598
Gottfried, 7. G. II. Hzg. v. Niederlothringen IV 1598
Gottfried, 8. G. IV. der Bucklige, Hzg. v. Niederlothringen IV 1598
Gottfried, 9. G. v. Bouillon, I. 1. Als Hzg. v. Niederlothringen IV 1598
Gottfried, 9. G. v. Bouillon, II. 1. Allgemein [Überlieferung] IV 1599
Gottfried, 10. G. VI., Hzg v. Niederlothringen IV 1600
Gottfried, 12. G. III. der Bärtige, Hzg. v. Oberlothringen IV 1601
Hastière IV 1953
Karl, 33. K., Hzg. v. Niederlothringen V 993
Niederlothringen VI 1142
Nivelles VI 1203
Orval VI 1488
Saint-Hubert VII 1167
Villers VIII 1692
Waulsort VIII 2079

Devailly, Guy
Berry, I. Geschichte I 2015
Blois, II. Grafschaft und Stadt im Spätmittelalter II 285
Bourges, II. Stadt und Erzbistum im Spätmittelalter II 513
Bourges, III. Klöster und Stifte II 514
Bourgueil II 517
Chanao II 1691
Château-du-Loir II 1768
Châteauroux II 1769
Chinon II 1838
Collibertus III 44
Conan, 1. C. le Tors III 110
Conan, 2. C. II. III 111
Conan, 3. C. III. le Gros III 111
Conan, 4. C. IV. le Petit III 111
Conwoion III 211
Cormery III 239
Cornouaille III 244
Cunault III 371
Déols III 703
Gâtinais IV 1138
Gauzbert IV 1145
Herbauge IV 2147
Issoudun V 700
Judicael V 795
Le Mans V 1867
Loches V 2063
Loudun V 2139
Maine VI 129
Marmoutier, 1. M., Abtei in Westfrankreich VI 318
Massay VI 370
Mehun-sur-Yèvre VI 470
Meulan VI 589
Meung-sur-Loire VI 590
Mirebeau VI 665
Nemours VI 1089
Noirmoutier VI 1216
Nouaillé VI 1299
Perche VI 1878
Pouilly-sur-Loire VII 135
Robert, 35. R. v. Arbrissel VII 900
Roches, Guillaume des VII 924
Saint-Calais VII 1138
Saint-Florent-le-Vieil VII 1151
Saint-Maur-des-Fossés VII 1181
Saint-Pierre-le-Vif VII 1192
Sainte-Colombe VII 1142
Sancerre VII 1348
Saumur VII 1405
Sens, Konzil v. VII 1764
Solignac VII 2034
Statuten v. Lorris VIII 75
Touraine VIII 916
Trappe, La VIII 960
Ursinus, 2. U., hl. VIII 1330
Vierzon VIII 1656
Villeloin VIII 1688
Wenilo VIII 2184
Wilhelm, 57. W. Weißhand, Ebf. v. Reims IX 158
Wulframnus IX 347

Devliegher, Luc
Belfried I 1840

Devroey, Jean-Pierre
Grundherrschaft, B. Frühmittelalter/Frankenreich IV 1740

van Deyck-Baunens, Rika
Apokalypse, B. II. Romanische Literaturen I 751

Diago Hernando, Maximo
Soria VII 2058

Diaz Martin, Luis V.
Guadalupe, Sta. Maria de IV 1758

Díaz y Díaz, Manuel C.
Córdoba, Märtyrer v. III 235

Dieckhoff, Reiner
Eidechsen, II. Ikonographie und Symbolik III 1693
Elephas, 2. Ikonographie III 1810

Diedrich, Volker
Fronbote IV 986

Diemer, Kurt
Biberach II 108

Dienel, Hans-Liudger
Tretmühle VIII 977

Dienst, Heide
Johann, 33. J. Parricida V 512
Leopold, 2. L. II., Mgf. v. Österreich V 1898
Leopold, 3. L. III. (d. Hl.), Mgf. v. Österreich V 1899
Leopold, 4. L. IV., Mgf. v. Österreich V 1899
Leopold, 5. L. V., Hzg. v. Österreich V 1900

Diestelkamp, Bernhard
Lehen, -swesen; Lehnrecht, I. Allgemein, Frankenreich und Deutsches Reich   V 1807

Dietz, Klaus
Laȝamon's Brut   V 1772
Parliament of the Three Ages   VI 1735
Southern Passion, The   VII 2067
Tournament of Tottenham, The   VIII 920
Winner and Waster   IX 238

van Dieten, Jan-Louis
Ferrara-Florenz, Konzil v.   IV 390
Gregoras, Nikephoros   IV 1685
Gregorios, 3. G. III. Melissenós, Patriarch v. Konstantinopel   IV 1690
Isidor, 2. I. Buchiras   V 676
Kallistos, 1. K., Patriarch v. Konstantinopel   V 874
Kallistos, 2. K. II. Xanthopulos   V 874
Markos Eugenikos   VI 307
Michael, 10. M. VIII. Palaiologos, byz. Ks.   VI 599
Michael, 18. M. IV. Autoreianos, Patriarch v. Konstantinopel   VI 602
Michael, 31. M., Synkellos des Patriarchen v. Jerusalem   VI 607
Nikephoros, 6. N. I., Patriarch v. Konstantinopel   VI 1158

van Dijk, Hans
Boendale, Jan Van (mit van Buuren, A.)   II 307
Buskenblaser   II 1117
Hexe, Die   IV 2200
Reisen, Reisebeschreibungen, A. II. 6. Mittelniederländische Literatur   VII 680

Dilcher, Gerhard
Gemeinde, 1. 2. Entstehung der Gemeinde   IV 1209
Gemeinde, 1. 3. Zur Erforschung der Gemeindebildung   IV 1210

Dilg, Peter
Alant   I 267
Albertus, 3. A. Magnus (mit Binding, G., Hünemörder, Ch., Jüttner, G., Kübel, W., Schwenk, S.)   I 294
Alraun(e)   I 458
Anis   I 644
Aronstab   I 1022
Beinwell   I 1823
Bilsenkraut   II 194
Bockshornklee   II 305
Borretsch   II 466
Brunschwig, Hieronymus (mit Keil, G.)   II 793
Buchsbaum   II 893
Dill   III 1052
Eberraute   III 1524
Eisenkraut   III 1756
Endivie   III 1902
Erdrauch   III 2128
Fenchel   IV 349
Fingerhut   IV 474
Fingerkraut   IV 475
Getreide, I. Getreidepflanzen   IV 1413
Gewürze, I. Gewürzpflanzen   IV 1432
Gewürznelken(baum)   IV 1434
Granatapfel(baum)   IV 1650
Hanf (mit Reinicke, Ch.)   IV 1918
Hopfen   V 123
Huflattich   V 156
Hülsenfrüchte   V 185
Ingwer   V 419
Johanniskraut   V 612
Kamille   V 883
Kapern(strauch)   V 935
Kardamom   V 950
Kerbel   V 1115
Kirsche, Kirschbaum   V 1188
Klee   V 1197
Klette   V 1211
Knabenkrautgewächse   V 1231
Knöterich   V 1237
Königskerze   V 1330
Koriander   V 1444
Kräuterbücher (mit Keil, G.)   V 1476
Kresse   V 1487
Kubebenpfeffer   V 1557
Kümmel   V 1569
Kürbisgewächse   V 1579
Lauch   V 1751
Lavendel   V 1771
Lein   V 1858
Liebstöckel   V 1968
Lilie (Botanik)   V 1983
Linde (mit Daxelmüller, Ch.)   V 1998
Lorbeer   V 2111
Mutterkorn   VI 976
Nüsse   VI 1323
Otho v. Cremona   VI 1559
Pflanzenkunde   VI 2038
Pharmazie   VI 2052
Pseudo-Musa   VII 309
Purgantia (mit Kuhlen, F-J.)   VII 328
Quiricus de Augustis   VII 374
Ricettario Fiorentino   VII 808
Rinio-Codex   VII 857
Röhrenkassie   VII 949
Rosen, 1. Botanik und Medizin   VII 1031
Rosmarin   VII 1039
Safran, 1. Botanik   VII 1250
Saladin Ferro v. Ascoli   VII 1281
Salbei   VII 1286
Schafgarbe   VII 1435
Schöllkraut   VII 1530
Siegelerde   VII 1861
Simplicia   VII 1925
Suardus, Paulus   VIII 271
Süßholz   VIII 333
Tausendgüldenkraut   VIII 512
Theriak   VIII 677
Thymian   VIII 758
Tollkirsche   VIII 850
Walrat   VIII 1988
Wegerich   VIII 2091
Wegwarte   VIII 2093
Wein, -rebe, -stock, 1. Medizinische Verwendung   VIII 2130
Wermut   IX 2
Zauberpflanzen   IX 485
Zeitlose   IX 514
Zimt(baum)   IX 618
Zypresse (Botanik)   IX 746

Dilger, Konrad
Diebstahl, D. Islamisches Recht   III 996
Ehe, F. Arabisch-islamischer Bereich   III 1646

Ehebruch, E. Arabisch-islamischer Bereich III 1661
Eid, C. Arabisch-islamischer Bereich III 1691
Eigentum, C. Islamischer Bereich III 1724
Erbrecht, Erbe, Erbschaft, C. Islamischer Bereich
  III 2115
Familie, F. I. Arabisch-islamischer Bereich IV 280
Frau, E. Arabisch-islamischer Bereich IV 873
Kind, III. Arabisch-islamischer Bereich V 1147
Polygamie, II. Islamischer Bereich VII 75
Recht, D. Islamisches Recht VII 516
Strafe, Strafrecht, D. Islamisches Recht VIII 206

Diller, Hans-Jürgen
Drama, VI. Englische Literatur III 1365
Rhyme royal VII 799
Everyman IV 142
Ludus Coventriae V 2170
Mirakelspiele, II. Englische Literatur VI 663
Mysterienspiele, II. Englische Literatur VI 980
Passion, B. IV. Englische Literatur VI 1763

Dini, Bruno
Bonaccorsi, Familie II 392
Bonsignori, Familie II 434
Brief, Briefliteratur, Briefsammlungen, F. II. Italien
  [Handels- und Kreditbrief] II 681
Buchhaltung, A. II. Italien II 830
Calimala, Compagnia di II 1396
Cambista II 1407
Datini, Francesco di Marco III 580
Fini, Familie IV 476
Peruzzi, Familie VI 1912
Riccardi, Familie VII 807
Salimbeni, Compagnia VII 1303
Seeversicherung VII 1691

Dinzelbacher, Peter
Alberich, 8. A. v. Settefrati I 282
Ben(e)venuta de Bojanis I 1913
Blannbekin, Agnes II 264
Blo(e)mardinne, Heylwighe II 282
Bona, 2. B. v. Pisa, hl. II 392
Bugni, Chiara II 907
Christina, 2. Ch. v. Markyate II 1917
Christina, 3. Ch. Mirabilis II 1917
Christine, 2. Ch. (die Kölnische) v. Stommeln
  II 1919
Clara, 4. C. v. Rimini II 2125
Colet(t)a v. Corbie III 30
Columba v. Rieti III 65
Delphina v. Signe III 685
Domenica v. Paradiso III 1178
Dorothea, 2. D. v. Montau III 1319
Douceline III 1331
Ebner(in), 1. E., Christine III 1527
Ebner(in), 2. E., Margarete III 1527
Edmund, 8. E. v. Eynsham III 1581
Einwik III 1747
Ekbert, 5. E. v. Schönau III 1763
Ekstase III 1772
Eleazar III 1789
Elisabeth, 17. E. Achler v. Reute III 1842
Elisabeth, 18. E. v. Schönau III 1842
Elisabeth, 19. E. v. Spalbeeck III 1843
Engelt(h)al III 1922
Erscheinung III 2185
Esdras (Ezra)-Apokryphen IV 12
Eustochia, 1. E. Calafato v. Messina IV 116
Eustochia, 2. E. v. Padua IV 116
Flor(a) (Fleur) v. Beaulieu IV 551
Gertrud, 4. G. d. Gr. v. Helfta IV 1355
Ida, 2. I. v. Nijvel/Nivelles V 323
Katharina, 6. K. (Caterina Vigri) v. Bologna V 1070
Konrad, 37. K. v. Füssen V 1357
Langmann, Adelheid V 1688
Lidwina (Liedewij, Lydewy), Peterdochter v. Schiedam
  V 1963
Liebe, II. Mentalitäts- und literaturgeschichtlich
  V 1965
Lutgart (Luitgard) v. Tonger(e)n VI 22
Magdalena Beutlerin VI 70
Margareta, 2. M. Beutlerin v. Kenzingen VI 232
Margareta, 4. M. zum Güldin Ring VI 233
Margarete, 21. M. v. Ypern VI 242
Marienwerder, Johannes VI 291
Mechthild, 1. M. v. Ha[c]keborn VI 437
Meditation VI 450
Merswin, Rulman VI 548
Mystik, A. I. Westliches Mittelalter [Christentum]
  VI 982
Nikolaus, 21. N. v. Flüe(li) VI 1179
Passionsmystik VI 1771
(Na) Prous Boneta VII 275
Quietismus VII 368
Robert, 68. R. v. Uzès VII 913
Stigmatisation VIII 183
Sunder, Friedrich VIII 323
Tod, Sterben, IV. Sozial- und Mentalitätsgeschichte
  VIII 829
Tränengabe VIII 935
Unglaube, I. Geistesgeschichtlich VIII 1237
Visio Godesc(h)alci VIII 1731
Visio Pauli VIII 1733
Visio Tnugdali VIII 1734
Visio(n), -sliteratur, A. I. Allgemein VIII 1734
Visio(n), -sliteratur, A. II. Mittellateinische Literatur
  VIII 1735
Visio(n), -sliteratur, A. III. Deutsche Literatur
  VIII 1738
Visio(n), -sliteratur, B. Ikonographie VIII 1747
Visiones Georgii VIII 1747
Volksfrömmigkeit VIII 1826
Wilbirg v. St. Florian IX 112
Wilhelm, 105. W. v. St-Thierry IX 186
Wilhelmina v. Böhmen IX 196

Dion, Isabelle
Uzès VIII 1358

Dirks, Ansgar
Dominikaner, Dominikanerinnen, A. IV. 1. Allgemein
  [Dominikanerliturgie] III 1197

Dirlmeier, Ulf
Branntwein II 574
Brot, I. Brotgetreide, Brotsorten, Herstellung II 719
Brot, II. Broterträge und Brotverbrauch II 719
Brot, III. Obrigkeitliche Reglementierung, Besteuerung
  II 720
Butter II 1162
Ernährung, A. II. Spätmittelalter [Westliches Europa]
  III 2164
Lohn, A. II. Spätmittelalter [westlicher Bereich]
  V 2085

Merkantilismus VI 539
Protektionismus (mit Schmidt, F.) VII 270
Südfrüchte, -handel (mit Fuhrmann, B.) VIII 281
Viehhaltung, -zucht, -handel, II. Viehhandel (mit Fuhrmann, B.) VIII 1641

Ditsche, Magnus
Johannes, 162. J. Pupper (Capupper) v. Goch V 596
Ruusbroec (Ruysbroek), Jan van VII 1127
Wessel Gansfort, Johannes IX 18

Dittmann, Herbert
Abraham, 7. A. ibn Hasday I 51
Anaklet II. I 568
Arabi-mor I 848
Brautsymbolik, II. Judentum II 591
Dogma, II. Judentum III 1165

Dittmer-Poser, Luther A.
Abaelard, II. Musik I 9
Adam, 6. A. de la Halle I 108
Aegidius, 8. Ae. de Murino I 177
Amalarus v. Metz (mit Emminghaus, J. H.) I 505
Ambrosianischer Gesang I 523
Amerus I 532

Djurić, Ivan
Bryennioi II 799
Dabar III 407
Danilo, 2. D. III. d. J. III 543
Dojčin, Petar III 1166
Dragas III 1348
Dukas III 1443
Eustathius I., hl., Ebf. v. Serbien IV 115
Georg, 12. G. Vojtech IV 1281
Georg, 5. G., Kg. v. Zeta IV 1277
Gesandte, A. III. Südosteuropa IV 1366
Golubac IV 1554
Hrs Dobromir V 149
Joannikios, serb. Ebf. V 488
Kantakuzin, Dimitrije V 909
Kotanitzes V 1462

Djurić, Vojislav J.
Dečani III 613
Djurdjevi Stupovi III 1138
Gračanica IV 1630
Hilandar V 6
Mileševa VI 623
Nagoričino Staro VI 1005
Nerezi VI 1095
Ravanica VII 481
Resava VII 753
Sopoćani VII 2054
Studenica VIII 252

Doberer, Erika
Lettner V 1914

Dobosz, Jósef
Szlachta VIII 390

Dobson, Richard B.
Ball, John I 1382
Benediktiner, -innen, B. VI. England (mit von Huebner, D.) I 1891
Cluny, Cluniazenser, B. V. England II 2183
England, J. I. Äußere Lebensbedingungen im Rahmen der christl. Umwelt [Juden] III 1991
Exchequer of the Jews IV 159
Fountains Abbey IV 675
Glastonbury IV 1490
Guisborough IV 1788
Jarrow-Wearmouth V 307
John, 3. J. of Bridlington V 617
Kathedralkloster, -priorat V 1075
Lewes V 1926
Malmesbury VI 176
Meaux, ehem. OCist-Abtei VI 435
Nostell VI 1271
Peasants' Revolt VI 1843
Poll Taxes VII 67
Quarr VII 356
Ramsey VII 431
Rievaulx VII 843
Saint Albans VII 1129
Saint Mary's VII 1181
Selby VII 1729
Sempringham VII 1742
Tavistock VIII 514
Tewkesbury VIII 594
Tyler, Wat VIII 1129
Waverley VIII 2080
Westbury IX 22
Westminster IX 34
Whitby IX 54
Wilton IX 220
Winchester, Synode v. IX 230
Zisterzienser, -innen, C. VI. England und Wales IX 645

Doerfer, Gerhard
Oġuz VI 1374
Qayï VII 344

Dogaer, Georges
Buchmalerei, A. XV. Südniederländische Buchmalerei von 1200–1500 II 858
Buchmalerei. A. XVI. Nordniederländische Buchmalerei bis 1500 II 860

Doherty, Charles
Airchinnech I 244
Bangor, 1. B. (Bennchor), ir. Kl. I 1407
Bangor, 3. B., Kl. in Flint (Wales) I 1408
Blathmac mac Con Brettan II 267
Book of the Angel II 437
Book of Deer II 439
Book of the Dun Cow II 439
Book of Durrow II 439
Book of Lindisfarne (mit Scott Stokes, C.) II 441
Book of Lismore II 442
Book of Mulling II 442
Book of Uí Maine II 442
Bóruma II 467
Cahercommaun II 1374
Ciarán, 2. C. (Kieran) v. Saigir II 2062
Clonard, 2. Hoch- und Spätmittelalter II 2165
Clonfert, 1. C. (Cluain Ferta Brénnain) II 2166
Clonmacnoise II 2166
Clontarf, Schlacht v. II 2169
Cloyne II 2171
Congal Cáech III 133
Congalach Cnogba III 133

Cruthin (Cruithni) III 360
Dál Fíatach III 440
Dál nAraide III 458
Dál Riada III 459
Dervorgilla III 714
Donegal III 1247
Donnchad, 1. D. Midi III 1249
Donnchad, 2. D. Donn III 1250
Donnchad, 3. D. mac Briain III 1250
Downpatrick III 1335
Elphin III 1852
Ferdomnach IV 369
Fergal mac Máele Dúin IV 369
Ferns IV 382
Finán mac Rímedo IV 453
Finnbarr IV 476

Dohrn-van Rossum, Gerhard
Uhr, -macher VIII 1181

Dolan, Thomas P.
FitzRalph, Richard, Ebf. v. Armagh IV 506

Dolbeau, François
Hagiographie, B. X. Handschriftenüberlieferung
 [Westen] IV 1856
Märtyrerakten (acta martyrum) VI 352

Dolcini, Carlo
Alidosi I 412
Alidosi, Ludovico I 413

Dold-Samplonius, Yvonne
an-Nairīzī, Abu l-ʿAbbās al-Faḍl ibn Ḥātim VI 1008
an-Nasawī, Abū l-Ḥasan ʿAlī ibn Aḥmad VI 1031
Naṣiraddīn VI 1032
Pappos VI 1666
al-Qabīṣī VII 341

Dolezalek, Gero
Audientia sacri palatii I 1193
Auditor I 1195

Dollinger, Philippe
Elsaß III 1852

Donat, Peter
Mecklenburg, A. Slavischer Burgwall VI 438
Teterow VIII 574

Donati, Maria Teresa
Gentile, 2. G. da Fabriano IV 1247

Donati, Silvia
Physik und Naturphilosophie (mit Speer, A.)
 VI 2111

Donattini, Massimo
Este (Stammtafel) IX Anhang

Donnat, Lin
Jumièges V 806

Dopsch, Heinz
Adalbert, 13. A. III., Ebf. v. Salzburg I 100
Berchtesgaden I 1932
Bernhard, 9. B. II., Hzg. v. Kärnten I 1986

Cilli (Celje), II. Grafen und Grafschaft II 2085
Donau III 1241
Edlinger III 1578
Eppensteiner III 2091
Fähre, Fährrecht IV 230
Flößerei IV 578
Friesach IV 969
Görz IV 1564
Gurk IV 1796
Hallein IV 1878
Hartwig, 5. H., Ebf. v. Salzburg IV 1948
Heinrich, 52. H. III., Hzg. v. Kärnten IV 2069
Heinrich, 53. H. V., Hzg. v. Kärnten IV 2070
Heinrich, 54. H. VI., Hzg. v. Kärnten und Gf. v. Tirol
 IV 2070
Hemma, 2. H. v. Gurk IV 2128
Johann, 52. J. v. Viktring V 519
Karnburg V 1000
Kärnten V 1002
Kastvogt, Kast(en)vogtei V 1053
Konrad, 10. K. II. »d. Jüngere«, Hzg. v. Kärnten
 V 1343
Konrad, 31. K. I., Ebf. v. Salzburg V 1355
Lavant V 1770
Liutold v. Eppenstein V 2040
Maria Saal VI 286
Mattsee VI 404
Meinhard, 1. M. III. (I.), Gf. v. Görz und Tirol VI 473
Meinhard, 2. M. IV. (II.), Gf. v. Görz und Tirol VI 473
Millstatt VI 627
Noricum VI 1239
Ortenburg VI 1482
Ortolf, 1. O. v. Weißeneck, Ebf. v. Salzburg VI 1485
Ossiach VI 1513
Otto, 20. O. »v. Worms«, Hzg. v. Kärnten VI 1577
Philipp, 23. Ph. v. Spanheim, Elekt v. Salzburg und
 Aquileia VI 2075
Pilgrim, 3. P. I., Ebf. v. Salzburg VI 2158
Pilgrim, 4. P. II., Ebf. v. Salzburg VI 2158
Plain, Gf. en v. VI 2195
Raffelstettener Zollordnung VII 397
Reichenhall VII 614
Salzburg VII 1331
Sankt Georgen am Längsee VII 1157
Sankt Paul im Lavanttal VII 1189
Sankt Wolfgang VII 1208
Seckau VII 1660
Spanheimer VII 2076
Sponheim VII 2132
Trift, -recht VIII 1005
Ulrich, 1. U. II., Gf. v. Cilli VIII 1193
Ulrich, 2. U. III. v. Spanheim, Hzg. v. Kärnten
 VIII 1194
Unrest, Jakob VIII 1260
Viktring VIII 1669
Völkermarkt VIII 1819
Welf. 4. W. III., Hzg. v. Kärnten und Mgf. v. Verona
 VIII 2144
Zollfeld IX 672

Dordett, Alexander
Anathem I 574

Dörflinger, Johannes
Caboto, Giovanni II 1330
Cabral, Pedro Álvares II 1331
Cortereal (Corte-Real), Gaspar III 285

Döring, Alois
Bannbeschwörung, -segen, -kreuz I 1418
Blasiussegen II 266
Blitz II 280

Dossat, Yves
Alamand, Sicard I 263
Albigenser, II. Der Albigenserkrieg in Südfrankreich I 305
Alfons, 27. A. v. Poitiers, Gf. v. Toulouse I 407
Ameilh, 1. A., Pierre, Ebf. v. Narbonne I 525
Aragón, Kreuzzug v. I 866
Arnaldus, 1. A. Amalrici I 996
Autignac, Guillaume d' I 1260
Cardaillac, 1. C., Bertrand de II 1500
Cardaillac, 2. C., Guillaume de, Bf. v. Cahors II 1500
Castanet, Bernard de II 1555
Castelnau, Pierre de II 1560
Caumont II 1579
Délicieux, Bernard III 671
Dupuy, Jean III 1465
Duras III 1471
Folquet, 1. Leben und kirchenpolitische Tätigkeit IV 614
Guillaume, 13. G. (Guilhem, Wilhelm) de Tudela IV 1782
Montfort VI 802
Montségur, Belagerung v. VI 820
Muret, Schlacht v. VI 942

Dowiat, Jerzy
Bežprym (Bezprem, Wežprem) II 36

Downer, Leslie G.
Leges Henrici Primi V 1804

Dralle, Lothar
Arkona, II. Geschichte I 952
Billug II 192
Bogumil, 1. B., Ebf. v. Gnesen II 332
Bornhöved, 1. B., Schlacht bei (798) II 465
Brandenburg, II. Frühmittelalter [Stadt und Bistum] II 551
Brandenburg, Mark, A. Frühmittelalter II 554
Burg, C. VI. 1. Die frühen westslawischen Burgen II 980
Burgbezirk, slavischer II 1004
Burgwall, slavischer II 1101
Ceadrag II 1598
Cealadrag II 1598
Daleminzen, Daleminzien III 439
Demmin III 691
Derwan III 714
Dragowit III 1350
Jaromar, 1. J. I., Fs. v. Rügen V 304
Jaromar, 2. J. II. Fs. v. Rügen V 304
Kessiner V 1116
Limes Saxoniae V 1992
Limes Sorabicus V 1992
Liub V 2038
Milegastus VI 623
Miliduoch VI 626
Peene VI 1855
Polaben VII 49
Redarier VII 534
Rethra VII 764

Dravasa, Étienne
Baskische Provinzen, B. I. Baskische Provinzen in Frankreich [Recht] I 1539

Drechsler, Heike
Thron, B. II. Ikonographie und Monumente VIII 740
Zepter IX 544

Dresden, Sam
Humanismus, D. Frankreich V 198
Humanismus, F. Niederlande V 201

Dreyer, Mechthild
Regularmethode VII 609

Droege, Georg
Altena, Gf. en v. I 466
Are, Gf. en v. I 916
Arnsberg, Gf. en v. I 1011
Auelgau I 1199
Bedemund I 1781
Bergheim, Herren v. I 1956
Bruno, 2. B. II., Ebf. v. Köln II 785
Eberhard, 5. E. II., Gf. v. Mark III 1514

Dröge, Christoph
Jean, 20. J. le Boutillier V 337

Drossbach, Gisela
Veghe, Johannes VIII 1445
Windesheim, Windesheimer Kongregation IX 233
Zerbolt van Zutphen, Gerard IX 545

Drüppel, Hubert
Eid, A. IV. Germanisches und deutsches Recht III 1677
Eidgenosse, Eidgenossenschaft III 1695
Fahrhabe IV 232
Gerade IV 1294
Gericht, Gerichtsbarkeit, I. Allgemein und deutsches Recht IV 1322
Grundstücke IV 1754
Hand wahre Hand IV 1910
Heergewäte IV 2007
Körperverletzung V 1447
Landgericht V 1660
Richter VII 833
Schwurhand VII 1651
Ungericht VIII 1235
Vollstreckung VIII 1839

Dubielzig, Uwe
Quintus VII 374
Regensburg, A. I. Spätantike [Stadt] VII 563
Stobaios VIII 186
Triphiodor(os) VIII 1016
Trojadichtung, I. Spätantike VIII 1034

Dubois, Henri
Normandie, B. Spätmittelalter VI 1245
Philipp, 10. Ph. v. Evreux, Kg. v. Navarra VI 2065

Dubois, Jacques
Bruno, 9. B. der Kartäuser, I. Leben und Wirken II 788
Guigo, 1. G. I. Carthusiensis IV 1776
Guigo, 2. G. II. Carthusiensis IV 1777
Kapitel, II. Monastische und Ordenskapitel V 939
Kartäuser, Kartäuserinnen, I. Kartäuser V 1018

Kartäuser, Kartäuserinnen, II. Kartäuserinnen V 1019
Katharina, hl. (v. Alexandrien) V 1068
Klausur V 1196
Martyrologium, -gien VI 357
Martyrologium Hieronymianum VI 360

Dubuis, François-Olivier
Sitten (mit Lugon, A.) VII 1940
Supersaxo (mit Lugon, A.) VIII 327

Dubuis, Roger
Cent Nouvelles nouvelles II 1618

Ducellier, Alain
Argyrokastro I 925
Avlona I 1308
Balša I 1389
Bojana (alban. Buna) II 353
Demetrios, 3. D., alban. Fs. III 690
Dukagjini III 1442
Dyrr(h)achion III 1497
Dyrr(h)achion, Belagerung v. III 1499
Elbasan III 1775
Georg, 6. G. (Gjergj) Kastriota IV 1278
Glavinitza IV 1494
Kanina V 898
Kastrioti V 1050
Kruja (Kroja) V 1551

Duchâteau, Armand
Azurara, Gomes Eanes de I 1318

Düchting, Reinhard
Aldhelm I 346
Alexander, 27. A. Neckam I 378
Alfanus, 2. A., Ebf. v. Salerno (mit Baader, G.,
  Delogu, P.) I 389
Ars poetica, Ars versificatoria I 1048
Baptista Mantuanus I 1424
Beroaldus, Philippus II 914
Biondo, Flavio II 212
Crastoni (-us), Johannes III 335
Eberhard, 22. E. der Deutsche III 1523
Ecbasis cuiusdam captivi per t(r)opologiam III 1536
Ecloga Theoduli III 1552
Galfridus, 2. G. de Vino Salvo IV 1085
Gervasius, 3. G. v. Melkley IV 1360
Hrotsvit v. Gandersheim V 148
Johannes, 189. J. de Vergilio V 610
Livius, Titus, II. Humanismus V 2044
Locus amoenus, II. Mittelalter V 2066
Marbod v. Rennes VI 217
Panegyrik VI 1654
Plutarch im Mittelalter und Humanismus VII 25
Roman, VI. Lateinische Literatur VII 988
Sedulius Scottus VII 1667
Seneca, I. Überlieferung und Fortleben [Mittelalter und
  Humanismus] VII 1749
Venantius Fortunatus VIII 1453
Vinzenz, 3. V. v. Beauvais, I. Leben und Werke
  VIII 1705

Duda, Dorothea
Buchmalerei, D. II. Osmanische Buchmalerei II 892

Dufour, Annie
Laon V 1709

Dufour, Jean
Barres, Guillaume des I 1487
Emma, 2. E., westfrk. Kgn. III 1887
Garlande IV 1118
Garlande, Étienne de IV 1118
Ludwig, 12. L. VI., Kg. v. Frankreich V 2181
Marcilhac VI 227
Moissac VI 719
Morigny VI 841
Morigny, Chronik v. VI 841
Nonenque VI 1232
Totenroteln VIII 897

Dufournet, Jean
Commynes, Philippe de, II. 2. C. als Gesch.sschreiber
  und polit. Denker [Die Memoiren] III 92

Duinhoven, Anton M.
Karel ende Elegast V 953

Dujčev, Ivan
Aaron, 1. A., Sohn des comes Nikolas I 6
Alciocus I 343
Alexander, 5. A., bulg. Fürst I 369
Alexis Slav I 387
Alusianos I 496
Anchialos I 577
Anka I 651
Arbanasi I 869
Asen, 1. A. I., bulg. Zar I 1106
Aseniden I 1106
Asparuch I 1117
Bačkovo I 1328
Balkan, 1. Name und Begriff I 1380
Bojan II 353
Bojana II 353
Boril II 458
Boris, 1. B., bulg. Fs. II 458
Boris, 2. B. II., bulg. Zar II 458
Bulgarien II 914
Castra Martis II 1565
Červen II 1636
Chilbudios II 1815
Chrelja (Stefan Dragovol) II 1896
Clemens, 11. C. v. Ochrid, I. Leben und kirchenpoliti-
  sches Wirken II 2146
Dabragezas III 408
David, 4. D., erster Sohn des Comes Nikolas III 602
Davrentios III 608
Deabolis, 1. Bischofssitz III 609
Dejan III 649
Desislava, 1. D., Gemahlin des Sebastokrators Kalojan
  III 729
Dobrotica III 1151
Dobrudža III 1151
Dragaš, Konstantin III 1349
Drugovići, Drugovitai III 1414
Dualismus, I. Dualistische Bewegungen im Balkanraum
  III 1421
Durostorum III 1483
Ezeriten IV 195

Dumschat, Sabine
Vasilij, 1. V. I. Dmitrievič, Gfs. v. Moskau und Vladimir
  VIII 1419
Vjatka VIII 1613
Votčina VIII 1871

Wenden VIII 2181
Wolmar IX 324
Wolter v. Plettenberg IX 326

Dumville, David N.
Ædán I 173
Aneirin I 616
Apokryphen, A. II. 2. Irische Literatur I 763

Duncan, Archibald A. M.
Articles, Committee of the I 1070
Auditors of Causes and Complaints I 1196

Dunin-Wąsowicz, Teresa
Hedwig, 1. H. v. Schlesien IV 1985

Dunning, Robert W.
Aiscough, William I 246
Alcock, John I 344
Alnwick, William I 452
Beckington, Thomas I 1774
Booth II 443
Booth, 1. B., Charles II 443
Booth, 2. B., John II 443
Booth, 3. B., Laurence II 443
Booth, 4. B., William II 443
Bourchier, Thomas II 508
Chichele, Henry II 1809
Moleyns, Adam VI 726

Duran, Eulàlia
Corbera, Romeu de III 223

Durán Gudiol, Antonio
Barbastro I 1439
Jaca V 251
Huesca, I. Bistum V 153

Dürig, Walter
Agnus Dei, 1. Liturgie (mit Meyer, H. B.) I 214
Anniversarien I 665
Ciborium, 2. (Aufbewahrungsgefäß) II 2063
Embolismus III 1876
Epiphanie (mit Brückner, A.) III 2067
Eulogie IV 96
Fasten, -zeiten, -dispensen, A. I. Biblische Voraussetzungen; Entwicklung IV 304

Durkin, Desmond
Bermingham I 1966
Bicknor, Alexander de II 126
Bisset (mit Lydon, J. F.) II 249

Durling, Richard J.
Burgundio v. Pisa II 1097
Galen im Mittelalter (mit Schipperges, H.) IV 1082

Düwel, Klaus
Brakteat, 1. B., Goldbrakteat II 546

Duynstee, Marguerite C. I. M.
Orléans, III. Rechtsschule / Universität (mit Feenstra, R.) VI 1464

van Dyck, Leo C.
Tongerlo VIII 857
Vivières VIII 1784

Dyer, Christopher
Dorf, B. I. England III 1285

Dykmans, Marc
Clugny, 1. C., Ferry de II 2171
Clugny, 2. C., Guillaume de II 2171

Ebel, Friedrich
Eisenacher Rechtsbuch III 1755
Gesamthand IV 1363
Magdeburger Recht VI 77
Rechtszug VII 526
Schlesisches Landrecht VII 1484
Schultheiß VII 1591
Stadtfriede VIII 20
Vergleich VIII 1530
Willkür IX 217

Ebel, Uda
Carole II 1521
Computus III 107
Comtesse de Pontieu, La III 108
Doctrinal III 1157
Épitres farcies III 2075
Gervaise IV 1358
Hugues, 2. H. III. de Berzé-le-Châtel V 182
Huon, 3. H. le Roi V 229
Jehan, 2. J. le Teinturier V 345
Jugement d'amour V 798
Lehrhafte Literatur, I. Begriff V 1827
Lehrhafte Literatur, IV. Französische Literatur V 1829
Lehrhafte Literatur, V. Provenzalische Literatur V 1832
Lehrhafte Literatur, VI. Italienische Literatur V 1833
Lehrhafte Literatur, VII. Spanische Literatur V 1834
Lehrhafte Literatur, VIII. Katalanische Literatur V 1835
Predigt, B. II. Französische und provenzalische Literaturen VII 176
Reimgebet, II. Romanische Literaturen VII 654
Sprichwort, Sprichwortsammlung, II. Romanische Literaturen VII 2136
Visio(n), -sliteratur, A. VIII. Französische und italienische Literatur VIII 1743

Ebenbauer, Alfred
Friedrich von Schwaben IV 967

Eberhard, Winfried
Nikolaus, 23. N. (v.) Hereford VI 1180
Nikolaus, 42. N. Weigel VI 1189

Eberl, Immo
Arbeo I 888
Dillingen, II. Die Grafen von Dillingen III 1053
Eberhard, 9. E. III. der Milde III 1517
Eberhard, 10. E. IV., Gf. v. Württemberg III 1517
Eberhard, 12. E. II., Hzg. v. Württemberg III 1518
Fürstenberg IV 1037
Gengenbach IV 1232
Helfenstein, Gf. en v. IV 2118
Honau V 116
Kiburg, Gf. en v. V 1119
Klettgau V 1211
Komburg V 1275
Langres V 1702
Lenzburg, Gf. en v.; Gft. V 1874

Limpurg, Schenken v. V 1995
Löwenstein V 2145
Ludwig, 45. L. I., Gf. v. Württemberg V 2200
Ludwig, 46. L. II., Gf. v. Württemberg V 2201
Maulbronn VI 409
Mechthilde von der Pfalz VI 438
Montbéliard VI 780
Montier-en-Der VI 808
Morimond VI 842
Murrhardt VI 944
Neresheim VI 1094
Neuffen VI 1101
Ortlieb v. Zwiefalten VI 1484
Pfalzgraf VI 2011
Pfirt VI 2033
Pfullendorf VI 2050
Rot an der Rot VII 1048
Sankt Jakob a. d. Birs, Schlacht v. VII 1167
Schöntal VII 1539
Sulz, 1. Stadt VIII 304
Sulz, 2. Grafen VIII 304
Tübingen VIII 1075
Ulrich, 3. U. I., Gf. v. Württemberg VIII 1194
Ulrich, 4. U. III., Gf. v. Württemberg VIII 1195
Ulrich, 5. U. IV., Gf. v. Württemberg VIII 1195
Ulrich, 6. U. V., Gf. v. Württemberg VIII 1196
Werdenberg VIII 2197
Werner, 3. W. v. Kyburg IX 4
Wiblingen IX 59
Württemberg IX 375
Württemberg, Grafen/Herzöge v. (Stammtafel)
 IX Anhang
Zwiefalten IX 733

Ebling, Horst
Burgundofarones II 1098
Chilperich, 3. Ch. II. II 1825
Chlodomer II 1862
Chlodovald II 1862
Chrodechild(e) II 1948
Dagobert, 3. D. III. III 430
Drogo, 1. D., dux der Champagne III 1404
Erchinoald III 2125
Flaochad IV 533
Grifo IV 1712
Grimoald, 3. G. (II.) IV 1717

Ebner, Herwig
Burg, B. Terminologie II 962
Göß IV 1570
Graz IV 1661
Judenburg V 787
Otakar, 3. O. III., Mgf. v. Steiermark VI 1554
Otakar, 4. O. IV. (I.), Mgf., Hzg. v. Steiermark
 VI 1555
Otakare VI 1555
Sankt Lambrecht VII 1172
Steiermark VIII 95
Steyr VIII 165
Vorau VIII 1847
Wels-Lambacher VIII 2155

Eck, Werner
Hispania, 1. Spätantike V 38

Eckermann, Karl Willigis
Ehre, 1. E. (theologisch-philosophisch) III 1662

Hugolinus, 2. H. v. Orvieto V 180
Potentia dei absoluta-ordinata VII 129
Selbstliebe VII 1726
Wunden Christi IX 350

Eckert, Thomas
Herbert, 3. H. v. Bosham IV 2148

Eckert, Willehad P.
Absonderungsgesetze I 57
Agobard v. Lyon (mit Boshof, E.) I 216
Berthold, 20. B. v. Moosburg I 2034
Reginald, 3. R. v. Priverno VII 577
Robert, 36. R. Bacon, OP VII 900

Eckhardt, Wilhelm A.
Decretio Childeberti III 623

Edbury, Peter W.
Aimerich v. Lusignan I 241
Assisen v. Jerusalem I 1124
Ayas I 1313
Bellapais I 1844
Ernoul, Chronik des III 2176
Famagusta IV 254
Guido, 1. G. v. Lusignan, Kg. v. Jerusalem IV 1771
Hugo, 3. H. III. v. Antiocheia-Lusignan V 158
Lehen, -swesen; Lehnrecht, X. Lateinischer Osten
 V 1824
Philipp, 32. Ph. v. Novara VI 2079

Eder, Christine s. Hendrixson, Christine

Edroiu, Nicolas
Alba Iulia I 273

Edwards, Anthony S. G.
Burgh, Benedict II 1053

Egg, Erich
Bergsteigen I 1960

Eggenberger, Christoph
Tuotilo VIII 1095

Egger, Christoph
Vatikanische Bibliothek VIII 1430

Eggert, Wolfgang
Thegan VIII 613

Egidi, Margret
Leich V 1850

van Egmond, Warren
Gerhart, Fridericus IV 1320
Gherardo da Sabbioneta IV 1436

Ehbrecht, Wilfried
Altstadt I 494
Aufruhr I 1206
Banner (mit Gamber, O.) I 1419
Bürgerkämpfe, städtische II 1046
Doppelstadt III 1259
Erbbürger, -männer, -sassen III 2101
Flecken IV 539
Fulda, II. Stadt IV 1022

Gründerkonsortium IV 1738
Hafenstadt IV 1835
Hannover IV 1920
Helmold v. Bosau IV 2124

Ehlers, Joachim
Domschulen III 1226
Frankreich, B. Kirchengeschichte und -verfassung, Verhältnis zum Papsttum IV 774
Gottfried, 26. G. v. Vendôme IV 1607
Hugo, 56. H. v. St-Victor V 177
Natio, 1. N. (Nation) VI 1035
Reichsgrenze VII 619
Sachsen, I. Frühgeschichte und Ethnogenese VII 1223
Sachsen, III. Herzogtum (9. Jh.–1180) VII 1227
Viktor, 5. V. v. Straßburg VIII 1667
Wichmann, 2. W., Ebf. v. Magdeburg IX 60

Ehlert, Trude
Tischsitten, Tischzuchten, B. I. Allgemeines [Tischzuchten] VIII 807
Tischsitten, Tischzuchten, B. II. Begriff [Tischzuchten] VIII 808
Tischsitten, Tischzuchten, B. III. Inhalt [Tischzuchten] VIII 808
Tischsitten, Tischzuchten, B. IV. Lateinische und deutsche Literatur [Tischzuchten] VIII 809
Tischsitten, Tischzuchten, B. V. Romanische Literaturen [Tischzuchten] VIII 809

Ehm, Petra
Zeremoniell, B. I. Allgemein und Deutsches Reich IX 553

Ehrhardt, Harald
Adel, I. Skandinavien I 141
Alexander d. Große in Kunst und Literatur, B. IX. Altnordische Literaturen I 364
Alliteration, A. Altgermanische Dichtung I 432
Allthing I 441
Alvastra I 498
Apollonius von Tyrus, B. V. Skandinavische Literaturen I 773
Armut und Armenfürsorge, B. IV. Sonderformen in Skandinavien I 990
Barlaam und Joasaph, B. VII. Skandinavische Literaturen I 1468
Bauer, Bauerntum, D. VIII. Skandinavien I 1586
Bettlerwesen, I. 4. Sonderformen des Bettlerwesens in Skandinavien II 4
Birka, I. Geschichte und Wirtschaft II 220
Borgarþingslög II 452
Brandmarkung, IV. Skandinavisches Recht II 567
Brandversicherung, skandinavische II 569
Buße (weltliches Recht), III. Skandinavisches Recht II 1149
Byzantinisches Reich, G. Byzanz und Skandinavien II 1313
Christoffers Landslag II 1921
Chronologie, C. II. 1. Skandinavien [Besonderheiten] (mit Schuler, P.-J.) II 2041
Cluny, Cluniazenser, B. VII. Skandinavien II 2185
Corona, VIII. Skandinavien III 257
Dalalagh III 436
Dalarna III 437
Descensus Christi ad inferos, 6. Skandinavische Literaturen III 718
Diebstahl, C. IV. Skandinavische Rechte III 991
Ding (Thing), II. Skandinavien III 1059
Eichhörnchen (mit Hünemörder, Ch.) III 1668
Eid, A. V. Skandinavien III 1680
Eidschwurgesetzgebung III 1701
Eidsivaþingslög III 1702
Epos, D. IV. Altnordische Literatur III 2091
Erbrecht, Erbe, Erbschaft, B. II. Skandinavien III 2107
Erich, 8. E. (Erik) Magnusson III 2144
Erich, 11. E. (Erik) Axelsson Thott III 2145
Erichs seeländisches Recht III 2147
Eyrbyggja saga IV 192
Fáfnir IV 226
Fáfnismál IV 227
Fagrskinna IV 227
Falun IV 254
Flatey IV 535
Florisdichtung, B. VI. Skandinavische Literaturen IV 576
Folkunger IV 613
Fontgombault IV 629
Frälse IV 678
Freyja IV 914
Freyr IV 914
Frostaþingslög IV 992
Fylke IV 1068
Geistliche Dichtung, V. Skandinavische Literatur IV 1189
Gísli Súrsson IV 1469
Gizurr Isleifsson IV 1473
Gorm der Alte IV 1561
Goticismus IV 1573
Grágás IV 1636
Grettis saga Ásmundarsonar IV 1701
Grímnismál IV 1716
Gulaþingslög IV 1790
Gutalag IV 1801
Gutasaga IV 1801
Guðmundr Arason inn góði IV 1763
Gyðinga saga IV 1810
Hafliðaskrá IV 1835
Hagiographie, B. IX. Island und Norwegen IV 1855
Hákonarmál IV 1869
Hamdismál IV 1890
Haraldskvæði IV 1930
Harmsól IV 1939
Háttalykill inn forni IV 1956
Háttatal IV 1956
Haus, -formen, C. II. Skandinavien IV 1965
Hávamál IV 1979
Heerweg IV 2008
Heimdall IV 2034
Heiti IV 2112
Hel IV 2115
Helgafell IV 2119
Helgilieder IV 2119
Herad IV 2140
Herisvad IV 2157
Herse IV 2182
Historiographie, B. II. Skandinavische (isländ. und norweg.) Historiographie V 51
Hrepp V 147
Hunnenschlachtlied V 224
Hymiskviða V 244
Íslendingabók V 695
Iðunn V 327
Járnsíða V 304

Jómsvíkinga saga V 621
Jón, 1. J. Ögmúndarson V 621
Jón, 2. J. Halldórsson V 622
Jónsbók V 626
Julfest V 799
Kalkmalerei V 872
Karl, 2. K. (I.) d. Große, B. V. Skandinavische Literaturen V 965
Kenning V 1106
Kensington-Stein V 1107
Kirkjubær V 1188
Knýtlinga saga V 1241
Landfrieden, III. Skandinavien V 1659
Landschaftsrecht V 1677
Lehen, -swesen; Lehnrecht, VI. Skandinavien V 1820
Leidang, Leding, Ledung V 1851
Lendermenn V 1871
Ljoðaháttr V 2054
Löddeköpinge V 2066
Lokasenna V 2089
Loki V 2091
Loses Gut V 2121
Magnús Erikssons Landslag VI 101
Magnús Erikssons Stadslag VI 102
Magnús Hákonarsons Landslög VI 102
Nidarholm VI 1136
Nilsson, Svante VI 1193
Odal VI 1345
Olaf, 3. O. Tryggvason, Kg. v. Norwegen VI 1384
Olaf, 5. O. Haraldsson III. Kyrre VI 1386
Olaf, 6. O. Eriksson 'Schoßkönig', Kg. v. Schweden VI 1386
Olafssagas VI 1387
Øm VI 1404
Oslo, 1. Stadt VI 1494
Oslo, 2. Bistum VI 1495
Östgötalagh VI 1529
Raub, A. III. Skandinavische Rechte VII 470
Rechtssprecher VII 522
Réttarbót VII 764
Rök, Runenstein v. VII 951
Samen, 2. Beziehungen zum skandinavischen Königtum VII 1340
Schonisches Recht VII 1538
Sigtuna VII 1895
Skjöldunga saga VII 1975
Sklave, A. II. Nordeuropa VII 1980
Södermannalagh VII 2020
Stavanger VIII 80
Strafe, Strafrecht, C. IV. Skandinavien VIII 203
Svein Alfivason VIII 341
Sver(r)ir Sigurdarsson, Kg. v. Norwegen VIII 345
Syssel VIII 387
Testament, A. II. 3. Skandinavien [Recht] VIII 567
Tønsberg VIII 860
Upplandslagh VIII 1276
Urteil, III. Skandinavisches Recht VIII 1336
Västgötalagh VIII 1426
Västmannalagh VIII 1426
Verbrechen, A. II. Skandinavisches Recht VIII 1486
Viehversicherung VIII 1643
Waldemars seeländisches Recht VIII 1952
Wergeld, III. Skandinavisches Recht VIII 2202
Zeuge, C. IV. Skandinavisches Recht IX 587

Eichmann, Jacqueline
Duccio di B(u)oninsegna III 1436

van Eickels, Klaus
Anjou (Grafen v. Angers/Anjou und Könige v. Jerusalem) (Stammtafel) IX Anhang
Anjou-Plantagenêt (Könige v. England) (Stammtafel) IX Anhang
Blois-Champagne (Stammtafel) IX Anhang
Flandern, Grafen v. (Stammtafel) IX Anhang
Kapetinger (Stammtafel) IX Anhang
Lusignans (Westfrankreich; Jerusalem, Zypern) (Stammtafel) IX Anhang
Raimundiner (Stammtafel) IX Anhang
Theodoricus, 2. Th., Bf. v. Minden VIII 634
Wasland (mit Verhulst, A.) VIII 2060
Wilhelm, 31. W. I., Gf. v. Holland IX 147
Wunstorf IX 369

Eideneier, Hans
Mündliche Literaturtradition, VII. Byzantinische Literatur VI 906
Porikologos VII 104
Ptochoprodromika VII 311
Satire, II. Byzantinische Literatur VII 1393
Spaneas VII 2075
Tierepos, III. Byzantinische Literatur VIII 767
Tragudia VIII 933
Vierfüßlergeschichte VIII 1654

Eifler, Günter
Freidank IV 894

Eilermann, Amandus
Cismar II 2101

Ekdahl, Sven
Heer, Heerwesen, A. VIII. Deutscher Orden in Preußen IV 2001

Elbern, Victor H.
Altargerät I 466
Ambo, 2. Skulptur, Kleinkunst (mit Wessel, K.) I 517
Avarenschatz I 1287
Beinschnitzerei (mit Engemann, J.) I 1821
Bernward, II. Kunstförderung I 2013
Beschauzeichen, 2. Beschauzeichen in der Silber- und Goldschmiedekunst (mit Scheffler, W.) I 2057
Bursenreliquiar II 1107
Capsa II 1488
Chrismale II 1904
Dinanderie III 1055
Diptychon, 2. Künstlerische Gestaltung III 1102
Durchbruchsarbeit III 1472
Edelsteine, IV. 1. Schliff und Schnitt (mit Hahn, K.) III 1564
Edelsteine, IV. 2. Verwendung [Edelsteine in der mittelalterlichen Zierkunst] III 1564
Eilbert, 2. E. v. Köln III 1727
Einhardsbogen III 1739
Email, I. Allgemein III 1868
Email, III. Abendland III 1871
Embriachi III 1876
Fächer IV 216
Filigran IV 448
Flechtbandornamentik IV 538
Glockenschrein IV 1501
Gold, IV. Wertschätzung, Würde, Metaphorik IV 1537
Goldaltar IV 1538

Gürtel, 2. Kultur- und kunsthistorischer Aspekt
    IV 1797
Hostienziborium   V 139
Intarsie   V 456
Kameo, 2. Mittelalter   V 882
Kelch   V 1095
Kristall, -schnitt, I. Abendland   V 1534
Krone   V 1544
Lunula   VI 13
Monile   VI 760
Ornamentsymbolik   VI 1473
Patene   VI 1778
Perle   VI 1891
Pokal   VII 48
Reliquiar, II. Abendland   VII 699
Scheibenkreuz   VII 1446
Siebenarmiger Leuchter   VII 1839
Silber, III. Wertschätzung, Metaphorik   VII 1900
Sion   VII 1932
Stab, I. 1. Allgemein [Kulturgeschichte und Ikonographie]   VII 2160
Stab, I. 3. Mittelalter [Kulturgeschichte und Ikonographie]   VII 2160
Stabreliquiar   VII 2165
Talisman Karls des Großen   VIII 447
Tassilokelch   VIII 486
Thronstein   VIII 744
Tragaltar   VIII 931
Treibarbeit (Technik)   VIII 968
Vvolvini   VIII 1883
Wassergefäße   VIII 2074

Elders, Leo J.
Kosmologie   V 1459
Potentia oboedientialis   VII 130
Regula fidei   VII 605
Scholastische Methode   VII 1526
Thomas, 16. Th. v. Aquin   VIII 706
Thomismus   VIII 728
Zeugung, I. Philosophisch und theologisch
    IX 590

Elkar, Rainer S.
Sattler   VII 1400
Schneider, Gewandschneider   VII 1514
Schuhmacher   VII 1574
Seil, Seiler   VII 1715
Tischler   VIII 805
Töpfer, -ei, -scheibe   VIII 863
Zimmermann   IX 615

Eller, Allen
Andreas, ae. Gedicht   I 611
Apollonius von Tyrus, B. III. Englische Literatur (mit
    Sauer, H.)   I 772
Azarias   I 1316

Ellermeyer, Jürgen
Buden   II 902

Ellmers, Detlev
Eider   III 1694

Elm, Kaspar
Ambrosianer   I 521
Ambrosianerinnen   I 522
Annenbrüder   I 662
Annuntiatinnen   I 670
Augustiner-Eremiten   I 1220
Beg(h)arden   I 1798
Beg(h)inen, I. 1. Allgemein   I 1799
Bettelorden   I 2088
Chorherren vom Heiligen Grab   II 1887
Christusorden   II 1946
Clara, 1. C. v. Assisi (mit Binding, G.)   II 2122
Colettaner   III 30
Colettinen   III 31
Franziskus, 1. F. v. Assisi, I. Vita und Schriften
    IV 830
Franziskus, 2. F. v. Paola   IV 835
Fratres B. Mariae Matris Christi   IV 851
Heilig-Geist-Orden   IV 2028
Johannes, 76. J. v. Capestrano   V 560
Kreuzherren   V 1500
Magdalenerinnen   VI 71
Norbert v. Xanten   VI 1233
Paulaner   VI 1811
Pauliner   VI 1813
Religiöse Orden   VII 696
Sackbrüder   VII 1244
Wilhelmiten   IX 197
Zisterzienser, -innen, A. Allgemein   IX 632

Elmshäuser, Konrad
Innovationen, technische (Westen) (mit Hägermann, D.,
    Hedwig, A., Ludwig, K.-H.)   V 430
Kanal, -bau (mit Ludwig, K.-H.)   V 897
Kerze   V 1116
Königsfreie   V 1327
Lohn, -arbeit, A. I. Früh- und Hochmittelalter [Westlicher Bereich] (mit Hägermann, D.)   V 2084
Lorscher Reichsurbar   V 2119
Rohr, -leitung   VII 948
Schleusen   VII 1488

Elwert, Wilhelm Th.
Contemptus mundi, B. III. Italienische Literatur
    III 190
Facetie   IV 214
Florilegien, B. I. 3. Romanische Literaturen   IV 570
Franziskus, 1. F. v. Assisi, II. Literarisch   IV 833

Emminghaus, Johannes H.
Allegorie, Allegorese, III. Patristische und scholastische
    Theologie (mit Hödl, L., Riedlinger, A.)   I 421
Altar   I 461
Altarciborium   I 465
Amalarus v. Metz (mit Dittmer, L. A.)   I 505
Atzmann, 2. Liturgie   I 1182
Brandeum   II 563
Cappa   II 1486
Cingulum   II 2089
Coloman   III 48
Comes (liturgisch)   III 76
Corporale, 1. Liturgie   III 260
Diptychon (allgemein)   III 1101
Diptychon, 1. Verwendung im staatlichen und liturgisch-kirchlichen Bereich   III 1101
Ewiges Licht   IV 149

Endrei, Walter
Spiele, A. III. Spiele im privaten Bereich [Mittel-, West- und Südeuropa]   VII 2108
Weben, Webstuhl   VIII 2083

Endres, Klaus
Victoria VIII 1629

Endres, Rudolf
Castell, Gf. en v. II 1557

Endreß, Gerhard
Aristoteles, A. II. Islam [Philosophie und Theologie] (mit Biesterfeldt, H. H.) I 934
Avicenna, I. Leben und Werk I 1298
Avicenna, II. Philosophie I 1299

Engel, Pál
Urkunde, -nwesen, A. VI. Ungarn VIII 1307

Engelbert, Pius
Bursfelder Kongregation II 1108
Cluny, Cluniazenser, B. III. Deutschland II 2181
Dederoth, Johannes III 628

von Engelhardt, Dietrich
Tätowierung VIII 490

Engelhardt, Paulus
Adam, 7. A. v. Köln I 109
Aegidius, 7. Ae. v. Lessines I 176
Appetitus I 806
Attritio I 1181
Desiderium naturale III 723
Erkenntnis III 2150
Ethik, 1. Lateinisches Mittelalter IV 54

Engels, Heinz-Josef
Speyer, A. I. Archäologie und Topographie [Stadt] VII 2095

Engels, Odilo
Alcázar I 329
Alfons, 1. A. I. »el Batallador«, Kg. v. Aragón und Navarra (mit Sans Travé, J. M.) I 391
Alfons, 2. A. II. »der Keusche«, Kg. v. Aragón (mit Claramunt, S.) I 392
Alfons, 10. A. X. der Weise, I. Leben und Regierung (mit Saéz, E.) I 396
Ampurias (mit Salrach Marés, M.) I 543
Arnald, 1. A. Mir de Tost I 994
Aurembiaix I 1243
Bañolas (mit Batlle, L.) I 1421
Bera, Gf. v. Barcelona I 1928
Berengar Raimund, 2. B. Raimund II. I 1939
Berenguela, 3. B. (Berengaria), Kgn. v. León I 1941
Bernhard, 6. B., Gf. v. Besalú I 1985
Bernhard, 21. B., Ebf. v. Toledo I 1989
Bertha, 5. B. v. Sulzbach I 2023
Besalú I 2051
Bolanden, Herren v. II 356
Burchard, 15. B., Kaplan II 951
Caesarius, 2. C., Abt v. S. Cecilia de Montserrat II 1362
Carcassonne, II. Bistum II 1499
Carmen de gestis Frederici I imperatoris in Lombardia II 1511
Castellbó, Vgf. en v. II 1558
Cerdaña II 1628
Cerebrun II 1629
Clementia, 2. C. v. Zähringen II 2151
Conflent III 130
Corbeil, Vertrag v. III 222
Coria III 236
Coyanza, Konzil v. III 331
Cuxa III 398
Deutschland, D. Stauferzeit und Interregnum [Allgemeine und politische Geschichte] III 815
Dietrich (Theoderich), 13. D. v. Hengebach III 1026
Divisio Wambae III 1135
Drei Könige, III. 1. Die Dreikönigsverehrung und ihre Bedeutung für die Reichspolitik und das Erzbistum Köln III 1388
Eger, Goldbulle v. III 1606
Elne III 1851
Erbreichsplan III 2117
Ermessinde III 2157
Eulalia, 1. E., Märtyrerin in Barcelona IV 92
Eulalia, 2. E., Märtyrerin in Mérida IV 92
Eustachius, hl. IV 110
Felix, 8. F., Bf. v. Urgel IV 342
Felix, 9. F., Märtyrer IV 343
Friedrich, 1. F. I. (F. Barbarossa) IV 931
Friedrich, 29. F. v. Baden-Österreich IV 954
Gelnhäuser Urkunde IV 1207
Gerona IV 1351
Heinrich, 67. H. (V.) d. Ä., v. Braunschweig, rhein. Pfgf. IV 2076
Heinrich, 68. H. d. Löwe, Hzg. v. Sachsen und Bayern IV 2076
Heribert, 5. H., Ebf. v. Besançon IV 2155
Hieronymiten V 1
Hieronymus, 2. H. v. Salamanca V 4
Honor imperii V 119
Huerta, Sta. Maria de V 152
Husillos V 232
Husillos, Konzil v. V 232
Jakob, 1. J. I. 'der Eroberer' V 281
Jakob, 2. J. II. 'der Gerechte', Kg. der Krone Aragón V 282
Konrad, 3. K. III., dt. Kg. V 1339
Las Huelgas V 1719
Lavaix V 1769
Lodi, Konzil v. V 2069
Lucas, 1. L., Bf. v. Túy V 2152
Maria, 14. M. v. Montpellier VI 280
Mathilde, 6. M., Hzgn. v. Bayern und Sachsen VI 393
Mir Geribert VI 655
Miro, 2. M. II. d. Jüngere VI 666
Miro, 3. M. III. »Bonfill« VI 666
Miro, 4. Miro, Sohn Gf. Suñers I. VI 666
Miro, 1. M. I. d. Ältere VI 666
Nunyo Sanç VI 1317
Obarra VI 1329
Oca VI 1342
Oliba, 1. O. 'Cabreta' VI 1397
Oliba, 2. O. Bf. v. Ausona/Vic (Vich) VI 1397
Oña, S. Salvador de VI 1408
Osma VI 1495
Osona VI 1512
Pallars VI 1643
Pedro, 1. P., Infant v. Portugal VI 1851
Peter, 1. P. I., Kg. v. Aragón VI 1922
Peter, 2. P. II., Kg. v. Aragón VI 1923
Petronil(l)a, 1. P., Kgn. v. Aragón VI 1952
Poblet VII 29
Pontifikalien VII 96
Prades VII 141
Roussillon VII 1064
Staufer VIII 76

Theophanu VIII 664
Thron, B. I. Kirchlicher und weltlicher Bereich [Mittelalterlicher Westen] (mit Kreuzer, G.) VIII 739
Tiara VIII 759
Toledo, B. Erzbistum VIII 846
Toledo, C. Konzilien VIII 847
Valladolid VIII 1394
Vic VIII 1615
Vicecomes, II. 1. Katalonien VIII 1619
Wifred, 1. W. I., Gf. v. Cerdaña-Urgel IX 93
Wifred, 2. W. II. 'Borell', Gf. v. Barcelona, Gerona und Ausona IX 93

Engelsman-Siteur, Margot
Comburgse (Komburger) Handschrift III 69

Engemann, Josef
Akklamationsrichtung I 252
Apokalyptische Motive I 755
Apostel, B. Ikonographie I 786
Apotheose I 801
Balaam I 1360
Basilika (mit Binding, G., Wessel, K.) I 1526
Bedeutungsgröße (Bedeutungsmaßstab) I 1781
Begräbnis, Begräbnissitten, A. I. Frühchristentum I 1804
Beinschnitzerei (mit Elbern, V. H.) I 1821
Bema, 1. Die antike Erhöhung I 1854
Bilderverbot, II. Frühes Christentum II 152
Bildprogramm, I. Frühchristentum, lateinischer Westen im Mittelalter II 183
Buchrolle mit sieben Siegeln II 893
Bukolik, B. I. Spätantike und Frühchristentum [Bildende Kunst (Guter Hirte)] II 912
Chorschranken (mit Reinle, A., Wessel, K.) II 1890
Christusmonogramm II 1943
Christussymbole II 1947
Ciborium, 1. (Überdachung) II 2062
Clipeus II 2162
Daniel, I. Frühchristliche Kunst III 535
David, I. Abendländische Kunst III 596
Delphin, 2. Ikonographie III 684
Drache, A. Allgemein (mit Binding, G.) III 1339
Drache, F. I. Frühchristentum und westliches Mittelalter [Kunstgeschichte] (mit Binding, G.) III 1344
Dreifaltigkeit, II. 1. Frühchristliche Zeit [Darstellungen in der Kunst] III 1374
Drei Könige, II. 1. Frühchristliche Kunst III 1385
Einzug Christi in Jerusalem III 1748
Engel, -lehre, -sturz, D. I. Frühchristentum [Ikonographie] III 1911
Erddarstellung, 2. E. in der Kunst III 2127
Erscheinung des auferstandenen Christus, 1. Frühchristliche Zeit III 2186
Evangelisten, B. I. Frühchristentum [Ikonographie] IV 135
Evangelistensymbole, I. Frühchristentum IV 138
Ezechiel, 1. Frühchristentum IV 195
Fabelwesen, I. Quellen IV 208
Fabelwesen, II. Definitionen IV 209
Fabelwesen, III. Darstellungen IV 210
Fisch, -fang, -handel, A. II. Religionsgeschichtlich-symbolisch-kunsthistorisch [Fisch] IV 494
Fisch, -fang, -handel, B. IV. Darstellungen des Fischers und Fischfangs IV 501
Frauen am Grabe IV 874
Friedhof, A. Spätantike/Frühchristentum IV 923

Fußboden, -mosaik, I. Spätantike und frühes Christentum IV 1059
Gabriel (Engel) IV 1073
Ganymed IV 1106
Geburt Christi-Darstellungen, 1. Frühchristentum IV 1164
Gesetzesübergabe IV 1391
Geste IV 1411
Glas, -herstellung, II. Spätantike und Frühchristentum IV 1478
Goldglas IV 1546
Golgotha IV 1553
Grab, -formen, -mal, A. II. 1. Frühchristliche Zeit [Kunstgeschichte] IV 1623
Guter Hirt IV 1802
Hand Gottes IV 1902
Heilige, A. III. 1. Frühchristentum [Heiligendarstellung und -attribute; Westen] IV 2017
Herakles IV 2141
Himmelfahrt Christi, 1. Frühchristlich V 25
Höhle V 84
Ilias Ambrosiana V 379
Isokephalie V 699
Jakob, I. Christliche Theologie und Ikonographie V 280
Jesus Christus, I. Frühchristentum V 360
Johannes der Evangelist V 527
Johannes der Täufer, I. Frühchristliche Zeit; Abendland V 529
Jonas, atl. Prophet V 624
Judas V 780
Jünglinge im Feuerofen V 809
Kain und Abel, II. Ikonographie V 849
Kameo, 1. Definition, Spätantike und Frühchristentum V 881
Katakomben V 1053
Kindheitsgeschichte Jesu, I. Frühchristentum V 1151
Kreuz, Kruzifix, F. I. Frühchristentum [Ikonographie] V 1494
Kreuzigung Christi, I. Frühchristentum V 1502
Lämmerallegorie V 1629
Lampe, I. Frühchristentum V 1630
Laurentius, Märtyrer, II. Darstellung V 1758
Lazarus V 1774
Leben Christi, I. Frühchristentum V 1776
Locus amoenus, I. Spätantike V 2066
Lot V 2122
Mahldarstellungen VI 105
Maiestas Domini, I. Frühchristentum VI 111
Maria, hl., B. I. Frühchristentum [Ikonographie] VI 255
Martyrium, B. Archäologie, Ikonographie VI 356
Matthaeus, Apostel VI 396
Matthias, Apostel, Ikonographie VI 401
Medaillon, 1. Spätantike und Frühmittelalter VI 442
Melchisedech, I. Frühchristentum VI 491
Mosaik, I. Technik, Spätantike, Frühchristentum VI 851
Moses, B. II. Ikonographie [Christentum] VI 861
Nimbus VI 1194
Orans VI 1426
Orpheus VI 1476
Paradies, II. Ikonographie VI 1698
Parusie, II. Ikonographie VI 1747
Passion, C. I. Frühchristentum [Ikonographie] VI 1765
Paulus, 1. P., Apostel, III. Ikonographie VI 1821

Pelikan, II. Ikonographie VI 1865
Personifikation VI 1905
Petrus, 1. P., Apostel, II. Ikonographie VI 1956
Pfau, II. Ikonographie VI 2026
Pfingsten, IV. Ikonographie VI 2032
Phiale VI 2054
Philippus, Apostel VI 2084
Phoenix, II. Ikonographie VI 2106
Phylakterium VI 2110
Pilatus, Ikonographie VI 2147
Porträt, 1. Allgemein VII 114
Porträt, 2. Frühchristlich VII 114
Prometheus VII 247
Pyxis VII 340
Relief, I. Frühchristentum VII 687
Reliquiar, I. Frühchristentum VII 699
Reliquiengrab VII 704
Repräsentationsbild, I. Frühchristentum VII 745
Salome VII 1310
Salomo, D. Ikonographie VII 1313
Samariterin am Jakobsbrunnen VII 1338
Sarkophag, 1. Westen VII 1382
Saul VII 1403
Sibyllen VII 1831
Simon Magus, Ikonographie VII 1913
Sintflut VII 1931
Sonne, Sonne und Mond VII 2049
Sphinx VII 2099
Stab, I. 2. Frühchristentum und Spätantike [Kulturgeschichte und Ikonographie] VII 2160
Stadtansicht und Stadtbild, A. II. Frühchristentum [Westen] VIII 8
Stifterbild, I. Spätantike-Frühchristentum VIII 173
Sünde, »Sündenfall«, III. Ikonographie VIII 320
Susanna VIII 331
Symbol, I. Allgemein; Symbol und Allegorie in der Forschungsgeschichte; kunstgeschichtlicher Aspekt VIII 351
Synthronon VIII 380
Taufe Christi, I. Frühchristentum VIII 501
Tempel v. Jerusalem VIII 532
Tetramorph VIII 576
Thaddäus VIII 609
Thomas, Apostel VIII 698
Thron, A. Allgemein. Spätantike. Frühchristentum VIII 738
Thronbild VIII 743
Titulus, II. Frühchristliche Ikonographie VIII 816
Transenna VIII 937
Triton VIII 1024
Triumphbogen, I. Spätantike VIII 1027
Typologie, IV. Mittelalter VIII 1134
Verklärung Christi, I. Frühchristentum VIII 1542
Wandmalerei, A. Spätantike; Frühchristentum VIII 2012
Weihrauchgefäß, I. Frühchristentum VIII 2112
Wein, -rebe, -stock, 2. Ikonographie VIII 2131
Weltgerichtsdarstellung, I. Frühchristentum VIII 2172
Widder IX 63
Wunder, C. I. Frühchristentum [Ikonographie] IX 354
Zacharias, Prophet IX 434
Zacharias, Vater Johannes des Täufers IX 435
Zahlensymbolik, -mystik, A. X. Kunstgeschichte [Westen] IX 452

van Engen, John
Naturrecht VI 1050

Ennen, Edith
Abteistadt I 64
Ausbürger I 1246
Coniuratio III 135

Enzensberger, Horst
Abidelas, Michael I 41
Achimaaz v. Oria I 78
Adelheid, 3. A., Gfn. v. Sizilien I 146
Alexander, 32. A. v. Telese I 380
Assisen v. Ariano I 1123
Basilianer I 1523
Benevent, Vertrag v. I 1911
Bisantius II 228
Boioannes, Basilios II 351
Calculus Florentinus (Pisanus) II 1393
Canne, Schlacht v. II 1436
Capo Colonne, Schlacht v. II 1484
Capua, Assisen v. II 1491
Catalogus baronum II 1570
Christodulos, 1. Ch., Admiral II 1920
Civitate, Schlacht v. II 2116
Conversano (mit Kölzer, Th.) III 207
Delphina, Kalokyros III 684
Margarete, 13. M. (Margarita), Regentin des Kgr. es Sizilien VI 239
Matheus, 1. M. (v. Aiello) VI 390
Matthaeus, Matthäus, 5. M. Bonel VI 398

Epp, Verena
Fulcher v. Chartres IV 1015

Epperlein, Siegfried
Rodung VII 933
Wald, A. I. Mittel- und Westeuropa [Wirtschafts- und Siedlungsgeschichte] VIII 1940

Erb, Rainer
Rintfleisch-Verfolgung VII 858
Ritualmordbeschuldigung VII 879

Erdmann, Hanna
Kristall, -schnitt, II. Fatimidisch V 1535
Olifant VI 1397

Erfen-Hänsch, Irene
Busant, Der II 1115
Deutschordensliteratur III 917
Falkentraktate, III. Deutsche Literatur IV 242
Griseldis, III. Deutsche Literatur IV 1721
Literaturkritik, II. Deutsche Literatur V 2018

Erkens, Franz-Reiner
Lorcher Fälschungen V 2112
Philipp, 22. Ph. II., Ebf. v. Köln VI 2075
Rudolf, 2. R. I. (v. Habsburg), dt. Kg. VII 1072
Siegfried, 4. S. v. Westerburg, Ebf. v. Köln VII 1865
Wien, Friede v. IX 85

Erlande-Brandenburg, Alain
Château-Gaillard II 1767

Erlebach, Peter
Tagelied, IV. Englische Literatur VIII 430

Erlemann, Hildegard
Heiltumsbuch (mit Stangier, Th.) IV 2032

Ernst, Stephan
Glaube, -nsartikel, -nsbereitschaft IV 1492
Initium fidei V 424
Natürliche Theologie VI 1049
Versuchung VIII 1586
Werk VIII 2204
Wilhelm, 71. W. v. Conches IX 168

Ernst, Ulrich
Otfrid v. Weißenburg VI 1557

Ersland, Geir A.
Hovedøya V 142

van Esbroeck, Michel
Gregor, 16. G. der Erleuchter IV 1676
Jakob, 27. J. v. Sarug V 293
Johannes, 42. J. Mandakuni V 548
Johannitius (mit Schipperges, H.) V 616
Julianos, 1. J. Bf. v. Halikarnassos V 800
Syrien, I. Spätantike und frühchr.-byz. Kultur VIII 382
Thamar VIII 609
Theodor, 13. Th. Bar Koni VIII 631
Timotheos, 1. T. I., nestorian. Katholikos VIII 792
Wardan. 1. W. d. Große VIII 2041
Wardan, 2. W. Areweltsi VIII 2041
Yaḥyā, 2. Y. ibn Saʿīd al-Anṭākī IX 407

Esch, Arnold
Pius, 2. P. II., Papst (Enea Silvio de' Piccolomini) VI 2190

Escher, Felix
Eyb, Ludwig v., d. Ältere IV 188
Gans v. Putlitz, Edle IV 1105
Havelberg IV 1980
Johann, 23. J. I., Mgf. v. Brandenburg V 508
Johann, 25. J. Cicero, Kfs. v. Brandenburg V 508
Klaus, 1. K. v. Bismarck V 1194
Landbuch der Mark Brandenburg V 1642
Landbuch der Neumark V 1642
Lehnin V 1826
Märkischer Städtebund VI 306
Neumark VI 1101
Otto, 10. O. III., Mgf. v. Brandenburg VI 1573
Otto, 11. O. IV. 'mit dem Pfeil', Mgf. v. Brandenburg VI 1573
Otto, 12. O. V. d. Faule, Mgf. v. Brandenburg VI 1574
Pasewalk VI 1755
Prignitz VII 209
Quitzow VII 376
Uckermark VIII 1172
Wilsnack IX 219

van Ess, Josef
Alexander d. Große in Kunst und Literatur, B. X. Islamische Literatur I 365
Antichrist, A. II. Entsprechung im Islam [Theologie und Politik] I 705
Beschneidung, I. 2. Islam I 2058
Bibel, D. Bibel im Islam II 74
Tod, Sterben, II. 4. Islamischer Bereich [Theologie und religiöse Vorstellung] VIII 827

Eßer, Ambrosius
Cathala de Séverac, Jourdain II 1574

Johann, 47. J. v. Kṛna(y) V 517
Kalopheros, Johannes Laskaris V 878

del Estal, Juan M.
Denia III 695

Estepa Diéz, Carlos
León V 1884
San Isidoro de León VII 1171
Saldaña VII 1292
Santander VII 1368

Eugster, Erwin
Thurgau VIII 746

von Euw, Anton
Elfenbein, B. II. Okzident [Künstlerische Verwendung] III 1815
Registrum Gregorii VII 586
Reiner, 1. R. von Huy VII 665
Roger, 10. R. v. Helmarshausen VII 942
Walroßzahnschnitzereien VIII 1989

Ewert, Christian
Córdoba, II. 2. Archäologie und Baugeschichte [Stadt und Emirat/Kalifat in arabischer Zeit] III 232
Dach, I. Islamischer Bereich III 424
Granada, II. Baugeschichte IV 1649

Ewig, Eugen
Balthild I 1391
Chlodwig, 1. Ch. I. II 1863
Ebroin, 1. E., merow. Hausmeier III 1531

Eymann, Hugo S.
Eutropius, 3. E. Presbyter IV 121

Fábrega-Grau, Angel
Barcelona, II. Bistum I 1451
Cucufas III 365

Fahlbusch, Friedrich Bernward
Büdingen II 904
Clus II 2194
Corvey, 3. Stadt III 296
Dinkelsbühl III 1067
Duderstadt III 1437
Dumfries III 1449
Ebstorf III 1533
Eichsfeld III 1670
Elgin III 1820
Elisabeth, 15. E., Tochter Karls IV. III 1837
Ellwangen III 1849
Erbach III 2100
Eresburg III 2129
Everstein, Gf. en v. IV 142
Feuchtwangen IV 410
Forchheim, II. Stadt IV 633
Freie Städte IV 895
Gandersheim, II. Stadt IV 1103
Hameln IV 1890
Helmarshausen IV 2123
Helmstedt IV 2126
Herford IV 2152
Hoya, Gf. en v. V 143
Ingolstadt V 418

Kampen V 895
Kaufbeuren V 1082
Kempten V 1103
Klausenburg V 1195
Kulmbach V 1564
Lastadie V 1721
Laubengericht V 1750
Marsberg VI 324
Maschopei VI 363
Mergentheim VI 537
Minderformen, städtische VI 633
Mülhausen VI 894
Münster in Westfalen (mit Hergemöller, B.-U.) VI 914
Münster im Elsaß VI 917
Osnabrück, VI 1509
Ratssendeboten VII 468
Reutlingen VII 769
Rottweil VII 1055
Sate VII 1392
Schrange, Schranne VII 1552
Schweinfurt, I. Stadt VII 1640
Siechenhaus VII 1844
Soest VII 2021
Städtebund VIII 17
Stadtgründung VIII 21
Stadtherr VIII 21
Stadtsanierung VIII 26
Stiftsstadt VIII 178
Vorstadt VIII 1859
Warendorf VIII 2044
Weißenburg (Mittelfranken) VIII 2139
Wetzlar IX 52
Windsheim IX 235
Wismar IX 258

Falck, Ludwig
Mainz, A. II. Mittelalter [Stadt] VI 131

Falcón, M. Isabel
Calahorra II 1384
San Martín de Albelda VII 1179
San Millán de la Cogolla VII 1185

Falk, Alfred
Teller VIII 530

Falke, Rita
Athis und Prophilias, 1. Altfranzösisch I 1165

von Falkenhausen, Vera
Argyros I 925
Marianos, 1. M. Argyros VI 284

Falkenstein, Ludwig
Aachen (mit Meuthen, E.) I 1
Anselm, 10. A. v. St-Remi I 689

Falque, Emma
Historia Roderici V 44

Fantoni, Giuliana L.
Erasmo da Narni III 2093
Fiamma, Galvano IV 425

Farioli Campanati, Raffaella
Ravenna, II. Kunstgeschichtliche Bedeutung VII 484

Faroqhi, Suraiya
Ağa I 201
Bauer, Bauerntum, D. XV. Osmanisches Reich I 1604
Beg I 1798
Beglerbegi I 1804
Bennak I 1916
Defter III 636
Defterdār III 637
Dorf, H. II. Wirtschafts- und Sozialgeschichte [Arabischer und osmanischer Bereich] III 1309
Ernährung, C. Osmanisches Reich III 2175
Eškinği IV 15
Familie, F. II. Osmanischer Bereich IV 281
Finanzwesen, -verwaltung, C. Osmanisches Reich IV 473
Ğaba IV 1069
Handwerk, C. Arabischer und osmanischer Bereich IV 1917
Ḥisbā V 38
Isfendiyār oğullarī V 675
Karaman V 949
Karawane V 949
Karawanserei V 950
Kilikien, II. Osmanische Zeit V 1138
Kocaeli V 1244
Medina VI 447
Meḥmed, 2. M. II., 'der Eroberer', osman. Sultan VI 469
Mekka VI 489
Mevleviye VI 591
Muqataʿa VI 937
Orden, mystische VI 1430
Osmanen, Osmanisches Reich VI 1496
Pilger, C. Islamischer Bereich VI 2153
Polizei, IV. Muslimischer Bereich VII 65
Qānūnnāme VII 342
Randgruppen, III. Islam VII 437
Reʿāyā VII 497
Rūmī, Ğalāladdīn VII 1096
Salz, IV. Osmanisches Reich VII 1328
Ṣaruḫan VII 1385
Seide, C. Osmanisches Reich VII 1709
Serail VII 1774
Sklave, D. 3. Osmanisches Reich VII 1987
Steuer, -wesen, O. Osmanisches Reich VIII 162
Stiftung, III. Arabisch-osmanischer Bereich VIII 181
Textilien, C. Osmanisches Reich VIII 603
Timār VIII 790
Urkunde, -nwesen, D. Osmanisches Reich VIII 1322
Währung, III. Osmanischer Bereich VIII 1926
Zeʾamet IX 496
Zunft, -wesen, -recht, C. Osmanen IX 708

Fasola, Livia
Anselm, 4. A. V., Ebf. v. Mailand I 680
Ardengheschi I 913
Arduin v. Ivrea I 915
Aribert II., Ebf. v. Mailand I 926
Arnulf, 7. A. II., Ebf. v. Mailand I 1018
Arnulf, 12. A. v. Mailand I 1020
Biandrate, Gf. en v. II 39
Como III 95

Fasoli, Gina
Bologna, A. Allgemeine Stadt- und Bistumsgeschichte II 370
Borgo, borgo franco II 454

Bürger, Bürgertum, C. Italien II 1015
Epiphanius, Bf. v. Pavia III 2069
Ezzelino III. da Romano IV 196
Magnaten, I. Italien VI 93

Fatouros, Georgios
Choniates, 1. Ch., Michael II 1875

Faucon, Jean-Claude
Cuvelier, 1. C. (Autor) III 397

Favier, Jean
Aides I 234
Aides, Cour des I 234
Allivrement (mit Sprandel, R.) I 437
Armagnacs et Bourguignons I 962
Paris, A. Stadt VI 1705

Favreau, Robert
Lesterps V 1911
Lusignan, I. Haus VI 17
Marche, la VI 223
Niort VI 1198
Parthenay VI 1743
Poitiers VII 40
Poitou VII 45
Ramnulf, 1. R. I., Gf. v. Poitou VII 428
Ramnulf, 2. R. II., Gf. v. Poitou VII 429
Rochechouart VII 922
Saint-Jean d'Angély VII 1167
Saint-Jouin-de-Marnes VII 1170
Saint-Léonard-de-Noblat VII 1173
Saint-Maixent-l'École VII 1174
Saint-Pourçain-sur-Sioule VII 1195
Saint-Savin-sur-Gartempe VII 1202
Saintes VII 1260
Saintonge VII 1261
Thouars VIII 735

Fedalto, Giorgio
Dominikaner, Dominikanerinnen, B. IX. Südosteuropa und asiatische Missionsgebiete III 1217
Dominikaner, Dominikanerinnen, B. X. Östlicher Mittelmeerraum III 1218
Franziskaner, B. X. Südosteuropa und Asien IV 819
Franziskaner, B. XI. Östlicher Mittelmeerraum IV 820
Unitores VIII 1243

Federici Vescovini, Graziella
Blasius, 1. B. v. Parma II 265

Fédou, René
Lyon, II. Karolingerzeit VI 41
Lyon, III. Kirchliches und religiöses Leben vom späten 10. bis zum frühen 14. Jh VI 42
Lyon, IV. Die Stadt des 11.–14. Jh. VI 43
Lyon, V. Krisen und Erneuerung (Mitte 14.–Ende 15. Jh.) VI 45

Feenstra, Robert
Orléans, III. Rechtsschule/Universität (mit Duynstee, M. C. I. M.) VI 1464

Fees, Irmgard
Savi VII 1411

Fehn, Klaus
Ackerbürgerstadt I 81
Alm, I. Almwirtschaft I 443
Brink II 694

Feige, Peter
Batalha, Santa Maria da Vitória I 1548
Beatrix, 3. B. v. Portugal I 1743
Beatrix, 4. B. v. Kastilien I 1744
Belmonte, Santa María de I 1852
Braganza, Herzöge v. II 543
Carracedo II 1524
Cavaleiro, Estêvão II 1593
Celanova II 1601
Chronica Adefonsi Imperatoris II 1952
Dinis, 1. D., Kg. v. Portugal, 1. Politische Tätigkeit III 1064
Dinis, 2. D., Infant III 1066
Eduard, 11. E. (Duarte), Kg. v. Portugal, 1. Politische Tätigkeit III 1594
Ferdinand, 9. F. I., Kg. v. Portugal IV 367
Ferrer, 1. F., Bonifacio IV 394
Ferrer, 2. F., Vicent(e) IV 395
Grijó, S. Salvador de IV 1713
Heinrich, 65. H. v. Burgund, Gf. v. Portugal IV 2075
Johann, 12. J. I. 'd. Große', Kg. v. Portugal V 502
Johann, 13. J. II., Kg. v. Portugal V 504
Johann, 14. J., Infant v. Portugal V 504
Johann, 15. J., Infant v. Portugal, Sohn Johanns I. V 505
Johann, 50. J. das Regras V 519
Johanna, 3. J. v. Portugal, Kgn. v. Kastilien V 521
Lamego V 1628
Lei das Sesmarias V 1863
Leiria V 1862
Leis geraes V 1863
Livros de Linhagens V 2054
Lorvão V 2120
Lugo V 2205
Manuel, 3. M. I., Kg. v. Portugal VI 210
Ordenações Afonsinas VI 1430
Ourem, Alfons VI 1591
Ourique, Schlacht v. VI 1591
Paço de Sousa VI 1611
Pessagna, Pessagno VI 1915
Peter, 11. P. I., Kg. v. Portugal VI 1930
Porto VII 113
Raimund, 7. R. v. Burgund, Gf. v. Galicien VII 408
Retuerta VII 765
Sahagún VII 1258
San Martín de Dumio VII 1180
Sanches, Afonso VII 1350
Sancho, 15. S. I., Kg. v. Portugal VII 1359
Sancho, 16. S. II., Kg. v. Portugal VII 1360
Santa Cruz de Coimbra VII 1143
Santarém VII 1369
Santarém, Friede v. VII 1369
Setúbal VII 1801
Silva, Familie VII 1903
Silva, Stephan da (Estêvão Soares da) VII 1903
Silves VII 1904
Sousa VII 2065
Teresa, 2. T., Gfn. v. Portugal VIII 551
Traba VIII 926
Túy VIII 1124
Túy, Vertrag v. VIII 1125
Villar de Frades VIII 1679

Viseu VIII 1728
Windsor, Vertrag v. (1386) IX 237
Zamora, Konferenz v. IX 473

Felber, Howard L.
Beni-Gómez I 1914

Fell, Christine E.
Dunstanus saga III 1464

Felten, Franz J.
Cas royaux (mit Bautier, R.-H.) II 1537
Cadouin II 1341
Chezal-Benoît II 1806
Épernay, Reichstag v. III 2047
Erstein III 2189
Étival, St-Pierre d' IV 58
Ettenheimmünster IV 60
Eußerthal IV 109
Fontfroide IV 629
Laienabt V 1617
Longpont, 1. L., Priorat V 2108
Longpont, 2. L., OCist-Abtei V 2108
Priorat VII 217
Chèvremont II 1805

Fenning, Hugh
Dominikaner, Dominikanerinnen, B. IV. Schottland und Irland III 1211

Feo, Michele
Bombace (Bombasius), Paolo II 389
Bonaccorso v. Pisa II 393
Bonfini, Antonio II 411
Elegienkomödie III 1796
Jeremias, 2. J. de Montagnone V 350
Richard, 35. R. v. Venosa VII 827

Ferjančić, Božidar
Časlav Klonimirović II 1548
Despot III 733
Domagoj III 1175
Gabriel, 1. G. Radomir IV 1073
König, Königtum, K. Südosteuropa V 1323
Michael, 14. M. I. Viševič, Archont v. Zahumlje VI 601
Momčilo VI 727
Muncimir VI 898
Mutimir VI 975
Pavle Branović VI 1838
Petar, 2. P. Gojniković, serb. Herrscher VI 1921
Prosek VII 264
Prvoslav VII 294
Stefan, 6. S. Radoslav, Kg. v. Serbien VIII 87
Stefan, 12. S. Dušan, Kg. v. Serbien VIII 90
Symeon, 2. S. Palaiologos, Herrscher v. Thessalien VIII 361
Velbužd VIII 1449
Vlastimir VIII 1807
Zaharije Prvoslavljević IX 443

Ferluga, Jadran
Adria (mit Manselli, R.) I 166
Archon I 911
Argyroi I 924
Byzantinisches Reich, D. Byzanz und das südöstliche Europa II 1275
Charsianon II 1736
Choniates, 2. Ch., Niketas II 1875
Chronik von Morea II 2029
Dalmatien, II. Geschichte und Wirtschaftsgeschichte im Mittelalter III 444
David, 9. D. Dis(h)ypatos III 605
Deabolis, 2. Byzantinische Festung III 609
Deabolis, Vertrag v. III 609
Demetrios, 1. D. Palaiologos III 689
Demetrios, 2. D. v. Montferrat III 690
Didymoteichon, 1. Byzantinische Periode III 984
Diözese, II. Byzantinisches Reich III 1098
Drau III 1368
Drungarios III 1416
Edessa, 1. E., Stadt in Makedonien III 1565
Edessa, 2. E., Stadt und Gft. in der heutigen sö. Türkei III 1567
Ekthesis nea III 1774
Ekthesis pisteōs III 1774
Ephesos, I. Stadtgeschichte in spätantiker und byzantinischer Zeit III 2048
Eudokia, 3. E. Makrembolitissa IV 74
Eudokia, 4. E., byz. Prinzessin und Ksn. IV 75
Eunapios v. Sardes IV 97
Eunuchen, II. Spätantike und Byzanz IV 100
Exarch, Exarchat IV 151
Exkubiten IV 170
Gottfried, 20. G. der Mönch IV 1604
Istrien, B. Geschichte V 701
Mardaiten VI 229
Maximianus, 2. M., Bf. v. Ravenna VI 420
Melingoi VI 494
Narentaner VI 1023
Nikephoritzes VI 1155
Nikephoros, 3. N. III. Botaneiates, byz. Ks. VI 1157
Odeljan, Peter VI 1346
Phokas, byz. Ks. VI 2108

Fernández Catón, José M.
Cixila, 2. C. II., Bf. v. León II 2118

Fernández Conde, Francisco J.
Cangas de Onís II 1434
Cornellana, S. Salvador de III 244
Gutierre v. Toledo IV 1804

Fernández Martin, Luis
Berenguela, 4. B. (Berengaria), Infantin und Señora des Kl. Las Huelgas I 1942

Fernández Serrano, Francisco
Badajoz I 1336

Fernández Suárez, Luis
Briones, Vertrag v. II 695

Ferrali, Sabatino
Atto, 1. A., Bf. v. Pistoia I 1180

Ferrer i Mallol, Maria Teresa
Canfranc, Vertrag v. II 1434

Feulner, Hans-Jürgen
Petrusliturgie VI 1989
Präsanktifikatenliturgie VII 152
Prosphora VII 266
Sonntag der Orthodoxie VII 2050

Theotokarion VIII 675
Triodion VIII 1015
Trishagion VIII 1019
Weihrauch, 2. Liturgischer Gebrauch in den Ostkirchen
   VIII 2111

Février, Paul-Albert
Aix-en-Provence I 247
Antibes I 702
Apt (Apta) (mit Bautier, R.-H.) I 817

Fichtenau, Heinrich
Arenga I 917

Fichtner, Gerhard
Christus medicus II 1942

Fiebig, Annegret
Sachsenheim, Hermann v. VII 1239

Figala, Karin
Arnold, 17. A. v. Bamberg I 1004

Filip, Václav
Fabelwesen, IV. Heraldik IV 210
Lilie, Heraldik V 1984
Löwe, 3. Heraldik V 2142
Panther VI 1659
Pavillon VI 1838
Pelzwerk VI 1868
Schraffierung VII 1551
Standarte VIII 53
Wappen VIII 2031
Wappenbrief VIII 2034
Wappenbuch, -rolle VIII 2035
Wappenverleihung VIII 2035

Finkenzeller, Josef
Offenbarung VI 1368

Finnegan, Jeremy
Bokenham, Osbern II 356
Bradshaw, Henry II 538

Finoli, Anna M.
Andreas, 9. A. Capellanus, I. Theorien über Verfasser und Werk (mit Karnein, A.) I 604
Art d'aimer I 1056

Finster, Barbara
Brunnen, D. I. Brunnen im arabisch-islamischen Bereich
   II 782

Fischer, Balthasar
Engelamt III 1914

Fischer, Eugen H.
Absolution I 57

Fischer, Klaus-Dietrich
Marcellus Empiricus VI 221
Oreibasios, 2. Lat. Übersetzungen VI 1445
Philaretos VI 2054
Physica Plinii VI 2111
Soran im Mittelalter VII 2055
Theodorus Priscianus VIII 641
Tiermedizin (mit Schäffer, J.) VIII 774

Vindicianus, Helvius VIII 1702

Fischer, Rainald
Appenzell I 806

Flachenecker, Helmut
Schottenklöster VII 1543

Flanagan, Marie-Therèse
Book of Leinster II 441
Dermot mac Murrough III 710

Fleckenstein, Josef
Adalhard, 1. A., Abt v. Corbie I 105
Admonitio generalis I 156
Agnatio I 211
Apokrisiar, 2. Im lat. Westen I 759
Bibliothecarius, II. 2. Fränkischer Bibliothecarius palatii
   II 112
Bildungsreform Karls des Großen II 187
Brun, 3. B. I., Ebf. v. Köln II 753
Capitula missorum II 1480
Clausula de unctione Pippini II 2134
Cognatio III 21
Divisio regnorum v. 806 III 1133
Einhard III 1737
Franken, Frankenreich, B. II. Karolingerzeit [Allgemeine und politische Geschichte. Verfassungs- und Institutionengeschichte] IV 703
Fulrad, Abt v. St.-Denis IV 1024
Gisela, 1. G. (Ghysela) IV 1464
Gisela, 2. G. (Gisla) IV 1464
Godehard IV 1531
Hausmeier IV 1974
Helisachar IV 2121
Hemma, 1. H. IV 2128
Hofkapelle, I. Allgemein, Frankenreich, Deutsches Reich V 70
Hugo, 4. H. (Hugus) V 159
Judith, 1. J., Ksn. V 797
Kapellan V 930
Karl, 2. K. (I.) d. Große, A. Leben und Persönlichkeit
   V 956
Liutgard, 1. L., Kgn. V 2040
Ludwig, 1. L. (I.) d. Fromme, Ks. V 2171
Maifeld VI 113
Märzfeld VI 361
Missus, Missaticum VI 679
Ordinatio imperii v. 817 VI 1434
Pippin, 3. P. III. (d. Jüngere), Kg. der Franken VI 2168
Proceres, p. regni VII 235
Ricbod VII 807
Ritter, -tum, -stand, I. Allgemein und Mitteleuropa
   VII 865

Fleischer, Cornell H.
Homosexualität, III. Islamischer Bereich V 115

Fleith, Barbara
Legenda aurea, B. II. Frankreich [Überlieferung und Rezeption] V 1797

Flemming, Barbara
Aḥmedī I 232
Aqsarāyī, Karīm ad-Dīn Maḥmūd b. Muḥammad
   I 824
Aydïn Oġullarï I 1313

Bešīr Čelebi I 2064
Bihištī, Aḥmed Sinān Čelebi II 144
Chronik, S. II. Osmanische Chronistik II 2027
Ḍursun Beg III 1484
Enverī III 2029
Faḫrī, Faḫreddīn Yaʿqūb b. Meḥmed IV 233
Ġazavāt-name-i Sulṭān Murād IV 1151
Geschichtskalender IV 1382
Historiographie, D. II. Osmanischer Bereich V 54
Ibn Bībī V 314
Idrīs-i Bidlīsī V 327
Kemāl, Sarīġa V 1101
Kemālpašazāde, Šemseddīn Aḥmed b. Süleymān V 1101
Nešrī VI 1097
Šeyḫī, Yūsūf Sinān VII 1820
Šükrullāh b. Šihāb ed-Dīn VIII 298
Sūzī Çelebi VIII 340

Flesch, Stephan
Tholey VIII 697
Wendelin VIII 2181

Fleuriot, Léon
Bretonische Sprache und Literatur II 632

Flüeler, Christoph
Illuminationstheorie V 380

Flusin, Bernard
Euphemia v. Chalkedon IV 102
Melania, 1. M. d. Ä. VI 490
Melania, 2. M. d. J., hl. VI 490
Orestes VI 1449

de Fluvià i Escorsa, Armand
Cabrera II 1331

Fodale, Salvatore
Duca di Monteleone, Diurnali del III 1435
Eleonore, 3. E. v. Sizilien, Kgn. v. Aragón III 1805
Enghien, Maria d' III 1923
Enna III 2014
Friedrich, 7. F. III. (II.) v. Aragón, Kg. v. Sizilien IV 944
Friedrich, 8. F. IV. (III.) v. Aragón, Kg. v. Sizilien IV 945
Georg, 8. G. v. Antiochien IV 1279
Johanna, 10. J. I. v. Anjou, Kgn. v. Neapel V 524
Johanna, 11. J. II. v. Anjou-Durazzo, Kgn. v. Neapel V 525
Karl, 20. K. II. v. Anjou, Kg. v. Sizilien (Neapel) V 985
Karl, 21. K. III. v. Anjou-Durazzo, Kg. v. Neapel V 985
Ladislaus, 1. L. v. Anjou-Durazzo, Kg. v. Neapel und Ugarn V 1609
Lentini, Alaimo da V 1873
Malta VI 180
Margarete, 11. M. (Margherita) v. Durazzo, Kgn. v. Sizilien VI 237
Maria, 10. M. v. Ungarn, Kgn. v. Sizilien VI 278
Palermo VI 1637
Richard, 28. R. Palmer VII 824
Robert, 63. R. v. Selby VII 911
Sciacca VII 1652
Sizilien, B. II. Herrschaft der Anjou und Aragón [Königreich Sizilien] VII 1960
Stephan, 28. S. de Perche VIII 123

Fögen, Marie Theres
Staat, B. Byzanz VII 2156

Folkerts, Menso
Alkuin, III. Die A. zugeschriebene mathematische Schrift I 419
Beda Venerabilis, II. Beda als lateinischer Schriftsteller (mit Becker, W.) I 1775
Bernelinus I 1981
Bianchini, Giovanni II 38
Boethius, II. 2. Schriften zur Mathematik II 314
Dominicus, 2. D. de Clavasio III 1186
Heytesbury, William IV 2206
Kopernikus, Nikolaus V 1435
Kreisquadratur V 1485
Leonardo, 1. L. Cremonensis V 1893
Mathematik, I. Ursprünge; Spätantike (mit Neuenschwander, E.) VI 381
Mathematik, II. Byzanz (mit Neuenschwander, E.) VI 382
Mathematik, IV. Abendland (mit Neuenschwander, E.) VI 285
Meldis, Galfredus de VI 492
Oresme, Nicole, II. Naturwiss. Bedeutung VI 1448
Paulus, 11. P. v. Middelburg VI 1827
Peuerbach, Georg v. VI 1990
Rechenkunst, -methoden, Rechenbücher (mit Neuenschwander, E.) VII 502
Tafeln, astronomische und mathematische, II. Mathematische Tafeln VIII 420
Trigonometrie (mit Lorch, R.) VIII 1006
Visierkunst VIII 1729
Walter, 9. W. Brytte VIII 1994
Witelo IX 264
Zahlsysteme, -zeichen, I. Allgemein; West- und Mitteleuropa IX 457

Folz, Robert
Cauliten II 1579
Moutiers-St-Jean VI 877

Fonseca, Cosimo D.
Augustiner-Chorherren I 1219
Bicchieri, Guala II 125

Fontaine, Jacques
Felix, 10. F. v. Nola IV 343
Hilarius, 3. H., hl., Bf. v. Poitiers V 9
Isidor, 5. I. v. Sevilla V 677
Ligugé V 1978
Sulpicius, 1. S. Severus VIII 301

Fontanella, Lucia
Del Carretto, 2. D. C., Galeotto III 667

Foreville, Raymonde G.
Canterbury-Wallfahrt II 1455

Forey, Alan J.
Sankt Thomas v. Akkon VII 1204

Fornasari, Giuseppe
Fonte Avellana IV 622

Petrus, 2. P., Ebf. v. Amalfi VI 1958
Petrus, 32. P. Damiani VI 1970

Forstner, Martin
Kalif, Kalifat V 868

Fößel, Amalie
Religionsgespräche, III. Religionsgespräche zwischen katholischer Kirche und Häretikern VII 693

Fossier, François
Chronique des quatre premiers Valois II 2033

Fossier, Lucie
Argenteuil I 923
Landesausbau und Kolonisation, II. Westeuropa V 1646
Paris, C. Abteien und Stifte VI 1714
Val-des-Écoliers VIII 1369
Vaux-de-Cernay VIII 1438

Fossier, Robert
Abbeville I 14
Abgaben, II. Westeuropa I 34
Agrarium I 218
Aire-sur-la-Lys I 245
Amiens I 533
Ardres I 915
Arras I 1026
Artois I 1072
Athies (Attegia) I 1165
Bauer, Bauerntum, D. III. Frankreich und Westeuropa I 1576
Beaumont-en-Argonne, Loi de I 1758
Beathune I 2084
Bordage II 446
Boulogne-sur-Mer (mit Bautier, R.-H.) II 499
Cambrai, I. Stadt und Grafschaft II 1407
Cambrai, II. Bistum und Klöster II 1408
Chartier, 2. Ch., Jean II 1744
Kastellanei, I. Allgemein West- und Mitteleuropa V 1036

Foulet, Alfred
Joinville, 2. J., Je(h)an de V 620

Fouquet, Gerhard
Käse V 1029
Koch V 1244
Konservierung V 1370
Milch VI 621
Schmalz VII 1501
Ziegelei, Ziegler IX 602
Zwiebel IX 733

Fourlas, Athanasios A.
Abydos I 70
Agathias I 203
Akropolites, Georgios I 254
Alexander, 33. A. v. Tralleis I 381
Alexios, 6. A. Studites I 387
Anna, 2. A. Komnene I 654
Athos, 1. A. Geschichte I 1168
Attaleiates, Michael I 1177
Beizjagd, 2. Byzanz I 1826
Chronik v. Epeiros II 2029
Demetrios, 6. D. v. Lampe III 691

Fournier, Gabriel
Aigueperse I 236
Auvergne, I. Geschichte I 1276
Bourbon, II. 1. Die Anfänge [Herrschaft/Herzogtum] II 503
Bourbon, III. Stadt und Residenz Bourbon-l'Archambault im Spätmittelalter II 504
Brioude II 696
Brühl, 2. Frühmittelalter II 751
Burgus II 1099
Clermont, 1. C. (Clermont-Ferrand) II 2153
Clermont, 1. C., Synode v. II 2159
Conques III 142
Dauphiné d'Auvergne III 592
Figeac IV 438
Forez IV 634
Gévaudan IV 1418
Issoire V 699
La Chaise-Dieu V 1605
Le Puy V 1904
Mende VI 514
Montpensier VI 817
Mozat VI 881
Obazine VI 1329
Riom VII 860
Roanne VII 882
Rodez VII 928
Saint-Chaffre-du-Monastier VII 1138
Sauxillanges VII 1407
Thiers VIII 693
Velay VIII 1449
Wido, 7. W., Bf. v. Le Puy IX 70

Fowler, David C.
Ballade, B. II. 4. Mittelenglische Literatur I 1387

Fowler-Magerl, Linda
Ordo iudiciarius VI 1441

François, Michel
Abonnement (Abornement) I 49
Adoubement I 165
Amt, V. Die Struktur der königlichen Ämter im spätmittelalterlichen Frankreich I 553

Frank, Isnard W.
Beichtformeln, B. Lateinische Literatur I 1813

Frank, Karl Suso
Abt (mit Dammertz, V.) I 60
Abtei I 62
Anachoreten I 566
Antonius, 6. A. der Eremit, 1. Leben (mit Kraft, H.) I 731
Antonius, 6. A. der Eremit, 2. Verehrung im Mittelalter (mit Mischlewski, A.) I 731
Athanasios, 4. A. Athonites I 1161
Breviarius de Hierosolyma II 640
Cassian(us), Johannes II 1550
Catalogus Felicianus II 1571
Catalogus Liberianus II 1572
Chromatius II 1952
Chronograph von 354 II 2035
Claudianus, 2. C. Mamertus II 2131
Claudius, 1. C. Marius Victor II 2131
Clemens, 1. C. I., hl., Bf. v. Rom II 2138
Coelestin, 1. C. I. (hl.) III 4

Collectio Avellana   III 36
Collectio Palatina   III 36
Consultationes Zacchaei   III 181
Dalmatios   III 458
Damasus, 1. D. I., Papst   III 469
Damianos   III 473
Diadochus v. Photike   III 934
Dorotheos, 5. D. v. Gaza   III 1321
Eirenaios v. Tyros   III 1748
Epiphanios, 2. E. Scholastikos   III 2068
Eremitentum, mittelalterliches   III 2129
Eugenios, 2. E., Mönch und Wundertäter   IV 83
Eugenius, 3. E., Bf. v. Karthago   IV 84
Eusebios, 4. E. v. Kaisereia   IV 106
Eusebius, 2. E., Bf. v. Vercelli   IV 108
Eustochium   IV 117
Evagrios, 1. E. v. Antiochia   IV 126
Evagrios, 2. E. Pontikos   IV 126
Evagrios, 3. E. Scholastikos   IV 127
Facundus v. Hermiane   IV 225
Fastidius   IV 312
Faustus, 1. F. v. Riez   IV 320
Faustus, 2. F. v. Mileve   IV 321
Firmus v. Caesarea   IV 493
Flavian(os), 1. F., Bf. v. Antiochia   IV 536
Flavian(os), 2. F., Bf. v. Konstantinopel   IV 536
Gaudentius, 1. G., Bf. v. Brescia   IV 1142
Gennadius v. Marseille   IV 1234
Gregor, 17. G. v. Elvira, Bf. v. Elvira   IV 1676
Gregor, 22. G. v. Nyssa   IV 1678
Gregor, 30. G. v. Nazianz   IV 1684
Gregorios, 1. G. v. Antiocheia, Patriarch v. Antiocheia   IV 1689
Hesychios, 1. H. v. Jerusalem   IV 2196
Hesychios, 2. H. v. Milet   IV 2196
Hieronymus, 1. H., Kirchenlehrer, 1. Leben   V 2
Hieronymus, 1. H., Kirchenlehrer, 2. Werke   V 3
Hilarion, 1. H. v. Gaza   V 7
Hilarius, 1. H., hl., Papst   V 8
Hippolytus v. Rom   V 33
Historia Monachorum in Aegypto   V 43
Honoratus, 2. H., Bf. v. Marseille   V 118
Hypat(h)ios, 4. H., hl., Archimandrit   V 249
Irenäus, 1. I. v. Lyon   V 644
Isidor, 4. I. v. Pelusion   V 677
Johannes, 40. J. Eleemosynarius   V 547
Johannes, 44. J. II. v. Jerusalem   V 548
Johannes, 82. J. Chrysostomos   V 563
Johannes, 94. J. Diakrinomenos   V 570
Johannes, 127. J. v. Karpathos   V 583
Johannes, 146. J. der Mönch   V 590
Johannes, 179. J. v. Skythopolis   V 606
Julianus, 4. J. Pomerius   V 803
Junilius Africanus   V 810
Justinus, 1. J.   V 823
Juvencus (Vettius Aquilinus)   V 832
Katechumenen   V 1062
Kirchenväter, I. Begriff   V 1185
Koinobiten   V 1250
Kyrillos, 3. K. v. Skythopolis   V 1600
Laudes Domini   V 1753
Laurentius, 8. L. Mellifluus   V 1761
Lazarus v. Pharpi   V 1775
Lucianus, 2. L. v. Samosata   V 2159
Lucifer v. Cagliari   V 2162
Macrobius, 2. M., donatist. Bf.   VI 64
Makarios, 2. M. d. Ä.   VI 152

Makarios, 3. M. d. J.   VI 152
Marcus, 2. M. Eremita   VI 228
Marius, 2. M. Mercator   VI 296
Maximinus, 2. M., Bf. einer arian. Gemeinde in Illyrien   VI 424
Maximus, 3. M., Bf. v. Turin   VI 427
Minucius Felix   VI 653
Nicetas   VI 1127
Noviziat, 1. Östliches Mönchtum   VI 1311
Pachomios   VI 1607
Palladios   VI 1642
Pamphilus   VI 1648
Paschasius, 1. P., Mönch v. San Martín de Dumio   VI 1754
Patristik   VI 1793
Paula, röm. Aristokratin   VI 1811
Paulos, 5. P. v. Theben   VI 1818
Pelagius, 3. P., altkirchl. Theologe   VI 1860
Primasius   VII 210
Rasophat   VII 448
Schweigegebot   VII 1639
Serapion, 1. S. v. Thmuis   VII 1776
Simplicianus   VII 1926
Symeon, 9. S. v. Mesopotamien   VIII 364
Syneisakten   VIII 372
Testamentum Domini Nostri Jesu Christi   VIII 573
Thalassios   VIII 609
Theodoros, 5. Th., Bf. v. Pharan   VIII 637
Theodoros, 6. Th. v. Raithu, Abt v. Raithu   VIII 637
Theodoros, 12. Th. Lector (Anagnostes)   VIII 639
Theodosios, 2. Th., Patriarch v. Alexandria   VIII 643
Theodosius, 4. Th. Archidiaconus   VIII 646
Theodotos, 1. Th., Bf. v. Ancyra   VIII 647
Theophilos, 3. Th., Bf. v. Kastabala   VIII 665
Victricius   VIII 1630
Vigilantius   VIII 1658
Vigilius, 1. V., Papst   VIII 1658
Vincentius, 4. V. v. Lérins   VIII 1701
Wüste   IX 382
Zacharias, 3. Z. v. Gaza   IX 436

Fransen, Gérard
Gesetzgebung, A. Kirchliche Gesetzgebung   IV 1392

Frantzen, Allen J.
Bußbücher, III. Frühe volkssprachliche Übersetzungen   II 1122
Descent into Hell   III 719
Resignation   VII 758

Franz, Ansgar
Plenar   VII 19
Quatember   VII 357
Römischer Ritus   VII 1013
Wortgottesdienst   IX 338

Fray, Jean-Luc
Jakob, 17. J. v. Lothringen, Bf. v. Metz   V 289
Johann, 31. J. I. v. Lothringen   V 511
Johann, 32. J. II., v. Lothringen   V 512
Matthaeus, Matthäus, 1. M. I., v. Lothringen   VI 396

Fredeman, J. C.
Capgrave, John   II 1471

Freedman, Paul
Ius maletractandi   V 817

Freeman, Ann
Libri Carolini V 1953

Freimark, Peter
Ahasver(us) I 230
Akzente (mit Bruckner, A.) I 259
Apostasie, III. Judentum I 780
Aramäische Sprache I 867
Bad, B. III. Judentum I 1334
Beschneidung, I. 1. Judentum [Mittelalter] I 2058
Chronologie, E. Historische Chronologie: Jüdische Zeitrechnung II 2046

Freise, Eckhard
Fontenelle, St-Wandrille de IV 624
Genealogie IV 1216
Liudger, hl. V 2038

Frenken, Ansgar
Gregor, 14. G. XII., Papst IV 1674
Johannes, 39. J. XXIII., Papst V 546
Sacrosancta VII 1248

Frenz, Thomas
Abbreviator I 16
Anulus piscatorius I 739
Auscultator I 1247
Breve II 636
Bullaria, Bullator II 931
Bulle, II. Päpstliche Bulle II 934
Computator III 107
Distributor, Distributio III 1129
Echtheit, 2. Papsturkunden III 1545
Executor IV 160
Expeditio IV 183
Heraldik, I. Allgemeines: West- und Mitteleuropa IV 2142
Judikatur V 795
Kammer, Kämmerer, III. Königreich Sizilien V 887
Kammer, Kämmerer, IV. Apostolische Kammer V 888
Kanzlei, Kanzler, B. 2. Im 13. Jahrhundert [Päpstliche Kanzlei] V 922
Kanzlei, Kanzler, B. 3. Avignoneser Zeit und Avignonesische Obödienz des Schismas [Päpstliche Kanzlei] V 923
Kanzlei, Kanzler, B. 4. Römische Obödienz und Konzilsobödienz [Päpstliche Kanzlei] V 924
Kanzlei, Kanzler, B. 5. Von Martin V. bis zu Paul II. [Päpstliche Kanzlei] V 924
Kanzlei, Kanzler, B. 6. Von Sixtus IV. bis zur Neuzeit [Päpstliche Kanzlei] V 924
Kanzlei, Kanzler, B. 7. Konzilien [Päpstliche Kanzlei] V 925
Litterae, I. Päpstliche Litterae V 2022
Motu proprio VI 874
Notar, Notariat, D. Päpstliche Notare VI 1275
Papstbriefe VI 1685
Papsturkunden VI 1688
Parcus major, parcus minor VI 1702
Petent, 2. Päpstliches Urkundenwesen VI 1922
Pfalznotar VII 2018
Poenitentiar VII 35
Privileg(ien), I. 2. Päpstliche Privilegien [Urkundenwesen] VII 225
Procurator, III. Päpstliche Kurie VII 238
Receptor VII 501
Referendar, II. Päpstlicher Referendar VII 541
Regens cancellariam VII 563
Reskribendar VII 758
Reskripte VII 759
Sekretär, III. Papsttum VII 1723
Sekretbrief VII 1724
Siegel, II. Siegel der Päpste und Konzilien VII 1850
Signatur, päpstliche VII 1888
Skriptor VII 1991
Sollicitatores litterarum apostolicarum VII 2035
Steuer, -wesen, E. Papsttum VIII 149
Subsidien VIII 274
Summator VIII 314
Taxe, Taxgebühr, päpstliche VIII 514
Urkunde, -nwesen, A. II. Papsttum VIII 1302
Vizekanzler, II. Päpstliche Kanzlei VIII 1788

Freund, Stephan
Schlitpacher, Johannes v. Weilheim VII 1490

Fried, Pankraz
Antoniusorden, 2. Antoniusritterorden (mit Liebhart, W.) I 735
Augsburg, IV. Klöster und Stifte I 1215
Bayern, B. Das Stammesherzogtum des Früh- und Hochmittelalters I 1698
Bayern, C. V. 2. Siedlungs- und Agrargeschichte [Spätmittelalter] I 1709
Codex Falkensteinensis II 2204
Dachau, Gf.en v. III 425
Dießen III 1013
Dillingen, I. Stadt III 1053
Ettal IV 59
Hofmark V 74
Landsberg am Lech V 1674
Lech, südl. Nebenfluß der Donau V 1785
Magnus (Magnús), 1. M., hl. VI 96
Rasso, hl. VII 449
Schwaighof VII 1610
Simpert VII 1925
Wicterp IX 63

Friel, Jan
Flotte, B. III. England IV 587

Frioli, Donatella
Rimini VII 852
Severus, 4. S. v. Ravenna VII 1807

Fritz, Johannes M.
Dalhoff, Johannes III 441

Fritze, Wolfgang H.
Abodriten, II. Geschichte I 48
Geographus Bavarus IV 1269
Gottschalk, 1. G., Fs. der Abodriten IV 1610
Lutizen VI 23

Fritzsche-Laipple, Gabriele
Meister v. Hohenfurth VI 483
Meister v. Wittingau VI 486
Theoderich, 9. Th., Maler in Prag VIII 625

Fry, Donald K.
Beda Venerabilis, III. Beda und die altenglische Literatur I 1778
Beowulf (mit Steppe, W.) I 1925

Brunanburh (mit Steppe, W.) II 757
Cædmon (mit Steppe, W.) II 1346

Fryde, Natalie
Brantingham, Thomas II 577

Fuchs, Franz
Ludwig, 32. L. III. d. Bärtige, Pfgf. bei Rhein V 2195
Ludwig, 33. L. IV., Pfgf. bei Rhein V 2195
Schönau, Kl. OCist VII 1530

Fügedi, Erik
Buda und Pest, II. Mittelalter II 899
Burg, C. VII. Ungarn II 983
Bürger, Bürgertum, H. III. Ungarn II 1036
Cegléd II 1601
Debrecen III 612
Dorf, E. II. Ungarn III 1300
Esseg IV 22
Familie, B. X. 2. Ungarn IV 269
Finanzwesen, -verwaltung, B. VIII. Königreich Ungarn IV 472
Fünfkirchen IV 1026
Geldrichter IV 1200
Gründner IV 1752
Hospites V 137
Iobagie V 491
Karl, 23. K. I., Kg. v. Ungarn V 987
Karpfen V 1017
Kaschau V 1027
Komitat V 1277
Latini V 1746
Lehen, -swesen; Lehnrecht, VIII. Ungarn V 1822
Loca credibilia V 2062

Fuhrmann, Bernd
Siegen VII 1862
Südfrüchte, -handel (mit Dirlmeier, U.) VIII 281
Viehhaltung, -zucht, -handel, II. Viehhandel (mit Dirlmeier, U.) VIII 1641

Fuhrmann, Horst
Konstantinische Schenkung V 1385
Pseudoisidorische Dekretalen VII 307

Fumagalli, Vito
Bauer, Bauerntum, D. V. Italien I 1581
Canossa, Burg II 1439
Canossa, Familie (mit von der Nahmer, D.) II 1440
Casale, I. Italien II 1539
Landesausbau und Kolonisation, IV. Italien V 1648

Funken, Rolf
Bauinschrift I 1631

Fürst, Carl G.
Archipresbyter I 900
Brachium saeculare II 537
Delegation, III. Übertragung der kirchlichen Jurisdiktionsgewalt III 668
Dispens III 1113
Ius advocatiae V 816
Kardinal V 950
Suburbikarische Bistümer VIII 276

Gabelić, Smiljka
Lesnovo V 1910

Gabriel, Erich
Antwerk I 736
Arkebuse I 952
Arkeley I 952
Artillerie I 1071
Bleibüchse II 274
Blide II 278
Bockbüchse II 304
Bombarde II 389
Bombe II 389
Brandkugel II 565
Brandpfeil II 567
Büchse II 893
Büchsenmeister II 893
Donnerbüchse III 1251
Doppelhaken III 1256
Feldartillerie IV 336
Festungsartillerie IV 410
Feuertopf IV 422
Feuerwerksbücher IV 423
Flug, 1. F. IV 597
Gelote IV 1208
Geschütz IV 1385
Griechisches Feuer IV 1711
Hagelgeschoß IV 1837
Hagelgeschütz IV 1837
Hakenbüchse IV 1868
Handbüchse IV 1895
Handfeuerwaffe IV 1902
Haubitze IV 1959
Katze V 1080
Klotzbüchse V 1228
Lade V 1608
Ladeeisen V 1609
Lafette V 1613
Legstück V 1806
Leuchtkugel V 1918
Lotbüchse V 2123
Lunte VI 13
Mauerbrecher VI 408
Mörser, 2. M. VI 845
Muskete VI 970
Orgelgeschütz VI 1452
Pulver VII 327
Pulverwaffe VII 327
Pyrotechnik VII 339
Richthorn VII 835
Richtkeil VII 835
Rute VII 1124
Schießwasser VII 1455
Schildzapfen VII 1464
Schlange VII 1477
Sprengkugel VII 2134
Standarmbrust VIII 53
Steinbüchse VIII 98
Steinkugeln VIII 100
Stockbüchse VIII 187
Stoßzeug VIII 195
Streitwagen VIII 240
Tannenbergbüchse VIII 459
Tarrasbüchsen VIII 482
Tüllenschäftung VIII 1091
Tummler VIII 1092
Weidloch VIII 2100
Widder IX 63
Wippe IX 244
Wurfgeschütz IX 372

Zündeisen IX 686
Zunder IX 686
Zündpulver IX 686
Zündschwamm IX 686

Gabriel, Ingo
Oldenburg VI 1390
Plön VII 23
Padua, I. Stadt und Bistum von den Anfängen bis zum
  13. Jh. VI 1617

Gaffuri, Laura
Padua, II. Wirtschaftliche, urbanistische und politische
  Entwicklung vom 13. bis zum Ende des 15. Jahrhunderts VI 1619
Raimund, 20. R. v. Capua VII 414
Rainald, 6. R., Ebf. v. Ravenna VII 419
Salvus Cassetta OP VII 1324

Gahbauer, Ferdinand R.
Paulos, 1. P. I., hl., Bf. v. Konstantinopel VI 1817
Paulos, 2. P., Bf. v. Nisibis VI 1817
Petrus, 71. P. Thomas VI 1984
Philipp, 25. Ph. de Bindo Incontri v. Pera VI 2076
Religionsgespräche, II. Religionsgespräche zwischen orthodoxer und römisch-katholischer Kirche VII 692
Seides, Niketas VII 1710
Tomos Leonis VIII 855

Gallén, Jarl
Dominikaner, Dominikanerinnen, B. V. Skandinavien
  III 1213

Gallo, Donato
Monselice VI 770

Gamber, Ortwin
Achseln I 78
Adarga I 118
Ailettes I 238
Armatura alla Romana I 964
Armet I 981
Armschiene I 984
Armzeug I 993
Baculus I 1331
Bandhelm I 1407
Banner (mit Ehrecht, W.) I 1419
Barbuta I 1447
Bart (frz. bavière, it. barbotto) I 1489
Bauchreifen I 1561
Beckenhaube I 1773
Beinröhren I 1821
Beinschienen I 1821
Beintaschen I 1822
Beinzeug I 1823
Berdische I 1932
Beschauzeichen, 3. Beschauzeichen in der Waffenerzeugung I 2057
Bewaffnung II 22
Blankwaffe II 264
Brechleiste II 597
Brechrand II 597
Brechscheibe II 597
Brechschild II 597
Brigantine II 688
Brünne II 764
Brustplatte II 798
Buckler II 897
Buhurd II 908
Capacete II 1470
Celata II 1602
Collier III 45
Cortellaggio III 284
Degen III 637
Diechlinge III 997
Dilgen III 1052
Dolch III 1171
Dolchmesser III 1171
Doppelküriß III 1259
Doppelstücke III 1260
Dupsing III 1465
Eisenhut, 1. E. III 1755
Elmetto III 1850
Federbusch IV 328
Flankhart IV 533
Flügeltartsche IV 597
Folgen IV 609
Fürbug IV 1027
Gambeson IV 1102
Genualia IV 1261
Gesäßtasche IV 1382
Geschübe IV 1385
Glefe IV 1494
Gratbrust IV 1658
Guisarme IV 1788
Haarbusch IV 1811
Handschuh, 2. H. (Rüstung) IV 1910
Harnisch IV 1941
Harnischgarnitur IV 1941
Harnischhaube IV 1941
Harnischkragen IV 1941
Harnischrock IV 1941
Harnischschuh IV 1941
Harnischschultern IV 1942
Haube, 2. H. (Waffenkunde) IV 1958
Haubergeon IV 1959
Haubert IV 1959
Helm IV 2123
Helmbrünne IV 2124
Helmschmid, Lorenz IV 2125
Hentze IV 2139
Heroldsrock IV 2175
Hersenier IV 2182
Hinterzeug V 31
Hirnhaube V 34
Hoqueton V 123
Hüfttasche V 157
Hundsgugel V 219
Kandare V 898
Kapuzenhelm V 947
Kastenbrust V 1038
Kegelhelm V 1094
Kettenhemd V 1117
Keule V 1117
Kinnreff V 1160
Knebelspieß V 1233
Knechtsharnisch V 1234
Korseke V 1452
Kriegsflegel V 1528
Küraß V 1578
Küriß V 1589
Kursit V 1590
Kuse V 1590
Lamellenpanzer V 1629

Langschild V 1703
Langspieß V 1703
Lanze V 1707
Lanzenfähnchen V 1708
Latzkapuze V 1750
Lendner V 1872
Lorica, 1. L. V 2115
Maskenhelm VI 364
Messer VI 560
Misericordia, 2. M. (Dolch) VI 668
Mordaxt VI 834
Morgenstern VI 839
Muskelpanzer VI 970
Nackenschutz VI 1001
Nasalhelm VI 1031
Naseneisen VI 1032
Normannenhelm VI 1251
Normannenschild VI 1251
Ohrenscheiben VI 1376
Orientalische Sturmhaube VI 1454
Panzer VI 1661
Panzerärmel VI 1661
Panzerhemd VI 1661
Panzerhosen VI 1661
Panzerkapuze VI 1661
Panzerkragen VI 1661
Panzerschurz VI 1661
Parsche VI 1743
Pavese VI 1831
Pennon VI 1872
Pferdezeug VI 2030
Pinne VI 2163
Plâten VII 6
Plattenharnisch VII 14
Plattenrock VII 15
Plattner VII 15
Psalien VII 296
Rasthaken VII 449
Rennen VII 730
Rennzeug VII 732
Ringelpanzer VII 857
Ritterspiel VII 879
Roßdecke VII 1041
Roßharnisch VII 1042
Roßkopf VII 1043
Roßstirn VII 1044
Rundschild VII 1098
Rüstärmel VII 1122
Rüsthaken VII 1122
Rüstkammer VII 1123
Rüstung VII 1124
Säbel VII 1214
Sachs VII 1223
Sattel VII 1400
Sattelbleche VII 1400
Schaller VII 1436
Schiftbrust VII 1462
Schiftung VII 1462
Schild VII 1462
Schildbuckel VII 1463
Schischak VII 1468
Schlachtgeißel VII 1470
Schlagwaffe VII 1475
Schleuder (mit Harmuth, E.) VII 1488
Schöße VII 1543
Schuppenpanzer VII 1592
Schwebescheiben VII 1626

Schwert, I. Waffenkunde VII 1644
Scutum VII 1658
Senftenier VII 1755
Setzschild VII 1801
Spaldenier VII 2075
Spangenhelm VII 2076
Spatha VII 2085
Speer VII 2091
Spetum VII 2095
Spieß VII 2117
Spitzovalschild VII 2126
Sporn VII 2134
Stangenwaffe VIII 55
Stauche VIII 76
Stechhandschuh VIII 82
Stechhelm VIII 82
Stechzeug VIII 82
Steigbügel VIII 97
Steigriemen VIII 97
Stepprock VIII 130
Stirnstulp VIII 186
Stoßklinge VIII 195
Strebenhelm VIII 231
Streifbuckel VIII 233
Streiftartsche VIII 234
Streitaxt VIII 235
Streithammer VIII 240
Streitkolben VIII 240
Sturmhaube VIII 269
Tartsche VIII 484
Tibialia VIII 761
Tonnenrock VIII 859
Topfhelm VIII 864
Trense VIII 973
Tritt VIII 1024
Tuilettes VIII 1090
Turbanhelm VIII 1099
Turnierhelm VIII 1118
Unterkleidung, 2. Waffenkunde VIII 1270
Ventaille VIII 1476
Verschlüsse VIII 1580
Visier VIII 1729
Visierhelm VIII 1729
Waffenhemd VIII 1903
Waffenrock VIII 1904
Wangenklappen VIII 2030
Wapelin VIII 2031
Zaddeln IX 440
Zaumzeug IX 492
Zier, Zimier IX 606

Gamberoni, Johann
Bibel, B. I. 2. f. Zur Auslegung des Alten Testaments
 [Lateinischer Westen; Bibel in der chr. Theologie] II 58

Gamillscheg, Ernst
Bibliothek, B. I. Byzantinisches Reich II 123
Chrysokokkes, Georgios II 2051
Chrysoloras, 2. Ch., Manuel II 2052
Schrift, II. Byzanz VII 1562

Gamper, Gertraud
Winterthur (mit Gamper, R.) IX 241

Gamper, Rudolf
Manesse, Familie VI 190
Winterthur (mit Gamper, G.) IX 241

Gansweidt, Birgit
Evangelienharmonie, 1. Begriff; Mittellateinische Literatur IV 130
Facetus IV 215
Franco, 3. F. v. Meschede IV 687
F(r)igulus IV 979
Haimo, 1. H. v. Auxerre IV 1864
Haimo, 2. H. v. Halberstadt IV 1864
Hartgar v. Lüttich IV 1943
Hegesippus IV 2009
Heinrich, 95. H. v. Augsburg IV 2088
Hugo, 40. H. de Folieto V 171
Hwaedberth V 240
Iocalis V 491
Johannes, 120. J. v. Hildesheim V 581
Johannes, 174. J. Sarracenus V 602
Laurentius, 2. L. v. Amalfi V 1759
Liber Maiolichinus V 1946
Martin, 13. M. v. Laon VI 346
Metaplasmus VI 576
Michael, 23. M. v. Cornwall VI 604
Mythographi Vaticani VI 993
Odo, 14. O. v. Magdeburg VI 1359
Ornatus VI 1474
Palestra VI 1640
Pange lingua gloriosi VI 1655
Petrus, 65. P. Riga VI 1983
Proverbia Grecorum VII 283
Proverbia Senecae VII 283
Quilichinus v. Spoleto VII 369
Rapularius VII 445
Reiner(i)us Alemannicus VII 666
Richard, 34. R. v. Thetford VII 826
Spechtshart, Hugo VII 2086

Ganz, Peter F.
Arnold, 15. A. (Priester Arnold) I 1004
Athis und Prophilias, 2. Mittelhochdeutsch I 1167

García Ballester, Luis
Astrologische Medizin I 1145

García de Cortazar y Ruiz de Aguirre, José Angel
Dorf, D. II. Rechts-, Wirtschafts- und Sozialgeschichte [Iberische Halbinsel] III 1295

García y García, Antonio
Barraganía I 1486
Benavente, Juan Alfonso de I 1855
Bonhome, Alfonso II 412
Burgos, Alonso de II 1057
Caesaraugustana, Collectio II 1359
Casanova, Juan de II 1542
Confesor real III 125
Córdoba, 2. C., Fernando de III 234
Fernández, 9. F. de Santaella, Rodrigo IV 376
Hispana, Collectio V 38

García Larragueta, Santos A.
Chronologie, C. II. 3. Spanien [Historische Chronologie: Westliches Abendland] II 2042

García Oro, José
Galicien IV 1086
García, 1. G., Kg. v. Galicien IV 1108
Orense VI 1446
Rosendo, hl. VII 1034

Santiago de Compostela, I. Das Heiligtum des Apostels Jacobus d. Ä. VII 1370
Santiago de Compostela, II. Stadt VII 1370
Santiago de Compostela, III. Kirche VII 1371

García Sanz, Arcadio
Llibre del Consolat de mar V 2057

García de Valdeavellano, Luis
Baron (baro), VI. Spanien I 1482
Burg, C. V. Spanien II 979
Bürger, Bürgertum, E. II. Kastilien und León II 1027
Caballería villana II 1327
Caballerizo II 1328
Caloña (mit Ladero Quesada, M. A.) II 1401
Capitán II 1473
Comunidades III 109
Condestable III 120
Consejo III 152
Consejo Real III 153
Corregidor III 280

Garcin, Jean-Claude
Kairo V 849

Gärtner, Kurt
Heinrich, 115. H. v. Hesler IV 2093
Konrad, 43. K. v. Heimesfurt V 1359
Maria, hl., C. V. Deutsche Literatur VI 269
Nikolaus, 25. N. v. Jeroschin VI 1180
Wernher, 3. W., der Priester IX 10

Gąsiorowski, Antoni
Urkunde, -nwesen, A. VII. Polen VIII 1308
Wiślica, Statuten v. IX 258

Gasnault, Marie-Claire
Brosse, 1. B., Guillaume de, Ebf. v. Sens II 717
Brosse, 2. B., Guillaume de, Prälat II 718
Charny, 2. Ch., Pierre de II 1731
Corbeil, 1. C., Michel de III 220
Corbeil, 2. C., Pierre de (Petrus v. Corbeil) III 220
Corbeil, 3. C., Renaud de III 221
Cornu, Familie III 245
Cornu, 1. C., Gautier III 245
Cornu, 2. C., Gilon I. III 245
Cornu, 3. C., Gilon II. III 246
Cornu, 4. C., Henri III 246
Sens VII 1761

Gasnault, Françoise
Baigneux, Gontier de I 1352

Gasparri, Stefano
Orange VI 1424
Hildeprand, 1. H., Neffe des langob. Kg.s Liutprand V 16
Landulf, 1. L. IV., Fs. v. Benevent V 1680
Landulf, 2. L. VI., Fs. v. Benevent V 1680
Paulus, 9. P. Diaconus VI 1825
Ratchis VII 454
Rodwald VII 935
Spoleto VII 2128
Wido, 5. W. IV., Hzg. v. Spoleto IX 69
Willa IX 203
Winigis IX 237

Gastgeber, Christian
Urkunde, -nwesen, C. I. Byzantinisches Reich
    VIII 1317

Gaube, Heinz
Befestigung, C. Vorderer Orient   I 1795
Beirut   I 1823
Burg, D. III. Islamischer Vorderer Orient   II 1002
Haus, -formen, E. Islamisch-arabischer Bereich
    IV 1970
Moschee   VI 857
Pfalz, Palast, J. Arabischer und osmanischer Bereich
    VI 2010
Ziegelbau, II. Arabischer Bereich   IX 601
Zisterne, I. Orientalisch-arabischer Bereich   IX 629

Gawlas, Sławomir
Łekno   V 1865
Leszek, 2. L. Biały, Fs. v. Krakau-Sandomir   V 1912
Ludwig, 21. L. I. d. Große, Kg. v. Ungarn   V 2190
Mieszko, 3. M. III. Stary, Fs. v. Polen   VI 618
Nakel   VI 1009
Nikolaus, 9. N. Trąba, Ebf. v. Gnesen   VI 1173
Opatów   VI 1411
Pokutien   VII 49
Przemysł II.   VII 295
Radom und Wilna, Union v.   VII 389
Sandomir   VII 1363
Schweidnitz   VII 1638
Warschau   VIII 2054
Władyslaw, 1. W. I. Herman, Fs. v. Polen   IX 284
Władyslaw, 2. W. II. Wygnaniec, Fs. v. Polen   IX 282
Władyslaw, 3. W. I. Łokietek, Kg. v. Polen   IX 285
Władyslaw, 4. W. II. Jagiełło, Gfs. v. Litauen, Kg. v.
    Polen   IX 286
Władyslaw, 5. W. III. Warneńczyk, Kg. v. Polen
    IX 287

Gawlik, Alfred
Apprecatio   I 810
Bella diplomatica   I 1843
Beweiskraft   II 31
Blankett   II 263
Bulle, III. Verbreitung der Bulle im lateinischen Westen
    II 935
Chrismon   II 1905
Echtheit, 1. Kaiser- und Königsurkunden, Privaturkunden   III 1544
Eid, A. XI. Urkundenwesen [Lateinischer Westen]
    III 1688
Eschatokoll   IV 4
Fälschungen, A. III. Kaiser- und Königsurkunden;
    Privaturkunden [Lateinischer Westen]   IV 249
Fertigungsbefehl   IV 399
Goldbulle   IV 1539
Hofgerichtsurkunden   V 70
Imbreviatur, -bücher   V 384
Insert   V 449
Interpunktion in Urkunden   V 467
Intervallum   V 470
Intervenienten   V 470
Kaiser- und Königsurkunden   V 857
Kartular   V 1026
Kontext   V 1416
Konzept   V 1427
Kopie   V 1437
Litterae, II. Litterae der Kaiser und Könige   V 2023
Litterae clausae   V 2024
Litterae formatae   V 2024
Mandat   VI 186
Monat   VI 732
Monogramm   VI 762
Narratio   VI 1026
Notar, Notariat, A. I. Reichskanzlei   VI 1271
Original   VI 1456
Originalsupplik   VI 1457
Privaturkunden   VII 222

Gazeau, Véronique
Mont-Saint-Michel, Le   VI 819
Saint-Evroult   VII 1150
Saint-Sever (Notre-Dame-et-S.)   VII 1203

Gazzaniga, Jean-Louis
Appellation, II. Appel   I 804
Auvergne, I. 2. Die kgl. Auvergne [Geschichte]   I 1277
Auvergne, II. Recht   I 1278
Beweis, 2. B. (Recht), IV. Französisches Recht   II 31

Geerlings, Wilhelm
Charisma, I. 1. Frühe Kirche   II 1720
Freundschaft   IV 911

Geibig, Alfred
Waffe, A. I. Allgemein und Archäologie (mit Gelbhaar, A.)   VIII 1893
Zeughaus (mit Gelbhaar, A.)   IX 589

Geith, Karl-Ernst
Karl, 2. K. (I.) d. Große, B. IV. Deutsche Literatur
    V 964
Wilhelmsepen, II. Deutsche Literatur   IX 200

Gelbhaar, Axel
Waffe, A. I. Allgemein und Archäologie [Westen] (mit
    Geibig, A.)   VIII 1893
Zeughaus (mit Geibig, A.)   IX 589

Geldner, Ferdinand
Amerbach, Johannes   I 527
Augsburg, V. Der Buchdruck in Augsburg   I 1216
Bamberg, V. Buchdruck   I 1400
Bämler, Johann   I 1404
Basel, VII. Buchdruck   I 1514
Bibeldruck, 1. (Christentum)   II 82
Blockbücher   II 281
Buchdruck, A. I. Anfänge und Druckverfahren [Allgemein]   II 815
Buchdruck, A. II. Typenarten und Erscheinungsbild des
    gedr. Buches [Allgemein] (mit Schmid, H.)   II 816
Buchdruck, B. X. Ost- und Südosteuropa   II 822
Colonia, Johannes de   III 52
Drach, Peter   III 1339

Genicot, Léopold
Ath   I 1158
Bede, I. Allgemein   I 1779
Dorf, A. III. 2. Westeuropa [Rechts-, Wirtschafts- und
    Sozialgeschichte]   III 1280
Namur   VI 1011

Genov, I.
Georg, 2. G. I. Terter, bulg. Zar (mit Matanov, Ch.)
    IV 1276

Georg, 3. G. II. Terter, bulg. Zar (mit Matanov, Ch.)
IV 1276

van Gent, Michel J.
Vroedschap VIII 1875
Wolfert, 1. W. I. van Borselen IX 305
Wolfert, 2. W. VI. van Borselen IX 306

George, Philippe
Malmedy VI 175
Poppo, 4. P. v. Stablo VII 102
Quirinus, 1. Q., hl. VII 375
Remaclus VII 705
Saint-Ghislain VII 1162
Sigebert, 2. S. v. Gembloux VII 1879
Sigibert, 4. S. III., merow. Kg. VII 1884
Stablo VII 2163
Theodard, 2. Th., Bf. v. Tongern-Maastricht VIII 621
Theodorich v. Gorcum VIII 633
Wibald v. Stablo, 1. Leben und politische Tätigkeit IX 57
Wibald v. Stablo, 2. Briefsammlung IX 58

Georgi, Wolfgang
Prunkurkunde VII 292
Rainald, 5. R. v. Dassel, Ebf. v. Köln VII 418
Roncaglia, Reichstag v. VII 1021
Sutri, Treffen v. 1155 VIII 335

Gerabek, Werner E.
Nikolaus, 35. N. v. Reggio VI 1186
Reinhardsbrunner Briefsammlung VII 668

Gerbert, Marie-Claude
Infanzón V 414

Gerdes, Udo
Antonius, 9. A. v. Pforr I 733

Gerhards, Albert
Praxapostolos VII 169

Gerish, Deborah
Zeremoniell, G. Lateinischer Osten IX 575

Gerken, Alexander
Bonaventura, 1. B., hl., Kirchenlehrer, I. Leben II 402
Bonaventura, 1. B., hl., Kirchenlehrer, II. Werk II 404

Gerl, Hanna-Barbara
Guarino Guarini Veronese IV 1761

Gerlich, Alois
Aben(s)berg, Gf. en v. I 27
Adalbert, 11. A. I., Ebf. v. Mainz I 99
Adalbert, 12. A. II., Ebf. v. Mainz I 100
Adolf, 6. A. I. v. Nassau I 161
Adolf, 7. A. II. v. Nassau I 161
Albert, 6. A. III. v. Sachsen I 285
Aribo, 2. A., Ebf. v. Mainz I 927
Arnold, 11. A. v. Selenhofen I 1002
Aschaffenburg I 1101
Bardo I 1458
Berthold, 12. B. v. Henneberg I 2029
Dalberg III 438

Diet(h)er, 1. D. II. v. Isenburg III 1014
Dietrich, 17. D. v. Erbach III 1029
Disibodenberg III 1112
Eberbach III 1511
Eberhard, 4. E. I., Gf. v. Katzenelnbogen III 1513
Eltville III 1861
Eppstein, Herrschaft III 2092
Erchanbald, 2. E., Ebf. v. Mainz III 2122
Friedrich, 47. F., Ebf. v. Mainz IV 964
Gerhard, 11. G. II. v. Eppstein, Ebf. v. Mainz IV 1313
Gerlach, 1. G. II. v. Büdingen IV 1336
Gerlach, 2. G. v. Nassau, Ebf. v. Mainz IV 1337
Göllheim, Schlacht bei IV 1554
Gottfried, 4. G. II., Gf. v. Calw IV 1597
Hammersteiner Ehe IV 1892
Hasungen IV 1955
Hatto, 1. H. I., Ebf. v. Mainz IV 1957
Hatto, 2. H. II., Ebf. v. Mainz IV 1958
Heinrich, 76. H. II. v. Isny, Bf. v. Basel IV 2080
Heinrich, 83. H. I., Ebf. v. Mainz IV 2083
Heinrich, 84. H. III. v. Virneburg, Ebf. v. Mainz IV 2084
Heriger, 2. H., Ebf. v. Mainz IV 2156
Ingelheim V 415
Johann, 40. J. I. v. Luxemburg-Ligny V 515
Johann, 41. J. II. v. Nassau V 515
Kaiserslautern V 860
Katzenelnbogen, Gft. V 1080
Konrad, 11. K. d. Rote, Hzg. in Lothringen V 1344
Konrad, 16. K., Pfgf. bei Rhein V 1346
Konrad, 26. K. I., Ebf. v. Mainz V 1352
Konrad, 27. K. II. v. Weinsberg, Ebf. v. Mainz V 1353
Konrad, 28. K. III. v. Dhaun, Ebf. v. Mainz V 1353
Konradiner V 1369
Limburg a. d. Haardt V 1988
Liutbert, Ebf. v. Mainz V 2039
Liutgard, 2. L., Tochter Ottos I. V 2040
Mainz, B. Erzbistum und Erzstift VI 134
Mainzer Stiftsfehde VI 144
Marbacher Bund VI 217
Matthias, 2. M. v. Bucheck, Ebf. v. Mainz VI 403
Nassau VI 1034
Rieneck VII 839
Siegfried, 5. S. I., Ebf. v. Mainz VII 1865
Siegfried, 6. S. II., Ebf. v. Mainz VII 1866
Siegfried, 7. S. III., Ebf. v. Mainz VII 1867
Trifels VIII 1004
Udo, 1. U., Gf., Hzg. im Elsaß VIII 1177
Uriel v. Gemmingen VIII 1297
Werner, 6. W. v. Eppstein, Ebf. v. Mainz IX 6
Wezilo IX 53
Wilhelm, 54. W., Ebf. v. Mainz IX 156
Willigis IX 214

Gerlo, Alois
Brief, Briefliteratur, Briefsammlungen, A. V. 2. Der lateinische Humanistenbrief nördlich der Alpen bis zur Zeit des Erasmus II 662

Gerritsen, Willem P.
Alexander d. Große in Kunst und Literatur, B. VII. Mittelniederländische Literatur I 363
Antwerps Liedboek I 738
Ars moriendi, B. IV. Mittelniederländische Literatur I 1043
Artus (Arthur), Artussage, Artusromane, IV. Mittelniederländische Literatur I 1085

Ballade, B. II. 2. Mittelniederländische Literatur I 1386
Bestiarium, -ius, Bestiarien, A. VI. Mittelniederländische Literatur I 2077
Bliscappen van Maria II 280
Brandane, Van Sente II 550
Castelein, Matthijs (de) II 1557
Dialog, VIII. Mittelniederländische Literatur III 960
Disticha Catonis, IV. Mittelniederländische Literatur III 1125
Jakob, 23. J. (Jacob) van Maerlant V 291
Lantsloot vander Haghedochte V 1707
Lehrhafte Literatur, XI. Mittelniederländische Literatur V 1838
Mittelniederländische Literatur VI 692
Roman, III. Mittelniederländische Literatur VII 986

Gerstl, Doris
Roritzer VII 1026
Samariter, barmherziger VII 1337
Strig(e)l, Bernhard VIII 244

Gerwing, Manfred
Contritio III 205
Courtecuisse, Jean, 2. Theologisches und philosophisches Werk III 316
Cyprianus, 4. C. v. Karthago III 403
Ecclesia spiritualis – ecclesia carnalis III 1536
Eid, A. I. Scholastische Theologie III 1673
Eudes Rigaud, 2. Theologische Werke IV 72
Franckforter IV 686
Gentile, 1. G. da Cingoli IV 1246
Gerhard, 17. G. (Gerardo) v. Bologna IV 1316
Gilbert, 2. G. v. Hoyland IV 1449
Golein, Jean IV 1552
Gottesfreundschaft IV 1587
Gottesverehrung (mit Hödl, L.) IV 1595
Gottfried, 15. G. Babion IV 1602
Gottfried, 17. G. v. Clairvaux IV 1603
Gregor, 1. G. I. d. Große, hl., Papst und Kirchenlehrer, II. Schriften und Wirkungsgeschichte im Mittelalter IV 1664
Guibert, 2. G. v. Tournai IV 1770
Heilsplan, -sgeschichte (mit Schachten, W.) IV 2031
Heinrich, 99. H. v. Bitterfeld IV 2089
Heinrich, 111. H. v. Gorkum IV 2092
Heinrich, 146. H. Totting v. Oyta IV 2107
Hoffnung V 69
Hugo, 31. H. v. Balma V 169
Hugo, 55. H. v. St. Cher V 176
Imitatio Christi V 386
Jacobus, 17. J. v. Lausanne V 259
Jakob, 22. J. (Kunike) v. Jüterbog V 291
Johannes, 153. J. v. Paris V 592
John, 2. J. Bacon V 617
Kelchkommunion V 1096
Kirchenschatz V 1178
Konrad, 54. K. v. Soltau V 1365
Konrad, 56. K. v. Waldhausen V 1366
Leiden V 1853
Logos V 2077
Ludolf, 3. L. v. Sachsen V 2167
Malogranatum VI 177
Marcus, 4. M. de Marconibus VI 228
Marquard, 2. M. v. Lindau VI 322
Mäßigkeit (mit Knoch, W.) VI 371
Matthaeus, Matthäus, 8. M. v. Königsaal VI 399
Menschenwürde VI 525
Meyer, 2. M., Johannes VI 592
Name Jesu VI 1010
Nikolaus, 15. N. v. Basel VI 1177
Nikolaus, 16. N. Bonetus VI 1177
Nikolaus, 24. N. Jauer VI 1180
Odo, 10. O. v. Cambrai VI 1358
Opus operatum – opus operantis VI 1423
Pantheismus VI 1659
Paradiesesehe VI 1699
Petrus, 34. P. Dieburg VI 1973
Petrus, 7. P. de Alvernia VI 1961
Philipp, 27. Ph. v. Harvengt VI 2076
Pietas VI 2141
Radewijns, Florens VII 388
Recapitulatio VII 499
Religio VII 690
Res (philos.-theol.) VII 749
Rudolf, 21. R. v. Biberach VII 1083
Satisfaktionstheorie VII 1398
Scham VII 1436
Status VIII 68
Teufel, A. II. Theologie [Christliche Glaubvensvorstellungen] VIII 578
Thomas, 34. Th. (Gallo) v. Vercelli VIII 719
Thomas, 39. Th. (Hemerken) a Kempis VIII 720
Thomas, 48. Th. Ringstead (Ringstede) VIII 722
Thomas, 54. Th. v. Sutton VIII 724
Transsubstantiation VIII 950
Waleys (Wallensis), Thomas VIII 1967
Weltende, Weltzeitalter VIII 2168
Wilhelm, 62. W. v. Alnwick IX 161
Wilhelm, 82. W. v. Macclesfield IX 172
Wilhelm, 90. W. de Montibus IX 177
Wilhelm, 97. W. Peraldus IX 182
Wilhelm, 98. W. Petrus v. Godino IX 183
Wilhelm, 113. W. v. Vaurouillon IX 192

Gesing, Reinhard
Konzelebration V 1426

Gessa, Ester
Gallura IV 1097

Geuenich, Dieter
Personennamen, -forschung, I. Westlicher Bereich VI 1903
Zurzach IX 713

Ghisalberti, Carlo
Capitano del popolo II 1475

Gibson, Margaret T.
Lanfranc, 1. L. v. Canterbury, Ebf. v. Canterbury V 1684

Gier, Albert
Bersuire, Pierre I 2021
Contes dévots III 194
Cour amoureuse de Charles VI III 315
Fabel, -dichtung, IV. Romanische Literaturen IV 204
Glossen, Glossare, III. Romanische Literaturen IV 1511
Grammatik, grammatische Literatur, D. II. Romanische Literaturen IV 1643
Guiart, Guillaume IV 1768
Henri, 2. H. d'Andeli IV 2135
Heroldsdichtung, II. Französische Literatur IV 2174

Magelone VI 80
Maria, hl., C. III. Französische, provenzalische und italienische Literatur VI 266
Memento mori, B. II. Romanische Literaturen VI 507
Nicola da Verona VI 1131
Psalmen, Psalter, B. VI. Romanische Literaturen VII 300
Refrain, II. Romanische Literaturen VII 553
Reverdie, I. Romanische Literatur VII 771
Rhetorik, III. Romanische Literaturen VII 791
Richeut VII 831
Roman de Sidrac(h) VII 995
Roman des romans VII 991
Rondeau VII 1024
Rotruenge VII 1054
Satire, III. Romanische Literaturen VII 1394
Sottie VII 2063
Tafelrunde VIII 421
Teufel, D. II. Romanische Literaturen VIII 586
Theophilus-Legende, II. Romanische Literaturen VIII 668
Ysopets IX 429

Gieysztor, Aleksander
Aaron, 2. A., Bf. von Krakau I 6
Adalbert, 8. A. (Wojciech) Jastrzęcbiec I 97
Adel, F. Westslaven I 137
Adler, weißer I 154
Albert, 2. A., Vogt v. Krakau I 284
Alexander, 19. A., Bf. v. Płock I 376
Bibelübersetzungen, XVI. Tschechische Bibelübersetzungen II 105
Boguchwał II. II 332
Brieg II 683
Czartoryski III 406
Czerwińsk III 407
König, Königtum, I. Polen V 1321
Polen VII 52
Prohor und Prokulf VII 243
Prokop, 1. P., hl. VII 244

Gigante, Marcello
Eugenios, 1. E. v. Palermo IV 82
Otranto, Dichterkreis v. VI 1562

van Gijsen, Johanna E.
Colijn van Rijssele III 32

Gilles, Henri
Advokat (mit Mosiek, U.) I 171
Arrêt de règlement I 1031
Béarn, II. Recht II 1739
Blanot, Jean de II 264
Cardaillac, 3. C., Jean de, Bf. v. Orense II 1501
Pape, Gui VI 1663
Paréage (Pariage) VI 1703
Probi homines VII 234
Raimund, 13. R. VI., Gf. v. Toulouse VII 411
Raimund, 14. R. VII., Gf. v. Toulouse VII 412
Toulouse VIII 908
Ysalguier IX 427

Gillingstam, Hans
Oxenstierna VI 1601
Sture VIII 267
Vasa VIII 1416

Gilomen, Hans-Jörg
Basel, III. Die Stadt des späten Mittelalters I 1508
Basel, IV. Klöster und Stifte I 1513
Basel, V. Universität I 1513
Burger II 1005
Constafler III 166
Elsgau III 1860
Ensisheim, Friede v. III 2023
Rente, -nkauf, -nmarkt VII 735
Wucher IX 341

Gilomen-Schenkel, Elsanne
Einsiedeln III 1743
Engelberg III 1914
Hartmann, 1. H., Abt v. St. Gallen IV 1944
Lac de Joux V 1604
Moutier-Grandval VI 877
Muri VI 943
Müstair VI 974
Romainmôtier VII 980
Wettingen IX 52

Giordanengo, Gérard
Alardeau, Jean I 270
Alfons, 25. A. II., Gf. der Provence I 407
Alignan, Benedikt (Benoit) v. I 414
Brancas, Nicolas de II 549
Dauphiné, C. Rechtsgeschichte III 590
Embrun III 1879
Ferrières, Pierre de IV 398
Fontaines, Pierre de IV 622
Pays de droit écrit VI 1839

Girgensohn, Dieter
Amalfi I 506
Amantea I 511
Andreas, 18. A. v. Regensburg I 609
Barletta I 1470
Benevent, I. Spätantike und frühes Mittelalter I 1907
Benevent, II. Herzogtum I 1907
Benevent, III. Fürstentum I 1908
Benevent, IV. Stadt des Kirchenstaates I 1908
Benevent, V. Erzbistum I 1909
Benevent, VI. Abtei S. Sofia I 1909
Brancaccio, 1. B., Carlo II 548
Brancaccio, 2. B., Niccolò II 548
Brancaccio, 3. B., Rinaldo II 548
Canosa di Puglia II 1439
Caserta II 1546
Cassano allo Jonio II 1549
Castellaneta II 1557
Castiglione, 2. C., Branda II 1562
Catania (mit Verger, J.) II 1572
Catanzaro II 1573
Cava II 1588
Chieti II 1815
Fermo IV 371
Fiesole IV 437
Gesandte, B. III. Kirchlicher Bereich [Mittel- und Westeuropa] IV 1370
Legat, päpstlicher V 1795
Monreale VI 767
Perpignan, Konzil v. VI 1897
Pisa, Konzil v. VI 2182

Giunta, Francesco
Alliata, 1. A., Antonio I 431

Alliata, 3. A., Gerardo   I 431
Alliata, 4. A., Pietro   I 432
Aragón (Aragona di Sicilia)   I 865
Berard   I 1929
Blanca, 9. B. v. Navarra, Kgn. v. Sizilien   II 261
Chiaramonte   II 1807
Conestabile   III 123
Roger, 2. R. II., Kg. v. Sizilien   VII 937

Giustiniani, Vito R.
Filelfo, 1. F., Francesco   IV 444
Filelfo, 2. F., Giovanni Mario   IV 445
Rinuccini, Alamanno   VII 858

Given-Wilson, Christopher
Buckingham   II 896
Cornwall, I. 2. Nach 1066 [Geschichte]   III 248

Gjuzelev, Vassil
Responsa Nicolai I. papae ad consulta Bulgarorum   VII 759
Rilakloster   VII 851
Romanos, 5. R.-Symeon, Zar v. Bulgarien   VII 1001
Romylos v. Vidin   VII 1020
Samuel, 1. S., Zar v. Bulgarien   VII 1348
Šišman   VII 1939
Smilec   VII 2013
Sofia   VII 2024
Stara Zagora   VIII 62
Symeon, 1. S. der Große, Zar v. Bulgarien   VIII 360
Tărnovo   VIII 478
Telec   VIII 529
Telerig   VIII 529
Tervel   VIII 561
Theodor, 1. Th. Petros, Zar v. Bulgarien   VIII 626
Theodor, 2. Th. Svetoslav, Zar v. Bulgarien   VIII 627
Theodosie   VIII 642
Theodosij v. Tărnovo   VIII 642
Varna   VIII 1413
Varna, Schlacht bei, 1. Geschichte   VIII 1413
Vidin   VIII 1637
Vladimir, 1. V.-Rasate, Fs. v. Bulgarien   VIII 1792
Zagora   IX 442
Zakhej v. Zagora   IX 469
Zemen   IX 526
Zograph   IX 662

Glaser, Franz
Teurnia   VIII 593

Glatthaar, Michael
Sakrileg, II. Westen   VII 1276

Glauche, Günter
Accessus ad auctores   I 71
Adalbold v. Utrecht   I 103
Adrevald   I 165
Aimeric(us)   I 242
Anonymus Mellicensis   I 673
Gutolf v. Heiligenkreuz   IV 1804
Konrad, 44. K. v. Hirsau   V 1359
Schullektüre   VII 1589
Wolfger, 2. W. v. Prüfening   IX 308

Glauser, Fritz
Luzern   VI 37

Glauser, Jürg
Klári saga   V 1193
Konunga sögur   V 1421
Kristni saga   V 1535
Landnámabók   V 1670
Laxdœla saga   V 1771

Gleißner, Reinhard
Offasage   VI 1368
Ponthus et la belle Sidoine   VII 94
Rätsel, V. Englische Literatur   VII 465
Robin Hood   VII 919
Speculum Sacerdotale   VII 2089
Teufel, D. III. Englische Literatur   VIII 588
Trostbücher, IV. Englische Literatur   VIII 1051
Visio(n), -sliteratur, A. VI. Englische Literatur   VIII 1740
York Plays   IX 422

Glick, Thomas F.
Bewässerung   II 22
Noria   VI 1239

Glier, Ingeborg
Alexander, 35. A., der wilde, oberdeutsche Spruchdichtung   I 381
Allegorie, Allegorese, V. 1. Allgemein, Deutsche Literatur   I 423

Gligorijević-Maksimović, Mirjana
Gabriel, 4. G. (Gavrilo) v. Lesnovo   IV 1074
Gradac   IV 1630
Kurbinovo   V 1578
Žiča   IX 595

Gnädinger, Louise
Alexiuslied (mit Remy, P.)   I 388
Benoît de Sainte-Maure   I 1918
Blondel, 1. B. de Nesle   II 286
Bodel, Jean   II 306
Chevalier (du) au barisel   II 1803
Contemptus mundi, A. C. m. als Begriff und Haltung abendländisch mittelalterlicher Geistigkeit   III 186
Contemptus mundi, B. II. Französische Literatur   III 188
Eulalie, Chanson de Sainte   IV 93
Gréban, 1. G., Arnoul   IV 1662
Guillaume, 3. G. de Berneville   IV 1778
Guillaume, 6. G. le clerc   IV 1779
Guillaume, 11. G. de Machaut (mit Meyer-Eller, S.)   IV 1781
Hagiographie, B. II. Altfranzösische und altprovenzalische Literatur   IV 1845
Margareta, 5. M. Porete   VI 233
Mechthild, 2. M. v. Magdeburg   VI 438
Otto, 38. O. v. Passau   VI 1585
Philippe, 7. Ph. de Vitry, 1. Leben und Werk   VI 2082
Re(n)clus de Molliens   VII 727
Saint Eustache, Vie de   VII 1149
Saint Léger (Sant Lethgier), Vie de   VII 1173
Seinte Resureccion, La   VII 1721
Sponsus (Drame de l'époux)   VII 2133
Tauler, Johannes   VIII 506
Tomber de Notre Dame, Del   VIII 854
Trostbücher, II. Romanische Literaturen   VIII 1049
Vie de Saint Edmond archevêque   VIII 1638
Vie de Saint Edmond le Roi   VIII 1638

Vie de Saint Edouard (Aedward) le Confesseur
  VIII 1638
Vie de Saint Grégoire VIII 1639
Vie de Sainte Geneviève de Paris VIII 1638
Vies des Pères VIII 1656

Gneuss, Helmut
Chester Plays II 1798
Glossen, Glossare, IV. Englische Literatur IV 1513
Grammatik, grammatische Literatur, D. I. Englische
  Literatur IV 1641
Maldon, Battle of VI 169

Göbbels, Joachim
Benevent, Schlacht v. I 1911
Coelestiner, 1. C. (Damianisten) III 9
Duana de secretis III 1423
Flotte, B. V. Süditalien IV 589
Tagliacozzo, Schlacht v. VIII 433

Göbel-Schauerte, Karin
Ostern, Osterliturgie, III. Brauchtum VI 1519

Gockel, Michael
Bürstadt II 1111
Emhilt III 1881
Heiligenstadt IV 2022

Göckenjan, Hansgerd
Abgaben, III. Westslawen und Ungarn (mit Zientara, B.)
  I 35
Adel, H. Ungarn I 140
Almos I 450
Anastasius, 6. A.-Ascherich (Astric) I 573
Anonymus, ungarischer I 675
Arges I 923
Baron (baro), VII. Königreich Ungarn I 1483
Bulcsu II 914
Chalizen II 1650
Kosaken II 1455
Kumanen V 1568
Mamāi VI 181
Mongolen VI 756
Nogaj VI 1213
Nomaden VI 1217
Paiza VI 1628
Pečenegen VI 1845
Pervāne VI 1913
Post, III. Islamischer Bereich VII 127
Reisen, Reisebeschreibungen, C. Islamischer Bereich
  VII 681
Religionsgespräche, V. Islamisch-christliche Religions-
  gespräche VII 695
Rogerius, 1. R., Ebf. v. Split VII 946
Samarqand VII 1338
Sarāi VII 1376
Sarkel VII 1381
Schamanismus VII 1438
Siebenbürgen VII 1840
Sklave, D. 1. Araber VII 1986
Sklave, D. 2. Mongolen VII 1986
Skythen, Skythien VII 1999
Székler VIII 388
Tataren VIII 487
Timūr VIII 794
Tîrgovişte VIII 800
Tmutarakan' VIII 820

Toḫtamys VIII 841
Türken VIII 1103
Turkmenen VIII 1109
Uzen VIII 1357
Uzun Ḥaṣan VIII 1360
Wolga IX 314
Yasa IX 408

Gockerell, Nina
Belemnit I 1838

Goehl, Konrad
Guido, 5. G. v. Arezzo d. J. (mit Keil, G.) IV 1773

Goehrke, Carsten
Abgaben, V. Altrußland und Moskau I 38
Astrachan' I 1132

Goetting, Hans
Bernhard, 14. B. I., Bf. v. Hildesheim I 1987
Berthold, 11. B. I., Bf. v. Hildesheim I 2029
Brunshausen II 794
Ebo, 1. E., Ebf. v. Reims III 1527
Gandersheim, I. Kanonissenstift IV 1102

Goetz, Hans-Werner
Familie, A. Bedeutung und Begriff [Lateinischer Westen]
  IV 256
Familie, C. Die Familie in der Gesellschaft des Mittel-
  alters [Lateinischer Westen] IV 270
Fürst, Fürstentum, A. Begrifflichkeit, Typologie und
  Grundzüge IV 1029
Fürst, Fürstentum, B. Frühmittelalter IV 1030
Fürst, Fürstentum, C. Hochmittelalter (9.–12. Jh.): Spä-
  tes Frankenreich und frk. Nachfolgestaaten IV 1031
Heilige Lanze IV 2020
Herzog, Herzogtum IV 2189
Hugo, 1. H. Capet V 157
Johannes, 170. J. v. Salisbury V 599
Kaiser, Kaisertum, I. Westen V 851
Karlmann, 4. K., westfrk. Kg. V 997
Konrad, 1. K. I., ostfrk. Kg. V 1337
Leibeigenschaft V 1845
Lothar, 1. L. I., Ks., frk. Kg. V 2123
Lothar, 2. L. II., frk. Kg. V 2124
Nithard VI 1201
Orosius VI 1474

Goetze, Jochen
Blockade II 280
Bretagne, B. V. Seefahrt und Handel [Spätmittelalter]
  II 626
Embargo III 1875
Flotte, B. IV. Nordeuropa, hansischer Bereich IV 588
Konterbande V 1416

Goez, Werner
Aleramiden I 352
Angilberga I 634
Assisi I 1125
Besançon, Reichstag v. I 2055
Bobbio, I. Geschichte des Klosters II 295
Bonizo II 424
Borgo San Donnino (mit Polica, S.) II 455
Borgo San Genesio II 456
Hugo, 18. H. Candidus V 163
Zwei-Schwerter-Lehre IX 725

Göhrich, Knut
Ohtrich VI 1380

Goldstein, Ivo
Držislav III 1420
Kroatien, Kroaten, I. Geschichte V 1538
Ljudevit Posavski V 2055
Mladen II. VI 698
Paulus, 13. P. I. (Pavao) v. Šubić v. Bribir VI 1827
Petar, 1. P. Krešimir IV., Kg. v. Kroatien VI 1921
Slavonien VII 2004
Steuer, -wesen, M. I. Slovenien, Kroatien, Bosnien VIII 160
Tomislav VIII 854
Trpimir VIII 1068
Trpimirovići VIII 1068
Varaždin VIII 1411
Zdeslav IX 496

Golinelli, Paolo
Erlembald(o) III 2153
Landulfus »Patarinus« V 1681
Modena VI 708
Pataria VI 1776
Pauperes Lumbardi VI 1830
Petrus, 19. P. Callo (Calò) VI 1965
Petrus, 48. P. de Natalibus VI 1978
Polirone VII 61
Reggio Emilia VII 571
Vacarius, Magister, 1. Leben VIII 1362
Vacarius, Magister, 3. Andere Werke VIII 1362
Wido, 9. W., Abt v. Pomposa IX 72

Goll, Jürg
Ziegel IX 599

Göller, Jutta
Lohengrin, III. Englische Literatur (mit Göller, K. H.) V 2082
Neun gute Helden, V. Englische Literatur (mit Göller, K. H.) VI 1105
Novelle, III. Englische Literatur (mit Göller, K. H.) VI 1303
Schwank, III. Englische Literatur (mit Göller, K. H.) VII 1619

Göller, Karl Heinz
Lohengrin, III. Englische Literatur (mit Göller, J.) V 2082
Neun gute Helden, V. Englische Literatur (mit Göller, J.) VI 1105
Novelle, III. Englische Literatur (mit Göller, J.) VI 1303
Schwank, III. Englische Literatur (mit Göller, J.) VII 1619

Göllmann, Udo
Valvassoren, I. Allgemein und Regnum Italiae (mit Keller, H.) VIII 1401

Golob, Nataša
Seitz VII 1722
Sittich(en) VII 1941

Gombocz, Wolfgang L.
Nomen (mit Berger, H.) VI 1222
Notio (mit Berger, H., Hödl, L.) VI 1285
Sein, Seinsstufen, Seiendes (mit Berger, H.) VII 1716
Significatio (mit Berger, H., Hödl, L.) VII 1890
Subjekt (mit Berger, H.) VIII 274
Totum-pars (mit Berger, H.) VIII 903
Propositio, 1. Logisch (mit Berger, H.) VII 261

Gómez-Montero, Janvier
Rodríguez de Montalvo, Garci VII 932

Goncalinho, Tomás
Braga, III. Liturgie II 541

Gondret, Emilie
Valois (Stammtafel) IX Anhang

Goñi Gaztambide, José
Cruzada III 362
Fitero, S. María de IV 502

González Antón, Luis
Cortes, III. Krone Aragón III 289
Cortes, IV. Navarra III 291
Diputaciones del General III 1103

Gonzalez Jimenez, Manuel
Deza, Diego de III 933
Díaz, 1. D. de Haro, Lope III 974

Gonzálvez Ruiz, Ramón
Cerezuela, Juan de II 1630
Cixila, 1. C., mozarab. Ebf. v. Toledo II 2117
Díaz, 2. D. Palomeque, Gonzalo III 974

Goodman, Anthony
Rosenkriege VII 1035
Tewkesbury Schlacht v. VIII 595
Towton, Schlacht v. VIII 926

Goossens, Jan
Heinrich, 148. H. v. Veldeke IV 2109

Görich, Knut
Thangmar, 1. Th. (Thankmar) VIII 610
Thangmar, 2. Th., Presbyter in Hildesheim VIII 610
Ziazo IX 595

Görlach, Manfred
Hagiographie, B. VII. Alt- und mittelenglische Literatur IV 1852
Legenda aurea, B. V. England [Überlieferung und Rezeption] V 1799
Northern Homily Cycle VI 1254
Northern Passion, The VI 1254
Schottische Literatur VII 1544
South English Legendary VII 2066
Theophilus-Legende, IV. Englische Literatur VIII 669

Gosman, Martin
Wunder des Ostens, II. Romanische Literaturen IX 362

Gössmann, Elisabeth
Eva (mit von Mutius, H.-G.) IV 124
Frau, A. I. Theologisch-philosophisch [Lateinischer Westen] IV 852
Hildegard v. Bingen V 13

Gottschall, Dagmar
Lucidarius, -rezeption, I. Allg. Überblick V 2159
Lucidarius, -rezeption, II. Deutsche Literatur V 2160

Gottzmann, Carola L.
Rilinda v. Hohenburg VII 851

Gourhand, Jean
Alençon, Familie I 351
Alençon, 1. A., Karl III. v. I 351
Alençon, 2. A., Philipp v. I 351

Grabes, Herbert
Spiegelliteratur, IV. Englische Literatur VII 2104

Graf, Klaus
Sage VII 1254

Graham, Timothy C.
Thornton-Handschrift VIII 734
Vernon-Manuskript VIII 1564

Grahn-Hoek, Heike
Brunichild II 761
Chararich II 1718
Childebert, 1. Ch. I. II 1815
Childebert, 2. Ch. II. II 1816
Chlodio II 1861
Chlothar, 1. Ch. I. II 1869
Chlothar, 2. Ch. II. II 1870
Edictum Chlotharii III 1573

Grams-Thieme, Marion
Grisaille IV 1719
Herrad v. Landsberg, 2. Zu den Miniaturen IV 2179
Himmlisches Jerusalem V 28
Jahresdarstellung, Jahreszeiten V 277
Kalender, II. Kunsthistorisch V 866
Kanonbild V 900
Kanontafel V 908
Koralle V 1441
Landschaftsmalerei, 1. Westen V 1675
Lebensalter(-darstellungen) V 1781
Limburg, Brüder v. V 1990
Monstranz VI 771
Nachtstück VI 1001
Perspektive VI 1906
Pflanzendarstellung, A. Westen VI 2033
Pucelle, Jean VII 320
Rogier van der Weyden VII 947
Schlagschatten VII 1474
Sgraffito VII 1824
Simultanbild VII 1927
Speculum humanae salvationis, II. Ikonographie VII 2089
Sterne, Sternbilder, IV. Ikonographie VIII 135
Stifterbild, II. Westen VIII 174
Taube, II. Kunsthistorisch VIII 492
Tod, Sterben, VI. Ikonographie VIII 834
Totentanz, A. Ikonographie VIII 898
Tüchleinmalerei VIII 1080
Vera icon VIII 1481
Vignette VIII 1660
Vorzeichnung VIII 1870
Weicher (bzw. Schöner) Stil VIII 2095
Zeugdruck IX 582
Zimelie IX 614

Zisterzienserkunst IX 654

Grant, Alexander A.
Edinburgh, Vertrag v. III 1576

Grant, Edward
Dynamik III 1493

Graßmann, Antjekathrin
Fahrerkompanien IV 231
Kaufleutekompagnie, Lübecker V 1082
Lübeck, A. II. Geschichte [Stadt] V 2147
Lübeck, B. Bistum V 2149
Rode, Johannes VII 928
Tresekammer VIII 974

Grassotti, Hilda
Ira Regia V 643
Iuniores V 810

Graus, František
Berna I 1971
Böhmen II 335
Burg, C. VI. 2. Böhmen und Mähren II 981
Bürger, Bürgertum, H. I. 1. Allgemein. Böhmen, Mähren, Slowakei [Ostmitteleuropa] II 1032
Čáslav, Landtag v. II 1547
Čech (Bohemus) II 1600
Choden II 1872
Chronik, M. I. Böhmen II 2005
Corona, V. Böhmen III 255
Cosmas v. Prag III 300
Deutsch Brod III 740
Družina, II. Westslawischer Bereich III 1419
Fahrende IV 231
Friedrich, 11. F. Bedřich, Hzg. v. Böhmen IV 947

Grava, Yves
Villeneuve-lès-Avignon VIII 1691

Gray, Douglas
Maria, hl., C. VI. Englische Literatur VI 271

Greci, Roberto
Parma VI 1735
Uberti, 1. U., Bernardo degli, hl. VIII 1167

Green, Judith A.
Clarendon II 2129
Constitutio domus regis III 174
FitzOsbern, Wilhelm IV 505

Green-Pedersen, Niels J.
Nicolaus, 5. N. Drukken de Dacia VI 1133

Greene, David
Berufsdichter, VI. Altirische Literatur I 2050
Book of Ballymote II 438
Book of Lecan II 440
Book of Lecan, Yellow II 441

Greene, Richard L.
Carol II 1521

Grégoire, Réginald
Bernhard, 28. B. v. Clairvaux, I. Leben und Wirken I 1992

Bernhard, 28. B. v. Clairvaux, II. Theologie I 1994

Greive, Hermann
Abraham, 4. A. (ben Samuel) Abulafia I 50
Abraham, 5. A. ben David I 51
Abraham, 6. A. (ben Meir) ibn Ezra I 51
Aristoteles, A. III. Judentum [Philosophie und Theologie] I 936
Astrologie, IX. Astrologie im Judentum I 1143
Astronomie, V. Astronomie im Judentum I 1149
Autonomie, 2. A. (im jüdischen Denken) I 1273
Averroes, Averroismus, III. Averroismus im Judentum I 1295
Bāhîr I 1349
Brunnenvergiftung II 784
Crescas, Ḥasday III 342
Erziehungs- und Bildungswesen, D. Judentum (mit von Mutius, H.-G.) III 2207

Greslé-Bouignol, Maurice
Albi, I. Stadt I 299
Albi, II. Bistum (mit Higounet, Ch.) I 300
Albi, IV. Sénéchaussée I 301

Gretsch, Mechthild
Gower, John IV 1614
Harley Lyrics IV 1938

Gribomont, Jean
Bibel, B. I. 1. a. α. Allgemein [Bibelhandschriften; Lateinischer Westen; Bibel in der christlichen Theologie] II 41
Bibel, B. I. 1. b. Bibelglossen [Lateinischer Westen; Bibel in der christlichen Theologie] (mit Hödl, L.) II 42
Bibel, B. I. 1. c. Bibelkommentare [Lateinischer Westen; Bibel in der christlichen Theologie] II 43
Bibel, B. I. 1. d. Bibelkatenen [Lateinischer Westen; Bibel in der christlichen Theologie] II 44
Bibel, B. I. 1. e. Bibelkonkordanzen [Lateinischer Westen; Bibel in der christlichen Theologie] II 44
Bibel, B. I. 1. f. Bibelkorrektorien [Lateinischer Westen; Bibel in der christlichen Theologie] II 44
Bibel, B. I. 1. g. Bibelkritik [Lateinischer Westen; Bibel in der christlichen Theologie] (mit Riedlinger, H.) II 45
Cella (mit Binding, G.) II 1605

Griffiths, Ralph A.
Courtenay, B. Die Courtenay in England III 319
Dorset, Maquess und Earl of III 1325
Grey IV 1702
Herbert, 2. H., William IV 2148
Lancaster and York (Stammtafel) IX Anhang
Llywelyn ap Gruffydd V 2060
Llywelyn ap Iorwerth V 2060
Ludlow V 2166
March, Earls of, Earldom of VI 222
Mortimer VI 848
Owain Glyn Dŵr VI 1600
Pembroke VI 1869
Powys VII 138
Prince of Wales VII 212
Resumption, Acts of VII 761
Rhuddlan, Statute of VII 798
Rhys, 2. R. ap Tewdwr VII 799
Richard, 4. R. III., Kg. v. England VII 812
Richard, 10. R. Plantagenêt, Hzg. v. York VII 816
Tudor VIII 1083
Tudor (Stammtafel) IX Anhang
Valence, 1. V., Aymer de VIII 1376
Valence, 2. V., William de VIII 1376
Wales, B. Das englische Fürstentum Wales VIII 1964
Walisische Mark VIII 1969
Wydeville IX 393

Gringmuth-Dallmer, Eike
Wüstung, I. Archäologie IX 384

Groenke, Ulrich
Finnisch-ugrische Sprachen IV 477
Kalevala V 867
Ostseefinnische Sprachen VI 1544

Grohe, Johannes
Gregor, 13. G. XI., Papst IV 1673
Innozenz, 7. I. VI., Papst V 438
Innozenz, 8. I. VII., Papst V 439
Innozenz, 9. I. VIII., Papst V 439
Johannes, 38. J. XXII., Papst V 544
Martin, 7. M. V., Papst VI 342
Martin, 11. M. v. Alpartil VI 346
Pavia, Synoden v., 1. P., Synode v. 689 VI 1836
Pavia, Synoden v., 2. P., Synode v. 997 VI 1836
Pavia, Synoden v., 3. P., Synode v. 1022 VI 1836
Pavia, Synoden v., 4. P., Synode v. 1423/24 VI 1837
Sabbatina VII 1214
Venantius, Gualterius VIII 1454

Grondeux, Anne
Wilhelmus, 1. W. Brito IX 201

Groß, Dominik
Zahnheilkunde (mit Keil, G.) IX 463

Gross, Joseph J.
Trinitarier, -innen VIII 1009

Große, Gabriele
Hathumar IV 1956

Große, Rolf
Hadwig, 1. H., Hzgn. v. Schwaben IV 1824
Hadwig, 2. H., Tochter Heinrichs I. IV 1824
Hagano IV 1837
Hinkmar, 1. H., Bf. v. Laon V 29
Hugo, 27. H., Bf. v. Rouen, Bayeux, Paris V 168
Hugo, 7. H. d. Gr. V 160
Karl, 6. K. d. Kind, Kg. v. Aquitanien V 969
Konrad, 33. K., Bf. v. Utrecht V 1356
Radbod, 4. R., Bf. v. Utrecht VI 386
Rudolf, 18. R., Abt v. St-Bertin und St-Vaast VII 1082
Tedbald, 1. T. I. Tricator, Gf. v. Blois VIII 518
Tedbald, 2. T. III., Gf. v. Blois VIII 519
Tedbald, 3. T. IV., Gf. v. Blois VIII 519
Theobald, 5. Th. v. Provins VIII 619
Utrecht, A. Bistum VIII 1349
Verzy, Synode v. VIII 1600
Visé, Frieden v. VIII 1727
Visé, Schlacht v. VIII 1727
Warin, 3. W., Ebf. v. Köln VIII 2049

Grössing, Helmut
Blar(er), Albert II 265
Bonstetten, Albrecht v. II 434

Groten, Manfred
Köln, A. II. Mittelalter [Stadt]   V 1256
Konrad, 25. K. v. Hochstaden, Ebf. v. Köln   V 1351
Pax Sigewini   VI 1838
Rinck   VII 854
Siegburg   VII 1846
Sondergemeinden   VII 2043
Stralen-Kalthoff   VIII 210

Grotzfeld, Heinz
Bad, B. IV. Islamischer Bereich   I 1335

Gruber, Joachim
Adrianopel (mit Kreiser, K., Weiß, G.)   I 167
Afrika, I. Spätantike   I 197
Agila   I 206
Akrostichon, 1. Definition. Antike Literatur   I 255
Alarich, 2. A. II., Kg. der Westgoten   I 271
Alexander d. Große in Kunst und Literatur, B. I. Antike Literatur   I 355
Alexandria, I. Stadtgeschichte, Wirtschaft und Bevölkerung (mit Perrone, L., Müller, C. D. G.)   I 382
Allegorie, Allegorese, I. Antike   I 420
Amalarich   I 505
Ammianus Marcellinus   I 538
Anonymus contra philosophos   I 672
Anonymus de rebus bellicis   I 672
Anonymus Valesianus   I 675
Anthologie   I 695
Apollonius von Tyrus, B. I. Der antike Roman – Lateinische Fassungen   I 771
Aquileia, I. Spätantike Stadt   I 827
Arabia   I 849
Arcadius (mit Wirth, G.)   I 894
Aristainetos   I 933
Athaulf   I 1162
Augsburg, I. Augsburg in der Spätantike   I 1211
Ausonius, Decimus Magnus   I 1248
Avianus   I 1298
Avienus, Rufus Festus   I 1300
Avitus, 1. A., Eparchius   I 1307
Bad, A. Spätantike   I 1331
Baetica   I 1344
Biographie, I. Antike Voraussetzungen   II 199
Boethius, I. Leben und Werke   II 308
Bregenz, I. Die spätantike Stadt   II 599
Brief, Briefliteratur, Briefsammlungen, A. I. 2. Briefliteratur [Allgemein]   II 649
Brief, Briefliteratur, Briefsammlungen, A. II. Spätantike   II 649
Buch, A. III. 1. Spätantike [Buchherstellung, Buchgewerbe und -handel, Verbreitung von Büchern]   II 804
Buda und Pest, I. Antike (mit Szilagyi, J.)   II 898
Bukolik, A. I. Antike Voraussetzungen   II 909
Bukolik, A. II. Spätantike   II 909
Byblos   II 1166
Caelius Aurelianus   II 1347
Caesarea, 1. C., Stadt in Mauretanien   II 1359
Caesarea, 2. C., Stadt am Südabhang des Hermon   II 1359
Caesarea, 3. C., Hafenstadt in Palästina   II 1360
Capua (mit Cilento, N.)   II 1490
Carmen adversus paganos   II 1512
Carmen de ponderibus et mensuris   II 1512
Cassiodor(us) (mit Alonso-Núñes, J. M.)   II 1551
Cassius Felix   II 1554
Cento, 1. Spätantike Literatur   II 1621
Chorikios   II 1888
Christodoros v. Koptos   II 1920
Commodianus   III 87
Constantius, 3. C. v. Lyon   III 173
Corippus (Flavius Cresconius Corippus)   III 237
Cyprianus, 3. C. Gallus   III 403
Cyrenaica   III 404
Dakien, I. Antike   III 434
Damaskios   III 462
Delphinus, Bf. v. Bordeaux   III 685
Dialog, I. Allgemeines   III 946
Dialog, II. 1. Griechische Literatur [Spätantike] (mit Hunger, H.)   III 946
Dialog, II. 2. Lateinische Literatur [Spätantike]   III 947
Dionysios, 1. D. v. Antiocheia   III 1075
Donatus, 8. D., Tiberius Claudius   III 1241
Elegie, I. Antike Vorbilder, Spätantike   III 1791
Emporiae   III 1897
Enkomion (mit Bernt, G.)   III 2013
Ennodius, Magnus Felix, 1. Leben und Werke   III 2015
Enzyklopädie, Enzyklopädik, I. Antike   III 2031
Epigramm, I. Antike Vorbilder, Spätantike   III 2060
Epigrammata Bobiensia   III 2063
Epitalamium, I. Antike und Spätantike   III 2070
Epitaphium, I. Antike, Spätantike   III 2072
Epitome   III 2074
Epitome de Caesaribus   III 2074
Epos, A. Antike Vorbilder   III 2076
Ermanarich   III 2155
Etymologie, Etymologica (mit Bernt, G.)   IV 60
Eudokia, 1. E., Ailia   IV 74
Eutropius, 4. E., Geschichtsschreiber   IV 122
Firmicus Maternus, Iulius   IV 489
Flavianus, Virius Nicomachus   IV 537
Fréjus, 1. Spätantike   IV 908
Fulgentius, 2. F., Mythograph   IV 1023
Gallien   IV 1092
Germanen, III. Der Germanenbegriff im Mittelalter   IV 1343
Grammatik, grammatische Literatur, A. Antike Wurzeln   IV 1637
Heruler   IV 2184
Hierokles, 1. H., Platoniker   V 1
Himerios   V 22
Hippo Regius   V 33
Historia Augusta (mit Brunhölzl, F.)   V 41
Historiographie, A. I. Antike Voraussetzungen   V 45
Hypatia   V 249
Iamblichos   V 298
Itinerarium Alexandri   V 775
Johannes, 112. J. v. Gaza   V 578
Karthago   V 1025
Lehrhafte Literatur, II. Antike Vorbilder   V 1827
Libanios   V 1936
Lusitania   VI 21
Luxurius   VI 35
Marinos   VI 294
Mauretania   VI 410
Maximianus, 3. M., lat. Elegiker   VI 420
Mérida, 1. Römische und westgotische Zeit   VI 538
Merobaudes   VI 542
Nicomachus Flavianus, 2. N. F.   VI 1135
Nonnos   VI 1233
Numidia   VI 1316
Olympiodoros, 2. O., neuplatonischer Philosoph   VI 1403

Onomastikon VI 1409
Orientius VI 1454
Palindrom VI 1642
Palladius, 1. P. VI 1642
Pantomimus VI 1660
Paulinus, 7. P. v. Pella VI 1816
Paulus, 5. P. Alexandrinus VI 1824
Philocalus VI 2086
Philogelos VI 2086
Phoenix, I. Allgemein VI 2106
Physiologus, I. Zum Inhalt VI 2118
Placidus, 1. P. VI 2194
Platon, Platonismus, B. Antike VII 8
Plotin VII 24
Porfyrius Optatianus, Publilius VII 104
Porphyrios VII 105
Praetextatus, P. Vettius Agorius VII 158
Proba, Faltonia Betitia VII 233
Proklos VII 244
Prudentius, 2. P. (Aurelius P. Clemens) VII 289
Rufinus, 4. R. Flavius VII 1089
Rutilius Claudius Namatianus VII 1126
Scholien, I. Antike VII 1528
Serenus VII 1784
Simplikios, I. Leben VII 1926
Symmachus, 3. S. Q. Fabius Memmius VIII 368
Symmachus, 4. S. Q. Aurelius Memmius VIII 368
Symposienliteratur VIII 369
Syrianos VIII 382
Tabula Peutingeriana (mit Brodersen, K.) VIII 398
Theosophie, Tübinger VIII 674
Tiberianus VIII 760
Xenophon im Mittelalter und Humanismus IX 401

Grubmüller, Klaus
Bîspel II 248
Boner, Ulrich II 410
Fabel, -dichtung, III. Deutsche Literatur IV 203
Konrad, 38. K. v. Fußesbrunnen V 1357

Grünbart, Michael
Spiele, B. Byzantinischer Bereich VII 2111
Straboromanos, Manuel VIII 196
Tzetzes, Johannes VIII 1140
Wahrsager, Wahrsagen, II. Byzanz VIII 1923
Zauberei, I. Byzantinischer Bereich IX 483

Grünbeck, Elisabeth
Osterfestberechnung, Osterstreit, I. Osterfestberechnung im Osten und Westen VI 1515
Rusticus, 2. R., röm. Diakon VII 1123
Salonius VII 1317
Sidonius Apollinaris VII 1834
Symmachus, 5. S., Exeget VIII 368
Theodoret VIII 633
Theodoros, 3. Th., Bf. v. Heraklea VIII 637
Theodoros, 4. Th., Bf. v. Mopsuestia VIII 637
Theophilos, 2. Th., Patriarch v. Alexandria VIII 665
Timotheos, 2. T. I., Patriarch v. Alexandria VIII 792
Timotheos, 3. T. III. Ailuros, Patriarch v. Alexandria VIII 792
Timotheos, 4. T. IV., Patriarch v. Alexandria VIII 793
Timotheos, 5. T., Bf. v. Berytos VIII 793
Tyconius VIII 1129
Verecundus VIII 1512
Victor, 1. V. v. Antiochia VIII 1627
Victorinus VIII 1629

Vigilius, 2. V., Bf. v. Thapsus VIII 1658
Zeno IX 529

Grünberg-Dröge, Monika
Roman de la Poire VII 990
Virelai VIII 1710

Gründel, Johannes
Almosen I 450
Beharrlichkeit I 1810
Bekehrung I 1830
Besonnenheit I 2069
Bona fides, 1. Scholastische Theologie II 399
Caritas II 1507

Grupe, Gisela
Mensch (anthropologisch) VI 521

Gschwantler, Otto
Asen, altnordisches Göttergeschlecht I 1104
Biskupasögur II 246
Edda III 1555

Gschwind, Charlotte s. Bretscher-Gisiger, Charlotte

Guenée, Simonne
Boussard, Geoffrey II 518

Guérout, Jean
Chelles II 1790
Faremoutiers IV 294
Jouarre V 638

Guerreau, Alain
Boissy, Jean de II 352

Gugumus, Johannes E.
Arme-Seelen-Bruderschaft I 973

Guida, Saverio
Uc, 3. U. de Saint Circ VIII 1170

Guillemain, Bernard
Hugotion, François V 181
La Garde, 1. La G., Étienne de, Ebf. v. Arles V 1613
La Garde, 2. La G., Guillaume de, Ebf. v. Arles V 1613

Guillot, Olivier
Agnes, 5. A., Tochter des Gf. en v. Mâcon Otto-Wilhelm I 213
Aimeri, 2. A. III., Vicomte v. Thouars I 240
Amboise, Stadt I 517
Angers, Anjou, I. Geschichte der Stadt und des Bistums sowie der Grafschaft Anjou I 628
Angers, Anjou, II. Das Gewohnheitsrecht des Anjou I 632
Aveu et dénombrement I 1297
Bail I 1353
Bailli, bailliage, II. Stellung I 1355
Bailli, bailliage, III. Aufgaben I 1355
Beaumont-le-Vicomte I 1761
Berry, II. Recht I 2017
Bourgage II 509
Ingelgerus V 415

Guillotel, Hubert
Berengar, 3. B., Gf. v. Rennes I 1934

Bretagne, A. I. Frühmittelalter (mit Werner, K. F.) II 615
Bretagne, A. II. Hochmittelalter II 618
Erispoë III 2149
Nominoë VI 1228

Guillou, André
Arbeit, B. Byzanz I 876
Bettlerwesen, II. Byzanz II 6
Byzantinisches Reich, B. Allgemeine und politische Geschichte II 1238
Byzantinisches Reich, C. Sozial- und Wirtschaftsgeschichte II 1268
Chalkeopulos, Athanasios II 1654

Gullino, Giuseppe
Asinari I 1108

Gumbert, Johan Peter
Bastarden I 1546

Gündisch, Konrad G.
Fogarasch IV 602
Kronstadt V 1547
Marienburg am Alt VI 289
Neustadt (Marmarosch) VI 1110

Güntert, Georges
Dante Alighieri, B. VII. Handschriftenüberlieferung [Werke] III 559

Günther, Linda-Marie
Leon, 1. L. I. V 1890

Guthmüller, Bodo
Ovid, B. II. Italienische Literatur VI 1596

Gutkas, Karl
Eggenburg III 1608
Hainburg IV 1864
Sankt Pölten VII 1194
Waidhofen an der Thaya VIII 1930
Waidhofen an der Ybbs VIII 1930

Guyotjeannin, Olivier
Beaumont-sur-Oise I 1761
Beauvais I 1765
Breteuil-sur-Noye II 629
Clermont, 2. C.-en-Beauvaisis II 2157
Dreux, Philippe de III 1398
Henri, 1. H. de France (mit Demouy, P.) IV 2134
Hurepoix V 230
Noyon VI 1314
Péronne VI 1894
Pierre, 2. P. Charlot VI 2138
Robert, 22. R. v. Frankreich, Gf. v. Dreux VII 893
Vermandois VIII 1549

Györffy, György
Andreas, 2. A. I., Kg. v. Ungarn I 601
Árpád I 1022
Arpaden I 1022
Béla, 1. B. I. (Benin), Kg. v. Ungarn I 1831
Béla, 2. B. II. der Blinde, Kg. v. Ungarn I 1832
Béla, 3. B. III., Kg. v. Ungarn I 1832
Csaba, 1. Cs., Sohn Attilas III 362
Csaba, 2. Cs., Fs. oder Prinz der Ungarn III 363
Csaba, 3. Cs., comes III 363
Csák III 363
Csanád, Heerführer Stefans I. v. Ungarn III 363
Csanád, Stadt im Banat III 364
Csepel III 364
Diósgyőr III 1094
Doboka III 1149
Dömös III 1226
Ducatus III 1436
Erlau III 2153
Etelköz IV 52
Etzelburg IV 63
Feldebrő IV 337
Géza, 1. G. (Geycha), Gfs. v. Ungarn IV 1434
Géza, 2. G. I., Kg. v. Ungarn IV 1434
Gran IV 1647
Großwardein IV 1733
Gyula, 1. Gy. (Würde) IV 1811
Gyula, 2. Gy. (Name) IV 1812
Gyula, 3. Gy. (Titel) IV 1812
Kanzlei, Kanzler, A. IV. Ungarn V 914
Keve V 1118
Koloman, 2. K., Kg. v. Ungarn V 1269
Komorn V 1290
Krassó V 1476
Ladislaus, 2. L. I., d. Hl., Kg. v. Ungarn V 1610
Martinsberg VI 349
Ménfő VI 519
Miesenburg VI 616
Munkács VI 911
Ödenburg VI 1346
Palatin, I. Ungarn VI 1633
Raab VII 379
Schemnitz VII 1449
Servientes regis VII 1793
Siegel, VII. Ungarn VII 1853
Taksony VIII 438
Temesvár VIII 532
Udvarnok VIII 1179

Haage, Bernhard D.
Regel der Gesundheit VII 562
Regimen sanitatis Salernitanum VII 574
Regimen vite VII 575
Schelling, Thomas VII 1448

Haarländer, Stephanie
Wolfgang IX 306

Haarmann, Ulrich
Būriden II 1104

Haas, Max
al-Fārābī IV 284

Haas, Renate
Kildare-Gedichte V 1135

Haase, Claus-Peter
Angiolello, Giovanni Maria I 635
Bartholom(a)eus, 10. B. de Jano I 1495
Calixtus Ottomanus II 1399
Codex Hanivaldanus II 2205
Ǧem Sultan IV 1215
Georg, 11. G. v. Ungarn IV 1281
Hohe Pforte V 84
Ric(c)oldo da Monte di Croce VII 808

Habicht, Werner
Medwall, Henry VI 465

Haefele, Hans F.
Ekkehard, 8. E. IV. v. St. Gallen III 1767
Notker, 2. N. I. (Balbulus) (mit Bretscher-Gisiger, Ch.) VI 1289

Hafner, Stanislaus
Chronik, P. I. Südslavische Länder II 2018
Historiographie, A. III. Südosteuropa V 48
Serbische Sprache und Literatur VII 1781
Slovenische Sprache und Literatur VII 2009
Toma v. Split VIII 852

Hage, Antoine L. H.
Reimchronik, III. Mittelniederländische Literatur VII 651
Veltheim, Lodewijk van VIII 1451

Hagel, Bernhard
Ebran v. Wildenberg, Hans III 1531
Egino, 2. E., Abt v. St. Ulrich und Afra in Augsburg III 1612

Hagemann, Hans-Rudolf
Blutrache II 289
Diebstahl, C. III. Deutsches Recht III 990
Gabe IV 1069
Gelöbnis IV 1207
Vertrag, A. II. Allgemein und Deutsches Recht VIII 1588

Hageneder, Othmar
Papstregister VI 1687
Rudolf, 9. R. II., Hzg. v. Österreich VII 1079
Rudolf, 10. R. IV., Hzg. v. Österreich VII 1079

Hägermann, Dieter
Christian, 2. Ch. I. (Christian v. Buch), Ebf. v. Mainz II 1910
Hufe (mit Hedwig, A.) V 154
Innovationen, technische (Westen) (mit Elmshäuser, K., Hedwig, A., Ludwig, K.-H.) V 430
Interregnum V 468
Irmino V 662
Kolone (mit Hedwig, A.) V 1271
Königsschutz V 1331
Kum(m)et V 1570
Laudemium V 1753
Leudes V 1919
Liten (mit Hedwig, A.) V 2016
Lohn, -arbeit, A. I. Früh- und Hochmittelalter [Westlicher Bereich] (mit Elmshäuser, K.) V 2084
Mancipia VI 185
Mathilde, 7. M. v. Tuszien, Mgfn. VI 393
Mathildische Güter VI 394
Mensalgüter VI 520
Pech VI 1846
Peculium, 2. Westen VI 1850
Pferd, II. Sozial- und Wirtschaftsgeschichte VI 2029
Pflug VI 2048
Polyptychon VII 76
Regalien, -politik, -recht, I. Definition; Deutschland und Reichsitalien VII 556
Reichsgut VII 620
Reichslegat VII 631
Rind, II. Wirtschaftsgeschichte VII 855
Schaf, II. Wirtschaft VII 1433
Schirrung VII 1467
Schmied, Schmiede, A. I. Technik und wirtschaftliche Bedeutung [Westen] (mit Ludwig, K.-H.) VII 1505
Schwein, II. Wirtschaft VII 1640
Servus VII 1798
Staffelsee, Inventar v. VIII 35
Teer VIII 523
Teichwirtschaft VIII 525
Torf VIII 875
Tractoria VIII 928
Traditionsbücher VIII 929
Urbar VIII 1286
Viehhaltung, -zucht, -handel, I. Viehhaltung, -zucht- VIII 1639
Villa VIII 1674
Walter, 14. W. of Henley VIII 1997
Wilhelm, 1. W. II., Gf. v. Holland, dt. (Gegen-)Kg. IX 125
Ziege, II. Wirtschaft IX 599
Zins, II. Grundherrschaft (mit Kasten, B.) IX 624
Zügel IX 684
Zugtiere IX 684

Hagger, Mark
Walcher, 1. W., Bf. v. Durham VIII 1940
Whithorn IX 56
Wilhelm, 48. W. v. St-Calais, Bf. v. Durham IX 153

Hahn, Adelheid
Pactum Hludowicianum VI 1612

Hahn, Johannes
Dalmatien, I. Die spätantike Provinz Dalmatia III 444
Dimensuratio provinciarum III 1054
Expositio totius mundi et gentium IV 186

Hahn, Karin
Edelsteine, I. Definition und Bestimmungskriterien III 1560
Edelsteine, III. 2. Beispiele für Verwendung als Amulett und zu magisch-volksmedizinischen Zwecken III 1563
Edelsteine, IV. 1. Schliff und Schnitt (mit Elbern, V. H.) III 1564

Haider, Siegfried
Göttweig IV 1612
Kapelle, päpstliche V 932
Kremsmünster V 1486
Melk VI 498
Mondsee VI 751
Sankt Florian VII 1151
Schaunberg VII 1444
Zwettl IX 731

Haimerl, Edgar
Sigurdlieder VII 1897

Haines, Roy M.
Orleton, Adam de VI 1467
Philippa v. Hennegau VI 2079
Reynolds, Walter VII 778
Richard, 14. R. v. Bury, Bf. v. Durham VII 817
Robert, 61. R. v. Reading VII 910
Stapeldon, Walter of VIII 60

Stratford, John of VIII 227
Sudbury, Simon VIII 281

Hajdukiewicz, Leszek
Gregor, 20. G. v. Sanok, Ebf. v. Lemberg IV 1678
Humanismus, G. Polen V 202
Oleśnicki, Zbigniew VI 1394

Hälg-Steffen, Franziska
Rapperswil VII 444

Halm, Heinz
Ägypten, II. Arabische Zeit I 224
Fāṭimiden IV 317
Futuwwa IV 1067
Hārūn ar-Rašīd IV 1949
Ismailiten V 698
Schia, Schiiten VII 1452

Hamann, Günther
Atlantische Inseln I 1170
Benincasa, Grazioso I 1914
Cadamosto, Alvise II 1336
Cão, Diogo II 1469
Coelho, 1. C., Gonçalo III 12
Coelho, 2. C., Nicoláu III 12
Conti, 1. C., Niccolò dei III 197
Covilhã, Pêro da III 330
Dias, 1. D. (de Novães), Bartolomeu III 969
Dias, 3. D., Diogo-Pero III 971
Gama, Vasco da IV 1100
Guinea IV 1784

Hamilton, Bernhard
Custodia Terrae Sanctae III 395
Daimbert III 433

Hammel-Kiesow, Rolf
Gewerbebuden IV 1420
Gottesbuden IV 1585
Heinrich, 66. H. v. Badwide, Gf. v. Ratzeburg IV 2075
Lübeck, A. I. Topographie, Stadtentwicklung und Archäologie [Stadt] V 2146
Lübeck, A. III. Gesellschaftliche Entwicklung und Verfassung [Stadt] V 2148
Lübeck, A. IV. Wirtschaft und Hanse [Stadt] V 2148
Paternostermaker VI 1782
Stecknitzkanal VIII 82
Veckinchusen, Hildebrand VIII 1442

Hamp, Eric P.
Albanische Sprache I 276

Hand, Geoffrey J.
Appeal I 803

Hannick, Christian
Bestiarium, -ius, Bestiarien, A. VIII. Slavische Literaturen I 2077
Bibeldichtung, VI. Süd- und ostslavische Literaturen II 82
Biographie, VIII. Slavische Literaturen II 209
Brautwerberepos, Brautwerbungsmotiv, V. Byzantinische Literatur II 594
Brautwerberepos, Brautwerbungsmotiv, VI. Slavische Literaturen (mit Svejkovsky, F.) II 595
Bryennios, 2. B., Manuel II 800
Byzantinische Literatur, B. Rezeption der byzantinischen Literatur bei den Slaven II 1204
Byzantinische, altslavische, georgische und armenische Musik II 1208
Chrabr II 1895
Christophoros v. Mitylene II 1938
Chronologie, D. Historische Chronologie: Byzanz und seine kulturellen Einflußbereiche II 2043
Chrysaphes, Manuel II 2048
Clemens, 11. C. v. Ochrid, II. Literarisches Schaffen II 2147
Codex Gigas II 2204
Daniil, 2. D. igumen (mit Poppe, A.) III 540
Daniil, 3. D. Zatočnik III 541
Demetrios, hl., I. Verehrung III 686
Dialog, XI. Slavische Literaturen III 964
Disticha Catonis, VII. Slavische Literatur III 1126
Disticha Catonis, VIII. Byzantinische Literatur III 1126
Dracula III 1347
Dreisprachenhäresie, -doktrin III 1392
Dvinskaja ustavnaja gramota III 1491
Ehe, D. III. Ost- und südslavischer Bereich III 1644
Ehebruch, D. III. Ost- und südslavischer Bereich III 1661
Ekphrasis, I. Allgemeines (mit Quadlbauer, F.) III 1770
Ekphrasis, III. Byz. und slav. Literaturen III 1771
Elegie, VI. Byzantinische Literatur III 1795
Enzyklopädie, Enzyklopädik, III. 4. Byzantinische (und slavische) Literatur III 2036
Epifanij Premudryj III 2059
Epitalamium, IV. Byzanz III 2071
Epos, C. Byzantinische und slavische Literaturen III 2080
Eudokimos IV 75
Fabel, -dichtung, VI. Byzantinische und slavische Literaturen IV 207
Feodosij Pečerskij IV 355
Filofej IV 451
Florilegien, B. I. 2. Byzantinische und slavische Literaturen IV 569
Fürstenspiegel, C. II. Slavische Literaturen IV 1056
Gabriel, 3. G. Hieromonachos IV 1074
Gennadij IV 1233
Georgios, 2. G. Hagioreites IV 1286
Glossen, Glossare, V. Slavische Literaturen IV 1514
Gregor, 18. G. Camblak, Metropolit v. Kiev IV 1676
Gregorios, 7. G. Sinaites IV 1691
Hagiographie, C. II. Slavischer Bereich IV 1860
Hagiopolites IV 1862
Hymnen, Hymnographie, II. Byzantinische und altkirchenslavische Literatur V 246
Ilarion, 1. I., Metropolit v. Kiev V 376
Isaia der Serbe V 673
Jeremias, 1. J. V 349
Johannes, 102. J. Exarcha V 574
Johannes, 158. J. Plusiadenos V 594
Josif Volockij V 635
Josifo Volokolamskij-Kloster V 636
Judaisierende V 779
Kiev, C. Höhlenkloster (einschließlich Paterikon) V 1131
Kiprian V 1161
Konstantin, 18. K. Kostenecki V 1381
Konstantin, 19. K. v. Preslav V 1382

Konstantin und Method V 1382
Kontakion, Kontakarion V 1413
Korones, Xenos V 1446
Kosmas, 3. K. (Kozmas) Presbyter V 1458
Kukuzeles, Ioannes V 1561
Kyrill, 2. K., russ. Mönch, Bf. v. Turov V 1598
Kyrill, 3. K. v. Beloozero V 1599
Laskaris, 2. L., Johannes V 1721
Laurentios-Chronik V 1757
Lehrhafte Literatur, XIV. Slavische Literaturen V 1842
Lehrhafte Literatur, XV. Byzantinische Literatur V 1842
Leidenswege der Muttergottes V 1855
Manrusum VI 200
Maria, hl., C. II. Byzantinische und slavische Literaturen VI 264
Maximos, 1. M. Homologetes VI 425
Melissa, Antonios VI 496
Menäen VI 513
Menologion VI 519
Miracula s. Demitrii VI 659
Modrekili, Mik'ael VI 713
Naum v. Ochrid VI 1054
Nikon, 2. N. vom Schwarzen Berge VI 1190
Oktoechos VI 1382
Ostromir-Evangelium VI 1540
Pachomij Logofet VI 1607
Pachymeres, Georgios VI 1609
Paleja VI 1635
Papadike VI 1662
Paterikon VI 1780
Pentekostarion VI 1874
Physiologus, III. 5. Slavische Literaturen VI 2122
Povest' VII 136
Povest' o Car'grade VII 137
Povest' vremennych let VII 137
Predigt, C. Byzantinische und slavische Literaturen VII 181
Prohor v. Pčinja VII 243
Psaltikon VII 303
Refrain, VI. Byzantinische Literatur VII 555
Responsorium, II. Osten VII 761
Romanos, 6. R. Melodos VII 1001
Russische Literatur VII 1117
Serapion, 2. S., Bf. v. Vladimir, Suzdal' VII 1776
Stefan, 16. S. v. Perm' VIII 94
Stephanites und Ichnelates, 2. Slavische Übersetzungen VIII 124
Sticheron, Sticherarion VIII 167
Stundenholz, Geschichte und liturgische Verwendung (mit Zumbroich, E.) VIII 266
Suprasl' VIII 329
Symeon, 10. S. Metaphrastes VIII 364
Synaxarion VIII 371
Tetraevangelium VIII 574
Theophylaktos, 1. Th., Ebf. v. Ohrid VIII 671
Troparion VIII 1043
Tropologion VIII 1045
Typikon, I. Liturgisch VIII 1131
Typikon, II. Monastisch VIII 1132
Tzaten VIII 1140
Uspenskij sbornik VIII 1342
Valamo VIII 1374
Vers- und Strophenbau, VII. Slavische Literaturen VIII 1579
Vladislav, 7. V. Grammatik VIII 1806
Xylurgu IX 406

Hänsch, Irene s. Erfen-Hänsch, Irene

Hanslik, Rudolf
Benedikt, 15. B. v. Nursia (mit Binding, G.) I 1867

Harbison, Peter
Brugh na Bóinne II 749
Bunratty II 937
Cashel, II. Zu Topographie und Baugeschichte II 1547
Clochán II 2164
Cong III 132
Crannog III 334
Hochkreuz V 59
Irland, A. Materielle Kultur und Kunst V 652
Irland, C. Monastisches und kirchliches Leben V 660

Harding, Alan
Bill, Procedure by II 190
Common Pleas, Court of III 88
Constable, Lord High III 165
De donis conditionalibus III 630
Debt and detinue III 613
Ding (Thing), III. England III 1062
Disc-thegn III 1110
Eyre IV 192
Felony IV 345
Feorm IV 356
Francplegium IV 688
Gafol IV 1077
Hundred V 218
Hundred Rolls V 218
Husting V 237
Inns of Court V 440
Justices of the Peace V 819
King's Bench, English Court of V 1158
Lathe V 1746
Quadripartitus VII 349
Rectitudines singularum personarum VII 531
Reeve VII 540
Serjeant VII 1788
Servitium debitum VII 1795
Sheriff VII 1826
Shire VII 1828
Soke VII 2026
Staller VIII 41
Thegn VIII 614
Treason VIII 966
Trespass VIII 977
Wapentake VIII 2031

Hardt, Matthias
Stadtburg VIII 13

Harf-Lancner, Laurence
Melusine VI 504

Häring, Nikolaus M.
Angilram I 635
Boethius, Anicius Manlius Severinus, II. 1. Philosophie und Theologie [Wirkungsgeschichte im Mittelalter] II 312
Chaos (mit Courth, F.) II 1712
Clarenbaldus II 2128

Harmening, Dieter
Aberglaube, Superstition, II. Volkskunde I 29
Anna, hl., Mutter Marias (mit Binding, G.) I 653

Apfel, Apfelbaum (mit Kühnel, H., Müller, I.) I 746
Bauernpraktik I 1621
Bildkatechese II 153

Harmuth, Egon
Armbrust I 965
Blasrohr II 267
Bogen, 1. B. II 317
Fernwaffen IV 383
Schleuder (mit Gamber, O.) VII 1488

Harper-Bill, Christopher
Pandulf, 4. P., päpstl. Legat VI 1653
Warham, William VIII 2048
Wolsey, Thomas IX 325

Harris, Brian E.
Blundeville, Ranulph de II 288
Breauté, Fawkes de II 596
Burgh, Hubert de II 1052

Harris, Jennifer
Almosentasche I 451
Armelausa I 973
Bliaut II 276
Brustlatz (mit Newton, St. M.) II 798
Brustschleier (mit Newton, St. M.) II 798
Chainse II 1648

Harriss, Gerald L.
Assignment I 1121
Beaufort I 1751
Beaufort, Heinrich I 1753
Benevolence I 1914
Exchequer IV 156
Exchequer, Court of IV 158
Finanzwesen, -verwaltung, B. IV. England IV 463
Heinrich, 15. H. VI., Kg. v. England IV 2053
Kammer, Kämmerer, II. England V 886
Margarete, 6. M. v. Anjou, Kgn. v. England VI 236
Pipe Roll VI 2166
Purveyance VII 334
Steuer, -wesen, G. England VIII 152
Tally (Kerbhölzer) VIII 450

Harsin, Paul
Bourbon, 3. B., Louis de II 505

Härtel, Hans-Joachim
Dionisij, 3. D. Glušickij III 1074
Dmitrij, 7. D. Priluckij III 1145
Leontij V 1896

Härtel, Reinhard
Paulicius VI 1812
Paulinus, 2. P. II., Patriarch v. Aquileia VI 1815
Poppo, 1. P., Patriarch v. Aquileia VII 101
Sesto al Réghena VII 1800

Harth, Helene
Brief, Briefliteratur, Briefsammlungen, A. V. 1. Brief und Brieftheorie im italienischen Humanismus II 659
Poggio Bracciolini VII 38

Hartmann, Wilfried
Bernold, 3. B. v. Konstanz I 2007
Frankfurt, Reichssynoden v. IV 740

Hartner, Willy
al-Battānī, Muḥammad ibn Ǧābir ibn Sinān I 1551

Harvey, Paul D. A.
Columella im Mittelalter III 67

Hässler, Hans-Jürgen
Sachsen, II. Archäologie VII 1225

Hatcher, John
Cornwall, II. Wirtschaft, Siedlungs- und Agrarwesen III 250

Haubrichs, Wolfgang
Ludwigslied V 2204

Haubst, Rudolf
Christologie, B. III. Spätscholastik [Lateinischer Westen] II 1928
Coincidentia oppositorum III 25
Complicatio–explicatio III 104
Deus absconditus III 738
Einfachheit Gottes III 1734
Gerechtigkeit Gottes IV 1306
Heiliger Geist IV 2022
Johannes, 190. J. Wenck V 611
Nikolaus, 27. N. v. Kues VI 1181

Haug, Walter
Apollonius von Tyrus, B. IV. Deutsche Literatur [Verbreitung] I 773

Haupt, Herbert
Columban III 65

Hauschild, Wolf-Dieter
Epiphanios, 1. E. Bf., v. Constantia III 2068
Eudoxios, Bf. v. Konstantinopel IV 76
Eusthatios, 1. E., Bf. v. Antiochia IV 112
Eusthatios, 3. E., Bf. v. Sebaste / Armenien IV 113

Hausmann, Frank-Rutger
Campano, Giovanni Antonio II 1421
Sendschreiben VII 1749

Haussherr, Reiner
Bible moralisée II 108

Häußling, Angelus A.
Abtsweihe I 67
Chorbuch II 1886
Eucharistie, 1. Westen IV 68
Feste, A. II. 1. Kirchlicher Bereich [Lateinischer Westen] IV 400
Fronleichnam IV 990
Halleluja IV 1879
Jungfrauenweihe V 808
Kommemoration V 1278
Konkurrenz, Okkurenz V 1336
Liturgie, I. Allgemein; Abendland V 2026
Liturgische Bücher, I. Allgemein; Abendland V 2033
Mönchsweihe VI 747
Radulfus, 7. R. de Rivo VII 394
Stundengebet VIII 260
Te Deum VIII 516
Volksmeßbuch VIII 1837

Weihe, -grade, -hindernisse, A. II. Liturgie [Westkirche] VIII 2107
Wein, -rebe, -stock, 3. Liturgie VIII 2132
Weißer Sonntag VIII 2140
Witwenweihe IX 281
Zeremoniar IX 546

Haustein, Jens
Rabenschlacht VII 382

van der Have, J. Ben
Lorreinen, Roman der V 2116

Haverals, Marcel
Robert, 40. R. v. Brügge VII 901
Simon, 2. S. v. Beaulieu, Ebf. v. Bourges VII 1913

Haverkamp, Alfred
Bo(h)emund, 3. B. II., Ebf. v. Trier II 334
Bürger, Bürgertum, A. Forschungsbegriff und -geschichte; Problemstellung II 1006
Dekan, IV. Weltlicher Bereich III 653
Dietrich, 25. D. Holzschuh III 1036
Italien, A. II. Vom Ottonischen Königtum bis zur Vorherrschaft der europäischen Mächte [Allgemeine und politische Geschichte] V 711

Havlík, Lubomir E.
Staré Město VIII 62
Svatopluk VIII 341

Hayez, Anne-Marie
Avignon, I. Geschichte der Stadt und der Seigneurie I 1301
Avignon, II. Geschichte des Bistums und Erzbistums I 1302
Avignon, III. Provinzialsynoden von 1060 und 1080 I 1302
Avignon, IV. Papstpalast I 1303
Bernard, 1. B. Saisset I 1971
Kurie, B. Avignonesische Kurie V 1586
Papst, Papsttum, VII. Das Papsttum in Avignon (mit Hayez, M.) VI 1677

Hayez, Michel
Adhémar I 151
Adimari, Pedro I 152
Aigrefeuille, Familie I 235
Aigrefeuille, 1. Wilhelm der Alte I 235
Aigrefeuille, 2. Peter I 235
Aigrefeuille, 3. Wilhelm der Junge I 236
Aigrefeuille, 4. Faydit I 236
Aubert, Familie I 1183
Aubert, 1. A., Arnaud I 1184
Aubert, 2. A., Audoin I 1184
Aubert, 3. A., Étienne I 1184
Aubert, 4. A., Étienne, »Kardinal v. Carcassonne« I 1185
Aubert, 5. A., Hugues I 1185
Barrière, 2. B., Pierre-Raymond de I 1489
Boistel, Aleaume II 352
Boulogne, Gui de II 499
Brogny, Jean de II 709
Cabassole, Philippe II 1328
Canilhac, Raimond de II 1435
Cardaillac, 4. C., Guillaume de, Bf. v. Montauban II 1501
Cardaillac, 5. C., Guillaume de, Bf. v. St-Papoul II 1502
Chanac, Familie II 1689
Chanac, 1. Ch., Bertrand de II 1690
Chanac, 4. Ch., Guillaume de II 1690
Clemens, 5. C. IV. (Gui Foucois), Papst II 2141
Comminges, Jean Raymond de III 86
Comtat Venaissin III 107
Conzié, François de III 212
Cosnac, Bertrand de III 301
Court, Guillaume III 315
Cramaud, Simon de III 333
Cros, 1. C., Jean de III 355
Cros, 2. C., Pierre (I.) de III 355
Cros, 3. C., Pierre (II.) de III 356
Duranti(s), 1. D., Guillelmus d. Ä., 1. Leben und Wirken III 1469
Duranti(s), 2. D., Guillelmus d. J. III 1470
Estaing, Pierre d' IV 25
Fargues, 1. F., Amanieu de, Bf. v. Agen IV 298
Fargues, 2. F., Béraud de, Bf. v. Albi IV 298
Fargues, 3. F., Béraud de, Ebf. v. Rouen IV 298
Grange, Jean de La IV 1653
Magister sacri palatii VI 90
Mentonay, Jacques de VI 531
Monteil, Guillaume Adhémar de VI 793
Papst, Papsttum, VII. Das Papsttum in Avignon (mit Hayez, A.-M.) VI 1677
Roger (Seigneurs de Beaufort) VII 944
Roye, 2. R., Guy de VII 1066
Saint-Martin, Bertrand de VII 1178
Saint-Paul-Trois-Châteaux VII 1189
Talleyrand, Élie de VIII 449
Thur(e)y, Pierre de VIII 745

Head, Thomas
Letald v. Micy V 1912
Micy St-Mesmin VI 612

Hecht, C. R.
Grund, Grund der Seele IV 1736

Heck Eberhard
Lactantius V 1606

Heckenbach, Willibrord P.
Gregorianischer Gesang IV 1688

Heckmann, Marie-Luise
Vikar, -iat, VIII 1662

Hedwig, Andreas
Hufe (mit Hägermann, D.) V 154
Innovationen, technische (Westen) (mit Elmshäuser, K., Hägermann, D., Ludwig, K.-H.) V 430
Kelter V 1100
Kolone (mit Hägermann, D.) V 1271
Kurbel V 1578
Lehm V 1825
Liten (mit Hägermann, D.) V 2016
Precaria VII 170

Hedwig, Klaus
Licht, Lichtmetapher V 1959
Negative Theologie VI 1081
Unendlichkeit Gottes VIII 1216
Univozität VIII 1256

Ursprung VIII 1332
Urteil, -skraft VIII 1337
Vernunftkeime VIII 1564
Vollkommenheit VIII 1838
Zorn, 1. Philosophisch-theologisch IX 674

Heers, Jacques
Adorno, 2. A. (Adorne), Anselmo (Anselme) I 164
Anglure I 638
Feste, A. I. Allgemeines [Lateinischer Westen] IV 399
Feste, A. II. 2. Kirchlicher Bereich [Lateinischer Westen] IV 401
Feste, A. III. Feste im weltlich-politischen Bereich [Lateinischer Westen] IV 402
Feste, A. IV. Jahreszeitlich gebundene Feste [Lateinischer Westen] IV 404
Gesinde IV 1402
Indossament V 411
Kommission V 1284
Kredit, -wesen V 1481
Montes VI 795

Heidemann, Stefan
Saifaddaula VII 1260

Heidrich, Ingrid
Adalbero, 1. A. v. Eppenstein I 92

Heil, Wilhelm
Adoptianismus I 162
Alkuin, I. Leben und Wirken I 417

Heilfurth, Gerhard
Bergbau, V. Bergmännisches Leben, Brauchtum und Kultur (mit Blaschke, K.) I 1950

Heim, Bruno
Heraldik, II. Italien IV 2144
Heraldik, III. Kirchliche Heraldik IV 2145

Heim, Manfred
Stephan, 15. S. VII., Papst VIII 118
Stephan, 16. S. VIII., Papst VIII 118
Suffraganbistum, -bischof VIII 290
Super cathedram VIII 326

Heimpel, Hermann
Vener, Job VIII 1472

Hein, Wolfgang-Hagen
Christus als Apotheker II 1941

Heine, Peter
Mission, E. Islam VI 678

Heinemann, Hartmut
Rector, I. Allgemeine Definition; Burgund VII 531

Heinemann, Heribert
Ämter Christi I 561

Heinemeyer, Karl
Eschwege IV 11
Ilbenstadt V 377
Landgrafschaft Hessen V 1664
Ludwig, 37. L. I., Lgf. v. Hessen V 2197
Markward, 2. M. I. v. Fulda VI 315

Pöhlde VII 39
Saalfeld VII 1209
Schmalkalden VII 1501
Schönau, Kl. OSB VII 1530
Werla IX 1
Wienhausen IX 90
Ziegenhain IX 603

Heinemeyer, Walter
Anagni, Vertrag v. I 567
Chiavenna II 1809

Heinig, Paul-Joachim
Privileg(ien), III. Städtische Privilegien VII 226
Rat VII 449
Reichskreise VII 629
Reichsstädte VII 637
Schlick, Kaspar VII 1489
Soester Fehde VII 2023
Städtekrieg, südd. VIII 18
Verfassung VIII 1513
Vertrag, A. III. Staatsrechtlich [Westlicher Bereich] VIII 1590
Windecke, Eberhard IX 232
Zeidler, Konrad IX 508

Heinrich, Gerd
Albrecht, 8. A. Achilles I 317
Albrecht, 19. A. III., Kfs. v. Sachsen-Wittenberg I 323
Arnstein, Burg und Gf. en v. I 1012
Arnswalde, Vertrag v. I 1012
Askanier I 1109
Assel I 1119
Barby, Gf. en v. I 1448
Ruppin VII 1108
Stendal VIII 109

Heinrichs, Heinrich M.
Atlilieder der Edda I 1173

Heintze, Michael
Jean, 16. J. Acart de Hesdin V 336
Jean, 25. J. de Condé V 338

Heinz, Andreas
Waffensegen VIII 1904

Heinz, Hanspeter
Ontologie, trinitarische (mit Laarmann, M.) VI 1409

Heinzelmann, Martin
Adelsheiliger I 148
Aldrich I 349
Almannus v. Hautvillers I 445
Amator (mit van Uytfanghe, M.) I 512
Aunacharius I 1238
Aurelianus, 1. A., Metropolit v. Arles, hl. I 1242
Bischöfe, hl. II 238
Charisma (Begriff) (mit Hödl, L.) II 1719
Charisma, II. Sozialgeschichtliche Forschung II 1722
Charisma, III. Ethische Voraussetzungen des »Adels-Charismas« in Europa II 1722
Cornelius, 1. Leben III 242
Dalmatius III 458
Desiderius, 2. D., hl. III 725
Donatus, 2. D., Bf. v. Besancon III 1237
Eucherius, Bf. v. Lyon IV 69

Eutropius, 1. E., Bf. v. Orange IV 121
Evodius, Bf. v. Rouen IV 144
Frau, A. II. Weibliche Heiligkeit [Lateinischer Westen] IV 853
Genovefa (mit Poulin, J.-C.) IV 1237
Germanus, 1. G., hl. IV 1345
Gregor, 1. G. I. d. Große, hl., Papst und Kirchenlehrer, III. Kult und Verehrung IV 1666
Gregor, 19. G. (G. Attalus), Bf. v. Langres IV 1677
Hilarius, 2. H., Bf. v. Arles V 8
Honoratus, 1. H., Bf. v. Arles V 118
Leontius (L. II., L. junior), Bf. v. Bordeaux V 1897
Lupus, 3. L., Bf. v. Troyes VI 15
Nicetius, 1. N., Bf. v. Lyon VI 1127
Opportuna VI 1418
Ruricius (I.) VII 1112
Rusticus, 1. R., Metropolit v. Narbonne VII 1123
Translation VIII 947
Ursus VIII 1333

Heinzle, Joachim
Albrecht, 27. A. v. Kemenaten I 326
Biterolf und Dietleib II 253
Dietrich v. Bern, I. Sagenüberlieferung III 1016
Dietrich v. Bern, II. Deutsche Dietrichsepik III 1018
Dietrichs Flucht III 1038
Eckenlied III 1547
Ermenrichs Tod III 2157
Laurin V 1762
Ortnit VI 1485
Rosengarten VII 1034
Siegfried VII 1862
Sigenot VII 1880
Virginal VIII 1712
Wolfdietrich IX 303
Wolfram v. Eschenbach IX 310
Wunderer IX 366

Heiser, Lothar
Engel, -lehre, -sturz, C. Ostkirche III 1910

Heit, Alfred
Dietrich, 21. D. I., Ebf. v. Trier III 1031
Egbert, 2. E., Ebf. v. Trier III 1600
Egilbert, 2. E., Ebf. v. Trier III 1610
Heinrich, 91. H. I., Ebf. v. Trier IV 2086
Itinerar V 772
Johann, 44. J. I., Ebf. v. Trier V 516
Kuno, 2. K. (Konrad) I., Ebf. (Elekt) v. Trier V 1572
Poppo, 3. P., Ebf. v. Trier VII 101
Ruotbert VII 1104
Ruotger, 1. R., Ebf. v. Trier VII 1104
Werner, 8. W. v. Falkenstein, Ebf. v. Trier IX 7

Hélas, Jean-Claude
Maguelone VI 103
Melgueil (mit Caille, J.) VI 493
Minervois VI 635
Montpellier, A. Stadt und Herrschaft VI 812
Wilhelme (Guilhems) IX 195

Helfenstein, Ulrich
Brun, 6. B., Rudolf II 757

Hellenkemper, Hansgerd
Befestigung, B. Oströmisch-byzantinisches Reich I 1793

Brücke, A. Römischer Brückenbau II 724
Brücke, C. Byzantinischer Brückenbau II 730
Brücke, D. Arabischer und osmanischer Brückenbau II 731
Brunnen, C. I. Archäologie [Byzantinischer Bereich] II 780
Burg, D. I. 1. Baugeschichte [Sonderentwicklungen in den Lateinischen Königreichen, im Lateinischen Kaiserreich und im islamischen Vorderen Orient] II 999
Canabae II 1426
Cardo II 1505
Dach, H. Byzantinischer Bereich III 423
Decumanus III 625
Friedhof, C. Byzantinischer Bereich IV 928
Grab, -formen, -mal, B. Byzantinischer Bereich IV 1627
Haus, -formen, D. Byzanz IV 1969
Kastron, II. Burg V 1052
Leuchtturm, 1. Byzantinischer Bereich V 1918

Hellmann, Manfred
Abgaben, IV. Litauen I 38
Adel, G. Litauen I 138
Albert, 7. A. I., Bf. v. Riga I 285
Alexander, 1. A., Kg. v. Polen I 366
Amt, II. 3. Altrußland I 548
Apulia I 819
Arensburg I 919
Aukštaiten I 1233
Bad, B. II. 1. Baltische Völker I 1333
Bad, B. II. 2. Altrußland I 1333
Balduin, 15. B. v. Alna I 1374
Balten, Baltische Völker I 1390
Bauer, Bauerntum, D. X. Baltische Länder, Großfürstentum Litauen I 1592
Bauske I 1688
Belaja Cerkov I 1834
Bernhard, 20. B. (II.) zur Lippe, Bf. v. Selonien I 1989
Berthold, 13. B., Bf. v. Livland I 2031
Blankenfeld, Johannes II 262
Bojaren, II. Großfürstentum Litauen II 354
Bojarenduma, II. Großfürstentum Litauen II 355
Brief, Briefliteratur, Briefsammlungen, C. III. Litauen II 674
Burg, C. XIII. Baltische Ostseeländer und Litauen II 994
Burg, C. XIV. 4. Moskauer Rus' II 999
Bürger, Bürgertum, H. II. Alt-Livland und Litauen II 1034
Buxhövden II 1163
Candiani II 1431
Caupo II 1582
Chodkiewicz II 1872
Christian, 7. Ch., Zisterziensermönch II 1914
Chronik, M. IV. Livland II 2008
Civitas, III. In den slavischen Gebieten II 2114
Damerow, Dietrich III 472
Doblen III 1148
Dorf, F. Baltische Länder, Großfürstentum Litauen III 1301
Dorpat III 1322
Düna III 1451
Dünaburg III 1451
Dünamünde III 1452
Evangeliar v. Cividale IV 130
Fioravanti, Aristotele IV 485
Friedrich, 48. F. v. Pernstein, Ebf. v. Riga IV 965

Gedimin IV 1167
Gerzike IV 1362
Goldingen IV 1546
Gregor, 21. G., Metropolit der orth. Kirche in Litauen IV 1678
Grobin IV 1722
Grundherrschaft, C. VI. Baltische Länder und Litauen IV 1750
Gutsherrschaft, 2. Baltische Länder und Litauen IV 1806
Hakelwerk IV 1867
Haken, 2. H. (Wirtschaftseinheit) IV 1867
Hasenpoth IV 1952
Heinrich, 90. H. v. Lützelburg, Bf. v. Semgallen, Churland, Chiemsee IV 2086
Heinrich, 123. H. v. Lettland IV 2096
Hermann, 12. H. v. Bekeshovede IV 2163
Hermann, 32. H. v. Wartberge IV 2169
Holme V 99
Jadwinger V 267
Johannes, 161. J. v. Posilge V 596
Kaunas V 1087
Kokenhusen V 1250
Krewo V 1525
Kynstute V 1596
Letten, Lett(en)land V 1913
Litauen, Litauer V 2011
Livland, A. Land und Völker V 2045
Livland, B. I. Die politischen und sozialen Strukturen der einheim. Bevölkerung [Die Eroberungszeit] V 2045
Livland, B. II. Missionsgeschichtliche Anfänge. Verhältnis zum Papsttum [Die Eroberungszeit] V 2046
Livland, B. III. Entstehung der deutschen Landesherrschaften [Die Eroberungszeit] V 2046
Livland, C. I. Kampf um die Vorherrschaft im Lande [Spätmittelalter] V 2048
Livland, C. V. Abwehrkämpfe gegen die Nachbarn. Der Ausklang [Spätmittelalter] V 2051
Livländische Reimchronik V 2052
Meyendorf(e) VI 592

Hellmuth, Doris
Schenkung VII 1449

Helmich, Werner
Moralitäten, II. Französische Literatur VI 825

Helmrath, Johannes
Eugen, 4. E. IV., Papst IV 80
Execrabilis, 1. E., Bulle 1317 IV 160
Execrabilis, 2. E., Bulle 1460 IV 160
Felix, 4. F. V., Papst IV 341
Heinrich, 118. H. Kalteisen IV 2094
Johannes, 164. J. v. Ragusa V 596
Johannes, 176. J. v. Segovia V 605
Piero, 4. P. da Monte VI 2138
Reichstagsakten VII 643
Union, kirchliche, III. Konzil v. Ferrara-Florenz (1447) VIII 1241
Union, kirchliche, IV. Weitere Unionen VIII 1242

Helsen, Johan
Servatius VII 1792
Tongern VIII 858

Hemann, Friedrich-Wilhelm
Hamm IV 1891

Lemgo V 1870
Lippe, Edelherren (1528 Gf.en) zur V 2004
Minden VI 631
Minden, Hoftag v. VI 633
Rendsburg VII 727
Schaumburg, Schauenburg VII 1443
Stadtkämmerer VIII 22
Stadtmauer VIII 23
Steinfurt VIII 99
Wölpe IX 325
Zwinger IX 736

Hemmes-Hoogstadt, Annette C.
Lunder Lieder VI 9

de Hemptinne, Thérèse
Binche II 195
Clementia, 1. C., Gfn. v. Flandern II 2151
Dietrich, 1. D. v. Elsaß III 1021
Ehe, C. Ehe in der Gesellschaft des Mittelalters (mit Prevenier, W.) III 1635
Ferrand v. Portugal, Gf. v. Flandern und Hennegau IV 384
Giselbert, 3. G. v. Mons IV 1467
Johanna, 14. J. v. Flandern, Gfn. v. Flandern und Hennegau V 526
Kanzlei, Kanzler, A. IX. Niederlande V 920
Notar, Notariat, C. Flandern / Niederlande VI 1275
Philipp, 16. Ph. v. Elsaß, Gf. v. Flandern VI 2071
Robert, 23. R. I. der Friese, Gf. v. Flandern VII 894
Robert, 24. R. II. v. Jerusalem, Gf. v. Flandern VII 895
Robert, 34. R. v. Aire VII 899
Siegel, XI. Niederländische Fürstentümer VII 1856
Urkunde, -nwesen, A. XI. Niederlande und Flandern- VIII 1311
Westkapelle, Schlacht v. IX 33
Wilhelm, 26. W. Clito, Gf. v. Flandern IX 145
Wilhelm, 27. W. v. Ypern IX 146
Zierikzee, Schlacht v. IX 607

Hendrixson-Eder, Christine
Brun, 5. B. (Candidus) II 756
Candidus, 5. C. (Wizo) II 1432

Henkel, Nikolaus
Bestiarium, -ius, Bestiarien, A. I. Begriffliches (mit Hünemörder, Ch.) I 2073
Bestiarium, -ius, Bestiarien, A. II. Mittellateinische Literatur I 2073
Bestiarium, -ius, Bestiarien, A. V. Deutsche Literatur I 2076
Otto, 35. O. v. Lüneburg VI 1584
Ovid, B. IV. Deutsche Literatur VI 1597
Physiologus, II. Mittellateinische Literatur VI 2118
Physiologus, III. 1. Deutsche und mittelniederländische Literatur VI 2119
Übersetzer, Übersetzungen, VIII. Deutsche Literatur VIII 1160

Henkelmann, Thomas
Barzizza, 1. B., Christofero I 1501
Brand II 549
Brennen II 607

Henn, Volker
Kontor V 1420
Magdeburger Schöppenchronik VI 79

Henneau, Marie-Elisabeth
Zisterzienser, -innen, C. IV. Alte Niederlande   IX 642

Hennig, John
Arklow   I 952
Armagh   I 959
Auxilius   I 1281
Baltinglass   I 1392
Barden   I 1456
Benediktiner, -innen, B. VII. Irland   I 1894
Bibelübersetzungen, IX. Irische Bibelübersetzungen   II 96
Brendan   II 606
Brigid(a)   II 689
Budoc   II 904
Cadoc   II 1340
Cainnech   II 1381
Caldey Island   II 1394
Cat(h)aldus v. Tarent   II 1574
Ciarán, 1. C. (Kieran) v. Clonmacnoise   II 2062
Clonenagh   II 2165
Clones   II 2165
Clonfert, 2. C. Mulloe (Cluain Ferta Molúa)   II 2166
Colmán, 1. C., Ela   III 45
Colmán, 2. C., hl.   III 46
Declan   III 622
Dunchad, 1. D., hl.   III 1454
Egbert, 4. E., hl.   III 1601
Félire Oengusso   IV 339

Henning, Friedrich-Wilhelm
Bauernlegen, I. Allgemein   I 1619

Hentschel-Wegener, Beate
Sünde, »Sündenfall«, II. Frühhumanismus   VIII 319

Herbers, Klaus
Formosus, Papst   IV 655
Leo, 7. L. V., Papst   V 1878
Liber Sancti Jacobi   V 1948
Marinus, 1. M. I., Papst   VI 294
Marinus, 2. M. II., Papst   VI 294
Nikolaus, 2. N. I., Papst   VI 1168
Pilgerführer   VI 2156
Santiago de Compostela, IV. Pilgerfahrt   VII 1372
Theophylakt   VIII 671
Thietgaud, Ebf. v. Trier   VIII 694
Turpin   VIII 1119
Leo, 6. L. IV., Papst   V 1878

Herbert, Máire
Derry   III 712

Herbert, Nicholas M.
Gloucester, 1. Stadt und Abtei   IV 1515

Herborn, Wolfgang
Breda   II 598
Geldern   IV 1198
Hamaland   IV 1882
Heinsberg   IV 2111
Jülich   V 803
Kleve   V 1212
Levold v. Northof   V 1925
Looz   V 2109
Münstereifel   VI 918
Overstolz   VI 1592
Rainald, 2. R. I., Gf. v. Geldern   VII 417
Rainald, 3. R. II., Gf. v. Geldern   VII 417
Schreinswesen, -buch, -karte   VII 1557
Vianden   VIII 1611
Vilich   VIII 1674
Virneburg   VIII 1713
Weise, Familie   VIII 2134
Wilhelm, 33. W. IV., Gf. v. Jülich   IX 148
Wilhelm, 34. W. V., Gf., Mgf. und Hzg. v. Jülich   IX 148
Worringen, Schlacht v.   IX 337
Zülpich   IX 685

Herde, Peter
Albert, 11. A. Behaim   I 288
Audientia litterarum contradictarum   I 1192
Cautio (littera conventionalis)   II 1587
Coelestin, 5. C. V. (Pietro del Morrone)   III 7
Fälschungen, A. I. Allgemeines [Lateinischer Westen]   IV 246
Fälschungen, A. II. Fälschungen im weltlichen und kirchlichen Recht des Mittelalters; Papstkanzlei [Lateinischer Westen]   IV 247
Formel, -sammlungen, -bücher, A. I. Definition [Lateinisches Mittelalter]   IV 646
Formel, -sammlungen, -bücher, A. II. Päpstliche Kanzlei   IV 647
Gerhard, 23. G. v. Parma   IV 1318
Ḥaṭṭin, Schlacht v.   IV 1957
Karl, 19. K. I. v. Anjou, Kg. v. Sizilien   V 983
Konradin   V 1368
Richard, 29. R. v. Pofi   VII 824

Herding, Otto
Erasmus, 2. E. v. Rotterdam   III 2096

Hergemöller, Bernd-Ulrich
Bischof, -samt, A. VI. Politische und verfassungsgeschichtliche Bedeutung des Bischofs seit dem Wormser Konkordat   II 233
Bruderschaft, 3. Bruderschaften und Stadt   II 739
Bürgereid   II 1042
Bürgerspital   II 1048
Diakon, II. 1. Historische Bedeutung und kirchenrechtliche Entwicklung [Lateinischer Westen]   III 941
Diakonie   III 943
Einwohner   III 1747
Electus, Elekt   III 1789
Elemosinarius   III 1802
Elendenbruderschaften   III 1803
Forum, III. Siedlungs- und Städtegeschichte   IV 668
Friedhof, B. II. 1. Städtischer Friedhof [Mittelalter; Lateinischer Westen]   IV 925
Geheimbünde, -gesellschaften   IV 1172
Gesellschaften, städtische   IV 1388
Heilige Stadt   IV 2028
Herberge   IV 2148
Hereditas   IV 2150
Homosexualität, I. Westlicher Bereich   V 113
Kirchenkranz   V 1177
Klerus, Kleriker   V 1207
Korruption, II. Mittelalter   V 1450
Kurie, C. Bischöfliche Kurie   V 1588
Leischaft, Laischaft   V 1862
Lüneburg   VI 9
Münster in Westfalen (mit Fahlbusch, F. B.)   VI 914
Papstnamen, -liste   VI 1686

Prostitution, I. Westlicher Bereich VII 267
Randgruppen, I. Westen VII 433
Rostock VII 1045
Sexualität, I. Allgemein und westlicher Bereich VII 1812
Sozialstruktur VII 2072
Unzucht VIII 1275

Hériché, Sandrine
Wauquelin, Jean (mit Vielliard, F.) VIII 2079

Hermann, H.-G.
Werkvertrag VIII 2206

Hernández, Ramón
Barrientos, Lope de I 1488

Herren, Michael
Burginda II 1054
Hisperica Famina V 40

Herrmann, Bernd
Friedhof, B. I. 2. Anthropologie [Mittelalter; Lateinischer Westen] IV 924

Herrmann, Hans-Walter
Adalbero, 5. A. I., Bf. v. Metz I 93
Adalbero, 6. A. II., Bf. v. Metz I 94
Adalbero, 7. A. III., Bf. v. Metz I 94
Anweiler (Annweiler) I 739
Arlon, I. Stadt und Territorium (mit Petit, R.) I 958
Arlon, II. Grafenhaus I 959
Beatrix, 1. B. v. Burgund I 1742
Bitsch II 254
Blâmont II 256
Blieskastel, Gf.en v. II 278
Bolchen II 357
Dagsburg III 431
Finstingen IV 485
Hornbach V 126
Leiningen, Gf.en v. V 1860
Mettlach VI 585
Saarbrücken VII 1210
Saarwerden VII 1211
Zweibrücken IX 717

Herrmann, Joachim
Hiddensee, Goldschatz v. IV 2208
Jomsborg V 621
Ralswiek VII 425
Tornow VIII 875
Truso VIII 1072
Wolin IX 318

Herteig, Asbjørn E.
Bergen, I. Archäologie und Siedlungsgeschichte I 1952

Hertz, Anselm
Arbeit, A. II. Theologische Vorstellungen [West- und Mitteleuropa] I 870
Ehrgeiz III 1663
Eifersucht III 1703
Vacatio VIII 1362

Hervay, Franciscus Levente
Zisterzienser, -innen, C. XI. Ungarn IX 649

Heß, Maria-Claudia
Möðruvallabók VI 713
Möðruvellir í Hörgárdal VI 713
Munkaþverá VI 911

Heß, Wolfgang
Rechenpfennige VII 508

Hesse, Otmar
Neilos, 2. N. v. Ankyra VI 1085

Hetzler, Ralf
Mariale VI 281

d'Heur, Jean-Marie
Alfons, 19. A. I. »der Eroberer«, Kg. v. Portugal (mit Briesemeister, D.) I 404
Cancioneiro II 1429
Dinis, 1. D., Kg. v. Portugal, 2. Literarische Tätigkeit III 1065

Hewsen, Robert H.
Georgien, III. Wirtschafts- und Sozialgeschichte IV 1285

Heydasch-Lehmann, Susanne
Mosaik, II. Abendländisches Mittelalter VI 853

Heyen, Franz-Josef
Andernach I 595
Balduin, 14. B. v. Luxemburg I 1372
Simeon, 4. S. v. Trier VII 1911

Heyer-Boscardin, Maria Letizia
Ahnen (als krieger. Nothelfer) I 232
Alpfehden I 455
Arbedo, Schlacht v. I 869

Heyse, Elisabeth
Aedilwulf I 174
Agius v. Corvey I 210
Antiphonar v. Bangor I 724
Arnold, 23. A. v. St. Emmeram I 1008
Arnulf, 13. A. v. Orléans I 1020
Astronomus I 1153
Augustinus, 5. A. Hibernicus I 1230
Baldo I 1365
Baugulf I 1627
Benedictus, 1. B. v. Mailand I 1857
Braulio v. Zaragoza II 582
Carmen ad Adelardum (Adalhardum) episcopum II 1509
Carmen de Timone comite II 1513
Convivium M. Tulli (Metulli) III 210
Crispus III 348
Dares Phrygius III 571
De duodecim abusivis saeculi III 631
Dictys Cretensis III 982
Dies irae III 1012
Drei Lebende und drei Tote, I. Inhalt; Mittellateinische Literatur III 1390
Homer, I. Lateinisches Mittelalter V 109
Hugeburc V 157
Ilias latina V 379
Melito, Pseudo-Melito VI 498
Methodius VI 581
Rudolf, 24. R. v. Fulda VII 1085

Theobald, 7. Th. (Physiologus-Bearbeiter) VIII 619
Theophrast im Mittelalter VIII 670
Victor, 2. V. v. Capua VIII 1627

Hiestand, Rudolf
Byzantinisches Reich, F. II. Vom Ende des Karolingerreiches bis zum 4. Kreuzzug [Byzanz und das Abendland] II 1306
Hugo, 29. H. v. Payens V 168
Otto, 41. O. da Tonengo (Candidus) VI 1586
Ritterorden VII 878

Higounet, Charles
Agen I 204
Aire, Suffraganbistum von Eauze I 245
Albi, II. Bistum (mit Greslé-Bouignol, M.) I 300
Albi, III. Grafschaft, Vicomté I 301
Amatus, 1. A., Ebf. v. Bordeaux I 512
Angoulême I 638
Aquitanien, II. Aquitanien unter der Herrschaft des Hauses Poitou I 830
Aquitanien, III. Herzogtum und Fürstentum in den engl.-frz. Auseinandersetzungen I 831
Aquitanien, IV. Die Institutionen des Hoch- und Spätmittelalters I 831
Armagnac I 960
Astarac I 1127
Auch I 1188
Aure I 1241
Barbazan, 2. B., Manaut I 1441
Bastide I 1547
Bayonne I 1718
Berenguela, 1. B. v. Navarra I 1940
Bertrand, 2. B. de l'Isle I 2040
Bigorre II 143
Blaye II 268
Bonnefont II 429
Bordeaux II 447
Brantôme II 577
Bürger, Bürgertum, D. III. Südliches Frankreich II 1023
Captal II 1489
Champart II 1689
Comminges III 84
Complant III 103
Condom III 121
Couserans III 321
Dax III 608
Eauze III 1506
Eudo, 2. E., Hzg. v. Gascogne IV 73
Fezensac IV 424
Flaran IV 534
Frot(h)arius, 1. F., Ebf. v. Bordeaux IV 993

Higounet-Nadal, Arlette
La Sauve Majeure V 1719
Périgord VI 1888
Périgueux VI 1889
Sarlat VII 1383

Hilaire, Jean
Affrèrement I 196
Amortisation I 542

Hild, Friedrich
Berroia I 2014
Bosporus II 480
Dardanellen III 571
Dorylaion III 1328
Gallipoli IV 1096
Halikarnassos IV 1876
Kappadokien V 946
Kayseri, I. Spätantike und byzantinische Zeit V 1091
Kilikien, I. Spätantike und byzantinische Zeit V 1137
Melitene, I. Römische und byzantinische Zeit VI 497
Milet VI 624
Nikaia, 1. N. VI 1151
Nikomedeia VI 1189
Philadelph(e)ia VI 2054
Salamis VII 1285
Samosata VII 1344
Sardes VII 1377
Side VII 1833
Sivas VII 1942
Smyrna VII 2014
Straße, III. Byzantinischer Bereich VIII 225
Tarsos VIII 483
Tephrike VIII 547
Theodosiupolis VIII 644
Thessalien VIII 680
Tralles VIII 934
Tyana VIII 1129

Hill, John H.
Adhémar v. Monteil I 151

Hill, Lamar M.
Requests, Court of VII 748

Hill, Thomas
Reichsverweser VII 646
Schonen VII 1534

Hiller von Gaertringen, Rudolf
Tafelmalerei, B. I. Südliches Europa VIII 404

Hils, Hans-Peter
Fechten, Fechtwesen, I. Zum Begriff IV 324
Fechten, Fechtwesen, II. Fechtwesen IV 325
Fechten, Fechtwesen, III. Fechtliteratur in Deutschland und Italien IV 326

Hilsch, Peter
Andreas, 5. A., Bf. v. Prag I 603
Bruno, 5. B. v. Schauenburg II 786
Daniel, 1. D. I., Bf. v. Prag III 537
Elisabeth, 5. E., Kgn. v. Böhmen III 1832
Ernst, 9. E. v. Pardubitz III 2179
Gerlach, 3. G. v. Mühlhausen IV 1337
Heinrich, 86. H. Zdik, Bf. v. Olmütz IV 2085
Heinrich, 87. H. Břetislav, Bf. v. Prag IV 2085
Heinrich, 139. H. v. Saar IV 2105
Hermann, 19. H., Bf. v. Prag IV 2165
Jaromir, 1. J., Fs. v. Böhmen V 304
Jaromir, 2. J. (Gebhard), Bf. v. Prag V 305
Jodok (Jo[b]st), Mgf. v. Mähren und v. Brandenburg V 492
Johann, 35. J. Heinrich V 513
Königsaal V 1325
Konrad, 9. K. I., mähr. Teilfs. und Hzg. v. Böhmen V 1343
Konrad, 12. K. II., Fs. v. Mähren/Znaim V 1344
Konrad, 13. K. III. Otto, Mgf. v. Mähren und Hzg. v. Böhmen V 1345

Prokop, 2. P., Mgf. v. Mähren   VII 245
Selau   VII 1725
Tepl   VIII 547
Tetschen   VIII 577
Thietmar, 2. T., Bf. v. Prag   VIII 696

von Hindte, Hartmut
Northeim   VI 1253
Otto, 23. O., Gf. v. Northeim   VI 1578

Hingst, Kai-Michael
Reichsmatrikel   VII 632
Reichspfandschaft   VII 632
Rüge, -gericht, -verfahren   VII 1090
Verfestung   VIII 1518

Hinterberger, Martin
Sachlikes, Stephanos   VII 1222
Spanos   VII 2085

Hinz, Hermann
Aardenburg   I 6
Abinger   I 41
Abodriten, I. Archäologie   I 47
Alt-Lübeck   I 477
Alt-Schieder   I 494
Ambo, 1. Archäologie (mit Wessel, K.)   I 516
Andenne (mit Despy, G.)   I 595
Ansitz   I 691
Arkona, I. Archäologie   I 952
Bauernhaus, A. Einleitung (mit Bedal, K.)   I 1606
Bauernhaus, B. I. Früh- und Hochmittelalter [Mitteleuropa]   I 1607
Bauernhaus, C. Schweden, Norwegen   I 1612
Bauernhaus, D. Dänemark   I 1613
Bauernhaus, E. Britische Inseln, Irland   I 1614
Bauernhaus, F. Nordatlantische Inseln   I 1615
Bauernhaus, G. Frankreich   I 1615
Bauernhaus, H. Osteuropa   I 1616
Befestigung, A. I. Langwälle [Europa]   I 1785
Befestigung, A. II. Landwehren [Europa]   I 1785
Befestigung, A. III. Frühe Burganlagen [Europa]   I 1785
Befestigung, A. IV. Befestigungen landwirtschaftlicher Großbetriebe [Europa]   I 1791
Bosau   II 468
Briten, II. Archäologische Erforschung des britischen England   II 702
Bronze, III. 1. Frühmittelalterliche Kleinbronzen [Geschichte]   II 714
Brunnen, A. Römische, germanische und frühmittelalterliche Brunnen   II 764
Büraburg, 2. Archäologie   II 939
Castle Acre   II 1562
Châteaudun, 2. Burg   II 1767
Cheddar   II 1788
Christenberg   II 1908
Curia, 2. C., 2. Archäologie   III 387
Dach, B. Germanische und römische Voraussetzungen   III 409
Dach, C. III. 2. Westeuropa [Ländlicher Bereich]   III 417
Dach, E. Östliches Europa   III 420
Dach, G. Skandinavien   III 422
Danewerk   III 534
Daugmale   III 585
Devil's Dyke   III 923

Dorestad, II. Archäologie   III 1265
Doué-la-Fontaine   III 1331
Drontheim, II. Archäologie   III 1411
Eketorp   III 1763
Fibel (mit Westermann-Angerhausen, H.)   IV 427
Fisch, -fang, -handel, B. I. Archäologisch [Fischfang, -handel]   IV 495
Friesen, A. IV. Archäologie   IV 971
Graben   IV 1628
Grubenhaus   IV 1734
Hamburg, II. Archäologie   IV 1884
Haus, -formen, B. Archäologie   IV 1961
Heisterburg   IV 2112
Hof, -formen   V 64
Höhbeck   V 79
Hollenstedt   V 99
Holtrop   V 102
Husterknupp   V 236
Jarlshof   V 303
Kaiseraugst   V 856
Keramik, I. Archäologie   V 1111
Kirchheim   V 1186
Königshagen   V 1329
Kootwijk   V 1432
Köttlach   V 1463
Krinckberg   V 1534
Limes Belgicus   V 1992
Lindholm Høje   V 1999
Lödöse   V 2069
Montbazon   VI 780
Motte und Baillie   VI 873
Münzenberg   VI 931
Pingsdorfer Keramik   VI 2162
Pipinsburg   VI 2166
Prager Typ   VII 165
Raseneisenerze   VII 446
Reliefbandamphoren   VII 689
Rundburg   VII 1096
Schatzfund   VII 1441

Hirschmann, Frank G.
Verdun   VIII 1505

Hiß, Reinhard
Nil   VI 1192
Opsikion   VI 1418
Philippikos Bardanes   VI 2083

Hissette, Roland
Taddeo da Parma   VIII 402

Hitz, Florian
Talschaft   VIII 452
Unterwalden   VIII 1273
Uri   VIII 1297

Hjort, Øystein
Buchmalerei, A. XII. Skandinavische Buchmalerei vom 11.–15. Jahrhundert   II 850

Hlaváček, Ivan
Adamiten, 2. A. in Böhmen   I 117
Agnes, 7. A. (sel.)   I 213
Albert, 17. A. v. Sternberg   I 290
Albich, Siegmund (mit Telle, J.)   I 302
Anna, 1. A., böhm. Kgn.   I 654
Beneš Krabice v. Weitmühl   I 1907

Bibliothek, A. VI. Böhmen II 120
Brief, Briefliteratur, Briefsammlungen, C. I. Westslavischer Bereich II 671
Brünn II 762
České Budějovice II 1641
Curia, 1. C. regis, VII. Böhmen III 384
Dalimil, sog. III 441
Eger, Egerland, II. Die Stadt Eger III 1605
Elbogen III 1778
Finanzwesen, -verwaltung, B. VII. Ostmitteleuropa (Böhmen, Polen) IV 471
Franz, 4. F. v. Prag IV 799
Goldene Bulle Ks. Friedrichs II. IV 1540
Iglau V 366
Johann, 46. J. v. Gelnhausen V 517
Johann, 49. J. v. Neumarkt V 518
Johannes, 57. J. v. Jentzenstein V 553
Kanzlei, Kanzler, A. III. Böhmen V 914
Karlstein V 997
König, Königtum, H. Böhmen V 1321
Königgrätz V 1324
Kuttenberg V 1593
Lamprecht, 1. L. v. Brunn V 1633
Landtafel v. Böhmen V 1679
Maiestas Carolina VI 111
Pilsen VI 2159
Prag VII 159
Pulkava, Přibík VII 324
Saaz VII 1211
Siegel, VI. Böhmen VII 1853
Steuer, -wesen, I. I. Böhmen und Polen VIII 154
Strahov VIII 209
Urkunde, -nwesen, A. V. Böhmen VIII 1307
Velehrad VIII 1450
Wenzel, 5. W. IV., Kg. v. Böhmen, dt. Kg. VIII 2190
Wilhelm, 81. W. v. Lestkov IX 172
Zunft, -wesen, -recht, A. IX. 3. Böhmische Länder IX 705

Hlawitschka, Eduard
Adalbert, 7. A., Gf. v. Metz I 97
Andelot, Vertrag v. I 595
Ansegisel I 678
Arnulf, 8. A., hl., Bf. v. Metz I 1018
Audofleda I 1197
Begga I 1798
Bernhard, 2. B., Kg. des karol. Unterkönigreichs Italien I 1983
Bertrada, 1. B. d. J., Kgn. I 2038
Otbertiner VI 1556
Rudolf, 5. R. II., Kg. v. Hochburgund VII 1076
Rudolf, 6. R. II., Kg. v. Burgund VII 1077
Straßburg, Vertrag v. VIII 218
Supponiden VIII 328
Unruochinger VIII 1261
Wido, 1. W., comes, Präfekt der Bret. Mark IX 67
Wido, 2. W. I., Hzg. v. Spoleto IX 67
Wido, 3. W. II., Hzg. v. Spoleto, Kg. v. Italien IX 68
Wido, 4. W. III., Hzg. v. Spoleto IX 69
Widonen IX 72

Hocquet, Jean-Claude
Salz, I. Allgemein und Westen VII 1324
Venedig, B. Wirtschaftsgeschichte VIII 1466

Hödl, Günther
Albrecht, 2. A. II., dt. Kg. I 313
Barbara v. Cilli I 1433
Elisabeth, 3. E. v. Luxemburg III 1832
Gottschee IV 1612
Klagenfurt V 1192
Krain V 1465
Krainburg V 1467
Leopold, 7. L. I., Hzg. v. Österreich V 1901
Pettau VI 1989
Sankt Veit an der Glan VII 1206

Hödl, Ludwig
Abendmahl, Abendmahlsstreit I 22
Ablaß I 43
Alanus, 5. A. ab Insulis (v. Lille), 1. Leben und Bedeutung I 268
Amalrikaner I 509
Analogia (fidei) I 570
Ancilla theologiae I 578
Allegorie, Allegorese, III. Patristische und scholastische Theologie (mit Emminghaus, J. H., Riedlinger, A.) I 421
Anselm, 6. A. v. Canterbury, I. Leben und Wirken I 680
Anselm, 6. A. v. Canterbury, II. Das literarische Werk I 681
Anselm, 6. A. v. Canterbury, III. Die wissenschaftliche Methode I 683
Anselm, 6. A. v. Canterbury, IV. Der philosophisch-theologische Systemgedanke I 684
Anselm, 6. A. v. Canterbury, V. Wirkungsgeschichte, Ikonographie (mit Binding, G.) I 686
Aristotelesverbote I 948
Arme Seelen, 2. Theologie I 972
Artes liberales, III. Bedeutung für die scholastische Philosophie und Theologie I 1061
Averroes, Averroismus, II. Lateinischer Averroismus I 1292
Basilius, 1. B. d. Große, II. Zur Wirkungsgeschichte im lateinischen Mittelalter I 1531
Beichtformeln, A. Begriffliches (mit Briesemeister, D.) I 1812
Bibel, B. I. 1. b. Bibelglossen [Lateinischer Westen; Bibel in der christlichen Theologie] (mit Gribomont, J.) II 42
Bild, Bilderverehrung, II. 1. Karolingischer Bilderstreit [Westkirche] II 147
Bild, Bilderverehrung, II. 2. Hochscholastische Theologie [Westkirche] II 148
Bild, Bilderverehrung, II. 3. Meister Eckharts mystische Bildlehre [Westkirche] II 148
Buße (liturgisch-theologisch), D. I. 4. Bußzeiten [Westkirche] (mit Vogel, C.) II 1136
Buße (liturgisch-theologisch), D. II. Die scholastische Bußtheologie [Westkirche] II 1137
Charakter, sakramental II 1717
Charisma (Begriff) (mit Heinzelmann, M.) II 1719
Charisma, I. 2. Mittelalterliche Theologie [Christentum] II 1721
Christologie, D. 2. Scholastische Theologie [Christologische Häresien] II 1935
Clemens, 12. C. v. Alexandria (mit Ritter, A. M.) II 2148
Commercium (in theologischem Sinn) III 82
Dämonen, Dämonologie, B. III. Scholastische Dämonologie [Lateinisches Mittelalter] III 478
David, 8. D. v. Dinant III 605
Dekalog III 649

Determinismus III 736
Diakon, II. 2. In der scholastischen Theologie [Lateinischer Westen] (mit Ott, L.) III 943
Disputatio(n), 1. Philosophie und Theologie III 1116
Distinktion, I. Scholastische Theologie und Philosophie (mit Hoffmann, F.) III 1127
Dogma, I. Frühe Kirche; scholastische Theologie III 1164
Doketismus, 2. Scholastische Argumentation gegen Doketismus III 1168
Donatisten, II. b. Scholastische Theologie [Mittelalter] III 1236
Doppelte Wahrheit (mit Wéber, E. H.) III 1260
Dreifaltigkeit, I. Als theologischer Begriff III 1374
Durandus, 5. D. de S. Porciano III 1468
Ebenbild Gottes, II. Patristische und mittelalterliche Theologie III 1508
Ehebruch, A. Theologie III 1649
Eigenschaften Gottes, I. Christentum III 1710
Einwohnung Gottes III 1748
Evangelische Räte IV 131
Exorzismus, II. Scholastische Theologie IV 173
Fides quaerens intellectum IV 435
Firmung, I. Biblisch-patristische Theologie IV 490
Firmung, II. Scholastische Theologie IV 491
Firmung, III. Häresien IV 492
Friede, II. Theologisch IV 920
Garnerius, 1. G. v. Rochefort IV 1119
Garnerius, 2. G. v. St-Victor IV 1119
Gaunilo v. Marmoutier IV 1143
Gebet, A. I. Biblische und patristische Tradition [Christentum] IV 1155
Gebet, A. II. Mittelalterliche lateinische Tradition [Christentum] IV 1156
Genugtuung IV 1261
Gerechtigkeit, -slehre IV 1304
Gotteslästerung IV 1593
Gottesverehrung (mit Gerwing, M.) IV 1595
Gottschalk, 4. G. (Godescalc) v. Orbais IV 1611
Guido, 13. G. v. Orchelles IV 1776
Handlung(en), 1. Philos.-theolog. IV 1903
Hartwig, 6. H., »Bruder v. Erfurt« IV 1949
Heiden, -tum IV 2011
Heinrich, 97. H. Bate v. Mecheln, 1. Leben. Philosophisches Werk IV 2088
Heinrich, 103. H. Egher v. Kalkar IV 2090
Herv(a)eus Natalis IV 2185
Herz (mit Lauer, H. H.) IV 2187
Hugo, 47. H. de Novo Castro V 173
Humbert, 5. H. v. Preuilly V 208
Hypostatische Union V 251
Individuum, Individuation, Individualität (mit Laarmann, M.) V 406
Isaac, 3. I. de Stella V 665
Jacobus, 1. J. de Aesculo V 255
Job (Hiob), II. Christliche Theologie V 489
Johannes, 83. J. v. Cornwall V 564
Johannes, 88. J. Damaskenos, IV. 2. Westen [Nachwirkung] V 568
Johannes, 139. J. Maior(is) V 587
Johannes, 144. J. v. Mirecourt V 589
Johannes, 159. J. de Polliaco V 595
Johannes, 165. J. de Ripa V 597
Johannes, 166. J. v. Roquetaillade V 597
Johannes, 167. J. Rucherath v. Wesel V 598
Johannes, 168. J. de Rupella V 598
Johannes, 188. J. v. Tytynsale V 610

Jungfräulichkeit V 808
Kain und Abel, I. Biblisch-theologisch V 848
Konsubstantiation V 1408
Korrektorienstreit V 1448
Leib Christi V 1845
Liebe, I. Theologiegeschichtlich V 1963
Maimonides, II. Einfluß auf das abendländische Denken VI 128
Menschheit, Menschengeschlecht (mit Laarmann, M.) VI 526
Menschwerdung VI 527
Metaphysica Aristotelis VI 570
Mission, B. II. Missionsgeschichte [Lateinkirchliches Abendland] (mit Kahl, H.-D.) VI 673
Monastisch-mystische Theologie VI 731
Moraltheologie (mit Stoeckle, B.) VI 829
Motiv (mit Stoeckle, B.) VI 873
Mysterium VI 981
Nihilianismus VI 1148
Notio (mit Berger, H., Gombocz, W. L.) VI 1285
Odo, 17. O. v. Ourscamp VI 1360
Passion, A. Theologie VI 1760
Petrus, 1. P., Apostel, I. Biblisch-theologisch VI 1954
Petrus, 44. P. Johannis Olivi (mit Pásztor, E.) VI 1976
Petrus, 45. P. Lombardus VI 1977
Pfingsten, II. Scholastische Theologie VI 2031
Prädestination / Reprobation, A. I. Westen [Christentum] (mit Laarmann, M.) VII 142
Priester, A. II. Theologie [Lateinischer Westen] VII 205
Propheten, Prophetie, A. II. Der Prophetenbegriff in der mittelalterlichen Theologie [Christliches Abendland] VII 254
Propositio, 2. Philosophisch-theologisch VII 261
Quaestio, Quaestionenliteratur VII 349
Radulf, 6. R. v. Maidstone VII 392
Rat, philosophisch-theologisch VII 453
Rationalismus (mit Bormann, K.) VII 460
Ratramnus v. Corbie VII 462
Reue VII 768
Robert, 48. R. v. Cricklade VII 904
Schlüsselgewalt VII 1494
Significatio (mit Berger, H., Gombocz, W. L.) VII 1890
Simon, 15. S., Magister an einer Kloster- oder Kathedralschule VII 1918
Soteriologie VII 2060
Spanische Spätscholastik VII 2077
Spiritualität VII 2124
Sühne, I. Theologie VIII 295
Summa (Summula), A. Scholastische Literatur- und Wissenschaftsgeschichte VIII 306
Symbolismus, Deutscher VIII 358
Theologische Tugenden VIII 658
Todsünde VIII 839
Übel VIII 1143
Unglaube, II. Theologiegeschichtlich VIII 1238
Vergeltung VIII 1518
Wilhelm, 87. W. v. Melitona IX 175
Wilhelm, 115. W. v. Ware IX 193
Zölibat, I. Theologie (Scholastik) IX 663

Hoeges, Dirk
Froissart, Jean IV 984
Jean, 19. J. le Bel V 337

Hoenen, Maarten J. F. M.
Vorsehung VIII 1856

Mousquet, Philippe VI 876
Reimchronik, I. Allgemein. Romanische Literaturen
    VII 649
Valla, Lorenzo VIII 1392

Hoenen, Maarten J. F. M.
Vorsehung VIII 1856

Hofacker, Adrian
Waldmann, Hans VIII 1958

Hoffmann, Detlef
Spielkarten VII 2111

Hoffmann, Dietrich
Hollingstedt V 99

Hoffmann, Erich
Adolf, 2. A. VIII., Gf. v. Holstein I 159
Albrecht, 13. A. v. Orlamünde, Gf. v. Holstein I 320
Bornhöved, 2. B., Schlacht bei (1227) II 465
Constitutio Waldemariana III 177
Erdbuch Waldemars II. III 2126
Friedrich, 5. F. I., Kg. v. Dänemark IV 943
Gerhard, 2. G. III. d. Große, Gf. v. Holstein IV 1309
Gerhard, 3. G. VI., Gf. v. Holstein IV 1309
Holstein, Gft. V 100
Kaland V 864
Kiel V 1120
Preetz VII 183
Rantzau VII 440
Ratzeburg VII 469
Ripen, Vertrag v. VII 861
Schleswig, II. Herzogtum und Bistum VII 1486
Stormarn VIII 194

Hoffmann, Fritz
Conclusio(nes) III 115
Crathorn, Wilhelm III 336
Distinktion, I. Scholastische Theologie und Philosophie
    (mit Hödl, L.) III 1127
Johannes, 134. J. Lutterell V 586

Hoffmann, Hartmut
Bertharius I 2024
Leo, 19. L. v. Ostia V 1882

Hoffmann, Lars M.
Philippos Monotropos VI 2084
Salomo, C. III. Byzanz [Literatur] VII 1312
Scholien, III. Byzantinische Literatur VII 1529
Seelsorge, II. Ostkirche VII 1682
Sprichwort, Sprichwortsammlung, VIII. Byzantinische
    Literatur VII 2141
Theorianos VIII 673
Tod, Sterben, II. 2. Ostkirchlich-byzantinischer Bereich
    [Theologie und religiöse Vorstellungen] VIII 825
Typos VIII 1135

Hofmann, Johannes
Theopaschismus VIII 661

Hofmann, Matthias
Visby, Schlacht v. VIII 1716

Hofmann-Rendtel, Constanze
Devotionalien, -handel III 930

Hofmeister, Adolf E.
Friedrich, 43. F. I., Ebf. v. Hamburg-Bremen IV 962
Marschhufendorf VI 325

Hofmeister, Herbert
Grundbuch IV 1737

Hofstetter, Walter
Blickling-Homilien II 277
Byrhtferth II 1168

Hogenbirk, Marjolein
Vengeance Raguidel, La VIII 1473

Höhl, Norbert
Johannes, 61. J. de Ancona V 555
Johannes, 91. J. de Deo V 569
Johannes, 103. J. Faventinus V 575
Johannes, 108. J. Galensis V 576
Johannes, 122. J. Hispanus (mehrere Kanonisten)
    V 581
Johannes, 129. J. v. Kent V 584
Johannes, 145. J. Monachus V 589
Johannes, 156. J. de Phintona V 594
Johannes, 182. J. Teutonicus V 608
Johannes, 186. J. v. Tynemouth V 610
Laurentius, 7. L. Hispanus V 1761
Lucas, 2. L. de Penna V 2153
Melendus VI 492
Paulus, 14. P. Ungarus VI 1828
Petrus, 8. P. de Ancharano VI 1962
Petrus, 25. P. Collivaccinus VI 1967
Petrus, 67. P. de Salinis VI 1984

Hohlweg, Armin
Zacharias, Johannes IX 436

Holbach, Rudolf
Dietrich, 22. D. II., Ebf. v. Trier III 1032
Fürkauf IV 1027
Jakob, 18. J. v. Sierck, Ebf. v. Trier V 289
Monopol VI 764
Peter, 24. P. v. Aspelt, Ebf. v. Mainz VI 1936
Textilien, A. I. Herstellung und Verarbeitung [Westen]
    VIII 595
Tuchhalle VIII 1078
Verlag, -ssystem VIII 1547
Weber VIII 2084
Wied IX 78
Wolle IX 320

Holenstein, Stefan
Gerichtsverfahren, I. Gemeiner Zivilprozeß
    IV 1330
Juristen V 815
Kontumaz V 1421
Procurator, II. Recht VII 237

Hollerweger, Hans
Begräbnis, Begräbnissitten, B. I. Lateinischer Westen
    [Gebräuche und Begräbnisliturgie] I 1806

Hollis, Stephanie
Zaubersprüche, III. Englische Literatur IX 488

Holste, Thomas
Wilhelm, 67. W. v. Brescia (mit Keil, G.) IX 165

Holter, Kurt
Codex Millenarius   II 2206
Cutbercht-Codex   III 396
Ingolstädter Evangeliar   V 418
Mondseer Fragmente   VI 752

Holtorf, Arne
Brief, Briefliteratur, Briefsammlungen, B. I. Deutsche Sprache und Literatur   II 663

Holzapfel, Otto
Ballade, B. II. 3. Skandinavische Literaturen   I 1386
Volkslied, I. Deutsche Literatur; skandinavische Literaturen   VIII 1833

Holzhauer, Heinz
Bahrprobe   I 1350
Beleidigung, II. Deutsches Recht   I 1837
Betrug   I 2087
Blutschande   II 290
Brandmarkung, II. Deutsches Recht   II 566
Brandstiftung, II. Deutsches Recht   II 568
Constitutio contra incendiarios   III 175
Constitutio de pace tenenda   III 175
Gerüfte   IV 1357
Halsgericht   IV 1881
Handhafte Tat   IV 1902
Haussuchung   IV 1975
Heimsuchung   IV 2036
Übersiebnen   VIII 1166

Homan, Paul
Muset, Colin   VI 947

Homann, Hans-Dieter
Beisassen   I 1824
Büttel   II 1161
Schinder   VII 1466

Honemann, Volker
Aristoteles, C. III. Deutsche Literatur [Übersetzungen, Rezeption]   I 946
Bömlin, Konrad   II 390
Buch der Rügen   II 815

Honselmann, Klemens
Brustkreuz, 2. Theorien zur Entwicklung des Brustkreuzes   II 797

Hooper, Nicholas A.
Guthrum   IV 1803

Hörandner, Wolfram
Bryennios, 3. B., Nikephoros   II 800
Epigramm, II. Byzantinische Literatur   III 2061
Epitaphium, IV. Byzanz   III 2074
Falkentraktate, V. Byzantinische Literatur   IV 243
Figurengedichte, II. Byzantinische Literatur   IV 443
Geometres, Johannes   IV 1271
Grammatik, grammatische Literatur, B. Byzanz   IV 1639
Holobolos Manuel   V 100
Kallikles, Nikolaos   V 874
Konstantinos, 1. K. Akropolites   V 1397
Lexikon, II. Byzantinischer Bereich   V 1934
Nikephoros, 7. N. Basilakes   VI 1159
Parodie, II. Byzantinische Literatur   VI 1738
Philes, Manuel   VI 2055
Prodromos, Theodoros   VII 239
Rätsel, II. Byzantinische Literatur   VII 464
Skutariotes, Theodor   VII 1998
Suda   VIII 281
Vers- und Strophenbau, VI. Byzantinische Literatur   VIII 1577
Xanthopulos, Nikephoros Kallistos   IX 400

Horn, Michael
Lucius, 2. L. II., Papst   V 2162

Horowitz, Sylvia H.
Adrian and Ritheus   I 166
Alexanders Brief an Aristoteles   I 382

Hörsch, Waltraud
Johannes, 191. J. v. Winterthur   V 611

Horst, Ulrich
Raphael, 2. R. v. Pornassio   VII 443

Horstkötter, Ludger
Prämonstratenser, -innen, I. Entstehung   VII 146
Prämonstratenser, -innen, II. Doppelklöster   VII 148
Prämonstratenser, -innen, III. Männer- und Frauenklöster   VII 148
Prämonstratenser, -innen, IV. Struktur und Verfassung   VII 149
Prämonstratenser, -innen, V. Bevölkerung und Kloster   VII 150
Prämonstratenser, -innen, VI. Bedeutende Persönlichkeiten   VII 150

Hösch, Edgar
Familie, D. III. Altrußland   IV 279
Frau, D. III. Altrußland   IV 872
Gesandte, A. II. Byzanz und Altrußland   IV 1364
Kiev, A. Reich   V 1121
Kiev, B. Stadt   V 1130

Houben, Hubert
Gozbald, Bf. v. Würzburg   IV 1615
Heito, Bf. v. Basel   IV 2113
Johannes, 173. J., Mönch v. San Vincenzo al Volturno   V 601
Matera   VI 375
Montescaglioso   VI 798
Nikolaus, 8. N. v. Bari   VI 1173
Sizilien, C. Geschichte der Juden   VII 1964
Venosa   VIII 1474
Vicecomes, IV. Italien   VIII 1621
Vizekanzler, III. Königreich Sizilien   VIII 1788

Hourlier, Jacques
Custos   III 395

van Houtte, Jan A.
Amsterdam, II. Wirtschaft und Verfassung   I 545
Antwerpen, II. Wirtschaftliche Bedeutung im Mittelalter   I 738
Börse   II 467
Brabant, III. Wirtschaft   II 532
Brügge, II. Wirtschaft   II 745
Deventer, II. Messen   III 922
Dinant   III 1055
Dordrecht   III 1262

Douai III 1330
Handel, A. Westlicher Bereich IV 1895
Hanse v. London, fläm. IV 1926
Kartell V 1024
Konjunktur V 1333
Maas (mit Joris, A.) VI 51
Makler VI 156
Messe (Handelsmesse), I. Westlicher Bereich VI 558
Nordsee VI 1237
Rhein VII 782

Howard, John A.
Bermuttersegen I 1967

Hranitzky, Katharina
Wenzelsbibel VIII 2193

Hübner, Reinhard M.
Pneumatomachen VII 27

Huck, Jürgen
Neuss VI 1107

Hucker, Bernd U.
Bote, Hermen II 482
Drahtziehmühle III 1352
Ertheneburg III 2190
Eulenspiegel, Til(l) IV 94
Falbrecht, Johann IV 237
Justinus, 3. J. v. Lippstadt V 824
Vechta VIII 1440

Hudry, Marius
Bertrand, 3. B., Bertrand de I 2041
Bertrand, 4. B., Jean de, Bf. v. Lausanne I 2041
Bertrand, 5. B., Jean de, Bf. v. Genf I 2041

Hudson, Anne
Jack Upland V 252
Lollarden V 2091

Hudson, John G. H.
Liber Albus V 1939
Littleton, Sir Thomas V 2025
Pleas of the Crown VII 17
Praecipe, Writ of VII 155
Puiset, 3. P., Hugues (Hugh) du, Bf. v. Durham VII 322
Radulf, 4. R. v. Coggeshall VII 392
Ralf, 1. R. Fitz Drogo VII 424
Ralf, 2. R. 'the Staller' VII 424
Ranulf, 2. R. Flambard VII 440
Regenbald VII 562
Regiam Maiestatem VII 572
Remonstrance of O'Neill VII 709
Robert, 27. R., Earl of Gloucester VII 896
Robert, 32. R., Champart, Abt v. Jumièges VII 898
Stigand VIII 182

von Huebner, Dietmar
Antiphon, Antiphonie I 719
Antiphonar, Antiphonarius (mit Plotzek-Wederhake, G.) I 722
Antistes I 725
Apodosis I 748
Apostichon I 791
Archidecanus I 896

Aribo, 3. A., Benediktinermönch I 928
Avicenna, IV. Musiktheoretisches Schrifttum I 1300
Bacchan(al)ia I 1323
Banaster, Gilbert I 1405
Bauernsonntag I 1622
Benediktiner, -innen, A. I. Allgemein, Männerklöster (mit von Manselli, R., Semmler, J.) I 1869
Benediktiner, -innen, B. II. Gallien, Frankenreich, Frankreich, Deutschland (mit Semmler, J.) I 1884
Benediktiner, -innen, B. IV. Deutschland im Spätmittelalter I 1888
Benediktiner, -innen, B. VI. England (mit Dobson, B.) I 1891
Benediktiner, -innen, B. XII. Östlicher Mittelmeerraum I 1897
Benediktiner, -innen, C. Liturgie und Musik I 1901
Blinde Musiker II 279
Brevier (mit Schnitker, T.) II 640
Cambrai, III. Liturgie und Musik II 1409
Cantatorium II 1447
Canticum II 1458
Cantor (mit Angerer, J. F.) II 1464
Cheironomie II 1789
Choragus II 1881
Choral II 1881
Chorantiphon II 1884
Chorus II 1892
Chroma, I. Einstimmigkeit II 1950
Clausula (mit Leuchtmann, H.) II 2134
Commune Sanctorum III 89
Credo, 2. Liturgisch-musikal. Entwicklung III 338
Diaphonia III 968
Differenzen III 1043
Dominikaner, Dominikanerinnen, A. IV. 2. Musikalisch [Dominikanerliturgie] III 1198
Doxologie, III. 2. Musik [Westkirche] III 1338
Finalis IV 452
Formular, liturg. IV 656

Hummelen, Willem M. H.
Abel spel I 18

Hundsbichler, Helmut
Angster I 640
Arzt, VI. Der mittelalterliche Arzt in der bildlichen Darstellung I 1101
Bart I 1490
Bauer, Bauerntum, C. Bäuerliches Alltagsleben I 1572
Beichtstuhl I 1819
Beizmittel, 2. Ma. Nahrungswesen I 1828
Fasten, -zeiten, -dispensen, A. III. 2. Soziokulturelle Aspekte [Lateinischer Westen] IV 306
Gabel IV 1069
Gebäck IV 1153
Haartracht IV 1813
Heizung IV 2113
Salat, 2. Kulturgeschichte VII 1286
Tischsitten, Tischzuchten, A. Tischsitten VIII 806
Tunika VIII 1093
Ungeziefer, Schädlingsbekämpfung, II. Spätmittelalter VIII 1236
Wohnen, Wohnkultur, Wohnformen, A. Allgemein. Westen IX 292
Zider/Most/Obstwein, 2. Mitteleuropa IX 597

Hünemörder, Christian
Aal I 4

Aalraupe I 5
Aelian I 181
Affen (mit Binding, G.) I 194
Albertus, 3. A. Magnus (mit Binding, G., Dilg, P., Jüttner, G., Kübel, W., Schwenk, S.) I 294
Ameise (mit Binding, G.) I 526
Ameisenlöwe I 526
Anthropologie (mit Wieland, G.) I 699
Antilope I 715
Aristoteles, B. I. Zoologie, Botanik [Naturwissenschaftliche Schriften] I 939
Arnold, 24. A. v. Sachsen I 1008
Auerochse, 1. (Literatur) I 1199
Bär, 1. Zoologie I 1431
Barnikelgans I 1474
Bartholomaeus, 2. B. Anglicus (mit Mückshoff, M.) I 1492
Basilisk (mit Brückner, A.) I 1529
Beizvögel (mit Schwenk, S.) I 1828
Bestiarium, A. I. Begriffliches [Literaturen] (mit Henkel, N.) I 2073
Biber, 2. Der Biber und seine Lebensweise in der mittelalterlichen Naturkunde II 106
Bienen, II. Naturkunde II 133
Bienenfresser II 135
Blutegel (mit Daems, W. F.) II 289
Bock (mit Kocks, D.) II 303
Cacus II 1335
Cantharides II 1457
Chamaeleon II 1670
Charadrius (mit Binding, G.) II 1716
Chimäre (mit Binding, G.) II 1826
Cynamolgus III 400
Dachs, 2. Zoologie III 427
Dachs, 3. Medizin; Pharmazie (mit Keil, G.) III 427
Dachs, 4. Ikonographie (mit Keil, G.) III 427
Dachs, 5. Volkskunde (mit Keil, G.) III 428
Delphin, 1. Zoologie III 683
Diomedische Vögel III 1072
Dogge, 1. Zoologie III 1162
Dohle III 1165
Drache, B. Spätantike und mittelalterliche (gelehrte lateinische) Tradition III 1340
Drachenfisch III 1346
Drosseln III 1411
Eale III 1502
Echineis III 1539
Eichelhäher III 1666
Eichhörnchen (mit Ehrhardt, H.) III 1668
Eidechsen, I. Gelehrte lateinische Tradition III 1692
Einhorn, I. Gelehrte lateinische Tradition III 1741
Eisvogel III 1759
Elch III 1788
Elephas, 1. Gelehrte lateinische Tradition III 1809
Fasan IV 302
Fisch, -fang, -handel, A. I. Zoologiegeschichtlich IV 493
Fischotter IV 501
Fledermaus IV 540
Gemse IV 1215
Giraffe IV 1459
Greif IV 1693
Greifvögel IV 1696
Hase, 1. Gelehrte Tradition IV 1951
Hausgeflügel IV 1971
Heuschrecken IV 2197
Hunde, I. Zoologiegeschichte V 213

Igel V 365
Insekten V 447
Johannes, 106. J. Folsham V 576
Käfer V 848
Kamel V 881
Kaninchen V 899
Kentaur V 1110
Kormoran V 1446
Krähen V 1464
Kranich V 1471
Krokodil V 1542
Kröte V 1551
Krustentiere V 1553
Kuckuck V 1559
Lachs V 1605
Lambert, 9. L. v. St-Omer V 1626
Lamia V 1629
Laus V 1762
Lerchen V 1905
Liber rerum V 1947
Löwe, 1. Zoologie V 2141
Luchs V 2158
Lurche VI 16
Mantikhora VI 205
Maulwurf VI 409
Muscheln VI 946
Musquelibet VI 971
Nachtigall VI 1000
Nagetiere VI 1004
Nashorn VI 1032
Neunauge VI 1103
Nilpferd VI 1192
Papagei VI 1662
Pegasus VI 1855
Pelikan, I. Zoologie VI 1864
Pfau, I. Gelehrte Tradition VI 2026
Pferd, I. Zoologie VI 2029
Pirol VI 2176
Rabe, I. Naturkundliche gelehrte Tradition VII 381
Raubtiere VII 475
Reh VII 610
Reiher VII 649
Rind, I. Zoologie VII 854
Robben VII 883
Rochen VII 923
Rotwild VII 1058
Salamander VII 1284
Schaf, I. Gelehrte Tradition VII 1432
Schildkröte VII 1464
Schlange, I. Gelehrte Tradition VII 1475
Schmetterling VII 1504
Schwamm VII 1610
Schwan VII 1611
Schwein, I. Gelehrte Tradition VII 1639
Seidenspinner VII 1709
Spinnen VII 2119
Stachelhäuter VII 2166
Stachelschwein VII 2167
Steinbock VIII 97
Stör VIII 192
Storch VIII 193
Strauß VIII 230
Taube, I. Gelehrte Tradition VIII 491
Thomas, 22. Th. v. Cantimpré VIII 711
Tierkunde VIII 772
Urzeugung VIII 1339

Vinzenz, 3. V. v. Beauvais, II. Zum Speculum naturale
    VIII 1706
Vögel VIII 1809
Walroß VIII 1989
Wanze VIII 2030
Weichtiere VIII 2096
Wels VIII 2154
Wespen IX 18
Wiedehopf IX 78
Wiesel IX 92
Wildhühner IX 119
Wildschwein, 2. Mittelalterl. Enzyklopädiker IX 122
Wolf, 1. Mittelalterliche Enzyklopädiker IX 302
Würmer IX 372
Zaunkönig IX 494
Zecke IX 497
Ziege, I. Gelehrte Tradition IX 598
Ziegenmelker IX 604
Zikade IX 612

Hunger, Herbert
Byzantinische Literatur, A. Byzantinische Literatur
    II 1182
Dialog, II. 1. Griechische Literatur [Spätantike] (mit
    Gruber, J.) III 946
Dialog, III. Byzanz III 948
Erotapokriseis III 2183
Eusthatios, 4. E., Ebf. v. Thessalonike IV 114
Gazes, Theodoros IV 1151
Geheimschriften, 2. Byzanz IV 1173
Geographie, II. Byzanz IV 1268
Georgios, 6. G. Pisides IV 1287
Gregorios, 4. G. (Georgios) Pardos, Metropolit v. Korinth IV 1690
Historiographie, A. II. Byzanz V 47
Homer, II. Byzantinische Literatur V 110
Johannes, 81. J. Chortasmenos V 562
Josephos Hymnographos V 633
Konstantin, 6. K. VII. Porphyrogennetos V 1377
Metochites, 2. M., Theodoros VI 582
Moschopulos, Manuel VI 858
Musaios VI 946
Nikephoros, 12. N. Uranos VI 1159
Niketas, 8. N. Paphlagon VI 1161
Nikolaos, 6. N. Sigeros VI 1168
Philosophie, B. Byzanz VI 2092
Rhetorik, II. Byzanz VII 789

Huning, Alois
Brüderlichkeit II 737
Matthaeus, Matthäus, 4. M. v. Acquasparta VI 397

Hunnisett, Roy F.
Coroner III 260

Hürlimann, Katja
Zürich IX 710
Zürichkrieg, Alter IX 712

Huschner, Wolfgang
Pagus VI 1625
Vicecomes, I. Karolingerzeit (bis ca. 900) VIII 1618

Hütteroth, Wolf-Dieter
Dorf, H. I. Siedlungsgeschichte, Dorforganisation und
    Wirtschaftsform [Arabischer und osmanischer Bereich] III 1307

Hvass, R. Steen
Vorbasse VIII 1848

Hye, Franz-Heinz
Bozen II 526
Hall i. Tirol IV 1877
Innsbruck V 441
Schwaz VII 1625
Sterzing VIII 139

Ilisch, Lutz
Dīnār III 1057
Dirham III 1105
Münze, Münzwesen, C. Islamisch-arabischer Bereich
    VI 930

Illian, Martina
Gemeinde, 3. G., jüdische IV 1211
Gericht, Gerichtsbarkeit, IV. Judentum IV 1327
Judenbischof V 787
Judenmeister V 792
Judenrecht (mit Lotter, F.) V 792

Im Hof, Ulrich
Eidgenossenschaft, Schweizerische III 1696

Imbach, Ruedi
Dante Alighieri, B. V. Convivio, Monarchia und Commedia unter philosophisch-theologischem Gesichtspunkt III 553
Eckhart (Meister E.), I. Leben III 1547
Eckhart (Meister E.), II. Werk III 1548
Mundus intelligibilis/m. sensibilis VI 908
Nikolaus, 13. N. v. Autrecourt VI 1177
Nikolaus, 38. N. v. Straßburg VI 1187
Remigius, 3. R. v. Florenz VII 708
Selbstverleugnung VII 1728
Sentenzenkommentare (mit Ricklin, Th.) VII 1767

Ineichen, Gustav
Altprovenzalische Sprache I 491
Französische Sprache IV 844
Italienische Sprache V 769

Ioannidou, Alexandra
Passion, B. VI. Byzantinische und slavische Literaturen
    VI 1764
Psalmen, Psalter, B. II. Byzantinische Literatur
    VII 298
Rätsel, VII. Slavische Literaturen VII 466
Siebenschläfer VII 1843
Teufel, D. VI. Slavische Literaturen VIII 591

Irgang, Winfried
Landesausbau und Kolonisation, V. Ostmitteleuropa und
    Ungarn V 1649
Ostsiedlung, deutsche VI 1545

Irmscher, Johannes
Fälschungen, B. Byzantinischer Bereich IV 251
Georg, 10. G. v. Trapezunt (G. Trapezuntios) IV 1280
Justinian, 1. J. I. V 821
Nika-Aufstand VI 1151
Theodora, 1. Th. I. VIII 631

Irsigler, Franz
Akzise I 261

Amortisationsgesetze I 542
Bevölkerung, B. II. Städtische Bevölkerung [Nord-, Mittel, West- und Südeuropa im Mittelalter] II 14
Bevölkerungsverzeichnisse II 21
Boykott II 525
Deutschland, H. Städtische Sozial- und Wirtschaftsgeschichte III 893
Dives III 1132

Isenmann, Eberhard
Reichssteuerverzeichnis v. 1241 VII 640
Reichsvikar, -iat VII 647
Schatzung, Schatz VII 1442
Schoß VII 1542
Staat, A. Westen VII 2151
Universitas VIII 1247
Wahl, A. II. Ratswahl [Allgemein und Deutsches Reich] VIII 1911

Iserloh, Erwin
Busch, Johannes II 1115
Devotio moderna III 928
Gro(o)te, Gerhard IV 1725

Iversen, Gunilla
Tropus VIII 1046

Jacob-Hugon, Christine
Thebenroman VIII 612

Jacobi, Klaus A.
Radulfus, 3. R. Flaviacensis VII 393
Radulfus, 5. R. de Longo Campo VII 393
Richard, 19. R. v. Arnsberg VII 820
Wilhelm, 70. W. v. Champeaux IX 167

Jacobi, Renate
Arabische Sprache und Literatur I 849
Berufsdichter, VII. Arabische Literatur I 2050
Dīwān, A. Etymologie III 1135
Dīwān, C. I. Arabische Literatur [Dīwān als literarischer Begriff] III 1137

Jacobs, Angelica
Athen, I. Stadtgeschichte in spätantiker und byzantinischer Zeit (mit von Ungern-Sternberg, J.) I 1162

Jacobsen, Peter Ch.
Akrostichon, 2. Mittellateinische Literatur I 256
Albert, 9. A. v. Aachen I 286
Bernhard, 33. B. von der Geist I 1998
Descensus Christi ad inferos, 1. Lateinische Literatur III 715
Descensus Christi ad inferos, 2. Englische und irische Literatur (mit Sauer, H.) III 716
Descensus Christi ad inferos, 3. Altfranzösische, altprovenzalische und italienische Literatur III 716
Descensus Christi ad inferos, 5. Deusche Literatur III 717
Epos, B. I. Mittellateinische Literatur III 2077
Eupolemius IV 104
Flodoard v. Reims IV 549
Jacobus, 11. J. de Cessolis V 257
Judas Ischarioth V 780
Metellus v. Tegernsee VI 577
Pilatus, Legende VI 2147
Reginald, 1. R. v. Canterbury VII 577
Scholien, II. Lateinische Literatur des Mittelalters VII 1529
Vita Adae et Evae VIII 1754

Jacoby, David
Romania, Assisen v. VII 997
Seide, B. Byzantinisches Reich VII 1707

Jacquart, Danielle
Empfängnisverhütung III 1891
Sexualität, IV. Medizin VII 1816

Jaeckel, Peter
Fahne, Arabischer und osmanischer Bereich IV 229
Roßschweif VII 1044

Jaeger, Wolfgang
Blindheit II 279

Jaeschke, Kurt-Ulrich
Annalen I 657

Jäger, Helmut
Altlandschaftsforschung I 476
Deutschland, F. Klima, Landschaft und Umwelt III 869
Dorf, A. II. 1. f. Zur Zentralität [Mitteleuropa; Archäologie und Siedlungsgeschichte] III 1270
Dorf, A. II. 1. g. Die wichtigsten Grundformen; Entstehungszeit und Entwicklung [Mitteleuropa; Archäologie und Siedlungsgeschichte] III 1270
Einfriedung III 1734
Flur, -form, -system IV 597
Kamp V 892
Klima V 1214
Schlag VII 1474
Schuppose VII 1592
Siedlung, ländliche VII 1844
Transhumanz VIII 942
Umwelt VIII 1213
Weide VIII 2097
Wüstung, II. Historische Geographie IX 387
Zaun IX 492
Zelge IX 519
Zentraler Ort, Zentralität IX 541

Jäggi, Carola
Spolien VII 2129

Jahn, Wolfgang
Rainulf, 2. R. I. Drengot, Gf. v. Aversa VII 422
Rainulf, 3. R. II. Drengot, Gf. v. Aversa VII 422
Richard, 7. R. I. Quarrel, Fs. v. Capua VII 814

Jähnig, Bernhart
Johann, 42. J. v. Wallenrode V 515
Nikolaus, 11. N., Bf. v. Riga VI 1176
Oliva VI 1398
Ragnit VII 399
Riga, C. Bistum/Erzbistum VII 847
Theoderich, 5. Th. (Dietrich), Bf. v. Leal VIII 624

Janakiev, Kalin
Physis (mit Speer, A.) VI 2122

Jandesek, Reinhold
Karakorum V 948

Jank, Dagmar
Kuno, 3. K. II. v. Falkenstein, Ebf. v. Trier   V 1572

Janotta, Christine E.
Rudolf, 3. R. I., Kg. v. Böhmen und Polen   VII 1075

Jansen-Sieben, Ria
Brabantisch   II 534

Janssen, Walter
Dorf, A. II. 1. a. Frühe dörfliche Siedlung [Mitteleuropa; Archäologie und Siedlungsgeschichte]   III 1267
Dorf, A. II. 1. b. Lage und Größe [Mitteleuropa; Archäologie und Siedlungsgeschichte]   III 1268
Dorf, A. II. 1. c. Form und innere Gliederung [Mitteleuropa; Archäologie und Siedlungsgeschichte]   III 1269
Dorf, A. II. 1. d. Zum Problem der Siedlungskontinuität [Mitteleuropa; Archäologie und Siedlungsgeschichte]   III 1269
Dorf, A. II. 1. e. Wirtschaftliche Funktionen; soziale Gliederung [Mitteleuropa; Archäologie und Siedlungsgeschichte]   III 1270

Janssen, Wilhelm
Berg, Familie, Gft./Hzm.   I 1943
Gesetz, 2. G. (rechtlich)   IV 1390
Manderscheid, Gf.en v.   VI 187
Moers, Gf.en v.   VI 714
Ravensberg   VII 486
Rietberg   VII 841
Ruprecht, 4. R. v. d. Pfalz, Ebf. v. Köln   VII 1111
Werl   VIII 2208
Wilhelm, 29. W. I., Hzg. v. Geldern   IX 146

Janssens, Jozef D.
Segher Diengotgaf   VII 1698

Jaritz, Gerhard
Automat   I 1273
Bad, B. I. Allgemein [Mittelalter]   I 1331
Beleuchtung, 1. Beleuchtungsformen   I 1838
Decke, 2. D. (Textil)   III 619
Giovanni, 5. G. (da) Fontana   IV 1458
al-Jazarī   V 310
Lampe, II. Abendländisches Mittelalter   V 1630
Schirm   VII 1467
Spiegel   VII 2100
Unterkleidung, 1. Allgemein   VIII 1269

Jarnut, Jörg
Benediktbeuern   I 1869
Bergamo (mit Soldi Rondinini, G.)   I 1945
Cleph   II 2152
Cunincpert   III 372
Desiderius, 1. D., langob. Kg.   III 724
Fara   IV 283
Faroald (Farwald) II., Hzg. v. Spoleto   IV 300
Garibald, 1. G., langob. Kg.   IV 1116
Giselbertiner   IV 1468
Godepert   IV 1532
Grimoald, 1. G., langob. Kg.   IV 1717
Karlmann, 1. K., frk. Hausmeier   V 995
Karlmann, 2. K., frk. Kg.   V 996
Liutpert   V 2041
Liutprand, 1. L., langob. Kg.   V 2041
Perctarit   VI 1879
Raginpert   VII 398
Theudelinde   VIII 686

Jaspert, Nikolas
Urgel   VIII 1294
Valle de Arán   VIII 1395
Valparaiso   VIII 1399
Valpuesta   VIII 1400
Veguer   VIII 1446
Vid, S. María de la   VIII 1632
Vilaragut   VIII 1673
Xèrica   IX 404
Zisterzienser, -innen, C. V. Iberische Halbinsel   IX 644

Jászai, Géza
Hase, 2. Ikonographie   IV 1951
Hausgeflügel, Ikonographie   IV 1972
Heilige, A. III. 2. Mittelalter [Heiligendarstellung und -attribute; Westkirche]   IV 2018
Himmelfahrt Christi, 2. Abendländisches Mitelalter   V 25
Hunde, II. Ikonographie   V 214
Jacobus d. J.   V 254
Job (Hiob), III. Ikonographie   V 490
Johannes der Evangelist, 1. Westen [Darstellung]   V 528
Joseph v. Ägypten   V 630
Joseph v. Arimathia   V 631
Julianus Hospitator   V 800
Koerbecke, Johann   V 1247
Noah   VI 1205
Passionssäule   VI 1771
Ratschluß der Erlösung   VII 463
Ruth   VII 1125
Sacra Conversazione   VII 1245
Schachspiel, III. Schachfiguren, Brettsteine, Spielbretter   VII 1430
Schlange, II. Symbolik und Ikonographie   VII 1476
Stammbaum (Ikonographie)   VIII 43
Taufe Christi, II. Abendländisches Mittelalter   VIII 501
Tobias   VIII 820
Verklärung Christi, II. Abendländisches Mittelalter   VIII 1543
Wandmalerei, B. Abendländisches Mittelalter (600–1500)   VIII 2013
Weltgerichtsdarstellung, II. Abendländisches Mittelalter   VIII 2173

Jauernig-Hofmann, Birgit
Schmied, Schmiede, A. II. Kulturgeschichte [Westen]   VII 1506

Jeck, Udo R.
Quantität   VII 354
Zeit, I. Theologisch und philosophisch (mit Mojsisch, B., Rehn, R.)   IX 509

Jehel, Georges
Tunis   VIII 1093

Jenn, Jean-Marie
Avaugour, Henri d'   I 1287
Berruyer, Philippe   I 2015

Jenni, Ulrike
Skizzenbuch   VII 1976

Jennings, Margaret
Ars moriendi, B. III. Mittelenglische Literatur   I 1042

Jenschke, Georg
Antichrist, A. I. Christentum [Theologie und Politik] (mit Manselli, R., Ullman, W.)   I 703

Jerouschek, Günter
Leumund   V 1919
Leichenschau, gerichtliche   V 1851

Jeudy, Colette
Donatus, 5. D., Aelius   III 1238
Donatus, 7. D. Ortigraphus   III 1241
Eutyches, 2. E., Grammatiker   IV 123
Israel (Scotus)   V 699
Johannes, 87. J. de Dacia   V 566
Phocas   VI 2106
Priscianus   VII 218
Remigius, 2. R. v. Auxerre   VII 707
Sedulius, chr. Dichter   VII 1666
Virgilius Maro   VIII 1712

Jewell, Helen M.
Escheators   IV 10
Forst, II. 1. England   IV 661

Jexlev, Thelma
Benediktiner, -innen, A. II. Frauenklöster (mit Oury, G.)   I 1877
Benediktiner, -innen, B. VIII. Skandinavien   I 1894
Birger (Byrge) Gunnersen   II 213
Brunkeberg, Schlacht am   II 762
Brynolf Algotsson (mit Ægidius, J. P.)   II 801
Christoph, 1. Ch. I., Kg. v. Dänemark   II 1936
Christoph, 2. Ch. II., Kg. v. Dänemark   II 1936
Christoph, 3. Ch. III. v. Bayern, Kg. v. Dänemark, Norwegen und Schweden   II 1937
Danehof   III 494
Dänemark, D. Allgemeine und politische Geschichte Dänemarks im Spätmittelalter   III 507
Erich, 1. E. I., Kg. v. Dänemark   III 2139
Erich, 2. E. IV., Kg. v. Dänemark   III 2140
Erich, 3. E. V., Kg. v. Dänemark   III 2140
Erich, 4. E. VI., Kg. v. Dänemark   III 2141
Erich, 5. E. VII., Kg. v. Dänemark, Norwegen und Schweden   III 2141
Esrum   IV 19
Falköping, Schlacht bei   IV 244

Jørgensen, Jørgen H.
Páll Jónsson   VI 1643

Joester, Ingrid
Steinfeld   VIII 98

Johanek, Peter
Gesta municipalia   IV 1408
Handfeste   IV 1901
Historia Welforum   V 44
Karolina de ecclesiastica libertate   V 1008
Rechtsbücher   VII 519
Schwalenberg   VII 1610
Werner, 10. W. Rolevinck   IX 8

Westfalen   IX 22

John, James J.
Auszeichnungsschriften   I 1259

Jones, Michael
Archers   I 895
Banneret   I 1419
Chandos, Jean (John)   II 1698
Clarence, Herzöge v.   II 2128
Dagworth, Thomas   III 432
Eduard, 8. E., Prince of Wales, der 'Schwarze Prinz'   III 1592
Hastings, Familie   IV 1954
Hastings, William   IV 1955
Heer, Heerwesen, A. III. 2. Hoch- und Spätmittelalter [England]   IV 1994
Heinrich, 55. H. v. Grosmont, Duke of Lancaster   IV 2071
Hosenbandorden   V 131
Indentures of war   V 401
Knolles, Robert   V 1236
Lionel   V 2003
London, Vertrag v.   V 2106
Manny, Walter of   VI 197
Scutage   VII 1657
Winchelsea, Seeschlacht v.   IX 224
Windsor   IX 235
Windsor, Vertrag v. (1175)   IX 236

de Jong, Everard
Regressus ad infinitum   VII 602
Reductio ad absurdum   VII 539
Reflexion   VII 542

Jonsson, Bengt R.
Folkevise   IV 611

Jooß, Rainer
Burkhard v. Hall   II 1104

Jordan, Karl
Adalbert, 9. A., Ebf. v. Hamburg-Bremen   I 97
Adaldag   I 104
Adalgar   I 104
Bernhard, 10. B. I. (Benno), Hzg. v. Sachsen   I 1986
Billunger   II 192

Joris, André
Herstal   IV 2183
Huy   V 239
Maas (mit van Houtte, J. A.)   VI 51
Sint-Truiden   VII 1204

Joris, Pierre-Marie
Parthenopeus (Partonopeus), I. Französische Literatur   VI 1744

Jost, Bettina
Parler, Familie (mit Binding, G.)   VI 1733

Juan i Tous, Pedro
Jean, 32. J. de la Motte   V 340

Jung, Marc-René
Alexandriner   I 383
Bueve de Hanstone (mit Cremonesi, C.)   II 906

B(u)ovo d'Antona II 938
Bauchant, Jacques I 1561
Baude, Henri I 1561
Baudouin, 2. B., Jean I 1563
Chantefable (mit Williams, H. F.) II 1711
Conon de Béthune III 141
Coucy, Kastellan v. III 308
Cretin, Guillaume III 346
Daudin, Jean III 584
Daurel et Beton III 593
Diesis III 1012
Dit III 1130
Échecs amoureux III 1539
Elegie, IV. Romanische Literaturen III 1793
Eleonore, 4. E. (Aliénor), Kgn. v. England, 2. Eleonore und die höfische Literatur III 1807
Enzyklopädie, III. 1. Romanische und niederländische Literaturen (mit Bernt, G.) III 2034
Epos, D. II. 1. Zur Problemlage [Romanische Literaturen] III 2085
Estampie (mit Leuchtmann, H.) IV 26
Eustache, 2. E. Mercadé IV 109
Faits des Romains IV 233
Falkentraktate, II. Romanische Literaturen IV 241
Fichet, Guillaume IV 429
Floridan et Elvide IV 566
Französische Literatur IV 836
Gace Brulé IV 1074
Gaimar, Geffrei IV 1079
Gaucelm Faidit IV 1141
Gautier, 1. G. d'Arras IV 1143
Giélée, Jacquemart IV 1443
Gillebert de Berneville IV 1454
Gilles, 3. G. li Muisis IV 1454
Girart d'Amiens IV 1460
Gréban, 2. G., Simon IV 1663
Gringore, Pierre IV 1719
Gui de Nanteuil IV 1767
Gui, 2. G. de Cambrai IV 1767
Guillaume, 14. G. le Vinier IV 1782
Guillaume le Maréchal IV 1783
Guiraut, 3. G. de Calanson IV 1788
Henri, 3. H. d'Arci IV 2135
Hermann, 31. H. de Valenciennes IV 2169
Hirtendichtung (mit Klüppelholz, H.) V 37
Histoire ancienne V 40
Huon, 1. H. de Mery V 228
Jardin de Plaisance et fleur de Rhetoricque, Le V 303
Jaufre V 310
Jean, 35. J. de Saint-Quentin V 340
Kommentar, II. Romanische Literaturen V 1280
Kreuzzugsdichtung, II. 2. Französische und provenzalische Lyrik V 1520
Laisse V 1620
Langue d'oc V 1705
Langue d'oïl V 1705
La Vigne, André de V 1771
Lefranc, Martin V 1795
Lyrik, 1. Romanische Literaturen VI 48
Maillart, Jean VI 125
Martin, 14. M. Le Franc VI 347
Michel, Jean VI 609
Milet, Jacques VI 624
Minneallegorie VI 642
Molinet, Jean VI 726
Moniot d'Arras VI 761
Montreuil, Jean de VI 818

Octavian VI 1344
Oton de Grandson VI 1561
Ovid, B. I. Französische Literatur VI 1595
Passion, B. III. Französische Literatur VI 1763
Pèlerinage de Charlemagne VI 1864
Philippe, 6. Ph. de Thaon VI 2081
Planctus, II. Romanische Literaturen VI 2199
Provenzalische Literatur VII 280
Puy VII 336
Raimbert de Paris VII 404
Raoul, 4. R. le Petit VII 442
Renaut, 1. R. de Beaujeu (mit Prosperetti Ercoli, F.) VII 725
Renaut, 2. R. de Louhans VII 726
Rhétoriqueurs VII 794
Robert, 41. R. de Castel VII 902
Robert, 44. R. le Clerc VII 903
Robertet, 2. R., Jean VII 915
Roger, 6. R. d'Andeli VII 940
Saint-Gelais, 2. S., Octovien de VII 1156
Sirventes VII 1937
Tedbald, 5. T. IV., Gf. v. Champagne, III. Literarische Bedeutung VIII 521
Testament, C. I. Französische und altprovenzalische Literatur VIII 571
Thibaud, 2. Th. de Marly VIII 689
Thierry, 2. Th. de Vaucouleurs VIII 693
Thomas, 49. Th. (III.) v. Saluzzo VIII 723
Trojadichtung, III. Romanische Literaturen VIII 1036
Übersetzer, Übersetzungen, V. Französische und altprovenzalische Literatur VIII 1156

Jung-Palczewska, Elzbieta
Thomas, 62. Th. Wilton VIII 726

Jungmann-Stadler, Franziska
Formbach IV 645

Junk, Heinz-Karl
Brandkatastrophen, 1. Im städtischen Bereich II 564
Festungsstadt IV 410
Feuerwehr, 1. Allgemein, Mittel- und Westeuropa IV 422
Freijahr, -jahre IV 901
Gemeindebauten IV 1212
Landwehr V 1682
Neustadt VI 1109
Plananlage, städt. VI 2197
Platz, Plätze VII 16
Pulverturm VII 327
Sechsstädte, Lausitzer VII 1660
Siedlungstypen VII 1846
Stadt-Umland-Beziehungen VIII 32
Stadtdorf VIII 16
Städtelandschaften VIII 19
Stadterweiterung VIII 20
Stadtflur VIII 20
Stadttypen VIII 29
Stadtviertel VIII 34
Topographie, städt. VIII 867

Jurek, Tomasz
Zbigniew, 1. Z., Fs. v. Polen IX 495

Jürgensen, Werner
Heinrich, 128. H. v. Merseburg IV 2100

Jurkiewicz, Jan
Jagiellonen (Stammtafel)   IX Anhang

Jussen, Bernhard
Patenschaft   VI 1779
Verwandtschaft   VIII 1596
Witwe, B. Sozial- und Kirchengeschichte   IX 279

Jüssen, Gabriel
Nutzen, Nützlichkeit   VI 1324
Wilhelm, 64. W. v. Auvergne   IX 162

Jütte, Robert
Falschspiel, Falschspieler   IV 246
Rotwelsch   VII 1057
Sondersprachen   VII 2044
Zigeuner   IX 610

Jüttner, Guido
Adept (mit Nobis, H. M.)   I 150
Adlerstein   I 155
Aegidius, 12. Ae. de Vadis   I 179
Aerugo   I 186
Alaun [1] (mit Balard, M.)   I 272
Alaun [2]   I 272
Albertus, 3. A. Magnus (mit Binding, G., Dilg, P., Hünemörder, Ch., Kübel, W., Schwenk, S.)   I 294
Alchemie, I. Theorie und Entwicklung   I 329
Alchemie, II. Schrifttum   I 331
Alchemie, III. Verfahren und Geräte   I 333
Alkohol   I 416
Amethyst   I 533
Antonius, 2. A. de Abbatia   I 731
Arcanum   I 895
Arnald, 2. A. v. Villanova, II. Medizinische und pharmazeutische Leistung (mit Manselli, R., Paniagua, J.)   I 995
Arnald, 2. A. v. Villanova, III. Alchemie   I 996
Aurum potabile   I 1246
Bernstein, A. Allgemeines; pharmazeutische und technische Bedeutung   I 2008
Bimsstein   II 195
Biringucci(o), Vannoccio   II 220
Blei, Bleiguß, II. Blei in Heilkunde und Alchemie   II 271
Borax   II 446
Cadmia   II 1340
Caput mortuum   II 1492
Cerussa   II 1634
Chalybs   II 1670
Chemie   II 1791
Christophorus, 2. Ch. Parisiensis   II 1941
Codex Marcianus   II 2205
Compositiones ad tingenda Musiva   III 106
Corpus hermeticum   III 262
Crocus Martis   III 350
Daniel, 4. D. v. Morley   III 538
Demokrit, Ps.-   III 692
Destillation, -sverfahren   III 735
Diamant   III 967
Edelsteine, III. 1. Allgemein [Spätantike und mittelalterliche Einteilung der Edelsteine; gelehrte Tradition; Gebrauch und Symbolik]   III 1561
Elektron   III 1797
Elemente, 1. Antike und mittelalterliche gelehrte Tradition   III 1800
Erz   III 2192
Experimentum   IV 184
Ğābir-Corpus (Geber)   IV 1071
Geber, Ps.- (latinus)   IV 1154
Gips   IV 1458
Heliodoros, 1. H.   IV 2121
Heliodoros, 2. H.   IV 2121
Heraclius-Traktat   IV 2139
Hermes   IV 2171
Hermes Trismegistos   IV 2171
Hermetisches Schrifttum   IV 2171
Hortulanus   V 130
Lapidarien   V 1714
Lautere Brüder   V 1768
Lithotherapie   V 2021
Magia naturalis   VI 82
Magisterium   VI 91
Magnesia   VI 95
Magnet   VI 95
Mappae clavicula   VI 214
Marcasita   VI 220
Marcus, 3. M. Graecus   VI 228
Maria Hebraea   VI 280
Materia prima   VI 380
Mennige   VI 519
Menstruum   VI 529
Mercurius   VI 537
Mineralia   VI 635
Morienus   VI 841
Naphta   VI 1019
Niavis, Paulus   VI 1120
Nicolaus, 7. N. (Nicolas) Flamel   VI 1133
Nihilum album   VI 1149
Nitrum   VI 1202
Öfen   VI 1366
Oleum vitrioli   VI 1395
Panacee   VI 1650
Paracelsus   VI 1695
Pottasche   VII 134
Quecksilber   VII 358
Regulus   VII 610
Robert, 42. R. v. Chester   VII 902
Robert, 69. R. v. York   VII 914
Rülein v. Calw, Ulrich   VII 1095
Sal   VII 1279
Sal ammoniacum   VII 1279
Salzsäure   VII 1336
Schwarz, Berthold   VII 1619
Signaturenlehre   VII 1889
Sonne, II. Alchemie   VII 2048
Stahl   VIII 39
Stein der Weisen   VIII 97
Steinkunde   VIII 100
Talg   VIII 445
Talk   VIII 448
Tartarus   VIII 484
Tinctura   VIII 795
Tinkal   VIII 796
Transmutation   VIII 949
Tuff   VIII 1084
Tutia   VIII 1124
Wasser, A. I. Symbolik, »Element«   VIII 2060
Zahlensymbolik, -mystik, A. IX. Alchemie [Westen]   IX 452
Zinnober   IX 622
Zosimos, 2. Z. v. Panopolis   IX 677

Kaczmarek, Ludger
Zeichen   IX 503

Kaczynski, Reiner
Krankensalbung, I. Okzident V 1471
Salbung, I. Kirchlicher Bereich VII 1288
Seelenmesse VII 1679
Sterbegebete VIII 130

Kadlec, Jaroslav
Adalbertus Rankonis I 103
Benediktiner, -innen, B. IX. Böhmen I 1895
Cluny, Cluniazenser, B. VIII. Böhmen II 2186
Dominikaner, Dominikanerinnen, B. VII. Böhmen III 1216
Franziskaner, B. VIII. Böhmen IV 818
Ostrov VI 1540
Rajhrad VII 402
Sázava VII 1424
Zisterzienser, -innen, C. X. Böhmen und Mähren IX 648

Kafadar, Cemal
Meḥmed, 1. M. I., osman. Sultan VI 468
Murad, 1. M. I., osman. Herrscher VI 938
Murad, 2. M. II., osman. Herrscher VI 938
Mūsā Çelebi VI 945
Muṣṭafā, 1. M. Çelebi VI 973
Muṣṭafā, 2. M., osman. Prinz VI 973

Kahl, Hans-Dietrich
Conversio Bagoariorum et Carantanorum III 208
Ludus de Antichristo V 2169
Mission, A. Allgemein VI 669
Mission, B. I. Theologische Grundlagen [Lateinkirchliches Abendland] VI 670
Mission, B. II. Missionsgeschichte [Lateinkirchliches Abendland] (mit Hödl, L.) VI 670
Wendenkreuzzug VIII 2183
Wigger IX 95

Kahsnitz, Rainer
Bildnis, A. V. Siegel II 170

Kaiser, Reinhold
Arles, I. Stadt und Grafschaft I 953
Arles, II. Bistum und Metropole (mit Bautier, R.-H.) I 956
Belley I 1847
Benno, 2. B. II., Bf. v. Osnabrück I 1917
Besançon I 2052
Béziers II 34
Bischofsstadt II 239
Böckelheim II 304
Bonn, II. Geschichte im Mittelalter II 426
Boppard, Reichland II 444
Boso, 1. B. v. Vienne II 477
Boso, 3. B., Bf. v. Merseburg II 479
Bourges, Friedenskonzilien v. II 515
Bourges, I. Stadt und Erzbistum im Früh- und Hochmittelalter II 510
Bourges, Reichsversammlung v. II 515
Bruno, 7. B., Ebf. v. Trier II 787
Burchard, 13. B. I., Bf. v. Worms, I. Leben und politisches Wirken II 946
Compiègne, III. Stadt III 101
Fulcrannus IV 1019
Gervasius, 1. G., Bf. v. Le Mans IV 1359
Gottesfrieden IV 1587
Rudolfinger VII 1086

Warenfälschung VIII 2044

Kalić, Jovanka
Belgrad I 1841
Debrc III 612
Deževo III 933
Drina III 1401
Fruška Gora (mit Medaković, D.) IV 1002
Macva VI 65
Niš VI 1199
Ras VII 445
Srem VII 2151
Stefan, 4. S. Nemanja, Großžupan VIII 85
Uroš, 1. U. I., serb. Herrscher VIII 1326
Uroš, 2. U. II., serb. Herrscher VIII 1326
Vukan VIII 1878
Zemun IX 526

Kälin, Hans B.
Papier VI 1664

Kaminsky, Hans H.
Adelchis, 2. A., Princeps v. Benevent I 145
Ambasciator I 515
Arichis, 1. A. I. I 930
Arichis, 2. A. II. I 930
Berengar, 1. B. I., Kg. v. Italien I 1933
Berengar, 2. B. II., Kg. v. Italien I 1933
Corvey, 1. Abtei III 295
Corvey, 2. Bibliothek III 296
Konrad, 7. K. v. Montferrat V 1342
Sicard, 1. S. (Sichard), Fs. v. Benevent VII 1833

Kamp, Norbert
Acerenza I 76
Aversa I 1295
Bartholomaeus, 20. B. v. Simeri (mit Konstantinou, E.) I 1497
Basilius, 2. B., gr. Metropolit v. Kalabrien I 1532
Beamtenwesen, A. VI. Königreich Sizilien I 1728
Cefalù II 1600
Gaeta IV 1075
Morra, Heinrich v. VI 845
Oppido VI 1417
Oria VI 1453
Otranto VI 1562
Reggio di Calabria VII 570
Roffredus de Epiphanio VII 936
Simon, 18. S. Parisiensis VII 1918
Steuer, -wesen, D. II. Königreich Sizilien VIII 148
Theodosius, 3. Th., Bf. v. Oria VIII 646
Troia VIII 1033
Walter, 3. W., Ebf. v. Palermo VIII 1992
Walter, 18. W. v. Pagliara VIII 2000
Warinus VIII 2050

Kampers, Gerd
Castulo(na) II 1569
Écija III 1545
Elvira, Bm. III 1863
Elvira, Konzil v. III 1864
Theoderich, 2. Th. I., Kg. der Westgoten VIII 623
Theoderich, 3. Th. II., Kg. der Westgoten VIII 623
Tucci VIII 1077
Urci VIII 1293
Valeria VIII 1389
Westgoten, I. Geschichte IX 27

Kämpfer, Frank
Bibliothek, B. II. Altrußland   II 124
Bibliothek, B. III. Südosteuropa   II 124
Nestor   VI 1098
Ostslaven   VI 1546
Poljanen   VII 60
Poločanen   VII 72
Radimičen   VII 388
Uglič   VIII 1180

Kann, Christian
Thomas, 30. Th. v. Erfurt   VIII 717

Kaplan, Michel
Bauer, Bauerntum, D. XII. Byzantinisches Reich
   I 1599

Kappert, Petra
Anadolu Hisarı   I 567
Bedrüddīn   I 1783
Börklüğe, Muṣṭafā   II 462

Karamustafa, Ahmet
Otman Baba   VI 1560

Karnein, Alfred
Andreas, 9. A. Capellanus, I. Theorien über Verfasser und Werk (mit Finoli, A. M.)   I 604
Andreas, 9. A. Capellanus, II. Europäische Verbreitung des Werkes   I 605
Minnehof, I. Begriff; Romanische und deutsche Literatur(en)   VI 643
Minnerede, I. Allgemein und Deutsche Literatur   VI 646

Karpf, Ernst
Dietrich, 8. D., Mgf. der sächs. Nordmark   III 1024
Eberhard, 2. E., Hzg. v. Franken   III 1512
Ekbert, 1. E. I., Mgf. v. Meißen   III 1761
Ekbert, 2. E. II., Mgf. v. Meißen   III 1762
Ekbert, 3. E., gen. der Einäugige   III 1762
Enger   III 1023
Erwin, 1. E., Gf. v. Merseburg   III 2191
Frilinge   IV 979
Frohse   IV 984
Gerberga, 1. G., Kgn. v. Frankreich   IV 1300
Gero, 2. G. II., Mgf. der sächs. Ostmark   IV 1349
Gero, 3. G. v. Alsleben, Gf.   IV 1349
Gero, 4. G., Ebf. v. Köln   IV 1350
Gero, 5. G., Ebf. v. Magdeburg   IV 1350
Giselher   IV 1468
Gunzelin   IV 1795
Hadamar, 1. H., Abt v. Fulda   IV 1817
Hartbert   IV 1943
Hartwig, 3. H., Ebf. v. Magdeburg   IV 1948
Heinrich, 1. H. I., Kg. des ostfrk.-dt. Reiches   IV 2036
Irminsul   V 663
Lechfeld, Schlacht auf dem   V 1786
Liutprand, 2. L. v. Cremona   V 2041

Karpov, Sergej P.
Krim   V 1532
Trapezunt, I. Antike und ältere byzantinische Zeit   VIII 957
Trapezunt, II. Das Reich von Trapezunt   VIII 958

Karpozilos, Apostolos
Mauropus, Johannes   VI 414

Karpp, Gerhard
Gotische Buchschrift   IV 1576
Palimpsest   VI 1641
Rubrikator   VII 1068

Kartschoke, Dieter
Bibeldichtung, II. Althochdeutsche und mittelhochdeutsche Literatur   II 77
Bibelübersetzungen, VIII. Gotische Bibelübersetzungen   II 95
Bibelübersetzungen, X. Deutsche Bibelübersetzungen   II 96
Judith, atl. Buch   V 796
Lutwin   VI 28
Tatian, ahd.   VIII 489
Tilo v. Kulm   VII 790
Vorauer Bücher Mosis   VIII 1847
Wiener Genesis und Exodus   IX 87

Kaschtanow, Serguej
Fälschungen, C. I. Altrußland   IV 252

Kasten, Brigitte
Lioba   V 2003
Zins, II. Grundherrschaft (mit Hägermann, D.)   IX 624

Kasten, Ingrid
Aventure (âventiure), I. Altfranzösisch   I 1289
Berufsdichter, III. Romanische Literaturen   I 2046
Cabestany, Guillem de   II 1329
Chardon de Croisilles   II 1718

Katičić, Radoslav
Dukljanin-Chronik   III 1445
Kroatische Sprache und Literatur   V 1541

Katsanakis, Anastasios
Antonios, 1. A. I. Kassymatas   I 729
Antonios, 2. A. IV., Patriarch v. Konstantinopel   I 730
Artabasdos   I 1057
Athanasios, 1. A. d. Gr., hl.   I 1160
Dorotheos, 2. D., Ebf. v. Thessalonike   III 1320

Kazhdan, Alexander P.
Byzantinisches Reich, E. Byzanz und das östliche Europa   II 1294
Chalkedon   II 1650
Chalkondyles, 2. Ch., Laonikos   II 1655
Charistikariersystem   II 1723
Chumnos, Nikephoros   II 2055
Dorf, G. I. Byzantinisches Reich   III 1302
Eid, B. I. Byzantinisches Reich   III 1689
Euthymios, 3. E., Patriarch v. Konstantinopel   IV 119
Familie, D. I. Byzantinisches Reich   IV 275
Feste, B. Byzantinischer Bereich   IV 405
Hagiographie, C. I. Byzanz   IV 1858
Hesychasmus   IV 2194
Italikos, Michael   V 771
Kabasilas, 1. K., Neilos   V 845
Kaminiates, Johannes   V 884
Kananos, Johannes   V 898
Kind, II. Byzantinisches Reich   V 1145
Komnenen   V 1289

Korruption, III. Byzantinisches Reich V 1451
Nikolaos, 1. N. Mystikos, Patriarch v. Konstantinopel VI 1165
Patronat, -srecht, I. Spätantike und Byzanz VI 1808
Verbrechen, C. Byzanz VIII 1492

Kedar, Benjamin Z.
Theodor, 12. Th. v. Antiochia VIII 630

Keene, Derek J.
Mayor VI 428
Stadt, G. I. England VII 2197
Ward, 2. W., weltl. Verwaltungsbezirk VIII 2040
Zunft, -wesen, -recht, A. V. England IX 699

Keil, Gundolf
Aderlaß I 150
Aegidius, 4. Ae. Corboliensis I 175
Aggregator I 206
Anamnestik I 570
Antidotarium Nicolai I 708
Ars medicinae I 1039
Arzneibücher I 1091
Aussatz, I. Pathologie I 1249
Aussatz, II. Ausbreitung I 1250
Aussatz, III. Ätiologische Deutung I 1250
Aussatz, IV. Therapie I 1250
Aussatz, V. Rechts- und Sozialgeschichte (mit Schott-Volm, C.) I 1251
Aussatz, VI. Diagnostik I 1253
Aussatz, VII. Literarischer, volkskundlicher und ikonographischer Niederschlag (mit Binding, G., Murken, A.-H.) I 1254
Aussatz, VIII. Terminologie I 1255
Bader, 2. Heilkunde I 1340
Bamberger Chirurgie I 1401
Barbier, 2. Heilkunde I 1445
Barnabas v. Reggio (de Riatinis) I 1473
Bartholomäus I 1498
Basler Rezepte I 1543
Baverius de Baveriis I 1695
Bertrand, 10. B., Jan (mit Müller, R.) I 2044
Bert(r)uccio, Nicola I 2045
Beschwörung, III. Geschichte der Medizin I 2062
Blutschau (mit Lenhardt, F.) II 291
Blutsegen II 291
Borgognoni, 1. B., Tederico dei II 456
Borgognoni, 2. B., Ugo dei II 457
Breviarium II 639
Bruno, 10. B. v. Longoburgo II 790
Brunschwig, Hieronymus (mit Dilg, P.) II 793
Capsula eburnea II 1489
Chalmel(li) (Chalin) v. Viviers, Raimund II 1657
Chirurg, Chirurgie II 1845
Chirurg von der Weser II 1859
Circa instans II 2094
Dachs, 1. Name III 427
Dachs, 3. Medizin; Pharmazie (mit Hünemörder, Ch.) III 427
Dachs, 4. Ikonographie (mit Hünemörder, Ch.) III 427
Dachs, 5. Volkskunde (mit Hünemörder, Ch.) III 428
Despar(t)s, Jacques III 730
Diagnostik III 935
Distelgewächse III 1121
Dreibilderserie III 1373
Eiche, 1. Medizinische Verwendung III 1665

Eichenmistel III 1667
Engelin, Jakob III 1921
Epidemien, I. Medizinisch III 2055
Furia, Johannes IV 1027
Gallus, 2. G. v. Prag IV 1098
Gargilius Martialis IV 1115
Gariopontus IV 1117
Gart der Gesuntheit IV 1120
Geschlechtskrankheiten IV 1383
Guido, 5. G. v. Arezzo d. J. (mit Goehl, K.) IV 1773
Guy, 2. G. de Chauliac IV 1806
Haematoskopie IV 1825
Hahnenfuß IV 1863
Harn, -schau, -traktate IV 1940
Hartlieb, Hans IV 1943
Haselwurz IV 1952
Hauswurz IV 1976
Heinrich, 136. H. v. Pfalzpaint IV 2104
Henrik Harpestræng IV 2139
Herbarius Moguntinus IV 2147
Hermann, 22. H. v. Heilighafen IV 2166
Hippokrates V 31
Holunder V 102
Hortus sanitatis V 130
Humoralpathologie (mit Bergdolt, K.) V 211
Hygiene V 242
Johann, 54. J. Wonnecke v. Kaub V 520
Jordansegen V 627
Kauterisation V 1090
Klaus, 2. K. v. Matrei V 1194
Kleopatra V 1206
Klistier V 1216
Konsilium V 1370
Koproskopie V 1438
Krankheitslunar V 1474
Kräuterbücher (mit Dilg, P.) V 1476
Kritische Tage V 1536
Küchenmeisterei V 1558
Kyranides V 1597
Lanfranc, 3. L. v. Mailand V 1686
Lexicon plantarum V 1933
Liber iste V 1945
Liber medicinalis V 1946
Longinussegen V 2107
Lorscher Arzneibuch V 2118
Lunar VI 5
Malaria VI 162
Matthaeus, Matthäus, 11. M. Silvaticus VI 400
Maurus, 2. M. v. Salerno VI 417
Mesuë, 1. M. Senior VI 567
Mesuë, 2. M. Junior VI 567
Miasma VI 593
Minner, Hans VI 646
Mondino (Raimund) de' Liuzzi VI 750
Nikolaos, 4. N. Myrepsos VI 1167
Nikolaus, 14. N. v. Aversa VI 1177
Nikolaus, 34. N. v. Polen VI 1186
Odo, 16. O. v. Meung VI 1360
Ortolf, 2. O. v. Baierland VI 1485
Panspermie VI 1657
Pantegni, Pantechne VI 1658
Pelzbücher VI 1865
Pest, A. II. Medizin [Westen] VI 1918
Peter, 34. P. v. Ulm d. Ä. VI 1938
Peter, 35. P. v. Ulm d. J. VI 1938
Pfalzpaint, Heinrich v. VI 2018
Practica medicinae VII 141

Prognose, Prognostik, I. Begriff, mentalitätsgesch.
  Aspekt VII 242
Prognose, Prognostik, II. Anwendung VII 242
Prognose, Prognostik, III. Texte (mit Daxelmüller, Ch.)
  VII 242
Promptuarium medicinae VII 248
Pseudo-Petroncellus VII 309
Puls, -traktate VII 325
Qualitäten- und Gradelehre VII 353
Räuchermittel VII 476
Raute VII 480
Rezept, Rezeptliteratur VII 778
Roger, 9. R. Frugardi VII 942
Rogerglosse VII 945
Roland, 4. R. v. Parma (mit Lauer, H. H.) VII 957
Rößlin, Eucharius d. Ä. VII 1043
Rufinus, 3. R., Abt des Kl. Tyro VII 1089
Säbenbaum, Sadebaum VII 1216
Salerno, B. II. Lehrinhalte und bedeutende Lehrer [Die
  medizinische Schule] VII 1298
Schröpfen VII 1571
Schröpfstellentexte VII 1572
Schüpfheimer Kodex VII 1592
Secreta mulierum VII 1661
Secreta Salernitana VII 1661
Secretum secretorum, A. Allgemein VII 1662
Serapion, 1. S. senior VII 1775
Serapion, 2. S. glossator VII 1775
Serapion, 3. S. junior VII 1775
Sextus Placitus Papyriensis VII 1811
Seyff (Suff), Hans VII 1819
Siebenkammermodell VII 1842
Skrofeln VII 1997
Solo, Gerhard v. VII 2036
Steinhöwel, Heinrich VIII 99
Steinschnitt VIII 105
Stocker, Hans VIII 187
Synonyma Bartholomaei VIII 378
Syphilis VIII 380
Tagewählerei VIII 431
Türst, Konrad VIII 1120
Urso v. Salerno VIII 1331
Vademecum VIII 1363
Verbandstoffe VIII 1482
Volksheilkunde, Volksarzneibücher VIII 1829
Wacholder VIII 1888
Walcher, 2. W. v. Malvern VIII 1940
Widmann v. Eger, Johannes IX 66
Wîdmann, Johannes IX 66
Wilhelm, 67. W. v. Brescia (mit Holste, Th.) IX 165
Wilhelm, 69. W. Burgensis IX 167
Wochenbett IX 290
Wilhelm, 106. W. v. Saliceto IX 187
Wollust (mit Reininger, M.) IX 323
Wunderdrogentraktate IX 365
Wundsegen IX 367
Yperman, Jan IX 423
Zahnheilkunde (mit Groß, D.) IX 463
Zaubersprüche, I. Allgemein. Deutsche Lit. IX 486
Zeugung, II. Medizinisch IX 592

Kejř, Jiři
Soběslav, 1. S. I., Hzg. v. Böhmen VII 2017
Soběslav, 1. S. II., Hzg. v. Böhmen VII 2017

Kellenbenz, Hermann
Faktor IV 234

Firma IV 487
Fondaco IV 617
Fugger IV 1010
Geldwirtschaft IV 1201
Giroverkehr IV 1463
Handelsgesellschaft IV 1901
Hoechstetter V 63
Kaufmann, Kaufleute V 1083
Konkurs V 1336

Keller, Hagen
Anzianen I 740
Azzo, 1. A. II. v. Este I 1319
Capitaneus II 1475
Constitutio de feudis III 174
Contado III 181
Lehen, -swesen; Lehnrecht, II. Reichsitalien V 1811
Lothar, 5. L., Kg. v. Italien V 2128
Valvassoren, I. Allgemein und Regnum Italiae (mit Göllmann, U.) VIII 1401

Keller, Hans-Erich
Chansonnier II 1709
Conquête d'Irlande (La) III 143
Durmart le Galois III 1482
Hue de Rotelande V 152
Karl, 2. K. (I.) d. Große, B. II. Altfranzösische Literatur
  V 962

Kellermann, Karina
Heroldsdichtung, I. Deutsche Literatur IV 2173
Süßkind v. Trimberg VIII 333

Kellner-Heinkele, Barbara
Dulgadïr Ogullarï III 1448
Jürüken V 816

Kemperdick, Stephan
Tafelmalerei, B. II. Nördliches Europa VIII 409
Tondo VIII 857
Triptychon VIII 1017

Kennedy, Edward St.
al-Bīrūnī II 226

Kerber, Dieter
Koblenz V 1242
Mayen VI 428

Kerff, Franz
Egbert, 3. E. (Ecgbert, Ecgberht), Ebf. v. York
  III 1601

Kerkhoff, Joseph
Veringen VIII 1538

Kerner, Max
Burchard, 13. B. I., Bf. v. Worms, II. Kirchenrechtliche
  Sammlung und Hofrecht II 947
Codex Carolinus II 2202

Kerscher, Gottfried
Zeremoniell, D. IV. Iberische Halbinsel IX 566

Kersken, Norbert
Severjanen VII 1803
Slaven VII 2000

Slovenen, Ilmenseeslaven VII 2009
Vjatičen VIII 1612

Keßler, Eckhard
Pico della Mirandola, 1. P. d. M., Gianfrancesco
  VI 2131
Pico della Mirandola, 2. P. d. M., Giovanni VI 2132

Kesting, Peter
Cicero, A. VIII. Rezeption in der deutschen Literatur
  II 2073
Disticha Catonis, III. Deutsche Literatur III 1124
Priamel VII 201

Kettle, Ann J.
Chester, Chesire, II. Grafschaft II 1797
Chester, Chesire, III. Diözese/Archidiakonat II 1797
Cinque Ports II 2091
Devon (Devonshire) III 926
Dorchester on Thames III 1262
Elmham III 1850
Leicester, II. Bistum V 1850
Lichfield V 1958
Lindsey V 2001
Tamworth VIII 453
Tribal Hidage VIII 983
Trinoda (Trimoda) necessitas VIII 1014
Vortigern VIII 1860
Wulfhere IX 346

Keverling Buisman, F.
Drente, 2. Die Landrechte von Drente III 1395

Kiaupa, Zigmuntas
Rada VII 384
Sigismund, 2. S. Kestutovič, Gfs. v. Litauen VII 1885
Sigismund, 3. S. Korybutovič, litauischer Fs. VII 1886
Traken VIII 933
Wilna IX 218
Witen IX 265
Witowt IX 267
Worskla IX 338

Kiaupiene, Jurate
Rad(z)iwill VII 395

Kibler, William W.
Lion de Bourges V 2003

Kiening, Christian
Totentanz, B. I. Deutsche Literatur VIII 899

Kiepe-Willms, Eva
Beheim, Michael I 1811

Kier, Hiltrud
Fußboden, II. Lateinisches Mittelalter (mit Binding, G.)
  IV 1060

Kießling, Rolf
Memmingen VI 509
Meuting VI 590
Nördlingen VI 1236
Rem, Lucas VII 705
Ries VII 840
Roggenburg VII 946
Welser VIII 2155

Kindermann, Udo
Eberhard, 21. E. v. Béthune III 1523
Gregor, 29. G. v. Montesacro IV 1683
Heinrich, 149. H. (Henricus) v. Villanova IV 2110
Klerikerfeste V 1206
Laurentius, 5. L. v. Durham V 1760
Papias VI 1663
Serlo, 1. S. v. Bayeux VII 1788
Wilchard IX 113

King, Edmund J.
England, H. Siedlung, Wirtschaft und Gesellschaft
  III 1975
Grundherrschaft, C. IV. England/Britische Inseln
  [Hoch- und Spätmittelalter] IV 1748
Holderness, Lordship of V 88
Hull V 185
Landesausbau und Kolonisation, III. England
  V 1647
Merchant Adventurers VI 534
Statute of Labourers VIII 69
Statute of Merchants VIII 70
Yeoman IX 411
York, Statute of IX 423

King, Heinz P.
Franziskaner, B. V. Schottland und Irland IV 816

Kintzinger, Martin
Ludolf, 1. L., Ebf. v. Magdeburg V 2166
Magdeburg, A. II. Stadtentwicklung [Stadt] VI 72
Magdeburg, B. Erzbistum VI 76
Maria, 11. M., Kgn. v. Ungarn VI 278
Otto, 32. O. Ebf. v. Magdeburg VI 1583
Peter, 23. P., Ebf. v. Magdeburg VI 1936
Stadtbücher VIII 12
Stadtschreiber, -syndicus VIII 27
Tagino VIII 432
Toke, Heinrich VIII 842
Wusterwitz, Engelbert IX 383

Kirby, David P.
Aberffraw I 28
Ælle, 1. Æ., Kg. v. Deira I 181
Æthelfrith I 188
Æthelred, 1. Æ., Kg. v. Mercia I 188
Aidan, 2. A., Missionar I 234
Alchfrith I 343
Aldfrith I 345
Ambrosius, 1. A. Aurelianus I 524
Arfon I 921
Arwystli I 1091
Bangor, 2. B., ältestes Bm. in Wales I 1407
Bernicia I 2006

Kirmeier, Josef
Hostienfrevel, -schändung V 139

Kislinger, Ewald
Ernährung, B. Byzantinisches Reich III 2171
Feuerwehr, 2. Byzantinisches Reich IV 423
Fisch, -fang, -handel, B. III. Fischfang und -handel im
  Byzantinischen Reich IV 500
Frauenheilkunde, II. Byzantinisches Reich IV 878
Gasthaus, B. Byzantinisches Reich IV 1134
Hospital, II. Byzantinisches Reich V 133
Leprosenhäuser (Byzanz) V 1903

Medizin, B. Byzantinisches Reich (mit Volk, R.)
  VI 459
Metrodora   VI 583
Prostitution, II. Byzanz   VII 268
Räuber, -banden, II. Byzanz   VII 474
Sexualität, II. Byzanz   VII 1813
Sizilien, A. I. 1. Allgemein [Spätantike]   VII 1950
Sizilien, A. II. 1. 5.–6. Jh. [Byzantinische Herrschaft]
  VII 1951
Sizilien, A. II. 3. 8.–11. Jh. [Byzantinische Herrschaft]
  VII 1952
Verkehr, -swege, II. Byzantinischer Bereich   VIII 1541
Wasser, C. Byzanz   VIII 2072
Wein, -bau, -handel, C. Byzanz   VIII 2128

Klaniczay, Tibor
Humanismus, C. Ungarn   V 197

Klapisch-Zuber, Christiane
Carrara, II. Marmorbrüche   II 1525
Marmor, -handel   VI 316

Klecha, Gerhard
Albrecht, 24. A. v. Eyb   I 325

Klein, Dorothea
Vortragsformen, I. Literatur   VIII 1861

Klein, Peter K.
Beatus v. Liébana, II. Die illustrierten Beatushandschriften   I 1746
Bibliothek, A. II. 1. Früh- und Hochmittelalter [Spanien]
  II 117
Cantigas de Santa Maria, II. Illustration   II 1460
Daniel, II. Abendländische Kunst des Mittelalters
  III 535
Danielkommentar   III 539

Klein, Richard
Civitas, I. In der Antike   II 2112
Constans, 1. C. I.   III 167
Constantia, 1. C. I.   III 169
Constantia, 2. C. II.   III 169
Constantius, 1. C. I. Chlorus   III 172
Constantius, 2. C. II.   III 172
Decentius Magnus   III 617
Decretum   III 623
Dediticii   III 629
Defensor civitatis   III 634
Defensor senatus   III 635
Dekan, I. Antike   III 651
Delegation, I. Römisches Staatsrecht   III 668
Designation, I. Spätantike   III 727
Diözese, I. Spätantike   III 1097
Dispensatores   III 1114
Dona militaria   III 1231
Dux, Dukat, I. 1. Römische Kaiserzeit   III 1485
Eudoxia, Aelia   IV 76
Eugenius, 1. E., Flavius   IV 83
Eutharich   IV 118
Eutropius, 5. E., Eunuch   IV 122
Excerpta Barbari   IV 156
Fritigern   IV 980
Gainas   IV 1079
Galerius   IV 1084
Galla Placidia   IV 1092
Geiserich   IV 1176

Glycerius   IV 1518
Gratianus   IV 1658
Helena, 1. H., hl., I. Leben   IV 2117
Honoria   V 118
Honorius, 1. H., weström. Ks.   V 119
Hypat(h)ios, 1. H, Neffe des oström. Ks. s. Anastasios
  V 248
Iovinus   V 641
Johannes, 1. J., röm. Ks.   V 532
Julianus, 1. J. Apostata   V 801
Konstantin, 1. K. I. (d. Gr.), röm. Ks., I. Leben
  V 1372
Konstantin, 1. K. I. (d. Gr.), röm. Ks., II. Reichspolitik
  V 1373
Konstantin, 1. K. I. (d. Gr.), röm. Ks., III. Der christliche Herrscher   V 1373
Konstantin, 2. K. III.   V 1375
Laterculum   V 1745
Laterculus Veronensis   V 1745
Licinius   V 1963
Magnentius, Flavius Magnus   VI 95
Maiorianus, M. Iulius   VI 146
Markianos, oström. Ks.   VI 305
Maxentius   VI 418
Maximianus, 1. M., röm. Ks.   VI 419
Maximinus, 1. M. Daia, röm. Ks.   VI 424
Maximus, 1. M. Magnus (mit Wirth, G.)   VI 427
Olybrius   VI 1402
Petros, 4. P. Patrikios   VI 1954
Rugier   VII 1092
Severus, 1. S. Libius, weström. Ks.   VII 1807
Stilicho   VIII 184
Syagrius, 1. S., Sohn des Aegidius   VIII 350
Symmachus, 2. S. Q. Aurelius Eusebius   VIII 367
Valens   VIII 1386
Valentinian, 1. V. I., röm. Ks.   VIII 1387
Valentinian, 2. V. II., röm. Ks.   VIII 1387
Valentinian, 3. V. III., röm. Ks.   VIII 1388

Klein, Thomas A.-P.
Unibos   VIII 1239

Klein-Ilbeck, Bettina
Hugo, 42. H. v. Honau   V 172
Petrus, 40. P. Grossolanus   VI 1975
Traduzianismus   VIII 931

Kleinheyer, Bruno
Handauflegung, 1. Lateinische Kirche   IV 1893
Missale   VI 669

Kleinschmidt, Harald
Heer, Heerwesen, A. VII. Deutschland/Imperium
  IV 1999
Japan   V 301
Mauro, Fra   VI 414
Vegetius. 1. Epitoma rei militaris   VIII 1444

Klemm, Christian
Angelico (Fra Angelico)   I 618
Antonello da Messina   I 728
Bellechose, Henri   I 1844
Bellini, 1. B., Gentile   I 1848
Bellini, 2. B., Giovanni   I 1848
Bellini, 3. B., Jacopo   I 1848
Berlinghieri, 1. B., Berlinghiero   I 1966
Berlinghieri, 2. B., Bonaventura   I 1966

Bermejo, Bartolomé I 1966
Berruguete, Pedro I 2015
Bertram, 2. B., Meister I 2039
Bildnis, A. III. Tafelmalerei [Westen] II 168
Bosch, Jheronimus (Hieronymus) II 468
Botticelli, Sandro II 492
Bouts, Dieric II 520
Broederlam, Melchior II 708
Caecilienmeister II 1345
Campin, Robert II 1422
Carpaccio, Vittore II 1522
Cassone II 1554
Castagno, Andrea del II 1555
Christus, Petrus II 1943
Cima da Conegliano, Giovanni Battista gen.
  II 2085
Coppo di Marcovaldo III 216
Cossa, Francesco del III 302
Crivelli, Carlo III 349
Croce dipinta III 349
Daddi, Bernardo III 428
David, Gerard III 607
Desco da parto III 721
Domenico, 2. D. Veneziano III 1179
Dürer, Albrecht III 1473
Eyck, Hubert und Jan, van IV 189
Foppa, Vincenzo IV 630
Francke, Meister IV 685
Froment, Nicolas IV 986
Frueauf, 1. F., Rueland d. Ä. IV 997
Frueauf, 2. F., Rueland d. J. IV 997
Gallego, Fernando IV 1092
Goes, Hugo van der IV 1533
Gonçalvez, Nuño IV 1555
Gozzoli, Benozzo IV 1616
Herlin, Friedrich IV 2157
Hey, Jean IV 2205
Holbein, Hans, d. Ä. V 87
Huguet, Jaume V 182
Isenbrandt, Adriaen V 673
Joos van Wassenhove V 626
Konrad, 53. K. v. Soest V 1365
Laib, Konrad V 1616
Lippi, 1. L., Fra Filippo V 2005
Lippi, 2. L., Filippino V 2005
Mantegna, Andrea VI 203
Martorell, 1. M., Bernat VI 351
Masaccio VI 362
Maso di Banco VI 364
Masolino da Panicale VI 365
Massys, Quinten VI 373
Meister des Albrecht-Altares VI 481
Meister der Darmstädter Passion VI 482
Meister v. Mondsee VI 484
Meister der Tegernseer Tabula Magna VI 485
Meister des Tucher-Altares VI 485
Melozzo da Forlì VI 503
Memling, Hans VI 508
Montagna, Bartolomeo VI 773
Moser, Lucas VI 860
Orcagna VI 1427
Orgelflügel VI 1451
Paolo, 2. P. Veneziano VI 1662
Perugino VI 1911
Pesellino VI 1913
Piero, 1. P. di Cosimo VI 2137
Piero, 2. P. della Francesca VI 2137
Pinturicchio VI 2164
Pisanello VI 2183
Pleydenwurff, Hans VII 20
Polack, Jan VII 50
Raffael VII 396
Roberti, Ercole de' VII 916
Sassetta VII 1389
Tura Cosmè VIII 1097
Uccello, Paolo VIII 1171
Vivarini VIII 1783
Witz, Konrad IX 281
Wolgemut, Michael IX 317
Zeitblom, Bartholomäus IX 514

Klöckener, Martin
Pontifikale VII 96
Sakramentar VII 1273
Versehgang VIII 1582
Viaticum VIII 1612
Votivmesse VIII 1872

Kłoczowski, Jerzy
Franziskaner, B. VII. Polen IV 817

Klopsch, Paul
Ovid, A. Überlieferung. Nachleben in der mittellateinischen Literatur VI 1592
Rhetorik, I. Lateinisches Mittelalter VII 786
Vergil im Mittelalter, A. I. Lateinische Literatur
  VIII 1523

Klüppelholz, Heinz
Guillaume d'Angleterre, Dit de IV 1783
Hirtendichtung (mit Jung, M.-R.) V 37

Klüßendorf, Niklot
Münzerhausgenossen VI 931

Knackstedt, Wolfgang
Kreml' V 1485
Moskau, A. Stadt VI 862

Knape, Joachim
Niklas v. Wyle VI 1163
Rhetorik, IV. Deutsche Literatur VII 792
Schlüsselfelder, Heinrich VII 1494

Knapp, Fritz P.
Isengrimus V 674
Renart, III. Deutsche und Niederländische Literatur
  VII 723
Tierepos, I. Allgemein; Mittellateinische, deutsche und
  romanische Literatur VIII 765

Knebel, Sven K.
Johannes, 124. J. v. Jandun V 582

Knefelkamp, Ulrich
Indien V 404
Johannes Presbyter V 530

Knellwolf, Markus
Eid, A. III. Römisches Recht [Lateinischer Westen] (mit
  Weimar, P.) III 1676

Knittler, Herbert
Manufaktur VI 212

Knobloch, Eberhard
Mariano Daniello di Jacopo VI 284

Knoch, Wendelin
Disciplina, I. In der scholastischen und monastischen Tradition III 1106
Ehe, A. I. Biblisch-theologisch-sakramentale Eheauffassung [Lateinischer Westen] III 1616
Mäßigkeit (mit Gerwing. M.) VI 371
Meßerklärung VI 561
Neuschöpfung VI 1107

Knorr, Wilbur R.
Johannes, 133. J. v. London V 586
Johannes, 187. J. v. Tynemouth V 610
Statik VIII 64

Knowles, Clive H.
Amiens, Mise of I 535
Axholme I 1310
Bachelors, Community of I 1325
Barone, Krieg der (Barons' War) I 1484
Bassett, 1. B., Philip I 1545
Derby (Derbyshire) III 709
Disinherited, the III 1112
Edmund, 5. E. Crouchback III 1580
Evesham, Schlacht v. IV 144
Heinrich, 12. H. III., Kg. v. England IV 2051
Lewes, Schlacht v. V 1926
Lincoln, 1. L., Schlacht v. (2. Febr. 1141) V 1998
Montfort, Simon de VI 804
Nottingham, Nottinghamshire VI 1294
Oxford, Provisions of VI 1604
Rivaux, Peter des VII 881
Roches, Peter des VII 924

Knupp, Josef
Zeichen, liturgische IX 505

Knuuttila, Simo
Schlußmodi VII 1496

Köbler, Gerhard
Asega I 1104
Bauer, Bauerntum, B. Bäuerliche Rechtsstellung I 1571
Bürger, Bürgertum, B. I. Terminologie und rechtliche Stellung [Deutschland] II 1008
Burgericht II 1046
Bürgermeister II 1047
Burgrecht II 1057
Burschaft II 1107
Bursprake II 1110
Civis II 2111
Civitas, II. Zur Problematik von »civitas-Stadt« im Mittelalter II 2113
Comes civitatis III 76
Consiliarius civitatis III 160
Consilium, 1. C. III 160
Echteding III 1541
Eddach III 1558
Edelbürger III 1559
Eigentum, A. III. Germanisches und deutsches Recht III 1717
Friesisches Recht IV 978
Haus, -formen, C. I. Germanisches und deutsches Recht IV 1964
Jahr und Tag V 279
Keure, Küre V 1117
Land und Leute V 1670
Landrecht, I. Allgemein und deutscher Bereich V 1672
Magister servorum VI 90
Magistrat VI 91
Meilenrecht VI 472
Munt VI 918
Oppidum VI 1418
Polizei, III. Westlicher Bereich VII 65
Portus VII 123
Reformationen (des Rechts) VII 551
Satzung VII 1401
Stadtluft macht frei VIII 23
Statuten, A. Allgemein; Mittel- und Westeuropa VIII 70
Summarium Heinrici VIII 314
Traufenrecht VIII 961
Upstallsbom VIII 1279
Vormund, -schaft, II. Germanisches und Deutsches Recht VIII 1854

Kobusch, Theo
Abstraktion I 58
Axiom I 1310

Koch, Anton C. F.
Balduin, 8. B. IV. der Bärtige I 1370
Balduin, 9. B. V., Gf. v. Flandern I 1370
Deventer, I. Stadtgeschichte III 920
Ename III 1898

Koch, Walter
Eingangsprotokoll III 1736
Empfängerausfertigung III 1890
Formel, -sammlungen, -bücher, A. IV. Ottonisch-salische und staufische Reichskanzlei IV 650
Friedrich, 2. F. II., Ks., dt. Kg., Kg. v. Sizilien und Jerusalem, I. Leben und Regierung IV 933
Heiligenkreuz IV 2021
Heinrich, 8. H. (VII.), dt. Kg., Kg. v. Sizilien IV 2047
Inschriften, A. Allgemein und westlicher Bereich V 442
Inscriptio V 446
Intitulatio V 471
Invocatio V 483
Margarete, 2. M. v. Babenberg, dt. Kgn. VI 235
Protonotar VII 273
Statutum in favorem principum VIII 75

Kocher, Gernot
Gebärden und Gesten IV 1154
Gerichtsstab IV 1329
Rechtssymbolik VII 523
Schwert, II. Rechtssymbolik VII 1644
Zahlensymbolik, -mystik, A. XI. Recht [Westen] IX 454

Kocher, Ursula
Vergil im Mittelalter, A. III. Deutsche Literatur VIII 1528

Kocks, Dirk
Babel, Turmbau (mit Binding, G.) I 1319
Bär, 3. Ikonographie I 1432
Barmherzigkeit, IV. Bildliche Darstellungen der Werke der Barmherzigkeit I 1473

Bathseba I 1550
Baum I 1665
Beau Dieu I 1751
Begräbnis, Begräbnissitten, A. III. Ikonographische Beispiele [Christliche Bestattungsformen allgemein] I 1805
Besessenheit, 3. Ikonographie I 2064
Beweinung Christi II 28
Blutwunder, II. Ikonographische Beispiele II 293
Bock (mit Hünemörder, Ch.) II 303
Boethius, III. Ikonographie II 315
Brautsymbolik, III. Ikonographische Beispiele II 591
Brunnen, B. IV. Brunnendarstellungen [Mittelalterliche Brunnen in Mittel- und Westeuropa] II 777
Dämonen, Dämonologie, G. I. Westen [Ikonographie] III 485
Ecclesia und Synagoge, II. In der abendländischen Kunst III 1537
Ehebrecherin III 1648
Einhorn, II. 1. Okzident [Ikonographie] III 1741

Koczerska, Maria
Familie, B. X. 1. Ostmitteleuropa [Recht] IV 268
Frau, B. VIII. Ostmitteleuropa [Recht] IV 861

Koder, Johannes
Byzantinisches Reich, A. Geographische Grundlagen II 1227
Euboia IV 66
Hellas IV 2122
Kleisuren V 1205
Korinth V 1444
Kreta V 1488
Laris(s)a V 1718
Lazika, 1. L., Kgr. in Westgeorgien V 1775
Lazika, 2. L. (Tzaneti, heute Lazistan) V 1775
Lemnos V 1870
Lesbos V 1908
Mistra VI 680
Modon (und Coron) VI 712
Monemvasia VI 753
Morea VI 834
Naupaktos VI 1057
Nauplion VI 1058
Naxos und Paros VI 1070
Patmos VI 1784
Patras VI 1785
Rhodos VII 795
Rhomaioi VII 797
Samos VII 1343
Sinai VII 1928
Sklavinien VII 1988
Symeon, 11. S. Neos Theologos VIII 364
Tenedos VIII 541
Theben VIII 611
Thema VIII 615
Theodor, 6. Th. I. Palaiologos, Despot v. Morea VIII 628
Theodor, 7. Th. II. Palaiologos, Despot v. Morea VIII 629
Theoktiste VIII 648
Thomas, 6. Th. Palaiologos, Despot v. Morea VIII 701
Toparcha Gothicus VIII 863
Zakynthos IX 470
Zeloten, 1. Z. ('Eiferer') IX 522

Koelbing, Huldrych M.
Augenheilkunde I 1210

Kohlenberger, Helmut
Buch des Lebens II 813

Köhler, Ralf
Behren-Lübchin I 1812
Biskupin II 248
Brandenburg, I. Archäologie II 550
Breslau, I. 1. Archäologie [Früh- und Hochmittelalter] II 610
Danzig, I. Archäologie und frühstädtische Siedlungsgeschichte (mit Labuda, G.) III 563

Köhler, Theodor W.
Jakob, 25. J. v. Metz V 293

Köhn, Rolf
Petrus, 15. P. v. Blois VI 1963

Kolias, Taxiarchis G.
Feldzeichen, 1. Byzantinisches Reich IV 338
Heer, Heerwesen, B. I. Byzantinisches Reich IV 2002
Schmied, Schmiede, B. Byzanz VII 1508
Tagma VIII 434
Taktika, 2. T. im militärischer Bereich VIII 438
Waffe, B. Byzanz VIII 1899

Kollbach, Bernd
Gesta Baldewini IV 1406

Koller, Fritz
Salzkammer VII 1336

Koller, Heinrich
Albrecht, 1. A. I., dt. Kg. I 311
Eberhard, 17. E. I., Ebf. v. Salzburg III 1521
Eberhard, 18. E. II., Ebf. v. Salzburg III 1521
Eberhard, 19. E. III., Ebf. v. Salzburg III 1522
Eleonore, 1. E. v. Portugal, Ksn. III 1804
Erzherzog III 2196
Friedrich, 4. F. III., Ks. IV 940
Hugo, 17. H., Gf. v. Werdenberg V 163
Laxenburg, Vertrag v. V 1772
Reformatio Sigismundi VII 550
Sankt-Georgs-Ritterorden VII 1160

Koller, Walter
Malaspina, Saba VI 164
Nicolaus, 8. N. de Jamsilla VI 1133
Salimbene (Omne-bonum) de Adam VII 1302

Koller-Weiss, Katharina
Neuenburg VI 1100

Kolmer, Lothar
Robert, 60. R. le Petit ('le Bougre') VII 910

Kolping, Adolf
Absurd I 60
Apologetik, I. Christentum I 774
Cano Melchior II 1437

Kölzer, Theo
Adalbert, 4. A. I., Mgf. v. Tuszien I 96
Adalbert, 5. A. II., Mgf. v. Tuszien I 96

Adventus regis   I 170
Alberich, 2. A., Mgf. v. Spoleto   I 280
Alberich, 3. A., princeps Romanorum   I 280
Albert, 1. A. Azzo   I 283
Alberti, 1. A. (Contalberti), toskan. Adelsfamilie   I 291
Ancona   I 580
Andreas, 6. A. v. Bergamo   I 603
Andria   I 613
Anselm, 3. A. II. v. Lucca   I 679
Atto, 2. A. II. v. Vercelli (mit Müller, G.)   I 1181
Berthold, 19. B. v. Künßberg   I 2034
Bonifaz, 1. B. I. v. Mon(t)ferrat, Kg. v. Thessalonike   II 421
Carbone   II 1495
Comes, II. 5. Langobarden (mit Benati, A.)   III 75
Conversano (mit Enzensberger, H.)   III 207
Corazzo   III 218
Curia, 1. C. regis, III. Königreich Sizilien (mit Manselli, R.)   III 376
Diepold, 1. D. v. Schweinspeunt   III 1008
Farfensis, Collectio   IV 297
Florilegien, B. II. Kanonistische Florilegien   IV 571
Gerberga, 2. G., Tochter Gf. Ottos v. Mâcon   IV 1300
Hauteville   IV 1978
Heinrich, 7. H. VI., Ks., dt. Kg., Kg. v. Sizilien, I. Leben und Regierung   IV 2045
Heinrich, 117. H. v. Kalden   IV 2094
Hofkapelle, II. Königreich Sizilien   V 72
Honorantie civitatis Papie   V 118
Hugo, 36. H. Falcandus   V 170
Huldigung   V 184
Indiculus loricatorum   V 403
Kanzlei, Kanzler, A. II. Italien   V 912
König, Königtum, C. Königreich Sizilien   V 1309
Konstanz, Friede v.   V 1401
Konstanz, Vertrag v.   V 1405
Konstanze, 1. K. I., Ksn., Kgn. v. Sizilien   V 1406
Konstanze, 2. K. II., Kgn. v. Ungarn und Sizilien, Ksn.   V 1407
Legnano, Schlacht bei   V 1806
Lehen, -swesen; Lehnrecht, V. Königreich Sizilien   V 1818
Ludwig, 41. L. v. Tarent   V 2199
Maio v. Bari   VI 145
Montebello, Friede v.   VI 785
Nationalkönige   VI 1040
Petrus, 36. P. v. Eboli   VI 1974
Register, VI. Süditalien   VII 584
San Nicola di Casole   VII 1186
Siegel, III. Königreich Sizilien   VII 1851
Tafelgut, Tafelgüterverzeichnis   VIII 403
Venedig, Friede v.   VIII 1471

Konidaris, Johannes M.
Metatheton   VI 576

König, Eberhard
Fouquet, Jean   IV 676

König, Werner
Allgäu   I 429

Könsgen, Ewald
Hugo, 45. H. v. Mâcon   V 172

Konstanciak, Franz-Josef
Hucbald v. St-Amand   V 150

Valerius, Marcus (Martius)   VIII 1390

Konstantinou, Evangelos
Andronikos, 5. A. Kamateros   I 614
Arethas   I 920
Aristenos, Alexios   I 934
Athanasios, 3. A. I., Patriarch v. Konstantinopel   I 1161
Bardanes, Georgios   I 1455
Bartholom(a)eus, 9. B. v. Grottaferrata   I 1494
Bartholom(a)eus, 20. B. v. Simeri (mit Kamp, N.)   I 1497
Bryennios, 1. B., Joseph   II 799
Chora-Kloster, 1. Geschichte   II 1880
Chrysoloras, 1. Ch., Demetrios   II 2051
Daniel, 5. D. Stylites   III 539
David, 11. D. v. Thessalonike   III 606
Diatyposis Leons VI.   III 973
Elias, 2. E., Metropolit v. Kreta   III 1824
Enkratiten   III 2014
Euthymios, 1. E. der Große   IV 118
Euthymios, 5. E. Zigabenos   IV 120
Fasten, -zeiten, -dispensen, B. Ostkirchen   IV 307
Germanos, 2. G. II., Patriarch v. Konstantinopel   IV 1345
Geron Bakcheios   IV 1351
Gerontios   IV 1352
Ignatios, 2. I. Diakonos   V 367
Kyriakos, 2. K., jakobit. Patriarch v. Antiocheia   V 1598
Leon, 10. L. v. Ochrid   V 1892
Markellos   VI 304
Megiste Laura   VI 468

Kontzi, Reinhold
Aljamiado-Literatur   I 415

Köpf, Ulrich
Kreuz, Kruzifix, B. Theologie und Spiritualität   V 1490

Koppitz, Hans-Joachim
Buch, A. III. 2. Mittelalter [Buchherstellung, Buchgewerbe und -handel, Verbreitung von Büchern; Allgemein und abendländischer Bereich]   II 804

Köpstein, Helga
Großgrundbesitz, II. Byzantinisches Reich   IV 1730
Nomos georgikos   VI 1231
Thomas, 1. Th. der Slave, byz. Gegenks.   VIII 698

Korać, Dušan
Kotor   V 1462
Makedonische Dynastie   VI 154

Korać, Vojislav
Dioclea   III 1069
Doclea   III 1152
Drivast   III 1401
Kruševac   V 1553
Morava-Schule   VI 832
Pfalz, Palast, I. II. Baugeschichte [Byzantinisches Reich und Südosteuropa]   VI 2009
Pula (Pola) (mit Steindorff, L.)   VII 322
Raška, Schule v.   VII 448
Smederevo   VII 2012

Körmendy, Adrienne
Käsmark V 1034
Kremnitz V 1485

Korn, Elisabeth
Einhorn, III. Heraldik III 1742

Korn, Hans-Enno
Adler, 2. Heraldik I 154
Allianzwappen I 430
Badge I 1341
Bastardzeichen I 1546
Blasonierung II 267
Briefadel II 682
Devise (mit Briesemeister, D.) III 925

Körndle, Franz
Motette VI 871
Notre-Dame-Schule VI 1292
Organum VI 1451
Perotinus VI 1894
Psalmodie VII 302
Responsorium, I. Westen VII 760
Rezitationstöne VII 779
Rondellus VII 1024
Schola cantorum VII 1519
Vortragsformen, II. Musik VIII 1866

Kornexl, Lucia
Wulf and Eadwacer IX 345

Kornrumpf, Gisela
Kanzler, der V 929
Liederbücher, Liederhandschriften V 1971
Losse, Rudolf V 2122

Körntgen, Ludger
Laienbeichte V 1618
Mönchsbeichte VI 747
Redemption VII 535

Korsgaard, Peter
Färöer IV 300

Kortüm, Hans-Henning
Gerbert, 1. G. v. Aurillac, I. Leben und Wirken IV 1300
Liber diurnus V 1942

Kosman, Marceli
Novogrudok VI 1313

Kötting, Bernhard
Ætheria (Egeria) (mit Kraft, H.) I 191
Corona, hl. III 259
Crispinus und Crispinianus III 347
Depositio III 707
Elevation, 2. Reliquienkult III 1811
Elevation, 3. Erhebung des Täuflings III 1812

Kottje, Raymund
Bußbücher, I. Definition II 1118
Bußbücher, II. Lateinische Bußbücher II 1118
Chorbischof, 2. Westkirche II 1884
Erzbischof III 2192
Excarpsus Cummeani IV 155
Halitgar IV 1876

Hrabanus Maurus V 144
Klosterschulen V 1226

Kötzsche, Dietrich
Welfenschatz VIII 2152

Krafft, Fritz
Archimedes I 898
Aristoteles, B. III. Mechanik [Naturwissenschaftliche Schriften] I 941
Aristoteles, B. IV. Astronomie [Naturwissenschaftliche Schriften] I 942
Artes mechanicae I 1063
Atomistik I 1174
Bewegung II 24
Johannes, 169. J. de Sacrobosco V 598

Kraft, Ekkehard
Piscovye knigi VI 2186
Pomest'e VII 82
Posadnik VII 123
Put' VII 334
Sotskij VII 2063
Tysjackij VIII 1139
Udel VIII 1175

Kraft, Heinrich
Abraham, 2. A. v. Ephesus I 50
Acta Apostolorum Apocrypha I 87
Ætheria (Egeria) (mit Kötting, B.) I 191
Aëtios I 192
Afrahat I 197
Agapet, 1. A. I., Papst I 201
Agapetos I 202
Agapios I 202
Ambrosius, 2. A., Bf. v. Mailand (mit Binding, G.) I 524
Antonius, 6. A. der Eremit, 1. Leben (mit Frank, K. S.) I 731
Agathangelos I 202
Agathonikos I 203
Agnellus, 1. A., Metropolit v. Ravenna I 211
Agroecius I 221
Aidesios I 235
Aineias v. Gaza I 243
Akakianisches Schisma I 249
Akakios, 1. A. v. Beroia I 249
Akakios, 2. A. v. Kaisareia I 249
Akakios, 4. A. v. Melitene I 250
Alexander, 15. A., Bf. v. Alexandria I 374
Alexander, 25. A., Bf. v. Hierapolis I 378
Alexander, 26. A. v. Lykopolis I 378
Alexander, 29. A. v. Salamis I 379
Ambrosiaster I 524
Amphilochios v. Ikonion I 543
Anastasios, 2. A. I., Patriarch v. Antiochia I 572
Anastasius, 1. A. I., Papst I 572
Anastasius, 7. A. der Apokrisiar I 573
Anastasius, 9. A. der Dichter I 574
Anastasius, 10. A. der Mönch I 574
Anastasius, 11. A. Sinaita I 574
Anatolios, 1. A., Patriarch v. Konstantinopel I 575
Andreas, 14. A. v. Kaisareia I 608
Andreas, 15. A. v. Kreta I 609
Anianus, 2. A., ägypt. Mönch I 644
Anianus, 3. A. v. Celeda I 644
Antiochus, 1. A. v. Ptolemais I 719

Antiochus, 2. A. Strategius I 719
Antoninus, 2. A. (Anonymus Placentinus) I 728
Antonius, 1. A., Hagiograph I 730
Apollinaris, 2. A. (Apollinarios), Bf. v. Laodikeia I 770
Apostolische Kirchenordnung I 793
Apostolische Konstitutionen I 793
Apringius I 811
Arator I 868
Arnobius der Jüngere I 1000
Asterius, 1. A. (Asterios), Bf. v. Amasea I 1127
Asterius, 2. A. (Asterios), Schüler des Märtyrers Lucianus I 1128
Athanasios, 2. A., Bf. v. Anazarba I 1161
Aurelius I 1243
Auxentius, 1. A. v. Durostorum I 1279
Auxentius, 2. A. v. Mailand I 1279
Avitus, 3. A. v. Bracara I 1308

Krah, Adelheid
Ribémont, Vertrag v. VII 805
Uta VIII 1344

Kramer, Hans
Apostasie, I. Moraltheologie I 780

Kramer, Karl-Sigismund
Brauchtum II 580
Rügebräuche VII 1090

Kramer, Kurt
Glocke, A. I. Sprachgeschichtlich [Okzident] IV 1497
Glocke, A. II. Entwicklung der europ. Glockenform [Okzident] IV 1497
Glocke, A. III. Glockenformen, Glockenguß und Gußmaterialien [Okzident] IV 1498
Glocke, A. V. Aufhängung und Unterbringung [Okzident] IV 1498
Glocke, A. VI. Die Glocke als ein Musikinstrument [Okzident] IV 1499
Glocke, A. VII. Die Glocke als liturgisches Instrument [Okzident] IV 1499

Krämer, Sigrid
Arn (Arno, Aquila) I 993

Kraml, Hans
Uti/frui VIII 1344
Wilhelm, 86. W. de la Mare IX 174

Kranemann, Benedikt
Kirchenjahr V 1176
Kleidung, II. Liturgischer Bereich V 1201
Liturgische Tücher, 1. Okzident V 2036
Pallium VI 1643
Pater noster VI 1781
Pfingsten, I. Biblisch-theologisch VI 2030
Pluviale VII 26
Rationale VII 460
Scrutinium VII 1657
Sonntag VII 2050
Stola VIII 190
Velum VIII 1452
Vigil VIII 1657
Weihnachten VIII 2109

Kraschewski, Hans-Joachim
Blei, Bleiguß, I. Bleibergbau II 270

Kratochwill, Max
Clavus, Claudius II 2138
Geographie, I. Abendland und arabischer Kulturkreis IV 1265
Geographus Ravennas IV 1270
Henricus, 7. H. Martellus Germanus IV 2138
Johannes, 157. J. de Plano Carpini V 594
Longjumeau, Andreas v. V 2107
Pining, Didrik VI 2163

Krause, Adalbert
Admont I 156

Krause, Hans-Georg
Leihezwang V 1857

Krawietz, Birgit
Unreinheit, III. Islam VIII 1259

Kreiker, Sebastian
Mark, -grafschaft, I. Frankenreich und Deutsches Reich VI 300
Marschall VI 324
Mundschenk VI 908
Salzwedel VII 1337
Tangermünde VIII 456
Totengräber VIII 895
Truchseß VIII 1069
Vicedominus VIII 1621

Kreiser, Klaus
Adrianopel (mit Gruber, J., Weiß, G.) I 167
Akşehir I 257
Alanya I 270
Amasra I 511
Amasya I 512
Anatolien I 575
Ankara I 652
Antalya I 692
Aqkerman I 823
Bilecik II 190
Brunnen, D. II. Brunnen im osmanischen Bereich II 784
Bursa II 1106
Çankırı II 1436
Deli Orman III 672
Denizli III 697
Didymoteichon, 2. Osmanische Periode III 984
Edremit III 1582
Eğridir III 1616
Eskişehir IV 15
Galata, II. Frühe osmanische Zeit IV 1081
Hudāvendigār vilāyeti V 151
Kastamonu V 1035
Kayseri, II. Im 12.–15. Jahrhundert V 1092
Ķıršehir V 1188
Konstantinopel/Istanbul, II. Osmanisches Reich V 1392
Konya/Ikonion, II. Unter türkischer Herrschaft V 1426
Kütahya V 1593
Ladik V 1609
Manisa VI 196
Melitene, II. Osmanische Zeit VI 498
Milas VI 621
Niğde VI 1147
Niksar VI 1191

Stadt, N. Osmanisches Reich VIII 7
Straße, IV. Osmanischer Bereich VIII 226
Tokat VIII 842
Trapezunt, III. Frühe osmanische Zeit VIII 959

Krekić, Bariša
Ragusa (Dubrovnik), II. Wirtschaft VII 400

Kresten, Otto
Isidor, 1. I., Metropolit v. Kiev V 675
Leontios, 3. L. v. Neapolis V 1897
Menandros Protektor VI 514
Syropulos, Silbestros VIII 387

Kretzschmar, Robert
Polycarp VII 73

Kreutzer, Gert
Berserker I 2019
Darraðarljóð III 572
Dróttkvætt III 1412
Einarr Helgason skálaglamm III 1729
Flokkr IV 550
Fornyrðislag IV 657
Krákumál V 1470

Kreuzer, Gerhard
Augsburg, II. Bistum und Stadt im Früh- und Hochmittelalter (mit Auer, L.) I 1212
Clemens, 8. C. VII. (Robert v. Genf), avignones. Papst II 2144
Heinrich, 74. H. I., Bf. v. Augsburg IV 2079
Heinrich, 75. H. II., Bf. v. Augsburg IV 2080
Heinrich, 120. H. v. Langenstein IV 2095
Hermann, 9. H., Bf. v. Augsburg IV 2162
Honorius, 2. H. I. V 119
Marquard, 1. M. v. Randeck, Bf. v. Augsburg VI 321
Nikolaus, 7. N. V., Gegenpapst VI 1172
Nikolaus, 36. N. Seyringer VI 1187
Priestersöhne VII 208
Sedia (Sella) gestatoria VII 1665
Thron, B. I. Kirchlicher und weltlicher Bereich [Mittelalterlicher Westen] (mit Engels, O.) VIII 739
Udalrich, 2. U., hl., Bf. v. Augsburg VIII 1173
Udalschalk VIII 1175
Urban, 5. U. V., Papst VIII 1284
Urban, 6. U. VI., Papst VIII 1285
Zeremoniell, C. Papstzeremoniell IX 557

Krieger, Gerhard
Gewissen, -sfreiheit IV 1424
Johannes, 73. J. Buridanus V 558
Pflicht VI 2048

Krieger, Karl-Friedrich
Burg, C. I. 1. Allgemeine rechts- und verfassungsgeschichtliche Bedeutung [Deutschland] II 965
Bürgerlehen II 1047
Burglehen II 1055
Consilium et auxilium III 162
Fahnlehen IV 230
Felonie IV 344
Fidelis (regis) IV 433
Friedrich, 31. F. I. der Siegreiche, Pfgf. bei Rhein IV 955
Ganerben, Ganerbschaft IV 1105
Heerschild, -ordnung IV 2007
Heidelberg, I. Stadtgeschichte IV 2009
Heimfall IV 2035
Huld, -verlust V 183
Investitur, I. Weltliches Recht, Lehnsinvestitur V 477
Neuss, Belagerung v. VI 1108
Öffnungsrecht VI 1371

Krishna, Valerie
Alliteration, C. IV. Alliterative Revival [Mittelalterliche Literatur Englands und Schottlands] I 435

Krissl, Michaela
Johann, 36. J. IV. v. Lenzburg V 513
Johann, 56. J. v. Zürich V 521

Kristó, Gyula
Arpaden (Stammtafel) (mit Makk, F.) IX Anhang

Kroeschell, Karl
Amt, I. Einleitung (mit Werner, K. F.) I 546
Appellationsprivilegien I 805
Bauding I 1562
Bauermeister I 1604
Einung, 1. E. (Recht) III 1746
Erbrecht, Erbe, Erbschaft, B. I. Germanisches und deutsches Recht III 2105
Erbtochter (mit Wolf, A.) III 2120
Feme IV 346
Friedlosigkeit IV 930
Geschworene IV 1385
Gesetzgebung, B. I. Frühes Mittelalter [Germanisches und deutsches Recht] IV 1394
Gewährschaft IV 1419
Heimbürge IV 2034
Hundert, Hundertschaft V 214
Iurati, iuratores V 811
Kaiserrecht V 859
Landfolge V 1656
Landsiedel V 1679
Majorat VI 151
Morgensprache VI 839
Mortuarium VI 850
Mutung VI 976
Nießbrauch VI 1146
Rache VII 383
Recht, A. Allgemeine Darstellung; westlicher Bereich VII 510
Rechtsspiegel VII 521
Renuntiationen VII 738
Schatzwurf VII 1442
Schwurgericht VII 1650
Schwurverband VII 1651
Seelgerät VII 1680
Selbsthilfe VII 1726
Seniorat VII 1758
Sippe VII 1934
Stadtrecht, -sfamilien VIII 24
Taiding VIII 434
Träger VIII 932
Treue VIII 977
Unehrlichkeit, unehrliche Leute VIII 1216
Verlobung, Verlöbnis VIII 1549
Weichbild, -recht VIII 2093
Wildfangrecht IX 115
Zent, -gericht IX 536

Krogh, Knud J.
Jelling V 348

Kroll, Renate
Marie, 2. M. de France VI 287

Kroll, W. Rainer
Allegorie, Allegorese, V. 2. Altfr. Literatur I 424
Ambroise I 521
Apokryphen, A. II. 5. Romanische Literaturen I 766
Arte mayor I 1057
Arte menor I 1057
Baena, 1. B., Juan Alfonso de I 1343
Bibeldichtung, V. Romanische Literaturen II 81
Bibelübersetzungen, XIV. Romanische Bibelübersetzungen II 102
Bleheri II 270
Bocados de Oro (Bonium) II 297
Canción II 1429
Cancionero de Stúñiga II 1430
Cantar II 1443
Cantar del Rey Fernando II 1443
Cantiga II 1458
Carvajal (Carvajales) II 1534
Copla III 214
Coplas de ¡Ay Panadera! III 214
Coplas del Provincial III 215
Courtois d'Arras III 321
Dezime III 934
Diez Mandamientos III 1041

Kropfinger, Klaus
Troubadours, II. Melodik VIII 1054
Trouvère, II. Melodik VIII 1062

Krüger, Hans-Jürgen
Albero, 2. A. (Adalbero), Ebf. v. Trier I 283
Arnold, 13. A. I., Ebf. v. Trier I 1003
Arnold, 14. A. II., Ebf. v. Trier I 1003

Krüger, Karl-Heinrich
Benignus I 1914
Gervasius und Protasius IV 1361
Laurentius, Märtyrer, I. Kultverbreitung V 1757
Liborius V 1953
Marcellinus und Petrus VI 221
Marculf, hl. VI 227
Mauritius, hl. VI 412
Medardus, hl. VI 443
Michael, Erzengel, I. Biblisch-theologisch und Verehrung VI 593
Nazarius und Celsus VI 1071
Patroklus VI 1806
Sigismund, 1. S., Kg. der Burgunder, 2. Verehrung VII 1885
Stephanus, hl., Erzmärtyrer VIII 127
Thebaische Legion VIII 611
Veronika VIII 1569
Vinzenz, hl. VIII 1704
Vitus VIII 1781

Kruse, Holger
Zimmern IX 616

Kübel, Wilhelm
Albertus, 3. A. Magnus (mit Binding, G., Dilg, P., Hünemörder, Ch., Jüttner, G., Schwenk, S.) I 294

Kubinyi, András
Stadt, I. II. Ungarn VII 2205
Tarnackmeister VIII 478
Tavernikalstadt VIII 514

Kuczyński, Stefan K.
Heraldik, V. 1. Ostmitteleuropa IV 2146

Kugler, Georg
Marstall VI 334

Kuhlen, Franz-Josef
Betäubungsmittel I 2081
Catapotia II 1573
Collyria III 45
Composita III 104
Conditum (-a) III 121
Confectio(nes) III 124
Conserva(e) III 155
Dia-Mittel III 968
Elektuarien III 1798
Gift IV 1446
Hiera-Mittel V 1
Morsuli VI 846
Myrobalanen VI 978
Öl (mit Schmidt, F.) VI 1383
Opium VI 1413
Pflaster VI 2046
Purgantia (mit Dilg, P.) VII 328
Rauschmittel VII 479
Salben VII 1287
Schlafmittel VII 1472
Schmerzmittel VII 1503
Sirup VII 1936
Trank VIII 936
Trochisci VIII 1031
Vomitiva VIII 1845

Kuhn, Hugo
Akrostichon, 3. Deutsche Literatur I 257

Kühn, Norbert
Gregorius, 1. G. v. Cerchiara IV 1691
Inden V 400

Kühn, Ulrich
Gesetz, I. G., göttliches IV 1388

Kühnel, Harry
Apfel, Apfelbaum (mit Harmening, D., Müller, I.) I 746
Fastnacht IV 313
Krems V 1486
Rasieren VII 447
Seife VII 1710

Kulcsár, Peter
Ransano, Pietro VII 439
Thuróczy, Johannes VIII 757
Váradi, Péter VIII 1410
Vitéz, Johann VIII 1773

Külzer, Andreas
Pilger, B. I. Byzanz VI 2151
Theodora, 2. Th. II. VIII 632
Theodora, 3. Th. III. VIII 633
Theodoros, 11. Th. Hyrtakenos VIII 638

Theodoros, 19. Th. Synkellos VIII 641
Theodosios, 3. Th. Diakonos VIII 643
Theoleptos VIII 649
Theophanes, 1. Th. III., Metropolit v. Nikaia VIII 661
Theophilos, 1. Th., byz. Ks. VIII 664
Wallfahrtsliteratur (aus Byzanz) VIII 1983
Zenon IX 530
Zoe, 1. Z., byz. Ksn. IX 662

Kunitzsch, Paul
Abū Maʿšar I 69
Almagest I 444
Māšāʾallāh VI 361
Sterne, Sternbilder, I. Allgemein VIII 131
Sterne, Sternbilder, II. Die antik-lat. Tradition VIII 131
Sterne, Sternbilder, III. Die antik-arabisch-lateinische Tradition VIII 132
aṣ-Ṣūfī VIII 291
Tierkreis VIII 770
Zahlsysteme, -zeichen, II. Arabische Mathematik, indisch-arabische Ziffern IX 460

Kunze, Konrad
Hagiographie, B. III. Deutsche Literatur IV 1846
Herolt, Johannes IV 2175
Legenda aurea, B. IV. Deutschland [Überlieferung und Rezeption] V 1798
Passional VI 1769
Reinbot v. Durne VII 665
Väterbuch VIII 1429

Kunze, Peter
Denominatio III 702
Differentia III 1041

Künzl, Hannelore
Baukunst, C. Judentum I 1661
Bilderverbot, I. Judentum II 151
Buchmalerei, A. XIX. Europäische Jüdische Buchmalerei bis 1500 II 866
Friedhof, D. Judentum IV 929
Menora VI 520
Synagoge, 1. S. VIII 369

Kupper, Jean-Louis
Limburg, Gft., Hzm. V 1986
Alexander, 17. A. I., Bf. v. Lüttich I 375
Alexander, 18. A. II., Bf. v. Lüttich I 375
Bernold, 1. B., Bf. v. Utrecht I 2007
Dietwin, 1. D., Bf. v. Lüttich III 1038
Dinant, Henri de III 1056
Durandus, 1. D., Bf. v. Lüttich III 1466
Ebrachar III 1530
Florennes, St-Jean-Baptiste de IV 552
Folcuin, 2. F., Abt v. Lobbes IV 608
Heinrich, 82. H. I. v. Verdun, Ebf. v. Lüttich IV 2083
Heriger, 1. H., Abt v. Lobbes IV 2156
Hilduin, 1. H., Bf. v. Lüttich V 20
Lüttich VI 25
Mark, Gf. en v. der VI 297
Notker, 1. N., Bf. v. Lüttich VI 1288
Otbert VI 1556
Reiner, 3. R. v. Lüttich VII 666
Richer, 1. R., Bf. v. Lüttich VII 829
Stephan, 22. S., Bf. v. Lüttich VIII 121
Wazo, Bf. v. Lüttich VIII 2082
Wibert, 2. W. v. Gembloux IX 58

Küppers, Kurt
Gebetbuch, 1. Allgemein IV 1159
Gründonnerstag IV 1752
Hortulus animae V 130
Hostie V 138
Karfreitag V 954
Karwoche V 1027
Kyrie eleison V 1598
Lesung, I. Lateinische Kirche V 1911
Litanei, II. Westkirche V 2010
Liturgische Sprachen, II. Westkirche V 2035
Ostern, Osterliturgie, I. Westen VI 1518
Rosarium VII 1028
Rosenkranz VII 1035

Kürbis, Brygida
Częstochowa III 408
Vincentius, 1. V. Kadłubek, Bf. v. Krakau VIII 1700

Kurio, Hars
ʿAbdalwādiden I 18

Kurnatowska, Zofia
Zantoch IX 474

Kurt, Manfred
Amerika, 1. Skandinavische Entdeckungsfahrten I 527

Kurz, Rainer
Anonymus Haserensis I 672
Arno v. Reichersberg I 1000
Berengosus I 1940
Claudianus, 1. C., Claudius II 2130
Dracontius, Blossius (A) Emilius III 1347
Flavius Felix IV 538

Kurze, Dietrich
Bode(c)ker, Stephan II 305
Brüdergemeinde, II. Wirken außerhalb Böhmens und Mährens II 737
Burchard, 9. B. III., Ebf. v. Magdeburg II 944
Dietrich, 15. D. v. Bülow III 1028
Ludwig, 47. L. v. Neindorf, Bf. v. Brandenburg V 2201
Monte Amiata VI 784
Seelsorge, I. Westkirche VII 1681

Kurze, Wilhelm
Camaldoli II 1405
Sant'Antimo in Val Starcia VII 1133

Kusber, Jan
Vasilij, 4. V. III. Ivanovič, Gfs. v. Moskau VIII 1422

Laarmann, Matthias
Heinrich, 113. H. v. Harclay IV 2092
Hugo, 34. H. v. Digne V 169
Individuum, Individuation, Individualität (mit Hödl, L.) V 406
Johannes, 77. J. Capreolus V 561
Lambert, 6. L. v. Auxerre V 1625
Lambert, 8. L. v. St-Bertin V 1625
Limbus patrum/L. puerorum V 1990
Loci theologici V 2065
Martin, 10. M. v. Alnwick VI 345
Martin, 15. M. v. Leibitz V 347
Matthaeus, Matthäus, 7. M. v. Gubbio VI 398

Mauburnus, Johannes VI 406
Menschheit, Menschengeschlecht (mit Hödl, L.) VI 526
Muße VI 972
Name Gottes VI 1009
Natur und Gnade VI 1048
Nichts, Nichtseiendes VI 1128
Nikolaus, 28. N. v. Lisieux VI 1184
Ontologie, trinitarische (mit Heinz, H.) VI 1409
Organon VI 1450
Passiones animae VI 1769
Perichorese VI 1887
Petrus, 9. P. Aureoli VI 1962
Petrus, 13. P. v. Bergamo VI 1963
Petrus, 49. P. Nigri VI 1979
Prädestination/Reprobation, A. I. Westen [Christentum] (mit Hödl, L.) VII 142
Praeambula fidei VII 154
Propheten, Prophetie, A. III. Prophetie als erkenntnistheoretisches Problem [Christliches Abendland] VII 255
Quaternio terminorum VII 357
Radulf, 2. R. v. Brüssel VII 391
Raimundus, 3. R. Martin VII 415
Raimundus, 4. R. v. Mevouillon VII 416
Resignatio, II. Mystik VII 758
Richard, 26. R. v. Maidstone VII 823
Richard, 27. R. de Mediavilla VII 823
Robert, 45. R. v. Colletorto VII 903
Robert, 47. R. Cowton VII 904
Robert, 52. R. Graystanes VII 905
Roger, 14. R. Marston VII 944
Schmerz VII 1502
Schriftstellerkataloge, I. Allgemein VII 1570
Schuld, III. Ethik und Theologie VII 1578
Seneca, II. Wirkungsgeschichte in der Philosophie VII 1751
Skeptizismus VII 1972
Sokrates im MA VII 2027
Stephan, 18. S. v. Autun, Bf. v. Autun VIII 119
Stephan, 19. S. v. Autun, Bf. v. Autun VIII 119
Tetragramm VIII 575
Thomas, 17. Th. v. Bailly VIII 711
Ulrich, 21. U. (Engelberti) v. Straßburg VIII 1202
Umstand VIII 1211
Verbum VIII 1494
Walter, 10. W. Burley VIII 1994
Walter, 12. W. v. Chatton VIII 1996
Würde, I. Ethik; Kanonistik; Theologie IX 369

Labande-Mailfert, Yvonne
Johanna, 1. J. v. Frankreich, Kgn. v. Frankreich V 521
Karl, 15. K. VIII., Kg. v. Frankreich V 980
Ludwig, 18. L. XII., Kg. v. Frankreich V 2189

Labib, Subhi Y.
Afrika, II. Geschichte und Wirtschaft I 198
Ägypten, III. Wirtschaftgeschichte I 226
Araber, III. Handel I 838
Bernstein, B. I. Früh- und hochmittelalterlicher Orient [Bernstein im mittelalterlichen Handel] I 2009
Botenwesen, II. 1. Arabisches Reich und seine Nachfolgestaaten, Mongolen II 487
Buchhaltung, C. Islamischer Bereich II 834
China, II. China und die arabisch-islamische Welt II 1830
Damast, 2. Begriff und Herkunft III 466
Damast, 3. Entwicklung im Frühmittelalter III 466
Damast, 4. Entwicklung im Hoch- und Spätmittelalter III 467
Elfenbein, A. Herkunft und Handel (mit Sprandel, R.) III 1812

Labuda, Gerard
Adalbert, 15. A. Vojtěch, 1. Politische Bedeutung I 101
Benediktiner, -innen, B. X. Polen I 1896
Bibliothek, A. VII. Polen II 121
Bolesław, 4. B. IV. Kędzierzawy, Fs. v. Polen II 367
Burg, C. VI. 3. Polen II 982
Bürger, Bürgertum, H. I. 2. Polen II 1033
Chronik, M. II. Polen II 2006
Cluny, Cluniazenser, B. IX. Polen II 2186
Dagome-iudex-Dokument III 430
Danzig, I. Archäologie und frühstädtische Siedlungsgeschichte (mit Köhler, R.) III 563
Danzig, II. 1. Bis zum Ende des Hochmittelalters III 564
Długosz, Jan III 1139
Dominikaner, Dominikanerinnen, B. VI. Polen III 1215
Duleben III 1447
Dvor III 1492
Elisabeth, 4. E. (Richeza), Kgn. v. Böhmen III 1832
Elisabeth, 11. E., Kgn. v. Ungarn III 1835
Erbrecht, Erbe, Erbschaft, B. VII. Slavische Länder und Ungarn III 2113
Gallus Anonymus IV 1099
Gaudentius, 2. G., Ebf. v. Gnesen IV 1142
Gertrud, 1. G. (russ. Olisava) IV 1354
Gertrudianus, Codex IV 1357
Giecz IV 1443
Gnesen IV 1522
Großpolen IV 1732
Hedwig, 2. H., Kgn. v. Polen IV 1986
Hyazinth V 242
Ibrāhīm ibn Yaʿkūb V 321
Ius Bohemicale V 817
Ius ducale V 817
Ius Polonicum V 818
Ius Slavicum V 818
Jakob, 14. J. gen. v. Znin, Ebf. v. Gnesen V 288
Jakob, 15. J. gen. Swinka, Ebf. v. Gnesen V 288
Johann, 11. J. Albrecht, Kg. v. Polen V 502
Johannes, 86. J. (Janko) v. Czarnków V 565
Johannes, 114. J. v. Glogau V 578
Johannes, 151. J. (Jan) Ostroróg V 591
Jordanus, 1. J. (Jordan), Missionsbf. v. Polen V 627
Kanzlei, Kanzler, A. V. Polen V 915
Kasimir, 1. K. I., Restaurator, Hzg. v. Polen V 1030
Kasimir, 2. K. II. der Gerechte, Hzg. v. Polen V 1030
Kasimir, 3. K. III. d. Große, Kg. v. Polen V 1031
Kasimir, 4. K. Andreas IV., Gfs. v. Litauen V 1032
Kasimir, 5. K., hl. V 1033
Kazimierz V 1093
Kleinpolen V 1204
Kujavien V 1561
Łabędzie V 1601
Lubiń V 2150
Matthaeus, Matthäus, 2. M., Bf. v. Krakau VI 397
Matthaeus, Matthäus, 3. M. v. Krakau, Bf. v. Worms VI 397
Namslau, Friede v. VI 1011
Odrowąż VI 1363

Siegel, VIII. Polen   VII 1854
Tremessen   VIII 971
Wislanen   IX 257
Zeremoniell, E. II. Polen   IX 571
Ziemowit IV.   IX 606

Lackner, Wolfgang
Johannes, 155. J. Philoponos   V 593

Ladero Quesada, Miguel Angel
Caloña (mit García de Valdeavellano, L.)   II 1401
Cid, El, I. Leben und historische Persönlichkeit   II 2078
Codex v. Valencia   II 2210
Contadurías   III 183
Crónica General de España   III 352
Enríquez del Castillo, Diego   III 2022
Finanzwesen, -verwaltung, B. VI. Iberische Halbinsel   IV 469
Forst, III. Iberische Halbinsel   IV 662
Gran Capitán   IV 1651
Grande et general Estoria   IV 1651
Grundherrschaft, C. V. Iberische Halbinsel [Hoch- und Spätmittelalter]   IV 1749
Guadalquivir   IV 1757
Heer, Heerwesen, A. VI. Iberische Halbinsel   IV 1997
Herbazgo   IV 2148
Jaén   V 268
Jérez   V 350
Joffre Tenorio, Alfonso   V 494
Justicia Mayor (Alguacil del Rey)   V 820
Kanzlei, Kanzler, A. VI. Iberische Halbinsel   V 916
König, Königtum, F. Iberische Halbinsel   V 1317
Konstanze, 5. K. v. Portugal, Kgn. v. Kastilien   V 1408
Konstanze. 6. K., Kgn. v. León-Kastilien   V 1408
Lehen, -swesen; Lehnrecht, IX. Iberische Halbinsel   V 1823
Letrados   V 1913
Leuda   V 1918
Libro (auch: Ordenamiento) de Alcalá   V 1954
Logroño   V 2079
Luna, Familie   VI 3
Luna, 1. L., Alvaro de   VI 4
Málaga   VI 161
Maria, 8. M. v. Portugal, Kgn. v. Kastilien   VI 277
Medina del Campo   VI 447
Medina Sidonia   VI 449
Neogoticismus   VI 1090
Niebla   VI 1136
Nobleza   VI 1210
Orihuela   VI 1457
Parias   VI 1704
Patriziat, V. Iberische Halbinsel   VI 1805
Peaje   VI 1842
Pecho   VI 1847
Pedido   VI 1850
Pedrarias Dávila   VI 1851
Pedro, 6. P. Ansúrez, Gf. v. Saldaña   VI 1853
Pérez del Pulgar, Fernán   VI 1885
Peter, 8. P. I., Kg. v. Kastilien   VI 1928
Peter, 9. P., Infant v. Kastilien   VI 1929
Pinzón   VI 2164
Plasencia   VII 1
Ponce de León, Familie   VII 90
Portazgo   VII 111
Pres(s)ura, Presuria   VII 193
Préstamo (Prestimonio)   VII 193
Quintanilla, Alfonso de   VII 371
Realengo   VII 496
Recaudadores   VII 500
Reconquista   VII 527
Regidores   VII 573
Regimiento   VII 575
Ricos hombres   VII 836
Rioja, la   VII 859
Ritter, -tum, -stand, III. Iberische Halbinsel   VII 874
Rodrigo, 4. R. Jiménez de Rada   VII 930
Rodríguez de Fonseca, Juan   VII 931
Rojas   VII 950
Rojas, Sancho de   VII 950
Ronda   VII 1023
Salamanca   VII 1281
Santa María de España   VII 1177
Santa María, Pablo de   VII 1177
Segovia   VII 1699
Seide, A. III. Iberische Halbinsel   VII 1704
Servicios   VII 1793
Sevilla   VII 1808
Sigüenza   VII 1895
Söldner, -wesen, III. Iberische Halbinsel   VII 2032
Spiele, A. II. Südeuropa   VII 2106
Stadt, F. I. Iberische Halbinsel   VII 2194
Steuer, -wesen, F. Iberische Halbinsel   VIII 150
Stierkampf   VIII 171
Trastámara   VIII 960
Valera, Diego de   VIII 1389
Zoco   IX 661
Zunft, -wesen, -recht, A. VII. Iberische Halbinsel   IX 701

Ladner, Pascal
Abkürzungen   I 41
Apostroph   I 794
Buchstabe   II 894
Geheimschriften, 1. Lateinischer Westen   IV 1172
Goldschrift (und Silberschrift)   IV 1552
Handschriften, A. Allgemein und abendländischer Bereich   IV 1904
Heymericus de Campo   IV 2205
Humanistenschrift   V 205
Insulare   V 454
Karolingische Minuskel   V 1014
Kursive   V 1590
Ligatur   V 1977
Majuskel   VI 151
Miniator   VI 636
Minuskel   VI 654
Nomina sacra   VI 1227
Notula   VI 1295
Pergament   VI 1885
Perlschrift   VI 1892
Rätische Schrift   VII 461
Rolle   VII 963
Römische Buchschriften   VII 1011
Römische Kaiserkursive   VII 1012
Römische Kursive   VII 1012
Schreibgeräte   VII 1554
Schrift, I. Abendland   VII 1559
Textura   VIII 607
Tinte, I. Westen   VIII 797
Tironische Noten   VIII 804
Tontafeln, -scherben   VIII 863
Unziale   VIII 1275
Urkundenschrift   VIII 1323
Vorkarolingische Minuskel   VIII 1852

Wachstafel, 1. Allgemein   VIII 1890
Westgotische Schrift   IX 33
Zisterzienserschrift   IX 655

La Farge, Beatrice
Magnus (Magnús), 2. M. d. Gute Olafsson, Kg. v. Norwegen   VI 97
Magnus (Magnús), 3. M. III. Barfuß, Kg. v. Norwegen   VI 97
Magnus (Magnús), 4. M. Erlingsson, Kg. v. Norwegen   VI 98
Magnus (Magnús), 5. M. Hákonarson Lagabœtir, Kg. v. Norwegen   VI 98
Magnus (Magnús), 7. M. Birgersson Ladulås, Kg. v. Schweden   VI 99
Magnus (Magnús), 8. M. Eriksson, Kg. v. Schweden   VI 99
Maria, hl., C. VIII. Skandinavische Literaturen   VI 273
Nesjar, Schlacht v.   VI 1096
Olaf, 4. O. Haraldsson d. Hl., Kg. v. Norwegen   VI 1385

Lagler, Kerstin
Skellig Michael   VII 1972

Lagorio, Valerie M.
Abbey of the Holy Ghost   I 14
Artus, V. Mittelenglische Literatur (mit Bezzola, R. R.)   I 1087

Laiou, Angeliki E.
Frau, D. I. Byzantinisches Reich   IV 867

Lalinde Abadía, Jesús
Raub, A. V. Spanisches Recht   VII 471
Aragón, B. II. Krone Aragón [Recht]   I 864
Besalú, Ramón de   I 2052
Brazos   II 596
Callís, Jaume   II 1400
Casos de corte   II 1548
Caspe, Compromiso de   II 1549
Codex v. Huesca   II 2205
Commemoraciones de Pere Albert   III 80
Compilatio maior   III 102
Copilación de Leyes   III 214
Eid, A. VIII. Iberische Halbinsel   III 1684
Erbrecht, Erbe, Erbschaft, B. VI. Iberische Halbinsel   III 2112
Familie, B. V. Iberische Halbinsel [Recht]   IV 263
Fideikommiß, IV. Recht der Iberischen Halbinsel   IV 433
Fuero, III. Aragón und Valencia   IV 1008
Generalitat   IV 1222
Heinrich, 24. H. v. Aragón und Pimentel   IV 2060
Justiz, -wesen, III. Iberische Halbinsel   V 828
Mestre Racional   VI 566
Montalvo, Alonso Díaz de   VI 777
Notar, Notariat, H. Iberische Halbinsel   VI 1280
Siete Partidas   VII 1878
Strafe, Strafrecht, C. III. Iberische Halbinsel   VIII 203
Testament, A. II. 5. Recht der Iberischen Halbinsel   VIII 568
Usatges de Barcelona   VIII 1340
Verbrechen, A. VI. Spanisches Recht   VIII 1491
Vidal de Canellas   VIII 1634

Lalou, Elisabeth
Chaalis   II 1645
Chalais   II 1648
Chambellan   II 1671
Chambre aux deniers   II 1675
Chambre des comptes   II 1673
Chambre du Trésor   II 1676
Chambrier   II 1677
Chanac, 3. Ch., Foulque de, Bf. v. Orléans   II 1690
Chanac, 5. Ch., Guillaume de, Kard.   II 1691
Chapelle-Taillefer, Pierre de La   II 1714
Chappes, 1. Ch., Pierre de, Kard.   II 1715
Chappes, 2. Ch., Pierre de, Bf. v. Soissons   II 1715
Chartres, Regnault de   II 1759
Château-Thierry   II 1769
Châtillon (mit Bautier, R.-H.)   II 1772
Chauvigny   II 1782
Chepoy, 2. Ch., Thibaut de   II 1794
Cholet, Jean   II 1873
Clairmarais   II 2118
Clément, Familie   II 2150
Clément, 1. C., Aubry   II 2150
Clément, 2. C., Eudes   II 2150
Clément, 3. C., Henri   II 2150
Clément, 4. C., Jean   II 2150
Clément, 5. C., Robert   II 2151
Clermont, frz. Adelsfamilie   II 2158
Clermont, 2. C., Raoul de   II 2158
Clermont, 3. C., Simon de   II 2159
Coëtivy, 1. C., Alain de   III 13
Dalon   III 459
Dormans, 1. D., Guillaume de   III 1315
Dormans, 2. D., Jean de   III 1316
Dormans, 3. D., Milon de   III 1317
Dreux, II. Haus Dreux   III 1397
Eleonore, 7. E. v. Vermandois, Gfn. v. Beaumont und v. St-Quentin   III 1808
Elisabeth, 8. E. v. Hennegau   III 1834
Espinay, 1. E., André, Ebf. v. Lyon   IV 18
Espinay, 2. E., Jacques d', Bf. v. Rennes   IV 18
Essarts, 1. E., Martin des   IV 19
Essarts, 2. E., Pierre des   IV 20
Essarts, 3. E., Pierre des (Prévôt de Paris)   IV 21
Fouilloy, Robert de   IV 675
Guérin, Frater   IV 1765
Guillaume, 7. G. de Crépy, Maître   IV 1779
Hangest   IV 1919
Haudry, Étienne   IV 1959
Hôtel du roi (de la reine, des princes)   V 140
Hugues, 1. H. de Champfleury   V 182
Huissier, 1. H. (vissier)   V 183
Huissier, 2. H. (Schiffstyp)   V 183
Jacobus, 28. J. v. Thérines   V 261
Jean, 1. J. I., Kg. v. Frankreich   V 328
Jeanne, 1. J. de Bourgogne, Kgn. v. Frankreich   V 341
Jeanne, 2. J. de Bourgogne, Kgn. v. Frankreich   V 341
Jeanne, 4. J. d'Évreux, Kgn. v. Frankreich   V 342
Karl, 11. K. IV., Kg. v. Frankreich   V 974
Karl, 37. K. v. Valois   V 994
Klementia v. Ungarn, Kgn. v. Frankreich   V 1205
La Broce, Pierre de   V 1602
La Forêt, Pierre de   V 1613
Latilly, Pierre de   V 1746
Lemoine, Jean   V 1871
Ludwig, 16. L. X. (Louis Hutin), Kg. v. Frankreich   V 2186
Mache des Maches   VI 58

Maître de l'Hôtel, Grand VI 147
Maître des ports et passages VI 147
Maître des Requêtes VI 148
Margarete, 8. M. v. Burgund VI 237
Maria, 4. M. v. Brabant, Kgn. v. Frankreich VI 276
Marigny, 1. M., Enguerran de VI 292
Marigny, 2. M., Jean de, Ebf. v. Rouen VI 293
Marigny, 3. M., Philippe de, Ebf. v. Sens VI 293
Marquette, Vereinbarungen v. VI 322
Melun VI 504
Merle, Foucaud, Sire de VI 541
Messier VI 562
Molay, Jacques de VI 721
Mons-en-Pévèle VI 770
Montaigu, 1. M., Gérard de VI 775
Montaigu, 2. M., Gérard de VI 775
Montaigu, Bertrand de VI 776
Montfaucon, Familie VI 798
Montfaucon, Géraud (Girard) de VI 799
Montreuil, Begegnung v. VI 818
Montreuil, Vertrag v. VI 818
Mornay, 1. M., Étienne de VI 843
Mornay, 2. M., Pierre de VI 844
Mouche et Biche VI 875
Mussy, Guillaume de VI 972
Nogaret, Guillaume de VI 1214
Ordonnance VI 1442
Pairs de France VI 1627
Paneterie VI 1654
Paris, Verträge, 2. P., Vertrag v., 1259 VI 1721
Paris, Verträge, 3. P., Vertrag v., 1303 VI 1722
Paroisses et feux, L'état des VI 1742
Péage VI 1841
Petrus, 51. P. de Palude VI 1979
Philipp, 4. Ph. III. der Kühne, Kg. v. Frankreich VI 2060
Philipp, 5. Ph. IV. der Schöne, Kg. v. Frankreich VI 2061
Philipp, 6. Ph. V. der Lange, Kg. v. Frankreich VI 2063
Philipp, 7. Ph. VI. v. Valois, Kg. v. Frankreich VI 2064
Philipp, 8. Ph. (Philippe Hurepel), frz. Fs. VI 2065
Pisdoé VI 2187
Plaisians, Guillaume de VI 2196
Poilevilain, Jean VII 39
Poissy VII 40
Pontoise VII 98
Porroys VII 107
Portage VII 107
Presles, 1. P., Raoul de (de Praelles, de Perellis) VII 190
Presles, 2. P., Raoul de VII 190
Prévôt VII 198
Puiset, 1. P., Hugues I. du VII 321
Puiset, 2. P. Hugues III. du VII 321
Puiset, 4. P. Hugues du, Kanzler v. Frankreich VII 322
Pulverage VII 327
Queste VII 365
Receveur VII 501
Regalia VII 555
Regalien, -politik, -recht, II. Frankreich VII 558
Register, IV. Frankreich VII 583
Remi, Pierre VII 706
Renaud, 1. R. de Dammartin VII 724
Requêtes VII 748
Rigaud, 1. R., Gilles VII 848
Robert, 20. R., Gf. v. Clermont-en-Beauvaisis VII 893
Robert, 30. R., Bf. v. Clermont VII 898
Royaumont VII 1065
Roye, 1. R., Barthélemy de VII 1066
Rudolf, 8. R., Gf. v. Clermont VII 1078
Seide, A. IV. Frankreich VII 1705
Semblançay, Jacques de VII 1738
Seneschall, III. Westeuropa / Frankreich VII 1752
Senlis VII 1758
Sergent VII 1784
Sergenterie VII 1785
Siegel, IV. Westfrankenreich und Frankreich VII 1851
Suzy, Étienne de VIII 340
Taille VIII 435
Templerprozeß VIII 537
Tignonville, Guillaume de VIII 789
Trenta VIII 973
Trésor royal VIII 975
Turlupins VIII 1110
Urfé, Pierre VIII 1293
Urkunde, -nwesen, A. III. Westfrankenreich/Frankreich VIII 1303
Valet VIII 1392
Victoire, La VIII 1627
Vienne, Konzil v. VIII 1650
Villehardouin, Gottfried v., 1. Leben VIII 1687
Villeneuve, Hélion de VIII 1691
Villiers, 2. V., Pierre de VIII 1693
Vincennes VIII 1699
Wachstafel, 2. Mittelalter VIII 1890
Yerres, Notre-Dame de' IX 412
Zunft, -wesen, -recht, A. IV. Frankreich IX 696

Lambert, Malcolm D.
Franziskaner, B. IV. England und Wales IV 814

Lamberz, Erich
Vatopedi VIII 1432

Lammers, Walther
Abbio (Abbi) I 14
Ansgar I 690
Bezelin II 34
Brun, 1. B., Hzg. v. Sachsen II 752
Capitulare Saxonicum II 1481
Capitulatio de partibus Saxoniae II 1483
Edelinge III 1559

Landau, Peter
Alanus, 2. A. Anglicus I 267
Beneficium. III. Kanonisches Recht und Kirchenverfassung I 1905
Cathedraticum II 1575
Cumulatio beneficiorum III 371

Lander, Jack R.
Barnet, Schlacht bei I 1474
Eduard, 6. E. IV., Kg. v. England III 1590
Eduard, 7. E. V., Kg. v. England III 1591
Elisabeth, 6. E. Wydeville III 1833

Landes, Richard
Martialis, hl. VI 337

Landwehr, Götz
Bodmerei II 307
Partenreederei VI 1743

Lang, Justin P.
Antonius, 3. A. Andreas I 731

Lange, Elisabeth
Branche II 549
Canso II 1443
Cantilène II 1462
Cobla II 2195
Coq-à-l'âne III 217
Couplet III 314
Farce IV 294

Lange, Wolf-Dieter
Chanson d'Aymeri de Narbonne, La II 1702
Chanson de geste II 1703
Conteur(s) III 195
Epos, D. II. 2. Historische Entwicklung [Romanische Literaturen] III 2087

Langenbahn, Stefan K.
Tabernakel, I. Allgemein. Liturgie VIII 392
Taufe, II. Taufritus VIII 498

Langgärtner, Georg
Akklamation (mit May, G.) I 251
Benediktionen (mit Lauer, H. H.) I 1903
Bittprozession II 255
Bußpsalmen, 1. Westen II 1153
Caesarius, 1. C., hl., Bf. v. Arles, II. Werke II 1361
Caesarius, 1. C., hl., Bf. v. Arles, III. Bedeutung für die altgallische Liturgie II 1361
Collecta, 1. C. (Liturgie) III 34
Commemoratio III 80
Communio, 1. C. (Liturgie) III 89
Confractio, confractorium III 131
Credo, 1. Historische Entwicklung III 337
Duranti(s), 1. D., Guillelmus d. Ä., 3. Liturgische Werke III 1470
Epistel III 2069
Evangelium IV 140

Lannette, Claude
Brionne II 695

La Penna, Antonio
Sallust, II. Nachleben im 14. und 15. Jh. VII 1308

Lapidge, Michael
Glossen, Glossare, I. Mittellat. Literatur IV 1508
Theodoros, 1. Th. v. Tarsos, Ebf. v. Canterbury VIII 636

Largier, Niklaus
Vita activa/vita contemplativa VIII 1752

Larsen, Norbert
Warner v. Basel VIII 2052

Lartigaut, Jean
Cahors, I. Stadt II 1375
Cahors, II. Bistum II 1377
Quercy VII 363
Rocamadour VII 920
Souillac VII 2064

Lasalle, Victor
Nîmes VI 1194

Last, Martin
Bardowick I 1459
Braunschweig II 584
Braunschweiger Reimchronik II 588
Brunonen II 793
Burgenbauordnung Heinrichs I. II 1004
Celle II 1606
Dannenberg III 544
Diepholz III 1008

Laudage, Johannes
Regino, Abt v. Prüm VII 579
Wido, 8. W. v. Velate, Ebf. v. Mailand IX 71

Lauer, Hans H.
Abū l-Qāsim az-Zahrāwī I 68
Arderne, John I 914
Avenzoar I 1290
Averroes, Averroismus, IV. Medizin I 1295
Avicenna, III. Medizinische Bedeutung I 1299
Benediktionen (mit Langgärtner, G.) I 1903
Bernhard, 34. B. v. Gordon I 1999
Böser Blick II 470
Elemente, 2. E. in der Medizin III 1802
Falcucci, Niccolò IV 238
Galeazzo (di) Santa Sofia IV 1082
Gentile, 3. G. da Foligno IV 1247
Gicht IV 1442
Gilbertus, 2. G. Anglicus IV 1450
Haly Abbas IV 1882
Haut, -krankheiten IV 1976
Heinrich, 129. H. v. Mondeville IV 2100
Herz (mit Hödl, L.) IV 2187
Isaac, 2. I. Judaeus V 665
Jehuda, 5. J. ben Tibbon V 348
Jesus Haly V 364
Johannes, 78. J. v. Capua V 561
Klostermedizin V 1224
Kurpfuscher V 1589
Milz VI 630
Niere VI 1145
Petrus, 47. P. Musandinus VI 1978
Picatrix VI 2129
Platearius VII 6
Plato v. Tivoli VII 7
Prophatius Judaeus VII 251
Qusta ibn Luqa VII 378
Roland, 4. R. v. Parma (mit Keil, G.) VII 957
Schlaf VII 1470
Simon, 11. S. v. Genua VII 1917
Stephan, 23. S. v. Antiochien VIII 121
Therapeutik VIII 675
Traum VIII 962
Zahlensymbolik, -mystik, A. VIII. Medizin IX 451

Lauer, Rolf
Dreikönigenschrein III 1389

Laur, Wolfgang
Polytheistische Religionen, IV. Baltischer Bereich VII 81

Lauranson-Rosaz, Christian
Mercoeur VI 536

Lauterbach, Klaus
Oberrheinischer Revolutionär VI 1333

Lauterer, Kassian
Konrad, 35. K. v. Ebrach   V 1356

Lavagnini, Renata
Trojadichtung, VI. Byzantinische Literatur   VIII 1040

de Lavigne, Richard L.
Bauer, Bauerntum, D. VI. England   I 1583
Bauernlegen, III. England   I 1620
Bürger, Bürgertum, D. II. Nördliches Frankreich   II 1021
Copyhold   III 216
Enclosure   III 1900

Lawall, Bernhard
Talmudverbrennungen   VIII 451
Theobald, 6. Th. de Sexannia   VIII 619

Lawo, Mathias
Panegyricus Berengarii imperatoris   VI 1653

Lazzarini, Isabella
Corradi-Gonzaga, Signoren v. Mantua/Gonzaga, Signoren und Markgrafen (Stammtafel)   IX Anhang
Mantua   VI 206

Lebecq, Stéphane
Sklave, A. I. West- und Mitteleuropa   VII 1977
Vaucelles   VIII 1433

Lecheler, Eugenie
Wichmann, 3. W. v. Arnstein/Ruppin   IX 62

Lechner, Gregor M.
Maria, hl., B. II. Byzanz [Ikonographie]   VI 256
Maria, hl., B. III. Westen [Ikonographie]   VI 259
Markus, Evangelist   VI 314
Sabas   VII 1213
Schutzmantel   VII 1597

Leciejewicz, Lech
Lech   V 1785
Opole   VI 1415
Ostrów Lednicki   VI 1541
Pomoranen   VII 86
Pyritz (Pyrzyce)   VII 338
Ranen   VII 439
Rügen   VII 1091
Westslaven   IX 38

Leclercq, Jean
Askese, A. Christliche Askese   I 1112
Clairvaux   II 2119
Gehorsam   IV 1174
Geistliche Dichtung, I. Allg. Grundzüge   IV 1180
Petrus, 24. P. v. Celle   VI 1967

Lecouteux, Claude
Wiedergänger   IX 79

Legner, Anton
Bergkristallminiatur   I 1957

Le Goff, Jacques
Arbeit, A. III. Arbeit und Arbeitsteilung im sozialen und wirtschaftlichen Wandel [West- und Mitteleuropa] (mit Verlinden, C.)   I 871

Legras, Anne-Marie
Lazariten   V 1774

Leguai, André
Bourbon, I. Haus Bourbon   II 502
Bourbon, II. 2. Territorialerweiterung im Hoch- und Spätmittelalter   II 503
Bourbon, 1. B., Charles de   II 504
Bourbon, 2. B., Jean de   II 505
Bourbon, 4. B., Mathieu de   II 506
Bourbon-Busset   II 506
Jakob, 12. J. II. v. Bourbon   V 287
Jean, 5. J. I., Hzg. v. Bourbon   V 331
Jean, 6. J. II., Hzg. v. Bourbon   V 332
Karl, 25. K. I., Hzg. v. Bourbon   V 988
Moulins   VI 875
Peter, 16. P. II. v. Beaujeu, Hzg. v. Bourbon   VI 1932

Leguay, Jean-Pierre
Bretagne, B. I. Das Zeitalter der Hzg.e Peter Mauclerc und Johann I. (1213–1341)   II 619
Bretagne, B. II. Der bretonische Erbfolgekrieg und seine Folgen (1341–65/1379)   II 622
Bretagne, B. III. Die Blütezeit des Herzogtums unter dem Haus Montfort (1379–1486)   II 623
Bretagne, B. IV. Das Ende der Selbständigkeit [Spätmittelalter] (mit Bautier, R.-H.)   II 625
Dinan   III 1054
Dinard   III 1057
Dol   III 1168
Eon v. Stella   III 2040
Fougères   IV 674
Franz, 1. F. I., Hzg. v. Bretagne   IV 798
Franz, 2. F. II., Hzg. v. Bretagne   IV 798
Guérande, Friede v.   IV 1765
Ivo, 2. I., hl.   V 840
Jean, 7. J. I. 'le Roux', Hzg. der Bretagne   V 332
Jean, 8. J. II., Hzg. der Bretagne   V 332
Jean, 9. J. III. 'le Bon', Hzg. der Bretagne   V 333
Jean, 10. J. IV., Hzg. der Bretagne   V 333
Jean, 11. J. V., Hzg. der Bretagne   V 333
Karl, 27. K. v. Blois, Hzg. v. Bretagne   V 988
Landais, Pierre   V 1641
Léon, Bretagne   V 1889
Locmaria   V 2065
Montrelais, Hugues de   VI 817
Patriziat, III. Frankreich   VI 1801
Penthièvre   VI 1875
Peter, 17. P. I. v. Dreux, Hzg. v. Bretagne   VI 1933
Peter, 18. P. II., Hzg. v. Bretagne   VI 1934
Quimper   VII 369
Quimperlé   VII 370
Rohan   VII 948
Saint-Aubin-du-Cormier   VII 1135
Saint-Brieuc   VII 1137
Saint-Gildas-de-Rhuys   VII 1162
Saint-Malo   VII 1175
Saint-Pol de Léon   VII 1193
Sées   VII 1690
Stadt, E. Frankreich   VII 2188
Sueben, II. Geschichte   VIII 286
Syndic   VIII 371
Tréguier   VIII 968
Vannes   VIII 1408
Verger, Le, Vertrag v.   VIII 1520
Vilain   VIII 1671

Villefranche VIII 1682
Vitré VIII 1776

Leibold, Gerhard
Robert, 55. R. Kilwardby VII 907

Leidinger, Paul
Externsteine IV 186
Hellweg IV 2122

Leisch-Kiesl, Monika
Symbol, II. Philosophie und Theologie VIII 354

Leisching, Peter
Census, II. Mittelalter II 1616

Leissing-Giorgetti, Sonja
Cantari II 1446
Cielo d'Alcamo II 2083
Compagni, Dino III 97
Compiuta Donzella III 102

Leist, Winfried
Albrecht, 20. A. d. Entartete I 323
Allstedt I 441
Arnstadt I 1011

Leisten, Thomas
Friedhof, E. Arabisch-islamischer Bereich IV 930
Garten, C. Islamischer Bereich IV 1125

Lejeune, Jean
Albert, 4. A. v. Löwen I 284

Lellek, Oliver
Toleranz VIII 849

Lemaitre, Jean-Loup
Aubusson, Vicomté I 1186
Aubusson, 1. A., Hugues d' I 1186
Aubusson, 2. A., Louis d' I 1187

Lendinara, Patrizia
Ryman, Jacob VII 1129
Shirley, John VII 1829
Tiptoft, John VIII 799

Leng, Rainer
Salpeter VII 1318
Schwefel VII 1637
Waffe, A. II. Gewerbe und Handel VIII 1896

Lengeling, Emil J.
Ehe, A. II. Liturgie [Lateinischer Westen] III 1619

van Lengen, Hajo
Brok, tom II 711
Cirksena II 2100
Edzard I. d. Gr. III 1598
Emden III 1880
Friesen, B. II. Spätmittelalter [Allgemeine und politische Geschichte] IV 973
Friesische Freiheit IV 977
Häuptlinge IV 1959
Ostfriesland VI 1529
Rüstringen VII 1124

Lenglet, Marie-Odile
Hugo, 20. H. v. Bonnevaux V 164

Lenhardt, Friedrich
Blutschau (mit Keil, G.) II 291

Lenker, Ursula
Wulfstan, 3. W. v. Winchester (W. d. Cantor) IX 349

Lentes, Thomas
Zahlensymbolik, -mystik, A. VII. 2. Frömmigkeitsgeschichte [Westen] IX 450
Zelle IX 520
Zölibat, I. Theologie IX 663

Lenzenweger, Josef
Clemens, 7. C. VI. (Pierre Roger), Papst II 2143

Leonardi, Claudio
Claudius, 2. C. v. Turin II 2132
Dungal III 1456
Guaiferius v. Montecassino IV 1759
Hagiographie, A. Anfänge IV 1840
Hagiographie, B. I. Gallisch-fränkisch-germanischer Bereich IV 1841
Hagiographie, B. IV. 1. Früh- und Hochmittelalter [Italien] IV 1848
Johannes, 92. J. Diaconus (Hymmonides) V 569

Leontiades, Ioannes
Michael, 24. M. Dukas Glabas Tarchaneiotes VI 604

Leroy, Béatrice
Iñigo Arista V 420
Johann, 9. J. III. v. Albret, Kg. v. Navarra V 501
Johanna, 6. J. I., Kgn. v. Navarra V 523
Johanna, 7. J. II., Kgn. v. Navarra V 523
Johanna, 8. J. v. Frankreich, Kgn. v. Navarra V 524
Karl, 16. K. II. 'der Böse', Kg. v. Navarra V 981
Karl, 17. K. III. der Edle, Kg. v. Navarra V 982
Karl, 18. K. v. Viana, Prinz v. Navarra V 982
Leonor, 1. L., Kgn. v. Navarra V 1895
Leonor, 2. L., Infantin und Kgn. v. Navarra V 1895
Navarra VI 1058
Navarra, Könige v. (Stammtafel) IX Anhang
Navarresische Kompa(g)nien VI 1061
Olite VI 1398
Pamplona VI 1649
Príncipe de Viana VII 214
Ramiro, 6. R. Garcés, Kg. v. Viguera VII 428
Roncesvalles VII 1022
San Salvador de Leire VII 1200
Sancho, 8. S. I. Garcés, Kg. v. Navarra VII 1355
Sancho, 9. S. II. Garcés, Kg. v. Navarra VII 1356
Sancho, 10. S. III. Garcés, Kg. v. Navarra VII 1356
Sancho, 11. S. IV. Garcés, Kg. v. Navarra VII 1357
Sancho, 13. S. VI., Kg. v. Navarra VII 1358
Sancho, 14. S. VII., Kg. v. Navarra VII 1359
Tedbald, 5. T. IV. II. ('Thibaut la chansonnier'), Gf. v. Champagne, Als König von Navarra VIII 521
Tedbald, 6. T. V., Gf. v. Champagne, II. Als König von Navarra VIII 522
Toda Aznárez VIII 835
Tudela VIII 1080
Tudela, Liga v. VIII 1081
Tudela, Vertrag v. VIII 1082

Viguera VIII 1661
Vitoria VIII 1775

Lessmann, Johannes
Majolika VI 150

Leuchtmann, Horst
Antonio, 2. A. da Lucca I 729
Antonius, 7. A. de Leno I 732
Antonius, 10. A. Romanus I 734
Arnulf, 14. A. v. S. Gillen I 1021
Attaingnant, Pierre I 1176
Aulen, Johannes I 1235
Baena, 2. B., Lope de I 1343
Bamberger Handschrift I 1403
Bartolino da Padua I 1500
Bauldewijn I 1665
Bedingham, John I 1782
Beldemandis (Beldemando, Beldimando, Beldomandi), Prosdocimus de I 1836
Benoît I 1918
Binchois, Gilles II 195
Bonadies, Johannes II 398
Bonaventura, 2. B. de Brixia II 407
Bono, Piero II 431
Borlet II 463
Bosco, Jo[hannes?] de II 469
Brabant, Jo[hannes?] Lambertus II 534
Brassart, Johannes II 579
Browne, John II 723
Brumel, Antoine II 752
Burzio, Nicolò II 1114
Capreoli (Caprioli), Antonio II 1488
Caput II 1492
Cara, Marco II 1493
Caron, Philippe II 1522
Casella, Pietro II 1546
Caza, Francesco II 1597
Chiavette II 1809
Chilston, R[obert?] II 1826
Chirbury, R[obert?] II 1844
Chroma, II. Mehrstimmigkeit II 1951
Clausula (mit von Huebner, D.) II 2134
Clavis II 2136
Color III 60
Compère, Loyset III 100
Conradus de Pistoia III 145
Contrafactum III 203
Contratenor III 204
Cornazzano, Antonio, 2. Musikhistorische Bedeutung III 241
Cornyshe, William III 252
Cousin, Jean III 321
Cuvelier, 2. C., Jo[hannes] III 398
Dalla Viola III 442
Damett, Thomas III 473
De Vigne, Antoine III 922
Diatonik III 973
Dissonanz-Konsonanz III 1121
Domenico, 1. D. da Piacenza III 1178
Encina, Juan del, 2. Musikalisches Œuvre III 1900
Estampie (mit Jung, M.-R.) IV 26
Figuralmusik IV 440
Frottola IV 994
Gafori, Franchino IV 1077
Gautier, 3. G. de Dargiés IV 1144
Gautier, 4. G. d'Espinal IV 1144
Guillaume, 2. G. d'Amiens IV 1778
Guillermo (Guillelmo) de Podio IV 1784
Guiot, 1. G. de Dijon IV 1787
Hanboys, John IV 1893
Harmonia IV 1939
Intervall V 469
Isaac, 1. I. (Ysac, Yzak), Heinrich V 664
Jacobus, 18. J. v. Lüttich V 259
Jacopo, 2. J. da Bologna V 264
Jehan, 1. J. Erart V 345
Jehannot de l'Escurel V 346
Johannes, 80. J. Carmen V 562
Johannes, 117. J. de Grocheo V 580
Johannes, 149. J. de Muris, 1. Leben und musiktheoretische Werke V 591
Josquin Desprez V 636
Kadenz V 847
Kapelle, II. Musik V 931
Klausel V 1195
Lambertus, 2. L. Magister V 1628
Landini, Francesco V 1669
Laurentius, 6. L. de Florentia V 1761
Madrigal VI 67
Marchettus de Padua VI 226
Mensuralmusik VI 529
Musica falsa VI 948
Notation, musikalische Notenschrift VI 1281
Notendruck VI 1282
Obrecht, Jacob VI 1338
Ockeghem, Johannes VI 1343
Oede de la Couroierie VI 1363
Polyphonie VII 76
Ramos (Ramis) de Pareia, Bartolomeo VII 431
Reimoffizium VII 656
Richart de Semilli VII 829
Robertsbridge Codex VII 918
Schlick, Arnolt VII 1489
Sonus VII 2051
Tabulatur VIII 399
Tapissier, Johannes VIII 464
Tinctoris, Johannes VIII 795
Ugolino v. Orvieto VIII 1180

Leupen, Pieter
Nijmegen VI 1149

Leven, Karl-Heinz
Paulos, 3. P. v. Aigina VI 1818
Pest, B. Byzanz VI 1920
Pocken, 1. Westen VII 29

Lewicki, Tadeusz
Amazonen, II. Amazonen in europäischen und arabischen Berichten über NO-Europa I 514

Lewis, Peter S.
Jouvenel des Ursins V 640

Lewis, Robert E.
Ayenbite of Inwyt I 1313

de Libera, Alain
Dialektik (mit Mojsisch, B.) III 944

Licitra, Vincenzo
Bissolo, Ardighino II 249

Lieb, Hans
Raetia   VII 395

Lieberich, Heinz
Grundruhr   IV 1753

Liebertz-Grün, Ursula
Ottokar, 2. O. v. Steiermark   VI 1587
Reimchronik, II. Deutsche Literatur   VII 650

Lieberwirth, Rolf
Eike v. Repgow   III 1726
Sachsenspiegel   VII 1240

Liebhart, Wilhelm
Antoniusorden, 2. Antoniusritterorden (mit Fried, P.)   I 735
Arnpeck, Veit   I 1011

Liebl, Ulrike
Löwe, 2. Ikonographie   V 2141
Malouel, Jean   VI 179
Maria Magdalena, hl., 5. Ikonographie   VI 284
Meßdarstellungen   VI 554
Michael, Erzengel, II. Darstellung, Westen   VI 594
Palmesel   VI 1645
Pilger, A. III. Ikonographie [Westlicher Bereich]   VI 2150
Rad, 2. Ikonographie   VII 384

Liehr, Reinhard
Barcelona, Vertrag v.   I 1454
Béjar, Hzg. e v.   I 1829
Benavente, Gf. en und Hzg. e v.   I 1855

Lienert, Elisabeth
Konrad, 58. K. v. Würzburg   V 1366
Trojadichtung, V. Deutsche Literatur   VIII 1039
Trojanerkrieg, Göttweiger   VIII 1041

Lienhard, Joseph T.
Paulinus, 6. P. v. Nola   VI 1816

Lievens, Robrecht
Dogheden, Van den twalef   III 1163

Lilie, Ralph-Johannes
Ägäis   I 201
Akriten   I 254
Anthypatos   I 702
Aspar, Flavius Ardabur   I 1117

Liman, Kasimierz
Legenda aurea, B. IX. Polen [Überlieferung und Rezeption]   V 1801

Linage Conde, Antonio
Astorga, II. Klöster   I 1131
Avis (Évora), Orden v. S. Benito de   I 1306
Benediktiner, -innen, B. V. Iberische Halbinsel   I 1890
Calzada, Santo Domingo de la   II 1405
Domingo, 1. D. de la Calzada   III 1184
Dominikaner, Dominikanerinnen, B. II. 1. Kastilien-León, Navarra   III 1207
Franziskaner, B. II. Iberische Halbinsel   IV 810

Lindgren, Uta
Armut und Armenfürsorge, A. I. Soziologie   I 984
Armut und Armenfürsorge, B. I. Kirchliche Armenpflege   I 988
Armut und Armenfürsorge, B. II. Medizinische Armenpflege   I 989
Boixadors, Bernat de   II 352
Bürger, Bürgertum, E. I. Krone Aragón   II 1025
Castro, 3. C., Inês Pires de   II 1568
Clavijo, Ruy González de   II 2136
Dávalos   III 594
Eiximenis, Francesc   III 1760
Geometrie/Erdmessung, II. Erdmessung   IV 1272
Gerbert, 1. G. v. Aurillac, II. Wissenschaftliche Tätigkeit und Nachwirkung   IV 1302
Hereford-Karte   IV 2152
Hospital, I. Wortgeschichte und Definition   V 133
Hospital, III. Islamischer und jüdischer Bereich   V 134
Hospital, IV. Abendländischer Bereich   V 134
Karte, Kartographie   V 1021
Katalanische Weltkarte   V 1058
Portulan   VII 122
Triquetrum   VIII 1018
Vulkan, Vulkanismus   VIII 1881
Waisenhaus   VIII 1934
Wetterbeobachtung   IX 46
Winde   IX 231

Lindner, Rudi P.
ᶜĀšïq Paša-zāde   I 1109

Linehan, Peter A.
Johann, 43. J. v. Aragón, Ebf. v. Toledo   V 516

Lippold, Adolf
Theodosius, 1. Th. I. d. Gr., röm. Ks.   VIII 644
Theodosius, 2. Th. II., röm. Ks.   VIII 645

Litavrin, Gennady G.
Kekaumenos   V 1095

Litsas, Elfthimios K.
Xenophon-Kl.   IX 403
Xeropotamou   IX 404

Lloyd, Terence H.
Hafen, D. Britische Inseln   IV 1829

Locatelli, René
Gray   IV 1661

Locher, Kurt
Supernova   VIII 327

Löfstedt, Bengt
Malsachanus   VI 179

Lohr, Charles H.
Ambrosius, 4. A. Traversari   I 525
Analogia   I 569
Caietanus de Thienis   II 1378
Christianus de Ackoy   II 1916
Christophorus, 3. Ch. de Recaneto   II 1941
Dominicus, 5. D. de Flandria   III 1188
Donatus, 4. D. Acciaiolus   III 1238
Henricus, 1. H. Aristippus   IV 2136
Hermannus, 2. H. Alemannus   IV 2170
Jacobus, 14. J. v. Douai   V 258
Jacobus, 22. J. de Pistoia   V 260

Jacobus, 23. J. de Placentia   V 260
Landino, Cristoforo   V 1669
Lehre, Lehramt   V 1826
Lullismus, Lullisten   VI 2
Richardus, 1. R. de Campsall   VII 827
Richardus, 2. R. de Kilvington   VII 828
Simon, 8. S. v. Faversham   VII 1915
Slade, William   VII 2000

Lohrmann, Dietrich
Choisy-au-Bac, Pfalz   II 1873
Compiègne, I. Pfalz   III 101
Compiègne, II. Stift St-Corneille   III 101

Lomax, Derek W.
Alcántara, Orden v.   I 328

Lömker, Annette
Friedhof, B. II. 2. Dörflicher Friedhof [Mittelalter; Lateinischer Westen]   IV 926

Longère, Jean
Fastenpredigten   IV 310
Paris, B. Bistum   VI 1711
Predigt, A. Ursprünge und Recht   VII 171
Sully, 1. S., Maurice de   VIII 300
Sully, 2. S., Odo v.   VIII 301
Thomas, 25. Th. v. Chobham   VIII 715

von Looz-Corswarem, Clemens Graf
Bede, II. Städtische Steuer   I 1780
Collecta, 2. C. (Steuer)   III 35
Hermann, 16. H. (IV.), Lgf. v. Hessen, Ebf. v. Köln   IV 2164

López Martínez, Nicolás
Alfons, 28. A. v. Cartagena, Bf. v. Burgos   I 408

Lorch, Richard
al-Ḫāzinī, Abūl-Fatḥ ʿAbdarraḥmān   IV 1983
Ibn Abī Riǧāl Abū l-Ḥasan ʿAlī   V 319
Ibn al-Haiṯam, Abū ʿAlī al-Ḥasan ibn al-Ḥasan   V 315
Ibn al-Šāṭir, ʿAlāʾ al-Dīn abū ʾl-Ḥasan ʿAli b. Ibrāhīm   V 320
Ibn Yūnus, Abūʾ l-Ḥasan ʿAlī b. ʿAbdarraḥmān   V 320
Ibrāhīm b. Yaḥyā az-Zarqālī, Abū Isḥāq   V 321
Turquetum   VIII 1120
Uluġ Beg   VIII 1207
Trigonometrie (mit Folkerts, M.)   VIII 1006
Wilhelm, 75. W. v. England   IX 171
Yaʿqūb ibn Ṭāriq   IX 407

Lorenz, Sönke
Lauffen, Gf. en v.   V 1756
Lorch, 2. L., Kl. OSB (Baden-Württemberg)   V 2112
Schwäbisch Gmünd   VII 1605
Schwäbisch Hall   VII 1605
Sigmaringen   VII 1886
Stühlingen   VIII 257
Stuttgart   VIII 270
Themo Judaei de Monasterio   VIII 617
Ulm   VIII 1190
Urach   VIII 1279
Waiblingen   VIII 1928
Wangen   VIII 2030
Weil der Stadt   VIII 2115

Loschiavo, Luigi M.
Lateranensische Chorherren   V 1738

Losert, Hans
Regnitzslaven   VII 586

Lotter, Friedrich
Bernward, I. Leben; politisches und kirchliches Wirken   I 2012
Brun, 4. B. v. Querfurt   II 755
Judeneid, I. Allgemein   V 789
Judenfeindschaft (-haß, -verfolgung)   V 790
Judenrecht (mit Illian, M.)   V 792
Mission, D. I. Judenmission   VI 677
Ruotger, 2. R. v. Köln   VII 1104

Lovey, Angelin-Maurice
Bernhard, 22. B. v. Aosta, hl.   I 1990

Löwe, Heinz
Ermenrich v. Ellwangen   III 2157

Lubich, Gerhard
Wilhelm, 23. W., Hzg. v. Braunschweig-Lüneburg   IX 144
Wilhelm, 45. W. I. d. Hl., Gf. v. Toulouse   IX 151

Lübke, Christian
Kastellanei, II. Ostmitteleuropa   V 1038
Kietz, -siedlung   V 1120
Kocel, Fs. in Pannonien   V 1244
Kruto, Fs. der Abodriten   V 1554
Lenzen   V 1875
Licicaviki   V 1962
Liubusua   V 2038
Lokator   V 2090
Mark, -grafschaft, II. Östlicher Bereich   VI 302
Merseburg, Friede v.   VI 547
Miecław   VI 615
Mieszko, 1. M. I., Fs. v. Polen   VI 616
Mieszko, 2. M. II. Lambert, Fs. v. Polen   VI 617
Milsener   VI 628
Mstidrog (Mizzidrog)   VI 882
Mstislav, 1. M., Fs. der Abodriten   VI 882
Mstivoj   VI 884
Nakon   VI 1009
Niklot   VI 1163
Otto, 29. O., jüngster Sohn Bolesław Chrobrys (Polen)   VI 1580
Pribislav, 1. P., Fs. der Abodriten und Wagrier   VII 201
Pribislav, 2. P., Fs. der Abodriten   VII 202
Pribislav, 3. P., Fs. der Heveller   VII 202
Raxa   VII 489
Reg(e)lindis   VII 562
Reric   VII 748
Riade   VII 801
Richeza, Kgn. v. Polen   VII 832
Severus, 3. S., Bf. v. Prag   VII 1807
Sklave, A. III. Östliches Europa   VII 1982
Slavenaufstand   VII 2003
Tollenser   VIII 850
Tugumir   VIII 1090
Wagrier   VIII 1908
Warnower   VIII 2052
Wenden (Winden)   VIII 2181
Wiching   IX 59

Wilzen IX 221
Wiprecht II. v. Groitzsch IX 244

Lucchesi-Palli, Elisabeth
Abraham, 2. Ikonographie (mit Reinle, A., Binding, G.) I 52
Adler, 1. Kunst I 153

Lück, Heiner
Verjährung VIII 1537
Verschweigung VIII 1581

Lucken, Christopher
Richard, 24. R. v. Fournival VII 822

Lückerath, Carl A.
Burzenland, 2. Die Herrschaft des Deutschen Ordens II 1113
Christburg, Vertrag v. II 1907
Dietrich, 12. D., Hochmeister des Dt. Ordens III 1026
Durben, Schlacht bei III 1471
Eidechsengesellschaft III 1694
Friedrich, 42. F. v. Wettin, Hochmeister des Dt. Ordens IV 961
Goldene Bulle v. Rimini IV 1541
Heinrich, 78. H. v. Plauen, Hochmeister des Dt. Ordens IV 2081
Heinrich, 79. H. Reuß v. Plauen, Hochmeister des Dt. Ordens IV 2082
Hochmeister V 59
Hochmeisterchronik V 60
Kölner Königschronik V 1268
Komtur V 1295
Konrad, 14. K. I., Hzg. v. Masowien V 1345
Konrad, 21. K. v. Wallenrode, Hochmeister des Dt. Ordens V 1349
Konrad, 22. K. v. Jungingen, Hochmeister des Dt. Ordens V 1349
Konrad, 23. K. v. Erlichshausen, Hochmeister des Dt. Ordens V 1350
Kruschwitzer Vertrag V 1553
Kulm V 1562
Landmeister V 1670
Luther v. Braunschweig VI 23
Melnosee, Friede v. VI 502
Paul v. Rusdorf VI 1810
Poppo, 2. P., Ebf. v. Köln VII 101
Rieti, Bulle v. VII 842
Salza, Hermann v. VII 1329
Saule (Schaulen), Schlacht v. VII 1405
Schäffer,-ei VII 1434
Siegfried, 3. S. v. Feuchtwangen, Hochmeister des Dt. Ordens VII 1865
Thorner Frieden (1. und 2.) VIII 733
Ulrich, 9. U. v. Jungingen, Hochmeister des Dt. Ordens VIII 1197
Wandofen, Kaspar Stange v. VIII 2027
Werner, 5. W. v. Orseln, Hochmeister des Dt. Ordens IX 5
Wigand v. Marburg IX 94
Wilhelm, 55. W. v. Modena, Bf. v. Modena IX 157
Winrich v. Kniprode IX 239

Ludat, Herbert
Albrecht, 7. A. d. Bär I 317
Bautzen I 1692
Bautzen, Friede v. I 1693
Beleknegini I 1838
Bolesław 1. B. I. Chrobry, Kg. v. Polen II 359
Cidini, Schlacht bei II 2082
Dienstsiedlungen (in Ostmitteleuropa) III 1006
Dobromir III 1150
Drahomir III 1350
Emnild III 1890
Hodo V 63
Netze, rechter Nebenfluß der Warthe VI 1099

Ludwig, Claudia
Paulikianer VI 1812

Ludwig, Dieter
Chazaren II 1783
Itil V 772

Ludwig, Karl-Heinz
Gewerken IV 1421
Gold, I. Vorkommen und Nutzung IV 1535
Gold, II. Goldwäsche IV 1535
Gold, III. Goldbergbau IV 1535
Ingenieur V 417
Innovationen, technische (Westen) (mit Elmshäuser, K., Hägermann, Hedwig, A.) V 430
Kanal, -bau (mit Elmshäuser, K.) V 897
Kerbholz VI 1115
Kohle, Köhlerei V 1248
Kux V 1595
Kyeser, Conrad V 1595
Lohn, A. III. Bergbau V 2087
Maschine (mit Popplow, M.) VI 362
Metalle, Metallbearbeitung VI 568
Nockenwelle VI 1213
Patent VI 1780
Perpetuum mobile VI 1895
Pumpen VII 328
Schmied, Schmiede, A. I. Technik und wirtschaftliche Bedeutung [Westen] (mit Hägermann, D.) VII 1505
Schubkarren VII 1572
Silber- und Goldblech VII 1901
Spinnen, Spinnrad VII 2119
Theophilus Presbyter VIII 666
Trienter Bergrecht VIII 990
Villach VIII 1675
Vitriol VIII 1778
Wasserkunst VIII 2076
Werkzeuge VIII 2207
Wünschelrute IX 368
Zink IX 619
Zinn, I. Technikgeschichte IX 621

Ludwig, Uwe
Weißenburg VIII 2137

Lugon, Antoine
Sitten (mit Dubuis, F.-O.) VII 1940
Supersaxo (mit Dubuis, F.-O.) VIII 327

Lühr, Rosemarie
Deutsche Sprache III 758

Lulofs, Frank
Beatrijs, mndl. Marienlegende I 1742

Lunari, Marco
Signorien und Fürstentümer VII 1891

Lund, Niels
Entdeckungsfahrten, skandinavische III 2024
Erich, 12. E. der Rote III 2146
Eskimo IV 14
Grönland IV 1725
Leif Eriksson V 1855
Skilauf VII 1975
Vinlandkarte VIII 1702
Wikinger, II. Geschichte IX 102
Wikingerheer IX 106

Lund Hansen, Ulla
Dänemark, B. I. Römische Kaiserzeit, Völkerwanderungszeit, Merowingerzeit III 497

Lundberg, Erik B.
Burg, C. XII. 2. Schweden (mit Söderberg, B.) II 992

Lundström, Agneta
Helgö IV 2120

Luntowski, Gustav
Dortmund III 1326

Lutz, Angelika
Chronik, Angelsächsische II 2028

Lutz-Bachmann, Matthias
Person (mit Burger, M.) VI 1900

Luzzati, Michele
Arnolfini I 1009
Arnolfini, Giovanni I 1010
Finanzwesen, -verwaltung, B. V. 2. Nord- und mittelitalienische Kommunen und Signorien IV 467
Florenz, B. Wirtschaftliche und demographische Entwicklung IV 562
Guinigi, Paolo di Francesco IV 1786
Italien, B. II. Der wirtschaftliche Aufschwung vom 11. bis 13. Jahrhundert, Voraussetzungen und Entwicklung V 732
Italien, B. III. Das 14. und 15. Jahrhundert [Siedlungs- und Wirtschaftsgeschichte; Bevölkerungsentwicklung] V 737
Italien, B. IV. Die Entwicklung der Landwirtschaft V 738
Italien, B. V. Die Sonderstellung Unteritaliens und der Inseln [Siedlungs- und Wirtschaftsgeschichte; Bevölkerungsentwicklung] V 741
Italien, B. VI. Conclusio [Siedlungs- und Wirtschaftsgeschichte; Bevölkerungsentwicklung] V 743
Italien, D. Juden in Italien V 757
Kataster, 2. Florentinischer Kataster V 1061
Lucca V 2153
Medici, Familie VI 444
Medici (Stammtafel) IX Anhang
Medici, 1. M., Cosimo, gen. »il Vecchio« VI 444
Medici, 2. M., Lorenzo »il Magnifico« VI 445
Medici, 3. M., Piero, gen. »il Gottoso« VI 446
Medici, 4. M., Piero VI 446
Mozzi VI 882
Pegolotti, Francesco VI 1856
Pienza VI 2135
Pisa VI 2177
Pistoia VI 2187
Prato VII 169
Rangerius VII 439

Salviati VII 1322
Scali VII 1425
Siena, I. Frühmittelalter VII 1872
Siena, II. Kommunale Entwicklung vom 11. bis zum 13. Jh. VII 1872
Siena, III. Blüte und Niedergang im 14. und 15. Jh. VII 1874
Sklave, A. IV. Europäisches Spätmittelalter VII 1983
Soderini VII 2020
Spinelli, Niccolò (oder Nicola) da Giovinazzo VII 2118
Spini VII 2118
Tiber VIII 759
Toskana VIII 886
Villani, Familie VIII 1678
Villani, Giovanni VIII 1678
Volterra VIII 1844

Luzzati Laganà, Francesca
Katepan V 1064
Maniakes, Georgios VI 194
Meles (Melo) v. Bari VI 492
Mesardonites, Basileios VI 550
Minus (Mino, Jacobino/Jacopino) de Colle VI 653
Nasar VI 1031
Oryphas, Niketas VI 1490
Paschalios VI 1752
Pitzingli, Nikolaos VI 2189
Saba d. J. VII 1212
Tarchaneiotes, Gregorios VIII 470

Lydon, James F.
Betagh (mit Charles-Edwards, Th. M.) I 2081
Bisset (mit Durkin, D.) II 249

Lymant, Brigitte
Bibelfenster II 83
Butzenscheibe II 1163
Chartres, Glasfenster II 1752
Fensterrose IV 354

Lyon, Bryce
Free Alms IV 885
Gavelkind IV 1147
Gericht, Gerichtsbarkeit, II. Englisches Recht IV 1324
Gerichtsverfahren, IV. Englisches Recht IV 1335
Gesetzgebung, C. England und Schottland IV 1397
Glanvill, Ranulf de IV 1476
Haus, -formen, C. III. England [Rechts- und Verfassungsgeschichte] IV 1966
Henricus, 4. H. de Bracton IV 2137
Klage, Kläger, IV. Englisches Recht V 1191
Marlborough Statut VI 315
Merton, Statut v. VI 549
Murdrum VI 942
Quo-warranto-Verfahren VII 377
Westminster, Provisions of IX 37

Lyons, Malcolm C.
Al-ᶜĀdil I 152
Assassinen (mit Meyer, W.) I 1118
Baibars I 1351

Maaz, Wolfgang
Egbert, 5. E. v. Lüttich III 1602
Embrico v. Mainz III 1878
Frowin 2. F. V. Krakau IV 995
Gervasius, 4. G. v. Tilbury IV 1361

Gottfried, 28. G. v. Winchester IV 1608
Johannes, 60. J. v. Amalfi V 554
Konrad, 48. K. v. Mure V 1362
Märchen und Märchenmotive im Mittelalter VI 224
Martial im Mittelalter VI 336

Mac Cana, Proinsias
Amra Choluim Chille I 544
Apgitir Chrábaid I 747
Armes Prydein I 981

Macek, Josef
Basler Kompaktaten I 1542
Bilderhandschriften, böhmische II 150
Biskupec, Nicolaus II 248
Blanik II 262
Boži bojovníci II 528
Bratříci ('kleine Brüder') II 579
Chelčický, Petr II 1789
Chiliasmus, II. Der Chiliasmus in der Hussitenbewegung II 1822
Dubá, Andreas v. III 1425
Georg, 1. G. v. Podiebrad IV 1275
Gesandte, B. X. Ostmitteleuropa IV 1380
Hus, Johannes V 230
Hussiten, I. Die Hussitenbewegung in Böhmen V 232
Jakobell v. Mies V 296

Machilek, Franz
Fürstenfeld IV 1038
Hussiten, II. Wirkung und Einfluß im deutschen Bereich V 235
Raudnitz VII 477

Macken, Raymond
Formaldistinktion/Realdistinktion IV 645
Guido, 16. G. Terrena IV 1776
Heinrich, 108. H. v. Gent IV 2091
Johannes, 135. J. de Lapide V 586

Maclagan, Michael
Heraldik, IV. England, Schottland, Irland IV 2145

Mac Niocaill, Gearóid
Chronik, I. I. Irland II 1990
Inisfallen V 421
Irland, B. II. Vom späten 12. Jahrhundert bis ins frühe 16. Jahrhundert [Allgemeine und politische Geschichte] V 657
Jerpoint V 351
Jocelin, 2. J. v. Furness V 492
Kildare, Earls of V 1134
Kilkenny V 1138
Kilkenny, Statute of V 1139
Kilmacduagh V 1140
Kilmainham V 1140
Kilmallock V 1141
Kilmore V 1141
Laudabiliter V 1753
Laurentius, 1. L. O'Toole, Ebf. v. Dublin V 1759
Leighlin V 1856
Mac an Bhaird VI 54
Mac Carthaig VI 54
Mac Domnaill VI 55
Mac Firbisigh VI 55
Mac Lochlainn VI 56
Mac Mahon VI 56

Maguire VI 104
Mellifont VI 500
Monasterboice VI 730
Monasterevin VI 730
Niall, 1. N. Caille VI 1119
O Brien VI 1339
Ócaire VI 1343
O Conarchy, Christian VI 1344
O Donnell VI 1362
Oenach VI 1363
Óengus, 3. O. Céle Dé VI 1364
O Hanlon VI 1374
Olaf, 2. O. Cuarán, Kg. v. Dublin und York VI 1384
O Neill VI 1408
Ormond, Earls of VI 1467
Osraige VI 1513
Pale, the VI 1634
Parlament, Parliament, III. Irland VI 1725
Polytheistische Religionen, II. Irland VII 79
Rory O'Connor, ir. Hochkg. VII 1027
Roscommon VII 1030
Ross, 2. R. (Ros Ailithir) VII 1040
Ruaidrí ua Canannáin VII 1067
Sigtrygg IV. 'Seidenbart' VII 1894
Sligo VII 2005
Stadt, G. III. Irland VII 2201
Strongbow (Richard de Clare) VIII 246
Tara, Synode v. VIII 467
Tigernach VIII 789
Tigernán Ua Ruairc VIII 789
Tipperary VIII 798
Toir(r)delbach, 1. T. Ua Conchobair, Kg. v. Connacht VIII 841
Toir(r)delbach, 2. T. Mór Ua Briain, Kg. v. Thomond VIII 842
Tuam VIII 1074
Tuirgéis VIII 1090
Tyrone VIII 1138
Ua Domnaill VIII 1141
Ua Ruairc VIII 1141
Uí Bairche VIII 1184
Uí Briúin VIII 1184
Uí Cennselaig VIII 1184
Uí Conchobair VIII 1185
Uí Dúnlainge VIII 1185
Uí Echdach VIII 1185
Uí Fiachrach VIII 1185
Uí Liatháin VIII 1186
Uí Maine VIII 1186
Uí Néill VIII 1186
Ulaid VIII 1188
Ulster-Zyklus VIII 1206
Ultán moccu Conchobair VIII 1207
Waterford VIII 2077
Wexford IX 53

Maddicott, John R. L.
Airmyn, William I 246
Boroughbridge Schlacht v. II 466
Despenser III 731
Edmund, 4. E., Earl of Kent III 1579
Eduard, 4. E. II., Kg. v. England III 1587
Eduard, 5. E. III., Kg. v. England III 1588
Gaveston Piers IV 1147
Harcla(y), Andrew de IV 1931
Isabella, 1. I. v. Frankreich, Tochter Philipps IV. V 667

Madelung, Wilferd
Buchstabensymbolik, III. Islam II 896

Madre, Alois
Bartholom(a)eus, 17. B. de Podio I 1497
Nikolaus, 19. N. v. Dinkelsbühl VI 1178

Magdalino, Paul
Randgruppen, II. Byzanz VII 436

Magistrale, Francesco
Notar, Notariat, E. I. Süditalien VI 1276

Magnou-Nortier, Elisabeth
Agde I 203
Arles-sur-Tech I 958

Maier, Eva
Vevey (mit Napi, L.) VIII 1606

Maier, Johann
Aberglaube, Superstition, III. Judentum I 32
Abraham, 8. A. bar Ḥiyya I 52
Abravanel, 1. A. Isaak I 53
Abravanel, 2. A. Jehuda (mit Besomi, O.) I 54
Allegorie, Allegorese, IV. Judentum I 423
Apologetik, II. Judentum I 777
Armut und Armenfürsorge, B. III. Armenfürsorge im Judentum I 990
Askese, B. Judentum I 1115
Baḥja ibn Paquda I 1349
Bann, C. Bann im Judentum I 1417
Benjamin b. Jona von Tudela I 1915
Dämonen, Dämonologie, E. Mittelalterliches Judentum III 483
Donnolo, Sabbataj III 1251
Kabbala V 846

Maire Vigueur, Jean-Claude
Orvieto VI 1488

Maisano, Riccardo
Johannes, 148. J. Moschos V 590
Kedrenos, Georgios V 1093
Sphrantzes, Georgios VII 2100
Theophanes, 5. Th. Homologetes (Confessor) VIII 663

Majeska, George P.
Reliquien, II. Byzanz VII 703

Makdisi, George
Madrasa VI 65

Makk, Ferenc
Arpaden (Stammtafel) (mit Kristo, G.) IX Anhang

Makris, Georgios
Methodios I. VI 580
Prooimion VII 250
Pulologos VII 325
Schiff, -bau, -stypen, II. Byzanz, östliches Mittelmeer VII 1460
Seefahrt, Seeleute, B. Byzanz/östliches Mittelmeer VII 1672
Seeraub, III. Byzanz VII 1686

Maksimović, Ljubomir
Adel, D. Byzanz I 131
Alexios, 1. A. I. Komnenos I 384
Alexios, 2. A. II. Komnenos I 386
Alexios, 3. A. III. Angelos I 386
Alexios, 4. A. IV. Angelos I 386
Alexios, 5. A. V. Dukas Murtzuphlos I 387
Anastasios, 1. A. I., byz. Ks. I 571
Apanage, II. Apanagen im Byzantinischen Reich I 742
Autokratie, byzantinische I 1270
Beamtenwesen, B. Byzantinisches Reich I 1733
Feudalismus, B. I. Byzantinisches Reich IV 415
Handwerk, B. Byzantinischer Bereich und Südosteuropa IV 1916
Illyricum V 381
Immunität, II. Byzanz und Südosteuropa V 392
Iustiniana Prima V 823
Kastrophylax V 1053
Kephale V 1110
Komitopuloi V 1278
Logothet V 2078
Mächtige VI 59
Magister officiorum VI 89
Magistros VI 92
Markt, II. 1. Byzantinisches Reich VI 311
Nobilissimat VI 1207
Parakoimomenos VI 1701
Patricius, Patrikios, II. Byzanz VI 1790
Pronoia VII 249
Romania VII 996
Rovine, Schlacht v. VII 1064
Simonida VII 1922
Stratiot VIII 229
Titel, II. Byzanz VIII 812
Zar, I. Bulgarien und Serbien IX 475
Zunft, -wesen, -recht, B. I. Byzanz IX 706

Maleczek, Werner
Albrecht, 16. A. II., Hzg. v. Österreich I 321
Ardagger I 912
Boso, 2. B., Kard. und Geschichtsschreiber II 478
Burchard, 17. B. v. Ursberg II 952
Calixtus, 1. C. II. (Guido) II 1397
Calixtus, 2. C. III. (Johannes v. Struma) II 1398
Clemens, 4. C. III. (Paolo Scolari), Papst II 2140
Coelestin, 2. C. II. (Guido de Castello) III 4
Colonna, 3. C., Giovanni, Kardinaldiakon III 55
Dürnkrut, Schlacht v. III 1482
Dürnstein III 1483
Ernst, 5. E. der Eiserne III 2178
Eugen, 3. E. III., Papst IV 78
Friedrich, 3. F. der Schöne, Kg. IV 939
Friedrich, 30. F. IV., Hzg. v. Österreich IV 954
Friedrich, 49. F. v. Wangen, Bf. v. Trient IV 966
Guido, 3. G. Pisanus IV 1771
Honorius, 4. H. II., Papst V 120
Innozenz, 2. I. II., Papst V 433
Innozenz, 4. I. III., Papst V 434
Johannes, 85. J. v. Cremona V 565
Kurie, A. Römische Kurie V 1583
Lateankonzil, 4. L., IV. (1215) V 1742
Lüttich, Zusammenkunft v. VI 27
Montpellier, Konzil v. VI 817
Petrus, 23. P. Capuanus VI 1966
Privilegium maius VII 230
Privilegium minus VII 230
Urban, 3. U. III., Papst VIII 1284

Viktor, 3. V. IV., (Gegen-)Papst VIII 1666
Viktor, 4. V. IV., (Gegen-)Papst VIII 1666

Maltese, Enrico V.
Skylitzes, Johannes VII 1998
Stephanos, 2. S. Byzantios VIII 125
Theodosios, 5. Th. Monachos VIII 643
Thomas, 42. Th. Magistros VIII 721
Vita S. Nili VIII 1759
Zonaras, Johannes IX 673

Manselli, Raoul
Acciaiuoli, 2. A., Niccolo I 72
Aceti, Antonio I 77
Adamiten, 1. Begriffsbestimmung I 117
Admiratus I 155
Adria (mit Ferluga, J.) I 166
Albigenser, I. Geschichte und Glaubensvorstellungen I 302
Alfons, 17. A. I. (V.), Kg. v. Neapel, II. Italienpolitik I 402
Alighieri, 2. A., Jacopo I 413
Alighieri, 3. A., Pietro I 413
Aliprandi, Bonamente I 414
Altopascio I 486
Amt, VII. Die Ämter in Italien I 557
Andrelini, Publio Fausto I 612
Angela v. Foligno I 617
Angelus Clarenus I 627
Anglona I 636
Anguillara I 640
Anguissola I 641
Anjou (Dynastie), II. Die Anjou in Sizilien und Neapel I 645
Anjou, 1. A., Karl v. I 651
Anjou, 2. A., Karl v. Durazzo I 651
Anna, 4. A. v. Savoyen I 655
Antichrist, A. I. Christentum [Theologie und Politik] (mit Jenschke, G., Ullmann, W.) I 703
Antiquari, Jacopo I 724
Arnald, 2. A. v. Villanova, I. Leben und theologische Werke (mit Batlle, Columba, Wolter, H.) I 995
Arnald, 2. A. v. Villanova, II. Medizinische und pharmazeutische Leistung (mit Jüttner, G., Paniagua, J.) I 995
Arius, Arianismus, Arianer, 3. Arianer I 951
Arno I 999
Arnold, 19. A. v. Brescia I 1005
Arnoldisten I 1009
Arsenal I 1052
Balia I 1379
Barattiere I 1432
Barbaro, 3. B., Giosafat I 1438
Barbaro, ven. Familie I 1436
Beg(h)inen, II. Südfrankreich, Italien I 1801
Benediktiner, -innen, A. I. Allgemein, Männerklöster (mit von Huebner, D., Semmler, J.) I 1869
Benediktiner, -innen, B. I. Italien I 1880
Bentivoglio, 2. B., Andrea, Sohn des Ludovico I 1921
Bernard, 2. B. Prim I 1971
Bernardinus, 1. B. de Bustis I 1972
Bernardinus, 2. B. v. Feltre I 1972
Bernardinus, 3. B. v. Fossa I 1973
Bernardinus, 4. B. v. Siena, I. Leben und Werk (mit Busetto, G.) I 1973
Bernhard, 19. B., Kard. Bf. v. Porto und S. Rufina I 1988

Bernhard, 24. B. (Bernardo) v. Bessa I 1991
Bibel, B. III. Häresien [Bibel in der christlichen Theologie] II 69
Bischof, -samt, D. Der Bischof bei den Katharern II 237
Bogomilen II 328
Bolsena, Blutwunder v. II 388
Bonaccursus v. Mailand II 393
Bonacolsi II 394
Bonacolsi, 1. B., Bardellone II 395
Bonacolsi, 2. B., Filippo II 395
Bonacolsi, 3. B., Guido II 396
Bonacolsi, 4. B., Pinamonte II 396
Bonacolsi, 5. B., Rainaldo II 397
Bonagratia v. Bergamo II 400
Boncompagnus II 408
Brüder des freien Geistes II 732
Caffarini, Tommaso II 1371
Camino, 1. C., Gaia da II 1418
Camino, 2. C., Gherardo da II 1418
Camino, 3. C., Rizzardo da II 1419
Camino, da (Caminesi) II 1417
Cappellis, Jacobus de II 1486
Caracciolo II 1493
Caracciolo, 1. C., Gianni II 1493
Caracciolo, 4. C., Tristano II 1494
Castracani, Castruccio II 1564
Cavalcanti, 1. C., Aldobrandino II 1591
Cencius II 1612
Chiliasmus, I. Allgemein. Entwicklung bis zum 15. Jh. II 1821
Christianitas II 1915
Christologie, D. 1. (Häretische Bewegungen) II 1934
Chronik, D. Italien II 1965
Ciompi, Aufstand der II 2092
Circumcisi II 2098
Cividale del Friuli (mit Mor, C. G.) II 2109
Cluny, Cluniazenser, B. I. Italien II 2177
Cola di Rienzo III 26
Collenuccio, Pandolfo III 42
Colleoni, Bartolomeo III 43
Compagnia di ventura III 98
Concorezzo III 117
Condottiero III 122
Connecte, Thomas III 138
Conti (röm. Familie) III 196
Conti, 2. C., Sigismondo III 198
Curia, 1. C. regis, III. Königreich Sizilien (mit Kölzer, Th.) III 376
Dalle Carceri III 443
Dämonen, Dämonologie, D. Häresien III 481
Del Balzo III 664
Del Carretto, 1. D. C., Enrico III 666
Desenzano III 722
Dominicus, 11. D. v. Sora III 1191

Mansilla, Demetrio
Burgos II 1056
Cerdá, Antonio de OSST II 1628
Ciudad Rodrigo II 2108

Marazzi, Federico
Rieti VII 841
Rom, A. Vom 4. bis 10. Jahrhundert (mit Arnaldi, G.) VII 967
Sutri VIII 334
Terracina VIII 554
Tivoli VIII 818

Tuscania VIII 1121

Marchal, Guy P.
Armagnaken I 963
Basel, II. Das Bistum I 1506

Marckhgott, Gerhart
Enns III 2016
Freistadt IV 906
Linz V 2002

Mareš, Franz W.
Adalbert, 15. A. Vojtěch, 2. Literarische Bedeutung I 102
Alphabet, III. Glagolitisches Alphabet I 456
Alphabet, IV. Kyrillisches Alphabet I 457
Baščanska ploča I 1505
Bibelübersetzungen, XV. Altkirchenslavische Bibelübersetzungen II 105
Bogurodzica dziewica II 332
Hospodine, pomiluj ny V 137
Kiever Blätter V 1133
Kirchenslavische Sprache und Literatur V 1178

Maresch, Klaus
Papyrus VI 1693

Margaroli, Paolo
Gesandte, B. IV. Italien IV 1372
Lodi, Friede v. V 2069
Lombardei V 2094
Ludovico il Moro, Hzg. v. Mailand V 2168
Lugano V 2204
Orfino da Lodi VI 1449
Piccinino, 1. P., Jacopo VI 2129
Piccinino, 2. P., Niccolò VI 2130
Rusca VII 1113
Sanseverino, Familie v. Lugano VII 1367

Margue, Michel
Luxemburg, Stadt VI 28
Luxemburg, Gf. en v., Gft., Hzm.; Luxemburger, I. Entstehung der Grafschaft, Ausbau und Konsolidierung VI 28
Luxemburg, Gf. en v., Gft., Hzm.; Luxemburger, II. Grafschaft und Herzogtum in der Reichspolitik VI 30

Mariacher, Giovanni
Glas, -herstellung, III. Okzident IV 1479

Mariaux, Pierre-Alain
Warmund VIII 2050

Marilier, Jean
Flavigny IV 537

Marinelli, Olga
Baglioni, Familie I 1347
Baglioni, 1. B., Braccio I 1347
Baglioni, 2. B., Giampaolo I 1348
Baglioni, 3. B., Pandolfo I 1348
Doon de Nanteuil III 1255

Marinoni, Maria Carla
Chanson de Landri II 1707
Chanson de Saint Faron II 1708

Mariotte, Jean-Yves
Abondance I 49
Aiguebelle I 236
Alix v. Meranien I 414
Amadeus, 2. A. II., Gf. v. Genf I 499
Amadeus, 3. A. III., Gf. v. Genf I 499
Ambronay I 521
Amont I 539
Annecy I 662
Aymon, 2. A., Bf. v. Mâcon I 1314
Bâgé I 1345
Bresse II 614
Briançon II 647
Chambéry II 1672
Dombes III 1175

Markopoulos, Athanasios
Symeon, 8. S. Magistros VIII 363

Markowski, Mieczysław H.
Paulus, 15. P. de Wurzen VI 1828
Petrus, 63. P. de Radolin VI 1983
Theoderich, 6. Th. v. Erfurt VIII 624
Thomas, 21. Th. de Buckingham VIII 711

Markus, Manfred
Hoccleve, Thomas V 56
Isle of Ladies, The V 695
Minnehof, II. Englische Literatur VI 645
Ormulum VI 1468
Poema Morale VII 34
Speculum Christiani VII 2088
Speculum humanae salvationis, mittelenglische Evangelienparaphrase VII 2089
Towneley Cycle VIII 926
Usk, Thomas VIII 1341
Walton, John VIII 2007

Marold, Edith
Lausavísur V 1765
Málaháttr VI 161

Marquette, Jean-Bernard
Albret, Haus v. I 326
Bazas I 1720

Marsina, Richard
Academia Istropolitana I 70
Preßburg VII 191
Slovaken VII 2006
Trentschin VIII 973
Zips IX 626

Martens, Mina
Amman I 537
Bont, Jan II 434
Brüssel II 795

Martín Duque, Angel J.
Beaumonteses I 1762
Blanca, 8. B., Prinzessin v. Navarra II 260
Cámara de Comptos II 1406
Curia de Alcaldes III 387

Martin, Dennis D.
Dionysius, 4. D. der Kartäuser III 1092

Martin, Hervé
Franziskaner, B. I. Frankreich   IV 807

Martin, Jean-Marie
Pfalz, Palast, D. Unteritalien   VI 2002

Martin, Max
Burgunder, II. Archäologie (443–700)   II 1096

Martin, Norbert
Friedrich, 51. F. v. Braunschweig   IV 966
Laborans   V 1601

Martin, Thomas M.
Agnes, 2. A. (Isabella, Elisabeth) v. Burgund   I 213
Eltville, Verträge v.   III 1862
Enns, Vertrag v.   III 2017
Fidem catholicam   IV 434
Frankfurt, Hoftage, Reichstage von   IV 740
Gammelsdorf, Schlacht v.   IV 1102
Günt(h)er v. Schwarzburg   IV 1794
Mergentheimer Stallung   VI 537
Woldemar d. Falsche   IX 301
Zeilsheim, Friede v.   IX 508

Martínez Díez, Gonzalo
Dorf, D. Iberische Halbinsel, I. Archäologie und Siedlungsgeschichte (mit Presedo Velo, F. J.)   III 1293
Fuero, I. Kastilien und León   IV 1006

Märtl, Claudia
Petrus, 76. P. Wiechs (Vix) v. Rosenheim   VI 1988

Marx, Barbara
Pietro, 2. P. Bembo   VI 2142

März, Christoph
Ulrich, 25. U. v. Winterstetten   VIII 1204

Marzolph, Ulrich
Fabel, -dichtung, VII. Arabische Literatur   IV 208
Kalīla wa-Dimna   V 869
Nasreddin Hoğa   VI 1033
Pañcatantra   VI 1651
Tausendundein Tag   VIII 513
Tausendundeine Nacht   VIII 513

Maschke, Erich
Brücke, B. Die Brücke im europ. Mittelalter   II 724

Massa, Paola
Seide, A. II. Italien   VII 1702

Masser, Achim
Apokryphen, A. II. 1. Deutsche Literatur   I 762

Massetto, Gian P.
Bankrott   I 1409
Bankwesen   I 1410
Caneva   II 1433
Capitudines   II 1478

Matanov, Christo
Georg, 2. G. I. Terter, bulg. Zar (mit Genov, I.)   IV 1276
Georg, 3. G. II. Terter, bulg. Zar (mit Genov, I.)   IV 1276

Mateu Ibars, Josefina
Lérida, I. Stadt   V 1905
Bardaixí   I 1455
Berguedà, Guillem de   I 1961
Descoll, Bernat   III 721
Llibre dels Feits, 2. Handschriftliche Überlieferung   V 2058

Matheus, Michael
Kran   V 1470
Matthias, Apostel   VI 401
Wein, -bau, -handel   VIII 2116

Matouš, František
Heinrich, 77. H. III. v. Neuenburg, Bf. v. Basel   IV 2080

Matschke, Klaus-Peter
Salz, II. Byzantinisches Reich   VII 1327
Textilien, B. Byzanz   VIII 602
Türkenkriege   VIII 1106
Zeloten, 2. Z., Anhänger einer politisch-sozialen Reformbewegung   IX 523
Zoll, III. Byzanz (mit Brandes, W.)   IX 671

de Matteis, Maria Consiglia
Acquaviva   I 85

Mattejiet, Roswitha
Rædwald   VII 395
Wulfred   IX 347

Mattejiet, Ulrich
Anjou (Dynastie), I. Einleitung   I 645
Antiocheia, Antiochia, I. Stadtgeschichte in spätantiker und byzantinischer Zeit   I 716
Athalarich   I 1159
Baron, I. Einleitung (mit Cavanna, A.)   I 1476
Benedictus, 2. B. Levita   I 1857
Brian Bóruma   II 645
Frundsberg, Georg v.   IV 1001
Glendalough   IV 1495
Harcourt, Herren v.   IV 1931
Hem(m)erli(n), Felix   IV 2128
Hermann, 3. H., Mgf. v. Meißen   IV 2160
Hermann, 4. H. Billung   IV 2160
Herrenalb   IV 2180
Hervé IV. v. Donzy   IV 2185
Hezilo   IV 2206
Hugo, 43. H. v. Langenstein   V 172
Humber   V 206
Ibelin   V 311
Ibn Isḥāq, Muḥammad   V 318
ʿĪd al-aḍḥā, ʿĪd al-fiṭr   V 323
Île-de-France   V 378
ʿImadaddīn al-Kātib al Iṣfahānī, Muḥammad ibn Muḥammad   V 383
ʿĪsā   V 664
Isabella, 5. I. I., Kgn. v. Jerusalem   V 669
Isaurier   V 673
Ivan, 1. I. Vladislav   V 833
Ivan, 3. I. II. Asen (mit Prinzing, G.)   V 833
Ivan, 5. I. Alexander   V 834
Ivan, 6. I. Šišman   V 835
Ivan, 7. I. Strazimir   V 835
Jehuda, 4. J. ben Samuel hä Chasid   V 347
Jüdische Sprachen und Literaturen   V 795

Jurij, 1. J. Danilovič V 814
Kalka V 871
Kalojan, 1. K., bulg. Herrscher (mit Prinzing, G.) V 877
Kalonymus V 878
Kārimī V 954
Karl, 31. K. II. der Kühne, Hzg. v. Lothringen V 992
Karl, 32. K. II. (V.), Gf. v. Maine V 992
Kazan' V 1092
Kæmpevise V 848
Kent, I. Angelsächsisches Königreich V 1107
Könemann v. Jerxheim V 1297
Konstantin, 1. K. I. (d. Gr.), IV. Das Bild im Mittelalter V 1375
Konstantin, 9. K. XI. Palaiologos V 1378
Konstantin, 15. K. Vsevolodvič V 1380
Kormlen'e V 1446
Limerick V 1991
Limoges, I. Stadt und Bistum V 1993
Lismore V 2008
Ljubeč V 2054
Lodève V 2067
Ludwig, 34. L. v. Évreux V 2196
Mandeville VI 188
Minnetrinken VI 651
Miraflores VI 659
Palästina VI 1632
Peter, 30. P. der Eremit VI 1937
Poucenie VII 135
Religionsgespräche, I. Einleitung VII 691
Rhône VII 797
Rhys, 1. R. v. Deheubarth VII 799
Salomo, A. Allgemein VII 1310
Samson (jüd. Heros), I. Allgemein VII 1344
Schmähdichtung, IV. Altirische Literatur VII 1500
Sefarden VII 1693
Ségur VII 1700
Seneschall, I. Allgemeine Definition VII 1751
Senlis, Friede v. VII 1759
Skandinavische Kunst VII 1969
Soissons VII 2025
Ṭāhiriden VIII 434
Taillevent, 1. T., Guillaume Tirel gen. T. VIII 436
Táin Bó Cúailgne VIII 437
Taman' VIII 452
Tarn VIII 477
Tribut, III. Hoch- und Spätmittelalter VIII 987
Troyes VIII 1065
Turenne VIII 1099
Urlaub VIII 1325
Valeránica VIII 1389
Vega, Garcilaso de la VIII 1443
Vertus VIII 1593
Vicecomes, II. 2. Süd- und Südwestfrankreich VIII 1619
Wald, B. Literarische und kunstgeschichtliche Bedeutung VIII 1944
Walter, 20. W. 'Sans-Avoir' VIII 2001
Xeres de la Frontera IX 404
Yūnus Emre IX 429
Zātī IX 483

Matthiesen, Wilhelm
Ulrich, 19. U. (v.) Richental VIII 1201

Mattoso, José
Chronik, K. III. Portugal II 2000
Fuero, II. Portugal IV 1007

von Matuschka, Michael E. Graf
Codex Salernitanus II 2208
Corvi da Brescia, Guglielmo de' III 297
Deontologie, ärztliche III 705
Hesse IV 2194
Heuristik IV 2197
Knochenasche V 1236
Konrad, 36. K. v. Eichstätt V 1357
Magie, V. Iatromagie VI 86
Medicina Plinii VI 446
Menstruation VI 528
Monstren VI 772
Moschus VI 859
Mumia VI 896
Nicolaus, 12. N. Pr(a)epositus VI 1134

Maufras, Odile
Les Baux V 1907

Maurer, François
Basel, I. Archäologie und frühstädtische Siedlungsgeschichte (mit Moosbrugger-Leu, R.) I 1505

Maurer, Helmut
Baar I 1319
Diethelm v. Krenkingen III 1014
Ernst, 7. E. I., Hzg. v. Schwaben III 2179
Ernst, 8. E. II., Hzg. v. Schwaben III 2179
Gebhard, 1. G. (II.), Bf. v. Konstanz IV 1162
Gebhard, 2. G. (III.), Bf. v. Konstanz IV 1162
Konstanz V 1399
Petershausen VI 1941
Salomo, 1. S. I., Bf. v. Konstanz VII 1314
Salomo, 2. S. III., Bf. v. Konstanz VII 1314

Maurício, Domingos
Alcobaça (mit Vones, L.) I 343

May, Georg
Actus legitimi I 90
Affectio papalis I 194
Akklamation (mit Langgärtner, G.) I 251

Mayer, Cornelius
Civitas Dei II 2115

Mayer-Rosa, Dieter
Erdbeben III 2125

Mayr-Harting, Henry
Alexander, 16. A., Bf. v. Lincoln I 375

Mazal, Otto
Besitzvermerk I 2069
Bronze, IV. Bronze als Beschreibstoff II 716
Buch, B. Byzantinischer Bereich II 808
Bucheinband, I. Abendländischer und byzantinischer Bucheinband II 823
Buchmalerei, A. XIII. Deutsche Buchmalerei von 1200–1500 II 852
Crux-gemmata-Gruppe III 361
Florisdichtung, B. V. Byzantinische Literatur IV 575
Griechische Buchschrift IV 1703
Griechische Kanzlei- und Geschäftsschrift IV 1704
Griechische Kursive IV 1705
Handschriften, B. Byzantinischer Bereich IV 1907

Initiale, II. Byzanz und Einflußbereiche V 423
Paragraphos VI 1700
Pinax VI 2162
Prachteinband VII 139
Purpurhandschriften VII 332
Rabbula-Codex VII 380
Rotulus VII 1056
Rotunda VII 1057
Schreiber VII 1552
Schreibmeister, -schule VII 1556
Skriptorium VII 1992
Stichometrie VIII 167

Mazzarese Fardella, Enrico
Finanzwesen, -verwaltung, B. V. 1. Königreich Sizilien IV 465

McCormick, Michael
Triumph, -zug, I. Römisches Reich, Byzantinisches Reich, Frühmittelalter VIII 1024
Zeremoniell, A. Allgemein. Spätantike, Byzanz und Frühmittelalter IX 546

McDiarmid, Matthew P.
Kingis Quair, The V 1158

McEvoy, James
Robert, 53. R. Grosseteste VII 905

McGinn, Bernard
Eschatologie, A. II. Eschatologische Vorstellungen und Geschichtsdenken [Lateinisches Mittelalter] IV 6

McKenna, John W.
Caxton, William II 1596

McSparran, Frances
Griseldis, II. Mittelenglische Literatur IV 1720

Medaković, Dejan
Fruška Gora (mit Kalic, J.) IV 1002

Mehl, Dieter
Freundschaftssagen, II. Englische Literatur IV 913
Gawain, III. Englische Literatur IV 1150
Karl, 2. K. (I.) d. Große, B. III. Englische Literatur V 963
Lancelot, III. Englische Literatur V 1640
Morte Arthure VI 847
Parzival, Perceval, III. Englische Literatur VI 1751
Romanzen, II. Englische Literatur VII 1004
Trojadichtung, IV. Englische Literatur VIII 1038

Meibeyer, Wolfgang
Rundling VII 1097

Meier, Fritz
Dämonen, Dämonologie, F. Islam III 483

Meier, Hans-Rudolf
Zillis IX 613

Meier, Thomas
Zug IX 683

Meinel, Gertraud
Eiche, 2. Kulturgeschichtliches III 1666

Meinhardt, Helmut
Absolut, das Absolute I 55
Anderssein, Andersheit I 597
Bild, Bilderverehrung, II. 4. Nikolaus v. Kues II 149
Coniectura III 133
Dionysius, hl., A. Einleitung III 1076
Dionysius, hl., C. II. Inhalt der Schriften [Dionysius Are(i)opagites] III 1080
Dionysius, hl., C. IV. Lateinische Übersetzungen im Mittelalter [Dionysius Are(i)opagites] III 1082
Dionysius, hl., C. V. Wirkungsgeschichte im lateinischen Mittelalter [Dionysius Are(i)opagites] III 1082
Eine (das), Einheit III 1732
Einheitsmetaphysik – Seinsmetaphysik III 1739
Empyreum III 1898
Gottesbeweise IV 1583
Haecceitas IV 1824
Hypostase V 250
Idee V 324
Kontingenz V 1417
Neuplatonismus VI 1106
Neuscholastik VI 1106
Platon, Platonismus, A. Einleitung VII 7
Platon, Platonismus, B. III. Patristik [Antike] VII 11
Platon, Platonismus, D. Frühmittelalter VII 11
Platon, Platonismus, F. Hochscholastik VII 13
Platon, Platonismus, G. Spätscholastik und Renaissance VII 14
Substanz–Akzidenz/Subsistenz VIII 274
Teilhabe VIII 527
Urbild–Abbild VIII 1289

Melville, Charles
ʿImādaddīn Zangī V 383

Mende, Ursula
Aquamanile I 825

Mendner, Siegfried
Ballspiele I 1388

Mendonça de Albuquerque, Luís
Cosa, Juan de la III 298

Menestò, Enrico
Gubbio IV 1762
Jacopone da Todi V 264
Norcia VI 1235
Todi VIII 838

Menjot, Denis
Murcia VI 940
Pyrenäen VII 337

Menne, Albert
Genus IV 1261
Implicatio–Explicatio V 397
Indifferentia V 405

Menniti Ippolito, Antonio
Dandolo, 1. D., Andrea III 490
Della Scala, Familie III 676
Della Scala, 1. D. C., Cangrande I. III 678
Della Scala, 2. D. C., Cangrande II. III 679
Della Scala, 3. D. C., Cansignorio III 680

Della Scala, 4. D. C., Mastino I. III 680
Della Scala, 5. D. C., Mastino II. III 681
Falco v. Benevent IV 237
Fossalta IV 671
Garigliano, Schlacht am IV 1116
Johannes, 93. J. Diaconus, Capellanus des Dogen v. Venedig V 569
Maurisio, Gerardo VI 411
Palestrina VI 1640
Procida, 1. P., Giovanni da VII 236
Riario VII 802
Rolandinus, 1. R. v. Padua VII 958
Soratte, S. Andrea del VII 2056
Tarquinia VIII 479
Velletri VIII 1451
Viterbo VIII 1771

Menzel, Josef Joachim
Breslau, II. Spätmittelalter II 612
Eschenloer, Peter IV 11
Glatz IV 1491
Glogau IV 1503
Gutsherrschaft, 1. Ostmitteleuropäischer Bereich IV 1805
Heinrich, 69. H. II. der Fromme, Hzg. v. Schlesien (Niederschlesien) IV 2078
Heinrich, 70. H. IV., Hzg. v. Schlesien-Breslau IV 2078
Heinrichau IV 2110
Ius Teutonicum V 818
Jauer V 309
Johannes, 13. J., Hzg. v. Görlitz V 537
Krossen V 1551
Leubus V 1915
Liegnitz V 1974
Liegnitz, Schlacht bei V 1975
Mieszko, 4. M. I., Hzg. v. Ratibor und Oppeln VI 619
Münsterberg VI 917
Neiße VI 1086
Nimptsch VI 1196
Öls VI 1401
Oppeln VI 1415
Ratibor VII 458
Rudolf, 16. R. v. Rüdesheim, Bf. v. Lavant VII 1081
Sagan VII 1254
Schlesien VII 1481
Thomas, 9. Th. I., Bf. v. Breslau VIII 702
Thomas, 10. Th. II., Bf. v. Breslau VIII 702
Trebnitz VIII 967
Troppau VIII 1045
Walter, 2. W. v. Malonne, Bf. v. Breslau VIII 1992

Méras, Mathieu
Beaujeu I 1754
Beaujolais I 1755

de Mérindol, Christian
Ludwig, 22. L. I. v. Anjou, Hzg. v. Anjou V 2191
Ludwig, 23. L. II. v. Anjou, Hzg. v. Anjou V 2192
Ludwig, 24. L. III. v. Anjou, Hzg. v. Anjou V 2192

Merlo, Grado Giovanni
Aosta I 740
Speroni, Ugo VII 2093
Speronisten VII 2094
Valdes(ius) VIII 1375
Waldenser, Waldensertum VIII 1953
Waldenserliteratur VIII 1955

Mermier, Guy R.
Bestiarium, -ius, Bestiarien, A. IV. Romanische Literaturen I 2074

Mersiowsky, Mark
Tecklenburg VIII 518

Mertens, Dieter
Wimpfeling, Jakob IX 222

Mertens, Thomas
Mande, Hendrik VI 187

Mertens, Volker
Aventure (âventiure), II. Mittelhochdeusch I 1289
Ballade, B. II. 1. Deutsche Literatur I 1385
Berthold, 16. B. v. Herbolzheim I 2032
Berthold, 21. B. v. Regensburg I 2035
Bligger v. Steinach II 278
Bollstatter, Konrad II 369
Brautwerberepos, Brautwerbungsmotiv, I. Allgemein II 592
Brautwerberepos, Brautwerbungsmotiv, II. Mittelhochdeutsche Literatur II 592
Burkhart, 2. B. v. Hohenfels II 1105
Carmina Burana, I. Überlieferung und Inhalt (mit Schaller, D.) II 1513
Colin, Philipp III 32
David, 7. D. v. Augsburg III 604
Eilhart v. Oberg III 1728
Elisabeth, 14. E. v. Nassau-Saarbrücken III 1836
Florisdichtung, B. II. Deutsche Literatur IV 573
Freundschaftssagen, I. Deutsche Literatur IV 912
Genesisdichtung, dt. IV 1224
Georgslied IV 1292
Gesta Romanorum, II. Deutsche Literatur IV 1409
Gottfried, 21. G. v. Neifen IV 1604
Gra(a)l, -sdichtung, II. Deutsche Literatur IV 1618
Gregorius-Legende, I. Allgemein IV 1691
Gregorius-Legende, II. Französische Literatur IV 1691
Gregorius-Legende, III. Deutsche Literatur IV 1692
Gregorius-Legende, IV. Lateinische Literatur IV 1692
Heinrich, 147. H. von dem Türlin IV 2107
Konrad, 51. K., Priester V 1364
Lancelot, II. Deutsche Literatur V 1639
Markgraf v. Hohenburg VI 304
Minnesang VI 647
Parodie, III. Deutsche Literatur VI 1737
Parzival, Perceval, I. Deutsche Literatur VI 1748
Pleier, der VII 17
Regenboge, Barthel VII 562
Roman, II. Deutsche Literatur VII 984
Tannhäuser VIII 459
Titurel VIII 816
Ulrich, 22. U. v. Türheim VIII 1203
Ulrich, 23. U. v. dem Türlin VIII 1204
Wizlaw, 4. W. v. Rügen IX 283

Messner, Reinhard
Maria, hl., A. III. Maria in der Liturgie VI 249
Ordination VI 1435
Sakrament/Sakramentalien, I. Westen VII 1267
Sanctus VII 1362
Zwischengesänge IX 736

Mestayer, Monique
Boinebroke, Sire Jehan   II 351

Mettmann, Walter
Cantigas de Santa Maria, I. Text   II 1459
Lehrhafte Literatur, IX. Portugiesische Literatur
   V 1835
Lucena, 2. L., Vasco de   V 2156
Lucena, 3. L., Vasco Fernandes de   V 2157
Pai Gomes Charinho   VI 1627
Portugiesische Prosa   VII 121
Redondilla   VII 539
Soares, Martin   VII 2017
Tafur, Pero   VIII 422
Vasco, 2. V. Perez Pardal   VIII 1419
Velho, Fernan   VIII 1450
Vicente, Gil   VIII 1623
Villena, Enrique de   VIII 1689
Zorro, João   IX 675

Metz, Bernhard
Walter, 5. W. v. Geroldseck, Bf. v. Straßburg
   VIII 1993

Metz, Wolfgang
Barschalken   I 1489
Beunde   II 8
Bifang   II 140
Brevium Exempla   II 642
Grenze, 1. G. (Grenzbeschreibung)   IV 1700

Metzner, Ernst E.
Bornholm   II 463
Dietrich v. Bern, IV. Dietrich v. Bern in Skandinavien
   III 1019

Meulengracht Sørensen, Preben
Dialog, X. Skandinavische Literaturen   III 963
Íslendingasögur   V 696
Legenda aurea, B. VII. Skandinavien [Überlieferung und
   Rezeption]   V 1800
Lehrhafte Literatur, XIII. Skandinavische Literaturen
   V 1841

Meuthen, Erich
Aachen (mit Falkenstein, L.)   I 1
Basel, Konzil v.   I 1517
Burtscheid   II 1111
Capranica, 1. C., Angelo   II 1488
Capranica, 2. C., Domenico   II 1488
Carvajal, 2. C., Juan de   II 1536
Cesarini, Giuliano   II 1639
Gerho(c)h v. Reichersberg   IV 1320

Meyenberg, Regula
Lucidarius, -rezeption, IV. Romanische Literaturen
   V 2161

Meyer, Egbert
Gerhard, 21. G. v. Cremona   IV 1317

Meyer, Gerbert
Actio immanens – actio transiens   I 88

Meyer, Hans Bernhard
Agnus Dei, 1. Liturgie (mit Dürig, W.)   I 214
Brotbrechen (mit Plank, B.)   II 721

Confiteor   III 129
Doxologie, III. 1. Liturgie [Westkirche]   III 1337
Elevation, 1. In der Messe   III 1811
Fürbitten   IV 1027
Introitus   V 472
Messe [Eucharistiefeier]   VI 555
Oblation   VI 1338
Offertorium   VI 1370
Ordinarium missae   VI 1433
Pontifikalamt   VII 95
Privatmesse   VII 221
Proprium missae   VII 262
Rubriken   VII 1068
Tractus   VIII 928

Meyer, Matthias
Konrad, 55. K. v. Stoffeln   V 1365

Meyer, Werner
Absage   I 54
Assassinen (mit Lyons, M. C.)   I 1118
Aufgebot, I. Allgemein   I 1203
Bannerherr, Bannerträger   I 1420
Bellinzona   I 1849
Bern, II. Archäologie   I 1969
Bicocca, Schlacht v.   II 126

Meyer-Eller, Sören
Guillaume, 11. G. de Machaut (mit Gnädinger, L.)
   IV 1781

Meyer-Marthaler, Elisabeth
Chur, II. Bistum   II 2058
Churrätien, I. Geschichte   II 2060

Meyvaert, Paul J.
Augustinus, 2. A. (Augustine), hl., Missionar
   I 1229

Mezey, László
Brief, Briefliteratur, Briefsammlungen, C. V. Ungarn
   II 676

Mezger, Werner
Masken, Maskenumläufe   VI 363
Narr   VI 1023
Narrenliteratur, 1. Allg. Überblick   VI 1027

Michalowska, Teresa
Polnische Literatur   VII 69

Michaud-Fréjaville, Françoise
Noirlac   VI 1215
Orléans, I. Spätantike und Frühmittelalter
   VI 1460
Orléans, II. Hoch- und Spätmittelalter   VI 1461
Orléans, Häretiker v.   VI 1465
Orléans, Konzilien v.   VI 1466
Puisaye   VII 321
Seignelay, 2. S., Manassès de   VII 1712
Sully, Familie   VIII 299

Michels, Georg
Kommende   V 1278

Michels, Helmut
Patricius, Patrikios, I. Westen   VI 1789

Middeldorf-Kosegarten, Antje
Quercia, Jacopo della VII 362

Miethke, Jürgen
Bureau, 4. B., Laurent II 956
Marsilius, 1. M. v. Inghen VI 331
Marsilius, 2. M. v. Padua VI 332
Publizistik, A. II. Spätmittelalter [Westlicher Bereich]
 VII 315
Reform, Reformation VII 543
Souveränität VII 2068
Tyrann, -enmord VIII 1135
Verfassungslehren VIII 1515
Wilhelm, 72. W. v. Cremona IX 170
Wilhelm, 95. W. v. Ockham IX 178

Miglio, Massimo
Altieri I 475
Altieri, Marcantonio I 475
Ammanati Piccolomini, Giacomo I 537
Annio, Giovanni I 665
Anonymus Romanus I 674
Brenta, Andrea da Padova II 608

Mihaljčić, Rade
Dabiša, Kg. v. Bosnien III 407
Djed III 1138
Dmitar Zvonimir III 1140
Dorf, G. II. 1. Zum Begriff [Südosteuropa] III 1305
Dorf, G. II. 3. Rechts-, Wirtschafts- und Sozialgeschichte
 [Südosteuropa] III 1306
Drijeva III 1400
Epidaurum III 2055
Lazar, 1. L. Hrebeljanović, serb. Fs. V 1773
Marko Kraljević VI 306
Miloš Kobilić VI 628
Stefan, 13. S. Uroš, serb. Zar VIII 91
Stefan, 14. S. Lazarević, serb. Fs. und Despot VIII 92
Vukašin VIII 1878

Militzer, Klaus
Bürger, Bürgertum, B. II. Sozial-, Verfassungs- und
 politische Geschichte [Deutschland] II 1011
Engelbert, 2. E. II. v. Falkenburg III 1918
Heinrich, 81. H. II. v. Virneburg, Ebf. v. Köln
 IV 2082
Meliores, Meliorat VI 495
Nobiles VI 1206
Oberschicht VI 1334
Patriziat, I. Allgemein; Deutschland VI 1797
Pauperes VI 1829
Pfahlbürger VI 1993
Potentes VII 129
Schwurbrief VII 1648
Zeche IX 496

Miller, Larry
Disputatio(n), 4. Islamische Welt III 1120

Miller, William J.
Diebstahl, C. V. Englisches Recht III 992

Miltenburg, Adriaan
Fortuna IV 665

Milz, Joseph
Duisburg III 1442

van Mingroot, Erik
Burchard, 7. B., Bf. v. Cambrai II 943

Minić, Dušica
Dorf, G. II. 2. Archäologie und Siedlungsgeschichte
 [Südosteuropa] III 1305

Minnich, Nelson H.
Leo, 12. L. X., Papst V 1881

Mironneau, Paul
Peyrac, Aymeric de VI 1991

Mischlewski, Adalbert
Antonius, 6. A. der Eremit, 2. Verehrung im Mittelalter
 (mit Frank, K. S.) I 731
Antoniusorden, 1. Antoniter (Hospitaliter) I 734
Saint-Antoine (-en-Viennois) VII 1134

Misonne, Daniel
Brogne II 708
Eilbert, 1. E. v. Florennes III 1727
Gerhard, 19. G. v. Brogne IV 1316

Mitsch, Ralf
Reichsgrafschaft VII 618
Reichsstände VII 639
Reservatrechte VII 754
Residenzpflicht, I. Burg VII 757
Salm VII 1309
Stand, Stände, -lehre, I. Definition; Mittel- und West-
 europa VIII 44
Tagfahrt, -satzung VIII 432

Modigliani, Anna
Porcari-Verschwörung VII 102

Moeller, Bernd
Privileg(ien), II. Standesprivilegien der Kleriker
 VII 225

Möhring, Hannes
Itinerarium peregrinorum V 775
Joseph, 3. J. Iscanus V 632
Romidee, IV. Arabisch-islamische Kultur VII 1011
Saladin VII 1280
Wilhelm, 112. W. v. Tyrus IX 191

Mohrmann, Wolf-Dieter
Albrecht, 3. A. III., Kg. v. Schweden I 314
Albrecht, 14. A. II., Hzg. v. Mecklenburg I 320

Mojsisch, Burkhard
Dialektik (mit de Libera, A.) III 944
Dietrich, 24. D. v. Freiberg III 1033
Egressio/Regressio III 1615
Engel, B. I. Theologie- und philosophiegeschichtlich
 [Lateinisches Mittelalter] (mit Tavard, G.) III 1906
Erfahrung III 2130
Glückseligkeit IV 1517
Hugo, 53. H. Ripelin v. Straßburg V 176
Immanenz V 387
Intelligenzen, I. Definition; Scholastik V 459
Intelligibel V 462
Johannes, 180. J. v. Sterngassen V 606
Maximum/minimum VI 425
Negation VI 1079

Negation der Negation VI 1080
Niphus, Augustinus VI 1199
Pomponatius, Petrus VII 88
Präexistenz der Seele VII 146
Relation VII 686
Seele, I. Westen VII 1675
Selbstverursächlichung VII 1728
Zeit, I. Theologisch und philosophisch (mit Jeck, U. R., Rehn, R.) IX 509
Zweifel IX 718

Molaug, Petter B.
Burg, C. XII. 3. Norwegen II 993

Molénat, Jean-Pierre
Toledo, A. Stadt VIII 843
Toledo, Álvarez de VIII 848
Übersetzer, Übersetzungen, II. Die Schule von Toledo VIII 1150

Moleta, Vincent
Guittone d'Arezzo IV 1789

Mollat, Michel
Amiral de France I 535
Amirauté I 536
Bérenger Blanc I 1940
Bertrandon de la Broquière I 2044
Bettlerwesen, I. 1. Definition, Allgemeines [West-, Mittel- und Nordeuropa] II 1
Bettlerwesen, I. 3. Der Bettler und seine Umwelt [West-, Mittel- und Nordeuropa] II 2
Braquet de Braquemont, Robert de II 578
Brebant, Pierre de II 597
Cely Papers II 1611
Chastel, du, Familie II 1762
Chastel, 1. Ch., Guillaume du II 1762
Chepoy, 1. Ch., Jean de II 1793
Clos des Galées II 2169
Coëtivy, 3. C., Prigent de III 15
Cœur, Familie III 16
Cœur, 1. C., Jacques III 16
Cœur, 2. C., Jean III 18
Crussol, Louis de III 360
Dauvet, Jean III 593
Du Moustier, Etienne III 1450
Échiquier normand III 1540
Espagne, 2. E., Louis d' IV 16
Eustache, 3. E. le Moine IV 110
Flot(t)e, 3. F., Pierre, Admiral IV 595
Flotte, B. I. Allgemein. Westliches Europa IV 583
Flotte, B. II. Frankreich IV 586
Hafen, E. Frankreich IV 1830
Harfleur IV 1937
Honfleur V 116
La Rochelle V 1718
Mäzen, Mäzenatentum VI 430
Oleron, Rôles d' VI 1393
Penhoët, Jean de VI 1871
Prise VII 219
Quiéret, Hue VII 367
Seefahrt, Seeleute, A. Westliches Europa VII 1668
Seeraub, I. Allgemein. Atlantik und Mittelmeer VII 1683
Seine VII 1720
Sluis, Seeschlacht v. VII 2010
Tuchins VIII 1078
Varye, Guillaume de VIII 1415

Mollay, Károly
Kottanner(in), Helene V 1463

Mongiano, Elisa
Mauritius, Ritterorden vom hl. VI 413

Montag, Ulrich
Birgitta v. Schweden, 1. Leben II 215
Birgitta v. Schweden, 2. Werke II 215
Buch von geistlicher Armut II 812

Montanari, Massimo
Ernährung, A. I. Von der Spätantike zum hohen Mittelalter [Westliches Europa] III 2162
Italien, B. I. Vom 5. Jahrhundert bis zum Jahr 1000 [Siedlungs- und Wirtschaftsgeschichte, Bevölkerungsentwicklung] V 730

Montero Tejada, Rosa Maria
Lemos V 1871
Limia V 1993
Lope, 2. L., Díaz de Haro III. V 2110
Manrique VI 199
Manuel, Familie VI 211
Manzanedo VI 213
Marañón VI 215
Niño VI 1197
Niño, Pero VI 1197
Olmedo, 1. O., Schlacht v. (29. Mai 1445) VI 1400
Olmedo, 2. O., Schlacht v. (19. Aug. 1467) VI 1400
Pacheco VI 1605
Pimentel, Familie VI 2161
Pimentel, Rodrigo Afonso de VI 2161

van Moolenbroek, Jacob Johannes
Firmatus IV 489

von Moos, Peter
Heloise IV 2126
Hildebert v. Lavardin V 11

Moosbrugger-Leu, Rudolf
Basel, I. Archäologie und frühstädtische Siedlungsgeschichte (mit Maurer, F.) I 1505

Mor, Carlo Guido
Cividale del Friuli (mit Manselli, R.) II 2109

Moralejo-Alvarez, José Luis
Carmina Rivipullensia II 1520
Mozaraber, Mozarabische Dichtung VI 880

Moraw, Peter
Anna, 5. A. v. d. Pfalz I 655
Anna, 6. A. v. Schweidnitz und Jauer I 655
Blanca, 2. B. (Margarethe) v. Valois II 258
Deutschland, E. Spätmittelalter [Allgemeine und politische Geschichte] III 835
Dietrich, 11. D. v. d. Schulenburg III 1025
Dietrich, 16. D. v. Portitz III 1029
Fleischmann, Albrecht IV 545
Heiliges Reich IV 2025
Karl, 10. K. IV., röm.-dt. Ks. V 971
Luxemburg, Gf. en v., Gft., Hzm.; Luxemburger, III. Die Luxemburger als Könige und Kaiser VI 30

Nikolaus, 18. N. Bumann   VI 1178
Parlament, Parliament, I. Allgemein   VI 1722
Reichshofrat   VII 623
Reichstag   VII 640

Mordek, Hubert
Canones apostolorum   II 1437
Capitula Angilramni (Hadriani)   II 1479
Constitutio Romana   III 176
Constitutiones Sirmondianae   III 179
Cresconius   III 345
Dacheriana   III 426
Decretum Gelasianum   III 624
Dictatus papae   III 978
Dionysio-Hadriana   III 1074
Dionysius, 3. D. Exiguus   III 1088
Ferrandus   IV 385
Gregor, 4. G. IV., Papst   IV 1667
Hedene   IV 1985
Herovalliana, Collectio   IV 2176
Kanonessammlungen   V 900
Kapitularien   V 943
Leidrad   V 1855
Leo, 5. L. III., Papst   V 1877
Lex Romana canonice compta   V 1930
Lupus, 4. L. v. Ferrières   VI 15
Notitia Galliarum   VI 1287
Paschalis, 1. P. I., Papst   VI 1752
Quesnelliana   VII 365
Ravenna, Synoden v.   VII 486
Sententiae diversorum patrum   VII 1766
Tours, Synoden v.   VIII 925
Vetus Gallica, Collectio   VIII 1605
Zacharias, 1. Z., Papst   IX 435

Morelle, Laurent
Nesle   VI 1096
Picardie   VI 2126
Saint-Quentin   VII 1196
Vauclair   VIII 1434

Morisi Guerra, Anna
Biglia, Andrea   II 141

Morrisson, Cécile
Medaillon, 2. Byzanz   VI 443
Münze, Münzwesen, A. Byzantinisches Reich   VI 921
Nomisma   VI 1229
Währung, II. Byzanz   VIII 1925

Mörschel, Ulrike
Aberglaube, Superstition, I. Allgemeine Begriffsbestimmung   I 29
Aegidius, 2. Ae. v. Bailleul   I 175
Albert, 12. A. v. Brescia   I 288
Deduktion   III 630
Definition   III 636
Docta ignorantia   III 1153
Emanation, 1. Christliche Theologie und Philosophie   III 1873
Entfremdung, entfremden   III 2027
Form/Materie, I. Antike Voraussetzungen; Patristik und Scholastik; Arabische Philosophie   IV 636
Fulbert   IV 1014
Gut (Gut, höchstes)   IV 1797
Induktion   V 411

Intuition   V 472
Kunsttheorien im MA   V 1573
Makrokosmos/Mikrokosmos   VI 157

Moser, Clemens
Laufenburger Hammerbund   V 1755

Moser, Peter
Fracht   IV 677
Nolo   VI 1217
Sänfte   VII 1364

Mosiek, Ulrich
Advokat (mit Gilles, H.)   I 171

Mostert, Marco
Edmund, 3. E. (Eadmund), hl.   III 1579
Fleury-Saint-Benoît-sur-Loire, II. Bibliothek und Skriptorium   IV 549
Grimbald v. St-Bertin   IV 1715

Mötsch, Johannes
Codices Balduini   III 2

Mottahedeh, Roy P.
Būyiden   II 1163

de Moxó, Francisco
Cuevas, las, Vertrag v.   III 366

Moylan, Patricia
Ancrene Riwle   I 581

Moyse, Gérard
Lure   VI 17
Luxeuil   VI 33
Saint-Claude   VII 1140
Theodoricus, 1. Th., Ebf. v. Besançon   VIII 634

Mrass, Marcus
Kreuzigung Christi, III. Byzanz   V 1504

Mückshoff, Meinolf
Alexander, 24. A. v. Hales   I 377
Bartholomaeus, 2. B. Anglicus (mit Hünemörder, Ch.)   I 1492
Bombolognus v. Bologna   II 390

Mugurēvičs, Ēvalds
Tolowa   VIII 852
Wenden (lat. Wendi)   VIII 2182
Wolkenburg   IX 319

von zur Mühlen, Heinz
Esten, Estland, I. Volk und Land   IV 32
Esten, Estland, III. Frühgeschichte; Eroberung und Christianisierung   IV 34
Esten, Estland, IV. Unter dänischer und deutscher Herrschaft   IV 35
Falkenau   IV 239
Fellin   IV 343
Hapsal   IV 1928
Harrien-Wierland   IV 1943
Jerwen   V 359
Kuren, Kurland   V 1579
Läuflinge   V 1756
Leal   V 1775

Livland, C. III. Entstehung von Ständewesen und Landtag [Spätmittelalter] V 2050
Livland, C. IV. Städtewesen, Wirtschaft und Bauerntum [Spätmittelalter] V 2050
Mitau VI 681
Narva VI 1030
Odenpäh VI 1347
Ösel, Ösel-Wiek VI 1492
Padis VI 1616
Pagast VI 1624
Pernau VI 1892
Pilten VI 2160
Reval VII 769
Riga, A. Stadt VII 844
Rositten VII 1037
Sackala VII 1243
Segewold VII 1697
Selen VII 1730
Selonien VII 1737
Semgallen VII 1739
Stadt, J. Altlivland VII 2206
Steuer, -wesen, K. Altlivland, Baltikum VIII 157
Stodewescher, Silvester VIII 189
Tiesenhausen VIII 787
Ugaunien VIII 1179
Üxküll VIII 1356
Vesthardus VIII 1603
Wacke VIII 1891
Waldemar-Erichsches Lehnrecht VIII 1951
Weißenstein VIII 2140
Ydumäa IX 409

Mühlethaler, Jean-Claude
Fauvel (Roman de) (mit Bockholdt, R.) IV 321
Geffroy de Paris IV 1170
Karnevalsdichtungen V 1001
Renart, II. Romanische Literaturen VII 721
Renart, Jean VII 724
René, 1. R. v. Anjou, II., 1. Allgemein. Literarische Tätigkeit VII 729
Rutebeuf VII 1124
Simon, 10. S. de Freine VII 1916
Simon, 12. S. de Hesdin VII 1917
Taillevent, 2. T. (Michault Le Caron) VIII 437
Villon, François VIII 1696

Muir, Lynette R.
Geistliches Spiel, 2. Verbreitung und Aufführungspraxis IV 1193
Mirakelspiele, I. Romanische Literaturen VI 659
Mysterienspiele, I. Romanische Literaturen VI 979

Mulder-Bakker, Anneke B.
Inklusen V 426
Klause V 1195

Müller, C. Detlev G.
Ägypten, IV. Kirchengeschichte I 228
Alexandria, I. Stadtgeschichte, Wirtschaft und Bevölkerung (mit Gruber, J., Perrone, L.) I 382
Alexandria, II. A. in der spätantiken und mittelalterlichen Kirchen- und Geistesgeschichte I 383
Kopten V 1438

Müller, Gregor
Alexander, 34. A. de Villa Dei (mit Neuenschwander, E.) I 381

Atto, 2. A. II. v. Vercelli (mit Kölzer, Th.) I 1181

Müller, Hubert
Amt (kirchliches) I 559

Müller, Heribert
Brézé, Pierre II. de II 644
Bureau, 3. B., Jean, Bf. v. Béziers II 956
Bureau, 5. B., Pierre II 956
Coëtquis, Philippe de III 15
Coictier, Jacques III 22
Crèvecoeur, Philippe de III 347
Pierre, 14. P. de Versailles VI 2140
Deutz III 919
Estouteville, 1. E., Guillaume d', Bf. v. Lisieux IV 39
Estouteville, 2. E., Guillaume d', Kardinal IV 40
Étampes, Jean d' IV 48
Everger, Ebf. v. Köln IV 141
Gallikanismus IV 1094
Gladbach IV 1474
Heribert, 7. H., Ebf. v. Köln IV 2155
Hermann, 13. H. I., Ebf. v. Köln IV 2163
Hermann, 14. H. II., Ebf. v. Köln IV 2163
Hermann, 15. H. III., Ebf. v. Köln IV 2164
Isabella, 12. I. v. Portugal, Hzgn. v. Burgund V 672
Kirche, I. Kirche und Kirchenorganisation V 1161
Kunibert, 1. K., Bf. v. Köln V 1570
Pragmatique Sanction VII 166
Severinus, 2. S., Bf. v. Köln VII 1805
Talaru, 1. T., Amédée de VIII 440
Talaru, 2. T., Hugues de VIII 441
Talaru, 3. T., Jean II. de VIII 441
Thomas, 26. Th. de Courcelles VIII 716

Müller, Irmgard
Aloe I 453
Alphita I 458
Apfel, Apfelbaum (mit Harmening, D., Kühnel, H.) I 746
Auslasser, Veit I 1248
Baldrian I 1365
Basilie(nkraut), Basilikum I 1526
Betonie I 2085
Birne, Birnbaum II 225
Blutwurz II 293
Dattel, Dattelpalme III 582
Diptam III 1100
Dost III 1328
Eibisch III 1665
Eisenhut, 2. E. III 1756
Enzian III 2030
Farnkräuter IV 300
Feige, Feigenbaum IV 335
Feigwurz IV 336
Ginster IV 1455
Malve VI 181
Mandel, Mandelbaum VI 187
Mastix(strauch) VI 373
Meerzwiebel VI 466
Melisse VI 497
Minzen VI 654
Mispel VI 668
Mistel VI 680
Mohn VI 718
Mönchspfeffer VI 747
Muskatnuß(baum) VI 969
Palme VI 1645

Pastinak VI 1772
Pfeffer VI 2027
Pfingstrose VI 2032
Pfirsich(baum) VI 2032
Pflaume(nbaum) VI 2046
Pilze VI 2160
Portulak VII 122
Pseudo-Apuleius VII 306
Rettich VII 765
Rhabarber VII 780
Salat, 1. Botanik VII 1285
Sandelholz(baum) VII 1363
Sanikel VII 1365
Schachtelhalm VII 1431
Seerose VII 1689
Sellerie VII 1737
Spargel VII 2085
Spinat VII 2117
Storax(baum) VIII 193
Wolfsmilch IX 314
Ysop IX 428
Zitrusfrüchte IX 658
Zitwerwurzel IX 659

Müller, Iso
Disentis III 1110

Müller, Maria E.
Fastnachtspiel IV 314

Müller, Rolf
Bertrand, 10. B., Jan (mit Keil, G.) I 2044

Müller, Ulrich
Färöische Balladen IV 302
Hugo, 46. H. v. Montfort V 173
Lied, I. Deutsche Literatur V 1969
Lyrik, 2. Deutsche Literatur VI 48
Mündliche Literaturtradition, I. Deutsche Literatur VI 899
Oswald, 3. O. v. Wolkenstein VI 1550
Pastourelle, Pastorela, III. Deutsche Literatur VI 1776
Politische Dichtung VII 61
Refrain, III. Deutsche Literatur VII 554
Satire, IV. Deutsche Literatur VII 1396
Schmähdichtung, II. Deutsche Literatur VII 1499
Seifried Helbling VII 1711
Streitgedicht, I. Allgemein VIII 235
Streitgedicht, IV. Deutsche Literatur VIII 238
Tagebuch, III. Deutschland VIII 426
Ulrich, 16. U. v. Liechtenstein (mit Spechtler, F. V.) VIII 1199
Wernher, 1. W., Bruder IX 9

Müller, U. K.
Bilokation II 193

Müller, Wolfgang P.
Petrus, 16. P. v. Blois d. J. VI 1964

Müller-Jahncke, Wolf-Dieter
Asteriscus I 1127

Müller-Mertens, Eckhard
Regnum Teutonicorum/Teutonicum VII 601

Müller-Wille, Michael
Ackergeräte, 1. Archäologie I 81
Alsengemme I 460
Alt(Staraja)-Ladoga I 476
Alt(Gamla)-Uppsala I 496
Bayeux, Teppich v., 2. Als Quelle für Archäologie und Realienkunde I 1712
Fürstengrab IV 1038
Grab, -formen, -mal, A. I. Archäologie [Westen] IV 1621
Oseberg(-schiff) VI 1492
Tune VIII 1092

Mumcu, Ahmed
Dīwān, B. II. Osmanisches Reich [Dīwān als Verwaltungsbegriff] III 1136

Munić, Darinko
Rijeka (Fiume) VII 850
Rovinj VII 1065
Skradin VII 1990
Statuten, B. II. 2. Statuten in kroatischer Sprache [Istrien und Dalmatien] VIII 74
Zengg IX 526

Munzel, Dietlinde
Kleines Kaiserrecht V 1204

Muradyan, Paruyr
Nerses v. Lambron VI 1095

Murdoch, Brian
Adam, III. Adam in der deutschen Literatur des Mittelalters I 114

Murk, Karl
Waldeck VIII 1946

Murken, Axel H.
Aussatz, VII. Literarischer, volkskundl. und ikonograph. Niederschlag (mit Binding, G., Keil, G.) I 1254

Musca, Giosué
Bari, I. Geschichte (mit De Leo, P.) I 1461
Caldora, Jacopo II 1394

Muscheler, Karlheinz
Stammgut VIII 44

Mussbacher, Norbert
Lilienfeld V 1984
Ulrich, 17. U. v. Lilienfeld VIII 1200

Musset, Lucien
Caen II 1347
Cotentin III 303
Dieppe III 1010
Lisieux V 2007

von Mutius, Hans-Georg
Begräbnis, Begräbnissitten, D. Jüdische Begräbnissitten I 1808
Bibel, C. Bibel im Judentum II 72
Bibeldruck, 2. Judentum II 83
Buchstabensymbolik, II. Judentum II 895
Delmedigo, Elia III 683
Ehe, E. Judentum III 1645
Eleasar v. Worms III 1789
Elieser, 1. E. Ben Joel ha-Levi III 1828

Elieser, 2. E. Ben Natan III 1828
England, J. II. Inneres Leben [Geschichte der Juden in England] III 1993
Erziehungs- und Bildungswesen, D. Judentum (mit Greive, H.) III 2207
Eva (mit Gössmann, E.) IV 124
Feste, C. Judentum IV 407
Fleisch, Fleischer, VI. Fleischerei im Judentum (mit Baum, H.-P.) IV 545
Gebet, B. Judentum IV 1158
Genisa, Kairoer IV 1233
Gerschom Ben Jehuda IV 1353
Gikatilla, 1. G., Josef B. Abraham IV 1448
Gikatilla, 2. G., Moses B. Samuel IV 1448
Gottesdienst, 1. G. (im Judentum) IV 1586
Grammatik, grammatische Literatur, E. Judentum IV 1644
Haggada IV 1839
Halacha IV 1869
Handauflegung, 4. Judentum IV 1895
Handschriften, C. Jüdischer Bereich IV 1908
Ḥasday ibn Schaprut IV 1951
Hillel, 2. H. ben Samuel V 20
Historiographie, C. Judentum V 52
Immanuel v. Rom V 389
Jakob, 20. J. ben Anatoli V 290
Jakob, 21. J. Ben Ascher V 291
Jeda'ja Ben Abraham ha-Penini V 345
Jehuda, 2. J. al-Ḥarisi V 346
Jehuda, 3. J. ha-Levi (Halevi) V 347
Jesus Christus, IV. Judentum V 364
Josef, 1. J. Albo V 630
Juden, -tum, B. Geistes- und Kulturgeschichte V 783
Judeneid, II. Im innerjüdischen Bereich V 789
Karäer V 948
Levita, Elia V 1925
Maᶜarufia VI 51
Martyrium, D. Judentum VI 357
Meir Ben Baruch aus Rothenburg VI 476
Memorbücher VI 510
Meschullam Ben Kalonymus VI 551
Messias VI 561
Midrasch VI 615
Mission, D. II. Jüdische Mission VI 678
Personennamen, -forschung, II. Judentum VI 1905
Pessach VI 1914
Pijjut VI 2143
Psalmen, Psalter, D. Judentum VII 302
Rabbaniten VII 380
Rabbinat VII 380
Radaniten VII 385
Recht, C. Recht im Judentum VII 515
Reisen, Reisebeschreibungen, D. Judentum VII 683
Responsen VII 759
Sabbat VII 1213
Salomon, 4. S. Ben Adret v. Barcelona VII 1316
Scheidebrief VII 1446
Schrift, III. Judentum VII 1564
Schriftlichkeit, Schriftkultur, III. Judentum VII 1568
Selbsttötung, -mord, II. Judentum VII 1727
Sklave, C. Judentum VII 1985
Speisegesetze VII 2091
Talmud VIII 450
Taqqana VIII 465
Targume VIII 476
Testament, A. III. Judentum [Recht] VIII 569
Urkunde, -nwesen, B. Judentum VIII 1316

Muusers, Christianne A. M.
Lucidarius, -rezeption, III. Mittelniederländischer Bereich V 2161

Nagel, Tilman
Abbasiden I 11
ᶜAlī ibn Abī Ṭālib I 411
ᶜAmr ibn al-ᶜĀṣ I 544
Barmakiden I 1471
Chronik, S. I. Arabische Chronistik II 2026
Chronologie, F. Historische Chronologie: Arabisch-islamische Zeitrechnung II 2047
Dihqān III 1046
Eunuchen, I. Arabischer Bereich IV 99
Koran V 1442
Mohammed VI 717
ᶜOmar VI 1404
Prädestination/Reprobation, B. Islam VII 145
Zeremoniell, H. I. Araber IX 577

Nagorni, Dragan
Anthemius, 2. A., byz. Baumeister und Mathematiker (mit Neuenschwander, E.) I 695
Arta I 1056
Baukunst, B. II. Südslavische Baukunst I 1660
Bauplastik, II. 2. Südslavischer Bereich I 1680
Bijelo Polje II 144
Bildnis, B. (Kroatien) II 182
Bildnis, B. (Serbien) II 181
Buchmalerei, C. VII. Serbien II 887
Büste, III. Berührung in Jugoslawien II 1159
Čin v. Hilandar II 2088
Dalmatinac, Juraj III 457
Dubrovnik, Malerschule v. III 1434
Otto, 42. O., Bildhauer VI 1586
Peć VI 1844
Radovan, Meister VII 390
Vita, Fra VIII 1760

von der Nahmer, Dieter
Adalbert, 16. A., Abt v. Echternach I 103
Adela, 7. A. v. Pfalzel I 143
Albert, 14. A. Rindsmaul I 289
Ansbald I 675
Anstrudis I 691
Apenninenpässe I 744
Arnold, 20. A. v. Dorstadt I 1006
Beatrix, 7. B. v. Tuszien I 1745
Bernardo Maragone I 1975
Bonifaz, 5. B. v. Tuszien, Mgf. v. Tuszien II 423
Caesarius, 1. C., hl., Bf. v. Arles, I. Leben und Wirken II 1360
Canossa, Familie (mit Fumagalli, V.) II 1440
Casale Monferrato II 1541
Chieri II 1814
Corana III 218
Eiserne Krone III 1756
Ida, 1. I. v. Herzfeld, hl. V 322
Legende V 1801
Martin, 9. M. v. Tours, hl., Bf. v. Tours VI 344
Severinus, 3. S. v. Noricum VII 1805

Napi, Luigi
Vevey (mit Maier, E.) VIII 1606

Nardi, Paolo
Siena, IV. Universität   VII 1876

Naso, Irma
Alfieri, Familie   I 391
Alfieri, Ogerio   I 391
Alione, Gian Giorgio (mit Busetto, G.)   I 414

Naß, Klaus
Petitio   VI 1944
Rosenfelder Annalen   VII 1034

Nastase, Dimitrios
Chronik, P. II. Moldau und Valachei   II 2022

Naumann, Hans-Peter
Brautwerberepos, Brautwerbungsmotiv, III. Skandinavische Literaturen   II 593
Kreuzzugsdichtung, VI. Skandinavische Literatur   V 1524

Navarro Miralles, Luis
Almirante de Indias   I 447

Nazarenko, Alexander
Rjurik, 1. R.   VII 880
Rjurik, 2. R. Rostislavič   VII 880
Rjurikiden   VII 880
Rjurikiden (Kiever und Moskauer Rus') (Stammtafel)   IX Anhang
Rus'   VII 1112
Senior (Seniorat), III. Rus'   VII 1757
Svjatopolk, 1. Vladimirovič Okajannyj   VIII 346
Svjatopolk, 2. S. Izjaslavič   VIII 346
Svjatoslav, 1. S. Igorevič   VIII 347
Svjatoslav, 2. S. Jaroslavič   VIII 348

Nazet, Jacques
Tournai   VIII 917

Nechutová, Jana
Christian, 6. Ch., Verfasser   II 1913

Nedkvitne, Arnved
Bergen, II. Geschichte und Wirtschaft   I 1953

Nehlsen, Hermann
Buße (weltliches Recht), II. Deutsches Recht   II 1144
Pactus legis Salicae   VI 1612

Nehlsen-von Stryk, Karin
Boni homines, 1. B. h. (boni viri)   II 424
Rachinburgen   VII 383
Schadenersatz   VII 1431
Schwabenspiegel   VII 1603
Umstand (Recht)   VIII 1212
Vollbort   VIII 1838
Wittum   IX 275
Witwe, A. II. Germanisches und Deutsches Recht   IX 277
Zeuge, C. I. Deutsches Recht   IX 584

Nehring, Karl
Hunyadi   V 225
Hunyadi, Johannes   V 226
Ladislaus, 4. L. V. Postumus, Kg. v. Ungarn   V 1611
Matthias, 1. M. I. Corvinus, Kg. v. Ungarn   VI 402

Neidiger, Bernhard
Engelbert, 3. E. III. v. der Mark   III 1918
Friedrich, 46. F. III. v. Saarwerden, Ebf. und Kfs. v. Köln   IV 963

Neiske, Franz
Pitanz   VI 2188

Neitmann, Klaus
Johann, 37. J. Wolthus v. Herse   V 513
Meinhard, 3. M., Bf. v. Üxküll   VI 474

Nellmann, Eberhard
Annolied   I 668
Kaiserchronik   V 856
Konrad, 49. K., Pfaffe   V 1363

Nenno, Rosita
Leder   V 1789

Nessi, Silvestro
Umbrien   VIII 1208

Neubecker, Ottfried
Fahne   IV 228
Feldzeichen, 2. Westlicher Bereich   IV 338
Flagge   IV 512

Neuenschwander, Erwin
Abakus, 1. A. (Rechenbrett)   I 10
Abū Kāmil   I 67
Abū l-Wafāʾ al-Būzağānī   I 68
Adelard v. Bath, A. v. B.s Bedeutung für die Mathematik   I 144
Aḥmad ibn Yūsuf ibn Ibrāhīm ibn ad-Dāya   I 231
Albert, 15. A. v. Sachsen   I 289
Alexander, 34. A. de Villa Dei (mit Müller, G.)   I 381
Almanach, 1. Tafelwerk   I 445
Anthemius, 2. A., byz. Baumeister und Mathematiker (mit Nagorni, D.)   I 695
Apices   I 748
Campanus v. Novara   II 1421
Chuquet, Nicolas   II 2055
Euklid   IV 91
Eutokios v. Askalon   IV 120
Franciscus, 3. F. v. Ferrara   IV 683
Heron v. Alexandria   IV 2175
Leonardo, 2. L. Fibonacci   V 1893
Mathematik, I. Ursprünge; Spätantike (mit Folkerts, M.)   VI 381
Mathematik, II. Byzanz (mit Folkerts, M.)   VI 382
Mathematik, III. Islamische Länder (mit Sesiano, J.)   VI 383
Mathematik, IV. Abendland (mit Folkerts, M.)   VI 285
Mechanik   VI 435
Rechenkunst, -methoden, Rechenbücher (mit Folkerts, M.)   VII 502
Theon von Alexandrien   VIII 660
Weltbild, I. Astronomisch-kosmologisch   VIII 2159
Yaḥyā, 1. Y. b. Abī Manṣūr   IX 407

Neumann, Christoph K.
Gedik Aḥmed Paša   IV 1167
Germiyān Oğullari   IV 1348
Ḥāğğī Bayrām Velī   IV 1839
Jacobus, 25. J. de Promontorio de Campis   V 261

Janitscharen V 300
Kemāl Reʾīs V 1101
Knabenlese V 1231
Mīḫāloġullarī VI 620
Mīr-i āḫūr VI 665
Nišānǧī VI 1200
Ordo Portae VI 1441
Orḫan Beg VI 1453
ʿOsmān I. VI 1495
Osmancık VI 1496
Paša VI 1751
Penǧik VI 1871
Qāḍī VII 341
Qapuǧī VII 342
Qara Ḥiṣār VII 343
Qara Timurṭaš Paša VII 344
Qara-qoyunlu VII 343
Qāżī ʿasker VII 345
Qāżī Burhān ad-Dīn VII 345
Qāżī-zāde-i Rūmī VII 345
Qīvāmī VII 347
Qïzïlbaš VII 347
Ramażān-ogullari VII 425
Reʾīs ül-küttāb VII 672
Rūḥī, Edrenelü, Mevlānā VII 1093
Rūmeli VII 1095
Rūmelihiṣārī VII 1095
Šaʿbāniyye VII 1213
Šabunǧī-oġlï Šeref üd-Dīn ʿAlī VII 1218
Šaltuqnāme VII 1319
Samsun VII 1347
Sanǧaq VII 1365
Schiltberger, Johann VII 1465
Selçuk VII 1729
Selim I. VII 1736
Sipāhī VII 1932
Spandugnino, Theodor VII 2075
Šubašï VIII 272
Sűleymān, 1. S. Čelebi, Emir VIII 299
Sűleymān, 2. S. Čelebi, osman.-türk. Dichter VIII 299
Teke-oġullarï VIII 529
Vilāyet VIII 1674

Neumann, Johannes
Firmung, IV. Kanonistisch IV 492

Neumann, Josef N.
Kinderheilkunde V 1149
Metlinger, Bartholomäus VI 581

Neumann, Ronald
Markward, 1. M. v. Annweiler VI 314
Meinardino Alberti degli Aldighieri VI 472
Venner VIII 1474

Neumeister, Peter
Zerbst IX 545

Neunheuser, Burkhard
Cluny, Cluniazenser, D. Die Cluniazenser-Liturgie II 2191

Neweklowsky, Gerhard
Bulgarische Sprache II 930

Newhauser, Richard
Predigt, B. V. 2. Mittelenglisch VII 179

Tugenden und Laster, Tugend- und Lasterkataloge, IV. 2. Englische Literatur VIII 1088

Newton, Stella M.
Aketon I 251
Brustlatz (mit Harris, J.) II 798
Brustschleier (mit Harris, J.) II 798
Doublet III 1331

Ní Chatháin, Próinseás
Dallán Forgaill III 442
Derrynavlan III 713
Dumnonii, Dumnonia III 1449
Fathan IV 317
Fer léigind IV 370
Fili IV 446
Fine IV 474
Finglas IV 475
Irische Sprache und Literatur V 645
Keltische Sprachen und Literaturen V 1101
Liber Hymnorum V 1945
Ogam VI 1372

Nicholson, Ronald G.
Auld Alliance I 1235
David, 3. D. II. (Bruce) III 600

Nicol, Donald M.
Ep(e)iros III 2043
Gasmulen IV 1129
Gennadios II. IV 1234
Johannes, 5. J. IV. Laskaris V 534
Matthaios Kantakuzenos VI 400
Meteora VI 578
Nikaia, 2. N., Kaiserreich v. VI 1152
Theodor, 3. Th. I. Laskaris, byz. Ks. v. Nikaia VIII 627
Theodor, 4. Th. II. Laskaris, byz. Ks. v. Nikaia VIII 628
Theodor, 5. Th. Komnenos Dukas, byz. Fs. v. Epiros VIII 628
Tocco VIII 821

Niedenzu, Adalbert
Gotland (mit Böttger-Niedenzu, B.) IV 1578
Gotländische Bildsteine (mit Böttger-Niedenzu, B.) IV 1580

Niehoff, Birgit
Gravierung IV 1660

Niehoff, Franz
Goldschmiedekunst, I. Westen (Frühmittelalter bis 1500) IV 1548

Niehr, Klaus
Jesus Christus, II. Abendländisches Mittelalter V 361
Jungfrauen, kluge und törichte V 807
Kindheitsgeschichte Jesu, III. Abendländisches Mittelalter (mit Braun-Niehr, B.) V 1153
Kreuz, Kruzifix, F. II. Abendland [Ikonographie] V 1495
Kreuzigung Christi, II. Abendland V 1503
Leben Christi, II. Abendländisches Mittelalter (mit Braun-Niehr, B.) V 1777
Lukasbilder, Lukasmadonna VI 1
Mäander VI 51

Maiestas Domini, II. Abendländisches MA VI 112
Mandorla VI 189
Meister E. S. VI 482
Melchisedech, II. Mittelalter VI 491
Nikolaus, 41. N. v. Verdun VI 1188
Triumphkreuz VIII 1028

Nieto Soria, José Manuel
Lope, 1. L., Barrientos V 2109
Luna, 2. L., Pedro de, Ebf. v. Toledo VI 5
Mauritius, 1. M., Bf. v. Burgos VI 412
Oropesa, Alonso de VI 1474
Palencia VI 1636

Niggemeyer, Jens-Heinrich
Alexander d. Große in Kunst und Literatur, B. XI. Hebräische Literatur I 365

Nikolajević, Ivanka
Frau, D. II. Südosteuropäischer Bereich IV 870

Nikolasch, Franz
Buße (liturgisch-theologisch), D. I. 1. Allgemeine Grundzüge [Bußdisziplin und Bußriten; Westkirche] II 1130

Nikžentaitis, Alvydas
Olgerd, Gfs. v. Litauen VI 1396

Nilgen, Ursula
Genealogie Christi IV 1221
Genesis-Illustration IV 1226
Hochzeitsbild V 62
Hohelied, das (Ikonographie) V 81
Höllen (bzw. Hades)fahrt Christi, II. Westen V 98
Huldigungsbild V 184
Propheten, Prophetie, C. I. Westen [Ikonographie der biblischen Propheten] VII 257
Pyramus und Thisbe VII 337
Rechts und links VII 518
Regenbogen VII 563
Riesenbibeln VII 840
Sant'Angelo in Formis VII 1132
Schlüssel, II. Ikonographie, Symbolik VII 1493
Schwert, III. Ikonographie, Symbolik VII 1645
Spruchband VII 2142
Vitenillustration VIII 1770
Vivian-Bibel VIII 1783
Wiener Genesis IX 86
Winchester, 4. Skriptorium/Buchmalerei IX 228
Wortillustration IX 339
Wurzel Jesse IX 382

Nitsche, Peter
Čin II 2087
Romidee, III. Moskau VII 1010
Sophia Palaiologa VII 2052
Vassian, 1. V. Patrikeev VIII 1424
Zar, II. Moskauer Rus' IX 476
Zosima, 1. Z., Metropolit der ganzen Rus' IX 676

Nitschke, August
Verhalten, -snormen VIII 1534

Nitz, Hans-Jürgen
Moor VI 823

Nobis, Heribert M.
Adept (mit Jüttner, G.) I 150
Astralgeister I 1132
Astrarium I 1134
Äther I 1164
Beschreibung I 2059
Buch der Natur II 814
Dominicus, 8. D. Maria de Novara III 1189

Noble, Thomas F. X.
Kirchenstaat V 1180
Patrimonium Sancti Petri VI 1792
Pippinische Schenkung VI 2171

Noelke, Peter
Köln, A. I. Antike [Stadt] V 1254

Nonn, Ulrich
Beornrad, Ebf. v. Sens I 1925
Bertchram I 2021
Charibert, 1. Ch. I. II 1719
Charibert, 2. Ch. II. II 1719
Childebert, 3. Ch. III. II 1816
Childebert, 4. Ch. (III.), Sohn des Hausmeiers Grimoald II 1817
Childebrand II 1817
Childerich, 1. Ch. I. II 1817
Childerich, 2. Ch. II. II 1818
Childerich, 3. Ch. III. II 1818
Chilperich, 2. Ch. I. II 1825
Chlodulf II 1862
Chlodwig, 2. Ch. II. II 1868
Chlodwig, 3. Ch. III. II 1869
Chlodwig, 4. Ch. (III.), angebl. Merowinger II 1869
Chlothar, 3. Ch. III. II 1871
Chlothar, 4. Ch. IV. II 1872
Dagobert, 1. D. I. III 429
Dagobert, 2. D. II. III 430
Formel, -sammlungen, -bücher, A. III. Frühmittelalter [Lateinisches Mittelalter] IV 648
Fredegar (Fredegar-Chronik) IV 884
Fredegund IV 885
Gundowald IV 1792
Gunt(h)ram IV 1794
Historia Daretis Frigii de origine Francorum V 43
Karl, 1. K. Martell V 954
Lupus, 2. L., hl., Ebf. v. Sens VI 15
Nanthild VI 1018
Nibelung VI 1120
Nicetius, 2. N., Bf. v. Trier VI 1127
Otto, 28. O., Erzieher Kg. Sigiberts III. VI 1580
Pippin, 1. P. I. (d. Ältere), frk. Hausmeier VI 2167
Pippin, 2. P. II. (d. Mittlere), frk. Hausmeier VI 2167
Plektrud VII 19
Poitiers, 1. P., Schlacht v. (732) VII 44
Radbod, 1. R., Friesenhzg. VII 385
Radulf, 1. R., Hzg. v. Thüringen VII 391
Raganfrid VII 397
Reichsannalen VII 616
Remigius, 1. R., hl., Bf. v. Reims VII 707
Reolus VII 739
Rigobert VII 849
Roland, 1. R. (Hruodland), Mgf. der Bretagne VII 957
Rotlandus, Ebf. v. Arles VII 1054
Ruthard VII 1125
Sacebarones VII 1220
Schwurfreundschaft VII 1649

Sigibert, 1. S. v. Köln, frk. Kg.   VII 1883
Sigibert, 2. S. I., merow. Kg.   VII 1883
Sigibert, 3. S. II., merow. Kg.   VII 1884
Swanahild   VIII 349
Tertry   VIII 559
Theudebald   VIII 685
Theudebert, 1. Th. I., merow. Kg.   VIII 685
Theudebert, 2. Th. II., merow. Kg.   VIII 686
Theuderich, 1. Th. I., merow. Kg.   VIII 687
Theuderich, 2. Th. II., merow. Kg.   VIII 687
Theuderich, 3. Th. III., merow. Kg.   VIII 688
Theuderich, 4. Th. IV., merow. Kg.   VIII 688
Theudoald   VIII 688
Theudowald   VIII 689
Vouillé   VIII 1873
Waifar   VIII 1931
Waratto   VIII 2039
Warin, 1. W., Gf. in Alemannien   VIII 2049
Warnachar, 1. W., frk. Hausmeier   VIII 2051
Wisigarda   IX 256
Wulfoald   IX 346

Nordenfalk, Carl
Book of Kells   II 440

North, John David
Astrologie, I. Ursprünge (mit van der Waerden, B. L.)   I 1135
Astrologie, III. Der kulturelle Hintergrund der Astrologie in Spätantike und Frühmittelalter   I 1137
Astrologie, IV. Einflußreiche astrologische Schriften   I 1138
Astrologie, V. Die Übersetzung arabischer Werke in Spanien   I 1139
Astrologie, VI. Eine Verschmelzung der Kulturen   I 1140
Astrologie, VII. Apologetiker   I 1141
Astrologie, VIII. Astrologie im Spätmittelalter   I 1141
Chaucer, Geoffrey, IV. Chaucer und die Astronomie, Astrologie   II 1779
Dante Alighieri, B. VI. Dantes Werk unter astronomisch-astrologischem Aspekt   III 558
Finsternis   IV 483
Heinrich, 97. H. Bate v. Mecheln, 2. Astrologisches und astronomisches Werk   IV 2089
Johannes, 115. J. v. Gmunden   V 579
John, 4. J. of Eschenden   V 618
John, 8. J. Maudith   V 618
John, 10. J. Somer   V 618
Lewis v. Caerleon   V 1927
Nikolaus, 29. N. v. Lynn   VI 1184
Observatorium, astron.   VI 1339
Richard, 16. R. v. Wallingford, Abt v. St. Albans   VII 818
Richard, 33. R. Swineshead   VII 826
Roger, 7. R. Bacon   VII 940
Roger, 11. R. v. Hereford   VII 943
Simon, 6. S. Bredon   VII 1915
Walter, 17. W. v. Odington, 1. Leben und naturwissenschaftlich-mathematisches Werk   VIII 1999
William, 3. W. Rede   IX 210

North, Michael
Investitionen   V 476
Kurantgeld   V 1578
Währung, I. Westen   VIII 1924

Nortier, Elisabeth
Convenientia   III 206

Noser, Otmar
Solothurn   VII 2038

Nössing, Josef
Eppan, Gf. en v.   III 2091

Noth, Albrecht
Abulchares   I 69
Ahl al-Kitāb   I 231
ʿĀmil   I 535
Amīr al-muʾminīn   I 535
Amīr al-muslimīn   I 535
Apostasie, IV. Islam   I 781
Ayyūbiden   I 1315
Dār al-ḥarb   III 570
Dār al-Islām   III 570
Emir   III 1885
Flotte, A. III. Arabisch-islamischer Bereich   IV 582
Sizilien, A. III. Muslimische Periode   VII 1954

Nothhelfer, Ulrich
Hirsau   V 35
Mantes   VI 204
Méobec   VI 532

Novarese, Daniela
Parlament, Parliament, VI. Königreich Sizilien und Neapel   VI 1728
Regalien, -politik, -recht, V. Kgr. Sizilien   VII 561

Nový, Rostislav
Dorf, E. I. Ostmitteleuropa   III 1298

Nowak, Zenon H.
Thorn   VIII 732

Nuchelmans, Gabriel
Konzeptualismus   V 1428

Nyberg, Tore S.
Birgittiner, Birgittinerinnen   II 218
Dänemark, E. Missions- und Kirchengeschichte. Verhältnis zum Papsttum   III 521
Erich, 7. E. IX. d. Hl., Kg. v. Schweden   III 2143
Eskil   IV 14
Hallvard   IV 1881
Jakob, 19. J. Ulfsson, Ebf. v. Uppsala   V 290
Katharina, 9. K. v. Schweden   V 1071
Knud, 5. K. Eriksson, Kg. v. Schweden   V 1241
Linköping   V 2002
Lund, II. Bistum und Erzbistum   VI 7
Lyse   VI 50
Mariager   VI 280
Maribo   VI 286
Munkeliv   VI 912
Odense   VI 1347
Ringsted   VII 857
Rye, St. Søren   VII 1128
Selja   VII 1732
Siegfried, 8. S. (Sigfrid)   VII 1867
Skara   VII 1971
Sorø   VII 2059
Sunniva   VIII 325
Sven(d), 2. S. Estridsen, Kg. v. Dänemark   VIII 342

Thingeyrar VIII 696
Thøger VIII 696
Thorlak Thórhallsson VIII 732
Thykkvibœr VIII 758
Tommarp VIII 855
Vadstena VIII 1365
Varnhem VIII 1414
Västerås VIII 1425
Växjö VIII 1438
Vestervig VIII 1603
Viborg, II. Bistum VIII 1615
Vitskøl VIII 1780
Voer VIII 1807
Waldemar, 6. W., Bf. v. Schleswig VIII 1951
Zisterzienser, -innen, C. VIII. Skandinavien IX 646

Nyholm, Kurt
Albrecht, 28. A. v. Scharfenberg I 326

Obenaus, Herbert
Sankt Jörgenschild VII 1170

Öberg, Jan
Brief, Briefliteratur, Briefsammlungen, C. VI. Skandinavien II 677

Obermair, Hannes
Ulrich, 8. U. II. Putsch, Bf. v. Brixen VIII 1196

Ocak, Ahmet Y.
Maḥmūd Paša VI 106

Ochmański, Jerzy
Horodło V 127
Jagiełło, Jagiellonen V 274
Sigismund, 4. S. (d. Ä.) Jagiello, Gfs. v. Litauen, Kg. v. Polen VII 1886

Ochsenbein, Peter
Elsbeth v. Oye III 1860

Ochsner, Christine
Wunder, C. II. Abendländisches Mittelalter [Ikonographie] IX 356

Ó Corráin, Donnchádh
Báetán mac Cairill I 1344
Cáin Fuithirbe II 1380
Caithréim Cellacháin Chaisil II 1382
Cathaír Már II 1573
Cathal mac Conchobair II 1574
Cenél Conaill II 1613
Cenél Eógain II 1613
Ciarraige II 2062
Corco Baiscind III 228
Corco Loígde III 228
Corcu Duibne III 229
Corcu Mruad III 229
Cork (Corcaigh) III 237
Dál III 436
Delbna III 665
Hibernensis, Collectio Canonum IV 2207

Ó Cróinín, Dáibhí
Brandub mac Echach II 569
Brega II 598
Bréifne II 600
Cáin Domnaig II 1380
Cáin Lánamna II 1381
Caithréim Toirdelbaig II 1383
Cellach II 1606
Cenn Fáelad II 1614
Cerball mac Dúnlainge II 1624
Chronicon Scotorum II 1954
Clann Áeda Buide II 2121
Clann Cholmáin II 2121
Clann Sínaich II 2122
Clann, I. Irland II 2120
Clonard, 1. Frühmittelalter II 2165
Cogadh Gáedhel re Gallaibh III 21
Cogitosus ua Aédo III 21
Colmán, 3. C. v. Cloyne III 46
Colmán, 4. C. moccu Béognae III 46
Comgall mac Sétnai III 78
Commán III 80
Conláed III 137
Connacht III 137
Connor III 140
Cormac mac Cuilennáin III 238
Cuimíne, 1. C. Ailbe III 367
Cuimíne, 2. C. Fota mac Fiachnai III 367
Cummianus, 1. C., ir. Autor III 370
Dál Cais III 439
Diarmait, 1. D. mac Cerbaill III 969
Diarmait, 2. D. mac Máel na mBó III 969
Dicuil, 2. D., irischer Gelehrter III 982
Dinnshenchas III 1067
Domnall, 1. D. mac Áedo III 1224
Domnall, 2. D. Brecc III 1225
Domnall, 3. D. Midi III 1225
Domnall, 4. D. ua Néill III 1225
Druim(m) Cett III 1415
Dub-dá-Lethe III 1425
Dunchad, 2. D. (Duncaht), irischer Gelehrter III 1454
Dunshaughlin III 1462
Durham-Evangeliarfragmente III 1481
Durrow III 1484
Éces III 1538
Edocht III 1582
Éile III 1727
Elias, 7. E., ir. Gelehrter III 1826
Emain Macha III 1865
Emly III 1886
Eochaid ua Flainn III 2039
Eóganachta III 2039
Feidlimid mac Crimthain IV 335
Fenagh IV 349
Fiachnae, 1. F. mac Áedo Róin IV 424
Fiachnae, 2. F. mac Báetáin IV 425
Fianna IV 426
Finán Cam IV 453
Finsneachta Fledach IV 483
Fír flathemon IV 487
Flaithbertach mac Loingsig IV 513
Flann Mainistrech IV 533
Fortuath IV 664
Fothairt IV 674
Hagiographie, B. VIII. Irland IV 1854
Hibernicus exul IV 2207
Hochkönig V 58
Inis Cathaig V 420
Inis Celtra V 420
Iona V 622

Irland, B. I. Vom Frühmittelalter bis ins späte 12. Jahrhundert V 654
Kells V 1098
Kells, Synode v. (1152) V 1099
Kelten V 1099
Kildare V 1133
Kilfenora V 1135
Killaloe V 1139
Killeshin V 1140
Kintyre V 1161
Laichtín mac Toirbín V 1616
Laidcenn mac Báith Bandaig V 1616
Laigin, Leinster V 1619
Laisrén moccu Imde V 1620
Lann Léire V 1705
Lebor Gabála Érenn V 1782
Lebor na gCert V 1782
Loéguire mac Néill V 2070
Loígis V 2088
Loingsech mac Oéngusso V 2088
Lorica, 2. L. V 2115
Lorrha V 2116
Luccreth moccu Chérai V 2156
Máedóc VI 68
Máel Mórda mac Murchada VI 69
Máel Muire Othna VI 69
Máel Sechlainn mac Máele Ruanaid VI 69
Magi (Druiden) VI 81
Malachias, 1. M. II. VI 159
Malachias, 2. M., hl., Ebf. v. Armagh VI 159
Maria, hl., C. VII. Altirische Literatur VI 273
Marianus Scot(t)us VI 285
Mide VI 614
Mochtae VI 705
Mo-Chuaróc sapiens VI 705
Mo-Chutu VI 706
Monenna VI 755
Muirchertach Ua Briain VI 892
Muirchú moccu Machtheni VI 893
Muiredach Tírech VI 893
Mungret VI 910
Munster VI 913
Murchad mac Diarmata VI 940
Múscraige VI 947
Niall, 2. N. Glúndub VI 1119
Niall, 3. N. Noígiallach VI 1119
Osterfestberechnung, Osterstreit, II. Osterstreit in Irland und im angelsächsischen England VI 1516
Patrick (Patricius) VI 1791
Paruchia, 2. P., Klosterverband VI 1746
Ráith Bresail, Synode v. VII 423
Roscrea VII 1030
Rosscarbery VII 1041
Ruadán VII 1067
Senán, hl. VII 1744
Senchas VII 1746
Síl nAédo Sláine VII 1898
Sletty VII 2005
Tallaght VIII 448
Tara VIII 465
Terryglass, Treffen v. VIII 556
Tírechán VIII 799
Túath VIII 1074
Visio(n), -sliteratur, A. VII. Alt- und mittelirische Literatur VIII 1741
Zaubersprüche, IV. Irische Literatur IX 489

Odenius, Oloph
David, 10. D. v. Munktorp III 606

O'Dwyer, Peter
Célí Dé II 1604

Oertli, Reinhard
Diplovatatius, Thomas III 1100

Oesterle, Hans-Joachim
Achard v. St. Victor I 78
Actus humanus – actus hominis I 89
Aegidius, 3. Ae. Carlerii I 175
Äquivokation I 832
Augustinus, 1. A., hl., Kirchenlehrer, lat. Kirchenvater, I. Leben I 1223
Augustinus, 1. A., hl., Kirchenlehrer, lat. Kirchenvater, II. Werke I 1225
Bartholom(a)eus, 5. B. v. Brügge I 1493
Bartholom(a)eus, 7. B. v. Exeter I 1494
Bartholom(a)eus, 12. B. v. Messina I 1496
Bernhard, 29. B. v. Clermont I 1998
Bestimmung I 2080
Bewußtsein II 32

Oexle, Otto Gerhard
Adalbero, 4. A., Bf. v. Laon I 93
Adalgisel, 2. A.-Grimo I 104
Aetherius, Ebf. v. Lyon I 192
Agilbert I 207
Albinus, 1. A., Bf. v. Angers I 307
Ansegis, 2. A., Ebf. v. Sens I 678
Berchar I 1931
Cancor II 1431
Chrodegang II 1948
Collecta, 3. C. (Gruppe) III 35
Drogo, 4. D., Sohn Karls d. Gr. III 1405
Dubois, Pierre III 1433
Ebalus, 1. E. (Ebolus), Erzkanzler Kg. Odos III 1507
Ebalus, 2. E. »Manzer« III 1507
Ebroin, 2. E., Bf. v. Poitiers III 1533
Emma, 3. E., karol. Kgn. III 1887
Gauzlin, 2. G., Erzkanzler IV 1146
Genossenschaft, I. Städtische Genossenschaft IV 1234
Gerhard, 1. G., Gf. v. Auvergne IV 1308
Gilde IV 1452
Memoria, Memorialüberlieferung VI 510
Ordo, I. Allgemein VI 1436
Schützengilden VII 1595
Utopie VIII 1345
Verschwörung VIII 1581

Offenberg, Adrian K.
Soncino VII 2043

Ogris, Werner
Arbeit, A. IV. Arbeit im Recht des Mittelalters [West- und Mitteleuropa] I 875
Leibgeding V 1848
Morgengabe VI 837
Vater, väterliche Gewalt VIII 1428
Wette IX 43

Ohainski, Uwe
Wolfenbüttel IX 304

Ohler, Norbert
Reisen, Reisebeschreibungen, A. I. Allgemein; Formen;
  Verkehrsmittel [Westen]   VII 672
Wallfahrtsort   VIII 1984

Ohme, Heinz
Nikaia, ökumenische Konzilien v., 1. I. ökumenisches
  Konzil v. (325)   VI 1153
Nikaia,, ökumenische Konzilien v., 2. VII. ökumenisches Konzil v. (787)   VI 1154

Oikonomidès, Nikos
Taktika, 3. T. (Ranglisten)   VIII 439

Okasha, Elisabeth
Ruthwell Cross   VII 1125

von Olberg-Haverkate, Gabriele Gräfin
Gefolgschaft   IV 1171
Knecht   V 1233
Verknechtung   VIII 1545
Vicinitas   VIII 1625

Olbrich, Harald
Ornament, I. Westen   VI 1468

Olivar, Alexander
Cisneros, 2. C., García Jiménez de   II 2104
Montserrat   VI 821

Olivieri, Achille
Condulmer   III 122

Ollich i Castanyer, Immaculada
Arenós   I 918
Arenós, Ferran Eiximenis d'   I 919
Bellera, Guillém de   I 1846
Cadells i Nyerros   II 1337
Castellania   II 1558
Centelles   II 1619
Corbera   III 223
Cruilles   III 359

Olsen, Rikke Agnete
Burg, C. XII. 1. Dänemark   II 991

Olszewski, Henryk
Nieszawa, Statuten v.   VI 1146
Nihil novi   VI 1149

Oltrogge, Doris
Technik der Buchmalerei   VIII 517

Onasch, Konrad
Boris und Gleb, III. Ikonographie   II 460
Buchmalerei, C. V. Altrußland   II 884
Dämonen, Dämonologie, G. III. Altrußland   III 485
David, III. Altrussische Kunst   III 598
Demetrios, hl., II. 2. Altrußland [Ikonographie]
  III 688
Dionisij, 2. D., Maler   III 1074
Drache, F. III. Altrußland [Kunstgeschichte]   III 1345
Dreifaltigkeit, II. 4. Russische Kunst   III 1377
Drei Könige, II. 4. Altrußland [Literarische Quellen, Darstellungen in der Kunst]   III 1387
Email, II. Byzanz und dessen Einflußbereich (mit Wessel, K.)   III 1869
Engel, -lehre, -sturz, D. IV. Altrußland [Ikonographie]
  III 1914
Evangeliar, III. Altrußland   IV 129
Evangelisten, B. III. Altrußland [Ikonographie]
  IV 136
Evangelistensymbole, IV. Altrußland   IV 139
Feofan Grek   IV 355
Holzkirche, Altrußland   V 106
Ikone, -nmalerei, -beschläge, II. Altrußland   V 374
Ivan, 11. I., Maler   V 838
Kirchenbau, III. Altrußland   V 1171
Maria, hl., B. IV. Altrußland [Ikonographie]   VI 262
Michael, Erzengel, IV. Darstellung, Altrußland   VI 595
Nikolaus, 10. N. v. Myra, IV. Verehrung und Darstellung in Altrußland   VI 1176
Ostslavische Kunst   VI 1549
Passion, C. IV. Altrußland [Ikonographie]   VI 1768
Plastik, III. Altrußland   VII 5
Podlinnik   VII 32
Pokrov, Fest   VII 48
Portal, III. Altrußland   VII 110
Rublëv, Andrej   VII 1068
Russische Kunst   VII 1114

van Oostrom, Frits Pieter
Brief, Briefliteratur, Briefsammlungen, B. II. Mittelniederländische Sprache und Literatur   II 666
Calstaf   II 1402

Orbàn, Imre
Margareta, 1. M., hl.   VI 232

Orioli, Raniero
Apostoliker   I 792
Dolcino, Fra, v. Novara   III 1171
Paganelli, Saraceno   VI 1623
Saint-Félix-de-Caraman, Konzil v.   VII 1150
Salvo Burci   VII 1323
Segarelli, Gerardo   VII 1695

Orlandi, Giovanni
Navigatio sancti Brendani   VI 1063
Reisen, Reisebeschreibungen, A. II. 1. Lateinisches Mittelalter [Reisebeschreibungen]   VII 675

Orselli, Alba
Italien, C. I. Von den Ursprüngen bis ins 10. Jh. [Kirchengeschichte]   V 745

Ortalli, Gherardo
Venedig, A. Stadtgeschichte   VIII 1459

Orth, Peter
Serlo, 2. S. v. Wilton   VII 1789
Stephan, 29. S. v. Rouen   VIII 123
Vita beate virginis Marie et Salvatoris rhythmica
  VIII 1758

Osborn, Marijane
Kästchen v. Auzon   V 1035

Otorepec, Božo
Siegel, XIII. 1. Slowenien   VII 1859

Ott, Hugo
Breite   II 602
Sankt Blasien   VII 1136

Ott, Ludwig
Adam, 8. A. v. Marsh   I 109
Alberich, 7. A. v. Reims   I 281
Alger v. Lüttich   I 410
Bischof, -samt, B. Theologie des Bischofsamtes im Mittelalter   II 235
Diakon, II. 2. In der scholastischen Theologie [Lateinischer Westen] (mit Hödl, L.)   III 943

Ott, Norbert H.
Aristoteles, D. Ikonographie   I 947
Artus (Arthur), Artussage, Artusromane, VI. Ikonographie   I 1088
Belial   I 1842
Christherre-Chronik   II 1908
Dietrich v. Bern, III. Ikonographie   III 1018
Exlibris   IV 171
Garten, A. I. Zur Überlieferung in Fachliteratur, Dichtung und Bildender Kunst [Westliches Europa]   IV 1121
Heinrich, 133. H. v. München   IV 2103
Historienbibel   V 45
Mythos, Mythologie   VI 993
Neun Gute Helden, I. Französische Literatur   VI 1104
Neun Gute Helden, III. Mittelniederländische Literatur   VI 1105
Neun Gute Helden, IV. Mittelhochdeutsche Literatur   VI 1105
Neun Gute Helden, VI. Ikonographie   VI 1106
Peuntner, Thomas   VI 1990
Pfaffe vom Kahlenberg, der   VI 1992
Philipp, 29. Ph. der Kartäuser (Bruder Philipp)   VI 2077
Psalmen, Psalter, B. III. Deutsche Literatur   VII 299
Raber, Vigil   VII 383
Reimsprecher   VII 664
Reinfried v. Braunschweig   VII 667
Reisen, Reisebeschreibungen, A. II. 3. Deutsche Literatur [Reisebeschreibungen]   VII 678
Roland (in der Überlieferung), A. Verehrung, allgemeine Grundzüge in der Literatur, Ikonographie   VII 952
Roland (in der Überlieferung), C. II. Deutsche Literatur   VII 955
Roman de la Rose, II. Ikonographie   VII 993
Roman de la Rose, III. 2. Deutsche Literatur [Übersetzungen und Einflüsse]   VII 994
Rosen, 2. Symbolik und Ikonographie   VII 1032
Rudolf, 22. R. v. Ems   VII 1083
Salomo, C. I. Lateinische, deutsche und französische Literatur   VII 1311
Samson (jüd. Heros), II. Westen   VII 1345
Satansprozesse   VII 1391
Schernberg, Dietrich   VII 1451
Schlaraffenland, I. Allgemein   VII 1477
Schwank, I. Deutsche Literatur   VII 1616
Seyfrid der Hürne   VII 1820
Sieben freie Künste (Ikonographie)   VII 1835
Sieben Weise   VII 1836
Sieben weise Meister, I. Ursprung und allgemeine literarische Rezeption   VII 1836
Spielmannsdichtung, II. Deutsche Literatur   VII 2115
Sprichwort, Sprichwortsammlung, III. Deutsche Literatur   VII 2138
Stainreuter, Leopold   VIII 39
Ständeliteratur   VIII 54
Staufenberg, Ritter v.   VIII 76
Stephan, 27. S. v. Landskron   VIII 122
Straßburger Alexander   VIII 219
Suchenwirt, Peter   VIII 280
Tanzlied v. Kölbigk   VIII 463
Teufel, C. I. Westen [Ikonographie]   VIII 583
Teufel, D. IV. Deutsche Literatur   VIII 589
Teufels Netz, des   VIII 591
Theophilus-Legende, III. Deutsche Literatur   VIII 669
Theophilus-Legende, V. Ikonographie   VIII 670
Tristan, B. Ikonographie   VIII 1023
Ulrich, 15. U. v. Gutenburg   VIII 1199
Vanitas   VIII 1408
Vergil im Mittelalter, B. Ikonographie   VIII 1529
Vintler, Hans   VIII 1703
Welt, Andere   VIII 2157
Welt, Verkehrte   VIII 2158
Widuwilt   IX 78
Wigamur   IX 93
Wigoleis   IX 95
Wildleute   IX 120
Zerbster Fronleichnamsspiel   IX 546

Otterbein, Armin
König Rother   V 1324
Lamprecht, 2. L., Pfaffe   V 1633
Orendel   VI 1446
Oswald, mhd. Dichtungen   VI 1552

Ourliac, Paul
Ableiges, Jacques d'   I 46
Andorra   I 598
Auditoire de droit écrit   I 1195

Oury, Guy M.
Benediktiner, -innen, A. II. Frauenklöster (mit Jexlev, Th.)   I 1877
Benediktiner, -innen, B. III. Frankreich im Spätmittelalter   I 1887

Ouy, Gilbert
Ailly, Pierre d'   I 239
Courtecuisse, Jean, 1. Leben   III 316
Nicolas de Clamanges   VI 1131

Overgaauw, Eef A.
Rupert, 2. R. v. Bingen   VII 1106

Ozols, Jakob
Liven   V 2043
Saeborg   VII 1249

Paarhammer, Hans
Generalvikar   IV 1223

Pabst, Angela
Dominus   III 1224
Imperator   V 394
Imperium   V 396
Iovianus   V 641
Limes   V 1991
Limitanei   V 1993
Notitia dignitatum   VI 1286
Pontifex maximus   VII 95
Princeps   VII 213
Römisches Reich   VII 1017
Senat, I. Rom   VII 1744
Senatorenadel   VII 1746
Titel, I. Spätantike   VIII 811
Vicarius   VIII 1617

Pabst, Bernhard
Marcus, 5. M. v. Montecassino VI 228
Milo, 2. M. v. St-Amand VI 628
Moses, 1. M. v. Bergamo VI 862
Nicolaus, 3. N. v. Bibra VI 1132
Nigellus de Longo Campo VI 1148
Peter, 39. P. v. Zittau VI 1940
Petrus, 27. P. v. Compostela VI 1968
Petrus, 69. P. Subdiaconus v. Neapel VI 1984
Radulf, 3. R. v. Caen VII 391
Vita Edwardi regis VIII 1757
Wurdestin (Wrdisten) v. Landévennec IX 372

Pacaut, Marcel
Zisterzienser, -innen, B. Verbreitung in Frankreich
  IX 635

Pace, Valentino
Torriti, Jacopo VIII 880

von Padberg, Lutz E.
Sola (Sualo, Suolo) v. Solnhofen VII 2028
Walburga (Waldpurga, Walpurgis), hl. VIII 1939
Willibald v. Eichstätt IX 211
Wunibald IX 368

Padoa-Schioppa, Antonio
Zeuge, C. III. Italienisches Recht IX 585

Pagani della Seta, Ileana
Jonas, 1. J. v. Bobbio V 624

Pailhes, Claudine
Foix IV 605
Gaston Fébus IV 1136
Jean, 3. J. V. Gf. v. Armagnac V 330
Jean, 14. J. I. v. Grailly, Gf. v. Foix V 335
Pamiers VI 1647
Pamiers, Statuten v. VI 1648
Rieux VII 842

Palliser, David M.
York, -shire IX 416

Palmboom, Ellen N.
Esch IV 3

Palme, Rudolf
Markscheidewesen VI 308

Panagopoulos, Johannes
Messalianer VI 553

Pandimiglio, Leonida
Frescobaldi, Familie IV 910
Michelotti, Biordo VI 610
Michelozzo VI 611
Montaperti VI 778
Montecatini VI 790

Panero, Francesco
Azario, Pietro I 1316

Paniagua, Juan A.
Arnald, 2. A. v. Villanova, II. Medizinische und pharmazeutische Leistung (mit Jüttner, G., Manselli, R.)
  I 995

Panzram, Bernhard
Archidiakon I 896

Paolini, Lorenzo
Andalò, Familie I 588
Andalò, 1. A., Brancaleone I 589
Andalò, 2. A., Castellano I 590
Andalò, 3. A., Loderingo I 591

Papacostea, Şerban
Alexander, 6. A. I. »d. Gute«, Fs. der Moldau I 369
Alexander, 7. A. II., Fs. der Moldau I 369
Alexander, 9. A. I. Aldea, Fs. d. Valachei I 371
Baia (Stadt) I 1350
Bessarabien I 2070
Bistriţa II 251
Bran II 548
Bukarest II 908
Bukovina II 914
Cîrţa (Kertz) II 2101
Cozia III 332
Cozmin III 332
Dakien, II. Mittelalter III 435
Dan, 1. D. I., Fs. der Valachei III 488
Dan, 2. D. II., Fs. der Valachei III 488
Descriptio Europae Orientalis III 722
Devetum III 922
Dragoş III 1350

Papadimitriou, Helena-Elli
Damnastes III 475
Euporista IV 104

Paravicini, Anke
Carmina Ratisponensia II 1519

Paravicini, Werner
Brimeu, Guy de II 692
Preußenreise VII 197

Paravicini Bagliani, Agostino
Coelestin, 4. C. IV. (Goffredo Castiglioni) III 7

Paravy, Pierrette
Chissé, 1. Ch., Aymon I. de II 1860

Paret, Rudi
Bilderverbot, III. Islam II 152

Parisse, Michel
Apremont I 811
Arzillières, Jean I 1091
Bar (Bar-le-Duc), Gft. (mit Thomas, H.) I 1427
Bar, 1. B., Eduard I. I 1428
Bar, 2. B., Hugo v. I 1428
Bar, 3. B., Ludwig v. I 1428
Bar, 4. B., Rainald v. I 1429
Bar, 5. B., Stephan v. I 1429
Bar, 6. B., Theobald v. I 1429
Beatrix, 6. B., Hzgn. v. Oberlothringen I 1745
Bertram, 1. B., Bf. v. Metz I 2038
Blamont, Thomas de II 257
Bourlemont, Thomas de II 518
Burchard, 10. B. (Bouchard d'Avesnes), Bf. v. Metz
  II 945
Cadroë II 1342
Chaumousey II 1782

Chiny II 1839
Commercy III 83
Coucy, 3. C., Raoul de III 308
Diedenhofen III 997
Dietger III 1013
Dietrich, 7. D. I., Hzg. v. Oberlothringen III 1024
Dietrich, 18. D. I., Bf. v. Metz III 1030
Dietrich, 19. D. II. v. Luxemburg III 1030
Dietwin (Theoduinus), 2. D., Abt v. Gorze III 1039
Doppelkloster III 1257
Eginold III 1613
Épinal III 2066
Ezzo IV 197
Ezzonen IV 199
Friedrich, 21. F. I., Hzg. v. Oberlothringen IV 951
Friedrich, 22. F., Hzg. v. Oberlothringen IV 951
Friedrich, 23. F. II., Hzg. von (Ober-)Lothringen IV 952
Friedrich, 24. F., Hzg. v. Bitsch IV 952
Friedrich, 25. F. III., Hzg. v. Oberlothringen IV 952
Friedrich, 26. F. IV., Hzg. v. Oberlothringen IV 953
Friedrich, 27. F. V., Hzg. v. Oberlothringen IV 953
Gauzlin, 3. G., hl. IV 1146
Gerhard, 4. G. I. (G. v. Elsaß) IV 1310
Gerhard, 5. G. II. IV 1310
Gerhard, 6. G. I., Hzg. v. Oberlothringen IV 1310
Gerhard, 12. G., hl., Bf. v. Toul IV 1313
Giselbert, 1. G., Hzg. v. Lotharingien IV 1466
Gorze IV 1565
Gottfried, 13. G. d. Ältere, Gf. v. Verdun IV 1601
Gozelo IV 1616
Heinrich, 29. H. III., Gf. v. Bar IV 2063
Heinrich, 56. H., Pfgf. in Lothringen IV 2071
Heinrich, 61. H. der Blinde, Gf. v. Namur und Luxemburg IV 2073
Heinrich, 85. H. Dauphin, Electus v. Metz IV 2085
Hermann, 17. H., Bf. v. Metz IV 2164
Johann, 39. J. v. Vandières V 514
Kanonissen V 907
Kloster, A. Geschichte V 1218
Kongregation V 1297
Lotharingien V 2128
Lotharingische Reform V 2131
Lothringen V 2134
Metz VI 585
Mousson VI 876
Moyenmoutier VI 879
Nancy VI 1013
Pont-à-Mousson VII 91
Poussay VII 135
Raoul, 1. R., Hzg. v. Lothringen VII 441
Remiremont VII 708
René, 2. R. II., Hzg. v. Lothringen VII 730
Robert, 16. R. I., Hzg. v. Bar VII 891
Saint-Arnoul VII 1134
Saint-Dié VII 1148
Saint-Mihiel VII 1184
Saint-Nicolas-de-Port VII 1186
Senones VII 1759
Simon, 1. S. (II.), Hzg. v. Lothringen VII 1913
Thibaut, 1. Th. I., Gf. v. Bar und Luxemburg VIII 690
Thibaut, 2. Th. II., Gf. v. Bar VIII 690
Thiébaut, 1. Th. I., Hzg. v. Lothringen VIII 691
Thiébaut, 2. Th. II., Hzg. v. Lothringen VIII 691
Thierri I., Hzg. v. Lothringen VIII 692
Vaucouleurs VIII 1434
Vaudémont VIII 1436

Pásztor, Edith
Altan, Antonio I 461
Andreas, 1. A. v. Ungarn I 601
Andreas, 12. A. v. Gagliano I 608
Andreas, 17. A. Pannonius I 609
Andreas, 21. A. Ungarus (mit Capo, L.) I 611
Beatrix, 5. B. (Beatrice) v. Aragón I 1744
Capitula S. Martini II 1480
Carafa, Diomede II 1495
Chrysogonus II 2050
Clemens und Adalbertus (Aldebertus) II 2149
Diözesen, katharische III 1099
Doketismus, 1. Häresien III 1167
Donatisten, II. a. Donatistische Tendenzen [Mittelalter] III 1236
Dovara, Buoso da III 1333
Dualismus, II. Dualistische Ideologie der Katharer III 1422
Ehe, A. III. Stellung zur Ehe bei den hoch- und spätmittelalterlichen Häretikern [Theologie und Liturgie] III 1620
Engel, -lehre, -sturz, B. II. Frömmigkeitsgeschichtlich [Lateinisches Mittelalter] III 1909
Eusebius, 1. E., hl. IV 108
Flagellanten, I. Italien IV 509
Florenser IV 553
Franziskaner, A. V. Spiritualenbewegung; Observanten und Konventualen [Allgemeine Struktur des Ordens und seine Geschichte in Italien] IV 805
Fraticelli IV 851
Giovanni, 7. G. di Lugio IV 1458
Handauflegung, 3. Consolamentum der Katharer IV 1894
Heinrich, 125. H. v. Marcy IV 2097
Henricianer IV 2136
Humiliaten V 210
Interrogatio Johannis V 469
Joachim, 2. J. v. Fiore V 485
Johannes, 154. J. v. Parma V 592
Katharina, 10. K. v. Siena V 1072
Liber de duobus principiis V 1943
Moneta v. Cremona VI 755
Nazarius VI 1071
Niceta VI 1126
Oraculum angelicum VI 1423
Patarener VI 1776
Petrus, 44. P. Johannis Olivi (mit Hödl, L.) VI 1976
Sacconi, Ranieri VII 1220

Patock, Coelestin
Makarij (Matfej) Kaljazinskij VI 151
Michael, 25. M. Klopskij VI 604

Patschovsky, Alexander
Chiliasmus, III. Der Chiliasmus im späten 15. Jh. II 1823
Circumcellionen, 2. C. (Sekte v. Schwäbisch Hall) II 2098
Deutschland, I. I. Äußere Lebensbedingungen im Rahmen der christlichen Umwelt [Geschichte der Juden in Deutschland] III 909
Dionysius, hl., B. I. Hagiographie und geschichtliche Bedeutung [Dionysius v. Paris] III 1077
Ermengaud, 2. E. v. Béziers III 2155
Everwin (Ebroin) v. Steinfeld IV 142
Franken, Frankenreich, E. Geschichte der Juden im Frankenreich IV 727

Häresie IV 1933
Heinrich, 122. H. »v. Lausanne« IV 2096
Johannes, 97. J. Drändorf V 570
Konrad, 46. K. v. Marburg V 1360
Kryptoflagellanten V 1557
Leutard V 1920
Milíč z Kroměříže, Jan VI 625
Nikolaus, 17. N. v. Buldesdorf VI 1178
Ortlieber VI 1484
Passagi(n)er VI 1756
Passauer Anonymus VI 1759
Schwäbisch Hall, Sekte v. VII 1606
Wirsberger IX 251

Pattin, Adriaan
Bernhard, 37. B. Lombardi I 2000
Siger, 1. S. v. Brabant VII 1880
Sinne VII 1930

Patze, Hans
Aarberg I 5
Adolf, 1. A. v. Nassau I 157
Albert, 10. A., Notar I 287
Albert, 16. A. v. Stade I 290
Albrecht, 15. A. I. d. Stolze I 321
Albrecht, 9. A. I., Hzg. v. Braunschweig und Lüneburg
  I 318
Amalaberga I 504
Ammensleben, Gf. en v. I 538
Arras, Frieden v. I 1028
Aschersleben I 1102
Bacharach, Kurfürstentag I 1325
Balthasar, Lgf. v. Thüringen I 1391
Battenberg, Gf. en v. I 1551
Beichlingen, Gf. en v. I 1812
Bilstein II 195
Binger Kurverein II 196
Braunschweiger Weistum II 588
Burchard, 5. B., Gf. und Mgf. v. Thüringen
  II 942
Cammermeister, Hartung II 1420
Colditz, Herren v. III 29
Eisenach III 1754
Eisenacher Chroniken III 1754
Ekkehard, 1. E., Mgf. v. Meißen III 1764
Ekkehardinger III 1768

Pauler, Roland
Ceneda II 1612
Chiusi II 1861
Città di Castello II 2107
Civita Castellana II 2111
Comacchio II 68
Damianus III 474
Humbertiner V 209
Landulf, 3. L. d. Ältere, L. d. Jüngere
  V 1680
Leo, 13. L., Bf. v. Vercelli V 1881
Liutward v. Vercelli V 2042
Petrus, 3. P., Bf. v. Como VI 1958

Paulsson, Göte
Chronik, J. Skandinavien II 1993

Pauly, Michel
Wenzel, 6. W., Hzg. v. Luxemburg, Hzg. v. Brabant
  VIII 2192

Pavan, Paola
Caetani, Familie II 1367
Caetani, 1. C., Giacomo II. II 1368
Caetani, 2. C., Giacomo IV. II 1368
Caetani, 3. C., Onorato I. II 1369
Caetani, 4. C., Roffredo III. II 1369

Paviot, Jacques
Wavrin, 2. W., Waleran de VIII 2081

Pedersen, Olaf
Äquatorium I 826
Armillarsphäre I 982

Peláez, Manuel J.
Aforamentos I 196
Alcaide I 328
Alférez, Alférez real I 390
Alvares, Fr. Joâo I 497
Anubda I 739
Apellido (mit Vones, L.) I 743
Aposentador (mit Vones, L.) I 779
Arra, 2. (Kastilien) I 1025
Aula Regia I 1234

Pellegrini, Luigi
Franziskaner, A. I. Die Anfänge [Allgemeine Struktur des Ordens und seine Geschichte in Italien] IV 800
Franziskaner, A. II. Struktur und Verfassung [Allgemeine Struktur des Ordens und seine Geschichte in Italien] IV 801
Franziskaner, A. III. Das Ordensleben [Allgemeine Struktur des Ordens und seine Geschichte in Italien] IV 803
Franziskaner, A. IV. Entwicklung und Verbreitung in Italien IV 804

de Peña, Nicole
Durfort III 1475
Got IV 1572
Lautrec V 1768
Lévis V 1924

Pennington, Kenneth
Bischof, -samt, A. I. Allgemein, Spätantike [Historisch-politische Bedeutung und kirchenrechtliche Entwicklung des Bischofsamtes] II 228
Bischof, -samt, A. III. Merowinger- und Karolingerzeit [Historisch-politische Bedeutung und kirchenrechtliche Entwicklung des Bischofsamtes] II 230
Bischof, -samt, A. IV. Gregorianisches Zeitalter [Historisch-politische Bedeutung und kirchenrechtliche Entwicklung des Bischofsamtes] II 231
Bischof, -samt, A. V. Die Stellung des Bischofs im Kanonischen Recht seit dem Decretum Gratiani [Historisch-politische Bedeutung und kirchenrechtliche Entwicklung des Bischofsamtes] II 232
Bistum II 251

Peppermüller, Rolf
Abaelard, I. Leben, Philosophie und Theologie I 7
Commentarius Cantabrigiensis III 81
Gilbertus, 3. G. Universalis IV 1450
Hermannus, 4. H. magister IV 2171
Hexaemeron IV 2199
Hugo, 35. H. Etherianus V 170
Inspiration V 450

Leo, 20. L. Tuscus V 1882
Matthaeus, Matthäus, 12. M. v. Vendôme VI 400
Moses, B. I. Theologie VI 861
Nikolaus, 30. N. v. Lyra VI 1185
Paulus, 1. P., Apostel, I. Leben VI 1818
Paulus, 1. P., Apostel, II. Theologie und Nachwirkung VI 1819
Petrus, 21. P. Cantor VI 1965
Psalmen, Psalter, A. Christliche Kirchen VII 296
Robert, 46. R. de Courson VII 903
Schriftsinne VII 1568
Verheißung VIII 1537
Versöhnung VIII 1585

Perelli Cippo, Roberto
Lombardische Liga (Lombardenbund) V 2100
Monza VI 822

Pérez Ramírez, Dimas
Konzeptionistinnen V 1427

Pérez Rodríguez, Estrella
Grammatik, grammatische Literatur, C. Lateinisches Mittelalter IV 1640
Martinus, 1. M. de Dacia VI 350
Modisten VI 710
Osbern, 2. O. v. Gloucester VI 1491
Siger, 2. S. v. Courtrai VII 1882
Petrus, 41. P. Helie VI 1975

Pérez-Bustamante, Rogelio
Cortes, I. Kastilien und León III 285

Peroni, Adriano
Faltstuhl IV 253

Perret, André
Bonifaz, 4. B. (Boniface), Gf. v. Savoyen II 422

Perrone, Lorenzo
Alexandria, I. Stadtgeschichte, Wirtschaft und Bevölkerung (mit Gruber, J., Müller, C. D. G.) I 382
Autokephalie I 1269

Pesch, Otto Hermann
Freiheit, Freie, II. Philosophisch und theologisch IV 899

Pesez, Jean-Marie
Dorf, A. II. 2. Westeuropa und Italien [Archäologie und Siedlungsgeschichte] III 1273
Dracy III 1348

Peter, Hans C.
Codi III 2

Peters, Inge-Maren s. Wülfing-Peters, Inge-Maren

Petersohn, Jürgen
Adalbert, 14. A., Bf. der Pommern I 100
Barnim, 1. B. I., Hzg. v. Pommern I 1475
Barnim, 2. B. III., Hzg. v. Pommern-Stettin I 1475
Berno, Gf. v. Mecklenburg I 2006
Brunward II 794
Geraldini, 1. G., Angelo IV 1296
Geraldini, 2. G., Antonio IV 1297
Herbord IV 2149

Jamometić, Andreas V 299
Monumento, de VI 822
Otto, 30. O. I., hl., Bf. v. Bamberg VI 1580
Prenzlau VII 188
Romidee, I. Westliches Abendland VII 1007

Petit, Roger
Arlon, I. Stadt und Territorium (mit Herrmann, H.-W.) I 958
Bouillon II 496
Elisabeth, 13. E. v. Görlitz III 1835

Petitjean, Michel
Burgund, 3. B., Herzogtum, C. I. 2. Das Gewohnheitsrecht des Herzogtums Burgund II 1080
Fideikommiß, III. Französisches Recht IV 432

Petke, Wolfgang
Benno, 1. B., hl., Bf. v. Meißen I 1916
Blankenburg, Gft. II 262
Friedrich, 40. F. v. Stade IV 961
Gertrud, 3. G. v. Süpplingenburg IV 1355
Haldensleben IV 1873
Königslutter IV 1330
Lothar, 3. L. III. (v. Süpplingenburg), Ks., dt. Kg., Hzg. v. Sachsen V 2125
Richenza v. Northeim VII 829
Schöningen VII 1537
Sommerschenburg VII 2042
Stade VII 2167
Süpplingenburg VIII 328
Walkenried VIII 1976
Wohldenberg IX 292

Petralia, Giuseppe
Zoll, II. Italien IX 669

Petrucci, Armando
Beneventana I 1912
Bobbio, II. Skriptorium, Bibliothek II 296

Petry, Manfred
Befestigung, A. V. Städtische Befestigung I 1791

Petschar, Hans
Schachspiel, I. Geschichte VII 1427
Schachspiel, II. Das Schachspiel in der Literatur; Schachbücher, Schachallegorien VII 1428

Petta, Marco
Grottaferrata IV 1733

Petti Balbi, Giovanna
Adorno, 1. A., Familie I 164
Adorno, 3. A., Antoniotto I 164
Adorno, 4. A., Gabriele I 165
Albergo di nobili I 279
Antonio, 3. A. da Noli I 729
Assereto, Biagio I 1120
Boccanegra, Familie II 301
Boccanegra, 1. B., Guglielmo II 302
Boccanegra, 2. B., Simone II 302
Campofregoso II 1423
Compagna III 96
Curzola III 394
Del Carretto, Familie III 665
Della Rocca, Familie III 675

De Mari, Familie III 685
Doria, Familie III 1312
Doria, 1. D., Andrea III 1313
Doria, 2. D., Jacopo III 1313
Doria, 3. D., Oberto III 1314
Fieschi, Familie IV 436
Genua IV 1251
Giglio-Insel, Seeschlacht bei der IV 1448
Giustiniani (genues. Albergho) IV 1472
Giustiniani, Longo Giovanni IV 1473
Meloria, Seeschlacht VI 502
Monaco VI 727
Montaldo VI 776
Rapallo VII 443
Spinola, Familie VII 2120
Usodimare VIII 1341
Zaccaria, Familie IX 433
Zaccaria, Benedetto IX 434

Petzolt, Martin
Palamas, Gregorios VI 1629
Palamismus VI 1630
Pantokrator VI 1660
Proskomidie VII 265

Petzsch, Christoph
Abgesang I 40
Bar I 1426

Peyer, Hans Conrad
Alpenpässe I 453
Barchent I 1454
Baumwolle I 1669
Beizmittel, 1. Säuren und Salze I 1828
Beschauzeichen, 1. Allgemein I 2056
Bleiche, Bleicher II 274
Gasthaus, A. Westliches Abendland IV 1132
Großer St. Bernhard IV 1727
Pfaffenbrief VI 1993
Planta VI 2206

Pfeiffer, Gerhard
Aufgebot, II. Städtisches Aufgebot I 1204

Pfeiffer, Wolfgang
Brille II 689

Philippart, Guy
Jean, 29. J. de Mailly V 339
Johannes, 113. J. Gielemans V 578

Philippe, Joseph
Glas, -herstellung, IV. Byzantinischer Bereich IV 1480
Hedwigsgläser IV 1986
Hugo, 48. H. v. Oignies V 174
Jean, 15. J. (Johann) V 336
Maaskunst VI 52

Philipps, Jonathan P.
Raimund, 1. R. v. Poitiers, Fs. v. Antiochia VII 405

Piazzoni, Ambrogio M.
Jesuaten V 360

Picard, Eve
Nerthus VI 1095
Njörđr VI 1198

Pichler, Johannes W.
Freistiftrecht IV 907

Pickhan, Gertrud
Pskov (Pleskau) VII 310
Roman (R. Mstislavič) VII 981
Rostislav, 2. R. Mstislavič VII 1044
Tver' VIII 1125
Vladimir in Volhynien VIII 1802

Picone, Michelangelo
Lauda, L.endichtung V 1751
Literaturkritik, III. 3. Italienische Literatur V 2020
Lovato Lovati V 2139
Macaronische (makkaronische) Poesie VI 56
Manetti, 1. M., Antonio di Tuccio VI 191
Masuccio Salernitano VI 374
Mussato, Albertino VI 971
Palmieri, Matteo VI 1645
Petrarkismus VI 1949
Porto, Luigi da VII 113
Pucci, Antonio VII 319
Pulci, 1. P., Bernardo VII 323
Pulci, 2. P., Luca VII 324
Pulci, 3. P., Luigi VII 324
Ritmo Cassinese VII 865
Rucellai, Giovanni VII 1069
Sannazaro, Jacopo VII 1366
Sasso, Panfilo VII 1389
Serafino Aquilano VII 1774
Sermoni semidrammatici VII 1790
Tebaldeo, Antonio VIII 516
Vannozzo, Francesco di VIII 1410

Pieler, Peter E.
Antecessor I 692
Basiliken, Basilikenscholien I 1528
Beirut, Rechtsschule v. I 1824
Blastares, Matthaios II 267
Byzantinisches Recht II 1221
Codex Theodosianus II 2208
Collatio legum Mosaicarum et Romanarum III 33
Constitutiones principum III 178
Consultatio veteris cuiusdam iurisconsulti III 181
De actionibus III 610
De creditis III 622
De peculiis III 707
Dorotheos, 4. D., Jurist III 1321
Ecloga Basilicorum III 1552
Ekloge III 1769
Enantiophanes III 1899
Epanagoge III 2041
Epitome »Exactis regibus« III 2075
Epitome legum III 2075
Erbrecht, Erbe, Erbschaft, A. II. Byz. Recht III 2105
Eustathios, 7. E. Romaios IV 115
Konstantinopel, Rechtsschulen v. V 1396
Konstantinos, 3. K. Armenopulos V 1398
Leges fiscales V 1803
Meditatio de nudis pactis VI 450
Nomos VI 1230
Novellen VI 1304
Novellen Leons d. Weisen VI 1304
Pediasimos, Johannes VI 1850
Procheiros Nomos VII 235
Prochiron auctum VII 235
Scholia Sinaitica VII 1528

Theodoros, 16. Th. Scholastikos VIII 640
Theophilos, 4. Th., Rechtslehrer VIII 665
Tipoukeitos VIII 798
Tribonian VIII 983

Piendl, Max
Bogen, Gf. en v. II 317
Donaustauf III 1244

Pietschmann, Horst
Amerika, 2. Spanische und portugiesische Entdekkung I 529
Bastidas, Rodrigo de I 1547
Béthencourt, Jean de I 2083
Bobadilla, Francisco de II 294
Boil, Bernardo II 350
Casas, Bartolomé de las II 1543
Cisneros, 1. C., Francisco Jiménez de II 2102
Colón, 2. C., Diego (Bruder v. Kolumbus) III 50
Colón, 3. C., Diego (Sohn v. Kolumbus) III 51
Colón, 4. C., Hernando III 51
Conquista III 143
Contratación de las Indias, Casa de la III 204
Corona, IX. Iberische Halbinsel III 258
Cortés, Hernán III 292
Dias, 2. D., Dinis III 971
Eanes, Gil III 1502
Expansion, europäische IV 174
Ferdinand, 2. F. II. 'der Katholische', Kg. v. Aragón IV 358
Flotte, B. VII. Iberische Halbinsel IV 593
Hafen, G. Iberische Halbinsel IV 1834
Heinrich, 25. H. 'der Seefahrer', Infant v. Portugal IV 2061
Indianer V 401
Isabella, 7. I. die 'Katholische' V 669
Isabella, 10. I., Infantin v. Kastilien V 671
Johann, 8. J., Infant v. Kastilien V 501
Johanna, 4. J. 'la Beltraneja', Infantin v. Kastilien V 522
Juez V 798
Juicio V 799
Jurado V 811
Justicia V 819
Katholische Könige V 1077
Kolumbus, Christoph V 1273
Magellan VI 80
Narváez, Pánfilo de VI 1030
Núñez de Balboa, Vasco VI 1316
Ojeda (Hojeda), Alonso de VI 1380
Pizarro, Francisco VI 2192
Quevedo, Juan de VII 366
Tordesillas, Vertrag v. VIII 873
Toscanelli, Paolo dal Pozzo VIII 886
Vespucci, Amerigo VIII 1602
Vivaldi, Familie VIII 1782

Pilch, Herbert
Geoffrey, 3. G. v. Monmouth IV 1263
Mabinogi(on) VI 54
Merlin(us) VI 542
Taliesin VIII 445
Triaden VIII 982
Walisische Sprache und Literatur VIII 1970

Piltz, Anders
Matthias, 5. M. v. Linköping VI 404

Pinborg, Jan
Abbo, 1. A. v. Fleury (mit Werner, K. F.) I 15
Adam, 9. A. Parvipontanus I 109
Ælfric (mit Szarmach, P. E.) I 180
Amphibologia I 543
Ampliatio I 543
Antiqui–moderni I 725
Appellatio I 804
Argument(um), I. Logik I 924
Beifall I 1820
Bejahung I 1829
Beweis, 1. B. (Logik) II 28
Circulus vitiosus II 2097
Connotatio III 140
Consignificatio III 160

Pini, Antonio Ivan
Contrada III 202
Enz(i)o III 2030
Pio di Carpi VI 2165
Pipino, Francesco VI 2166
Schola VII 1518
Wein, -bau, -handel, B. Italien VIII 2123
Zunft, -wesen, -recht, A. III. Italien IX 692

Piovan, Francesco
Sabellicus VII 1215

Pischke, Gudrun
Braunschweig-Lüneburg II 586
Calenberg II 1395
Göttingen(-Oberwald), Fsm.er IV 1609
Grubenhagen IV 1734
Lüneburger Erbfolgekrieg VI 12
Otto, 13. O. d. Quade, Hzg. v. Braunschweig VI 1574
Otto, 15. O. d. Strenge, Hzg. v. Braunschweig-Lüneburg VI 1575
Reinhausen VII 668
Wilhelm, 24. W., Hzg. v. Braunschweig IX 144

Piskorski, Jan M.
Posen VII 124
Stettin VIII 140
Wartislaw, 1. W. I., Fs. in Pommern VIII 2058

Pistarino, Geo
Doge, II. Genua III 1161
Gavi IV 1148
Grimaldi IV 1714
Ligurien V 1979

Pittaluga, Stefano
Pamphilus de amore VI 1648

Pitz, Ernst
Artusbruderschaften (mit Binding, G.) I 1089
Baienfahrt, Baienflotte I 1352
Fernhandel IV 378
Frühkapitalismus IV 998
Hauswirtschaft, geschlossene IV 1976
Hochfinanz V 57
Kapital V 937
Mittelalter VI 684
Naturalwirtschaft VI 1043
Stadt, A. Allgemein (Forschungsbegriff und -geschichte) VII 2169
Stadt, B. Deutschland VII 2174

Universitas civium VIII 1248
Utrecht, Friede v. VIII 1355
Zoll, I. Mittel- und Westeuropa IX 666

Pladevall-Font, Antoni
Arnaldus, 2. A. (Arnau) Roger von Pallars I 997
Barca, Aspáreg de la I 1448
Berenguer, 1. B. de Palou I 1942
Franciscus, 1. F. de Bacona IV 683

Plank, Bernhard
Brotbrechen (mit Meyer, H. B.) II 721
Chorbischof, 1. Ursprung, Ostkirche II 1884
Deutereuontes III 740
Dikaios III 1051
Monotheletismus VI 765
Nektarios VI 1086
Neophytos Enkleistos VI 1091
Nikephoros, 10. N. Hagioreites (N. Athonites) VI 1159
Niketas, 1. N. v. Ankyra VI 1160
Nikolaos, 5. N. (Nektarios) v. Otranto VI 1167
Olympos, 1. O., Hoher und Niederer VI 1403
Olympos, 2. O. in Bithynien VI 1403
Orphanotrophos VI 1475
Theodoros, 17. Th. (Spoudeios) VIII 640

Plank, Peter
Antiminsion I 715
Diakon, I. Patristische Zeit und Byzantinischer Osten III 940
Jakob(os), 1. J. Baradai(os) V 296
Jakobiten V 296
Krankensalbung, II. Osten V 1472
Kreuzzeichen, II. Ostkirche V 1508
Metrophanes VI 583
Niketas, 9. N. Stethatos VI 1162
Nikolaos, 2. N. III., Grammatikos, Patriarch v. Konstantinopel VI 1166
Ostern, Osterliturgie, II. Ostkirchen VI 1519
Petros, 2. P., Patriarch v. Konstantinopel VI 1954
Pfingsten, III. Ostkirche VI 2031
Sakrament/Sakramentalien, II. Ostkirche VII 1272
Sophia VII 2051
Styliten VIII 271
Symeon, 4. S. II., Patriarch v. Jerusalem VIII 362
Symeon, 5. S., Ebf. v. Thessalonike VIII 362
Symeon, 14. S. Stylites VIII 366
Synaptien VIII 370
Tabor, Taborlicht VIII 394
Theologie, B. Ostkirche VIII 656
Trinität, I. Biblische Grundlagen. Die ersten Jahrhunderte. Ostkirche VIII 1011
Wasser, A. II. 2. Ostkirche [Liturgische Verwendung] VIII 2062
Weihe, -grade, -hindernisse, B. Ostkirche VIII 2107
Xeniteia IX 400
Xerophagia IX 404
Zensur, II. Ostkirche IX 534
Zeon IX 543

Platelle, Henri
Cantimpré II 1463

Plechl, Helmut
Tegernseer Briefsammlung VIII 524

Pleij, Hermann
Veelderhande geneuchlijcke dichten, tafelspelen ende refereynen, De VIII 1443

Plötz, Robert
Jacobus d. Ältere, Apostel V 253

Plotzek, Joachim M.
Ablaßbild I 46
Ada-Handschrift I 91
Almanach, 2. Wandkalender I 445
Altichiero da Zevio I 474
Apokalypse, C. Darstellungen in der bildenden Kunst I 752
Athos, 2. Kunstgeschichte (mit Wessel, K.) I 1168
Auferstehung Christi, B. Ikonographie I 1202
Avignon, Schule v. I 1304
Bestiarium, -ius, Bestiarien, B. Illustrationen I 2078
Bibelillustration I 83
Bildnis, A. II. Buch und Wandmalerei, Mosaikkunst [Westen] II 159
Bolus armenus, 2. Verwendung in der Bildenden Kunst II 389
Briefmaler II 683
Carmina Burana, III. Künstlerische Ausstattung II 1517
Cimabue II 2086
Colonna, Francesco III 58
Deckenmalerei III 619
Dedikationsbild (mit Wessel, K.) III 628
Defensorium inviolatae virginitatis beatae Mariae III 635
Devotionsbild, 1. Lateinischer Westen III 931
Dialogbild III 965
Dreifaltigkeit, II. 2. Lateinisches Mittelalter [Darstellungen in der Kunst] (mit Stolz, S.) III 1375
Drolerie(n) III 1406
Evangeliar, I. Frühchristentum, frühbyzantinische Zeit, Okzident IV 127
Exsultetrolle(n) IV 186
Gebetbuch, 2. Illustration IV 1160
Geburt Christi-Darstellungen, 3. Lateinisches Mittelalter IV 1165
Girolamo da Cremona IV 1461
Heinrich, 2. H. II., Ks., dt. Kg., 2. Ikonographie IV 2039
Joachim, hl. V 484

Plotzek-Wederhake, Gisela
Alabasterscheiben I 262
Antiphonar, Antiphonarius (mit von Huebner, D.) I 722
Apokryphen, B. Kunst (mit Wessel, K.) I 768
Ars moriendi, C. Kunst I 1043
Ashburnham-Pentateuch I 1107
Azulejos I 1318
Beauneveu, André I 1764
Biblia pauperum (mit Bernt, G.) II 109
Benediktionale I 1902
Bilderbogen II 149
Breviari d'Amor (mit Richter, R.) II 638
Brevier (Illustration) II 641
Cîteaux, II. 1. Buchmalerei II 2106
Codex Purpureus Rossanensis II 2206
Concordantia caritatis III 116

Plümer, Erich
Bier und Brauwesen, V. Städt. Brauordnungen II 139

Dassel, Gf.en v. III 573
Einbeck III 1731
Gleichen, Gf.en v. IV 1494
Heinrich, 62. H. der Fette, Gf. v. Northeim IV 2073
Hildesheim V 16
Katlenburg, Gf.en v. V 1078

Podossinov, Alexander
Julius, 3. J. Honorius V 805
Kosmographie V 1458

Podskalsky, Gerhard
Bessarion, Metropolit v. Nikaia I 2070
Cäsaropapismus II 1366
Dorotheos, 1. D., Metropolit v. Mytilene III 1320
Eschatologie, B. Ostkirche/byzantinischer Bereich IV 9
Eustratios, 1. E. v. Nikaia IV 117
Filioque IV 449
Johannes, 126. J. Italos V 583
Kliment v. Smolensk V 1215
Niketas, 2. N. v. Herakleia VI 1160
Prädestination/Reprobation, A. II. Osten [Christentum] VII 145

Poeck, Dietrich W.
Wahrzeichen, städtische VIII 1927

van der Poel, Dieuwke Elisabeth
Roman de la Rose, III. 1. Mittelniederländische Literatur [Übersetzungen und Einflüsse] VII 993
Sprichwort, Sprichwortsammlung, V. Mittelniederländische Literatur VII 2140

Poeschke, Joachim
Franziskus, 1. F. v. Assisi, III. Ikonographie IV 834
Franziskusmeister IV 835
Gaddi, 1. G., Agnolo IV 1075
Gaddi, 2. G., Taddeo IV 1075
Giotto di Bondone IV 1456
Giunta Pisano IV 1470
Guido, 15. G. da Siena IV 1776
Lorenzetti, 1. L., Ambrogio V 2114
Lorenzetti, 2. L., Pietro V 2114
Lorenzo, 2. L. Monaco V 2115
Magdalenenmeister VI 70
Martini, Simone VI 348
Nanni di Banco VI 1015
Naumburger Meister VI 1057
Niccolò, 1. N. VI 1126
Pisano, 1. P., Giovanni VI 2184
Pisano, 2. P., Nicola VI 2185
Pisano, 1. P., Andrea VI 2185
Pisano, 2. P., Nino VI 2186
Pollaiuolo, 1. P., Antonio VII 67
Pollaiuolo, 2. P., Piero VII 68
Renaissance (Kunst) VII 710
Rosselino, 1. R., Bernardo VII 1042
Rosselino, 2. R., Antonio VII 1042
Signorelli, Luca VII 1891
Squarcione, Francesco VII 2150
Tino di Camaino VIII 796
Tomaso, 2. T. da Modena VIII 853
Verrocchio VIII 1569
Vitale da Bologna VIII 1761
Volto Santo VIII 1844
Wiligelmus IX 202

Pögl, Johann
Libro de los Gatos V 1955
Libros de caballerías V 1956

Pohl, Hans
Galmei IV 1099
Seide, A. V. Deutschland VII 1706

Pohl, Walter
Wogastisburg IX 291

Pohl, Werner
Graisbach-Lechsgemünd IV 1637
Samo VII 1342

Pohlkamp, Wilhelm
Silvester, 1. S. I. VII 1905

Polica, Sante
Acciaiuoli, Familie I 72
Acciaiuoli, 1. A., Angelo I 72
Acciaiuoli, 3. A., Raineri (Neri) I 73
Acciaiuoli, 4. A., Zanobi I 73
Aldobrandini, Familie I 348
Aldobrandini, 1. A., Aldobrandino I 348
Aldobrandini, 2. A., Giovanni I 348
Alviano, Bartolomeo I 498
Ascoli Piceno I 1104
Borgo San Donnino (mit Goez, W.) II 455
Camerino II 1416
Campeggi II 1422
Carpi II 1524
Carrara, 1. Stadt II 1525
Cesena II 1640
Civitavecchia II 2117
Cybo III 399
Della Rovere, Familie III 675
Faenza IV 225
Fogliani, Familie IV 604
Varano, da, Familie VIII 1410

Polívka, Miloslav
Feldheer, hussitisches IV 337
Heer, Heerwesen, A. IX. Hussiten IV 2001
Henricus, 6. H. de Isernia IV 2138
Hieronymus, 6. H. v. Prag, Anhänger von Johannes Hus V 5
Hieronymus, 7. H. v. Prag, Gegner der Hussiten V 5
Hilarius, 5. H. Litomericensis V 10
Húska, Martin V 232
Johannes, 160. J. v. Pomuk V 595
Käsenbrot, Augustinus V 1029
Kuttenberger Dekret V 1594
Laurentius, 4. L. v. Březova V 1760
Lipany, Schlacht bei V 2004
Lobkowicz und Hassistein, Bohuslav v. V 2062
Matthias, 4. M. v. Janov VI 403
Rokycana, Johannes VII 952
Rosenberg, Familie VII 1033
Rosenberg, Ulrich v. VII 1033
Staré letopisy české VIII 62
Sternberg VIII 131
Taus, Schlacht bei VIII 508
Thomas, 52. Th. v. Štítné VIII 723
Vladislavsche Landesordnung VIII 1806
Wagenburg VIII 1907
Wartenberg, Familie VIII 2057

Wartenberg, Čeněk v. VIII 2057
Witigonen IX 266
Zawisch v. Falkenstein IX 494
Želivský, Jan IX 520

Poljakov, Fedor B.
Pilger, B. II. Altrußland VI 2152
Simon, 3. S., hl., Bf. v. Vladimir-Suzdal' VII 1914
Soloveckij-Kl. VII 2039
Židjata IX 597
Zosima, 2. Z., Diakon des Troica-Sergij-Kl. IX 677

Polla, Ermanno
Dach, D. Italien III 418

Pollems, Katrin
Georg, hl., I. Legende IV 1273
Georg, hl., II. Kultverbreitung IV 1274
Georg, hl., III. Ikonographie in Westeuropa IV 1274

Polock, Marlene
Grosseto IV 1727

Poly, Jean-Pierre
Baux I 1693

Popa, Radu
Arad I 855
Burzenland, 1. Frühmittelalter II 1112
Burzenland, 3. Spätmittelalter II 1113
Dinogetia III 1068
Dridu III 1399

Popović, Alexandre
Ḥalvetīye IV 1882
Stećci VIII 81

Poppe, Andrzej
Alexander, 8. A. Nevskij I 370
Andrej Bogoljubskij I 612
Anna, 7. A. v. Kiev I 656
Belev I 1839
Belgorod I 1841
Beloozero I 1852
Berestovo I 1943
Białystok II 37
Bogoljubovo II 328
Boris und Gleb, I. Leben und Verehrung II 459
Boris und Gleb, II. Hagiographische Literatur II 460
Boris, 3. B. Aleksandrovič II 459
Borisov II 461
Brest II 614
Brief, Briefliteratur, Briefsammlungen, C. II. Altrußland II 673
Brjačelav II 706
Brjansk II 706
Burg, C. XIV. Altrußland (mit Rüß, H.) II 995
Bužanen II 1165
Černigov II 1631
Chronik, O. Altrußland II 2013
Daniil, 1. D., Sohn Alexander Nevskijs III 540
Daniil, 2. D. igumen (mit Hannick, Ch.) III 540
Diebstahl, C. VII. Altrussisch-ostslavischer Bereich III 994
Dionisij, 1. D., Bf. v. Suzdal' III 1072
Dmitrij, 1. D. Šemjaka III 1140
Dmitrij, 2. D. Donskoj III 1141

Dmitrij, 3. D., russ. Gfs. III 1143
Dmitrij, 4. D., Gfs. v. Nižnij Novgorod und Suzdal' III 1143
Dmitrij, 5. D., Fs. v. Peresjaslavl' Zaleskij III 1144
Dmitrij, 6. D., Fs. v. Tveŕ III 1144
Dmitrov III 1145
Dnepr III 1146
Dobrynja III 1152
Dovmont III 1335
Dregovičen III 1372
Drevljanen III 1398
Drohičin III 1406
Erziehungs- und Bildungswesen, C. Altrußland III 2204
Gnezdovo IV 1524
Gorod IV 1562
Gosudar' IV 1571
Grodno IV 1723
Halič-Volhynien IV 1874
Hypathios-Chronik V 249
Il'ja V 380
Ivan, 8. I. I. Kalità V 836
Ivan, 9. I. II. Ivanovič V 836
Ivan, 10. I. III. Vasil'evič V 837
Izjaslav. 1. I. Jaroslavič V 843
Izjaslav, 2. I. Mstislavič V 844
Izjaslav, 3. I. Vladimirovič V 844
Jarlyk V 303
Jaroslav, 1. J. Osmomysl V 305
Jaroslav, 2. J. I. der Weise V 306
Jaroslavl' V 307
Jona V 623
Jur'ev Polskoj V 813
Jurij, 2. J. Dolgorukij V 814
Kanzlei, Kanzler, C. II. Altrußland und Litauen V 928
Luck V 2163
Mestničestvo VI 566
Michail, 1. M., Fs. v. Černigov VI 607
Michail, 2. M. Jaroslavič VI 608
Michail, 3. M. Alexandrovič VI 608
Michail, 4. M. Borisovič VI 609
Minsk VI 652
Mirož VI 666
Mitjaj VI 683
Moskau, B. Fürstentum VI 865
Možajsk VI 880
Mstislav, 2. M., aruss. Fs. VI 883
Mstislav, 3. M. Vladimirovič VI 883
Mstislav, 4. M. Mstislavič Udaloj VI 883
Murom VI 943
Nifon(t) VI 1147
Nikifor VI 1162
Nil Sorskij VI 1193
Nižnij Novgorod VI 1203
Novgorod VI 1306
Peipussee, Schlacht VI 1857
Perejaslavl' VI 1883
Perejaslavl' Zalesskij VI 1883
Petr VI 1944
Pimen VI 2160
Pinsk VI 2164
Podlachien VII 32
Podolien VII 33
Prikazy VII 209
Przemyśl' VII 294
Russkaja Pravda VII 1121

Popplow, Marcus
Maschine (mit Ludwig, K.-H.) VI 362

Porsmose, Erland
Dorf, C. I. Dänemark III 1288

Posch, Walter
Zeremoniell, H. II. Osmanen IX 579

Poschmann, Brigitte
Ermland III 2159

Potestà, Gian Luca
Propheten, Prophetie, A. I. Prophetie, Prophetische Literatur [Christliches Abendland] VII 252
Sibyllinische Bücher VII 1832
Ubertino da Casale VIII 1169
Zeder vom Libanon IX 497

Pototschnig, Franz
Besitz, II. Kanonisches Recht I 2067
Dekan, II. Kirchlicher Bereich III 652
Priester, A. I. Historische Bedeutung und kirchenrechtliche Entwicklung [Lateinischer Westen] VII 203

Poulin, Joseph-Claude
Adalbald I 91
Anianus, 1. A., Bf. v. Aurelianum I 644
Ansbertus I 676
Audoenus I 1196
Aulnay I 1236
Austremonius I 1258
Avranches I 1309
Briocus II 694
Calminius II 1401
Corentinus III 235
Coutances III 322
Desiderius, 4. D., hl., Bf. v. Vienne III 727
Eligius III 1829
Fides IV 434
Filibertus, hl. IV 447
Fronto IV 992
Fursa IV 1028
Genovefa (mit Heinzelmann, M.) IV 1237
Geraldus v. Aurillac IV 1297
Germanus, 2. G. v. Paris IV 1346
Johannes, 84. J. v. Craticula V 565
Lambertus, 1. L., hl., Bf. v. Tongern V 1627
Laudus V 1754
Leodegar V 1883
Machutes VI 60
Maglorius VI 92
Melanius VI 490
Memmius VI 509
Praeiectus, Bf., hl. VII 156
Quintinus VII 373
Richarius VII 828
Rictrudis VII 836
Samson, 1. S. v. Dol VII 1346
Saturninus VII 1401
Sulpicius, 2. S. (S. Pius) VIII 302
Vedastus VIII 1442
Wandregisilus VIII 2029
Winwaloeus IX 242

Poulle, Béatrice
Savigny VII 1411

Vitalis, 3. V. (Vital) v. Savigny VIII 1765

Poulle, Emmanuel
Bernhard, 49. B. v. Verdun I 2004
Franco, 4. F. v. Polen IV 688
Geometrisches Quadrat IV 1273
Horoskop V 128
Jakobsstab V 297
Jean, 26. J. Fusoris V 339
Johannes, 137. J. de Lineriis V 587
Konjunktion V 1332
Planeten, -bewegung VI 2200
Planetenuhren VI 2204
Sternuhr VIII 138
Tafeln, astronomische und mathematische, I. Astronomische Tafeln VIII 417
Wilhelm, 104. W. v. St-Cloud IX 186

Powell, James M.
Pelagius, 4. P. Galvani VI 1861

Pozza, Marco
Dogen v. Venedig (Stammtafel) IX Anhang
Historia ducum Veneticorum V 43
Pacta Veneta VI 1611
Steno VIII 110
Torcello VIII 872
Tredici comuni VIII 967
Usus Venetorum VIII 1343
Wahlkapitulation, III. Venedig VIII 1917
Zeno, ven. Familie IX 529
Ziani IX 594

Praßl, Franz Karl
Sequenz, II. Liturgisch VII 1772
Sequenz, III. Musikalisch VII 1772

Pratesi, Alessandro
Casamari II 1542
Casauria II 1545

Preinerstorfer, Rudolf
Bulgarische Literatur II 928
Evtimij v. Tŭrnovo IV 148

Prelog, Jan
Abbo, 2. A. v. Saint-Germain I 15
Absalon, 2. A. v. Springiersbach I 55
Acardus de Arroasia I 70
Acerbus Morena I 76
Aeddi Stephanus (Eddius) I 174
Alberich, 9. A. v. Troisfontaines I 282
Alfons, 8. A. III. der Große, Kg. v. Asturien (mit Riera Melis, A.) I 394
Annalen v. St-Bertin I 661
Annales Altahenses I 661
Audradus v. Sens I 1198
Auspicius v. Toul I 1249
Balderich, 3. B. v. Florennes I 1365
Beatus v. Liébana, I. Leben und Werk I 1746
Berengar, 6. B. v. Landora I 1936
Burchard, 16. B. (Purchart) v. Reichenau II 951
Burchardus, 2. B. de Monte Sion II 953
Cadac (Andreas) II 1336
Carmina de regno Ungariae destructo per Tartaros II 1519
Cellanus v. Péronne II 1606

Chronicon Albeldense   II 1953
Chronik v. San Juan de la Peña   II 2030
Chronik, K. I. 1. Vom Frühmittelalter bis ins 13. Jahrhundert [Asturien, Kastilien, León]   II 1996
Chronik, Prophetische   II 2030
Cisiojanus   II 2101
Covadonga   III 328
Cyprianus, 2. C. v. Córdoba   III 403
Defensor v. Ligugé   III 634
Dicta philosophorum, 1. Mittellatein   III 977
Diogenes Laertios   III 1069
Ervig   III 2190
Eugenius, 4. E. II.   IV 84
Eulogios, 2. E. v. Córdoba   IV 97
Eurich   IV 104
Florus v. Lyon   IV 577
Fridegodus v. Canterbury   IV 916
Fridugisus   IV 917
Fructuosus v. Braga   IV 997
Fruela, 1. F. I., Kg. v. Asturien   IV 998
Fruela, 2. F. II., Kg. v. León   IV 998
Gesta Dagoberti   IV 1407
Hadoardus v. Corbie   IV 1821
Haymarus   IV 1982
Heiric v. Auxerre   IV 2111
Helpericus   IV 2127
Hilduin, 2. H. v. St-Denis   V 20
Historia Silense   V 44
Jotsaldus v. Cluny   V 638
Landolfus Sagax   V 1671
Laterculus regum Visigothorum   V 1745
Leander v. Sevilla   V 1776
Leovigild   V 1903
Liber historiae Francorum   V 1944
Liébana, Santo Toribio de   V 1963
Magnus (Magnús), 10. M. v. Reichersberg
  VI 101
Meginhart v. Fulda   VI 467
Micon v. Saint-Riquier   VI 612
Nennius   VI 1089
Notker, 3. N. II. (Medicus, Piperisgranum)
  VI 1290
Otto, 36. O. Morena   VI 1584
Otto, 39. O. v. St. Blasien   VI 1585
Petrus, 62. P. de Prussia   VI 1982
Poeta Saxo   VII 35
Probra mulierum   VII 234
Radulfus, 2. R. de Diceto   VII 393
Ricobald v. Ferrara   VII 835
Rodulfus Glaber   VII 933
Rudolf, 26. R. v. St-Trond   VII 1086
Salutaris poeta   VII 1319
Susceptacula regum   VIII 331
Taio (Taius) v. Zaragoza   VIII 438
Theoderich, 7. Th. v. Fleury   VIII 625
Theodofrid   VIII 626
Transmund ('v. Clairvaux')   VIII 949
Usuard v. St. Germain   VIII 1342
Verba seniorum   VIII 1482
Victorius v. Aquitanien   VIII 1629
Visio Baronti   VIII 1730
Visio Karoli III.   VIII 1732
Visio Philiberti   VIII 1733
Wetti   IX 49
Wigbodus   IX 95
Wolfhelm, 2. W. v. Brauweiler   IX 309
Zacharias, 2. Z. v. Besançon   IX 436

Premuda, Loris
Accursio   I 75
Albini, Giacomo   I 307
Bencivenni, Zucchero   I 1856
Benivieni, Antonio   I 1915
Bonacos(s)a   II 398

Presedo Velo, Francisco J.
Dorf, D. I. Archäologie und Siedlungsgeschichte [Iberische Halbinsel] (mit Martínez Díez, G.)   III 1293

Prestwich, Michael C.
Array, Commissions of   I 1030
Articuli super Cartas   I 1070
Arundel   I 1090
Aumale, II. Die engl. Grafenwürde nach 1204   I 1237
Bassett   I 1544
Bassett, 2. B., Ralph   I 1545
Bek, Antony   I 1829
Berkhampstead   I 1964
Bigod   II 142
Burnell, Robert   II 1105
Caerlaverock   II 1350
Camville   II 1425
Charter of Liberties   II 1740
Clare   II 2125
Crispin   III 347
Distraint of Knighthood   III 1129
Droxford, John   III 1413
Eduard, 3. E. I., Kg. v. England   III 1584
Falkirk, Schlacht v.   IV 244
Gran(d)son, Otto de   IV 1652
Great Cause   IV 1662
Hertford, Earldom   IV 2184
Holderness, Earls of   V 88
Honour   V 123
Jakob, 28. J. v. St. George   V 293
Kent, II. Earldom   V 1108
Kirkby, John   V 1188
Knight   V 1234
Lacy   V 1607
Lancaster, Earls and Dukes of   V 1635
Lancaster, Lancashire   V 1635
Langton, 2. L., John, Bf. v. Chichester   V 1704
Langton, 3. L., Walter, Bf. v. Coventry und Lichfield
  V 1704
Leyburn, Roger   V 1935
Manchester   VI 184
Mansel, John   VI 200
Margarete, 5. M., Kgn. v. England   VI 236
Marshal, Familie   VI 329
Maxwell, Familie   VI 427
Model Parliament   VI 708
Modus Tenendi Parliamentum   VI 713
Montgomery   VI 806
Mowbray   VI 878

Preto, Paolo
Chioggia   II 1840
Chioggiakrieg   II 1841
Consiglio dei Dieci   III 158
Contarini, Familie   III 184
Contarini, 1. C., Ambrogio   III 184
Contarini, 2. C., Andrea   III 185
Contarini, 3. C., Domenico   III 185
Contarini, 4. C., Francesco   III 186
Contarini, 5. C., Jacopo   III 186

Corrector, 2. C., venezianscher Amtsträger   III 277
Correr, Familie   III 281
Erizzo, Familie   III 2150
Falier(o), Marin(o)   IV 239
Foscari, Familie   IV 670
Foscari, Francesco   IV 670
Gradenigo   IV 1631
Gritti, Familie   IV 1721
Promissio maleficiorum   VII 248
Quarantia   VII 356
Querini, Familie   VII 364
Tiepolo, Familie   VII 763
Tiepolo, 1. T., Baiamonte   VIII 764
Tiepolo, 2. T., Jacopo   VIII 764
Venier   VIII 1473

Prevenier, Walter
Arnemuiden   I 999
Artevelde, 1. A., Jakob (Jacobs) van   I 1066
Artevelde, 2. A., Philipp (Filips) van   I 1067
Avesnes, Haus   I 1297
Balduin, 5. B. I., Ks. v. Konstantinopel   I 1368
Balduin, 11. B. VIII., Gf. v. Flandern   I 1371
Boves, Friede v.   II 524
Chronik, F. Flandern/Niederlande/burgundischer Staat   II 1979
Chroniken von Flandern   II 2031
Egmonder Annalen   III 1615
Ehe, C. Ehe in der Gesellschaft des Mittelalters (mit de Hemptinne, Th.)   III 1635
Flandern, Grafschaft, A. II. Vom späten 12. Jahrhundert bis zum frühen 16. Jahrhundert [Allgemeine, politische, Verfassungs- und Institutionengeschichte]   IV 518
Gent, II. Spätmittelalter (mit Boone, M.)   IV 1240
Leden van Vlaanderen   V 1789
Ludwig, 35. L. II. v. Nevers, Gf. v. Flandern   V 2196
Ludwig, 36. L. v. Male, Gf. v. Flandern   V 2196
Oudenaarde (mit Verhulst, A.)   VI 1590
Robert, 25. R. III., Gf. v. Flandern   VII 895

Prieur-Pohl, Jutta
Wesel   IX 14

Primetshofer, Bruno
Alter (mit Brauneder, W.)   I 470

Principe, Walter H.
Theologie, A. Westen   VIII 650

Pringle, Denys
Krak des Chevaliers   V 1467
Margat   VI 242

Prinz, Friedrich
Rebais-en-Brie   VII 498
Saint-Germer-de-Fly   VII 1161
Tournus   VIII 921
Transformation   VIII 937
Trophimus   VIII 1044
Virgil   VIII 1711
Wala   VIII 1936
Weltenburg   VIII 2165
Wessobrunn   IX 20

Prinz, Joseph
Aldgild   I 346
Amandus   I 510

Prinzing, Günter
Akathistos-Hymnos (mit Wessel, K.)   I 250
Alexander d. Große in Kunst und Literatur, B. II. Byzantinische Literatur   I 356
Angeloi   I 618
Apokaukos, 2. A., Johannes   I 758
Asen, 2. A., Andronikos   I 1106
Bukolik, A. IV. Byzantinische Literatur   II 911
Cento, 3. Byzantinische Literatur   II 1622
Chaldia   II 1649
Chartophylax   II 1745
Chomatenos, Demetrios   II 1874
Chronik der Tocco   II 2031
Hagiu Paulu   IV 1863
Henotikon   IV 2134
Isaak, 2. I. II. Angelos   V 666
Ivan, 3. I. II. Asen (mit Mattejiet, U.)   V 833
Ivan, 4. I. III. Asen   V 834
Johannes, 45. J. II. Kappadokes   V 548
Kalojan, 1. K., bulg. Herrscher (mit Mattejiet, U.)   V 877
Kanzlei, Kanzler, C. I. Byzantinisches Reich   V 926
Klokotnica   V 1217
Konstantinos, 2. K. Anagnostes   V 1398
Kubrat   V 1558
Maxentios, Johannes   VI 418
Melnik   VI 501
Michael, 1. M. II. Asen, bulg. Zar   VI 596
Michael, 2. M. III. Šišman, bulg. Zar   VI 596
Neilos, 3. N. Doxapatres   VI 1085
Niketas, 3. N., Ebf. v. Thessalonike   VI 1160
Nikon, 1. N. Metanoeite   VI 1189
Ohrid   VI 1376
Oikonomia   VI 1381
Omurtag   VI 1407
Panaretos, 1. P., Matthaios Angelos   VI 1651
Paristrion   VI 1722
Patriarchat (mit Todt, K.-P.)   VI 1785
Peter, 6. P. (Petăr) I., Zar v. Bulgarien   VI 1928
Pliska   VII 22
Preslav   VII 189
Prespa   VII 191
Robert, 4. R. v. Courtenay, Ks. des Lat. Ksr.es v. Konstantinopel   VII 886
Roche, la   VII 921
Roussel v. Bailleul   VII 1063
Serbia   VII 1777
Sklave, B. Byzanz   VII 1984
Skop(l)je   VII 1990
Skutari   VII 1997
Sugdaia, 2. Kirchliche Bedeutung   VIII 292
Tana   VIII 453
Theodoro   VIII 635
Theophanes, 4. Th. Graptos   VIII 662
Varna, Schlacht bei, 2. Literarische Zeugnisse   VIII 1413
Villehardouin, Gottfried v., 2. Chronik   VIII 1688
Zypresse (Byzantinische Kultur)   IX 745

Prinzing-Monchizadeh, Anuscha
Akindynos, Gregorios   I 251
Ani   I 643
Barlaam und Joasaph, B. II. Byzanz   I 1465

Probst, Peter
Ästhetik, ästhetisch I 1128

Prosperetti Ercoli, Fiorella
Berinus I 1963
Bertrand, 8. B. de Bar-sur-Aube I 2042
Guibert d'Andrenas IV 1770
Renaut, 1. R. de Beaujeu (mit Jung, M.-R.) VII 725

Provero, Luigi
Saluzzo VII 1321
Saluzzo, Mgf. en v. VII 1321
Savona VII 1413
Vado VIII 1363
Vasto, del VIII 1426
Ventimiglia (Stadt und Bistum) VIII 1478

Prügl, Thomas
Roselli, Antonio VII 1033

Pugh, Thomas B.
Bastard Feudalism I 1545
Berkeley I 1963
Bohun II 344
Bourchier II 507
Lords, the House of V 2113
Stafford VIII 35
Stafford, John VIII 37

Puhle, Matthias
Hermann, 20. H., Bf. v. Verden IV 2165
Kaper, -schiffahrt V 934
Kölner Konföderation V 1268
Seeraub, II. Nordeuropa/Hansebereich VII 1685
Vitalienbrüder VIII 1762

Puig-Ustrell, Pere
Ègara III 1599

Pulega, Pere
Gencien, Pierre d. Ä. IV 1216
Huon, 2. H. (III.) d'Oisi V 229
Sextine VII 1810

Putallaz, François-Xavier
Selbsterkenntnis VII 1725
Wille IX 203

Putscher, Marielene
Fünfbilderserie IV 1025

Puza, Richard
Bona fides, 2. Kanonisches Recht II 399
Designation, II. Kirchenrecht III 728
Devolutionsrecht III 926
Diebstahl, B. Kanonisches Recht III 988
Dotation III 1329
Eigentum, A. II. Kanonisches Recht III 1716
Exemtion IV 165
Frau, B. II. Kanonisches Recht IV 855
Inkardination V 424
Investitur, II. Kirchenrecht V 478
Irregularität V 663
Kollegiatkirche, Kollegiatstift V 1253
Kollekte, Kollektor V 1254
Laie V 1616
Mala fides VI 160
Meßstipendium VI 564
Nomination VI 1228
Patronat, -srecht, II. Westen VI 1809
Pfarrei, Pfarrorganisation VI 2021
Potestas ecclesiastica VII 133
Privilegium fori VII 228
Provision, 1. P. (provisio canonica) VII 285
Raub, C. Kanonisches Recht VII 472
Reservation VII 754
Resignatio, I. Kanonistik VII 757
Sakramentenrecht (altkanonisches) VII 1275
Sedisvakanz VII 1666
Selig- und Heiligsprechungsverfahren VII 1735
Spiritualia VII 2123
Spolienrecht VII 2131
Stolgebühren VIII 190
Suspension VIII 332
Taufkirche, -nverfassung VIII 504
Temporalia VIII 540
Titelkirchen, röm. VIII 814
Titularbischof VIII 815
Tote Hand VIII 894
Vermögen, kirchliches VIII 1559
Visitation VIII 1748
Weihbischof VIII 2104
Weihe, -grade, -hindernisse, A. I. Kanonisches Recht [Westkirche] VIII 2104
Weihetitel VIII 2109
Witwe, A. I. Kanonisches Recht IX 276
Zehnt, I. Allgemeine Darstellung des Kirchenzehnten IX 499
Zeuge, B. Kanonisches Recht IX 583

Pycke, Jacques
Agnesschwestern I 214

Quadlbauer, Franz
Alliteration, B. Lateinische Literatur des Mittelalters I 433
Artes praedicandi I 1065
Barbarismus I 1436
Barbarolexis I 1439
Colores rhetorici III 61
Cursus III 389
Ekphrasis, I. Allgemeines (mit Hannick, Ch.) III 1770
Ekphrasis, II. Lateinische Literatur des Mittelalters III 1771
Epilogus III 2065
Essebi, Prior de IV 21
Figurae IV 439
Flores rhetorici IV 564
Introductio V 472
Isagoge/a V 673
Solözismus VII 2039
Topik VIII 864

Quaglioni, Diego
Dominicus, 4. D. de Dominicis III 1187

Quarthal, Franz
Blaubeuren II 268
Burgau II 1003
Calw, Gf. en v. II 1404

Quinto, Riccardo
Guiard v. Laon IV 1768
Petrus, 26. P. Comestor VI 1967

Pr(a)epositinus VII 157
Rainer v. Pisa VII 420
Richard, 22. R. Rufus v. Cornwall VII 821

Quirin, Heinz
Berlin I 1965
Chorin II 1889

Raab, Heribert
Gravamina nationis germanicae IV 1659

Rábade Obradó, María del Pilar
Leonor, 3. L. de Guzmán V 1895
Leonor, 4. L. Tellez V 1896
Libro de las Merindades V 1955
Loaysa (Loaisa), Jofré de V 2061
Madrid VI 67
Maria, 7. M. de Molina, Kgn. v. Kastilien VI 277
Maria, 9. M. v. Aragón, Kgn. v. Kastilien VI 278
Mayor (Mumadonna, Munia), Gfn. v. Kastilien
    VI 428
Nájera, Schlachten, 1. N., Schlacht v. VI 1007
Nájera, Schlachten, 2. N., Schlacht v. VI 1008
Navas de Tolosa, Las, Schlacht v. VI 1062
Padilla, María de VI 1616
Siegel, IX. Iberische Halbinsel VII 1855
Simancas VII 1910
Simancas-Alhándega, Schlachten v. VII 1910
Sotomayor VII 2063

Rabikauskas, Paulius
Bibliothecarius, I. Allgemein II 111
Bibliothecarius, II. 1. Päpstlicher Bibliothecarius
    II 111
Büßerkongregation II 1151
Kanzlei, Kanzler, B. 1. Von den Anfängen bis zum Ende
    des 12. Jahrhunderts [Päpstliche Kanzlei] V 921
Primicerius notariorum VII 212
Protoscriniar VII 274
Secundicerius notariorum VII 1664
Skriniar VII 1991

Racine, Pierre
Piacenza VI 2123
Po VII 27

Racinet, Philippe
Maubuisson VI 405
Montier-La-Celle VI 807
Nogent-sous-Coucy VI 1215

Raddatz, Alfred
Judendarstellung V 788

Radenković, Ljubinko
Zaubersprüche, VI. Slavische Literaturen IX 490

Radl, Albert
Magnetismus VI 96
Petrus, 52. P. Peregrinus VI 1980

Radl, Walter
Buße (liturgisch-theologisch), B. Buße im Neuen Testament II 1124

Rädle, Fidelis
Abgar I 40
Alanus, 4. A. v. Farfa I 268
Allegorie, Allegorese, II. Mittellateinische Literatur
    I 421
Angelomus v. Luxeuil I 619
Anonymus Scottus I 674
Apokryphen, A. I. Biblische Stoffe I 759
Ardo v. Aniane I 915
Asclepius I 1103
Bibeldichtung, I. Mittellateinische Literatur II 75
Briefe, ntl.-apokryphe II 682
Christian, 5. Ch. v. Stablo II 1912
Eigil III 1725
Poncius (Sponcius) Provincialis VII 91
Smaragdus v. St-Mihiel VII 2011
Udo v. Magdeburg-Stoff VIII 1178

Rädlinger-Prömper, Christine
Emmeram (mit Stolz, S.) III 1888
Ramwold VII 432

Radtke, Christian
Haithabu, II. Archäologie IV 1865
Schleswig, I. 2. Geschichte [Stadt] VII 1485

Ragep, F. Jamil
Sonne, I. Astronomie VII 2047

Ranft, Andreas
Ritterbünde, -gesellschaften VII 876
Schwanenorden VII 1611
Turnier, B. Mitteleuropa VIII 1115

Ranieri, Filippo
Römisches Recht, Rezeption VII 1014

Rapanić, Željko
Dalmatien, III. Archäologie III 454
Klis V 1216
Knin V 1235
Korčula V 1443
Kroatien, Kroaten, II. Archäologie V 1540
Rab VII 379
Ragusa (Dubrovnik), I. Allgemeine und politische Geschichte VII 399
Salona VII 1316
Šibenik VII 1830
Split VII 2127
Trogir VIII 1032
Zadar, I. Stadtgeschichte (mit Steindorff, L.) IX 438

Rapp, Francis
Kaysersberg V 1092
Pauli, Johannes VI 1811
Sankt Walburg VII 1207
Schlettstadt VII 1488
Straßburg VIII 213
Thann VIII 610

Rashed, Roshdi
Thābit ibn Qurra VIII 607

Rasmussen, Jørgen Nybo
Franziskaner, B. VI. Skandinavien IV 816

Raukar, Tomislav
Zadar, II. Sozial- und Wirtschaftsgeschichte
    IX 439

Rauner, Erwin
Cypriani Cena, Ps.- III 402
Ebbo v. Worms III 1508
Elementarunterricht III 1799
Exempel, I. Begriff IV 161
Exempel, II. Mittellateinische Literatur IV 161
Fabel, -dichtung, I. Begriff IV 201
Fabel, -dichtung, II. Lateinische Literatur IV 201
Florilegien, B. I. 1. Mittellateinische Literatur IV 566
Gislebertus, 1. G. v. St-Amand IV 1469
Gunzo IV 1795
Heinrich, 121. H. v. Laufenberg IV 2096
Herveus v. Déols IV 2186
Ianua V 300
Jacobus, 19. J. Magni V 259
Johannes, 109. J. Gallensis V 577
Moralium dogma philosophorum VI 827
Novus Avianus VI 1313
Tabula(e) VIII 398
Thomas, 37. Th. de Hibernia VIII 719

Rebstock, Ulrich
Maß, III. Islamischer Bereich VI 368

Recuero Astray, Manuel
Crónica de Veinte Reyes III 354

Redigonda, Luigi
Bartholomiten, armenische I 1499
Bonacursius v. Bologna II 398
Caecilia Romana II 1345
Guala IV 1759
Reginald, 2. R. v. Orléans VII 577

Rees, Wilhelm
Schuld, II. Kanonisches Recht VII 1577
Sexualdelikte VII 1811
Strafe, Strafrecht, A. Kanonisches Recht VIII 196
Verbrechen, B. Kanonisches Recht VIII 1491
Zensur, I. Westkirche IX 533

van Regteren Altena, Herman H.
Amsterdam, I. Archäologie und Siedlungsgeschichte I 544

Rehn, Rudolf
Zeit, I. Theologisch und philosophisch (mit Mojsisch, B., Jeck, U. R.) IX 509

Reichl, Karl
Aristoteles, C. II. Englische Literatur [Übersetzungen, Rezeption] I 945
Contemptus mundi, B. VI. Englische Literatur III 193
Dicta philosophorum, 3. Englische Literatur III 978
Disticha Catonis, II. Englische Literatur III 1125
Englische Literatur III 1994
Epos, D. III. Englische Literatur III 2089
Fabel, -dichtung, V. Englische Literatur IV 206
Geistliche Dichtung, IV. Englische Literatur IV 1187
Heldendichtung IV 2115
Lai, II. Englische Literatur V 1615
Lehrhafte Literatur, XII. Englische Literatur V 1839
Literaturkritik, IV. Englische Literatur V 2020
Minstrel VI 652
Mündliche Literaturtradition, III. Englische Literatur VI 902
Pastourelle, Pastorela, II. Englische Literatur VI 1775
Percy, Thomas VI 1881
Reisen, Reisebeschreibungen, A. II. 4. Englische Literatur [Reisebeschreibungen] VII 679
Reverdie, II. Englische Literatur VII 771
Roman, V. Englische Literatur VII 987
Skop VII 1989
Spielmannsdichtung, III. Englische Literatur VII 2116
Wohunge of Ure Lauerd IX 300
Worcester-Fragmente IX 330

Reifenberg, Hermann
Prozession, I. Westen VII 287

Reimann, Heike
Zirzipanen IX 629

Reindel-Schedl, Helga
Burghausen, I. Stadt und Burg II 1053

Reineking von Bock, Gisela
Bernstein, C. Bernstein im mittelalterlichen Kunsthandwerk I 2011

Reinert, Benedikt
Askese, C. Islam I 1115
Buße (liturgisch-theologisch), F. Buße im Islam II 1143

Reinhardt, Heinrich J. F.
Anselm, 8. A. v. Laon I 687
Laon, Schule v. V 1712

Reinhardt, Klaus
Balboa y Valcarcel, Gonzalo de I 1361
Juan, 8. J. (Johannes) de Palomar V 778

Reinheckel, Günter
Zinn, II. Kunstgeschichte IX 621

Reinicke, Christian
Farbe, Färber, Farbensymbolik, I. Farbstoffe, -pflanzen, -handel IV 285
Flachs IV 508
Hanf (mit Dilg, P.) IV 1918
Indigo V 405
Krapp V 1475
Leinen V 1858
Pacht VI 1607
Purpur, II. Westlicher Bereich VII 332
Safran, 2. Anbau und Handel VII 1251
Scharlach VII 1441
Waid, -anbau, -handel VIII 1929
Walkerei, Walker VIII 1976
Wau VIII 2078
Weihrauch, 1. Herkunft und Handel VIII 2110

Reininger, Monika
Wollust (mit Keil, G.) IX 323

Reinle, Adolf
Abraham, 2. Ikonographie (mit Binding, G., Lucchesi-Palli, E.) I 52
Adam und Eva (mit Binding, G., Wessel, K.) I 115
Alamanno, Pietro und Giovanni I 266
Andachtsbild I 582
Antelami, Benedetto I 693
Arnolfo di Cambio I 1010

Arnt I 1013
Atlant I 1169
Backoffen, Hans I 1328
Baerze, Jacques de I 1343
Bamberger Meister I 1403
Bauplastik, I. Westen I 1671
Bildnis, A. I. Plastik [Westen] II 154
Brunnen, B. II. Künstlerisch gestaltete Brunnen [Mittelalterliche Brunnen in Mittel- und Westeuropa] II 769
Büste, I. Abendland II 1155
Chartres, Bauplastik II 1751
Chorgestühle II 1886
Chorschranken (mit Engemann, J., Wessel, K.) II 1890
Claperós II 2122
Colombe, 2. C., Michel III 49
Crocq, Jan III 350
Daucher, Adolf und Hans III 583
Della Robbia III 674
Denkmal, I. Okzident III 697
Donatello III 1232
Erhart, Michel und Gregor III 2139
Erminold-Meister III 2158
Filarete IV 444
Fridolin, 2. Ikonographie IV 917
Geräte, liturgische IV 1298
Gerhaert v. Leiden, Niclaus IV 1308
Gerthner, Madern IV 1354
Gewölbeplastik IV 1432
Ghiberti, Lorenzo IV 1438
Giovanni, 1. G. di Balduccio IV 1457
Gislebertus, 2. G. IV 1469
Glocke, A. IV. Inschriften und Reliefs [Okzident] IV 1498
Grab, -formen, -mal, A. II. 2. Mittelalter [Kunstgeschichte; Westen] IV 1623
Grasser, Erasmus IV 1657
Heiliggrab IV 2029
Huerta, Juan de la V 152
Jean, 28. J. de Liège V 339
Johannesschüssel V 612
Josephmeister V 633
Juan, 10. J. Pedro V 778
Kanzel V 909
Kaschauer, Jakob V 1028
Kirchenausstattung V 1167
Königsgalerie V 1328
Kraft, Adam V 1464
Kryptoporträt V 1557
Lederer, Jörg V 1792
Leinberger, Hans V 1858
Lombarden, 2. L. (Bauleute, Bildhauer) V 2099
Maitani, Lorenzo VI 146
Meister H. L. VI 483
Meit, Conrad VI 488
Misericordie VI 668
Morel, Jacques VI 836
Niccolò, 2. N. dell'Arca VI 1126
Nikolaus, 22. N. Hagenower VI 1180
Notke, Bernt VI 1288
Ölberg VI 1388
Opferstock VI 1413
Pacher, Michael VI 1606
Pestkreuz VI 1921
Pilgram, Anton VI 2156
Plastik, I. Allgemein; Westen VII 2
Portalplastik VII 111

Reiterstandbild VII 683
Relief, II. 1. Westen [Mittelalter] VII 688
Sakramentshaus VII 1275
Schmerzensmann VII 1503
Schöne Madonnen VII 1534
Sluter, Claus VII 2011
Taufbecken, Taufstein, Fünte, I. Westen. Mittelalter VIII 493
Tonplastik VIII 860
Totenleuchte VIII 896
Trabesanlagen VIII 927
Tür VIII 1096
Vortrag- oder Prozessionskreuz VIII 1860
Wegheiligtümer VIII 2091
Werve, Claus de IX 12
Zelebrantensitz IX 518

Reinle, Christine
Terra VIII 552
Vasall, Vasallität VIII 1416

Reinsch, Diether Roderich
Kritobulos v. Imbros V 1537

Reith, Reinhold
Schloß (Türschloß) VII 1491
Schlosser VII 1491
Schlüssel, I. Technik VII 1492

Remy, Paul
Alexiuslied (mit Gnädinger, L.) I 388

Rendtel, Constanze
s. Hofmann-Rendtel, Constanze

Rener, Monika
Raymundus, 3. R. de Rocosello VII 494

Renoux, Annie
Normandie, A. Hochmittelalter VI 1241
Pfalz, Palast, E. Westfrankenreich/Frankreich VI 2003
Préaux VII 170
Richard, 8. R. I., Hzg. v. Normandie VII 815
Richard, 9. R. II., Hzg. v. Normandie VII 815
Robert, 28. R., I., Hzg. v. Normandie VII 897
Rollo VII 966
Rouen VII 1059
Saint-Clair-sur-Epte, Vertrag v. VII 1140
Saucourt-en-Vimeu VII 1402
Valvassoren, II. Frankreich, Normandie VIII 1403
Verdier VIII 1504
Vernon VIII 1563
Vexin VIII 1607
Vicecomes, III. Normandie VIII 1620
Wilhelm, 21. W., Gf. v. Arques IX 143
Wilhelm, 39. W. Langschwert, Hzg. der Normandie IX 150
Wilhelm, 79. W. v. Jumièges IX 171
Wilhelm, 99. W. v. Poitiers, Geschichtsschreiber IX 183
Yvetot IX 432

di Renzo Villata, Maria Gigliola
Baiulus I 1358
Baron (baro), IV. Neapel und Sizilien I 1480
Bartholom(a)eus, 6. B. v. Capua I 1493
Causae piae II 1586

Diebstahl, C. I. Italienisches Recht   III 989
Ehe, B. III. Italien [Recht]   III 1625
Ehebruch, B. III. Italien [Recht]   III 1653
Raub, A. IV. Italienisches Recht   VII 471

Restle, Konstantin
Musikinstrumente   VI 955

Restle, Marcell St.
Fries   IV 968
Georg, hl., IV. Ikonographie im byzantinischen Bereich   IV 1274
Georgische Kunst   IV 1288
Gewölbe (mit Binding, G.)   IV 1427
Giebel (mit Binding, G.)   IV 1442
Goldschmiedekunst, II. Byzanz   IV 1551
Hagia Sophia   IV 1840
Heilige, B. II. Heiligendarstellung [Ostkirche]   IV 2019
Himmelfahrt Christi, 3. Osten   V 25
Höhlenkirchen, -klöster, -malerei   V 85
Höllen (bzw. Hades)fahrt Christi, I. Osten   V 98
Holzschnitzkunst, I. Frühchristliche und byzantinische Kunst   V 106
Homilie, Homiliar, -illustrationen   V 111
Hosios Lukas   V 132
Ikone, -nmalerei, -beschläge, I. Byzanz und Einflußbereiche   V 371
Isidor, 3. I.(os) v. Milet   V 676
Jakob(os), 2. J. v. Kokkinobaphu   V 297
Jesus Christus, III. Byzanz und Einflußbereiche   V 362
Johannes der Evangelist, Darstellung, II. Byzanz   V 528
Johannes der Täufer, II. Byzanz   V 530
Kapitell, 3. Osten   V 943
Kindheitsgeschichte Jesu, II. Byzanz und der Osten   V 1152
Koimesis, II. Ikonographie (mit Schulz, H.-J.)   V 1249
Konstantinopel/Istanbul, I. Byzantinisches Reich   V 1387
Kreuz, Kruzifix, A. Allgemein   V 1489
Kreuz, Kruzifix, F. III. Byzanz [Ikonographie]   V 1496
Kreuzfahrerkunst   V 1498
Kreuzkuppelkirche   V 1505
Kriegerheilige   V 1528
Krypta, II. Byzanz   V 1556
Kyriake, hl.   V 1597
Lampe, III. Byzanz   V 1631
Landschaftsmalerei, 2. Byzanz   V 1676
Leben Christi, III. Byzanz   V 1779
Leuchter, II. Byzanz   V 1917
Liturgische Tücher, 2. Ostkirche   V 2036
Malerbücher   VI 170
Mandilion   VI 189
Maria v. Ägypten   VI 275
Melismos   VI 496
Michael, Erzengel, III. Darstellung, Byzanz   VI 595
Morača   VI 824
Mosaik, III. Byzanz und seine Einflußgebiete   VI 854
Nikolaus, 10. N. v. Myra, II. Darstellung in Byzanz   VI 1175
Oktateuch-Illustration   VI 1382
Ornament, II. Byzanz   VI 1471
Panselinos, Manuel   VI 1657
Parekklesion   VI 1703
Passion, C. III. Byzanz [Ikonographie]   VI 1767
Peruštica   VI 1912
Pflanzendarstellung, B. Osten   VI 2036
Philoxenie   VI 2105
Pilgerandenken, -zeichen, II. Byzanz   VI 2156
Plastik, II. Byzantinischer Bereich   VII 4
Poreč (Kunst)   VII 103
Porphyr   VII 104
Portal, II. Byzanz   VII 110
Porträt, 3. Byzanz   VII 115
Propheten, Prophetie, C. II. Osten [Ikonographie der biblischen Propheten]   VII 258
Prophetenvision   VII 259
Psalmen, Psalter, C. I. Byzanz [Psalterillustration]   VII 301
Radoslav, 2. R., (Miniatur-)Maler   VII 389
Relief, II. 2. Byzanz [Mittelalter]   VII 689
Repräsentationsbild, II. Byzanz   VII 745
Sakkara   VII 1263
Sarkophag, II. Byzanz   VII 1383
Säule, II. Byzanz   VII 1404
Simon, 14. S. v. Kyrene   VII 1917
Skeuophylakion   VII 1974
Specksteinschnitzerei   VII 2087
Stadtansicht und Stadtbild, B. Byzanz   VIII 11
Tau   VIII 491
Taufbecken, Taufstein, Fünte, II. Byzanz   VIII 494
Taufe Christi, III. Byzanz   VIII 503
Templon   VIII 539
Teufel, C. II. Osten [Ikonographie]   VIII 585
Theodoros, 10. Th. Euchaïta   VIII 638
Thron, C. II. Monumente und Ikonographie [Byzanz]   VIII 741
Trapeza   VIII 957
Typikon, III. Kunstgeschichtlich   VIII 1133
Verklärung Christi, III. Byzanz   VIII 1544
Vorhang, 2. Byzanz   VIII 1851
Wandmalerei, C. Byzanz   VIII 2022
Weihrauchgefäß, III. Byzanz   VIII 2113
Weißes Kloster   VIII 2140
Weltgerichtsdarstellung, III. Byzanz   VIII 2180

Rettelbach, Johannes
Ton   VIII 856
Vers- und Strophenbau, II. Deutsche Literatur   VIII 1571

Reuter, Timothy
Codex Udalrici   II 2209

Reuther, Hans
Bronze, I. Material (mit Capelle, T.)   II 713
Bronze, II. Technik (mit Capelle, T.)   II 713
Bronze, III. 2. Hoch- und Spätmittelalter [Geschichte] (mit Capelle, T.)   II 714

Reynaert, Joris
Gruuthuse-Handschrift   IV 1756
Praet, Jan   VII 158

Reynaud, Félix
Marseille   VI 326

Reynolds, Susan
Bürger, Bürgertum, F. England   II 1028

Řezáč, Jan
Archimandrit   I 897

Ribbe, Wolfgang
Brandenburg, III. Hoch- und Spätmittelalter   II 551
Brandenburg, Mark, B. Hoch- und Spätmittelalter
   II 555
Cottbus   III 304
Dispositio Achillea   III 1114
Frankfurt a. d. Oder   IV 741
Friedrich, 12. F. VI. (I.), Mgf. v. Brandenburg   IV 947
Friedrich, 13. F. II., Mgf. v. Brandenburg   IV 948
Fürstenwalde, Vertrag v.   IV 1058

Richard, Jean
Antoine, 2. A., »grand bâtard de Bourgogne«   I 726
Apanage, I. Definition; Apanagen in Frankreich   I 741
Atuyer, Gft.   I 1181
Autun   I 1274
Auxerre, I. Bistum   I 1279
Auxerre, II. Grafschaft   I 1280
Auxerre, III. Stadt (mit Contamine, Ph.)   I 1280
Auxois   I 1281
Auxonne   I 1281
Avallon   I 1283
Beaune   I 1763
Bernhard, 3. B. Plantapilosa   I 1983
Bèze, St-Pierre de   II 33
Bosoniden   II 479
Bruno, 4. B. v. Roucy   II 786
Burgund, 3. Burgund, Herzogtum, B. Politische und territoriale Geschichte im 13.–15. Jahrhundert   II 1069
Burgund, 3. Burgund, Herzogtum, C. I. 1. Institutionen (bis 1435)   II 1079
Burgund, 3. Burgund, Herzogtum, D. Das Fürstenhaus Burgund (Valois)   II 1084
Burgund, 5. Burgund, Freigrafschaft   II 1090
Burgunder, I. Geschichte   II 1092
Bussière, La   II 1151
Bustron, Georgios   II 1159
Canard (Canart), Jean   II 1428
Cervon   II 1638
Chalon, Haus   II 1658
Chalon, 1. Ch., Guillaume II. v.   II 1659
Chalon, 2. Ch., Jean v., l'Antique   II 1659
Chalon, 3. Ch., Jean I. v.   II 1660
Chalon, 4. Ch., Jean II. v.   II 1660
Chalon, 5. Ch., Jean III. v.   II 1660
Chalon, 6. Ch., Jean IV. v.   II 1661
Chalon, 7. Ch., Lambert v.   II 1661
Chalon, 8. Ch., Louis I. v.   II 1661
Chalon, 9. Ch., Louis II. v.   II 1661
Charlotte, 2. Ch. v. Lusignan   II 1731
Charol(l)ais   II 1733
Châtillon-sur-Seine   II 1775
Chaugy, Michaut de   II 1781
Chilperich, 1. Ch. I., Kg. der Burgunder   II 1824
Courtenay, A. Die Courtenay in Frankreich und im Lateinischen Osten   III 317
Dijon   III 1047
Dole   III 1172
Donzy   III 1253
Fontenay   IV 623
Gibica   IV 1441
Giselbert, 2. G. v. Vergy   IV 1466
Godegisel   IV 1530
Guillon, Vertrag v.   IV 1784
Gundahar   IV 1791
Gundiok (Gundovechus)   IV 1791
Gundoba(l)d   IV 1792
Gundomar (Godomar)   IV 1792
Heinrich, 46. H I. (ursprgl. Name: Odo), Hzg. v. Burgund   IV 2067
Hugo, 9. H. der Schwarze   V 161
Hugo, 10. H. III., Hzg. v. Burgund   V 161
Hugo, 11. H. IV., Hzg. v. Burgund   V 162
Hugo, 12. H. V., Hzg. v. Burgund   V 162
Hugo, 13. H., Gf. v. Chalon   V 162
Hugo, 19. H. v. Salins, Ebf. v. Besançon   V 164
Jean, 12. J. 'sans peur', Hzg. v. Burgund   V 334
La Ferté-sur-Grosne   V 1612
Landricus (Landri)   V 1674
Leutald (Liétaud) v. Mâcon   V 1920
Lex Burgundionum   V 1928
Lex Romana Burgundionum   V 1930
Ludwig, 15. L. IX., d. Hl., Kg. v. Frankreich   V 2184
Lusignan, II. Die Lusignan im lateinischen Osten
   VI 19
Lusignan, Guido v.   VI 20
Mâcon   VI 61
Manasses, 1. M., Gf.   VI 183
Mantaille, Versammlung v.   VI 202
Marcigny-sur-Loire   VI 226
Margarete, 7. M. v. Provence, Kgn. v. Frankreich
   VI 236
Margarete, 15. M. v. Flandern, Hzgn. v. Burgund
   VI 239
Meaux-Paris, Vertrag v.   VI 435
Mézières, Philippe de   VI 592
Molesme   VI 726
Montereau   VI 795
Mummolus, Eunius   VI 897
Noyers, Miles de   VI 1314
Odo, 4. O. III., Hzg. v. Burgund   VI 1355
Odo, 5. O. IV., Hzg. v. Burgund   VI 1356
Orbe   VI 1427
Otto, 16. O. I., Pfgf. v. Burgund   VI 1575
Otto, 17. O. II., Pfgf. v. Burgund, Hzg. v. Meranien
   VI 1576
Otto, 18. O. III., Pfgf. v. Burgund   VI 1576
Otto, 19. O. IV., Pfgf. v. Burgund   VI 1576
Ott-Wilhelm, Gf. v. Burgund   VI 1590
Paray-le-Monial   VI 1702
Peter, 15. P. I., Kg. v. Zypern   VI 1932
Philipp, 12. Ph. I. v. Rouvres, Hzg. v. Burgund
   VI 2067
Philipp, 13. Ph. II. der Kühne, Hzg. v. Burgund
   VI 2067
Philipp, 14. Ph. III. der Gute, Hzg. v. Burgund
   VI 2068
Pontigny   VII 97
Pot, 1. P., Philippe   VII 128
Pot, 2. P., Re(g)nier   VII 129
Raimund, 16. R. III., Gf. v. Tripolis   VII 412
Richard, 5. R. 'der Justitiar', Hzg. v. Burgund
   VII 813
Robert, 17. R. I., Hzg. v. Burgund   VII 891
Robert, 18. R. II., Hzg. v. Burgund   VII 892
Robert, 59. R. v. Molesme   VII 909
Rolin, 1. R., Jean   VII 962
Rolin, 2. R., Nicolas   VII 963
Rudolf, 4. R. I., Kg. v. Hochburgund   VII 1075
Rudolf, 7. R., Kg. v. Westfranken   VII 1077
Saint-Germain d'Auxerre   VII 1160
Saint-Jean de Losne   VII 1168
Saint-Pathus, Guillaume de   VII 1188

Salins VII 1303
Savaricus VII 1409
Seignelay, 1. S., Guillaume de VII 1712
Semur-en-Auxois VII 1743
Semur-en-Brionnais VII 1743
Sigismund, 1. S., Kg. der Burgunder, 1. Leben und Regierung VII 1885
Stephan, 21. S. v. Lexington, Abt v. Clairvaux VIII 120
Syagrius, 2. S., Bf. v. Autun VIII 350
Symphorian VIII 368
Ternant VIII 552
Tetricus, 1. T., Bf. v. Auxerre VIII 577
Tetricus, 2. T., Bf. v. Langres VIII 577
Thoisy, Jean de VIII 697
Tonnerre VIII 859
Toulongeon VIII 908
Trazegnies, Gilles de VIII 965
Troyes, Vertrag v. VIII 1067
Val-des-Choux VIII 1368
Vendôme, Matthaeus v. VIII 1458
Vergy VIII 1533
Vézelay VIII 1609
Voeu du Faisan VIII 1807
Wavrin, 1. W., Jean de VIII 2080
Wigonen IX 95
Wilhelm, 25. W. d. Gr., Gf. v. Burgund IX 145
Willebad IX 206
Zeremoniell, D. II. Burgund IX 563
Zypern, B. Das Königreich der Lusignan IX 740

Richards, Jeffrey
Gregor, 1. G. I. d. Große, hl., Papst und Kirchenlehrer, I. Leben und Wirken IV 1663

Richter, Klemens
Bischof, -samt, C. Bischofsweihe II 236

Richter, Michael
Brut y Tywysogyon II 798
Caernarforn II 1351
Cantref II 1465
Cashel, I. Geschichte II 1546
Chronik, I. II. Wales II 1992
Clyn, John II 2194
Dafydd, 1. D. ap Llywelyn ab Iorwerth III 428
Finguine mac Láegaire IV 475
Fürstenspiegel, B. V. Irische und walisische Literatur IV 1053
Giraldus Cambrensis IV 1459
Gruffudd, 1. G. ap Llywelyn IV 1735
Gruffudd, 2. G. ap Cynan IV 1735
Harlech IV 1938
Hywel Dda V 252
Llandaff V 2056
Llanthony V 2057
Mündliche Literaturtradition, V. Walisische Literatur VI 905
Mündliche Literaturtradition, VI. Irische Literatur VI 905
Wales, A. Geschichte bis 1284 VIII 1960

Richter-Bergmeier, Reinhilt
Breviari d'Amor (mit Plotzek-Wederhake, G.) II 638
Ermengaud, 3. E., Matfre III 2156

Richter-Bernburg, Lutz
Brief, Briefliteratur, Briefsammlungen, E. Brief und Briefliteratur im islamischen Bereich II 679
Fürstenspiegel, D. I. Arabisch-islamischer Bereich IV 1058
Historiographie, D. I. Arabischer Bereich V 53
Islam V 680
al-Iṣṭaḫrī, Abū Isḥāq Ibrāhīm ibn Muḥammad V 700
al-Masʿūdī, Abū l-Ḥasan ʿAlī VI 374
al-Mauṣilī, Isḥāq VI 417
al-Mawardi VI 417
aṭ-Ṭabarī, abū Ǧaʿfar Muḥammad b. Ǧarīr b. Yazīd VIII 391

Ricklin, Thomas
Sententia VII 1765
Sentenzenkommentare (mit Imbach, R.) VII 1767

de Ridder, Paul E. J.
Berthout I 2037

Riddle, John M.
Dioskurides im Mittelalter, I. Überlieferung III 1095
Ibn Ǧulǧul al-Andalusī V 315

Rieckenberg, Hans J.
Adelog I 147
Anselm, 5. A. v. Besate I 680

Riedenauer, Erwin
Nobilitierung, -srecht VI 1207
Uradel VIII 1281

Riedlinger, Helmut
Allegorie, Allegorese, III. Patristische und scholastische Theologie (mit Emminghaus, J. H., Hödl, L.) I 421
Ambrosius, 3. A. Autpertus I 525
Apokalypse, A. Apokalypsenkommentare I 748
Bibel, B. I. 1. g. Bibelkritik [Literaturgeschichte; Lateinischer Westen; Christliche Theologie] (mit Gribomont, J.) II 45
Bibel, B. I. 1. h. Vorreden und Kanonfragen [Literaturgeschichte; Lateinischer Westen; Christliche Theologie] II 46
Bibel, B. I. 2. a. Allgemeines [Auslegung; Lateinischer Westen; Christliche Theologie] II 47
Bibel, B. I. 2. b. Vom 7. zum 11. Jh. [Auslegung; Lateinischer Westen; Christliche Theologie] II 49
Bibel, B. I. 2. c. Das 12. Jh. [Auslegung; Lateinischer Westen; Christliche Theologie] II 50
Bibel, B. I. 2. d. Das 13. Jh. [Auslegung; Lateinischer Westen; Christliche Theologie] II 52
Bibel, B. I. 2. e. Vom 14. zum 15. Jh. [Auslegung; Lateinischer Westen; Christliche Theologie] II 54
Bibel, B. I. 2. g. Zur Auslegung des Neuen Testaments II 62
Hohelied, das (Auslegung) V 79
Odo, 11. O. v. Cheriton VI 1358
Raymundus, 2. R. Lullus VII 490
Robert, 65. R. v. Tombelaine VII 912

Riedmann, Josef
Brixen II 704
Elisabeth, 1. E., dt. Kgn. III 1831
Etsch IV 59

Görz-Tirol, bzw. Tirol-Görz, Grafen v. (Stammtafel) IX Anhang
Hartmann, 2. H., Bf. v. Brixen IV 1944
Inn V 429
Innichen V 429
Margarete, 20. M. Maultasch, Gfn. v. Tirol VI 241
Marienberg VI 288
Matsch, Herren v. VI 395
Si(e)gmund, 3. S., Hzg. v. Österreich VII 1872
Tirol VIII 800
Trient VIII 989
Wolkenstein IX 320

Rieger, Dietmar
Beatrice, 2. B., Comtesse de Die I 1740
Wilhelm, 19. W. IX., Hzg. v. Aquitanien, II. Literatur IX 141

Riehle, Wolfgang
Hilton, Walter V 21
Juliana v. Norwich V 800
Rolle, Richard VII 965

Riera Melis, Antonio
Alfons, 6. A. I., Kg. v. Asturien I 393
Alfons, 7. A. II. »el Casto«, Kg. v. Asturien I 394
Alfons, 8. A. III. der Große, Kg. v. Asturien (mit Prelog, J.) I 394
Alfons, 11. A. IV. »el monje«, Kg. v. León I 398
Alfons, 12. A. V., Kg. v. León I 398
Asturien I 1153

Rigaudière, Albert
Chartes de franchises II 1741
Établissement de Rouen IV 44
Établissement de St-Louis IV 46
Étampes IV 46
Eu IV 64
Garde, 2. G. royale IV 1113
Jours, Grands V 639
Jurats V 811
Jurés V 813
Kommune, II. Frankreich V 1287
Königsbürger V 1326
Konsulat V 1409
Saint-Flour VII 1152

Riis, Thomas
Dänemark, F. II. Städtische Wirtschafts-, Verfassungs- und Sozialgeschichte III 530
Fisch, -fang, -handel, B. II. 1. Ostseegebiet einschließlich Dänemark [Fischfang, -handel] IV 496
Fisch, -fang, -handel, B. II. 2. Nordseegebiet [Fischfang, -handel] IV 497
Fisch, -fang, -handel, B. II. 3. Atlantik und Kanal [Fischfang, -handel] IV 498
Flensburg IV 546
Gesandte, B. IX. Skandinavien IV 1378
Hafen, B. II. Hoch- und Spätmittelalter [Deutschland und Skandinavien] IV 1827
Haithabu, I. Geschichte IV 1865
Hans, 1. H. (Johann), Kg. v. Dänemark, Norwegen und Schweden IV 1920
Helsingør IV 2127
Ingeborg v. Dänemark, Kgn. v. Frankreich V 414
Ivar Axelsson Thott V 838
Jakob, 16. J. Erlandsen, Ebf. v. Lund V 288
Johannes, 54. J. (Johann, Jens) Grand V 552
Kalmar V 875
Kalmarer Union V 875
Kanzlei, Kanzler, A. VII. Skandinavien V 918
Kaufmannskirche V 1086
Kaupang V 1087
Knud, 2. K. IV. d. Hl., Kg. v. Dänemark V 1239
Knud, 3. K. Laward, dän. Hzg. V 1240
Knud, 4. K. VI., Kg. v. Dänemark V 1240
König, Königtum, G. Skandinavien V 1319
Kopenhagen V 1432
Landgilde, Landskyld V 1661
Lejre V 1865
Lund, I. Stadt VI 6
Lyndanis(s)e VI 39
Malmö VI 176
Margarete, 1. M., Reichsverweserin v. Dänemark, Kgn. v. Norwegen VI 234
Notar, Notariat, G. Skandinavien VI 1279
Olav, 2. O., Kg. v. Dänemark VI 1388
Pfalz, Palast, G. Skandinavien VI 2006
Reichsrat VII 633
Ribe VII 804
Rorik VII 1026
Roskilde VII 1037
Siegel, X. Skandinavien VII 1855
Stadt, H. Skandinavien VII 2202
Stand, Stände, -lehre, III. Skandinavien VIII 50
Steuer, -wesen, H. Skandinavien VIII 153
Sund VIII 314
Sven(d), 3. S. III., Kg. v. Dänemark VIII 343
Urkunde, -nwesen, A. VIII. Skandinavien VIII 1308
Viborg, I. Stadt VIII 1614
Vordingborg VIII 1849
Wahlkapitulation, II. Skandinavische Königreiche VIII 1915
Waldemar, 1. W. I. d. Gr., Kg. v. Dänemark VIII 1946
Waldemar, 2. W. II. Sejr, Kg. v. Dänemark VIII 1948
Waldemar, 3. W. III., Kg. v. Dänemark, Hzg. v. Schleswig VIII 1949
Waldemar, 4. W. IV., Kg. v. Dänemark VIII 1949
Waldemar, 5. W., Hzg. v. Schleswig VIII 1951
Wilhelm, 46. W., Abt v. Æbelholt IX 152
Zehnt, II. Besondere Entwicklung in Skandinavien IX 501
Zeremoniell, D. V. Skandinavien IX 569
Zunft, -wesen, -recht, A. VIII. Skandinavien IX 703

Riley-Smith, Jonathan
Akkon I 252
Armenien, II. Das armenische Königreich in Kilikien I 975
Assise sur la ligece I 1123
Baron (baro), V. Königreich Jerusalem I 1482
Bethlehem I 2084
Bo(h)emund, 1. B. I. v. Tarent II 333
Burg, D. I. 2. Verfassungsgeschichte [Lateinische Königreiche] II 1001
Bürger, Bürgertum, I. II. Lateinischer Osten II 1040
Chronik, L. I. Kreuzzüge II 2001
Chronik, L. II. Lateinischer Osten II 2003
Gaston IV 1136
Geoffroi de Sergines IV 1264
Gerhard, 10. G., erster Meister der Johanniter IV 1313
Gottfried, 9. G. v. Bouillon, I. 2. Auf dem 1. Kreuzzug IV 1599

Jerusalem, B. Königreich und Lateinisches Patriarchat V 356
Johann, 29. J. v. Ibelin, Herr v. Beirut V 510
Johann, 30. J. v. Ibelin, Gf. v. Jaffa V 511
Johanniter, I. Geschichte V 613
Josselin, 1. J. I., Gf. v. Edessa V 637
Josselin, 2. J. II., Gf. v. Edessa V 637
Josselin, 3. J. III., Titular-Gf. v. Edessa V 637
König, Königtum, L. Jerusalem V 1323
Kreuzzüge V 1508
Leo, 1. L. I. (II.), Kg. v. Kilikisch-Armenien V 1875
Leo, 2. L. II. (III.)., Kg. v. Kilikisch-Armenien V 1875
Wilhelm, 111. W. v. Tripolis IX 190

Ringger, Kurt
Dante Alighieri, B. I. Überblick [Werke] (mit Bezzola, R. R.) III 546
Dante Alighieri, B. III. Wirkungsgeschichte der Commedia III 551
Dante Alighieri, B. IV. Interpretationsfragen der Commedia III 552

Rippa Bonati, Maurizio
Savonarola, 1. S., Giovanni Michele VII 1413

Rist, Josef
Osterfestbriefe VI 1517
Paphnutios VI 1663

Ristow, Günter
Geburt Christi-Darstellungen, 2. Byzantinische Besonderheiten in der Periode nach dem Ikonoklasmus IV 1165

Ristow, Sebastian
Ziegelbau, I. Westlicher und byzantinischer Bereich IX 599
Zisterne, II. Byzanz und westliches Europa IX 630

Ritóok, Agnes
Zalavár IX 471

Ritter, Adolf Martin
Christologie, A. Frühe Kirche bis Chalkedon II 1922
Clemens, 12. C. v. Alexandria (mit Hödl, L.) II 2148
Dionysius, hl., C. I. Autorenproblem [Dionysius Are(i)opagites] III 1079
Doxologie, II. Historischer Hintergrund (Frühe Kirche) III 1336

Riu, Manuel
Bann, A. II. Iberische Halbinsel [Weltlich] I 1415
Castellet II 1559
Castellnou, Vgf. en v. II 1559
Castellvell II 1559
Cornel III 242
Crónica de Pere el Cerimoniós III 352

Robbins, Rossell H.
Alliteration, C. III. Mittelenglische alliterierende Prosa I 435
Ashby, 2. A. George I 1107
Auchinleck-Handschrift I 1189
Audelay, John I 1191
Bannatyne-Handschrift I 1418
Bestiarium, A. VII. Englische Literatur (mit Sauer, H.) I 2077

Bibelübersetzungen, XII. Alt- und Mittelenglische Bibelübersetzungen (mit Sauer, H., Szarmach, P. E.) II 100
Brief, Briefliteratur, Briefsammlungen, B. IV. Englische Sprache und Literatur (mit Sauer, H.) II 670
Charter of Christ II 1740
Chaucernachfolger II 1780
Chestre, Thomas II 1800
Cuckoo Song III 364
Cursor Mundi III 389
Death and Liffe III 610
Deonise Hid Diuinite (mit Bradley, R. M.) III 704
Digby Plays (mit Coleman, W. E.) III 1043
Dives et Pauper III 1132
Dunbar, William III 1453

Roberg, Burkhard
Gregor, 10. G. VIII., Papst IV 1671
Gregor, 11. G. IX., Papst IV 1671
Gregor, 12. G. X., Papst IV 1672
Hadrian, 5. H. V., Papst IV 1823
Honorius, 5. H. III., Papst V 120
Honorius, 6. H. IV., Papst V 121
Innozenz, 5. I. IV., Papst V 437
Innozenz, 6. I. V., Papst V 438
Johannes, 37. J. XXI., Papst V 544
Johannes, 185. J. de Tusculo V 609
Kirchenlehen V 1177
Kirchenlehrer V 1178
Konklave V 1334
Lyon, Konzilien v. VI 46
Martin, 6. M. IV., Papst VI 341
Nikolaus, 4. N. III., Papst VI 1170
Peterspfennig VI 1942
Schisma VII 1468
Union, kirchliche, I. Allgemein VIII 1240
Union, kirchliche, II. Konzil v. Lyon (1274) VIII 1240
Urban, 4. U. IV., Papst VIII 1284
Vexillum sancti Petri VIII 1607

Robertini, Luca
Tagebuch, I. Italien VIII 423

Robinson, Pamela R.
Ellesmere-Handschrift III 1848
Hereford Gospels IV 2151

Robles Sierra, Adolfo
Dominikaner, Dominikanerinnen, B. II. 2. Krone Aragón III 1208

Rochow, Ilse
Kassia V 1035
Leon, 3. L. IV. V 1890

Röcke, Werner
Stricker, der VIII 242
Thüring v. Ringoltingen VIII 746
Vier Haimonskinder VIII 1653
Volksbuch VIII 1824

Röckelein, Hedwig
Otloh v. St. Emmeram VI 1559

Rode, Herbert
Blankverglasung II 263

Rödel, Dieter
Hafner IV 1836
Heberegister, -rolle IV 1983
Holzschuher V 108
Imhof(f) V 385
Inventar IV 474
Kamerer-Seiler V 882
Keller, Kellerei V 1097
Klempner V 1206
Pirckheimer (Pirckheimer-Gundelfinger Gesellschaft) VI 2173

Roesdahl, Else
Dänemark, B. II. Wikingerzeit [Archäologie] III 499
Dänemark, B. III. Mittelalter [Archäologie] III 499
Fyrkat IV 1068
Trelleborg VIII 969
Wikinger, I. Archäologie IX 99

Roger, Jean-Marc
Aubriot, Hugues I 1186
Auditeur au Châtelet I 1195
Caboche, Simon II 1330
Col, Gontier III 26
Damas, 1. D., Erard III 461
Damas, 2. D., Guy III 462
Estouteville, d', Haus IV 38
Estouteville, 3. E., Robert d', prévôt de Paris IV 41
Estouteville, 4. E., Thomas d', Bf. v. Beauvais IV 42
Févin, Pierre de IV 423
Fiennes, Robert de IV 436
Foleville, Jean de IV 608
Gouverneur IV 1614
Guy, 1. G. Le Bouteillier IV 1806
Lieutenant V 1976
Longjumeau, Verhandlungen v. V 2108
Loré, Ambroise de V 2114
Ludwig, 49. L. v. Luxemburg, Ebf. v. Rouen V 2202
Morhier, Simon VI 840

Rogge, Jörg
Wittenberg IX 273

Rohde, Saskia
Reuchlin, Johannes VII 766

Röhrig, Floridus
Klosterneuburg V 1225

Röhrkasten, Jens
Raub, A. II. Englisches Recht VII 470
Strafe, Strafrecht, C. V. England VIII 205
Tenure VIII 543
Testament, A. II. 2. Englisches Recht VIII 566
Urteil, II. Englisches Recht VIII 1335
Verbrechen, A. III. Englisches Recht VIII 1487
Volk, -sversammlung, II. England VIII 1817
Winchester, Statute of IX 229
Witan IX 264
Witenagemot IX 266
Witwe, A. IV. Englisches Recht IX 279
Year Books IX 410
Zeuge, C. II. Englisches Recht IX 585

Rokaj, P.
Križevci V 1537

Rollason, David W.
Columba (Colum Cille) v. Iona (C. v. Hy) III 63
Cuthbert III 397
Etheldreda IV 52
Goscelinus v. Canterbury IV 1567
Hagiographie, B. VI. Angelsächsischer Bereich IV 1851
Lindisfarne V 1999
Mildrith-Legende VI 623
Osbern, 1. O. v. Canterbury VI 1491
Oswald, 1. O., hl., Kg. v. Northumbria VI 1549
Swithun VIII 350
Werburg of Chester VIII 2196
Wilfrid IX 123
Wistan IX 263
Wulfstan, 2. W. II., Bf. v. Worcester IX 348

Rolle, Renate
Romny und Borševo, Kultur v. VII 1018
Saltovo und Majack (Majaki), Kultur v. VII 1318
Sarmaten VII 1384

Roloff, Hans-Gert
Fortunatus IV 666
Loher und Maller V 2083

Romanello, Marina
Badoer I 1341
Badoer, Sebastiano I 1342
Barbo, Familie I 1445
Barbo, 1. B., Ludovico I 1446
Barbo, 2. B., Marco I 1446
Barbo, 3. B., Paolo I 1446
Eymerich, Nicolas IV 190

Romano, Andrea
Justiz, -wesen, II. Königreich Sizilien und Neapel V 827

Rombach, Ursula
Walter, 11. W. v. Châtillon VIII 1995

Romer, Hermann
Immunität, I. Allgemein und westlicher Bereich (mit Schott, C.) V 390
Privilegium immunitatis VII 229

Röpcke, Andreas
Willehad IX 207

do Rosário, António
Dominikaner, Dominikanerinnen, B. II. 3. Portugal III 1209

Rösch, Gerhard
Orseolo, Familie VI 1476
Orseolo, 1. O., Petrus II. VI 1477

Rösener, Werner
Abgaben, I. Begriffliches; Mitteleuropa I 32
Annona, I. In der Spätantike I 669
Bauer, Bauerntum, A. Allgemeine Problematik I 1563
Bauer, Bauerntum, D. II. Mitteleuropa I 1574
Bauernfreiheit I 1605
Bauernlegen, II. Kontinentales Mittel- und Westeuropa I 1619
Bauernstaaten I 1622

Biber, 1. Allgemein, Bedeutung für mittelalterliche Siedlung und Wirtschaft II 106
Brandkatastrophen, 2. Im ländlichen Bereich II 564
Brandwirtschaft, 2. Bodennutzungssystem II 571
Deutschland, G. Ländliche Sozial- und Wirtschaftsgeschichte III 877
Dona annualia III 1230
Dorf, A. I. Zum Begriff [Allgemein, Mittel-, Westeuropa und Italien] III 1266
Dorf, A. III. 1. b. Sozial- und Wirtschaftsverhältnisse [Mitteleuropa] III 1277
Dreifelderwirtschaft III 1377
Düngung III 1458
Eigen, bäuerliches III 1703
Feldgraswirtschaft IV 337
Flurzwang IV 600
Frau, C. II. Die höfische Dame [Lateinischer Westen] IV 863
Frau, C. IV. Die Frau in der bäuerlichen Gesellschaft [Lateinischer Westen] IV 865
Frondienste IV 986
Fronhof IV 989
Fruchtwechselwirtschaft IV 996
Futterpflanzen IV 1066
Genossenschaft, II. Ländliche Genossenschaft IV 1235
Grundherrschaft, A. Definition und Grundzüge der Forschung IV 1739
Grundherrschaft, C. II. Deutschland/Mitteleuropa [Hoch- und Spätmittelalter] IV 1746
Gynäceum IV 1811
Hand- und Spanndienste IV 1910
Handwerk, A. II. Ländliches Handwerk [Westlicher Bereich] IV 1914
Herold IV 2172
Hof V 66
Hofämter V 67
Hörige, Hörigkeit V 125
Knappe V 1232
Kossäten V 1461
Landesausbau und Kolonisation, I. Mitteleuropa V 1643
Leihe V 1856
Manor VI 197
Meier, -recht VI 470
Realteilung VII 497
Rekognitionszins VII 686
Relevium VII 687
Rente (Grundrente) VII 734
Salem VII 1293
Schwertleite VII 1646
Seldner VII 1730
Seneschall, II. Frankenreich VII 1751
Unfreiheit, I. Allgemein; Deutsches Recht VIII 1219
Villikation VIII 1694
Vorwerk VIII 1869
Wiese IX 91
Zweifelderwirtschaft IX 719
Zwing und Bann IX 735

Rosenfeld, Boris
Banū Mūsā (mit Youschkevitsch, A.) I 1422

Rosenfeld, Hellmut
Barlaam und Joasaph, B. VI. Deutsche Literatur I 1467
Beckmesser, Sixt I 1774

Rosenwein, Barbara H.
Souvigny VII 2071

Ross, David J. A.
Alexander d. Große in Kunst und Literatur, B. V. Romanische Literaturen I 359
Jacques, 4. J. de Longuyon V 267

Rossi, Luciano
Fin'amor IV 452
Flamenca IV 513
Florisdichtung, A. Inhalt und Verbreitung des Stoffes IV 573
Florisdichtung, B. I. Romanische Literaturen IV 573
Folquet, 2. Literarische Tätigkeit IV 614
Girart de Roussillon IV 1461
Gormont et Isembart IV 1561
Griseldis, I. Romanische Literaturen IV 1720
Guiraut, 1. G. de Bornelh IV 1787
Lancia, 1. L., Andrea V 1641
Lancia, 2. L., Manfredi V 1641
Marcabru VI 219
Montanhagol, Guilhem de VI 777
Montaudon, Mönch v. VI 780
Ottava rima VI 1563
Parodie, IV. Romanische Literaturen VI 1740
Pastourelle, Pastorela, I. Romanische Literaturen VI 1775
Petrarca, Francesco VI 1945
Petrus, 75. P. de Vinea, 2. Volkssprachliches Werk VI 1988
Piramus, Denis VI 2172
Prodenzani, Simone VI 239
Quinze Joies de Mariage VII 374
Raimbaut, 1. R. d'Aurenga VII 403
Raoul, 2. R. de Ferrières VII 441
Ristoro d'Arezzo VII 864
Romanzen, I. Altfranzösische und okzitanische Literatur VII 1003
Rudel, Jaufre VII 1069
Rusticiano da Pisa VII 1122
Sacre rappresentazioni VII 1247
Schwank, II. Romanische Literaturen VII 1618
Ser Giovanni VII 1773
Sercambi, Giovanni VII 1783
Sermini, Gentile VII 1789
Spielmannsdichtung, I. Romanische Literaturen VII 2113
Thomas, 15. Th. d'Angleterre VIII 705
Tristan, A. I. Romanische Literaturen VIII 1020
Trobairitz VIII 1029
Troubadours, I. Literaturhistorisch VIII 1052
Trubert VIII 1069
Uberti, 3. U., Fazio degli VIII 1168
Uguccione, 2. U. da Lodi VIII 1180
Vergil im Mittelalter, A. II. Romanische Literaturen VIII 1526
Volkslied, II. Romanische Literaturen VIII 1836

Rossi, Marguerite
Huon de Bordeaux V 227

Roßmann, Heribert
Adam, 15. A. Wodham I 111
Alexander, 22. A. Bonini I 376
Alvarus Pelagius I 497
Bartholom(a)eus, 11. B. (Ptolomaeus) v. Lucca I 1495

Bartholom(a)eus, 15. B. v. Pisa   I 1496
Bartholom(a)eus, 16. B. v. Pisa   I 1497
Bernhard, 23. B. v. Arezzo   I 1990
Bernhard, 47. B. v. Trilia   I 2003
Bernhard, 50. B. v. Waging   I 2004
Berthold, 15. B. v. Freiburg   I 2031
Christian, 3. Ch. v. Borxleben   II 1912
Christian, 4. Ch. v. Hiddestorf   II 1912
Eustachius, 1. E. v. Arras   IV 111
Franciscus, 4. F. de Marchia   IV 683
Franciscus, 5. F. v. Meyronnes   IV 684
Franziskanerschule   IV 824

Roth, Andreas
Notwehr   VI 1296
Spurfolge   VII 2148
Wergeld, I. Germanisches und Deutsches Recht
   VIII 2199

Roth, Gunhild
Speculum humanae salvationis, I. Text   VII 2088
Speculum virginum, I. Text   VII 2090
Spiegelliteratur, I. Mittellateinische Literatur
   VII 2101
Spiegelliteratur, III. Deutsche und mittelniederländische Literatur   VII 2103

Roth, Klaus
Ehebruch, C. Literatur und Volksüberlieferung
   III 1658

Rothmann, Michael
Ugelnheimer   VIII 1179

Rottenecker, Winfried
Zufall   IX 682

Rottenwöhrer, Gerhard
Katharer   V 1064
Manichäismus, Manichäer, Mittelalterliche Ketzerbezeichnung   VI 196
Semipelagianismus   VII 1740

Rotter, Gernot
Araber, I. Historischer Überblick   I 834
Araber, II. Ausbreitung im 7. und 8. Jh.   I 835
ᶜAṣabīya   I 1101
Baiᶜa   I 1350
Baṣra   I 1544

Rötting, Hartmut
Friedhof, B. I. 1. Archäologie   IV 924

Rouche, Michel
Calais   II 1386
Companaticum   III 99
Corbie   III 224

Rousse, Michel
Pathelin, Maître Pierre   VI 1782

Roussey, Marie-Colette
Klarissen   V 1193
Longchamp, Notre-Dame de   V 2106

Roussineau, Gilles
Perceforest   VI 1877

Rowland, Beryl
Chaucer, Geoffrey, I. Leben   II 1775
Chaucer, Geoffrey, II. Werke (mit Steppe, W.)   II 1776
Chaucer, Geoffrey, III. Literarische Bedeutung (mit Steppe, W.)   II 1778

Rubner, Heinrich
Amberg   I 515

Rübsamen, Dieter
Reichslandpläne der Staufer   VII 630

Rudolf, Rainer
Ars moriendi, A. Frömmigkeitsgeschichte   I 1039
Ars moriendi, B. I. Mittellateinische und deutschsprachige Literatur   I 1040

Rudolph, Kurt
Manichäismus, Manichäer   VI 194

Rudolph, Ulrich
Philosophie, C. Arabische Philosophie   VI 2100
al-Qazwīnī, Zakarīyāʾ b. Muḥammad   VII 345

Rüegg, Walter
Abecedarien   I 18
Akademie   I 248
Alfons, 17. A. I. (V.), Kg. v. Neapel, III. Alfons als Förderer des Humanismus   I 403
Antikenrezeption, I. Abgrenzungen   I 710
Antikenrezeption, II. Literarische Antikenrezeption
   I 711
Benvenuto, 2. B. da Imola   I 1923
Calepio, Ambrogio   II 1395
Callimachus Experiens   II 1399
Chalkondyles, 1. Ch., Demetrios   II 1655
Cicero in Mittelalter und Humanismus, A. I. Allgemeines [Cicerobild und Rezeption]   II 2063
Cicero in Mittelalter und Humanismus, A. II. Cicero als Vertreter der Rhetorik [Cicerobild und Rezeption]
   II 2063
Cicero in Mittelalter und Humanismus, A. III. Cicero als Vermittler philosophischer Bildung [Cicerobild und Rezeption]   II 2065
Cicero in Mittelalter und Humanismus, A. IV. Cicero als Mensch und Humanist [Cicerobild und Rezeption]
   II 2068
Cicero in Mittelalter und Humanismus, A. V. Rezeption in der italienischen Literatur [Cicerobild und Rezeption]   II 2069
Decembrio, 1. D., Angelo   III 615
Dialog, V. Humanismus   III 955
Dominici, Giovanni (mit Decker, W.)   III 1185
Florenz, A. V. Universität   IV 561
Horaz im Mittelalter, Humanismus   V 124
Humanismus, A. Allgemein und Italien   V 186
Studia humanitatis   VIII 252
Tacitus, II. Humanismus   VIII 401

Rugo, Pietro
Feltre   IV 345

Ruh, Kurt
Engelberger Prediger   III 1916

Rummel, Peter
Peter, 22. P. v. Schaumberg, Bf. v. Augsburg   VI 1936

Rumpf, Marianne
Bercht, Berchtag I 1931
Rabe, II. Glaubensvorstellungen VII 382

Runde, Ingo
Xanten, II. Mittelalter IX 398

Ruppert, Godehard
Andreas, 20. A. v. St-Victor I 610
Cappenberg, I. Grafen von Cappenberg II 1487
Freckenhorst IV 883
Gottfried, 16. G. v. Cappenberg IV 1602
Rothenfels VII 1053

Rüß, Hartmut
Adel, E. Altrußland I 133
Askol'd und Dir I 1116
Bauer, Bauerntum, D. XI. Altrußland I 1595
Bel'skij I 1852
Bevölkerung, C. II. Kiever und Moskauer Rus' II 19
Bojaren, I. Altrußland II 354
Bojarenduma, I. Altrußland II 354
Burg, C. XIV. Altrußland (mit Poppe, A.) II 995
Družina, I. Altrußland III 1417
Eid, B. II. Altrußland III 1690
Glinskaja, Elena Vasil'evna IV 1496
Großfürst IV 1728
Heer, Heerwesen, B. II. Kiever Rus' IV 2004
Helena, 2. H., älteste Tochter Ivans III. IV 2118
Igor, 1. I., Fs. v. Kiev V 368
Knjaz' V 1235
Kolomna V 1270
Oleg, 1. O., altruss.-waräg. Fs. VI 1391
Oleg, 2. O. Svjatoslavič VI 1392
Oleg, 3. O. Ivanovič VI 1393
Ol'ga VI 1395
Suzdal' VIII 338
Vasilij, 2. V. II. Vasil'evič, Gfs. v. Moskau VIII 1420
Vasilij, 3. V. Jur'evič Kosoj, Fs. v. Zvenigorod VIII 1422
Vitičev VIII 1773
Vladimir VIII 1797
Vladimir, 2. V. I. Svjatoslavič der Hl., Fs. v. Kiev VIII 1792
Vladimir, 5. V. Andreevič Chrabryi, Fs. v. Serpuchov VIII 1796
Waräger VIII 2036
Wereja VIII 2198

Russell, Josiah C.
Bevölkerung, B. I. Ländliche Bevölkerung [Nord-, Mittel-, West- und Südeuropa im Mittelalter] II 11

Russocki, Stanisław
Corona, VII. Polen III 256
Curia, 1. C. regis, VIII. Polen III 385
Landrecht, II. Ostmitteleuropa V 1673
Lehen, -swesen; Lehnrecht, VII. Polen und Böhmen V 1821
Lhota V 1936
Masowien VI 365
Palatin, II. Böhmen und Polen VI 1634
Petrikau, Privileg v. VI 1951
Regalien, -politik, -recht, IV. 2. Böhmen und Polen VII 560
Sedes regni (Polen) VII 1665
Sejm VII 1715
Senior (Seniorat), II. Böhmen und Polen VII 1756
Stand, Stände, -lehre, V. 1. Böhmen und Polen VIII 51
Starosta VIII 63
Vladimiri, Paulus VIII 1803

Rüther, Andreas
Konversen V 1423
Noviziat, 2. Westliches Mönchtum VI 1312
Oblate VI 1336
Profeß VII 240
Stabilitas loci VII 2162
Superior VIII 326
Tageseinteilung (im Kloster) VIII 430
Tonsur VIII 861
Totenoffizium VIII 896
Transitus VIII 943
Vita communis VIII 1756

Rüthing, Heinrich
Meyer, 1. M. (Villicus), Adam VI 592

Rūķe-Draviņa, Velta
Dainos III 434

Ryckaert, Marc
Bladelin, Pieter II 256
Breidel, Jan II 600
Brügge I. Topographie und Stadtgeschichte II 741
Brügge, Mette v. II 748
Brugse Vrije II 750
Burg, C. II. Flandern II 971
Coninc, Pieter de III 134
Crabbe, Jan III 332
Damme III 474
Damme, Seerecht v. III 475
Diksmuide III 1051
Dünenabtei III 1455
Dünkirchen III 1460
Erembalde III 2128
Galbert v. Brügge IV 1081
Gent, I. Früh- und Hochmittelalter (mit Verhulst, A.) IV 1237
Geraardsbergen IV 1293
Hafen, C. Südliche und nördliche Niederlande IV 1828
Hoeke V 63
Karl, 29. K. der Gute, Gf. v. Flandern V 991
Nieuwpoort VI 1146
Oostburg VI 1410
Sluis VII 2010

Saalfeld, Diedrich
Obst und Gemüse VI 1340

Saar, Stefan Ch.
Notzucht VI 1298

Sachs, Klaus-Jürgen
Guido, 4. G. v. Arezzo IV 1772
Kirchentonarten V 1183

Sáez, Carlos
Alcalde I 328
Alguacil (mit Vones, L.) I 411
Almirante I 447
Ayuntamiento I 1314

Saéz, Emilio
Alfons, 9. A. VIII., Kg. v. Kastilien   I 395
Alfons, 10. A. X. der Weise, I. Leben und Regierung (mit Engels, O.)   I 396
Alfons, 13. A. VI., Kg. v. León und Kastilien   I 398
Alfons, 14. A. VII., Kg. v. León und Kastilien   I 399
Alfons, 15. A. IX., Kg. v. León   I 400
Alfons, 16. A. XI., Kg. v. León und Kastilien   I 401
Alfons, 17. A. I. (V.), Kg. v. Neapel, I. Lebensdaten; Alfons als Kg. v. Aragón   I 401

Sage, Walter
Chiemsee, I. Archäologie   II 1812
Eichstätt, I. Archäologie   III 1671
Fossa Carolina   IV 671

Sagù, Maria Letizia
Consiglio   III 156
Consorteria   III 164
Krondomäne, II. Italien   V 1543

Sahaydachny, Antonina
Unfreiheit, II. Kanonisches Recht   VIII 1220

Salrach Marés, José Maria
Aragón, A. I. Die Grafschaft Aragón   I 855
Aragón, A. II. Das Königreich Aragón   I 856
Aragón, A. III. Die Krone Aragón   I 857
Ampurias (mit Engels, O.)   I 543

Salvatori, Enrica
Rodobaldo II. Cipolla   VII 929

Samaran, Charles
Basin, Thomas   I 1533
Bilhères-Lagraulas, Jean de   II 190

Samsó, Julio
al-Farġānī (Alfraganus)   IV 298
al-Fārisī   IV 299
Ǧābir ibn Aflaḥ   IV 1071
Ḥabaš al-Ḥāsib, Aḥmad ibn ʿAbdallāh al-Marwazi   IV 1813
Ibn Muʿāḏ   V 319
Kometen   V 1276
Levi ben Gerson   V 1923
al-Maġrīṭī   VI 103

Samsonowicz, Henryk
Danzig, II. 2. Im Spätmittelalter [Stadtgeschichte und Topographie]   III 565
Danzig, III. Wirtschaft und Handel   III 566
Płock   VII 23
Weichsel   VIII 2095
Zunft, -wesen, -recht, A. IX. 2. Polen   IX 704

Sánchez Herrero, José
Cádiz, II. Unter kastilischer Herrschaft   II 1338
Guadix-Baza   IV 1758

Sánchez Mariana, Manuel
Cenete, Marqués de   II 1614
Alcabala   I 327
Alcaicería   I 327
Alfandegas   I 388
Almojarifazgo   I 449
Azogue   I 1317

Sánchez Prieto, Ana Belén
Mariscal   VI 295
Marqués   VI 322
Mayordomo   VI 429
Medina del Campo, Schiedssprüche (Sentencias) v.   VI 448
Medina del Campo, Vertrag v.   VI 449
Medinaceli   VI 449

Sand, Alexander
Dämonen, Dämonologie, A. Altes und Neues Testament   III 476
Doxologie, I. Biblischer Gebrauch, Frühchristentum   III 1336
Drache, C. Bibel   III 1341
Drei Könige, I. Biblisch-theologische Voraussetzungen   III 1384
Ebenbild Gottes, I. Im Alten Testament und Neuen Testament   III 1508
Ecclesia und Synagoge, I. Im Alten Testament und Neuen Testament   III 1536
Elias, Prophet, I. Elias als biblische Gestalt   III 1821
Engel, -lehre, -sturz, A. Biblisch   III 1905
Evangelisten, A. Biblisch-theologisch   IV 135
Teufel, A. I. Bibelexegese   VIII 578
Tod, Sterben, II. 1. a. Biblisch [Theologie und religiöse Vorstellungen; Westen]   VIII 822
Unreinheit, I. Christliche Theologie   VIII 1257

Sander-Berke, Antje
Schwerin   VII 1642

Sandmann, Mechthild
Fulda, I. Kloster, »Schule« und Bibliothek   IV 1020
Ratgar   VII 455

Sanfilippo, Mario
Rom, B. Vom 11. bis zum 15. Jahrhundert   VII 972

Sans Travé, José Maria
Adelantado   I 143
Agramonteses   I 217
Alfons, 1. A. I. »el Batallador«, Kg. v. Aragón und Navarra (mit Engels, O.)   I 391
Almotacén   I 452

Sansone, Giuseppe E.
Garin lo Brun   IV 1117
Guilhade, Joan García de   IV 1777
Imperial, Francisco   V 395
La Tour Landry, Geoffroy   V 1748
Mendoza, 1. M., Iñigo López de, Marqués de Santillana   VI 517
Nobla Leiçon   VI 1210
Raoul, 3. R. de Houdenc   VII 441
Robert, 38. R. de Blois   VII 901

Santing, Catrien G.
Ulsenius, Theodericus   VIII 1206

Santschi, Catherine
Genf   IV 1228

Sappler, Paul
Kaufringer, Heinrich   V 1086
Reinmar, 2. R. v. Brennenberg   VII 670

Saracco Previdi, Emilia
Macerata VI 57
Sassovivo VII 1390

Saranyana, Josep-Ignasi
Vitoria, Francisco de VIII 1776

Sauer, Albrecht
Seebuch VII 1668

Sauer, Hans
Alexander d. Große in Kunst und Literatur, B. VIII.
  Angelsächsische und mittelenglische Literatur I 363
Allegorie, Allegorese, V. 3. Alt- und mittelenglische
  Literatur I 425
Altenglische Literatur (mit Szarmach, P. E.) I 467
Antichrist, B. II. Alt- und mittelenglische Literatur
  I 705
Apokalypse, B. III. Englische Literatur I 752
Apokryphen, A. II. 3. a. Altenglische Literatur I 764
Apollonius von Tyrus, B. III. Englische Literatur (mit
  Eller, A.) I 772
Barlaam und Joasaph, B. V. Englische Literatur I 1466
Beichtformeln, C. III. Englische Literatur I 1817
Berufsdichter, V. Englische Literatur I 2049
Bestiarium, A. VII. Englische Literatur (mit Robbins,
  R. H.) I 2077
Bibeldichtung, IV. Alt- und mittelenglische Literatur
  II 79
Bibelübersetzungen, XII. Alt- und Mittelenglische
  Bibelübersetzungen (mit Szarmach, P. E., Robbins,
  R. H.) II 100
Brief, Briefliteratur, Briefsammlungen, B. IV. Englische
  Sprache und Literatur (mit Robbins, R. H.) II 670
Caesar im Mittelalter, D. III. Englische Literatur
  II 1356
Christ II 1905
Christ and Satan II 1906
Cicero, A. IX. Rezeption in der englischen Literatur
  II 2074
Cynewulf III 400
Descensus Christi ad inferos, 2. Englische und irische
  Literatur (mit Jacobsen, P. Ch.) III 716
Dialog, IX. Englische Literatur III 960
Dream of the Rood III 1370
Drei Lebende und drei Tote, II. 2. Englische Literatur
  III 1392
Elegie, V. Englische Literatur III 1794
Elene III 1803
Englische Sprache (mit Toth, K.) III 2001
Evangelienharmonie, 2. Englische Literatur IV 131
Exeter-Buch IV 169
Exodus IV 172
Florisdichtung, B. III. Englische Literatur IV 575
Fortescue, Sir John IV 663
Genesis IV 1223
Gesta Romanorum, III. Englische Literatur IV 1410
Gregorius-Legende, V. Englische Literatur IV 1692
Henryson, Robert IV 2139
Juliana V 800
Junius-Hs. V 810
»Katherine«-Gruppe V 1076
Lovelich, Henry V 2140
Minot, Laurence VI 651
Mirk, John VI 665
Mittelenglische Literatur VI 687
Mittelenglische Sprache VI 688
Nassyngton, William of VI 1035
Ovid, B. V. Englische Literatur VI 1598
Owl and the Nightingale, The VI 1600
Pearl-Dichter VI 1842
Pierce the Plowman's Crede VI 2135
Roman de la Rose, III. 3. Englische Literatur VII 994
Salomo, C. II. Englische Literatur VII 1312
Solomon and Saturn VII 2037
Soul and Body VII 2064
Sprichwort, Sprichwortsammlung, IV. Englische Literatur VII 2139
Testament, C. III. Englische Literatur VIII 573
Theodulf VIII 647
Tristan, A. II. Englische Literatur VIII 1021
Vergil im Mittelalter, A. IV. Englische Literatur
  VIII 1529
Walter, 6. W. v. Bibbesworth VIII 1993
Widsith IX 74
Wulfstan, 1. W. v. Worcester und York IX 347

Sauer, Walter
Hawes, Stephen IV 1981
Mirror of Life VI 667
Mirror of our Lady VI 667
Poor Caitiff VII 99
Robert, 51. R. of Gloucester VII 905

Sauser, Ekkart
Sancta Sanctorum VII 1201

Sawyer, Birgit
Ehe, B. VII. Skandinavien III 1630
Ehebruch, B. VI. Skandinavien III 1655
Familie, B. VII. Skandinavien IV 266
Frau, B. VII. Skandinavien IV 860
Karl, 22. K. (III.) Knutsson, Kg. v. Schweden V 986

Sawyer, Peter H.
Æthelwig, Abt v. Evesham I 190
Alan I 266
Archenfield I 895
Arden I 912
Borough II 465
Brian Fitzcount II 646
Burh-gemōt, burh-riht II 1103
Burton-on-Trent II 1111
Cuerdale III 366
Cumberland, 1. Unter britischer Herrschaft III 369
Danegeld III 492
Danelaw III 494
Domesday Book III 1180
Ealdorman III 1501
Earl, I. England III 1503
Egbert, 1. E. (Ecgbryth), Kg. v. Wessex III 1599
England, A. Vom 5./6. Jh. bis 1154 [Allgemeine und
  politische Geschichte] III 1924
England, F. Vom 5. Jh. bis 1066 [Kirchengeschichte]
  III 1963
Esgar the Staller IV 13
Ethelred, 1. E., Kg. v. Wessex IV 53
Five Boroughs. IV 507
Geld Rolls IV 1200
Gododdin IV 1532
Harald, 3. H. 'Harefoot', Kg. v. England IV 1929
Harald, 4. H. II. Godwinson, Kg. v. England IV 1929
Hardeknut, Kg. v. Dänemark und England IV 1932
Hauskerl IV 1973

Hlothhere V 56
Hwicce V 241
Ida, Kg. v. Bernicia V 322
Ine, Kg. v. Wessex V 412
Ívarr V 839
Jarl V 303
Knud, 1. K. d. Große, Kg. v. England, Dänemark und Norwegen V 1238
Leofric, 1. L., Earl of Mercia V 1883
Leofric, 2. L., Bf. v. Exeter V 1883
Olaf, 1. O. Guthfrithsson, Kg. v. Dublin VI 1384
Osmund VI 1509
Pinnenden Heath VI 2163
Ragnall VII 398

Saxer, Victor
Caecilia, hl., 1. Begräbnisstätte und Titularkirche II 1343
Caecilia, hl., 2. Entstehung und Verbreitung der Legende II 1343
Caecilia, hl., 3. Der Kult und die Verehrung der Heiligen II 1344
Maria Magdalena, hl., 1. Evangelische und patristische Voraussetzungen VI 282
Maria Magdalena, hl., 2. Kultanzeichen im Frühmittelalter VI 282
Maria Magdalena, hl., 3. Das Pilgerzentrum von Vézelay und die Hochblüte des M.M.-Kultes VI 283
Maria Magdalena, hl., 4. Die provenzalische Konkurrenz in St-Maximin VI 283
Marien, Drei VI 290
Martha, hl. VI 336
Paulus, 1. P., Apostel, IV. Kultverbreitung VI 1822
Petronilla, hl. VI 1951
Petrus, 1. P., Apostel, III. Kultverbreitung VI 1957
Scilitanische Märtyrer VII 1652

Schaab, Meinrad
Bretten II 635
Geleit IV 1204
Pavia, Vertrag v. VI 1837
Pfalzgrafschaft bei Rhein VI 2013
Philipp, 17. Ph. d. Aufrichtige, Kfs. v. der Pfalz VI 2072

Schaal, Katharina
Weilburg VIII 2115

Schachten, Winfried
Drei-Stadien-Gesetz III 1393
Heilsplan, -sgeschichte (mit Gerwing, M.) IV 2031

Schäfer, Daniel
Unfruchtbarkeit VIII 1221

Schäfer, Peter
Adam qadmon I 115
Adam, II. Adam im jüdischen Schrifttum des Mittelalters I 114
Alfasi, Isaak b. Jakob I 390
Alphabet, V. Hebräisches Alphabet I 458
Ascher b. Jehiel I 1102

Schäfer, Regina
Werner, 1. W. II. v. Bolanden IX 3
Werner, 2. W. III. v. Bolanden IX 3

Schäferdiek, Knut
Elipandus III 1830

Schäffer, Johann
Tiermedizin (mit Fischer, K.-D.) VIII 774

Schäfke, Werner
Hildebald V 10

Schalk, Fritz
Alberti, 3. A., Leon Battista I 293
Aurispa (Piciuneri[o]), Giovanni I 1245
Barbaro, 1. B., Ermolao I 1437
Barbaro, 2. B., Francesco I 1438
Barzizza, 2. B. Gasparino I 1502
Beccadelli, Antonio I 1769
Johannes, 64. J. Balbus V 556

Schaller, Dieter
Archipoeta I 899
Carmina Burana, I. Überlieferung und Inhalt (mit Mertens, V.) II 1513
Ermoldus Nigellus III 2160
Figurengedichte, I. Lateinisches Mittelalter IV 441
Hugo, 50. H. Primas v. Orléans V 174
Joseph, 5. J. Scottus V 633
Karl, 2. K. (I.) d. Große, B. I. Mittellateinische Literatur V 961

Schaller, Hans Martin
Adalbertus Samaritanus I 103
Alberich, 6. A. v. Montecassino I 281
Albertus, 1. A. Astensis I 293
Ars dictaminis, Ars dictandi I 1034
Ars punctandi I 1051
Aurea-Gemma-Gruppe I 1241
Baldwin v. Viktring I 1376
Bartholom(a)eus, 8. B. v. Faenza I 1494
Bene v. Florenz I 1856
Bernardus, 1. B. Bononiensis I 1976
Bernhard, 38. B. v. Meung I 2000
Bernold, 2. B. v. Kaisersheim I 2007
Berthold, 17. B., Mgf. v. Hohenburg I 2032
Bonus, 1. B. v. Lucca II 435
Boto, 2. B. v. Vigevano II 490
Ceprano II 1624
Cortenuova III 284
Dominicus, 3. D. Dominici v. Viseu III 1187
Eustachius, 3. E. v. Matera IV 112
Friedrich, 2. F. II., Ks., dt. Kg., Kg. v. Sizilien und Jerusalem, II. Kultur im Umkreis Friedrichs II. IV 938
Gaufridus IV 1143
Guido, 8. G. v. Bologna IV 1775
Guido, 12. G. Faba IV 1775
Henricus, 5. H. Francigena IV 2137
Hugo, 32. H. v. Bologna V 169
Jacobus, 13. J. v. Dinant V 258
Johannes, 70. J. de Bonandrea V 557
Johannes, 71. J. Bondi de Aquilegia V 558
Krönungsgesetze Friedrichs II. V 1550
Laurentius, 3. L. de Aquilegia V 1759
Ludolf, 2. L. v. Hildesheim V 2167
Matheus, 2. M. de Libris VI 390
Petrus, 75. P. de Vinea, 1. Leben und lateinische Werke VI 1987
Rather VII 457

Richard, 31. R. v. San Germano   VII 824
Simon, 16. S., Magister   VII 1918
Simon, 7. S. de Dudinghe   VII 1915
Terrisius v. Atina   VIII 556
Thaddaeus, 2. Th. v. Suessa   VIII 608
Thomas, 23. Th. v. Capua   VIII 714
Thomas, 33. Th. v. Gaeta   VIII 718
Thomasinus Armannini v. Bologna   VIII 728

Schaller, Stephan
Kastl   V 1049

Schaufelberger, Walter
Grandson, Schlacht bei   IV 1652
Laupen, Schlacht bei   V 1756
Marignano, Schlacht bei   VI 291
Morgarten, Schlacht bei   VI 837
Murten, Schlacht bei   VI 945
Näfels, Schlacht bei   VI 1004
Novara, Schlacht bei (1513)   VI 1300

Scheffczyk, Leo
Adam, I. Adam in der christlichen Theologie   I 111
Agennesie   I 206
Begierdetaufe   I 1803
Beschneidung, II. Christliche Theologie   I 2058
Brautsymbolik, I. Christliche Theologie   II 589
Christologie, B. Christologie nach Chalkedon [Lateinischer Westen]   II 1923
Christologie, B. II. Früh- und Hochscholastik [Lateinischer Westen]   II 1925
Erbsünde, 2. Mittelalterliche Erbsündenlehre   III 2118
Erwählung   III 2190
Fegfeuer, I. Biblisch-theologisch   IV 328
Gericht, Jüngstes   IV 1327
Gnade, I. Gnade, -nlehre   IV 1519
Gott (mit Schenk, R.)   IV 1581
Hölle, I. Biblisch-theologisch   V 95
Kirche, II. Theologie   V 1166
Maria, hl., A. II. Mariologie im lateinischen Mittelalter   VI 245
Mensch (natürlicher; vollendeter)   VI 524
Opfer   VI 1411
Paradies, I. Theologie   VI 1697
Schöpfung   VII 1540
Sünde, »Sündenfall«, I. Scholastik   VIII 315
Taufe, I. Christliche und heterodoxe Lehre   VIII 495
Tod, Sterben, II. 1. b. Scholastik [Theologie und religiöse Vorstellungen]   VIII 823
Transitus-Mariae-Berichte   VIII 944
Verdammung   VIII 1497

Scheffler, Wolfgang
Beschauzeichen, 2. Beschauzeichen in der Silber- und Goldschmiedekunst (mit Elbern, V. H.)   I 2057

Scheibelreiter, Georg
Babenberger, jüngere   I 1321
Babenberger, jüngere (Stammtafel)   IX Anhang
Engildeonen   III 1923
Ernst, 4. E., Mgf. v. Österreich   III 2177
Friedrich, 28. F. II. der Streitbare, Hzg. v. Österreich und Steiermark   IV 953
Georgenberg, Vertrag v.   IV 1282
Habsburger   IV 1815
Heinrich, 63. H. I., Mgf. v. Österreich   IV 2074
Heinrich, 64. H. II. 'Jasomirgott', Mgf. und Hzg. v. Österreich   IV 2074
Leopold, 1. L. I., Mgf. v. Österreich   V 1898
Leopold, 6. L. VI. d. Glorreiche, Hzg. v. Österreich und Steier(-mark)   V 1900
Österreich   VI 1520
Otto, 24. O., Hzg. v. Österreich, Steiermark, Kärnten   VI 1578
Vorderösterreich   VIII 1848
Werner, 7. W., Bf. v. Straßburg   IX 7

Schein, Sylvia
Amalrich, 1. A., Kg. v. Jerusalem   I 508
Balduin, 1. B. I., Kg. v. Jerusalem   I 1366
Balduin, 2. B. II., Kg. v. Jerusalem   I 1366
Balduin, 3. B. III., Kg. v. Jerusalem   I 1367
Balduin, 4. B. IV., Kg. v. Jerusalem   I 1367
Fulco, 1. F., Kg. v. Jerusalem   IV 1016
Isabella, 6. I. II. v. Brienne, Kgn. v. Jerusalem   V 669
Jaffa   V 269
Jerusalem, A. Stadtgeschichte, Kirchen und Wallfahrt   V 351
Johann, 5. J. V. v. Brienne, Kg. v. Jerusalem   V 498
Melisende   VI 495
Raimund, 12. R. IV. v. St-Gilles, Gf. v. Toulouse   VII 410
Rainald, 1. R. v. Châtillon, Fs. v. Antiochia   VII 416
Robert, 43. R. de Clari   VII 902
Saewulf   VII 1249
Sibylle, 1. S., Kgn. v. Jerusalem   VII 1831
Sidon   VII 1834
Tankred, 2. T. v. Tarent   VIII 457
Thomas, 13. Th. Agni, Patriarch v. Jerusalem   VIII 704
Tripoli(s)   VIII 1016
Tyrus   VIII 1138
Viterbo, Verträge v.   VIII 1772
Wilbrand (Willebrand) v. Oldenburg   IX 112
Zengiden   IX 527

Schellenberg, Lisanne
Ehebruch, B. I. Römisches Recht   III 1650

Schellewald, Barbara
Milutinschule   VI 629
Samson (jüd. Heros), III. Byzanz   VII 1345
Wunder, C. III. Byzanz [Ikonographie]   IX 360

Schena, Barbara
Condaghe   III 119

Schenk, Olivetta
Gott (mit Scheffczyk, L.)   IV 1581

Schenk, Richard
Verdienst   VIII 1501

Scheps, Walter
Alliteration, C. V. Schottische alliterierende Dichtung   I 437
Barbour, John   I 1447
Douglas, Gavin   III 1333

Scherner, Karl Otto
Anefang   I 615
Auflassung   I 1205
Besitz, III. Germanisches und deutsches Recht   I 2067
Gewere   IV 1420

Kauf, -recht V 1080
Salmann VII 1309
Schuld, I. Allgemein und Deutsches Recht VII 1575
Treuhand VIII 978

Scheuermann, Audomar
Apostasie, II. Kirchenrecht I 780

Scheurer, Rémy
Amboise, Haus (mit Bautier, R.-H.) I 518
Amboise, 1. A., Aimery (mit Bautier, R.-H.) I 518
Amboise, 2. A., Georg I. (mit Bautier, R.-H.) I 518
Amboise, 3. A., Georg II. (mit Bautier, R.-H.) I 519
Amboise, 4. A., Jakob II. (mit Bautier, R.-H.) I 519
Amboise, 5. A., Johann I. (mit Bautier, R.-H.) I 519
Amboise, 6. A., Johann, gen. v. Bussy (mit Bautier, R.-H.) I 519
Amboise, 7. A., Karl I. (mit Bautier, R.-H.) I 519
Amboise, 8. A., Karl II. (mit Bautier, R.-H.) I 519
Amboise, 9. A., Ludwig I. (mit Bautier, R.-H.) I 519
Amboise, 10. A., Ludwig II. (mit Bautier, R.-H.) I 520
Amboise, 11. A., Peter I. (mit Bautier, R.-H.) I 520
Amboise, 12. A., Peter (mit Bautier, R.-H.) I 520
Anna, 8. A. (Anne de Bretagne) I 656
Anna, 9. A. v. Beaujeu I 657

Scheyhing, Robert
Bann, A. I. Allgemein, Mittel- und Westeuropa [Weltlich] I 1414
Bannleihe I 1420
Bannmeile I 1420

Schich, Winfried
Stadt, I. I. 2. Hoch- und Spätmittelalter [Westslaven] VII 2204
Stadttor VIII 27

Schieffer, Christian
Trier, B. Erzbistum VIII 997

Schieffer, Rudolf
Arsenius, Bf. v. Orte I 1054
Basilika-Klöster I 1528
Benedikt, 3. B. III., Papst I 1858
Benedikt, 4. B. IV., Papst I 1858
Benedikt, 5. B. V., Papst I 1858
Benedikt, 6. B. VI., Papst I 1858
Benedikt, 7. B. VII., Papst I 1859
Benedikt, 8. B. VIII., Papst I 1859
Benedikt, 9. B. IX., Papst I 1859
Benedikt, 10. B. X., Papst I 1860
Bernhar, Bf. v. Worms I 1982
Bonifatius, 6. B. VI., Papst II 414
Bonifatius, 7. B. VII., Papst II 414
Damasus, 2. D. II., Papst III 470
Donus III 1253
Eigenkirche, -nwesen, I. Allgemein III 1705
Eugen, 1. E. I., Papst IV 77
Eugen, 2. E. II., Papst IV 78
Eugenius, 5. E. Vulgarius V 85
Franken, Frankenreich, C. II. 4. Königtum, Episkopat und Papsttum in der späten Karolingerzeit [Kirchengeschichte und -verfassung] IV 721
Franken, Frankenreich, C. Kirchengeschichte und -verfassung IV 718
Gelasius, 1. G. I., Papst IV 1197
Gregor, 2. G. II., Papst IV 1666
Gregor, 3. G. III., Papst IV 1667
Gregor, 25. G., Bf. v. Vercelli IV 1682
Hadrian, 1. H. I., Papst IV 1821
Hadrian, 2. H. II., Papst IV 1822
Hadrian, 3. H. III., Papst IV 1823
Hinkmar, 2. H., Ebf. v. Reims V 29
Humbert, 4. H., Kard. bf. v. Silva Candida V 207
Johannes, 21. J. VI., Papst V 539
Johannes, 22. J. VII., Papst V 539
Johannes, 23. J. VIII., Papst V 539
Johannes, 24. J. (VIII.), Gegenpapst V 540
Johannes, 25. J. IX., Papst V 540
Johannes, 26. J. X., Papst V 540
Johannes, 27. J. XI., Papst V 541
Johannes, 28. J. XII., Papst V 541
Johannes, 29. J. XIII., Papst V 542
Johannes, 30. J. XIV., Papst V 542
Johannes, 31. J. XV., Papst V 542
Johannes, 33. J. XVII., Papst V 543
Johannes, 34. J. XVIII., Papst V 543
Johannes, 35. J. XIX., Papst V 543
Johannes, 36. J. XX., Papst V 544
Kanoniker V 903
Königskanonikat V 1330
Lateransynode v. 1059 V 1744
Leo, 3. L. I. d. Große, Papst V 1876
Leo, 11. L. IX., Papst V 1880
Libelli de lite V 1937
Nikolaus, 3. N. II., Papst VI 1170
Primat VII 210
Regularkanoniker VII 608
Reichskirche VII 626
Reichsklöster VII 628
Sergius, 3. S. III., Papst VII 1787
Simonie VII 1922
Stephan, 10. S. II., Papst VIII 116
Stephan, 11. S. III., Papst VIII 117
Stephan, 17. S. IX., Papst VIII 118
Theodora, 4. Th. die Ältere VIII 633
Valentinus VIII 1389
Viktor, 2. V. III., Papst VIII 1665
Zweigewaltenlehre, Gelasianische IX 720

Schieffer, Theodor
Adalbero, 8. A., Bf. v. Würzburg I 94
Adelheid, 2. A. (Eupraxia, Praxedis) I 146
Altmann, 1. A., Bf. v. Passau I 477
Angelsächsische Mission I 622
Anno II., Ebf. v. Köln (mit Binding, G.) I 666
Arnold, 16. A., Propst v. Aachen I 1004
Azecho I 1317
Burchard, 8. B. II. (Bucco), Bf. v. Halberstadt II 943
Concilium Germanicum III 114
Dreikönigstreffen III 1390
Estinnes, Les, Konzil v. IV 37

Schiewer, Hans-Jochen
Diebold Lauber III 986
Predigt, B. I. Deutsche Literatur VII 174
Schulmeister v. Esslingen VII 1591
Schwarzwälder Predigten VII 1625
Steinmar VIII 102
Tagelied, I. Allgemein VIII 427
Tagelied, II. Deutsche Literatur VIII 427
Thomasin v. Zerklaere VIII 727
Ulrich, 20. U. v. Singenberg VIII 1202

Ulrich, 26. U. v. Zatzikhoven VIII 1205
Wirnt v. Grafenberg IX 250

Schild, Wolfgang
Folter IV 614
Galgen IV 1085
Gefängnis IV 1168
Kriminalität V 1533
Meineid VI 472
Mord VI 833
Pranger VII 168
Räuber, -banden, I. Westen VII 473
Schandstrafgeräte VII 1439
Scharfrichter VII 1440
Strafe, Strafrecht, C. I. Deutsches Recht VIII 198
Talio(n) VIII 446
Tote, I. Recht VIII 891
Totschlag VIII 902
Verbrechen, A. I. Deutsches Recht VIII 1485
Verwundung VIII 1599
Werwolf IX 13
Zweikampf IX 723

Schildenberger, Johannes
Anagoge I 568

Schildt, Bernd
Weistum VIII 2141

Schimmelpfennig, Bernhard
Aumônerie, 2. An der päpstl. Kurie in Avignon I 1238
Bamberg, I. 1. Geschichte [Stadt] I 1394
Begräbnis, Begräbnissitten, C. Kirchliches Begräbnisrecht I 1807
Beichtvater I 1819
Benedikt, 12. B., Papst XII. I 1861
Benedikt, 17. Presbyter I 1868
Burckard, Johannes II 954
Caeremoniale Romanum II 1349
Camerlengo II 1417
Cathedra Petri II 1575
Confessor, päpstlicher III 129
Degradation III 637
Deposition, 1. D., Absetzung eines Delinquenten III 708
Familia, II. Päpstliche IV 256
Goldene Rose IV 1545
Heiliges Jahr IV 2024
Johanna, 15. J., sog. Päpstin V 527

Schindler, Alfred
Donatisten, I. Frühchristentum III 1235

Schindler, Renate
Wildeshausen IX 114

Schiørring, Ole
Aalborg I 5
Aarhus I 6
Aggersborg I 206

Schipperges, Heinrich
Adelard v. Bath I 144
Apollo Medicus I 770
Archimatthaeus I 898
Aristoteles, B. II. Medizin [Naturwissenschaftliche Schriften] I 940

Armengandus Blasii I 973
Artes liberales, IV. Bedeutung für die Medizin I 1062
Assimilation I 1121
Barmherzigkeit, III. Medizin I 1472
Blut II 288
Chartres, Schule v., V. Medizinhistorische Bedeutung II 1757
Constantinus, 3. C. Africanus III 171
Diätetik III 972
Dominicus, 6. D. Gundissalinus III 1188
Ernährung, A. III. Diätisch-medizinisch [Westliches Europa] III 2169
Fasten, -zeiten, -dispensen, A. III. 1. Medizinische Aspekte [Fastenpraxis; Lateinischer Westen] IV 305
Frauenheilkunde, I. Lateinischer Westen; antike und arabische Voraussetzungen IV 875
Galen im Mittelalter (mit Durling, R. J.) IV 1082
Geisteskrankheiten IV 1177
Gesundheit IV 1412
Ibn al-Baiṭār V 313
Ibn al-Ǧazzār V 314
Johannitius (mit van Esbroeck, M.) V 616
Krankheit V 1473
Magister-discipulus VI 88
al-Maǧūsī VI 104
Marcus, 6. M. VI 228
Medizin, A. Westen (unter Einbeziehung der arabischen Medizin) VI 452
Rhazes VII 780
Schelling (Schellig), Konrad VII 1448
Spiritus-Lehre VII 2125
Tacuina sanitatis VIII 402
Theorica medicinae VIII 673
Ventrikellehre VIII 1479

Schipperges, Stefan
Suidbert VIII 298
Wikbert IX 98
Willibrord IX 213

Schlager, Karlheinz
Invitatorium V 483
Tonar, Tonale VIII 856

Schlageter, Johannes Karl
Armut und Armenfürsorge, A. II. Theologie [Begrifflichkeit] I 986
Nikolaus, 31. N. v. Ockham VI 1185
Peckham, Johannes, 1. Leben und theologische Werke VI 1848
Reich Gottes VII 611
Scriptoris, Paulus VII 1654
Telesphorus v. Cosenza VIII 530
Thomas, 36. Th. Good v. Docking VIII 719
Thomas, 63. Th. v. York VIII 727
Unfehlbarkeit VIII 1218
Vita apostolica VIII 1755
Werner, 9. W. v. Regensburg IX 7
Wilhelm, 102. W. v. St-Amour IX 185

Schledermann, Helmut
Bürger, Bürgertum, G. Skandinavien II 1030

Schleusener-Eichholz, Gudrun
Auge I 1207

Schlinker, Steffen
Sühne, II. Rechtsgeschichte VIII 297

Schlögl, Waldemar
Alter Stil I 471
Ära I 833
Beglaubigung I 1803
Beurkundung II 8

Schlosser, Hans
Beweis, 2. B. (Recht), III. Deutsches Recht II 30

Schlosser, Horst Dieter
Hildebrandslied V 12

Schlosser, Marianne
Pseudo-Bonaventura VII 306

Schlosser, Wolfhard
Chronologie, B. Astronomische Chronologie II 2036

Schlunk, Andreas
Kawer(t)schen V 1090
Lombarden, 1. L. (Wechsler) V 2098

Schlunk, Helmut
Asturische Kunst I 1154
Bobastro II 294

Schmale, Franz-Josef
Adam, 3. A. v. Bremen I 107
Adam, 5. A. v. Ebrach I 108
Adelheid, 5. A. v. Vilich I 147
Anonymus v. Laon I 672
Arnold, 18. A., Abt v. Berge I 1005
Bern (Berno), Abt v. Reichenau I 1970
Bernhard, 35. B. v. Hildesheim I 1999
Berthold, 22. B. v. Reichenau I 2036
Berthold, 23. B. v. Zwiefalten I 2037
Brief, Briefliteratur, Briefsammlungen, A. I. 1. Brief [Allgemein] II 648
Brief, Briefliteratur, Briefsammlungen, A. IV. Lateinisches Mittelalter II 652
Bruno, 11. B. v. Magdeburg II 791
Ekkehard, 4. E. v. Aura III 1765
Frechulf IV 882
Frutolf, 1. Weltchronik IV 1002
Gunther, 3. G. v. Pairis IV 1794
Hadrian, 4. H. IV., Papst IV 1823
Hildesheimer Briefsammlung V 19
Lambert, 5. L. v. Arras V 1625
Laterankonzil, 2. L., II. (1139) V 1740
Laterankonzil, 3. L., III. (1179) V 1741
Ordericus Vitalis VI 1432

Schmalfeldt, Kristiane
Eisheilige III 1757

Schmalzbauer, Gudrun
Fürstenspiegel, C. I. Byzantinischer Bereich IV 1053
Hades, -fahrt(en), byz. IV 1818
Konstantin, 17. K., Bf. v. Nakoleia V 1381
Monodie VI 761
Pulcheria VII 323
Romidee, II. Byzanz VII 1009
Salos VII 1317
Stephanites und Ichnelates, 1. Fürstenspiegel VIII 124

Symeon, 6. S. Eulabes VIII 363
Symeon, 12. S. Salos VIII 365
Syrgiannes Palaiologos Philanthropenos VIII 382
Threnos VIII 737
Timarion VIII 791

Schmauder, Michael
Löffel V 2070

Schmaus, Michael
Augustinus, 1. A., hl. Kirchenlehrer, lat. Kirchenvater, III. Fortwirken im Mittelalter I 1227

Schmeidler, Felix
Präzession VII 153
Ptolemaeus, Claudius P. VII 312
Pythagoras v. Samos VII 339
Quadrant VII 348
Raimund, 21. R. v. Marseille VII 414
Regiomontanus, Johannes VII 580
Saphea VII 1375
Sphäre, Sphärenharmonie VII 2099
Werner, Johannes IX 9

von Schmettow, Hildegard Gräfin
Devín III 923
Devínska Nová Ves III 924
Domburg, I. Archäologie III 1176
Erntegeräte, I. Archäologie III 2180
Gokstadschiff IV 1534

Schmid, Alois
Arnulf, 2. A., Hzg. v. Bayern I 1015
Arnulf, 3. A., Pfgf. v. Bayern I 1016
Burchard, 2. B., Mgf. in der Ostmark und Burggf. v. Regensburg II 940
Cham II 1670
Chammünster II 1677
Diepoldinger III 1009
Dingolfing III 1063
Ellinger III 1848
Erhard, hl. III 2138
Erminold III 2158
Fuetrer, Ulrich IV 1009
Gebhard, 3. G. III., Bf. v. Regensburg IV 1162
Hartwig, 4. H. I., Bf. v. Regensburg IV 1948
Heinrich, 30. H. I., Hzg. v. Bayern IV 2063
Heinrich, 31. H. II. 'der Zänker', Hzg. v. Bayern und Kärnten IV 2063
Heinrich, 32. H. III., Hzg. v. Bayern, Hzg. v. Kärnten IV 2064
Heinrich, 34. H. V. v. Luxemburg und Bayern IV 2064
Heinrich, 36. H. VII. v. Luxemburg, Hzg. v. Bayern IV 2065
Heinrich, 38. H. IX. d. Schwarze, Hzg. v. Bayern IV 2065
Heinrich, 39. H. X. d. Stolze, Hzg. v. Bayern IV 2065
Heinrich, 71. H. v. Schweinfurt IV 2078
Heinrich, 88. H. I., Bf. v. Regensburg IV 2085
Johannes, 125. J. v. Indersdorf V 582
Judith, 2. J., Hzgn. v. Bayern V 797
Judith, 3. J., Hzgn. v. Schwaben V 798
Konrad, 8. K. (Kuno) I., Hzg. v. Bayern V 1342
Ludwig, 4. L. IV., das Kind, ostfrk. Kg. V 2175
Ludwig, 10. L. IV. der Bayer, röm.-dt. Ks. V 2178
Luitpold, Mgf. V 2206

Luitpoldinger V 2206
Mühldorf, Schlacht bei VI 885
München VI 897
Nordgau VI 1235
Otto, 27. O., Hzg. v. Schwaben und Bayern
 VI 1579
Otto, 7. O. I., Hzg. v. Bayern VI 1572
Püterich v. Reichertshausen, Jakob (III.) VII 335
Regensburg, A. II. Mittelalter [Stadt] VII 564
Regensburg, B. Burggrafen VII 567
Regensburg, C. Bistum VII 568
Regensburg, Vertrag v. VII 570
Reichenbach VII 614
Rhense, Kurverein v. VII 785
Runtinger VII 1102
Schlüsselberg, Herren v. VII 1493
Schweinfurt, II. Grafen VII 1641
Seeon VII 1683
Sulzbach VIII 304
Waldsassen VIII 1959
Weihenstephan VIII 2108
Windberg IX 231

Schmid, Bernhold
Lai, I. Französische Literatur V 1615
Modi, rhythmische VI 710
Neumen VI 1102
Paumann, Konrad VI 1828
Perrin d'Angicourt VI 1898
Pierrekin de la Coupele VI 2141
Romanusbuchstaben VII 1003
Squarcialupi, Antonio VII 2150
Tenor VIII 542
Tonsystem VIII 862
Trienter Codices VIII 990
Zahlensymbolik, -mystik, A. VI. Musik [Westen]
 IX 448

Schmid, Hans
Akzidentien I 260
Anonymus IV I 671
Aurelianus, 3. A., Mönch I 1242
Beda Venerabilis, II. Beda als lateinischer Schriftsteller
 (Musiktraktate) I 1778
Buchdruck, A. II. Typenarten und Erscheinungsbild des
 gedruckten Buches (Verwendung von Musiknoten)
 (mit Geldner, F.) II 816
Caccia II 1334
Cantigas de Santa Maria, III. Musik II 1461
Cantilena II 1462
Cantio II 1463
Carmina Burana, II. Melodien II 1516
Chanson (Musik) II 1699
Chasse II 1761
Das[e]ia[n]-Notation III 573
Frutolf, 2. Musiktheoretische Werke IV 1002
Glockenspiel IV 1502
Graduale (mit Bierbrauer, K.) IV 1633
Hieronymus, 1. H., Kirchenlehrer, 3. Musikhist. Bedeutung IV 4
Hieronymus, 5. H. de Moravia V 4
Musica enchiriadis VI 947
O-Antiphonen VI 1329
Orgelhandschriften VI 1452

Schmid, Hans Ulrich
Hohelied, das (dt. Lit. des MA) V 81

Schmid, Karl
Berthold, 1. B. IV., Gf. v. Andechs I 2024
Berthold, 2. B. V., Gf. v. Andechs I 2025
Berthold, 5. B. II., Hzg. v. Schwaben I 2026
Berthold, 7. B. III., Hzg. v. Zähringen I 2027
Berthold, 8. B. IV., Hzg. v. Zähringen I 2027
Berthold, 9. B. V., Hzg. v. Zähringen I 2028
Bregenz, II. Die Grafen von Bregenz II 599
Breisach II 600
Buchhorn, Gf. en v. II 836
Edgith III 1572
Freiburg im Breisgau, I. Stadtwerdung und Stadtrecht
 IV 888
Freiburg im Breisgau, II. Topographische und demographische Entwicklung IV 889
Freiburg im Breisgau, III. Wirtschaft, Sozialstruktur und
 Stadtherrschaft IV 890
Gebetsverbrüderungen IV 1161
Konrad, 20. K. v. Zähringen, Hzg. v. Zähringen
 V 1348

Schmid, Peter
Regensburg, Reichsversammlungen v. VII 569
Reichsabschied VII 615
Reichslandfrieden, Ewiger VII 630
Reichsregiment VII 635
Rothenburg, Landfriede v. VII 1052

Schmid, Wolfgang
Wachs VIII 1888

Schmidinger, Heinrich
Aquileia, II. Patriarchat I 827
Berthold, 10. B., Patriarch v. Aquileia I 2028
Eberhard, 3. E., Mgf. v. Friaul III 1513
Erich, 9. E., Mgf. v. Friaul III 2144
Grado IV 1632
Gregor, 15. G. v. Montelongo, Patriarch v. Aquileia
 IV 1675

Schmidt, Fritz
Öl (mit Kuhlen, F.-J.) VI 1383
Protektionismus (mit Dirlmeier, U.) VII 270
Reis VII 671

Schmidt, Hans-Joachim
Ferrières IV 397
Grandselve IV 1652
Grestain IV 1701
Igny V 367
L'Ile-Barbe V 1983
Montivilliers VI 809
Montolieu VI 812
Signy VII 1894
Simon, 22. S. Stock VII 1920
Troisfontaines VIII 1042
Vogt, Vogtei, VIII 1811

Schmidt, Heinrich
Hadeln, Land IV 1817
Karmeliter V 998
Karmeliterinnen V 1000
Kehdingen V 1095
Oldenburg (Niedersachsen) VI 1389
Stadtchronik, I. Norddeutschland VIII 14
Stedingen, Stedinger VIII 83
Weser IX 17

Wursten, Land IX 373

Schmidt, Margot
Ephraem Syrus III 2052

Schmidt, Paul Gerhard
Johannes, 119. J. de Hauvilla V 580
Richalm v. Schöntal VII 809
Thomas, 32. Th. v. Froidmont VIII 718
Visio Thurkilli VIII 1733

Schmidt, Peter Lebrecht
Cicero, B. Textgeschichte II 2075
Textkritik VIII 604

Schmidt, Roderich
AEIOU I 179
Bogislaw, 2. B. IV., Hzg. v. Pommern II 324
Bogislaw, 3. B. VIII., Hzg. v. Pommern-Wolgast (Stolp) II 324
Bogislaw, 4. B. IX., Hzg. v. Pommern-Wolgast-Stolp II 325
Bogislaw, 5. B. X., Hzg. v. Pommern II 326
Erich, 10. E. II., Hzg. v. Pommern-Wolgast III 2145
Greifen IV 1694
Greifswald IV 1695
Henning Iwen IV 2133
Kammin V 891
Kasimir, 7. K. IV., Hzg. v. Pommern V 1034
Kolbatz V 1251
Kolberg V 1252
Pommern VI 84
Pyritz, Vertrag v. VII 338
Ratibor I. VII 458
Stargard VIII 63
Stolp VIII 192
Stralsund VIII 210
Umritt VIII 1210
Wizlaw, 1. W. I., Fs. v. Rügen IX 282
Wizlaw, 2. W. II., Fs. v. Rügen IX 283
Wizlaw, 3. W. III., Fs. v. Rügen IX 283
Wolgast IX 317

Schmidt, Tilmann
Bonifatius, 8. B. VIII., Papst II 414
Clemens, 6. C. V. (Bertrand de Got), Papst II 2142
Clericis laicos II 2153
Etsi de statu IV 59
Liber censuum Ecclesiae Romanae V 1941
Pastor angelicus VI 1773
Unam sanctam VIII 1214

Schmidt, Ulrich
Lucius, 3. L. III., Papst V 2162
Wahl, A. III. Kanonische Wahl/Bischofswahl [Allgemein und Deutsches Reich] VIII 1912
Wahlkapitulation, I. Deutsches Reich und kirchlicher Bereich VIII 1914

Schmidt-Wiegand, Ruth
Bargilden I 1460
Hausmarken IV 1973
Lex Baiuvariorum V 1928
Lex Chamavorum V 1929
Lex Frisionum V 1929
Lex Ribuaria V 1929
Lex Salica V 1931

Lex Saxonum V 1932
Lex Thuringorum V 1932
Malbergische Glossen VI 166
Ortsnamen(-forschung) VI 1486
Schutz, -herrschaft VII 1594

Schmidtchen, Volker
Brunnen, B. I. Technik und materielle Kultur [Mittelalterliche Brunnen in Mittel- und Westeuropa] II 767

Schmidtke, Dietrich
Hugo, 57. H. v. Trimberg V 178
Johannes, 181. J. v. Tepl V 607
Trostbücher, III. Deutsche Literatur VIII 1050
Ulrich, 18. U. v. Pottenstein VIII 1200

Schmieder, Felicitas
Johannes, 147. J. de Monte Corvino V 590

Schminck, Andreas
Ehe, D. II. Byzantinisches Reich III 1641
Ehebruch, D. II. Byzantinisches Reich III 1660
Johannes, 130. J. v. Kitros V 584
Josephsehe V 634
Notitiae episcopatuum ecclesiae Constantinopolitanae VI 1287
Protaton (Sitz des Protos) VII 269
Vormund, -schaft, III. Byzantinisches Recht VIII 1855

Schmitt, Clément
Alexander, 23. A. v. Bremen I 377
Antonius, 4. A. v. Bitonto I 731

Schmitt, Jürgen
Peter, 14. P. Orseolo, Kg. v. Ungarn VI 1931

Schmitt, Michael
Stadtansicht und Stadtbild, A. I. Definition [Westen] VIII 8
Stadtansicht und Stadtbild, A. III. Mittelalter [Westen] VIII 9

Schmitt, Peter
Dialog, VII. Deutsche Literatur III 958
Enzyklopädie, Enzyklopädik, III. 3. Deutsche Literatur III 2035
Glossen, Glossare, II. Deutsche Literatur IV 1510
Gotische Sprache IV 1578
Hadlaub, Johannes IV 1821
Heinrich, 135. H. v. Nördlingen IV 2104

Schmitt, Wolfram
Alexanderbrief I 381
Artes incertae I 1058
Bertapaglia, Leonardo da I 2021
Besessenheit, 2. Medizingeschichte I 2063
Conciliator III 114
Concordantiae III 116
Epilepsie III 2064
Lunatici VI 5
Mantik VI 205
Pflaundorfer, Heinrich VI 2046
Physiognomik VI 2117
Regimina VII 575
Reguardati, Benedetto VII 602
Res naturales VII 750

Res non naturales VII 751
Res praeter naturam VII 752
Scherrenmüller, Bartholomäus VII 1451
Veitstanz VIII 1447

Schmitz, Heribert
Anzeige, 2. Im kanon. Prozeß I 740

Schmitz, Rolf P.
Abraham, 1. Im jüd. Schrifttum I 52
Alfons(o) de Spina I 408
Bibliothek, C. Judentum II 124
Buch, D. Jüdischer Bereich II 810
Buße (liturgisch-theologisch), A. Buße im Alten Testament II 1123
Buße (liturgisch-theologisch), E. Buße im (späteren) Judentum II 1141
Davidstern III 608
Eigenschaften Gottes, II. Judentum III 1713
Emanation, 2. Judentum III 1874
Fasten, -zeiten, -dispensen, C. Judentum IV 309
Form/Materie, II. Jüdische Philosophie IV 644
Gabirol, Salomo ben Jehuda ibn IV 1072
Gesandte, C. Judentum IV 1382
Hölle, III. Judentum V 97
Intelligenzen, II. Jüdische Religionsphilosophie V 461
Jakob, II. Judentum V 280
Job (Hiob), I. Judentum V 489
Kimchi V 1141
Kleidung, III. Judentum V 1203
Konversion, Konvertiten V 1424
Maimonides, I. Leben und Werk VI 127
Manlius de Bosco, Johannes Jacobus VI 196
Moses, A. Judentum VI 860
Nachmanides VI 996
Philosophie, D. Jüdische Philosophie VI 2103
Platon, Platonismus, E. Judentum VII 12
Propheten, Prophetie, B. Judentum VII 256
Purimspiel VII 330
Ras(c)hi VII 445
Religionsgespräche, IV. Jüdisch-christliche Religionsgespräche VII 694
Saadja ben Josef al Fajjûmî Gaon VII 1208
Salomo, B. Judentum VII 1311
Samuel. 2. S. ben Samson VII 1348
Satan VII 1390
Schule, C. Judentum VII 1588
Seele, III. Judentum VII 1678
Sefär Ḥasidim VII 1692
Sefär Jetzirah VII 1693
Sefirot VII 1695
Sexualität, III. Judentum VII 1816
Solomon bar Simson VII 2037
Sünde, »Sündenfall«, IV. Judentum VIII 321
Tod, Sterben, II. 3. Judentum VIII 826
Tora VIII 871
Tosafot, Tosafisten VIII 885
Unreinheit, II. Judentum VIII 1258
Wahrsager, Wahrsagen, III. Judentum VIII 1923
Wohnen, Wohnkultur, Wohnformen, C. Judentum IX 298
Wunder, D. Judentum IX 361
Yom Kippur IX 415
Zacuto, Abraham ben Samuel IX 438
Zahlensymbolik, -mystik, C. Judentum IX 456
Zauberei, II. Judentum IX 484
Zensur, III. Judentum IX 535
Zohar IX 663

Schmitz, Rudolf
Apotheke, Apotheker I 794
Droge, Drogenhandel III 1402
Elixir(ium) III 1843
Materia medica VI 378
Mörser, 1. M. VI 845

Schmitz, Ursula
Acetum I 77
Ambra I 521
Aqua(e) I 825

Schmoeckel, Mathias
Waffenrecht VIII 1903

Schmolinsky, Sabine
Gog und Magog IV 1534
Himmelsbrief V 26
Teufelsbriefe VIII 592

Schmolke-Hasselmann, Beate
Chrétien de Troyes II 1897

Schmucker, Werner
Drusen III 1416

Schmugge, Ludwig
Pilger, A. I. Früh- und Hochmittelalter [Westlicher Bereich] VI 2148
Pilger, A. II. Spätmittelalter [Westlicher Bereich] VI 2149
Radulfus, 6. R. Niger VII 394
Visitatio liminum VIII 1748

Schnall, Uwe
Anker, 1. A., Gerät zum Festlegen von Schiffen I 652
Binnenschiffahrt II 197
Boot II 443
Carraca II 1524
Einbaum III 1730
Hafen, A. Sprachgeschichtliche und allgemeine Voraussetzungen IV 1825
Hafen, B. 1. Spätantike Voraussetzungen und Frühmittelalter [Deutschland und Skandinavien] IV 1826
Kogge V 1247
Kompaß V 1292
Leuchtturm, 2. Nord- und Westeuropa V 1918
Navigation VI 1066
Schiff, -bau, -stypen, I. Westlicher Bereich VII 1456
Seezeichen VII 1692
Signal VII 1887
Wal- und Robbenfang VIII 1967
Werft VIII 2199

Schnarr, Hermann
Aenigma I 184
Contractus, Contractio III 200
Liber de causis V 1940

Schneider, Herbert
Ordo, II. Liturgische Ordines VI 1437
Rituale VII 879
Wasser, A. II. 1. Westen [Liturgische Verwendung (Wasserweihe)] VIII 2061
Weihwasser VIII 2114

Schneider, Jakob Hans Josef
Kategorien V 1062
Materialobjekt/Formalobjekt VI 376
Qualität VII 352

Schneider, Joachim
Kleiderordnungen V 1197
Luxusordnungen VI 35
Mendel VI 515
Paumgartner VI 1828
Reich, rîche VII 610
Schürstab VII 1593
Stromer VIII 245
Stromer, Ulman VIII 245
Tucher VIII 1077

Schneider, Johannes
Gottfried, 22. G. (Gaufrid) v. Poitiers IV 1604

Schneider, Notker
Petrus, 42. P. de Hibernia VI 1975
Prädikabilien VII 145

Schneider, Reinhard
Dargun III 572
Doberan III 1148
Grangie IV 1653

Schneider, Wolfgang
Alexipharmaca I 387
Antidota I 708

Schneider-Schnekenburger, Gudrun
Churrätien, II. Archäologie II 2061

Schneidmüller, Bernd
Corroboratio III 281
Dispositio III 1114
Francia IV 679
Hartwig, 1. H. I., Ebf. v. Hamburg-Bremen IV 1947
Hartwig, 2. H. II., Ebf. v. Hamburg-Bremen IV 1947
Heinrich, 18. H. I., Kg. v. Frankreich IV 2054
Heribert, 2. H. I., Gf. v. Vermandois IV 2154
Heribert, 3. H. II., Gf. v. Vermandois IV 2154
Heribert, 4. H. III., Gf. v. Vermandois IV 2154
Hugo, 5. H. Abbas V 159
Hugo, 8. H., Sohn Kg. Roberts II. V 160
Investiturstreit, -problem, 2. Investiturproblem in Frankreich V 482
Ivois-sur-Chiers V 840
Karl, 3. K. d. Jüngere, frk. Kg. V 966
Karl, 4. K. (II.) der Kahle, Ks., westfrk. Kg. V 967
Karl, 5. K. (III.) der Dicke, Ks., frk. Kg. V 968
Karl, 7. K. (III.) 'd. Einfältige', westfrk. Kg. V 970
Konrad, 29. K. I., Bf. v. Oldenburg-Lübeck V 1354
Konstanze, 4. K. v. Arles, frz. Kgn. V 1407
Krondomäne, I. Frankreich V 1543
Le Goulet, Vertrag v. V 1806
Lothar, 4. L., Kg. v. Frankreich V 2127
Ludwig, 3. L. III. d. Jüngere, ostfrk. Kg. V 2174
Ludwig, 5. L. (II.) 'der Stammler', westfrk. Kg. V 2175
Ludwig, 6. L. III., westfrk. Kg. V 2176
Ludwig, 7. L. IV. Transmarinus, westfrk. Kg. V 2176
Ludwig, 11. L. V., Kg. v. Frankreich V 2181
Ludwig, 13. L. VII., Kg. v. Frankreich V 2183
Ludwig, 14. L. VIII., Kg. v. Frankreich V 2184
Ludwig, 50. L., Abt v. Saint-Denis V 2202
Magnus (Magnús), 9. M., sächs. Hzg. VI 100
Margut-sur-Chiers VI 243
Matfrid, Gf. v. Orléans VI 380
Meerssen, Vertrag v. VI 466
Neustrien VI 1110
Odo, 1. O., westfrk. Kg. VI 1353
Odo, 6. O., Gf. v. Orléans VI 1356
Otto, 14. O. 'd. Kind', Hzg. v. Braunschweig-Lüneburg VI 1574
Philipp, 2. Ph. I., Kg. v. Frankreich VI 2057
Philipp, 3. Ph. II. Augustus, Kg. v. Frankreich VI 2058
Pippin, 4. P. I., Kg. in Aquitanien VI 2170
Pippin, 5. P. II., Kg. v. Aquitanien VI 2170
Pippin, 6. P. (Karlmann), Kg. v. Italien VI 2171
Pîtres VI 2188
Quierzy VII 367
Robert, 2. R. I., westfrk. Kg. VII 884
Robert, 3. R. II. 'd. Fromme', Kg. v. Frankreich VII 884
Rorgoniden VII 1025
Stellinga VIII 107
Süntel, Schlacht am VIII 326
Theutberga VIII 689
Verdun, Vertrag v. VIII 1509
Waldrada VIII 1958
Welfen, II. Von Lothar III. bis zu Otto 'd. Kind' VIII 2149
Westfränkisches Reich IX 24
Widukind, 1. W., westfäl. Adliger IX 74
Zwentibold IX 726

Schnerb, Bertrand
Mons-en-Vimeu, Schlacht v. VI 770
Rochefort, 2. R., Guy de VII 923
Saint-Cloud, Schlacht bei VII 1141
Soleuvre, Vertrag v. VII 2033
Sommestädte VII 2042

Schnerb-Lièvre, Marion
Songe du Vergier, Le VII 2045
Trémaugon, Évrart de VIII 970

Schnith, Karl
Amt, VI. Die Ämter in England I 555
Balduin, 13. B. v. Canterbury I 1371
Baron (baro), III. England I 1479
Bayeux, Teppich v., 1. Allgemein I 1712
Beamtenwesen, A. V. Spätmittelalterliches England I 1727
Bernhard, 36. B. v. Kremsmünster I 2000
Blanche-nef II 261
Bonmoulins, Konferenz v. II 425
Bouvines, Schlacht v. II 522
Buckfast Abbey II 896
Carmen de Hastingae proelio II 1511
Chronicon Colmariense II 1953
Chronik, B. Allgemeine Fragestellung und Überblick (Mittelalterlicher Westen) II 1956
Chronik, C. Imperium/Deutschland II 1960
Chronik, G. England II 1981
Clarendon, Konstitutionen v. II 2129
Closener, Fritsche II 2170
Corona, II. England III 252
Eadmer III 1499
Edmund, 7. E. v. Abingdon III 1581

Ellenhard, 2. E. d. Große III 1847
Eustachius, 2. E. II. IV 112
Florentius v. Worcester IV 553
Flores temporum IV 564
Foliot, Gilbert IV 611
Gerbrand IV 1303
Gerhard, 16. G. v. Augsburg IV 1315
Gervasius, 2. G. v. Canterbury IV 1360
Gesta Stephani IV 1411
Gilbert, 1. G. Crispin IV 1448
Guisborough, Walter v. IV 1789
Hastings, Schlacht v. IV 1954
Heinrich, 10. H. I., Kg. v. England IV 2049
Heinrich, 80. H. v. Blois, Abt v. Glastonbury IV 2082
Heinrich, 101. H. (Truchseß) v. Diessenhofen IV 2090
Heinrich, 116. H. v. Huntingdon IV 2094
Heinrich, 144. H. Taube v. Selbach IV 2106
Hermann, 26. H. v. Niederaltaich IV 2167
Herrscherabsetzung IV 2181
Higden, Ranulph V 6
Historiographie, B. I. Allgemein [Westlich-abendländischer Bereich] V 49
Hofkapelle, IV. England V 73
Jakob, 30. J. Twinger V 294
Justitiar (England) V 825
Kenilworth, Dictum v. V 1104
König, Königtum, E. II. Von der Normannischen Eroberung (1066) bis zum Ende des Mittelalters [England] V 1316
Konrad, 45. K. v. Luppburg V 1360
Krönung V 1547
Martin, 16. M. v. Troppau VI 347
Martins-Chroniken VI 349
Mathilde, 4. M., dt. Kgn., Ksn. VI 392
Matthaeus, Matthäus, 9. M. Paris VI 399
Matthias, 6. M. v. Neuenburg VI 404
Monarchie VI 729
Nobility VI 1208
Normannen VI 1249
Osbert v. Clare VI 1492
Otto, 31. O., Bf. v. Freising VI 1581
Peers VI 1855
Rahewin VII 401
Regalien, -politik, -recht, III. England VII 559
Robert, 29. R. II., Hzg. v. Normandie VII 897
Robert, 66. R. v. Torigny VII 912
Roger, 17. R. Wendover VII 944
Stamford Bridge, Schlacht v. VIII 42
Standarte, Schlacht von der VIII 54
Stephan, 1. S. v. Blois, Kg. v. England VIII 111
Thomas, 11. Th. Becket, Ebf. v. Canterbury VIII 702
Tinchebrai, Schlacht v. VIII 794
Tostig VIII 890
Walsingham, Thomas VIII 1991
Wilhelm, 2. W. I. 'd. Eroberer', Kg. v. England IX 127
Wilhelm, 3. W. II. Rufus, Kg. v. England IX 129
Wilhelm, 4. W. fitz Empress IX 130
Wilhelm, 5. W. Longsword IX 130
Wilhelm, 92. W. v. Newburgh IX 177
Zeremoniell, D. III. England IX 565
Zink, Burkard IX 619

Schnitker, Thaddäus A.
Brevier (mit von Huebner, D.) II 640

Schnitzler, Theodor
Allerheiligen I 428
Allerseelen I 428

Schockenhoff, Eberhard
Lust, -empfinden VI 21
Martyrium, A. I. Frühchristliche Zeit [Theologie] VI 353
Martyrium, A. II. Lateinisches Mittelalter [Theologie] VI 354
Nächstenliebe VI 999
Neigung VI 1084

Schofield, John
London, A. II. 1. Archäologie [Mittelalter; Stadt] V 2101

Scholl-Franchini, Maria-Pia
Dante Alighieri, Bibliographie III 561

Scholz, Birgit
Sil'vestr VII 1909
Vassian, 2. V. Rylo VIII 1425

Schönberger, Rolf
Scholastik VII 1521
Ursache VIII 1328
Wesen IX 15

Schöning, Brigitte
Eleonore, 8. E. v. Österreich III 1809

Schoppmeyer, Heinrich
Bentheim I 1919
Bomeneburg, Gf. en v. II 390
Cappenberg, II. Prämonstratenserstift II 1487
Dalheim III 441
Essen IV 22
Marienfeld VI 290
Paderborn VI 1613
Varlar VIII 1413
Wilhelm, 56. W., Bf. v. Paderborn IX 158
Winzenburg IX 242

Schott, Clausdieter
Deutschenspiegel III 767
Ehe, B. VI. Germanisches und deutsches Recht III 1629
Freiheit, Freie, I. Rechtsgeschichtlich IV 896
Immunität, I. Allgemein und westlicher Bereich (mit Romer, H.) V 390
Leges V 1802
Lex Alamannorum V 1927
Prokura-Ehe VII 247

Schott-Volm, Claudia
Aussatz, V. Rechts- und Sozialgeschichte (mit Keil, G.) I 1251

Schottky, Martin
Lyon, I. Antike VI 40
Mainz, A. I. Antike [Stadt] VI 131
Malchos VI 167
Prokopios, 1. P., Usurpator VII 245
Provence, A. Spätantike VII 275
Provincia, Provinz VII 283
Šāpūr II. VII 1375
Sāsāniden VII 1385
Septimanien VII 1769

Trier, A. I. Antike [Stadt]   VIII 991
Vicus, I. Spätantike   VIII 1630
Worms, A. I. Antike [Stadt]   IX 330
Xanten, I. Antike   IX 397

Schottmann, Hans
Apokryphen, A. II. 4. Skandinavische Literatur   I 765
Drápa   III 1367
Egill Skallagrímsson   III 1611
Einarr Skúlason   III 1730
Eiríksmál   III 1749
Leiðarvísan   V 1852
Líknarbraut   V 1983
Lilja   V 1985

Schoysman-Zambrini, Anne
Lemaire de Belges, Jean   V 1867

Schramm, Matthias
Alexander, 21. A. v. Aphrodisias   I 376
Bildort   II 183

Schreiner, Elisabeth
Cavallero Cifar (Zifar), Libro del   II 1594

Schreiner, Klaus
Ahnenprobe   I 233
Fußkuß   IV 1063

Schreiner, Peter
Angeloi, Dynastie der (Stammtafel)   IX Anhang
Buchhaltung, B. Byzantinisches Reich   II 833
Bürger, Bürgertum, I. I. Byzantinisches Reich   II 1039
Byzantius   II 1327
Chronik, N. Byzantinisches Reich   II 2010
Chrysargyron   II 2049
Chrysoteleia   II 2054
Coemptio   III 13
Collegium, 1. C., II. Frühbyzantinische Zeit   III 38
Daniel, 2. D., Metropolit v. Smyrna und Ephesos
    III 537
Daphnopates, Theodoros   III 569
Demen   III 686
Dukas   III 1444
Dukas, Dynastie der (Stammtafel)   IX Anhang
Eparch   III 2042
Eparchenbuch   III 2042
Ephraim   III 2054
Finanzwesen, -verwaltung, A. II. Byzantinisches Reich
    IV 455
Ġssāniden   IV 1130
Genesios, Joseph   IV 1223
Georgios, 7. G. Synkellos   IV 1288
Glykas Sikidites, Michael   IV 1519
Handel, B. Byzantinischer Bereich   IV 1898
Herakleios   IV 2140
Hyperpyron   V 250
Ignatios, 1. I. I., Patriarch v. Konstantinopel   V 366
Innovationen, byzantinischer Bereich   V 432
Isaak, 1. I. I. Komnenos   V 665
Isaak, 3. I. Argyros   V 667
Joel   V 494
Johannes, 2. J. I. Tzimiskes   V 532
Johannes, 3. J. II. Komnenos   V 532
Johannes, 4. J. III. Dukas Vatatzes   V 533
Johannes, 6. J. V. Palaiologos   V 534
Johannes, 8. J. VII. Palaiologos   V 535

Johannes, 9. J. VIII. Palaiologos   V 535
Johannes, 10. J. Dukas   V 536
Johannes, 47. J. IV., Patriarch v. Konstantinopel   V 549
Johannes, 48. J. VII. Grammatikos   V 549
Johannes, 50. J. X. Kamateros   V 550
Johannes, 51. J. XI. Bekkos   V 550
Johannes, 52. J. (XIII.) Glykys   V 551
Johannes, 53. J. XIV. Kalekas   V 551
Johannes, 63. J. v. Antiocheia   V 555
Johannes, 140. J. Malalas   V 588
Joseph, 1. J. I., Patriarch v. Konstantinopel   V 631
Joseph, 2. J. II., Patriarch v. Konstantinopel   V 632
Justin, 1. J. I.   V 820
Justin, 2. J. II.   V 820
Kaiser, Kaisertum, II. Byzanz   V 853
Kleidion   V 1198
Kodinos, Georgios   V 1246
Kommerkion   V 1284
Komnenen, Dynastie der (Stammtafel)   IX Anhang
Konstans II.   V 1371
Konstantin, 3. K. IV., byz. Ks.   V 1376
Konstantin, 7. K. IX. Monomachos, byz. Ks.   V 1378
Konstantin, 8. K. X. Dukas   V 1378
Kontobuch   V 1420
Kosmas, 1. K. Indikopleustes   V 1457
Landwirtschaftliche Literatur (Byzanz)   V 1684
Laskaris, Dynastie der (Stammtafel)   IX Anhang
Leiturgia   V 1865
Leon, 4. L. V.   V 1890
Leon, 7. L. Diakonos   V 1892
Leon, 8. L. Grammatikos   V 1892
Leon, 9. L. der Mathematiker   V 1892
Lohn, B. Byzanz   V 2087
Makarios, 1. M. Chrysokephalos   VI 152
Makedonische Dynastie (Stammtafel)   IX Anhang
Manasses, 3. M., Konstantinos   VI 184
Manuel, 1. M. I. Komnenos, byz. Ks.   VI 209
Manuel, 2. M. II. Palaiologos, byz. Ks.   VI 209
Manuel, 5. M. Gabalas, Metropolit v. Ephesos   VI 211
Maß, II. 1. Byzantinisches Reich   VI 367
Maurikios   VI 411
Melissenoi   VI 497
Michael, 3. M. I., byz. Ks.   VI 597
Michael, 4. M. II., byz. Ks.   VI 597
Michael, 5. M. III., byz. Ks.   VI 597
Michael, 6. M. IV., byz. Ks.   VI 598
Michael, 7. M. V., byz. Ks.   VI 598
Michael, 8. M. VI., byz. Ks.   VI 598
Michael, 9. M. VII., Dukas, byz. Ks.   VI 598
Miliaresion (mit Berghaus, P.)   VI 625
Muzalon, Georgios   VI 977
Nachrichtenvermittlung, II. 1. Allgemein [Byzantinisches Reich]   VI 998
Nikephoros, 1. N. I., byz. Ks.   VI 1155
Palaiologen   VI 1629
Palaiologen, Dynastie der (Stammtafel)   IX Anhang
Panaretos, 2. P., Michael   VI 1651
Pentapolis   VI 1873
Pfalz, Palast, I. I. Institutionsgeschichte [Byzantinisches
    Reich und Südosteuropa]   VI 2008
Porphyrogennetos   VII 106
Post, II. Byzantinisches Reich   VII 127
Preis, II. Byzantinisches Reich   VII 185
Reisen, Reisebeschreibungen, B. Byzanz   VII 680
Renaissance in Byzanz   VII 717
Ritter, -tum, -stand, IV. Byzanz   VII 876
Roga   VII 936

Romanos, 1. R. I. Lakapenos, byz. Ks.   VII 999
Romanos, 2. R. II., byz. Ks.   VII 999
Schilderhebung, II. Byzanz   VII 1463
Schriftlichkeit, Schriftkultur, II. Byzanz   VII 1567
Senat, II. Byzanz   VII 1745
Söldner, -wesen, II. Byzanz (mit Thorau, P.)   VII 2032
Steuer, -wesen, L. II. Byzantinisches Reich   VIII 158
Stiftung, II. Byzantinisches Reich   VIII 180
Strategopulos, Alexios   VIII 227
Strategos   VIII 227
Tagebuch, IV. Byzanz   VIII 426
Theodosios, 1. Th. III., byz. Ks.   VIII 642
Theodosios, 4. Th. Melitenos   VIII 643
Theophanes, 2. Th. Byzantios   VIII 662
Theophanes, 3. Th. Continuatus   VIII 662
Theophylaktos, 2. Th., byz. Exarch   VIII 672
Theophylaktos, 3. Th. Simokates   VIII 672
Thron, C. I. Weltlicher und kirchlicher Bereich [Byzanz]   VIII 741
Tiberios, 1. T. I., byz. Ks.   VIII 760
Tiberios, 2. T. II., byz. Ks.   VIII 761
Tinte, II. Byzanz   VIII 797
Tribut, II. Byzanz   VIII 986
Turnier, D. Byzanz   VIII 1118
Weltchronik (in Byzanz)   VIII 2165
Wohnen, Wohnkultur, Wohnformen, B. Byzanz   IX 297
Yarmūq   IX 408
Zirkusparteien   IX 628

Schrenk, Sabine
Typologie, II. Biblische Typologie; frühchristliche Literatur   VIII 1133
Typologie, III. Frühchristliche Kunst   VIII 1133

Schrimpf, Gangolf
Johannes, 175. J. Scot(t)us (Eriugena)   V 602
Roscelin v. Compiègne   VII 1029

Schroeder, Jean
Echternach, II. Abtei und Skriptorium   III 1543
Echternach, III. Wallfahrt   III 1543

Schromm, Arnold
Donauwörth   III 1245

Schroth-Köhler, Charlotte
Adalwald, Kg. der Langobarden   I 106
Agilulf   I 208
Ariald   I 926
Ariwald   I 951

Schuba, Ludwig
Knab, Erhard   V 1230
Münsinger (Krauel), Heinrich   VI 912

Schubert, Ernst
Forst, I. Allgemein. Mittel-, Westeuropa und Italien   IV 658
Konrad, 57. K. v. Weinsberg   V 1366
Kurfürsten   V 1581
Landesherrschaft und -hoheit   V 1653
Reichsfürsten   VII 617
Ruprecht, 1. R., dt. Kg.   VII 1108
Sächsische Weltchronik   VII 1242
Spielmann, -leute   VII 2112
Verden   VIII 1499

Verden, »Blutbad v.«   VIII 1500
Willebrief   IX 207
Kammer, Kämmerer, I. Deutsches Reich   V 885

Schubring, Klaus
Konrad, 18. K., Hzg. v. Spoleto   V 1347

Schuckelt, Holger
Waffe, C. Muslimischer Bereich   VIII 1901

Schuh, Hans-Manfred
Chanson   II 1699
Chansons de Danse   II 1709
Confrérie   III 131
Gilles, 2. G. de Chin   IV 1454
Godefroy de Lagny   IV 1530
Guillaume, 1. G. Alecis   IV 1777

Schuler, Peter-Johannes
Bürgschaft, II. 2. Anwendungsbereich der Bürgschaft im Spätmittelalter [Deutsches Recht]   II 1060
Chronologie, A. Definition   II 2036
Chronologie, C. I. Allgemeine Zeitrechnung im Mittelalter [Historische Chronologie: Westliches Abendland]   II 2037
Chronologie, C. II. 1. Skandinavien [Besonderheiten; Historische Chronologie: Westliches Abendland] (mit Ehrhardt, H.)   II 2041
Comitiva   III 79
Datierung v. Urkunden   III 575
Datum per manum   III 582
Designation, III. Im Rahmen der deutschen Königswahl   III 728
Diktat   III 1051
Döffingen, Schlacht bei   III 1158
Eberhard, 7. E. I., der Erlauchte   III 1515
Eberhard, 8. E. II. der Greiner   III 1516
Eberhard, 11. E. V. im Bart   III 1517
Ehingen, Einung v.   III 1662
Einlager   III 1743
Epakte   III 2041
Esslingen   IV 24
Fest- und Heiligenkalender   IV 408
Feuerstättenverzeichnis   IV 422
Gemeiner Pfennig   IV 1213
Giengen a. d. Brenz   IV 1444
Goslar   IV 1568
Grundbesitz, städtischer   IV 1736
Hagenau   IV 1838
Hagenbach, Peter v.   IV 1838
Heidelberger Stallung   IV 2011
Heilbronn   IV 2013
Herdsteuer   IV 2150
Hofpfalzgraf   V 76
Indiktion   V 405
Inkarnationsjahre   V 426
Jahr   V 276
Kalender, I. Allgemein   V 866
Konkordanz   V 1334
Konkurrenten   V 1336
Niedere Vereinigung   VI 1141
Notar, Notariat, A. II. Öffentliches Notariat [Deutsches Reich]   VI 1272
Ostertafeln   VI 1526
Ravensburg   VII 486
Ravensburger Handelsgesellschaft   VII 488
Regulares   VII 607

Reichsunmittelbarkeit VII 645
Schaltung VII 1436
Schriftvergleich VII 1571
Schwabenkrieg (Schweizerkrieg) VII 1602
Schwäbischer Bund VII 1607
Schwäbischer Städtebund VII 1608
Schwaderloh, Schlacht bei VII 1609
Steuer, -wesen, A. Allgemeine Darstellung; Deutschland VIII 142
Sundgau VIII 323
Tag und Stunde VIII 422
Weinsberg VIII 2133
Weinsberg, Schlacht bei VIII 2134
Weltära, -alter VIII 2158
Woche IX 289
Zyklus IX 737

Schuller, Wolfgang
Bevölkerung, A. Spätantike II 10
Cancellarius, 1. C. (Gerichtsdiener) II 1428
Censuales, 1. C. (Beamte) II 1616
Census, I. Spätantike II 1616
Chindaswinth II 1837
Circumcellionen, 1. C. (donatistische Bewegung) II 2097
Collegium, 1. C., I. Spätantike III 37
Curator, 1. C. (Amtsinhaber) III 372
Decuria III 626
Decuriales III 626
Decurio III 626
Diokletian III 1070
Dominat III 1184
Ducenarius III 1437
Flotte, A. I. Spätantike IV 579
Gildo IV 1453
Großgrundbesitz, I. Spätantike IV 1729
Korruption, I. Allgemeine Problematik V 1448
Munus VI 920
Salvianus v. Marseille VII 1322
Steuer, -wesen, L. I. Spätantike VIII 157

Schultz-Klinken, Karl-Rolf
Ackergeräte, 2. Agrargeschichte I 82
Egge III 1608
Erntegeräte, II. Agrargeschichte III 2181

Schulz, Hans-Joachim
Adyton I 172
Anaphora I 571
Azyma I 1318
Basiliusliturgie I 1532
Chrysostomosliturgie II 2053
Jakobusliturgie V 298
Koimesis, I. Hochfest der byzantinischen Liturgie V 1249
Koimesis, II. Ikonographie (mit Restle, M.) V 1249
Liturgie, II. Ostkirche V 2029
Liturgieerklärung V 2032
Liturgische Bücher, II. Ostkirche (byz.) V 2034

Schulz, Knut
Besthaupt I 2071
Dienstmann III 1004
Dienstrecht III 1005
Familia, I. Allgemein IV 254
Fossanova IV 671
Gesellen IV 1386
Gewandfall IV 1419
Hofrecht V 77
Lehrling V 1844
Meister VI 480
Ministerialität, Ministerialen VI 636
Streik VIII 234
Wanderschaft, -spflicht VIII 2010
Zensualen, Zinsleute; Zensualität IX 530
Zunft, -wesen, -recht, A. I. Allgemein und deutscher Bereich IX 686

Schulz, Winfried
Forum, II. Kirchenrecht IV 667

Schulze, Hans K.
Altmark I 479
Amtmann I 562
Bernhard, 12. B. III., Hzg. v. Sachsen I 1987
Burggraf, -schaft II 1048
Burgward, Burgwardverfassung II 1101

Schulze, Manfred
Biel, Gabriel II 127

Schulze, Reiner
Familie, B. VI. Germanisches und Deutsches Recht IV 264
Frau, B. III. Germanisches und deutsches Recht IV 857

Schulze, Ursula
Anegenge I 616
Assonanz, II. Deutsche Literatur I 1126
Autobiographie, I. Einleitung I 1262
Autobiographie, IV. Deutsche Literatur I 1265
Ava I 1281
Bamberger Glaube und Beichte I 1402
Beichtformeln, C. II. Deutsche Literatur I 1815
Berufsdichter, I. Vorbemerkung I 2045
Berufsdichter, IV. Deutsche Literatur I 2047
Biographie, V. Deutsche Literatur II 206
Bremberger-Lieder II 602
Büchlein (»zweites B.«) II 836
Burggraf v. Regensburg II 1050
Burggraf v. Rietenburg II 1051
Caesar im Mittelalter, D. I. Deutsche Literatur II 1355
Christus und die Samariterin II 1943
Contemptus mundi, B. V. Deutsche Literatur III 192
Damen, Hermann III 471
Debs, Benedikt III 612
Deutsche Literatur III 740
Dietmar v. Aist III 1015
Drama, V. Deutsche Literatur III 1361
Ebernand v. Erfurt III 1524
Eckhart (Meister E.), III. Textauthentizität, Sprache, Rezeption III 1550
Egenolf v. Staufenberg III 1603
Epos, D. I. Deutsche Literatur III 2082
Etzel/Atli, I. Deutsche Literatur IV 61
Ezzolied IV 198
Frau Welt IV 881
Friedrich, 53. F. v. Hausen IV 966
Fürstenspiegel, B. III. Deutsche Literatur IV 1051
Gawain, II. Deutsche Literatur IV 1150
Geiler v. Kaisersberg, Johannes IV 1174
Geistliche Dichtung, III. Deutsche Literatur IV 1184
Gottfried, 25. G. v. Straßburg IV 1605
Hadamar, 2. H. v. Laber IV 1817

Hartmann, 3. H. v. Aue IV 1945
Heinrich, 7. H. VI., II. Literarische Bedeutung IV 2046
Heinrich, 127. H. v. Melk IV 2100
Heinrich, 131. H. v. Morungen IV 2101
Heinrich, 134. H. v. Neustadt IV 2103
Heinrich, 138. H. v. Rugge IV 2105
Heinrich, 145. H. der Teichner IV 2106
Herbort v. Fritzlar IV 2149
Herger IV 2153
Herrand v. Wildonie IV 2180
Himelrîche, vom V 21
Himmel und Hölle V 27
Himmlische Jerusalem, das V 27
Hochzeit, die V 62
Johann, 55. J. v. Würzburg V 520
Kreuzzugsdichtung, III. Deutsche Literatur V 1521
Kudrun V 1559
Marner, der VI 319
Meißner, der VI 480
Memento mori, B. I. Deutsche Literatur VI 506
Minne VI 639
Minne, 3. Rechtsgeschichte VI 641
Neidhart VI 1082
Nibelungenlied (und Klage) VI 1120
Osterspiel v. Muri VI 1525
Ostertropus VI 1526
Reimgebet, IV. Deutsche Literatur VII 655
Spervogel VII 2094
Spruchdichtung, A. Deutsche Literatur VII 2143
Walther, 2. W. von der Vogelweide VIII 2004
Weltenddichtung VIII 2166
Wenzel, 3. W. II., Kg. v. Böhmen, Kg. v. Polen, 2. Literarische Repräsentation VIII 2189
Winsbecke, Winsbeckin IX 240
Zehnjungfrauenspiele IX 498

Schulze-Busacker, Elisabeth
Natureingang, III. Romanische Literaturen VI 1045

Schulze-Dörrlamm, Mechthild
Ohrgehänge VI 1376
Tassel VIII 484

Schulze-Senger, Christa
Tafelmalerei, A. Maltechnik VIII 404
Tafelmalerei, C. Faßmalerei, Fassung VIII 416

Schüpp, Heinrich-Wilhelm
Höxter V 143

Schupp, Volker
Rätsel, III. Deutsche Literatur VII 464
Reinmar, 3. R. v. Zweter VII 670

Schüppert, Helga
Albrecht, 25. A. v. Halberstadt I 325

Schütte, Leopold
Wik, -orte IX 96
Wortzins IX 339

Schwab, Ingo
Richard, 1. R. v. Cornwall, dt. Kg. VII 809

Schwaibold, Matthias
Causidicus II 1587

Gemeines Recht IV 1214

Schwaiger, Georg
Adeodatus, Papst I 149
Agapet, 2. A. II., Papst I 202
Agatho, Papst I 203
Alexander, 10. A. II., Papst I 371
Alexander, 11. A. III., Papst I 372
Alexander, 12. A. IV., Papst I 372
Alexander, 13. A. V., Papst I 373
Alexander, 14. A. VI., Papst I 374
Anastasius, 2. A. II., Papst I 572
Anastasius, 3. A. III., Papst I 572
Anastasius, 4. A. IV., Papst I 572
Benedikt, 1. B. I., Papst I 1858
Benedikt, 2. B. II., Papst I 1858
Benedikt, 11. B. XI., Papst I 1860
Bonifatius, 1. B. I., Papst II 413
Bonifatius, 2. B. II., Papst II 413
Bonifatius, 3. B. III., Papst II 413
Bonifatius, 4. B. IV., Papst II 413
Bonifatius, 5. B. V., Papst II 414
Bonifatius, 9. B. IX., Papst II 416
Constantinus, 1. C. I., Papst III 170
Constantinus, 2. C. II., Papst III 170
Deusdedit, 1. D. I., Papst III 738
Honorius, 3. H. (II.), Gegenpapst V 120
Innozenz, 1. I. I., Papst V 433
Innozenz, 3. I. (III.), Gegenpapst V 434
Johannes, 16. J. I., Papst V 538
Johannes, 17. J. II., Papst V 538
Johannes, 18. J. III., Papst V 538
Johannes, 19. J. IV., Papst V 538
Johannes, 20. J. V., Papst V 539
Julius, 1. J. I., Papst V 805
Julius, 2. J. II., Papst V 805
Kirchengeschichtsschreibung V 1173
Konon, Papst V 1337
Konsistorium V 1371
Laterankonzil, 1. L., I. (1123) V 1739
Liberius, 1. L., Papst V 1949
Lucius, 1. L. I., Papst V 2162
Marcus, 1. M., Papst VI 227
Nepotismus VI 1093
Nikolaus, 6. N. V., Papst VI 1171
Papst, Papsttum, I. Zum Begriff VI 1667
Papst, Papsttum, II. Im Römischen Reich VI 1667
Papst, Papsttum, III. Frühmittelalter VI 1669
Papst, Papsttum, IV. Die geistliche Vormacht des Papsttums im Hochmittelalter VI 1672
Papst, Papsttum, V. Der Investiturstreit und seine Auswirkungen auf das Papsttum VI 1674
Papst, Papsttum, VI. Von Innozenz III. bis zu Bonifatius VIII. VI 1676
Papst, Papsttum, VIII. Abendländisches Schisma, Konziliarismus und das Papsttum in der Renaissance VI 1682
Papstwahl VI 1691
Paschalis, 3. P., Gegenpapst VI 1753
Paschalis, 4. P., III., Gegenpapst VI 1753
Paulus, 2. P. I., Papst VI 1823
Paulus, 3. P. II., Papst VI 1823
Pelagius, 1. P. I., Papst VI 1859
Pelagius, 2. P. II., Papst VI 1859
Pius, 1. P. I., Bf. v. Rom VI 2190
Romanus, 1. R., Papst VII 1002
Sabinianus, Papst VII 1218

Säkularisation VII 1277
Scarampo, Lodovico VII 1425
Sedes apostolica VII 1664
Sergius, 1. S. I., Papst VII 1786
Sergius, 2. S. II., Papst VII 1787
Sergius, 4. S. IV., Papst VII 1787
Severinus, 1. S., Papst VII 1805
Silverius, Papst VII 1904
Silvester, 3. S. III., Papst VII 1908
Silvester, 4. S. IV., Gegenpapst VII 1908
Simplicius, Papst VII 1926
Siricius, hl., Papst VII 1935
Sisinnius, Papst VII 1939
Sixtus, 2. S. III., Papst VII 1943
Sixtus, 3. S. IV., Papst VII 1944
Stephan, 12. S. IV., Papst VIII 117
Stephan, 13. S. V., Papst VIII 117
Stephan, 14. S. VI., Papst VIII 118
Stephan, 9. S. I., Papst VIII 116
Successio Apostolica VIII 279
Symmachus, 1. S., Papst VIII 367
Theoderich, 4. Th., Gegenpapst VIII 624
Theodor, 10. Th., Gegenpapst VIII 630
Theodor, 8. Th. I., Papst VIII 629
Theodor, 9. Th. II., Papst VIII 629
Ursinus, 1. U., Gegenpapst VIII 1330
Vatikan VIII 1429
Viktor, 1. V. II., Papst VIII 1665
Vitalian, hl., Papst VIII 1761
Wiener Konkordat IX 88

Schwarcz, Andreas
Jordanes V 626
Liberius, 2. L., Petrus Marcellinus Felix V 1950
Pannonien VI 1655
Victor, 6. V. v. Vita VIII 1628

Schwarz, Brigide
Ämterkäuflichkeit I 561
Corrector litterarum apostolicarum III 278

Schwarz, Josef s. Macek, Josef

Schwarz, Klaus
Altenbanz I 466
Bamberg, I. 2. Archäologie [Stadt] I 1396

Schwarz, Ulrich
Pantaleo v. Amalfi VI 1658

Schwarzmaier, Hansmartin
Alto I 486
Baden, Mgf. en v., Mgft. I 1337
Bernhard, 4. B. I., Mgf. v. Baden I 1984
Büren II 957
Christoph, 4. Ch. I., Mgf. v. Baden II 1938
Eberstein, Gf. en v. III 1526
Eglofs III 1613
Friedrich, 35. F. »v. Büren« IV 958
Friedrich, 36. F. I., Hzg. v. Schwaben IV 958
Friedrich, 37. F. II., Hzg. v. Schwaben IV 959
Friedrich, 38. F. IV. v. Rothenburg IV 960
Friedrich, 39. F. V., Hzg. v. Schwaben IV 960
Hermann, 2. H. I. v. Baden IV 2160
Konrad, 17. K. v. Rothenburg, Hzg. v. Schwaben V 1347
Markgräflerland VI 305

Pforzheim VI 2050
Rothenburg, Gf. en v. VII 1052

Schwarzwälder, Herbert
Bremen II 603

Schweikle, Günther
Bernger v. Horheim I 1982
Canzone, II. Mittelhochdeutsche Dichtung II 1467

Schwenk, Bernd
Belchite, cofradía de I 1835
Calatrava, Ritterorden v. II 1389
Cazorla, Vertrag v. II 1597
Ciudad Real II 2107
Cofradía III 19
Jacobusorden V 262
Montesa, Orden VI 797
Monzón VI 822
Nájera VI 1007
Ossonoba VI 1514
San Jorge de Alfama VII 1169

Schwenk, Sigrid
Albertus, 3. A. Magnus (mit Binding, G., Dilg, P., Hünemörder, Ch., Jüttner, G., Kübel, W.) I 294
Auerochse, 2. Jagd I 1199
Bär, 2. Jagdwesen I 1432
Barmbracke I 1471
Beizbüchlein I 1825
Beizjagd, 1. Allgemein und gesamteuropäisch I 1825
Beizvögel (mit Hünemörder, Ch.) I 1828
Biberhund II 108
Bracke II 537
Chace dou cerf II 1648
Dancus Rex III 489
Dogge, 2. Jagdwesen III 1162
Druch III 1414
Jagd V 270
Jagdhunde V 270
Jagdtraktate V 272
Kloben V 1217
Master of Game VI 373
Netze VI 1099
Pfeil, 2. P. (Jagdgeschichte) VI 2027
Pirsch VI 2176
Reuse VII 768
Schlinge VII 1490
Schonzeit VII 1540
Seguser VII 1701
Speer, Jagdwesen VII 2091
Spieß, Jagdwesen VII 2117
Spürhund VII 2149
Torsionsfalle VIII 882
Treiben VIII 969
Twiti, William VIII 1128
Vertragus VIII 1593
Vogelfang VIII 1810
Vogelherd VIII 1810
Vogelhund VIII 1810
Waffenfallen VIII 1903
Weidmannssprache VIII 2100
Weidsprüche VIII 2101
Weidwerk VIII 2101
Wildbann IX 113
Wilddiebstahl IX 114
Wildfolge IX 115

Wildschwein, 1. Jagdwesen IX 121
Wildschweinjagd IX 122
Windhund IX 235
Wisent IX 256
Wolf, 2. Jagdwesen IX 303
Wolfsangel IX 313
Wurflanze, -speer, -spieß IX 372
Zeichenlehre IX 506
Zeug IX 582

Schwerhoff, Gerd
Verbannung, Exil VIII 1483

Schwertheim, Elmar
Mithras, -kult VI 682

Schwertl, Gerhard
Albrecht, 4. A. III. d. Fromme I 315
Albrecht, 5. A. IV. d. Weise I 315
Bayern, C. I. Die ersten Wittelsbacher Herzöge [Der Territorialstaat des Spätmittelalters (1180–1508)] I 1704
Bayern, C. II. Von der ersten Teilung bis zum Tode Ludwigs des Bayern [Der Territorialstaat des Spätmittelalters (1180–1508)] I 1705
Bayern, C. III. Die Teilungen und die Teilherzogtümer des 14. und 15. Jahrhunderts [Der Territorialstaat des Spätmittelalters (1180–1508)] I 1706
Bayern, C. IV. Der Weg zur Einheit des Herzogtums [Der Territorialstaat des Spätmittelalters (1180–1508)] I 1708
Bayern, C. V. 1. Verfassungsentwicklung [Der Territorialstaat des Spätmittelalters (1180–1508)] I 1708
Bernauer, Agnes I 1980
Elisabeth, 12. E., Hzgn. v. Bayern-München III 1835
Ernst, 3. E., Hzg. v. Bayern-München III 2177
Friedrich, 10. F., Hzg. v. Bayern(-Landshut) IV 946
Georg, 7. G. d. Reiche, Hzg. v. Bayern-Landshut IV 1279
Heinrich, 41. H. XVI. (IV.) der Reiche, Hzg. v. Bayern-Landshut IV 2066
Johann, 16. J. II., Hzg. v. Bayern(-München) V 505
Landshuter Erbfolgekrieg V 1678
Ludwig, 26. L. II. d. Strenge, Hzg. v. (Ober-)Bayern V 2193
Ludwig, 27. L. V. d. Brandenburger, Hzg. v. (Ober-)Bayern V 2193
Ludwig, 28. L. VI. d. Römer, Hzg. v. (Ober-)Bayern V 2193
Ludwig, 29. L. VII. d. Bärtige, Hzg. v. Bayern-Ingolstadt V 2194
Ludwig, 30. L. VIII. d. Bucklige, Hzg. v. Bayern-Ingolstadt V 2194
Ludwig, 31. L. IX., d. Reiche, Hzg. v. Bayern-Landshut V 2194
Otto, 8. O. II. d. Erlauchte, Hzg. v. Bayern VI 1572
Otto, 9. O. III., Hzg. v. (Nieder-)Bayern VI 1573
Ottonische Handfeste VI 1589
Prag, Frieden v. VII 164
Stephan, 6. S. II., Hzg. v. (Nieder-)Bayern VIII 115
Stephan, 7. S. III., Hzg. v. Bayern(-Ingolstadt) VIII 115
Wilhelm, 22. W. III., Hzg. v. Bayern-München IX 143
Wittelsbacher IX 269

Schwind, Fred
Burg, C. I. 2. Reichsburgen II 966

Diez III 1039
Frankfurt am Main IV 735
Friedberg IV 918
Fritzlar IV 981
Gelnhausen IV 1206
Hanau IV 1893
Landvogt, -vogtei V 1681
Limburg a. d. Lahn V 1989
Marburg a. d. Lahn VI 218
Solms VII 2036
Sternerbund VIII 137
Tal VIII 440
Wetterau IX 44

Schwineköper, Bernt
Albrecht, 21. A. II., Ebf. v. Magdeburg I 324
Anhalt I 641

Sciumé, Alberto
Casa di San Giorgio II 1537

Scorza Barcellona, Francesco
Konstanze, hl. V 1405
Lucia v. Syrakus V 2158
Makkabäische Brüder VI 155
Monika, hl. VI 760
Reparata, hl. VII 740
Rochus, hl. VII 926
Sebastian, hl. VII 1658
Simon, 24. S. v. Trient VII 1920
Sixtus, 1. S. II., Papst, hl. VII 1943
Thekla VIII 615
Theodor, 11. Th. v. Octodurus VIII 630
Theonest VIII 660
Unschuldige Kinder VIII 1261
Urban, 1. U. I., Papst VIII 1281
Valentin VIII 1386
Vier Gekrönte VIII 1651
Vitalis und Agricola VIII 1762
Zaragoza, Märtyrer v. IX 482
Zita, hl. IX 656

Scott Stokes, Charity
Anglonormannische Literatur I 637
Apokryphen, A. II. 3. b. Mittelenglische Literatur I 764
Biographie, IV. Englische Literatur II 205
Book of Lindisfarne (mit Doherty, Ch.) II 441

Scragg, Donald G.
Vercelli-Codex, Vercelli-Homilien VIII 1497

Scufflaire, Andrée
Albrecht, 12. A. v. Baiern, Gf. v. Holland und Hennegau I 319

Sebott, Reinhold
Beichtbriefe I 1812
Beichtpfennig I 1819
Beichtzettel I 1819

Seckler, Max
Aevum I 193
Augenblick I 1209

von See, Klaus
Ailnoth, 2. A., dän. Geschichtsschreiber I 239

Altnordische Literatur I 479
Bjarkamál (Bjarkilied) II 255
Disticha Catonis, V. Altnordische Literatur III 1125
Euhemerismus IV 86
Jyske Lov V 842

Seebohm, Allmuth
Rosenkranzbilder VII 1035

Seegrün, Wolfgang
Hamburg-Bremen IV 1885
Unni VIII 1257
Unwan VIII 1274
Zehntstreit, Osnabrücker IX 502

Segl, Peter
Cluny, Cluniazenser, B. II. Iberische Halbinsel II 2178
Communia pacis III 89
Durandus, 4. D. v. Huesca III 1467
Heinrich, 23. H. 'el Senador', Infant v. Kastilien IV 2059
Peter, 5. P. v. Aragón VI 1927
Zwicker, Peter IX 732

Seibert, Hubertus
Heddo, Bf. v. Straßburg IV 1984
Heinrich, 93. H. I. (v. Maastricht), Bf. v. Worms IV 2087
Hildibold V 19
Köln, B. Erzbistum V 1261
Lobbes, St-Pierre de V 2061
Lorsch V 2117
Marbach VI 216
Murbach VI 939
Nellenburg VI 1087
Oppenheim VI 1417
Otto, 33. O., Bf. v. Straßburg VI 1583
Philipp, 21. Ph. I., Ebf. v. Köln VI 2074
Pilgrim, 1. P., Ebf. v. Köln VI 2157
Prüm VII 290
Prümer Urbar VII 291
Rheinau VII 783
Rupertsberg VII 1107
Selz VII 1738
Udalrichinger VIII 1174
Udo, 2. U., Ebf. v. Trier VIII 1177
Ursberg VIII 1329
Walram v. Jülich VIII 1988
Werden VIII 2196
Wilhelm, 53. W. v. Gennep, Ebf. v. Köln IX 156
Willibert IX 212
Wimpfen IX 223
Worms, Reichstage und Synoden IX 334

Seibt, Werner
Bestiarion I 2072
Bestiarium, -ius, Bestiarien, A. III. Byzantinische Literatur I 2074
Brief, Briefliteratur, Briefsammlungen, A. III. Byzanz II 650
Bulle, I. Byzantinische Bulle II 932
Chrysobull II 2050
Dalassenoi III 438
Formel, -sammlungen, -bücher, B. Byzantinischer Bereich IV 654
Kamateros V 880
Lakapenoi V 1621
Maleïnoi VI 170
Philotheos, 2. Ph. Protospatharios VI 2104
Physiologus, I. Spätantike und byzantinische Literatur VI 2117
Polizei, II. Byzantinisches Reich VII 64
Scholastikoi VII 1526
Sebastokrator VII 1659
Siegel, XII. Byzanz VII 1857
Skleroi VII 1988
Skleros, Bardas VII 1988
Vatatzes VIII 1427

Seidel, Kurt Otto
Limburger Sermone V 1990
Sankt Georgener Predigten VII 1159

Seidler, Eduard
Collège de St-Côme III 36

Selge, Kurt-Victor
Pauperes catholici VI 1830

Selig, Maria
Mündliche Literaturtradition, II. Romanische Literaturen VI 901

Selirand, Jüri
Esten, Estland, II. Vorgeschichte und archäologische Erforschung IV 33
Izborsk V 843
Wiek IX 80

de la Selle, Xavier
Hofkapelle, III. Frankreich V 73
Jouffroy, Jean de V 638
Machet, Gérard VI 59

Sellert, Wolfgang
Arrest I 1030
Ehebruch, B. V. Germanisches und deutsches Recht III 1655
Landschädliche Leute V 1675
Strafverfahren VIII 207
Tierprozesse (-strafen) VIII 784
Tierschaden VIII 785
Ungefährwerk VIII 1234
Vorsatz VIII 1856

Sellheim, Rudolf
ᶜAbdallāh ibn az-Zubair I 17
Abū Firās al-Ḥamdānī I 67
Abū l-ᶜAlāʾ al-Maᶜarrī I 68
Aleppo I 351
Alhambra I 411
Autobiographie, V. Islamisch-arabische Literatur I 1268
Bagdad I 1345
Bibliothek, D. Islamische Welt II 125
Biographie, IX. Arabische Literatur II 211
Buch, C. Arabischer Bereich II 810
Bucheinband, II. Islamischer Bucheinband II 827
Handschriften, D. Arabischer Bereich IV 1908

Semmler, Josef
Benedikt, 14. B. v. Aniane (mit Bacht, H.) I 1864
Benediktiner, -innen, A. I. Allgemein, Männerklöster (mit von Huebner, D., Manselli, R.) I 1869

Benediktiner, -innen, B. II. Gallien, Frankenreich, Frankreich, Deutschland (mit von Huebner, D.)   I 1884
Bibliothecarius, III. Klosterbibliothekar   II 112
Bonifatius, 10. B. (Winfrid), I. Leben und Wirken   II 417
Cell(er)arius   II 1607
Gelübde   IV 1208
Gonfalonieri   IV 1555
Gottesfreund(e)   IV 1586
Institutiones Aquisgranenses   V 451
Pirmin(ius)   VI 2175
Regula mixta   VII 606

Senger, Hans Gerhard
Nikolaus, 26. N. Kempf   VI 1181
Transzendenz   VIII 955

Senner, Walter
Rambertus de Primadizzi v. Bologna   VII 425
Richard, 23. R. Fishacre   VII 821
Richard, 25. R. Knapwell   VII 823
Roland, 3. R. v. Cremona   VII 957
Romanus, 2. R. de Roma   VII 1002
Stephan, 24. S. v. Besançon   VIII 121
Thomas, 38. Th. de Jorz   VIII 720
Wilhelm, 96. W. v. Paris   IX 182

Sennhauser, Hans-Rudolf
Chur, I. 2. Archäologie [Stadt]   II 2057

Sensi, Mario
Foligno   IV 609
Trinci   VIII 1008

Sergi, Giuseppe
Adelheid, 4. A., Gfn. v. Turin   I 147
Ivrea   V 841
Novalesa   VI 1299
Piemont   VI 2133
Pombia, Gf. en v.   VII 81
San Giulio d'Orta   VII 1165
San Michele della Chiusa   VII 1183
Susa   VIII 330
Turin   VIII 1100

Serra, Armando
Fuhrwesen, -gewerbe   IV 1012

Sesiano, Jacques
al-Ḫwārizmī   V 241
Johannes, 177. J. v. Sevilla   V 605
al-Karaǧī   V 948
al-Kāšī   V 1029
al-Kūhī   V 1560
Kūšyār b. Labbān b. Bāšahrī al-Ǧīlī, Abuʾl-Ḥasan   V 1592
Leopold, 10. L. v. Österreich   V 1903
Magisches Quadrat   VI 88
Mathematik, III. Islamische Länder (mit Neuenschwander, E.)   VI 383
Pacioli (Paciuolo), Luca   VI 1610
Paolo, 1. P. dell'Abaco   VI 1662
Paulus, 10. P. Gerardi   VI 1826
Petrus, 53. P. Philomena de Dacia   VI 1980
Philon v. Byzanz   VI 2086
Raimund, 19. R. v. Toledo, Ebf. v. Toledo   VII 414

Rätsel, IX. Mathematik   VII 467
Rhabdas   VII 780
Rhetorios   VII 793
Sahl ibn Bišr Abū ʿUṯmān   VII 1259
Simon, 19. S. de Phares   VII 1919
Simplikios, II. Naturwissenschaftliche Bedeutung   VII 1927
ʿUmar, 1. ʿU. b. al-Farruḫān aṭ-Ṭabarī   VIII 1208
ʿUmar, 2. ʿU. al-Ḫaiyām   VIII 1208
Unterhaltungsmathematik   VIII 1268
al-Uqlīdisī   VIII 1279

Sesma Muñoz, José Angel
Johann, 45. J. v. Aragón, Ebf. v. Zaragoza   V 516
Justicia (Major) de Aragón   V 819
Zaragoza, I. Römische und westgotische Zeit   IX 477
Zaragoza, III. Im Königreich Aragón   IX 479

Settia, Aldo Angelo
Alessandria   I 353
Mon(t)ferrat   VI 799
Mon(t)ferrat, Mgf. en v.   VI 799

Severino, Gabriella
Albornoz, Aegidius (mit Claramunt, S.)   I 310

von Severus, Emmanuel
Collatio, 1. C. (Liturgie)   III 33
Ordenstracht   VI 1431

Seyfarth, Jutta
Speculum virginum, II. Kunsthistorisch   VII 2091

Sheridan Walker, Sue
Ehe, B. VIII. England   III 1632
Ehebruch, B. VII. England   III 1657
Eid, A. IX. England   III 1686
Eigentum, A. VII. England   III 1721
Englisches Recht   III 2008
Erbrecht, Erbe, Erbschaft, B. III. England   III 2109
Familie, B. VIII. England   IV 267
Final Concords   IV 452
Frau, B. V. England   IV 858
Freehold   IV 886
Mort d'ancestor   VI 847
Novel Disseisin   VI 1301

Shippey, Thomas Alan
Spruchdichtung, B. Englische Literatur   VII 2147

Short, Jan
Roland (in der Überlieferung), C. I. Romanische Literaturen   VII 954
Rolandslied   VII 959

Sicard, Mireille s. Castaing-Sicard, Mireille

Sicking, Louis H. J.
Middelburg,   VI 613
Seeland   VII 1674
Souburg   VII 2064

Sieben, Hermann-Josef
Konzil   V 1429
Origenes   VI 1455
Synodalstatuten   VIII 374
Synode   VIII 375

Siebenmann, Gustav
Celestina, La   II 1602

Siede, Irmgard
Streifenbild, Streifenillustration   VIII 233

Siegwart, Josef
Augustiner-Chorfrauen   I 1219

Sigal, Pierre André
Helena, 1. H., hl., II. Heiligenverehrung und Ikonographie   IV 2117

Sigurðsson, Jón Vidar
Gode   IV 1528
Hólar   V 86

Silagi, Gabriel
Aimoin, 1. A. v. St. Germain   I 242
Alanus, 5. A. ab Insulis (v. Lille), 2. Literarische Werke   I 268
Albarus Paulus v. Córdoba   I 277
Albertanus v. Brescia   I 290
Berner Rätsel   I 1981
Bernhard, 48. B. v. Utrecht   I 2003
Boetius de Dacia   II 315
Caecilius Balbus   II 1346
Charisius   II 1719
Clemens, 13. C. Scotus   II 2149
Contemptus mundi, B. I. Mittellateinische Literatur   III 188
Gerhard, 9. G., hl., Bf. v. Csanád   IV 1312
Ludolfus de Luco (oder Lucohe)   V 2168

Simbula, Pinuccia F.
Sardinien   VII 1378
Torres   VIII 879

Simek, Rudolf
Drache, D. Germanische Mythologie, Kultur und Sagenüberlieferung   III 1341
Ginnungagap   IV 1455
Midgard   VI 614
Mímir   VI 631
Morkinskinna   VI 843
Mündliche Literaturtradition, IV. Skandinavische Literatur   VI 903
Njáls saga   VI 1120
Nornen   VI 1251
Odin   VI 1352
Óðroerir   VI 1363
Orkneyinga saga   VI 1459
Parodie, VI. Skandinavische Literaturen   VI 1742
Passion, B. V. Skandinavische Literaturen   VI 1764
Physiologus, III. 4. Skandinavische Literatur   VI 2122
Plácidus drápa   VI 2195
Polytheistische Religionen, I. Germanischer Bereich   VII 77
Psalmen, Psalter, B. V. Skandinavische Literaturen   VII 300
Ragnarök   VII 398
Rätsel, VI. Altnordische und skandinavische Literatur   VII 466
Refrain, V. Skandinavische Literaturen   VII 554
Reginsmál   VII 580
Reisen, Reisebeschreibungen, A. II. 5. Skandinavische Literatur   VII 679
Riddarasaga   VII 837
Rígsþula   VII 850
Rímur   VII 853
Roland (in der Überlieferung), C. IV. Skandinavische Literatur   VII 956
Roman, IV. Skandinavische Literatur   VII 987
Runen, -stein, -schrift   VII 1098
Saga   VII 1251
Satire, VI. Skandinavische Literatur   VII 1398
Sæmundr Sigfússon hinn fróði   VII 1249
Schicksal, -sglaube   VII 1453
Schildgedicht   VII 1463
Schmähdichtung, V. Skandinavien   VII 1500
Sighvatr Þórðarson   VII 1883
Skald, Skaldendichtung   VII 1965
Skírnismál   VII 1976
Sokkason, Bergr   VII 2027
Sprichwort, Sprichwortsammlung, VI. Skandinavische Literatur   VII 2140
Spruchdichtung, C. Skandinavische Literatur   VII 2148
Stjórn   VIII 185
Streitgedicht, VI. Skandinavische Literatur   VIII 240
Strengleikar   VIII 241
Teufel, D. V. Skandinavische Literatur   VIII 590
Thor   VIII 730
Þórarinn loftunga   VIII 731
Thorbjörn hornklofi   VIII 731
Thrymskviða   VIII 744
Thulr   VIII 745
Thulur   VIII 745
Tristan, A. IV. Skandinavische Literatur   VIII 1022
Übersetzer, Übersetzungen, VII. Skandinavische Literaturen   VIII 1159
Vafþrúðnismál   VIII 1366
Vers- und Strophenbau, V. Skandinavische Literaturen   VIII 1576
Visio Gunthelmi   VIII 1731
Visio(n), -sliteratur, A. V. Skandinavische Literatur   VIII 1740
Völkerbeschreibungen   VIII 1817
Völuspá   VIII 1845
Walhall   VIII 1968
Walküren   VIII 1978
Wanen   VIII 2029
Weltbild, II. Geographisch   VIII 2163
Wieland   IX 80
Wissensdichtung   IX 262
Wodan   IX 291
Wulfstan, 4. W., ags. Händler   IX 349
Yggdrasill   IX 412
Zaubersprüche, II. Altnordische Literatur   IX 487
Zwerg, Riese, Troll, II. Germanische Mythologie und skandinavische Literatur   IX 729

Simms, Annegret
Duleek   III 1447

Simms, Katharine
Bauer, Bauerntum, D. VII. Irland   I 1585
Burgh (Burke), de   II 1052
Butler   II 1160
Carlow   II 1508
Colton, John   III 63
Costello   III 302
D'Arcy (Darcy)   III 570
Duiske   III 1442

Simon, Jürgen
Heisterbach IV 2112
Himmerod V 27
Ilsenburg V 382
Kamp (Vetus Campus, Altenkamp, Camp) V 893
Klosterrath V 1226
Maria Laach VI 281
Springiersbach VII 2142
Wadgassen VIII 1892

Dungannon III 1458
Gallóglaigh IV 1096
Heer, Heerwesen, A. IV. Irland IV 1995

Simon, Thomas
Verwaltung VIII 1594

Simon-Muscheid, Katharina
Zunftbürger IX 708

Simonetti, Manlio
Arius, Arianismus, Arianer, 1. Arius I 949
Arius, Arianismus, Arianer, 2. Arianismus I 950
Eunomius, Eunomianismus IV 98

Simoni Balis-Crema, Fiorella
Annibaldi (Familie) I 663
Annibaldi, Riccardo I 663
Capocci II 1485
Capocci, Raniero II 1485
Colonna (Familie) III 52
Colonna, 1. C., Giacomo III 54
Colonna, 2. C., Giacomo, gen. Sciarra III 55
Colonna, 6. C., Landolfo III 57
Colonna, 8. C., Pietro III 57
Colonna, 9. C., Stefano III 58
Segni VII 1698

Simpson, Grant G.
Aberdeen I 28
Arbroath, Declaration of I 894
Birgham, Vertrag v. II 215
Dundee III 1455
Dunfermline III 1456
Elphinstone, William III 1852

Singer, Hans-Rudolf
ᶜAbbādiden I 11
ᶜAbdarraḥmān ibn abī ᶜĀmir I 18
Afṭasiden I 200
Aġlabiden I 210
Alarcos I 270
Almería I 446
Almohaden I 447
Almoraviden I 449
ᶜĀmiriden I 536
Al-Andalus I 591
Asad ibn al-Furāt I 1101
al-Bakrī, ᶜUbaidallāh I 1359
Bakriden I 1360
Banū ḏī n-Nūn I 1421
Banū Ġāniya I 1422
Banū Ḥaǧǧāǧ I 1422
Banū Naġrālla I 1422
Banū Qāsim I 1423
Banū Razīn I 1423
Banū Sumādiḥ I 1423
Berber I 1930
Boabdil II 294
Burnus II 1106
Cádiz, I. Unter arabischer Herrschaft II 1338
Ceuta, 2. Unter islamischer Herrschaft II 1643
Córdoba, I. 1. Stadt [Stadt und Bistum in der Spätantike bis zur arabischen Eroberung] III 230
Córdoba, II. 1. Topographie und Geschichte [Stadt und Emirat/Kalifat in arabischer Zeit] III 230
Fraxinetum IV 882
Ġahwariden IV 1078
Gibraltar IV 1441
Granada, I. Geschichte IV 1648
Ḥafṣiden IV 1836
Ḥammādiden IV 1891
Ḥammūdiden IV 1892
Hūdiden V 151
Ibāḍiten V 311
Ibn ᶜAbdrabbihī V 312
Ibn ᶜAbdūn V 312
Ibn ᶜAmmār V 312
Ibn al-ᶜAwwām V 313
Ibn Baškuwāl V 313
Ibn al-Faraḍī V 314
Ibn Ḥafṣūn V 315
Ibn Ḫaldūn V 316
Ibn Hāniʾ V 317
Ibn al-Ḫaṭīb V 317
Ibn Ḥauqal V 317
Ibn Ḥayyān V 318
Ibn Ḥazm V 318
Ibn ᶜIḏārī al-Marrākušī V 318
Ibn Mardanīš V 319
Ibn Quzmān V 319
Ibn Šuhayd V 320
Ibn Zaidūn V 320
Idrisiden V 327
Johannes, 121. J. Hispanus V 581
Kairuan V 850
Kalender v. Córdoba V 867
Kalifen und muslimische Herrscherdynastien (Stammtafel) IX Anhang
Madīnat az-Zahrāʾ VI 65
Mālik ibn Anas VI 171
al-Manṣūr bi-llāh VI 202
Marabut VI 215
al-Marrākušī VI 323
Maulā VI 408
Mauren VI 410
Melilla VI 494
Mérida, 2. Arabische Zeit VI 538
Meriniden VI 538
Moriscos VI 842
Mudéjares VI 885
Mulūk aṭ-ṭawāʾif VI 895
Naṣriden VI 1033
Omayyaden. VI 1405
ᶜOqba ibn Nāfiᶜ VI 1423
Qaṣaba VII 344
Rabīᶜ b. Zaid VII 383
Ramaḍān VII 425
ar-Rāzī VII 495
Rustamiden VII 1122
Šāʾifa VII 1260
Scheich VII 1446
Steuer, -wesen, N. Arabischer Bereich VIII 161
Tanger VIII 456

Ṭāriq ibn Ziyād VIII 477
Tlemsen VIII 819
Al-ᶜUḏrī (Aḥmad b. ᶜUmar b. Anam) VIII 1178
ᶜUlamāʾ VIII 1188
Umma VIII 1210
Wāfid al Laḥmī, Ibn VIII 1905
Wakīl VIII 1936
Wālī VIII 1969
Al-Wazzān az-Zayātī VIII 2083
Wesīr IX 17
Zafadola IX 442
Ẓahīr IX 443
Zamora (mit Vones, L.) IX 471
Zaragoza, II. Arabische Zeit IX 478
Zāwiya IX 495
Zīriden IX 626
Ziryāb IX 628
az-Zuhrī, Abū Bakr ᶜAbdallāh M. b. Abī Bakr IX 684
Zunnār IX 709

Sittler, Lucien
Colmar III 46
Dekapolis III 654

Sivéry, Gérard
Brache II 536

Skovgaard-Petersen, Inge
Dänemark, A. II. Volks- und Landesname, Sprache III 497
Dänemark, C. Allgemeine und politische Geschichte Dänemarks im Früh- und Hochmittelalter III 501
Gudfred IV 1762
Harald, 1. H. Klak, Kg. v. Dänemark IV 1928
Harald, 2. H. Blauzahn Gormsson, Kg. v. Dänemark IV 1929
Sven(d), 1. S. Gabelbart, Kg. v. Dänemark VIII 342
Thorkill VIII 732

Šmahel, František
Nikolaus, 20. N. v. Dresden VI 1179
Orebiten VI 1444
Páleč, Stefan VI 1635
Petrus, 35. P. v. Dresden VI 1973
Pikarden VI 2144
Prager Artikel, Vier VII 165
Prokop, 3. P. d. Große VII 245
Roháč z Dubé, Jan VII 948
Tábor VIII 395
Taboriten VIII 396
Utraquisten VIII 1348
Vechta, Konrad v., Ebf. v. Prag VIII 1441
Žídek, Pavel IX 596
Žižka, Jan IX 659

Smart, Veronica J.
Crondall Hoard III 350

Smet, Joachim
Berthold, 14. B. vom Berge Karmel I 2031

Smeur, Alphons J. E. M.
Franco, 2. F. v. Lüttich IV 687

Smith, David M.
Grant, Richard IV 1654
Gray, John de IV 1661

Langton, 1. L., Stephen, Ebf. v. Canterbury V 1703

Smith, Jenkyn Beverly
Caerffili II 1350
Caerllion II 1351
Cent, Sion II 1617
Ceredigion, II. Hoch- und spätmittelalterliche Entwicklung (Cardigan) II 1630
Conwy III 212
Deheubarth III 639
Dinefwr III 1057

Smith, John T.
Dach, F. Britische Inseln III 421

Smith, Julia M. H.
Gildas IV 1451
Illtud V 380
Landévennec V 1656
Llanbadarn Fawr V 2055
Llancarfan V 2056
Llantwit Major V 2057
Paulus, 6. P. Aurelianus VI 1824
Tu(g)dual VIII 1085
Waroc VIII 2053

Smithers, Geoffrey V.
Havelok IV 1981

Sobrequés Callicó, Jaume
Johann, 1. J. I., Kg. v. Aragón V 494
Johann, 2. J. II., Kg. v. Aragón-Navarra V 495
Johann, 10. J. v. Aragón, Vizekg. v. Neapel V 502
Johann, 17. J. v. Beaumont und Curten V 506
Johann, 34. J. I. v. Prades und Foix V 512
Johanna, 9. J. Enríquez, Kgn. v. Navarra und Aragón V 524
Maria, 2. M. de Luna, Kgn. v. Aragón VI 275
Maria, 3. M. v. Kastilien, Kgn. v. Aragón VI 276
Martin, 1. M. I. 'el Humano', 2. Aragón VI 340

Söder, Joachim
Wille/Wollen Gottes IX 206

Söderberg, Bengt
Burg, C. XII. 2. Schweden (mit Lundberg, E. B.) II 992

Söding, Ulrich
Vischer, 1. Peter d. Ä. VIII 1716
Vischer, 2. Peter d. J. VIII 1716

Sohn, Andreas
Limoges, II. Abtei Saint-Martial V 1994

Sohrweide, Hanna
ᶜAlī b. Ḳūšǧī I 411
Aq Qoyunlu I 824
Āstarābādī ᶜAzīz b. Ardašīr I 1126
Bayrāmīye I 1719

Soldi Rondinini, Gigliola
Ambrosianische Republik I 522
Barbiano, 1. B. da, Alberico (IV.) I 1442
Barbiano, 2. B. da, Alidosio I 1443
Beatrice, 1. B. d'Este Sforza I 1740

Beatrice, 3. B. (Beatrice di Tenda), Hzgn. v. Mailand
 I 1741
Beccaria I 1770
Bergamo (mit Jarnut, J.) I 1945
Bianca, 1. B. Maria Sforza II 37
Bianca, 3. B. Maria Visconti II 37
Bona, 1. B. v. Savoyen II 391
Brescia II 608
Brief, Briefliteratur, Briefsammlungen, B. III. 2. Private
 und politische Korrespondenz an italienischen Fürsten-
 höfen II 670
Bussone, Francesco II 1152
Calco, Tristano II 1392
Cremona III 340
Dal Verme, Jacopo III 460
Decembrio, 2. D., Pier Candido III 616
Della Torre III 681
Pavia VI 1831
Pavia, Kartause v. VI 1836

Soliva, Claudio
Lex Romana Curiensis V 1930

Solymosi, László
Ladislaus, 3. L. IV., Kg. v. Ungarn V 1611

Sonderegger, Stefan
Althochdeutsche Literatur und Sprache I 472
Rechtssprache VII 521
Stabreim, -dichtung VII 2164
Straßburger Eide VIII 219

Sorelli, Fernanda
Michiel VI 612
Mocenigo VI 704
Morosini VI 844

Sós, Agnes Cs.
Avaren, II. Archäologisches Fundmaterial, chronologi-
 sche und ethnische Fragen I 1285
Mosapurg VI 856

Sosson, Jean-Pierre
Baugewerbe I 1623
Bauhof I 1628
Dach, C. II. Dach und städtische Bauordnungen [Allge-
 mein. Mittel- und Westeuropa] III 414
Holzhandel V 104
Kalk V 870

Sot, Michel
Anselm, 9. A. v. Lüttich I 688
Berthar I 2023
Dudo v. St-Quentin III 1438
Gesta IV 1404
Gesta episcoporum Cameracensium IV 1407

Sourdel-Thomine, Janine
Baukunst, D. Islamische Baukunst I 1662

Soustal, Peter
Kastoria V 1049
Kephallenia V 1111
Korfu V 1444
Makedonien VI 152
Markianopolis VI 305
Mesembria VI 552
Moesia VI 714
Philippi VI 2082
Philippopel VI 2083
Prilep VII 209
Rhodopen VII 794
Selymbria VII 1737
Serrhes VII 1792
Stanimaka VIII 56
Strymon VIII 248
Thrakien VIII 736
Trikala VIII 1007
Vardar, Vardarioten VIII 1411
Xantheia IX 399
Xiphilinos IX 405

Sowinski, Bernhard
Lehrhafte Literatur, X. Deutsche Literatur V 1836

Spahr, Kolumban
Himmelpfort V 26

Spechtler, Franz V.
Mönch v. Salzburg VI 746
Ulrich, 16. U. v. Liechtenstein (mit Müller, U.)
 VIII 1199
Wiener Fragmente IX 86

Speck, Paul
Basileios, 1. B. I., byz. Ks. I 1521
Basileios, 2. B. II., byz. Ks. I 1522
Irene V 644
Konstantin, 4. K. V., byz. Ks. V 1376
Konstantin, 5. K. VI., byz. Ks. V 1376
Leon, 2. L. III., byz. Ks. V 1890

Speer, Andreas
Kontemplation V 1414
Matutine Erkenntnis/Vespertine Erkenntnis VI 405
Natur VI 1040
Petrus, 37. P. v. Falco VI 1974
Physik und Naturphilosophie (mit Donati, S.)
 VI 2111
Physis (mit Janakiev, K.) VI 2122
Schöne, das VII 1531
Vergöttlichung VIII 1531
Weisheit, II. Der Weisheitsbegriff von Augustinus bis
 Meister Eckart VIII 2135
Wissen, Wissenschaft IX 260
Zelus IX 525

Speigl, Jakob
Anathematismen Kyrills v. Alexandria I 574
Attikos I 1179
Dreikapitelstreit III 1381
Juvenal, Patriarch v. Jerusalem V 831

Spiegel, Joachim
Petent, 1. Weltliches Urkundenwesen VI 1922
Privileg(ien), I. 1. Kaiserliche und königliche Privile-
 gien VII 224
Promulgatio VII 249
Protokoll VII 272
Rasur VII 449
Reinschrift VII 671
Rota VII 1049
Salutatio VII 1320
Sanctio VII 1362

Siegel, I. Allgemein. Kaiser- und Königsurkunden VII 1848
Signumzeile VII 1894
Transsumpt VIII 952
Urkunde, -nwesen, A. I. Allgemein und Deutsches Reich VIII 1298
Urkundenbeweis VIII 1323
Vidimus VIII 1636
Vollziehung VIII 1840
Vorbehaltsklausel VIII 1848
Vorurkunde VIII 1868
Zeugenliste IX 588

Spies, Hans-Bernd
Detmar v. Lübeck III 737
Sayn VII 1423

Spieser, Jean-Michel
Thessalonike VIII 681

Spieß, Karl-Heinz
Mainz, Hoftage VI 142
Mainz, Synoden VI 143
Rappoltstein VII 444
Raugrafen VII 477
Rentenlehen VII 738
Senior (Seniorat), I. Allgemein. Rechts- und Sozialgeschichte VII 1756
Teilbau VIII 526
Testament, B. Politisches Testament VIII 570
Wildgrafen IX 119

Spieß, Pirmin
Freizügigkeit IV 907

Spilling, Herrad
Kolophon V 1272
Reginbert von der Reichenau VII 578

Spinelli, Giovanni
Cervara, OSB-Kongregation II 1635
Dominicus, 7. D. Loricatus III 1189
Johannes, 118. J. Gualbertus V 580
Silvestriner VII 1909
Silvestro Guzzolini VII 1910
Tolomei, Bernardo VIII 851
Valvisciolo VIII 1403
Viktoriner (v. Marseille) VIII 1667
Zisterzienser, -innen, C. I. Nord- und Mittelitalien IX 637

Spitzbart, Günter
Siward VII 1942

Spitzlberger, Georg
Landshut V 1678

Sporrong, Ulf
Dorf, C. II. Schweden und Finnland III 1290

Sprandel, Rolf
Alberti, 2. A., Florentiner Bankiersfamilie I 292
Allivrement (mit Favier, J.) I 437
Anc(h)oraticum (mit Bautier, R.-H.) I 577
Assignation I 1120
Beg(h)inen, I. 2. Wirtschaftliche Tätigkeit [Gebiete nördlich der Alpen] I 1800
Blech II 269
Draht III 1351
Elfenbein, A. Herkunft und Handel (mit Labib, S.) III 1812
Energie III 1904
Hamburg, I. Geschichte IV 1883
Markt, I. Westlicher Bereich VI 308
Pfandleihe, -haus VI 2019
Preis, I. Westen VII 183
Provision, 2. P. (handelsrechtliche Provision) VII 286
Rechnungsbücher VII 508
Reeder VII 539
Regiebetrieb VII 573
Schuldbuch VII 1580
Spiele, A. I. Begriffliches und Soziales [Mittel-, West- und Südeuropa] VII 2105
Staatsanleihe VII 2158
Stapel VIII 59
Tauschhandel VIII 508
Textilien, A. II. Handel und Gewerbe [Westen] VIII 598
Unternehmer VIII 1270
Vermögen, -sbildung VIII 1557
Waldschmieden VIII 1959
Warenkredit VIII 2046
Werbung VIII 2195
Wirtschaft IX 252
Zeit, II. Sozialgeschichte IX 512
Zins, I. Wirtschaftsgeschichte IX 622

Spreckelmeyer, Goswin
Lippspringe, Hoftag V 2006
Marklo (an der Weser) VI 306

Springer, Matthias
Völkertafel, frk. (sog.) VIII 1821

Springer, Peter
Kreuzfuß V 1499
Leuchter, I. Abendland V 1916

Spruyt, Joke
Sophismata VII 2052

Spuler, Berthold
Bāġče Sarai I 1346
Baschkiren I 1505
Basmạ I 1543
Basqāq I 1543
Batu I 1552
Dschingis Chān III 1420
Goldene Horde IV 1543
Ḥaǧǧī Girāi IV 1839
Īlchāne V 377

Staab, Franz
Kontinuität V 1417

Stabel, Peter
Kortrijk (mit Declercq, G.) V 1454

Stadler, Christoph
Radolfzell VII 388
Ratold, Bf. v. Verona VII 461

Stadtmüller, Georg
Albanien, Albaner I 273
Alessio I 354

Stahleder, Helmuth
Freising, II. Stadt   IV 905

Stalley, Roger
Boyle   II 526

Stammkötter, Franz-Bernhard
Moralphilosophie   VI 827
Objekt   VI 1335
Tapferkeit   VIII 464

Stanesco, Michel
Roman, I. Allgemein. Romanische Literaturen
   VII 981
Yder   IX 409

Stangier, Thomas
Heiltumsbuch (mit Erlemann, H.)   IV 2032

Staub, Johannes
Udalrich, 3. U. v. Bamberg   VIII 1174
Werner, 11. W. v. Tegernsee   IX 9
Wilhelm, 116. W. v. Weyarn   IX 195
Williram v. Ebersberg   IX 216

van Steenberghen, Fernand
Aristoteles, A. I. Byzanz [Philosophie und Theologie]
   I 934
Aristoteles, A. IV. Lateinisches Mittelalter [Philosophie und Theologie]   I 936

Steenweg, Helge
Göttingen   IV 1609

Steer, Georg
Konrad, 47. K. v. Megenberg   V 1361

Stefánsson, Magnús
Eigenkirche, -nwesen, II. Besondere Entwicklung in Skandinavien   III 1708
Island   V 689
Máldagi   VI 169
Skálholt   VII 1967

Steguweit, Wolfgang
Medaille   VI 442

Stehkämper, Hugo
Adolf, 5. A. I. v. Altena   I 159
Bruno, 3. B. IV. v. Sayn, Ebf. v. Köln   II 785

Steigerwald, Gerhard
Purpur, I. Spätantike und Byzantinisches Reich
   VII 330

Stein, Dietrich
Balsamon, Theodoros   I 1389
Barlaam aus Kalabrien   I 1469
Barlaam und Joasaph, B. I. Ursprünge und patristische Literatur   I 1465
Blemmydes, Nikephoros   II 275
Georgios, 4. G. Monachos (G. Hamartolos)   IV 1286
Germanos, 1. G. I., Patriarch v. Konstantinopel
   IV 1344

Stein, Elisabeth
Walter, 15. W. Map   VIII 1997

Stein, Peter G.
Vacarius, Magister, 2. Der Liber pauperum   VIII 1362

Steindorff, Ludwig
Feudalismus, B. III. Altrußland   IV 420
Frankopani   IV 746
Hum   V 186
Hvar   V 240
Inschriften, B. Südosteuropäischer Bereich   V 445
Krk   V 1538
Nin   VI 1196
Novigrad, 1. N. (lat. Civitas nova)   VI 1311
Novigrad, 2. N. (castrum novum)   VI 1311
Podestà (Dalmatien, Istrien)   VII 32
Poljica   VII 60
Poreč (Geschichte)   VII 103
Pula (Pola) (mit Korac, V.)   VII 322
Samobor   VII 1343
Siegel, XIII. 2. Kroatien   VII 1859
Slovenen (mit Štih, P.)   VII 2008
Stadt, M. Südosteuropa (westlicher Bereich)   VIII 6
Stand, Stände, -lehre, VI. Rus' und Südosteuropa
   VIII 53
Statuten, B. II. 1. Statuten in lateinischer Sprache [Istrien und Dalmatien]   VIII 74
Synodikon   VIII 377
Travunien   VIII 965
Trogirer Privilegien   VIII 1032
Troica-Sergij-Kl.   VIII 1042
Trsat   VIII 1068
Urkunde, -nwesen, C. III. 2. Westlicher Bereich [Südosteuropa]   VIII 1321
Vinodol   VIII 1703
Vukovar   VIII 1879
Wojwode (mit Blagojević, M.)   IX 300
Zadar, I. Stadtgeschichte (mit Rapanić, Ž.)
   IX 438
Zagreb   IX 442
Župan (mit Blagojević, M.)   IX 709

Steinmann, Martin
E caudata   III 1535
Exemplar   IV 165

Stelzer, Winfried
Altmann, 2. A. v. St. Florian   I 479
Lambach   V 1623
Leopold, 8. L. III., Hzg. v. Österreich   V 1902
Leopold, 9. L. IV., Hzg. v. Österreich   V 1902
Seitenstetten   VII 1721
Ulrich, 24. U. v. Völkermarkt   VIII 1204

Stemmler, Theo
Lied, II. Englische Literatur   V 1970
Lyrik, 3. Englische Literatur   VI 49
Refrain, IV. Englische Literatur   VII 554
Vers- und Strophenbau, IV. Englische Literatur
   VIII 1575

Stephan, Christine
Fenster, III. Frühchristentum; Byzanz   IV 352
Fußboden, -mosaik, III. Byzantinischer Bereich
   IV 1062

Steppan, Thomas
Moldauklöster   VI 724
Protaton, Kunsthistorisch   VII 269

Steppe, Wolfhard
Beowulf (mit Fry, D. K.)　I 1925
Beowulf-Hs. (mit Berkhout, C. T.)　I 1928
Brunanburh (mit Fry, D. K.)　II 757
Cædmon (mit Fry, D. K.)　II 1346
Chaucer, Geoffrey, II. Werke (mit Rowland, B.)
　II 1776
Chaucer, Geoffrey, III. Literarische Bedeutung (mit Rowland, B.)　II 1778
Fled Bricrenn　IV 539

Stettler, Bernhard
Sempach, Schlacht bei　VII 1742
Sempacher Brief　VII 1742
Tell　VIII 530
Winkelried　IX 238

Steuer, Heiko
Badorfer Keramik　I 1342
Beauvais, Keramik　I 1767

Steurs, Willy
Mont-Saint-Guibert　VI 819

Stiene, Heinz Erich
Wandalbert v. Prüm　VIII 2009

Štih, Peter
Ljubljana　V 2055
Marburg (Maribor)　VI 218
Slovenen (mit Steindorff, L.)　VII 2008

Stirnimann, Heinrich
Schriftstellerkataloge, II. Orden　VII 1570
Weisheit, I. Definition des Weisheitsbegriffs in der Mystik und Theologie　VIII 2135

Stock, Klaus
Adela, 6. A. v. Hamaland　I 142
Avenches　I 1288
Balderich, 1. B., Gf. v. Drenthe　I 1364

Stockmeier, Peter
Chalkedon, Konzil v.　II 1651
Eichensynode　III 1667
Elias, 1. E., hl., Patriarch v. Jerusalem　III 1823
Ephesos, Synoden/Konzilien　III 2050
Ephraimos　III 2054
Eusebios, 2. E. v. Dorylaion　IV 105
Eusthatios, 2. E., Bf. v. Berytos　IV 113

Stoeckle, Bernhard
Klugheit　V 1229
Milde　VI 622
Misericordia, 1. M. (Barmherzigkeit)　VI 667
Moraltheologie (mit Hödl, L.)　VI 829
Motiv (mit Hödl, L.)　VI 873

Stohlmann, Jürgen
Petrus, 6. P. Alfonsi　VI 1960
Simon, 4. S. Aurea Capra　VII 1914
Trojadichtung, II. Mittellateinische Literatur　VIII 1035
Walter, 13. W. v. Compiègne　VIII 1996

Stöhr, Johannes
Córdoba, 1. C., Alvaro de　III 234

Stoll, Ulrich
Myrrhe(nbaum)　VI 978
Myrte　VI 979
Nieswurz　VI 1146
Ochsenzunge　VI 1343
Odermennig　VI 1349
Ölbaum　VI 1388
Osterluzei　VI 1517
Pestwurz　VI 1921
Petersilie　VI 1941
Quitte　VII 376
Rainfarn　VII 421
Ringelblume　VII 857
Saturei　VII 1401
Schierling　VII 1455
Schilf　VII 1464
Schlehe　VII 1479
Schwertlilie　VII 1647
Senf　VII 1755
Steinbrech　VIII 98
Veilchen　VIII 1447
Wicke　IX 62
Zaunrübe　IX 494

Stolleis, Michael
Amt, IV. 1. Voraussetzungen [Deutschland]　I 549
Amt, IV. 2. Die Entwicklung der Ämter seit dem frühen Mittelalter [Deutschland]　I 550
Andlau, Peter v.　I 597

Stolz, Susanne
Dreifaltigkeit, II. 2. Lateinisches Mittelalter [Darstellungen in der Kunst] (mit Plotzek, J. M.)　III 1375
Drei Könige, II. 2. Lateinischer Westen [Literarische Quellen, Darstellung in der Kunst]　III 1385
Elias, Prophet, II. 2. Lateinisches Mittelalter [Darstellung]　III 1822
Elisabeth, 16. E. v. Thüringen, IV. Ikonographie　III 1841
Emmaus-Darstellungen　III 1887
Emmeram (mit Rädlinger-Prömper, Ch.)　III 1888
Engel, -lehre, -sturz, D. II. Lateinisches Mittelalter [Ikonographie]　III 1912
Erscheinung des auferstandenen Christus, 2. Lateinischer Westen　III 2186
Evangelisten, B. IV. Okzident [Ikonographie]　IV 136
Evangelistensymbole, II. Okzident　IV 138

Storey, Robin Lindsay
Adam, 14. A. v. Usk　I 111
Alnwick　I 452
Balliol　I 1388
Community of the realm　III 90
Dominikaner, Dominikanerinnen, B. III. England und Wales　III 1210
Durham, II. Bistum　III 1478
Eduard, 9. E., Prince of Wales　III 1593
England, B. Das angevinische Königtum (1154–1216)　III 1934
England, C. Das Königtum und die sich ausprägenden Verfassungsinstitutionen (1216–1307)　III 1938
England, D. Das Königtum im Konflikt mit Adelsgruppierungen. Hundertjähr. Krieg　III 1946
England, E. Auseinandersetzungen in der 2. Hälfte des 15. Jahrhunderts: Lancaster, York, Tudor　III 1958
England, G. Von 1066 bis zum Ende des 15. Jh. [Kirchengeschichte]　III 1966

Gentry IV 1248
George, Duke of Clarence IV 1281
Gloucester, 2. Earl, Earldom IV 1517
Heinrich, 14. H. V., Kg. v. England IV 2053
Heinrich, 16. H. VII., Kg. v. England IV 2054
House of Commons V 141
Humphrey, Duke of Gloucester V 213
Islip, Simon V 697
Katharina, 1. K. v. Valois, Kgn. v. England V 1069
Keeper of the Privy Seal V 1093
Keeper of the Rolls V 1094
Kent, Thomas V 1108
Lincoln, 2. L., Schlacht v. (20. Mai 1217) V 1998
Lyndwood, William VI 40
Mare, Peter de la VI 230
Marshal VI 329
Mauclerc, Walter VI 406
Melton, William VI 503
Meopham, Simon VI 532
Merks, Thomas VI 540
Neville VI 1114
Newcastle upon Tyne VI 1118
Norfolk, Earldom of VI 1238
Northampton, Schlacht v. VI 1253
Nottingham, Earls of VI 1295
Parlament, Parliament, II. England VI 1723
Percy VI 1879
Praemunire, Statuten VII 157
Prophete, John VII 252
Provisors, Statutes of VII 286
Saint Albans, Schlachten VII 1130
Sekretär, II. England VII 1723
Treasurer VIII 966
Wakefield, Schlacht v. VIII 1936
Walden, Roger VIII 1952
Walton, Ordinances of VIII 2007
Waynflete, William VIII 2082
Whittlesey, William IX 57
Winchester, Earldom of IX 229
Wykeham, William of IX 395
York IX 422

Störmer, Wilhelm
Agilolfinger I 207
Alaholfinger I 263
Amorbach I 542
Aribonen I 929
Arnulf, 1. A. »von Kärnten« I 1013
Arnulfinger I 1021
Babonen I 1322
Chiemsee, II. Klöster II 1812
Chrodoald II 1950
Dingolfing, Synoden v. III 1063
Drachol III 1346
Eberhard, 1. E., Hzg. v. Bayern III 1512
Ebersberg, Gf. en v. III 1525
Egilbert, 1. E., Bf. v. Freising III 1609
Ellenhard, 1. E., Bf. v. Freising III 1847
Erchanbert, 1. E., Bf. v. Freising III 2123
Ernst, 2. E., Gf. v. Bayern III 2176
Fagana IV 227
Fara, Agilolfinger IV 284
Freising, I. Bistum IV 903
Garibald, 2. G., Hzg. d. Bayern IV 1116
Gerold I. IV 1350
Grimoald, 4. G., bayer. Hzg. IV 1718
Hitto V 56

Huosi V 229
Karlmann, 3. K., ostfrk. (Teil-)Kg. Kg. v. Italien
V 996
Korbinian V 1443
Ludwig, 2. L. II. d. Deutsche, ostfrk. Kg. V 2172
Machelm V 58
Moosburg VI 824
Münchsmünster VI 898
Niederaltaich VI 1137
Odilo, 1. O., bayer. Herzog VI 1351
Ortenberg VI 1481
Ostfränkisches Reich VI 1527
Radbod, 2. R., Präfekt der bayer. Ostmark VII 385
Reichersberg VII 615
Rott a. Inn VII 1055
Schäftlarn VII 1435
Scharnitz-Schlehdorf VII 1441
Scheyern VII 1452
Straubing VIII 230
Tassilo, 1. T. I., bayer. Hzg. VIII 484
Tassilo, 2. T. III., bayer. Hzg. VIII 485
Tegernsee VIII 523
Theodo VIII 626
Timo VIII 792
Wasserburg a. Inn VIII 2074
Welf, 5. W. IV. (I.), Hzg. v. Bayern VIII 2144
Welf, 6. W. V. (II.), Hzg. v. Bayern VIII 2145
Werdenfels VIII 2197

Storti Storchi, Claudia
Corredum III 279
Eid, A. VII. Italien III 1682
Legnaticum V 1806
Liber consuetudinum Mediolani V 1942
Pisanum Constitutum VI 2186

Stotz, Peter
Ekkehard, 5. E. I. (Ekkehardus Decanus) v. St. Gallen
III 1766
Ekkehard, 6. E. II. (Ekkehardus Palatinus) v. St. Gallen
III 1766
Ekkehard, 7. E. III. (Ekkehardus minor) v. St. Gallen
III 1767

Stouff, Louis
Digne III 1045
Fos IV 669
Glandèves IV 1474
Montmajour VI 810

van der Straeten, Joseph
Lucianus, 1. L. v. Beauvais V 2159

Strässle, Paul Meinrad
Mantzikert, Schlacht v. VI 208
Myriokephalon, Schlacht v. VI 977

Stratmann, Martina
Primas VII 209
Prudentius, 1. P., Bf. v. Troyes VII 289
Riculf VII 837
Rothad II., Bf. v. Soissons VII 1049
Verberie VIII 1484

Strätz, Hans-Wolfgang
Kuß V 1590
Kuttenberger Bergordnung V 1594

Strauch, Dieter
Acht I 79
Birger, Jarl II 214
Milchbrüder (-schwestern) VI 622

Streich, Brigitte
Friedrich, 41. F. d. Friedfertige IV 961

Streich, Gerhard
Erfurt, I. Vor- und frühstädtische Siedlungsgeschichte III 2131
Erfurt, II. Das Bistum III 2131
Erfurt, III. Die hoch- und spätmittelalterliche Stadt III 2132
Erfurt, IV. Klöster, Stifte und Kirchen III 2134
Erfurt, V. Bibliotheken und Geschichtsschreibung III 2135
Nikolaus, 37. N. v. Siegen VI 1187
Stolle, Konrad VIII 191
Walbeck VIII 1938

Strigl, Richard
Appel comme d'abus I 803

Strnad, Alfred A.
Albrecht, 17. A. III., Hzg. v. Österreich I 321

Strobl, Sebastian
Glas, -herstellung, I. Techniken der Glasherstellung IV 1477

Strubel, Armand
Roman de la Rose, I. Französisches Original VII 991

Struve, Tilman
Burchard, 11. B. der Rote, Bf. v. Münster II 945
Burkhart, 1. B. IV. v. Fenis II 1104
Canossa, Gang nach II 1441
Carmen de bello Saxonico II 1510
Clemens, 3. C. III. (Wibert), Gegenpapst II 2139
Corona, I. Einleitung III 252
Corona, IV. Imperium III 255
David, 12. D., scholasticus III 606
Deutschland, B. Ottonenzeit III 790
Deutschland, C. Salierzeit, Kirchenreform und Investiturstreit III 803
Deville, Fürstentreffen v. III 923
Eberhard, 6. E., Gf. v. Nellenburg III 1514
Eberhard, 16. E. (Eppo), Bf. v. Naumburg-Zeitz III 1520
Eberhard, 20. E., Ebf. v. Trier III 1522
Elster, Schlacht an der III 1861
Fastensynoden IV 312
Flarchheim, Schlacht bei IV 534
Forchheim, I. Pfalz und Königsgutsbezirk IV 632
Forchheim, III. Reichsversammlungen IV 633
Friedenskaiser IV 921
Gebhard, 4. G., Ebf. v. Salzburg IV 1163
Gerald, 2. G., Kard.bf. v. Ostia IV 1296
Gerhard, 8. G. I., Bf. v. Cambrai IV 1311
Gerstungen, Frieden v. IV 1353
Gerstungen-Berka IV 1353
Gisela, 3. G., dt. Ksn. IV 1465
Gottschalk, 2. G. v. Aachen IV 1610
Gregor, 5. G. V., Papst IV 1668
Gregor, 6. G. (VI.), Gegenpapst IV 1668
Gregor, 7. G. VI., Papst IV 1668
Gregor, 8. G. VII., Papst IV 1669
Gregor, 9. G. (VIII.), Gegenpapst IV 1671
Gregorianische Reform IV 1686
Gunther, 1. G., Bf. v. Bamberg IV 1792
Gunther, 2. G., Eremit IV 1793
Heinrich, 3. H. III., Ks., dt. Kg. IV 2039
Heinrich, 4. H. IV., Ks., dt. Kg. IV 2041
Heinrich, 6. H. V., Ks., dt. Kg. IV 2043
Hermann, 1. H. v. Salm IV 2159
Hermann, 27. H. v. Reichenau IV 2167
Hersfeld IV 2182
Homburg a. d. Unstrut, Schlacht bei V 109
Investiturstreit, -problem, 1. Investiturstreit V 479
Kaiserswerth V 860
Konrad, 2. K. II., Ks., dt. Kg. V 1338
Konrad, 5. K., Kg. V 1341
Lampert v. Hersfeld V 1632
Liber de unitate ecclesiae conservanda V 1948
Liemar, Ebf. v. Hamburg-Bremen V 1975
Lul, Ebf. v. Mainz VI 1
Mailberg, Schlacht bei (1082) VI 125
Manegold v. Lautenbach VI 190
Meinwerk, Bf. v. Paderborn VI 475
Mellrichstadt, Schlacht bei VI 501
Otnand VI 1561
Otto, 1. O. I., d. Große, Ks., dt. Kg. VI 1563
Otto, 2. O. II., Ks., dt. Kg. VI 1567
Otto, 3. O. III., Ks., dt. Kg. VI 1568
Ottonen VI 1588
Privilegium Ottonianum VII 231
Publizistik, A. I. Hochmittelalter [Westlicher Bereich] VII 313
Renovatio VII 732
Rheinfeldener VII 783
Rohr, Reichstag v. VII 949
Rudolf, 1. R. v. Rheinfelden, dt. Gegenkg. VII 1070
Sacerdotium VII 1220
Sachsenaufstand VII 1238
Salier VII 1300
Seligenstadt, Synode v. VII 1733
Sutri, Synode v. 1046 VIII 335
Sutri, Vertrag v. 1111 VIII 336
Thedald VIII 613
Tribur VIII 984
Vita Heinrici IV. imperatoris VIII 1758
Vita Meinwerci episcopi Patherbrunnensis VIII 1759
Welfesholz, Schlacht am VIII 2153
Wenrich v. Trier VIII 2185
Wipo IX 243
Wormser Konkordat IX 336

Strzelczyk, Jerzy
Dravänopolaben III 1369
Kaschuben V 1028
Krakau V 1467
Kruschwitz V 1552
Lambert, 3. L. (II.) Suła, Bf. v. Krakau V 1624
Łęczyca V 1788
Maurus, 1. M., Bf. v. Krakau VI 416
Mogilno VI 715
Peter, 37. P. Włast VI 1939
Piasten VI 2125
Pommerellen VII 82
Sieciech VII 1844
Sieradz VII 1877
Skarbimir VII 1971
Stanisław, Bf. v. Krakau VIII 56

Strzelno VIII 248
Tyniec VIII 1130
Unger VIII 1234
Warthe VIII 2058

Studt, Birgit
Residenz VII 755

Stuiber, Alfred
Balai(os) I 1360
Basileios, 3. B. v. Ankyra I 1523
Basilius, 1. B. d. Große, hl., Kirchenlehrer, I. Leben und Werke I 1530

Stupperich, Robert
Agricola, 2. A., Rudolph I 220
Antonios, 3. A., Ebf. v. Novgorod I 730
Brüder und Schwestern vom gemeinsamen Leben II 733
Busche, Hermann von dem II 1116
Janus Pannonius V 301

Sturlese, Loris
Meteor, Meteorit VI 577
Milchstraße VI 622
Mond VI 748
Optik VI 1419
Petrus, 5. P. v. Abano VI 1959

Stürner, Wolfgang
Liber Augustalis V 1940

Suárez Fernández, Luis
Bayonne, Friede v. I 1719
Bayonne, Vertrag v. I 1719
Beatrix, 2. B. (Isabella), Kgn. v. Kastilien I 1743
Blanca, 5. B., Kgn. v. Kastilien II 260
Blanca, 6. B. de Francia II 260
Castro II 1566
Cerda, 3. C., Luis de la II 1628
Cortes, Vertrag v. III 294
Higueruela, La, Schlacht v. V 6
Heinrich, 19. H. I., Kg. v. Kastilien IV 2055
Heinrich, 21. H. III., Kg. v. Kastilien IV 2057
Heinrich, 22. H. IV., Kg. v. Kastilien IV 2058

Sudbrack, Josef
Johannes, 128. J. v. Kastl V 583

Sudermann, David P.
Albrecht, 26. A. v. Johan(n)sdorf I 325

Suhling, Lothar
Seigerhütten, -verfahren VII 1711

Summerell, Orrin F.
Tartaretus, Petrus VIII 483
Ziel und Zweck IX 604

Summerson, Henry R. T.
Everdon, Silvester de IV 141

Suntrup, Rudolf
Farbe, Färber, Farbensymbolik, III. Farbensymbolik IV 289
Zahlensymbolik, -mystik, A. Westen IX 443
Summa theologiae VIII 313

Surmann, Ulrike
Taufschale VIII 505

Suttner, Ernst Christoph
Akribie I 254
Bilderwand (mit Wessel, K.) II 152
Buße (liturgisch-theologisch), C. Buße im christlichen Osten II 1125
Ehe, D. I. Theologie und Liturgie der Ostkirche III 1640
Ehebruch, D. I. Theologie der Ostkirche III 1659
Melkiten VI 499
Monophysiten VI 763
Morgenländisches Schisma VI 838
Neuchalkedonismus VI 1099
Niketas, 4. N. Byzantios VI 1161

Svejkovský, František
Alexander d. Große in Kunst und Literatur, B. III. Slavische Literaturen I 357
Brautwerbeepos, Brautwerbungsmotiv, VI. Slavische Literaturen (mit Hannick, Ch.) II 595

Sylla, Edith
Johannes, 98. J. Dumbleton V 570
Kinematik, Kinetik V 1156
Latitudines formarum V 1747
Mertonschule VI 549

Synek, Eva Maria
Olympias VI 1402

Szabó, Thomas
Botenwesen, I. Allgemein. Westliches Europa II 484
Hausierer IV 1973
Nachrichtenvermittlung, I. Westliches Europa VI 997
Paß, 1. P., Passeport VI 1755
Post, I. Westlicher Bereich VII 126
Saumtiere VII 1405
Schmuggel VII 1513
Straße, I. Westlicher Bereich VIII 220
Taxis VIII 515
Verkehr, -swege, I. Westlicher Bereich VIII 1539
Vermessung, -stechnik, I. Landvermessung VIII 1553
Via Francigena VIII 1610
Wagen VIII 1905
Xenodochium IX 401

Szabó-Bechstein, Brigitte
Libertas ecclesiae V 1950
Libertas Romana V 1952

Szádeczky-Kardoss, Samuel
Avaren, I. Geschichte I 1283

Szarmach, Paul E.
Ælfric (mit Pinborg, J.) I 180
Alfred der Große, II. Kulturförderung und literarische Tätigkeit I 409
Alliteration, C. I. Altenglischer Alliterationsvers I 433
Alliteration, C. II. Altenglische alliterierende Prosa I 434
Altenglische Literatur (mit Sauer, H.) I 467
Altenglische Sprache I 469
Bibelübersetzungen, XII. Alt- und Mittelenglische Bibelübersetzungen (mit Robbins, R. H., Sauer, H.) II 100

Predigt, B. V. 1. Altenglisch [Volkssprachliche Literaturen des Westens]   VII 179
Übersetzer, Übersetzungen, VI. 1. Altenglische Literatur   VIII 1157

Szilágyi, János
Buda und Pest, I. Antike (mit Gruber, J.)   II 898

Szklenar, Hans
Dybin, Nikolaus v.   III 1492
Heinrich, 132. H. v. Mügeln   IV 2102

Szőnyi, György E.
Ungarische Sprache und Literatur   VIII 1222

Szövérffy, Joseph
Christophorus, I. Legende und Kult   II 1938

Tabacco, Giovanni
Adel, C. Italien   I 129
Arezzo, I. Geschichte der Stadt (mit Cardini, F.)   I 920
Arimannia, Arimannen   I 932
Bononius   II 432
Exercitalis   IV 166
Humbert, 3. H. I. (Weißhand) v. Savoyen   V 207
Italien, A. I. Von Konstantin d. Großen bis Otto III. [Allgemeine und politische Geschichte]   V 705
Kamaldulenser   V 878
Langobarden, II. Geschichte   V 1691
Romuald, 2. R. v. Camaldoli   VII 1019

Taeger, Burkhard
Anonymus ad Cuimnanum   I 671
Johannes, 141. J. v. Mantua   V 588

Takács, Miklós
Pécsvárad   VI 1849
Peterwardein   VI 1942
Ungarn, A. Archäologie und Siedlungsgeschichte   VIII 1224

Tangheroni, Marco
Alliata   I 430
Alliata, 2. A., Betto   I 431
Fisch, -fang, -handel, B. II. 4. Italien [Fischfang]   IV 499
Livorno   V 2053

Tavard, Georges
Engel, B. I. Theologie- und philosophiegeschichtlich [Lateinisches Mittelalter] (mit Mojsisch, B.)   III 1906

Taylor, John
Trevet(h), Nicholas   VIII 979

Telle, Joachim
Albich, Siegmund (mit Hlaváček, I.)   I 302
Alchemie, IV. Sprache und Zeichen   I 335
Alchemie, V. Ikonographie   I 339
Alchymey teuczsch   I 343
Augurellus, Johannes Aurelius   I 1218
Aurora consurgens   I 1245
Bern(h)ardus Trevisanus   I 2005
Bonus, 2. B., Petrus   II 435
Buch der Alaune und Salze   II 811
Buch der Heiligen Dreifaltigkeit   II 812

Daniel, 3. D. v. Capodistria   III 538
Dastin, John   III 573
Donum Dei   III 1252
Eck, Paul   III 1546
Ellenbog, Ulrich   III 1846
Faber, Wenzel   IV 211
Ferrarius   IV 393
Hans, 4. H. v. Gersdorf   IV 1921
Heinrich, 112. H. v. Hall   IV 2092
Kertzenmacher, Peter   V 1115
Klet(t), Georg   V 1211
Laaz, Johannes v.   VI 1601
Lamspring   V 1634
Liber claritatis   V 1941
Liber sacerdotum   V 1947
(Pseudo)-Lullus-Corpus   VI 2
Maurperg, Leonard v.   VI 415
Melchior Cibinensis   VI 491
Norton, Thomas   VI 1257
Odomar   VI 1361
Pantheus, Johannes Augustinus   VI 1660
Perréal, Jean   VI 1897
Pollich, Martin   VII 68
Puff, Michael   VII 320
Ripley, George   VII 861
Rosarium philosophorum   VII 1028
Senior Zadith   VII 1757
Splendor solis   VII 2126
Tabula smaragdina   VIII 399
Teschen, Johannes v.   VIII 563
Turba philosophorum   VIII 1098
Volmar   VIII 1841
Zwölfbändiges Buch der Medizin   IX 736

Tenenti, Alberto
Versicherung   VIII 1582

Thaler, Anton
Spanisch-mozarabische Liturgie   VII 2084

Thein, Maria-Luise
Lindsay (Lyndsay), David, Sir   V 2001
Macro Plays   VI 64
Paston Letters   VI 1772
Ro(o)s, Sir Richard   VII 1025
Skelton, John   VII 1972
Thomas, 41. Th. v. Kent   VIII 720
Wace   VIII 1887

Theis, Lioba
Wandpfeilerkirche, 2. Byzanz   VIII 2028
Zentralbau, II. Byzanz   IX 539

Theodorou, Evangelos
Martyrium, A. III. Ostkirche [Theologie]   VI 355
Myron, -salbung   VI 978

Thiry, Claude
Meschinot, Jean   VI 551

Thoen, Erik
Dauerackerbau   III 584
Driesch   III 1399
Grundherrschaft, C. I. Frankreich und Niederlande [Hoch- und Spätmittelalter]   IV 1744
Hungersnöte   V 220
Landwirtschaft   V 1682

Thomann, Johannes
Gerhard, 25. G. v. Silteo IV 1319
Libros del saber de astronomía V 1956
Tasyīr VIII 486

Thomas, Heinz
Alexander, 28. A. v. Roes I 379
Bar (Bar-le-Duc), Gft. (mit Parisse, M.) I 1427
Bopparder Vertrag II 444
Brabant, I. Verfassungs- und Territorialentwicklung im Hochmittelalter II 528
Grimoald, 2. G. I. (d. Ä.) IV 1717
Heinrich, 9. H. VII., Ks., röm.-dt. Kg. IV 2047
Johann, 3. J. v. Luxemburg, Kg. v. Böhmen V 496
Jordanus, 5. J. v. Osnabrück V 628
König, Königtum, B. II. Seit dem Investiturstreit [Deutsches Reich] V 1306
Licet iuris V 1958
Margarete, 3. M. v. Brabant, dt. Kgn. VI 235
Quatrevaux VII 358
Sachsenhausen, Appellation v. VII 1239
Translatio Imperii VIII 944
Wahl, A. I. Königswahl [Allgemein und Deutsches Reich] VIII 1909

Thorau, Peter
Chastel Pélerin II 1763
Goliathsquelle IV 1553
Ḥarrān, Schlacht v. IV 1942
Heer, Heerwesen, C. Arabischer Bereich IV 2005
Ḥomṣ V 115
Hormuz V 126
Ibn Baṭṭūṭa V 313
Ibn Faḍlān V 314
Ibn Ǧubair V 315
al-Idrīsī V 326
Iḫšīdiden V 370
Iqṭāᶜ V 642
Irak V 643
Iuvenes V 832
Jean, 36. J. de Terrevermeille V 341
Johann, 53. J. v. Viterbo V 520
Junker V 811
al-Kāmil V 883
Konrad, 32. K. I. v. Scharfenberg, Bf. v. Speyer und Metz V 1355
Konrad, 4. K. IV., dt. Kg. V 1340
Krieg V 1525
Krieg, Heiliger (Ǧihād) V 1527
Landsknechte V 1679
Libanon V 1936
Lignano (Legnano), Johannes v. V 1977
Ludwig, 25. L. I. d. Kelheimer, Hzg. v. Bayern V 2192
Mainzer Landfriede VI 144
Mamlūken VI 181
Miliz VI 626
Montfort, Burg VI 805
Montjoie VI 809
Mosul VI 871
Muᶜāwiya VI 884
Al-Muqtadir VI 937
al-Mutanabbī VI 975
Nablus VI 995
Nisibis VI 1200
Nūraddīn VI 1317
Oliver v. Paderborn VI 1399
Otto, 4. O. IV., röm.-dt. Kg. und Ks. VI 1570
Philipp, 1. Ph. v. Schwaben, röm.-dt. Kg. VI 2056
Qalāwūn VII 342
Razzia VII 495
Ribāṭ VII 804
Ṣāliḥiden VII 1302
Sarazenen VII 1376
Söldner, -wesen, II. Byzanz (mit Schreiner, P.) VII 2032
Sultan VIII 303
Syrien, II. Arabisch-muslimische Zeit und Kreuzzüge VIII 384
Tortosa (Stadt an der Küste von Syrien) VIII 884
Ṭūlūniden VIII 1092
Usāma ibn Munqiḏ VIII 1339
ᶜUṯmān VIII 1345
Wölfelin (Wolfhelm) IX 304

Thoss, Dagmar
Buchmalerei, A. XIV. Französische Buchmalerei von 1200–1500 II 855
Colombe, 1. C., Jean III 49
Cœur-Meister III 19
Jouvenel-Meister V 640
Maître Honoré VI 147
Perikopenbuch VI 1891
Randminiatur VII 438
Stundenbuch VIII 259

Thumser, Matthias
Frangipani IV 688
Mayr, Martin VI 430
Pierleoni VI 2136

Thurre, Daniel
Zelleneinlage, -verglasung IX 521

Tietz, Manfred
Bueil, Jean (V.) de, 2. Werk II 906
Cent Ballades, Livre des II 1617
Chant du Roussigneul II 1711
Chartier, 1. Ch., Alain II 1744
Chastellain, 2. Ch., Pierre II 1765
Chevalier aux deux épées, le II 1804
Coquillart, Guillaume III 217
Cuvier, Farce du III 398
Guiot, 2. G. de Provins IV 1787
Jean, 34. J. d'Outremeuse des Prés V 340

Tietze, Andreas
Abdal I 17
Baṭṭal Ġāzī I 1551
Bāyezīd, 1. B. I. I 1714
Bāyezīd, 2. B. II. I 1715
Bevölkerung, E. 2. Osmanisches Reich II 21
Biographie, X. Türkische Literatur II 212
Botenwesen, II. 2. Osmanisches Reich II 489
Čauš II 1583
Čelebī II 1602
Codex Cumanicus II 2203
Dānismend-nāme III 544
Dede Qorqut III 627
Doġanǧı III 1158
Efendi III 1598
Emīn III 1885
Eretna III 2130
Ešref-oġulları IV 19

Eunuchen, III. Osmanisches Reich   IV 102
Fabel, -dichtung, VIII. Osmanische Literatur   IV 208
Fereğ baᶜd eš-šidde   IV 369
Fürstenspiegel, D. II. Osmanischer Bereich   IV 1058
Gagausen   IV 1077
Ġazī   IV 1152
Ḫoğa   V 79
Ḫünkār   V 222
Luṭfī   VI 22
Meḥmed, 3. M., frühosman. Dichter   VI 470
Muṣṭafā, 3. M. ad-Ḍarīr   VI 974
Neğātī   VI 1079
Nesīmī   VI 1096
Oġuz-nāme   VI 1374
Osmanische Literatur   VI 1508
Rätsel, VIII. Türkische Literatur   VII 467
Vierzig Wesire   VIII 1655

Tiftixoglu, Viktor
Psellos, Michael (Konstantinos)   VII 304

Tihon, Anne
Paranatellonta   VI 1701

Timbal, Pierre-Clément
Asyl, II. Weltliches Recht (mit Becker, H.-J.)   I 1157

Timm, Albrecht
Brandwirtschaft, 1. Form der Urbarmachung des Landes   II 571

Tinnefeld, Franz
Biographie, VII. Byzantinische Literatur   II 207
Chrysoberges, Maximos   II 2049
Justinian, 2. J. II.   V 823
Kydones, Demetrios   V 1595
Leichudes, Konstantinos (III.)   V 1851
Leon, 5. L. VI. d. Weise   V 1891
Leon, 6. L. Choirosphaktes   V 1891
Mesarites, Nikolaos   VI 551
Metochites, 1. M., Georgios   VI 581
Michael, 11. M. IX. Palaiologos, byz. Mitks.   VI 600
Michael, 20. M. Apostoles   VI 603
Photios   VI 2109
Planudes, Maximos   VII 1
Sisinnios II.   VII 1938
Sophronios   VII 2054
Stephanos, 1. S. I., Patriarch v. Konstantinopel   VIII 125
Stephanos, 3. S. der Jüngere   VIII 125
Tarasios   VIII 468
Tetragamiestreit   VIII 575
Theodoros, 13. Th. Melitoniotes   VIII 639
Theodotos, 2. Th. Melissenos, Patriarch v. Konstantinopel   VIII 647
Theoktistos   VIII 649
Thomas, 14. Th., Metropolit v. Klaudiupolis   VIII 705
Universität, B. Byzanz   VIII 1255
Wunder, B. Byzanz   IX 353

Tirelli, Vito
Cavalcabò, Familie   II 1589
Cavalcabò, 1. C., Andreasio   II 1590
Cavalcabò, 2. C., Cavalcabò, Mgf. v. Viadana   II 1590
Cavalcabò, 3. C., Cavalcabò   II 1590
Cavalcabò, 4. C., Ugolino   II 1591

Tits-Dieuaide, Marie-Jeanne
Bonarium   II 401
Getreide, II. Getreideanbau   IV 1414

Toch, Michael
Deutschland, I. II. Inneres Leben [Geschichte der Juden in Deutschland]   III 913
Familie, E. Judentum   IV 280
Handwerk, D. Judentum   IV 1918
Juden, -tum, A. Siedlungs-, Sozial- und Wirtschaftsgeschichte des aschkenasischen Judentums   V 781

Todt, Klaus-Peter
Kalekas, 2. K., Manuel   V 865
Katalanische Kompa(g)nie   V 1054
Katholikos   V 1076
Laskaris, byz. aristokrat. Familie   V 1720
Michael, 17. M. I. Kerullarios, Patriarch v. Konstantinopel (mit Bibikov, M.)   VI 601
Neopatras   VI 1091
Orsini, Gf. en v. Kephallenia   VI 1480
Patriarchat (mit Prinzing, G.)   VI 1785
Pelagonia, Schlacht v.   VI 1861
Peter, 10. P. v. Courtenay   VI 1930
Petros, 1. P. III., gr.-orth. Patriarch v. Antiocheia   VI 1953
Philipp, 9. Ph. v. Tarent, Titular-Ks. des Lat. Ksr.es   VI 2065
Philotheos, 1. Ph. Kokkinos, Patriarch v. Konstantinopel   VI 2104
Polyeuktos   VII 74
Priester, B. Ostkirche   VII 207
Skete   VII 1974
Skopa   VII 1989
Staurakios, Johannes   VIII 80
Sumela   VIII 305
Symeon, 3. S. II., Patriarch v. Antiocheia   VIII 362
Synkellos   VIII 373
Violante, 4. V., Ksn. und Regentin des Lat. Kaiserreichs   VIII 1710

Tönsing, Michael
Iburg   V 322
Lindau   V 1998

Toth, Karl
Englische Sprache (mit Sauer, H.)   III 2001

Toubert, Pierre
Accola (acla)   I 73
Adscriptio glebae   I 168
Ancinga   I 579
Annona, II. Im Mittelalter   I 669
Baumfeldwirtschaft, I. Allgemeine Definition   I 1667
Baumfeldwirtschaft, II. Südeuropa   I 1667
Burg, C. III. 1. Zum Begriff [Italien]   II 973
Burg, C. III. 2. Hochmittelalter [Italien]   II 973
Emphyteusis, Erbleihe   III 1892
Incastellamento   V 397
Sabina   VII 1216

Tracey, Martin J.
Trägheit   VIII 932
Tugenden und Laster, Tugend- und Lasterkataloge, I. Definition, Inhalt, Aufbau   VIII 1085
Tugenden und Laster, Tugend- und Lasterkataloge, II. Monastische Lasterschemata   VIII 1086

Tugenden und Laster, Tugend- und Lasterkataloge,
   III. Lateinische Tugend- und Lasterkataloge
   VIII 1086
Tugenden und Laster, Tugend- und Lasterkataloge,
   IV. 1. Exemplarischer Überblick [Landessprachliche
   Tugend- und Lasterkataloge] VIII 1087

Trachsler, Richard
Literaturkritik, III. 1. Französische Literatur V 2019
Literaturkritik, III. 2. Provenzalische Literatur V 2019
Matière de Bretagne VI 395
Merveilles de Rigomer, Les VI 550
Nicole Bozon VI 1135
Ogier le Danois VI 1373
Païen de Maisières VI 1627
Pierre, 3. P. de Beauvais VI 2138
Raoul de Cambrai VII 442
Rigaut de Barbezieux VII 849
Tagelied, III. Romanische Literaturen VIII 428
Tournoi de Chauvency VIII 920
Yvain, -stoff IX 430

Tramontana, Salvatore
Messina VI 562
Michele da Piazza VI 610
Roger, 1. R. I. v. Sizilien, Großgf. v. Sizilien, Gf. v.
   Kalabrien VII 936
Wilhelm, 7. W. I., Kg. v. Sizilien IX 131
Wilhelm, 8. W. II., Kg. v. Sizilien IX 132
Wilhelm, 9. W. III., Kg. v. Sizilien IX 134

Tramontin, Silvio
Giustinian(i), Familie IV 1470
Giustinian(i) 1. G., Bernardo IV 1471
Giustinian(i), 2. G., Eufemia IV 1471
Giustinian(i), 3. G., Leonardo IV 1471
Giustinian(i), 4. G., Lorenzo IV 1471
Giustinian(i), 5. G., Tommaso IV 1472

Trapp, Erich
Digenes Akrites III 1044
Gregorios, 2. G. II. Kyprios, Patriarch v. Konstantinopel
   IV 1690
Griechische Sprache, I. Linguistisch IV 1708
Joseph, 4. J. Rhakendytes V 632
Konstantinos, 4. K. Rhodios V 1398
Makrembolites, 1. M., Alexios VI 156
Mazaris VI 430

Trapp, Joseph B.
Dichterkrönung III 975
Grocyn (Grocin), William IV 1722
Humanismus, E. England V 199
Linacre (Linacer), Thomas V 1995
Morus (More), Thomas VI 850

Trautz, Fritz
Gesandte, B. I. Allgemeines [Mittel- und Westeuropa]
   IV 1367
Gesandte, B. II. Deutschland/Imperium IV 1369

Trawkowski, Stanisław
Bolesław, 2. B. II. Śmiały, Kg. v. Polen II 364
Bolesław, 3. B. III. Krzywousty, Fs. v. Polen II 365
Breslau, I. 2. Geschichte [Früh- und Hochmittelalter]
   II 610
Dobrawa III 1149

Lemberg V 1869
Lublin V 2151

Treffeisen, Jürgen
Zähringerstädte IX 467

Tremp, Ernst
Glarus IV 1476
Hauterive IV 1977
Ulrich, 27. U. v. Zell VIII 1205
Valsainte, La VIII 1401

Třeštík, Dušan
Libussa V 1957
Ludmila, hl. V 2166
Slavnikiden VII 2004
Spytihněv, 1. S. I., Fs. in Mittelböhmen VII 2149

Triacca, Achille M.
Mailänder Liturgie VI 124

Tripps, Manfred
Multscher, Hans VI 894
Riemenschneider, Tilman VII 838
Stoß, Veit VIII 194
Syrlin, 1. S., Jörg d. Ältere VIII 385
Syrlin, 2. S., Jörg d. Jüngere VIII 386
Weiditz, 1. W., Hans VIII 2100
Weiditz, 2. W., Hans d. Jüngere. VIII 2100
Wesel, Adriaen van IX 14
Witten, Hans IX 272

Trnek, Helmut
Reichsinsignien VII 623

Troianos, Spyros
Homosexualität, II. Byzantinisches Reich V 114
Johannes, 46. J. III. Scholastikos V 548
Johannes, 49. J. VIII. Xiphilinos V 550
Moichianischer Streit VI 719
Nomophylax VI 1230
Periodeuten VI 1891
Sakrileg, I. Byzantinisches Recht VII 1276
Sardika, Synode v. VII 1377
Stauropegialklöster VIII 80
Synodos Endemusa VIII 378

Trolese, Francesco G. B.
Santa Giustina (S. Justina) v. Padua VII 1165

Trusen, Winfried
Chirograph II 1844
Gericht, Gerichtsbarkeit, III. Kanonisches Recht
   IV 1325
Gerichtsverfahren, II. Kanonisches Recht IV 1332
Gewohnheitsrecht IV 1426
Hexen, Hexerei, 1. Allgemeiner Überblick IV 2201
Inquisitionsprozeß V 441
Klage, Kläger, II. Kanonisches Recht V 1190
Roland (in der Überlieferung), B. Recht VII 953

Tucci, Ugo
Flotte, B. VI. Italienische Seemächte IV 591
Pisani, Vettore VI 2184
Polo, Marco VII 71
Sanudo, 1. S., Marin d. Ä. VII 1373
Sanudo, 2. S., Marin d. Jg. VII 1374

Tüchle, Hermann
Abendländisches Schisma I 19

Tuck, J. Anthony
Appellants I 804
Beauchamp I 1749
Burley, Simon II 1105
Bussy, John II 1154
Edmund, 6. E., Hzg. v. York III 1580
Exeter, Duke of IV 169
FitzAlan IV 503
Good Parliament IV 1560
Holland (engl. Familie) V 88
Isabella, 2. I. v. Frankreich, Kgn. v. England V 668
Isabella, 9. I. v. Kastilien, Tochter Peters I. V 671
John, 1. J. of Gaunt V 616
Montagu VI 774
Ordainers VI 1428
Oxford, Earls of VI 1604
Pole, de la VII 51
Radcot Bridge, Schlacht v. VII 386
Richard, 3. R. II., Kg. v. England VII 811
Scrope, Familie VII 1654
Scrope, 1. S., Henry VII 1655
Scrope, 2. S., Richard VII 1655
Scrope, 4. S., Thomas VII 1656
Simnel, Lambert VII 1912
Somerset VII 2041
Suffolk, Earldom of VIII 290
Surrey, Earldom of VIII 330
Thomas, 5. Th., Earl of Lancaster VIII 700
Vere, de VIII 1511
Warenne VIII 2047
Whittington, Richard IX 56
Wiltshire, Earls of IX 220

Tucoo-Chala, Pierre
Béarn, I. Geschichte I 1738
Lescar V 1908
Leseur, Guillaume V 1910
Marsan VI 323
Mirande VI 663
Petronil(l)a, 2. P. (Petronille), Gfn. v. Bigorre VI 1952

Turdeanu, Émile
Apokryphen, A. II. 6. Slavische Literaturen I 767

Turek, Rudolf
Boleslav, 1. B. I., Fs. v. Böhmen II 357
Boleslav, 2. B. II., Fs. v. Böhmen II 358
Boleslav, 3. B. III., Fs. v. Böhmen II 359
Borivoj I. II 461
Břetislav, 1. B. I. II 631
Břetislav, 2. B. II. II 632
Břevnov II 643

Turner, Anthony J.
Gnomon IV 1525
Instrumente, astronomische und mathematische V 452
Zeitmessung, Zeitmeßgeräte IX 515

Tveitane, Mattias
Bibliothek, A. V. Skandinavien II 120
Buchdruck, A. III. Buchdruckgewerbe [Allgemein] II 819

Buchdruck, B. I. Deutschland II 819
Buchdruck, B. II. Schweiz II 820
Buchdruck, B. III. Italien II 820
Buchdruck, B. IV. Frankreich II 821
Buchdruck, B. V. Spanien II 821
Buchdruck, B. VI. Portugal II 822
Buchdruck, B. VII. Niederlande II 822
Buchdruck, B. VIII. England II 822
Buchdruck, B. IX. Skandinavien II 822

Twomey, Michael W.
Sir Gawain and the Green Knight VII 1935
Wunder des Ostens, I. Englische Literatur IX 362

Udina Martorell, Federico
Barcelona, I. Stadt I 1449
Barcelona, III. Grafschaft I 1452
Berengar Raimund, 1. B. Raimund I., Gf. v. Barcelona I 1939
Borell II. II 452
Cardona, I. Burg und Stadt II 1506
Cardona, II. Vizegrafschaft II 1506
Cervelló II 1635
Cervelló, María de II 1636
Cervera, Familie II 1636
Constitucions de Cat(h)alunya III 173
Domenèc, Jaume III 1178
Douce III 1331
Katalonien V 1059

Udolph, Ludger
Mündliche Literaturtradition, VIII. Slavische Literaturen VI 907

Uecker, Heiko
Bautastein I 1689
Bibelübersetzungen, XIII. Skandinavische Bibelübersetzungen II 102
Biographie, VI. Skandinavische Literaturen II 207
Bragi II 543
Erich, 6. E. I. Blutaxt, Kg. v. Norwegen und Northumbrien III 2142
Etzel/Atli, II. Altnordische Literatur IV 62
Flateyarbók IV 535

Uhl, Anne
Servius VII 1797

Ulbert, Tuilo
Resafa VII 752

Ullmann, Walter
Antichrist, A. I. Christentum [Theologie und Politik] (mit Jenschke, G., Manselli, R.) I 703

Ulpts, Ingo
Sprenger, Jakob VII 2134

Ulshöfer, Kuno
Gewürze, II. Gewürzhandel IV 1433

Ulsig, Erik
Dänemark, A. I. Geographie III 495
Dänemark, F. I. Ländliche Siedlungs-, Verfassungs- und Wirtschaftsgeschichte III 525
Grundherrschaft, C. VII. Skandinavien [Hoch- und Spätmittelalter] IV 1751

Jütland V 830
Solskifte VII 2040

von Ungern-Sternberg, Jürgen
Athen, I. Stadtgeschichte in spätantiker und byzantinischer Zeit (mit Jacobs, A.) I 1162
Attalus (Priscus A.) I 1178
Bagaudes I 1344
Britannia, 1. Römische Provinz II 699
Caesar, I. Antike II 1351
Consul III 180
Consularis III 180
Corrector, 1. C. (ksl. Sonderbeauftragter) III 277
Cursus honorum III 392
Nobilität VI 1207

Untermann, Matthias
Zentralbau, I. Abendländisches Mittelalter IX 537
Zisterzienserbaukunst IX 650

Unverfehrt, Gert
Geertgen tot Sint Jans IV 1168

Urbanek, Ferdinand
Berthold, 18. B. v. Holle I 2033

Uther, Hans-Jörg
Rattenfänger v. Hameln VII 468

Utz, Arthur F.
Eigentum, B. Moraltheologische Sicht III 1723

Utz Tremp, Kathrin
Jakobsbruderschaft V 297
Payerne VI 1838
Reiser, Friedrich VII 683
Rüeggisberg VII 1087

van Uytfanghe, Marc
Aldegundis I 344
Amator (mit Heinzelmann, M.) I 512
Audomarus I 1197
Bavo I 1696
Eugippius IV 85
Foillan IV 604
Gertrud, 5. G. v. Nivelles IV 1356
Goar IV 1527
Hubertus V 149
Juraväter V 812
Lebuin V 1783
Radegunde, Radegundis VII 387
Trudo VIII 1070
Ursmar v. Lobbes VIII 1330
Warnachar, 2. W. v. Langres VIII 2051

Uyttebrouck, André
Antoine, 1. A. de Bourgogne I 726

van Uytven, Raymond
Bier und Brauwesen, I. Bierverbreitung, Biersorten und Brauverfahren II 135
Bier und Brauwesen, II. Braubetrieb II 137
Bier und Brauwesen, III. Bierverbrauch II 138
Bier und Brauwesen, IV. Bierhandel II 138
Coutereel, Peter III 323
Löwen V 2142
Mecheln VI 436

Vicus, II. Mittelalter VIII 1631
Vilvoorde VIII 1698
Zider/Most/Obstwein, 1. Allgemein. Westeuropa IX 596
Zoutleeuw IX 678
Zunft, -wesen, -recht, A. II. Alte Niederlande IX 691

Vaglienti, Francesca M.
Sforza (Stammtafel) IX Anhang
Simonetta, 1. S., Cicco VII 1921
Simonetta, 2. S., Giovanni VII 1922
Verme, Jacopo dal VIII 1552
Veroneser Bund VIII 1568
Visconti, Familie VIII 1717
Visconti (Stammtafel) IX Anhang
Visconti, 1. V., Azzo VIII 1719
Visconti, 2. V., Bernabò VIII 1719
Visconti, 4. V., Filippo Maria VIII 1721
Visconti, 5. V., Galeazzo II. VIII 1722
Visconti, 6. V., Gian Galeazzo VIII 1723
Visconti, 7. V., Giovanni Maria VIII 1724
Visconti, 8. V., Matteo I. VIII 1725
Vitelleschi, Giovanni VIII 1768
Vitelli, Vitellozzo VIII 1769
Werner, 4. W. v. Urslingen IX 4

Vahtola, Jouko
Finnland, Finnen IV 478
Heinrich, 92. H., Bf. v. Uppsala IV 2087
Karelien, Karelier V 953

Valdéon, Julio
Heinrich, 20. H. II. Trastámara, Kg. v. Kastilien IV 2056

Vallejo Penedo, Juan José
Montearagón VI 784

Vandermaesen, Maurice
Cassel, Schlacht v. II 1550
Dampierre, Familie III 487
Dampierre, 1. D., Wilhelm II. v. III 487
Dampierre, 2. D., Wilhelm III. v. III 488
Gui, 1. G. III., Gf. v. Flandern IV 1767
Margarete, 17. M. (Margaretha) v. Konstantinopel, Gfn. v. Flandern VI 239
Margarete, 18. M. (Margarethe) v. Frankreich, Gfn. v. Flandern VI 240
Margarete, 19. M. (Margarethe) v. Brabant, Gfn. v. Flandern VI 241

Vaneufville, Eric
Bailleul I 1354

Varanini, Gian Maria
Romano (da) VII 998
Sambonifacio VII 1339
Treviso VIII 981
Verona VIII 1564
Verona, Mark VIII 1567
Vicenza VIII 1624

Várvaro, Alberto
Alfons, 10. A. X. der Weise, II. Gesetzgeber., wiss. und lit. Tätigkeit I 397
Auberée I 1183
Auto de los Reyes Magos I 1261

Auto sacramental I 1261
Cantares Caçurros II 1444
Cantares de gesta II 1445
Fiore, il IV 486
Fioretti di S. Francesco IV 486
Gonzalo, 5. G. de Berceo IV 1559
Guillem, 3. G. (Guilhem) Figueira IV 1783
Guzmán, Fernán Pérez de IV 1810
Hernando del Pulgar IV 2172
Martínez Alfonso de Toledo VI 348
Sizilianisch VII 1944

Vasina, Augusto
Astorgio di Durfort I 1131
Azzo, 3. A. VIII., Signore v. Ferrara I 1320
Bertrand, 9. B. du Poujet I 2043
Emilia III 1881
Forlì IV 635
Imola V 393
Lambertazzi, Familie V 1626
Malatesta, Familie VI 164
Manfredi, Familie VI 192
Manfredi, Astorgio VI 193
Montefeltro da, Familie VI 791
Ordelaffi, Familie VI 1429
Pepoli, Familie VI 1875
Polenta, da, Familie VII 58
Ravenna, I. Stadt und Bistum VII 481
Romagna VII 978
San Marino VII 1178
Senigallia VII 1755
Torelli, Familie VIII 874
Traversari, Familie VIII 964
Urbino VIII 1291

Vauchez, André
Heilige, A. I. Heiligkeit [Westkirche] IV 2014
Ludwig, 51. L. v. Anjou, Bf. v. Toulouse V 2202

Vavra, Elisabeth
Almer I 446
Almucia, Almutie I 452
Atlas I 1173
Aurifrisium I 1244
Baldachin, 1. Stoffbaldachin I 1362
Barett I 1459
Beinkleider I 1820
Besteck I 2071
Birett II 213
Bisamapfel II 227
Braguette II 544
Brokat II 712
Bruech II 741
Corset III 282
Damast, 1. Webtechnik III 465
Diasper III 971
Feh IV 331
Gefäß IV 1169
Gürtel, 1. Kostümkunde IV 1796
Haube, 1. Haube (Kostümkunde) IV 1958
Hose V 131
Hut V 237
Jaque, Jaquette V 302
Kamm V 884
Kapuze (cucullus) V 957
Kleidung, I. Weltlicher Bereich V 1198
Knopf V 1237
Köperbindung V 1434
Kopfbedeckung V 1436
Kranz V 1475
Kutte V 1593
Lampas V 1630
Mantel VI 203
Mi-parti VI 655
Mode VI 707
Mütze VI 976
Nadel VI 1002
Nestel VI 1098
Obergewand VI 1330
Orfrois VI 1450
Rock VII 926
Samit VII 1341
Samt VII 1347
Schap(p)el VII 1440
Schaube VII 1443
Schecke VII 1444
Schleier VII 1480
Schleppe VII 1480
Schmuck, I. Westen VII 1508
Schuh VII 1573
Spitze VII 2126
Tappert VIII 465
Tracht VIII 928
Vorhang, 1. Westen VIII 1850
Wams VIII 2008
Wimpel IX 221

Vekeman, Herman W. J.
Beatrijs v. Nazareth I 1742
Brinckerinck, Jan II 692
Brugman, Jan II 749
Hadewijch IV 1819
Visio(n), -sliteratur, A. IV. Mittelniederländische Literatur VIII 1739

Vendittelli, Marco
Orte VI 1481
Ostia VI 1535

Venturini, Alain
Nizza VI 1204
Vence VIII 1454
Vesc, 1. V., Aimar de VIII 1600
Vesc, 2. V., Étienne de VIII 1600
Vesc, 3. V., Jean de VIII 1601
Villefranche VIII 1685

Verger, Jacques
Alcalá I 328
Angers, Anjou, IV. Die Universität Angers I 633
Arezzo, II. Universität I 921
Artista I 1072
Auditorium I 1196
Avignon, V. Universität I 1303
Baccalarius I 1323
Cahors, III. Universität II 1378
Catania (mit Girgensohn, D.) II 1572
Cessatio II 1642
Collegium, 2. C. (im mittelalterlichen Bildungswesen) III 39
Declamatio III 621
Dekan, III. Universitärer Bereich III 653
Disciplina, III. Im mittelalterlichen Lehrbetrieb III 1108

Disputatio(n), 3. Disputatio in der pädagogischen Praxis III 1119
Doctor, doctoratus III 1155
Enzyklopädie, Enzyklopädik, II. 2. Spätmittelalter und Humanismus III 2033
Examens(ordnung) IV 150
Fakultät, -en IV 235
Grade, 2. G., universitäre IV 1630
Lector V 1787
Licentia V 1957
Magister universitatis VI 91
Monteruc, Pierre de VI 795
Montpellier, B. Schule und Universität VI 815
Natio, 2. N. (Universität) VI 1038
Neapel, B. Universität VI 1075
Padua, III. Universität VI 1621
Paris, D. Schulen und Universität VI 1718
Professor VII 241
Rector, III. Universität VII 533
Reformatores studii VII 552
Robert, 64. R. de Sorbon VII 911
Salarium VII 1285
Scholares VII 1519
Scholasticus VII 1520
Schule, A. Abendland VII 1582
Studium VIII 255
Tempier, Étienne VIII 534
Translatio studii VIII 946
Tutor VIII 1124
Universität, A. Westen VIII 1249
Vorlesungs- und Predigtnachschrift VIII 1852

Verhaeghe, Frans
Wurt IX 374

Verheijen, Luc
Augustinusregel I 1231

Verhulst, Adriaan
Actor I 88
Adela, 2. A. v. Flandern I 141
Agronomie I 222
Antwerpen, I. Siedlung und Verfassung I 736
Arnulf, 4. A. I. der Große I 1017
Baumfeldwirtschaft, III. Nordwest- und Mitteleuropa I 1668
Beneficium, II. Beneficium in der Verfassung des Frankenreiches I 1904
Capitulare de villis, II. Das CV als agrar- und wirtschaftsgeschichtliche Quelle II 1482
Curia, 2. C., 1. Begriffsbestimmung III 386
Curtis III 392
Deich und Dammbau (mit Augustyn, B.) III 640
Dendermonde III 694
Diedenhofener Kapitular III 998
Domburg, II. Geschichte III 1177
Dorestad, I. Geschichte, Topographie und Wirtschaft III 1264
Emporium III 1897
Fiscus IV 502
Flandern, Grafschaft, A. I. Von den Anfängen bis zum späten 12. Jahrhundert [Allgemeine, politische, Verfassungs- und Institutionengeschichte] IV 514
Flandern, Grafschaft, B. Siedlung, Bevölkerung, ländliche und städtische Wirtschafts- und Sozialgeschichte IV 524

Franken, Frankenreich, D. Wirtschafts- und Bevölkerungsgeschichte IV 723
Friesenhandel IV 976
Gent, I. Früh- und Hochmittelalter (mit Ryckaert, M.) IV 1237
Hondschoote V 116
Oudenaarde (mit Prevenier, W.) VI 1590
Polder VII 50
Quentowic VII 360
Schelde VII 1447
Stadt, D. I. Früh- und Hochmittelalter [Flandern und Niederlande] VII 2183
Terragium VIII 555
Tiel VIII 762
Transgression VIII 941
Veurne VIII 1605
Vier Ambachten VIII 1650
Wasland (mit van Eickels, K.) VIII 2060
Witla IX 267
Ypern IX 424
Zannekin, Clais IX 473
Zwin IX 734

Verlinden, Charles
Arbeit, A. III. Arbeit und Arbeitsteilung im sozialen und wirtschaftlichen Wandel [West- und Mitteleuropa] (mit Le Goff, J.) I 871

Vernet, André
Adam, 10. A. de Perseigne I 110
Balderich, 2. B. (Baldericus) v. Bourgueil I 1364
Bernardus, 4. B. Guidonis I 1976
Bernardus, 7. B. Silvestris (mit Wetherbee, W.) I 1978
Bernhard, 27. B. v. Chartres I 1991
Bernhard, 28. B. v. Clairvaux, III. Werke I 1995
Blondel, 2. B., Robert II 287
Bouchart, Alain II 494
Bouvet, Honoré II 520
But, Adrian de II 1160
Chastellain, 1. Ch., Georges II 1764
Chronique de la Pucelle II 2032
Chronique du Mont-Saint-Michel II 2032
Chronique du Religieux de St-Denis II 2033
Chronique Martiniane II 2032
Chroniques (Grandes) de France II 2034
Chroniques de Normandie II 2035
Cochon, Pierre II 2196
Commynes, Philippe de, I. Leben und politisches Wirken III 91
Commynes, Philippe de, II. 1. Zur Entstehung des Werkes [Die Memoiren] III 92

Vernet, Juan
al-Biṭrūǧī II 254

Vetters, Hermann
Lauriacum V 1761

Vezin, Jean
Angers, Anjou, III. 2. Skriptorien [Die Klöster in Angers (St-Aubin, St-Serge) und ihre Skriptorien] I 633

Vicaire, Marie-Humbert
Dominikaner, Dominikanerinnen, A. I. Entstehung III 1192
Dominikaner, Dominikanerinnen, A. II. Verfassung III 1192

Dominikaner, Dominikanerinnen, A. III. Ordensleben III 1194
Dominikaner, Dominikanerinnen, A. V. Ausbreitung des Ordens in Frankreich und Italien III 1200
Dominikus, hl., 1. Leben und Wirken III 1221
Humbert, 6. H. v. Romans V 209
Petrus, 46. P. Martyr VI 1978
Prouille VII 275

Vielliard, Françoise
La Marche, Olivier de V 1622
Ménestrel de Reims, Recits d'un VI 519
Monstrelet, Enguerran(d) de VI 772
Muisis, Gilles li VI 893
Orgemont, Pierre d', 2. Chronik VI 1453
Orville, Jean d' VI 1490
Perceval de Cagny VI 1878
Somme le roi VII 2041
Stephan, 26. S. v. Fougères VIII 122
Vignay, Jean de VIII 1659
Vigneulles, Philippe de VIII 1660
Wauquelin, Jean (mit Hériché, S.) VIII 2079

Vierck, Hayo
Granat IV 1650

Vigolo, Maria Teresa
Zimbrisch IX 613

Vilfan, Sergij
Cilli (Celje), I. Stadt II 2084
Freisinger Denkmäler IV 906

Villa, Claudia
Terenz im Mittelalter und im Humanismus VIII 549

Vintr, Josef
Hynek v. Podiebrad V 248
Klaret V 1192
Königgrätzer Handschrift V 1325
Kříž v Telče, Oldřich V 1537
Šašek z Bířkova, Václav VII 1387
Smil Flaška z Pardubic VII 2012
Tkadleček VIII 819
Tschechische Sprache und Literatur VIII 1072

Viré, François
Beizjagd, 3. Islamische Welt I 1827
Bestiarium, -ius, Bestiarien, A. IX. Arabische Literatur I 2078

Virgoe, Roger
Cade, John II 1337
Earl Marshal III 1505
Howard, John V 142

Visani, Oriana
Predigt, B. III. Italienische Literatur VII 177

Vismara, Giulio
Barbaren I 1434
Brianza II 647
Edictum Theoderici III 1573
Edictus (Edictum) Rothari III 1574
Eigentum, A. IV. Italien III 1718
Erbrecht, Erbe, Erbschaft, B. IV. Italien III 2110
Ersitzung, II. Italienisches Recht III 2189

Familie, B. III. Italien IV 260
Fideikommiß, II. Italienisches Recht IV 432
Frau, B. IV. Italien IV 858
Gesetzgebung, D. Italien IV 1399
Haus, -formen, C. IV. Italien IV 1967
Langobardisches Recht V 1701
Leges Visigothorum V 1804
Lex Romana Visigothorum V 1931
Livellus/Libellus V 2042
Lombarda und verwandte Rechtsquellen V 2094
Pragmatica sanctio VII 166
Repressalien(recht) VII 746
Testament, A. II. 4. Italienisches Recht VIII 568
Witwe, A. III. Italienisches Recht IX 278

Visser, Jacobus Christian
Delft III 669
Gouda IV 1613
Groningen IV 1724
Haarlem IV 1811
Leeuwarden V 1792
Leiden V 1853
Roermond VII 935
's Hertogenbosch VII 1826
Staveren VIII 81
Zierikzee IX 606
Zutphen, II. Stadt IX 714
Zwolle IX 737

Vissière, Laurent
Trivulzi(o), Gian Jacopo de' VIII 1029

Vitale Brovarone, Alessandro
Bueve d'Aigremont II 906
Charles, 3. Ch. d'Orléans II 1728
Convenevole da Prato, Ser III 206
Dalfin d'Alvernha(e) III 440
De' Bassi (Del Basso), (Pietro) Andrea III 611
Deschamps, Eustache III 719
Dialog, VI. Romanische Literaturen III 956
Donati, Forese III 1234
Eble II. III 1526
Elias, 10. E. d'Ussel III 1827
Elias, 9. E. de Barjols III 1827
Ensenhamen III 2022
Eustache, 4. E. li Paintres IV 110
Exempel, Exemplum, IV. Romanische Literaturen IV 164
Faitinelli, Pietro dei IV 233
Folgóre da San Gimignano IV 609
Frezzi, Federic(g)o IV 914
Gattilusi(o), 2. G., Luchetto IV 1140
Gerbert, 2. G. de Montreuil IV 1303
Giamboni Bono IV 1440
Huon d'Auvergne V 226
Jacques, 1. J. d'Amiens V 266
Jean, 21. J. Bretel V 337
Jehan de Paris V 346
Legenda aurea, B. I. Italien V 1797
Michault, Pierre VI 609
Rätsel, IV. Romanische Literaturen VII 465
Reisen, Reisebeschreibungen, A. II. 2. Romanische Literaturen VII 676
Renaut de Montauban VII 726
Sone de Nansay VII 2045
Stanze VIII 58
Tournoiement d'Enfer VIII 921

Venus la déesse d'Amour, De VIII 1480
Vergi, La Chastelaine de VIII 1521
Voeux du heron VIII 1808

Vitolo, Giovanni
Kampanien V 893
(La) Cava V 1603
Neapel, A. Stadt und Wirtschaft VI 1072
Nola VI 1216
Ponza, Schlacht bei VII 99
Ravello VII 481
René, 1. R. v. Anjou, I. Leben und politische Tätigkeit VII 727
Robert, 8. R. v. Anjou, Kg. v. Sizilien (Neapel) VII 888
Ruffo VII 1088
Salerno, A. Stadt, Fürstentum und Bistum VII 1293
Salerno, B. I. Historische Entwicklung [Medizinische Schule] VII 1297
San Lorenzo di Padula VII 1174
San Vincenzo al Volturno VII 1206
Sanseverino, Familie v. Neapel VII 1366
Sergius, 5. S. VII., Hzg. v. Neapel VII 1788
Sorrent VII 2059
Waifer VIII 1931
Waimar, 1. W. I., Fs. v. Salerno VIII 1932
Waimar, 2. W. II., Fs. v. Salerno VIII 1932
Waimar, 3. W. III., Fs. v. Salerno VIII 1933
Waimar, 4. W. IV., Fs. v. Salerno VIII 1933

van Vliet, Kai
Utrecht, B. Stadt VIII 1352

Vogel, Cyril
Buße (liturgisch-theologisch), D. I. 2. Entwicklung bis zum Bußsakrament [Westkirche] II 1131
Buße (liturgisch-theologisch), D. I. 3. Bußgebet [Westkirche] II 1135
Buße (liturgisch-theologisch), D. I. 4. Bußzeiten [Westkirche] (mit Hödl, L.) II 1136
Buße (liturgisch-theologisch), D. I. 5. Bußübungen [Westkirche] II 1136
Buße (liturgisch-theologisch), D. I. 6. Bußpredigt [Westkirche] II 1137

Vogel, Kurt
Borghi, Pietro II 453

Vogel, Volker
Schleswig, I. 1. Archäologie VII 1484

Vogellehner, Dieter
Garten, A. II. Agrar-, wirtschafts- und rechtsgeschichtliche Aspekte [Westliches Europa] IV 1122

Vogelsang, Reinhard
Kammereibücher V 890

Vogler, Werner
Otmar VI 1560
Pfäfers VI 1992
Ratpert v. St. Gallen VII 462
Sankt Gallen VII 1153
Schänis VII 1439

Vogt, Hermann-Josef
Eutherios, Bf. v. Tyana IV 118

Kyrillos, 1. K., Patriarch v. Alexandria V 1599
Kyrillos, 2. K., Bf. v. Jerusalem V 1600
Leontios, 2. L. v. Byzanz V 1896
Sergios, 1. S. I., Patriarch v. Konstantinopel VII 1786
Dioskoros I. III 1094
Fulgentius, 1. F., Bf. v. Ruspe IV 1023
Hormisda, Papst V 126
Meletios VI 493
Nestorios VI 1098
Novatian, Novatianer VI 1301
Opus imperfectum in Matthaeum VI 1422
Paulinus, 1. P., Bf. v. Antiocheia VI 1814
Petros, 3. P. Mongos VI 1954
Petrus, 38. P. Fullo VI 1974
Prokopios, 2. P. v. Gaza VII 246
Proterios, Patriarch v. Alexandria VII 272
Sergios, 2. S., Bf. v. Reschaina VII 1786
Severianos, Bf. v. Gabala VII 1804
Severus, 2. S., Patriarch v. Antiocheia VII 1807
Synesios VIII 373

Vogüé, Adalbert de
Mönch, Mönchtum, B. Abendländische Kirche VI 738
Prior VII 216
Propst VII 264
Regula Magistri VII 605
Regula S. Benedicti VII 603
Regula Tarnatensis VII 607

Volk, Robert
Medizin, B. Byzantinisches Reich (mit Kislinger, E.) VI 459
Möbel, II. Byzantinisches Reich VI 704
Pocken, II. Osten VII 30
Symeon, 13. S. Seth VIII 365

Vollmann, Benedikt Konrad
Brautwerberepos, Brautwerbungsmotiv, IV. Mittellateinische Literatur II 594
Honorius, 8. H. Augustodunensis V 122
Kommentar, I. Mittellatein V 1279
Michael, 26. M. de Leone VI 605
Refrain, I. Mittellatein VII 553
Ruodlieb VII 1103
Vita VIII 1751

Vollmann-Profe, Gisela
Sündenklage VIII 322

Vollrath, Hanna
Chelsea, Synoden v. II 1791
Clofeshoh, Synoden v. II 2164
Curia, 1. C. regis, V. England III 381
Hatfield, Synode v. IV 1956
Hertford, Synode v. IV 2184
Jænberht V 269
König, Königtum, E. I. Angelsächsische Königreiche V 1315
Oswald, 2. O., Bf. v. Worcester VI 1550
Oswiu, Kg. v. Northumbria VI 1552
Penda VI 1871
Whitby, Synode v. IX 55

Voltmer, Ernst
Fahnenwagen IV 229

Volz, Ruprecht
Ägir I 209
Ágrip af Nóregs konunga sǫgum I 221
Andreas, 10. A. filius Sunonis I 607
Ari enn fróði I 925
Balder I 1362
Ericus Olai III 2147
Erikskrönikan III 2148
Nicolaus, 1. N. Hermanni VI 1132
Olaus Petri VI 1387
Petrus, 31. P. de Dacia VI 1970
Postola sögur VII 128
Predigt, B. VII. Skandinavische Literatur VII 180
Reimchronik, V. Skandinavische Literaturen VII 653
Rimbert VII 851
Saxo Grammaticus VII 1422
Snorra Edda VII 2015
Snorri Sturluson VII 2016
Solarljoð VII 2029
Sturekrönikan VIII 268
Sturla Þórðarson VIII 268
Sturlunga saga VIII 269
Sven(d), 4. S. (Sven) Aggesen VIII 343
Sverris saga VIII 345
Tale mot biskopene, En VIII 444
Tómas saga erkibiskups VIII 853
Völsunga saga VIII 1843
Ynglinga saga IX 413
Ynglingatal IX 413

Vones, Ludwig
Alcobaça (mit Maurício, D.) I 343
Alfons, 23. A. V. »el Africano«, Kg. v. Portugal (mit Batlle, C.) I 405
Alguacil (mit Sáez, C.) I 411
Almogávares (mit Claramunt, S.) I 447
Almosenier I 451
Amt, VIII. Die Ämter in den christlichen Reichen der Iberischen Halbinsel I 558
Apellido (mit Peláez, M.) I 743
Aportellados I 779
Aposentador (mit Peláez, M.) I 779
Aragón, A. IV. Kirchengeschichte und Verhältnis zum Papsttum I 861
Aranda, Francés de I 868
Arenys (Arens), Peter v. I 919
Astorga, I. Bistum II 1130
Badajoz, Übereinkunft v. I 1337
Balearen, I. Politische Geschichte I 1376
Berengar, 4. B. Seniofred de Lluçà I 1934
Berenguela, 2. B., Kgn. v. Kastilien-León I 1941
Bibliothek, A. II. 2. Spätmittelalter II 117
Blanca, 3. B. v. Kastilien, Kgn. v. Frankreich II 258
Braga, I. Stadt, Erzbistum und Kirchenprovinz II 539
Braga, II. Kirchen und Klöster II 541
Cabezón-Cigales, Verträge v. II 1329
Cabrera, Andrés de II 1333
Calatañazor, Schlacht v. II 1388
Calvó, Bernat II 1403
Cardeña, San Pedro de II 1502
Cárdenas, Gutierre de II 1504
Carrillo, 2. C. de Albornoz, Alfonso II 1530
Carrión (de los Condes) II 1531
Carrión, Vertrag v. II 1532
Carroç (Carrocii) II 1533
Castres II 1566
Castro, 1. C., Fernando de, Herr v. Monforte II 1567
Castro, 2. C., Fernando de, ptg. Adliger II 1568
Ceuta, 3. Portugiesische Herrschaft und Bistum II 1644
Chronik, K. I. 2. Im 13. bis 15. Jh. [Asturien, Kastilien, León] II 1997
Cisneros II 2102
Coelestin, 3. C. III. (Giacinto [Hyacinthus] Bobone) III 4
Coimbra, I. Stadt und Bistum (mit Adão da Fonseca, L.) III 23
Córdoba, I. 2. Bistum [Stadt und Bistum in der Spätantike bis zur arabischen Eroberung] III 230
Cortes, II. Portugal III 288
Coto III 304
Coudelarias III 309
Crónica de Alfonso XI III 351
Cronicón Iriense III 354
Curia, 1. C. regis, VI. Iberische Halbinsel III 382
Diego, 1. D. Rodríguez III 999
Diego, 3. D. II. Gelmírez III 1000
Diogo III 1070
Divisio Teodemiri III 1134
Domingues, Vasco III 1185
Don, Dom III 1229
Doncel III 1245
Eigentum, A. VI. Iberische Halbinsel III 1720
Elche III 1788
Eleonore, 2. E. v. Kastilien, Kgn. v. Aragón III 1804
Elvas, Vertrag v. III 1862
Elvira, Kgn. v. Leon III 1864
Enriquez, 1. E., Alfonso, Gf. v. Noreña und Gijón III 2018
Enriquez, 2. E., Alfonso, Admiral v. Kastilien III 2019
Enriquez, 3. E., Fadrique, Gf. v. Melgar III 2020
Enriquez, 4. E., Fadrique, Hzg. v. Benavente III 2021
Enriquez, 5. E., Fadrique, Gf. v. Trastámara III 2021
Enríquez, kast. Adelsfamilie III 2018
Entença (Entenza) III 2026
Entença, Berengar d' III 2026
Épila, Schlacht v. III 2064
Erill III 2148
Estremadura IV 42
Évora IV 144
Ferdinand, 1. F. I. 'v. Antequera', Kg. v. Aragón IV 356
Ferdinand, 3. F. III. 'el Santo', Kg. v. Kastilien und León IV 359
Ferdinand, 4. F. IV. 'el Emplazado', Kg. v. Kastilien IV 360
Ferdinand, 5. F. I. 'el Magno', Kg. v. León IV 362
Ferdinand, 6. F. II. 'el Baboso', Kg. v. León IV 364
Ferdinand, 12. F. v. Mallorca, Prinz v. Achaia IV 367
Ferdinand, 13. F., Hzg. v. Braganza IV 368
Ferdinand, 14. F. v. Aragón IV 368
Feria, Gf. en v. IV 370
Fernán, González, Gf. v. Kastilien und Alava IV 376
Fernández, 1. F. de Andeiro, Juan IV 372
Fernández, 2. F. de Córdoba, Familie IV 372
Fernández, 4. F. de Frias, Pedro IV 373
Fernández, 5. F. de Heredia, Juan IV 373
Fernández, 8. F. Pecha, Pedro IV 375
Fernández, 10. F. de Toledo, Blas, Ebf. v. Toledo IV 376
Flor, Roger (Ritxard) de IV 550
Fonsado IV 620
Fonseca, 1. F., Al(f)onso de, Ebf. v. Sevilla IV 620
Fonseca, 2. F., Al(f)onso de, Ebf. v. Santiago IV 621

Fonseca, 3. F., Al(f)onso de, Ebf. v. Toledo IV 621
Forans IV 630
Galíndez de Carvajal, Lorenzo IV 1090
Galindo, 1. G. Aznar I. IV 1091
Galindo, 2. G. Aznar II. IV 1091
Gandía IV 1104
Gandía, Alfons I. IV 1104
García, 2. G. I., Kg. v. Léon IV 1108
García, 3. G. Sánchez I. IV 1108
García, 4. G. (Sánchez) III. IV 1109
García, 5. G. (Ramírez) IV. IV 1110
García, 6. G. Ramírez, Kg. v. Viguera IV 1110
García, 7. G. 'el Malo', Gf. v. Aragón IV 1111
García, 8. G. (Garcí) Fernández, Gf. v. Kastilien IV 1111
García, 9. G. Sánchez IV 1111
García, 10. G. Ordóñez IV 1112
García, 11. G. Gudiel, Gonzalo, Ebf. v. Toledo IV 1112
García, 12. G. de Santa María, Alvar IV 1113
Gardingi IV 1114
Gerald, 1. G., hl. IV 1295
Geraldo 'Sem Pavor' IV 1297
Gesandte, B. VIII. Iberische Halbinsel IV 1377
Gesta Comitum Barcinonensium et Regum Aragonensium IV 1406
Girón, Familie IV 1462
Girón, Pedro IV 1462
Gonzalo, 1. G. (Sánchez), Kg. v. Sobrarbe und Ribagorza IV 1557
Gonzalo, 2. G. Peláez, Gf. in Asturien IV 1558
Gonzalo, 3. G. (Gonçalo Pais), Bf. v. Coimbra IV 1558
Gran Conquista de Ultramar IV 1651
Guadalajara, Vertrag v. IV 1756
Guadalajara, Zusammenkunft v. IV 1757
Guadalete, Schlacht am IV 1757
Guarda IV 1760
Guardia IV 1760
Guerra, Fernando (Pires) da IV 1766
Guevara, Familie IV 1766
Guzmán, Familie IV 1809
Haro, Familie IV 1942
Hermandades IV 2158
Hidalgo IV 2207
Hinojosa V 30
Hispania, 2. Mittelalter V 39
Historia Compostellana V 42
Huesca, II. Stadt V 153
Hugo, 26. H., Bf. v. Porto V 167
Infantado V 413
Iria V 645
Isabella, 8. I. v. Kastilien, Infantin V 671
Isabella, 11. I. (Isabel, Elisabeth) v. Portugal, hl. V 671
Jakob, 3. J. II., Kg. v. Mallorca V 282
Jakob, 4. J. III., Kg. v. Mallorca V 283
Jakob, 5. J. IV. (Tit.-)Kg. v. Mallorca V 284
Jakob, 10. J. v. Aragón, Infant V 286
Jakob, 11. J. v. Aragón, Infant, † 1347 V 287
Jakob, 13. J. v. Aragón, Kard. presbyter V 288
Játiva V 309
Jimena V 370
Johann, 6. J. I., Kg. v. Kastilien V 499
Johann, 7. J. II., Kg. v. Kastilien V 500
Johann, 26. J. (de Haro) 'el Tuerto' V 509
Johanna, 2. J. (Juana) Manuel, Kgn. v. Kastilien V 521
Johanna, 5. J. I. 'la Loca', Kgn. v. Kastilien V 522

Katharina, 2. K. v. Aragón, Kgn. v. England V 1070
Katharina, 3. K. v. Lancaster, Kgn. v. Kastilien V 1070
Konstanze, 3. K. v. Sizilien, Kgn. v. Aragón V 1407
Konstanze, 7. K. v. Aragón, Kgn. v. Mallorca V 1408
La Cueva, Beltrán de V 1607
La Junquera, Übereinkunft v. V 1621
Lara, Familie V 1716
Lara de Molina V 1718
Lissabon V 2009
Llantadilla, Schlacht v. V 2056
Llibre dels Feits, 1. Zum Werk V 2058
Lluchmayor, Schlacht v. V 2058
Maestrazgo VI 70
Mal(o)s usos VI 178
Mallorca, Kgr. VI 172
Mejía VI 488
Mendo Gonçalves VI 515
Mercedes enriqueñas VI 534
Merino (maiordomus, maiorinus, maiorino, villicus, bajulus) VI 539
Mesnada VI 553
Mesta VI 565
Mondoñedo VI 751
Moneda forera VI 752
Monreal del Campo VI 766
Monsfrag VI 771
Montazgo VI 780
Monteagudo, Vertrag v. VI 784
Montiel, Schlacht v. VI 807
Moscoso VI 859
Mumadona Dias VI 896
Murviedro, Friedensvertrag v. VI 945
Nájera, Kgr. VI 1007
Oñate VI 1408
Osorio VI 1512
Palma de Mallorca VI 1644
Palomeque, Gonzalo Díaz VI 1646
Pedralbes, Kapitulation v. VI 1850
Pedro, 3. P. v. Portugal VI 1852
Pedro, 4. P. Afonso, Gf. v. Barcelos VI 1852
Pedro, 7. P. Froílaz, Gf. v. Traba VI 1853
Peñafiel VI 1870
Perales, Übereinkunft v. VI 1876
Pereira, Nuno Álvares VI 1884
Perellós VI 1884
Pertiguero VI 1908
Pesquisa VI 1914
Peter, 3. P. III. 'el Gran', Kg. v. Aragón und Valencia, 1. Als Kg. v. Aragón VI 1924
Peter, 4. P. IV., Kg. v. Aragón VI 1926
Philipp, 31. Ph. v. Mallorca VI 2078
Portocarrero, Familie VII 114
Portugal VII 116
Potestas VII 131
Principado de Asturias VII 214
Procida, 2. P. (katal. Pròixidia), Olfo de VII 236
Raimund, 2. R. Borrell I., Gf. v. Barcelona VII 405
Raimund, 3. R. Berenger I., Gf. v. Barcelona VII 406
Ramiro, 1. R. I., Kg. v. Aragón VII 426
Ramiro, 2. R. II. 'el Monje', Kg. v. Aragón VII 426
Rebelo, Diogo Lopes VII 499
Recognoverunt proceres VII 527
Rector, II. Kirchenstaat VII 532
Register, VII. Iberische Halbinsel VII 585
Remensas VII 706
Repoblación/Repovoamento VII 740
Repostero VII 743

Requesens, Galcerán de   VII 747
Rodrigo, 3. R. Ovéquiz   VII 930
Rosell, Nikolaus   VII 1032
Sagrajas (Zalaca, az-Zallaqa), Schlacht v.   VII 1257
Sahagún, Vertrag v.   VII 1259
Sánchez de Arévalo, Rodrigo   VII 1351
Sancho, 1. S. I. Ramírez, Kg. v. Aragón   VII 1352
Sancho, 4. S. IV., Kg. v. Kastilien   VII 1353
Sancho, 5. S. v. Kastilien, Gf. v. Alburquerque   VII 1354
Sancho, 7. S. I., Kg. v. Mallorca   VII 1355
Sancho, 18. S. I., Gf. v. Provence   VII 1361
Sanlurí, Schlacht v.   VII 1365
Sanlurí, Vertrag v.   VII 1365
Sarmiento   VII 1384
Sayón   VII 1424
Segorbe (-Albarracín)   VII 1699
Señorío   VII 1760
Sepúlveda   VII 1770
Sisnando Davídiz   VII 1939
Sobrado (de los Monjes)   VII 2018
Solariego   VII 2029
Suero Bermúdez   VIII 287
Talavera   VIII 442
Talavera, Hernando (Pérez) de   VIII 443
Támara, Paces de   VIII 453
Tarifa   VIII 476
Tarouca   VIII 479
Taula de Canvi   VIII 505
Tendilla   VIII 540
Tenorio, Pedro   VIII 543
Teresa, 1. T. v. Portugal, Kgn. v. León   VIII 551
Teresa, 3. T. de Entenza   VIII 551
Toledo, Vertrag v.   VIII 848
Tomich, Pere   VIII 854
Toro (bei Zamora), Schlacht v.   VIII 876
Toros de Guisando, Vertrag v.   VIII 876
Torquemada, Tomás de   VIII 877
Torrellas, Schiedsspruch (Übereinkunft) v.   VIII 878
Trancoso, Schlacht v.   VIII 934
Tribunal de la Corte   VIII 983
Trujillo   VIII 1071
Tudellén, Vertrag v.   VIII 1082
Tudmīr   VIII 1083
Úbeda   VIII 1143
Uclés, Schlacht v.   VIII 1172
Ulloa   VIII 1190
Uncastillo, Vertrag v.   VIII 1215
Urkunde, -nwesen, A. XII. Iberische Halbinsel   VIII 1312
Vacariça   VIII 1361
Vadoluengo, Übereinkunft v.   VIII 1364
Vadoluengo, Vertrag v.   VIII 1364
Valdeiglesias   VIII 1375
Vecinos   VIII 1441
Vela   VIII 1448
Velasco   VIII 1448
Vilafranca del Penedès, Übereinkunft v.   VIII 1670
Villalobos   VIII 1676
Villamayor   VIII 1677
Villena   VIII 1688
Vimara Peres   VIII 1698
Vizekönig   VIII 1788
Yantar   IX 408
Zabazoque   IX 433
Zalmedina   IX 471
Zamora (mit Singer, H.-R.)   IX 471

Vones-Liebenstein, Ursula
Aragón, Könige v./Barcelona Grafen v. (Stammtafel)   IX Anhang
Arrouaise, II. Die Kongregation von Arrouaise   I 1032
Barcelona, Grafen v. (Stammtafel)   IX Anhang
Berengar, 5. B. II., Ebf. v. Narbonne   I 1936
Bernhard, 44. B. v. Tiron   I 2002
Cardona, III. Regularkanonie Sant Vicenç   II 1506
Claustrales, Kongregation der   II 2133
Covarrubias   III 328
Escalada, S. Miguel de   IV 3
Escornalbou, Sant Miquel d'   IV 11
Eslonza, S. Pedro de   IV 15
Foix/Bearn, Grafen v. (Stammtafel)   IX Anhang
Gradefes, Sta. María la Real de   IV 1631
Infant   V 412
Infantazgo   V 413
Johannes, 56. J. Peculiaris   V 553
Kastilien-León, Könige v. (Stammtafel)   IX Anhang
Kuno, 1. K., Kard.bf. v. Praeneste   V 1571
Lérida, II. Bistum   V 1906
Mathilde, 5. M. (Mahaut), Gfn. v. Boulogne, Kgn. v. Portugal   VI 392
Mendoza, Familie   VI 515
Mendoza, 2. M., Pedro González de   VI 518
Meneses   VI 518
Mondéjar, Marqués de   VI 750
Montcada, Familie (mit Batlle, Carmen)   VI 781
Monteagudo   VI 783
Ollegar, Bf. v. Barcelona   VI 1399
Parente, Juan   VI 1703
Pedro, 5. P. González, Gf. v. Lara   VI 1853
Pedro, 8. P. Enríquez de Castro, Gf. v. Trastámara   VI 1854
Raimund, 4. R. Berengar II., Gf. v. Barcelona   VII 406
Raimund, 5. R. Berengar III., Gf. v. Barcelona   VII 407
Raimund, 6. R. Berengar IV., Gf. v. Barcelona   VII 407
Raimund, 8. R. Berengar, Gf. v. Prades   VII 409
Raimund, 9. R. Berengar III., Gf. v. Provence   VII 409
Raimund, 10. R. Berengar IV., Gf. v. Provence   VII 409
Raimund, 11. R. Berengar V., Gf. v. Provence   VII 410
Raimund, 17. R. Xedmar v. Castelltersol, Ebf. v. Tarragona   VII 413
Raimund, 18. R. v. Rocabertí, Ebf. v. Tarragona   VII 413
Ramon, 1. R. Folc I.   VII 429
Ramon, 2. R. de Cardona   VII 429
Ramon, 3. R. Roger I., Gf. v. Pallars-Sobirà   VII 430
Ramon, 4. R. Roger II., Gf. v. Pallars-Sobirà   VII 430
Razès   VII 494
Requesens   VII 747
Reverter   VII 772
Ribagorza   VII 803
Rica   VII 806
Ripoll   VII 861
Rocabertí, Familie   VII 920
Roda   VII 927
Roda, Sant Pere de   VII 927
Sacramenia, Santa María y San Juan   VII 1245
Sagramental   VII 1257
Saint-Guilhem du Désert   VII 1166
Saint-Martin du Canigou   VII 1179
Saint-Papoul   VII 1188
Saint-Pons de Thomières   VII 1195
Saint-Ruf   VII 1198

San Isidro de Dueñas   VII 1171
San Juan de la Peña   VII 1171
San Pedro de Arlanza   VII 1191
San Pedro de Montes   VII 1191
Sancha   VII 1350
Sandoval   VII 1363
Sant Cugat del Vallès   VII 1143
Sant Joan de les Abadesses   VII 1169
Sant Salvador de Breda   VII 1200
Santes Creus   VII 1142
Santo Domingo de Silos   VII 1149
Sasavé, San Adrián de   VII 1386
Scala Dei   VII 1425
Serós   VII 1791
Serviten, Servitinnen-Orden   VII 1793
Siresa, San Pedro de   VII 1935
Sobrarbe   VII 2018
Solsona, Santa Maria de   VII 2040
Stúñiga   VIII 266
Suñer   VIII 324
Sunifred, 1. S. I., Gf. v. Cerdaña-Urgel   VIII 325
Sunifred, 2. S. II., Gf. v. Besalú   VIII 325
Tabernoles   VIII 394
Tarazona   VIII 468
Tarragona,   VIII 480
Tenencia   VIII 541
Terrassa   VIII 555
Teruel   VIII 560
Theodard, 1. Th., Ebf. v. Narbonne   VIII 620
Tiron   VIII 804
Tordesillas, Santa Clara de   VIII 872
Torrelles   VIII 879
Torroja   VIII 881
Tort, Bernhard   VIII 882
Tortosa (Stadt, Bm. und Taifenreich in Katalonien)   VIII 884
Tulle   VIII 1090
Urraca, 1. U., Kgn. v. Kastilien-León   VIII 1326
Urraca, 2. U., Infantin   VIII 1327
Urraca, 3. U. 'la Asturiana'   VIII 1328
Uzerche   VIII 1358
Vabres   VIII 1361
Valbenoîte   VIII 1375
Valencia   VIII 1380
Vega, Monasterio del   VIII 1443
Velasquita   VIII 1448
Vigeois   VIII 1657
Vilabertrán   VIII 1670
Villefranche-de-Conflent   VIII 1686
Villefranche-de-Rouergue   VIII 1687
Vinzenz, 1. V. v. Agen   VIII 1704
Violante, 1. V. v. Ungarn, Kgn. v. Aragón   VIII 1708
Violante, 2. V. v. Bar, Kgn. v. Aragón   VIII 1709
Violante, 3. V. v. Aragón, Kgn. v. Kastilien   VIII 1709
Wilhelm, 17. W. VII. Algret, Hzg. v. Aquitanien   IX 139
Wilhelm, 18. W. VIII., Hzg. v. Aquitanien, Gf. v. Poitou   IX 139
Wilhelm, 19. W. IX., Hzg. v. Aquitanien, I. Leben und Politik   IX 140
Wilhelm, 20. W. X., Hzg. v. Aquitanien   IX 142
Zai'da   IX 468

Vööbus, Arthur
Boskoi   II 472

Vrankić, Petar
Symbolum   VIII 358

Vuijlsteke, Marc
Adenet le Roi   I 149
Barlaam und Joasaph, B. IV. Romanische Literaturen   I 1466
Dansa   III 544
Descort   III 721
Sirma   VII 1936

Vultaggio, Claudia
Ferdinand, 7. F. I. v. Aragón, Kg. v. Neapel   IV 365
Ferdinand, 8. F. II. Vinzenz v. Aragón, Kg. v. Neapel   IV 366
Filangieri   IV 443
Fondi   IV 619
Friedrich, 6. F. I. v. Aragón, Kg. v. Neapel   IV 944
Karl, 30. K. v. Kalabrien   V 992

Wacha, Georg
Beerenfrüchte   I 1783
Blei, Bleiguß, III. Blei als Werkstoff (mit Arenhövel, W.)   II 272

Wachinger, Burghart
Boppe, Meister   II 445

Wachten, Johannes
Arbeit, C. Judentum   I 878
Barmherzigkeit, II. Judentum   I 1472
Bettlerwesen, III. Judentum   II 7
Brief, Briefliteratur, Briefsammlungen, D. Brief und Briefliteratur im Judentum   II 678
Cavalleria, Jahuda de la   II 1594
Chronik, R. Judentum   II 2025
Denunziation (denuntiatio), 2. D. im Judentum   III 703

Wachter, Bernt
Wendland   VIII 2184

Wacke, Andreas
Selbsttötung, -mord, I. Abendländischer Westen   VII 1727
Testament, A. II. 1. Deutsches Recht   VIII 565

van der Waerden, Bartel L.
Apogäum   I 748
Astrolabium   I 1135
Astrologie, I. Ursprünge (mit North, J. D.)   I 1135
Astrologie, II. Astrologie in Byzanz   I 1136
Astronomie, I. Spätgriechische und byzantinische Astronomie   I 1145
Astronomie, II. Indische Astronomie   I 1146
Astronomie, III. Persische Astronomie   I 1147
Astronomie, IV. Arabische Astronomie   I 1147
Astronomie, VI. Astronomie im Abendland   I 1150
al-Asṭurlābī   I 1156
Ekliptik   III 1769
Fixsterne   IV 507

Wagner, Bettina
Kit(z)scher, Johann(es) v.   V 1189
Nider (Nyder), Johannes   VI 1136
Opici(n)us de Canistrio (Canistris)   VI 1413

Wagner, Fritz
Caesarius, 3. C. v. Heisterbach   II 1363
Christan v. Lilienfeld   II 1906
Gesta Romanorum, I. Mittellat. Literatur   IV 1408
Herbert, 4. H. v. Clairvaux   IV 2149
Johannes, 72. J. v. Bromyard   V 558
Johannes, 116. J. Gobii Junior   V 579
Konrad, 40. K. v. Haimburg   V 1358
Miracula, Mirakel   VI 656
Robert, 37. R. v. Basevorn   VII 901
Vita S. Alexii   VIII 1755

Walberg, Hartwig
Bürgerbuch   II 1042
Detmold   III 737

Walder, Ernst
Stanser Verkommnis   VIII 58

Walf, Kurt
Bonum commune   II 435

Walker, David
Robert, 49. R. FitzHamon   VII 904
Saint Asaph   VII 1135
Saint David's   VII 1144

Wallace, Patrick F.
Dublin, A. Stadt   III 1426

Walliczek, Wolfgang
Artus (Arthur), Artussage, Artusromane, III. Mittelhochdeutsche Literatur   I 1080

Walliser, Peter R.
Bürgschaft, II. 1. Allgemein [Deutsches Recht]   II 1059
Geisel   IV 1175

Wallner, Engelbert
Chiemsee, III. Bistum   II 1813

Walsh, Katherine
Kardinalprotektor   V 952
Thomas, 58. Th. Waldensis   VIII 725
Woodford, William   IX 326
Wyclif, John   IX 391

Walter, Philippe
Lohengrin, I. Romanische Literaturen   V 2080
Lothringerepen   V 2137

Walther, Helmut G.
Perugia   VI 1909

Wanderwitz, Heinrich
Stadtturm   VIII 28

Wang, Andreas
Antichrist, B. I. Mittelhochdeutsche Literatur   I 705

Ward-Perkins, Bryan
Litus Saxonicum   V 2037

Warlop, Ernest
Bertulf   I 2045

Warnke, Charlotte
Bienen, I. Bienenjagd, -haltung, -recht   II 128

Wasilewski, Tadeusz
Bosancica   II 468
Brief, Briefliteratur, Briefsammlungen, C. IV. Südslavischer Bereich   II 675

Waterschoot, Werner
Roovere, Anthonis de   VII 1025

Watkin, Thomas G.
Quia emptores   VII 366

Watson, Andrew G.
Bibliothek, A. IV. England   II 119

Watt, John A.
Ailbe Ua Máel Muaid   I 238
Johannes, 43. J. de Alatre   V 548

Wawrik, Franz
Beatus-Karte   I 1747
Borgia-Karte   II 453

Wéber, Edouard-Henry
Doppelte Wahrheit (mit Hödl, L.)   III 1260

Weber, Gerd Wolfgang
Draumkvæde   III 1369
Eufemiavisor   IV 77
Fornaldarsögur   IV 657

Weber, Raimund J.
Urfehde   VIII 1294

Wędzki, Andrzej
Ląd   V 1608
Łysa Góra   VI 50
Meseritz   VI 552
Miechów   VI 615
Mlada   VI 697
Pfalz, Palast, H. Ostmitteleuropa   VI 2007
Teschen   VIII 562
Wiślica   IX 257
Włocławek   IX 288

Wefers, Sabine
Ofen, Reichstag v.   VI 1365
Preßburg, Reichstag v.   VII 193
Si(e)gmund, 1. S., röm-dt. Ks., Kg. v. Ungarn und Böhmen   VII 1868
Türkensteuer   VIII 1108

Wehrli-Johns, Martina
Töss   VIII 890

Weidemann, Hermann
Adaequatio   I 91
Apprehensio   I 810
A priori/a posteriori   I 811
Begriff   I 1808

Weigand, Rudolf
Administrator   I 155
Bernhard, 31. B. v. Compostela d. Ältere   I 1998
Bernhard, 32. B. v. Compostela d. Jüngere   I 1998

Bernhard, 39. B. v. Montmirat   I 2001
Bruderschaft, 1. Entstehung   II 738
Bruderschaft, 2. Kirchliche Gesetzgebung   II 739
Bruderschaft, 4. Rein religiöse Bruderschaften   II 740
Bruderschaft, 5. Statuten und Regeln   II 740
Dekretisten, Dekretistik   III 661
Ehe, B. II. Kanonisches Recht   III 1623
Ehebruch, B. II. Kanonisches Recht   III 1651
Familie, B. II. Kanonisches Recht   IV 259
Glossa ordinaria, 2. G. (kanonisches Recht)   IV 1503
Glossatoren, II. Kanonisches Recht   IV 1506
Glossen, 2. G. (kanonisches Recht)   IV 1507
Gregor, 28. G. v. London   IV 1683
Huguccio (Uguccio, Hugo, Hugutio)   V 181
Infamie   V 412
Kanonisches Recht   V 904
Klandestinehe   V 1192
Koadjutor   V 1242
Martin, 12. M. v. Amberg   VI 346
Odo, 13. O. v. Dover   VI 1359
Omnibonus   VI 1407
Petrus, 64. P. v. Ravenna   VI 1983
Polygamie, I. Westlicher Bereich   VII 74
Rolandus   VII 962
Rufinus, 2. R., Kanonist   VII 1089

Weimann, Klaus
Renart, IV. Englische Literatur   VII 723
Tierepos, II. Englische Literatur   VIII 766

Weimar, Peter
Accursius   I 75
Actio   I 88
Albericus, 1. A. de Porta Ravennate   I 282
Albericus, 2. A. de Rosate   I 282
Albertus, 2. A. de Gandino   I 294
Alexander, 20. A. ab Alexandro   I 376
Alexander, 31. A. de Tartagnis   I 380
Andreas, 7. A. Bonellus de Barulo   I 603
Andreas, 13. A. de Isernia   I 608
Anzeige, 1. Im röm. Recht und gemeinen Recht   I 739
Apparatus glossarum   I 802
Appellation, I. Appellatio   I 804
Argument(um), II. Recht   I 924
Ars notariae   I 1045
Azo, 2. A., Doctor legum   I 1317
Baldus de Ubaldis   I 1375
Bartholom(a)eus, 19. B. de Saliceto   I 1497
Bartolus de Saxoferrato   I 1500
Bedingung, 1. B. (condicio)   I 1782
Beleidigung, I. Römisches und gemeines Recht   I 1837
Beneficium, I. Römisches Recht   I 1904
Bernardus, 3. B. Dorna   I 1976
Besitz, I. Römisches und gemeines Recht   I 2064
Beweis, 2. B. (Recht), I. Römisches Recht   II 28
Blasius, 2. B. de Morcono   II 265
Bologna, B. Die Rechtsschule von Bologna   II 374
Bologninus, Ludovicus   II 387
Brachylogus iuris civilis   II 537
Brandmarkung, I. Römisches Recht   II 566
Brandstiftung, I. Römisches Recht   II 568
Brocarda, Brocardica   II 707
Bulgarus   II 931
Bürgschaft, I. Justinianisches und gemeines Recht   II 1059
Buße (weltliches Recht), I. Römisches und gemeines Recht   II 1144
Calumnia   II 1403
Casus   II 1569
Causa, 2. C. (im römischen und gemeinen Recht)   II 1583
Cino da Pistoia, I. Leben   II 2089
Cino da Pistoia, II. Juristisches Werk   II 2089
Commentum   III 82
Consilium, 2. C. (Rechtsgutachten)   III 161
Corpus iuris civilis   III 270
Delegation, II. Römisches und gemeines Privatrecht   III 668
Delikt   III 671
Diebstahl, A. Römisches und gemeines Recht   III 987
Differentienliteratur   III 1042
Dinus de Rossonis Mugellanus   III 1068
Disputatio(n), 2. Juristische Disputationen   III 1118
Dissensiones dominorum   III 1120
Distinktion, II. Zivilrecht   III 1128
Ehe, B. I. Römisches Recht   III 1621
Eid, A. III. Römisches Recht (mit Knellwolf, M.)   III 1676
Eigentum, A. I. Römisches und gemeines Recht   III 1714
Erbrecht, Erbe, Erbschaft, A. I. Römisches und gemeines Recht   III 2102
Ersitzung, I. Römisches und gemeines Recht   III 2187
Exceptiones   IV 155
Exceptiones legum Romanarum   IV 155
Familie, B. I. Römisches Recht   IV 257
Fideikommiß, I. Römisches Recht   IV 431
Frau, B. I. Römisches Recht   IV 854
Fulgosius, Raphael   IV 1024
Gaius   IV 1079
Hugo, 49. H. de Porta Ravennate   V 174
Hugolinus, 1. H. (Presbyteri)   V 179
Hypothek, 1. Römisches und gemeines Recht   V 251
Irnerius   V 663
Jacobus, 5. J. de Ardizone de Broilo   V 256
Jacobus, 7. J. Balduini   V 256
Jacobus, 8. J. de Belvisio   V 256
Jacobus, 10. J. Buttrigarius   V 257
Jacobus, 12. J. Columbi   V 257
Jacobus, 24. J. de Porta Ravennate   V 261
Jason de Mayno   V 308
Johannes, 66. J. Bassianus   V 556
Johannes, 69. J. Blancus   V 557
Kommentatoren   V 1283
Libellus   V 1938
Liber feudorum   V 1943
Marinus, 3. M. de Caramanico   VI 295
Martinus, 2. M. de Fano   VI 350
Martinus, 3. M. Gosia   VI 351
Materia, 2. M. (Stoff)   VI 376
Nicolaus, 9. N. Matarellus   VI 1134
Notabilia   VI 1271
Odofredus de Denariis   VI 1361
Oldradus de Ponte (de Laude)   VI 1391
Otto, 37. O. Papiensis   VI 1585
Pactum   VI 1611
Paulus, 8. P. de Castro   VI 1824
Petrus, 10. P. de Bellapertica   VI 1962
Pfand, I. Römisches und gemeines Recht   VI 2019
Philippus, 3. Ph. Decius   VI 2085
Pilius   VI 2159
Placentinus   VI 2194
Pontius, 2. P. de Ilerda   VII 98
Quaestiones iuris   VII 350

Quattuor doctores VII 358
Questiones de iuris subtilitatibus VII 366
Rainerius, 1. R. Perusinus VII 420
Raynerius de Ar(i)sendis VII 494
Rechtsunterricht VII 524
Repetitio VII 740
Res (rechtlich) VII 749
Révigny, Jacques de VII 772
Rogerius, 2. R., Bologneser Jurist VII 946
Rolandinus, 2. R. Passagerii VII 959
Sachbeschädigung VII 1222
Salathiel VII 1286
Servitut VII 1797
Simon, 25. S. Vicentinus VII 1920
Socinus (Sozzini), Bartholomaeus VII 2019
Solutiones contrariorum VII 2041
Spolienklage VII 2131
Summa (Summula), B. Zivilrecht VIII 308
Summa Perusina VIII 312
Summa Trecensis VIII 313
Testament, A. I. Römisches und gemeines Recht VIII 563
Tocco, Karolus de VIII 821
Tübinger Rechtsbuch VIII 1077
Ubertus de Bobio VIII 1169
Ususfructus VIII 1344
Vertrag, A. I. Römisches und gemeines Recht VIII 1587
Vivianus Tuscus VIII 1784
Vormund, -schaft, I. Römisches und gemeines Recht VIII 1853
Vulgarrecht VIII 1879
Vulgata, 2. Corpus iuris civilis VIII 1880
Wilelmus, 1. W. de Cabriano IX 123
Zeuge, A. Römisches und gemeines Recht IX 582

Weinfurter, Stefan
Ponte Mammolo, Vertrag v. VII 93
Rottenbuch VII 1055

Weinrich, Lorenz
Fontenoy IV 626

Weinstock, Horst
Harding, John IV 1932
Kennedy, 2. K., Walter V 1104
Libel of English Policy V 1937
Mum and the Sothsegger VI 895
Natureingang, II. Englische Literatur VI 1045
Pecock, Reginald VI 1848
Robert, 56. R. of Knaresborough VII 908
Roland (in der Überlieferung), C. III. Englische Literatur VII 956
Scrope, 3. S., Stephen VII 1656
Sieben weise Meister, II. Englische Literatur VII 1839
Thomas, 29. Th. of Erceldoune VIII 717
Wallace VIII 1979

Weiß, Günter
Abgaben, VI. Byzanz I 38
Adrianopel (mit Gruber, J., Kreiser, K.) I 167
Ägypten, I. Byzantinische Epoche I 223
Allelengyon I 427
Andronikos, 1. A. I. Komnenos I 613
Andronikos, 2. A. II. Palaiologos I 613
Andronikos, 3. A. III. Palaiologos I 614
Andronikos, 4. A. IV. Palaiologos I 614

Apokaukos, 1. A., Alexios I 757
Arsenios, 2. A., Patriarch v. Konstantinopel I 1053
Arseniten I 1054
Basileus I 1523
Byzantinisches Reich, H. Byzanz und seine östlichen Nachbarn. Die Ostgrenze II 1314
Caesar, II. Byzanz II 1352
Chartularios II 1761
Comes rerum privatarum III 77
Comes sacrarum largitionum III 77
Comes, I. 2. Byzantinisches Reich III 71
David, 1. D. Komnenos III 599
Domesticus (domestikos), I. Spätantike und Byzanz III 1182
Dromos III 1407
Dux, Dukat, I. 2. Byzantinisches Reich III 1486
Ekthesis chronike III 1773
Paröken VI 1742
Peculium, 1. Byzanz VI 1849
Petraliphas VI 1944
Plethon (Georgios Gemistos) VII 19
Praktika VII 168
Prokopios, 3. P. v. Kaisareia VII 246
Proskynese VII 265
Protonotarios VII 274
Prozession, II. Byzanz VII 287
Publizistik, B. Byzanz VII 317
Quaestor sacri palatii VII 352
Referendarios VII 542
Seerecht, I. Byzanz und östliches Mittelmeer VII 1687
Sekreton VII 1724
Sergios, 3. S. Niketiates VII 1786
Sgouros, Leon VII 1824
Synekdemos VIII 373
Syropulos, Johannes VIII 387

Weißer, Christoph
Donnerbücher III 1251

Weisser, Ursula
Abtreibung I 65

Weitzel, Jürgen
Deutsches Recht III 777
Ding (Thing), I. Fränkisch-deutscher Bereich III 1058
Fränkisches Recht IV 742
Fremde, -nrecht IV 909
Gast, -recht, -gericht IV 1130
Gerichtsverfahren, III. Germanisches und deutsches Recht IV 1333
Iudex V 793
Klage, Kläger, III. Germanisches und deutsches Recht V 1190
Königs- und Hofgericht V 1331
Los, -entscheid V 2121
Mallus, mallum VI 175
Oberhof VI 1331
Placitum VI 2195
Reklamationsrecht VII 685
Schiedsgericht VII 1454
Schöffe, -ngericht, -nbank, I. Rechtsgeschichte VII 1514
Tie VIII 762
Todesstrafe VIII 836
Urteil, I. Germanisches und deutsches Recht VIII 1334
Volk, -sversammlung, I. Fränkisch-deutscher Bereich VIII 1816

Wellas, Michael B.
Georgios, 1. G. v. Gallipoli IV 1285
Grassus, Johannes IV 1657
Johannes, 11. J. Palaiologos V 536
Johannes, 14. J. I. Angelos V 537
Johannes, 15. J. II. Angelos v. Thessalien V 538
Michael, 12. M. I. Dukas VI 600
Michael, 13. M. II. Dukas Komnenos (Angelos) VI 600
Nikephoros, 4. N. I., Herrscher v. Ep(e)iros VI 1157
Nikephoros, 5. N. II. (Dukas), Herrscher v. Ep(e)iros VI 1158

Weller, Tobias
Hauteville (Stammtafel) IX Anhang

Weltin, Max
Hardegg IV 1932
Pitten VI 2189
Raabs VII 379
Tulln VIII 1091

Wendehorst, Alfred
Bamberg, II. Bistum I 1396
Bamberg, III. Kloster Michelsberg I 1399
Banz I 1424
Bayreuth, 1. B., Stadt in Franken I 1719
Bruno, 8. B., Bf. v. Würzburg II 788
Burchard, 14. B. I., hl. II 951
Cadolzburg II 1341
Clemens, 2. C. II. (Suidger), Papst II 2138
Coburg II 2195
Dettelbach III 737
Eberhard, 13. E. I., Bf. v. Bamberg III 1519
Eberhard, 14. E. II., Bf. v. Bamberg III 1519
Ebrach III 1530
Eichstätt, II. Geschichte von Bistum und Stadt III 1671
Ekbert, 4. E. v. Andechs-Meranien III 1762
Ekkebert III 1764
Embricho III 1878
Erchanbald, 1. E., Bf. v. Eichstätt III 2121
Erlung III 2155
Franken, Landschaft IV 728
Friedrich, 19. F. III., Burggf. v. Nürnberg IV 951
Friedrich, 20. F. IV., Burggf. v. Nürnberg IV 951
Gottfried, 14. G. I. v. Spitzenberg-Helfenstein IV 1602
Gregor, 27. G. Heimburg IV 1682
Gundekar, 1. G. I., Bf. v. Eichstätt IV 1791
Gundekar, 2. G. II., Bf. v. Eichstätt IV 1791
Hallstadt IV 1881
Heidenheim IV 2013
Heilsbronn IV 2031
Heinrich, 2. H. II., Ks., dt. Kg., 1. Leben und Regierung IV 2037
Heinrich, 94. H. I., Bf. v. Würzburg IV 2087
Henneberg IV 2130
Heribert, 6. H., Bf. v. Eichstätt IV 2155
Hermann, 10. H. I., Bf. v. Bamberg IV 2162
Herrieden IV 2180
Hohenlohe V 82
Hohenzollern V 83
Johann, 24. J. d. Alchimist V 508
Johann, 38. J. III. v. Eich V 514
Kilian V 1136
Konrad, 24. K. I. v. Querfurt, Bf. v. Hildesheim V 1351
Kunigunde, 1. K., hl., Ksn. V 1570
Lupold III. v. Bebenburg VI 14
Markgrafenkrieg, Erster VI 304
Meinhard, 4. M. v. Bamberg VI 474
Münsterschwarzach VII 918
Nürnberg VI 1317
Nürnberg, Reichstage v. VI 1322
Nürnberger Herrenbund VI 1323
Ochsenfurt VI 1343
Oettingen VI 1365
Pappenheim VI 1666
Philipp, 20. Ph. v. Rathsamhausen, Bf. v. Eichstätt VI 2074
Pleichfeld, Schlacht bei VII 17
Rebdorf VII 499
Reichswald VII 648
Rothenburg ob der Tauber VII 1050
Rudolf, 20. R. II. v. Scherenberg, Bf. v. Würzburg VII 1083
Salz, Gemeinde in Unterfranken VII 1329
Schedel, 1. S., Hartmann VII 1444
Schedel, 2. S., Hermann VII 1445
Sebald, hl. VII 1658
Seinsheim VII 1721
Si(e)gmund, 2. S., Mgf. v. Brandenburg-Kulmbach VII 1871
Stadtchronik, II. Süddeutscher Raum VIII 15
Tauberbischofsheim VIII 492
Theres VIII 676
Toppler (Tobler), Heinrich VIII 871
Truhendingen VIII 1071
Wertheim IX 12
Wilhelm, 49. W. v. Reichenau, Bf. v. Eichstätt IX 154
Wolfhard v. Herrieden IX 309
Würzburg IX 377

Wensky, Margret
Düren III 1473
Düsseldorf III 1485
Emmerich, Stadt III 1889
Frau, C. I. Die Frau in der adligen Gesellschaft [Lateinischer Westen] IV 862
Frau, C. III. Die Frau in der städtischen Gesellschaft [Lateinischer Westen] IV 864
Frauenzunft IV 880
Kalkar V 871

Wenzel, Siegfried
Fasciculus Morum IV 303
John, 6. J. de Grimestone V 618

Werner, Hans-Joachim
Johannes, 99. J. Duns Scotus V 571
Mauritius, 3. M. de Portu VI 413
Modalität, modus VI 706
Möglichkeit VI 716
Trichotomie, Trichotomismus VIII 987

Werner, Joachim
Childerichgrab II 1819

Werner, Karl Ferdinand
Abbo, 1. A. v. Fleury (mit Pinborg, J.) I 15
Abraham, 3. A., Bf. v. Freising I 50
Ad Destricios I 91
Adalbero, 3. A., Bf. v. Augsburg I 93

Adel, A. Fränkisches Reich, Imperium, Frankreich
    I 118
Adela, 1. A. v. Champagne I 141
Adela, 5. A. v. England I 142
Ademar v. Chabannes I 148
Adso v. Montier-en-Der I 169
Aimoin, 2. A. v. Fleury I 242
Albert, 13. A. (Alpertus) v. Metz I 289
Alvisus I 498
Amt, I. Einleitung (mit Kroeschell, K.) I 546
Amt, III. Amt und Ämter im fränkischen Reich und in Frankreich I 548
Andernach, Schlacht bei I 596
Andreas, 11. A. v. Fleury I 608
Andreas, 16. A. v. Marchiennes I 609
Angevinisches Reich I 633
Argenteuil, Schlacht v. I 923
Arnulf, 9. A., Bf. v. Orléans I 1019
Arnulf, 10. A., Ebf. v. Reims I 1019
Artoldus I 1073
Asic I 1108
Attigny I 1178
Bar(-le-Duc), Schlacht bei I 1429
Beauce I 1749
Bertha, 2. B. v. Burgund I 2022
Birten, Schlacht bei II 226
Blois, I. Grafschaft und Dynastie im Hochmittelalter II 282
Bonn, Vertrag v. II 428
Brémule, Schlacht v. II 606
Bretagne, A. I. Frühmittelalter (mit Guillotel, H.) II 615
Burchard, 6. B., Gf. v. Vendôme, Paris, Corbeil und Melun II 942
Burgund, 1. Zum Burgund-Begriff II 1062
Burgund, 2. Burgund, fränkisches Teilreich II 1062
Burgund, 3. Burgund, Herzogtum, A. Entstehung und Entwicklung bis zum 12. Jahrhundert II 1066
Chartres, Schlacht bei II 1752
Constantin v. Fleury III 169
Deutschland, A. Begriff; geographisch-historische Problematik; Entstehung III 782
Reditus ad stirpem Karoli VII 537
Regnum VII 587
Renart, I. Historischer Hintergrund VII 720
Robert, 1. R. d. Tapfere VII 883
Robertiner VII 916

Werner, Matthias
Cronica Reinhardsbrunnensis III 353
Cronica s. Petri Erfordensis moderna III 353
Dietrich, 23. D. v. Apolda III 1032
Elisabeth, 16. E. v. Thüringen, I. Leben und Wirken III 1838
Elisabeth, 16. E. v. Thüringen, II. Verehrung III 1839
Elisabeth, 16. E. v. Thüringen, III. Hagiographie III 1840
Reinhardsbrunn VII 667
Rothe, Johannes VII 1050
Thüringen, Thüringer, B. Geschichte VIII 749
Vitztume v. Apolda VIII 1782
Vögte v. Weida, Gera und Plauen VIII 1814
Vogtland VIII 1815
Wartburg VIII 2055
Weißensee VIII 2139

Wesche, Markus
Ado v. Vienne I 157
Aegidius, 10. Ae. v. Paris I 178
Alexander d. Große in Kunst und Literatur, B. IV. Mittellateinische Literatur I 358
Amazonen, I. Die Amazonenüberlieferung in der lateinischen Literatur des Mittelalters I 514
Andreas, 19. A. von Rode I 610
Arnold, 22. A. v. Lübeck I 1007
Boto, 1. B. v. Prüfening II 490
Calcidius II 1391
Carmen de Aquilegia numquam restauranda II 1509
Carmen de destructione civitatis Mediolanensis II 1510
Carmen de exordio gentis Francorum II 1511
Carmen de synodo Ticinensi II 1512
Carmina Mutinensia II 1519
Ligurinus V 1982

Wessel, Klaus
Aaron, Bruder des Moses (mit Binding, G.) I 7
Adam und Eva (mit Binding, G., Reinle, A.) I 115
Ägypten, V. Koptische Kunst I 229
Akathistos-Hymnos (mit Prinzing, G.) I 250
Alexander d. Große in Kunst und Literatur, A. I. Byzanz [Ikonographie] I 354
Ambo, 1. Archäologie (mit Hinz, H.) I 516
Ambo, 2. Skulptur, Kleinkunst (mit Elbern, V. H.) I 517
Ancone I 581
Andreas, Apostel (mit Binding, G., Wimmer, E.) I 600
Anna, hl., Mutter Marias (mit Binding, G., Harmening, D.) I 654
Antikenrezeption, III. 2. Byzanz [Kunst] I 714
Apokryphen, B. Kunst (mit Plotzek-Wederhake, G.) I 768
Apostelkommunion I 790
Apostelmartyrien (mit Binding, G.) I 791
Apostolos I 794
Apsis, 2. Byzanz I 813
Apsisbild, -malerei, -mosaik (mit Belting-Ihm, Ch.) I 814
Arbeitsbilder, II. Byzanz I 887
Architektursymbolik (mit Binding, G.) I 902
Arilje I 932
Armenische Kunst I 976
Athos, 2. Kunstgeschichte (mit Plotzek, J. M.) I 1168
Atrium, 2. Byz. Kunst I 1176
Barlaam und Joasaph, C. Ikonographische Darstellungen I 1469
Basilika (mit Binding, G., Engemann, J.) I 1526
Baubetrieb, II. Mittelalterliche Darstellungen (mit Binding, G.) I 1559
Baukunst, B. I. Byzantinische Baukunst I 1650
Baumeister (mit Binding, G.) I 1666
Bauplastik, II. 1. Byzanz I 1678
Bauplastik, III. Armenien I 1682
Bauplastik, IV. Georgien I 1684
Bautechnik, 2. Besonderheiten der Bautechnik in Armenien und Georgien I 1691
Bema, 2. Das dreiteilige Bema I 1854
Bilderwand (mit Suttner, E. Ch.) II 152
Bildnis, B. 1. Das herrscherliche Amts- und Repräsentationsbildnis [Byzanz, Ost- und Südosteuropa, Armenien, Georgien] II 173
Bildnis, B. 2. Beamtenbildnis [Byzanz, Ost- und Südosteuropa, Armenien, Georgien] II 176

Bildnis, B. 3. Das Bischofsbildnis [Byzanz, Ost- und Südosteuropa, Armenien, Georgien] II 177
Bildnis, B. 5. Das Memorialbildnis [Byzanz, Ost- und Südosteuropa, Armenien, Georgien] II 177
Bildnis, B. 6. Das Verfasserbildnis [Byzanz, Ost- und Südosteuropa, Armenien, Georgien] II 179
Bildprogramm, II. Ostkirche II 185
Brotstempel II 721
Brunnen, C. II. Künstlerisch gestaltete Brunnen II 781
Buchmalerei, B. Byzantinische Buchmalerei II 867
Buchmalerei, C. I. Kopten [Einflußbereiche der byzantinischen Buchmalerei] II 877
Buchmalerei, C. II. Syrien [Einflußbereiche der byzantinischen Buchmalerei] II 878
Buchmalerei, C. III. Armenien [Einflußbereiche der byzantinischen Buchmalerei] II 881
Buchmalerei, C. IV. Georgien [Einflußbereiche der byzantinischen Buchmalerei] II 883
Buchmalerei, C. VI. Bulgarien und Rumänien [Einflußbereiche der byzantinischen Buchmalerei] II 886
Büste, II. Byzanz II 1158
Byzantinische Kunst II 1169
Chora-Kloster, 2. Kunstgeschichte II 1880
Chorschranken (mit Reinle, A., Engemann, J.) II 1890
Christophorus, II. 2. Ostkirche [Ikonographie] II 1940
Dämonen, Dämonologie, G. II. Byzanz [Ikonographie] III 485
Daniel, III. Byzantinische Kunst III 536
Daphni III 569
David, II. Byzantinische Kunst III 596
Dedikationsbild (mit Plotzek, J. M.) III 628
Deesis III 631
Demetrios, hl., II. 1. Byzanz und Südosteuropa [Ikonographie] III 688
Denkmal, II. Byzanz III 700
Devotionsbild, 2. Christlicher Osten III 932
Dioskurides im Mittelalter, II. Ikonographie III 1097
Dodekaortion III 1157
Doppelkapelle (mit Binding, G.) III 1256
Drache, F. II. Byzanz [Kunstgeschichte] III 1345
Dreifaltigkeit, II. 3. Byzanz und der christliche Südosten [Darstellungen in der Kunst] III 1376
Drei Könige, II. 3. Byzantinische Kunst III 1386
Dreikonchenbau, II. Altchristliche, frühbyzantinische und byzantinische Architektur III 1383
Dura-Europos III 1466
Ecclesia und Synagoge, III. Byzanz III 1538
Einhorn, II. 2. Byzanz [Ikonographie] III 1742
Elfenbein, B. I. Spätantike/Frühchristentum, Byzanz [Künstlerische Verwendung] III 1814
Elias, Prophet, II. 1. Byzantinische Kunst [Darstellung] III 1821
Email, II. Byzanz und dessen Einflußbereich (mit Onasch, K.) III 1869
Empore, II. Verbreitung im christlichen Osten III 1896
Engel, -lehre, -sturz, D. III. Byzanz [Ikonographie] III 1913
Enkolpion III 2013
Erscheinung des auferstandenen Christus, 3. Byzantinischer Osten III 2187
Evangeliar, II. Byzanz IV 128
Evangelisten, B. II. Byzanz [Ikonographie] IV 136
Evangelistensymbole, III. Byzanz IV 139
Ezechiel, 2. Byzanz IV 195
Farbigkeit der Architektur, II. Byzanz IV 293
Stifterbild, III. Osten VIII 175

Westermann, Ekkehard
Silber, I. Vorkommen und Nutzung VII 1898
Silber, II. Silberbergbau VII 1898

Westermann-Angerhausen, Hiltrud
Antependium I 693
Benna trevirensis I 1915
Egbertwerkstatt III 1603
Fibel (mit Hinz, H.) IV 427
Weihrauchgefäß, II. Abendländisches Mittelalter VIII 2112

Westfehling, Uwe
Gregoriusmesse IV 1693

Wetherbee, Winthrop
Bernardus, 7. B. Silvestris (mit Vernet, A.) I 1978

Wetzel, Claus-Dieter
Daniel (ae. Gedicht) III 539
Fitte IV 503
Judith, ae. Dichtung V 796
Psalmen, Psalter, B. IV. Englische Literatur VII 299
Runengedicht VII 1101
Wærferth VIII 1892

Weyhe, Lothar
Go IV 1527
Hypothek, 2. Deutsches Recht V 251
Lübisches Recht V 2150
Pfandschaft, -spolitik VI 2020
Soester Recht VII 2023

Weyrich, Frank
Adalgisel, 1. A., frk. Hzg. I 104
Adalrich, Hzg. des Elsaß I 105

Wicki, Nikolaus
Eschatologie, A. I. Theologie [Lateinisches Mittelalter] IV 4
Himmel, I. Theologisch-kosmologisch V 22
Leben, ewiges V 1780
Parusie, I. Theologie VI 1747
Seligkeit, Ewige VII 1734

Widmoser, Eduard
Botenbücher II 484

bei der Wieden, Helge
Mecklenburg, B. Fürstentum, Herzogtum VI 439
Rudolf, 19. R. I., Bf. v. Schwerin VII 1083

Wieland, Georg
Anthropologie (mit Hünemörder, Ch.) I 699

Wieland, Gernot
Finnsburg-Fragment IV 483
Hay, Sir Gilbert IV 1982
Phoenix (ae. Gedicht) VI 2107
Physiologus, III. 3. Englische Literatur VI 2121
Reimgedicht VII 656
Waldere VIII 1957
Wilhelm, 84. W. v. Malmesbury IX 173
Willensfreiheit IX 208

Wiemers, Michael
Ghirlandaio, Domenico IV 1439

Wiesflecker, Hermann
Basel, Friede v. I 1516
Blois, Verträge v. II 286
Guinegat(t)e, 1. G., Schlacht v. (7. Aug. 1479) IV 1785
Guinegat(t)e, 2. G., Schlacht v. (16. Aug. 1513) IV 1785
Maximilian I., Ks., dt. Kg. VI 420

Wießner, Heinz
Naumburg VI 1055

Wiget, Josef
Schwyz VII 1651

von Wilckens, Leonie
Bahre, Bahrtuch I 1349
Bayeux, Teppich v., 3. Zur Kunstgeschichte und Sticktechnik I 1713
Dorsale, 2. D. (Rücklaken, Banklaken) III 1325
Seide, A. I. Kultur- und kunstgeschichtliche Bedeutung [Allgemein, Italien, West- und Mitteleuropa] VII 1701
Stickerei VIII 168
Tinnis VIII 796
Ṭirāz VIII 799
Wirken, Wirkarbeiten, -teppiche IX 245
Wollgewebe IX 323

Willecke, Raimund
Bergrecht I 1957

Willerding, Ulrich
Nadel- und Laubhölzer VI 1002

Willers, Johannes
Behaim, Martin I 1810

Williams, Daniel Th.
Leicester, I. Stadt V 1849

Williams, Harry F.
Aucassin et Nicolette I 1187
Chantefable (mit Jung, M.-R.) II 1711

Williams, Ulla
Vitas patrum VIII 1765

Willoweit, Dietmar
Dominium III 1223
Erbämter III 2101
Herr, Herrschaft IV 2176
Kulmer Handfeste V 1564
Raub, A. I. Deutsches Recht VII 469

Wils, Jean-Pierre
Handlung(en), 2. Soziokulturell IV 1904

Wilsdorf, Christian
Andlau I 597

Wilson, David M.
Angelsachsen, B. Archäologische Erforschung des angelsächsischen England I 620
Wikingerkunst IX 106

Wimmer, Erich
Andreas, Apostel (mit Binding, G., Wessel, K.) I 600
Antonius, 8. A. v. Padua, hl. I 732
Apostel, C. Volkskunde I 789
Barbara I 1432
Baumeistersage I 1667
Bauplatzsage I 1688
Dorothea, hl., 1. Vita und Legende III 1318
Dorothea, hl., 2. Verehrung III 1318
Elmo III 1851
Elmsfeuer III 1851
Erasmus, hl. III 2094
Margareta v. Antiochien VI 231
Nothelfer VI 1283
Pantaleon VI 1658
Ursula, hl. VIII 1332
Wilgefortis IX 125

Windeatt, Bany A.
Kempe, Margery V 1102

Winkelman, Johan H.
Florisdichtung, B. IV. Mittelniederländische Literatur IV 575

Winkelmann, Friedhelm
Johannes, 58. J. II., Bf. v. Thessalonike V 554
Monenergismus VI 754
Narses, 1. N., Eunuch, Feldherr Ks. Justinians I. VI 1029

Winkler, Gerhard B.
Adam, 4. A. v. Dryburgh (Scotus) I 107

Winkler, Wolfgang
Anerbenrecht I 616

van Winter, Johanna Maria
Kochbücher V 1245
Met VI 568

Winzer, Ulrich
Gerhard, 7. G. II., Gf. v. Paris IV 1311

Wippel, John F.
Gottfried, 18. G. v. Fontaines IV 1603

Wirth, Gerhard
Adel, B. Spätantike I 128
Aegidius, 1. Ae., Gallier I 175
Aëtius, Flavius I 193
Agrippinus I 221
Alanen I 266
Alarich, 1. A., westgot. Heerführer I 271
Amalasuntha I 506
Amaler I 506
Amt, II. 1. Spätantike I 546
Amt, II. 2. Byzantinisches Reich I 547
Anthemius, 1. Procopius A. I 694
Arbeit, A. I. Spätantike Grundlagen I 869
Arcadius (mit Gruber, J.) I 894
Athanagild I 1159
Athanarich I 1159
Attila I 1179
Augustus, I. Antike I 1231
Balkan, 2. Spätantike Geschichte I 1380
Basiliskos I 1530
Bauer, Bauerntum, D. I. Spätantike I 1574
Bauto, Flavius I 1692

Belgica I 1840
Beneficiarius I 1904
Bithynien II 253
Bononia, 1. B., röm. Auxiliarkastell II 432
Buc(c)ellarii II 802
Byzacene II 1169
Candidati II 1432
Centenarius, I. Spätantike II 1620
Chosroes, 1. Ch. I. Anūšírwān II 1894
Chosroes, 2. Ch. II. (Parwēz) II 1894
Chronik, A. Spätantike II 1955
Comes, I. 1. Römische Kaiserzeit III 70
Commentariensis III 81
Commonitorium III 88
Concilium, 1. C. (Römische Geschichte) III 114
Consilium principis III 162
Consistorium, 1. C. (kaiserl. Beratergremium) III 163
Constans, 2. C., Sohn des Usurpators Konstantin III. III 168
Finanzwesen, -verwaltung, A. I. Spätantike IV 454
Gepiden IV 1292
Germanen, I. Geschichte IV 1338
Gesandte, A. I. Spätantike IV 1363
Goten IV 1572
Karpen V 1017
Katalaunische Felder V 1058
Labarum V 1601
Laeti V 1612
Legatus V 1796
Magister equitum VI 89
Magister militum VI 89
Magister navis VI 89
Marcellinus VI 221
Markomannen VI 307
Matasuntha VI 375
Mavortius VI 417
Maximus, 1. M. Magnus (mit Klein, R.) VI 427
Maximus, 2. M. Petronius, röm. Ks. VI 427
Municipium VI 911
Nepos VI 1092
Nervier VI 1095
Odoaker VI 1360
Paganus VI 1624
Polizei, I. Spätantike VII 64
Praefectus VII 155
Praeses VII 158
Praetor VII 158
Proconsul VII 236
Procurator, I. Spätantike VII 237
Quaden VII 347
Quaesitor VII 349
Quaestor VII 351
Ricimer VII 835
Rua VII 1067
Schilderhebung, I. Westen VII 1463
Scrinium VII 1654
Sizilien, A. I. 2. Spätantike VII 1950
Stamm VIII 42
Tribut, I. Spätantike VIII 986
Vadomar VIII 1365
Vandalen, I. Geschichte VIII 1404
Völkerwanderung VIII 1822
Warnen VIII 2052

Wisplinghoff, Erich
Brauweiler II 595
Hubertusorden V 150

Witthöft, Harald
Eichmaß III 1669
Eimer III 1729
Elle III 1845
Faß IV 303
Fuder IV 1005
Fuß IV 1059
Gewichte IV 1422
Mark VI 296
Maß, I. Westlicher Bereich VI 366
Meile VI 471
Modius VI 711
Tonne VIII 858
Waage VIII 1883

Wittig, Andreas Michael
Iberon V 312

Wojtecki, Dieter
Balk, Hermann I 1379
Eberhard, 15. E. v. Sayn III 1520

Woldan, Erich
Bartolomeo da li Sonetti I 1500
Berlinghieri, Francesco I 1966
Bernhard, 26. B. v. (vom) Breidenbach I 1991
Bianco, Andrea II 38
Buondelmonti, Cristoforo II 938
Cresques, 1. C., Abraham III 346
Cresques, 2. C., Jafuda III 346

Wolf, Armin
Confoederatio cum principibus ecclesiasticis III 130
Ebstorfer Weltkarte III 1534
Erbtochter (mit Kroeschell, K.) III 2120
Gesetzgebung, B. II. Hohes und spätes Mittelalter [Germanisches und deutsches Recht] IV 1395
Goldene Bulle v. 1356 IV 1542
Teck VIII 517

Wolf, Norbert Richard
Lamprecht, 3. L. v. Regensburg V 1634
Retabel VII 762

Wolff, Hans
Waldseemüller, Martin VIII 1960

Wolff, Philippe
Biskaya II 246
Carcassonne, I. Stadt und Grafschaft II 1497
Cauchon, Pierre II 1578

Wolff-Dunschen, Margret
Kußtafel V 1592

Wolffe, Bertram P.
Ancient demesne I 578
Chamberlain II 1672

Wolfram, Herwig
Augustus, II. Mittelalter I 1232
Ostgoten, I. Geschichte VI 1530
Privina VII 232
Rupert, 1. R., Bf. v. Salzburg VII 1106
Saiones VII 1263
Teja VIII 525
Theodahad VIII 620

Theoderich, 1. Th. d. Große, Kg. der Ostgoten
VIII 621
Theoderich, 8. Th. Strabo VIII 625
Totila VIII 901
Ulfila VIII 1189
Vitigis VIII 1774
Volks- und Stammesgeschichte VIII 1827

Wolfzettel, Friedrich
Trouvère, I. Literarisch VIII 1058

Wollasch, Joachim
Abtslisten I 66
Adeltrudis I 148
Aegidius, 6. Ae. v. St. Gilles (mit Binding, G.,
Zender, M.) I 176
Agilus I 209
Aimard I 240
Ansegis, 1. A., hl., Abt v. Fontenelle I 677
Necrolog VI 1078

Wollenberg, Klaus
Zisterzienser, -innen, C. III. Deutscher Bereich IX 641

Wolter, Hans
Abendmahlsbulle I 27
Ablaßbriefe I 46
Absalon, 1. A., Ebf. v. Lund I 55
Ælred v. Rievaulx I 181
Albergati, Niccolò I 278
Albert, 8. A. II. Suerbeer I 286
Anastasius, 8. A. Bibliothecarius I 573
Antoninus, 1. A., Ebf. v. Florenz I 728
Arnald, 2. A. v. Villanova, I. Leben und theologische
Werke (mit Batlle, Columba, Manselli, R.) I 995
Ausculta fili I 1247
Benedictus Deus I 1857

Wolter, Heinz
Arnold, 9. A. I., Ebf. v. Köln I 1001
Arnold, 10. A. II., Ebf. v. Köln I 1002
Engelbert, 1. E. I. v. Berg III 1917
Friedrich, 44. F. I., Ebf. v. Köln IV 963
Friedrich, 45. F. II., Ebf. v. Köln IV 963
Saffenburg VII 1250

Wolter-von dem Knesebeck, Harald
Zackenstil IX 437

Wolters, Jochen
Granulation IV 1654
Niello VI 1145
Tauschierung VIII 510

Wormald, C. Patrick
Ælfhere I 180
Æthelbald, Kg. v. Mercia I 186
Æthelflæd I 187
Ætheling I 188
Æthelred, 2. Æ., ealdorman I 189
Alfred der Große, I. Leben und Regierung I 409
Angelsächsisches Recht I 624
Asser I 1119
Boc II 297
Bordarii II 446
Burgred II 1058
Carucata II 1534
Ceolfrid (Ceolfrith) II 1624
Codex Roffensis II 2207
David, 5. D., hl. (Dewi Sant) III 602
Dunsæte III 1462
Dunwich III 1465
Eadred III 1500
Eadwig III 1500
Ecgfrith, 1. E., Kg. v. Mercien III 1538
Edgar, 1. E., Kg. v. Mercien und Northumbrien
III 1570
Edington, Schlacht v. III 1577
Edmund, 1. E., Kg. v. England III 1578
Edmund, 2. E. Ironside III 1579
Eduard, 1. E. 'd. Märtyrer' III 1582
Eduard, 12. E. d. Ältere, Kg. v. Wessex III 1596
Ethelred, 2. E. II., Kg. v. England IV 53
Felix, 7. F., Bf. v. Ostanglien IV 341
Folkland IV 612
Mercien VI 535
Mons Badonicus VI 769
Morcar VI 833
Nechtan VI 1078
Nothelm VI 1285
Sigeberht, Kg. v. Ostanglien VII 1879
Wergeld, II. Englisches Recht VIII 2201
Winwaed, Schlacht v. IX 241

Wormald, Jenny
Albany I 277
Albany, 1. A., Robert I 277
Albany, 2. A., Murdoch I 277
Albany, 3. A., Alexander I 277
Albany, 4. A., Johann I 277
Badenoch, Wolf of I 1338
Douglas III 1332
Hamilton IV 1890
Kennedy, 1. K., James V 1104
Stewart VIII 164

Worstbrock, Franz Josef
Humanismus, B. Deutsches Reich V 193
Rudolf, 25. R. v. Langen VII 1085

van de Wouw, Hans
Benencasa (Aretinus) I 1907
Bernhard, 43. B. v. Pavia I 2002
Bonaguida Aretinus II 401
Damasus, 3. D. (Ungarus) III 470
Dekretalen III 655
Dekretalisten, Dekretalistik III 658
Deusdedit, 5. D., Kard. III 739
Dominicus, 10. D. a S. Geminiano III 1191
Frédol, Berengar IV 885
Gandulphus v. Bologna IV 1105
Guido, 6. G. de Baysio IV 1774

Wriedt, Klaus
Gotlandfahrer IV 1580
Hanse IV 1921
Quartier, 2. Hansequartier VII 357
Rinesberch und Schene VII 855
Stalhof VIII 40
Stralsund, Friede v. VIII 211
Verhansung VIII 1536

Wülfing-Peters, Inge-Maren
Asche I 1102

Bernstein, B. II. Hansischer Wirtschaftsraum I 2010
Amt, IV. 3. Ämter und spätmittelalterliche Landesherrschaft [Deutschland] I 551
Beamtenwesen, A. I. Allgemeines [Westliches Europa] I 1720
Beamtenwesen, A. II. Spätmittelalterliches Deutschland I 1721
Buchhaltung, A. I. Nördliches Europa II 829
Castorp, Hinrich II 1563
Brief, Briefliteratur, Briefsammlungen, F. I. Allgemein und nördliches Europa [Handels- und Kreditbrief] II 680
Christian, 1. Ch. I. II 1909
Dithmarschen III 1130
Dorothea, 1. D., Kgn. v. Dänemark, Schweden und Norwegen III 1319
Drost III 1412

Wunder, Heide
Feudalismus, A. Allgemein. West- und mitteleuropäischer Bereich IV 411

Wuttke, Dieter
Brant, Sebastian II 574
Celtis, Conradus, Protucius II 1608
Pirckheimer, 1. P., C(h)aritas VI 2173
Pirckheimer, 2. P., Willibald VI 2174

Wyrwa, Andrzej M.
Zisterzienser, -innen, C. IX. Polen (piastische Länder), Pommern IX 648

Yorke, Barbara A. E.
Essex IV 23
Sussex VIII 332
Wessex IX 19
Wihtred IX 96

Youschkevitsch, Adolf
Banū Mūsā (mit Rosenfeld, B.) I 1422

Yuval, Israel
Ḥasidismus, aschkenasischer IV 1952

Yuzbashyan, Karen N.
Armenien, I. Geschichte Armeniens I 974

Zach, Cornelius R.
Brăila II 544
Capidava II 1471
Chilia II 1820
Cîmpulung II 2087

Zach, Krista
Bîrladul II 224
Bogdan, 1. B. I. II 316
Bogdan, 2. B. II. II 316
Iliasç I., Fs. der Moldau V 379
Jassy V 308
Kápolna, Union v. V 946
Karpaten V 1016
Laţcu, Fs. d. Moldau V 1722
Marmarosch VI 316
Mihai(l) I., Fs. der Valachei VI 620
Mircea, 1. M. I., d. Alte, Fs. der Valachai VI 664
Mircea, 2. M. (II.) VI 664
Moldau VI 722
Nikolaus, 1. N. Alexander, Fs. der Valachei VI 1168
Peter, 19. P. (Petru) I., Fs. der Moldau VI 1934
Peter, 20. P. (Petru) III. Aaron, Fs. der Moldau VI 1935
Radu, 1. R. I., Fs. der Valachei VII 390
Radu, 2. R. II. Praznaglava, Fs. der Valachei VII 390
Radu, 3. R. III. der Schöne, Fs. der Valachei VII 390
Radu, 4. R. IV. d. Gr., Fs. der Valachei VII 391
Sachsen, Siebenbürger VII 1236
Severin, Banat VII 1804
Stefan, 1. S. I., Fs. der Moldau VIII 83
Stefan, 2. S. III. d. Große, Fs. der Moldau VIII 84
Suceava VIII 280
Valachei VIII 1370
Vlad, 1. V. I. der Usurpator, Fs. der Valachai VIII 1790
Vlad, 2. V. II. Dracul, Fs. der Valachai VIII 1790
Vlad, 3. V. III. Ţepeş, Fs. der Valachai VIII 1790
Vlad, 4. V. IV. Călugărul, Fs. der Valachai VIII 1791
Vladislav, 5. V. (Vlaicu Voda), Fs. der Valachei VIII 1805
Vladislav, 6. V. II., Fs. der Valachei VIII 1806

Zachariadou, Elisabeth A.
Menteše Oğullarï VI 530
Qarası VII 343
Qïlič Arslan, 1. Q. A. I. VII 346
Qïlič Arslan, 2. Q. A. II. VII 346
Selğuqen VII 1730

Zacherl, Elisabeth
Conto de Amaro III 199

Zachrisson, Inger
Samen, 1. Allgemein, Materielle Kultur VII 1340

Zambarbieri, Teresa
Fortebraccio, Andrea IV 663

Zambon, Francesco
Physiologus, III. 2. Romanische Literaturen VI 2120

Zapp, Hartmut
Abbreviationes I 16
Aegidius, 5. Ae. de Fuscarariis I 176
Akkusationsprozeß I 253
Asyl, I. Kirchliches Recht II 1156
Aufgebot, kirchliches I 1203
Bann, B. Kanonistisch I 1416
Bartholom(a)eus, 4. B. Brixiensis I 1493
Bernardus, 2. B. de Botone I 1976
Beweis, 2. B. (Recht), II. Kanonisches Recht II 29
Bullarium II 932
Butterbriefe II 1162
Cardinalis II 1505
Clementinae II 2152
Corpus iuris canonici III 263
Decretales Gregorii IX. III 623
Decretum Gratiani III 625
Disciplina, II. Kirchliche Rechtsordnung III 1108
Duranti(s), 1. D., Guillelmus, d. Ä., 2. Kanonistische Werke III 1469
Eid, A. II. Kanonistische Eideslehre [Lateinischer Westen] III 1675
Exkommunikation IV 170
Extravagantes IV 187
Fabrica ecclesiae IV 214

Fasten, -zeiten, -dispensen, A. IV. Fastendispensen
  IV 306
Franciscus, 6. F. Zabarella IV 685
Gilbertus, 1. G. (Anglicus), Kanonist IV 1450
Goffredus de Trano IV 1533
Gottfried, 19. G. v. Köln IV 1603
Gratian IV 1658
Inkorporation V 427
Interdikt V 466
Jacobus, 27. J. de Theramo V 261
Johannes, 62. J. Andreae V 555
Johannes, 74. J. Calderinus V 559
Liber Sextus V 1948
Nicolaus, 13. N. de Tudeschis VI 1135
Offizial VI 1370
Paleae VI 1635
Paucapalea VI 1810
Paulinisches Privileg VI 1814
Raimund, 22. R. (Raymund) v. Peñafort VII 414
Send, -gericht VII 1747
Simon, 21. S. v. Southwell VII 1919
Simon, 5. S. v. Bisignano VII 1915
Stephanus, 2. S. Tornacensis VIII 129
Summa (Summula), C. Kanonisches Recht VIII 309
Vincentius, 3. V. Hispanus VIII 1701
Wilhelm, 74. W. v. Drogheda IX 170
Wilhelm, 85. W. v. Mandagout IX 174
Wilhelm, 89. W. v. Monte Lauduno IX 176
Wilhelmus, 3. W. Vascus IX 202
Zenzelinus de Cassanis IX 543
Zölibat, II. Kanonisches Recht IX 665

Zedelius, Volker
Münzfunde VI 932

Zedelmaier, Helmut
Lesen, Lesegewohnheiten im MA V 1908
Lit(t)eratus V 2025
Luder, Peter V 2165
Mnemotechnik VI 698
Schriftlichkeit, Schriftkultur, I. Westen VII 1566

Zehnder, Frank Günter
Lochner, Stephan V 2064
Meister des Bartholomäus-Altars VI 481
Meister des Marienlebens VI 484
Meister der hl. Veronika VI 485

Zeitler-Abresch, Gabriele
Buch, A. IV. Buch als Heiligenattribut (mit Binding, G.)
  II 807
Bukolik, B. II. Mittelalter [Bildende Kunst (Guter Hirte)] (mit Binding, G.) II 913
Caecilia, hl., 4. Ikonographie (mit Binding, G.) II 1344
Esel IV 13

Zelfel, Hans Peter
Begräbnis, Begräbnissitten, A. II. Mittelalter [Christliche Bestattungsformen] I 1805
Castrum doloris II 1569

Žemlička, Josef
Kouřim V 1464
Krawarn V 1481
Kunigunde, 2. K., böhm. Kgn. V 1571
Leitmeritz V 1864
Leitomischl V 1864

Levý Hradec V 1925
Libice V 1953
Mähren VI 106
Mělník, Stadt im Norden Mittelböhmens VI 502
Mladá Boleslav VI 697
Mojmír, 1. M. I. VI 720
Mojmír, 2. M. II. VI 721
Olmütz VI 1400
Opatovice VI 1411
Otakar, 1. O. I. Přemysl, Hzg. v. Böhmen VI 1553
Otakar, 2. O. II. Přemysl, Kg. v. Böhmen VI 1553
Otto, 21. O. I., mähr Teilfs. VI 1577
Přemysliden VII 186
Přemysliden (Stammtafel) IX Anhang
Rostislav, 1. R., Fs. im Großmähr. Reich VII 1044
Schlan VII 1475
Sedletz VII 1666
Spytihněv, 2. S. II., Hzg. v. Böhmen VII 2149
Stará Boleslav VIII 61
Udalrich, 1. U., Fs. v. Böhmen VIII 1172
Vladislav, 1. V. I., Hzg. v. Böhmen VIII 1804
Vladislav, 2. V. II., Hzg. und Kg. v. Böhmen
  VIII 1804
Vladislav, 3. V. II., Kg. v. Böhmen und Ungarn
  VIII 1805
Vratislav, 1. V. I., Fs. v. Böhmen VIII 1873
Vratislav, 2. V. II., Fs. und Kg. v. Böhmen
  VIII 1873
Vrsovci VIII 1875
Všehrd, Viktorin Cornelius v. VIII 1876
Wenzel, 2. W. I., Kg. v. Böhmen VIII 2187
Wenzel, 3. W. II., Kg. v. Böhmen, Kg. v. Polen,
  1. Leben VIII 2188
Wenzel, 4. W. III., Kg. v. Böhmen und Polen
  VIII 2190
Wenzelskrone VIII 2194
Zličanen IX 660
Znaim IX 660

Zender, Matthias
Aegidius, 6. Ae. v. St. Gilles (mit Binding, G., Wollasch, J.) I 176
Afra (mit Binding, G.) I 196
Agatha (mit Binding, G.) I 202
Agnes, 2. A., hl. (mit Binding, G.) I 214
Apollinaris, 1. A., hl. I 770
Bartholomaeus, hl. I 1491
Christina, 1. Ch. v. Bolsena II 1917
Cornelius, 2. Kultverbreitung III 243
Cyriacus (mit Binding, G.) III 405
Dionysius, hl., B. II. Weitere Kultverbreitung [Dionysius v. Paris] III 1079
Drei Jungfrauen III 1381
Ewalde IV 148
Florian IV 565

Zernack, Klaus
Bolgar II 369
Kalisch V 870
Kazimierz Biskupi V 1093

Zettler, Alfons
Reichenau VII 612
Sankt Galler Klosterplan VII 1155
Sankt Georgen im Schwarzwald VII 1158
Schwarzwald VII 1624
Sulzburg VIII 305

Villingen VIII 1695
Waldo, Abt v. St. Gallen VIII 1958

Zey, Claudia
Wido, 6. W., Bf. v. Ferrara IX 70

Ziegeler, Hans-Joachim
Märe VI 229
Novelle, II. Deutsche Literatur VI 1303

Ziegenaus, Anton
Marius, 3. M. Victorinus VI 296

Ziegler, Karl-Heinz
Völkerrecht VIII 1820

Zieleman, Gerrit Cornelis
Predigt, B. VI. Mittelniederländische Literatur VII 180

Zielinski, Herbert
Adelchis, 1. A., Kg. der Langobarden I 144
Adelheid, 1. A. (hl.), Ksn. I 145
Aistulf I 246
Alde(n) I 344
Ansprand I 691
Aripert, 1. A. I. I 933
Aripert, 2. A. II. I 933
Authari I 1260
Charta II 1737
Crescentier III 343
Farfa IV 295
Fürst, Fürstentum, D. Italien IV 1035
Gregor, 26. G. v. Catino IV 1682
Hugo, 2. H. v. Arles und Vienne, Kg. v. Italien V 158
Hugo, 37. H. v. Farfa V 170
Karl, 9. K. v. der Provence, Kg. in Burgund V 971
Karl, 38. K. Konstantin, Gf. v. Vienne V 994
Konrad, 6. K. I., Kg. in Burgund V 1341
Konrad, 19. K., Dux in Transjuranien V 1348
Lambert, 1. L. v. Spoleto, Ks. V 1623
Ludwig, 8. L. II., Kg. v. Italien, Ks. V 2177
Ludwig, 9. L. der Blinde, Ks. V 2177
Notitia VI 1286
Tankred, 1. T. v. Lecce, Kg. v. Sizilien VIII 456
Traditio c(h)artae VIII 929
Urkunde, -nwesen, A. V. Italien VIII 1305

Zientara, Benedykt
Abgaben, III. Westslawen und Ungarn (mit Göckenjan, H.) I 35
Bauer, Bauerntum, D. IX. Ostmitteleuropa I 1589
Bevölkerung, C. I. Ostmitteleuropa II 17
Bogislaw, 1. B. I., Hzg. v. Pommern II 324
Bolesław, 5. B. I. Wysoki, Hzg. v. Schlesien II 368

Zimmer, Petra
Sankt Katharinental VII 1172

Zimmermann, Albert
Endlich–unendlich III 1902
Intellectus agens/possibilis V 457
Noetischer Gottesbeweis VI 1213
Notwendigkeit VI 1296
Repraesentatio VII 743
Tod, Sterben, III. Philosophie VIII 828

Unsterblichkeit, -sglaube, -sbeweis VIII 1265
Wahrheit VIII 1918

Zimmermann, Harald
Defensio ecclesiae III 632
Ebendorfer, Thomas III 1511
Erchanbald, 3. E., Bf. v. Straßburg III 2122
Felix, 1. F. II., Papst IV 340
Felix, 2. F. III., Papst IV 340
Felix, 3. F. IV., Papst IV 340
Johannes, 32. J. XVI. Philagathos, Gegenpapst V 542
Konkordat V 1334
Lando, Papst V 1671
Leo, 8. L. VI., Papst V 1879
Leo, 9. L. VII., Papst V 1879
Leo, 10. L. VIII., Papst V 1879
Liber pontificalis V 1946
Marozia VI 321
Papstfabeln VI 1685

Zimonyi, István
Wolgabulgaren IX 315

Zimpel, Detlev
Matrikel VI 395

Zink, Michel
Audefroi le Bastart I 1190
Chanson de la mal mariée II 1707
Jonas, Homélie sur V 625
L'Atre périlleux V 1750
Sermons de Saint-Bernard VII 1791
Sermons joyeux VII 1790

Zinsmeyer, Helga
Engelbert, 4. E. (Poetsch) v. Admont III 1919

Zobel, Philibert
Bec, Le I 1768

Zoładaź-Strzelczyk, Dorota
Piasten (Stammtafel) IX Anhang

Zöllner, Walter
Stolberg VIII 190

Zolotarev, M. I.
Chersonesos (mit Čičurov, I. S.) II 1794

Zorn, Wolfgang
Augsburg, III. Stadt und Bistum im Spätmittelalter I 1213

Zotz, Thomas
Alamannen, I. Geschichte I 263
Arbogast I 888
Austrien I 1258
Avitus, 2. A., Alcimus Ecdicius I 1307
Backnang, Herren v. I 1327
Bernhard, 1. B., außerehel. Sohn Ks. Karls III. I 1983
Bertha, 7. B., Tochter Karls d. Gr. I 2023
Bodman II 306
Breisgau II 601
Brun, 2. B., Bf. v. Augsburg II 753
Burchard, 3. B. I., Hzg. v. Schwaben II 940
Burchard, 4. B. II., Hzg. v. Schwaben II 941

Butilin II 1160
Cannstatt, Gerichtstag v. II 1436
Curia, 1. C. regis, I. Begriffsbestimmung III 373
Curia, 1. C. regis, II. Deutschland III 373
Egino, 1. E., Bf. v. Verona III 1612
Epao (Epaône), Konzil v. III 2041
Erchanger III 2123
Etichonen IV 57
Fridolin, 1. Hagiographische Überlieferung IV 917
Gallus, 1. G. IV 1098
Gottfried, 1. G., dux der Alamannen IV 1596
Grimald IV 1713
Grimo IV 1716
Grone IV 1724
Guntram (der Reiche) IV 1795
Hohenaltheim, Synode v. V 82
Hohentwiel V 82
Hugo, 14. H., Gf. v. Tours V 162
Hugo, 6. H., karol. Thronprätendent V 159
Hunfridinger V 219
Karolinger V 1008
Landolin V 1671
Lantfrid V 1706
Laudes regiae V 1753
Leutfried V 1920
Leuthari V 1921
Liudolf, Hzg. v. Schwaben V 2039
Pfalz, Palast, A. Allgemeine Institutionsgeschichte; Frankenreich und ostfränkisch-deutsches Reich VI 1993
Rudolf, 17. R. v. Zähringen, Bf. v. Lüttich VII 1081
Säckingen VII 1244
Sankt Peter im Schwarzwald VII 1192
Schaffhausen VII 1434
Schwaben VII 1598
Überlingen VIII 1147
Waldkirch VIII 1957
Weingarten VIII 2132
Welf, 1. W., Vater der Ksn. Judith VIII 2143
Welf, 2. W. I., Gf. in Alemannien VIII 2143
Welf, 3. W. II., Gf. in Schwaben VIII 2143
Welfen, I. Von den Anfängen bis zu Heinrich d. Schwarzen VIII 2147
Zähringer IX 464
Zähringer (Stammtafel) IX Anhang

Zufferey, François
Jeux floraux V 365
Leys d'amors V 1935

Zug Tucci, Hannelore
Heer, Heerwesen, A. V. Italien IV 1996
Kriegsgefangene, II. Kommunales Italien V 1531

Zumbroich, Eberhard M.
Stundenholz, Technische Beschaffenheit VIII 265

Stundenholz, Geschichte und liturg. Verwendung (mit Hannick, Ch.) VIII 266
Glocke, B. Byzanz und Altrußland IV 1500

Zumkeller, Adolar
Aegidius, 11. Ae. Romanus I 178
Aegidius, 13. Ae. v. Viterbo I 179
Alexander, 30. A. de S. Elpidio I 380
Augustinerschule I 1222
Augustinus, 3. A. v. Ancona I 1230
Augustinus, 4. A. (Favaroni) v. Rom I 1230
Bartholom(a)eus, 1. B., Bf. v. Urbino I 1491
Bonaventura, 3. B. de Peraga II 408
Dionysius, 2. D. v. Borgo San Sepolcro III 1088
Dionysius, 5. D. (de Restanis) v. Modena III 1094
Gerhard, 24. G. v. Siena IV 1319
Gregor, 31. G. v. Rimini IV 1684
Heinrich, 106. H. v. Friemar d. Ä. IV 2091
Heinrich, 107. H. v. Friemar d. J. IV 2091
Hermann, 29. H. v. Schildesche IV 2169
Jacobus, 21. J. Pérez v. Valencia V 260
Jacobus, 29. J. v. Viterbo V 262
Johannes, 65. J. (Hiltalingen) v. Basel V 556
Johannes, 96. J. (Bauer) v. Dorsten V 570
Johannes, 131. J. Klenkok V 584
Johannes, 152. J. v. Paltz V 592
Johannes, 192. J. Zachariae V 612
Jordanus, 6. J. v. Quedlinburg V 629
Matthaeus, Matthäus, 10. M. v. Sachsen VI 399
Michael, 27. M. v. Massa VI 605
Paulus, 12. P. (Nicoletti) v. Venedig VI 1827
Staupitz, Johannes v. VIII 79
Theodoricus, 6. Th. (Dietrich) (de) Vrie VIII 635
Thomas, 53. Th. v. Straßburg VIII 724
Thomas, 57. Th. v. Villanova VIII 725
Vargas, Alfonsus Toletanus VIII 1412

Župančić, Matej
Istrien, A. Archäologie V 701

Zurstraßen, Annette
Rüdiger v. Bergheim VII 1069
Konrad, 30. K., Bf. v. Passau V 1354
Passau VI 1756
Pilgrim, 2. P., Bf. v. Passau VI 2157
Ulrich, 12. U. II., Bf. v. Passau VIII 1198
Ulrich, 13. U. III. v. Nußdorf, Bf. v. Passau VIII 1198
Vivilo VIII 1786
Wolfger, 1. W. v. Erla, Bf. v. Passau IX 308

Zutshi, Patrick
Notar, Notariat, F. England VI 1279
Register, III. England VII 582
Rolls VII 967
Urkunde, -nwesen, A. IX. England VIII 1309
Writ IX 340

Lebendiges Mittelalter

Wolfgang Behringer (Hg.)
**Hexen und Hexen-
prozesse in Deutschland**
dtv 30781

Guy Bois
Umbruch im Jahr 1000
Lournand bei Cluny – ein
Dorf in Frankreich zwi-
schen Spätantike und
Feudalherrschaft
dtv 30745

Arno Borst
Computus
Zeit und Zahl in der
Geschichte Europas
dtv 30746

Joachim Bumke
Höfische Kultur
Literatur und Gesellschaft
im hohen Mittelalter
dtv 30170

Umberto Eco
**Kunst und Schönheit
im Mittelalter**
dtv 30128

Franz Irsigler,
Arnold Lassotta
**Bettler und Gaukler,
Dirnen und Henker**
Außenseiter in einer
mittelalterlichen Stadt
Köln 1300–1600
dtv 30075

Karl Jordan
Heinrich der Löwe
dtv 4601

María-Milagros Rivera
Garretas
**Orte und Worte
von Frauen**
Eine Spurensuche im
europäischen Mittelalter
dtv 4714

Steven Runciman
**Geschichte der
Kreuzzüge**
dtv 30175

Ferdinand Seibt
Karl IV.
Ein Kaiser in Europa
1346 bis 1378
dtv 30767

Barbara Tuchman
Der ferne Spiegel
Das dramatische
14. Jahrhundert
dtv 30081

Karl-Ferdinand Werner
**Die Ursprünge Frank-
reichs bis zum Jahr 1000**
dtv 4653

Literaturwissenschaft im dtv

Heinz Ludwig Arnold
Heinrich Detering (Hg.)
**Grundzüge der
Literaturwissenschaft**
dtv 30171

Bernd Balzer
**Das literarische Werk
Heinrich Bölls**
Einführung und Kommentare
dtv 30650

Reinhard Baumgart
**Deutsche Literatur der
Gegenwart**
Kritiken, Essays,
Kommentare
dtv 4674

Umberto Eco
Zwischen Autor und Text
Interpretation und Über-
interpretation · dtv 4682
**Die Grenzen der
Interpretation**
dtv 30168
Lector in fabula
Die Mitarbeit der Inter-
pretation in erzählenden
Texten · dtv 30141

Georg Lukács
Die Theorie des Romans
dtv 30173

Peter von Matt
Liebesverrat
Über die Treulosen in
der Literatur
dtv 30143
**Verkommene Söhne,
mißratene Töchter**
Familiendesaster in der
Literatur
dtv 30647
... fertig ist das Angesicht
Zur Literaturgeschichte des
menschlichen Gesichts
dtv 30769

Jan Philipp Reemtsma
Das Buch vom Ich
Christoph Martin Wielands
»Aristipp und einige seiner
Zeitgenossen«
dtv 30760

Klaus Völker
Brecht-Chronik
Daten zu Leben
und Werk
dtv 30651

Daniel W. Wilson
Das Goethe-Tabu
Protest und Menschen-
rechte im klassischen
Weimar
dtv 30710

Literaturgeschichte im dtv

Michael von Albrecht
Geschichte der römischen Literatur
Von Andronicus bis Boëthius
2 Bände · dtv 30099

Dieter Kartschoke
Geschichte der deutschen Literatur im frühen Mittelalter
dtv 30777

Joachim Bumke
Geschichte der deutschen Literatur im hohen Mittelalter
dtv 30778

Thomas Cramer
Geschichte der deutschen Literatur im späten Mittelalter
dtv 30779

Elisabeth und Herbert A. Frenzel
Daten deutscher Dichtung
Chronologischer Abriß der deutschen Literaturgeschichte
2 Bände · dtv 3003/3004

Horst Dieter Schlosser
dtv – Atlas Deutsche Literatur
dtv 3219

Heinz Ludwig Arnold
Die westdeutsche Literatur 1945 bis 1990
Ein kritischer Überblick
dtv 30485

Volker Meid (Hrsg.)
Sachlexikon der Literatur
dtv 32522

Arno Borst
Der Turmbau von Babel
Geschichte der Meinungen über Ursprung und Vielfalt der Sprachen und Völker
4 Bände in Kassette
dtv 59028

Gero von Wilpert
Lexikon der Weltliteratur
in vier Bänden
Autoren (2 Bände)
Werke (2 Bände)
dtv 59050

Denkanstöße
Philosophie im dtv

dtv-Atlas Philosophie
dtv 3229

Michael Hauskeller
**Geschichte der Ethik
Mittelalter**
dtv 30727

Christoph Helferich
**Geschichte der
Philosophie**
Von den Anfängen bis zur
Gegenwart und östliches
Denken
Mit Abbildungen
dtv 30706

Martin Morgenstern
Robert Zimmer
HinterGründe
Die Philosophie und ihre
Fragen
dtv 30709

Philosophie und Sex
Zeitgenössische Beiträge
Herausgegeben von
Philipp Balzer und
Klaus-Peter Rippe
dtv 30728

Bertrand Russell
Denker des Abendlandes
Eine Geschichte der
Philosophie
dtv 30019

Eike von Savigny
**Der Mensch als
Mitmensch**
Wittgensteins ›Philosophische Untersuchungen‹
dtv 4691

Max Scheler
Grammatik der Gefühle
Das Emotionale als
Grundlage der Ethik
Herausgegeben von
Paul Good
dtv 30770

Der Sinn des Lebens
Herausgegeben von
Christoph Fehige, Georg
Meggle und Ulla Wessels
dtv 30744

Richard Tarnas
Idee und Leidenschaft
Die Wege des westlichen
Denkens · dtv 30715

Norbert Tholen
Kennen Sie Nietzsche?
dtv 30655

Wilhelm Weischedel
**Die philosophische
Hintertreppe**
34 große Philosophen in
Alltag und Denken
dtv 30020

Wissen zum Nachschlagen: dtv-Wörterbücher

Geologisches Wörterbuch
Von Hans Murawski
dtv 3038

Wörterbuch Chemie
Fachbegriffe, Abbildungen,
Tafeln · dtv 3360

Wörterbuch Astronomie
Von Joachim Herrmann
Zahlreiche Grafiken und
Tabellen · dtv 3362

Wörterbuch Geschichte
Von Konrad Fuchs und
Heribert Raab
dtv 3364

Wahrig – Wörterbuch der deutschen Sprache
Auf der Grundlage der
neuen amtlichen Recht-
schreibregeln · dtv 3366
CD-ROM dtv 52102

DIERCKE-Wörterbuch Allgemeine Geographie
Von Hartmut Leser
dtv 3421

Wörterbuch Biologie
Von Gertrud Scherf
dtv 32500

Wörterbuch Kirchengeschichte
Von Georg Denzler und
Carl Andresen
dtv 32503

Wörterbuch Archäologie
Von Andrea Gorys
dtv 32504

Wörterbuch Medizin
Mit farbigen Abbildungen
dtv 32505

Etymologisches Wörterbuch des Deutschen
Hrsg. von Wolfgang Pfeifer
dtv 32511

Wörterbuch Physik
Von Pedro Waloschek
dtv 32512

Wörterbuch Psychologie
Von Werner D. Fröhlich
dtv 32514

Wörterbuch Synonyme
Von Herbert Görner und
Günter Kempcke
dtv 32515

Wahrig Fremdwörterlexikon
Von Renate Wahrig-Burfeind
dtv 32516

Wörterbuch Musik
Von Gerhard Dietel
dtv 32519

Wörterbuch Pädagogik
Von Horst Schaub und
Karl G. Zenke
dtv 32521

Der Kleine Pauly
Lexikon der Antike

**Das klassische
Nachschlagewerk
in fünf Bänden**

dtv 5963

Dieses vielseitige Lexikon reicht von der Vor- und Frühgeschichte bis zum Weiterleben der Antike, von Mythen und Sagen bis zu den Kirchenvätern. Artikel zur Rechtswissenschaft, zur Tier- und Pflanzenkunde, zur vergleichenden Sprachforschung, zur Musik und zur Mathematik runden das Standardwerk ab.

Auf der Grundlage von ›Pauly's Realencyclopädie der classischen Altertumswissenschaft‹ bearbeitet und herausgegeben von Konrat Ziegler, Walther Sontheimer und Hans Gärtner.

5 Bände mit Abbildungen und Karten, 12700 Stichwörtern und zahlreichen Literaturangaben.

»Niemals wird der Benutzer mit trockenen Zusammenstellungen oder Literaturhinweisen abgespeist: jeder Beitrag ist ein lebendig geschriebener Forschungsbericht.«
Die Welt